Pourquoi activer mon Code en ligne :

Selon mon édition, l'activation de mon Code me permet d'accéder aux enrichissements suivants, sur ordinateur, tablette et smartphone :

	CODE ÉDITION LIMITÉE*	CODE ÉDITION CLASSIQUE
Lettre d'actualité du Code	✓*	✓*
Accès aux codes officiels secs	✓	✓
Mise à jour en continu		✓
Liens vers la jurisprudence		✓
Accès aux commentaires et textes complémentaires		✓
Accès aux articles des revues Dalloz		✓

www.activation-dalloz.fr

La clé d'activation se trouve sous l'étiquette de couverture pour les codes édition classique et en première page pour les codes limités.

* Disponible pour les titres suivants :
Code civil, Code de procédure civile, Code pénal, Code de procédure pénale, Code de commerce, Code du travail.

5e édition

CODE
DE LA
PROTECTION
DES
DONNÉES PERSONNELLES

Annoté & commenté

Papier & numérique

DALLOZ

5e édition

Commentaires et annotations jurisprudentielles par

Édouard GEFFRAY
Conseiller d'État

et

Alexandra GUÉRIN-FRANÇOIS
Global Privacy Officer
Ancienne avocate à la Cour

Coordination éditoriale par

Élodie RANÇON
Rédactrice aux Éditions Dalloz

DALLOZ

ÉDITIONS DALLOZ

31-35, rue Froidevaux, 75685 Paris Cedex 14

ISBN 978-2-247-21453-2

Avant-propos

Le numérique n'est pas une *terra incognita* juridique ; c'est, au contraire, un espace où les droits fondamentaux sont garantis au même titre que dans l'ensemble des champs de la vie sociale. Parmi ces droits, il en est un dont la France et l'Union européenne se sont dotées de manière précoce, progressive et désormais complète : le droit à la protection des données personnelles.

Si ce droit n'est pas spécifique à l'environnement numérique, celui-ci lui a donné une ampleur inédite, tant il y conditionne cependant l'exercice des autres libertés. Les données personnelles, véritables particules élémentaires de l'univers numérique, ont acquis, en à peine une décennie, une importance économique déterminante : avec près de la moitié de la population mondiale connectée à internet, et désormais plus d'objets connectés que d'habitants dans le monde, le numérique constitue la révolution industrielle et technologique la plus rapide de l'Histoire. Ce qu'il est désormais convenu d'appeler « l'ère digitale » se traduit par de profonds bouleversements sociaux – dont le succès des réseaux sociaux n'est que la face la plus évidente – mais aussi économiques et culturels. Derrière l'irruption de nouveaux services, acteurs et pratiques, c'est la donnée personnelle qui est au cœur de cette révolution. Ce sont les données personnelles qui permettent d'individualiser des services, mettant fin à l'idée de prestations standard ; les données personnelles qui permettent d'assurer la « gratuité » d'une large part des prestations ; les données personnelles qui deviennent sources de valeur. Au-delà, le passage de modèles économiques « reproductifs » (*i.e.* qui partent du comportement du consommateur pour répliquer une offre) à des modèles « prédictifs » (*i.e.* qui anticipent le comportement du consommateur pour lui proposer, au bon moment, des produits correspondant à ses attentes émergentes) est également fondé sur la collecte et l'utilisation de données.

L'enjeu n'est pas qu'économique : l'émergence et la structuration d'un espace économique et technologique d'un genre nouveau, qui fait de chaque appareil le terminal d'un réseau mondial, soulèvent des questions de souveraineté et d'application territoriale des droits nationaux dans des termes inédits. La notion de frontière, qui est au fondement de l'ère à laquelle s'applique un droit, est largement remise en question par la circulation mondiale des données. Les législations nationales sont confrontées, en la matière, à la question des effets extraterritoriaux des législations étrangères, mais aussi à leur propre capacité de protéger les données de leurs résidents.

Ce nouvel univers n'est pas sans paradoxe pour les individus : ils en sont l'enjeu principal – en tant que consommateurs comme en tant que citoyens –, mais, dans le même temps, se trouvent aussi dans une relation largement asymétrique avec les entités qui traitent leurs données.

Le droit de la protection des données personnelles a donc pour principal objet de préserver le juste équilibre entre innovation technologique et respect des personnes. L'enjeu principal est d'assurer une forme de maîtrise par l'individu de ses données personnelles, afin de garantir ses droits et libertés à l'ère numérique. Car le droit à la protection des données personnelles apparaît comme premier dans l'univers numérique : de lui découle la possibilité de ne pas être « tracé » (liberté d'aller et venir), de pouvoir exprimer librement une opinion sous réserve des limites fixées par la loi (liberté de pensée et d'opinion), de voter (dans le cas du vote électronique), etc.

Sur toutes ces questions, les droits français et européen sont à l'avant-garde.

Ils le sont d'abord historiquement : avec l'Allemagne en 1977, la France est le premier pays européen à s'être doté d'une législation sur la protection des données personnelles, par la loi du 6 janvier 1978. Véritable « fulgurance » juridique, ce corpus a posé les principes fondamentaux qui, non seulement ont survécu à l'apparition du numérique, mais sont désormais la boussole de sa régulation : la reconnaissance de droits accordés aux personnes sur leurs données, quel que soit le devenir de celles-ci et indépendamment de leur détention, donc de leur propriété ; l'importance de leur consentement, entendu comme un acte positif, libre et éclairé ; des conditions préalables pour pouvoir traiter des données (principes de finalité, de proportionnalité et d'adéquation des données traitées par rapport à ladite finalité, information – donc transparence –, détermination des destinataires, durée limitée de conservation...). Le droit européen a pris le relais de ces droits nationaux pour les enrichir avec la directive 95/46/CE du 24 octobre 1995, puis la Charte des droits fondamentaux de l'Union européenne qui, dans son article 8, fait de la protection des données personnelles un droit fondamental, au titre des « droits-libertés ».

Au-delà, le droit européen a franchi un cap avec le RGPD, qui constitue une évolution majeure et scrutée par le reste du monde. En adoptant ce règlement, les États de l'Union européenne ont en effet entendu fixer un cadre exigeant et unifié pour la protection des données dans toute l'Union, et pour les données de tous les résidents européens. La protection conférée aux données personnelles des européens vaut en effet dès lors que ceux-ci sont « affectés » par un traitement, quelle que soit la localisation de l'entité qui traite leurs données. C'est donc un standard à forte résonance internationale que l'Union européenne a fixé.

Les droits des personnes sont renforcés, notamment s'agissant du recueil de leur consentement. L'objectif affiché est de redonner à l'individu une plus grande maîtrise sur l'utilisation de ses données. A l'affirmation d'une souveraineté juridique européenne correspond donc l'affirmation d'une souveraineté de l'individu sur ses données, encore renforcée par l'affirmation en droit français d'un droit à l'autodétermination informationnelle (issu de la loi « pour une République numérique » du 7 octobre 2016).

En outre, le cadre européen issu du RGPD est profondément remanié : alors que le régime juridique antérieur était caractérisé par un fort contrôle administratif *a priori* (déclarations, autorisation) et un niveau de sanctions encourues relativement faible, le RGPD fait quasiment disparaître le contrôle administratif préalable, renforce considérablement les sanctions et introduit toute une série d'outils de droit souple pour assurer la mise en conformité permanente des organismes qui traitent ces données. Enfin, il prévoit son égale application aux responsables de traitements comme aux sous-traitants, tenant compte de la réalité des services numériques contemporains.

La loi « Informatique et libertés », dans sa version issue de l'ordonnance de décembre 2018, complète ce corpus, à la fois en mettant en œuvre les règles qu'il pose et en fixant des principes similaires – et leurs nécessaires dérogations – pour les traitements de données qui n'entrent pas dans le champ du RGPD. Elle organise l'exercice des compétences nationales et européennes de la CNIL, autorité de contrôle et de régulation, en sécurisant les procédures d'instruction et de décision conjointes à l'égard des traitements transnationaux.

Le corpus juridique de la protection des données n'est pas nécessairement aisé : il faut en effet passer régulièrement du RGPD à la loi « Informatique et libertés » ; des considérants aux articles du premier ; mais aussi des traitements soumis au RGPD aux traitements qui lui échappent. Il faudra en outre opérer, pendant plusieurs années, des allers-retours réguliers entre la jurisprudence rendue sous le régime de la directive de 1995 et les évolutions créées par le RGPD.

Au-delà de ces aspects techniques, il ne faut enfin pas oublier que le droit de la protection des données personnelles est un droit « jeune » : les réseaux sociaux se sont développés depuis une quinzaine d'années ; les moteurs de recherche depuis vingt ans. C'est donc un droit en construction, entre réglementation et régulation.

Le présent code s'efforce donc de répondre aux besoins du juriste comme du praticien :

- tout d'abord, il regroupe les textes fondamentaux dans un seul et même recueil (RGPD, loi, décret d'application), mais aussi un certain nombre de dispositions qui complètent ce corpus, soit de manière générale (Charte des droits fondamentaux de l'Union européenne, etc.), soit de manière sectorielle (dispositions applicables à certains secteurs économiques comme la banque ou l'assurance, la régulation de l'*open data*, la communication et le commerce électronique, la santé, la sécurité intérieure, etc.) ;

- ensuite, il vise à rendre le corpus juridique plus maniable, en établissant notamment une table de concordance entre RGPD et loi « Informatique et libertés ». Il permet ainsi au juriste comme au praticien de se repérer entre les dispositions européennes et nationales et de retrouver facilement, pour chaque cas, l'ensemble des dispositions applicables, ainsi que les considérants associés (V. pages roses en fin d'ouvrage) ;

– enfin et surtout, son commentaire a une double visée juridique et opérationnelle : outre les enjeux juridiques, dont certains sont amenés à être clarifiés par la jurisprudence, les commentaires de chaque article visent à donner une compréhension opérationnelle des nouvelles dispositions pour l'ensemble des acteurs qui doivent s'emparer de ce nouveau corpus. Il comporte des références jurisprudentielles rendues en application des textes antérieurs, mais qui gardent leur pertinence pour comprendre les règles contemporaines.

Ce code de la protection des données personnelles s'efforce ainsi de répondre à un besoin croissant : celui de rendre intelligible et cohérent un pan du droit devenu essentiel dans le monde contemporain, et de permettre aux juristes, praticiens et citoyens de se l'approprier.

Édouard GEFFRAY

Nota : Cet avant-propos présente l'évolution du droit de la protection des données à caractère personnelle et souligne les enjeux de la matière. Bien que rédigé pour l'édition 2021, il conserve toute son actualité.

Liste des abréviations

Hyperlien vers la décision intégrale accessible sur le Code en ligne

Hyperlien vers un article de doctrine dans une revue accessible sur le Code en ligne

Hyperlien vers un texte complémentaire accessible sur le Code en ligne

A Décision du Conseil d'État publiée au *Lebon* (Dalloz)
a. Autres
AAI Autorité Administrative Indépendante
Actu. Rubrique actualités du Recueil Dalloz (depuis mars 2010)
Aff. Affaire
AIPD Analyse d'impact relative à la protection des données
AJ Actualité jurisprudentielle du Recueil Dalloz
AJCA Actualité juridique Contrats d'affaires (Dalloz)
AJCT Actualité juridique Collectivités territoriales (Dalloz)
AJDA Actualité juridique Droit administratif (Dalloz)
AJDI Actualité juridique Droit immobilier (Dalloz)
Al. Alinéa
ALD Actualité législative Dalloz (à partir de 1993)
Anc. Ancien
App. Appendice
ARCEP Autorité de régulation des communications électroniques et des postes
Arr. Arrêté
Art. Article
Ass. Assemblée
Ass. nat. Assemblée nationale
Ass. plén. Assemblée plénière de la Cour de cassation
assoc. association
Aut. conc. Autorité de la concurrence (qui s'est substituée au Conseil de la concurrence en mars 2009)

B Décision du Conseil d'État mentionnée aux Tables du *Lebon* (Dalloz)
BCR *Binding Corporate Rules*
BIBL. Bibliographie
BIBL. GÉN. Bibliographie générale
BICC Bulletin d'information de la Cour de cassation
BRDA Bulletin rapide de droit des affaires
Bull. civ. Bulletin des arrêts des chambres civiles de la Cour de cassation

Bull. crim.	Bulletin des arrêts de la chambre criminelle de la Cour de cassation

C.	Code
c/	Contre
CAA	Cour administrative d'appel
CADA	Commission d'accès aux documents administratifs
CASF	Code de l'action sociale et des familles Dalloz
Cass.	Cour de cassation
C. assur.	Code des assurances Dalloz
C. baux	Code des baux Dalloz
CCC	Contrats Concurrence Consommation
CCE	Communication Commerce électronique
CCI	Chambre de commerce et d'industrie
CCH	Code de la construction et de l'habitation Dalloz
C. civ.	Code civil Dalloz
C. com.	Code de commerce Dalloz
C. compliance	Code de la compliance Dalloz
C. consom.	Code de la consommation Dalloz
C. copr.	Code de la copropriété Dalloz
C. défense	Code de la défense
C. données personnelles	Code de la protection des données personnelles Dalloz
CE	Conseil d'État
CEDH	Cour européenne des droits de l'homme
C. élect.	Code électoral Dalloz
C. énergie	Code de l'énergie Dalloz
C. envir.	Code de l'environnement Dalloz
CEPD	Comité européen de la protection des données (a remplacé le G29 à compter du 25 mai 2018)
CESEDA	Code de l'entrée et du séjour des étrangers et du droit d'asile Dalloz
CGCT	Code général des collectivités territoriales Dalloz
CGI	Code général des impôts Dalloz
ch.	Chambre
chap.	Chapitre
Charte UE	Charte des droits fondamentaux de l'Union européenne
Ch. mixte	Chambre mixte de la Cour de cassation
Ch. réun.	Chambres réunies de la Cour de cassation
Chron.	Chronique
Chron. C. cass.	Chronique de jurisprudence de la Cour de cassation du Recueil Dalloz
CIL	Correspondant informatique et liberté
Circ.	Circulaire
Civ.	Chambre civile de la Cour de cassation
CJA	Code de justice administrative Dalloz
CJCE	Cour de justice des Communautés européennes (jusqu'en nov. 2009)
CJUE	Cour de justice de l'Union européenne (depuis déc. 2009)
C. mon. fin.	Code monétaire et financier Dalloz
CNIL	Commission nationale de l'informatique et des libertés

COJ	Code de l'organisation judiciaire
Com.	Chambre commerciale de la Cour de cassation
Comm.	Commentaire
Comm. EDH	Commission européenne des droits de l'homme
Comp.	Comparez
concl.	Conclusions
conf.	Solution conforme
Cons. const.	Conseil constitutionnel
Consid.	Considérant
Contra	Solution contraire
Conv.	Convention
Conv. EDH	Convention européenne de sauvegarde des droits de l'homme et des libertés fondamentales
C. patr.	Code du patrimoine Dalloz
CPCE	Code des postes et des communications électroniques (disponible sur Dalloz.fr)
C. pén.	Code pénal Dalloz
CPI	Code de la propriété intellectuelle Dalloz
C. pr. civ.	Code de procédure civile Dalloz
C. pr. exéc.	Code des procédures civiles d'exécution Dalloz
C. pr. fisc.	Code de procédure fiscale Dalloz
C. pr. pén.	Code de procédure pénale Dalloz
CRBF	Comité de la réglementation bancaire et financière
Crim.	Chambre criminelle de la Cour de cassation
CRPA	Code des relations entre le public et l'administration Dalloz
C. rur. et for.	Code rural et Code forestier Dalloz
CSI	Code de la sécurité intérieure Dalloz
CSP	Code de la santé publique Dalloz
CSS	Code de la sécurité sociale Dalloz
C. sport	Code du sport Dalloz
C. transp.	Code des transports Dalloz
C. trav.	Code du travail Dalloz

D.	Recueil Dalloz
D. actu.	Site d'actualité accessible sur les portails Dalloz
Dalloz IP/IT	Revue Dalloz IP/IT - Droit de la propriété intellectuelle et du numérique
D. Affaires	Dalloz Affaires (de 1995 à 1999)
DC	Recueil critique de jurisprudence et de législation Dalloz *(années 1941 à 1944)*
DDH	Déclaration des droits de l'homme et du citoyen de 1789
Décis.	Décision
Décr.	Décret
Décr.-L.	Décret-loi
Defrénois	Répertoire du notariat Defrénois
DGCCRF	Direction générale de la concurrence, de la consommation et de la répression des fraudes
Délib.	Délibération
Dir.	Directive
Doctr.	Doctrine

DPD Délégué à la protection des données
DPO *Data protection officer*
Dr. et patr. Droit et patrimoine
Dr. et pr. Droit et procédures (ancienne Revue des huissiers)
Dr. fam. Droit de la famille
Dr. pénal Droit pénal
Dr. soc. Droit social (Dalloz)
Dr. sociétés Droit des sociétés

EDPB *European Data Protection Board* (Comité européen de la protection des données)
EEE Espace économique européen
eod. loc. Au même endroit
Err. Erratum
esp. Espèce

G29 Groupe de travail prévu à l'article 29 de la directive 95/46/CE du 24 octobre 1995 (remplacé par le Comité européen de protection des données depuis le 25 mai 2018)
Gaz. Pal. Gazette du Palais

---

ibid. Au même endroit
i.e. *id est* (c'est-à-dire)
infra Ci-dessous
INSEE Institut national de la statistique et des études économiques
Instr. Instruction
IR Informations rapides du Recueil Dalloz

JA (depuis janv. 2010; anc. Jurisassoc.) Jurisassociations (Dalloz)
J. Jurisprudence
JCP Juris-Classeur périodique (Semaine juridique), édition générale
JCP E Juris-Classeur périodique, édition Entreprise
JEX Juge de l'exécution
JME Juge de la mise en état
JO Journal officiel
JOAN Q, JO Sénat Q Journal officiel, Assemblée nationale, Sénat, Questions écrites
JOCE Journal officiel des Communautés européennes (jusqu'au 1er févr. 2003)
JOUE Journal officiel de l'Union européenne (depuis le 31 janv. 2003)
JT (depuis janv. 2010 ; anc. Tourisme et Droit) Juristourisme (Dalloz)

L. Loi
Lebon Recueil des décisions du Conseil d'État (Dalloz)
Lebon T. Recueil des décisions du Conseil d'État (Dalloz), tables
Légipresse Légipresse
LIL Loi « Informatique et Libertés » n° 78-17 du 6 janvier 1978
Liv. Livre
LPA Les Petites Affiches
LPF Livre des procédures fiscales

Mod. Modifié

---

n° Numéro
NCCC Nouveaux Cahiers du Conseil Constitutionnel
NDLR Note de la rédaction
NIR Numéro d'inscription au Répertoire National d'Identification des Personnes Physiques (numéro de sécurité sociale)
Nouv. Nouveau

---

obs. Observations
Ord. Ordonnance

P Arrêt publié au bulletin civil ou au bulletin criminel de la Cour de cassation
p. Page
Pan. Panorama
préc. Précité
Propr. ind. Propriété industrielle

QPC Question prioritaire de constitutionnalité
Quot. jur. Quotidien juridique

R. Rapport annuel de la Cour de cassation
rapp. Rapport
Rapport public Rapport public annuel du Conseil d'État
Rappr. Rapprocher
RCA Responsabilité civile et assurances
RDBF Revue de droit bancaire et financier (depuis 1999)
RDC Revue des contrats
RDSS Revue de droit sanitaire et social (Dalloz)
RDT Revue de droit du travail (Dalloz)
Recomm. Recommandation
Rect. Rectificatif
réf. Référé
Règl. Règlement
Rép. Réponse
RÉP. CIV. Répertoire de droit civil Dalloz
RÉP. COM. Répertoire de droit commercial Dalloz

RÉP. CONT. ADM.	Répertoire de contentieux administratif Dalloz
RÉP. EUR.	Répertoire de droit européen Dalloz
RÉP. INTERNAT.	Répertoire de droit international Dalloz
RÉP. IP/IT	Répertoire IP/IT et Communication Dalloz
Rép. min.	Réponse ministérielle
RÉP. PÉN.	Répertoire de droit pénal et de procédure pénale Dalloz
req.	Requête
Rev. aff. eur.	Revue des affaires européennes
Rev. sociétés	Revue des sociétés (Dalloz)
Rev. UE	Revue de l'Union européenne (Dalloz)
RFDA	Revue française de droit administratif (Dalloz)
RGPD	Règlement (UE) 2016/ 679 du 27 avril 2016 relatif à la protection des personnes physiques à l'égard du traitement des données à caractère personnel et à la libre circulation de ces données, et abrogeant la directive 95/46/CE
RJDA	Revue de jurisprudence de droit des affaires
RJPF	Revue juridique personnes et famille
RLDC	Revue Lamy droit civil
RSC	Revue de science criminelle et de droit pénal comparé (Dalloz)
RTD civ.	Revue trimestrielle de droit civil (Dalloz)
RTD com.	Revue trimestrielle de droit commercial (Dalloz)
RTD eur.	Revue trimestrielle de droit européen (Dalloz)

S.	Recueil Sirey
s.	Et suivants
SCI	Société civile immobilière
Sect.	Section
Soc.	Chambre sociale de la Cour de cassation
sol. impl.	Solution implicite
Somm.	Sommaires
ss.	Sous
supra	Ci-dessus

---

t.	Tome
TA	Tribunal administratif
TASS	Tribunal des affaires de sécurité sociale
TCE	Traité de la Communauté européenne
T. confl.	Tribunal des conflits
T. corr.	Tribunal, chambre correctionnelle
TFUE	Traité sur le fonctionnement de l'Union européenne (ex. Traité instituant les Communautés européennes)
TGI	Tribunal de grande instance
TI	Tribunal d'instance
TJ	Tribunal judiciaire
TPICE	Tribunal de première instance des Communautés européennes
T. pol.	Tribunal de police

TRACFIN	Traitement du renseignement et action contre les circuits financiers clandestins
Trib. UE	Tribunal de l'Union européenne (depuis le 1er déc. 2009)
UE	Union européenne
V.	Voir
v^{o} ou v^{is}	Mot ou mots

TABLE DES MATIÈRES

PREMIÈRE PARTIE
TEXTES FONDAMENTAUX

Règlement (UE) 2016/679 du Parlement européen et du Conseil du 27 avril 2016

« RGPD »

Directive (UE) 2016/680 du Parlement européen et du Conseil du 27 avril 2016

« Police – Justice »

Loi n° 78-17 du 6 janvier 1978

« Informatique et libertés »

Décret nº 2019-536 du 29 mai 2019

Application de la loi nº 78-17 du 6 janvier 1978

DEUXIÈME PARTIE
TEXTES COMPLÉMENTAIRES

APPENDICE

CODE DE LA PROTECTION DES DONNÉES PERSONNELLES

RÉP. CIV. v° *Correspondance - Messages électroniques,* par FAVIER.

RÉP. EUR. v^is *Conv. EDH, art. 8 : Vie privée,* par MARGUÉNAUD ; *Commerce électronique et protection des données personnelles,* par CASTETS-RENARD

RÉP. IP/IT v^is *Données à caractère personnel : Aspect pénal,* par CASTETS-RENARD et CATELAN ; *Cadre légal,* par MARTIAL-BRAZ et JAULT-SESEKE ; *Collectivités territoriales,* par CASTETS-RENARD et FAVRO ; *Délégué à la protection des données,* par HAAS ; *Données des mineurs et Droit de ne pas subir une décision fondée sur un traitement automatisé,* par ROCHFELD.

RÉP. PÉN. v^is *Atteintes à la vie privée,* par CAZÉ-GAILLARDE ; *Autorités administratives indépendantes,* par CAPPELLO ; *Cybercriminalité,* par CHOPIN.

BIBL. GÉN. ▸ Ouvrages : Conseil de l'Europe, Manuel européen sur la protection des données, *2014.* - DEBET, MASSO et METALLINOS, La protection des données à caractère personnel en droit français et européen, *LGDJ, 2015.* - BENSOUSSAN, La protection des données personnelles de A à Z, *Bruylant, 2017.* - DOCQUIR, Vers un droit européen de la protection des données ?, *Larcier, 2017.* - BOURGEOIS, Droit de la donnée, *LexisNexis, nov. 2017.* - BANCK, CHAUSSIER, et al., BENSOUSSAN-BRULÉ, Le Data Protection Officer - une nouvelle fonction dans l'entreprise, *Bruylant, 2018.* - BANCK et SCHULTIS, *Vade-mecum* de la protection des données personnelles, *RB édition, févr. 2018.* - LECOMTE, Nouvelle donne pour les données, *Fauves éditions, 2018.* - BEELEN, Guide pratique du RGPD, *Bruylant, 2018.* - BENSOUSSAN, Règlement européen sur la protection des données - Textes, commentaires et orientations pratiques, *Bruylant, 2e éd. 2018.* - ROSIER et DE TERWANGNE, Le règlement général sur la protection des données - analyse approfondie, *Larcier, 2018.* - Collectif, Grand Angle le RGPD, *Dalloz, 2018.* - HAAS, Le RGPD expliqué à mon Boss, *Éditions Kawa, janv. 2018* ; Guide juridique du RGPD, *Eni éditions, 2e éd., févr. 2020.* - Collectif, Guide pratique - Les avocats et le réglement général sur la protection des données (RGPD), *Gazette du Palais - Hors collection, juill. 2018.* - Collectif, Protection des données personnelles, *Éditions Francis Lefebvre, janv. 2019.* - Collectif, Protection des données personnelles : réussir sa mise en conformité, *Éditions législatives, 2e éd., mai 2019.* - POULLET, Le RGPD face aux défis de l'intelligence artificielle, *Larcier juill. 2020.* - Colloque organisé par le Conseil d'État, Santé et protection des données, *La documentation française - Droits et Débats, déc. 2019.* - FÉRAL-SCHUHL, *Cyberdroit 2020-2021, Dalloz, 8e éd., févr. 2020.* - TAMBOU, Manuel de droit européen de la protection des données à caractère personnel, *Bruylant, févr. 2020.* - DOUVILLE, Le RGPD face aux défis de l'intelligence artificielle, *Gualino, 1re éd., 2020.* - G'SELL, Le *big data* et le droit, *Dalloz, Thèmes & commentaires, 2020.* - BEELEN, La protection des données pour les institutions publiques, *Anthémis, 1re éd., 2020.* - J. BENSOUSSAN, A. BENSOUSSAN et V. BENSOUSSAN-BRULÉ, Jurisprudence données personnelles 2018-2020, *Lextenso, 2021.* - MATTATIA, Manuel de survie du RGPD, *Eyrolles, 2021.* - BANCK, La protection des données à caractère personnel, *Gualino, 4e éd., 2021.* - LINTY, Protection des données de l'entreprise, *ENI éditions, 2021.* - RAIMONDO, La protection des données personnelles, *Ellipses, 2021.* - ALFER, GABILLAT, KASHANI-POOR et MATHIAS, Le Délégué à la Protection des Données en action, *RB éditions, 2e éd., 2021.* - MATTATIA, BERTHAULT et DEGOS, Code du numérique 2022, *LexisNexis, août 2021.* - MATTATIA, RGPD et droit des données personnelles, *Eyrolles, 5e éd. sept. 2021.* - BERTHAULT, DEGOS et MATTATIA (dir.), Code du numérique 2022, *LexisNexis, 1re éd,. sept. 2021.* - DESGENS-PASANAU, La protection des données personnelles, *LexisNexis, 5e éd., oct. 2021.*

▸ **Articles :** Martial-Braz et Rochfeld, *D. 2013. 2788* (quel avenir pour la protection des données à caractère personnel en Europe ?). – Storrer, *D. 2013. 1844* (pour un droit commercial de l'exploitation des données à caractère personnel). – Sénéchal *AJCA 2015. 212* (la fourniture de données personnelles par le client *via* Internet, un objet contractuel ?). – Tambou, *RTD eur. 2016. 249* (protection des données personnelles : les difficultés de la mise en œuvre du droit européen au déréférencement). – Castets-Renard, *Dalloz IP/IT 2016. 330* (brève analyse du règlement général relatif à la protection des données). – Desgens-Pasanau, *Dalloz IP/IT 2016. 335* (RGPD : entre incertitudes et occasions manquées). – Naftalski, *Dalloz IP/IT 2016. 340* (l'impact du nouveau règlement sur les stratégies de transferts internationaux des données personnelles). – Forest, *Dalloz IP/IT 2016. 344* (les limites intrinsèques de la garantie d'« indépendance » des autorités de contrôle. Le cas de la CNIL). – Cadio et Livenais, *Dalloz IP/IT 2016. 347* (photographie du champ territorial du règlement données personnelles : de nouveaux opérateurs concernés ?). – Brunet, *Dalloz IP/IT 2016. 567* (règlement général sur la protection des données à caractère personnel – genèse de la réforme et présentation globale). – Lesaulnier, *Dalloz IP/IT 2016. 573* (la définition des données à caractère personnel dans le règlement général relatif à la protection des données personnelles). – Perray, *Dalloz IP/IT 2016. 581* (la délimitation territoriale du RGDP : le champ d'application et les transferts de données hors de l'Union européenne). – Metallinos, *Dalloz IP/IT 2016. 581* (les apports du règlement général relatif à la protection des données personnelles sur les conditions de licéité des traitements). – Debet, *Dalloz IP/IT 2016. 592* (les nouveaux instruments de conformité). – Bourgeois, Régnier-Pécastaing et Pélanchon, *JCP E 2018, n° 1036* (RGPD : les bonnes résolutions 2018). – Naftalski, *Dalloz IP/IT 2017. 166* (les BCRs en pratique : quelle feuille de route ?). – Martial-Braz, *Dalloz IP/IT 2017. 253* (le renforcement des droits de la personne concernée). – Bossi Malafosse, *Dalloz IP/IT 2017. 260* (le règlement européen et la protection des données de santé). – Schultis, *Dalloz IP/IT 2017. 265* (le traitement de données dans le cadre des relations de travail dans le règlement sur la protection des données personnelles). – Gabrié, *DallozIP/IT2017.268* (les pouvoirs des autorités de protection des données). – de Maison Rouge, *DallozIP/IT 2017. 273* (décryptage sur la protection des informations sensibles : du régime des données personnelles à la confidentialité des informations économiques non divulguées). – Laneret, Knittel et Baudequin, *Dalloz IP/IT 2017. 619* (protection des données personnelles : quand le droit de la concurrence s'en mêle...). – Schweiger, *Dalloz IP/IT 2017. 624* (Smart cities et nouveaux enjeux de protection des données : comment tirer profit du nouveau règlement européen ?). – Marcellin et Semik, *Dalloz IP/IT 2017. 632* (la responsabilité des traitements de données partagés dans un groupe). – Chafiol et Barbet-Massin, *Dalloz IP/IT 2017. 637* (*blockchain* à l'heure de l'entrée en application du règlement général sur la protection des données). – Haas, *Dalloz avocats 2017. 289* (la sécurité des informations à caractère personnel : un défi pour les cabinets d'avocats). – Alix, *Dalloz avocats 2017. 331* (sollicitation personnalisée et constitution de fichiers : la règle du jeu). – Banck, *RDBF 2018. Étude 1* (données personnelles : la difficile articulation des dispositions de la Directive sur les Services de Paiement 2 et du Règlement général sur la protection des données). – Sauron, *Dalloz IP/IT 2018. 17* (le RGPD : outil ou entrave de la société d'information ?). – Sauron et Quéméner, *Dalloz IP/IT 2018. 23* (le régime de sanction du RGPD : quand la complétude l'emporte sur la cohérence). – Laneret et Hamon, *Dalloz IP/IT 2018. 31* (quel avenir pour les transferts internationaux ?). – Simon et Hamon, *Dalloz IP/IT 2018. 40* (comparatif des législations des États membres intégrant le RGPD. État des lieux au 17 décembre 2017). – Alix et Segonzac, *Dalloz avocats 2018. 97* (le RGPD : quelles nouvelles obligations pour les entreprises ?). – Péronne et Daoud, *Dalloz avocats 2018. 97* (comment piloter la mise en conformité du RGPD ? Quelques lignes directrices). – Metallinos et Perray, *CCE 2018. Dossier 4* (le périmètre du RGPD). – Perray, *CCE 2018. Dossier 5* (la gouvernance). – Desgens-Pasanau, *CCE 2018. Dossier 6* [le délégué à la protection des données, pierre angulaire du principe de responsabilité (*accountability*)]. – Déroulez, *CCE 2018. Dossier 7* (les autorités de contrôle en droit des données personnelles). – Metallinos, *CCE 2018. Dossier 8* (les critères de qualification – responsables de traitement, responsables de traitement conjoints, sous-traitants). – Debet, *CCE 2018. Dossier 9* (le consentement dans le RGPD : rôle et définition). – Gaullier, *CCE 2018. Dossier 10* (le principe de finalité dans le RGPD : beaucoup d'ancien et un peu de nouveau) ; *ibid. Dossier 11* [le principe d'accountability : des formalités préalables aux études d'impact sur la vie privée (EIVP)]. – Bossi Malafosse, *CCE 2018. Dossier 12* (le traitement des données de santé et le règlement européen sur la protection des données du 27 avril 2016). – Griguer, *CCE 2018. Dossier 13* (droit d'accès, droit à la portabilité : quelles différences). – Maisnier-Broché, *CCE 2018. Dossier 14* (droit à l'effacement, à la rectification, à la limitation et droit d'opposition dans le règlement européen). – Martial-Braz, *CCE 2018. Dossier 15* (le profilage). – Perray, *CCE 2018.*

Dossier 16 (quelle stratégie pour les transferts de données personnelles hors de l'Union européenne à l'aune du RGPD ?). – Desgens-Pasanau, *CCE 2018. Dossier 17* (contrôle et sanction de la CIL : quelles évolutions ?) ; *Dalloz IP/IT 2018. 211* (l'impérative nécessité pour la CNIL d'engager sa mue et de renforcer à l'avenir sa production de référentiels). – Danis-Fatôme, *CCE 2018. Dossier 18* (quelles actions judiciaires en cas de violation du RGPD ?). – Cantero et Caprioli, *CCE 2018. Dossier 19* (la notification d'une violation de données personnelles en application du RGPD). – Benabou, *Légipresse 2018. 197* (l'extension du domaine de la donnée). – Godefroy, *D. 2018. 734* (le code algorithmique au service du droit). – Saada, *Dalloz IP/IT 2018. 217* (plaintes et contrôles sur place : analyse de l'activité de la CNIL et enjeux pour l'avenir). – Wolton, *Dalloz IP/IT 2018. 217* (mises en demeure et sanctions de la CNIL). – Carrera Mariscal, *Dalloz IP/IT 2018. 233* (le CIL : modèle type du futur délégué à la protection des données). – Godin et Lemoalle, *Dalloz IP/IT 2018. 293* (le rôle de Data Protection Officer à l'international, une étude comparative). – de Maison Rouge, *Dalloz IP/IT 2018. 374* (transposition de la directive NIS – de la cybersécurité à la cyber-résilience, loi du 26 février 2018). – Bergé et Le Métayer, *CCE 2018. Étude 20* (phénomènes de masse et droit des données). – Debet et Metallinons, *CCE 2018, nº 91* (la Cnil rappelle à la loi les éditeurs d'outils de ciblage publicitaire intégrés dans les applications mobiles). – Padova, *RLDI janv. 2019. 47* (entre patrimonialité et injonction au partage : la donnée écartelée ? – partie I). – Vandermeeren, *BRDA 2019, nº 3, p. 25* (la loi Informatique et libertés réécrite). – Jouffin et Roussille, *Banque et Dr. 1-2/2019. 61* (favoriser la libre circulation des datas (données non personnelles) : que vive le secret bancaire !). – Debet et Mettalinos, *CCE 2019, nº 3, p. 40* (Ord. du 12 déc. 2018. Poursuite de l'adaptation du droit français avec le RGPD – 2ᵉ partie : les traitements relevant du RGPD). – Caprioli, *CCE 2019, nº 3, p. 44* (règlement européen sur la libre circulation des flux de données à caractère non personnel). – Bergé et Le Métayer, *CCE 2019. Étude 20* (phénomènes de masse et droit des données). – Langlet, *JT 2019. 44* (la méthodologie d'audit dans le cadre du RGPD) ; *ibid. nº 2017, p. 35* (l'analyse d'impact sur la vie privée : plus qu'une obligation, une stratégie de sécurité de la donnée). – Dossier, *Dalloz IP/IT 2018. 458* (l'adaptation de la loi Informatique et Libertés au RGPD) ; *ibid.2019.254* (entreprises et protection des données personnelles : enjeux et stratégies) ; *ibid.344* (RGPD, directive NIS et Police-Justice, *Cloud-Act* : quelle stratégie adoptée ?). – Armingaud et Ligot, *RLDI juin 2019. 44* (le consentement : le faux amis des bases légales ?). – Armingaud et Kurochkina, *RLDI juin 2019. 47* (profilage, décisions individuelles automatisées et publicité ciblée : *to agree, or not agree, is that the question ?*). – Blanchard, *Cah. dr. entr. 3/2019. 41* (numérique, concurrence et protection des données personnelles). – Perray et Buhart, *CCE 2019. Étude 13* (combinaison de données par les réseaux sociaux à la croisée de la concurrence et du RGPD). – Armingaud et Beaufour, *RLDI juill. 2019. 47* (en attendant *e-privacy*. Les données personnelles sont une tragicomédie en deux actes). – Drouard et Armingaud, *Légipresse 2019. 402* (un an d'application du RGPD : la fin du commencement). – Douville, *AJCA 2019. 367* (*blockchain* et protection des données à caractère personnel). – Lassalle, *D. 2020. 68* (enquêtes administratives et protection des données personnelles : les limites de la jurisprudence constitutionnelle). – Byk, *Dalloz IP/IT 2020. 154* (présentation des enjeux de la responsabilité numérique). – Monteil, *D. 2020. 101* (l'usurpation d'identité à l'épreuve du numérique). – Rotily et Archambault, *Dalloz IP/IT 2020. 306* (données biométriques issues d'expérimentations de reconnaissance faciale sur le territoire français : un défi à l'aune du droit 2.0 ?). – El Mejri, *Rev. sociétés 2020. 17* (le RGPD et le droit des sociétés). – Rocher, *Rev. sociétés 2020. 139* (les données personnelles des bénéficiaires effectifs de sociétés). – Rouvière, *RTD civ. 2020. 491* (*open* et *big data* : l'évolution du concept de jurisprudence). – Douville, *D. 2020. 515* (les variations du droit au déréférencement). – Bioy, *AJDA 2020. 1552* (les drones produisent-ils des données personnelles ?). – Lassalle, *D. 2020. 68* (enquêtes administratives et protection des données personnelles : les limites de la jurisprudence constitutionnelle). – Castets-Renard, *D. 2020. 837* (le Livre blanc de la Commission européenne sur l'intelligence artificielle : vers la confiance). – Latil, *Dalloz IP/IT 2020. 593* (en attendant la déclaration de droits fondamentaux du numérique). – Danis-Fâtonme, *CCE 2020, nº 14* (les drones des manifestations captent des données à carctère personnel). – Groffe-Charrier, *Dalloz IP/IT 2020. 603* (la loi est-elle dictée par le code ?). – Kwasny et de Terwangne, *Dalloz IP/IT 2020. 607* (la protection des données à l'ère du numérique : la convention 108+, parente et nécessaire alliée du RGPD). – Netter, *Dalloz IP/IT 2020. 611* (à quoi sert le principe de transparence en droit des données pesonnelles ?). – Türk, *Dalloz IP/IT 2020. 616* (l'autodétermination informationnelle : un droit fondamental émergent). – Lacroix-De Sousa, *Rev. sociétés 2021. 351* (les sociétés face au RGPD : les enjeux de la compliance). – Grumberg et Barrière, *Rev. sociétés 2021. 51* (RGPD et données personnelles des actionnaires : l'heure de la réforme a sonné !). – Guillemain, *Dalloz IP/IT*

2021. 141 (pratique : droit des données personnelles et chaînes de contrats). – Prévost et Sirinelli, *Dalloz IP/IT 2021. 301* (zoom de la CNIL sur l'enseigement à distance). – Clément-Fontaine, *Dalloz IP/IT 2021. 324* (de l'influence du droit des données sur le droit d'auteur). – Péronne, *Dalloz IP/IT 2021. 356* (la protection des données personnelles au défi du droit de la preuve). – Hulin et Castets-Renard, *D. 2021. 848* (quels cadres de gouvernance pour le marché européen des données ?). – Gavanon, *Dalloz IP/IT 2021. 21* (réseaux d'influenceurs, abonnés et données personnelles : le respect des lois comme une terre promise à l'heure des prédateurs). – Sauron, *Dalloz IP/IT 2021. 91* (sélection pratique de la jurisprudence en matière de protection des données en Europe). – Charles, Jacquin et Parmantier, *Dalloz IP/IT 2022. 309* (les drones face aux enjeux de la protection des données personnelles).

▸ **Chroniques :** Fauvarque-Cosson et Maxwell, *D. 2018. 1033* (protection des données personnelles déc. 2016 – mai 2018) ; *ibid. 2020. 1262* (juill. 2019 – mai 2020). – Sauron, *Dalloz IP/IT 2021. 91* (sélection pratique de la jurisprudence en matière de protection des données en Europe).

▸ **Dossiers** : Entrée en vigueur du RGPD : quels changements pour les responsables de traitement ?, *CCE 2018. 7*. – Contrat et protection des données à caractère personnel, *AJCA 2019. 385* ; *ibid. 411*. – La libre circulation des données non personnelles, *Dalloz IP/IT 2020. 234* . – La légitimité et les fondements de la souveraineté numérique, *Dalloz IP/IT 2020. 337* . – *E-santé* : les nouveaux défis de l'*homo technologicus*, *Dalloz IP/IT 2020. 285* . – Le contrat en droit des données à caractère personnel, *Dalloz IP/IT 2021. 181* .

▸ **Rapports :** Le numérique et les droits fondamentaux, CE, *Doc. fr. 2014*. – Droit de la concurrence et données, Aut. conc. et Bundeskartellamt, 10 mai 2016. – Bertrand, *RTD eur. 2021. 175* (droit européen du numérique – Les enjeux de la surveillance numérique).

▸ **Guides ANSSI** (www.ssi.gouv.fr) : Guide CPME : les bonnes pratiques de l'informatique, *2017*. – Guide de recommandation sur le nomadisme numérique, *2018*. – Sécurité numérique des collectivités territoriales : l'essentiel de la réglementation, *mars 2020*. – Recommandations pour la protection des systèmes d'information essentiels, *déc. 2020*. – Guide : La cybersécurité pour les TPE/PME en 12 questions, *févr. 2021*.

▸ **Guides CNIL** (www.cnil.fr) : Guide du sous-traitant, *sept. 2017*. – Guide de sensibilisation au RGPD pour les petites et moyennes entreprises, *2018*. – Guide : La sécurité des données personnelles, *2018*. – Guide pratique pour les médecins, *2018*. – Analyse d'impact relative à la protection des données (AIPD) 1. La méthode, *2018* ; *ibid.* 2. Les modèles, *2018* ; *ibid.* 3. Les bases de connaissances, *2018* ; *ibid.* application aux objets connectés, *2018* ; *ibid.* étude de cas « Captoo », *2018*. – Guide pratique : Les durées de conservation, *juill. 2020*. – Guide pratique « tiers autorisés », *juill. 2020*. – Guide pratique : Modalités de circulation du NIR pour la recherche en santé aux fins d'appariement de données avec le SNDS, *déc. 2020*. – Guide actualisant le Pack de conformité Assurance de la CNIL, *juill. 2021 (https://www.ffa-assurance.fr)*. – Guide RGPD du développeur, *déc. 2021*.

▸ **Associations :** Revol, *JA 2018. 17* (quels défis pour le monde associatif ?). – Naftalski, *JA 2018. 22* (feuille de route : les incontournables). – Desgens-Pasanau, *JA 2018. 27* (formation et sensibilisation des nouveaux acteurs : quelles solutions ?). – Blum, *JA 2018. 30* (témoignage : « Pas de panique, de la volonté ! »). – Delpech, *JA 2018. 36* (Juridique – Protection des données personnelles – Les associations au cœur du RGPD) ; *ibid. 22* (Un premier bilan décevant, mais pas désespéré). – Dossier, *JA 2019. 16* (données personnelles : la notice du traitement – RGPD, enjeux, bonnes pratiques, générosités, déontologie). – Rodriguez, *Dalloz IP/IT 2019. 222* (les enjeux de la protection des données personnelles pour les associations : l'association actrice de la défense de la protection des données personnelles). – Lepetit, *JA 2020. 1291* (gestion – organisations faisant appel public à la générosité – RGPD et plan comptable : quels impacts ?).

▸ **Collectivités territoriales :** Bonenfant, *AJCT 2017. 8* (les obligations déclaratives des traitements de données à caractère personnel des collectivités territoriales) ; *ibid. 13* (l'environnement « Informatique et libertés » des collectivités territoriales, une source de contentieux). – Salen et Perray, *AJCT 2017. 17* (les collectivités locales à l'épreuve de la protection des données personnelles de leurs agents). – Dyens et Rotivel, *AJCT 2017. 23* (données personnelles numériques et collectivités territoriales : quelles procédures ? Quelles sanctions encourues ?). – Baron, *AJCT 2017. 27* (données personnelles et collectivités). – Mullenex et Morat, *AJCT 2018. 378* (Cybersécurité : quelle responsabilité pour les collectivités territoriales ?). – Dary et Gosse, *AJCT 2018. 497* (l'enjeu de la conformité à la réglementation des données personnelles pour les collectivités territoriales). – Judais, *AJCT 2021. 176* (protection des données personnelles : les nouveaux principes s'imposant aux communes, 1re partie) ; *ibid. 234* (2e partie).

▸ **Droit comparé** : Dédia et Ouattara, La protection des données à caractère personnel en Afrique francophone, *LGDJ, 1re éd., 2020*. – Naftalski, Revol et Costes, *Dalloz IP/IT*

2021. 168 (pratique : le règlement général sur la protection des données personnelles source d'inspiration du *Californian Consumer Privacy Act* ?). – CASTETS-RENARD, *Dalloz IP/IT 2021. 202* (contrats et protection des données à caractère personnel : le cas du droit américain). – SHI et ZHANG, *Dalloz IP/IT 2021. 656* *(comments on chinese civil subject qualification of artificia intelligence).*

PARTIE I

TEXTES FONDAMENTAUX

Règlement (UE) 2016/679 du Parlement européen et du Conseil du 27 avril 2016,

Relatif à la protection des personnes physiques à l'égard du traitement des données à caractère personnel et à la libre circulation de ces données, et abrogeant la directive 95/46/CE (Règlement général sur la protection des données) (Texte présentant de l'intérêt pour l'EEE).

LE PARLEMENT EUROPÉEN ET LE CONSEIL DE L'UNION EUROPÉENNE,

vu le traité sur le fonctionnement de l'Union européenne, et notamment son article 16, vu la proposition de la Commission européenne,

après transmission du projet d'acte législatif aux parlements nationaux, vu l'avis du Comité économique et social européen *[JO C 229 du 31.7.2012, p. 90]*,

vu l'avis du Comité des régions *[JO C 391 du 18.12.2012, p. 127]*,

statuant conformément à la procédure législative ordinaire *[Position du Parlement européen du 12 mars 2014 (non encore parue au Journal officiel) et position du Conseil en première lecture du 8 avril 2016 (non encore parue au Journal officiel). Position du Parlement européen du 14 avril 2016]*, considérant ce qui suit :

(1) La protection des personnes physiques à l'égard du traitement des données à caractère personnel est un droit fondamental. L'article 8, paragraphe 1, de la Charte des droits fondamentaux de l'Union européenne (ci-après dénommée "Charte") et l'article 16, paragraphe 1, du traité sur le fonctionnement de l'Union européenne disposent que toute personne a droit à la protection des données à caractère personnel la concernant.

(2) Les principes et les règles régissant la protection des personnes physiques à l'égard du traitement des données à caractère personnel les concernant devraient, quelle que soit la nationalité ou la résidence de ces personnes physiques, respecter leurs libertés et droits fondamentaux, en particulier leur droit à la protection des données à caractère personnel. Le présent règlement vise à contribuer à la réalisation d'un espace de liberté, de sécurité et de justice et d'une union économique, au progrès économique et social, à la consolidation et à la convergence des économies au sein du marché intérieur, ainsi qu'au bien-être des personnes physiques.

(3) La directive 95/46/CE du Parlement européen et du Conseil *[Directive 95/46/CE du Parlement européen et du Conseil, du 24 octobre 1995, relative à la protection des personnes physiques à l'égard du traitement des données à caractère personnel et à la libre circulation de ces données (JO L 281 du 23.11.1995, p. 31)]* vise à harmoniser la protection des libertés et droits fondamentaux des personnes physiques en ce qui concerne les activités de traitement et à assurer le libre flux des données à caractère personnel entre les États membres.

(4) Le traitement des données à caractère personnel devrait être conçu pour servir l'humanité. Le droit à la protection des données à caractère personnel n'est pas un droit absolu ; il doit être considéré par rapport à sa fonction dans la société et être mis en balance avec d'autres droits fondamentaux, conformément au principe de proportionnalité. Le présent règlement respecte tous les droits fondamentaux et observe les libertés et les principes reconnus par la Charte, consacrés par les traités, en particulier le respect de la vie privée et familiale, du domicile et des communications, la protection des données à caractère personnel, la liberté de pensée, de conscience et de religion, la liberté d'expression et d'information, la liberté d'entreprise, le droit à un recours effectif et à accéder à un tribunal impartial, et la diversité culturelle, religieuse et linguistique.

(5) L'intégration économique et sociale résultant du fonctionnement du marché intérieur a conduit à une augmentation substantielle des flux transfrontaliers de données à caractère personnel. Les échanges de données à caractère personnel entre acteurs publics et privés, y compris les personnes physiques, les associations et les entreprises, se sont intensifiés dans l'ensemble de l'Union. Le droit de l'Union appelle les autorités nationales des États membres à coopérer et à échanger des données à caractère personnel, afin d'être en mesure de remplir leurs missions ou d'accomplir des tâches pour le compte d'une autorité d'un autre État membre.

(6) L'évolution rapide des technologies et la mondialisation ont créé de nouveaux enjeux pour la protection des données à caractère personnel. L'ampleur de la collecte et du partage de données à caractère personnel a augmenté de manière importante. Les technologies permettent tant aux entreprises privées qu'aux autorités publiques d'utiliser les données à caractère personnel comme jamais auparavant dans le cadre de leurs activités. De plus en plus, les personnes physiques rendent des informations les concernant accessibles publiquement et à un niveau mondial. Les technologies ont transformé à la fois l'économie et les rapports sociaux, et elles devraient encore faciliter le libre flux des données à caractère personnel au sein de l'Union et leur transfert vers des pays tiers et à des organisations internationales, tout en assurant un niveau élevé de protection des données à caractère personnel.

(7) Ces évolutions requièrent un cadre de protection des données solide et plus cohérent dans l'Union, assorti d'une application rigoureuse des règles, car il importe de susciter la confiance qui permettra à l'économie numérique de se développer dans l'ensemble du marché intérieur. Les personnes physiques devraient avoir le contrôle des données à caractère personnel les concernant. La sécurité tant juridique que pratique devrait être renforcée pour les personnes physiques, les opérateurs économiques et les autorités publiques.

(8) Lorsque le présent règlement dispose que le droit d'un État membre peut apporter des précisions ou des limitations aux règles qu'il prévoit, les États membres peuvent intégrer des éléments du présent règlement dans leur droit dans la mesure nécessaire pour garantir la cohérence et pour rendre les dispositions nationales compréhensibles pour les personnes auxquelles elles s'appliquent.

(9) Si elle demeure satisfaisante en ce qui concerne ses objectifs et ses principes, la directive 95/46/CE n'a pas permis d'éviter une fragmentation de la mise en œuvre de la protection des données dans l'Union, une insécurité juridique ou le sentiment, largement répandu dans le public, que des risques importants pour la protection des personnes physiques subsistent, en particulier en ce qui concerne l'environnement en ligne. Les différences dans le niveau de protection des droits et libertés des personnes physiques, en particulier le droit à la protection des données à caractère personnel, à l'égard du traitement des données à caractère personnel dans les États membres peuvent empêcher le libre flux de ces données dans l'ensemble de l'Union. Ces différences peuvent dès lors constituer un obstacle à l'exercice des activités économiques au niveau de l'Union, fausser la concurrence et empêcher les autorités de s'acquitter des obligations qui leur incombent en vertu du droit de l'Union. Ces différences dans le niveau de protection résultent de l'existence de divergences dans la mise en œuvre et l'application de la directive 95/46/CE.

(10) Afin d'assurer un niveau cohérent et élevé de protection des personnes physiques et de lever les obstacles aux flux de données à caractère personnel au sein de l'Union, le niveau de protection des droits et des libertés des personnes physiques à l'égard du traitement de ces données devrait être équivalent dans tous les États membres. Il convient dès lors d'assurer une application cohérente et homogène des règles de protection des libertés et droits fondamentaux des personnes physiques à l'égard du traitement des données à caractère personnel dans l'ensemble de l'Union. En ce qui concerne le traitement de données à caractère personnel nécessaire au respect d'une obligation légale, à l'exécution d'une mission d'intérêt public ou relevant de l'exercice de l'autorité publique dont est investi le responsable du traitement, il y a lieu d'autoriser les États membres à maintenir ou à introduire des dispositions nationales destinées à préciser davantage l'application des règles du présent règlement. Parallèlement à la législation générale et horizontale relative à la protection des données mettant en œuvre la directive 95/46/CE, il existe, dans les États membres,

plusieurs législations sectorielles spécifiques dans des domaines qui requièrent des dispositions plus précises. Le présent règlement laisse aussi aux États membres une marge de manœuvre pour préciser ses règles, y compris en ce qui concerne le traitement de catégories particulières de données à caractère personnel (ci-après dénommées "données sensibles"). A cet égard, le présent règlement n'exclut pas que le droit des États membres précise les circonstances des situations particulières de traitement y compris en fixant de manière plus précise les conditions dans lesquelles le traitement de données à caractère personnel est licite.

(11) Une protection effective des données à caractère personnel dans l'ensemble de l'Union exige de renforcer et de préciser les droits des personnes concernées et les obligations de ceux qui effectuent et déterminent le traitement des données à caractère personnel, ainsi que de prévoir, dans les États membres, des pouvoirs équivalents de surveillance et de contrôle du respect des règles relatives à la protection des données à caractère personnel et des sanctions équivalentes pour les violations.

(12) L'article 16, paragraphe 2, du traité sur le fonctionnement de l'Union européenne donne mandat au Parlement européen et au Conseil pour fixer les règles relatives à la protection des personnes physiques à l'égard du traitement des données à caractère personnel ainsi que les règles relatives à la libre circulation des données à caractère personnel.

(13) Afin d'assurer un niveau cohérent de protection des personnes physiques dans l'ensemble de l'Union, et d'éviter que des divergences n'entravent la libre circulation des données à caractère personnel au sein du marché intérieur, un règlement est nécessaire pour garantir la sécurité juridique et la transparence aux opérateurs économiques, y compris les micro, petites et moyennes entreprises, pour offrir aux personnes physiques de tous les États membres un même niveau de droits opposables et d'obligations et de responsabilités pour les responsables du traitement et les sous-traitants, et pour assurer une surveillance cohérente du traitement des données à caractère personnel, et des sanctions équivalentes dans tous les États membres, ainsi qu'une coopération efficace entre les autorités de contrôle des différents États membres. Pour que le marché intérieur fonctionne correctement, il est nécessaire que la libre circulation des données à caractère personnel au sein de l'Union ne soit ni limitée ni interdite pour des motifs liés à la protection des personnes physiques à l'égard du traitement des données à caractère personnel. Pour tenir compte de la situation particulière des micro, petites et moyennes entreprises, le présent règlement comporte une dérogation pour les organisations occupant moins de 250 employés en ce qui concerne la tenue de registres. Les institutions et organes de l'Union, et les États membres et leurs autorités de contrôle sont en outre encouragés à prendre en considération les besoins spécifiques des micro, petites et moyennes entreprises dans le cadre de l'application du présent règlement. Pour définir la notion de micro, petites et moyennes entreprises, il convient de se baser sur l'article 2 de l'annexe de la recommandation 2003/361/CE de la Commission *[Recommandation de la Commission du 6 mai 2003 concernant la définition des micro, petites et moyennes entreprises [C(2003) 1422] (JO L 124 du 20.5.2003, p. 36)]*.

(14) La protection conférée par le présent règlement devrait s'appliquer aux personnes physiques, indépendamment de leur nationalité ou de leur lieu de résidence, en ce qui concerne le traitement de leurs données à caractère personnel. Le présent règlement ne couvre pas le traitement des données à caractère personnel qui concernent les personnes morales, et en particulier des entreprises dotées de la personnalité juridique, y compris le nom, la forme juridique et les coordonnées de la personne morale.

(15) Afin d'éviter de créer un risque grave de contournement, la protection des personnes physiques devrait être neutre sur le plan technologique et ne devrait pas dépendre des techniques utilisées. Elle devrait s'appliquer aux traitements de données à caractère personnel à l'aide de procédés automatisés ainsi qu'aux traitements manuels, si les données à caractère personnel sont contenues ou destinées à être contenues dans un fichier. Les dossiers ou ensembles de dossiers de même que leurs couvertures, qui ne sont pas structurés selon des critères déterminés ne devraient pas relever du champ d'application du présent règlement.

(16) Le présent règlement ne s'applique pas à des questions de protection des libertés et droits fondamentaux ou de libre flux des données à caractère personnel concernant des activités qui ne relèvent pas du champ d'application du droit de l'Union, telles que les activités relatives à la sécurité nationale. Le présent règlement ne s'applique pas au traitement des données à caractère personnel par les États membres dans le contexte de leurs activités ayant trait à la politique étrangère et de sécurité commune de l'Union.

(17) Le règlement (CE) n° 45/2001 du Parlement européen et du Conseil *[Règlement (CE) n° 45/2001 du Parlement européen et du Conseil du 18 décembre 2000 relatif à la protection des personnes physiques à l'égard du traitement des données à caractère personnel par les institutions et organes communautaires et à la libre circulation de ces données (JO L 8 du 12.1.2001, p. 1)]* s'applique au traitement des données à caractère personnel par les institutions, organes et organismes de l'Union. Le règlement (CE) n° 45/2001 et les autres actes juridiques de l'Union applicables audit traitement des données à caractère personnel devraient être adaptés aux principes et aux règles fixés dans le présent règlement et appliqués à la lumière du présent règlement. Pour mettre en place un cadre de protection des données solide et cohérent dans l'Union, il convient, après l'adoption du présent règlement, d'apporter les adaptations nécessaires au règlement (CE) n° 45/2001 de manière à ce que celles-ci s'appliquent en même temps que le présent règlement.

(18) Le présent règlement ne s'applique pas aux traitements de données à caractère personnel effectués par une personne physique au cours d'activités strictement personnelles ou domestiques, et donc sans lien avec une activité professionnelle ou commerciale. Les activités personnelles ou domestiques pourraient inclure l'échange de correspondance et la tenue d'un carnet d'adresses, ou l'utilisation de réseaux sociaux et les activités en ligne qui ont lieu dans le cadre de ces activités. Toutefois, le présent règlement s'applique aux responsables du traitement ou aux sous-traitants qui fournissent les moyens de traiter des données à caractère personnel pour de telles activités personnelles ou domestiques.

(19) La protection des personnes physiques à l'égard du traitement des données à caractère personnel par les autorités compétentes à des fins de prévention et de détection des infractions pénales, d'enquêtes et de poursuites en la matière ou d'exécution de sanctions pénales, y compris la protection contre les menaces pour la sécurité publique et la prévention de telles menaces et la libre circulation de ces données, fait l'objet d'un acte juridique spécifique de l'Union. Le présent règlement ne devrait dès lors pas s'appliquer aux activités de traitement effectuées à ces fins. Toutefois, les données à caractère personnel traitées par des autorités publiques en vertu du présent règlement devraient, lorsqu'elles sont utilisées à ces fins, être régies par un acte juridique de l'Union plus spécifique, à savoir la directive (UE) 2016/680 du Parlement européen et du Conseil *[Directive (UE) 2016/680 du Parlement européen et du Conseil du 27 avril 2016 relative à la protection des personnes physiques à l'égard du traitement des données à caractère personnel par les autorités compétentes à des fins de prévention et de détection des infractions pénales, d'enquêtes et de poursuites en la matière ou d'exécution de sanctions pénales, et à la libre circulation de ces données et abrogeant la décision-cadre 2008/977/JAI du Conseil (voir page 89 du présent Journal officiel)]*. Les États membres peuvent confier à des autorités compétentes au sens de la directive (UE) 2016/680 des missions qui ne sont pas nécessairement effectuées à des fins de prévention et de détection des infractions pénales, d'enquêtes et de poursuites en la matière ou d'exécution de sanctions pénales, y compris la protection contre les menaces pour la sécurité publique et la prévention de telles menaces, de manière à ce que le traitement de données à caractère personnel à ces autres fins, pour autant qu'il relève du champ d'application du droit de l'Union, relève du champ d'application du présent règlement.

En ce qui concerne le traitement de données à caractère personnel par ces autorités compétentes à des fins relevant du champ d'application du présent règlement, les États membres devraient pouvoir maintenir ou introduire des dispositions plus spécifiques pour adapter l'application des règles du présent règlement. Ces dispositions peuvent déterminer plus précisément les exigences spécifiques au traitement de données à caractère personnel par ces autorités compétentes à ces autres fins, compte tenu de la structure constitutionnelle, organisationnelle et administrative de l'État membre concerné. Lorsque le traitement de données à caractère personnel par des organismes privés relève du champ d'application du présent règlement, celui-ci devrait prévoir la possibilité pour les États membres, sous certaines conditions, de limiter par la loi certaines obligations et certains droits lorsque cette limitation constitue une mesure nécessaire et proportionnée dans une société démocratique pour garantir des intérêts spécifiques importants tels que la sécurité publique, ainsi que la prévention et la détection des infractions pénales, les enquêtes et les poursuites en la matière ou l'exécution de sanctions pénales, y compris la protection contre les menaces pour la sécurité publique et la prévention de telles menaces. Cela est pertinent, par exemple, dans le cadre de la lutte contre le blanchiment d'argent ou des activités des laboratoires de police scientifique.

(20) Bien que le présent règlement s'applique, entre autres, aux activités des juridictions et autres autorités judiciaires, le droit de l'Union ou le droit des États membres pourrait préciser les opérations et procédures de traitement en ce qui concerne le traitement des données à caractère personnel par les juridictions et autres autorités judiciaires. La compétence des autorités de contrôle ne devrait pas s'étendre au traitement de données à caractère personnel effectué par les juridictions dans l'exercice de leur fonction juridictionnelle, afin de préserver l'indépendance du pouvoir judiciaire dans l'accomplissement de ses missions judiciaires, y compris lorsqu'il prend des décisions. Il devrait être possible de confier le contrôle de ces opérations de traitement de données à des organes spécifiques au sein de l'appareil judiciaire de l'État membre, qui devraient notamment garantir le respect des règles du présent règlement, sensibiliser davantage les membres du pouvoir judiciaire aux obligations qui leur incombent en vertu du présent règlement et traiter les réclamations concernant ces opérations de traitement de données.

(21) Le présent règlement s'applique sans préjudice de l'application de la directive 2000/31/CE du Parlement européen et du Conseil *[Directive 2000/31/CE du Parlement européen et du Conseil du 8 juin 2000 relative à certains aspects juridiques des services de la société de l'information, et notamment du commerce électronique, dans le marché intérieur ("directive sur le commerce électronique") (JO L 178 du 17.7.2000, p. 1)]*, et notamment du régime de responsabilité des prestataires de services intermédiaires prévu dans ses articles 12 à 15. Cette directive a pour objectif de contribuer au bon fonctionnement du marché intérieur en assurant la libre circulation des services de la société de l'information entre les États membres.

(22) Tout traitement de données à caractère personnel qui a lieu dans le cadre des activités d'un établissement d'un responsable du traitement ou d'un sous-traitant sur le territoire de l'Union devrait être effectué conformément au présent règlement, que le traitement lui-même ait lieu ou non dans l'Union. L'établissement suppose l'exercice effectif et réel d'une activité au moyen d'un dispositif stable. La forme juridique retenue pour un tel dispositif, qu'il s'agisse d'une succursale ou d'une filiale ayant la personnalité juridique, n'est pas déterminante à cet égard.

(23) Afin de garantir qu'une personne physique ne soit pas exclue de la protection à laquelle elle a droit en vertu du présent règlement, le traitement de données à caractère personnel relatives à des personnes concernées qui se trouvent dans l'Union par un responsable du traitement ou un sous-traitant qui n'est pas établi dans l'Union devrait être soumis au présent règlement lorsque les activités de traitement sont liées à l'offre de biens ou de services à ces personnes, qu'un paiement soit exigé ou non. Afin de déterminer si un tel responsable du traitement ou sous-traitant offre des biens ou des services à des personnes concernées qui se trouvent dans l'Union, il y a lieu d'établir s'il est clair que le responsable du traitement ou le sous-traitant envisage d'offrir des services à des personnes concernées dans un ou plusieurs États membres de l'Union. Alors que la simple accessibilité du site internet du responsable du traitement, d'un sous-traitant ou d'un intermédiaire dans l'Union, d'une adresse électronique ou d'autres coordonnées, ou l'utilisation d'une langue généralement utilisée dans le pays tiers où le responsable du traitement est établi ne suffit pas pour établir cette intention, des facteurs tels que l'utilisation d'une langue ou d'une monnaie d'usage courant dans un ou plusieurs États membres, avec la possibilité de commander des biens et des services dans cette autre langue ou la mention de clients ou d'utilisateurs qui se trouvent dans l'Union, peuvent indiquer clairement que le res-

ponsable du traitement envisage d'offrir des biens ou des services à des personnes concernées dans l'Union.

(24) Le traitement de données à caractère personnel de personnes concernées qui se trouvent dans l'Union par un responsable du traitement ou un sous-traitant qui n'est pas établi dans l'Union devrait également être soumis au présent règlement lorsque ledit traitement est lié au suivi du comportement de ces personnes dans la mesure où il s'agit de leur comportement au sein de l'Union. Afin de déterminer si une activité de traitement peut être considérée comme un suivi du comportement des personnes concernées, il y a lieu d'établir si les personnes physiques sont suivies sur internet, ce qui comprend l'utilisation ultérieure éventuelle de techniques de traitement des données à caractère personnel qui consistent en un profilage d'une personne physique, afin notamment de prendre des décisions la concernant ou d'analyser ou de prédire ses préférences, ses comportements et ses dispositions d'esprit.

(25) Lorsque le droit d'un État membre s'applique en vertu du droit international public, le présent règlement devrait s'appliquer également à un responsable du traitement qui n'est pas établi dans l'Union, par exemple qui se trouve auprès de la représentation diplomatique ou consulaire d'un État membre.

(26) Il y a lieu d'appliquer les principes relatifs à la protection des données à toute information concernant une personne physique identifiée ou identifiable. Les données à caractère personnel qui ont fait l'objet d'une pseudonymisation et qui pourraient être attribuées à une personne physique par le recours à des informations supplémentaires devraient être considérées comme des informations concernant une personne physique identifiable. Pour déterminer si une personne physique est identifiable, il convient de prendre en considération l'ensemble des moyens raisonnablement susceptibles d'être utilisés par le responsable du traitement ou par toute autre personne pour identifier la personne physique directement ou indirectement, tels que le ciblage. Pour établir si des moyens sont raisonnablement susceptibles d'être utilisés pour identifier une personne physique, il convient de prendre en considération l'ensemble des facteurs objectifs, tels que le coût de l'identification et le temps nécessaire à celle-ci, en tenant compte des technologies disponibles au moment du traitement et de l'évolution de celles-ci. Il n'y a dès lors pas lieu d'appliquer les principes relatifs à la protection des données aux informations anonymes, à savoir les informations ne concernant pas une personne physique identifiée ou identifiable, ni aux données à caractère personnel rendues anonymes de telle manière que la personne concernée ne soit pas ou plus identifiable. Le présent règlement ne s'applique, par conséquent, pas au traitement de telles informations anonymes, y compris à des fins statistiques ou de recherche.

(27) Le présent règlement ne s'applique pas aux données à caractère personnel des personnes décédées. Les États membres peuvent prévoir des règles relatives au traitement des données à caractère personnel des personnes décédées.

(28) La pseudonymisation des données à caractère personnel peut réduire les risques pour les personnes concernées et aider les responsables du traitement et les sous-traitants à remplir leurs obligations en matière de protection des données. L'introduction explicite de la pseudonymisation dans le présent règlement ne vise pas à exclure toute autre mesure de protection des données.

(29) Afin d'encourager la pseudonymisation dans le cadre du traitement des données à caractère personnel, des mesures de pseudonymisation devraient être possibles chez un même responsable du traitement, tout en permettant une analyse générale, lorsque celui-ci a pris les mesures techniques et organisationnelles nécessaires afin de garantir, pour le traitement concerné, que le présent règlement est mis en œuvre, et que les informations supplémentaires permettant d'attribuer les données à caractère personnel à une personne concernée précise soient conservées séparément. Le responsable du traitement qui traite les données à caractère personnel devrait indiquer les personnes autorisées à cet effet chez un même responsable du traitement.

(30) Les personnes physiques peuvent se voir associer, par les appareils, applications, outils et protocoles qu'elles utilisent, des identifiants en ligne tels que des adresses IP et des témoins de connexion ("cookies") ou d'autres identifiants, par exemple des étiquettes d'identification par radiofréquence. Ces identifiants peuvent laisser des

traces qui, notamment lorsqu'elles sont combinées aux identifiants uniques et à d'autres informations reçues par les serveurs, peuvent servir à créer des profils de personnes physiques et à identifier ces personnes.

(31) Les autorités publiques auxquelles des données à caractère personnel sont communiquées conformément à une obligation légale pour l'exercice de leurs fonctions officielles, telles que les autorités fiscales et douanières, les cellules d'enquête financière, les autorités administratives indépendantes ou les autorités des marchés financiers responsables de la réglementation et de la surveillance des marchés de valeurs mobilières ne devraient pas être considérées comme des destinataires si elles reçoivent des données à caractère personnel qui sont nécessaires pour mener une enquête particulière dans l'intérêt général, conformément au droit de l'Union ou au droit d'un État membre. Les demandes de communication adressées par les autorités publiques devraient toujours être présentées par écrit, être motivées et revêtir un caractère occasionnel, et elles ne devraient pas porter sur l'intégralité d'un fichier ni conduire à l'interconnexion de fichiers. Le traitement des données à caractère personnel par les autorités publiques en question devrait être effectué dans le respect des règles applicables en matière de protection des données en fonction des finalités du traitement.

(32) Le consentement devrait être donné par un acte positif clair par lequel la personne concernée manifeste de façon libre, spécifique, éclairée et univoque son accord au traitement des données à caractère personnel la concernant, par exemple au moyen d'une déclaration écrite, y compris par voie électronique, ou d'une déclaration orale. Cela pourrait se faire notamment en cochant une case lors de la consultation d'un site internet, en optant pour certains paramètres techniques pour des services de la société de l'information ou au moyen d'une autre déclaration ou d'un autre comportement indiquant clairement dans ce contexte que la personne concernée accepte le traitement proposé de ses données à caractère personnel. Il ne saurait dès lors y avoir de consentement en cas de silence, de cases cochées par défaut ou d'inactivité. Le consentement donné devrait valoir pour toutes les activités de traitement ayant la ou les mêmes finalités. Lorsque le traitement a plusieurs finalités, le consentement devrait être donné pour l'ensemble d'entre elles. Si le consentement de la personne concernée est donné à la suite d'une demande introduite par voie électronique, cette demande doit être claire et concise et ne doit pas inutilement perturber l'utilisation du service pour lequel il est accordé.

(33) Souvent, il n'est pas possible de cerner entièrement la finalité du traitement des données à caractère personnel à des fins de recherche scientifique au moment de la collecte des données. Par conséquent, les personnes concernées devraient pouvoir donner leur consentement en ce qui concerne certains domaines de la recherche scientifique, dans le respect des normes éthiques reconnues en matière de recherche scientifique. Les personnes concernées devraient pouvoir donner leur consentement uniquement pour ce qui est de certains domaines de la recherche ou de certaines parties de projets de recherche, dans la mesure où la finalité visée le permet.

(34) Les données génétiques devraient être définies comme les données à caractère personnel relatives aux caractéristiques génétiques héréditaires ou acquises d'une personne physique, résultant de l'analyse d'un échantillon biologique de la personne physique en question, notamment une analyse des chromosomes, de l'acide désoxyribonucléique (ADN) ou de l'acide ribonucléique (ARN), ou de l'analyse d'un autre élément permettant d'obtenir des informations équivalentes.

(35) Les données à caractère personnel concernant la santé devraient comprendre l'ensemble des données se rapportant à l'état de santé d'une personne concernée qui révèlent des informations sur l'état de santé physique ou mentale passé, présent ou futur de la personne concernée. Cela comprend des informations sur la personne physique collectées lors de l'inscription de cette personne physique en vue de bénéficier de services de soins de santé ou lors de la prestation de ces services au sens de la directive 2011/24/UE du Parlement européen et du Conseil *[Directive 2011/24/UE du Parlement européen et du Conseil du 9 mars 2011 relative à l'application des droits des patients en matière de soins de santé transfrontaliers (JO L 88 du 4.4.2011, p. 45)]* **au bénéfice de cette personne physique ; un numéro, un symbole ou un élément spécifique attribué à une personne physique pour l'identifier de manière unique à des fins de santé ; des**

informations obtenues lors du test ou de l'examen d'une partie du corps ou d'une substance corporelle, y compris à partir de données génétiques et d'échantillons biologiques ; et toute information concernant, par exemple, une maladie, un handicap, un risque de maladie, les antécédents médicaux, un traitement clinique ou l'état physiologique ou biomédical de la personne concernée, indépendamment de sa source, qu'elle provienne par exemple d'un médecin ou d'un autre professionnel de la santé, d'un hôpital, d'un dispositif médical ou d'un test de diagnostic *in vitro*.

(36) L'établissement principal d'un responsable du traitement dans l'Union devrait être le lieu de son administration centrale dans l'Union, à moins que les décisions quant aux finalités et aux moyens du traitement des données à caractère personnel soient prises dans un autre établissement du responsable du traitement dans l'Union, auquel cas cet autre établissement devrait être considéré comme étant l'établissement principal. L'établissement principal d'un responsable du traitement dans l'Union devrait être déterminé en fonction de critères objectifs et devrait supposer l'exercice effectif et réel d'activités de gestion déterminant les décisions principales quant aux finalités et aux moyens du traitement dans le cadre d'un dispositif stable. Ce critère ne devrait pas dépendre du fait que le traitement ait lieu à cet endroit. La présence et l'utilisation de moyens techniques et de technologies de traitement de données à caractère personnel ou d'activités de traitement ne constituent pas, en elles-mêmes, un établissement principal et ne sont, dès lors, pas des critères déterminants pour un établissement principal. L'établissement principal du sous-traitant devrait être le lieu de son administration centrale dans l'Union ou, s'il ne dispose pas d'une administration centrale dans l'Union, le lieu où se déroule l'essentiel des activités de traitement dans l'Union. Lorsque le responsable du traitement et le sous-traitant sont tous deux concernés, l'autorité de contrôle de l'État membre dans lequel le responsable du traitement a son établissement principal devrait rester l'autorité de contrôle chef de file compétente, mais l'autorité de contrôle du sous-traitant devrait être considérée comme étant une autorité de contrôle concernée et cette autorité de contrôle devrait participer à la procédure de coopération prévue par le présent règlement. En tout état de cause, les autorités de contrôle du ou des États membres dans lesquels le sous-traitant a un ou plusieurs établissements ne devraient pas être considérées comme étant des autorités de contrôle concernées lorsque le projet de décision ne concerne que le responsable du traitement. Lorsque le traitement est effectué par un groupe d'entreprises, l'établissement principal de l'entreprise qui exerce le contrôle devrait être considéré comme étant l'établissement principal du groupe d'entreprises, excepté lorsque les finalités et les moyens du traitement sont déterminés par une autre entreprise.

(37) Un groupe d'entreprises devrait couvrir une entreprise qui exerce le contrôle et ses entreprises contrôlées, la première devant être celle qui peut exercer une influence dominante sur les autres entreprises du fait, par exemple, de la détention du capital, d'une participation financière ou des règles qui la régissent, ou du pouvoir de faire appliquer les règles relatives à la protection des données à caractère personnel. Une entreprise qui contrôle le traitement de données à caractère personnel dans des entreprises qui lui sont affiliées devrait être considérée comme formant avec ces dernières un groupe d'entreprises.

(38) Les enfants méritent une protection spécifique en ce qui concerne leurs données à caractère personnel parce qu'ils peuvent être moins conscients des risques, des conséquences et des garanties concernées et de leurs droits liés au traitement des données à caractère personnel. Cette protection spécifique devrait, notamment, s'appliquer à l'utilisation de données à caractère personnel relatives aux enfants à des fins de marketing ou de création de profils de personnalité ou d'utilisateur et à la collecte de données à caractère personnel relatives aux enfants lors de l'utilisation de services proposés directement à un enfant. Le consentement du titulaire de la responsabilité parentale ne devrait pas être nécessaire dans le cadre de services de prévention ou de conseil proposés directement à un enfant.

(39) Tout traitement de données à caractère personnel devrait être licite et loyal. Le fait que des données à caractère personnel concernant des personnes physiques sont collectées, utilisées, consultées ou traitées d'une autre manière et la mesure dans laquelle ces données sont ou seront traitées devraient être transparents à l'égard

des personnes physiques concernées. Le principe de transparence exige que toute information et communication relatives au traitement de ces données à caractère personnel soient aisément accessibles, faciles à comprendre, et formulées en des termes clairs et simples. Ce principe vaut, notamment, pour les informations communiquées aux personnes concernées sur l'identité du responsable du traitement et sur les finalités du traitement ainsi que pour les autres informations visant à assurer un traitement loyal et transparent à l'égard des personnes physiques concernées et leur droit d'obtenir la confirmation et la communication des données à caractère personnel les concernant qui font l'objet d'un traitement. Les personnes physiques devraient être informées des risques, règles, garanties et droits liés au traitement des données à caractère personnel et des modalités d'exercice de leurs droits en ce qui concerne ce traitement. En particulier, les finalités spécifiques du traitement des données à caractère personnel devraient être explicites et légitimes, et déterminées lors de la collecte des données à caractère personnel. Les données à caractère personnel devraient être adéquates, pertinentes et limitées à ce qui est nécessaire pour les finalités pour lesquelles elles sont traitées. Cela exige, notamment, de garantir que la durée de conservation des données soit limitée au strict minimum. Les données à caractère personnel ne devraient être traitées que si la finalité du traitement ne peut être raisonnablement atteinte par d'autres moyens. Afin de garantir que les données ne sont pas conservées plus longtemps que nécessaire, des délais devraient être fixés par le responsable du traitement pour leur effacement ou pour un examen périodique. Il y a lieu de prendre toutes les mesures raisonnables afin de garantir que les données à caractère personnel qui sont inexactes sont rectifiées ou supprimées. Les données à caractère personnel devraient être traitées de manière à garantir une sécurité et une confidentialité appropriées, y compris pour prévenir l'accès non autorisé à ces données et à l'équipement utilisé pour leur traitement ainsi que l'utilisation non autorisée de ces données et de cet équipement.

(40) Pour être licite, le traitement de données à caractère personnel devrait être fondé sur le consentement de la personne concernée ou reposer sur tout autre fondement légitime prévu par la loi, soit dans le présent règlement soit dans une autre disposition du droit national ou du droit de l'Union, ainsi que le prévoit le présent règlement, y compris la nécessité de respecter l'obligation légale à laquelle le responsable du traitement est soumis ou la nécessité d'exécuter un contrat auquel la personne concernée est partie ou pour prendre des mesures précontractuelles à la demande de la personne concernée.

(41) Lorsque le présent règlement fait référence à une base juridique ou à une mesure législative, cela ne signifie pas nécessairement que l'adoption d'un acte législatif par un parlement est exigée, sans préjudice des obligations prévues en vertu de l'ordre constitutionnel de l'État membre concerné. Cependant, cette base juridique ou cette mesure législative devrait être claire et précise et son application devrait être prévisible pour les justiciables, conformément à la jurisprudence de la Cour de justice de l'Union européenne (ci-après dénommée "Cour de justice") et de la Cour européenne des droits de l'homme.

(42) Lorsque le traitement est fondé sur le consentement de la personne concernée, le responsable du traitement devrait être en mesure de prouver que ladite personne a consenti à l'opération de traitement. En particulier, dans le cadre d'une déclaration écrite relative à une autre question, des garanties devraient exister afin de garantir que la personne concernée est consciente du consentement donné et de sa portée. Conformément à la directive 93/13/CEE du Conseil *[Directive 93/13/CEE du Conseil, du 5 avril 1993, concernant les clauses abusives dans les contrats conclus avec les consommateurs (JO L 95 du 21.4.1993, p. 29)]*, une déclaration de consentement rédigée préalablement par le responsable du traitement devrait être fournie sous une forme compréhensible et aisément accessible, et formulée en des termes clairs et simples, et elle ne devrait contenir aucune clause abusive. Pour que le consentement soit éclairé, la personne concernée devrait connaître au moins l'identité du responsable du traitement et les finalités du traitement auquel sont destinées les données à caractère personnel. Le consentement ne devrait pas être considéré comme ayant été donné librement si la personne concernée ne dispose pas d'une véritable liberté de choix ou n'est pas en mesure de refuser ou de retirer son consentement sans subir de préjudice.

(43) Pour garantir que le consentement est donné librement, il convient que celui-ci ne constitue pas un fondement juridique valable pour le traitement de données à caractère personnel dans un cas particulier lorsqu'il existe un déséquilibre manifeste entre la personne concernée et le responsable du traitement, en particulier lorsque le responsable du traitement est une autorité publique et qu'il est improbable que le consentement ait été donné librement au vu de toutes les circonstances de cette situation particulière. Le consentement est présumé ne pas avoir été donné librement si un consentement distinct ne peut pas être donné à différentes opérations de traitement des données à caractère personnel bien que cela soit approprié dans le cas d'espèce, ou si l'exécution d'un contrat, y compris la prestation d'un service, est subordonnée au consentement malgré que celui-ci ne soit pas nécessaire à une telle exécution.

(44) Le traitement devrait être considéré comme licite lorsqu'il est nécessaire dans le cadre d'un contrat ou de l'intention de conclure un contrat.

(45) Lorsque le traitement est effectué conformément à une obligation légale à laquelle le responsable du traitement est soumis ou lorsqu'il est nécessaire à l'exécution d'une mission d'intérêt public ou relevant de l'exercice de l'autorité publique, le traitement devrait avoir un fondement dans le droit de l'Union ou dans le droit d'un État membre. Le présent règlement ne requiert pas de disposition légale spécifique pour chaque traitement individuel. Une disposition légale peut suffire pour fonder plusieurs opérations de traitement basées sur une obligation légale à laquelle le responsable du traitement est soumis ou lorsque le traitement est nécessaire pour l'exécution d'une mission d'intérêt public ou relevant de l'exercice de l'autorité publique. Il devrait également appartenir au droit de l'Union ou au droit d'un État membre de déterminer la finalité du traitement. Par ailleurs, ce droit pourrait préciser les conditions générales du présent règlement régissant la licéité du traitement des données à caractère personnel, établir les spécifications visant à déterminer le responsable du traitement, le type de données à caractère personnel faisant l'objet du traitement, les personnes concernées, les entités auxquelles les données à caractère personnel peuvent être communiquées, les limitations de la finalité, la durée de conservation et d'autres mesures visant à garantir un traitement licite et loyal. Il devrait, également, appartenir au droit de l'Union ou au droit d'un État membre de déterminer si le responsable du traitement exécutant une mission d'intérêt public ou relevant de l'exercice de l'autorité publique devrait être une autorité publique ou une autre personne physique ou morale de droit public ou, lorsque l'intérêt public le commande, y compris à des fins de santé, telles que la santé publique, la protection sociale et la gestion des services de soins de santé, de droit privé, telle qu'une association professionnelle.

(46) Le traitement de données à caractère personnel devrait être également considéré comme licite lorsqu'il est nécessaire pour protéger un intérêt essentiel à la vie de la personne concernée ou à celle d'une autre personne physique. Le traitement de données à caractère personnel fondé sur l'intérêt vital d'une autre personne physique ne devrait en principe avoir lieu que lorsque le traitement ne peut manifestement pas être fondé sur une autre base juridique. Certains types de traitement peuvent être justifiés à la fois par des motifs importants d'intérêt public et par les intérêts vitaux de la personne concernée, par exemple lorsque le traitement est nécessaire à des fins humanitaires, y compris pour suivre des épidémies et leur propagation, ou dans les cas d'urgence humanitaire, notamment les situations de catastrophe naturelle et d'origine humaine.

(47) Les intérêts légitimes d'un responsable du traitement, y compris ceux d'un responsable du traitement à qui les données à caractère personnel peuvent être communiquées, ou d'un tiers peuvent constituer une base juridique pour le traitement, à moins que les intérêts ou les libertés et droits fondamentaux de la personne concernée ne prévalent, compte tenu des attentes raisonnables des personnes concernées fondées sur leur relation avec le responsable du traitement. Un tel intérêt légitime pourrait, par exemple, exister lorsqu'il existe une relation pertinente et appropriée entre la personne concernée et le responsable du traitement dans des situations telles que celles où la personne concernée est un client du responsable du traitement ou est à son service. En tout état de cause, l'existence d'un intérêt légitime devrait faire

l'objet d'une évaluation attentive, notamment afin de déterminer si une personne concernée peut raisonnablement s'attendre, au moment et dans le cadre de la collecte des données à caractère personnel, à ce que celles-ci fassent l'objet d'un traitement à une fin donnée. Les intérêts et droits fondamentaux de la personne concernée pourraient, en particulier, prévaloir sur l'intérêt du responsable du traitement lorsque des données à caractère personnel sont traitées dans des circonstances où les personnes concernées ne s'attendent raisonnablement pas à un traitement ultérieur. Étant donné qu'il appartient au législateur de prévoir par la loi la base juridique pour le traitement des données à caractère personnel par les autorités publiques, cette base juridique ne devrait pas s'appliquer aux traitements effectués par des autorités publiques dans l'accomplissement de leurs missions. Le traitement de données à caractère personnel strictement nécessaire à des fins de prévention de la fraude constitue également un intérêt légitime du responsable du traitement concerné. Le traitement de données à caractère personnel à des fins de prospection peut être considéré comme étant réalisé pour répondre à un intérêt légitime.

(48) Les responsables du traitement qui font partie d'un groupe d'entreprises ou d'établissements affiliés à un organisme central peuvent avoir un intérêt légitime à transmettre des données à caractère personnel au sein du groupe d'entreprises à des fins administratives internes, y compris le traitement de données à caractère personnel relatives à des clients ou des employés. Les principes généraux régissant le transfert de données à caractère personnel, au sein d'un groupe d'entreprises, à une entreprise située dans un pays tiers ne sont pas remis en cause.

(49) Le traitement de données à caractère personnel dans la mesure strictement nécessaire et proportionnée aux fins de garantir la sécurité du réseau et des informations, c'est-à-dire la capacité d'un réseau ou d'un système d'information de résister, à un niveau de confiance donné, à des événements accidentels ou à des actions illégales ou malveillantes qui compromettent la disponibilité, l'authenticité, l'intégrité et la confidentialité de données à caractère personnel conservées ou transmises, ainsi que la sécurité des services connexes offerts ou rendus accessibles via ces réseaux et systèmes, par des autorités publiques, des équipes d'intervention en cas d'urgence informatique (CERT), des équipes d'intervention en cas d'incidents de sécurité informatique (CSIRT), des fournisseurs de réseaux et de services de communications électroniques et des fournisseurs de technologies et services de sécurité, constitue un intérêt légitime du responsable du traitement concerné. Il pourrait s'agir, par exemple, d'empêcher l'accès non autorisé à des réseaux de communications électroniques et la distribution de codes malveillants, et de faire cesser des attaques par "déni de service" et des dommages touchant les systèmes de communications informatiques et électroniques.

(50) Le traitement de données à caractère personnel pour d'autres finalités que celles pour lesquelles les données à caractère personnel ont été collectées initialement ne devrait être autorisé que s'il est compatible avec les finalités pour lesquelles les données à caractère personnel ont été collectées initialement. Dans ce cas, aucune base juridique distincte de celle qui a permis la collecte des données à caractère personnel n'est requise. Si le traitement est nécessaire à l'exécution d'une mission d'intérêt public ou relevant de l'exercice de l'autorité publique dont est investi le responsable du traitement, le droit de l'Union ou le droit d'un État membre peut déterminer et préciser les missions et les finalités pour lesquelles le traitement ultérieur devrait être considéré comme compatible et licite. Le traitement ultérieur à des fins archivistiques dans l'intérêt public, à des fins de recherche scientifique ou historique ou à des fins statistiques devrait être considéré comme une opération de traitement licite compatible. La base juridique prévue par le droit de l'Union ou le droit d'un État membre en ce qui concerne le traitement de données à caractère personnel peut également constituer la base juridique pour un traitement ultérieur. Afin d'établir si les finalités d'un traitement ultérieur sont compatibles avec celles pour lesquelles les données à caractère personnel ont été collectées initialement, le responsable du traitement, après avoir respecté toutes les exigences liées à la licéité du traitement initial, devrait tenir compte, entre autres : de tout lien entre ces finalités et les finalités du traitement ultérieur prévu ; du contexte dans lequel les données à caractère personnel ont été collectées, en particulier les attentes raisonnables des personnes concernées, en fonction de leur relation avec le responsable du traitement, quant à

l'utilisation ultérieure desdites données ; la nature des données à caractère personnel ; les conséquences pour les personnes concernées du traitement ultérieur prévu ; et l'existence de garanties appropriées à la fois dans le cadre du traitement initial et du traitement ultérieur prévu.

Lorsque la personne concernée a donné son consentement ou que le traitement est fondé sur le droit de l'Union ou le droit d'un État membre qui constitue une mesure nécessaire et proportionnée dans une société démocratique pour garantir, en particulier, d'importants objectifs d'intérêt public général, le responsable du traitement devrait être autorisé à effectuer un traitement ultérieur des données à caractère personnel indépendamment de la compatibilité des finalités. En tout état de cause, l'application des principes énoncés dans le présent règlement et, en particulier, l'information de la personne concernée au sujet de ces autres finalités et de ses droits, y compris le droit de s'opposer au traitement, devraient être assurées. Le fait, pour le responsable du traitement, de révéler l'existence d'éventuelles infractions pénales ou de menaces pour la sécurité publique et de transmettre à une autorité compétente les données à caractère personnel concernées dans des cas individuels ou dans plusieurs cas relatifs à une même infraction pénale ou à des mêmes menaces pour la sécurité publique devrait être considéré comme relevant de l'intérêt légitime du responsable du traitement. Néanmoins, cette transmission dans l'intérêt légitime du responsable du traitement ou le traitement ultérieur des données à caractère personnel devrait être interdit lorsque le traitement est incompatible avec une obligation de confidentialité légale, professionnelle ou toute autre obligation de confidentialité contraignante.

(51) Les données à caractère personnel qui sont, par nature, particulièrement sensibles du point de vue des libertés et des droits fondamentaux méritent une protection spécifique, car le contexte dans lequel elles sont traitées pourrait engendrer des risques importants pour ces libertés et droits. Ces données à caractère personnel devraient comprendre les données à caractère personnel qui révèlent l'origine raciale ou ethnique, étant entendu que l'utilisation de l'expression "origine raciale" dans le présent règlement n'implique pas que l'Union adhère à des théories tendant à établir l'existence de races humaines distinctes. Le traitement des photographies ne devrait pas systématiquement être considéré comme constituant un traitement de catégories particulières de données à caractère personnel, étant donné que celles-ci ne relèvent de la définition de données biométriques que lorsqu'elles sont traitées selon un mode technique spécifique permettant l'identification ou l'authentification unique d'une personne physique. De telles données à caractère personnel ne devraient pas faire l'objet d'un traitement, à moins que celui-ci ne soit autorisé dans des cas spécifiques prévus par le présent règlement, compte tenu du fait que le droit d'un État membre peut prévoir des dispositions spécifiques relatives à la protection des données visant à adapter l'application des règles du présent règlement en vue de respecter une obligation légale ou pour l'exécution d'une mission d'intérêt public ou relevant de l'exercice de l'autorité publique dont est investi le responsable du traitement. Outre les exigences spécifiques applicables à ce traitement, les principes généraux et les autres règles du présent règlement devraient s'appliquer, en particulier en ce qui concerne les conditions de licéité du traitement. Des dérogations à l'interdiction générale de traiter ces catégories particulières de données à caractère personnel devraient être explicitement prévues, entre autres lorsque la personne concernée donne son consentement explicite ou pour répondre à des besoins spécifiques, en particulier lorsque le traitement est effectué dans le cadre d'activités légitimes de certaines associations ou fondations ayant pour objet de permettre l'exercice des libertés fondamentales.

(52) Des dérogations à l'interdiction de traiter des catégories particulières de données à caractère personnel devraient également être autorisées lorsque le droit de l'Union ou le droit d'un État membre le prévoit, et sous réserve de garanties appropriées, de manière à protéger les données à caractère personnel et d'autres droits fondamentaux, lorsque l'intérêt public le commande, notamment le traitement des données à caractère personnel dans le domaine du droit du travail et du droit de la protection sociale, y compris les retraites, et à des fins de sécurité, de surveillance et d'alerte sanitaire, de prévention ou de contrôle de maladies transmissibles et d'autres menaces graves pour la santé. Ces dérogations sont possibles à des fins de santé, en

ce compris la santé publique et la gestion des services de soins de santé, en particulier pour assurer la qualité et l'efficience des procédures de règlement des demandes de prestations et de services dans le régime d'assurance-maladie, ou à des fins archivistiques dans l'intérêt public, à des fins de recherche scientifique ou historique ou à des fins statistiques. Une dérogation devrait, en outre, permettre le traitement de ces données à caractère personnel, si cela est nécessaire aux fins de la constatation, de l'exercice ou de la défense d'un droit en justice, que ce soit dans le cadre d'une procédure judiciaire, administrative ou extrajudiciaire.

(53) **Les catégories particulières de données à caractère personnel qui méritent une protection plus élevée ne devraient être traitées qu'à des fins liées à la santé, lorsque cela est nécessaire pour atteindre ces finalités dans l'intérêt des personnes physiques et de la société dans son ensemble, notamment dans le cadre de la gestion des services et des systèmes de soins de santé ou de protection sociale, y compris le traitement, par les autorités de gestion et les autorités centrales de santé nationales, de ces données, en vue du contrôle de la qualité, de l'information des gestionnaires et de la supervision générale, au niveau national et local, du système de soins de santé ou de protection sociale et en vue d'assurer la continuité des soins de santé ou de la protection sociale et des soins de santé transfrontaliers ou à des fins de sécurité, de surveillance et d'alerte sanitaires, ou à des fins archivistiques dans l'intérêt public, à des fins de recherche scientifique ou historique ou à des fins statistiques, sur la base du droit de l'Union ou du droit des États membres qui doit répondre à un objectif d'intérêt public, ainsi que pour des études menées dans l'intérêt public dans le domaine de la santé publique. Le présent règlement devrait dès lors prévoir des conditions harmonisées pour le traitement des catégories particulières de données à caractère personnel relatives à la santé, pour répondre à des besoins spécifiques, en particulier lorsque le traitement de ces données est effectué pour certaines fins liées à la santé par des personnes soumises à une obligation légale de secret professionnel. Le droit de l'Union ou le droit des États membres devrait prévoir des mesures spécifiques et appropriées de façon à protéger les droits fondamentaux et les données à caractère personnel des personnes physiques. Les États membres devraient être autorisés à maintenir ou à introduire des conditions supplémentaires, y compris des limitations, en ce qui concerne le traitement des données génétiques, des données biométriques ou des données concernant la santé. Toutefois, cela ne devrait pas entraver le libre flux des données à caractère personnel au sein de l'Union lorsque ces conditions s'appliquent au traitement transfrontalier de ces données.**

(54) **Le traitement des catégories particulières de données à caractère personnel peut être nécessaire pour des motifs d'intérêt public dans les domaines de la santé publique, sans le consentement de la personne concernée. Un tel traitement devrait faire l'objet de mesures appropriées et spécifiques de façon à protéger les droits et libertés des personnes physiques. Dans ce contexte, la notion de "santé publique" devrait s'interpréter selon la définition contenue dans le règlement (CE) n° 1338/2008 du Parlement européen et du Conseil** *[Règlement (CE) n° 1338/2008 du Parlement européen et du Conseil du 16 décembre 2008 relatif aux statistiques communautaires de la santé publique et de la santé et de la sécurité au travail (JO L 354 du 31.12.2008, p. 70)]*, **à savoir tous les éléments relatifs à la santé, à savoir l'état de santé, morbidité et handicap inclus, les déterminants ayant un effet sur cet état de santé, les besoins en matière de soins de santé, les ressources consacrées aux soins de santé, la fourniture de soins de santé, l'accès universel à ces soins, les dépenses de santé et leur financement, ainsi que les causes de mortalité. De tels traitements de données concernant la santé pour des motifs d'intérêt public ne devraient pas aboutir à ce que des données à caractère personnel soient traitées à d'autres fins par des tiers, tels que les employeurs ou les compagnies d'assurance et les banques.**

(55) **En outre, le traitement de données à caractère personnel par des autorités publiques aux fins de réaliser les objectifs, prévus par le droit constitutionnel ou le droit international public, d'associations à caractère religieux officiellement reconnues est effectué pour des motifs d'intérêt public.**

(56) **Lorsque, dans le cadre d'activités liées à des élections, le fonctionnement du système démocratique dans un État membre requiert que les partis politiques collectent des données à caractère personnel relatives aux opinions politiques des per-**

sonnes, le traitement de telles données peut être autorisé pour des motifs d'intérêt public, à condition que des garanties appropriées soient prévues.

(57) Si les données à caractère personnel qu'il traite ne lui permettent pas d'identifier une personne physique, le responsable du traitement ne devrait pas être tenu d'obtenir des informations supplémentaires pour identifier la personne concernée à la seule fin de respecter une disposition du présent règlement. Toutefois, le responsable du traitement ne devrait pas refuser des informations supplémentaires fournies par la personne concernée afin de faciliter l'exercice de ses droits. L'identification devrait comprendre l'identification numérique d'une personne concernée, par exemple au moyen d'un mécanisme d'authentification tel que les mêmes identifiants utilisés par la personne concernée pour se connecter au service en ligne proposé par le responsable du traitement.

(58) Le principe de transparence exige que toute information adressée au public ou à la personne concernée soit concise, aisément accessible et facile à comprendre, et formulée en des termes clairs et simples et, en outre, lorsqu'il y a lieu, illustrée à l'aide d'éléments visuels. Ces informations pourraient être fournies sous forme électronique, par exemple via un site internet lorsqu'elles s'adressent au public. Ceci vaut tout particulièrement dans des situations où la multiplication des acteurs et la complexité des technologies utilisées font en sorte qu'il est difficile pour la personne concernée de savoir et de comprendre si des données à caractère personnel la concernant sont collectées, par qui et à quelle fin, comme dans le cas de la publicité en ligne. Les enfants méritant une protection spécifique, toute information et communication, lorsque le traitement les concerne, devraient être rédigées en des termes clairs et simples que l'enfant peut aisément comprendre.

(59) Des modalités devraient être prévues pour faciliter l'exercice par la personne concernée des droits qui lui sont conférés par le présent règlement, y compris les moyens de demander et, le cas échéant, d'obtenir sans frais, notamment, l'accès aux données à caractère personnel, et leur rectification ou leur effacement, et l'exercice d'un droit d'opposition. Le responsable du traitement devrait également fournir les moyens de présenter des demandes par voie électronique, en particulier lorsque les données à caractère personnel font l'objet d'un traitement électronique. Le responsable du traitement devrait être tenu de répondre aux demandes émanant de la personne concernée dans les meilleurs délais et au plus tard dans un délai d'un mois et de motiver sa réponse lorsqu'il a l'intention de ne pas donner suite à de telles demandes.

(60) Le principe de traitement loyal et transparent exige que la personne concernée soit informée de l'existence de l'opération de traitement et de ses finalités. Le responsable du traitement devrait fournir à la personne concernée toute autre information nécessaire pour garantir un traitement équitable et transparent, compte tenu des circonstances particulières et du contexte dans lesquels les données à caractère personnel sont traitées. En outre, la personne concernée devrait être informée de l'existence d'un profilage et des conséquences de celui-ci. Lorsque les données à caractère personnel sont collectées auprès de la personne concernée, il importe que celle-ci sache également si elle est obligée de fournir ces données à caractère personnel et soit informée des conséquences auxquelles elle s'expose si elle ne les fournit pas. Ces informations peuvent être fournies accompagnées d'icônes normalisées afin d'offrir une bonne vue d'ensemble, facilement visible, compréhensible et clairement lisible, du traitement prévu. Lorsque les icônes sont présentées par voie électronique, elles devraient être lisibles par machine.

(61) Les informations sur le traitement des données à caractère personnel relatives à la personne concernée devraient lui être fournies au moment où ces données sont collectées auprès d'elle ou, si les données à caractère personnel sont obtenues d'une autre source, dans un délai raisonnable en fonction des circonstances propres à chaque cas. Lorsque des données à caractère personnel peuvent être légitimement communiquées à un autre destinataire, il convient que la personne concernée soit informée du moment auquel ces données à caractère personnel sont communiquées pour la première fois audit destinataire. Lorsqu'il a l'intention de traiter les données à caractère personnel à des fins autres que celles pour lesquelles elles ont été collectées, le responsable du traitement devrait, avant de procéder à ce traitement ulté-

rieur, fournir à la personne concernée des informations au sujet de cette autre finalité et toute autre information nécessaire. Lorsque l'origine des données à caractère personnel n'a pas pu être communiquée à la personne concernée parce que plusieurs sources ont été utilisées, des informations générales devraient être fournies.

(62) Toutefois, il n'est pas nécessaire d'imposer l'obligation de fournir des informations lorsque la personne concernée dispose déjà de ces informations, lorsque l'enregistrement ou la communication des données à caractère personnel est expressément prévu par la loi ou lorsque la communication d'informations à la personne concernée se révèle impossible ou exigerait des efforts disproportionnés. Tel pourrait être le cas, notamment, lorsqu'il s'agit d'un traitement à des fins archivistiques dans l'intérêt public, à des fins de recherche scientifique ou historique ou à des fins statistiques. A cet égard, devraient être pris en considération le nombre de personnes concernées, l'ancienneté des données, ainsi que les garanties appropriées éventuelles adoptées.

(63) Une personne concernée devrait avoir le droit d'accéder aux données à caractère personnel qui ont été collectées à son sujet et d'exercer ce droit facilement et à des intervalles raisonnables, afin de prendre connaissance du traitement et d'en vérifier la licéité. Cela inclut le droit des personnes concernées d'accéder aux données concernant leur santé, par exemple les données de leurs dossiers médicaux contenant des informations telles que des diagnostics, des résultats d'examens, des avis de médecins traitants et tout traitement ou intervention administrés. En conséquence, toute personne concernée devrait avoir le droit de connaître et de se faire communiquer, en particulier, les finalités du traitement des données à caractère personnel, si possible la durée du traitement de ces données à caractère personnel, l'identité des destinataires de ces données à caractère personnel, la logique qui sous-tend leur éventuel traitement automatisé et les conséquences que ce traitement pourrait avoir, au moins en cas de profilage. Lorsque c'est possible, le responsable du traitement devrait pouvoir donner l'accès à distance à un système sécurisé permettant à la personne concernée d'accéder directement aux données à caractère personnel la concernant. Ce droit ne devrait pas porter atteinte aux droits ou libertés d'autrui, y compris au secret des affaires ou à la propriété intellectuelle, notamment au droit d'auteur protégeant le logiciel. Cependant, ces considérations ne devraient pas aboutir à refuser toute communication d'informations à la personne concernée. Lorsque le responsable du traitement traite une grande quantité de données relatives à la personne concernée, il devrait pouvoir demander à celle-ci de préciser, avant de lui fournir les informations, sur quelles données ou quelles opérations de traitement sa demande porte.

(64) Le responsable du traitement devrait prendre toutes les mesures raisonnables pour vérifier l'identité d'une personne concernée qui demande l'accès à des données, en particulier dans le cadre des services et identifiants en ligne. Un responsable du traitement ne devrait pas conserver des données à caractère personnel à la seule fin d'être en mesure de réagir à d'éventuelles demandes.

(65) Les personnes concernées devraient avoir le droit de faire rectifier des données à caractère personnel les concernant, et disposer d'un "droit à l'oubli" lorsque la conservation de ces données constitue une violation du présent règlement ou du droit de l'Union ou du droit d'un État membre auquel le responsable du traitement est soumis. En particulier, les personnes concernées devraient avoir le droit d'obtenir que leurs données à caractère personnel soient effacées et ne soient plus traitées, lorsque ces données à caractère personnel ne sont plus nécessaires au regard des finalités pour lesquelles elles ont été collectées ou traitées d'une autre manière, lorsque les personnes concernées ont retiré leur consentement au traitement ou lorsqu'elles s'opposent au traitement de données à caractère personnel les concernant, ou encore lorsque le traitement de leurs données à caractère personnel ne respecte pas d'une autre manière le présent règlement. Ce droit est pertinent, en particulier, lorsque la personne concernée a donné son consentement à l'époque où elle était enfant et n'était pas pleinement consciente des risques inhérents au traitement, et qu'elle souhaite par la suite supprimer ces données à caractère personnel, en particulier sur l'internet. La personne concernée devrait pouvoir exercer ce droit nonobstant le fait qu'elle n'est plus un enfant. Toutefois, la conservation ultérieure des données à caractère personnel devrait être licite lorsqu'elle est nécessaire à l'exercice du droit

à la liberté d'expression et d'information, au respect d'une obligation légale, à l'exécution d'une mission d'intérêt public ou relevant de l'exercice de l'autorité publique dont est investi le responsable du traitement, pour des motifs d'intérêt public dans le domaine de la santé publique, à des fins archivistiques dans l'intérêt public, à des fins de recherche scientifique ou historique ou à des fins statistiques, ou à la constatation, à l'exercice ou à la défense de droits en justice.

(66) Afin de renforcer le "droit à l'oubli" numérique, le droit à l'effacement devrait également être étendu de façon à ce que le responsable du traitement qui a rendu les données à caractère personnel publiques soit tenu d'informer les responsables du traitement qui traitent ces données à caractère personnel qu'il convient d'effacer tout lien vers ces données, ou toute copie ou reproduction de celles-ci. Ce faisant, ce responsable du traitement devrait prendre des mesures raisonnables, compte tenu des technologies disponibles et des moyens dont il dispose, y compris des mesures techniques afin d'informer les responsables du traitement qui traitent les données à caractère personnel de la demande formulée par la personne concernée.

(67) Les méthodes visant à limiter le traitement de données à caractère personnel pourraient consister, entre autres, à déplacer temporairement les données sélectionnées vers un autre système de traitement, à rendre les données à caractère personnel sélectionnées inaccessibles aux utilisateurs, ou à retirer temporairement les données publiées d'un site internet. Dans les fichiers automatisés, la limitation du traitement devrait en principe être assurée par des moyens techniques de façon à ce que les données à caractère personnel ne fassent pas l'objet d'opérations de traitements ultérieures et ne puissent pas être modifiées. Le fait que le traitement des données à caractère personnel est limité devrait être indiqué de manière claire dans le fichier.

(68) Pour renforcer encore le contrôle qu'elles exercent sur leurs propres données, les personnes concernées devraient aussi avoir le droit, lorsque des données à caractère personnel font l'objet d'un traitement automatisé, de recevoir les données à caractère personnel les concernant, qu'elles ont fournies à un responsable du traitement, dans un format structuré, couramment utilisé, lisible par machine et interopérable, et de les transmettre à un autre responsable du traitement. Il y a lieu d'encourager les responsables du traitement à mettre au point des formats interopérables permettant la portabilité des données. Ce droit devrait s'appliquer lorsque la personne concernée a fourni les données à caractère personnel sur la base de son consentement ou lorsque le traitement est nécessaire pour l'exécution d'un contrat. Il ne devrait pas s'appliquer lorsque le traitement est fondé sur un motif légal autre que le consentement ou l'exécution d'un contrat. De par sa nature même, ce droit ne devrait pas être exercé à l'encontre de responsables du traitement qui traitent des données à caractère personnel dans l'exercice de leurs missions publiques. Il ne devrait dès lors pas s'appliquer lorsque le traitement des données à caractère personnel est nécessaire au respect d'une obligation légale à laquelle le responsable du traitement est soumis ou à l'exécution d'une mission d'intérêt public ou relevant de l'exercice de l'autorité publique dont est investi le responsable du traitement. Le droit de la personne concernée de transmettre ou de recevoir des données à caractère personnel la concernant ne devrait pas créer, pour les responsables du traitement, d'obligation d'adopter ou de maintenir des systèmes de traitement qui sont techniquement compatibles. Lorsque, dans un ensemble de données à caractère personnel, plusieurs personnes sont concernées, le droit de recevoir les données à caractère personnel devrait s'entendre sans préjudice des droits et libertés des autres personnes concernées conformément au présent règlement. De plus, ce droit ne devrait pas porter atteinte au droit de la personne concernée d'obtenir l'effacement de données à caractère personnel ni aux limitations de ce droit comme le prévoit le présent règlement et il ne devrait pas, notamment, entraîner l'effacement de données à caractère personnel relatives à la personne concernée qui ont été fournies par celle-ci pour l'exécution d'un contrat, dans la mesure où et aussi longtemps que ces données à caractère personnel sont nécessaires à l'exécution de ce contrat. Lorsque c'est techniquement possible, la personne concernée devrait avoir le droit d'obtenir que les données soient transmises directement d'un responsable du traitement à un autre.

(69) Lorsque des données à caractère personnel pourraient être traitées de manière licite parce que le traitement est nécessaire à l'exécution d'une mission d'intérêt

public ou relevant de l'exercice de l'autorité publique dont est investi le responsable du traitement, ou en raison des intérêts légitimes du responsable du traitement ou d'un tiers, les personnes concernées devraient néanmoins avoir le droit de s'opposer au traitement de toute donnée à caractère personnel en rapport avec leur situation particulière. Il devrait incomber au responsable du traitement de prouver que ses intérêts légitimes impérieux prévalent sur les intérêts ou les libertés et droits fondamentaux de la personne concernée.

(70) **Lorsque des données à caractère personnel sont traitées à des fins de prospection, la personne concernée devrait avoir le droit, à tout moment et sans frais, de s'opposer à ce traitement, y compris le profilage dans la mesure où il est lié à une telle prospection, qu'il s'agisse d'un traitement initial ou ultérieur. Ce droit devrait être explicitement porté à l'attention de la personne concernée et présenté clairement et séparément de toute autre information.**

(71) **La personne concernée devrait avoir le droit de ne pas faire l'objet d'une décision, qui peut comprendre une mesure, impliquant l'évaluation de certains aspects personnels la concernant, qui est prise sur le seul fondement d'un traitement automatisé et qui produit des effets juridiques la concernant ou qui, de façon similaire, l'affecte de manière significative, tels que le rejet automatique d'une demande de crédit en ligne ou des pratiques de recrutement en ligne sans aucune intervention humaine. Ce type de traitement inclut le "profilage" qui consiste en toute forme de traitement automatisé de données à caractère personnel visant à évaluer les aspects personnels relatifs à une personne physique, notamment pour analyser ou prédire des aspects concernant le rendement au travail de la personne concernée, sa situation économique, sa santé, ses préférences ou centres d'intérêt personnels, sa fiabilité ou son comportement, ou sa localisation et ses déplacements, dès lors qu'il produit des effets juridiques concernant la personne en question ou qu'il l'affecte de façon similaire de manière significative. Toutefois, la prise de décision fondée sur un tel traitement, y compris le profilage, devrait être permise lorsqu'elle est expressément autorisée par le droit de l'Union ou le droit d'un État membre auquel le responsable du traitement est soumis, y compris aux fins de contrôler et de prévenir les fraudes et l'évasion fiscale conformément aux règles, normes et recommandations des institutions de l'Union ou des organes de contrôle nationaux, et d'assurer la sécurité et la fiabilité d'un service fourni par le responsable du traitement, ou nécessaire à la conclusion ou à l'exécution d'un contrat entre la personne concernée et un responsable du traitement, ou si la personne concernée a donné son consentement explicite. En tout état de cause, un traitement de ce type devrait être assorti de garanties appropriées, qui devraient comprendre une information spécifique de la personne concernée ainsi que le droit d'obtenir une intervention humaine, d'exprimer son point de vue, d'obtenir une explication quant à la décision prise à l'issue de ce type d'évaluation et de contester la décision. Cette mesure ne devrait pas concerner un enfant.**

(Rect. JOUE L 127 du 23 mai 2018) **« Afin d'assurer un traitement équitable et transparent à l'égard de la personne concernée, compte tenu des circonstances particulières et du contexte dans lesquels les données à caractère personnel sont traitées, le responsable du traitement devrait utiliser des procédures mathématiques ou statistiques adéquates aux fins du profilage, appliquer les mesures techniques et organisationnelles appropriées pour faire en sorte, en particulier, que les facteurs qui entraînent des erreurs dans les données à caractère personnel soient corrigés et que le risque d'erreur soit réduit au minimum, sécuriser les données à caractère personnel d'une manière qui tienne compte des risques susceptibles de peser sur les intérêts et les droits de la personne concernée, et prévenir, entre autres, les effets discriminatoires à l'égard des personnes physiques fondés sur l'origine raciale ou ethnique, les opinions politiques, la religion ou les convictions, l'appartenance syndicale, le statut génétique ou l'état de santé, ou l'orientation sexuelle, ou tout traitement qui se traduit par des mesures produisant un tel effet. » La prise de décision et le profilage automatisés fondés sur des catégories particulières de données à caractère personnel ne devraient être autorisés que dans des conditions spécifiques.**

(72) **Le profilage est soumis aux règles du présent règlement régissant le traitement des données à caractère personnel, par exemple le fondement juridique du traitement ou les principes en matière de protection des données. Le comité européen de la**

protection des données établi par le présent règlement (ci-après dénommé "comité") devrait pouvoir publier des directives à cet égard.

(73) Des limitations à certains principes spécifiques ainsi qu'au droit à l'information, au droit d'accès aux données à caractère personnel, au droit de rectification ou d'effacement de ces données, au droit à la portabilité des données, au droit d'opposition, aux décisions fondées sur le profilage, ainsi qu'à la communication d'une violation de données à caractère personnel à une personne concernée et à certaines obligations connexes des responsables du traitement peuvent être imposées par le droit de l'Union ou le droit d'un État membre, dans la mesure nécessaire et proportionnée dans une société démocratique pour garantir la sécurité publique, y compris la protection de la vie humaine, particulièrement en réponse à des catastrophes d'origine naturelle ou humaine, la prévention des infractions pénales, les enquêtes et les poursuites en la matière ou l'exécution de sanctions pénales, y compris la protection contre les menaces pour la sécurité publique et la prévention de telles menaces ou de manquements à la déontologie des professions réglementées, et pour garantir d'autres objectifs d'intérêt public importants de l'Union ou d'un État membre, notamment un intérêt économique ou financier important de l'Union ou d'un État membre, la tenue de registres publics conservés pour des motifs d'intérêt public général, le traitement ultérieur de données à caractère personnel archivées pour fournir des informations spécifiques relatives au comportement politique dans le cadre des régimes des anciens États totalitaires ou la protection de la personne concernée ou des droits et libertés d'autrui, y compris la protection sociale, la santé publique et les finalités humanitaires. Il y a lieu que ces limitations respectent les exigences énoncées par la Charte et par la convention européenne de sauvegarde des droits de l'homme et des libertés fondamentales.

(74) Il y a lieu d'instaurer la responsabilité du responsable du traitement pour tout traitement de données à caractère personnel qu'il effectue lui-même ou qui est réalisé pour son compte. Il importe, en particulier, que le responsable du traitement soit tenu de mettre en œuvre des mesures appropriées et effectives et soit à même de démontrer la conformité des activités de traitement avec le présent règlement, y compris l'efficacité des mesures. Ces mesures devraient tenir compte de la nature, de la portée, du contexte et des finalités du traitement ainsi que du risque que celui-ci présente pour les droits et libertés des personnes physiques.

(75) Des risques pour les droits et libertés des personnes physiques, dont le degré de probabilité et de gravité varie, peuvent résulter du traitement de données à caractère personnel qui est susceptible d'entraîner des dommages physiques, matériels ou un préjudice moral, en particulier : lorsque le traitement peut donner lieu à une discrimination, à un vol ou une usurpation d'identité, à une perte financière, à une atteinte à la réputation, à une perte de confidentialité de données protégées par le secret professionnel, à un renversement non autorisé du processus de pseudonymisation ou à tout autre dommage économique ou social important ; lorsque les personnes concernées pourraient être privées de leurs droits et libertés ou empêchées d'exercer le contrôle sur leurs données à caractère personnel ; lorsque le traitement concerne des données à caractère personnel qui révèlent l'origine raciale ou ethnique, les opinions politiques, la religion ou les convictions philosophiques, l'appartenance syndicale, ainsi que des données génétiques, des données concernant la santé ou des données concernant la vie sexuelle ou des données relatives à des condamnations pénales et à des infractions, ou encore à des mesures de sûreté connexes ; lorsque des aspects personnels sont évalués, notamment dans le cadre de l'analyse ou de la prédiction d'éléments concernant le rendement au travail, la situation économique, la santé, les préférences ou centres d'intérêt personnels, la fiabilité ou le comportement, la localisation ou les déplacements, en vue de créer ou d'utiliser des profils individuels ; lorsque le traitement porte sur des données à caractère personnel relatives à des personnes physiques vulnérables, en particulier les enfants ; ou lorsque le traitement porte sur un volume important de données à caractère personnel et touche un nombre important de personnes concernées.

(76) Il convient de déterminer la probabilité et la gravité du risque pour les droits et libertés de la personne concernée en fonction de la nature, de la portée, du contexte et des finalités du traitement. Le risque devrait faire l'objet d'une évaluation objective

permettant de déterminer si les opérations de traitement des données comportent un risque ou un risque élevé.

(77) Des directives relatives à la mise en œuvre de mesures appropriées et à la démonstration par le responsable du traitement ou le sous-traitant du respect du présent règlement, notamment en ce qui concerne l'identification du risque lié au traitement, leur évaluation en termes d'origine, de nature, de probabilité et de gravité, et l'identification des meilleures pratiques visant à atténuer le risque, pourraient être fournies notamment au moyen de codes de conduite approuvés, de certifications approuvées et de lignes directrices données par le comité ou d'indications données par un délégué à la protection des données. Le comité peut également publier des lignes directrices relatives aux opérations de traitement considérées comme étant peu susceptibles d'engendrer un risque élevé pour les droits et libertés des personnes physiques et indiquer les mesures qui peuvent suffire dans de tels cas pour faire face à un tel risque.

(78) La protection des droits et libertés des personnes physiques à l'égard du traitement des données à caractère personnel exige l'adoption de mesures techniques et organisationnelles appropriées pour garantir que les exigences du présent règlement sont respectées. Afin d'être en mesure de démontrer qu'il respecte le présent règlement, le responsable du traitement devrait adopter des règles internes et mettre en œuvre des mesures qui respectent, en particulier, les principes de protection des données dès la conception et de protection des données par défaut. Ces mesures pourraient consister, entre autres, à réduire à un minimum le traitement des données à caractère personnel, à pseudonymiser les données à caractère personnel dès que possible, à garantir la transparence en ce qui concerne les fonctions et le traitement des données à caractère personnel, à permettre à la personne concernée de contrôler le traitement des données, à permettre au responsable du traitement de mettre en place des dispositifs de sécurité ou de les améliorer. Lors de l'élaboration, de la conception, de la sélection et de l'utilisation d'applications, de services et de produits qui reposent sur le traitement de données à caractère personnel ou traitent des données à caractère personnel pour remplir leurs fonctions, il convient d'inciter les fabricants de produits, les prestataires de services et les producteurs d'applications à prendre en compte le droit à la protection des données lors de l'élaboration et de la conception de tels produits, services et applications et, compte dûment tenu de l'état des connaissances, à s'assurer que les responsables du traitement et les sous-traitants sont en mesure de s'acquitter des obligations qui leur incombent en matière de protection des données. Les principes de protection des données dès la conception et de protection des données par défaut devraient également être pris en considération dans le cadre des marchés publics.

(79) La protection des droits et libertés des personnes concernées, de même que la responsabilité des responsables du traitement et des sous-traitants, y compris dans le cadre de la surveillance exercée par les autorités de contrôle et des mesures prises par celles-ci, exige une répartition claire des responsabilités au titre du présent règlement, y compris lorsque le responsable du traitement détermine les finalités et les moyens du traitement conjointement avec d'autres responsables du traitement, ou lorsqu'une opération de traitement est effectuée pour le compte d'un responsable du traitement.

(80) Lorsqu'un responsable du traitement ou un sous-traitant qui n'est pas établi dans l'Union traite des données à caractère personnel de personnes concernées qui se trouvent dans l'Union et que ses activités de traitement sont liées à l'offre de biens ou de services à ces personnes dans l'Union, qu'un paiement leur soit demandé ou non, ou au suivi de leur comportement, dans la mesure où celui-ci a lieu au sein de l'Union, il convient que le responsable du traitement ou le sous-traitant désigne un représentant, à moins que le traitement soit occasionnel, n'implique pas un traitement, à grande échelle, de catégories particulières de données à caractère personnel ou le traitement de données à caractère personnel relatives à des condamnations pénales et à des infractions, et soit peu susceptible d'engendrer un risque pour les droits et libertés des personnes physiques, compte tenu de la nature, du contexte, de la portée et des finalités du traitement, ou si le responsable du traitement est une autorité publique ou un organisme public. Le représentant devrait agir pour le

compte du responsable du traitement ou du sous-traitant et peut être contacté par toute autorité de contrôle. Le représentant devrait être expressément désigné par un mandat écrit du responsable du traitement ou du sous-traitant pour agir en son nom en ce qui concerne les obligations qui lui incombent en vertu du présent règlement. La désignation de ce représentant ne porte pas atteinte aux responsabilités du responsable du traitement ou du sous-traitant au titre du présent règlement. Ce représentant devrait accomplir ses tâches conformément au mandat reçu du responsable du traitement ou du sous-traitant, y compris coopérer avec les autorités de contrôle compétentes en ce qui concerne toute action entreprise pour assurer le respect du présent règlement. Le représentant désigné devrait faire l'objet de procédures coercitives en cas de non-respect du présent règlement par le responsable du traitement ou le sous-traitant.

(81) Afin que les exigences du présent règlement soient respectées dans le cadre d'un traitement réalisé par un sous-traitant pour le compte du responsable du traitement, lorsque ce dernier confie des activités de traitement à un sous-traitant, le responsable du traitement ne devrait faire appel qu'à des sous-traitants présentant des garanties suffisantes, notamment en termes de connaissances spécialisées, de fiabilité et de ressources, pour la mise en œuvre de mesures techniques et organisationnelles qui satisferont aux exigences du présent règlement, y compris en matière de sécurité du traitement. L'application par un sous-traitant d'un code de conduite approuvé ou d'un mécanisme de certification approuvé peut servir à démontrer le respect des obligations incombant au responsable du traitement. La réalisation d'un traitement par un sous-traitant devrait être régie par un contrat ou un autre acte juridique au titre du droit de l'Union ou du droit d'un État membre, liant le sous-traitant au responsable du traitement, définissant l'objet et la durée du traitement, la nature et les finalités du traitement, le type de données à caractère personnel et les catégories de personnes concernées, en tenant compte des tâches et responsabilités spécifiques du sous-traitant dans le cadre du traitement à effectuer et du risque pour les droits et libertés de la personne concernée. Le responsable du traitement et le sous-traitant peuvent choisir de recourir à un contrat particulier ou à des clauses contractuelles types, qui sont adoptées soit directement par la Commission soit par une autorité de contrôle conformément au mécanisme de contrôle de la cohérence, puis par la Commission. Après la réalisation du traitement pour le compte du responsable du traitement, le sous-traitant devrait, selon le choix du responsable du traitement, renvoyer ou supprimer les données à caractère personnel, à moins que le droit de l'Union ou le droit d'un État membre auquel le sous-traitant est soumis n'exige la conservation des données à caractère personnel.

(82) Afin de démontrer qu'il respecte le présent règlement, le responsable du traitement ou le sous-traitant devrait tenir des registres pour les activités de traitement relevant de sa responsabilité. Chaque responsable du traitement et sous-traitant devrait être tenu de coopérer avec l'autorité de contrôle et de mettre ces registres à la disposition de celle-ci, sur demande, pour qu'ils servent au contrôle des opérations de traitement.

(83) Afin de garantir la sécurité et de prévenir tout traitement effectué en violation du présent règlement, il importe que le responsable du traitement ou le sous-traitant évalue les risques inhérents au traitement et mette en œuvre des mesures pour les atténuer, telles que le chiffrement. Ces mesures devraient assurer un niveau de sécurité approprié, y compris la confidentialité, compte tenu de l'état des connaissances et des coûts de mise en œuvre par rapport aux risques et à la nature des données à caractère personnel à protéger. Dans le cadre de l'évaluation des risques pour la sécurité des données, il convient de prendre en compte les risques que présente le traitement de données à caractère personnel, tels que la destruction, la perte ou l'altération, la divulgation non autorisée de données à caractère personnel transmises, conservées ou traitées d'une autre manière ou l'accès non autorisé à de telles données, de manière accidentelle ou illicite, qui sont susceptibles d'entraîner des dommages physiques, matériels ou un préjudice moral.

(84) Afin de mieux garantir le respect du présent règlement lorsque les opérations de traitement sont susceptibles d'engendrer un risque élevé pour les droits et libertés des personnes physiques, le responsable du traitement devrait assumer la responsabi-

lité d'effectuer une analyse d'impact relative à la protection des données pour évaluer, en particulier, l'origine, la nature, la particularité et la gravité de ce risque. Il convient de tenir compte du résultat de cette analyse pour déterminer les mesures appropriées à prendre afin de démontrer que le traitement des données à caractère personnel respecte le présent règlement. Lorsqu'il ressort de l'analyse d'impact relative à la protection des données que les opérations de traitement des données comportent un risque élevé que le responsable du traitement ne peut atténuer en prenant des mesures appropriées compte tenu des techniques disponibles et des coûts liés à leur mise en œuvre, il convient que l'autorité de contrôle soit consultée avant que le traitement n'ait lieu.

(85) Une violation de données à caractère personnel risque, si l'on n'intervient pas à temps et de manière appropriée, de causer aux personnes physiques concernées des dommages physiques, matériels ou un préjudice moral tels qu'une perte de contrôle sur leurs données à caractère personnel ou la limitation de leurs droits, une discrimination, un vol ou une usurpation d'identité, une perte financière, un renversement non autorisé de la procédure de pseudonymisation, une atteinte à la réputation, une perte de confidentialité de données à caractère personnel protégées par le secret professionnel ou tout autre dommage économique ou social important. En conséquence, dès que le responsable du traitement apprend qu'une violation de données à caractère personnel s'est produite, il convient qu'il le notifie à l'autorité de contrôle dans les meilleurs délais et, lorsque c'est possible, 72 heures au plus tard après en avoir pris connaissance, à moins qu'il ne puisse démontrer, conformément au principe de responsabilité, qu'il est peu probable que la violation en question engendre un risque pour les droits et libertés des personnes physiques. Si une telle notification ne peut avoir lieu dans ce délai de 72 heures, la notification devrait être assortie des motifs du retard et des informations peuvent être fournies de manière échelonnée sans autre retard indu.

(86) Le responsable du traitement devrait communiquer une violation de données à caractère personnel à la personne concernée dans les meilleurs délais lorsque cette violation est susceptible d'engendrer un risque élevé pour les droits et libertés de la personne physique afin qu'elle puisse prendre les précautions qui s'imposent. La communication devrait décrire la nature de la violation des données à caractère personnel et formuler des recommandations à la personne physique concernée pour atténuer les effets négatifs potentiels. Il convient que de telles communications aux personnes concernées soient effectuées aussi rapidement qu'il est raisonnablement possible et en coopération étroite avec l'autorité de contrôle, dans le respect des directives données par celle-ci ou par d'autres autorités compétentes, telles que les autorités répressives. Par exemple, la nécessité d'atténuer un risque immédiat de dommage pourrait justifier d'adresser rapidement une communication aux personnes concernées, alors que la nécessité de mettre en œuvre des mesures appropriées empêchant la poursuite de la violation des données à caractère personnel ou la survenance de violations similaires peut justifier un délai plus long pour la communication.

(87) Il convient de vérifier si toutes les mesures de protection techniques et organisationnelles appropriées ont été mises en œuvre pour établir immédiatement si une violation des données à caractère personnel s'est produite et pour informer rapidement l'autorité de contrôle et la personne concernée. Il convient d'établir que la notification a été faite dans les meilleurs délais, compte tenu en particulier de la nature et de la gravité de la violation des données à caractère personnel et de ses conséquences et effets négatifs pour la personne concernée. Une telle notification peut amener une autorité de contrôle à intervenir conformément à ses missions et à ses pouvoirs fixés par le présent règlement.

(88) Lors de la fixation de règles détaillées concernant la forme et les procédures applicables à la notification des violations de données à caractère personnel, il convient de tenir dûment compte des circonstances de cette violation, y compris du fait que les données à caractère personnel étaient ou non protégées par des mesures de protection techniques appropriées, limitant efficacement la probabilité d'usurpation d'identité ou d'autres formes d'abus. Par ailleurs, ces règles et procédures devraient tenir compte des intérêts légitimes des autorités répressives lorsqu'une

divulgation prématurée risquerait d'entraver inutilement l'enquête sur les circonstances de la violation des données à caractère personnel.

(89) La directive 95/46/CE prévoyait une obligation générale de notifier les traitements de données à caractère personnel aux autorités de contrôle. Or, cette obligation génère une charge administrative et financière, sans pour autant avoir systématiquement contribué à améliorer la protection des données à caractère personnel. Ces obligations générales de notification sans distinction devraient dès lors être supprimées et remplacées par des procédures et des mécanismes efficaces ciblant plutôt les types d'opérations de traitement susceptibles d'engendrer un risque élevé pour les droits et libertés des personnes physiques, du fait de leur nature, de leur portée, de leur contexte et de leurs finalités. Ces types d'opérations de traitement peuvent inclure ceux qui, notamment, impliquent le recours à de nouvelles technologies ou qui sont nouveaux et pour lesquels aucune analyse d'impact relative à la protection des données n'a été effectuée au préalable par le responsable du traitement, ou qui deviennent nécessaires compte tenu du temps écoulé depuis le traitement initial.

(90) Dans de tels cas, une analyse d'impact relative à la protection des données devrait être effectuée par le responsable du traitement, préalablement au traitement, en vue d'évaluer la probabilité et la gravité particulières du risque élevé, compte tenu de la nature, de la portée, du contexte et des finalités du traitement et des sources du risque. Cette analyse d'impact devrait comprendre, notamment, les mesures, garanties et mécanismes envisagés pour atténuer ce risque, assurer la protection des données à caractère personnel et démontrer le respect du présent règlement.

(91) Cela devrait s'appliquer en particulier aux opérations de traitement à grande échelle qui visent à traiter un volume considérable de données à caractère personnel au niveau régional, national ou supranational, qui peuvent affecter un nombre important de personnes concernées et qui sont susceptibles d'engendrer un risque élevé, par exemple, en raison de leur caractère sensible, lorsque, en conformité avec l'état des connaissances technologiques, une nouvelle technique est appliquée à grande échelle, ainsi qu'à d'autres opérations de traitement qui engendrent un risque élevé pour les droits et libertés des personnes concernées, en particulier lorsque, du fait de ces opérations, il est plus difficile pour ces personnes d'exercer leurs droits. Une analyse d'impact relative à la protection des données devrait également être effectuée lorsque des données à caractère personnel sont traitées en vue de prendre des décisions relatives à des personnes physiques spécifiques à la suite d'une évaluation systématique et approfondie d'aspects personnels propres à des personnes physiques sur la base du profilage desdites données ou à la suite du traitement de catégories particulières de données à caractère personnel, de données biométriques ou de données relatives à des condamnations pénales et à des infractions, ou encore à des mesures de sûreté connexes. Une analyse d'impact relative à la protection des données est de même requise aux fins de la surveillance à grande échelle de zones accessibles au public, en particulier lorsque des dispositifs opto-électroniques sont utilisés, ou pour toute autre opération pour laquelle l'autorité de contrôle compétente considère que le traitement est susceptible d'engendrer un risque élevé pour les droits et libertés des personnes concernées, en particulier parce qu'elles empêchent ces personnes d'exercer un droit ou de bénéficier d'un service ou d'un contrat, ou parce qu'elles sont effectuées systématiquement à grande échelle. Le traitement de données à caractère personnel ne devrait pas être considéré comme étant à grande échelle si le traitement concerne les données à caractère personnel de patients ou de clients par un médecin, un autre professionnel de la santé ou un avocat exerçant à titre individuel. Dans de tels cas, une analyse d'impact relative à la protection des données ne devrait pas être obligatoire.

(92) Il existe des cas dans lesquels il peut être raisonnable et économique d'élargir la portée de l'analyse d'impact relative à la protection des données au-delà d'un projet unique, par exemple lorsque des autorités publiques ou organismes publics entendent mettre en place une application ou une plateforme de traitement commune, ou lorsque plusieurs responsables du traitement envisagent de créer une application ou un environnement de traitement communs à tout un secteur ou segment professionnel, ou pour une activité transversale largement utilisée.

(93) Au moment de l'adoption du droit d'un État membre qui fonde l'exercice des missions de l'autorité publique ou de l'organisme public concernés et qui règlemente l'opération ou l'ensemble d'opérations de traitement spécifiques, les États membres peuvent estimer qu'une telle analyse est nécessaire préalablement aux activités de traitement.

(94) Lorsqu'il ressort d'une analyse d'impact relative à la protection des données que, en l'absence des garanties, de mesures de sécurité et de mécanismes pour atténuer le risque, le traitement engendrerait un risque élevé pour les droits et libertés des personnes physiques et que le responsable du traitement est d'avis que le risque ne peut être atténué par des moyens raisonnables compte tenu des techniques disponibles et des coûts de mise en œuvre, il y a lieu de consulter l'autorité de contrôle avant le début des opérations de traitement. Certains types de traitements et l'ampleur et la fréquence des traitements sont susceptibles d'engendrer un tel risque élevé et peuvent également causer un dommage ou porter atteinte aux droits et libertés d'une personne physique. L'autorité de contrôle devrait répondre à la demande de consultation dans un délai déterminé. Toutefois, l'absence de réaction de l'autorité de contrôle dans le délai imparti devrait être sans préjudice de toute intervention de sa part effectuée dans le cadre de ses missions et de ses pouvoirs prévus par le présent règlement, y compris le pouvoir d'interdire des opérations de traitement. Dans le cadre de ce processus de consultation, les résultats d'une analyse d'impact relative à la protection des données réalisée en ce qui concerne le traitement en question peuvent être soumis à l'autorité de contrôle, notamment les mesures envisagées pour atténuer le risque pour les droits et libertés des personnes physiques.

(95) Le sous-traitant devrait aider le responsable du traitement, si nécessaire et sur demande, à assurer le respect des obligations découlant de la réalisation des analyses d'impact relatives à la protection des données et de la consultation préalable de l'autorité de contrôle.

(96) L'autorité de contrôle devrait également être consultée au stade de la préparation d'une mesure législative ou réglementaire qui prévoit le traitement de données à caractère personnel, afin d'assurer que le traitement prévu respecte le présent règlement et, en particulier, d'atténuer le risque qu'il comporte pour la personne concernée.

(97) Lorsque le traitement est réalisé par une autorité publique, à l'exception des juridictions ou des autorités judiciaires indépendantes agissant dans l'exercice de leur fonction juridictionnelle, lorsque, dans le secteur privé, il est effectué par un responsable du traitement dont les activités de base consistent en opérations de traitement exigeant un suivi régulier et systématique à grande échelle des personnes concernées, ou lorsque les activités de base du responsable du traitement ou du sous-traitant consistent en un traitement à grande échelle de catégories particulières de données à caractère personnel et de données relatives à des condamnations pénales et à des infractions, une personne possédant des connaissances spécialisées de la législation et des pratiques en matière de protection des données devrait aider le responsable du traitement ou le sous-traitant à vérifier le respect, au niveau interne, du présent règlement. Dans le secteur privé, les activités de base d'un responsable du traitement ont trait à ses activités principales et ne concernent pas le traitement des données à caractère personnel en tant qu'activité auxiliaire. Le niveau de connaissances spécialisées requis devrait être déterminé notamment en fonction des opérations de traitement de données effectuées et de la protection exigée pour les données à caractère personnel traitées par le responsable du traitement ou le sous-traitant. De tels délégués à la protection des données, qu'ils soient ou non des employés du responsable du traitement, devraient être en mesure d'exercer leurs fonctions et missions en toute indépendance.

(98) Il y a lieu d'encourager les associations ou autres organismes représentant des catégories de responsables du traitement ou de sous-traitants à élaborer des codes de conduite, dans les limites du présent règlement, de manière à en faciliter la bonne application, compte tenu des spécificités des traitements effectués dans certains secteurs et des besoins spécifiques des micro, petites et moyennes entreprises. Ces codes de conduite pourraient, en particulier, définir les obligations qui incombent aux res-

ponsables du traitement et aux sous-traitants, compte tenu du risque que le traitement peut engendrer pour les droits et libertés des personnes physiques.

(99) Lors de l'élaboration d'un code de conduite, ou lors de sa modification ou prorogation, les associations et autres organismes représentant des catégories de responsables du traitement ou de sous-traitants devraient consulter les parties intéressées, y compris les personnes concernées lorsque cela est possible, et tenir compte des contributions transmises et des opinions exprimées à la suite de ces consultations.

(100) Afin de favoriser la transparence et le respect du présent règlement, la mise en place de mécanismes de certification ainsi que de labels et de marques en matière de protection des données devrait être encouragée pour permettre aux personnes concernées d'évaluer rapidement le niveau de protection des données offert par les produits et services en question.

(101) Les flux de données à caractère personnel à destination et en provenance de pays en dehors de l'Union et d'organisations internationales sont nécessaires au développement du commerce international et de la coopération internationale. L'augmentation de ces flux a créé de nouveaux enjeux et de nouvelles préoccupations en ce qui concerne la protection des données à caractère personnel. Cependant, il importe que, lorsque des données à caractère personnel sont transférées de l'Union à des responsables du traitement, sous-traitants ou autres destinataires dans des pays tiers ou à des organisations internationales, le niveau de protection des personnes physiques garanti dans l'Union par le présent règlement ne soit pas compromis, y compris en cas de transferts ultérieurs de données à caractère personnel au départ du pays tiers ou de l'organisation internationale à des responsables du traitement ou sous-traitants dans le même pays tiers ou dans un pays tiers différent, ou à une autre organisation internationale. En tout état de cause, les transferts vers des pays tiers et à des organisations internationales ne peuvent avoir lieu que dans le plein respect du présent règlement. Un transfert ne pourrait avoir lieu que si, sous réserve des autres dispositions du présent règlement, les dispositions du présent règlement relatives au transfert de données à caractère personnel vers des pays tiers ou à des organisations internationales sont respectées par le responsable du traitement ou le sous-traitant.

(102) Le présent règlement s'entend sans préjudice des accords internationaux conclus entre l'Union et les pays tiers en vue de réglementer le transfert des données à caractère personnel, y compris les garanties appropriées au bénéfice des personnes concernées. Les États membres peuvent conclure des accords internationaux impliquant le transfert de données à caractère personnel vers des pays tiers ou à des organisations internationales dans la mesure où ces accords n'affectent pas le présent règlement ou toute autre disposition du droit de l'Union et prévoient un niveau approprié de protection des droits fondamentaux des personnes concernées.

(103) La Commission peut décider, avec effet dans l'ensemble de l'Union, qu'un pays tiers, un territoire ou un secteur déterminé dans un pays tiers, ou une organisation internationale offre un niveau adéquat de protection des données, assurant ainsi une sécurité juridique et une uniformité dans l'ensemble l'Union en ce qui concerne le pays tiers ou l'organisation internationale qui est réputé offrir un tel niveau de protection. Dans ce cas, les transferts de données à caractère personnel vers ce pays tiers ou cette organisation internationale peuvent avoir lieu sans qu'il soit nécessaire d'obtenir une autre autorisation. La Commission peut également décider, après en avoir informé le pays tiers ou l'organisation internationale et lui avoir fourni une justification complète, de révoquer une telle décision.

(104) Eu égard aux valeurs fondamentales sur lesquelles est fondée l'Union, en particulier la protection des droits de l'homme, la Commission devrait, dans son évaluation d'un pays tiers, d'un territoire ou d'un secteur déterminé dans un pays tiers, prendre en considération la manière dont un pays tiers déterminé respecte l'état de droit, garantit l'accès à la justice et observe les règles et normes internationales dans le domaine des droits de l'homme, ainsi que sa législation générale et sectorielle, y compris la législation sur la sécurité publique, la défense et la sécurité nationale ainsi que l'ordre public et le droit pénal. Lors de l'adoption, à l'égard d'un territoire ou d'un secteur déterminé dans un pays tiers, d'une décision d'adéquation, il y a lieu de tenir compte de critères clairs et objectifs, telles que les activités de traitement spéci-

fiques et le champ d'application des normes juridiques applicables et de la législation en vigueur dans le pays tiers. Le pays tiers devrait offrir des garanties pour assurer un niveau adéquat de protection essentiellement équivalent à celui qui est garanti dans l'Union, en particulier quand les données à caractère personnel sont traitées dans un ou plusieurs secteurs spécifiques. Plus particulièrement, le pays tiers devrait assurer un contrôle indépendant effectif de la protection des données et prévoir des mécanismes de coopération avec les autorités de protection des données des États membres, et les personnes concernées devraient se voir octroyer des droits effectifs et opposables ainsi que des possibilités effectives de recours administratif et juridictionnel.

(105) Outre les engagements internationaux pris par le pays tiers ou l'organisation internationale, la Commission devrait tenir compte des obligations découlant de la participation du pays tiers ou de l'organisation internationale à des systèmes multilatéraux ou régionaux, notamment en ce qui concerne la protection des données à caractère personnel, ainsi que de la mise en œuvre de ces obligations. Il y a lieu, en particulier, de prendre en considération l'adhésion du pays tiers à la convention du Conseil de l'Europe du 28 janvier 1981 pour la protection des personnes à l'égard du traitement automatisé des données à caractère personnel et à son protocole additionnel. Lorsqu'elle évalue le niveau de protection offert par des pays tiers ou des organisations internationales, la Commission devrait consulter le comité.

(106) La Commission devrait surveiller le fonctionnement des décisions relatives au niveau de protection offert par un pays tiers, un territoire ou un secteur déterminé dans un pays tiers, ou par une organisation internationale, et surveiller le fonctionnement des décisions adoptées sur la base de l'article 25, paragraphe 6, ou de l'article 26, paragraphe 4, de la directive 95/46/CE. Dans ses décisions d'adéquation, la Commission devrait prévoir un mécanisme d'examen périodique de leur fonctionnement. Cet examen périodique devrait être effectué en consultation avec le pays tiers ou l'organisation internationale en question et tenir compte de l'ensemble des évolutions présentant un intérêt dans le pays tiers ou au sein de l'organisation internationale. Aux fins de la surveillance et de la réalisation des examens périodiques, la Commission devrait prendre en considération les observations et les conclusions du Parlement européen et du Conseil, ainsi que d'autres organes et sources pertinents. La Commission devrait évaluer le fonctionnement desdites décisions dans un délai raisonnable et communiquer toute conclusion pertinente au comité au sens du règlement (UE) n° 182/2011 du Parlement européen et du Conseil *[Règlement (UE) n° 182/2011 du Parlement européen et du Conseil du 16 février 2011 établissant les règles et principes généraux relatifs aux modalités de contrôle par les États membres de l'exercice des compétences d'exécution par la Commission (JO L 55 du 28.2.2011, p. 13)]* établi en vertu du présent règlement, au Parlement européen et au Conseil.

(107) La Commission peut constater qu'un pays tiers, un territoire ou un secteur déterminé dans un pays tiers, ou une organisation internationale n'assure plus un niveau adéquat de protection des données. En conséquence, le transfert de données à caractère personnel vers ce pays tiers ou à cette organisation internationale devrait être interdit, à moins que les exigences du présent règlement relatives aux transferts faisant l'objet de garanties appropriées, y compris des règles d'entreprise contraignantes et des dérogations pour des situations particulières, soient respectées. Dans ce cas, il y aurait lieu de prévoir des consultations entre la Commission et le pays tiers ou l'organisation internationale en question. La Commission devrait informer en temps utile le pays tiers ou l'organisation internationale des motifs de sa conclusion et engager des consultations avec ceux-ci en vue de remédier à la situation.

(108) En l'absence de décision d'adéquation, le responsable du traitement ou le sous-traitant devrait prendre des mesures pour compenser l'insuffisance de la protection des données dans le pays tiers par des garanties appropriées en faveur de la personne concernée. Ces garanties peuvent consister à recourir à des règles d'entreprise contraignantes, des clauses types de protection des données adoptées par la Commission, des clauses types de protection des données adoptées par une autorité de contrôle ou des clauses contractuelles autorisées par une autorité de contrôle. Ces garanties devraient assurer le respect des exigences en matière de protection des données et des droits des personnes concernées d'une manière appropriée au traite-

ment au sein de l'Union, y compris l'existence de droits opposables de la personne concernée et de voies de droit effectives, ce qui comprend le droit d'engager un recours administratif ou juridictionnel effectif et d'introduire une action en réparation, dans l'Union ou dans un pays tiers. Ces garanties devraient porter, en particulier, sur le respect des principes généraux concernant le traitement des données à caractère personnel et des principes de protection des données dès la conception et de protection des données par défaut. Des transferts peuvent également être effectués par des autorités publiques ou des organismes publics avec des autorités publiques ou des organismes publics dans des pays tiers ou avec des organisations internationales exerçant des missions ou fonctions correspondantes, y compris sur la base de dispositions à intégrer dans des arrangements administratifs, telles qu'un protocole d'accord, prévoyant des droits opposables et effectifs pour les personnes concernées. L'autorisation de l'autorité de contrôle compétente devrait être obtenue lorsque ces garanties sont prévues dans des arrangements administratifs qui ne sont pas juridiquement contraignants.

(109) La possibilité qu'ont les responsables du traitement et les sous-traitants de recourir à des clauses types de protection des données adoptées par la Commission ou par une autorité de contrôle ne devrait pas les empêcher d'inclure ces clauses dans un contrat plus large, tel qu'un contrat entre le sous-traitant et un autre sous-traitant, ni d'y ajouter d'autres clauses ou des garanties supplémentaires, à condition que celles-ci ne contredisent pas, directement ou indirectement, les clauses contractuelles types adoptées par la Commission ou par une autorité de contrôle et qu'elles ne portent pas atteinte aux libertés et droits fondamentaux des personnes concernées. Les responsables du traitement et les sous-traitants devraient être encouragés à fournir des garanties supplémentaires par l'intermédiaire d'engagements contractuels qui viendraient compléter les clauses types de protection.

(110) Un groupe d'entreprises ou un groupe d'entreprises engagées dans une activité économique conjointe devrait pouvoir recourir à des règles d'entreprise contraignantes approuvées pour ses transferts internationaux de l'Union vers des entités du même groupe d'entreprises, ou du même groupe d'entreprises engagées dans une activité économique conjointe, à condition que ces règles d'entreprise incluent tous les principes essentiels et les droits opposables pour assurer des garanties appropriées pour les transferts ou catégories de transferts de données à caractère personnel.

(111) Il y a lieu de prévoir la possibilité de transferts dans certains cas où la personne concernée a donné son consentement explicite, lorsque le transfert est occasionnel et nécessaire dans le cadre d'un contrat ou d'une action en justice, qu'il s'agisse d'une procédure judiciaire, administrative ou extrajudiciaire, y compris de procédures devant des organismes de régulation. Il convient également de prévoir la possibilité de transferts lorsque des motifs importants d'intérêt public établis par le droit de l'Union ou le droit d'un État membre l'exigent, ou lorsque le transfert intervient au départ d'un registre établi par la loi et destiné à être consulté par le public ou par des personnes ayant un intérêt légitime. Dans ce dernier cas, ce transfert ne devrait pas porter sur la totalité des données à caractère personnel ni sur des catégories entières de données contenues dans le registre et, lorsque celui-ci est destiné à être consulté par des personnes ayant un intérêt légitime, le transfert ne devrait être effectué qu'à la demande de ces personnes ou lorsqu'elles doivent en être les destinataires, compte dûment tenu des intérêts et des droits fondamentaux de la personne concernée.

(112) Ces dérogations devraient s'appliquer en particulier aux transferts de données requis et nécessaires pour des motifs importants d'intérêt public, par exemple en cas d'échange international de données entre autorités de la concurrence, administrations fiscales ou douanières, entre autorités de surveillance financière, entre services chargés des questions de sécurité sociale ou relatives à la santé publique, par exemple aux fins de la recherche des contacts des personnes atteintes de maladies contagieuses ou en vue de réduire et/ou d'éliminer le dopage dans le sport. Le transfert de données à caractère personnel devrait également être considéré comme licite lorsqu'il est nécessaire pour protéger un intérêt essentiel pour la sauvegarde des intérêts vitaux, y compris l'intégrité physique ou la vie, de la personne concernée ou d'une autre personne, si la personne concernée se trouve dans l'incapacité de donner son

consentement. En l'absence d'une décision d'adéquation, le droit de l'Union ou le droit d'un État membre peut, pour des motifs importants d'intérêt public, fixer expressément des limites au transfert de catégories particulières de données vers un pays tiers ou à une organisation internationale. Les États membres devraient notifier ces dispositions à la Commission. Tout transfert vers une organisation humanitaire internationale de données à caractère personnel d'une personne concernée qui se trouve dans l'incapacité physique ou juridique de donner son consentement, en vue d'accomplir une mission relevant des conventions de Genève ou de respecter le droit humanitaire international applicable dans les conflits armés, pourrait être considéré comme nécessaire pour des motifs importants d'intérêt public ou parce que ce transfert est dans l'intérêt vital de la personne concernée.

(113) Les transferts qui peuvent être qualifiés de non répétitifs et qui ne touchent qu'un nombre limité de personnes concernées pourraient également être autorisés aux fins des intérêts légitimes impérieux poursuivis par le responsable du traitement, lorsque ces intérêts prévalent sur les intérêts ou les libertés et droits fondamentaux de la personne concernée et lorsque le responsable du traitement a évalué toutes les circonstances entourant le transfert de données. Le responsable du traitement devrait accorder une attention particulière à la nature des données à caractère personnel, à la finalité et à la durée de la ou des opérations de traitement envisagées ainsi qu'à la situation dans le pays d'origine, le pays tiers et le pays de destination finale, et devrait prévoir des garanties appropriées pour protéger les libertés et droits fondamentaux des personnes physiques à l'égard du traitement de leurs données à caractère personnel. De tels transferts ne devraient être possibles que dans les cas résiduels dans lesquels aucun des autres motifs de transfert ne sont applicables. A des fins de recherche scientifique ou historique ou à des fins statistiques, il y a lieu de prendre en considération les attentes légitimes de la société en matière de progrès des connaissances. Le responsable du traitement devrait informer l'autorité de contrôle et la personne concernée du transfert.

(114) En tout état de cause, lorsque la Commission ne s'est pas prononcée sur le caractère adéquat du niveau de protection des données dans un pays tiers, le responsable du traitement ou le sous-traitant devrait adopter des solutions qui garantissent aux personnes concernées des droits opposables et effectifs en ce qui concerne le traitement de leurs données dans l'Union une fois que ces données ont été transférées, de façon à ce que lesdites personnes continuent de bénéficier des droits fondamentaux et des garanties.

(115) Certains pays tiers adoptent des lois, des règlements et d'autres actes juridiques qui visent à réglementer directement les activités de traitement effectuées par des personnes physiques et morales qui relèvent de la compétence des États membres. Il peut s'agir de décisions de juridictions ou d'autorités administratives de pays tiers qui exigent d'un responsable du traitement ou d'un sous-traitant qu'il transfère ou divulgue des données à caractère personnel, et qui ne sont pas fondées sur un accord international, tel qu'un traité d'entraide judiciaire, en vigueur entre le pays tiers demandeur et l'Union ou un État membre. L'application extraterritoriale de ces lois, règlements et autres actes juridiques peut être contraire au droit international et faire obstacle à la protection des personnes physiques garantie dans l'Union par le présent règlement. Les transferts ne devraient être autorisés que lorsque les conditions fixées par le présent règlement pour les transferts vers les pays tiers sont remplies. Ce peut être le cas, entre autres, lorsque la divulgation est nécessaire pour un motif important d'intérêt public reconnu par le droit de l'Union ou le d'un État membre auquel le responsable du traitement est soumis.

(116) Lorsque des données à caractère personnel franchissent les frontières extérieures de l'Union, cela peut accroître le risque que les personnes physiques ne puissent exercer leurs droits liés à la protection des données, notamment pour se protéger de l'utilisation ou de la divulgation illicite de ces informations. De même, les autorités de contrôle peuvent être confrontées à l'impossibilité d'examiner des réclamations ou de mener des enquêtes sur les activités exercées en dehors de leurs frontières. Leurs efforts pour collaborer dans le contexte transfrontalier peuvent également être freinés par les pouvoirs insuffisants dont elles disposent en matière de prévention ou de recours, par l'hétérogénéité des régimes juridiques et par des obs-

tacles pratiques tels que le manque de ressources. En conséquence, il est nécessaire de favoriser une coopération plus étroite entre les autorités de contrôle de la protection des données, pour les aider à échanger des informations et mener des enquêtes avec leurs homologues internationaux. Aux fins d'élaborer des mécanismes de coopération internationale destinés à faciliter et à mettre en place une assistance mutuelle internationale pour faire appliquer la législation relative à la protection des données à caractère personnel, la Commission et les autorités de contrôle devraient échanger des informations et coopérer dans le cadre d'activités liées à l'exercice de leurs compétences avec les autorités compétentes dans les pays tiers, sur une base réciproque et conformément au présent règlement.

(117) La mise en place d'autorités de contrôle dans les États membres, habilitées à exercer leurs missions et leurs pouvoirs en toute indépendance, est un élément essentiel de la protection des personnes physiques à l'égard du traitement des données à caractère personnel. Les États membres devraient pouvoir mettre en place plusieurs autorités de contrôle en fonction de leur structure constitutionnelle, organisationnelle et administrative.

(118) L'indépendance des autorités de contrôle ne devrait pas signifier que celles-ci ne peuvent être soumises à des mécanismes de contrôle ou de suivi de leur gestion financière ni à un contrôle juridictionnel.

(119) Lorsqu'un État membre met en place plusieurs autorités de contrôle, il devrait établir par la loi des dispositifs garantissant la participation effective de ces autorités au mécanisme de contrôle de la cohérence. Il devrait en particulier désigner l'autorité de contrôle qui sert de point de contact unique, permettant une participation efficace de ces autorités au mécanisme, afin d'assurer une coopération rapide et aisée avec les autres autorités de contrôle, le comité et la Commission.

(120) Il convient que chaque autorité de contrôle soit dotée des moyens financiers et humains, ainsi que des locaux et des infrastructures nécessaires à la bonne exécution de ses missions, y compris celles qui sont liées à l'assistance mutuelle et à la coopération avec d'autres autorités de contrôle dans l'ensemble de l'Union. Chaque autorité de contrôle devrait disposer d'un budget annuel public propre, qui peut faire partie du budget global national ou d'une entité fédérée.

(121) Les conditions générales applicables au(x) membre(s) de l'autorité de contrôle devraient être fixées par la loi dans chaque État membre et devraient prévoir notamment que ces membres sont nommés, selon une procédure transparente, par le parlement, le gouvernement ou le chef d'État de cet État membre, sur proposition du gouvernement ou d'un membre du gouvernement, ou du parlement ou d'une chambre du parlement, ou par un organisme indépendant qui en a été chargé en vertu du droit d'un État membre,. Afin de garantir l'indépendance de l'autorité de contrôle, il convient que le membre ou les membres de celle-ci agissent avec intégrité, s'abstiennent de tout acte incompatible avec leurs fonctions et n'exercent, pendant la durée de leur mandat, aucune activité professionnelle incompatible, rémunérée ou non. Chaque autorité de contrôle devrait disposer de ses propres agents, choisis par elle-même ou un organisme indépendant établi par le droit d'un État membre, qui devraient être placés sous les ordres exclusifs du membre ou des membres de l'autorité de contrôle.

(122) Chaque autorité de contrôle devrait être compétente sur le territoire de l'État membre dont elle relève pour exercer les missions et les pouvoirs dont elle est investie conformément au présent règlement. Cela devrait couvrir, notamment, le traitement dans le cadre d'activités menées par un établissement du responsable du traitement ou du sous-traitant sur le territoire de l'État membre dont elle relève, le traitement de données à caractère personnel effectué par des autorités publiques ou des organismes privés agissant dans l'intérêt public, le traitement affectant des personnes concernées sur le territoire de l'État membre dont elle relève, ou encore le traitement effectué par un responsable du traitement ou un sous-traitant qui n'est pas établi dans l'Union lorsque ce traitement vise des personnes concernées résidant sur le territoire de l'État membre dont elle relève. Cela devrait comprendre notamment le traitement des réclamations introduites par les personnes concernées, la conduite d'enquêtes sur l'application du présent règlement et la sensibilisation du public aux

risques, règles, garanties et droits liés au traitement des données à caractère personnel.

(123) Il y a lieu que les autorités de contrôle surveillent l'application des dispositions en vertu du présent règlement et contribuent à ce que cette application soit cohérente dans l'ensemble de l'Union, afin de protéger les personnes physiques à l'égard du traitement de leurs données à caractère personnel et de faciliter le libre flux de ces données dans le marché intérieur. A cet effet, les autorités de contrôle devraient coopérer entre elles et avec la Commission sans qu'un accord doive être conclu entre les États membres sur la fourniture d'une assistance mutuelle ou sur une telle coopération.

(124) Lorsque le traitement des données à caractère personnel a lieu dans le cadre des activités d'un établissement d'un responsable du traitement ou d'un sous-traitant dans l'Union et que ce responsable du traitement ou ce sous-traitant est établi dans plusieurs États membres, ou que le traitement qui a lieu dans le cadre des activités d'un établissement unique d'un responsable du traitement ou d'un sous-traitant dans l'Union affecte sensiblement ou est susceptible d'affecter sensiblement des personnes concernées dans plusieurs États membres, l'autorité de contrôle dont relève l'établissement principal ou l'établissement unique du responsable du traitement ou du sous-traitant devrait faire office d'autorité chef de file. Elle devrait coopérer avec les autres autorités concernées dans le cas où le responsable du traitement ou le sous-traitant a un établissement sur le territoire de l'État membre dont elles relèvent, dans le cas où les personnes concernées résidant sur le territoire dont elles relèvent sont affectées sensiblement ou encore dans le cas où une réclamation leur a été adressée. En outre, lorsqu'une personne concernée ne résidant pas dans cet État membre a introduit une réclamation, l'autorité de contrôle auprès de laquelle celle-ci a été introduite devrait également être une autorité de contrôle concernée. Dans le cadre de ses missions liées à la publication de lignes directrices sur toute question portant sur l'application du présent règlement, le comité devrait pouvoir publier des lignes directrices portant, en particulier, sur les critères à prendre en compte afin de déterminer si le traitement en question affecte sensiblement des personnes concernées dans plusieurs États membres et sur ce qui constitue une objection pertinente et motivée.

(125) L'autorité chef de file devrait être compétente pour adopter des décisions contraignantes concernant les mesures visant à mettre en œuvre les pouvoirs qui lui sont conférés conformément au présent règlement. En sa qualité d'autorité chef de file, l'autorité de contrôle devrait associer de près les autorités de contrôle concernées au processus décisionnel et assurer une coordination étroite dans ce cadre. Lorsque qu'il est décidé de rejeter, en tout ou en partie, la réclamation introduite par la personne concernée, cette décision devrait être adoptée par l'autorité de contrôle auprès de laquelle la réclamation a été introduite.

(126) La décision devrait être adoptée conjointement par l'autorité de contrôle chef de file et les autorités de contrôle concernées, être adressée à l'établissement principal ou unique du responsable du traitement ou du sous-traitant et être contraignante pour le responsable du traitement et le sous-traitant. Le responsable du traitement ou le sous-traitant devraient prendre les mesures nécessaires pour garantir le respect du présent règlement et l'application de la décision notifiée par l'autorité de contrôle chef de file à l'établissement principal du responsable du traitement ou du sous-traitant en ce qui concerne les activités de traitement dans l'Union.

(127) Chaque autorité de contrôle qui ne fait pas office d'autorité de contrôle chef de file devrait être compétente pour traiter les cas de portée locale lorsque le responsable du traitement ou le sous-traitant est établi dans plusieurs États membres mais que l'objet du traitement spécifique ne se rapporte qu'à un traitement effectué dans un seul État membre et ne porte que sur des personnes concernées de ce seul État membre, par exemple lorsqu'il s'agit de traiter des données à caractère personnel relatives à des employés dans le contexte des relations de travail propre à un État membre. Dans ces cas, l'autorité de contrôle devrait informer sans tarder l'autorité de contrôle chef de file de la question. Après avoir été informée, l'autorité de contrôle chef de file devrait décider si elle traitera le cas en vertu de la disposition relative à la coopération entre l'autorité de contrôle chef de file et les autres autorités de contrôle concernées (ci-après dénommé "mécanisme de guichet unique"), ou si l'autorité de

contrôle qui l'a informée devrait traiter le cas au niveau local. Lorsqu'elle décide si elle traitera le cas, l'autorité de contrôle chef de file devrait considérer s'il existe un établissement du responsable du traitement ou du sous-traitant dans l'État membre dont relève l'autorité de contrôle qui l'a informée, afin d'assurer l'exécution effective d'une décision à l'égard du responsable du traitement ou du sous-traitant. Lorsque l'autorité de contrôle chef de file décide de traiter le cas, l'autorité de contrôle qui l'a informée devrait avoir la possibilité de soumettre un projet de décision, dont l'autorité de contrôle chef de file devrait tenir le plus grand compte lorsqu'elle élabore son projet de décision dans le cadre de ce mécanisme de guichet unique.

(128) Les règles relatives à l'autorité de contrôle chef de file et au mécanisme de guichet unique ne devraient pas s'appliquer lorsque le traitement est effectué par des autorités publiques ou des organismes privés dans l'intérêt public. Dans ce cas, la seule autorité de contrôle compétente pour exercer les pouvoirs qui lui sont conférés conformément au présent règlement devrait être l'autorité de contrôle de l'État membre dans lequel l'autorité publique ou l'organisme privé est établi.

(129) Afin de veiller à faire appliquer le présent règlement et à contrôler son application de manière cohérente dans l'ensemble de l'Union, les autorités de contrôle devraient avoir, dans chaque État membre, les mêmes missions et les mêmes pouvoirs effectifs, y compris les pouvoirs d'enquête, le pouvoir d'adopter des mesures correctrices et d'infliger des sanctions, ainsi que le pouvoir d'autoriser et d'émettre des avis consultatifs, notamment en cas de réclamation introduite par des personnes physiques, et, sans préjudice des pouvoirs des autorités chargées des poursuites en vertu du droit d'un État membre, le pouvoir de porter les violations du présent règlement à l'attention des autorités judiciaires et d'ester en justice. Ces pouvoirs devraient également inclure celui d'imposer une limitation temporaire ou définitive au traitement, y compris une interdiction. Les États membres peuvent préciser d'autres missions liées à la protection des données à caractère personnel en application du présent règlement. Les pouvoirs des autorités de contrôle devraient être exercés conformément aux garanties procédurales appropriées prévues par le droit de l'Union et le droit des État membres, d'une manière impartiale et équitable et dans un délai raisonnable. Toute mesure devrait notamment être appropriée, nécessaire et proportionnée en vue de garantir le respect du présent règlement, compte tenu des circonstances de l'espèce, respecter le droit de chacun à être entendu avant que soit prise toute mesure individuelle susceptible de lui porter atteinte et éviter les coûts superflus ainsi que les désagréments excessifs pour les personnes concernées. Les pouvoirs d'enquête en ce qui concerne l'accès aux installations devraient être exercés conformément aux exigences spécifiques du droit procédural des États membres, telle que l'obligation d'obtenir une autorisation judiciaire préalable. Toute mesure juridiquement contraignante prise par l'autorité de contrôle devrait être présentée par écrit, être claire et dénuée d'ambiguïté, indiquer quelle autorité de contrôle a pris la mesure et à quelle date, porter la signature du chef ou d'un membre de l'autorité de contrôle qu'il a autorisé, exposer les motifs qui sous-tendent la mesure et mentionner le droit à un recours effectif. Cela ne devrait pas exclure des exigences supplémentaires prévues par le droit procédural des États membres. Si une décision juridiquement contraignante est adoptée, elle peut donner lieu à un contrôle juridictionnel dans l'État membre dont relève l'autorité de contrôle qui l'a adoptée.

(130) Lorsque l'autorité de contrôle auprès de laquelle la réclamation a été introduite n'est pas l'autorité de contrôle chef de file, l'autorité de contrôle chef de file devrait coopérer étroitement avec l'autorité de contrôle auprès de laquelle la réclamation a été introduite conformément aux dispositions relatives à la coopération et à la cohérence prévues par le présent règlement. Dans de tels cas, l'autorité de contrôle chef de file devrait, lorsqu'elle adopte des mesures visant à produire des effets juridiques, y compris des mesures visant à infliger des amendes administratives, tenir le plus grand compte de l'avis de l'autorité de contrôle auprès de laquelle la réclamation a été introduite, laquelle devrait rester compétente pour effectuer toute enquête sur le territoire de l'État membre dont elle relève, en liaison avec l'autorité de contrôle chef de file.

(131) Lorsqu'une autre autorité de contrôle devrait faire office d'autorité de contrôle chef de file pour les activités de traitement du responsable du traitement ou du sous-

traitant mais que l'objet concret d'une réclamation ou la violation éventuelle ne concerne que les activités de traitement du responsable du traitement ou du sous-traitant dans l'État membre dans lequel la réclamation a été introduite ou dans lequel la violation éventuelle a été constatée et que la question n'affecte pas sensiblement ou n'est pas susceptible d'affecter sensiblement des personnes concernées dans d'autres États membres, l'autorité de contrôle qui est saisie d'une réclamation, ou qui constate des situations susceptibles de constituer des violations du présent règlement ou qui est informée d'une autre manière de telles situations devrait rechercher un règlement amiable avec le responsable du traitement et, en cas d'échec, exercer l'ensemble de ses pouvoirs. Ceci devrait comprendre : les traitements spécifiques qui sont effectués sur le territoire de l'État membre dont relève l'autorité de contrôle ou qui portent sur des personnes concernées se trouvant sur le territoire de cet État membre ; les traitements effectués dans le cadre d'une offre de biens ou de services visant spécifiquement des personnes concernées se trouvant sur le territoire de l'État membre dont relève l'autorité de contrôle ; ou encore les traitements qui doivent être évalués à l'aune des obligations légales pertinentes prévues par le droit d'un État membre.

(132) Les activités de sensibilisation organisées par les autorités de contrôle à l'intention du public devraient comprendre des mesures spécifiques destinées aux responsables du traitement et aux sous-traitants, y compris les micro, petites et moyennes entreprises, ainsi qu'aux personnes physiques, notamment dans le cadre éducatif.

(133) Les autorités de contrôle devraient s'entraider dans l'accomplissement de leurs missions et se prêter mutuellement assistance afin de faire appliquer le présent règlement et de contrôler son application de manière cohérente dans le marché intérieur. Une autorité de contrôle qui fait appel à l'assistance mutuelle peut adopter une mesure provisoire si elle ne reçoit pas de réponse à sa demande d'assistance mutuelle dans un délai d'un mois à compter de la réception de la demande d'assistance mutuelle par l'autre autorité de contrôle.

(134) *(Rect. JOUE L 127 du 23 mai 2018)* « Chaque autorité de contrôle devrait, s'il y a lieu, participer à des opérations conjointes avec d'autres autorités de contrôle. L'autorité de contrôle requise devrait être tenue de répondre à la demande dans un délai déterminé. »

(135) Afin de garantir l'application cohérente du présent règlement dans l'ensemble de l'Union, il y a lieu d'instaurer un mécanisme de contrôle de la cohérence pour la coopération entre les autorités de contrôle. Ce mécanisme devrait notamment s'appliquer lorsqu'une autorité de contrôle entend adopter une mesure destinée à produire des effets juridiques en ce qui concerne des opérations de traitement qui affectent sensiblement un nombre important de personnes concernées dans plusieurs États membres. Il devrait également s'appliquer lorsqu'une autorité de contrôle concernée ou la Commission demande que cette question soit traitée dans le cadre du mécanisme de contrôle de la cohérence. Ce mécanisme devrait s'appliquer sans préjudice des éventuelles mesures que la Commission peut prendre dans l'exercice des compétences que lui confèrent les traités.

(136) Dans le cadre de l'application du mécanisme de contrôle de la cohérence, le comité devrait émettre un avis, dans un délai déterminé, si une majorité de ses membres le décide ou s'il est saisi d'une demande en ce sens par une autorité de contrôle concernée ou par la Commission. Le comité devrait également être habilité à adopter des décisions juridiquement contraignantes en cas de litiges entre autorités de contrôle. A cet effet, il devrait prendre, en principe à la majorité des deux tiers de ses membres, des décisions juridiquement contraignantes dans des cas clairement définis, en cas de points de vue divergents parmi les autorités de contrôle, notamment dans le cadre du mécanisme de coopération entre l'autorité de contrôle chef de file et les autorités de contrôle concernées, sur le fond de l'affaire et en particulier sur la question de savoir s'il y a ou non violation du présent règlement.

(137) Il peut être nécessaire d'intervenir en urgence pour protéger les droits et libertés des personnes concernées, en particulier lorsque le danger existe que l'exercice du droit d'une personne concernée pourrait être considérablement entravé. En conséquence, une autorité de contrôle devrait pouvoir adopter, sur son territoire, des

mesures provisoires dûment justifiées et d'une durée de validité déterminée qui ne devrait pas excéder trois mois.

(138) L'application d'un tel mécanisme devrait conditionner la légalité d'une mesure destinée à produire des effets juridiques prise par une autorité de contrôle dans les cas où cette application est obligatoire. Dans d'autres cas présentant une dimension transfrontalière, le mécanisme de coopération entre l'autorité de contrôle chef de file et les autorités de contrôle concernées devrait être appliqué, et l'assistance mutuelle ainsi que des opérations conjointes pourraient être mises en œuvre entre les autorités de contrôle concernées, sur une base bilatérale ou multilatérale, sans faire jouer le mécanisme de contrôle de la cohérence.

(139) Afin de favoriser l'application cohérente du présent règlement, le comité devrait être institué en tant qu'organe indépendant de l'Union. Pour pouvoir atteindre ses objectifs, le comité devrait être doté de la personnalité juridique. Il devrait être représenté par son président. Il devrait remplacer le groupe de protection des personnes à l'égard du traitement des données à caractère personnel institué par la directive 95/46/CE. Il devrait se composer du chef d'une autorité de contrôle de chaque État membre et du Contrôleur européen de la protection des données ou de leurs représentants respectifs. La Commission devrait participer aux activités du comité sans droit de vote et le Contrôleur européen de la protection des données devrait disposer de droits de vote spécifiques. Le comité devrait contribuer à l'application cohérente du présent règlement dans l'ensemble de l'Union, notamment en conseillant la Commission, en particulier en ce qui concerne le niveau de protection dans les pays tiers ou les organisations internationales, et en favorisant la coopération des autorités de contrôle dans l'ensemble de l'Union. Le comité devrait accomplir ses missions en toute indépendance.

(140) Le comité devrait être assisté par un secrétariat assuré par le Contrôleur européen de la protection des données. Pour s'acquitter de ses tâches, le personnel du Contrôleur européen de la protection des données chargé des missions que le présent règlement confie au comité ne devrait recevoir d'instructions que du président du comité et devrait être placé sous l'autorité de celui-ci.

(141) Toute personne concernée devrait avoir le droit d'introduire une réclamation auprès d'une seule autorité de contrôle, en particulier dans l'État membre où elle a sa résidence habituelle, et disposer du droit à un recours juridictionnel effectif conformément à l'article 47 de la Charte si elle estime que les droits que lui confère le présent règlement sont violés ou si l'autorité de contrôle ne donne pas suite à sa réclamation, la refuse ou la rejette, en tout ou en partie, ou si elle n'agit pas alors qu'une action est nécessaire pour protéger les droits de la personne concernée. L'enquête faisant suite à une réclamation devrait être menée, sous contrôle juridictionnel, dans la mesure appropriée requise par le cas d'espèce. L'autorité de contrôle devrait informer la personne concernée de l'état d'avancement et de l'issue de la réclamation dans un délai raisonnable. Si l'affaire requiert un complément d'enquête ou une coordination avec une autre autorité de contrôle, des informations intermédiaires devraient être fournies à la personne concernée. Afin de faciliter l'introduction des réclamations, chaque autorité de contrôle devrait prendre des mesures telles que la fourniture d'un formulaire de réclamation qui peut être également rempli par voie électronique, sans que d'autres moyens de communication soient exclus.

(142) Lorsqu'une personne concernée estime que les droits que lui confère le présent règlement sont violés, elle devrait avoir le droit de mandater un organisme, une organisation ou une association à but non lucratif, constitué conformément au droit d'un État membre, dont les objectifs statutaires sont d'intérêt public et qui est actif dans le domaine de la protection des données à caractère personnel, pour qu'il introduise une réclamation en son nom auprès d'une autorité de contrôle, exerce le droit à un recours juridictionnel au nom de personnes concernées ou, si cela est prévu par le droit d'un État membre, exerce le droit d'obtenir réparation au nom de personnes concernées. Un État membre peut prévoir que cet organisme, cette organisation ou cette association a le droit d'introduire une réclamation dans cet État membre, indépendamment de tout mandat confié par une personne concernée, et dispose du droit à un recours juridictionnel effectif s'il a des raisons de considérer que les droits d'une personne concernée ont été violés parce que le traitement des données à caractère

personnel a eu lieu en violation du présent règlement. Cet organisme, cette organisation ou cette association ne peut pas être autorisé à réclamer réparation pour le compte d'une personne concernée indépendamment du mandat confié par la personne concernée.

(143) Toute personne physique ou morale a le droit de former un recours en annulation des décisions du comité devant la Cour de justice dans les conditions prévues à l'article 263 du traité sur le fonctionnement de l'Union européenne. Dès lors qu'elles reçoivent de telles décisions, les autorités de contrôle concernées qui souhaitent les contester doivent le faire dans un délai de deux mois à compter de la notification qui leur en a été faite, conformément à l'article 263 du traité sur le fonctionnement de l'Union européenne. Lorsque des décisions du comité concernent directement et individuellement un responsable du traitement, un sous-traitant ou l'auteur de la réclamation, ces derniers peuvent former un recours en annulation de ces décisions dans un délai de deux mois à compter de leur publication sur le site internet du comité, conformément à l'article 263 du traité sur le fonctionnement de l'Union européenne. Sans préjudice de ce droit prévu à l'article 263 du traité sur le fonctionnement de l'Union européenne, toute personne physique ou morale devrait disposer d'un recours juridictionnel effectif, devant la juridiction nationale compétente, contre une décision d'une autorité de contrôle qui produit des effets juridiques à son égard. Une telle décision concerne en particulier l'exercice, par l'autorité de contrôle, de pouvoirs d'enquête, d'adoption de mesures correctrices et d'autorisation ou le refus ou le rejet de réclamations. Toutefois, ce droit à un recours juridictionnel effectif ne couvre pas des mesures prises par les autorités de contrôle qui ne sont pas juridiquement contraignantes, telles que les avis émis ou les conseils fournis par une autorité de contrôle. Les actions contre une autorité de contrôle devraient être portées devant les juridictions de l'État membre sur le territoire duquel l'autorité de contrôle est établie et être menées conformément au droit procédural de cet État membre. *(Rect. JOUE L 127 du 23 mai 2018)* « Ces juridictions devraient disposer d'une compétence de pleine juridiction, ce qui devrait comprendre la compétence pour examiner toutes les questions de fait et de droit relatives au litige dont elles sont saisies. »

Lorsqu'une réclamation a été rejetée ou refusée par une autorité de contrôle, l'auteur de la réclamation peut intenter une action devant les juridictions de ce même État membre. Dans le cadre des recours juridictionnels relatifs à l'application du présent règlement, les juridictions nationales qui estiment qu'une décision sur la question est nécessaire pour leur permettre de rendre leur jugement peuvent ou, dans le cas prévu à l'article 267 du traité sur le fonctionnement de l'Union européenne, doivent demander à la Cour de justice de statuer à titre préjudiciel sur l'interprétation du droit de l'Union, y compris le présent règlement. En outre, lorsqu'une décision d'une autorité de contrôle mettant en œuvre une décision du comité est contestée devant une juridiction nationale et que la validité de la décision du comité est en cause, ladite juridiction nationale n'est pas habilitée à invalider la décision du comité et doit, dans tous les cas où elle considère qu'une décision est invalide, soumettre la question de la validité à la Cour de justice, conformément à l'article 267 du traité sur le fonctionnement de l'Union européenne tel qu'il a été interprété par la Cour de justice. Toutefois, une juridiction nationale peut ne pas soumettre une question relative à la validité d'une décision du comité à la demande d'une personne physique ou morale qui a eu la possibilité de former un recours en annulation de cette décision, en particulier si elle était concernée directement et individuellement par ladite décision, et ne l'a pas fait dans le délai prévu à l'article 263 du traité sur le fonctionnement de l'Union européenne.

(144) Lorsqu'une juridiction saisie d'une action contre une décision prise par une autorité de contrôle a des raisons de croire que des actions concernant le même traitement, portant par exemple sur le même objet, effectué par le même responsable du traitement ou le même sous-traitant, ou encore la même cause, sont introduites devant une juridiction compétente d'un autre État membre, il convient qu'elle contacte cette autre juridiction afin de confirmer l'existence de telles actions connexes. Si des actions connexes sont pendantes devant une juridiction d'un autre État membre, toute juridiction autre que celle qui a été saisie en premier peut surseoir à statuer ou peut, à la demande de l'une des parties, se dessaisir au profit de la

juridiction saisie en premier si celle-ci est compétente pour connaître de l'action concernée et que le droit dont elle relève permet de regrouper de telles actions connexes. Sont réputées connexes, les actions qui sont à ce point étroitement liées qu'il y a intérêt à les instruire et à les juger en même temps afin d'éviter que ne soient rendues des décisions inconciliables, issues de procédures séparées.

(145) En ce qui concerne les actions contre un responsable du traitement ou un sous-traitant, le demandeur devrait pouvoir choisir d'intenter l'action devant les juridictions des États membres dans lesquels le responsable du traitement ou le sous-traitant dispose d'un établissement ou dans l'État membre dans lequel la personne concernée réside, à moins que le responsable du traitement ne soit une autorité publique d'un État membre agissant dans l'exercice de ses prérogatives de puissance publique.

(146) Le responsable du traitement ou le sous-traitant devrait réparer tout dommage qu'une personne peut subir du fait d'un traitement effectué en violation du présent règlement. Le responsable du traitement ou le sous-traitant devrait être exonéré de sa responsabilité s'il prouve que le dommage ne lui est nullement imputable. La notion de dommage devrait être interprétée au sens large, à la lumière de la jurisprudence de la Cour de justice, d'une manière qui tienne pleinement compte des objectifs du présent règlement. Cela est sans préjudice de toute action en dommages-intérêts fondée sur une infraction à d'autres règles du droit de l'Union ou du droit d'un État membre. Un traitement effectué en violation du présent règlement comprend aussi un traitement effectué en violation des actes délégués et d'exécution adoptés conformément au présent règlement et au droit d'un État membre précisant les règles du présent règlement. Les personnes concernées devraient recevoir une réparation complète et effective pour le dommage subi. Lorsque des responsables du traitement ou des sous-traitants participent à un même traitement, chaque responsable du traitement ou chaque sous-traitant devrait être tenu responsable pour la totalité du dommage. Toutefois, lorsque des responsables du traitement et des sous-traitants sont concernés par la même procédure judiciaire, conformément au droit d'un État membre, la réparation peut être répartie en fonction de la part de responsabilité de chaque responsable du traitement ou de chaque sous-traitant dans le dommage causé par le traitement, à condition que le dommage subi par la personne concernée soit entièrement et effectivement réparé. Tout responsable du traitement ou tout sous-traitant qui a réparé totalement le dommage peut par la suite introduire un recours contre d'autres responsables du traitement ou sous-traitants ayant participé au même traitement.

(147) Lorsque le présent règlement prévoit des règles de compétence spécifiques, notamment en ce qui concerne les procédures relatives aux recours juridictionnels, y compris ceux qui visent à obtenir réparation, contre un responsable du traitement ou un sous-traitant, les règles de compétence générales, telles que celles prévues dans le règlement (UE) n° 1215/2012 du Parlement européen et du Conseil *[Règlement (UE) n° 1215/2012 du Parlement européen et du Conseil du 12 décembre 2012 concernant la compétence judiciaire, la reconnaissance et l'exécution des décisions en matière civile et commerciale (JO L 351 du 20.12.2012, p. 1)]*, ne devraient pas porter préjudice à l'application de telles règles juridictionnelles spécifiques.

(148) Afin de renforcer l'application des règles du présent règlement, des sanctions y compris des amendes administratives devraient être infligées pour toute violation du présent règlement, en complément ou à la place des mesures appropriées imposées par l'autorité de contrôle en vertu du présent règlement. En cas de violation mineure ou si l'amende susceptible d'être imposée constitue une charge disproportionnée pour une personne physique, un rappel à l'ordre peut être adressé plutôt qu'une amende. Il convient toutefois de tenir dûment compte de la nature, de la gravité et de la durée de la violation, du caractère intentionnel de la violation et des mesures prises pour atténuer le dommage subi, du degré de responsabilité ou de toute violation pertinente commise précédemment, de la manière dont l'autorité de contrôle a eu connaissance de la violation, du respect des mesures ordonnées à l'encontre du responsable du traitement ou du sous-traitant, de l'application d'un code de conduite, et de toute autre circonstance aggravante ou atténuante. L'application de sanctions y compris d'amendes administratives devrait faire l'objet de garanties procédurales appropriées conformément aux principes généraux du droit de l'Union et de la Charte, y compris le droit à une protection juridictionnelle effective et à une procédure régulière.

(149) Les États membres devraient pouvoir déterminer le régime des sanctions pénales applicables en cas de violation du présent règlement, y compris de violation des dispositions nationales adoptées en application et dans les limites du présent règlement. Ces sanctions pénales peuvent aussi permettre la saisie des profits réalisés en violation du présent règlement. Toutefois, l'application de sanctions pénales en cas de violation de ces dispositions nationales et l'application de sanctions administratives ne devrait pas entraîner la violation du principe *non bis in idem* tel qu'il a été interprété par la Cour de justice.

(150) Afin de renforcer et d'harmoniser les sanctions administratives applicables en cas de violation du présent règlement, chaque autorité de contrôle devrait avoir le pouvoir d'imposer des amendes administratives. Le présent règlement devrait définir les violations, le montant maximal et les critères de fixation des amendes administratives dont elles sont passibles, qui devraient être fixés par l'autorité de contrôle compétente dans chaque cas d'espèce, en prenant en considération toutes les caractéristiques propres à chaque cas et compte dûment tenu, notamment, de la nature, de la gravité et de la durée de la violation et de ses conséquences, ainsi que des mesures prises pour garantir le respect des obligations découlant du règlement et pour prévenir ou atténuer les conséquences de la violation. Lorsque des amendes administratives sont imposées à une entreprise, ce terme doit, à cette fin, être compris comme une entreprise conformément aux articles 101 et 102 du traité sur le fonctionnement de l'Union européenne. Lorsque des amendes administratives sont imposées à des personnes qui ne sont pas une entreprise, l'autorité de contrôle devrait tenir compte, lorsqu'elle examine quel serait le montant approprié de l'amende, du niveau général des revenus dans l'État membre ainsi que de la situation économique de la personne en cause. Il peut en outre être recouru au mécanisme de contrôle de la cohérence pour favoriser une application cohérente des amendes administratives. Il devrait appartenir aux États membres de déterminer si et dans quelle mesure les autorités publiques devraient faire l'objet d'amendes administratives. L'application d'une amende administrative ou le fait de donner un avertissement ne portent pas atteinte à l'exercice d'autres pouvoirs des autorités de contrôle ou à l'application d'autres sanctions en vertu du présent règlement.

(151) Les systèmes juridiques du Danemark et de l'Estonie ne permettent pas d'imposer des amendes administratives comme le prévoit le présent règlement. Les règles relatives aux amendes administratives peuvent être appliquées de telle sorte que, au Danemark, l'amende est imposée par les juridictions nationales compétentes sous la forme d'une sanction pénale et en Estonie, l'amende est imposée par l'autorité de contrôle dans le cadre d'une procédure de délit, à condition qu'une telle application des règles dans ces États membres ait un effet équivalent aux amendes administratives imposées par les autorités de contrôle. C'est pourquoi les juridictions nationales compétentes devraient tenir compte de la recommandation formulée par l'autorité de contrôle qui est à l'origine de l'amende. En tout état de cause, les amendes imposées devraient être effectives, proportionnées et dissuasives.

(152) Lorsque le présent règlement n'harmonise pas les sanctions administratives ou, si nécessaire dans d'autres circonstances, par exemple en cas de violation grave du présent règlement, les États membres devraient mettre en œuvre un système qui prévoit des sanctions effectives, proportionnées et dissuasives. La nature de ces sanctions, pénales ou administratives, devrait être déterminée par le droit des États membres.

(153) Le droit des États membres devrait concilier les règles régissant la liberté d'expression et d'information, y compris l'expression journalistique, universitaire, artistique ou littéraire, et le droit à la protection des données à caractère personnel en vertu du présent règlement. Dans le cadre du traitement de données à caractère personnel uniquement à des fins journalistiques ou à des fins d'expression universitaire, artistique ou littéraire, il y a lieu de prévoir des dérogations ou des exemptions à certaines dispositions du présent règlement si cela est nécessaire pour concilier le droit à la protection des données à caractère personnel et le droit à la liberté d'expres-

sion et d'information, consacré par l'article 11 de la Charte. Tel devrait notamment être le cas des traitements de données à caractère personnel dans le domaine de l'audiovisuel et dans les documents d'archives d'actualités et bibliothèques de la presse. En conséquence, les États membres devraient adopter des dispositions législatives qui fixent les exemptions et dérogations nécessaires aux fins d'assurer un équilibre entre ces droits fondamentaux. Les États membres devraient adopter de telles exemptions et dérogations en ce qui concerne les principes généraux, les droits de la personne concernée, le responsable du traitement et le sous-traitant, le transfert de données à caractère personnel vers des pays tiers ou à des organisations internationales, les autorités de contrôle indépendantes, la coopération et la cohérence, ainsi que les situations particulières de traitement des données. Lorsque ces exemptions ou dérogations diffèrent d'un État membre à l'autre, le droit de l'État membre dont relève le responsable du traitement devrait s'appliquer. Pour tenir compte de l'importance du droit à la liberté d'expression dans toute société démocratique, il y a lieu de retenir une interprétation large des notions liées à cette liberté, telles que le journalisme.

(154) Le présent règlement permet de prendre en compte, dans son application, le principe de l'accès du public aux documents officiels. L'accès du public aux documents officiels peut être considéré comme étant dans l'intérêt public. Les données à caractère personnel figurant dans des documents détenus par une autorité publique ou un organisme public devraient pouvoir être rendues publiques par ladite autorité ou ledit organisme si cette communication est prévue par le droit de l'Union ou le droit de l'État membre dont relève l'autorité publique ou l'organisme public. Ces dispositions légales devraient concilier l'accès du public aux documents officiels et la réutilisation des informations du secteur public, d'une part, et le droit à la protection des données à caractère personnel, d'autre part, et peuvent dès lors prévoir la conciliation nécessaire avec le droit à la protection des données à caractère personnel en vertu du présent règlement. Dans ce contexte, il convient d'entendre par "autorités publiques et organismes publics", toutes les autorités ou autres organismes relevant du droit d'un État membre en matière d'accès du public aux documents. La directive 2003/98/CE du Parlement européen et du Conseil *[Directive 2003/98/CE du Parlement européen et du Conseil du 17 novembre 2003 concernant la réutilisation des informations du secteur public (JO L 345 du 31.12.2003, p. 90)]* laisse intact et n'affecte en rien le niveau de protection des personnes physiques à l'égard du traitement des données à caractère personnel garanti par les dispositions du droit de l'Union et du droit des États membres et, en particulier, ne modifie en rien les droits et obligations prévus dans le présent règlement. En particulier, ladite directive ne devrait pas s'appliquer aux documents dont l'accès est exclu ou limité en application de règles d'accès pour des motifs de protection des données à caractère personnel, et aux parties de documents accessibles en vertu desdites règles qui contiennent des données à caractère personnel dont la réutilisation a été prévue par la loi comme étant incompatible avec la législation concernant la protection des personnes physiques à l'égard du traitement des données à caractère personnel.

(155) Le droit des États membres ou des conventions collectives, y compris des "accords d'entreprise" peuvent prévoir des règles spécifiques relatives au traitement des données à caractère personnel des employés dans le cadre des relations de travail, notamment les conditions dans lesquelles les données à caractère personnel dans le cadre des relations de travail peuvent être traitées sur la base du consentement de l'employé, aux fins du recrutement, de l'exécution du contrat de travail, y compris le respect des obligations fixées par la loi ou par des conventions collectives, de la gestion, de la planification et de l'organisation du travail, de l'égalité et de la diversité sur le lieu de travail, de la santé et de la sécurité au travail, et aux fins de l'exercice et de la jouissance des droits et des avantages liés à l'emploi, individuellement ou collectivement, ainsi qu'aux fins de la résiliation de la relation de travail.

(156) Le traitement des données à caractère personnel à des fins archivistiques dans l'intérêt public, à des fins de recherche scientifique ou historique ou à des fins statistiques devrait être soumis à des garanties appropriées pour les droits et libertés de la personne concernée, en vertu du présent règlement. Ces garanties devraient permettre la mise en place de mesures techniques et organisationnelles pour assurer, en particulier, le respect du principe de minimisation des données. Le traitement ulté-

rieur de données à caractère personnel à des fins archivistiques dans l'intérêt public, à des fins de recherche scientifique ou historique ou à des fins statistiques doit être effectué lorsque que le responsable du traitement a évalué s'il est possible d'atteindre ces finalités grâce à un traitement de données qui ne permettent pas ou plus d'identifier les personnes concernées, pour autant que des garanties appropriées existent (comme par exemple la pseudonymisation des données). Les États membres devraient prévoir des garanties appropriées pour le traitement de données à caractère personnel à des fins archivistiques dans l'intérêt public, à des fins de recherche scientifique ou historique ou à des fins statistiques. Les États membres devraient être autorisés à prévoir, dans des conditions spécifiques et moyennant des garanties appropriées pour les personnes concernées, des dispositions particulières et des dérogations concernant les exigences en matière d'information et les droits à la rectification, à l'effacement, à l'oubli, à la limitation du traitement, à la portabilité des données et le droit d'opposition lorsque les données à caractère personnel sont traitées à des fins archivistiques dans l'intérêt public, à des fins de recherche scientifique ou historique ou à des fins statistiques. Les conditions et garanties en question peuvent comporter des procédures spécifiques permettant aux personnes concernées d'exercer ces droits si cela est approprié eu égard aux finalités du traitement spécifique concerné, ainsi que des mesures techniques et organisationnelles visant à réduire à un minimum le traitement des données à caractère personnel conformément aux principes de proportionnalité et de nécessité. Le traitement de données à caractère personnel à des fins scientifiques devrait également respecter d'autres dispositions législatives pertinentes, telles que celles relatives aux essais cliniques.

(157) En combinant les informations issues des registres, les chercheurs peuvent acquérir de nouvelles connaissances d'un grand intérêt en ce qui concerne des problèmes médicaux très répandus tels que les maladies cardiovasculaires, le cancer et la dépression. Sur la base des registres, les résultats de la recherche peuvent être améliorés car ils s'appuient sur un échantillon plus large de population. Dans le cadre des sciences sociales, la recherche sur la base des registres permet aux chercheurs d'acquérir des connaissances essentielles sur les corrélations à long terme existant entre un certain nombre de conditions sociales telles que le chômage et l'éducation et d'autres conditions de vie. Les résultats de la recherche obtenus à l'aide des registres fournissent des connaissances fiables et de grande qualité qui peuvent servir de base à l'élaboration et à la mise en œuvre d'une politique fondée sur la connaissance, améliorer la qualité de vie d'un certain nombre de personnes et renforcer l'efficacité des services sociaux. Pour faciliter la recherche scientifique, les données à caractère personnel peuvent être traitées à des fins de recherche scientifique sous réserve de conditions et de garanties appropriées prévues dans le droit de l'Union ou le droit des États membres.

(158) Lorsque les données à caractère personnel sont traitées à des fins archivistiques, le présent règlement devrait également s'appliquer à ce traitement, étant entendu qu'il ne devrait pas s'appliquer aux des personnes décédées. Les autorités publiques ou les organismes publics ou privés qui conservent des archives dans l'intérêt public devraient être des services qui, en vertu du droit de l'Union ou du droit d'un État membre, ont l'obligation légale de collecter, de conserver, d'évaluer, d'organiser, de décrire, de communiquer, de mettre en valeur, de diffuser des archives qui sont à conserver à titre définitif dans l'intérêt public général et d'y donner accès. Les États membres devraient également être autorisés à prévoir un traitement ultérieur des données à caractère personnel à des fins archivistiques, par exemple en vue de fournir des informations précises relatives au comportement politique sous les régimes des anciens États totalitaires, aux génocides, aux crimes contre l'humanité, notamment l'Holocauste, ou aux crimes de guerre.

(159) Lorsque des données à caractère personnel sont traitées à des fins de recherche scientifique, le présent règlement devrait également s'appliquer à ce traitement. Aux fins du présent règlement, le traitement de données à caractère personnel à des fins de recherche scientifique devrait être interprété au sens large et couvrir, par exemple, le développement et la démonstration de technologies, la recherche fondamentale, la recherche appliquée et la recherche financée par le secteur privé. Il devrait, en outre, tenir compte de l'objectif de l'Union mentionné à l'article 179, paragraphe 1, du traité sur le fonctionnement de l'Union européenne, consistant à réaliser un

espace européen de la recherche. Par "fins de recherche scientifique", il convient également d'entendre les études menées dans l'intérêt public dans le domaine de la santé publique. Pour répondre aux spécificités du traitement de données à caractère personnel à des fins de recherche scientifique, des conditions particulières devraient s'appliquer, en particulier, en ce qui concerne la publication ou la divulgation d'une autre manière de données à caractère personnel dans le cadre de finalités de la recherche scientifique. Si le résultat de la recherche scientifique, en particulier dans le domaine de la santé, justifie de nouvelles mesures dans l'intérêt de la personne concernée, les règles générales du présent règlement s'appliquent à l'égard de ces mesures.

(160) Lorsque des données à caractère personnel sont traitées à des fins de recherche historique, le présent règlement devrait également s'appliquer à ce traitement. Cela devrait aussi comprendre les recherches historiques et les recherches à des fins généalogiques, étant entendu que le présent règlement ne devrait pas s'appliquer aux personnes décédées.

(161) Aux fins du consentement à la participation à des activités de recherche scientifique dans le cadre d'essais cliniques, les dispositions pertinentes du règlement (UE) n° 536/2014 du Parlement européen et du Conseil *[Règlement (UE) n° 536/2014 du Parlement européen et du Conseil du 16 avril 2014 relatif aux essais cliniques de médicaments à usage humain et abrogeant la directive 2001/20/CE (JO L 158 du 27.5.2014, p. 1)]* devraient s'appliquer.

(162) Lorsque des données à caractère personnel sont traitées à des fins statistiques, le présent règlement devrait s'appliquer à ce traitement. Le droit de l'Union ou le droit des États membres devrait, dans les limites du présent règlement, déterminer le contenu statistique, définir le contrôle de l'accès aux données et arrêter des dispositions particulières pour le traitement de données à caractère personnel à des fins statistiques ainsi que des mesures appropriées pour la sauvegarde des droits et libertés de la personne concernée et pour préserver le secret statistique. Par "fins statistiques", on entend toute opération de collecte et de traitement de données à caractère personnel nécessaires pour des enquêtes statistiques ou la production de résultats statistiques. Ces résultats statistiques peuvent en outre être utilisés à différentes fins, notamment des fins de recherche scientifique. Les fins statistiques impliquent que le résultat du traitement à des fins statistiques ne constitue pas des données à caractère personnel mais des données agrégées, et que ce résultat ou ces données à caractère personnel ne sont pas utilisés à l'appui de mesures ou de décisions concernant une personne physique en particulier.

(163) Les informations confidentielles que les autorités statistiques de l'Union et des États membres recueillent pour élaborer des statistiques officielles européennes et nationales devraient être protégées. Les statistiques européennes devraient être mises au point, élaborées et diffusées conformément aux principes statistiques énoncés à l'article 338, paragraphe 2, du traité sur le fonctionnement de l'Union européenne, et les statistiques nationales devraient également respecter le droit des États membres. Le règlement (CE) n° 223/2009 du Parlement européen et du Conseil *[Règlement (CE) n° 223/2009 du Parlement européen et du Conseil du 11 mars 2009 relatif aux statistiques européennes et abrogeant le règlement (CE, Euratom) n° 1101/2008 du Parlement européen et du Conseil relatif à la transmission à l'Office statistique des Communautés européennes d'informations statistiques couvertes par le secret, le règlement (CE) n° 322/97 du Conseil relatif à la statistique communautaire et la décision 89/382/CEE, Euratom du Conseil instituant un comité du programme statistique des Communautés européennes (JO L 87 du 31.3.2009, p. 164)]* contient d'autres dispositions particulières relatives aux statistiques européennes couvertes par le secret.

(164) En ce qui concerne les pouvoirs qu'ont les autorités de contrôle d'obtenir du responsable du traitement ou du sous-traitant l'accès aux données à caractère personnel et l'accès à leurs locaux, les États membres peuvent adopter par la loi, dans les limites du présent règlement, des règles spécifiques visant à garantir l'obligation de secret professionnel ou d'autres obligations de secret équivalentes, dans la mesure où cela est nécessaire pour concilier le droit à la protection des données à caractère personnel et l'obligation de secret professionnel. Cela s'entend sans préjudice des

obligations existantes incombant aux États membres en matière d'adoption de règles relatives au secret professionnel lorsque le droit de l'Union l'impose.

(165) Le présent règlement respecte et ne porte pas préjudice au statut dont bénéficient, en vertu du droit constitutionnel en vigueur, les églises et les associations ou communautés religieuses dans les États membres, tel qu'il est reconnu par l'article 17 du traité sur le fonctionnement de l'Union européenne.

(166) Afin de remplir les objectifs du présent règlement, à savoir protéger les libertés et droits fondamentaux des personnes physiques, et en particulier leur droit à la protection des données à caractère personnel, et garantir la libre circulation de ces données au sein de l'Union, il convient de déléguer à la Commission le pouvoir d'adopter des actes conformément à l'article 290 du traité sur le fonctionnement de l'Union européenne. En particulier, des actes délégués devraient être adoptés en ce qui concerne les critères et exigences applicables aux mécanismes de certification, les informations à présenter sous la forme d'icônes normalisées ainsi que les procédures régissant la fourniture de ces icônes. Il importe particulièrement que la Commission procède aux consultations appropriées durant son travail préparatoire, y compris au niveau des experts. Il convient que, lorsqu'elle prépare et élabore des actes délégués, la Commission veille à ce que tous les documents pertinents soient transmis simultanément en temps utile et de façon appropriée au Parlement européen et au Conseil.

(167) Afin d'assurer des conditions uniformes d'exécution du présent règlement, il convient de conférer des compétences d'exécution à la Commission lorsque le présent règlement le prévoit. Ces compétences devraient être exercées en conformité avec le règlement (UE) n° 182/2011. Dans ce cadre, la Commission devrait envisager des mesures spécifiques pour les micro, petites et moyennes entreprises.

(168) Compte tenu de la portée générale des actes concernés, il convient d'avoir recours à la procédure d'examen pour l'adoption d'actes d'exécution en ce qui concerne les clauses contractuelles types entre les responsables du traitement et les sous-traitants ainsi qu'entre les sous-traitants ; des codes de conduite ; des normes techniques et des mécanismes de certification ; le niveau adéquat de protection offert par un pays tiers, un territoire ou un secteur déterminé dans ce pays tiers, ou une organisation internationale ; les clauses types de protection ; les formats et les procédures pour l'échange d'informations par voie électronique entre responsables du traitement, sous-traitants et autorités de contrôle en ce qui concerne les règles d'entreprise contraignantes ; l'assistance mutuelle ; et les modalités de l'échange d'informations par voie électronique entre les autorités de contrôle ainsi qu'entre les autorités de contrôle et le comité.

(169) La Commission devrait adopter des actes d'exécution immédiatement applicables lorsque les éléments de preuve disponibles montrent qu'un pays tiers, un territoire ou un secteur déterminé dans ce pays tiers, ou une organisation internationale n'offre pas un niveau de protection adéquat et que des raisons d'urgence impérieuses l'imposent.

(170) Étant donné que l'objectif du présent règlement, à savoir assurer un niveau équivalent de protection des personnes physiques et le libre flux des données à caractère personnel dans l'ensemble de l'Union, ne peut pas être atteint de manière suffisante par les États membres mais peut, en raison des dimensions ou des effets de l'action, l'être mieux au niveau de l'Union, celle-ci peut prendre des mesures, conformément au principe de subsidiarité consacré à l'article 5 du traité sur l'Union européenne. Conformément au principe de proportionnalité tel qu'énoncé audit article, le présent règlement n'excède pas ce qui est nécessaire pour atteindre ces objectifs.

(171) La directive 95/46/CE devrait être abrogée par le présent règlement. Les traitements déjà en cours à la date d'application du présent règlement devraient être mis en conformité avec celui-ci dans un délai de deux ans après son entrée en vigueur. Lorsque le traitement est fondé sur un consentement en vertu de la directive 95/46/CE, il n'est pas nécessaire que la personne concernée donne à nouveau son consentement si la manière dont le consentement a été donné est conforme aux conditions énoncées dans le présent règlement, de manière à ce que le responsable du traitement puisse poursuivre le traitement après la date d'application du présent règlement. Les décisions de la Commission qui ont été adoptées et les autorisations qui ont été accor-

dées par les autorités de contrôle sur le fondement de la directive 95/46/CE demeurent en vigueur jusqu'à ce qu'elles soient modifiées, remplacées ou abrogées.

(172) Le Contrôleur européen de la protection des données a été consulté conformément à l'article 28, paragraphe 2, du règlement (CE) nº 45/2001 et a rendu un avis le 7 mars 2012 *[JO C 192 du 30.6.2012, p. 7]*.

(173) Le présent règlement devrait s'appliquer à tous les aspects de la protection des libertés et droits fondamentaux à l'égard du traitement des données à caractère personnel qui ne sont pas soumis à des obligations spécifiques ayant le même objectif énoncées dans la directive 2002/58/CE du Parlement européen et du Conseil *[Directive 2002/58/CE du Parlement européen et du Conseil du 12 juillet 2002 concernant le traitement des données à caractère personnel et la protection de la vie privée dans le secteur des communications électroniques (directive vie privée et communications électroniques) (JO L 201 du 31.7.2002, p. 37)]*, **y compris les obligations incombant au responsable du traitement et les droits des personnes physiques. Afin de clarifier la relation entre le présent règlement et la directive 2002/58/CE, cette directive devrait être modifiée en conséquence. Après l'adoption du présent règlement, il convient de réexaminer la directive 2002/58/CE, notamment afin d'assurer la cohérence avec le présent règlement,**

ONT ADOPTÉ LE PRÉSENT RÈGLEMENT :

CHAPITRE I *DISPOSITIONS GÉNÉRALES*

COMMENTAIRE

Le chapitre I du RGPD comprend, comme classiquement en droit de l'Union, les dispositions générales sur le champ d'application de la législation, et leur corollaire, à savoir les définitions des principales notions convoquées. Systématique en droit communautaire, moins fréquente en droit français, cette étape des définitions est d'autant plus nécessaire que le RGPD, non seulement s'appliquera dans toute l'Union, mais donnera en plus lieu à des décisions conjointes des autorités de protection des données. Il est donc indispensable que ces autorités administratives indépendantes disposent des mêmes « clés de lecture » du texte, afin de limiter les risques de conflits de loi. ❑

Art. 1er *Objet et objectifs.* **1. Le présent règlement établit des règles relatives à la protection des personnes physiques à l'égard du traitement des données à caractère personnel et des règles relatives à la libre circulation de ces données.**

2. Le présent règlement protège les libertés et droits fondamentaux des personnes physiques, et en particulier leur droit à la protection des données à caractère personnel.

3. La libre circulation des données à caractère personnel au sein de l'Union n'est ni limitée ni interdite pour des motifs liés à la protection des personnes physiques à l'égard du traitement des données à caractère personnel.

V. consid. 1 à 4, 9, 10 et 13.

V. L. nº 78-17 du 6 janv. 1978, art. 1er.

COMMENTAIRE

Le RGPD établit et décline les règles relatives à la protection des données à caractère personnel. Il constitue ainsi le principal texte d'application et de mise en œuvre des garanties prévues par l'article 8 de la Charte des droits fondamentaux de l'Union européenne (V. II. Textes complémentaires, *infra*).

Consécration du droit à la protection des données personnelles. Le droit de l'Union européenne est en effet caractérisé par la consécration du droit à la protection des données personnelles, de façon « autonome » par rapport à la protection de la vie privée, et ce au frontispice de l'ordre juridique européen. L'article 8, au titre II « Libertés » de la Charte, dispose ainsi :

« 1. Toute personne a droit à la protection des données à caractère personnel la concernant.

« 2. Ces données doivent être traitées loyalement, à des fins déterminées et sur la base du consentement de la personne concernée ou en vertu d'un autre fondement légitime prévu par la loi. Toute personne a le droit d'accéder aux données collectées la concernant et d'en obtenir la rectification.

« 3. Le respect de ces règles est soumis au contrôle d'une autorité indépendante ».

La protection des données personnelles est également inscrite, au même titre que la nécessité de confier sa protection à une autorité indépendante, à l'article 16 du Traité sur le fonctionnement de l'Union européenne (V. II. Textes complémentaires, *infra*).

Le RGPD doit donc être examiné à l'aune de cette double consécration juridique au sommet du droit de l'Union.

La CJUE, gardienne du droit à la protection des données personnelles. La Cour de justice de l'Union européenne est le gardien vigilant du droit à la protection des données personnelles. Elle a précisé les contours de la protection des données personnelles dans le droit de l'Union, en rappelant sa consécration comme un droit fondamental (« le droit fondamental qui garantit la protection des données à caractère personnel et, donc, de la vie privée », CJCE 29 janv. 2008, *Promusicae*, n° C-275/06). Elle a d'ailleurs établi un pont entre la convention européenne de sauvegarde des droits de l'homme et le droit communautaire, un traitement de données personnelles ne pouvant être regardé comme conforme à la directive de 1995 – et désormais au RGPD – s'il est incompatible avec les stipulations de l'article 8 de la Convention européenne des droits de l'homme (CJCE 20 mai 2003, *Österreichischer Rundfunk et a.*, nos C-465/00, C-138/01 et C-139/01 : *Rec. 2003, p. I-4989*). Si la protection des droits constitue le centre de gravité de la législation, la Cour de justice pose toutefois le principe d'un équilibre entre la libre circulation des données et cette protection, relevant ainsi la nécessité d'« un juste équilibre entre, d'une part, le respect du droit fondamental à la vie privée et, d'autre part, les intérêts qui commandent une libre circulation des données à caractère personnel » (CJUE 9 mars 2010, *Commission c/ Allemagne*, n° C-518/07 ; V. aussi CJCE 20 mai 2003, *Österreichischer Rundfunk et a. : préc.*).

L'article 8 de la Charte des droits fondamentaux occupe désormais un rôle central dans la jurisprudence de la Cour de justice en matière de protection des données personnelles. Dans un arrêt du 8 avril 2014, la Cour a ainsi contrôlé la conformité de la directive 2006/24 CE du 15 mars 2006, relative à la conservation de données par les fournisseurs de communications électroniques, à l'article 8 de la Charte. La Cour a considéré que l'ingérence que « comporte » la directive 2006/24 CE est d'une vaste ampleur et particulièrement grave, et que l'absence d'information de l'utilisateur sur la conservation et l'utilisation ultérieure potentielle de ses données « est susceptible de générer dans l'esprit des personnes concernées (...) le sentiment que leur vie privée fait l'objet d'une surveillance constante », avant d'exercer un contrôle de proportionnalité au regard de l'objectif d'intérêt général poursuivi, à savoir la lutte contre des infractions graves (CJUE 8 avr. 2014, *Digital Rights Ireland et Seitlinger et a.*, nos C-293/12 et C-594-12, consid. 37 ; V. notamment l'analyse faite par le Conseil d'État dans son rapport annuel 2014 sur le numérique et les droits fondamentaux). Elle a également jugé que « le droit à la protection des données personnelles (...) revêt une importance particulière pour le droit au respect de la vie privée consacré à l'article 7 » de la Charte, avant de considérer que, dans les conditions qu'elle fixe, la directive en cause excède « les limites qu'impose le principe de proportionnalité » au regard notamment des articles 7 et 8 de la Charte. De même, dans un arrêt du 13 mai 2014, la Cour s'est fondée sur l'article 8 de la Charte pour juger qu'un moteur de recherche constitue un traitement de données à caractère personnel et que, soumis au droit européen, il doit offrir la possibilité, dans certaines conditions, d'un « déréférencement » de résultats associés aux données personnelles d'une personne (CJUE, gr. ch., 13 mai 2014, *Google Spain*, n° C-31/12). Enfin, dans un arrêt du 21 décembre 2016, elle a confirmé sa position de l'arrêt *Digital Rights Ireland* et jugé que la directive de 2002 « vie privée » « s'oppose à une réglementation nationale prévoyant, à des fins de lutte contre la criminalité, une conservation généralisée et indifférenciée de l'ensemble des données relatives au trafic et des données de localisation de tous les abonnés et utilisateurs inscrits concernant tous les moyens de communication électronique » (CJUE, 21 dec. 2016, *Télé2 Sverige AB*, nos C-203/15 et C-698/15). La toile de fond de l'ensemble de cette jurisprudence, qu'elle porte sur les droits des personnes à l'égard des acteurs privés comme des autorités publiques, est toujours la même : éviter un traçage absolu de l'internaute européen et conférer à celui-ci une maîtrise réelle de ses données. Cette démarche n'est pas sans rappeler celle du « droit à l'autodétermination informationnelle » issu de la jurisprudence constitutionnelle allemande et désormais inscrite dans la loi n° 78-17 du 6 janvier 1978 « Informatique et libertés » en France. Elle trouve également un puissant écho dans le règlement européen.

Le cadre juridique européen du droit de la protection des données ne se limite pas au droit de l'Union. La Cour européenne des droits de l'homme a ainsi regardé la protection des données personnelles comme jouant « un rôle fondamental pour l'exercice du droit au respect à la vie privée » tel que garanti par l'article 8 de la Convention européenne de sauvegarde des droits de l'homme et des libertés fondamentales, un traitement de données personnelles mis en œuvre par l'État, notamment à des fins de sécurité publique, constituant une ingérence dans le droit au respect de la vie privée. Il en résulte qu'une telle ingérence doit être proportionnée et légitime (CEDH 26 mars 1987, *Leander c/ Suède*, n° 9248/81 ; CEDH 16 févr. 2000, *Amann c/ Suisse*, n° 27798/95 ; CEDH, gr. ch., 4 déc. 2008, *S. et Marper c/ Royaume-Uni*, n°s 30562/04 et 30566/04). La Cour de Strasbourg relève d'ailleurs la « concordance » entre « cette interprétation extensive » et celle de la Convention élaborée au sein du Conseil de l'Europe pour la protection des personnes à l'égard du traitement automatisé des données à caractère personnel du 28 janvier 1981 (arrêt *Amann c/ Suisse : préc. § 65, Rec. CEDH 2000-II*). Cette jurisprudence s'impose donc aux États membres.

En tant que principal texte de mise en œuvre du principe de la protection des données dans l'ordre juridique de l'Union européenne, le RGPD constitue donc un texte fondamental, auquel les manquements seront sévèrement sanctionnés (V. RGPD, art. 83 s.). Son ambition dépasse d'ailleurs le seul cadre de la protection des données, comme l'indique le deuxième alinéa de ce premier article, pour viser l'ensemble des droits et libertés fondamentaux des personnes physiques. Il peut être regardé comme le texte de référence en matière de protection des droits fondamentaux dans l'univers numérique. Il autorise par conséquent l'articulation entre les différentes libertés, sans prééminence absolue du droit à la protection des données, sous contrôle du juge. Le raisonnement de la Cour de justice de l'Union européenne en matière de droit au déréférencement – intervenu alors que le projet de règlement était en cours de négociation – est à cet égard révélateur, puisqu'il combine droit à la protection des données personnelles et droit du public à l'information (CJUE, 13 mai 2014 : *préc.*).

Enfin, l'article 1er rappelle que la protection des données personnelles ne peut servir de « barrière » interne à leur libre circulation. L'affirmation peut sembler évidente, mais elle revêt une dimension particulière à l'heure du marché unique numérique européen. Elle constitue également une utile boussole pour les travaux des États membres tirant les conséquences du RGPD, soit pour adapter leur législation, soit pour utiliser les marges qu'il laisse aux États dans certaines matières. ❑

Art. 2 *Champ d'application matériel.* **1. Le présent règlement s'applique au traitement de données à caractère personnel, automatisé en tout ou en partie, ainsi qu'au traitement non automatisé de données à caractère personnel contenues ou appelées à figurer dans un fichier.**

2. Le présent règlement ne s'applique pas au traitement de données à caractère personnel effectué :

a) dans le cadre d'une activité qui ne relève pas du champ d'application du droit de l'Union ;

b) par les États membres dans le cadre d'activités qui relèvent du champ d'application du chapitre 2 du titre V du traité sur l'Union européenne ;

c) par une personne physique dans le cadre d'une activité strictement personnelle ou domestique ;

d) par les autorités compétentes à des fins de prévention et de détection des infractions pénales, d'enquêtes et de poursuites en la matière ou d'exécution de sanctions pénales, y compris la protection contre des menaces pour la sécurité publique et la prévention de telles menaces.

3. Le règlement (CE) n° 45/2001 s'applique au traitement des données à caractère personnel par les institutions, organes et organismes de l'Union. Le règlement (CE) n° 45/2001 et les autres actes juridiques de l'Union applicables audit traitement des données à caractère personnel sont adaptés aux principes et aux règles du présent règlement conformément à l'article 98.

4. Le présent règlement s'applique sans préjudice de la directive 2000/31/CE, et notamment de ses articles 12 à 15 relatifs à la responsabilité des prestataires de services intermédiaires.

V. consid. 14 à 21 et 27.

V. L. n° 78-17 du 6 janv. 1978, art. 2 et 42.

V. Dir. 2000/31/CE du 8 juin 2000 dite « vie privée et commerce électronique » ou « e-privacy », Partie II - Textes complémentaires 🏛.

BIBL. ▶ BERTRAND, *RTD eur. 2021. 181* (chronique Droit européen du numérique - Le champ d'application du droit européen du numérique).

COMMENTAIRE

Le champ d'application du RGPD n'est pas fondamentalement modifié par rapport à celui de la directive de 1995. Pour comprendre son champ d'application exact, il faut en fait combiner le présent article avec l'article 4 du RGPD relatif aux définitions. La « clé d'entrée » du texte est double : il faut, d'une part, un objet – les données personnelles, c'est-à-dire des données relatives à des personnes physiques –, et d'autre part, une action sur cet objet – le « traitement », entendu largement (V. comm. et notes ss. RGPD, art. 4).

On relèvera principalement, au titre des exceptions, et dès lors bien sûr que le traitement entre bien dans le champ du droit de l'Union, que celle relative à l'usage strictement personnel ou domestique par une personne physique est maintenue. L'enjeu est important : concrètement, les personnes physiques qui mettent en œuvre un traitement à des fins personnelles (arbre généalogique familial, liste d'amis, etc.) n'ont pas à respecter ce texte, et notamment pas à en respecter les contraintes formelles auprès de la CNIL. Elles ne sont pas non plus passibles de sanctions administratives ou pénales sur ce fondement. De ce fait, il ne peut s'agir que de dispositions d'interprétation stricte, ce qui implique une grande vigilance des « responsables » de tels traitements, notamment quant à une éventuelle diffusion des données, qui entraîne mécaniquement la sortie de ce régime d'exception. Par ailleurs, ces personnes restent bien sûr soumises à l'ensemble des autres règles nationales, notamment celles qui protègent la vie privée (tel l'art. 9 C. civ., V. II. Textes complémentaires, *infra*).

L'exception sur la prévention et la détection des infractions pénales est quant à elle couverte par la directive (UE) 2016/680 du Parlement européen et du Conseil du 27 avril 2016 (V. ce texte, *infra*), transposée aux articles 70-1 et suivants de la loi du 6 janvier 1978 (directive relative à la protection des personnes physiques à l'égard du traitement des données à caractère personnel par les autorités compétentes à des fins de prévention et de détection des infractions pénales, d'enquêtes et de poursuites en la matière ou d'exécution de sanctions pénales, et à la libre circulation de ces données et abrogeant la décision-cadre 2008/977/JAI du Conseil).

Enfin, le considérant 27 rappelle que le RGPD ne s'applique pas aux données à caractère personnel des personnes décédées. Il autorise toutefois les États membres à prévoir des règles relatives au traitement des données à caractère personnel des personnes décédées, comme l'a fait en France la loi pour une République numérique qui a introduit dans la loi « Informatique et libertés » des dispositions relatives aux directives générales et particulières pour le devenir des données après la mort (V. L. n° 78-17 du 6 janv. 1978, anc. art. 40-1, devenu art. 84, *infra*). ❑

Nota : L'essentiel de la jurisprudence antérieure (sur le fondement de l'anc. LIL et de la Dir. 95/46/CE) conserve un intérêt pour apprécier les dispositions de l'art. 2 du RGPD.

I. CHAMP D'APPLICATION PERSONNEL

A. PERSONNES PHYSIQUES

1. Dans le prolongement du lien juridique fort entre protection de la vie privée et protection des données personnelles, l'exclusion des données relatives à des personnes morales, présente dès 1978 en France comme dans la directive de 1995, a été reprise par le règlement. Pour être regardées comme des données « personnelles », les données doivent porter sur des personnes physiques identifiées ou identifiables. • CJCE 6 nov. 2003, *Lindqvist, Göta Hovrätt c/ Bodil,* n° C-101/01 : *Rec. p. I-12971 ; D. 2004. 1062, obs. Burgorgue-Larsen ; RSC 2004. 712, obs. Idot*. ♦ ... Il en résulte que les entrepreneurs individuels, « pris en cette qualité », ne sont pas des personnes physiques au sens de ces dispositions (V., sous l'empire de la rédaction antérieure à 2004 : • CE 3 juill. 2002, *Min. de l'Équipement, du Transport et du Tourisme,* n° 157402 : *Lebon T*).

B. PERSONNES DÉCÉDÉES ET AYANTS DROIT

2. Les droits attachés à la donnée ne peuvent en principe être exercés que par la personne concernée. Toutefois, certaines dispositions législatives peuvent organiser ponctuellement le droit des héritiers à accéder à certaines données personnelles du défunt. Il en va ainsi en matière de santé, dans la mesure où les données sont « nécessaires » aux ayants droit, conjoint, concubin ou partenaire de PACS, « pour leur permettre de connaître les causes de la mort, de défendre la mémoire du défunt ou de faire valoir leurs droits, sauf volonté contraire exprimée par la personne avant son décès » (V. CSP, art. L. 1110-4). La jurisprudence a également été amenée à préciser, sous l'empire de la directive de 1995, dont le règlement ne diffère pas sur ce point, que la protection attachée aux données personnelles peut, dans certains cas, couvrir les données relatives à des personnes décédées, leurs ayants droit pouvant alors exercer les droits attachés à ces données. Il en va ainsi : en matière d'archives publiques, notamment des actes d'état civil, les mentions apparaissant sur ces actes étant susceptibles de porter atteinte aux héritiers. • CNIL 9 déc. 2010, recomm. n° 2010-460 (relative à la réutilisation de documents d'archives contenant des données personnelles) • CNIL délib., 27 avr. 2012, n° 2012-113 (portant autorisation unique relative aux archives publiques : AU n° 029) ; ... de même pour les héritiers de la victime d'un dommage ayant engagé une action en réparation avant son décès, ou ayant eux-mêmes engagé ultérieurement une telle action, le droit à réparation du dommage, entré dans le patrimoine de la personne décédée, étant transmis à ses héritiers • CE 7 juin. 2017, *M. G*, n° 399446 B : *AJDA 2017. 1697 ; D. 2018. 1033, obs. Fauvarque-Cosson et Maxwell ; AJ fam. 2017. 497, obs. Levillain*.

II. CHAMP D'APPLICATION MATÉRIEL

A. EXCLUSION DES ACTIVITÉS PERSONNELLES – PORTÉE

3. L'exclusion des « activités strictement personnelles ou domestiques » a été constamment maintenue, tant dans la directive de 1995 que dans le règlement. La Cour de justice de l'Union européenne les qualifie, sous l'empire de la directive de 1995, d'activités qui « s'inscrivent dans le cadre de la vie privée ou familiale des particuliers », ce qui exclut les traitements publiés sur internet, en ce qu'ils sont accessibles à un « nombre indéfini de personnes ». • CJCE 6 nov. 2003, *Lindqvist, Göta Hovrätt c/ Bodil*, n° C-101/01 : *préc. note 1*. ♦ Cette dérogation doit faire l'objet d'une interprétation stricte, « dans la mesure où les dispositions de la directive 95/46, en ce qu'elles régissent le traitement de données à caractère personnel susceptible de porter atteinte aux libertés fondamentales et, en particulier, au droit à la vie privée, doivent nécessairement être interprétées à la lumière des droits fondamentaux qui sont inscrits dans ladite charte ». • CJUE 13 mai 2014, *Google Spain*, n° C-131/12, pt 68 : *AJDA 2014. 1147, chron. Aubert, Broussy et Cassagnabère ; D. 2014. 1476, note Benabou et Rochfeld ; ibid. 1481, note Martial-Braz et Rochfeld ; ibid. 2317, obs. Larrieu, Le Stanc et Tréfigny ; AJCT 2014. 502, obs. Tambou ; JAC 2014, n° 15, p. 6, obs. Scaramozzino ; Constitutions 2014. 218, chron. de Bellescize ; RTD eur. 2014. 283, édito. Jacqué ; ibid. 879, étude Hardy ; ibid. 2016. 249, étude Tambou ; Rev. UE 2016. 597, étude Perray*. ♦ Il s'en déduit qu'un traitement de données relève de cette dérogation « uniquement lorsqu'il est effectué dans la sphère exclusivement personnelle ou domestique de celui qui procède à ce traitement ». Ainsi, un système vidéo avec enregistrement mis en œuvre pour surveiller un domicile privé mais ayant pour effet de surveiller également une partie de l'espace public, ne constitue pas un traitement des données relevant d'activités exclusivement personnelles ou domestiques. • CJUE 11 déc. 2014, n° C-212/13 : *consid. 29 à 35 ; RTD eur. 2016. 353, obs. Benoît-Rohmer*.

B. NOTION DE DONNÉE « ANONYME »

4. Dès lors qu'une donnée est « anonyme », son traitement n'est plus soumis au respect de la loi « Informatique et libertés ». Une donnée ne « peut être regardée comme rendue anonyme que lorsque l'identification de la personne concernée, directement ou indirectement, devient impossible que ce soit par le responsable du traitement ou par un tiers. Tel n'est pas le cas lorsqu'il demeure possible d'individualiser une personne ou de relier entre elles des données résultant de deux enregistrements qui la concernent ». • CE 8 févr. 2017, *Sté JC Decaux*, n° 393714 B : *D. 2018. 1033, obs. Fauvarque-Cosson et Maxwell ; Dalloz IP/IT 2017. 286, obs. Perray et Uzan-Naulin*. ♦ Le tronquage, le salage et le hachage d'un identifiant de téléphone portable ne suffit pas à anonymiser cette donnée dès lors que le responsable de traitement, d'une part, peut corréler des enregistrements relatifs à un même individu et inférer des informations le concernant et, d'autre part, vise à identifier les déplacements des personnes et leur répétition • Même arrêt. ♦ A l'inverse, a pu être regardé comme anonyme un traitement ayant pour finalité la mesure d'audience et de fréquentation de dispositifs publicitaires au sein d'une gare • CNIL délib., 9 mai 2017, n° 2017-145.

C. TRANSFERT DE DONNÉES

5. Relève du champ d'application du RGPD un transfert de données à caractère personnel effectué à des fins commerciales par une entreprise établie dans un État membre vers une autre entreprise établie dans un pays tiers, indépendamment du fait qu'au cours ou à la suite de ce transfert, ces données sont susceptibles d'être traitées par les autorités du pays tiers concerné à des fins de sécurité publique, de défense et de sûreté de l'État, tels que des services de renseignements. • CJUE 16 juill. 2020, *Data Protection Commissioner c/ Schrems*, n° C-311/18 : *D. 2020. 2432, note Castets-Renard ; AJ contrat 2020. 436, obs. Douville ; Dalloz IP/IT 2020. 640, obs. Bertrand et Sirinelli ; ibid. 684, obs. Naftalski ; Rev. crit. DIP 2020. 874, éclairages d'Ornano ; RTD eur. 2021. 175, obs. Bertrand ; ibid. 973, obs. Benoît-Rohmer*.

D. EXCLUSION DES TRAITEMENTS DITS « POLICE-JUSTICE »

6. Relève du champ d'application matériel du RGPD la collecte, par l'administration fiscale d'un État membre, de données à caractère personnel relatives aux annonces de vente de véhicules publiées sur le site Internet d'un opérateur économique, et ce même s'il n'est pas exclu que les données à caractère personnel en cause puissent être utilisées dans le cadre de poursuites pénales qui pourraient être exercées, en cas d'infraction dans le domaine fiscal, contre certaines des personnes concernées, car il n'apparaît pas que ces données soient collectées dans l'objectif spécifique d'exercer de telles poursuites pénales ou dans le cadre des activités de l'État relatives à des domaines du droit pénal. • CJUE 24 févr. 2022, n° C-175/20. ♦ Ne sauraient être rangées dans la catégorie des activités ayant pour but la préservation de la sécurité nationale, visées à l'art. 2, § 2, sous a), du RGPD qui ont pour objet de protéger les fonctions essentielles de l'État et les intérêts fondamentaux de la société, les activités relatives à la sécurité routière. • CJUE 22 juin 2021, n° C-439/19.

Art. 3 *Champ d'application territorial.* **1. Le présent règlement s'applique au traitement des données à caractère personnel effectué dans le cadre des activités d'un établissement d'un responsable du traitement ou d'un sous-traitant sur le territoire de l'Union, que le traitement ait lieu ou non dans l'Union.**

2. Le présent règlement s'applique au traitement des données à caractère personnel relatives à des personnes concernées qui se trouvent sur le territoire de l'Union par un responsable du traitement ou un sous-traitant qui n'est pas établi dans l'Union, lorsque les activités de traitement sont liées :

a) à l'offre de biens ou de services à ces personnes concernées dans l'Union, qu'un paiement soit exigé ou non desdites personnes ; ou

b) au suivi du comportement de ces personnes, dans la mesure où il s'agit d'un comportement qui a lieu au sein de l'Union.

3. Le présent règlement s'applique au traitement de données à caractère personnel par un responsable du traitement qui n'est pas établi dans l'Union mais dans un lieu où le droit d'un État membre s'applique en vertu du droit international public.

V. consid. 22 à 25.

V. L. n° 78-17 du 6 janv. 1978, art. 3 et 125 à 128.

BIBL. ▸ BERTRAND, *RTD eur. 2021. 181* (chronique Droit européen du numérique - Le champ d'application du droit européen du numérique). - KOHL, *Rev. crit. DIP 2022. 287* (les lignes directrices 5/2021 du CEPD sur l'interaction entre l'article 3 et le chapitre V du RGPD. Le RGPD entre protection accrue et faiblesse inhérente).

COMMENTAIRE

Les dispositions de l'article 3 comportent l'une des innovations majeures du RGPD par rapport à la directive de 1995. Elles déterminent le champ d'application territorial du RGPD à l'ère numérique. Cette question revêt une acuité particulière pour les traitements de données, nombreux à l'ère numérique, concernant des personnes résidant en France mais faisant appel à des moyens dispersés entre plusieurs pays, ou localisés en dehors du territoire national ou de l'Union (moteurs de recherche, réseaux sociaux, sites de vente en ligne par exemple). Enfin, ces dispositions posent le critère de droit applicable au traitement et non le critère de compétence de l'autorité de contrôle (V. RGPD, art. 51 s.).

De manière générale, le RGPD étend sensiblement le champ d'application de la législation relative à la protection des données personnelles et réduit l'incertitude créée par la directive de 1995.

L'applicabilité du droit européen repose désormais sur deux critères alternatifs et successifs :
– le premier est celui de l'existence d'un établissement, sur le territoire de l'Union, qui participe au traitement dans le cadre de ses activités, que le traitement lui-même ait lieu ou non dans l'Union. Ce critère est repris pour l'essentiel de la directive de 1995, dont l'applicabilité était déjà construite autour de la localisation du responsable de traitement. Sous l'empire de cette directive, la notion d'établissement a été précisée par les autorités et la jurisprudence. Le simple fait de déterminer les finalités et les modalités du traitement emporte bien sûr application du droit européen. Mais tel est aussi le cas si l'établissement participe directement « à des activités impliquant le traitement de données à caractère personnel » (V. G29, avis n° 8/2010 du 16 déc. 2010, WP 179), c'est-à-dire s'il contribue au traitement en cause, sans pour autant être responsable de traitement au sens de l'article 3 du RGPD. Pour retenir cette participation, il convient que l'établissement joue « un rôle significatif » dans le traitement en question, sa forme juridique n'étant « pas déterminante » (V. G29, avis n° 1/2008, 4 avr. 2008, sur les aspects de la protection des données liés aux moteurs de recherche, WP 148). Est ainsi regardée comme un établissement l'entité d'un fournisseur de service internet assurant la vente de

publicités ciblées aux habitants de cet État, par exemple (même avis). La Cour de justice a confirmé ce raisonnement dans l'arrêt *Google Spain* précité, relatif aux moteurs de recherche, en considérant que dès lors que l'exploitant d'un moteur de recherche disposait d'un établissement en Europe qui participait à la publicité sur ledit moteur, le droit européen s'appliquait (V., en ce sens, CJUE 5 juin 2018, *Wirtschaftsakademie*, n° C-210/16 : *D. 2018. 1208* ; *ibid. 2270, obs. Larrieu, Le Stanc et Tréfigny* ; *ibid. 2019. 1016, obs. Clavel et Jault-Seseke*).

Le RGPD reprend cette clé de lecture large. Il introduit cependant deux innovations majeures qui étendent sensiblement le champ d'application de ce critère : d'une part, il repose désormais sur l'existence d'un établissement, non seulement d'un responsable de traitement, mais également d'un sous-traitant. Concrètement, tout sous-traitant qui opère pour le compte d'une entreprise située en dehors du territoire de l'Union devra, pour ce qui le concerne, respecter le droit de l'Union européenne. La deuxième innovation réside dans une clarification : le RGPD s'applique même si le traitement n'est pas directement mis en œuvre dans l'Union ;

– l'applicabilité du RGPD peut également résulter de l'application d'un second critère, qui constitue la principale innovation du texte : dès lors qu'un résident européen est « visé » par un traitement de données à des fins commerciales (fourniture de biens ou de services) ou de suivi régulier, le droit européen s'applique alors même que ni le responsable de traitement, ni le sous-traitant ne seraient établis sur le territoire de l'Union. Il s'agit d'une avancée substantielle en termes de protection des personnes : dans le cadre juridique de la directive de 1995, les critères de détermination du droit applicable ne tenaient pas compte du lieu de résidence de la personne concernée. En l'absence d'établissement, le droit européen ne s'appliquait que si le responsable de traitement disposait de « moyens de collecte » sur le territoire de l'Union. Ceci donnait lieu à des différends juridiques sur la nature de ces « moyens ». En tout état de cause, l'applicabilité du droit était pensée par rapport à celui qui traitait la donnée, et non par rapport à la personne concernée. Or, à l'ère numérique, de nombreux traitements, à commencer par les sites de e-commerce, portent sur des résidents européens sans pour autant correspondre à une implantation « physique » desdites entreprises sur le territoire de l'Union. Il s'agit donc d'un enjeu majeur en termes de protection effective des personnes comme de concurrence économique : désormais, toute entreprise qui traite des données d'un résident européen de manière pérenne ou commerciale doit respecter le droit de l'Union sur la protection des données. A l'heure où le marché des données personnelles est évalué à des centaines de milliards d'euros dans toute l'Union, cette disposition constitue un rééquilibrage majeur.

De ce fait, et comme l'indique le considérant 14, « le présent règlement devrait s'appliquer aux personnes physiques, indépendamment de leur nationalité ou de leur lieu de résidence, en ce qui concerne le traitement de leurs données à caractère personnel ». Naturellement, il faut comprendre ces dispositions pour autant que le droit de l'Union européenne s'applique. Mais elles signifient que tout traitement mis en œuvre au sein de l'Union ou par un responsable ou un sous-traitant établi dans l'Union offrira le même niveau de garantie à toutes les personnes concernées, fussent-elles non européennes.

Le RGPD apparaît ainsi comme un texte plus protecteur dans son champ d'application territorial, qui pourra nécessiter des clarifications de la part du juge et des régulateurs sur ses effets extraterritoriaux. La mise en œuvre concrète de ces dispositions ne sera en effet pas toujours évidente à mettre en œuvre pour les entreprises établies en dehors du territoire de l'Union ou, plus généralement, pour celles qui ont des traitements « mixtes » de données de résidents et de non-résidents européens. Elles devront en effet pouvoir démontrer qu'elles respectent les obligations posées par le texte pour les résidents. ❑

Nota : L'essentiel de la jurisprudence antérieure (sur le fondement de l'anc. LIL et de la Dir. 95/46/CE) conserve un intérêt pour apprécier les dispositions de l'art. 3 du RGPD.

1. Notion d'établissement. Application du RGPD. Sur la définition de l'établissement, V. aussi RGPD, art. 4 (16). ♦ La CNIL a refusé de considérer comme un établissement principal une société établie hors de France « dès lors qu'il n'est pas établi qu'elle dispose d'un pouvoir décisionnel quant aux traitements couverts par la politique de confidentialité présentée à l'utilisateur lors de la création de son compte à l'occasion de la configuration de son téléphone mobile sous Android ». • CNIL 21 janv. 2019, *Google LLC*, délib. n° SAN-2019-001 : *D. 2019. 1673, obs. Maxwell et Zolynski* ; *Dalloz IP/IT 2019. 165, obs. Netter* ; *CCE 2019, n° 35, note Metallinos* ; *ibid. n° 43, note Debet*. – V. note ss. art. 83.

2. Notion de suivi du comportement. Doit être considéré comme le suivi du comportement de personnes le fait qu'une recherche ponctuelle permette, à tout moment, l'accès au profil d'une personne faisant ressortir le traitement du champ d'application territorial du RGPD. • CNIL 26 nov. 2021, *Clearview AI*, décis. n° MED-2021-134.

3. Notion d'établissement. Jurisprudence rendue sous l'empire de l'anc. art. 5 de la L. n° 78-17 du 6 janv. 1978.

Sur la notion d'établissement, sous l'empire de la directive de 1995, la CJUE a retenu une interprétation large en relevant qu'« il ressort notamment des considérants 18 à 20 et de l'article 4 de la directive 95/46 que le législateur de l'Union a entendu éviter qu'une personne soit exclue de la protection garantie par celle-ci et que cette protection soit contournée, en prévoyant un champ d'application territorial particulièrement large ». • CJUE, gr. ch., 13 mai 2014, *Google Spain*, n° C-131/12. ♦ La Cour en déduit qu'« un traitement de données à caractère personnel est effectué dans le cadre des activités d'un établissement du responsable de ce traitement sur le territoire d'un État membre (...) lorsque l'exploitant d'un moteur de recherche crée dans un État membre une succursale ou une filiale destinée à assurer la promotion et la vente des espaces publicitaires proposés par ce moteur et dont l'activité vise les habitants de cet État membre ». • Même arrêt. ♦ En France, il a été jugé que la société Google Inc., dans le cadre de ses opérations d'indexation, a « ses propres serveurs de stockage dans différents pays de la Communauté européenne, utilise et a nécessairement besoin à des fins de traitement de l'ensemble des moyens que constituent les ordinateurs individuels et les serveurs, lesquels, en ce qui concerne les sites incriminés dans le présent litige et libellés en langue française, sont nécessairement dans leur grande majorité implantés sur le territoire français ou sur le territoire d'un État membre de la Communauté européenne ». Il en résulte que la L. du 6 jan. 1978 relative à l'informatique, aux fichiers et aux libertés est bien territorialement applicable à la société Google Inc. • Montpellier, 29 sept. 2011, n° 11/00832. ♦ V. égal., sur l'application du droit pénal, • TGI Paris, réf., 24 janv. 2013, *UEJF et a. c/ Twitter Inc. et Twitter France*, n° 13/50262 : *D. 2013. 300, obs. Manara ; ibid. 2487, obs. Larrieu, Le Stanc et Tréfigny*. ♦ On rappellera à cet égard que les manquements à la loi « Informatique et libertés » font l'objet de sanctions pénales (V. L. n° 78-17 du 6 janv. 1978, art. 51 s. [devenus art. 40 s. et C. pén., art. 226-22-2], *infra*). ♦ L'art. 4, § 1, ss. *a)* de la directive 95/46/CE permet l'application de la législation relative à la protection des données personnelles d'un État membre autre que celui dans lequel le responsable du traitement de ces données est immatriculé, à la condition que ce responsable ait « une activité effective et réelle, même minime », via une installation stable sur le territoire de cet État membre. Pour apprécier si tel est le cas, la question de la nationalité des personnes concernées est dénuée de pertinence. • CJUE 1er oct. 2015, *Sté Weltimmo*, n° C-230/14 : *AJDA 2015. 2257, chron. Broussy, Cassagnabère et Gänser ; D. 2015. 2011 ; ibid. 2016. 1045, obs. Gaudemet-Tallon et Jault-Seseke ; ibid. 2025, obs. d'Avout et Bollée ; Dalloz IP/IT 2016. 47, obs. Metallinos ; Rev. crit. DIP 2016. 377, note Haftel ; Rev. UE 2016. 597, étude Perray*.

4. Soit le traitement est soumis au RGPD, et ce sont alors les critères alternatifs posés par son art. 3 qui s'appliquent, soit le traitement relève de la seule loi française, et c'est alors le seul critère de l'établissement qui s'applique. Le Conseil d'État a ainsi jugé que le traitement des données personnelles relatives à une personne décédée n'entre pas dans le champ du RGPD, mais de la loi française, dès lors que ce traitement intervient dans le cadre des activités d'un responsable de traitement ou d'un sous-traitant établi en France. • CE 5 juill. 2021, n° 447088 : *RJDA 2022, n° 56 ; CCE 2022, n° 23, obs. Debet.*

5. Sous-traitant. Le traitement mis en œuvre par un sous-traitant basé à Paris ressort du champ d'application territorial du RGPD et des dispositions de la loi « Informatique et Libertés », indépendamment du lieu d'établissement du responsable de traitement. • CNIL 26 juill. 2021, *Monsanto*, n° SAN-2021-012 : *V. note 4 ss. RGPD, art. 14.* ♦ La CNIL est compétente pour veiller au respect des dispositions de la loi « Informatique et Libertés » et du RGPD à l'égard des traitements de données à caractère personnel relatifs au suivi du comportement des personnes dès lors que ces personnes résident en France, en cas d'activité de suivi basée sur des profils individuels, quel que soit le lieu où le responsable de traitement est établi. • Même décision.

Art. 4 *Définitions.* **Aux fins du présent règlement, on entend par :**

1) "données à caractère personnel", toute information se rapportant à une personne physique identifiée ou identifiable (ci-après dénommée "personne concernée") ; est réputée être une "personne physique identifiable" une personne physique qui peut être identifiée, directement ou indirectement, notamment par référence à un identifiant, tel qu'un nom, un numéro d'identification, des données de localisation, un identifiant en ligne, ou à un ou plusieurs éléments spécifiques propres à son identité physique, physiologique, génétique, psychique, économique, culturelle ou sociale ;

2) "traitement", toute opération ou tout ensemble d'opérations effectuées ou non à l'aide de procédés automatisés et appliquées à des données ou des ensembles de données à caractère personnel, telles que la collecte, l'enregistrement, l'organisation, la structuration, la conservation, l'adaptation ou la modification, l'extraction, la

consultation, l'utilisation, la communication par transmission, la diffusion ou toute autre forme de mise à disposition, le rapprochement ou l'interconnexion, la limitation, l'effacement ou la destruction ;

3) "limitation du traitement", le marquage de données à caractère personnel conservées, en vue de limiter leur traitement futur ;

4) "profilage", toute forme de traitement automatisé de données à caractère personnel consistant à utiliser ces données à caractère personnel pour évaluer certains aspects personnels relatifs à une personne physique, notamment pour analyser ou prédire des éléments concernant le rendement au travail, la situation économique, la santé, les préférences personnelles, les intérêts, la fiabilité, le comportement, la localisation ou les déplacements de cette personne physique ;

5) "pseudonymisation", le traitement de données à caractère personnel de telle façon que celles-ci ne puissent plus être attribuées à une personne concernée précise sans avoir recours à des informations supplémentaires, pour autant que ces informations supplémentaires soient conservées séparément et soumises à des mesures techniques et organisationnelles afin de garantir que les données à caractère personnel ne sont pas attribuées à une personne physique identifiée ou identifiable ;

6) "fichier", tout ensemble structuré de données à caractère personnel accessibles selon des critères déterminés, que cet ensemble soit centralisé, décentralisé ou réparti de manière fonctionnelle ou géographique ;

7) "responsable du traitement", la personne physique ou morale, l'autorité publique, le service ou un autre organisme qui, seul ou conjointement avec d'autres, détermine les finalités et les moyens du traitement ; lorsque les finalités et les moyens de ce traitement sont déterminés par le droit de l'Union ou le droit d'un État membre, le responsable du traitement peut être désigné ou les critères spécifiques applicables à sa désignation peuvent être prévus par le droit de l'Union ou par le droit d'un État membre ;

8) "sous-traitant", la personne physique ou morale, l'autorité publique, le service ou un autre organisme qui traite des données à caractère personnel pour le compte du responsable du traitement ;

9) "destinataire", la personne physique ou morale, l'autorité publique, le service ou tout autre organisme qui reçoit communication de données à caractère personnel, qu'il s'agisse ou non d'un tiers. Toutefois, les autorités publiques

qui sont susceptibles de recevoir communication de données à caractère personnel dans le cadre d'une mission d'enquête particulière conformément au droit de l'Union ou au droit d'un État membre ne sont pas considérées comme des destinataires ; le traitement de ces données par les autorités publiques en question est conforme aux règles applicables en matière de protection des données en fonction des finalités du traitement ;

10) "tiers", une personne physique ou morale, une autorité publique, un service ou un organisme autre que la personne concernée, le responsable du traitement, le sous-traitant et les personnes qui, placées sous l'autorité directe du responsable du traitement ou du sous-traitant, sont autorisées à traiter les données à caractère personnel ; *— V. CNIL, Guide pratique « tiers autorisés », juill. 2020.*

11) "consentement" de la personne concernée, toute manifestation de volonté, libre, spécifique, éclairée et univoque par laquelle la personne concernée accepte, par une déclaration ou par un acte positif clair, que des données à caractère personnel la concernant fassent l'objet d'un traitement ;

12) "violation de données à caractère personnel", une violation de la sécurité entraînant, de manière accidentelle ou illicite, la destruction, la perte, l'altération, la divulgation non autorisée de données à caractère personnel transmises, conservées ou traitées d'une autre manière, ou l'accès non autorisé à de telles données ;

13) "données génétiques", les données à caractère personnel relatives aux caractéristiques génétiques héréditaires ou acquises d'une personne physique qui donnent des informations uniques sur la physiologie ou l'état de santé de cette personne physique et qui résultent, notamment, d'une analyse d'un échantillon biologique de la personne physique en question ;

14) "données biométriques", les données à caractère personnel résultant d'un traitement technique spécifique, relatives aux caractéristiques physiques, physiologiques

ou comportementales d'une personne physique, qui permettent ou confirment son identification unique, telles que des images faciales ou des données dactyloscopiques ;

15) "données concernant la santé", les données à caractère personnel relatives à la santé physique ou mentale d'une personne physique, y compris la prestation de services de soins de santé, qui révèlent des informations sur l'état de santé de cette personne ;

16) "établissement principal",

a) en ce qui concerne un responsable du traitement établi dans plusieurs États membres, le lieu de son administration centrale dans l'Union, à moins que les décisions quant aux finalités et aux moyens du traitement de données à caractère personnel soient prises dans un autre établissement du responsable du traitement dans l'Union et que ce dernier établissement a le pouvoir de faire appliquer ces décisions, auquel cas l'établissement ayant pris de telles décisions est considéré comme l'établissement principal ;

b) en ce qui concerne un sous-traitant établi dans plusieurs États membres, le lieu de son administration centrale dans l'Union ou, si ce sous-traitant ne dispose pas d'une administration centrale dans l'Union, l'établissement du sous-traitant dans l'Union où se déroule l'essentiel des activités de traitement effectuées dans le cadre des activités d'un établissement du sous-traitant, dans la mesure où le sous-traitant est soumis à des obligations spécifiques en vertu du présent règlement ;

17) "représentant", une personne physique ou morale établie dans l'Union, désignée par le responsable du traitement ou le sous-traitant par écrit, en vertu de l'article 27, qui les représente en ce qui concerne leurs obligations respectives en vertu du présent règlement ;

18) "entreprise", une personne physique ou morale exerçant une activité économique, quelle que soit sa forme juridique, y compris les sociétés de personnes ou les associations qui exercent régulièrement une activité économique ;

19) "groupe d'entreprises", une entreprise qui exerce le contrôle et les entreprises qu'elle contrôle ;

20) "règles d'entreprise contraignantes", les règles internes relatives à la protection des données à caractère personnel qu'applique un responsable du traitement ou un sous-traitant établi sur le territoire d'un État membre pour des transferts ou pour un ensemble de transferts de données à caractère personnel à un responsable du traitement ou à un sous-traitant établi dans un ou plusieurs pays tiers au sein d'un groupe d'entreprises, ou d'un groupe d'entreprises engagées dans une activité économique conjointe ;

21) "autorité de contrôle", une autorité publique indépendante qui est instituée par un État membre en vertu de l'article 51 ;

22) "autorité de contrôle concernée", une autorité de contrôle qui est concernée par le traitement de données à caractère personnel parce que :

a) le responsable du traitement ou le sous-traitant est établi sur le territoire de l'État membre dont cette autorité de contrôle relève ;

b) des personnes concernées résidant dans l'État membre de cette autorité de contrôle sont sensiblement affectées par le traitement ou sont susceptibles de l'être ; ou

c) une réclamation a été introduite auprès de cette autorité de contrôle ;

23) "traitement transfrontalier",

a) un traitement de données à caractère personnel qui a lieu dans l'Union dans le cadre des activités d'établissements dans plusieurs États membres d'un responsable du traitement ou d'un sous-traitant lorsque le responsable du traitement ou le sous-traitant est établi dans plusieurs États membres ; ou

b) un traitement de données à caractère personnel qui a lieu dans l'Union dans le cadre des activités d'un établissement unique d'un responsable du traitement ou d'un sous-traitant, mais qui affecte sensiblement ou est susceptible d'affecter sensiblement des personnes concernées dans plusieurs États membres ;

24) "objection pertinente et motivée", une objection à un projet de décision quant à savoir s'il y a ou non violation du présent règlement ou si l'action envisagée en ce qui concerne le responsable du traitement ou le sous-traitant respecte le présent règlement, qui démontre clairement l'importance des risques que présente le projet

de décision pour les libertés et droits fondamentaux des personnes concernées et, le cas échéant, le libre flux des données à caractère personnel au sein de l'Union ;

25) "service de la société de l'information", un service au sens de l'article 1er, paragraphe 1, point b), de la directive (UE) 2015/1535 du Parlement européen et du Conseil ;

26) "organisation internationale", une organisation internationale et les organismes de droit public international qui en relèvent, ou tout autre organisme qui est créé par un accord entre deux pays ou plus, ou en vertu d'un tel accord.

V. consid. 26 à 31 et 34 à 37.

V. L. n° 78-17 du 6 janv. 1978, art. 2 et 82 (cookies et autres traceurs).

BIBL. ▸ Storrer, *D. 2013. 1844* (pour un droit commercial de l'exploitation des données à caractère personnel). – Martial-Braz, *Rev. sociétés 2020. 609* (la protection des données à caractère personnel de l'associé unique face à l'injonction de publication des comptes de la société). – Lecourt, *Dalloz IP/IT 2020. 696* (impossibilité pour le président et associé unique d'une SASU d'invoquer le droit à la protection de ses données patrimoniales pour se soustraire à une injonction de dépôt des comptes annuels de la société).

COMMENTAIRE

I. PRINCIPALES NOTIONS

L'article 4 du RGPD définit plusieurs notions clés pour déterminer le champ d'application du RGPD, notamment celles de « données à caractère personnel », de « traitement », mais aussi des notions inédites comme celle de la pseudonymisation. Les « règles d'entreprise contraignantes » sont désormais définies, le RGPD consacrant ainsi cet outil de transfert conçu et mis en œuvre par les autorités de protection du G29.

Seules les définitions les plus importantes font l'objet ici d'un commentaire, les autres n'appelant pas de précision complémentaire ou étant évoquées dans les commentaires des articles correspondants.

A. DONNÉE PERSONNELLE

La « donnée à caractère personnel » se définit comme toute donnée se rapportant à une personne directement ou indirectement identifiable. Il suffit que la personne soit singularisable (sans qu'il soit nécessaire de connaître son identité précise) pour que cette notion s'applique (V. G29, avis n° 4/2007 du 20 juin 2007 sur le concept de données à caractère personnel, App., v° *Comité européen de la protection des données*). Le RGPD n'apporte pas d'évolution substantielle sur ce point par rapport à la directive de 1995. La notion est donc extrêmement large (éléments d'identité, coordonnées, numéros identifiants, données biométriques, âge, sexe, données génétiques, localisation – ce qui conduit à regarder la géolocalisation, fréquente avec les applications mobiles, comme une donnée personnelle –, etc.). Pour les professionnels, compte tenu des enjeux en termes de droits des personnes comme des risques de sanctions, il faut donc être extrêmement attentif au champ des informations traitées, la « pseudonymisation » ne retirant pas le caractère « personnel » de la donnée (V. *infra*), contrairement à la donnée anonyme (V. comm. de RGPD, art. 2).

Les droits et obligations associés à cette protection sont ainsi liés au caractère identifiant de la donnée. Seul son caractère anonyme – par anonymisation ou par nature – conduit à exclure l'application de la loi.

On relèvera enfin en la matière que la protection accordée par la législation est indépendante tant de la propriété de la donnée que de son caractère public ou privé.

B. TRAITEMENT DE DONNÉES

Le RGPD s'applique dès lors qu'il y a traitement de données à caractère personnel. Là encore, le RGPD reprend le champ d'application matériel de la directive de 1995. L'existence d'un traitement est reconnue dès la collecte, la consultation ou la conservation de la donnée et s'entend bien sûr, au-delà, de tout traitement de « valorisation ». L'important pour les professionnels est néanmoins de garder à l'esprit qu'il n'est pas nécessaire que la donnée soit analysée, rapprochée, ou interprétée pour que la loi s'applique. La simple consultation ou communication suffit à « déclencher » de manière pleine et entière l'application de la législation sur la protection des données. Lorsque la donnée est traitée par une chaîne d'acteurs (par exemple, un premier collectant la donnée, avant de la transmettre à un second qui l'analysera), il peut donc y avoir, en fonction du schéma retenu, autant de traitements que d'opérations, même si, le plus souvent, le responsable de traitement aura une approche globale autour de la finalité poursuivie. De même, un professionnel chargé, en bout de chaîne, de la destruction de données (comme un prestataire d'archives) sera soumis, en qualité de responsable de traitement ou de sous-traitant selon la nature de l'action, au présent règlement.

C. NOTIONS CLARIFIÉES OU REPRISES PAR LE RGPD

1. LE RGPD APPORTE DES PRÉCISIONS SUR PLUSIEURS NOTIONS CLÉS

Le **consentement** se trouve renforcé par rapport à la directive de 1995 : outre le caractère spécifique, libre, éclairé et univoque, il doit désormais être exprès et se traduire par un « acte positif clair » (V. comm. de RGPD, art. 7). Cette disposition converge ainsi avec la position historique de la CNIL, tout en ouvrant un large champ sur ce qu'est, selon les circonstances, un acte positif clair. On relèvera par exemple qu'en matière de dépôt ou lecture de « cookies » sur un terminal (ordinateur ou téléphone), la CNIL a, par une délibération n° 2020-091 du 17 septembre 2020, abrogé sa délibération du 4 juillet 2019 relative aux opérations de lecture ou écriture dans le terminal d'un utilisateur (notamment aux cookies et autres traceurs). La CNIL a rappelé que « le consentement doit se manifester par le biais d'une action positive de la personne préalablement informée des conséquences de son choix et disposant des moyens de l'exprimer." La Commission "considère que continuer à naviguer sur un site web, à utiliser une application mobile ou bien faire défiler la page d'un site web ou d'une application mobile ne constituent pas des actions positives claires assimilables à un consentement valable » (ce qu'elle avait accepté en 2013). Elle considère également que « que l'utilisation de cases pré-cochées ne peut être considérée comme un acte positif clair visant à donner son consentement. En l'absence de consentement exprimé par un acte positif clair, l'utilisateur doit être considéré comme ayant refusé l'accès à son terminal ou l'inscription d'informations dans ce dernier » (Délib. n° 2019-091 du 17 septembre 2020, V. *infra* ss. Loi n° 78-17 du 6 janv. 1978, art. 82).

Les **données biométriques** font désormais l'objet d'une définition explicite, alors qu'elles avaient été de fait principalement définies par la doctrine de la CNIL et du G29 (V. G29, avis n° 3/2012 du 27 avr. 2012 sur l'évolution des technologies biométriques). Il s'agit des « données à caractère personnel résultant d'un traitement technique spécifique, relatives aux caractéristiques physiques, physiologiques ou comportementales d'une personne physique, qui permettent ou confirment son identification unique, telles que des images faciales ou des données dactyloscopiques ». La liste n'est évidemment pas exhaustive, puisqu'ont été regardées comme des données biométriques des images ou « gabarits » (nuages de points déterminés par un système de traitement algorithmique) des empreintes digitales, de l'iris, du visage ou du réseau veineux. Est également apparue la « biométrie comportementale » (ex. : la démarche d'un individu). La doctrine se fiait jusqu'à présent au caractère « permanent » ou en tout cas « stable » de la donnée, ce qui n'est pas remis en cause par la définition du RGPD. Est biométrique toute donnée se rattachant au corps humain et à ses mouvements ou réactions et qui présente un niveau de stabilité suffisant pour permettre l'identification unique (ou du moins avec une probabilité extrêmement élevée) d'un individu. Le traitement de la donnée biométrique a une finalité d'authentification. Par exemple, la simple photographie utilisée dans un annuaire ne sera pas considérée comme une donnée biométrique. Toutefois si un traitement de reconnaissance faciale est réalisé sur cette photographie, ce traitement sera biométrique. En revanche, la donnée biométrique n'est qu'une image du corps humain, et non pas un élément de celui-ci, contrairement, par exemple, à la donnée génétique qui implique un prélèvement.

Les **données génétiques** font également l'objet d'une définition spécifique, attendue mais inédite par rapport à la directive de 1995.

2. NOUVELLES NOTIONS INTRODUITES PAR LE RGPD : LA PSEUDONYMISATION

Il convient, pour les professionnels qui traitent des données, de distinguer la pseudonymisation et l'anonymisation.

L'anonymisation consiste en la rupture définitive et irréversible du lien entre une donnée et un individu. En d'autres termes, il doit être impossible, pour le responsable de traitement comme le sous-traitant ou un éventuel réutilisateur, de remonter à la personne concernée à partir de la donnée, seule ou croisée avec d'autres. Cette définition exigeante est logique : le caractère anonyme d'une donnée implique la non-applicabilité de la législation en matière de protection des données personnelles, donc des droits correspondants. Le RGPD maintient donc un système binaire : soit une donnée est personnelle, c'est-à-dire qu'elle est rattachable à une personne directement ou indirectement identifiable, et son traitement est alors soumis à la législation « protection des données personnelles » ; soit elle est anonyme, et son traitement est alors hors champ.

La « pseudonymisation » ne crée pas, à cet égard, un « troisième type » de données : il s'agit uniquement d'une série de mesures techniques et organisationnelles permettant de rendre impossible le rattachement d'une donnée à une personne concernée sans avoir recours à des informations supplémentaires (par exemple, le croisement avec d'autres données), ces informations étant justement conservées séparément et non traitées. En d'autres termes, la possibilité théorique de réidentification existe – donc la protection s'applique – mais les mesures techniques et organisationnelles adoptées font obstacle au rattachement de la donnée à un individu unique. La pseudonymisation va ainsi consister, par exemple, à « hacher » ou tronquer des informations pour rendre impossible l'identification précise d'une personne, tout en permettant une individualisation du suivi, par exemple. Il s'agit d'ailleurs, dans le texte du RGPD, d'une modalité de traitement.

Cette compréhension fine de la différence entre pseudonymisation et anonymisation, qui est également au cœur des nouvelles compétences de la CNIL introduites par la loi pour une République numérique du 7 octobre 2016 en matière d'homologation de « méthodologies d'anonymisation », est fondamentale à l'heure de l'open data et des traitements de données de masse.

II. FOCUS : QUELLES SONT LES PERSONNES IMPLIQUÉES DANS UN TRAITEMENT DE DONNÉES ?

Plusieurs personnes peuvent être, directement ou indirectement, concernées par un traitement de données. Il convient ainsi de distinguer :

– le responsable de traitement, qui détermine les finalités, les moyens et les modalités de mise en œuvre du traitement. Il est responsable au regard des obligations fixées par le RGPD et doit être en mesure de rendre compte de leur respect ;

– le sous-traitant, qui est généralement le prestataire technique en charge de la mise en œuvre technique du traitement de données en question. Avec le RGPD, il est désormais soumis à une large gamme d'obligations, alors que sous l'empire de la législation précédente, sa responsabilité était très limitée ;

– la personne concernée, dont les données sont traitées, et qui, à ce titre, se voit reconnaître certains droits ;

– les destinataires des données, qui sont différents du « responsable de traitement » (ex. : le responsable de traitement est une entreprise – personne morale ; les destinataires sont certains de ses employés) comme du sous-traitant (lequel n'a pas à être destinataire en principe), et qui peuvent avoir accès aux informations contenues dans le traitement. La détermination des destinataires est essentielle en termes de transparence vis-à-vis de la personne concernée ;

– enfin, ceux qui sont couramment appelés les « tiers autorisés », c'est-à-dire les autorités légalement habilitées à accéder aux informations alors qu'elles ne figurent pas parmi les destinataires du traitement. Le juge judiciaire, par exemple, a cette qualité puisqu'il ne peut être fait obstacle aux demandes d'informations exigées dans le cadre d'une réquisition judiciaire. Il en va de même, pour certains types de fichiers ou dans certains champs, pour des autorités administratives.

La ligne de partage des responsabilités entre responsable de traitement et prestataire est parfois délicate à fixer. La qualification de responsable de traitement intervient donc au terme de l'analyse concrète du degré de contrôle exercé par une entité sur un traitement, le seul usage ne suffisant pas à retenir cette qualification. C'est bien la compétence de l'organisme en cause pour déterminer les finalités et modalités de fonctionnement du traitement, c'est-à-dire, concrètement, pour répondre aux conditions de licéité fixées par l'article 6 de la loi du 6 janvier 1978, qui est déterminante en la matière. Il en résulte que, lorsqu'une personne a recours aux services d'un prestataire pour mettre en œuvre un traitement de données personnelles, c'est en principe le client, et non le prestataire, qui est regardé comme responsable de traitement. Dans certains cas, il peut y avoir « coresponsabilité » de deux entités. Si la coresponsabilité a été, historiquement, rarement retenue, l'émergence de prestations numériques « sur étagère », standardisées et proposées par des prestataires importants, conduit toutefois les « CNIL » européennes à s'interroger sur cette répartition des responsabilités entre clients et sous-traitants (V. G29, avis n° 5/2012 du 1er juill. 2012 sur le *cloud computing*).

S'agissant des « tiers autorisés », la notion renvoie à un droit de communication attaché à une mission particulière ou à un droit de communication spécifique (V., par exemple, l'administration fiscale en vertu du droit de communication consacré par l'art. L. 81 LPF) distinct de l'éventuel exercice du droit de communication au titre des articles L. 311-1 et suivants du CRPA. La CNIL a posé plusieurs conditions cumulatives à la mise en œuvre de ces dispositions. Il convient ainsi que la demande :

– soit ponctuelle et motivée ;

– ne porte que sur des informations individuelles et nominatives, c'est-à-dire sur des personnes identifiées, et non sur des grandes catégories de populations ;

– n'aboutisse pas à la communication ou à la transmission de fichiers ou de sous-ensembles de fichiers, ou à l'organisation d'interconnexions (CNIL 2 févr. 1982, délib. n° 82-02 ; CNIL 4 nov. 2004, délib. n° 2004-084 portant avis sur le traitement « Hélios » de gestion comptable, financière et budgétaire des collectivités locales et établissements publics locaux mis en œuvre par la Direction générale de la comptabilité publique). ❑

Nota : L'essentiel de la jurisprudence antérieure (sur le fondement de l'anc. LIL et de la Dir. 95/46/CE) conserve un intérêt pour apprécier les dispositions de l'art. 4 du RGPD.

I. NOTION DE « DONNÉE À CARACTÈRE PERSONNEL »

A. GÉNÉRALITÉS

1. Sur l'interprétation retenue par les « CNIL européennes » : V. • G29, avis, 20 juin 2007, n° 4/2007, App., v° *Comité européen de la protection des données.* ♦ Sur l'interprétation large des notions de « catégories particulières de données à caractère personnel » et de « données sensibles » confortée par l'objectif de la Dir. 95/46/CE du 24 oct. 1995 et du RGPD, qui est de garantir un niveau élevé de protection des libertés et des droits fondamentaux des personnes physiques, notamment de leur vie privée, à l'égard du traitement des données à caractère personnel les concernant, V. • CJCE 6 nov. 2003, n° C 101/01 : *D. 2004. 1062, obs. Burgorgue-Larsen ; RSC 2004. 712, obs. Idot* (cité par • CJUE 1er août 2022, n° C-184/20).

2. Constitue une donnée personnelle toute donnée permettant l'identification, directement ou indirectement, de la personne, y compris les données non directement nominatives ; sur le degré de précision nécessaire pour identifier une personne, « des données statistiques agrégées à un niveau insuffisant permettent indirectement l'identification des personnes physiques auxquelles elles s'appliquent ». • CE 7 oct. 1998, *Assoc. des utilisateurs de données publiques économiques et sociales (AUDPES),* n° 186073 : *Lebon 355* (rendu sous l'empire des dispositions de la L. de 1978 dans leur version antérieure à la révision de 2004). ♦ La protection ne s'applique pas à la présentation des données (ex. : typographie en majuscule de la particule d'un patronyme). • CE 3 oct. 2018, n° 405939 B : *Dalloz IP/IT 2019. 115, obs. Douville*.

B. INFORMATIONS NOMINATIVES ET COORDONNÉES

3. Sont regardés comme des données personnelles. Les noms et prénoms, par exemple apparaissant dans les décisions juridictionnelles. • CNIL 29 nov. 2001, délib. n° 01-057 (recommandation relative à l'anonymisation des décisions de justice). ♦ Il en va de même de ces données associées à une liste de visite médicales. • CE 14 juin 1999, *Sté de traitement de visites médicale et de fichiers médicaux (TVF),* n° 197751 : *Lebon 795.* ♦ Constituent également des données personnelles : les coordonnées, notamment téléphoniques. • CE, réf., 5 sept. 2008, *Sté Directannonces,* n° 319071 : *inédit au recueil Lebon.* ♦ ... La localisation géographique d'un bien en vente. • Même décision. ♦ ... Les réponses écrites fournies par un candidat lors d'un examen professionnel et les éventuelles annotations de l'examinateur relatives à ces réponses. • CJUE 20 déc. 2017, *Nowak,* n° C-434/16. ♦ En revanche, ne contient pas de telles données un sondage comportant des questions qui demandent aux personnes interrogées ce qu'elles pensent d'une personnalité. • CE 9 juill. 1997, *Chambre syndicale Syntec,* n° 148975 : *AJDA 1997. 695, concl. Combrexelle ; RFDA 1997. 1264, note Frayssinet*.

C. ADRESSES « IP »

4. Le règlement confirme explicitement, à son considérant 30, que les adresses IP, comme les cookies, sont des données personnelles qui servent au suivi régulier des personnes. Le débat juridictionnel sur la qualification de l'adresse « IP » *(Internet protocol)* au regard de la directive de 1995 avait précédé cette reconnaissance. • CJCE 29 janv. 2008, *Promusicae,* n° C-275/06 : *RTD com. 2008. 302, obs. Pollaud-Dulian ; RTD eur. 2008. 405, chron. Schmidt-Szalewski* , confirmé par l'arrêt • CJUE 8 avr. 2014, *Digital Rights Ireland et Seitlinger et a.,* nos C-293/12 et C-594/12 : *AJDA 2014. 773 ; ibid. 1147, chron. Aubert, Broussy et Cassagnabère ; D. 2014. 1355, et les obs., note Castets-Renard ; ibid. 2317, obs. Larrieu, Le Stanc et Tréfigny ; RTD eur. 2014. 283, édito. Jacqué ; ibid. 2015. 117, étude Peyrou ; ibid. 168, obs. Benoît-Rohmer ; ibid. 786, obs. Benlolo-Carabot* . ♦ ... Ou de la L. de 1978 • CE 23 mai 2007, *SACEM et a.,* n° 288149 : *RTD com. 2007. 546, obs. Pollaud-Dulian* (sol. impl.). ♦ V. égal., sur ce point : • G29, avis, 20 juin 2007, n° 4/2007, WP 136. ♦ En sens contraire, décision antérieure aux arrêts de la CJUE et en l'absence de rapprochement : • Paris 28 mai 2008, *Flament,* nº 2007-01064 : *Dr. pénal 2008. Étude 27.* ♦ La Cour de cassation a, à son tour, confirmé que l'adresse IP avait bien le caractère de données personnelles • Civ. 1re, 3 nov. 2016, nº 15-22.595 : *Dalloz IP/IT 2017. 120, obs. Péronne et Daoud ; Légipresse 2017. 27, étude Botchorichvili ; RTD civ. 2017. 94, obs. Hauser.*

D. DONNÉES BIOMÉTRIQUES

5. Constitue des données personnelles l'ensemble des données biométriques (visage, en cas de reconnaissance faciale; empreintes digitales; rétine ; contours de la main ; etc.). Le règlement en fait d'ailleurs des données sensibles à part entière (V. RGPD, art. 9). La collecte et la conservation dans un fichier national des empreintes digitales « d'un individu identifié ou identifiable constituent une ingérence dans le droit au respect de la vie privée », qui doit donc être prévue par la loi, et être légitime et nécessaire. • CEDH 4 déc. 2008, *S. et Marper*, nos 30562/04 et 30566/04 : *AJDA 2009. 872, chron. Flauss ; D. 2010. 604, obs. Galloux et Gaumont-Prat ; AJ pénal 2009. 81, obs. Roussel ; RFDA 2009. 741, étude Peyrou-Pistouley ; RSC 2009. 182, obs. Marguénaud.* ♦ Tel est le cas du FAED (Fichier automatisé des empreintes digitales), dont le régime de conservation des données a toutefois été regardé comme portant une atteinte disproportionnée au droit du requérant au respect de sa vie privée. • CEDH 18 avr. 2013, *M. K. c/ France*, nº 19522/09 : *D. 2014. 843, obs. Galloux et Gaumont-Prat ; RSC 2013. 666, obs. Roets.*

6. Sous l'empire de la L. du 6 janv. 1978 dans sa version issue de la transposition de la directive de 1995, le traitement de données biométriques était soumis à une autorisation préalable de la CNIL. La CNIL a donc encadré le recours à la biométrie par plusieurs autorisations uniques. Autorisation unique (nº AU-007) de mise en œuvre de traitements reposant sur la reconnaissance du contour de la main et ayant pour finalités le contrôle d'accès ainsi que la restauration sur les lieux de travail. • CNIL 20 sept. 2012, délib. nº 2012-322. ♦ ... De mise en œuvre de dispositifs biométriques reposant sur la reconnaissance de l'empreinte digitale exclusivement enregistrée sur un support individuel détenu par la personne concernée et ayant pour finalité le contrôle de l'accès aux locaux sur les lieux de travail. • CNIL 27 avr. 2006, délib. nº 2006-102. ♦ ... Portant autorisation unique de mise en œuvre de dispositifs biométriques reposant sur la reconnaissance du réseau veineux des doigts de la main et ayant pour finalité le contrôle de l'accès aux locaux sur les lieux de travail. • CNIL 7 mai 2009, délib. nº 2009-316. ♦ ... Portant autorisation unique de mise en œuvre de dispositifs biométriques reposant sur la reconnaissance de l'empreinte digitale et ayant pour finalité le contrôle de l'accès aux postes informatiques portables professionnels. • CNIL 10 mars 2011, délib. nº 2011-074. ♦ Sa doctrine a progressivement évolué pour désormais valoriser les traitements de données biométriques dont au moins une part du secret est laissée à la main de l'utilisateur (ex. : comparaison entre l'empreinte inscrite sur un support personnel tel qu'une carte et l'empreinte réellement présentée, comparaison elle-même déclenchée par un code détenu par la personne concernée), plutôt que des mécanismes de bases dites « centrales » ou « locales » (i.e. au niveau du lecteur d'empreintes), plus fragiles en termes de sécurité informatique.

7. Ne constituent pas un traitement de données biométriques des dispositifs n'ayant pas pour finalité, ni ne pouvant permettre techniquement, l'identification des personnes [avis sur le projet de Décr. nº 2021-269 du 10 mars 2021 relatif au recours à la vidéo intelligente pour mesurer le taux de port de masque dans les transports]. • CNIL 17 déc. 2020, délib. nº 2020-136 : *D. 2021. 792, interview W. Maxwell ; D. actu. 15 mars 2021, obs. Maximin.*

E. NIR

8. Le NIR, numéro à la fois identifiant et signifiant, constitue une donnée à caractère personnel qui ne peut faire l'objet d'un traitement que dans des secteurs limités (le secteur social), V. comm. ss. anc. chap. IX de la L. du 6 janv. 1978. • CNIL délib., 29 nov. 1983, nº 83-058 [portant adoption d'une recommandation concernant la consultation du Répertoire national d'identification des personnes physiques (RNIPP) et l'utilisation du numéro d'inscription au répertoire, excluant toute utilisation systématique ou généralisée du NIR ; V. comm. ss. RGPD, art. 8].

F. DONNÉES DE GÉOLOCALISATION

9. La géolocalisation fait explicitement partie des données à caractère personnel énumérées à titre indicatif par le règlement. Ceci n'est en fait que la reprise du droit existant : la géolocalisation d'un véhicule appartenant à un salarié ou à un client a en effet déjà été regardée comme relevant du champ d'application de la L. du 6 janv. 1978. La CNIL recommande que la géolocalisation ne soit utilisée que sous réserve d'être justifiée par un impératif de sûreté ou de sécurité de l'employé lui-même ou des marchandises ou véhicules dont il a la charge, une meilleure allocation des moyens pour des prestations à accomplir en des lieux dispersés, le suivi et la facturation d'une prestation, le suivi du temps de travail, lorsque ce dernier ne peut être réalisé par d'autres moyens. Adoption d'une recommandation relative à la mise en œuvre de dispositifs destinés à géolocaliser les véhicules automobiles utilisés par les employés d'un organisme privé ou public. • CNIL 16 mars 2006, délib. nº 2006-066. ♦ ... D'une norme simplifiée concernant les traitements automatisés de données à caractère personnel mis en œuvre par les organismes publics ou privés destinés à géolocaliser les véhicules utilisés par leurs employés. • CNIL

16 mars 2006, délib. n° 2006-067. ♦ Recommandation relative à la mise en œuvre, par les compagnies d'assurance et les constructeurs automobiles, de dispositifs de géolocalisation embarqués dans les véhicules. • CNIL 8 avr. 2010, délib. n° 2010-096.

10. Sont susceptibles de révéler des informations sur un nombre important d'aspects de la vie privée des personnes concernées, y compris des informations sensibles, telles que l'orientation sexuelle, les opinions politiques, les convictions religieuses, philosophiques, sociétales ou autres ainsi que l'état de santé, les données relatives au trafic et les données de localisation. Prises dans leur ensemble, lesdites données peuvent permettre de tirer des conclusions très précises concernant la vie privée des personnes dont les données ont été conservées, telles que les habitudes de la vie quotidienne, les lieux de séjour permanents ou temporaires, les déplacements journaliers ou autres, les activités exercées, les relations sociales de ces personnes et les milieux sociaux fréquentés par celles-ci. En particulier, ces données fournissent les moyens d'établir le profil des personnes concernées, information tout aussi sensible, au regard du droit au respect de la vie privée, que le contenu même des communications. • CJUE 6 oct. 2020, *La Quadrature du Net*, nos C-511/18, C-512/18 et C-520/18.

11. La publication massive de données en ligne a mécaniquement pour effet d'augmenter les risques potentiels pour les personnes concernées car elle présente le risque que des informations publiques puissent, sans même contenir initialement de données directement identifiantes, permettre, par recoupement avec d'autres informations publiques mises à disposition et plus généralement avec d'autres données disponibles, l'identification ou la réidentification de personnes physiques. Dans cette hypothèse, plus que sa qualité intrinsèque, c'est bien l'usage fait de la donnée initiale qui lui confère son caractère personnel. • CNIL 24 mars 2022, délib. n° 2022-032.

12. Dès lors qu'un véhicule est en cours de location, les données de géolocalisation issues de ce véhicule sont associées à une personne et constituent des données à caractère personnel. • CNIL 7 juill. 2022, n° SAN-2022-015. ♦ Si les données de géolocalisation ne sont pas des données sensibles, au sens de l'art. 9 RGPD, elles sont néanmoins considérées par le groupe de travail de l'art. 29 (dit « G29 », devenu le Comité européen de la protection des données [CEPD]) dans ses lignes directrices du 4 oct. 2017, comme étant des « données à caractère hautement personnel ». Le G29 estime que ces données sont considérées comme sensibles, au sens commun du terme, dans la mesure où elles ont un impact sur l'exercice d'un droit fondamental. En effet, la collecte des données de localisation met en jeu la liberté de circulation. • CNIL 7 juill. 2022, n° SAN-2022-015.

G. DRONES

13. En se référant à l'art. 3 de la Dir. (UE) 2016/680 du 27 avr. 2016 (dont la définition de « données personnelles » est similaire), le Conseil d'État a considéré que les données collectées par les drones par la police dans l'espace public étaient des données identifiantes dès lors que les appareils en cause dotés d'un zoom optique et pouvant voler à une distance inférieure à celle fixée ne comportaient aucun dispositif technique de nature à éviter, dans tous les cas, que les informations collectées puissent conduire, au bénéfice d'un autre usage que celui actuellement pratiqué, à rendre les personnes auxquelles elles se rapportent identifiables. • CE, réf., 18 mai 2020, n° 440442 : *Dalloz IP/IT 2020. 573, obs. Rotily et Archambault ; AJDA 2020. 1552, note Bioy ; D. 2020. 1336, obs. Dupont, note Audit ; ibid. 1262, obs. Maxwell et Zolynski ; AJCT 2020. 530, obs. Perray et Hélène Adda ; RTD eur. 2020. 956, obs. Bouveresse .* ♦ Position confirmée par un avis du Conseil d'État : « eu égard notamment aux technologies actuellement disponibles et à leur évolution et aux moyens matériels dont disposent les autorités publiques, le Conseil d'État estime que les images de personnes captées au moyen de caméras aéroportées par ces autorités dans le cadre de missions de sécurité publique ou de sécurité civile doivent, en principe, être regardées comme des données personnelles [...]. Il pourrait toutefois en aller autrement en cas d'emploi dans des conditions particulières excluant l'existence de possibilités raisonnables d'identifier des personnes, ou dans l'hypothèse où seraient mis en œuvre des dispositifs techniques empêchant l'identification ». • CE, avis, 20 sept. 2020, n° 401214 : *D. actu. 20 nov. 2020, obs. de Montecler.* ♦ Si la formation restreinte de la CNIL ne remet pas en question « la visualisation d'images non floutées par le pilote du drone [qui] s'explique aisément par des impératifs de sécurité (contrôle de l'appareil pendant le temps de vol), il reste que la captation d'images non floutées par la caméra et leur transmission au pilote constituent des opérations de traitement de données à caractère personnel ». • CNIL 12 janv. 2021, n° SAN-2021-003 : *AJDA 2020. 2531 ; D. actu. 20 janv. 2021, obs. Crichton ; AJCT 2021. 159, obs. Adda et Perray .*

H. DONNÉE PUBLIQUE ET DONNÉE PRIVÉE

14. La CEDH juge que « des données de nature publique peuvent relever de la vie privée lorsqu'elles sont, d'une manière systématique, recueillies et mémorisées dans des fichiers tenus par les pouvoirs publics. Cela vaut davantage encore lorsque ces données concernent le passé lointain d'une personne ». • CEDH, gr. ch., 4 mai 2000, *Rotaru c/ Roumanie*, n° 28341/95, § 43 : *AJDA 2000. 1006, chron. Flauss ; D. 2001. 1988, obs. Lepage .*

I. DONNÉE DE SANTÉ

15. V. art. 9.

II. TRAITEMENTS DE DONNÉES À CARACTÈRE PERSONNEL

16. La notion de « traitement de données à caractère personnel » est large, puisqu'elle est retenue dès lors qu'une donnée directement ou indirectement identifiante fait l'objet d'une simple consultation, jusqu'au « traitement » proprement dit. La jurisprudence antérieure au règlement européen reste donc pertinente. Font par exemple partie de cette catégorie : les commentaires et les champs libres d'un traitement. • CE, ass., 3 déc. 1999, *Caisse de Crédit mutuel de Bain-Tresboeuf,* n°s 197060 et 197061 : *Lebon 397 ; AJDA. 126, chron. Guyomar et Collin; RFDA 2000. 574, concl. Combrexelle*. ♦ ... La collecte des données individuelles concernant les cas de maladies visées à l'art. L. 11 CSP [CSP, art. L. 3113-1], en vue de leur transmission à l'autorité sanitaire. • CE 30 juin 2000, *Ligue francaise pour la défense des droits de l'homme et du citoyen,* n° 210412 : *Lebon 252.* ♦ ... La collecte de vœux pour les orientations du baccalauréat dans l'application « RAVEL ». • CE 6 févr. 2004, *M. X.,* n° 234428. ♦ ... L'enregistrement de son. • CEDH 25 mars 1998, *Amann Kopp c/ Suisse,* n° 13/1997/797/1000 • CEDH, gr. ch., 16 févr. 2000, *Amman c/ Suisse,* n° 27798/95 : *AJDA 2000. 1006, chron. Flauss ; RFDA 2001. 1250, chron. Labayle et Sudre* • CEDH 28 janv. 2003, *Peck c/ Royaume-Uni,* n° 44647/98. ♦ ... L'opération consistant à faire figurer, sur une page internet, des données à caractère personnel. • CJCE 6 nov. 2003, *Lindqvist, Göta Hovrätt c/ Bodil,* n° C-101/01 : *D. 2004. 1062, obs. Burgorgue-Larsen ; RSC 2004. 712, obs. Idot*. ♦ ... Le traitement consistant à indexer les pages internet et à les mettre à la disposition d'internautes. • G29, avis, 4 avr. 2007, n° 4/2007 • TGI Montpellier, réf., 28 oct. 2010, *Mme C. c/ Google France.* ♦ ... Le traitement d'adresses électroniques, même sans les enregistrer dans un fichier, aux fins d'adresser de la publicité • Crim. 14 mars 2006, n° 05-83.423 P : *D. 2007. 399, obs. Roujou de Boubée, Garé et Mirabail ; AJ pénal 2006. 260, obs. Roussel ; RTD com. 2006. 925, obs. Bouloc.* ♦ ... La collecte, par un autocommutateur téléphonique, des numéros de téléphone appelés et de la durée des appels. • Crim. 23 mai 1991, n° 90-87.555 P : *Expertise nov. 1991, n° 351, obs. Frayssinet.* ♦ ... Les traitements de données via des puces sans contact de type RFID. • G29, avis, 11 févr. 2011, n° 9/2011 (sur la proposition révisée des entreprises relative au cadre d'évaluation de l'impact sur la protection des données et de la vie privée des applications reposant sur l'identification par radiofréquence (RFID), WP 180). ♦ ... Le traitement des « logs » de salariés, voire, à l'aide de logiciels « keyloggers », des données de l'ensemble des frappes effectuées au clavier par la personne surveillée à son insu. CNIL, communication publique, 20 mars 2013. ♦ ... Le recours à un procédé de vote électronique. • CNIL 21 oct. 2010, délib. n° 2010-371 (portant adoption d'une recommandation relative à la sécurité des systèmes de vote électronique). ♦ ... Des dispositifs d'alerte professionnelle informatisés interne à une entreprise. • CNIL 8 déc. 2005, délib. n° 2005-305 (portant autorisation unique (n° AU-004) de traitements automatisés de données à caractère personnel mis en œuvre dans le cadre de dispositifs d'alerte professionnelle). ♦ ... Le rapprochement opéré par une entreprise entre un contenu de poste informatique (en l'espèce, l'empreinte numérique d'images à caractère pédopornographique) et l'identité du salarié utilisant habituellement le poste, sans qu'ait d'incidence le cryptage de ces données par l'entreprise (traitement non autorisé en l'espèce, • CE 11 mai 2015, *Renault Trucks,* n° 375669 : *Lebon* . ♦ ... La mise en ligne sur Internet d'une base de données de jurisprudence non totalement anonymisée : • CE 23 mars 2015, *Lexeek,* n°s 353717 et 362944 : *Lebon T.*

17. De même, constitue un traitement de données à caractère personnel le traitement d'un moteur de recherche sur Internet, dès lors que celui-ci explore « de manière automatisée, constante et systématique Internet à la recherche des informations qui y sont publiées ». La CJUE retient en effet que l'exploitant d'un moteur de recherche « collecte » de telles données qu'il « extrait », « enregistre » et « organise » par la suite dans le cadre de ses programmes d'indexation, « conserve » sur ses serveurs et, le cas échéant, « communique à » et « met à disposition de » ses utilisateurs sous forme de listes des résultats de leurs recherches. Ces opérations constituent donc un traitement de données personnelles, quand bien même elles portent également sur d'autres types d'informations. • CJUE, gr. ch., 13 mai 2014, *Google Spain,* n° C-131/12 : *V. note ss. art. 2.*

18. L'utilisation des « cookies » constitue un traitement de données à caractère personnel soumis au respect de la LIL. Cette qualification est valable dans le cadre du RGPD. • CE 6 juin 2018, *Sté Éditions Croque Futur,* n° 412589 A : *D. 2018, obs. Larrieu, Le Stanc et Tréfigny* . ♦ Tout traitement portant sur un traceur, dès lors que celui-ci relève de la catégorie des données à caractère personnel – parfois directement identifiantes (par exemple, une adresse électronique) et souvent indirectement identifiantes (par exemple, l'identifiant unique d'un cookie, une adresse IP, un identifiant du terminal ou d'un composant du terminal de l'utilisateur, le résultat du calcul d'empreinte dans le cas d'une technique de « *fingerprinting* », ou encore un identifiant généré par un logiciel ou un système d'exploitation) –, impose le respect des dispositions du RGPD. • CNIL délib. 4 juill. 2019 : *D. 2019. 1673, obs. Maxwell et Zolynski ; Dalloz IP/IT 2019. 463, obs. Crichton ; ibid. 703, obs. Lebeau-Marianna et Caulier* (adoption de lignes directrices relatives à l'application de l'article 82 de la loi du 6 janvier 1978 modifiée aux opérations de lecture ou écriture dans le terminal d'un utilisateur (notamment aux cookies et autres traceurs). ♦ Traite des données à caractère personnel la société qui collecte, via le SDK installé au sein des applications mobiles, l'identifiant publicitaire de l'ordiphone associé à des données de géolocalisation de la personne ainsi qu'à des données techniques relatives à l'ordiphone. • CNIL 8 oct. 2018, MED 2018-043 : *Dalloz IP/IT 2019. 142, note Galichet*.

19. En revanche, les informations figurant dans le dossier individuel tenu par le service administratif du greffe du centre socio-médico-judiciaire, conformément aux dispositions de l'art. R. 53-8-59 C. pr. pén., ne constituent pas « un ensemble structuré et stable de données accessibles selon des critères déterminés, au sens de l'article 2 de la loi n° 78-17 du 6 janvier 1978, susceptibles à ce titre d'être regardées comme donnant lieu à un traitement non automatisé de données personnelles contenues ou appelées à figurer dans un fichier ». • CE 26 nov. 2010, n°s 323694 et 323930.

20. Le cas des caméras thermiques illustre la qualification de traitement : il est ainsi jugé qu'une caméra thermique qui a pour seul objet de donner aux seules personnes volontaires une information instantanée, sans aucun autre traitement ni conséquence pour les personnes, ne constitue pas un traitement de données personnelles au sens du RGPD. En revanche, génèrent un tel traitement les données issues de caméras thermiques transmises à un tiers, lequel en déduit une action vis-à-vis des personnes concernées (en l'espèce, le fait d'appeler les parents d'un élève ayant de la température afin qu'il rentre chez lui, dans le contexte de la covid). • CE, réf., 26 juin 2020, n° 441065 : *AJDA 2020. 2568, note Bioy* ; *Dalloz IP/IT 2020. 636, obs. Haas et Goutorbe* ; *AJCT 2020. 594, obs. Perray et Adda*.

21. La seule possibilité de l'accès à des flux non floutés, « bien que laborieux », demeurant possible par des personnes placées sous la responsabilité du responsable permet de qualifier le traitement de traitement de données à caractère personnel. • CNIL 12 janv. 2021, SAN-2021-003 : *D. actu. 20 janv. 2021, obs. Crichton* ; *AJCT 2021. 159, obs. Adda et Perray*.

22. Entame un processus de « collecte » des données une demande par laquelle l'administration fiscale d'un État membre sollicite de la part d'un opérateur économique la communication et la mise à disposition de données à caractère personnel que ce dernier est tenu de fournir et de mettre à la disposition de celle-ci en vertu de la réglementation nationale de cet État membre, impliquant un traitement de la communication et la mise à disposition desdites données à cette administration par l'opérateur économique en cause. • CJUE 24 févr. 2022, n° C-175/20.

III. RESPONSABLE DE TRAITEMENT

23. V. CEPD, Lignes directrices 07/2020 du 7 juill. 2021 sur les concepts de responsables de traitement et de sous-traitant sous le RGPD. V. *infra*, App., v° *Comité européen de la protection des données*.

24. Notion de « responsable de traitement » – Jurisprudence antérieure au RGPD. V. • G29, avis, 16 févr. 2010, n° 1/2010. ♦ Correspond au responsable de traitement « la personne chargée de la mise en œuvre d'un dispositif », à savoir « nécessairement celle qui est chargée de le gérer », s'agissant d'un dispositif de lecture automatisée des plaques d'immatriculation mis en œuvre par une commune aux fins de transmission des informations recueillies à la gendarmerie nationale. • CE 27 juin 2016, *Cne de Gujan-Mestras*, n° 385091 : *Lebon* ; *AJCT 2016. 647, obs. Moreau*. ♦ Ne peut être qualifié de responsable de traitement un hébergeur. • Paris, 1er mars 2019, n° 18/15084 : *Dalloz IP/IT 2019. 404, obs. Galichet*. ♦ Peut être considéré comme étant responsable du traitement, au sens de l'art. 2, sous d), de la Dir. 95/46, le gestionnaire d'un site Internet qui insère sur ledit site un module social permettant au navigateur du visiteur de ce site de solliciter des contenus du fournisseur dudit module et de transmettre à cet effet à ce fournisseur des données à caractère personnel du visiteur. • CJUE 29 juill. 2019, *Fashion ID*, n° C-40/17 : *D. 2019. 1673, obs. Maxwell et Zolynski* ; *ibid. 2266, obs. Larrieu, Le Stanc et Tréfigny* ; *Légipresse 2019. 613, obs. Drouard et Beaufour* ; *RTD eur. 2020. 408, note Benoît-Rohmer*.

25. Notion de « responsable de traitement » – Application du RGPD. Est regardé comme responsable de traitement la commission des pétitions du parlement d'un État fédéré d'un État membre, dans la mesure où elle « détermine, seule ou avec d'autres, les finalités et les moyens du traitement », celui-ci relevant dès lors du champ du RGPD, notamment son art. 15. • CJUE 9 juill. 2020, *VQ c/ Land de Hessen*, n° C-272/19 : *RTD eur. 2021. 181, obs. Bertrand*. ♦ En Belgique, l'autorité de protection des données a considéré que demeurait responsable du traitement la société, en l'espèce un hôpital, qui mandate un expert indépendant pour mener à bien l'évaluation d'un service • Autorité de protection des données belge Décis. 29 juill. 2020, n° 41/2020. ♦ Détermine de manière autonome la finalité du traitement le rectorat qui décide seul de procéder à l'extraction des données personnelles d'un traitement de l'éducation nationale afin de les transmettre à un parlementaire ayant pour conséquence de le rendre responsable du traitement s'agissant du traitement distinct opéré à partir des données à caractère personnel issues de la base de données de l'éducation nationale. • CNIL 3 sept. 2020, SAN-2020-006. ♦ Est responsable du traitement la société qui traite pour son propre compte les données à caractère personnel collectées via le SDK pour vendre des services d'analyse ou de profilage auprès de ses clients annonceurs. • CNIL 8 oct. 2018, MED 2018-043 : *préc. note 18*. ♦ Est seule responsable du traitement la société qui confie à une agence de relations publiques la constitution d'une liste des « parties prenantes (« *stakeholders* ») dans le cadre d'une campagne pour le renouvellement du glyphosate en Europe dans la mesure où elle était impliquée activement dans l'élaboration de ce fichier, privant l'agence de toute autonomie. • CNIL 26 juill. 2021, *Monsanto*, n° SAN-2021-012 : *V. note 4 ss. RGPD, art. 14.*

26. Limite de la responsabilité. La responsabilité du responsable de traitements est limitée à l'opération ou à l'ensemble des opérations de traitement des données à caractère personnel dont il détermine effectivement les finalités et les moyens, à savoir la collecte et la communication par transmission des données en cause. • CJUE 29 juill. 2019, *Fashion ID*, n° C-40/17 : *préc. note 24.*

27. Identification du responsable de traitement : modalités et méthode du faisceau d'indices. Constitue un responsable de traitement la filiale qui exploite elle-même les fichiers en cause pour l'exercice de son activité et détermine effectivement le champ des données renseignées. • CE 27 juill. 2012, *Sté AIS2*, n° 340026 : *Lebon T.* ♦ La circonstance que d'autres entités utilisent le traitement étant, à cet égard, sans incidence. • Même décision. ♦ L'exploitant d'un moteur de recherche doit être regardé comme le « responsable » de ce traitement au sens de la directive de 1995, et est soumis à ce titre au respect des obligations qui en sont issues. • CJUE, gr. ch., 13 mai 2014, *Google Spain*, n° C-131/12 : *AJDA 2014. 1147, chron. Aubert, Broussy et Cassagnabère ; D. 2014. 1476, note Benabou et Rochfeld ; ibid. 1481, note Martial-Braz et Rochfeld ; ibid. 2317, obs. Larrieu, Le Stanc et Tréfigny ; AJCT 2014. 502, obs. Tambou ; JAC 2014, n° 15, p. 6, obs. Scaramozzino ; Constitutions 2014. 218, chron. de Bellescize ; RTD eur. 2014. 283, édito. Jacqué ; ibid. 879, étude Hardy ; ibid. 2016. 249, étude Tambou ; Rev. UE 2016. 597, étude Perray .* ♦ La notion de responsable de traitement doit faire l'objet d'une appréciation concrète prenant en compte l'ensemble des éléments permettant d'attribuer cette qualité à une entité. • CNIL 28 déc. 2021, *Slimpay*, n° SAN 2021-020 : *Dalloz IP/IT 2022. 335, obs. Galichet .* ♦ Est responsable de traitements la société qui indique dans sa politique de confidentialité être responsable du traitement de ces données à caractère personnel, qui détermine notamment, pour l'ensemble des filiales, les catégories de données qui sont collectées lors du parcours d'inscription, telles que les données de contact, dont les traitements relatifs aux données de géolocalisation sont communs à l'ensemble des filiales et que la société en a déterminé les différentes finalités (maintenance et performance du service, etc.), qui a établi une politique de durées de conservation des données unique, applicable tant à la société qu'à ses filiales, qui a mis en place deux systèmes d'informations qui sont chacun utilisés par plusieurs filiales et qui peut accéder aux données à caractère personnel stockées dans ces deux systèmes. • CNIL 7 juill. 2022, n° SAN-2022-015.

28. Notion de « sous-traitant ». Une société agit en qualité de sous-traitant des traitements mis en œuvre pour le compte de ses clients, les laboratoires, qui sont responsables de traitement, dans la mesure où elle met à disposition des laboratoires des outils informatiques leur permettant de mettre en œuvre leurs traitements et qu'elle agit, de manière générale, uniquement sur la base de leurs instructions. • CNIL 15 avr. 2022, *Dedalus biologie*, délib. n° SAN-2022-009 : *RTD com. 2022. 302, obs. Douville ; CCE 2022, n° 53, obs. Maisnier-Boché.*

29. Notion de responsabilité conjointe. Pour une analyse des partages complexes de responsabilités, en matière de *cloud*, V. les recommandations de la CNIL sur le *cloud computing* du 25 juin 2012 et comm. du RGPD, art. 24 s. ♦ Sur les critères d'application de la responsabilité conjointe, la CJUE considère que « la directive 95/46 n'exige pas, lorsqu'il y a une responsabilité conjointe de plusieurs opérateurs pour un même traitement, que chacun ait accès aux données à caractère personnel concernées ». En conséquence, l'administrateur d'une page fan Facebook est responsable conjointement avec Facebook du traitement des données réalisé sur la page qu'il a paramétré. • CJUE 5 juin 2018, *Wirtschaftsakademie*, n° C-210/16 : *D. 2018. 2270, obs. Larrieu, Le Stanc et Tréfigny ; ibid. 2019. 1016, obs. Clavel et Jault-Seseke ; RLDI août 2018, p. 26, note Pitcho.* ♦ Est sans influence sur la responsabilité propre d'une maison-mère l'éventualité d'une responsabilité conjointe de ses filiales à l'égard des traitements en cause. • CNIL 7 juill. 2022, n° SAN-2022-015.

30. Conséquences de la responsabilité conjointe. La CJUE a précisé que « l'existence d'une responsabilité conjointe ne se traduit pas nécessairement par une responsabilité équivalente des différents opérateurs concernés par un traitement de données à caractère personnel. Au contraire, ces opérateurs peuvent être impliqués à différents stades de ce traitement et selon différents degrés, de telle sorte que le niveau de responsabilité de chacun d'entre eux doit être évalué en tenant compte de toutes les circonstances pertinentes du cas d'espèce ». • CJUE 5 juin 2018, n° C-210/16 : *préc. note 29.*

CHAPITRE II ***PRINCIPES***

COMMENTAIRE

Ce chapitre II constitue véritablement le « cœur » du RGPD : les principes qui y sont énumérés sont à la fois la « boussole » des professionnels et la « clé de lecture » des droits des citoyens.

C'est à l'aune de ces principes qu'est appréciée la conformité d'un traitement de données à caractère personnel, notamment dans la perspective des sanctions dont le montant est considérablement renforcé (V. RGPD, art. 83 et 84).

Ce chapitre est également le premier à mentionner, en substance, le principe clé d'« *accountability* », ou capacité à rendre compte des engagements pris, qui est centrale dans la nouvelle approche développée par le règlement (V. comm. ss. art. 5).

Les exigences formulées par les dispositions qui suivent s'imposent au responsable de traitement. Afin de garantir leur effectivité, on notera que la plupart des obligations pesant ainsi sur le responsable de traitement, et se traduisant par une série d'engagements, ont leur « symétrique » en termes de droits des personnes concernées : droits d'opposition, d'accès, de rectification, voire d'effacement. A cet égard, le RGPD ne modifie pas substantiellement l'équilibre juridique issu de la directive de 1995 (95/46/CE du 24 oct. 1995). ❑

Art. 5 *Principes relatifs au traitement des données à caractère personnel.* **1. Les données à caractère personnel doivent être :**

a) traitées de manière licite, loyale et transparente au regard de la personne concernée (licéité, loyauté, transparence) ;

b) collectées pour des finalités déterminées, explicites et légitimes, et ne pas être traitées ultérieurement d'une manière incompatible avec ces finalités ; le traitement ultérieur à des fins archivistiques dans l'intérêt public, à des fins de recherche scientifique ou historique ou à des fins statistiques n'est pas considéré, conformément à l'article 89, paragraphe 1, comme incompatible avec les finalités initiales (limitation des finalités) ;

c) adéquates, pertinentes et limitées à ce qui est nécessaire au regard des finalités pour lesquelles elles sont traitées (minimisation des données) ;

d) exactes et, si nécessaire, tenues à jour ; toutes les mesures raisonnables doivent être prises pour que les données à caractère personnel qui sont inexactes, eu égard aux finalités pour lesquelles elles sont traitées, soient effacées ou rectifiées sans tarder (exactitude) ;

e) conservées sous une forme permettant l'identification des personnes concernées pendant une durée n'excédant pas celle nécessaire au regard des finalités pour lesquelles elles sont traitées ; les données à caractère personnel peuvent être conservées pour des durées plus longues dans la mesure où elles seront traitées exclusivement à des fins archivistiques dans l'intérêt public, à des fins de recherche scientifique ou historique ou à des fins statistiques conformément à l'article 89, paragraphe 1, pour autant que soient mises en œuvre les mesures techniques et organisationnelles appropriées requises par le présent règlement afin de garantir les droits et libertés de la personne concernée (limitation de la conservation) ;

f) traitées de façon à garantir une sécurité appropriée des données à caractère personnel, y compris la protection contre le traitement non autorisé ou illicite et contre la perte, la destruction ou les dégâts d'origine accidentelle, à l'aide de mesures techniques ou organisationnelles appropriées (intégrité et confidentialité) ;

2. Le responsable du traitement est responsable du respect du paragraphe 1 et est en mesure de démontrer que celui– ci est respecté (responsabilité).

V. consid. 39, 50 et 157.

V. L. n° 78-17 du 6 janv. 1978, art. 4.

V. CEPD, Lignes directrices 08/2020 du 13 avr. 2021 sur le ciblage des utilisateurs des médias sociaux, version 2.0 (https://edpb.europa.eu).

BIBL. ▶ CNIL, Guide pratique : Les durées de conservation, *juill. 2020.* – NETTER, *Dalloz IP/IT 2021. 611* (à quoi sert le principe de transparence en droit des données personnelles ?).

COMMENTAIRE

Cet article 5 du RGPD est la reprise, dans des termes très proches sans être identiques, des termes de l'article 6 de la directive 95/46/CE de 1995, et de l'article 4 (anc. art. 6) de la loi « Informatique et libertés » du 6 janvier 1978. Il fixe les conditions cumulatives auxquelles doit satisfaire un traitement pour pouvoir être légalement mis en œuvre. Les six premiers principes sont comparables à ceux posés par la directive de 1995, parfois complétés et explicités sur certains points, et sont renforcés par un septième principe qui n'apparaissait pas dans les conditions de « légalité » du traitement dans la législation antérieure : la sécurité et la confidentialité des données.

De manière générale, on relèvera enfin une pratique légistique inédite dans le domaine de la protection des données : le RGPD comporte en effet, en « synthèse » de chaque principe, des notions entre parenthèses. La portée juridique à accorder à ces notions entre parenthèses n'est pas évidente : si elles constituent une explicitation, les considérants en font office ; si elles constituent des principes à portée normative, alors il appartiendra aux régulateurs et au juge d'en préciser la portée. Elles donnent cependant une indication utile sur la volonté du législateur européen.

I. UN TRAITEMENT LOYAL, LICITE ET TRANSPARENT

La première des conditions porte sur la loyauté et la licéité de la collecte et du traitement des données, qui impliquent que, sauf cas exceptionnel (par exemple pour les fichiers de sûreté), les données ne soient pas collectées à l'insu de la personne. Celle-ci doit donc être, en règle générale, dûment et préalablement informée, afin qu'elle puisse exprimer un consentement libre et éclairé, sauf base légale alternative (V. RGPD, art. 6). Le RGPD ajoute à ces conditions historiquement bien établies un dernier principe de « transparence ». Celui-ci va en fait de pair avec l'un des enjeux essentiels du RGPD, à savoir l'affirmation d'une plus grande maîtrise par l'individu du devenir de ses données personnelles. Cela nous semble impliquer à la fois une meilleure information initiale de la personne (ce que la loyauté et la licéité requièrent implicitement) et une transparence dans le temps, notamment dans les hypothèses, de plus en plus fréquentes, de *big data*. Dès lors en effet qu'une même donnée fait l'objet de traitements successifs, la transparence sur ces finalités doit être renforcée. La transparence doit porter sur l'ensemble des caractéristiques du traitement, et notamment sur les autres conditions fixées par cet article.

II. UN PRINCIPE PIVOT : LA FINALITÉ

Comme les textes antérieurs, le RGPD reprend le principe dit de « finalité ». Il s'agit d'un principe fondateur du droit de la protection des données. Né notamment en France à la suite du projet SAFARI, le droit de la protection des données s'est construit historiquement sur la volonté d'éviter un fichage généralisé des personnes. Il en est résulté un principe dit de « sectorisation » des traitements, qui impose que tout traitement de données ait une finalité déterminée, explicite et légitime, sans que les données puissent ensuite être réutilisées à des fins incompatibles avec ces finalités premières, sous réserve des travaux scientifiques, statistiques et historiques. La finalité constitue ainsi la « clé d'entrée » du fichier : c'est en effet au regard de la finalité poursuivie que sont appréciés les critères suivants notamment la proportionnalité, à la fois qualitative, quantitative et en termes de durée de conservation, des données collectées et traitées. La détermination des finalités participe ainsi d'un juste équilibre entre l'intérêt du responsable du traitement et la protection de la personne concernée.

En pratique, les entreprises ou administrations doivent donc définir, en amont de la création de leur traitement, la finalité de celui-ci. La notion de « limitation des finalités » ne doit pas non plus aboutir à une approche excessivement rigide ou « monofinaliste » : un traitement peut parfaitement répondre à plusieurs finalités, ou à une famille de finalités, pourvu que celles-ci soit cohérentes, clairement identifiées et explicitées, et bien sûr légitimes.

La notion de finalité, indissociable de celles de collecte et de traitement, doit cependant désormais être articulée avec la notion de réutilisation, appelée à connaître une extension importante dans les années à venir, compte tenu des potentialités qu'offrent en la matière le numérique, le *big data* et, pour les données publiques, la réutilisation permise par la loi du 17 juillet 1978 (*open data*). Les réutilisateurs devront donc « jongler » entre les différentes législations rassemblées dans ce code.

III. LA « MINIMISATION DES DONNÉES » : UNE FORMULATION INÉDITE, UN CONTENU RESSERRÉ

La condition d'adéquation et de pertinence des données est l'une des conditions fondatrices du droit « Informatique et libertés ». L'obligation peut sembler évidente, et découle directement du principe de finalité : dès lors qu'une entité ne traite des données que pour une finalité déterminée, elle ne peut « court-circuiter » cette obligation en collectant des données inutiles qui, en pratique, satisferaient d'autres objectifs. Il s'agit donc d'un principe cardinal de « proportionnalité » des données collectées au regard des finalités poursuivies.

Le RGPD resserre néanmoins le critère par rapport à la directive de 1995 et à la loi du 6 janvier 1978 : alors que celles-ci imposaient que les données ne soient pas « excessives », le règlement prévoit qu'elles doivent être « limitées à ce qui est nécessaire », la « parenthèse » insistant en qualifiant le principe de « minimisation des données ».

Une telle limitation invite *a priori* à une lecture resserrée de ces dispositions par rapport à la situation qui prévalait jusqu'alors. Concrètement, cela signifie que l'entité publique ou privée qui traite des données doit pouvoir justifier de leur claire nécessité au regard de la finalité poursuivie. Il conviendra de suivre attentivement la doctrine des autorités de contrôle et le positionnement du juge pour apprécier la portée de cette évolution.

IV. EXACTITUDE ET MISE À JOUR : UNE OBLIGATION PÉRENNE

La condition d'exactitude et de mise à jour est reprise des conditions prévues par la législation antérieure. Elle est le corollaire du droit de rectification et d'effacement. Deux modifications sont apportées par le règlement par rapport au droit existant. D'une part, il n'y a plus d'obligation de complétude. Le caractère complet des données pouvait paradoxalement être perçu comme une incitation à collecter des données inutiles, en contradiction avec le principe de minimisation. Il n'avait d'ailleurs pas donné lieu à une jurisprudence topique. D'autre part, le texte prévoit d'ores et déjà l'obligation de rectification « sans tarder », confirmant globalement le renforcement des droits, notamment dans le temps. L'un des enjeux essentiels à l'ère numérique est en effet de pouvoir obtenir rapidement la correction d'une information susceptible de circuler, afin de limiter sa réplication ou sa diffusion. Le RGPD pose ainsi cette obligation de réactivité, au détour des dispositions sur les conditions de licéité.

V. DURÉE DE CONSERVATION

La définition et le respect d'une durée de conservation font partie des principes « historiques » du droit « Informatique et libertés » (V. L. n° 78-17 du 6 janv. 1978, anc. art. 6 [devenu art. 4]). Comme précédemment, tout traitement doit donc comporter un mécanisme d'expiration des données traitées.

Concrètement, cela implique que le responsable du traitement définisse *a priori* la durée de conservation des données qu'il traite.

Combinée au droit à l'effacement et à l'obligation de mise à jour, la condition de durée de conservation permet ainsi d'encadrer dans le temps l'usage de la donnée et d'éviter que ne se constitue un « passif » de données personnelles susceptibles d'être réutilisées de manière inadéquate parce que « périmées ». La loi laisse cependant une marge d'appréciation aux responsables de traitement : elle ne fixe en effet aucune durée de principe, mais simplement un principe de conservation pendant la durée nécessaire à l'accomplissement de ses finalités. C'est donc au responsable de traitement, sous le contrôle des « CNIL », voire aux autorités de contrôle elles-mêmes dans le cadre de futurs référentiels européens, qu'il revient de définir les durées pertinentes, qui sont évidemment très variables selon les hypothèses (de quelques secondes à plusieurs années). Il est à noter que la CNIL a systématiquement fixé des durées de conservation dans ces autorisations uniques ou normes simplifiées.

Deux volets doivent être distingués :

– du point de vue de la personne, l'ensemble de ces droits et obligations « temporels » est parfois assimilé à ce qu'il est convenu d'appeler aujourd'hui le « droit à l'oubli », consacré explicitement à l'article 17 (V. comm. ss. cet art.).

– du point de vue de l'entité qui traite les données, cette règle implique de mettre en œuvre des dispositifs physiques et logiques permettant effectivement soit la suppression des données, soit leur anonymisation, soit leur archivage dans les conditions prévues par les dispositions légales qui encadrent les archives. Il n'est pas rare, en pratique, qu'une donnée connaisse plusieurs stades successifs d'archivage, correspondant à son utilité fréquente ou ponctuelle. Il convient en la matière de distinguer les secteurs public et privé. Pour le secteur public, c'est le régime prévu par le code du patrimoine (C. patr., art. L. 211-1 s. et R. 212-1 s.) qui s'applique, dans le respect de la législation sur la protection des données (V., pour une conciliation de ces exigences, CNIL 12 avr. 2012, portant autorisation (n° AU-029) unique de traitements de données à caractère personnel contenues dans des informations publiques aux fins de communication et de publication par les services d'archives publiques : délib. n° 2012-113). Pour le secteur privé, la CNIL a développé une approche autour de trois niveaux de conservation des données (CNIL 11 oct. 2005, portant adoption d'une recommandation concernant les modalités d'archivage électronique, dans le secteur privé, de données à caractère personnel : délib. n° 2005-213) :

– les archives courantes, qui correspondent à l'usage courant des données personnelles en cause ;

– les archives intermédiaires, qui correspondent aux « données qui présentent encore pour les services concernés un intérêt administratif, comme par exemple en cas de contentieux, et dont les durées de conservation sont fixées par les règles de prescription applicables » (CNIL 12 avr. 2005, délib. n° 2005-213 : *préc.*) ;

– les archives définitives, qui comprennent « exclusivement les données présentant un intérêt historique, scientifique ou statistique justifiant qu'elles ne fassent l'objet d'aucune destruction » (délib. n° 2005-213 : *préc.*).

Chaque étape d'archivage des données implique une sélection de celles-ci par le responsable de traitement, tout archivage massif et automatique étant proscrit. De même, l'archivage des données se traduit par une protection exigeante, aussi bien en termes d'accès qu'en termes de sécurité informatique, qui constitue la dernière condition de licéité générale posée par le RGPD.

VI. LA SÉCURITÉ INFORMATIQUE AU CŒUR DES OBLIGATIONS À L'ÈRE NUMÉRIQUE

L'obligation d'assurer la sécurité des données était déjà présente et structurante dans la législation sur la protection des données antérieure. Elle figurait notamment à l'article 34 de la loi du 6 janvier 1978 dans sa version antérieure à l'ordonnance du 12 décembre 2018. Mais c'est la première fois que cette obligation est élevée au stade des principes qui gouvernent la protection des données, au même titre que la finalité ou la loyauté. Elle comporte traditionnellement deux volets : la confidentialité et l'intégrité. Il faut sans doute y voir le signe de l'affirmation de la cybersécurité dans l'univers numérique ; il faut également probablement en déduire que toute méconnaissance par une entité des obligations en la matière sera sanctionnée comme une atteinte à l'un des principes cardinaux de la protection des données (sur le contenu des obligations, V. comm. de l'art. 32 RGPD).

VII. RESPONSABILITÉ (ACCOUNTABILITY) : UN NOUVEAU PRINCIPE, CARDINAL

L'article 6 contient la première formulation, dans le dispositif du RGPD, du principe d'*accountability*. Le recours à cet anglicisme est révélateur du glissement opéré par le RGPD d'une logique de contrôle administratif *a priori* à une logique de responsabilité associée à une capacité à rendre compte « à chaque instant » du respect des obligations posées par le nouveau texte. La responsabilité (au sens où le comportement est potentiellement sanctionnable) n'est pas nouvelle : la législation européenne a d'ailleurs toujours parlé de « responsable du traitement ». L'obligation d'être en mesure de rendre compte du respect des obligations – qui correspond à la substance de l'*accountability* – est en revanche nouvelle : elle implique que l'administration ou l'entreprise qui traite des données soit en mesure de prouver qu'elle satisfait aux obligations du règlement européen de manière dynamique. Il en résulte qu'elle doit tenir une documentation, à la fois juridique et technique, sur chaque traitement qu'elle met en œuvre, et que cette documentation doit être mise à jour. C'est en fait cette obligation de rendre compte, associée à un risque de sanction élevée, qui oblige les responsables de traitements comme les sous-traitants à intégrer de manière inédite la conformité en matière de protection des données à tous les niveaux de leur organisme. Une grande partie des obligations ci-après commentées découle directement de cette « clé d'entrée » dans le règlement européen.

La mise en œuvre de l'*accountability* se retrouve dans le chapitre V, qui expose les obligations du responsable du traitement et du sous-traitant. ❑

Nota : L'essentiel de la jurisprudence antérieure (sur le fondement de l'anc. LIL et de la Dir. 95/46/CE) conserve un intérêt pour apprécier les dispositions de l'art. 5 du RGPD.

1° COLLECTE LOYALE, LICITE ET TRANSPARENTE

1. Ne constitue pas une collecte loyale et licite un traitement de données ayant pour objet le partage, entre des établissements de crédit, d'informations sur l'état des encours de crédit d'une personne physique, pour lequel d'une part, le client est invité à donner son accord au transfert de ses données avant qu'il lui soit répondu à sa demande de prêt ou de crédit et, d'autre part, l'information est insuffisante. • CE 30 déc. 2009, *Sté Experian*, n° 306173 : *Lebon 535.* ♦ ... La collecte, à des fins commerciales, d'annonces immobilières publiées sur différents sites spécialisés par des particuliers qui souhaitent mettre en vente ou en location un bien immobilier, faute pour les personnes concernées d'être informées préalablement et de pouvoir s'opposer au traitement. • CE, réf., 5 sept. 2008, *Sté Directannonces*, n° 319071 (par suite, absence d'illégalité manifeste de la décision de la CNIL mettant en demeure la société de se conformer aux dispositions des art. 32 et 38 [anc.] de la loi du 6 janv. 1978). ♦ ... La collecte sur internet, à leur insu, des adresses électroniques des personnes, un tel procédé faisant obstacle à l'exercice du droit d'opposition. • Crim. 14 mars 2006, n° 05-83.423 P : *D. 2007. 399, obs. Roujou de Boubée, Garé et Mirabail ; AJ pénal 2006. 260, obs. Roussel ; RTD com. 2006. 925, obs. Bouloc*.

2. De même, ne constitue pas une collecte loyale et licite le fait, pour un service d'annuaire, d'agréger les données à caractère personnel des membres de réseaux sociaux, alors que ceux-ci n'ont été informés de l'extraction de leurs données à caractère personnel vers le service d'annuaire « ni au moment de l'enregistrement des données, ni lorsque celles-ci ont été communiquées pour la première fois à un tiers ». A cet égard, l'information, dans la politique de confidentialité de certains de ces réseaux sociaux, de la possible indexation de ces données par des moteurs de recherche – ce que n'est pas, en l'espèce, l'annuaire en cause – ne répond pas à l'obligation d'information préalable prévue par le III de l'art. 32 [anc.] de la loi du 6 janv. 1978. • CE 12 mars 2014, n° 353193 : *Lebon T.*

3. Ne constitue pas un traitement loyal le traitement mis en œuvre par une société à partir de données recueillies sur un site internet concurrent et malgré l'opposition des personnes concernées à l'utilisation de leurs données à des fins de prospection commerciale. • CE 9 nov. 2015, *Sté Néressis*, n° 384673 : *Lebon T.*

4. Application du RGPD. Ne procède pas à un traitement licite des données personnelles le rectorat transmettant des données personnelles à une députée alors que les parlementaires ne figurent pas parmi la liste des personnes autorisées à accéder aux données. • CNIL 3 sept. 2020, délib. SAN-2020-006.

5. Ne traite pas les données de ses salariés de manière loyale et transparente le responsable du traitement qui donnait la fausse impression qu'il traitait leurs données sur la base juridique du consentement, alors qu'en réalité, il traitait leurs données selon une base juridique différente dont les employés n'avaient jamais été informés. Cette décision de l'autorité de protection grecque a été reprise par le CEPD. • Autorité de protection des données grecque 26 juill. 2019, n° 26/2019 : *https://edpb.europa.eu/news/national-news/2019/company-fined-150000-euros-infringements-gdpr_fr.*

2° FINALITÉS DÉTERMINÉES, EXPLICITES ET LÉGITIMES

a. Généralités

6. « L'ingérence dans l'exercice du droit de toute personne au respect de sa vie privée que constituent la collecte, la conservation et le traitement, par une autorité publique, d'informations personnelles nominatives, ne peut être légalement autorisée que si elle répond à des finalités légitimes et que le choix, la collecte et le traitement des données sont effectués de manière adaptée, nécessaire et proportionnée au regard de ces finalités ». • CE 26 oct. 2011, *Assoc. pour la promotion de l'image*, n° 317827 : *Lebon 505* • CE 11 mars 2013, *Assoc. SOS Racisme-Touche pas à mon pote*, n° 332886 :

b. Légitimité

7. La légitimité des finalités d'un traitement doit s'apprécier, notamment, au regard des principes posés par l'art. 1er de la loi du 6 janv. 1978. • CE 7 avr. 2010, *Sté Infobail*, n° 309547 : *Lebon T. 780 ; AJDA 2010. 761, obs. de Montecler ; AJDI 2011. 421, chron. Zitouni*. ♦ La CNIL ne peut toutefois se borner à relever qu'un traitement est susceptible de porter atteinte à l'un des droits mentionnés par ces dispositions « sans vérifier si les modalités de fonctionnement de ce fichier ne comportent pas de garanties suffisantes pour assurer leur respect ». • Même arrêt.

c. Caractère déterminé, explicite et légitime

8. Est regardée comme telle : la finalité assignée au traitement GIPASP, à savoir la prévention des risques d'atteinte à la sécurité publique. • CE 11 mars 2013, *Assoc. SOS Racisme-Touche pas à mon pote*, n° 332886 : *préc. note 6*. ♦ ... La finalité assignée au traitement de données à caractère personnel, intitulé « Enquêtes administratives liées à la sécurité publique », à savoir « faciliter la réalisation d'enquêtes administratives en application des dispositions du premier alinéa de l'article 17-1 de la loi du 21 janvier 1995 (...) par la conservation des données issues de précédentes enquêtes relatives à la même personne », regardée comme énoncée de façon suffisamment précise. • CE 11 mars 2013, *Synd. de la magistrature et a.*, n° 334188.

d. Exception à des fins statistiques

9. Un traitement ultérieur des données à des fins statistiques « accessoires à la finalité principale » est possible, « dès lors que les données collectées comme les rapprochements qui peuvent être opérés ne sauraient, par nature, méconnaître les principes et procédures de la loi susvisée du 6 janvier 1978 », notamment l'exigence d'un traitement loyal et licite. • CE 30 déc. 2009, *Assoc. SOS Racisme*, n° 312051 : *Lebon 538*. ♦ S'agissant de l'articulation avec la loi du 7 juin 1951, le simple usage statistique, autorisé par l'art. 6-2° de la loi de 1978, d'un traitement automatisé de données par l'administration qui le met en œuvre ne relève pas du champ des avis du Conseil national de l'information statistique. • Même arrêt.

3° DONNÉES ADÉQUATES, PERTINENTES ET NON EXCESSIVES

a. Généralités

10. Il s'agit là du principe de « proportionnalité » du traitement de données. Il est consacré aussi bien par la directive de 1995 et la loi du 6 janv. 1978 dans sa rédaction issue de la loi de 2004, que par la convention 108 du Conseil de l'Europe, qui dispose que « Les données à caractère personnel faisant l'objet d'un traitement automatisé sont : (...) c) adéquates, pertinentes et non excessives par rapport aux finalités pour lesquelles elles sont enregistrées ». Ce triple caractère des données collectées doit s'apprécier au regard de l'adéquation avec la finalité du traitement et de la proportionnalité à cette finalité. • CE 30 déc. 2009, *Assoc. SOS Racisme*, n° 312051 : *préc. note 9* • CE 26 juill. 2006, *GISTI*, n° 285714 : *Lebon 371* • CE 19 juill. 2010, *M. Fristot et a.*, nos 317182 et 323441 : *Lebon 320; AJDA 2010. 1454, obs. de Montecler; ibid. 1930, chron. Botteghi et Lallet*. ♦ Doit également être pris en compte l'ensemble des garanties associées au traitement pour autoriser ou pas un traitement • CE 7 avr. 2010, *Sté Infobail*, n° 309547 : *préc. note 7*. ♦ En revanche, est inopérant le moyen tiré de la méconnaissance des prescriptions de l'art. 6-3° [devenu art. 4-3°] de la loi du 6 janv. 1978 dès lors que le traitement (en l'espèce, le Fichier national automatisé des empreintes génétiques) « qui a été institué par la loi et dont le fonctionnement a été fixé par le décret n° 2000-413 du 18 mai 2000 pris après avis de la Commission nationale de l'informatique et des libertés, est régi par les dispositions de l'article 26 » de la loi du 6 janv. 1978. • Crim. 19 mars 2013, n° 12-81.533 P : *D. 2014. 843, obs. Galloux et Gaumont-Prat*.

b. Sont regardées comme telles

11. Les données relatives à la situation financière de l'hébergeant, à la personne hébergée et au logement dont la collecte est autorisée pour le traitement relatif aux demandes de validation des attestations d'accueil. • CE 26 juill. 2006, *GISTI et a.*, n° 285714 : *préc. note 10*. ♦ ... Dans le traitement relatif aux mesures d'éloignement des étrangers en situation irrégulière, les données d'identification des étrangers faisant l'objet de telles mesures, la nécessité d'une surveillance particulière, au regard de l'ordre public, de l'étranger faisant l'objet d'une procédure d'éloignement, les informations relatives aux nom, prénoms, et à l'âge des enfants mineurs de l'intéressé, ainsi que les données relatives aux étrangers faisant l'objet d'une mesure d'éloignement alors qu'ils sont détenus et celles relatives à l'hospitalisation et aux expertises médicales concernant l'intéressé, dès lors que le traitement ne prévoit que la collecte d'informations pratiques nécessaires à l'organisation de la mesure. • CE 30 déc. 2009, *Assoc. SOS Racisme*, n° 312051 : *Lebon 538*. ♦ ... Les informations relatives à l'identification des élèves, de leurs responsables légaux et des autres personnes à contacter en cas d'urgence ou autorisées à les prendre en charge à la sortie de l'école, à la gestion des établissements, de la scolarité des élèves et de leurs activités para- et périscolaires, dans un traitement dont la finalité est la gestion de l'enseignement scolaire de premier cycle. • CE 19 juill. 2010, *M. Fristot et a.*, nos 317182 et 323441 : *préc. note 10*. ♦ V. égal., sur le principe de proportionnalité tel que protégé par la Convention 108 du Conseil de l'Europe : • CE, sect., 30 oct. 2001, *Assoc. française des stés financières et a.*, n° 204909 : *Lebon 518; RTD civ. 2002. 498, obs. Mestre et Fages; RTD com. 2002. 139, obs. Cabrillac* [pour l'application de ces stipulations, « les données pertinentes au regard de la finalité sont celles qui sont en adéquation avec la finalité d'un traitement et qui sont proportionnées à cette finalité ». En l'espèce, la prise en compte de la nationalité d'un demandeur de prêt comme un élément d'appréciation d'éventuelles difficultés de recouvrement des créances correspond à la finalité du traitement, destiné à la gestion de l'attribution de prêts bancaires (en sens contraire de la position de la CNIL)]. ♦ Sont également regardées comme pertinentes, adéquates et légitimes des informations contenues dans le traitement de données à caractère personnel, intitulé « Prévention des atteintes à la sécurité publique » (PASP), compte tenu de l'ensemble des « règles et limitations » apportées. • CE 11 mars 2013, *Assoc. SOS Racisme-Touche pas à mon pote*, n° 332886 : *inédit*. ♦ ... Ou dans le traitement relatif à la « Gestion de l'information et à la prévention des atteintes à la sécurité publique » (GIPASP). • CE 11 mars 2013, *Assoc. SOS Racisme*, n° 348613 : *inédit*. ♦ Il est jugé de même à propos de la collecte des images numérisées du visage et des empreintes digitales des ressortissants étrangers, compte tenu des restrictions et précautions dont le traitement est assorti, dans « l'application de gestion des dossiers des ressortissants étrangers en France » (AGDREF2) • CE 7 mai 2012, *GISTI et a.*, n° 351396 B. ♦ Est suffisamment encadrée la localisation par « QR-code » des personnes physiques dans le cadre de l'application « TousAntiCovid » qui n'autorise pas le suivi des déplacements, mais se borne à permettre l'enregistrement sur un serveur distinct et séparé de celui permettant le suivi des contacts rendant ainsi particulièrement limité le risque d'identification indirecte susceptible de résulter de l'enregistrement des lieux pouvant révéler des données sensibles, même dans le cas de personnes ayant eu un très faible nombre de contacts ou fréquenté des lieux où se trouvaient un faible nombre de personnes au cours de la même période. • CE 27 juin 2022, n° 451655.

c. Ne sont pas regardés comme adéquats, pertinents et non excessifs

12. La diffusion des informations relatives aux impayés locatifs à des propriétaires immobiliers qui n'ont pas la qualité de professionnels de l'immobilier. • CE 28 juill. 2004, *M. X.*, n° 262851 : *Lebon*. ♦ ... Les données collectées dans le cadre d'un traitement ayant pour objet le partage, entre des établissements de crédit, d'informations sur l'état des encours de crédit d'une personne physique, dès lors que les établissements concernés ne s'engagent pas à ne pas utiliser les données pour une autre finalité et que les données seraient conservées plus de 3 ans après la fin du remboursement de crédit (légalité du refus d'autorisation de la CNIL). • CE 30 déc. 2009, *Sté Experian*, n° 306173 : *Lebon 535*. ♦ ... Le placement et le maintien de salariés sous surveillance permanente aux fins de protection des biens et des personnes, alors que le dispositif est mis en œuvre dans des locaux sécurisés, dont l'accès est subordonné à une autorisation et une vérification d'identité préalables. • CE 18 nov. 2015, *Sté PS consulting*, n° 317196. ♦ ... La collecte, au sein du traitement « ELOI », ayant pour finalité l'exécution des mesures d'éloignement de toutes natures, du numéro national d'identification, utilisé dans le traitement gérant les dossiers de ressortissants étrangers en France ayant demandé un titre de séjour, faute d'utilité avérée. • CE 30 déc. 2009, *Assoc. SOS Racisme*, n° 312051 : *préc. note 9*. ♦ ... Le recueil des empreintes de huit doigts et non des deux seuls figurant dans le composant électronique du passeport. • CE, ass., 26 oct. 2011, *Assoc. pour la promotion de l'image et a.*, n° 317827 : *Lebon 505; AJDA 2012. 35, chron. Guyomar et Domino ; ibid. 2011. 2036 ; RFDA 2012. 377, chron. Clément-Wilz, Martucci et Mayeur-Carpentier* . ♦ ... La collecte tous les 500 mètres des données de géolocalisation au cours de la location d'un véhicule au motif qu'une telle pratique est très intrusive dans la vie privée des utilisateurs dans la mesure où elle est susceptible de révéler leurs déplacements, leurs lieux de fréquentation, la totalité des arrêts effectués au cours d'un parcours journalier, ce qui revient à mettre en cause leur liberté de circulation. • CNIL 7 juill. 2022, n° SAN-2022-015. ♦ En revanche, dès lors que seules ces deux empreintes sont conservées, la collecte des images numérisées du visage et des empreintes digitales des titulaires de passeports âgés d'au moins six ans et la centralisation de leur traitement informatisé, « compte tenu des restrictions et précautions dont le traitement est assorti, sont en adéquation avec les finalités légitimes du traitement ». • CE, ass., 26 oct. 2011, n° 317827 : *préc*. ♦ ... N'est regardée ni comme adaptée ni comme nécessaire la conservation dans le traitement APPI, qui a pour objet de faciliter la gestion et la mise en œuvre des mesures d'application des peines, de probation et d'insertion, de données relatives à des personnes ne faisant finalement l'objet d'aucune peine ou mesure de sûreté • CE 11 avr. 2014, *Union générale des synd. pénitentiaires C.G.T.*, n° 355624 : *AJ pénal 2014. 255, obs. Herzog-Evans* .

13. Application du RGPD. Est excessif l'enregistrement des conversations des salariés à des fins de formation incluant les coordonnées bancaires des clients qui passaient des commandes par téléphone. • CNIL 28 juill. 2020, *SPARTOO SAS*, n° SAN-2020-003 : *Dalloz IP/IT 2021. 50, note Douville* . ♦ Est considéré comme pertinent, dans une même base de données, le code postal nécessaire à l'envoi différencié de messages commerciaux et non pertinent le numéro de téléphone qui n'est pas utilisé par la société. • CNIL 7 déc. 2020, n° SAN-2020-016 : *Dalloz IP/IT 2021. 349, obs. Galichet* .

d. Contentieux

14. Le moyen tiré de la méconnaissance du 3° de l'art. 6 [devenu art. 4-3°] de la loi « Informatique et libertés » du 6 janv. 1978, à l'appui du refus de se soumettre à un prélèvement biologique aux fins d'alimenter le Fichier national automatisé des empreintes génétiques, est irrecevable, dès lors que le fichier, qui a été institué par la loi et dont le fonctionnement a été fixé par le Décr. n° 2000-413 du 18 mai 2000 pris après avis de la CNIL, est régi par les dispositions de l'art. 26 de la loi du 6 janv. 1978. • Crim. 19 mars 2013, n° 12-81533 P.

e. Autres applications

15. Jurisprudence constitutionnelle. La proportionnalité de la collecte et du traitement est également au cœur du contrôle de la conformité de la loi au regard de la protection de la vie privée issue de l'art. 2 de la Déclaration des droits de l'homme et du citoyen. « La collecte, l'enregistrement, la conservation, la consultation et la communication de données à caractère personnel » doivent être « justifiés par un motif d'intérêt général et mis en œuvre de manière adéquate et proportionnée à cet objectif ». Sur la loi relative à la protection de l'identité : • Cons. const. 22 mars 2012, n° 2012-652 DC. ♦ Est dès lors regardée comme portant une atteinte disproportionnée à la vie privée, eu égard à l'objectif poursuivi, la création d'un répertoire national des crédits aux particuliers (également appelé « fichier positif »), « eu égard à la nature des données enregistrées, à l'ampleur du traitement, à la fréquence de son utilisation, au grand nombre de personnes susceptibles d'y avoir accès et à l'insuffisance des garanties relatives à l'accès au registre ». Sur la loi relative à la consommation : • Cons. const. 13 mars 2014, n° 2014-690 DC : *AJDA 2014. 589, obs. de Monteclerc ; RTD com. 2014. 163, obs. Legeais* .

16. Jurisprudence de la Cour européenne des droits de l'homme. Sur l'exigence de proportionnalité au regard de la convention européenne de sauvegarde des droits de l'homme : « Le droit interne doit notamment assurer que ces données soient pertinentes et non excessives par rapport aux finalités pour lesquelles elles sont enregistrées, et qu'elles soient conservées sous une forme permettant l'identification des personnes concernées pendant une durée n'excédant pas celle nécessaire aux finalités pour lesquelles elles sont enregistrées ». • CEDH 18 juill. 2013, *M. K. c/ France*, n° 19522/09 : *D. 2014. 843, obs. Galloux et Gaumont-Prat* ; *RSC 2013. 666, obs. Roets*.

4° *EXIGENCE DE MISE À JOUR*

17. V., sur les difficultés soulevées par l'insuffisante mise à jour des données personnelles dans les fichiers d'antécédents judiciaires, CNIL, rapport de contrôle des fichiers d'antécédents judiciaires, juin 2013.

5° *DURÉE DE CONSERVATION*

18. Point de départ du délai – Application du RGPD. La simple ouverture d'un courriel de prospection par une personne ne permet pas de refaire courir le point de départ du délai de conservation des données des prospects et ainsi conserver de telles données alors même que les prospects n'ont pas démontré, par un acte clair, un intérêt pour les produits ou services de la société pendant plusieurs années. • CNIL 28 juill. 2020, n° SAN-2020-003 : *préc. note 12.*

19. Durée excessive. – Application du RGPD. Est excessive la durée de conservation de treize mois dans le cadre d'un traitement de profilage et de ciblage publicitaire au motif que « l'utilisation des dispositifs de géolocalisation est particulièrement intrusive au regard des libertés individuelles, dans la mesure où ils permettent de suivre de manière permanente et en temps réel des personnes, aussi bien dans l'espace public que dans des lieux privés ». • CNIL 8 oct. 2018, n° MED 2018-043. ♦ Est excessive la présence, en base active, de données à caractère personnel de personnes n'ayant pas passé commande depuis plus de cinq ans, sans que la société soit en mesure d'avancer une explication ou d'apporter une justification quant à la durée de cette conservation ou d'apporter la preuve d'un contact plus récent avec lesdits clients (échange avec le service clients, clic sur un lien promotionnel figurant dans un courrier électronique, etc.). • CNIL 14 juin 2021, *Brico privé*, délib. n° SAN-2021-008. ♦ Ne respecte pas le principe selon lequel les données à caractère personnel ne doivent pas être conservées pour une durée qui excède celle nécessaire au regard des finalités pour lesquelles elles sont traitées le fait que le point de départ de la durée de conservation des données de géolocalisation soit lié non pas au contrat de location mais à la fin de la relation commerciale avec l'utilisateur. • CNIL 7 juill. 2022, n° SAN-2022-015.

20. Définition de la durée. Une législation nationale prévoyant une conservation des données à caractère personnel doit toujours répondre à des critères objectifs, établissant un rapport entre les données à conserver et l'objectif poursuivi. En particulier, s'agissant de la lutte contre la criminalité grave, les données dont la conservation est prévue doivent être de nature à contribuer à la prévention, à la détection ou à la poursuite d'infractions graves. • CJUE 5 avr. 2022, n° C-140/20 : *Rev. UE 2022. 332, note Deroudille* ; *CCE 2022, n° 52, obs. Danis-Fatôme.*

a. Fixée par l'acte créant le traitement

21. La durée est fixée, en principe, pour chaque traitement de données, et ne peut dépasser la durée nécessaire à la réalisation de la finalité du traitement. En matière de fichiers d'infractions, il appartient « au pouvoir réglementaire de proportionner la durée de conservation de ces données personnelles, compte tenu de l'objet du fichier, à la nature ou à la gravité des infractions concernées tout en adaptant ces modalités aux spécificités de la délinquance des mineurs ». • Cons. const. 16 sept. 2010, *M. Jean-Victor C.*, n° 2010-25 QPC : *D. 2012. 308, obs. Galloux et Gaumont-Prat* ; *AJ pénal 2010. 545, étude Danet* (fichier empreintes génétiques).

22. Est regardée comme proportionnée et non excessive : la conservation, pendant trois ans, des données issues du traitement de données à caractère personnel au moyen des logiciels de rapprochement judiciaire. • Cons. const. 10 mars 2011, n° 2011-625 DC. ♦ ... La conservation, pendant 5 ans, des données personnelles dans le traitement relatif aux demandes de validation des attestations d'accueil, au regard de sa finalité (lutte contre l'immigration irrégulière et les détournements) et de la cohérence de cette durée avec celle prévue pour la conservation des données dans le système européen d'information des visas (VIS). • CE 26 juill. 2006, *GISTI et a.*, n° 285714 : *Lebon.* ♦ ...Une durée de dix ans, qui n'excède pas la durée nécessaire pour répondre aux finalités du traitement intitulé « Prévention des atteintes à la sécurité publique ». • CE 11 mars 2013, *Assoc. SOS Racisme-Touche pas à mon pote*, n° 332886 : *inédit.* ♦ ... La conservation pendant 5 ans des données personnelles du bénéficiaire de l'aide au retour, dans le traitement relatif aux étrangers bénéficiaires du dispositif d'aide au retour géré par l'Office français de l'immigration et de l'intégration, destinée à s'assurer de l'absence de demande identique par une même personne. • CE 20 oct. 2010, *GISTI*, n° 334974 : *Lebon T. 331.* ♦ ... La conservation pendant trois mois de la plupart des données enregistrées dans le traitement destinée à assurer la gestion administrative des différentes étapes des procédures d'éloignement de ressortissants étrangers. • CE 30 déc. 2009, *Assoc. SOS Racisme*, n° 312051 : *préc. note 12.* ♦ ... La conservation pendant trente ans des données relatives à un arrêté d'expulsion ou à une peine d'interdiction définitive du territoire, et pendant 5 ans, de manière générale, des données relatives à des mesures d'éloignement, dans l'application de gestion des dossiers des ressortissants étrangers en France, et aux titres de séjour et de voyage des étrangers, au regard des finalités du traitement, qui vise notamment à faciliter l'examen des demandes de délivrance de titres de séjour et la lutte contre le séjour irrégulier. • CE 7 mai 2012, *GISTI et a.*, n° 351396 : *Lebon T.* ♦... La conservation pendant 5 ans de toutes les données enregistrées dans le traitement « enquêtes administratives liées à la sécurité publique », « quand bien même l'enquête administrative n'aurait mis en évidence aucun comportement incompatible avec l'exercice des fonctions ou des missions envisagées ». • CE 11 mars 2013, *Synd. de la magistrature et a.*, n° 334188.

23. Est regardée comme excessive : la conservation, dans la base nationale des identifiants élèves, des données collectées, pendant une durée totale de 35 ans, alors que serait nécessaire et légitime la conservation pendant toute la durée théorique maximale de présence d'un élève dans le premier cycle du système éducatif, voire, en cas de généralisation de l'identifiant, la conservation de ces données pendant une durée égale à la durée du cycle complet d'étude d'un élève donné. • CE 19 juill. 2010, *M. Fristot et a.*, n° 334014 : *Lebon T.* ♦... La conservation, dans le traitement destiné à assurer la gestion administrative des différentes étapes des procédures d'éloignement de ressortissants étrangers, de certaines données essentielles, dès lors qu'il n'est pas justifié de l'intérêt de cette durée pour d'éventuelles mesures à venir ; conséquence : annulation partielle. • CE 30 déc. 2009, *Assoc. SOS Racisme*, n° 312051 : *préc. note 12.*

24. Application du RGPD. La durée de conservation s'apprécie en fonction de l'activité, ainsi est considérée comme excessive le fait de conserver quatre ans des données des « clients fidélité » dans la grande distribution, *a fortiori* ceux d'un programme fidélité, qui sont des clients d'habitude retournant de façon régulière dans les mêmes magasins et que l'absence pendant plusieurs années ne permet plus de les considérer comme des clients actifs. • CNIL 18 nov. 2020, *Carrefour France*, n° SAN-2020-008.

b. Fixée par la CNIL dans ses actes portant autorisations uniques, normes simplifiées ou dispenses de déclarations

25. Est ainsi regardée comme proportionnée la conservation des données des clients ou des prospects non clients, utilisées à des fins de prospection commerciale, pendant un délai de trois ans à compter de la fin de la relation commerciale. • CNIL 21 juin 2012, délib. n° 2012-209 (portant création d'une norme simplifiée (NS 48) concernant les traitements automatisés de données à caractère personnel relatifs à la gestion de clients et de prospects). ♦ ... La conservation pendant six mois des informations stockées dans un terminal d'ordinateur (cookies) aux fins de mesures d'audience. • Même délib. ♦ ... Pour les traitements permettant l'établissement de scores en matière de crédit, une durée de 6 mois à compter du dépôt de la demande de prêt bancaire, en cas de rejet de la demande de crédit et pour les demandeurs qui ne sont pas clients de l'établissement • CNIL 9 juill. 2008, délib. n° 2008-198 (modifiant l'autorisation unique [n° AU-005] relative à certains traitements de données à caractère personnel mis en œuvre par les établissements de crédit pour aider à l'évaluation et à la sélection des risques en matière d'octroi de crédit). ♦ ... La conservation des données sous format nominatif, dans les traitements mis en œuvre par les conseils généraux à des fins de gestion des informations préoccupantes relatives à l'enfance en danger, pendant deux ans à compter des dernières opérations enregistrées ou mesures sociales décidées, de l'ensemble des données saisies, y compris les aides financières, pendant cinq ans pour les informations relatives aux enfants bénéficiant d'actions éducatives en milieu ouvert (AEMO) et dix ans pour les informations relatives aux enfants placés. • CNIL 17 mars 2011, délib. n° 2011-080 (portant autorisation unique [n° AU-028] de traitements de données à caractère personnel mis en œuvre par les conseils généraux à des fins de gestion des informations préoccupantes relatives à l'enfance en danger). ♦... En matière de biométrie, la durée de conservation du gabarit du réseau veineux des doigts de la main ou du gabarit de l'empreinte digitale ne peut dépasser le temps pendant lequel la personne concernée est autorisée à pénétrer dans les zones ou locaux en cause. Sur le premier dispositif : • CNIL 7 mai 2009, délib. n° 2009-316 (portant autorisation unique de mise en œuvre de dispositifs biométriques reposant sur la reconnaissance du réseau veineux des doigts de la main et ayant pour finalité le contrôle de l'accès aux locaux sur les lieux de travail). ♦ Sur le second dispositif : • CNIL 27 avr. 2006, délib. n° 2006-102 (portant autorisation unique de mise en œuvre de dispositifs biométriques reposant sur la reconnaissance de l'empreinte digitale exclusivement enregistrée sur un support individuel détenu par la personne concernée et ayant pour finalité le contrôle de l'accès aux locaux sur les lieux de travail).

c. Fixée par des législations autres

26. Durée de conservation. Un mois pour les bandes issues de la vidéoprotection par le code de la sécurité intérieure (CSI, art. L. 252-5). ♦... Dix ans pour les informations comptables pour les entreprises (C. com., art. L. 123-22). Elle peut également résulter de la prise en compte de délais légaux nécessaires pour la mise en œuvre du traitement, eu égard à la finalité de celui-ci. V. par exemple l'obligation, pour le ministère de la justice, de respecter, pour le traitement des données personnelles de jeunes sous protection judiciaire, « les mesures législatives de prescription ou d'amnistie applicables aux faits ou aux décisions de justice intéressant les jeunes en cause ». • CE 30 déc. 1998, *Synd. national des personnels de l'éducation surveillée-protection judiciaire de la jeunesse,* n° 188233. ♦ ... Il devait être tenu compte de la spécificité de la matière assurantielle lors de l'appréciation du caractère proportionné de la durée de conservation des données des clients par une société d'assurance. En particulier, les durées de conservation des données des clients en matière assurantielle doivent permettre de respecter les délais légaux prévus, notamment, par le code des assurances et le code de commerce. • CNIL 20 juill. 2021, *Ag2r la mondiale*, délib. n° SAN-2021-010 : *Dalloz IP/IT 2022. 42, obs. Douville*.

d. Régime de conservation

27. Le régime de conservation dans le fichier STIC a été regardé par la Cour européenne des droits de l'homme comme « ne traduisant pas un juste équilibre entre les intérêts publics et privés concurrents en jeu », faute de possibilité pour le requérant d'avoir disposé, en l'espèce et en dépit d'une durée de conservation fixée par les textes, d'une possibilité réelle de demander l'effacement des données le concernant. • CEDH 18 sept. 2014, *M. Brunet c/ France*, n° 21010/10. ♦ La Cour relève toutefois que l'affaire porte sur des faits antérieurs à la possibilité reconnue par le Conseil d'État à toute personne concernée d'exercer un recours pour excès de pouvoir contre les décisions du procureur en matière d'effacement ou de rectification visant à assurer la mise à jour du STIC, qui sont détachables d'une procédure judiciaire. • CE 17 juill. 2013, *M. B.*, n° 359417 : *Lebon ; AJ pénal 2014. 539, obs. Roussel ; RSC 2015. 165, obs. Roets*. ♦ Le Royaume-Uni a violé l'art. 8 Conv. EDH en ne définissant pas de durée de conservation dans le cas d'un fichage policier lié aux activités politiques d'un ressortissant. • CEDH 24 janv. 2019, n° 43514/15 : *Dalloz IP/IT 2019. 511, obs. Daoud et Petkovic*.

28. Application du RGPD. L'autorité de protection grecque, dans une décision reprise par le CEPD, a estimé qu'en faisant signer à ses salariés une déclaration dans laquelle le traitement de leurs données était directement lié aux besoins de leur activité professionnelle, le responsable du traitement a transféré ses obligations de conformité (RGPD. Art. 5. 2). • Autorité de protection des données grecque 26 juill. 2019, n° 26/2019 : *https://edpb.europa.eu/news/national-news/2019/company-fined-150000-euros-infringements-gdpr_fr.*

29. Le contrôle de l'identité associé au passe sanitaire dans le cadre d'accès à lieu soumis à restrictions sanitaires se doit d'être proportionné à la réalité des risques. Lorsque l'accès à un lieu est conditionné à la présentation d'un billet nominatif et qu'un contrôle d'identité n'est en principe pas pratiqué habituellement lorsqu'il n'y a pas de passe sanitaire, la présentation du passe devrait pouvoir se faire par la seule comparaison du billet et du passe. • CNIL 7 juin 2021, délib. n° 2021-067 : *D. actu. 15 juin 2021, obs. Crichton* (avis sur le projet de décret portant application du II de l'art. 1er de la L. n° 2021-689 du 31 mai 2021 relative à la gestion de la sortie de crise sanitaire).

Art. 6 *Licéité du traitement.* 1. Le traitement n'est licite que si, et dans la mesure où, au moins une des conditions suivantes est remplie :

a) la personne concernée a consenti au traitement de ses données à caractère personnel pour une ou plusieurs finalités spécifiques ;

b) le traitement est nécessaire à l'exécution d'un contrat auquel la personne concernée est partie ou à l'exécution de mesures précontractuelles prises à la demande de celle-ci ;

c) le traitement est nécessaire au respect d'une obligation légale à laquelle le responsable du traitement est soumis ;

d) le traitement est nécessaire à la sauvegarde des intérêts vitaux de la personne concernée ou d'une autre personne physique ;

e) le traitement est nécessaire à l'exécution d'une mission d'intérêt public ou relevant de l'exercice de l'autorité publique dont est investi le responsable du traitement ;

f) le traitement est nécessaire aux fins des intérêts légitimes poursuivis par le responsable du traitement ou par un tiers, à moins que ne prévalent les intérêts ou les libertés et droits fondamentaux de la personne concernée qui exigent une protection des données à caractère personnel, notamment lorsque la personne concernée est un enfant.

Le point f) du premier alinéa ne s'applique pas au traitement effectué par les autorités publiques dans l'exécution de leurs missions.

2. Les États membres peuvent maintenir ou introduire des dispositions plus spécifiques pour adapter l'application des règles du présent règlement pour ce qui est du traitement dans le but de respecter le paragraphe 1, points c) et e), en déterminant plus précisément les exigences spécifiques applicables au traitement ainsi que d'autres mesures visant à garantir un traitement licite et loyal, y compris dans d'autres situations particulières de traitement comme le prévoit le chapitre IX.

3. Le fondement du traitement visé au paragraphe 1, points c) et e), est défini par :

a) le droit de l'Union ; ou

b) le droit de l'État membre auquel le responsable du traitement est soumis.

Les finalités du traitement sont définies dans cette base juridique ou, en ce qui concerne le traitement visé au paragraphe 1, point e), sont nécessaires à l'exécution d'une mission d'intérêt public ou relevant de l'exercice de l'autorité publique dont est investi le responsable du traitement. Cette base juridique peut contenir des dispositions spécifiques pour adapter l'application des règles du présent règlement, entre autres : les conditions générales régissant la licéité du traitement par le responsable du traitement; les types de données qui font l'objet du traitement; les personnes concernées; les entités auxquelles les données à caractère personnel peuvent être communiquées et les finalités pour lesquelles elles peuvent l'être; la limitation des finalités; les durées de conservation; et les opérations et procédures de traitement, y compris les mesures visant à garantir un traitement licite et loyal, telles que celles prévues dans d'autres situations particulières de traitement comme le prévoit le chapitre IX. Le droit de l'Union ou le droit des États membres répond à un objectif d'intérêt public et est proportionné à l'objectif légitime poursuivi.

4. Lorsque le traitement à une fin autre que celle pour laquelle les données ont été collectées n'est pas fondé sur le consentement de la personne concernée ou sur le droit de l'Union ou le droit d'un État membre qui constitue une mesure nécessaire et proportionnée dans une société démocratique pour garantir les objectifs visés à l'article 23, paragraphe 1, le responsable du traitement, afin de déterminer si le traitement à une autre fin est compatible avec la finalité pour laquelle les données à caractère personnel ont été initialement collectées, tient compte, entre autres :

a) de l'existence éventuelle d'un lien entre les finalités pour lesquelles les données à caractère personnel ont été collectées et les finalités du traitement ultérieur envisagé ;

b) du contexte dans lequel les données à caractère personnel ont été collectées, en particulier en ce qui concerne la relation entre les personnes concernées et le responsable du traitement;

c) de la nature des données à caractère personnel, en particulier si le traitement porte sur des catégories particulières de données à caractère personnel, en vertu de l'article 9, ou si des données à caractère personnel relatives à des condamnations pénales et à des infractions sont traitées, en vertu de l'article 10 ;

d) des conséquences possibles du traitement ultérieur envisagé pour les personnes concernées ;

e) de l'existence de garanties appropriées, qui peuvent comprendre le chiffrement ou la pseudonymisation.

V. consid. 40 à 49 et 69.

V. L. n° 78-17 du 6 janv. 1978, art. 5.

V. G29, avis 06/2014 du 9 avr. 2014 (WP 217) sur la notion d'intérêt légitime poursuivi par le responsable du traitement des données au sens de l'article 7 de la directive 95/46/CE, App., v° CEPD.

V. CEPD, lignes directrices 2/2019 du 8 oct. 2019 sur le traitement des données à caractère personnel au titre de l'art. 6, § 1, pt b), du RGPD dans le contexte de la fourniture de services en ligne aux personnes concernées, App. v° CEPD.

V. CEPD, lignes directrices 08/2020 du 13 avr. 2021 sur le ciblage des utilisateurs des médias sociaux (https://edpb.europa.eu/).

V. CEPD, recommendations 02/2021 du 19 mai 2021 on the legal basis for the storage of credit card data for the sole purpose of facilitating further online transactions (en anglais) , App., v° Banque - Assurance.

BIBL. ▸ ROGUE, *AJCA 2019. 370* (capacité et consentement au traitement de données à caractère personnel et au contrat). - ARMINGAUD et LIGOT, *RLDI juin 2019. 44* (le consentement : le faux-ami des bases légales ?). - PERRAY, *CCE 2021. Étude 11* (l'intérêt légitime, une base légale du RGPD pas vraiment comme les autres). - DOUVILLE, *Dalloz IP/IT 2021. 290* (consentement à un traitement de données à caractère personnel et contrat : nouveaux apports de la Cour de justice).

COMMENTAIRE

L'article 6 du RGPD définit la base légale de tout traitement de données à caractère personnel. Il reprend la plupart des bases légales alternatives prévues par l'article 7 de la directive 95/46/CE du 24 octobre 1995, en y ajoutant de nouveaux éléments.

Le RGPD prévoit donc six bases légales alternatives : consentement, exécution d'un contrat, obligation légale, sauvegarde des intérêts vitaux de la personne concernée ou d'une autre personne physique, exécution d'une mission d'intérêt public, ou intérêt légitime.

De manière générale, de nombreux traitements sont rattachables à plusieurs bases légales (un contrat peut comporter par exemple des mentions explicites permettant de recueillir le consentement des personnes pour un traitement qui relève de l'intérêt légitime du responsable).

Le consentement de la personne est la première des bases légales possibles, et la plus évidente. Elle est détaillée par l'article 7 du RGPD, qui prévoit des modalités de consentement « renforcées » (V. comm. ss. cet art.). On relèvera toutefois que la directive 95/46 prévoyait déjà un consentement « indubitable », lequel était défini comme « la manifestation de volonté, libre, spécifique et informée par laquelle la personne concernée accepte que les données à caractère personnel la concernant fassent l'objet d'un traitement ». L'état du droit est donc renforcé sur ce point, le caractère exprès étant plus affirmatif : le consentement implique, en principe, un acte positif et « dédié » des personnes concernées. Cette base légale peut, en pratique, s'avérer délicate car le consentement peut être à tout moment retiré par la personne concernée.

La Cour de justice a été amenée, à propos des « cookies », à se prononcer sur la question des modalités du consentement, à la lumière de la directive 2002/58/CE (art. 2, f)) qui renvoie à la directive de 1995 et, par conséquent, au règlement européen. La Cour juge ainsi que le RGPD requiert un « consentement actif », l'enjeu n'étant pas seulement l'absence de refus du traitement mais bien son acceptation positive (V. CJUE, gr. ch., 1er oct. 2019, *Planet49*, n° C-673/17, consid. 62). Il s'en déduit que le consentement prévu par la directive 2002/58/CE n'est pas valablement donné lorsque l'installation ou la lecture d'informations dans l'équipement terminal d'une personne (cookies) est recueillie par une case précochée (V. également la délibération de la CNIL n° 2020-091 du 17 sept. 2020, ss. LIL, art. 82).

Le Conseil d'État a déduit des dispositions des articles 4, 6 et 7, tels qu'interprétés par la CJUE dans cet arrêt, que le consentement « libre, spécifique, éclairé et univoque » posé par le RGPD ne peut être qu'un consentement, d'une part, exprès, d'autre part, donné « en toute connaissance de cause » après une information adéquate sur l'usage qui sera fait des données personnelles de l'intéressé (CE 19 juin 2020, n° 430810 A).

Le consentement se doit de revêtir les conditions définies à l'article 4 du RGPD, notamment en se concrétisant par une manifestation de volonté libre. De doctrine constante et conformément au considérant 43, le consentement ne peut être la base légale dès lors qu'un déséquilibre s'est instauré dans les relations entre le responsable du traitement et la personne concernée. Il en est ainsi dans les relations de travail. La CNIL l'a rappelé dans le cadre de son référentiel relatif à la gestion des ressources humaines : « Les employés ne sont que très rarement en mesure de donner, de refuser ou de révoquer librement leur consentement, étant donné la dépendance qui découle de la relation employeur/employé. Ils ne peuvent donner leur libre consentement que dans le cas où l'acceptation ou le rejet d'une proposition n'entraîne aucune conséquence sur leur situation » (CNIL, référentiel relatif aux traitements de données personnelles mis en œuvre aux fins de gestion des ressources humaines, 21 nov. 2019). Cette position a également été reprise par le CEPD dans le cadre des essais cliniques : « même si les conditions nécessaires à un consentement éclairé fixées par le règlement relatif aux essais cliniques sont réunies, une situation claire de déséquilibre des pouvoirs entre le participant et le promoteur/l'investigateur impliquera que le consentement n'a pas été « donné librement » au sens du RGPD » (CEPD, avis 3/2019 du 23 janv. 2019).

S'agissant des autres bases légales, plusieurs d'entre elles sont, *in abstracto*, évidentes, comme l'exécution d'un contrat (qui peut néanmoins poser des difficultés en pratique) ou le respect d'une obligation légale. Sur cette dernière, le texte précise ce qui semble découler du principe : pour qu'une disposition du droit de l'Union ou du droit national puisse servir de base légale, il faut qu'elle-même réponde aux principes posés à l'article 6, et par conséquent les explicite.

Certaines bases légales ont en revanche connu des évolutions notables par rapport à l'état du droit antérieur. Ainsi, la base légale relative à la sauvegarde de la vie de la personne concernée a été élargie au cas « d'une autre personne physique », ce qui peut soulever des difficultés d'interprétation, notamment en matière de données de santé. De même, la réalisation de l'intérêt légitime est sensiblement modifiée. Dans le régime juridique antérieur au règlement, « l'intérêt légitime poursuivi par le responsable de traitement », comme, par exemple, l'intérêt commercial, ne pouvait méconnaître ni les droits et libertés fondamentaux de la personne concernée ni son intérêt personnel, ce qui conduisait ainsi à apprécier l'équilibre entre ces deux intérêts. Le RGPD prévoit désormais que l'intérêt légitime constitue une base légale « à moins que ne prévalent les intérêts ou les libertés et droits fondamentaux de la personne concernée qui exigent une protection des données à caractère personnel, notamment lorsque la personne concernée est un enfant ». Le considérant 47 invite, en la matière, à une « évaluation attentive, notamment afin de déterminer si une personne concernée peut raisonnablement s'attendre, au moment et dans le cadre de la collecte des données à caractère personnel, à ce que celles-ci fassent l'objet d'un traitement à une fin donnée. » La CNIL préconise la méthodologie suivante :

• identification du caractère « légitime » de l'intérêt poursuivi par le responsable du traitement et vérification du caractère « nécessaire » du traitement au vu de cet objectif ;

• évaluation des atteintes aux intérêts et droits et libertés des personnes et prise en compte de leurs attentes raisonnables ;

• mise en balance de ces éléments et, le cas échéant, prévision de mesures additionnelles (CNIL, L'intérêt légitime : comment fonder un traitement sur cette base légale ?, 2 déc. 2019).

Le texte prévoit, enfin, les conditions dans lesquelles il convient de regarder la finalité ultérieure d'un traitement comme compatible avec la finalité initiale. La question est à la fois fréquente et délicate, notamment à l'ère du big data. Schématiquement, tout traitement à une fin autre que celle pour laquelle les données ont été collectées doit être :

– soit fondé sur le consentement de la personne (ce qui implique en pratique, soit un consentement initial exprès sur une utilisation ultérieure, comme une case à cocher sur le modèle de l'*opt-in* partenaire à condition d'être suffisamment précis, soit un retour vers la personne ou le client avant l'utilisation secondaire) ;

– soit fondé sur une obligation légale (par exemple un traitement à des fins d'ordre public ou de recherche d'infractions, ce qui suppose une base textuelle) ;

– soit « compatible » avec la finalité initiale : cette compatibilité est de plein droit pour les traitements statistiques, scientifiques ou historiques. Pour les autres cas, le RGPD donne en fait un « mode d'emploi ». La compatibilité doit être appréciée par rapport à la finalité initiale – c'est l'évidence – mais aussi par rapport à un « environnement » : contexte, relation entre la personne et le responsable de traitement (ce qui rejoint le principe de loyauté) ; nature des données ; conséquences possibles du traitement envisagé ; garanties appropriées, qui peuvent notamment permettre de réduire les risques de réidentification des personnes et, par suite, de rendre plus compatibles la réutilisation avec la finalité initiale.

Le RGPD autorise donc une casuistique des finalités compatibles. On notera cependant que seul le consentement est, en la matière et sous réserve du respect des autres principes, « infaillible ». ❑

1. Lorsque des traitements reposent sur des finalités différentes et ainsi sur des bases légales différentes, le responsable des traitements ne peut viser uniquement au sein de sa politique de confidentialité des données la base juridique du consentement pour l'intégralité des traitements mis en œuvre. • CNIL 28 juill. 2020, n° SAN-2020-003.

2. Consentement préalable. V. jurisprudence ss. RGPD, art. 7. ♦ Sous le régime antérieur au RGPD, le consentement préalable devait notamment être obtenu : lorsque étaient traitées des données sensibles, par dérogation à l'art. 8 [devenu art. 6] de la loi n° 78-17 du 6 janv. 1978, pour l'implantation de cookies (L. n° 78-17 du 6 janv. 1978, art. 32-II [devenu art. 82]), pour toute prospection directe des personnes physiques opérée par des systèmes automatisés (L. n° 2004-575 du 21 juin 2004 sur la confiance dans l'économie numérique, art. 22). La relation entre l'employeur et le salarié étant caractérisée par l'existence d'un lien de subordination, le consentement ne peut être regardé comme totalement libre, la CNIL l'écartant alors comme seule base légale. ♦ Le consentement de l'agent de sécurité à être filmé de manière continue est sans incidence dès lors que le dispositif n'est pas justifié par un impératif de sécurité des personnes et des biens mais résulte de la volonté de contrôler l'activité des salariés. • CNIL 3 janv. 2013, n° SAN-2012-475. ♦ On relèvera que la doctrine de la CNIL élaborée en matière de « consentement exprès » (case à cocher, validation expresse, etc.) pourra utilement être reprise.

3. Notion d'intérêt légitime du responsable de traitement [jurisprudence antérieure à l'application du RGPD]. Sous le régime de la directive de 1995, l'intérêt légitime du responsable de traitement a été apprécié d'une part, en tant que tel, compte tenu notamment de la proportionnalité du traitement au regard de ses finalités, et d'autre part, « au regard de l'intérêt de la personne concernée et de ses droits et libertés fondamentaux, auquel l'intérêt légitime du responsable de traitement ne saurait porter atteinte ». • CNIL 10 juin 2013, délib. n° 2013-025 (mise en demeure).

4. Notion d'intérêt légitime du responsable de traitement [application du RGPD]. Le fondement des intérêts légitimes poursuivis par le responsable du traitement ou par un tiers n'est légal qu'à la condition « que ces intérêts légitimes puissent être regardés comme prévalant sur les intérêts des personnes concernées ou sur leurs libertés et droits fondamentaux ». Critères d'appréciation : mise en balance, d'une part, de l'intérêt légitime poursuivi et, d'autre part, de l'intérêt ou des libertés et droits fondamentaux des personnes concernées, « eu égard notamment à la nature des données traitées, à la finalité et aux modalités du traitement ainsi qu'aux attentes que ces personnes peuvent raisonnablement avoir quant à l'absence de traitement ultérieur des données collectées ». • CE 10 déc. 2020, n° 429571 B : *CCE 2021, n° 24, obs. Belkacem.* ♦ La conservation du numéro de carte bancaire lors d'un achat en ligne pour faciliter des paiements ultérieurs ne peut être regardée comme prévalant sur l'intérêt des clients de protéger ces données, compte tenu de leur sensibilité et des préjudices associés à leur détournement potentiel. Conséquence : le consentement doit être explicite. • Même arrêt. ♦ Un traitement de données à caractère personnel consistant en la collecte d'informations visant à recenser les personnes influentes auprès desquelles une entreprise souhaite représenter ses intérêts (*lobbying*) peut être réalisé sur le fondement de l'intérêt légitime poursuivi par le responsable de traitement sous réserve que les intérêts et droits fondamentaux des personnes concernées ne prévalent pas sur les intérêts du responsable de traitement. • CNIL 26 juill. 2021, *Monsanto*, n° SAN-2021-012 : *V. note 4 ss. RGPD, art. 14.* ♦ ... Cette mise en balance impose notamment de prendre en compte les attentes raisonnables des personnes concernées quant à la nature des données collectées et la façon dont elles sont traitées pour la constitution du traitement litigieux, comme le prévoit le considérant 47 RGPD. • Même décision. ♦ Ne peut être retenu l'intérêt légitime dès lors que l'atteinte portée à la vie privée des personnes apparaît disproportionnée au regard des intérêts du responsable de traitement, notamment ses intérêts commerciaux et pécuniaires. • CNIL 26 nov. 2021, *Clearview AI*, n° MED-2021-134. ♦ Si la sécurité routière constitue une « mission d'intérêt public » au sens du RGPD, l'autorité en charge de l'inscription des points de pénalité imposés aux conducteurs de véhicules pour des infractions routières ne peut toutefois les rendre accessibles au public, sans que la personne demandant l'accès ait à justifier d'un intérêt spécifique à obtenir lesdites données (interprétation combinée avec l'art. 5, § 1 et l'art. 10). • CJUE 22 juin 2021, n° C-439/19.

Art. 7 *Conditions applicables au consentement.* **1. Dans les cas où le traitement repose sur le consentement, le responsable du traitement est en mesure de démontrer que la personne concernée a donné son consentement au traitement de données à caractère personnel la concernant.**

2. Si le consentement de la personne concernée est donné dans le cadre d'une déclaration écrite qui concerne également d'autres questions, la demande de consentement est présentée sous une forme qui la distingue clairement de ces autres questions, sous une forme compréhensible et aisément accessible, et formulée en des termes clairs et simples. Aucune partie de cette déclaration qui constitue une violation du présent règlement n'est contraignante.

3. La personne concernée a le droit de retirer son consentement à tout moment. Le retrait du consentement ne compromet pas la licéité du traitement fondé sur le consentement effectué avant ce retrait. La personne concernée en est informée avant de donner son consentement. Il est aussi simple de retirer que de donner son consentement.

4. Au moment de déterminer si le consentement est donné librement, il y a lieu de tenir le plus grand compte de la question de savoir, entre autres, si l'exécution d'un contrat, y compris la fourniture d'un service, est subordonnée au consentement au traitement de données à caractère personnel qui n'est pas nécessaire à l'exécution dudit contrat.

V. consid. 32, 42 et 43.

V. L. n° 78-17 du 6 janv. 1978, art. 5.

V. CEPD, Recommandations 02/2021 du 19 mai 2021 on the legal basis for the storage of credit card data for the sole purpose of facilitating further online transactions (en anglais), App., v° Banque - Assurance.

COMMENTAIRE

Le consentement apparaît comme la première et la plus importante de toutes les bases légales d'un traitement, comme précédemment commenté sous l'article 6. Le CEPD a ainsi dédié des lignes directrices au consentement (CEPD, lignes directrices 5/2020 du 4 mai 2020, V. App., v° *Comité européen de la protection des données*).

La directive de 1995 donnait déjà du consentement une décision précise et exigeante, puisque celui-ci devait être donné de manière indubitable. Mais le RGPD apporte un élément de clarification supplémentaire, puisqu'il prévoit désormais que le consentement est exprès, c'est-à-dire distinct d'autres questions lorsque la personne concernée (souvent l'internaute) est appelée à remplir différentes rubriques. Il doit ainsi être distinct des conditions générales d'utilisation d'un site, de la souscription à des offres publicitaires, etc.

La CNIL a arrêté une doctrine en la matière qui semble conserver toute sa pertinence à l'heure du RGPD, puisqu'elle a été confirmée. Les modalités de recueil du consentement peuvent ainsi être variables et sont souvent résumées par le mécanisme dit de « *l'opt-in* » : le considérant 32 vise ainsi le « moyen d'une déclaration écrite, y compris par voie électronique, ou d'une déclaration orale. Cela pourrait se faire notamment en cochant une case lors de la consultation d'un site internet, en optant pour certains paramètres techniques pour des services de la société de l'information ou au moyen d'une autre déclaration ou d'un autre comportement indiquant clairement dans ce contexte que la personne concernée accepte le traitement proposé de ses données à caractère personnel. Il ne saurait dès lors y avoir de consentement en cas de silence, de cases cochées par défaut ou d'inactivité. »

Le recueil du consentement va de pair avec les autres obligations pesant sur le responsable de traitement, notamment l'obligation d'information, qui conditionne le caractère libre et éclairé du consentement.

On relèvera enfin que le RGPD prévoit que le consentement doit pouvoir être retiré dans les mêmes conditions que son octroi, ce qui implique notamment que les services en ligne prévoient explicitement la possibilité de retirer le consentement au traitement de ses données sur les sites internet ou les applications mobiles.

De manière générale, les responsables de traitements qui appliquaient les règles posées par la CNIL, notamment dans le cadre de ses autorisations uniques ou normes simplifiées, n'ont pas vu le niveau d'exigence évoluer. L'application du RGPD a accentué le risque de non-conformité pour les responsables de traitements qui se fondaient sur l'*opt-out* : le silence valant acceptation du traitement, permettant un droit d'opposition *a posteriori*. ❑

Nota : L'essentiel de la jurisprudence antérieure (sur le fondement de l'anc. LIL et de la Dir. 95/46/CE) conserve un intérêt pour apprécier les dispositions de l'art. 7 du RGPD.

V. annotations de jurisprudence ss. RGPD, art. 6 et 9.

1. Traceurs et cookies. La CJUE a confirmé que le consentement n'est pas valablement donné lorsque le stockage d'informations ou l'accès à des informations déjà stockées dans l'équipement terminal de l'utilisateur d'un site Internet, par l'intermédiaire de cookies, est autorisé au moyen d'une case cochée par défaut que cet utilisateur doit décocher pour refuser de donner son consentement. • CJUE 1er oct. 2019, *Planet49*, n° C-673/17 : *D. 2019. 2128, entretien Sauron ; Dalloz IP/IT 2019. 586, obs. Crichton ; Légipresse 2019. 694, étude Thiérache et Gautron ; CCE 2020. 13, Étude Perray et Adda.* – V. *infra*, Loi « Informatique et Liberté » du 6 janv. 1978, art. 82.

2. Modalités. Pour être valablement recueilli, le consentement implique une information préalable des finalités et de l'ampleur du traitement des données. • CE 19 juin 2020, n° 430810 A : *D. 2020. 2043, note Jault-Seseke ; RTD eur. 2020. 706, obs. Bouveresse*. ♦ Ne constitue pas un acte positif univoque permettant le recueil valable du consentement un consentement recueilli au moyen d'une case précochée, en l'espèce sur le fait, pour un internaute, de recevoir des annonces personnalisées. • Même arrêt. ♦ Ne constitue pas un consentement spécifique au traitement des données à caractère personnel le consentement recueilli dans le cadre de l'acceptation globale de conditions générales d'utilisation. • Même arrêt.

3. Périmètre du consentement. Le consentement recueilli se limite à ce qui concerne l'opération ou l'ensemble des opérations de traitement des données à caractère personnel dont ledit gestionnaire détermine les finalités et les moyens. • CJUE 29 juill. 2019, *Fashion ID*, n° C-40/17 : *V. note 24 ss. RGPD, art. 4*

4. Consentement libre. Ne peut être considéré comme libre et éclairé le consentement donné par des lycéens dès lors que « le public visé se trouve dans une relation d'autorité à l'égard des responsables des établissements publics d'enseignement concernés ». • TA Marseille, 27 févr. 2020, n° 1901249 : *Dalloz IP/IT 2020. 148, obs. Crichton ; AJCT 2020. 439, obs. Perray et Adda.*

5. Consentement informé. N'est pas satisfaisante la clause contractuelle qui ne fixe pas les exigences concrètes et précises de la forme dans laquelle le consentement de l'utilisateur devra être recueilli, laissant le soin à des négociations ultérieures de fixer ces modalités. Faute de dispositions claires sur le format, la formulation du recueil du consentement et l'information à délivrer aux personnes concernées, la société (développant un SDK collectant des données de géolocalisation) ne permet pas à l'éditeur de l'application de satisfaire aux obligations qu'elle met à sa charge au titre de la protection des données, ni, *a fortiori*, d'en garantir le respect, ce qu'il lui appartiendra de faire. • CNIL 8 oct. 2018, n° MED 2018-043.

6. Consentement équivoque. N'est pas univoque le consentement recueilli par une fenêtre contextuelle offrant à l'utilisateur deux onglets cliquables : j'accepte ou plus tard, sans qu'aucune de ces options ne lui propose clairement de refuser la collecte et le traitement de ses données à caractère personnel. • CNIL 8 oct. 2018 : *préc.*

7. La possibilité de stocker les justificatifs sur tout autre support numérique renforce le caractère volontaire de l'application TousAntiCovid, ce qui constitue une garantie essentielle. • CNIL 7 juin 2021, délib. n° 2021-067 : *D. actu. 15 juin 2021, obs. Crichton* (« passe sanitaire », avis sur le projet de décret portant application du II de l'art. 1er de la L. n° 2021-689 du 31 mai 2021 relative à la gestion de la sortie de crise sanitaire).

Art. 8 *Conditions applicables au consentement des enfants en ce qui concerne les services de la société de l'information.* **1. Lorsque l'article 6, paragraphe 1, point a), s'applique, en ce qui concerne l'offre directe de services de la société de l'information aux enfants, le traitement des données à caractère personnel relatives à un enfant est licite lorsque l'enfant est âgé d'au moins 16 ans. Lorsque l'enfant est âgé de moins de 16 ans, ce traitement n'est licite que si, et dans la mesure où, le consentement est donné ou autorisé par le titulaire de la responsabilité parentale à l'égard de l'enfant.**

Les États membres peuvent prévoir par la loi un âge inférieur pour ces finalités pour autant que cet âge inférieur ne soit pas en-dessous de 13 ans.

2. Le responsable du traitement s'efforce raisonnablement de vérifier, en pareil cas, que le consentement est donné ou autorisé par le titulaire de la responsabilité parentale à l'égard de l'enfant, compte tenu des moyens technologiques disponibles.

3. Le paragraphe 1 ne porte pas atteinte au droit général des contrats des États membres, notamment aux règles concernant la validité, la formation ou les effets d'un contrat à l'égard d'un enfant.

V. consid. 38, 47 et 58.

V. L. n° 78-17 du 6 janv. 1978, art. 45.

COMMENTAIRE

Les dispositions de l'article 8 du RGPD constituent une première : pour la première fois, le droit européen de la protection des données prévoit des dispositifs spécifiques pour les mineurs. En France, la loi pour une République numérique (L. n° 2016-1321 du 7 oct. 2016) avait déjà, en 2016, introduit des dispositions pour les mineurs en matière de droit à l'oubli. Cette fois, c'est le consentement qui est soumis à des conditions renforcées (accord de l'autorité parentale et obligations de moyens élevées pour le responsable du traitement). En revanche, les États disposent d'une marge de manœuvre sur ce qu'il convient d'entendre par mineurs au sens et pour l'application de ces dispositions, puisque l'âge peut varier entre 13 et 16 ans. Cette diversité, pour des services numériques transnationaux, pourrait soulever des difficultés d'ordre pratique.

S'agissant des obligations pesant sur le responsable de traitements, il s'agit d'une obligation de moyens exigeante : il doit mettre en œuvre tous les moyens raisonnables pour s'assurer du consentement des représentants légaux. Se posera au préalable la question pour le responsable de traitements de déterminer l'âge de la personne, qu'il devra combiner avec son obligation de minimisation des données (V. RGPD, art. 5, c). ❑

Art. 9 *Traitement portant sur des catégories particulières de données à caractère personnel.* **1. Le traitement des données à caractère personnel qui révèle l'origine raciale ou ethnique, les opinions politiques, les convictions religieuses ou philosophiques ou l'appartenance syndicale, ainsi que le traitement des données génétiques, des données biométriques aux fins d'identifier une personne physique de manière unique, des données concernant la santé ou des données concernant la vie sexuelle ou l'orientation sexuelle d'une personne physique sont interdits.**

2. Le paragraphe 1 ne s'applique pas si l'une des conditions suivantes est remplie :

a) la personne concernée a donné son consentement explicite au traitement de ces données à caractère personnel pour une ou plusieurs finalités spécifiques, sauf lorsque le droit de l'Union ou le droit de l'État membre prévoit que l'interdiction visée au paragraphe 1 ne peut pas être levée par la personne concernée ;

b) le traitement est nécessaire aux fins de l'exécution des obligations et de l'exercice des droits propres au responsable du traitement ou à la personne concernée en matière de droit du travail, de la sécurité sociale et de la protection sociale, dans la mesure où ce traitement est autorisé par le droit de l'Union, par le droit d'un État membre ou par une convention collective conclue en vertu du droit d'un État membre

qui prévoit des garanties appropriées pour les droits fondamentaux et les intérêts de la personne concernée ;

c) le traitement est nécessaire à la sauvegarde des intérêts vitaux de la personne concernée ou d'une autre personne physique, dans le cas où la personne concernée se trouve dans l'incapacité physique ou juridique de donner son consentement ;

d) le traitement est effectué, dans le cadre de leurs activités légitimes et moyennant les garanties appropriées, par une fondation, une association ou tout autre organisme à but non lucratif et poursuivant une finalité politique, philosophique, religieuse ou syndicale, à condition que ledit traitement se rapporte exclusivement aux membres ou aux anciens membres dudit organisme ou aux personnes entretenant avec celui-ci des contacts réguliers en liaison avec ses finalités et que les données à caractère personnel ne soient pas communiquées en dehors de cet organisme sans le consentement des personnes concernées ;

e) le traitement porte sur des données à caractère personnel qui sont manifestement rendues publiques par la personne concernée ;

f) le traitement est nécessaire à la constatation, à l'exercice ou à la défense d'un droit en justice ou chaque fois que des juridictions agissent dans le cadre de leur fonction juridictionnelle ;

(Rect. JOUE L 127 du 23 mai 2018) « g) le traitement est nécessaire pour des motifs d'intérêt public important, sur la base du droit de l'Union ou du droit d'un État membre qui doit être proportionné à l'objectif poursuivi, respecter l'essence du droit à la protection des données et prévoir des mesures appropriées et spécifiques pour la sauvegarde des droits fondamentaux et des intérêts de la personne concernée ; »

h) le traitement est nécessaire aux fins de la médecine préventive ou de la médecine du travail, de l'appréciation de la capacité de travail du travailleur, de diagnostics médicaux, de la prise en charge sanitaire ou sociale, ou de la gestion des systèmes et des services de soins de santé ou de protection sociale sur la base du droit de l'Union, du droit d'un État membre ou en vertu d'un contrat conclu avec un professionnel de la santé et soumis aux conditions et garanties visées au paragraphe 3 ;

i) le traitement est nécessaire pour des motifs d'intérêt public dans le domaine de la santé publique, tels que la protection contre les menaces transfrontalières graves pesant sur la santé, ou aux fins de garantir des normes élevées de qualité et de sécurité des soins de santé et des médicaments ou des dispositifs médicaux, sur la base du droit de l'Union ou du droit de l'État membre qui prévoit des mesures appropriées et spécifiques pour la sauvegarde des droits et libertés de la personne concernée, notamment le secret professionnel ;

j) le traitement est nécessaire à des fins archivistiques dans l'intérêt public, à des fins de recherche scientifique ou historique ou à des fins statistiques, conformément à l'article 89, paragraphe 1, sur la base du droit de l'Union ou du droit d'un État membre qui doit être proportionné à l'objectif poursuivi, respecter l'essence du droit à la protection des données et prévoir des mesures appropriées et spécifiques pour la sauvegarde des droits fondamentaux et des intérêts de la personne concernée.

3. Les données à caractère personnel visées au paragraphe 1 peuvent faire l'objet d'un traitement aux fins prévues au paragraphe 2, point h), si ces données sont traitées par un professionnel de la santé soumis à une obligation de secret professionnel conformément au droit de l'Union, au droit d'un État membre ou aux règles arrêtées par les organismes nationaux compétents, ou sous sa responsabilité, ou par une autre personne également soumise à une obligation de secret conformément au droit de l'Union ou au droit d'un État membre ou aux règles arrêtées par les organismes nationaux compétents.

4. Les États membres peuvent maintenir ou introduire des conditions supplémentaires, y compris des limitations, en ce qui concerne le traitement des données génétiques, des données biométriques ou des données concernant la santé.

V. consid. 33, 35, 51 à 55 et 75.

V. L. nº 78-17 du 6 janv. 1978, art. 6, 8-I-2 (c), 31 à 36 (traitements mis en œuvre pour le compte de l'État), 44, 64 à 67 (domaine de la santé).

V. CEPD, lignes directrices 08/2020 du 13 avr. 2021 sur le ciblage des utilisateurs des médias sociaux (https://edpb.europa.eu/).

COMMENTAIRE

L'article 9 du RGPD reprend l'une des protections les plus fondamentales de la législation sur la protection des données en Europe, jusqu'à présent énoncée à l'article 8 [devenu art. 6] de la loi « Informatique et libertés » du 6 janvier 1978 : celle de l'interdiction, sauf dérogation, du traitement des données dites « sensibles ». La CJUE a acté l'interprétation large qu'il convient de réaliser de la notion de données sensibles, tant l'article 9 du RGPD (et son ancêtre l'art. 8 de la Dir. de 1995) « ne sauraient être interprétées en ce sens que le traitement de données à caractère personnel susceptibles de dévoiler, de manière indirecte, des informations sensibles concernant une personne physique est soustrait au régime de protection renforcé prévu par lesdites dispositions, sauf à porter atteinte à l'effet utile de ce régime et à la protection des libertés et des droits fondamentaux des personnes physiques qu'il vise à assurer » (en l'espèce, sur la révélation de l'orientation sexuelle via la publication sur un site internet de données nominatives relatives au conjoint, au concubin ou au partenaire du déclarant : CJUE 1er août 2022, n° C-184/20, pt 127).

L'article 9 reprend tout d'abord la liste des catégories de données sensibles issues de la directive de 1995 et figurant à l'article 8 de la loi « Informatique et libertés », à savoir toutes celles qui touchent à l'intimité de la personne, à ses origines réelles ou supposées, ou encore à ses convictions. On notera à cet égard que le RGPD, comme la directive de 1995 et la loi « Informatique et libertés » de 1978, rencontre un écho direct dans l'article 6 de la convention n° 108 du Conseil de l'Europe, du 28 janvier 1981, pour la protection des personnes à l'égard du traitement automatisé des données à caractère personnel, qui prévoit que « Les données à caractère personnel révélant l'origine raciale, les opinions politiques, les convictions religieuses ou autres convictions, ainsi que les données à caractère personnel relatives à la santé ou à la vie sexuelle, ne peuvent être traitées automatiquement à moins que le droit interne ne prévoie des garanties appropriées. Il en est de même des données à caractère personnel concernant des condamnations pénales ». Le droit à la protection des données personnelles apparaît ainsi comme décliné dans les différents instruments juridiques européens de manière cohérente, créant un réseau de normes protectrices.

En outre, le RGPD intègre deux nouvelles catégories de données dans la liste des données dont le traitement est en principe interdit : les données biométriques, d'une part, et les données génétiques, d'autre part. Il s'agit d'une extension majeure de la protection des données sensibles, qui tient compte des progrès scientifiques en la matière, la biométrie constituant l'image d'une fraction du corps humain d'une personne, dont la mesure permet un niveau d'authentification très élevé ; les données génétiques pouvant être désormais facilement exploitées, à partir de l'ADN codant ou non codant, pour identifier avec certitude des personnes, connaître certaines de leurs caractéristiques physiques ou de leurs pathologies. Si la protection de ces données se trouve renforcée par l'interdiction de principe, on relèvera que la loi du 6 janvier 1978, dans son ancien article 25, prévoyait déjà que le traitement de ces données était soumis à autorisation, et, dans le cas de traitement mis en œuvre pour le compte de l'État, à un acte réglementaire pris après avis de la CNIL (anc. art. 32).

Plusieurs exceptions sont néanmoins prévues au principe d'interdiction, notamment :

– en cas de consentement exprès de la personne au traitement de ces données pour une ou des finalités explicites : ici encore, le RGPD conforte la doctrine fixée en France par la CNIL, qui exigeait déjà un tel consentement (V., en matière de sites de rencontres, les mises en demeure décidées par la CNIL sur le fondement, notamment, d'un insuffisant recueil du consentement pour les données sensibles). On relèvera qu'un tel consentement n'est pas lui-même absolu, puisque le droit de l'Union peut y faire obstacle (consentement susceptible d'être affecté par un lien de subordination telle que la relation employeur-salarié, une situation particulièrement éprouvante ou contrainte, etc.) ;

– lorsque le traitement est nécessaire au respect des obligations ou à l'exercice des droits du responsable de traitement lui-même, à condition que cela résulte d'une obligation légale et soit assorti des garanties nécessaires (on peut notamment penser, en la matière, à certains traitements de données publiques en matière médicale ou de sécurité publique, qui rejoignent d'autres cas de dérogation pour un intérêt public « important » ou pour des fins médicales) ;

– pour la sauvegarde de la vie de la personne ou d'une autre, cas classique de dérogation ;

– pour les traitements mis en œuvre par une association ou tout autre organisme à but non lucratif et à caractère religieux, philosophique, politique ou syndical, pour ses membres ou ses contacts réguliers. Cette disposition est la reprise d'une dérogation préexistante. Elle déroge ainsi au principe d'interdiction, d'une part, dans le champ des libertés fondamentales (liberté de culte visée par ailleurs par une disposition dérogatoire de l'article 91 du RGPD, d'association, politique, syndicale) et, d'autre part, dès lors que la donnée constitue l'objet même de l'association ou de l'organisme avec lequel la personne entretient volontairement une relation. C'est notamment sur le fondement de dispositions similaires que la CNIL avait émis une recommandation à destination des formations politiques pour encadrer les conditions de la « prospection », notamment par voie électronique, en la matière (V. CNIL 26 janv. 2012, relative à la communication politique : délib. n° 2012-020). Il est en revanche interdit à ces structures de communiquer ces fichiers à des tiers, ou d'enregistrer d'autres données sensibles que celles correspondant à l'objet de l'organisme (même recommandation). On relèvera néanmoins que la sensibilité de ces données appelle de la part des responsables de traitements une vigilance particulière, notamment en termes de cybersécurité ;

– lorsque les données sont rendues publiques par la personne elle-même. On notera que cette exception pose la question des conditions dans lesquelles peuvent être réutilisées les données rendues accessibles par la personne elle-même sur internet, et notamment sur les réseaux sociaux.

Le RGPD renforce également la protection en matière de traitement de données à des fins médicales au sens du *h*, en prévoyant que les données collectées dans ce cadre doivent être traitées « par un professionnel de la santé soumis à une obligation de secret professionnel conformément au droit de l'Union, au droit d'un État membre ou aux règles arrêtées par les organismes nationaux compétents, ou sous sa responsabilité, ou par une autre personne également soumise à une obligation de secret conformément au droit de l'Union au droit d'un État membre ou aux règles arrêtées par les organismes nationaux compétents ». Le point est important, car il consacre une obligation, déjà prévue dans le code de la santé publique en France, de recourir aux services d'un personnel soumis au secret médical ou agissant sous l'autorité de celui-ci pour traiter de telles données (V. CSP, art. L. 1110-4, par exemple), cela ayant conduit, en France, à un encadrement spécifique des « hébergeurs des données de santé » (CSP, art. L. 1111-8). Sur les données de santé, voir Appendice, v° *Santé*.

S'agissant des marges de manœuvre laissées aux États membres, on relèvera que le RGPD ouvre la possibilité de conditions supplémentaires, voire de limitations, pour les données biométriques, génétiques et de santé. En France, cela fait écho aux dispositifs propres d'autorisation de ces données dans certaines conditions, sous l'empire de la directive de 1995, prévues par les articles 25 et 26 de la loi « Informatique et libertés » ainsi que par son chapitre IX sur les données de santé. Concrètement, les conditions visées par le RGPD pourraient se traduire par le maintien d'un régime dérogatoire de contrôle *a priori* par la CNIL ou par des restrictions d'usage. Dans tous les cas, c'est le législateur qui devra définir le cadre de telles conditions ou restrictions.

En outre, le RGPD fait disparaître une condition prévue par l'ancien article 8 de la loi de 1978, qui visait « l'anonymisation à bref délai » (en pratique, quasi immédiate), qui permettait, dès lors que les conditions de sécurité étaient remplies, de considérer le risque d'exploitation de la donnée sensible comme nul.

Enfin, on relèvera que la question du numéro d'identification du Répertoire national des personnes physiques, le « NIR », n'est pas évoquée au titre des données sensibles mais au chapitre IX du RGPD, qui renvoie sur ce point largement au droit national (V. comm. ss. ce chap. ; V. également App., v° *Santé*). La sensibilité du NIR n'a donc pas disparu, mais comme sous l'empire de la directive de 1995, ce n'est pas une donnée « sensible » au même titre que les autres, et sa sensibilité naît, en pratique, du contexte national et de la forme retenue en France pour cet identifiant qui est en même temps « signifiant ».

La doctrine et la jurisprudence ayant très largement précisé la notion de donnée sensible, et le texte ayant peu évolué pour nombre des dérogations, ces références restent très largement applicables et sont donc rappelées ici. ❑

Nota : L'essentiel de la jurisprudence antérieure (sur le fondement de l'anc. LIL et de la Dir. 95/46/CE) conserve un intérêt pour apprécier les dispositions de l'art. 9 du RGPD.

1. Convention du Conseil de l'Europe pour la protection des personnes à l'égard du traitement automatisé de données à caractère personnel du 28 janv. 1981 : la loi de 1978 (en l'espèce, dans sa rédaction antérieure à 2004) prévoit des garanties appropriées au sens des art. 4 et 11 de la convention pour le traitement des données à caractère personnel révélant l'origine raciale, les opinions politiques, les convictions religieuses ou autres, ainsi que les données à caractère personnel relatives à la santé ou à la vie sexuelle. • CE 18 nov. 1992, *LICRA et a.*, n°s 115367, 115397, 115881, 115884 et 115886 : *Lebon 411 ; AJDA 1993. 213, note Letteron ; D. 1994. 286, obs. Maisl ; RFDA 1993. 352, chron. Ruzié.*

NOTION DE DONNÉE SENSIBLE

a. Données de santé

2. Détermination des données sensibles par le contexte. Il y a lieu de déterminer si des données qui sont de nature à révéler, par une opération intellectuelle de rapprochement ou de déduction, l'orientation sexuelle d'une personne physique, relèvent des catégories particulières de données à caractère personnel, au sens de l'art. 8, § 1, de la Dir. 95/46/CE et de l'art. 9, § 1, du RGPD. Une telle interprétation relevant d'une jurisprudence constante du droit de l'Union qui considère qu'il y a lieu de tenir compte non seulement des termes de celle-ci, mais également de son contexte et des objectifs poursuivis par la réglementation dont elle fait partie. • CJUE 1er août 2022, n° C-184/20.

3. Sont des données sensibles les données relatives à l'état de santé, au comportement quotidien et à la pratique religieuse des détenus « ayant vocation à figurer dans le cahier de liaison ». • CE 4 juin 2012, n° 334777 : *Lebon T.* ♦ Les modalités de mise en œuvre de ce traitement de données ne pouvaient donc être fixées que par un décret en Conseil d'État, pris après avis de la CNIL. • Même arrêt.

4. De même, l'inscription, dans une base élèves, de la catégorie de classes d'intégration scolaire (CLIS) dont relève l'élève, à travers un codage permettant d'identifier la nature de l'affection ou du handicap dont il souffre, constitue une donnée sensible au sens de l'art. 8 [devenu art. 6]. • CE 19 juill. 2010, *Fristot,* nos 317182 et 323441 : *Lebon 320; AJDA 2010. 1454, obs. de Montecler ; ibid. 1930, chron. Botteghi et Lallet .* ♦ En revanche, la seule mention de la structure de soin accueillant l'élève n'est pas regardée comme constitutive d'une telle donnée. • Même arrêt. ♦ Les codes d'identification des établissements, y compris les centres hospitaliers, « ne fournissent par eux-mêmes aucune information sur la nature, la durée ou la gravité de l'affection de l'élève, information qui ne peut être obtenue qu'en accédant à un autre fichier mettant en correspondance les codes et la dénomination de l'établissement ». • CE 19 juill. 2010, *M. Fristot et a.,* n° 334014 : *Lebon T. 779.* ♦ Le Conseil d'État juge également, à propos d'un fichier de gestion des ressources humaines des personnels du ministère de l'éducation nationale, que « la mention du taux d'incapacité permanente ou du taux d'invalidité du conjoint ou partenaire » et des personnes à la charge de l'agent n'est pas une donnée « relative à la santé au sens de ces dispositions, dès lors qu'il n'est pas même allégué qu'elle donnerait une information sur la nature du handicap ». • CE 28 mars 2014, *Synd. national des enseignants du second degré,* n° 361042 : *Lebon T; AJDA 2014. 2197, note Salen et Perr .*

b. Données relatives à « l'origine ethnique »

5. Saisi de l'art. 63 de la loi relative à la maîtrise de l'immigration, à l'intégration et à l'asile, qui modifiait la loi du 6 janv. 1978 pour « permettre, pour la conduite d'études sur la mesure de la diversité des origines, de la discrimination et de l'intégration, et sous réserve d'une autorisation de la CNIL, la réalisation de traitements de données à caractère personnel faisant » apparaître, directement ou indirectement, les origines raciales ou ethniques « des personnes », le Conseil constitutionnel a jugé que « si les traitements nécessaires à la conduite d'études sur la mesure de la diversité des origines des personnes, de la discrimination et de l'intégration peuvent porter sur des données objectives, ils ne sauraient, sans méconnaître le principe énoncé par l'article 1er de la Constitution, reposer sur l'origine ethnique ou la race ». • Cons. const. 15 nov. 2007, n° 2007-557 DC : *consid. 29.*

6. Ne constituent pas de telles données. Les données relatives à l'origine géographique des personnes mentionnées dans le traitement relatif à la gestion de l'information et à la prévention des atteintes à la sécurité publique, dès lors, d'une part, que ces informations doivent être en rapport direct avec le motif de l'enregistrement de la personne, et d'autre part, qu'elles « ne peuvent être que de nature factuelle et objective et ne sauraient, en conséquence, avoir pour effet (...) de déterminer une origine raciale ou ethnique ». • CE 11 mars 2013, *Assoc. SOS Racisme,* n° 348613 : *inédit.*

c. Données relatives à la vie sexuelle

7. Les données relatives aux signataires de pacte civil de solidarité, si elles n'ont pas pour objet de révéler les orientations sexuelles des personnes concernées, peuvent néanmoins permettre de déduire l'existence d'une vie de couple entre des personnes de même sexe, ce qui justifie la limitation à certaines catégories de tiers de la communication de ces informations. • CE 8 déc. 2000, *Conseil supérieur de l'administration de biens et a.,* nos 217046 et 217826 : *Lebon 578; D. 2002. 615, obs. Lemouland .* ♦ Constitue un traitement portant sur des catégories particulières de données à caractère personnel, au sens de l'art. 8, § 1, de la Dir. 95/46/CE et de l'art. 9, § 1, du RGPD, la publication, sur le site Internet d'une autorité publique chargée de collecter et de contrôler la teneur des déclarations d'intérêts privés, de données à caractère personnel relatives au conjoint, au concubin ou au partenaire du déclarant qui sont susceptibles de divulguer indirectement l'orientation sexuelle d'une personne physique. • CJUE 1er août 2022, n° C-184/20.

8. Ne constituent pas de telles données. La collecte et la conservation de données se rapportant à ceux des abonnés qui ont souhaité recevoir des programmes de catégorie V (pornographiques notamment), à supposer qu'une recommandation du CSA ait pour effet de l'imposer, « ne peuvent être regardées comme étant relatives à la vie sexuelle des personnes concernées ou comme étant de nature à faire apparaître, même indirectement, leurs mœurs ». • CE 17 mai 2006, *Assoc. Comité télévision et libertés,* n° 263081.

d. Appartenance politique, syndicale ou religieuse

9. Décisions rendues sous l'empire de l'art. 31 de la loi du 6 janv. 1978, dans sa rédaction antérieure à la modification de 2004. Il est jugé qu'un fichier destiné à permettre l'instruction et la gestion des demandes d'aides de l'État présentées par les « anciens membres des formations supplétives en Algérie », qui ne regroupe pas exclusivement des personnes originaires d'Algérie relevant avant 1962 du statut civil de droit local, ne contient pas de données nominatives faisant apparaître directement ou indirectement les opinions religieuses des personnes. Il peut donc être créé par simple arrêté. • CE 19 juin 1992, n° 95529 : *Lebon T.* ♦ De même, ne font pas apparaître, directement ou indirectement, les opinions politiques des personnes concernées les informations relatives à la participation ou à l'abstention individuelle aux scrutins, collectées par l'INSEE à partir des listes d'émargement de scrutins électoraux. • CE 10 mars 2004, n° 252691 : *Lebon T.*

10. Si les juridictions administratives et judiciaires sont autorisées, pour l'exercice de leur mission, à mettre ou à conserver en mémoire informatisée les données nominatives nécessaires à l'instruction et au jugement des litiges dont elles sont saisies et à l'exécution des décisions de justice, qui font apparaître, directement ou indirectement, les origines raciales ou les opinions politiques, philosophiques ou religieuses, ou les appartenances syndicales des « parties en litige » (Décr. n° 90-115 du 2 févr. 1990), méconnaît ce décret l'arrêté qui autorise le traitement des informations de cette nature, relatives aux infractions reprochées aux personnes mises en cause dans une enquête préliminaire ou de flagrance, celles-ci n'étant pas nécessairement appelées à être des « parties en litige ». • CE 24 janv. 2001, *Féd. nat. des Unions des jeunes avocats et a.,* n°s 212484, 212487 et 212629 : *Lebon 32.*

11. Violation de l'art. 8 de la Conv. EDH. La CEDH a considéré qu'un traitement de la police britannique relatif à « l'extrémisme national » violait l'art. 8 Conv. EDH au motif que la conservation prolongée des données était disproportionnée en ce qu'il s'agissait de données à caractère personnel qui révélaient des opinions politiques et méritaient ainsi une protection accrue. La Cour distingue la collecte d'informations sur le demandeur, qui était justifiée, de la conservation de ces informations, qui ne l'était plus. • CEDH 24 janv. 2019, *Catt c/Royaume-Uni,* n° 43514/15 : *Dalloz IP/IT 2019. 511, obs. Daoud et Petkovic.*

12. Consentement. N'a pas recueilli le consentement exprès des utilisateurs de son site internet la société qui a eu recours à une seule et unique case à cocher relative à trois informations distinctes (la majorité, l'acceptation des CGU et l'acceptation du traitement des données relatives à l'orientation sexuelle) diluant ainsi l'information portant sur les données relatives à l'orientation sexuelle parmi d'autres. • CNIL 15 déc. 2016, délib. n° SAN-2016-406. ♦ N'exonère pas la société de l'obligation de recueillir le consentement exprès des personnes, le renseignement spontané de données sensibles, qui doivent être en mesure de manifester par une action positive leur assentiment au traitement de données sensibles, attestant ainsi que le consentement est donné en toute connaissance de cause. • CNIL 27 avr. 2017, délib. n° SAN-2017-006.

Art. 10 *Traitement des données à caractère personnel relatives aux condamnations pénales et aux infractions. (Rect. JOUE L 127 du 23 mai 2018)* **Le traitement des données à caractère personnel relatives aux condamnations pénales et aux infractions ou aux mesures de sûreté connexes fondé sur l'article 6, paragraphe 1, ne peut être effectué que sous le contrôle de l'autorité publique, ou si le traitement est autorisé par le droit de l'Union ou par le droit d'un État membre qui prévoit des garanties appropriées pour les droits et libertés des personnes concernées. Tout registre complet des condamnations pénales ne peut être tenu que sous le contrôle de l'autorité publique.**

V. consid. 19.

V. L. n° 78-17 du 6 janv. 1978, art. 46 et 31, 33 à 34 (traitements mis en œuvre pour le compte de l'État).

Sur le traitement des données à caractère personnel par les autorités compétentes à des fins de prévention et de détection des infractions pénales, d'enquêtes et de poursuites en la matière ou d'exécution de sanctions pénales, et à la libre circulation de ces données, V. L. n° 78-17 du 6 janv. 1978, art. 87 s., et Dir. (UE) 2016/680 du 27 avr. 2016, infra.

COMMENTAIRE

L'article 10 du RGPD, sur le traitement des données personnelles relatives aux condamnations pénales, aux infractions et aux mesures de sûreté « connexes » est également largement la reprise du droit antérieur. Il complète le « bloc » des données sensibles. La rédaction est cependant différente : alors que l'article 9 du RGPD pose un principe d'interdiction de traitement des données sensibles, et une série de dérogations, l'article 10 du RGPD repose sur une autorisation de principe, mais limitée et subordonnée à des conditions restrictives.

Les données d'infractions, condamnations et mesures de sûreté peuvent emporter de graves conséquences si elles sont révélées à autrui, notamment lorsqu'elles sont conservées au-delà des durées de prescription légale, par exemple. A l'ère numérique, elles sont plus que jamais exposées au risque d'une mémoire éternelle, alors qu'elles ont précisément vocation à ne plus apparaître de manière accessible, en dehors des traitements archivistiques et historiques, passé un certain délai. Le traitement de telles données est donc subordonné :

– à la licéité de la collecte ;

au contrôle de l'autorité publique ou à une autorisation légale présentant les garanties appropriées.

La situation actuelle n'a pas été substantiellement modifiée. Le champ d'application personnel de l'ancien article 9 de la loi « Informatique » et libertés du 6 janv. 1978, initialement réduit aux personnes publiques (L. n° 78-17 du 6 janvier 1978, anc. art. 30), a été élargi par la loi du 6 août 2004. Toutefois, il reste étroitement circonscrit, comme le révèle la décision du Conseil constitutionnel n° 2004-499 DC du 29 juillet 2004, qui souligne notamment l'intervention préalable d'une autorisation de la CNIL comme garantie conduisant à retenir la proportionnalité du dispositif.

Le Conseil constitutionnel a en revanche jugé contraires à la Constitution les dispositions qui ouvraient le possible traitement de ces données aux « personnes morales victimes d'infractions ou agissant pour le compte desdites victimes pour les stricts besoins de la prévention et de la lutte contre la fraude ainsi que de la réparation du préjudice subi dans les conditions prévues par la loi ». Le Conseil constitutionnel a en effet considéré que, compte tenu du champ, très large, couvert par une telle faculté, il appartenait au législateur de fixer les conditions dans lesquelles elle pouvait être exercée, sans pouvoir renvoyer à des lois ordinaires ultérieures. Il a toutefois introduit une réserve d'interprétation, précisant que sa décision n'avait pas pour effet de « priver d'effectivité le droit d'exercer un recours juridictionnel dont dispose toute personne physique ou morale s'agissant des infractions dont elle a été victime ». Cette réserve permet de donner une base légale aux traitements mis en œuvre par les personnes morales aux fins d'exercer un recours, c'est-à-dire de déposer une plainte et, le cas échéant, de suivre les contentieux portant sur des infractions dont elles sont victimes (V. les comm. aux NCCC, n° 17). Concrètement, peuvent ainsi être autorisés par la CNIL, sous réserve de respecter l'ensemble des autres règles posées par la loi (notamment la finalité, le caractère légitime et la proportionnalité), les fichiers de contentieux (lutte contre le vol, impayés, etc.). La loi du 20 juin 2018 sur la protection des données, qui a modifié la loi du 6 janvier 1978, prévoit désormais explicitement cette possibilité, de même que celle de réutiliser les bases de jurisprudence « sous réserve que ces traitements n'aient ni pour objet ni pour effet de permettre la réidentification des personnes concernées » (L. n° 78-17 du 6 janv. 1978, anc art. 9, 5° [devenu art. 46, 3°]).

Quant au champ d'application matériel, si les notions d'infraction ou de condamnation ne soulèvent aucune difficulté, celle de « mesure de sûreté » est un peu plus délicate. Les délibérations successives de la CNIL ont fait apparaître que sont regardées comme telles toutes les mesures qui, prises en vertu d'un impératif d'ordre public, ont pour effet de restreindre la liberté, notamment d'aller et venir, de la personne. Toutefois, le RGPD évoque désormais les infractions « pénales » et les mesures de sécurité connexes, ce qui pourrait se traduire par un champ d'application plus restreint de cet article 10 par rapport à l'actuelle doctrine de la CNIL. ❑

On se référera, pour mémoire, à la jurisprudence et à la doctrine de la CNIL sur l'anc. art. 9 de la L. n° 78-17 du 6 janv. 1978., – V. sur le Code en ligne.

L'art. 5, § 1, l'art. 6, § 1, sous e), et l'art. 10 doivent être interprétées en ce sens qu'ils s'opposent à une législation nationale qui autorise l'organisme public chargé du registre dans lequel sont inscrits les points de pénalité imposés aux conducteurs de véhicules pour des infractions routières à communiquer ces données à des opérateurs économiques à des fins de réutilisation. • CJUE 22 juin 2021, n° C-439/19.

Art. 11 *Traitement ne nécessitant pas l'identification.* **1. Si les finalités pour lesquelles des données à caractère personnel sont traitées n'imposent pas ou n'imposent plus au responsable du traitement d'identifier une personne concernée, celui-ci n'est pas tenu de conserver, d'obtenir ou de traiter des informations supplémentaires pour identifier la personne concernée à la seule fin de respecter le présent règlement.**

2. Lorsque, dans les cas visés au paragraphe 1 du présent article, le responsable du traitement est à même de démontrer qu'il n'est pas en mesure d'identifier la personne concernée, il en informe la personne concernée, si possible. En pareils cas, les articles 15 à 20 ne sont pas applicables, sauf lorsque la personne concernée fournit, aux fins d'exercer les droits que lui confèrent ces articles, des informations complémentaires qui permettent de l'identifier.

V. consid. 57.

COMMENTAIRE

L'article 11 du RGPD renvoie à l'hypothèse, bien connue en matière de suivi des « traces » sur internet, de traitements qui, tout en étant très fins, n'imposent pas d'identifier la personne concernée mais uniquement de permettre une connaissance de certaines données « individualisables ». Il s'agit bien de données à caractère personnel (exemple : les informations collectées par des cookies à l'occasion de la navigation sur des sites web), mais qui n'imposent pas de connaître l'identité de la personne.

Dans ce type de cas de figure, et conformément au principe de minimisation des données, le RGPD prévoit que le responsable de traitement n'a pas à collecter des données supplémentaires pour permettre une identification dont il n'a pas besoin, à la seule fin de respecter le règlement, c'est-à-dire notamment pour permettre à la personne d'exercer certains droits. La personne doit en être dûment informée, et ainsi avoir conscience qu'elle devra le cas échéant fournir plus d'indications identifiantes si elle souhaite exercer ses droits sur des données par rapport auxquelles son identité était « dans l'ombre » pour le responsable de traitement. ❑

CHAPITRE III *DROITS DE LA PERSONNE CONCERNÉE*

COMMENTAIRE

Le RGPD a surtout été commenté, pendant les négociations ayant abouti à son adoption, au sujet du changement de paradigme qu'il impliquait pour les responsables de traitements, et singulièrement les entreprises, en termes d'*accountability*. Si on peut sans doute attribuer cela au fait que le corpus des droits antérieur était déjà assez complet et adapté à l'ère numérique, il n'empêche que le chapitre III comporte plusieurs évolutions majeures. Outre la reprise des droits d'accès, d'effacement, d'opposition et de rectification, dont il modernise en grande partie les conditions d'exercice, le règlement introduit les notions de transparence, de droit à l'oubli, de portabilité mais aussi de profilage. Cet *aggiornamento* du droit de la protection des données personnelles à l'ère numérique vise à redonner à l'individu une plus grande maîtrise de ses données, dont on trouve les origines dans la notion de « droit à l'autodétermination informationnelle », reprise en substance dans la loi du 8 janvier 1978 à la suite de la loi pour une République numérique de 2016, et dans le concept anglo-saxon « d'empowerment » de l'individu.

Au-delà des mots, c'est bien d'une nouvelle « philosophie » de la protection des données que doivent s'emparer les individus comme les responsables de traitements.

Sur le fond, le texte du RGPD est construit, comme la directive de 1995 et la loi « Informatique et libertés » du 6 janvier 1978 (LIL), sur le parallèle, en « miroir », entre les obligations pesant sur les responsables de traitements et les sous-traitants, d'une part, et les droits des personnes, d'autre part. En d'autres termes, la protection des données se trouve assurée, d'un côté, par un socle d'obligations « universel » et, de l'autre, par la corde de rappel individuel que constitue l'exercice des droits individuels. Le RGPD renforce la protection sur ces deux terrains.

En revanche, les dispositions relatives aux droits des personnes sont nettement plus « segmentées ». Si on peut y trouver une certaine lisibilité juridique, force est de constater qu'en pratique, il est fréquent que les personnes concernées exercent leurs droits de manière imprécise, à charge pour le responsable de traitement de les requalifier le cas échéant. De même, le juge peut être amené à requalifier une demande : la CJUE elle-même a regardé le droit au déréférencement comme l'application aux moteurs de recherche des droits d'effacement et d'opposition. ❑

SECTION 1 *Transparence et modalités*

Art. 12 *Transparence des informations et des communications et modalités de l'exercice des droits de la personne concernée.* 1. Le responsable du traitement prend des mesures appropriées pour fournir toute information visée aux articles 13 et 14 ainsi que pour procéder à toute communication au titre des articles 15 à 22 et de l'article 34 en ce qui concerne le traitement à la personne concernée d'une façon concise, transparente, compréhensible et aisément accessible, en des termes clairs et simples, en particulier pour toute information destinée spécifiquement à un enfant. Les informations sont fournies par écrit ou par d'autres moyens y compris, lorsque c'est approprié, par voie électronique. Lorsque la personne concernée en fait la demande, les informations peuvent être fournies oralement, à condition que l'identité de la personne concernée soit démontrée par d'autres moyens.

2. Le responsable du traitement facilite l'exercice des droits conférés à la personne concernée au titre des articles 15 à 22. Dans les cas visés à l'article 11, paragraphe 2, le responsable du traitement ne refuse pas de donner suite à la demande de la personne concernée d'exercer les droits que lui confèrent les articles 15 à 22, à moins que le responsable du traitement ne démontre qu'il n'est pas en mesure d'identifier la personne concernée.

3. Le responsable du traitement fournit à la personne concernée des informations sur les mesures prises à la suite d'une demande formulée en application des articles 15 à 22, dans les meilleurs délais et en tout état de cause dans un délai d'un mois à compter de la réception de la demande. Au besoin, ce délai peut être prolongé de deux mois, compte tenu de la complexité et du nombre de demandes. Le responsable du traitement informe la personne concernée de cette prolongation et des motifs du report dans un délai d'un mois à compter de la réception de la demande. Lorsque la personne concernée présente sa demande sous une forme électronique, les informations sont fournies par voie électronique lorsque cela est possible, à moins que la personne concernée ne demande qu'il en soit autrement.

4. Si le responsable du traitement ne donne pas suite à la demande formulée par la personne concernée, il informe celle-ci sans tarder et au plus tard dans un délai d'un mois à compter de la réception de la demande des motifs de son inaction et de la possibilité d'introduire une réclamation auprès d'une autorité de contrôle et de former un recours juridictionnel.

5. Aucun paiement n'est exigé pour fournir les informations au titre des articles 13 et 14 et pour procéder à toute communication et prendre toute mesure au titre des articles 15 à 22 et de l'article 34. Lorsque les demandes d'une personne concernée sont manifestement infondées ou excessives, notamment en raison de leur caractère répétitif, le responsable du traitement peut :

a) exiger le paiement de frais raisonnables qui tiennent compte des coûts administratifs supportés pour fournir les informations, procéder aux communications ou prendre les mesures demandées ; ou

b) refuser de donner suite à ces demandes.

Il incombe au responsable du traitement de démontrer le caractère manifestement infondé ou excessif de la demande.

6. Sans préjudice de l'article 11, lorsque le responsable du traitement a des doutes raisonnables quant à l'identité de la personne physique présentant la demande visée aux articles 15 à 21, il peut demander que lui soient fournies des informations supplémentaires nécessaires pour confirmer l'identité de la personne concernée.

7. Les informations à communiquer aux personnes concernées en application des articles 13 et 14 peuvent être fournies accompagnées d'icônes normalisées afin d'offrir une bonne vue d'ensemble, facilement visible, compréhensible et clairement lisible, du traitement prévu. Lorsque les icônes sont présentées par voie électronique, elles sont lisibles par machine.

8. La Commission est habilitée à adopter des actes délégués en conformité avec l'article 92, aux fins de déterminer les informations à présenter sous la forme d'icônes ainsi que les procédures régissant la fourniture d'icônes normalisées.

V. consid. 58 et 61.

V. L. n° 78-17 du 6 janv. 1978, art. 48.

V. CNIL, délib. n° 2021-070 du 27 mai 2021 portant adoption d'une recommandation relative à l'exercice des droits par l'intermédiaire d'un mandataire, ss. Décr. n° 2019-536 du 29 mai 2019, art. 77.

V. CEPD, lignes directrices 08/2020 du 13 avr. 2021 sur le ciblage des utilisateurs des médias sociaux (https://edpb.europa.eu/).

COMMENTAIRE

Les dispositions de l'article 12 du RGPD constituent une nouveauté : le régime antérieur ne comportait aucune obligation « transversale » de transparence, mais uniquement une obligation d'information, d'une part, et l'explicitation des droits d'accès, d'opposition et de rectification, d'autre part.

L'affirmation, en tête du chapitre relatif aux droits des personnes, d'une obligation de « transparence », constitue une exigence juridique et opérationnelle forte : c'est bien à l'aune de ce principe de transparence, i.e. d'explicitation suffisamment claire, intelligible et précise, que sera appréciée la capacité de l'entreprise ou de l'administration à respecter ses obligations d'information et sa satisfaction des droits des personnes. C'est également la première fois qu'une disposition définit un socle commun aux obligations « positives » du responsable de traitement et aux réponses à l'exercice individuel des droits.

1. MODALITÉS DE L'INFORMATION

Le niveau d'exigence peut être ainsi résumé pour les professionnels :

– une information claire, simple, aisément accessible, notamment pour les enfants ;

– une information *a priori* écrite, sauf demande d'explication orale de la personne ;

– une information par voie électronique, notamment lorsque le service l'est lui-même – ce point étant déjà présent dans la loi « Informatique et libertés » du 6 janvier 1978 (LIL), depuis la loi pour une République numérique ;

– une information gratuite ;

– une information, lorsqu'elle répond à une demande individuelle, consécutive à la vérification de l'identité du demandeur. En pratique, cette vérification n'est pas toujours évidente : non seulement la personne peut avoir renseigné des éléments insuffisants ou dont elle a oublié, avec le temps, une partie, mais les données collectées à cette fin doivent elles-mêmes être proportionnées et adéquates, et être ensuite supprimées dans des délais pertinents ;

– elle peut être fournie au moyen d'icônes. Cette faculté est néanmoins limitée par la capacité des individus, sur des services « communs », d'identifier lesdites icônes et de savoir à quoi elles correspondent. Elles ne paraissent donc pas devoir devenir le droit commun de l'information.

2. RÉACTIVITÉ DU RESPONSABLE DE TRAITEMENT

Le délai de réponse à l'exercice de ses droits par la personne concernée est fixé de manière standard à un mois, éventuellement étendu à trois mois, la réponse indiquant les voies et délais de recours. Concrètement, ceci implique que les responsables de traitements se dotent d'outils internes de suivi pour assurer une réponse dans les délais indiqués. Cette exigence d'efficacité renvoie à l'intérêt, au-delà des hypothèses dans lesquelles il est obligatoire, de désigner un délégué à la protection des données.

3. RÉSERVE

La seule réserve est celle du caractère excessif ou infondé de la demande, réserve classique en matière d'accès aux données, qui doit être entendue de manière limitative et est destinée uniquement à faire obstacle à des comportements manifestement aberrants.

Toutefois, les droits des personnes ne peuvent pas être limités en fonction des circonstances, aussi critiques puissent-elles être. La CNIL l'a ainsi rappelé : « des situations telles que l'épidémie actuelle de covid-19 ne suspendent ni ne restreignent, par principe, la possibilité pour les personnes concernées d'exercer leurs droits sur leurs données à caractère personnel conformément aux dispositions des articles 12 à 22 du RGPD » (Délib. n° 2020-046 du 24 avr. 2020 portant avis sur un projet d'application mobile dénommée « StopCovid »). ❑

Modalités d'exercice. Le responsable du traitement peut uniquement demander des informations supplémentaires à la personne concernée lorsqu'il a des doutes raisonnables quant à l'identité de la personne physique présentant la demande visée aux art. 15 à 21. Par conséquent, la réclamation systématique d'une copie ou d'un scan de la carte d'identité de la personne concernée est disproportionnée. • APD Belge, 17 mars 2022, décis. n° 40/2022. ♦ Les données supplémentaires peuvent par exemple consister en une copie du recto de la carte d'identité ou d'un autre document prouvant l'identité. Les autres données qui ne sont pas nécessaires à l'identification peuvent avoir été préalablement rendues illisibles par le plaignant. • Même décision.

Méconnaît ses obligations en matière d'exercice des droits des personnes la société dont les adresses électroniques communiquées sur le site web de la société et destinées à recueillir les demandes relatives à l'exercice des droits conférés à la personne étaient erronées et dont la procédure d'exercice de ces mêmes droits dans le cadre des opérations de prospection commerciale effectuées par voie postale par un prestataire de la société ne permettait pas de faciliter les démarches des personnes concernées, en l'absence de transmission directe des demandes de droit d'accès du responsable de traitement à son prestataire. Le nombre de plaintes instruites par la CNIL au regard du volume de demandes reçues à ce titre par la société est sans incidence sur la portée du manquement constaté. • CE 26 avr. 2022, *Optical Center*, n° 449284.

Ne respecte pas l'art. 12 du RGPD la société qui n'a pas traité certaines demandes d'exercice de droits dans le délai imparti ou qui n'a pas informé la personne du traitement effectif de sa demande quand bien même la société a justifié avoir traité les demandes et avoir pris des mesures pour se mettre en conformité. • CNIL 23 juin 2022, n° SAN-2022-011. ♦ Méconnait le principe de transparence les mentions d'information qui n'étaient pas aisément accessibles pour les personnes concernées, en ce que, lors de la création d'un compte, l'accès à la « charte de protection des données personnelles » de la société n'était organisé que via un lien hypertexte disponible tout en bas des pages du site Internet, ce qui nécessitait que l'internaute fasse défiler la page dans son intégralité et recherche l'information. • CNIL 3 août 2022, n° SAN-2022-017.

SECTION 2 *Information et accès aux données à caractère personnel*

Art. 13 *Informations à fournir lorsque des données à caractère personnel sont collectées auprès de la personne concernée.* **1. Lorsque des données à caractère personnel relatives à une personne concernée sont collectées auprès de cette personne, le responsable du traitement lui fournit, au moment où les données en question sont obtenues, toutes les informations suivantes :**

a) l'identité et les coordonnées du responsable du traitement et, le cas échéant, du représentant du responsable du traitement

b) le cas échéant, les coordonnées du délégué à la protection des données ;

c) les finalités du traitement auquel sont destinées les données à caractère personnel ainsi que la base juridique du traitement ;

d) lorsque le traitement est fondé sur l'article 6, paragraphe 1, point f), les intérêts légitimes poursuivis par le responsable du traitement ou par un tiers ;

e) les destinataires ou les catégories de destinataires des données à caractère personnel, s'ils existent ; et

f) le cas échéant, le fait que le responsable du traitement a l'intention d'effectuer un transfert de données à caractère personnel vers un pays tiers ou à une organisation internationale, et l'existence ou l'absence d'une décision d'adéquation rendue par la Commission ou, dans le cas des transferts visés à l'article 46 ou 47, ou à l'article 49, paragraphe 1, deuxième alinéa, la référence aux garanties appropriées ou adaptées et les moyens d'en obtenir une copie ou l'endroit où elles ont été mises à disposition ;

2. En plus des informations visées au paragraphe 1, le responsable du traitement fournit à la personne concernée, au moment où les données à caractère personnel sont obtenues, les informations complémentaires suivantes qui sont nécessaires pour garantir un traitement équitable et transparent :

a) la durée de conservation des données à caractère personnel ou, lorsque ce n'est pas possible, les critères utilisés pour déterminer cette durée ;

b) l'existence du droit de demander au responsable du traitement l'accès aux données à caractère personnel, la rectification ou l'effacement de celles-ci, ou une limitation du traitement relatif à la personne concernée, ou du droit de s'opposer au traitement et du droit à la portabilité des données ;

c) lorsque le traitement est fondé sur l'article 6, paragraphe 1, point a), ou sur l'article 9, paragraphe 2, point a), l'existence du droit de retirer son consentement à tout moment, sans porter atteinte à la licéité du traitement fondé sur le consentement effectué avant le retrait de celui-ci ;

d) le droit d'introduire une réclamation auprès d'une autorité de contrôle ;

e) des informations sur la question de savoir si l'exigence de fourniture de données à caractère personnel a un caractère réglementaire ou contractuel ou si elle condi-

tionne la conclusion d'un contrat et si la personne concernée est tenue de fournir les données à caractère personnel, ainsi que sur les conséquences éventuelles de la non-fourniture de ces données ;

f) l'existence d'une prise de décision automatisée, y compris un profilage, visée à l'article 22, paragraphes 1 et 4, et, au moins en pareils cas, des informations utiles concernant la logique sous-jacente, ainsi que l'importance et les conséquences prévues de ce traitement pour la personne concernée.

3. Lorsqu'il a l'intention d'effectuer un traitement ultérieur des données à caractère personnel pour une finalité autre que celle pour laquelle les données à caractère personnel ont été collectées, le responsable du traitement fournit au préalable à la personne concernée des informations au sujet de cette autre finalité et toute autre information pertinente visée au paragraphe 2.

4. Les paragraphes 1, 2 et 3 ne s'appliquent pas lorsque, et dans la mesure où, la personne concernée dispose déjà de ces informations.

V. consid. 39 et 58 à 63.

V. L. n° 78-17 du 6 janv. 1978, art. 48.

V. CNIL, délib. n° 2021-070 du 27 mai 2021 portant adoption d'une recommandation relative à l'exercice des droits par l'intermédiaire d'un mandataire, ss. Décr. n° 2019-536 du 29 mai 2019, art. 77.

V. CEPD, lignes directrices 8/2020 du 13 avr. 2021 sur le ciblage des utilisateurs des médias sociaux (https://edpb.europa.eu/).

BIBL. ▶ NETTER, *Dalloz IP/IT 2021. 611* (à quoi sert le principe de transparence en droit des données personnelles ?).

COMMENTAIRE

Les dispositions de l'article 13 du RGPD portent sur l'information à fournir aux personnes lorsque leurs données sont collectées directement auprès d'elles, c'est-à-dire lorsqu'il y a un contact direct entre le responsable de traitement et la personne concernée. Elles correspondent aux dispositions qui figuraient au I de l'ancien article 32 de la loi « Informatique et libertés » du 6 janvier 1978 (LIL).

L'information est certainement la clé de la protection des données : elle est à la fois la conséquence logique du principe de transparence posé à l'article 12 du RGPD, la condition *sine qua non* du recueil du consentement, mais aussi la condition nécessaire à l'exercice des droits prévus aux articles 15 à 22 du RGPD. Sous la législation antérieure, le Conseil d'État avait déjà souligné cette obligation d'informer des « caractéristiques essentielles du traitement des données et de ses droits » (CE 24 août 2011, *HSBC Private Bank (Suisse) SA*, n° 336382 : *Lebon T. 939*). Celle-ci est renforcée par le RGPD. Le Conseil d'État a ainsi déduit des articles 12 et 13 que l'information doit mettre les utilisateurs « en mesure de déterminer à l'avance la portée et les conséquences du traitement afin d'éviter qu'ils soient pris au dépourvu quant à la façon dont leurs données à caractère personnel ont vocation à être utilisées ». Il a ainsi posé que les informations sur les finalités et l'ampleur du traitement, sans tomber dans une complexité excessive, devaient être aisément accessibles à l'utilisateur (CE 19 juin 2020, n° 430810 A).

L'article 13 du RGPD reprend la liste des principales caractéristiques issues du régime précédent, qui correspondent aux principaux éléments de licéité du traitement : identité, finalités, destinataires, ainsi que la mention des éventuels transferts de données vers un État tiers et la possibilité d'exercer ses droits (enrichis par le RGPD, V. *infra*). Mais il y ajoute les coordonnées du délégué à la protection des données (DPO) s'il y a lieu, et l'intérêt légitime poursuivi par le responsable s'il s'agit de la base légale, permettant ainsi à la personne d'apprécier cet équilibre. Surtout, il prévoit désormais que la personne est informée :

– de la durée de conservation des données ou, à défaut, des critères permettant de la déterminer (par exemple lorsque la donnée est conservée X mois ou années après le dernier contact, après la fin du contrat, le dernier achat, etc.) : ce point avait été intégré de manière anticipée dans la loi « Informatique et libertés » par la loi pour une République numérique ;

– du droit de porter plainte auprès de l'autorité de contrôle (la CNIL, en France, qui traite actuellement près de 8 000 plaintes par an). Cette nouvelle information, apportée *ex ante*, devrait probablement se traduire par une forte augmentation des saisines des autorités ;

– des éléments relatifs à la base réglementaire ou contractuelle de la collecte, c'est-à-dire du degré d'obligation de la fourniture des données et des conséquences du refus de les communiquer : en pratique, ce point pourrait être au cœur de litiges entre les responsables de traitement et les personnes concernées, sur le caractère indissociable de la prestation de services et de la collecte envisagée. Dans une logique de « minimisation » de la collecte, les entreprises devront donc veiller à ne pas, dans le cadre d'une relation commerciale, subordonner la prestation à une collecte de données qui ne seraient pas adéquates ;

– de l'existence d'une prise de décision automatisée, le régime juridique ayant sur ce point été modifié (V. RGPD, art. 22).

Enfin, le responsable de traitement doit informer la personne concernée des éventuels traitements ultérieurs. Ce point est essentiel à l'heure du *big data* et des utilisations de données « en cascade ».

En pratique, l'ensemble des responsables de traitements devront adapter ces mentions d'information antérieures pour répondre aux nouvelles exigences du règlement. Ces mentions, plus nombreuses, devront conserver un niveau de précision, de clarté et d'intelligibilité suffisant.

Dans la mesure où les traitements intéressant la sécurité publique au sens large ne relèvent pas du champ d'application du RGPD, ils restent couverts par la loi « Informatique et libertés » qui lève, pour des raisons évidentes, l'obligation d'information, « dans la mesure où une telle limitation est nécessaire au respect des fins poursuivies par le traitement », c'est-à-dire à condition qu'elle soit proportionnée et justifiée. ❑

Nota : En France, la jurisprudence comme la doctrine de la CNIL ont permis de préciser la portée des règles applicables selon que l'information est collectée directement auprès de la personne ou auprès de tiers. Cette jurisprudence, qui reste très largement pertinente sous l'empire du RGPD, est mentionnée dans les annotations ci-dessous.

1° NOTIONS DE COLLECTE DIRECTE ET INDIRECTE AUPRÈS DE LA PERSONNE

1. Constitue une collecte directe : la collecte d'adresses de terminaux mobiles des personnes passant auprès de panneaux publicitaires par la société gestionnaire de ces panneaux, alors même qu'elle ne nécessite aucune intervention des personnes concernées. Une telle collecte est donc soumise au respect des dispositions du paragraphe I de l'art. 32 de la L. du 6 janv. 1978 (LIL), et non de son § III régissant les collectes indirectes. • CE 8 févr. 2017, *Sté JC Decaux*, n° 393714 : *Lebon T ; D. 2018. 1033, obs. Fauvarque-Cosson et Maxwell ; Dalloz IP/IT 2017. 286, obs. Perray et Uzan-Naulin*.

2. Distinction entre la collecte justifiée et la conservation disproportionnée. La CEDH a considéré qu'un traitement de la police britannique relatif à « l'extrémisme national » violait l'art. 8 Conv. EDH au motif que la conservation prolongée des données était disproportionnée en ce qu'il s'agissait de données à caractère personnel qui révélaient des opinions politiques et méritaient ainsi une protection accrue. La Cour distingue la collecte d'informations sur le demandeur, qui était justifiée, de la conservation de ces informations, qui ne l'était plus. • CEDH 24 janv. 2019, *Catt c/Royaume-Uni*, n° 43514/15 : *préc. note 11 ss. RGPD, art. 9.*

2° PORTÉE DE L'OBLIGATION D'INFORMATION

3. Les droits d'accès, d'opposition et de rectification prévus par les art. 39 à 40 de la loi du 6 janv. 1978 (LIL) dans sa version antérieure au 25 mai 2018 obligent le responsable du traitement, d'une part, à donner aux personnes dont il collecte des données à caractère personnel l'intégralité des informations mentionnées à l'art. 32 de cette même loi (LIL) et, d'autre part, à permettre à ces personnes un exercice effectif de ces droits. • CE 20 oct. 2010, *Sté Centrapel*, n° 327916 : *Lebon T. 782.*

4. L'obligation d'information prévue par les dispositions de l'art. 32 LIL – qui transposaient les art. 10 et 11 de la directive du 24 oct. 1995 – s'impose aux responsables de traitements de la même manière, que ces données aient été collectées directement ou indirectement. • CE 23 mars 2015, *Groupe DSE France*, n° 357756 : *Lebon T. 15.*

3° MODALITÉS CONCRÈTES D'INFORMATION

5. En matière d'alertes professionnelles, la Cour de cassation considère que les mesures d'information prévues par la loi et l'autorisation unique doivent « être énoncées dans l'acte instituant la procédure d'alerte ». • Soc. 8 déc. 2009, n° 08-17.191 P : *D. 2010. 548, obs. Perrin, note Desbarats ; Rev. sociétés 2010. 483, étude Barrière ; RDT 2010. 171, obs. de Quenaudon*.

6. Commet un manquement à l'obligation d'information. La société qui, constituant un fichier de locataires défaillants dans leurs obligations de paiement, n'informe pas ses locataires « au moyen d'une clause figurant dans le contrat de bail de la possibilité d'une inscription dans le fichier des mauvais payeurs ». • CNIL, form. restr., 30 mai 2007, délib. n° 2007-111 (portant sanction publique). ♦ ... La société qui procède à la communication de données à des tiers à des fins de prospection commerciale sans procéder à l'information requise par l'article 32 LIL. • CNIL, form. restr., 20 mai 2008, délib. n° 2008-118 (prononçant un avertissement public). ♦ ... La société qui collecte des données personnelles en ligne pour la gestion du recrutement de personnels sans mentionner, sur les formulaires de collecte, les informations prévues par l'art. 32 LIL. • CNIL, form. restr., 11 déc. 2007, délib. n° 2007-374 (portant avertissement public). ♦ La société qui ne donne pas d'informations à ses sous-traitants (centrale d'appel) afin de porter à la connaissance des personnes concernées les mentions d'information obligatoires prévues par le RGPD et qui leur fournit des scripts d'appels téléphoniques ne contenant aucune mention relative à la fourniture aux personnes concernées d'une quelconque information relative à la protection de leurs données à caractère personnel. • CNIL 20 juill. 2021, *Ag2r la mondiale*, délib. n° SAN-2021-010 : *V. note 26 ss. art. 5.*

7. Vidéosurveillance et vidéoprotection. L'existence d'un dispositif de cette nature doit être portée à la connaissance du public à l'aide de panonceaux situés à l'entrée des zones concernées, et à celle des salariés dans le cadre d'une information individuelle. Un simple autocollant comportant le pictogramme d'une caméra et la mention « vidéo » est « notoirement insuffisant » à cet égard. • CNIL, form. restr., 22 avr. 2010, délib. n° 2010-112 (décidant l'interruption d'un traitement de vidéosurveillance). ♦ V. égal., sur l'absence de complétude de l'information : • CNIL, form. restr., 16 avr. 2009, délib. n° 2009-201 (prononçant une sanction pécuniaire).

8. Si l'information ne doit pas être excessivement détaillée afin de ne pas décourager l'utilisateur d'en prendre connaissance, les informations relatives aux finalités et à l'ampleur du traitement doivent lui être aisément accessibles. • CE 19 juin 2020, n° 430810 A : *D. 2020. 2043, note Jault-Seseke ; RTD eur. 2020. 955, obs. Bouveresse.* ♦ Méconnaît les exigences des art. 12 et 13 une arborescence d'information dont le premier niveau est excessivement général et dont l'éparpillement nuit à l'accessibilité et à la clarté de celle-ci pour les utilisateurs, alors même que les traitements en cause sont particulièrement intrusifs eu égard au nombre et à la nature des données collectées. • Même arrêt.

9. L'obligation de transparence oblige la société à fournir une information relative à un dispositif d'enregistrement des appels à chaque salarié, celle-ci ne pouvant se satisfaire d'une seule information qui ne serait pas fournie aux nouveaux salariés employés par la suite. • CNIL 28 juill. 2020, délib. n° SAN-2020-003.

10. Modalités sur la délivrance de l'information. Le fait que l'intégralité des informations doit être mise à disposition de l'utilisateur au sein même de l'application ne fait cependant pas obstacle à la possibilité d'adopter une approche à plusieurs niveaux par laquelle le responsable de traitement choisit de faire figurer les principales caractéristiques du traitement dans un premier temps. • CNIL 25 mai 2020, délib. n° 2020-056 (avis sur un projet de décret relatif à l'application mobile dénommée « StopCovid »).

11. Sur la compréhension de l'information. La nécessité de délivrer une information compréhensible par le plus grand nombre est d'autant plus importante dans la mesure où une partie importante de la population est susceptible d'être concernée par le dispositif. Cela implique que l'information soit mise à disposition dans des modalités permettant aux personnes en situation de handicap d'en prendre connaissance et qu'une attention particulière soit, par ailleurs, accordée aux mineurs, quand bien même l'information fournie est identique pour tous les utilisateurs de l'application, impliquant que soient intégrés dans l'information fournie aux utilisateurs des développements spécifiques à la fois pour les mineurs eux-mêmes mais aussi pour leurs parents. • CNIL 25 mai 2020, délib. n° 2020-056 : *préc.*

12. Sur les coordonnées du délégué. N'est pas une mesure de nature à permettre le respect des dispositions de l'art. 13, qui impose de fournir les coordonnées du délégué à la protection des données, la mise en relation avec le délégué à la protection des données via un formulaire de contact dédié aux désabonnements et désinscriptions, bien que pouvant être une modalité utile. • CNIL, form. restr., 14 juin 2021, *Brico privé*, délib. n° SAN-2021-008.

13. Sur les bases légales. Les personnes concernées doivent être informées de l'ensemble des bases légales des traitements mis en œuvre. • CNIL, form. restr., 14 juin 2021, *Brico privé*, délib. n° SAN-2021-008. ♦ A méconnu son obligation au titre de l'art. 13 la société qui ne mentionne pas le consentement comme base légale du traitement, pour la prospection tendant à promouvoir les produits ou services de tiers. • CNIL 3 août 2022, n° SAN-2022-017.

14. Sur la présentation des informations obligatoires. S'il n'est pas nécessaire de faire figurer les informations visées par l'art. 13 dès le formulaire de collecte, celui-ci doit, à tout le moins, présenter un moyen tel qu'un lien hypertexte permettant à l'utilisateur de prendre aisément connaissance de l'ensemble des informations obligatoires. • CNIL 7 juill. 2022, n° SAN-2022-015.

Art. 14 *Informations à fournir lorsque les données à caractère personnel n'ont pas été collectées auprès de la personne concernée.* **1. Lorsque les données à caractère personnel n'ont pas été collectées auprès de la personne concernée, le responsable du traitement fournit à celle-ci toutes les informations suivantes :**

a) l'identité et les coordonnées du responsable du traitement et, le cas échéant, du représentant du responsable du traitement ;

b) le cas échéant, les coordonnées du délégué à la protection des données ;

c) les finalités du traitement auquel sont destinées les données à caractère personnel ainsi que la base juridique du traitement ;

d) les catégories de données à caractère personnel concernées ;

e) le cas échéant, les destinataires ou les catégories de destinataires des données à caractère personnel ;

f) le cas échéant, le fait que le responsable du traitement a l'intention d'effectuer un transfert de données à caractère personnel à un destinataire dans un pays tiers ou une organisation internationale, et l'existence ou l'absence d'une décision d'adéquation rendue par la Commission ou, dans le cas des transferts visés à l'article 46 ou 47, ou à l'article 49, paragraphe 1, deuxième alinéa, la référence aux garanties appropriées ou adaptées et les moyens d'en obtenir une copie ou l'endroit où elles ont été mises à disposition ;

2. En plus des informations visées au paragraphe 1, le responsable du traitement fournit à la personne concernée les informations suivantes nécessaires pour garantir un traitement équitable et transparent à l'égard de la personne concernée :

a) la durée pendant laquelle les données à caractère personnel seront conservées ou, lorsque ce n'est pas possible, les critères utilisés pour déterminer cette durée ;

b) lorsque le traitement est fondé sur l'article 6, paragraphe 1, point f), les intérêts légitimes poursuivis par le responsable du traitement ou par un tiers ;

c) l'existence du droit de demander au responsable du traitement l'accès aux données à caractère personnel, la rectification ou l'effacement de celles-ci, ou une limitation du traitement relatif à la personne concernée, ainsi que du droit de s'opposer au traitement et du droit à la portabilité des données ;

d) lorsque le traitement est fondé sur l'article 6, paragraphe 1, point a), ou sur l'article 9, paragraphe 2, point a), l'existence du droit de retirer le consentement à tout moment, sans porter atteinte à la licéité du traitement fondé sur le consentement effectué avant le retrait de celui-ci ;

e) le droit d'introduire une réclamation auprès d'une autorité de contrôle ;

f) la source d'où proviennent les données à caractère personnel et, le cas échéant, une mention indiquant qu'elles sont issues ou non de sources accessibles au public ;

g) l'existence d'une prise de décision automatisée, y compris un profilage, visée à l'article 22, paragraphes 1 et 4, et, au moins en pareils cas, des informations utiles concernant la logique sous-jacente, ainsi que l'importance et les conséquences prévues de ce traitement pour la personne concernée.

3. Le responsable du traitement fournit les informations visées aux paragraphes 1 et 2 :

a) dans un délai raisonnable après avoir obtenu les données à caractère personnel, mais ne dépassant pas un mois, eu égard aux circonstances particulières dans lesquelles les données à caractère personnel sont traitées ;

b) si les données à caractère personnel doivent être utilisées aux fins de la communication avec la personne concernée, au plus tard au moment de la première communication à ladite personne ; ou

c) s'il est envisagé de communiquer les informations à un autre destinataire, au plus tard lorsque les données à caractère personnel sont communiquées pour la première fois.

4. Lorsqu'il a l'intention d'effectuer un traitement ultérieur des données à caractère personnel pour une finalité autre que celle pour laquelle les données à caractère personnel ont été obtenues, le responsable du traitement fournit au préalable à la personne concernée des informations au sujet de cette autre finalité et toute autre information pertinente visée au paragraphe 2.

5. Les paragraphes 1 à 4 ne s'appliquent pas lorsque et dans la mesure où :

a) la personne concernée dispose déjà de ces informations ;

b) la fourniture de telles informations se révèle impossible ou exigerait des efforts disproportionnés, en particulier pour le traitement à des fins archivistiques dans l'intérêt public, à des fins de recherche scientifique ou historique ou à des fins statistiques sous réserve des conditions et garanties visées à l'article 89, paragraphe 1, ou dans la mesure où l'obligation visée au paragraphe 1 du présent article est susceptible de rendre impossible ou de compromettre gravement la réalisation des objectifs dudit traitement. En pareils cas, le responsable du traitement prend des mesures appropri-

ées pour protéger les droits et libertés ainsi que les intérêts légitimes de la personne concernée, y compris en rendant les informations publiquement disponibles ;

c) l'obtention ou la communication des informations sont expressément prévues par le droit de l'Union ou le droit de l'État membre auquel le responsable du traitement est soumis et qui prévoit des mesures appropriées visant à protéger les intérêts légitimes de la personne concernée ; ou

d) les données à caractère personnel doivent rester confidentielles en vertu d'une obligation de secret professionnel réglementée par le droit de l'Union ou le droit des États membre, y compris une obligation légale de secret professionnel.

V. consid. 61.

V. L. n° 78-17 du 6 janv. 1978, art. 48 et 79.

V. CNIL, délib. n° 2021-070 du 27 mai 2021 portant adoption d'une recommandation relative à l'exercice des droits par l'intermédiaire d'un mandataire, ss. Décr. n° 2019-536 du 29 mai 2019, art. 77.

V. CEPD, lignes directrices 08/2020 du 13 avr. 2021 sur le ciblage des utilisateurs des médias sociaux (https://edpb.europa.eu/).

BIBL. ▶ NETTER, *Dalloz IP/IT 2021. 611* (à quoi sert le principe de transparence en droit des données personnelles ?).

COMMENTAIRE

L'article 14 du RGPD est indissociable du précédent. Dans l'ancienne loi « Informatique et libertés » du 6 janvier 1978 (LIL), c'était d'ailleurs un seul et même article, l'article 32 LIL, qui couvrait l'ensemble des hypothèses d'information de la personne concernée (V. désormais LIL, art. 48).

Globalement, l'exigence d'information d'une personne, lorsque ses données sont collectées via un tiers, est comparable à celle applicable en cas de collecte « directe », à l'exception logique de l'origine des données.

Cette obligation doit être dûment prise en compte dans la vie des affaires : ainsi, à titre d'exemple, le rachat d'une société par une autre, ou l'acquisition d'un portefeuille de clientèle, ou d'une liste de contact à des fins commerciales doit, en l'absence d'information antérieure de la personne, donner lieu à une information expresse et complète de celle-ci. Elle devra bien sûr être informée de ses droits et pouvoir les exercer. ❑

Nota : L'essentiel de la jurisprudence antérieure (sur le fondement de l'anc. LIL et de la Dir. 95/46/CE) conserve un intérêt pour apprécier les dispositions de l'art. 14 du RGPD.

INFORMATION DE LA PERSONNE LORSQUE SES DONNÉES N'ONT PAS ÉTÉ DIRECTEMENT COLLECTÉES AUPRÈS D'ELLE

1° PORTÉE

1. Complétude. La diffusion d'une information incomplète, faute de « mentionner tous les droits dont bénéficient les personnes dont les données à caractère personnel sont captées », à savoir en l'espèce les droits d'accès et de rectification, constitue un manquement à l'art. 32 [anc.] LIL. • CNIL, form. restr., 26 févr. 2009, délib. n° 2009-148 (prononçant une sanction publique).

2. Il appartient à une société qui collecte les données personnelles contenues dans les annonces des particuliers mettant en vente ou en location leurs biens immobiliers, et qui ne sont donc pas directement recueillies auprès des intéressés, de fournir à ceux-ci les différentes informations énumérées au I de l'art. 32 [anc.] LIL, « soit au moment de l'enregistrement des données en cause, soit, au plus tard, lors de la première communication de ces données aux agences immobilières ». • CE, réf., 5 sept. 2008, *Sté Directannonces,* n° 319071.

3. De même, commet un manquement à l'obligation d'information la société qui propose, par SMS, des services de diagnostics habitation à des propriétaires ayant mis leur bien en vente, à partir des données mises en ligne par les intéressés à cette occasion, et dont les SMS ne contiennent pas les informations requises par l'art. 32 [anc.] LIL, ni ne renvoient à un site internet qui permettrait aux personnes concernées d'en prendre aisément connaissance. • CNIL, form. restr., 12 janv. 2012, délib. n° 2011-384 (portant sanction pécuniaire à caractère public).

4. Application du RGPD. Il appartient au responsable du traitement d'informer les personnes concernées de l'existence du fichier de « *lobbying* » créé par son sous-traitant afin de permettre auxdites personnes d'exercer leurs droits, notamment leur droit d'opposition. • CNIL 26 juill. 2021, *Monsanto,* n° SAN-2021-012 : *Dalloz IP/IT 2022. 44, obs. Galichet*.

2° TEMPORALITÉ DE L'INFORMATION

5. Dans un annuaire en ligne, l'information, en bas de page des résultats issus des réseaux sociaux, sur le droit de la personne concernée de supprimer des données personnelles issues d'autres sites, notamment desdits réseaux, est « tardive dès lors que l'art. 32-III [anc.] LIL impose à la société de procéder à l'information des personnes au plus tard lors de la constitution de ses bases de données ». • CNIL, form. restr., 21 sept. 2011, délib. n° 2011-203 (portant avertissement public).

3° EXCEPTION (EFFORTS DISPROPORTIONNÉS OU IMPOSSIBILITÉ D'INFORMATION)

6. La CNIL admet que, pour la mise en œuvre d'un traitement ayant pour finalité le suivi des activités des associations d'aide aux victimes adhérentes de la Fédération nationale d'aide aux victimes et de Médiation, l'information des personnes autres que les victimes (auteurs présumés d'infraction, magistrats, etc.), dont la collecte de leurs données sera réalisée de manière indirecte, bénéficie de l'exception à l'obligation d'information prévue par l'art. 32-III [anc.] LIL. • CNIL 24 janv. 2013, délib. n° 2013-031. La même exception est admise pour la constitution des bases de jurisprudence Jurinet et Jurica. • CNIL 19 juill. 2012, délib. n° 2012-245 • CNIL 19 juill. 2012, délib. n° 2012-246.

7. En revanche, l'invocation de ces dispositions n'est pas retenue pour un annuaire en ligne qui collecte des données relatives aux personnes à partir des réseaux sociaux, dès lors que la conclusion d'accords avec lesdits réseaux pour que les personnes concernées soient informées du retraitement de l'information par l'annuaire ne constitue pas « une contrainte insurmontable ». • CNIL, form. restr., 21 sept. 2011, délib. n° 2011-203 (portant avertissement public). ♦ Le Conseil d'État confirme cette approche en jugeant « qu'eu égard à l'intérêt qui s'attache au respect des libertés et droits fondamentaux des vingt-cinq millions de personnes touchées par le traitement litigieux, et notamment au respect de leur vie privée », l'information des personnes, dont la société avait les coordonnées, n'exigeait pas des efforts disproportionnés par rapport à l'intérêt de la démarche au sens des dispositions du III de l'art. 32 [anc.] LIL. • CE 12 mars 2014, n° 353193 : *Lebon T.*

8. A défaut d'une possibilité d'information de tous les héritiers sur le traitement des données personnelles de leurs ancêtres issues de documents d'archives publiques, la CNIL considère que la faculté reconnue aux héritiers d'exiger l'actualisation des données de la personne décédée (anc. art. 40 LIL) « comme la possibilité qui leur est offerte de préserver la mémoire de ces personnes et de protéger leur vie privée, conduisent à recommander aux responsables de traitements de prévoir une information générale en ce sens et de faire droit aux demandes justifiées de suppression qui leur seraient présentées ». • CNIL 9 déc. 2010, délib. n° 2010-460 (portant recommandation relative aux conditions de réutilisation des données à caractère personnel contenues dans des documents d'archives publiques).

9. Application du RGPD. Correspond à une collecte indirecte la transmission des données à caractère personnel transmises à une société absorbante par la société absorbée, les données n'ayant pas été collectées par la société absorbante auprès de la personne concernée, la fusion ultérieure entre deux sites internet ne donnant pas à la société absorbante la qualité de primocollectant des données à caractère personnel. La société absorbante est donc tenue d'informer la personne concernée de l'origine des données dans le cadre de sa demande. • CNIL, 18 nov. 2020, délib. n° SAN-2020-008 : *D. actu. 11 déc. 2020, obs. Gavanon et Le Marec ; JT 2021, n° 241, p. 44, obs. Langlet.*

Art. 15 *Droit d'accès de la personne concernée.* **1. La personne concernée a le droit d'obtenir du responsable du traitement la confirmation que des données à caractère personnel la concernant sont ou ne sont pas traitées et, lorsqu'elles le sont, l'accès auxdites données à caractère personnel ainsi que les informations suivantes :**

a) les finalités du traitement ;

b) les catégories de données à caractère personnel concernées ;

c) les destinataires ou catégories de destinataires auxquels les données à caractère personnel ont été ou seront communiquées, en particulier les destinataires qui sont établis dans des pays tiers ou les organisations internationales ;

d) lorsque cela est possible, la durée de conservation des données à caractère personnel envisagée ou, lorsque ce n'est pas possible, les critères utilisés pour déterminer cette durée ;

e) l'existence du droit de demander au responsable du traitement la rectification ou l'effacement de données à caractère personnel, ou une limitation du traitement des données à caractère personnel relatives à la personne concernée, ou du droit de s'opposer à ce traitement ;

f) le droit d'introduire une réclamation auprès d'une autorité de contrôle ;

g) lorsque les données à caractère personnel ne sont pas collectées auprès de la personne concernée, toute information disponible quant à leur source ;

h) l'existence d'une prise de décision automatisée, y compris un profilage, visée à l'article 22, paragraphes 1 et 4, et, au moins en pareils cas, des informations utiles

concernant la logique sous-jacente, ainsi que l'importance et les conséquences prévues de ce traitement pour la personne concernée.

2. Lorsque les données à caractère personnel sont transférées vers un pays tiers ou à une organisation internationale, la personne concernée a le droit d'être informée des garanties appropriées, en vertu de l'article 46, en ce qui concerne ce transfert.

3. Le responsable du traitement fournit une copie des données à caractère personnel faisant l'objet d'un traitement. Le responsable du traitement peut exiger le paiement de frais raisonnables basés sur les coûts administratifs pour toute copie supplémentaire demandée par la personne concernée. Lorsque la personne concernée présente sa demande par voie électronique, les informations sont fournies sous une forme électronique d'usage courant, à moins que la personne concernée ne demande qu'il en soit autrement.

4. Le droit d'obtenir une copie visé au paragraphe 3 ne porte pas atteinte aux droits et libertés d'autrui.

V. consid. 63, 64 et 73.

V. L. n° 78-17 du 6 janv. 1978, art. 49, 52, 64 (données de santé) et 118 (traitements intéressant la sûreté de l'État et la défense).

V. CNIL, délib. n° 2021-070 du 27 mai 2021 portant adoption d'une recommandation relative à l'exercice des droits par l'intermédiaire d'un mandataire, ss. Décr. n° 2019-536 du 29 mai 2019, art. 77.

V. CEPD, lignes directrices 08/2020 du 13 avr. 2021 sur le ciblage des utilisateurs des médias sociaux (https://edpb.europa.eu/).

COMMENTAIRE

Le droit d'accès est le premier des droits en matière de protection des données personnelles, et la première « corde de rappel » à destination de la personne dans la relation, souvent asymétrique, entre celle-ci et l'entité qui traite ses données. Comme le relève le considérant 64 du RGPD, l'enjeu est de permettre à la personne de s'assurer, le cas échéant à intervalle « raisonnable », de la licéité du traitement.

Le droit d'accès constitue le corollaire individuel de l'obligation d'information et de transparence plus « universelle » qui pèse sur le responsable de traitement. Il s'avère souvent, dans la pratique, constituer un préalable à une plainte devant la CNIL ou à un recours juridictionnel, dans la mesure où il permet à la personne, soit de prendre connaissance du traitement de ses données et de leur ampleur, soit de dénoncer un risque de dissimulation ou de destruction des données. Il est intéressant à cet égard que l'article 15 du RGPD prévoit que le droit d'accès vise à connaître les données que le responsable de traitement a ou n'a pas sur la personne. C'est, en quelque sorte, un mécanisme de contrôle pour s'assurer que des données personnelles ne sont pas traitées à l'insu de la personne.

Il peut par exemple être exercé dans le cadre de relations commerciales ou encore dans le cadre de relations contractuelles.

Si le droit d'accès issu du RGPD ne diffère pas fondamentalement par sa nature et ses modalités, il est néanmoins renforcé quant aux données qu'il permet de connaître, puisque sont désormais, en miroir de l'obligation d'information :

– la durée de conservation des données ou les critères permettant de la fixer ;

– la possibilité de former une réclamation auprès de la CNIL, sorte de transposition aux droits « Informatique et libertés » de la logique de l'indication des « voies et délais de recours » pour les décisions faisant grief.

Hormis dans les hypothèses où l'accès aux données ne peut être exercé que par l'intermédiaire de la CNIL (art. 118 de la loi « Informatique et libertés » – LIL), qui ne relèvent pas du RGPD, son exercice est inconditionnel : le responsable de traitement ne peut imposer aucune condition à l'octroi de cet accès. Le principe est celui, posé par l'article 12 du RGPD, de la gratuité de la remise des informations, sous réserve de la possibilité de facturer à un coût raisonnable une « copie supplémentaire ».

Enfin, la communication par voie électronique dans un format accessible est désormais fortement encouragée, ce qui correspond à la fois à la facilitation des droits à l'ère numérique et à un moindre coût pour le responsable de traitement. On remarquera d'ailleurs que la loi « Informatique et libertés » était, depuis le 7 octobre 2016, en avance, puisqu'elle prévoit le parallélisme des formes entre nature du service et modalités d'accès.

Les lignes directrices 01/2022 relatives aux droits des personnes – droit d'accès, adoptées par le CEPD le 18 janvier 2022, précisent, interprètent et illustrent la manière dont les responsables de traitements doivent gérer une demande d'accès. ❑

Nota : L'essentiel de la jurisprudence antérieure (sur le fondement de l'anc. LIL et de la Dir. 95/46/CE) conserve un intérêt pour apprécier les dispositions de l'art. 15 RGPD.

1° PORTÉE

1. Le Conseil d'État déduit de ces dispositions « que toute personne peut à tout moment avoir accès aux données à caractère personnel la concernant contenues dans un fichier ». A cet égard, la circonstance que le responsable de traitement ait auparavant répondu favorablement à une demande similaire de l'avocat de l'intéressé, dans le cadre d'un litige, est sans influence sur l'application de ces dispositions, sauf à démontrer le caractère abusif de la demande. • CE 20 oct. 2010, *Sté Centrapel,* n° 327916 : *Lebon T. 782.* ♦ En l'espèce, la CNIL a donc pu légalement mettre en demeure le responsable de traitement de communiquer l'intégralité des données personnelles du demandeur qu'il détenait puis, faute pour lui de s'y être conformé, décider de lui infliger une sanction. • Même arrêt.

2. En Belgique, l'autorité de protection des données a considéré comme entrant dans le champ du droit d'accès les données à caractère personnel contenues dans un rapport d'évaluation rédigé par un expert indépendant. • APD Belge, 29 juill. 2020, n° 41/2020 *https://www.autoriteprotectiondonnees.be/publications/decision-quant-au-fond-n-41-2020.pdf.*

2° MODALITÉS

3. L'accès incomplet à l'intégralité des données personnelles demandées par l'intéressé, ou les difficultés à lui délivrer ces informations, sont susceptibles de donner lieu à sanction par la CNIL : ainsi à propos de la demande, non satisfaite totalement, d'un client à un fournisseur d'accès à internet. • CNIL, form. restr., 12 juin 2008, délib. n° 2008-163 (prononçant une sanction pécuniaire à l'encontre d'un FAI). ♦ De même, le responsable qui ne consent qu'à laisser la personne concernée (en l'espèce, un salarié de l'entreprise) consulter sur place les documents mais refuse de lui en donner copie sans démontrer une telle impossibilité ne satisfait pas aux exigences légales. • CNIL, form. restr., 22 juin 2012, délib. n° 2012-213 (portant sanction pécuniaire publique). ♦ Sous l'empire de l'art. 41 de la loi du 6 janv. 1978, sur la consultation dans les locaux d'une préfecture sans délivrance de copie, V. • CE 24 oct. 2019, n° 427204 : *AJDA 2019. 2153*. ♦ Le responsable de traitements ne peut se prévaloir de ses difficultés dans l'obtention d'informations auprès de ses partenaires commerciaux pour justifier l'absence de réponse fournie aux demandeurs. • CNIL 23 juin 2022, n° SAN-2022-011.

4. Ne peut se dégager de sa responsabilité la société qui n'a communiqué aucun jeu de données sous quelque format que ce soit sous prétexte que cette demande adressée à la société relève de l'art. 20 et non de l'art. 15 RGPD. • CNIL, délib., 8 déc. 2020, n° SAN-2020-018 : *D. actu. 14 janv. 2021, obs. Crichton ; Dalloz IP/IT 2021. 349, obs. Galichet*. ♦ Ne répond pas à son obligation de communiquer la source des données la société qui s'est contentée de préciser au demandeur avoir reconstitué son adresse électronique sur la base d'une autre adresse électronique sans lui indiquer pour autant que cette autre adresse électronique avait été obtenue via le réseau social professionnel. • CNIL, 8 déc. 2020 : *préc.* ♦ N'a pas facilité l'exercice des droits de la plaignante la société n'acceptant de répondre à sa demande d'accès qu'à l'issue de sept courriers et plus de quatre mois après sa demande initiale et en exigeant une copie de sa pièce d'identité alors que la plaignante avait déjà fourni des informations permettant de l'identifier ainsi qu'une photographie la représentant. • CNIL 26 nov. 2021, *Clearview AI,* décis. n° MED-2021-134. ♦ Dans l'hypothèse où le compte d'un client a fait l'objet d'une détection de connexion frauduleuse, la société peut certes avoir un doute raisonnable sur l'identité du demandeur souhaitant exercer son droit d'accès, justifiant qu'une pièce d'identité soit sollicitée auprès de la personne concernée. Toutefois, dès lors que le doute est levé sur l'identité de la personne, la demande de droit d'accès doit être honorée par le responsable du traitement. • CNIL 3 août 2022, n° SAN-2022-017.

5. Est constitué un manquement à l'art. 15 dès lors que la société n'a pas traité les demandes d'accès qui lui ont été adressées dans le délai qui lui était imparti, laissant ainsi les personnes dans l'ignorance des données traitées par la société et les concernant. • CNIL 23 juin 2022, n° SAN-2022-011.

SECTION 3 *Rectification et effacement*

Art. 16 *Droit de rectification.* **La personne concernée a le droit d'obtenir du responsable du traitement, dans les meilleurs délais, la rectification des données à caractère personnel la concernant qui sont inexactes. Compte tenu des finalités du traitement, la personne concernée a le droit d'obtenir que les données à caractère personnel incomplètes soient complétées, y compris en fournissant une déclaration complémentaire.**

V. consid. 39, 59 et 156.

V. CNIL, délib. n° 2021-070 du 27 mai 2021 portant adoption d'une recommandation relative à l'exercice des droits par l'intermédiaire d'un mandataire, ss. Décr. n° 2019-536 du 29 mai 2019, art. 77.

V. L. n° 78-17 du 6 janv. 1978, art. 50, 52 et 118 (traitements intéressant la sûreté de l'État et la défense).

COMMENTAIRE

Conformément à la logique du droit de la protection des données personnelles, qui repose sur une obligation générale pesant sur le responsable de traitement et une « corde de rappel » individuelle par l'exercice des droits, le RGPD reprend le droit pour toute personne d'exiger et d'obtenir la rectification de données inexactes ou incomplètes. Ce droit est le « miroir » individuel de l'obligation qui pèse sur le responsable de traitement de traiter des « données exactes et, si nécessaire, tenues à jour » (V. RGPD, art. 5, d).

En pratique, le responsable de traitement doit informer la personne, au titre de l'information générale, de ses droits. Lorsque celle-ci fait une demande, il doit y être répondu « dans les meilleurs délais », conformément à l'article 12 du RGPD. On relèvera d'ailleurs que l'article 16 du RGPD réitère curieusement cette exigence lorsqu'il s'agit de corriger une inexactitude, et non pas lorsque les données sont incomplètes. En tout état de cause, ce sont les dispositions transversales de l'article 12 du RGPD qui fixent le niveau d'exigence. ❑

Nota : L'essentiel de la jurisprudence antérieure (sur le fondement de l'anc. LIL et de la Dir. 95/46/CE) conserve un intérêt pour apprécier les dispositions de l'art. 16 du RGPD.

Portée. La demande de fonctionnaires visant à la modification du fichier à partir duquel sont édités les bulletins de paye, pour y ajouter une mention relative à l'exercice de leur profession, n'est pas fondée « dès lors que la mention n'a aucune incidence sur le montant du salaire ». • CE 17 avr. 1992, n°s 115688 et 116291 : *Lebon T.* ♦ La protection ne s'applique pas à la présentation des données (ex. : typographie en majuscule de la particule d'un patronyme). • CE 3 oct. 2018, n° 405939 B : *Dalloz IP/IT 2019. 115, obs. Douville*.

Art. 17 *Droit à l'effacement ("droit à l'oubli").* **1. La personne concernée a le droit d'obtenir du responsable du traitement l'effacement, dans les meilleurs délais, de données à caractère personnel la concernant et le responsable du traitement a l'obligation d'effacer ces données à caractère personnel dans les meilleurs délais, lorsque l'un des motifs suivants s'applique :**

a) les données à caractère personnel ne sont plus nécessaires au regard des finalités pour lesquelles elles ont été collectées ou traitées d'une autre manière ;

b) la personne concernée retire le consentement sur lequel est fondé le traitement, conformément à l'article 6, paragraphe 1, point a), ou à l'article 9, paragraphe 2, point a), et il n'existe pas d'autre fondement juridique au traitement ;

c) la personne concernée s'oppose au traitement en vertu de l'article 21, paragraphe 1, et il n'existe pas de motif légitime impérieux pour le traitement, ou la personne concernée s'oppose au traitement en vertu de l'article 21, paragraphe 2 ;

d) les données à caractère personnel ont fait l'objet d'un traitement illicite ;

e) les données à caractère personnel doivent être effacées pour respecter une obligation légale qui est prévue par le droit de l'Union ou par le droit de l'État membre auquel le responsable du traitement est soumis ;

f) les données à caractère personnel ont été collectées dans le cadre de l'offre de services de la société de l'information visée à l'article 8, paragraphe 1.

2. Lorsqu'il a rendu publiques les données à caractère personnel et qu'il est tenu de les effacer en vertu du paragraphe 1, le responsable du traitement, compte tenu des technologies disponibles et des coûts de mise en œuvre, prend des mesures raisonnables, y compris d'ordre technique, pour informer les responsables du traitement qui traitent ces données à caractère personnel que la personne concernée a demandé l'effacement par ces responsables du traitement de tout lien vers ces données à caractère personnel, ou de toute copie ou reproduction de celles-ci.

3. Les paragraphes 1 et 2 ne s'appliquent pas dans la mesure où ce traitement est nécessaire :

a) à l'exercice du droit à la liberté d'expression et d'information ;

b) pour respecter une obligation légale qui requiert le traitement prévue par le droit de l'Union ou par le droit de l'État membre auquel le responsable du traitement est soumis, ou pour exécuter une mission d'intérêt public ou relevant de l'exercice de l'autorité publique dont est investi le responsable du traitement;

c) pour des motifs d'intérêt public dans le domaine de la santé publique, conformément à l'article 9, paragraphe 2, points h) et i), ainsi qu'à l'article 9, paragraphe 3 ;

d) à des fins archivistiques dans l'intérêt public, à des fins de recherche scientifique ou historique ou à des fins statistiques conformément à l'article 89, paragraphe 1, dans la mesure où le droit visé au paragraphe 1 est susceptible de rendre impossible ou de compromettre gravement la réalisation des objectifs dudit traitement; ou

e) à la constatation, à l'exercice ou à la défense de droits en justice.

V. consid. 65, 66 et 156.

V. L. n° 78-17 du 6 janv. 1978, art. 51, 52 et 118 (traitements intéressant la sûreté de l'État et la défense).

V. CNIL, délib. n° 2021-070 du 27 mai 2021 portant adoption d'une recommandation relative à l'exercice des droits par l'intermédiaire d'un mandataire, ss. Décr. n° 2019-536 du 29 mai 2019, art. 77.

V. CEPD, Lignes directrices 5/2019 du 7 juill. 2020 sur les critères du droit à l'oubli dans les moteurs de recherche (https://edpb.europa.eu).

BIBL. ▶ BENOÎT-ROHMER, *RTD eur. 2020. 407* (libertés : le droit à l'oubli et la protection des données personnelles (art. 8 de la Charte)). – BOUVERESSE, *RTD eur. 2021. 704* (protection des données personnelles : mode d'emploi du « droit à l'oubli »).

COMMENTAIRE

L'article 17 du RGPD est évidemment central : son intitulé consacre, par une parenthèse et des guillemets légistiquement curieux, le « droit à l'oubli ».

I. NATURE ET PORTÉE DU « DROIT À L'OUBLI »

Dès avant le RGPD, la Cour de justice de l'Union européenne a, à l'occasion d'un litige relatif au droit au déréférencement de résultats sur un moteur de recherche, consacré l'existence d'un tel « droit à l'oubli » qui ne disait pas son nom (CJUE, gr. ch., 13 mai 2014, *Google Spain*, C-131/12). En résumé, la CJUE était saisie de la question de savoir si un ressortissant européen pouvait, et dans quelles conditions, exercer ses droits d'effacement et d'opposition (Dir. 95/46/CE du 24 oct. 1995, art. 12 et 14) à l'égard d'un moteur de recherche, afin que certains résultats n'apparaissent plus à partir d'une requête effectuée sur son nom. Concrètement, l'information n'est pas « effacée » du web, ni « désindexée » du moteur de recherche de manière générale, mais elle n'apparaît plus dans les recherches effectuées sur la base du nom et du prénom de la personne concernée.

La CJUE a procédé en plusieurs temps : elle a d'abord admis que l'exploitant d'un moteur de recherche qui a une partie de son activité assurée à partir d'un établissement situé sur le territoire de l'Union est bien soumis au droit de l'Union européenne (V., sur la notion d'établissement et les nouveaux critères d'application territoriale, les comm. sous l'art. 3 RGPD). Elle a ensuite considéré qu'un moteur de recherche, en ce qu'il associe des résultats à une requête effectuée à partir de données personnelles, constitue bien un traitement de telles données. L'exploitant d'un moteur de recherche est donc bien « responsable de traitement » au sens et pour l'application de la législation sur la protection des données. Elle en a déduit que les personnes concernées étaient en droit d'exercer leurs droits d'opposition et d'effacement auprès de l'exploitant d'un tel moteur, l'exercice de ces droits se traduisant, en pratique, par le déréférencement effectif du résultat d'une requête opérée depuis les noms et prénoms de la personne. Elle a notamment jugé que toute personne pouvait exercer ce droit directement auprès de l'exploitant du moteur de recherche, sans avoir préalablement demandé l'effacement de l'information auprès de l'éditeur du site – ce qui est logique puisque le traitement opéré par un moteur de recherches est, en quelque sorte, un traitement « autonome ». Ce droit au déréférencement n'est cependant pas absolu, et prime sous réserve que, compte tenu de la nature et de la portée des informations en cause, le droit à l'information du public ne justifie le refus de déréférencement.

Cet arrêt fondateur est éclairant pour les dispositions des articles 17 et 18 du RGPD, à bien des égards :

– en premier lieu, l'expression « droit à l'oubli », si elle est répandue dans le vocabulaire courant, n'est pas juridiquement exacte : elle recouvre en fait les notions de « droit à l'effacement » et de « droit d'opposition ». C'est sans doute ce qui explique que le texte du règlement use à la fois des guillemets et de la parenthèse pour « traduire » en langage courant ce qui est juridiquement complexe. Si le règlement comporte des articles distincts sur le sujet, le considérant 65 du RGPD est, lui, commun aux droits de rectification, d'effacement et d'opposition, et le c) de l'article 17 du RGPD établit bien un lien entre les deux ;

– en deuxième lieu, le droit à l'effacement et le droit d'opposition sont étroitement corrélés : l'un s'inscrit par rapport à un « stock » de données ; l'autre s'inscrit dans une perspective de flux. Dans les deux cas, le résultat est potentiellement le même : lorsque la donnée n'aurait pas dû être traitée, que la base légale (notamment le consentement) tombe, ou que la donnée est périmée, le droit d'obtenir son effacement s'impose ;

– en troisième lieu, la jurisprudence est venue utilement éclairer ces dispositions, certains contours de ce droit restent encore à préciser, comme l'ont montré les deux arrêts du Conseil d'État qui, en 2017, ont renvoyé des questions préjudicielles à la CJUE sur les modalités concrètes de mise en œuvre du « droit au déréférencement », notamment sur la portée territoriale de ce droit (V. *infra*) ;

– en quatrième lieu, le « droit à l'oubli » instauré par l'article 17 du RGPD repose sur une inversion de la présomption par rapport à la directive de 1995 : alors que celle-ci prévoyait un droit d'opposition pour « motif légitime », le droit à l'oubli est ici posé comme principe, sauf exceptions dûment justifiées par le responsable de traitement ;

– enfin, s'agissant des mineurs, le considérant 65 du RGPD rappelle que « ce droit est pertinent, en particulier, lorsque la personne concernée a donné son consentement à l'époque où elle était enfant et n'était pas pleinement consciente des risques inhérents au traitement, et qu'elle souhaite par la suite supprimer ces données à caractère personnel, en particulier sur l'internet ». La loi « Informatique et libertés » du 6 janvier 1978 (LIL) comporte, depuis la loi pour une République numérique du 7 octobre 2016, des dispositions renforcées sur la protection des mineurs qui confortent cette exigence, en prévoyant une obligation de réponse plus rapide lorsque les données portent sur une personne mineure (quand bien même elle serait majeure à la date de la demande).

S'agissant de la possibilité pour les héritiers d'exercer ces droits au titre du défunt, on relèvera que l'article 85 de la loi du 6 janvier 1978 prévoit explicitement une faculté en la matière, ce qui n'est pas le cas du RGPD.

Le Conseil d'État a confirmé, dans ses arrêts du 6 décembre 2019, que le déréférencement d'un lien associant au nom d'un particulier une page web contenant des données personnelles le concernant est un droit.

II. CONDITIONS

Le Conseil d'État a statué le 6 décembre 2019 sur 13 recours introduits par des particuliers suite à des demandes de déréférencement. Ces décisions ont été adoptées à la lumière de l'arrêt de la Cour de justice de l'Union européenne rendu le 24 septembre 2019 en réponse à une question du Conseil d'État et permettent ainsi de fixer un cadre relatif à l'exercice du droit à l'oubli (CE 6 déc. 2019, nos 391000, 393769, 395335, 397755, 399999, 401258, 403868, 405464, 405910, 407776, 409212, 423326 et 429154 A : *AJDA 2017. 740, chron. Odinet et Roussel* ; *D. 2017. 1033*, *obs. Fauvarque-Cosson et Maxwell ; Dalloz IP/IT 2017. 479, obs. Henrard* ; *RFDA 2017. 535, concl. Bretonneau* ; *RTD eur. 2017. 803, obs. Bouveresse*).

Précisons que concernant le droit applicable, le juge se prononce à la date à laquelle il statue (V. CE 6 déc. 2019, préc.).

1. UN DROIT LARGE MAIS NON ABSOLU

Le droit à l'effacement n'est pas absolu, mais conditionné à des hypothèses qui sont relativement larges, et qui sont en fait le « vis-à-vis » des conditions dans lesquelles un traitement peut intervenir : les données ne sont plus nécessaires au regard de la finalité du traitement ; la base légale (consentement) est tombée ; le droit d'opposition a été exercé de manière fructueuse (la charge de la preuve étant favorable à la personne) ; les données ont été traitées de manière illicite, c'est-à-dire en méconnaissance des principes posés notamment à l'article 5 du RGPD ; ou les données concernent un mineur.

S'inspirant de la jurisprudence de la CJUE sur le droit au déréférencement, l'article 17 du RGPD prévoit néanmoins des exceptions, tenant notamment au respect des obligations légales et de la liberté d'expression et du droit à l'information. Dans un arrêt du 28 juin 2018, la Cour européenne des droits de l'homme (CEDH) a fait prévaloir la liberté de la presse sur le droit à l'oubli (CEDH 28 juin 2018, nos 60798/10 et 65599/10).

On remarquera que, ce faisant, le RGPD ne prévoit pas une « balance » entre le droit à la protection des données et les autres droits fondamentaux, mais uniquement avec certains d'entre eux. En creux, ces dispositions confirment que les droits relatifs à la protection des données sont attachés au caractère personnel de celles-ci et non à une hypothétique « propriété ». Nul n'est « propriétaire » des données personnelles, mais toute entité qui traite les données d'un résident européen est tenue de respecter la plénitude des droits de celui-ci.

2. L'ARBITRAGE AVEC LE DROIT À L'INFORMATION DU PUBLIC LIÉ À LA NATURE DES DONNÉES PERSONNELLES

Le Conseil d'État a distingué les données personnelles concernées par le droit au déréférencement en trois catégories (CE 6 déc. 2019, préc.) :

• des données dites sensibles (données les plus intrusives dans la vie d'une personne comme celles concernant sa santé, sa vie sexuelle, ses opinions politiques, ses convictions religieuses…) ;

• des données pénales (relatives à une procédure judiciaire ou à une condamnation pénale) ; et

• des données touchant à la vie privée sans être sensibles.

Concernant les données dites sensibles et les données pénales, il ne peut être légalement refusé de faire droit à une demande de déréférencement que si l'accès à ces données à partir d'une recherche portant sur le nom du demandeur est strictement nécessaire à l'information du public.

Pour les données touchant à la vie privée sans être sensibles, le refus de faire droit à la demande peut être justifié sur l'intérêt prépondérant du public à accéder à l'information en cause.

Le Conseil d'État précise qu'au-delà des caractéristiques des données personnelles en cause, il convient de prendre en compte le rôle social du demandeur (sa notoriété, son rôle dans la vie publique et sa fonction dans la société) et les conditions dans lesquelles les données ont été rendues publiques (par exemple, si l'intéressé a de lui-même rendu ces informations publiques) et restent accessibles.

Enfin, on relèvera que le RGPD fait peser sur le responsable de traitement le soin d'informer les réutilisateurs « en cascade », ce qui implique donc que les entreprises, associations ou administrations se mettent en ordre de marche pour informer les utilisateurs de leurs données (mères, filiales, partenaires commerciaux, etc.) des évolutions des jeux de données issues de l'exercice de ces droits individuels.

III. PORTÉE GÉOGRAPHIQUE

La CJUE a limité l'effet du déréférencement aux seuls résultats apparaissant à la suite de recherches effectuées depuis le territoire européen. Les résultats de recherche resteront donc accessibles en cas de recherche effectuée en dehors de l'Union européenne (CJUE 24 sept. 2019, *Google LLC c/ CNIL*, n° C-507/17 : *D. 2019. 2022, note Sauron* ; *ibid. 2266*, *obs. Larrieu, Le Stanc et Tréfigny* ; *Dalloz IP/IT 2019. 631, obs. Martial-Braz*).

Cet arrêt répond à une question jurisprudentielle du Conseil d'État suite à l'appel d'une sanction prononcée par la CNIL. L'autorité considérait que « seule une mesure s'appliquant à l'intégralité du traitement lié au moteur de recherche, sans distinction entre les extensions interrogées et l'origine géographique de l'internaute effectuant une recherche est juridiquement à même de répondre à l'exigence de protection telle que consacrée par la CJUE » (CNIL 10 mars 2016, délib. n° 2016-054).

La CJUE considère que le droit de l'Union n'impose pas le déréférencement mondial. Toutefois, celui-ci doit être effectif sur le territoire européen, et non seulement dans le pays de résidence du demandeur.

Puisque le droit de l'Union n'interdit pas non plus le déréférencement à l'échelle mondiale, la CJUE ouvre également la possibilité à une autorité de contrôle, et donc à la CNIL, d'obliger un moteur de recherche à déréférencer les résultats sur toutes les versions de son moteur si cela est justifié, au terme d'une mise en balance entre d'une part, les droits de la personne et, d'autre part, le droit à la liberté d'information.

A la suite de cet arrêt, le Conseil d'État a annulé la décision de la formation restreinte de la CNIL sanctionnant le moteur de recherche. Il a en effet considéré que la CNIL avait commis une erreur de droit en exigeant un déréférencement applicable à l'ensemble du traitement (donc au niveau mondial, quelles que soient les terminaisons ou adresses IP des utilisateurs), alors que le moteur de recherche avait indiqué vouloir restreindre l'accès en fonction des extensions interrogées et de l'origine géographique de celui qui interrogeait le moteur de recherche. Il a aussi jugé que la faculté évoquée par la Cour de justice d'ordonner de procéder à un déréférencement portait sur l'ensemble des versions d'un moteur de recherche mais qu'aucune disposition législative ne permet à un tel déréférencement « d'excéder le champ couvert par le droit de l'Union européenne », c'est-à-dire le territoire de ses États membres (CE 27 mars 2020, n° 399922 A). ❑

Nota : L'essentiel de la jurisprudence antérieure (sur le fondement de l'anc. LIL et de la Dir. 95/46/CE) conserve un intérêt pour apprécier les dispositions de l'art. 17 du RGPD.

1. La société qui a fait le choix d'utiliser comme clef d'entrée de sa base de données l'adresse électronique des personnes, donc une donnée à caractère personnel, ne peut refuser la demande d'effacement des données utilisées à des fins de prospection commerciale sous couvert de cette organisation. Il revenait dès lors à la société d'accéder à cette demande et de mettre en place un système d'organisation de sa base de données qui ne portait pas atteinte à ce droit. • CNIL 18 nov. 2020, délib. n° SAN-2020-008 : *D. actu. 11 déc. 2020, obs. Gavanon et Le Marec ; JT 2021, n° 241, p. 44, obs. Langlet*.

2. Le comportement belliqueux du demandeur est sans incidence sur sa demande d'accès qui constitue un droit pour la personne, sauf en cas de demande manifestement abusive. • CNIL 18 mai 2017, délib. n° SAN-2017-008 : *DP santé, 28 juin 2017, note Contis.*

3. Est de droit l'effacement dès lors que la commission considère que le traitement mis en œuvre ne peut reposer sur aucune base légale valide au regard de la réglementation européenne. • CNIL 26 nov. 2021, *Clearview AI,* décis. n° MED-2021-134.

4. Si, après une demande d'effacement, certaines données à caractère personnel des clients peuvent être conservées en archivage intermédiaire, notamment au titre des obligations légales ou à des fins probatoires ou lorsque la société dispose d'un motif légitime impérieux, celles non nécessaires dans le cadre du respect de ces autres obligations ou finalités doivent être supprimées après l'exercice de ce droit dès lors que les conditions posées par l'art. 17 sont remplies. Doit être ainsi effacé l'adresse électronique utilisée à des fins de prospection commerciale, dès lors que ce traitement repose sur le consentement et que le droit à l'effacement est ouvert en cas de retrait de consentement, et qu'il ne ressort pas des éléments de la procédure que la conservation des données en question était légitime sur un autre fondement. • CNIL, form. restr., 14 juin 2021, *Brico privé,* délib. n° SAN-2021-008.

5. Sur le droit au déréférencement : V. comm. ci-dessus.

Art. 18 *Droit à la limitation du traitement.* **1. La personne concernée a le droit d'obtenir du responsable du traitement la limitation du traitement lorsque l'un des éléments suivants s'applique :**

a) l'exactitude des données à caractère personnel est contestée par la personne concernée, pendant une durée permettant au responsable du traitement de vérifier l'exactitude des données à caractère personnel ;

b) le traitement est illicite et la personne concernée s'oppose à leur effacement et exige à la place la limitation de leur utilisation ;

c) le responsable du traitement n'a plus besoin des données à caractère personnel aux fins du traitement mais celles-ci sont encore nécessaires à la personne concernée pour la constatation, l'exercice ou la défense de droits en justice ;

d) la personne concernée s'est opposée au traitement en vertu de l'article 21, paragraphe 1, pendant la vérification portant sur le point de savoir si les motifs légitimes poursuivis par le responsable du traitement prévalent sur ceux de la personne concernée.

2. Lorsque le traitement a été limité en vertu du paragraphe 1, ces données à caractère personnel ne peuvent, à l'exception de la conservation, être traitées qu'avec le consentement de la personne concernée, ou pour la constatation, l'exercice ou la défense de droits en justice, ou pour la protection des droits d'une autre personne physique ou morale, ou encore pour des motifs importants d'intérêt public de l'Union ou d'un État membre.

3. Une personne concernée qui a obtenu la limitation du traitement en vertu du paragraphe 1 est informée par le responsable du traitement avant que la limitation du traitement ne soit levée.

V. consid. 67 et 156.

V. CNIL, délib. nº 2021-070 du 27 mai 2021 portant adoption d'une recommandation relative à l'exercice des droits par l'intermédiaire d'un mandataire, ss. Décr. nº 2019-536 du 29 mai 2019, art. 77.

V. L. nº 78-17 du 6 janv. 1978, art. 53.

COMMENTAIRE

Le droit à la limitation du traitement fait partie des « nouveaux » droits introduits par le RGPD. Concrètement, il s'agit d'une sorte de « clause de sauvegarde » qui permet, dans des circonstances précises, de limiter les possibilités de traiter les données. Deux grands cas de figure peuvent être distingués : soit le droit à la limitation du traitement a vocation à être temporaire, le temps de l'exercice des droits et de leur satisfaction ou non (droit d'opposition, rectification des données, capacité d'ester en justice), soit il permet à une personne, face à un traitement illicite, de réduire le champ et la portée du traitement. Cette dernière hyothèse est plus délicate à appréhender, mais suggère qu'une personne faisant l'objet d'un traitement illicite peut, si elle y trouve un intérêt, demander à conserver le bénéfice d'un traitement « partiel » de ses données.

Pour comprendre la portée pratique de ce droit, introduit à l'article 18 du RGPD, il faut repartir de la définition large d'un traitement, qui inclut notamment la simple conservation des données, mais aussi le transfert, la réplication, la consultation, l'exploitation des données.

Concrètement, le droit à la limitation du traitement peut s'analyser comme le droit à la conservation restreinte des données, en l'absence de toute exploitation, ou, en d'autres termes, à leur « gel », notamment le temps de déterminer si la personne est fondée ou pas à exercer ses droits. Le responsable de traitement concerné doit donc être en mesure de bloquer l'accès aux données en cause ou leur exploitation, mais doit aussi, à l'inverse, être en mesure de les conserver dans des conditions de sécurité suffisantes. Il peut aussi s'analyser comme le droit à un traitement partiel (par exemple, la consultation mais l'absence d'exploitation commerciale, l'exploitation mais l'absence de transfert, etc.).

En pratique, il est probable que ce droit sera surtout invoqué comme un droit à conservation temporaire et « inerte » des données, à la demande de la personne concernée, le temps de faire valoir ses droits.

On relèvera enfin que ce droit peut être exercé aussi bien dans l'intérêt du responsable de traitement (si, par exemple, celui-ci démontre qu'il existe un motif légitime au traitement) qu'à son détriment. A cet égard, la possibilité pour une personne de « geler » une situation pour faire valoir ses droits en justice peut s'analyser comme une obligation pour l'entité en cause, à la demande de la personne, de conserver la preuve de ses éventuels manquements. ❑

Art. 19 *Obligation de notification en ce qui concerne la rectification ou l'effacement de données à caractère personnel ou la limitation du traitement.* **Le responsable du traitement notifie à chaque destinataire auquel les données à caractère personnel ont été communiquées toute rectification ou tout effacement de données à caractère personnel ou toute limitation du traitement effectué conformément à l'article 16, à l'article 17, paragraphe 1, et à l'article 18, à moins qu'une telle communication se révèle impossible ou exige des efforts disproportionnés. Le responsable du traitement fournit à la personne concernée des informations sur ces destinataires si celle-ci en fait la demande.**

V. consid. 67.

V. L. nº 78-17 du 6 janv. 1978, art. 54.

COMMENTAIRE

L'article 19 du RGPD introduit une « obligation de suivi » de la part du responsable de traitement à l'égard des destinataires des données, afin de s'assurer du plein respect de l'exercice des droits par la personne. Il semble devoir être lu comme s'appliquant non seulement aux « destinataires du traitement » au sens strict (i.e. les personnes habilitées à consulter les données) mais aussi comme les autres responsables de traitements auxquels les données ont été transmises, faute de quoi la disposition serait privée de l'essentiel de son intérêt. La jurisprudence précisera utilement cet aspect. ❑

Art. 20 *Droit à la portabilité des données.* **1. Les personnes concernées ont le droit de recevoir les données à caractère personnel les concernant qu'elles ont fournies à un responsable du traitement, dans un format structuré, couramment utilisé et lisible par machine, et ont le droit de transmettre ces données à un autre responsable du traitement sans que le responsable du traitement auquel les données à caractère personnel ont été communiquées y fasse obstacle, lorsque :**

a) le traitement est fondé sur le consentement en application de l'article 6, paragraphe 1, point a), ou de l'article 9, paragraphe 2, point a), ou sur un contrat en application de l'article 6, paragraphe 1, point b) ; et

b) le traitement est effectué à l'aide de procédés automatisés.

2. Lorsque la personne concernée exerce son droit à la portabilité des données en application du paragraphe 1, elle a le droit d'obtenir que les données à caractère personnel soient transmises directement d'un responsable du traitement à un autre, lorsque cela est techniquement possible.

3. L'exercice du droit, visé au paragraphe 1 du présent article s'entend sans préjudice de l'article 17. Ce droit ne s'applique pas au traitement nécessaire à l'exécution d'une mission d'intérêt public ou relevant de l'exercice de l'autorité publique dont est investi le responsable du traitement.

4. Le droit visé au paragraphe 1 ne porte pas atteinte aux droits et libertés de tiers.

V. consid. 68 et 156.

V. L. n° 78-17 du 6 janv. 1978, art. 55.

V. CNIL, délib. n° 2021-070 du 27 mai 2021 portant adoption d'une recommandation relative à l'exercice des droits par l'intermédiaire d'un mandataire, ss. Décr. n° 2019-536 du 29 mai 2019, art. 77.

COMMENTAIRE

Le « droit à la portabilité » est l'un des principaux nouveaux droits introduits par le RGPD. Les dispositions de l'article 20 du RGPD ont néanmoins nécessité un important travail d'interprétation de la part des autorités, qui s'est concrétisé par de premières lignes directrices en date du 5 avril 2017 (V. G29, lignes directrices du 5 avr. 2017, WP 242 rev. 01, App., v° *Comité européen de la protection des données*).

1. NATURE ET PORTÉE

Le droit à la portabilité est l'une des principales déclinaisons de la volonté de redonner à l'individu la maîtrise de ses données. Il est le prolongement du droit d'accès et se traduit par la possibilité, pour une personne, de récupérer les données collectées par un responsable de traitement pour les transférer à un tiers et le réutiliser à son propre bénéfice. La personne concernée redevient ainsi « maître du jeu », puisqu'elle peut demander le transfert direct, sous réserve de la possibilité technique, ou y procéder.

L'aspect concurrentiel de ce droit est potentiellement considérable : en cas de manquement ou de faille de sécurité majeurs, par exemple, on ne peut exclure que de nombreux utilisateurs retirent leurs données pour les transférer à une entreprise concurrente. Il s'agit en quelque sorte d'une régulation de la concurrence, non par le marché des opérateurs, mais par le comportement du consommateur.

Par ailleurs, le droit à la portabilité permet aussi de récupérer, à des fins strictement personnelles, des données qu'une personne souhaiterait conserver après la fin d'une relation contractuelle (courriels, par exemple) ou l'interruption d'un service. C'est ce qui explique que le G29, dans son avis précité, recommande aux responsables du traitement de toujours délivrer une information spécifique sur le droit à la portabilité avant toute clôture de compte (WP 242, *préc.*).

2. CONDITIONS

Le droit à la portabilité n'est pas un droit absolu : il ne s'applique qu'aux traitements fondés sur le consentement de la personne ou la relation contractuelle ; et ne vaut que pour les traitements automatisés. Ces deux restrictions sont logiques : la maîtrise de ses données par l'individu n'est pas un automatisme (V., notamment, les traitements intervenant sur la base d'une obligation légale) ; et la portabilité implique une facilité matérielle que seuls les traitements automatisés permettent. On relèvera cependant que les traitements opérés sur le fondement de « l'intérêt légitime » du responsable de traitement, pourtant fréquents dans l'univers digital et potentiellement parmi les plus intrusifs, n'ouvrent pas droit à cette faculté.

Enfin, de manière plus classique, le droit à la portabilité ne vaut que sous réserve qu'il ne porte pas atteinte aux droits des tiers.

3. DONNÉES CONCERNÉES

Le droit à la portabilité s'applique aux données « fournies » par la personne concernée.

Ce point aura certainement besoin d'être précisé par la jurisprudence, et suscitera probablement, faute de précisions dans le texte, d'âpres discussions. Mais d'ores et déjà, les autorités de contrôle ont apporté d'utiles précisions dans l'avis du G29 WP 242 précité. Elles ont ainsi considéré que ces données consistaient à la fois dans les données « déclarées activement et consciemment par la personne concernée » (source CNIL, www.cnil.fr), notamment celles fournies dans le cadre de formulaires en ligne ; mais aussi les données « générées par l'activité de la personne concernée » (*id.*), c'est-à-dire notamment ses traces, historiques de navigation, de recherches ou d'achats, etc.

Cette interprétation des autorités de contrôle résulte à la fois des termes des considérants du RGPD et de la logique du texte : un droit à la portabilité limité aux seules données renseignées directement par la personne n'aurait que peu d'impact.

En revanche, l'ensemble des données « dérivées », i.e. déduites, par le biais d'un traitement, des données initiales, ne peuvent faire l'objet d'une portabilité. Elles sont en effet au cœur de la « valeur ajoutée » du responsable de traitement, souvent liées à des traitements algorithmiques protégés par le secret professionnel.

4. FORMAT

L'exigence du caractère couramment utilisé et lisible par une machine du format des données implique de la part des responsables de traitement, dans la mesure du possible, la production des données sous la forme de logiciels d'usage courant. Il conduira probablement à terme à l'homogénéisation de certains formats utilisés par les opérateurs. A l'inverse, on peut se demander si l'utilisation de formats « exclusifs », qui priveraient d'effet le droit à la portabilité, pourraient donner lieu à sanction de la part des autorités à ce titre. Le G29 a d'ailleurs appelé les acteurs de l'industrie et les associations professionnelles à recourir à des standards et des formats interopérables.

5. DROIT DES TIERS

La question du droit des tiers reste entière : si l'avis du G29 relève que la seule présence de données relatives à des tiers ne peut pas justifier à elle seule le refus de la portabilité, ce qui est certain, la question de l'atteinte à leurs droits, notamment en cas de transmission à un autre responsable de traitement, suscitera probablement des réserves, et nécessitera l'analyse des bases légales au cas par cas.

6. DEVENIR DES DONNÉES « INITIALES »

Comme le relève à juste titre l'avis du G29 sur le droit à la portabilité des données (WP 242, *préc.*), le droit à la portabilité n'est ni exclusif de l'exercice de ses autres droits par la personne, y compris ultérieurement le droit d'opposition ; ni synonyme, à lui seul, de suppression des données par le responsable de traitement. Celui-ci peut donc continuer à les traiter dans le cadre légal de son traitement initial, quand bien même il en aurait donné une copie à la personne concernée.

En pratique, les entreprises, administrations et autres responsables de traitement devront donc structurer leurs bases de données pour : permettre l'extraction aisée d'une copie des données fournies par la personne et la remise ou le transfert des dites données, et prévoir la modularité suffisante pour, conformément à l'article 18 du RGPD, rendre possible la « limitation » du traitement. À l'inverse, les personnes devront exercer leurs droits de manière appropriée : opposition et effacement pour obtenir la suppression des données ; portabilité pour obtenir leur récupération et leur éventuelle transmission à des tiers mais sans priver le responsable du traitement initial de l'information. ❑

SECTION 4 *Droit d'opposition et prise de décision individuelle automatisée*

Art. 21 *Droit d'opposition.* **1. La personne concernée a le droit de s'opposer à tout moment, pour des raisons tenant à sa situation particulière, à un traitement des**

données à caractère personnel la concernant fondé sur l'article 6, paragraphe 1, point e) ou f), y compris un profilage fondé sur ces dispositions. Le responsable du traitement ne traite plus les données à caractère personnel, à moins qu'il ne démontre qu'il existe des motifs légitimes et impérieux pour le traitement qui prévalent sur les intérêts et les droits et libertés de la personne concernée, ou pour la constatation, l'exercice ou la défense de droits en justice.

2. Lorsque les données à caractère personnel sont traitées à des fins de prospection, la personne concernée a le droit de s'opposer à tout moment au traitement des données à caractère personnel la concernant à de telles fins de prospection, y compris au profilage dans la mesure où il est lié à une telle prospection.

3. Lorsque la personne concernée s'oppose au traitement à des fins de prospection, les données à caractère personnel ne sont plus traitées à ces fins.

4. Au plus tard au moment de la première communication avec la personne concernée, le droit visé aux paragraphes 1 et 2 est explicitement porté à l'attention de la personne concernée et est présenté clairement et séparément de toute autre information.

5. Dans le cadre de l'utilisation de services de la société de l'information, et nonobstant la directive 2002/58/CE, la personne concernée peut exercer son droit d'opposition à l'aide de procédés automatisés utilisant des spécifications techniques.

6. Lorsque des données à caractère personnel sont traitées à des fins de recherche scientifique ou historique ou à des fins statistiques en application de l'article 89, paragraphe 1, la personne concernée a le droit de s'opposer, pour des raisons tenant à sa situation particulière, au traitement de données à caractère personnel la concernant, à moins que le traitement ne soit nécessaire à l'exécution d'une mission d'intérêt public.

V. consid. 65, 69, 70 et 73.

V. L. n° 78-17 du 6 janv. 1978, art. 56.

V. CNIL, délib. n° 2021-070 du 27 mai 2021 portant adoption d'une recommandation relative à l'exercice des droits par l'intermédiaire d'un mandataire, ss. Décr. n° 2019-536 du 29 mai 2019, art. 77.

COMMENTAIRE

Le droit d'opposition issu de l'article 21 du RGPD est, dans son principe, la reprise du droit d'opposition tel que posé par la directive de 1995 et, en France, par la loi « Informatique et libertés » du 6 janvier 1978 (anc. art. 38 LIL). Il est cependant élargi et adapté en ce qu'il permet de s'opposer au « profilage ».

Toutefois, alors qu'il était précédemment proposé de manière « universelle », il apparaît désormais comme **complémentaire du droit d'effacement** (V. RGPD, art. 17) en fonction notamment du type de traitement ou de la base légale, au point d'ailleurs que la distinction entre les deux n'est pas toujours aisée. Il peut en effet être exercé lorsqu'un traitement relève d'une mission de service public ; s'il est nécessaire aux fins des intérêts légitimes poursuivis par le responsable du traitement ou un tiers, c'est-à-dire dans des hypothèses complémentaires de celles de l'article 17 du RGPD (qui visait notamment le retrait du consentement), mais aussi en matière de prospection électronique, ou encore en matière de traitement de recherche scientifique et historique. Le RGPD semble ainsi « ventiler » la possibilité pour un individu d'empêcher le traitement de ses données en fonction de la base et du cadre légaux applicables à celui-ci.

En termes pratiques, le droit d'opposition est largement ouvert non seulement en termes de procédure, mais aussi en termes de délai, puisqu'il s'agit d'un droit « continu » qui peut être exercé à tout moment de la vie du traitement.

En termes de **charge de la preuve**, le RGPD modifie l'équilibre préexistant : alors que depuis la directive 2002/58/CE de 1995, la personne se voyait reconnaître un droit d'opposition pour motifs légitimes, il appartient désormais au responsable de traitement de faire valoir un motif légitime pour refuser d'y faire droit. Il ne s'agit cependant pas d'une présomption forte de droit d'opposition, dans la mesure où la personne doit fonder sa demande sur des « raisons tenant à sa situation particulière ». L'équilibre s'est donc clairement déplacé en faveur de la personne concernée, sans pour autant introduire une présomption irréfragable.

En pratique, deux éléments méritent d'être notés :

– d'une part, le droit d'opposition est en fait un droit à la suppression ou à la non-transmission de la donnée. C'est la portée que lui a historiquement donnée la CNIL en France, et rien ne permet de présumer d'autres types de conséquences.

– d'autre part, la plupart des demandeurs ne formuleront probablement pas leur demande sur le terrain des articles 19 ou 21 du RGPD, mais demanderont simplement la suppression de leurs données, à charge pour les responsables de traitement de reconstituer le cheminement du demandeur pour, en fonction notamment de la base légale du traitement, rattacher la demande à l'un ou l'autre des articles précédents.

En matière de **prospection par voie électronique**, le RGPD établit une passerelle avec la directive de 2002 sans modifier l'état du droit : on rappellera donc ici que toute personne peut s'opposer de manière inconditionnelle à ce que ses données soient utilisées à cette fin. Ainsi, en matière de prospection par voie électronique ou par automate d'appel, l'article L. 34-5 du code des postes et communications électroniques dispose que « la prospection directe par courrier électronique est autorisée si les coordonnées du destinataire ont été recueillies directement auprès de lui, dans le respect des dispositions de la loi n° 78-17 du 6 janvier 1978 relative à l'informatique, aux fichiers et aux libertés, à l'occasion d'une vente ou d'une prestation de services, si la prospection directe concerne des produits ou services analogues fournis par la même personne physique ou morale, et si le destinataire se voit offrir, de manière expresse et dénuée d'ambiguïté, la possibilité de s'opposer, sans frais, hormis ceux liés à la transmission du refus, et de manière simple, à l'utilisation de ses coordonnées lorsque celles-ci sont recueillies et chaque fois qu'un courrier électronique de prospection lui est adressé ». En d'autres termes, une telle prospection ne peut intervenir qu'après le consentement exprès des personnes concernées, sauf « si la personne prospectée est déjà cliente de l'entreprise et si la prospection concerne des produits ou services analogues à ceux déjà fournis par l'entreprise », ou « si la prospection n'est pas de nature commerciale » (source : CNIL, Guide pratique, « La pub si je veux », disponible sur www.cnil.fr). Les courriels ou messages envoyés doivent ensuite comporter l'indication claire des moyens de s'opposer à de nouvelles sollicitations (CPCE, art. L. 34-5), le code des postes et communications électroniques confiant à la CNIL le soin de s'en assurer.

Enfin, le 6 de l'article 21 du RGPD, relatif aux **traitements à des fins de recherche**, constitue une nouveauté par son caractère explicite, mais pas véritablement sur le fond du droit, le droit d'opposition étant jusqu'à présent « universel ». ❑

Nota : L'essentiel de la jurisprudence antérieure (sur le fondement de l'anc. LIL et de la Dir. 95/46/CE) conserve un intérêt pour apprécier les dispositions de l'art. 21 RGPD.

1° PORTÉE ET MODALITÉS D'EXERCICE DU DROIT D'OPPOSITION

a. Portée

1. Le démarchage par SMS des propriétaires de biens immobiliers à vendre, à partir des données mises en ligne par ceux-ci, aux fins de leur proposer des diagnostics habitation, constitue une prospection commerciale à laquelle la personne concernée doit consentir explicitement. L'absence de suites données à la demande de plaignants d'exercer leur droit d'opposition constitue un manquement sanctionné en l'espèce par la CNIL. • CNIL, form. restr., 12 janv. 2012, délib. n° 2011-384 (portant sanction pécuniaire publique), confirmée par • CE 23 mars 2015, *Groupe DSE France*, n° 357756 : *Lebon T.* (le fait que les prospects ne puissent s'opposer au démarchage qu'en adressant un SMS ou un appel téléphonique payants à des numéros figurant dans le message reçu, ou en remplissant un formulaire sur le site internet de la société requérante, sans que cette faculté ait été mentionnée dans les SMS de prospection, ne permet pas de considérer que les exigences de gratuité et d'effectivité étaient remplies). ♦ V. égal., sur la sanction publique d'un refus de donner suite à des demandes d'opposition de personnes dont les données ont été collectées sur internet sur d'autres sites, notamment certains réseaux sociaux, en vue de l'enrichissement de profils personnels : • CNIL, form. restr., 1er juin 2012, délib. n° 2012-156 (portant avertissement public). ♦ ... Ou encore, sur le refus de faire droit à une demande d'opposition, sanctionné par la CNIL : • CNIL 15 mars 2007, délib. n° 2007-049 (portant sanction publique).

2. Sur le lien entre le caractère loyal de la collecte et le respect du droit d'opposition, la Cour de cassation juge qu'« est déloyal le fait de recueillir, à leur insu, des adresses électroniques personnelles de personnes physiques sur l'espace public d'internet, ce procédé faisant obstacle à leur droit d'opposition ». • Crim. 14 mars 2006, n° 05-83.423 : *D. 2007. 399, obs. Roujou de Boubée, Garé et Mirabail ; AJ pénal 2006. 260, obs. Roussel ; RTD com. 2006. 925, obs. Bouloc.*

3. Méconnaît le droit d'opposition la société gérant des campagnes de prospection commerciale par courrier électronique par silos rendant ineffective l'opposition des personnes au traitement de leurs données exercé au moyen du lien de désinscription figurant en bas des messages électroniques. • CNIL délib., 7 déc. 2020, n° SAN-2020-016 (concernant la Sté PERFORMECLIC).

b. Modalités d'exercice

4. Contrairement au consentement, qui doit être spécifique, informé et dénué de toute ambiguïté, le droit d'opposition doit être considéré comme valablement exprimé même s'il l'est de façon générale, sans qu'ait d'incidence la circonstance qu'il soit exprimé « par un acte d'abstention plutôt que par un acte positif » ou qu'il soit formulé largement à l'encontre de « tout démarchage commercial ». • CE 9 nov. 2015, *Sté Néressis,* n° 384673 : *Lebon T.*

5. En matière de publicité commerciale, la CNIL a adopté une norme simplifiée sur les traitements des données relatifs à la gestion des clients et des prospects. • CNIL 21 juin 2012, délib. n° 2012-209 (norme simplifiée n° 48), dans laquelle elle précise les conditions d'exercice du droit d'opposition. Elle prévoit notamment qu'« après la collecte des données : / ...La personne concernée a le droit de s'opposer, sans frais, à ce que ses données soient utilisées à des fins de prospection, notamment commerciale, par le responsable actuel du traitement ou celui d'un traitement ultérieur ; ... Les messages adressés à des fins de prospection directe, au moyen d'automates d'appel, télécopieurs et courriers électroniques, doivent mentionner des coordonnées permettant de demander à ne plus recevoir de telles sollicitations. / Le responsable du traitement auprès duquel le droit d'opposition a été exercé informe sans délai de cette opposition tout autre responsable de traitement qu'il a rendu destinataire des données à caractère personnel qui font l'objet de l'opposition ».

6. En matière de fichiers tenus par des associations, il a été jugé que l'opposition peut être formulée auprès d'une association par la saisine de la CNIL, aucun formalisme n'étant prévu par la loi. La Cour de cassation considère que justifie son arrêt la cour qui juge « qu'en matière politique, philosophique ou religieuse, la légitimité de l'opposition est remplie par le seul exercice de cette faculté ». • Crim. 28 sept. 2004, n° 03-86.604 P : *AJ pénal 2004. 447, obs. End* (arrêt rendu au visa de la LIL dans sa rédaction antérieure à 2004).

7. Les dispositions de l'art. 38 [devenu art. 56] LIL sont méconnues par un organisme qui collecte les données des réseaux sociaux aux fins de les agréger à l'annuaire en ligne qu'il gère, dès lors, d'une part, que les personnes concernées « n'étaient informées de leur droit d'opposition que si elles consultaient ce service » et, d'autre part, que « le droit d'opposition ne pouvait être exercé de manière effective et durable, eu égard à la complexité de la procédure et à la circonstance que les demandes imprécises ou incomplètes n'étaient pas traitées ». • CE 12 mars 2014, n° 353193 B. ♦ N'apporte pas une réponse satisfaisante aux demandes d'opposition la société qui indique avoir pris en compte les demandes des plaignants, mais ne pas les avoir satisfaites en raison d'erreurs humaines ou de problèmes techniques, puisque les plaignants ont continué à recevoir des appels téléphoniques de prospection commerciale. • CNIL 23 juin 2022, n° SAN-2022-011.

c. Personne auprès de qui s'exerce le droit d'opposition

8. Si la personne auprès de laquelle s'exerce le droit d'opposition est en principe le responsable de traitement, aucune disposition législative ou réglementaire ne fait obstacle à ce que celle-ci délègue sa compétence en la matière. Conséquence pour le fichier base élève de l'éducation nationale : compétence exercée à l'échelon départemental. • CE 27 juin 2016, *Min. de l'éducation nationale,* n° 392145 : *Lebon T; AJDA 2016. 1371, obs. Biget.*

d). Appréciation de la situation particulière

9. La personne invoquant un droit d'opposition ne peut alléguer des « craintes d'ordre général concernant notamment la sécurité du fonctionnement de la base, sans faire état de considérations qui lui seraient propres ou seraient propres à ses enfants ». • CE 18 mars 2019, n° 406313 : *Lebon ; D. 2019. 1673, obs. Maxwell* et *Zolynski ; Dalloz IP/IT 2019. 450, obs. Forest.*

10. Gestion des oppositions. La CNIL a considéré que « seul un mécanisme automatisé présente un caractère suffisamment efficace pour garantir que l'opposition exprimée par les personnes concernées soit respectée au regard premièrement des intérêts économiques que représente la prospection commerciale, tant pour [le responsable du traitement] que pour ses sous-traitants, deuxièmement du volume d'appels passés pour le compte de la société et troisièmement du nombre de personnes concernées (plus de 300 personnes avaient déjà fait part de leur opposition au jour de la séance). • CNIL, form. restr., 21 nov. 2019, n° SAN-2019-010 (concernant la sté FUTURA INTERNATIONALE). ♦ Confirmé par : • CE 1er mars 2021, n° 437808.

2° EXCEPTION (ART. 38 LIL, 3e AL.) : CHAMP D'APPLICATION

11. Traitements autorisés par un acte réglementaire pris après avis de la CNIL en application des anc. art. 26 et 27 [devenus art. 31 et 32] LIL. – Conséquence. Un arrêté prévoyant la mise en œuvre d'un traitement en application de l'art. 22 ne peut exclure toute possibilité d'exercice du droit d'opposition, à peine d'illégalité. • CE 19 juill. 2010, *Fristot,* nos 317182 et 323441 :

Lebon 320 ; AJDA 2010. 1454, obs. de Montecler ; ibid. 1930, chron. Botteghi et Lallet .

12. Traitement de données ayant pour principales finalités la prévention, la recherche, la constatation ou la poursuite d'infractions pénales en matière fiscale (« EVAFISC »). Légalité de l'arrêté en ce qu'il écarte expressément l'application du droit d'opposition. • CE 24 août 2011, *HSBC Private Bank (Suisse) SA*, n° 336382 : *Lebon T. 939.* ♦ En l'espèce, l'absence de droit d'opposition ne constitue pas une atteinte disproportionnée au droit garanti par l'art. 8 de la convention européenne de sauvegarde des droits de l'homme et des libertés fondamentales. • Même arrêt.

Art. 22 *Décision individuelle automatisée, y compris le profilage.* **1.** La personne concernée a le droit de ne pas faire l'objet d'une décision fondée exclusivement sur un traitement automatisé, y compris le profilage, produisant des effets juridiques la concernant ou l'affectant de manière significative de façon similaire.

2. Le paragraphe 1 ne s'applique pas lorsque la décision :

a) est nécessaire à la conclusion ou à l'exécution d'un contrat entre la personne concernée et un responsable du traitement ;

b) est autorisée par le droit de l'Union ou le droit de l'État membre auquel le responsable du traitement est soumis et qui prévoit également des mesures appropriées pour la sauvegarde des droits et libertés et des intérêts légitimes de la personne concernée ; ou

c) est fondée sur le consentement explicite de la personne concernée.

3. Dans les cas visés au paragraphe 2, points a) et c), le responsable du traitement met en œuvre des mesures appropriées pour la sauvegarde des droits et libertés et des intérêts légitimes de la personne concernée, au moins du droit de la personne concernée d'obtenir une intervention humaine de la part du responsable du traitement, d'exprimer son point de vue et de contester la décision.

4. Les décisions visées au paragraphe 2 ne peuvent être fondées sur les catégories particulières de données à caractère personnel visées à l'article 9, paragraphe 1, à moins que l'article 9, paragraphe 2, point a) ou g), ne s'applique et que des mesures appropriées pour la sauvegarde des droits et libertés et des intérêts légitimes de la personne concernée ne soient en place.

V. consid. 60, 71 et 72.

V. L. n° 78-17 du 6 janv. 1978, art. 47.

SECTION 5 *Limitations*

Art. 23 *Limitations.* **1.** Le droit de l'Union ou le droit de l'État membre auquel le responsable du traitement ou le sous-traitant est soumis peuvent, par la voie de mesures législatives, limiter la portée des obligations et des droits prévus aux articles 12 à 22 et à l'article 34, ainsi qu'à l'article 5 dans la mesure où les dispositions du droit en question correspondent aux droits et obligations prévus aux articles 12 à 22, lorsqu'une telle limitation respecte l'essence des libertés et droits fondamentaux et qu'elle constitue une mesure nécessaire et proportionnée dans une société démocratique pour garantir :

a) la sécurité nationale ;

b) la défense nationale ;

c) la sécurité publique ;

d) la prévention et la détection d'infractions pénales, ainsi que les enquêtes et les poursuites en la matière ou l'exécution de sanctions pénales, y compris la protection contre les menaces pour la sécurité publique et la prévention de telles menaces ;

e) d'autres objectifs importants d'intérêt public général de l'Union ou d'un État membre, notamment un intérêt économique ou financier important de l'Union ou d'un État membre, y compris dans les domaines monétaire, budgétaire et fiscal, de la santé publique et de la sécurité sociale ;

f) la protection de l'indépendance de la justice et des procédures judiciaires ;

g) la prévention et la détection de manquements à la déontologie des professions réglementées, ainsi que les enquêtes et les poursuites en la matière ;

h) une mission de contrôle, d'inspection ou de réglementation liée, même occasionnellement, à l'exercice de l'autorité publique, dans les cas visés aux points a) à e) et g) ;

i) la protection de la personne concernée ou des droits et libertés d'autrui ;

j) l'exécution des demandes de droit civil.

2. En particulier, toute mesure législative visée au paragraphe 1 contient des dispositions spécifiques relatives, au moins, le cas échéant :

a) aux finalités du traitement ou des catégories de traitement ;

b) aux catégories de données à caractère personnel ;

c) à l'étendue des limitations introduites ;

d) aux garanties destinées à prévenir les abus ou l'accès ou le transfert illicites ;

e) à la détermination du responsable du traitement ou des catégories de responsables du traitement ;

f) aux durées de conservation et aux garanties applicables, en tenant compte de la nature, de la portée et des finalités du traitement ou des catégories de traitement ;

g) aux risques pour les droits et libertés des personnes concernées ; et

h) au droit des personnes concernées d'être informées de la limitation, à moins que cela risque de nuire à la finalité de la limitation.

V. consid. 8 et 73.

V. L. n° 78-17 du 6 janv. 1978, art. 48, 52, 56, 116 à 120 (traitements intéressant la sûreté de l'État et la défense).

V. CEPD, Lignes directrices 10/2020 du 15 déc. 2020 « on restrictions under Article 23 GDPR » (version soumise à consultation publique, https://edpb.europa.eu/).

COMMENTAIRE

Cet article 23 permettant des restrictions sur les droits des personnes requiert un texte de droit de l'Union ou de l'État membre. Ces mesures doivent respecter l'essence des libertés et droits fondamentaux, et constituer une mesure nécessaire et proportionnée dans une société démocratique pour garantir notamment des « objectifs importants d'intérêt public général de l'Union ou d'un État membre, notamment un intérêt économique ou financier [...] y compris dans les domaines [...] de la santé publique et de la sécurité sociale » (RGPD, art. 23.1.e) ou encore pour garantir la protection des personnes concernées (RGPD, art. 23.1.i).

Le CEPD a adopté des lignes directrices concernant l'application de l'article 23 qui précisent que les autorités de contrôle doivent être consultées avant l'adoption de telles mesures et qu'elles doivent pouvoir contrôler leur application (Lignes directrices 10/2020 « on restrictions under Article 23 GDPR » du 15 déc. 2020). ❑

Sur l'exclusion du droit d'opposition (« quasi inédite ») dans le cadre d'un projet de décret relatif au recours à la vidéo intelligente pour mesurer le taux de port de masque dans les transports, la CNIL a considéré que de tels dispositifs, qui sont liés à l'existence d'une obligation de port du masque, poursuivent des objectifs de santé publique et de protection des personnes permettant, dans le respect du cadre applicable à la protection des données, d'envisager une limitation de leurs droits. Toutefois, la CNIL a imposé que les responsables de traitement, à travers l'information fournie en application du RGPD, précisent que le droit d'opposition n'est pas ouvert. • CNIL 17 déc. 2020, délib. n° 2020-136 : *D. actu. 15 mars 2021, obs. Maximin* (avis sur un projet de décret relatif au recours à la vidéo intelligente pour mesurer le taux de port de masque dans les transports).

CHAPITRE IV ***RESPONSABLE DU TRAITEMENT ET SOUS-TRAITANT***

V. Lignes directrices 07/2020 du 2 sept. 2020 sur les concepts de responsable du traitement et de sous-traitant dans le RGPD (version soumise à consultation publique (https://edpb.europa.eu).

COMMENTAIRE

Le chapitre IV du RGPD est le chapitre de référence pour tout organisme traitant de la donnée à caractère personnel. Il comporte deux innovations par rapport à la législation précédente.

D'une part, le champ d'application des organismes soumis au respect du RGPD est sensiblement étendu, puisque certaines obligations prévues à ce chapitre s'appliquent aussi bien au responsable de traitement qu'au sous-traitant.

D'autre part, la logique même de cette responsabilité est profondément modifiée. En effet, celle-ci repose désormais sur **le principe d'*accountability***, innovation majeure du RGPD. D'origine anglo-saxonne, ce terme ne connaît pas de traduction idoine en français, si ce n'est « responsabilité », qui semble réducteur et insuffisamment explicite (bien qu'ayant été utilisé dans les traductions des travaux du G29). L'*accountability* se définit comme la mise en œuvre de mesures et de procédures internes en vue d'appliquer les principes de protection des données personnelles ainsi qu'une obligation de rendre compte de ce qui a été fait pour assurer la conformité. Cette notion dans le nouveau texte confirme le changement de paradigme souhaité par les autorités de protection des données européennes qui l'ont conseillé à la Commission dès 2010 (V. G29, avis n° 3/2010 du 13 juill. 2010 sur le principe de responsabilité, WP 173, App., v° *Comité européen de la protection des données*).

Cette responsabilisation des acteurs est particulièrement importante pour les organismes opérant en France qui, jusqu'alors, étaient soumis à de nombreuses formalités préalables auprès de la Commission nationale de l'informatique et des libertés (CNIL). Ce formalisme administratif résultait de la transposition maximaliste de l'article 18 de la directive 95/46/CE du 24 octobre 1995, réalisée par la France (à l'inverse au Royaume-Uni, les responsables de traitement n'avaient à déclarer qu'une fois par an l'intégralité de leurs traitements de manière très générale et sans instruction postérieure de leur dossier par l'autorité de contrôle). Il appartient désormais aux acteurs de la protection des données de s'engager sur la conformité de leurs traitements en amont de leur mise en œuvre, en documentant cette mise en conformité.

En effet, la quasi-suppression des formalités préalables auprès de la CNIL s'accompagne en contrepartie de la mise en place d'une documentation adéquate. Par conséquent, en pratique, les organismes seront amenés à réaliser des opérations de vérification et de description des traitements comparables à celles qu'ils menaient lorsqu'ils devaient les soumettre à la CNIL. Si le contrôle *a priori* par une autorité administrative est supprimé, la conformité doit donc toujours faire l'objet d'un examen préalable dont la charge repose désormais intégralement sur l'organisme. Pour le responsable de traitements déjà habitué à porter la conformité de ces activités, les nouvelles obligations de ce chapitre nécessiteront une adaptation des pratiques, tandis que pour le sous-traitant dorénavant visé et responsabilisé, le règlement constitue un changement majeur de son mode de fonctionnement.

Toutefois, cette suppression du contrôle *a priori* n'est pas totale puisque le RGPD impose de soumettre aux autorités certains traitements sensibles dont la mise en œuvre est subordonnée à la réalisation préalable d'une analyse d'impact, et que les autorités nationales conservent une certaine latitude législative dans des secteurs spécifiques tels que, par exemple, celui de la santé (RGPD consid. 35, 52 à 54, et art. 88). En France, le traitement de données de santé est spécifiquement régi par la loi « Informatique et libertés » du 6 janvier 1978 (LIL), modifiée, et par son décret d'application, notamment en ce qui concerne le dépôt d'autorisations préalables en matière de recherche du chapitre IX de la loi (L. préc., art. 64 s. ; Décr. n° 2019-536 du 29 mai 2019, art. 86 s. ; V. égal. CSP, art. L. 1461-1 s., App., v° *Santé*). Cette responsabilisation des acteurs qui réduit et quasi-neutralise le contrôle *a priori* par l'autorité va de pair avec un contrôle *a posteriori* amplifié par l'augmentation des sanctions (V. RGPD, art. 83 et 84) et la nouvelle articulation des pouvoirs de contrôle entre autorités.

Ce chapitre pivot en termes d'obligations incombant au responsable de traitement et au sous-traitant arrive toutefois après le chapitre III relatif aux droits des personnes. Cette articulation constitue un changement notable au regard de la LIL et de la directive 95/46/CE, précitées, qui listaient les principes clés auxquels les traitements devaient se conformer avant d'envisager les droits.

La première section du présent chapitre pose le **principe de la responsabilité** de l'organisme qui traite des données, selon trois scénarios : la responsabilité du responsable de traitement, la responsabilité conjointe, et du celle sous-traitant, nouveauté du RGPD (V. RGPD, art. 24 à 31).

Tous ces acteurs devront intégrer l'esprit du RGPD en prenant en compte deux nouveaux concepts clés, la protection des données dès la conception et celle par défaut (***Privacy by design et Privacy by default***) (V. RGPD, art. 25 et consid. 74 à 78), ainsi qu'une nouvelle obligation qui, étonnamment, est distinguée des autres : le **registre des activités de traitement** (V. RGPD, art. 30), anciennement dévolu en France au seul correspondant Informatique et libertés (CIL), ancêtre du délégué à la protection des données (DPD).

Signe de l'importance de la sécurité des données, la section 2 du chapitre IV y est consacrée (V. RGPD, art. 32 à 34). Le législateur européen met l'accent sur l'enjeu crucial de la sécurité des traitements et leur effectivité, avant même l'étude de conformité développée en section 3. Est intégrée **la notification des violations de données** aux autorités de contrôle. Cette obligation, inaugurée par la modification de la directive 2002/58/CE du 12 juillet 2002, ne concernait jusqu'à présent que les fournisseurs de services de communications électroniques accessibles au public (V. ce texte, II. Textes complémentaires, *infra*). L'extension de ce principe avait été souhaité par le G29 dès 2008 dans son avis relatif à la révision de la directive. Il préconisait que « les fournisseurs de services de la société de l'information, comme les banques en ligne, les activités en ligne des entreprises, les prestataires en ligne de services de soins de santé, etc. », soient soumis à une telle obligation (V. avis n° 2/2008 du 15 mai 2008, WP 150). Si la directive « vie privée » n'a pas encore exaucé ce souhait (une nouvelle version est en débat), le RGPD va plus loin en généralisant la notification des violations à tous les responsables de traitements.

La section 3 propose une importante innovation juridique et administrative en contraignant le responsable du traitement à la réalisation d'**analyses d'impact** relatives à la protection des données pour les traitements de données sensibles (V. RGPD, art. 35 et 36). Ces études de risque appliquées à la protection des données peuvent amener, le cas échéant, à la consultation préalable de l'autorité de protection des données.

La section 4 est consacrée au **délégué à la protection des données (DPD)** (V. RGPD, art. 37 à 39). Ce rôle optionnel dans la directive 95/46/CE du 24 octobre 1995 (intitulé « détaché » et non pas « délégué ») était transposé dans un nombre de pays limité tels que la France, l'Allemagne ou les Pays-Bas. Nouvelle version du correspondant Informatique et libertés (CIL) inséré dans la LIL en 2004 en France, la généralisation du délégué est également la démonstration pratique de l'*accountability*. En effet, le CIL permettait déjà aux organismes qui le désignaient de ne pas avoir à notifier à la CNIL les traitements soumis à déclaration en contrepartie d'une obligation de documentation prenant la forme d'un registre, responsabilisant ainsi l'organisme qui le désignait. Le DPD acquiert dans le RGPD un statut précis comprenant fonction et missions.

La dernière section de ce chapitre est consacrée aux codes de conduite et certification, moyens de mise en conformité des organismes (V. RGPD, art. 40 à 43). La directive 95/46/CE les prévoyait déjà dans son article 27. Cette disposition n'a toutefois pas été pleinement utilisée. Toutefois, les autorités de protection des données européennes ont développé une certaine expertise sur ce sujet en co-créant, par exemple, les règles d'entreprise contraignantes (en anglais, *Binding Corporate Rules*, BCR) dans le cadre des transferts internationaux de données. Ces règles relèvent « de codes de bonnes pratiques, élaborés et mis en œuvre par des organisations multinationales, qui contiennent des mesures internes visant à mettre en application les principes de la protection des données (telles des audits, des programmes de formation, un réseau de délégués à la protection de la vie privée, un système de gestion des plaintes) » (V. G29, WP 173, *préc.*). Par ailleurs, des autorités nationales telles que la CNIL se sont engagées dans des procédures de labellisation. Le RGPD qui organise désormais une gouvernance européenne devrait permettre un meilleur recours à ces dispositions.

On peut ainsi constater que certaines de ces nouvelles obligations (notification des violations, délégué à la protection des données, code de conduite) ont déjà été testées, soit sur un secteur (ex. : les violations de données du fait des seuls opérateurs de télécommunications, les BCR pour les transferts), soit dans certains pays européens tels que la France (ex. : délégué à la protection des données, labellisation). ❑

SECTION 1 *Obligations générales*

Art. 24 *Responsabilité du responsable du traitement.* **1. Compte tenu de la nature, de la portée, du contexte et des finalités du traitement ainsi que des risques, dont le degré de probabilité et de gravité varie, pour les droits et libertés des personnes physiques, le responsable du traitement met en œuvre des mesures techniques et organisationnelles appropriées pour s'assurer et être en mesure de démontrer que le traitement est effectué conformément au présent règlement. Ces mesures sont réexaminées et actualisées si nécessaire.**

2. Lorsque cela est proportionné au regard des activités de traitement, les mesures visées au paragraphe 1 comprennent la mise en œuvre de politiques appropriées en matière de protection des données par le responsable du traitement.

3. L'application d'un code de conduite approuvé comme le prévoit l'article 40 ou de mécanismes de certification approuvés comme le prévoit l'article 42 peut servir d'élément pour démontrer le respect des obligations incombant au responsable du traitement.

V. consid. 74 à 77 et 84.

V. L. n° 78-17 du 6 janv. 1978, art. 57.

V. CEPD, lignes directrices 07/2020 du 7 juill. 2021 sur les concepts de responsable du traitement et de sous-traitant dans le RGPD (version 2.0) 🏛, *App., v° CEPD.*

COMMENTAIRE

I. MESURES TECHNIQUES ET ORGANISATIONNELLES

La première obligation contraint le responsable du traitement à mettre en œuvre les « mesures techniques et organisationnelles appropriées » pour assurer la conformité de son traitement au RGPD. Cette expression était déjà employée dans l'article 17, 1 de la directive 95/46/CE du 24 octobre 1995, mais dans le seul cadre des obligations de sécurité. Cette disposition précisait également que ces mesures devaient assurer « compte tenu de l'état de l'art et des coûts liés à leur mise en œuvre, un niveau de sécurité approprié au regard des risques présentés par le traitement et de la nature des données à protéger ».

Là où le régime précédent se limitait aux seules mesures de sécurité, la vigilance s'imposera donc sur les traitements de manière plus « universelle ». Cette évolution traduit le changement de culture impliqué par le RGPD : loin d'une conception assez « administrative » de la protection des données, il implique son intégration au cœur des processus internes de l'entreprise. Cette logique est également celle qui fonde le label « en matière de procédures de gouvernance tendant à assurer la protection des données » de la CNIL (V. Délib. CNIL n° 2014-500 du 11 déc. 2014 mod. par Délib. n° 2017-219 du 13 juill. 2017, *JO 20 sept.*).

Le considérant 76 du RGPD fait référence à une « évaluation objective » du risque du traitement. Selon le considérant 77, celle-ci doit être réalisée par « l'identification du risque lié au traitement, son évaluation en termes d'origine, de nature, de probabilité et de gravité, et par l'identification des meilleures pratiques visant à atténuer le risque ».

Cette obligation de vérification implique que les organismes doivent instaurer des procédures d'autocontrôle des traitements déjà mis en œuvre.

Les mesures évoquées dans l'article 24 se réfèrent à un traitement particulier susceptible d'être modifié. Toutefois, en pratique, certaines d'entre elles, notamment organisationnelles, peuvent être communes à plusieurs traitements mis en œuvre au sein de la même entité. Dès lors, tout changement dans ces mesures (par ex., une modification de la politique de sécurité des locaux) peut impacter plusieurs traitements. Il appartiendra au responsable de s'assurer que chacun d'entre eux reste conforme aux exigences du RGPD.

II. CONTRÔLE DE PROPORTIONNALITÉ

Le responsable du traitement, dans son analyse de la conformité, doit réaliser un contrôle de proportionnalité entre son traitement et le niveau de risque qu'il pourrait faire courir aux droits et libertés des personnes physiques (l'article 24, paragraphe 1, reprend ainsi le champ d'application personnel du RGPD, limité aux personnes physiques et excluant les personnes morales. V. RGPD, art. 2). La directive du 24 octobre 1995 prévoyait déjà que le responsable du traitement devait effectuer un tel exercice, notamment s'il souhaitait utiliser l'intérêt légitime comme fondement juridique de son traitement. Toutefois, dans ce texte comme dans la loi « Informatique et libertés » du 6 janvier 1978, les droits et libertés des personnes physiques prévalaient sur l'intérêt légitime. Dans le RGPD, quel que soit le fondement juridique, l'évaluation des risques n'implique pas par défaut la prévalence des droits et libertés des personnes mais leur mise en perspective au regard du degré de probabilité et de la gravité du risque identifié. Il est à noter que le RGPD implique de prendre en considération non seulement la nature et les finalités du traitement mais également sa portée et son contexte. L'analyse s'effectue *in concreto*. Cela rappelle le raisonnement de la CNIL dans ses autorisations de traitements potentiellement risqués en raison du contexte de leur mise en œuvre. Par exemple, bien que défavorable à l'utilisation de bases centrales d'empreintes digitales, elle a permis leur installation sur des sites classés « SEVESO » au motif que l'accès aux locaux devait être garanti à tout moment, en particulier pour faire face à des situations d'urgence, avec un haut niveau de sécurité (CNIL, communication relative à la mise en œuvre de dispositifs de reconnaissance par empreinte digitale avec stockage dans une base de données : https://www.cnil.fr/sites/default/files/typo/document/Communication-biometrie.pdf. Et, pour un ex., V. Délib. n° 2007-056 du 21 mars 2007 autorisant la mise en œuvre par le port autonome de Bordeaux d'un traitement automatisé de données à caractère personnel reposant sur la reconnaissance des empreintes digitales et ayant pour finalité le contrôle de l'accès à un appontement pétrolier et gazier).

III. MISE EN ŒUVRE DE POLITIQUES APPROPRIÉES ET DE CODES DE CONDUITE

Le second paragraphe de l'article 24 se réfère à la mise en œuvre de « politiques appropriées » lorsque cela est « proportionné aux activités de traitement », disposition inspirée des pratiques anglo-saxonnes. Au-delà des mesures spécifiques prises pour un ou pour plusieurs traitements, il semble être ici fait référence à des procédures plus globales, telles que des procédures de sécurité, des politiques d'administration des systèmes ou de gestion des accès.

La complexité de la mise en pratique de ces nouvelles dispositions a entraîné de nombreuses critiques émises lors de l'élaboration du nouveau texte au regard du risque d'insécurité juridique. Elles ont été entendues par les autorités de protection de données (V. G29, avis n° 3/2010 du 13 juill. 2010 sur le principe de la responsabilité, WP 173, App., v° *Comité européen de la protection des données*). C'est ainsi que dès l'adoption du RGPD, ces dernières ont engagé des discussions avec les parties prenantes et adopté des recommandations sur des sujets particuliers tels que le droit à la portabilité (V. G29, lignes directrices du 5 avr. 2017, WP 242 rev. 01, App., v° *Comité européen de la protection des données*), ou l'analyse d'impact (V. G29, lignes directrices du 4 oct. 2017, WP 248 rev. 01, App., v° *Comité européen de la protection des données*).

Cette concertation fait écho au considérant 77, qui précise que « Des directives relatives à la mise en œuvre de mesures appropriées et à la démonstration par le responsable du traitement ou le sous-traitant du respect du présent règlement [...] pourraient être fournies notamment au moyen de codes de conduite approuvés, de certifications approuvées et de lignes directrices données par le comité ou d'indications données par un délégué à la protection des données. Le comité peut également publier des lignes directrices relatives aux opérations de traitement considérées comme étant peu susceptibles d'engendrer un risque élevé pour les droits et libertés des personnes physiques et indiquer les mesures qui peuvent suffire dans de tels cas pour faire face à un tel risque. »

En effet, le recours à des codes de conduite et à des mesures de certification offrira des outils de mise en conformité en proposant une certaine sécurité juridique puisque ces mesures seront pré-validées par les autorités (V. RGPD, art. 40). ❑

Art. 25 *Protection des données dès la conception et protection des données par défaut.* **1. Compte tenu de l'état des connaissances, des coûts de mise en œuvre et de la nature, de la portée, du contexte et des finalités du traitement ainsi que des risques, dont le degré de probabilité et de gravité varie, que présente le traitement pour les droits et libertés des personnes physiques, le responsable du traitement met en œuvre, tant au moment de la détermination des moyens du traitement qu'au moment du traitement lui-même, des mesures techniques et organisationnelles appropriées, telles que la pseudonymisation, qui sont destinées à mettre en œuvre les principes relatifs à la protection des données, par exemple la minimisation des données, de façon effective et à assortir le traitement des garanties nécessaires afin de répondre aux exigences du présent règlement et de protéger les droits de la personne concernée.**

2. Le responsable du traitement met en œuvre les mesures techniques et organisationnelles appropriées pour garantir que, par défaut, seules les données à caractère personnel qui sont nécessaires au regard de chaque finalité spécifique du traitement sont traitées. Cela s'applique à la quantité de données à caractère personnel collectées, à l'étendue de leur traitement, à leur durée de conservation et à leur accessibilité. En particulier, ces mesures garantissent que, par défaut, les données à caractère personnel ne sont pas rendues accessibles à un nombre indéterminé de personnes physiques sans l'intervention de la personne physique concernée.

3. Un mécanisme de certification approuvé en vertu de l'article 42 peut servir d'élément pour démontrer le respect des exigences énoncées aux paragraphes 1 et 2 du présent article.

V. consid. 78.

V. CEPD, lignes directrices 4/2019 du 20 oct. 2020 (version 2.0) sur l'art. 25 (https://edpb.europa.eu).

COMMENTAIRE

La protection des données dès la conception, et non à la conception, est une déclinaison du principe d'*accountability*, qui impose au responsable du traitement à la fois d'engager l'analyse de conformité au moment où il envisage et crée son traitement et également de garantir cette conformité tout au long de la mise en œuvre du traitement (V. RGPD, art. 25, 1).

Ce concept, également dénommé « *privacy by design* », s'analyse comme un principe général de garantie de la conformité. Il implique que l'entité qui traite des données soit ainsi structurée et que, dès le stade de la conception stratégique ou opérationnelle d'un service ou d'un produit, la dimension « protection des données » soit structurante. Le principe de protection des données par défaut (« *privacy by default* ») s'analyse comme la mise en place de mesures protectrices de la vie privée au moment de l'élaboration du traitement mais aussi, du point de vue de son utilisateur, dans son paramétrage permanent. Il apparaît ainsi comme une composante de la protection dès la conception (V. RGPD, art. 25, 2).

Les critères à prendre en compte pour assurer le respect des obligations dès la conception ne sont pas sans rappeler, à certains égards, ceux applicables au principe de précaution. Le point 1 de l'article 25 invite ainsi à tenir compte de « l'état des connaissances, des coûts de mise en œuvre et de la nature, de la portée, du contexte et des finalités du traitement ainsi que des risques, dont le degré de probabilité et de gravité varie ». Cette évaluation des risques qui est réalisée par le responsable du traitement est cristallisée dans l'analyse d'impact (V. RGPD, art. 35 et 36), cette dernière étant un des outils de la protection des données dès la conception.

Ce concept a pu être utilisé dans le cadre d'une procédure de sanction relative à un défaut de sécurité sur un site internet. La CNIL a considéré qu'un défaut de sécurité permettait de « démontrer que, dès sa conception en 2014, le site web de la société était défectueux et que celle-ci n'avait pas mis en place les mesures appropriées et élémentaires de sécurité » et que « la société n'a placé la sécurité des données de ses clients au cœur de ses préoccupations qu'après l'intervention des services de la Commission » (CNIL, 18 juill. 2019, délib. n° SAN-2019-007).

La mise en œuvre de ce concept ne peut être réellement évaluée, et donc jugée, qu'à l'aune des autres obligations du responsable du traitement, et notamment de la protection des données par défaut, variante plus précise techniquement. En effet, le considérant 78 du RGPD illustre la protection des données par défaut par les exemples suivants : la pseudonymisation dès que possible, la garantie de la transparence en ce qui concerne les fonctions et le traitement des données à caractère personnel, le contrôle par la personne concernée du traitement, la mise en place ou l'amélioration par le responsable du traitement de dispositifs de sécurité. Ce considérant précise également qu'« il convient d'inciter les fabricants de produits, les prestataires de services et les producteurs d'applications à prendre en compte le droit à la protection des données lors de l'élaboration et de la conception de tels produits, services et applications et, compte dûment tenu de l'état des connaissances, à s'assurer que les responsables du traitement et les sous-traitants sont en mesure de s'acquitter des obligations qui leur incombent en matière de protection des données. Les principes de protection des données dès la conception et de protection des données par défaut devraient également être pris en considération dans le cadre des marchés publics ».

Cette insistance sur les fabricants de produits, les prestataires de services et les producteurs d'applications trouve un écho direct dans les travaux des autorités de contrôle (V. par ex., G29, avis n° 8/ 2014 du 16 sept. 2014, WP 223, sur les évolutions relatives à l'internet des objets, qui relève notamment la difficulté pour les utilisateurs de modifier les paramétrages industriels installés par défaut ; CNIL, févr. 2018, cas pratique analyse d'impact CAPTOO).

La minimisation des données est citée dès le paragraphe 1 du présent article 25. Ce concept se retrouve explicité dans le paragraphe 2 (« seules les données qui sont nécessaires au regard de chaque finalité spécifique du traitement sont traitées »), et précisé ensuite puisque le principe s'applique à la quantité de données, à l'étendue de leur traitement, à la durée de conservation et à leur accessibilité. Ces conditions reprennent celles de l'article 6, 1°, c de la directive de 1995 qui imposait que les données collectées soient « adéquates, pertinentes et non excessives au regard des finalités » (V. aussi L. n° 78-17 du 6 janv. 1978, art. 4). Par conséquent, bien qu'ayant une importante composante technique, la mise en œuvre de ces principes implique une analyse juridique. En effet, seules les données pertinentes peuvent être collectées ; la durée de conservation doit être définie préalablement, les destinataires précisés, et l'information des personnes (« transparence ») garantie. Sur l'aspect technique de ce principe, le RGPD dans son article 32 cite le chiffrement et la pseudonymisation comme des moyens de garantir la protection des données [pour plus d'information, V. Agence européenne chargée de la sécurité des réseaux et de l'information (ENISA), la communication « Privacy and Data Protection by Design – from policy to engineering », *déc. 2014*].

Comme dans l'article 24, il est fait référence aux mécanismes de certification de l'article 42. Ils pourront, le cas échéant, servir au responsable du traitement pour démontrer la conformité de son traitement aux principes de protection des données dès la conception et par défaut. ❑

1. Absence de mesures de pseudonymisation – effets. L'accès à des données du dossier médical des patients, couvertes par le secret médical (CSP, art. L. 1110-4, V. App., v° *Santé*) par des commissaires aux comptes, est contraire aux dispositions de l'art. 25 RGPD en tant que « ne sont pas prévues des mesures techniques et organisationnelles propres à garantir le respect du secret médical ». • CE 28 nov. 2020, n° 428451 B : *Dalloz IP/IT 2021. 159, obs. J. Sirinelli*.

2. Défaut de sécurité et conception défectueuse. Sur l'absence de mesure de restriction pour accéder aux données, V. : • CNIL 18 juill. 2019, délib. n° SAN-2019-007 (prononçant une sanction pécuniaire). ♦ Suite à l'absence de mise en place d'une procédure d'authentification des utilisateurs, V. : • CNIL 28 mai 2019, délib. n° SAN-2019-005 (prononçant une sanction pécuniaire). ♦ Sanction confirmée par : • CE 4 nov. 2020, n° 433311 : *AJDA 2020. 2186 ; Dalloz IP/IT 2021. 155, obs. Galichet ; Légipresse 2020. 676, étude Mole*. ♦ Viole l'art. 25 la société qui n'a pas mis en œuvre les mesures organisationnelles et techniques permettant de procéder à l'effacement des données à caractère personnel qui n'étaient plus nécessaires pour les besoins de la facturation. • CNIL 28 déc. 2021, *Free Mobile*, délib. n° SAN-2021-021 : *CCE 2022, n° 38, obs. Maisnier-Boché*.

Art. 26 *Responsables conjoints du traitement.* **1. Lorsque deux responsables du traitement ou plus déterminent conjointement les finalités et les moyens du traitement, ils sont les responsables conjoints du traitement. Les responsables conjoints du traitement définissent de manière transparente leurs obligations respectives aux fins d'assurer le respect des exigences du présent règlement, notamment en ce qui concerne l'exercice des droits de la personne concernée, et leurs obligations respectives quant à la communication des informations visées aux articles 13 et 14, par voie d'accord entre eux, sauf si, et dans la mesure, où leurs obligations respectives sont définies par le droit de l'Union ou par le droit de l'État membre auquel les responsables du traitement sont soumis. Un point de contact pour les personnes concernées peut être désigné dans l'accord.**

2. L'accord visé au paragraphe 1 reflète dûment les rôles respectifs des responsables conjoints du traitement et leurs relations vis-à-vis des personnes concernées. Les grandes lignes de l'accord sont mises à la disposition de la personne concernée.

3. Indépendamment des termes de l'accord visé au paragraphe 1, la personne concernée peut exercer les droits que lui confère le présent règlement à l'égard de et contre chacun des responsables du traitement.

V. consid. 79.

V. L. n° 78-17 du 6 janv. 1978, art. 59.

V. CEPD, lignes directrices 08/2020 du 13 avr. 2021 sur le ciblage des utilisateurs des médias sociaux (https://edpb.europa.eu/).

BIBL. ▸ DOUVILLE, *Dalloz IP/IT 2021. 188* (le contrat en matière de responsabilité conjointe de traitement de données).

COMMENTAIRE

Le RGPD adopte et précise le principe de responsabilité conjointe permettant à plusieurs acteurs d'être responsables du traitement dont ils décident conjointement des finalités et des moyens. La directive 95/46/CE du 24 octobre 1995 prévoyait cette possibilité, qui n'avait toutefois pas été retenue explicitement par la loi « Informatique et libertés » du 6 janvier 1978 (V. comm. ss. RGPD, art. 3). Le G29 a publié en 2010 un avis explicitant les définitions de responsable du traitement et de sous-traitant, accompagnées d'exemples, y compris en matière de co-responsabilité (V. avis n° 1/2010 du 16 févr. 2010, WP 169, V. désormais, Lignes directrices 07/2020 du 7 juill. 2021, App., v° *Comité européen de la protection des données*).

Cette coresponsabilité était particulièrement souhaitée, notamment lors du recours à certaines solutions numériques telles que pour le *cloud computing* (ressources informatiques à distance).

Les arrêts récents de la CJUE (CJUE 5 juin 2018, n° C 210/16 et 10 juill. 2018, n° C-25/17) semblent indiquer une interprétation très large de cette responsabilité conjointe alors même qu'une des parties n'accéderait pas à de la donnée personnelle nominative mais en tirerait un profit direct ou indirect.

Plusieurs éléments retiennent l'attention :

– **Le partage contractuel** : l'article 26 fonde principalement la responsabilité conjointe sur le partage contractuel des obligations entre les responsables. Compte tenu notamment du niveau de sanctions encouru, le contrat devra déterminer avec précision le partage des rôles entre les différents responsables. Enfin, même en l'absence de contrat, les autorités de contrôle ou le juge peuvent requalifier une situation de fait en responsabilité conjointe. Toutefois lorsque les cocontractants seront soumis à des législations nationales différentes, ce partage contractuel pourra être difficile à réaliser.

– **La possibilité de partager un contact commun** : les cocontractants pourront décider d'un contact commun pour les personnes concernées pour à la fois faciliter la prise de contact par les personnes et assurer une meilleure gestion des droits de celles-ci. Cependant, cette mise en commun n'est pas obligatoire et impliquera quoi qu'il en soit la mise en place d'une procédure de gestion des droits, notamment de communication entre les cocontractants (délai, forme).

– **L'information** : l'article 26 met l'accent sur l'information des personnes qui doit être réalisée conformément aux obligations des articles 13 et 14 du RGPD. Les « grandes lignes de l'accord » n'ont pas à être insérées dans la mention d'information, mais elle doit être mise à disposition, ce qui rappelle la possibilité d'obtenir copie sur demande des garanties appropriées dans les cas de transfert de données (V. RGPD, art. 13, 1, f). Il s'agit donc d'une information au minimum sur demande. Il conviendra de déterminer le niveau de détail de cette information afin qu'elle soit suffisamment précise pour répondre aux interrogations des personnes sans toutefois porter atteinte à la confidentialité de l'accord entre les parties (les pénalités contractuelles, par exemple, ne semblent pas relever de cette information).

– **La responsabilité solidaire** : le RGPD a clarifié la qualité de la responsabilité conjointe qui avait été source de discussion sous la directive de 1995 (V. G29, WP 169, *préc.*). Cette responsabilité conjointe permet aux personnes concernées d'engager toute action envers l'un ou l'autre des responsables du traitement sans avoir à se préoccuper de la répartition des responsabilités préalablement mises en place, à charge dès lors pour la partie poursuivie de se retourner contre son cocontractant. Ce schéma s'apparente en partie à celui du sous-traitant avec le responsable du traitement. En effet, ce dernier, même s'il est seul responsable légalement vis-à-vis des personnes, peut se retourner contre son sous-traitant si celui-ci a enfreint ses obligations contractuelles. ❑

1. Sur la responsabilité conjointe de Facebook et des administrateurs d'une page Facebook en raison de l'obtention de données statistiques sur la page, sans même avoir accès aux données personnelles des utilisateurs de la page, V. : • CJUE 5 juin 2018, *Facebook*, n° C-210/16 : *D. 2018. 1208 ; ibid. 2018. 2270, obs. Larrieu, Le Stanc et Tréfigny ; ibid. 2019. 1016, obs. Clavel et Jault-Seseke ; ibid. 1673, obs. Maxwell et Zolynski ; Dalloz IP/IT 2018. 391 ; CCE 2018, n° 86, note Metallines.*

2. Sur la responsabilité conjointe de la congrégation religieuse avec ses membres qui font du porte-à-porte jugeant que même si la congrégation n'est pas destinataire des données, il est suffisant que celle-ci organise, coordonne et encourage les activités de prêche, V. : • CJUE 10 juill. 2018, *Témoins de Jehovah*, n° C-25/17 : *D. 2018. 14 ; ibid. 2019. 1673, obs. Maxwell et Zolynski ; Dalloz IP/IT 2018. 698, obs. Perray et Uzan-Naulin ; RTD eur. 2019. 393, obs. Benoît-Rohmer ; CCE 2018, n° 85, note Debet.*

Art. 27 *Représentants des responsables du traitement ou des sous-traitants qui ne sont pas établis dans l'Union.* **1. Lorsque l'article 3, paragraphe 2, s'applique, le responsable du traitement ou le sous-traitant désigne par écrit un représentant dans l'Union.**

2. L'obligation prévue au paragraphe 1 du présent article ne s'applique pas :

a) à un traitement qui est occasionnel, qui n'implique pas un traitement à grande échelle des catégories particulières de données visées à l'article 9, paragraphe 1, ou un traitement de données à caractère personnel relatives à des condamnations pénales et à des infractions visées à l'article 10, et qui n'est pas susceptible d'engendrer un risque pour les droits et libertés des personnes physiques, compte tenu de la nature, du contexte, de la portée et des finalités du traitement ; ou

b) à une autorité publique ou à un organisme public ;

3. Le représentant est établi dans un des États membres dans lesquels se trouvent les personnes physiques dont les données à caractère personnel font l'objet d'un traitement lié à l'offre de biens ou de services, ou dont le comportement fait l'objet d'un suivi.

4. Le représentant est mandaté par le responsable du traitement ou le sous-traitant pour être la personne à qui, notamment, les autorités de contrôle et les personnes concernées doivent s'adresser, en plus ou à la place du responsable du traitement ou du sous-traitant, pour toutes les questions relatives au traitement, aux fins d'assurer le respect du présent règlement.

5. La désignation d'un représentant par le responsable du traitement ou le sous-traitant est sans préjudice d'actions en justice qui pourraient être intentées contre le responsable du traitement ou le sous-traitant lui-même.

V. consid. 80.

COMMENTAIRE

L'article 27, 1, reprend l'obligation de désignation d'un représentant dans l'Union européenne lorsque les critères du droit applicable sont réunis, c'est-à-dire lorsque le RGPD s'applique à des traitements dont le responsable ou son sous-traitant ne sont pas établis dans l'Union européenne. Cette désignation par mandat doit être réalisée par écrit, mais aucun formalisme particulier n'est précisé, laissant ainsi la preuve écrite libre (contrat, correspondance).

I. CRITÈRES

La désignation d'un représentant s'applique aux traitements des seuls organismes privés, soumis au droit de l'Union en raison des critères du droit applicable.

Les traitements occasionnels ne sont pas soumis à cette désignation, sauf si ce sont des traitements à grande échelle de données particulières, de données de condamnations ou d'infractions pénales qui pourraient engendrer des risques pour les droits et libertés des personnes (V. comm. ss. RGPD, art. 35).

Les organismes publics ou autorités publiques qui seraient des responsables de traitements établis hors de l'Union sont explicitement exclus de la désignation d'un représentant.

II. STATUT DU REPRÉSENTANT

Le représentant du responsable du traitement ou du sous-traitant agit « pour le compte de » son mandant (V. RGPD, consid. 80). Il joue un rôle d'intermédiaire pouvant être contacté par l'autorité de contrôle ou par les personnes physiques concernées par le traitement, d'où la nécessité qu'il soit établi dans un État de l'Union dans lequel se trouvent ces personnes. Le mandat doit préciser les tâches dévolues au représentant.

III. RESPONSABILITÉ

Le responsable du traitement ou le sous-traitant qui aurait désigné un représentant ne s'exonère pas de ses obligations par cette désignation. Le représentant agit sur mandat et se doit donc d'accomplir ses tâches conformément à son mandat. Toutefois, « le représentant désigné devrait faire l'objet de procédures coercitives en cas de non-respect du règlement par le responsable du traitement ou le sous-traitant » (V. RGPD, consid. 80). ❑

Art. 28 *Sous-traitant.* **1. Lorsqu'un traitement doit être effectué pour le compte d'un responsable du traitement, celui-ci fait uniquement appel à des sous-traitants qui présentent des garanties suffisantes quant à la mise en œuvre de mesures techniques et organisationnelles appropriées de manière à ce que le traitement réponde aux exigences du présent règlement et garantisse la protection des droits de la personne concernée.**

2. Le sous-traitant ne recrute pas un autre sous-traitant sans l'autorisation écrite préalable, spécifique ou générale, du responsable du traitement. Dans le cas d'une autorisation écrite générale, le sous-traitant informe le responsable du traitement de tout changement prévu concernant l'ajout ou le remplacement d'autres sous-traitants, donnant ainsi au responsable du traitement la possibilité d'émettre des objections à l'encontre de ces changements.

3. Le traitement par un sous-traitant est régi par un contrat ou un autre acte juridique au titre du droit de l'Union ou du droit d'un État membre, qui lie le sous-traitant à l'égard du responsable du traitement, définit l'objet et la durée du traitement, la nature et la finalité du traitement, le type de données à caractère personnel et les catégories de personnes concernées, et les obligations et les droits du responsable du traitement. Ce contrat ou cet autre acte juridique prévoit, notamment, que le sous-traitant :

a) ne traite les données à caractère personnel que sur instruction documentée du responsable du traitement, y compris en ce qui concerne les transferts de données à caractère personnel vers un pays tiers ou à une organisation internationale, à moins qu'il ne soit tenu d'y procéder en vertu du droit de l'Union ou du droit de l'État membre auquel le sous-traitant est soumis ; dans ce cas, le sous-traitant informe le responsable du traitement de cette obligation juridique avant le traitement, sauf si le droit concerné interdit une telle information pour des motifs importants d'intérêt public ;

b) veille à ce que les personnes autorisées à traiter les données à caractère personnel s'engagent à respecter la confidentialité ou soient soumises à une obligation légale appropriée de confidentialité ;

c) prend toutes les mesures requises en vertu de l'article 32 ;

d) respecte les conditions visées aux paragraphes 2 et 4 pour recruter un autre sous-traitant ;

e) tient compte de la nature du traitement, aide le responsable du traitement, par des mesures techniques et organisationnelles appropriées, dans toute la mesure du possible, à s'acquitter de son obligation de donner suite aux demandes dont les personnes concernées le saisissent en vue d'exercer leurs droits prévus au chapitre III ;

f) aide le responsable du traitement à garantir le respect des obligations prévues aux articles 32 à 36, compte tenu de la nature du traitement et des informations à la disposition du sous-traitant ;

g) selon le choix du responsable du traitement, supprime toutes les données à caractère personnel ou les renvoie au responsable du traitement au terme de la prestation de services relatifs au traitement, et détruit les copies existantes, à moins que le droit de l'Union ou le droit de l'État membre n'exige la conservation des données à caractère personnel ; et

h) met à la disposition du responsable du traitement toutes les informations nécessaires pour démontrer le respect des obligations prévues au présent article et pour permettre la réalisation d'audits, y compris des inspections, par le responsable du traitement ou un autre auditeur qu'il a mandaté, et contribuer à ces audits.

En ce qui concerne le point h) du premier alinéa, le sous-traitant informe immédiatement le responsable du traitement si, selon lui, une instruction constitue une violation du présent règlement ou d'autres dispositions du droit de l'Union ou du droit des États membres relatives à la protection des données.

4. Lorsqu'un sous-traitant recrute un autre sous-traitant pour mener des activités de traitement spécifiques pour le compte du responsable du traitement, les mêmes obligations en matière de protection de données que celles fixées dans le contrat ou un autre acte juridique entre le responsable du traitement et le sous-traitant conformément au paragraphe 3, sont imposées à cet autre sous-traitant par contrat ou au moyen d'un autre acte juridique au titre du droit de l'Union ou du droit d'un État membre, en particulier pour ce qui est de présenter des garanties suffisantes quant à la mise en œuvre de mesures techniques et organisationnelles appropriées de manière à ce que le traitement réponde aux exigences du présent règlement. Lorsque cet autre sous-traitant ne remplit pas ses obligations en matière de protection des données, le sous-traitant initial demeure pleinement responsable devant le responsable du traitement de l'exécution par l'autre sous-traitant de ses obligations.

5. L'application, par un sous-traitant, d'un code de conduite approuvé comme le prévoit l'article 40 ou d'un mécanisme de certification approuvé comme le prévoit l'article 42 peut servir d'élément pour démontrer l'existence des garanties suffisantes conformément aux paragraphes 1 et 4 du présent article.

6. Sans préjudice d'un contrat particulier entre le responsable du traitement et le sous-traitant, le contrat ou l'autre acte juridique visé aux paragraphes 3 et 4 du

présent article peut être fondé, en tout ou en partie, sur les clauses contractuelles types visées aux paragraphes 7 et 8 du présent article, y compris lorsqu'elles font partie d'une certification délivrée au responsable du traitement ou au sous-traitant en vertu des articles 42 et 43.

7. La Commission peut établir des clauses contractuelles types pour les questions visées aux paragraphes 3 et 4 du présent article et conformément à la procédure d'examen visée à l'article 93, paragraphe 2.

8. Une autorité de contrôle peut adopter des clauses contractuelles types pour les questions visées aux paragraphes 3 et 4 du présent article et conformément au mécanisme de contrôle de la cohérence visé à l'article 63.

9. Le contrat ou l'autre acte juridique visé aux paragraphes 3 et 4 se présente sous une forme écrite, y compris en format électronique.

10. Sans préjudice des articles 82, 83 et 84, si, en violation du présent règlement, un sous-traitant détermine les finalités et les moyens du traitement, il est considéré comme un responsable du traitement pour ce qui concerne ce traitement.

V. consid. 81.

V. L. n° 78-17 du 6 janv. 1978, art. 60.

V. Décision d'exécution (UE) 2021/915 de la Commission du 4 juin 2021 relative aux clauses contractuelles types entre les responsables du traitement et les sous-traitants au titre de l'art. 28, § 7, du Règl. (UE) 2016/679 et de l'art. 29, § 7, du Règl. (UE) 2018/1725.

V. CEPD, lignes directrices 07/2020 du 7 juill. 2021 sur les concepts de responsable du traitement et de sous-traitant dans le RGPD (version 2.0) 🏛, App., v° CEPD.

BIBL. ▶ CNIL, Guide du sous-traitant, *sept. 2017.* - Dossier : Entrée en vigueur du RGPD : quels changements pour les responsables de traitement ?, *CCE 2018. 7.* - MARTIAL-BRAZ, *Dalloz IP/IT 2021. 180* (le contrat entre responsable de traitement et sous-traitant). - LIVENAIS et POURAILLY, *Dalloz IP/IT 2021. 348* (première condamnation d'un sous-traitant par la CNIL, *quid* des relations entre responsable de traitement et sous-traitant ?). - MOHTY et STAUB, *ibid. 2022. 198* (les sanctions pour violation du RGPD : quelle efficacité ?).

COMMENTAIRE

L'article 28 impose au responsable du traitement de ne sélectionner que des sous-traitants justifiant de la mise en œuvre de mesures techniques (sécurité logique et physique) et organisationnelles afin de garantir la conformité du traitement qui lui est confié au RGPD.

Cette rédaction restrictive se rapproche de celle de l'article 17, 2, de la directive 95/46/CE du 24 octobre 1995 (« choisir un sous-traitant qui apporte des garanties suffisantes »), qui n'avait pas été aussi précisément transposée (V. L. n° 78-17 du 6 janv. 1978, anc. art. 35 : « le sous-traitant doit présenter des garanties suffisantes pour assurer la mise en œuvre de mesures de sécurité et de confidentialité mentionnées à l'article 34. »).

Les garanties suffisantes sont appréciées « notamment en termes de connaissances spécialisées, de fiabilité et de ressources, pour la mise en œuvre de mesures techniques et organisationnelles [...] y compris en matière de sécurité du traitement » (V. RGPD, consid. 81).

La preuve de ces garanties prises pourra prendre la forme par exemple de l'application d'un code de conduite approuvé ou d'un mécanisme de certification approuvé (V. RGPD, art. 28, 7).

I. FORMALISME

Le sous-traitant est celui qui agit pour le compte du responsable du traitement. Le G29 a interprété la notion d'« agir pour le compte de » comme « signifiant servir les intérêts d'un tiers et renvoyant à la notion juridique de délégation » (V. avis n° 1/2010 du 16 févr. 2010, WP 169, V. désormais, Lignes directrices 07/2020 du 7 juill. 2021, App., v° *Comité européen de la protection des données*). Il n'est donc pas étonnant que l'article 28 reprenne l'obligation de la directive de 1995 imposant la conclusion d'un contrat ou d'un autre type d'acte écrit dès lors que celui-ci « lie le sous-traitant à l'égard du responsable du traitement ». Cet acte peut prendre un format électronique. L'article 28 du RGPD s'avère plus précis que la directive dans la mesure où le contenu du contrat est détaillé (V. ci-dessous).

Le RGPD prévoit la possibilité pour la Commission européenne ainsi que pour les autorités de contrôle (dans le cadre du mécanisme de contrôle de la cohérence) d'adopter des clauses contractuelles types. Ces clauses pourront être reprises en totalité ou non, et faire également partie d'une « certification délivrée au responsable du traitement ou au sous-traitant » (V. RGPD, art. 42 et 43).

Si la possibilité de l'adoption par la Commission de telles clauses s'avère une nouveauté dans les relations avec les sous-traitants, celles-ci sont déjà bien connues des responsables de traitement qui transfèrent des données hors de l'Union. En effet, la Commission a adopté dans ce cas de figure des clauses contractuelles types permettant aux cocontractants d'avoir une annexe à leur contrat dont les obligations sont pré-rédigées ne nécessitant que des ajouts contextuels à la marge.

En outre, la CNIL, dans son guide de la sécurité des données personnelles, proposait dès 2010 une clause type de confidentialité sans valeur normative. Cette proposition de clause a été mise à jour du RGPD dans le guide du sous-traitant édité en septembre 2017 par la CNIL.

II. CONTENU DU CONTRAT

A. INFORMATIONS MINIMALES

Le contrat doit définir les informations minimales relatives à la nature et à la finalité du traitement, le type de donnée à caractère personnel et les catégories de personnes concernées ainsi que « l'objet et la durée du traitement ».

Doivent également être « définis » les « obligations et les droits du responsable du traitement », ce qui implique que le seul renvoi au RGPD, notamment à son chapitre IV, risque d'être insuffisant.

B. LISTE NON EXHAUSTIVE D'OBLIGATIONS

Les obligations du sous-traitant qui doivent être énumérées permettent de lister les exigences du RGPD dans la relation entre sous-traitant et responsable du traitement. Il est à noter que l'article 28, paragraphe 3, offre une liste non exhaustive de ces obligations :

– Agir sur instruction (V. RGPD, art. 28, 3, a) : comme dans le cadre de l'article 16 de la directive de 1995, le sous-traitant n'agit que « sur instruction » du responsable du traitement. Le RGPD est toutefois plus précis puisque ces instructions doivent être « documentées ». Il n'est pas spécifié que cette documentation doit être réalisée à l'écrit. En cas d'instruction orale, le sous-traitant et le responsable du traitement devront être en mesure d'apporter la preuve de cette instruction (par ex : procédure détaillée).

– Transfert hors UE en raison d'une obligation légale (V. RGPD, art. 28, 3, a) : si le sous-traitant est soumis à une obligation de transfert de données vers un pays tiers ou une organisation internationale en raison d'une législation émanant de l'Union européenne, le responsable du traitement doit en être informé avant le traitement, c'est-à-dire en pratique lors des négociations contractuelles. De tels transferts pourraient intervenir, par exemple, pour des raisons de sécurité publique dans le cadre de collaborations internationales. Toutefois seules les obligations légales émanant de l'Union européenne sont concernées. Par conséquent ne relèvent pas de cette exception les obligations légales de pays hors de l'Union, y compris des pays dont la législation serait considérée comme adéquate par la Commission européenne. L'article 28 offre une exception à cette information préalable lorsqu'elle est interdite par le droit concerné pour des motifs importants d'intérêt public. Par ailleurs, il ne précise pas ce qu'il adviendrait si cette obligation de transfert apparaissait lors de l'exécution de la prestation, et donc une fois le traitement mis en œuvre.

– Obligation de confidentialité (V. RGPD, art. 28, 3, b) : le sous-traitant doit être le garant de la confidentialité des données qu'il traite et s'engager à faire en sorte que son personnel assure cette confidentialité. Selon la législation applicable au prestataire et à son personnel, soit les personnels « s'engagent à respecter la confidentialité », soit ils sont soumis à une obligation légale, par exemple pénale. En pratique, il s'agira le plus souvent d'une clause de confidentialité insérée dans le contrat de travail assortie de mesures de contrôle appropriées.

– Mesures de sécurité du traitement (V. RGPD, art. 28, 3, c) : le sous-traitant doit prendre toutes les mesures requises par l'article 32 du RGPD. La sécurité assurée par le sous-traitant est cruciale. Elle est à la fois physique et « logique », c'est-à-dire informatique. C'est une obligation fondamentale qui fait écho au 1 de l'article 28 concernant la sélection du sous-traitant eu regard à ses capacités de « mettre en œuvre des mesures techniques et organisationnelles appropriées ».

– Recrutement d'un sous-traitant ultérieur (V. RGPD, art. 28, 3, d) : la sous-traitance en cascade doit reprendre les conditions développées dans ce même article (V. ci-dessous).

– Aide à l'exercice des droits des personnes (V. RGPD, art. 28, 3, e) : le sous-traitant doit « aider le responsable du traitement par des mesures techniques et organisationnelles appropriées » lors de l'exercice par des personnes de leurs droits, y compris de nouveaux droits tels que celui à l'oubli ou à la portabilité. C'est bien le responsable du traitement qui a la charge d'assurer l'effectivité de la réponse aux personnes. Toutefois, le sous-traitant devra l'assister « dans toute la mesure du possible ». Par conséquent, le contrat devra préciser auprès de qui les personnes exercent leur droit, quelles seront les modalités d'assistance, les délais, les coûts et responsabilités associés, etc.

– Aide à la conformité au RGPD (V. RGPD, art. 28, 3, f) : le sous-traitant est tenu d'accompagner le responsable du traitement dans sa conformité avec le RGPD, notamment en ce qui concerne les violations de données et l'analyse d'impact à la charge du responsable du traitement (les deux principales nouvelles obligations du RGPD). L'article 28 précise tout de même que cette aide doit prendre en compte « la nature du traitement et des informations à la disposition du sous-traitant », ce qui implique que l'assistance du sous-traitant dépendra du contexte et de ses capacités. Le contrat pourra utilement préciser les modalités de cette assistance, notamment les conditions et délai d'avertissement du responsable du traitement lors d'une violation ainsi que les modalités de réponse en cas de compléments nécessaires.

– Statut des données au terme de la prestation (V. RGPD, art. 28, 3, g) : c'est au responsable du traitement de décider si à la fin de la prestation, le sous-traitant doit supprimer toutes les données à caractère personnel ou les lui rendre. Le moment de la décision n'est pas précisé. Le contrat peut ainsi laisser ce choix ouvert au responsable du traitement, qui décidera en temps utile. Le sous-traitant ne peut conserver aucune copie des données et doit s'engager à les détruire, sauf si une obligation légale le contraint à les conserver.

– Obligation de coopération (V. RGPD, art. 28, 3, h) : le sous-traitant doit partager avec le responsable du traitement « toutes les informations nécessaires pour démontrer le respect des obligations prévues au présent article ». Par renvoi, le sous-traitant se doit d'aider le responsable du traitement à prouver sa conformité à l'ensemble du RGPD, et notamment à ses obligations principales définies aux articles 32 à 36. Il est par ailleurs précisé que ces informations doivent permettre la « réalisation d'audits » que ce soit par des auditeurs internes provenant du responsable du traitement ou par des auditeurs externes mandatés par le responsable du traitement. Ainsi, dans l'hypothèse où un sous-traitant souhaiterait imposer à l'ensemble de ses clients le même cabinet d'audit indépendant, il lui appartiendra d'obtenir l'aval de ses clients. L'article 28 ajoute aux audits la possibilité d'inspections sans autre précision, ce qui semble se référer aux contrôles de l'autorité de contrôle.

– Instruction non conforme : si le sous-traitant considère qu'une instruction du responsable du traitement viole les dispositions du RGPD ou d'une autre législation, il doit l'en informer « immédiatement ». Le RGPD ne précise pas quelles conséquences le sous-traitant doit tirer du silence ou du refus du responsable du traitement de modifier son instruction. Le responsable du traitement étant juridiquement responsable, c'est à lui qu'incombe *in fine* l'appréciation de la non-conformité.

III. SOUS-TRAITANCE ULTÉRIEURE

Le recrutement d'un sous-traitant directement par le sous-traitant (*subprocessor* en anglais) doit être précisé dans le contrat.

A. AUTORISATION ÉCRITE DU RESPONSABLE DU TRAITEMENT

La sous-traitance doit être autorisée par écrit par le responsable du traitement. Cette autorisation délivrée au sous-traitant peut prendre la forme d'une autorisation spécifique à un sous-traitant ultérieur ou être générale, c'est-à-dire autorisant tous les éventuels sous-traitants ultérieurs. Dans cette dernière hypothèse, le sous-traitant doit établir et mettre à jour une liste des sous-traitants ultérieurs avec lesquels il contracte. Le sous-traitant qui bénéficierait d'une autorisation écrite générale aura tout de même l'obligation d'informer le responsable du traitement de tout ajout ou remplacement d'un sous-traitant ultérieur. Cette information permettra au responsable du traitement de s'opposer à ce changement. Les conséquences d'une telle opposition devront être contractuellement envisagées. En pratique, cette opposition pourra être complexe à mettre en œuvre dans le cas d'un sous-traitant effectuant un changement de sous-traitant ultérieur qui impacterait de nombreux clients-responsables du traitement.

B. FORMALISME

Comme pour le sous-traitant initial, un contrat ou un autre acte juridique doit lier le sous-traitant et son sous-contractant.

C. OBLIGATIONS

Les obligations du sous-traitant initial s'imposent à son sous-traitant ultérieur. L'article 28, 4 précise d'ailleurs qu'en particulier le sous-traitant ultérieur doit « présenter des garanties suffisantes quant à la mise en œuvre de mesures techniques et organisationnelles appropriées ». Le recours à un sous-traitant ultérieur bien qu'il soit autorisé par écrit par le responsable du traitement ne supprime pas les obligations contractuelles du sous-traitant initial. Ce dernier devra particulièrement veiller à bien transcrire ses obligations dans ce second contrat, ce qui pourra être complexe à réaliser si le sous-traitant ultérieur, de par sa position économique, souhaite lui imposer des conditions générales types.

D. RESPONSABILITÉ

Le sous-traitant initial demeure pleinement responsable des actes de son sous-traitant, à charge pour lui de se retourner contre ce dernier pour ne pas avoir rempli ses obligations contractuelles.

Toutefois, le responsable de traitement peut être sanctionné s'il ne respecte pas ses obligations. Cela peut ainsi conduire à des amendes distinctes au regard des responsabilités respectives du responsable de traitement et de son sous-traitant. Ainsi, par exemple, le responsable de traitement peut être sanctionné pour ne pas avoir décidé de la mise en place de mesures et donner des instructions documentées à son sous-traitant, et le sous-traitant l'être également pour ne pas avoir recherché les solutions techniques et organisationnelles les plus appropriées pour assurer la sécurité des données personnelles, et les proposer au responsable de traitement (CNIL, « Credential stuffing » : la CNIL sanctionne un responsable de traitement et son sous-traitant, communiqué, 27 janv. 2021).

IV. REQUALIFICATION DU SOUS-TRAITANT EN RESPONSABLE DU TRAITEMENT

L'article 28, 10 rappelle que dans l'hypothèse où le sous-traitant violerait le RGPD, sa responsabilité pourrait être engagée sur le fondement de ce texte, mais également qu'il pourrait être requalifié en responsable du traitement si cette violation l'avait amené à déterminer les finalités et les moyens du traitement. Cette requalification explicitement visée par le RGPD amènera peut-être le sous-traitant à faire preuve de diligences accrues dans le suivi des instructions du responsable de traitement.

Par ailleurs, le G29 a eu l'occasion de rappeler en 2010 que « le rôle de sous-traitant ne découle pas de la nature de l'entité traitant des données mais de ses activités concrètes dans un cadre précis. En d'autres termes, la même entité peut agir à la fois en qualité de responsable du traitement pour certaines opérations de traitement et en tant que sous-traitant pour d'autres opérations, et la qualification de responsable ou de sous-traitant doit être évaluée au regard d'un ensemble spécifique de données ou d'opérations » (V. WP 169, *préc.*). « Certains critères peuvent aider à déterminer la qualification des divers acteurs participant au traitement : le nombre d'instructions préalables données par le responsable du traitement ; la surveillance qu'il exerce sur le niveau du service ; la visibilité vis-à-vis des personnes concernées ; l'expertise des parties ; le pouvoir de décision autonome laissé aux différentes parties » (V. WP 169, *préc.*). Dès 2012, la CNIL, dans son guide sur les transferts des données hors Union européenne, avait rédigé un tableau énumérant des indices permettant d'orienter vers une qualification de responsable de traitement ou de sous-traitant (transparence, niveau d'instruction, niveau de contrôle et expertise). ❑

Nota : Les annotations de jurisprudence comprennent les décisions rendues en application du RGPD ainsi que celles antérieures (sur le fondement de l'anc. LIL) qui conservent un intérêt pour apprécier les dispositions du RGPD

1. Portée. Sur l'annulation d'un décret ne prévoyant pas les garanties propres à assurer que l'accès aux données par le prestataire n'excède pas celui qui est strictement nécessaire à l'exercice de la mission qui leur est reconnue par la loi (en l'espèce, des commissaires au compte), V. : • CE 25 nov. 2020, n° 428451 : *Dalloz IP/IT 2021. 159, obs. J. Sirinelli*.

2. Sur la responsabilité du responsable du traitement. Est sans influence sur l'obligation pesant sur le responsable de traitement d'assurer un suivi rigoureux des actions menées par ce dernier une erreur commise par un sous-traitant. • CNIL 6 sept. 2018, n° SAN-2018-010. ♦ La circonstance que des opérations de traitement de données soient confiées à des sous-traitants ne décharge pas le responsable du traitement de la responsabilité qui lui incombe de préserver la sécurité des données, sans que soit ainsi méconnu le principe constitutionnel de responsabilité personnelle, dès lors que ces sous-traitants agissent sur instruction du responsable de traitement. • CE 30 déc. 2015, nº 385019 : *AJDA 2016. 644* ✎. ♦ La seule mention, dans le contrat liant le responsable du traitement à son prestataire, d'une obligation de sécurité mise à la charge de cette dernière et de ses sous-traitants ne dispensait pas le responsable du traitement de prendre des mesures destinées à s'assurer lui-même que la sécurité de ses données était préservée. • CE 30 déc. 2015 : *préc.* ♦ A méconnu les obligations à sa charge le responsable du traitement qui ne réalise pas d'audit de sécurité sur l'application qui avait été spécialement définie pour la prospection commerciale de ses clients et qui utilisait des moyens de communication non sécurisés pour transférer à ses prestataires des données à caractère personnel sans veiller à ce que les consignes de sécurité prévues contractuellement avec le sous-traitant soient portées à la connaissance du prestataire secondaire. • CE 30 déc. 2015 : *préc.* ♦ Est considéré comme un tiers à la décision de sanction d'un responsable de traitement le sous-traitant qui n'a pas été poursuivi et n'a fait l'objet, dès lors, dans le cadre de la procédure, d'aucune sanction, pouvant ainsi obtenir l'anonymisation des mentions la concernant. • CE 11 mars 2015, nº 372884. ♦ Le seul fait que la décision contestée comporte de telles mentions ne donne pas au sous-traitant intérêt à demander l'annulation, même partielle, de cette décision, dont le dispositif ne lui fait pas grief. • CE 31 mars 2013, nº 368818.

3. Sur le contrat. Lorsque les relations de sous-traitance entre le responsable du traitement et ses sous-traitants, notamment en qualité d'hébergeur, sont conclues ou sont prévues sous forme de convention, lors des différentes phases du projet d'application, à savoir les phases de développement, de production et d'exploitation, une telle convention doit préciser les obligations de chaque partie, dans le respect des dispositions de l'art. 28 RGPD, notamment en matière d'exercice des droits des personnes concernées et de mesures de sécurité. • CNIL 25 mai 2020, délib. nº 2020-056 : *D. actu. 28 mai 2020, obs. Crichton ; Dalloz IP/IT 2020. 358* ✎. *obs. Quéméner et Dalle* (avis sur un projet de décret relatif à l'application mobile dénommée « StopCovid ») ♦ Lorsque le fournisseur de service d'informatique en nuage (« *cloud computing* ») hébergeant l'infrastructure de l'application, agissant en qualité de sous-traitant, possède des centres de données localisés en France, le contrat de sous-traitance le liant au responsable de traitement doit notamment préciser les zones géographiques depuis lesquelles les administrateurs accèdent à l'infrastructure. • CNIL 25 mai 2020 : *préc.* ♦ Les avenants au contrat cadre de prestation de service conclu entre le responsable du traitement et le sous-traitant chargé d'effectuer le traitement de données à caractère personnel litigieux (fichier de lobbying) doivent contenir les informations prévues à l'art. 28 RGPD lorsqu'ils ont été conclus à partir du 25 mai 2018. • CNIL 26 juill. 2021, *Monsanto,* nº SAN-2021-012 : *V. note 4 ss. RGPD, art. 14.* ♦ Constitue un manquement à l'art. 28 RGPD le contrat entre le responsable du traitement et le sous-traitant dans lequel certaines clauses sont manquantes (en l'espèce, obligation de confidentialité et réalisation d'audit). • CNIL 7 déc. 2020, délib. nº SAN-2020-016 : *Dalloz IP/IT 2021. 349, obs. Galichet* ✎. ♦ Doit être repris l'ensemble des mentions obligatoires au titre de l'art. 28, notamment le type de données concernées ainsi que les obligations et droits du responsable de traitements. • CNIL 28 déc. 2021, *Slimpay,* délib. nº SAN-2021-020 : *Dalloz IP/IT 2022. 335, obs. Galichet* ✎.

4. Sur les sous-traitants ultérieurs. Le questionnaire transmis aux sous-traitants ultérieurs doit être complété pour avoir valeur de preuve et ne constitue pas un acte juridique contraignant par lequel le sous-traitant ultérieur s'engage à respecter les éléments définis. • CNIL 28 déc. 2021, *Slimpay,* délib. nº SAN-2021-020 : *préc. note 3.*

Art. 29 *Traitement effectué sous l'autorité du responsable du traitement ou du sous-traitant.*
Le sous-traitant et toute personne agissant sous l'autorité du responsable du traitement ou sous celle du sous-traitant, qui a accès à des données à caractère personnel, ne peut pas traiter ces données, excepté sur instruction du responsable du traitement, à moins d'y être obligé par le droit de l'Union ou le droit d'un État membre.

V. L. nº 78-17 du 6 janv. 1978, art. 61.

COMMENTAIRE

Dans le cadre de la sous-traitance, l'article 29 du RGPD distingue le fait d'avoir accès aux données et de les traiter. Le G29 avait eu l'occasion de rappeler que « l'expérience démontre que, d'une part, l'accès aux données n'entraîne pas nécessairement une telle responsabilité (la qualification de responsable de traitement), et que, d'autre part, le fait d'avoir accès aux données n'est pas une condition essentielle pour être responsable du traitement » (V. avis nº 1/2010 du 16 févr. 2010, WP 169, V. désormais, Lignes directrices 07/2020 du 7 juill. 2021, App., vº *Comité européen de la protection des données*).

Ainsi, le sous-traitant et ses sous-traitants ultérieurs, bien qu'ayant accès aux données, ont l'interdiction de traiter les données, sauf sur instruction du responsable du traitement. Cela exclut donc des obligations légales provenant de pays hors de l'Union. Cette obligation d'agir sur instruction fait partie des exigences à lister dans le contrat (V. RGPD, art. 28, 3, a). En outre, l'article 29 prévoit une exception qui est le traitement en raison d'une obligation légale émanant de l'Union ou d'un État membre de l'Union. Cela exclut donc des obligations légales provenant de pays hors de l'Union.

La circonstance que des opérations de traitement de données soient confiées à des sous-traitants ne décharge pas le responsable de traitement de la responsabilité qui lui incombe de préserver la sécurité des données traitées pour son compte (CE 11 mars 2015 : V. note *infra*). L'intervention d'un prestataire « crée plutôt une responsabilité supplémentaire de contrôle effectif des agissements du prestataire » (Délib. CNIL du 8 janv. 2018, n° SAN-2018-001 : V. note *infra*, citant les concl. du rapporteur public dans l'affaire précitée).

Le fait que le sous-traitant ne respecte pas les instructions du responsable du traitement ne réduit pas la responsabilité de ce dernier (Délib. CNIL 8 janv. 2018 : *préc.*).

En outre, le responsable du traitement informé d'une violation de données par son sous-traitant doit faire preuve de diligences dans la résolution de la violation (Délib. CNIL, 8 janv. 2018 : *préc.*). ❑

Nota : L'essentiel de la jurisprudence antérieure (sur le fondement de l'anc. LIL) conserve un intérêt pour apprécier les dispositions de l'art. 29 du RGPD.

Portée. Sur le partage de responsabilité entre responsable de traitement et sous-traitant, le responsable de traitement n'est pas déchargé de la responsabilité qui lui incombe de préserver la sécurité des données, sans que soit méconnu le principe constitutionnel de responsabilité personnelle, « dès lors que les sous-traitants ont agi, ainsi que le prévoient les dispositions de l'article 35 [devenu art. 60] de la loi du 6 janvier 1978, sur instruction du responsable du traitement ». • CE 11 mars 2015, *Sté Total raffinage marketing et a.*, n°s 368748 et 368819 : *Lebon T.* ♦ Le fait qu'un sous-traitant n'ai pas respecté les instructions du responsable du traitement ne décharge pas ce dernier de sa responsabilité. La circonstance que le sous-traitant aurait décidé seul d'ajouter un formulaire sans que le responsable du traitement n'en ait connaissance – « en plus des autres moyens déterminés dans le cadre du contrat de prestations conclu entre les deux sociétés – ne saurait suffire à considérer [le sous-traitant] comme responsable de traitement ». Il appartenait au responsable du traitement « de s'assurer et de vérifier que toutes les composantes et options de l'outil de gestion des demandes de service après-vente développées par [le sous-traitant] répondaient à l'obligation de confidentialité énoncée à l'article 34 [devenu art. 57] de la loi [n° 78-17 du 6 janv. 1978]. Au besoin et en application de règles de bonnes pratiques en matière informatique, il revenait à la société de faire désactiver tous les modules inutilement mis en œuvre par son prestataire. » • CNIL 8 janv. 2018, délib. n° SAN-2018-001. ♦ A traité des données au-delà des instructions données par les responsables de traitement la société qui a extrait un volume de données plus important que celui requis dans le cadre de la migration demandée par ses clients. Le recours à un outil inadapté ne justifie pas d'avoir outrepassé les instructions des responsables de traitement. • CNIL 15 avr. 2022, *Dedalus Biologie*, délib. n° SAN-2022-009 : *RTD com. 2022. 302, obs. Douville ; CCE 2022, n° 53, obs. Maisnier-Boché.*

Art. 30 *Registre des activités de traitement.* **1. Chaque responsable du traitement et, le cas échéant, le représentant du responsable du traitement tiennent un registre des activités de traitement effectuées sous leur responsabilité. Ce registre comporte toutes les informations suivantes :**

a) le nom et les coordonnées du responsable du traitement et, le cas échéant, du responsable conjoint du traitement, du représentant du responsable du traitement et du délégué à la protection des données ;

b) les finalités du traitement ;

c) une description des catégories de personnes concernées et des catégories de données à caractère personnel ;

d) les catégories de destinataires auxquels les données à caractère personnel ont été ou seront communiquées, y compris les destinataires dans des pays tiers ou des organisations internationales ;

e) le cas échéant, les transferts de données à caractère personnel vers un pays tiers ou à une organisation internationale, y compris l'identification de ce pays tiers ou de cette organisation internationale et, dans le cas des transferts visés à l'article 49, paragraphe 1, deuxième alinéa, les documents attestant de l'existence de garanties appropriées ;

f) dans la mesure du possible, les délais prévus pour l'effacement des différentes catégories de données ;

g) dans la mesure du possible, une description générale des mesures de sécurité techniques et organisationnelles visées à l'article 32, paragraphe 1.

2. Chaque sous-traitant et, le cas échéant, le représentant du sous-traitant tiennent un registre de toutes les catégories d'activités de traitement effectuées pour le compte du responsable du traitement, comprenant :

a) le nom et les coordonnées du ou des sous-traitants et de chaque responsable du traitement pour le compte duquel le sous-traitant agit ainsi que, le cas échéant, les noms et les coordonnées du représentant du responsable du traitement ou du sous-traitant et celles du délégué à la protection des données ;

b) les catégories de traitements effectués pour le compte de chaque responsable du traitement ;

c) le cas échéant, les transferts de données à caractère personnel vers un pays tiers ou à une organisation internationale, y compris l'identification de ce pays tiers ou de cette organisation internationale et, dans le cas des transferts visés à l'article 49, paragraphe 1, deuxième alinéa, les documents attestant de l'existence de garanties appropriées ;

d) dans la mesure du possible, une description générale des mesures de sécurité techniques et organisationnelles visées à l'article 32, paragraphe 1.

3. Les registres visés aux paragraphes 1 et 2 se présentent sous une forme écrite y compris la forme électronique.

4. Le responsable du traitement ou le sous-traitant et, le cas échéant, leur représentant mettent le registre à la disposition de l'autorité de contrôle sur demande.

5. Les obligations visées aux paragraphes 1 et 2 ne s'appliquent pas à une entreprise ou à une organisation comptant moins de 250 employés, sauf si le traitement qu'elles effectuent est susceptible de comporter un risque pour les droits et des libertés des personnes concernées, s'il n'est pas occasionnel ou s'il porte notamment sur les catégories particulières de données visées à l'article 9, paragraphe 1, ou sur des données à caractère personnel relatives à des condamnations pénales et à des infractions visées à l'article 10.

V. consid. 82.

V. L. n° 78-17 du 6 janv. 1978, art. 57 et 60.

V. G29, avis du 19 avr. 2018 sur les dérogations à l'obligation de conserver des enregistrements des activités de traitement conformément à l'article 30, paragraphe 5, du RGPD (https://edpb.europa.eu/).

COMMENTAIRE

L'obligation de tenir un registre des traitements illustre le concept d'*accountability* (V. comm. ss. RGPD, chap. IV). L'avis du G29 du 30 mai 2014 (WP 218) sur l'approche des risques en matière de protection des données considère ainsi que cette documentation est « un moyen interne indispensable pour les responsables de traitements de gérer l'*accountability* de manière effective », pour les autorités dans leurs contrôles *a posteriori* ainsi que pour l'exercice des droits des personnes concernées. Il précise qu'elle va « au-delà de l'information donnée aux personnes concernées ».

Rappelons qu'en France ce registre remplace les déclarations de traitements auprès de l'autorité de contrôle qui étaient prévues par la directive 95/46/CE du 24 ocobre 1995, et est donc vu comme une simplification de la charge administrative.

En droit français, le correspondant Informatique et libertés (CIL), qui avait été intégré dans la loi Informatique et libertés, se devait de tenir une liste des traitements communément appelée « registre du CIL » (V. L. n° 78-17 du 6 janv. 1978, anc. art. 22-III). Il n'en est pas de même dans le RGPD qui ne précise pas l'auteur de la documentation. Le délégué peut se charger de cette mission, et est sans doute le mieux placé pour le faire, mais ce n'est pas une obligation légale.

Le RGPD innove également en étendant cette obligation au sous-traitant.

I. EXCEPTION À L'OBLIGATION DE TENIR UN REGISTRE

La tenue du registre n'est obligatoire que
- dans les entreprises ou organisations de plus de 250 employés
- ou dans celles dont

▸ les traitements sont susceptibles de comporter un risque pour les droits et libertés des personnes

▸ les traitements sont réguliers (et non occasionnels)

▸ les traitements portent sur des catégories particulières de données ou des données de condamnations ou d'infractions.

Le G29 dans un « position paper » du 19 avril 2018 a précisé que ces critères étaient alternatifs. Par conséquent, le seul fait pour une entreprise de moins de 250 employés de mettre en œuvre un traitement régulier de données la contraint à tenir un registre. En pratique, cette interprétation prive d'effet la dérogation puisqu'un simple traitement de ressources humaines pourrait être considéré comme un traitement régulier.

C'est l'interprétation que la CNIL semble avoir adoptée dans son guide BPI se référant au critère du traitement ponctuel comme la non-nécessité de faire figurer ce traitement « purement » occasionnel dans le registre obligatoire par ailleurs (ex. : « fichier constitué pour une opération événementielle ponctuelle comme l'inauguration d'une boutique », V. guide pratique de sensibilisation au RGPD pour les petites et moyennes entreprises).

II. FORMALISME

Ce registre doit être tenu sous une forme écrite, y compris électronique (ex. : logiciel spécifique ou traitement de texte).

Il doit être « mis à disposition » de l'autorité de contrôle. Il n'est pas précisé si cette mise à disposition implique obligatoirement une transmission physique, ou si la possibilité que l'autorité de contrôle puisse le consulter sur place serait suffisante. Cette hypothèse est toutefois peu souhaitable et probablement peu d'actualité à l'ère du numérique.

L'article 30 du RGPD concerne le registre tenu par le responsable du traitement ou son représentant (en pratique, le registre sera probablement tenu par le responsable du traitement et transmis à son représentant), et également par le sous-traitant (ou son représentant).

III. CONTENU DU REGISTRE DU RESPONSABLE DE TRAITEMENT

Le contenu du registre fait écho en partie au contenu de l'obligation d'information des articles 13 et 14 du RGPD. En ce qui concerne le responsable du traitement, le registre doit contenir ses nom et coordonnées, ainsi que, le cas échéant, ceux du coresponsable, du représentant et du délégué à la protection des données (à noter que les articles 13 et 14 n'imposent pas la divulgation du nom du délégué mais seulement celle de ses coordonnées). A l'inverse du délégué, le responsable du traitement, le coresponsable et le représentant qui devront être identifiés pourront être des personnes physiques mais seront le plus souvent des personnes morales. Il s'agira dès lors d'en indiquer la dénomination sociale.

En pratique, il conviendra de préciser également pour chaque traitement quel département et quelle personne en interne définissent les finalités et les moyens de ce traitement.

Le registre doit également lister :

– les finalités du traitement,

– les catégories de personnes concernées et les catégories de données (et non le détail des données),

– les catégories de destinataires, y compris ceux futurs (et donc potentiels), ceux hors de l'Union et les organisations internationales,

– les transferts de données hors de l'Union comprenant l'identification du pays, et le cas échéant, la documentation attestant de l'existence des garanties, et

– « dans la mesure du possible » :

▸ les délais prévus pour l'effacement des catégories de données : l'article 30 du RGPD ne reprend pas la terminologie relative à la durée de conservation ou, à défaut, aux critères pour la déterminer utilisée aux articles 13 et 14.

▸ une description des mesures de sécurité mentionnées à l'article 32, paragraphe 1.

Le RGPD n'illustre pas ce qui pourrait constituer une impossibilité de remplir ces exigences. Il semble difficile de justifier l'absence de description des mesures de sécurité ou même d'effacement des données alors que la sécurité et l'absence de pérennité des données sont des obligations essentielles. A défaut d'être contenues dans le registre pour chaque traitement, ces informations relatives à la sécurité pourront renvoyer à des documents plus généraux décrivant ces mesures (ex. : politique générale de sécurité).

IV. CONTENU DU REGISTRE DU SOUS-TRAITANT

Le sous-traitant doit également tenir un registre qui se divisera en plusieurs parties : une pour son activité de responsable de traitement (ex. : pour les données de ses employés), ainsi qu'une pour chaque responsable de traitements.

Dans cette dernière hypothèse, son registre devra contenir :

– ses nom et coordonnées, ceux de chaque responsable du traitement pour lequel il agit, et le cas échéant du représentant de ce dernier, et ceux du délégué de la protection des données ;

– les catégories de traitements effectués pour le compte de chaque responsable, et non les traitements, laissant supposer qu'il s'agit ici d'identifier un type de traitement et non de lister les finalités de chaque traitement (ex. : hébergement) ;

– le cas échéant, les transferts de données hors Union (V. comm. ss. RGPD, art. 45 s.) ;

– « dans la mesure du possible, une description générale des mesures de sécurité » (V. ci-dessus, III).

Le sous-traitant n'a pas à préciser le délai d'effacement qui relève de la discrétion du responsable du traitement (V. RGPD, art. 28, 3, g). Il n'a pas non plus à détailler les finalités, les catégories de personnes concernées, de données et de destinataires qui ne sont pas systématiquement mises à sa connaissance et qui relèvent de la seule responsabilité du responsable du traitement (ex. : fournisseur de *cloud computing*). ❑

Art. 31 *Coopération avec l'autorité de contrôle.* **Le responsable du traitement et le sous-traitant ainsi que, le cas échéant, leurs représentants coopèrent avec l'autorité de contrôle, à la demande de celle-ci, dans l'exécution de ses missions.**

V. consid. 80 et 82.

COMMENTAIRE

Cette obligation de coopération avait été explicitée dans la loi n° 78-17 du 6 janvier 1978, notamment dans son ancien article 21 qui précisait que les responsables « ne pouvaient s'opposer à l'action de la Commission ou de ses membres et devaient au contraire prendre toutes mesures utiles afin de faciliter sa tâche ».

L'article 31 du RGPD ajuste cette obligation à tous, y compris aux sous-traitants et à leurs représentants. Quant au délégué à la protection des données, la coopération avec l'autorité relève de ses missions (V. RGPD, art. 39). ❑

1. Jurisprudence antérieure à l'application du RGPD. Sur le fondement de l'anc. art. 21 de la LIL, la CNIL a sanctionné un responsable de traitement qui ne répondait pas à ses courriers considérant que « ce comportement démontr[ait] un défaut manifeste de prise en compte des questions Informatique et Libertés liées au traitement des données à caractère personnel ». • CNIL 18 mai 2017, délib. n° SAN-2017-008

2. Application du RGPD. Le principe de coopération posé par l'art. 31 RGPD préexiste à la procédure engagée : son non-respect est constitué en tant que tel et n'est pas lié à la mise en conformité postérieure de la société ni au principe du contradictoire qui régit la procédure de sanction, sanctionnant ainsi le responsable du traitement. • CNIL 21 nov. 2019, délib. n° SAN-2019-010 : *D. actu. 17 déc. 2019, obs. Léon; Dalloz IP/IT 2020. 130, obs. Staub.* ♦ Confirmée par • CE 1er mars 2021, n° 437808. ♦ V. jurisprudence ss. art. 83.

SECTION 2 *Sécurité des données à caractère personnel*

Art. 32 *Sécurité du traitement.* **1. Compte tenu de l'état des connaissances, des coûts de mise en œuvre et de la nature, de la portée, du contexte et des finalités du traitement ainsi que des risques, dont le degré de probabilité et de gravité varie, pour les droits et libertés des personnes physiques, le responsable du traitement et le sous-traitant mettent en œuvre les mesures techniques et organisationnelles appropriées afin de garantir un niveau de sécurité adapté au risque, y compris entre autres, selon les besoins :**

a) la pseudonymisation et le chiffrement des données à caractère personnel ;

b) des moyens permettant de garantir la confidentialité, l'intégrité, la disponibilité et la résilience constantes des systèmes et des services de traitement ;

c) des moyens permettant de rétablir la disponibilité des données à caractère personnel et l'accès à celles-ci dans des délais appropriés en cas d'incident physique ou technique ;

d) une procédure visant à tester, à analyser et à évaluer régulièrement l'efficacité des mesures techniques et organisationnelles pour assurer la sécurité du traitement.

2. Lors de l'évaluation du niveau de sécurité approprié, il est tenu compte en particulier des risques que présente le traitement, résultant notamment de la destruction, de la perte, de l'altération, de la divulgation non autorisée de données à caractère personnel transmises, conservées ou traitées d'une autre manière, ou de l'accès non autorisé à de telles données, de manière accidentelle ou illicite.

3. L'application d'un code de conduite approuvé comme le prévoit l'article 40 ou d'un mécanisme de certification approuvé comme le prévoit l'article 42 peut servir d'élément pour démontrer le respect des exigences prévues au paragraphe 1 du présent article.

4. Le responsable du traitement et le sous-traitant prennent des mesures afin de garantir que toute personne physique agissant sous l'autorité du responsable du traitement ou sous celle du sous-traitant, qui a accès à des données à caractère personnel, ne les traite pas, excepté sur instruction du responsable du traitement, à moins d'y être obligée par le droit de l'Union ou le droit d'un État membre.

V. consid. 39 et 83.

V. L. nº 78-17 du 6 janv. 1978, art. 4 (6).

V. CEPD, lignes directrices 07/2020 du 7 juill. 2021 sur les concepts de responsable du traitement et de sous-traitant dans le RGPD (version 2.0) 🏛, App., vº CEPD.

BIBL. ▶ CNIL, Guide sur la sécurité des données, *2018 (www.cnil.fr)*. – ANSSI, Guide CPME : les bonnes pratiques de l'informatique, *2017* ; Guide de recommandation sur le nomadisme numérique, *2018* ; Sécurité numérique des collectivités territoriales : l'essentiel de la réglementation, *mars 2020* ; Recommandations pour la protection des systèmes d'information essentiels, *déc. 2020* ; Guide : La cybersécurité pour les TPE/PME en 12 questions, *févr. 2021* (www.ssi.gouv.fr)

COMMENTAIRE

L'article 32 du RGPD est consacré à la sécurité du traitement dans le contexte plus général de la section 2 consacrée à la sécurité des données. Cet article fait reposer l'obligation de sécurité à la fois sur le responsable du traitement et sur son sous-traitant, qui doivent mettre en œuvre des mesures techniques et organisationnelles appropriées pour assurer la sécurité du traitement. Leur approche en matière de sécurité doit être proactive tant dans la protection *a priori* des données que dans leur réaction en cas d'incidents. Cette capacité à savoir gérer les incidents de sécurité fait écho à l'obligation de notification des violations de données des articles 33 et 34 du RGPD.

La sécurité est un aspect clé de la protection des données sous son angle technique. Pour la CNIL, comme pour l'ANSSI, les organismes doivent mettre en œuvre *a minima* des règles relevant de l'« hygiène informatique », qui « doivent aujourd'hui être le socle minimum sur lequel toute organisation fait reposer son système d'information. Le respect de ces mesures permet d'atteindre un double objectif vital : préserver la continuité d'activité de l'organisme, protéger les données personnelles des employés, clients ou usagers » (CNIL, rapport annuel 2018).

I. L'APPROCHE PAR LE RISQUE, QUELLE PORTÉE ?

A l'instar de l'article 24 (responsabilité du responsable du traitement), l'article 32 est fondé sur une logique qualifiée d'« approche par le risque » *(risk based approach)*. Cette dernière implique une analyse du traitement afin de déterminer les mesures nécessaires en fonction du niveau de risque. Un risque est « un scénario qui décrit un événement et ses effets, estimés en termes de gravité et de probabilité » (V. G29, lignes directrices du 4 oct. 2017, WP 248 rév. 01, App., vº *Comité européen de la protection des données*). Dans son avis sur l'approche des risques en matière de protection des données, le G29 relève ainsi que « la référence aux « droits et libertés » des personnes concerne principalement leur droit à la vie privée, mais inclut également d'autres droits fondamentaux tels que la liberté d'expression, de pensée, de mouvement, la non-discrimination, le droit à la liberté, la conscience et la religion » (V. avis du 30 mai 2014, WP 218, traduction libre). Attention toutefois de ne pas se méprendre sur la portée de cette approche. Les droits des personnes, par exemple, sont pleins et entiers et ne peuvent être modulés en fonction des risques. En revanche, l'approche par le risque impacte la manière d'envisager les mesures préventives et curatives à adopter face aux menaces sur la protection des données.

En termes de sécurité, il conviendra de prendre en considération les critères classiques, qui sont objectifs : nature des données, sensibles ou non, portée, contexte, finalités du traitement, risques pour les droits et libertés des personnes physiques, mais aussi, comme l'a relevé le G29, les catégories de personnes concernées (ex. : mineures ou non) et le nombre de personnes concernées ainsi que la gravité et la probabilité des effets sur les droits et libertés des personnes (V. WP 218, *préc.*). Par ailleurs, il faut intégrer dans l'évaluation l'état des connaissances et leurs coûts de mise en œuvre « par rapport aux risques et à la nature des données à protéger » (V. RGPD, consid. 83), déjà inscrit dans l'article 17 de la directive 95/46/CE du 24 octobre 1995 et non repris dans l'article 23 de la loi « Informatique et libertés » du 6 janvier 1978. S'il peut être relativement aisé de déterminer l'état des connaissances, le critère du coût relèvera d'une appréciation plus subjective.

Le considérant 83 du RGPD précise quels sont ces risques potentiels, « tels que la destruction, la perte ou l'altération, la divulgation non autorisée de données à caractère personnel transmises, conservées ou traitées d'une autre manière ou l'accès non autorisé à de telles données, de manière accidentelle ou illicite, qui sont susceptibles d'entraîner des dommages physiques, matériels ou un préjudice moral ». Cette liste de risques est reprise dans la définition de la violation de données (V. RGPD, art. 4, 12).

Concernant les règles essentielles à suivre, on se rapportera aux différents guides de la CNIL sur la sécurité ainsi qu'à ceux de l'ANSSI (« Guide des bonnes pratiques de l'informatique » publié par l'ANSSI et la CPME). Les efforts de ces autorités dans la diffusion des règles essentielles expliquent l'absence d'indulgence en cas de violation de données. Ainsi, l'erreur humaine ne permet pas à l'organisme concerné de se décharger de ses obligations (V. CNIL, Délib. n° SAN-2018-012 du 26 déc. 2018 : « l'oubli de réactiver le code rendant nécessaire l'authentification des utilisateurs sur le site web de la société est effectivement une erreur humaine, dont la société ne peut se prémunir totalement, le fait de ne pas avoir mis en œuvre, pendant plus de deux années, les mesures efficaces permettant de découvrir cette erreur constitue une violation des obligations imposées par l'article 34 »).

Le fait que le responsable du traitement soit victime d'une attaque sophistiquée ne le libérera pas forcément de ses obligations et ce même si « le nombre réduit de catégories de données extraites, en l'occurrence, des adresses de messagerie électronique et des mots de passe chiffrés, est de nature à diminuer le risque d'atteinte à la vie privée des personnes concernées » et que le responsable du traitement a coopéré avec les services de la CNIL. C'est ainsi que la CNIL a pu considérer qu'« une société a fait preuve de négligence en ce que certaines mesures élémentaires de sécurité n'ont pas été prises, permettant ainsi le succès de l'attaque » et que « nonobstant les catégories de données concernées, la formation restreinte a relevé que la société n'apporte aucun élément permettant de minimiser significativement le nombre de 82,5 millions d'adresses électroniques estimant donc que le volume de données impactées par la violation est considérable » (CNIL, Délib. n° SAN-2018-008 du 24 juill. 2018).

La CNIL est particulièrement sévère lorsqu'elle constate un « manque de précaution généralisé » (Délib. n° SAN-2018-011 du 19 déc. 2018).

L'absence de dommage en cas de violation de données liée à un manquement à l'obligation de sécurité est sans incidence, et ce particulièrement lorsque « la preuve de l'absence totale de dommage ne peut être invoquée par la société » et que « les attaquants se sont emparés des données leur laissant ainsi la possibilité, quoique soutienne la société, d'un usage ultérieur » (Délib. du 19 déc. 2018 préc.).

Le niveau de sécurité relève d'une pratique dynamique. Les mesures de sécurité doivent ainsi être mises à jour « au regard de la réévaluation régulière des risques afin que celles-ci soient conformes à l'état de l'art » (V. par ex. : CNIL, délib. n° 2021-118 du 7 oct. 2021 portant adoption d'un référentiel relatif aux traitements de données à caractère personnel mis en œuvre à des fins de création d'entrepôts de données dans le domaine de la santé).

II. UNE LARGE GAMME DE MESURES

Rappelons que la formation restreinte de la CNIL a considéré que l'obligation de sécurité et de confidentialité relevait d'une obligation de moyens, et non de résultat (V. CNIL, Délib. n° 2014-298 du 7 août 2014 ss. l'anc. art. 34 de la loi « Informatique et Libertés »).

La CNIL a également par le passé (sur le fondement de l'ancien art. 34 de la loi « Informatique et Libertés » qui imposait au responsable de traitements de prendre « toutes précautions utiles ») constaté que ce texte relatif à l'obligation de sécurité n'était « pas prescriptif quant aux mesures à déployer pour garantir la sécurité d'un traitement, tant que l'obligation est, *in fine,* respectée» (CNIL, Délib. n° SAN-2018-008 du 24 juill. 2018). Si la rédaction n'est pas similaire, l'esprit de ces deux textes est bien le même.

L'article 32 énonce des mesures afin de contrer ces risques, allant des plus techniques (pseudonymisation et chiffrement) à d'autres plus organisationnelles, telles que des procédures de tests et d'évaluation de leur efficacité, ainsi que des moyens de prévention des incidents (confidentialité, intégrité, disponibilité et résilience).

Le Conseil d'État a eu l'occasion de rappeler que «la pseudonymisation, qui réduit le risque d'identification des personnes concernées, par la suppression des informations directement identifiantes, contribue à garantir le droit au respect de la vie privée» (CE 19 juin 2020, n° 440916 : *AJDA 2020. 1262, obs. de Montecler*).

La procédure d'authentification des utilisateurs s'avère être une mesure organisationnelle fondamentale que vérifie la CNIL (V. CNIL, Délib. n° SAN-2019-005 du 28 mai 2019 : «l'exposition de données à caractère personnel sans contrôle d'accès préalable est identifiée comme faisant partie des vulnérabilités les plus répandues.»).

La sécurité ne se limite pas aux moyens de prévention des incidents, elle inclut également la réponse apportée à ces derniers (rétablissement de la disponibilité et de l'accès des données ; V. RGPD, art. 32, 1). La correction doit être effectuée «dans des délais appropriés», impliquant une remise en service dès que possible mais dont la sécurité sera assurée.

La CNIL a ainsi pris en compte dans le montant de sa sanction pécuniaire le manque «de diligence dans la correction de la vulnérabilité alors qu'en présence d'une violation de données, le RGPD impose une réaction rapide» (CNIL, Délib. n° SAN-2019-005 du 28 mai 2019 préc.). Ainsi, ne constitue pas une mesure satisfaisante la stratégie de déployer un outil pour lutter contre des attaques par bourrage d'identifiant (*credential stuffing*) dès lors que son développement a pris un an, rendant ainsi vulnérable des données d'utilisateur pendant ce temps et que d'autres mesures plus efficaces et plus rapides auraient dû être envisagées (CNIL, communiqué du 27 janv. 2021, www.cnil.fr). A l'inverse, la CNIL doit apprécier le comportement du responsable de traitements, notamment sa célérité (V. à propos d'une sanction disproportionnée de la CNIL qui n'a pas pris en compte la célérité dans la mise en œuvre des mesures correctrices : CE 17 avr. 2019, n° 422575 : *Dalloz IP/IT 2019. 577, obs. Galichet*).

La CNIL a pu considérer sur le fondement de l'article 32 du RGPD que «le manquement à l'obligation de sécurité est aggravé au regard de la nature des données à caractère personnel rendues accessibles [...] à la fois des données d'identification, telles que le nom, le prénom et les coordonnées, mais également une grande quantité d'informations susceptibles de révéler certains aspects parmi les plus intimes de la vie des personnes, comme les jugements de divorce» (CNIL, Délib. du 28 mai 2019 préc.).

La CNIL a pu sanctionner le seul sous-traitant responsable du manquement à l'obligation de sécurité (CNIL 15 avr. 2022, *Dedalus Biologie*, délib. n° SAN-2022-009).

III. LA MISE EN ŒUVRE

Comme pour la sous-traitance, une manière de démontrer la mise en œuvre de ces mesures est l'application d'un code de conduite ou d'un mécanisme de certification approuvés par les autorités qui auront apprécié les mesures utilisées.

Pour le G29, «les codes de conduite pourraient donner une indication de ce qui constitue une pratique courante dans le domaine et du niveau de connaissance des différentes façons de faire face aux problèmes de sécurité habituels liés au traitement» (lignes directrices du 3 oct. 2017, WP 253 sur l'application et la fixation des amendes administratives aux fins du règlement (UE) 2016/679. — V. App., v° *CEPD*).

Enfin, le dernier paragraphe de l'article 32 du RGPD reprend la thématique de l'article 29 consacré à la sous-traitance, qui exige que le traitement des données se fasse sur instruction. Toutefois, cet alinéa est plus précis en ce que sont expressément visées les personnes physiques agissant sous l'autorité du responsable du traitement ou du sous-traitant (salariés, intérimaires, salariés des prestataires). ❑

Nota : L'essentiel de la jurisprudence antérieure (sur le fondement de l'anc. LIL et de la Dir. 95/46/CE) conserve un intérêt pour apprécier les dispositions de l'art. 32 du RGPD.

1° PORTÉE

1. Nature des garanties exigées. Les personnes concernées doivent disposer de « garanties suffisantes permettant de protéger efficacement leurs données à caractère personnel contre les risques d'abus ainsi que contre tout accès et toute utilisation illicite de ces données ». La Cour relève, au titre des éléments conduisant à l'annulation de la directive 2006/24 relative à la conservation de données par les fournisseurs de communications électroniques, que cette dernière ne prévoit pas de « règles qui seraient destinées notamment à régir de manière claire et stricte la protection et la sécurité des données en cause, afin de garantir leur pleine intégrité et confidentialité ». • CJUE 8 avr. 2014, *Digital Rights Ireland et Seitlinger E.A.*, n^{os} C-293/12 et C-594-12 : *consid. 54* et, par analogie, cité par la CJUE : • CEDH, gr. ch., 4 déc. 2008, *S. et Marper c/ Royaume-Uni*, n°s 30562/04 et 30566/04.

2. Les dispositions de l'art. 34 ne peuvent être utilement invoquées à l'encontre de l'acte créant le traitement. • CE, ass., 26 oct. 2011, *Assoc. pour la promotion de l'image et a.*, n° 317827 : *Lebon 505.* ♦ Est sans incidence sur la caractérisation du manquement à l'obligation de sécurité l'absence de preuve d'une utilisation frauduleuse des données. • CNIL 28 déc. 2021, *Slimpay,* délib. n° SAN 2021-020 : *Dalloz IP/IT 2022. 335, obs. Galichet*.

3. Lien avec les violations de données. L'absence de violation de données à caractère personnel ne suffit pas à démontrer l'absence de manquement, pas plus qu'une violation de données ne suffit à caractériser en soi un manquement à l'art. 32. • CNIL, form. restr., 14 juin 2021, *Brico privé,* délib. n° SAN-2021-008.

2° CONDITIONS D'APPRÉCIATION

4. Le fait pour un responsable de traitement de confier des opérations de traitement de données à des sous-traitants ne le décharge pas de la responsabilité qui lui incombe de préserver la sécurité des données, sans que soit ainsi méconnu le principe constitutionnel de responsabilité personnelle, dès lors que ces sous-traitants agissent sur instruction du responsable de traitement (art. 35). La seule mention d'une obligation de sécurité dans un contrat de sous-traitance ne dispense ainsi pars le responsable de traitement de s'assurer lui-même que la sécurité des données est assurée. • CE 30 déc. 2015, *Sté Orange,* n° 385019 : *Lebon T.*

5. Habilitations. Des habilitations individuelles, dont les destinataires, en nombre limité, ne pourront faire qu'un usage exclusivement dédié aux procédures qui leur sont confiées, sont de nature à préserver la confidentialité des données du fichier (en l'espèce, le fichier ELOI relatif à l'éloignement des personnes de nationalité étrangère en situation irrégulière. V. • CE 30 déc. 2009, *Assoc. SOS Racisme,* n° 312051 : *Lebon 538.*

6. Le manquement à l'obligation de sécurité peut être apprécié sur le fondement du seul art. 34, ou sur le fondement des dispositions combinées des art. 1er et 34, dans la mesure où une sécurité insuffisante des systèmes d'information peut porter atteinte à la vie privée des personnes. V., pour un exemple, • CNIL, prés., 25 sept. 2013, décis. n° 2013-037 (portant mise en demeure publique d'un centre hospitalier, à la suite d'un manquement à l'obligation d'assurer la sécurité de données médicales à l'égard d'une société prestataire). ♦ Une société ne saurait rejeter la responsabilité de ses insuffisances répétées sur une erreur humaine isolée, cette personne, en tout état de cause, agissant en qualité de salarié sur les instructions de la société et pour son compte. • CNIL 28 déc. 2021, *Slimpay,* délib. n° SAN 2021-020 : *préc. note 2.* ♦ Le caractère approprié des mesures s'apprécie en vérifiant que le mis en cause a proportionné ces mesures, en l'état des informations dont il pouvait disposer par des diligences raisonnables, à la gravité et à la probabilité des risques prévisibles, en fonction de la nature et du contexte du traitement de données, ainsi que du coût et de la complexité des mesures possibles. • CNIL, form. restr., 14 juin 2021, *Brico privé,* délib. n° SAN-2021-008 : *préc. note 2.*

3° MANQUEMENTS À L'OBLIGATION DE SÉCURITÉ RELEVÉS PAR LA CNIL

a. Mises en demeure

7. Le manquement aux obligations de sécurité peut donner lieu à des mises en demeure, le cas échéant publiques, prononcées par le président de la CNIL. Ces mises en demeure, de même que les sanctions (point b), font apparaître les hypothèses dans lesquelles une telle insuffisance peut être retenue. Il en va ainsi, par exemple, de l'accès donné par un centre hospitalier, à un prestataire chargé du recodage des prestations, à des dossiers médicaux personnels de patients. • CNIL 25 sept. 2013, décis. n° 2013-037 (mise en demeure publique).

b. Sanctions

8. Un manquement à l'obligation d'assurer la sécurité des données est susceptible d'être sanctionné par la formation restreinte de la CNIL. Ainsi en est-il, par exemple ***[Jurisprudence antérieure à l'application du RGPD]*** : d'une faille de sécurité sur le portail internet d'une société gérant des annonces de particuliers en ligne. • CNIL 20 mai 2008, délib. n° 2008-118 (prononçant un avertissement public). ♦ ... D'une faille de sécurité due à la configuration des dossiers publics de la messagerie électronique, permettant potentiellement à tous les salariés d'un groupe d'avoir accès à des documents comportant des informations bancaires nominatives. • CNIL, form. restr., 21 juin 2012, délib. n° 2012-176 (portant avertissement public). ♦ ... De la diffusion en ligne, par les services d'une commune, de la liste électorale et des tableaux rectificatifs, sans aucune restriction d'accès, alors que le code électoral prévoit une diffusion limitée de ladite liste. • CNIL, form. restr., 20 sept. 2012, délib. n° 2012-320 (portant avertissement public). ♦ ... Du défaut de sécurité constaté à l'occasion d'élections professionnelles réalisées par vote électronique. • CNIL, form. restr., 11 avr. 2013, délib. n° 2013-091 (portant avertissement public). ♦ ... Du défaut de sécurité dans la conservation des données bancaires des clients d'un site de vente en ligne. • CNIL, form. restr., 19 juill. 2012, délib. n° 2012-214 (portant avertissement public). ♦ ...

Du défaut de renouvellement régulier de mots de passe en dépit de la mise en demeure de la CNIL en ce sens. • CNIL, form. restr., 9 juill. 2009, délib. n° 2009-466 (prononçant une sanction pécuniaire publique). ♦ ... Du défaut de sécurité du formulaire en ligne de demande de logement mis à la disposition des bénéficiaires des prestations offertes par l'ADEF, permettant à tout tiers non autorisé d'accéder, au moyen d'une simple modification des liens URL correspondants, aux documents téléchargés par les demandeurs de logement (bulletins de salaires, avis d'imposition, justificatifs d'identité). • CNIL, délib., 21 juin 2018 n° SAN-2018-003 (prononçant une sanction pécuniaire). ♦ Confirmé par • CE 17 avr. 2019, n° 423559 : *Légipresse 2019. 260 et les obs.* ***[Application du RGPD]*** ... D'un dispositif d'envoi en clair par des clients, par courriel non chiffré à partir de leur boîte électronique, des photographies ou des scans de leur carte bancaire contenant l'intégralité du numéro de la carte bancaire et la conservation de ces données au même titre que les justificatifs demandés dans le cadre de la lutte contre la fraude, pendant six mois, en clair dans la base de données. • CNIL, 28 juill. 2020, délib. n° SAN-2020-003 : *Dalloz IP/IT 2021. 50, obs. Douville* (prononçant une sanction pécuniaire). ♦ ... De la transmission des mots de passe en clair dans un courriel, le rendant accessible à tout tiers susceptible d'accéder à la messagerie électronique de la personne concernée, méconnaissant une mesure de sécurité élémentaire préconisée par la CNIL. • CNIL 18 juill. 2019, délib. n° SAN-2019-007 : *Légipresse 2020. 676, obs. Mole* (prononçant une sanction pécuniaire) ♦ ... De l'accès aux données des clients de la société à partir d'une manipulation simple consistant en une modification du numéro apparaissant dans l'adresse URL affichée dans le navigateur. • Même délib. ♦ ... De l'absence de mise en place de mesures de sécurité protégeant le serveur en cause, notamment la restriction des accès aux seules personnes qui auraient dues êtres autorisées, provoquant l'accessibilité des données concernées. • CNIL 28 déc. 2021, *Slimpay,* délib. n° SAN 2021-020 : *préc. note 2.* ♦ ... D'une politique de mot de passe insuffisamment robuste et contraignante alors que la longueur et la complexité d'un mot de passe demeurent des critères élémentaires permettant d'apprécier la force de celui-ci. • CNIL, form. restr., 14 juin 2021, *Brico privé,* délib. n° SAN-2021-008.

A méconnu son obligation résultant des dispositions de l'art. 32 la société dont l'absence de mise en place de mesures de sécurité protégeant le serveur en cause – notamment l'absence de chiffrement, l'absence d'effacement automatique des données après leur migration, l'absence d'authentification requise depuis Internet pour accéder à la zone publique du serveur et l'utilisation de comptes utilisateurs partagés – a conduit à rendre accessibles lesdites données à des tiers, et ce malgré des alertes préalables à la violation de données à caractère personnel ayant conduit à la divulgation d'un fichier contenant les données médico-administratives de près de 500 000 personnes. • CNIL 15 avr. 2022, *Dedalus biologie,* délib. n° SAN-2022-009 : *RTD com. 2022. 302, obs. Douville ; CCE 2022, n° 53, obs. Maisnier-Boché.*

9. Injonction. Il n'y pas lieu de prononcer d'injonction bien que le manquement relatif à la robustesse des mots de passe soit constitué, la société ayant justifié avoir modifié ce dispositif. • CNIL 8 déc. 2020, n° SAN-2020-018 : *Dalloz IP/IT 2021. 349, obs. Galichet.*

10. Prise en compte dans la sécurisation des données traitées et du volume de personnes concernées [Application du RGPD]. La gravité du manquement est caractérisée par le fait que « la société n'a pas mesuré, avant d'être alertée par les services de la CNIL, l'importance de la sécurisation des données personnelles contenues dans ses systèmes d'information, malgré la nature des données traitées » (données particulièrement identifiantes, et d'infractions) et par le « nombre de documents et de personnes concernées par le défaut de sécurité, celui-ci ayant affecté les comptes de plusieurs milliers de clients et de personnes ayant résilié leur contrat avec la société ». • CNIL, form. restr., 18 juill. 2019, n° SAN-2019-007 (prononçant une sanction pécuniaire). ♦ La gravité du manquement est caractérisée, notamment au regard du caractère élémentaire de l'incident de sécurité constitué par l'absence de mesures d'authentification des personnes accédant aux documents et par le caractère prévisible des adresses URL permettant de les télécharger. • CNIL 6 sept. 2018, n° SAN-2018-010.

11. Impact sur la sanction. La célérité avec laquelle la société a apporté les mesures correctrices de nature à remédier aux manquements constatés doit être prise en compte dans le calcul de la sanction – en l'espèce, réduction du montant de la sanction prononcée par la CNIL. • CE 17 avr. 2019, n° 423559 : *préc. note 8.*

4° MANQUEMENTS RÉVÉLÉS PAR D'AUTRES AUTORITÉS

12. Application du RGPD. La détection d'une attaque plus de deux mois après qu'elle se soit déroulée, associée aux manques de mesures de sécurité, a rendu accessible des données d'environ 430 000 personnes, dont les noms, prénoms, adresses et, pour plus de 200 000 d'entre elles, leurs données bancaire, justifiant une amende de 20 millions de livres sterling (autorité anglaise agissant en tant qu'autorité « chef de file »). • ICO 16 oct. 2020, *British Airways,* n° COM0783542 : *CNIL 2 nov. 2020, communiqué sur www.cnil.fr.* ♦ Une attaque découverte quatre ans après les faits ayant permis à l'attaquant d'installer des logiciels malveillants lui permettant un accès à distance non détectée a ainsi compromis 339 millions de comptes clients dont 30 millions de comptes européens contenant les noms, prénoms, e-mails et numéros de passeport, justifiant une amende de 18,4 millions de livres sterling (autorité anglaise agissant en tant qu'autorité « chef de file »). • ICO 16 oct. 2020, 30 oct. 2020, *Marriott International Inc.*, n° COM0804337 : *CNIL 2 nov. 2020, communiqué sur www.cnil.fr.*

Art. 33 *Notification à l'autorité de contrôle d'une violation de données à caractère personnel.*
1. En cas de violation de données à caractère personnel, le responsable du traitement en notifie la violation en question à l'autorité de contrôle compétente conformément à l'article 55, dans les meilleurs délais et, si possible, 72 heures au plus tard après en avoir pris connaissance, à moins que la violation en question ne soit pas susceptible d'engendrer un risque pour les droits et libertés des personnes physiques. Lorsque la notification à l'autorité de contrôle n'a pas lieu dans les 72 heures, elle est accompagnée des motifs du retard.

2. Le sous-traitant notifie au responsable du traitement toute violation de données à caractère personnel dans les meilleurs délais après en avoir pris connaissance.

3. La notification visée au paragraphe 1 doit, à tout le moins :

a) décrire la nature de la violation de données à caractère personnel y compris, si possible, les catégories et le nombre approximatif de personnes concernées par la violation et les catégories et le nombre approximatif d'enregistrements de données à caractère personnel concernés ;

b) communiquer le nom et les coordonnées du délégué à la protection des données ou d'un autre point de contact auprès duquel des informations supplémentaires peuvent être obtenues ;

c) décrire les conséquences probables de la violation de données à caractère personnel ;

d) décrire les mesures prises ou que le responsable du traitement propose de prendre pour remédier à la violation de données à caractère personnel, y compris, le cas échéant, les mesures pour en atténuer les éventuelles conséquences négatives.

4. Si, et dans la mesure où, il n'est pas possible de fournir toutes les informations en même temps, les informations peuvent être communiquées de manière échelonnée sans autre retard indu.

5. Le responsable du traitement documente toute violation de données à caractère personnel, en indiquant les faits concernant la violation des données à caractère personnel, ses effets et les mesures prises pour y remédier. La documentation ainsi constituée permet à l'autorité de contrôle de vérifier le respect du présent article.

V. consid. 85 à 88.

V. L. n° 78-17 du 6 janv. 1978, art. 58 et 83-II (fournisseur de services de communications électroniques).

V. G29, Lignes directrices WP 250 rev. 01 du 6 févr. 2018 sur la notification des violations de données à caractère personnel, App., v° CEPD.

V. CEPD, Lignes directrices 01/2021 du 14 janv. 2021 sur les exemples concernant la notification de violation de données (versions soumises à consultation publique - https://edpb.europa.eu/).

COMMENTAIRE

L'article 4, 12, du RGPD définit une violation de données de la manière suivante comme « une violation de la sécurité entraînant, de manière accidentelle ou illicite, la destruction, la perte, l'altération, la divulgation non autorisée de données à caractère personnel transmises, conservées ou traitées d'une autre manière, ou l'accès non autorisé à de telles données ».

D'un point de vue terminologique, ces violations sont couramment dénommées « failles de sécurité », traduction imparfaite de l'expression anglo-saxonne « *data breach* ».

Les articles 33 et 34 ne reviennent pas sur la définition d'une violation (ce qui la caractériserait ou non) et se consacre à ses conséquences : la notification aux autorités (RGPD, art. 33) et aux personnes (RGPD, art. 34).

La notification des violations des données avait déjà été intégrée aux législations de protection des données lors de la transposition de la directive 2002/58/CE « vie privée et communications électroniques » du 12 juillet 2002 (V. L. n° 78-17 du 6 janv. 1978, anc. art. 34 *bis*), mais elle était limitée aux fournisseurs de services de communications électroniques. Le RGPD généralise cette obligation à tous les responsables de traitement.

Le G29 a émis des lignes directrices sur les violations de sécurité qui ont été reprises par le CEPD (WP 250 rev. 01 du 6 févr. 2018, V. App., *v° CEPD*). De nouvelles lignes directrices ont été soumises à consultation publique par le CEPD le 19 janvier 2021.

Au regard de la multiplication des obligations de notifications d'incidents à diverses autorités telles que l'ANSSI, la CNIL a mis en ligne sur son site des recommandations afin de gérer de tels incidents en s'appuyant notamment sur la norme ISO/IEC 27035 (Gestion des incidents de sécurité de l'information).

I. DÉLAI POUR NOTIFIER

Concernant le délai de notification à l'autorité de contrôle, le RGPD se veut plus directif que la directive « vie privée » qui n'imposait qu'une notification « sans retard indu ». Dorénavant, les notifications devront être adressées dans les 72 heures. Ce délai imparti débutera à la prise de connaissance de la violation, et non à la réalisation de cette violation. Le responsable du traitement n'a donc pas à notifier une violation qu'il n'aurait pas encore découverte (simple suspicion). Il peut être dérogé à ce délai, s'il est « peu probable que la violation en question engendre un risque pour les droits et libertés des personnes physiques » (V. RGPD, consid. 85). En cas de retard, il appartiendra au responsable d'en expliquer les raisons. Et l'autorité de contrôle deviendra d'une certaine manière juge de la bonne foi du notificateur.

Lorsque le sous-traitant subit une violation, il lui appartient de la notifier au responsable du traitement « dans les meilleurs délais ». Dans ce cas, le délai de 72 heures ne commencera à courir qu'à partir de la prise de connaissance de la violation par le responsable du traitement. Cette exigence d'information par le sous-traitant fait écho à ses obligations contractuelles, notamment à l'exigence d'aider le responsable du traitement à garantir le respect de ses obligations (V. RGPD, art. 28, 3, *f*).

A noter que si un responsable de traitements peut déléguer certaines activités relatives à son traitement, « la gestion des conséquences de la violation de données n'est pas une simple question technique ou d'organisation qui peut entièrement relever de la marge de manœuvre dont dispose un sous-traitant. Au contraire, la gestion d'une violation de données est une question attachée à un élément essentiel d'un moyen de traitement, dont le responsable de traitement ne peut être dessaisi » (CNIL, Délib. n° SAN-2018-011 du 19 déc. 2018).

II. CONTENU DE LA NOTIFICATION

La notification doit décrire la nature de la violation (quel est l'incident ?) ainsi que, « si possible », les catégories de personnes concernées et d'enregistrements de données accompagnées de leur nombre approximatif. Ces informations ont pour objectif de permettre à l'autorité d'évaluer l'impact potentiel de cette violation.

L'autorité de contrôle doit pouvoir contacter une personne physique au sein de l'entité qui a notifié la violation afin d'obtenir, si besoin, des compléments d'information. Ce contact peut être le délégué à la protection des données, mais la rédaction de l'article 33, 3, b du RGPD ne le rend pas obligatoire, y compris si le responsable du traitement a déclaré un délégué. En pratique, il serait envisageable de proposer un autre point de contact, plus à même de répondre aux questions dans le cas d'une violation complexe techniquement ou en cas d'indisponibilité du délégué, étant donné l'urgence dans laquelle ces violations doivent être gérées.

Le notificateur doit également préciser les conséquences « probables » de cette violation et les mesures envisagées pour y remédier ou pour atténuer les éventuelles conséquences négatives. L'avis WP 213 du G29 présente des cas détaillés de violation (V. avis n° 3/2014 du 25 mars 2014).

L'article 33, 4, permet d'échelonner les informations transmises à l'autorité de contrôle si ces informations ne sont pas disponibles au moment de la notification. Toutefois leur communication doit se réaliser « sans autre retard indu ». En effet, la rapidité est particulièrement importante afin de déterminer si les personnes concernées doivent être informées de la violation, « compte tenu en particulier de la nature et de la gravité de la violation des données à caractère personnel et de ses conséquences et effets négatifs pour la personne concernée. Une telle notification peut amener une autorité de contrôle à intervenir conformément à ses missions et à ses pouvoirs fixés par le présent règlement. » (V. RGPD, consid. 87). En outre, l'autorité peut être amenée à réaliser des investigations suite à une notification (CE 30 déc. 2015, *Sté Orange*, n° 385019 : V. *note 1*).

III. DOCUMENTATION

Le responsable du traitement se doit de documenter toutes les violations qu'il aurait subies en précisant les faits (que s'est-il passé ?), les effets (quelles en ont été les conséquences ?) et les mesures correctives (qu'a-t-on fait pour réparer et éviter qu'elles ne se reproduisent ?). Ce registre devrait également comporter les violations qui n'auraient pas été notifiées (lignes directrices WP 250, *préc.*). Il s'agit d'un registre des violations que le responsable du traitement devra conserver et présenter notamment en cas de contrôle de l'autorité. Il n'est pas précisé à qui il incombe de tenir et conserver ce registre en interne. ❑

Nota : L'essentiel de la jurisprudence antérieure (sur le fondement de l'anc. LIL) conserve un intérêt pour apprécier les dispositions de l'art. 33 du RGPD.

1. Portée. La circonstance qu'une société soumise à l'obligation de notification a satisfait à celle-ci ne fait nullement obstacle à ce que la CNIL puisse prononcer une sanction en cas de méconnaissance par la société de ses obligations de fond (en l'espèce, celles résultant de l'art. 34 de l'anc. LIL). • CE 30 déc. 2015, *Sté Orange*, n° 385019 : *Lebon T ; Dalloz IP/IT 2016. 144, obs. Metallinos.*

2. Droit de ne pas contribuer à sa propre incrimination. Si ces dispositions imposent aux fournisseurs de services de communications électroniques accessibles au public d'informer la CNIL et, le cas échéant, les personnes intéressées en cas de violation de données à caractère personnel, elles n'ont ni pour objet, ni pour effet, de leur imposer de révéler des manquements qui leur seraient imputables. D'où l'inopérance du moyen tiré de ce qu'elles méconnaîtraient les stipulations du 1 de l'art. 6 de la Conv. EDH et les art. 47 et 48 de la Charte des droits fondamentaux de l'Union européenne. • CE 30 déc. 2015, *Sté Orange*, n° 385019 : *préc. note 1.*

3. Appréciation du risque. Des comptes ayant fait l'objet d'une authentification réussie, même si aucun accès effectif n'a été constaté, doivent être regardés comme participant à l'appréciation du risque. • CNIL 18 nov. 2020, délib. n° SAN-2020-008 : *D. actu. 11 déc. 2020, note Gavanon et Le Marec ; JT 2021, n° 241, p. 44, note Langlet.*

4. Découverte de la violation. Le fait que la violation de données ait été portée à la connaissance du responsable du traitement par le service des contrôles de la CNIL ne décharge pas le responsable du traitement de cette obligation car, « consécutivement au contrôle, [il] peut avoir connaissance d'éléments complémentaires relatifs à la violation de données qui méritent d'être communiqués aux services compétents de la CNIL, lesquels ont notamment pour mission de centraliser les différentes violations de données et d'en assurer le suivi afin de prévenir la compromission de données à caractère personnel ». • CNIL 7 déc. 2020, délib. n° SAN-2020-014. ♦ Le fait que la violation de données ait été portée à la connaissance du responsable du traitement par le service des contrôles de la CNIL ne permet pas à la CNIL de relever un manquement à l'obligation de notification de la violation des données personnelles imposée par l'art. 33, alors qu'eu égard à l'information dont disposait déjà la CNIL et qui lui avait permis d'engager un contrôle, ce dernier n'entrait pas dans le champ de cette obligation. • CE 22 juill. 2022 n° 449694.

5. Appréciation du manquement à la notification. La CNIL a pu considérer que « le manquement à l'art. 32 RGPD présente une gravité certaine, qu'en revanche le manquement à l'art. 33 présente en l'espèce un caractère formel » ayant des conséquences sur la détermination du montant de l'amende. • CNIL 7 déc. 2020, délib. n° SAN-2020-014.

Art. 34 *Communication à la personne concernée d'une violation de données à caractère personnel.* **1. Lorsqu'une violation de données à caractère personnel est susceptible d'engendrer un risque élevé pour les droits et libertés d'une personne physique, le responsable du traitement communique la violation de données à caractère personnel à la personne concernée dans les meilleurs délais.**

2. La communication à la personne concernée visée au paragraphe 1 du présent article décrit, en des termes clairs et simples, la nature de la violation de données à caractère personnel et contient au moins les informations et mesures visées à l'article 33, paragraphe 3, points b), c) et d).

3. La communication à la personne concernée visée au paragraphe 1 n'est pas nécessaire si l'une ou l'autre des conditions suivantes est remplie :

a) le responsable du traitement a mis en œuvre les mesures de protection techniques et organisationnelles appropriées et ces mesures ont été appliquées aux données à caractère personnel affectées par ladite violation, en particulier les mesures qui rendent les données à caractère personnel incompréhensibles pour toute personne qui n'est pas autorisée à y avoir accès, telles que le chiffrement ;

b) le responsable du traitement a pris des mesures ultérieures qui garantissent que le risque élevé pour les droits et libertés des personnes concernées visé au paragraphe 1 n'est plus susceptible de se matérialiser ;

c) elle exigerait des efforts disproportionnés. Dans ce cas, il est plutôt procédé à une communication publique ou à une mesure similaire permettant aux personnes concernées d'être informées de manière tout aussi efficace.

4. Si le responsable du traitement n'a pas déjà communiqué à la personne concernée la violation de données à caractère personnel la concernant, l'autorité de contrôle peut, après avoir examiné si cette violation de données à caractère personnel est susceptible d'engendrer un risque élevé, exiger du responsable du traitement qu'il procède à cette communication ou décider que l'une ou l'autre des conditions visées au paragraphe 3 est remplie.

V. consid. 85 à 87.

V. L. n° 78-17 du 6 janv. 1978, art. 58 et 83-II (fournisseur de services de communications électroniques).

V. G29, Lignes directrices WP 250 rev. 01 du 6 févr. 2018 sur la notification des violations de données à caractère personnel, App., v° Comité européen de la protection des données.

V. CEPD, Lignes directrices 01/2021 du 14 janv. 2021 sur les exemples concernant la notification de violation de données (versions soumises à consultation publique - https://edpb.europa.eu/).

COMMENTAIRE

Le RGPD reprend le schéma de notification en cascade qui avait été développé pour les fournisseurs de services de communications électroniques (V. Dir. 2002/58/CE du 12 juill. 2002, II – Textes complémentaires). En effet, toutes les violations doivent être notifiées auprès de l'autorité de contrôle, mais seules celles qui pourraient engendrer un risque élevé pour les droits et libertés d'une personne physique doivent être notifiées aux personnes concernées. Cette information des personnes concernées a pour objet de leur permettre de « prendre les précautions qui s'imposent ». C'est pourquoi l'information réalisée doit l'être en des termes « clairs et simples », décrire la violation et ses potentielles conséquences, et « formuler des recommandations pour atténuer les effets négatifs » (V. RGPD, consid. 86). Cette information reprendra le contenu de la notification à l'autorité à l'exception de la description de la violation (V. RGPD, art. 33, 3, a). Notons que le nom et les coordonnées d'un point de contact (pouvant être le délégué à la protection des données, sans que cela soit obligatoire) doivent être transmis aux personnes concernées.

I. DÉLAI

La communication aux personnes doit être réalisée dans les meilleurs délais, y compris s'il ne s'agit que d'une seule personne (V. G29, avis n° 03/2014 du 25 mars 2014, WP 213).

Si lors de la notification à l'autorité, l'accent est mis sur la rapidité, la communication aux personnes dépendra quant à elle du contexte de la violation (par exemple, la mise en œuvre de mesures appropriées ou une enquête judiciaire en cours peuvent justifier un délai plus long) (V. RGPD, consid. 86).

II. EXCEPTIONS À LA COMMUNICATION

La communication individuelle de la violation aux personnes concernées n'aura pas à être effectuée dans deux cas de figure :

– quand la violation de données concerne un traitement qui a fait l'objet de mesures de protection, « en particulier » si ces mesures rendent les données « incompréhensibles » pour l'auteur de la violation (ex. : chiffrement fort). Dans cette hypothèse, la violation n'a pas de conséquence pour la personne concernée, comme par exemple une possible usurpation d'identité ou tout autre abus (V. RGPD, consid. 88) ;

– quand des mesures ultérieures ont été prises rendant impossible la réalisation du risque élevé.

Si cette communication nécessite des « efforts disproportionnés », elle peut passer d'individuelle à collective, par exemple par le biais d'une communication publique ou d'un autre moyen dès lors que ce dernier offre une information « efficace ».

Dans le cas d'une violation présentant un risque potentiellement élevé pour les personnes, l'autorité de contrôle appréciera si l'exception invoquée par le responsable du traitement pour ne pas communiquer aux personnes est légitime ou non. Elle appréciera, en tout état de cause, si l'information a été réelle et effective, tout comme elle se prononcera sur le caractère suffisant des mesures prises.

Si le responsable du traitement détermine avec certitude quelles personnes n'ont pas été affectées par la violation de données, celles-ci n'ont pas à être informées. Toutefois le G29 a indiqué que « le responsable du traitement doit prendre en considération tous les effets néfastes probables lorsqu'il prend cette décision. Selon la nature de la violation, certaines personnes peuvent aussi s'inquiéter de ne pas recevoir de notification » (V. G29, avis WP 213, *préc.*). ❑

1. Portée. Est sans incidence sur l'obligation de communication au titre de l'art. 34 le fait que les données aient été initialement traitées pour une autre finalité pour laquelle la société agit en tant que sous-traitant, dans la mesure où elle a réutilisé ces données pour son propre compte, en tant que responsable de traitement. • CNIL 28 déc. 2021, *Slimpay,* délib. n° SAN 2021-020 : *Dalloz IP/IT 2022. 335, obs. Galichet*.

2. Caractérisation du risque élevé. Doit être considéré comme élevé le risque associé à la violation au regard de la nature des données à caractère personnel (comportant notamment des informations bancaires), du volume de personnes concernées (plus de 12 millions), de la facilité d'identifier les personnes touchées par la violation à partir des données accessibles et des conséquences possibles pour les personnes concernées (risques d'hameçonnage ou d'usurpation d'identité). • CNIL 28 déc. 2021, *Slimpay,* délib. n° SAN 2021-020 : *préc. note 1.*

3. Exception à la communication. Ne saurait se prévaloir de l'exemption la société qui n'a pas mis en œuvre de mesures de protection appropriées pour assurer la sécurité des données affectées par la violation (afin de limiter leur accès aux seules personnes autorisées et dont les données sont restées accessibles pendant une très longue période même si elle a fermé le serveur concerné). • CNIL 28 déc. 2021, *Slimpay,* délib. n° SAN 2021-020 : *préc. note 1.*

SECTION 3 *Analyse d'impact relative à la protection des données et consultation préalable*

Art. 35 *Analyse d'impact relative à la protection des données.* **1. Lorsqu'un type de traitement, en particulier par le recours à de nouvelles technologies, et compte tenu de la nature, de la portée, du contexte et des finalités du traitement, est susceptible d'engendrer un risque élevé pour les droits et libertés des personnes physiques, le responsable du traitement effectue, avant le traitement, une analyse de l'impact des opérations de traitement envisagées sur la protection des données à caractère personnel. Une seule et même analyse peut porter sur un ensemble d'opérations de traitement similaires qui présentent des risques élevés similaires.**

2. Lorsqu'il effectue une analyse d'impact relative à la protection des données, le responsable du traitement demande conseil au délégué à la protection des données, si un tel délégué a été désigné.

3. L'analyse d'impact relative à la protection des données visée au paragraphe 1 est, en particulier, requise dans les cas suivants :

a) l'évaluation systématique et approfondie d'aspects personnels concernant des personnes physiques, qui est fondée sur un traitement automatisé, y compris le profilage, et sur la base de laquelle sont prises des décisions produisant des effets juridiques à l'égard d'une personne physique ou l'affectant de manière significative de façon similaire ;

b) le traitement à grande échelle de catégories particulières de données visées à l'article 9, paragraphe 1, ou de données à caractère personnel relatives à des condamnations pénales et à des infractions visées à l'article 10 ; ou

c) la surveillance systématique à grande échelle d'une zone accessible au public.

4. L'autorité de contrôle établit et publie une liste des types d'opérations de traitement pour lesquelles une analyse d'impact relative à la protection des données est requise conformément au paragraphe 1. L'autorité de contrôle communique ces listes au comité visé à l'article 68.

5. L'autorité de contrôle peut aussi établir et publier une liste des types d'opérations de traitement pour lesquelles aucune analyse d'impact relative à la protection des données n'est requise. L'autorité de contrôle communique cette liste au comité.

6. Avant d'adopter les listes visées aux paragraphes 4 et 5, l'autorité de contrôle compétente applique le mécanisme de contrôle de la cohérence visé à l'article 63, lorsque ces listes comprennent des activités de traitement liées à l'offre de biens ou de services à des personnes concernées ou au suivi de leur comportement dans plusieurs États membres, ou peuvent affecter sensiblement la libre circulation des données à caractère personnel au sein de l'Union.

7. L'analyse contient au moins :

a) une description systématique des opérations de traitement envisagées et des finalités du traitement, y compris, le cas échéant, l'intérêt légitime poursuivi par le responsable du traitement ;

b) une évaluation de la nécessité et de la proportionnalité des opérations de traitement au regard des finalités ;

c) une évaluation des risques pour les droits et libertés des personnes concernées conformément au paragraphe 1 ; et

d) les mesures envisagées pour faire face aux risques, y compris les garanties, mesures et mécanismes de sécurité visant à assurer la protection des données à caractère personnel et à apporter la preuve du respect du présent règlement, compte tenu des droits et des intérêts légitimes des personnes concernées et des autres personnes affectées.

8. Le respect, par les responsables du traitement ou sous-traitants concernés, de codes de conduite approuvés visés à l'article 40 est dûment pris en compte lors de l'évaluation de l'impact des opérations de traitement effectuées par lesdits responsables du traitement ou sous-traitants, en particulier aux fins d'une analyse d'impact relative à la protection des données.

9. Le cas échéant, le responsable du traitement demande l'avis des personnes concernées ou de leurs représentants au sujet du traitement prévu, sans préjudice de la protection des intérêts généraux ou commerciaux ou de la sécurité des opérations de traitement.

10. Lorsque le traitement effectué en application de l'article 6, paragraphe 1, points c) ou e), a une base juridique dans le droit de l'Union ou dans le droit de l'État membre auquel le responsable du traitement est soumis, que ce droit réglemente l'opération de traitement spécifique ou l'ensemble des opérations de traitement en question et qu'une analyse d'impact relative à la protection des données a déjà été effectuée dans le cadre d'une analyse d'impact générale réalisée dans le cadre de l'adoption de la base juridique en question, les paragraphes 1 à 7 ne s'appliquent pas, à moins que les États membres n'estiment qu'il est nécessaire d'effectuer une telle analyse avant les activités de traitement.

11. Si nécessaire, le responsable du traitement procède à un examen afin d'évaluer si le traitement est effectué conformément à l'analyse d'impact relative à la protection des données, au moins quand il se produit une modification du risque présenté par les opérations de traitement.

V. consid. 72, 84 et 89 à 95.

V. L. nº 78-17 du 6 janv. 1978, art. 62.

V. G29, Lignes directrices du 4 oct. 2017 (WP 248 rev. 01) concernant l'analyse d'impact relative à la protection des données (AIPD) et la manière de déterminer si le traitement est « susceptible d'engendrer un risque élevé » aux fins du règlement (UE) 2016/679, V. App., vº Comité européen de la protection des données.

V. CNIL, délib. nº 2018-326 du 11 oct. 2018 portant adoption de lignes directrices sur les AIPD (JO 6 nov.).

V. CNIL, délib. nº 2018-327 du 11 oct. 2018 portant adoption de la liste des types d'opérations de traitement pour lesquelles une analyse d'impact relative à la protection des données (JO 6 nov.).

V. CNIL, délib. nº 2019-118 du 12 sept. 2019 portant adoption de la liste des types d'opérations de traitement pour lesquelles une analyse d'impact relative à la protection des données n'est pas requise (JO 22 oct.).

BIBL. ▸ CNIL, Analyse d'impact relative à la protection des données (AIPD) 1. La méthode, *2018 ; ibid.* 2. Les modèles, *2018 ; ibid.* 3. Les bases de connaissances, *2018 ; ibid.* application aux objets connectés, *2018 ; ibid.* Etude de cas « Captoo », *2018.*

COMMENTAIRE

L'analyse d'impact relative à la protection des données (AIPD ou DPIA en anglais pour *Data Protection Impact Assessment*) est la principale nouveauté du RGPD puisque, bien qu'elle soit depuis longtemps discutée et encouragée, elle n'était pour aucun acteur un passage obligé. Rappelons que la Commission avait produit plusieurs recommandations sectorielles intégrant l'analyse d'impact [V. Recomm. C(2009)3200 du 12 mai 2009 sur les RFID, *JOUE L 122 du 16 mai* ; Recomm. 2012/148/VE du 9 mars 2012 sur les compteurs intelligents, *JOUE L 73 du 13 mars*)] et les autorités de protection des données avaient élaboré de nombreux conseils et guides sur ce sujet (V. G29, lignes directrices du 4 oct. 2017, WP 248 rev. 01, App., v° *Comité européen de la protection des données*, et CNIL, guides relatifs à la méthode, aux modèles et aux bases de connaissances, févr. 2018 ; application aux objets connectés, févr. 2018 et étude de cas « Captoo », févr. 2018). Ainsi, les autorités apparaissent déjà bien préparées.

Si cette obligation tend à inquiéter les acteurs par son formalisme, elle apparaît toutefois comme une formalisation du processus de vérification de la conformité des traitements dits à risque que les responsables de traitements réalisaient, notamment en France, dans le cadre de demandes d'autorisation.

Cette analyse a vocation à aider le responsable du traitement dans ses arbitrages lors de la conception d'un nouveau traitement, le cas échéant avec son sous-traitant ou son co-responsable du traitement.

En cas de responsabilité conjointe, il appartiendra aux cocontractants de définir les modalités de la réalisation de l'analyse d'impact dont ils seront conjointement responsables.

I. RÉALISATION D'UNE ANALYSE D'IMPACT

A. CARACTÈRE FACULTATIF ET PRÉALABLE

L'analyse d'impact, telle que définie par l'article 35, n'est pas un exercice à effectuer systématiquement dès qu'un traitement est mis en œuvre. Elle n'est obligatoire que pour les traitements qui présentent un « risque élevé ». Ce risque peut se révéler notamment lorsque de nouveaux traitements recourant à de nouvelles technologies sont mis en place (V. RGPD, consid. 89).

L'analyse d'impact doit être réalisée avant la mise en œuvre du traitement et ce conformément au principe de *Privacy by design*. Pour déterminer le risque élevé, le responsable du traitement devra procéder à une analyse *a minima* qui pourra être effectuée lors de l'inscription au registre des traitements.

Lorsque le traitement répond à une obligation légale, nationale ou européenne, et qu'au moment de l'adoption de cette disposition législative ou réglementaire, une analyse d'impact a été réalisée par la puissance publique, le responsable de ce traitement imposé n'a pas à réaliser une nouvelle analyse. Cette dérogation connaît une exception dans l'hypothèse où l'État membre (et non l'autorité de contrôle) estime nécessaire la réalisation d'une analyse d'impact propre à chaque responsable de traitements.

B. ÉLABORATION

1. CONTENU

L'analyse d'impact se doit de décrire le traitement dont il faudra justifier l'utilité, puis évaluer les risques potentiels qu'il pourrait faire courir aux personnes et finalement traiter ces risques en appréciant quelles mesures s'avèrent nécessaires pour les réduire ou les supprimer.

Les mesures prises peuvent être techniques (par ex., le chiffrement), organisationnelles (par ex., la gestion des accès), mais également plus juridiques (par ex., les procédures d'exercice des droits des personnes, les mentions d'information).

Le responsable de traitements peut recourir aux principes contenus dans les normes édictées par la CNIL, telles que les référentiels (qui font directement référence aux analyses d'impact), et aux outils méthodologiques proposés par la CNIL sur son site Internet (V. par ex. : Délib. n° 2021-131 du 23 sept. 2021 portant adoption d'un référentiel relatif aux traitements de données à caractère personnel mis en œuvre aux fins de gestion des activités commerciales).

L'application au traitement d'un code de conduite ou d'un autre mécanisme de certification (V. RGPD, art. 35, § 8) doit être prise en compte dans l'analyse d'impact. En pratique, une telle application devrait réduire la complexité de l'analyse ou en tout cas grandement faciliter sa réalisation.

2. FORMALISME

Le RGPD est silencieux sur la méthodologie de cette analyse, qui est donc laissée à l'appréciation de son auteur. De nombreuses méthodes sont proposées et annexées aux lignes directrices WP 248 du G29 précité, y compris celles de la CNIL.

A noter que la CNIL propose un logiciel gratuit pour réaliser ces analyses qui a été traduit dans d'autres langues par ses homologues.

3. COMMUNICATION

L'analyse est un document interne communicable aux autorités de contrôle, qui peut être publié si le responsable du traitement le souhaite (par ex., un système de vidéosurveillance dans une commune). Dans ce cas, la publication pourra se limiter à un résumé des principaux aspects de l'analyse.

C. INTERVENANTS

1. COLLABORATION

Le RGPD fait peser la charge de la réalisation de l'analyse sur le responsable du traitement. Toutefois, celui-ci doit s'entourer d'aide et de conseil.

Le délégué à la protection des données (s'il est désigné) aura ainsi un rôle de conseil « à la demande ». Il n'est pas le responsable de l'analyse d'impact.

Il est recommandé que le conseil du délégué à la protection des données soit porté par écrit dans l'analyse afin de documenter sa recommandation, et non sa validation.

Le sous-traitant pourra également être amené à apporter son aide, notamment en transmettant des informations qu'il aurait à sa disposition (V. RGPD, art. 28, 3, f).

2. CONSULTATION

Il peut également être souhaitable de solliciter l'avis des personnes concernées ou de leurs représentants. Cela peut être par exemple les employés, les clients, ou les usagers du transport.

Le RGPD ne précise pas la forme que doit prendre cet avis. Le G29 a simplement proposé quelques exemples tels qu'un sondage auprès de clients, ou une question au comité d'entreprise.

Le G29 considère que l'absence de recueil de l'avis de ces personnes doit être documentée. Et lorsque cet avis est recueilli, si le responsable du traitement ne le suit pas, ce désaccord doit également être documenté (V. WP 248, *préc.*).

II. TRAITEMENTS CONCERNÉS

A. TRAITEMENTS MIS EN ŒUVRE AVANT MAI 2018

La majorité des traitements « risqués » relevait déjà en France d'une procédure d'autorisation préalable auprès de la CNIL (V. L. n° 78-17 du 6 janv. 1978, anc. art. 25).

Le G29 a rappelé que si les traitements qui seraient désormais soumis à une analyse d'impact ont déjà fait l'objet de formalités préalables auprès des autorités avant mai 2018 et qu'ils n'ont pas subi de modifications substantielles, une analyse d'impact n'est pas nécessaire (V. WP 248, *préc.*).

B. TRAITEMENTS SIMILAIRES À CELUI QUI A ÉTÉ ANALYSÉ

L'analyse d'impact peut porter sur plusieurs traitements aux risques élevés similaires dès lors que leur nature, leur contexte, leur portée et leurs finalités sont similaires. Cela peut être le cas lorsque le même type de technologies est utilisé pour des finalités similaires. Le G29 donne comme exemple l'utilisation de la vidéosurveillance dans des gares différentes par le même responsable de traitements (V. WP 248, *préc.*). Cela peut également couvrir l'utilisation d'une analyse d'impact précédemment réalisée pour un nouveau traitement dès lors qu'il correspondrait à cette analyse.

C. TRAITEMENT DE LA LISTE DE L'ARTICLE 35 RGPD

Le RGPD propose trois exemples pour lesquels une analyse d'impact est « en particulier » requise. Les deux premiers reprennent les situations dans lesquelles la désignation d'un délégué à la protection des données est obligatoire (V. RGPD, art. 37, 1). On relèvera que cette liste est indicative et n'est pas limitative.

1. TRAITEMENTS D'ÉVALUATION SYSTÉMATIQUE ET APPROFONDIE D'ASPECTS PERSONNELS

Le premier exemple listé par le RGPD est « l'évaluation systématique et approfondie d'aspects personnels concernant des personnes physiques, qui est fondée sur un traitement automatisé, y compris le profilage, et sur la base de laquelle sont prises des décisions produisant des effets juridiques à l'égard d'une personne physique ou l'affectant de manière significative de façon similaire ».

Le G29 illustre l'évaluation ou la notation par les exemples suivants : « le cas d'un établissement financier passant ses clients au crible d'une base de données de cote de crédit ou d'une base de données dédiée à la lutte contre le blanchiment de capitaux et le financement du terrorisme (LBC/FT) ou « antifraude », celui d'une société de biotechnologie proposant des tests génétiques directement aux consommateurs afin d'évaluer et de prédire les risques de maladie/de problèmes de santé, ou encore celui d'une entreprise analysant les usages ou la navigation sur son site Web pour créer des profils comportementaux ou marketing. » (V. WP 248, *préc.*)

2. TRAITEMENTS « À GRANDE ÉCHELLE »

Par traitements à « grande échelle », il faut entendre ceux « visant à traiter un volume considérable de données au niveau régional, national ou supranational, qui peuvent affecter un nombre important de personnes concernées » ou « susceptibles d'engendrer un risque élevé, par exemple en raison de leur caractère sensible » (V. RGPD, consid. 91). Ne sont pas des traitements à grande échelle les traitements des patients d'un médecin ou d'un professionnel de santé ou de clients d'avocat exerçant à titre individuel (V. RGPD, consid. 91). On se reportera au commentaire sous l'article 37 du RGPD.

Deux des exemples proposés font référence aux traitements à grande échelle couplés à un des critères suivants :

Les **catégories particulières ou les condamnations pénales**. C'est par exemple un hôpital conservant des dossiers médicaux ou un détective privé consultant des casiers judiciaires. Pour le G29, ce critère n'inclut pas seulement les données anciennement dénommées comme « sensibles » de l'article 9 de la directive 95/46/UE du 24 octobre 1995 mais également toutes celles pouvant augmenter les risques telles que les données de communications électroniques, de localisation, ou financières utilisées contre la fraude (V. WP 248, *préc.*). En France, la CNIL dans ses dernières décisions (précédant l'entrée en vigueur du RGPD) a encouragé les responsables de traitements à réaliser de telles analyses en matière de biométrie ou de recherche médicale.

La **surveillance systématique d'une zone accessible au public**. Ces traitements sont particulièrement sensibles car les personnes ne sont pas forcément conscientes que les données sont collectées et de ce qui va en advenir, et cela peut s'avérer impossible pour les personnes d'éviter que leurs données soient traitées dès lors qu'elles sont sur la voie publique (V. G29, WP 248, *préc.*).

D. TRAITEMENTS RÉPONDANT AUX CRITÈRES DU G29

Dans ses lignes directrices WP 248 précitées, le G29 a ajouté, aux exemples de l'article 35 du RGPD, neuf critères qui se veulent des indices dans la détermination du besoin de réaliser une analyse d'impact : évaluation ou notation telle que le profilage ; décision automatisée produisant des conséquences juridiques ; surveillance systématique ; données sensibles ou « hautement » personnelles par nature ; traitement à grande échelle ; croisement ou combinaison de données ; données concernant des personnes vulnérables ; recours à de nouvelles technologies ; traitement privant les personnes de l'exercice d'un droit, d'un service ou d'un contrat.

Lorsque le traitement réunit au moins deux de ces critères, le G29 considère qu'il est très probable qu'une analyse d'impact soit nécessaire. Toutefois un seul de ces critères peut s'avérer suffisant.

Si le responsable du traitement considère qu'il n'a pas à se soumettre à une analyse, il lui appartiendra de justifier cette décision. Cette analyse est confirmée par la CNIL dans sa délibération 2018-326 du 11 octobre 2018 portant adoption de lignes directrices sur les analyses d'impact relatives à la protection des données (AIPD) prévues par le RGPD.

E. TRAITEMENTS FIGURANT SUR UNE LISTE NATIONALE

Chaque autorité de contrôle peut établir une liste de traitements pour lesquels les analyses d'impact sont obligatoires, ou à l'inverse pour lesquels elles sont facultatives. Ces listes sont communiquées pour information au comité européen de la protection des données. Elles ne sont soumises aux mécanismes de contrôle et de cohérence (V. RGPD, art. 63) que lorsque les traitements visés ont des conséquences sur plusieurs États membres ou auraient un impact sur la libre circulation des données dans l'Union. Par conséquent, pour ceux strictement nationaux, l'autorité de contrôle est libre de sa liste, ce qui risque d'impliquer que des traitements similaires seront soumis à une analyse d'impact dans certains pays et non dans d'autres.

En octobre 2018, le CEPD a émis vingt-deux avis (un par liste nationale présentée) et a proposé des ajustements afin d'aller vers une certaine harmonie européenne.

La CNIL, par deux délibérations en date du 11 octobre 2018, a adopté des lignes directrices sur les analyses d'impact relatives à la protection des données (AIPD) prévues par le RGPD ainsi qu'une liste des types d'opérations de traitement pour lesquelles une analyse d'impact relative à la protection des données est requise. La CNIL précise bien que la liste des quatorze types d'opérations de traitement pour lesquelles elle estime obligatoire de réaliser une analyse d'impact relative à la protection des données n'est pas exhaustive, dans la mesure où des traitements qui n'y figurent pas peuvent néanmoins devoir faire l'objet d'une AIPD. C'est le cas des traitements susceptibles d'engendrer un risque élevé pour les droits et libertés des personnes physiques au regard des neuf critères issus des lignes directrices du G29.

III. RÉÉVALUATION

Le responsable du traitement doit réévaluer son analyse d'impact *a minima* lorsque le risque (et non le traitement) change. Ainsi si le changement du traitement n'affecte pas le risque, l'analyse n'a pas être réévaluée. A l'inverse, si le risque évolue (par ex. si la technologie utilisée n'apparaît plus aussi sécurisée) et cela alors même que le traitement n'a pas été modifié, il conviendra de revoir l'analyse. Le G29 recommande que cette réévaluation se fasse au plus tard tous les trois ans.

L'analyse d'impact doit être envisagée comme un « document vivant » (V. Comm. europ., Dir. gén. Justice : *Recommendations for a privacy impact assessment framework for the European Union, nov. 2012*) qui doit pouvoir être modifié au gré des commentaires lors de sa conception, relevant ainsi d'un processus de réflexion et d'intégration de la protection des données, et être revu dès que nécessaire en cas de modification du risque. ❑

Nota : V. jurispr. ss. art. 87 et 90 LIL.

1. Sur le risque élevé. La publication des données à caractère personnel que sont l'adresse des biens immobiliers appartenant aux personnes physiques ou morales faisant l'objet d'une mesure de gel en application du Règl. (UE) n° 269/2014 du 17 mars 2014 et leurs références cadastrales dans le cadre d'un décret conduit la CNIL à inviter le ministère de l'économie et des finances à réaliser une analyse d'impact. • CNIL 24 mars 2022, délib. n° 2022-032. ♦ Fait naître un risque élevé pour les droits et les libertés des personnes physiques l'utilisation de drones équipés d'une caméra. Dès lors, il revenait au ministère de l'intérieur de réaliser une analyse d'impact relative à la protection des données à caractère personnel. • CNIL 12 janv. 2021, délib. n° SAN-2021-003 : *D. actu. 20 janv. 2021, obs. Crichton ; D. 2021. 792, obs. Maxwell*. ♦ Pourraient être réunis les critères définis par les lignes directrices concernant l'AIPD et la manière de déterminer si le traitement est susceptible d'engendrer un risque élevé pouvant rendre obligatoire la réalisation d'une AIPD, notamment s'agissant, dans certains cas, d'un traitement à large échelle au regard de la proportion que représentent les personnes concernées (enfants et adultes responsables de ceux-ci) sur l'ensemble de la population d'une commune et de la vulnérabilité des enfants du fait de leur âge. • CNIL 18 nov. 2021, délib. n° 2021-135 (avis sur un projet de décret modifiant les art. R. 131-3, R. 131-4 et R. 131-10-2 C. éduc.).

2. Sur l'opportunité de réaliser une AIPD. Relève du responsable de traitement, et donc du maire, la réflexion sur la nécessité de réaliser une AIPD. • CNIL 18 nov. 2021, délib. n° 2021-135 : *préc. note 1.*

3. Sur les conséquences. Compte-tenu des lacunes de l'AIPD concernant les mesures organisationnelles et techniques, générales et spécifiques au traitement, le niveau d'atténuation de la vraisemblance du risque d'une perte de confidentialité n'est pas démontré (refusant à un institut la mise en œuvre d'un traitement automatisé de données à caractère personnel ayant pour finalité une recherche visant à déterminer les fréquences génétiques de la population française, agrégées à des questionnaires multithématiques en ligne, intitulée « e-CohortE »). • CNIL 9 janv. 2020, délib. n° 2020-003.

Art. 36 *Consultation préalable.* **1. Le responsable du traitement consulte l'autorité de contrôle préalablement au traitement lorsqu'une analyse d'impact relative à la protection des données effectuée au titre de l'article 35 indique que le traitement présenterait un risque élevé si le responsable du traitement ne prenait pas de mesures pour atténuer le risque.**

2. Lorsque l'autorité de contrôle est d'avis que le traitement envisagé visé au paragraphe 1 constituerait une violation du présent règlement, en particulier lorsque le

responsable du traitement n'a pas suffisamment identifié ou atténué le risque, l'autorité de contrôle fournit par écrit, dans un délai maximum de huit semaines à compter de la réception de la demande de consultation, un avis écrit au responsable du traitement et, le cas échéant, au sous-traitant, et peut faire usage des pouvoirs visés à l'article 58. Ce délai peut être prolongé de six semaines, en fonction de la complexité du traitement envisagé. L'autorité de contrôle informe le responsable du traitement et, le cas échéant, le sous-traitant de la prolongation du délai ainsi que des motifs du retard, dans un délai d'un mois à compter de la réception de la demande de consultation. Ces délais peuvent être suspendus jusqu'à ce que l'autorité de contrôle ait obtenu les informations qu'elle a demandées pour les besoins de la consultation.

3. Lorsque le responsable du traitement consulte l'autorité de contrôle en application du paragraphe 1, il lui communique :

a) le cas échéant, les responsabilités respectives du responsable du traitement, des responsables conjoints et des sous-traitants participant au traitement, en particulier pour le traitement au sein d'un groupe d'entreprises ;

b) les finalités et les moyens du traitement envisagé ;

c) les mesures et les garanties prévues afin de protéger les droits et libertés des personnes concernées en vertu du présent règlement ;

d) le cas échéant, les coordonnées du délégué à la protection des données ;

e) l'analyse d'impact relative à la protection des données prévue à l'article 35 ; et

f) toute autre information que l'autorité de contrôle demande.

4. Les États membres consultent l'autorité de contrôle dans le cadre de l'élaboration d'une proposition de mesure législative devant être adoptée par un parlement national, ou d'une mesure réglementaire fondée sur une telle mesure législative, qui se rapporte au traitement.

5. Nonobstant le paragraphe 1, le droit des États membres peut exiger que les responsables du traitement consultent l'autorité de contrôle et obtiennent son autorisation préalable en ce qui concerne le traitement effectué par un responsable du traitement dans le cadre d'une mission d'intérêt public exercée par celui-ci, y compris le traitement dans le cadre de la protection sociale et de la santé publique.

V. consid. 37 et 94 à 96.

V. L. n° 78-17 du 6 janv. 1978, art. 6, 31 à 36 (traitements mis en œuvre pour le compte de l'État).

COMMENTAIRE

I. OBLIGATION DE CONSULTER PRÉALABLEMENT L'AUTORITÉ DE CONTRÔLE

A. EXISTENCE D'UN RISQUE ÉLEVÉ RÉSIDUEL

L'article 36 du RGPD est sujet à interprétation. Sa rédaction indique que la consultation préalable de l'autorité de contrôle est nécessaire si le traitement présente un risque élevé dans le cas où des mesures correctrices ne seraient pas prises. En pratique, cela impliquerait la totalité des analyses d'impact puisque tous les traitements qui y sont soumis présentent un risque élevé réduit ou supprimé grâce à des mesures correctives. Or le considérant 94 du RGPD précise que la consultation ne doit se faire que lorsque « le responsable du traitement est d'avis que le risque ne peut être atténué par des moyens raisonnables compte tenu des techniques disponibles et des coûts de mise en œuvre ». Le G29 semble adhérer à cette interprétation : « la consultation n'est nécessaire qu'en cas de « risque élevé résiduel » identifié lors de l'analyse d'impact » (V. lignes directrices du 4 oct. 2017, WP 248 rev. 01, App. v° *Comité européen de la protection des données*). On relèvera cependant qu'en la matière, seules les dispositions du texte ont une portée normative, les considérants servant uniquement à en faciliter la compréhension. La jurisprudence européenne sera peut-être amenée à préciser l'interprétation à retenir de ces dispositions.

Soumise ou non à l'autorité de contrôle, l'analyse d'impact doit être documentée en interne et faire l'objet d'évaluation régulière en cas de modification du traitement (V. RGPD, art. 35).

B. CONTENU

La consultation de l'autorité doit préciser les rôles de chacun (responsable du traitement, responsables conjoints, sous-traitants, filiales du groupe). Il n'est pas nécessaire d'adresser les contrats afférents mais il est indispensable d'avoir cerné avant la consultation les responsabilités de chaque acteur du traitement. Si un délégué à la protection des données a été désigné, il conviendra de transmettre ses coordonnées puisque ses missions l'amènent à être le point de contact avec l'autorité (V. RGPD, art. 39, 1, e).

L'analyse d'impact doit être transmise à l'autorité. Étrangement, l'article 36, 3, indique que les finalités et moyens du traitement ainsi que les mesures doivent être communiqués. Or ces informations sont déjà contenues dans l'analyse (V. RGPD, art. 35, 7, a et d).

Le responsable du traitement doit également transmettre toute information demandée par l'autorité. Cela fait probablement référence à des précisions sur le traitement qui seraient sollicitées par l'autorité.

II. AVIS DE L'AUTORITÉ DE CONTRÔLE

A. DÉLAI

L'autorité de contrôle consultée pour une analyse d'impact doit rendre un avis écrit dans les huit semaines à compter de la réception de la demande. Selon la complexité de la demande, elle peut proroger ce délai de six semaines. Elle doit notifier la prorogation au demandeur (le cas échéant au sous-traitant) dans le mois qui suit la réception de la demande. L'autorité doit expliquer les motifs de ce retard. Le responsable du traitement n'a toutefois pas de moyen de le contester.

Il s'agit d'un délai de réponse, c'est-à-dire du temps que l'autorité peut consacrer à la réponse dès lors qu'elle possède tous les éléments nécessaires à sa compréhension. Ainsi, en cas de sollicitation d'informations complémentaires, les délais sont suspendus jusqu'à réception des réponses. Le responsable du traitement aura donc intérêt à faire preuve de diligence en répondant rapidement à l'autorité.

Le considérant 94 du RGPD précise que « l'absence de réaction de l'autorité de contrôle dans le délai imparti devrait être sans préjudice de toute intervention de sa part effectuée dans le cadre de ses missions et de ses pouvoirs par le présent règlement, y compris le pouvoir d'interdire des opérations de traitements ». Par conséquent, **en cas de silence**, l'analyse d'impact n'est ni validée, ni invalidée. Le traitement peut alors être mis en œuvre, mais l'autorité de contrôle se réserve la possibilité de le contrôler et, le cas échéant, de le sanctionner, y compris en l'interdisant.

B. DESTINATAIRES

Cet avis doit être adressé au responsable du traitement et, le cas échéant, au sous-traitant. Cela peut être le cas quand le sous-traitant a un rôle déterminant dans le traitement.

C. PORTÉE

La portée de l'avis de l'autorité de contrôle n'est pas précisée. Toutefois, elle peut mettre en œuvre l'ensemble des pouvoirs qui lui sont dévolus en vertu des articles 57 et 58 du RGPD (notamment le 2 de l'art. 58). Le responsable du traitement qui ne suivrait pas cet avis et mettrait en œuvre délibérément un traitement non conforme pourrait donc faire l'objet de l'ensemble des mesures correctrices prévues par ces dispositions.

III. CAS PARTICULIERS

L'article 36, 4, prévoit que l'autorité de contrôle sera consultée préalablement à l'adoption d'une mesure législative ou réglementaire prévoyant un traitement, c'est-à-dire au stade préparatoire. Cette consultation visera à assurer le respect du RGPD et « en particulier, d'atténuer le risque qu'il comporte pour la personne concernée » (RGPD, consid. 96). La loi nationale devra en préciser les modalités, sachant notamment que les propositions de loi ne peuvent faire l'objet à ce jour d'une saisine de la CNIL par le parlement.

Le RGPD rend possible une consultation systématique de l'autorité de contrôle pour les traitements relevant d'une mission d'intérêt public, notamment (et non limitativement) dans le cadre de la protection sociale et de la santé publique. Dans ces cas, le droit national pourra imposer une autorisation préalable du traitement. ❑

SECTION 4 *Délégué à la protection des données*

Art. 37 *Désignation du délégué à la protection des données.* **1. Le responsable du traitement et le sous-traitant désignent en tout état de cause un délégué à la protection des données lorsque :**

a) le traitement est effectué par une autorité publique ou un organisme public, à l'exception des juridictions agissant dans l'exercice de leur fonction juridictionnelle ;

b) les activités de base du responsable du traitement ou du sous-traitant consistent en des opérations de traitement qui, du fait de leur nature, de leur portée et/ou de leurs finalités, exigent un suivi régulier et systématique à grande échelle des personnes concernées ; ou

(Rect. JOUE L 127 du 23 mai 2018) « c) les activités de base du responsable du traitement ou du sous-traitant consistent en un traitement à grande échelle de catégories particulières de données visées à l'article 9 ou de données à caractère personnel relatives à des condamnations pénales et à des infractions visées à l'article 10. »

2. Un groupe d'entreprises peut désigner un seul délégué à la protection des données à condition qu'un délégué à la protection des données soit facilement joignable à partir de chaque lieu d'établissement.

3. Lorsque le responsable du traitement ou le sous-traitant est une autorité publique ou un organisme public, un seul délégué à la protection des données peut être désigné pour plusieurs autorités ou organismes de ce type, compte tenu de leur structure organisationnelle et de leur taille.

4. Dans les cas autres que ceux visés au paragraphe 1, le responsable du traitement ou le sous-traitant ou les associations et autres organismes représentant des catégories de responsables du traitement ou de sous-traitants peuvent désigner ou, si le droit de l'Union ou le droit d'un État membre l'exige, sont tenus de désigner un délégué à la protection des données. Le délégué à la protection des données peut agir pour ces associations et autres organismes représentant des responsables du traitement ou des sous-traitants.

5. Le délégué à la protection des données est désigné sur la base de ses qualités professionnelles et, en particulier, de ses connaissances spécialisées du droit et des pratiques en matière de protection des données, et de sa capacité à accomplir les missions visées à l'article 39.

6. Le délégué à la protection des données peut être un membre du personnel du responsable du traitement ou du sous-traitant, ou exercer ses missions sur la base d'un contrat de service.

7. Le responsable du traitement ou le sous-traitant publient les coordonnées du délégué à la protection des données et les communiquent à l'autorité de contrôle.

V. consid. 97.

V. L. n° 78-17 du 6 janv. 1978, art. 57.

Pour les référentiels relatifs aux DPO, V. infra, ss. LIL, art. 57.

COMMENTAIRE

Lors de l'élaboration du RGPD, la désignation du délégué à la protection des données – DPD (également identifié dans les entreprises sous son acronyme anglo-saxon de DPO, pour *data protection officer*) avait été envisagée au regard d'un seuil d'employés atteint dans un organisme (comme pour le registre de l'article 30). Ce critère n'a toutefois pas été retenu dans le texte finalisé.

I. DÉSIGNATION OBLIGATOIRE

A noter que d'autres cas de désignation obligatoire de DPD pourront être ajoutés par les législations nationales ou celle de l'Union.

A. ORGANISMES PUBLICS

La désignation d'un DPD s'impose pour les responsables de traitements relevant de l'autorité publique ou d'un organisme public, à l'exception des juridictions dans le cadre de leurs activités juridictionnelles (ce qui implique que d'autres traitements mis en œuvre par des juridictions puissent donner lieu à désignation d'un délégué). La définition d'autorité ou d'organisme public se réfère au droit national.

B. ORGANISMES PRIVÉS

Dans le cas d'organisme privé, c'est le traitement et non la qualité du responsable de traitements qui emporte le caractère obligatoire ou non de la désignation. Deux critères cumulatifs doivent être ainsi réunis.

1. UN OU PLUSIEURS TRAITEMENTS RELATIFS À « DES ACTIVITÉS DE BASE » « À GRANDE ÉCHELLE »

Le G29 a précisé que « les "activités de base" devaient être considérées comme les opérations-clés nécessaires pour atteindre les objectifs du responsable de traitement ou du sous-traitant » (par ex. les traitements de données de santé d'un hôpital, ceux de surveillance d'une entreprise de sécurité, V. lignes directrices du 5 avr. 2017, WP 243, concernant le délégué à la protection des données personnelles, App., v° *Comité européen de la protection des données*). A l'inverse, les activités courantes mais annexes telles que la paie ou le service informatique ne devraient pas être considérées comme des activités de base à grande échelle, et ce quel que soit le nombre d'employés (sauf s'il s'agit d'une entreprise dont l'activité est par exemple consacrée à des services de prestation de paie ou de services informatiques).

La notion de « traitements à grande échelle » a également été précisée par le G29, qui a indiqué que devaient être pris en compte le nombre de personnes concernées (cela peut être une proportion d'une population), le volume de données, la durée du traitement et l'étendue géographique du traitement (V. WP 243, *préc.*).

2. TRAITEMENTS SENSIBLES

Ces traitements concernant des activités de base à grande échelle doivent impliquer soit un « suivi régulier et systématique des personnes » (V. RGPD, art. 37, b), soit des catégories particulières de données ou de condamnations pénales (V. RGPD, art. 37, c).

La notion de « suivi régulier et systématique des personnes » n'est pas définie. Mais le RGPD fait référence dans la clause extraterritoriale « au suivi du comportement des personnes » (V. RGPD, consid. 25). Est donc visé le suivi des personnes mais également de leurs comportements, que ce soit sur internet ou dans le monde physique, et ce quel qu'en soit le moyen.

Pour les traitements relatifs aux données particulières ou aux condamnations, l'article 37, 1, c, du RGPD utilisait la conjonction « et » entre les données particulières et les condamnations. Toutefois, de l'avis du G29, ce ne sont pas des conditions cumulatives (V. WP 243, *préc.*). Un rectificatif publié au JOUE L du 23 mai 2018 a corrigé cette erreur.

C. CAS DU SOUS-TRAITANT

Le sous-traitant peut être également contraint de désigner un DPD. Les désignations de ces DPD sont totalement indépendantes l'une de l'autre et ne résultent que de la réalisation des critères au regard de sa propre situation. Le G29 suggère l'exemple suivant : une industrie de taille moyenne sous-traite la médecine du travail à une entreprise spécialisée dans cette prestation qui a de nombreux clients similaires. Le sous-traitant doit désigner un DPD en raison de son traitement de données sensibles à grande échelle, mais l'industriel n'a pas forcément besoin d'un DPD car la médecine du travail n'est pas une de ses activités de base (V. WP 243, *préc.*).

II. DÉSIGNATION FACULTATIVE

Lorsque sa désignation n'est pas obligatoire, y compris par une disposition législative ou réglementaire nationale, les organismes peuvent tout de même choisir d'avoir un DPD. Dans une telle hypothèse, il sera pleinement soumis aux droits et obligations prévus par le RGPD. Si l'organisme ne souhaite pas rendre son DPD tributaire de ce texte, il lui appartiendra d'utiliser un titre différent.

III. MUTUALISATION

Un seul DPD peut être désigné pour plusieurs entités, que ce soit un groupe d'entreprises ou plusieurs autorités ou organismes publics.

Concernant les entreprises, la seule condition est qu'il soit « facilement joignable à partir de chaque lieu d'établissement » (V., ci-dessous, à propos des coordonnées).

La langue utilisée est une des problématiques principales en cas d'établissement dans différents pays. Le G29 considère que le DPD doit pouvoir communiquer avec les autorités de contrôle et les personnes concernées. Toutefois, le G29 s'accorde également sur la possibilité qu'il s'adjoigne l'aide d'une équipe. Par conséquent, une option pourrait être que les personnes concernées et les autorités puissent communiquer avec lui par l'intermédiaire d'une personne de son équipe.

Concernant la localisation physique du DPD, le G29 recommande qu'il soit localisé au sein de l'Union même si le responsable du traitement ou le sous-traitant n'y est pas établi. Cependant, le G29 reconnaît également qu'en l'absence d'établissement dans l'Union, il peut être préférable que le DPD soit hors de l'Union pour exercer ses fonctions de manière plus efficace.

Pour les autorités et les organismes publics, cette désignation doit prendre en compte « leur structure organisationnelle » et leur « taille ». En effet, ces organismes publics peuvent désigner un seul DPD dès lors qu'il est en mesure d'accomplir ses tâches.

IV. EXTERNALISATION

Le DPD peut être un employé de l'organisme ou exercer ses missions en tant que prestataire de services externe. Contrairement au droit français qui empêchait le Correspondant Informatique et libertés d'être externalisé lorsque l'organisme comptait plus de cinquante salariés (V. Décr. n° 2005-1309 du 20 oct. 2005, art. 44), le RGPD ne conditionne par l'externalisation du DPD.

La principale contrainte est que les membres de l'organisme prestataire ne devront pas souffrir de conflit d'intérêts et bénéficieront au sein de leur organisme employeur des mêmes garanties que celles accordées à un DPD, telles que par exemple l'absence de représailles pour avoir accompli leurs missions. Le G29 recommande que les tâches au sein d'une équipe soient contractuellement définies et que soit nommée une personne physique, en particulier pour être le point de contact principal de chaque client (V. WP 243, *préc.*).

V. COMPÉTENCES PROFESSIONNELLES

Le considérant 97 du RGPD indique que le DPD doit posséder « des connaissances spécialisées de la législation et des pratiques en matière de protection des données ». Aucune procédure de contrôle de ses compétences n'est toutefois prévue. A noter que l'autorité espagnole (AEPD), en collaboration avec un organisme d'accréditation (ENAC), a proposé des procédures de certification des DPD (V. Guide : Esquema de certificación de Delegados de Protección de Datos/Certification scheme of delegates of data protection of the spanish agency data protection, publié sur le site www.agpd.es). La CNIL a également publié une délibération portant adoption des critères du référentiel de certification des compétences du délégué à la protection des données (DPD) (Délib. n° 2018-318 du 20 sept. 2018, *JO 11 oct.*). Cette certification doit passer par un organisme tiers certificateur. La certification ne sera donc possible que lorsque les premiers agréments auront été délivrés par la CNIL aux organismes certificateurs. Cette certification pour les DPD ne relève pas de caractère obligatoire pour exercer les fonctions de DPD et ne vise que les DPD personnes physiques.

Idéalement, le DPD doit à la fois maîtriser le droit de la protection des données, mais également avoir un minimum de connaissances en matière de sécurité et d'architecture informatiques et de compréhension du secteur d'activité dans lequel son organisme évolue. Ce portrait-robot semble difficile à concrétiser en pratique notamment dans les petites et moyennes entreprises qui n'auront probablement pas de poste dédié à plein temps.

Afin d'être capable d'accomplir ses missions, le G29 précise que son positionnement dans l'organisation est fondamental, qu'il doit avoir une forte intégrité professionnelle ainsi qu'un sens élevé de l'éthique, et que son objectif premier doit être la conformité avec le RGPD. Il est ainsi le chef d'orchestre de la culture de la protection des données dans l'entreprise (WP 243, *préc.*).

VI. COORDONNÉES

Les coordonnées du DPD doivent être publiées. On notera qu'il ne s'agit pas de son nom (à l'inverse de l'article 30, 2, a, du RGPD relatifs au registre). L'article 37, 7 fait écho aux articles 13 et 15 du RGPD relatifs à l'information des personnes.

Il n'est pas précisé que les coordonnées du DPD doivent lui être propres (par ex. son adresse de message professionnelle nominative). En ce qui concerne l'information du grand public, il peut être préférable d'avoir une adresse générique (en cas de changement de personne, ou d'indisponibilité). Pour communiquer avec les employés en interne, il sera probablement préférable d'assurer la publicité du nom du DPD même si une adresse générique est utilisée. ❑

1. L'effectivité de cette mise à disposition a pu être relevée par le Conseil d'État qui a ainsi constaté qu'« à la date de la présente décision, la possibilité de contacter le délégué à la protection des données de la Plateforme des données de santé, dont la désignation est effective depuis le 12 févr. 2020 et dont les coordonnées peuvent également être trouvées sur le site de la Commission nationale de l'informatique et des libertés, figure sur la page d'accueil de son site internet ». • CE, réf., 19 juin 2020, n° 440916 : *AJDA 2020. 1262, obs. de Montecler*.

2. L'Autorité de protection des données luxembourgeoise s'est prononcée sur le manquement à désigner un délégué bénéficiant d'un expertise suffisante en dépit des formations effectuées depuis sa désignation (absence d'expérience professionnelle en matière de protection des données antérieure à sa prise de fonction). • CNDP 26 mars 2021, délib. n° 10FR/2021 : *https://cnpd.public.lu/fr/decisions-sanctions/2021/decision-10-fr-2021.html.*

3. Sur la mise en demeure de vingt-deux communes de procéder à la désignation d'un délégué à la protection des données, sous un délai de quatre mois, par décision de la Présidente de la CNIL rendue publique, V. • CNIL 5 mai 2022, n° MEDP-2022-001. ♦ Se justifie la publicité de la mise en demeure de désignation d'un délégué à la protection des données afin que les administrés soient informés du manque de prise en compte des problématiques de protection des données et du fait que l'absence d'un DPD/DPO les prive d'un interlocuteur dédié à ce sujet. • CNIL 5 mai 2022, n° MEDP-2022-001.

Art. 38 *Fonction du délégué à la protection des données.* **1. Le responsable du traitement et le sous-traitant veillent à ce que le délégué à la protection des données soit associé, d'une manière appropriée et en temps utile, à toutes les questions relatives à la protection des données à caractère personnel.**

2. Le responsable du traitement et le sous-traitant aident le délégué à la protection des données à exercer les missions visées à l'article 39 en fournissant les ressources nécessaires pour exercer ces missions, ainsi que l'accès aux données à caractère personnel et aux opérations de traitement, et lui permettant d'entretenir ses connaissances spécialisées.

3. Le responsable du traitement et le sous-traitant veillent à ce que le délégué à la protection des données ne reçoive aucune instruction en ce qui concerne l'exercice des missions. Le délégué à la protection des données ne peut être relevé de ses fonctions ou pénalisé par le responsable du traitement ou le sous-traitant pour l'exercice de ses missions. Le délégué à la protection des données fait directement rapport au niveau le plus élevé de la direction du responsable du traitement ou du sous-traitant.

4. Les personnes concernées peuvent prendre contact avec le délégué à la protection des données au sujet de toutes les questions relatives au traitement de leurs données à caractère personnel et à l'exercice des droits que leur confère le présent règlement.

5. Le délégué à la protection des données est soumis au secret professionnel ou à une obligation de confidentialité en ce qui concerne l'exercice de ses missions, conformément au droit de l'Union ou au droit des États membres.

6. Le délégué à la protection des données peut exécuter d'autres missions et tâches. Le responsable du traitement ou le sous-traitant veillent à ce que ces missions et tâches n'entraînent pas de conflit d'intérêts.

V. consid. 97.

V. L. n° 78-17 du 6 janv. 1978, art. 57.

COMMENTAIRE

I. FONCTION GÉNÉRALE DU DPD

Le délégué à la protection des données (DPD ou, selon l'acronyme anglo-saxon, DPO) doit être considéré au sein de l'organisation comme un partenaire que l'on associe aux projets relatifs à la protection des données. L'organisme doit définir des procédures de gouvernance assurant l'effectivité de cette collaboration qui ne doit se produire ni trop tôt pour ne pas surcharger le DPD de projets trop immatures, ni trop tard pour qu'il puisse utilement influer sur la conception du traitement.

L'autorité belge de protection des données a considéré que « le délégué à la protection des données [a] un rôle consultatif à l'égard du responsable du traitement, n'[est] pas coresponsable de la décision finale ». Ainsi, dans ce rôle, il doit être consulté, et non seulement informé (Autorité de protection des données belge, ch. contentieuse, Décis. quant au fond 18/2020 du 28 avr. 2020, n° AH-2019-0013).

II. RESSOURCES

Le RGPD impose que l'organisme qui désigne un DPD lui fournisse les ressources nécessaires pour exercer ses missions.

Le G29 a une vision très large de ces ressources puisqu'il considère qu'il s'agit notamment du soutien actif de sa direction, de temps (particulièrement important s'il n'exerce pas ses missions à temps plein), de budget, incluant l'équipement et le personnel, et de formation pour maintenir la qualité de son expertise (V. Lignes directrices du 5 avr. 2017, WP 243, App., v° *Comité européen de la protection des données*). Dans le cadre de multinationales, ces ressources pourront être mutualisées.

L'attribution de ces ressources, notamment financières, dépendra principalement du volume de traitements réalisés par l'entreprise et de leur sensibilité.

III. INDÉPENDANCE

Le DPD interne ou externe doit exercer ses missions « en toute indépendance » (V. RGPD, consid. 97). Il ne doit pas recevoir d'instruction visant à influencer son conseil dans le but d'obtenir le résultat souhaité.

Cependant, s'il est indépendant dans sa prise de position, de son côté, l'organisme n'est pas tenu par sa position. Ainsi, le DPD doit pouvoir faire valoir son opinion divergente, et même la documenter, mais seul le responsable du traitement est responsable de la conformité au RGPD. Le G29 recommande que soient documentées les décisions qui seraient prises en désaccord avec le DPD (V. WP 243, *préc.*).

Le fait que le DPD soit en rapport avec le niveau le plus élevé de la direction permet d'assurer la bonne information de celle-ci sur les recommandations qu'il préconise, en particulier en cas de désaccord. L'information de la direction pourra être réalisée par la transmission d'un rapport annuel relatant l'activité du DPD (V. G29, WP 243, *préc.*, rappelant les dispositions de l'art. 49 du Décr. n° 2005-1309 du 20 oct. 2005, relatives à l'obligation de bilan annuel pour le correspondant informatique et liberté).

Le DPD ne doit pas être pénalisé pour les conseils qu'il produirait dans le cadre de ses missions. Les représailles peuvent prendre la forme de menaces sans même être mises à exécution (par ex., l'absence de promotion ou de prime). Cette protection n'est toutefois valable que dans le cadre de l'exercice de ses missions. Cette disposition n'est pas sans rappeler la protection des lanceurs d'alerte (V. L. n° 2016-1691 du 9 déc. 2016 (*JO 10 déc.*), dite « Sapin 2 », chapitre II). Le législateur français n'a toutefois « pas entendu conférer au délégué à la protection des données le statut de salarié protégé au sens du droit de travail, ce qui a été confirmé par le ministère du Travail suite à une question posée par un sénateur (*JO Sénat 7 févr. 2019, p. 712*).

Indépendamment de ses missions de délégué, s'il commet des fautes professionnelles, il peut en vertu du droit commun être sanctionné (par ex. : absences injustifiées, insubordination). Le RGPD ne précise pas les formes que doit prendre le changement de DPD, et notamment son limogeage. Le G29 encourage seulement les organismes à faire en sorte que ce rôle soit le plus stable possible (V. WP 243, *préc.*).

IV. POINT DE CONTACT DES PERSONNES

Le DPD doit être la personne de référence pour toutes les personnes concernées. Cela implique donc à la fois les salariés en interne mais également toutes les personnes en externe (clients, patients, prospects, utilisateurs etc.). Ces coordonnées doivent être accessibles (V. comm. ss. RGPD, art. 37).

V. CONFIDENTIALITÉ

Le DPD est soumis au secret professionnel ou à une obligation de confidentialité. Cette qualification dépend de la législation applicable.

Cette confidentialité revêt plusieurs aspects. Elle commence avec l'organisme puisqu'il lui appartient d'être discret sur les projets qui lui sont présentés et qui peuvent avoir un intérêt économique ou stratégique pour l'organisme. Le délégué doit également offrir une écoute attentive et confidentielle à ceux qui s'interrogeraient ou même se plaindraient des pratiques de l'entreprise. Cette discrétion est fondamentale pour que tant les chefs de projet que les personnes concernées, en particulier les salariés, puissent le solliciter.

VI. CONFLIT D'INTÉRÊTS

L'absence de conflit d'intérêts est liée à l'indépendance du DPD. Il ne peut pas être juge et partie. C'est pourquoi le G29 considère, par exemple, que le directeur des ressources humaines ou le directeur des systèmes d'information qui gèrent de nombreux projets informatiques ne peuvent pas être DPD. De nombreux postes, quel que soit leur niveau hiérarchique, peuvent présenter des conflits d'intérêts dès lors qu'ils sont amenés à définir les finalités et les moyens d'un traitement (V. WP 243, *préc.*).

En Belgique, l'autorité de protection des données a considéré constitutif d'un conflit d'intérêts le fait de cumuler les fonctions de DPD et de responsable des départements « audit, risk et compliance ». « La responsabilité pour chacun de ces trois départements implique incontestablement que cette personne, en cette qualité, détermine les finalités et les moyens du traitement de données à caractère personnel au sein de ces trois départements et donc est responsable des processus de traitement de données qui relèvent du domaine de la compliance, du risk management et de l'audit interne, rendant impossible le contrôle indépendant de ces trois départements par le DPD » (Autorité de protection des données belge, ch. contentieuse, Décis. quant au fond 18/2020 du 28 avr. 2020, n° AH-2019-0013). ❑

Art. 39 *Missions du délégué à la protection des données.* **1. Les missions du délégué à la protection des données sont au moins les suivantes :**

a) informer et conseiller le responsable du traitement ou le sous-traitant ainsi que les employés qui procèdent au traitement sur les obligations qui leur incombent en vertu du présent règlement et d'autres dispositions du droit de l'Union ou du droit des États membres en matière de protection des données ;

b) contrôler le respect du présent règlement, d'autres dispositions du droit de l'Union ou du droit des États membres en matière de protection des données et des règles internes du responsable du traitement ou du sous-traitant en matière de protection des données à caractère personnel, y compris en ce qui concerne la répartition des responsabilités, la sensibilisation et la formation du personnel participant aux opérations de traitement, et les audits s'y rapportant ;

c) dispenser des conseils, sur demande, en ce qui concerne l'analyse d'impact relative à la protection des données et vérifier l'exécution de celle-ci en vertu de l'article 35 ;

d) coopérer avec l'autorité de contrôle ;

e) faire office de point de contact pour l'autorité de contrôle sur les questions relatives au traitement, y compris la consultation préalable visée à l'article 36, et mener des consultations, le cas échéant, sur tout autre sujet.

2. Le délégué à la protection des données tient dûment compte, dans l'accomplissement de ses missions, du risque associé aux opérations de traitement compte tenu de la nature, de la portée, du contexte et des finalités du traitement.

V. consid. 97.

V. L. n° 78-17 du 6 janv. 1978, art. 57.

COMMENTAIRE

I. MISSIONS

A. INFORMER ET CONSEILLER

Le délégué à la protection des données (DPD ou DPO pour *data protection officer*) doit informer et conseiller sur leurs obligations le responsable du traitement ou le sous-traitant ainsi que leurs employés traitant ces données. Cela peut impliquer la rédaction de procédures, la réalisation d'actions de sensibilisation et de sessions de formation.

B. CONTRÔLER LA CONFORMITÉ

Il s'agit d'une conformité globale. Le DPD doit contrôler la conformité des traitements au RGPD mais également aux législations nationales applicables et aux règles internes qui peuvent être, par exemple, des règles contraignantes d'entreprises ou d'autres types de procédures internes.

Le G29 rappelle que « dans le cadre de ces tâches de contrôle du respect du RGPD, les DPD peuvent notamment (V. lignes directrices du 5 avr. 2017, WP 243 rev. 01, App., v° *Comité européen de la protection des données*) :

« – recueillir des informations permettant de recenser les activités de traitement ;

« – analyser et vérifier la conformité des activités de traitement ;

« – informer et conseiller le responsable du traitement ou le sous-traitant et formuler des recommandations à son intention. »

Le rôle de contrôle du DPD n'engage pas pour autant sa responsabilité en cas de non-conformité. Seule la responsabilité du responsable du traitement ou du sous-traitant est engagée.

C. CONSEILLER LORS DE L'ANALYSE D'IMPACT

Le DPD se doit de conseiller le responsable du traitement lors de la réalisation de l'analyse d'impact. Ce conseil est obtenu « sur demande », faisant écho à l'article 35, 2, du RGPD (V. comm. ss. cet art.). Le DPD doit également vérifier l'exécution de l'analyse d'impact.

Le G29 considère que le responsable du traitement doit en particulier solliciter l'avis du DPD sur la nécessité de réaliser une analyse, son externalisation, la méthodologie à suivre, les mesures à appliquer pour réduire ou supprimer les risques, le fait de savoir si elle a été correctement réalisée et si les conclusions sont bien en conformité avec le RGPD (V. WP 243, *préc.*).

En pratique, le DPD aura un rôle clé dans la création du processus conduisant ou non à l'analyse d'impact.

D. RELATION AVEC L'AUTORITÉ DE CONTRÔLE

Le DPD doit coopérer avec l'autorité de contrôle. Il joue ainsi un rôle d'intermédiaire et de facilitateur. Il est également le point de contact de l'autorité, y compris lorsqu'elle doit être consultée pour l'analyse d'impact ainsi que lors du contrôle de sa réalisation.

Il peut également contacter l'autorité afin de solliciter ses recommandations.

II. APPROCHE PAR LE RISQUE

Dans l'esprit du RGPD et de son approche par le risque (V. RGPD, art. 32), le DPD doit hiérarchiser ses missions en fonction du niveau de risque. Il lui appartient d'être pragmatique dans l'exercice de ses activités (V. G29, WP 243, *préc.*). ❑

Sur le caractère aggravant d'une transmission de données à un destinataire non autorisé qui n'a pas fait l'objet d'une analyse ni d'une transmission au délégué à la protection des données, V. : • CNIL 3 sept. 2020, n° SAN-2020-006 (concernant le rectorat de l'académie de Normandie).

SECTION 5 *Codes de conduite et certification*

COMMENTAIRE

Cette dernière section 5 du chapitre IV, consacrée aux codes de conduite et aux mécanismes de certification, illustre pleinement le principe d'« *accountability* » en offrant l'avantage de combiner la sécurité juridique avec une certaine marge de manœuvre pour les organismes. De tels mécanismes relèvent de ce qui est communément dénommé « *soft law* », c'est-à-dire un droit souple qui s'opposerait à un droit dur (« *hard law* ») composé de réglementations imposées et contraignantes.

En effet, « une certification est une démarche volontaire par laquelle l'entreprise fait constater la conformité de ses procédures en matière de protection des données à une norme avalisée par l'autorité de contrôle. Contrairement aux codes de conduite, la certification ne peut être délivrée que par un organisme de certification, celui-ci ayant été au préalable agréé par l'autorité de contrôle » (V. AN, Rapp. d'information du 22 févr. 2017 sur les incidences des nouvelles normes européennes en matière de protection des données personnelles sur la législation française, p. 52).

Les codes de conduite visent à offrir un cadre à des organismes dépendant d'un même secteur d'activité afin d'harmoniser les interprétations juridiques du RGPD avec leur pratique. Ils sont devenus des outils couramment utilisés, parfois même imposés par la loi, notamment dans des secteurs réglementés tels que la banque, l'assurance ou l'environnement. Tant ces codes que les mécanismes de certification ont pour objectif de contribuer à une meilleure compréhension et application des principes du RGPD, en particulier pour les micro, petites et moyennes entreprises.

Même si la directive 95/46/CE du 24 octobre 1995 prévoyait déjà la possibilité d'y recourir, cette disposition a été peu utilisée. On notera tout de même que dès 2010, le G29 a encouragé le développement de programmes de certification ou de labels (V. avis n° 3/2010 du 13 juill.

2010, WP 173, sur le principe de la responsabilité, App., v° *Comité européen de la protection des données*) ainsi que certaines initiatives européennes comme EuroPrise ou nationales. Ainsi, la loi « Informatique et libertés », modifiée en 2004 puis en 2009, a offert à la CNIL la possibilité de délivrer des labels concernant des produits ou des procédures (V. L. n° 78-17 du 6 janv. 1978, anc. art. 11). Ce processus de labellisation, mis en œuvre à partir de 2012, a rencontré un certain succès auprès des organismes concernés.

Les organismes qui adhèrent à des codes de conduite et à des mécanismes de certification se différencient de leurs concurrents par leur souhait d'exemplarité. Au lieu de craindre l'autorité et de l'éviter, ils se distinguent par leur volonté de suivre les meilleures pratiques et d'être contrôlés sur cette application. ❑

Art. 40 *Codes de conduite.* **1. Les États membres, les autorités de contrôle, le comité et la Commission encouragent l'élaboration de codes de conduite destinés à contribuer à la bonne application du présent règlement, compte tenu de la spécificité des différents secteurs de traitement et des besoins spécifiques des micro, petites et moyennes entreprises.**

2. Les associations et autres organismes représentant des catégories de responsables du traitement ou de sous-traitants peuvent élaborer des codes de conduite, les modifier ou les proroger, aux fins de préciser les modalités d'application du présent règlement, telles que :

a) le traitement loyal et transparent ;

b) les intérêts légitimes poursuivis par les responsables du traitement dans des contextes spécifiques ;

c) la collecte des données à caractère personnel ;

d) la pseudonymisation des données à caractère personnel ;

e) les informations communiquées au public et aux personnes concernées ;

f) l'exercice des droits des personnes concernées ;

g) les informations communiquées aux enfants et la protection dont bénéficient les enfants et la manière d'obtenir le consentement des titulaires de la responsabilité parentale à l'égard de l'enfant ;

h) les mesures et les procédures visées aux articles 24 et 25 et les mesures visant à assurer la sécurité du traitement visées à l'article 32 ;

i) la notification aux autorités de contrôle des violations de données à caractère personnel et la communication de ces violations aux personnes concernées ;

j) le transfert de données à caractère personnel vers des pays tiers ou à des organisations internationales ; ou

k) les procédures extrajudiciaires et autres procédures de règlement des litiges permettant de résoudre les litiges entre les responsables du traitement et les personnes concernées en ce qui concerne le traitement, sans préjudice des droits des personnes concernées au titre des articles 77 et 79.

3. Outre leur application par les responsables du traitement ou les sous-traitants soumis au présent règlement, les codes de conduite qui sont approuvés en vertu du paragraphe 5 du présent article et qui sont d'application générale en vertu du paragraphe 9 du présent article peuvent aussi être appliqués par des responsables du traitement ou des sous-traitants qui ne sont pas soumis au présent règlement en vertu de l'article 3, afin de fournir des garanties appropriées dans le cadre des transferts de données à caractère personnel vers un pays tiers ou à une organisation internationale dans les conditions visées à l'article 46, paragraphe 2, point e. Ces responsables du traitement ou sous-traitants prennent l'engagement contraignant et doté de force obligatoire, au moyen d'instruments contractuels ou d'autres instruments juridiquement contraignants, d'appliquer ces garanties appropriées, y compris en ce qui concerne les droits des personnes concernées.

4. Le code de conduite visé au paragraphe 2 du présent article comprend les mécanismes permettant à l'organisme visé à l'article 41, paragraphe 1, de procéder au contrôle obligatoire du respect de ses dispositions par les responsables du traitement ou les sous-traitants qui s'engagent à l'appliquer, sans préjudice des missions et des pouvoirs de l'autorité de contrôle qui est compétente en vertu de l'article 55 ou 56.

5. Les associations et autres organismes visés au paragraphe 2 du présent article qui ont l'intention d'élaborer un code de conduite ou de modifier ou proroger un code

de conduite existant soumettent le projet de code, la modification ou la prorogation à l'autorité de contrôle qui est compétente en vertu de l'article 55. L'autorité de contrôle rend un avis sur la question de savoir si le projet de code, la modification ou la prorogation respecte le présent règlement et approuve ce projet de code, cette modification ou cette prorogation si elle estime qu'il offre des garanties appropriées suffisantes.

6. Lorsque le projet de code, la modification ou la prorogation est approuvé conformément au paragraphe 5, et lorsque le code de conduite concerné ne porte pas sur des activités de traitement menées dans plusieurs États membres, l'autorité de contrôle enregistre et publie le code de conduite.

7. Lorsque le projet de code de conduite concerne des activités de traitement menées dans plusieurs États membres, l'autorité de contrôle qui est compétente en vertu de l'article 55 soumet le projet de code, la modification ou la prorogation, avant approbation, selon la procédure visée à l'article 63, au comité, qui rend un avis sur la question de savoir si le projet de code, la modification ou la prorogation respecte le présent règlement ou, dans la situation visée au paragraphe 3 du présent article, s'il offre des garanties appropriées.

8. Lorsque l'avis visé au paragraphe 7 confirme que le projet de code, la modification ou la prorogation respecte le présent règlement ou, dans la situation visée au paragraphe 3, offre des garanties appropriées, le comité soumet son avis à la Commission.

9. La Commission peut décider, par voie d'actes d'exécution, que le code de conduite, la modification ou la prorogation approuvés qui lui ont été soumis en vertu du paragraphe 8 du présent article sont d'application générale au sein de l'Union. Ces actes d'exécution sont adoptés en conformité avec la procédure d'examen visée à l'article 93, paragraphe 2.

10. La Commission veille à garantir une publicité appropriée aux codes approuvés dont elle a décidé qu'ils sont d'application générale conformément au paragraphe 9.

11. Le comité consigne dans un registre tous les codes de conduite, les modifications et les prorogations approuvés et les met à la disposition du public par tout moyen approprié.

V. consid. 77, 98, 99, 158 et 167.

V. L. n° 78-17 du 6 janv. 1978, art. 8-I-2° (b).

V. CEPD, lignes directrices 1/2019 du 4 juin 2019 sur les codes de conduite et organes de surveillance (version 2.0) (https://edpb.europa.eu/).

V. CEPD, lignes directrices 04/2021 du 7 juill. 2021 on codes of conduct as tools for transfers (version 2.0) (https://edpb.europa.eu/).

V. CNIL 3 juin 2021, délib. n° 2021-065 (approbation du code de conduite européen dédié aux fournisseurs de services d'infrastructure cloud (IaaS).

COMMENTAIRE

Le chapitre V de la directive du 24 octobre 1995 encourageait déjà les codes de conduite et prévoyait une procédure d'examen par le G29. C'est ainsi que celui des fournisseurs d'infrastructures de « *cloud* » a été examiné mais non approuvé (V. G29, avis 02/2015, du 22 sept. 2015, WP 232), ou que celui des développeurs d'application en e-santé a fait l'objet d'observations (V. G29, courrier rendu public le 10 avr. 2017). Pour ces deux exemples, on relèvera certes les encouragements du G29 mais également les nombreux commentaires, en particulier celui concernant l'exigence de faire du code de conduite une source « de valeur ajoutée ».

L'article 40 du RGPD attribue à ces codes un rôle de contributeur à la bonne application du règlement car ils concernent des problématiques propres à des secteurs particuliers et s'adressent aux besoins spécifiques des micro, petites et moyennes entreprises. Les autorités ont pour rôle de vérifier qu'ils offrent « des garanties appropriées suffisantes » (V. RGPD, art. 40, 5). Le considérant 98 ajoute qu'ils « pourraient, en particulier, définir les obligations qui incombent aux responsables du traitement et aux sous-traitants, compte tenu du risque que le traitement peut engendrer pour les droits et libertés des personnes physiques ».

Les codes de conduite ont été généralisés sous une autre appellation dans le cadre des transferts hors de l'Union sous la forme des règles d'entreprise contraignantes (BCR). Dans son avis WP 74 du 3 juin 2003 consacré aux BCR, le G29 délivrait la précision terminologique suivante : « les règles d'entreprise contraignantes (ou les codes de conduite, pour parler de manière plus conventionnelle) ». En effet, les BCR contribuent à la conformité au RGPD tout en étant personnalisés à leurs besoins spécifiques par et pour les groupes qui les adoptent.

I. ÉLABORATION

A. AUTEURS ET CONTRIBUTEURS

Les codes de conduite sont proposés par des associations ou des organismes représentant des catégories de responsables de traitements ou de sous-traitants. Si le considérant 98 du RGPD fait référence aux « spécificités des traitements effectués dans certains secteurs » et « aux besoins spécifiques des micro, petites et moyennes entreprises », l'article 40 dans sa rédaction laisse ouverte la possibilité de code soumis par la maison mère d'un groupe d'entreprises, de manière similaire aux BCR.

Il appartient à l'association ou à l'organisme représentatif souhaitant faire adopter un code de conduite de l'élaborer, de le modifier ou de le proroger le cas échéant.

Il leur est conseillé de « consulter les parties intéressées, y compris les personnes concernées lorsque cela est possible, et de tenir compte des contributions transmises et des opinions exprimées à la suite de ces consultations » (V. RGPD, consid. 99).

B. CONTENU

Les codes de conduite ont pour objet de « préciser les modalités d'application » du RGPD. L'article 40, paragraphe 2, liste de manière non limitative et non cumulative les éléments sur lesquels ces codes peuvent être élaborés. Il s'agit de la mise en œuvre de grands principes tels que la loyauté du traitement, la collecte des données, les intérêts légitimes, l'information des personnes ainsi que des nouvelles obligations (par ex., le consentement des enfants, la violation des données, la pseudonymisation).

Un code de conduite doit offrir des solutions qui servent les intérêts d'un secteur mais également ceux des personnes concernées, par exemple en définissant des conditions générales d'utilisation conformes au RGPD dans le domaine du marketing direct (V. CEPD, Guidelines 1/2019 on *Codes of Conduct and Monitoring Bodies under Regulation 2016/679*).

V. le commentaire sous l'article 47 du RGPD relatif aux règles d'entreprise contraignantes.

II. MODALITÉS D'APPLICATION

A. MÉCANISMES DE CONTRÔLE

Le code de conduite ne peut se prévaloir d'être vecteur de confiance que si les organismes qui s'en réclament sont également soumis au contrôle de sa bonne application, hors contrôle des autorités. C'est pour cela qu'il doit prévoir ses propres mécanismes de contrôle qui sont « obligatoires » (V. RGPD, art. 40, 4).

A noter que toute modification ou demande de prorogation doit être soumise au contrôle des autorités.

B. PROCÉDURE

Le code de conduite est soumis à l'autorité de contrôle compétente conformément aux règles exposées à l'article 55 du RGPD.

En pratique, sera compétente l'autorité de contrôle du pays où siège l'association ou l'organisme soumettant ce code.

1. CODE LOCAL

Si le code de conduite ne concerne que des traitements réalisés dans un État et qu'aucun autre État membre n'est concerné, l'autorité de contrôle nationale sera la seule à être impliquée dans son examen.

Elle rendra un avis sur sa conformité au RGPD et approuvera le projet s'il « offre des garanties appropriées suffisantes ». Dans ce cas, l'autorité de contrôle enregistre et publie le document.

La publication, et donc la publicité, de ce code est cruciale pour en assurer l'application mais également pour garantir sa connaissance par les personnes concernées.

2. CODE TRANSFRONTALIER

a. Rôle du Comité européen de la protection des données

Si le code de conduite concerne des traitements réalisés dans plusieurs États membres, l'autorité de contrôle soumet le projet au comité européen de la protection des données selon le mécanisme de contrôle de cohérence (V. RGPD, art. 63). Ce dernier devra rendre un avis sur le respect du RGPD et sur les garanties appropriées en cas d'utilisation du code par des organismes hors de l'Union.

Lorsque le comité approuve un code transfrontalier, il soumet son avis à la Commission.

Le comité doit consigner tous les codes de conduite, y compris leurs modification et prorogation, dans un registre rendu public par tout moyen.

b. Rôle de la Commission

La Commission peut rendre le code d'application générale par acte d'exécution (V. TFUE, art. 291) après avoir été assistée par le comité visé à l'article 93 du RGPD. Cette qualification permet à des organismes hors de l'Union de s'en prévaloir et de l'utiliser comme garantie pour leurs transferts hors de l'Union (V. RGPD, art. 40, 3). Dans cette hypothèse, la Commission doit garantir la publicité des codes de conduite d'application générale.

3. CAS PARTICULIER DES CODES IMPLIQUANT DES TRANSFERTS

L'analogie avec les règles d'entreprise contraignantes (*BCR* pour *Binding Corporate Rules*, V. comm. ss. RGPD, art. 44) se retrouve à la lecture de l'article 40, 3, du RGPD. En effet, les codes de conduite approuvés et d'application générale peuvent être utilisés comme des garanties pour transférer des données hors de l'Union.

Pour cela, le code doit être appliqué par le destinataire des données situé hors de l'Union, et ce dernier, qu'il soit responsable du traitement ou sous-traitant, doit prendre « l'engagement contraignant et doté de force obligatoire » que les garanties appropriées, y compris concernant les droits des personnes, seront appliquées. Il s'agit là d'une reprise des BCR qui doivent être « contraignantes », car seules les clauses présentant ce caractère peuvent être perçues comme des « garanties suffisantes » (V. G29, WP 74, *préc.*). Pour le G29, cela implique que « les personnes concernées couvertes par les règles d'entreprise contraignantes doivent devenir des tiers bénéficiaires par le biais soit des effets légaux des engagements unilatéraux (lorsque cela est possible, dans le cadre de la législation nationale), soit des dispositions contractuelles entre les membres du groupe qui le permettent. En tant que tiers bénéficiaires, les personnes concernées doivent pouvoir faire respecter ces règles en introduisant une plainte aussi bien auprès de l'autorité compétente de protection des données qu'auprès du tribunal compétent sur le territoire de la Communauté » (V. WP 74, *préc.*).

Le CEPD a adopté en février 2022 les lignes directrices 04/2021 sur les codes de conduite comme outils de transfert afin de fournir des conseils pratiques, y compris sur le contenu de tels codes de conduite, leur processus d'adoption et les acteurs impliqués ainsi que les exigences à respecter et des garanties à fournir par un code de conduite pour les transferts. ❑

Art. 41 *Suivi des codes de conduite approuvés.* **1. Sans préjudice des missions et des pouvoirs de l'autorité de contrôle compétente au titre des articles 57 et 58, le contrôle du respect du code de conduite en vertu de l'article 40 peut être effectué par un organisme qui dispose d'un niveau d'expertise approprié au regard de l'objet du code et qui est agréé à cette fin par l'autorité de contrôle compétente.**

2. Un organisme visé au paragraphe 1 peut être agréé pour contrôler le respect d'un code de conduite lorsque cet organisme a :

a) démontré, à la satisfaction de l'autorité de contrôle compétente, son indépendance et son expertise au regard de l'objet du code ;

b) établi des procédures qui lui permettent d'apprécier si les responsables du traitement et les sous-traitants concernés satisfont aux conditions pour appliquer le code, de contrôler le respect de ses dispositions et d'examiner périodiquement son fonctionnement ;

c) établi des procédures et des structures pour traiter les réclamations relatives aux violations du code ou à la manière dont le code a été ou est appliqué par un responsable du traitement ou un sous-traitant, et pour rendre ces procédures et structures transparentes à l'égard des personnes concernées et du public ; et

d) démontré, à la satisfaction de l'autorité de contrôle compétente, que ses tâches et ses missions n'entraînent pas de conflit d'intérêts.

(Rect. JOUE L 127 du 23 mai 2018) **« 3. L'autorité de contrôle compétente soumet le projet d'exigences relatives à l'agrément d'un organisme visé au paragraphe 1 du présent article au comité en application du mécanisme de contrôle de la cohérence visé à l'article 63. »**

4. Sans préjudice des missions et des pouvoirs de l'autorité de contrôle compétente et des dispositions du chapitre VIII, un organisme visé au paragraphe 1 du présent article prend, sous réserve des garanties appropriées, des mesures appropriées en cas de violation du code par un responsable du traitement ou un sous-traitant, et peut notamment suspendre ou exclure le responsable du traitement ou le sous-traitant concerné de l'application du code. Il informe l'autorité de contrôle compétente de ces mesures et des raisons pour lesquelles elles ont été prises.

(Rect. JOUE L 127 du 23 mai 2018) **« 5. L'autorité de contrôle compétente révoque l'agrément d'un organisme visé au paragraphe 1 si les exigences relatives à l'agrément ne sont pas ou ne sont plus respectées ou si les mesures prises par l'organisme constituent une violation du présent règlement. »**

6. Le présent article ne s'applique pas au traitement effectué par les autorités publiques et les organismes publics.

V. L. n° 78-17 du 6 janv. 1978, art. 21-I-4° et 23.

V. CEPD, lignes directrices 1/2019 du 4 juin 2019 sur les codes de conduite et organes de surveillance (version 2.0) (https://edpb.europa.eu).

V. CNIL 17 juin 2021, délib. n° 2021-076 (premier organisme de contrôle agréé pour contrôler un code de conduite).

COMMENTAIRE

Les codes de conduite sont approuvés par les autorités de contrôle. Toutefois, leur contrôle « obligatoire » peut être réalisé par un organisme agréé, sans avoir pour conséquence de priver les autorités de leurs propres pouvoirs. L'article 41 précise les conditions dans lesquelles évoluent ces organismes et comment leur sont délivrés leurs agréments. Il ne s'applique pas au traitement effectué par les autorités publiques et les organismes publics.

I. DÉLIVRANCE DE L'AGRÉMENT

A. CRITÈRES

Pour obtenir l'agrément, l'organisme de contrôle devra démontrer un « niveau d'expertise approprié au regard de l'objet du code ». Le code étant à la fois un outil sectoriel et un vecteur de conformité au RGPD, l'organisme du contrôle devra justifier sa compétence dans le secteur invoqué ainsi que dans la protection des données. Il appartiendra à l'autorité de préciser les moyens de cette démonstration.

L'organisme agréé devra également instaurer des procédures permettant de vérifier la conformité au code et de gérer les réclamations des personnes concernées. Les vérifications auprès des organismes se prévalant d'un code devront être réalisées « périodiquement », ce qui pourra être défini dans le code (V. RGPD, art. 40, 2, b). Les procédures de traitement des réclamations devront être transparentes.

Enfin, l'organisme agréé devra démontrer son indépendance et l'absence de conflit d'intérêts. Il lui appartiendra de justifier l'absence de liens directs ou indirects avec les établissements contrôlés.

B. PROCÉDURE

Les critères d'agrément que l'autorité de contrôle souhaite adopter seront soumis au comité européen de protection des données selon le mécanisme de contrôle de la cohérence afin de garantir une certaine uniformité (V. RGPD, art. 63). Une fois ces critères adoptés, l'agrément est toutefois accordé par la seule autorité de contrôle compétente.

C. RÉVOCATION

L'autorité de contrôle peut révoquer l'agrément si les conditions permettant de l'obtenir ne sont plus réunies. La révocation pourrait, par exemple, résulter d'un changement d'organisation qui priverait l'organisme de son expertise ou de son indépendance. Elle pourrait également intervenir si l'organisme agréé prenait des mesures violant le RGPD.

Les décisions de refus ou de retrait d'agrément à une association professionnelle constituent des décisions faisant grief.

II. POUVOIRS DE L'ORGANISME AGRÉÉ

L'organisme agréé peut suspendre ou exclure un organisme de l'application du code. Il doit en informer l'autorité de contrôle en en précisant les raisons. Cette dernière conservant à tout moment ses pouvoirs, il lui appartiendra de déterminer les suites à donner, y compris de ne pas prendre de mesure complémentaire si elle considère que les mesures prises par la communauté responsable du code sont suffisantes. Toutefois, « l'autorité » de contrôle n'est pas tenue de prendre en considération les sanctions déjà imposées dans le cadre du programme d'autorégulation » et « le non-respect de mesures d'autorégulation pourrait également être révélateur de la négligence du responsable du traitement ou du sous-traitant ou de son intention délibérée de ne pas s'y conformer » (Lignes directrices du 3 oct. 2017, WP 253, sur l'application et la fixation des amendes administratives aux fins du règlement (UE) 2016/679. – V. Appendice, v° *CEPD*). ❑

Art. 42 *Certification.* **1. Les États membres, les autorités de contrôle, le comité et la Commission encouragent, en particulier au niveau de l'Union, la mise en place de mécanismes de certification en matière de protection des données ainsi que de labels et de marques en la matière, aux fins de démontrer que les opérations de traitement effectuées par les responsables du traitement et les sous-traitants respectent le présent règlement. Les besoins spécifiques des micro, petites et moyennes entreprises sont pris en considération.**

2. Outre l'application par les responsables du traitement ou les sous-traitants soumis au présent règlement, les mécanismes de certification, les labels ou les marques en matière de protection des données approuvés en vertu du paragraphe 5 du présent article peuvent être établis aux fins de démontrer que des responsables du traitement ou des sous-traitants qui ne sont pas soumis au présent règlement en vertu de l'article 3 fournissent des garanties appropriées dans le cadre des transferts de données à caractère personnel vers un pays tiers ou à une organisation internationale dans les conditions visées à l'article 46, paragraphe 2, point f. Ces responsables du traitement ou sous-traitants prennent l'engagement contraignant et exécutoire, au moyen d'instruments contractuels ou d'autres instruments juridiquement contraignants, d'appliquer ces garanties appropriées, y compris en ce qui concerne les droits des personnes concernées.

3. La certification est volontaire et accessible via un processus transparent.

4. Une certification en vertu du présent article ne diminue par la responsabilité du responsable du traitement ou du sous-traitant quant au respect du présent règlement et est sans préjudice des missions et des pouvoirs des autorités de contrôle qui sont compétentes en vertu de l'article 55 ou 56.

5. Une certification en vertu du présent article est délivrée par les organismes de certification visés à l'article 43 ou par l'autorité de contrôle compétente sur la base des critères approuvés par cette autorité de contrôle compétente en application de l'article 58, paragraphe 3, ou par le comité en application de l'article 63. Lorsque les critères sont approuvés par le comité, cela peut donner lieu à une certification commune, le label européen de protection des données.

6. Le responsable du traitement ou le sous-traitant qui soumet son traitement au mécanisme de certification fournit à l'organisme de certification visé à l'article 43 ou, le cas échéant, à l'autorité de contrôle compétente toutes les informations ainsi que l'accès à ses activités de traitement, qui sont nécessaires pour mener la procédure de certification.

(Rect. JOUE L 127 du 23 mai 2018) **« 7. La certification est délivrée à un responsable du traitement ou à un sous-traitant pour une durée maximale de trois ans et peut être renouvelée dans les mêmes conditions tant que les critères applicables continuent d'être respectés. La certification est retirée, s'il y a lieu, par les organismes de certification visés à l'article 43 ou par l'autorité de contrôle compétente lorsque les critères applicables à la certification ne sont pas ou plus respectés. »**

8. Le comité consigne dans un registre tous les mécanismes de certification et les labels ou les marques en matière de protection des données et les met à la disposition du public par tout moyen approprié.

V. consid. 77, 81 et 100.

V. L. n° 78-17 du 6 janv. 1978, art. 8-I, 2° (h) et (i).

V. CEPD, lignes directrices 1/2018 du 4 juin 2019 relatives à la certification et à la définition des critères de certification conformément aux articles 42 et 43 du règlement (version 3.0) (https://edpb.europa.eu/).

V. CEPD, orientation sur l'évaluation des critères de certification (annexe aux lignes directrices 1/2018) (https://edpb.europa.eu/).

COMMENTAIRE

Le RGPD envisage également les mécanismes de certification ainsi que les labels et les marques. D'un point de vue terminologique, aucune distinction formelle entre un label et une marque n'a été explicitée.

Ces mécanismes permettent « aux personnes concernées d'évaluer rapidement le niveau de protection des données offert par les produits et services en question » (V. RGPD, consid. 100). Cette démarche « volontaire » permet ainsi à ceux qui décident de la suivre de se distinguer de leurs concurrents et de profiter d'un avantage concurrentiel tout en renforçant la relation de confiance avec les personnes concernées.

Comme pour les codes de conduite, ces mécanismes doivent être promus par toutes les institutions européennes et nationales et intégrer les « besoins spécifiques des micro, petites et moyennes entreprises ». De la même manière, la certification n'a pas pour objet d'exonérer l'organisme certifié de ses obligations au regard du RGPD ou d'empêcher l'autorité de contrôle d'user de ses pouvoirs d'enquête ou de sanction.

A l'inverse des codes de conduite dont l'élaboration est laissée à la charge de ceux qui les proposent, la certification est fondée quant à elle sur des critères qui sont exclusivement déterminés par l'autorité de contrôle (V. RGPD, art. 58, 3, f) ou par le comité européen de la protection des données selon le mécanisme de contrôle de la cohérence (V. RGPD, art. 63). Lorsque les critères sont déterminés par ce dernier, le label peut devenir un label européen de protection des données.

I. PROCÉDURE DE CERTIFICATION

La certification en elle-même, c'est-à-dire la vérification de l'adéquation des critères fixés, peut être réalisée soit par un organisme certificateur (V. RGPD, art. 43), soit directement par l'autorité de contrôle. Ce mécanisme est déjà connu en France puisque la CNIL peut depuis 2004, et plus particulièrement depuis la loi n° 2009-526 du 12 mai 2009, délivrer des labels ou faire appel à des experts extérieurs indépendants pour réaliser une évaluation sur la base de laquelle elle décidera d'attribuer ou non un label (V. L. n° 78-17 du 6 janv. 1978, anc. art. 11, devenu art. 8). Jusqu'au RGPD, la CNIL a préféré réaliser en interne les référentiels de ses labels ainsi que leur examen.

Selon le G29, le législateur européen a voulu déroger à la compétence exclusive d'accréditation dévolue à l'organisme national d'accréditation en permettant à l'autorité de contrôle nationale d'avoir les mêmes pouvoirs d'accréditation. Dans le cas où l'autorité de contrôle conserverait la certification, le RGPD ne contraindrait pas cette autorité à se conformer au règlement (EC) 765/2008 du 9 juillet 2008, fixant les prescriptions relatives à l'accréditation et à la surveillance du marché pour la commercialisation des produits, au regard des compétences qui lui sont dévolues aux articles 58, 2, h, et 3, a, e, f (V. avis du 6 févr. 2018, WP 261).

La procédure de certification implique que l'organisme candidat produise toutes les informations nécessaires pour démontrer sa conformité au référentiel et même qu'il permette « l'accès aux activités de traitement ». Il s'agit ainsi d'une vérification pouvant être réalisée *in concreto*.

II. CHAMP D'APPLICATION

Les mécanismes de certification du RGPD ou les labels français n'ont pas pour objet de labelliser un organisme dans son ensemble, mais uniquement un service précis, comme le label relatif aux formations. Toutefois, la CNIL a créé un label de gouvernance consacrant la mise en œuvre d'un programme de protection des données à l'échelle d'un organisme, dont celui-ci pourra par conséquent revendiquer le bénéfice de manière plus transversale.

Le RGPD précise que les mécanismes de certification, labels ou marques peuvent concerner « des opérations de traitement effectuées par les responsables du traitement et les sous-traitants ». Cette expression d'« opérations » est plus large que celle utilisée par la loi du 6 janvier 1978, modifiée en 2004, qui limitait les labels à « des produits ou à des procédures tendant à la protection des personnes à l'égard du traitement des données ».

La CNIL a ainsi adopté des critères du référentiel de certification des compétences du délégué à la protection des données (Délib. n° 2018-318 du 20 sept. 2018, *JO 11 oct.*).

III. DURÉE

La certification est accordée pour une durée de trois ans.

Son renouvellement implique une nouvelle vérification des critères. Toutefois, on peut supposer que l'organisme verra la durée de l'examen de sa nouvelle demande de certification accélérée par la connaissance préalable de son dossier.

En contrepartie, elle peut être retirée si les exigences ayant permis son attribution ne sont plus réunies.

IV. PUBLICITÉ

Le Comité européen de la protection des données doit tenir un registre des certifications et les mettre à disposition du public « par tout moyen », probablement sur son site internet. La publicité porte sur les mécanismes de certification, les labels et les marques et non sur les organismes certifiés. ❑

Art. 43 *Organismes de certification.* **1. Sans préjudice des missions et des pouvoirs de l'autorité de contrôle compétente au titre des articles 57 et 58, les organismes de certification disposant d'un niveau d'expertise approprié en matière de protection des données délivrent et renouvellent les certifications, après en avoir informé l'autorité de contrôle pour qu'elle puisse exercer au besoin les pouvoirs qui lui sont dévolus en vertu de l'article 58, paragraphe 2, point h. Les États membres veillent à ce que ces organismes de certification soient agréés par une des entités suivantes ou les deux :**

a) l'autorité de contrôle qui est compétente en vertu de l'article *[des articles]* **55 ou 56 ;**

b) l'organisme national d'accréditation désigné conformément au règlement (CE) n° 765/2008 du Parlement européen et du Conseil *[Règlement (CE) n° 765/2008 du Parlement européen et du Conseil du 9 juillet 2008 fixant les prescriptions relatives a l'accréditation et à la surveillance du marché pour la commercialisation des produits et abrogeant le règlement (CEE) n° 339/93 du Conseil (JO L 218 du 13.8.2008, p. 30)]*, **conformément à la norme EN-ISO/IEC 17065/2012 et aux exigences supplémentaires établies par l'autorité de contrôle qui est compétente en vertu de l'article** *[des articles]* **55 ou 56.**

2. Les organismes de certification visés au paragraphe 1 ne sont agréés conformément audit paragraphe que lorsqu'ils ont :

a) démontré, à la satisfaction de l'autorité de contrôle compétente, leur indépendance et leur expertise au regard de l'objet de la certification ;

b) pris l'engagement de respecter les critères visés à l'article 42, paragraphe 5, et approuvés par l'autorité de contrôle qui est compétente en vertu de l'article 55 ou 56 ou par le comité, en vertu de l'article 63 ;

c) mis en place des procédures en vue de la délivrance, de l'examen périodique et du retrait d'une certification, de labels et de marques en matière de protection des données ;

d) établi des procédures et des structures pour traiter les réclamations relatives aux violations de la certification ou à la manière dont la certification a été ou est appliquée par un responsable du traitement ou un sous-traitant, et pour rendre ces procédures et structures transparentes à l'égard des personnes concernées et du public ; et

e) démontré, à la satisfaction de l'autorité de contrôle compétente, que leurs tâches et leurs missions n'entraînent pas de conflit d'intérêts.

3. *(Rect. JOUE L 127 du 23 mai 2018)* **« L'agrément des organismes de certification visés aux paragraphes 1 et 2 du présent article se fait sur la base d'exigences approuvées par l'autorité de contrôle qui est compétente en vertu de l'article** *[des articles]* **55**

ou 56 ou par le comité en vertu de l'article 63. » En cas d'agrément en application du paragraphe 1, point b, du présent article, ces exigences complètent celles prévues dans le règlement (CE) n° 765/2008 et les règles techniques qui décrivent les méthodes et procédures des organismes de certification.

4. Les organismes de certification visés au paragraphe 1 sont chargés de procéder à l'évaluation appropriée conduisant à la délivrance de la certification ou au retrait de cette certification, sans préjudice de la responsabilité du responsable du traitement ou du sous-traitant en ce qui concerne le respect du présent règlement. L'agrément est délivré pour une durée maximale de cinq ans et peut être renouvelé dans les mêmes conditions tant que l'organisme de certification satisfait aux exigences énoncées au présent article.

5. Les organismes de certification visés au paragraphe 1 communiquent aux autorités de contrôle compétentes les raisons de la délivrance ou du retrait de la certification demandée.

(Rect. JOUE L 127 du 23 mai 2018) **« 6. Les exigences visées au paragraphe 3 du présent article et les critères visés à l'article 42, paragraphe 5, sont publiés par les autorités de contrôle sous une forme aisément accessible. Les autorités de contrôle transmettent aussi ces exigences et ces critères au comité. »**

7. Sans préjudice du chapitre VIII, l'autorité de contrôle compétente ou l'organisme national d'accréditation révoque l'agrément d'un organisme de certification en application du paragraphe 1 du présent article si les conditions d'agrément ne sont pas ou ne sont plus réunies ou si les mesures prises par l'organisme de certification constituent une violation du présent règlement.

8. La Commission est habilitée à adopter des actes délégués en conformité avec l'article 92, aux fins de préciser les exigences à prendre en considération en ce qui concerne les mécanismes de certification en matière de protection des données visés à l'article 42, paragraphe 1.

9. La Commission peut adopter des actes d'exécution visant à fixer des normes techniques pour les mécanismes de certification, les labels et les marques en matière de protection des données, ainsi que les mécanismes aux fins de la promotion et de la reconnaissance de ces mécanismes de certification, labels et marques. Ces actes d'exécution sont adoptés en conformité avec la procédure d'examen visée à l'article 93, paragraphe 2.

V. consid. 100.

V. L. n° 78-17 du 6 janv. 1978, art. 8-I-2° (h) et (i), 21-I-4° et 23.

V. CEPD, lignes directrices 1/2018 du 4 juin 2019 relatives à la certification et à la définition des critères de certification conformément aux articles 42 et 43 du règlement (version 3.0) (https://edpb.europa.eu/).

V. CEPD, orientation sur l'évaluation des critères de certification (annexe aux lignes directrices 1/2018) (https://edpb.europa.eu/).

COMMENTAIRE

A l'inverse des codes de conduite approuvés directement par les autorités, les certifications peuvent être délivrées par des organismes agréés. Le G29 a produit des recommandations sur les organismes agréés en matière de certification (V. WP 261 du 6 févr. 2018).

Pour les codes de conduite, les organismes agréés ne participent qu'au contrôle de leur application (V. RGPD, art. 40). Pour la certification, les organismes certificateurs peuvent vérifier que les candidats répondent aux critères fixés par l'autorité puis contrôler cette certification. Ils ont donc un rôle en amont. Cela s'explique par le fait que la certification est un acte d'évaluation de l'organisme candidat à un référentiel pré-approuvé.

L'organisme certificateur informe l'autorité de contrôle des raisons pour lesquelles il accorde la certification ou la retire (V. RGPD, art. 43, 5).

I. TERMINOLOGIE : EXIGENCES VERSUS CRITÈRES

Le RGPD fait une distinction entre les exigences et les critères de certification (V. RGPD, art. 43, 6). Par exigences, il faut entendre les conditions qu'un organisme de certification doit réunir pour être agréé (V. RGPD, art. 43, 3). Les critères, quant à eux, correspondent aux conditions que les traitements proposés à la certification devront remplir pour être certifiés (V. RGPD, art. 42, 5).

II. AGRÉMENT DES ORGANISMES CERTIFICATEURS

A. DÉLIVRANCE

Dans son avis WP 261, le G29 fait référence à la définition d'accréditation retenue par le règlement (CE) 765/2008 du 9 juillet 2008 fixant les prescriptions relatives à l'accréditation et à la surveillance du marché pour la commercialisation des produits : « attestation délivrée par un organisme national d'accréditation selon laquelle un organisme d'évaluation de la conformité satisfait aux critères définis par les normes harmonisées et, le cas échéant, à toute autre exigence supplémentaire, notamment celles fixées dans les programmes sectoriels pertinents, requis pour effectuer une opération spécifique d'évaluation de la conformité ».

L'agrément des organismes certificateurs peut être délivré directement par l'autorité de contrôle compétente ou/et par l'organisme national d'accréditation. Le RGPD fait directement référence à la norme ISO/IEC 17065 :2012 qui énumère des exigences portant sur les compétences, la cohérence des activités et l'impartialité des organismes de certification de produits, processus et services. L'organisme national doit se conformer à cette norme pour délivrer l'agrément ainsi qu'aux exigences établies par l'autorité de contrôle.

Les organismes doivent satisfaire à certaines exigences. L'article 43, 2, reprend celles énumérées à l'article 41 (organismes de contrôle des codes de conduite), notamment celles relatives à l'expertise, à l'indépendance, et à la mise en place de procédures, y compris en cas de réclamation des personnes concernées (V. *supra*). S'ajoutent à cela, de manière propre à la certification, les références aux normes européennes en matière d'accréditation telles que le règlement (CE) n° 765/2008 du 9 juillet 2008 précité.

La liste de ces exigences doit être approuvée par l'autorité de contrôle ou le Comité. En France, ces exigences se concrétisent par une délibération de la CNIL (V. par ex : Délib. n° 2018-317 du 20 sept. 2018, *JO 11 oct.*).

B. DURÉE

L'agrément des organismes de certification est délivré pour une durée maximale de 5 ans. A l'inverse, celui des organismes suivant les codes de conduite n'est pas limité dans le temps (V. RGPD, art. 41). Cette durée est plus longue que celle prévue pour la certification elle-même (3 ans, V. RGPD, art. 42, 7).

L'agrément peut être révoqué si les exigences ne sont plus réunies.

III. PUBLICITÉ DES EXIGENCES ET DES CRITÈRES

Les exigences de la certification devront être rendues publiques et l'autorité de contrôle devra les rendre « aisément accessibles ».

Les critères qui intéresseront les candidats à la certification devront également être publiés. Par exemple, en matière de certification des délégués à la protection des données, la CNIL a communiqué sur son site l'adoption des critères du référentiel d'agrément d'organismes de certification pour la certification des compétences du délégué à la protection des données (DPO) (V. Délib. n° 2018-317, préc.).

Le Comité européen de la protection des données sera spécialement informé des exigences et des critères de certification et devra les consigner. Il devra lui-même rendre publics, par tout moyen, tous les mécanismes de certification en vigueur dans l'Union. Dans ce cas, le comité aura un rôle limité de centralisation des certifications nationales.

IV. RÔLE DE LA COMMISSION EUROPÉENNE

L'article 43 ne semble pas prévoir d'organisme certificateur au niveau européen. Ainsi, en cas de label européen, la certification sera réalisée par les organismes nationaux. Il est donc important que ces derniers se conforment à des exigences similaires. La Commission européenne pourra, par acte délégué, préciser les exigences à prendre en considération concernant les mécanismes de certification. Cette délégation lui offre la possibilité de compléter ou modifier les exigences indiquées dans le RGPD. Elle pourra également, par actes d'exécution, fixer les normes techniques et de promotion de ces mécanismes. Cela lui permettra de déterminer des conditions de mise en œuvre uniformes par le biais d'actes juridiques contraignants. ❑

CHAPITRE V *TRANSFERTS DE DONNÉES À CARACTÈRE PERSONNEL VERS DES PAYS TIERS OU À DES ORGANISATIONS INTERNATIONALES*

COMMENTAIRE

Comme sous la directive 95/46/CE du 24 octobre 1995, les transferts ou « flux transfrontières » concernent les transferts de données vers des pays tiers, c'est-à-dire tous les pays qui n'appartiennent pas à l'Espace économique européen (la Norvège, l'Islande et le Liechtenstein), ainsi que vers des organisations internationales (V. RGPD, art. 4, 26).

Les flux transfrontières sont restreints car les traitements soumis au RGPD doivent continuer à se voir opposer les mêmes exigences quelle que soit leur localisation. Ainsi les personnes physiques dont les données sont traitées conformément au RGPD doivent pouvoir bénéficier des droits accordés par ce texte, que leurs données soient traitées dans le pays d'origine de la collecte ou non.

Le considérant 116 exprime bien la difficulté que posent ces flux : « Lorsque des données à caractère personnel franchissent les frontières extérieures de l'Union, cela peut accroître le risque que les personnes physiques ne puissent exercer leurs droits liés à la protection des données, notamment pour se protéger de l'utilisation ou de la divulgation illicite de ces informations. De même, les autorités de contrôle peuvent être confrontées à l'impossibilité d'examiner des réclamations ou de mener des enquêtes sur les activités exercées en dehors de leurs frontières. Leurs efforts pour collaborer dans le contexte transfrontalier peuvent également être freinés par les pouvoirs insuffisants dont elles disposent en matière de prévention ou de recours, par l'hétérogénéité des régimes juridiques et par des obstacles pratiques tels que le manque de ressources ».

Afin d'assurer la continuité de la protection du RGPD, le responsable du traitement, ou le sous-traitant, doit d'abord vérifier si la législation du pays tiers destinataire a été reconnue par la Commission comme offrant un niveau de protection adéquat. En cas de décision d'adéquation, aucune formalité particulière ne sera nécessaire (V. RGPD, art. 45).

En l'absence d'une telle décision, il conviendra de remédier à l'insuffisance de la protection des données dans le pays destinataire en recourant de préférence aux garanties suivantes, qui ne nécessitent pas d'autorisation spécifique de la part de l'autorité de contrôle :

– adoption de règles d'entreprise contraignantes (BCR) équivalant à un code de conduite interne à un groupe de sociétés, souvent d'une multinationale, approuvé par les autorités de contrôle (V. RGPD, art. 47).

– conclusion avec le responsable du traitement ou le sous-traitant des « clauses contractuelles types », qui sont des règles contractuelles propres au transfert, adoptées par la Commission européenne ou par l'autorité de contrôle nationale (V. RGPD, art. 46).

– application d'un code de conduite ou un mécanisme de certification (V. RGPD, art. 46).

Dans l'hypothèse où aucune de ces garanties ne pourrait être utilisée, le RGPD (comme le faisait la Dir. de 1995) prévoit des dérogations pour des situations particulières (V. RGPD, art. 49).

Ce chapitre V reprend assez fidèlement la logique de la directive de 1995.

On notera toutefois la consécration des règles d'entreprise, contraignantes comme moyens de transférer des données au sein de groupes de sociétés ainsi que celle des codes de conduite ou des mécanismes de certification. Par ailleurs, le RGPD crée une nouvelle dérogation : l'intérêt légitime impérieux (V. RGPD, art. 49). Enfin, il ajoute aux décisions d'adéquation une contrainte de réévaluation.

Il est intéressant de remarquer qu'en ce qui concerne les transferts, la directive de 1995 mettait l'accent sur la relation entre les États membres et la Commission, là où le RGPD fait primer les relations entre la Commission et les autorités de contrôle nationales. Ainsi ces dernières jouent-elles un rôle clé dans la gestion des flux transfrontières, ce qui fait écho à la décision de la CJUE dans l'affaire *Schrems* : « Les autorités nationales de contrôle étant, conformément à l'article 8, paragraphe 3, de la Charte et à l'article 28 de la directive 95/46, chargées du contrôle du respect des règles de l'Union relatives à la protection des personnes physiques à l'égard du traitement des données à caractère personnel, chacune d'entre elles est donc investie de la compétence de vérifier si un transfert de données à caractère personnel depuis l'État membre dont elle relève vers un pays tiers respecte les exigences posées par la directive 95/46 » (CJUE 6 oct. 2015, *Schrems*, n° C-362/14 ; V. notes ss. RGPD, art. 45), décision réitérée (CJUE 16 juill. 2020, *Data Protection Commissioner c/ Schrems*, n° C-311-18 ; V. note 5 ss. RGPD, art. 45). ❑

Art. 44 *Principe général applicable aux transferts.* **Un transfert, vers un pays tiers ou à une organisation internationale, de données à caractère personnel qui font ou sont destinées à faire l'objet d'un traitement après ce transfert ne peut avoir lieu que si, sous réserve des autres dispositions du présent règlement, les conditions définies dans le présent chapitre sont respectées par le responsable du traitement et le sous-traitant, y compris pour les transferts ultérieurs de données à caractère personnel au départ du pays tiers ou de l'organisation internationale vers un autre pays tiers ou à une autre organisation internationale. Toutes les dispositions du présent chapitre sont appliquées de manière à ce que le niveau de protection des personnes physiques garanti par le présent règlement ne soit pas compromis.**

V. consid. 6.

BIBL. ▸ NAFTALSKI, *Dalloz IP/IT 2016. 340* (l'impact du nouveau règlement sur les stratégies de transferts internationaux des données personnelles). – KOHL, *Rev. crit. DIP 2022. 287* (les lignes directrices 5/2021 du CEPD sur l'interaction entre l'article 3 et le chapitre V du RGPD. Le RGPD entre protection accrue et faiblesse inhérente).

COMMENTAIRE

L'article 44 met en exergue le principe fondamental des flux transfrontières, c'est-à-dire l'application du RGPD aux traitements qui entrent dans son champs d'application, et ce quelle que soit leur localisation en tout ou partie. Il s'agit là du cœur des effets extraterritoriaux du droit européen de la protection des données : c'est une « extension » de la protection accordée aux données de la personne à l'étranger, mais limitée à la seule protection de l'individu, et n'ayant donc pas vocation à s'appliquer de manière « unanime » au traitement de données à l'étranger. Tant le responsable du traitement que le sous-traitant doivent respecter ses exigences. Ainsi, un sous-traitant qui transférerait hors de l'Union les données qu'il traite pour le compte d'un responsable de traitements sans se conformer au présent chapitre pourrait voir sa responsabilité directement engagée.

Ce principe s'applique également aux **transferts ultérieurs**. Il s'agit de ceux réalisés par l'organisme destinataire basé hors de l'Union vers une autre entité, soit au sein de son pays, soit dans un autre pays appartenant ou non à l'Union (par ex., le traitement de ressources humaines d'une filiale en France transféré à sa maison mère aux États-Unis qui elle-même transfère à nouveau ce traitement en Inde pour analyse).

De plus, tous les traitements qui pourraient avoir lieu, y compris ceux qui ne le seront que dans le futur « après ce transfert », sont soumis au chapitre V du RGPD. Il convient de rappeler que la notion de traitement est extrêmement large puisqu'elle inclut la consultation des données et leur stockage (V. RGPD, art. 4, 2). Les données n'ont pas à être copiées ou modifiées pour constituer un traitement. En pratique, dès lors qu'il y a transfert des données, quel qu'en soit l'objectif, il y a traitement.

Enfin, l'article 44 impose que le présent chapitre V relatif aux transferts soit interprété et appliqué afin de ne pas « compromettre » les exigences du RGPD assurant aux personnes physiques un haut niveau de protection de leurs données. Cela s'applique particulièrement lors du recours aux dérogations. ❑

Art. 45 *Transferts fondés sur une décision d'adéquation.* **1. Un transfert de données à caractère personnel vers un pays tiers ou à une organisation internationale peut avoir lieu lorsque la Commission a constaté par voie de décision que le pays tiers, un territoire ou un ou plusieurs secteurs déterminés dans ce pays tiers, ou l'organisation internationale en question assure un niveau de protection adéquat. Un tel transfert ne nécessite pas d'autorisation spécifique.**

2. Lorsqu'elle évalue le caractère adéquat du niveau de protection, la Commission tient compte, en particulier, des éléments suivants :

a) l'état de droit, le respect des droits de l'homme et des libertés fondamentales, la législation pertinente, tant générale que sectorielle, y compris en ce qui concerne la sécurité publique, la défense, la sécurité nationale et le droit pénal ainsi que l'accès des autorités publiques aux données à caractère personnel, de même que la mise en œuvre de ladite législation, les règles en matière de protection des données, les règles professionnelles et les mesures de sécurité, y compris les règles relatives au transfert ultérieur de données à caractère personnel vers un autre pays tiers ou à une autre

organisation internationale qui sont respectées dans le pays tiers ou par l'organisation internationale en question, la jurisprudence, ainsi que les droits effectifs et opposables dont bénéficient les personnes concernées et les recours administratifs et judiciaires que peuvent effectivement introduire les personnes concernées dont les données à caractère personnel sont transférées ;

b) l'existence et le fonctionnement effectif d'une ou de plusieurs autorités de contrôle indépendantes dans le pays tiers, ou auxquelles une organisation internationale est soumise, chargées d'assurer le respect des règles en matière de protection des données et de les faire appliquer, y compris par des pouvoirs appropriés d'application desdites règles, d'assister et de conseiller les personnes concernées dans l'exercice de leurs droits et de coopérer avec les autorités de contrôle des États membres ; et

c) les engagements internationaux pris par le pays tiers ou l'organisation internationale en question, ou d'autres obligations découlant de conventions ou d'instruments juridiquement contraignants ainsi que de sa participation à des systèmes multilatéraux ou régionaux, en particulier en ce qui concerne la protection des données à caractère personnel.

3. La Commission, après avoir évalué le caractère adéquat du niveau de protection, peut décider, par voie d'actes d'exécution, qu'un pays tiers, un territoire ou un ou plusieurs secteurs déterminés dans un pays tiers, ou une organisation internationale, assure un niveau de protection adéquat au sens du paragraphe 2 du présent article. L'acte d'exécution prévoit un mécanisme d'examen périodique, au moins tous les quatre ans, qui prend en compte toutes les évolutions pertinentes dans le pays tiers ou au sein de l'organisation internationale. L'acte d'exécution précise son champ d'application territorial et sectoriel et, le cas échéant, nomme la ou des autorités de contrôle visées au paragraphe 2, point b), du présent article. L'acte d'exécution est adopté en conformité avec la procédure d'examen visée à l'article 93, paragraphe 2.

4. La Commission suit, de manière permanente, les évolutions dans les pays tiers et au sein des organisations internationales qui pourraient porter atteinte au fonctionnement des décisions adoptées en vertu du paragraphe 3 du présent article et des décisions adoptées sur la base de l'article 25, paragraphe 6, de la directive 95/46/CE.

5. Lorsque les informations disponibles révèlent, en particulier à l'issue de l'examen visé au paragraphe 3 du présent article, qu'un pays tiers, un territoire ou un ou plusieurs secteurs déterminés dans un pays tiers, ou une organisation internationale n'assure plus un niveau de protection adéquat au sens du paragraphe 2 du présent article, la Commission si nécessaire, abroge, modifie ou suspend la décision visée au paragraphe 3 du présent article par voie d'actes d'exécution sans effet rétroactif. Ces actes d'exécution sont adoptés en conformité avec la procédure d'examen visée à l'article 93, paragraphe 2.

Pour des raisons d'urgence impérieuses dûment justifiées, la Commission adopte des actes d'exécution immédiatement applicables en conformité avec la procédure visée à l'article 93, paragraphe 3.

6. La Commission engage des consultations avec le pays tiers ou l'organisation internationale en vue de remédier à la situation donnant lieu à la décision adoptée en vertu du paragraphe 5.

7. Une décision adoptée en vertu du paragraphe 5 du présent article est sans préjudice des transferts de données à caractère personnel vers le pays tiers, un territoire ou un ou plusieurs secteurs déterminés dans ce pays tiers, ou à l'organisation internationale en question, effectués en application des articles 46 à 49.

8. La Commission publie au *Journal officiel de l'Union européenne* et sur son site internet une liste des pays tiers, des territoires et des secteurs déterminés dans un pays tiers et des organisations internationales pour lesquels elle a constaté par voie de décision qu'un niveau de protection adéquat est ou n'est plus assuré.

9. Les décisions adoptées par la Commission sur la base de l'article 25, paragraphe 6, de la directive 95/46/CE demeurent en vigueur jusqu'à leur modification, leur remplacement ou leur abrogation par une décision de la Commission adoptée conformément au paragraphe 3 ou 5 du présent article.

V. consid. 101 à 116.

V. L. n° 78-17 du 6 janv. 1978, art. 39.

V. G29, WP 254 rev.01 du 6 févr. 2018 sur les critères de référence pour l'adéquation (https://edpb.europa.eu).

V. NDLR ss. RGPD, art. 46.

Liste des décisions d'adéquation : Suisse (Décis. n° 2000/518/CE du 26 juill. 2000, JOUE L 215 du 25 août), Canada (Décis. n° 2002/2/CE du 20 déc. 2001, JOCE L 2 du 4 janv. 2002 applicables uniquement aux entités privées pour leurs traitements soumis à la loi canadienne "Personal Information Protection and Electronic Documentation Act"), Principauté d'Andorre (Décis. n° 2010/625/UE du 19 oct. 2010, JOUE L 277 du 21 oct.), Argentine (Décis. n° 2003/490/CE du 30 juin 2003, JOUE L 168 du 5 juill.), Guernesey (Décis. n° 2003/821/CE du 21 nov. 2003, JOUE L 308 du 25 nov.), île de Man (Décis. n° 2004/411/CE du 28 avr. 2004, JOUE L 151 du 30 avr.), îles Féroé (Décis. n° 2010/146/UE du 5 mars 2010, JOUE L 58 du 9 mars), Jersey (Décis. n° 2008/393/CE du 8 mai 2008, JOUE L 138 du 28 mai), Israël (Décis. n° 2011/61/UE du 31 janv. 2011, JOUE L 27 du 1er févr.), Nouvelle-Zélande (Décis. n° 2013/65/UE du 19 déc. 2012, JOUE L 28 du 30 janv. 2013), Uruguay (Décis. n° 2012/484/UE du 21 août 2012, JOUE L 227 du 23 août), États-Unis (Décis. (UE) 2016/1250 du 12 juill. 2016, JOUE L 207 du 1er août, suite à l'adoption du Privacy Shield, invalidé par CJUE 16 juill. 2020, Data Protection Commissioner c/ Schrems, n° C-311-18). — Modif. par Décis. d'exécution (UE) 2016/2295 du 16 déc. 2016 (JOUE L 344 du 17 déc.), Japon (Décis. (UE) 2019/419 du 23 janv. 2019, JOUE L 76 du 19 mars), Royaume-Uni (Décis. C(2021) 4800 final et C(2021) 4801 final du 28 juin 2021).

BIBL. ▶ PERRAY, *CCE 2022. Étude 14* (l'après-Schrems II : quelle place pour l'approche par les risques dans les évaluations de la conformité des flux de données hors UE ?).

COMMENTAIRE

Dès lors que les données sont transférées dans des pays dont la législation assure la même protection que dans l'Union, les personnes bénéficient des mêmes droits que dans l'Union. La Commission peut alors reconnaître ce niveau de protection et faciliter les transferts vers ces pays protecteurs.

I. DÉCISION DE LA COMMISSION

La détermination de l'adéquation dépend d'une décision de la Commission européenne après analyse de la législation du pays tiers. Un responsable du traitement ne peut pas décider seul qu'une législation étrangère est adéquate.

La Commission a déjà reconnu, sous le régime de la directive 95/46/CE du 24 octobre 1995, le caractère adéquat du niveau de protection des pays suivants : la Suisse, le Canada (pour les traitements soumis à la loi canadienne « *Personal Information Protection and Electronic Documentation Act* »), Andorre, l'Argentine, Guernesey, l'île de Man, les îles Féroé, Jersey, Israël, la Nouvelle-Zélande, l'Uruguay et plus récemment le Japon (V. NDLR ss. le présent art.). Si la législation du pays ne permet pas de recevoir l'adéquation pour l'ensemble du pays, celle-ci peut être accordée pour un ou pour plusieurs secteurs déterminés. Ainsi, les États-Unis ne sont pas considérés comme ayant une législation adéquate. Toutefois leur programme d'autocertification dénommé bouclier de protection des données l'a été avant d'être invalidé (V. *infra*).

La Commission peut par ailleurs accorder l'adéquation à des organisations internationales. Elle a également signé des accords bilatéraux internationaux pour l'envoi de données relatives aux passagers aériens (« PNR ») avec l'Australie, le Canada et les États-Unis. Un accord entre l'Union européenne et les États-Unis a également été conclu pour l'utilisation des données financières de la société SWIFT pour lutter contre le terrorisme (*The Terrorist Finance Tracking Programme* – TFTP).

Les transferts fondés sur de telles décisions d'adéquation ne sont soumis à aucune autorisation spécifique de l'autorité de contrôle nationale.

II. CRITÈRES D'ADOPTION DE LA DÉCISION

En 1998, le G29 avait rappelé qu'« un système de protection des données poursuit, pour l'essentiel, trois objectifs :

« 1) assurer un niveau satisfaisant de respect des règles ;

« 2) apporter soutien et assistance aux personnes concernées dans l'exercice de leurs droits ;

« 3) fournir des voies de recours appropriées à la partie lésée en cas de non-respect des règles » (V. avis du 24 juill. 1998, WP 12).

C'est ce que reprend l'article 45 du RGPD en utilisant trois critères d'évaluation cumulatifs.

Le premier est relatif à l'existence d'**une législation qui ne se limite pas à la seule protection des données** mais qui inclut plus généralement le « respect des droits de l'homme et des libertés fondamentales » et les dispositions sectorielles pouvant impacter la protection des données (V. RGPD, art. 45, 2, a). Il n'est pas anodin que soient délibérément cité « la sécurité publique, la défense, la sécurité nationale et le droit pénal ainsi que l'accès des autorités publiques ». Les questions de sécurité nationale avaient été au cœur de la motivation de la CJUE dans l'affaire *Schrems* (préc.) qui a entraîné l'invalidation de l'accord de *« Safe Harbor »*.

La démonstration de l'effectivité des droits et obligations se révèle cruciale.

Le deuxième concerne **l'existence d'autorités de contrôle** qui doivent être indépendantes, à l'image des autorités européennes (V. RGPD, chap. VI, sect. I). Ces autorités ont pour mission de veiller au respect de la législation d'assister et conseiller les personnes.

Le troisième critère a trait à **la coopération internationale** et aux accords internationaux ou aux engagements juridiquement contraignants adoptés par le pays tiers qui permettront d'assurer l'effectivité des voies de recours. Ce pays doit « prévoir des mécanismes de coopération avec les autorités de protection des données des États membres, et les personnes concernées devraient se voir octroyer des droits effectifs et opposables ainsi que des possibilités effectives de recours administratif et juridictionnel » (V. RGPD, consid. 104).

III. PROCÉDURES

A. FORMALISME

La décision d'adéquation prend la forme d'un acte d'exécution, visé par l'article 93 du RGPD.

La décision est publiée au *Journal officiel de l'Union européenne*.

B. RÉÉVALUATION

Le RGPD intègre **un « examen périodique »** de la décision d'adéquation. Celui-ci doit avoir lieu au plus tard tous les quatre ans. Cette réévaluation est une nouveauté par rapport à la directive de 1995. Il est à noter que le *« Privacy Shield »*, adopté en 2016, prévoyait une telle évaluation régulière et que celle-ci ne s'est pas montrée suffisante pour convaincre la CJUE en 2020.

Afin que la décision d'adéquation ne constitue pas un blanc-seing de la part de l'Union européenne, la Commission doit réaliser **une veille permanente** des « évolutions » des pays ou secteurs bénéficiant d'une décision d'adéquation. Le RGPD ne précise pas quelles sont les évolutions auxquelles il est fait référence. Il faut probablement y voir des évolutions juridiques en droit positif, mais également jurisprudentielles ou même politiques dès lors que le niveau de protection pourrait être atteint (par ex., une atteinte à l'indépendance de l'autorité de contrôle du pays tiers). La directive de 1995 était moins précise puisqu'elle ne suggérait qu'une information mutuelle entre les États membres et la Commission au cas où l'un d'entre eux aurait constaté une absence de protection adéquate (V. Dir. 95/46 du 24 oct. 1995, art. 25, 3).

C. ABROGATION, MODIFICATION ET SUSPENSION

1. PRINCIPES GÉNÉRAUX

Le RGPD tire les conséquences tant de la réévaluation périodique que de la veille permanente qu'il impose. En effet, si le niveau de protection ne devait plus être assuré, la Commission devrait abroger la décision d'adéquation, la modifier ou la suspendre (permettant une réintégration rapide en cas de mesures correctives réalisées par le pays tiers).

De telles sanctions n'ont pas d'effet rétroactif et n'impliquent pas une interdiction de transférer des données vers les pays concernés (V. RGPD, art. 45, 5 et 7). Toutefois, les traitements en cours devront trouver une autre garantie telle que des clauses contractuelles types.

La Commission peut pour des **raisons d'urgence impérieuses** adopter des mesures d'urgence, à savoir des actes d'exécution immédiatement applicables, sans avoir à les soumettre au comité conformément au Règlement (UE) n° 182/2011 du 16 février 2011. Il s'agit là d'une « clause de sauvegarde » classique en droit communautaire.

Si elle a dû abroger, modifier ou suspendre une décision d'adéquation, elle doit engager des consultations avec le pays tiers concerné. Ainsi, elle a négocié avec les États-Unis après l'invalidation du *« Safe Harbor »*, et conclu un nouvel accord, le *« Privacy Shield »* (CJUE 6 oct. 2015,

Schrems n° C-362/14 : *préc.*), lui-même invalidé à son tour (CJUE 16 juill. 2020, *Data Protection Commissioner c/ Schrems*, n° C-311-18).

Les décisions d'adéquation prises sur le fondement de l'article 25, 6, de la directive de 1995 demeurent en vigueur. Toutefois le RGPD leur est applicable, notamment la nécessité d'un examen périodique.

De manière générale, on relèvera que la responsabilité de l'évaluation périodique, du renouvellement ou du non-renouvellement de l'adéquation, apparaît comme relevant prioritairement de la Commission. Cela impliquera une forte coopération avec les autorités de contrôle qui, en pratique, sont les mieux informées, notamment du fait des plaintes qu'elles reçoivent, des évolutions péjoratives.

2. CAS PARTICULIER : LE « BOUCLIER DE PROTECTION DES DONNÉES » (« PRIVACY SHIELD »)

Sous l'égide de la directive 95/46/CE, selon les mêmes principes que l'article 45 du RGPD, la Commission avait négocié avec le gouvernement américain les principes de la « sphère de sécurité », dénommée « *Safe Harbor* » afin de permettre le transfert des données traitées en Europe vers les États-Unis. Le « *Safe Harbor* » a été invalidé par la CJUE en 2015 suite à une plainte de Max Schrems contre le réseau social américain Facebook, se fondant sur les révélations d'Edward Snowden dénonçant la surveillance de masse par le gouvernement américain (programme PRISM) (CJUE 6 oct. 2015, *Schrems*, n° C-362/14 : V. notes 1 à 4).

Dans ces conditions, la Commission européenne a renégocié en urgence avec les États-Unis un nouvel accord. C'est ainsi qu'en 2016 a été adopté le « bouclier de protection des données » (BPD), « *Privacy Shield* » en anglais, comprenant notamment l'instauration d'un médiateur permettant un recours des personnes concernées. En 2020, la CJUE l'a invalidé, considérant que « les limitations de la protection des données à caractère personnel qui découlent de la réglementation interne des États-Unis portant sur l'accès et l'utilisation, par les autorités publiques américaines, de telles données transférées depuis l'Union vers les États-Unis, et que la Commission a évaluées dans la décision BPD, ne sont pas encadrées d'une manière à répondre à des exigences substantiellement équivalentes à celles requises, en droit de l'Union » et que « le mécanisme de médiation visé par la décision BPD ne fournit pas de voie de recours devant un organe qui offre aux personnes dont les données sont transférées vers les États-Unis des garanties substantiellement équivalentes à celles requises à l'article 47 de la Charte » (CJUE 16 juill. 2020, *Data Protection Commissioner c/ Schrems*, n° C-311/18).

L'invalidation par la Cour du « *Privacy Shield* » est d'effet immédiat, la Cour ayant rejeté le maintien des effets du « *Privacy Shield* », considérant qu'aucun vide juridique n'était créé.

Face aux nombreuses interrogations des organismes transférant des données vers les États-Unis (multinationales, hébergeurs...), le CEPD a adopté une recommandation sur les mesures complétant les instruments de transfert destinés à garantir le respect du niveau de protection des données à caractère personnel de l'Union européenne qui a été soumise à consultation publique (CEPD, Recomm. 01/2020 du 18 juin 2021, version 2.0, V. App., v° *Comité européen de la protection des données*).

En France, de nombreux doutes persistent sur les transferts de données, notamment les hébergements via des multinationales dont le siège social est basé aux États-Unis. Le Conseil d'État a ainsi eu à se prononcer à plusieurs reprises dans le cadre des données de santé. S'agissant du *health data hub*, le juge des référés du Conseil d'État a considéré que les données personnelles hébergées aux Pays-Bas dans le cadre d'un contrat avec une société américaine ne pouvaient légalement être transférées en dehors de l'Union européenne. Si le risque ne peut être totalement exclu que les services de renseignement américains demandent l'accès à ces données, le juge n'a pas suspendu la plateforme, mais a imposé de prendre des précautions particulières, sous le contrôle de la CNIL (CE, réf., 13 oct. 2020, n° 444937 : *AJDA 2021. 741, note Cluzel-Métayer* ; *Dalloz IP/IT 2020. 590, obs. Maximin* ; *ibid. 2021. 103, obs. de Maison Rouge*).

Toutefois, le Conseil d'État, en référé, a écarté une demande de suspension d'un partenariat entre le ministère de la Santé et une entreprise privée dont les données étaient hébergées par une société américaine en relevant que les données recueillies dans le cadre des rendez-vous de vaccination ne comprenaient pas de données de santé sur les motifs médicaux d'éligibilité à la vaccination et que des garanties avaient été mises en place pour faire face à une éventuelle demande d'accès par les autorités américaines (procédure spécifique prévoyant la contestation de toute demande ne respectant pas la réglementation européenne et mise en place d'un dispositif de sécurisation des données hébergées reposant sur un tiers de confiance situé en France afin d'empêcher la lecture des données par des tiers) (CE, réf., 12 mars 2021, n° 450163 : *Dalloz IP/IT 2021. 178, obs. Crichton*). ❑

Nota : L'essentiel de la jurisprudence antérieure (sur le fondement de l'anc. LIL et de la Dir. 95/46/CE) conserve un intérêt pour apprécier les dispositions de l'art. 45 du RGPD.

1. Appréciation du caractère suffisant du niveau de protection. Pour apprécier si le niveau de protection des droits fondamentaux est « substantiellement équivalent » à celui garanti au sein de l'Union par la Charte des droits fondamentaux et la directive 95/46/CE de 1995, la Commission européenne doit prendre en compte l'ensemble du cadre juridique applicable, aussi bien s'agissant de la législation interne que des engagements internationaux de l'État concerné. En ce qui concerne les États-Unis, la Commission européenne s'est bornée à examiner le régime de la sphère de sécurité sans prendre en compte la législation interne des États-Unis, qui l'emporte pourtant sur ce régime. Il en résulte que les entreprises concernées doivent écarter les obligations prévues par ce régime lorsqu'elles sont contraires aux exigences légales américaines, autorisant ainsi des ingérences des autorités publiques américaines, sans que soient constatés par la Commission des limitations à de telles ingérences ni un droit au recours effectif. Invalidation de la décision de la Commission du 26 juill. 2000 reconnaissant l'adéquation de la sphère de sécurité. • CJUE 6 oct. 2015, *M. Schrems c/ Data protection Commissionner*, n° C-362/14 : *D. 2016. 111, note Haftel ; ibid. 88, point de vue Castets-Renard ; ibid. 2025, obs. d'Avout et Bollée ; Dalloz IP/IT 2016. 26, étude Théard-Jallu, Job et Mintz ; AJDA 2015. 2257, chron. Broussy, Cassagnabère et Gänser ; AJ pénal 2015. 601, obs. Daoud ; RTD eur. 2015. 786, obs. Benlolo-Carabot ; ibid. 2017. 361, obs. Benoît-Rohmer ; ibid. 365, obs. Benoît-Rohmer*.

2. Pouvoirs d'appréciation des autorités de contrôle. Même en présence d'une décision d'adéquation, les autorités de contrôle disposent du pouvoir, en vertu de la directive 95/46/CE, de contrôler les transferts de données vers des pays reconnus adéquats. Elles doivent pouvoir, saisies d'une réclamation en ce sens, examiner si le transfert en cause est conforme aux exigences de la directive. Si une autorité considère qu'une décision d'adéquation de la Commission est invalide, elle doit pouvoir saisir les juridictions nationales en vue d'un éventuel renvoi de l'affaire devant la CJUE, seule compétente pour invalider, le cas échéant, une décision de la Commission. • CJUE 6 oct. 2015, *M. Schrems c/ Data protection Commissionner*, n° C-362/14 : *préc. note 1*.

3. Critères de l'adéquation. Nécessité et proportionnalité : les ingérences dans la vie privée doivent être limitées au strict nécessaire. Ne répond pas à cette exigence : une législation qui autorise la conservation générale et massive de toutes les données personnelles, sans limitation ou exception, en fonction de l'objectif poursuivi et sans critères de différenciation. • CJUE 6 oct. 2015, *M. Schrems c/ Data protection Commissionner*, n° C-362/14 : *préc. note 1*. ♦ ... Une législation permettant aux autorités publiques d'accéder de manière généralisée au contenu des communications électroniques. • Même arrêt.

4. Droit au recours. Ne peut être reconnue comme assurant une protection substantiellement équivalente à la protection des données personnelles au sens de l'Union une législation ne prévoyant aucune voie de recours permettant l'individu d'exercer ses droits en matière de protection des données personnelles. • CJUE 6 oct. 2015, *M. Schrems c/ Data protection Commissionner*, n° C-362/14 : *préc. note 1*.

5. Droit au recours. Le droit de recours implique que les justiciables doivent disposer de la possibilité d'exercer des voies de droit devant un tribunal indépendant et impartial afin d'avoir accès à des données à caractère personnel les concernant, ou d'obtenir la rectification ou la suppression de telles données. Ne constitue pas une voie de recours le fait que le médiateur soit désigné par le secrétaire d'État et fasse partie intégrante du département d'État des États-Unis et qu'il n'existe [...] aucune indication selon laquelle la révocation du médiateur ou l'annulation de sa nomination seraient assorties de garanties particulières, ce qui est de nature à mettre en cause l'indépendance du médiateur par rapport au pouvoir exécutif. • CJUE 16 juill. 2020, *Data Protection Commissioner c/ Schrems*, n° C-311/18 : *D. 2020. 1453 ; Dalloz IP/IT 2020. 684, obs. Naftalski ; RTD eur. 2021. 973, obs. Benoît-Rohmer ; CCE 2020, n° 35, note Mettalinos ; ibid., n° 83, note Danis-Fâtome ; RLDI avr. 2020. 35, obs. Perray*.

6. Sur l'hébergement via des multinationales dont le siège social est basé aux États-Unis, V. *supra* Comm. ss. art. 45 et :• CE, réf., 13 oct. 2020, n° 444937 : *AJDA 2021. 741, note Cluzel-Métayer ; Dalloz IP/IT 2020. 590, obs. Maximin ; ibid. 2021. 103, obs. de Maison Rouge* • 12 mars 2021, n° 450163 : *Dalloz IP/IT 2021. 178, obs. Crichton*.

Art. 46 *Transferts moyennant des garanties appropriées.* **1. En l'absence de décision en vertu de l'article 45, paragraphe 3, le responsable du traitement ou le sous-traitant ne peut transférer des données à caractère personnel vers un pays tiers ou à une organisation internationale que s'il a prévu des garanties appropriées et à la condition**

que les personnes concernées disposent de droits opposables et de voies de droit effectives.

2. Les garanties appropriées visées au paragraphe 1 peuvent être fournies, sans que cela ne nécessite une autorisation particulière d'une autorité de contrôle, par :

a) un instrument juridiquement contraignant et exécutoire entre les autorités ou organismes publics ;

b) des règles d'entreprise contraignantes conformément à l'article 47 ;

c) des clauses types de protection des données adoptées par la Commission en conformité avec la procédure d'examen visée à l'article 93, paragraphe 2 ;

d) des clauses types de protection des données adoptées par une autorité de contrôle et approuvées par la Commission en conformité avec la procédure d'examen visée à l'article 93, paragraphe 2 ;

e) un code de conduite approuvé conformément à l'article 40, assorti de l'engagement contraignant et exécutoire pris par le responsable du traitement ou le sous-traitant dans le pays tiers d'appliquer les garanties appropriées, y compris en ce qui concerne les droits des personnes concernées ; ou

f) un mécanisme de certification approuvé conformément à l'article 42, assorti de l'engagement contraignant et exécutoire pris par le responsable du traitement ou le sous-traitant dans le pays tiers d'appliquer les garanties appropriées, y compris en ce qui concerne les droits des personnes concernées.

3. Sous réserve de l'autorisation de l'autorité de contrôle compétente, les garanties appropriées visées au paragraphe 1 peuvent aussi être fournies, notamment, par :

a) des clauses contractuelles entre le responsable du traitement ou le sous-traitant et le responsable du traitement, le sous-traitant ou le destinataire des données à caractère personnel dans le pays tiers ou l'organisation internationale ; ou

b) des dispositions à intégrer dans des arrangements administratifs entre les autorités publiques ou les organismes publics qui prévoient des droits opposables et effectifs pour les personnes concernées.

4. L'autorité de contrôle applique le mécanisme de contrôle de la cohérence visé à l'article 63 dans les cas visés au paragraphe 3 du présent article.

5. Les autorisations accordées par un État membre ou une autorité de contrôle sur le fondement de l'article 26, paragraphe 2, de la directive 95/46/CE demeurent valables jusqu'à leur modification, leur remplacement ou leur abrogation, si nécessaire, par ladite autorité de contrôle. Les décisions adoptées par la Commission sur le fondement de l'article 26, paragraphe 4, de la directive 95/46/CE demeurent en vigueur jusqu'à leur modification, leur remplacement ou leur abrogation, si nécessaire, par une décision de la Commission adoptée conformément au paragraphe 2 du présent article.

V. consid. 105, 108 à 110 et 114.

V. L. n° 78-17 du 6 janv. 1978, art. 39.

V. Décr. n° 2019-536 du 29 mai 2019, art. 125 et 126.

V. Décis. d'exécution (UE) 2021/914 du 4 juin 2021 relative aux clauses contractuelles types pour le transfert de données à caractère personnel vers des pays tiers en vertu du règlement (UE) 2016/679 du Parlement européen et du Conseil (JOUE L 199 du 7 juin 2021). — V. comm., ci-dessous.

V. CEPD (https://edpb.europa.eu) :

— Recommandations 02/2020 du 10 nov. 2020 sur les garanties essentielles européennes pour les mesures de surveillance, V. App., v° CEPD.

— Lignes directrices 2/2020 du 15 déc. 2020 relatives à l'art. 46, § 2, pt a), et § 3, pt b), du Règl. (UE)2016/679 pour les transferts de données à caractère personnel entre les autorités et organismes publics établis dans l'EEE et ceux établis hors de l'EEE (version 2.0).

— Note d'information du 13 janv. 2021 sur les transferts de données en vertu du RGPD vers le Royaume-Uni après la période de transition.

— Opinion 14/2021 du 13 avr. 2021 regarding the European Commission Draft Implementing Decision pursuant to Regulation (EU) 2016/679 on the adequate protection of personal data in the United Kingdom.

— Recommandations 01/2020 du 18 juin 2021 on measures that supplement transfer tools to ensure compliance with the EU level of protection of personal data (version 2.0).

— Lignes directrices 04/2021 du 7 juill. 2021 on codes of conduct as tools for transfers (version 2.0).

BIBL. ▶ Naftalski, *Dalloz IP/IT 2020. 682* (*décision Shrems 2* du 16 juill. 2020 : en pratique, quel plan d'actions court et moyen terme pour les organisations ?). – Cabinet Vigo, *D. actu. 14 juin 2021* (les nouvelles clauses contractuelles types sont arrivées !).

COMMENTAIRE

L'article 46 du RGPD s'applique lorsque le responsable du traitement envisage un transfert dans un pays qui n'a pas fait l'objet d'une décision d'adéquation. Dans cette hypothèse, le transfert vers un pays tiers ou une organisation internationale ne pourra avoir lieu que si des garanties appropriées ont été prises. Celles-ci, contrairement à l'adéquation, ne présentent pas un caractère « systémique », mais sont propres à un traitement, un ensemble de traitements, une entreprise ou un groupe d'entreprises. Elles sont de deux ordres.

I. GARANTIES NE NÉCESSITANT PAS D'AUTORISATION PARTICULIÈRE DE L'AUTORITÉ DE CONTRÔLE (RGPD, ART. 46, 2)

Certaines garanties offrent intrinsèquement la protection nécessaire. En effet, approuvées préalablement par l'autorité de contrôle, elles créent une présomption de licéité qui justifie que les transferts ne sont pas soumis à autorisation préalable.

C'est ainsi le cas lorsque le transfert est garanti :

– pour les autorités ou organismes publics, par un instrument juridiquement contraignant et exécutoire. Un simple échange de correspondances sans valeur juridique ne serait pas suffisant. Cette possibilité pourra être particulièrement utile entre les autorités publiques en charge de contrôler et d'enquêter sur des secteurs d'activité tels que la santé ou la finance.

– pour les multinationales, par des règles d'entreprise contraignantes ou BCR (V. RGPD, art. 47).

– pour tous les acteurs publics ou privés, soit par des clauses types adoptées par la Commission ou par une autorité de contrôle nationale et approuvées par la Commission, soit par des codes de conduite (V. RGPD, art. 40) ou des mécanismes de certification approuvés (V. RGPD, art. 40 et 42).

I. LES CLAUSES CONTRACTUELLES TYPES ADOPTÉES PAR LA COMMISSION EUROPÉENNE

En 2001 et 2004, la Commission européenne a adopté des clauses types sous l'empire de l'article 26, 2, de la directive 95/46/CE du 24 octobre 1995. Elles sont de deux sortes : celles encadrant les transferts entre deux responsables de traitement et celles encadrant les transferts entre un responsable de traitement et un sous-traitant.

L'intérêt de cet instrument était d'offrir aux parties un moyen simple de transférer des données en dehors de l'Union européenne en utilisant des clauses juridiques dont la rédaction avait été approuvée et en se limitant à compléter les annexes précisant les détails de leur transfert en pratique.

Cette simplicité d'usage se retrouve désormais limitée par les effets collatéraux de l'examen du *Safe Harbor* puis du *Privacy Shield*. En effet, dans sa décision « *Schrems II* », la Cour de justice de l'Union européenne a rappelé l'exigence d'évaluer l'effectivité de la protection garantie aux personnes concernées à l'aune de l'ensemble des engagements et dispositions normatives du pays tiers et ce quelque soit l'outil de garantie utilisé pour le transfert (CJUE 16 juill. 2020, *Data Protection Commissioner c/ Schrems*, n° C-311/18 : V. note 5 ss. RGPD, art. 45).

Le recours aux clauses n'est ainsi plus suffisant en soi pour garantir la licéité du transfert.

Lorsque la législation du pays importateur ne garantit pas un niveau de protection substantiellement équivalent à celui de l'Union européenne, comme c'est le cas pour les États-Unis, les clauses contractuelles nécessitent, avant leur conclusion, une évaluation au cas par cas basée sur les circonstances du transfert et la mise en place de mesures supplémentaires pouvant être juridiques, techniques ou organisationnelles. Si cette évaluation conclut que le respect des garanties appropriées n'est pas assuré, le transfert de données personnelles doit être suspendu ou il doit y être mis fin. Dans le cas où le transfert se poursuivrait, en dépit de cette conclusion, l'autorité de contrôle compétente doit être notifiée (CJUE 16 juill. 2020, *préc., pt. 145* ; EDPB, 23 juill. 2020, Foire aux questions sur l'arrêt rendu par la CJUE dans l'affaire C-311/18).

C'est dans ce contexte jurisprudentiel que la Commission européenne a mis à jour le 4 juin 2021 les modèles de clauses contractuelles, imposant à l'exportateur de données de tenir compte de la législation applicable à l'importateur des données pour déterminer si les clauses contractuelles types pourront produire tous leurs effets. Par ailleurs, ces nouvelles clauses prennent en considération la complexité des nouveaux rapports contractuels en proposant quatre *scénarii* possibles (au lieu des deux précédents) : transfert de responsable de traitement à responsable de traitement ; transfert de responsable de traitement à sous-traitant ; transfert de sous-traitant à sous-traitant ; transfert de sous-traitant à responsable de traitement. Ces nouvelles clauses permettent aussi des clauses multipartites dites « d'amarrage ».

Les nouvelles clauses contractuelles types ont vocation à remplacer les précédentes. Dès septembre 2021 (fin de la période transitoire), les anciennes clauses ne peuvent plus être utilisées. Et à la fin d'une période supplémentaire de 15 mois, les exportateurs et les importateurs de données doivent avoir mis à jour leurs clauses contractuelles types ou recourir à un autre outil de transfert.

2. FORMALISME

Le responsable du traitement doit être capable de communiquer des clauses signées par les parties et régies par le droit de l'État membre dans lequel l'exportateur de données est établi (CNIL, form. restr., 21 nov. 2019, délib. n° SAN-2019-010 concernant la société FUTURA INTERNATIONALE, confirmée par CE 1er mars 2021, n° 437808).

3. ADOPTION DE CLAUSES TYPES PAR UNE AUTORITÉ DE CONTRÔLE

L'article 46. 2, d) du RGPD prévoit que ces clauses peuvent être adoptées par une autorité de contrôle nationale puis approuvées par la Commission. Cette procédure devrait permettre d'éviter le *forum-shopping* en lissant les critères d'approbation.

Rappelons que sous l'empire de la directive, l'autorité de contrôle luxembourgeoise en tant qu'autorité chef de file avait validé les clauses contractuelles d'Amazon Web Services au regard de sa compatibilité avec les clauses contractuelles types de la Commission (https://cnpd.public.lu/fr/actualites/international/2015/03/AWS.html).

II. GARANTIES NÉCESSITANT UNE AUTORISATION PARTICULIÈRE DE L'AUTORITÉ DE CONTRÔLE COMPÉTENTE (RGPD, ART. 46, 3)

Certains outils peuvent garantir une protection adéquate, mais ils doivent d'abord être évalués par l'autorité de contrôle compétente qui les soumettra aux autres autorités dans le cadre de la procédure de cohérence (V. RGPD, art. 46, 4).

En premier lieu, il s'agit de clauses contractuelles *ad hoc* pouvant être utilisées par les multinationales qui doivent être revues par une autorité de contrôle. Dans le cadre de la directive 95/46/CE, les autorités de contrôle ont été amenées à revoir des clauses contractuelles de sociétés multinationales. Par exemple, l'autorité luxembourgeoise, en tant qu'autorité chef de file pour le G29, a examiné l'annexe des clauses contractuelles types d'Amazon Web Services Inc. et y a répondu par une lettre rendue publique sur son site en date du 6 mars 2015.

En second lieu, cela concerne les dispositions intégrées dans les arrangements administratifs des autorités publiques ou des organismes publics qui prévoient des droits opposables et effectifs pour les personnes concernées.

III. SORT DES AUTORISATIONS ET CLAUSES CONTRACTUELLES TYPES ADOPTÉES SOUS LE RÉGIME DE LA DIRECTIVE DE 1995

Les autorisations et les clauses contractuelles types qui avaient été accordées conformément à la directive de 1995 pourront être valablement utilisées par les responsables de traitements ou leurs sous-traitants jusqu'à leur modification, remplacement ou abrogation par l'autorité qui les avait octroyées.

En cas de modification ou d'abrogation, les responsables de traitement et les sous-traitants auront probablement à renégocier leurs contrats en cours afin d'intégrer les nouvelles garanties ajoutées par le RGPD. ❑

Art. 47 *Règles d'entreprise contraignantes.* **1. L'autorité de contrôle compétente approuve des règles d'entreprise contraignantes conformément au mécanisme de contrôle de la cohérence prévu à l'article 63, à condition que :**

a) ces règles soient juridiquement contraignantes, et soient mises en application par toutes les entités concernées du groupe d'entreprises ou du groupe d'entreprises engagées dans une activité économique conjointe, y compris leurs employés ;

b) elles confèrent expressément aux personnes concernées des droits opposables en ce qui concerne le traitement de leurs données à caractère personnel ; et

c) elles répondent aux exigences prévues au paragraphe 2.

2. Les règles d'entreprise contraignantes visées au paragraphe 1 précisent au moins :

a) la structure et les coordonnées du groupe d'entreprises ou du groupe d'entreprises engagées dans une activité économique conjointe et de chacune de leurs entités ;

b) les transferts ou l'ensemble des transferts de données, y compris les catégories de données à caractère personnel, le type de traitement et ses finalités, le type de personnes concernées affectées et le nom du ou des pays tiers en question ;

c) leur nature juridiquement contraignante, tant interne qu'externe ;

d) l'application des principes généraux relatifs à la protection des données, notamment la limitation de la finalité, la minimisation des données, la limitation des durées de conservation des données, la qualité des données, la protection des données dès la conception et la protection des données par défaut, la base juridique du traitement, le traitement de catégories particulières de données à caractère personnel, les mesures visant à garantir la sécurité des données, ainsi que les exigences en matière de transferts ultérieurs à des organismes qui ne sont pas liés par les règles d'entreprise contraignantes ;

e) les droits des personnes concernées à l'égard du traitement et les moyens d'exercer ces droits*[,]* y compris le droit de ne pas faire l'objet de décisions fondées exclusivement sur un traitement automatisé, y compris le profilage, conformément à l'article 22, le droit d'introduire une réclamation auprès de l'autorité de contrôle compétente et devant les juridictions compétentes des États membres conformément à l'article 79 et d'obtenir réparation et, le cas échéant, une indemnisation pour violation des règles d'entreprise contraignantes ;

f) l'acceptation, par le responsable du traitement ou le sous-traitant établi sur le territoire d'un État membre, de l'engagement de sa responsabilité pour toute violation des règles d'entreprise contraignantes par toute entité concernée non établie dans l'Union ; le responsable du traitement ou le sous-traitant ne peut être exonéré, en tout ou en partie, de cette responsabilité que s'il prouve que le fait générateur du dommage n'est pas imputable à l'entité en cause ;

g) la manière dont les informations sur les règles d'entreprise contraignantes, notamment en ce qui concerne les éléments mentionnés aux points d, e et f du présent paragraphe sont fournies aux personnes concernées, en sus des informations visées aux articles 13 et 14 ;

h) les missions de tout délégué à la protection des données, désigné conformément à l'article 37, ou de toute autre personne ou entité chargée de la surveillance du respect des règles d'entreprise contraignantes au sein du groupe d'entreprises, ou du groupe d'entreprises engagées dans une activité économique conjointe, ainsi que le suivi de la formation et le traitement des réclamations ;

i) les procédures de réclamation ;

(Rect. JOUE L 127 du 23 mai 2018) « j) les mécanismes mis en place au sein du groupe d'entreprises, ou du groupe d'entreprises engagées dans une activité économique conjointe pour garantir le contrôle du respect des règles d'entreprise contraignantes. » Ces mécanismes prévoient des audits sur la protection des données et des méthodes assurant que des mesures correctrices seront prises pour protéger les droits de la personne concernée. Les résultats de ce contrôle devraient être communiqués à la personne ou à l'entité visée au point h et au conseil d'administration de l'entreprise qui exerce le contrôle du groupe d'entreprises, ou du groupe d'entreprises engagées dans une activité économique conjointe, et devraient être mis à la disposition de l'autorité de contrôle compétente sur demande ;

k) les mécanismes mis en place pour communiquer et consigner les modifications apportées aux règles et pour communiquer ces modifications à l'autorité de contrôle ;

l) le mécanisme de coopération avec l'autorité de contrôle mis en place pour assurer le respect des règles par toutes les entités du groupe d'entreprises, ou du groupe d'entreprises engagées dans une activité économique conjointe, notamment en met-

tant à la disposition de l'autorité de contrôle les résultats des contrôles des mesures visés au point j ;

m) les mécanismes permettant de communiquer à l'autorité de contrôle compétente toutes les obligations juridiques auxquelles une entité du groupe d'entreprises, ou du groupe d'entreprises engagées dans une activité économique conjointe, est soumise dans un pays tiers qui sont susceptibles d'avoir un effet négatif important sur les garanties fournies par les règles d'entreprise contraignantes ; et

n) la formation appropriée en matière de protection des données pour le personnel ayant un accès permanent ou régulier aux données à caractère personnel.

3. La Commission peut, pour les règles d'entreprise contraignantes au sens du présent article, préciser la forme de l'échange d'informations entre les responsables du traitement, les sous-traitants et les autorités de contrôle, ainsi que les procédures qui s'y rapportent. Ces actes d'exécution sont adoptés en conformité avec la procédure d'examen visée à l'article 93, paragraphe 2.

V. consid. 101, 108 et 110.

COMMENTAIRE

L'article 4, 20, du RGPD définit les règles d'entreprise contraignantes, ou BCR pour « *Binding Corporate Rules* », comme « les règles internes relatives à la protection des données à caractère personnel qu'appliquent un responsable du traitement ou un sous-traitant établi sur le territoire d'un État membre pour des transferts ou pour un ensemble de transferts de données à caractère personnel à un responsable du traitement ou à un sous-traitant établi dans un ou plusieurs pays tiers au sein d'un groupe d'entreprises, ou d'un groupe d'entreprises engagées dans une activité économique conjointe ». Schématiquement, les BCR consistent à créer une « bulle juridique » au sein d'un groupe d'entreprises, garantissant le respect du standard européen de protection des données lors des transferts et traitements des données provenant d'une entité du groupe située sur le territoire de l'Union européenne.

L'article 47 consacre explicitement les règles d'entreprise contraignantes ou BCR dans le droit européen. Alors même qu'elles connaissent une popularité grandissante au sein de multinationales, elles n'avaient pas été précisément envisagées par la Directive n° 95/46/CE du 24 octobre 1995. Tant dans leur contenu que dans leur procédure d'approbation, elles ont été le fruit d'un long travail du G29 qui s'est fondé sur la latitude que l'article 26, 2 de la directive laissait aux États membres pour créer des garanties. En 2003, le G29 a produit son premier avis théorisant les BCR (V. avis du 3 juin 2003, WP 74). Son avis de 2005, établissant une liste de contrôles types pour les demandes d'approbation des règles d'entreprise contraignantes, a offert un cadre à suivre pour les entreprises (V. avis du 14 avr. 2005, WP 108), utilement complété par un avis de 2008 (V. avis du 24 juin 2008, rév. le 8 avr. 2009, WP 155).

Les BCR, longtemps réservées aux responsables de traitements transférant leurs données, sont depuis 2013 également accessibles aux sous-traitants pour le transfert des données dont ils ont la charge (V. avis du 19 avr. 2013, rév. le 22 mai 2015, WP 204). Ces avis fournissent *a posteriori* de précieux éléments pour comprendre la logique sous-tendant le RGPD.

A noter que les avis WP 256 et 257, adoptés le 28 novembre 2017 et révisés le 6 février 2018, mettent en adéquation les critères des BCR avec le RGPD.

I. PROCÉDURE D'APPROBATION DES BCR

A. AUTORITÉ COMPÉTENTE

Le RGPD reprend la procédure mise en place par le G29. Une autorité de contrôle « compétente », anciennement appelée « autorité chef de file », détient la responsabilité d'approuver les BCR.

En pratique, si la société mère ou le siège d'exploitation du groupe relève du droit d'un État membre de l'Union européenne, c'est auprès de l'autorité chargée de la protection des données dans cet État membre que les BCR devront être soumises. Si le lieu d'implantation de la société mère ou du siège d'exploitation n'est pas clairement défini ou s'il est situé en dehors de l'Union, il s'agira de l'autorité chargée de la protection des données la plus appropriée. conformément aux critères détaillés dans l'avis WP 108 du G29 du 14 avril 2005. A la différence de l'autorité chef de file pour les flux transfrontières de l'article 56 du RGPD qui est facultative, dans le cadre des BCR elle est obligatoire puisqu'elle a comme fonction de coordonner l'examen de ces règles.

B. INSTRUCTION CONCERTÉE

L'approbation nécessite une instruction méthodique des BCR par l'autorité chef de file. Les autres autorités de contrôle concernées sont alors associées à cette instruction via le mécanisme de contrôle de la cohérence (V. RGPD, art. 63).

Cette procédure pourra être détaillée par la Commission en ayant recours à des actes d'exécution.

II. CARACTÉRISTIQUES DES BCR

A. DES RÈGLES D'ENTREPRISE...

L'article 47 du RGPD précise que ces règles peuvent porter sur « toutes les entités concernées du groupe d'entreprises ou du groupe d'entreprises engagées dans une activité économique conjointe ». L'article 19 définit le groupe d'entreprises comme « une entreprise qui exerce le contrôle et les entreprises qu'elle contrôle ». Il est envisageable que toutes les entités d'un groupe n'adhèrent pas aux BCR. Dans ce cas, les entités non adhérentes ne pourront recevoir des données sur le fondement des BCR.

B. ... AU CARACTÈRE CONTRAIGNANT

Comme leur nom l'indique, ces règles doivent être contraignantes pour ceux qui y adhèrent. L'évaluation de ce « caractère contraignant » implique que ces règles soient juridiquement exécutoires et qu'en pratique elles soient réellement mises en œuvre au sein du groupe.

Elles sont également opposables aux entités les mettant en œuvre par des personnes extérieures à l'entreprise, mais aussi aux employés y contrevenant. Le G29 a précisé que « le caractère contraignant des règles, dans la pratique, implique donc que les filiales du groupe, ainsi que chaque employé de celui-ci, se sentiront obligés de se conformer aux règles internes. A cet égard, divers éléments s'avèrent pertinents, comme l'application de sanctions disciplinaires en cas d'infraction aux règles, une information personnalisée et efficace aux employés, la mise en place de formations spéciales s'adressant aux employés et aux sous-traitants, etc. » (V. avis WP 74, *préc.*).

L'opposabilité des BCR se traduit par le droit d'obtenir une réparation sur leur fondement, et non sur celui du seul RGPD (V. RGPD, art. 47, 2, e). Elles sont ainsi un acte juridique permettant un recours judiciaire en indemnisation pour les personnes qui s'estimeraient lésées par leurs violations. « L'acceptation de [...] l'engagement de sa responsabilité » de toute entité qui contreviendrait aux BCR (V. RGPD, art. 47, 2, f) offre ainsi une présomption légale de responsabilité de l'entité. Cette présomption ne peut être renversée que par la preuve que « le fait générateur du dommage n'est pas imputable à l'entité en cause ».

C. CONTENU

Le G29 a considéré qu'il existe « un dénominateur commun entre les règles d'entreprise contraignantes et les codes de conduite visés à l'article 27 de la directive [n° 95/46 du 24 oct. 1995], dans le sens où elles sont supposées dépasser le degré d'abstraction de la législation [...] Les règles d'entreprise devraient comporter des dispositions « sur mesure » et décrire de manière raisonnablement détaillée les flux de données, la finalité du traitement, etc. » (V. WP 74, *préc.*). Dans son avis WP 108 (*préc.*), le G29 a ainsi proposé une liste détaillée des exigences que devaient contenir les BCR. Le RGPD reprend ces recommandations au point 2 de son article 47.

Si les BCR doivent reprendre les principes généraux relatifs à la protection des données (V. RGPD, art. 47, 2, d), elles impliquent également pour l'organisme d'aller au-delà du RGPD.

1. ORGANISATION DE LA PROTECTION DES DONNÉES

L'entité liée par les BCR, afin de les respecter, doit organiser en interne la protection des données (V. RGPD, art. 47, 2, h). Une personne doit être chargée de la surveillance de l'application des BCR. Selon le G29, il devrait s'agir d'une instance « impartiale et indépendante » au sein du groupe, ce qui rappelle les caractéristiques du délégué à la protection des données (V. avis du 24 juill. 1998, WP 12). Toutefois, les organismes adoptant des BCR n'ont pas à intégrer un délégué à la protection des données s'il n'est pas imposé par le RGPD. Même si ce texte ne le précise pas, il est fort probable que cette personne ou cellule soit également chargée de conseiller les entités du groupe sur l'application des principes généraux des BCR (V. RGPD, art. 47, 2, d).

Sont à noter :

– la nécessité de former les personnes traitant les données soumises aux BCR (V. RGPD, art. 47, 2, n) ;

– la gestion des réclamations (V. RGPD, art. 47, 2, i) ;

– l'obligation d'auditer les organismes adhérents aux BCR (V. RGPD, art. 42, 2, j) : V. commentaire ci-dessous ;

– l'obligation de suivi des modifications des BCR et leur communication à l'autorité de contrôle (V. RGPD, art. 47, 2, k). Seules des modifications mineures peuvent être réalisées sans solliciter à nouveau l'approbation de l'autorité de contrôle ;

– l'obligation de coopération avec l'autorité de contrôle, notamment via la communication des rapports d'audit sur demande (V. RGPD, art. 47, 2, l) ;

– les obligations juridiques étrangères : le RGPD innove en prévoyant que les BCR incluent un mécanisme afin de communiquer à l'autorité de contrôle « toutes les obligations juridiques auxquelles une entité du groupe d'entreprises, ou du groupe d'entreprises engagées dans une activité économique conjointe, est soumise dans un pays tiers qui sont susceptibles d'avoir un effet négatif important sur les garanties fournies par les règles d'entreprise contraignantes » (V. RGPD, art. 47, 2, m). Cela rappelle l'obligation de veille législative imposée à la Commission lorsqu'une décision d'adéquation a été adoptée (V. RGPD, art. 45, 4).

2. OPPOSABILITÉ DES DROITS DES PERSONNES

Les droits des personnes et surtout leur effectivité constituent une des exigences primordiales des BCR. L'exercice de ces droits se traduit par un droit à réclamation (V. RGPD, art. 47, 2, i). Dès 1998, le G29 indiquait que l'« instrument doit fournir soutien et assistance aux personnes concernées confrontées à un problème lié au traitement des données personnelles les concernant. Il convient donc de désigner une instance impartiale et indépendante, d'accès facile, chargée de connaître des plaintes émanant de personnes concernées et de statuer sur les infractions au code » (V. avis WP 12, *préc.*). Si le traitement de la réclamation ne donne pas satisfaction à la personne concernée, elle pourra engager un recours judiciaire sur le fondement des BCR.

III. PUBLICITÉ

A. CONTRÔLE INTERNE

Le respect des BCR relève de la responsabilité des entités les mettant en œuvre. Pour cela, une procédure de contrôle interne doit être instaurée. En pratique, il s'agira de faire auditer les traitements ainsi que l'application et la communication des BCR par une équipe d'auditeurs internes ou externes. Le rapport d'audit doit être transmis à la personne en charge de veiller à l'application des BCR ainsi qu'au conseil d'administration de la maison mère, et être communicable à l'autorité de contrôle sur demande.

A noter que suite à l'arrêt de la CJUE du 23 juillet 2020 relatif au « *privacy shield* » (V. comm. ss. RGPD, art. 45), les BCR sont soumises aux mêmes contraintes que les clauses contractuelles en ce que les transferts doivent être évalués au regard des législations des pays importateurs (V. comm. ss. RGPD, art. 46 ; V. EDPB, 23 juill. 2020, FAQ sur l'arrêt rendu par la CJUE dans l'affaire C-311/18 – *Data Protection Commissioner contre Facebook Ireland Ltd et Maximillian Schrems*).

B. PUBLICITÉ DES BCR

La publicité de ces règles contraignantes est cruciale pour leur effectivité. Le RGPD impose aux organismes de préciser comment ils vont informer les personnes de leur existence.

Trois éléments d'information sont particulièrement importants : les principes généraux des BCR, leurs droits (en particulier celui d'introduire une réclamation) et l'engagement de responsabilité en cas de violation. En pratique, ces informations sont souvent délivrées sur des pages spécifiquement dédiées aux BCR du site internet du groupe ainsi que par des références dans les mentions d'information. ❑

Art. 48 *Transferts ou divulgations non autorisés par le droit de l'Union.* **Toute décision d'une juridiction ou d'une autorité administrative d'un pays tiers exigeant d'un responsable du traitement ou d'un sous-traitant qu'il transfère ou divulgue des données à caractère personnel ne peut être reconnue ou rendue exécutoire de quelque manière que ce soit qu'à la condition qu'elle soit fondée sur un accord international, tel qu'un traité d'entraide judiciaire, en vigueur entre le pays tiers demandeur et**

l'Union ou un État membre, sans préjudice d'autres motifs de transfert en vertu du présent chapitre.
V. RGPD, consid. 115.

COMMENTAIRE

Le RGPD refuse expressément que des données à caractère personnel soient divulguées en raison d'une décision juridictionnelle ou d'une autorité administrative d'un pays tiers, sauf si cette décision est fondée sur un accord international ou sur un autre motif de transfert.

En pratique, il est probable que certains organismes ne seront pas en mesure de se conformer aux injonctions d'une cour étrangère si aucun accord international n'a été conclu et si aucune autre garantie ou dérogation ne peut être invoquée. ❑

Art. 49 *Dérogations pour des situations particulières.* **1. En l'absence de décision d'adéquation en vertu de l'article 45, paragraphe 3, ou de garanties appropriées en vertu de l'article 46, y compris des règles d'entreprise contraignantes, un transfert ou un ensemble de transferts de données à caractère personnel vers un pays tiers ou à une organisation internationale ne peut avoir lieu qu'à l'une des conditions suivantes :**

a) la personne concernée a donné son consentement explicite au transfert envisagé, après avoir été informée des risques que ce transfert pouvait comporter pour elle en raison de l'absence de décision d'adéquation et de garanties appropriées ;

b) le transfert est nécessaire à l'exécution d'un contrat entre la personne concernée et le responsable du traitement ou à la mise en œuvre de mesures précontractuelles prises à la demande de la personne concernée ;

c) le transfert est nécessaire à la conclusion ou à l'exécution d'un contrat conclu dans l'intérêt de la personne concernée entre le responsable du traitement et une autre personne physique ou morale ;

d) le transfert est nécessaire pour des motifs importants d'intérêt public ;

e) le transfert est nécessaire à la constatation, à l'exercice ou à la défense de droits en justice ;

f) le transfert est nécessaire à la sauvegarde des intérêts vitaux de la personne concernée ou d'autres personnes, lorsque la personne concernée se trouve dans l'incapacité physique ou juridique de donner son consentement ;

g) le transfert a lieu au départ d'un registre qui, conformément au droit de l'Union ou au droit d'un État membre, est destiné à fournir des informations au public et est ouvert à la consultation du public en général ou de toute personne justifiant d'un intérêt légitime, mais uniquement dans la mesure où les conditions prévues pour la consultation dans le droit de l'Union ou le droit de l'État membre sont remplies dans le cas d'espèce.

Lorsqu'un transfert ne peut pas être fondé sur une disposition de l'article 45 ou 46, y compris les dispositions relatives aux règles d'entreprise contraignantes, et qu'aucune des dérogations pour des situations particulières visées au premier alinéa du présent paragraphe n'est applicable, un transfert vers un pays tiers ou à une organisation internationale ne peut avoir lieu que si ce transfert ne revêt pas de caractère répétitif, ne touche qu'un nombre limité de personnes concernées, est nécessaire aux fins des intérêts légitimes impérieux poursuivis par le responsable du traitement sur lesquels ne prévalent pas les intérêts ou les droits et libertés de la personne concernée, et si le responsable du traitement a évalué toutes les circonstances entourant le transfert de données et a offert, sur la base de cette évaluation, des garanties appropriées en ce qui concerne la protection des données à caractère personnel. Le responsable du traitement informe l'autorité de contrôle du transfert. Outre qu'il fournit

les informations visées aux articles 13 et 14, le responsable du traitement informe la personne concernée du transfert et des intérêts légitimes impérieux qu'il poursuit.
— V. Décr. nº 2019-536 du 29 mai 2019, art. 128.

2. Un transfert effectué en vertu du paragraphe 1, premier alinéa, point g), ne porte pas sur la totalité des données à caractère personnel ni sur des catégories entières de données à caractère personnel contenues dans le registre. Lorsque le registre est destiné à être consulté par des personnes justifiant d'un intérêt légitime,

le transfert n'est effectué qu'à la demande de ces personnes ou lorsqu'elles en sont les destinataires.

3. Les points a), b), et c) du premier alinéa du paragraphe 1 et le deuxième alinéa du paragraphe 1 ne sont pas applicables aux activités des autorités publiques dans l'exercice de leurs prérogatives de puissance publique.

4. L'intérêt public visé au paragraphe 1, premier alinéa, point d), est reconnu par le droit de l'Union ou le droit de l'État membre auquel le responsable du traitement est soumis.

5. En l'absence de décision d'adéquation, le droit de l'Union ou le droit d'un État membre peut, pour des motifs importants d'intérêt public, fixer expressément des limites au transfert de catégories spécifiques de données à caractère personnel vers un pays tiers ou à une organisation internationale. Les États membres notifient de telles dispositions à la Commission.

6. Le responsable du traitement ou le sous-traitant documente, dans les registres visés à l'article 30, l'évaluation ainsi que les garanties appropriées visées au paragraphe 1, deuxième alinéa, du présent article.

V. consid. 111 à 113.

COMMENTAIRE

Par principe, les transferts doivent être encadrés (V. RGPD, art. 45 et 46). Par exception et pour gérer des situations « particulières », le RGPD admet des dérogations.

A cet égard, dans son avis WP 114 du 25 novembre 2005 relatif à l'interprétation commune des dérogations de la directive 95/46 du 24 octobre 1995, le G29 avait déjà précisé que « cette logique correspond à celle du Protocole additionnel à la Convention 108 » du Conseil de l'Europe du 28 janvier 1981 pour la protection des personnes à l'égard du traitement automatisé des données à caractère personnel. Le rapport explicatif de ce texte prévoit en effet que « les parties possèdent une marge d'appréciation pour déterminer les dérogations au principe de niveau adéquat. Les règles pertinentes de droit interne doivent néanmoins respecter le principe de droit inhérent à l'ordre juridique européen qui consiste à interpréter les clauses d'exception de manière restrictive afin que l'exception ne devienne pas la règle ».

Ces dérogations doivent être envisagées en dernier recours. Cela ne peut être par simple commodité. Le G29 a ajouté qu'il « trouverait regrettable qu'une société multinationale ou une autorité publique envisage d'effectuer des transferts importants de données vers un pays tiers sans prévoir un cadre approprié à cet effet, alors qu'elle a les moyens pratiques d'assurer cette protection (par ex., un contrat, des règles d'entreprise contraignantes, une convention). C'est notamment pour cette raison que le groupe de travail « recommande que les transferts qui pourraient être qualifiés de répétés, massifs ou structurels soient, dans toute la mesure du possible et justement en raison de ces caractéristiques, effectués dans un cadre juridique spécifique (c'est-à-dire des contrats ou des règles d'entreprise contraignantes) » (V. WP 114, *préc.*).

Cette interprétation est reprise dans l'avis du G29 relatif à l'interprétation de l'article 49 du RGPD (V. lignes directrices du 6 févr. 2018, WP 262 soumises à consultation et adoptées définitivement le 25 mai 2018 par le CEPD, n° 2/2018). Le G29 prend comme exemple de transfert non-occasionnel le cas où le destinataire des données peut accéder directement à une base de données (par exemple via l'interface d'une application informatique).

Le G29 précise que même si certaines dérogations du RGPD ne contiennent pas expressément une référence à leur caractère occasionnel ou non répétitif, leur utilisation doit être limitée.

L'EDPB a rappelé, suite à la décision de la CJUE invalidant le « *Privacy Shield* » (V. note 5 ss. RGPD, art. 45), que « les dérogations prévues à l'article 49 du RGPD ne doivent pas devenir "la règle" en pratique, mais qu'elles doivent se limiter à des situations spécifiques, et que chaque exportateur de données doit s'assurer que le transfert répond au critère de stricte nécessité » (EPDB, 23 juill. 2020, FAQ sur l'arrêt rendu par la CJUE dans l'affaire C-311/18 : *Data Protection Commissioner contre Facebook Ireland Ltd et Maximillian Schrems*).

Toute interprétation excessive de ces dispositions, qui viserait à contourner les outils contraignants prévus par le RGPD, pourrait faire l'objet de sanctions de la part de l'autorité. Il est donc fortement recommandé de s'inscrire prioritairement dans le cadre des outils prévus par les articles 45 et 46.

I. DÉROGATIONS FONDÉES SUR DES SITUATIONS PARTICULIÈRES

1. LE CONSENTEMENT EXPLICITE (ART. 49, 2, A)

Le transfert peut avoir lieu lorsque la personne concernée a donné son consentement explicite. Le RGPD a préféré l'adjectif « explicite » à l'adverbe « indubitablement » utilisé par la directive 95/46/CE. Ce changement ne semble pas avoir de conséquence sur l'interprétation de cette dérogation.

Le consentement doit être obtenu pour le transfert et non pour le traitement en général. Si les deux étaient liés, la question de sa liberté pourrait se poser. En effet, l'interprétation stricte s'impose au regard du danger potentiel que constitue un transfert dans un pays sans protection adéquate. Le G29 rappelait que cela revient à ce que « la personne dont les données ont été transférées, même avec son consentement, pourrait se trouver totalement dénuée de protection dans le pays destinataire » (V. WP 114, *préc.*). C'est cette absence de protection qui justifie également l'information de la personne des risques spécifiques posés par ce transfert et qu'aucune garantie appropriée visant à protéger les données n'est mise en œuvre.

Cette dérogation doit être interprétée à la lumière des positions du G29 sur le consentement (V. avis du 16 avr. 2018, WP 259 cité dans WP 262, *préc.*). Ainsi, cette dérogation est en réalité très complexe à mettre en œuvre, comme l'a souligné le G29, car donner son consentement implique la possibilité de le retirer : « Les données concernant une personne ayant retiré son consentement ne pourraient plus *stricto sensu* faire l'objet d'un transfert ; à défaut, le transfert resterait partiellement fondé sur le consentement de personnes concernées, mais une solution de remplacement (contrat, règles d'entreprise contraignantes, etc.) devrait être trouvée pour les données des personnes ayant retiré leur consentement. » (V. WP 114, *préc.*). Le G29 a ainsi considéré qu'« à la lumière de l'expérience acquise, le groupe de travail estime que le consentement n'est pas susceptible de fournir un cadre adéquat à long terme pour les responsables du traitement, en cas de transferts répétitifs ou même structurels pour le traitement en question. » (V. WP 114, *préc.*). Cette interprétation est confirmée par le G29 dans le cadre du RGPD (V. WP 262, *préc.*).

2. LA RELATION CONTRACTUELLE (ART. 49, 2, B ET C)

Deux des dérogations mentionnées à l'article 49 sont liées à l'existence d'une relation contractuelle. Le transfert se révèle nécessaire à :

– l'exécution d'un contrat entre la personne concernée et le responsable du traitement ou à la mise en œuvre de mesures précontractuelles, ou

– à la conclusion ou à l'exécution d'un contrat conclu dans l'intérêt de la personne concernée, entre le responsable du traitement et une autre personne physique ou morale.

Le G29 a considéré que ce « critère de nécessité » exige dans ce cas un lien étroit et important entre la personne concernée et la finalité du contrat (V. WP 114, *préc.*). L'exemple qu'il donne est celui d'un « transfert par des agences de voyage de données personnelles relatives à leurs clients, à des hôtels ou à d'autres partenaires commerciaux qui interviendraient dans l'organisation du séjour de ces clients ».

Le transfert doit être « occasionnel » et « objectivement nécessaire à l'exécution du contrat » (EPDB, 23 juill. 2020, FAQ, *préc.*).

3. LES MOTIFS IMPORTANTS D'INTÉRÊT PUBLIC (ART. 49, 2, D)

Le transfert peut être autorisé lorqu'il est nécessaire pour des motifs importants d'intérêt public.

L'article 26, 1, d, de la directive de 1995 faisait référence à la « sauvegarde d'un intérêt public important ». La faible différence terminologique ne semble pas réellement avoir de conséquences sur l'interprétation restrictive de cette notion adoptée par le G29 dans son avis WP 66 du 24 octobre 2002 sur les données de passagers (PNR). Il ne peut s'agir que de l'intérêt public reconnu par le droit de l'Union ou le droit d'un État membre (V. RGPD, art. 49, 6). Cette précision reprend celle du groupe de travail pour qui « toute autre interprétation permettrait à une autorité étrangère de contourner aisément l'exigence d'un niveau de protection adéquat dans le pays destinataire » (V. WP 114, *préc.*).

Le considérant 112 du RGPD propose comme exemples les « cas d'échange international de données entre autorités de la concurrence, administrations fiscales ou douanières, entre autorités de surveillance financière, entre services chargés des questions de sécurité sociale ou relatives à la santé publique, par exemple aux fins de la recherche des contacts des personnes atteintes de maladies contagieuses ou en vue de réduire et/ou d'éliminer le dopage dans le sport. » Le G29 confirme que l'intérêt public n'est pas le monopole des autorités publiques, et que des organismes privés pourraient s'en prévaloir (V. WP 262, *préc.*).

Cette dérogation « ne réside pas dans la nature de l'organisation » (EPDB, 23 juill. 2020, FAQ, *préc.*).

4. L'EXERCICE DES DROITS EN JUSTICE (ART. 49, 2, E)

Lorsqu'un transfert est nécessaire à la constatation, à l'exercice ou à la défense des droits en justice, celui-ci ne peut être qu'occasionnel (V. RGPD, consid. 111). Il ne s'agit pas ici de transférer l'intégralité des données de manière préventive. Seules les spécificités de la procédure en cours peuvent justifier de tels transferts. Il conviendra au responsable du traitement de respecter les règles de procédure pénale ou civile applicables à ce type de situations internationales, notamment lorsque celles-ci relèvent des dispositions des Conventions de La Haye du 18 mars 1970 sur « l'obtention de preuves » et du 25 octobre 1980 sur « l'accès à la justice ».

5. LES INTÉRÊTS VITAUX (ART. 49, 2, F)

Le transfert est admis lorsqu'il est nécessaire à la sauvegarde des intérêts vitaux de la personne concernée ou d'autres personnes.

Cette dérogation ne peut être utilisée que lorsqu'il est impossible de recourir à celle relevant du consentement en raison d'une incapacité physique ou juridique. Il s'agit ici des transferts fondés par exemple sur une urgence médicale. Les données doivent être en lien avec « l'administration des soins requis ». Le transfert doit être lié à « l'intérêt individuel de la personne concernée et, lorsqu'il concerne des données médicales, être indispensable à l'établissement d'un diagnostic vital » (V. G29, WP 114, *préc.*).

Le considérant 112 du RGPD suggère comme exemple : « Tout transfert vers une organisation humanitaire internationale de données à caractère personnel d'une personne concernée qui se trouve dans l'incapacité physique ou juridique de donner son consentement, en vue d'accomplir une mission relevant des conventions de Genève ou de respecter le droit humanitaire international applicable dans les conflits armés, pourrait être considéré comme nécessaire pour des motifs importants d'intérêt public ou parce que ce transfert est dans l'intérêt vital de la personne concernée ».

On notera que pour le G29, cette dérogation ne devrait trouver à s'appliquer que lorsque la personne concernée n'est en pas en mesure, physiquement ou légalement de donner son consentement (V. WP 262, *préc.*).

6. LE REGISTRE PUBLIC (ART. 49, 2, G)

La dernière dérogation fondée sur une situation particulière concerne le transfert de données qui seraient librement consultables via un registre public (par exemple, un registre d'immatriculation de sociétés ou de véhicules). Toutefois, afin d'éviter des abus, celui-ci ne devrait « pas porter sur la totalité des données à caractère personnel ni sur des catégories entières de données contenues dans le registre ».

Lorsque le registre est destiné à être consulté par des personnes ayant un intérêt légitime, le transfert ne devrait être effectué qu'à la demande de ces personnes ou lorsqu'elles doivent en être les destinataires, « compte dûment tenu des intérêts et des droits fondamentaux de la personne concernée » (V. RGPD, consid. 111). On peut penser dans ce cas aux bulletins du casier judiciaire ou aux extraits d'actes de naissance avec filiation.

7. CAS PARTICULIER DES INTÉRÊTS LÉGITIMES IMPÉRIEUX

Le RGPD introduit un nouveau cas : celui du transfert « nécessaire aux fins des intérêts légitimes impérieux poursuivis par les responsables du traitement ».

Le considérant 113 explicite ce concept : « De tels transferts ne devraient être possibles que dans les cas résiduels dans lesquels aucun des autres motifs de transfert n'est applicable. A des fins de recherche scientifique ou historique ou à des fins statistiques, il y a lieu de prendre en considération les attentes légitimes de la société en matière de progrès des connaissances. »

Cette dérogation pourrait être utilisée par exemple si le responsable de traitements doit transférer des données dans le but de protéger son organisation d'un dommage sévère et immédiat (V. G29, WP 262, *préc.*).

Son utilisation dépend des conditions cumulatives suivantes :

– aucune autre garantie ou dérogation ne peut être utilisée ;

– le transfert doit être occasionnel : il ne peut s'agir de transferts réguliers ou répétitifs ;

– il ne doit concerner qu'un nombre limité de personnes : cette notion non définie sera probablement source d'interprétations divergentes ;

– il est nécessaire aux fins des intérêts légitimes impérieux du responsable du traitement : celui-ci devra définir quels sont ces intérêts et en quoi ils priment sur les intérêts ou les droits et libertés de la personne concernée ;

– le responsable du traitement a évalué toutes les circonstances entourant le traitement et a mis en place des garanties appropriées : cette évaluation rappelle celle de l'analyse d'impact. Le responsable du traitement aura intérêt à suivre une méthodologie similaire. Le considérant 112 précise que le « responsable du traitement devrait accorder une attention particulière à la nature des données à caractère personnel, à la finalité et à la durée de la ou des opérations de traitement envisagées ainsi qu'à la situation dans le pays d'origine, le pays tiers et le pays de destination finale, et devrait prévoir des garanties appropriées pour protéger les libertés et droits fondamentaux des personnes physiques à l'égard du traitement de leurs données à caractère personnel ». Cette évaluation accompagnée de ses garanties doit être documentée dans le registre que doit tenir le responsable du traitement ou le sous-traitant.

– l'autorité de contrôle doit être informée de ce transfert : il ne s'agit que d'une information et non d'une autorisation.

– la personne concernée doit être informée du transfert et des intérêts légitimes impérieux poursuivis : le responsable du traitement devra donc expliquer à la personne concernée les raisons justifiant ce transfert. Cette information risque d'être difficile à mettre en œuvre en pratique, car au regard du caractère exceptionnel de ce transfert, il est probable que le responsable du traitement n'ait pas prévu ce transfert au moment de la délivrance de l'information et que cette nouvelle information se révèle complexe à réaliser.

II. DÉROGATIONS APPLICABLES AUX AUTORITÉS PUBLIQUES (ART. 49, 3)

Toutes ces dérogations sont applicables au secteur privé. Les autorités publiques dans l'exercice de leurs prérogatives publiques ne peuvent recourir qu'aux exceptions suivantes : un transfert justifié par des motifs importants d'intérêt public, l'exercice des droits en justice, la sauvegarde des intérêts vitaux et des données provenant d'un registre public. Ne peuvent être utilisées les dérogations basées sur le consentement, les relations contractuelles ou les intérêts légitimes impérieux.

III. RESTRICTIONS NATIONALES (ART. 49, 5)

Un État membre peut restreindre les transferts de données particulières pour des motifs importants d'intérêt public vers des pays dont la législation n'est pas considérée comme adéquate. De telles restrictions doivent être notifiées à la Commission.

Ces restrictions locales risquent d'être source de complexité pour les groupes multinationaux. ❑

Art. 50 *Coopération internationale dans le domaine de la protection des données à caractère personnel.* **La Commission et les autorités de contrôle prennent, à l'égard des pays tiers et des organisations internationales, les mesures appropriées pour :**

a) élaborer des mécanismes de coopération internationale destinés à faciliter l'application effective de la législation relative à la protection des données à caractère personnel ;

b) se prêter mutuellement assistance sur le plan international dans l'application de la législation relative à la protection des données à caractère personnel, y compris par la notification, la transmission des réclamations, l'entraide pour les enquêtes et l'échange d'informations, sous réserve de garanties appropriées pour la protection des données à caractère personnel et d'autres libertés et droits fondamentaux ;

c) associer les parties prenantes intéressées aux discussions et activités visant à développer la coopération internationale dans le domaine de l'application de la législation relative à la protection des données à caractère personnel ;

d) favoriser l'échange et la documentation de la législation et des pratiques en matière de protection des données à caractère personnel, y compris en ce qui concerne les conflits de compétence avec des pays tiers.

V. consid. 29, 116 et 123.

V. L. n° 78-17 du 6 janv. 1978, art. 29.

COMMENTAIRE

Le RGPD incite la Commission et les autorités de contrôle à prendre des mesures pour améliorer les échanges d'informations avec leurs homologues internationaux afin d'assurer l'effectivité des droits.

Sous le régime de la directive 95/46/CE du 24 octobre 1995, seule la coopération entre autorités de l'Union européenne était organisée. La convention 108 du Conseil de l'Europe prévoit également, pour ses pays membres, des possibilités de coopération sous réserve de remplir certaines conditions (V. II. Textes complémentaires).

Le RGPD, prenant acte de l'internationalisation des traitements, change donc d'échelle pour donner une base légale à des transferts d'informations entre les autorités des pays de l'Union et des partenaires d'autres pays. La question peut sembler mineure, elle est en fait fondamentale : cet article jette les bases d'une coopération internationale de grande échelle pour assurer une protection des droits des personnes à l'échelle mondiale. Ceci s'inscrit d'ailleurs dans le prolongement des dispositions sur les transferts, qui visent elles-mêmes à créer le cadre juridique permettant que la protection accordée par le droit de l'Union « suive » la donnée, quel que soit sa « mobilité » internationale.

Son considérant 116 précise qu'« aux fins d'élaborer des mécanismes de coopération internationale destinés à faciliter et à mettre en place une assistance mutuelle internationale pour faire appliquer la législation relative à la protection des données à caractère personnel, la Commission et les autorités de contrôle devraient échanger des informations et coopérer dans le cadre d'activités liées à l'exercice de leurs compétences avec les autorités compétentes dans les pays tiers, sur une base réciproque et conformément au présent règlement ».

Cette coopération se devra d'associer les parties prenantes : secteur privé, les représentants de la société civile et des experts en droit notamment international. ❑

CHAPITRE VI *AUTORITÉS DE CONTRÔLE INDÉPENDANTES*

COMMENTAIRE

La présidente de la CNIL a qualifié de « nouvelle ère dans la régulation » le renforcement des missions des autorités de contrôle établi par le RGPD (audition du 12 oct. 2016 devant la commission des lois de l'Assemblée nationale, reprise dans le rapport d'information n° 4544). Il en va également d'une meilleure coopération entre autorités car « leurs efforts pour collaborer dans le contexte transfrontalier peuvent également être freinés par les pouvoirs insuffisants dont elles disposent en matière de prévention ou de recours, par l'hétérogénéité des régimes juridiques et par des obstacles pratiques tels que le manque de ressources » (RGPD, consid. 116).

L'essor des nouvelles technologies, notamment des réseaux sociaux et du commerce électronique, avait rendu complexe l'application de droits nationaux suffisamment différents pour produire des interprétations de la directive du 24 octobre 1995 assez hétéroclites. Le recours au RGPD, et non plus à une directive, avait comme premier objectif d'offrir à l'Union un cadre réglementaire sur la protection des données plus homogène et conforme à la maxime « Un continent, un droit ». Dès lors, il ne semblait plus soutenable d'imposer à un responsable de traitement ou à un sous-traitant établi dans plusieurs États membres d'interagir avec chaque autorité nationale de contrôle.

C'est pourquoi le RGPD crée un guichet unique (le « *one stop shop* ») dont le rôle est de permettre, pour les traitements transnationaux, qu'une autorité de contrôle soit désignée comme autorité de contrôle chef de file et intervienne à ce titre comme seule interlocutrice du responsable du traitement. Toutefois, la désignation du guichet unique ne s'avère pas si aisée en pratique en raison des compromis réalisés lors des négociations du RGPD. En effet, les États membres ont craint un phénomène de « forum shopping », c'est-à-dire que les autorités soient choisies « à la carte » en fonction de considérations plus politiques ou économiques que juridiques. Par ailleurs, il a fallu concilier le guichet unique avec le renforcement des droits des personnes concernées.

Le chapitre VI souligne l'indépendance comme condition *sine qua none* des autorités de contrôle et détaille les missions de ces autorités ainsi que les mesures dont elles peuvent disposer. ❑

SECTION 1 *Statut d'indépendance*

Art. 51 *Autorité de contrôle.* **1. Chaque État membre prévoit qu'une ou plusieurs autorités publiques indépendantes sont chargées de surveiller l'application du présent règlement, afin de protéger les libertés et droits fondamentaux des personnes physiques à l'égard du traitement et de faciliter le libre flux des données à caractère personnel au sein de l'Union (ci-après dénommée "autorité de contrôle").**

2. Chaque autorité de contrôle contribue à l'application cohérente du présent règlement dans l'ensemble de l'Union. A cette fin, les autorités de contrôle coopèrent entre elles et avec la Commission conformément au chapitre VII.

3. Lorsqu'un État membre institue plusieurs autorités de contrôle, il désigne celle qui représente ces autorités au comité et définit le mécanisme permettant de s'assurer du respect, par les autres autorités, des règles relatives au mécanisme de contrôle de la cohérence visé à l'article 63.

4. Chaque État membre notifie à la Commission les dispositions légales qu'il adopte en vertu du présent chapitre, au plus tard, le 25 mai 2018 et, sans tarder, toute modification ultérieure les affectant.

V. consid. 117 à 119.

V. L. n° 78-17 du 6 janv. 1978, art. 8.

V. L. n° 2017-55 du 20 janv. 2017 portant statut général des autorités administratives indépendantes et des autorités publiques indépendantes. — ***CRPA.***

COMMENTAIRE

L'indépendance s'entend tant par rapport aux organismes soumis au RGPD que par rapport aux institutions étatiques. La CJUE a précisé dès 2010 que « la garantie d'indépendance des autorités nationales de contrôle, prévue à l'article 28, 1, second alinéa, de la directive 95/46 [...] vise à assurer l'efficacité et la fiabilité du contrôle du respect des dispositions en matière de protection des personnes physiques à l'égard du traitement des données à caractère personnel et doit être interprétée à la lumière de cet objectif. Elle a été établie non afin de conférer un statut particulier à ces autorités ainsi qu'à leurs agents, mais en vue de renforcer la protection des personnes et des organismes qui sont concernés par leurs décisions. Il s'ensuit que, lors de l'exercice de leurs missions, les autorités de contrôle doivent agir de manière objective et impartiale. A cet effet, elles doivent être à l'abri de toute influence extérieure, y compris celle, directe ou indirecte, de l'État ou des Länder, et pas seulement de l'influence des organismes contrôlés » (CJUE 9 mars 2010, n° C-518/07 : *V. note ss. art. 52*).

Les États membres peuvent instituer plusieurs autorités de contrôle. Toutefois, une seule doit les représenter au Comité européen de protection des données, et l'État membre doit mettre en œuvre une procédure de gestion du mécanisme de contrôle de la cohérence. Le chapitre V de la loi allemande du 30 juin 2017 portant adaptation du RGPD est ainsi consacré à la représentation au comité européen de protection des données et à la coopération entre les autorités fédérales et les Länder.

Les États membres doivent également coopérer avec la Commission pour contribuer à l'application cohérente du RGPD et lui notifier les dispositions nationales qu'ils prennent à propos de leurs autorités de contrôle ainsi que leurs modifications. La Commission est particulièrement vigilante sur le statut des autorités de contrôle qu'elle analyse avec minutie. Elle l'a ainsi démontré en soumettant à la CJUE le cas de l'Allemagne, de l'Autriche ou de la Hongrie (V. RGPD, art. 52). ❑

Art. 52 *Indépendance.* **1. Chaque autorité de contrôle exerce en toute indépendance les missions et les pouvoirs dont elle est investie conformément au présent règlement.**

2. Dans l'exercice de leurs missions et de leurs pouvoirs conformément au présent règlement, le ou les membres de chaque autorité de contrôle demeurent libres de toute influence extérieure, qu'elle soit directe ou indirecte, et ne sollicitent ni n'acceptent d'instructions de quiconque.

3. Le ou les membres de chaque autorité de contrôle s'abstiennent de tout acte incompatible avec leurs fonctions et, pendant la durée de leur mandat, n'exercent aucune activité professionnelle incompatible, rémunérée ou non.

4. Chaque État membre veille à ce que chaque autorité de contrôle dispose des ressources humaines, techniques et financières ainsi que des locaux et de l'infrastructure nécessaires à l'exercice effectif de ses missions et de ses pouvoirs, y compris lorsque celle-ci doit agir dans le cadre de l'assistance mutuelle, de la coopération et de la participation au comité.

5. Chaque État membre veille à ce que chaque autorité de contrôle choisisse et dispose de ses propres agents, qui sont placés sous les ordres exclusifs du ou des membres de l'autorité de contrôle concernée.

6. Chaque État membre veille à ce que chaque autorité de contrôle soit soumise à un contrôle financier qui ne menace pas son indépendance et qu'elle dispose d'un budget annuel public propre, qui peut faire partie du budget global national ou d'une entité fédérée.

V. consid. 117, 118 et 120.

V. L. n° 78-17 du 6 janv. 1978, art. 8.

V. L. n° 2017-55 du 20 janv. 2017 portant statut général des autorités administratives indépendantes et des autorités publiques indépendantes. — ***CRPA.***

COMMENTAIRE

I. UNE AUTORITÉ LIBRE DE TOUTE INFLUENCE

L'article 52 reprend la jurisprudence de la CJUE. En effet, pour la CJUE, l'indépendance d'une autorité de contrôle n'est possible qu'en l'absence d'« obéissance anticipée » et du fait qu'elle soit « au-dessus de tout soupçon de partialité », impliquant qu'il n'y a aucun « risque que les autorités de tutelle puissent exercer une influence politique sur les décisions des autorités de contrôle ». Ces critères ont été utilisés pour contester l'indépendance des autorités allemande en 2010 (CJUE 9 mars 2010, n° C-518/07), autrichienne en 2012 (CJUE 16 oct. 2012, n° C-614/10) et hongroise en 2014 (CJUE 8 avr. 2014, n° C-288/12). On notera les critères suivants :

A. ABSENCE DE TUTELLE DE L'ÉTAT

Est insuffisante la seule « indépendance fonctionnelle des autorités de contrôle, en ce sens que ces autorités sont indépendantes du secteur non public soumis à leur contrôle et qu'elles ne doivent pas être exposées à des influences extérieures » (CJUE 9 mars 2010, n° C-518/07).

B. AUCUN DROIT À L'INFORMATION DU GOUVERNEMENT

Le fait également que « le chancelier fédéral a le droit de s'informer à tout moment, auprès du président et du membre administrateur de la DSK [l'autorité de contrôle autrichienne], de tous les aspects de la gestion de ladite autorité de contrôle », lui offrant ainsi un droit à l'information « très vaste [...] sur tous les aspects de sa gestion » et « inconditionnel », n'était pas compatible avec l'impartialité requise (CJUE 16 oct. 2012, n° C-614/10).

C. INDÉPENDANCE DU PERSONNEL DE L'AUTORITÉ

Le personnel doit être soumis aux ordres exclusifs de l'autorité de contrôle. La CJUE a considéré que le « fait que le bureau de l'autorité autrichienne (DSK) soit composé de fonctionnaires de la chancellerie fédérale, elle-même soumise au contrôle de la DSK, comporte le risque d'une influence sur les décisions de cette dernière. En tout état de cause, une telle imbrication organisationnelle entre la DSK et la chancellerie fédérale empêche que la DSK soit au-dessus de tout soupçon de partialité » (CJUE 16 oct. 2012, n° C-614/10).

II. INDÉPENDANCE DES MEMBRES DE L'AUTORITÉ

Les membres de l'autorité se doivent également d'être au-dessus de tout soupçon d'impartialité. Le considérant 121 du RGPD souligne qu'ils doivent agir « avec intégrité ». Ainsi, ils sont tenus de ne pas réaliser d'« acte incompatible avec leurs fonctions et n'exercent, pendant la durée de leur mandat, aucune activité professionnelle incompatible, rémunérée ou non ». L'objectif est d'éviter non seulement les conflits d'intérêts, mais également les soupçons de tels conflits qui décrédibiliseraient indirectement l'autorité. Le RGPD laisse aux États membres le choix d'avoir un ou plusieurs membres dans leur autorité. En France, sauf quelques exceptions telles que le Défenseur des droits, les autorités indépendantes bénéficient de la collégialité. Le Conseil d'État dans son rapport annuel de 2001 avait ainsi analysé que la « collégialité a très généralement paru être un élément fort de l'indépendance. Elle est en effet de nature à satisfaire une double exigence : équilibrer l'influence des différentes instances de désignation des membres du collège et assurer une délibération collective sur des sujets sensibles ou des questions complexes, ce qui représente une garantie d'objectivité et de sérieux. » Dans son rapport de 2006 intitulé « Les autorités administratives indépendantes : évaluation d'un objet juridique non identifié », le Sénat insistait sur la nécessité pour les autorités d'adopter également des règles déontologiques qui doivent s'étendre à leur personnel (Rapp. n° 404 du 15 juin 2006).

III. INDÉPENDANCE MATÉRIELLE

A. RESSOURCES

L'attribution des ressources nécessaires à l'autorité a un impact direct sur son bon fonctionnement. Ainsi des considérations économiques et surtout politiques peuvent mettre en danger l'autorité. C'est pourquoi le G29 a alerté le Conseil par la voix de sa présidente afin que les gouvernements des États membres « consacrent suffisamment de ressources financières et humaines aux autorités de contrôle à fin de conduire leurs tâches ».

B. BUDGET ET CONTRÔLE FINANCIER

La CJUE admet que, budgétairement, l'autorité puisse dépendre d'un ministère. Toutefois, cette ligne budgétaire non autonome ne doit pas avoir pour conséquence une influence directe ou indirecte de l'État sur l'autorité (CJUE 16 oct. 2012, n° C-614/10, pt 58). Les autorités doivent également être soumises à un contrôle financier devant lui aussi être indépendant.

La loi n° 2017-55 du 20 janvier 2017 portant statut général des autorités administratives indépendantes et des autorités publiques indépendantes conduit ces autorités, dont la CNIL, à présenter au gouvernement et au parlement un rapport d'activité rendant compte de l'exercice de leurs missions et de leurs moyens qui comporte un schéma pluriannuel d'optimisation de leurs dépenses. De plus, ce texte a consacré le fait qu'« à la demande des commissions permanentes compétentes de l'Assemblée nationale et du Sénat, toute autorité administrative indépendante ou autorité publique indépendante rend compte annuellement de son activité devant elles ». Ce contrôle législatif s'explique par le fait que si « les autorités administratives et publiques indépendantes échappent, par construction, au contrôle du pouvoir exécutif, elles continuent d'exercer les missions qui leur sont confiées par le parlement sous le contrôle de la représentation nationale » (Rapport sur la L. n° 2017-55 du 20 janv. 2017). ❑

Nota : L'essentiel de la jurisprudence antérieure (sur le fondement de la Dir. 95/46/CE) conserve un intérêt pour apprécier les dispositions de l'art. 52 du RGPD.

Indépendance. L'indépendance s'entend comme « un statut qui assure à l'organe concerné la possibilité d'agir en toute liberté, à l'abri de toute instruction et de toute pression », et qui « implique un pouvoir décisionnel soustrait à toute influence extérieure à l'autorité de contrôle, qu'elle soit directe ou indirecte », y compris celle de l'État. • CJUE 9 mars 2010, *Commission c/ Allemagne,* n° C-518/07 : *AJDA 2010. 937, chron. Aubert, Broussy et Donnat ; RFDA 2011. 377, chron. Clément-Wilz, Martucci et Mayeur-Carpentier* • CJUE 16 oct. 2012, n° C-614/10 : *RTD eur. 2013. 671, obs. Benoît-Rohmer* • CJUE 8 avr. 2014, n° C-288/12 : *Rev. aff. eur. 2014, n° 2, p. 411, note Kondylis ; Europe 2014, n° 7, p. 4, note Simon*

Art. 53 *Conditions générales applicables aux membres de l'autorité de contrôle. (Rect. JOUE L 127 du 23 mai 2018)* **« 1. Les États membres prévoient que chacun des membres de leurs autorités de contrôle est nommé selon une procédure transparente par :**

« — leur parlement ;

« — leur gouvernement ;

« — leur chef d'État ; ou

« — un organisme indépendant chargé de procéder à la nomination en vertu du droit de l'État membre. »

2. Chaque membre a les qualifications, l'expérience et les compétences nécessaires, notamment dans le domaine de la protection des données à caractère personnel, pour l'exercice de ses fonctions et de ses pouvoirs.

3. Les fonctions d'un membre prennent fin à l'échéance de son mandat, en cas de démission ou de mise à la retraite d'office, conformément au droit de l'État membre concerné.

4. Un membre ne peut être démis de ses fonctions que s'il a commis une faute grave ou s'il ne remplit plus les conditions nécessaires à l'exercice de ses fonctions.

V. consid. 121.

V. L. n° 78-17 du 6 janv. 1978, art. 9 et 10.

COMMENTAIRE

Les membres des autorités de contrôle correspondent en France aux commissaires en tant que membres de la Commission, et non aux agents des services de la CNIL.

I. NOMINATION

Les membres des autorités peuvent être nommés par le pouvoir exécutif ou législatif, ou par un organisme indépendant. Le considérant 121 du RGPD précise que « leurs membres sont nommés, selon une procédure transparente, par le parlement, le gouvernement ou le chef d'État de cet État membre, sur proposition du gouvernement ou d'un membre du gouvernement, ou du parlement ou d'une chambre du parlement, ou par un organisme indépendant qui en a été chargé en vertu du droit d'un État membre ». Cette nomination « sur proposition » d'un autre pouvoir n'est pourtant pas reprise dans l'article 53 du RGPD.

Par ailleurs, le Conseil d'État a consacré, dans son rapport annuel de 2001, le fait que « la participation de parlementaires, ou de personnes désignées par l'Assemblée nationale et le Sénat, au collège d'une autorité administrative indépendante [...] symbolise le fait que le choix des personnes auxquelles va être confiée l'institution voulue comme indépendante n'est pas le monopole de l'exécutif ».

II. QUALIFICATIONS

D'un point de vue terminologique, en France, les membres des autorités se doivent d'être compétents, « notamment dans le domaine de la protection des données à caractère personnel ». Ce critère inclusif mais non limitatif est difficile à évaluer, car il leur appartient également d'être à l'abri des conflits d'intérêts (V. RGPD, art. 52).

III. IRRÉVOCABILITÉ DU MANDAT

Le mandat peut être abrégé par démission ou mise en retraite anticipée. Seule la faute grave ou un manquement dans les conditions relatives à l'exercice des fonctions peuvent justifier un limogeage.

Pour le Conseil d'État, « une règle minimale s'impose sans exception : l'irrévocabilité du mandat » (V. CE Rapp. annuel 2001). Le Conseil d'État a ainsi considéré que le fait d'atteindre « dans son corps d'origine la limite d'âge de son grade, et de cesser par là même d'appartenir à ce corps n'empêchait pas le président d'une autorité administrative indépendante de conserver ses fonctions jusqu'à l'expiration de la durée de six ans prévue par la loi » (CE 7 juill. 1989, *Ordonneau*, n° 56627).

La CJUE s'est également prononcée sur la fin de manière anticipée de l'autorité de contrôle hongroise, sans prévoir de mesures transitoires garantissant le respect de la durée de son mandat, qui ne pouvait pas être « objectivement justifiée » par le seul changement institutionnel [modification de la loi nationale relative à l'autorité de contrôle] (CJUE 8 avr. 2014, n° C-288/12). ❑

Art. 54 *Règles relatives à l'établissement de l'autorité de contrôle.* **1. Chaque État membre prévoit, par la loi, tous les éléments suivants :**

a) la création de chaque autorité de contrôle ;

b) les qualifications et les conditions d'éligibilité requises pour être nommé membre de chaque autorité de contrôle ;

c) les règles et les procédures pour la nomination du ou des membres de chaque autorité de contrôle ;

d) la durée du mandat du ou des membres de chaque autorité de contrôle, qui ne peut être inférieure à quatre ans, sauf pour le premier mandat après le 24 mai 2016, dont une partie peut être d'une durée plus courte lorsque cela est nécessaire pour protéger l'indépendance de l'autorité de contrôle au moyen d'une procédure de nominations échelonnées ;

e) le caractère renouvelable ou non du mandat du ou des membres de chaque autorité de contrôle et, si c'est le cas, le nombre de mandats ;

f) les conditions régissant les obligations du ou des membres et des agents de chaque autorité de contrôle, les interdictions d'activités, d'emplois et d'avantages incompatibles avec celles-ci, y compris après la fin de leur mandat, et les règles régissant la cessation de l'emploi.

2. Le ou les membres et les agents de chaque autorité de contrôle sont soumis, conformément au droit de l'Union ou au droit des États membres, au secret professionnel concernant toute information confidentielle dont ils ont eu connaissance dans l'exercice de leurs missions ou de leurs pouvoirs, y compris après la fin de leur mandat. Pendant la durée de leur mandat, ce secret professionnel s'applique en particulier au signalement par des personnes physiques de violations du présent règlement.

V. consid. 121.

V. L. nº 78-17 du 6 janv. 1978, art. 9 à 18.

COMMENTAIRE

L'autorité de contrôle doit être instituée par la loi nationale et donc par le Parlement. La loi doit préciser, concernant les membres :

– leurs conditions d'éligibilité,

– les règles et la procédure de leur nomination,

– leur mandat : caractère renouvelable ou non, nombre maximal de mandats. La durée du mandat, fixée à quatre ans minimum (sauf exception liée au premier mandat), a pour principal objectif de garantir la stabilité de l'autorité, et par ricochet une certaine stabilité juridique,

– les obligations de ses membres en exercice et après leur mandat (interdictions et règles de cessation de l'emploi pour préserver les membres de soupçon de conflits d'intérêts et assurer l'absence d'influence sur ces derniers). Ainsi, la loi nationale devra régler les situations d'incompatibilité qui, « à la différence des autres hypothèses susceptibles de conduire à la cessation du mandat, résultent d'une situation objective qui se constate sans porter d'appréciation sur les circonstances de fait » (V. Rapp. Sénat nº 254 du 21 déc. 2016). En France, l'article 53 de la loi nº 2017-55 du 20 janvier 2017 a dans cette situation prévu une procédure spéciale. ❑

SECTION 2 *Compétence, missions et pouvoirs*

Art. 55 *Compétence.* **1. Chaque autorité de contrôle est compétente pour exercer les missions et les pouvoirs dont elle est investie conformément au présent règlement sur le territoire de l'État membre dont elle relève.**

2. Lorsque le traitement est effectué par des autorités publiques ou des organismes privés agissant sur la base de l'article 6, paragraphe 1, points c ou e, l'autorité de contrôle de l'État membre concerné est compétente. Dans ce cas, l'article 56 n'est pas applicable.

3. Les autorités de contrôle ne sont pas compétentes pour contrôler les opérations de traitement effectuées par les juridictions dans l'exercice de leur fonction juridictionnelle.

V. consid. 122.

V. L. nº 78-17 du 6 janv. 1978, art. 8.

BIBL. ▶ JAULT-SESEKE, *D. 2020. 2043* (quelle autorité pour contrôler le respect du RGPD par Google ?). – BERTRAND, *D. actu. 30 juin 2021* (la Cour de justice, régulateur de la gouvernance institutionnelle du RGPD, obs. ss. CJUE 15 juin 2021, nº C-645/19).

COMMENTAIRE

La compétence des autorités de contrôle implique de se référer à l'article 4 du RGPD, notamment pour la définition de l'autorité de contrôle concernée, ainsi qu'à son article 3 relatif à son champ d'application territorial.

L'article 55 du RGPD garantit une compétence exclusive aux autorités de contrôle lorsque les autorités publiques ou les organismes privés mettent en œuvre un traitement nécessaire au respect d'une obligation légale ou à l'exécution d'une mission de service public. Dans cette hypothèse, aucune autorité chef de file ne pourra être désignée en cas de traitement transfrontalier, chaque autorité restera compétente. Cette restriction s'explique par la nécessaire interprétation des dispositions légales nationales qui commandent le traitement.

En outre, l'autorité de contrôle s'avère systématiquement incompétente pour les traitements effectués par les juridictions dans l'exercice de leur fonction juridictionnelle. Cette exception fait écho à celle de l'article 37 du RGPD qui dispense les juridictions de désigner un délégué à la protection des données.

Ainsi, le RGPD énonce des règles selon lesquelles l'autorité de contrôle chef de file n'est pas forcément la seule autorité compétente. L'autre autorité qui pourrait avoir à connaître d'un cas en concurrence avec une autorité chef de file se dénomme « autorité de contrôle concernée » (V. RGPD, art. 56). ❑

Art. 56 *Compétence de l'autorité de contrôle chef de file.* **1. Sans préjudice de l'article 55, l'autorité de contrôle de l'établissement principal ou de l'établissement unique du responsable du traitement ou du sous-traitant est compétente pour agir en tant qu'autorité de contrôle chef de file concernant le traitement transfrontalier effectué par ce responsable du traitement ou ce sous-traitant, conformément à la procédure prévue à l'article 60.**

2. Par dérogation au paragraphe 1, chaque autorité de contrôle est compétente pour traiter une réclamation introduite auprès d'elle ou une éventuelle violation du présent règlement, si son objet concerne uniquement un établissement dans l'État membre dont elle relève ou affecte sensiblement des personnes concernées dans cet État membre uniquement.

3. Dans les cas visés au paragraphe 2 du présent article, l'autorité de contrôle informe sans tarder l'autorité de contrôle chef de file de la question. Dans un délai de trois semaines suivant le moment où elle a été informée, l'autorité de contrôle chef de file décide si elle traitera ou non le cas conformément à la procédure prévue à l'article 60, en considérant s'il existe ou non un établissement du responsable du traitement ou du sous-traitant dans l'État membre de l'autorité de contrôle qui l'a informée.

4. Si l'autorité de contrôle chef de file décide de traiter le cas, la procédure prévue à l'article 60 s'applique. L'autorité de contrôle qui a informé l'autorité de contrôle chef de file peut lui soumettre un projet de décision. L'autorité de contrôle chef de file tient le plus grand compte de ce projet lorsqu'elle élabore le projet de décision visé à l'article 60, paragraphe 3.

5. Lorsque l'autorité de contrôle chef de file décide de ne pas traiter le cas, l'autorité de contrôle qui l'a informée le traite conformément aux articles 61 et 62.

6. L'autorité de contrôle chef de file est le seul interlocuteur du responsable du traitement ou du sous-traitant pour le traitement transfrontalier effectué par ce responsable du traitement ou ce sous-traitant.

V. consid. 124 à 131.

V. L. n° 78-17 du 6 janv. 1978, art. 27 et 28.

V. CEPD, Lignes directrices 06/2022 du 12 mai 2022 sur la mise en œuvre pratique des règlements à l'amiable (https://edpb.europa.eu/)

BIBL. ▸ BOUVERESSE, *RTD eur. 2020. 706* (autorité chef de file : une résurgence des débats liés au siège réel et/ou statutaire ?, obs. ss. CE 19 juin 2020, n° 430810). – JAULT-SESEKE, *D. 2020. 2043* (quelle autorité pour contrôler le respect du RGPD par Google ?). – BERTRAND, *D. actu. 30 juin 2021* (la Cour de justice, régulateur de la gouvernance institutionnelle du RGPD, obs. ss. CJUE 15 juin 2021, n° C-645/19).

COMMENTAIRE

Dans son paragraphe 6, l'article 56 du RGPD dévoile l'utilité de l'autorité de contrôle chef de file : être le seul interlocuteur du responsable du traitement ou du sous-traitant. Si cette désignation n'a pas de conséquences directes pour les personnes concernées, qui peuvent s'adresser à leur autorité nationale, elle simplifie grandement les démarches du responsable du traitement ou du sous-traitant. La désignation de l'autorité chef de file leur permet notamment de dépendre d'une seule autorité de contrôle en ce qui concerne la soumission des analyses d'impact, les notifications des violations et, le cas échéant, de désigner un seul délégué à la protection des données. Ce dispositif a déjà été testé par les autorités de contrôle lors de la gestion des soumissions des règles d'entreprise contraignantes (BCR). L'autorité de contrôle de la maison-mère (le plus souvent) servait d'interlocuteur privilégié et de coordinateur de l'examen des BCR par les autres autorités européennes.

Toutefois, la désignation d'une autorité de contrôle chef de file dans le cadre du RGPD s'avère assez complexe et se doit d'être analysée à la lumière des lignes directrices du G29 du 5 avril 2017 concernant la désignation d'une autorité de contrôle chef de file d'un responsable du traitement ou d'un sous-traitant (V. WP 244, App., v° *Comité européen de la protection des données*).

I. LA DÉSIGNATION DE L'AUTORITÉ CHEF DE CONTRÔLE DE FILE

A. CONDITIONS

L'article 56 consacre le guichet unique en instaurant une autorité de contrôle chef de file lorsque deux conditions cumulatives sont réunies.

1. LE TRAITEMENT CONCERNÉ DOIT ÊTRE TRANSFRONTALIER

Selon la définition de l'article 4 du RGPD, un traitement transfrontalier est un traitement qui « a lieu dans l'Union dans le cadre des activités d'établissements dans plusieurs États membres d'un responsable du traitement ou d'un sous-traitant ».

Tel peut être le cas d'un traitement de ressources humaines mis en place par une société mère et utilisé par ses filiales. Il peut également s'agir d'un traitement qui affecte sensiblement ou est susceptible d'affecter sensiblement des personnes concernées dans plusieurs États membres. Pour déterminer si des personnes peuvent être affectées sensiblement, il conviendra d'analyser le contexte du traitement, sa finalité, les données traitées et son impact sur les personnes. Il en sera ainsi, par exemple, lors du déploiement d'un site internet d'e-commerce dont le traitement peut être défini et mis en œuvre depuis un État membre tout en étant destiné à des personnes résidant dans d'autres États membres.

2. LE RESPONSABLE DE TRAITEMENT OU LE SOUS-TRAITANT DOIVENT POSSÉDER UN ÉTABLISSEMENT PRINCIPAL OU UN ÉTABLISSEMENT UNIQUE DANS L'UNION EUROPÉENNE

Les critères de désignation de l'autorité de contrôle chef de file sont légèrement différents pour le responsable du traitement et le sous-traitant.

a. Si le responsable du traitement est établi dans plusieurs États membres

Il convient de se référer à la définition de l'établissement principal donnée par l'article 4, point 16.

Par principe, l'établissement principal du responsable du traitement devrait être le lieu de l'administration centrale. Le G29 considère que ce dernier sera présumé pour les groupes de sociétés au fonctionnement centralisé lorsque le siège, situé dans un État membre, décide des traitements pour l'ensemble du groupe (V. WP 244, *préc.*).

Toutefois il ne s'agit que d'une présomption simple que le responsable du traitement doit confronter à la réalité. En effet, si les décisions relatives aux finalités et aux moyens des traitements sont prises dans un autre établissement, celui-ci sera considéré comme l'établissement principal. La CNIL a pu relever une absence d'établissement principal « dès lors qu'il n'est pas établi qu'elle dispose d'un pouvoir décisionnel quant aux traitements », objets du litige (Délib. n° SAN-2019-001 du 21 janv. 2019).

Des « critères objectifs » doivent permettre de déduire « l'exercice effectif et réel d'activités de gestion » (V. RGPD, consid. 36). Le G29 suggère de s'interroger notamment sur l'endroit où s'exerce le pouvoir de décision *in fine* et sur celui d'implémentation de ces décisions (V. WP 244, *préc.*). Le lieu où est réalisé le traitement n'a pas d'influence sur ce critère, à moins qu'il ne soit également un établissement de décision. « La présence et l'utilisation de moyens techniques et de technologies de traitement de données à caractère personnel ou d'activités de traitement ne constituent pas, en elles-mêmes, un établissement principal et ne sont, dès lors, pas des critères déterminants pour un établissement principal » (V. RGPD, consid. 36). Par conséquent, si le groupe fonctionne de manière décentralisée ou avec des sièges décisionnels différents selon les activités, l'établissement principal sera cette société et non le siège du groupe. La complexité réside dans le fait que le RGPD raisonne par traitement transfrontalier, et non sur l'ensemble des opérations d'un groupe de sociétés et de son organisation.

En pratique, certains groupes partiellement décentralisés appliquant littéralement le RGPD pourraient disposer de plusieurs établissements principaux selon la nature des traitements. Par exemple, certains traitements tels que les ressources humaines pourraient être déterminés dans un pays de l'Union européenne, tandis que d'autres traitements comme ceux relevant du marketing pourraient être définis dans un autre pays. Dans ce cas, deux établissements principaux pourraient coexister selon les traitements dans un même groupe.

b. Si le sous-traitant est établi dans plusieurs États membres

L'établissement principal sera le lieu de son administration centrale (V. *supra*).

En l'absence d'administration centrale, il s'agira de l'établissement où se déroule l'essentiel de ses activités. Pour le sous-traitant, il ne s'agit pas d'une dérogation mais bien de choisir un autre établissement si aucune administration centrale n'existe dans l'Union européenne (ce qui pourra être le cas quand le siège du sous-traitant se trouve hors de l'Union). Dans cette hypothèse, il n'y aura pas d'analyse *in concreto* traitement par traitement, mais un établissement principal basé à l'endroit où se déroule « l'essentiel de ses activités » de sous-traitance (RGPD, art. 4, 16). En cas d'activités de traitements réparties sur plusieurs États membres, il lui appartiendra d'arbitrer si l'un de ces lieux peut être considéré comme réalisant l'essentiel de ses activités. En cas de réponse négative, aucun établissement principal ne pourra être envisagé. Le régime commun s'appliquera et chaque autorité concernée sera responsable des traitements relevant de son champ de compétence.

c. Le guichet unique ne s'applique qu'aux entités dont un établissement principal est situé dans l'Union

Pour les groupes dont le siège ne se situerait pas dans l'Union européenne et n'ayant aucune entité dans l'Union avec un pouvoir décisionnel sur les autres entités européennes, aucune autorité de contrôle chef de file ne pourra être désignée. Chaque entité sera donc soumise à l'autorité de contrôle du pays dans lequel elle est installée, sauf si les décisions relatives aux finalités et aux moyens de certains traitements sont prises dans un autre établissement situé dans l'Union. Pour ces traitements, cet établissement pourra être considéré comme un établissement principal.

Il en va de même si aucun établissement ne se trouve dans l'Union et qu'un représentant dans l'Union a été désigné (V. RGPD, art. 27). Dans cette hypothèse, sera compétente l'autorité de contrôle de chaque pays qui aurait à connaître du traitement.

C'est ce qu'a explicitement jugé le Conseil d'État dans une affaire opposant la CNIL à la société Google LLC, en considérant que, lorsqu'un responsable de traitement implanté en dehors de l'Union européenne « met en œuvre un traitement transfrontalier sur le territoire de l'Union, mais qu'il n'y dispose ni d'administration centrale, ni d'établissement doté d'un pouvoir décisionnel quant à ses finalités et à ses moyens, le mécanisme de l'autorité chef de file prévu à l'article 56 du RGPD ne peut être mis en œuvre ». Pour retenir ou non la qualification d'établissement principal, le lieu du siège réel est en principe regardé comme l'établissement principal, sauf si un autre établissement est compétent pour décider des finalités et moyens du traitement pour les pays de l'Union concernés. Le Conseil d'État examine les pouvoirs effectivement exercés par les entités situées en Europe (CE 19 juin 2020, n° 430810 A).

B. CAS PARTICULIER DES RESPONSABLES CONJOINTS DU TRAITEMENT

Cette situation n'est pas précisée dans le RGPD. Le G29 indique que « les responsables conjoints du traitement doivent désigner celui de leurs établissements (parmi ceux dans lesquels les décisions sont prises) qui aura le pouvoir de faire appliquer les décisions concernant le traitement à l'égard de l'ensemble des responsables conjoints du traitement » (V. WP 244, *préc.*).

C. RESPONSABILITÉ DE LA DÉSIGNATION

Dans les situations dans lesquelles il est difficile, voire impossible, de déterminer une autorité de contrôle chef de file, il convient de se rappeler qu'il n'y a pas d'obligation de la désigner. Ce choix pouvant être remis en cause par cette autorité (ou par d'autres autorités qui contesteraient cette analyse), les organismes devront veiller à ne pas la qualifier trop légèrement. En effet, selon le G29, la « charge de la preuve incombe en dernier ressort aux responsables du traitement et aux sous-traitants, qui doivent fournir aux autorités de contrôle concernées la preuve du lieu où les décisions relatives au traitement de données sont prises et du lieu où réside le pouvoir de faire appliquer ces décisions » (V. avis WP 244, *préc.*).

D. AUTORITÉS DE CONTRÔLE CHEFS DE FILE DU RESPONSABLE DU TRAITEMENT ET DU SOUS-TRAITANT DIFFÉRENTES

Si le responsable du traitement et son sous-traitant n'ont pas la même autorité chef de file, « l'autorité de contrôle de l'État membre dans lequel le responsable du traitement a son établissement principal devrait rester l'autorité de contrôle chef de file compétente, mais l'autorité de contrôle du sous-traitant devrait être considérée comme étant une autorité de contrôle concernée et cette autorité de contrôle devrait participer à la procédure de coopération prévue par le présent règlement » (V. RGPD, consid. 36).

En pratique, si une analyse d'impact s'avère nécessaire, elle sera soumise à l'autorité de contrôle chef de file du responsable du traitement, et non à celle du sous-traitant. De même, en cas de violation de données, la notification de cette violation se fera auprès de l'autorité de contrôle chef de file du responsable du traitement. Si la violation est liée aux activités du sous-traitant, l'autorité de contrôle chef de file de ce dernier pourra, par exemple, participer aux contrôles (V. première décision de sanction de la CNIL en tant qu'autorité de chef de file du 28 juill. 2020, n° SAN-2020-003 : *Dalloz IP/IT 2021. 50, note Douville*).

II. L'AUTORITÉ CONCERNÉE, EXCEPTION À L'AUTORITÉ DE CONTRÔLE CHEF DE FILE

Les personnes concernées ne sont pas soumises à l'autorité chef de file, qui n'est qu'une mesure de convenance pour le responsable du traitement ou le sous-traitant. Elles peuvent donc soumettre leurs réclamations à leur autorité nationale appelée « autorité concernée ». Cette dernière peut aussi traiter, par exemple, des violations de données.

A. CRITÈRES

Une autorité de contrôle s'avère concernée (V. RGPD, art. 4, 22) quand :

– le responsable du traitement ou un sous-traitant est établi sur son territoire. Le considérant 127 précise que l'autorité doit rester compétente d'un traitement qui relève d'un « cas de portée locale », c'est-à-dire qu'il ne concerne que l'établissement de l'État membre, et non l'ensemble des établissements de l'Union. Il peut, par exemple, s'agir d'employés dans le contexte des relations de travail propre à son État membre ;

– des personnes concernées résidant dans son État sont « sensiblement affectées par le traitement ou susceptibles de l'être » ;

– une réclamation a été introduite auprès de cette autorité. Le considérant 127 du RGPD ajoute que la réclamation peut provenir d'une personne ne « résidant pas dans cet État ». Toutefois, l'objet de la réclamation doit concerner « uniquement un établissement dans l'État membre dont elle relève ou affecter sensiblement des personnes concernées dans cet État membre uniquement » (V. RGPD, art. 56, 2) ;

– un traitement relève d'un « cas de portée locale », c'est-à-dire qu'il ne concerne que l'établissement de l'État membre, et non l'ensemble des établissements de l'Union. Il s'agira d'un traité mis en œuvre localement ; par exemple concernant des employés dans le contexte des relations de travail propre à cet État membre (V. RGPD, consid. 127).

L'autorité concernée doit informer « sans tarder » l'autorité de contrôle chef de file.

B. PROCÉDURE EN CAS D'AUTORITÉ CONCERNÉE

L'autorité de contrôle chef de file a trois semaines pour décider si elle traitera ou non le cas en tenant compte de l'existence ou non d'un établissement sur le territoire de l'État membre de l'autorité concernée, « afin d'assurer l'exécution effective d'une décision à l'égard du responsable du traitement ou du sous-traitant » (V. RGPD, consid. 127).

Dès lors, deux scénarios se profilent :

– la gestion du cas par l'autorité de contrôle chef de file en vertu de la procédure de coopération (V. RGPD, art. 60). L'autorité concernée peut transmettre un projet de décision à l'autorité de contrôle chef de file qui devra en tenir « le plus grand compte » ;

– la gestion du cas par l'autorité concernée en vertu de la procédure d'assistance mutuelle (V. RGPD, art. 61) et d'opérations conjointes (V. RGPD, art. 62).

C. REJET DE LA RÉCLAMATION

Lorsqu'il est décidé de rejeter, en tout ou en partie, la réclamation introduite par la personne concernée, cette décision devra être adoptée par l'autorité de contrôle auprès de laquelle la réclamation a été introduite (V. RGPD, consid. 125). Cette précision est d'autant plus importante lorsque la personne concernée ne parle pas la même langue que celle de l'autorité de contrôle chef de file. ❑

Applicabilité. N'a pas commis d'erreur d'appréciation la formation restreinte de la CNIL en considérant que sa compétence excluait l'application du mécanisme dit du « guichet unique » dès lors qu'elle visait à assurer le respect des seules obligations résultant de l'art. 82 de la L. du 6 janv. 1978 transposant les exigences du § 3 de l'art. 5 de la Dir. 2002/58/CE. • CE 28 janv. 2022, *Google*, n° 449209 : *Dalloz IP/IT 2022. 337, obs. Douville* ; *RTD com. 2022. 295, obs. Netter*.

Art. 57 *Missions.* 1. Sans préjudice des autres missions prévues au titre du présent règlement, chaque autorité de contrôle, sur son territoire :

a) contrôle l'application du présent règlement et veille au respect de celui-ci ;

b) favorise la sensibilisation du public et sa compréhension des risques, des règles, des garanties et des droits relatifs au traitement. Les activités destinées spécifiquement aux enfants font l'objet d'une attention particulière ;

c) conseille, conformément au droit de l'État membre, le parlement national, le gouvernement et d'autres institutions et organismes au sujet des mesures législatives et administratives relatives à la protection des droits et libertés des personnes physiques à l'égard du traitement ;

d) encourage la sensibilisation des responsables du traitement et des sous-traitants en ce qui concerne les obligations qui leur incombent en vertu du présent règlement ;

e) fournit, sur demande, à toute personne concernée des informations sur l'exercice des droits que lui confère le présent règlement et, si nécessaire, coopère, à cette fin, avec les autorités de contrôle d'autres États membres ;

f) traite les réclamations introduites par une personne concernée ou par un organisme, une organisation ou une association, conformément à l'article 80, examine l'objet de la réclamation, dans la mesure nécessaire, et informe l'auteur de la réclamation de l'état d'avancement et de l'issue de l'enquête dans un délai raisonnable, notamment si un complément d'enquête ou une coordination avec une autre autorité de contrôle est nécessaire ;

g) coopère avec d'autres autorités de contrôle, y compris en partageant des informations, et fournit une assistance mutuelle dans ce cadre en vue d'assurer une application cohérente du présent règlement et des mesures prises pour en assurer le respect ;

h) effectue des enquêtes sur l'application du présent règlement, y compris sur la base d'informations reçues d'une autre autorité de contrôle ou d'une autre autorité publique ;

i) suit les évolutions pertinentes, dans la mesure où elles ont une incidence sur la protection des données à caractère personnel, notamment dans le domaine des technologies de l'information et de la communication et des pratiques commerciales ;

j) adopte les clauses contractuelles types visées à l'article 28, paragraphe 8, et à l'article 46, paragraphe 2, point d) ;

k) établit et tient à jour une liste en lien avec l'obligation d'effectuer une analyse d'impact relative à la protection des données en application de l'article 35, paragraphe 4 ;

l) fournit des conseils sur les opérations de traitement visées à l'article 36, paragraphe 2 ;

m) encourage l'élaboration de codes de conduite en application de l'article 40, paragraphe 1, rend un avis et approuve les codes de conduite qui fournissent des garanties suffisantes, en application de l'article 40, paragraphe 5 ;

n) encourage la mise en place de mécanismes de certification ainsi que de labels et de marques en matière de protection des données en application de l'article 42, paragraphe 1, et approuve les critères de certification en application de l'article 42, paragraphe 5 ;

o) procède, le cas échéant, à l'examen périodique des certifications délivrées conformément à l'article 42, paragraphe 7 ;

(Rect. JOUE L 127 du 23 mai 2018) « p) rédige et publie les exigences relatives à l'agrément d'un organisme chargé du suivi des codes de conduite en application de l'article 41 et d'un organisme de certification en application de l'article 43 ; »

q) procède à l'agrément d'un organisme chargé du suivi des codes de conduite en application de l'article 41 et d'un organisme de certification en application de l'article 43 ;

r) autorise les clauses contractuelles et les dispositions visées à l'article 46, paragraphe 3 ;

s) approuve les règles d'entreprise contraignantes en application de l'article 47 ;

t) contribue aux activités du comité ;

u) tient des registres internes des violations au présent règlement et des mesures prises conformément à l'article 58, paragraphe 2 ; et

v) s'acquitte de toute autre mission relative à la protection des données à caractère personnel.

2. Chaque autorité de contrôle facilite l'introduction des réclamations visées au paragraphe 1, point f), par des mesures telles que la fourniture d'un formulaire de réclamation qui peut aussi être rempli par voie électronique, sans que d'autres moyens de communication ne soient exclus.

3. L'accomplissement des missions de chaque autorité de contrôle est gratuit pour la personne concernée et, le cas échéant, pour le délégué à la protection des données.

4. Lorsque les demandes sont manifestement infondées ou excessives, en raison, notamment, de leur caractère répétitif, l'autorité de contrôle peut exiger le paiement de frais raisonnables basés sur les coûts administratifs ou refuser de donner suite à la demande. Il incombe à l'autorité de contrôle de démontrer le caractère manifestement infondé ou excessif de la demande.

V. consid. 129 à 131.

V. L. n° 78-17 du 6 janv. 1978, art. 8.

COMMENTAIRE

L'autorité de contrôle est considérée tant comme l'autorité en charge de la répression que l'experte nationale en matière de protection des données, ce qui justifie sa mission de veille sur les « évolutions pertinentes [...] notamment dans le domaine des technologies de l'information et de la communication et des pratiques commerciales » (V. RGPD, art. 57, 1, i).

Les autres grandes missions des autorités de contrôle sont :

I. LA SENSIBILISATION ET LE CONSEIL

A. LA SENSIBILISATION DU GRAND PUBLIC ET DES PROFESSIONNELS (ART. 57, 1, B ET D)

Les autorités de contrôle ont un rôle de pédagogie à exercer tant auprès du grand public que des responsables du traitement et des sous-traitants, y compris les micro, petites et moyennes entreprises (V. RGPD, consid. 132).

Depuis de nombreuses années, la CNIL comme ses homologues consacrent des sections de leur site internet aux organisations et aux particuliers, proposent des guides de bonnes pratiques, ou encore font participer leurs agents et leurs commissaires à des conférences.

Au niveau européen, cette volonté s'est manifestée dès l'adoption de la directive du 24 octobre 1995 par les avis du G29. Puis lors de l'adoption du RGPD, ce groupe a organisé plusieurs consultations pour adapter ses recommandations aux préoccupations et aux besoins des organismes, notamment sous forme de « fab lab » (échanges organisés sur un temps court entre des représentants des autorités de contrôle, de la société civile et des organisations syndicales).

Les avis du G29 ont été officiellement repris par le comité européen de la protection des données dès l'entrée en vigueur du RGPD (CEPD, *endorsement* 1/2018 du 25 mai 2018 : https://edpb.europa.eu).

Concernant le grand public, l'article 57, 1, b, met notamment l'accent sur les activités pédagogiques à destination des enfants. Cet ajout fait écho à d'autres dispositions des traitements visant les enfants (V. RGPD, art. 6, f, et 8). Si cette précision est nouvelle, l'éducation numérique est depuis longtemps au cœur des activités des autorités de contrôle, et particulièrement de la CNIL.

B. LE CONSEIL DU PARLEMENT NATIONAL, DU GOUVERNEMENT ET DES INSTITUTIONS (ART. 57, 1, C)

La mission d'expertise des autorités de contrôle se retrouve dans une fonction de conseil auprès des institutions concernant toutes mesures législatives ou administratives relatives à la protection des données.

En France, la loi n° 78-17 du 6 janvier 2018 est allée plus loin en élargissant le champ de consultation de la CNIL à « tout projet de loi ou de décret ou toute disposition de projet de loi ou de décret relatifs à la protection des données à caractère personnel ou au traitement de telles données » (V. L. n° 78-17 du 6 janv. 1978, art. 8-I). Ainsi sont concernés tous les textes relatifs au traitement des données et non plus seulement ceux relatifs à la protection des données.

II. L'AIDE À LA CONFORMITÉ

L'autorité de contrôle doit accompagner les organismes dans leur mise en conformité. Cet accompagnement prend ainsi la forme de mesures-cadres telles que l'adoption de clauses contractuelles types soit dans un contrat simple entre le sous-traitant et le responsable du traitement, soit dans l'encadrement des transferts (V. RGPD, art. 57, 1, j). Ces mesures sont soumises à la procédure de cohérence limitant les possibilités des autorités (V. RGPD, art. 63).

La CNIL propose déjà dans son guide sur la sécurité des données personnelles un modèle de clause entre le responsable du traitement et son sous-traitant qui n'a qu'une valeur indicative.

La CNIL propose des cadres de conformité divers aux responsables de traitement tels que des recommandations, des autorisations uniques, des référentiels, et ce conformément aux disposition de la loi n° 78-17 du 6 janvier 1978 modifiée. Ces différentes mesures composent un « droit souple ».

Le recours à des outils de « droit souple » empêche toutefois la CNIL de recourir à des interdictions générales et absolues (CE 19 juin 2020, *Lignes directrices de la CNIL relatives aux cookies et autres traceurs de connexion*, n° 434684 : V. note 5 ss. L. n° 78-17 du 6 janv. 1978, art. 8).

L'autorité de contrôle élabore également la liste des traitements soumis à l'analyse d'impact (V. RGPD, art. 57, 1, k). Elle sert, par ailleurs, de point de contact. Elle est l'autorité auprès de laquelle doivent être soumises, le cas échéant, les analyses d'impact (V. RGPD, art. 57, 1, l), celle qui autorisera les clauses contractuelles *ad hoc* dans le cadre des transferts ou les règles d'entreprise contraignantes (BCR ; V. RGPD, art. 57, 1, r et s).

Enfin, chaque autorité doit encourager et approuver les codes de conduite (V. RGPD, art. 57, 1, m) et les mécanismes de certification (V. RGPD, art. 57, 1, n), assurer leur examen périodique (V. RGPD, art. 57, 1, o), rédiger et publier les critères d'agrément des organismes chargés du suivi des codes de conduite (V. RGPD, art. 57, 1, p), et procéder à l'agrément (V. RGPD, art. 57, 1, q), le cas échéant en se soumettant à la procédure de cohérence (V. RGPD, chap. VII).

III. LE CONTRÔLE DE L'APPLICATION DU RGPD

A. L'AIDE AUX PERSONNES

1. L'INFORMATION DES PERSONNES SOUHAITANT EXERCER LEURS DROITS (ART. 57, 1, E)

Les autorités de contrôle doivent assister les personnes concernées pour l'exercice de leurs droits, y compris en coopérant avec d'autres autorités européennes.

2. L'INSTRUCTION DES RÉCLAMATIONS (ART. 57, 1, A, ET 57, 2 ET 3)

L'autorité de contrôle se doit de traiter les réclamations des personnes concernées (V. RGPD, art. 57, 1, f). Il est précisé que l'autorité doit informer son auteur de l'état d'avancement de sa réclamation et de l'issue de celle-ci dans un délai raisonnable.

En France, le Conseil d'État a d'ores et déjà considéré que « la complète information de son auteur [de la plainte] comprend nécessairement, y compris lorsque la sanction a été rendue publique, la communication de la nature des manquements retenus et de la teneur de la sanction prononcée, sous la réserve des secrets protégés par la loi » (CE 19 juin 2017, n° 398442 : *Dalloz IP/IT 2018. 63, obs. Perray et Uzan-Naulin*).

Les réclamations doivent être facilitées (V. RGPD, art. 57, 2). Cela peut impliquer le recours à des formulaires électroniques qui ne doivent toutefois pas être les seuls moyens de contact.

La gratuité des demandes des personnes concernées auprès de l'autorité relève de la facilitation des échanges entre elles et l'autorité (V. RGPD, art. 57, 3). Cette gratuité quant à l'accomplissement des missions peut bénéficier au délégué à la protection des données. Cette possibilité est laissée à l'appréciation de chaque État membre, ce qui n'est pas surprenant au regard de l'expérience de la directive 95/46/CE : certaines autorités se faisaient rémunérer par les organismes qui leur déclaraient leurs traitements conformément à leurs obligations légales.

Toutefois, pour des demandes « manifestement infondées ou excessives », des frais raisonnables peuvent être requis par l'autorité, qui peut même refuser de faire suite. L'autorité est dans l'obligation d'apprécier cette situation qui pourra être soumise *in fine* au juge. Cette disposition pour les autorités de contrôle fait écho à celle de l'article 12, 5, du RGPD concernant les demandes abusives adressées au responsable du traitement.

B. L'ENQUÊTE (ART. 57, 1, H)

L'autorité de contrôle doit enquêter sur l'application du RGPD. Les origines de ces enquêtes sont libres. Elles peuvent résulter d'une situation dévoilée dans les médias, de plaintes, mais également d'informations transmises par une autre autorité de contrôle européenne ou une autre autorité publique. En France, la CNIL peut ainsi recevoir des constatations d'infractions par la DGCCRF (C. consom., art. L. 511-9).

C. LES REGISTRES DES VIOLATIONS ET DES MESURES CORRECTRICES (RGPD, ART. 57, 1, U)

L'autorité de contrôle doit tenir des registres internes, et donc non publics, des violations ainsi que des mesures correctrices qu'elle serait amenée à prendre. En pratique, elle devra conserver les notifications de violations de données, les décisions de mises en demeure, de clôture et de sanctions.

IV. LA COOPÉRATION EUROPÉENNE

Les autorités sont tenues par une obligation d'assistance mutuelle afin de garantir l'effectivité et la cohérence du règlement (V. RGPD, art. 57, 1, g). Cette assistance mutuelle se traduit notamment par l'échange d'informations, particulièrement important en cas de traitement transfrontalier, qui existait déjà dans la directive du 24 octobre 1995 (V. RGPD, art. 28, 6). Il est également rappelé l'obligation de contribuer aux activités du comité (V. RGPD, art. 57, 1, t). Dans la pratique du G29, force est de constater que certaines autorités, en raison de leur taille et de leur engagement, ont plus contribué que d'autres à ces travaux au détriment de la diversité d'opinions souhaitée. ❑

Art. 58 *Pouvoirs.* **1. Chaque autorité de contrôle dispose de tous les pouvoirs d'enquête suivants :**

a) ordonner au responsable du traitement et au sous-traitant, et, le cas échéant, au représentant du responsable du traitement ou du sous-traitant, de lui communiquer toute information dont elle a besoin pour l'accomplissement de ses missions ;

b) mener des enquêtes sous la forme d'audits sur la protection des données ;

c) procéder à un examen des certifications délivrées en application de l'article 42, paragraphe 7 ;

d) notifier au responsable du traitement ou au sous-traitant une violation alléguée du présent règlement ;

e) obtenir du responsable du traitement et du sous-traitant l'accès à toutes les données à caractère personnel et à toutes les informations nécessaires à l'accomplissement de ses missions ;

f) obtenir l'accès à tous les locaux du responsable du traitement et du sous-traitant, notamment à toute installation et à tout moyen de traitement, conformément au droit de l'Union ou au droit procédural des États membres.

2. Chaque autorité de contrôle dispose du pouvoir d'adopter toutes les mesures correctrices suivantes :

a) avertir un responsable du traitement ou un sous-traitant du fait que les opérations de traitement envisagées sont susceptibles de violer les dispositions du présent règlement ;

b) rappeler à l'ordre un responsable du traitement ou un sous-traitant lorsque les opérations de traitement ont entraîné une violation des dispositions du présent règlement ;

c) ordonner au responsable du traitement ou au sous-traitant de satisfaire aux demandes présentées par la personne concernée en vue d'exercer ses droits en application du présent règlement ;

d) ordonner au responsable du traitement ou au sous-traitant de mettre les opérations de traitement en conformité avec les dispositions du présent règlement, le cas échéant, de manière spécifique et dans un délai déterminé ;

e) ordonner au responsable du traitement de communiquer à la personne concernée une violation de données à caractère personnel ;

f) imposer une limitation temporaire ou définitive, y compris une interdiction, du traitement ;

g) ordonner la rectification ou l'effacement de données à caractère personnel ou la limitation du traitement en application des articles 16, 17 et 18 et la notification

de ces mesures aux destinataires auxquels les données à caractère personnel ont été divulguées en application de l'article 17, paragraphe 2, et de l'article 19 ;

h) retirer une certification ou ordonner à l'organisme de certification de retirer une certification délivrée en application des articles 42 et 43, ou ordonner à l'organisme de certification de ne pas délivrer de certification si les exigences applicables à la certification ne sont pas ou plus satisfaites ;

i) imposer une amende administrative en application de l'article 83, en complément ou à la place des mesures visées au présent paragraphe, en fonction des caractéristiques propres à chaque cas ;

j) ordonner la suspension des flux de données adressés à un destinataire situé dans un pays tiers ou à une organisation internationale.

3. Chaque autorité de contrôle dispose de tous les pouvoirs d'autorisation et de tous les pouvoirs consultatifs suivants :

a) conseiller le responsable du traitement conformément à la procédure de consultation préalable visée à l'article 36 ;

b) émettre, de sa propre initiative ou sur demande, des avis à l'attention du parlement national, du gouvernement de l'État membre ou, conformément au droit de l'État membre, d'autres institutions et organismes ainsi que du public, sur toute question relative à la protection des données à caractère personnel ;

c) autoriser le traitement visé à l'article 36, paragraphe 5, si le droit de l'État membre exige une telle autorisation préalable ;

d) rendre un avis sur les projets de codes de conduite et les approuver en application de l'article 40, paragraphe 5 ;

e) agréer des organismes de certification en application de l'article 43 ;

f) délivrer des certifications et approuver des critères de certification conformément à l'article 42, paragraphe 5 ;

g) adopter les clauses types de protection des données visées à l'article 28, paragraphe 8, et à l'article 46, paragraphe 2, point d) ;

h) autoriser les clauses contractuelles visées à l'article 46, paragraphe 3, point a) ;

i) autoriser les arrangements administratifs visés à l'article 46, paragraphe 3, point b) ;

j) approuver les règles d'entreprise contraignantes en application de l'article 47.

4. L'exercice des pouvoirs conférés à l'autorité de contrôle en application du présent article est subordonné à des garanties appropriées, y compris le droit à un recours juridictionnel effectif et à une procédure régulière, prévues par le droit de l'Union et le droit des États membres conformément à la Charte.

5. Chaque État membre prévoit, par la loi, que son autorité de contrôle a le pouvoir de porter toute violation du présent règlement à l'attention des autorités judiciaires et, le cas échéant, d'ester en justice d'une manière ou d'une autre, en vue de faire appliquer les dispositions du présent règlement.

6. Chaque État membre peut prévoir, par la loi, que son autorité de contrôle dispose de pouvoirs additionnels à ceux visés aux paragraphes 1, 2 et 3. L'exercice de ces pouvoirs n'entrave pas le bon fonctionnement du chapitre VII.

V. consid. 129.

V. L. n° 78-17 du 6 janv. 1978, art. 19 à 22.

COMMENTAIRE

L'autorité devrait pouvoir exercer l'ensemble de ses pouvoirs tels que listés dans l'article 58 du RGPD dès lors qu'aucune autre autorité n'est identifiée comme chef de file (V. Délib. n° SAN-2019-001 du 21 janv. 2019 : « En l'absence d'établissement principal permettant l'identification d'une autorité chef de file, la CNIL [est] compétente pour engager cette procédure et pour exercer l'ensemble de ses pouvoirs au titre de l'article 58 du RGPD »).

I. POUVOIRS

On peut les classer en trois grandes catégories.

A. POUVOIRS D'ENQUÊTE

Les autorités de contrôle disposent de pouvoirs d'enquête se traduisant par l'accès à tous les locaux ainsi qu'à toutes les données et à la communication de toute information. Ce dernier point doit être nuancé par des dispositions spécifiques telles que le secret défense ou le secret professionnel (V. RGPD, art. 90).

Le RGPD renvoie au droit de l'Union ou au droit procédural de l'État membre en ce qui concerne l'accès des locaux. En France, l'autorité réalisant des contrôles sur place devra se conformer à la procédure décrite dans la loi, notamment le droit d'opposition (V. CE 6 nov. 2009, n° 304300 : *V. note 1 ss. L. n° 78-17 du 6 janv. 1978, art. 19*) et son corollaire, le délit d'entrave.

Ces pouvoirs d'enquête prennent la forme d'audit des traitements et d'examen des certifications délivrées. Tant les documents génériques (par ex. : les procédures, les notes d'information, les contrats) que les traitements eux-mêmes peuvent être examinés par les contrôleurs.

B. POUVOIRS DE PRENDRE DES MESURES CORRECTRICES

Le RGPD appelle « mesures correctrices » toutes mesures de mise en conformité du traitement ou mesures punitives. Il ne s'agit pas inévitablement de « sanctions » au sens de la loi n° 78-17 du 6 janvier 1978 modifiée en 2004. Ainsi, est une mesure correctrice le fait d'ordonner la mise en conformité du traitement. Or sous la loi de 1978, la mise en demeure n'était pas considéré comme une sanction, y compris lorsqu'elle était rendue publique par décision du bureau, et avant toute procédure contradictoire. Cette position a été confirmée par le Conseil constitutionnel lors de l'examen de la nouvelle loi Informatique et libertés (L. n° 2018-493 du 20 juin 2018, « LIL III », *JO 21 juin*) : « Si cette mise en demeure peut être rendue publique, à la demande du président et sur décision du bureau de la commission, cette publicité ne lui confère pas, en l'espèce, la nature d'une sanction ayant le caractère d'une punition » (V. Cons. const. n° 2018-765 DC du 12 juin 2018.

En outre, il est fait une distinction terminologique entre un avertissement pour des traitements « envisagés » qui sont « susceptibles » d'enfreindre le RGPD et un rappel à l'ordre lorsque les traitements ont effectivement enfreint ce dernier. L'avertissement a donc pour objet de prévenir la violation, tandis que le rappel à l'ordre la constate. Or, pour la loi « Informatique et libertés » modifiée en 2004, l'avertissement est prononcée à l'encontre d'une violation déjà réalisée. Il faudra donc être vigilant à la terminologie en fonction de la loi applicable. On relèvera également que le Conseil constitutionnel a précisé dans le cadre de l'examen de la « LIL III » que « cet avertissement est adressé, à titre préventif, à son destinataire avant même la commission d'un manquement. Il n'est donc pas une sanction ayant le caractère d'une punition ». (V. Décis. n° 2018-765 DC, *préc.*).

Les autres mesures correctrices prévues par le RGPD reprennent celles déjà connues : ordonner des corrections ou des suppressions, ordonner la communication aux personnes concernées d'une violation de données, suspendre ou interdire un traitement, notamment un flux transfrontalier, retirer une certification.

L'amende administrative dont l'augmentation significative du montant fut une des évolutions majeures apportées par ce texte peut être imposée seule ou en complément d'autres mesures (V. RGPD, art. 83).

C. POUVOIRS DE SUSPENSION

Les f) et j) du § 2 de cet article prévoit la possibilité pour l'autorité de contrôle de l'État membre de prendre des « mesures de sauvegarde ». Saisie d'une question préjudicielle en ce sens, la Cour de justice a jugé que, sauf décision d'adéquation valablement adoptée par la Commission européenne, l'autorité de contrôle compétente est tenue de suspendre ou d'interdire un transfert de données vers un pays tiers fondé sur des clauses types de protection des données adoptées par la Commission, lorsque cette autorité de contrôle considère, pour ledit transfert, que ces clauses ne sont pas ou ne peuvent pas être respectées dans ce pays tiers et que la protection des données transférées requise par le droit de l'Union ne peut pas être assurée par d'autres moyens, à défaut pour le responsable du traitement ou son sous-traitant établis dans l'Union d'avoir lui-même suspendu le transfert ou d'avoir mis fin à celui-ci. (CJUE 16 juill. 2020, *Data Protection Commissioner c/ Schrems*, n° C-311/18).

D. AUTRES POUVOIRS

Les pouvoirs consultatifs et d'autorisation reprennent les missions des autorités de contrôle, notamment sur l'application du chapitre V relatif aux transferts de données à caractère personnel vers des pays tiers ou à des organisations internationales.

Les États membres peuvent ajouter des pouvoirs aux autorités, mais non en retirer. Un pouvoir additionnel ne doit toutefois pas entraver la coopération entre autorités.

II. RECOURS

A. RECOURS JURIDICTIONNEL

Ces pouvoirs sont équilibrés par la garantie d'un recours juridictionnel effectif qui doit être garanti par la loi des États membres.

Le RGPD ne fait que reprendre des principes fondamentaux du droit européen et français relevant de l'État de droit. Aux termes de l'article 16 de la Déclaration de 1789 : « Toute société dans laquelle la garantie des droits n'est pas assurée, ni la séparation des pouvoirs déterminée, n'a point de Constitution ». Sont garantis par cette disposition le droit des personnes intéressées à exercer un recours juridictionnel effectif, le droit à un procès équitable, ainsi que les droits de la défense lorsque est en cause une sanction ayant le caractère d'une punition (Cons. const. 27 juill. 2006, n° 2006-540, consid. 11). Le Conseil d'État a ainsi qualifié la CNIL de « tribunal » au sens de l'article 6-1 de la Convention européenne de sauvegarde des droits de l'homme parce qu'elle pouvait prononcer des sanctions (CE, réf., 19 févr. 2008, n° 311974 : *V. note 6 ss. L. n° 78-17 du 6 janv. 1978, anc. art. 45*). Le droit au juge n'implique toutefois pas un double degré de juridiction. Les décisions de la CNIL ne sont examinées que par le Conseil d'État.

B. RECOURS AUX AUTORITÉS JUDICIAIRES

Les autorités de contrôle doivent pouvoir porter les violations du RGPD devant les autorités judiciaires. En France, certaines violations de ce texte relèvent du code pénal. Conformément à l'article 40 du code de procédure pénale, la CNIL comme ses agents ont le devoir de dénoncer toutes les infractions pénales au procureur de la République. Le RGPD prévoit également la possibilité, mais pas l'obligation, pour l'autorité de contrôle d'ester en justice. ❑

Art. 59 *Rapports d'activité.* **Chaque autorité de contrôle établit un rapport annuel sur ses activités, qui peut comprendre une liste des types de violations notifiées et des types de mesures prises conformément à l'article 58, paragraphe 2. Ces rapports sont transmis au parlement national, au gouvernement et à d'autres autorités désignées par le droit de l'État membre. Ils sont mis à la disposition du public, de la Commission et du comité.**

V. consid. 129.

V. L. n° 78-17 du 6 janv. 1978, art. 8-II.

COMMENTAIRE

Les autorités de contrôle doivent publier un rapport annuel relatant leurs activités. Le RGPD suggère, mais n'impose pas, que ce rapport comprenne une liste des types de notifications ou de mesures correctrices.

Ce rapport annuel doit être transmis au parlement et au gouvernement et mis à disposition du grand public, de la Commission européenne et du Comité européen à la protection des données.

Il s'agit de la confirmation d'une pratique déjà en vigueur, la plupart des autorités de contrôle publiant déjà un rapport annuel dans leur langue nationale. S'agissant de la mise à disposition de la Commission et surtout du Comité européen de protection de données, la question de la traduction risque de se poser. ❑

CHAPITRE VII *COOPÉRATION ET COHÉRENCE*

COMMENTAIRE

Le chapitre VII du RGPD constitue certainement la plus grande nouveauté du droit européen de la protection des données tel qu'issu du RGPD. C'est en effet dans ce chapitre qu'est défini le mécanisme par lequel les différentes autorités des pays de l'Union européenne peuvent adopter des décisions conjointes, notamment de sanction, à l'encontre de tel ou tel responsable de traitement.

Avant d'examiner ses différents articles, il convient de présenter la mécanique globale de la procédure de « mise en cohérence », qui s'apparente plutôt à une codécision entre autorités administratives indépendantes.

Le principe est simple : toute autorité d'un pays dont un résident est « visé » par un traitement de données à caractère personnel est juridiquement compétente pour en connaître. Cependant, afin d'éviter la multiplication des interlocuteurs pour les responsables de traitements applicables dans plusieurs pays de l'Union, le RGPD a prévu un mécanisme de « guichet unique », c'est-à-dire d'autorité chef de file qui sert d'interlocuteur unique au responsable d'un traitement transnational (V. RGPD, art. 56). Les autorités concernées procèdent ensuite à une instruction conjointe, avant de prendre une décision conjointe sur le traitement considéré (que cette décision soit une décision de sanction ou une décision de constat de conformité), à charge pour l'autorité chef de file de « porter » cette décision auprès du responsable de traitement.

L'intérêt d'une telle procédure est considérable. En pratique, chaque acteur potentiel de la vie d'un traitement de données a un interlocuteur unique : le responsable de traitement a pour interlocuteur unique l'autorité chef de file ; la personne dont les droits sont en cause a pour interlocuteur unique l'autorité de son pays. La coordination des deux et l'unicité décisionnelle sont assurées par les autorités.

En termes de procédure, plusieurs étapes peuvent être distinguées :

– **identification de l'établissement principal :** c'est la première étape nécessaire pour le bon fonctionnement du mécanisme de mise en cohérence. Toute entreprise (ou autre organisme) qui met en œuvre un traitement de données transnational doit déterminer un « établissement principal », c'est-à-dire une entité juridique au sein de laquelle sont prises les principales décisions quant aux finalités et aux modalités du traitement. Cela ne peut donc pas être un établissement « boîte aux lettres » mais doit correspondre à la réalité organisationnelle de l'entreprise, sous le contrôle des autorités de protection des données (V. en ce sens, sur l'absence de coopération lorsqu'aucun établissement principal ni, par suite, aucune autorité chef de file n'aont été identifiés : CNIL, délib. n° SAN-2019-001 du 21 janv. 2019) ;

– **identification de l'autorité de contrôle chef de file et des autres autorités compétentes :** dès lors qu'un traitement est transnational et qu'un établissement principal a été identifié, l'autorité chef de file est celle du pays de l'établissement principal (par exemple, si l'établissement principal se trouve en France, la CNIL sera l'autorité chef de file). Il faut alors déterminer les autres autorités compétentes, c'est-à-dire celles dont les résidents sont concernés par le traitement.

– **mise en œuvre du mécanisme de coopération :** il s'agit du cœur du dispositif d'instruction et de décision conjointes entre autorités (V. RGPD, art. 60 s., *infra*).

– **notification de la décision par l'autorité de contrôle chef de file,**

– **exercice éventuel d'un recours :** ce recours s'exerce devant les juridictions du pays de l'autorité chef de file. ❑

SECTION 1 *Coopération*

Art. 60 *Coopération entre l'autorité de contrôle chef de file et les autres autorités de contrôle concernées.* **1. L'autorité de contrôle chef de file coopère avec les autres autorités de contrôle concernées conformément au présent article en s'efforçant de parvenir à un consensus. L'autorité de contrôle chef de file et les autorités de contrôle concernées échangent toute information utile.**

2. L'autorité de contrôle chef de file peut demander à tout moment aux autres autorités de contrôle concernées de se prêter mutuellement assistance en application de l'article 61 et peut mener des opérations conjointes en application de l'article 62, en particulier pour effectuer des enquêtes ou contrôler l'application d'une mesure concernant un responsable du traitement ou un sous-traitant établi dans un autre État membre.

3. L'autorité de contrôle chef de file communique, sans tarder, les informations utiles sur la question aux autres autorités de contrôle concernées. Elle soumet sans tarder un projet de décision aux autres autorités de contrôle concernées en vue d'obtenir leur avis et tient dûment compte de leur point de vue.

4. Lorsqu'une des autres autorités de contrôle concernées formule, dans un délai de quatre semaines après avoir été consultée conformément au paragraphe 3 du présent article, une objection pertinente et motivée à l'égard du projet de décision, l'autorité de contrôle chef de file, si elle ne suit pas l'objection pertinente et motivée ou si elle est d'avis que cette objection n'est pas pertinente ou motivée, soumet la question au mécanisme de contrôle de la cohérence visé à l'article 63.

5. Lorsque l'autorité de contrôle chef de file entend suivre l'objection pertinente et motivée formulée, elle soumet aux autres autorités de contrôle concernées un projet de décision révisé en vue d'obtenir leur avis. Ce projet de décision révisé est soumis à la procédure visée au paragraphe 4 dans un délai de deux semaines.

6. Lorsqu'aucune des autres autorités de contrôle concernées n'a formulé d'objection à l'égard du projet de décision soumis par l'autorité de contrôle chef de file dans le délai visé aux paragraphes 4 et 5, l'autorité de contrôle chef de file et les autorités de contrôle concernées sont réputées approuver ce projet de décision et sont liées par lui.

7. L'autorité de contrôle chef de file adopte la décision, la notifie à l'établissement principal ou à l'établissement unique du responsable du traitement ou du sous-traitant, selon le cas, et informe les autres autorités de contrôle concernées et le comité de la décision en question, y compris en communiquant un résumé des faits et motifs pertinents. L'autorité de contrôle auprès de laquelle une réclamation a été introduite informe de la décision l'auteur de la réclamation.

8. Par dérogation au paragraphe 7, lorsqu'une réclamation est refusée ou rejetée, l'autorité de contrôle auprès de laquelle la réclamation a été introduite adopte la décision, la notifie à l'auteur de la réclamation et en informe le responsable du traitement.

9. Lorsque l'autorité de contrôle chef de file et les autorités de contrôle concernées sont d'accord pour refuser ou rejeter certaines parties d'une réclamation et donner suite à d'autres parties de cette réclamation, une décision distincte est adoptée pour chacune des parties. L'autorité de contrôle chef de file adopte la décision pour la partie relative aux actions concernant le responsable du traitement, la notifie à l'établissement principal ou à l'établissement unique du responsable du traitement ou du sous-traitant sur le territoire de l'État membre dont elle relève et en informe l'auteur de la réclamation, tandis que l'autorité de contrôle de l'auteur de la réclamation adopte la décision pour la partie concernant le refus ou le rejet de cette réclamation, la notifie à cette personne et en informe le responsable du traitement ou le sous-traitant.

10. Après avoir été informé de la décision de l'autorité de contrôle chef de file en application des paragraphes 7 et 9, le responsable du traitement ou le sous-traitant prend les mesures nécessaires pour assurer le respect de cette décision en ce qui concerne les activités de traitement menées dans le cadre de tous ses établissements dans l'Union. Le responsable du traitement ou le sous-traitant notifie les mesures prises pour assurer le respect de la décision à l'autorité de contrôle chef de file, qui informe les autres autorités de contrôle concernées.

11. Lorsque, dans des circonstances exceptionnelles, une autorité de contrôle concernée a des raisons de considérer qu'il est urgent d'intervenir pour protéger les intérêts des personnes concernées, la procédure d'urgence visée à l'article 66 s'applique.

12. L'autorité de contrôle chef de file et les autres autorités de contrôle concernées se communiquent par voie électronique et au moyen d'un formulaire type, les informations requises en vertu du présent article.

V. consid. 133 et 134.

V. L. n° 78-17 du 6 janv. 1978, art. 24, 27 et 28.

V. CEPD, Lignes directrices 09/2020 du 9 mars 2021 sur l'objection pertinente et motivée au titre du règlement 2016/679, (https://edpb.europa.eu/).

V. CEPD, Lignes directrices 02/2022 du 14 mars 2022 sur l'application de l'art. 60 du règlement 2016/679 (https://edpb.europa.eu/).

BIBL. ▶ JAULT-SESEKE, *D. 2020. 2043* (quelle autorité pour contrôler le respect du RGPD par Google ?). – BERTRAND, *D. actu. 30 juin 2021* (la Cour de justice, régulateur de la gouvernance institutionnelle du RGPD, obs. ss. CJUE 15 juin 2021, n° C-645/19).

COMMENTAIRE

L'article 60 du RGPD définit le « cœur » du mécanisme de coopération.

Le rôle de l'autorité chef de file, ses compétences et ses pouvoirs sont définis aux articles 56 à 58 (V. comm. ss. ces art.). Le mécanisme de coopération est lui défini par les articles 60 à 63. L'article 60 pose les règles d'adoption des décisions entre autorités concernées.

Le principe est celui de la recherche du consensus : dès lors que toutes les autorités concernées (celles dont les résidents sont visés ou qui ont l'établissement sur leur territoire) sont juridiquement compétentes (V. RGPD, art. 55), toutes doivent pouvoir se prononcer sur la situation qui leur est soumise. Le rôle de l'autorité de contrôle chef de file est donc d'assurer la coopération entre autorités, de construire autant que possible le consensus, et d'assurer le « portage juridique » de la décision.

Le CEPD a adopté le 15 mars 2022 des lignes directrices fournissant une description détaillée de la coopération RGPD entre les autorités et visant à accroître l'application cohérente des dispositions légales relatives au mécanisme de guichet unique.

I. PORTÉE DE LA COOPÉRATION

La coopération entre autorités s'applique à l'ensemble des compétences, donc des actes, d'une autorité sur un traitement transnational. Elle vise donc aussi bien les actes en amont du traitement (conformité) qu'en aval (contrôles/sanctions), même si, dans la logique du RGPD, ces derniers sont appelés à être les plus nombreux.

Cette coopération intervient directement entre autorités et est propre à chaque traitement. Pour prendre un exemple fictif, si une entreprise a une activité sur l'ensemble de l'Union européenne avec des succursales dans différents pays :

– Ses traitements communs à toute l'Union, dont l'établissement principal serait en France, seront examinés par les autorités des 28 États membres, coordonnées par la CNIL ;

– Si elle a un traitement commun pour ses clients de France, d'Italie et d'Espagne mis en œuvre depuis son établissement espagnol, le mécanisme de coopération sera cette fois conduit par l'autorité espagnole avec les seules autorités française et italienne.

Le périmètre du mécanisme de coopération, propre à chaque traitement, peut donc être à géométrie variable pour un même groupe. Ce qui peut sembler une complexité est en fait une souplesse offerte à l'entreprise : ce n'est pas la régulation qui dicte l'organisation de l'entreprise, elle s'adapte au contraire à elle.

Enfin, on relèvera deux exceptions évidentes mais essentielles :

– D'une part, la désignation d'une autorité chef de file et donc le mécanisme de coopération ne valent que pour les traitements transfrontaliers. Les traitements « nationaux » d'un groupe international relèvent donc des seules autorités des États concernés. Il peut ainsi y avoir, dans un même groupe, des traitements transfrontaliers requérant la désignation d'une autorité lesquels chef de file et des traitements locaux pour lesquelles l'établissement local échangera avec la seule autorité de contrôle locale ;

– D'autre part, le mécanisme de coopération n'a pas vocation à être enclenché pour les « cas locaux ». Concrètement, si un résident adresse à l'autorité de son pays une plainte dont la portée est strictement individuelle, ce cas ne sera pas soumis à la procédure de cohérence. Si, en revanche, elle révèle un manquement au RGPD plus général, elle le sera.

II. MODALITÉS

Le RGPD pose le principe du consensus entre autorités concernées. Tout concourt à ce consensus, et surtout à éviter le « forum shopping » entre autorités. Ainsi :

– L'autorité chef de file est tenue de « prendre le plus grand compte » des avis des autres autorités et de rechercher autant que possible le consensus ;

– A cette fin, les autorités se doivent assistance mutuelle (V. RGPD, art. 61) et opèrent des contrôles conjoints ;

– L'autorité de contrôle chef de file assure l'information permanente des autres autorités sur les éléments en sa possession : en pratique, les différentes pièces de procédures ainsi que les documents relatifs à des considérations de fait et de droit seront donc communiqués entre autorités ;

– Lorsque l'autorité de contrôle chef de file s'apprête à prendre une décision, elle en transmet le projet aux autres autorités concernées, aux fins de recueillir leur accord implicite ou explicite dans un délai de quatre semaines ;

– Si les autorités donnent leur accord, la décision est réputée adoptée et l'autorité chef de file la notifie au responsable de traitement,

– Si une autorité formule une objection pertinente et motivée, l'autorité de contrôle chef de file doit alors, soit la suivre et soumettre la décision modifiée à l'accord des autres autorités, soit renvoyer la question au mécanisme de cohérence visé à l'article 63, c'est-à-dire, en pratique, à une formation plénière des autorités de contrôle.

– Le Comité européen de la protection des données (CEPD), organe regroupant les autorités de l'Union, rend alors un avis contraignant que l'autorité chef de file est tenue de suivre.

Le mécanisme n'est donc pas sans évoquer une procédure de codécision entre autorités administratives indépendantes – même si c'est plus un système d'objection –, avec une forme « d'appel interne » en cas de désaccord entre autorités, dont le résultat s'impose à l'autorité pilote. Ce système ainsi que sa publicité (V. RGPD, art. 63) constituent en pratique une forte incitation au consensus. On observera également la brièveté des délais impartis (4 semaines pour la procédure la plus simple) : le consensus doit être le résultat du travail effectué en amont. *In fine*, la procédure imaginée se caractérise donc par un équilibre entre nécessité de conférer un interlocuteur unique et prévention du forum shopping, avec à la clé une seule décision applicable sur l'ensemble du territoire de l'Union européenne.

On remarquera enfin que si, pour les cas de traitement applicable dans toute l'Union, il y a donc identité en nombre d'autorités entre les autorités concernées et celles susceptibles de se prononcer dans le cadre de la procédure « d'appel » interne, tel ne sera pas le cas dans la majorité des hypothèses. Le comité européen des autorités en séance plénière sera ainsi le juge de paix d'éventuels litiges entre autorités de contrôle.

Cette organisation a conduit la présidente de la CNIL, dès 2013, à qualifier cette organisation comme « intégrée et décentralisée », c'est-à-dire proche des États mais apportant une réponse unique pour l'ensemble de l'Union.

III. EFFETS

La décision portée par l'autorité chef de file est une décision conjointe, ce qui signifie qu'elle engage solidairement l'ensemble des autorités concernées. Toutes sont logiquement tenues de respecter la décision et sa portée. En miroir, le responsable de traitement doit également respecter les prescriptions ainsi arrêtées dans l'ensemble des pays membres concernés.

En revanche, les « plaignants » sont, pour leur part, informés des suites par leur propre autorité nationale. Ainsi, chaque « partie » reste en contact avec son autorité de rattachement. ❑

Coopération. Pour un exemple d'application de l'art. 60, V. • CNIL 28 déc. 2021, *Slimpay,* délib. n° SAN-2021-020 : *Dalloz IP/IT 2022. 335, obs. Galichet.*

Art. 61 *Assistance mutuelle.* **1. Les autorités de contrôle se communiquent les informations utiles et se prêtent mutuellement assistance en vue de mettre en œuvre et d'appliquer le présent règlement de façon cohérente, et mettent en place des mesures pour coopérer efficacement. L'assistance mutuelle concerne notamment les demandes d'informations et les mesures de contrôle, telles que les demandes d'autorisation et de consultation préalables, les inspections et les enquêtes.**

2. Chaque autorité de contrôle prend toutes les mesures appropriées requises pour répondre à une demande d'une autre autorité de contrôle dans les meilleurs délais et au plus tard un mois après réception de la demande. De telles mesures peuvent comprendre, notamment, la transmission d'informations utiles sur la conduite d'une enquête.

3. Les demandes d'assistances contiennent toutes les informations nécessaires, notamment la finalité et les motifs de la demande. Les informations échangées ne sont utilisées qu'aux fins pour lesquelles elles ont été demandées.

4. Une autorité de contrôle requise ne peut refuser de satisfaire à une demande d'assistance, sauf si :

a) elle n'est pas compétente pour traiter l'objet de la demande ou pour prendre les mesures qu'elle est requise d'exécuter ; ou

b) satisfaire à la demande constituerait une violation du présent règlement ou du droit de l'Union ou du droit de l'État membre auquel l'autorité de contrôle qui a reçu la demande est soumise.

5. L'autorité de contrôle requise informe l'autorité de contrôle requérante des résultats obtenus ou, selon le cas, de l'avancement des mesures prises pour donner suite à la demande. L'autorité de contrôle requise explique les raisons de tout refus de satisfaire à une demande en application du paragraphe 4.

6. En règle générale, les autorités de contrôle requises communiquent par voie électronique et au moyen d'un formulaire type, les informations demandées par d'autres autorités de contrôle.

7. Les autorités de contrôle requises ne perçoivent pas de frais pour toute action qu'elles prennent à la suite d'une demande d'assistance mutuelle. Les autorités de

contrôle peuvent convenir de règles concernant l'octroi de dédommagements entre elles pour des dépenses spécifiques résultant de la fourniture d'une assistance mutuelle dans des circonstances exceptionnelles.

8. Lorsqu'une autorité de contrôle ne fournit pas les informations visées au paragraphe 5 du présent article dans un délai d'un mois à compter de la réception de la demande formulée par une autre autorité de contrôle, l'autorité de contrôle requérante peut adopter une mesure provisoire sur le territoire de l'État membre dont elle relève conformément à l'article 55, paragraphe 1. Dans ce cas, les circonstances permettant de considérer qu'il est urgent d'intervenir conformément à l'article 66, paragraphe 1, sont réputées réunies et nécessitent une décision contraignante d'urgence du comité en application de l'article 66, paragraphe 2.

9. La Commission peut, par voie d'actes d'exécution, préciser la forme et les procédures de l'assistance mutuelle visée au présent article, ainsi que les modalités de l'échange d'informations par voie électronique entre les autorités de contrôle et entre les autorités de contrôle et le comité, notamment en ce qui concerne le formulaire type visé au paragraphe 6 du présent article. Ces actes d'exécution sont adoptés en conformité avec la procédure d'examen visée à l'article 93, paragraphe 2.

V. consid. 5 et 133.

V. L. n° 78-17 du 6 janv. 1978, art. 24 et 26.

COMMENTAIRE

I. PORTÉE

L'assistance mutuelle ne se résume pas au mécanisme de « cohérence » mentionné à l'article 60 et précisé à l'article 63. L'article 61 pose, de manière générale, le principe d'assistance mutuelle entre autorités, quel que soit le cas de figure et le type d'intervention de l'autorité (étude d'impact sur la vie privée, certification, instruction d'une réclamation, contrôle, etc.). L'assistance mutuelle apparaît ainsi comme la condition *sine qua non* d'une législation européenne unique mais régulée de manière décentralisée : elle est la pierre angulaire de la régulation européenne de la protection des données.

Dans un univers numérique largement transfrontalier, l'obligation juridique d'assistance mutuelle constitue un élément fondamental d'une réponse cohérente et efficace : elle permet notamment de compléter une analyse, de confronter des hypothèses de travail, ou de déterminer la réalité juridique de déclarations par un responsable de traitement. Elle peut notamment trouver à s'appliquer pour la détermination exacte de l'établissement principal.

Cela explique que l'obligation qui pèse sur l'autorité sollicitée soit très largement entendue, seules deux exceptions – évidentes – étant prévues : le cas où l'autorité serait incompétente et le cas où l'assistance reviendrait elle-même à méconnaître le règlement ou le droit de l'Union ou d'un État membre. Ce second point est cependant important, notamment dans les champs pour lesquels l'État membre peut prévoir des dérogations particulières (V. chap. IX).

II. EFFETS

L'article 61 prévoit l'hypothèse d'une absence ou d'une insuffisance de réaction de l'autorité sollicitée. L'absence d'une telle réponse dans le délai d'un mois ouvre droit pour l'autorité requérante d'adopter « une mesure provisoire », c'est-à-dire une mesure d'urgence. Le cas de figure est assez original, puisque c'est l'absence de coopération qui permet de déclencher la procédure de sauvegarde, et par suite le mécanisme d'avis contraignant du Comité européen de la protection des données (CEPD).

Juridiquement, l'entreprise concernée est protégée contre les « effets collatéraux » d'une telle assistance : ainsi, les informations contenues dans les échanges entre autorités ne peuvent être utilisées à d'autres fins que celles pour lesquelles elles ont été demandées. Ainsi, une information qui serait « découverte » dans le cadre d'un processus de conformité ne pourrait être réutilisée dans le cadre d'une procédure de contrôle sans nouvelle procédure. ❑

Art. 62 *Opérations conjointes des autorités de contrôle.* **1. Les autorités de contrôle mènent, le cas échéant, des opérations conjointes, y compris en effectuant des enquêtes conjointes et en prenant des mesures répressives conjointes, auxquelles participent des membres ou des agents des autorités de contrôle d'autres États membres.**

2. Lorsque le responsable du traitement ou le sous-traitant est établi dans plusieurs États membres ou si un nombre important de personnes concernées dans plusieurs États membres sont susceptibles d'être sensiblement affectées par des opérations de traitement, une autorité de contrôle de chacun de ces États membres a le droit de participer aux opérations conjointes. L'autorité de contrôle qui est compétente en vertu de l'article 56, paragraphe*[s]* 1 ou 4, invite l'autorité de contrôle de chacun de ces États membres à prendre part aux opérations conjointes concernées et donne suite sans tarder à toute demande d'une autorité de contrôle souhaitant y participer.

3. Une autorité de contrôle peut, conformément au droit d'un État membre, et avec l'autorisation de l'autorité de contrôle d'origine, conférer des pouvoirs, notamment des pouvoirs d'enquête, aux membres ou aux agents de l'autorité de contrôle d'origine participant à des opérations conjointes ou accepter, pour autant que le droit de l'État membre dont relève l'autorité de contrôle d'accueil le permette, que les membres ou les agents de l'autorité de contrôle d'origine exercent leurs pouvoirs d'enquête conformément au droit de l'État membre dont relève l'autorité de contrôle d'origine. Ces pouvoirs d'enquête ne peuvent être exercés que sous l'autorité et en présence de membres ou d'agents de l'autorité de contrôle d'accueil. Les membres ou agents de l'autorité de contrôle d'origine sont soumis au droit de l'État membre de l'autorité de contrôle d'accueil.

4. Lorsque, conformément au paragraphe 1, les agents de l'autorité de contrôle d'origine opèrent dans un autre État membre, l'État membre dont relève l'autorité de contrôle d'accueil assume la responsabilité de leurs actions, y compris la responsabilité des dommages qu'ils causent au cours des opérations dont ils sont chargés, conformément au droit de l'État membre sur le territoire duquel ils opèrent.

5. L'État membre sur le territoire duquel les dommages ont été causés répare ces dommages selon les conditions applicables aux dommages causés par ses propres agents. L'État membre dont relève l'autorité de contrôle d'origine dont les agents ont causé des dommages à des personnes sur le territoire d'un autre État membre rembourse intégralement à cet autre État membre les sommes qu'il a versées aux ayants droit.

6. Sans préjudice de l'exercice de ses droits à l'égard des tiers et sous réserve du paragraphe 5, chaque État membre s'abstient, dans le cas prévu au paragraphe 1, de demander à un autre État membre le remboursement lié aux dommages visés au paragraphe 4.

7. Lorsqu'une opération conjointe est envisagée et qu'une autorité de contrôle ne se conforme pas, dans un délai d'un mois, à l'obligation fixée au paragraphe 2, deuxième phrase, du présent article, les autres autorités de contrôle peuvent adopter une mesure provisoire sur le territoire de l'État membre dont celle-ci relève conformément à l'article 55. Dans ce cas, les circonstances permettant de considérer qu'il est urgent d'intervenir conformément à l'article 66, paragraphe 1, sont présumées être réunies et nécessitent un avis ou une décision contraignante d'urgence du comité en application de l'article 66, paragraphe 2.

V. consid. 134.

V. L. nº 78-17 du 6 janv. 1978, art. 24 et 25.

COMMENTAIRE

I. PORTÉE

Le mécanisme d'opérations conjointes est la conséquence mécanique de l'égale compétence juridique reconnue à toute autorité de contrôle dont le résident est substantiellement affecté par un traitement de données. En effet, à partir du moment où chaque autorité de contrôle est juridiquement compétente pour exercer ses pouvoirs relatifs à un traitement transfrontalier, dans le respect du mécanisme du guichet unique, le RGPD devait prévoir la possibilité d'opérations conjointes. C'est l'objet de l'article 62.

Deux précisions toutefois : d'une part, cette faculté ne se limite pas au seul cas de l'existence d'une autorité chef de file, même si on peut supposer que cela sera probablement le cas. D'autre part, l'article 62 ne se limite pas à la possibilité de « contrôle » *stricto sensu* – c'est-à-dire dans une perspective uniquement répressive – mais s'applique à l'ensemble des activités des autorités.

II. CONDITIONS

Les conditions sont encadrées par le RGPD mais ont vocation à être explicitées par les droits nationaux, les règles applicables aux procédures administratives relevant essentiellement des droits des États membres.

Toute autorité de contrôle dont les résidents sont substantiellement affectés – ou qui a un établissement sur son sol – peut prendre part au contrôle. Cette participation est de plein droit.

En pratique, les membres ou agents d'une autorité de contrôle pourront donc participer aux contrôles sur pièces et sur place diligentés par l'autorité d'un autre pays. La principale question est celle de la nature des pouvoirs d'investigation reconnus à ces personnes. Si les investigations ont bien lieu sous la responsabilité de l'autorité du pays où elles se déroulent – y compris en termes d'éventuelle indemnisation des dommages –, les pouvoirs exercés par les agents des autres autorités peuvent, selon le droit national, soit être leurs pouvoirs propres, soit être les mêmes pouvoirs que ceux des agents de l'autorité du pays concerné. En France, la loi a retenu l'application des mêmes pouvoirs que ceux des agents de la CNIL, sous le contrôle de celle-ci.

En tout état de cause, les pratiques des autorités devront être harmonisées, non seulement en termes de cadre juridique mais également en termes d'outils (habilitations à effectuer des contrôles, etc.), afin de s'assurer de la cohérence et de la régularité des procédures. ❑

Le mécanisme de cohérence prévu par les dispositions des art. 60 à 62 « ne s'applique qu'en cas de désignation d'une autorité chef de file ou d'opérations conjointes des autorités de contrôle ». En l'absence de l'une ou l'autre, pas de recours obligatoire à ce mécanisme. • CE 19 juin 2020, n° 430810 A : *D. 2020. 2043, note Jault-Seseke*; *RTD eur. 2020. 955, obs. Bouveresse*.

SECTION 2 *Cohérence*

Art. 63 *Mécanisme de contrôle de la cohérence.* **Afin de contribuer à l'application cohérente du présent règlement dans l'ensemble de l'Union, les autorités de contrôle coopèrent entre elles et, le cas échéant, avec la Commission dans le cadre du mécanisme de contrôle de la cohérence établi dans la présente section.**

V. consid. 135 à 138.

V. L. n° 78-17 du 6 janv. 1978, art. 24.

COMMENTAIRE

Voir le commentaire sous l'article 60.

Le principe de mise en cohérence doit permettre l'uniformité de l'application du droit européen. Elle se traduit par un avis du Comité européen de la protection des données (CEPD), successeur du G29, qui réunit l'ensemble des autorités de contrôle. Le mécanisme est mis en œuvre dans deux types d'hypothèses, détaillées respectivement aux articles 64 et 65, à savoir :

– l'examen d'avis ou de prises de position à portée générale, à l'initiative d'une autorité de contrôle ou de la Commission européenne (V. RGPD, art. 64), ainsi que des avis non contraignants sur certains actes en amont de la vie des opérations de traitements ;

– l'adoption d'avis en cas de désaccords entre autorités sur des mesures destinées à produire des effets juridiques sur des traitements transfrontaliers (i.e. des traitements qui affectent substantiellement les personnes dans plusieurs États membres). ❑

Art. 64 *Avis du comité.* **1. Le comité émet un avis chaque fois qu'une autorité de contrôle compétente envisage d'adopter l'une des mesures ci-après. A cet effet, l'autorité de contrôle compétente communique le projet de décision au comité, lorsque ce projet :**

a) vise à adopter une liste d'opérations de traitement pour lesquelles une analyse d'impact relative à la protection des données doit être effectuée en application de l'article 35, paragraphe 4 ;

b) concerne la question de savoir, en application de l'article 40, paragraphe 7, si un projet de code de conduite ou une modification ou une prorogation d'un code de conduite respecte le présent règlement ;

(Rect. JOUE L 127 du 23 mai 2018) **« c) vise à approuver les exigences relatives à l'agrément d'un organisme en application de l'article 41, paragraphe 3, d'un organisme de certification en application de l'article 43, paragraphe 3, ou les critères de certification visés à l'article 42, paragraphe 5 ; »**

d) vise à fixer des clauses types de protection des données visées à l'article 46, paragraphe 2, point d, et à l'article 28, paragraphe 8 ;

e) vise à autoriser les clauses contractuelles visées à l'article 46, paragraphe 3, point a ; ou

f) vise à approuver des règles d'entreprise contraignantes au sens de l'article 47.

2. Toute autorité de contrôle, le président du comité ou la Commission peuvent demander que toute question d'application générale ou produisant des effets dans plusieurs États membres soit examinée par le comité en vue d'obtenir un avis, en particulier lorsqu'une autorité de contrôle compétente ne respecte pas les obligations relatives à l'assistance mutuelle conformément à l'article 61 ou les obligations relatives aux opérations conjointes conformément à l'article 62.

3. Dans les cas visés aux paragraphes 1 et 2, le comité émet un avis sur la question qui lui est soumise, à condition qu'il n'ait pas déjà émis un avis sur la même question. Cet avis est adopté dans un délai de huit semaines à la majorité simple des membres du comité. Ce délai peut être prolongé de six semaines en fonction de la complexité de la question. En ce qui concerne le projet de décision visé au paragraphe 1 transmis aux membres du comité conformément au paragraphe 5, un membre qui n'a pas formulé d'objection dans un délai raisonnable fixé par le président est réputé approuver le projet de décision.

4. Les autorités de contrôle et la Commission communiquent, dans les meilleurs délais, au comité, par voie électronique et au moyen d'un formulaire type, toutes les informations utiles, y compris, selon le cas, un résumé des faits, le projet de décision, les motifs rendant nécessaire l'adoption de cette mesure et les points de vue des autres autorités de contrôle concernées.

5. Le président du comité transmet dans les meilleurs délais par voie électronique :

a) toutes les informations utiles qui lui ont été communiquées aux membres du comité et à la Commission, au moyen d'un formulaire type. Le secrétariat du comité fournit, si nécessaire, les traductions des informations utiles ; et

b) l'avis à l'autorité de contrôle visée, selon le cas, aux paragraphes 1 et 2, et à la Commission, et le publie.

(Rect. JOUE L 127 du 23 mai 2018) « 6. L'autorité de contrôle compétente visée au paragraphe 1 n'adopte pas son projet de décision visé au paragraphe 1 lorsque le délai visé au paragraphe 3 court.

« 7. L'autorité de contrôle compétente visée au paragraphe 1 tient le plus grand compte de l'avis du comité et fait savoir au président du comité par voie électronique au moyen d'un formulaire type, dans un délai de deux semaines suivant la réception de l'avis, si elle maintiendra ou si elle modifiera son projet de décision et, le cas échéant, son projet de décision modifié.

« 8. Lorsque l'autorité de contrôle compétente visée au paragraphe 1 informe le président du comité dans le délai visé au paragraphe 7 du présent article qu'elle n'a pas l'intention de suivre, en tout ou en partie, l'avis du comité, en fournissant les motifs pertinents, l'article 65, paragraphe 1, s'applique. »

V. consid. 139 et 140.

V. L. n° 78-17 du 6 janv. 1978, art. 24.

COMMENTAIRE

Le considérant 136 éclaire les articles 64 et 65, qui visent respectivement chacun des deux cas de figure dans lesquels le Comité européen de la protection des données (CEPD) rend un avis.

I. PORTÉE

L'article 64 concerne la première hypothèse, c'est-à-dire celle des avis « généraux » du CEPD, rendus :

– soit sur des décisions qui relèvent de l'autorité de contrôle nationale mais qui, par leur nature, ont une importance singulière [traitements soumis à étude d'impact, respect du RGPD par un projet de code de bonne conduite, critères d'agrément d'un organisme de certification, fixation de clauses contractuelles pour les transferts de données hors UE, règles d'entreprise contraignantes (BCR)]. On remarquera que ces décisions sont concentrées sur « l'amont » de la vie du traitement et conditionnent, le cas échéant, telle ou telle opération ;

– soit sur des questions générales relatives notamment à l'interprétation qu'il y a lieu de retenir du RGPD, y compris des questions de « police » des autorités, en cas de non-respect par celles-ci de leur obligation fondamentale : l'assistance mutuelle.

Cet inventaire est conforme à ce qui fonde le mécanisme de cohérence. Le RGPD a été conçu autour du principe 1 continent = 1 règle = 1 interprétation commune dans toute l'Union. Il est donc essentiel que, soit du fait de la nature de la décision, soit du fait de l'importance systémique de la question, le CEPD soit appelé à se prononcer.

On notera toutefois que, contrairement à l'hypothèse prévue par l'article 65 (règlement de litiges entre autorités), l'avis est ici adopté à la majorité simple, d'une part, et est en principe non contraignant, d'autre part. La logique est en effet celle d'un avis de mise en cohérence, et non pas celle d'un pouvoir d'évocation (ou d'appel) du CEPD.

Est-ce à dire pour autant que le pouvoir de persuasion du CEPD sera plus faible, et qu'ainsi le risque de divergence demeure ? Certainement pas. Outre que le mode de fonctionnement du CEPD est fondé sur la recherche du consensus, l'avis du CEPD est rendu public, fragilisant mécaniquement, notamment en cas de recours contentieux, une décision qui s'en éloignerait. En outre, toute méconnaissance de l'avis du CEPD par une autorité dans le cadre d'une décision « d'amont » court le risque de se voir censurée en aval. En effet, le non-suivi de l'avis du CEPD conduit, en vertu du dernier paragraphe de cet article, au déclenchement de la procédure de l'article 65, qui lui prévoit un avis contraignant. Surtout, le mécanisme de règlement des litiges, en prévoyant que l'objection motivée d'une seule autorité peut conduire à la saisine du CEPD avec, cette fois, un avis juridiquement contraignant, crée un « effet cliquet » qui oblige les autorités, au stade de l'avis non obligatoire, à converger.

II. PROCÉDURE

La procédure apparaît comme très « standardisée », à la fois pour des raisons d'efficacité et de respect de délais particulièrement contraints. Il n'est pas nécessaire de revenir ici sur le détail prévu par les dispositions de l'article 64, à l'exception de quelques points clés :

– le CEPD est saisi d'un projet de décision, dûment éclairé par l'ensemble des pièces et motifs disponibles ;

– le président du CEPD assure la coordination des travaux ;

– s'agissant d'un avis non contraignant, il est adopté à la majorité simple ;

– le délai est contraint afin que la mise en cohérence ne « coûte » pas en temps : huit semaines au maximum, éventuellement prolongée de six semaines en cas de complexité particulière ;

– la procédure est suspensive de la décision initiale de l'autorité.

Les conséquences d'un tel mécanisme, liées au champ assez large de l'article 64, sont importantes : l'autonomie décisionnelle des autorités de contrôle se trouve de fait réduite au profit d'une approche plus intégrée. Cette « perte » d'autonomie décisionnelle n'est cependant juridiquement possible que dans la mesure où elle résulte d'un processus de décision entre autorités indépendantes, auquel l'autorité elle-même participe. Il n'en reste pas moins qu'elle constitue un changement de paradigme, qui affecte l'ensemble des procédures applicables devant les États membres. ❑

Art. 65 *Règlement des litiges par le comité.* **1. En vue d'assurer l'application correcte et cohérente du présent règlement dans les cas d'espèce, le comité adopte une décision contraignante dans les cas suivants :**

(Rect. JOUE L 127 du 23 mai 2018) **« a) lorsque, dans le cas visé à l'article 60, paragraphe 4, une autorité de contrôle concernée a formulé une objection pertinente et motivée à l'égard d'un projet de décision de l'autorité de contrôle chef de file et que l'autorité de contrôle chef de file n'a pas donné suite à l'objection ou a rejeté cette objection au motif qu'elle n'est pas pertinente ou motivée. » La décision contraignante concerne toutes les questions qui font l'objet de l'objection pertinente et motivée, notamment celle de savoir s'il y a violation du présent règlement ;**

b) lorsqu'il existe des points de vue divergents quant à l'autorité de contrôle concernée qui est compétente pour l'établissement principal ;

c) lorsqu'une autorité de contrôle compétente ne demande pas l'avis du comité dans les cas visés à l'article 64, paragraphe 1, ou qu'elle ne suit pas l'avis du comité émis en vertu de l'article 64. Dans ce cas, toute autorité de contrôle concernée ou la Commission peut saisir le comité de la question.

2. La décision visée au paragraphe 1 est adoptée à la majorité des deux tiers des membres du comité dans un délai d'un mois à compter de la transmission de la question. Ce délai peut être prolongé d'un mois en fonction de la complexité de la question. La décision visée au paragraphe 1, est motivée et est adressée à l'autorité de contrôle chef de file et à toutes les autorités de contrôle concernées et est contraignante à leur égard.

3. Lorsque le comité n'a pas été en mesure d'adopter une décision dans les délais visés au paragraphe 2, il adopte sa décision, à la majorité simple de ses membres, dans un délai de deux semaines suivant l'expiration du deuxième mois visé au paragraphe 2. En cas d'égalité des voix au sein du comité, la voix de son président est prépondérante.

4. Les autorités de contrôle concernées n'adoptent pas de décision sur la question soumise au comité en vertu du paragraphe 1 lorsque les délais visés aux paragraphes 2 et 3 courent.

5. Le président du comité notifie, dans les meilleurs délais, la décision visée au paragraphe 1 aux autorités de contrôle concernées. Il en informe la Commission. La décision est publiée sur le site internet du comité sans tarder après que l'autorité de contrôle a notifié la décision finale visée au paragraphe 6.

6. L'autorité de contrôle chef de file ou, selon le cas, l'autorité de contrôle auprès de laquelle la réclamation a été introduite adopte sa décision finale sur la base de la décision visée au paragraphe 1 du présent article, dans les meilleurs délais et au plus tard un mois après que le comité a notifié sa décision. L'autorité de contrôle chef de file ou, selon le cas, l'autorité de contrôle auprès de laquelle la réclamation a été introduite informe le comité de la date à laquelle sa décision finale est notifiée, respectivement, au responsable du traitement ou au sous-traitant et à la personne concernée. La décision finale des autorités de contrôle concernées est adoptée aux conditions de l'article 60, paragraphes 7, 8 et 9. La décision finale fait référence à la décision visée au paragraphe 1 du présent article et précise que celle-ci sera publiée sur le site internet du comité conformément au paragraphe 5 du présent article. La décision visée au paragraphe 1 du présent article est jointe à la décision finale.

V. consid. 136.

V. L. nº 78-17 du 6 janv. 1978, art. 24.

V. Lignes directrices 03/2021 du 13 avr. 2021 sur l'application de l'article 65(1)(a) RGPD (version soumise à consultation publique) (https://edpb.europa.eu/).

COMMENTAIRE

Voir le commentaire sous l'article 60.

L'article 65 est sans doute l'une de celles qui a fait couler le plus d'encre pendant les quatre années de discussions autour du RGPD. Elle définit en effet la procédure applicable en cas de différend entre l'autorité chef de file et une ou plusieurs autorités concernées.

L'écart entre la solution initialement proposée par la Commission européenne dans son texte de janvier 2012 et la solution finalement retenue s'explique par la volonté d'assurer une véritable décision conjointe des autorités. Alors que dans la version initiale du projet de RGPD, seule l'autorité chef de file prenait une décision (et en informait ses homologues), la procédure décrite à l'article 60 organise, sans jamais employer l'expression, une forme de codécision du fait du pouvoir d'opposition de toute autorité concernée.

Reste alors à déterminer les modalités de règlement des différends entre autorités : c'est l'objet de l'article 65.

I. PORTÉE

Contrairement à l'hypothèse de l'article 64, le pouvoir de décision du Comité européen de la protection des données (CEPD) est cette fois juridiquement contraignant. Véritable « juge de paix » des autorités de régulation, le CEPD adopte des décisions qui présentent deux caractéristiques fondamentales :

– elles sont adoptées à la majorité qualifiée, ce qui leur donne une très forte légitimité juridique et régulatrice ;

– ces décisions s'imposent aux autorités, y compris à l'autorité chef de file qui est alors tenue de le suivre le CEPD et d'adapter son projet de décision en conséquence.

L'article 65 prévoit trois cas de figure, qui relèvent tous de l'arbitrage entre autorités : en cas d'objection pertinente et motivée à une proposition de décision portée par une autorité chef de file, en cas de désaccord sur la détermination de l'établissement principal, donc de l'autorité chef de file, et enfin, en cas de non-respect par une autorité de la procédure d'avis prévue à l'article 64 (V. comm. ss. cet art.).

On relèvera que l'article 65 ne mentionne pas des « avis » mais bien des « décisions ». Le CEPD est ainsi doté d'une capacité de décision autonome, mais qui ne se substitue pas au pouvoir de décision initiale des autorités. Ces décisions en effet s'imposent aux autorités – jusque et y compris au fond – mais n'ont pas vocation à s'appliquer directement aux parties. Il faut donc que l'autorité chef de file endosse la décision du CEPD pour que celle-ci produise ses pleins effets à l'égard du responsable de traitement. Ceci n'est pas sans incidence sur le droit au recours, puisque celui-ci s'exerce alors devant la juridiction du pays de l'autorité chef de file, dont le jugement peut, en pratique, remettre en cause la décision du CEPD.

II. PROCÉDURE

Il n'est pas nécessaire de reprendre toute la procédure définie par ces dispositions. Les éléments clés sont les suivants (à comparer avec ceux de l'article 64) :

– la majorité qualifiée est fixée à deux tiers des autorités composant le CEPD, sauf en cas d'échec à se prononcer dans les délais ;

– le délai est particulièrement contraint : un mois renouvelable une fois ;

– la procédure est suspensive de la décision de l'autorité ;

– la décision doit être endossée, d'abord par l'autorité chef de file, qui modifie son projet, ensuite par l'ensemble des autorités compétentes conformément à l'article 60 ;

– la décision du CEPD est jointe à la décision finale, ce qui permet à l'organisme destinataire de contrôler la conformité, mais ce qui donne aussi une portée très forte à la décision, notamment dans la perspective d'un contentieux.

Le mécanisme prévu par l'article 65 est donc la clef de voûte du dispositif de régulation européenne de la protection des données : l'effet contraignant de la décision du CEPD mais aussi les conditions de publicité de celle-ci conduisent mécaniquement les autorités à privilégier le consensus, aussi bien en amont qu'en aval. Instance d'appel des litiges entre autorités, le CEPD n'est pas voué à jouer ce rôle de manière trop fréquente : sa simple perspective incite à une action concertée.

La première décision contraignante a été prise par le CEDP suite à un projet de décision de l'autorité irlandaise qui proposait une sanction financière à l'encontre de Twitter International. Le CEPD a rejeté la proposition de sanction proposée qui a été considérée comme trop faible et ainsi comme « ne répondant pas à l'objectif de mesure corrective » (CEPD, décis. 01/2020 du 9 nov. 2020, § 199, *on the dispute arisen on the draft decision of the Irish Supervisory Authority regarding Twitter International Company under Article 65(1)(a) GDPR*).

La pratique comme la jurisprudence éventuelle devront clarifier certaines règles procédurales, notamment en termes de respect du contradictoire par les organismes concernés. ❑

Art. 66 *Procédure d'urgence.* **1. Dans des circonstances exceptionnelles, lorsqu'une autorité de contrôle concernée considère qu'il est urgent d'intervenir pour protéger les droits et libertés des personnes concernées, elle peut, par dérogation au mécanisme de contrôle de la cohérence visé aux articles 63, 64 et 65 ou à la procédure visée à l'article 60, adopter immédiatement des mesures provisoires visant à produire des effets juridiques sur son propre territoire et ayant une durée de validité déterminée qui n'excède pas trois mois. L'autorité de contrôle communique sans tarder ces mesures et les raisons de leur adoption aux autres autorités de contrôle concernées, au comité et à la Commission.**

2. Lorsqu'une autorité de contrôle a pris une mesure en vertu du paragraphe 1 et estime que des mesures définitives doivent être adoptées d'urgence, elle peut demander un avis d'urgence ou une décision contraignante d'urgence au comité, en motivant sa demande d'avis ou de décision.

3. Toute autorité de contrôle peut, en motivant sa demande d'avis ou de décision et notamment l'urgence d'intervenir, demander au comité un avis d'urgence ou une décision contraignante d'urgence, selon le cas, lorsqu'une autorité de contrôle compétente n'a pas pris de mesure appropriée dans une situation où il est urgent d'intervenir afin de protéger les droits et libertés des personnes concernées.

4. Par dérogation à l'article 64, paragraphe 3, et à l'article 65, paragraphe 2, l'avis d'urgence ou la décision contraignante d'urgence visés aux paragraphes 2 et 3 du présent article est adopté dans un délai de deux semaines à la majorité simple des membres du comité.

V. consid. 137.

V. L. nº 78-17 du 6 janv. 1978, art. 21 et 24.

COMMENTAIRE

L'introduction d'une « clause de sauvegarde » permettant à une autorité de contrôle nationale de prendre, à titre exceptionnel, des mesures d'urgence en cas d'atteinte aux droits et libertés des personnes est la reprise d'un mécanisme classique en droit de l'Union européenne. Habituellement, ces procédures dérogatoires aux régimes de codécision européens s'appliquent en cas de risque particulier ou d'atteinte grave et/ou imminente à des droits ou à des situations. En l'espèce, les conditions sont peu précises. Mais le caractère exceptionnel de la procédure suppose, implicitement, un certain niveau de gravité des atteintes, ou une inertie problématique de la part de l'autorité chef de file.

Comme dans les autres procédures de ce type, le mécanisme est celui d'une « clause de sauvegarde » limitée dans l'espace – au seul territoire de l'État membre dont l'autorité prend la mesure – et dans le temps – trois mois. Il entraîne l'information des autres autorités, du Comité européen de la protection des données (CEPD) et de la Commission européenne. Surtout, si la décision temporaire a vocation, du point de vue de l'autorité émettrice, à être étendue, le CEPD est saisi et se prononce en urgence dans des conditions dérogatoires du droit commun (V. RGPD, art. 65). ❑

Art. 67 *Échange d'informations.* **La Commission peut adopter des actes d'exécution de portée générale afin de définir les modalités de l'échange d'informations par voie électronique entre les autorités de contrôle, et entre ces autorités et le comité, notamment le formulaire type visé à l'article 64.**

Ces actes d'exécution sont adoptés en conformité avec la procédure d'examen visée à l'article 93, paragraphe 2.

V. consid. 167 à 169.

V. L. nº 78-17 du 6 janv. 1978, art. 24.

SECTION 3 *Comité européen de la protection des données*

COMMENTAIRE

I. COMPOSITION ET MISSIONS

Le Comité européen de la protection des données (CEPD) est la clef de voûte institutionnelle du dispositif de régulation européen. Clef de voûte singulière néanmoins, mieux rendu par son titre anglais : ni autorité, ni agence européenne, il est en fait un « *board* » des autorités de protection nationales, doté de la personnalité juridique.

Il est ainsi l'émanation des autorités, puisqu'il est composé du président de chaque autorité (ou de son représentant). Mais, doté un pouvoir de décision contraignant, il dispose de la personnalité juridique, sans laquelle aucune instance européenne ne peut avoir de pouvoir juridiquement contraignant. Il tire son indépendance de celle des autorités indépendantes qui le composent – on notera à cet égard que la Commission européenne n'en est pas membre – mais se voit au-delà reconnaître une indépendance « propre » (RGPD, art. 69).

Les missions du CEPD, énumérées à l'article 70, sont multiples, mais découlent toutes de sa mission principale – s'assurer, pour ce qui le concerne, de l'application cohérente du RGPD :

– soit par son pouvoir d'émettre des avis et lignes directrices sur la réglementation européenne de protection des données (à l'instar de l'ancien G29). Le CEPD constitue en la matière un instrument potentiellement puissant d'harmonisation des pratiques, y compris procédurales, des autorités nationales (V. RGPD, art. 70) ;

– soit par ses pouvoirs d'avis et de décision dans le cadre du mécanisme de mise en cohérence (V. RGPD, art. 64 et 65, et comm. ss. ces art.) ;

– soit par sa mission de conseil de la Commission européenne en matière de protection des données.

Enfin, le CEPD agrée les organismes de certification au niveau européen.

On notera enfin que les pouvoirs du CEPD sont larges : instruction, avis, décisions, lignes directrices, mais aussi consultations publiques. De manière générale, la publicité de ses avis constitue un élément d'influence important vis-à-vis du grand public comme des organismes et des instances européennes.

II. FONCTIONNEMENT

Deux entités jouent un rôle capital, dont l'articulation méritera d'être précisée et consolidée par la pratique : la présidence et le secrétariat.

La présidence représente – de manière exclusive – le comité (V. RGPD, art. 73). Le président est élu par ses pairs, ainsi que deux vice-présidents, pour une durée de cinq ans renouvelable une fois. Le président convoque le comité, fixe l'ordre du jour et notifie les décisions contraignantes adoptées par le comité. Il a, en cas de partage des votes sur les décisions contraignantes, voix prépondérante (V. RGPD, art. 65).

Le secrétariat assure, sous l'autorité de la présidence, le bon fonctionnement du comité. Il est confié au contrôleur européen à la protection des données. Outre la similarité des sigles en français, le fait de confier à une autorité, elle-même membre du CEPD, le soin d'assurer le secrétariat de celle-ci de manière distincte de la présidence, n'est pas sans poser une question d'organisation. Le RGPD la résout par une séparation, au sein des services du contrôleur, entre le personnel affecté aux missions du CEPD et le reste du personnel, le premier étant placé sous l'autorité fonctionnelle du président du comité. ❑

Art. 68 *Comité européen de la protection des données.* **1. Le comité européen de la protection des données (ci-après dénommé "comité") est institué en tant qu'organe de l'Union et possède la personnalité juridique.**

2. Le comité est représenté par son président.

3. Le comité se compose du chef d'une autorité de contrôle de chaque État membre et du Contrôleur européen de la protection des données, ou de leurs représentants respectifs.

4. Lorsque, dans un État membre, plusieurs autorités de contrôle sont chargées de surveiller l'application des dispositions du présent règlement, un représentant commun est désigné conformément au droit de cet État membre.

5. La Commission a le droit de participer aux activités et réunions du comité sans droit de vote. La Commission désigne un représentant. Le président du comité informe la Commission des activités du comité.

6. Dans les cas visés à l'article 65, le Contrôleur européen de la protection des données ne dispose de droits de vote qu'à l'égard des décisions concernant des principes et règles applicables aux institutions, organes et organismes de l'Union qui correspondent, en substance, à ceux énoncés dans le présent règlement.

V. consid. 72, 77, 105, 124, 136 et 139.

Art. 69 *Indépendance.* **1. Le comité exerce les missions et les pouvoirs qui lui sont conférés conformément aux articles 70 et 71 en toute indépendance.**

(Rect. JOUE L 127 du 23 mai 2018) **« 2. Sans préjudice des demandes de la Commission visées à l'article 70, paragraphes 1 et 2, le comité ne sollicite ni n'accepte d'instructions de quiconque dans l'exercice de ses missions et de ses pouvoirs. »**

V. consid. 139.

Art. 70 *Missions du comité.* **1. Le comité veille à l'application cohérente du présent règlement. A cet effet, le comité, de sa propre initiative ou, le cas échéant, à la demande de la Commission, a notamment pour missions :**

a) de surveiller et garantir la bonne application du présent règlement dans les cas prévus aux articles 64 et 65, sans préjudice des missions des autorités de contrôle nationales ;

b) de conseiller la Commission sur toute question relative à la protection des données à caractère personnel dans l'Union, y compris sur tout projet de modification du présent règlement ;

c) de conseiller la Commission, en ce qui concerne les règles d'entreprise contraignantes, sur la forme de l'échange d'informations entre les responsables du traitement, les sous-traitants et les autorités de contrôle, ainsi que les procédures qui s'y rapportent ;

d) de publier des lignes directrices, des recommandations et des bonnes pratiques sur les procédures de suppression des liens vers des données à caractère personnel, des copies ou des reproductions de celles-ci existant dans les services de communication accessibles au public, ainsi que le prévoit l'article 17, paragraphe 2 ;

e) d'examiner, de sa propre initiative, à la demande de l'un de ses membres ou à la demande de la Commission, toute question portant sur l'application du présent règlement, et de publier des lignes directrices, des recommandations et des bonnes pratiques afin de favoriser l'application cohérente du présent règlement ;

f) de publier des lignes directrices, des recommandations et des bonnes pratiques conformément au point e) du présent paragraphe, en vue de préciser davantage les critères et conditions applicables aux décisions fondées sur le profilage en vertu de l'article 22, paragraphe 2 ;

g) de publier des lignes directrices, des recommandations et des bonnes pratiques conformément au point e) du présent paragraphe, en vue d'établir les violations de données à caractère personnel, de déterminer les meilleurs délais visés à l'article 33, paragraphes 1 et 2, et de préciser les circonstances particulières dans lesquelles un responsable du traitement ou un sous-traitant est tenu de notifier la violation de données à caractère personnel ;

h) de publier des lignes directrices, des recommandations et des bonnes pratiques conformément au point e) du présent paragraphe concernant les circonstances dans lesquelles une violation de données à caractère personnel est susceptible d'engendrer un risque élevé pour les droits et libertés des personnes physiques comme le prévoit l'article 34, paragraphe 1 ;

i) de publier des lignes directrices, des recommandations et des bonnes pratiques conformément au point e) du présent paragraphe, aux fins de préciser davantage les critères et exigences applicables aux transferts de données à caractère personnel fondés sur des règles d'entreprise contraignantes appliquées par les responsables du traitement et sur des règles d'entreprise contraignantes appliquées par les sous-traitants et concernant les autres exigences nécessaires pour assurer la protection des données à caractère personnel des personnes concernées visées à l'article 47 ;

j) de publier des lignes directrices, des recommandations et des bonnes pratiques conformément au point e) du présent paragraphe, en vue de préciser davantage les critères et exigences applicables aux transferts de données à caractère personnel sur la base de l'article 49, paragraphe 1 ;

k) d'élaborer, à l'intention des autorités de contrôle, des lignes directrices concernant l'application des mesures visées à l'article 58, paragraphes 1, 2 et 3, ainsi que la fixation des amendes administratives en vertu de l'article 83 ;

(Rect. JOUE L 127 du 23 mai 2018) « l) de faire le bilan de l'application pratique des lignes directrices, des recommandations et des bonnes pratiques ; »

m) de publier des lignes directrices, des recommandations et des bonnes pratiques conformément au point e) du présent paragraphe, en vue d'établir des procédures communes pour le signalement par des personnes physiques de violations du présent règlement en vertu de l'article 54, paragraphe 2 ;

n) d'encourager l'élaboration de codes de conduite et la mise en place de mécanismes de certification et de labels et de marques en matière de protection des données en vertu des articles 40 et 42 ;

(Rect. JOUE L 127 du 23 mai 2018) « o) d'approuver les critères de certification en vertu de l'article 42, paragraphe 5, et de tenir un registre public des mécanismes de certification et des labels et marques en matière de protection des données en vertu de l'article 42, paragraphe 8, ainsi que des responsables du traitement ou des sous-traitants certifiés établis dans des pays tiers en vertu de l'article 42, paragraphe 7 ;

« p) d'approuver les exigences visées à l'article 43, paragraphe 3, aux fins de l'agrément des organismes de certification prévu à l'article 43 ; »

q) de rendre à la Commission un avis sur les exigences en matière de certification visées à l'article 43, paragraphe 8 ;

r) de rendre à la Commission un avis sur les icônes visées à l'article 12, paragraphe 7 ;

s) de rendre à la Commission un avis en ce qui concerne l'évaluation du caractère adéquat du niveau de protection assuré par un pays tiers ou une organisation internationale, y compris concernant l'évaluation visant à déterminer si un pays tiers, un territoire ou un ou plusieurs secteurs déterminés dans ce pays tiers, ou une organisation internationale n'assurent plus un niveau adéquat de protection. A cette fin, la Commission fournit au comité tous les documents nécessaires, y compris la correspondance avec le gouvernement du pays tiers, en ce qui concerne ledit pays tiers, territoire ou secteur déterminé ou avec l'organisation internationale ;

t) d'émettre des avis sur les projets de décisions des autorités de contrôle conformément au mécanisme de contrôle de la cohérence visé à l'article 64, paragraphe 1, sur les questions soumises en vertu de l'article 64, paragraphe 2, et d'émettre des décisions contraignantes en vertu de l'article 65, y compris dans les cas visés à l'article 66 ;

u) de promouvoir la coopération et l'échange bilatéral et multilatéral effectif d'informations et de bonnes pratiques entre les autorités de contrôle ;

v) de promouvoir l'élaboration de programmes de formation conjoints et de faciliter les échanges de personnel entre autorités de contrôle, ainsi que, le cas échéant, avec les autorités de contrôle de pays tiers ou d'organisations internationales ;

w) de promouvoir l'échange, avec des autorités de contrôle de la protection des données de tous pays, de connaissances et de documentation sur la législation et les pratiques en matière de protection des données ;

x) d'émettre des avis sur les codes de conduite élaborés au niveau de l'Union en application de l'article 40, paragraphe 9 ; et

y) de tenir un registre électronique, accessible au public, des décisions prises par les autorités de contrôle et les juridictions sur les questions traitées dans le cadre du mécanisme de contrôle de la cohérence.

2. Lorsque la Commission demande conseil au comité, elle peut mentionner un délai, selon l'urgence de la question.

3. Le comité transmet ses avis, lignes directrices, recommandations et bonnes pratiques à la Commission et au comité visé à l'article 93, et les publie.

4. Le comité consulte, le cas échéant, les parties intéressées et leur permet de formuler des observations dans un délai raisonnable. Il met les résultats de la procédure de consultation à la disposition du public, sans préjudice de l'article 76.

V. consid. 139.

Art. 71 *Rapports.* 1. Le comité établit un rapport annuel sur la protection des personnes physiques à l'égard du traitement dans l'Union et, s'il y a lieu, dans les pays tiers et les organisations internationales. Le rapport est rendu public et communiqué au Parlement européen, au Conseil et à la Commission.

2. Le rapport annuel présente notamment le bilan de l'application pratique des lignes directrices, recommandations et bonnes pratiques visées à l'article 70, paragraphe 1, point l), ainsi que des décisions contraignantes visées à l'article 65.

Art. 72 *Procédure.* 1. Le comité prend ses décisions à la majorité simple de ses membres, sauf disposition contraire du présent règlement.

2. Le comité adopte son règlement intérieur à la majorité des deux tiers de ses membres et détermine ses modalités de fonctionnement.

Art. 73 *Président.* 1. Le comité élit son président et deux vice-présidents en son sein à la majorité simple.

2. Le président et les vice-présidents sont élus pour un mandat de cinq ans renouvelable une fois.

Art. 74 *Missions du président.* 1. Le président a pour missions :

a) de convoquer les réunions du comité et d'établir l'ordre du jour ;

b) de notifier les décisions adoptées par le comité en application de l'article 65 à l'autorité de contrôle chef de file et aux autorités de contrôle concernées ;

c) de veiller à l'accomplissement, dans les délais, des missions du comité, notamment en ce qui concerne le mécanisme de contrôle de la cohérence visé à l'article 63.

2. Le comité fixe dans son règlement intérieur la répartition des tâches entre le président et les vice-présidents.

Art. 75 *Secrétariat.* 1. Le comité dispose d'un secrétariat, qui est assuré par le Contrôleur européen de la protection des données.

2. Le secrétariat accomplit ses tâches sous l'autorité exclusive du président du comité.

3. Le personnel du Contrôleur européen de la protection des données qui participe à l'exercice des missions que le présent règlement confie au comité est soumis à une structure hiérarchique distincte de celle du personnel qui participe à l'exercice des missions confiées au Contrôleur européen de la protection des données.

4. Le cas échéant, le comité et le Contrôleur européen de la protection des données établissent et publient un protocole d'accord mettant en œuvre le présent article, fixant les modalités de leur coopération et s'appliquant au personnel du Contrôleur européen de la protection des données qui participe à l'exercice des missions que le présent règlement confie au comité.

5. Le secrétariat fournit un soutien analytique, administratif et logistique au comité.

6. Le secrétariat est notamment chargé de :

a) la gestion courante du comité ;

b) la communication entre les membres du comité, son président et la Commission ;

c) la communication avec d'autres institutions et le public ;

d) l'utilisation des voies électroniques pour la communication interne et externe ;

e) la traduction des informations utiles ;

f) la préparation et le suivi des réunions du comité ;

g) la préparation, la rédaction et la publication d'avis, de décisions relatives au règlement des litiges entre autorités de contrôle et d'autres textes adoptés par le comité.

V. consid. 140.

Art. 76 *Confidentialité.* 1. Lorsque le comité le juge nécessaire, ses débats sont confidentiels, comme le prévoit son règlement intérieur.

2. L'accès aux documents présentés aux membres du comité, aux experts et aux représentants de tiers est régi par le règlement (CE) n° 1049/2001 du Parlement européen et du Conseil *[Règlement (CE) n° 1049/2001 du Parlement européen et du Conseil du 30 mai 2001 relatif à l'accès du public aux documents du Parlement européen, du Conseil et de la Commission (JO L 145 du 31.5.2001, p. 43)]*.

CHAPITRE VIII *VOIES DE RECOURS, RESPONSABILITÉ ET SANCTIONS*

Art. 77 *Droit d'introduire une réclamation auprès d'une autorité de contrôle.* 1. Sans préjudice de tout autre recours administratif ou juridictionnel, toute personne concernée a le droit d'introduire une réclamation auprès d'une autorité de contrôle, en particulier dans l'État membre dans lequel se trouve sa résidence habituelle, son lieu de travail ou le lieu où la violation aurait été commise, si elle considère que le traitement de données à caractère personnel la concernant constitue une violation du présent règlement.

2. L'autorité de contrôle auprès de laquelle la réclamation a été introduite informe l'auteur de la réclamation de l'état d'avancement et de l'issue de la réclamation, y compris de la possibilité d'un recours juridictionnel en vertu de l'article 78.

V. consid. 7 et 141 à 145.

V. L. n° 78-17 du 6 janv. 1978, art. 8.

COMMENTAIRE

Le RGPD, comme la directive de 1995, ouvre la possibilité pour chaque personne concernée de saisir l'autorité de contrôle d'une « réclamation ». Ce terme se retrouve dans la loi du 6 janvier 1978, mais s'est vu, dans le texte comme dans la pratique, concurrencé par le terme de « plainte ». On rappellera à cet égard que la CNIL reçoit et instruit, depuis plusieurs années, environ 8000 plaintes par an. Le pouvoir de la CNIL d'instruire des plaintes est prévu à l'article 11 de la loi Informatique et libertés (V. *infra*, comm. ss. cet art.).

La possibilité de saisir l'autorité d'une « réclamation » suppose que la réglementation ait été méconnue – ce qui pose la question de savoir si les intérêts de la personne doivent avoir été directement lésés –, et intervient indépendamment de tout recours administratif (on pense notamment à des recours gracieux ou hiérarchiques en cas de méconnaissance du RGPD par des traitements d'administrations publiques) ou juridictionnel (notamment pénal, la méconnaissance des principales obligations en matière de protection des données étant constitutive d'infractions pénales, ou civil en cas de réparation). Ceci se traduit notamment par l'obligation faite à l'autorité saisie d'informer la personne sur les voies de recours juridictionnelles également ouvertes. ❑

Art. 78 *Droit à un recours juridictionnel effectif contre une autorité de contrôle.* **1. Sans préjudice de tout autre recours administratif ou extrajudiciaire, toute personne physique ou morale a le droit de former un recours juridictionnel effectif contre une décision juridiquement contraignante d'une autorité de contrôle qui la concerne.**

2. Sans préjudice de tout autre recours administratif ou extrajudiciaire, toute personne concernée a le droit de former un recours juridictionnel effectif lorsque l'autorité de contrôle qui est compétente en vertu des articles 55 et 56 ne traite pas une réclamation ou n'informe pas la personne concernée, dans un délai de trois mois, de l'état d'avancement ou de l'issue de la réclamation qu'elle a introduite au titre de l'article 77.

3. Toute action contre une autorité de contrôle est intentée devant les juridictions de l'État membre sur le territoire duquel l'autorité de contrôle est établie.

4. Dans le cas d'une action intentée contre une décision d'une autorité de contrôle qui a été précédée d'un avis ou d'une décision du comité dans le cadre du mécanisme de contrôle de la cohérence, l'autorité de contrôle transmet l'avis ou la décision en question à la juridiction concernée.

V. consid. 141 et 147.

V. L. nº 78-17 du 6 janv. 1978, art. 19.

COMMENTAIRE

L'article 78 du RGPD prévoit classiquement le droit au recours juridictionnel, à la fois contre une décision prise par une autorité de contrôle et contre l'éventuelle inertie de celle-ci. Seule la juridiction du pays de l'autorité chef de file peut connaître de la décision de celle-ci à l'encontre de l'organisme, y compris lorsque le mécanisme de cohérence est enclenché ; tandis que chaque juridiction compétente peut connaître de la décision de l'autorité de son pays informant le plaignant des suites données à sa plainte (clôture, rejet, ou suite favorable), sous réserve de l'intérêt pour agir. Il est en effet probable que le plaignant n'ait pas d'intérêt à agir contre la décision prise à l'encontre du responsable de traitement (par exemple pour contester le montant de la sanction), (V. comm. ss. L. nº 78-17 du 6 janv. 1978, art. 8). C'est d'ailleurs ce qu'a jugé le Conseil d'État (CE 21 juin 2018, nº 416505 B).

Il en résulte que, si on décompose la procédure de sanction entre décision adressée au plaignant et décision adressée au responsable de traitement, chacune ne peut, en règle générale, être contestée que par une seule de ces parties, devant un seul juge.

S'agissant du délai de recours en cas d'inertie de l'autorité, le RGPD introduit un délai dérogatoire au droit commun en la matière en France, puisque les décisions implicites de rejet de la CNIL faisaient l'objet d'un possible recours deux mois après sa saisine. ❑

Art. 79 *Droit à un recours juridictionnel effectif contre un responsable du traitement ou un sous-traitant.* **1. Sans préjudice de tout recours administratif ou extrajudiciaire qui lui est ouvert, y compris le droit d'introduire une réclamation auprès d'une autorité de contrôle au titre de l'article 77, chaque personne concernée a droit à un recours juridictionnel effectif si elle considère que les droits que lui confère le présent règlement ont été violés du fait d'un traitement de ses données à caractère personnel effectué en violation du présent règlement.**

2. Toute action contre un responsable du traitement ou un sous-traitant est intentée devant les juridictions de l'État membre dans lequel le responsable du traitement ou le sous-traitant dispose d'un établissement. Une telle action peut aussi être inten-

tée devant les juridictions de l'État membre dans lequel la personne concernée a sa résidence habituelle, sauf si le responsable du traitement ou le sous-traitant est une autorité publique d'un État membre agissant dans l'exercice de ses prérogatives de puissance publique.

V. consid. 145.

V. L. nº 78-17 du 6 janv. 1978, art. 8 et 39.

Art. 80 *Représentation des personnes concernées.* **1. La personne concernée a le droit de mandater un organisme, une organisation ou une association à but non lucratif, qui a été valablement constitué conformément au droit d'un État membre, dont les objectifs statutaires sont d'intérêt public et est actif dans le domaine de la protection des droits et libertés des personnes concernées dans le cadre de la protection des données à caractère personnel les concernant, pour qu'il introduise une réclamation en son nom, exerce en son nom les droits visés aux articles 77, 78 et 79 et exerce en son nom le droit d'obtenir réparation visé à l'article 82 lorsque le droit d'un État membre le prévoit.**

2. Les États membres peuvent prévoir que tout organisme, organisation ou association visé au paragraphe 1 du présent article, indépendamment de tout mandat confié par une personne concernée, a, dans l'État membre en question, le droit d'introduire une réclamation auprès de l'autorité de contrôle qui est compétente en vertu de l'article 77, et d'exercer les droits visés aux articles 78 et 79 s'il considère que les droits d'une personne concernée prévus dans le présent règlement ont été violés du fait du traitement.

V. consid. 142.

V. L. nº 78-17 du 6 janv. 1978, art. 37 et 38.

COMMENTAIRE

Les dispositions de l'article 80 du RGPD introduisent le recours collectif en matière de protection des données. Elles en posent le principe lorsque la personne physique en donne le mandat, et dès lors que l'organisme ou l'association remplit un certain nombre de critères d'objet social et d'activité. Mais elles ouvrent aussi la possibilité pour les États membres d'aller plus loin en prévoyant une action collective indépendamment de tout mandat.

La Cour de justice de l'Union européenne avait déjà précisé que la directive 95/46 ne s'opposait pas à une réglementation nationale permettant aux associations de défense des intérêts des consommateurs d'agir en justice contre l'auteur présumé d'une atteinte à la protection des données à caractère personnel (CJUE 29 juill. 2019, *Fashion ID*, nº C-40/17). Cette « qualité à agir » au sens du RGPD d'une association de défense des intérêts des consommateurs a été consacrée, « indépendamment de la violation des droits d'une personne individuellement et concrètement affectée par cette violation » (CJUE 28 avr. 2022, *Meta Platforms Ireland Limited*, nº C-319/20). ❑

Intérêt à agir. L'art. 80, § 2, RGPD ne s'oppose pas à une réglementation nationale qui permet à une association de défense des intérêts des consommateurs d'agir en justice, en l'absence d'un mandat qui lui a été conféré à cette fin et indépendamment de la violation de droits concrets des personnes concernées, contre l'auteur présumé d'une atteinte à la protection des données à caractère personnel, en invoquant la violation de l'interdiction des pratiques commerciales déloyales, d'une loi en matière de protection des consommateurs ou de l'interdiction de l'utilisation de conditions générales nulles, dès lors que le traitement de données concerné est susceptible d'affecter les droits que des personnes physiques identifiées ou identifiables tirent de ce règlement. • CJUE 28 avr. 2022, *Meta Platforms Ireland Limited,* nº C-319/20 : *CCC 2022, nº 124, obs. Bernheim-Desvaux.*

Art. 81 *Suspension d'une action.* **1. Lorsqu'une juridiction compétente d'un État membre est informée qu'une action concernant le même objet a été intentée à l'égard d'un traitement effectué par le même responsable du traitement ou le même sous-traitant et est pendante devant une juridiction d'un autre État membre, elle contacte cette juridiction dans l'autre État membre pour confirmer l'existence d'une telle action.**

2. Lorsqu'une action concernant le même objet a été intentée à l'égard d'un traitement effectué par le même responsable du traitement ou le même sous-traitant et

est pendante devant une juridiction d'un autre État membre, toute juridiction compétente autre que la juridiction saisie en premier lieu peut suspendre son action.

3. Lorsque cette action est pendante devant des juridictions du premier degré, toute juridiction autre que la juridiction saisie en premier lieu peut également se dessaisir, à la demande de l'une des parties, à condition que la juridiction saisie en premier lieu soit compétente pour connaître des actions en question et que le droit applicable permette leur jonction.

COMMENTAIRE

L'article 81 du RGPD est le pendant du mécanisme de mise en cohérence et de la compétence juridique simultanée des différentes autorités concernées. Il permet à une juridiction saisie d'une affaire connexe à un litige dont connaît une autre juridiction de surseoir à statuer. Les règles de procédure contentieuses relevant du droit des États membres, le RGPD ne pouvait aller au-delà de cette simple faculté. ❑

Art. 82 *Droit à réparation et responsabilité.* **1. Toute personne ayant subi un dommage matériel ou moral du fait d'une violation du présent règlement a le droit d'obtenir du responsable du traitement ou du sous-traitant réparation du préjudice subi.**

2. Tout responsable du traitement ayant participé au traitement est responsable du dommage causé par le traitement qui constitue une violation du présent règlement. Un sous-traitant n'est tenu pour responsable du dommage causé par le traitement que s'il n'a pas respecté les obligations prévues par le présent règlement qui incombent spécifiquement aux sous-traitants ou qu'il a agi en dehors des instructions licites du responsable du traitement ou contrairement à celles-ci.

3. Un responsable du traitement ou un sous-traitant est exonéré de responsabilité, au titre du paragraphe 2, s'il prouve que le fait qui a provoqué le dommage ne lui est nullement imputable.

4. Lorsque plusieurs responsables du traitement ou sous-traitants ou lorsque, à la fois, un responsable du traitement et un sous-traitant participent au même traitement et, lorsque, au titre des paragraphes 2 et 3, ils sont responsables d'un dommage causé par le traitement, chacun des responsables du traitement ou des sous-traitants est tenu responsable du dommage dans sa totalité afin de garantir à la personne concernée une réparation effective.

5. Lorsqu'un responsable du traitement ou un sous-traitant a, conformément au paragraphe 4, réparé totalement le dommage subi, il est en droit de réclamer auprès des autres responsables du traitement ou sous-traitants ayant participé au même traitement la part de la réparation correspondant à leur part de responsabilité dans le dommage, conformément aux conditions fixées au paragraphe 2.

6. Les actions judiciaires engagées pour exercer le droit à obtenir réparation sont intentées devant les juridictions compétentes en vertu du droit de l'État membre visé à l'article 79, paragraphe 2.

V. consid. 146.

COMMENTAIRE

Les dispositions de l'article 82 du RGPD consacrent le droit à réparation du préjudice subi par la personne concernée au titre de la protection de ses données personnelles. Le dispositif n'est pas, dans son principe, innovant, et aurait pu résulter de l'application classique des règles des droits de la responsabilité (civile ou administrative) de chaque État membre.

Cependant, le principal intérêt de cet article réside dans le partage de responsabilité du responsable du traitement et du sous-traitant. Il pose en effet le principe de la responsabilité solidaire des deux acteurs lorsqu'ils participent au même traitement. Le point est essentiel, car la personne concernée n'est pas toujours en mesure de faire la part des responsabilités – ni *a fortiori* du partage des rôles – entre le responsable du traitement et le sous-traitant. Elle peut donc demander réparation à l'un, à l'autre ou aux deux, l'engagement de leur responsabilité solidaire étant la plus protectrice, à charge ensuite pour l'organisme condamné de réclamer aux autres, dans le cadre d'une action récursoire, la part de réparation qui leur est imputable en vertu du partage de responsabilité fixé par le présent règlement entre responsables de traitement et sous-traitants. ❑

Art. 83 *Conditions générales pour imposer des amendes administratives.* 1. Chaque autorité de contrôle veille à ce que les amendes administratives imposées en vertu du présent article pour des violations du présent règlement visées aux paragraphes 4, 5 et 6 soient, dans chaque cas, effectives, proportionnées et dissuasives.

2. Selon les caractéristiques propres à chaque cas, les amendes administratives sont imposées en complément ou à la place des mesures visées à l'article 58, paragraphe 2, points a) à h), et j). Pour décider s'il y a lieu d'imposer une amende administrative et pour décider du montant de l'amende administrative, il est dûment tenu compte, dans chaque cas d'espèce, des éléments suivants :

a) la nature, la gravité et la durée de la violation, compte tenu de la nature, de la portée ou de la finalité du traitement concerné, ainsi que du nombre de personnes concernées affectées et le niveau de dommage qu'elles ont subi ;

b) le fait que la violation a été commise délibérément ou par négligence ;

c) toute mesure prise par le responsable du traitement ou le sous-traitant pour atténuer le dommage subi par les personnes concernées ;

d) le degré de responsabilité du responsable du traitement ou du sous-traitant, compte tenu des mesures techniques et organisationnelles qu'ils ont mises en œuvre en vertu des articles 25 et 32 ;

e) toute violation pertinente commise précédemment par le responsable du traitement ou le sous-traitant ;

f) le degré de coopération établi avec l'autorité de contrôle en vue de remédier à la violation et d'en atténuer les éventuels effets négatifs ;

g) les catégories de données à caractère personnel concernées par la violation ;

h) la manière dont l'autorité de contrôle a eu connaissance de la violation, notamment si, et dans quelle mesure, le responsable du traitement ou le sous-traitant a notifié la violation ;

i) lorsque des mesures visées à l'article 58, paragraphe 2, ont été précédemment ordonnées à l'encontre du responsable du traitement ou du sous-traitant concerné pour le même objet, le respect de ces mesures ;

j) l'application de codes de conduite approuvés en application de l'article 40 ou de mécanismes de certification approuvés en application de l'article 42 ; et

k) toute autre circonstance aggravante ou atténuante applicable aux circonstances de l'espèce, telle que les avantages financiers obtenus ou les pertes évitées, directement ou indirectement, du fait de la violation.

3. Si un responsable du traitement ou un sous-traitant viole délibérément ou par négligence plusieurs dispositions du présent règlement, dans le cadre de la même opération de traitement ou d'opérations de traitement liées, le montant total de l'amende administrative ne peut pas excéder le montant fixé pour la violation la plus grave.

4. Les violations des dispositions suivantes font l'objet, conformément au paragraphe 2, d'amendes administratives pouvant s'élever jusqu'à 10 000 000 € ou, dans le cas d'une entreprise, jusqu'à 2 % du chiffre d'affaires annuel mondial total de l'exercice précédent, le montant le plus élevé étant retenu :

a) les obligations incombant au responsable du traitement et au sous-traitant en vertu des articles 8, 11, 25 à 39, 42 et 43 ;

b) les obligations incombant à l'organisme de certification en vertu des articles 42 et 43 ;

c) les obligations incombant à l'organisme chargé du suivi des codes de conduite en vertu de l'article 41, paragraphe 4.

5. Les violations des dispositions suivantes font l'objet, conformément au paragraphe 2, d'amendes administratives pouvant s'élever jusqu'à 20 000 000 € ou, dans le cas d'une entreprise, jusqu'à 4 % du chiffre d'affaires annuel mondial total de l'exercice précédent, le montant le plus élevé étant retenu :

a) les principes de base d'un traitement, y compris les conditions applicables au consentement en vertu des articles 5, 6, 7 et 9 ;

b) les droits dont bénéficient les personnes concernées en vertu des articles 12 à 22*[, point]* c) les transferts de données à caractère personnel à un destinataire situé dans un pays tiers ou à une organisation internationale en vertu des articles 44 à 49 ;

d) toutes les obligations découlant du droit des États membres adoptées en vertu du chapitre IX ;

e) le non-respect d'une injonction, d'une limitation temporaire ou définitive du traitement ou de la suspension des flux de données ordonnée par l'autorité de contrôle en vertu de l'article 58, paragraphe 2, ou le fait de ne pas accorder l'accès prévu, en violation de l'article 58, paragraphe 1.

6. Le non-respect d'une injonction émise par l'autorité de contrôle en vertu de l'article 58, paragraphe 2, fait l'objet, conformément au paragraphe 2 du présent article, d'amendes administratives pouvant s'élever jusqu'à 20 000 000 € ou, dans le cas d'une entreprise, jusqu'à 4 % du chiffre d'affaires annuel mondial total de l'exercice précédent, le montant le plus élevé étant retenu.

7. Sans préjudice des pouvoirs dont les autorités de contrôle disposent en matière d'adoption de mesures correctrices en vertu de l'article 58, paragraphe 2, chaque État membre peut établir les règles déterminant si et dans quelle mesure des amendes administratives peuvent être imposées à des autorités publiques et à des organismes publics établis sur son territoire.

8. L'exercice, par l'autorité de contrôle, des pouvoirs que lui confère le présent article est soumis à des garanties procédurales appropriées conformément au droit de l'Union et au droit des États membres, y compris un recours juridictionnel effectif et une procédure régulière.

9. Si le système juridique d'un État membre ne prévoit pas d'amendes administratives, le présent article peut être appliqué de telle sorte que l'amende est déterminée par l'autorité de contrôle compétente et imposée par les juridictions nationales compétentes, tout en veillant à ce que ces voies de droit soit effectives et aient un effet équivalent aux amendes administratives imposées par les autorités de contrôle. En tout état de cause, les amendes imposées sont effectives, proportionnées et dissuasives. Les États membres concernés notifient à la Commission les dispositions légales qu'ils adoptent en vertu du présent paragraphe au plus tard le 25 mai 2018 et, sans tarder, toute disposition légale modificative ultérieure ou toute modification ultérieure les concernant.

V. consid. 148 à 152.

V. L. n° 78-17 du 6 janv. 1978, art. 20.

BIBL. ▶ MOHTY et STAUB, *Dalloz IP/IT 2022. 198* (les sanctions pour violation du RGPD : quelle efficacité ?).

COMMENTAIRE

L'article 83 du RGPD est à bien des égards central dans le RGPD, quoiqu'intervenant à son terme. C'est en effet l'article auquel renvoie le plus grand nombre d'articles du RGPD, dans la mesure où il pose le quantum des sanctions administratives applicables aux violations du règlement. Il constitue donc le « verrou » répressif du dispositif. L'ampleur des sanctions encourues a été fortement mise en avant à l'occasion de son adoption, et constitue le corollaire de la logique de « responsabilisation des acteurs ».

Comme pour tout régime de sanctions, l'article 83 prévoit :

– le champ d'application personnel : peut faire l'objet d'une sanction administrative le responsable de traitement ou le sous-traitant ;

– le champ d'application matériel, par la définition des infractions ;

– la proportionnalité des sanctions, avec un double dispositif :

– des plafonds d'amendes en fonction des violations, celles-ci étant réparties en deux catégories principales faisant l'objet respectivement d'amendes d'un montant maximal de 10 ou 20 millions d'euros, ou de 2 ou 4 % du chiffre d'affaires mondial total de l'année précédente ;

– des critères permettant ensuite de moduler le montant de la sanction, sous ce plafond : nature, gravité et durée de la violation, compte tenu de la nature, de la portée ou de la finalité du traitement concerné ainsi que du nombre de personnes concernées affectées ; niveau de dommage subi ; type de données ; intentionnalité ; mesures adoptées (en écho au principe d'*accountability*) ; coopération avec l'autorité ; avantages retirés du manquement, etc. A cet égard, l'article 83 est beaucoup plus précis que l'article 47 de la loi Informatique et libertés, qui prévoyait uniquement le principe de la proportionnalité de l'amende à la gravité des manquements et aux bénéfices retirés.

Dès 2017, les autorités de protection de données ont adopté des lignes directrices sur l'application et la fixation des amendes administratives aux fins du règlement (UE) 2016/679

(WP 253) qui ont été complétées par les lignes directrices 04/2022 sur le calcul des amendes administratives sous le RGPD (soumis à consultation publique).

La procédure relève en revanche du droit national des États membres, sous réserve du mécanisme de cohérence (V. RGPD, art. 60 s.). Le CEDP a prononcé une décision contraignante sur le fondement de l'article 35 du RGPD suite aux objections de ses membres concernant un projet de décision de l'autorité irlandaise qui proposait une sanction financière à l'encontre de Twitter International évaluée entre 135 000 et 275 000 euros. Le CEPD l'a jugé comme « ne répondant pas à l'objectif de mesure corrective » (Décis. 01/2020 du 9 nov. 2020, § 165, *on the dispute arisen on the draft decision of the Irish Supervisory Authority regarding Twitter International Company under Article 65(1)(a) GDPR*). L'amende sera finalement fixée par l'autorité irlandaise à 450 000 euros (DPC 9 déc. 2020, n° IN-19-1-1, https://www.dataprotection.ie/en/dpc-guidance/law/decisions/twitter-december-2020)

Voir sous l'article 33 pour la prise en compte des critères de la violation de données et les notes de jurisprudence sous le présent article. ❑

1. Exemples de sanctions prononcées par les autorités nationales. 60 millions d'euros à la société mère américaine et 40 millions d'euros à la filiale irlandaise accompagnés d'une injonction de mise en conformité à l'art. 82 de la loi « Informatique et Libertés ». • CNIL 7 déc. 2020, n° SAN-2020-012 : *D. actu. 17 déc. 2020, obs. Crichton; Dalloz IP/IT 2021. 226, note Netter*. ♦ 35 millions d'euros et injonction de mise en conformité à l'art. 82 de la loi « Informatique et Libertés ». • CNIL 7 déc. 2020, n° SAN-2020-013 : *D. actu. 17 déc. 2020, obs. Crichton; Dalloz IP/IT 2021. 226, note Netter*. ♦ 50 millions d'euros et publicité de la décision. • CNIL, délib., 21 janv. 2019, *Google LLC*, n° SAN-2019-001 : *D. 2019. 1673, obs. Maxwell et Zolynski; Dalloz IP/IT 2019. 165, obs. Netter; CCE 2019, n° 35, note Metallinos; ibid. 2019, n° 43, note Debet.* ♦ Sur l'appréciation du montant notamment au regard de l'application de l'art. 83-3 du RGPD rappelant que « en cas de violations multiples, le montant total de l'amende ne peut excéder le montant fixé pour la violation la plus grave », V. : • CNIL, délib., 28 mai 2019, *SERGIC*, n° SAN-2019-005 : *RLDI oct. 2019. 35, note Gastaud.* ♦ Prise en compte des « mesures que la société a prises au cours de l'instruction de la procédure de sanction pour se mettre en conformité, du fait qu'il s'agit d'une microentreprise et de sa situation financière, afin de déterminer le montant d'une amende administrative juste et proportionnée mais qui doit également être dissuasive ». • CNIL, délib., 13 juin 2019, n° SAN-2019-006. ♦ Sur la mise en conformité partielle pendant l'instruction : • CNIL, délib., 13 juin 2019 : *préc.* ♦ Sur le fondement de la Dir. 95/46/CE, le Conseil d'État a considéré que « si l'instruction contradictoire de la procédure disciplinaire fait apparaître que la personne poursuivie avait remédié aux manquements constatés dans la mise en demeure, dans le délai qui lui était imparti, cette circonstance ne fait pas obstacle au prononcé d'une sanction pour méconnaissance de l'obligation de coopérer avec la CNIL ». • CE 6 juin 2018, n° 412589 : *D. 2018. 2270, obs. Larrieu, Le Stanc et Tréfigny*. ♦ Sur la prise en compte dans le montant de la sanction du fait que la conservation en base active pour des durées supérieures aux durées légales autorisées pouvait excéder trente ans et avait concerné les données à caractère personnel de plus de deux millions de clients collectées lors de la conclusion de contrats d'assurance : • CNIL 20 juill. 2021, *Ag2r la mondiale*, délib. n° SAN-2021-010 : *cité note 26 ss. art. 5.* ♦ Pour une sanction d'un million d'euro pour ne pas avoir respecté les obligations en matière de prospection commerciale et de droits des personnes, V. • CNIL 23 juin 2022, n° SAN-2022-011.

Est particulièrement importante l'atteinte aux droits des personnes qui résulte du manquement au principe de minimisation des données à caractère personnel au regard de la nature particulière des données de géolocalisation dès lors que la collecte quasi permanente de ces données de géolocalisation est particulièrement intrusive pour les utilisateurs de véhicules de location permettant de suivre l'ensemble des trajets réalisés par l'utilisateur, d'identifier les lieux où il se rend, pouvant révéler ainsi des informations sur son comportement, ses habitudes de vie, ce qui est susceptible de porter atteinte à sa liberté de circulation et à sa vie privée. • CNIL 7 juill. 2022, n° SAN-2022-015.

2. Proportionnalité de la sanction. Sur la proportionnalité de la sanction « eu égard à la nature et à la gravité du manquement constaté qu'il aurait été possible de prévenir par des mesures simples de sécurité, comme l'occultation des chemins d'accès aux dossiers enregistrés ou l'authentification des utilisateurs du traitement, aux moyens importants dont dispose l'association et au délai avec lequel elle a apporté les mesures correctrices de nature à remédier à ce manquement », V. • CE 17 avr. 2019, n° 423559 : *Légipresse 2019. 260 et les obs.* ♦ Pour évaluer la proportionnalité de l'amende, la formation restreinte a tenu compte de ce que la société s'est mise en conformité avec l'ensemble des manquements relevés et de ce que certains d'entre eux, en lien avec l'exercice des droits des personnes, ne revêtaient pas un caractère structurel, du fait que la société a pleinement coopéré avec la CNIL, ainsi que du contexte économique causé par la crise sanitaire de la covid-19 et de ses conséquences sur la situation financière de la société. • CNIL 3 août 2022, n° SAN-2022-017.

♦ A fait preuve d'une négligence certaine s'agissant de principes fondamentaux du RGPD la société qui compte cinq manquements constitués, portant notamment sur l'information et les droits des personnes. • CNIL 23 juin 2022, n° SAN-2022-011. ♦ Doit être pris en compte le fait que la société est un acteur particulièrement important du secteur de la production et de la fourniture d'énergies puisqu'elle dénombrait, en 2021, environ 8 millions de clients et prospects, ce qui la classait au troisième rang des fournisseurs d'énergies en France, disposant ainsi de ressources importantes lui permettant de traiter les questions de protection des données personnelles. • CNIL 23 juin 2022, n° SAN-2022-011.

3. Montant de la sanction. La CNIL doit, dans la détermination du montant de la sanction, prendre en compte la célérité avec laquelle la société a apporté les mesures correctrices de nature à remédier aux manquements constatés. • CE 17 avr. 2019, n° 422575 : *Dalloz IP/IT 2019. 577, obs. Galichet* (réduction d'une sanction pécuniaire). ♦ Prise en compte du caractère formel de la notification et à l'inverse de la gravité de la violation détectée dans la détermination du montant de l'amende. • CNIL 7 déc. 2020, n° SAN-2020-014. ♦ Compte tenu de la gravité des manquements constatés et de l'ensemble des circonstances de l'espèce, et au regard des capacités financières respectives des sociétés, la formation restreinte de la CNIL n'a pas infligé une sanction d'un montant disproportionné aux sociétés Google LLC et Google Ireland Limited (montants respectifs de 60 000 000 € et 40 000 000 €). • CE 28 janv. 2022, n° 449209 : *Dalloz IP/IT 2022. 337, obs. Douville ; RTD com. 2022. 295, obs. Netter*. ♦ En application de l'art. 83, § 3, en cas de violations multiples, le montant total de l'amende ne peut excéder le montant fixé pour la violation la plus grave. • CNIL 28 déc. 2021, *Slimpay,* délib. n° SAN-2021-020 : *Dalloz IP/IT 2022. 335, obs. Galichet*.

4. Motivation des décisions de sanctions. Pour prononcer une sanction, la formation restreinte de la CNIL n'a, ni à se prononcer sur l'ensemble des critères de sanction posés à l'art. 83, ni à expliquer les éléments chiffrés justifiant de la détermination du montant de la sanction infligée. • CE 19 juin 2020, n° 430810 A.

5. Coopération avec l'autorité. La coopération avec l'autorité de contrôle ne constitue pas un facteur atténuant par principe le montant de la sanction, dès lors que cette coopération est une obligation et que l'organisme contrôlé n'est « pas allé au-delà de ses devoirs » *[traduction de l'auteur]*. • CEPD, décis. 9 nov. 2020, décis. 01/2020, § 165 *(on the dispute arisen on the draft decision of the Irish Supervisory Authority regarding Twitter International Company under Article 65(1)(a) GDPR).* ♦ Ne peut être utilement invoquer la difficulté de se conformer à des obligations nouvelles dès lors que les obligations méconnues existaient déjà avant l'entrée en vigueur du RGPD et les correctifs apportés en cours de procédure n'ont pas mis fin de façon effective aux manquements constatés avant la notification du rapport de sanction. • CE 1er mars 2021, *Futura Internationale,* n° 437808.

La coopération tout au long de la procédure avec les services de la CNIL ainsi que la réaction immédiate de la société à la violation des données ne prive pas la CNIL de sanctionner une violation de données résultant d'une négligence à des règles élémentaires de sécurité des systèmes d'information. • CNIL 28 déc. 2021, *Slimpay,* délib. n° SAN-2021-020 : *préc. note 3.* ♦ Ne peuvent être regardées comme une véritable coopération avec l'autorité de contrôle les mises à jour auxquelles il a été procédé à la suite de l'engagement de la procédure de sanction, en l'absence persistante, en particulier, de communication à cette dernière des revenus publicitaires des sociétés Google en France. • CE 28 janv. 2022, n° 449209. ♦ Dès lors qu'il résulte de l'instruction et qu'il n'est pas contesté que la société n'a pas fourni les éléments dans le délai de trois mois qui lui avait été assigné, c'est à bon droit que la formation restreinte de la CNIL a estimé que le manquement à l'obligation de coopérer était caractérisé, la circonstance que le responsable de traitement ferait appel à un prestataire technique étant sans incidence. • CE 6 juin 2018, *Sté Éditions Croque Futur,* n° 412589. ♦ Dès lors que l'obligation de coopérer est loin d'être pleinement satisfaite en l'espèce, il n'y a pas lieu à application d'une circonstance atténuante au titre du f) du § 2 de l'art. 83. Ainsi, les sociétés ne peuvent se prévaloir d'une coopération exemplaire avec la CNIL, alors qu'elles n'ont jamais communiqué la volumétrie du nombre de visiteurs uniques quotidiens pour les sites google.fr et youtube.com au cours des douze derniers mois depuis la France, éléments pourtant demandés par la délégation de contrôle de la CNIL. • CNIL, form. restr., 31 déc. 2021, *Google LLC et Google Ireland Limited,* n° SAN-2021-023 : *Dalloz IP/IT 2022. 392, obs. Netter ; RTD com. 2022. 295, obs. Netter ; AJDA 2022. 1435, obs. Maury*.

6. Sur l'application du critère de l'avantage financier obtenu du fait du manquement. Si la formation restreinte admet que l'ensemble des revenus des sociétés ne sont pas directement liés aux cookies, elle souligne que la publicité en ligne repose essentiellement sur le ciblage des internautes, auquel le cookie participe directement en permettant de singulariser et d'atteindre l'utilisateur identifié en vue de lui afficher du contenu publicitaire correspondant à ses centres d'intérêt et à son profil. Ainsi, les opérations de lecture et écriture, permettant la collecte des données des utilisateurs à des fins de publicité ciblée via les sites google.fr et youtube.com permettent aux sociétés de tirer un avantage financier considérable. • CNIL, form. restr., 31 déc. 2021, *Google LLC et Google Ireland Limited,* n° SAN-2021-023 : *préc. note 5.*

*7. **Sur l'injonction.*** Ne relève pas d'une injonction la société qui a pris des mesures de mise en conformité de ses traitements. • CNIL 23 juin 2022, n° SAN-2022-011.

*8. **Réévaluation suite à une demande du CEPD.*** Par une décision n° 01/2022 concernant le litige relatif au projet de décision de l'autorité de contrôle française concernant Accor SA, le CEPD a enjoint la CNIL de réexaminer les éléments sur lesquels elle s'est fondée pour calculer le montant de l'amende, afin de s'assurer que ladite amende satisfait au critère d'effet dissuasif prévu par l'art. 83, § 1, du RGPD. • CNIL 3 août 2022, n° SAN-2022-017.

Art. 84 *Sanctions.* **1. Les États membres déterminent le régime des autres sanctions applicables en cas de violations du présent règlement, en particulier pour les violations qui ne font pas l'objet des amendes administratives prévues à l'article 83, et prennent toutes les mesures nécessaires pour garantir leur mise en œuvre. Ces sanctions sont effectives, proportionnées et dissuasives.**

2. Chaque État membre notifie à la Commission les dispositions légales qu'il adopte en vertu du paragraphe 1 au plus tard le 25 mai 2018 et, sans tarder, toute modification ultérieure les concernant.

V. consid. 148 à 152.

V. L. n° 78-17 du 6 janv. 1978, art. 20 et 22.

COMMENTAIRE

L'article 84 du RGPD permet au droit national :

– de préciser, le cas échéant par une disposition « balai » (V. *infra*, L. n° 78-17 du 6 janv. 1978, art. 45), le quantum des sanctions encourues en cas de violation des dispositions du RGPD non énumérées à l'article 83 ;

– sous réserve du respect du principe du *non bis in idem*, de prévoir des sanctions autres que des sanctions administratives, comme c'est le cas du droit français qui a « pénalisé » les principales violations de la loi du 6 janvier 1978 (V. *infra* cette loi, art. 50 s.).

Le régime de sanctions français, reposant sur l'utilisation de la gamme des sanctions administratives et pénales, est donc préservé. ❑

CHAPITRE IX *DISPOSITIONS RELATIVES À DES SITUATIONS PARTICULIÈRES DE TRAITEMENT*

COMMENTAIRE

Le chapitre IX remet en perspective la protection des données en permettant aux États membres d'adopter des dispositions dérogatoires au RGPD afin de concilier les droits fondamentaux (liberté d'expression et d'information, ou de culte) et la recherche (scientifique, statistique, historique) avec l'intérêt public (accès du public aux documents officiels, numéro de sécurité sociale, protection du secret professionnel).

Ces dispositions spécifiques font écho au considérant 4 du RGPD qui précisait que « le présent règlement respecte tous les droits fondamentaux et observe les libertés et les principes reconnus par la Charte, consacrés par les traités, en particulier le respect de la vie privée et familiale, du domicile et des communications, la protection des données à caractère personnel, la liberté de pensée, de conscience et de religion, la liberté d'expression et d'information, la liberté d'entreprise, le droit à un recours effectif et à accéder à un tribunal impartial, et la diversité culturelle, religieuse et linguistique ». ❑

Art. 85 *Traitement et liberté d'expression et d'information.* **1. Les États membres concilient, par la loi, le droit à la protection des données à caractère personnel au titre du présent règlement et le droit à la liberté d'expression et d'information, y compris le traitement à des fins journalistiques et à des fins d'expression universitaire, artistique ou littéraire.**

2. Dans le cadre du traitement réalisé à des fins journalistiques ou à des fins d'expression universitaire, artistique ou littéraire, les États membres prévoient des exemptions ou des dérogations au chapitre II (principes), au chapitre III (droits de la personne concernée), au chapitre IV (responsable du traitement et sous-traitant), au chapitre V (transfert de données à caractère personnel vers des pays tiers ou à des organisations internationales), au chapitre VI (autorités de contrôle indépendantes), au chapitre VII (coopération et cohérence) et au chapitre IX (situations

particulières de traitement) si celles-ci sont nécessaires pour concilier le droit à la protection des données à caractère personnel et la liberté d'expression et d'information.

3. Chaque État membre notifie à la Commission les dispositions légales qu'il a adoptées en vertu du paragraphe 2 et, sans tarder, toute disposition légale modificative ultérieure ou toute modification ultérieure les concernant.

V. consid. 153.

V. L. n° 78-17 du 6 janv. 1978, art. 80.

COMMENTAIRE

Consacrée à l'article 11 de la Déclaration des droits de l'homme et à l'article 10 de la Convention européenne de sauvegarde des droits de l'homme et des libertés fondamentales, la liberté d'expression est une des pierres angulaires d'un État démocratique.

Se fondant sur l'article 9 de la directive 95/46/CE du 24 octobre 1995, tel qu'interprété par la Cour de justice de l'Union européenne (CJUE), l'article 85 prévoit des dérogations à certaines dispositions du RGPD afin de concilier le droit à la protection des données avec la liberté d'expression. Ces dérogations peuvent s'avérer indispensables lorsque l'information préalable des personnes se révèle incompatible avec la liberté de la presse, d'enquêter par exemple.

I. DÉFINITION

A. NOTIONS

Le premier alinéa de l'article 85 du RGPD vise le droit à la liberté d'expression et d'information qui comprend « le traitement à des fins journalistiques et à des fins d'expression universitaire, artistique ou littéraire ».

Les traitements à des fins journalistiques et à des fins d'expression universitaire, artistique ou littéraire ne sont pas définis dans le RGPD, et ne l'étaient pas non plus dans la directive de 1995. Il convient donc de se référer au considérant 153, qui reprend la jurisprudence de la CJUE en imposant une interprétation « large » de la notion de journalisme (V. CJUE 16 déc. 2008, *Satamedia*, n° C-73/07, § 56). La Cour a également considéré que « l'enregistrement vidéo de membres de la police dans un commissariat, lors d'une prise de déposition, et la publication de la vidéo ainsi enregistrée sur un site Internet de vidéos sur lequel les utilisateurs peuvent envoyer, regarder et partager celles-ci, peuvent constituer un traitement de données à caractère personnel aux seules fins de journalisme, au sens de cette disposition, pour autant qu'il ressorte de ladite vidéo que ledit enregistrement et ladite publication ont pour seule finalité la divulgation au public d'informations, d'opinions ou d'idées, ce qu'il incombe à la juridiction de renvoi de vérifier » (CJUE, n° C-345/17 du 14 févr. 2019).

Ainsi, des activités, « concernant des données provenant de documents publics selon la législation nationale, peuvent être qualifiées d'« activités de journalisme », si elles ont pour finalité la divulgation au public d'informations, d'opinions ou d'idées, par quelque moyen de transmission que ce soit. Elles ne sont pas réservées aux entreprises de média et peuvent être liées à un but lucratif ». Pour bénéficier de l'exemption, « lesdites activités [doivent avoir] pour seule finalité la divulgation au public d'informations, d'opinions ou d'idées, ce qu'il appartient à la juridiction nationale d'apprécier » (CJUE 16 déc. 2008, *Satamedia : préc.*).

La CJUE a cependant limité cette définition en précisant que le traitement effectué par l'exploitant d'un moteur de recherche ne peut être considéré « comme exercé aux seuls fins de journalisme » (V. CJUE 13 mai 2014, *Google Spain*, n° C-131/12).

B. ÉTENDUE DES RESTRICTIONS AU RGPD

L'article 85 précise les dispositions du RGPD auxquelles les États membres peuvent déroger dans le cadre du droit à la liberté d'expression et d'information.

Rappelons que les dérogations aux principes du RGPD ne sont admises que si elles sont strictement nécessaires. La CJUE a en effet considéré que « pour obtenir une pondération équilibrée entre les deux droits fondamentaux, la protection du droit fondamental à la vie privée exige que les dérogations et limitations de la protection des données prévues aux chapitres susmentionnés de la directive doivent s'opérer dans les limites du strict nécessaire » (CJUE 16 déc. 2008, *Satamedia : préc.*).

Ces dérogations peuvent porter sur la quasi-totalité du RGPD. En effet, « les États membres devraient adopter de telles exemptions et dérogations en ce qui concerne les principes généraux, les droits de la personne concernée, le responsable du traitement et le sous-traitant, le transfert des données à caractère personnel vers des pays tiers ou à des organisations internationales, les autorités de contrôle indépendantes, la coopération et la cohérence, ainsi que les situations particulières de traitement des données » (RGPD, consid. 153).

Rappelons que les dérogations aux principes du RGPD ne sont admises que si elles sont strictement nécessaires. La CJUE a en effet considéré que « pour obtenir une pondération équilibrée entre les deux droits fondamentaux, la protection du droit fondamental à la vie privée exige que les dérogations et limitations de la protection des données prévues aux chapitres susmentionnés de la directive doivent s'opérer dans les limites du strict nécessaire » (CJUE 16 déc. 2008, *Satamedia : préc.*).

II. CONCILIATION DES DROITS

Lorsque de tels droits fondamentaux entrent en conflit, la CJUE considère que seul l'intérêt prépondérant du public peut les départager.

C'est le critère utilisé par la CJUE dans son arrêt *Google Spain*, qui consacra le droit à l'oubli numérique : « Cette [personne] pouvant, eu égard à ses droits fondamentaux au titre des articles 7 et 8 de la Charte, demander que l'information en question ne soit plus mise à la disposition du grand public du fait de son inclusion dans une telle liste de résultats, ces droits prévalent, en principe, non seulement sur l'intérêt économique de l'exploitant du moteur de recherche, mais également sur l'intérêt de ce public à accéder à ladite information lors d'une recherche portant sur le nom de cette personne. Cependant, tel ne serait pas le cas s'il apparaissait, pour des raisons particulières, telles que le rôle joué par ladite personne dans la vie publique, que l'ingérence dans ses droits fondamentaux est justifiée par l'intérêt prépondérant dudit public à avoir, du fait de cette inclusion, accès à l'information en question » (CJUE 13 mai 2014 : *préc.*).

Dans son guide à destination des médias, l'autorité de protection des données britannique a précisé qu'il ne peut y avoir de dérogation aux principes de protection des données que s'il s'avère « impossible de se conformer aux principes et d'accomplir sa mission journalistique, ou irraisonnable de s'y conformer compte tenu des objectifs journalistiques, après avoir mis en perspective l'intérêt public face aux conséquences de l'exercice des principes de protection des données » (ICO, *Data protection and journalism : a guide for the media, 2014*).

III. APPLICATION DES EXCEPTIONS ET DÉROGATIONS AU RGPD

A. FORME DES RESTRICTIONS

Seul le pouvoir législatif, en l'occurrence national, est en mesure de restreindre les dispositions protectrices du RGPD. Ces dispositions législatives doivent être notifiées à la Commission européenne.

B. TERRITORIALITÉ

Aux termes du considérant 153 du RGPD, lorsque « ces exemptions ou dérogations diffèrent d'un État membre à l'autre, le droit de l'État membre dont relève le responsable du traitement devrait s'appliquer ». ❑

1. Journalisme. Sur l'interprétation de cette notion, V. : • CJUE 16 déc. 2008, *Satamedia*, n° C-73/07 : *RSC 2009. 197, obs. Idot* • CJUE 13 mai 2014, *Google Spain*, n° C-131/12 : *V. note 4 ss. RGDP, art. 3.* ♦ Sur l'extension de la notion à la mise en ligne d'une vidéo d'une déposition dans un commissariat de police, V. • CJUE 14 févr. 2019, n° C-345/17 : *D. 2019. 1673, obs. Maxwell et Zolynski*.

2. Le droit à la liberté d'information visé à l'art. 85 ne saurait être interprété en ce sens qu'il justifie la communication à toute personne qui en fait la demande de données à caractère personnel relatives aux points de pénalité imposés pour des infractions routières. • CJUE 22 juin 2021, n° C-439/19.

Art. 86 *Traitement et accès du public aux documents officiels.* **Les données à caractère personnel figurant dans des documents officiels détenus par une autorité publique ou par un organisme public ou un organisme privé pour l'exécution d'une mission d'intérêt public peuvent être communiquées par ladite autorité ou ledit organisme conformément au droit de l'Union ou au droit de l'État membre auquel est soumis**

l'autorité publique ou l'organisme public, afin de concilier le droit d'accès du public aux documents officiels et le droit à la protection des données à caractère personnel au titre du présent règlement.

V. consid. 154 et 156.
V. L. n° 78-17 du 6 janv. 1978, art. 7.
V. App., v° Données publiques.

COMMENTAIRE

Les documents officiels dont l'accès peut être considéré « comme étant dans l'intérêt public peuvent » contenir des données à caractère personnel (V. RGPD, consid. 154). Par conséquent, il convient de concilier ce droit d'accès du public avec la protection des données. L'article 86 doit être analysé à la lumière de la directive 2003/98/CE du 17 novembre 2003 concernant la réutilisation des informations du secteur public, modifiée par la directive 2013/37/UE du 26 juin 2013. Pour leur transposition, il conviendra de se référer à la loi du 17 juillet 1978 (dite loi CADA). La directive 95/46/CE du 24 octobre 1995 indiquait dans son considérant 72 que « la présente directive [permettait] de prendre en compte, dans la mise en œuvre des règles qu'elle pose, le principe du droit d'accès du public aux documents administratifs ».

Aux termes du considérant 154, par documents officiels, il convient d'entendre les documents détenus ou produits par « toutes les autorités ou autres organismes relevant du droit d'un État membre en matière d'accès du public aux documents ». Il est précisé que la directive 2003/98/CE du 17 novembre 2003 « ne devrait pas s'appliquer aux documents dont l'accès est exclu ou limité en application de règles d'accès pour des motifs de protection des données à caractère personnel, et aux parties de documents accessibles en vertu desdites règles qui contiennent des données à caractère personnel dont la réutilisation a été prévue par la loi comme étant incompatible avec la législation concernant la protection des personnes physiques à l'égard du traitement des données à caractère personnel ».

Par conséquent, les documents soumis à l'accès du public contenant des données personnelles peuvent déroger aux principes du RGPD, à moins que des restrictions sur ces documents aient été souhaitées par le législateur afin de faire prévaloir la protection des données. ❑

Art. 87 *Traitement du numéro d'identification national.* **Les États membres peuvent préciser les conditions spécifiques du traitement d'un numéro d'identification national ou de tout autre identifiant d'application générale. Dans ce cas, le numéro d'identification national ou tout autre identifiant d'application générale n'est utilisé que sous réserve des garanties appropriées pour les droits et libertés de la personne concernée adoptées en vertu du présent règlement.**

V. L. n° 78-17 du 6 janv. 1978, art. 30 et 67.
V. Décr. n° 2019-341 du 19 avr. 2019, ss. L. n° 78-17 du 6 janv. 1978, art. 30.

COMMENTAIRE

En France, l'utilisation du « numéro de sécurité sociale » (NIR) par les pouvoirs publics a été à l'origine de la loi Informatique et libertés de 1978 (projet SAFARI). Si tous les pays européens n'ont pas développé une telle méfiance face à leur identifiant national, nombreux sont ceux qui accordent une attention particulière à cette donnée (par ex., le numéro de Registre national belge).

L'article 8 de la directive 95/46/CE du 24 octobre 1995 laissait ainsi aux États membres le soin de déterminer les conditions d'utilisation de leur numéro d'identification national.

Par défaut, en raison de son application directe, le RGPD s'applique dans toutes ses dispositions sans conditions particulières pour l'identification nationale, et ce n'est que si les États membres le souhaitent qu'ils peuvent adopter des « conditions spécifiques » pour le traitement de cet identifiant.

Contrairement aux autres dispositions particulières du chapitre IX, l'article 87 ne contraint pas les États membres à fixer ces conditions par voie législative. ❑

Art. 88 *Traitement de données dans le cadre des relations de travail.* **1. Les États membres peuvent prévoir, par la loi ou au moyen de conventions collectives, des règles plus spécifiques pour assurer la protection des droits et libertés en ce qui concerne le traitement des données à caractère personnel des employés dans le cadre des rela-**

tions de travail, aux fins, notamment, du recrutement, de l'exécution du contrat de travail, y compris le respect des obligations fixées par la loi ou par des conventions collectives, de la gestion, de la planification et de l'organisation du travail, de l'égalité et de la diversité sur le lieu de travail, de la santé et de la sécurité au travail, de la protection des biens appartenant à l'employeur ou au client, aux fins de l'exercice et de la jouissance des droits et des avantages liés à l'emploi, individuellement ou collectivement, ainsi qu'aux fins de la résiliation de la relation de travail.

2. Ces règles comprennent des mesures appropriées et spécifiques pour protéger la dignité humaine, les intérêts légitimes et les droits fondamentaux des personnes concernées, en accordant une attention particulière à la transparence du traitement, au transfert de données à caractère personnel au sein d'un groupe d'entreprises, ou d'un groupe d'entreprises engagées dans une activité économique conjointe et aux systèmes de contrôle sur le lieu de travail.

3. Chaque État membre notifie à la Commission les dispositions légales qu'il adopte en vertu du paragraphe 1 au plus tard le 25 mai 2018 et, sans tarder, toute modification ultérieure les concernant.

V. consid. 155.

V. App., v° Ressources humaines.

COMMENTAIRE

L'article 88 du RGPD permet aux États membres d'adopter des « règles plus spécifiques » pour le traitement des données des employés dans le cadre de leurs relations de travail.

I. CHAMP D'APPLICATION

Le champ d'application de cet article est très vaste et offre aux États membres toute latitude dans ce domaine.

Sont concernés, de manière non limitative, les traitements de recrutement (relatifs à des personnes non encore embauchées) jusqu'à la résiliation du contrat de travail en passant par son exécution. Dans ce dernier cas, un certain nombre d'exemples sont proposés par le considérant 155 du RGPD : le respect des obligations légales ou réglementaires, la gestion, la planification et l'organisation du travail (ce qui peut inclure les congés et les évaluations), l'égalité et la diversité, la santé et la sécurité, la protection des biens de l'employeur ou du client (par exemple par la vidéosurveillance ou les restrictions d'accès par badge), l'exercice et la jouissance des droits et des avantages liés à l'emploi « individuellement ou collectivement » (tels que la paie ou la participation).

II. CONTENU

Les règles adoptées par les États membres doivent se composer de « mesures appropriées et spécifiques pour protéger la dignité humaine, les intérêts légitimes et les droits fondamentaux des personnes concernées ». Il s'agit donc de mesures qui se veulent plus protectrices que le RGPD.

L'article 88 accorde une « attention particulière » à la transparence du traitement, c'est-à-dire à l'information des personnes (incluant la consultation des organes collectifs). Sont également expressément mentionnés les transferts de données au sein d'un groupe d'entreprises, ou d'un groupe d'entreprises engagées dans une activité économique conjointe, ce qui n'est pas sans rappeler les règles d'entreprises contraignantes (BCR).

L'article 88 met en exergue les systèmes de contrôle sur le lieu de travail auxquels sont soumis les employés en raison de leur dépendance hiérarchique (sur la surveillance des employés, V. CEDH, gr. ch., 5 sept. 2017, n° 61496/08).

Le considérant 155 ajoute qu'il peut s'agir également de préciser les « conditions dans lesquelles les données à caractère personnel dans le cadre des relations de travail peuvent être traitées sur la base du consentement de l'employé ». Cette référence au consentement est intéressante, alors même que dans ses lignes directrices adoptées le 8 juin 2017 (WP 249, App. v° *Comité européen de la protection des données*), le G29 a réitéré sa position, selon laquelle il est très improbable que le consentement puisse être une base légale pour le traitement des données dans les relations de travail, à moins que les employés puissent refuser le traitement sans subir de conséquences (V. RGPD, art. 6).

III. FORME

Reprenant les spécificités de la législation sociale, ces règles doivent être définies par le droit des États membres ou au moyen des conventions collectives, y compris des « accords d'entreprise » (V. RGPD, consid. 155). ❑

Art. 89 *Garanties et dérogations applicables au traitement à des fins archivistiques dans l'intérêt public, à des fins de recherche scientifique ou historique ou à des fins statistiques.*
1. Le traitement à des fins archivistiques dans l'intérêt public, à des fins de recherche scientifique ou historique, ou à des fins statistiques est soumis, conformément au présent règlement, à des garanties appropriées pour les droits et libertés de la personne concernée. Ces garanties garantissent la mise en place de mesures techniques et organisationnelles, en particulier pour assurer le respect du principe de minimisation des données. Ces mesures peuvent comprendre la pseudonymisation, dans la mesure où ces finalités peuvent être atteintes de cette manière. Chaque fois que ces finalités peuvent être atteintes par un traitement ultérieur ne permettant pas ou plus l'identification des personnes concernées, il convient de procéder de cette manière.

2. Lorsque des données à caractère personnel sont traitées à des fins de recherche scientifique ou historique ou à des fins statistiques, le droit de l'Union ou le droit d'un État membre peut prévoir des dérogations aux droits visés aux articles 15, 16, 18 et 21, sous réserve des conditions et des garanties visées au paragraphe 1 du présent article, dans la mesure où ces droits risqueraient de rendre impossible ou d'entraver sérieusement la réalisation des finalités spécifiques et où de telles dérogations sont nécessaires pour atteindre ces finalités.

3. Lorsque des données à caractère personnel sont traitées à des fins archivistiques dans l'intérêt public, le droit de l'Union ou le droit d'un État membre peut prévoir des dérogations aux droits visés aux articles 15, 16, 18, 19, 20 et 21, sous réserve des conditions et des garanties visées au paragraphe 1 du présent article, dans la mesure où ces droits risqueraient de rendre impossible ou d'entraver sérieusement la réalisation des finalités spécifiques et où de telles dérogations sont nécessaires pour atteindre ces finalités.

4. Lorsqu'un traitement visé aux paragraphes 2 et 3 sert dans le même temps une autre finalité, les dérogations sont applicables au seul traitement effectué aux fins visées auxdits paragraphes.

V. consid. 56 et 156 à 163.

V. L. n° 78-17 du 6 janv. 1978, art. 78.

V. CEPD, Réponse à la demande de clarification de la Commission européenne sur l'application cohérente du RGPD, en se concentrant sur la recherche en santé, 2 févr. 2021 (https://edpb.europa.eu/our-work-tools/our-documents/other/edpb-document-response-request-european-commission-clarifications_en).

COMMENTAIRE

L'article 89 est consacré aux dérogations au RGPD concernant les traitements des données à caractère personnel à des fins archivistiques dans l'intérêt public ainsi qu'à des fins de recherche scientifique ou historique, ou à des fins statistiques.

L'article 89 du RGPD doit être lu à la lumière d'autres dispositions telles que celles des articles 5, 1, *b* et *e* (principes), l'article 9, 2, *j* (catégories particulières), l'article 14, 5, *b* (information des personnes), 17, 3, *d* (droit à l'effacement) et 21, 6 (droit d'opposition).

I. OBJECTIF

Il s'agit bien pour le législateur européen de « faciliter » la recherche. Le considérant 157 justifie ainsi la combinaison des informations issues de registres, en citant par exemple le fait que « les chercheurs peuvent acquérir de nouvelles connaissances d'un grand intérêt en ce qui concerne des problèmes médicaux très répandus tels que les maladies cardiovasculaires, le cancer et la dépression. Sur la base des registres, les résultats de la recherche peuvent être améliorés car ils s'appuient sur un échantillon plus large de population. Dans le cadre des sciences sociales, la recherche sur la base des registres permet aux chercheurs d'acquérir des connaissances essentielles sur les corrélations à long terme existant entre un certain nombre de conditions sociales telles que le chômage et l'éducation et d'autres conditions de vie. Les résultats de la recherche obtenus à l'aide des registres fournissent des connaissances fiables et de grande qualité qui peuvent servir de base à l'élaboration et à la mise en œuvre d'une politique fondée sur la connaissance, améliorer la qualité de vie d'un certain nombre de personnes et renforcer l'efficacité des services sociaux ».

II. DÉFINITIONS

A. TRAITEMENT À DES FINS ARCHIVISTIQUES DANS L'INTÉRÊT PUBLIC

Il s'agit des archives qui, en vertu d'une obligation légale de les collecter, les conserver, les évaluer, les organiser, les décrire, les communiquer, les mettre en valeur et les diffuser, sont à conserver à titre définitif dans l'intérêt public général et auxquelles il est donné accès. Cette obligation légale ne peut reposer que sur des autorités publiques ou des organismes publics ou privés qui conservent des archives dans l'intérêt public (V. RGPD, consid. 158).

B. TRAITEMENT À DES FINS DE RECHERCHE SCIENTIFIQUE

Au sens du considérant 159, la recherche scientifique se doit d'être interprétée « au sens large » et « couvrir, par exemple, le développement et la démonstration de technologies, la recherche fondamentale, la recherche appliquée et la recherche financée par le secteur privé. » Il précise qu'« il convient également d'entendre les études menées dans l'intérêt public dans le domaine de la santé publique ». Le RGPD se réfère à l'article 179, paragraphe 1, du Traité sur le fonctionnement de l'Union européenne (TFUE) consacré à la réalisation d'un espace européen de la recherche.

La recherche médicale, notamment les essais cliniques, peut également être réalisée par des entreprises à but lucratif ou non. Dès lors, le règlement (UE) n° 536/2014 du 16 avril 2014 relatif aux essais cliniques de médicaments à usage humain s'applique également (V. RGPD, consid. 161).

C. TRAITEMENT À DES FINS DE RECHERCHE HISTORIQUE

Les fins historiques comprennent tant les recherches historiques que « les recherches à des fins généalogiques, étant entendu que le présent règlement ne devrait pas s'appliquer aux personnes décédées » (RGPD, consid. 160).

D. TRAITEMENT À DES FINS STATISTIQUES

Selon le considérant 162, par « "fins statistiques", on entend toute opération de collecte et de traitement de données à caractère personnel nécessaires pour des enquêtes statistiques ou la production de résultats statistiques. Ces résultats statistiques peuvent en outre être utilisés à différentes fins, notamment pour la recherche scientifique. Les "fins statistiques" impliquent que le résultat du traitement ne constitue pas des données à caractère personnel mais des données agrégées, et que ce résultat ou ces données à caractère personnel ne sont pas utilisés à l'appui de mesures ou de décisions concernant une personne physique en particulier ».

Le considérant 163 précise que les « statistiques européennes devraient être mises au point, élaborées et diffusées conformément aux principes statistiques énoncés à l'article 338, paragraphe 2, du Traité sur le fonctionnement de l'Union européenne, et les statistiques nationales devraient également respecter le droit des États membres. Le règlement (CE) n° 223/2009 du Parlement européen et du Conseil contient d'autres dispositions particulières relatives aux statistiques européennes couvertes par le secret ».

III. CONDITIONS DE MISE EN ŒUVRE

Lorsque le responsable du traitement souhaite réaliser un traitement à des fins archivistiques de recherche ou de statistiques, il doit « évaluer s'il est possible d'atteindre ces finalités grâce à un traitement de données qui ne permet pas ou plus d'identifier les personnes concernées, pour autant que des garanties appropriées existent (comme la pseudonymisation des données) » (V. RGPD, consid. 156).

Même si l'identification s'avère nécessaire, ces traitements doivent mettre en place des « mesures techniques et organisationnelles pour assurer, en particulier, le respect du principe de minimisation des données » (V. RGPD, consid. 156). Cela implique que seules les données strictement nécessaires doivent être traitées.

Le traitement ultérieur pourra être réalisé à des fins archivistiques si les États membres le prévoient, « par exemple en vue de fournir des informations précises relatives au comportement politique sous les régimes des anciens États totalitaires, aux génocides, aux crimes contre l'humanité, notamment l'Holocauste, ou aux crimes de guerre » (V. RGPD, consid. 158).

IV. CHAMP DES DÉROGATIONS

Afin de faciliter la « recherche », qu'elle soit scientifique, historique ou sociologique, les États membres peuvent prévoir des dérogations au RGPD « concernant les exigences en matière d'information et les droits à la rectification, à l'effacement, à l'oubli, à la limitation du traitement, à la portabilité des données et le droit d'opposition » (V. RGPD, consid. 156). Dans le cadre des archives, ces dérogations s'étendent aux obligations de notification de l'article 19 et au droit à la portabilité de l'article 20 du RGPD. ❑

Art. 90 *Obligations de secret.* **1. Les États membres peuvent adopter des règles spécifiques afin de définir les pouvoirs des autorités de contrôle visés à l'article 58, paragraphe 1, points e) et f)***[,]* **à l'égard des responsables du traitement ou des sous-traitants qui sont soumis, en vertu du droit de l'Union ou du droit d'un État membre ou de règles arrêtées par les organismes nationaux compétents, à une obligation de secret professionnel ou à d'autres obligations de secret équivalentes, lorsque cela est nécessaire et proportionné pour concilier le droit à la protection des données à caractère personnel et l'obligation de secret. Ces règles ne sont applicables qu'en ce qui concerne les données à caractère personnel que le responsable du traitement ou le sous-traitant a reçues ou a obtenues dans le cadre d'une activité couverte par ladite obligation de secret.**

2. Chaque État membre notifie à la Commission les règles qu'il adopte en vertu du paragraphe 1, au plus tard le 25 mai 2018, et, sans tarder, toute modification ultérieure les concernant.

V. consid. 164.

V. L. n° 78-17 du 6 janv. 1978, art. 19.

V. C. pén., art. 226-13 et 226-14 (secret professionnel), Partie II - Textes complémentaires.

COMMENTAIRE

L'article 90 du RGPD vise à combiner les pouvoirs des autorités de contrôle avec les activités couvertes par une obligation de secret telle que le secret professionnel des avocats, le secret médical ou le secret défense. Les États membres peuvent ainsi adopter des mesures pour gérer les données qui seraient protégées par une telle obligation. Ainsi, la loi Informatique et libertés du 6 janvier 1978 modifiée en 2004 prévoyait dans son article 21 la possibilité de ne pas les transmettre aux contrôleurs de la CNIL, et l'article 69 du décret de 2005 imposait de les mentionner dans le procès-verbal accompagnées de la référence à la disposition législative ou réglementaire alléguée.

Cette dérogation aux pouvoirs des autorités ne peut être liée qu'à une obligation légale, et non, par exemple, au secret des affaires, et doit être liée à la nature des vérifications effectuées. Elle devra se limiter aux seules données visées par la loi nationale. Par conséquent, si l'autorité de contrôle sollicite des documents qui ne se rapportent pas directement aux données protégées, telles que des procédures de sécurité ou des mentions d'information, le responsable du traitement ne pourra invoquer le secret pour éviter de répondre à ces sollicitations. ❑

Art. 91 *Règles existantes des églises et associations religieuses en matière de protection des données.* **1. Lorsque, dans un État membre, des églises et des associations ou communautés religieuses appliquent, à la date d'entrée en vigueur du présent règlement, un ensemble complet de règles relatives à la protection des personnes physiques à l'égard du traitement, elles peuvent continuer d'appliquer lesdites règles à condition de les mettre en conformité avec le présent règlement.**

2. Les églises et les associations religieuses qui appliquent un ensemble complet de règles conformément au paragraphe 1 du présent article sont soumises au contrôle d'une autorité de contrôle indépendante qui peut être spécifique, pour autant qu'elle remplisse les conditions fixées au chapitre VI du présent règlement.

V. consid. 165.

COMMENTAIRE

L'article 91 vise à garantir la liberté de culte tout en confirmant l'application du RGPD.

Rappelons que le considérant 55 précise que « le traitement de données à caractère personnel par des autorités publiques aux fins de réaliser les objectifs, prévus par le droit constitutionnel ou le droit international public, d'associations à caractère religieux officiellement reconnues est effectué pour des motifs d'intérêt public » (V. également RGPD, art. 9, 2, *d* sur les catégories particulières).

Ainsi, le considérant 165 précise que « le présent règlement respecte et ne porte pas préjudice au statut dont bénéficient, en vertu du droit constitutionnel en vigueur, les églises et les associations ou communautés religieuses dans les États membres, tel qu'il est reconnu par l'article 17 du Traité sur le fonctionnement de l'Union européenne ».

L'article 91 prévoit également la possibilité d'instaurer une autorité de protection des données spécifique pour les églises et les associations religieuses dès lors qu'elle demeure indépendante.

Si un État membre instaure plusieurs autorités de contrôle, celles-ci devront être coordonnées conformément à l'article 51, point 3. ❑

CHAPITRE X *ACTES DÉLÉGUÉS ET ACTES D'EXÉCUTION*

Art. 92 *Exercice de la délégation.* **1. Le pouvoir d'adopter des actes délégués conféré à la Commission est soumis aux conditions fixées au présent article.**

2. La délégation de pouvoir visée à l'article 12, paragraphe 8, et à l'article 43, paragraphe 8, est conférée à la Commission pour une durée indéterminée à compter du 24 mai 2016.

3. La délégation de pouvoir visée à l'article 12, paragraphe 8, et à l'article 43, paragraphe 8, peut être révoquée à tout moment par le Parlement européen ou le Conseil. La décision de révocation met fin à la délégation de pouvoir qui y est précisée. La révocation prend effet le jour suivant celui de la publication de ladite décision au *Journal officiel de l'Union européenne* ou à une date ultérieure qui est précisée dans ladite décision. Elle ne porte pas atteinte à la validité des actes délégués déjà en vigueur.

4. Aussitôt qu'elle adopte un acte délégué, la Commission le notifie au Parlement européen et au Conseil simultanément.

5. Un acte délégué adopté en vertu de l'article 12, paragraphe 8, et de l'article 43, paragraphe 8, n'entre en vigueur que si le Parlement européen ou le Conseil n'a pas exprimé d'objections dans un délai de trois mois à compter de la notification de cet acte au Parlement européen et au Conseil ou si, avant l'expiration de ce délai, le Parlement européen et le Conseil ont tous deux informé la Commission de leur intention de ne pas exprimer d'objections. Ce délai est prolongé de trois mois à l'initiative du Parlement européen ou du Conseil.

V. consid. 166.

Art. 93 *Comité.* **1. La Commission est assistée par un comité. Ledit comité est un comité au sens du règlement (UE) n° 182/2011.**

2. Lorsqu'il est fait référence au présent paragraphe, l'article 5 du règlement (UE) n° 182/2011 s'applique.

3. Lorsqu'il est fait référence au présent paragraphe, l'article 8 du règlement (UE) n° 182/2011, en liaison avec l'article 5, s'applique.

V. consid. 167 et 168.

CHAPITRE XI *DISPOSITIONS FINALES*

Art. 94 *Abrogation de la directive 95/46/CE.* **1. La directive 95/46/CE est abrogée avec effet au 25 mai 2018.**

2. Les références faites à la directive abrogée s'entendent comme faites au présent règlement. Les références faites au groupe de protection des personnes à l'égard du traitement des données à caractère personnel institué par l'article 29 de la directive

95/46/CE s'entendent comme faites au comité européen de la protection des données institué par le présent règlement.

V. consid. 171.

Pour un cas d'application successive dans le temps, • CJUE, gr. ch., 1er oct. 2019, *Bundesverband der Verbraucherzentralen und Verbraucherverbände – Verbraucherzentrale Bundesverband eV c. Planet49 Gmbh*, n° C-673/17 : *consid. 42 ; V. note 1 ss. RGPD, art. 7.* ♦ Il n'est pas exclu, en l'occurrence, que la directive 2002/58 s'applique conjointement soit avec la directive 95/46, soit avec le règlement 2016/679, en fonction de la nature des demandes de la fédération et de la période concernée.

Art. 95 *Relation avec la directive 2002/58/CE.* **Le présent règlement n'impose pas d'obligations supplémentaires aux personnes physiques ou morales quant au traitement dans le cadre de la fourniture de services de communications électroniques accessibles au public sur les réseaux publics de communications dans l'Union en ce qui concerne les aspects pour lesquels elles sont soumises à des obligations spécifiques ayant le même objectif énoncées dans la directive 2002/58/CE.**

V. consid. 173.

V. CEPD, opinion 5/2019 du 12 mars 2019, App., v° Comité européen de la protection des données.

Art. 96 *Relation avec les accords conclus antérieurement.* **Les accords internationaux impliquant le transfert de données à caractère personnel vers des pays tiers ou à des organisations internationales qui ont été conclus par les États membres avant le 24 mai 2016 et qui respectent le droit de l'Union tel qu'il est applicable avant cette date restent en vigueur jusqu'à leur modification, leur remplacement ou leur révocation.**

Art. 97 *Rapports de la Commission.* **1. Au plus tard le 25 mai 2020 et tous les quatre ans par la suite, la Commission présente au Parlement européen et au Conseil un rapport sur l'évaluation et le réexamen du présent règlement. Ces rapports sont publiés.**

2. Dans le cadre des évaluations et réexamens visés au paragraphe 1, la Commission examine, en particulier, l'application et le fonctionnement du :

a) chapitre V sur le transfert de données à caractère personnel vers des pays tiers ou à des organisations internationales, en particulier en ce qui concerne les décisions adoptées en vertu de l'article 45, paragraphe 3 du présent règlement, et des décisions adoptées sur la base de l'article 25, paragraphe 6, de la directive 95/46/CE ;

b) chapitre VII sur la coopération et la cohérence.

3. Aux fins du paragraphe 1, la Commission peut demander des informations aux États membres et aux autorités de contrôle.

4. Lorsqu'elle procède aux évaluations et réexamens visés aux paragraphes 1 et 2, la Commission tient compte des positions et des conclusions du Parlement européen, du Conseil, et d'autres organismes ou sources pertinents.

5. La Commission soumet, si nécessaire, des propositions appropriées visant à modifier le présent règlement, notamment en tenant compte de l'évolution des technologies de l'information et à la lumière de l'état d'avancement de la société de l'information.

Art. 98 *Réexamen d'autres actes juridiques de l'Union relatifs à la protection des données.* **La Commission présente, au besoin, des propositions législatives en vue de modifier d'autres actes juridiques de l'Union relatifs à la protection des données à caractère personnel, afin d'assurer une protection uniforme et cohérente des personnes physiques à l'égard du traitement. Cela concerne en particulier les règles relatives à la protection des personnes physiques à l'égard du traitement par des institutions, organes et organismes de l'Union et à la libre circulation de ces données.**

Art. 99 *Entrée en vigueur et application.* **1. Le présent règlement entre en vigueur le vingtième jour suivant celui de sa publication au *Journal officiel de l'Union européenne*.**

2. Il est applicable à partir du 25 mai 2018.

Le présent règlement est obligatoire dans tous ses éléments et directement applicable dans tout État membre.

V. consid. 171.

Directive (UE) 2016/680 du Parlement européen et du Conseil du 27 avril 2016,

Relative à la protection des personnes physiques à l'égard du traitement des données à caractère personnel par les autorités compétentes à des fins de prévention et de détection des infractions pénales, d'enquêtes et de poursuites en la matière ou d'exécution de sanctions pénales, et à la libre circulation de ces données, et abrogeant la décision-cadre 2008/977/JAI du Conseil.

NDLR : Cette directive a été transposée. — V., infra, L. n° 78-17 du 6 janv. 1978, art. 87 s.

V. CEPD, Recommandations 01/2021 du 2 févr. 2021 sur les critères de référence pour l'adéquation dans le cadre de la directive en matière de protection des données dans le domaine répressif (https://edpb.europa.eu/).

V. CEPD, Opinion 15/2021 du 13 avr. 2021 regarding the European Commission Draft Implementing Decision pursuant to Directive (EU) 2016/680 on the adequate protection of personal data in the United Kingdom (https://edpb.europa.eu/).

V. Décis. d'adéquation avec le Royaume-Uni C(2021) 4801 final du 28 juin 2021.

LE PARLEMENT EUROPÉEN ET LE CONSEIL DE L'UNION EUROPÉENNE,

vu le traité sur le fonctionnement de l'Union européenne, et notamment son article 16, paragraphe 2,

vu la proposition de la Commission européenne,

après transmission du projet d'acte législatif aux parlements nationaux,

vu l'avis du Comité des régions *[JO C 391 du 18.12.2012, p. 127.]*,

statuant conformément à la procédure législative ordinaire *[Position du Parlement européen du 12 mars 2014 (non encore parue au Journal officiel) et position du Conseil en première lecture du 8 avril 2016 (non encore parue au Journal officiel). Position du Parlement européen du 14 avril 2016.]*,

considérant ce qui suit :

(1) La protection des personnes physiques à l'égard du traitement des données à caractère personnel est un droit fondamental. L'article 8, paragraphe 1, de la Charte des droits fondamentaux de l'Union européenne (ci-après dénommée "Charte") et l'article 16, paragraphe 1, du traité sur le fonctionnement de l'Union européenne disposent que toute personne a droit à la protection des données à caractère personnel la concernant.

(2) Les principes et les règles applicables en matière de protection des personnes physiques à l'égard du traitement des données à caractère personnel les concernant devraient, quelle que soit la nationalité ou la résidence de ces personnes physiques, respecter leurs libertés et droits fondamentaux, en particulier leur droit à la protection des données à caractère personnel. La présente directive vise à contribuer à la réalisation d'un espace de liberté, de sécurité et de justice.

(3) L'évolution rapide des technologies et la mondialisation ont créé de nouveaux défis pour la protection des données à caractère personnel. L'ampleur de la collecte et du partage de données à caractère personnel a augmenté de manière importante. Les technologies permettent de traiter les données à caractère personnel comme jamais auparavant dans le cadre d'activités telles que la prévention et la détection des infractions pénales, les enquêtes et les poursuites en la matière ou l'exécution de sanctions pénales.

(4) Il convient de faciliter le libre flux des données à caractère personnel entre les autorités compétentes à des fins de prévention et de détection des infractions pénales, d'enquêtes et de poursuites en la matière ou d'exécution de sanctions pénales, y compris la protection contre les menaces pour la sécurité publique et la prévention de telles menaces au sein de l'Union, et le transfert de telles données vers des pays tiers et à des organisations internationales, tout en assurant un niveau élevé de protection des données à caractère personnel. Ces évolutions obligent à mettre en place dans l'Union un cadre pour la protection des données à caractère personnel solide et plus cohérent, assorti d'une application rigoureuse des règles.

(5) La directive 95/46/CE du Parlement européen et du Conseil *[du 24 octobre 1995 relative à la protection des personnes physiques à l'égard du traitement des données à caractère personnel et à la libre circulation de ces données (JO L 281 du 23.11.1995, p. 31).]* s'applique à l'ensemble des traitements des données à caractère personnel dans les États membres, à la fois dans le secteur public et le secteur privé. Elle ne s'applique cependant pas au traitement de données à caractère personnel mis en œuvre pour l'exercice d'activités qui ne relèvent pas du champ d'application du droit communautaire, telles que les activités dans les domaines de la coopération judiciaire en matière pénale et de la coopération policière.

(6) La décision-cadre 2008/977/JAI du Conseil *[du 27 novembre 2008 relative à la protection des données à caractère personnel traitées dans le cadre de la coopération policière et judiciaire en matière pénale (JO L 350 du 30.12.2008, p. 60).]* s'applique dans les domaines de la coopération judiciaire en matière pénale et de la coopération policière. Son champ d'application se limite au traitement des données à caractère personnel qui sont transmises ou mises à disposition entre les États membres.

(7) Il est crucial d'assurer un niveau élevé et homogène de protection des données à caractère personnel des personnes physiques et de faciliter l'échange de données à caractère personnel entre les autorités compétentes des États membres, afin de garantir l'efficacité de la coopération judiciaire en matière pénale et de la coopération policière. A cette fin, le niveau de protection des droits et libertés des personnes physiques à l'égard du traitement des données à caractère personnel par les autorités compétentes à des fins de prévention et de détection des infractions pénales, d'enquêtes et de poursuites en la matière ou d'exécution de sanctions pénales, y compris la protection contre les menaces pour la sécurité publique et la prévention de telles menaces, devrait être équivalent dans tous les États membres. Une protection effective des données à caractère personnel dans l'ensemble de l'Union exige non seulement de renforcer les droits des personnes concernées et les obligations de ceux qui traitent les données à caractère personnel, mais aussi de renforcer les pouvoirs équivalents de suivi et de contrôle du respect des règles relatives à la protection des données à caractère personnel dans les États membres.

(8) L'article 16, paragraphe 2, du traité sur le fonctionnement de l'Union européenne donne mandat au Parlement européen et au Conseil pour fixer les règles relatives à la protection des personnes physiques à l'égard du traitement des données à caractère personnel et les règles relatives à la libre circulation de ces données.

(9) Sur cette base, le règlement (UE) 2016/679 du Parlement européen et du Conseil *[du 27 avril 2016 relatif à la protection des personnes physiques à l'égard du traitement des données à caractère personnel et à la libre circulation de ces données et abrogeant la directive 95/46/CE (Règlement général sur la protection des données) (voir page 1 du présent Journal officiel).]* définit des règles générales visant à protéger les personnes physiques à l'égard du traitement des données à caractère personnel et à garantir la libre circulation de ces données dans l'Union.

(10) Dans la déclaration n° 21 sur la protection des données à caractère personnel dans le domaine de la coopération judiciaire en matière pénale et de la coopération policière, annexée à l'acte final de la Conférence intergouvernementale qui a adopté le traité de Lisbonne, la conférence a reconnu que des règles spécifiques sur la protection des données à caractère personnel et sur la libre circulation des données à caractère personnel dans les domaines de la coopération judiciaire en matière pénale et de la coopération policière se basant sur l'article 16 du traité sur le fonctionnement de l'Union européenne pourraient s'avérer nécessaires en raison de la nature spécifique de ces domaines.

(11) Il convient dès lors que ces domaines soient régis par une directive qui fixe les règles spécifiques relatives à la protection des personnes physiques à l'égard du traitement des données à caractère personnel par les autorités compétentes à des fins de prévention et de détection des infractions pénales, d'enquêtes et de poursuites en la matière ou d'exécution de sanctions pénales, y compris la protection contre les menaces pour la sécurité publique et la prévention de telles menaces, en respectant la nature spécifique de ces activités. Les autorités compétentes en question peuvent comprendre non seulement les autorités publiques telles que les autorités judiciaires, la police ou d'autres autorités répressives mais aussi tout autre organisme ou entité à qui le droit d'un État membre confie l'exercice de l'autorité publique et des prérogatives de puissance publique aux fins de la présente directive. Lorsqu'un tel organisme ou une telle entité traite des données à caractère personnel à des fins autres que

celles prévues dans la présente directive, le règlement (UE) 2016/679 s'applique. Par conséquent, le règlement (UE) 2016/679 s'applique lorsqu'un organisme ou une entité recueille des données à caractère personnel à d'autres fins et les traite ultérieurement pour respecter une obligation légale à laquelle il est soumis. Par exemple, les établissements financiers conservent, à des fins de détection ou de poursuites d'infractions pénales ou d'enquêtes en la matière, certaines données à caractère personnel qu'ils traitent et qu'ils ne transmettent aux autorités nationales compétentes que dans des cas spécifiques et conformément au droit des États membres. Un organisme ou une entité qui traite des données à caractère personnel pour le compte de ces autorités dans le cadre du champ d'application de la présente directive devrait être lié par un contrat ou un autre acte juridique et par les dispositions applicables aux sous-traitants en vertu de la présente directive, le règlement (UE) 2016/679 continuant de s'appliquer aux traitements de données à caractère personnel par le sous-traitant en dehors du champ d'application de la présente directive.

(12) Les activités menées par la police ou d'autres autorités répressives sont axées principalement sur la prévention et la détection des infractions pénales et les enquêtes et les poursuites en la matière, y compris les activités de police effectuées sans savoir au préalable si un incident constitue une infraction pénale ou non. Ces activités peuvent également comprendre l'exercice de l'autorité par l'adoption de mesures coercitives, par exemple les activités de police lors de manifestations, de grands événements sportifs et d'émeutes. Parmi ces activités figure également le maintien de l'ordre public lorsque cette mission est confiée à la police ou à d'autres autorités répressives lorsque cela est nécessaire à des fins de protection contre les menaces pour la sécurité publique et pour les intérêts fondamentaux de la société protégés par la loi, et de prévention de telles menaces, qui sont susceptibles de déboucher sur une infraction pénale. Les États membres peuvent confier aux autorités compétentes d'autres missions qui ne sont pas nécessairement menées à des fins de prévention et de détection des infractions pénales, d'enquêtes ou de poursuites en la matière, y compris la protection contre les menaces pour la sécurité publique et la prévention de telles menaces, de sorte que le traitement de données à caractère personnel à ces autres fins, pour autant qu'il relève du champ d'application du droit de l'Union, relève du champ d'application du règlement (UE) 2016/679.

(13) La notion d'infraction pénale au sens de la présente directive devrait être une notion autonome du droit de l'Union conforme à l'interprétation de la Cour de justice de l'Union européenne (ci-après dénommée "Cour de justice").

(14) Étant donné que la présente directive ne devrait pas s'appliquer au traitement de données à caractère personnel effectué dans le cadre d'une activité ne relevant pas du champ d'application du droit de l'Union, il convient que les activités relatives à la sécurité nationale, les activités des agences ou des services responsables des questions de sécurité nationale et le traitement de données à caractère personnel par les États membres dans le cadre d'activités relevant du champ d'application du titre V, chapitre 2, du traité sur l'Union européenne ne soient pas considérées comme des activités relevant du champ d'application de la présente directive.

(15) Afin d'assurer le même niveau de protection pour les personnes physiques à l'aide de droits opposables dans l'ensemble de l'Union et d'éviter que des divergences n'entravent les échanges de données à caractère personnel entre les autorités compétentes, la présente directive devrait prévoir des règles harmonisées pour la protection et la libre circulation des données à caractère personnel traitées à des fins de prévention et de détection des infractions pénales, d'enquêtes et de poursuites en la matière ou d'exécution de sanctions pénales, y compris la protection contre les menaces pour la sécurité publique et la prévention de telles menaces. Le rapprochement des législations des États membres ne devrait pas conduire à un affaiblissement de la protection des données à caractère personnel qu'elles offrent mais devrait, au contraire, avoir pour objectif de garantir un niveau élevé de protection dans l'Union. Il convient que les États membres ne soient pas empêchés de prévoir des garanties plus étendues que celles établies dans la présente directive pour la protection des droits et des libertés des personnes concernées à l'égard du traitement des données à caractère personnel par les autorités compétentes.

(16) La présente directive s'applique sans préjudice du principe du droit d'accès du public aux documents officiels. En vertu du règlement (UE) 2016/679, les données à caractère personnel figurant dans des documents officiels détenus par une autorité publique ou par un organisme public ou privé pour l'exécution d'une mission d'intérêt public peuvent être communiquées par cette autorité ou cet organisme conformé-

ment au droit de l'Union ou au droit de l'État membre auquel l'autorité publique ou l'organisme public est soumis, afin de concilier le droit d'accès du public aux documents officiels et le droit à la protection des données à caractère personnel.

(17) La protection conférée par la présente directive devrait s'appliquer aux personnes physiques, indépendamment de leur nationalité ou de leur lieu de résidence, en ce qui concerne le traitement de leurs données à caractère personnel.

(18) Afin d'éviter de créer un risque grave de contournement, la protection des personnes physiques devrait être neutre sur le plan technologique et ne devrait pas dépendre des techniques utilisées. Elle devrait s'appliquer aux traitements de données à caractère personnel à l'aide de procédés automatisés ainsi qu'aux traitements manuels, si les données à caractère personnel sont contenues ou destinées à être contenues dans un fichier. Les dossiers ou ensembles de dossiers, de même que leurs couvertures, qui ne sont pas structurés selon des critères déterminés ne devraient pas relever du champ d'application de la présente directive.

(19) Le règlement (CE) n° 45/2001 du Parlement européen et du Conseil *[du 18 décembre 2000 relatif à la protection des personnes physiques à l'égard du traitement des données à caractère personnel par les institutions et organes communautaires et à la libre circulation de ces données (JO L 8 du 12.1.2001, p. 1).]* s'applique au traitement des données à caractère personnel par les institutions, organes et organismes de l'Union. Le règlement (CE) n° 45/2001 et les autres actes juridiques de l'Union applicables audit traitement des données à caractère personnel devraient être adaptés aux principes et aux règles fixés dans le règlement (UE) 2016/679.

(20) La présente directive n'empêche pas les États membres de préciser, dans les règles nationales relatives aux procédures pénales, les opérations et les procédures de traitement en ce qui concerne le traitement des données à caractère personnel par les juridictions et les autres autorités judiciaires, notamment pour ce qui est des données à caractère personnel figurant dans les décisions judiciaires ou les documents relatifs aux procédures pénales.

(21) Il y a lieu d'appliquer les principes relatifs à la protection des données à toute information concernant une personne physique identifiée ou identifiable. Pour déterminer si une personne physique est identifiable, il convient de prendre en considération l'ensemble des moyens raisonnablement susceptibles d'être utilisés par le responsable du traitement ou par toute autre personne pour identifier la personne physique directement ou indirectement, tels que le ciblage. Pour établir si des moyens sont raisonnablement susceptibles d'être utilisés pour identifier une personne physique, il convient de prendre en considération l'ensemble des facteurs objectifs, tels que le coût de l'identification et le temps nécessaire à celle-ci, en tenant compte des technologies disponibles au moment du traitement et de l'évolution de celles-ci. Il n'y a dès lors pas lieu d'appliquer les principes relatifs à la protection des données aux informations anonymes, à savoir les informations ne concernant pas une personne physique identifiée ou identifiable, ni aux données à caractère personnel rendues anonymes de telle manière que la personne concernée ne soit pas ou plus identifiable.

(22) Les autorités publiques auxquelles des données à caractère personnel sont communiquées conformément à une obligation légale pour l'exercice de leurs fonctions officielles, telles que les autorités fiscales et douanières, les cellules d'enquête financière, les autorités administratives indépendantes ou les autorités des marchés financiers responsables de la réglementation et de la surveillance des marchés de valeurs mobilières ne devraient pas être considérées comme des destinataires si elles reçoivent des données à caractère personnel qui sont nécessaires pour mener une enquête particulière dans l'intérêt général, conformément au droit de l'Union ou au droit d'un État membre. Les demandes de communication adressées par les autorités publiques devraient toujours être présentées par écrit, être motivées et revêtir un caractère occasionnel, et elles ne devraient pas porter sur l'intégralité d'un fichier ni conduire à l'interconnexion de fichiers. Le traitement des données à caractère personnel par les autorités publiques en question devrait être effectué dans le respect des règles applicables en matière de protection des données en fonction des finalités du traitement.

(23) Les données génétiques devraient être définies comme les données à caractère personnel relatives aux caractéristiques génétiques héréditaires ou acquises d'une personne physique, qui donnent des informations uniques sur la physiologie ou l'état de santé de cette personne et qui résultent de l'analyse d'un échantillon biologique de la personne physique en question, notamment une analyse des chromosomes, de

l'acide désoxyribonucléique (ADN) ou de l'acide ribonucléique (ARN), ou de l'analyse d'un autre élément permettant d'obtenir des informations équivalentes. Compte tenu du caractère complexe et sensible des informations génétiques, le risque est grand que le responsable du traitement fasse un usage abusif et réutilise des données à diverses fins. Il y a lieu d'interdire en principe toute discrimination fondée sur des caractéristiques génétiques.

(24) Les données à caractère personnel concernant la santé devraient comprendre l'ensemble des données se rapportant à l'état de santé d'une personne concernée qui révèlent des informations sur l'état de santé physique ou mentale passé, présent ou futur de la personne concernée. Cela comprend des informations sur la personne physique collectées lors de l'inscription de cette personne en vue de bénéficier de services de soins de santé ou lors de la prestation de ces services au sens de la directive 2011/24/UE du Parlement européen et du Conseil *[du 9 mars 2011 relative à l'application des droits des patients en matière de soins de santé transfrontaliers (JO L 88 du 4.4.2011, p. 45).]* au bénéfice de cette personne physique; un numéro, un symbole ou un élément spécifique attribué à une personne physique pour l'identifier de manière unique à des fins de santé; des informations obtenues lors du test ou de l'examen d'une partie du corps ou d'une substance corporelle, y compris à partir de données génétiques et d'échantillons biologiques; et toute information concernant, par exemple, une maladie, un handicap, un risque de maladie, des antécédents médicaux, un traitement clinique ou l'état physiologique ou biomédical de la personne concernée, indépendamment de sa source, qu'elle provienne par exemple d'un médecin ou d'un autre professionnel de la santé, d'un hôpital, d'un dispositif médical ou d'un test de diagnostic *in vitro*.

(25) Tous les États membres sont affiliés à l'Organisation internationale de police criminelle (Interpol). Pour exécuter sa mission, Interpol reçoit, conserve et diffuse des données à caractère personnel pour aider les autorités compétentes à prévenir et à combattre la criminalité internationale. Il est dès lors approprié de renforcer la coopération entre l'Union et Interpol en favorisant un échange efficace de données à caractère personnel tout en garantissant le respect des libertés et droits fondamentaux en ce qui concerne le traitement automatique des données à caractère personnel. Lorsque des données à caractère personnel sont transférées de l'Union vers Interpol, et vers des pays qui ont délégué des membres à Interpol, la présente directive, en particulier ses dispositions relatives aux transferts internationaux, devrait s'appliquer. La présente directive devrait être sans préjudice des règles spécifiques énoncées dans la position commune 2005/69/JAI du Conseil *[du 24 janvier 2005 relative à l'échange de certaines données avec Interpol (JO L 27 du 29.1.2005, p. 61).]* et dans la décision 2007/533/JAI du Conseil *[Décision 2007/533/JAI du Conseil du 12 juin 2007 sur l'établissement, le fonctionnement et l'utilisation du système d'information Schengen de deuxième génération (SIS II) (JO L 205 du 7.8.2007, p. 63).]*.

(26) Tout traitement de données à caractère personnel doit être licite, loyal et transparent à l'égard des personnes physiques concernées et n'être effectué qu'aux fins spécifiques fixées par la loi. Cela n'interdit pas en soi aux autorités répressives de mener des activités telles que des enquêtes discrètes ou de la vidéosurveillance. Ces activités peuvent être menées à des fins de prévention et de détection des infractions pénales, d'enquêtes et de poursuites en la matière ou d'exécution de sanctions pénales, y compris la protection contre les menaces pour la sécurité publique et la prévention de telles menaces, pour autant qu'elles soient déterminées par la loi et qu'elles constituent une mesure nécessaire et proportionnée dans une société démocratique, en tenant dûment compte des intérêts légitimes de la personne physique concernée. Le principe en matière de protection des données de traitement loyal est une notion distincte du droit à accéder à un tribunal impartial défini à l'article 47 de la Charte et à l'article 6 de la convention de sauvegarde des droits de l'homme et des libertés fondamentales (ci-après dénommée "convention européenne des droits de l'homme"). Les personnes physiques devraient être informées des risques, règles, garanties et droits en ce qui concerne le traitement de données à caractère personnel les concernant et des modalités d'exercice de leurs droits par rapport au traitement. En particulier, les finalités spécifiques du traitement des données à caractère personnel devraient être explicites et légitimes, et déterminées au moment de la collecte des données à caractère personnel. Les données à caractère personnel devraient être adéquates et pertinentes au regard des finalités pour lesquelles elles sont traitées. Il convient notamment de veiller à ce que les données à caractère personnel collectées ne soient pas excessives, ni conservées pendant une durée excédant celle nécessaire au regard des finalités pour lesquelles elles sont traitées. Les données à caractère

personnel ne devraient être traitées que si la finalité du traitement ne peut être raisonnablement atteinte par d'autres moyens. Afin de garantir que les données ne sont pas conservées plus longtemps que nécessaire, des délais devraient être fixés par le responsable du traitement en vue de leur effacement ou d'un examen périodique. Les États membres devraient établir des garanties appropriées pour les données à caractère personnel conservées pendant des périodes plus longues à des fins archivistiques dans l'intérêt public, à des fins scientifiques, statistiques ou historiques.

(27) Aux fins de la prévention des infractions pénales, et des enquêtes et poursuites en la matière, les autorités compétentes ont besoin de traiter des données à caractère personnel, collectées dans le cadre de la prévention et de la détection d'infractions pénales spécifiques, et des enquêtes et poursuites en la matière au-delà de ce cadre, pour acquérir une meilleure compréhension des activités criminelles et établir des liens entre les différentes infractions pénales mises au jour.

(28) Afin de préserver la sécurité entourant le traitement et de prévenir tout traitement effectué en violation de la présente directive, il convient que les données à caractère personnel soient traitées de manière à garantir un niveau de sécurité et de confidentialité approprié, notamment en empêchant l'accès non autorisé à ces données et à l'équipement servant à leur traitement ainsi que l'utilisation non autorisée de ces données et de cet équipement, et à tenir compte de l'état des connaissances et de la technologie disponible, des coûts de mise en œuvre au regard des risques et de la nature des données à caractère personnel à protéger.

(29) Les données à caractère personnel devraient être collectées pour des finalités déterminées, explicites et légitimes relevant du champ d'application de la présente directive et elles ne devraient pas être traitées à des fins incompatibles avec les finalités de prévention et de détection des infractions pénales, d'enquêtes et de poursuites en la matière, ou d'exécution de sanctions pénales, y compris de protection contre les menaces pour la sécurité publique et de prévention de telles menaces. Si des données à caractère personnel sont traitées par le même responsable du traitement ou un autre pour une finalité relevant du champ d'application de la présente directive autre que celle pour laquelle elles ont été collectées, un tel traitement devrait être permis à condition qu'il soit autorisé conformément aux dispositions légales applicables et qu'il soit nécessaire et proportionné au regard de cette autre finalité.

(30) Il convient d'appliquer le principe d'exactitude des données tout en tenant compte de la nature et de la finalité du traitement concerné. Dans le cadre des procédures judiciaires notamment, les déclarations contenant des données à caractère personnel sont fondées sur les perceptions subjectives des personnes physiques et ne sont pas toujours vérifiables. Le principe d'exactitude ne devrait, par conséquent, pas s'appliquer à l'exactitude de la déclaration elle-même mais simplement au fait qu'une déclaration déterminée a été faite.

(31) Le traitement des données à caractère personnel dans les domaines de la coopération judiciaire en matière pénale et de la coopération policière implique nécessairement le traitement de données à caractère personnel concernant différentes catégories de personnes concernées. Il importe dès lors d'établir une distinction claire, le cas échéant et dans la mesure du possible, entre les données à caractère personnel de différentes catégories de personnes concernées, telles que : les suspects ; les personnes reconnues coupables d'une infraction pénale ; les victimes et les autres parties, tels que les témoins ; les personnes détenant des informations ou des contacts utiles ; et les complices de personnes soupçonnées et de criminels condamnés. Cela ne devrait pas empêcher l'application du droit à la présomption d'innocence garanti par la Charte et par la convention européenne des droits de l'homme, telles qu'elles ont été interprétées respectivement par la Cour de justice et par la Cour européenne des droits de l'homme dans leur jurisprudence.

(32) Les autorités compétentes devraient veiller à ce que les données à caractère personnel qui sont inexactes, incomplètes ou qui ne sont plus à jour ne soient pas transmises ou mises à disposition. Afin de garantir la protection des personnes physiques, l'exactitude, et la fiabilité des données à caractère personnel transmises ou mises à disposition ainsi que leur exhaustivité ou leur niveau de mise à jour, les autorités compétentes devraient, dans la mesure du possible, ajouter les informations nécessaires dans tous les transferts de données à caractère personnel.

(33) Lorsque la présente directive fait référence au droit d'un État membre, à une base juridique ou à une mesure législative, cela ne signifie pas nécessairement que l'adoption d'un acte législatif par un parlement est exigée, sans préjudice des obliga-

tions prévues en vertu de l'ordre constitutionnel de l'État membre concerné. Cependant, ce droit d'un État membre, cette base juridique ou cette mesure législative devrait être clair et précis et son application devrait être prévisible pour les justiciables, conformément à la jurisprudence de la Cour de justice et de la Cour européenne des droits de l'homme. Le droit des États membres qui réglemente le traitement des données à caractère personnel relevant du champ d'application de la présente directive devrait préciser au minimum les objectifs, les données à caractère personnel qui feront l'objet d'un traitement, les finalités du traitement et les procédures pour garantir l'intégrité et la confidentialité des données à caractère personnel et les procédures prévues pour la destruction de celles-ci, fournissant ainsi des garanties suffisantes vis-à-vis des risques d'utilisation abusive et d'arbitraire.

(34) Le traitement de données à caractère personnel effectué par les autorités compétentes à des fins de prévention et de détection des infractions pénales, d'enquêtes et de poursuites en la matière ou d'exécution de sanctions pénales, y compris la protection contre les menaces pour la sécurité publique et la prévention de telles menaces, devrait couvrir les opérations ou séries d'opérations appliquées à des données ou à des ensembles de données à caractère personnel à ces fins, qu'elles soient effectuées à l'aide de procédés automatisés ou d'une autre manière, telles que la collecte, l'enregistrement, l'organisation, la structuration, la conservation, l'adaptation ou la modification, l'extraction, la consultation, l'utilisation, le rapprochement ou l'interconnexion, la limitation du traitement, l'effacement ou la destruction. En particulier, les règles fixées dans la présente directive devraient s'appliquer au transfert de données à caractère personnel aux fins de la présente directive à un destinataire non soumis à celle-ci. Par "destinataire", on devrait entendre une personne physique ou morale, une autorité publique, un service ou tout autre organisme auquel une autorité compétente communique de manière licite les données à caractère personnel. Lorsque des données à caractère personnel ont été initialement collectées par une autorité compétente pour l'une des finalités prévues par la présente directive, le règlement (UE) 2016/679 devrait s'appliquer au traitement de ces données à des fins autres que celles prévues par la présente directive lorsqu'un tel traitement est autorisé par le droit de l'Union ou le droit d'un État membre. En particulier, les règles fixées dans le règlement (UE) 2016/679 devraient s'appliquer au transfert de données à caractère personnel à des fins ne relevant pas du champ d'application de la présente directive. Le règlement (UE) 2016/679 devrait s'appliquer au traitement de données à caractère personnel par un destinataire qui n'est pas une autorité compétente ou qui n'agit pas en cette qualité au sens de la présente directive et auquel une autorité compétente communique de manière licite des données à caractère personnel. Dans le cadre de la mise en œuvre de la présente directive, les États membres devraient aussi pouvoir préciser plus en détail les modalités d'application des règles du règlement (UE) 2016/679, sous réserve des conditions fixées dans ledit règlement.

(35) Pour être licite, le traitement des données à caractère personnel au titre de la présente directive devrait être nécessaire à l'exécution d'une mission d'intérêt général par une autorité compétente, fondée sur le droit de l'Union ou le droit d'un État membre, à des fins de prévention et de détection des infractions pénales, d'enquêtes et de poursuites en la matière ou d'exécution de sanctions pénales, y compris la protection contre les menaces pour la sécurité publique et la prévention de telles menaces. Ces activités devraient couvrir la protection des intérêts vitaux de la personne concernée. Dans le cadre de l'exécution des missions de prévention et de détection des infractions pénales, d'enquêtes et de poursuites en la matière ou d'exécution de sanctions pénales qui leur sont confiées de manière institutionnelle par la loi, les autorités compétentes peuvent demander ou ordonner aux personnes physiques de donner suite aux demandes qui leur sont adressées. Dans ce cas, le consentement de la personne concernée, au sens du règlement (UE) 2016/679, ne devrait pas constituer une base juridique pour le traitement de données à caractère personnel par les autorités compétentes. Lorsqu'elle est tenue de respecter une obligation légale, la personne concernée ne dispose pas d'une véritable liberté de choix ; sa réaction ne pourrait dès lors être considérée comme une manifestation libre de sa volonté. Cela ne devrait pas empêcher les États membres de prévoir par la loi que la personne concernée peut consentir au traitement de données à caractère personnel la concernant aux fins de la présente directive, par exemple pour des tests ADN dans des enquêtes pénales ou le suivi de sa localisation au moyen de dispositifs électroniques dans le cadre de l'exécution de sanctions pénales.

(36) Les États membres devraient prévoir que lorsque le droit de l'Union ou le droit d'un État membre applicable à l'autorité compétente qui transmet les données sou-

met le traitement de données à caractère personnel à des conditions spécifiques applicables dans certaines situations particulières, telles que l'utilisation de codes de traitement, l'autorité compétente qui transmet les données devrait informer le destinataire de ces données à caractère personnel de ces conditions et de l'obligation de les respecter. Ces conditions pourraient, par exemple, comprendre une interdiction de transmission ultérieure des données à caractère personnel à autrui, une interdiction d'utilisation desdites données à des fins autres que celles pour lesquelles elles ont été transmises au destinataire, ou une interdiction d'informer la personne concernée lorsque le droit à l'information est limité en l'absence d'autorisation préalable de l'autorité compétente qui transmet les données. Ces obligations devraient également s'appliquer aux transferts de données par l'autorité compétente qui transmet les données à des destinataires dans des pays tiers ou des organisations internationales. Les États membres devraient veiller à ce que l'autorité compétente qui transmet les données n'applique pas aux destinataires dans les autres États membres ou aux services, organes et organismes établis en vertu du titre V, chapitres 4 et 5, du traité sur le fonctionnement de l'Union européenne des conditions différentes de celles applicables aux transferts de données similaires à l'intérieur de l'État membre dont relève ladite autorité compétente.

(37) Les données à caractère personnel qui sont, par nature, particulièrement sensibles du point de vue des libertés et droits fondamentaux méritent une protection spécifique, car le contexte dans lequel elles sont traitées pourrait engendrer des risques importants pour ces libertés et droits. Ces données à caractère personnel devraient comprendre les données à caractère personnel qui révèlent l'origine raciale ou ethnique, étant entendu que l'utilisation de l'expression "origine raciale" dans la présente directive n'implique pas que l'Union adhère à des théories tendant à établir l'existence de races humaines distinctes. Ces données à caractère personnel ne devraient pas faire l'objet d'un traitement, à moins que celui-ci ne s'accompagne de garanties appropriées pour les droits et libertés de la personne concernée fixées par la loi et ne soit permis dans des cas autorisés par la loi ; lorsqu'il n'est pas déjà autorisé par une telle loi, qu'il ne soit nécessaire à la sauvegarde des intérêts vitaux de la personne concernée ou d'une autre personne ; ou qu'il ne porte sur des données manifestement rendues publiques par la personne concernée. Des garanties appropriées pour les droits et des libertés de la personne concernée pourraient comprendre la possibilité de ne collecter ces données qu'en rapport avec d'autres données relatives à la personne physique concernée, la possibilité de sécuriser les données collectées de manière adéquate, des règles plus strictes pour l'accès du personnel de l'autorité compétente aux données et l'interdiction de la transmission de ces données. Il convient également que le traitement de pareilles données soit autorisé par la loi lorsque la personne concernée a expressément marqué son accord au traitement qui est particulièrement intrusif pour elle. Toutefois, l'accord de la personne concernée ne devrait pas constituer en soi une base juridique pour le traitement de ces données à caractère personnel sensibles par les autorités compétentes.

(38) La personne concernée devrait avoir le droit de ne pas faire l'objet d'une décision impliquant l'évaluation de certains aspects personnels la concernant, qui est prise sur le seul fondement d'un traitement automatisé et qui produit des effets juridiques défavorables la concernant ou qui l'affecte de manière significative. En tout état de cause, un traitement de ce type devrait être assorti de garanties appropriées, y compris la fourniture d'informations spécifiques à la personne concernée et le droit d'obtenir une intervention humaine, en particulier d'exprimer son point de vue, d'obtenir une explication quant à la décision prise à l'issue de ce type d'évaluation ou de contester la décision. Tout profilage qui entraîne une discrimination à l'égard de personnes physiques sur la base de données à caractère personnel qui sont, par nature, particulièrement sensibles du point de vue des libertés et des droits fondamentaux, devrait être interdit en application des conditions établies aux articles 21 et 52 de la Charte.

(39) Afin de permettre aux personnes concernées d'exercer leurs droits, toute information qui leur est communiquée devrait être aisément accessible, y compris sur le site internet du responsable du traitement, et facile à comprendre, et formulée en des termes clairs et simples. Ces informations devraient être adaptées aux besoins des personnes vulnérables telles que les enfants.

(40) Des modalités devraient être prévues pour faciliter l'exercice par la personne concernée des droits qui lui sont conférés par la présente directive, y compris les moyens de demander et, le cas échéant, d'obtenir, sans frais, notamment l'accès aux

données à caractère personnel, et leur rectification ou leur effacement et la limitation du traitement. Le responsable du traitement devrait être tenu de répondre aux demandes de la personne concernée dans les meilleurs délais, à moins qu'il n'applique des limitations aux droits de la personne concernée conformément à la présente directive. En outre, si les demandes sont manifestement infondées ou excessives, par exemple lorsque la personne concernée présente de façon répétée et déraisonnable des demandes d'information ou fait une utilisation abusive de son droit de recevoir des informations, par exemple en fournissant des informations fausses ou trompeuses lorsqu'elle présente sa demande, le responsable du traitement devrait pouvoir exiger le paiement de frais raisonnables ou refuser de donner suite à la demande.

(41) Lorsque le responsable du traitement demande que des informations supplémentaires lui soient fournies pour confirmer l'identité de la personne concernée, il convient que ces informations fassent l'objet d'un traitement uniquement pour cette finalité précise et qu'elles ne soient pas conservées pendant une durée excédant celle nécessaire au regard de ladite finalité.

(42) Les informations suivantes, au moins, devraient être communiquées à la personne concernée : l'identité du responsable du traitement, l'existence d'une opération de traitement, les finalités du traitement, le droit d'introduire une réclamation et l'existence du droit de demander au responsable du traitement l'accès aux données à caractère personnel, leur rectification ou leur effacement ou la limitation du traitement. Ces informations pourraient figurer sur le site internet de l'autorité compétente. En outre, dans des cas précis et afin de permettre à la personne concernée d'exercer ses droits, celle-ci devrait être informée de la base juridique du traitement et de la durée pendant laquelle les données seront conservées, dans la mesure où ces informations complémentaires sont nécessaires pour assurer un traitement loyal des données à l'égard de la personne concernée, compte tenu des circonstances particulières dans lesquelles les données sont traitées.

(43) Une personne physique devrait avoir le droit d'accéder aux données qui ont été collectées la concernant et d'exercer ce droit facilement, à des intervalles raisonnables, afin de prendre connaissance du traitement et d'en vérifier la licéité. En conséquence, chaque personne concernée devrait avoir le droit de connaître et de se faire communiquer les finalités du traitement des données, la durée pendant laquelle les données sont traitées, ainsi que l'identité des destinataires, y compris les destinataires se trouvant dans des pays tiers. Lorsque ces communications comportent des informations relatives à l'origine des données à caractère personnel, ces informations ne devraient pas révéler l'identité des personnes physiques, en particulier les sources confidentielles. Pour que ce droit soit respecté, il suffit que la personne concernée dispose d'un aperçu complet de ces données sous une forme intelligible, c'est-à-dire une forme qui lui permette de prendre connaissance de ces données et de vérifier si elles sont exactes et traitées conformément à la présente directive, de sorte qu'elle puisse exercer les droits que lui confère la présente directive. Cet aperçu pourrait être fourni sous la forme d'une copie des données à caractère personnel faisant l'objet du traitement.

(44) Les États membres devraient pouvoir adopter des mesures législatives visant à retarder ou à limiter l'information des personnes concernées ou à ne pas leur accorder cette information, ou à leur limiter, complètement ou partiellement, l'accès aux données à caractère personnel les concernant, dès lors qu'une telle mesure constitue une mesure nécessaire et proportionnée dans une société démocratique, compte dûment tenu des droits fondamentaux et des intérêts légitimes de la personne physique concernée, pour éviter de gêner des enquêtes, des recherches ou des procédures officielles ou judiciaires, pour éviter de nuire à la prévention et à la détection des infractions pénales, aux enquêtes et poursuites en la matière ou à l'exécution de sanctions pénales, pour sauvegarder la sécurité publique ou la sécurité nationale, ou pour protéger les droits et libertés d'autrui. Le responsable du traitement devrait apprécier, en examinant chaque cas de façon concrète et individuelle, s'il y a lieu de limiter le droit d'accès partiellement ou complètement.

(45) Tout refus d'accès ou toute limitation de l'accès devrait en principe être présenté par écrit à la personne concernée et indiquer les motifs factuels ou juridiques sur lesquels la décision est fondée.

(46) Toute limitation des droits de la personne concernée doit respecter la Charte et la convention européenne des droits de l'homme, telles qu'elles sont interprétées

respectivement par la Cour de justice et par la Cour européenne des droits de l'homme dans leur jurisprudence, et notamment respecter l'essence desdits droits et libertés.

(47) Une personne physique devrait avoir le droit de faire rectifier des données à caractère personnel inexactes la concernant, en particulier lorsque cela touche aux faits, et disposer d'un droit d'effacement lorsque le traitement de ces données constitue une violation de la présente directive. Cependant, le droit de rectification ne devrait pas affecter, par exemple, la teneur d'une déposition. Une personne physique devrait également avoir le droit d'obtenir la limitation du traitement lorsqu'elle conteste l'exactitude des données à caractère personnel et qu'il ne peut être déterminé si ces données sont exactes ou non, ou lorsque les données à caractère personnel doivent être conservées à des fins probatoires. Plus particulièrement, les données à caractère personnel devraient faire l'objet d'une limitation du traitement plutôt qu'être effacées si, dans un cas déterminé, il existe des motifs raisonnables de penser que l'effacement pourrait nuire aux intérêts légitimes de la personne concernée. En pareil cas, les données faisant l'objet d'une limitation du traitement ne devraient être traitées que pour la finalité qui a empêché leur effacement. Les méthodes visant à limiter le traitement de données à caractère personnel pourraient consister, entre autres, à déplacer les données sélectionnées vers un autre système de traitement, par exemple à des fins archivistiques, ou à rendre les données sélectionnées inaccessibles. Dans les fichiers automatisés, la limitation du traitement devrait en principe être assurée par des moyens techniques. Le fait que le traitement des données à caractère personnel est limité devrait être indiqué de manière claire dans le fichier. Cette rectification ou cet effacement des données à caractère personnel ou cette limitation du traitement devraient être communiqués aux destinataires auxquels les données ont été communiquées et aux autorités compétentes à l'origine des données inexactes. Les responsables du traitement devraient également cesser de continuer à diffuser ces données.

(48) Lorsque le responsable du traitement refuse à une personne concernée le droit à l'information, le droit d'accès aux données à caractère personnel, de rectification ou d'effacement de celles-ci ou le droit de limitation du traitement, la personne concernée devrait avoir le droit de demander à l'autorité de contrôle nationale de vérifier la licéité du traitement. La personne concernée devrait être informée de ce droit. Lorsque l'autorité de contrôle agit au nom de la personne concernée, cette dernière devrait à tout le moins être informée par l'autorité de contrôle que toutes les vérifications ou tous les examens nécessaires par l'autorité compétente ont eu lieu. L'autorité de contrôle devrait également informer la personne concernée de son droit de former un recours juridictionnel.

(49) Lorsque les données à caractère personnel sont traitées dans le cadre d'une enquête pénale ou d'une procédure judiciaire en matière pénale, les États membres devraient pouvoir prévoir que le droit à l'information, le droit d'accès aux données à caractère personnel, de rectification ou d'effacement de celles-ci, et le droit de limitation du traitement sont exercés conformément aux règles nationales relatives à la procédure judiciaire.

(50) Il y a lieu d'instaurer la responsabilité du responsable du traitement pour tout traitement de données à caractère personnel qu'il effectue lui-même ou qui est réalisé pour son compte. Il importe en particulier que le responsable du traitement soit tenu de mettre en œuvre des mesures appropriées et effectives et soit à même de démontrer que les activités de traitement respectent la présente directive. Ces mesures devraient tenir compte de la nature, de la portée, du contexte et des finalités du traitement ainsi que du risque que ceux-ci présentent pour les droits et libertés des personnes physiques. Les mesures prises par le responsable du traitement devraient comprendre l'établissement et la mise en œuvre de garanties spécifiques destinées au traitement de données à caractère personnel relatives aux personnes physiques vulnérables telles que les enfants.

(51) Des risques pour les droits et libertés des personnes physiques, dont le degré de probabilité et de gravité varie, peuvent résulter du traitement de données qui pourraient entraîner des dommages physiques matériels ou un préjudice moral, en particulier lorsque le traitement peut donner lieu à une discrimination, à un vol ou une usurpation d'identité, à une perte financière, à une atteinte à la réputation, à une perte de confidentialité de données protégées par le secret professionnel, à un renversement non autorisé du processus de pseudonymisation ou à tout autre dommage économique ou social important ; lorsque les personnes concernées pourraient être

privées de leurs droits et libertés ou empêchées d'exercer le contrôle sur leurs données à caractère personnel ; lorsque le traitement concerne des données à caractère personnel qui révèlent l'origine raciale ou ethnique, les opinions politiques, la religion ou les convictions philosophiques ou l'appartenance syndicale ; lorsque des données génétiques ou biométriques sont traitées afin d'identifier une personne de manière unique ou lorsque des données concernant la santé ou des données concernant la vie sexuelle et l'orientation sexuelle, ou des données relatives à des condamnations pénales et à des infractions, ou encore à des mesures de sûreté connexes sont traitées ; lorsque des aspects personnels sont évalués, en particulier dans le cadre de l'analyse et de la prédiction d'éléments concernant le rendement au travail, la situation économique, la santé, les préférences ou centres d'intérêt personnels, la fiabilité ou le comportement, la localisation ou les déplacements, en vue de créer ou d'utiliser des profils individuels ; lorsque le traitement porte sur des données à caractère personnel relatives à des personnes physiques vulnérables, en particulier les enfants ; ou lorsque le traitement porte sur un volume important de données à caractère personnel et touche un nombre important de personnes concernées.

(52) Il convient de déterminer la probabilité et la gravité du risque en fonction de la nature, de la portée, du contexte et des finalités du traitement. Le risque devrait faire l'objet d'une évaluation objective permettant de déterminer si les opérations de traitement des données comportent un risque élevé. On entend par risque élevé un risque particulier de porter atteinte aux droits et aux libertés des personnes concernées.

(53) La protection des droits et libertés des personnes physiques à l'égard du traitement des données à caractère personnel exige l'adoption de mesures techniques et organisationnelles appropriées, pour garantir que les exigences de la présente directive soient respectées. La mise en œuvre de telles mesures ne devrait pas dépendre uniquement de considérations économiques. Afin d'être en mesure de démontrer qu'il respecte la présente directive, le responsable du traitement devrait adopter des règles internes et mettre en œuvre des mesures qui respectent, en particulier, les principes de protection des données dès la conception et de protection des données par défaut. Lorsque le responsable du traitement a procédé à une analyse d'impact relative à la protection des données en vertu de la présente directive, les résultats devraient être pris en compte lors de l'élaboration desdites mesures et procédures. Les mesures pourraient consister notamment dans le recours à la pseudonymisation le plus tôt possible. Le recours à la pseudonymisation aux fins de la présente directive peut servir d'outil susceptible de faciliter, en particulier, le libre flux des données à caractère personnel au sein de l'espace de liberté, de sécurité et de justice.

(54) La protection des droits et libertés des personnes concernées, de même que la responsabilité des responsables du traitement et des sous-traitants, y compris dans le cadre de la surveillance exercée par les autorités de contrôle et des mesures prises par celles-ci, exige une répartition claire des responsabilités fixées dans la présente directive, y compris dans le cas où le responsable du traitement détermine les finalités et les moyens du traitement conjointement avec d'autres responsables du traitement, ou lorsqu'un traitement est effectué pour le compte d'un responsable du traitement.

(55) La réalisation du traitement par un sous-traitant devrait être régie par un acte juridique comprenant un contrat liant le sous-traitant au responsable du traitement et prévoyant notamment que le sous-traitant ne devrait agir que sur instruction du responsable du traitement. Le sous-traitant devrait tenir compte du principe de protection des données dès la conception et par défaut.

(56) Afin d'apporter la preuve qu'il respecte la présente directive, le responsable du traitement ou le sous-traitant devrait tenir des registres pour toutes les catégories d'activités de traitement relevant de sa responsabilité. Chaque responsable du traitement et sous-traitant devrait être tenu de coopérer avec l'autorité de contrôle et de mettre ces registres à sa disposition sur demande pour qu'ils puissent servir au contrôle de ces opérations de traitement. Le responsable du traitement ou le sous-traitant qui traite des données à caractère personnel dans des systèmes de traitement non automatisés devrait s'être doté des moyens effectifs de démontrer la licéité du traitement, de pratiquer l'autocontrôle et de garantir l'intégrité et la sécurité des données, tels que des journaux ou d'autres formes de registres.

(57) Des journaux devraient être établis au moins pour les opérations effectuées dans des systèmes de traitement automatisé telles que la collecte, la modification, la consultation, la communication, y compris les transferts, l'interconnexion ou l'effa-

cement. L'identification de la personne qui a consulté ou communiqué les données à caractère personnel devrait apparaître dans le journal et cette identification devrait permettre d'établir les motifs des opérations de traitement. Les journaux devraient être utilisés uniquement à des fins de vérification de la licéité du traitement, d'autocontrôle, de garantie de l'intégrité et de la sécurité des données et pour les besoins de procédures pénales. L'autocontrôle comprend aussi les procédures disciplinaires internes des autorités compétentes.

(58) Lorsque des opérations de traitement sont, du fait de leur nature, de leur portée ou de leurs finalités, susceptibles d'engendrer un risque élevé pour les droits et libertés des personnes concernées, le responsable du traitement devrait effectuer une analyse d'impact relative à la protection des données comprenant notamment les mesures, les garanties et les mécanismes envisagés pour assurer la protection des données à caractère personnel et pour apporter la preuve du respect de la présente directive. Les analyses d'impact devraient porter sur les systèmes et processus pertinents des opérations de traitement, et non sur des cas individuels.

(59) Afin de garantir une protection effective des droits et libertés des personnes concernées, le responsable du traitement ou le sous-traitant devrait, dans certains cas, consulter l'autorité de contrôle préalablement au traitement.

(60) Afin de préserver la sécurité et de prévenir tout traitement en violation de la présente directive, il importe que le responsable du traitement ou le sous-traitant évalue les risques inhérents au traitement et mette en œuvre des mesures pour les atténuer, telles que le chiffrement. Ces mesures devraient assurer un niveau de sécurité approprié, y compris la confidentialité, et tenir compte de l'état des connaissances, des coûts de mise en œuvre au regard des risques et de la nature des données à caractère personnel à protéger. Dans le cadre de l'évaluation des risques pour la sécurité des données, il convient d'apprécier les risques que présente le traitement de données, tels que la destruction, la perte, l'altération ou la divulgation non autorisée de données à caractère personnel transmises, conservées ou traitées d'une autre manière ou l'accès non autorisé à de telles données, de manière accidentelle ou illicite, qui sont susceptibles, notamment, d'entraîner des dommages physiques, matériels ou un préjudice moral. Le responsable du traitement et le sous-traitant devraient veiller à ce que le traitement des données à caractère personnel ne soit pas effectué par des personnes non autorisées.

(61) Une violation de données à caractère personnel risque, si l'on n'intervient pas à temps et de manière appropriée, de causer aux personnes physiques concernées des dommages physiques, matériels ou un préjudice moral tels qu'une perte de contrôle sur leurs données à caractère personnel ou la limitation de leurs droits, une discrimination, un vol ou une usurpation d'identité, une perte financière, un renversement non autorisé de la procédure de pseudonymisation, une atteinte à la réputation, une perte de confidentialité de données à caractère personnel protégées par le secret professionnel ou tout autre dommage économique ou social important pour la personne physique concernée. En conséquence, dès que le responsable du traitement apprend qu'une violation de données à caractère personnel s'est produite, il convient qu'il notifie cette violation de données à caractère personnel à l'autorité de contrôle dans les meilleurs délais et, lorsque c'est possible, dans les 72 heures au plus tard après en avoir pris connaissance, à moins qu'il ne puisse démontrer, conformément au principe de responsabilité, qu'il est peu probable que la violation en question engendre un risque pour les droits et les libertés des personnes physiques. Si une telle notification ne peut avoir lieu dans ce délai de 72 heures, la notification devrait être assortie des motifs du retard et des informations peuvent être fournies de manière échelonnée sans autre retard indu.

(62) Lorsqu'une violation de données à caractère personnel est susceptible d'engendrer un risque élevé pour les droits et libertés d'une personne physique, celle-ci devrait être informée dans les meilleurs délais afin qu'elle puisse prendre les précautions qui s'imposent. La communication devrait décrire la nature de la violation des données à caractère personnel et formuler des recommandations à la personne physique concernée pour atténuer les effets négatifs potentiels. Il convient que de telles communications aux personnes physiques concernées soient effectuées aussi rapidement qu'il est raisonnablement possible et en coopération étroite avec l'autorité de contrôle, dans le respect des directives données par celle-ci ou par d'autres autorités compétentes. Par exemple, la nécessité d'atténuer un risque immédiat de dommage pourrait justifier d'adresser rapidement une communication aux personnes concernées, alors que la nécessité de mettre en œuvre des mesures appropriées empêchant

la poursuite de la violation des données ou la survenance de violations similaires peut justifier un délai plus long pour la communication. Lorsque le fait de retarder ou de limiter la communication à la personne physique concernée d'une violation des données à caractère personnel ne permet pas d'éviter de gêner des enquêtes, des recherches ou des procédures officielles ou judiciaires, d'éviter de nuire à la prévention et à la détection des infractions pénales, aux enquêtes et poursuites en la matière ou à l'exécution de sanctions pénales, de sauvegarder la sécurité publique ou la sécurité nationale, ou de protéger les droits et libertés d'autrui, la communication pourrait, dans des circonstances exceptionnelles, être omise.

(63) Le responsable du traitement devrait désigner une personne qui l'aiderait à vérifier le respect, au niveau interne, des dispositions adoptées en vertu de la présente directive, sauf lorsqu'un État membre décide que des tribunaux et d'autres autorités judiciaires indépendantes en sont dispensés dans l'exercice de leur fonction juridictionnelle. Cette personne pourrait être un membre du personnel du responsable du traitement ayant reçu une formation spéciale dans le domaine du droit et des pratiques en matière de protection des données afin d'acquérir des connaissances spécialisées dans ce domaine. Le niveau de connaissances spécialisées requis devrait être déterminé notamment en fonction du traitement des données effectué et de la protection exigée pour les données à caractère personnel traitées par le responsable du traitement. Cette personne pourrait exercer cette fonction à temps plein ou à temps partiel. Un délégué à la protection des données peut être désigné conjointement par plusieurs responsables du traitement, compte tenu de leur structure organisationnelle et de leur taille, par exemple en cas de partage des ressources au sein d'unités centrales. Cette personne peut également être désignée pour occuper différents postes au sein de la structure des responsables du traitement concernés. Elle devrait aider le responsable du traitement et les employés traitant des données à caractère personnel en les informant et en les conseillant sur le respect des obligations leur incombant en matière de protection des données. Ces délégués à la protection des données devraient être en mesure d'exercer leurs fonctions et missions en toute indépendance conformément au droit de l'État membre.

(64) Les États membres devraient veiller à ce qu'un transfert vers un pays tiers ou à une organisation internationale n'ait lieu que s'il est nécessaire à des fins de prévention et de détection des infractions pénales, d'enquêtes et de poursuites en la matière ou d'exécution des sanctions pénales, y compris la protection contre les menaces pour la sécurité publique et la prévention de telles menaces, et si le responsable du traitement dans le pays tiers ou dans l'organisation internationale est une autorité compétente au sens de la présente directive. Un transfert ne devrait être effectué que par les autorités compétentes agissant en qualité de responsables du traitement, sauf dans le cas où les sous-traitants sont expressément chargés de procéder au transfert pour le compte des responsables du traitement. Un tel transfert peut avoir lieu lorsque la Commission a décidé que le pays tiers ou l'organisation internationale en question garantit un niveau adéquat de protection, lorsque des garanties appropriées ont été prévues ou lorsque des dérogations pour des situations particulières s'appliquent. Lorsque des données à caractère personnel sont transférées de l'Union à des responsables du traitement, à des sous-traitants ou à d'autres destinataires dans des pays tiers ou à des organisations internationales, il importe que le niveau de protection des personnes physiques prévu dans l'Union par la présente directive ne soit pas compromis, y compris en cas de transferts ultérieurs de données à caractère personnel au départ du pays tiers ou de l'organisation internationale à des responsables du traitement ou à des sous-traitants dans le même pays tiers ou dans un pays tiers différent, ou à une autre organisation internationale.

(65) Lorsque des données à caractère personnel sont transférées d'un État membre vers des pays tiers ou à des organisations internationales, un tel transfert ne devrait en principe avoir lieu qu'après que l'État membre auprès duquel les données ont été collectées a autorisé le transfert. Il est dans l'intérêt d'une coopération efficace en matière répressive que lorsque le caractère immédiat de la menace pour la sécurité publique d'un État membre ou d'un pays tiers ou pour les intérêts essentiels d'un État membre est tel qu'il rend impossible l'obtention d'une autorisation préalable en temps utile, l'autorité compétente puisse transférer les données à caractère personnel pertinentes vers le pays tiers concerné ou à l'organisation internationale concernée sans cette autorisation préalable. Les États membres devraient prévoir que les éventuelles conditions particulières applicables au transfert devraient être communiquées aux pays tiers ou aux organisations internationales. Les transferts ultérieurs de données à caractère personnel devraient être soumis à l'autorisation préalable de l'auto-

rité compétente qui a procédé au transfert initial. Lorsqu'elle statue sur une demande d'autorisation d'un transfert ultérieur, l'autorité compétente qui a procédé au transfert initial devrait prendre dûment en considération l'ensemble des facteurs pertinents, y compris la gravité de l'infraction pénale, les conditions particulières applicables au transfert initial des données et la finalité pour laquelle les données ont été transférées initialement, la nature et les conditions de l'exécution de la sanction pénale, et le niveau de protection des données à caractère personnel dans le pays tiers ou au sein de l'organisation internationale vers lequel ou laquelle les données à caractère personnel sont transférées ultérieurement. L'autorité compétente qui a effectué le transfert initial devrait aussi pouvoir assortir le transfert ultérieur de conditions particulières. Ces conditions particulières peuvent être décrites, par exemple, dans des codes de traitement.

(66) La Commission devrait pouvoir décider, avec effet dans l'ensemble de l'Union, que certains pays tiers, un territoire ou un ou plusieurs secteurs déterminés dans un pays tiers, ou une organisation internationale offrent un niveau adéquat de protection des données, assurant ainsi une sécurité juridique et une uniformité dans l'ensemble de l'Union en ce qui concerne les pays tiers ou les organisations internationales qui sont réputés offrir un tel niveau de protection. Dans ces cas, les transferts de données à caractère personnel vers ces pays devraient pouvoir avoir lieu sans qu'il soit nécessaire d'obtenir une autorisation spécifique, sauf lorsqu'un autre État membre auprès duquel les données ont été collectées doit autoriser le transfert.

(67) Eu égard aux valeurs fondamentales sur lesquelles est fondée l'Union, en particulier la protection des droits de l'homme, la Commission devrait, dans son évaluation d'un pays tiers ou d'un territoire ou d'un secteur déterminé dans un pays tiers, prendre en considération la manière dont un pays tiers en particulier respecte l'état de droit, garantit l'accès à la justice et observe les règles et normes internationales dans le domaine des droits de l'homme, ainsi que sa législation générale et sectorielle, y compris la législation sur la sécurité publique, la défense et la sécurité nationale ainsi que l'ordre public et le droit pénal. Lors de l'adoption, à l'égard d'un territoire ou d'un secteur déterminé dans un pays tiers, d'une décision d'adéquation, il y a lieu de prendre en compte des critères clairs et objectifs, telles que les activités de traitement spécifiques et le champ d'application des normes juridiques applicables et du droit en vigueur dans le pays tiers. Le pays tiers devrait offrir des garanties assurant un niveau adéquat de protection essentiellement équivalent à celui qui est assuré au sein de l'Union, en particulier lorsque les données sont traitées dans un ou plusieurs secteurs spécifiques. Plus particulièrement, le pays tiers devrait assurer un contrôle indépendant effectif de la protection des données et prévoir des mécanismes de coopération avec les autorités de protection des données des États membres, et les personnes concernées devraient se voir octroyer des droits effectifs et opposables ainsi que des possibilités effectives de recours administratif ou juridictionnel.

(68) Outre les engagements internationaux pris par le pays tiers ou l'organisation internationale, la Commission devrait également tenir compte des obligations découlant de la participation du pays tiers ou de l'organisation internationale à des systèmes multilatéraux ou régionaux, notamment en matière de protection des données à caractère personnel, ainsi que de la mise en œuvre de ces obligations. Il y a lieu, en particulier, de prendre en considération l'adhésion du pays tiers à la convention du Conseil de l'Europe du 28 janvier 1981 pour la protection des personnes à l'égard du traitement automatisé des données à caractère personnel et à son protocole additionnel. Aux fins de l'évaluation du niveau de protection offert par des pays tiers ou des organisations internationales, la Commission devrait consulter le comité européen de la protection des données établi par le règlement (UE) 2016/679 (ci-après dénommé "comité"). La Commission devrait également tenir compte de toute décision d'adéquation pertinente qu'elle aurait adoptée conformément à l'article 45 du règlement (UE) 2016/679.

(69) La Commission devrait surveiller le fonctionnement des décisions relatives au niveau de protection offert par un pays tiers, un territoire ou un secteur déterminé dans un pays tiers, ou par une organisation internationale. Dans ses décisions d'adéquation, la Commission devrait prévoir un mécanisme d'examen périodique de leur fonctionnement. Cet examen périodique devrait être effectué en consultation avec le pays tiers ou l'organisation internationale en question et tenir compte de l'ensemble des évolutions pertinentes dans le pays tiers ou au sein de l'organisation internationale.

(70) La Commission devrait également pouvoir constater qu'un pays tiers, un territoire ou un secteur déterminé dans un pays tiers, ou une organisation internationale n'assure plus un niveau adéquat de protection des données. En conséquence, le transfert de données à caractère personnel vers ce pays tiers ou à cette organisation internationale devrait être interdit, à moins que les exigences de la présente directive relatives aux transferts moyennant des garanties appropriées et aux dérogations pour des situations particulières soient respectées. Il y aurait lieu de prévoir des procédures de consultation entre la Commission et le pays tiers ou l'organisation internationale en question. La Commission devrait informer en temps utile le pays tiers ou l'organisation internationale des motifs de sa conclusion et engager des consultations en vue de remédier à la situation.

(71) Les transferts qui ne sont pas fondés sur une décision d'adéquation ne devraient être autorisés que lorsque des garanties appropriées ont été offertes dans un instrument juridiquement contraignant assurant la protection des données à caractère personnel, ou lorsque le responsable du traitement a évalué toutes les circonstances entourant le transfert de données et estime, au vu de cette évaluation, qu'il existe des garanties appropriées en matière de protection des données à caractère personnel. Ces instruments juridiquement contraignants pourraient, par exemple, être des accords bilatéraux juridiquement contraignants que les États membres ont conclus et mis en œuvre dans leur ordre juridique et que les personnes concernées pourraient faire exécuter, qui respectent les exigences en matière de protection des données et les droits des personnes concernées, y compris le droit à un recours administratif ou juridictionnel effectif. Lorsqu'il évalue toutes les circonstances entourant le transfert de données, le responsable du traitement devrait pouvoir tenir compte des accords de coopération conclus entre Europol ou Eurojust et des pays tiers qui permettent un échange de données à caractère personnel. Le responsable du traitement devrait aussi pouvoir prendre en compte le fait que le transfert de données à caractère personnel sera soumis à des obligations de confidentialité et au principe de spécificité, ce qui garantit que les données ne seront pas traitées à des fins autres que celles pour lesquelles elles ont été transférées. En outre, le responsable du traitement devrait prendre en compte le fait que les données à caractère personnel ne seront pas utilisées pour demander, prononcer ou mettre à exécution une condamnation à la peine de mort ou toute forme de traitement cruel et inhumain. Si ces conditions peuvent être considérées comme des garanties appropriées permettant le transfert de données, le responsable du traitement devrait pouvoir exiger des garanties supplémentaires.

(72) En l'absence de décision d'adéquation ou de garanties appropriées, un transfert ou une catégorie de transferts ne peuvent être effectués que dans des situations particulières, s'ils sont nécessaires à la sauvegarde des intérêt vitaux de la personne concernée ou d'une autre personne ou à la sauvegarde des intérêts légitimes de la personne concernée lorsque le droit de l'État membre qui transfère les données à caractère personnel le prévoit ; à la prévention d'une menace grave et immédiate pour la sécurité publique d'un État membre ou d'un pays tiers ; dans un cas particulier, à des fins de prévention et de détection des infractions pénales, d'enquêtes et de poursuites en la matière ou d'exécution des sanctions pénales, y compris la protection contre les menaces pour la sécurité publique et la prévention de telles menaces ; ou, dans un cas particulier, à la constatation, l'exercice ou la défense de droits en justice. Ces dérogations devraient être interprétées de manière restrictive et ne devraient pas permettre des transferts fréquents, massifs et structurels de données à caractère personnel ni des transferts de données à grande échelle, mais des transferts qui devraient être limités aux données strictement nécessaires. Ces transferts devraient être documentés et mis à la disposition de l'autorité de contrôle, sur demande, afin qu'elle puisse en vérifier la licéité.

(73) Les autorités compétentes des États membres appliquent les accords internationaux bilatéraux ou multilatéraux conclus avec des pays tiers qui sont en vigueur dans le domaine de la coopération judiciaire en matière pénale et de la coopération policière, aux fins d'échanger les informations nécessaires pour leur permettre d'accomplir les missions que leur confie la loi. En principe, ce processus se déroule moyennant, ou tout au moins avec, la coopération des autorités compétentes dans les pays tiers concernés aux fins de la présente directive, parfois même en l'absence d'un accord international bilatéral ou multilatéral. Cependant, dans certains cas particuliers, il se peut que les procédures normales exigeant de contacter ladite autorité dans le pays tiers soient inefficaces ou inappropriées, notamment parce que le transfert ne pourrait être effectué en temps opportun ou parce que cette autorité dans le pays

tiers ne respecte pas l'état de droit ou n'observe pas les règles et normes internationales dans le domaine des droits de l'homme de sorte que les autorités compétentes des États membres pourraient décider de transférer les données à caractère personnel directement à des destinataires établis dans ces pays tiers. C'est notamment le cas lorsqu'il est urgent de transférer des données à caractère personnel afin de sauver la vie d'une personne qui risque de devenir la victime d'une infraction pénale ou pour éviter la commission imminente d'un crime, y compris d'un acte de terrorisme. Même si ce transfert entre autorités compétentes et destinataires établis dans des pays tiers ne devrait avoir lieu que dans certains cas précis, la présente directive devrait prévoir les conditions qui réglementent ces cas. Ces dispositions ne devraient pas être considérées comme constituant des dérogations aux accords internationaux bilatéraux ou multilatéraux en vigueur dans le domaine de la coopération judiciaire en matière pénale et de la coopération policière. Ces règles devraient s'appliquer en complément des autres règles énoncées dans la présente directive, en particulier celles sur la licéité du traitement et celles du chapitre V.

(74) Lorsque des données à caractère personnel franchissent les frontières, cela peut accroître le risque que les personnes physiques ne puissent exercer leur droit à la protection des données pour se protéger de l'utilisation ou la divulgation illicite de ces dernières. De même, les autorités de contrôle peuvent être confrontées à l'impossibilité d'examiner des réclamations ou de mener des enquêtes sur les activités exercées en dehors de leurs frontières. Leurs efforts pour collaborer dans le contexte transfrontalier peuvent également être freinés par les pouvoirs insuffisants dont elles disposent en matière de prévention ou de recours et par l'hétérogénéité des régimes juridiques. En conséquence, il est nécessaire de favoriser une coopération plus étroite entre les autorités de contrôle de la protection des données, afin qu'elles puissent échanger des informations avec leurs homologues étrangers.

(75) L'institution d'autorités de contrôle dans les États membres, qui sont en mesure d'exercer leurs fonctions en toute indépendance, est un élément essentiel de la protection des personnes physiques à l'égard du traitement des données à caractère personnel. Il y a lieu que les autorités de contrôle surveillent l'application des dispositions adoptées en vertu de la présente directive et contribuent à ce que son application soit cohérente dans l'ensemble de l'Union, afin de protéger les personnes physiques à l'égard du traitement de leurs données à caractère personnel. À cet effet, les autorités de contrôle devraient coopérer entre elles et avec la Commission.

(76) Les États membres peuvent confier à une autorité de contrôle déjà créée en vertu du règlement (UE) 2016/679 la responsabilité des missions incombant aux autorités de contrôle nationales à instituer au titre de la présente directive.

(77) Les États membres devraient avoir la possibilité d'instituer plusieurs autorités de contrôle en fonction de leur structure constitutionnelle, organisationnelle et administrative. Il convient que chaque autorité de contrôle soit dotée de tous les moyens financiers et humains ainsi que des locaux et des infrastructures nécessaires à la bonne exécution de ses missions, y compris celles qui sont liées à l'assistance mutuelle et à la coopération avec d'autres autorités de contrôle dans l'ensemble de l'Union. Chaque autorité de contrôle devrait disposer d'un budget annuel public propre, qui peut faire partie du budget global national ou d'une entité fédérée.

(78) Les autorités de contrôle devraient être soumises à des mécanismes indépendants de contrôle ou de suivi de leur gestion financière, à condition que ce contrôle financier ne nuise pas à leur indépendance.

(79) Les conditions générales applicables au(x) membre(s) de l'autorité de contrôle devraient être fixées par le droit de l'État membre et prévoir notamment que ces membres sont nommés par le parlement ou le gouvernement ou le chef d'État de l'État membre, sur proposition du gouvernement ou d'un membre du gouvernement, ou du parlement ou de sa chambre, ou par un organisme indépendant chargé, par le droit de l'État membre, de procéder à la nomination selon une procédure transparente. Afin de garantir l'indépendance de l'autorité de contrôle, il convient que le ou les membres de celle-ci agissent avec intégrité, s'abstiennent de tout acte incompatible avec leurs fonctions et n'exercent, pendant la durée de leur mandat, aucune activité professionnelle incompatible, rémunérée ou non. Afin de garantir l'indépendance de l'autorité de contrôle, il convient que le personnel soit choisi par cette dernière, avec la possibilité qu'intervienne dans ce processus un organe indépendant qui en serait chargé par le droit de l'État membre.

(80) Bien que la présente directive s'applique également aux activités des juridictions nationales et autres autorités judiciaires, la compétence des autorités de contrôle ne devrait pas s'étendre au traitement des données à caractère personnel effectué par les juridictions dans l'exercice de leur fonction juridictionnelle, afin de préserver l'indépendance des juges dans l'accomplissement de leurs missions judiciaires. Il convient que cette exception soit limitée aux activités judiciaires dans le cadre d'affaires portées devant les juridictions et qu'elle ne s'applique pas aux autres activités auxquelles les juges pourraient être associés conformément au droit d'un État membre. Les États membres devraient aussi pouvoir prévoir que la compétence de l'autorité de contrôle ne s'étend pas aux traitements de données à caractère personnel effectués par d'autres autorités judiciaires indépendantes dans l'exercice de leur fonction juridictionnelle, par exemple le ministère public. En tout état de cause, le respect des règles de la présente directive par les juridictions et autres autorités judiciaires indépendantes fait toujours l'objet d'un contrôle indépendant conformément à l'article 8, paragraphe 3, de la Charte.

(81) Chaque autorité de contrôle devrait traiter les réclamations introduites par les personnes concernées et enquêter sur les affaires en question ou les transmettre à l'autorité de contrôle compétente. L'enquête faisant suite à une réclamation devrait être menée, sous contrôle juridictionnel, dans la mesure appropriée requise par le cas d'espèce. L'autorité de contrôle devrait informer la personne concernée de l'état d'avancement et de l'issue de la réclamation dans un délai raisonnable. Si l'affaire requiert un complément d'enquête ou une coordination avec une autre autorité de contrôle, des informations intermédiaires devraient être fournies à la personne concernée.

(82) Afin d'assurer l'efficacité, la fiabilité et la cohérence du contrôle du respect et de l'application de la présente directive dans l'ensemble de l'Union conformément au traité sur le fonctionnement de l'Union européenne tel qu'il est interprété par la Cour de justice, les autorités de contrôle devraient avoir, dans chaque État membre, les mêmes missions et les mêmes pouvoirs effectifs, dont celui d'enquêter, d'adopter des mesures correctrices et d'émettre des avis consultatifs, qui constituent les moyens nécessaires à l'accomplissement de leurs missions. Cependant, leurs pouvoirs ne devraient pas interférer avec les règles spécifiques relatives à la procédure pénale, y compris pour les enquêtes et les poursuites concernant les infractions pénales, ni avec l'indépendance du pouvoir judiciaire. Sans préjudice des pouvoirs des autorités chargées des poursuites en vertu du droit de l'État membre, les autorités de contrôle devraient aussi avoir le pouvoir de porter les violations de la présente directive à l'attention des autorités judiciaires ou d'ester en justice. Les pouvoirs des autorités de contrôle devraient être exercés en conformité avec les garanties procédurales appropriées prévues par le droit de l'Union et le droit des États membres, d'une manière impartiale et équitable et dans un délai raisonnable. Cela signifie, en particulier, que toute mesure devrait être appropriée, nécessaire et proportionnée en vue de garantir le respect de la présente directive, compte tenu des circonstances de l'espèce, respecter le droit de chacun à être entendu avant que ne soit prise toute mesure individuelle susceptible d'affecter défavorablement la personne concernée et éviter les coûts superflus ainsi que les désagréments excessifs pour la personne concernée. Les pouvoirs d'enquête en ce qui concerne l'accès aux installations devraient être exercés dans le respect des exigences spécifiques du droit de l'État membre, par exemple l'obligation d'obtenir une autorisation judiciaire préalable. Si une décision juridiquement contraignante est adoptée, elle devrait donner lieu à un contrôle juridictionnel dans l'État membre de l'autorité de contrôle qui a adopté cette décision.

(83) Les autorités de contrôle devraient s'entraider et se prêter mutuellement assistance dans l'accomplissement de leurs missions afin d'assurer l'application cohérente et l'exécution des dispositions adoptées en vertu de la présente directive.

(84) Le comité devrait contribuer à l'application cohérente de la présente directive dans l'ensemble de l'Union, notamment en conseillant la Commission et en favorisant la coopération des autorités de contrôle dans l'ensemble de l'Union.

(85) Toute personne concernée devrait avoir le droit d'introduire une réclamation auprès d'une autorité de contrôle unique et disposer du droit à un recours juridictionnel effectif conformément à l'article 47 de la Charte lorsqu'elle estime qu'il y a violation des droits que lui confèrent les dispositions adoptées en vertu de la présente directive, ou si l'autorité de contrôle ne donne pas à la suite de sa réclamation, la refuse ou la rejette, en tout ou en partie, ou si elle n'agit pas alors qu'une action est nécessaire pour protéger les droits de la personne concernée. L'enquête faisant suite

à une réclamation devrait être menée, sous contrôle juridictionnel, dans la mesure appropriée au cas d'espèce. L'autorité de contrôle compétente devrait informer la personne concernée de l'état d'avancement et de l'issue de la réclamation dans un délai raisonnable. Si l'affaire requiert un complément d'enquête ou une coordination avec une autre autorité de contrôle, des informations intermédiaires devraient être fournies à la personne concernée. Afin de faciliter l'introduction des réclamations, chaque autorité de contrôle devrait prendre des mesures telles que la fourniture d'un formulaire de réclamation qui peut être rempli également par voie électronique, sans que d'autres moyens de communication ne soient exclus.

(86) Toute personne physique ou morale devrait disposer du droit à un recours juridictionnel effectif, devant la juridiction nationale compétente, contre une décision d'une autorité de contrôle qui produit des effets juridiques à son égard. Une telle décision concerne en particulier l'exercice, par l'autorité de contrôle, de pouvoirs d'enquête, du pouvoir d'adopter des mesures correctrices et du pouvoir d'autorisation ou le refus ou le rejet de réclamations. Toutefois, ce droit ne couvre pas d'autres mesures prises par les autorités de contrôle qui ne sont pas juridiquement contraignantes, telles que les avis émis ou les conseils fournis par l'autorité de contrôle. Les actions contre une autorité de contrôle devraient être intentées devant les juridictions de l'État membre sur le territoire duquel l'autorité de contrôle est établie et être menées conformément au droit de l'État membre en question. Ces juridictions devraient disposer d'une pleine compétence, et notamment de celle d'examiner toutes les questions de fait et de droit relatives au litige dont elles sont saisies.

(87) Lorsqu'une personne concernée estime que les droits que lui confère la présente directive ne sont pas respectés, elle devrait avoir le droit de mandater un organisme qui œuvre à la protection des droits et intérêts des personnes concernées dans le domaine de la protection des données à caractère personnel et qui est constitué conformément au droit d'un État membre, pour qu'il introduise une réclamation en son nom auprès d'une autorité de contrôle et pour qu'il exerce le droit à un recours juridictionnel. Le droit de représentation des personnes concernées ne devrait pas porter atteinte au droit procédural d'un État membre qui peut prévoir que les personnes concernées doivent être obligatoirement représentées devant les juridictions nationales par un avocat au sens de la directive 77/249/CEE du Conseil *[du 22 mars 1977 tendant à faciliter l'exercice effectif de la libre prestation de services par les avocats (JO L 78 du 26.3.1977, p. 17).]*.

(88) Tout dommage qu'une personne pourrait subir du fait d'un traitement qui constitue une violation des dispositions adoptées en vertu de la présente directive devrait être réparé par le responsable du traitement ou toute autre autorité compétente en vertu du droit des États membres. La notion de dommage devrait être interprétée au sens large, à la lumière de la jurisprudence de la Cour de justice, de façon à tenir pleinement compte des objectifs de la présente directive. Cela est sans préjudice de toute action en dommages-intérêts fondée sur la violation d'autres règles du droit de l'Union ou du droit des États membres. Lorsqu'il est fait référence à un traitement illicite ou qui constitue une violation des dispositions adoptées en vertu de la présente directive, cela concerne aussi un traitement qui constitue une violation des actes d'exécution adoptés en vertu de la présente directive. Les personnes concernées devraient recevoir une indemnisation complète et effective pour le dommage subi.

(89) Toute personne physique ou morale, qu'elle soit soumise au droit privé ou au droit public, qui enfreint la présente directive devrait faire l'objet de sanctions. Les États membres devraient veiller à ce que les sanctions soient effectives, proportionnées et dissuasives, et prendre toutes les mesures nécessaires à leur mise en œuvre.

(90) Afin d'assurer des conditions uniformes d'exécution de la présente directive, il convient de conférer des compétences d'exécution à la Commission en ce qui concerne le niveau adéquat de protection offert par un pays tiers, un territoire ou un secteur déterminé dans un pays tiers, ou une organisation internationale, ainsi que la forme et les procédures de l'assistance mutuelle et les modalités de l'échange d'informations par voie électronique entre les autorités de contrôle et entre les autorités de contrôle et le comité. Ces compétences devraient être exercées en conformité avec le règlement (UE) nº 182/2011 du Parlement européen et du Conseil *[du 16 février 2011 établissant les règles et principes généraux relatifs aux modalités de contrôle par les États membres de l'exercice des compétences d'exécution par la Commission (JO L 55 du 28.2.2011, p. 13).]*.

(91) Il convient d'avoir recours à la procédure d'examen pour l'adoption d'actes d'exécution en ce qui concerne le niveau adéquat de protection offert par un pays tiers, un territoire ou un secteur déterminé dans un pays tiers, ou une organisation internationale ainsi que la forme et les procédures de l'assistance mutuelle et les modalités de l'échange d'informations par voie électronique entre les autorités de contrôle et entre les autorités de contrôle et le comité, étant donné que ces actes sont de portée générale.

(92) La Commission devrait adopter des actes d'exécution immédiatement applicables lorsque, dans des cas dûment justifiés liés à un pays tiers, un territoire ou un secteur déterminé dans un pays tiers, ou une organisation internationale, qui n'assure plus un niveau adéquat de protection, des raisons d'urgence impérieuses le requièrent.

(93) Étant donné que les objectifs de la présente directive, à savoir protéger les libertés et les droits fondamentaux des personnes physiques, et en particulier leur droit à la protection des données à caractère personnel, et garantir le libre échange des données à caractère personnel par les autorités compétentes au sein de l'Union, ne peuvent pas être atteints de manière suffisante par les États membres mais peuvent, en raison des dimensions ou des effets de l'action, l'être mieux au niveau de l'Union, celle-ci peut prendre des mesures conformément au principe de subsidiarité consacré à l'article 5 du traité sur l'Union européenne. Conformément au principe de proportionnalité tel qu'énoncé audit article, la présente directive n'excède pas ce qui est nécessaire pour atteindre ces objectifs.

(94) Les dispositions particulières des actes de l'Union adoptés dans le domaine de la coopération judiciaire en matière pénale et de la coopération policière avant la date d'adoption de la présente directive qui réglementent le traitement des données à caractère personnel entre États membres ou l'accès d'autorités désignées des États membres aux systèmes d'information créés en vertu des traités devraient demeurer inchangées, tels que, par exemple, les dispositions particulières relatives à la protection des données à caractère personnel appliquées en vertu de la décision 2008/615/JAI *[du 23 juin 2008 relative à l'approfondissement de la coopération transfrontalière, notamment en vue de lutter contre le terrorisme et la criminalité transfrontalière (JO L 210 du 6.8.2008, p. 1).]* ou l'article 23 de la convention relative à l'entraide judiciaire en matière pénale entre les États membres de l'Union européenne | *[Acte du Conseil du 29 mai 2000 établissant, conformément à l'art. 34 du traité sur l'Union européenne, la convention relative à l'entraide judiciaire en matière pénale entre les États membres de l'Union européenne (JO C 197 du 12.7.2000, p. 1).]*. Étant donné que l'article 8 de la Charte et l'article 16 du traité sur le fonctionnement de l'Union européenne exigent que le droit fondamental à la protection des données à caractère personnel soit garanti de manière homogène dans l'ensemble de l'Union, la Commission devrait évaluer la situation en ce qui concerne la relation entre la présente directive et les actes adoptés avant la date d'adoption de la présente directive qui réglementent le traitement des données à caractère personnel entre États membres ou l'accès d'autorités désignées des États membres aux systèmes d'information créés en vertu des traités, afin d'apprécier la nécessité de mettre ces dispositions particulières en conformité avec la présente directive. Le cas échéant, la Commission devrait faire des propositions en vue d'assurer la cohérence des règles juridiques relatives au traitement des données à caractère personnel.

(95) Afin d'assurer une protection exhaustive et cohérente des données à caractère personnel dans l'Union, il convient que les accords internationaux qui ont été conclus par les États membres avant la date d'entrée en vigueur de la présente directive et qui respectent les dispositions pertinentes du droit de l'Union applicables avant cette date, restent en vigueur jusqu'à ce qu'ils soient modifiés, remplacés ou révoqués.

(96) Les États membres devraient disposer d'un délai maximal de deux ans à compter de la date d'entrée en vigueur de la présente directive pour sa transposition. Les traitements déjà en cours à cette date devraient être mis en conformité avec la présente directive dans un délai de deux ans après son entrée en vigueur. Toutefois, lorsque ces traitements ont lieu en conformité avec le droit de l'Union applicable avant la date d'entrée en vigueur de la présente directive, les exigences prévues par celle-ci concernant la consultation préalable de l'autorité de contrôle ne devraient pas s'appliquer aux opérations de traitement déjà en cours à ladite date, étant donné que ces exigences, de par leur nature même, doivent être satisfaites avant le traitement. Lorsque les États membres recourent au délai de mise en œuvre plus long, venant à expiration sept ans après la date d'entrée en vigueur de la présente directive, pour se conformer aux obligations en matière de journalisation pour les systèmes de

traitement automatisé mis en place avant cette date, le responsable du traitement ou le sous-traitant devrait s'être doté des moyens effectifs de démontrer la licéité du traitement des données, de pratiquer l'autocontrôle et de garantir l'intégrité et la sécurité des données, tels que des journaux ou d'autres formes de registres.

(97) La présente directive s'entend sans préjudice des règles relatives à la lutte contre les abus sexuels et l'exploitation sexuelle des enfants, et la pédopornographie qui figurent dans la directive 2011/93/UE du Parlement européen et du Conseil *[du 13 décembre 2011 relative à la lutte contre les abus sexuels et l'exploitation sexuelle des enfants, ainsi que la pédopornographie et remplaçant la décision-cadre 2004/68/JAI du Conseil (JO L 335 du 17.12.2011, p. 1).]*.

(98) Il y a dès lors lieu d'abroger la décision-cadre 2008/977/JAI.

(99) Conformément à l'article 6 *bis* du protocole n° 21 sur la position du Royaume-Uni et de l'Irlande à l'égard de l'espace de liberté, de sécurité et de justice, annexé au traité sur l'Union européenne et au traité sur le fonctionnement de l'Union européenne, le Royaume-Uni et l'Irlande ne sont pas liés par les règles fixées dans la présente directive concernant le traitement de données à caractère personnel par les États membres dans l'exercice d'activités qui relèvent du champ d'application du chapitre 4 ou 5 du titre V de la troisième partie du traité sur le fonctionnement de l'Union européenne, lorsque le Royaume-Uni et l'Irlande ne sont pas liés par les règles qui régissent des formes de coopération judiciaire en matière pénale ou de coopération policière dans le cadre desquelles les dispositions fixées sur la base de l'article 16 du traité sur le fonctionnement de l'Union européenne doivent être respectées.

(100) Conformément aux articles 2 et 2 *bis* du protocole n° 22 sur la position du Danemark, annexé au traité sur l'Union européenne et au traité sur le fonctionnement de l'Union européenne, le Danemark n'est pas lié par les règles fixées dans la présente directive ni soumis à leur application, lorsqu'elles concernent le traitement des données à caractère personnel par les États membres dans l'exercice d'activités qui relèvent du champ d'application *[des chapitres]* du chapitre 4 ou 5 du titre V de la troisième partie du traité sur le fonctionnement de l'Union européenne. Étant donné que la présente directive développe l'acquis de Schengen, en vertu du titre V de la troisième partie du traité sur le fonctionnement de l'Union européenne, le Danemark décide, conformément à l'article 4 dudit protocole, dans un délai de six mois après l'adoption de la présente directive, s'il transposera celle-ci dans son droit national.

(101) En ce qui concerne l'Islande et la Norvège, la présente directive constitue un développement des dispositions de l'acquis de Schengen au sens de l'accord conclu par le Conseil de l'Union européenne, la République d'Islande et le Royaume de Norvège sur l'association de ces deux États à la mise en œuvre, à l'application et au développement de l'acquis de Schengen *[JO L 176 du 10.7.1999, p. 36.]*.

(102) En ce qui concerne la Suisse, la présente directive constitue un développement des dispositions de l'acquis de Schengen au sens de l'accord entre l'Union européenne, la Communauté européenne et la Confédération suisse sur l'association de la Confédération suisse à la mise en œuvre, à l'application et au développement de l'acquis de Schengen *[JO L 53 du 27.2.2008, p. 52.]*.

(103) En ce qui concerne le Liechtenstein, la présente directive constitue un développement des dispositions de l'acquis de Schengen au sens du protocole entre l'Union européenne, la Communauté européenne, la Confédération suisse et la Principauté de Liechtenstein sur l'adhésion de la Principauté de Liechtenstein à l'accord entre l'Union européenne, la Communauté européenne et la Confédération suisse sur l'association de la Confédération suisse à la mise en œuvre, à l'application et au développement de l'acquis de Schengen *[JO L 160 du 18.6.2011, p. 21.]*.

(104) La présente directive respecte les droits fondamentaux et observe les principes reconnus par la Charte, tels qu'ils sont consacrés par le traité sur le fonctionnement de l'Union européenne, et notamment le droit au respect de la vie privée et familiale, le droit à la protection des données à caractère personnel et le droit à un recours effectif et à accéder à un tribunal impartial. Les limitations apportées à ces droits sont conformes à l'article 52, paragraphe 1, de la Charte car elles sont nécessaires pour répondre à des objectifs d'intérêt général reconnus par l'Union ou au besoin de protection des droits et libertés d'autrui.

(105) Conformément à la déclaration politique commune du 28 septembre 2011 des États membres et de la Commission sur les documents explicatifs, les États membres

se sont engagés à joindre à la notification de leurs mesures de transposition, dans les cas où cela se justifie, un ou plusieurs documents expliquant le lien entre les éléments d'une directive et les parties correspondantes des mesures nationales de transposition. En ce qui concerne la présente directive, le législateur estime que la transmission de ces documents est justifiée.

(106) Le Contrôleur européen de la protection des données a été consulté conformément à l'article 28, paragraphe 2, du règlement (CE) n° 45/2001 et a rendu son avis le 7 mars 2012 *[JO C 192 du 30.6.2012, p. 7.]*.

(107) La présente directive ne saurait empêcher les États membres de mettre en œuvre l'exercice des droits des personnes concernées en matière d'information, d'accès aux données à caractère personnel, de rectification ou d'effacement de celles-ci et de limitation du traitement dans le cadre de poursuites pénales, et les éventuelles limitations de ces droits, dans leurs règles nationales en matière de procédure pénale,

ONT ADOPTÉ LA PRÉSENTE DIRECTIVE :

CHAPITRE I *DISPOSITIONS GÉNÉRALES*

Art. 1er *Objet et objectifs.* 1. La présente directive établit des règles relatives à la protection des personnes physiques à l'égard du traitement des données à caractère personnel par les autorités compétentes à des fins de prévention et de détection des infractions pénales, d'enquêtes et de poursuites en la matière ou d'exécution de sanctions pénales, y compris la protection contre les menaces pour la sécurité publique et la prévention de telles menaces.

2. Conformément à la présente directive, les États membres :

a) protègent les libertés et droits fondamentaux des personnes physiques, et en particulier leur droit à la protection des données à caractère personnel ; et

b) veillent à ce que l'échange de données à caractère personnel par les autorités compétentes au sein de l'Union, lorsque cet échange est requis par le droit de l'Union ou le droit d'un État membre, ne soit ni limité ni interdit pour des motifs liés à la protection des personnes physiques à l'égard du traitement des données à caractère personnel.

3. La présente directive n'empêche pas les États membres de prévoir des garanties plus étendues que celles établies dans la présente directive pour la protection des droits et des libertés des personnes concernées à l'égard du traitement des données à caractère personnel par les autorités compétentes.

Art. 2 *Champ d'application.* 1. La présente directive s'applique au traitement de données à caractère personnel effectué par les autorités compétentes aux fins énoncées à l'article 1er, paragraphe 1.

2. La présente directive s'applique au traitement de données à caractère personnel, automatisé en tout ou en partie, ainsi qu'au traitement non automatisé de données à caractère personnel contenues ou appelées à figurer dans un fichier.

3. La présente directive ne s'applique pas au traitement de données à caractère personnel effectué :

a) dans le cadre d'une activité qui ne relève pas du champ d'application du droit de l'Union ;

b) par les institutions, organes, et organismes de l'Union.

Art. 3 *Définitions.* Aux fins de la présente directive, on entend par :

1. « données à caractère personnel », toute information se rapportant à une personne physique identifiée ou identifiable (ci-après dénommée « personne concernée ») ; est réputée être une « personne physique identifiable » une personne physique qui peut être identifiée, directement ou indirectement, notamment par référence à un identifiant, tel qu'un nom, un numéro d'identification, des données de localisation, un identifiant en ligne, ou à un ou plusieurs éléments spécifiques propres à son identité physique, physiologique, génétique, psychique, économique, culturelle ou sociale ;

2. « traitement », toute opération ou tout ensemble d'opérations effectuées ou non à l'aide de procédés automatisés et appliquées à des données à caractère personnel

ou des ensembles de données à caractère personnel, telles que la collecte, l'enregistrement, l'organisation, la structuration, la conservation, l'adaptation ou la modification, l'extraction, la consultation, l'utilisation, la communication par transmission, la diffusion ou toute autre forme de mise à disposition, le rapprochement ou l'interconnexion, la limitation, l'effacement ou la destruction ;

3. « limitation du traitement », le marquage de données à caractère personnel conservées en vue de limiter leur traitement futur ;

4. « profilage », toute forme de traitement automatisé de données à caractère personnel consistant à utiliser ces données à caractère personnel pour évaluer certains aspects personnels relatifs à une personne physique, notamment pour analyser ou prédire des éléments concernant le rendement au travail, la situation économique, la santé, les préférences personnelles, les intérêts, la fiabilité, le comportement, la localisation ou les déplacements de cette personne ;

5. « pseudonymisation », le traitement de données à caractère personnel de telle façon que celles-ci ne puissent plus être attribuées à une personne concernée précise sans avoir recours à des informations supplémentaires, pour autant que ces informations supplémentaires soient conservées séparément et soumises à des mesures techniques et organisationnelles afin de garantir que les données à caractère personnel ne sont pas attribuées à une personne physique identifiée ou identifiable ;

6. « fichier », tout ensemble structuré de données à caractère personnel accessibles selon des critères déterminés, que cet ensemble soit centralisé, décentralisé ou réparti de manière fonctionnelle ou géographique ;

7. « autorité compétente » :

a) toute autorité publique compétente pour la prévention et la détection des infractions pénales, les enquêtes et les poursuites en la matière ou l'exécution de sanctions pénales, y compris la protection contre les menaces pour la sécurité publique et la prévention de telles menaces ; ou

b) tout autre organisme ou entité à qui le droit d'un État membre confie l'exercice de l'autorité publique et des prérogatives de puissance publique à des fins de prévention et de détection des infractions pénales, d'enquêtes et de poursuites en la matière ou d'exécution de sanctions pénales, y compris la protection contre les menaces pour la sécurité publique et la prévention de telles menaces ;

8. « responsable du traitement », l'autorité compétente qui, seule ou conjointement avec d'autres, détermine les finalités et les moyens du traitement de données à caractère personnel ; lorsque les finalités et les moyens de ce traitement sont déterminés par le droit de l'Union ou le droit d'un État membre, le responsable du traitement ou les critères spécifiques applicables à sa désignation peuvent être prévus par le droit de l'Union ou le droit d'un État membre ;

9. « sous-traitant », la personne physique ou morale, l'autorité publique, le service ou un autre organisme qui traite des données à caractère personnel pour le compte du responsable du traitement ;

10. « destinataire », la personne physique ou morale, l'autorité publique, le service ou tout autre organisme qui reçoit communication des données à caractère personnel, qu'il s'agisse ou non d'un tiers. Toutefois, les autorités publiques qui sont susceptibles de recevoir communication de données à caractère personnel dans le cadre d'une mission d'enquête particulière conformément au droit d'un État membre ne sont pas considérées comme des destinataires ; le traitement de ces données par les autorités publiques en question est conforme aux règles applicables en matière de protection des données en fonction des finalités du traitement ;

11. « violation de données à caractère personnel », une violation de la sécurité entraînant, de manière accidentelle ou illicite, la destruction, la perte, l'altération, la divulgation non autorisée de données à caractère personnel transmises, conservées ou traitées d'une autre manière, ou l'accès non autorisé à de telles données ;

12. « données génétiques », les données à caractère personnel relatives aux caractéristiques génétiques héréditaires ou acquises d'une personne physique qui donnent des informations uniques sur la physiologie ou l'état de santé de cette personne physique et qui résultent, notamment, d'une analyse d'un échantillon biologique de la personne physique en question ;

13. « données biométriques », les données à caractère personnel résultant d'un traitement technique spécifique, relatives aux caractéristiques physiques, physiologiques ou comportementales d'une personne physique, qui permettent ou confirment son identification unique, telles que des images faciales ou des données dactyloscopiques ;

14. « données concernant la santé », les données à caractère personnel relatives à la santé physique ou mentale d'une personne physique, y compris la fourniture de soins de santé, qui révèlent des informations sur l'état de santé de cette personne ;

15. « autorité de contrôle », une autorité publique indépendante qui est instituée par un État membre en vertu de l'article 41 ;

16. « organisation internationale », une organisation internationale et les organismes de droit public international qui en relèvent, ou tout autre organisme qui est créé par un accord entre deux pays ou plus, ou en vertu d'un tel accord.

CHAPITRE II *PRINCIPES*

Art. 4 *Principes relatifs au traitement des données à caractère personnel.* 1. Les États membres prévoient que les données à caractère personnel sont :

a) traitées de manière licite et loyale ;

b) collectées pour des finalités déterminées, explicites et légitimes et ne sont pas traitées d'une manière incompatible avec ces finalités ;

c) adéquates, pertinentes et non excessives au regard des finalités pour lesquelles elles sont traitées ;

d) exactes et, si nécessaire, tenues à jour ; toutes les mesures raisonnables doivent être prises pour que les données à caractère personnel qui sont inexactes, eu égard aux finalités pour lesquelles elles sont traitées, soient effacées ou rectifiées sans tarder ;

e) conservées sous une forme permettant l'identification des personnes concernées pendant une durée n'excédant pas celle nécessaire au regard des finalités pour lesquelles elles sont traitées ;

f) traitées de façon à garantir une sécurité appropriée des données à caractère personnel, y compris la protection contre le traitement non autorisé ou illicite et contre la perte, la destruction ou les dégâts d'origine accidentelle, à l'aide de mesures techniques ou organisationnelles appropriées.

2. Le traitement, par le même ou par un autre responsable du traitement, pour l'une des finalités énoncées à l'article 1er, paragraphe 1, autre que celles pour lesquelles les données ont été collectées, est autorisé à condition que :

a) le responsable du traitement soit autorisé à traiter ces données à caractère personnel pour une telle finalité conformément au droit de l'Union ou au droit d'un État membre ; et

b) le traitement soit nécessaire et proportionné à cette autre finalité conformément au droit de l'Union ou au droit d'un État membre.

3. Le traitement des données par le même ou par un autre responsable du traitement peut comprendre l'archivage dans l'intérêt public, à des fins scientifiques, statistiques ou historiques, aux fins énoncées à l'article 1er, paragraphe 1, sous réserve de garanties appropriées pour les droits et libertés de la personne concernée.

4. Le responsable du traitement est responsable du respect des paragraphes 1, 2 et 3 et est en mesure de démontrer que ces dispositions sont respectées.

Art. 5 *Délais de conservation et d'examen.* Les États membres prévoient que des délais appropriés sont fixés pour l'effacement des données à caractère personnel ou pour la vérification régulière de la nécessité de conserver les données à caractère personnel. Des règles procédurales garantissent le respect de ces délais.

Art. 6 *Distinction entre différentes catégories de personnes concernées.* Les États membres prévoient que le responsable du traitement établit, le cas échéant et dans la mesure du possible, une distinction claire entre les données à caractère personnel de différentes catégories de personnes concernées, telles que :

a) les personnes à l'égard desquelles il existe des motifs sérieux de croire qu'elles ont commis ou sont sur le point de commettre une infraction pénale ;

b) les personnes reconnues coupables d'une infraction pénale ;

c) les victimes d'une infraction pénale ou les personnes à l'égard desquelles certains faits portent à croire qu'elles pourraient être victimes d'une infraction pénale ; et

d) les tiers à une infraction pénale, tels que les personnes pouvant être appelées à témoigner lors d'enquêtes en rapport avec des infractions pénales ou des procédures pénales ultérieures, des personnes pouvant fournir des informations sur des infractions pénales, ou des contacts ou des associés de l'une des personnes visées aux points a) et b).

Art. 7 *Distinction entre les données à caractère personnel et vérification de la qualité des données à caractère personnel.* 1. Les États membres prévoient que les données à caractère personnel fondées sur des faits sont, dans la mesure du possible, distinguées de celles fondées sur des appréciations personnelles.

2. Les États membres prévoient que les autorités compétentes prennent toutes les mesures raisonnables pour garantir que les données à caractère personnel qui sont inexactes, incomplètes ou ne sont plus à jour ne soient pas transmises ou mises à disposition. A cette fin, chaque autorité compétente vérifie, dans la mesure du possible, la qualité des données à caractère personnel avant leur transmission ou mise à disposition. Dans la mesure du possible, lors de toute transmission de données à caractère personnel, sont ajoutées des informations nécessaires permettant à l'autorité compétente destinataire de juger de l'exactitude, de l'exhaustivité, et de la fiabilité des données à caractère personnel, et de leur niveau de mise à jour.

3. S'il s'avère que des données à caractère personnel inexactes ont été transmises ou que des données à caractère personnel ont été transmises de manière illicite, le destinataire en est informé sans retard. Dans ce cas, les données à caractère personnel sont rectifiées ou effacées ou leur traitement est limité conformément à l'article 16.

Art. 8 *Licéité du traitement.* 1. Les États membres prévoient que le traitement n'est licite que si et dans la mesure où il est nécessaire à l'exécution d'une mission effectuée par une autorité compétente, pour les finalités énoncées à l'article 1er, paragraphe 1, et où il est fondé sur le droit de l'Union ou le droit d'un État membre.

2. Une disposition du droit d'un État membre qui réglemente le traitement relevant du champ d'application de la présente directive précise au moins les objectifs du traitement, les données à caractère personnel devant faire l'objet d'un traitement et les finalités du traitement.

Art. 9 *Conditions spécifiques applicables au traitement.* 1. Les données à caractère personnel collectées par les autorités compétentes pour les finalités énoncées à l'article 1er, paragraphe 1, ne peuvent être traitées à des fins autres que celles énoncées à l'article 1er, paragraphe 1, à moins qu'un tel traitement ne soit autorisé par le droit de l'Union ou le droit d'un État membre. Lorsque des données à caractère personnel sont traitées à de telles autres fins, le règlement (UE) 2016/679 s'applique, à moins que le traitement ne soit effectué dans le cadre d'une activité ne relevant pas du champ d'application du droit de l'Union.

2. Lorsque les autorités compétentes sont chargées par le droit d'un État membre d'exécuter des missions autres que celles exécutées pour les finalités énoncées à l'article 1er, paragraphe 1, le règlement (UE) 2016/679 s'applique au traitement effectué à de telles fins, y compris à des fins archivistiques dans l'intérêt public, à des fins de recherche scientifique ou historique, ou à des fins statistiques, à moins que le traitement ne soit effectué dans le cadre d'une activité ne relevant pas du champ d'application du droit de l'Union.

3. Les États membres prévoient que, lorsque le droit de l'Union ou le droit d'un État membre applicable à l'autorité compétente qui transmet les données soumet le traitement à des conditions spécifiques, l'autorité compétente qui transmet les données informe le destinataire de ces données à caractère personnel de ces conditions et de l'obligation de les respecter.

4. Les États membres prévoient que l'autorité compétente qui transmet les données n'applique pas aux destinataires dans les autres États membres ou aux services, organes et organismes établis en vertu des chapitres 4 et 5 du titre V du traité sur le fonctionnement de l'Union européenne des conditions en vertu du paragraphe 3 différentes de celles applicables aux transferts de données similaires à l'intérieur de l'État membre dont relève l'autorité compétente qui transmet les données.

Art. 10 *Traitement portant sur des catégories particulières de données à caractère personnel.* Le traitement des données à caractère personnel qui révèlent l'origine raciale ou ethnique, les opinions politiques, les convictions religieuses ou philosophiques, ou l'appartenance syndicale, et le traitement des données génétiques, des données biométriques aux fins d'identifier une personne physique de manière unique, des données concernant la santé ou des données concernant la vie sexuelle ou l'orientation sexuelle d'une personne physique est autorisé uniquement en cas de nécessité absolue, sous réserve de garanties appropriées pour les droits et libertés de la personne concernée, et uniquement :

a) lorsqu'ils sont autorisés par le droit de l'Union ou le droit d'un État membre ;

b) pour protéger les intérêts vitaux de la personne concernée ou d'une autre personne physique ; ou

c) lorsque le traitement porte sur des données manifestement rendues publiques par la personne concernée.

Art. 11 *Décision individuelle automatisée.* 1. Les États membres prévoient que toute décision fondée exclusivement sur un traitement automatisé, y compris le profilage, qui produit des effets juridiques défavorables pour la personne concernée ou l'affecte de manière significative, est interdite, à moins qu'elle ne soit autorisée par le droit de l'Union ou le droit d'un État membre auquel le responsable du traitement est soumis et qui fournit des garanties appropriées pour les droits et libertés de la personne concernée, et au minimum le droit d'obtenir une intervention humaine de la part du responsable du traitement.

2. Les décisions visées au paragraphe 1 du présent article ne sont pas fondées sur les catégories particulières de données à caractère personnel visées à l'article 10, à moins que des mesures appropriées pour la sauvegarde des droits et des libertés et des intérêts légitimes de la personne concernée ne soient en place.

3. Tout profilage qui entraîne une discrimination à l'égard des personnes physiques sur la base des catégories particulières de données à caractère personnel visées à l'article 10 est interdit, conformément au droit de l'Union.

CHAPITRE III *DROITS DE LA PERSONNE CONCERNÉE*

Art. 12 *Communication et modalités de l'exercice des droits de la personne concernée.* 1. Les États membres prévoient que le responsable du traitement prend des mesures raisonnables pour fournir toute information visée à l'article 13 et procède à toute communication relative au traitement ayant trait à l'article 11, aux articles 14 à 18 et à l'article 31 à la personne concernée d'une façon concise, compréhensible et aisément accessible, en des termes clairs et simples. Les informations sont fournies par tout moyen approprié, y compris par voie électronique. De manière générale, le responsable du traitement fournit les informations sous la même forme que la demande.

2. Les États membres prévoient que le responsable du traitement facilite l'exercice des droits conférés à la personne concernée par l'article 11 et les articles 14 à 18.

3. Les États membres prévoient que le responsable du traitement informe par écrit, dans les meilleurs délais, la personne concernée des suites données à sa demande.

4. Les États membres prévoient qu'aucun paiement n'est exigé pour fournir les informations visées à l'article 13 et pour procéder à toute communication et prendre toute mesure au titre de l'article 11, des articles 14 à 18 et de l'article 31. Lorsque les demandes d'une personne concernée sont manifestement infondées ou excessives, notamment en raison de leur caractère répétitif, le responsable du traitement peut :

a) soit exiger le paiement de frais raisonnables qui tiennent compte des coûts administratifs supportés pour fournir les informations, procéder à la communication ou prendre les mesures demandées ;

b) soit refuser de donner suite à la demande.

Il incombe au responsable du traitement de démontrer le caractère manifestement infondé ou excessif de la demande.

5. Lorsque le responsable du traitement a des doutes raisonnables quant à l'identité de la personne physique présentant la demande visée à l'article 14 ou 16, il peut demander que lui soient fournies des informations supplémentaires nécessaires pour confirmer l'identité de la personne concernée.

Art. 13 *Informations à mettre à la disposition de la personne concernée ou à lui fournir.* 1. Les États membres prévoient que le responsable du traitement met à la disposition de la personne concernée au moins les informations suivantes :

a) l'identité et les coordonnées du responsable du traitement ;

b) le cas échéant, les coordonnées du délégué à la protection des données ;

c) les finalités du traitement auquel sont destinées les données à caractère personnel ;

d) le droit d'introduire une réclamation auprès d'une autorité de contrôle et les coordonnées de ladite autorité ;

e) l'existence du droit de demander au responsable du traitement l'accès aux données à caractère personnel, leur rectification ou leur effacement, et la limitation du traitement des données à caractère personnel relatives à une personne concernée.

2. En plus des informations visées au paragraphe 1, les États membres prévoient, par la loi, que le responsable du traitement fournit à la personne concernée, dans des cas particuliers, les informations additionnelles suivantes afin de lui permettre d'exercer ses droits :

a) la base juridique du traitement,

b) la durée de conservation des données à caractère personnel ou, lorsque ce n'est pas possible, les critères utilisés pour déterminer cette durée ;

c) le cas échéant, les catégories de destinataires des données à caractère personnel, y compris dans les pays tiers ou au sein d'organisations internationales ;

d) au besoin, des informations complémentaires, en particulier lorsque les données à caractère personnel sont collectées à l'insu de la personne concernée.

3. Les États membres peuvent adopter des mesures législatives visant à retarder ou limiter la fourniture des informations à la personne concernée en application du paragraphe 2, ou à ne pas fournir ces informations, dès lors et aussi longtemps qu'une mesure de cette nature constitue une mesure nécessaire et proportionnée dans une société démocratique, en tenant dûment compte des droits fondamentaux et des intérêts légitimes de la personne physique concernée pour :

a) éviter de gêner des enquêtes, des recherches ou des procédures officielles ou judiciaires ;

b) éviter de nuire à la prévention ou à la détection d'infractions pénales, aux enquêtes ou aux poursuites en la matière ou à l'exécution de sanctions pénales ;

c) protéger la sécurité publique ;

d) protéger la sécurité nationale ;

e) protéger les droits et libertés d'autrui.

4. Les États membres peuvent adopter des mesures législatives afin de déterminer des catégories de traitements susceptibles de relever, dans leur intégralité ou en partie, d'un quelconque des points énumérés au paragraphe 3.

Art. 14 *Droit d'accès par la personne concernée.* Sous réserve de l'article 15, les États membres prévoient que la personne concernée a le droit d'obtenir du responsable du traitement la confirmation que des données à caractère personnel la concernant sont ou ne sont pas traitées et, lorsqu'elles le sont, l'accès auxdites données ainsi que les informations suivantes :

a) les finalités du traitement ainsi que sa base juridique ;

b) les catégories de données à caractère personnel concernées ;

c) les destinataires ou catégories de destinataires auxquels les données à caractère personnel ont été communiquées, en particulier les destinataires qui sont établis dans des pays tiers ou les organisations internationales ;

d) lorsque cela est possible, la durée de conservation des données à caractère personnel envisagée ou, lorsque ce n'est pas possible, les critères utilisés pour déterminer cette durée ;

e) l'existence du droit de demander au responsable du traitement la rectification ou l'effacement des données à caractère personnel, ou la limitation du traitement des données à caractère personnel relatives à la personne concernée ;

f) le droit d'introduire une réclamation auprès de l'autorité de contrôle et les coordonnées de ladite autorité ;

g) la communication des données à caractère personnel en cours de traitement, ainsi que toute information disponible quant à leur source.

Art. 15 *Limitations du droit d'accès.* 1. Les États membres peuvent adopter des mesures législatives limitant, entièrement ou partiellement, le droit d'accès de la personne concernée, dès lors et aussi longtemps qu'une telle limitation partielle ou complète constitue une mesure nécessaire et proportionnée dans une société démocratique, en tenant dûment compte des droits fondamentaux et des intérêts légitimes de la personne physique concernée, pour :

a) éviter de gêner des enquêtes, des recherches ou des procédures officielles ou judiciaires ;

b) éviter de nuire à la prévention ou à la détection d'infractions pénales, aux enquêtes ou aux poursuites en la matière ou à l'exécution de sanctions pénales ;

c) protéger la sécurité publique ;

d) protéger la sécurité nationale ;

e) protéger les droits et libertés d'autrui.

2. Les États membres peuvent adopter des mesures législatives afin de déterminer des catégories de traitements de données susceptibles de relever, dans leur intégralité ou en partie, des points a) à e) du paragraphe 1.

3. Dans les cas visés aux paragraphes 1 et 2, les États membres prévoient que le responsable du traitement informe la personne concernée par écrit, dans les meilleurs délais, de tout refus ou de toute limitation d'accès, ainsi que des motifs du refus ou de la limitation. Ces informations peuvent ne pas être fournies lorsque leur communication risque de compromettre l'un des objectifs énoncés au paragraphe 1. Les États membres prévoient que le responsable du traitement informe la personne concernée des possibilités d'introduire une réclamation auprès d'une autorité de contrôle ou de former un recours juridictionnel.

4. Les États membres prévoient que le responsable du traitement consigne les motifs de fait ou de droit sur lesquels se fonde la décision. Ces informations sont mises à la disposition des autorités de contrôle.

Art. 16 *Droit de rectification ou d'effacement des données à caractère personnel et limitation du traitement.* 1. Les États membres prévoient le droit pour la personne concernée d'obtenir du responsable du traitement, dans les meilleurs délais, la rectification des données à caractère personnel la concernant qui sont inexactes. Compte tenu des finalités du traitement, les États membres prévoient que la personne concernée a le droit d'obtenir que les données à caractère personnel incomplètes soient complétées, y compris en fournissant à cet effet une déclaration complémentaire.

2. Les États membres exigent que le responsable du traitement efface dans les meilleurs délais les données à caractère personnel et accordent à la personne concernée le droit d'obtenir du responsable du traitement l'effacement dans les meilleurs délais de données à caractère personnel la concernant lorsque le traitement constitue une violation des dispositions adoptées en vertu de l'article 4, 8 ou 10 ou lorsque les données à caractère personnel doivent être effacées pour respecter une obligation légale à laquelle est soumis le responsable du traitement.

3. Au lieu de procéder à l'effacement, le responsable du traitement limite le traitement lorsque :

a) l'exactitude des données à caractère personnel est contestée par la personne concernée et qu'il ne peut être déterminé si les données sont exactes ou non ; ou

b) les données à caractère personnel doivent être conservées à des fins probatoires.

Lorsque le traitement est limité en vertu du premier alinéa, point a), le responsable du traitement informe la personne concernée avant de lever la limitation du traitement.

4. Les États membres prévoient que le responsable du traitement informe la personne concernée par écrit de tout refus de rectifier ou d'effacer des données à caractère personnel ou de limiter le traitement, ainsi que des motifs du refus. Les États membres peuvent adopter des mesures législatives limitant, en tout ou partie, l'obligation de fournir ces informations, dès lors qu'une telle limitation constitue une mesure nécessaire et proportionnée dans une société démocratique en tenant dûment compte des droits fondamentaux et des intérêts légitimes de la personne physique concernée pour :

a) éviter de gêner des enquêtes, des recherches ou des procédures officielles ou judiciaires ;

b) éviter de nuire à la prévention ou à la détection d'infractions pénales, aux enquêtes ou aux poursuites en la matière ou à l'exécution de sanctions pénales ;

c) protéger la sécurité publique ;

d) protéger la sécurité nationale ;

e) protéger les droits et libertés d'autrui.

Les États membres prévoient que le responsable du traitement informe la personne concernée des possibilités d'introduire une réclamation auprès d'une autorité de contrôle ou de former un recours juridictionnel.

5. Les États membres prévoient que le responsable du traitement communique la rectification des données à caractère personnel inexactes à l'autorité compétente dont proviennent les données à caractère personnel inexactes.

6. Les États membres prévoient que, lorsque des données à caractère personnel ont été rectifiées ou effacées ou que le traitement a été limité au titre des paragraphes 1, 2 et 3, le responsable du traitement adresse une notification aux destinataires et que ceux-ci rectifient ou effacent les données à caractère personnel ou limitent le traitement des données à caractère personnel sous leur responsabilité.

Art. 17 *Exercice des droits de la personne concernée et vérification par l'autorité de contrôle.* 1. Dans les cas visés à l'article 13, paragraphe 3, à l'article 15, paragraphe 3, et à l'article 16, paragraphe 4, les États membres adoptent des mesures afin que les droits de la personne concernée puissent également être exercés par l'intermédiaire de l'autorité de contrôle compétente.

2. Les États membres prévoient que le responsable du traitement informe la personne concernée de la possibilité qu'elle a d'exercer ses droits par l'intermédiaire de l'autorité de contrôle en application du paragraphe 1.

3. Lorsque le droit visé au paragraphe 1 est exercé, l'autorité de contrôle informe au moins la personne concernée du fait qu'elle a procédé à toutes les vérifications nécessaires ou à un examen. L'autorité de contrôle informe également la personne concernée de son droit de former un recours juridictionnel.

Art. 18 *Droits des personnes concernées lors des enquêtes judiciaires et des procédures pénales.* Les États membres peuvent prévoir que les droits visés aux articles 13, 14 et 16 sont exercés conformément au droit d'un État membre lorsque les données à caractère personnel figurent dans une décision judiciaire ou un casier ou dossier judiciaire faisant l'objet d'un traitement lors d'une enquête judiciaire et d'une procédure pénale.

CHAPITRE IV *RESPONSABLE DU TRAITEMENT ET SOUS-TRAITANT*

SECTION 1 *Obligations générales*

Art. 19 *Obligations incombant au responsable du traitement.* 1. Les États membres prévoient que le responsable du traitement, compte tenu de la nature, de la portée, du contexte et des finalités du traitement ainsi que des risques, dont le degré de probabilité et de gravité varie, pour les droits et libertés des personnes physiques, met en œuvre les mesures techniques et organisationnelles appropriées pour s'assurer et être en mesure de démontrer que le traitement est effectué conformément à la présente directive. Ces mesures sont réexaminées et actualisées, si nécessaire.

2. Lorsque cela est proportionné au regard des activités de traitement, les mesures visées au paragraphe 1 comprennent la mise en œuvre de politiques appropriées en matière de protection des données par le responsable du traitement.

Art. 20 *Protection des données dès la conception et protection des données par défaut.* 1. Les États membres prévoient que, compte tenu de l'état des connaissances, des coûts de la mise en œuvre et de la nature, de la portée, du contexte et des finalités du traitement, ainsi que des risques, dont le degré de probabilité et de gravité varie, que présente le traitement pour les droits et libertés des personnes physiques, le responsable du traitement met en œuvre, tant lors de la détermination des moyens du traitement que lors du traitement proprement dit, des mesures techniques et organisationnelles appropriées, telles que la pseudonymisation, qui sont destinées à mettre en œuvre les principes relatifs à la protection des données, par exemple la minimisation des données, de façon effective et à assortir le traitement des garanties nécessaires, afin de répondre aux exigences de la présente directive et de protéger les droits des personnes concernées.

2. Les États membres prévoient que le responsable du traitement met en œuvre les mesures techniques et organisationnelles appropriées pour garantir que, par défaut, seules les données à caractère personnel qui sont nécessaires au regard de chaque finalité spécifique du traitement sont traitées. Cette obligation s'applique à la quantité de données à caractère personnel collectées, à l'étendue de leur traitement, à leur durée de conservation et à leur accessibilité. En particulier, ces mesures garantissent que, par défaut, les données à caractère personnel ne sont pas rendues accessibles à un nombre indéterminé de personnes physiques sans l'intervention de la personne concernée.

Art. 21 *Responsables conjoints du traitement.* 1. Les États membres prévoient que, lorsque deux responsables du traitement ou plus déterminent conjointement les finalités et les moyens du traitement, ils sont les responsables conjoints du traitement. Les responsables conjoints du traitement définissent de manière transparente leurs obligations respectives aux fins d'assurer le respect de la présente directive, notamment en ce qui concerne l'exercice des droits de la personne concernée, et leurs obligations respectives quant à la communication des informations visées à l'article 13, par voie d'accord entre eux, sauf si et dans la mesure où leurs obligations respectives sont définies par le droit de l'Union ou le droit d'un État membre auquel les responsables du traitement sont soumis. Le point de contact pour les personnes concernées est désigné dans l'accord. Les États membres peuvent préciser lequel des responsables conjoints peut servir de point de contact unique pour que les personnes concernées puissent exercer leurs droits.

2. Indépendamment des termes de l'accord visé au paragraphe 1, les États membres peuvent prévoir que la personne concernée peut exercer les droits que lui confère les dispositions adoptées en vertu de la présente directive à l'égard de et contre chacun des responsables du traitement.

Art. 22 *Sous-traitant.* 1. Les États membres prévoient que le responsable du traitement, lorsqu'un traitement doit être effectué pour son compte, fait uniquement appel à des sous-traitants qui présentent des garanties suffisantes quant à la mise en œuvre de mesures techniques et organisationnelles appropriées de manière que le traitement réponde aux exigences de la présente directive et garantisse la protection des droits de la personne concernée.

2. Les États membres prévoient que le sous-traitant ne recrute pas un autre sous-traitant sans l'autorisation écrite préalable, spécifique ou générale, du responsable du traitement. Dans le cas d'une autorisation écrite générale, le sous-traitant informe le responsable du traitement de tout changement prévu concernant l'ajout ou le remplacement d'autres sous-traitants, donnant ainsi au responsable du traitement la possibilité d'émettre des objections à l'encontre de ces changements.

3. Les États membres prévoient que le traitement par un sous-traitant est régi par un contrat ou un autre acte juridique au titre du droit de l'Union ou du droit d'un État membre, qui lie le sous-traitant à l'égard du responsable du traitement et qui définit l'objet et la durée du traitement, la nature et la finalité du traitement, le type de données à caractère personnel et les catégories de personnes concernées et les obligations et les droits du responsable du traitement. Ce contrat ou cet autre acte juridique prévoit, notamment, que le sous-traitant :

a) n'agit que sur instruction du responsable du traitement ;

b) veille à ce que les personnes autorisées à traiter les données à caractère personnel s'engagent à respecter la confidentialité ou soient soumises à une obligation légale appropriée de confidentialité ;

c) aide le responsable du traitement, par tout moyen approprié, à veiller au respect des dispositions relatives aux droits de la personne concernée ;

d) selon le choix du responsable du traitement, supprime toutes les données à caractère personnel ou les renvoie au responsable du traitement au terme de la prestation des services de traitement des données, et détruit les copies existantes, à moins que le droit de l'Union ou le droit d'un État membre n'exige la conservation des données à caractère personnel ;

e) met à la disposition du responsable du traitement toutes les informations nécessaires pour apporter la preuve du respect du présent article ;

f) respecte les conditions visées aux paragraphes 2 et 3 pour recruter un autre sous-traitant.

4. Le contrat ou l'autre acte juridique visé au paragraphe 3 revêt la forme écrite, y compris la forme électronique.

5. Si, en violation de la présente directive, un sous-traitant détermine les finalités et les moyens du traitement, il est considéré comme un responsable du traitement pour ce qui concerne ce traitement.

Art. 23 *Traitement effectué sous l'autorité du responsable du traitement ou du sous-traitant.* Les États membres prévoient que le sous-traitant et toute personne agissant sous l'autorité du responsable du traitement ou sous celle du sous-traitant, qui a accès à des données à caractère personnel, ne les traite que sur instruction du responsable du traitement, à moins d'y être obligé par le droit de l'Union ou le droit d'un État membre.

Art. 24 *Registre des activités de traitement.* 1. Les États membres prévoient que les responsables du traitement tiennent un registre de toutes les catégories d'activités de traitement effectuées sous leur responsabilité. Ce registre comporte toutes les informations suivantes :

a) le nom et les coordonnées du responsable du traitement et, le cas échéant, du responsable conjoint du traitement et du délégué à la protection des données ;

b) les finalités du traitement ;

c) les catégories de destinataires auxquels les données à caractère personnel ont été ou seront communiquées, y compris les destinataires dans des pays tiers ou des organisations internationales ;

d) une description des catégories de personnes concernées et des catégories de données à caractère personnel ;

e) le cas échéant, le recours au profilage ;

f) le cas échéant, les catégories de transferts de données à caractère personnel vers un pays tiers ou à une organisation internationale ;

g) une indication de la base juridique de l'opération de traitement, y compris les transferts, à laquelle les données à caractère personnel sont destinées ;

h) dans la mesure du possible, les délais prévus pour l'effacement des différentes catégories de données à caractère personnel ;

i) dans la mesure du possible, une description générale des mesures de sécurité techniques et organisationnelles visées à l'article 29, paragraphe 1.

2. Les États membres prévoient que chaque sous-traitant tient un registre de toutes les catégories d'activités de traitement effectuées pour le compte du responsable du traitement, comprenant :

a) le nom et les coordonnées du ou des sous-traitants, de chaque responsable du traitement pour le compte duquel le sous-traitant agit et, le cas échéant, du délégué à la protection des données ;

b) les catégories de traitements effectués pour le compte de chaque responsable du traitement ;

c) le cas échéant, les transferts de données à caractère personnel vers un pays tiers ou à une organisation internationale, lorsqu'il en est expressément chargé par le responsable du traitement, y compris l'identification de ce pays tiers ou de cette organisation internationale ;

d) dans la mesure du possible, une description générale des mesures de sécurité techniques et organisationnelles visées à l'article 29, paragraphe 1.

3. Les registres visés aux paragraphes 1 et 2 se présentent sous une forme écrite, y compris la forme électronique.

Le responsable du traitement et le sous-traitant mettent ces registres à la disposition de l'autorité de contrôle, sur demande.

Art. 25 *Journalisation.* 1. Les États membres prévoient que des journaux sont établis au moins pour les opérations de traitement suivantes dans des systèmes de traitement automatisé : la collecte, la modification, la consultation, la communication, y compris les transferts, l'interconnexion et l'effacement. Les journaux des opérations de consultation et de communication permettent d'établir le motif, la date et l'heure de celles-ci et, dans la mesure du possible, l'identification de la personne qui a consulté ou communiqué les données à caractère personnel, ainsi que l'identité des destinataires de ces données à caractère personnel.

2. Les journaux sont utilisés uniquement à des fins de vérification de la licéité du traitement, d'autocontrôle, de garantie de l'intégrité et de la sécurité des données à caractère personnel et à des fins de procédures pénales.

3. Le responsable du traitement et le sous-traitant mettent les journaux à la disposition de l'autorité de contrôle, sur demande.

Art. 26 *Coopération avec l'autorité de contrôle.* Les États membres prévoient que le responsable du traitement et le sous-traitant coopèrent avec l'autorité de contrôle, à la demande de celle-ci, dans l'exécution de ses missions.

Art. 27 *Analyse d'impact relative à la protection des données.* 1. Lorsqu'un type de traitement, en particulier par le recours aux nouvelles technologies, et compte tenu de la nature, de la portée, du contexte et des finalités du traitement, est susceptible d'engendrer un risque élevé pour les droits et les libertés des personnes physiques, les États membres prévoient que le responsable du traitement effectue préalablement au traitement une analyse de l'impact des opérations de traitement envisagées sur la protection des données à caractère personnel.

2. L'analyse visée au paragraphe 1 contient au moins une description générale des opérations de traitement envisagées, une évaluation des risques pour les droits et libertés des personnes concernées, les mesures envisagées pour faire face à ces risques, les garanties, mesures et mécanismes de sécurité visant à assurer la protection des données à caractère personnel et à apporter la preuve du respect de la présente directive, compte tenu des droits et des intérêts légitimes des personnes concernées et des autres personnes touchées.

Art. 28 *Consultation préalable de l'autorité de contrôle.* 1. Les États membres prévoient que le responsable du traitement ou le sous-traitant consulte l'autorité de contrôle préalablement au traitement des données à caractère personnel qui fera partie d'un nouveau fichier à créer :

a) lorsqu'une analyse d'impact relative à la protection des données, telle qu'elle est prévue à l'article 27, indique que le traitement présenterait un risque élevé si le responsable du traitement ne prenait pas de mesures pour atténuer le risque ; ou

b) lorsque le type de traitement, en particulier, en raison de l'utilisation de nouveaux mécanismes, technologies ou procédures, présente des risques élevés pour les libertés et les droits des personnes concernées.

2. Les États membres prévoient que l'autorité de contrôle est consultée dans le cadre de l'élaboration d'une proposition de mesure législative devant être adoptée par un parlement national ou d'une mesure réglementaire fondée sur une telle mesure législative qui se rapporte au traitement.

3. Les États membres prévoient que l'autorité de contrôle peut établir une liste des opérations de traitement devant faire l'objet d'une consultation préalable conformément au paragraphe 1.

4. Les États membres prévoient que le responsable du traitement fournit à l'autorité de contrôle l'analyse d'impact relative à la protection des données en vertu de l'article 27 et, sur demande, toute autre information afin de permettre à l'autorité de contrôle d'apprécier la conformité du traitement et, en particulier, les risques pour la protection des données à caractère personnel de la personne concernée et les garanties qui s'y rapportent.

5. Les États membres prévoient que, lorsque l'autorité de contrôle est d'avis que le traitement prévu, visé au paragraphe 1 du présent article, constituerait une violation des dispositions adoptées en vertu de la présente directive, en particulier lorsque le responsable du traitement n'a pas suffisamment identifié ou atténué le risque, l'autorité de contrôle fournit par écrit, dans un délai maximum de six semaines à compter de la réception de la demande de consultation, un avis écrit au responsable du traitement, et le cas échéant au sous-traitant, et elle peut faire usage des pouvoirs visés à l'article 47. Ce délai peut être prolongé d'un mois, en fonction de la complexité du traitement prévu. L'autorité de contrôle informe le responsable du traitement et, le cas échéant, le sous-traitant de toute prorogation dans un délai d'un mois à compter de la réception de la demande de consultation, ainsi que des motifs du retard.

SECTION 2 *Sécurité des données*

Art. 29 *Sécurité du traitement.* 1. Les États membres prévoient que, compte tenu de l'état des connaissances, des coûts de la mise en œuvre et de la nature, de la portée, du contexte et des finalités du traitement ainsi que des risques, dont le degré de probabilité et de gravité varie, pour les droits et libertés des personnes physiques, le responsable du traitement et le sous-traitant mettent en œuvre les mesures techniques et organisationnelles appropriées afin de garantir un niveau de sécurité adapté au risque, notamment en ce qui concerne le traitement portant sur des catégories particulières de données à caractère personnel visées à l'article 10.

2. En ce qui concerne le traitement automatisé, chaque État membre prévoit que le responsable du traitement ou le sous-traitant met en œuvre, à la suite d'une évaluation des risques, des mesures destinées à :

a) empêcher toute personne non autorisée d'accéder aux installations utilisées pour le traitement (contrôle de l'accès aux installations) ;

b) empêcher que des supports de données puissent être lus, copiés, modifiés ou supprimés de façon non autorisée (contrôle des supports de données) ;

c) empêcher l'introduction non autorisée de données à caractère personnel dans le fichier, ainsi que l'inspection, la modification ou l'effacement non autorisé de données à caractère personnel enregistrées (contrôle de la conservation) ;

d) empêcher que les systèmes de traitement automatisé puissent être utilisés par des personnes non autorisées à l'aide d'installations de transmission de données (contrôle des utilisateurs) ;

e) garantir que les personnes autorisées à utiliser un système de traitement automatisé ne puissent accéder qu'aux données à caractère personnel sur lesquelles porte leur autorisation (contrôle de l'accès aux données) ;

f) garantir qu'il puisse être vérifié et constaté à quelles instances des données à caractère personnel ont été ou peuvent être transmises ou mises à disposition par des installations de transmission de données (contrôle de la transmission) ;

g) garantir qu'il puisse être vérifié et constaté *a posteriori* quelles données à caractère personnel ont été introduites dans les systèmes de traitement automatisé, et à quel moment et par quelle personne elles y ont été introduites (contrôle de l'introduction) ;

h) empêcher que, lors de la transmission de données à caractère personnel ainsi que lors du transport de supports de données, les données puissent être lues, copiées, modifiées ou supprimées de façon non autorisée (contrôle du transport) ;

i) garantir que les systèmes installés puissent être rétablis en cas d'interruption (restauration) ;

j) garantir que les fonctions du système opèrent, que les erreurs de fonctionnement soient signalées (fiabilité) et que les données à caractère personnel conservées ne puissent pas être corrompues par un dysfonctionnement du système (intégrité).

Art. 30 *Notification à l'autorité de contrôle d'une violation de données à caractère personnel.* 1. Les États membres prévoient qu'en cas de violation de données à caractère personnel, le responsable du traitement notifie la violation en question à l'autorité de contrôle dans les meilleurs délais et, si possible, dans un délai de 72 heures au plus tard après en avoir pris connaissance, à moins qu'il soit peu probable que la violation en question n'engendre des risques pour les droits et les libertés d'une personne physique. Lorsque la notification à l'autorité de contrôle n'a pas lieu dans les 72 heures, elle est accompagnée des motifs du retard.

2. Le sous-traitant notifie au responsable du traitement toute violation de données à caractère personnel dans les meilleurs délais après en avoir pris connaissance.

3. La notification visée au paragraphe 1 doit, à tout le moins :

a) décrire la nature de la violation de données à caractère personnel y compris, si possible, les catégories et le nombre approximatif de personnes concernées par la violation et les catégories et le nombre approximatif d'enregistrements de données à caractère personnel concernés ;

b) communiquer le nom et les coordonnées du délégué à la protection des données ou d'un autre point de contact auprès duquel des informations supplémentaires peuvent être obtenues ;

c) décrire les conséquences probables de la violation de données à caractère personnel ;

d) décrire les mesures prises ou que le responsable du traitement propose de prendre pour remédier à la violation de données à caractère personnel, y compris, le cas échéant, les mesures pour en atténuer les éventuelles conséquences négatives.

4. Si et dans la mesure où il n'est pas possible de fournir toutes les informations en même temps, les informations peuvent être communiquées de manière échelonnée sans autre retard indu.

5. Les États membres prévoient que le responsable du traitement documente toute violation de données à caractère personnel visée au paragraphe 1, en indiquant les faits concernant la violation des données à caractère personnel, ses effets et les mesures prises pour y remédier. La documentation ainsi constituée permet à l'autorité de contrôle de vérifier le respect du présent article.

6. Les États membres prévoient que, lorsque la violation de données à caractère personnel porte sur des données à caractère personnel qui ont été transmises par le responsable du traitement d'un autre État membre ou à celui-ci, les informations visées au paragraphe 3 sont communiquées au responsable du traitement de cet État membre dans les meilleurs délais.

Art. 31 *Communication à la personne concernée d'une violation de données à caractère personnel.* 1. Les États membres prévoient que, lorsqu'une violation de données à caractère personnel est susceptible d'engendrer un risque élevé pour les droits et les libertés d'une personne physique, le responsable du traitement communique la violation à la personne concernée dans les meilleurs délais.

2. La communication à la personne concernée visée au paragraphe 1 du présent article décrit, en des termes clairs et simples, la nature de la violation de données à caractère personnel et contient au moins les informations et les mesures visées à l'article 30, paragraphe 3, points b), c) et d).

3. La communication à la personne concernée visée au paragraphe 1 n'est pas nécessaire si l'une ou l'autre des conditions suivantes est remplie :

a) le responsable du traitement a mis en œuvre les mesures de protection techniques et organisationnelles appropriées et ces dernières ont été appliquées aux données à caractère personnel affectées par ladite violation, en particulier les mesures qui rendent les données à caractère personnel incompréhensibles pour toute personne qui n'est pas autorisée à y avoir accès, telles que le chiffrement ;

b) le responsable du traitement a pris des mesures ultérieures qui garantissent que le risque élevé pour les droits et les libertés des personnes concernées visé au paragraphe 1 n'est plus susceptible de se matérialiser ;

c) elle exigerait des efforts disproportionnés. Dans ce cas, il est plutôt procédé à une communication publique ou à une mesure similaire permettant aux personnes concernées d'être informées de manière tout aussi efficace.

4. Si le responsable du traitement n'a pas déjà communiqué à la personne concernée la violation de données à caractère personnel la concernant, l'autorité de contrôle peut, après avoir examiné si cette violation est susceptible d'engendrer un risque élevé, exiger du responsable du traitement qu'il procède à cette communication ou décider que l'une ou l'autre des conditions visées au paragraphe 3 est remplie.

5. La communication à la personne concernée visée au paragraphe 1 du présent article peut être retardée, limitée ou omise, sous réserve des conditions et pour les motifs visés à l'article 13, paragraphe 3.

SECTION 3 *Délégué à la protection des données*

Art. 32 *Désignation du délégué à la protection des données.* 1. Les États membres prévoient que le responsable du traitement désigne un délégué à la protection des données. Les États membres peuvent dispenser les tribunaux et d'autres autorités judiciaires indépendantes de cette obligation lorsqu'elles agissent dans l'exercice de leur fonction juridictionnelle.

2. Le délégué à la protection des données est désigné sur la base de ses qualités professionnelles et, en particulier, de ses connaissances spécialisées du droit et des pratiques en matière de protection des données, et de sa capacité à exercer les missions visées à l'article 34.

3. Un seul délégué à la protection des données peut être désigné pour plusieurs autorités compétentes, compte tenu de leur structure organisationnelle et de leur taille.

4. Les États membres prévoient que le responsable du traitement publie les coordonnées du délégué à la protection des données et les communique à l'autorité de contrôle.

Art. 33 *Fonction du délégué à la protection des données.* 1. Les États membres prévoient que le responsable du traitement veille à ce que le délégué à la protection des données soit associé, d'une manière appropriée et en temps utile, à toutes les questions relatives à la protection des données à caractère personnel.

2. Le responsable du traitement aide le délégué à la protection des données à exercer les missions visées à l'article 34 en fournissant les ressources nécessaires pour exercer ces missions ainsi que l'accès aux données à caractère personnel et aux traitements, et lui permettant d'entretenir ses connaissances spécialisées.

Art. 34 *Missions du délégué à la protection des données.* Les États membres prévoient que le responsable du traitement confie au délégué à la protection des données au moins les missions suivantes :

a) informer et conseiller le responsable du traitement et les employés qui procèdent au traitement sur les obligations qui leur incombent en vertu de la présente directive et d'autres dispositions du droit de l'Union ou du droit des États membres en matière de protection des données ;

b) contrôler le respect de la présente directive, d'autres dispositions du droit de l'Union ou du droit des États membres en matière de protection des données et des règles internes du responsable du traitement en matière de protection des données à caractère personnel, y compris en ce qui concerne la répartition des responsabilités, la sensibilisation et la formation du personnel participant à des opérations de traitement, et les audits s'y rapportant ;

c) dispenser des conseils, sur demande, en ce qui concerne l'analyse d'impact relative à la protection des données et vérifier l'exécution de celle-ci en vertu de l'article 27 ;

d) coopérer avec l'autorité de contrôle ;

e) faire office de point de contact pour l'autorité de contrôle sur les questions relatives au traitement, y compris la consultation préalable visée à l'article 28, et mener des consultations, le cas échéant, sur tout autre sujet.

CHAPITRE V *TRANSFERTS DE DONNÉES À CARACTÈRE PERSONNEL VERS DES PAYS TIERS OU À DES ORGANISATIONS INTERNATIONALES*

Art. 35 *Principes généraux applicables aux transferts de données à caractère personnel.* 1. Les États membres prévoient qu'un transfert, par des autorités compétentes, de données à caractère personnel qui font ou sont destinées à faire l'objet d'un traitement après leur transfert vers un pays tiers ou à une organisation internationale, y compris des transferts ultérieurs vers un autre pays tiers ou à une autre organisation internationale, n'a lieu, sous réserve du respect des dispositions nationales adoptées en application d'autres dispositions de la présente directive, que lorsque les conditions définies dans le présent chapitre sont respectées, à savoir :

a) le transfert est nécessaire aux fins énoncées à l'article 1er, paragraphe 1 ;

b) les données à caractère personnel sont transférées à un responsable du traitement dans un pays tiers ou à une organisation internationale qui est une autorité compétente aux fins visées à l'article 1er, paragraphe 1 ;

c) en cas de transmission ou de mise à disposition de données à caractère personnel provenant d'un autre État membre, celui-ci a préalablement autorisé ce transfert conformément à son droit national ;

d) la Commission a adopté une décision d'adéquation en application de l'article 36, ou, en l'absence d'une telle décision, des garanties appropriées ont été prévues ou existent en application de l'article 37 ou, en l'absence de décision d'adéquation au titre de l'article 36 et de garanties appropriées conformément à l'article 37, des dérogations pour des situations particulières s'appliquent en vertu de l'article 38 ; et

e) en cas de transfert ultérieur vers un autre pays tiers ou à une autre organisation internationale, l'autorité compétente qui a procédé au transfert initial ou une autre autorité compétente du même État membre autorise le transfert ultérieur, après avoir dûment pris en considération l'ensemble des facteurs pertinents, y compris la gravité de l'infraction pénale, la finalité pour laquelle les données à caractère personnel ont été transférées initialement et le niveau de protection des données à caractère personnel dans le pays tiers ou au sein de l'organisation internationale vers lequel/laquelle les données à caractère personnel sont transférées ultérieurement.

2. Les États membres prévoient que les transferts effectués sans l'autorisation préalable d'un autre État membre prévue au paragraphe 1, point c), sont autorisés uniquement lorsque le transfert de données à caractère personnel est nécessaire aux fins de la prévention d'une menace grave et immédiate pour la sécurité publique d'un État membre ou d'un pays tiers ou pour les intérêts essentiels d'un État membre et si l'autorisation préalable ne peut pas être obtenue en temps utile. L'autorité à laquelle il revient d'accorder l'autorisation préalable est informée sans retard.

3. Toutes les dispositions du présent chapitre sont appliquées de manière que le niveau de protection des personnes physiques assuré par la présente directive ne soit pas compromis.

Art. 36 *Transferts sur la base d'une décision d'adéquation.* 1. Les États membres prévoient qu'un transfert de données à caractère personnel vers un pays tiers ou à une organisation internationale peut avoir lieu lorsque la Commission a constaté par voie de décision que le pays tiers, un territoire ou un ou plusieurs secteurs déterminés dans ce pays tiers, ou l'organisation internationale en question assure un niveau de protection adéquat. Un tel transfert ne nécessite pas d'autorisation spécifique.

2. Lorsqu'elle évalue le caractère adéquat du niveau de protection, la Commission tient compte en particulier des éléments suivants :

a) l'État de droit, le respect des droits de l'homme et des libertés fondamentales, la législation pertinente, tant générale que sectorielle, y compris en ce qui concerne la sécurité publique, la défense, la sécurité nationale et le droit pénal ainsi que l'accès des autorités publiques aux données à caractère personnel, de même que la mise en œuvre de ladite législation, les règles en matière de protection des données, les règles professionnelles et les mesures de sécurité, y compris les règles relatives au transfert ultérieur de données à caractère personnel vers un autre pays tiers ou à une autre organisation internationale qui sont respectées dans le pays tiers ou par l'organisation internationale en question, la jurisprudence, ainsi que les droits effectifs et opposables dont bénéficient les personnes concernées et les recours administratifs et judiciaires que peuvent effectivement introduire les personnes concernées dont les données à caractère personnel sont transférées ;

b) l'existence et le fonctionnement effectif d'une ou de plusieurs autorités de contrôle indépendantes dans le pays tiers, ou auxquelles une organisation internationale est soumise, chargées d'assurer le respect des règles en matière de protection des données et de les faire appliquer, y compris par des pouvoirs appropriés d'application desdites règles, d'assister et de conseiller les personnes concernées dans l'exercice de leurs droits et de coopérer avec les autorités de contrôle des États membres ; et

c) les engagements internationaux pris par le pays tiers ou l'organisation internationale en question, ou d'autres obligations découlant de conventions ou d'instruments juridiquement contraignants et de sa participation à des systèmes multilatéraux ou régionaux, en particulier en ce qui concerne la protection des données à caractère personnel.

3. La Commission, après avoir évalué le caractère adéquat du niveau de protection, peut constater au moyen d'un acte d'exécution qu'un pays tiers, un territoire ou un ou plusieurs secteurs déterminés dans un pays tiers en question, ou une organisation internationale, assure un niveau de protection adéquat au sens du paragraphe 2 du présent article. L'acte d'exécution prévoit un mécanisme d'examen périodique, au moins tous les quatre ans, qui prend en compte toutes les évolutions pertinentes dans le pays tiers ou au sein de l'organisation internationale. L'acte d'exécution précise son champ d'application territorial et sectoriel et, le cas échéant, nomme la ou des autorités de contrôle visées au paragraphe 2, point b), du présent article. L'acte d'exécution est adopté en conformité avec la procédure d'examen visée à l'article 58, paragraphe 2.

4. La Commission suit, de manière permanente, les évolutions dans les pays tiers et au sein des organisations internationales qui pourraient porter atteinte au fonctionnement des décisions adoptées en vertu du paragraphe 3.

5. Lorsque les informations disponibles révèlent, en particulier à la suite de l'examen visé au paragraphe 3 du présent article, qu'un pays tiers, un territoire ou un ou plusieurs secteurs déterminés dans un pays tiers, ou une organisation internationale n'assure plus un niveau de protection adéquat au sens du paragraphe 2 du présent article, la Commission abroge, modifie ou suspend, si nécessaire, la décision visée au paragraphe 3 du présent article par voie d'actes d'exécution sans effet rétroactif. Ces actes d'exécution sont adoptés en conformité avec la procédure d'examen visée à l'article 58, paragraphe 2.

Pour des raisons d'urgence impérieuses dûment justifiées, la Commission adopte des actes d'exécution immédiatement applicables en conformité avec la procédure visée à l'article 58, paragraphe 3.

6. La Commission engage des consultations avec le pays tiers ou l'organisation internationale en vue de remédier à la situation donnant lieu à la décision adoptée en vertu du paragraphe 5.

7. Les États membres prévoient qu'une décision adoptée en vertu du paragraphe 5 est sans préjudice des transferts de données à caractère personnel vers le pays tiers, le territoire ou un ou plusieurs secteurs déterminés dans ce pays tiers, ou à l'organisation internationale en question, effectués en application des articles 37 et 38.

8. La Commission publie au *Journal officiel de l'Union européenne* et sur son site internet une liste des pays tiers, des territoires et des secteurs déterminés dans un pays tiers et des organisations internationales pour lesquels elle a constaté par voie de décision qu'un niveau de protection adéquat est ou n'est plus assuré.

Liste des décisions d'adéquation : Royaume-Uni (Décis. d'exécution (UE) 2021/1773 du 28 juin 2021, JOUE L 360 du 11 oct. 2021 et règl. d'exécution (UE) 2016/679 du 28 juin 2021 sur le niveau de protection adéquat des données à caractère personnel assuré par le Royaume-Uni, JOUE L 360 du 11 oct. 2021).

V. CEPD, recommandations 01/2021 du 2 févr. 2021 sur les critères de référence pour l'adéquation dans le cadre de la directive en matière de protection des données dans le domaine répressif (https://edpb.europa.eu/).

Art. 37 *Transferts moyennant des garanties appropriées.* **1. En l'absence de décision en vertu de l'article 36, paragraphe 3, les États membres prévoient qu'un transfert de données à caractère personnel vers un pays tiers ou à une organisation internationale peut avoir lieu lorsque :**

a) des garanties appropriées en ce qui concerne la protection des données à caractère personnel sont fournies dans un instrument juridiquement contraignant ; ou

b) le responsable du traitement a évalué toutes les circonstances du transfert et estime qu'il existe des garanties appropriées au regard de la protection des données à caractère personnel.

2. Le responsable du traitement informe l'autorité de contrôle des catégories de transferts relevant du paragraphe 1, point b).

3. Lorsqu'un transfert est effectué sur la base du paragraphe 1, point b), ce transfert est documenté et la documentation est mise à la disposition de l'autorité de contrôle, sur demande, et comporte la date et l'heure du transfert, des informations sur l'autorité compétente destinataire, la justification du transfert et les données à caractère personnel transférées.

Art. 38 *Dérogations pour des situations particulières.* **1. En l'absence de décision d'adéquation en vertu de l'article 36 ou de garanties appropriées en vertu de l'article 37, les États membres prévoient qu'un transfert ou une catégorie de transferts de données à caractère personnel vers un pays tiers ou à une organisation internationale ne peut avoir lieu qu'à condition que le transfert soit nécessaire :**

a) à la sauvegarde des intérêts vitaux de la personne concernée ou d'une autre personne ;

b) à la sauvegarde des intérêts légitimes de la personne concernée lorsque le droit de l'État membre transférant les données à caractère personnel le prévoit ;

c) pour prévenir une menace grave et immédiate pour la sécurité publique d'un État membre ou d'un pays tiers ;

d) dans des cas particuliers, aux fins énoncées à l'article 1er, paragraphe 1 ; ou

e) dans un cas particulier, à la constatation, à l'exercice ou à la défense de droits en justice en rapport avec les fins énoncées à l'article 1er, paragraphe 1.

2. Les données à caractère personnel ne sont pas transférées si l'autorité compétente qui transfère les données estime que les libertés et droits fondamentaux de la personne concernée l'emportent sur l'intérêt public dans le cadre du transfert visé au paragraphe 1, points d) et e).

3. Lorsqu'un transfert est effectué sur la base du paragraphe 1, point b), ce transfert est documenté et la documentation est mise à la disposition de l'autorité de contrôle, sur demande, et indique la date et l'heure du transfert, donne des informations sur l'autorité compétente destinataire, indique la justification du transfert et les données à caractère personnel transférées.

Art. 39 *Transferts de données à caractère personnel à des destinataires établis dans des pays tiers.* **1. Par dérogation à l'article 35, paragraphe 1, point b), et sans préjudice de tout accord international visé au paragraphe 2 du présent article, le droit de l'Union ou le droit d'un État membre peut prévoir que les autorités compétentes au sens de l'article 3, point 7) a), peuvent, dans certains cas particuliers, transférer des données à caractère personnel directement aux destinataires établis dans des pays tiers, uniquement lorsque les autres dispositions de la présente directive sont respectées et que toutes les conditions ci-après sont remplies :**

a) le transfert est strictement nécessaire à l'exécution de la mission de l'autorité compétente qui transfère les données ainsi que le prévoit le droit de l'Union ou le droit d'un État membre aux fins énoncées à l'article 1er, paragraphe 1 ;

b) l'autorité compétente qui transfère les données établit qu'il n'existe pas de libertés ni de droits fondamentaux de la personne concernée qui prévalent sur l'intérêt public nécessitant le transfert dans le cas en question ;

c) l'autorité compétente qui transfère les données estime que le transfert à une autorité qui est compétente aux fins visées à l'article 1er, paragraphe 1, dans le pays tiers est inefficace ou inapproprié, notamment parce que le transfert ne peut pas être effectué en temps opportun ;

d) l'autorité qui est compétente aux fins visées à l'article 1er, paragraphe 1, dans le pays tiers est informée dans les meilleurs délais, à moins que cela ne soit inefficace ou inapproprié ;

e) l'autorité compétente qui transfère les données informe le destinataire de la finalité ou des finalités déterminées pour lesquelles les données à caractère personnel ne doivent faire l'objet d'un traitement que par cette dernière, à condition qu'un tel traitement soit nécessaire.

2. Par accord international visé au paragraphe 1, on entend tout accord international bilatéral ou multilatéral en vigueur entre les États membres et des pays tiers dans le domaine de la coopération judiciaire en matière pénale et de la coopération policière.

3. L'autorité compétente qui transfère les données informe l'autorité de contrôle des transferts relevant du présent article.

4. Lorsqu'un transfert est effectué sur la base du paragraphe 1, ce transfert est documenté.

Art. 40 *Coopération internationale dans le domaine de la protection des données à caractère personnel.* La Commission et les États membres prennent, à l'égard des pays tiers et des organisations internationales, les mesures appropriées pour :

a) élaborer des mécanismes de coopération internationaux destinés à faciliter l'application effective de la législation relative à la protection des données à caractère personnel ;

b) se prêter mutuellement assistance sur le plan international dans l'application de la législation relative à la protection des données à caractère personnel, notamment par la notification, la transmission des réclamations, l'entraide pour les enquêtes et l'échange d'informations, sous réserve de garanties appropriées pour la protection des données à caractère personnel et pour d'autres libertés et droits fondamentaux ;

c) associer les parties prenantes intéressées aux discussions et activités visant à développer la coopération internationale dans le domaine de l'application de la législation relative à la protection des données à caractère personnel ;

d) favoriser l'échange et la documentation de la législation et des pratiques en matière de protection des données à caractère personnel, y compris en ce qui concerne les conflits de compétence avec des pays tiers.

CHAPITRE VI *AUTORITÉS DE CONTRÔLE INDÉPENDANTES*

SECTION 1 *Statut d'indépendance*

Art. 41 *Autorité de contrôle.* 1. Chaque État membre prévoit qu'une ou plusieurs autorités publiques indépendantes sont chargées de surveiller l'application de la présente directive, afin de protéger les libertés et droits fondamentaux des personnes physiques à l'égard du traitement et de faciliter le libre flux des données à caractère personnel au sein de l'Union (ci-après dénommées "autorité de contrôle").

2. Chaque autorité de contrôle contribue à l'application cohérente de la présente directive dans l'ensemble de l'Union. A cette fin, les autorités de contrôle coopèrent entre elles et avec la Commission conformément au chapitre VII.

3. Les États membres peuvent prévoir qu'une autorité de contrôle instituée au titre du règlement (UE) 2016/679 est l'autorité de contrôle visée dans la présente directive et prend en charge les missions de l'autorité de contrôle devant être instituée en vertu du paragraphe 1 du présent article.

4. Lorsqu'un État membre institue plusieurs autorités de contrôle, il désigne celle qui représente ces autorités au comité visé à l'article 51.

Art. 42 *Indépendance.* 1. Chaque État membre prévoit que chaque autorité de contrôle agit en toute indépendance dans l'exercice de ses missions et des pouvoirs dont elle est investie conformément à la présente directive.

2. Les États membres prévoient que, dans l'exercice de leurs missions et de leurs pouvoirs conformément à la présente directive, le ou les membres de leurs autorités de contrôle demeurent libres de toute influence extérieure, qu'elle soit directe ou indirecte, et ne sollicitent ni n'acceptent d'instructions de quiconque.

3. Le ou les membres des autorités de contrôle des États membres s'abstiennent de tout acte incompatible avec leurs fonctions et, pendant la durée de leur mandat, n'exercent aucune activité professionnelle incompatible, rémunérée ou non.

4. Chaque État membre veille à ce que chaque autorité de contrôle dispose des ressources humaines, techniques et financières ainsi que des locaux et de l'infrastructure nécessaires à l'exercice effectif de ses missions et de ses pouvoirs, y compris lorsque celle-ci doit agir dans le cadre de l'assistance mutuelle, de la coopération et de la participation au comité.

5. Chaque État membre veille à ce que chaque autorité de contrôle choisisse et dispose de ses propres agents, qui sont placés sous les ordres exclusifs du membre ou des membres de l'autorité de contrôle concernée.

6. Chaque État membre veille à ce que chaque autorité de contrôle soit soumise à un contrôle financier qui ne menace pas son indépendance et qu'elle dispose d'un budget annuel public propre, qui peut faire partie du budget global national ou d'une entité fédérée.

Art. 43 *Conditions générales applicables aux membres de l'autorité de contrôle.* 1. Les États membres prévoient que chacun des membres de leurs autorités de contrôle est nommé selon une procédure transparente par :

– leur parlement,
– leur gouvernement,
– leur chef d'État, ou
– un organisme indépendant chargé de procéder à la nomination en vertu du droit de l'État membre.

2. Chaque membre a les qualifications, l'expérience et les compétences nécessaires, en particulier dans le domaine de la protection des données à caractère personnel, pour l'exercice de leurs fonctions et de leurs pouvoirs.

3. Les fonctions d'un membre prennent fin à l'échéance de son mandat, en cas de démission ou de mise à la retraite d'office, conformément au droit de l'État membre concerné.

4. Un membre ne peut être démis de ses fonctions que s'il a commis une faute grave ou s'il ne remplit plus les conditions nécessaires à l'exercice de ses fonctions.

Art. 44 *Règles relatives à l'établissement de l'autorité de contrôle.* 1. Chaque État membre prévoit, par la loi, tous les éléments suivants :

a) la création de chaque autorité de contrôle ;

b) les qualifications et les conditions d'éligibilité requises pour être nommé membre de chaque autorité de contrôle ;

c) les règles et les procédures pour la nomination du ou des membres de chaque autorité de contrôle ;

d) la durée du mandat du ou des membres de chaque autorité de contrôle, qui ne peut être inférieure à quatre ans, sauf pour la première nomination après le 6 mai 2016, dont une partie peut être d'une durée plus courte lorsque cela est nécessaire pour protéger l'indépendance de l'autorité de contrôle au moyen d'une procédure de nominations échelonnées ;

e) le caractère renouvelable ou non renouvelable du mandat du ou des membres de chaque autorité de contrôle et, si c'est le cas, le nombre de mandats ;

f) les conditions régissant les obligations du ou des membres et des agents de chaque autorité de contrôle, les interdictions d'activités, d'emplois et d'avantages incompatibles avec celles-ci, y compris après la fin de leur mandat, et les règles régissant la cessation de l'emploi.

2. Le membre ou les membres et les agents de chaque autorité de contrôle sont soumis, conformément au droit de l'Union ou au droit de l'État membre, au secret professionnel concernant toute information confidentielle dont ils ont eu connaissance dans l'exercice de leurs missions ou de leurs pouvoirs, y compris après la cessation de leurs activités. Pendant la durée de leur mandat, ce devoir de secret professionnel s'applique en particulier au signalement par des personnes physiques de violations de la présente directive.

SECTION 2 *Compétence, missions et pouvoirs*

Art. 45 *Compétence.* 1. Chaque État membre prévoit que chaque autorité de contrôle est compétente pour exercer les missions et les pouvoirs dont elle est investie conformément à la présente directive, sur le territoire de l'État membre dont elle relève.

2. Chaque État membre prévoit que chaque autorité de contrôle n'est pas compétente pour contrôler les opérations de traitement effectuées par les juridictions dans l'exercice de leur fonction juridictionnelle. Les États membres peuvent prévoir que leur autorité de contrôle n'est pas compétente pour contrôler les opérations de traitement effectuées par d'autres autorités judiciaires indépendantes lorsqu'elles agissent dans l'exercice de leur fonction juridictionnelle.

Art. 46 *Missions.* 1. Chaque État membre prévoit que, sur son territoire, chaque autorité de contrôle :

a) contrôle l'application des dispositions adoptées en application de la présente directive et de ses mesures d'exécution et veille au respect de celles-ci ;

b) favorise la sensibilisation du public et sa compréhension des risques, des règles, des garanties et des droits relatifs au traitement ;

c) conseille, conformément au droit de l'État membre, le parlement national, le gouvernement et d'autres institutions et organismes au sujet des mesures législatives et administratives relatives à la protection des droits et libertés des personnes physiques à l'égard du traitement ;

d) encourage la sensibilisation des responsables du traitement et des sous-traitants aux obligations qui leur incombent en vertu de la présente directive ;

e) fournit, sur demande, à toute personne concernée, des informations sur l'exercice de ses droits découlant de la présente directive et, le cas échéant, coopère à cette fin avec les autorités de contrôle d'autres États membres ;

f) traite les réclamations introduites par une personne concernée ou par un organisme, une organisation ou une association conformément à l'article 55, enquête sur l'objet de la réclamation, dans la mesure nécessaire, et informe l'auteur de la réclamation de l'état d'avancement et de l'issue de l'enquête dans un délai raisonnable, notamment si un complément d'enquête ou une coordination avec une autre autorité de contrôle est nécessaire ;

g) vérifie la licéité du traitement en vertu de l'article 17, et informe la personne concernée dans un délai raisonnable de l'issue de la vérification, conformément au paragraphe 3 dudit article, ou des motifs ayant empêché sa réalisation ;

h) coopère avec d'autres autorités de contrôle, y compris en partageant des informations, et leur fournit une assistance mutuelle dans ce cadre en vue d'assurer une application cohérente de la présente directive et des mesures prises pour en assurer le respect ;

i) effectue des enquêtes sur l'application de la présente directive, y compris sur la base d'informations reçues d'une autre autorité de contrôle ou d'une autre autorité publique ;

j) suit les évolutions pertinentes, dans la mesure où elles ont une incidence sur la protection des données à caractère personnel, notamment dans le domaine des technologies de l'information et de la communication ;

k) fournit des conseils sur les opérations de traitement visées à l'article 28 ; et

l) contribue aux activités du comité.

2. Chaque autorité de contrôle facilite l'introduction des réclamations visées au paragraphe 1, point f), par des mesures telles que la fourniture d'un formulaire de

réclamation qui peut être rempli également par voie électronique, sans que d'autres moyens de communication ne soient exclus.

3. L'accomplissement des missions de chaque autorité de contrôle est gratuit pour la personne concernée et pour le délégué à la protection des données.

4. Lorsqu'une demande est manifestement infondée ou excessive, en raison, notamment, de son caractère répétitif, l'autorité de contrôle peut exiger le paiement de frais raisonnables basés sur ses coûts administratifs ou refuser de donner suite à la demande. Il incombe à l'autorité de contrôle de démontrer le caractère manifestement infondé ou excessif de la demande.

Art. 47 *Pouvoirs.* 1. Chaque État membre prévoit, par la loi, que chaque autorité de contrôle dispose de pouvoirs d'enquête effectifs. Ces pouvoirs comprennent au moins celui d'obtenir du responsable du traitement ou du sous-traitant l'accès à toutes les données à caractère personnel qui sont traitées et à toutes les informations nécessaires à l'exercice de ses missions.

2. Chaque État membre prévoit, par la loi, que chaque autorité de contrôle dispose de pouvoirs effectifs en matière d'adoption de mesures correctrices, tels que, par exemple :

a) avertir un responsable du traitement ou un sous-traitant du fait que les opérations de traitement envisagées sont susceptibles de violer les dispositions adoptées en vertu de la présente directive ;

b) ordonner au responsable du traitement ou au sous-traitant de mettre les opérations de traitement en conformité avec les dispositions adoptées en vertu de la présente directive, le cas échéant, de manière spécifique et dans un délai déterminé, en particulier en ordonnant la rectification ou l'effacement de données à caractère personnel ou la limitation du traitement en application de l'article 16 ;

c) limiter temporairement ou définitivement, y compris interdire, un traitement.

3. Chaque État membre prévoit, par la loi, que chaque autorité de contrôle dispose de pouvoirs consultatifs effectifs pour conseiller le responsable du traitement conformément à la procédure de consultation préalable visée à l'article 28 et d'émettre, de sa propre initiative ou sur demande, des avis à l'attention de son parlement national et de son gouvernement ou, conformément à son droit national, d'autres institutions et organismes ainsi que du public, sur toute question relative à la protection des données à caractère personnel.

4. L'exercice des pouvoirs conférés à l'autorité de contrôle en application du présent article est subordonné à des garanties appropriées, y compris le droit à un recours juridictionnel effectif et à une procédure régulière, prévues par le droit de l'Union et le droit de l'État membre conformément à la Charte.

5. Chaque État membre prévoit, par la loi, que chaque autorité de contrôle a le pouvoir de porter les violations des dispositions adoptées en vertu de la présente directive à la connaissance des autorités judiciaires et, le cas échéant, d'ester en justice d'une manière ou d'une autre, en vue de faire respecter les dispositions adoptées en vertu de la présente directive.

Art. 48 *Signalement des violations.* Les États membres prévoient que les autorités compétentes mettent en place des mécanismes efficaces pour encourager le signalement confidentiel des violations de la présente directive.

Art. 49 *Rapports d'activité.* Chaque autorité de contrôle établit un rapport annuel sur ses activités, qui peut comprendre une liste des types de violations notifiées et des types de sanctions imposées. Les rapports sont transmis au parlement national, au gouvernement et à d'autres autorités désignées par le droit de l'État membre. Ils sont mis à la disposition du public, de la Commission et du comité.

CHAPITRE VII *COOPÉRATION*

Art. 50 *Assistance mutuelle.* 1. Chaque État membre prévoit que leurs autorités de contrôle se communiquent les informations utiles et se prêtent mutuellement assistance en vue de mettre en œuvre et d'appliquer la présente directive de façon cohérente, et met en place des mesures pour coopérer efficacement. L'assistance mutuelle concerne notamment les demandes d'information et les mesures de contrôle, telles que les demandes de consultation, les inspections et les enquêtes.

2. Chaque État membre prévoit que chaque autorité de contrôle prend toutes les mesures appropriées requises pour répondre à la demande d'une autre autorité de contrôle dans les meilleurs délais et au plus tard un mois après réception de la demande. De telles mesures peuvent comprendre notamment la transmission d'informations utiles sur la conduite d'une enquête.

3. Les demandes d'assistance contiennent toutes les informations nécessaires, notamment la finalité et les motifs de la demande. Les informations échangées ne sont utilisées qu'aux fins pour lesquelles elles ont été demandées.

4. Une autorité de contrôle saisie d'une demande ne peut refuser d'y satisfaire, sauf si :

a) elle n'est pas compétente pour traiter l'objet de la demande ou les mesures qu'elle est invitée à exécuter ; ou

b) satisfaire à la demande constituerait une violation de la présente directive ou du droit de l'Union ou du droit de l'État membre auquel l'autorité de contrôle qui a reçu la demande est soumise.

5. L'autorité de contrôle requise informe l'autorité de contrôle requérante des résultats obtenus ou, selon le cas, de l'avancement du dossier ou des mesures prises pour donner suite à la demande. L'autorité de contrôle requise donne les motifs de tout refus de satisfaire à une demande en application du paragraphe 4.

6. Les autorités de contrôle requises communiquent, en règle générale, par voie électronique et au moyen d'un formulaire type, les informations demandées par d'autres autorités de contrôle.

7. Les autorités de contrôle requises ne perçoivent pas de frais pour une mesure qu'elles prennent à la suite d'une demande d'assistance mutuelle. Les autorités de contrôle peuvent convenir de règles concernant l'octroi de dédommagements entre elles pour des dépenses spécifiques résultant de la fourniture d'une assistance mutuelle dans des circonstances exceptionnelles.

8. La Commission peut, par voie d'actes d'exécution, préciser la forme et les procédures de l'assistance mutuelle visée au présent article, ainsi que les modalités de l'échange d'informations par voie électronique entre les autorités de contrôle et entre les autorités de contrôle et le comité. Ces actes d'exécution sont adoptés en conformité avec la procédure d'examen visée à l'article 58, paragraphe 2.

Art. 51 *Missions du comité.* 1. Le comité institué par le règlement (UE) 2016/679 exerce les missions ci-après en ce qui concerne les activités de traitement relevant du champ d'application de la présente directive :

a) conseiller la Commission sur toute question relative à la protection des données à caractère personnel dans l'Union, notamment sur tout projet de modification de la présente directive ;

b) examiner, de sa propre initiative, à la demande de l'un de ses membres ou à la demande de la Commission, toute question portant sur l'application de la présente directive, et publier des lignes directrices, des recommandations et des bonnes pratiques afin de favoriser l'application cohérente de la présente directive ;

c) élaborer, à l'intention des autorités de contrôle, des lignes directrices concernant l'application des mesures visées à l'article 47, paragraphes 1 et 3 ;

d) publier des lignes directrices, des recommandations et des bonnes pratiques conformément au point b du présent alinéa, en vue d'établir les violations de données à caractère personnel et de déterminer les meilleurs délais visés à l'article 30, paragraphes 1 et 2, et de préciser les circonstances particulières dans lesquelles un responsable du traitement ou un sous-traitant est tenu de notifier la violation des données à caractère personnel ;

e) publier des lignes directrices, des recommandations et des bonnes pratiques conformément au point b) du présent alinéa concernant les circonstances dans lesquelles une violation de données à caractère personnel est susceptible d'engendrer un risque élevé pour les droits et libertés des personnes physiques, comme le prévoit l'article 31, paragraphe 1 ;

(Rect. JOUE L 127 du 23 mai 2018) « f) faire le bilan de l'application pratique des lignes directrices, des recommandations et des bonnes pratiques ; »

g) rendre à la Commission un avis en ce qui concerne l'évaluation du caractère adéquat du niveau de protection assuré par un pays tiers, un territoire ou un ou plusieurs secteurs déterminés dans un pays tiers, ou une organisation internationale, y compris concernant l'évaluation visant à déterminer si ce pays tiers, ce territoire, ce secteur déterminé ou cette organisation internationale n'assure plus un niveau adéquat de protection ;

h) promouvoir la coopération et l'échange bilatéral et multilatéral effectif d'informations et de bonnes pratiques entre les autorités de contrôle ;

i) promouvoir l'élaboration de programmes de formation conjoints et faciliter les échanges de personnel entre autorités de contrôle, ainsi que, le cas échéant, avec les autorités de contrôle de pays tiers ou avec des organisations internationales ;

j) promouvoir l'échange, avec des autorités de contrôle de la protection des données de tous pays, de connaissances et de documentation sur le droit et les pratiques en matière de protection des données.

En ce qui concerne le point g) du premier alinéa, la Commission fournit au comité tous les documents nécessaires, y compris la correspondance avec le gouvernement du pays tiers, le territoire ou le secteur déterminé dans ce pays tiers, ou avec l'organisation internationale.

2. Lorsque la Commission demande conseil au comité, elle peut mentionner un délai, selon l'urgence de la question.

3. Le comité transmet ses avis, lignes directrices, recommandations et bonnes pratiques à la Commission et au comité visé à l'article 58, paragraphe 1, et les publie.

4. La Commission informe le comité des suites qu'elle a réservées aux avis, lignes directrices, recommandations et bonnes pratiques publiés par le comité.

CHAPITRE VIII *VOIES DE RECOURS, RESPONSABILITÉ ET SANCTIONS*

Art. 52 *Droit d'introduire une réclamation auprès d'une autorité de contrôle.* 1. Sans préjudice de tout autre recours administratif ou juridictionnel, les États membres prévoient que toute personne concernée a le droit d'introduire une réclamation auprès d'une autorité de contrôle unique, si elle considère que le traitement de données à caractère personnel la concernant constitue une violation des dispositions adoptées en vertu de la présente directive.

2. Les États membres prévoit *[prévoient]* que, si la réclamation n'est pas introduite auprès de l'autorité de contrôle compétente au titre de l'article 45, paragraphe 1, l'autorité de contrôle auprès de laquelle la réclamation a été introduite la transmet dans les meilleurs délais à l'autorité de contrôle compétente. La personne concernée est informée de cette transmission.

3. Les États membres prévoient que l'autorité de contrôle auprès de laquelle la réclamation a été introduite fournit une assistance supplémentaire à la demande de la personne concernée.

4. La personne concernée est informée par l'autorité de contrôle compétente de l'état d'avancement et de l'issue de la réclamation, y compris de la possibilité d'un recours juridictionnel en vertu de l'article 53.

Art. 53 *Droit à un recours juridictionnel effectif contre une autorité de contrôle.* 1. Sans préjudice de tout autre recours administratif ou extrajudiciaire, les États membres prévoient qu'une personne physique ou morale a le droit de former un recours juridictionnel effectif contre une décision juridiquement contraignante d'une autorité de contrôle qui la concerne.

2. Sans préjudice de tout autre recours administratif ou extrajudiciaire, toute personne concernée a le droit de former un recours juridictionnel effectif lorsque l'autorité de contrôle qui est compétente en vertu de l'article 45, paragraphe 1, ne traite pas une réclamation ou n'informe pas la personne concernée, dans un délai de trois mois, de l'état d'avancement ou de l'issue de la réclamation qu'elle a introduite au titre de l'article 52.

3. Les États membres disposent que les actions contre une autorité de contrôle sont intentées devant les juridictions de l'État membre sur le territoire duquel l'autorité de contrôle est établie.

Art. 54 *Droit à un recours juridictionnel effectif contre un responsable du traitement ou un sous-traitant.* Les États membres prévoient que, sans préjudice de tout recours administratif ou extrajudiciaire qui leur est ouvert, notamment le droit d'introduire une réclamation auprès d'une autorité de contrôle en vertu de l'article 52, une personne concernée a droit à un recours juridictionnel effectif lorsqu'elle considère que ses droits prévus dans les dispositions adoptées en vertu de la présente directive ont été violés du fait d'un traitement de ses données à caractère personnel effectué en violation desdites dispositions.

Art. 55 *Représentation des personnes concernées.* Les États membres prévoient, conformément à leur droit procédural, que la personne concernée a le droit de mandater un organisme, une organisation ou une association à but non lucratif, qui a été valablement constitué conformément au droit d'un État membre, dont les objectifs statutaires sont d'intérêt public et qui est actif dans le domaine de la protection des droits et libertés des personnes concernées dans le cadre de la protection des données à caractère personnel la concernant, pour qu'il introduise une réclamation en son nom et exerce en son nom les droits visés aux articles 52, 53 et 54.

Art. 56 *Droit à réparation.* Les États membres prévoient que toute personne ayant subi un dommage matériel ou un préjudice moral du fait d'une opération de traitement illicite ou de toute action qui constitue une violation des dispositions nationales adoptées en vertu de la présente directive a le droit d'obtenir du responsable du traitement, ou de toute autre autorité compétente en vertu du droit d'un État membre, réparation du préjudice subi.

Art. 57 *Sanctions.* Les États membres déterminent le régime des sanctions applicables en cas de violations des dispositions adoptées en vertu de la présente directive et prennent toutes les mesures nécessaires pour garantir leur mise en œuvre. Les sanctions ainsi prévues doivent être effectives, proportionnées et dissuasives.

CHAPITRE IX *ACTES D'EXÉCUTION*

Art. 58 *Comité.* 1. La Commission est assistée par le comité institué par l'article 93 du règlement (UE) 2016/679. Ledit comité est un comité au sens du règlement (UE) n° 182/2011.

2. Lorsqu'il est fait référence au présent paragraphe, l'article 5 du règlement (UE) n° 182/2011 s'applique.

3. Lorsqu'il est fait référence au présent paragraphe, l'article 8 du règlement (UE) n° 182/2011 s'applique, en liaison avec son article 5.

CHAPITRE X *DISPOSITIONS FINALES*

Art. 59 *Abrogation de la décision-cadre 2008/977/JAI.* 1. La décision-cadre 2008/977/JAI est abrogée à compter du 6 mai 2018.

2. Les références faites à la décision abrogée visée au paragraphe 1 s'entendent comme faites à la présente directive.

Art. 60 *Actes juridiques de l'Union déjà en vigueur.* Les dispositions spécifiques relatives à la protection des données à caractère personnel figurant dans des actes juridiques de l'Union qui sont entrés en vigueur le 6 mai 2016 ou avant cette date dans le domaine de la coopération judiciaire en matière pénale et de la coopération policière, qui réglementent le traitement entre États membres et l'accès des autorités nationales désignées des États membres aux systèmes d'information créés en vertu des traités, dans le cadre de la présente directive, demeurent inchangées.

Art. 61 *Relation avec les accords internationaux conclus antérieurement dans le domaine de la coopération judiciaire en matière pénale et de la coopération policière.* Les accords internationaux impliquant le transfert de données à caractère personnel vers des pays tiers ou à des organisations internationales qui ont été conclus par les États membres avant le 6 mai 2016 et qui respectent le droit de l'Union tel qu'il est applicable avant cette date restent en vigueur jusqu'à leur modification, leur remplacement ou leur révocation.

Art. 62 *Rapports de la Commission.* 1. Au plus tard le 6 mai 2022, et tous les quatre ans par la suite, la Commission présente au Parlement européen et au Conseil un rapport sur l'évaluation et le réexamen de la présente directive. Ces rapports sont publiés.

2. Dans le cadre de ces évaluations et réexamens visés au paragraphe 1, la Commission examine, en particulier, l'application et le fonctionnement du chapitre V sur le transfert de données à caractère personnel vers des pays tiers ou à des organisations internationales, en accordant une attention particulière aux décisions adoptées en vertu de l'article 36, paragraphe 3, et de l'article 39.

3. Aux fins des paragraphes 1 et 2, la Commission peut demander des informations aux États membres et aux autorités de contrôle.

4. Lorsqu'elle procède aux évaluations et réexamens visés aux paragraphes 1 et 2, la Commission tient compte des positions et des conclusions du Parlement européen, du Conseil ainsi que d'autres organismes ou sources pertinents.

5. La Commission présente, si nécessaire, des propositions législatives visant à modifier la présente directive, en particulier en tenant compte des évolutions en matière de technologie de l'information et de l'état d'avancement de la société de l'information.

6. Au plus tard le 6 mai 2019, la Commission réexamine d'autres actes juridiques adoptés par l'Union qui réglementent le traitement par les autorités compétentes aux fins énoncées à l'article 1er, paragraphe 1, y compris ceux qui sont visés à l'article 60, afin d'apprécier la nécessité de les mettre en conformité avec la présente directive et de formuler, le cas échéant, les propositions nécessaires en vue de modifier ces actes pour assurer une approche cohérente de la protection des données à caractère personnel dans le cadre de la présente directive.

Art. 63 *Transposition.* 1. Les États membres adoptent et publient, au plus tard le 6 mai 2018, les dispositions législatives, réglementaires et administratives nécessaires pour se conformer à la présente directive. Ils communiquent immédiatement à la Commission le texte de ces dispositions. Ils appliquent ces dispositions à partir du 6 mai 2018.

Lorsque les États membres adoptent ces dispositions, celles-ci contiennent une référence à la présente directive ou sont accompagnées d'une telle référence lors de leur publication officielle. Les modalités de cette référence sont arrêtées par les États membres.

2. Par dérogation au paragraphe 1, un État membre peut prévoir que, à titre exceptionnel, lorsque cela exige des efforts disproportionnés, les systèmes de traitement automatisé installés avant le 6 mai 2016 sont mis en conformité avec l'article 25, paragraphe 1, au plus tard le 6 mai 2023.

3. Par dérogation aux paragraphes 1 et 2 du présent article, un État membre peut, dans des circonstances exceptionnelles, mettre un système donné de traitement automatisé visé au paragraphe 2 du présent article, en conformité avec l'article 25, paragraphe 1, dans un délai déterminé après le délai visé au paragraphe 2 du présent article, lorsque, à défaut de cela, de graves difficultés se poseraient pour le fonctionnement du système de traitement automatisé en question. L'État membre concerné notifie à la Commission les raisons de ces graves difficultés et les motifs justifiant le délai déterminé de mise en conformité du système donné de traitement automatisé avec l'article 25, paragraphe 1. Le délai déterminé n'est en aucun cas fixé au-delà du 6 mai 2026.

4. Les États membres communiquent à la Commission le texte des dispositions essentielles de droit interne qu'ils adoptent dans le domaine régi par la présente directive.

Art. 64 *Entrée en vigueur.* **La présente directive entre en vigueur le jour suivant celui de sa publication au *Journal officiel de l'Union européenne.***

Art. 65 *Destinataires.* **Les États membres sont destinataires de la présente directive.**

Loi n° 78-17 du 6 janvier 1978,

Relative à l'informatique, aux fichiers et aux libertés.

COMMENTAIRE

S'il est des exemples d'adaptation de la norme et de pérennité législative face au progrès technologique, la législation relative à la protection des données personnelles en est un. Apparue quasiment simultanément en France et en Allemagne à la fin des années 70, reprise par le droit européen au milieu des années 90, remaniée par le règlement (UE) 2016/679 du Parlement européen et du Conseil du 27 avril 2016 (V. comm. au présent code), la législation relative à la protection des données personnelles demeure structurée autour de principes cardinaux, qui fondent les droits des personnes et les obligations de ceux qui traitent leurs données dans des termes somme toute assez comparables depuis plus de 40 ans. Ces principes ont ainsi non seulement « résisté » aux développements de l'informatique puis à la révolution numérique, mais s'avèrent même remarquablement adaptés aux problématiques contemporaines. Technologiquement neutres, affirmant les droits des personnes quel que soit le devenir de la donnée, ils fondent la maîtrise de l'individu sur ses données personnelles à l'ère numérique. Toute lecture de la loi dite « Informatique et libertés » et des commentaires qui vont suivre doit être appréciée à cette aune : elle est fondée sur le respect porté à la personne humaine, qui est à la fois la source des données, le centre de gravité de leur protection et la victime à protéger en cas de mésusage.

UN PEU D'HISTOIRE...

Historiquement, la loi du 6 janvier 1978, qui a donc fait de la France un pays précurseur en matière de protection des données personnelles, un an après l'Allemagne, est consécutive à une polémique autour du projet SAFARI (pour « système automatisé des fichiers administratifs et du répertoire des individus »). Ce projet visait à constituer un fichier public des citoyens français à partir notamment de leur NIR, numéro d'identification correspondant au numéro de sécurité sociale. Ce numéro est la fois « identifiant », c'est-à-dire propre à chaque individu, sans aucune erreur possible, et « signifiant » (les chiffres ne sont pas le fruit du hasard mais « disent » une information, puisque le NIR indique le genre de la personne, ses année, mois, département et commune de naissance, ainsi que l'ordre de naissance dans le registre d'état civil de la commune pour les personnes nées en France). A la suite de cette polémique, le Gouvernement confia donc une mission d'évaluation à une commission, qui déboucha sur le rapport Tricot en septembre 1975. La loi du 6 janvier 1978 est intervenue dans le prolongement de ce rapport.

Jusqu'à sa modification consécutive au règlement européen, cette loi, d'une part, posait une série de principes pour encadrer l'usage des données personnelles et de droits associés pour la personne concernée (accès, rectification, effacement notamment, V. *infra*) ; d'autre part, elle confiait à une autorité administrative indépendante, la Commission nationale de l'informatique et des libertés (CNIL), le soin de veiller à leur respect, à travers, notamment, un régime de « formalités préalables » – déclarations, autorisations ou avis. Ces principes fondamentaux et la construction en vis-à-vis droits des personnes/obligations des responsables de traitements, issus de la loi de 1978, ont été repris et confortés par la directive du 24 octobre 1995.

La loi « Informatique et libertés » a cependant fait l'objet de modifications substantielles, notamment à l'occasion de la transposition de la directive du 24 octobre 1995 par la loi du 6 août 2004 relative à la protection des données personnelles, qui dota la CNIL d'un pouvoir de contrôle et de sanction administrative en cas de manquement aux règles législatives applicables. Cette refonte s'est traduite par une évolution importante de l'activité de la CNIL (450 contrôles réalisés en 2013, 45 mises en demeure prononcées, 13 sanctions adoptées), dans un contexte marqué par l'extension considérable des données personnelles (internet, réseaux sociaux, profilage, etc.).

Un point mérite cependant l'attention, dans la mesure où il a fondé la législation française pendant 40 ans : la loi du 6 janvier 1978 a toujours fixé un cadre général aux traitements de données personnelles, quels que soient leurs finalités et leurs responsables de traitement, en dépit de certaines dérogations pour les fichiers de sûreté. Symétriquement, la CNIL a toujours eu une compétence « universelle » sur tous les traitements, aussi bien publics (environ 15 à 20 %) que privés. La législation européenne, elle, a toujours distingué les traitements de données « ayant pour objet la sécurité publique et les activités de l'État relatives à des domaines du droit pénal » des autres traitements (V. art. 3, 2 de la Dir. de 1995 ; V., pour une application, CJUE 30 mai 2006, *Parlement européen c/ Conseil de l'Union européenne et Commission des Communautés européennes*, n^{os} C-317/04 et C-318/04).

Plusieurs modifications sont encore intervenues :

– la loi relative au Défenseur des droits a également apporté d'importantes modifications procédurales, en adaptant notamment la procédure de contrôle sur place par les agents de la CNIL, afin de tirer les conséquences de la décision du Conseil d'État *Société Interconfort*. Plus récemment, la loi du 29 mars 2014 relative à la consommation a également doté la CNIL de la capacité de procéder à des contrôles en ligne, notamment en cas de « faille de sécurité » (V. anc. art. 34 *bis*) ;

– la loi pour une République numérique du 7 octobre 2016 a élargi les missions de la CNIL en matière de régulation numérique, en lui confiant le soin de conduire le débat sur les questions de société et les problèmes éthiques soulevés par le numérique, et a introduit de nouveaux droits.

LE RGPD, UNE REFONTE DU DROIT « INFORMATIQUE ET LIBERTÉS »

La refonte complète de la loi « Informatique et libertés » n'est cependant intervenue qu'avec l'adoption du règlement du Parlement européen et du Conseil relatif à la protection des personnes physiques à l'égard du traitement des données à caractère personnel et à la libre circulation de ces données du 27 avril 2016 – désormais connu sous le sigle de RGPD. Ce texte, adopté après quatre années de travaux consécutifs à la publication par la Commission européenne d'un projet de règlement, le 25 janvier 2012, a profondément remanié le cadre juridique de la protection des données.

Sommairement, ce texte repose sur les mêmes principes que ceux précédemment applicables aux traitements, notamment les principes de finalité et de proportionnalité. Il adapte cependant le cadre juridique applicable aux enjeux numériques, propose un renforcement des droits des personnes concernées (introduction d'un droit à la « portabilité des données », renforcement du consentement), réduit le champ des formalités préalables (disparition des déclarations et de la plupart des autorisations) au profit d'un processus continu de mise en conformité et d'une responsabilisation des acteurs, et réorganise la coopération entre les autorités de contrôle nationales lorsque des traitements de données à caractère personnel sont communs à plusieurs pays de l'Union. Il est applicable dans les États membres à compter du 24 mai 2018 et conduit à une modification de la loi « Informatique et libertés ». Au triptyque « formalités préalables/contrôle *a posteriori* », le RGPD substitue donc le principe de responsabilité continue *(accountability)* qui se traduit par l'obligation pour le responsable de traitement de pouvoir rendre compte à tout moment de la conformité du traitement.

Cet édifice juridique est complété par la directive (UE) 2016/680 du Parlement européen et du Conseil du 27 avril 2016 relative à la protection des personnes physiques à l'égard du traitement des données à caractère personnel par les autorités compétentes à des fins de prévention et de détection des infractions pénales, d'enquêtes et de poursuites en la matière ou d'exécution de sanctions pénales, et à la libre circulation de ces données et abrogeant la décision-cadre 2008/977/JAI du Conseil.

La loi du 6 janvier 1978 a donc été modifiée par la loi du 20 juin 2018 relative à la protection des données personnelles afin :

– d'une part, de tirer toutes les conséquences du règlement, lequel renvoie dans de nombreuses dispositions au droit national et, en tout état de cause, n'interfère pas avec l'ensemble des règles procédurales qui relèvent de celui-ci ;

– d'autre part, de transposer la directive (UE) 2016/680.

Le texte issu de ces travaux, contraints par les délais d'entrée en application du RGPD, n'avait cependant pas pu établir une lisibilité optimale de la législation, notamment sur l'articulation entre RGPD, directive et loi « Informatique et libertés ».

C'est donc l'ordonnance n° 2018-1125 du 12 décembre 2018 qui a procédé à la réécriture de la loi du 6 janvier 1978. Elle distingue désormais clairement ce qui relève des dispositions communes – principes et compétence unitaire de la CNIL notamment – de ce qui relève ensuite des traitements régis par le RGPD et par la directive 2016/680. Par rapport à l'état du droit antérieur, qui égrenait les exceptions ponctuelles à l'intérieur d'un canevas commun, la loi est désormais structurée autour d'une typologie de traitements à raison de la législation qui leur est applicable. D'un point de vue pratique, responsables de traitements et personnes concernées pourront donc s'orienter à partir d'une clé d'entrée commune, sans duplications excessives.

Ainsi que le relève la CNIL dans sa délibération relative au projet d'ordonnance n° 2018-349 du 15 novembre 2018 : « par son architecture, la rédaction projetée de la loi du 6 janvier 1978 tend à améliorer substantiellement la lisibilité des différents régimes applicables en fonction de la nature des traitements concernés : dispositions communes à tous les traitements (titre I), exigences spécifiques au champ du Règlement (titre II) et à celui de la Directive (titre V), règles propres au champ de la directive 2002/58/CE du 12 juillet 2002 susvisée (titre III) et règles relatives aux traitements ne relevant pas du champ d'application du droit de l'Union (titre IV relatif aux données des personnes décédées et titre VI relatif aux traitements intéressant la sûreté de l'État et la défense). En outre, le projet d'ordonnance fait le choix, opportun, de ne pas dupliquer les dispositions du Règlement, directement applicables, tout en comportant en tant que de besoin des renvois aux articles pertinents du Règlement ».

La protection des données à caractère personnel en France n'est donc plus régie à titre principal par la loi du 6 janvier 1978 modifiée, mais par les textes européens :

– au frontispice du droit de l'Union, l'article 8 de la Charte des droits fondamentaux de l'Union européenne (V. II. *Textes complémentaires, infra*), l'article 16 du traité sur le fonctionnement de l'Union européenne (V. II. *Textes complémentaires, infra*), qui dispose que « toute personne a droit à la protection des données à caractère personnel la concernant » et soumet le respect des règles applicables en la matière au contrôle « d'autorités indépendantes » constitue le fondement de la protection des données ;

– le RGPD et la directive de 2016 fixent le cadre européen de protection et les conditions d'exercice des droits ;

– enfin, la Convention 108 du Conseil de l'Europe du 28 janvier 1981 pour la protection des personnes à l'égard du traitement automatisé des données à caractère personnel (V. II. *Textes complémentaires, infra*). Cette convention a elle-même été substantiellement amendée en juin 2018.

Enfin, l'OCDE a publié de nouvelles lignes directrices en matière de vie privée en septembre 2013 (http://www.oecd.org/sti/ieconomy/privacy.htm#newguidelines).

Si le droit de la protection des données personnelles, suivant en cela la mondialisation des échanges de data, est donc de plus en plus international, entreprises et particuliers en France doivent articuler constamment le RGPD et la loi « Informatique et libertés » remaniée. La lisibilité de la loi française avait certes été contestée devant le Conseil constitutionnel à l'occasion de l'adoption de la loi du 20 juin 2018 (V. Cons. const. n° 2018-765 DC du 12 juin 2018, *infra*, ss. art. 72), mais celui-ci avait écarté le grief. Surtout, l'ordonnance du 12 décembre 2018 apporte des clarifications bienvenues. ❑

(Ord. n° 2018-1125 du 12 déc. 2018, art. 1er, en vigueur le 1er juin 2019)

Les dispositions de la L. n° 78-17 du 6 janv. 1978, réécrite par l'Ord. n° 2018-1125 du 12 déc. 2018, sont entrées en vigueur en même temps que le Décr. n° 2019-536 du 29 mai 2019 pris pour son application (Ord. préc., art. 29). — V. ce décret infra.

BIBL. ▸ V. Bibl. gén. en début d'ouvrage, *supra*.

TITRE I DISPOSITIONS COMMUNES

CHAPITRE I *PRINCIPES ET DÉFINITIONS*

Art. 1er L'informatique doit être au service de chaque citoyen. Son développement doit s'opérer dans le cadre de la coopération internationale. Elle ne doit porter atteinte ni à l'identité humaine, ni aux droits de l'homme, ni à la vie privée, ni aux libertés individuelles ou publiques.

Les droits des personnes de décider et de contrôler les usages qui sont faits des données à caractère personnel les concernant et les obligations incombant aux personnes qui traitent ces données s'exercent dans le cadre du règlement (UE) 2016/679 du Parlement européen et du Conseil du 27 avril 2016, de la directive (UE) 2016/680 du Parlement européen et du Conseil du 27 avril 2016 et de la présente loi.

V. RGPD, art. 1er et consid. 1 à 4, 9, 10 et 13.

COMMENTAIRE

L'article 1er demeure, dans son premier alinéa, inchangé par rapport à la rédaction précédente. Il reste la « clé de lecture » de la loi. En établissant un lien avec les droits et libertés fondamentaux, et notamment la vie privée, l'article 1er permet de renvoyer à d'autres protections assurées par la loi (par exemple, le secret médical), qui participent des mêmes garanties.

La mention de la vie privée renvoie à la question du lien entre la protection de la vie privée et celle des données personnelles. Deux conceptions peuvent, en la matière, être distinguées : la première consiste à regarder la protection des données comme relevant de celle de la vie privée, la seconde à la reconnaître comme un droit fondamental à part entière.

Au niveau européen, la Cour européenne des droits de l'homme a regardé la protection des données personnelles comme jouant « un rôle fondamental pour l'exercice du droit au respect à la vie privée » tel que garanti par l'article 8 de la Convention européenne de sauvegarde des droits de l'homme et des libertés fondamentales, un traitement de données personnelles mis en œuvre par l'État, notamment à des fins de sécurité publique, constituant une ingérence dans le droit au respect de la vie privée. Il en résulte qu'une telle ingérence doit être proportionnée et légitime (CEDH 26 mars 1987, *Leander c/ Suède*, n° 9248/81. – CEDH 16 févr. 2000, *Amann c/ Suisse*, n° 27798/95. – CEDH 4 déc. 2008, *S. et Marper c/ Royaume-Uni* [GC], nos 30562/04 et 30566/04). La Cour de Strasbourg relève d'ailleurs la « concordance » entre « cette interprétation extensive » et celle de la Convention élaborée au sein du Conseil de l'Europe pour la protection des personnes à l'égard du traitement automatisé des données à caractère personnel du 28 janvier 1981 (arrêt *Amann c/ Suisse, préc. § 65, Rec. CEDH 2000-II*).

Le droit de l'Union européenne est caractérisé, pour sa part, par une conception « autonome » de la protection des données personnelles par rapport à la protection de la vie privée. Il s'agit en effet d'un droit fondamental consacré par la Charte européenne des droits fondamentaux, dont l'article 8, au titre II « Libertés », dispose :

« 1. Toute personne a droit à la protection des données à caractère personnel la concernant.

« 2. Ces données doivent être traitées loyalement, à des fins déterminées et sur la base du consentement de la personne concernée ou en vertu d'un autre fondement légitime prévu par la loi. Toute personne a le droit d'accéder aux données collectées la concernant et d'en obtenir la rectification.

« 3. Le respect de ces règles est soumis au contrôle d'une autorité indépendante ».

La protection des données personnelles est également inscrite, au même titre que la nécessité de confier sa protection à une autorité indépendante, à l'article 16 du traité sur le fonctionnement de l'Union européenne (V. comm. de l'art. 1er RGPD).

En droit interne, si la Constitution ne consacre pas explicitement la protection des données personnelles comme un droit fondamental, le Conseil constitutionnel considère néanmoins que la loi du 6 janvier 1978 est « protectrice de la liberté individuelle » (Cons. const. n° 92-316 DC du 20 janv. 1993). Il établit également un pont entre protection des données personnelles et respect de la vie privée en exigeant par exemple que « la collecte, l'enregistrement, la conservation, la consultation et la communication de données à caractère personnel [soient] justifiés par un motif d'intérêt général et mis en œuvre de manière adéquate et proportionnée à cet objectif » (Cons. const. 22 mars 2012, loi relative à la protection de l'identité, n° 2012-652 DC).

La protection des données personnelles fait donc l'objet d'une protection concordante en droit européen et en droit interne, par un système de renvois croisés aux différents textes applicables en la matière.

L'article 1er pose également le principe de la coopération internationale, reconnaissant ainsi – après l'avoir anticipé – le caractère transnational, ou déterritorialisé, d'un nombre croissant de traitements de données avec l'apparition d'internet et des outils numériques. Cette coopération européenne, qui a trouvé à s'appliquer au sein du « groupe de travail de l'article 29 » – le groupe des 28 « CNIL » de l'Union européenne –, mais aussi au sein du Conseil de l'Europe, s'incarne désormais à travers le mécanisme de mise en cohérence et le comité européen de la protection des données. On rappellera que, si les avis du G29 constituent toujours d'utiles références pour la mise en œuvre opérationnelle du droit de la protection des données, ils ne constituaient que des lignes directrices qui, sans avoir de portée normative, étaient prises en compte par les autorités de protection. L'application du RGPD se traduit désormais par un degré d'intégration sensiblement plus élevé, notamment par le mécanisme de décision conjointe sur les affaires transnationales.

Le second alinéa a en revanche connu des évolutions. Initialement, la loi n° 2016-1321 du 7 octobre 2016 pour une République numérique (art. 54) a ajouté un alinéa ainsi rédigé : « Toute personne dispose du droit de décider et de contrôler les usages qui sont faits des données à caractère personnel la concernant, dans les conditions fixées par la présente loi. »

La loi introduisait ainsi pour la première fois en droit français un concept connu en droit allemand sous le nom de « droit à l'autodétermination informationnelle ». Explorée en France par le Conseil d'État dans son rapport annuel sur le numérique et les droits fondamentaux, cette notion consacre la nécessaire maîtrise par l'individu de ses données à caractère personnel. Il ne s'agit pas d'un droit subjectif comme les droits d'accès, de rectification ou d'opposition, mais, en quelque sorte, d'une clé de lecture des dispositions « Informatique et libertés ».

La nouvelle rédaction issue de l'ordonnance ne « pose » plus un nouveau droit, mais entérine le fait que ces droits sont désormais reconnus, dans les conditions fixées par le droit de l'Union et la loi « Informatique et libertés ». La portée juridique exacte de ces droits reste sans doute à définir, notamment au regard de l'intérêt légitime du responsable de traitement à traiter les données personnelles d'un individu. ❑

1. Portée. Il résulte de ces dispositions, combinées à celles de l'art. 6, et des stipulations de l'art. 8 Conv. EDH, « que l'ingérence dans l'exercice du droit de toute personne au respect de sa vie privée que constituent la collecte, la conservation et le traitement, par une autorité publique, d'informations personnelles nominatives, ne peut être légalement autorisée que si elle répond à des finalités légitimes et que le choix, la collecte et le traitement des données sont effectués de manière adéquate et proportionnée au regard de ces finalités ». • CE 15 oct. 2014, *Union nat. du personnel en retraite de la gendarmerie UNPRG et a.*, n° 358876 B.

2. Anciens avis du G29 – Portée. Les recommandations du groupe de travail de l'art. 29 sont dépourvues de valeur normative, et ne sauraient par suite lier la CNIL dans le cadre de son propre pouvoir de décision. • CE 8 févr. 2017, *Sté JC Decaux,* n° 393714 B.

Art. 2 La présente loi s'applique aux traitements automatisés en tout ou partie de données à caractère personnel, ainsi qu'aux traitements non automatisés de données à caractère personnel contenues ou appelées à figurer dans des fichiers, lorsque leur responsable remplit les conditions prévues à l'article 3 de la présente loi, à l'exception des traitements mis en œuvre par des personnes physiques pour l'exercice d'activités strictement personnelles ou domestiques.

Constitue un fichier de données à caractère personnel tout ensemble structuré de données à caractère personnel accessibles selon des critères déterminés, que cet ensemble soit centralisé, décentralisé ou réparti de manière fonctionnelle ou géographique.

Sauf dispositions contraires, dans le cadre de la présente loi s'appliquent les définitions de l'article 4 du règlement (UE) 2016/679 du 27 avril 2016.

V. RGPD, art. 2 et consid. 14 à 21 et 27.

V. RGPD, art. 4 et consid. 26 à 29, 31 et 34 à 36.

BIBL. ▸ PÉRONNE, *Dalloz IP/IT 2021. 356* (la protection des données personnelles au défi du droit de la preuve).

COMMENTAIRE

L'article 2 de la loi définit son champ d'application. Depuis l'ordonnance de 2018, cet article a vu sa portée considérablement réduite, l'essentiel des définitions étant désormais fixées par le RGPD (V. notes ss. RGPD, art. 2 et 4).

Pour mémoire, il y a « traitement de données à caractère personnel » dès lors qu'une donnée personnelle fait l'objet d'une quelconque opération (collecte, consultation, traitement, etc.), qu'elle soit automatisée ou non.

L'exemple de la vidéoprotection et de la vidéosurveillance.

Un « traitement de données à caractère personnel » peut être à la fois soumis à la législation relative à la protection des données (RGPD et L. du 6 janv. 1978) et à d'autres législations. La mise en place, de plus en plus fréquentes, de dispositifs de vidéosurveillance et de vidéoprotection (près d'un million de caméras en France) illustre cette complexité.

La vidéosurveillance désigne les dispositifs de surveillance par vidéo dans les lieux non ouverts au public (entrepôts d'une entreprise, arrière-boutique ou réserve de magasin, parties communes d'une copropriété uniquement accessibles aux personnes détenant une clé ou un code, etc.). En tant que traitement automatisé de données à caractère personnel (image, voire, désormais, son), tout dispositif de vidéosurveillance est soumis à la loi du 6 janvier 1978 et doit donc faire l'objet des mesures désormais prévues par le RGPD (inscription au registre, etc.). Nombre d'entre eux ont été déclarés sous l'empire de la législation précédente et restent donc valides à ce titre.

La vidéoprotection désigne les dispositifs similaires installés sur la voie publique ou dans les lieux ouverts au public (partie ouverte à la clientèle des magasins, stades, etc.). La vidéoprotection fait l'objet d'un encadrement juridique spécifique, initialement par la loi n° 95-73 du 21 janvier 1995 modifiée codifiée depuis dans le code de la sécurité intérieure (V., sur la distinction des deux régimes applicables, l'art. L. 251-1 CSI, App., v° *Sécurité intérieure*). Le terme « vidéoprotection », qui permet de distinguer plus aisément les deux régimes juridiques, est issu de la loi du 14 mars 2011, dite LOPSSI 2. Tout dispositif de vidéoprotection doit être autorisé préalablement par le préfet (CSI, art. L. 252-1, V. App., v° *Sécurité intérieure*), et ne peut être mis en œuvre, sur la voie publique, que par une autorité publique. Le régime applicable à la vidéoprotection présente des similitudes avec le cadre général de la loi de 1978 : finalité (notamment la prévention des actes de terrorisme, des atteintes à la sécurité des personnes et des biens), information (panonceaux à l'entrée des zones), droit d'accès, durée de conservation (un mois maximum). Il a gardé de la loi de 1978 « avant RGPD » l'inspiration des formalités préalables (autorisation préfectorale dès lors que les images sont enregistrées ou visibles en temps réel par une personne qui en est chargée), alors que la déclaration a disparu pour la vidéosurveillance.

Ainsi, une même entreprise peut voir son système vidéo soumis à deux régimes juridiques distincts, alors même qu'il s'agit bien de deux traitements de données à caractère personnel. On relèvera l'extension, depuis 2011, du champ de compétence de la CNIL au contrôle de l'ensemble des dispositifs de vidéoprotection et de vidéosurveillance, permettant ainsi de renforcer la cohérence du contrôle et l'harmonisation des pratiques. ❑

1. Sur le champ d'application personnel de la loi. V. annotations de jurisprudence ss. RGPD, art. 3.

2. Sur le champ d'application matériel de la loi. V. annotations de jurisprudence ss. RGPD, art. 2.

3. Sur les notions de « donnée à caractère personnel » et de « traitement ». V. annotations de jurisprudence ss. RGPD, art. 4.

4. Traitement de données à caractère personnel au sens de la directive (UE) 2016/680. Un dispositif de surveillance par drone collectant des images et les transmettant, après floutage, à un centre de commandement de la police pour un visionnage en temps réel constitue un traitement de données à caractère personnel, sans que le floutage ne remette en question la nature de données à caractère personnel des images ainsi collectées. • CE 22 déc. 2020, n° 446155 B : *D. actu. 15 janv. 2021, obs. Dupont et Poissonnier ; AJCT 2021. 159, obs. Adda et Perray*.

Art. 3 **I. — Sans préjudice, en ce qui concerne les traitements entrant dans le champ du règlement (UE) 2016/679 du 27 avril 2016, des critères prévus par l'article 3 de ce règlement, l'ensemble des dispositions de la présente loi s'appliquent aux traitements des données à caractère personnel effectués dans le cadre des activités d'un établissement d'un responsable du traitement ou d'un sous-traitant sur le territoire français, que le traitement ait lieu ou non en France.**

II. — Les règles nationales prises sur le fondement des dispositions du même règlement renvoyant au droit national le soin d'adapter ou de compléter les droits et obligations prévus par ce règlement s'appliquent dès lors que la personne concernée réside en France, y compris lorsque le responsable de traitement n'est pas établi en France.

Toutefois, lorsque est en cause un des traitements mentionnés au 2 de l'article 85 du même règlement, les règles nationales mentionnées au premier alinéa du II sont celles dont relève le responsable de traitement, lorsqu'il est établi dans l'Union européenne.

V. RGPD, art. 3 et 85, § 2 et consid. 22 à 25.

COMMENTAIRE

Les précisions apportées par cet article 3, qui déterminent le champ d'application territorial de la loi française, s'expliquent par le fait que son champ d'application matériel est plus large que les traitements couverts par le RGPD, même si celui-ci couvre de fait la plupart des traitements.

Le RGPD a un double critère territorial : critère de l'établissement, d'une part ; critère dit du « ciblage », d'autre part, qui implique l'application du RGPD dès lors que la personne concernée se trouve sur le territoire de l'Union, quel que soit le lieu d'établissement de l'entreprise. Ce second critère d'application est particulièrement novateur (V. comm. ss. RGPD, art. 3).

Deux cas de figure restent donc à préciser, ce que fait l'article 3 de la loi :

– d'une part, pour les autres traitements que ceux couverts par le RGPD, la loi française est applicable dès lors qu'ils ont lieu dans le cadre de l'activité d'un établissement, que celui-ci soit celui du responsable de traitement ou du sous-traitant, et que le traitement ait lui-même lieu sur le territoire français ou en dehors. Le droit français reprend ainsi l'un des deux critères précédemment applicables, sous l'empire de la directive de 95. Les autorités de contrôle avaient déjà été amenées à se prononcer sur la notion d'établissement : l'établissement doit directement participer « à des activités impliquant le traitement de données à caractère personnel » en cause (V. G29, avis n° 8/2010 du 16 déc. 2010, WP 179), c'est-à-dire qu'il doit contribuer au traitement en cause, sans pour autant être obligatoirement responsable de traitement au sens de l'article 3. Pour retenir cette participation, il convient que l'établissement joue « un rôle significatif » dans le traitement en question, sa forme juridique n'étant « pas déterminante » (G29, avis n° 1/2008 du 4 avr. 2008, sur les aspects de la protection des données liés aux moteurs de recherche, WP 148). Est ainsi regardée comme un établissement l'entité d'un fournisseur de service internet assurant la vente de publicités ciblées aux habitants de cet État par exemple (même avis). En revanche, le droit français ne retient plus le critère alternatif, posé par la directive de 95 et non repris par le RGPD, du recours à des « moyens de traitement » sur le territoire français.

– d'autre part, s'agissant des traitements pour lesquels le RGPD laisse au droit national le soin d'adapter ou compléter ses prescriptions, la loi française s'applique dès lors que la personne concernée réside en France. On notera que la notion de « résidence » n'est pas exactement similaire à celle de l'article 3 du RGPD, qui, lui, mentionne les personnes qui « se trouvent » sur le territoire de l'État en question. Mais elle permet, en tout état de cause, d'assurer une protection optimale de la personne résidant en France, sans pour autant créer une concurrence des droits nationaux (ce à quoi aurait conduit le critère de l'établissement, puisque l'entreprise aurait alors potentiellement été tenue de respecter tous les droits nationaux concurremment).

En termes d'articulation entre les deux textes, soit le traitement est soumis au règlement, et ce sont alors les critères alternatifs posés par son article 3 qui s'appliquent ; soit le traitement relève de la seule loi française, et c'est alors le seul critère de l'établissement qui s'applique. Le Conseil d'État a ainsi jugé que le traitement des données personnelles relatives à une personne décédée n'entre pas dans le champ du RGPD, mais de la loi française, dès lors que ce traitement intervient dans le cadre des activités d'un responsable de traitement ou d'un sous-traitant établi en France (CE 5 juill. 2021, n° 447088). ❑

1. Application du droit national, et notamment notion d'établissement. V. annotation ss. RGPD, art. 3. ♦ Le traitement consistant en des opérations d'accès ou d'inscription d'informations dans le terminal des utilisateurs du moteur de recherche Google Search et de YouTube résidant en France, notamment à des fins publicitaires, est effectué dans le cadre des activités de la société Google France sur le territoire français, laquelle est en charge de la promotion et de la commercialisation des produits Google et de leurs solutions publicitaires en France. • CNIL, form. restr., 31 déc. 2021, *Google LLC et Google Ireland Limited,* n° SAN-2021-023 : *Dalloz IP/IT 2022. 392, obs. Netter ; RTD com. 2022. 295, obs. Netter .* ♦ N'avait pas à justifier sa propre compétence dans les motifs de sa délibération la CNIL qui a déduit des éléments fournis que le traitement de données mis en œuvre par la société Amazon Europe Core était effectué dans le cadre des activités de son établissement Amazon Online France situé en France, au sens de l'art. 3 de la L. du 6 janv. 1978. • CE 27 juin 2022, n° 451423.

2. Application du droit d'un autre État membre. La jurisprudence rendue en la matière sous l'empire de la Dir. de 1995 peut constituer un point de repère utile dans la perspective des questions juridiques à venir. Il a ainsi été jugé que si une autorité de contrôle, saisie d'une plainte, conclut à l'application du droit national d'un autre État membre, cette autorité ne peut infliger de sanctions sur la base de son droit national au responsable du traitement qui n'est pas établi sur ce territoire. Il lui appartient alors de demander à l'autorité de contrôle relevant de l'État membre, dont le droit est applicable, d'intervenir. • CJUE 1er oct. 2015, *Sté Weltimmo,* n° C-230/14.

Art. 4 Les données à caractère personnel doivent être :

1° Traitées de manière licite, loyale et, pour les traitements relevant du titre II, transparente au regard de la personne concernée ;

2° Collectées pour des finalités déterminées, explicites et légitimes, et ne pas être traitées ultérieurement d'une manière incompatible avec ces finalités. Toutefois, un traitement ultérieur de données à des fins archivistiques dans l'intérêt public, à des fins de recherche scientifique ou historique, ou à des fins statistiques est considéré comme compatible avec les finalités initiales de la collecte des données, s'il est réalisé dans le respect des dispositions du règlement (UE) 2016/679 du 27 avril 2016 et de la présente loi, applicables à de tels traitements*[,]*** et s'il n'est pas utilisé pour prendre des décisions à l'égard des personnes concernées ;**

3° Adéquates, pertinentes et, au regard des finalités pour lesquelles elles sont traitées, limitées à ce qui est nécessaire ou, pour les traitements relevant des titres III et IV, non excessives ;

4° Exactes et, si nécessaire, tenues à jour. Toutes les mesures raisonnables doivent être prises pour que les données à caractère personnel qui sont inexactes, eu égard aux finalités pour lesquelles elles sont traitées, soient effacées ou rectifiées sans tarder ;

5° Conservées sous une forme permettant l'identification des personnes concernées pendant une durée n'excédant pas celle nécessaire au regard des finalités pour lesquelles elles sont traitées. Toutefois, les données à caractère personnel peuvent être conservées au-delà de cette durée dans la mesure où elles sont traitées exclusivement à des fins archivistiques dans l'intérêt public, à des fins de recherche scientifique ou historique, ou à des fins statistiques. Le choix des données conservées à des fins archivistiques dans l'intérêt public est opéré dans les conditions prévues à l'article L. 212-3 du code du patrimoine ; – *V. infra.*

6° Traitées de façon à garantir une sécurité appropriée des données à caractère personnel, y compris la protection contre le traitement non autorisé ou illicite et contre la perte, la destruction ou les dégâts d'origine accidentelle, ou l'accès par des personnes non autorisées, à l'aide de mesures techniques ou organisationnelles appropriées.

V. RGPD, art. 5 et consid. 40 à 49 et 69.

COMMENTAIRE

L'article 4 fixe les conditions cumulatives auxquelles doit satisfaire un traitement pour pouvoir être légalement mis en œuvre, et dont la méconnaissance est d'ailleurs passible de sanctions pénales. C'est ainsi le « cœur » des principes Informatique et libertés, qui figurait historiquement à l'article 6 de la loi, dont l'article 4 reprend les termes quasiment mot pour mot, à quelques adaptations près, et qu'il complète d'un 6° relatif à la sécurité des données.

UN PRINCIPE PIVOT, LA FINALITÉ

La première des conditions porte la loyauté et la licéité de la collecte et du traitement des données, qui impliquent que, sauf cas exceptionnel (par exemple pour les fichiers de sûreté), les données ne soient pas collectées à l'insu de la personne. Celle-ci doit donc être, en règle générale, dûment et préalablement informée, afin qu'elle puisse exprimer un consentement libre et éclairé, sauf base légale alternative (V. art. 5).

Le principe de finalité, posé par l'article 4, constitue le deuxième élément clé de la construction du droit de l'informatique et des libertés : la loi du 6 janvier 1978 est en effet bâtie en grande partie autour du principe de « sectorisation » des traitements. Tout traitement doit ainsi avoir une finalité déterminée, explicite et légitime, sans que les données puissent ensuite être réutilisées à des fins incompatibles avec ces finalités premières, sous réserve des travaux scientifiques, statistiques et historiques. Cette volonté de sectorisation est inspirée des critiques du projet SAFARI, à l'origine de la législation, et traduit plus généralement la volonté du législateur de faire obstacle à des fichiers massivement interconnectés, ce qui était particulièrement précurseur en 1978. La notion de finalité, indissociable de celles de collecte et de traitement, doit cependant désormais être articulée avec la notion de réutilisation, appelée à connaître une extension importante dans les années à venir, compte tenu des potentialités qu'offrent en la matière le numérique, le *big data* et, pour les données publiques, la réutilisation permise par la loi du 17 juillet 1978.

La finalité, dont le principe a été invariablement repris par la directive de 1995 puis le RGPD, constitue ainsi la « clé d'entrée » de la légalité du traitement : c'est en effet au regard de la finalité poursuivie qu'est appréciée la proportionnalité, à la fois qualitative, quantitative et en termes de durée de conservation, des données collectées et traitées, que traduisent les dispositions des 3° et 5° de l'article 4. Là encore, l'enjeu est de définir un juste équilibre entre l'intérêt du responsable du traitement et la protection de la personne concernée.

DURÉE DE CONSERVATION, ARCHIVES ET DROIT À L'EFFACEMENT

L'article 4 subordonne en effet la licéité d'un traitement à une condition d'expiration des données traitées. Il en résulte, concrètement, que tout traitement déclaré à la CNIL ou autorisé par elle doit indiquer la durée de conservation des données, laquelle est soumise au contrôle de la Commission. Combinée au droit à l'effacement et à l'obligation de mise à jour, la condition de durée de conservation permet ainsi d'encadrer dans le temps l'usage de la donnée, et d'éviter que ne se constitue un « passif » de données personnelles susceptibles d'être réutilisées de manière inadéquate parce que « périmées ». La loi laisse cependant une marge d'appréciation aux responsables de traitement : elle ne fixe en effet aucune durée de traitement, mais simplement un principe de conservation pendant la durée nécessaire à l'accomplissement de ses finalités. C'est donc au responsable de traitement, sous le contrôle de la CNIL, de définir les durées pertinentes, qui sont évidemment très variables selon les hypothèses (de quelques secondes à plusieurs années).

L'ensemble de ces droits et obligations « temporels » est parfois assimilé à ce qu'il est convenu d'appeler aujourd'hui le « droit à l'oubli ». Celui-ci, figurant explicitement à l'article 17 du RGPD, est en fait apparu avec la diffusion d'internet, qui, notamment grâce aux moteurs de recherche, permet de retrouver aisément, et sans que la profondeur temporelle soit un obstacle, des informations. Les contours d'un tel « droit » restent encore à définir, mais la CJUE a, par un arrêt du 13 mai 2014, précisé les conditions dans lesquelles peut être exercé celui au déréférencement des moteurs de recherche. Elle a notamment jugé que toute personne pouvait exercer ce droit directement auprès de l'exploitant du moteur de recherche, sans avoir préalablement demandé l'effacement de l'information auprès de l'éditeur du site. Ce droit au déréférencement ne peut cependant être satisfait qu'au cas par cas, compte tenu notamment de l'équilibre entre le droit à la protection des données personnelles et d'autres droits, tels que la liberté d'expression, ou circonstances, telles, par exemple, que le fait que la personne concernée soit une personnalité publique (CJUE, gr. ch., 13 mai 2014, *Google Spain*, n° C-131/12).

Plus généralement, se pose en effet la question de savoir ce que deviennent les données qui, n'étant plus « couramment » nécessaires au traitement en cause, méritent néanmoins d'être conservées à titre d'archives (prescriptions légales, contentieux, etc.). La CNIL a, en la matière, développé une approche autour de trois niveaux de conservation des données pour le secteur privé (CNIL, 11 oct. 2005, portant adoption d'une recommandation concernant les modalités d'archivage électronique, dans le secteur privé, de données à caractère personnel, Délib. n° 2005-213). Le secteur public est en effet couvert par le régime juridique des archives publiques, qui doit toutefois être concilié avec la loi de 1978, notamment pour la mise en ligne d'archives publiques (V. CNIL 12 avr. 2012, portant autorisation (n° AU-029) unique de traitements de données à caractère personnel contenues dans des informations publiques aux fins de communication et de publication par les services d'archives publiques, Délib. n° 2012-113).

Pour le secteur privé, la CNIL distingue trois étapes dans la « vie » de la donnée :

– les archives courantes, qui correspondent à l'usage courant des données personnelles en cause ;

– les archives intermédiaires, qui correspondent aux « données qui présentent encore pour les services concernés un intérêt administratif, comme par exemple en cas de contentieux, et dont les durées de conservation sont fixées par les règles de prescription applicables » (Délib. n° 2005-213 : *préc.*) ;

– les archives définitives, qui comprennent « exclusivement les données présentant un intérêt historique, scientifique ou statistique justifiant qu'elles ne fassent l'objet d'aucune destruction » (Décis. n° 2005-215 : *préc.*)

La notion d'expiration de la donnée personnelle doit donc être combinée, soit avec des obligations légales d'archivage, soit avec un intérêt général s'opposant à leur destruction, et est à l'origine de cette conciliation. On relèvera cependant que chaque étape d'archivage des données implique une sélection de celles-ci par le responsable de traitement, tout archivage massif et automatique étant proscrit. De même, l'archivage des données se traduit par une protection exigeante, aussi bien en termes d'accès qu'en termes de sécurité informatique, conformément à l'article 34 de la loi (V., pour le détail, Délib. n° 2005-213 : *préc.*).

UN NOUVEAU PRINCIPE CARDINAL : LA SÉCURITÉ

Si la sécurité des données constituait déjà une exigence avant l'ordonnance de 2018, celle-ci, tirant toutes les conséquences du RGPD, l'élève désormais au rang des conditions essentielles à respecter pour un traitement. Ceci traduit le poids croissant de la sécurité informatique en matière de données personnelles, et son corollaire juridique, dit « approche par le risque », qui consiste à adapter les mesures techniques nécessaires à la sécurité des données, à leur sensibilité et aux menaces. ❑

1. V. annotations de jurisprudence ss. RGPD, art. 5.

2. Explicitation de la finalité. Méconnaît l'art. 4 de la L. du 6 janv. 1978 modifiée le décret d'autorisation qui n'indique pas précisément les fichiers concernés, ni la façon dont les données seront traitées dans ces autres fichiers, ni dans quel objectif. • CE 13 avr. 2021, n° 439360 (annulation partielle du décret GendNotes) : *Dalloz IP/IT 2021. 405, obs. de Maison Rouge ; D. actu. 30 avr. 2021, obs. Crichton.* ♦ Ne satisfait ainsi pas à l'exigence d'une finalité « déterminée, explicite et légitime » la finalité consistant en une « exploitation ultérieure dans d'autres traitements », notamment par le biais d'un système de pré-renseignement, des données collectées. • Même décision.

3. Périmètre de la donnée de santé. La mise en ligne d'un arrêté relevant indirectement que les personnes recrutées souffrent d'un handicap qui ne donne directement aucune information sur la nature ou la gravité de ce handicap ne peut être regardée comme procédant au traitement d'une donnée relative à la santé des personnes considérées. Toutefois, le maintien permanent sur le site internet du ministère de ces données personnelles excède ce qui est nécessaire au regard des finalités du traitement en cause, qui vise à garantir les droits des tiers et le respect du principe d'égal accès aux emplois publics. • CE 10 juin 2021, n° 431875 : *AJDA 2021. 1241, obs. de Montecler*.

4. Définition de la durée. Une législation nationale prévoyant une conservation des données à caractère personnel doit toujours répondre à des critères objectifs, établissant un rapport entre les données à conserver et l'objectif poursuivi. En particulier, s'agissant de la lutte contre la criminalité grave, les données dont la conservation est prévue doivent être de nature à contribuer à la prévention, à la détection ou à la poursuite d'infractions graves. • CJUE 5 avr. 2022, n° C-140/20 : *Rev. UE 2022. 332, note Deroudille ; CCE 2022, n° 52, obs. Danis-Fatôme.*

5. Sur la proportionnalité. Ne constitue pas une collecte généralisée et indifférenciée le dispositif de collecte et d'exploitation automatisé des contenus librement accessibles sur les sites Internet des opérateurs de plateforme en ligne, eu égard notamment aux restrictions apportées au champ des données collectées et aux garanties qui encadrent l'élaboration des indicateurs, critères de pertinence et modèles issus de la phase d'apprentissage et de conception et l'élimination à bref délai des données sensibles ou non pertinentes. • CE 22 juill. 2022, n° 451653.

6. Sur la pertinence des données. Constituent des données adéquates, pertinentes et nécessaires l'adresse postale, le numéro de téléphone et l'adresse électronique aux fins d'identifier les personnes concernées en mettant en relation des contenus librement accessibles sur l'une des plateformes relevant du dispositif avec l'identité des titulaires des comptes qui les ont délibérément divulguées. • CE 22 juill. 2022, n° 451653.

Code du patrimoine

Art. L. 212-3 *(L. n° 2008-696 du 15 juill. 2008, art. 5)* Lorsque les archives publiques comportent des données à caractère personnel collectées dans le cadre de traitements régis par la loi n° 78-17 du 6 janvier 1978 relative à l'informatique, aux fichiers et aux libertés, ces données font l'objet, à l'expiration de la durée prévue au 5° de l'article *(Ord. n° 2018-1125 du 12 déc. 2018, art. 12)* « 4 » de ladite loi, d'une sélection pour déterminer les données destinées à être conservées et celles, dépourvues d'utilité administrative ou d'intérêt scientifique, statistique ou historique, destinées à être éliminées.

Les catégories de données destinées à l'élimination ainsi que les conditions de cette élimination sont fixées par accord entre l'autorité qui a produit ou reçu ces données et l'administration des archives.

BIBL. ▶ MULTIN, Les services territoriaux d'archives publiques peuvent-ils communiquer des documents contenant des données à caractère personnel ?, *JCP Adm. 2010. 2342* (article paru avant l'avis de la CNIL, CADA, avis du 27 juillet 2010, n° 20103187). – VOISIN, Protection des données à caractère personnel, Divulgation de la proposition de règlement de l'UE, *Expertises 2012, p. 15.*

Art. 5 **Un traitement de données à caractère personnel n'est licite que si, et dans la mesure où, il remplit au moins une des conditions suivantes :**

1° Le traitement, lorsqu'il relève du titre II, a reçu le consentement de la personne concernée, dans les conditions mentionnées au 11 de l'article 4 et à l'article 7 du règlement (UE) 2016/679 du 27 avril 2016 précédemment mentionné ;

2° Le traitement est nécessaire à l'exécution d'un contrat auquel la personne concernée est partie ou à l'exécution de mesures précontractuelles prises à la demande de celle-ci ;

3° Le traitement est nécessaire au respect d'une obligation légale à laquelle le responsable du traitement est soumis ;

4° Le traitement est nécessaire à la sauvegarde des intérêts vitaux de la personne concernée ou d'une autre personne physique ;

5° Le traitement est nécessaire à l'exécution d'une mission d'intérêt public ou relevant de l'exercice de l'autorité publique dont est investi le responsable du traitement ;

6° Sauf pour les traitements effectués par les autorités publiques dans l'exécution de leurs missions, le traitement est nécessaire aux fins des intérêts légitimes poursuivis par le responsable du traitement ou par un tiers, à moins que ne prévalent les intérêts ou les libertés et droits fondamentaux de la personne concernée qui exigent une protection des données à caractère personnel, notamment lorsque la personne concernée est un enfant.

V. RGPD, art. 6 et 7 et consid. 32, 40 à 49 et 69.

COMMENTAIRE

L'article 5 définit la base légale de tout traitement de données à caractère personnel. Dans sa version antérieure, la loi « Informatique et libertés » affirmait une forme de « primauté » du consentement, les autres bases légales étant alternatives. Le consentement était défini par l'article 2 de la directive de 1995 comme « la manifestation de volonté, libre, spécifique et informée par laquelle la personne concernée accepte que les données à caractère personnel la concernant fassent l'objet d'un traitement ». Il a été renforcé par les articles 4 et 7 du RGPD, dont la loi reprend et étend les exigences à l'ensemble des traitements couverts par la loi du 6 janvier 1978. Nous renvoyons donc au commentaire sous l'article 7 du RGPD.

Les autres bases légales sont alternatives : la première et la troisième représentent, statistiquement, un nombre important de traitements. La réalisation de « l'intérêt légitime poursuivi par le responsable de traitement », comme, par exemple, l'intérêt commercial, est strictement bornée par la loi, dans la mesure où cet intérêt peut méconnaître ni les droits et libertés fondamentaux de la personne concernée, ni son intérêt personnel, ce qui conduit ainsi à apprécier l'équilibre entre ces deux intérêts, et l'existence d'instruments permettant effectivement à la personne concernée de faire valoir ses droits. Quant aux traitements effectués par les autorités publiques dans le cadre de leurs missions, cette précision vaut, tant pour certains traitements couverts par le règlement, que pour les traitements régis par le titre III de la présente loi et qui sont effectués notamment en matière de sécurité publique. ❑

Voir annotations de jurisprudence sous RGPD, article 6.

Art. 6 **I. — Il est interdit de traiter des données à caractère personnel qui révèlent la prétendue origine raciale ou l'origine ethnique, les opinions politiques, les convictions religieuses ou philosophiques ou l'appartenance syndicale d'une personne physique***[,]* **ou de traiter des données génétiques, des données biométriques aux fins d'identifier une personne physique de manière unique, des données concernant la santé ou des données concernant la vie sexuelle ou l'orientation sexuelle d'une personne physique.**

II. — Les exceptions à l'interdiction mentionnée au I sont fixées dans les conditions prévues par le 2 de l'article 9 du règlement (UE) 2016/679 du 27 avril 2016 et par la présente loi.

III. — De même, ne sont pas soumis à l'interdiction prévue au I les traitements, automatisés ou non, justifiés par l'intérêt public et autorisés suivant les modalités prévues au II de l'article 31 et à l'article 32.

V. RGPD, art. 9 et consid. 33, 35, 51 à 55 et 75.

Sur les traitements mis en œuvre pour le compte de l'État, V., infra, art. 31 s.

Sur les traitements des données concernant la santé, V., infra, art. 65 s. et 86.

Sur les exceptions supplémentaires, V., infra, art. 44.

Sur la transmission aux services spécialisés de renseignement des données mentionnées au I de l'art. 6, V. CSI, art. L. 863-2, App., v° Sécurité intérieure.

COMMENTAIRE

Voir le commentaire sous l'article 9 du RGPD.

L'article 6 définit le champ des données qui, par nature, doivent faire l'objet d'une protection renforcée. Il énumère en effet les données dites sensibles, dont le traitement est en principe interdit. Ces données sont notamment toutes celles qui touchent à l'intimité de la personne ou sont susceptibles de donner lieu à des discriminations (prétendue « origine raciale », origine ethnique, orientation sexuelle, état de santé, opinion, etc.), mais aussi, depuis l'adoption du RGPD, les données biométriques ou génétiques. On notera à cet égard que ces dispositions rencontrent un écho direct dans l'article 6 de la convention n° 108 du Conseil de l'Europe du 28 janvier 1981 pour la protection des personnes à l'égard du traitement automatisé des données à caractère personnel, qui prévoit que « les données à caractère personnel révélant l'origine raciale, les opinions politiques, les convictions religieuses ou autres convictions, ainsi que les données à caractère personnel relatives à la santé ou à la vie sexuelle, ne peuvent être traitées automatiquement à moins que le droit interne ne prévoie des garanties appropriées. Il en est de même des données à caractère personnel concernant des condamnations pénales » (V. II. – *Textes complémentaires*). L'ancienne formulation du I en était d'ailleurs très proche.

Plusieurs exceptions sont néanmoins prévues par le RGPD, et ne sont donc pas reprises par la loi, notamment :

– en cas de consentement exprès de la personne : pour que le consentement soit valable, il convient donc qu'il soit libre, spécifique et éclairé, ce qui explique qu'une telle base légale ne puisse pas, dans un certain nombre de cas, être retenue (consentement susceptible d'être affecté par un lien de subordination, une situation particulièrement éprouvante ou contrainte, etc.) ;

– pour les traitements mis en œuvre par une association ou tout autre organisme à but non lucratif et à caractère religieux, philosophique, politique ou syndical, pour ses membres ou ses contacts réguliers. Cette disposition déroge ainsi au principe d'interdiction lorsque la donnée constitue l'objet même de l'association ou de l'organisme avec lequel la personne entretient volontairement une relation. C'est notamment sur le fondement de ces dispositions que la CNIL a émis une recommandation à destination des formations politiques pour encadrer les conditions de la « prospection », notamment par voie électronique, en la matière (V. CNIL 26 janv. 2012, relative à la communication politique, Délib. n° 2012-020). Il est en revanche interdit à ces structures de communiquer ces fichiers à des tiers, ou d'enregistrer d'autres données sensibles que celles correspondant à l'objet de l'organisme (même recommandation) ;

– lorsque les données sont rendues publiques par la personne elle-même. On notera que cette exception pose la question des conditions dans lesquelles peuvent être réutilisées les données rendues accessibles par la personne elle-même sur internet, et notamment sur les réseaux sociaux. ❑

1. V. annotations de jurisprudence ss. RGPD, art. 9.

2. Conv. du Conseil de l'Europe pour la protection des personnes à l'égard du traitement automatisé de données à caractère personnel du 28 janv. 1981. La loi de 1978 (en l'espèce, dans sa rédaction antérieure à 2004) prévoit des garanties appropriées au sens des art. 4 et 11 de la convention pour le traitement des données à caractère personnel révélant l'origine raciale, les opinions politiques, les convictions religieuses ou autres, ainsi que des données à caractère personnel relatives à la santé ou à la vie sexuelle. • CE 18 nov. 1992, *LICRA et a.*, n°s 115367 A, 115397 A, 115881 A, 115884 A et 115886 A.

3. Sur la collecte de données sensibles. Présente des garanties appropriées la collecte de données sensibles, en dépit de la liberté de formulation laissée aux militaires de la gendarmerie nationale pour saisir ces données dans des zones de commentaires libres, dès lors qu'il est expressément précisé qu'elles ne peuvent être enregistrées qu'en cas de nécessité absolue, cette condition devant être appréciée au regard des seules nécessités de l'intervention au cours de laquelle elles sont collectées, notamment pour la compréhension d'un fait ou la qualification ultérieure d'une infraction, et que ces données sensibles ne peuvent être saisies que dans les zones de commentaires libres prévues, et qu'il est interdit de sélectionner une catégorie particulière de personnes à partir de ces seules informations. • CE 13 avr. 2021, n° 439360 (décret « GendNotes »).

Art. 7 Les dispositions de la présente loi ne font pas obstacle à l'application, au bénéfice de tiers, des dispositions relatives à l'accès aux documents administratifs et aux archives publiques.

En conséquence, ne peut être regardée *[regardé]* **comme une personne non autorisée au sens du 6° de l'article 4 le titulaire d'un droit d'accès exercé conformément aux autres dispositions législatives et réglementaires relatives à l'accès aux documents administratifs et aux archives publiques.**

V. RGPD, art. 86 et consid. 154 et 156.

CHAPITRE II *LA COMMISSION NATIONALE DE L'INFORMATIQUE ET DES LIBERTÉS*

BIBL. ▶ V. RGPD, art. 55, 56, 60. – JAULT-SESEKE, *D. 2020. 2043* (quelle autorité pour contrôler le respect du RGPD par Google ?). – BERTRAND, *D. actu. 30 juin 2021* (la Cour de justice, régulateur de la gouvernance institutionnelle du RGPD, obs. ss. CJUE 15 juin 2021, n° C-645/19). – BENOÎT-ROHMER, *RTD eur. 2020. 407* (chronique UE et droits fondamentaux – Libertés : le droit à l'oubli et la protection des données personnelles (art. 8 de la Charte)).

RÉP. CONT. ADM. v° *Autorités de régulation,* par GUILLAUME et COUDRAY.

SECTION 1 *Organisation et missions*

Art. 8 **I. — La Commission nationale de l'informatique et des libertés est une autorité administrative indépendante. Elle est l'autorité de contrôle nationale au sens et pour l'application du règlement (UE) 2016/679 du 27 avril 2016. Elle exerce les missions suivantes :**

1° Elle informe toutes les personnes concernées et tous les responsables de traitements de leurs droits et obligations et peut, à cette fin, apporter une information adaptée aux collectivités territoriales, à leurs groupements et aux petites et moyennes entreprises ;

2° Elle veille à ce que les traitements de données à caractère personnel soient mis en œuvre conformément aux dispositions de la présente loi et aux autres dispositions relatives à la protection des données personnelles prévues par les textes législatifs et réglementaires, le droit de l'Union européenne et les engagements internationaux de la France.

A ce titre :

***a)* Elle donne un avis sur les traitements mentionnés aux articles 31 et 32 ;**

***b)* Elle établit et publie des lignes directrices, recommandations ou référentiels destinés à faciliter la mise en conformité des traitements de données à caractère personnel avec les textes relatifs à la protection des données à caractère personnel et à procéder à l'évaluation préalable des risques par les responsables de traitement et leurs sous-traitants. Elle encourage l'élaboration de codes de conduite définissant les obligations qui incombent aux responsables de traitement et à leurs sous-traitants, compte tenu du risque inhérent aux traitements de données à caractère personnel pour les droits et libertés des personnes physiques, notamment des mineurs. Elle homologue et publie les méthodologies de référence destinées à favoriser la conformité des traitements de données de santé à caractère personnel. Elle prend en compte, dans tous les domaines de son action, la situation des personnes dépourvues de compétences numériques, et les besoins spécifiques des collectivités territoriales, de leurs groupements et des microentreprises, petites entreprises et moyennes entreprises ;** *— V., infra, Décr. n° 2019-536 du 29 mai 2019, art. 72 et 75 (codes de conduite).*

***c)* En concertation avec les organismes publics et privés représentatifs des acteurs concernés, elle établit et publie des règlements types en vue d'assurer la sécurité des systèmes de traitement de données à caractère personnel et de régir les traitements de données biométriques, génétiques et de santé. A ce titre, sauf pour les traitements mis en œuvre pour le compte de l'État agissant dans l'exercice de ses prérogatives de puissance publique, elle peut prescrire des mesures, notamment techniques et organisationnelles, supplémentaires pour le traitement des données biométriques, génétiques et de santé en application du 4 de l'article 9 du règlement (UE) 2016/679 du 27 avril 2016 et des garanties complémentaires en matière de traitement de données à caractère personnel relatives aux condamnations pénales et aux infractions conformément à l'article 10 du même règlement ;**

d) Elle traite les réclamations, pétitions et plaintes introduites par une personne concernée ou par un organisme, une organisation ou une association, examine ou enquête sur l'objet de la réclamation, dans la mesure nécessaire, et informe l'auteur de la réclamation de l'état d'avancement et de l'issue de l'enquête dans un délai raisonnable, notamment si un complément d'enquête ou une coordination avec une autre autorité de contrôle est nécessaire ; *— V., infra, Décr. n° 2019-536 du 29 mai 2019, art. 5 et 10.*

e) Elle répond aux demandes d'avis des pouvoirs publics et, le cas échéant, des juridictions, et conseille les personnes et organismes qui mettent en œuvre ou envisagent de mettre en œuvre des traitements automatisés de données à caractère personnel ; *— V., infra, Décr. n° 2019-536 du 29 mai 2019, art. 9.*

f) Elle donne avis sans délai au procureur de la République, dans les conditions prévues à l'article 40 du code de procédure pénale, lorsqu'elle acquiert connaissance d'un crime ou d'un délit, et peut présenter des observations dans les procédures pénales, dans les conditions prévues à l'article 41 de la présente loi ;

g) Elle peut, par décision particulière, charger un ou plusieurs de ses membres ou le secrétaire général, dans les conditions prévues à l'article 19 de la présente loi, de procéder ou de faire procéder par les agents de ses services à des vérifications portant sur tous traitements et, le cas échéant, d'obtenir des copies de tous documents ou supports d'information utiles à ses missions ; *— V., infra, Décr. n° 2019-536 du 29 mai 2019, art. 5.*

h) Elle peut décider de certifier des personnes, des produits, des systèmes de données ou des procédures aux fins de reconnaître qu'ils se conforment au règlement (UE) 2016/679 du 27 avril 2016 et à la présente loi. Elle prend en considération, à cette fin, les besoins spécifiques des collectivités territoriales, de leurs groupements et des microentreprises, petites entreprises et moyennes entreprises. Elle agrée, aux mêmes fins, des organismes certificateurs, sur la base, le cas échéant, de leur accréditation par l'organisme national d'accréditation mentionné au b du 1 de l'article 43 du même règlement*[,]* ou décide, conjointement avec cet organisme, que ce dernier procède à leur agrément, dans des conditions précisées par décret en Conseil d'État pris après avis de la Commission nationale de l'informatique et des libertés. La commission élabore ou approuve les critères des référentiels de certification et d'agrément ; *— V., infra, Décr. n° 2019-536 du 29 mai 2019, art. 74 et 75.*

i) Elle peut certifier ou homologuer et publier des référentiels ou des méthodologies générales aux fins de certification, par des tiers agréés ou accrédités selon les modalités mentionnées au h du présent 2°, de la conformité à la présente loi de processus d'anonymisation des données à caractère personnel, notamment en vue de la réutilisation d'informations publiques mises en ligne dans les conditions prévues au titre II du livre III du code des relations entre le public et l'administration. *— V. CRPA, art. L. 321-1 s. — **CRPA**.*

Il est tenu compte d'une telle certification, le cas échéant, pour la mise en œuvre des sanctions prévues à la section 3 du présent chapitre ;

j) Elle répond aux demandes ou saisines prévues aux articles 52, 108 et 118 ;

k) Elle peut établir une liste des traitements susceptibles de créer un risque élevé devant faire l'objet d'une consultation préalable conformément à l'article 90 ; *— V., infra, Décr. n° 2019-536 du 29 mai 2019, art. 13.*

l) Elle mène des actions de sensibilisation auprès des médiateurs de la consommation et des médiateurs publics, au sens de l'article L. 611-1 du code de la consommation, en vue de la bonne application de la présente loi ;

3° Sur demande ou de sa propre initiative, elle délivre un label à des produits ou à des procédures tendant à la protection des données à caractère personnel, attestant leur conformité aux dispositions de la présente loi. Le président peut, lorsque la complexité du produit ou de la procédure le justifie, recourir à toute personne indépendante qualifiée pour procéder à leur évaluation. Le coût de cette évaluation est pris en charge par l'entreprise qui demande le label ; elle retire le label lorsqu'elle constate, par tout moyen, que les conditions qui ont permis sa délivrance ne sont plus satisfaites ;

4° Elle se tient informée de l'évolution des technologies de l'information et rend publique*[,]* **le cas échéant***[,]* **son appréciation des conséquences qui en résultent pour l'exercice des droits et libertés mentionnés à l'article 1er ;**

A ce titre :

a) **Elle est consultée sur tout projet de loi ou de décret ou toute disposition de projet de loi ou de décret relatifs à la protection des données à caractère personnel ou au traitement de telles données. Elle peut également être consultée par le président de l'Assemblée nationale, par le président du Sénat ou par les commissions compétentes de l'Assemblée nationale et du Sénat ainsi qu'à la demande d'un président de groupe parlementaire sur toute proposition de loi relative à la protection des données à caractère personnel ou au traitement de telles données. Outre les cas prévus aux articles 31 et 32, lorsqu'une loi prévoit qu'un décret ou un arrêté est pris après avis de la commission, cet avis est publié avec le décret ou l'arrêté ;** *— V., infra, Décr. n° 2019-536 du 29 mai 2019, art. 9.*

b) **Elle propose au Gouvernement les mesures législatives ou réglementaires d'adaptation de la protection des libertés à l'évolution des procédés et techniques informatiques et numériques ;**

c) **A la demande d'autres autorités administratives indépendantes, elle peut apporter son concours en matière de protection des données ;**

d) **Elle peut être associée, à la demande du Premier ministre, à la préparation et à la définition de la position française dans les négociations internationales dans le domaine de la protection des données à caractère personnel. Elle peut participer, à la demande du Premier ministre, à la représentation française dans les organisations internationales et de l'Union européenne compétentes en ce domaine ;**

e) **Elle conduit une réflexion sur les problèmes éthiques et les questions de société soulevés par l'évolution des technologies informatiques et numériques ;**

f) **Elle promeut, dans le cadre de ses missions, l'utilisation des technologies protectrices de la vie privée, notamment les technologies de chiffrement des données ;**

5° Elle peut présenter des observations devant toute juridiction à l'occasion d'un litige relatif à l'application de la présente loi et des dispositions relatives à la protection des données à caractère personnel prévues par les textes législatifs et réglementaires, le droit de l'Union européenne, en particulier le règlement (UE) 2016/679 du 27 avril 2016, et les engagements internationaux de la France.

II. — Pour l'accomplissement de ses missions, la commission peut procéder par voie de recommandation et prendre des décisions individuelles ou réglementaires dans les cas prévus par la présente loi.

La commission présente chaque année au Président de la République et au Premier ministre un rapport public rendant compte de l'exécution de sa mission.

V. RGPD, art. 40, 42, 43 et consid. 77, 81, 98 à 100, 158, 167 (certification et code de conduite).

V. RGPD, art. 51, 52, 55, 57, 59 et consid. 117 à 120, 122, 129, 130 et 131 (autorité de contrôle, indépendance, compétence, missions, rapport d'activité).

V. RGPD, art. 77 et consid. 7 et 141 à 145 (droit d'introduire une réclamation auprès d'une autorité de contrôle).

V., infra, Décr. n° 2019-536 du 29 mai 2019, art. 11 (gratuité des missions).

V. Référentiels de la CNIL relatifs aux :

— traitements de données à caractère personnel mis en œuvre dans le cadre de la gestion locative (Délib. n° 2021-057 du 6 mai 2021, JO 27 mai) ;

— traitements de données à caractère personnel mis en œuvre dans le cadre de la désignation des conducteurs ayant commis une infraction au code de la route, (Délib. n° 2021-043 du 12 avr. 2021, non publiée au JO)

— traitements de données personnelles pour le suivi social et médico-social des personnes âgées, en situation de handicap ou en difficulté, 2021 (Délib. n° 2021-028 du 11 mars 2021, JO 23 mars) ;

— durées de conservation dans le domaine de la santé hors recherche, 2020 (Délib. n° 2020-076 du 18 juin 2020, JO 28 juill.) ;

— durées de conservation dans le domaine de la recherche en santé, 2020 (Délib. n° 2020-077 du 18 juin 2020, JO 28 juill.) ;

— traitements de données personnelles pour les cabinets médicaux et paramédicaux (Délib. n° 2020-081 du 18 juin 2020, JO 28 juill.) ;

— traitements de données à caractère personnel mis en œuvre aux fins de gestion du personnel (Délib. nº 2019-160 du 21 nov. 2019, JO 15 avr. 2020) ;
— traitements de données à caractère personnel destinés à la mise en œuvre d'un dispositif d'alertes professionnelles (Délib. nº 2019-139 du 18 juill. 2019, JO 10 déc.).
— traitements de données à caractère personnel mis en œuvre dans le cadre de l'accueil, l'hébergement et l'accompagnement social et médico-social des personnes âgées, des personnes en situation de handicap et de celles en difficulté (Délib. nº 2021-028 du 11 mars 2021, JO 23 mars).
Pour les référentiels relatifs aux DPO, V. infra, ss. LIL, art. 57.

COMMENTAIRE

I. COMPOSITION, MISSIONS ET FONCTIONNEMENT DE LA CNIL

La CNIL est, en vertu de la loi, une « autorité administrative indépendante » (terme apparu pour la première fois dans une loi française à l'occasion de sa création en 1978). Le rapport Tricot avait inspiré cette consécration, en relevant la nécessité que le futur organisme « jouisse d'une grande indépendance juridique et morale ».

Au sens et pour l'application du RGPD, elle est naturellement désignée comme autorité de contrôle nationale. Son existence et son indépendance trouvent notamment un fondement dans la Charte des droits fondamentaux de l'Union européenne (art. 8) et le Traité sur le fonctionnement de l'Union européenne (V. ces textes, II. *Textes complémentaires, infra*).

Autorité collégiale, la CNIL est composée de dix-huit membres issus d'horizons variés (membres des hautes juridictions, parlementaires, représentants du Conseil économique, social et environnemental, personnalités qualifiées et, depuis la loi du 7 octobre 2016, président de la CADA), ce qui garantit son pluralisme et son indépendance. Elle comprend également, avec voix consultative, le Défenseur des droits. Son indépendance se traduit, en droit comme en fait, par une série d'éléments :

– son président, désigné par le président de la République parmi ses membres, exerce l'autorité sur les services de la Commission ; sa fonction est « incompatible avec toute activité professionnelle, tout mandat électif national, tout autre emploi public et toute détention, directe ou indirecte, d'intérêts dans une entreprise du secteur des communications électroniques ou de l'informatique » (art. 9) ;

– le budget de l'institution n'est pas soumis, contrairement aux autres administrations de l'État, au contrôle financier (la loi relative aux autorités administratives indépendantes nº 2017-55 du 20 janv. 2017), mais au contrôle de la Cour des comptes ;

– nul ne peut faire obstacle à l'action de ses membres (art. 18), et ceux-ci ne peuvent être remplacés que s'ils sont démissionnaires ou regardés comme empêchés par les membres de la Commission elle-même (dans les conditions définies par la L. du 20 janv. 2017 portant statut général des autorités administratives indépendantes et le règlement intérieur, soit, actuellement, en cas de trois absences successives non justifiées) ; ils sont nommés pour cinq ans, renouvelable une fois, par différentes autorités ;

– les agents de la CNIL sont nommés par son président.

Enfin, l'article 9 de la loi du 20 janvier 2017 fixe explicitement des règles de prévention des conflits d'intérêts, qui impliquent le déport du commissaire sur les délibérations portant sur une entité dans laquelle il détient, directement ou indirectement, un intérêt quelconque. Ces règles figuraient déjà dans la loi « Informatique et libertés » mais ont été reprises de manière transversale dans la loi sur les autorités administratives indépendantes.

L'indépendance de la CNIL, proclamée et effective dès 1978, a encore été renforcée, en droit, par la directive de 1995, puis par le Traité sur le fonctionnement de l'Union européenne et la Charte européenne des droits fondamentaux, et enfin rappelée par le RGPD, qui tous ont prévu successivement que la protection des données personnelles doit être confiée à une autorité administrative indépendante. La jurisprudence de la Cour de justice de l'Union européenne a également précisé, sur un plan opérationnel, les critères retenus pour apprécier cette indépendance. Cette exigence est d'ailleurs prise en compte pour la reconnaissance par la Commission européenne de « l'adéquation » d'un pays tiers en matière de protection des données personnelles, décision qui ouvre droit à la possibilité de transferts internationaux de données.

II. MISSIONS

Énumérées à l'article 8 de la présente loi, les missions de la CNIL sont les suivantes :

– Information des personnes concernées et des responsables de traitement : cette mission s'est traduite, très tôt, par la mise à disposition gratuite de « guides » sectoriels, mis notamment en ligne sur le site internet de la CNIL, ainsi que par de nombreuses publications et, plus récemment, par la mise en œuvre d'une action d'éducation au numérique à travers des dispositifs dédiés aux jeunes publics. Elle se traduit également par un service de réponse téléphonique aux usagers.

– **Mise en conformité des traitements à la loi :** la CNIL intervient tout au long de la « vie du traitement ».

Historiquement, la première étape de ce dispositif portait sur les « formalités préalables », qui permettaient le contrôle *a priori*, par la CNIL, de la conformité des traitements à la loi : tout traitement devait, en principe, faire l'objet d'une déclaration (anc. art. 23), d'une autorisation (anc. art. 25) ou encore d'une création par un acte réglementaire après avis de la CNIL (anc. art. 26 et 27, devenus 31 et 32), et ce préalablement à sa mise en œuvre effective. La détermination des formalités préalables dépendait de la nature des données traitées, ainsi que de l'identité du responsable de traitement et des finalités du traitement en question. Cette activité, avec l'émergence du numérique, a connu une forte croissance (près de 100 000 déclarations ou engagements de conformité en 2016, plus de 3000 autorisations), mais ne correspondait plus à la réalité des outils numériques, profondément évolutifs, et requérant par conséquent une approche différente, centrée autour de la mise en conformité.

Confortant une approche engagée par la CNIL, le RGPD a donc substitué à la logique des formalités préalables une logique de mise en conformité dynamique et d'accompagnement par l'autorité de contrôle.

C'est le sens du *b* du 2°) de l'article 8, qui consacre le pouvoir de la CNIL de fixer des « standards » communs en matière de protection des données, destinés à permettre aux responsables de traitement, sur les traitements les plus courants, de connaître la traduction opérationnelle des obligations légales (durée de conservation type, etc.). Ces règles non impératives étaient jusqu'à présent arrêtées par la CNIL dans le cadre des dispenses de déclarations ou des autorisations uniques, qui avaient pour objet d'alléger les formalités préalables pour les organismes qui respectaient une série de prescriptions types, sans obérer leur capacité à faire des démarches spécifiques. Le nouvel article 8 reprend donc cette faculté mais en fait cette fois des lignes directrices, recommandations ou référentiels qui, sans être impératifs, constituent des éléments de comparaison à la lumière desquels la CNIL pourra apprécier le respect du RGPD. Les organismes auront donc intérêt, pour leurs traitements les plus fréquents, à suivre ces lignes directrices, ou à justifier dès l'amont, en lien avec leur délégué, d'éventuels écarts.

La loi reprend également la liste « d'outils » de conformité prévus par le RGPD, mais aussi les instruments spécifiques qu'elle crée : encouragement des codes de bonne conduite (V. RGPD, art. 40) ; certification des traitements, des certificateurs ou des référentiels et méthodologies arrêtés par ceux-ci (V. RGPD, art. 42) ; homologation des méthodologies de référence destinées à favoriser la conformité des traitements de données de santé à caractère personnel.

La CNIL exerce ensuite, de manière permanente, une mission générale de conseil, qui prend la forme, soit de réponses aux demandes d'avis des pouvoirs publics ou des autorités judiciaires, soit de réponses aux demandes de conseils des responsables de traitement. L'objectif est d'accompagner la « vie » du traitement automatisé, notamment en cas d'évolutions technologiques ou des usages. Concrètement, la CNIL répond ainsi à plusieurs milliers de demandes de conseil juridique formulées par des personnes publiques ou privées.

– **Avis, approbation ou création d'instruments de « droit souple »** : la CNIL peut être définie comme une autorité de régulation de la protection des données personnelles, comme en témoigne la diversité d'instruments dont elle dispose. A cet égard, elle a notamment développé sous l'égide de l'ancienne loi une compétence en matière de labellisation (3°) des produits et des procédures reconnus conformes à la loi. Ces labels permettent ainsi de reconnaître et de valoriser un haut niveau de protection en matière de protection des données, à la demande d'organisations professionnelles ou d'institutions regroupant principalement des responsables de traitement. Les certifications et codes de conduite introduits et développés sous le RGPD leur sont désormais préférés.

– **Certification de méthodologies d'anonymisation, notamment en vue de la réutilisation des bases de données publiques mises en ligne (open data)** : l'objectif est ici d'établir des référentiels ou méthodologies permettant de certifier qu'une base de données fait l'objet d'une anonymisation, du moins en l'état de l'article. S'il a été exclu par le législateur que la CNIL certifie l'anonymisation de chaque traitement qui lui serait soumis à cette fin, elle peut ainsi édicter des méthodologies générales, notamment à destination des autorités administratives dans la perspective de l'open data. Il s'agit d'un enjeu majeur pour les droits des personnes à l'heure du big data, qui doit être rapproché de l'action conjointe de la CNIL et de la CADA en matière d'open data.

– **Fonction consultative auprès des pouvoirs publics** : la CNIL apparaît comme une sentinelle de la protection des données personnelles, et un organisme « ressource ». S'agissant de l'élaboration d'actes législatifs ou réglementaires, la CNIL est donc consultée sur tout projet de loi ou de décret relatif à la protection des personnes à l'égard des traitements automatisés (art. 8, 4, a) et, désormais, relatif au traitement de telles données (loi du 7 octobre 2016). Depuis la loi du 7 octobre 2016, les avis de la CNIL sont rendus publics, la loi du 20 janvier 2017 ayant repris ces dispositions de manière plus générale pour l'ensemble des autorités administratives indépendantes. La loi du 20 juin 2018 a tiré les conséquences du RGPD en prévoyant désormais que la CNIL peut également être consultée par le président de l'Assemblée nationale, par le président du Sénat ou par les commissions compétentes de l'Assemblée nationale et du Sénat ainsi qu'à la demande d'un président de groupe parlementaire sur toute proposition de loi relative à la protection des données à caractère personnel ou au traitement de telles données. Le Conseil constitutionnel a confirmé la conformité à la Constitution de la loi sur ce point, relevant que « le législateur a suffisamment défini la nouvelle attribution ainsi conférée à cette autorité administrative indépendante. Les conditions et modalités selon lesquelles cette faculté peut être mise en œuvre ne relèvent pas du domaine de la loi » (Cons. const. n° 2018-765 DC du 12 juin 2018).

– **Participation à la définition du cadre normatif sur la protection des données personnelles** : de manière classique, la CNIL se voit reconnaître la possibilité de proposer au Gouvernement des mesures législatives ou réglementaires d'adaptation de la protection des libertés à l'évolution des procédés et techniques informatiques ; elle peut être associée à la définition de la position française dans les négociations internationales et participer à la représentation de la France dans des enceintes internationales.

– **Contrôle et sanction des manquements au RGPD et à la loi** : la CNIL s'assure *a posteriori* de la conformité des traitements, à travers des missions que l'on peut résumer par le triptyque plaintes/contrôles/sanctions. La CNIL est, en effet, compétente pour instruire les plaintes des personnes concernées (environ 11 000 plaintes en 2018 contre 8 000 plaintes en 2016 et 6 000 en 2014), notamment lorsque celles-ci veulent faire valoir leurs droits d'accès, de rectification, d'effacement ou d'opposition. En France, le champ des réclamations a été étendu à « toute difficulté tenant au fonctionnement d'un système de vidéoprotection » (CSI, art. L. 253-5). La CNIL peut alors saisir les responsables de traitement afin que ceux-ci se mettent en conformité. Elle peut procéder, consécutivement à ces plaintes ou de sa propre initiative, à des contrôles, seule ou avec les autres autorités européennes, et prononcer des sanctions administratives (avertissement, sanctions pécuniaires, injonction de cesser le traitement), le cas échéant publiques, généralement après une mise en demeure (V. comm. ss. art. 20 s.). Enfin, la Commission a pour mission de permettre aux personnes figurant dans un traitement mentionné aux articles 118 et 119 d'exercer leur « droit d'accès indirect ». Pour ces traitements, en effet, un membre de la CNIL issu des hautes juridictions est chargé d'accéder, au nom et pour le compte du demandeur, aux informations le concernant, afin de s'assurer que celles-ci respectent bien les conditions de licéité fixées par l'article 6.

La mise en conformité « en continu » des traitements a également conduit à la création des « correspondants Informatique et libertés » devenus les « délégués à la protection des données » auprès des responsables de traitement.

– **Conduite de la réflexion sur les problèmes éthiques et les questions de société soulevés par l'évolution des technologies numériques** : cette nouvelle mission, introduite par la loi pour une République numérique, permet à la CNIL de combiner les deux dimensions historiques de son action, juridique et technologique, et la dimension éthique. La CNIL a consacré, en 2017, ses premières réflexions à l'intelligence artificielle.

– **Promotion de l'utilisation des technologies protectrices de la vie privée, notamment les technologies de chiffrement des données** : si la CNIL a toujours eu pour mission de promouvoir la protection des données, cette mention expresse ajoutée par la loi du 7 octobre 2016 lui permet désormais de promouvoir explicitement certaines technologies, notamment celles qui, en matière de cybersécurité, contribuent à la protection de la vie privée et, souvent, du patrimoine informationnel des entreprises et administrations (chiffrement).

– **Pouvoir de labellisation** : la CNIL peut délivrer des labels « Informatique et libertés » aux organismes qui satisfont aux conditions qu'elle fixe dans le cadre de référentiels, soit à la demande des organisations professionnelles ou représentant des responsables de traitements, soit de sa propre initiative. La CNIL a mis en œuvre cette compétence pour la première fois en 2012, autour de deux référentiels, dédiés respectivement aux audits de traitement (CNIL 6 oct. 2011, portant adoption d'un référentiel pour la délivrance de labels en matière de procédure d'audit tendant à la protection des personnes à l'égard du traitement des données à caractère personnel, Délib. n° 2011-316, et à la formation en matière « Informatique et libertés (CNIL 6 oct. 2011, portant adoption d'un référentiel pour la délivrance de labels en matière de formation tendant à la protection des personnes à l'égard du traitement des données à caractère personnel, Délib. n° 2011-315) ». La procédure de labellisation est fixée par le règlement intérieur de la CNIL. Toutefois, le RGPD ayant introduit les certifications et les codes de conduite, la CNIL les a privilégiés, lui permettant également de passer par des tiers certificateurs (ex. : certification des DPO).

III. NATURE DES ACTES

L'activité de la Commission se traduit essentiellement par des décisions individuelles, à destination des responsables de traitement ou des sous-traitants (V., ss. l'empire des formalités préalables, CE 24 mai 2007, *Sté auteurs, compositeurs et éditeurs*, n° 288149), qu'il s'agisse de mise en conformité ou de décisions liées à son activité répressive (ouverture d'un contrôle, mise en demeure, sanctions). Elle prend également des décisions individuelles à l'égard des personnes concernées, notamment consécutives à leurs réclamations ou à l'exercice de leur droit d'accès indirect.

Si la plupart des décisions adoptées par la CNIL ont le caractère de décisions individuelles, cette dernière peut néanmoins adopter des actes-cadres. Historiquement, ces actes avaient pour objet de simplifier les démarches administratives des responsables de traitement en substituant des engagements de conformité à des régimes d'autorisations ou de déclarations individuelles, voire de les dispenser de déclaration. Ils permettaient ainsi de fixer un cadre réglementaire, dont le respect exonérait en tout ou partie le responsable de traitement de formalités, mais qui, dans le même temps, favorisait l'harmonisation des modalités concrètes de mise en œuvre de traitements similaires.

Avec l'entrée en vigueur du RGPD et la quasi-disparition des formalités préalables, ces dispenses et normes simplifiées se sont elles-mêmes éteintes. Mais outre que les traitements pris sur leur fondement demeurent, la logique d'instruments juridiques constituant des cadres de référence est bien restée, et a même été généralisée, la CNIL ayant constitué en la matière un modèle européen. C'est ainsi que la Commission **dispose de plusieurs instruments de « droit souple »** (V. Conseil d'État, Considérations générales, Le droit souple, 2013, contribution d'Isabelle Falque-Pierrotin, présidente de la CNIL), notamment :

– les **recommandations, lignes directrices, référentiels** permettant de fixer des lignes directrices sur les modalités concrètes de mise en œuvre de la loi « Informatique et libertés » dans certains secteurs (V. Délib. préc. relative à l'anonymisation de la jurisprudence). Si elles n'ont pas juridiquement de force contraignante, ces recommandations constituent des « lignes directrices » dont les acteurs concernés se rapprochent progressivement et qui permettent à la CNIL d'harmoniser la mise en conformité aux principes posés par la loi. Le Conseil d'État a ainsi rappelé que la CNIL dispose, pour l'accomplissement de cette mission, du pouvoir de mettre en œuvre ses prérogatives selon les modalités qu'elle juge les plus appropriées, y compris en recourant à des instruments de droit souple, par lesquels elle peut livrer une interprétation du droit applicable afin d'informer toute personne intéressée et d'aider à la mise en conformité des pratiques. Ces interprétations du droit positif et orientations peuvent être énoncées dans des lignes directrices ou d'autres documents, notamment des éléments mis en ligne sur le site Internet de la Commission sous la forme de « questions – réponses » dans le cadre de « foires aux questions », qui visent à éclairer les professionnels en apportant des réponses à des questions fréquemment posées (CE 8 avr. 2022, n° 452668) ;

– les **avis**, qui, s'ils ne font pas grief et sont donc insusceptibles de recours, participent de l'élaboration de la norme.

Enfin, notons que la Commission **adopte également son règlement intérieur**, qui précise ses modalités de fonctionnement. ❑

1° MISSIONS ET COMPÉTENCES

1. Indépendance. L'indépendance de la CNIL constitue une exigence du droit de l'Union (V. RGPD, Chap. IV, sect. I). Elle est entendue comme « un statut qui assure à l'organe concerné la possibilité d'agir en toute liberté, à l'abri de toute instruction et de toute pression », et qui « implique un pouvoir décisionnel soustrait à toute influence extérieure à l'autorité de contrôle, qu'elle soit directe ou indirecte », y compris celle de l'État. • CJUE 9 mars 2010, *Commission c/ Allemagne*, n° C-518/07.

2. Mission de conseil et d'information. La mission générale de conseil et d'information de la CNIL est distincte de sa compétence « consultative » auprès des pouvoirs publics (art. 8-4°-a) comme de son pouvoir d'autorisation. Aucune « exigence procédurale » particulière ne s'impose donc au traitement de ces demandes de conseil. • CE 30 déc. 2009, *Sté Experian,* n° 306173 A.

3. Saisine de la CNIL sur les projets de loi ou de décret. Le Conseil d'État a été amené à préciser le champ de la consultation obligatoire de la CNIL. Elle doit ainsi être préalablement consultée sur tout projet de loi ou de décret « comportant des dispositions, soit qui portent sur le cadre général de la protection des droits et libertés des personnes s'agissant de leurs données à caractère personnel ou du traitement de ces données, soit qui déterminent, dans certaines de leurs caractéristiques essentielles, les conditions de création ou de mise en œuvre d'un traitement ou d'une catégorie de traitements de données à caractère personnel ». • CE 20 juin 2018, n°s 408185 B et 408192 B. • CE 2 juill. 2007, *Assoc. AC,* n° 290593 A. ♦ La CNIL doit être « mise à même d'exprimer son avis sur l'ensemble des questions soulevées par le texte », et donc être saisie de nouveau, lorsque, après son premier avis, le Gouvernement envisage d'apporter à son projet des modifications qui posent des questions nouvelles. • CE 11 mars 2013, *Synd. de la magistrature,* n° 334188 A. ♦ Ne sont pas soumises à consultation les dispositions qui « ne déterminent pas elles-mêmes les formalités de création ou les conditions de mise en œuvre de ce traitement ». • CE 20 juin 2018, n°s 408185 B et 408192 B.

a. Pouvoirs de la CNIL

4. La CNIL dispose « d'un large pouvoir d'appréciation » dans l'instruction des plaintes qu'elle reçoit et peut « tenir compte de la gravité des manquements allégués au regard de la législation ou de la réglementation qu'elle est chargée de faire appliquer, du sérieux des indices relatifs à ces faits, de la date à laquelle ils ont été commis, du contexte dans lequel ils l'ont été et, plus généralement, de l'ensemble des intérêts généraux dont elle a la charge ». • CE 19 juin 2017, *M. F.,* n° 398442 A.

5. Il appartient à la CNIL, pour l'accomplissement de ses missions, de mettre en œuvre ses prérogatives selon les modalités qu'elle fixe, « y compris en recourant à des instruments de droit souple », telles que des « lignes directrices », qui n'ont pas de valeur impérative, en l'espèce sur les « cookies » et traceurs de connexion. • CE 19 juin 2020, *Assoc. des agences conseils en communication et a.,* n° 434684 B. ♦ Toutefois, la CNIL ne pouvait, dans le cadre de lignes directrices par nature non contraignantes, déduire de la seule exigence d'un consentement libre l'interdiction générale et absolue de priver d'accès au site l'internaute qui refusait ou retirait son consentement. • Même arrêt.

b. Articulation avec les procédures judiciaires

6. Instruction des plaintes et articulation avec les procédures judiciaires. La CNIL dispose du pouvoir d'apprécier la suite à donner aux plaintes qui lui sont adressées, quelle que soit la décision prise ensuite par les autorités judiciaires, saisies en application des art. 21 de la L. de 1978 et 40 C. pr. pén. • Crim. 3 févr. 1998, n° 96-82.665 P . ♦ Il lui appartient « d'aviser le procureur de la République des faits dont elle a connaissance dans l'exercice de ses attributions, si ces faits lui paraissent suffisamment établis et si elle estime qu'ils portent une atteinte suffisamment caractérisée aux dispositions dont elle a pour mission d'assurer l'application », le juge exerçant un contrôle restreint sur cette appréciation. • CE 27 oct. 1999, *M. Solana,* n° 196306 : *Lebon 333.* ♦ Sur le contrôle entier de l'appréciation de la CNIL, V. • CE, ass., 24 févr. 2017, n° 391000 A • CE 3 oct. 2018, n° 405939 B. ♦ A l'inverse, la saisi du fichier des membres d'une association par les services de gendarmerie dans le cadre d'une commission rogatoire se rattache au fonctionnement des services judiciaires. Il n'appartient donc qu'à l'autorité judiciaire d'en connaître. • CE 10 déc. 1993, *Assoc. Fraternité blanche universelle,* n° 106596 B.

7. La CNIL peut, dans le cadre de la mission d'instruction des plaintes, même sans texte, rejeter, sous le contrôle du juge, les plaintes dont elle est saisie et qui présentent un caractère abusif. Si elle n'est pas tenue d'accuser réception des plaintes abusives (L. du 12 avr. 2000, art. 19), elle ne peut cependant rejeter ces plaintes sans examen préalable de chacune d'elles. • CE 10 avr. 2015, *M. C.,* n° 376575.

2° NATURE DES ACTES PRIS PAR LA CNIL

8. Décision susceptible de recours pour excès de pouvoir. De manière éclairante par rapport aux actes de droit souple issus du RGPD, est regardée comme telle : la délibération par laquelle la CNIL adopte une norme simplifiée, le juge exerçant alors un contrôle normal. • CE 12 mars 1982, *CGT,* n° 25173 A. ♦... La décision par laquelle la CNIL refuse de donner suite à une plainte. • CE 28 mars 1997, *M. Solana,* n° 182912 A. ♦... La décision par laquelle la CNIL refuse de donner suite à une demande tendant à ce qu'elle mette en œuvre les pouvoirs d'enquête dont elle peut faire usage lorsqu'elle est saisie d'une réclamation, pétition ou plainte. • CE 5 déc. 2011, *M. Laffont,* n°s 319545 et 338379 : *Lebon 609.* ♦... La décision par laquelle la CNIL clôt une plainte. • CE 28 déc. 2012, *M. B.,* n° 344175 B. ♦... Des communiqués de presse ou des prises de positions de l'autorité, sont désormais susceptibles de recours pour excès de pouvoir. • CE 21 mars 2016, *Sté NC Numéricable,* n° 390023 A • 21 mars 2016, *Sté Fairvesta International GmbH et a.,* n°s 3368082 A, 368083 A et 368084 A.

9. Décision non susceptible de recours pour excès de pouvoir. Est regardée comme telle la décision de la Commission de ne pas donner suite à une demande se bornant à demander des éclaircissements sur les conditions de protection des données personnelles. • CE 30 mars 2001, *M. G.*, n° 219651.

10. Intérêt pour agir contre une décision de la CNIL. L'auteur d'une plainte n'a pas d'intérêt à agir contre la décision prise contre le responsable de traitement à l'issue de l'instruction. • CE 19 juin 2017, *M. F.*, n° 398442 B. ♦ En revanche, intérêt du plaignant à agir contre un refus de la CNIL de lui communiquer toutes les informations sur les suites de sa plainte, y compris l'existence d'une sanction et les motifs de celle-ci. • Même décision.

11. Plaintes. Contrôle sur l'appréciation portée par la CNIL sur les suites à donner. Contrôle d'erreur manifeste d'appréciation. • CE 5 déc. 2011, *M. Laffont*, n°s 319545 et 338379 : *préc. note 8* • 28 déc. 2012, *M. B.*, n° 344175 : *préc. note 8.*

12. Rejet implicite. Les réclamations, pétitions et plaintes adressées à la CNIL sur le fondement du *c* du 2° de l'art. 11 (désormais 2°, *d*, de l'art. 8) doivent être regardées comme des réclamations au sens du 2° du I de l'art. 21 de la L. n° 2000-321 du 12 avr. 2000. Conséquence : silence valant rejet de la demande de mise en œuvre des pouvoirs d'enquête. • CE 23 déc. 2016, *M. B.*, n° 393020 B.

13. Recommandations. Lignes directrices. Portée. Une recommandation de la CNIL qui se borne à donner une interprétation de la L. du 6 janv. 1978 ne constitue pas un acte faisant grief et est, par suite, insusceptible de recours. • CE 27 sept. 1989, *SA Chopin et Cie*, n°s 74548 B, 74549 B et 74550 B. ♦ ... Qui ne se borne pas à commenter les règles dont la CNIL doit assurer le respect mais qui ajoute à l'ordonnancement juridique est susceptible de recours. • CE, sect., 30 oct. 2001, *Assoc. française des stés financières et a.*, n° 204909 A. ♦ Les recommandations constituent des « lignes directrices » qui permettent d'apprécier le respect des exigences prévues par la loi, sous réserve d'un examen des spécificités de chaque cas d'espèce. • CNIL, form. restr., 11 avr. 2013, *Sté Total raffinage marketing*, au sujet d'une procédure de vote électronique, Délib. n° 2013-091. ♦ La CNIL ne peut donc sanctionner leur méconnaissance, en tant que telle, mais elle peut à bon droit en tenir compte pour apprécier le respect des dispositions législatives et réglementaires dont la recommandation a pour seul objet de contribuer à la mise en œuvre. • CE 11 mars 2015, *Sté Total raffinage marketing et Sté X*, n°s 368748 B et 368819 B.

N'excède pas sa compétence la CNIL, qui n'a édicté aucune interdiction générale et absolue du dépôt des traceurs en cause (V. L. du 6 janv. 1978, art. 82). • CE 8 avr. 2022, n° 452668 : *CCE 2022, n° 46, obs. Belkacem.* ♦ Par le biais des instruments de droit souple, la CNIL peut définir des durées indicatives pour l'utilisation des traceurs et pour la conservation des informations collectées par leur biais, dès lors qu'elle se borne à préconiser, à travers des orientations non contraignantes, des durées d'usage de ces cookies de nature à permettre le réexamen périodique de leur nécessité au regard des dérogations à la règle du consentement prévues aux deux dern. al. de l'art. 82. • CE 19 juin 2020, n° 434684 B : *Dalloz IP/IT 2021. 41, obs. Lebeau-Marianna et Balducci ; Légipresse 2020. 495, note Alix ; ibid. 2021. 240, note Mallet-Poujol.* ♦ Mais est entachée d'illégalité la délibération adoptant des lignes directrices déduisant une interdiction générale et absolue de la seule exigence d'un consentement libre, posé par le RGPD, en ce que la CNIL a excédé ce qu'elle peut légalement faire, dans le cadre d'un instrument de droit souple, édicté sur le fondement du 2° du I de l'art. 8. • Même décision.

14. Normes simplifiées. Valeur juridique. Si depuis l'entrée en application du RGPD, le 25 mai 2018, les normes simplifiées n'ont plus de valeur juridique, elles constituent toujours un point de repère pour les responsables de traitement, leur permettant de s'assurer de leur conformité. • CNIL délib., 20 juill. 2021, n° SAN-2021-010.

3° FORME DES DÉLIBÉRATIONS

15. Aucune disposition législative ou réglementaire, ni aucun principe n'impliquent qu'une délibération de la CNIL indique la formation dans laquelle elle s'est réunie. • CE 26 mai 2014, *Sté IMS Health*, n° 354903 B.

Art. 9 I. — La Commission nationale de l'informatique et des libertés est composée de dix-huit membres :

1° Deux députés et deux sénateurs, désignés respectivement par l'Assemblée nationale et par le Sénat de manière à assurer une représentation pluraliste ;

2° Deux membres du Conseil économique, social et environnemental, élus par cette assemblée ;

3° Deux membres ou anciens membres du Conseil d'État, d'un grade au moins égal à celui de conseiller, élus par l'assemblée générale du Conseil d'État ;

4° Deux membres ou anciens membres de la Cour de cassation, d'un grade au moins égal à celui de conseiller, élus par l'assemblée générale de la Cour de cassation ;

5° Deux membres ou anciens membres de la Cour des comptes, d'un grade au moins égal à celui de conseiller maître, élus par l'assemblée générale de la Cour des comptes ;

6° Trois personnalités qualifiées pour leur connaissance du numérique et des questions touchant aux libertés individuelles, nommées par décret ;

7° Deux personnalités qualifiées pour leur connaissance du numérique et des questions touchant aux libertés individuelles, désignées respectivement par le président de l'Assemblée nationale et par le président du Sénat ;

8° Le président de la Commission d'accès aux documents administratifs, ou son représentant.

Elle comprend en outre, avec voix consultative, le Défenseur des droits ou son représentant.

Les deux membres désignés ou élus par une même autorité en application des 1° à 5° sont une femme et un homme. Les trois membres mentionnés au 6° comprennent au moins une femme et un homme.

Les deux membres mentionnés au 7° sont une femme et un homme. Pour l'application de cette règle, le membre succédant à une femme est un homme et celui succédant à un homme, une femme. Toutefois, le nouveau membre désigné est de même sexe que celui qu'il remplace, soit en cas de cessation du mandat avant son terme normal, soit en cas de renouvellement du mandat de l'autre membre mentionné au 7°.

Selon des modalités fixées par décret en Conseil d'État, le collège est, à l'exception de son président, renouvelé par moitié tous les deux ans et six mois. – *V., infra, Décr. n° 2019-536 du 29 mai 2019, art. 1er.*

Le président est nommé par décret du Président de la République parmi les membres pour la durée de son mandat. La commission élit en son sein deux vice-présidents, dont un vice-président délégué. Le président et les vice-présidents composent le bureau.

Le président exerce ses fonctions à temps plein. Sa fonction est incompatible avec toute détention, directe ou indirecte, d'intérêts dans une entreprise du secteur des communications électroniques ou de l'informatique.

La durée du mandat de président est de cinq ans.

Le président de la commission reçoit un traitement égal à celui afférent à la seconde des deux catégories supérieures des emplois de l'État classés hors échelle.

En cas de besoin, le vice-président délégué exerce les attributions du président.

Le secrétaire général est chargé du fonctionnement et de la coordination des services sous l'autorité du président.

La formation restreinte de la commission est composée d'un président et de cinq autres membres élus par la commission en son sein. Les membres du bureau ne sont pas éligibles à la formation restreinte.

En cas de partage égal des voix, celle du président est prépondérante.

II. — Le mandat des membres de la commission est de cinq ans ; il est renouvelable une fois, sous réserve des dixième et onzième alinéas du I.

V. RGPD, art. 53, 54 et consid. 121.

V., infra, Décr. n° 2019-536 du 29 mai 2019, art. 2 à 15 (composition et fonctionnement).

COMMENTAIRE

Sur la composition de la Commission et ses garanties d'indépendance, voir le commentaire général du chapitre et le commentaire sous la section 1 du chapitre VI du RGPD. On relèvera également que la CNIL élit en son sein ses deux vice-présidents ainsi que le président et les membres de la formation restreinte. Depuis la loi du 20 janvier 2017, le président est désigné par le président de la République parmi les membres, à l'instar d'autres autorités administratives indépendantes.

La loi relative au Défenseur des droits avait introduit, en 2011, une disposition prévoyant l'incompatibilité entre l'exercice des fonctions de président de la CNIL et tout mandat national. Cette disposition a été abrogée par la loi n° 2013-907 du 11 octobre 2013 relative à la transparence de la vie publique, la loi organique n° 2013-906 du 11 octobre 2013 relative à la transparence de la vie publique prévoyant désormais une telle incompatibilité pour l'ensemble des présidents d'autorités administratives indépendantes (C. élect., art. L.O. 145). Le régime des incompatibilités des membres d'autorités administratives indépendantes a également été renforcé par la loi n° 2017-55 du 20 janvier 2017 portant statut général des autorités administratives indépendantes et des autorités publiques indépendantes (art. 10), conduisant à l'abrogation de l'article 14 de ladite loi.

L'article 9 reprend enfin la séparation entre la formation restreinte de la Commission, compétente en matière de sanction, et le bureau de celle-ci, composé du président et de deux vice-présidents, permettant ainsi d'assurer la séparation organique entre les personnes compétentes en matière d'instruction et celles compétentes en matière de sanction. ❑

Art. 10 **Les agents de la commission sont nommés par le président.**

Ceux des agents qui peuvent être appelés à participer à la mise en œuvre des missions de vérification mentionnées aux articles 19 et 25 *(L. nº 2022-52 du 24 janv. 2022, art. 33)* **« ou à établir un rapport en application du cinquième alinéa de l'article 22-1 » doivent y être habilités par la commission ; cette habilitation ne dispense pas de l'application des dispositions définissant les procédures autorisant l'accès aux secrets protégés par la loi.**

V. RGPD, art. 53, 54 et consid. 121.

V., infra, Décr. nº 2019-536 du 29 mai 2019, art. 16 à 19.

Art. 11 **Les agents de la commission sont astreints au secret pour les faits, actes ou renseignements dont ils ont pu avoir connaissance en raison de leurs fonctions, sous peine des sanctions prévues à l'article 413-10 du code pénal et, sous réserve de ce qui est nécessaire à l'établissement du rapport annuel, à l'article 226-13 du même code.**

V. RGPD, art. 54 et consid. 121.

Code pénal

Art. 226-13 La révélation d'une information à caractère secret par une personne qui en est dépositaire soit par état ou par profession, soit en raison d'une fonction ou d'une mission temporaire, est punie d'un an d'emprisonnement et de 15 000 € d'amende. — *Pén. 434-3, 434-11 ; Pr. pén. 11, 109.*

....

Art. 413-10 *(L. nº 2009-928 du 29 juill. 2009, art. 12-I-1º et 3º)* Est puni de sept ans d'emprisonnement et de 100 000 € d'amende le fait, par toute personne dépositaire, soit par état ou profession, soit en raison d'une fonction ou d'une mission temporaire ou permanente, d'un procédé, objet, document, information, réseau informatique, donnée informatisée ou fichier qui a un caractère de secret de la défense nationale, soit de le détruire, détourner, soustraire ou de le reproduire, soit d'en donner l'accès à une personne non qualifiée ou de le porter à la connaissance du public ou d'une personne non qualifiée.

Est puni des mêmes peines le fait, par la personne dépositaire, d'avoir laissé accéder à, détruire, détourner, soustraire, reproduire ou divulguer le procédé, objet, document, information, réseau informatique, donnée informatisée ou fichier visé à l'alinéa précédent.

Lorsque la personne dépositaire a agi par imprudence ou négligence, l'infraction est punie de trois ans d'emprisonnement et de 45 000 € d'amende. — *Pr. pén. 702 ; Just. milit. L. 332-2, L. 333-3.*

Art. 12 **Le règlement intérieur de la commission précise notamment les règles relatives aux délibérations, à l'instruction des dossiers et à leur présentation devant la commission, ainsi que les modalités de mise en œuvre de la procédure de labellisation prévue au 3º du I de l'article 8.**

V. RGPD, art. 54 et consid. 121.

COMMENTAIRE

Le règlement intérieur de la commission, dans sa version actuellement applicable, a été adopté par une délibération nº 2013-175 du 4 juillet 2013 publiée au JORF. Il a été modifié par la délibération nº 2021-095 du 17 juin 2021 (JO 3 août). ❑

Règlement intérieur. Le moyen tiré de la méconnaissance du règlement intérieur de la CNIL, qui fixe les règles relatives à l'organisation et au fonctionnement de la commission et précise notamment les règles relatives aux délibérations, à l'instruction des dossiers et à leur présentation devant la commission, peut être utilement soulevé à l'occasion d'un litige relatif à une délibération de la commission. • CE 16 févr. 2015, *M. X.*, nº 362781 B.

Art. 13 **Sous réserve des compétences du bureau et de la formation restreinte, la commission se réunit en formation plénière.**

L'ordre du jour de la commission réunie en formation plénière est rendu public.

En cas de partage égal des voix, la voix du président est prépondérante.

La commission peut charger le président ou le vice-président délégué d'exercer celles de ses attributions mentionnées :

1° Aux *f* et *g* du 2° du I de l'article 8 ;

2° Au *d* du 2° du I de l'article 8 ;

3° Au *d* du 4° du I de l'article 8 ;

4° Aux articles 52, 108 et 118 ;

5° A l'article 66 ;

6° Au 4 de l'article 34 du règlement (UE) 2016/679 du 27 avril 2016, pour les décisions donnant acte du respect des conditions mentionnées au 3 du même article 34 ;

7° Aux *a* et *h* du 3 de l'article 58 du même règlement.

Un décret en Conseil d'État, pris après avis de la Commission nationale de l'informatique et des libertés, fixe les conditions et limites dans lesquelles le président de la commission et le vice-président délégué peuvent déléguer leur signature.

V. RGPD, art. 54 et consid. 121.

V., infra, Décr. n° 2019-536 du 29 mai 2019, art. 5.

COMMENTAIRE

La présidence de la CNIL est une présidence exécutive. Outre qu'il dirige les services et qu'il est l'ordonnateur des dépenses de la Commission, le président exerce ainsi des compétences propres qui ont trait au fonctionnement de la Commission (fixation de l'ordre du jour des séances, prévention d'éventuels conflits d'intérêts). Surtout, il dispose de compétences propres en matière répressive. Ces compétences doivent être articulées avec celles qui lui sont déléguées par la Commission, notamment pour diligenter les contrôles, ou désigner les commissaires en charge de mener les investigations à la demande d'une personne concernée dans le cadre de l'exercice du droit d'accès indirect. ❑

1. Avis sur les projets de texte soumis à la CNIL par le Gouvernement. Seule la Commission réunie en formation plénière peut régulièrement émettre un avis sur de tels projets, aucune délégation n'étant donnée à son président ou son vice-président pour ce faire. • CE 2 juill. 2007, *Assoc. AC Métropole Lilloise 59,* n° 290593 A.

2. Recours contentieux. La décision du président de la Commission portant clôture d'un dossier relatif à une demande de vérification portant sur la finalité et l'usage d'un fichier nominatif, prise non en vertu de ses pouvoirs propres mais dans l'exercice d'attributions de la Commission, relève de la compétence du Conseil d'État. • CE, sect., 28 juill. 2000, *Mme Troyon,* n° 210311 A.

Art. 14 **La Commission nationale de l'informatique et des libertés et la Commission d'accès aux documents administratifs se réunissent dans un collège unique, sur l'initiative conjointe de leurs présidents, lorsqu'un sujet d'intérêt commun le justifie.**

V. RGPD, art. 54 et consid. 121.

COMMENTAIRE

Introduite par la loi pour une République numérique, la possibilité de réunir en un collège unique la CNIL et la CADA sur leurs sujets d'intérêt commun témoigne de l'évolution à la fois du rôle de ces autorités et de l'usage des données publiques (open data). La qualification juridique des décisions ou positions qui seraient prises par les deux autorités conjointement reste à préciser. ❑

Art. 15 **Le bureau peut être chargé par la commission d'exercer les attributions de celle-ci mentionnées au dernier alinéa de l'article 10.**

V. RGPD, art. 54 et consid. 121.

COMMENTAIRE

Le bureau de la Commission, composé du président et des deux vice-présidents, est compétent, sur délégation, pour procéder à l'habilitation des agents chargés des contrôles. Cette habilitation prend la forme d'une liste d'agents publiée, et dont le non-respect est opposable par l'organisme contrôlé. ❑

Art. 16 La formation restreinte prend les mesures et prononce les sanctions à l'encontre des responsables de traitements ou des sous-traitants qui ne respectent pas les obligations découlant du règlement (UE) 2016/679 du 27 avril 2016 et de la présente loi dans les conditions prévues à la section 3 du présent chapitre.

Ses membres délibèrent hors de la présence des agents de la commission, à l'exception de ceux chargés de la tenue de la séance.

Les membres de la formation restreinte ne peuvent participer à l'exercice des attributions de la commission mentionnées aux *d, f* et *g* du 2° du I de l'article 8 et à l'article 19 de la présente loi.

V. RGPD, art. 54 et consid. 121.

BIBL. ▶ GIROT et WOLTON, Pouvoirs de sanction de la CNIL : rupture et continuité, *Expertises 2011, p. 295.*

COMMENTAIRE

LA FORMATION RESTREINTE DE LA CNIL

La formation restreinte de la CNIL est compétente pour prononcer les sanctions des manquements au RGPD et à la législation par les responsables de traitement. Il s'agit d'une sanction administrative destinée à punir un manquement, ponctuel ou plus général, à la loi, et non à réparer le préjudice subi par la personne à l'origine de l'éventuelle plainte, l'action de la CNIL pouvant par ailleurs avoir pour effet de résoudre la situation individuelle qui lui est soumise. On relèvera que, depuis l'adoption du RGPD, les personnes lésées peuvent exercer leurs droits sous forme collective, et que la CNIL est désormais plus largement autorisée à intervenir devant les juridictions.

Dans la mesure où la formation restreinte de la CNIL est regardée comme un « tribunal » au sens des stipulations de la Convention européenne de sauvegarde des droits de l'homme et des libertés fondamentales (CE, réf., 19 févr. 2008, *Sté PROFIL France*, n° 311974), elle est soumise aux obligations qui découlent de ces stipulations, notamment en termes de respect des droits de la défense et du caractère contradictoire de la procédure. Les règles relatives à la composition de la formation restreinte et à la procédure devant elle ont été modifiées successivement, notamment par la loi du 29 mars 2011 relative au Défenseur des droits, afin de consolider la conformité du régime de poursuite et de sanction de la CNIL aux exigences, notamment, de la Convention européenne des droits de l'homme.

Initialement, la « formation restreinte » était composée de six membres, parmi lesquels siégeaient, de plein droit, les membres du bureau (président et vice-présidents). Elle avait alors la double compétence pour mettre en demeure les responsables de traitement de respecter les obligations posées par la loi et pour prononcer d'éventuelles sanctions.

La réforme issue de la loi relative au Défenseur des droits établit une distinction stricte entre les fonctions d'enquête, d'instruction des plaintes ou de contrôle, d'une part, et celles de sanction, d'autre part.

D'un point de vue organique, la formation restreinte est désormais composée de six membres élus par leurs pairs, les membres du bureau ne pouvant plus être élus en formation restreinte (critère d'inéligibilité posé par l'art. 8). Lorsqu'une affaire est portée devant la formation restreinte, le rapporteur de ce dossier est choisi par le président de la CNIL parmi les commissaires ne siégeant pas au sein de la formation restreinte (y compris parmi les membres du bureau). L'étanchéité des deux procédures est donc assurée.

D'un point de vue fonctionnel, les compétences de contrôle et de mise en demeure, qui relèvent du président, sont distinctes de la compétence de sanction qui est exercée souverainement par la formation restreinte. Concrètement, si le président de la CNIL est compétent pour ordonner un contrôle ou mettre l'organisme en demeure, dans un délai qu'il fixe, de se conformer à la loi « Informatique et libertés », son rôle dans la procédure de sanction se limite à la désignation du rapporteur. A l'inverse, aucun membre de la formation restreinte ne peut participer à l'instruction d'une plainte ou à un contrôle.

Le Conseil d'État a jugé que ces dispositions assurent la séparation des fonctions d'enquête de celles de sanction au sein de la CNIL, y compris pour les affaires faisant l'objet d'une procédure entamée sous l'empire des dispositions antérieurement applicables (CE, QPC, 26 mars 2012, n° 353193 B), conformément au principe d'application immédiate des textes de procédure aux procédures en cours. La question de la conformité du régime de poursuite et de sanction de la CNIL aux droits et libertés garantis par la Constitution est donc rejetée comme ne présentant pas de caractère sérieux (*arrêt préc.*). ❑

Droits des tiers et autorité compétente. Si la formation restreinte est seule compétente pour procéder au réexamen d'une sanction qu'elle a prononcée ou mettre un terme à ses effets, la demande d'un tiers tendant à l'absence de publication ou à l'anonymisation des mentions le concernant dans une décision de sanction relève de la compétence du président. L'autorité compétente est alors tenue de faire droit à cette demande, sous la seule réserve de la vérification de l'existence des mentions en litige. • CE 11 mars 2015, *Sté X*, n° 372884 B.

Art. 17 **Un commissaire du Gouvernement, désigné par le Premier ministre, siège auprès de la commission. Des commissaires adjoints peuvent être désignés dans les mêmes conditions.**

Le commissaire du Gouvernement assiste à toutes les délibérations de la commission réunie en formation plénière ainsi qu'à celles des réunions de son bureau qui ont pour objet l'exercice des attributions déléguées en application de l'article 15. Il peut assister aux séances de la formation restreinte, sans être présent au délibéré. Il est rendu destinataire de l'ensemble des avis et décisions de la commission et de la formation restreinte.

Sauf en matière de mesures ou de sanctions relevant de la section 3 du présent chapitre, il peut provoquer une seconde délibération de la commission, qui doit intervenir dans les dix jours suivant la délibération initiale.

V. RGPD, art. 54 et consid. 121.

V., infra, Décr. n° 2019-536 du 29 mai 2019, art. 15.

COMMENTAIRE

Le commissaire du gouvernement représente le gouvernement auprès de la Commission. Présent à l'ensemble des séances de la Commission en formation plénière, il a ainsi compétence pour présenter en séance toute observation reflétant le point de vue du gouvernement sur un projet de délibération, dans des conditions fixées par décret (V. *infra*). L'ensemble des dispositions relatives au commissaire du gouvernement (modalités d'information, présence, etc.) vaut pour toutes les délibérations de la CNIL, qu'elles concernent des personnes publiques ou des personnes privées. Le commissaire du gouvernement ne peut pas participer au vote sur la délibération, mais il peut provoquer une nouvelle délibération dans les dix jours, sauf en matière répressive. Il assiste enfin aux réunions du bureau lorsque celui-ci délibère des habilitations à procéder aux contrôles. S'agissant de la formation restreinte, il peut assister à ses séances, mais ne peut être présent au délibéré. ❑

Art. 18 **Les membres du Gouvernement, autorités publiques, dirigeants d'entreprises publiques ou privées, responsables de groupements divers et plus généralement les détenteurs ou utilisateurs de traitements ou de fichiers de données à caractère personnel ne peuvent s'opposer à l'action de la Commission nationale de l'informatique et des libertés ou de ses membres et doivent au contraire prendre toutes mesures utiles afin de faciliter sa tâche.**

Sauf dans les cas où elles sont astreintes au secret professionnel, les personnes interrogées dans le cadre des vérifications faites par la commission en application du *g* du 2° du I de l'article 8 sont tenues de fournir les renseignements demandés par celle-ci pour l'exercice de ses missions.

V. RGPD, art. 54 et consid. 121.

COMMENTAIRE

Les dispositions de l'article 18 traduisent, en termes fonctionnels, l'indépendance de la CNIL, puisque, si elle n'a pas de personnalité morale distincte de l'État, à l'instar de la plupart des autorités administratives indépendantes, elle ne reçoit d'instruction « d'aucune autorité ». Ces dispositions, initialement inscrites dans la loi du 6 janvier 1978, ont été reprises de manière transversale par la loi du 20 janvier 2017 portant statut général des autorités administratives indépendantes. Au contraire, toute personne soumise à son contrôle, y compris relevant des pouvoirs publics, doit accomplir les diligences nécessaires pour faciliter son action. L'opposition à l'action de la CNIL est d'ailleurs susceptible d'être sanctionnée pénalement. ❑

Manquement susceptible d'être sanctionné. La CNIL peut se fonder sur la méconnaissance de ces dispositions dans le cadre d'une procédure de sanction, dès lors que le responsable de traitement s'est abstenu de répondre à plusieurs courriers et convocations envoyés par la Commission, « caractérisant ainsi une volonté délibérée de ne pas se soumettre aux demandes de cette dernière ». • CE 23 mars 2015, *Lexeek*, n°s 353717 B et 362944 B.

SECTION 2 *Contrôle de la mise en œuvre des traitements*

Art. 19 I. — Les membres de la Commission nationale de l'informatique et des libertés ainsi que les agents de ses services habilités dans les conditions définies au dernier alinéa de l'article 10 ont accès, de 6 heures à 21 heures, pour l'exercice de leurs missions, aux lieux, locaux, enceintes, installations ou établissements servant à la mise en œuvre d'un traitement de données à caractère personnel.

Le procureur de la République territorialement compétent en est préalablement informé.

Lorsqu'un traitement de données à caractère personnel est mis en œuvre, soit dans les parties de ces lieux, locaux, enceintes, installations ou établissements affectées au domicile privé, soit dans de tels lieux, locaux, enceintes, installations ou établissements entièrement affectés au domicile privé, la visite ne peut se dérouler qu'après l'autorisation du juge des libertés et de la détention du tribunal judiciaire dans le ressort duquel sont situés les locaux à visiter, dans les conditions prévues au II du présent article.

II. — Le responsable de ces lieux, locaux, enceintes, installations ou établissements est informé de son droit d'opposition à la visite. Lorsqu'il exerce ce droit, la visite ne peut se dérouler qu'après l'autorisation du juge des libertés et de la détention du tribunal judiciaire dans le ressort duquel sont situés les locaux à visiter, qui statue dans des conditions fixées par décret en Conseil d'État. Toutefois, lorsque l'urgence, la gravité des faits à l'origine du contrôle ou le risque de destruction ou de dissimulation de documents le justifie, la visite peut avoir lieu sans que le responsable des locaux en ait été informé, sur autorisation préalable du juge des libertés et de la détention. Dans ce cas, le responsable des lieux ne peut s'opposer à la visite.

La visite s'effectue sous l'autorité et le contrôle du juge des libertés et de la détention qui l'a autorisée, en présence de l'occupant des lieux ou de son représentant qui peut se faire assister d'un conseil de son choix ou, à défaut, en présence de deux témoins qui ne sont pas placés sous l'autorité des personnes chargées de procéder au contrôle.

L'ordonnance ayant autorisé la visite est exécutoire au seul vu de la minute. Elle mentionne que le juge ayant autorisé la visite peut être saisi à tout moment d'une demande de suspension ou d'arrêt de cette visite. Elle indique le délai et la voie de recours. Elle peut faire l'objet, suivant les règles prévues par le code de procédure civile, d'un appel devant le premier président de la cour d'appel. Celui-ci connaît également des recours contre le déroulement des opérations de visite dont la finalité est l'exercice effectif des missions prévues au III. — *V., infra, Décr. n° 2019-536 du 29 mai 2019, art. 27 et 32.*

III. — Pour l'exercice des missions relevant de la Commission nationale de l'informatique et des libertés en application du règlement (UE) 2016/679 du 27 avril 2016 et de la présente loi, les membres et agents mentionnés au premier alinéa du I du présent article peuvent demander communication de tous documents nécessaires à l'accomplissement de leur mission, quel qu'en soit le support, et en prendre copie. Ils peuvent recueillir, notamment sur place ou sur convocation, tout renseignement et toute justification utiles et nécessaires à l'accomplissement de leur mission. Ils peuvent accéder, dans des conditions préservant la confidentialité à l'égard des tiers, aux programmes informatiques et aux données ainsi qu'en demander la transcription par tout traitement approprié dans des documents directement utilisables pour les besoins du contrôle. Le secret ne peut leur être opposé*[,]* sauf concernant les informations couvertes par le secret professionnel applicable aux relations entre un avocat et son client, par le secret des sources des traitements journalistiques ou, sous réserve du deuxième alinéa du présent III, par le secret médical. — *V., infra, Décr. n° 2019-536 du 29 mai 2019, art. 34 et 37.*

Le secret médical est opposable s'agissant des informations qui figurent dans un traitement nécessaire aux fins de la médecine préventive, de la recherche médicale,

des diagnostics médicaux, de l'administration de soins ou de traitements, ou de la gestion de service de santé. La communication des données médicales individuelles incluses dans cette catégorie de traitement*[s]* **ne peut alors se faire que sous l'autorité et en présence d'un médecin.** — *V., infra, Décr. n° 2019-536 du 29 mai 2019, art. 36.*

En dehors des contrôles sur place et sur convocation, ils peuvent procéder à toute constatation utile. Ils peuvent notamment, à partir d'un service de communication au public en ligne, consulter les données librement accessibles ou rendues accessibles, y compris par imprudence, par négligence ou par le fait d'un tiers, le cas échéant en accédant et en se maintenant dans des systèmes de traitement automatisé de données le temps nécessaire aux constatations. Ils peuvent retranscrire les données par tout traitement approprié dans des documents directement utilisables pour les besoins du contrôle.

Pour le contrôle de services de communication au public en ligne, les membres et agents mentionnés au premier alinéa du I peuvent réaliser toute opération en ligne nécessaire à leur mission sous une identité d'emprunt. A peine de nullité, leurs actes ne peuvent constituer une incitation à commettre une infraction. L'utilisation d'une identité d'emprunt est sans incidence sur la régularité des constatations effectuées conformément au troisième alinéa du présent III. Un décret en Conseil d'État, pris après avis de la Commission nationale de l'informatique et des libertés, précise les conditions dans lesquelles ces membres et agents procèdent dans ces cas à leurs constatations. — *V., infra, Décr. n° 2019-536 du 29 mai 2019, art. 33.*

Les membres et agents mentionnés au premier alinéa du I peuvent, à la demande du président de la commission, être assistés par des experts. — *V., infra, Décr. n° 2019-536 du 29 mai 2019, art. 35.*

Il est dressé procès-verbal des vérifications et visites menées en application du présent article. Ce procès-verbal est dressé contradictoirement lorsque les vérifications et visites sont effectuées sur place ou sur convocation.

IV. — Pour les traitements intéressant la sûreté de l'État et qui sont dispensés de la publication de l'acte réglementaire qui les autorise en application du III de l'article 31, le décret en Conseil d'État qui prévoit cette dispense peut également prévoir que le traitement n'est pas soumis aux dispositions du présent article.

V. — Dans l'exercice de son pouvoir de contrôle portant sur les traitements relevant du règlement (UE) 2016/679 du 27 avril 2016 et de la présente loi, la Commission nationale de l'informatique et des libertés n'est pas compétente pour contrôler les opérations de traitement effectuées, dans l'exercice de leur fonction juridictionnelle, par les juridictions.

V. RGPD, art. 58 et consid. 129 (pouvoirs de l'autorité de contrôle).

V. RGPD, art. 90 et consid. 164 (obligations de secret).

V., infra, Décr. n° 2019-536 du 29 mai 2019, art. 25 s.

BIBL. ▸ LIEBER et BOTTEGHI, Les pouvoirs de la CNIL et l'article 8 de la Convention européenne des droits de l'homme, *AJDA 2010. 138*. - DAUTIEU, La proposition de règlement européen en matière de protection des données personnelles et ses conséquences sur la future stratégie de contrôle de la CNIL, *CCE 2012, n° 12.*

COMMENTAIRE

L'article 19 (anc. art. 44) fixe la compétence de la CNIL en matière de contrôle des traitements de données personnelles et les principes applicables à ces procédures.

Il s'agit d'un contrôle *a posteriori*, sur place et sur pièces, qui complète ainsi le contrôle *a priori* (notamment au stade des études d'impact sur la vie privée) et permet de s'assurer du respect effectif de la loi par les traitements de données personnelles mis en œuvre par un responsable de traitement ou un sous-traitant. C'est également dans le cadre de ces mêmes dispositions que s'exerce le contrôle par la CNIL des dispositifs de vidéoprotection (V. CSI, art. L. 253-2 et L. 253-3, App., v° *Sécurité intérieure*).

Champ d'application

Les pouvoirs de contrôle de la CNIL ont été progressivement élargis : compétente pour contrôler la quasi-totalité des traitements de données (à l'exception de certains traitements en matière de sécurité publique), la CNIL peut procéder à des contrôles sur place, sur pièce, sur audition mais aussi, depuis la loi du 17 mars 2014, à des contrôles en ligne, afin notamment de lui permettre de constater d'éventuelles failles dans les données à caractère personnel.

S'agissant des contrôles sur place, ceux-ci se sont heurtés à la question des domiciles privés, dont l'accès était interdit aux membres de la CNIL. L'ordonnance de 2018 modifie profondément la donne : elle conserve certes la distinction entre les lieux ou locaux professionnels servant à la mise en œuvre d'un traitement de données personnelles, d'une part, et les domiciles privés, d'autre part, mais ceux-ci sont désormais accessibles aux agents de la CNIL « après l'autorisation du juge des libertés et de la détention du tribunal de grande instance dans le ressort duquel sont situés les locaux à visiter ».

Modalités

Les contrôles sont menés par des membres de la Commission et/ou des agents des services. Ils peuvent être engagés soit à la suite d'une plainte, éventuellement transmise par une autorité tierce (Défenseur des droits, autorité de protection des données d'un pays tiers, etc.), soit à l'initiative de la CNIL lorsque, pour les traitements concernés par le RGPD, il existe des éléments permettant de s'interroger sur leur légalité.

La procédure est en partie subordonnée à l'autorisation du juge des libertés ; ainsi, deux cas de figure se présentent : soit le lieu servant au traitement est un domicile privé, et les agents de la CNIL doivent préalablement avoir l'autorisation du juge des libertés ; soit le lieu est un lieu professionnel, et cette autorisation par le juge n'est nécessaire qu'en cas d'opposition du responsable des lieux au déroulement du contrôle, ou en cas d'urgence.

Depuis la modification issue de la loi relative au Défenseur des droits, la procédure a été profondément remaniée afin d'assurer sa totale conformité aux exigences posées par la Convention européenne de sauvegarde des droits de l'homme et des libertés fondamentales. La précédente procédure avait en effet été regardée par le Conseil d'État comme ne présentant pas de garanties suffisantes au regard de ces stipulations (V. notes *infra*).

Concrètement, le responsable des locaux – qui n'est pas nécessairement le responsable de traitement – est informé, avant le début du contrôle, de son droit d'opposition et peut s'opposer à la visite des lieux, alors subordonnée à l'autorisation préalable du juge des libertés. Lorsque l'urgence, la gravité des faits ou le risque de destruction le justifie, la CNIL peut toutefois être autorisée par le même juge à visiter les locaux sans information préalable des responsables de ces locaux ni possible opposition de leur part. La procédure se trouve ainsi assortie de fortes garanties : droit d'opposition à la visite des locaux professionnels privés, contrôle du juge des libertés et respect des droits de la défense avec la possibilité pour l'occupant des lieux de se faire assister d'un conseil de son choix. La suite de la procédure est également contradictoire, puisque le responsable de traitement est mis en mesure de produire des observations quant au procès-verbal dressé par les membres ou agents ayant conduit le contrôle.

Ce pouvoir de contrôle sur place inclut la possibilité de recueil et de copie, sur les lieux, de tous les renseignements ou documents utiles. Il se double de la possibilité pour les membres et agents de la Commission de procéder à des auditions.

La loi du 17 mars 2014 a étendu ces modalités de contrôle en prévoyant la possibilité pour la CNIL de procéder à des contrôles « en ligne ». Cette modalité de contrôle est en effet particulièrement adaptée à l'univers numérique, notamment lorsque sont en cause des « failles de sécurité » qui, constatables en ligne, sont susceptibles de révéler un manquement aux obligations de sécurité. Le législateur a cependant renforcé les facultés de la CNIL en la matière, par la loi du 20 juin 2018, en prévoyant la possibilité pour les personnels de la CNIL en charge des contrôles de recourir à une identité d'emprunt. En pratique, cette faculté permet d'éviter que des entités identifient la connexion d'un agent de la CNIL et modifient en fonction de cette identification les données accessibles. C'est également un élément de protection en ligne des agents. La conjonction des pouvoirs de contrôle sur place, sur pièces, en ligne et avec une identité d'emprunt, permet donc de couvrir la totalité des besoins.

On relèvera enfin que l'engagement d'une procédure de contrôle ne constitue pas un préalable nécessaire à la mise en œuvre d'une procédure répressive, puisque la CNIL peut se fonder, pour ce faire, sur tout document à sa disposition. ❑

1° CHAMP D'APPLICATION

a. Locaux professionnels privés

1. La qualification de locaux professionnels ne fait pas obstacle, dans certaines circonstances, à l'application du droit au respect du domicile protégé par les stipulations de l'art. 8 Conv. EDH. L'ingérence dans ce droit que constitue la mise en œuvre de pouvoirs de contrôle par la CNIL pour s'assurer du respect des règles qui s'imposent à ces personnes morales dans l'exercice de leurs activités professionnelles doit alors être proportionnée, et notamment assortie de garanties effectives et appropriées. • CE, sect., 6 nov. 2009, Sté *Inter Confort*, n° 30430 A.

b. Articulation avec d'autres procédures

2. La saisie de fichiers d'une association par la gendarmerie, en application d'une commission rogatoire délivrée dans le cadre d'une instruction pénale, se rattache au fonctionnement du service public judiciaire, dont seule l'autorité judiciaire peut connaître. La CNIL est donc tenue de rejeter une demande d'enquête sur les conditions de saisie et de conservation des copies de données ainsi collectées. • CE 10 déc. 1993, *Assoc. Fraternité blanche universelle*, n° 106596 B.

2° FACULTÉ DE S'OPPOSER AU CONTRÔLE

3. La procédure applicable avant la modification de la L. du 6 janv. 1978 issue de la loi relative au Défenseur des droits de 2011 avait été regardée par le Conseil d'État comme méconnaissant les stipulations de la Conv. EDH, à défaut d'une information préalable du responsable des lieux sur la possibilité de s'opposer au contrôle. La Haute Juridiction avait en effet jugé que la possibilité du responsable des locaux de s'opposer à la visite, laquelle ne peut alors avoir lieu qu'avec l'autorisation et sous le contrôle du juge judiciaire, « offre une garantie équivalente à l'autorisation préalable du juge », mais sous réserve d'être effective, c'est-à-dire que le responsable des locaux ait été dument informé. • CE, sect., 6 nov. 2009, *Sté Inter Confort*, n° 304300 : *préc. note 1* • CE, sect., 6 nov. 2009, *Sté Pro Décor*, n° 304301. ♦ Sous l'empire de la procédure nouvellement applicable, le Conseil d'État juge que les mêmes stipulations ne sont pas méconnues, l'information initiale étant, en l'espèce, intervenue. • CE 27 juill. 2012, *Sté AIS 2*, n° 340026 B.

3° PROCÈS-VERBAL DRESSÉ À L'OCCASION D'UN CONTRÔLE

4. En cas de procès-verbal, si aucune disposition n'impose à la personne contrôlée la charge de la preuve contraire aux constats effectués, il appartient néanmoins à celle-ci de fournir tout élément permettant au juge d'établir, le cas échéant et dans le cadre du débat contradictoire, le caractère erroné ou incomplet des constats du procès-verbal. • CE 27 juill. 2012, *Sté AIS 2*, n° 340026 : *préc. note 3.*

SECTION 3 *Mesures correctrices et sanctions*

Art. 20 I. — Le président de la Commission nationale de l'informatique et des libertés peut avertir un responsable de traitement ou son sous-traitant du fait que les opérations de traitement envisagées sont susceptibles de violer les dispositions du règlement (UE) 2016/679 du 27 avril 2016 ou de la présente loi.

II. — Lorsque le responsable de traitement ou son sous-traitant ne respecte pas les obligations résultant du règlement (UE) 2016/679 du 27 avril 2016 ou de la présente loi, le président de la Commission nationale de l'informatique et des libertés peut *(L. n° 2022-52 du 24 janv. 2022, art. 33)* « le rappeler à ses obligations légales ou », si le manquement constaté est susceptible de faire l'objet d'une mise en conformité, prononcer à son égard une mise en demeure, dans le délai qu'il fixe :

1° De satisfaire aux demandes présentées par la personne concernée en vue d'exercer ses droits ;

2° De mettre les opérations de traitement en conformité avec les dispositions applicables ;

3° A l'exception des traitements qui intéressent la sûreté de l'État ou la défense, de communiquer à la personne concernée une violation de données à caractère personnel ;

4° De rectifier ou d'effacer des données à caractère personnel, ou de limiter le traitement de ces données.

Dans le cas prévu au 4° du présent II, le président peut, dans les mêmes conditions, mettre en demeure le responsable de traitement ou son sous-traitant de notifier aux destinataires des données les mesures qu'il a prises.

(L. n° 2022-52 du 24 janv. 2022, art. 33) « Le président peut demander qu'il soit justifié de la mise en conformité dans un délai qu'il fixe. Ce délai peut être fixé à vingt-quatre heures en cas d'urgence. Le président prononce, le cas échéant, la clôture de la procédure de mise en demeure. »

Le président peut demander au bureau de rendre publique la mise en demeure. Dans ce cas, la décision de clôture de la procédure de mise en demeure fait l'objet de la même publicité.

III. — Lorsque le responsable de traitement ou son sous-traitant ne respecte pas les obligations résultant du règlement (UE) 2016/679 du 27 avril 2016 ou de la présente loi, le président de la Commission nationale de l'informatique et des libertés

peut également, le cas échéant après lui avoir adressé l'avertissement prévu au I du présent article ou *(L. nº 2022-52 du 24 janv. 2022, art. 33)* **« après avoir prononcé à son encontre une ou plusieurs des mesures correctrices prévues » au II, saisir la formation restreinte de la commission en vue du prononcé, après procédure contradictoire, de l'une ou de plusieurs des mesures suivantes :**

1º Un rappel à l'ordre ;

2º Une injonction de mettre en conformité le traitement avec les obligations résultant du règlement (UE) 2016/679 du 27 avril 2016 ou de la présente loi ou de satisfaire aux demandes présentées par la personne concernée en vue d'exercer ses droits, qui peut être assortie, sauf dans des cas où le traitement est mis en œuvre par l'État, d'une astreinte dont le montant ne peut excéder 100 000 € par jour de retard à compter de la date fixée par la formation restreinte ;

3º A l'exception des traitements qui intéressent la sûreté de l'État ou la défense ou de ceux relevant du titre III de la présente loi lorsqu'ils sont mis en œuvre pour le compte de l'État, la limitation temporaire ou définitive du traitement, son interdiction ou le retrait d'une autorisation accordée en application du même règlement ou de la présente loi ;

4º Le retrait d'une certification ou l'injonction, à l'organisme certificateur concerné, de refuser une certification ou de retirer la certification accordée ;

5º A l'exception des traitements qui intéressent la sûreté de l'État ou la défense ou de ceux relevant du titre III de la présente loi lorsqu'ils sont mis en œuvre pour le compte de l'État, la suspension des flux de données adressées à un destinataire situé dans un pays tiers ou à une organisation internationale ;

6º La suspension partielle ou totale de la décision d'approbation des règles d'entreprise contraignantes ;

7º A l'exception des cas où le traitement est mis en œuvre par l'État, une amende administrative ne pouvant excéder 10 millions d'euros ou, s'agissant d'une entreprise, 2 % du chiffre d'affaires annuel mondial total de l'exercice précédent, le montant le plus élevé étant retenu. Dans les hypothèses mentionnées aux 5 et 6 de l'article 83 du règlement (UE) 2016/679 du 27 avril 2016, ces plafonds sont portés, respectivement, à 20 millions d'euros et *[à]* **4 % dudit chiffre d'affaires. La formation restreinte prend en compte, dans la détermination du montant de l'amende, les critères précisés au même article 83.**

Le projet de mesure est, le cas échéant, soumis aux autres autorités de contrôle concernées selon les modalités définies à l'article 60 du même règlement.

(L. nº 2022-52 du 24 janv. 2022, art. 33) **« IV. — Lorsque la formation restreinte a été saisie, le président de celle-ci peut enjoindre au mis en cause de produire les éléments demandés par la Commission nationale de l'informatique et des libertés, en cas d'absence de réponse à une précédente mise en demeure, et assortir cette injonction d'une astreinte, dont le montant ne peut excéder 100 € par jour de retard, à la liquidation de laquelle il procède, le cas échéant.**

« Il peut également constater qu'il n'y a plus lieu de statuer. »

V. RGPD, art. 58 et consid. 129 (pouvoirs de l'autorité de contrôle).

V. RGPD, art. 83, 84 et consid. 148 à 152 (amendes, sanctions).

V., infra, Décr. nº 2019-536 du 29 mai 2019, art. 38 s.

COMMENTAIRE

LA PROCÉDURE RÉPRESSIVE DEVANT LA CNIL

La procédure répressive auprès de la CNIL résulte de l'articulation entre les pouvoirs d'instruction et de mise en demeure du président de la CNIL, qui sont des pouvoirs propres, et les pouvoirs de sanction de la formation restreinte. Cette séparation, combinée à la différence organique entre le président et le bureau d'une part, et la formation restreinte d'autre part (V. comm. ss. art. 17), a conduit le Conseil d'État à considérer que ce régime est conforme aux droits et libertés garantis par la Constitution (CE, QPC, 26 mars 2012, *Sté Pages jaunes*, nº 353193 B).

Cette procédure a été complètement réécrite à la suite de l'entrée en vigueur du RGPD, dans le cadre de la loi du 20 juin 2018. Au-delà des aspects procéduraux, elle a étendu le spectre des sanctions pour tenir compte de la création de nouveaux instruments juridiques (certification, etc.) par le RGPD et applique désormais le pouvoir de sanction aussi bien aux responsables de traitements qu'aux sous-traitants, là où seuls les premiers étaient visés auparavant.

En pratique, donc, la principale distinction réside entre les pouvoirs d'instruction et de mise en demeure du président et le pouvoir de sanction de la formation restreinte. Partant de cette distinction, la procédure est la suivante :

– Le président peut, à titre préventif, prononcer un avertissement du responsable de traitement ou du sous-traitant. Il ne s'agit alors que d'une simple prévention qui n'a pas le caractère d'une sanction (V. Cons. const. n° 2018-765 DC du 12 juin 2018). Avant la loi du 20 juin 2018, cette faculté n'existait pas, « l'avertissement » constituant une sanction prononcée par la formation restreinte ;

– En cas de manquement au RGPD ou à la loi de 1978, le président peut mettre en demeure l'entité si le manquement constaté est susceptible de faire l'objet d'une mise en conformité. Cette mention, prévue par la loi pour une République numérique du 7 octobre 2016, est désormais précisée : il s'agit de satisfaire à l'exercice de ses droits par une personne (cas des litiges personnels), y compris pour rectifier ou effacer les données (droit à l'oubli), de mettre les opérations de traitement en conformité avec les dispositions applicables ou encore de communiquer à la personne concernée une violation de données à caractère personnel (sauf pour les traitements qui intéressent la sûreté de l'État ou la défense). La mise en demeure peut être rendue publique ;

– La formation restreinte peut être saisie, après un avertissement préventif ou concomitamment à une mise en demeure, par le président, aux fins de prononcer :

* un rappel à l'ordre (nouveauté introduite par la loi du 20 juin 2018) ;

* une injonction de mettre en conformité le traitement avec les obligations résultant du RGPD ou de la loi, ou de satisfaire aux demandes d'exercice des droits des personnes, sous une astreinte dissuasive (nouveauté de la loi du 20 juin 2018) ;

* la limitation du traitement, son interdiction ou le retrait d'une autorisation ;

* le retrait d'une certification ou l'injonction à l'organisme certificateur concerné de refuser une certification ou de retirer la certification accordée ;

* la suspension des transferts internationaux de données : cette faculté, nouvelle, permet de répondre à l'accroissement des transferts internationaux à l'ère numérique, et de couper court à des transferts dans des conditions qui ne garantiraient pas le maintien de la protection prévue par les textes européens ;

* la suspension partielle ou totale de la décision d'approbation des règles d'entreprise contraignantes : également nouvelle, cette faculté correspond au poids croissant de ces instruments de droit souple : dès lors que les traitements peuvent être opérés sur leur fondement, dans une logique quasi contractuelle entre le régulateur et l'entreprise, il est logique que leur non-respect se traduise par leur suspension ;

* une amende administrative ne pouvant excéder 10 millions d'euros ou, s'agissant d'une entreprise, 2 % du chiffre d'affaires annuel mondial total de l'exercice précédent, le montant le plus élevé étant retenu, voire 20 millions d'euros et 4 % dudit chiffre d'affaires dans les cas visés par les 5° et 6° de l'article 83 du règlement.

Les dispositions les plus contraignantes, notamment les sanctions pécuniaires, ne sont pas applicables aux traitements mis en œuvre par l'État.

On notera plusieurs évolutions issues de la loi du 20 juin 2018 :

– Le pouvoir de prononcer un avertissement revient désormais au président, et non plus à la formation restreinte. Il n'est plus explicitement prévu, dans le même temps, qu'il puisse faire l'objet d'une publicité.

– Le président saisit désormais directement la formation restreinte là où, dans le dispositif antérieur, il désignait un rapporteur qui, *de facto*, saisissait la formation restreinte. En revanche, la procédure n'est pas fondamentalement modifiée : les mesures prononcées par la formation restreinte le sont toujours sur la base d'un rapport présenté par un membre de la CNIL non membre de la formation restreinte, et désigné par le président de la CNIL. Le rapport est alors notifié à l'entité mise en cause, qui peut présenter des observations et recourir à un conseil. L'audience de la formation restreinte donne lieu à un débat oral contradictoire, sans que le rapporteur puisse participer au délibéré ;

– Comme précédemment, les sanctions de la formation restreinte peuvent être rendues publiques, celle-ci pouvant en outre ordonner au responsable de traitement ou au sous-traitant d'informer individuellement et à ses frais les personnes concernées (dispositif issu de la loi pour une République numérique). En pratique, la publicité est souvent réalisée via une publication sur le site internet de la CNIL et au *Journal officiel* ou sur Légifrance. L'article 20 prévoit qu'elle peut « également » être rendue publique dans les journaux, publications et supports qu'elle désigne. Les possibilités de publicité d'une sanction, qui est regardée par le Conseil d'État comme une sanction complémentaire (CE 27 juill. 2012, *AIS2*, n° 340026 : *Lebon T. 766-767*), ont été étendues par la loi du 29 mars 2011 relative au Défenseur des droits, puisque la publication était auparavant subordonnée à une condition de mauvaise foi de l'organisme sanctionné ;

– Enfin, la loi renvoie au règlement européen sur le mécanisme de cohérence, en prévoyant uniquement qu'en cas de traitement transfrontalier (c'est-à-dire quand la CNIL est autorité chef de file), c'est le projet de décision qui est soumis à ses homologues.

On relèvera que, curieusement, la loi prévoit que la procédure de sanction peut être engagée parallèlement à une mise en demeure, mais pas qu'elle peut être engagée en cas de non-respect dans les délais d'une mise en demeure. Le Conseil constitutionnel a d'ailleurs relevé que « sa méconnaissance n'emporte aucune conséquence. Si cette mise en demeure peut être rendue publique, à la demande du président et sur décision du bureau de la commission, cette publicité ne lui confère pas, en l'espèce, la nature d'une sanction ayant le caractère d'une punition ». Si le second point est la confirmation d'une jurisprudence administrative constante, le premier est lui inédit (Cons. const. n° 2018-765 DC du 12 juin 2018).

Comme précédemment, mais dans une moindre mesure, la procédure répressive confiée à la CNIL apparaît donc comme orientée en partie vers la mise en conformité du responsable de traitement. A cet égard, les chiffres récurrents (en moyenne, 400 contrôles par an, donnant lieu de 60 à 70 mises en demeure et à une quinzaine de sanctions) témoignent du nombre élevé de mises en conformité à la suite des contrôles et mises en demeure. Il sera cependant intéressant de suivre cette évolution au cours des prochaines années, le RGPD étant en la matière plus « répressif » que ne l'était la loi du 6 janvier 1978.

Les règles procédurales applicables à la procédure devant la formation restreinte sont fixées par le décret de 2019 et le règlement intérieur de la Commission. ❑

1. Mise en demeure. Une mise en demeure ne présente pas le caractère d'une sanction, et « peut conduire à une sanction qui ne porte pas sur les mêmes faits ». • CE 27 juill. 2012, *AIS2,* n° 340026 B. ♦ Elle constitue en revanche une décision susceptible de recours. • CE, réf., 5 sept. 2008, *Sté Directannonces,* n° 319071. ♦ La légalité d'une mise en demeure s'apprécie à la date à laquelle elle est prononcée. Par suite, absence d'incidence, sur sa régularité, d'une modification ultérieure de l'état du droit. • CE 23 mars 2015, *Lexeek,* n°s 353717 B et 362944 B.

2. Articulation entre la mise en demeure, l'avertissement et une éventuelle sanction. La CNIL peut prononcer un avertissement ou « adresser une mise en demeure pouvant, au terme du délai qu'elle fixe, la conduire à prononcer une sanction pécuniaire ou une injonction de cesser l'exploitation du traitement. Elle peut simultanément prononcer un avertissement et adresser une mise en demeure sur des faits postérieurs à l'avertissement et distincts de ceux-ci ». • CE 27 juill. 2012, *AIS2,* n° 340026 : *préc. note 1.* ♦ La CNIL peut prononcer une sanction sans mise en demeure préalable du responsable de traitement, quand bien même le manquement justifiant la sanction serait, en tant que tel, régularisable. • CE 4 nov. 2020, n° 433311 B : *Dalloz IP/IT 2021. 155, obs. Galichet ; Légipresse 2020. 676, étude Mole ; D. actu. 20 nov. 2020, obs. Benoit.* – V. aussi • CNIL 28 déc. 2021, *Slimpay,* délib. n° SAN-2021-020.

3. Situation à prendre en compte pour le prononcé d'une sanction après mise en demeure. La formation restreinte doit, pour le prononcé d'une éventuelle sanction, apprécier la situation à la date d'expiration du délai de la mise en demeure. La circonstance qu'il a été remédié au manquement fautif postérieurement à la date d'expiration de la mise en demeure peut être prise en compte pour la détermination de la sanction infligée. • CE 19 juin 2017, *Sté Optical center,* n° 396050 B.

4. Justification du principe de l'amende. Est justifié le principe du prononcé d'une amende dès lors que la société a fait preuve de négligence grave s'agissant de principes fondamentaux du RGPD puisque six manquements sont constitués, portant notamment sur le principe de limitation de la durée de conservation des données, l'obligation d'informer les personnes concernées des traitements de leurs données à caractère personnel et celle de respecter leurs droits. • CNIL, form. restr., 14 juin 2021, *Brico Privé,* n° SAN-2021-008.

5. Montant. Ne sont pas disproportionnées les sanctions infligées aux sociétés Google LLC et Google Ireland Limited, d'un montant respectif de 60 000 000 € et 40 000 000 €, au regard des capacités financières respectives de ces deux sociétés et compte tenu de la gravité des manquements constatés et de l'ensemble des circonstances de l'espèce. • CE 28 janv. 2022, n° 449209 : *Dalloz IP/IT 2022. 337, obs. Douville ; RTD com. 2022. 295, obs. Netter*. ♦ Doit être ramenée à un montant de 2 500 € la sanction de 3 000 € fixée par la CNIL en raison d'une juste appréciation des circonstances de l'espèce du fait que seul le manquement à l'obligation de sécurité est constitué, et non celui du manquement à l'obligation de notification de la violation des données. • CE 22 juill. 2022, n° 449694.

6. Publicité de la sanction. Le Conseil d'État juge que « la décision par laquelle la CNIL rend publique la sanction prononcée a le caractère d'une sanction complémentaire », mais « qu'aucune disposition non plus qu'aucun principe n'impose qu'elle fasse l'objet d'une motivation spécifique ». • CE 27 juill. 2012, *AIS2,* n° 340026 : *préc. note 1.* ♦ Est justifiée la publicité de la sanction au regard de la gravité des manquements commis, de leur persistance et du nombre de personnes concernées, même si la société fait valoir qu'elle tente de se faire une place sur un marché international très concurrentiel de prestataires de services de paiement, majoritairement dominé par des sociétés chinoises et américaines, qui sont peu soucieuses de la protection des données des Européens et qu'elle ajoute déployer des efforts substantiels depuis plus de dix ans pour devenir un partenaire de confiance pour les acteurs économiques européens, précisant qu'une sanction publique anéantirait durablement les résultats obtenus grâce à ses efforts. • CNIL 28 déc. 2021, *Slimpay,* n° SAN-2021-020.

7. Durée de la publicité. Même en l'absence de dispositions expresses, le prononcé de la sanction complémentaire de publication est soumis au respect du principe de proportionnalité, qui s'apprécie notamment au regard du support de diffusion retenu et, le cas échéant, de la durée pendant laquelle cette publication est accessible de façon libre et continue. Conséquence : annulation d'une décision de publication sans limite temporelle, en tant qu'elle n'a pas fixé la durée de son maintien en ligne de manière non anonyme. • CE 28 sept. 2016, *Théâtre national de Bretagne,* n° 389448 A.

8. Règles applicables à la formation restreinte. La formation restreinte n'est pas une juridiction en droit interne, mais doit être regardée, « eu égard à sa nature, sa composition et ses attributions », comme un tribunal au sens de l'art. 6-1 de la Conv. EDH. • CE 19 févr. 2008, *Sté Profil France,* n° 311974 constamment réaffirmé depuis • CE 12 mars 2014, *Pages jaunes,* n° 353193. ♦ Ses délibérations doivent naturellement respecter le principe d'impartialité. • CE, réf., 19 févr. 2008, *Sté Profil France : préc.*

9. Séparation des pouvoirs d'enquête et de sanction. Le Conseil d'État juge que ces dispositions « assurent la séparation des fonctions d'enquête et de sanction » et refuse par suite de transmettre au Cons. const. la QPC fondée sur ce moyen. • CE 26 mars 2012, *Sté Pages jaunes,* n° 353193 : *préc. note 8.* ♦ Pour les mêmes raisons, le moyen tiré de la méconnaissance des stipulations de l'art. 6, § 1, Conv. EDH, « ainsi que des principes d'indépendance et d'impartialité, faute de séparation des fonctions de poursuite et de sanction au sein de la CNIL », est écarté. • CE 12 mars 2014, *Foncia,* n° 354629.

10. Intérêt pour agir du plaignant. L'auteur d'une plainte a intérêt pour agir à l'encontre du refus de la CNIL d'engager une procédure de sanction, comme de le tenir informé des suites de sa plainte. En revanche, il n'a pas d'intérêt à agir à l'encontre de la décision de la CNIL prise à l'issue de cette procédure. • CE 21 juin 2018, n° 416505 B.

Art. 21 I. — Lorsque le non-respect des dispositions du règlement (UE) 2016/679 du 27 avril 2016 ou de la présente loi entraîne une violation des droits et libertés mentionnés à l'article 1er de la présente loi et que le président de la commission considère qu'il est urgent d'intervenir, il saisit la formation restreinte, qui peut, dans le cadre d'une procédure d'urgence contradictoire définie par décret en Conseil d'État, adopter l'une des mesures suivantes :

1° L'interruption provisoire de la mise en œuvre du traitement, y compris d'un transfert de données hors de l'Union européenne, pour une durée maximale de trois mois, si le traitement n'est pas au nombre de ceux qui intéressent la sûreté de l'État ou la défense ou de ceux relevant du titre III lorsqu'ils sont mis en œuvre pour le compte de l'État ;

2° La limitation du traitement de certaines des données à caractère personnel traitées, pour une durée maximale de trois mois, si le traitement n'est pas au nombre de ceux qui intéressent la sûreté de l'État ou la défense ou de ceux relevant du titre III lorsqu'ils sont mis en œuvre pour le compte de l'État ;

3° La suspension provisoire de la certification délivrée au responsable de traitement ou à son sous-traitant ;

4° La suspension provisoire de l'agrément délivré à un organisme de certification ou un organisme chargé du respect d'un code de conduite ;

5° La suspension provisoire de l'autorisation délivrée sur le fondement du III de l'article 66 de la présente loi ;

6° L'injonction de mettre en conformité le traitement avec les obligations résultant du règlement (UE) 2016/679 du 27 avril 2016 ou de la présente loi ou de satisfaire

aux demandes présentées par la personne concernée en vue d'exercer ses droits, qui peut être assortie, sauf dans le cas où le traitement est mis en œuvre par l'État, d'une astreinte dont le montant ne peut excéder 100 000 € par jour de retard à compter de la date fixée par la formation restreinte ;

7° Un rappel à l'ordre ;

8° L'information du Premier ministre pour qu'il prenne, le cas échéant, les mesures permettant de faire cesser la violation constatée, si le traitement en cause est au nombre de ceux qui intéressent la sûreté de l'État ou la défense ou de ceux relevant du titre III de la présente loi lorsqu'ils sont mis en œuvre pour le compte de l'État. Le Premier ministre fait alors connaître à la formation restreinte les suites qu'il a données à cette information au plus tard quinze jours après l'avoir reçue.

II. — En cas de circonstances exceptionnelles prévues au 1 de l'article 66 du règlement (UE) 2016/679 du 27 avril 2016, lorsque la formation restreinte adopte les mesures provisoires prévues aux 1° à 4° du I du présent article, elle informe sans délai de la teneur des mesures prises et de leurs motifs les autres autorités de contrôle concernées, le comité européen de la protection des données mentionné à l'article 68 du même règlement et la Commission européenne.

Lorsque la formation restreinte a pris de telles mesures et qu'elle estime que des mesures définitives doivent être prises, elle met en œuvre les dispositions du 2 de l'article 66 du règlement (UE) 2016/679 du 27 avril 2016.

III. — Pour les traitements relevant du règlement (UE) 2016/679 du 27 avril 2016, lorsqu'une autorité de contrôle compétente en application du même règlement n'a pas pris de mesure appropriée dans une situation où il est urgent d'intervenir afin de protéger les droits et libertés des personnes concernées, la formation restreinte, saisie par le président de la commission, peut demander au comité européen de la protection des données un avis d'urgence ou une décision contraignante d'urgence dans les conditions et selon les modalités prévues aux 3 et 4 de l'article 66 dudit règlement.

IV. — En cas d'atteinte grave et immédiate aux droits et libertés mentionnés à l'article 1er de la présente loi, le président de la commission peut en outre demander, par la voie du référé, à la juridiction compétente d'ordonner, le cas échéant sous astreinte, toute mesure nécessaire à la sauvegarde de ces droits et libertés.

V. RGPD, art. 58, 66 et consid. 129 et 137.

V., infra, Décr. n° 2019-536 du 29 mai 2019, art. 44 et 46.

COMMENTAIRE

L'article 21 reprend en les renforçant sensiblement les pouvoirs que la loi « Informatique et libertés », dans sa rédaction issue de la loi de 2004, avait prévus en cas d'urgence. Ce développement est symptomatique des risques qui pèsent désormais sur les données personnelles et les droits des personnes en cas de manquement, et notamment en cas de défaillance technique. De manière générale, la formation restreinte de la CNIL, saisie en ce sens par le président, peut ordonner toutes mesures conservatoires énumérées par ces dispositions, qui relèvent principalement de la suspension de tout ou partie du traitement. Ces mesures de sauvegarde doivent être dictées par l'urgence et sont limitées dans le temps. Plus intéressant est le cas d'un traitement transnational pour lequel la CNIL est l'une des autorités compétentes : soit elle est chef de file, et elle peut alors prendre les mesures en question moyennant une information appropriée des autres autorités, du comité européen à la protection des données (CEPD) et de la Commission européenne. A l'inverse, lorsque l'autorité chef de file d'un pays tiers n'a pas pris de telles mesures et que celles-ci lui semblent indispensable, la CNIL peut saisir le CEPD afin qu'il rende un avis contraignant en urgence.

Enfin, cet arsenal administratif est complété de la possibilité pour le président de la CNIL de saisir le juge compétent en référé en cas d'atteinte grave et immédiate aux droits et libertés. On relèvera que cette faculté a été étendue par la loi du 7 octobre 2016, puisque seules des mesures « de sécurité » pouvaient auparavant être ordonnées, contre toute mesure désormais, la loi du 20 juin 2018 ayant repris cette mention. ❑

Art. 22 Les mesures prévues au III de l'article 20 et aux 1° à 7° du I de l'article 21 de la présente loi sont prononcées sur la base d'un rapport établi par l'un des membres de la Commission nationale de l'informatique et des libertés, désigné par le président de

celle-ci parmi les membres n'appartenant pas à la formation restreinte. Ce rapport est notifié au responsable de traitement ou à son sous-traitant, qui peut déposer des observations et se faire représenter ou assister. Le rapporteur peut présenter des observations orales à la formation restreinte mais ne prend pas part à ses délibérations. La formation restreinte peut entendre toute personne dont l'audition lui paraît susceptible de contribuer utilement à son information, y compris les agents des services de la commission. — *V., infra, Décr. n° 2019-536 du 29 mai 2019, art. 39 et 40.*

La formation restreinte peut rendre publiques les mesures qu'elle prend. Elle peut également ordonner leur insertion dans des publications, journaux et supports qu'elle désigne, aux frais des personnes sanctionnées.

Sans préjudice des obligations d'information qui incombent au responsable de traitement ou à son sous-traitant en application de l'article 34 du règlement (UE) 2016/679 du 27 avril 2016, la formation restreinte peut ordonner que ce responsable ou ce sous-traitant informe individuellement, à ses frais, chacune des personnes concernées de la violation relevée des dispositions de la présente loi ou du règlement précité ainsi que, le cas échéant, de la mesure prononcée. — *V. RGPD, art. 33, 34 et consid. 39, 83, 85 à 88.*

Lorsque la formation restreinte a prononcé une sanction pécuniaire devenue définitive avant que le juge pénal ait statué définitivement sur les mêmes faits ou des faits connexes, celui-ci peut ordonner que l'amende administrative s'impute sur l'amende pénale qu'il prononce.

L'astreinte est liquidée par la formation restreinte, qui en fixe le montant définitif.

Les sanctions pécuniaires et les astreintes sont recouvrées comme les créances de l'État étrangères à l'impôt et au domaine.

V. RGPD, art. 58 et consid. 129.

V. RGPD, art. 84 et consid. 148 à 152.

COMMENTAIRE

Le nouvel article 22 reprend pour l'essentiel les dispositions procédurales antérieures : de manière désormais classique, la formation restreinte se prononce sur la base d'un rapport établi par un rapporteur, membre de la Commission mais non membre de la formation restreinte, et qui bien sûr ne participe ni n'assiste au délibéré. Ce rapport est soumis au contradictoire, avant la tenue d'une audience où le rapporteur et le mis en cause, ce dernier, assisté d'un conseil le cas échéant, présentent des observations orales. La « professionnalisation » de la procédure de sanction de la CNIL, au regard notamment des exigences liées à la qualification de tribunal au sens de l'article 6, § 1 Conv. EDH, est bien antérieure au RGPD et au rehaussement du niveau de sanction. ❑

Délais de réponse au rapport et de convocation. Il ne résulte ni de ces dispositions, ni de celles des art. 75 et 76 du Décr. n° 2005-1309 du 20 oct. 2005 que le délai ouvert au responsable du traitement pour formuler des observations écrites en réponse au rapport notifié par la CNIL doive être cumulé avec celui dans lequel il est informé de la date de la séance de la formation restreinte au cours de laquelle son dossier est examiné. • CE 23 mars 2015, *Lexeek*, n°s 353717 et 362944 B.

Art. 22-1 *(L. n° 2022-52 du 24 janv. 2022, art. 33)* **Le président de la Commission nationale de l'informatique et des libertés peut, lorsqu'il estime que les conditions mentionnées aux deuxième et troisième alinéas sont réunies, engager les poursuites selon une procédure simplifiée. Le président de la formation restreinte ou l'un de ses membres désigné à cet effet statue seul sur l'affaire.**

Le président de la commission peut engager les poursuites selon la procédure simplifiée lorsqu'il estime que les mesures correctrices prévues aux 1°, 2° et 7° du III de l'article 20 constituent la réponse appropriée à la gravité des manquements constatés, sous réserve que l'amende administrative encourue, mentionnée au 7° du même III, n'excède pas un montant de 20 000 € et que l'astreinte encourue, mentionnée au 2° dudit III, n'excède pas un montant de 100 € par jour de retard à compter de la date fixée par la décision.

En outre, le président de la Commission nationale de l'informatique et des libertés ne peut engager les poursuites selon la procédure simplifiée que lorsque l'affaire ne présente pas de difficulté particulière, eu égard à l'existence d'une jurisprudence éta-

blie, des décisions précédemment rendues par la formation restreinte de la commission ou de la simplicité des questions de fait et de droit qu'elle présente à trancher.

Le président de la formation restreinte ou le membre qu'il a désigné peut, pour tout motif, refuser de recourir à la procédure simplifiée ou l'interrompre. Dans ce cas, le président de la Commission nationale de l'informatique et des libertés reprend la procédure conformément aux exigences et aux garanties prévues à l'article 22.

Le président de la formation restreinte ou le membre qu'il a désigné statue sur la base d'un rapport établi par un agent des services de la Commission nationale de l'informatique et des libertés, habilité dans les conditions définies au dernier alinéa de l'article 10 et placé, pour l'exercice de cette mission, sous l'autorité du président de la Commission nationale de l'informatique et des libertés.

Le rapport mentionné au cinquième alinéa du présent article est notifié au responsable de traitement ou au sous-traitant, qui est informé du fait qu'il peut se faire représenter ou assister, présenter des observations écrites et demander à être entendu. Le président de la formation restreinte ou le membre qu'il a désigné peut solliciter les observations de toute personne pouvant contribuer à son information. Il statue ensuite et ne peut rendre publiques les décisions qu'il prend.

La formation restreinte est informée des décisions prises selon la procédure simplifiée par le président de la formation restreinte ou par le membre qu'il a désigné.

Lorsque le président de la formation restreinte ou le membre qu'il a désigné a prononcé une sanction pécuniaire devenue définitive avant que le juge pénal ait statué définitivement sur les mêmes faits ou des faits connexes, celui-ci peut ordonner que l'amende administrative s'impute sur l'amende pénale qu'il prononce.

L'astreinte est liquidée et le montant définitif en est fixé par le président de la formation restreinte ou le membre qu'il a désigné. Le dernier alinéa de l'article 22 est applicable aux décisions prises selon la procédure simplifiée.

Les modalités de mise en œuvre de la procédure simplifiée ainsi que les garanties applicables en matière de prévention des conflits d'intérêts pour les agents désignés rapporteurs sont fixées par décret en Conseil d'État. — *V., infra, Décr. n° 2019-536 du 29 mai 2019, art. 45-1 et 45-2.*

BIBL. ▸ YOUNÈS-FELLOUS, *Dalloz IP/IT 2022. 374* (le point sur la nouvelle procédure simplifiée de sanction de la CNIL). - NETTER, *RTD com. 2022. 308* (instauration d'une procédure simplifiée de sanction au profit de la CNIL).

COMMENTAIRE

Confrontée à l'augmentation des plaintes (plus de 14 000 en 2021), la CNIL, soumise à une procédure de sanction exigeante, voyait son nombre de sanctions augmentées de manière limitée créant insatisfaction et sentiment d'impunité (18 sanctions et 135 mises en demeure prononcées en 2021). Or les affaires traitées par la CNIL relèvent une grande disparité tant sur la complexité que sur la gravité des manquements.

C'est pourquoi le législateur a souhaité créer une politique répressive différenciée. Désormais, le président de la CNIL peut engager une procédure de sanction dite « simplifiée » pour les dossiers ne présentant pas de difficulté particulière. Pour l'apprécier, le président de la CNIL se référera à l'existence d'une jurisprudence établie, aux décisions précédemment rendues par la formation restreinte de la Commission ou à la simplicité des questions de fait et de droit qu'elle présente à trancher. De plus, la sanction encourue doit se limiter à trois possibilités : un rappel à l'ordre, une injonction de se mettre en conformité avec astreinte plafonnée à 100 € par jour de retard, une amende encourue d'un montant maximum de 20 000 €. En outre, ces trois mesures possibles doivent être considérées comme appropriées à la gravité des manquements constatés. Il convient de préciser que les sanctions rendues dans ce contexte ne peuvent être rendues publiques, ce qui peut rentrer en considération dans l'appréciation en opportunité du président de la CNIL.

Si le président de la CNIL considère que les conditions sont réunies pour que l'affaire rentre dans le cadre de la procédure simplifiée, alors il saisit le président de la formation restreinte, ou un membre de la formation désignée, et désigne un rapporteur parmi les agents de la CNIL, qui est chargé d'instruire le dossier. Cet agent se retrouve ainsi, dans l'exercice de cette mission, directement sous l'autorité du président de la CNIL. Dans la procédure « classique », le rapporteur est un membre de la Commission, n'appartenant pas à la formation restreinte (art. 22 RGPD).

Si elle reprend les étapes de la procédure « classique » (notamment le contradictoire, l'audition des parties...), la mise en œuvre de cette procédure est allégée pour la CNIL. Ainsi, le président de la formation restreinte ou un membre qu'il désigne peut statuer seul, remplaçant la collégialité de la formation par un « juge unique ».

Cette procédure peut être interrompue par le président de la formation restreinte (ou le membre désigné), et même être refusée par celui-ci, impliquant que le président de la CNIL reprenne une procédure « classique ».

Les décisions rendues sous l'égide de cette procédure simplifiée n'étant pas rendues publiques, elles devraient avoir pour principal effet de permettre à la CNIL de clôturer des plaintes provenant de dossiers dits « simples » et ainsi de mieux satisfaire les plaignants, tout en lui permettant de communiquer sur un nombre de sanctions annuelles qui devrait significativement augmenter. ❑

Art. 23 Lorsqu'un organisme de certification ou un organisme chargé du respect d'un code de conduite a manqué à ses obligations ou n'a pas respecté les dispositions du règlement (UE) 2016/679 du 27 avril 2016 ou celles de la présente loi, le président de la Commission nationale de l'informatique et des libertés peut, le cas échéant après mise en demeure, saisir la formation restreinte de la commission, qui peut prononcer, dans les mêmes conditions que celles prévues aux articles 20 à 22, le retrait de l'agrément qui a été délivré à cet organisme.

V., infra, Décr. n° 2019-536 du 29 mai 201, art. 45.

SECTION 4 *Coopération*

COMMENTAIRE

Le mécanisme de coopération entre autorités de contrôle est expliqué et commenté sous les articles 60 à 67 du RGPD.

Les dispositions des articles 24 à 28 ont pour seul objet de préciser les modalités de coopération en termes de contrôle ainsi que la répartition des compétences à l'intérieur de la CNIL en la matière.

S'agissant des modalités de contrôle commun, le principe est celui de la double présence : présence d'agents ou membres de la CNIL ; présence d'agents en charge des contrôles d'autres autorités, sans qu'il soit précisé si les seconds sont placés sous la responsabilité des premiers. C'est bien sûr l'ensemble des textes nationaux qui est applicable (horaires du contrôle sur place, modalités d'opposition, etc.).

En termes de répartition des compétences, les articles 24 à 29 font du président de la CNIL le « guichet unique » des autres autorités : c'est lui qui reçoit les demandes des autres autorités en matière de contrôle commun ou de décisions conjointes. En revanche, s'agissant de la proposition de mesures comme de l'expression des éventuelles objections à des mesures proposées par d'autres autorités, ces dispositions reprennent le partage de compétences entre le président et la formation restreinte, notamment s'agissant des prérogatives définies à l'article 20. Le président est ainsi compétent pour toutes les mesures non répressives, ainsi que pour les mises en garde (I de l'art. 22) et les mises en demeure (II), soit qu'elles soient proposées par la CNIL, soit qu'il s'agisse d'émettre des objections motivées à celles proposées par des autorités tierces ; le président de la formation restreinte ou un membre de celle-ci désigné par ses soins fait de même en matière de « mesures correctrices » autres, c'est-à-dire de sanctions. ❑

Art. 24 Dans les conditions prévues aux articles 60 à 67 du règlement (UE) 2016/679 du 27 avril 2016, la Commission nationale de l'informatique et des libertés met en œuvre des procédures de coopération et d'assistance mutuelle avec les autorités de contrôle des autres États membres de l'Union européenne et réalise avec ces autorités des opérations conjointes.

La commission, le président, le bureau, la formation restreinte et les agents de la commission mettent en œuvre, chacun pour ce qui le concerne, les procédures mentionnées au premier alinéa du présent article.

La commission peut charger le bureau :

1° D'exercer ses prérogatives en tant qu'autorité concernée, au sens de l'article 4 du règlement (UE) 2016/679 du 27 avril 2016, et en particulier d'émettre une objection pertinente et motivée au projet de décision d'une autre autorité de contrôle ;

2° Lorsque la commission adopte un projet de décision en tant qu'autorité chef de file ou autorité concernée, de mettre en œuvre les procédures de coopération, de contrôle de la cohérence et de règlement des litiges prévues par le règlement (UE) 2016/679 du 27 avril 2016 et d'arrêter la décision au nom de la commission.

V. RGPD, art. 60 à 67 et consid. 5, 133 à 140 et 167 à 169.

V., infra, Décr. n° 2019-536 du 29 mai 2019, art. 48.

Art. 25 I. — Pour l'application de l'article 62 du règlement (UE) 2016/679 du 27 avril 2016, la Commission nationale de l'informatique et des libertés coopère avec les autorités de contrôle des autres États membres de l'Union européenne, dans les conditions prévues au présent article.

II. — Qu'elle agisse en tant qu'autorité de contrôle concernée ou en tant qu'autorité chef de file au sens des articles 4 et 56 du règlement (UE) 2016/679 du 27 avril 2016, la Commission nationale de l'informatique et des libertés est compétente pour traiter une réclamation ou une éventuelle violation des dispositions du même règlement affectant par ailleurs d'autres États membres. Le président de la commission invite les autres autorités de contrôle concernées à participer aux opérations de contrôle conjointes qu'il décide de conduire.

III. — Lorsqu'une opération de contrôle conjointe se déroule sur le territoire français, des membres ou agents habilités de la commission, agissant en tant qu'autorité de contrôle d'accueil, sont présents aux côtés des membres et agents des autres autorités de contrôle participant, le cas échéant, à l'opération. A la demande de l'autorité de contrôle d'un État membre, le président de la commission peut habiliter, par décision particulière, ceux des membres ou agents de l'autorité de contrôle concernée qui présentent des garanties comparables à celles requises des agents de la commission, en application de l'article 10 de la présente loi, à exercer, sous son autorité, tout ou partie des pouvoirs de vérification et d'enquête dont disposent les membres et les agents de la commission. — *V., infra, Décr. n° 2019-536 du 29 mai 2019, art. 20 à 22.*

IV. — Lorsque la commission est invitée à contribuer à une opération de contrôle conjointe décidée par l'autorité de contrôle d'un autre État membre, le président de la commission se prononce sur le principe et les conditions de la participation, désigne les membres et agents habilités et en informe l'autorité requérante dans les conditions prévues à l'article 62 du règlement (UE) 2016/679 du 27 avril 2016.

V. RGPD, art. 62 et consid. 134.

Art. 26 I. — Les traitements relevant du titre III font l'objet d'une coopération entre la Commission nationale de l'informatique et des libertés et les autorités de contrôle des autres États membres de l'Union européenne dans les conditions prévues au présent article.

II. — La commission communique aux autorités de contrôle des autres États membres les informations utiles et leur prête assistance en mettant notamment en œuvre, à leur demande, des mesures de contrôle telles que des mesures de consultation, d'inspection et d'enquête.

La commission répond à une demande d'assistance mutuelle formulée par une autre autorité de contrôle dans les meilleurs délais et au plus tard un mois après réception de la demande contenant toutes les informations nécessaires, notamment sa finalité et ses motifs. Elle ne peut refuser de satisfaire à cette demande que si elle n'est pas compétente pour traiter l'objet de la demande ou les mesures qu'elle est invitée à exécuter, ou si une disposition du droit de l'Union européenne ou du droit français y fait obstacle.

La commission informe l'autorité de contrôle requérante des résultats obtenus ou, selon le cas, de l'avancement du dossier ou des mesures prises pour donner suite à la demande.

La commission peut, pour l'exercice de ses missions, solliciter l'assistance d'une autorité de contrôle d'un autre État membre de l'Union européenne.

La commission donne les motifs de tout refus de satisfaire à une demande lorsqu'elle estime ne pas être compétente ou lorsqu'elle considère que satisfaire à la demande constituerait une violation du droit de l'Union européenne ou du droit français.

V. RGPD, art. 61 et consid. 5 et 133.
V. Décr. nº 2019-536 du 29 mai 2019, art. 138.

Art. 27 Lorsque la commission agit en tant qu'autorité de contrôle chef de file au sens de l'article 56 du règlement (UE) 2016/679 du 27 avril 2016 s'agissant d'un traitement transfrontalier au sein de l'Union européenne, elle communique sans tarder aux autres autorités de contrôle concernées le rapport du rapporteur mentionné au premier alinéa de l'article 22 ainsi que l'ensemble des informations utiles de la procédure ayant permis d'établir le rapport, avant l'éventuelle audition du responsable de traitement ou de son sous-traitant. Les autorités concernées sont mises en mesure d'assister, par tout moyen de retransmission approprié, à l'audition par la formation restreinte du responsable de traitement ou de son sous-traitant, ou de prendre connaissance d'un procès-verbal dressé à la suite de l'audition.

Après en avoir délibéré, la formation restreinte soumet son projet de décision aux autres autorités de contrôle concernées conformément à la procédure définie à l'article 60 du règlement (UE) 2016/679 du 27 avril 2016. A ce titre, elle se prononce sur la prise en compte des objections pertinentes et motivées émises par ces autorités et saisit, si elle décide d'écarter l'une des objections, le comité européen de la protection des données conformément à l'article 65 du même règlement.

Les conditions d'application du présent article sont définies par décret en Conseil d'État, après avis de la Commission nationale de l'informatique et des libertés.

V. RGPD, art. 56, 60 et consid. 124 à 131 et 133 et 134.
V., infra, Décr. nº 2019-536 du 29 mai 2019, art. 51 à 56.

Art. 28 Lorsque la commission agit en tant qu'autorité de contrôle concernée, au sens de l'article 4 du règlement (UE) 2016/679 du 27 avril 2016, le président de la commission est saisi des projets de mesures correctrices soumis à la commission par une autorité de contrôle chef de file.

Lorsque ces mesures sont d'objet équivalent à celles définies aux I et II de l'article 20 de la présente loi, le président décide, le cas échéant, d'émettre une objection pertinente et motivée, selon les modalités prévues à l'article 60 du même règlement.

Lorsque ces mesures sont d'objet équivalent à celles définies au III de l'article 20 de la présente loi, le président saisit la formation restreinte. Le président de la formation restreinte ou le membre de la formation restreinte qu'il désigne peut, le cas échéant, émettre une objection pertinente et motivée selon les mêmes modalités.

V. RGPD, art. 56, 60 et consid. 124 à 131 et 133 et 134.
V., infra, Décr. nº 2019-536 du 29 mai 2019, art. 57.

Art. 29 La Commission nationale de l'informatique et des libertés peut, à la demande d'une autorité exerçant des compétences analogues aux siennes dans un État non membre de l'Union européenne, sous réserve de garanties appropriées pour la protection des données à caractère personnel et d'autres libertés et droits fondamentaux, procéder à des vérifications dans les mêmes conditions que celles prévues à l'article 19, sauf s'il s'agit d'un traitement mentionné aux I ou II de l'article 31. Sous les mêmes réserves, elle peut présenter des demandes aux mêmes fins à une autorité exerçant des compétences analogues aux siennes.

La commission est habilitée à communiquer les informations qu'elle recueille ou qu'elle détient, à leur demande, aux autorités exerçant des compétences analogues aux siennes dans des États non membres de l'Union européenne, sous réserve de garanties appropriées pour la protection des données à caractère personnel et d'autres libertés et droits fondamentaux, sauf s'il s'agit d'un traitement mentionné aux I ou II de l'article 31.

Pour la mise en œuvre du présent article, la commission conclut préalablement une convention organisant ses relations avec l'autorité exerçant des compétences analogues aux siennes. Cette convention est publiée au *Journal officiel*.

V. RGPD, art. 50 et consid. 29, 116 et 123.

CHAPITRE III *DISPOSITIONS PARTICULIÈRES RELATIVES AU NUMÉRO D'INSCRIPTION DES PERSONNES AU RÉPERTOIRE NATIONAL D'IDENTIFICATION DES PERSONNES PHYSIQUES*

COMMENTAIRE

Le NIR, une longue histoire

Outre les données dites sensibles, désormais énumérées à l'article 9 du RGPD, la France, à l'instar de quelques autres pays européens, se distingue par l'existence d'un numéro identifiant national, le NIR, attribué à chaque individu à sa naissance ou à son arrivée, et qui permet notamment d'élaborer des statistiques extrêmement fiables dans le temps.

Le NIR, numéro du Répertoire national d'identification des personnes physiques géré par l'INSEE, constitue donc une donnée « précieuse ». Il présente en effet, par rapport à d'autres identifiants publics, une double caractéristique : d'une part, ce n'est pas un numéro aléatoire, mais un numéro signifiant (genre, année, mois de naissance, département de naissance, commune de naissance, ordre de naissance au registre) ; d'autre part, il est propre à chaque individu tout au long de sa vie, donc d'une fiabilité pérenne quasi absolue, et ce d'autant plus qu'il couvre la quasi-totalité de la population française, puisque, créé au début de la Seconde Guerre mondiale, il a été généralisé à partir de 1945.

C'est cette double caractéristique qui a expliqué, initialement, la tentation d'utiliser le NIR comme numéro d'identification commun à plusieurs fichiers administratifs, générant le projet SAFARI, et, par réaction, la création de la CNIL. Le rapport Tricot consacre ainsi d'importants développements à la question du NIR, et plus généralement à celle d'un identifiant unique dans la sphère administrative. Il relève ainsi que « l'identifiant commun à l'ensemble de ces fichiers comporterait un danger puisqu'il faciliterait les interconnexions », avant d'ajouter qu'« il faut être conscient que plus l'identifiant sera commun à de nombreux services de l'État, à d'autres collectivités publiques et à de grandes entreprises, plus il y aura à la fois de commodité à interconnecter et de désir de le faire ».

Le législateur a donc encadré l'usage du NIR sous l'empire de la directive de 1995 :

– d'une part, il a soumis l'utilisation du NIR à un régime de formalités renforcé : concrètement, l'utilisation du NIR ne pouvait intervenir que sur autorisation de la CNIL pour les organismes privés (anc. art. 25, I, 6), et qu'après autorisation par décret en Conseil d'État pris après avis motivé et publié de la CNIL pour les personnes publiques ou les personnes morales privées gérant un service public (anc. art. 27, I, 1) ;

– d'autre part, il avait confié à la CNIL le soin de fixer les secteurs et les conditions dans lesquels le NIR pouvait être utilisé ;

– enfin, il avait prévu que le recours au NIR sans autorisation constituait une infraction pénale, l'une des premières prévues dans la sphère « Informatique et libertés ».

Sur ce fondement, la CNIL a développé une doctrine en la matière fondée sur le principe du cantonnement de l'utilisation du NIR à la sphère médico-sociale essentiellement. A partir d'une première recommandation (CNIL, 29 nov. 1983, portant recommandation sur l'emploi du NIR, Délib. n° 83-058), elle a ainsi admis le recours au NIR pour les organismes en lien avec la sécurité sociale, et notamment les employeurs, mais uniquement dans le cadre de ces relations.

Parallèlement, la CNIL a développé une doctrine dite de sectorisation des fichiers et des numéros identifiants, conduisant ainsi à l'usage d'identifiants sectoriels (par exemple, le numéro fiscal, l'identifiant national des élèves pour l'Éducation nationale, le numéro d'allocataire aux caisses d'allocations familiales, etc.).

Conditions d'utilisation post-RGPD

Les conditions d'autorisation de l'utilisation du NIR ont été profondément modifiées par la loi du 20 juin 2018, et reprises par l'ordonnance de décembre 2018 : l'article 30 prévoit désormais :

– d'une part, que les catégories de responsables de traitements et les finalités de ceux-ci sont déterminées par décret en Conseil d'État pris après avis de la CNIL – en pratique, le décret ci-après reproduit du 19 avril 2019. Il s'agit d'une simplification majeure, qui marque en fait en partie un retour à l'état du droit d'avant 2004. Au lieu de confronter la CNIL à l'obligation d'adopter de multiples autorisations, le décret de 2019 est désormais structuré en grandes catégories de traitements et de responsables.

– d'autre part, que certains traitements peuvent par nature être mis en œuvre dès lors que le NIR est lui-même traité dans des conditions particulières. Il s'agit des traitements à des fins de statistique publique mis en œuvre par l'INSEE et qui ne comportent pas de données sensibles, et des traitements qui ont exclusivement une finalité de recherche historique et scientifique. Dans ce cas, le NIR doit être crypté pour pouvoir conserver son caractère unique et propre à un individu, tout en perdant son caractère signifiant. Le législateur ouvre ainsi la possibilité de recourir au NIR, dont la fiabilité est particulièrement importante dans ce type de recherches, tout en se prémunissant des risques d'identification par une correspondance entre les chiffres et leur sens. Par ailleurs, le NIR est autorisé pour permettre la mise en œuvre de téléservices par l'administration (de type FranceConnect). Ces traitements étaient auparavant soumis, au cas par cas, à un régime d'autorisation par acte réglementaire pris après avis de la CNIL, ce qui avait conduit celle-ci à cantonner l'usage du NIR pour éviter la divulgation large de ce numéro à la fois signifiant et identifiant. L'ensemble des règles du RGPD s'appliquent cependant, notamment en termes d'analyse de risques et de mesures compensatrices à adopter. ❑

Art. 30 Un décret en Conseil d'État, pris après avis motivé et publié de la Commission nationale de l'informatique et des libertés, détermine les catégories de responsables de traitement et les finalités de ces traitements au vu desquelles ces derniers peuvent être mis en œuvre lorsqu'ils portent sur des données comportant le numéro d'inscription des personnes au répertoire national d'identification des personnes physiques. La mise en œuvre des traitements intervient sans préjudice des obligations qui incombent aux responsables de traitement ou à leurs sous-traitants en application de la section 3 du chapitre IV du règlement (UE) 2016/679 du 27 avril 2016. – *V., ci-dessous, Décr. n° 2019-341 du 19 avr. 2019.*

N'entrent pas dans le champ d'application du premier alinéa du présent article ceux des traitements portant sur des données à caractère personnel parmi lesquelles figure le numéro d'inscription des personnes au répertoire national d'identification des personnes physiques ou qui requièrent une consultation de ce répertoire :

1° Qui ont exclusivement des finalités de statistique publique, sont mis en œuvre par le service statistique public et ne comportent aucune des données mentionnées au I de l'article 6 ou à l'article 46 ;

2° Qui ont exclusivement des finalités de recherche scientifique ou historique ;

3° Qui ont pour objet de mettre à la disposition des usagers de l'administration un ou plusieurs téléservices de l'administration électronique définis à l'article 1er de l'ordonnance n° 2005-1516 du 8 décembre 2005 relative aux échanges électroniques entre les usagers et les autorités administratives au sens de ce même article 1er, et entre ces mêmes autorités administratives.

La dérogation prévue pour les traitements dont les finalités sont mentionnées aux 1° et 2° du présent article, n'est applicable que si le numéro d'inscription au répertoire national d'identification des personnes physiques fait préalablement l'objet d'une opération cryptographique lui substituant un code statistique non signifiant. Cette opération est renouvelée à une fréquence définie par décret en Conseil d'État, pris après avis motivé et publié de la Commission nationale de l'informatique et des libertés. Les traitements ayant comme finalité exclusive de réaliser cette opération cryptographique ne sont pas soumis au premier alinéa.

Pour les traitements dont les finalités sont mentionnées au 1°, l'utilisation du code statistique non signifiant n'est autorisée qu'au sein du service statistique public.

Pour les traitements dont les finalités sont mentionnées au 2°, l'opération cryptographique et, le cas échéant, l'interconnexion de deux fichiers par l'utilisation du code spécifique non signifiant qui en est issu ne peuvent être assurées par la même personne ni par le responsable de traitement.

Par dérogation au premier alinéa, les traitements de données à caractère personnel dans le domaine de la santé sont régis par la section 3 du chapitre III du titre II, à l'exception :

1° Des traitements mentionnés à l'article 67 ;

2° Des traitements comportant le numéro d'inscription au répertoire national d'identification des personnes physiques utilisé comme identifiant de santé des personnes en application de l'article L. 1111-8-1 du code de la santé publique, en dehors de ceux de ces traitements mis en œuvre à des fins de recherche *(L. n° 2019-774 du 24 juill. 2019, art. 41)* **« ou servant à constituer des bases de données à des fins**

ultérieures de recherche, d'étude ou d'évaluation dans le domaine de la santé ». — *V. cet art., App., v° Santé.*

Les dispositions de l'art. 41 de la L. n° 2019-774 du 24 juill. 2019 sont entrées en vigueur le lendemain de la date d'entrée en vigueur des dispositions de l'Ord. n° 2018-1125 du 12 déc. 2018, soit le 2 juin 2019 (L. préc., art. 41-XII).

V. RGPD, art. 87.

BIBL. ▶ CNIL, *Guide pratique : Modalités de circulation du NIR pour la recherche en santé aux fins d'appariement de données avec le SNDS*, déc. 2020.

Jurisprudence rendue sous l'empire de l'anc. art. 27, dans sa rédaction applicable avant l'entrée en vigueur de la L. n° 2018-493 du 20 juin 2018.

TRAITEMENTS PORTANT SUR DES DONNÉES COMPRENANT LE NIR

1. Les dispositions de l'art. R. 351-30 C. trav. « organisent les modalités selon lesquelles les agents chargés du contrôle de la recherche d'emploi par les travailleurs involontairement privés d'emploi ont accès, pour l'exercice de leur mission, à certaines de ces données », dont le NIR. Ces dispositions autorisent donc des traitements de données relevant des dispositions de l'art. 27. Il en résulte que la CNIL doit être saisie du décret modifiant l'art. R. 351-30 C. trav., dès lors que les modifications apportées au traitement antérieurement autorisé par décret en Conseil d'État, qui portent tant sur le champ des personnes ayant accès à ces données que sur les finalités de ce traitement, sont substantielles. • CE 2 juill. 2007, *Assoc. AC*, n° 290593 A.

2. Relèvent également de cette catégorie. Le Répertoire national commun de la protection sociale, qui contient « les données communes d'identification des individus, informations relatives à leur affiliation aux différents régimes concernés, à leur rattachement à l'organisme qui leur sert les prestations, leur nature, l'adresse déclarée aux organismes pour les percevoir ». • CNIL 30 avr. 2009, *délib.* n° 2009-211. ♦ ... Le traitement automatisé de gestion des personnels des cultes d'Alsace et de Moselle, dès lors qu'il implique l'enregistrement du NIR aux fins de gérer les relations avec les fonds sociaux. • CNIL 2 juill. 2009, *délib.* n° 2009-424. ♦ ... Ou encore la déclaration sociale nominative. • CNIL 15 nov. 2012, *délib.* n° 2012-403.

Décret n° 2019-341 du 19 avril 2019,

Relatif à la mise en œuvre de traitements comportant l'usage du numéro d'inscription au répertoire national d'identification des personnes physiques ou nécessitant la consultation de ce répertoire.

V. CNIL, délib. n° 2019-029 du 14 mars 2019 portant avis sur un projet de décret pris pour application de l'art. 22 [devenu art. 30] de la loi n° 78-17 du 6 janv. 1978 relative à l'informatique, aux fichiers et aux libertés.

Art. 1er Entrent dans le champ du présent décret les traitements dont les finalités nécessitent l'utilisation du numéro d'inscription des personnes au répertoire national d'identification des personnes physiques ou qui requièrent une consultation de ce répertoire.

Art. 2 Pour la mise en œuvre de l'*(Décr. n° 2021-707 du 3 juin 2021, art. 4)* « article 30 » de la loi du 6 janvier 1978 susvisée, les finalités et les catégories de responsables de traitement sont celles énumérées ci-après :

A. — Dans le champ de la protection sociale :

1° Pour l'accomplissement de leurs missions en matière de protection sociale, y compris lorsque l'utilisation du numéro d'inscription au répertoire national d'identification des personnes physiques est nécessaire pour la réalisation d'évaluations, d'études, de statistiques et de recherches, ou pour mettre en œuvre des échanges ou traitements intéressant plusieurs acteurs de la protection sociale :

a) Les administrations et organismes chargés de la gestion d'un régime de base de sécurité sociale légalement obligatoire ou du service des allocations, prestations et aides mentionnés dans le code de la sécurité sociale, le code rural et de la pêche maritime et le code de l'action sociale et des familles ainsi que, le cas échéant, les organismes habilités par la loi ou par une convention à participer à la gestion de ces régimes, les organismes chargés du recouvrement, les caisses assurant le service des congés payés, la Caisse des Français de l'étranger et l'établissement mentionné à l'article L. 767-1 du code de la sécurité sociale ;

b) Les organismes chargés de la gestion de l'assurance maladie complémentaire ou de la retraite complémentaire ;

c) Les groupements constitués par les organismes et administrations ou services chargés de la gestion d'un régime de protection sociale entre eux et, le cas échéant, avec l'État, dont la liste est publiée et notifiée à la Commission nationale de l'informatique et des libertés ;

d) Les organismes chargés de la prévoyance, dont les caisses de prévoyance mentionnées à l'article L. 727-2 du code rural et de la pêche maritime ;

e) La Caisse des dépôts et consignations pour assurer les services relatifs aux caisses ou aux fonds dont la gestion lui a été confiée et, notamment, pour gérer les retraites, liquider les droits à invalidité et à compensation du handicap et assurer les prestations d'action sociale ;

f) Les collectivités territoriales et leurs groupements, les centres communaux et intercommunaux d'action sociale, mentionnés aux articles L. 123-4 à L. 123-9 du code de l'action sociale et des familles, ainsi que les autres organismes sociaux et médico-sociaux mentionnés au deuxième alinéa de l'article L. 232-13 du même code pour l'attribution des prestations d'aide sociale qu'ils servent ;

g) L'Agence nationale pour la garantie des droits des mineurs, pour l'ensemble des aides et prestations qu'elle verse au titre de ses missions prévues par la loi du 3 février 2004 susvisée ;

h) Les institutions mentionnées à l'article L. 3253-14 du code du travail, le groupement d'intérêt public "Modernisation des déclarations sociales" mentionné au dernier membre de phrase du premier alinéa de l'article L. 133-5 du code de la sécurité sociale, l'institution mentionnée à l'article L. 5312-1 du code du travail et l'organisme mentionné à l'article L. 5427-1 du même code ;

i) Les maisons départementales des personnes handicapées mentionnées aux articles L. 146-3 et suivants du code de l'action sociale et des familles, et les agents des administrations et organismes mentionnés aux I et II de l'article R. 247-5 du même code ;

j) Les établissements et services sociaux et médico-sociaux mentionnés au I de l'article L. 312-1 du code de l'action sociale et des familles, pour les traitements nécessaires à la prise en charge des personnes à des fins sanitaires et médico-sociales et aux échanges avec les organismes mentionnés aux *a* et *i* du présent article ;

k) Les agents de la Caisse nationale de solidarité pour l'autonomie mentionnés aux 2° et 3° de l'article R. 146-42 du code de l'action sociale et des familles, pour les missions définies à l'article R. 146-38 du même code, sous réserve que le numéro d'inscription au répertoire national d'identification des personnes physiques ait fait l'objet de mesures adéquates de pseudonymisation permettant d'assurer la confidentialité de l'identité des personnes, pour ce qui concerne les informations définies à l'article R. 146-39 du même code ;

l) La Caisse nationale militaire de sécurité sociale pour la gestion administrative et financière des prestations et des aides allouées aux personnels militaires affiliés à la caisse, à leur famille, aux personnels civils du ministère de la défense, aux réservistes opérationnels et aux titulaires d'une pension militaire d'invalidité ;

m) La Caisse nationale d'assurance vieillesse pour les finalités définies à l'article 1er du décret du 24 mai 2018 susvisé ;

n) L'Institut de recherche et documentation en économie de la santé (IRDES) et l'association ASALÉE mentionnés au premier alinéa du II de l'article 1er du décret du 13 octobre 2014 susvisé, pour la finalité définie au II du même article ;

2° Pour l'instruction du droit au revenu de solidarité active, à sa liquidation et à son contrôle ainsi qu'à la conduite des actions d'insertion : les départements, l'institution mentionnée à l'article L. 5312-1 du code du travail et les organismes qui versent les rémunérations ou les aides à l'emploi ou à la formation ;

3° Pour la fourniture de services faisant l'objet d'une tarification définie par la loi sur la base de critères sociaux : les entreprises nécessitant la consultation du répertoire national commun mentionné à l'article L. 114-12-1 du code de la sécurité sociale ;

4° Pour l'accomplissement de ses missions : l'organisme chargé, conformément aux dispositions de l'article R. 121-50 du code du service national, de la gestion des aides et de la protection sociale des volontaires en engagement de service civique ;

5° Pour faciliter l'identification des bénéficiaires du régime d'allocation viagère des débitants de tabac et favoriser les échanges avec les autres organismes de prestations sociales auxquels le régime d'allocation viagère contribue : les services des douanes et droits indirects, la Caisse des dépôts et consignations, et l'association pour la prévoyance collective ;

6° Pour la vérification de l'identité des chefs d'entreprise, de leurs conjoints et de l'ensemble des personnes physiques composant la gérance de l'entreprise et la transmission aux organismes mentionnés par l'arrêté prévu à l'article R. 123-16 du code de commerce du résultat de cette consultation, ainsi que pour la transmission aux organismes sociaux mentionnés à l'arrêté susmentionné des déclarations mentionnées au même arrêté, comprenant le numéro d'identification au répertoire : l'organisme unique mentionné à l'article R. 123-1 de ce code.

B. — Dans le champ de la santé :

1° Pour l'opération de référencement des données de santé au moyen du numéro d'inscription au répertoire national d'identification des personnes physiques utilisé en tant qu'identifiant national de santé dans le cadre de la prise en charge des personnes à des fins sanitaires et médico-sociales : les professionnels mentionnés à l'article L. 1110-4 du code de la santé publique et les professionnels constituant une équipe de soins en application de l'article L. 1110-12 du même code intervenant dans la prise en charge sanitaire ou médico-sociale de la personne concernée, dans les conditions et selon les modalités fixées aux articles R. 1111-8-1 à R. 1111-8-7 du même code;

2° Pour la mise en œuvre *(Décr. n° 2021-1048 du 4 août 2021, art. 3)* « de l'espace numérique de santé prévu à l'article L. 1111-13-1 du code de la santé publique et » du dossier médical partagé prévu à l'article L. 1111-14 du code de la santé publique : la Caisse nationale de l'assurance maladie des travailleurs salariés;

3° Pour la mise en œuvre du dossier pharmaceutique prévu à l'article L. 1111-23 du code de la santé publique : le Conseil national de l'ordre des pharmaciens;

4° Pour les remontées d'informations nominatives vers les organismes d'assurance maladie : l'Agence technique de l'information sur l'hospitalisation prévue à l'article R. 6113-33 du code de la santé publique;

5° Pour les opérations liées à la facturation et à la prise en charge financière des dépenses de santé : les professionnels, institutions, structures ou établissements, ainsi que leurs groupements, qui dispensent à des assurés sociaux ou à leurs ayants droit des actes ou prestations pris totalement ou partiellement en charge par l'assurance maladie, y compris les comptables publics attachés le cas échéant à ces établissements;

6° Pour les opérations liées à la facturation et à la prise en charge financière de dépenses relatives aux actes de télémédecine *(Décr. n° 2021-707 du 3 juin 2021, art. 4)* « et activités de télésoin » tels que définis *(Décr. n° 2021-707 du 3 juin 2021, art. 4)* « aux articles L. 6316-1 et L. 6316-2 » du code de la santé publique : outre les acteurs mentionnés à l'alinéa précédent, toute personne concourant à *(Décr. n° 2021-707 du 3 juin 2021, art. 4)* « ces actes ou activités » et à laquelle s'impose en raison de ses fonctions l'obligation de secret professionnel prévue par l'article 226-13 du code pénal;

7° Pour la constitution de fichiers de personnes invitées aux programmes de dépistage des cancers et pour la gestion de ceux-ci : les caisses d'assurance maladies participantes;

8° Pour l'identification des professionnels intervenant dans le système de santé aux fins de fiabiliser, par consultation du répertoire national d'identification des personnes physiques, les données du répertoire partagé de ces professionnels : le groupement d'intérêt public chargé du développement des systèmes d'information de santé partagés prévu à l'article L. 1111-24 du code de la santé publique;

9° Pour sa mission de centralisation, d'exploitation et de conservation des informations relatives à la surveillance de l'exposition des travailleurs aux rayonnements ionisants et à leur suivi médical : l'Institut de radioprotection et de sûreté nucléaire mentionné à l'article L. 592-45 du code de l'environnement;

10° Pour la gestion et le suivi des alertes sanitaires : l'Agence nationale de santé publique mentionnée à l'article L. 1413-1 du code de la santé publique, ainsi que les organismes ou les services chargés d'une mission de service public figurant sur une liste fixée par arrêté conjoint des ministres chargés de la santé et de la sécurité sociale, pris après avis de la Commission nationale de l'informatique et des libertés;

(Décr. n° 2022-1109 du 2 août 2022, art. 2) « 11° Pour assurer la gestion et le suivi des victimes d'un événement constituant une situation sanitaire exceptionnelle ou de nature à impliquer de nombreuses victimes, dans le cadre du traitement mentionné à l'article R. 3131-10-1 du code de la santé publique : les services du ministère chargé de la santé concourant à la mise en œuvre de ce traitement. »

C. — Dans les champs du travail et de l'emploi du secteur privé et du secteur public :

1° Pour remplir leurs obligations déclaratives nécessitant l'utilisation du numéro d'inscription au répertoire national d'identification des personnes physiques, notamment celles prévues par l'article L. 133-5-3 du code de la sécurité sociale, et pour le traitement automatisé de la paie et de la gestion du personnel résultant de dispositions légales ou réglementaires et de conventions collectives concernant les déclarations, les calculs de cotisations et de versement destinées aux organismes mentionnés à l'article 1er du décret du 3 avril 1985 susvisé : les employeurs privés, les employeurs publics et leurs tiers mandatés ainsi que les personnes visées au premier alinéa de l'article L. 382-4 du code de la sécurité sociale et les tiers habilités mentionnés à l'article R. 382-19 du même code;

2° Pour la gestion financière des ressources humaines de l'administration : les employeurs publics et leurs tiers mandatés;

3° Pour le pilotage et la gestion de l'action sociale conduite à l'égard des agents des services centraux et des services déconcentrés des administrations de l'État : les services compétents des administrations de l'État ;

4° Pour la vérification de l'identité du salarié faisant l'objet de la déclaration préalable à l'embauche prévue par l'article L. 1221-10 du code du travail lors de la phase administrative initiale de traitement de la déclaration : les organismes de protection sociale et l'organisme mentionné à l'article L. 5312-1 du code du travail ;

5° Pour la tenue du livret d'épargne salariale, l'établissement des relevés de compte individuels et des états récapitulatifs, conformément au troisième alinéa de l'article L. 3341-7 du code du travail : les organismes ou services chargés de ces missions ;

6° Pour la tenue et la transmission des relevés mensuels des contrats de mission, en application de l'article L. 1251-46 du code du travail : les entrepreneurs de travail temporaire ;

7° Pour l'établissement de la liste électorale en vue de mesurer l'audience des organisations syndicales dans les entreprises de moins de onze salariés, mentionnée à l'article L. 2122-10-1 du code du travail : les services du ministère chargé du travail et le prestataire agissant pour le compte du ministère ;

8° Pour le versement, le contrôle et le pilotage des dispositifs d'aide à l'emploi : l'Agence de services et de paiement mentionnée à l'article L. 313-1 du code rural et de la pêche maritime ;

9° Pour l'accompagnement des jeunes pour l'accès à l'emploi et la mise en œuvre d'actions d'insertion, de concertation et d'évaluation, conformément aux missions qui leur sont dévolues : les missions locales pour l'insertion professionnelle et sociale des jeunes ;

10° Pour l'accomplissement de leurs missions de suivi, de pilotage, d'études et d'évaluation des politiques publiques en matière d'emploi et de formation professionnelle, ainsi qu'à des fins d'études, notamment de suivi de parcours et des dispositifs qu'ils mettent en œuvre : les services de la délégation générale à l'emploi et à la formation professionnelle et de la direction générale de l'administration et de la fonction publique ;

11° Pour la mise en œuvre du compte personnel d'activité mentionné aux articles L. 5151-1 et suivants du code du travail et à l'article 22 *ter* de la loi du 13 juillet 1983 susvisée, et la connexion au système d'information du compte personnel d'activité mentionné aux articles R. 5151-1 et suivants du même code : les services du ministère chargé du travail et de l'emploi, la Caisse des dépôts et consignations, les personnes morales de droit public et les personnes morales de droit privé chargées d'une mission de service public qui développent et mettent à disposition les services en ligne mentionnés au 3° du II de l'article L. 5151-6 du même code, ainsi que les employeurs publics et leurs tiers mandatés ;

12° Pour la mise en œuvre du compte personnel de formation, prévu aux articles L. 6323-1 et suivants du code du travail et à l'article 22 *quater* de la loi du 13 juillet 1983 susvisée, la connexion au système d'information du compte personnel de formation mentionné aux articles R. 6323-31 et suivants du même code et le partage d'informations prévu à l'article L. 6353-10 du code du travail : les services du ministère chargé de la formation professionnelle, les services de la direction générale de l'administration et de la fonction publique, la Caisse des dépôts et consignations, l'institution nationale publique France compétences mentionnée à l'article L. 6123-5 du code du travail, les organismes paritaires agréés mentionnés à l'article L. 6332-1 du code du travail, les organismes paritaires agréés pour la prise en charge du congé individuel de formation mentionnés au X de l'article 1er de la loi du 5 septembre 2018 susvisée, les régions et les opérateurs de conseil en évolution professionnelle mentionnés à l'article L. 6111-6 du code du travail, Pôle emploi, le fonds de développement pour l'insertion professionnelle des personnes handicapées mentionné à l'article L. 5212-9 du code du travail, ainsi que les opérateurs dénommés "Cap emploi", l'Association pour l'emploi des cadres, les missions locales et, l'Agence de services et de paiement, les employeurs publics et leurs tiers mandatés, l'Association nationale pour la formation permanente du personnel hospitalier et le Centre national de la fonction publique territoriale ;

13° Pour l'alimentation du traitement de données à caractère personnel mentionné à l'article L. 5151-8 du code du travail et relatif aux droits acquis sur le compte personnel de formation ou des jours de congés, au titre des activités bénévoles ou de volontariat recensées par le compte d'engagement citoyen : la Caisse des dépôts et consignations, les services de la direction de la jeunesse, de l'éducation populaire et de la vie associative, les services de la direction des systèmes d'information du secrétariat général des ministères chargés des affaires sociales, les personnes morales et physiques dont les traitements visés à l'article R. 6323-37 du code du travail peuvent alimenter le traitement automatisé mentionné à l'article R. 6323-32 dans le cadre des finalités définies au 8° de l'article R. 6323-33 du code du travail et, pour la gestion du parcours de formation des titulaires du compte d'engagement citoyen, la Caisse des dépôts et consignations, les organismes paritaires agréés mentionnés à l'article L. 6332-1 du code du travail, ainsi que les employeurs publics et leurs tiers mandatés ;

14° Pour la mise en œuvre du compte professionnel de prévention prévu à l'article L. 4163-4 du code du travail et la connexion au système d'information dudit compte : la Caisse nationale d'assurance maladie, le réseau des organismes de la branche accidents du travail et maladies professionnelles du régime général et les organismes délégataires mentionnés à l'article L. 4163-14 du code du travail ;

15° Pour le versement de la rémunération des bénéficiaires du projet de transition professionnelle : les organismes paritaires agréés pour la prise en charge du congé individuel de formation mentionnés au X de l'article 1er de la loi du 5 septembre 2018 susvisée, jusqu'au 31 décembre 2019, et les commissions paritaires interprofessionnelles mentionnées à l'article L. 6323-17-6 du code du travail ;

16° Pour la liquidation, la concession, la gestion et le règlement des pensions et allocations civiles et militaires, des pensions militaires d'invalidité, des pensions d'invalidité des victimes de guerre, des retraites du combattant et des traitements versés au titre de la Légion d'honneur et de la médaille militaire, et l'information des fonctionnaires, magistrats et militaires sur les droits à la retraite : les administrations de l'État et la Caisse des dépôts et consignations ;

17° Pour la garantie contre le risque de non-paiement : l'association et l'organisme mentionnés à l'article L. 3253-14 du code du travail ;

18° Pour l'instruction, le suivi et la gestion des dossiers des accidents de service, des accidents du travail et des maladies professionnelles dont sont victimes les agents en activité ou retraités, et la gestion des demandes de surveillance médicale postprofessionnelle des agents ayant été exposés à un risque professionnel pendant l'exercice de leurs fonctions : les agents habilités des employeurs publics ainsi que ceux de leurs tiers mandatés, les agents habilités des employeurs privés et les médecins du travail et de prévention ;

19° Pour l'indemnisation des défenseurs syndicaux rémunérés à la commission : l'Agence de services et de paiements mentionnée à l'article L. 313-1 du code rural et de la pêche maritime ;

(Décr. n° 2021-1128 du 30 août 2021, art. 3) « 20° Pour la détermination de l'éligibilité d'une personne à un parcours d'insertion par l'activité économique, pour le suivi de son parcours et des aides financières : les services de l'État en charge du pilotage et du contrôle de l'insertion par l'activité économique, les prescripteurs habilités mentionnés à l'article L. 5132-3 du code du travail, les structures d'insertion par l'activité économique mentionnées à l'article L. 5132-4 du même code, les entreprises d'insertion par le travail indépendant mentionnées à l'article 83 de la loi du 5 septembre 2018 susvisée ;

« 21° Pour l'évaluation de l'expérimentation prévue à l'article 9 de la loi n° 2020-1577 du 14 décembre 2020 relative au renforcement de l'inclusion dans l'emploi par l'activité économique et à l'expérimentation "territoires zéro chômeur de longue durée" : l'association gestionnaire du fonds d'expérimentation territoriale contre le chômage de longue durée mentionné à l'article 10 de la loi du 14 décembre 2020 précitée, les comités locaux chargés du pilotage de l'expérimentation et leurs membres, les entreprises à but d'emploi conventionnées dans le cadre de l'expérimentation, France Stratégie, l'inspection générale des affaires sociales, l'inspection générales des finances. »

D. — Dans les champs financier, fiscal et douanier :

1° Pour faire certifier par l'Institut national de la statistique et des études économiques les états civils des personnes physiques titulaires de comptes bancaires : les services de la direction générale des finances publiques ;

2° Pour vérifier la fiabilité des éléments d'identification des personnes physiques figurant dans les traitements de données relatives à l'assiette, au contrôle et au recouvrement de tous impôts, droits, taxes, redevances ou amendes, et pour l'exercice du droit de communication auprès des personnes énumérées à l'article R.* 81-A du livre des procédures fiscales : les services de la direction générale des finances publiques et de la direction générale des douanes et droits indirects ;

3° Pour les opérations résultant de dispositions légales ou réglementaires concernant le recouvrement des sommes dues par les organismes mentionnés à l'article 1er du décret du 3 avril 1985 susvisé, et pour l'exercice du droit de communication dont disposent le comptable public de l'État chargé du recouvrement des créances hospitalières à l'encontre des organismes de sécurité sociale en application de l'article L. 115-1 du code de la sécurité sociale : les services de la direction générale des finances publiques ;

4° Pour la communication, sous réserve des dispositions de l'article L. 288 du livre des procédures fiscales, des informations prévues aux articles L. 152 et L. 154 du livre des procédures fiscales, avec les organismes et services mentionnés aux mêmes articles et à l'article L. 135

ZH : les services de la direction générale des finances publiques et les organismes et services susmentionnés ;

5° Pour la mise en œuvre du prélèvement à la source prévu par l'article 204 A du code général des impôts : les employeurs, organismes, administrations et services chargés de collecter l'impôt sur le revenu ;

6° Pour l'accomplissement de ses missions en matière de gestion du fichier bancaire des entreprises, du fichier central des chèques impayés et du fichier national des incidents de remboursement des crédits aux particuliers, et pour la centralisation des décisions de retrait des cartes de paiement délivrées à leurs clients par les établissements de crédit et les institutions et services mentionnés à l'article L. 518-1 du code monétaire et financier et sous réserve que les numéros d'inscription au répertoire national d'identification des personnes physiques ne soient pas conservés dans ces fichiers : la Banque de France ;

7° Pour la recherche des titulaires décédés de comptes ou coffres forts inactifs par consultation du répertoire national d'identification des personnes physiques sans autre utilisation du numéro d'inscription pour accéder à la consultation : les établissements du secteur bancaire et financier soumis aux obligations relatives aux comptes inactifs prévues par la section 4 du chapitre II du titre I du livre III du code monétaire et financier, ou la personne mandatée à cet effet ayant signé une licence d'usage avec l'Institut national de la statistique et des études économiques pour la consultation du répertoire national d'identification des personnes physiques ;

8° Pour la recherche des assurés, des adhérents, des souscripteurs ou des bénéficiaires de contrats d'assurance sur la vie ou de bons ou contrats de capitalisation décédés : les entreprises d'assurance, les mutuelles et les unions, les institutions de prévoyance et les unions, les organismes de retraite professionnelle supplémentaire, les entreprises de réassurance et l'Association pour la gestion des informations et le risque en assurance ;

9° Pour la tenue de la base de données relative aux personnes dont le décès est connu de l'institut national de la statistique et des études économiques et la mise en place d'une plateforme informatique sécurisée permettant l'interrogation de cette base par les seuls organismes autorisés : l'Association pour la gestion des informations et le risque en assurance ;

10° Pour l'interrogation de la base de données relative aux personnes dont le décès est connu de l'institut national de la statistique et des études économiques : le fonds de garantie des assurances obligatoires de dommages, mentionné à l'article L. 421-1 du code des assurances, et le fonds de garantie des victimes des actes de terrorisme et d'autres infractions, mentionné à l'article L. 422-1 du même code, dans le cadre du suivi des versements des arrérages de rentes aux victimes ou à leurs ayants droit ;

11° Pour le respect des obligations relatives à la lutte contre le blanchiment de capitaux et le financement du terrorisme, et l'application des mesures de gel et des interdictions de mise à disposition prévues par le code monétaire et financier, uniquement dans l'hypothèse où le numéro d'inscription au répertoire national d'identification des personnes physiques figure sur les listes de gel des avoirs ou de sanctions financières : les personnes mentionnées aux 1° à 7° de l'article L. 561-2 du code monétaire et financier ;

12° Pour l'accomplissement de leurs missions de lutte contre la fraude en matières sociale, fiscale et douanière : les agents des services, dûment habilités et dans la limite du droit d'en connaître, de contrôle de l'inspection du travail mentionnés à l'article L. 8112-1 du code du travail, de la police judiciaire, des douanes et de l'administration fiscale ;

13° Pour l'accomplissement de ses missions de lutte contre la fraude en matières sociale, fiscale et douanière, contre le blanchiment des capitaux, et contre le financement du terrorisme : le service à compétence nationale prévu à l'article L. 561-23 du code monétaire et financier ;

14° Pour la lutte contre la fraude à l'assurance externe ou interne correspondant à un acte ou omission commis intentionnellement par une ou plusieurs personnes afin d'obtenir un avantage ou un bénéfice de façon illégitime, illicite ou illégale : les entreprises d'assurance, les mutuelles et leurs unions, les institutions de prévoyance et leurs unions, les organismes de retraite professionnelle supplémentaire, les entreprises de réassurance, le fonds de garantie des assurances obligatoires de dommages, mentionné à l'article L. 421-1 du code des assurances et le fonds de garantie des victimes des actes de terrorisme et d'autres infractions, mentionné à l'article L. 422-1 du même code ;

15° Pour la passation, la gestion et l'exécution des contrats d'assurance, de capitalisation et de réassurance, ou de leurs engagements de retraite pour leurs activités d'assurance maladie, maternité, invalidité et de retraite supplémentaire, leurs activités d'assurance pour les garanties pertes d'exploitation et perte d'emploi uniquement à des fins probatoires, leurs relations avec les professionnels, les établissements et les institutions de santé en vertu des dispositions du 3° de l'article R. 115-2 du code de la sécurité sociale, ainsi que les déclarations sociales des entreprises souscriptrices de contrat d'assurance, les indemnisations des accidents en vertu des dispositions des articles L. 376-1 et L. 454-1 du code de la sécurité sociale, l'indemnisation des accidents de la circulation en vertu des articles R. 211-37 et R. 211-38 du code des assurances, la gestion des rentes en vertu des dispositions de l'article 39 A de l'annexe III du code général des impôts et de l'article L. 81 A du livre des procédures fiscales, ainsi que l'exécution des dispositions légales, règlementaires et administratives en vigueur : les entreprises d'assurance, les mutuelles et leurs unions, les institutions de prévoyance et leurs unions, les organismes de retraite professionnelle supplémentaire et les entreprises de réassurance ;

16° Dans le cadre de leurs échanges avec les organismes sociaux en vue de présenter une offre d'indemnisation aux victimes de dommages relevant de leurs champs de compétences respectifs : le fonds de garantie des assurances obligatoires de dommages, mentionné à l'article L. 421-1 du code des assurances, et le fonds de garantie des victimes des actes de terrorisme et d'autres infractions, mentionné à l'article L. 422-1 du code des assurances.

E. — Dans le champ de la justice :

1° Pour la gestion des procédures juridictionnelles, lorsque la mention de la qualité d'assuré social ou l'intervention des organismes de sécurité sociale dans le cadre des procédures sont prévues par les textes en vigueur : les avocats au Conseil d'État et à la Cour de cassation ainsi que les avocats ;

2° Pour la gestion des procédures judiciaires, lorsque la mention du numéro d'inscription des personnes au répertoire national d'identification des personnes physiques ou l'intervention des organismes de sécurité sociale dans les procédures sont prévues par les textes en vigueur : les services du ministère de la justice ;

3° Pour la gestion et le suivi de la représentation juridique, de l'assistance, de la surveillance et du contrôle des personnes placées, par l'autorité judiciaire, sous la responsabilité des administrateurs judiciaires ou mandataires judiciaires, ainsi que la reddition de compte auprès de toute autorité habilitée à en connaître : les administrateurs judiciaires, les mandataires judiciaires et les personnes physiques ou morales faisant fonction en application des articles L. 811-2 et L. 812-2 du code de commerce ;

4° Pour la gestion et le suivi de la représentation juridique, de l'assistance, de la surveillance et du contrôle des personnes placées, par l'autorité judiciaire, sous sauvegarde de justice, sous tutelle, sous curatelle ou sous mesure d'accompagnement judiciaire, et pour la gestion administrative et comptable du service de sauvegarde juridique, de tutelle, de curatelle ou de la mesure d'accompagnement judiciaire : les mandataires judiciaires à la protection des majeurs ainsi que les personnes exerçant cette fonction dans les conditions prévues à l'article L. 472-6 du code de l'action sociale et des familles ;

5° Pour les besoins de la prise en charge éducative et du suivi des condamnations des mineurs et majeurs de moins de vingt et un ans confiés par l'autorité judiciaire, au titre de l'assistance éducative ou de l'enfance délinquante : les établissements et services mentionnés aux 1° et 4° du I et au III de l'article L. 312-1 du code de l'action sociale et des familles ;

6° Pour la gestion des droits sociaux des personnes détenues : les services habilités de l'administration pénitentiaire ;

7° Pour l'exercice de leurs attributions confiées par la loi, en particulier assurer la mission de contrôle de légalité et de publicité légale : les greffiers des tribunaux de commerce ;

(Abrogé par Décr. n° 2021-300 du 18 mars 2021, art. 45, à compter du 1er janv. 2023) « 8° Pour la transmission aux centres de formalités des entreprises compétents des déclarations prévues à l'annexe 1-2 du livre I du code de commerce, lorsqu'elles comportent une demande d'immatriculation au registre du commerce et des sociétés, d'inscription modificative ou de radiation : les greffiers des tribunaux de commerce. »

F. — Dans les champs de la statistique publique et du recensement :

1° *a)* Jusqu'à l'entrée en vigueur de l'ordonnance du 12 décembre 2018 susvisée selon les conditions précisées à son article 29 : pour les traitements qui ont des finalités d'études, de recherche, d'évaluation ou de statistique publique à l'exception de celles visées au 1° de l'article 22 de la loi du 6 janvier 1978 susvisée, réalisés dans le respect de la loi du 7 juin 1951 susvisée : le service statistique public et les autres organismes chargés de tels traitements ;

b) Après l'entrée en vigueur de l'ordonnance du 12 décembre 2018 susvisée selon les conditions précisées à son article 29 : pour les traitements qui ont des finalités d'études, de recherche, d'évaluation ou de statistique publique à l'exception de celles visées au 1° de l'article 30 de la loi du 6 janvier 1978 issue de l'ordonnance n° 2018-1125 du 12 décembre 2018 susvisée, réalisés dans le respect de la loi du 7 juin 1951 susvisée, et qui ne font pas l'objet d'une opération cryptographique substituant au numéro d'inscription au répertoire national d'identification des personnes physiques un code statistique non signifiant : le service statistique public et les autres organismes chargés de tels traitements;

2° Pour la gestion du répertoire national d'identification des entreprises et de leurs établissements, la tenue des traitements nécessaires à la constitution des listes électorales et à la gestion du processus électoral, notamment du répertoire électoral unique mentionné à l'article L. 16 du code électoral, et les propositions d'inscription d'office sur les listes électorales : l'Institut national de la statistique et des études économiques;

3° Pour les traitements mis en œuvre à des fins statistiques, d'analyse et d'évaluation des politiques de sécurité routière : l'observatoire national interministériel de la sécurité routière et les services chargés des missions d'observatoire régional ou départemental de la sécurité routière prévus par le décret du 27 décembre 2017 susvisé.

G. — Dans le champ de l'éducation :

1° Pour le contrôle, l'attribution et le service des prestations d'invalidité des maîtres ou documentalistes contractuels ou agréés des établissements d'enseignement privés sous contrat et des personnels enseignants et de documentation des établissements d'enseignement agricole privés sous contrat prévues aux articles R. 914-87, R. 914-115, R. 914-133 et R. 914-136 du code de l'éducation et par le décret du 26 janvier 2006 susvisé : le service des retraites de l'État rattaché à la direction générale des finances publiques;

2° Pour l'immatriculation des étudiants à la sécurité sociale et la gestion des consultations médicales opérées par le service de médecine préventive universitaire ou interuniversitaire : les établissements publics d'enseignement supérieur et l'Agence de mutualisation des universités et des établissements d'enseignement ou de recherche et de support à l'enseignement supérieur ou à la recherche;

3° Pour le traitement des dossiers d'accidents du travail et des maladies professionnelles dont ont été victimes, avant le 1er octobre 1985, les élèves et les étudiants de l'enseignement public mentionnés à l'article L. 412-8 du code de la sécurité sociale : les services des ministères chargés de l'éducation nationale et de l'enseignement supérieur.

H. — Dans le champ du logement :

1° Pour l'enregistrement des demandes de logement locatif social, dans les conditions prévues à l'article R. 441-2-2 du code de la construction et de l'habitation, leur suivi, l'attribution d'un numéro unique d'enregistrement de ces demandes : les personnes morales ou services énumérés à l'article R. 441-2-1 du code de la construction et de l'habitation et les services chargés de ces missions au sein du ministère chargé du logement;

2° Pour l'obtention des informations détenues par l'administration fiscale dans les conditions prévues aux articles R.* 135 ZH-A, R.* 135 ZH-2 et R. 135 ZH-3 du livre des procédures fiscales : les services chargés de ces missions au sein du ministère chargé du logement;

3° Pour la production de données statistiques sur les caractéristiques des demandes de logement locatif social effectuées dans les conditions prévues à l'article R. 441-2-2 du code de la construction et de l'habitation : le service statistique ministériel compétent.

I. — Autres champs :

Pour la gestion, la préparation et le suivi des demandes d'indemnisation des victimes des essais nucléaires, et pour l'élaboration de statistiques de suivi et du rapport annuel retraçant l'activité du comité d'indemnisation des victimes des essais nucléaires mentionné à l'article 4 de la loi du 5 janvier 2010 susvisée : le secrétariat de ce comité d'indemnisation.

Art. 3 *Mod. le Décr. nº 82-103 du 22 janv. 1982, art. 8 et 9. — V. App., vº État civil.*

Art. 4 Les dispositions relatives aux caractéristiques des traitements qui comportent le numéro d'inscription des personnes au répertoire national d'identification des personnes physiques, autres que les catégories de responsables de traitement et les finalités de ces traitements déterminés par le présent décret peuvent, lorsque ces traitements ont été créés par décret en Conseil d'État, être modifiés par décret.

Art. 5 I. — Le dernier alinéa de l'article R. 1111-8-3 du code de la santé publique est supprimé.

II. — Sont abrogés :

1° Le décret nº 89-509 du 18 juillet 1989 relatif à l'utilisation du numéro d'inscription au Répertoire national d'identification des personnes physiques par le commissariat de l'air;

2° Le décret nº 90-273 du 22 mars 1990 relatif à l'utilisation du numéro d'inscription au Répertoire national d'identification des personnes physiques par le commissariat de la marine;

3° Le décret nº 91-169 du 13 février 1991 relatif à l'utilisation du répertoire national d'identification des personnes physiques par l'Agence nationale pour l'emploi;

4° Le décret n° 91-188 du 21 février 1991 relatif à l'utilisation par la Banque de France (BDF) et par l'Institut d'émission des départements d'outre-mer (IEDOM) du répertoire national d'identification des personnes physiques (RNIPP) ;

5° Le décret n° 91-549 du 6 juin 1991 relatif à l'utilisation du numéro d'inscription au Répertoire national d'identification des personnes physiques par la direction des constructions aéronautiques au ministère de la défense ;

6° Le décret n° 91-1404 du 27 décembre 1991 autorisant l'utilisation du répertoire national d'identification des personnes physiques par les employeurs dans les traitements automatisés de la paie et de la gestion du personnel ;

7° Le décret n° 2000-714 du 27 juillet 2000 autorisant l'utilisation du répertoire national d'identification des personnes physiques par les directions interdépartementales du ministère chargé des anciens combattants.

Art. 6 I. — Le présent décret est applicable en Nouvelle-Calédonie, en Polynésie française, dans les îles Wallis-et-Futuna et dans les Terres australes et antarctiques françaises.

II. — En Nouvelle-Calédonie, en Polynésie française, dans les îles Wallis-et-Futuna et dans les Terres australes et antarctiques françaises, les dispositions du présent décret entrent en vigueur en même temps que l'ordonnance n° 2018-1125 du 12 décembre 2018 prise en application de l'article 32 de la loi n° 2018-493 du 20 juin 2018 relative à la protection des données personnelles et portant modification de la loi n° 78-17 du 6 janvier 1978 relative à l'informatique, aux fichiers et aux libertés et diverses dispositions concernant la protection des données à caractère personnel.

CHAPITRE IV *FORMALITÉS PRÉALABLES À LA MISE EN ŒUVRE DES TRAITEMENTS*

COMMENTAIRE

Avant la date d'entrée en application du RGPD, le 25 mai 2018, la loi Informatique et libertés avait instauré un régime de formalités préalables « en cascade ». Pour mémoire, si le régime déclaratif était la règle générale, les régimes d'autorisations par la CNIL ou par un acte réglementaire pris après avis de la CNIL, dérogatoires, étaient loin d'être marginaux. Dans tous les cas, il s'agissait bien de formalités « préalables » à la mise en œuvre du traitement, c'est-à-dire que le traitement ne pouvait légalement être mis en œuvre tant que le responsable n'avait pas, selon les cas, reçu un récépissé ou une autorisation de la CNIL (CE 19 juill. 2010, *M. Fristot et a.*, n° 317182 A), sauf bien sûr lorsque c'était le législateur lui-même qui créait un tel traitement.

Il existait donc une gradation dans les formalités préalables, selon un système de « paliers », qui étaient fonction à la fois de la finalité du traitement, de sa sensibilité en termes de type de données traitées et de l'identité de son responsable. On notera que, à l'exception des cas où la compétence de la CNIL se traduit par l'émission d'un avis (art. 26 et 27), chaque régime avait son pendant en termes de simplification, la CNIL ayant le pouvoir d'adopter des actes se traduisant par l'atténuation des formalités administratives à accomplir par le responsable de traitement. *In fine*, le traitement relevait donc, selon les hypothèses (V. les comm. sous chaque art.) :

– du régime dit de déclaration normale ;

– du régime des déclarations simplifiées (régime de simplification qui implique que le responsable de traitement souscrive uniquement à un engagement de conformité à des normes simplifiées, et non à une déclaration complète) ;

– du régime de « dispense de déclaration » ;

– du régime d'autorisation au titre de l'ancien article 25 ;

– du régime des « autorisations uniques » (qui constitue un outil de simplification des formalités à accomplir lorsque le traitement entre dans le champ des dispositions de l'article 25, et n'appelle de la part du responsable de traitement qu'un simple engagement de conformité) ;

– du régime des autorisations prévues par les chapitre IX et X de la loi en matière de santé ;

– du régime des autorisations de transferts de données en dehors du territoire de l'Union ;

– ou du régime de l'avis de la CNIL sur un acte réglementaire (anc. art. 26 et 27).

Selon le traitement concerné, les « formalités préalables » à accomplir pouvaient donc relever de huit régimes différents (sans compter les projets de loi), dans lesquels le pouvoir de la Commission était plus ou moins élevé.

Le RGPD se traduit par une simplification considérable de ces régimes, du fait du changement de paradigme, pour passer d'une logique de « formalités préalables » à une logique de responsabilisation des acteurs (*accountability*) moyennant, d'une part, le renforcement des instruments de droit souple et, d'autre part, des pouvoirs de sanction considérablement renforcés. En pratique :

– le régime de déclaration (anc. art. 22 dans sa rédaction antérieure à la loi du 20 juin 2018) a disparu ;

– le régime d'autorisation (anc. art. 25) a disparu.

On relèvera cependant que les référentiels que constituaient de fait les dispenses de déclarations, normes simplifiées et autorisations uniques conservent en grande partie leur pertinence et serviront probablement de socle à d'éventuels référentiels ou lignes directrices que la CNIL a désormais le pouvoir d'adopter en vertu de l'article 8.

Seuls les régimes d'autorisation par un acte réglementaire pris après avis de la CNIL demeurent donc au titre des formalités préalables. Ce sont ces actes qui désormais font l'objet d'un chapitre dédié de la loi Informatique et libertés. ❑

Art. 31 **I. — Sont autorisés par arrêté du ou des ministres compétents, pris après avis motivé et publié de la Commission nationale de l'informatique et des libertés, les traitements de données à caractère personnel mis en œuvre pour le compte de l'État et :**

1° Qui intéressent la sûreté de l'État, la défense ou la sécurité publique ;

2° Ou qui ont pour objet la prévention, la recherche, la constatation ou la poursuite des infractions pénales ou l'exécution des condamnations pénales ou des mesures de sûreté.

L'avis de la commission est publié avec l'arrêté autorisant le traitement.

II. — Ceux de ces traitements qui portent sur des données mentionnées au I de l'article 6 sont autorisés par décret en Conseil d'État pris après avis motivé et publié de la commission. Cet avis est publié avec le décret autorisant le traitement.

III. — Certains traitements mentionnés au I et au II peuvent être dispensés, par décret en Conseil d'État, de la publication de l'acte réglementaire qui les autorise. Pour ces traitements, est publié, en même temps que le décret autorisant la dispense de publication de l'acte, le sens de l'avis émis par la commission. – *V., infra, Décr. n° 2019-536 du 29 mai 2019, art. 70.*

IV. — Pour l'application du présent article, les traitements qui répondent à une même finalité, portent sur des catégories de données identiques et ont les mêmes destinataires ou catégories de destinataires peuvent être autorisés par un acte réglementaire unique. Dans ce cas, le responsable de chaque traitement adresse à la commission un engagement de conformité de celui-ci à la description figurant dans l'autorisation. – *V., infra, Décr. n° 2019-536 du 29 mai 2019, art. 68.*

V. RGPD, art. 10 et consid. 19.

V., infra, Décr. n° 2019-536 du 29 mai 2019, art. 23 et 24, 61 s.

BIBL. ▸ EYNARD et MONTEL, *D. actu. 16 juin 2021* (précisions sur le cadre légal applicable en cas de traitement de données sensibles mis en œuvre par ou pour le compte de l'État).

COMMENTAIRE

LE RÉGIME DES FICHIERS INTÉRESSANT LA SÛRETÉ DE L'ÉTAT, LA DÉFENSE OU LA SÉCURITÉ PUBLIQUE

Les dispositions du nouvel article 31 reprennent les dispositions de l'ancien article 26, et déterminent les conditions particulières de création des fichiers intéressant la sûreté de l'État, la défense ou la sécurité publique ainsi que ceux ayant pour objet la prévention, la recherche, la constatation ou la poursuite des infractions pénales ou l'exécution des condamnations pénales ou des mesures de sûreté.

Plusieurs éléments retiennent l'attention :

– Ces fichiers sont soumis à la loi de 1978, et leurs conditions particulières de création figurent donc dans les dispositions générales de la loi. La loi française pose ainsi un cadre unique pour l'ensemble des fichiers publics et privés, y compris les fichiers de sûreté, alors que la directive de 1995 comme le RGPD ne portent pas sur les fichiers relevant de la sécurité intérieure ou de la défense nationale. Symboliquement comme en termes d'autorité de contrôle, ce choix historique très fort n'a jamais été remis en cause : ces traitements relèvent du droit commun de la protection des données personnelles, mais il peut y avoir de nécessaires dérogations pour des raisons tenant aux caractéristiques propres de ces traitements.

– Ces fichiers sont caractérisés par un régime dérogatoire, soit en termes de procédure de contrôle *a priori* et *a posteriori*, soit en termes d'exercice des droits par les personnes concernées :

a) S'agissant des formalités préalables, ces fichiers sont, selon qu'ils traitent ou non des données sensibles au sens du I de l'article 6, créé par décret en Conseil d'État ou par arrêté. Le choix de l'acte dépend donc de deux critères, mais se traduira toujours, au stade de la création du traitement, par la consultation de la CNIL. Le premier critère est celui de la finalité du traitement : sécurité, défense, sûreté et recherche ou prévention des infractions impliquent que le traitement soit créé par acte réglementaire pris après l'avis de la CNIL. Le second critère est celui de la nature des données traitées : en l'absence de données sensibles, le traitement sera créé par arrêté avec le seul avis de la CNIL ; s'il contient des données sensibles, il sera soumis à la double consultation du Conseil d'État et de la CNIL. On notera qu'à l'occasion de la loi du 20 juin 2018, le champ des données sensibles a été étendu aux données biométriques et génétiques, ce qui modifie sensiblement le partage issu des anciens articles 26 et 27. Les informations communiquées à la CNIL pour qu'elle rende son avis sont déterminées à l'article 33, mais peuvent être réduites pour les traitements relatifs à la sécurité, à la défense ou à la sûreté de l'État.

b) S'agissant de la publication des textes réglementaires les créant, conformément au III, ces actes peuvent, par décret en Conseil d'État, être dispensés de publication au *Journal officiel*. L'obligation de transparence est ainsi remplie – tout nouveau traitement concerné par cette dérogation fait l'objet d'une modification de ce décret, laquelle est évidemment publiée – tout en maintenant le secret sur le contenu même du fichier. L'avis de la CNIL n'est alors pas publié, seul le sens de cet avis fait l'objet d'une publication.

c) S'agissant du contrôle *a posteriori*, ces fichiers peuvent être dispensés, sur mention expresse, du contrôle de la CNIL. La CNIL ne peut alors mener de contrôle général et impersonnel sur le fonctionnement global de ces traitements de données. Les traitements dérogeant au régime général de la loi du 6 janvier 1978 sont actuellement énumérés par le décret n° 2007-914 du 15 mai 2007, qui fait apparaître que les différentes dérogations ne sont pas systématiquement cumulées. Ainsi, à ce jour, ce décret prévoit que :

– 11 fichiers bénéficient d'un régime allégé d'information préalable de la CNIL ;
– 9 fichiers sont caractérisés par l'absence de publication des actes réglementaires les créant ;
– 8 de ces fichiers échappent au pouvoir de contrôle général *a posteriori* de la CNIL.

d) Enfin, l'exercice de leurs droits par les personnes concernées est également soumis à un régime dérogatoire. Conformément aux dispositions des titres III et IV, la mise en œuvre de ces traitements ne fait pas l'objet d'information préalable, dans la mesure où une telle limitation est nécessaire au respect des fins poursuivies par le traitement (par exemple, en matière de renseignement). De même, le droit d'accès est régi par une procédure spécifique : le droit d'accès indirect, qui impose à la personne concernée d'exercer son droit d'accès par l'intermédiaire d'un membre de la Commission.

Il en résulte qu'en fonction des finalités poursuivies et de la nature des données traitées, les fichiers intéressant la sûreté de l'État, la défense et la sécurité publique peuvent connaître des dérogations d'ampleur variable. ❑

Les mentions de l'art. 26 dans les jurisprudences ci-dessous valent pour le désormais nouvel art. 30.

1° TRAITEMENTS

a. Traitements pris sur le fondement du seul I de l'art. 31

1. Relèvent, à titre indicatif, du régime prévu par les dispositions du 1° du I de l'art. 26 (nouvel art. 31, *mutatis mutandis*) : l'application AGRIPPA, destinée à la gestion du répertoire des détenteurs d'armes. • CNIL 17 oct. 2006, portant avis sur le projet de décret en Conseil d'État portant création de l'application de gestion du répertoire informatisé des propriétaires et possesseurs d'armes, délib. n° 2006-231. ♦ ... Le traitement destiné à la gestion informatisée des procédures d'immigration. • CNIL 6 déc. 2012, délib. n° 2012-431, avis sur un projet d'arrêté portant autorisation d'un traitement automatisé de données à caractère personnel dénommé « Gestion informatisée des procédures d'immigration » (GIPI). ♦ Ce même traitement ne relève pas du II de l'art. 26, dans la mesure où il ne contient pas de données sensibles, « la langue parlée ne constituant pas à elle seule une donnée faisant apparaître les origines raciales ou ethniques des personnes, dans la mesure où il n'y a pas nécessairement correspondance entre la langue parlée et ces origines ». • Même délib. ♦ Il en va de même du fichier SETRADER, destiné à permettre la collecte de données personnelles à l'occasion de déplacements internationaux « afin d'améliorer le contrôle aux frontières, de lutter contre l'immigration clandestine et de prévenir et réprimer des actes de terrorisme », dont la création peut intervenir par arrêté puisqu'il ne contient pas de données sensibles au sens de l'art. 8. • CNIL 17 janv. 2013, délib. n° 2013-016, portant avis sur un projet d'arrêté relatif à la mise en œuvre d'un traitement de données à caractère personnel dénommé « Système européen de traitement des données d'enregistrement et de réservation » (SETRADER).

b. Traitements pris sur le fondement du II de l'art. 31

2. Lorsque les traitements contiennent des données sensibles, ils relèvent du régime fixé au II de l'art. 30. Un traitement, intitulé « cahier électronique de liaison », comportant des informations relatives notamment à l'état de santé et à la pratique religieuse des détenus et visant à contribuer à l'exécution de condamnations pénales, remplit les critères posés par les I-2° et II de l'art. 26 et ne peut par suite être autorisé que par décret en Conseil d'État pris après avis de la CNIL. • CE 4 juin 2012, n° 334777 B.

3. Portée de l'avis de la CNIL sur les projets de décrets pris sur le fondement du II de l'art. 30. L'avis de la CNIL « ne saurait lier l'autorité administrative, mais celle-ci doit en toute hypothèse respecter les exigences de la L. du 6 janv. 1978 et les intérêts que le législateur a entendu protéger ». • CE 11 avr. 2014, *Union générale des synd. pénitentiaires C.G.T.*, n° 355624 : *inédit au recueil.*

4. Sont également soumis aux dispositions de l'art. 30, par ex., des fichiers de traitement d'antécédents judiciaires. Le STIC (Décr. n° 2001-583 du 5 juill. 2001 pris pour l'application des dispositions du 3e al. de l'art. 31 de la L. n° 78-17 du 6 janv. 1978 relative à l'informatique, aux fichiers et aux libertés et portant création du système de traitement des infractions constatées). ♦ ... Le JUDEX. • CNIL 8 sept. 2005, portant avis sur le projet de décret en Conseil d'État pris pour l'application de l'art. 26-II de la L. du 6 janv. 1978 modifiée et portant création du système d'information judiciaire JUDEX. ♦ ... Le traitement des procédures judiciaires, devenu traitement des antécédents judiciaires (TAJ). • CNIL 7 juill. 2011, délib. n° 2011-204, portant avis sur un projet de décret en Conseil d'État relatif à la mise en œuvre d'un traitement de données à caractère personnel dénommé « Traitement de procédures judiciaires » (TPJ). ♦ ... Des fichiers de renseignement (CRISTINA, cité dans le Décr. du 15 mai 2007). ♦ ... Le fichier des personnes recherchées (FPR), V. not. le Décr. n° 2010-569 du 28 mai 2010 relatif au fichier des personnes recherchées, et • CNIL 12 nov. 2009, *délib.* n° 2009-587. ♦ ... Des traitements relevant des autorités judiciaires : le CASSIOPEE, pour « Chaîne applicative supportant le système d'information orienté procédure pénale et enfants », qui permet d'informatiser une partie des procédures judiciaires. V. Décr. n° 2009-528 du 11 mai 2009, et • CNIL 26 mars 2009, . délib. n° 2009-170, portant avis sur un projet de décret en Conseil d'État relatif au bureau d'ordre national automatisé des procédures judiciaires et au traitement dénommé « Cassiopée ». ♦ ... Le traitement automatisé relatif aux enquêtes administratives liées à la sécurité publique, créé par le Décr. n° 2009-1250 du 16 oct. 2009 pris après avis de la CNIL. • CE 11 mars 2013, *Synd. de la magistrature et a.*, n° 334188 : *inédit au Lebon.*

c. Actes réglementaires uniques (IV de l'art. 31)

5. Les actes réglementaires uniques constituent une forme « d'autorisation unique » pour les traitements mis en œuvre sur le fondement de l'art. 26, puisque bien qu'autorisés par un acte réglementaire, ils font ensuite l'objet d'engagements de conformité communiqués à la CNIL. Un tel cadre ne vaut que pour des traitements identiques, généralement mis en œuvre par les services de l'État de manière déconcentrée. Il en va ainsi, par exemple : des traitements relatifs à la gestion des habilitations au secret de la défense nationale, mis en œuvre par les hauts fonctionnaires de sécurité et de défense dans chaque département ministériel. • CNIL 21 sept. 2011, *délib.* n° 2011-298. ♦ ... Des traitements ANACRIM, ayant pour objet de permettre les rapprochements judiciaires à des fins d'analyse criminelle. V. l'art. 14 de la L. n° 2011-267 du 14 mars 2011, dite LOPPSI, le Décr. n° 2012-687 du 7 mai 2012 relatif à la mise en œuvre de logiciels de rapprochement judiciaire à des fins d'analyse criminelle, constituant un acte réglementaire unique, et • CNIL 15 déc. 2011, *délib.* n° 2011-418. ♦ ... De traitements relatifs au suivi des permissions de sortir • CNIL 8 mars 2012, délib. n° 2012-060. ♦ ... Ou des traitements relatifs au suivi des mesures de contrôles judiciaires mis en œuvre au niveau local (commissariats). • CNIL 8 mars 2012, *délib.* n° 2012-059.

2° DÉROGATIONS APPLICABLES AUX FICHIERS INTÉRESSANT LA SÛRETÉ DE L'ÉTAT, LA DÉFENSE ET LA SÉCURITÉ NATIONALE

a. Dispense de publication

6. Champ. Le législateur a prévu une dispense totale de publication de l'acte autorisant certains traitements automatisés de données, sans réserver la possibilité d'une occultation partielle de certains de ses éléments. • CE 16 avr. 2010, *Assoc. AIDES et a.*, n° 320196 : *Lebon 117.* ♦ Aucune disposition n'impose au pouvoir réglementaire de préciser les motifs de fait ou de droit qui fondent sa décision de ne pas publier l'acte autorisant ledit traitement. • Même arrêt.

7. Conséquences. Le Conseil d'État peut ordonner la production du projet de décret portant création du traitement automatisé dénommé CRISTINA soumis au Conseil d'État (V. décision avant dire droit. • CE 31 juill. 2009, *Assoc. AIDES,* n° 320196) « sans que communication des pièces produites par le ministre en réponse à cette demande soit faite aux requérants », afin de concilier les nécessités résultant du droit au recours et la protection des intérêts que les dispositions législatives de l'article 26 de la L. du 6 janv. 1978 régissant la dispense de publication visent à protéger. • CE 16 avr. 2010, *Assoc. AIDES et a.,* n° 320196 : *préc. note 6.*

8. Conformité à la Convention européenne des droits de l'homme. Un tel dispositif dérogatoire n'est pas incompatible avec les stipulations de l'art. 8 Conv. EDH, dès lors que la dispense de publication porte sur les seuls fichiers intéressant la sûreté de l'État, la défense ou la sécurité publique, que ces traitements, relatifs à la lutte contre l'espionnage et le terrorisme, « constituent une mesure qui, dans une société démocratique, est nécessaire à la sécurité nationale et à la sûreté publique » ; que leur création est assortie de garanties procédurales (publication de la décision de ne pas publier l'acte, avis préalables de la CNIL et du Conseil d'État, droit d'accès indirect) et qu'elle est susceptible de recours devant le juge administratif qui peut se faire communiquer l'acte en cause en dehors du contradictoire. • CE 16 avr. 2010, *Assoc. AIDES et a.,* n° 320196 : *préc. note 6.*

b. Absence de publicité des avis de la CNIL

9. Dès lors que l'acte créant le traitement est dispensé de publication, de même que l'avis de la CNIL, les éventuelles réserves exprimées n'ont pas à être publiées. • CE 16 avr. 2010, *Assoc. AIDES et a.,* n° 320196 : *préc. note 6.*

3° MODALITÉS DE CONTRÔLE

10. Il résulte du I de l'art. 26 et du 2e al. de l'art. 84 du Décr. du 20 oct. 2005, qui garantissent une confidentialité renforcée des fichiers en cause par une limitation d'accès à des personnes qualifiées, que toutes les personnes participant au contrôle au titre de la CNIL disposent de l'habilitation spécifique prévue par ces dispositions, que le contrôle porte *ab initio* sur un tel fichier ou que la découverte de données issues de ces fichiers soit fortuite. Dans ce dernier cas, la procédure ne sera pas viciée si les agents non habilités cessent immédiatement de participer au contrôle, cette cessation étant alors inscrite au PV. • CE 13 juin 2016, *SASP Paris Saint-Germain Football et SASP Paris Saint-Germain Handball,* nos 373063 et 373072 B.

4° ABSENCE DE TEXTE RÉGLEMENTAIRE

11. Compte tenu des risques d'un usage contraire aux règles de protection des données personnelles qu'elle comporte, la mise en œuvre, pour le compte de l'État, d'un traitement de données à caractère personnel recourant aux drones, sans l'intervention préalable d'un texte réglementaire en autorisant la création et en fixant les modalités d'utilisation devant obligatoirement être respectées ainsi que les garanties dont il doit être entouré, caractérise une atteinte grave et manifestement illégale au droit au respect de la vie privée. • CE 18 mai 2020, nos 440442 et 440445 : *AJDA 2020. 1552, note Bioy ; D. 2020. 1336, obs. Dupont, note Audit ; ibid. 1262, obs. Maxwell et Zolynski ; Dalloz IP/IT 2020. 573, obs. Rotily et Archambault ; AJCT 2020. 530, obs. Perray et Adda ; RTD eur. 2020. 956, obs. Bouveresse .*

12. Est suspendue l'exécution de la décision du préfet de police de poursuivre l'utilisation de drones à des fins de police administrative dans le cadre de manifestations ou de rassemblements sur la voie publique au motif que le moyen tiré de l'illégalité de la mise en œuvre, pour le compte de l'État, de ce traitement de données à caractère personnel sans l'intervention préalable d'un texte en autorisant la création et en fixant les modalités d'utilisation est propre à créer un doute sérieux quant à la légalité de la décision attaquée. • CE 22 déc. 2020, n° 446155 : *D. actu. 15 janv. 2021, obs. Dupont et Poissonnier ; AJCT 2021. 159, obs. Adda et Perray .*

Code de la défense

Art. L. 4123-9-1 *(L. n° 2018-493 du 20 juin 2018, art. 18 et 37, en vigueur le 25 mai 2018)* I. — Le responsable d'un traitement, automatisé ou non, ne peut traiter les données dans lesquelles figure la mention de la qualité de militaire des personnes concernées que si cette mention est strictement nécessaire à l'une des finalités du traitement.

A l'exclusion des traitements mis en œuvre pour le compte de l'État, des collectivités territoriales et de leurs groupements ainsi que des associations à but non lucratif, les responsables des traitements informent le ministre compétent de la mise en œuvre de traitements comportant, dans le respect de l'obligation prévue au premier alinéa du présent I, la mention de la qualité de militaire.

Les personnes accédant aux données à caractère personnel de militaires peuvent faire l'objet d'une enquête administrative aux seules fins d'identifier si elles constituent une menace pour la sécurité des militaires concernés. Le ministre compétent peut demander au responsable de traitement la communication de l'identité de ces personnes dans le seul but de procéder à cette enquête. Celle-ci peut comporter la consultation de traitements automatisés de données à caractère personnel relevant de l'article *(Ord. n° 2018-1125 du 12 déc. 2018, art. 5 et 29, en vigueur le 1er juin 2019)* « 31 » de la loi n° 78-17 du 6 janvier 1978 relative à l'informatique, aux fichiers et aux libertés, selon les règles propres à chacun d'eux.

Dans l'hypothèse où le ministre compétent considère, sur le fondement de l'enquête administrative, que cette menace est caractérisée, il en informe sans délai le responsable du traitement qui est alors tenu de refuser à ces personnes l'accès aux données à caractère personnel de militaires y figurant.

II. — Sans préjudice du 1 de l'article 33 du règlement (UE) 2016/679 du Parlement européen et du Conseil du 27 avril 2016 relatif à la protection des personnes physiques à l'égard du traitement des données à caractère personnel et à la libre circulation de ces données, et abrogeant la directive 95/46/CE, en cas de divulgation ou d'accès non autorisé à des données des traitements mentionnés au I du présent article, le responsable du traitement avertit sans délai le ministre compétent.

III. — Un décret en Conseil d'État, pris après avis de la Commission nationale de l'informatique et des libertés, détermine les conditions d'application du présent article.

IV. — Est puni :

1° D'un an d'emprisonnement et de 100 000 € d'amende le manquement, y compris par négligence, à l'obligation prévue au deuxième alinéa du I du présent article ;

2° De trois ans d'emprisonnement et de 300 000 € d'amende le fait de permettre aux personnes mentionnées au dernier alinéa du I l'accès aux données comportant la mention de la qualité de militaire contenues dans un traitement mentionné au présent article ;

3° De trois ans d'emprisonnement et de 300 000 € d'amende le fait pour un responsable de traitement de ne pas procéder, y compris par négligence, à la notification mentionnée au II.

Les responsables des traitements de données à caractère personnel comportant la mention de la qualité de militaire disposent, lorsque cette mention n'est pas strictement nécessaire à l'une des finalités du traitement, d'un délai d'un an à compter de la publication de la L. n° 2018-493 du 20 juin 2018, pour procéder à sa suppression ou à son remplacement par celle de la qualité d'agent public (L. préc., art. 18. — JO 21 juin).

Art. 32 **Sont autorisés par décret en Conseil d'État, pris après avis motivé et publié de la Commission nationale de l'informatique et des libertés, les traitements de données à caractère personnel mis en œuvre pour le compte de l'État, agissant dans l'exercice de ses prérogatives de puissance publique, qui portent sur des données génétiques ou sur des données biométriques nécessaires à l'authentification ou au contrôle de l'identité des personnes.** — *V., infra, Décr. n° 2019-536 du 29 mai 2019, art. 61 s., spéc., art. 67.*

COMMENTAIRE

Des nombreuses dispositions de l'article 27 de la loi Informatique et libertés, qui contraignait l'État à recourir, dans des hypothèses diverses, à des actes réglementaires pris après avis de la CNIL, ainsi que les collectivités locales à créer certains traitements après une décision de leur organe délibérant, ne restent désormais que les dispositions du nouvel article 32. Les traitements mis en œuvre pour le compte de l'État et qui portent sur des données génétiques, ou sur des données biométriques nécessaires à l'identification ou à l'authentification d'une personne, doivent être autorisés par décret en Conseil d'État. Alors que l'article 31 repose sur le maniement de deux types de critères, l'article 27 repose uniquement sur le critère de la nature de la donnée, et implique de recourir à un décret en Conseil d'État quelle que soit la finalité.

Cet article introduit également une distinction, utile et récurrente en matière du droit de l'informatique et des libertés, entre l'identification et l'authentification. L'identification vise à déterminer l'identité d'un individu, alors que l'authentification va au-delà, en permettant de garantir qu'un individu est bien celui qu'il prétend être. Cette deuxième dimension est l'un des principaux objectifs du recours à la biométrie. ❑

Jurisprudence rendue sous l'empire de l'art. 27 conservant en partie sa pertinence et demeurant éclairante.

1° PORTÉE DE L'AVIS DE LA COMMISSION ET ARTICULATION AVEC L'ART. 26 (NOUVEL ART. 31)

1. Sauf mention contraire, l'avis de la CNIL ne lie pas le Gouvernement. Il en résulte que d'éventuelles réserves sont sans incidence sur la légalité de l'acte réglementaire autorisant le traitement. • CE 24 août 2011, *HSBC Private Bank (Suisse) SA c/ Min. du Budget, des Comptes publics et de la Réforme de l'État*, n° 336382 : *Lebon T. 939.*

2° ARTICULATION AVEC L'ART. 26 (NOUVEL ART. 31)

2. L'art. 27 présentant des garanties supérieures à l'art. 26, dès lors qu'un traitement automatisé a été créé selon la procédure de l'art. 27, « la circonstance que l'une de ses caractéristiques soit mentionnée à l'article 26 est en tout état de cause sans incidence sur la régularité de sa création ». • CE, ass., 26 oct. 2011, *Assoc. pour la promotion de l'image et a.*, n° 317827 : *Lebon 505.*

3° TRAITEMENTS MIS EN ŒUVRE POUR LE COMPTE DE L'ÉTAT QUI PORTENT SUR DES DONNÉES BIOMÉTRIQUES NÉCESSAIRES À L'AUTHENTIFICATION OU AU CONTRÔLE DE L'IDENTITÉ DES PERSONNES

3. Tel est le cas : du traitement des données des ressortissants étrangers non admis sur le territoire national, faute de remplir les conditions d'entrée lors d'un contrôle à la frontière (FNAD). • CNIL 18 janv. 2007, *délib.* n° 2007-008. ♦ ... Du traitement dénommé OSCAR (pour Outil de statistique et de contrôle de l'aide au retour), relatif aux étrangers bénéficiaires du dispositif d'aide au retour financé par l'Office français de l'immigration et de l'intégration. V. Décr. n° 2009-1310 du 26 oct. 2009 et • CNIL 16 juill. 2009, *délib.* n° 2009-468. ♦ ... Du traitement automatisé relatif à la délivrance des passeports. • CE 26 oct. 2011, *Assoc. pour la promotion de l'image et a.*, n° 317827 : *préc. note 2.*

Art. 33 I. — Les demandes d'avis adressées à la Commission nationale de l'informatique et des libertés en vertu de la présente loi précisent :

1° L'identité et l'adresse du responsable du traitement ou, si celui-ci n'est établi ni sur le territoire national ni sur celui d'un autre État membre de l'Union européenne, celle*[s]* de son représentant et, le cas échéant, celle*[s]* de la personne qui présente la demande ;

2° La ou les finalités du traitement, ainsi que, pour les traitements relevant des articles 31 et 32, la description générale de ses fonctions ;

3° Le cas échéant, les interconnexions, les rapprochements ou toutes autres formes de mise en relation avec d'autres traitements ;

4° Les données à caractère personnel traitées, leur origine et les catégories de personnes concernées par le traitement ;

5° La durée de conservation des informations traitées ;

6° Le ou les services chargés de mettre en œuvre le traitement ainsi que, pour les traitements relevant des articles 31 et 32, les catégories de personnes qui, en raison de leurs fonctions ou pour les besoins du service, ont directement accès aux données enregistrées ;

7° Les destinataires ou catégories de destinataires habilités à recevoir communication des données ;

8° La fonction de la personne ou le service auprès duquel s'exerce le droit d'accès prévu aux articles 49, 105 et 119, ainsi que les mesures relatives à l'exercice de ce droit ;

9° Les dispositions prises pour assurer la sécurité des traitements et des données et la garantie des secrets protégés par la loi et, le cas échéant, l'indication du recours à un sous-traitant ;

10° Le cas échéant, les transferts de données à caractère personnel envisagés à destination d'un État non membre de l'Union européenne, sous quelque forme que ce soit.

Les demandes d'avis portant sur les traitements intéressant la sûreté de l'État, la défense ou la sécurité publique peuvent ne pas comporter tous les éléments d'information énumérés ci-dessus. Un décret en Conseil d'État, pris après avis de la Commission nationale de l'informatique et des libertés, fixe la liste de ces traitements et des informations que les demandes d'avis portant sur ces traitements doivent comporter au minimum.

II. — Le responsable d'un traitement déjà autorisé et susceptible de faire l'objet d'une mise à jour rendue publique dans les conditions prévues à l'article 36 informe sans délai la commission :

1° De tout changement affectant les informations mentionnées au I ;

2° De toute suppression du traitement.

V. RGPD, art. 10 et consid. 19.

V., infra, Décr. n° 2019-536 du 29 mai 2019, art. 65 et 67.

COMMENTAIRE

Les dispositions de l'article 33 fixent le socle d'informations devant impérativement figurer dans les demandes d'avis adressées à la CNIL. Leur étendue, notamment en matière de sécurité informatique, témoigne de l'étendue du degré de contrôle de la CNIL dans le cadre de ses missions consultatives. ❑

1. Portée de l'obligation de complétude. En matière de déclaration, il a été jugé que la complétude de la déclaration au regard des règles posées par l'anc. art. 30 constituait une obligation à peine d'irrégularité. Était ainsi irrégulier un traitement dont la déclaration ne mentionnait pas les interconnexions ou rapprochements avec d'autres fichiers. • CE 19 juill. 2010, *M. Fristot et a.*, n°s 317182 et 323441 A.

MODIFICATION D'UN TRAITEMENT

2. Modification des finalités d'un traitement et des catégories de destinataires des données. Ne constitue pas une telle modification la transmission aux juridictions de proximité, devenues compétentes pour juger les contraventions des quatre premières classes à compter du 1er avr. 2005, des données à caractère personnel traitées par le système de contrôle automatisé autorisé par l'Arr. du 13 oct. 2004, dès lors que ce dernier prévoit la transmission aux « tribunaux et autorités judiciaires compétents », et que ceux-ci font partie des destinataires. Par suite, il n'est pas besoin de ressaisir la CNIL. • Crim. 7 avr. 2009, n° 08-86.492 P.

Décret n° 2007-914 du 15 mai 2007,

Pris pour l'application du I de l'article 33 de la loi n° 78-17 du 6 janvier 1978 relative à l'informatique, aux fichiers et aux libertés (Décr. n° 2021-697 du 31 mai 2021, art. 2).

Art. 1er Relèvent des dispositions du dernier alinéa du I de l'article *(Décr. n° 2021-697 du 31 mai 2021, art. 2)* « 33 » de la loi du 6 janvier 1978 susvisée les traitements automatisés de données à caractère personnel intéressant la sûreté de l'État, la défense ou la sécurité publique autorisés par les actes réglementaires suivants :

1. *(Décr. n° 2008-631 du 27 juin 2008, art. 2-I-1°)* « Décret portant création au profit de la direction générale de la sécurité intérieure d'un traitement automatisé de données à caractère personnel dénommé CRISTINA » ;

2. Décret portant application des dispositions de l'article 31 de la loi n° 78-17 du 6 janvier 1978 aux fichiers d'informations nominatives mis en œuvre par la direction générale de la sécurité extérieure ;

(Décr. n° 2014-957 du 20 août 2014, art. 1er) « Décret autorisant la mise en œuvre par la direction du renseignement et de la sécurité de la défense d'un traitement automatisé de données à caractère personnel dénommé "SIREX" ; »

(Décr. n° 2018-1287 du 27 déc. 2018, art. 1er) « 4. Décret autorisant la mise en œuvre par la direction du renseignement militaire d'un traitement automatisé de données à caractère personnel dénommé "DOREMI" » ;

(Décr. n° 2016-725 du 1er juin 2016, art. 1er) « 5. Décret portant création au profit de la direction nationale du renseignement et des enquêtes douanières d'un traitement automatisé de données à caractère personnel dénommé BCR-DNRED ; »

(Décr. n° 2022-769 du 29 avr. 2022, art. 2) « 6. Décret autorisant la mise en œuvre par la direction générale de la sécurité extérieure d'un traitement automatisé de données à caractère personnel dénommé "TREX" ; »

7. Arrêté relatif au traitement automatisé d'informations nominatives "fichier du personnel de la DGSE" mis en œuvre par la direction générale de la sécurité extérieure ;

(Abrogé par Décr. n° 2018-1287 du 27 déc. 2018, art. 1er) « 8. Arrêté relatif au traitement automatisé d'informations nominatives de personnes étrangères mis en œuvre par la direction du renseignement militaire ; »

(Décr. n° 2009-1249 du 16 oct. 2009, art. 11) « 9. Décret portant création de l'application relative à la prévention des atteintes à la sécurité publique ; »

(Décr. n° 2021-697 du 31 mai 2021, art. 2) « 10. Décret autorisant la mise en œuvre par le service à compétence nationale TRACFIN d'un traitement automatisé de données à caractère personnel dénommé "STARTRAC" » ;

(Décr. n° 2011-340 du 29 mars 2011, art. 11) « 11. Décret autorisant la création d'un traitement de données à caractère personnel relatif à la gestion de l'information et la prévention des atteintes à la sécurité publique ; »

(Décr. n° 2015-252 du 4 mars 2015, art. 1er-1°) « 12. Décret portant création d'un traitement automatisé de données à caractère personnel dénommé FSPRT ; »

(Décr. n° 2015-1465 du 10 nov. 2015, art. 1er) « 13. Décret portant création d'un traitement automatisé de données à caractère personnel relatif au suivi des personnes placées sous main de justice et destiné à la prévention des atteintes à la sécurité pénitentiaire et à la sécurité publique dénommé "CAR" mis en œuvre par la direction de l'administration pénitentiaire ; »

(Décr. n° 2017-154 du 8 févr. 2017, art. 1er) « 14. Décret portant création d'un traitement automatisé de données à caractère personnel dénommé ASTREE mis en œuvre par la direction de la protection judiciaire de la jeunesse ; »

(Décr. n° 2017-1218 du 2 août 2017, art. 1er) « 15. Décret portant création d'un traitement automatisé de données à caractère personnel dénommé GESTEREXT ; »

(Décr. n° 2022-769 du 29 avr. 2022, art. 2) « 16. Décret autorisant la mise en œuvre par la direction du renseignement militaire d'un traitement automatisé de données à caractère personnel dénommé "BIOPEX" ; »

(Décr. n° 2018-378 du 22 mai 2018, art. 1er) « 17. Décret autorisant la mise en œuvre par le commandement de la Légion étrangère d'un traitement automatisé de données à caractère personnel dénommé "LEGATO". »

Les demandes d'avis portant sur les traitements énumérés au présent article comportent les mentions figurant à l'article 16 du décret du 20 octobre 2005 susvisé.

Art. 2 En application des dispositions du III de l'article *(Décr. n° 2021-697 du 31 mai 2021, art. 2)* « 31 » de la loi du 6 janvier 1978 susvisée, les actes réglementaires autorisant *(Décr. n° 2017-154 du 8 févr. 2017, art. 2)* « les traitements prévus du 1 au 8, au 10 » *(Décr. n° 2018-378 du 22 mai 2018, art. 1er)* « et du 12 au 17 » de l'article 1er » ne sont pas publiés.

Art. 3 Les traitements prévus du 1 au 8 *(Décr. n° 2018-378 du 22 mai 2018, art. 1er)* « et du 12 au 17 » de l'article 1er ne sont pas soumis aux pouvoirs de contrôle de la Commission nationale de l'informatique et des libertés mentionnés à l'article 44 de la loi du 6 janvier 1978 susvisée.

Art. 4 Le décret n° 86-326 du 7 mars 1986 portant application à certains actes réglementaires relatifs à des traitements automatisés d'informations nominatives intéressant la sûreté de l'État, la défense ou la sécurité publique des dispositions du deuxième alinéa de l'article 20 de la loi n° 78-17 du 6 janvier 1978 est abrogé.

Art. 5 *(Décr. n° 2017-1218 du 2 août 2017, art. 1er)* Le présent décret est applicable en Polynésie française, en Nouvelle-Calédonie, à Wallis-et-Futuna et dans les Terres australes et antarctiques françaises.

Art. 34 I. — La Commission nationale de l'informatique et des libertés, saisie dans le cadre des articles 31 ou 32, se prononce dans un délai de huit semaines à compter de la réception de la demande. Toutefois, ce délai peut être renouvelé de six semaines sur décision motivée du président.

II. — L'avis demandé à la commission sur un traitement, qui n'est pas rendu à l'expiration du délai prévu au I, est réputé favorable.

V. RGPD, art. 10 et consid. 19.

V., infra, Décr. n° 2019-536 du 29 mai 2019, art. 5,I-1°, e).

Art. 35 Les actes autorisant la création d'un traitement en application des articles 31 et 32 précisent :

1° La finalité du traitement et, le cas échéant, sa dénomination ;

2° Le service auprès duquel s'exerce le droit d'accès prévu aux articles 49, 105 et 119 ;

3° Les catégories de données à caractère personnel enregistrées ;

4° Les destinataires ou catégories de destinataires habilités à recevoir communication de ces données ;

5° Le cas échéant, les dérogations à l'obligation d'information prévues au III de l'article 116 ;

6° Le cas échéant, les limitations et restrictions aux droits des personnes concernées prévues à l'article 23 du règlement (UE) 2016/679 du 27 avril 2016 et à l'article 107.

7° Le cas échéant, la désignation, parmi les responsables conjoints du traitement, du point de contact pour les personnes concernées.

V. RGPD, art. 10 et consid. 19.

Art. 36 I. — La commission met à la disposition du public, dans un format ouvert et aisément réutilisable, la liste des traitements automatisés ayant fait l'objet d'une des formalités prévues par les articles 31 et 32, à l'exception de ceux mentionnés au III de l'article 31, ainsi que par la section 3 du chapitre III du titre II.

Cette liste précise pour chacun de ces traitements :

1° L'acte décidant la création du traitement ;

2° La finalité du traitement et, le cas échéant*[,]* **la dénomination ;**

3° L'identité et l'adresse du responsable du traitement ou, si celui-ci n'est établi ni sur le territoire national ni sur celui d'un autre État membre de l'Union européenne, celles de son représentant ;

4° La fonction de la personne ou le service auprès duquel s'exerce le droit d'accès prévu aux articles 49, 105 et 119 ;

5° Les catégories de données à caractère personnel faisant l'objet du traitement, ainsi que les destinataires et catégories de destinataires habilités à en recevoir communication ;

6° Le cas échéant, les transferts de données à caractère personnel envisagés à destination d'un État non membre de l'Union européenne.

II. – La commission tient à la disposition du public ses avis, décisions ou recommandations.

V. RGPD, art. 10 et consid. 19.

COMMENTAIRE

L'article 36 (anc. art. 31) est relatif à l'information générale par la CNIL. Il constitue le pendant de l'obligation de déclaration ou d'autorisation : celle-ci vise en effet à permettre l'information de la Commission et des citoyens quant aux traitements de données personnelles existants. En conséquence, tout un chacun peut obtenir communication de la « liste article 31 », à l'exception des fichiers dispensés de publication. Concrètement, toute personne peut soit s'assurer qu'un traitement la concernant a bien fait l'objet des formalités préalables obligatoires, soit, plus généralement, demander communication à la CNIL de la liste des traitements d'un responsable de traitement déterminé. Ces demandes ne sont donc pas conditionnées à la qualité de « personne concernée » au sens du RGPD. Lorsque le responsable de traitement dispose d'un DPO (DPD), ce droit s'exerce directement auprès de ce dernier, qui doit tenir la liste des traitements mis en œuvre.

Ce droit de communication ne recoupe pas le droit d'accès aux documents administratifs prévu par la loi du 17 juillet 1978 : alors que ce dernier, qui s'applique également à l'ensemble des documents administratifs produits ou détenus par la CNIL, porte sur des documents préexistants à la demande et achevés, dans les conditions de droit commun, l'article 36 de la loi du 6 janvier 1978 prévoit l'obligation pour la CNIL de « reconstituer » la liste des traitements demandés.

Enfin, au titre du II, la Commission publie, soit au *Journal officiel*, soit sur Légifrance, l'intégralité de ses délibérations dans les conditions prévues dans son règlement intérieur. Ces dispositions ne semblent pas avoir généré de contentieux. ❑

CHAPITRE V *VOIES DE RECOURS SPÉCIFIQUES AUX TRAITEMENTS DE DONNÉES À CARACTÈRE PERSONNEL*

COMMENTAIRE

L'une des principales innovations du RGPD en matière de droit au recours réside dans la possibilité désormais ouverte de former des actions de groupe lorsqu'un manquement au RGPD ou à la législation française cause des dommages ou préjudices à plusieurs personnes placées dans une situation identique. Il s'agit d'une innovation majeure en droit français, par rapport à laquelle le RGPD laissait une certaine latitude, notamment en termes de portée. Le RGPD distingue en effet deux objets pour l'action de groupe : l'arrêt du manquement ; et la réparation du préjudice, l'activation de la seconde faculté étant laissée à la volonté des États membres. Le législateur a décidé, en France, d'ouvrir cette double faculté à l'action de groupe, qui ne peut être exercée que par trois types d'associations : les associations spécialisées en matière de protection des données ayant au moins cinq ans d'existence (afin d'éviter les associations « de circonstance ») ; les associations de protection de consommateurs représentatives au sens du code de la consommation ; et les associations syndicales. On relèvera également, en lien avec l'article 8, que la CNIL est systématiquement informée, ce qui va de pair avec sa capacité de produire des observations en justice.

Enfin, l'article 39 introduit une réponse aux insuffisances de la législation européenne – et par voie de conséquence nationale – que la CJUE avait sanctionnées dans le cadre de l'arrêt *Schrems*. S'agissant en effet des transferts de données à l'étranger, la Commission européenne avait admis l'adéquation du mécanisme dit de la « sphère de sécurité » (*Safe harbour*), c'est-à-dire d'un ensemble de règles auquel devait souscrire un responsable de traitement pour pouvoir importer des données de l'Union européenne vers les États-Unis. Il s'agissait donc d'une reconnaissance d'adéquation, non d'un État, mais d'un ensemble de principes auquel les entreprises américaines pouvaient souscrire si elles souhaitaient importer des données depuis l'Union européenne. La liste de ces entreprises était rendue publique par le département du commerce américain. Le transfert de données intervenant dans ce cadre n'impliquait pas une autorisation préalable de la CNIL, s'agissant d'une sorte de mécanisme d'adéquation. La décision reconnaissant l'adéquation de la sphère de sécurité du 26 juillet 2000 a été invalidée par la CJUE, au motif notamment que la Commission européenne n'avait pas, contrairement à ses obligations, constaté que les États-Unis assuraient effectivement, en raison de leur législation interne ou de leurs engagements internationaux, un niveau de protection substantiellement équivalent à celui garanti au sein de l'Union. Elle avait également, par ce même arrêt, constaté que la Commission n'avait pas effectivement permis aux autorités de contrôle européennes de faire obstacle à des transferts illégaux par des mesures de sauvegarde puis par un mécanisme d'alerte pertinent (CJUE 6 oct. 2015, *M. Schrems c/ Data protection Commissionner*, n° C-362/14) (V. notes *infra*). Le nouvel article 39 tire donc les conséquences du règlement et permet à la CNIL soit de suspendre un transfert international de données (dans le cadre de ses pouvoirs de sanctions), soit de demander au Conseil d'État de prononcer une telle mesure lorsque les droits fondamentaux des personnes sont en cause, en l'assortissant d'une question préjudicielle à la CJUE, en vue d'apprécier la validité d'une décision d'adéquation ou de mesures de garanties adoptées par la Commission européenne. Dans la logique à la fois décentralisée et intégrée qui préside à toute la gouvernance du RGPD, les autorités européennes, et la CNIL en particulier dans le cadre de cet article 39, peuvent donc déclencher un contrôle juridictionnel de l'action de l'exécutif européen en matière de protection des données. ❑

Art. 37 **I. — Sous réserve du présent article, le chapitre I du titre V de la loi n° 2016-1547 du 18 novembre 2016 de modernisation de la justice du XXIe siècle et le chapitre X du titre VII du livre VII du code de justice administrative s'appliquent à l'action ouverte sur le fondement du présent article.**

II. — Lorsque plusieurs personnes physiques placées dans une situation similaire subissent un dommage ayant pour cause commune un manquement de même nature aux dispositions du règlement (UE) 2016/679 du 27 avril 2016 ou de la présente loi par un responsable de traitement de données à caractère personnel ou un sous-traitant, une action de groupe peut être exercée devant la juridiction civile ou la juridiction administrative compétente au vu des cas individuels présentés par le demandeur, qui en informe la Commission nationale de l'informatique et des libertés.

III. — Cette action peut être exercée en vue soit de faire cesser le manquement mentionné au II, soit d'engager la responsabilité de la personne ayant causé le dommage afin d'obtenir la réparation des préjudices matériels et moraux subis, soit de ces deux fins.

Toutefois, la responsabilité de la personne ayant causé le dommage ne peut être engagée que si le fait générateur du dommage est postérieur au 24 mai 2018.

IV. — Peuvent seules *[seuls]* exercer cette action :

1° Les associations régulièrement déclarées depuis cinq ans au moins ayant dans leur objet statutaire la protection de la vie privée ou la protection des données à caractère personnel ;

2° Les associations de défense des consommateurs représentatives au niveau national et agréées en application de l'article L. 811-1 du code de la consommation, lorsque le traitement de données à caractère personnel affecte des consommateurs ;

3° Les organisations syndicales de salariés ou de fonctionnaires représentatives au sens des articles L. 2122-1, L. 2122-5 ou L. 2122-9 du code du travail ou du III de l'article 8 *bis* de la loi n° 83-634 du 13 juillet 1983 portant droits et obligations des fonctionnaires ou les syndicats représentatifs de magistrats de l'ordre judiciaire, lorsque le traitement affecte les intérêts des personnes que les statuts de ces organisations les chargent de défendre.

Lorsque l'action tend à la réparation des préjudices subis, elle s'exerce dans le cadre de la procédure individuelle de réparation définie au chapitre I du titre V de la loi n° 2016-1547 du 18 novembre 2016 de modernisation de la justice du XXIe siècle et au chapitre X du titre VII du livre VII du code de justice administrative.

V. RGPD, art. 80 et consid. 142.

V. L. n° 2016-1547 du 18 nov. 2016, art. 60 à 84. – **C. pr. civ.**
V. CJA, art. L. 77-10-1 à L. 77-10-25. – **CJA**

Art. 38 Toute personne peut mandater une association ou une organisation mentionnée au IV de l'article 37, une association ou une organisation dont l'objet statutaire est en relation avec la protection des droits et libertés lorsque ceux-ci sont méconnus dans le cadre d'un traitement de données à caractère personnel, ou une association dont cette personne est membre et dont l'objet statutaire implique la défense d'intérêts en relation avec les finalités du traitement litigieux, aux fins d'exercer en son nom les droits prévus aux articles 77 à 79 et 82 du règlement (UE) 2016/679 du 27 avril 2016. Elle peut également les mandater pour agir devant la Commission nationale de l'informatique et des libertés, contre celle-ci devant un juge ou contre le responsable de traitement ou son sous-traitant devant une juridiction lorsqu'est en cause un traitement relevant du titre III de la présente loi.
V. RGPD, art. 80 et consid. 142.

Art. 39 Dans le cas où, saisie d'une réclamation dirigée contre un responsable de traitement ou son sous-traitant, la Commission nationale de l'informatique et des libertés estime fondés les griefs avancés relatifs à la protection des droits et libertés d'une personne à l'égard du traitement de ses données à caractère personnel, ou de manière générale afin d'assurer la protection de ces droits et libertés dans le cadre de sa mission, elle peut demander au Conseil d'État d'ordonner, le cas échéant sous astreinte, soit la suspension d'un transfert de données, soit la prolongation de la suspension d'un tel transfert qu'elle aurait elle-même préalablement ordonnée, et elle assortit alors ses conclusions d'une demande de question préjudicielle à la Cour de justice de l'Union européenne en vue d'apprécier la validité de la décision d'adéquation de la Commission européenne prise sur le fondement de l'article 45 du règlement (UE) 2016/679 du 27 avril 2016 ainsi que de tous les actes pris par la Commission européenne relativement aux garanties appropriées dans le cadre des transferts de données mentionnées à l'article 46 du même règlement.

Lorsque le transfert de données en cause ne constitue pas une opération de traitement effectuée par une juridiction dans l'exercice de sa fonction juridictionnelle, la Commission nationale de l'informatique et des libertés peut saisir, dans les mêmes conditions, le Conseil d'État aux fins d'ordonner, soit la suspension du transfert de données fondé sur une décision d'adéquation de la Commission européenne prise sur le fondement de l'article 36 de la directive (UE) 2016/680 du Parlement européen et du Conseil du 27 avril 2016, soit la prolongation de la suspension de ce transfert qu'elle aurait elle-même déjà ordonnée, dans l'attente de l'appréciation par la Cour de justice de l'Union européenne de la validité de cette décision d'adéquation.

CHAPITRE VI *DISPOSITIONS PÉNALES*

Art. 40 Les infractions aux dispositions de la présente loi sont prévues par la section 5 du chapitre VI du titre II du livre II du code pénal.

Code pénal

1re PARTIE : **LÉGISLATIVE**

LIVRE II. **DES CRIMES ET DÉLITS CONTRE LES PERSONNES**

TITRE II. DES ATTEINTES À LA PERSONNE HUMAINE

CHAPITRE VI. *DES ATTEINTES À LA PERSONNALITÉ*

SECTION 5. *Des atteintes aux droits de la personne résultant des fichiers ou des traitements informatiques*

RÉP. PÉN. v° *Cybercriminalité,* par CHOPIN.

BIBL. ▶ FRANCILLON, *RSC 1996. 676* (la loi informatique, fichiers et libertés du 6 janvier 1978 à l'épreuve de la jurisprudence pénale). – LEPAGE, *Dr. pénal 2005. Étude 5* (loi du

6 août 2004). – MATTHIOS, *Gaz. Pal. 2008. 2. Doctr. 2222* (la création d'un délit d'usurpation d'identité sur l'internet).

V. Convention sur la cybercriminalité faite à Budapest le 23 nov. 2001, publiée par Décr. nº 2006-580 du 23 mai 2006 (JO 24 mai) et son protocole additionnel relatif à l'incrimination d'actes de nature raciste et xénophobe commis par le biais de systèmes informatiques fait à Strasbourg le 28 janv. 2003, publiée par Décr. nº 2006-597 du 23 mai 2006 (JO 27 mai). — ***C. cybersécurité.***

Art. 226-16 *(L. nº 2004-801 du 6 août 2004, art. 14)* Le fait, y compris par négligence, de procéder ou de faire procéder à des traitements de données à caractère personnel sans qu'aient été respectées les formalités préalables à leur mise en œuvre prévues par la loi est puni de cinq ans d'emprisonnement et de 300 000 € d'amende.

Est puni des mêmes peines le fait, y compris par négligence, de procéder ou de faire procéder à un traitement qui a fait l'objet de l'une des mesures prévues au *(L. nº 2016-1321 du 7 oct. 2016, art. 64)* « 3° » du *(L. nº 2018-493 du 20 juin 2018, art. 7)* « III » de l'article *(Ord. nº 2018-1125 du 12 déc. 2018, art. 13, en vigueur au plus tard le 1er juin 2019)* « 20 *[ancienne rédaction : 45]* » de la loi nº 78-17 du 6 janvier 1978 relative à l'informatique, aux fichiers et aux libertés. — *V. code pénal ou code des données personnelles.*

(Abrogé par L. nº 2018-493 du 20 juin 2018, art. 18) (L. nº 2016-731 du 3 juin 2016, art. 117) « Est puni des mêmes peines le fait de permettre l'accès aux données contenues dans un traitement mentionné à l'article L. 4123-9-1 du code de la défense sans avoir recueilli l'avis favorable mentionné au II du même article. »

1. Élément matériel. Ne constitue pas le délit de traitement automatisé d'informations nominatives sans déclaration préalable à la CNIL l'interprétation de tests de personnalité au moyen d'un programme informatique, dès lors que le système informatique est constitué d'un micro-ordinateur d'un type ancien dit à « usage familial », qu'il n'est connecté à aucun périphérique, qu'aucune imprimante n'a été trouvée dans les locaux, qu'il n'existe pas de disque dur et que les informations sont supportées par disquettes. • TGI Lille, 18 déc. 1996 : *D. 1997. 373, note Frayssinet.*

2. Caractérise en tous ses éléments constitutifs le délit prévu par l'art. 226-16 C. pén., pour défaut de déclaration, la cour d'appel qui déduit de ses constatations que les prévenus ont mis en œuvre un système de traitement automatisé d'informations nominatives sans qu'ait, au préalable, été effectuée la déclaration à la Commission nationale de l'informatique et des libertés exigée par l'art. 16 de la L. du 6 janv. 1978. • Crim. 30 oct. 2001 : *Gaz. Pal. 2002. 2. 1476, note Mole et Lebon.*

3. La mise en ligne du nom d'une personne au sein du contenu rédactionnel d'un site Web est un traitement automatisé de données nominatives au sens de l'art. 5 de la loi nº 78-17 du 6 janv. 1978 relative à l'informatique, aux fichiers et aux libertés, qui nécessite la déclaration à la CNIL du site Web concerné, préalablement à la mise en œuvre sur ce site de tout traitement de données personnelles ; le responsable d'un site qui n'a pas été déclaré à la CNIL préalablement à sa mise en ligne est passible des sanctions prévues par l'art. 226-16 C. pén. • TGI Villefranche-sur-Saône, 18 févr. 2003 : *Gaz. Pal. 2003. 1. 1727, note Drouard.*

4. L'art. 226-16 C. pén., qui réprime pénalement le fait, y compris par négligence, de procéder ou de faire procéder à un traitement de données à caractère personnel sans accomplissement des formalités préalables, n'exige pas le franchissement d'un seuil de données ou de fichiers pour que l'infraction soit constituée. Peu importe dès lors que le fichier créé n'ait pas été destiné à accueillir d'autres notes concernant d'autres personnes que les deux établies. • Crim. 8 sept. 2015, nº 13-85.587 P : *D. actu. 2 oct. 2015, obs. Fucini ; AJ pénal 2016. 33, note Aubert ; RSC 2016. 89, obs. Francillon ; Dr. pénal 2015. Chron. 10, obs. Lepage ; ibid. 2016, nº 25, obs. Conte.*

5. Élément moral. Sur le caractère purement matériel, avant la réforme du code pénal, du délit de mise en œuvre d'un traitement automatisé d'informations nominatives sans déclaration préalable. • Crim. 3 nov. 1987 : *Bull. crim. nº 382 ; RSC 1988. 295, obs. Delmas Saint-Hilaire.* ♦ *Adde :* Frayssinet, *JCP 1988. I. 3323.*

6. Suppression du support informatique. Si le code de procédure pénale autorise, dans le cadre de l'enquête préliminaire, la prise de photographies et d'empreintes d'une personne gardée à vue, il convient de savoir si la création d'un fichier informatisé contenant les photographies de la personne concernée et de ses empreintes est légalement autorisée ; dès lors qu'à l'expiration du délai au cours duquel a été autorisée par la CNIL la mise en œuvre, à titre expérimental, d'un traitement informatisé assurant l'archivage documentaire de photographies et l'identification de malfaiteurs, aucune nouvelle demande d'avis n'a été présentée à la CNIL, ni aucun texte réglementaire pris, le demandeur est fondé à obtenir la suppression du support informatique. • TGI Marseille, 23 mars 1995 : *D. 1996. 40, note Frayssinet.*

7. Action civile. Même dans le cas de dispositions édictées en vue de l'intérêt général, l'action civile des particuliers est recevable si la méconnaissance des dispositions en cause leur a causé un préjudice personnel et direct ; tel est le cas de la citation directe d'un particulier pour mise en œuvre d'un fichier de données nominatives sans déclaration préalable. • Paris, 13 sept. 1995 : *Dr. pénal 1996. 32, obs. Véron; RSC 1996. 676, obs. Francillon*.

8. Licenciement. Il résulte de la combinaison des art. 16, 27 et 34 de la loi n° 78-17 du 6 janv. 1978 relative à l'informatique, aux fichiers et aux libertés, 226-16 C. pén., L. 121-8 [L. 1121-9 et L. 1222-4 nouv.] et L. 432-2-1 C. trav. [L. 2323-32 nouv.], qu'à défaut de déclaration à la Commission nationale de l'informatique et des libertés d'un traitement automatisé d'informations nominatives concernant un salarié, son refus de déférer à une exigence de son employeur impliquant la mise en œuvre d'un tel traitement ne peut lui être reproché ; dès cet instant, le fait pour un salarié d'avoir refusé (dix-neuf fois) de se soumettre à un système de badges géré par des moyens automatisés et permettant d'identifier les salariés à leur entrée et à leur sortie de l'entreprise ne constitue pas une cause réelle et sérieuse de licenciement. • Soc. 6 avr. 2004, n° 01-45.227 P : *JCP 2004. II. 10118, note Béal et Rouspide ; Gaz. Pal. 2004. 2. 2497, note Bérenger-Guillon et Maurel-Guignot.*

Art. 226-16-1 A *(Abrogé par L. n° 2018-493 du 20 juin 2018, art. 11) (L. n° 2004-801 du 6 août 2004, art. 14) Lorsqu'il a été procédé ou fait procéder à un traitement de données à caractère personnel dans les conditions prévues par le I ou le II de l'article 24 de la loi n° 78-17 du 6 janvier 1978 précitée, le fait de ne pas respecter, y compris par négligence, les normes simplifiées ou d'exonération établies à cet effet par la Commission nationale de l'informatique et des libertés est puni de cinq ans d'emprisonnement et de 300 000 € d'amende.*

Art. 226-16-1 *(L. n° 2004-801 du 6 août 2004, art. 14)* Le fait, hors les cas où le traitement a été autorisé dans les conditions prévues par la loi n° 78-17 du 6 janvier 1978 précitée, de procéder ou faire procéder à un traitement de données à caractère personnel incluant parmi les données sur lesquelles il porte le numéro d'inscription des personnes au répertoire national d'identification des personnes physiques, est puni de cinq ans d'emprisonnement et de 300 000 € d'amende.

Art. 226-17 *(L. n° 2004-801 du 6 août 2004, art. 14)* Le fait de procéder ou de faire procéder à un traitement de données à caractère personnel sans mettre en œuvre les mesures prescrites *(Ord. n° 2018-1125 du 12 déc. 2018, art. 13, en vigueur au plus tard le 1er juin 2019)* « aux articles 24, 25, 30 et 32 du règlement (UE) 2016/679 du 27 avril 2016 précité ou au 6° de l'article 4 et aux articles 99 à 101 *[ancienne rédaction :à l'article 34]* » de la loi n° 78-17 du 6 janvier 1978 précitée est puni de cinq ans d'emprisonnement et de 300 000 € d'amende. — *V. Règl. (UE) 2016/679 du Parlement européen et du Conseil relatif à la protection des personnes physiques à l'égard du traitement des données à caractère personnel et à la libre circulation de ces données, et abrogeant la Dir. 95/46/CE.*

1. Domaine de l'incrimination – Fichiers manuels. Si l'on doit admettre l'applicabilité de l'art. 42 de la L. du 6 janv. 1978 aux fichiers manuels selon un arrêt de la Cour de cassation du 3 nov. 1987 (V. ss. art. 226-18), le délit de conservation d'informations sans précautions utiles (art. 29 et 42 combinés de la loi de 1978) doit néanmoins être écarté pour les fichiers manuels, faute d'exigence d'accomplissement de formalités préalables pour ces fichiers. • Agen, 28 févr. 1994 : *JCP 1994. IV. 2209.*

2. Manquement à la sécurité informatique. Commet les délits de violation du secret bancaire, de manquement à la sécurité informatique, de divulgation d'informations nominatives susceptibles de porter atteinte à la réputation des personnes le directeur d'un établissement de crédit qui communique à des commerçants, qui ont reçu délégation afin de remettre au nom de ce dernier l'offre préalable de crédit, une liste informatique de personnes, clients de l'établissement de crédit supposés présenter un risque quant à l'octroi d'un éventuel crédit. • Rennes, 13 janv. 1992 : *D. 1993. Somm. 54, obs. Vasseur ; ibid. 1994. Somm. 287, obs. Maisl*.

3. Les personnes auxquelles la loi n° 78-17 du 6 janv. 1978 accorde protection s'entendent, non seulement des personnes faisant personnellement l'objet du traitement d'informations nominatives, mais encore de toutes celles qui peuvent être directement ou indirectement concernées par l'exploitation de ce traitement. • Crim. 19 déc. 1995, n° 94-81.431 P : *RSC 1996. 676, obs. Francillon ; Dr. pénal 1996. Comm. 126, obs. Véron ; Gaz. Pal. 1996. 2. Somm. 418, note Mole.* ♦ Justifie donc légalement sa décision au regard des art. 25, 26, 28, 29, 30, 31, 42 de la L. du 6 janv. 1978 devenu l'art. 226-17 C. pén., la cour d'appel qui, pour condamner le président d'une centrale d'information sur les impayés, qui assure la gestion d'un fichier, commun à plusieurs établissements de crédit, des personnes devant être considérées comme « mauvais payeurs », pour avoir omis de prendre, lors de la collecte, l'enregistrement et la conservation des informations nominatives, les précautions nécessaires pour qu'elles ne soient pas déformées, relève que la centrale a enregistré et diffusé l'identité d'une personne avec sa date de naissance et son département de résidence, et que sur la base de cette information, une personne ayant le même patronyme et la même date de naissance, mais demeurant dans un autre département, s'est vu, d'une part, refuser un crédit à la consommation par un grand magasin et, d'autre part, relancé par l'organisme de crédit ayant, à l'origine, donné le signalement du mauvais payeur, et observe qu'ayant été considéré comme mauvais payeur et traité comme tel par plusieurs établissements de crédit, le plaignant doit être nécessairement regardé comme concerné par les informations nominatives enregistrées et que c'est en raison d'une absence de précaution dans la collecte, l'enregistrement et la diffusion des éléments de l'état civil des personnes en cause – une absence systématique d'enregistrement du lieu de naissance rendant possibles les homonymies – que la « déformation » reprochée a pu se produire. • Même arrêt.

4. Fait l'exacte application des art. 42 ancien de la L. du 6 janv. 1978 relative à l'informatique, aux fichiers et aux libertés et 226-17 C. pén., la cour d'appel qui, saisie de poursuite du chef du délit prévu par ces articles contre le président et le directeur d'un syndicat interprofessionnel de médecins du travail, à qui il était reproché d'avoir mis en place un système permettant à chacun des médecins utilisateurs de ce système et à leurs secrétaires d'accéder aux informations d'ordre médical figurant dans les fichiers créés par les autres médecins, retient, pour relaxer les prévenus à raison de ces faits, que les médecins appartenant à ce syndicat et leurs secrétaires médicales, étant tenus au secret professionnel, ne peuvent être considérés comme des tiers non autorisés au sens des art. 29 de la L. du 6 janv. 1978 et 226-17 C. pén. • Crim. 30 oct. 2001 : *Gaz. Pal. 2002. 2. 1476, note Mole et Lebon.* ♦ ... Les deux prévenus précités ayant également été renvoyés devant la juridiction correctionnelle, aux motifs que, malgré la protection prévue, des personnels administratifs avaient pu avoir accès aux données d'ordre médical traitées par le système, lesquelles étaient par ailleurs accessibles à l'ensemble des médecins, a justifié sa décision, la cour d'appel qui, pour relaxer les prévenus de ce chef, énonce qu'en l'absence de tout acte positif de divulgation, la violation du secret professionnel n'est pas constituée. • Même arrêt.

5. Caractérise en tous ses éléments constitutifs, tant matériel qu'intentionnel, le délit prévu par l'art. 226-17 C. pén., la cour d'appel qui constate que les prévenus ont mis en œuvre un système de traitement automatisé d'informations nominatives sans qu'aient été prises toutes les précautions utiles en vue d'empêcher la communication des informations médicales aux membres du personnel administratif tiers non autorisés et, notamment, sans que ces prévenus aient, indépendamment des notes de service, fait assurer la formation suffisante pour que chacun connaisse parfaitement le fonctionnement du système. • Crim. 30 oct. 2001 : *préc. note 4.*

Art. 226-17-1 *(Ord. n° 2011-1012 du 24 août 2011, art. 39)* Le fait pour un fournisseur de services de communications électroniques *(Ord. n° 2018-1125 du 12 déc. 2018, art. 13, en vigueur au plus tard le 1er juin 2019)* « ou pour un responsable de traitement » de ne pas procéder à la notification d'une violation de données à caractère personnel à la Commission nationale de l'informatique et des libertés ou à l'intéressé, en méconnaissance des *(Ord. n° 2018-1125 du 12 déc. 2018, art. 13, en vigueur au plus tard le 1er juin 2019)* « articles 33 et 34 du règlement (UE) 2016/679 du 27 avril 2016 précité ou des dispositions du II de l'article 83 et de l'article 102 *[ancienne rédaction : dispositions du II de l'article 34 bis]* » de la loi n° 78-17 du 6 janvier 1978, est puni de cinq ans d'emprisonnement et de 300 000 € d'amende.

(Abrogé par L. n° 2018-493 du 20 juin 2018, art. 18) (L. n° 2016-731 du 3 juin 2016, art. 117) « Est puni des mêmes peines le fait pour un responsable de traitement de ne pas procéder à la notification à la Commission nationale de l'informatique et des libertés d'une divulgation ou d'un accès non autorisé de données à un traitement mentionné à l'article L. 4123-9-1 du code de la défense. »

(Ord. n° 2018-1125 du 12 déc. 2018, art. 13, en vigueur au plus tard le 1er juin 2019) « Est puni des mêmes peines le fait pour un sous-traitant de ne pas notifier cette violation au responsable de traitement en méconnaissance de l'article 33 du règlement (UE) 2016/679 du 27 avril 2016 précité ou de l'article 102 de la loi n° 78-17 du 6 janvier 1978 précitée. » – *V. Règl. (UE) 2016/679 du Parlement européen et du Conseil relatif à la protection des personnes physiques à l'égard du traitement des données à caractère personnel et à la libre circulation de ces données, et abrogeant la Dir. 95/46/CE.*

Art. 226-18 *(L. n° 2004-801 du 6 août 2004, art. 14)* Le fait de collecter des données à caractère personnel par un moyen frauduleux, déloyal ou illicite est puni de cinq ans d'emprisonnement et de 300 000 € d'amende.

BIBL. ▸ PÈRE et FOREST, *D. Affaires 2006. 2666* (l'arsenal répressif du *phishing*). – PRUD'HOMME, *Gaz. Pal. 2010. 1. Doctr. 776* (l'usurpation d'identité numérique : bientôt un nouveau délit).

1. Collecte par des moyens frauduleux, déloyaux ou illicites. Pour que le délit prévu et puni par l'art. 42 de la L. du 6 janv. 1978 soit constitué, il faut non seulement que des données aient été collectées par des moyens frauduleux, déloyaux ou illicites, mais encore que ces données soient enregistrées ou conservées dans un fichier, qu'il soit ou non automatisé (par opposition à un dossier).

• Crim. 3 nov. 1987 : *Bull. crim. n° 382 ; RSC 1988. 295, obs. Delmas Saint-Hilaire.* ♦ *Adde :* Frayssinet, *JCP 1988. I. 3323.*

2. Une société a adressé, en 2002 et 2003, des courriers électroniques publicitaires non sollicités à des particuliers dont elle avait obtenu les adresses électroniques sur l'espace public du réseau internet en utilisant, dans un premier temps, un logiciel qui enregistrait ces informations dans un fichier en vue d'un usage ultérieur puis, dans un second temps, à l'aide d'un autre logiciel qui adressait les messages publicitaires aux adresses collectées sans les enregistrer dans un fichier ; pour déclarer le dirigeant de la société coupable du délit prévu par l'art. 226-18 C. pén., dans sa rédaction alors en vigueur, et le condamner, la cour d'appel énonce à bon droit qu'il a collecté des adresses électroniques, qui constituent des données nominatives, de façon déloyale en ce qu'elles ont été utilisées sans rapport avec l'objet de leur mise en ligne ; en effet, d'une part, constitue une collecte de données nominatives le fait d'identifier des adresses électroniques et de les utiliser, même sans les enregistrer dans un fichier, pour adresser à leurs titulaires des messages électroniques ; d'autre part, est déloyal le fait de recueillir, à leur insu, des adresses électroniques personnelles de personnes physiques sur l'espace public d'Internet, ce procédé faisant obstacle à leur droit d'opposition. • Crim. 14 mars 2006, n° 05-83.423 P : *D. 2007. Pan. 404, obs. Garé ; AJ pénal 2006. 260, obs. Roussel.*

3. Le recueil auprès d'un opérateur, quelles qu'en soient les modalités techniques, des coordonnées des appels entrant et sortant d'un numéro de téléphone, permettant qui plus est l'identification des titulaires des lignes en vue d'une utilisation quelconque, constitue une collecte de données à caractère personnel au sens de l'art. 226-18 C. pén., sans que l'élément matériel constitutif de l'infraction n'exige un traitement de ces dernières ou leur conservation dans un fichier, directement réprimées dans les conditions des art. 226-16 à 226-17 et 226-18-1 C. pén. • T. corr. Paris, 8 avr. 2014 : *D. actu. 17 avr. 2014, obs. Lavric.*

Art. 226-18-1 *(L. n° 2004-801 du 6 août 2004, art. 14)* Le fait de procéder à un traitement de données à caractère personnel concernant une personne physique malgré l'opposition de cette personne, lorsque ce traitement répond à des fins de prospection, notamment commerciale, ou lorsque cette opposition est fondée sur des motifs légitimes, est puni de cinq ans d'emprisonnement et de 300 000 € d'amende.

1. Atteinte au droit d'opposition. C'est à tort qu'une cour d'appel a condamné le responsable d'un fichier informatique à indemniser la victime pour avoir violé l'art. 226-18 C. pén., au motif que la mise en œuvre par la personne physique concernée du droit d'opposition suppose qu'elle soit avisée, préalablement à son inscription sur un fichier, de ce que des informations nominatives la concernant sont susceptibles de faire l'objet d'un traitement, ce qui n'avait pas été fait en l'espèce ; en statuant ainsi, la cour d'appel n'a pas caractérisé l'atteinte au droit d'opposition de la victime, dès lors que, si, aux termes de l'art. 26 de la loi n° 78-17 du 6 janv. 1978 relative à l'informatique, aux fichiers et aux libertés, toute personne physique a le droit de s'opposer, pour des raisons légitimes, à ce que des informations nominatives la concernant fassent l'objet d'un traitement, ladite loi ne fait nulle obligation au responsable du fichier, qui recueille auprès de tiers des informations nominatives aux fins de traitement, d'en avertir la personne concernée (fichier informatisé des incidents de paiement constatés à l'occasion du remboursement de crédits). • Crim. 25 oct. 1995, n° 94-85.781 P : *D. 1996. 370, note Frayssinet ; RSC 1996. 676 s., spéc. 681, obs. Francillon ; Dr. pénal 1996. Comm. 86, obs. Véron.*

2. Caractérise le délit de traitement automatisé d'informations nominatives concernant des personnes physiques malgré leur opposition fondée sur des motifs légitimes, prévu et puni par l'art. 226-18, al. 1er, C. pén., le fait de constituer et de commercialiser, en vue d'opérations de publipostage, de démarchage téléphonique ou de sondage, des fichiers constitués à partir des données de l'annuaire électronique des abonnés au téléphone, sans qu'en soient retirées les informations concernant les abonnés, personnes physiques, ayant demandé leur inscription sur la liste, dite « liste orange », prévue par l'art. R. 10-1 C. pr. civ. • Crim. 29 juin 1999, n° 97-84.166 P. ♦ ... Pris en application de l'art. 26 de la L. du 6 janv. 1978 relative à l'informatique, aux fichiers et aux libertés, ce texte, qui fonde la légitimité de l'opposition des abonnés inscrits sur la « liste orange » à l'exploitation commerciale des informations les concernant, n'est pas contraire aux dispositions des art. 86 et 90 du traité de la Communauté européenne. • Même arrêt.

3. Pour déclarer une association cultuelle et son président coupables du délit de traitement informatique de données nominatives malgré l'opposition de la personne concernée, prévu par l'art. 226-18 C. pén., la cour d'appel retient à bon droit que l'intéressé, ayant fait connaître qu'il s'opposait à ce que l'association le maintienne dans ses fichiers, avait reçu de celle-ci deux nouveaux courriers ; pour écarter l'argumentation selon laquelle son opposition n'était pas régulière, dès lors qu'elle avait été adressée à la Commission nationale de l'informatique et des libertés (CNIL), laquelle l'avait transmise à l'association cultuelle, l'arrêt relève qu'aucun formalisme n'est prévu par la loi ; enfin, pour rejeter les conclusions contestant la légitimité de l'opposition, les juges énoncent qu'en matière politique, philosophique ou religieuse, cette condition est remplie par le seul exercice de la faculté, pour la personne concernée, de s'opposer au traitement de données nominatives. • Crim. 28 sept. 2004, n° 03-86.604 P : *AJ pénal 2004. 447 ; Dr. pénal 2005. 18, obs. Véron ; Gaz. Pal. 2005. 1. 1376, note A.C.* ♦ … Le président de l'association cultuelle est également poursuivi sur le fondement de l'art. 43-3° de la L. du 6 janv. 1978, pour avoir entravé l'action de la CNIL en lui indiquant que toutes les démarches avaient été entreprises pour satisfaire à la demande de l'intéressé d'être radié des fichiers de l'association, alors que postérieurement à cette date celui-ci a reçu des courriers en provenance de cette association ; c'est à bon droit que la cour d'appel l'a déclaré coupable de ce chef, au motif qu'il a envoyé volontairement à la CNIL des informations qu'il savait inexactes, ce qui caractérise la volonté du prévenu d'éluder le contrôle de la commission. • Même arrêt.

4. *Action civile.* L'Union nationale des associations pour la défense des familles et de l'individu (UNADFI), dont l'objet statutaire n'entre pas dans le champ d'application de l'art. 2-17 C. pr. pén., ne justifie d'aucun préjudice personnel directement causé par les infractions de traitement d'informations nominatives malgré opposition légitime et d'entrave au fonctionnement de la CNIL ; sa constitution de partie civile est donc irrecevable. • Crim. 28 sept. 2004, n° 03-86.604 P : *Gaz. Pal. 2005. 1. 1376, note A.C.*

Art. 226-19 *(L. n° 2004-801 du 6 août 2004, art. 14)* Le fait, hors les cas prévus par la loi, de mettre ou de conserver en mémoire informatisée, sans le consentement exprès de l'intéressé, des données à caractère personnel qui, directement ou indirectement, font apparaître les origines raciales ou ethniques, les opinions politiques, philosophiques ou religieuses, ou les appartenances syndicales des personnes, ou qui sont relatives à la santé ou à l'orientation *(L. n° 2017-86 du 27 janv. 2017, art. 171)* « sexuelle ou à l'identité de genre » de celles-ci, est puni de cinq ans d'emprisonnement et de 300 000 € d'amende.

Est puni des mêmes peines le fait, hors les cas prévus par la loi, de mettre ou de conserver en mémoire informatisée des données à caractère personnel concernant des infractions, des condamnations ou des mesures de sûreté.

(Ord. n° 2018-1125 du 12 déc. 2018, art. 13, en vigueur au plus tard le 1er juin 2019) « Les dispositions du présent article sont applicables aux traitements non automatisés de données à caractère personnel dont la mise en œuvre ne se limite pas à l'exercice d'activités exclusivement personnelles. »

1. *QPC.* La question prioritaire de constitutionnalité est ainsi rédigée : « Les dispositions de l'art. 226-19 C. pén., en ce qu'elles prévoient une exception, dans les cas prévus par la loi, à l'obligation de recueillir le consentement exprès de la personne concernée pour mettre ou conserver en mémoire informatisée des données à caractère personnel relatives à la santé, portent-elles atteinte aux droits et libertés que la Constitution garantit et, plus exactement, au droit au respect de la vie privée garanti par l'art. 2 de la Déclaration des droits de l'homme et du citoyen ? » ; la question posée ne présente pas, à l'évidence, un caractère sérieux en ce que les dispositions légales critiquées, donnant au législateur la possibilité de prévoir des exceptions à l'obligation de recueillir le consentement de la personne concernée pour mettre ou conserver en mémoire informatisée des données à caractère personnel relatives à la santé, apparaissent de nature à assurer, entre le respect de la vie privée et la protection de la santé publique, une conciliation qui n'est pas manifestement déséquilibrée ; d'où il suit qu'il n'y a pas lieu de renvoyer la question au Conseil constitutionnel. • Crim. 6 mai 2014 : *Dr. pénal 2014. Comm. 104, obs. Véron.*

2. En adoptant l'art. 226-19 C. pén., le législateur a défini de manière claire et précise le délit d'enregistrement ou de conservation en mémoire informatisée des données à caractère personnel ; en prévoyant des exceptions dans les « cas prévus par la loi » à l'incrimination qu'elles définissent, les dispositions de cet article ne méconnaissent pas le principe de légalité des délits et des peines. • Cons. const. 19 sept. 2014 : *JO 21 sept, p. 15469.*

3. *Opinions religieuses.* Un responsable de site web, ni journaliste, ni organisme de presse, qui met en ligne un contenu publié dans la presse papier laissant apparaître l'appartenance d'une personne à la Scientologie, n'opère pas un traitement de données relatives aux opinions religieuses de la personne concernée et n'a pas, dès lors, à recueillir le consentement exprès et préalable de cette dernière pour mettre en mémoire informatique et diffuser sur Internet l'article de presse concerné ; le magistrat instructeur ordonne le non-lieu à poursuivre sur les chefs de l'art. 226-19 C. pén. relatif au traitement frauduleux de données dites « sensibles ». • TGI Villefranche-sur-Saône, 18 févr. 2003 : *Gaz. Pal. 2003. 1. 1727, note Drouard.*

4. *Orientation sexuelle.* La collecte de données personnelles relatives à l'orientation sexuelle, sans le consentement de l'intéressé, n'entre pas dans le champ d'application de l'art. 226-19 C. pén., en ce qu'elle est prévue par l'art. 8, § II, 6°, de la L. du 6 janv. 1978, relatif aux traitements nécessaires aux fins de la médecine préventive, des diagnostics médicaux, de l'administration de soins ou de traitements, ou de la gestion de services de santé mis en œuvre par le membre d'une profession de santé. • Crim. 8 juill.

2015, n° 13-86.267 P : *D. actu. 9 sept. 2015, obs. Fucini ; RSC 2015. 651, obs. Mayaud ; AJ pénal 2016. 33, note Aubert ; Dr. pénal 2015. Chron. 10, obs. Lepage.*

5. Données concernant des infractions. Il résulte de la combinaison des art. 2, 9, 25 et 50 de la L. n° 78-17 du 6 janv. 1978 relative à l'informatique, aux fichiers et aux libertés, modifiée, ensemble les art. 226-19 et 226-23 C. pén., que constitue un traitement de données à caractère personnel relatives aux infractions toute opération automatisée ou tout ensemble d'opérations automatisées portant sur de telles données, ainsi que toute opération non automatisée ou tout ensemble d'opérations non automatisées portant sur de telles données contenues ou appelées à figurer dans des fichiers. • Crim. 13 janv. 2009, n° 08-84.088 P : *D. 2009. AJ 497, obs. Daleau ; ibid. Pan. 2834, obs. Garé ; JCP 2009, n° 25, 30, p. 48, obs. Caron. – Adde :* Flament, *Dr. pénal 2009. Étude.* ♦ Ne constituent pas un traitement de données à caractère personnel relatives à des infractions, au sens des art. 2, 9 et 25 de la L. n° 78-17 du 6 janv. 1978, les constatations visuelles effectuées sur internet et les renseignements recueillis en exécution de l'art. L. 331-2 CPI par un agent assermenté qui, sans recourir à un traitement préalable de surveillance automatisé, utilise un appareillage informatique et un logiciel de pair à pair, pour accéder manuellement, aux fins de téléchargement, à la liste des œuvres protégées irrégulièrement proposées sur la toile par un internaute, dont il se contente de relever l'adresse IP pour pouvoir localiser son fournisseur d'accès en vue de la découverte ultérieure de l'auteur des contrefaçons. • Même arrêt.

6. Mise en mémoire. La clandestinité est inhérente au délit, repris de la L. du 6 janv. 1978 dans l'art. 226-19 C. pén., constitué par la mise en mémoire informatisée, sans l'accord exprès de l'intéressé, de données nominatives faisant apparaître, notamment, ses opinions politiques, philosophiques ou religieuses. • Crim. 4 mars 1997, n° 96-84.773 P : *Dr. pénal 1997. 75, obs. Véron ; Gaz. Pal. 1997. 1. 320, note J.P.D. ; RSC 1997. 669, obs. Dintilhac.* ♦ Rejet du pourvoi contre : • Paris, 30 sept. 1996 : *D. 1997. 111, note Breen ; Gaz. Pal. 1997. 1. 1, note Doucet.* ♦ … Ainsi, sauf à retirer son effectivité de la loi, cette infraction ne peut être prescrite avant qu'elle ait pu être constatée en tous ses éléments, et que soit révélée, aux victimes, l'atteinte qui a pu être portée à leurs droits. • Même arrêt. ♦ Mêmes solutions pour le délit d'atteinte à l'intimité de la vie privée d'autrui : V. ss. art. 226-1. ♦ *Adde :* Véron, *Dr. pénal 1998. Chron. 16* (clandestinité et prescription).

7. Caractérise le délit de mise ou conservation en mémoire informatisée de données nominatives faisant apparaître les mœurs sans l'accord exprès de la victime, le fait, pour un abonné au réseau internet, afin de se venger d'une déconvenue amoureuse, de scannériser, puis de diffuser des photographies représentant son ex-maîtresse dans des positions scabreuses, ces images numérisées étant en outre assorties d'un texte décrivant les mœurs sexuelles de la personne ainsi représentée et identifiée. • T. corr. Privas, 3 sept. 1997 : *Expertises, mars 1998. 79, obs. Beaujard ; RSC 1998. 574, obs. Francillon.* ♦ *Adde :* Frayssinet, *Expertises, mars 1998, p. 99 s.*

8. Conservation en mémoire. V. également L. n° 78-17 du 6 janv. 1978, art. 31. ♦ La conservation de données informatisées que réprime l'art. 226-19 C. pén. constitue un délit continu, à l'égard duquel la prescription de l'action publique ne commence à courir que lorsqu'il a cessé. • Crim. 4 mars 1997 : *préc. note 6.* ♦ Même solution pour la conservation d'un enregistrement de paroles prononcées à titre privé ou confidentiel : V. ss. art. 226-2.

9. Conflits de qualifications. La L. du 10 juill. 1991, relative au secret des correspondances émises par la voie des télécommunications, – qui a notamment complété le code pénal par un art. 186-1, devenu art. 432-9, inapplicable aux faits commis avant son entrée en vigueur – ne contient aucune disposition incompatible avec celles des lois du 17 juill. 1970, relative à la garantie des libertés individuelles, et du 6 janv. 1978, sur l'informatique et les libertés, reprises respectivement aux art. 368 et 369 devenus 226-1 et 226-2 C. pén., et 226-16 à 226-20 du même code, d'où il suit que le moyen qui se borne à affirmer une telle incompatibilité pour prétendre à l'abrogation implicite de ces derniers textes est inopérant et doit être écarté. • Crim. 4 mars 1997 : *préc. note 6.*

Art. 226-19-1 *(L. n° 2004-801 du 6 août 2004, art. 14)* En cas de traitement de données à caractère personnel ayant pour fin la recherche dans le domaine de la santé, est puni de cinq ans d'emprisonnement et de 300 000 € d'amende le fait de procéder à un traitement :

1° Sans avoir préalablement informé individuellement les personnes sur le compte desquelles des données à caractère personnel sont recueillies ou transmises de leur droit d'accès, de rectification et d'opposition, de la nature des données transmises et des destinataires de celles-ci ;

2° Malgré l'opposition de la personne concernée ou, lorsqu'il est prévu par la loi, en l'absence du consentement éclairé et exprès de la personne, ou s'il s'agit d'une personne décédée, malgré le refus exprimé par celle-ci de son vivant.

Art. 226-20 *(L. n° 2004-801 du 6 août 2004, art. 14)* Le fait de conserver des données à caractère personnel au-delà de la durée prévue par la loi ou le règlement, par la demande d'autorisation ou d'avis, ou par la déclaration préalable adressée à la Commission nationale de l'informatique et des libertés, est puni de cinq ans d'emprisonnement et de 300 000 € d'amende, sauf si cette conservation est effectuée à des fins historiques, statistiques ou scientifiques dans les conditions prévues par la loi.

Est puni des mêmes peines le fait, hors les cas prévus par la loi, de traiter à des fins autres qu'historiques, statistiques ou scientifiques des données à caractère personnel conservées au-delà de la durée mentionnée au premier alinéa.

Art. 226-21 *(L. n° 2004-801 du 6 août 2004, art. 14)* Le fait, par toute personne détentrice de données à caractère personnel à l'occasion de leur enregistrement, de leur classement, de leur transmission ou de toute autre forme de traitement, de détourner ces informations de leur finalité telle que définie par la disposition législative, l'acte réglementaire ou la décision de la Commission nationale de l'informatique et des libertés autorisant le traitement automatisé, ou par les déclarations préalables à la mise en œuvre de ce traitement, est puni de cinq ans d'emprisonnement et de 300 000 € d'amende.

Art. 226-22 *(L. n° 2004-801 du 6 août 2004, art. 14)* Le fait, par toute personne qui a recueilli, à l'occasion de leur enregistrement, de leur classement, de leur transmission ou d'une autre forme de traitement, des données à caractère personnel dont la divulgation aurait pour effet de porter atteinte à la considération de l'intéressé ou à l'intimité de sa vie privée, de porter, sans autorisation de l'intéressé, ces données à la connaissance d'un tiers qui n'a pas qualité pour les recevoir est puni de cinq ans d'emprisonnement et de 300 000 € d'amende.

La divulgation prévue à l'alinéa précédent est punie de trois ans d'emprisonnement et de 100 000 € d'amende lorsqu'elle a été commise par imprudence ou négligence.

Dans les cas prévus aux deux alinéas précédents, la poursuite ne peut être exercée que sur plainte de la victime, de son représentant légal ou de ses ayants droit.

BIBL. ▶ FREYSSINET, *Gaz. Pal. 2002. 1. Doctr. 507* (la confidentialité sur l'internet : du secret professionnel à la protection des données personnelles). – REBOUL-MAUPIN, *Gaz. Pal. 2002. 1. Doctr. 518* (responsabilités des médecins et internet).

1. Domaine de l'incrimination – Fichiers manuels. Le champ d'application des délits prévus à l'art. 43 de la L. du 6 janv. 1978 est limité aux traitements automatisés de données nominatives et ne concerne pas les informations contenues dans des fichiers manuels : un fichier constitué de fiches individuelles par support matériel n'entre donc pas dans les prévisions du texte précité ; en conséquence, la cession entre agences matrimoniales d'une cinquantaine de fiches d'identification de ressortissantes roumaines intéressées par une rencontre dans le but d'un futur mariage en France ne peut constituer une divulgation d'informations nominatives sans autorisation, en l'absence de volonté frauduleuse de la prévenue, et alors que le contrat d'adhésion ainsi que la plupart des fiches individuelles prévoyaient expressément la communication des candidatures à des tiers. • Agen, 28 févr. 1994 : *JCP 1994. IV. 2209.*

2. Divulgation intentionnelle. Commet les délits de violation du secret bancaire, de manquement à la sécurité informatique, de divulgation d'informations nominatives susceptibles de porter atteinte à la réputation des personnes le directeur d'un établissement de crédit qui communique à des commerçants, qui ont reçu délégation afin de remettre au nom de ce dernier l'offre préalable de crédit, une liste informatique de personnes, clients de l'établissement de crédit supposés présenter un risque quant à l'octroi d'un éventuel crédit. • Rennes, 13 janv. 1992 : *D. 1993. Somm. 54, obs. Vasseur ; ibid. 1994. Somm. 287, obs. Maisl.*

3. Divulgation non intentionnelle. Un numéro de téléphone constitue une information nominative au sens de l'art. 4 de la loi n° 78-17 du 6 janv. 1978 puisqu'il permet l'identification de la personne physique ou de l'abonné qui en est titulaire ; la divulgation d'une telle information nominative a nécessairement pour effet de porter atteinte à l'intimité de la vie privée de son titulaire. En sa qualité de propriétaire et exploitant du matériel informatique, un gérant d'un service télématique à caractère pornographique est pénalement responsable de l'imprudence ou de la négligence qui a permis la divulgation de cette information, même à son insu, cette infraction étant un délit non intentionnel ; les micro-coupures d'électricité dont l'éventualité est avancée pour expliquer la divulgation d'une information normalement secrète ne constituent pas un cas de force majeure dès lors qu'elles ne sont ni imprévisibles ni irrésistibles. • T. corr. Briey, 15 sept. 1992 : *D. 1994. Somm. 289, obs. Maisl ; Gaz. Pal. 1993. 1. 201 et la note ; ibid. 1994. 1. Somm. 107.*

Art. 226-22-1 *(L. n° 2004-801 du 6 août 2004, art. 14)* Le fait *(Abrogé par L. n° 2018-493 du 20 juin 2018, art. 27)* « *, hors les cas prévus par la loi,* » de procéder ou de faire procéder à un transfert de données à caractère personnel faisant l'objet ou destinées à faire l'objet d'un traitement vers un État n'appartenant pas à *(L. n° 2018-493 du 20 juin 2018, art. 27)* « l'Union européenne ou à une organisation internationale en violation du chapitre V du règlement (UE) 2016/679 du Parlement européen et du Conseil du 27 avril 2016 relatif à la protection des personnes physiques à l'égard du traitement des données à caractère personnel et à la libre circulation de ces données, et abrogeant la directive 95/46/ CE, ou des articles *(Ord. nº 2018-1125 du 12 déc. 2018, art. 13, en vigueur au plus tard le 1er juin 2019)* « 112 à 114 *[ancienne rédaction : 70-25 à 70-27]* » » de la loi nº 78-17 du 6 janvier 1978 précitée est puni de cinq ans d'emprisonnement et de 300 000 € d'amende.

Art. 226-22-2 *(Ord. nº 2018-1125 du 12 déc. 2018, art. 13, en vigueur au plus tard le 1er juin 2019)* Est puni d'un an d'emprisonnement et de 15 000 € d'amende le fait d'entraver l'action de la Commission nationale de l'informatique et des libertés :

1° Soit en s'opposant à l'exercice des missions confiées à ses membres ou aux agents habilités en application du dernier alinéa de l'article 10 de la loi nº 78-17 du 6 janvier 1978 précitée lorsque la visite a été autorisée par le juge ;

2° Soit en refusant de communiquer à ses membres ou aux agents habilités en application du dernier alinéa de l'article 10 de la même loi, ou aux agents d'une autorité de contrôle d'un État membre de l'Union européenne en application de l'article 62 du règlement (UE) 2016/679 du 27 avril 2016 précité, les renseignements et documents utiles à leur mission, ou en dissimulant lesdits documents ou renseignements, ou en les faisant disparaître ;

3° Soit en communiquant des informations qui ne sont pas conformes au contenu des enregistrements tel qu'il était au moment où la demande a été formulée ou qui ne présentent pas ce contenu sous une forme directement accessible.

Ancien art. 226-22-2 (L. nº 2004-801 du 6 août 2004, art. 14) *Dans les cas prévus aux articles 226-16 à 226-22-1, l'effacement de tout ou partie des données à caractère personnel faisant l'objet du traitement ayant donné lieu à l'infraction peut être ordonné. Les membres et les agents de la Commission nationale de l'informatique et des libertés sont habilités à constater l'effacement de ces données.*

Art. 226-23 *(Ord. nº 2018-1125 du 12 déc. 2018, art. 13, en vigueur au plus tard le 1er juin 2019)* Dans les cas prévus aux articles 226-16 à 226-22-2, l'effacement de tout ou partie des données à caractère personnel faisant l'objet du traitement ayant donné lieu à l'infraction peut être ordonné. Les membres et les agents de la Commission nationale de l'informatique et des libertés sont habilités à constater l'effacement de ces données.

Art. 226-24 *(L. nº 2009-526 du 12 mai 2009, art. 124-I)* « Les personnes morales déclarées responsables pénalement, dans les conditions prévues par l'article 121-2, des infractions définies à la présente section encourent, outre l'amende suivant les modalités prévues par l'article 131-38, les peines prévues par les 2° à 5° et 7° à 9° de l'article 131-39. »

L'interdiction mentionnée au 2° de l'article 131-39 porte sur l'activité dans l'exercice ou à l'occasion de l'exercice de laquelle l'infraction a été commise.

....

2e PARTIE : DÉCRETS EN CONSEIL D'ÉTAT

LIVRE VI. DES CONTRAVENTIONS

TITRE II. DES CONTRAVENTIONS CONTRE LES PERSONNES

CHAPITRE V. *DES CONTRAVENTIONS DE LE 5e CLASSE CONTRE LES PERSONNES*

SECTION 6. *Des atteintes aux droits de la personne résultant des fichiers ou des traitements informatiques*

Art. R. 625-10 Lorsque cette information est exigée par la loi, est puni de l'amende prévue pour les contraventions de la cinquième classe le fait, pour le responsable d'un traitement automatisé de données à caractère personnel :

1° De ne pas informer la personne auprès de laquelle sont recueillies des données à caractère personnel la concernant :

a) De l'identité du responsable du traitement et, le cas échéant, de celle de son représentant ;

b) De la finalité poursuivie par le traitement auquel les données sont destinées ;

c) Du caractère obligatoire ou facultatif des réponses ;

d) Des conséquences éventuelles, à son égard, d'un défaut de réponse ;

e) Des destinataires ou catégories de destinataires des données ;

f) De ses droits d'opposition, d'interrogation, d'accès et de rectification ;

g) Le cas échéant, des transferts de données à caractère personnel envisagés à destination d'un État *(Décr. nº 2018-687 du 1er août 2018, art. 29)* « n'appartenant pas à l'Union européenne » ;

2º Lorsque les données sont recueillies par voie de questionnaire, de ne pas porter sur le questionnaire les informations relatives :

a) A l'identité du responsable du traitement et, le cas échéant, à celle de son représentant ;

b) A la finalité poursuivie par le traitement auquel les données sont destinées ;

c) Au caractère obligatoire ou facultatif des réponses ;

d) Aux droits d'opposition, d'interrogation, d'accès et de rectification des personnes auprès desquelles sont recueillies les données ;

3º De ne pas informer de manière claire et précise toute personne utilisatrice des réseaux de communications électroniques :

a) De la finalité de toute action tendant à accéder, par voie de transmission électronique, à des informations stockées dans son équipement terminal de connexion ou à inscrire, par la même voie, des informations dans son équipement terminal de connexion ;

b) Des moyens dont elle dispose pour s'y opposer ;

4º De ne pas fournir à la personne concernée, lorsque les données à caractère personnel n'ont pas été recueillies auprès d'elle, les informations énumérées au 1º et au 2º dès l'enregistrement des données ou, si une communication des données à des tiers est envisagée, au plus tard lors de la première communication des données.

(Décr. nº 2018-687 du 1er août 2018, art. 29) « Est puni de la même peine le fait de ne pas fournir l'une des informations mentionnées au I de l'article *(Décr. nº 2019-536 du 29 mai 2019, art. 158, en vigueur le 1er juin 2019)* « 104 *[ancienne rédaction : 70-18]* » de la loi nº 78-17 du 6 janvier 1978 relative à l'informatique, aux fichiers et aux libertés ou aux articles 13 et 14 du règlement (UE) 2016/679 du Parlement européen et du Conseil du 27 avril 2016. »

La contravention d'opposition à l'exercice du droit d'accès à une information nominative, matérialisée par la communication d'informations qui ne se présentent pas sous une forme directement intelligible, est une infraction instantanée, consommée à la date d'envoi desdites informations (informations nominatives sollicitées auprès d'un opérateur de téléphonie mobile sur le fondement de l'art. 39-I, 4º de la loi nº 78-17 « informatique, fichiers et libertés » du 6 janv. 1978). • Crim. 6 mai 2008, nº 07-82.000 P : *D. 2008. AJ 1555, note Girault ; RSC 2008. 626, obs. Francillon ; AJ pénal 2008. 419, obs. Saas ; Dr. pénal 2008. Comm. 97, obs. J.-H. Robert ; ibid. 2008. Chron. 10, obs. Lepage.* ♦ Ne caractérisent pas la réitération de cette infraction, les réponses faites ultérieurement aux réclamations du titulaire du droit d'accès se plaignant de l'absence de clarté des informations données. • Même arrêt. ♦ Justifie, dès lors, sa décision, la cour d'appel qui constate l'extinction de l'action publique par la prescription après avoir retenu qu'il s'était écoulé plus d'une année entre l'envoi des informations au titulaire du droit d'accès et la plainte adressée par lui au procureur de la République. • Même arrêt.

Art. R. 625-11 Est puni de l'amende prévue pour les contraventions de la cinquième classe le fait, pour le responsable d'un traitement automatisé de données à caractère personnel, de ne pas répondre aux demandes d'une personne physique justifiant de son identité qui ont pour objet :

1º La confirmation que des données à caractère personnel la concernant font ou ne font pas l'objet de ce traitement ;

2º Les informations relatives aux finalités du traitement, aux catégories de données à caractère personnel traitées et aux destinataires ou aux catégories de destinataires auxquels les données sont communiquées ;

3º Le cas échéant, les informations relatives aux transferts de données à caractère personnel envisagés à destination d'un État *(Décr. nº 2018-687 du 1er août 2018, art. 29)* « n'appartenant pas à l'Union européenne » ;

4º La communication, sous une forme accessible, des données à caractère personnel qui la concernent ainsi que de toute information disponible quant à l'origine de celles-ci ;

5º Les informations permettant de connaître et de contester la logique qui sous-tend le traitement automatisé en cas de décision prise sur le fondement de celui-ci et produisant des effets juridiques à l'égard de l'intéressé.

Est puni de la même peine le fait de refuser de délivrer, à la demande de l'intéressé, une copie des données à caractère personnel le concernant, le cas échéant, contre paiement d'une somme qui ne peut excéder le coût de la reproduction.

(Décr. nº 2018-687 du 1er août 2018, art. 29) « Est puni de la même peine le fait de ne pas répondre aux demandes tendant à la mise en œuvre des droits prévus à l'article 15 du règle-

ment (UE) 2016/679 du Parlement européen et du Conseil du 27 avril 2016 ou, hors les cas prévus à l'article *(Décr. n° 2019-536 du 29 mai 2019, art. 158, en vigueur le 1er juin 2019)* « 107 *[ancienne rédaction : 70-21]* » de la loi n° 78-17 du 6 janvier 1978 relative à l'informatique, aux fichiers et aux libertés, au II de l'article *(Décr. n° 2019-536 du 29 mai 2019, art. 158, en vigueur le 1er juin 2019)* « 104 et à l'article 105 *[ancienne rédaction : 70-18 et à l'article 70-19]* » de cette même loi. »

Les contraventions prévues par le présent article ne sont toutefois pas constituées si le refus de réponse est autorisé par la loi soit afin de ne pas porter atteinte au droit d'auteur, soit parce qu'il s'agit de demandes manifestement abusives, notamment par leur nombre, leur caractère répétitif ou systématique, soit parce que les données à caractère personnel sont conservées sous une forme excluant manifestement tout risque d'atteinte à la vie privée des personnes concernées et pendant une durée n'excédant pas celle nécessaire aux seules finalités d'établissement de statistiques ou de recherche scientifique ou historique.

Art. R. 625-12 Est puni de l'amende prévue pour les contraventions de la cinquième classe le fait, pour le responsable d'un traitement automatisé de données à caractère personnel, de ne pas procéder, sans frais pour le demandeur, aux opérations demandées par une personne physique justifiant de son identité et qui exige que soient rectifiées, complétées, mises à jour, verrouillées ou effacées les données à caractère personnel la concernant ou concernant la personne décédée dont elle est l'héritière, lorsque ces données sont inexactes, incomplètes, équivoques, périmées, ou lorsque leur collecte, leur utilisation, leur communication ou leur conservation est interdite.

(Décr. n° 2018-687 du 1er août 2018, art. 29) « Est puni de la même peine le fait de ne pas procéder aux opérations exigées par les articles 16 à 18 du règlement (UE) 2016/679 du Parlement européen et du Conseil du 27 avril 2016, ou, hors les cas prévus à l'article *(Décr. n° 2019-536 du 29 mai 2019, art. 158, en vigueur le 1er juin 2019)* « 107 *[ancienne rédaction : 70-21]* » de la loi n° 78-17 du 6 janvier 1978 relative à l'informatique, aux fichiers et aux libertés, par l'article *(Décr. n° 2019-536 du 29 mai 2019, art. 158, en vigueur le 1er juin 2019)* « 106 *[ancienne rédaction : 70-20]* » de cette même loi. »

Art. R. 625-13 *(Abrogé par Décr. n° 2010-671 du 18 juin 2010) « Les personnes morales peuvent être déclarées responsables pénalement, dans les conditions prévues par l'article 121-2, des contraventions prévues par la présente section. »*

La récidive des contraventions prévues par la présente section est réprimée conformément aux articles 132-11 et 132-15.

Art. 41 Le procureur de la République avise le président de la Commission nationale de l'informatique et des libertés de toutes les poursuites relatives aux infractions prévues par la section 5 du chapitre VI du titre II du livre II du code pénal et, le cas échéant, des suites qui leur sont données. Il l'informe de la date et de l'objet de l'audience de jugement par lettre recommandée adressée au moins dix jours avant cette date.

La juridiction d'instruction ou de jugement peut appeler le président de la Commission nationale de l'informatique et des libertés ou son représentant à déposer ses observations ou à les développer oralement à l'audience.

V. C. pén., art. 226-16 à 226-24, ss. art. 40.

TITRE II TRAITEMENTS RELEVANT DU RÉGIME DE PROTECTION DES DONNÉES À CARACTÈRE PERSONNEL PRÉVU PAR LE RÈGLEMENT (UE) 2016/679 DU 27 AVRIL 2016

(Ord. n° 2018-1125 du 12 déc. 2018, art. 1er, en vigueur le 1er juin 2019)

COMMENTAIRE

La nouvelle loi « Informatique et libertés » établit une clé de répartition selon le type de traitements : au-delà des dispositions transversales des articles 1er à 39, elle distingue les traitements qui relèvent du RGPD de ceux qui relèvent de la directive de 2016 et, enfin, de ceux relatifs à la sécurité, la défense et la sûreté. ❑

CHAPITRE I *DISPOSITIONS GÉNÉRALES*

Art. 42 I. — Le présent titre ne s'applique pas aux traitements de données à caractère personnel effectués :

1° Dans le cadre d'une activité qui ne relève pas du champ d'application du droit de l'Union européenne, notamment les *[aux]* traitements mentionnés au titre IV ;

2° Dans le cadre d'activités qui relèvent du champ d'application du chapitre II du titre V du traité sur l'Union européenne ;

3° Par les autorités compétentes à des fins de prévention et de détection des infractions pénales, d'enquêtes et de poursuites en la matière ou d'exécution de sanctions pénales, y compris la protection contre des menaces pour la sécurité publique et la prévention de telles menaces ;

4° Aux copies temporaires qui sont faites dans le cadre des activités techniques de transmission et de fourniture d'accès à un réseau numérique, en vue du stockage automatique, intermédiaire et transitoire des données et à seule fin de permettre à d'autres destinataires du service le meilleur accès possible aux informations transmises.

II. — Le présent titre s'applique sans préjudice des articles 32-3-3, 32-3-4 et 34-4 du code des postes et des télécommunications relatifs à la responsabilité des prestataires de services intermédiaires tels que modifiés par l'article 9 de la loi n° 2004-575 du 21 juin 2004 pour la confiance dans l'économie numérique et *[l'article]* 10 de la loi n° 2004-669 du 9 juillet 2004 relative aux communications électroniques et aux services de communication audiovisuelle.

III. — Le présent titre s'applique sans préjudice des dispositions de l'article 6 de la loi n° 2004-575 du 21 juin 2004 pour la confiance dans l'économie numérique.

V. RGPD, art. 2 et consid. 14 à 21 et 27.

V. CPCE, art. 32-3-3, 32-3-4 et 34-4, II - Textes complémentaires.

V. L. n° 2004-575 du 21 juin 2004 pour la confiance dans l'économie numérique, art. 6, App., v° Communication - Commerce électronique.

COMMENTAIRE

Il s'agit de la reprise, soit des dispositions de l'ancien article 4 de la loi, soit du règlement européen. Voir, sur le champ d'application du RGPD, le commentaire sous l'article 2 du RGPD. ❑

Art. 43 Les principes, règles et conditions de licéité d'un traitement de données à caractère personnel applicables sont ceux définis au chapitre II du règlement (UE) 2016/679 du 27 avril 2016 et du *[au]* chapitre I du titre I de la présente loi.

V. RGPD, art. 5 à 11 et consid. 19, 32, 33, 35, 38 à 55, 57, 69, 75, 157.

COMMENTAIRE

Voir le commentaire sous RGPD, CHAPITRE II. ❑

Art. 44 L'article 6 ne s'applique pas si l'une des conditions prévues au 2 de l'article 9 du règlement (UE) 2016/679 du 27 avril 2016 est remplie, ainsi que pour :

1° Les traitements nécessaires aux fins de la médecine préventive, des diagnostics médicaux, de l'administration de soins ou de traitements, ou de la gestion de services de santé et mis en œuvre par un membre d'une profession de santé, ou par une autre personne à laquelle s'impose en raison de ses fonctions l'obligation de secret professionnel dont l'atteinte est réprimée par l'article 226-13 du code pénal ; — *V. ce texte, II - Textes complémentaires.*

2° Les traitements statistiques réalisés par l'Institut national de la statistique et des études économiques ou l'un des services statistiques ministériels dans le respect de la loi n° 51-711 du 7 juin 1951 sur l'obligation, la coordination et le secret en matière de statistiques, après avis du Conseil national de l'information statistique ;

3° Les traitements comportant des données concernant la santé justifiés par l'intérêt public et conformes aux dispositions de la section 3 du chapitre III du présent titre ;

4° Les traitements conformes aux règlements types mentionnés au *c* du 2° du I de l'article 8 mis en œuvre par les employeurs ou les administrations qui portent sur des données biométriques strictement nécessaires au contrôle de l'accès aux lieux de travail ainsi qu'aux appareils et aux applications utilisés dans le cadre des missions confiées aux salariés, aux agents, aux stagiaires ou aux prestataires ;

5° Les traitements portant sur la réutilisation des informations publiques figurant dans les décisions mentionnées à l'article L. 10 du code de justice administrative et à l'article L. 111-13 du code de l'organisation judiciaire, sous réserve que ces traitements n'aient ni pour objet ni pour effet de permettre la réidentification des personnes concernées ;

6° Les traitements nécessaires à la recherche publique au sens de l'article L. 112-1 du code de la recherche, sous réserve que des motifs d'intérêt public important les rendent nécessaires, dans les conditions prévues par le *g* du 2 de l'article 9 du règlement (UE) 2016/679 du 27 avril 2016, après avis motivé et publié de la Commission nationale de l'informatique et des libertés rendu selon les modalités prévues à l'article 34 de la présente loi. — *V. RGPD, art. 9 et consid. 33, 35, 51 à 55 et 75.*

COMMENTAIRE

Le nouvel article 44 complète les dispositions, d'une part, de l'article 9 du RGPD, d'autre part, de l'article 6 de la loi. Nous renvoyons donc aux commentaires sous ces deux articles.

Outre les dérogations prévues par ces deux articles, qui tiennent soit à l'objet du traitement soit au consentement de l'intéressé, les dispositions de l'article 44 de la loi prévoient plusieurs autres exceptions, relevant de trois domaines principaux :

– les traitements de statistique publique réalisés par l'INSEE ;

– des traitements en matière de santé et de recherche médicale, soit qu'ils soient mis en œuvre par une personne soumise au secret médical, soit qu'ils soient justifiés par un intérêt public ;

– les traitements liés à la recherche publique.

Comme dans le reste du RGPD et de la loi, la volonté du législateur a bien été de faciliter l'activité en matière de recherche, les progrès de la médecine comme ceux des technologies numériques facilitant des études à grande échelle et le suivi de « cohortes ».

Enfin, une autre hypothèse plus ponctuelle est mentionnée :

– celle du recours à des données biométriques pour l'accès à des lieux ou des outils de travail : il s'agit de technologies de reconnaissance biométrique (empreinte digitale, réseau veineux du doigt, empreinte palmaire, iris, etc.) dont l'unique usage est de permettre l'accès à des locaux ou outils de travail dont les exigences en matière de sécurité impose une restriction particulière d'accès, dans le cadre de règlements types arrêtés par la CNIL. Ces traitements relevaient auparavant d'autorisations de la CNIL prises sur le fondement de l'article 25 de la loi « Informatique et libertés ». Conservant la logique des « autorisations uniques » que la CNIL avait adoptées en la matière, la loi nouvelle prévoit donc un mécanisme de règlement type à respecter pour pouvoir effectivement traiter de telles données à cette fin. ❑

TRAITEMENTS COMPORTANT DES DONNÉES BIOMÉTRIQUES NÉCESSAIRES AU CONTRÔLE DE L'IDENTITÉ DES PERSONNES

Relèvent de cette catégorie : les traitements destinés à permettre le contrôle d'accès à des locaux et reposant : sur la technique de reconnaissance du contour de la main. • CNIL 20 sept. 2012, *autorisation unique (nº AU-007),* délib. nº 2012-322. ♦ ... Sur la reconnaissance de l'empreinte digitale exclusivement enregistrée sur un support individuel détenu par la personne concernée, pour l'accès aux lieux de travail. • CNIL 27 avr. 2006, *autorisation unique (nº AU-008),* délib. nº 2006-102. ♦ ... Sur la reconnaissance du réseau veineux des doigts de la main, pour l'accès aux locaux sur les lieux de travail. • CNIL 7 mai 2009, *autorisation unique (nº AU-019),* délib. nº 2009-316. ♦ ... Les traitements destinés à permettre le contrôle de l'accès aux postes informatiques. • CNIL 10 mars 2011, *autorisation unique (nº AU-027),* délib. nº 2011-074.

Code de justice administrative

Art. L. 10 Les jugements sont publics. Ils mentionnent le nom des juges qui les ont rendus. *(L. nº 2019-222 du 23 mars 2019, art. 33)* « Sous réserve des dispositions particulières qui régissent l'accès aux décisions de justice et leur publicité, les jugements sont mis à la disposition du public à titre gratuit sous forme électronique.

« Par dérogation au premier alinéa, les nom et prénoms des personnes physiques mentionnées dans le jugement, lorsqu'elles sont parties ou tiers, sont occultés préalablement à la mise à la disposition du public. Lorsque sa divulgation est de nature à porter atteinte à la sécurité ou au respect de la vie privée de ces personnes ou de leur entourage, est également occulté tout élément permettant d'identifier les parties, les tiers, les magistrats et les membres du greffe.

« Les données d'identité des magistrats et des membres du greffe ne peuvent faire l'objet d'une réutilisation ayant pour objet ou pour effet d'évaluer, d'analyser, de comparer ou de prédire leurs pratiques professionnelles réelles ou supposées. La violation de cette interdiction est punie des peines prévues aux articles 226-18, 226-24 et 226-31 du code pénal, sans préjudice des mesures et sanctions prévues par la loi n° 78-17 du 6 janvier 1978 relative à l'informatique, aux fichiers et aux libertés. »

(L. n° 2016-1321 du 7 oct. 2016, art. 20) « Les articles L. 321-1 à L. 326-1 du code des relations entre le public et l'administration sont également applicables à la réutilisation des informations publiques figurant dans ces jugements.

« Un décret en Conseil d'État fixe, pour les jugements de premier ressort, d'appel ou de cassation, les conditions d'application du présent article. »

Code de l'organisation judiciaire

Art. L. 111-13 *(L. n° 2019-222 du 23 mars 2019, art. 33-IV-1°)* « Sous réserve des dispositions particulières qui régissent l'accès aux décisions de justice et leur publicité, les décisions rendues par les juridictions judiciaires sont mises à la disposition du public à titre gratuit sous forme électronique.

« Les nom et prénoms des personnes physiques mentionnées dans la décision, lorsqu'elles sont parties ou tiers, sont occultés préalablement à la mise à la disposition du public. Lorsque sa divulgation est de nature à porter atteinte à la sécurité ou au respect de la vie privée de ces personnes ou de leur entourage, est également occulté tout élément permettant d'identifier les parties, les tiers, les magistrats et les membres du greffe.

« Les données d'identité des magistrats et des membres du greffe ne peuvent faire l'objet d'une réutilisation ayant pour objet ou pour effet d'évaluer, d'analyser, de comparer ou de prédire leurs pratiques professionnelles réelles ou supposées. La violation de cette interdiction est punie des peines prévues aux articles 226-18, 226-24 et 226-31 du code pénal, sans préjudice des mesures et sanctions prévues par la loi n° 78-17 du 6 janvier 1978 relative à l'informatique, aux fichiers et aux libertés. »

(L. n° 2016-1321 du 7 oct. 2016, art. 21) Les articles L. 321-1 à L. 326-1 du code des relations entre le public et l'administration sont également applicables à la réutilisation des informations publiques figurant dans ces décisions.

Un décret en Conseil d'État fixe, pour les décisions de premier ressort, d'appel ou de cassation, les conditions d'application du présent article.

Code de la recherche

Art. L. 112-1 La recherche publique a pour objectifs :

a) Le développement et le progrès de la recherche dans tous les domaines de la connaissance ;

b) La valorisation des résultats de la recherche *(L. n° 2013-660 du 22 juill. 2013, art. 16)* « au service de la société, qui s'appuie sur l'innovation et le transfert de technologie » ;

(L. n° 2006-450 du 18 avr. 2006, art. 12) « *c)* Le partage et la diffusion » des connaissances scientifiques *(L. n° 2013-660 du 22 juill. 2013, art. 16)* « en donnant priorité aux formats libres d'accès » ;

(L. n° 2006-450 du 18 avr. 2006, art. 14) « *c bis)* Le développement d'une capacité d'expertise » *(L. n° 2013-660 du 22 juill. 2013, art. 16)* « et d'appui aux associations et fondations, reconnues d'utilité publique, et aux politiques publiques menées pour répondre aux défis sociétaux, aux besoins sociaux, économiques et du développement durable ; »

d) La formation à la recherche et par la recherche ;

(L. n° 2013-660 du 22 juill. 2013, art. 16) « *e)* L'organisation de l'accès libre aux données scientifiques.

« Les établissements publics de recherche et les établissements d'enseignement supérieur favorisent le développement des travaux de coopération avec les associations et fondations, reconnues d'utilité publique. Ils participent à la promotion de la recherche participative et au développement des capacités d'innovation technologique et sociale de la Nation. Ces coopérations s'exercent dans le respect de l'indépendance des chercheurs et, en l'absence de clauses contraires, dans un but non lucratif. Les travaux de recherche menés dans le cadre de ces coopérations sont, en l'absence de clauses contraires, rendus publics et accessibles. »

Art. 45 **En application du 1 de l'article 8 du règlement (UE) 2016/679 du 27 avril 2016, un mineur peut consentir seul à un traitement de données à caractère personnel en ce qui concerne l'offre directe de services de la société de l'information à compter de l'âge de quinze ans.**

Lorsque le mineur est âgé de moins de quinze ans, le traitement n'est licite que si le consentement est donné conjointement par le mineur concerné et le ou les titulaires de l'autorité parentale à l'égard de ce mineur.

Le responsable de traitement rédige en des termes clairs et simples, aisément compréhensibles par le mineur, les informations et communications relatives au traitement qui le concerne.

V. RGPD, art. 8 et consid. 38, 47 et 58.

V., infra, L. n° 2004-575 du 6 janv. 1978, art. 6-5, App., v° Communication - Commerce électronique.

COMMENTAIRE

Voir le commentaire sous l'article 8 du RGPD. ❑

Art. 46 **Les traitements de données à caractère personnel relatives aux condamnations pénales, aux infractions ou aux mesures de sûreté connexes ne peuvent être effectués que par :**

1° Les juridictions, les autorités publiques et les personnes morales gérant un service public, agissant dans le cadre de leurs attributions légales*[,]* **ainsi que les personnes morales de droit privé collaborant au service public de la justice et appartenant à des catégories dont la liste est fixée par décret en Conseil d'État, pris après avis motivé et publié de la Commission nationale de l'informatique et des libertés, dans la mesure strictement nécessaire à leur mission ;**

2° Les auxiliaires de justice, pour les stricts besoins de l'exercice des missions qui leur sont confiées par la loi ;

3° Les personnes physiques ou morales, aux fins de leur permettre de préparer et, le cas échéant, d'exercer et de suivre une action en justice en tant que victime, mise en cause, ou pour le compte de ceux-ci et de faire exécuter la décision rendue, pour une durée strictement proportionnée à ces finalités. La communication à un tiers n'est alors possible que sous les mêmes conditions et dans la mesure strictement nécessaire à la poursuite de ces mêmes finalités ;

4° Les personnes morales mentionnées aux articles L. 321-1 et L. 331-1 du code de la propriété intellectuelle, agissant au titre des droits dont elles assurent la gestion ou pour le compte des victimes d'atteintes aux droits prévus aux livres I, II et III du même code aux fins d'assurer la défense de ces droits ;

5° Les réutilisateurs des informations publiques figurant dans les décisions mentionnées à l'article L. 10 du code de justice administrative et à l'article L. 111-13 du code de l'organisation judiciaire, sous réserve que les traitements mis en œuvre n'aient ni pour objet ni pour effet de permettre la réidentification des personnes concernées. — *V. ces textes ss. art. 44.*

V. RGPD, art. 10 et consid. 19.

V., infra, Décr. n° 2019-536 du 29 mai 2019, art. 76.

COMMENTAIRE

L'article 46 reprend l'ancien article 9 de la loi, connu aussi bien des entreprises que des personnes publiques, et qui fait par principe obstacle au traitement de données personnelles relatives aux infractions, condamnations et mesures de sûreté. Avec l'article 6, il constitue le « bloc » des données intrinsèquement sensibles, qui ne peuvent par conséquent être collectées et traitées que dans des conditions particulières. Les données d'infractions, condamnations et mesures de sûreté peuvent emporter de graves conséquences si elles sont révélées à autrui, notamment lorsqu'elles sont conservées au-delà des durées de prescription légale, par exemple. Le traitement de telles données emporte pour conséquence que seuls les responsables limitativement énumérés peuvent être autorisés à traiter ces données.

Le champ d'application personnel de cet article, initialement réduit aux personnes publiques (L. du 6 janv. 1978, anc. art. 30), a été élargi par la loi du 6 août 2004. Toutefois, il reste étroitement circonscrit, comme le révèle la décision du Conseil constitutionnel n° 2004-499 DC du 29 juillet 2004, qui souligne notamment l'intervention préalable d'une autorisation de la CNIL comme garantie conduisant à retenir la proportionnalité du dispositif.

Le Conseil constitutionnel avait en revanche jugé contraires à la Constitution les dispositions qui ouvraient le possible traitement de ces données aux « personnes morales victimes d'infractions ou agissant pour le compte desdites victimes pour les stricts besoins de la prévention et de la lutte contre la fraude ainsi que de la réparation du préjudice subi dans les conditions prévues par la loi ». Le Conseil constitutionnel avait en effet considéré que, compte tenu du champ, très large, couvert par une telle faculté, il appartenait au législateur de fixer les conditions dans lesquelles elle pouvait être exercée, sans pouvoir renvoyer à des lois ordinaires ultérieures. Il a toutefois introduit une réserve d'interprétation, précisant que sa décision n'avait pas pour effet de « priver d'effectivité le droit d'exercer un recours juridictionnel dont dispose toute personne physique ou morale s'agissant des infractions dont elle a été victime ». Cette réserve a permis de donner une base légale aux traitements mis en œuvre par les personnes morales aux fins d'exercer un recours, c'est-à-dire de déposer une plainte et, le cas échéant, de suivre les contentieux portant sur des infractions dont elles sont victimes (V. comm. aux NCCC, n° 17). Concrètement, ont ainsi été autorisés par la CNIL, sous réserve de respecter l'ensemble des autres règles posées par la loi (notamment la finalité, le caractère légitime et la proportionnalité), les fichiers de contentieux (lutte contre le vol, impayés, etc.).

Cet état du droit a été modifié par la loi du 20 juin 2018, dont une disposition, qui modifiait précisément cet article, a été censurée par le Conseil constitutionnel. Le RGPD autorise en effet les États membres à prévoir le traitement des données d'infraction « sous le contrôle des autorités publiques ». Le législateur a donc repris cette condition générique. Le Conseil constitutionnel a déclaré cette disposition non conforme à la Constitution, au motif qu'elle était entachée d'incompétence négative. Il a en effet relevé que « le législateur s'est borné à reproduire ces termes dans les dispositions contestées, sans déterminer lui-même ni les catégories de personnes susceptibles d'agir sous le contrôle de l'autorité publique, ni quelles finalités devraient être poursuivies par la mise en œuvre d'un tel traitement de données. En raison de l'ampleur que pourraient revêtir ces traitements et de la nature des informations traitées, ces dispositions affectent, par leurs conséquences, les garanties fondamentales accordées aux citoyens pour l'exercice des libertés publiques » (V. Cons. const. n° 2018-765 DC du 12 juin 2018).

Désormais, sont donc notamment autorisés à traiter des données d'infraction, comme auparavant, les juridictions, les autorités publiques et les personnes morales gérant un service public, agissant dans le cadre de leurs attributions, et les auxiliaires de justice, pour les stricts besoins de l'exercice des missions qui leur sont confiées par la loi. La loi du 20 juin 2018 y ajoute les personnes morales de droit privé collaborant au service public de la justice fixées par décret en Conseil d'État.

Surtout, la loi du 20 juin 2018 reprend la disposition relative à l'exercice d'un recours en justice ou au suivi précontentieux, qui ne résultait jusqu'à présent que de la réserve d'interprétation du Conseil constitutionnel susmentionnée. Désormais, peuvent donc traiter les données d'infractions les personnes physiques ou morales pour l'exercice et le suivi de procédures contentieuses.

Enfin, la loi tire les conséquences de la loi pour une République numérique sur l'open data des décisions de justice, en ouvrant la même faculté aux « réutilisateurs des informations publiques figurant dans les jugements mentionnés à l'article L. 10 du code de justice administrative et les décisions mentionnées à l'article L. 111-13 du code de l'organisation judiciaire, sous réserve que les traitements mis en œuvre n'aient ni pour objet ni pour effet de permettre la réidentification des personnes concernées ». Cette disposition reprend en substance le contenu d'un *caveat* que la CNIL, la CADA et Etalab avaient établi pour la mise en ligne des décisions de justice, et qui rappelait, se fondant sur les risques de détournement de finalité et leur répression, qu'il est interdit d'utiliser une base de données sciemment « anonymisée », fût-ce partiellement, par l'administration, pour réidentifier une personne.

Quant au champ d'application matériel, si les notions d'infraction ou de condamnation ne soulèvent aucune difficulté, celle de « mesure de sûreté » est un peu plus délicate. Les délibérations successives de la CNIL font apparaître que sont regardées comme telles toutes les mesures qui, prises en vertu d'un impératif d'ordre public, ont pour effet de restreindre la liberté, notamment d'aller et venir, de la personne. ❑

La jurisprudence rendue ss. l'empire de l'anc. art. 9 de la loi Informatique et libertés conserve sa pertinence, et est donc recensée ici.

1° CHAMP D'APPLICATION

1. Constitue un traitement de données à caractère personnel relatif aux infractions « toute opération automatisée ou tout ensemble d'opérations automatisées portant sur de telles données ainsi que toute opération non automatisée ou tout ensemble d'opérations non automatisées portant sur de telles données contenues ou appelées à figurer dans des fichiers ». • Crim. 13 janv. 2009, n° 08-84.088 P.

2. Notion d'infraction. Doivent être regardées comme telles les données relatives aux infractions, condamnations ou mesures de sûreté, mais également « les données qui, en raison des finalités du traitement automatisé, ne sont collectées que dans le but d'établir l'existence ou de prévenir la commission d'infractions, y compris par des tiers ». • CE 11 mai 2015, *Renault Trucks,* n° 375669 P.

3. En matière de lutte contre la contrefaçon, en application de l'art. L. 331-2 CPI, la Cour de cassation juge que ne constituent pas un traitement de données à caractère personnel relatives à des infractions les constatations visuelles effectuées sur internet et les renseignements recueillis par un agent assermenté qui relève manuellement l'adresse IP d'un internaute proposant irrégulièrement des œuvres protégées sur internet, à l'aide de matériel informatique classique et d'un logiciel de pair à pair. • Crim. 13 janv. 2009, n° 08-84.088 : *préc. note 1.*

4. Autorisation donnée à une personne morale gérant un service public. Sont, par exemple, autorisés la gestion et le suivi des situations de maltraitance envers les personnes âgées et les adultes handicapés via la mise en place d'une plateforme téléphonique de signalement par une association chargée de cette mission de service public. • CNIL délib. 8 mars 2012, n° 2012-061.

2° RÉSERVE D'INTERPRÉTATION RELATIVE À LA GESTION DU CONTENTIEUX PAR DES PERSONNES PRIVÉES

Nota : les éléments de jurisprudence demeurent pertinents pour apprécier le cadre juridique issu du nouveau 3° de l'art. 46.

5. Portée. Ces dispositions n'interdisent pas la mise en œuvre de traitements de données à caractère personnel relatives à des infractions par les personnes qui en ont été victimes ou sont susceptibles de l'être. • CE 11 mai 2015, *Renault Trucks,* n° 375669 : *préc. note 2.*

6. Sont autorisés, sur ce fondement : La possibilité, pour les commerçants, de conserver les données relatives à des vols pour leur permettre de porter plainte. • CNIL 7 juill. 2011, *délib.* n° 2011-208 (AU n° 17) portant autorisation unique pour la gestion du précontentieux et du contentieux des infractions constatées sur les lieux de vente. ♦ ... Le fait, pour les compagnies d'assurance ou les employeurs privés, de collecter la vitesse moyenne d'un véhicule, et non sa vitesse maximale, excluant la possibilité de collecter les données d'infractions en matière de vitesse au regard du code de la sécurité routière. • CNIL délib. 16 mars 2006, n° 2006-067 portant adoption d'une norme simplifiée (n° 51) concernant les traitements automatisés de données à caractère personnel mis en œuvre par les organismes publics ou privés destinés à géolocaliser les véhicules utilisés par leurs employés.

7. N'est pas autorisée : La mise en œuvre d'un traitement reposant sur la géolocalisation des véhicules, par des assureurs, qui ne constituent pas des personnes privées chargées d'une mission de service public, dans la mesure où il impliquait le traitement, par l'assureur, d'infractions relatives aux violations des limitations de vitesse. • CNIL 17 nov. 2005, n° 2005-278. ♦ ... La mise en œuvre, par une entreprise privée délib., d'un traitement consistant à rapprocher les consultations de sites par ses salariés et les chargements opérés à partir des postes informatiques avec un fichier d'empreintes numériques correspondant à des contenus pédopornographiques communiqués par les autorités de police afin, en cas de coïncidence, de provoquer une alerte en vue d'une éventuelle saisine ultérieure des autorités compétentes. • CE 11 mai 2015, *Renault Trucks,* n° 375669 A : *préc. note 2.*

3° DÉROGATION APPORTÉE PAR VOIE LÉGISLATIVE

8. La CNIL considère que « les articles L. 332-15 et L. 332-16 du code du sport, par dérogation à l'article 9 de la loi du 6 janvier 1978 modifiée, permettent aux associations et sociétés sportives, au nombre desquelles figurent les clubs de football professionnels, de collecter des données relatives à des condamnations ou mesures de sûreté dans le cadre de la gestion des interdictions de stade prononcées par l'autorité judiciaire ou l'autorité administrative ». V. par ex. • CNIL délib. 6 juin 2013, n° 2013-150.

9. Bases de jurisprudence. On rappellera que la CNIL a recommandé d'anonymiser les bases de jurisprudence librement accessibles en ligne des juridictions administratives et judiciaires. • CNIL délib. 29 nov. 2001, n° 01-057 (recommandation relative à l'anonymisation des décisions de justice).

4° TRAITEMENTS, AUTOMATISÉS OU NON, PORTANT SUR DES DONNÉES RELATIVES AUX INFRACTIONS, CONDAMNATIONS OU MESURES DE SÛRETÉ

10. Ont été regardés comme tels, dans le cadre du régime d'autorisation de l'ex-art. 25 alors applicable : les traitements mis en œuvre par les communes pour la gestion des missions confiées aux services de police municipale, dès lors qu'ils portent sur des données relatives aux infractions. • CNIL 17 juill. 2008, *portant autorisation unique (n° AU016),* n° 2008-304 (à l'exception de celles ayant pour objet la recherche et la constatation des infractions pénales, qui relèvent du I de l'art. 26). ♦ ... Les traitements par lesquels les commerçants traitent les données personnelles relatives à la gestion du précontentieux et du contentieux des infractions constatées sur les lieux de vente. • CNIL délib. 7 juill. 2011, *portant autorisation unique (AU-017),* n° 2011-208. ♦ ... Les traitements relatifs à la mise en place d'éthylotests anti-démarrage dans les véhicules affectés au transport de personnes. • CNIL délib. 28 janv. 2010, *portant autorisation unique (AU 026),* n° 2010-00. ♦ ... Les traitements permettant à des organismes de suivre leur contentieux (pour des procès-verbaux dressés par une collectivité. • CNIL délib. 25 avr. 2013, n° 2013-108. ♦ ... Ou permettant la gestion des incivilités. • CNIL délib. 7 févr. 2013, n° 2013-036. ♦ ... Un traitement destiné à permettre la gestion précontentieuse et contentieuse des redevances de droits d'auteur dues par les usagers sous contrat d'utilisation et du recouvrement des sommes dues par les usagers sans contrat. • CNIL délib. 31 mai 2012, n° 2012-080. ♦ ... Le traitement mis en œuvre par une autorité (en l'occurrence l'Autorité des marchés financiers) destiné à établir une base de données sur les enquêtes en cours et leurs suites. • CNIL délib. 26 juin 2008, n° 2008-182. ♦ ... Un traitement mis en œuvre par une banque ayant pour finalité la lutte contre le blanchiment. • CNIL délib. 10 nov. 2005, n° 2005-263. ♦ ... Les traitements destinés à lutter contre la fraude au péage sur des infrastructures routières. V., pour des exemples, • CNIL délib. 29 janv. 2009, n° 2009-086. • CNIL délib. 20 sept. 2012, n° 2012-324. ♦ ... La mise en œuvre par un rectorat d'un traitement destiné à permettre la déclaration et le suivi des faits de violence dans les établissements scolaires. • CNIL délib. 18 juill. 2013, n° 2013-224.

Art. 47 **Aucune décision de justice impliquant une appréciation sur le comportement d'une personne ne peut avoir pour fondement un traitement automatisé de données à caractère personnel destiné à évaluer certains aspects de la personnalité de cette personne.**

Aucune décision produisant des effets juridiques à l'égard d'une personne ou l'affectant de manière significative ne peut être prise sur le seul fondement d'un traitement automatisé de données à caractère personnel, y compris le profilage, à l'exception :

1° Des cas mentionnés aux *a* et *c* du 2 de l'article 22 du règlement (UE) 2016/679 du 27 avril 2016, sous les réserves mentionnées au 3 du même article 22 et à condition que les règles définissant le traitement ainsi que les principales caractéristiques de sa mise en œuvre soient communiquées, à l'exception des secrets protégés par la loi, par le responsable de traitement à l'intéressé s'il en fait la demande ;

2° Des décisions administratives individuelles prises dans le respect de l'article L. 311-3-1 et du chapitre I du titre I du livre IV du code des relations entre le public et l'administration, à condition que le traitement ne porte pas sur des données mentionnées au I de l'article 6 de la présente loi. Ces décisions comportent, à peine de nullité, la mention explicite prévue à l'article L. 311-3-1 du code des relations entre le public et l'administration. Pour ces décisions, le responsable de traitement s'assure de la maîtrise du traitement algorithmique et de ses évolutions afin de pouvoir expliquer, en détail et sous une forme intelligible, à la personne concernée la manière dont le traitement a été mis en œuvre à son égard.

Par dérogation au 2° du présent article, aucune décision par laquelle l'administration se prononce sur un recours administratif mentionné au titre I du livre IV du code des relations entre le public et l'administration ne peut être prise sur le seul fondement d'un traitement automatisé de données à caractère personnel.

V. RGPD, art. 22 et consid. 60, 71 et 72.

COMMENTAIRE

L'article 10 a été remanié à la suite de l'adoption du RGPD pour devenir le nouvel article 47. Historiquement, le droit de la protection des données a toujours comporté l'interdiction de toute automaticité dans la prise de décision ayant des effets juridiques sur une personne par le simple jeu d'un traitement de données à caractère personnel. On retrouve là un écho du rapport Tricot, qui insistait sur « la nécessité de ne compter sur l'analyse d'un système que comme un instrument de travail parmi d'autres et de ne s'en remettre jamais à ses seules conclusions ».

Le principe reste identique, bien que formulé différemment, par le RGPD, qui le pose comme un « droit de » ouvert à la personne, et non plus comme une interdiction faite au responsable de traitement. La loi nationale reprend la même idée sous forme d'interdiction – valable, une fois encore, au-delà du champ du règlement – pour les décisions de justice et les décisions créant des effets juridiques.

Toutefois, conformément à l'article 22 du RGPD, la loi reprend deux exceptions : lorsque la décision « est nécessaire à la conclusion ou à l'exécution d'un contrat entre la personne concernée et un responsable du traitement » (RGPD, art. 22, 2, a) ; et lorsque la décision est fondée sur le consentement explicite de la personne. Dans ces hypothèses, la personne doit cependant être dûment informée de ses droits, et notamment du droit d'obtenir une intervention humaine de la part du responsable de traitement. Il existe donc une sorte de « filet de sécurité » d'un examen humain possible à la demande de la personne concernée.

On notera enfin que le législateur a souhaité activer la disposition du *b)* du 2. de l'article 22 du RGPD, qui permet au droit national d'autoriser certaines exceptions dès lors que des mesures appropriées pour la sauvegarde des droits et libertés et des intérêts légitimes de la personne concernée sont prises. Il a ainsi permis de déroger au principe posé par l'article 22 du RGPD pour les décisions administratives individuelles, dès lors qu'elles respectent l'article L. 311-3-1 du code des relations entre le public et l'administration, qui prévoit en fait une information similaire à celle posée par l'article 22 du RGPD : « Sous réserve de l'application du 2° de l'article L. 311-5, une décision individuelle prise sur le fondement d'un traitement algorithmique comporte une mention explicite en informant l'intéressé. Les règles définissant ce traitement ainsi que les principales caractéristiques de sa mise en œuvre sont communiquées par l'administration à l'intéressé s'il en fait la demande ».

On rappellera que l'article 22 du RGPD inclut, parmi le champ des décisions qui ne peuvent être fondées sur un seul algorithme, le profilage des personnes (V. RGPD, art. 4). ❑

1. Décisions de justice. Sous l'empire de la loi dans sa rédaction antérieure à la modification de 2004, qui n'a pas changé l'esprit du texte sur ce point, le Conseil d'État a précisé la portée de cette interdiction, jugeant que si une juridiction saisie d'un litige dont la solution suppose l'appréciation d'un comportement humain ne peut fonder sa décision sur les seuls résultats d'un traitement automatisé d'informations, elle peut prendre en compte, parmi d'autres éléments d'appréciation, les résultats d'un tel traitement. • CE 4 févr. 2004, *CPAM de la Gironde*, n° 240023 A. ♦ Un traitement relatif au suivi de jeunes sous protection judiciaire ne crée pas de lien automatique entre les données nominatives recueillies et les décisions de justice. • CE 30 déc. 1998, *Synd. national des personnels de l'éducation surveillée – protection judiciaire de la jeunesse*, n° 188233.

2. Enquête administrative. Un rapport d'enquête administrative, destinée à vérifier que le comportement d'une personne n'est pas incompatible avec les fonctions envisagées, conservé dans le traitement de données à caractère personnel relatif aux enquêtes administratives liées à la sécurité publique, n'est qu'un des éléments d'appréciation de l'autorité administrative et ne peut en constituer le seul fondement. • CE 11 mars 2013, *Synd. de la magistrature et a.*, n° 334188.

3. Interdiction de prise de décision sur le seul fondement d'un traitement automatisé de profilage. V. pour un exemple, en matière de « score » pour l'octroi de crédit par des établissements financiers, • CNIL 2 févr. 2006, portant autorisation unique (n° AU-005) de certains traitements de données à caractère personnel mis en œuvre par les établissements de crédit pour aider à l'évaluation et à la sélection des risques en matière d'octroi de crédit, délib. n° 2006-019.

4. Communication des règles. Les art. L. 311-1, L. 311-3-1 et L. 312-1-3 CRPA) instaurent un droit d'accès aux documents et aux codes sources relatifs aux algorithmes utilisés pour fonder des décisions individuelles. Toutefois, le I de l'art. L. 612-3 C. éduc. déroge à cette règle pour les algorithmes utilisés par les établissements d'enseignement supérieur pour l'examen des candidatures présentées dans le cadre de la procédure nationale de préinscription dite « Parcoursup », dont le code source n'est donc pas communicable. Ceci dès lors que les critères de sélection eux, le sont. • CE 12 juin 2019, n°s 427916 B et 427919 B.

Code des relations entre le public et l'administration

Art. L. 311-3-1 *(L. n° 2016-1321 du 7 oct. 2016, art. 4)* Sous réserve de l'application du 2° de l'article L. 311-5, une décision individuelle prise sur le fondement d'un traitement algorithmique comporte une mention explicite en informant l'intéressé. Les règles définissant ce traitement ainsi que les principales caractéristiques de sa mise en œuvre sont communiquées par l'administration à l'intéressé s'il en fait la demande.

Les conditions d'application du présent article sont fixées par décret en Conseil d'État.

....

Art. L. 311-5 Ne sont pas communicables :

1° Les avis du Conseil d'État et des juridictions administratives, les documents de la Cour des comptes mentionnés à l'article *(Ord. n° 2016-1360 du 13 oct. 2016, art. 51-IV et 52, en vigueur le 1er mai 2017)* « L. 141-3 » du code des juridictions financières et les documents des chambres régionales des comptes mentionnés *(Ord. n° 2016-1360 du 13 oct. 2016, art. 51-IV et 52, en vigueur le 1er mai 2017)* « aux articles L. 241-1 et L. 241-4 » du même code, les documents élaborés ou détenus par l'Autorité de la concurrence dans le cadre de l'exercice de ses pouvoirs d'enquête, d'instruction et de décision, les documents élaborés ou détenus par la Haute Autorité pour la transparence de la vie publique dans le cadre des missions prévues à l'article 20 de la loi n° 2013-907 du 11 octobre 2013 relative à la transparence de la vie publique, les documents préalables à l'élaboration du rapport d'accréditation des établissements de santé prévu à l'article L. 6113-6 du code de la santé publique, les documents préalables à l'accréditation des personnels de santé prévue à l'article L. 1414-3-3 du code de la santé publique, les rapports d'audit des établissements de santé mentionnés à l'article 40 de la loi n° 2000-1257 du 23 décembre 2000 de financement de la sécurité sociale pour 2001 et les documents réalisés en exécution d'un contrat de prestation de services exécuté pour le compte d'une ou de plusieurs personnes déterminées ;

2° Les autres documents administratifs dont la consultation ou la communication porterait atteinte :

a) Au secret des délibérations du Gouvernement et des autorités responsables relevant du pouvoir exécutif ;

b) Au secret de la défense nationale ;

c) A la conduite de la politique extérieure de la France ;

d) A la sûreté de l'État, à la sécurité publique *(L. n° 2016-1321 du 7 oct. 2016, art. 2-II-1°)* « , à la sécurité des personnes ou à la sécurité des systèmes d'information des administrations » ;

e) A la monnaie et au crédit public ;

f) Au déroulement des procédures engagées devant les juridictions ou d'opérations préliminaires à de telles procédures, sauf autorisation donnée par l'autorité compétente ;

(L. n° 2016-1321 du 7 oct. 2016, art. 2-II-2°) « *g)* A la recherche et à la prévention, par les services compétents, d'infractions de toute nature ; »

h) Ou sous réserve de l'article L. 124-4 du code de l'environnement, aux autres secrets protégés par la loi. — *[L. n° 78-753 du 17 juill. 1978, art. 6-I.]*

CHAPITRE II *DROITS DE LA PERSONNE CONCERNÉE*

COMMENTAIRE

Les articles 48 à 56 fixent les droits des personnes à l'égard des traitements de données à caractère personnel régis par le RGPD :

– le **droit à l'information**, qui est autant une obligation pesant sur le responsable de traitement qu'un droit pour les personnes concernées ;

– le **droit d'accès**, « père » de tous les droits « Informatique et libertés », en ce qu'il permet de connaître en temps réel l'usage de ses données ;

– le **droit de rectification** ou de mise à jour, corollaire de l'obligation de traiter des données mises à jour ;

– le **droit d'opposition**, qui permet à la personne de faire obstacle, préalablement ou pendant le traitement, au traitement de ses données, sauf « motif légitime » contraire du responsable de traitement ;

– le **droit d'effacement**, souvent associé au précédent mais exclusivement exercé *a posteriori*.

Toute personne concernée peut ainsi faire valoir ses droits tout au long de la vie du traitement, étant précisé que l'exercice de ces droits est indépendant du régime de propriété des données personnelles en question, les droits étant attachés au caractère « personnel » de la donnée.

Cette construction originale, propre à la protection des données personnelles, est ancienne : depuis 1978 en France, puis dans le droit européen, les droits des personnes ont toujours été liés au caractère personnel de la donnée, et non à son hypothétique détention. Il s'agit d'une solution pratiquement logique, les données personnelles étant « réplicables » sans qu'il soit possible d'y associer une « propriété » de la part de celui qui les exploite, mais juridiquement particulièrement efficace. Cette efficacité de la protection s'est en outre trouvée accrue avec les règles relatives au champ d'application du RGPD, qui impose le respect des législations européenne et nationale à tout traitement qui affecte des personnes se trouvant sur le territoire de l'Union, fût-il mis en œuvre depuis un pays tiers (V. comm. ss. RGPD, art. 3). ❑

Art. 48 **Le droit à l'information s'exerce dans les conditions prévues aux articles 12 à 14 du règlement (UE) 2016/679 du 27 avril 2016.**

En particulier, lorsque les données à caractère personnel sont collectées auprès d'un mineur de moins de quinze ans, le responsable de traitement transmet au mineur les informations mentionnées à l'article 13 de ce règlement dans un langage clair et facilement accessible.

La personne auprès de laquelle sont recueillies des données à caractère personnel la concernant est également informée, sauf si elle l'a été au préalable, par le responsable du traitement ou son représentant du droit de définir des directives relatives au sort de ses données à caractère personnel après sa mort, dans les conditions prévues à l'article 85.

En application de l'article 23 du même règlement, le droit à l'information ne s'applique pas aux données collectées dans les conditions prévues à l'article 14 de ce règlement et utilisées lors d'un traitement mis en œuvre pour le compte de l'État et intéressant la sécurité publique, dans la mesure où une telle limitation est nécessaire au respect des fins poursuivies par ce traitement et prévue par l'acte instaurant le traitement.

Il est fait application des dispositions de l'alinéa précédent lorsque le traitement est mis en œuvre par les administrations publiques qui ont pour mission soit de contrôler ou de recouvrer des impositions soit d'effectuer des contrôles de l'activité de personnes physiques ou morales pouvant donner lieu à la constatation d'une infraction ou d'un manquement, à des amendes administratives ou à des pénalités.

(L. nº 2021-998 du 30 juill. 2021, art. 9) **« Le premier alinéa ne s'applique pas à l'information selon laquelle des données à caractère personnel ont été transmises en application du premier alinéa de l'article L. 863-2 du code de la sécurité intérieure. »**
— V. cet art., App., vº Sécurité intérieure.

V. RGPD, art. 12 à 14 et consid. 58 et 61.

V., infra, Décr. nº 2019-536 du 29 mai 2019, art. 77 à 81.

COMMENTAIRE

OBLIGATION GÉNÉRALE D'INFORMATION

Voir les commentaires sous les articles 12 à 14 du RGPD.

Cette obligation d'information est, comme l'ensemble des droits « Informatique et libertés », attachée au caractère personnel de la donnée. Contrairement à l'information obtenue dans le cadre de l'exercice du « droit d'accès », l'obligation d'information ici posée ne nécessite pas de demande spécifique de la part de la personne concernée, mais doit se traduire par la mise à disposition de celle-ci d'une information lisible et complète (mentions « Informatique et libertés » dans les formulaires de collecte, page d'information sur un site internet aisément accessible, etc.).

Elle s'applique également aux utilisateurs d'une donnée qui n'est pas directement collectée auprès de la personne concernée, sous réserve que cette information n'implique pas d'efforts disproportionnés ni ne soit impossible. Cette obligation connaît cependant, dans ce type de circonstance, quelques dérogations :

– une nouvelle information de la personne concernée n'est pas requise pour les traitements nécessaires à la conservation de ces données à des fins historiques, statistiques ou scientifiques dans les conditions prévues notamment par le code du patrimoine ;

– de même, la personne concernée n'a pas de droit à l'information lorsque le traitement est mis en œuvre pour le compte de l'État et intéresse la sûreté de l'État, la défense, la sécurité publique, donc notamment pour les traitements visés par l'article 30, « dans la mesure où une telle limitation est nécessaire au respect des fins poursuivies par le traitement », c'est-à-dire à condition qu'elle soit proportionnée et justifiée. Ceci autorise donc une communicabilité partielle des informations le cas échéant.

– enfin, l'information de la personne concernée est exclue pour les traitements qui ont pour objet la prévention, la recherche, la constatation ou la poursuite d'infractions pénales, puisque cette information serait par construction contraire à l'objectif poursuivi. ❑

1° INFORMATION DE LA PERSONNE CONCERNÉE

1. Sur les notions de collecte directe et indirecte auprès de la personne, la portée de l'obligation d'information et les modalités de cette information, V. annotations ss. RGPD, art. 13.

2. Sur l'information de la personne lorsque ses données n'ont pas été directement collectées auprès d'elle, V. annotations ss. RGPD, art. 14.

2° PORTÉE DE L'EXCEPTION PRÉVUE AUX V ET VI DE L'ANC. ART. 32

3. La dispense d'obligation d'information « ne peut d'avoir d'effet utile qu'appliquée à l'ensemble du traitement », dès lors que ses finalités entrent dans le champ des V et VI, et alors même que le traitement aurait également d'autres finalités n'ouvrant pas droit par elles-mêmes à cette dispense. V., pour un ex. de traitement ayant pour principale finalité la prévention, la recherche, la constatation ou la poursuite d'infractions pénales en matière fiscale, l'Arr. du 25 nov. 2009 du ministre du Budget, des Comptes publics, de la Fonction publique et de la Réforme de l'État portant création par la Direction générale des finances publiques (DGFiP) d'un fichier de comptes bancaires détenus hors de France par des personnes physiques ou morales dénommé « EVAFISC ». • CE 24 août 2011, *HSBC*, n° 336382 B.

Art. 49 **Le droit d'accès de la personne concernée s'exerce dans les conditions prévues à l'article 15 du règlement (UE) 2016/679 du 27 avril 2016.**

En cas de risque de dissimulation ou de disparition des données à caractère personnel, le juge compétent peut ordonner, y compris en référé, toutes mesures de nature à éviter cette dissimulation ou cette disparition.

(L. n° 2021-998 du 30 juill. 2021, art. 9) **« Le même premier alinéa** *[Le premier alinéa]* **ne s'applique pas :**

« 1° Lorsque les données à caractère personnel sont conservées sous une forme excluant manifestement tout risque d'atteinte à la vie privée et à la protection des données des personnes concernées, pendant une durée n'excédant pas celle nécessaire aux seules finalités d'établissement de statistiques ou de réalisation de recherches scientifiques ou historiques ;

« 2° A l'information selon laquelle des données à caractère personnel ont été transmises en application du premier alinéa de l'article L. 863-2 du code de la sécurité intérieure. » — *V. cet art., App., v° Sécurité intérieure.*

V. RGPD, art. 15 et consid. 63, 64 et 73.

V., infra, Décr. n° 2019-536 du 29 mai 2019, art. 77 à 81.

COMMENTAIRE

Voir le commentaire sous l'article 15 du RGPD.

Corollaire de l'obligation d'information qui pèse sur le responsable de traitement, le droit d'accès permet à toute personne d'obtenir la communication tant des caractéristiques du traitement que de ses données personnelles. Il s'agit donc d'un droit de communication très large, puisqu'il concerne, comme les autres droits du présent chapitre, l'ensemble des traitements automatisés ou non automatisés. Hormis dans les hypothèses où l'accès aux données ne peut être exercé que par l'intermédiaire de la CNIL, son exercice est inconditionnel : le responsable de traitement ne peut imposer aucune condition à l'octroi de cet accès, pas plus que des conditions matérielles autres que, le cas échéant, le paiement d'une somme correspondant au prix de la reproduction.

Le droit d'accès est, au regard de l'exercice effectif des droits « Informatique et libertés », sans doute le premier exercé par la personne. Il s'avère en effet souvent, dans la pratique, constituer un préalable à une plainte devant la CNIL ou à un recours juridictionnel, dans la mesure où il permet à la personne soit de prendre connaissance du traitement de ses données et de leur ampleur, soit de dénoncer un risque de dissimulation ou de destruction des données. Il peut par exemple être exercé dans le cadre de relations commerciales (notamment en droit de la consommation ou dans le champ des relations bancaires) ou encore dans le cadre de relations contractuelles (au travail).

Son contenu et sa portée sont désormais fixés par l'article 15 du RGPD, la loi nationale intervenant pour l'essentiel, pour prévoir la possibilité pour le juge compétent de faire obstacle à la destruction ou à la dissimulation de données protégées par ce droit, y compris en référé. En matière administrative, la question pourrait donc se poser de l'éventuelle invocation de cette disposition à l'appui d'un référé-liberté. ❑

V. annotations de jurisprudence ss. RGPD, art. 15.

Art. 50 Le droit de rectification s'exerce dans les conditions prévues à l'article 16 du règlement (UE) 2016/679 du 27 avril 2016.

V. RGPD, art. 16 et consid. 39, 59 et 156.

V., infra, Décr. n° 2019-536 du 29 mai 2019, art. 77 à 81.

Art. 51 I. — Le droit à l'effacement s'exerce dans les conditions prévues à l'article 17 du règlement (UE) 2016/679 du 27 avril 2016.

II. — En particulier, sur demande de la personne concernée, le responsable du traitement est tenu d'effacer dans les meilleurs délais les données à caractère personnel qui ont été collectées dans le cadre de l'offre de services de la société de l'information lorsque la personne concernée était mineure au moment de la collecte. Lorsqu'il a transmis les données en cause à un tiers lui-même responsable de traitement, il prend des mesures raisonnables, y compris d'ordre technique, compte tenu des technologies disponibles et des coûts de mise en œuvre, pour informer le tiers qui traite ces données que la personne concernée a demandé l'effacement de tout lien vers celles-ci, ou de toute copie ou de toute reproduction de celles-ci.

En cas de non-exécution de l'effacement des données à caractère personnel ou en cas d'absence de réponse du responsable du traitement dans un délai d'un mois à compter de la demande, la personne concernée peut saisir la Commission nationale de l'informatique et des libertés, qui se prononce sur cette demande dans un délai de trois semaines à compter de la date de réception de la réclamation.

V. RGPD, art. 17 et consid. 65, 66 et 156.

V., infra, Décr. n° 2019-536 du 29 mai 2019, art. 77 à 81.

Sur le droit à l'effacement pour les mineurs de moins de seize ans de leurs données à caractère personnel lorsque leur image est exploitée commercialement sur les plateformes en ligne, V. L. n° 2020-1266 du 19 oct. 2020, art. 4-6°, 6 et 7 ss. L. n° 2004-575 du 21 juin 2004, art. 6-2, App., v° Communication - Commerce électronique.

COMMENTAIRE

Voir les commentaires sous les articles 16 et 17 du RGPD.

Corollaire de l'obligation du responsable de traitement de procéder au traitement de données « complètes et mises à jour », les articles 50 et 51 posent le droit pour toute personne d'exiger et d'obtenir la rectification, la mise à jour ou l'effacement des données qui sont inexactes, incomplètes ou, pour l'effacement, dont le traitement est interdit.

Plusieurs éléments apparaissent comme particulièrement structurants :

– le **droit de rectification ou d'effacement** constitue l'une des conséquences les plus directes du droit à la protection des données personnelles. Il est d'ailleurs systématiquement inscrit dans les « mentions types » Informatique et libertés des formulaires de collecte de données personnelles ;

– le **droit à l'effacement** constitue, de fait, avec **le droit d'opposition**, le socle du **« droit à l'oubli »**. Alors que le droit d'opposition permet de s'opposer, pour des motifs légitimes, au traitement de données personnelles, le droit d'effacement se traduit, lui, par la possibilité d'obtenir l'effacement de données qui s'avéreraient périmées ou dont la collecte n'aurait pas dû intervenir.

Enfin, on relèvera que la loi du 7 octobre 2016 pour une République numérique a renforcé le « droit à l'oubli » pour les données relatives aux mineurs. L'article 51 fait ainsi de la minorité au moment de la collecte un critère d'effacement des données, et renforce les garanties procédurales en réduisant le délai fixé au responsable de traitement pour faire droit à la demande, ainsi que le délai de première instruction par la CNIL. ❑

V. annotations de jurisprudence ss. RGPD, art. 16.

Art. 52 **Par dérogation aux articles 49 à 51, pour les traitements mis en œuvre par les administrations publiques et les personnes privées chargées d'une mission de service public qui ont pour mission de contrôler ou recouvrer des impositions, les droit d'accès, de rectification et d'effacement s'exercent dans les conditions prévues à l'article 118, si de telles restrictions ont été prévues par l'acte instaurant le traitement.**

Il est fait application des mêmes dispositions lorsque le traitement intéresse la sécurité publique, sous réserve de l'application des dispositions du titre III.

Par dérogation aux articles 49 à 51, pour les traitements mis en œuvre par les juridictions financières, dans le cadre de leurs missions non juridictionnelles prévues par le code des juridictions financières, notamment lorsque de telles missions sont susceptibles de révéler des irrégularités appelant la mise en œuvre d'une procédure juridictionnelle, le droit d'accès peut être limité dans les conditions prévues aux *e* et *h* du 1 de l'article 23 du règlement (UE) 2016/679 du 27 avril 2016.

V. RGPD, art. 23 et consid. 8 et 73.

COMMENTAIRE

Voir le commentaire sous l'article 118. ❑

Art. 53 **Le droit à la limitation du traitement s'exerce dans les conditions prévues à l'article 18 du règlement (UE) 2016/679 du 27 avril 2016.**

V. RGPD, art. 18 et consid. 67 et 156.

V., infra, Décr. nº 2019-536 du 29 mai 2019, art. 77 à 81.

Art. 54 **L'obligation de notification en cas de rectification ou d'effacement de données à caractère personnel ou la limitation du traitement s'exerce dans les conditions prévues à l'article 19 du règlement (UE) 2016/679 du 27 avril 2016.**

V. RGPD, art. 19 et consid. 67.

V., infra, Décr. nº 2019-536 du 29 mai 2019, art. 77 à 81.

Art. 55 **Le droit à la portabilité des données s'exerce dans les conditions prévues à l'article 20 du règlement (UE) 2016/679 du 27 avril 2016.**

V. RGPD, art. 20 et consid. 68 et 156.

V., infra, Décr. nº 2019-536 du 29 mai 2019, art. 77 à 81.

Art. 56 **Le droit d'opposition s'exerce dans les conditions prévues à l'article 21 du règlement (UE) 2016/679 du 27 avril 2016.**

Ce droit ne s'applique pas lorsque le traitement répond à une obligation légale ou, dans les conditions prévues à l'article 23 du même règlement, lorsque l'application de ces dispositions a été écartée par une disposition expresse de l'acte instaurant le traitement.

V. RGPD, art. 21 et consid. 65, 69, 70 et 73 (droit d'opposition).

V. RGPD, art. 23 et consid. 8 et 73 (limitations).

V., infra, Décr. nº 2019-536 du 29 mai 2019, art. 77 à 81.

COMMENTAIRE

Voir le commentaire sous l'article 21 du RGPD.

Le **droit d'opposition** apparaît comme complémentaire du principe de consentement (V. art. 7). Il peut être exercé pour tout traitement de données, sauf si ce dernier répond à une obligation légale (le responsable de traitement étant alors tenu de traiter les données en question), ou si l'acte autorisant le traitement (concrètement, l'autorisation de la CNIL ou un acte réglementaire pris après son avis) l'écarte expressément, compte tenu notamment de la finalité du traitement. C'est par exemple le cas des fichiers de sécurité publique (comme les fichiers de traitement des antécédents judiciaires), auxquels la personne ne peut se soustraire dès lors que son inscription est conforme à la législation applicable.

L'exercice de ce droit est soumis à des conditions variables.

Il est ainsi inconditionnel, notamment en matière de prospection commerciale : toute personne peut s'opposer à ce que ses données soient utilisées à cette fin. Concrètement, il est en effet fréquent qu'un acteur détenant un fichier (par exemple, un fichier clients) mette ces informations à disposition de ses partenaires commerciaux, contre rémunération ou pas. La loi prévoit donc, dans ce type d'hypothèses, la possibilité pour la personne concernée de s'opposer à ce que ses données soient partagées dans ce cadre. L'exercice du consentement prend généralement la forme de case à cocher au moment de la collecte des données. Le droit d'opposition peut ensuite intervenir gratuitement à tout moment, et sans justifications de la part de la personne concernée.

Pour certains types de prospection, la législation prévoit des obligations renforcées. Ainsi, en matière de prospection par voie électronique ou par automate d'appel, l'article L. 34-5 du code des postes et communications électroniques dispose que « la prospection directe par courrier électronique est autorisée si les coordonnées du destinataire ont été recueillies directement auprès de lui, dans le respect des dispositions de la loi n° 78-17 du 6 janvier 1978 relative à l'informatique, aux fichiers et aux libertés, à l'occasion d'une vente ou d'une prestation de services, si la prospection directe concerne des produits ou services analogues fournis par la même personne physique ou morale, et si le destinataire se voit offrir, de manière expresse et dénuée d'ambiguïté, la possibilité de s'opposer, sans frais, hormis ceux liés à la transmission du refus, et de manière simple, à l'utilisation de ses coordonnées lorsque celles-ci sont recueillies et chaque fois qu'un courrier électronique de prospection lui est adressé ». En d'autres termes, une telle prospection ne peut intervenir qu'après le consentement exprès des personnes concernées, sauf « si la personne prospectée est déjà cliente de l'entreprise et si la prospection concerne des produits ou services analogues à ceux déjà fournis par l'entreprise », ou « si la prospection n'est pas de nature commerciale » (source : CNIL, Guide pratique, « La pub si je veux », disponible sur le site internet www.cnil.fr). Les courriels ou messages envoyés doivent ensuite comporter l'indication claire des moyens de s'opposer à de nouvelles sollicitations (CPCE, art. L. 34-5, II – *Textes complémentaires*), le code des postes et communications électroniques confiant à la CNIL le soin de s'en assurer.

S'agissant du champ d'application temporel, le droit d'opposition constitue un droit permanent : il peut également être exercé à tout moment de la vie du traitement.

Enfin, on relèvera qu'il existe des listes générales, dites listes d'opposition, sur lesquelles l'inscription à l'initiative de la personne concernée permet de faire obstacle à la diffusion des données personnelles ou de limiter la prospection, notamment en matière de téléphonie. ❑

V. annotations de jurisprudence sous RGPD, art. 21.

CHAPITRE III *OBLIGATIONS INCOMBANT AU RESPONSABLE DU TRAITEMENT ET AU SOUS-TRAITANT*

SECTION 1 *Obligations générales*

Art. 57 **En application de l'article 24 du règlement (UE) 2016/679 du 27 avril 2016, le responsable du traitement met en œuvre des mesures techniques et organisationnelles appropriées pour s'assurer et être en mesure de démontrer que le traitement est effectué conformément à ce même règlement et à la présente loi.**

Le responsable du traitement et, le cas échéant, son représentant tiennent le registre des activités de traitement dans les conditions prévues à l'article 30 de ce règlement. Ils désignent un délégué à la protection des données dans les conditions prévues par la section 4 du chapitre IV du même règlement.

V. RGPD, art. 37, consid. 97 et, infra, Décr. n° 2019-536 du 29 mai 2019, art. 82 à 84 (désignation d'un délégué à la protection des données).

V. RGPD, art. 24 et consid. 74 à 77 et 84 (responsabilité du responsable du traitement).

V. RGPD, art. 30 et consid. 82 (registre des activités de traitement).

V. RGPD, art. 37 à 39 et consid. 97 (délégué à la protection des données).

V. Décr. n° 2019-536 du 29 mai 2019, art. 82.

V. Délib. CNIL n° 2018-317 du 20 sept. 2018 portant adoption des critères du référentiel d'agrément d'organismes de certification pour la certification des compétences du délégué à la protection des données (DPO) (JO 11 oct.).

V. Délib. CNIL n° 2018-318 du 20 sept. 2018 portant adoption des critères du référentiel de certification des compétences du délégué à la protection des données (DPO) (JO 11 oct.).

COMMENTAIRE

Voir les commentaires sous les articles 24 et 30 du RGPD. ❑

Art. 58 **I. – Le responsable de traitement notifie à la Commission nationale de l'informatique et des libertés et communique à la personne concernée toute violation de données à caractère personnel en application des articles 33 et 34 du règlement (UE) 2016/679 du 27 avril 2016.**

II. – Un décret en Conseil d'État, pris après avis de la Commission nationale de l'informatique et des libertés, fixe la liste des traitements et des catégories de traitements autorisés à déroger au droit à la communication d'une violation de données régi par l'article 34 du même règlement lorsque la notification d'une divulgation ou d'un accès non autorisé à ces données est susceptible de représenter un risque pour la sécurité nationale, la défense nationale ou la sécurité publique.

La dérogation prévue au présent article n'est applicable qu'aux seuls traitements de données à caractère personnel nécessaires au respect d'une obligation légale qui requiert le traitement de ces données ou à l'exercice d'une mission d'intérêt public dont est investi le responsable de traitement.

V. RGPD, art. 33, 34 et consid. 39, 83, 85 à 88.

V., infra, Décr. n° 2019-536 du 29 mai 2019, art. 85.

COMMENTAIRE

Voir les commentaires sous les articles 33 et 34 du RGPD. ❑

Art. 59 **Lorsque les finalités et les moyens du traitement sont déterminés par plusieurs responsables du traitement, leurs obligations respectives s'exercent dans les conditions prévues à l'article 26 du règlement (UE) 2016/679 du 27 avril 2016 et par la présente loi.**

V. RGPD, art. 26 et consid. 79.

Art. 60 **La qualité de sous-traitant n'exonère en rien du respect des dispositions applicables du règlement (UE) 2016/679 du 27 avril 2016 et de la présente loi.**

Le traitement réalisé par un sous-traitant est régi par un contrat ou tout acte juridique qui lie le sous-traitant à l'égard du responsable du traitement, sous une forme écrite, y compris en format électronique, respectant les conditions prévues à l'article 28 du *[même]* **règlement.**

Le sous-traitant et, le cas échéant, son représentant doivent tenir le registre mentionné à l'article 30 de ce même règlement.

Lorsqu'un sous-traitant a recours à un autre sous-traitant pour mener les activités de traitement spécifiques pour le compte du responsable du traitement, il conclut avec ce sous-traitant le contrat mentionné au deuxième alinéa. Le troisième alinéa s'applique également.

V. RGPD, art. 28 à 30 et consid. 81 et 82.

COMMENTAIRE

RESPONSABLE DE TRAITEMENT ET SOUS-TRAITANT

Les dispositions de l'article 60 visent à organiser le partage de responsabilité entre le responsable de traitement et le sous-traitant (V. comm. ss. art. 3). Le sous-traitant est regardé comme étant celui qui « traite des données à caractère personnel pour le compte du responsable de traitement ». Alors que la responsabilité du sous-traitant était limitée avant l'adoption du RGPD, celui-ci a « égalisé » les obligations pesant sur le responsable de traitement et son ou ses sous-traitants, y compris en cascade. Les contrats doivent désormais établir le partage de responsabilité entre les uns et les autres, lesquels pourront voir leur responsabilité engagée conjointement. ❑

V. annotations de jurisprudence sous RGPD, art. 29.

Art. 61 **Conformément à l'article 29 du règlement (UE) 2016/679 du 27 avril 2016, sauf dispositions législatives ou réglementaires contraires, il est interdit au sous-traitant ou à toute autre personne agissant sous l'autorité du responsable du traitement ou sous celle du sous-traitant ayant accès à des données à caractère personnel de traiter ces données sans l'accord du responsable du traitement.**

V. RGPD, art. 29.

SECTION 2 *Obligations en cas de traitement susceptible d'engendrer un risque élevé pour les droits et libertés des personnes physiques*

Art. 62 **Le responsable du traitement effectue préalablement à la mise en œuvre du traitement une analyse d'impact des opérations de traitement envisagées sur la protection des données à caractère personnel dans les conditions prévues à l'article 35 du règlement (UE) 2016/679 du 27 avril 2016.**

V. RGPD, art. 35 et consid. 72, 84 et 89 à 95.

V. CNIL, délib. n° 2018-326 du 11 oct. 2018 portant adoption de lignes directrices sur les AIPD (JO 6 nov.).

V. CNIL, délib. n° 2018-327 du 11 oct. 2018 portant adoption de la liste des types d'opérations de traitement pour lesquelles une analyse d'impact relative à la protection des données est requise (JO 6 nov.).

Art. 63 **Conformément à l'article 36 du règlement (UE) 2016/679 du 27 avril 2016, le responsable du traitement est tenu de consulter la Commission nationale de l'informatique et des libertés préalablement à la mise en œuvre du traitement lorsqu'il ressort de l'analyse d'impact prévue à l'article 62 que le traitement présenterait un risque élevé si le responsable du traitement ne prenait pas de mesures pour atténuer le risque.**

V. RGPD, art. 36 et consid. 37 et 94 à 96.

COMMENTAIRE

Voir le commentaire sous l'article 36 du RGPD. ❑

SECTION 3 *Traitements de données à caractère personnel dans le domaine de la santé*

V. RGPD, art. 9 et consid. 33, 35, 51 à 55 et 75.

V., infra, Décr. n° 2019-536 du 29 mai 2019, art. 86 à 115.

BIBL. ▸ CNIL, *Guide pratique : Modalités de circulation du NIR pour la recherche en santé aux fins d'appariement de données avec le SNDS*, déc. 2020.

Art. 64 **Lorsque l'exercice du droit d'accès s'applique à des données de santé à caractère personnel, celles-ci peuvent être communiquées à la personne concernée, selon son choix, directement ou par l'intermédiaire d'un médecin qu'elle désigne à cet effet, dans le respect des dispositions de l'article L. 1111-7 du code de la santé publique.** — *V. ce texte, App., v° Santé.*

COMMENTAIRE

Les traitements en matière de données de santé ont toujours fait l'objet d'un encadrement législatif particulier (V. anciens chapitres IX et X de la loi Informatique et libertés 🏛). Il en va de même avec le RGPD, qui renvoie au droit des États membres, dans son chapitre IX, le soin de fixer des règles complémentaires en matière de traitement de données de santé.

En l'espèce, les données de santé étant couvertes par le secret médical, et l'accès demandé parfois lié à des pathologies, le droit d'accès est dérogatoire du droit commun puisqu'il est ouvert à la personne concernée, mais il peut être exercé via un médecin, une telle intermédiation étant *a priori* absente du droit « informatique et libertés ». ❑

SOUS-SECTION 1 *Dispositions générales*

Art. 65 Les traitements contenant des données concernant la santé des personnes sont soumis, outre à celles du règlement (UE) 2016/679 du 27 avril 2016, aux dispositions de la présente section, à l'exception des catégories de traitements suivantes :

1° Les traitements relevant du 1° de l'article 44 de la présente loi et des *a* et *c* à *f* du 2 de l'article 9 du règlement (UE) 2016/679 du 27 avril 2016 ;

2° Les traitements permettant d'effectuer des études à partir des données recueillies en application du 1° de l'article 44 de la présente loi lorsque ces études sont réalisées par les personnels assurant ce suivi et destinées à leur usage exclusif ;

3° Les traitements mis en œuvre *(L. n° 2019-774 du 24 juill. 2019, art. 43)* « pour l'exercice de leurs missions » par les organismes chargés de la gestion d'un régime de base d'assurance maladie ainsi que la prise en charge des prestations par les organismes d'assurance maladie complémentaire ;

4° Les traitements effectués au sein des établissements de santé par les médecins responsables de l'information médicale, dans les conditions prévues au deuxième alinéa de l'article L. 6113-7 du code de la santé publique ;

5° Les traitements effectués par les agences régionales de santé, par l'État et par la personne publique qu'il désigne en application du premier alinéa de l'article L. 6113-8 du même code, dans le cadre défini au même article L. 6113-8 ;

(L. n° 2019-774 du 24 juill. 2019, art. 41) « 6° Les traitements mis en œuvre par l'État aux fins de conception, de suivi ou d'évaluation des politiques publiques dans le domaine de la santé ainsi que ceux réalisés aux fins de collecte, d'exploitation et de diffusion des statistiques dans ce domaine. »

Les dispositions de l'art. 41 de la L. n° 2019-774 du 24 juill. 2019 sont entrées en vigueur le lendemain de la date d'entrée en vigueur des dispositions de l'Ord. n° 2018-1125 du 12 déc. 2018, soit le 2 juin 2019 (L. préc., art. 41-XII).

Art. 66 I. — Les traitements relevant de la présente section ne peuvent être mis en œuvre qu'en considération de la finalité d'intérêt public qu'ils présentent. La garantie de normes élevées de qualité et de sécurité des soins de santé et des médicaments ou des dispositifs médicaux constitue une finalité d'intérêt public.

II. — Des référentiels et règlements types, au sens des *b* et *c* du 2° du I de l'article 8, s'appliquant aux traitements relevant de la présente section*[,]* sont établis par la Commission nationale de l'informatique et des libertés, en concertation avec *(L. n° 2019-774 du 24 juill. 2019, art. 41-X-3°-a)* « la Plateforme des données de santé mentionnée *[ancienne rédaction : l'Institut national des données de santé mentionné]* » à l'article L. 1462-1 du code de la santé publique et des organismes publics et privés représentatifs des acteurs concernés.

Les traitements conformes à ces référentiels peuvent être mis en œuvre à la condition que leurs responsables adressent préalablement à la Commission nationale de l'informatique et des libertés une déclaration attestant de cette conformité.

Ces référentiels peuvent également porter sur la description et les garanties de procédure permettant la mise à disposition en vue de leur traitement de jeux de données de santé présentant un faible risque d'impact sur la vie privée. — *V., infra, Décr. n° 2019-536 du 29 mai 2019, art. 108.*

III. — Les traitements mentionnés au I qui ne sont pas conformes à un référentiel mentionné au II ne peuvent être mis en œuvre qu'après autorisation de la Commission nationale de l'informatique et des libertés. La demande d'autorisation est présentée dans les formes prévues à l'article 33.

IV. — La Commission nationale de l'informatique et des libertés peut, par décision unique, délivrer à un même demandeur une autorisation pour des traitements répondant à une même finalité, portant sur des catégories de données identiques et ayant des catégories de destinataires identiques.

V. — La Commission nationale de l'informatique et des libertés se prononce dans un délai de deux mois à compter de la réception de la demande. Toutefois, ce délai peut être prolongé une fois pour la même durée sur décision motivée de son président ou lorsque *(L. n° 2019-774 du 24 juill. 2019, art. 41)* « le comité éthique et scientifique pour les recherches, les études et les évaluations dans le domaine de la santé » est

saisi en application du second alinéa de l'article 72. – *V., infra, Décr. n° 2019-536 du 29 mai 2019, art. 5-I-1°, e) et 91.*

Lorsque la Commission nationale de l'informatique et des libertés ne s'est pas prononcée dans ces délais, la demande d'autorisation est réputée acceptée. Cette disposition n'est toutefois pas applicable si l'autorisation fait l'objet d'un avis préalable en application de la sous-section 2 de la présente section et que l'avis ou les avis rendus ne sont pas expressément favorables.

Les dispositions de l'art. 41 de la L. n° 2019-774 du 24 juill. 2019 sont entrées en vigueur, sous réserve des dispositions du XIII, le lendemain de la date d'entrée en vigueur des dispositions de l'Ord. n° 2018-1125 du 12 déc. 2018, soit le 2 juin 2019 (L. préc., art. 41-XII).

Le a du 3° du XI de l'art. 41 de la L. n° 2019-774 du 24 juill. 2019 entre en vigueur à la date d'approbation de la convention constitutive de la Plateforme des données de santé, et au plus tard le 31 déc. 2019 (L. préc., art. 41-XIII).

V. Référentiel des durées de conservation dans le domaine de la santé hors recherche, 2020 (CNIL, délib. n° 2020-076 du 18 juin 2020, JO 28 juill.).

V. Référentiel des durées de conservation dans le domaine de la recherche en santé, 2020 (CNIL, délib. n° 2020-077 du 18 juin 2020, JO 28 juill.).

V. Référentiel relatif aux traitements de données personnelles pour les cabinets médicaux et paramédicaux (CNIL, délib. n° 2020-081 du 18 juin 2020, JO 28 juill.).

Art. 67 **Par dérogation à l'article 66, les traitements de données à caractère personnel dans le domaine de la santé mis en œuvre par les organismes ou les services chargés d'une mission de service public figurant sur une liste fixée par arrêté des ministres chargés de la santé et de la sécurité sociale, pris après avis de la Commission nationale de l'informatique et des libertés, ayant pour seule finalité de répondre, en cas de situation d'urgence, à une alerte sanitaire et d'en gérer les suites, au sens de la section 1 du chapitre III du titre I du livre IV de la première partie du code de la santé publique, sont soumis aux seules dispositions de la section 3 du chapitre IV du règlement (UE) 2016/679 du 27 avril 2016.**

Les traitements mentionnés au premier alinéa du présent article qui utilisent le numéro d'inscription des personnes au répertoire national d'identification des personnes physiques sont mis en œuvre dans les conditions prévues à l'article 30 de la présente loi.

Les dérogations régies par le premier alinéa du présent article prennent fin un an après la création du traitement si ce dernier continue à être mis en œuvre au-delà de ce délai.

V., infra, Décr. n° 2019-536 du 29 mai 2019, art. 86.

Art. 68 **Nonobstant les règles relatives au secret professionnel, les membres des professions de santé peuvent transmettre au responsable d'un traitement de données autorisé en application de l'article 66 les données à caractère personnel qu'ils détiennent.**

Lorsque ces données permettent l'identification des personnes, leur transmission doit être effectuée dans des conditions de nature à garantir leur confidentialité. La Commission nationale de l'informatique et des libertés peut adopter des recommandations ou des référentiels sur les procédés techniques à mettre en œuvre.

Lorsque le résultat du traitement de données est rendu public, l'identification directe ou indirecte des personnes concernées doit être impossible.

Les personnes appelées à mettre en œuvre le traitement de données ainsi que celles qui ont accès aux données sur lesquelles il porte sont astreintes au secret professionnel sous les peines prévues à l'article 226-13 du code pénal. – *V. ce texte, II - Textes complémentaires.*

Art. 69 **Les personnes auprès desquelles sont recueillies des données à caractère personnel ou à propos desquelles de telles données sont transmises sont individuellement informées conformément aux dispositions du règlement (UE) 2016/679 du 27 avril 2016.**

Toutefois, ces informations peuvent ne pas être délivrées si la personne concernée a entendu faire usage du droit qui lui est reconnu par l'article L. 1111-2 du code de la santé publique d'être laissée dans l'ignorance d'un diagnostic ou d'un pronostic.

V., infra, Décr. n° 2019-536 du 29 mai 2019, art. 111 à 115.

Art. 70 Sont destinataires de l'information et exercent les droits de la personne concernée par le traitement les titulaires de l'exercice de l'autorité parentale, pour les mineurs, ou la personne chargée d'une mission de représentation dans le cadre d'une tutelle, d'une habilitation familiale ou d'un mandat de protection future, pour les majeurs protégés dont l'état ne leur permet pas de prendre seuls une décision personnelle éclairée.

Par dérogation au premier alinéa du présent article, pour les traitements de données à caractère personnel réalisés dans le cadre de recherches mentionnées aux 2° et 3° de l'article L. 1121-1 du code de la santé publique ou d'études ou d'évaluations dans le domaine de la santé, ayant une finalité d'intérêt public et incluant des personnes mineures, l'information peut être effectuée auprès d'un seul des titulaires de l'exercice de l'autorité parentale s'il est impossible d'informer l'autre titulaire ou s'il ne peut être consulté dans des délais compatibles avec les exigences méthodologiques propres à la réalisation de la recherche, de l'étude ou de l'évaluation au regard de ses finalités. Le présent alinéa ne fait pas obstacle à l'exercice ultérieur, par chaque titulaire de l'exercice de l'autorité parentale, des droits mentionnés au premier alinéa.

Pour ces traitements, le mineur âgé de quinze ans ou plus peut s'opposer à ce que les titulaires de l'exercice de l'autorité parentale aient accès aux données le concernant recueillies au cours de la recherche, de l'étude ou de l'évaluation. Le mineur reçoit alors l'information et exerce seul ses droits.

Pour ces mêmes traitements, le mineur âgé de quinze ans ou plus peut s'opposer à ce que les titulaires de l'exercice de l'autorité parentale soient informés du traitement de données si le fait d'y participer conduit à révéler une information sur une action de prévention, un dépistage, un diagnostic, un traitement ou une intervention pour laquelle le mineur s'est expressément opposé à la consultation des titulaires de l'autorité parentale, en application des articles L. 1111-5 et L. 1111-5-1 du code de la santé publique, ou si les liens de famille sont rompus et que le mineur bénéficie à titre personnel du remboursement des prestations en nature de l'assurance maladie et maternité et de la couverture complémentaire mise en place par la loi n° 99-641 du 27 juillet 1999 portant création d'une couverture maladie universelle. Il exerce alors seul ses droits.

V., infra, Décr. n° 2019-536 du 29 mai 2019, art. 111 à 115.

Art. 71 Une information relative aux dispositions de la présente sous-section doit être assurée notamment dans tout établissement ou centre où s'exercent des activités de prévention, de diagnostic et de soins donnant lieu à la transmission de données à caractère personnel en vue d'un traitement mentionné au présent titre.

V., infra, Décr. n° 2019-536 du 29 mai 2019, art. 112.

SOUS-SECTION 2 *Dispositions particulières relatives aux traitements à des fins de recherche, d'étude ou d'évaluation dans le domaine de la santé*

Art. 72 Les traitements automatisés de données à caractère personnel dont la finalité est ou devient la recherche ou les études dans le domaine de la santé ainsi que l'évaluation ou l'analyse des pratiques ou des activités de soins ou de prévention sont soumis à la sous-section 1 de la présente section, sous réserve de la présente sous-section.

(L. n° 2019-774 du 24 juill. 2019, art. 41) « Le comité éthique et scientifique pour les recherches, les études et les évaluations dans le domaine de la santé *[ancienne rédaction : l'Institut national des données de santé mentionné à l'article L. 1462-1 du code de la santé publique]* » peut se saisir ou être saisi, dans des conditions définies par décret en Conseil d'État, par la Commission nationale de l'informatique et des libertés ou le ministre chargé de la santé sur le caractère d'intérêt public que présentent les traitements mentionnés au premier alinéa du présent article. — *V., infra, Décr. n° 2019-536 du 29 mai 2019, art. 92.*

Les dispositions de l'art. 41 de la L. n° 2019-774 du 24 juill. 2019 sont entrées en vigueur le lendemain de la date d'entrée en vigueur des dispositions de l'Ord. n° 2018-1125 du 12 déc. 2018, soit le 2 juin 2019 (L. préc., art. 41-XII).

Art. 73 Au titre des référentiels mentionnés au II de l'article 66 de la présente loi, des méthodologies de référence sont homologuées et publiées par la Commission nationale de l'informatique et des libertés. Elles sont établies en concertation avec *(L. nº 2019-774 du 24 juill. 2019, art. 41)* « la Plateforme des données de santé mentionnée *[ancienne rédaction : l'Institut national des données de santé mentionné]* » à l'article L. 1462-1 du code de la santé publique et des organismes publics et privés représentatifs des acteurs concernés.

Lorsque le traitement est conforme à une méthodologie de référence, il peut être mis en œuvre, sans autorisation mentionnée à l'article 66 de la présente loi, à la condition que son responsable adresse préalablement à la Commission nationale de l'informatique et des libertés une déclaration attestant de cette conformité.

Les dispositions de la L. nº 2019-774 du 24 juill. 2019 entrent en vigueur à la date d'approbation de la convention constitutive de la Plateforme des données de santé, et au plus tard le 31 déc. 2019 (L. préc., art. 41-XIII).

Art. 74 Toute personne a le droit de s'opposer à ce que des données à caractère personnel la concernant fassent l'objet de la levée du secret professionnel rendue nécessaire par un traitement de la nature de ceux mentionnés à l'article 65.

Art. 75 Dans le cas où la recherche nécessite l'examen des caractéristiques génétiques, le consentement éclairé et exprès des personnes concernées doit être obtenu préalablement à la mise en œuvre du traitement de données. Le présent article n'est pas applicable aux recherches réalisées en application de l'article *(L. nº 2021-1017 du 2 août 2021, art. 24)* « L. 1130-5 » du code de la santé publique. – *V. cet art., App., vº Santé.*

Art. 76 L'autorisation du traitement est accordée par la Commission nationale de l'informatique et des libertés dans les conditions définies à l'article 66, après avis :

1° Du comité compétent de protection des personnes mentionné à l'article L. 1123-6 du code de la santé publique, pour les demandes d'autorisation relatives aux recherches impliquant la personne humaine mentionnées à l'article L. 1121-1 du même code ;

(L. nº 2019-774 du 24 juill. 2019, art. 41) « 2° Du comité éthique et scientifique pour les recherches, les études et les évaluations dans le domaine de la santé, pour les demandes d'autorisation relatives à des études ou à des évaluations ainsi qu'à des recherches n'impliquant pas la personne humaine, au sens du 1° du présent article.

« Ce comité est composé de manière à garantir son indépendance et la diversité des compétences dans le domaine des traitements concernant la santé et à l'égard des questions scientifiques, éthiques, sociales et juridiques. Il est composé en recherchant une représentation équilibrée des femmes et des hommes. Il comporte, en son sein, des représentants d'associations de malades ou d'usagers du système de santé agréées désignés au titre des dispositions de l'article L. 1114-1 du code de la santé publique.

« Les membres du comité, les personnes appelées à collaborer à ses travaux et les agents relevant du statut général des fonctionnaires ou du statut général des militaires qui en sont dépositaires sont tenus, dans les conditions et sous les peines prévues aux articles 226-13 et 226-14 du code pénal, de garder secrètes les informations dont ils peuvent avoir connaissance à raison de leurs fonctions et qui sont relatives à la nature des recherches, études ou évaluations, aux personnes qui les organisent ou aux produits, objets ou méthodes faisant l'objet de la recherche.

« Ne peuvent valablement participer à une délibération les personnes qui ne sont pas indépendantes du promoteur et de l'investigateur de la recherche, de l'étude ou de l'évaluation examinée.

« Un décret en Conseil d'État, pris après avis de la Commission nationale de l'informatique et des libertés, fixe la composition du comité éthique et scientifique et définit ses règles de fonctionnement. Les membres du comité sont soumis à l'article L. 1451-1 du code de la santé publique. »

Les dossiers présentés dans le cadre de la présente section, à l'exclusion des recherches impliquant la personne humaine, sont déposés auprès d'un secrétariat unique assuré par *(L. nº 2019-774 du 24 juill. 2019, art. 41)* « la Plateforme *[ancienne rédaction : l'Institut national]* » des données de santé, qui assure leur orientation vers les instances compétentes.

Les dispositions de l'art. 41 de la L. n° 2019-774 du 24 juill. 2019 sont entrées en vigueur, sous réserve des dispositions du XIII, le lendemain de la date d'entrée en vigueur des dispositions de l'Ord. n° 2018-1125 du 12 déc. 2018, soit le 2 juin 2019 (L. préc., art. 41-XII).

Le b du 6° du XI de l'art. 41 de la L. n° 2019-774 du 24 juill. 2019 entre en vigueur à la date d'approbation de la convention constitutive de la Plateforme des données de santé, et au plus tard le 31 déc. 2019 (L. préc., art. 41-XIII).

V., infra, Décr. n° 2019-536 du 29 mai 2019, art. 88, 91, 93 à 100.

Art. 77 Dans le respect des missions et des pouvoirs de la Commission nationale de l'informatique et des libertés et aux fins de renforcer la bonne application des règles de sécurité et de protection des données, un comité d'audit du système national des données de santé est institué. Ce comité d'audit définit une stratégie d'audit puis une programmation, dont il informe la commission. Il fait réaliser des audits sur l'ensemble des systèmes réunissant, organisant ou mettant à disposition tout ou partie des données du système national des données de santé à des fins de recherche, d'étude ou d'évaluation ainsi que sur les systèmes composant le système national des données de santé.

Le comité d'audit comprend des représentants des services des ministères chargés de la santé, de la sécurité sociale et de la solidarité, *(L. n° 2019-774 du 24 juill. 2019, art. 41-XI-7°-a)* « des responsables des traitements *[ancienne rédaction : de la Caisse nationale d'assurance maladie responsable du traitement]* » du système national des données de santé, des autres producteurs de données du système national des données de santé, de *(L. n° 2019-774 du 24 juill. 2019, art. 41-XI-7°-a)* « la Plateforme *[ancienne rédacton : l'Institut national]* » des données de santé, ainsi qu'une personne représentant les acteurs privés du domaine de la santé. Des personnalités qualifiées peuvent y être désignées. Le président de la Commission nationale de l'informatique et des libertés, ou son représentant, y assiste en tant qu'observateur.

Les audits, dont le contenu est défini par le comité d'audit, sont réalisés par des prestataires sélectionnés selon des critères et modalités permettant de disposer de garanties attestant de leur compétence en matière d'audit de systèmes d'information et de leur indépendance à l'égard de l'entité auditée.

Le prestataire retenu soumet au président du comité d'audit la liste des personnes en charge de chaque audit et les informations permettant de garantir leurs compétences et leur indépendance.

Les missions d'audit s'exercent sur pièces et sur place. La procédure suivie inclut une phase contradictoire. La communication des données médicales individuelles ne peut se faire que sous l'autorité et en présence d'un médecin, s'agissant des informations qui figurent dans un traitement nécessaire aux fins de la médecine préventive, de la recherche médicale, des diagnostics médicaux, de l'administration de soins ou de traitements, ou de la gestion de service de santé.

Pour chaque mission diligentée, des échanges ont lieu, si nécessaire, entre les personnes en charge des audits, le président du comité d'audit, *(L. n° 2019-774 du 24 juill. 2019, art. 41)* « les responsables des traitements mentionnés » au II de l'article L. 1461-1 du code de la santé publique et le président de la Commission nationale de l'informatique et des libertés.

Si le comité d'audit a connaissance d'informations de nature à révéler des manquements graves en amont ou au cours d'un audit ou en cas d'opposition ou d'obstruction à l'audit, un signalement est adressé sans délai par le président du comité d'audit au président de la Commission nationale de l'informatique et des libertés.

Chaque mission diligentée établit un rapport relevant notamment les anomalies constatées et les manquements aux règles applicables aux systèmes d'information audités.

Si la mission constate, à l'issue de l'audit, de graves manquements, elle en informe sans délai le président du comité d'audit, qui informe sans délai le président de la Commission nationale de l'informatique et des libertés et *(L. n° 2019-774 du 24 juill. 2019, art. 41)* « les responsables des traitements mentionnés » au II de l'article L. 1461-1 du code de la santé publique.

En cas d'urgence, *(L. n° 2019-774 du 24 juill. 2019, art. 41)* « les responsables des traitements mentionnés au II de l'article L. 1461-1 du code de la santé publique peuvent » suspendre temporairement l'accès au système national des données de

santé avant le terme de l'audit *(L. nº 2019-774 du 24 juill. 2019, art. 41)* **« s'ils disposent » d'éléments suffisamment préoccupants concernant des manquements graves aux règles précitées.** *(L. nº 2019-774 du 24 juill. 2019, art. 41)* **« Ils doivent » en informer immédiatement le président du comité et le président de la commission. Le rétablissement de l'accès ne peut se faire qu'avec l'accord de ce dernier au regard des mesures correctives prises par l'entité auditée. Ces dispositions sont sans préjudice des prérogatives propres de la Commission nationale de l'informatique et des libertés.**

Le rapport définitif de chaque mission est transmis au comité d'audit, au président de la Commission nationale de l'informatique et des libertés et au responsable du traitement audité.

Un décret en Conseil d'État, pris après avis de la Commission nationale de l'informatique et des libertés, précise la composition du comité et définit ses règles de fonctionnement ainsi que les modalités de l'audit.

Les dispositions de l'art. 41 de la L. nº 2019-774 du 24 juill. 2019 sont entrées en vigueur, sous réserve des dispositions du XIII, le lendemain de la date d'entrée en vigueur des dispositions de l'Ord. nº 2018-1125 du 12 déc. 2018, soit le 2 juin 2019 (L. préc., art. 41-XII).

Le a du 7ºdu XI de l'art. 41 de L. nº 2019-774 du 24 juill. 2019 entre en vigueur à la date d'approbation de la convention constitutive de la Plateforme des données de santé, et au plus tard le 31 déc. 2019 (L. préc., art. 41-XII).

Le Gouvernement remet au Parlement, avant le 31 déc. 2019, un rapport sur le groupement mentionné à l'art. L. 1462-1 CSP dans sa rédaction résultant de la L. nº 2019-774 du 24 juill. 2019. Le rapport s'attache à déterminer dans quelle mesure la structure et la gouvernance de ce groupement sont de nature à garantir aux utilisateurs d'exploiter les données de santé de manière plus efficace (L. préc., art. 41-XIV).

V., infra, Décr. nº 2019-536 du 29 mai 2019, art. 101 à 106.

SECTION 4 *Traitements à des fins archivistiques dans l'intérêt public, à des fins de recherche scientifique ou historique ou à des fins statistiques*

COMMENTAIRE

Sur les traitements à des fins archivistiques, voir le commentaire sous l'article 89 du RGPD. ❑

Art. 78 **Lorsque les traitements de données à caractère personnel sont mis en œuvre par les services publics d'archives à des fins archivistiques dans l'intérêt public conformément à l'article L. 211-2 du code du patrimoine, les droits prévus aux articles 15, 16 et 18 à 21 du règlement (UE) 2016/679 du 27 avril 2016 ne s'appliquent pas dans la mesure où ces droits rendent impossible ou entravent sérieusement la réalisation de ces finalités. Les conditions et garanties appropriées prévues à l'article 89 du même règlement sont déterminées par le code du patrimoine et les autres dispositions législatives et réglementaires applicables aux archives publiques. Elles sont également assurées par le respect des normes conformes à l'état de l'art en matière d'archivage électronique.**

Un décret en Conseil d'État, pris après avis motivé et publié de la Commission nationale de l'informatique et des libertés, détermine dans quelles conditions et sous réserve de quelles garanties il peut être dérogé en tout ou partie aux droits prévus aux articles 15, 16, 18 et 21 du même règlement, en ce qui concerne les traitements à des fins de recherche scientifique ou historique, ou et *[sic]* **à des fins statistiques.**

V. RGPD, art. 89 et consid. 56 et 156 à 163.

V., infra, Décr. nº 2019-536 du 29 mai 2019, art. 116.

Code du patrimoine

Art. L. 211-2 La conservation des archives est organisée dans l'intérêt public tant pour les besoins de la gestion et de la justification des droits des personnes physiques ou morales, publiques ou privées, que pour la documentation historique de la recherche. — *[L. nº 79-18 du 3 janv. 1979, art. 1er, al. 2.]*

Art. 79 Dans les conditions du *b* du 5 de l'article 14 du règlement (UE) 2016/679 du 27 avril 2016, lorsque les données à caractère personnel ont été initialement recueillies pour un autre objet, les dispositions du 1 à 4 du même article 14 ne s'appliquent pas aux traitements à des fins archivistiques dans l'intérêt public, à des fins de recherche scientifique ou historique ou à des fins statistiques, ou à la réutilisation de ces données à des fins statistiques dans les conditions de l'article 7 *bis* de la loi n° 51-711 du 7 juin 1951 sur l'obligation, la coordination et le secret en matière de statistiques.

V. RGPD, art. 14 et consid. 61 (informations à fournir).

SECTION 5 *Traitements de données à caractère personnel aux fins de journalisme et d'expression littéraire et artistique*

Art. 80 A titre dérogatoire, les dispositions du 5° de l'article 4, celles des articles 6, 46, 48, 49, 50, 53, 118, 119 et celles du chapitre V du règlement (UE) 2016/679 du 27 avril 2016 ne s'appliquent pas, lorsqu'une telle dérogation est nécessaire pour concilier le droit à la protection des données à caractère personnel et la liberté d'expression et d'information, aux traitements mis en œuvre aux fins :

1° D'expression universitaire, artistique ou littéraire ;

2° D'exercice*[,]* à titre professionnel, de l'activité de journaliste, dans le respect des règles déontologiques de cette profession.

Les dispositions des alinéas précédents ne font pas obstacle à l'application des dispositions du code civil, des lois relatives à la presse écrite ou audiovisuelle et du code pénal, qui prévoient les conditions d'exercice du droit de réponse et qui préviennent, limitent, réparent et, le cas échéant, répriment les atteintes à la vie privée et à la réputation des personnes.

V. RGPD, art. 85 et consid. 153.

COMMENTAIRE

Voir le commentaire sous l'article 85 du RGPD. ❑

CHAPITRE IV *DROITS ET OBLIGATIONS PROPRES AUX TRAITEMENTS DANS LE SECTEUR DES COMMUNICATIONS ÉLECTRONIQUES*

Art. 81 Les droits et obligations mentionnés aux chapitres II et III s'appliquent sous réserve des dispositions particulières du présent chapitre.

V., infra, Décr. n° 2019-536 du 29 mai 2019, art. 117 à 122.

Art. 82 Tout abonné ou utilisateur d'un service de communications électroniques doit être informé de manière claire et complète, sauf s'il l'a été au préalable, par le responsable du traitement ou son représentant :

1° De la finalité de toute action tendant à accéder, par voie de transmission électronique, à des informations déjà stockées dans son équipement terminal de communications électroniques, ou à inscrire des informations dans cet équipement ;

2° Des moyens dont il dispose pour s'y opposer.

Ces accès ou inscriptions ne peuvent avoir lieu qu'à condition que l'abonné ou la personne utilisatrice ait exprimé, après avoir reçu cette information, son consentement qui peut résulter de paramètres appropriés de son dispositif de connexion ou de tout autre dispositif placé sous son contrôle.

Ces dispositions ne sont pas applicables si l'accès aux informations stockées dans l'équipement terminal de l'utilisateur ou l'inscription d'informations dans l'équipement terminal de l'utilisateur :

1° Soit, a pour finalité exclusive de permettre ou faciliter la communication par voie électronique ;

2° Soit, est strictement nécessaire à la fourniture d'un service de communication en ligne à la demande expresse de l'utilisateur.

Cet art. transpose l'art. 5.3 de la Dir. 2002/58/CE du 12 juill. 2002, dite « ePrivacy », mod. par Dir. 2009/136/CE du 25 nov. 2009 — V. supra, Partie II - textes complémentaires.

V. G29 7 juin 2012, avis 04/2012 sur les cookies exemptés de consentement (WP 194) (https://edpb.europa.eu).

V. G29 3 févr. 2015, rapport sur analyse combinée par balayage de cookies (WP 229) (https://edpb.europa.eu).

V. CEPD 25 mai 2018, déclaration sur la révision de la directive ePrivacy et son incidence sur la protection de la vie privée et la confidentialité des communications électroniques, App., v° Comité européen de la protection des données.

V. CEPD 12 mars 2019, avis 5/2019 relatif aux interactions entre la directive « vie privée et communications électroniques » et le RGPD, en particulier en ce qui concerne la compétence, les missions et les pouvoirs des autorités de protection des données, App., v°Comité européen de la protection des données.

V. CEPD 13 mars 2019, déclaration 3/2019 sur un règlement « vie privée et communications électroniques » (https://edpb.europa.eu).

V. CEPD 19 nov. 2020, déclaration sur le règlement « vie privée et communications électroniques » et le futur rôle des autorités de contrôle et du comité européen de la protection des données (https://edpb.europa.eu).

V. CEPD 4 mai 2020, lignes directrices 5/2020 sur le consentement, App., v° Comité européen de la protection des données.

V. ci-dessous CNIL 17 sept. 2020, Délib. n° 2020-091 portant adoption de lignes directrices relatives à l'application de l'article 82 de la loi du 6 janvier 1978 modifiée aux opérations de lecture et écriture dans le terminal d'un utilisateur (notamment aux « cookies et autres traceurs ») et abrogeant la délibération n° 2019-93 du 4 juill. 2019.

V. CNIL 17 sept. 2020, Délib. n° 2020-092 portant adoption d'une recommandation proposant des modalités pratiques de mise en conformité en cas de recours aux « cookies et autres traceurs » .

BIBL. ▶ Inforeg, *Cah. dr. entr. 3/2019. 54* (site Internet : la validité du consentement aux cookies par l'utilisateur). – DUBOIS et GAULLIER, *Légicom 2017. 69* (publicité ciblée en ligne, protection des données à caractère personnel et *ePrivacy* : un ménage à trois délicat) ; *Légipresse 2018. 491* (la gestion des cookies d'un site internet : quels « challenges » ?). – LALLET, *RFDA 2019. 1075* (l'abstention répressive des autorités de régulation : la CNIL et les « cookies »). – LEBEAU-MARIANNA et CAULIER, *Dalloz IP/IT 2019.703* (délibération de la CNIL du 4 juillet 2019 sur les cookies : quelles conséquences pratiques pour les entreprises ?). – L'HONNEN-FROSSARD, *CCE 2020. Pratique 15* (le consentement aux cookies et autres traceurs). – GAVANON et LE MAREC, *D. actu. 15 mai 2020* (consentement en matière de cookies : le CEPD clarifie sa position dans des nouvelles lignes directrices). – CRICHTON, *D. actu. 7 oct. 2020* (cookies et autres traceurs : lignes directrices et recommandations de la CNIL). – COUPEZ et PÉRONNE, *Dalloz IP/IT 2020. 189* (consentement aux cookies : quelle est la bonne recette ?). – ALIX, *Légipresse 2020. 495* (il est plus facile pour un chameau de passer par le chas d'une aiguille que pour les responsables de traitement d'obtenir un consentement libre et éclairé au dépôt et à la lecture de cookies tiers). – GAULLIER et DUBOIS, *Légipresse 2020. 661* (cookies et traceurs : un nouveau cadre de référence exigeant). – GUÉRIN-FRANÇOIS et PHAN, *Privacy Laws & Business juin 2021* (*France : CNIL's new approach to cookies*, https://www.privacylaws.com/int171cnilcookies). – LEBEAU-MARIANNA et BADUCCI, *Dalloz IP/IT 2021. 41* (adoption des lignes directrices modificatives de la CNIL relatives aux cookies et traceurs à la suite de la décision du Conseil d'État du 19 juin 2020 : quelles conséquences en pratique ?). – Cabinet Vigo, *D. actu. 18 févr. 2021* (le règlement européen « e-privacy », bloqué depuis 2017 au Conseil de l'UE, va enfin pouvoir être débattu au Parlement européen). – CNIL, *31 mai 2021* https://www.cnil.fr/fr/cookie-walls-et-monetisation-des-donnees-personnelles-les-enjeux-juridiques-et-ethiques (cookie walls et monétisation des données personnelles : les enjeux juridiques et éthiques).

COMMENTAIRE

COOKIES ET AUTRES INFORMATIONS STOCKÉS DANS LE TERMINAL DE L'ORDINATEUR

L'article 82 est un article fort scruté par les acteurs du numérique, notamment par ceux de la publicité en ligne.

Ces dispositions reprennent celles du II de l'ancien article 35 et fixent une obligation particulière d'information pour la lecture ou l'écriture d'informations stockées « dans le terminal de communications électroniques », qui recouvrent principalement, à ce jour, la technologie des cookies, mais également celles des résultats du calcul d'une empreinte unique du terminal dans le cas du *« fingerprinting »* ou des pixels invisibles (*« web bugs »*). Elles sont issues de l'ordonnance du 24 août 2011, par laquelle le gouvernement a été habilité par le Parlement à transposer la directive 2009/136/CE du 25 novembre 2009 (dite « vie privée ») dans le cadre du « paquet télécoms ». Ces dispositions prévoient ainsi que l'installation ou la lecture de certains cookies ou dispositifs traceurs (permettant le suivi des utilisateurs) est subordonnée à l'information préalable de l'utilisateur et au recueil de son consentement. On relèvera que cette obligation de consentement préalable ne s'applique pas aux dispositifs qui ont pour finalité exclusive de permettre ou de faciliter la communication par voie électronique ou qui sont « strictement nécessaires à la fourniture d'un service de communication en ligne à la demande expresse de l'utilisateur ». A l'inverse, ces dispositions ne s'appliquent pas seulement en cas de traitement de données personnelles, la directive européenne posant une obligation d'information préalable plus générale.

Si les termes de cet article n'ont finalement pas évolué depuis la transposition de la directive « vie privée », leur interprétation a été soumise à diverses évolutions. Lors de la transposition en 2011 qui a conduit à l'adoption des fameuses « bannières de cookies » sur les sites internes, la CNIL considérait que « la poursuite de la navigation valait accord au dépôt de cookies sur son terminal » (CNIL, 5 déc. 2013, Délib. n° 2013-378 portant adoption d'une recommandation relative aux cookies et aux autres traceurs visés par l'art. 32-II de la L. du 6 janv. 1978).

L'adoption du RGPD renforçant les exigences en matière de consentement a conduit la CNIL à préciser les conditions dans lesquelles un responsable de traitement peut se mettre en conformité avec ces dispositions dans sa délibération n° 2020-091 du 17 septembre 2020 portant adoption de lignes directrices relatives à l'application de l'article 82 de la loi du 6 janvier 1978 modifiée aux opérations de lecture et écriture dans le terminal d'un utilisateur et abrogeant sa précédente délibération n° 2019-096 (V. ci-dessous). Cette délibération fait suite à la censure partielle de la précédente par le Conseil d'État (CE 19 juin 2020, n° 434684 B : *Dalloz IP/IT 2021. 41, obs. Lebeau Marianna et Balducci* ; *Légipresse 2020. 495, étude Alix* ; *ibid. 2021. 240, étude Mallet-Poujol*). La CNIL a ainsi acté dans ces lignes directrices que les personnes doivent consentir au dépôt de traceurs par un acte positif clair (comme le fait de cliquer sur « j'accepte » dans une bannière cookie). A défaut, aucun traceur non essentiel au fonctionnement du service ne pourra être déposé sur leur appareil.

La CNIL a complété ses lignes directrices par une recommandation soumise à consultation publique intégrant des exemples, y compris d'interface (CNIL, Délib. n° 2020-092 du 17 sept. 2020).

Elle avait accordé un délai pour mettre en conformité les sites et applications mobiles aux règles en matière de traceurs qui a pris fin le 31 mars 2021.

Certaines incertitudes demeurent telles que la position de la CNIL sur les *« cookie walls »*, qui consistent à bloquer l'accès à un site web ou à une application mobile pour l'utilisateur qui ne donnerait pas son consentement au dépôt de traceurs. Le Conseil d'État ayant censuré l'interdiction générale et absolue des *« cookies walls »* déduite par la CNIL de la seule exigence du consentement libre (CE 19 juin 2020, préc.), il appartient désormais à la CNIL de se prononcer au cas par cas sur ces *« cookie walls »*.

Au niveau européen, le CEPD avait considéré que les *« cookie walls »* ne permettaient pas un consentement libre (V. lignes directrices 05/2020 du 4 mai 2020 relatives au consentement, App., v° *Comité européen de la protection des données*). La directive « vie privée » est en cours de révision. Certaines dispositions dont celles sur les cookies font l'objet d'un intense débat dont le CEPD par ses déclarations se fait l'écho. ❑

INFORMATION ET RECUEIL DU CONSENTEMENT EN MATIÈRE DE DÉPÔT ET DE LECTURE DES COOKIES ET AUTRES TRACEURS

1. L'utilisation de « cookies » au sens du II de l'article 32 de la LIL constitue un traitement de données à caractère personnel soumis au respect de cette loi. Par extension, cette qualification est valable dans le cadre du RGPD. • CE 6 juin 2018, *Sté Éditions Croque Futur,* n° 412589. ♦ Dans ses lignes directrices du 17 sept. 2020 relatives à l'application de l'article 82 de la loi du 6 janvier 1978 modifiée, la CNIL précise : les « présentes lignes directrices concernent (…) les opérations précitées de lecture et écriture de toute information stockée ou consultée dans un équipement terminal au sens prédéfini, qu'il s'agisse ou non de données à caractère personnel au sens du RGPD. Les dispositions du paragraphe 3 de l'article 5 de la directive « ePrivacy » et, par conséquent, de l'article 82 de la loi « Informatique et Libertés », sont en effet applicables à de telles opérations indépendamment du fait que les données concernées soient à caractère personnel ou non. » • CNIL, délib., 17 sept. 2020, n° 2020-092. ♦ Il en résulte que les règles de recueil du consentement du RGPD s'appliquent aux opérations de lecture et d'écriture dans un terminal d'un utilisateur. • CJUE 1er oct. 2019, n° C-673/17 : *D. 2019. 2128, entretien J.-L. Sauron ; ibid. 2020. 1262, obs. Maxwell et Zolynski ; Dalloz IP/IT 2019. 586, obs. Crichton ; ibid. 2020. 189, obs. Coupez et Péronne ; Légipresse 2019. 694, étude Thiérache et Gautron ; RTD eur. 2020. 320, obs. Benoît-Rohmer* • CE 19 juin 2020, n° 434684 B : *AJDA 2020. 1264 ; Dalloz IP/IT 2021. 41, obs. Lebeau Marianna et Balducci ; Légipresse 2020. 495, étude Alix ; ibid. 2021. 240, étude Mallet-Poujol.*

2. Cookies nécessitant le consentement. Les cookies dits « publicitaires » ne peuvent entrer dans le champ des exceptions définies à l'art. 82 de la loi « Informatique et Libertés » dans la mesure où ils n'ont pas pour finalité de permettre ou de faciliter la communication par voie électronique et ne sont pas strictement nécessaires à la fourniture d'un service de communication en ligne à la demande expresse de l'utilisateur. Par conséquent, de tels cookies ne peuvent être déposés ou lus sur le terminal de la personne tant qu'elle n'a pas fourni son consentement. • CNIL 7 déc. 2020, délib. n° SAN-2020-013 : *D. actu. 17 déc. 2020, obs. Crichton.* ♦ Le dépôt de 39 cookies automatique dès l'arrivée sur la page d'accueil du site, et avant tout action de l'utilisateur, n'ayant pas pour finalité exclusive de permettre ou de faciliter la communication par voie électronique, aurait dû obliger la société à recueillir préalablement le consentement des utilisateurs. • CNIL 18 nov. 2020, délib. n° SAN-2020-008 : *D. actu. 11 déc. 2020, obs. Gavanon et Le Marec.* ♦ Ne saurait conduire à les ranger dans l'une ou l'autre des exceptions prévues par l'art. 82 de la L. du 6 janv. 1978 la circonstance que certains traceurs seraient nécessaires à la viabilité économique d'un site ou d'un partenariat (cookie d'affiliation). • CE 8 avr. 2022, n° 452668 : *CCE 2022, n° 46, obs. Belkacem.*

3. Refus ou retrait du consentement en matière de traceurs. La CNIL ne pouvait, dans le cadre de lignes directrices par nature non contraignantes, déduire de la seule exigence d'un consentement libre l'interdiction générale et absolue de priver d'accès au site l'internaute qui refusait ou retirait son consentement. • CE 19 juin 2020, *Assoc. des agences conseils en communication et a.*, n° 434684 B. ♦ Doit être regardée comme un refus d'accès ou d'inscription d'informations dans son terminal, l'absence de consentement exprimé par un acte positif clair. • Même arrêt. ♦ Contrevient à l'art. 82 le fait que des cookies à finalités publicitaires demeuraient stockés sur l'équipement terminal de l'utilisateur après qu'il eut pourtant désactivé la personnalisation des annonces. • CNIL 7 déc. 2020, délib. n° SAN-2020-012 : *Dalloz IP/IT 2021. 226, obs. Netter.* – Conf. par : • CE 28 janv. 2022, *Google*, n° 449209 : *Dalloz IP/IT 2022. 337, obs. Douville ; RTD com. 2022. 295, obs. Netter.* ♦ N'est pas suffisante l'acceptation ou le refus des cookies si les modalités par lesquelles ce refus peut être exprimé, dans le contexte de la navigation sur Internet, biaise l'expression du choix en faveur du consentement de façon à altérer la liberté de choix. Ainsi, le fait de rendre le mécanisme de refus des cookies plus complexe que celui consistant à les accepter revient en réalité à décourager les utilisateurs de refuser les cookies et à les inciter à privilégier la facilité du bouton « Tout accepter ». En effet, un utilisateur d'Internet est généralement conduit à consulter de nombreux sites et la navigation se caractérise par sa rapidité et sa fluidité. Le fait de devoir cliquer sur « Personnaliser » et de devoir comprendre la façon dont est construite la page permettant de refuser les cookies est susceptible de décourager l'utilisateur, qui souhaiterait pourtant refuser le dépôt des cookies. • CNIL, form. restr., 31 déc. 2021, *Google LLC et Google Ireland Limited*, délib. n° SAN-2021-023 : *Dalloz IP/IT 2022. 392, obs. Netter ; RTD com. 2022. 295, obs. Netter.*

4. Responsable de traitement. L'éditeur d'un site qui dépose des cookies doit être considéré comme responsable de traitement, de même que les tiers agissant pour leur propre compte qui déposent des cookies à l'occasion d'une visite. • CE 19 juin 2020, *Assoc. des agences conseils en communication et a.*, n° 434684 B. ♦ Les éditeurs de site qui autorisent le dépôt et l'utilisation « cookies » par des tiers à l'occasion de la visite de leur site doivent également être considérés comme responsables de traitement, alors même qu'ils ne sont pas soumis à l'ensemble des obligations qui s'imposent au tiers qui a émis le « cookie », notamment lorsque ce dernier conserve seul la maîtrise du respect de sa finalité ou de sa durée de conservation. • CE 6 juin 2018, n° 412589 : *D. 2018. 2270, obs. Larrieu, Le Stanc et Tréfigny ; AJDA 2018. 1194 , obs. Maupin; Légipresse 2018. 307 et les obs.* • CNIL 27 juill. 2021, délib. n° SAN-2021-013 : *AJDA 2022. 1434, obs. Maury.* ♦ Au titre des obligations qui pèsent sur l'éditeur de site dans une telle hypothèse, figurent celle de s'assurer auprès de ses partenaires qu'ils n'émettent pas, par l'intermédiaire de son site, des « cookies » qui ne respectent pas la règlementation applicable en France et celle d'effectuer toute démarche utile auprès d'eux pour mettre fin à des « manquements ». • CE 6 juin 2018 : *préc.* • CNIL 20 juill. 2021 : *préc.* ♦ L'obligation de s'assurer que ses partenaires n'émettent pas, par l'intermédiaire de son site, des cookies en violation de la réglementation applicable en France, est une obligation de moyens. • CNIL 27 juill. 2021 : *préc.*

5. Information préalable. Pour que le consentement soit valide, l'utilisateur du service doit pouvoir disposer d'une information d'une part, sur chacune des finalités du traitement des traceurs, d'autre part, sur l'identité du ou des responsables de traitement ainsi que sur la liste des destinataires ou des catégories de destinataires de ses données, ce qui implique la mise à disposition d'une liste complète et à jour des entités ayant recours aux traceurs. • CE 19 juin 2020, *Assoc. des agences conseils en communication et a.*, n° 434684 B.

6. Droits de la défense. V. à propos du grief relatif à l'absence de clarté des règles en matière de cookies et de responsabilité des acteurs, constatant que les différentes branches du manquement reproché à la société ont pour seul fondement juridique les dispositions de l'art. 82 de la loi « Informatique et Libertés » et rappelant que le contenu de cet art. est inchangé depuis dix ans. • CNIL 27 juill. 2021, délib. n° SAN-2021-010. ♦ L'audition de l'organisme contrôlé par le rapporteur est une faculté qui lui est offerte par l'art. 39 du Décr. n° 2019-536 du 29 mai 2019, et non une obligation. • CNIL 27 juill. 2021 : *préc.* ♦ Le fait de réaliser plusieurs contrôles sur un site ne saurait constituer en soi une atteinte aux droits de la défense. • CNIL 27 juill. 2021 : *préc.* ♦ La procédure et les différentes actions menées n'ont pas porté atteinte aux droits de la défense de la société et ont respecté le principe du contradictoire dès lors que : la rapporteure indique dans ses écritures que ces contrôles en ligne ont été effectués pour vérifier certains des éléments avancés par la société ; que les contrôles n'ont porté que sur des éléments dont la société est censée avoir la pleine connaissance et la pleine maîtrise, en l'occurrence, son site web ; que l'ensemble des vérifications ont été menées sur une période de temps relativement longue (entre le mois de janv. 2020 et le mois de juin 2021) ; et qu'un seul contrôle a été mené après la notification du rapport de sanction sur lequel la société a eu la possibilité de faire valoir ses observations.. • CNIL 20 juill. 2021 : *préc.*

7. Sanction. Sur le fondement de l'art. 82, la CNIL a condamné GOOGLE LLC à 60 millions d'euros d'amende administrative et la société GOOGLE à 40 millions d'euros. • CNIL 7 déc. 2020, délib. n° SAN-2020-012 : *préc.* ♦ La CNIL a condamné le même jour AMAZON EUROPE CORE à 35 millions d'euros d'amende administrative. • CNIL 7 déc. 2020, délib. n° SAN-2020-013 : *préc.* ♦ Les sociétés GOOGLE et AMAZON EUROPE CORE ont fait l'objet d'une « injonction de mettre en conformité le traitement, dans un délai de trois mois à compter de la notification de la décision, avec les dispositions de l'article 82 de la loi Informatique et Libertés », assortie d'une « injonction d'une astreinte de cent mille euros par jour de retard sur les justificatifs de la mise en conformité ». • Mêmes décisions. ♦ La CNIL a sanctionné la société du Figaro à 50 000 € d'amende en raison du dépôt de cookies publicitaires à partir du site lefigaro.fr sans recueil du consentement préalable des internautes. • CNIL 27 juill. 2021 : *préc.* ♦ N'a pas méconnu le principe de légalité des délits et des peines, ni, en tout état de cause, les principes de sécurité juridique et de confiance légitime, la formation restreinte de la CNIL qui a engagé une procédure de contrôle et de sanction quant au respect, par les sociétés requérantes, des obligations prévues à l'art. 82, dont la portée n'a pas été modifiée à cet égard par la mise en conformité de la L. du 6 janv. 1978 avec le RGPD, s'agissant en particulier du caractère préalable du consentement, dès lors que la procédure engagée par la CNIL ne portait que sur des règles antérieures au RGPD et encadrées par la CNIL dès 2013. • CE 28 janv. 2022, *Google*, n° 449209.

8. Sur l'absence de guichet unique. N'entache pas sa décision d'inexactitude matérielle la CNIL qui n'a pas mis en œuvre le mécanisme du « guichet unique » prévu par le RGPD dans le cadre d'une décision de manquements aux seules obligations résultant de l'art. 82 de la L. du 6 janv. 1978 transposant les exigences du § 3 de l'art. 5 de la Dir. 2002/58/CE, et non une violation des dispositions du RGPD. • CE 27 juin 2022, n° 451423.

Délibération n° 2020-091 du 17 septembre 2020,

Portant adoption de lignes directrices relatives à l'application de l'article 82 de la loi du 6 janvier 1978 modifiée aux opérations de lecture et écriture dans le terminal d'un utilisateur (notamment aux « cookies et autres traceurs ») et abrogeant la délibération n° 2019-093 du 4 juillet 2019.

Ces lignes directrices sont complétées par une recommandation proposant des modalités pratiques de mise en conformité en cas de recours aux « cookies et autres traceurs » : Délib. CNIL n° 2020-092 du 17 sept. 2020, .

La Commission nationale de l'informatique et des libertés,

....

Adopte les lignes directrices suivantes :

1. La Commission nationale de l'informatique et des libertés (ci-après "la Commission") est chargée de veiller au respect de l'article 82 de la loi du 6 janvier 1978 susvisée (ci-après la loi "Informatique et Libertés").

2. Dans ce cadre, les présentes lignes directrices ont pour objet principal de rappeler et d'expliciter le droit applicable aux opérations de lecture et/ou d'écriture d'informations (ci-après "traceurs") dans l'équipement terminal de communications électroniques de l'abonné ou de l'utilisateur, et notamment à l'usage des témoins de connexion (ci-après

"cookies"). Le cadre légal résulte en particulier des dispositions applicables de la directive du 12 juillet 2002 susvisée (ci-après directive "ePrivacy"), transposées en droit national à l'article 82 de la loi "Informatique et Libertés", et de la définition du consentement établie à l'article 4 du règlement (UE) du 27 avril 2016 susvisé (ci-après "RGPD"), que les lignes directrices susvisées du Comité européen de la protection des données (CEPD) ont pour objet d'éclairer.

3. L'article 82 de la loi "Informatique et Libertés" dispose :

"*Tout abonné ou utilisateur d'un service de communications électroniques doit être informé de manière claire et complète, sauf s'il l'a été au préalable, par le responsable du traitement ou son représentant :*

1° De la finalité de toute action tendant à accéder, par voie de transmission électronique, à des informations déjà stockées dans son équipement terminal de communications électroniques, ou à inscrire des informations dans cet équipement ;

2° Des moyens dont il dispose pour s'y opposer.

Ces accès ou inscriptions ne peuvent avoir lieu qu'à condition que l'abonné ou la personne utilisatrice ait exprimé, après avoir reçu cette information, son consentement qui peut résulter de paramètres appropriés de son dispositif de connexion ou de tout autre dispositif placé sous son contrôle.

Ces dispositions ne sont pas applicables si l'accès aux informations stockées dans l'équipement terminal de l'utilisateur ou l'inscription d'informations dans l'équipement terminal de l'utilisateur :

1° Soit, a pour finalité exclusive de permettre ou faciliter la communication par voie électronique ;

2° Soit, est strictement nécessaire à la fourniture d'un service de communication en ligne à la demande expresse de l'utilisateur."

4. Ces dispositions imposent ainsi le recueil du consentement avant toute action visant à stocker des informations ou à accéder à des informations stockées dans l'équipement terminal d'un abonné ou d'un utilisateur, en dehors des exceptions applicables.

5. La Commission rappelle que le consentement prévu par ces dispositions, lues à la lumière de l'article 5 de la directive "ePrivacy" et de l'article 94 du RGPD, renvoie à la définition et aux conditions prévues aux articles 4(11) et 7 du RGPD.

6. Le RGPD est venu apporter des clarifications sur les conditions d'obtention du consentement et sur la nécessité d'en démontrer le recueil.

7. L'entrée en application du RGPD a ainsi conduit la Commission à abroger, par sa délibération n° 2019-093 du 4 juillet 2019, sa recommandation de 2013 relative aux cookies et aux autres traceurs, pour la remplacer par des lignes directrices. La présente délibération tire les conséquences de la décision susvisée du Conseil d'État du 19 juin 2020 et actualise ces lignes directrices.

8. Les présentes lignes directrices sont complétées par des recommandations, non prescriptives et non exhaustives, présentant notamment des exemples et bonnes pratiques de modalités concrètes du recueil du consentement et de mise en œuvre des traceurs non soumis à ce dernier.

Art. 1er *Sur le champ d'application des lignes directrices.* 9. Les lignes directrices concernent toutes les opérations visant à accéder, par voie de transmission électronique, à des informations déjà stockées dans l'équipement terminal de l'abonné ou de l'utilisateur d'un service de communications électroniques ou à inscrire des informations dans celui-ci.

10. L'article 1er de la directive 2008/63/CE du 20 juin 2008 susvisée définit l'équipement terminal comme "*tout équipement qui est connecté directement ou indirectement à l'interface d'un réseau public de télécommunications pour transmettre, traiter ou recevoir des informations ; dans les deux cas, direct ou indirect, la connexion peut être établie par fil, fibre optique ou voie électromagnétique ; une connexion est indirecte si un appareil est interposé entre l'équipement terminal et l'interface du réseau public*".

11. Cette définition englobe de nombreux dispositifs couramment utilisés, tels qu'une tablette, un ordiphone ("*smartphone*"), un ordinateur fixe ou mobile, une console de jeux vidéo, une télévision connectée, un véhicule connecté, un assistant vocal, ainsi que tout autre équipement terminal connecté à un réseau de télécommunication ouvert au public.

12. Les présentes lignes directrices concernent tous les équipements terminaux visés par cette définition, quels que soient les systèmes d'exploitation ou les logiciels applicatifs (tels que les navigateurs web) utilisés.

13. Elles portent, en particulier, sur l'utilisation des cookies HTTP, par lesquels ces actions de lecture ou écriture sont le plus souvent réalisées, mais également d'autres technologies telles que les "*local shared objects*" appelés parfois les "*cookies Flash*", le "*local storage*" mis en œuvre au sein du standard HTML 5, les identifications par calcul d'empreinte du terminal ou "*fingerprinting*", les identifiants générés par les systèmes d'exploitation (qu'ils soient publicitaires ou non : IDFA, IDFV, Android ID, etc.), les identifiants matériels (adresse MAC, numéro de série ou tout autre identifiant d'un appareil), etc. Pour l'application des présentes lignes directrices, le mot "traceur" désigne l'ensemble des dispositifs susceptibles d'être visés par l'article 82 de la loi.

14. Les présentes lignes directrices concernent enfin les opérations précitées de lecture et écriture de toute information stockée ou consultée dans un équipement terminal au sens prédéfini, qu'il s'agisse ou non de données à caractère personnel au sens du RGPD. Les dispositions du paragraphe 3 de l'article 5 de la directive "ePrivacy" et, par conséquent, de l'article 82 de la loi "Informatique et Libertés", sont en effet applicables à de telles opérations indépendamment du fait que les données concernées soient à caractère personnel ou non.

15. La Commission rappelle que tout traitement portant sur les données produites ou collectées via un traceur, dès lors que celles-ci relèvent de la catégorie des données à caractère personnel – parfois directement identifiantes (par exemple, une adresse électronique) et souvent indirectement identifiantes (par exemple, l'identifiant unique associé à un cookie, une adresse IP, un identifiant du terminal ou d'un composant du terminal de l'utilisateur, le résultat du calcul d'empreinte dans le cas d'une technique de "*fingerprinting*", ou encore un identifiant généré par un logiciel ou un système d'exploitation) – doit respecter les dispositions du RGPD et les dispositions pertinentes de la loi "Informatique et Libertés". Ces traitements ne sont pas concernés par les présentes lignes directrices.

Art. 2 *Sur les modalités de recueil du consentement.* 16. En application des dispositions combinées des articles 82 de la loi "Informatique et Libertés" et 4 du RGPD, les traceurs nécessitant un recueil du consentement ne peuvent, sous réserve des exceptions prévues par ces dispositions, être utilisés en écriture ou en lecture qu'à condition que l'utilisateur ait manifesté à cette fin sa volonté, de manière libre, spécifique, éclairée et univoque, par une déclaration ou par un acte positif clair.

S'agissant du caractère libre du consentement

17. Afin de déterminer si le consentement est donné librement, le RGPD impose de "*tenir le plus grand compte de la question de savoir, entre autres, si l'exécution d'un contrat, y compris la fourniture d'un service, est subordonnée au consentement au traitement de données à caractère personnel qui n'est pas nécessaire à l'exécution dudit contrat*". Aux termes du considérant 42 du RGPD, qui éclaire l'exigence de liberté du consentement posée par son article 4, "*le consentement ne devrait pas être considéré comme ayant été donné librement si la personne concernée ne dispose pas d'une véritable liberté de choix ou n'est pas en mesure de refuser ou de retirer son consentement sans subir de préjudice*". Dans ces conditions, la Commission estime que le fait de subordonner la fourniture d'un service ou l'accès à un site web à l'acceptation d'opérations d'écriture ou de lecture sur le terminal de l'utilisateur (pratique dite de "*cookie wall*") est susceptible de porter atteinte, dans certains cas, à la liberté du consentement.

18. En cas de mise en place de "*cookie wall*", et sous réserve de la licéité de cette pratique qui doit être appréciée au cas par cas, l'information fournie à l'utilisateur devrait clairement indiquer les conséquences de ses choix et notamment l'impossibilité d'accéder au contenu ou au service en l'absence de consentement.

19. Enfin aux termes du considérant 43 du RGPD, "*le consentement est présumé ne pas avoir été donné librement si un consentement distinct ne peut pas être donné à différentes opérations de traitement des données à caractère personnel bien que cela soit approprié dans le cas d'espèce*". A cet égard, la Commission estime que le fait de recueillir de manière simultanée un consentement unique pour plusieurs opérations de traitement répondant à des finalités distinctes (le couplage de finalités), sans possibilité d'accepter ou de refuser finalité par

finalité, est également susceptible d'affecter, dans certains cas, la liberté de choix de l'utilisateur et donc la validité de son consentement.

S'agissant du caractère spécifique du consentement

20. La Commission rappelle que le consentement aux opérations de lecture et écriture doit être spécifique. A ce titre, le consentement à ces opérations ne peut être valablement recueilli via une acceptation globale de conditions générales d'utilisation.

S'agissant du caractère éclairé du consentement

21. La Commission rappelle que le consentement des personnes doit être éclairé conformément, d'une part, aux dispositions des articles 4(11), 7, 13 du RGPD et, d'autre part, aux dispositions de l'article 82 de la loi "Informatique et Libertés".

22. La Commission rappelle que l'information doit être rédigée en des termes simples et compréhensibles par tous et qu'elle doit permettre aux utilisateurs d'être dûment informés des différentes finalités des traceurs utilisés. Elle considère que l'utilisation d'une terminologie juridique ou technique trop complexe est susceptible de rendre incompréhensible cette information par les utilisateurs.

23. La Commission rappelle que l'information doit être complète, visible et mise en évidence. Un simple renvoi vers les conditions générales d'utilisation ne saurait suffire.

24. *A minima*, la fourniture des informations suivantes aux utilisateurs, préalablement au recueil de leur consentement, est nécessaire pour assurer le caractère éclairé de ce dernier :

- l'identité du ou des responsables de traitement des opérations de lecture ou écriture ;
- la finalité des opérations de lecture ou écriture des données ;
- la manière d'accepter ou de refuser les traceurs ;
- les conséquences qui s'attachent à un refus ou une acceptation des traceurs ;
- l'existence du droit de retirer son consentement.

25. La Commission rappelle qu'afin que le consentement soit éclairé, l'utilisateur doit pouvoir identifier le ou les responsables ainsi que l'ensemble des responsables conjoints des traitements, avant d'être mis en mesure d'exprimer son choix. Ainsi, la liste exhaustive et à jour de ces entités doit être rendue accessible de façon simple aux utilisateurs.

S'agissant du caractère univoque du consentement

26. La Commission souligne que, conformément à l'article 4(11) du RGPD, le consentement doit se manifester par le biais d'une action positive de la personne préalablement informée des conséquences de son choix et disposant des moyens de l'exprimer.

27. Elle considère donc que continuer à naviguer sur un site web, à utiliser une application mobile ou bien faire défiler la page d'un site web ou d'une application mobile ne constituent pas des actions positives claires assimilables à un consentement valable. La Commission rappelle que la Cour de justice de l'Union européenne (CJUE) a jugé dans sa décision Planet 49 du 1er octobre 2019 (CJUE 1er oct. 2019, C-673/17) que l'utilisation de cases pré-cochées ne peut être considérée comme un acte positif clair visant à donner son consentement. En l'absence de consentement exprimé par un acte positif clair, l'utilisateur doit être considéré comme ayant refusé l'accès à son terminal ou l'inscription d'informations dans ce dernier.

28. Des systèmes adaptés devraient être mis en place pour recueillir le consentement selon des modalités pratiques permettant aux utilisateurs de bénéficier de solutions simples d'usage. La Commission renvoie sur ce point à sa recommandation n° 2020-092 du 17 septembre 2020.

Sur la preuve du consentement

29. L'article 7.1 du RGPD impose que les organismes exploitant des traceurs, responsables du ou des traitements, soient en mesure de fournir, à tout moment, la preuve du recueil valable du consentement libre, éclairé, spécifique et univoque de l'utilisateur.

Sur le refus et le retrait du consentement

30. La Commission observe que si le consentement doit se traduire par une action positive de l'utilisateur, le refus de ce dernier peut se déduire de son silence. L'expression du refus de l'utilisateur ne doit donc nécessiter aucune démarche de sa part ou doit pouvoir se traduire par une action présentant le même degré de simplicité que celle permettant d'exprimer son consentement.

31. De plus, la Commission rappelle que, conformément à l'article 7.3 du RGPD, il doit être aussi simple de retirer son consentement que de le donner. Les utilisateurs ayant donné leur

consentement à l'utilisation de traceurs doivent être mis en mesure de le retirer simplement et à tout moment.

Art. 3 *Sur la qualification des acteurs.* 32. Les traceurs concernés par l'obligation de recueil du consentement n'impliquent pas systématiquement de traitement de données à caractère personnel. Toutefois, dans un grand nombre de cas, les opérations de lecture ou écriture concerneront des données à caractère personnel dont le traitement sera soumis aux autres dispositions de la loi "Informatique et Libertés" et du RGPD.

33. Si, dans certains cas, l'utilisation de traceurs fait intervenir une seule entité qui est donc pleinement responsable de l'obligation de recueillir le consentement (par exemple, un éditeur de site web qui a recours à des traceurs pour personnaliser le contenu éditorial proposé à l'internaute), dans d'autres cas, plusieurs acteurs contribuent à la réalisation des opérations de lecture ou écriture visées par les présentes lignes directrices (par exemple, un éditeur de site web et une régie publicitaire déposant des traceurs lors de la consultation du site web). Dans ces derniers cas, ces entités doivent déterminer leur statut au regard du traitement réalisé.

3.1 Responsabilité conjointe et obligations des responsables du ou des traitements

34. La Commission rappelle que l'éditeur d'un site qui dépose des traceurs doit être considéré comme un responsable de traitement, y compris lorsqu'il sous-traite à des tiers la gestion de ces traceurs mis en place pour son propre compte.

35. Doivent également être considérés comme responsables de traitement les tiers qui utilisent des traceurs sur un service édité par un autre organisme, par exemple en déposant des traceurs à l'occasion de la visite du site d'un éditeur, dès lors qu'ils agissent pour leur propre compte. Dans ce cas de figure, le Conseil d'État a jugé, dans sa décision du 6 juin 2018, qu'au titre des obligations qui pèsent sur l'éditeur de site, figurent celle de s'assurer auprès de ses partenaires, d'une part, qu'ils n'émettent pas, par l'intermédiaire du site de l'éditeur, des traceurs qui ne respectent pas la règlementation applicable en France et, d'autre part, celle d'effectuer toute démarche utile auprès d'eux pour mettre fin à des manquements.

36. Dès lors, l'organisme qui autorise l'utilisation de traceurs, y compris par des tiers, depuis son site ou application mobile, doit s'assurer de la présence effective d'un mécanisme permettant de recueillir le consentement des utilisateurs.

37. De manière générale, la Commission observe que les éditeurs de sites ou d'applications mobiles, du fait du contact direct qu'ils ont avec l'utilisateur, sont souvent les plus à même de porter à la connaissance de ces derniers l'information sur les traceurs déposés et de collecter leur consentement.

38. Pour les opérations visées par l'article 82, comme la CJUE l'a également jugé dans un cas similaire (CJUE, 29 juill. 2019, aff. C-40/17, *Fashion ID GmbH & Co. KG c./ Verbraucherzentrale NRW eV*), l'éditeur du site ou de l'application mobile et le tiers déposant des traceurs sont réputés être responsables conjoints du traitement dans la mesure où ils déterminent conjointement les finalités et les moyens des opérations de lecture et écriture sur l'équipement terminal des utilisateurs.

39. Dans le cas d'une responsabilité conjointe, dans le cadre de laquelle les responsables déterminent ensemble les finalités et les moyens du traitement, la Commission rappelle que, conformément aux dispositions de l'article 26 du RGPD, ils doivent définir de manière transparente leurs obligations respectives aux fins d'assurer le respect des exigences du RGPD, en particulier en ce qui concerne le recueil et la démonstration, le cas échéant, d'un consentement valable.

3.2. Sous-traitance

40. La Commission rappelle qu'un acteur qui stocke et/ou accède à des informations stockées dans l'équipement terminal d'un utilisateur exclusivement pour le compte d'un tiers doit être considéré comme sous-traitant. Elle rappelle, à cet égard, que si une relation de sous-traitance est établie, le responsable de traitement et le sous-traitant doivent établir un contrat ou un autre acte juridique précisant les obligations de chaque partie, dans le respect des dispositions de l'article 28 du RGPD.

41. La Commission rappelle également que, conformément à l'article 28.3 du RGPD, le sous-traitant doit aider le responsable du traitement à respecter certaines de ses obligations et notamment celles relatives aux demandes d'exercice des droits des personnes.

42. Enfin, le sous-traitant doit notamment informer ce dernier si l'une de ses instructions constitue une violation des textes applicables en matière de protection des données à caractère personnel.

Art. 4 *Sur les paramètres du terminal.* 43. L'article 82 de la loi précise que le consentement peut résulter de paramètres appropriés du dispositif de connexion de la personne ou de tout autre dispositif placé sous son contrôle.

44. Néanmoins, à la date d'adoption des présentes lignes directrices, la Commission estime, en l'état des connaissances dont elle dispose et sans préjudice d'une possible évolution de la technique, que les possibilités de paramétrage des navigateurs et des systèmes d'exploitation ne peuvent, à eux seuls, permettre à l'utilisateur d'exprimer un consentement valide. En effet, si les navigateurs web proposent de nombreux réglages permettant aux utilisateurs d'exprimer des choix en matière de gestion des cookies et autres traceurs, ceux-ci sont généralement exprimés aujourd'hui dans des conditions ne permettant pas d'assurer un niveau suffisant d'information préalable des personnes, de nature à respecter les principes rappelés dans les présentes lignes directrices.

45. En outre, les navigateurs ne permettent pas, à ce jour, de distinguer les traceurs en fonction de leurs finalités, alors même que cette distinction peut s'avérer nécessaire pour garantir la liberté du consentement.

Art. 5 *Sur les traceurs exemptés de consentement.* 46. Pour rappel, l'exigence de consentement ne s'applique pas aux opérations qui ont pour finalité exclusive de permettre ou faciliter la communication par voie électronique ou sont strictement nécessaires à la fourniture d'un service de communication en ligne à la demande expresse des utilisateurs.

47. Les traceurs ne sortent du champ d'application de l'exigence de consentement que s'ils sont utilisés exclusivement pour une ou plusieurs finalités qui peuvent se rattacher aux exceptions prévues par l'article 82 de la loi "Informatique et Libertés".

48. La Commission précise, à cet égard, que l'utilisation d'un même traceur pour plusieurs finalités, dont certaines n'entrent pas dans le cadre de ces exemptions, nécessite de recueillir préalablement le consentement des personnes concernées, dans les conditions rappelées par les présentes lignes directrices. A titre d'exemple, dans le cas d'un service offert via une plateforme nécessitant l'authentification des usagers ("univers logué"), l'éditeur du service pourra utiliser un cookie pour authentifier les utilisateurs sans demander leur consentement (car ce cookie est strictement nécessaire à la fourniture du service de communication en ligne). En revanche, il ne pourra utiliser ce même cookie pour des finalités publicitaires que si ces derniers ont effectivement consenti préalablement à cette finalité spécifique.

Traceurs exemptés du recueil du consentement

49. En l'état des pratiques portées à sa connaissance, la Commission estime que les traceurs suivants peuvent, notamment, être regardés comme exemptés :

- les traceurs conservant le choix exprimé par les utilisateurs sur le dépôt de traceurs ;
- les traceurs destinés à l'authentification auprès d'un service, y compris ceux visant à assurer la sécurité du mécanisme d'authentification, par exemple en limitant les tentatives d'accès robotisées ou inattendues ;
- les traceurs destinés à garder en mémoire le contenu d'un panier d'achat sur un site marchand ou à facturer à l'utilisateur le ou les produits et/ou services achetés ;
- les traceurs de personnalisation de l'interface utilisateur (par exemple, pour le choix de la langue ou de la présentation d'un service), lorsqu'une telle personnalisation constitue un élément intrinsèque et attendu du service ;
- les traceurs permettant l'équilibrage de la charge des équipements concourant à un service de communication ;
- les traceurs permettant aux sites payants de limiter l'accès gratuit à un échantillon de contenu demandé par les utilisateurs (quantité prédéfinie et/ou sur une période limitée) ;
- certains traceurs de mesure d'audience, sous les réserves mentionnées ci-après.

Cas spécifique des traceurs de mesure d'audience

50. La gestion d'un site web ou d'une application requiert presque systématiquement l'utilisation de statistiques de fréquentation et/ou de performance. Ces mesures sont dans de nombreux cas indispensables au bon fonctionnement du site ou de l'application et donc à la four-

niture du service. En conséquence, la Commission considère que les traceurs dont la finalité se limite à la mesure de l'audience du site ou de l'application, pour répondre à différents besoins (mesure des performances, détection de problèmes de navigation, optimisation des performances techniques ou de l'ergonomie, estimation de la puissance des serveurs nécessaires, analyse des contenus consultés, etc.) sont strictement nécessaires au fonctionnement et aux opérations d'administration courante d'un site web ou d'une application et ne sont donc pas soumis, en application de l'article 82 de la loi "Informatique et Libertés", à l'obligation légale de recueil préalable du consentement de l'internaute.

51. Afin de se limiter à ce qui est strictement nécessaire à la fourniture du service, la Commission souligne que ces traceurs doivent avoir une finalité strictement limitée à la seule mesure de l'audience sur le site ou l'application pour le compte exclusif de l'éditeur. Ces traceurs ne doivent notamment pas permettre le suivi global de la navigation de la personne utilisant différentes applications ou naviguant sur différents sites web. De même, ces traceurs doivent uniquement servir à produire des données statistiques anonymes, et les données à caractère personnel collectées ne peuvent être recoupées avec d'autres traitements ni transmises à des tiers, ces différentes opérations n'étant pas non plus nécessaires au fonctionnement du service.

52. Plus généralement, la Commission rappelle que les traitements de mesure d'audience sont des traitements de données à caractère personnel qui sont soumis à l'ensemble des dispositions pertinentes du RGPD.

Art. 6 *Abrogation de la délibération n° 2019-093 du 4 juillet 2019.* 53. La présente délibération abroge la délibération n° 2019-093 du 4 juillet 2019 portant adoption de lignes directrices relatives à l'application de l'article 82 de la loi du 6 janvier 1978 modifiée aux opérations de lecture et écriture dans le terminal d'un utilisateur.

54. La présente délibération sera publiée au *Journal officiel* de la République française.

Délibération n° 2020-092 du 17 septembre 2020,

Portant adoption d'une recommandation proposant des modalités pratiques de mise en conformité en cas de recours aux « cookies et autres traceurs » .

Art. 83 I. — Le présent article s'applique au traitement des données à caractère personnel mis en œuvre dans le cadre de la fourniture au public de services de communications électroniques sur les réseaux de communications électroniques ouverts au public, y compris ceux prenant en charge les dispositifs de collecte de données et d'identification.

Pour l'application du présent article, on entend par violation de données à caractère personnel toute violation de la sécurité entraînant accidentellement ou de manière illicite la destruction, la perte, l'altération, la divulgation ou l'accès non autorisé à des données à caractère personnel faisant l'objet d'un traitement dans le cadre de la fourniture au public de services de communications électroniques.

II. — En cas de violation de données à caractère personnel, le fournisseur de services de communications électroniques accessibles au public avertit, sans délai, la Commission nationale de l'informatique et des libertés.

Lorsque cette violation peut porter atteinte aux données à caractère personnel ou à la vie privée d'un abonné ou d'une autre personne physique, le fournisseur avertit également, sans délai, l'intéressé.

La notification d'une violation des données à caractère personnel à l'intéressé n'est toutefois pas nécessaire si la Commission nationale de l'informatique et des libertés a constaté que des mesures de protection appropriées ont été mises en œuvre par le fournisseur afin de rendre les données incompréhensibles à toute personne non autorisée à y avoir accès et ont été appliquées aux données concernées par ladite violation.

A défaut, la Commission nationale de l'informatique et des libertés peut, après avoir examiné la gravité de la violation, mettre en demeure le fournisseur d'informer également les intéressés.

III. — Chaque fournisseur de services de communications électroniques tient à jour un inventaire des violations de données à caractère personnel, notamment de leurs

modalités, de leur effet et des mesures prises pour y remédier et le conserve à la disposition de la commission.

V., infra, Décr. n° 2019-536 du 29 mai 2019, art. 117 à 122.

COMMENTAIRE

LA NOTIFICATION DES FAILLES DE SÉCURITÉ

Les dispositions de l'article 83 reprennent celles de l'ancien-article 34 *bis*, qui transpose en droit interne l'obligation pour les fournisseurs de services de communications électroniques de notifier les « violations de données à caractère personnel », également appelées « failles de sécurité », c'est-à-dire les failles techniques, volontaires (sous le fait d'attaques informatiques, par exemple), ou involontaires (défaillance technique), conformément à la directive 2002/58/CE modifiée. Les fournisseurs concernés (concrètement, ceux qui sont déclarés auprès de l'ARCEP) doivent ainsi informer la CNIL « sans délai » de toute faille, quels que soient sa nature et son niveau, dès lors qu'elle se traduit par la destruction, la perte, l'altération, la divulgation ou l'accès non autorisé à des données personnelles, notamment par des tiers non autorisés (comme des pirates informatiques). Ils doivent également, en principe, informer les personnes concernées lorsque cette faille peut porter atteinte à leurs données ou à leur vie privée. Le non-respect de cette obligation est, en outre, pénalement sanctionné.

Afin de limiter la multiplication des notifications aux personnes concernées de failles n'ayant, de fait, pas affecté leur vie privée, la loi prévoit cependant qu'elles ne trouvent pas à s'appliquer lorsque le fournisseur a mis en place des mesures de protection permettant de rendre les données illisibles pour des tiers non autorisés (concrètement, des systèmes de cryptage, par exemple).

Le système est ainsi fondé sur un dispositif en cascade : information de la CNIL systématique, et des personnes concernées en cas d'atteinte ; en l'absence d'une telle information des personnes concernées, appréciation par la CNIL des mesures de sécurité mises en place et mise en demeure, le cas échéant, d'informer les personnes concernées de la faille en cause lorsque ces mesures ne sont pas suffisantes. La CNIL a d'ailleurs élaboré un guide relatif à la sécurité des systèmes d'information comportant à la fois la méthodologie et l'ensemble des mesures susceptibles d'être mises en place pour prévenir de telles atteintes.

S'agissant de la mise en œuvre de cette obligation, la Commission européenne a publié un règlement le 24 juin 2013 qui fixe les modalités de ces notifications et prévoit la mise en place d'une téléprocédure, afin de permettre une notification sans délai des failles en cause. Cette téléprocédure a été mise en place, en France, à compter du 25 août 2013, comme le prévoyait le règlement (source : www.cnil.fr).

On notera enfin que le RGPD, a généralisé les notifications de failles à l'ensemble des responsables de traitement, ce qui devrait se traduire par un développement notable de cette activité au sein de la CNIL (V. RGPD, art. 33). ❑

V. annotations de jurisprudence ss. RGPD, art. 33.

CHAPITRE V *DISPOSITIONS RÉGISSANT LES TRAITEMENTS DE DONNÉES À CARACTÈRE PERSONNEL RELATIVES AUX PERSONNES DÉCÉDÉES*

Art. 84 **Les traitements de données à caractère personnel relatives aux personnes décédées sont régis par les dispositions du présent chapitre.**

Les droits mentionnés au chapitre II s'éteignent au décès de la personne concernée. Toutefois, ils peuvent être provisoirement maintenus dans les conditions fixées à l'article 85.

V., infra, Décr. n° 2019-536 du 29 mai 2019, art. 123 et 124.

BIBL. ▶ PÉRÈS, *D. 2016. 90* (les données à caractère personnel et la mort).

Art. 85 **I. — Toute personne peut définir des directives relatives à la conservation, à l'effacement et à la communication de ses données à caractère personnel après son décès. Ces directives sont générales ou particulières.**

Les directives générales concernent l'ensemble des données à caractère personnel se rapportant à la personne concernée et peuvent être enregistrées auprès d'un tiers

de confiance numérique certifié par la Commission nationale de l'informatique et des libertés.

Les références des directives générales et le tiers de confiance auprès duquel elles sont enregistrées sont inscrites *[inscrits]* dans un registre unique dont les modalités et l'accès sont fixés par décret en Conseil d'État, pris après avis motivé et publié de la Commission nationale de l'informatique et des libertés.

Les directives particulières concernent les traitements de données à caractère personnel mentionnées par ces directives. Elles sont enregistrées auprès des responsables de traitement concernés. Elles font l'objet du consentement spécifique de la personne concernée et ne peuvent résulter de la seule approbation par celle-ci des conditions générales d'utilisation.

Les directives générales et particulières définissent la manière dont la personne entend que soient exercés, après son décès, les droits mentionnés au chapitre II du présent titre. Le respect de ces directives est sans préjudice des dispositions applicables aux archives publiques comportant des données à caractère personnel.

Lorsque les directives prévoient la communication de données qui comportent également des données à caractère personnel relatives à des tiers, cette communication s'effectue dans le respect de la présente loi.

La personne peut modifier ou révoquer ses directives à tout moment.

Les directives mentionnées au premier alinéa du présent I peuvent désigner une personne chargée de leur exécution. Celle-ci a alors qualité, lorsque la personne est décédée, pour prendre connaissance des directives et demander leur mise en œuvre aux responsables de traitement concernés. A défaut de désignation ou, sauf directive contraire, en cas de décès de la personne désignée, ses héritiers ont qualité pour prendre connaissance des directives au décès de leur auteur et demander leur mise en œuvre aux responsables de traitement concernés.

Toute clause contractuelle des conditions générales d'utilisation d'un traitement portant sur des données à caractère personnel limitant les prérogatives reconnues à la personne en vertu du présent article est réputée non écrite.

II. — En l'absence de directives ou de mention contraire dans ces directives, les héritiers de la personne concernée peuvent exercer, après son décès, les droits mentionnés au chapitre II du présent titre II dans la mesure nécessaire :

1° A l'organisation et au règlement de la succession du défunt. A ce titre, les héritiers peuvent accéder aux traitements de données à caractère personnel qui le concernent afin d'identifier et d'obtenir communication des informations utiles à la liquidation et au partage de la succession. Ils peuvent aussi recevoir communication des biens numériques ou des données s'apparentant à des souvenirs de famille, transmissibles aux héritiers ;

2° A la prise en compte, par les responsables de traitement, de son décès. A ce titre, les héritiers peuvent faire procéder à la clôture des comptes utilisateurs du défunt, s'opposer à la poursuite des traitements de données à caractère personnel le concernant ou faire procéder à leur mise à jour.

Lorsque les héritiers en font la demande, le responsable du traitement doit justifier, sans frais pour le demandeur, qu'il a procédé aux opérations exigées en application du précédent alinéa.

Les désaccords entre héritiers sur l'exercice des droits prévus au présent II sont portés devant le tribunal judiciaire compétent.

III. — Tout prestataire d'un service de communication au public en ligne informe l'utilisateur du sort des données qui le concernent à son décès et lui permet de choisir de communiquer ou non ses données à un tiers qu'il désigne.

V., infra, Décr. n° 2019-536 du 29 mai 2019, art. 123 et 124.

COMMENTAIRE

Le dispositif de l'article 85, qui reprend celui de l'ancien article 40-1 issu de la loi pour une République numérique, correspond à une adaptation du droit à des situations nouvelles. Les droits relatifs à la protection des données sont en effet des droits ouverts à la seule personne concernée, sauf rares exceptions (V. comm. ss. art. 2 RGPD). Or, la dématérialisation de nombreuses procédures ou des correspondances soulève de nouvelles difficultés pour les ayants droits et héritiers, en l'absence de directives de la personne concernée. La loi pour une République numérique a donc introduit ces dispositions, qui permettent aux personnes concernées de donner des directives sur le devenir de leurs données après leur décès. Il peut s'agir de directives générales (communes à toutes les données), dont la gestion sera confiée à un tiers de confiance certifié par la CNIL, ou particulières, c'est-à-dire propres à un ou plusieurs services. Ce même article prévoit également que les héritiers pourront exercer certains droits, par dérogation au principe susmentionné, et notamment le droit d'accès – en cas de nécessité pour le règlement de la succession. Il s'agit de la première disposition expresse relative aux héritiers dans la loi « Informatique et libertés ». On relèvera que le règlement européen ne comporte pas de précisions sur ce point, mais renvoie au droit national le soin de traiter de ces cas de figure. ❑

Art. 86 **Les informations concernant les personnes décédées, y compris celles qui figurent sur les certificats des causes de décès, peuvent faire l'objet d'un traitement à des fins de recherche, d'étude ou d'évaluation dans le domaine de la santé, sauf si l'intéressé a, de son vivant, exprimé son refus par écrit.**

TITRE III DISPOSITIONS APPLICABLES AUX TRAITEMENTS RELEVANT DE LA DIRECTIVE (UE) 2016/680 DU PARLEMENT EUROPÉEN ET DU CONSEIL DU 27 AVRIL 2016 RELATIVE À LA PROTECTION DES PERSONNES PHYSIQUES À L'ÉGARD DU TRAITEMENT DES DONNÉES À CARACTÈRE PERSONNEL PAR LES AUTORITÉS COMPÉTENTES À DES FINS DE PRÉVENTION ET DE DÉTECTION DES INFRACTIONS PÉNALES, D'ENQUÊTES ET DE POURSUITES EN LA MATIÈRE OU D'EXÉCUTION DE SANCTIONS PÉNALES, ET À LA LIBRE CIRCULATION DE CES DONNÉES, ET ABROGEANT LA DÉCISION-CADRE 2008/977/JAI DU CONSEIL

V. Décr. nº 2019-536 du 29 mai 2019, art. 129 à 139.

CHAPITRE I *DISPOSITIONS GÉNÉRALES*

Art. 87 **Le présent titre s'applique, sans préjudice du titre I, aux traitements de données à caractère personnel mis en œuvre, à des fins de prévention et de détection des infractions pénales, d'enquêtes et de poursuites en la matière ou d'exécution de sanctions pénales, y compris la protection contre les menaces pour la sécurité publique et la prévention de telles menaces, par toute autorité publique compétente ou tout autre organisme ou entité** *[auquel]* **à qui a été confié, à ces mêmes fins, l'exercice de l'autorité publique et des prérogatives de puissance publique, ci-après dénommés autorité compétente.**

Ces traitements ne sont licites que si et dans la mesure où ils sont nécessaires à l'exécution d'une mission effectuée, pour l'une des finalités énoncées au premier alinéa, par une autorité compétente au sens du même premier alinéa*[,]* **et où sont respectées les dispositions des articles 89 et 90. Le traitement assure notamment la proportionnalité de la durée de conservation des données à caractère personnel, compte tenu de l'objet du fichier et de la nature ou de la gravité des infractions concernées.**

V. Décr. nº 2019-536 du 29 mai 2019, art. 129 à 139.

Les missions relatives au respect des mesures de confinement adoptées dans le cadre de l'état d'urgence sanitaire telles que des missions de police judiciaire, de maintien de l'ordre, de gestion de crise et de contrôle routier entrent dans le champ des finalités visées par l'art. 87 de la loi « Informatique et Libertés », soit parce qu'elles visent à prévenir ou détecter des infractions pénales – par exemple, lorsque les drones sont utilisés afin de veiller au respect des mesures de confinement ou de contrôle routier –, à enquêter ou poursuivre en matière pénale – par exemple pour les missions de police judiciaire –, ou à la protection contre les menaces pour la sécurité publique et la prévention de telles menaces – par exemple pour les missions de maintien de l'ordre ou de gestion de crise. • CNIL, 12 janv. 2021, délib. nº SAN-2021-003 : *D. actu. 20 janv. 2021, obs. Crichton ; D. 2021. 792, obs. Maxwell*.

Art. 88 **Le traitement de données mentionnées au I de l'article 6 est possible uniquement en cas de nécessité absolue, sous réserve de garanties appropriées pour les droits et libertés de la personne concernée, et soit s'il est autorisé par une disposition**

législative ou réglementaire, soit s'il vise à protéger les intérêts vitaux d'une personne physique, soit s'il porte sur des données manifestement rendues publiques par la personne concernée.

1. V., pour un ex. : le « système d'information sur les armes » permet de traiter des données relatives aux opinions politiques, aux convictions religieuses, à l'appartenance syndicale ou à la santé des personnes ayant fait l'objet d'une enquête administrative dans des conditions conformes à ces dispositions, dès lors que cette possibilité n'est ouverte qu'en cas de nécessité absolue, dans le respect des principes de minimisation, de proportionnalité et de finalité, et sans que ces seules données rendent possible la sélection d'une catégorie particulière de personnes. • CE 27 mai 2021, n° 441977 : *D. actu. 27 mai 2021, obs. Eynard.*

2. Appréciation de la nécessité absolue. Pour un traitement à des fins de sécurité publique, condition appréciée « au regard des seules nécessités de l'intervention au cours de laquelle elles sont collectées, notamment pour la compréhension d'un fait ou la qualification ultérieure d'une infraction » : • CE 13 avr. 2021, n° 439360 : *V. note 2 ss. art. 4.*

3. Les données « sensibles » (origines ethniques, opinions politiques etc.) peuvent être « enregistrées » sous réserve « de nécessité absolue », dans les zones commentaires prévues à cet effet et sans possibilité de « sélectionner une catégorie particulière de personne à partir de ces seules informations ». • CE 13 avr. 2021, n° 439360 : *préc.*

Art. 89 **I. — Si le traitement est mis en œuvre pour le compte de l'État pour au moins l'une des finalités énoncées au premier alinéa de l'article 87, il est prévu par une disposition législative ou réglementaire prise dans les conditions prévues au I de l'article 31 et aux articles 33 à 36.**

II. — Si le traitement porte sur des données mentionnées au I de l'article 6, il est prévu par une disposition législative ou réglementaire prise dans les conditions prévues au II de l'article 31.

V. annotations de jurisprudence ss. LIL, art. 31.

Art. 90 **Si le traitement est susceptible d'engendrer un risque élevé pour les droits et les libertés des personnes physiques, notamment parce qu'il porte sur des données mentionnées au I de l'article 6, le responsable de traitement effectue une analyse d'impact relative à la protection des données à caractère personnel.**

Si le traitement est mis en œuvre pour le compte de l'État, cette analyse d'impact est adressée à la Commission nationale de l'informatique et des libertés avec la demande d'avis prévue à l'article 33.

Dans les autres cas, le responsable de traitement ou son sous-traitant consulte la Commission nationale de l'informatique et des libertés préalablement à la mise en œuvre du traitement de données à caractère personnel, qui se prononce également dans les délais prévus à l'article 34 :

1° Soit lorsque l'analyse d'impact relative à la protection des données indique que le traitement présenterait un risque élevé si le responsable de traitement ne prenait pas de mesures pour atténuer le risque ;

2° Soit lorsque le type de traitement, en particulier en raison de l'utilisation de nouveaux mécanismes, technologies ou procédures, présente des risques élevés pour les libertés et les droits des personnes concernées.

V. Décr. n° 2019-536 du 29 mai 2019, art. 130.

V. RGPD, art. 35.

1. Nécessité de l'AIPD. Nécessite une analyse d'impact le recours à des drones dans l'espace public par le ministère de l'Intérieur au motif que les caractéristiques des drones, qui sont des objets volants embarquant une caméra capable de filmer dans des résolutions importantes, en tout lieu et à tout moment, représentent un risque élevé. Ils sont donc capables de filmer toute personne circulant dans l'espace public, de la suivre et de traiter des données personnelles intangibles telles que les traits de son visage. Le risque naît, d'autre part, de l'utilisation faite des drones par le ministère de l'Intérieur, notamment lors de manifestations, occasions au cours desquelles les opinions politiques, les convictions religieuses ou philosophiques des personnes, ou leur appartenance syndicale, sont susceptibles d'être révélées. Enfin, le risque est aggravé par le fait que les traitements sont potentiellement mis en œuvre à l'insu des personnes, celles-ci n'étant souvent pas conscientes de la présence de drones, de l'activation de la caméra et de la captation de leur image. Ce risque est à cet égard aggravé, en l'espèce, par l'absence d'information des personnes à l'occasion des vols réalisés. • CNIL, 12 janv. 2021, délib. n° SAN-2021-003 : *préc. ss. art. 87.*

2. Contenu de l'AIPD. L'AIPD, qui doit notamment contenir une description détaillée du traitement mis en œuvre (comprenant tant les aspects techniques qu'opérationnels) doit nécessairement, lorsqu'elle est réalisée, porter sur les mises en relation, et notamment les interconnexions. Elle devra ainsi les lister de manière aussi exhaustive que possible, telles qu'elles sont connues et envisagées à la date de rédaction de l'analyse, en précisant leurs conditions de mise en œuvre (finalités, nature des données transmises, nécessité, conditions de transmission, sécurité des opérations, etc.). • CNIL, 27 mai 2021, délib. n° 2021-061 (avis sur un projet de décret autorisant la mise en œuvre par la direction générale de la gendarmerie nationale d'un traitement automatisé de données à caractère personnel d'aide à la rédaction des procédures (LRPGN).

Art. 91 Les données à caractère personnel collectées par les autorités compétentes pour les finalités énoncées au premier alinéa de l'article 87 ne peuvent être traitées pour d'autres finalités, à moins qu'un tel traitement ne soit autorisé par des dispositions législatives ou réglementaires ou par le droit de l'Union européenne. Lorsque des données à caractère personnel sont traitées à de telles autres fins, le règlement (UE) 2016/679 du 27 avril 2016 s'applique, à moins que le traitement ne soit effectué dans le cadre d'une activité ne relevant pas du champ d'application du droit de l'Union européenne.

Lorsque les autorités compétentes sont chargées d'exécuter des missions autres que celles exécutées pour les finalités énoncées au premier alinéa de l'article 87, le règlement (UE) 2016/679 du 27 avril 2016 s'applique au traitement effectué à de telles fins, y compris à des fins archivistiques dans l'intérêt public, à des fins de recherche scientifique ou historique ou à des fins statistiques, à moins que le traitement ne soit effectué dans le cadre d'une activité ne relevant pas du champ d'application du droit de l'Union européenne.

Si le traitement est soumis à des conditions spécifiques, l'autorité compétente qui transmet les données informe le destinataire de ces données à caractère personnel de ces conditions et de l'obligation de les respecter.

L'autorité compétente qui transmet les données n'applique pas, en vertu du troisième alinéa du présent article, aux destinataires établis dans les autres États membres de l'Union européenne ou aux services, organes et organismes établis en vertu des chapitres 4 et 5 du titre V du traité sur le fonctionnement de l'Union européenne des conditions différentes de celles applicables aux transferts de données similaires à l'intérieur de l'État membre dont relève l'autorité compétente qui transmet les données.

Art. 92 Les traitements effectués pour l'une des finalités énoncées au premier alinéa de l'article 87 autre que celles pour lesquelles les données ont été collectées sont autorisés s'ils sont nécessaires et proportionnés à cette finalité, sous réserve du respect des dispositions prévues au chapitre I du titre I et au présent titre.

Ces traitements peuvent comprendre l'archivage dans l'intérêt public, à des fins scientifiques, statistiques ou historiques, pour l'une des finalités énoncées au premier alinéa de l'article 87.

Art. 93 Les traitements à des fins archivistiques dans l'intérêt public, à des fins de recherche scientifique ou historique ou à des fins statistiques*[,]* sont mis en œuvre dans les conditions prévues aux 2° et 5° de l'article 4 ainsi que, pour les traitements mentionnés à l'article 91, à la section 4 du chapitre III du titre II.

Art. 94 Les données à caractère personnel fondées sur des faits sont, dans la mesure du possible, distinguées de celles fondées sur des appréciations personnelles.

Art. 95 Aucune décision de justice impliquant une appréciation sur le comportement d'une personne ne peut avoir pour fondement un traitement automatisé de données à caractère personnel destiné à évaluer certains aspects de la personnalité de cette personne.

Aucune autre décision produisant des effets juridiques à l'égard d'une personne ou l'affectant de manière significative ne peut être prise sur le seul fondement d'un traitement automatisé de données destiné à prévoir ou à évaluer certains aspects personnels relatifs à la personne concernée.

Tout profilage qui entraîne une discrimination à l'égard des personnes physiques sur la base des catégories particulières de données à caractère personnel mentionnées au I de l'article 6 est interdit.

Art. 96 Les données à caractère personnel ne peuvent faire l'objet d'une opération de traitement de la part d'un sous-traitant que dans les conditions prévues aux 1, 2 et 10 de l'article 28 et à l'article 29 du règlement (UE) 2016/679 du 27 avril 2016 et au présent article.

Les sous-traitants doivent présenter des garanties suffisantes quant à la mise en œuvre de mesures techniques et organisationnelles appropriées, de manière que le traitement réponde aux exigences du présent titre et garantisse la protection des droits de la personne concernée.

Le traitement par un sous-traitant est régi par un contrat ou un autre acte juridique, qui lie le sous-traitant à l'égard du responsable de traitement, définit l'objet et la durée du traitement, la nature et la finalité du traitement, le type de données à caractère personnel et les catégories de personnes concernées, les obligations et les droits du responsable de traitement ainsi que les mesures techniques et organisationnelles destinées à garantir la sécurité du traitement, et prévoit que le sous-traitant n'agit que sur instruction du responsable de traitement. Le contenu de ce contrat ou de cet acte juridique est précisé par décret en Conseil d'État pris après avis de la Commission nationale de l'informatique et des libertés.

V. Décr. n° 2019-536 du 29 mai 2019, art. 131.

CHAPITRE II *OBLIGATIONS INCOMBANT AUX AUTORITÉS COMPÉTENTES, AUX RESPONSABLES DE TRAITEMENT DE DONNÉES À CARACTÈRE PERSONNEL ET AUX SOUS-TRAITANTS*

Art. 97 Les autorités compétentes prennent toutes les mesures raisonnables pour garantir que les données à caractère personnel qui sont inexactes, incomplètes ou ne sont plus à jour soient effacées ou rectifiées sans tarder ou ne soient pas transmises ou mises à disposition. A cette fin, chaque autorité compétente vérifie, dans la mesure du possible, la qualité des données à caractère personnel avant leur transmission ou mise à disposition.

Dans la mesure du possible, lors de toute transmission de données à caractère personnel, sont ajoutées des informations permettant à l'autorité compétente destinataire de juger de l'exactitude, de l'exhaustivité et de la fiabilité des données à caractère personnel et de leur niveau de mise à jour.

S'il s'avère que des données à caractère personnel inexactes ont été transmises ou que des données à caractère personnel ont été transmises de manière illicite, le destinataire en est informé sans retard. Dans ce cas, les données à caractère personnel sont rectifiées ou effacées ou leur traitement est limité conformément à l'article 106.

Art. 98 Le responsable de traitement établit, dans la mesure du possible et le cas échéant, une distinction claire entre les données à caractère personnel de différentes catégories de personnes concernées, telles que :

1° Les personnes à l'égard desquelles il existe des motifs sérieux de croire qu'elles ont commis ou sont sur le point de commettre une infraction pénale ;

2° Les personnes reconnues coupables d'une infraction pénale ;

3° Les victimes d'une infraction pénale ou les personnes à l'égard desquelles certains faits portent à croire qu'elles pourraient être victimes d'une infraction pénale ;

4° Les tiers à une infraction pénale, tels que les personnes pouvant être appelées à témoigner lors d'enquêtes en rapport avec des infractions pénales ou des procédures pénales ultérieures, des personnes pouvant fournir des informations sur des infractions pénales ou des contacts ou des associés de l'une des personnes mentionnées aux 1° et 2°.

Art. 99 I. – Afin de démontrer que le traitement est effectué conformément au présent titre, le responsable de traitement et son sous-traitant mettent en œuvre les mesures prévues aux 1 et 2 des articles 24 et 25 du règlement (UE) 2016/679 du

27 avril 2016 et celles appropriées afin de garantir un niveau de sécurité adapté au risque, notamment en ce qui concerne le traitement portant sur des catégories particulières de données à caractère personnel mentionnées au I de l'article 6 de la présente loi.

II. – En ce qui concerne le traitement automatisé, le responsable de traitement ou son sous-traitant met en œuvre, à la suite d'une évaluation des risques, des mesures destinées à :

1° Empêcher toute personne non autorisée d'accéder aux installations utilisées pour le traitement ;

2° Empêcher que des supports de données puissent être lus, copiés, modifiés ou supprimés de façon non autorisée ;

3° Empêcher l'introduction non autorisée de données à caractère personnel dans le fichier, ainsi que l'inspection, la modification ou l'effacement non autorisé de données à caractère personnel enregistrées ;

4° Empêcher que les systèmes de traitement automatisé puissent être utilisés par des personnes qui n'y sont pas autorisées à l'aide d'installations de transmission de données ;

5° Garantir que les personnes autorisées à utiliser un système de traitement automatisé ne puissent accéder qu'aux données à caractère personnel sur lesquelles porte leur autorisation ;

6° Garantir qu'il puisse être vérifié et constaté à quelles instances des données à caractère personnel ont été ou peuvent être transmises ou mises à disposition par des installations de transmission de données ;

7° Garantir qu'il puisse être vérifié et constaté *a posteriori* quelles données à caractère personnel ont été introduites dans les systèmes de traitement automatisé et à quel moment et par quelle personne elles y ont été introduites ;

8° Empêcher que, lors de la transmission de données à caractère personnel ainsi que lors du transport de supports de données, les données puissent être lues, copiées, modifiées ou supprimées de façon non autorisée ;

9° Garantir que les systèmes installés puissent être rétablis en cas d'interruption ;

10° Garantir que les fonctions du système opèrent, que les erreurs de fonctionnement soient signalées et que les données à caractère personnel conservées ne puissent pas être corrompues par un dysfonctionnement du système.

Art. 100 Le responsable de traitement et son sous-traitant tiennent un registre des activités de traitement dans les conditions prévues aux 1 à 4 de l'article 30 du règlement (UE) 2016/679 du 27 avril 2016. Ce registre contient aussi la description générale des mesures visant à garantir un niveau de sécurité adapté au risque, notamment en ce qui concerne le traitement portant sur des catégories particulières de données à caractère personnel mentionnées au I de l'article 6 de la présente loi, l'indication de la base juridique de l'opération de traitement, y compris les transferts, à laquelle les données à caractère personnel sont destinées et, le cas échéant, le recours au profilage.

Art. 101 Le responsable de traitement ou son sous-traitant établit pour chaque traitement automatisé un journal des opérations de collecte, de modification, de consultation, de communication, y compris les transferts, d'interconnexion et d'effacement, portant sur de telles données.

Les journaux des opérations de consultation et de communication permettent d'en établir le motif, la date et l'heure. Ils permettent également, dans la mesure du possible, d'identifier les personnes qui consultent ou communiquent les données et les destinataires de celles-ci.

Ce journal est uniquement utilisé à des fins de vérification de la licéité du traitement, d'autocontrôle, de garantie de l'intégrité et de la sécurité des données et à des fins de procédures pénales.

Ce journal est mis à la disposition de la Commission nationale de l'informatique et des libertés à sa demande.

Art. 102 Les articles 31, 33 et 34 du règlement (UE) 2016/679 du 27 avril 2016 sont applicables aux traitements de données à caractère personnel relevant du présent titre.

Si la violation de données à caractère personnel porte sur des données à caractère personnel qui ont été transmises par le responsable de traitement établi dans un autre État membre de l'Union européenne ou à celui-ci, le responsable de traitement établi en France notifie également la violation au responsable de traitement de l'autre État membre dans les meilleurs délais.

La communication d'une violation de données à caractère personnel à la personne concernée peut être retardée, limitée ou ne pas être délivrée dès lors et aussi longtemps qu'une mesure de cette nature constitue une mesure nécessaire et proportionnée dans une société démocratique, en tenant compte des droits fondamentaux et des intérêts légitimes de la personne, pour éviter de gêner des enquêtes, des recherches ou des procédures administratives ou judiciaires, pour éviter de nuire à la prévention ou à la détection d'infractions pénales, aux enquêtes ou aux poursuites en la matière ou à l'exécution de sanctions pénales, pour protéger la sécurité publique, pour protéger la sécurité nationale ou pour protéger les droits et libertés d'autrui.

V. Décr. nº 2019-536 du 29 mai 2019, art. 134.

Art. 103 Sauf pour les juridictions agissant dans l'exercice de leur fonction juridictionnelle, le responsable de traitement désigne un délégué à la protection des données.

Un seul délégué à la protection des données peut être désigné pour plusieurs autorités compétentes, en fonction de leur structure organisationnelle et de leur taille.

Les dispositions des 5 et 7 de l'article 37, des 1 et 2 de l'article 38 et du 1 de l'article 39 du règlement (UE) 2016/679 du 27 avril 2016, en ce qu'elles concernent le responsable de traitement, sont applicables aux traitements de données à caractère personnel relevant du présent titre.

V. Décr. nº 2019-536 du 29 mai 2019, art. 133.

V. Délib. CNIL nº 2018-317 du 20 sept. 2018 portant adoption des critères du référentiel d'agrément d'organismes de certification pour la certification des compétences du délégué à la protection des données (DPO) (JO 11 oct.).

V. Délib. CNIL nº 2018-318 du 20 sept. 2018 portant adoption des critères du référentiel de certification des compétences du délégué à la protection des données (DPO) (JO 11 oct.).

CHAPITRE III *DROITS DE LA PERSONNE CONCERNÉE*

Art. 104 I. — Le responsable de traitement met à la disposition de la personne concernée les informations suivantes :

1° L'identité et les coordonnées du responsable de traitement et, le cas échéant, celles de son représentant ;

2° Le cas échéant, les coordonnées du délégué à la protection des données ;

3° Les finalités poursuivies par le traitement auquel les données sont destinées ;

4° Le droit d'introduire une réclamation auprès de la Commission nationale de l'informatique et des libertés et les coordonnées de la commission ;

5° L'existence du droit de demander au responsable de traitement l'accès aux données à caractère personnel, leur rectification ou leur effacement, et l'existence du droit de demander une limitation du traitement des données à caractère personnel relatives à une personne concernée.

II. — En plus des informations mentionnées au I, le responsable de traitement fournit à la personne concernée, dans des cas particuliers, les informations additionnelles suivantes afin de lui permettre d'exercer ses droits :

1° La base juridique du traitement ;

2° La durée de conservation des données à caractère personnel ou, à défaut lorsque ce n'est pas possible, les critères utilisés pour déterminer cette durée ;

3° Le cas échéant, les catégories de destinataires des données à caractère personnel, y compris ceux établis dans les États n'appartenant pas à l'Union européenne ou au sein d'organisations internationales ;

4° Au besoin, des informations complémentaires, en particulier lorsque les données à caractère personnel sont collectées à l'insu de la personne concernée.

V. Décr. n° 2019-536 du 29 mai 2019, art. 134 et 135.

Art. 105 La personne concernée a le droit d'obtenir du responsable de traitement la confirmation que des données à caractère personnel la concernant sont ou ne sont pas traitées et, lorsqu'elles le sont, le droit d'accéder auxdites données ainsi qu'aux informations suivantes :

1° Les finalités du traitement ainsi que sa base juridique ;

2° Les catégories de données à caractère personnel concernées ;

3° Les destinataires ou catégories de destinataires auxquels les données à caractère personnel ont été communiquées, en particulier les destinataires qui sont établis dans des États n'appartenant pas à l'Union européenne ou au sein d'organisations internationales ;

4° Lorsque cela est possible, la durée de conservation des données à caractère personnel envisagée ou, à défaut lorsque ce n'est pas possible, les critères utilisés pour déterminer cette durée ;

5° L'existence du droit de demander au responsable de traitement la rectification ou l'effacement des données à caractère personnel, et l'existence du droit de demander une limitation du traitement de ces données ;

6° Le droit d'introduire une réclamation auprès de la Commission nationale de l'informatique et des libertés et les coordonnées de la commission ;

7° La communication des données à caractère personnel en cours de traitement ainsi que toute information disponible quant à leur source.

V. Décr. n° 2019-536 du 29 mai 2019, art. 134 et 135.

Art. 106 I. — La personne concernée a le droit d'obtenir du responsable de traitement :

1° Que soient rectifiées dans les meilleurs délais des données à caractère personnel la concernant qui sont inexactes ;

2° Que soient complétées des données à caractère personnel la concernant incomplètes, y compris en fournissant à cet effet une déclaration complémentaire ;

3° Que soient effacées dans les meilleurs délais des données à caractère personnel la concernant lorsque le traitement est réalisé en violation des dispositions de la présente loi ou lorsque ces données doivent être effacées pour respecter une obligation légale à laquelle est soumis le responsable de traitement ;

4° Que le traitement soit limité dans les cas prévus au III du présent article.

II. — Lorsque l'intéressé en fait la demande, le responsable de traitement doit justifier qu'il a procédé aux opérations exigées en application du I.

III. — Au lieu de procéder à l'effacement, le responsable de traitement limite le traitement :

1° Soit lorsque l'exactitude des données à caractère personnel est contestée par la personne concernée sans qu'il soit possible de déterminer si les données sont exactes ou non ;

2° Soit lorsque les données à caractère personnel doivent être conservées à des fins probatoires.

Lorsque le traitement est limité en application du 1° du présent III, le responsable de traitement informe la personne concernée avant de mettre fin à la limitation du traitement.

IV. — Le responsable de traitement informe la personne concernée de tout refus de rectifier ou d'effacer des données à caractère personnel ou de limiter le traitement de ces données, ainsi que des motifs du refus.

V. — Le responsable de traitement communique la rectification des données à caractère personnel inexactes à l'autorité compétente de laquelle ces données proviennent.

VI. — Lorsque des données à caractère personnel ont été rectifiées ou effacées ou que le traitement a été limité au titre des I et III, le responsable de traitement le notifie aux destinataires afin que ceux-ci rectifient ou effacent les données ou limitent le traitement des données sous leur responsabilité.

V. Décr. n° 2019-536 du 29 mai 2019, art. 135.

Art. 107 I. – Les droits de la personne physique concernée peuvent faire l'objet de restrictions selon les modalités prévues au II du présent article dès lors et aussi longtemps qu'une telle restriction constitue une mesure nécessaire et proportionnée dans une société démocratique en tenant compte des droits fondamentaux et des intérêts légitimes de la personne pour :

1° Éviter de gêner des enquêtes, des recherches ou des procédures administratives ou judiciaires ;

2° Éviter de nuire à la prévention ou à la détection d'infractions pénales, aux enquêtes ou aux poursuites en la matière ou à l'exécution de sanctions pénales ;

3° Protéger la sécurité publique ;

4° Protéger la sécurité nationale ;

5° Protéger les droits et libertés d'autrui.

Ces restrictions sont prévues par l'acte instaurant le traitement.

II. – Lorsque les conditions prévues au I sont remplies, le responsable de traitement peut :

1° Retarder ou limiter la communication à la personne concernée des informations mentionnées au II de l'article 104 ou ne pas communiquer ces informations ;

2° Refuser ou limiter le droit d'accès de la personne concernée prévu à l'article 105 ;

3° Ne pas informer la personne du refus de rectifier ou d'effacer des données à caractère personnel ou de limiter le traitement de ces données, ni des motifs de cette décision, par dérogation au IV de l'article 106.

III. – Dans les cas mentionnés au 2° du II du présent article, le responsable de traitement informe la personne concernée, dans les meilleurs délais, de tout refus ou de toute limitation d'accès ainsi que des motifs du refus ou de la limitation. Ces informations peuvent ne pas être fournies lorsque leur communication risque de compromettre l'un des objectifs énoncés au I. Le responsable de traitement consigne les motifs de fait ou de droit sur lesquels se fonde la décision et met ces informations à la disposition de la Commission nationale de l'informatique et des libertés.

IV. – En cas de restriction des droits de la personne concernée intervenue en application des II ou III, le responsable de traitement informe la personne concernée de la possibilité, prévue à l'article 108, d'exercer ses droits par l'intermédiaire de la Commission nationale de l'informatique et des libertés. Hors le cas prévu au 1° du II, il l'informe également de la possibilité de former un recours juridictionnel.

V. Décr. nº 2019-536 du 29 mai 2019, art. 134.

Art. 108 En cas de restriction des droits de la personne concernée intervenue en application des II ou III de l'article 107, la personne concernée peut saisir la Commission nationale de l'informatique et des libertés.

La commission désigne l'un de ses membres appartenant ou ayant appartenu au Conseil d'État, à la Cour de cassation ou à la Cour des comptes pour mener les investigations utiles et faire procéder aux modifications nécessaires. Celui-ci peut se faire assister d'un agent de la commission. La commission informe la personne concernée qu'il a été procédé aux vérifications nécessaires et de son droit de former un recours juridictionnel.

Lorsque la commission constate, en accord avec le responsable du traitement, que la communication des données qui y sont contenues ne met pas en cause ses finalités, la sûreté de l'État, la défense ou la sécurité publique, ces données peuvent être communiquées au requérant.

V. Décr. nº 2019-536 du 29 mai 2019, art. 136, 141 à 143.

Art. 109 I. – Les informations mentionnées aux articles 104 à 106 sont fournies par le responsable de traitement à la personne concernée par tout moyen approprié, y compris par voie électronique et, de manière générale, sous la même forme que la demande.

II. – Aucun paiement n'est exigé pour prendre les mesures et fournir ces mêmes informations, sauf en cas de demande manifestement infondée ou abusive.

En cas de demande manifestement infondée ou abusive, le responsable de traitement peut également refuser de donner suite à la demande.

En cas de contestation, la charge de la preuve du caractère manifestement infondé ou abusif des demandes incombe au responsable de traitement auquel elles sont adressées.

Art. 110 Toute personne physique a le droit de s'opposer, pour des motifs légitimes, à ce que des données à caractère personnel la concernant fassent l'objet d'un traitement.

Les dispositions du premier alinéa ne s'appliquent pas lorsque le traitement répond à une obligation légale ou lorsque l'application de ces dispositions a été écartée par une disposition expresse de l'acte instaurant le traitement.

V. Décr. n° 2019-536 du 29 mai 2019, art. 137.

Art. 111 Les dispositions du présent chapitre ne s'appliquent pas lorsque les données à caractère personnel figurent soit dans une décision judiciaire, soit dans un dossier judiciaire faisant l'objet d'un traitement lors d'une procédure pénale. Dans ces cas, l'accès à ces données et les conditions de rectification ou d'effacement de ces données ne peuvent être régis que par les dispositions du code de procédure pénale.

CHAPITRE IV *TRANSFERTS DE DONNÉES À CARACTÈRE PERSONNEL VERS DES ÉTATS N'APPARTENANT PAS À L'UNION EUROPÉENNE OU VERS DES DESTINATAIRES ÉTABLIS DANS DES ÉTATS N'APPARTENANT PAS À L'UNION EUROPÉENNE*

Art. 112 Le responsable de traitement de données à caractère personnel ne peut transférer des données ou autoriser le transfert de données déjà transmises vers un État n'appartenant pas à l'Union européenne que lorsque les conditions suivantes sont respectées :

1° Le transfert de ces données est nécessaire à l'une des finalités énoncées au premier alinéa de l'article 87 ;

2° Les données à caractère personnel sont transférées à un responsable établi dans cet État n'appartenant pas à l'Union européenne ou au sein d'une organisation internationale qui est une autorité compétente chargée des fins relevant en France du premier alinéa de l'article 87 ;

3° Si les données à caractère personnel proviennent d'un autre État, l'État qui a transmis ces données a préalablement autorisé ce transfert conformément à son droit national.

Toutefois, si l'autorisation préalable ne peut pas être obtenue en temps utile, ces données à caractère personnel peuvent être transmises à nouveau sans l'autorisation préalable de l'État qui a transmis ces données lorsque cette nouvelle transmission est nécessaire à la prévention d'une menace grave et immédiate pour la sécurité publique d'un autre État ou pour la sauvegarde des intérêts essentiels de la France. L'autorité dont provenaient ces données personnelles en est informée sans retard ;

4° La Commission européenne a adopté une décision d'adéquation en application de l'article 36 de la directive (UE) 2016/680 du 27 avril 2016 ou, en l'absence d'une telle décision, un instrument juridiquement contraignant fournit des garanties appropriées en ce qui concerne la protection des données à caractère personnel ou, en l'absence d'une telle décision et d'un tel instrument, le responsable de traitement a évalué toutes les circonstances du transfert et estime qu'il existe de telles garanties appropriées.

Les garanties appropriées fournies par un instrument juridique contraignant mentionnées au 4° peuvent résulter soit des garanties relatives à la protection des données mentionnées dans les conventions mises en œuvre avec cet État n'appartenant pas à l'Union européenne, soit de dispositions juridiquement contraignantes exigées à l'occasion de l'échange de données.

Lorsque le responsable de traitement autre qu'une juridiction effectuant une activité de traitement dans le cadre de ses activités juridictionnelles transfère des données à caractère personnel sur le seul fondement de l'existence de garanties appropriées au regard de la protection des données à caractère personnel, il avise la

Commission nationale de l'informatique et des libertés des catégories de transferts relevant de ce fondement.

Dans ce cas, le responsable de traitement doit garder trace de la date et de l'heure du transfert, des informations sur l'autorité compétente destinataire, de la justification du transfert et des données à caractère personnel transférées. Ces informations sont mises à la disposition de la Commission nationale de l'informatique et des libertés à sa demande.

Lorsque la Commission européenne a abrogé, modifié ou suspendu une décision d'adéquation adoptée en application de l'article 36 de la directive (UE) 2016/680 du 27 avril 2016, le responsable de traitement peut néanmoins transférer des données à caractère personnel ou autoriser le transfert de données déjà transmises vers un État n'appartenant pas à l'Union européenne si des garanties appropriées en ce qui concerne la protection des données à caractère personnel sont fournies dans un instrument juridiquement contraignant ou si ce responsable estime, après avoir évalué toutes les circonstances du transfert, qu'il existe des garanties appropriées au regard de la protection des données à caractère personnel.

V., infra, Décr. n° 2019-536 du 29 mai 2019, art. 139.

Art. 113 Par dérogation à l'article 112, le responsable de traitement de données à caractère personnel ne peut, en l'absence de décision d'adéquation ou de garanties appropriées, transférer ces données ou autoriser le transfert de données déjà transmises vers un État n'appartenant pas à l'Union européenne que lorsque le transfert est nécessaire :

1° A la sauvegarde des intérêts vitaux de la personne concernée ou d'une autre personne ;

2° A la sauvegarde des intérêts légitimes de la personne concernée lorsque le droit français le prévoit ;

3° Pour prévenir une menace grave et immédiate pour la sécurité publique d'un autre État ;

4° Dans des cas particuliers, à l'une des finalités énoncées au premier alinéa de l'article 87 ;

5° Dans un cas particulier, à la constatation, à l'exercice ou à la défense de droits en justice en rapport avec les mêmes fins.

Dans les cas mentionnés aux 4° et 5° du présent article, le responsable de traitement de données à caractère personnel ne transfère pas ces données s'il estime que les libertés et droits fondamentaux de la personne concernée l'emportent sur l'intérêt public dans le cadre du transfert envisagé.

Lorsqu'un transfert est effectué aux fins de la sauvegarde des intérêts légitimes de la personne concernée, le responsable de traitement garde trace de la date et de l'heure du transfert, des informations sur l'autorité compétente destinataire, de la justification du transfert et des données à caractère personnel transférées. Il met ces informations à la disposition de la Commission nationale de l'informatique et des libertés à sa demande.

Art. 114 Toute autorité publique compétente mentionnée au premier alinéa de l'article 87 peut, dans certains cas particuliers, transférer des données à caractère personnel directement à des destinataires établis dans un État n'appartenant pas à l'Union européenne lorsque les autres dispositions de la présente loi applicables aux traitements relevant du même article 87 sont respectées et que les conditions ci-après sont remplies :

1° Le transfert est nécessaire à l'exécution de la mission de l'autorité compétente qui transfère ces données pour l'une des finalités énoncées au premier alinéa dudit article 87 ;

2° L'autorité compétente qui transfère ces données établit qu'il n'existe pas de libertés ni de droits fondamentaux de la personne concernée qui prévalent sur l'intérêt public rendant nécessaire le transfert dans le cas considéré ;

3° L'autorité compétente qui transfère ces données estime que le transfert à l'autorité compétente de l'autre État est inefficace ou inapproprié, notamment parce que le transfert ne peut pas être effectué en temps opportun ;

4° L'autorité compétente de l'autre État est informée dans les meilleurs délais, à moins que cela ne soit inefficace ou inapproprié ;

5° L'autorité compétente qui transfère ces données informe le destinataire de la finalité ou des finalités pour lesquelles les données à caractère personnel transmises doivent exclusivement faire l'objet d'un traitement par ce destinataire, à condition qu'un tel traitement soit nécessaire.

L'autorité compétente qui transfère des données informe la Commission nationale de l'informatique et des libertés des transferts répondant aux conditions prévues au présent article.

L'autorité compétente garde trace de la date et de l'heure de ce transfert, des informations sur le destinataire, de la justification du transfert et des données à caractère personnel transférées.

V., infra, Décr. nº 2019-536 du 29 mai 2019, art. 139.

TITRE IV DISPOSITIONS APPLICABLES AUX TRAITEMENTS INTÉRESSANT LA SÛRETÉ DE L'ÉTAT ET LA DÉFENSE

Art. 115 Le présent titre s'applique, sans préjudice du titre I, aux traitements de données à caractère personnel mis en œuvre pour le compte de l'État et qui intéressent la sûreté de l'État ou la défense. — *V., infra, Décr. nº 2019-536 du 29 mai 2019, art. 140 à 151.*

1. Champ. Les traitements intéressant la sûreté de l'État (CSI, art. L. 841-2, V. App., vº *Sécurité intérieure*) relèvent des seuls titres I et IV de la L. nº 78-17 du 6 janv. 1978, et sont donc hors champ d'application de la Dir. (UE) 2016/680 du 27 avr. 2016. Par conséquent, sont inopérants les moyens tirés de la méconnaissance des droits garantis à la personne concernée par le titre III de la loi. • CE 12 juill. 2021, nº 426962 B : *RTD eur. 2022. 277, obs. Bouveresse*. ♦ Sont notamment concernés les traitements qui visent, d'une part, à protéger des savoirs, savoir-faire et technologies relevant de la défense nationale ou des intérêts fondamentaux de la Nation et, d'autre part, à prévenir leur détournement à des fins militaires, de terrorisme ou de prolifération d'armes de destruction massive. • CNIL, 20 mai 2021, délib. nº 2021-060 (avis sur un projet de décret portant création de traitements automatisés de données à caractère personnel dénommés chacun « Base ministérielle PPST »).

2. Portée. Sous réserve du respect des autres exigences prévues à l'art. 52, § 1, de la Charte UE, l'objectif de sauvegarde de la sécurité nationale est susceptible de justifier des mesures comportant des ingérences dans les droits fondamentaux plus graves que celles que pourraient justifier ces autres objectifs. • CJUE 6 oct. 2020, *La Quadrature du Net*, nos C-511/18, C-512/18 et C-520/18.

3. Définition de sécurité nationale. L'objectif de préservation de la sécurité nationale correspond à l'intérêt primordial de protéger les fonctions essentielles de l'État et les intérêts fondamentaux de la société, par la prévention et la répression des activités de nature à déstabiliser gravement les structures constitutionnelles, politiques, économiques ou sociales fondamentales d'un pays, et en particulier à menacer directement la société, la population ou l'État en tant que tel, telles que notamment des activités de terrorisme. A la différence de la criminalité, même particulièrement grave, une menace pour la sécurité nationale doit être réelle et actuelle ou, à tout le moins, prévisible, ce qui suppose la survenance de circonstances suffisamment concrètes. Une telle menace se distingue donc, par sa nature, sa gravité et le caractère spécifique des circonstances qui la constituent, du risque général et permanent qu'est celui de survenance de tensions ou de troubles, même graves, à la sécurité publique ou celui d'infractions pénales graves. Ainsi, la criminalité, même particulièrement grave, ne peut être assimilée à une menace pour la sécurité nationale. • CJUE 6 oct. 2020, *La Quadrature du Net*, nos C-511/18, C-512/18 et C-520/18.

CHAPITRE I *DROITS DE LA PERSONNE CONCERNÉE*

Art. 116 I. — La personne auprès de laquelle sont recueillies des données à caractère personnel la concernant est informée, sauf si elle l'a été au préalable, par le responsable de traitement ou son représentant :

1° De l'identité du responsable du traitement et, le cas échéant, de celle de son représentant ;

2° De la finalité poursuivie par le traitement auquel les données sont destinées ;

3° Du caractère obligatoire ou facultatif des réponses ;

4° Des conséquences éventuelles, à son égard, d'un défaut de réponse ;

5° Des destinataires ou catégories de destinataires des données ;
6° Des droits qu'elle tient des dispositions des articles 117 à 120 ;
7° Le cas échéant, des transferts de données à caractère personnel envisagés à destination d'un État non membre de l'Union européenne ;
8° De la durée de conservation des catégories de données traitées ou, en cas d'impossibilité, des critères utilisés permettant de déterminer cette durée.

Lorsque de telles données sont recueillies par voie de questionnaires, ceux-ci doivent porter mention des prescriptions figurant aux 1°, 2°, 3° et 6°.

II. — Lorsque les données à caractère personnel n'ont pas été recueillies auprès de la personne concernée, le responsable de traitement ou son représentant doit fournir à cette dernière les informations énumérées au I dès l'enregistrement des données ou, si une communication des données à des tiers est envisagée, au plus tard lors de la première communication des données.

Lorsque les données à caractère personnel ont été initialement recueillies pour un autre objet, les dispositions de l'alinéa précédent ne s'appliquent pas lorsque la personne concernée est déjà informée ou quand son information se révèle impossible ou exige des efforts disproportionnés par rapport à l'intérêt de la démarche.

III. — Les dispositions du I ne s'appliquent pas aux données recueillies dans les conditions prévues au II dans la mesure où une telle limitation est nécessaire au respect des fins poursuivies par le traitement.

V., infra, Décr. n° 2019-536 du 29 mai 2019, art. 147 et 148.

COMMENTAIRE

OBLIGATION GÉNÉRALE D'INFORMATION

La nouvelle structuration de la loi a obligé le législateur à reprendre de manière dédiée des dispositions autrefois génériques mais absorbées par le RGPD. Il en va ainsi de l'article 116, qui reprend, avec un champ d'application beaucoup plus limité, l'ancien article 32. Cet article 116 pose désormais le principe de l'information de la personne concernée, par le responsable de traitement, des « caractéristiques essentielles du traitement des données et de ses droits » (CE 24 août 2011, *HSBC Private Bank (Suisse) SA*, n° 336382 B), pour les traitements intéressant la sécurité, la défense et la sureté. Cette obligation est la condition nécessaire et préalable à l'exercice des droits précisé aux articles 48 et suivants, et l'un des éléments permettant d'apprécier le caractère spécifique, libre et éclairé du consentement (V. art. 5). Ces dispositions reprennent les principaux éléments de licéité mentionnés à l'article 4 (identité, finalités, destinataires, catégories de données), ainsi que la mention des éventuels transferts de données vers un État tiers, ceux-ci étant soumis à un régime propre. Depuis la loi du 7 octobre 2016, elles incluent l'obligation d'information quant à la durée de conservation ou, à tout le moins, des critères permettant de déterminer cette durée (ex. : x mois ou années après la fin de la relation contractuelle). La même loi a également étendu l'information aux droits relatifs au devenir des données après le décès de la personne.

Cette obligation d'information est, comme l'ensemble des droits « Informatique et libertés », attachée au caractère personnel de la donnée. Contrairement à l'information obtenue dans le cadre de l'exercice du « droit d'accès », l'obligation d'information ici posée ne nécessite pas de demande spécifique de la part de la personne concernée, mais doit se traduire par la mise à disposition de celle-ci d'une information lisible et complète (mentions « Informatique et libertés » dans les formulaires de collecte, page d'information sur un site internet aisément accessible, etc.).

Elle s'applique également aux utilisateurs d'une donnée qui n'est pas directement collectée auprès de la personne concernée, sous réserve que cette information n'implique pas d'efforts disproportionnés ni ne soit impossible. Cette obligation connaît cependant, dans ce type de circonstances, quelques dérogations :

– une nouvelle information de la personne concernée n'est pas requise pour les traitements nécessaires à la conservation de ces données à des fins historiques, statistiques ou scientifiques dans les conditions prévues notamment par le code du patrimoine ;

– de même, la personne concernée n'a pas de droit à l'information lorsque le traitement est mis en œuvre pour le compte de l'État et intéresse la sûreté de l'État, la défense, la sécurité publique ou a pour objet l'exécution de condamnations pénales ou de mesures de sûreté, donc pour les traitements visés par l'article 31-I, « dans la mesure où une telle limitation est nécessaire au respect des fins poursuivies par le traitement », c'est-à-dire à condition qu'elle soit proportionnée et justifiée. ❑

Art. 117 Toute personne physique a le droit de s'opposer, pour des motifs légitimes, à ce que des données à caractère personnel la concernant fassent l'objet d'un traitement.

Les dispositions du premier alinéa ne s'appliquent pas lorsque le traitement répond à une obligation légale ou lorsque l'application de ces dispositions a été écartée par une disposition expresse de l'acte autorisant le traitement.

V., infra, Décr. n° 2019-536 du 29 mai 2019, art. 67, 144 à 146 et 149.

Art. 118 I. — Les demandes tendant à l'exercice du droit d'accès, de rectification et d'effacement sont adressées à la Commission nationale de l'informatique et des libertés qui désigne l'un de ses membres appartenant ou ayant appartenu au Conseil d'État, à la Cour de cassation ou à la Cour des comptes pour mener les investigations utiles et faire procéder aux modifications nécessaires. Celui-ci peut se faire assister d'un agent de la commission. La commission informe la personne concernée qu'il a été procédé aux vérifications nécessaires et de son droit de former un recours juridictionnel.

Lorsque la commission constate, en accord avec le responsable du traitement, que la communication des données qui y sont contenues ne met pas en cause ses finalités, la sûreté de l'État, la défense ou la sécurité publique, ces données peuvent être communiquées au requérant.

V., infra, Décr. n° 2019-536 du 29 mai 2019, art. 141 à 143.

COMMENTAIRE

Les dispositions de l'article 118 reprennent celles de l'ancien article 41 de la LIL et organisent ce qui est couramment appelé le « **droit d'accès indirect** ».

Ce mécanisme est dérogatoire au régime de droit commun (art. 119), qui prévoit que toute personne peut avoir accès à ses données personnelles contenues dans un traitement de données personnelles. Compte tenu des risques inhérents à la communication, à la personne elle-même, des données la concernant issues de certains traitements, le législateur a en effet prévu de confier la responsabilité de l'accès à ces données aux membres de la CNIL issus des hautes juridictions. Ceux-ci doivent, à la demande de toute personne concernée, procéder aux vérifications pour le compte de celle-ci auprès des autorités compétentes et, le cas échéant, faire procéder aux rectifications nécessaires.

On comprend donc qu'un tel dispositif soit strictement limité dans son champ d'application. Seuls sont concernés :

– les traitements intéressant la sûreté de l'État, la défense ou la sécurité publique, de plein droit [fichiers d'antécédents judiciaires (STIC, JUDEX, TAJ), de renseignement (CRISTINA), des personnes recherchées FPR, etc.] ;

– ainsi que les traitements mis en œuvre par les administrations publiques et les personnes privées chargées d'une mission de service public qui ont pour objet de prévenir, rechercher ou constater des infractions, ou de contrôler ou recouvrer des impositions (art. 52), sous réserve que ce régime soit expressément prévu par l'acte créant le traitement [ex : le fichier des comptes bancaires et assimilés de l'administration fiscale (FICOBA) du ministère de l'Économie et des Finances].

En outre, l'article 118 prévoit, en quelque sorte, une dérogation au régime dérogatoire. Par dérogation à ce régime de droit d'accès indirect, le pouvoir réglementaire peut en effet prévoir un retour au « régime de droit commun » que constitue le droit d'accès direct, lorsque la communication des informations ne met pas en cause la finalité du fichier. Ce critère constitue d'ailleurs, *a contrario*, le principal critère de définition du champ du droit d'accès indirect : échappent à l'obligation de communication directe les données dont la divulgation serait contraire à l'objet même d'un traitement relevant d'un intérêt public impérieux.

L'exercice du droit d'accès indirect peut conduire, quand le membre de la Commission l'estime nécessaire, à la rectification des données, lorsqu'elles sont inexactes ou incomplètes (par ex., l'inscription des suites judiciaires dans un traitement d'antécédents), ou à leur suppression, lorsqu'elles ne sont pas conservées conformément à la loi de 1978 et à l'acte créant le traitement. Il peut également conduire, si le responsable de traitement le décide, à la communication des informations à la personne concernée, à la condition que « la communication des données qui y sont contenues ne mette pas en cause ses finalités, la sûreté de l'État, la défense ou la sécurité publique ». Lorsque le responsable de traitement s'oppose à l'une ou l'autre de ces mesures, et afin de ne pas « nuire à la finalité du traitement », la Commission informe la personne concernée que les vérifications ont été effectuées.

Les décisions portant refus de communication des informations ont généré un contentieux régulier, qui a notamment conduit le Conseil d'État à se prononcer sur la divisibilité des informations contenues dans un fichier de renseignement. Par une décision d'assemblée (CE, ass., 6 nov. 2002, *Moon*, n°s 194296 et 219588 A), il a ainsi abandonné la jurisprudence antérieure qui interprétait l'article 119 de la présente loi comme consacrant un accès indirect pour l'ensemble des informations contenues dans un fichier intéressant la sûreté de l'État, la défense et la sécurité publique (CE, ass., 19 mai 1983, *Bertin : Lebon 207*. – CE 27 avr. 1988, *Mme Loschak : Lebon 173*), pour considérer désormais que ces données étaient divisibles. Un tel fichier peut ainsi contenir deux types d'informations :

– celles dont la communication au demandeur porterait atteinte aux fins assignées à ce traitement, qui ne peuvent donc faire l'objet que d'un accès indirect via la CNIL, sans communication directe au demandeur de leur teneur ;

– celles dont la communication ne mettrait pas en cause ces mêmes fins, qui sont donc communicables au demandeur et, le cas échéant, au juge.

Le juge peut alors, dans ce cadre, ordonner avant-dire droit au ministre concerné ou à la Commission de produire tous les éléments qui, sans mettre en cause la finalité du fichier ou l'un des intérêts supérieurs protégés, lui permettent d'exercer son contrôle sur les éléments ayant conduit au refus de communication.

Les demandes de droit d'accès indirect se comptent en plusieurs milliers par an (4 300 en 2013), et ont connu un essor important sous un double phénomène : d'une part, l'extension du champ des enquêtes administratives, qui peuvent conduire les autorités compétentes, après consultation des fichiers d'antécédents, à refuser l'accès à un emploi en cause à une personne concernée ; d'autre part, s'agissant de l'accès à FICOBA (fichier des comptes bancaires), la reconnaissance par le Conseil d'État de l'ouverture du droit d'accès indirect aux héritiers de personnes décédées (CE 29 juin 2011, *Min. du Budget*, n° 339147 B).

En termes contentieux, on relèvera enfin que la répartition de la compétence de premier ressort n'est pas la même selon le type de fichier en cause. Pour les fichiers nationaux, le Conseil d'État a ainsi, à plusieurs reprises, rappelé la compétence du tribunal administratif pour connaître des litiges dirigés contre la décision de la Commission refusant de communiquer les informations demandées dans le cadre du droit d'accès indirect, dès lors que cette « décision » révèle en fait celle du ministre concerné, seul compétent pour répondre favorablement à une demande, de ne pas y faire droit. Il n'en va pas de même pour un traitement international comme le système d'information Schengen (SIS), lorsque l'inscription procède d'un autre État membre que la France. Il appartient en effet alors à la CNIL de saisir l'autorité de protection des données du pays concerné pour qu'elle procède aux vérifications nécessaires. La CNIL a donc une responsabilité particulière pour apprécier le bien-fondé du refus d'effacement et doit se faire communiquer toutes les informations nécessaires. La décision de refus est donc regardée comme une décision propre, susceptible de ce fait d'un recours en premier et dernier ressort devant le Conseil d'État (CE, sect., 7 avr. 2006, *M. S.*, n° 275216 A).

Enfin, depuis la loi n° 2015-912 du 24 juillet 2015 relative au renseignement, le contentieux du droit d'accès indirect à « certains traitements ou parties de traitements intéressant la sûreté de l'État » est attribué directement à une formation spécialisée du Conseil d'État, compétente pour connaître du contentieux relatif à la mise en œuvre des techniques de renseignement en vertu de l'article L. 841-2 du code de la sécurité intérieure (sur la procédure applicable, V. CJA, art. L. 773-1 et L. 773-8). Cette formation spécialisée peut se faire communiquer tous éléments utiles sans que ces documents soient, s'agissant de droit d'accès indirect, versés au contradictoire. ❑

1° PORTÉE DU DROIT D'ACCÈS INDIRECT

1. Seule la CNIL est compétente pour accéder, à la demande de la personne concernée, aux données en application de cet art. Il en résulte que le ministre, directement saisi d'une demande de communication de ces données, est fondé à la rejeter même s'il doit transmettre la demande d'accès à la CNIL. • CE 27 avr. 1988, *Loschak*, n° 75383 A. ♦ La CNIL ne peut pas communiquer les informations ainsi obtenues à la personne concernée sans l'accord du responsable du traitement. En indiquant à la personne concernée qu'aucune information la concernant ne figure dans le fichier interrogé, la CNIL clôt la procédure et est regardée comme satisfaisant entièrement la demande de l'intéressée. • CE 5 déc. 2011, ♖ n°s 319545 A et 338379 A.

2. Effets. La CNIL justifie légalement sa décision de refuser de faire procéder à l'effacement ou à la rectification de l'inscription d'une personne au fichier du Système d'information Schengen au vu de l'ensemble des éléments à sa disposition. • CE 23 août 2006, ♖ *M. Daléa,* n° 261358 B.

2° CONTENTIEUX

a. Juridiction compétente

3. Le Conseil d'État est compétent en premier et dernier ressort pour connaître du contentieux relatif aux décisions de refus de communiquer des données inscrites dans le système d'information Schengen (SIS). • CE 2 juin 2003, ♖ *M. et Mme Moon,* n° 219587 B. ♦ En revanche, lorsque est en cause un fichier de renseignement, le courrier de la CNIL informant le demandeur que les vérifications ont été effectuées et qu'il ne peut être fait droit à sa demande de communication doit être regardé comme une décision du ministre de l'Intérieur s'opposant à la communication au requérant des informations demandées, le tribunal administratif étant alors compétent en premier ressort. • CE 23 juin 1993, *R. : Lebon 180.* ♦ Le même raisonnement s'applique pour les fichiers de la direction centrale du renseignement intérieur. • CE 19 nov. 2010, *A.,* n° 337845. ♦ Enfin, cette jurisprudence a été généralisée, le Conseil d'État jugeant que, « quand le responsable d'un traitement intéressant la sûreté de l'État, la défense ou la sécurité publique oppose un refus à une demande d'accès indirect ou de rectification, l'indication alors fournie au demandeur par le président de la CNIL selon laquelle il a été procédé aux vérifications nécessaires ne peut être regardée comme l'exercice par la CNIL de l'une de ses compétences, mais comme la simple notification d'une décision de refus d'accès prise par le responsable du traitement ». La compétence du tribunal administratif du siège du responsable s'en déduit. • CE 3 juin 2013, ♖ n°s 328634 et 328639 B.

b. Formation spécialisée

4. Rôle et pouvoirs. Il appartient à la formation spécialisée de vérifier si le requérant figure ou non dans le fichier litigieux. En cas de réponse négative ou en l'absence d'illégalité, la formation spécialisée rejette les conclusions sans précisions. En cas d'inscription illégale, soit que les données sont inexactes, incomplètes, équivoques ou périmées, soit que leur collecte, leur utilisation, leur communication ou leur consultation est interdite, elle en informe le requérant sans faire état d'aucun élément protégé par le secret de la défense nationale. Conséquence : obligation pour l'autorité gestionnaire du fichier de rétablir la légalité en effaçant ou en rectifiant, dans la mesure du nécessaire, les données illégales. La décision implicite refusant de procéder à un tel effacement ou à une telle rectification doit être annulée. • CE formation spécialisée, 19 oct. 2016, ♖ n° 400688 A • CE formation spécialisée, 5 mai 2017, ♖ n° 396669 A.

5. Procédure. La dérogation au caractère contradictoire de la procédure ne méconnaît pas le droit au recours effectif tel que garanti notamment par l'art. 13 de la Conv. EDH. • CE formation spécialisée, 8 févr. 2017, ♖ n° 396567 B. ♦ ... Pas plus qu'il ne porte une atteinte excessive au caractère contradictoire de la procédure garanti notamment par l'art. 6 Conv. EDH. • CE formation spécialisée, 8 févr. 2017, ♖ n° 396550 B.

c. Contrôle du juge sur le refus de communiquer les informations à la personne concernée ou de faire procéder à l'effacement de celles-ci

6. Communication des informations. Le Conseil d'État a d'abord retenu l'indivisibilité des fichiers de renseignements. • CE, ass., 19 mai 1983, *Bertin : Lebon 207.* ♦ Avant de considérer que les données contenues dans les fichiers des renseignements généraux sont divisibles. • CE, ass., 6 nov. 2002, ♖ *Moon,* n°s 194296 et 219588 A.

7. Contrôle du juge sur le refus de communiquer ou de rectifier les données personnelles en cause. Le Conseil d'État a jugé qu'il appartenait à la CNIL de communiquer au juge « tous éléments d'information appropriés sur la nature des pièces écartées et les raisons de leur exclusion ». • CE 7 nov. 2012, ♖ *Z. : n°s 334931 et 334978.* ♦ ... La production de notes de services pouvant être regardée comme probante. • CE 2 mars 2003, *Min. de l'Intérieur c/ M. Rakhimov,* n° 238662 : *Lebon 74.* ♦ Dès lors, si ne sont communiqués, s'agissant des éléments demandés relatifs aux motifs concernant l'inscription éventuelle du requérant dans les fichiers de la gendarmerie, ni la nature des informations contenues dans ces fichiers, ni le motif pour lequel elles y figurent, ni celui pour lequel elles doivent y demeurer, le Conseil d'État annule la décision de la Commission. • CE 21 nov. 2007, ♖ n° 258820 B. ♦ Le juge exerce un contrôle normal sur le refus du ministre de l'Intérieur de communiquer à une personne les informations la concernant contenues dans les fichiers des renseignements généraux. • CE 30 juill. 2003, ♖ *R.,* n° 242812 A.

8. Sur l'inscription au système d'information Schengen (SIS) d'un résident en France par un autre État partie à la convention, le Conseil d'État exerce un contrôle de l'erreur de droit sur la saisine par la CNIL de son homologue du pays auteur du signalement afin de s'assurer du bien-fondé de l'enregistrement. • CE, sect., 7 avr. 2006, *M. S.,* n° 275516 : *Lebon 191.* ♦ Il exerce un contrôle normal sur les motifs conduisant la CNIL à rejeter une demande de communication d'informations figurant dans le SIS. • CE 23 août 2006, ♖ *D.,* n° 261358 B.

9. Moyens. Le moyen tiré du défaut de motivation de la décision refusant l'accès aux données, révélée par la lettre de la CNIL qui informe l'intéressé que les vérifications ont été effectuées, est inopérant à l'encontre des décisions de refus relatives à des fichiers intéressant la sûreté de l'État et relevant de la formation spécialisée. • CE formation spécialisée, 8 févr. 2017, *M. H.*, n° 403040 B.

Art. 119 I. — Par dérogation à l'article 118, lorsque le traitement est susceptible de comprendre des informations dont la communication ne mettrait pas en cause les fins qui lui sont assignées, l'acte réglementaire autorisant le traitement peut prévoir que les droits d'accès, de rectification et d'effacement peuvent être exercés par la personne concernée auprès du responsable de traitement directement saisi dans les conditions prévues aux II à *[et]* III du présent article.

II. — La personne concernée justifiant de son identité a le droit d'obtenir :

1° La confirmation que des données à caractère personnel la concernant font ou ne font pas l'objet de ce traitement ;

2° Des informations relatives aux finalités du traitement, aux catégories de données à caractère personnel traitées et aux destinataires ou aux catégories de destinataires auxquels les données sont communiquées ;

3° Le cas échéant, des informations relatives aux transferts de données à caractère personnel envisagés à destination d'un État non membre de l'Union européenne ;

4° La communication, sous une forme accessible, des données à caractère personnel qui la concernent ainsi que de toute information disponible quant à l'origine de celles-ci ;

5° Les informations permettant de connaître et de contester la logique qui sous-tend le traitement automatisé en cas de décision prise sur le fondement de celui-ci et produisant des effets juridiques à l'égard de l'intéressé.

Les demandes manifestement abusives, notamment par leur nombre, leur caractère répétitif ou systématique peuvent être rejetées.

III. — La personne concernée justifiant de son identité peut également exiger du responsable d'un traitement que soient, selon les cas, rectifiées, complétées, mises à jour, verrouillées ou effacées les données à caractère personnel la concernant, qui sont inexactes, incomplètes, équivoques, périmées, ou dont la collecte, l'utilisation, la communication ou la conservation est interdite.

Lorsque l'intéressé en fait la demande, le responsable de traitement doit justifier, sans frais pour le demandeur, qu'il a procédé aux opérations exigées.

En cas de contestation, la charge de la preuve incombe au responsable de traitement auprès duquel est exercé le droit d'accès*[,]* sauf lorsqu'il est établi que les données contestées ont été communiquées par l'intéressé ou avec son accord.

Si une donnée a été transmise à un tiers, le responsable du traitement doit accomplir les diligences utiles afin de lui notifier les opérations qu'il a effectuées conformément au premier alinéa du III.

V., infra, Décr. n° 2019-536 du 29 mai 2019, art. 144 à 146, 150 et 151.

Art. 120 Aucune décision de justice impliquant une appréciation sur le comportement d'une personne ne peut avoir pour fondement un traitement automatisé de données à caractère personnel destiné à évaluer certains aspects de la personnalité de cette personne.

Aucune autre décision produisant des effets juridiques à l'égard d'une personne ou l'affectant de manière significative ne peut être prise sur le seul fondement d'un traitement automatisé de données à caractère personnel destiné à prévoir ou évaluer certains aspects personnels relatifs à la personne concernée.

COMMENTAIRE

Voir le commentaire sous l'article 47.

CHAPITRE II *AUTRES DISPOSITIONS*

SECTION 1 *Obligations incombant au responsable de traitement*

Art. 121 Le responsable du traitement est tenu de prendre toutes précautions utiles, au regard de la nature des données et des risques présentés par le traitement, pour préserver la sécurité des données et, notamment, empêcher qu'elles soient déformées, endommagées, ou que des tiers non autorisés y aient accès.

Incidence sur la légalité de l'acte. Les dispositions de l'art. 121 de la L. du 6 janv. 1978, qui imposent au responsable d'un traitement de garantir matériellement la sécurité des données, sont sans incidence sur la légalité de l'acte créant le traitement. • CE 13 avr. 2021, n° 439360 : *V. note 2 ss. art. 4.*

SECTION 2 *Obligations incombant au sous-traitant*

Art. 122 Les données à caractère personnel ne peuvent faire l'objet d'une opération de traitement de la part d'un sous-traitant, d'une personne agissant sous l'autorité du responsable du traitement ou de celle du sous-traitant, que sur instruction du responsable du traitement.

Le sous-traitant doit présenter des garanties suffisantes pour assurer la mise en œuvre des mesures de sécurité et de confidentialité mentionnées au 6° de l'article 4 et à l'article 121. Cette exigence ne décharge pas le responsable du traitement de son obligation de veiller au respect de ces mesures.

Le contrat liant le sous-traitant au responsable du traitement comporte l'indication des obligations incombant au sous-traitant en matière de protection de la sécurité et de la confidentialité des données et prévoit que le sous-traitant ne peut agir que sur instruction du responsable du traitement.

COMMENTAIRE

Ces dispositions recoupent en partie celles des articles 29 du RGPD et 60 de la loi « Informatique et libertés », aux commentaires desquels il convient donc de se référer. ❑

SECTION 3 *Transferts de données à caractère personnel vers des États n'appartenant pas à l'Union européenne ou vers des destinataires établis dans des États n'appartenant pas à l'Union européenne*

Art. 123 Le responsable d'un traitement ne peut transférer des données à caractère personnel vers un État n'appartenant pas à l'Union européenne que si cet État assure un niveau de protection suffisant de la vie privée et des libertés et droits fondamentaux des personnes à l'égard du traitement dont ces données font l'objet ou peuvent faire l'objet.

Le caractère suffisant du niveau de protection assuré par un État s'apprécie en fonction notamment des dispositions en vigueur dans cet État, des mesures de sécurité qui y sont appliquées, des caractéristiques propres du traitement, telles que ses fins et sa durée, ainsi que de la nature, de l'origine et de la destination des données traitées.

Art. 124 Toutefois, le responsable de traitement peut transférer des données à caractère personnel vers un État ne répondant pas aux conditions de l'article 123 si la personne à laquelle se rapportent les données a consenti expressément à leur transfert ou si le transfert est nécessaire à l'une des conditions suivantes :

1° A la sauvegarde de la vie de cette personne ;

2° A la sauvegarde de l'intérêt public ;

3° Au respect d'obligations permettant d'assurer la constatation, l'exercice ou la défense d'un droit en justice ;

4° A la consultation, dans des conditions régulières, d'un registre public qui, en vertu de dispositions législatives ou réglementaires, est destiné à l'information du public et est ouvert à la consultation de celui-ci ou de toute personne justifiant d'un intérêt légitime ;

5° A l'exécution d'un contrat entre le responsable du traitement et l'intéressé, ou de mesures précontractuelles prises à la demande de celui-ci ;

6° A la conclusion ou à l'exécution d'un contrat conclu ou à conclure, dans l'intérêt de la personne concernée, entre le responsable du traitement et un tiers.

Il peut également être fait exception à l'interdiction prévue à l'article 123 si un tel transfert est autorisé par décret, pris après avis motivé de la Commission nationale de l'informatique et des libertés, lorsque le traitement garantit un niveau de protection suffisant de la vie privée ainsi que des libertés et droits fondamentaux des personnes, notamment en raison des clauses contractuelles ou règles internes dont il fait l'objet. Lorsque les données transférées sont issues d'un traitement créé par un acte réglementaire dispensé de publication en application du III de l'article 31, le décret autorisant le transfert est lui-même dispensé de publication.

La commission se prononce dans un délai de deux mois à compter de la réception de la demande d'avis. Toutefois ce délai peut être renouvelé une fois sur décision motivée de son président. Lorsque la commission ne s'est pas prononcée dans ces délais, l'avis demandé à la commission sur le transfert est réputé favorable.

TITRE V DISPOSITIONS RELATIVES À L'OUTRE-MER

Art. 125 *(L. nº 2022-52 du 24 janv. 2022, art. 34)* La présente loi est applicable en Nouvelle-Calédonie, en Polynésie française, dans les îles Wallis-et-Futuna et dans les Terres australes et antarctiques françaises, dans sa rédaction résultant de la loi nº 2022-52 du 24 janvier 2022 relative à la responsabilité pénale et à la sécurité intérieure. — *V., infra, Décr. nº 2019-536 du 29 mai 2019, art. 152 à 155.*

Art. 126 Pour l'application de la présente loi à Saint-Barthélemy, à Saint-Pierre-et-Miquelon, en Nouvelle-Calédonie, en Polynésie française, dans les îles Wallis-et-Futuna et dans les Terres australes et antarctiques françaises, la référence au règlement (UE) 2016/679 du Parlement européen et du Conseil du 27 avril 2016 relatif à la protection des personnes physiques à l'égard du traitement des données à caractère personnel et à la libre circulation de ces données est remplacée par la référence aux règles en vigueur en métropole en vertu du règlement (UE) 2016/679 du 27 avril 2016.

Art. 127 L'article 37 de la présente loi n'est pas applicable en Nouvelle-Calédonie et en Polynésie française en ce qu'il intéresse l'action de groupe devant les tribunaux de l'ordre judiciaire.

Art. 128 I. — Pour l'application de l'article 37 de la présente loi dans les îles Wallis-et-Futuna, les mots : "des articles L. 2122-1, L. 2122-5 ou L. 2122-9 du code du travail" sont remplacées *[remplacés]* par les mots : "de l'arrêté pris en application de l'article 73 de la loi nº 52-1322 du 15 décembre 1952 instituant un code du travail dans les territoires et territoires associés relevant du ministère de la France d'outre-mer".

II. — Pour l'application des articles 65 à 77 de la présente loi en Nouvelle-Calédonie, en Polynésie française, dans les îles Wallis-et-Futuna et dans les Terres australes et antarctiques françaises, les références aux articles L. 1451-1, L. 1461-1, L. 1462-1, L. 6113-7 et L. 6113-8 du code de la santé publique sont remplacées par les dispositions ayant le même objet applicables localement.

III. — Pour l'application de l'article 67 de la présente loi en Nouvelle-Calédonie et en Polynésie française, la référence à la section 1 du chapitre III du titre I du livre IV de la première partie du code de la santé publique est remplacée par les dispositions ayant le même objet applicables localement.

Loi *[ancienne]* nº 78-17 du 6 janvier 1978,

Relative à l'informatique, aux fichiers et aux libertes .

Décret nº 2019-536 du 29 mai 2019,

Pris pour l'application de la loi nº 78-17 du 6 janvier 1978 relative à l'informatique, aux fichiers et aux libertés.

En vigueur le 1er juin 2019

COMMENTAIRE

Le décret nº 2019-536 du 29 mai 2019 finalise, en droit français, le nouveau cadre européen de la protection des données.

Ce travail de refonte de l'encadrement français de la protection des données s'est effectué en plusieurs temps et fait suite principalement à l'entrée en application du règlement général sur la protection des données (RGPD).

C'est ainsi qu'une première modification de la loi « Informatique et libertés » du 6 janvier 1978 a été adoptée le 20 juin 2018, entraînant à sa suite un décret d'application, le 1er août 2018.

Ces dispositions relevant de l'adaptation du RGPD, texte d'application directe, mais également de la transposition de la directive (UE) 2016/680 du 27 avril 2016, relative à la protection des personnes physiques à l'égard du traitement des données à caractère personnel par les autorités compétentes à des fins de prévention et de détection des infractions pénales, d'enquêtes et de poursuites en la matière ou d'exécution de sanctions pénales, et à la libre circulation de ces données (« directive police-justice »), texte d'application indirecte, le législateur s'est trouvé confronter à un exercice légistique d'une complexité inédite.

Conscient des difficultés de compréhension que posait ce premier opus, le législateur a souhaité un travail de réécriture dans les six mois afin d'assurer une mise en cohérence et une lisibilité des textes. Ainsi, par l'ordonnance n° 2018-1125 du 12 décembre 2018, la loi « Informatique et libertés » a été revue, impliquant également une révision de son décret d'application. L'entrée en vigueur de ce décret, le 1er juin 2019, a permis à l'ordonnance du 12 décembre 2018 d'entrer également en application, achevant ainsi cette refonte du droit français de la protection des données.

Rappelons que s'ajoute à ces textes le règlement intérieur de la CNIL, également revu en fonction de ces nouveaux principes.

Chacun de ces textes (projet de loi et projet de décret) a été soumis pour avis à la CNIL lors de leur élaboration. Chaque avis de la CNIL a été publié au jour de la publication du texte examiné.

Ainsi, la CNIL avait été consultée sur le décret pris en application de la loi du 6 janvier 1978 modifiée par la loi du 20 juin 2018 (Délib. n° 2018-284 du 21 juin 2018, *JO 3 août*). Elle avait ainsi rappelé au gouvernement que certaines dispositions initialement envisagées étaient trop prescriptives au regard du RGPD (par exemple, la possibilité pour le délégué à la protection des données de solliciter la CNIL en cas de difficultés ; l'information par voie d'affichage ; le recours au titre d'identité dans le cas de l'exercice des droits).

Saisi à nouveau sur le projet de décret d'application de l'ordonnance de réécriture du 20 décembre 2018, la CNIL a estimé que le texte atteignait ces objectifs même si elle a émis certaines observations rappelant que tant les personnes concernées que les organismes soumis à la législation doivent « disposer de règles claires, lisibles et cohérentes avec le RGPD » (Délib. n° 2019-055 du 9 mai 2019, *JO 30 mai*). Ce décret précise certaines procédures, notamment en matière de contrôles et de sanctions. A la publication du décret, la CNIL s'est félicitée sur son site internet que la majorité de ses observations aient été reprises par le gouvernement.

Le décret n° 2019-536 du 29 mai 2019 s'articule autour de quatre titres principaux : les traitements relevant du RGPD (titre II), les dispositions applicables aux traitements relevant de la directive UE 2016/680 (titre III), les dispositions applicables aux traitements intéressant la sûreté de l'État et la Défense (titre IV) et les dispositions communes à tous ces traitements (titre 1er).

Les dispositions communes détaillées dans le titre premier concernent, en premier lieu, la CNIL, sa composition, son fonctionnement, mais également ses procédures telles que celles relatives aux contrôles et aux sanctions.

La coopération européenne, avancée majeure du RGPD, fait l'objet de précisions substantielles (Décr. n° 2019-536 du 29 mai 2019, art. 48 s.). Une autre nouveauté du cadre contentieux concerne la possibilité pour la CNIL de joindre à sa décision d'injonction de mise en conformité une astreinte dont le mécanisme est précisé à l'article 44 du décret.

Ce titre apporte également des précisions sur le contrôle *a priori*, même si les formalités préalables se révèlent moins importantes que sous la précédente loi puisque ne perdurent que les demandes d'avis (secteur public) et quelques demandes d'autorisation (principalement dans le secteur de la santé).

Le titre II, consacré au RGPD, s'apparente à un *melting pot* de dispositions visant à préciser ce qui ne relevait pas du domaine législatif dans l'adaptation du RGPD au droit français. Les procédures en matière de codes de conduite, règles d'entreprises contraignantes et certification y sont définies ainsi que les personnes autorisées à mettre en œuvre des traitements de données relatives aux condamnations pénales, aux infractions et aux mesures de sûreté connexes. Les modalités d'exercice des droits des personnes et les dispositions particulières relatives aux droits exercés de manière indirecte y sont également détaillées.

Reprenant le RGPD, ce titre II consacre un chapitre aux obligations incombant au responsable du traitement et au sous-traitant, précisant par exemple les éléments devant être transmis à la CNIL en cas de désignation d'un délégué à la protection des données ainsi que les dérogations au droit à la communication d'une violation de données, ou les transferts de données hors de l'Union Européenne consacrés au chapitre V du RGPD. Sont également énoncées des dispositions concernant des secteurs ou situations spécifiques tels que les traitements dans le secteur des communications électroniques liés à la directive 2002/58/CE dite « vie privée et communications électroniques » ou les traitements relatifs aux personnes décédées (issus de la loi n° 2016-1321 pour une république numérique du 7 octobre 2016).

L'apport principal du décret au sein du titre II concerne les traitements de données dans le **domaine de la santé**, notamment en ce qu'ils ont attrait aux traitements à des fins de recherche, d'étude ou d'évaluation. Sont ainsi définies les procédures en matière d'autorisation y compris les procédures simplifiées, la composition et le fonctionnement du comité d'expertise pour la recherche, les études et les évaluations (CEREES) et du comité d'audit du système national des données de santé (SNDS) ainsi que les modalités d'informations des personnes concernées. Le décret précise également les dérogations tolérées dans le cadre des traitements aux fins archivistiques dans l'intérêt public, à des fins de recherche scientifique ou historique ou à des fins statistiques. Rappelons que ces procédures en matière de données de santé, notamment le recours au CEREES et à l'INDS, relèvent d'une spécificité française déjà en place avant le RGPD qui a été maintenue par le législateur, dérogeant ainsi aux dispositions générales du RGPD.

Le titre III du décret est consacré aux dispositions applicables aux traitements relevant de la directive (UE) 2016/680 communément appelée la directive Police-Justice. C'est au regard de cette transposition que toute la difficulté légistique apparait. Le RGPD étant d'application directe, la loi du 6 janvier 1978 comme le décret s'y référent directement. Certains éléments, comme le délai en matière de consultation préalable de l'autorité publique en cas d'analyses d'impact présentant un risque élevé, relèvent directement du RGPD. Pour la transposition de la directive, les principes sont fixés dans la loi du 6 janvier 1978 (sans texte de référence préalable) et le décret joue un rôle plus significatif, notamment en termes de délais. Ainsi, le lecteur averti évitera la confusion facile : certaines notions détaillées dans le décret dans le cadre de la transposition de la directive (UE) 2016/680 reprennnent des notions déjà développées ou très similaires à celles imposées aux traitements soumis au RGPD, telles que la nécessité de réaliser une analyse d'impact lorsque le traitement est susceptible d'engendrer un risque élevé, le contenu du contrat liant le responsable du traitement à son sous-traitant ou encore la gestion de la coresponsabilité. On retrouvera également dans ce titre des précisions sur le délégué à la protection des données, les droits de la personne concernée, la coopération qui renvoie aux dispositions applicables aux traitements soumis au RGPD ainsi que les transferts de données hors de l'Union européenne.

Le titre IV est consacreé aux traitements intéressant la sûreté de l'État et la défense, désignés comme les traitements « hors champ ». Ces traitements ont la particularité de n'être régis ni par le RGPD, ni par la directive (UE) 2016/680. Ils sont hors du champ du droit de l'Union européenne, relevant de la seule prérogative nationale puisqu'ils concernent la sûreté de l'État et la défense. Au regard de la sensibilité de ces traitements impliquant potentiellement le secret défense, le décret a pour principale vocation d'expliciter l'information des personnes ainsi que les modalités d'exercice de leurs droits, notamment d'accès indirect, d'opposition et de rectification. ❑

TITRE I DISPOSITIONS COMMUNES

CHAPITRE I *LA COMMISSION NATIONALE DE L'INFORMATIQUE ET DES LIBERTÉS*

SECTION 1 *Composition et fonctionnement*

Art. 1er Les membres de la Commission nationale de l'informatique et des libertés mentionnés aux 2°, 3°, 4°, 5°, 6° et 7° du I de l'article 9 de la loi du 6 janvier 1978 susvisée sont renouvelés par moitié tous les deux ans et six mois.

Art. 2 Les membres de la Commission nationale de l'informatique et des libertés sont convoqués par son président. La convocation est de droit à la demande du tiers des membres de la commission. La convocation précise l'ordre du jour.

Art. 3 La commission ne peut valablement délibérer que si la majorité de ses membres en exercice participe à la séance.

Art. 4 Les délibérations de la commission sont prises à la majorité absolue des membres présents.

Toutefois, sont prises à la majorité absolue des membres composant la commission, réunie en formation plénière, les délibérations suivantes :

1° L'élection des vice-présidents, dont celle du vice-président délégué ;

2° L'adoption du règlement intérieur ;

3° Les avis émis par la commission lorsqu'elle est saisie de la création de traitements mentionnés aux articles 31 et 32 de la loi du 6 janvier 1978 susvisée ;

4° Les lignes directrices, recommandations ou référentiels et les méthodologies de référence mentionnés au *b*, ainsi que les règlements types mentionnés au *c* du 2° du I de l'article 8 de la même loi ;

5° Les décisions élaborant ou approuvant les critères des référentiels de certification et d'agrément mentionnés au *h* du 2° du I de l'article 8 de la même loi ;

6° Les autorisations délivrées par la commission, lorsqu'elle est saisie de la création de traitements de la section 3 du chapitre III du titre II de la même loi ;

7° Les clauses contractuelles types de protection des données mentionnées à l'article 28 et à l'article 46 du règlement (UE) 2016/679 susvisé ;

8° Les décisions et avis relatifs aux codes de conduite mentionnés au 5 de l'article 40 du même règlement ;

9° Les listes de traitement mentionnées aux 4 et 5 de l'article 35 du même règlement et au *k* du 2° du I de l'article 8 de la même loi.

Art. 5 I. — Le président de la commission et le vice-président délégué peuvent, après en avoir informé la formation plénière de la commission, donner délégation au secrétaire général pour signer les seuls actes suivants :

1° Tous actes ayant pour objet :

a) La clôture d'une vérification diligentée en application du *g* du 2° du I de l'article 8 de la loi du 6 janvier 1978 susvisée ;

b) Conformément à la procédure de consultation préalable prévue à l'article 36 du règlement (UE) 2016/679 du 27 avril 2016 susvisé, d'adresser un avis écrit au responsable de traitement ;

c) Le renouvellement du délai de mise en demeure en application de l'article 38 du présent décret ;

d) La désignation d'un expert ou d'un médecin en application des articles 35 et 36 du présent décret ;

(Décr. nº 2022-517 du 8 avr. 2022, art. 1er) « *d bis)* La désignation des personnes extérieures apportant leur concours aux actes produits dans le cadre de la procédure prévue à l'article 40 du présent décret ; »

e) La prolongation des délais mentionnés au 2 de l'article 36 du règlement (UE) 2016/679 du 27 avril 2016 susvisé, à l'article 34 et au V de l'article 66 de la loi du 6 janvier 1978, ainsi qu'aux articles 9, 72, 73, 74, 125 et 130 du présent décret ;

(Décr. nº 2020-567 du 14 mai 2020, art. 1er) « *f)* La saisine du comité éthique et scientifique pour les recherches, les études et les évaluations dans le domaine de la santé en application de l'article 92 du présent décret ; »

(Décr. nº 2022-517 du 8 avr. 2022, art. 1er) « 1° *bis* Tous actes portant sur une demande effectuée en application de l'article 66 de la loi du 6 janvier 1978 ; »

2° Tout acte ayant pour objet le constat du respect des conditions mentionnées au 4 de l'article 34 du règlement (UE) 2016/679 du 27 avril 2016 susvisé ;

3° Tous actes ayant pour objet la communication et la diffusion de documents administratifs ;

4° Tous actes ayant pour objet d'exercer les attributions mentionnées au *d* du 2° du I de l'article 8 de la loi du 6 janvier 1978 susvisée et *(Décr. nº 2022-517 du 8 avr. 2022, art. 1er)* « tous actes relatifs à la coopération entre autorités de contrôle mentionnés à l'article 60 du règlement (UE) 2016/679 du 27 avril 2016, lorsqu'ils relèvent du président de la Commission, et aux articles 61 et 62 du même règlement ».

II. — Par délégation du président de la commission, le secrétaire général peut signer tous actes ayant pour objet le recrutement, la gestion et la rémunération du personnel de la commission, la gestion de son budget ainsi que tous marchés et conventions nécessaires à son fonctionnement.

III. — Dans les conditions fixées par le président de la commission, le secrétaire général peut donner délégation aux agents d'encadrement placés sous son autorité à l'effet de signer, dans la limite de leurs attributions, tous actes pour lesquels il a lui-même reçu une délégation de signature en application du *(Décr. nº 2022-517 du 8 avr. 2022, art. 1er)* « 1° *bis [, du]* » 2°, du 3° et du 4° du I et du II.

Les agents mentionnés à l'alinéa précédent peuvent eux-mêmes donner délégation pour signer tous actes relatifs aux affaires pour lesquelles ils ont eux-mêmes reçu délégation :

1° Aux agents de catégorie A placés sous leur autorité pour les actes mentionnés au 3° du I et au II ;

2° Aux agents chargés de l'instruction des affaires mentionnées au 4° du I.

IV. — Ces délégations s'exercent sous l'autorité du président et du vice-président délégué ainsi que, le cas échéant, sous l'autorité du supérieur hiérarchique immédiat des agents concernés.

V. — Ces délégations sont publiées sur le site internet de la Commission nationale de l'informatique et des libertés.

Les dispositions du Décr. nº 2020-567 du 14 mai 2020 sont applicables en Nouvelle-Calédonie, en Polynésie française, dans les îles Wallis-et-Futuna et dans les Terres australes et antarctiques françaises (Décr. préc., art. 2).

Art. 6 Les membres de la commission élisent en leur sein à la majorité absolue des membres composant la commission le président, le vice-président et les quatre autres membres de la formation restreinte dans les conditions prévues à l'article 9 de la loi du 6 janvier 1978 susvisée.

La commission ne peut valablement procéder à cette élection que si la majorité des membres en exercice de la commission participe à la séance.

Lorsque l'un des membres élus au sein de la formation restreinte cesse d'exercer ses fonctions en cours de mandat, il est remplacé dans les conditions définies aux alinéas précédents.

La formation restreinte ne peut valablement délibérer que si au moins quatre de ses membres, dont le président ou le vice-président, sont présents.

Art. 7 Les dépenses sont ordonnancées par le président de la commission ou par le vice-président délégué.

Art. 8 Les membres de la commission ont droit au remboursement des frais que nécessite l'exécution de leur mandat, dans les conditions prévues par le décret du 3 juillet 2006 susvisé.

Les personnels qui sont appelés à prêter leur concours à la commission ont droit, dans les conditions de l'alinéa précédent, au remboursement des frais engagés à l'occasion des missions exécutées pour le compte de la commission.

Art. 9 I. — La Commission nationale de l'informatique et des libertés, saisie dans le cadre du *a* du 4° du I de l'article 8 de la loi du 6 janvier 1978 susvisée, se prononce dans le délai de deux mois à compter de la date du jour de réception de la demande d'avis. Ce délai peut être prolongé d'un mois sur décision motivée du président de la commission.

En cas d'urgence, ce délai est ramené à un mois à la demande du Gouvernement lorsque la commission est saisie de projets de loi ou de décret ou de toute disposition de projet de loi ou de décret.

II. — Les avis destinés au président de l'Assemblée nationale, au président du Sénat, aux commissions parlementaires de l'Assemblée nationale et du Sénat ou aux présidents de groupe parlementaire peuvent être publiés par leur destinataire ou, avec l'accord de ce dernier, par la Commission nationale de l'informatique et des libertés.

III. — La commission, saisie dans le cadre du *e* du 2° du I de l'article 8 de la même loi, ou sur le fondement de toute autre disposition législative prévoyant qu'un acte

réglementaire est pris après avis de la commission, se prononce dans le délai de deux mois à compter de la date du jour de réception de la demande. Ce délai peut être prolongé d'un mois sur décision motivée du président de la commission. En cas d'urgence, ce délai est ramené à un mois à la demande du Gouvernement lorsque la commission est saisie par ce dernier.

IV. — Lorsqu'il n'est pas rendu à l'expiration des délais prévus au I et au III, l'avis demandé à la commission est réputé donné.

Art. 10 **En vue de faciliter l'introduction des réclamations visées au *d* du 2° du I de l'article 8 de la loi du 6 janvier 1978 susvisée, la commission fournit notamment un formulaire de réclamation pouvant être rempli par voie électronique.**

Le silence gardé pendant trois mois par la commission sur une réclamation vaut décision de rejet.

Art. 11 **L'accomplissement des missions de la commission est gratuit pour la personne concernée et pour le délégué à la protection des données.**

Toutefois, lorsqu'une demande est manifestement infondée ou excessive en raison notamment de son caractère répétitif, la commission peut exiger le paiement de frais raisonnables basés sur ses coûts administratifs ou refuser de donner suite à la demande. En cas de contestation, la charge de la preuve du caractère manifestement infondé ou excessif de la demande incombe à la commission.

Art. 12 **Lorsque la commission demande, pour l'exercice de ses missions, communication de documents dont doit disposer le responsable du traitement ou le sous-traitant en application du règlement (UE) 2016/679 du 27 avril 2016 susvisé ou de la loi *[du]* 6 janvier 1978 susvisée, elle peut exiger que l'organisme concerné joigne une traduction en français des documents rédigés dans une autre langue.**

COMMENTAIRE

La CNIL, dans son avis du 9 mai 2019, a expressément demandé de pouvoir obtenir une version traduite en français des documents nécessaires à l'exercice de ses missions. « Les organismes traitant des données à caractère personnel, et notamment les groupes transnationaux, peuvent disposer de documents en langue étrangère, principalement en anglais, pourtant nécessaires à l'exercice des missions de la Commission, tant en amont de la mise en œuvre d'un traitement (consultation sur une analyse d'impact, outil de transfert de données, etc.) qu'en aval de celle-ci (contrôle sur place ou sur pièces). Or, les dispositions de l'article L. 111-1 du code des relations entre le public et l'administration, relatives à l'usage de la langue française dans les échanges entre l'administration et le public dans le cadre du traitement des demandes de ce dernier, ne semblent pas suffisantes pour exiger une traduction de ces documents si l'organisme en cause n'en dispose pas au moment de la demande faite par la Commission » (Délib. n° 2019-055 du 9 mai 2019, *JO 30 mai*).

La CNIL a ainsi précisé qu'« afin de ne pas faire porter une charge excessive sur les organismes traitant des données à caractère personnel, une telle disposition pourrait limiter cette faculté d'exiger une traduction aux seuls documents requis par la Commission dont doit en tout état de cause disposer le responsable du traitement ou le sous-traitant en application du règlement (le registre des activités de traitement, la documentation en matière de violation de données, l'analyse d'impact si celle-ci est nécessaire, etc.) » (Délib. n° 2019-055 du 9 mai 2019 : *préc.*).

La lecture de l'article 12 du décret n° 2019-536 du 29 mai 2019 associé à l'avis de la CNIL semble indiquer que l'organisme devrait posséder les traductions en français des éléments que l'organisme se doit de disposer tels que le registre des traitements, celui des violations de données, les analyses d'impact réalisés. *A contrario*, des documents utiles mais accessoires (par exemple, détenus par la maison-mère étrangère) pourraient ne pas être immédiatement accessibles en français. Dans cette hypothèse, cette traduction pourrait être réalisée dans un second temps. ❑

Art. 13 **Les listes de traitements établies par la commission en application des 4 et 5 de l'article 35 du règlement (UE) 2016/679 du 27 avril 2016 susvisé et du *k* du 2°**

du I de l'article 8 de la loi du 6 janvier 1978 susvisée sont publiées au *Journal officiel* de la République française.

COMMENTAIRE

L'article 13 du décret n° 2019-536 du 29 mai 2019 fait référence à la publication au *Journal Officiel* de la liste des types d'opérations de traitement pour lesquelles une analyse d'impact relative à la protection des données est requise (V. Délib n° 2018-327 du 11 oct 2018, *JO 6 nov.*). ❑

Art. 14 **La Commission nationale de l'informatique et des libertés contribue aux activités du comité européen de la protection des données mentionné à l'article 68 du règlement (UE) 2016/679 du 27 avril 2016 susvisé.**

Art. 15 **Le commissaire du Gouvernement est convoqué à toutes les séances mentionnées à l'article 17 de la loi du 6 janvier 1978 susvisée dans les mêmes conditions que les membres de la commission.**

En cas d'absence ou d'empêchement, il est remplacé par un commissaire du Gouvernement adjoint.

La commission ne peut valablement délibérer que si le projet de délibération et, le cas échéant, le rapport y afférent, relatifs aux dossiers inscrits à l'ordre du jour d'une séance sont parvenus au commissaire du Gouvernement huit jours au moins avant la date de la séance.

Le commissaire du Gouvernement peut consulter dans le même délai, sur place et sur pièces, les dossiers inscrits à l'ordre du jour.

COMMENTAIRE

L'article 15 du décret du 29 mai 2019 précise l'article 17 de la loi du 6 janvier 1978 qui indique que le commissaire du Gouvernement assiste à toutes les séances de la Commission. Ainsi, reprenant l'article 4 du décret n° 2005-1309 du 20 octobre 2005, la CNIL se doit de transmettre pour information les projets de délibérations et de rapports, le cas échéant, au commissaire du Gouvernement au moins huit jours avant la date de la séance. ❑

SECTION 2 *Contrôle de la mise en œuvre des traitements*

SOUS-SECTION 1 *Dispositions générales relatives à l'habilitation*

§ 1 *L'habilitation des agents des services de la commission et les personnes lui prêtant leur concours*

Art. 16 **L'habilitation prévue par le dernier alinéa de l'article 10 de la loi du 6 janvier 1978 susvisée est délivrée aux agents des services de la commission pour une durée de cinq ans renouvelable.**

Art. 17 **Nul agent des services de la commission ne peut être habilité à effectuer une visite ou une vérification s'il a fait l'objet d'une condamnation à une peine correctionnelle ou criminelle inscrite au bulletin n° 2 du casier judiciaire, ou dans un document équivalent lorsqu'il s'agit d'un ressortissant de l'Union européenne.**

Art. 18 **Nul agent des services de la commission ne peut être désigné pour effectuer une visite ou une vérification auprès d'un organisme au sein duquel :**

1° Il détient un intérêt direct ou indirect, exerce des fonctions ou une activité professionnelle ou détient un mandat ;

2° Il a, au cours des trois années précédant la visite ou la vérification, détenu un intérêt direct ou indirect, exercé des fonctions ou une activité professionnelle ou détenu un mandat.

Art. 19 **Lorsque les conditions prévues aux articles 16 à 18 cessent d'être remplies, il est mis fin à l'habilitation après que l'intéressé a été mis en mesure de présenter**

ses observations. En cas d'urgence, la commission peut suspendre l'habilitation pour une durée maximale de six mois.

Il est également mis fin à l'habilitation lorsque l'intéressé n'exerce plus les fonctions à raison desquelles il a été habilité.

§ 2 *L'habilitation des membres et agents des autres autorités de contrôle des États membres de l'Union européenne*

Art. 20 L'habilitation prévue au III de l'article 25 de la loi du 6 janvier 1978 susvisée est délivrée aux membres et agents des autorités de contrôle des États membres de l'Union européenne pour la durée de l'opération conjointe qui se déroule sur le territoire français. – *V. comm. ss. art. 22.*

Art. 21 Lorsque l'autorité de contrôle d'un État membre demande la participation d'un de ses membres ou agents à une opération conjointe, elle atteste auprès du président de la Commission nationale de l'informatique et des libertés qu'ils répondent aux conditions prévues aux articles 17 et 18. Le président de la commission est tenu de refuser l'habilitation si le membre ou l'agent ne respecte pas ces conditions. – *V. comm. ss. art. 22.*

Art. 22 Le président de la Commission nationale de l'informatique et des libertés peut retirer l'habilitation délivrée en application de l'article 20 si les conditions prévues aux articles 17 et 18 cessent d'être remplies. L'intéressé est mis en demeure de présenter ses observations. En cas d'urgence, le président de la commission peut suspendre l'habilitation. Il informe l'autorité de contrôle concernée du retrait ou de la suspension.

COMMENTAIRE

Les articles 20 à 22 du décret du 29 mai 2019 visent à encadrer les habilitations de membres ou d'agents appartenant aux autorités de contrôle des États membres de l'Union européenne. Sont visées ici les opérations conjointes, notamment les enquêtes conjointes, aménagées par le RGPD (RGPD, art. 62 repris par la L. n° 78-17 du 6 janv. 1978, art. 24).

Ces opérations conjointes impliquent que les homologues y participant se soumettent aux mêmes exigences pour être habilités. Il appartient au président de la CNIL de refuser l'habilitation, le cas échéant. L'autorité nationale par le biais de son président est donc ainsi en charge du contrôle des habilitations en tant responsable du respect des procédures françaises. ❑

SOUS-SECTION 2 *Dispositions particulières relatives à l'habilitation des agents, des membres de la commission et les [des] personnes lui prêtant leur concours pour les traitements relevant de l'article 31 de la loi du 6 janvier 1978*

Art. 23 Les agents de la commission et les personnes lui prêtant leur concours, appelés dans le cadre de l'exécution de leur mission, à prendre connaissance d'informations classifiées au titre de la protection du secret de défense nationale, doivent y être habilités par le Premier ministre dans les conditions fixées par le code de la défense.

Les agents de la commission et les personnes lui prêtant leur concours, appelés à effectuer les visites ou les vérifications portant sur les traitements relevant de l'article 31 de la loi du 6 janvier 1978 susvisée, doivent y être habilités par le Premier ministre, sur proposition du président de la commission, après une enquête administrative, dans les conditions prévues par l'article L. 114-1 du code de la sécurité intérieure, vérifiant que la moralité ou le comportement de ces personnes n'est pas incompatible avec l'exercice de leurs missions et la consultation de ces fichiers.

Art. 24 Le président de la Commission nationale de l'informatique et des libertés fait connaître, chaque année, au Premier ministre les nom et qualité des membres, des agents de la commission et des personnes lui prêtant leur concours, désignés pour procéder à toutes investigations concernant les traitements relevant de l'article 31 de la loi du 6 janvier 1978 susvisée.

SOUS-SECTION 3 *Le contrôle sur place*

Art. 25 Lorsque la commission décide un contrôle sur place, elle en informe préalablement par écrit le procureur de la République dans le ressort territorial duquel doit avoir lieu la visite ou la vérification.

Le procureur de la République est informé au plus tard vingt-quatre heures avant la date à laquelle doit avoir lieu le contrôle sur place. Cet avis précise la date, l'heure, le lieu et l'objet du contrôle.

Art. 26 Lorsque la commission effectue un contrôle sur place, elle informe au plus tard lors de son arrivée sur place le responsable des lieux ou son représentant de l'objet des vérifications qu'elle compte entreprendre, de l'identité et de la qualité des personnes chargées du contrôle ainsi que, le cas échéant, de son droit d'opposition à la visite. Lorsque le responsable du traitement ou le sous-traitant n'est pas présent sur les lieux du contrôle, ces informations sont portées à sa connaissance dans les quinze jours suivant le contrôle.

Dans le cadre de leurs vérifications, les personnes chargées du contrôle présentent en réponse à toute demande leur ordre de mission et, le cas échéant, leur habilitation à procéder aux contrôles.

Art. 27 Lorsque le président de la commission saisit le juge des libertés et de la détention sur le fondement du II de l'article 19 de la loi du 6 janvier 1978 susvisée afin que celui-ci autorise la visite sur place, le juge statue dans un délai de quarante-huit heures.

Sans préjudice du troisième alinéa du II de cet article 19, l'ordonnance autorisant la visite sur place comporte l'adresse des lieux à visiter, le nom et la qualité du ou des agents habilités à procéder aux opérations de visite et de contrôle, le cas échéant le nom et la qualité du ou des agents ou membres des autorités de contrôle des États membres habilités à procéder aux mêmes opérations, ainsi que les heures auxquelles ils sont autorisés à se présenter.

L'ordonnance, exécutoire au seul vu de la minute, est notifiée sur place, au moment de la visite, au responsable des lieux ou à son représentant qui en reçoit copie intégrale contre récépissé ou émargement au procès-verbal de visite.

L'acte de notification comporte mention des voies et délais de recours contre l'ordonnance ayant autorisé la visite et contre le déroulement des opérations de vérification. Il mentionne également que le juge ayant autorisé la visite peut être saisi d'une demande de suspension ou d'arrêt de cette visite.

En l'absence du responsable des lieux ou de son représentant, l'ordonnance est notifiée, après la visite, par lettre recommandée avec demande d'avis de réception. A défaut de réception de la lettre recommandée, il est procédé à la signification de l'ordonnance par acte d'huissier de justice.

Le juge des libertés et de la détention peut, s'il l'estime utile, se rendre dans les locaux pendant l'intervention. A tout moment, il peut décider la suspension ou l'arrêt de la visite. La saisine du juge des libertés et de la détention aux fins de suspension ou d'arrêt des opérations de visite et de vérification n'a pas d'effet suspensif.

Art. 28 L'ordonnance autorisant la visite peut faire l'objet d'un appel devant le premier président de la cour d'appel suivant les règles prévues par les articles 931 et suivants du code de procédure civile.

Cet appel est formé par déclaration remise ou adressée par lettre recommandée avec demande d'avis de réception au greffe de la cour d'appel dans un délai de quinze jours à compter de la notification de l'ordonnance. Cet appel n'est pas suspensif.

Le greffe du tribunal judiciaire transmet sans délai le dossier de l'affaire au greffe de la cour d'appel où les parties peuvent le consulter.

L'ordonnance du premier président de la cour d'appel est susceptible d'un pourvoi en cassation selon les règles prévues par les articles 974 et suivants du code de procédure civile.

Art. 29 Le premier président de la cour d'appel connaît des recours contre le déroulement des opérations de visite autorisées par le juge des libertés et de la détention.

Le recours est formé par déclaration remise ou adressée par lettre recommandée avec demande d'avis de réception au greffe de la cour d'appel dans un délai de quinze jours à compter de la notification du procès-verbal de la visite. Ce recours n'est pas suspensif.

L'ordonnance du premier président de la cour d'appel est susceptible d'un pourvoi en cassation selon les règles prévues par les articles 974 et suivants du code de procédure civile. Le délai du pourvoi en cassation est de quinze jours.

Art. 30 Lorsqu'en application des articles 24 à 28 de la loi du 6 janvier 1978 susvisée la commission procède à des vérifications, à la demande d'une autorité de contrôle d'un autre État membre de l'Union européenne, elle en informe le responsable du traitement ou le sous-traitant.

La commission informe également le responsable du traitement ou le sous-traitant que les informations recueillies ou détenues par elle sont susceptibles d'être communiquées à d'autres autorités de contrôle dans le cadre du mécanisme de contrôle de la cohérence prévu à la section 2 du chapitre VII du règlement (UE) 2016/679 du 27 avril 2016 susvisé, que le contrôle ait été effectué à la demande d'une autre autorité ou à sa seule initiative.

COMMENTAIRE

L'article 30 du décret du 29 mai 2019 ajoute aux obligations d'information qui existaient déjà lors des contrôles, celle d'informer la possible transmission d'informations aux autres autorités de contrôle dans le cadre du contrôle de la cohérence, et ce quel que soit le motif de ce contrôle, y compris si celui-ci a été diligenté sur la seule initiative de la CNIL. ❑

Art. 31 Les missions de contrôle sur place font l'objet d'un procès-verbal.

Le procès-verbal énonce la nature, le jour, l'heure et le lieu des vérifications ou des contrôles effectués. Il indique également l'objet de la mission, les membres de celle-ci présents, les personnes rencontrées, le cas échéant, leurs déclarations, les demandes formulées par les membres de la mission ainsi que les éventuelles difficultés rencontrées. L'inventaire des pièces et documents dont les personnes chargées du contrôle ont pris copie est annexé au procès-verbal.

Lorsque la visite n'a pu se dérouler, le procès-verbal mentionne les motifs qui ont empêché ou entravé son déroulement, ainsi que, le cas échéant, les motifs de l'opposition du responsable des lieux ou de son représentant.

Le procès-verbal est signé par les personnes chargées du contrôle qui y ont procédé et par le responsable des lieux ou par son représentant. En cas de refus ou d'absence de signature, mention en est portée au procès-verbal.

Le procès-verbal est notifié au responsable des lieux et au responsable des traitements et le cas échéant à son sous-traitant par lettre recommandée avec demande d'avis de réception. Lorsque seul le sous-traitant a fait l'objet d'un contrôle sur place, le procès-verbal lui est notifié, ainsi que, le cas échéant, au responsable du traitement et aux personnes mentionnées à l'alinéa précédent, selon les mêmes modalités.

Art. 32 Lorsque la visite a lieu avec l'autorisation et sous le contrôle du juge en application du II de l'article 19 de la loi du 6 janvier 1978 susvisée, copie du procès-verbal de la visite lui est adressée par le président de la commission.

SOUS-SECTION 4 *Le contrôle en ligne*

Art. 33 Lorsque les membres ou agents font usage d'une identité d'emprunt au sens du III de l'article 19 de la loi du 6 janvier 1978 susvisée, pour contrôler des services de communication au public en ligne d'un responsable du traitement ou d'un sous-traitant, ils dressent un procès-verbal des opérations en ligne réalisées, des modalités de consultation et d'utilisation de ces services, des réponses obtenues et de leurs constatations. Les pages pertinentes du site ou toute autre information au regard des constatations effectuées y sont annexées. Ce procès-verbal est adressé au responsable du traitement ou au sous-traitant.

SOUS-SECTION 5 *L'audition sur convocation*

Art. 34 En application du premier alinéa du III de l'article 19 de la loi du 6 janvier 1978 susvisée, les agents habilités en application des articles 10 et 25 de cette même loi peuvent entendre toute personne susceptible de leur fournir tout renseignement ou toute justification utile pour l'accomplissement de leur mission.

Les agents habilités en application de l'article 10 susmentionné adressent la convocation, par lettre remise contre signature, ou remise en main propre contre récépissé ou acte d'huissier, qui doit parvenir au moins huit jours avant la date de son audition.

La convocation rappelle à la personne convoquée qu'elle est en droit de se faire assister d'un conseil de son choix.

Un procès-verbal est dressé dans les conditions prévues à l'article 31. Lorsque l'intéressé ne se rend pas à l'audition, il en est fait mention dans un procès-verbal de carence établi par les personnes chargées du contrôle.

SOUS-SECTION 6 *Le recours à des experts*

Art. 35 Lorsqu'en application du III de l'article 19 de la loi du 6 janvier 1978 susvisée le président de la commission fait appel à un ou plusieurs experts, sa demande définit l'objet de l'expertise et fixe le délai de sa réalisation.

Préalablement aux opérations d'expertise, le ou les experts désignés attestent auprès du président de la commission qu'ils répondent aux conditions posées aux articles 16 à 19.

Les indemnités dues aux experts font, le cas échéant, l'objet d'une convention.

Le ou les experts informent le président de la commission de l'avancement des opérations d'expertise. Celles-ci sont menées contradictoirement.

Le rapport d'expertise est remis au président de la commission qui en adresse une copie au responsable du traitement ou au sous-traitant.

Art. 36 Lorsque les opérations de vérification nécessitent l'accès à des données médicales individuelles, dans les cas prévus au III de l'article 19 de la loi du 6 janvier 1978 susvisée, le préfet ou, selon le cas, le directeur général de l'agence régionale de santé dans le ressort territorial duquel doit avoir lieu le contrôle désigne, à la demande du président de la commission, un médecin inspecteur du travail ou un médecin chargé de requérir la communication de ces données ; le président de la commission peut également désigner un médecin inscrit sur une liste d'experts judiciaires. Le président de la commission définit les conditions d'exercice de la mission confiée au médecin selon les formes prescrites aux premier et deuxième alinéas de l'article 35.

Préalablement aux opérations de vérification requises, le médecin désigné atteste auprès du président de la commission qu'il répond aux conditions posées aux articles 16 à 19.

Le médecin présente en réponse à toute demande son ordre de mission.

Le médecin consigne dans un rapport les vérifications qu'il a faites sans faire état, en aucune manière, des données médicales individuelles auxquelles il a eu accès.

Le rapport est remis au président de la commission qui en adresse une copie au responsable du traitement ou du sous-traitant.

SOUS-SECTION 7 *Secret professionnel*

Art. 37 Lorsqu'une personne interrogée dans le cadre des vérifications faites par la commission oppose l'un des secrets professionnels mentionnés au III de l'article 19 de la loi du 6 janvier 1978 susvisée, mention de cette opposition est portée au procès-verbal établi par les personnes chargées du contrôle. Il est alors également fait mention des dispositions législatives ou réglementaires auxquelles se réfère, le cas échéant, la personne interrogée ainsi que la nature des données qu'elle estime couvertes par ces dispositions.

COMMENTAIRE

A la demande de la Commission, il a été expressément fait référence au III de l'article 19 de la loi du 6 janvier 1978. Sont ainsi visés les trois secrets professionnels que sont le secret applicable aux relations entre un avocat et son client, le secret des sources des traitements journalistiques et le secret médical. Rappelons que cette opposition du dépositaire d'un de ces secrets est liée aux « demandes, copies, recueils, accès et transcriptions de documents, renseignements et justifications, programmes informatiques et données en cas de contrôle de la mise en œuvre d'un traitement » (Délib. n° 2019-055 du 9 mai 2019, *JO 30 mai*). ❑

SECTION 3 *Mesures correctrices et astreintes* (*Décr. n° 2022-517 du 8 avr. 2022, art. 2*).

SOUS-SECTION 1 *La procédure en matière de mise en demeure* (*Décr. n° 2022-517 du 8 avr. 2022, art. 2*).

Art. 38 **La mise en demeure précise le ou les manquements aux obligations incombant au responsable du traitement ou au sous-traitant en vertu du règlement (UE) 2016/679 du 27 avril 2016 susvisé ou de la loi du 6 janvier 1978 susvisée qui ont été constatés par la commission.**

La mise en demeure, décidée par le président de la commission, fixe le délai au terme duquel le responsable du traitement ou le sous-traitant est tenu d'avoir fait cesser le ou les manquements constatés. Ce délai ne peut, sauf urgence, être inférieur à dix jours. *(Abrogé par Décr. n° 2022-517 du 8 avr. 2022, art. 2)* ***« Il ne peut excéder six mois. »*** **Il court à compter du jour de la réception par le responsable du traitement de la mise en demeure. Lorsque la complexité de l'affaire le justifie, ce délai peut être** *(Décr. n° 2022-517 du 8 avr. 2022, art. 2)* **« prolongé une fois ».**

La mise en demeure est adressée au responsable du traitement ou au sous-traitant par tout moyen permettant à la commission d'apporter la preuve de la date de cette notification. *(Décr. n° 2022-517 du 8 avr. 2022, art. 2)* **« Lorsqu'elle concerne l'État, elle est » également transmise, à titre d'information, au commissaire du Gouvernement.**

(Décr. n° 2022-517 du 8 avr. 2022, art. 2) **« Lorsque la mise en demeure a pour origine une réclamation ou une plainte, l'identité de son auteur n'est pas communiquée au responsable de traitement ou au sous-traitant, à moins que cela ne soit nécessaire à la cessation du ou des manquements constatés. »**

SOUS-SECTION 2 *La procédure ordinaire en matière de mesures correctrices prononcées par la formation restreinte* (*Décr. n° 2022-517 du 8 avr. 2022, art. 2*).

Art. 39 *(Décr. n° 2022-517 du 8 avr. 2022, art. 2)* **Lorsqu'une mesure prévue au III de l'article 20 de la loi du 6 janvier 1978 susvisée est susceptible d'être prononcée, le président de la commission désigne un rapporteur n'appartenant pas à la formation restreinte, et en informe le responsable de traitement ou le sous-traitant mis en cause.**

Le rapporteur peut solliciter du mis en cause la communication de toute pièce ou information qu'il estime utile.

Le mis en cause peut être entendu si le rapporteur l'estime utile. Son audition donne lieu à l'établissement d'un procès-verbal qu'il signe. En cas de refus de signer, il en est fait mention par le rapporteur. Les personnes entendues peuvent être assistées d'un conseil de leur choix. Le rapporteur peut entendre toute autre personne dont l'audition lui paraît utile.

Sur demande du rapporteur, la commission peut décider de procéder à des contrôles complémentaires, dans les conditions prévues au *g* du 2° du I de l'article 8 de la loi n° 78-17 du 6 janvier 1978.

Au terme de ses diligences, le rapporteur décide soit de mettre fin à la procédure soit d'établir le rapport d'instruction prévu à l'article 22 de la loi du 6 janvier 1978 susvisée.

Lorsqu'il met fin à la procédure, il en informe le président de la commission, la formation restreinte et le mis en cause.

Art. 40 *(Décr. n° 2022-517 du 8 avr. 2022, art. 2)* **I. — Le rapport prévu par l'article 22 de la loi du 6 janvier 1978 susvisée, est notifié au mis en cause par tout moyen**

permettant à la commission d'apporter la preuve de la date de cette notification. Il est également transmis au président de la formation restreinte.

Le mis en cause dispose d'un délai d'un mois pour transmettre au rapporteur et au président de la formation restreinte ses observations écrites.

Le rapporteur peut ensuite poursuivre la procédure contradictoire écrite, et modifier son rapport et sa proposition de mesure correctrice. Chaque mémoire du rapporteur et du mis en cause est produit dans le délai d'un mois. Le mis en cause a toujours la possibilité de produire en dernier. Le président de la formation restreinte est destinataire des observations et pièces échangées en application du présent alinéa.

Le président de la formation restreinte peut décider, sur demande du rapporteur ou du mis en cause, de prolonger les délais mentionnés aux alinéas précédents. Lorsqu'une prolongation du délai est accordée par le président de la formation restreinte au rapporteur, elle est systématiquement octroyée au mis en cause, qui en est informé par le secrétaire général.

Lorsque le rapporteur se déporte d'une affaire ou devient indisponible, pour quelque motif que ce soit, le président de la commission désigne un nouveau rapporteur. Ce dernier poursuit la procédure sans qu'il soit nécessaire de réitérer les actes de procédure effectués par le rapporteur précédent. Le mis en cause et la formation restreinte en sont informés par le secrétaire général.

Le dossier de procédure est mis à la disposition du mis en cause, qui peut en prendre connaissance ainsi que copie des pièces. Le mis en cause peut se faire assister ou représenter par tout conseil de son choix.

Lorsque la procédure a pour origine une réclamation ou une plainte, l'identité de son auteur n'est pas communiquée au mis en cause, à moins que cela soit indispensable à la cessation du ou des manquements constatés ou lorsque les éléments de preuve opposés au mis en cause pour l'établissement du ou des manquements allégués ont été fournis par l'auteur de la plainte ou de la réclamation.

II. — A tout moment, le rapporteur peut décider de mettre fin à la procédure s'il estime qu'il n'y a pas lieu de prononcer de mesure correctrice. Il en informe le président de la commission, la formation restreinte et le mis en cause.

III. — Lorsqu'il estime le dossier en état, le rapporteur informe le mis en cause et le président de la formation restreinte que l'instruction est close. Sauf report de la clôture par le président de la formation restreinte, les observations écrites complémentaires sont déclarées irrecevables. L'ensemble des observations et pièces du dossier est mis à disposition de la formation restreinte.

IV. — Le président de la formation restreinte inscrit l'affaire à l'ordre du jour d'une séance. Le rapporteur et le mis en cause sont convoqués dans un délai qui ne peut être inférieur à quinze jours avant la séance. Le mis en cause est informé de son droit d'être assisté par un conseil de son choix. Cette convocation est faite par tout moyen permettant d'attester de sa date. En cas de réexamen ou de report de l'affaire lors d'une séance ultérieure, ce délai minimal est ramené à sept jours.

V. — Lorsque le mis en cause est représenté par un conseil, ce dernier est seul destinataire des actes de procédure, à l'exception de la désignation du rapporteur et de la notification de la décision.

V., infra, art. 58 (circonstances exceptionnelles).

COMMENTAIRE

La procédure devant la formation restreinte est une procédure écrite, ce qui explique que « passés les délais qui leur sont laissés pour présenter leurs observations, l'organisme mis en cause et le rapporteur ne peuvent dès lors présenter aucun moyen nouveau de fait ou de droit » (Délib. n° 2018-284 du 21 juin 2018, *JO 3 août*). ❑

Art. 41 *(Décr. nº 2022-517 du 8 avr. 2022, art. 2)* **Outre le concours des agents permanents de la commission, le rapporteur peut s'adjoindre, pour une procédure, le concours de personnes nommées par le président de la commission parmi les magistrats, en activité ou honoraires, les membres de la juridiction administrative en activité ou honoraires, les fonctionnaires de catégorie A, les agents contractuels de l'État de niveau équivalent et les personnes justifiant d'une qualification dans les domaines**

relevant de la compétence de la commission et titulaires d'un des diplômes permettant d'accéder à un corps de catégorie A. Pour l'application du présent décret, ces personnes ont la qualité d'agents des services de la commission.

Aucune de ces personnes ne peut être affectée pour assister le rapporteur instruisant l'affaire :

1° Si elle détient un intérêt direct ou indirect à l'affaire, exerce des fonctions ou une activité professionnelle au sein de l'organisme mis en cause, y détient un mandat ou le représente ;

2° Si elle a, au cours des trois années précédant la désignation du rapporteur, détenu un intérêt direct ou indirect à l'affaire, exercé des fonctions ou une activité professionnelle au sein de l'organisme mis en cause, y a détenu un mandat ou l'a représenté.

Le secrétaire général de la commission anime et contrôle l'activité de ces personnes.

Ces personnes sont soumises aux règles et obligations déontologiques applicables aux agents des services de la commission s'agissant du respect du secret professionnel et de l'obligation de discrétion professionnelle concernant les faits, informations et documents dont elles ont connaissance dans l'exercice de ces fonctions.

Les personnes visées au premier alinéa peuvent également être désignées rapporteurs dans le cadre de la procédure simplifiée prévue à l'article 22-1 de la loi du 6 janvier 1978 susvisée. Dans ce cas, elles se voient également appliquer les dispositions prévues à l'article 45-2 du présent décret.

V., infra, art. 58 (circonstances exceptionnelles).

Art. 42 Lors de la séance, le rapporteur peut présenter des observations orales sur l'affaire. Lorsqu'il assiste à la séance, le *(Décr. nº 2022-517 du 8 avr. 2022, art. 2)* « mis en cause » et, le cas échéant, son conseil *(Décr. nº 2022-517 du 8 avr. 2022, art. 2)* « ou tout expert désigné par le mis en cause » sont invités à présenter des observations orales à l'appui de leurs conclusions écrites. *(Décr. nº 2022-517 du 8 avr. 2022, art. 2)* « Lorsqu'il assiste à la séance, le commissaire » du Gouvernement est invité à donner son avis sur l'affaire. La formation restreinte peut entendre toute personne dont elle estime l'audition utile. Dans tous les cas, le *(Décr. nº 2022-517 du 8 avr. 2022, art. 2)* « mis en cause » et, le cas échéant, son conseil doivent pouvoir prendre la parole en dernier. Lorsque la formation restreinte s'estime insuffisamment éclairée, elle peut demander au rapporteur de poursuivre ses diligences.

Un agent des services de la commission, faisant office de secrétaire de séance, peut être désigné par le président de la formation restreinte. Il assiste au délibéré de la formation restreinte, sans y prendre part. Il relève de la seule autorité du président de la formation restreinte dans le cadre de ces fonctions.

Art. 43 La décision de *(Décr. nº 2022-517 du 8 avr. 2022, art. 2)* « la formation restreinte » énonce les considérations de droit et de fait sur lesquels elle est fondée. Elle indique les voies et délais de recours.

(Décr. nº 2022-517 du 8 avr. 2022, art. 2) « Elle » est notifiée *(Décr. nº 2022-517 du 8 avr. 2022, art. 2)* « au mis en cause » par tout moyen permettant d'attester la date de sa notification. Cette décision est communiquée au *(Décr. nº 2022-517 du 8 avr. 2022, art. 2)* « rapporteur et au » président de la commission.

Lorsque la formation restreinte décide de publier *(Décr. nº 2022-517 du 8 avr. 2022, art. 2)* « sa décision », cette publication peut intervenir dès la notification de la décision *(Décr. nº 2022-517 du 8 avr. 2022, art. 2)* « au mis en cause ». La décision ainsi publiée indique qu'un recours est susceptible d'être exercé à son encontre devant le juge administratif.

Art. 44 Lorsque la formation restreinte décide d'assortir d'une astreinte sa décision d'injonction de mise en conformité, en application du 2° du III de l'article 20 ou du 6° du I de l'article 21 de la loi du 6 janvier 1978 susvisée, elle peut le faire par la même décision.

Le responsable de traitement ou le sous-traitant transmet à la formation restreinte, au plus tard à la date fixée dans la décision de cette dernière, les éléments attestant qu'il s'est conformé à l'injonction prononcée à son encontre.

En cas d'inexécution totale ou partielle ou d'exécution tardive, la formation restreinte procède à la liquidation de l'astreinte qu'elle avait prononcée. Le montant de l'astreinte est liquidé en tenant compte des éléments transmis, le cas échéant, par le responsable de traitement ou le sous-traitant, de son comportement et des difficultés d'exécution qu'il a rencontrées, notamment s'il est établi que l'inexécution ou le retard dans l'exécution provient, en tout ou partie, d'une cause étrangère aux capacités de mise en conformité.

La décision prononçant la liquidation de l'astreinte est précédée d'une procédure écrite au cours de laquelle la formation restreinte porte à la connaissance du responsable du traitement ou du sous-traitant les motifs de la liquidation envisagée et son montant.

Le responsable du traitement ou le sous-traitant dispose d'un délai de quinze jours à compter de la date de notification des motifs de la liquidation et de son montant pour transmettre à la formation restreinte ses observations écrites. Ce délai est mentionné lors de la notification. Celle-ci a lieu par tout moyen.

Le rapporteur désigné dans le cadre de la procédure ayant conduit au prononcé de l'injonction est tenu informé par écrit de l'initiative de la formation restreinte.

Lorsque le président de la formation restreinte estime que les éléments d'explication fournis par le responsable de traitement ou le sous-traitant nécessitent des vérifications complémentaires, il peut demander au rapporteur d'intervenir à nouveau, dans les conditions prévues à l'article 39.

COMMENTAIRE

L'aspect contraignant de l'injonction de mise en conformité a été accentué par la possibilité de l'assortir d'une astreinte « dont le montant ne peut excéder 100 000 € par jour de retard à compter de la date fixée par la formation restreinte » (L. n° 78-17 du 6 janv. 1978, mod., art. 20, III, 2°).

Le décret du 29 mai 2019 vise à préciser la procédure de liquidation de l'astreinte lorsque le responsable du traitement ou le sous-traitant n'a pas apporté les éléments justifiant de sa mise en conformité à la suite de l'injonction dont il a été l'objet.

On notera que l'astreinte est liquidée à l'initiative de la formation restreinte qui en tient informé le rapporteur désigné. Le montant de l'astreinte peut varier en fonction de l'inexécution partielle ou totale de son débiteur. Par ailleurs, l'organisme concerné dispose d'un délai de quinze jours pour faire valoir ses observations écrites, après avoir reçu la notification de la liquidation de l'astreinte et de son montant.

Il appartient au président de la formation restreinte de demander au rapporteur d'intervenir de nouveau si les éléments portés à la connaissance de sa formation par le responsable du traitement ou le sous-traitant méritent de plus amples vérifications. Le rapporteur se verra ainsi à nouveau charger d'instruire le dossier. Cette procédure en deux temps a été souhaitée par la CNIL qui ne désirait pas que le rapporteur intervienne systématiquement (Délib. n° 2019-055 du 9 mai 2019, *JO 30 mai*).

Pour la première fois, la CNIL a ainsi prononcé une injonction de mise en conformité assortie d'une astreinte de 200 euros par jour de retard à l'issue d'un délai de deux mois suivant la notification de la délibération, les justificatifs de la mise en conformité devant être adressés à la formation restreinte dans ce délai (Délib. n° SAN-2019-006 du 13 juin 2019). ❑

Art. 45 **Les dispositions de la présente section sont applicables lorsqu'est mis en cause un organisme de certification ou un organisme chargé du respect d'un code de conduite en application de l'article 23 de la loi du 6 janvier 1978 susvisée.**

SOUS-SECTION 3 *La procédure simplifiée*

(Décr. n° 2022-517 du 8 avr. 2022, art. 2)

Art. 45-1 **Les dispositions de la sous-section 2 de la présente section sont applicables à la procédure simplifiée prévue à l'article 22-1 de la loi du 6 janvier 1978, sous réserve de celles qui suivent.**

Lorsqu'il décide de recourir à la procédure simplifiée, le président de la commission désigne le rapporteur parmi les agents des services de la commission et en informe

le président de la formation restreinte. Ce dernier statue seul sur l'affaire ou la confie à un membre de la formation restreinte qu'il désigne.

La procédure simplifiée est une procédure écrite. Le mis en cause est avisé qu'il peut demander à être entendu lors d'une séance à laquelle il pourra présenter des observations orales.

Le secrétaire général informe la formation restreinte et le président de la commission des décisions prises selon la procédure simplifiée. Ces décisions ne sont pas rendues publiques.

Lorsque le président de la formation restreinte ou le membre qu'il a désigné refuse de recourir à la procédure simplifiée ou interrompt cette procédure, il en informe le président de la commission et le mis en cause. Le président de la commission désigne alors un rapporteur parmi les membres de celle-ci et l'instruction se poursuit selon la procédure prévue à la sous-section 2, l'ensemble des pièces antérieures demeurant au dossier.

Art. 45-2 Les agents des services de la commission, y compris ceux nommés en application du premier alinéa de l'article 41, susceptibles d'être désignés rapporteurs dans le cadre de la procédure simplifiée prévue à l'article 22-1 de la loi du 6 janvier 1978 susvisée y sont habilités par la commission pour une durée maximale de cinq ans, renouvelable. La liste des agents habilités est publiée au *Journal officiel* de la République française.

Nul agent des services de la commission ne peut être désigné rapporteur lorsqu'est mis en cause un organisme au sein duquel :

1° Il détient un intérêt direct ou indirect, exerce des fonctions ou une activité professionnelle ou détient un mandat ;

2° Il a, au cours des trois années précédant l'engagement de la procédure, détenu un intérêt direct ou indirect, exercé des fonctions ou une activité professionnelle ou détenu un mandat.

Le président de la commission retire l'habilitation du rapporteur si les conditions prévues au présent article cessent d'être remplies. Le rapporteur est préalablement invité à présenter ses observations. En cas d'urgence, le président de la commission peut suspendre l'habilitation pour une durée maximale de six mois.

Il est également mis fin à l'habilitation lorsque le rapporteur n'exerce plus les fonctions pour lesquelles il a été habilité.

SOUS-SECTION 4 *La procédure d'urgence (Décr. n° 2022-517 du 8 avr. 2022, art. 2).*

Art. 46 Sous réserve des dispositions qui suivent, les articles 39 à 43 du présent décret, à l'exception des *(Décr. n° 2022-517 du 8 avr. 2022, art. 2)* « délais prévus à » l'article 40 sont applicables à la procédure présidant aux *(Décr. n° 2022-517 du 8 avr. 2022, art. 2)* « mesures » prises en application des 1° à 7° du I de l'article 21 de la loi du 6 janvier 1978 susvisée.

Le *(Décr. n° 2022-517 du 8 avr. 2022, art. 2)* « mis en cause » dispose d'un délai de huit jours pour transmettre à la formation restreinte ses observations écrites.

La convocation du *(Décr. n° 2022-517 du 8 avr. 2022, art. 2)* « mis en cause » doit lui être parvenue au plus tard huit jours avant la date de son audition devant la formation restreinte.

Art. 47 Lorsque la formation restreinte constate que la mise en œuvre d'un traitement de données, au nombre de ceux qui intéressent la sûreté de l'État ou la défense ou de ceux relevant du titre III de la loi du 6 janvier 1978 susvisée, entraîne une violation des droits et libertés mentionnés à l'article 1er de la même loi, elle informe *(Décr. n° 2022-517 du 8 avr. 2022, art. 2)* « le mis en cause par tout moyen ».

Le *(Décr. n° 2022-517 du 8 avr. 2022, art. 2)* « mis en cause » dispose d'un délai de huit jours pour transmettre à la formation restreinte ses observations écrites sur les manquements qui ont été constatés. Ce délai est porté à sa connaissance.

Le président de la formation restreinte informe, le cas échéant, le Premier ministre de la violation constatée.

SOUS-SECTION 5 *La procédure d'injonction de produire*

(Décr. n° 2022-517 du 8 avr. 2022, art. 2)

Art. 47-1 **Lorsqu'une injonction de produire est susceptible d'être prononcée en application du IV de l'article 20 de la loi du 6 janvier 1978, le président de la commission désigne le rapporteur parmi les agents des services de la commission. Le président de la formation restreinte statue sur la base d'un rapport établi par cet agent.**

Le rapport est notifié au mis en cause et au président de la formation restreinte, par tout moyen permettant d'apporter la preuve de la date de cette notification. Le rapporteur peut proposer au président de la formation restreinte d'enjoindre au mis en cause de produire les éléments demandés et, s'il y a lieu, d'assortir son injonction d'une astreinte journalière. Le mis en cause dispose d'un délai de quinze jours pour présenter ses observations. Aucune séance n'est organisée.

Le président de la formation restreinte fixe le délai d'exécution de l'injonction et, le cas échéant, le montant de l'astreinte journalière.

Le mis en cause transmet au président de la formation restreinte, au plus tard à la date fixée dans la décision de ce dernier, les éléments attestant qu'il s'est conformé à l'injonction prononcée à son encontre.

En cas d'inexécution totale ou partielle ou d'exécution tardive, le président de la formation restreinte peut procéder à la liquidation de l'astreinte qu'il avait prononcée. Le montant de l'astreinte est liquidé en tenant compte des éléments transmis, le cas échéant, par le mis en cause et de toute autre information pertinente.

SECTION 4 ***Coopération***

COMMENTAIRE

Le RGPD a introduit une obligation de coopération entre les autorités européennes. Le considérant 123 du RGPD soulignait ce besoin de cohérence lié à l'adoption d'un texte d'application directe : « Il y a lieu que les autorités de contrôle surveillent l'application des dispositions en vertu du présent règlement et contribuent à ce que cette application soit cohérente dans l'ensemble de l'Union, afin de protéger les personnes physiques à l'égard du traitement de leurs données à caractère personnel et de faciliter le libre flux de ces données dans le marché intérieur. A cet effet, les autorités de contrôle devraient coopérer entre elles et avec la Commission sans qu'un accord doive être conclu entre les États membres sur la fourniture d'une assistance mutuelle ou sur une telle coopération ».

Cette coopération a été reprise dans la loi « Informatique et libertés » dans ses articles 24 et suivants. Le décret du 29 mai 2019 vient donc expliciter les procédures nécessaires afin de permettre cette coopération en matière répressive tant lors de la mise en demeure d'un organisme que lors de la procédure de sanction mise en œuvre par la formation restreinte (Décr. n° 2019-536 du 29 mai 2019, art. 51 s.). A noter que les article 22 (habilitations) et 30 (information) du décret précisant la procédure en matière de contrôle intègrent des dispositions spécifiques à cette coopération européenne. ❑

Art. 48 **Les articles 38 à** *(Décr. n° 2022-517 du 8 avr. 2022, art. 3)* **« 45-2 » sont applicables à la présente section.**

(Décr. n° 2022-517 du 8 avr. 2022, art. 3) **« Les sous-sections 2 et 3 s'appliquent » lorsque la Commission nationale de l'informatique et des libertés entend adopter une mesure en tant qu'autorité chef de file au sens de l'article 56 du règlement (UE) 2016/679 du 27 avril 2016 susvisé pour les opérations de traitement relevant du champ d'application de ce règlement.**

SOUS-SECTION 1 *Dispositions communes*

Art. 49 **Sous réserve des actes d'exécution adoptés par la Commission européenne en application de l'article 67 du règlement (UE) 2016/679 du 27 avril 2016 susvisé, les communications entre la Commission nationale de l'informatique et des libertés et les autres autorités de contrôle ou entre la Commission nationale de l'informatique et des libertés et le comité européen de la protection des données se font par tout moyen électronique permettant d'attester la date de réception.**

Si cette communication s'avère longue ou difficile en raison de la nature ou du volume des informations échangées, la commission transmet ces informations par tout moyen ou les tient à disposition des autres autorités de contrôle ou du comité européen de la protection des données.

Art. 50 **Lorsqu'elle notifie sa décision finale au** *(Décr. nº 2022-517 du 8 avr. 2022, art. 3)* **« mis en cause », la commission y joint, le cas échéant, la décision du comité européen de la protection des données.**

SOUS-SECTION 2 *La Commission nationale de l'informatique et des libertés en tant qu'autorité de contrôle chef de file*

Art. 51 **Le président de la commission soumet sans tarder aux autorités de contrôle concernées le projet d'avertissement prévu au I de l'article 20 de la loi du 6 janvier 1978 susvisée** *(Décr. nº 2022-517 du 8 avr. 2022, art. 3)* **« *[,]* le projet de rappel aux obligations légales ou le projet de mise en demeure prévus au II de ce même article ».**

Art. 52 **Si les objections des autorités de contrôle concernées tendent à ce que soit prononcée une mesure prévue au titre du III de l'article 20 de la loi du 6 janvier 1978 susvisée en lieu et place de la mesure initialement proposée en application du II de l'article 20 de la même loi, le président de la commission, s'il décide de suivre ces objections, désigne sans tarder un rapporteur qui instruit l'affaire en tenant compte de ces objections dans les conditions prévues** *(Décr. nº 2022-517 du 8 avr. 2022, art. 3)* **« selon la procédure applicable, aux articles 40 et 45-1 ». La formation restreinte** *(Décr. nº 2022-517 du 8 avr. 2022, art. 3)* **« *[,]* son président ou le membre qu'il a désigné à cet effet » adopte une décision finale dans les conditions prévues à l'article 56.**

Si le président de la commission n'entend pas suivre ces objections, il adresse au *(Décr. nº 2022-517 du 8 avr. 2022, art. 3)* **« mis en cause », avant de saisir le comité européen de la protection des données en application de l'article 65 du règlement (UE) 2016/679 du 27 avril 2016 susvisé, toutes les informations utiles sur le projet de décision qu'il avait préparé ainsi que les objections formulées par les autorités de contrôle concernées. Le responsable de traitement ou le sous-traitant dispose d'un délai de quinze jours, renouvelable une fois, pour faire part de ses observations, qui sont transmises au comité lors de sa saisine.**

Si la décision contraignante du comité implique l'adoption par la commission d'une mesure relevant du II de l'article 20, le président de la commission prononce *(Décr. nº 2022-517 du 8 avr. 2022, art. 3)* **« ladite mesure ». Si la décision contraignante du comité implique l'adoption par la commission d'une mesure prévue par le III de l'article 20, le président de la commission saisit la formation restreinte** *(Décr. nº 2022-517 du 8 avr. 2022, art. 3)* **« ou son président, selon la procédure retenue, dans les conditions prévues aux articles 40 et 45-1 ».**

COMMENTAIRE

Lorsque d'autres autorités sont concernées, la CNIL œuvre en plusieurs temps puisqu'elle doit communiquer son projet d'avertissement, de mise en demeure ou de rapport à ses homologues concernés puis gérer les objections éventuelles. Rappelons que la CNIL n'est pas tenue de faire droit à ses objections, notamment celles qui consisteraient au « prononcé d'une mesure relevant de la compétence de la formation restreinte en lieu et place d'une telle mise en demeure », ce qui peut entraîner la saisine du « CEPD en vue d'adopter une décision contraignante » (Délib. nº 2019-055 du 9 mai 2019, *JO 30 mai*).

Lorsque le comité européen à la protection des données (CEPD) est saisi, l'organisme concerné en est informé et peut transmettre dans un délai de quinze jours ses observations à la CNIL qui les partagera avec le comité.

Cet aménagement du contradictoire a été expressément demandé par la CNIL dans son avis du 9 mai 2019. L'autorité française a ainsi rappelé que « l'adoption d'un projet de mise en demeure du président de la CNIL – qui ne revêt pas le caractère d'une sanction – n'est pas précédée d'une phase contradictoire. Une telle phase n'existe, dans les textes internes, qu'avant le prononcé des mesures de la formation restreinte, qui peuvent revêtir un caractère répressif.

Or, ce dualisme des procédures, prévu par le droit français, n'existe pas au niveau européen. Par suite, si le CEPD est saisi, à la suite de l'objection émise par une autre autorité nationale sur un projet de mise en demeure du président de la Commission, le comité est susceptible de rendre une décision contraignante qui préempterait en tout ou partie le prononcé par la suite d'une mesure par la formation restreinte – si, par exemple, le comité estimait que les faits justifiaient le prononcé d'une sanction pécuniaire. Dès lors qu'il n'est pas prévu par le RGPD que le CEPD organise lui-même des échanges contradictoires avec les organismes incriminés, la CNIL estime que la saisine du Comité devrait, dans ce cas de figure spécifique, être précédée d'une phase contradictoire au niveau français » (Délib. n° 2019-055 *préc.*). ❑

Art. 53 **La formation restreinte** *(Décr. n° 2022-517 du 8 avr. 2022, art. 3)* **« [,] son président ou le membre qu'il a désigné à cet effet » communique aux autorités de contrôle concernées le rapport et les informations utiles mentionnés au premier alinéa de l'article 27 de la loi du 6 janvier 1978 susvisée, au plus tard** *(Décr. n° 2022-517 du 8 avr. 2022, art. 3)* **« un mois après la notification du rapport au mis en cause et au président de la formation restreinte ou au membre qu'il a désigné à cet effet.**

« Les autorités de contrôle concernées sont informées de la date de la séance de la formation restreinte prévue à l'article 40 et, le cas échéant, de la séance prévue à l'article 45-2, en même temps que le mis en cause. Elles reçoivent toute information utile, notamment les observations en défense du mis en cause. Elles sont mises en mesure d'assister à la séance par le biais d'outils de visioconférence ou communication électronique permettant leur identification, ou de prendre connaissance du procès-verbal dressé à l'issue de la séance. »

Art. 54 **La formation restreinte** *(Décr. n° 2022-517 du 8 avr. 2022, art. 3)* **« [,] son président ou le membre qu'il a désigné à cet effet » soumet sans tarder le projet de décision aux autres autorités de contrôle.**

Art. 55 **Si les objections des autorités de contrôle concernées proposent de s'écarter du projet de décision mentionné à l'article 54 par la prise en compte d'une circonstance de fait nouvelle, l'ajout d'un manquement ou une aggravation** *(Décr. n° 2022-517 du 8 avr. 2022, art. 3)* **« de la mesure correctrice proposée, la formation restreinte, son président ou le membre qu'il a désigné à cet effet rouvre l'instruction et communique sans tarder ces objections au rapporteur désigné en application des articles 22 et 22-1 de la loi du 6 janvier 1978 susvisée, afin qu'il fasse part de ses observations et, le cas échéant, modifie son rapport. Le mis en cause dispose d'un délai de quinze jours, renouvelable une fois sur décision du président de la formation restreinte ou du membre qu'il a désigné à cet effet, pour faire part de ses observations. La formation restreinte, son président ou le membre qu'il a désigné à cet effet délibère ensuite sur la prise en compte des objections.**

« S'il estime que les objections des autorités de contrôle concernées justifient l'adoption de mesures correctrices dépassant les plafonds prévus à l'alinéa 2 de l'article 22-1 de la loi du 6 janvier 1978 susvisée, le président de la formation restreinte ou le membre qu'il a désigné à cet effet interrompt la procédure simplifiée et en informe le président de la commission pour que ce dernier engage la procédure prévue aux articles 39 à 45 du présent décret. »

Si la formation restreinte *(Décr. n° 2022-517 du 8 avr. 2022, art. 3)* **« [,] son président ou le membre qu'il a désigné à cet effet » décide de rejeter les objections des autorités,** *(Décr. n° 2022-517 du 8 avr. 2022, art. 3)* **« le comité européen de la protection des données est saisi en application de l'article 65 du règlement (UE) 2016/679 du 27 avril 2016 susvisé ».**

V., infra, art. 58 (circonstances exceptionnelles).

COMMENTAIRE

Cet article 55 du 29 mai 2019 expose les conséquences lorsque les homologues de la CNIL expriment des objections à un projet de décision de la formation restreinte de la CNIL.

La première conséquence joue sur le principe du contradictoire. Ainsi, si les objections amènent à l'ajout d'un manquement ou une aggravation de la mesure, l'instruction se doit d'être rouverte. A noter que la CNIL, dans son avis du 9 mai 2019, a indiqué que « la réouverture de l'instruction n'est quant à elle nécessaire, aux fins d'assurer les droits de la défense, qu'en cas d'objection tendant à s'écarter du projet de décision dans un sens défavorable à l'organisme mis en cause, et non dans les autres cas de figure, par exemple lorsque la coopération européenne conduit à un adoucissement de la mesure envisagée. Autrement dit, les droits de la défense ne sauraient imposer systématiquement une réouverture de l'instruction » (Délib. n° 2019-055 du 9 mai 2019, *JO 30 mai*).

Pour la CNIL, il s'agit de « modalités significativement allégées de mise en œuvre du contradictoire » puisque « le seul enjeu du contradictoire, à ce stade, est le différentiel entre la proposition initiale, d'une part, et la décision la plus grave susceptible de résulter de la coopération européenne, d'autre part. Les autres aspects de la procédure ont, en revanche, déjà fait l'objet d'un contradictoire complet. De même, en cas de saisine du CEPD, celui-ci ne doit disposer que du projet de décision initial, des objections des autorités de contrôle concernées et des réponses de l'organisme à ces dernières pour se prononcer » (Délib. n° 2019-055, *préc.*).

C'est le raisonnement qui a conduit le gouvernement a opter pour un délai de quinze jours renouvelable une fois. La CNIL avait pour sa part conclu que « la nécessaire défense de l'organisme n'impose aucunement la mise en œuvre d'une procédure aussi longue et itérative que celle prévue aux articles 39 et suivants du projet de décret, sauf à prolonger de manière déraisonnable la procédure » (Délib. n° 2019-055, *préc.*).

La seconde conséquence est la saisine du CEPD en cas de rejet par la formation restreinte des objections de ses homologues, qu'elles aient pour objet la diminution ou l'aggravation du projet de décision. Cette procédure reprend le mécanisme de contrôle de la cohérence (RGPD, art. 63 s.). ❑

Art. 56 **Au terme des procédures prévues par les articles 60 et 65 du règlement (UE) 2016/679 du 27 avril 2016 susvisé, la formation restreinte** *(Décr. n° 2022-517 du 8 avr. 2022, art. 3)* **« *[,]* son président ou le membre qu'il a désigné à cet effet » arrête sa décision finale. Cette décision mentionne, le cas échéant, les échanges entre les autorités de contrôle ou avec le comité européen de la protection des données.**

SOUS-SECTION 3 *La Commission nationale de l'informatique et des libertés en tant qu'autorité de contrôle concernée*

Art. 57 **A réception d'un projet de mesure correctrice d'objet équivalent à celles définies au III de l'article 20 de la loi du 6 janvier** *[1978]* **susvisée, émis par une autorité de contrôle chef de file, le président de la formation restreinte, saisi par le président de la commission, peut soit réunir cette dernière en vue d'émettre, le cas échéant, des objections pertinentes et motivées, soit traiter le cas ou le confier à un membre de la formation restreinte désigné par lui.**

SOUS-SECTION 4 *Procédure en cas de circonstances exceptionnelles*

Art. 58 *(Décr. n° 2022-517 du 8 avr. 2022, art. 3)* **« Les délais prévus à l'article » 40 ne sont pas applicables à la procédure régissant les mesures prises en vertu du II de l'article 21 de la loi du 6 janvier 1978 susvisée.**

Par dérogation *(Décr. n° 2022-517 du 8 avr. 2022, art. 3)* **« à » l'article 40, le** *(Décr. n° 2022-517 du 8 avr. 2022, art. 3)* **« mis en cause » dispose d'un délai de huit jours pour transmettre à la formation restreinte ses observations écrites.**

Par dérogation à l'article *(Décr. n° 2022-517 du 8 avr. 2022, art. 3)* **« 40 », la convocation du** *(Décr. n° 2022-517 du 8 avr. 2022, art. 3)* **« mis en cause » doit lui être parvenue au plus tard huit jours avant la date de son audition devant la formation restreinte.**

Par dérogation à l'article 55, le délai dont dispose le *(Décr. n° 2022-517 du 8 avr. 2022, art. 3)* **« mis en cause » pour transmettre à la formation restreinte ses observations écrites est fixé à huit jours.**

Art. 59 **La formation restreinte communique la mesure provisoire adoptée ainsi que sa durée de validité, qui ne peut excéder trois mois conformément au 1 de l'article 66 du règlement (UE) 2016/679 du 27 avril 2016 susvisé, aux autorités de contrôle concernées, au comité européen de la protection des données et à la Commission**

européenne. Elle la notifie au *(Décr. nº 2022-517 du 8 avr. 2022, art. 3)* « mis en cause » par tout moyen permettant à la commission d'attester la date de notification.

Cette décision est communiquée au président de la commission et au rapporteur.

Art. 60 Le président de la formation restreinte réunit cette dernière afin qu'elle délibère au vu d'un rapport sur la nécessité d'adopter une mesure définitive. La formation restreinte peut, en la motivant, saisir le comité européen de la protection des données d'une demande *[d']*avis ou de décision.

CHAPITRE II *FORMALITÉS PRÉALABLES À LA MISE EN ŒUVRE DES TRAITEMENTS*

SECTION 1 *Dispositions générales*

Art. 61 En vue de faciliter l'accomplissement des formalités préalables à la mise en œuvre des traitements de données à caractère personnel, la commission définit des modèles de déclaration, de demande d'avis, de consultation et de demande d'autorisation et fixe la liste des annexes qui, le cas échéant, doivent être jointes.

Art. 62 Les déclarations, demandes d'avis, consultations et demandes d'autorisation sont présentées par le responsable du traitement ou par la personne ayant qualité pour le représenter. Lorsque le responsable du traitement est une personne physique ou un service, la personne morale ou l'autorité publique dont il relève doit être mentionnée.

Les déclarations, consultations et demandes sont adressées à la commission par voie électronique.

La décision par laquelle le président renouvelle ou prolonge les délais dont dispose la commission pour notifier ses avis et autorisations est notifiée au responsable du traitement par lettre remise contre signature ou par voie électronique dans les conditions fixées au deuxième alinéa de l'article L. 112-15 du code des relations entre le public et l'administration.

Art. 63 Lorsqu'une demande d'avis, d'autorisation ou une consultation est présentée pour le compte de l'État, d'une personne morale de droit public ou d'une personne morale de droit privé gérant un service public ou qu'elle fait l'objet d'un examen en séance plénière de la commission ou en bureau, une copie de la demande est transmise préalablement à toute délibération au commissaire du Gouvernement.

Celui-ci peut disposer à sa demande de la copie de toute déclaration, demande d'avis, demande d'autorisation ou toute consultation.

Les communications prévues aux deux premiers alinéas peuvent être accomplies, le cas échéant, par voie électronique.

Art. 64 Lorsqu'une déclaration, une demande d'avis, une demande d'autorisation ou une consultation fait l'objet d'un examen en séance plénière ou en bureau, le commissaire du Gouvernement présente ses observations.

Le responsable du traitement ou toute personne dont l'audition est demandée par la commission ou le commissaire du Gouvernement peut être entendu.

Art. 65 Pour l'application de l'article 33 de la loi du 6 janvier 1978 susvisée par le responsable du traitement, la commission est informée sans délai dans les conditions prévues à l'article 62 du présent décret.

COMMENTAIRE

L'article 65 du décret du 29 mai 2019 fait référence à l'obligation d'informer la Commission de toute modification ou suppression du traitement (L. nº 78-17 du 6 janv. 2019, art. 33, II). Cette information transmise « sans délai » permet à la CNIL de maintenir la liste des traitements automatisés ayant fait l'objet de formalités préalables qui est mise à disposition du public dans un format ouvert et aisément réutilisable (L. nº 78-17 du 6 janv. 2019, art. 36). ❑

SECTION 2 *Les demandes d'avis et d'autorisation*

Art. 66 La délibération portant avis, autorisation ou refus d'autorisation de la commission est notifiée par lettre remise contre signature ou par voie électronique dans les conditions fixées au deuxième alinéa de l'article L. 112-15 du code des relations entre le public et l'administration, dans un délai de huit jours, au responsable du traitement qui a présenté la demande.

Elle est transmise au commissaire du Gouvernement.

Art. 67 I. — Le dossier produit à l'appui d'une demande d'avis présentée en application des articles 31 ou 32 de la loi du 6 janvier 1978 susvisée comporte, outre les mentions prévues à l'article 33 de cette même loi, en annexe le projet d'acte autorisant le traitement, mentionné à l'article 35 de la même loi.

II. — Les demandes d'avis portant sur les traitements dont la liste est fixée en application du dernier alinéa du I de l'article 33 de la loi du 6 janvier 1978 susvisée comportent, au minimum, les mentions suivantes :

1° L'identité et l'adresse du responsable du traitement ;

2° La ou les finalités du traitement, s'il y a lieu, la dénomination du traitement ;

3° Le ou les services chargés de la mise en œuvre du traitement ;

4° Le service auprès duquel s'exerce le droit d'accès prévu aux articles 49, 105 et 119 de la loi du 6 janvier 1978 susvisée ainsi que les mesures prises pour faciliter l'exercice de ce droit ;

5° Les catégories de personnes qui, à raison de leurs fonctions ou pour les besoins du service, ont directement accès aux données enregistrées ;

6° Les destinataires ou catégories de destinataires habilités à recevoir communication des données ;

7° Le cas échéant, les interconnexions, les rapprochements ou toute autre forme de mise en relation avec d'autres traitements.

Art. 68 L'engagement de conformité à un acte réglementaire unique pris en application du IV de l'article 31 de la loi du 6 janvier 1978 susvisée est adressé à la commission dans les conditions prévues à l'article 62 du présent décret.

Art. 69 Les avis motivés de la commission émis en application des articles 31 et 32 de la loi du 6 janvier 1978 susvisée et les actes sur lesquels ils portent sont publiés à la même date par le responsable du traitement.

Art. 70 Lorsqu'un traitement fait l'objet d'un décret autorisant la dispense de publication de l'acte l'autorisant en application du III de l'article 31 de la loi du 6 janvier 1978 susvisée, le sens de l'avis émis par la commission ne peut porter que la mention "favorable", "favorable avec réserve" ou "défavorable".

Dans les cas visés au premier alinéa et pour l'application du II de l'article 36 de la loi du 6 janvier 1978 susvisée, la commission ne peut mettre à la disposition du public que le sens de son avis.

TITRE II TRAITEMENTS RELEVANT DU RÉGIME DE PROTECTION DES DONNÉES À CARACTÈRE PERSONNEL PRÉVUE PAR LE RÈGLEMENT (UE) 2016/679 DU 27 AVRIL 2016

Art. 71 Le présent titre s'applique aux traitements relevant du titre II de la loi du 6 janvier 1978 susvisée.

CHAPITRE I *DISPOSITIONS GÉNÉRALES*

SECTION 1 *Codes de conduite, règles d'entreprises contraignantes, certifications*

Art. 72 En application de l'article 40 du règlement (UE) 2016/679 du 27 avril 2016 susvisé, les associations et autres organismes représentant des catégories de responsables du traitement ou de sous-traitants soumettent un projet de code de conduite,

une modification ou une prorogation d'un code existant à la Commission nationale de l'informatique et des libertés.

La commission approuve ce projet de code, cette modification ou cette prorogation dans un délai de quatre mois à compter de la réception de la demande. Ce délai peut être prolongé de deux mois supplémentaires sur décision de son président. Lorsque la commission ne s'est pas prononcée dans ces délais, la demande est réputée rejetée.

Si la commission saisit, en application du 7 de l'article 40 du règlement (UE) 2016/679 du 27 avril 2016 susvisé, le comité européen de la protection des données mentionné à l'article 68 du même règlement, les délais prévus au deuxième alinéa sont suspendus jusqu'à la notification de l'avis rendu par ce comité ou, le cas échéant, de la décision prise par la Commission européenne, en application des règles relatives au mécanisme de contrôle de la cohérence. La commission informe le demandeur de cette saisine et des suites de celle-ci.

V., infra, art. 127 (transfert de données).

Art. 73 Lorsque la Commission nationale de l'informatique et des libertés est saisie d'une demande d'approbation de règles d'entreprises contraignantes mentionnées à l'article 47 du règlement (UE) 2016/679 du 27 avril 2016 susvisé, elle communique un projet de décision au comité européen de la protection des données mentionné à l'article 68 du même règlement dans un délai de six mois. Ce délai peut être prolongé de deux mois supplémentaires sur décision de son président. La commission informe le demandeur de cette transmission.

Après réception de l'avis du comité européen de la protection des données en vertu de l'article 64 du règlement (UE) 2016/679 du 27 avril 2016 susvisé ou, le cas échéant, après la mise en œuvre de la procédure de règlement des litiges par le comité en application de l'article 65 du même règlement, la commission se prononce sur la demande dans un délai d'un mois. Lorsque la commission ne s'est pas prononcée dans ce délai, la demande est réputée rejetée.

COMMENTAIRE

L'article 73 du décret du 29 mai 2019 précise la nouvelle procédure en matière d'adoption des règles d'entreprises contraignantes (BCR pour *Binding Corporate Rules* en anglais), notamment les nouveaux délais en vigueur. Ainsi, la CNIL doit saisir le comité européen à la protection des données (CEPD) dans un délai de six mois, pouvant être prolongé de deux mois sur décision de son président. La CNIL avait précisé dans son avis du 21 juin 2018 que le délai ne s'appliquait qu'« à compter de la réception d'une demande complète et lorsque la Commission agit en tant qu'autorité chef de file » (Délib. n° 2018-284 du 21 juin 2018, *JO 3 août*).

Conformément au mécanisme de contrôle de la cohérence, le CEPD doit se prononcer quant à lui dans un délai de huit semaines, pouvant être « prolongé de six semaines en fonction de la complexité de la question » (RGPD, art. 64).

Une fois l'avis du CEPD rendu, la CNIL délibère sur la demande dans un délai d'un mois. L'absence de réponse dans ce délai équivaut à un rejet de la demande. ❑

Art. 74 I. — Lorsque qu'elle *[Lorsqu'elle]* **envisage d'élaborer ou d'approuver les critères des référentiels de certification et d'agrément mentionnés au *h* du 2° du I de l'article 8 de la loi du 6 janvier 1978 susvisée, la Commission nationale de l'informatique et des libertés se prononce, en fonction notamment du domaine d'activité et de l'objet du référentiel de certification, sur les modalités de certification et d'agrément retenues parmi celles définies au présent article.**

La commission peut décider de délivrer elle-même les certifications ou d'en laisser le soin à des organismes tiers.

Lorsque la certification est délivrée par des organismes tiers, la commission détermine, en fonction du domaine d'activité et de l'objet du référentiel de certification, si elle agrée directement ces organismes certificateurs ou si cet agrément peut être délivré par l'organisme national d'accréditation mentionné au *b* du 1 de l'article 43 du règlement (UE) 2016/679 du 27 avril 2016 susvisé. Dans ce dernier cas, la commission saisit l'organisme national d'accréditation qui réalise une étude de faisabilité de l'agrément des organismes certificateurs potentiellement concernés. Une conven-

tion fixe les modalités de coopération entre la commission et l'organisme national d'accréditation.

II. — Le contenu du dossier des demandes de certification et d'agrément présentées à la commission dans le cadre du I est fixé par la délibération arrêtant les critères de certification ou d'agrément.

La commission se prononce dans un délai de quatre mois à compter de la réception d'une demande complète. Ce délai peut être prolongé de deux mois supplémentaires sur décision de son président. Lorsque la commission ne s'est pas prononcée dans ces délais, la demande est réputée rejetée.

Si la commission saisit, en application du 3 de l'article 43 du règlement (UE) 2016/679 du 27 avril 2016 susvisé, le comité européen de la protection des données mentionné à l'article 68 du même règlement, les délais prévus au deuxième alinéa sont suspendus jusqu'à notification de son avis ou, le cas échéant, de sa décision conformément au 6 de l'article 65 du règlement susvisé. La commission informe le demandeur de cette saisine et des suites de celle-ci.

Le contenu des dossiers de demandes présentées à l'organisme national d'accréditation dans le cadre du I, et les conditions de leur traitement, intégrant les exigences supplémentaires fixées, le cas échéant, par la commission, sont définies *[définis]* par le règlement d'accréditation de l'organisme national d'accréditation. Cette accréditation tient lieu d'agrément.

III. — Les certifications sont délivrées pour une durée précisée par chaque référentiel de certification et qui ne saurait être supérieure à trois ans.

Les organismes de certification sont agréés pour une durée de cinq ans maximum renouvelable dans des conditions fixées par le règlement intérieur de la commission ou, selon le cas, par le règlement d'accréditation de l'organisme national d'accréditation.

V., infra, art. 127 (transfert de données).

Art. 75 Si la commission saisit le Comité européen de la protection des données mentionné à l'article 68 du règlement (UE) 2016/679 du 27 avril 2016 susvisé en dehors des délais prévus aux articles 72 à 74 du présent décret, elle rend une décision au plus tard un mois après la notification de la décision du comité.

SECTION 2 *Dispositions relatives aux traitements de données à caractère personnel relatives aux condamnations pénales, aux infractions ou aux mesures de sûreté connexes*

Art. 76 En application du 1° de l'article 46 de la loi du 6 janvier 1978 susvisée, sont autorisés à mettre en œuvre les traitements de données à caractère personnel relatives aux condamnations pénales, aux infractions ou aux mesures de sûreté connexes :

1° *a)* Jusqu'à l'entrée en vigueur du II et du VII de l'article 42 de la loi du 23 mars 2019 susvisée selon les conditions précisées au XI de son article 109, les associations d'aide aux victimes conventionnées par le ministère de la Justice ;

b) Après l'entrée en vigueur du II et du VII de l'article 42 de la loi du 23 mars 2019 susvisée selon les conditions précisées au XI de son article 109, les associations d'aide aux victimes agréées par le ministère de la Justice ;

2° Les associations d'aide à la réinsertion des personnes placées sous-main de justice mentionnées à *(Décr. n° 2022-479 du 30 mars 2022, art. 15, en vigueur le 1er mai 2022)* « l'article L. 111-1 du code pénitentiaire », dans le respect de leur objet social ;

3° Les établissements et services mentionnés aux 2° du I de l'article L. 312-1 du code de l'action sociale et des familles au titre de leur mission d'accompagnement médico-social ;

4° Les établissements et services mentionnés aux 4° et 14° du I de l'article L. 312-1 du code de l'action sociale et des familles ;

5° Les lieux de vie et d'accueil mentionnés au III de l'article L. 312-1 du code de l'action sociale et des familles ;

(Décr. n° 2021-682 du 27 mai 2021, art. 5) « 6° Les établissements de santé et les établissements médico-sociaux mentionnés à l'article L. 112-11 du code de la justice pénale des mineurs » ;

7° Les institutions ou les établissements publics ou privés *(Décr. n° 2021-682 du 27 mai 2021, art. 5)* **« [,] d'enseignement ou de formation professionnelle, habilités et les internats scolaires mentionnés à l'article L. 122-5 du code de la justice pénale des mineurs » ;**

(Décr. n° 2021-682 du 27 mai 2021, art. 5) **« 8° Les structures habilitées mentionnées à l'article L. 112-6 du code de la justice pénale des mineurs » ;**

9° Les mandataires judiciaires à la protection des majeurs mentionnés à l'article L. 471-1 du code de l'action sociale et des familles.

CHAPITRE II *DROITS DE LA PERSONNE CONCERNÉE*

SECTION 1 *Dispositions générales*

Art. 77 **Lorsque la personne concernée forme une demande, y compris par voie électronique, tendant à la mise en œuvre des droits prévus aux articles 48, 49, 50, 51, 53, 54, 55 et 56 de la loi du 6 janvier 1978 susvisée, elle justifie de son identité par tout moyen. Elle peut exercer ses droits en utilisant des données d'identité numériques lorsque ces données sont nécessaires et estimées suffisantes par le responsable du traitement pour authentifier ses utilisateurs.**

Lorsque le responsable du traitement ou le sous-traitant a des doutes raisonnables quant à l'identité de cette personne, il peut demander les informations supplémentaires apparaissant nécessaires, y compris, lorsque la situation l'exige, la photocopie d'un titre d'identité portant la signature du titulaire.

Les délais prévus au 3 de l'article 12 du règlement (UE) 2016/679 du 27 avril 2016 susvisé sont suspendus lorsque le responsable du traitement ou le sous-traitant a sollicité des informations supplémentaires nécessaires pour identifier la personne concernée.

Lorsqu'il existe un doute raisonnable sur l'identité du demandeur ou sur l'adresse postale à laquelle la personne concernée a demandé la transmission par écrit d'informations la concernant, la réponse peut être expédiée sous pli recommandé sans avis de réception, la vérification de l'adresse et de l'identité s'effectuant lors de la délivrance du pli.

Lorsque le responsable du traitement, le sous-traitant ou le délégué à la protection des données n'est pas connu du demandeur, celui-ci peut adresser sa demande au siège ou à l'adresse électronique fonctionnelle de la personne morale, de l'autorité publique, du service ou de l'organisme dont le traitement relève. La demande est transmise immédiatement au responsable du traitement.

La demande peut être également présentée par une personne spécialement mandatée à cet effet par le demandeur, si celle-ci justifie de son identité et de l'identité du mandant, de son mandat ainsi que de la durée et de l'objet précis de celui-ci. Le mandat doit également préciser si le mandataire peut être rendu destinataire de la réponse du responsable du traitement ou du sous-traitant.

COMMENTAIRE

Les personnes concernées qui exercent leurs droits en vertu du RGPD n'ont pas à transmettre systématiquement un titre justifiant de leur identité. Celui-ci ne saurait être demandé par l'organisme en l'absence d'un doute raisonnable quant à l'identité. Ce qu'a confirmé la CNIL : « la sollicitation systématique d'une pièce d'identité peut constituer un frein à l'exercice des droits des personnes, notamment dans le cadre des traitements liés aux activités en ligne, dès lors qu'elle aboutit à requérir des personnes concernées un niveau d'authentification plus forte en cas d'exercice de leurs droits que dans le cadre de leur utilisation du service. En outre, une telle exigence systématique pourrait conduire le responsable du traitement à traiter des données excessives au regard des finalités poursuivies, en méconnaissance du principe de minimisation des données » (Délib. n° 2018-284 du 21 juin 2018, *JO 3 août*). L'article 77 du décret permet d'encadrer la pratique du mandat, ce que la CNIL souhaitait. En effet, la CNIL dans son avis s'est montré favorable au recours au mandat permettant de « favoriser l'exercice des droits des personnes concernées, et notamment des personnes placées dans des situations particulières (personnes vulnérables ou peu au fait des pratiques numériques, par exemple) ». Toutefois, la CNIL demeure vigilante face à « certaines sociétés spécialisées dans la récupération de données qui recourent déjà largement à de tels mandats pour obtenir la communication de données à caractère personnel, au nom des personnes concernées, auprès de responsables du traitement ce qui suscite des interrogations de ces derniers » (Délib. n° 2019-055 du 9 mai 2019, *JO 30 mai*). ❑

Délibération n° 2021-070 du 27 mai 2021,

Portant adoption d'une recommandation relative à l'exercice des droits par l'intermédiaire d'un mandataire.

La Commission nationale de l'informatique et des libertés,

Vu le règlement (UE) 2016/679 du Parlement européen et du Conseil du 27 avril 2016 relatif à la protection des personnes physiques à l'égard du traitement des données à caractère personnel et à la libre circulation de ces données, et abrogeant la directive 95/46/CE ("RGPD") ;

Vu la directive (UE) 2015/2366 du Parlement européen et du Conseil du 25 novembre 2015 concernant les services de paiement dans le marché intérieur, modifiant les directives 2002/65/CE, 2009/110/CE et 2013/36/UE et le règlement (UE) n° 1093/2010, et abrogeant la directive 2007/64/CE ("DSP2") ;

Vu le règlement délégué (UE) 2018/389 de la Commission du 27 novembre 2017 complétant la directive (UE) 2015/2366 du Parlement européen et du Conseil par des normes techniques de réglementation relatives à l'authentification forte du client et à des normes ouvertes communes et sécurisées de communication ;

Vu la loi n° 78-17 du 6 janvier 1978 modifiée relative à l'informatique, aux fichiers et aux libertés ;

Vu le décret n° 2019-536 du 29 mai 2019 pris pour l'application de la loi n° 78-17 du 6 janvier 1978 relative à l'informatique, aux fichiers et aux libertés ;

Après avoir entendu le rapport de Mme Anne DEBET, commissaire, et les observations de M. Benjamin TOUZANNE, commissaire du Gouvernement,

Formule les observations suivantes :

1. La présente recommandation vise à proposer des modalités pratiques d'exercice des droits conférés par le RGPD par le biais de personnes physiques ou morales (les mandataires) mandatées par les personnes souhaitant exercer ces droits (les mandants) auprès d'organismes détenant ces données (les responsables de traitement détenteurs des données).

2. Cette recommandation, notamment les exemples qui y sont proposés, n'est ni prescriptive ni exhaustive et a pour objectif d'aider les mandataires et responsables de traitement dans leur démarche de mise en conformité. D'autres méthodes pour la mise en œuvre de l'exercice de droits par l'intermédiaire de mandataires peuvent être envisagées si elles sont conformes aux textes en vigueur.

Article 1er
Périmètre de la recommandation

1.1 — Normes juridiques et droits concernés

3. L'article 77 du décret d'application de la loi n° 78-17 du 6 janvier 1978 relative à l'informatique, aux fichiers et aux libertés (ci-après loi "Informatique et Libertés") prévoit qu'une demande d'exercice des droits (information, accès, rectification, effacement, limitation du traitement, portabilité et/ou opposition) peut être présentée par une personne spécialement mandatée à cet effet par le demandeur, si celle-ci justifie de son identité et de l'identité du mandant, de son mandat, ainsi que de la durée et de l'objet précis de celui-ci.

4. Les exemples donnés dans la recommandation sont plus spécifiquement relatifs à l'exercice du droit à la portabilité (article 20 du RGPD) et du droit d'accès (article 15 du RGPD). Toutefois, la Commission invite les mandataires qui choisiraient de proposer des services d'exercice d'autres droits conférés par le RGPD à se référer également à la présente recommandation, pour les parties qui s'appliqueraient à leur activité.

1.2 — Traitements et acteurs concernés

5. La recommandation concerne tous les traitements, tels que définis par l'article 4 du RGPD, qui sont mis en œuvre dans le cadre d'une demande d'exercice de droits par le biais d'un mandataire.

6. Une demande d'exercice de droits par le biais d'un mandataire se déroule en général en six, voire sept étapes :
— la création d'une relation contractuelle entre la personne concernée (le mandant) et le mandataire ;
— l'établissement d'un mandat spécifique ;
— la transmission par le mandataire de la demande d'exercice de droits au responsable de traitement ;
— la transmission des données par le responsable de traitement à la personne concernée ou au mandataire ;
— la transmission des données par le mandataire à la personne concernée, ou à un autre responsable de traitement ;
— le cas échéant, la conservation par le mandataire des données ainsi obtenues dans un espace accessible à la personne concernée ;
— l'éventuelle réutilisation de ces données par le mandataire.

7. La recommandation concerne, en premier lieu, l'ensemble des responsables de traitement détenteurs des données qui reçoivent des demandes d'exercice des droits par le biais de mandataires.

8. Ces responsables peuvent être des entités publiques ou privées pouvant être soumises à des réglementations sectorielles particulières venant préciser certaines caractéristiques de leurs traitements.

9. Concernant l'interaction entre les dispositions de la DSP2 relatives aux conditions de mise en œuvre de certains traitements de données à caractère personnel et les dispositions du RGPD, si une demande est adressée à un prestataire gestionnaire de compte par un prestataire d'information sur les comptes, les modalités d'accès et de transmission de ces données sont celles prévues par la DSP2. Elles impliquent notamment l'exigence d'un agrément délivré par l'ACPR et le respect d'obligations spécifiques en matière de sécurité.

10. L'article L. 314-1 du code monétaire et financier liste les services de paiement soumis à cette réglementation, dont le service d'information sur les comptes. Ce dernier est défini comme un service en ligne consistant à fournir des informations consolidées concernant un ou plusieurs comptes de paiement détenus par l'utilisateur de services de paiement, soit auprès d'un autre prestataire de services de paiement, soit auprès de plus d'un prestataire de services de paiement. Cette restitution implique un traitement dépassant la simple transmission de données brutes. Un organisme souhaitant fournir un tel service est donc tenu de respecter les modalités d'accès et de transmission prévues par la DSP2, et ne peut exercer à cette fin les droits prévus par le RGPD, tels que le droit à la portabilité ou le droit d'accès.

11. Il est en revanche possible pour un mandataire, même lorsque ce dernier est par ailleurs prestataire de service d'information sur les comptes, d'exercer les droits d'accès et de portabilité prévus par le RGPD, en qualité de mandataire, auprès d'un prestataire gestionnaire de compte, si la DSP2 n'a pas vocation à s'appliquer à cette opération. Ce serait par exemple le cas si l'accès aux données est réalisé dans le cadre de la fourniture d'un service non soumis à la DSP2, ou si les données auxquelles on accède ne proviennent pas d'un compte de paiement au sens de la DSP2.

12. En tout état de cause, les traitements de données à caractère personnel mis en œuvre par ces organismes sont soumis au respect du RGPD, qu'ils soient ou non opérés dans le cadre de la fourniture des services soumis à la DSP2.

13. Enfin, la recommandation ne vise pas les services mis à disposition par des acteurs proposant des outils facilitateurs d'exercice de droit (par exemple, ceux fournissant une plateforme sur laquelle les personnes concernées ont accès à des demandes prérédigées qu'elles envoient elles-mêmes), ou ceux qui jouent le rôle de connecteurs et de facilitateurs de transmission dans le cadre d'une demande de portabilité sans exercer ces droits au nom et pour le compte des personnes concernées.

Article 2
Qualification des rôles et responsabilités

14. Les acteurs doivent effectuer une analyse préalable quant à la qualification de leur rôle, notamment à la lumière de la jurisprudence de la Cour de justice de l'Union européenne et

des documents publiés par le Comité européen sur la protection des données (CEPD) sur la notion de responsable de traitement et de sous-traitant.

15. Chaque acteur, qu'il soit un responsable de traitement recevant une demande d'exercice de droit ou un mandataire mandaté par la personne concernée, est un responsable de traitement distinct, à moins que les acteurs déterminent ensemble les moyens et les finalités du traitement : dans ce cas spécifique, une responsabilité conjointe peut être retenue.

Article 3

L'entrée en relation contractuelle entre la personne concernée et le mandataire

16. Comme dans toute entrée en relation contractuelle entre un organisme et une personne concernée recourant aux services de ce dernier, plusieurs traitements sont nécessaires à l'exécution du contrat auquel la personne concernée est partie au sens de l'article 6 du RGPD. Dans ce cadre contractuel, le mandataire joue son rôle d'intermédiaire entre la personne concernée et les responsables de traitement auprès desquels cette dernière souhaite exercer ses droits. L'exercice des droits nécessite notamment de prouver que la personne est bien titulaire des droits qu'elle entend exercer, c'est-à-dire qu'elle est bien la personne connue par le responsable de traitement auprès duquel la demande est formulée. L'article 77 du décret dispose que la personne concernée justifie de son identité par tout moyen, et notamment en utilisant des données d'identité numériques lorsque ces données sont nécessaires et estimées suffisantes par le responsable du traitement pour authentifier ses utilisateurs. Le mandataire ne pourra donc collecter et transmettre que les données d'authentification ou d'identification pertinentes, ce qui ne nécessite pas un traitement systématique de justificatifs de l'identité régalienne. L'article 77 du décret précise par ailleurs que la photocopie d'un titre d'identité portant la signature du titulaire ne peut être demandée qu'en cas de doutes raisonnables quant à l'identité de cette personne, lorsque la situation l'exige.

17. Si le mandataire estime qu'il doit s'assurer de l'identité de la personne concernée avant d'entrer en relation commerciale avec elle, la Commission rappelle que la consultation d'un justificatif suffit généralement, sans que cette donnée soit nécessairement stockée. Toutefois, sur le fondement de son intérêt légitime, le mandataire peut exceptionnellement conserver les données permettant de justifier de l'identité de la personne concernée afin d'anticiper les cas spécifiques où le responsable de traitement aurait des doutes raisonnables sur l'identité de la personne, à condition que ces données soient pertinentes au regard de la vérification opérée. Dans l'hypothèse où la personne concernée serait connue par le responsable de traitement sous son identité régalienne, et que le mandataire souhaiterait en conserver un justificatif, la Commission recommande de déployer des mesures de sécurité renforcées, telles que :

— la conservation sous une forme adaptée, par exemple, en limitant la qualité de l'image numérisée, en intégrant un filigrane comportant la date de collecte et l'identité du responsable de traitement ou en mettant en place des mécanismes de chiffrement des pièces d'identité numérisées ;

— une gestion stricte des habilitations (accès uniquement aux contrôleurs de gestion ou service de recouvrement, par exemple) ;

— la mise en place de mécanismes d'authentification des utilisateurs ;

— la mise en place d'un système de journalisation des accès aux pièces d'identité, conservant pendant une durée de six mois glissants l'identifiant du salarié ayant accédé à une pièce d'identité, la référence interne de la pièce d'identité consultée, ainsi que l'horodatage de la consultation, associée à des mécanismes d'analyse automatiques afin de détecter des accès non autorisés ; et

— l'utilisation d'un logiciel spécialisé de destruction des données lors de leur suppression.

Article 4

Sur l'établissement du mandat et sur son contenu

18. Conformément à l'article 77 du décret, le mandataire doit être "spécialement mandaté" par la personne concernée ; la durée et l'objet précis du mandat doivent être spécifiés et le mandataire doit être en mesure de justifier de son mandat.

19. Bien que certains aspects d'une demande d'exercice de droits par le biais d'un mandataire puissent être traités dans le cadre de conditions générales d'utilisation (comme par exemple la durée de conservation, les droits que le mandataire propose d'exercer par son intermédiaire, etc.), la Commission estime qu'une telle clause générale semble insuffisante

pour répondre au caractère spécifique du mandat en ce qui concerne (i) les données visées par la demande ; (ii) le responsable de traitement destinataire de la demande ; (iii) les données d'identification transmises au responsable de traitement ; (iv) les droits exercés ; et (v) la durée du mandat. La Commission tient à la disposition des mandataires sur son site web un exemple de mandat-type, auquel les mandataires ainsi que les responsables de traitement détenteurs de données peuvent se référer.

20. Les responsables de traitement auxquels les demandes sont adressées ne doivent pas procéder à la transmission des données sans s'être assurés au préalable de leur validité : il leur incombe de s'assurer de l'identité de la personne concernée et de la véracité du mandat.

21. La Commission recommande au mandataire de s'assurer que le mandat contienne tous les éléments permettant (i) d'identifier le titulaire du droit exercé et la personne à l'origine de la demande, en cas de représentation légale de la personne concernée ; (ii) de s'assurer de l'authenticité du mandat ; (iii) d'identifier le destinataire à qui les données doivent être transmises (à savoir la personne concernée, le mandataire ou l'éventuel nouveau responsable de traitement dans le cadre du transfert direct, permis par le droit à la portabilité) ; et (iv) d'identifier le responsable de traitement auprès duquel les droits doivent être exercés.

22. Dans l'hypothèse où le mandataire exerce les droits de la personne concernée auprès de plusieurs responsables de traitement, la Commission recommande qu'un contrat de mandat propre à chaque responsable de traitement soit conclu afin d'éviter que le mandat ne contienne des informations non nécessaires ou non pertinentes telles que des informations d'identification uniquement valables auprès d'un responsable de traitement ou que ne soit pas révélé à un responsable de traitement l'identité d'un autre responsable détenant les données à caractère personnel de la personne concernée.

23. Enfin, le mandataire doit porter une attention particulière au respect du principe de minimisation des données, en vertu de l'article 5 du RGPD. Le mandataire doit ainsi procéder à une analyse en amont en vue de s'assurer de la pertinence des données transmises dans le mandat au responsable de traitement. Dans cette perspective, la Commission propose que les mandataires se réfèrent aux paragraphes ci-dessous, ainsi qu'au mandat-type mis en ligne sur le site web de la Commission.

4.1 — Les données permettant au responsable de traitement d'identifier la personne concernée

24. La Commission recommande de laisser dans le mandat le champ libre à la personne concernée afin qu'elle renseigne elle-même les données qu'elle considère comme pertinentes pour permettre au responsable de traitement de l'identifier (identifiant, date de naissance, date de dernière connexion, par exemple). Le mandataire, dans son rôle d'intermédiaire, peut conseiller la personne concernée quant aux informations permettant au responsable de traitement de l'identifier, afin que ne soient collectées et transmises que des informations pertinentes et nécessaires.

25. A cet égard, le mandat devrait rappeler à la personne concernée que sa pièce d'identité ne devrait être transmise à l'appui de la demande que si le responsable de traitement la connait sous son identité régalienne (par exemple, dans le cadre d'une relation avec une banque). Si le responsable de traitement connaît la personne sous un pseudonyme, la transmission de la pièce d'identité avec la demande de mandat pourrait ne pas être justifiée.

4.2 — Les données permettant au responsable de traitement de s'assurer de l'authenticité, de l'étendue et de la durée du mandat

26. Dans la mesure où il incombe au responsable de traitement détenteur des données de s'assurer de l'authenticité du mandat, il est recommandé que des mesures lui permettant de mettre en œuvre cette obligation soient prises en amont par les mandataires.

27. Dans certains cas, le recours à la signature électronique simple peut être envisagé afin de vérifier l'identité et la volonté de la personne concernée d'établir le mandat. Cette signature pourrait également permettre de garantir que le mandat n'a subi aucune modification depuis sa signature par la personne concernée.

28. Le responsable de traitement doit également être en mesure d'identifier, à travers le mandat, les données faisant l'objet de la demande, la nature des droits exercés et la durée du mandat.

29. La Commission recommande que le mandat invite expressément la personne concernée à préciser sa demande avec, par exemple, les catégories de données faisant l'objet de l'exercice

du droit (par exemple, toutes les données relatives à ses interactions avec le service client), les finalités du traitement (par exemple, toutes les données collectées pour faciliter le paiement), le service fourni par le responsable de traitement (par exemple, un service de billetterie) ou encore par droit qu'elle souhaite exercer (si le mandataire le propose parmi ses services).

30. Enfin, la durée du mandat doit être indiquée, ce qui implique que l'échéance à laquelle le mandat prend fin doit être déterminée ou déterminable. Ainsi, la Commission considère qu'un mandat établi pour une durée indéfinie ne répond pas à l'exigence de l'article 77 du décret. Par exemple, les missions devant être accomplies par le mandataire peuvent être précisément listées, et il peut être prévu que l'accomplissement de ces dernières entraînera la résiliation automatique du mandat, notamment à la réception des données dans le cadre de l'exercice d'un droit à la portabilité des données. Par ailleurs, la Commission rappelle qu'en application de l'article 2004 du code civil, la personne concernée a le droit de révoquer le mandat à tout moment. La Commission recommande que, lorsque le mandat se renouvelle tacitement, la personne concernée en soit informée et puisse user de son droit de rétractation à tout moment. Lorsque la personne révoque son mandat, l'exercice des droits par le biais du mandataire doit cesser. Ce dernier doit donc notifier les responsables de traitement auprès desquels des demandes d'exercice des droits ont été adressées et qui sont toujours en cours de traitement, sans préjudice de l'éventuelle information de cette révocation à l'initiative de la personne concernée elle-même.

4.3 — Les données permettant au responsable de traitement d'identifier les destinataires des données

31. Le mandat doit expressément préciser si le mandataire peut être rendu destinataire des données, conformément à l'article 77 du décret. Pour assurer une transmission fluide des données, l'adresse (postale ou électronique) vers laquelle les données peuvent être acheminées peut également être précisée, de même que tout autre moyen technique permettant que les données soient reçues et utilisables au plus vite par l'entité destinataire, comme une clef d'accès à une interface de programmation d'application ("*application programming interface*" ou API) ou encore une URL dédiée, dès lors que la transmission par ces moyens s'opère de manière sécurisée et que leur utilisation par le responsable du traitement ne nécessite pas d'efforts additionnels.

32. Dans les cas où le destinataire des données n'est pas précisé dans le mandat, la Commission recommande que les données soient transmises par défaut à la personne concernée.

Article 5

Sur les demandes d'exercice de droit par voie électronique

33. L'article 12 alinéa 3 du RGPD prévoit que lorsque la personne concernée présente sa demande sous une forme électronique, les informations sont fournies par voie électronique si cela est possible, à moins que la personne concernée ne demande qu'il en soit autrement. Si cela est techniquement faisable, la Commission recommande que le mandataire offre à la personne concernée la possibilité de choisir le canal par lequel elle souhaite exercer sa demande (c'est-à-dire par voie postale ou par voie électronique), sachant que la voie électronique peut être considérée comme la voie par défaut.

5.1 — Les demandes d'exercice de droit via l'utilisation d'une API

34. Les demandes d'exercice de droit par le biais d'un mandataire peuvent être réalisées par le biais d'une interface de programmation d'application.

35. Les API permettent de réduire considérablement la charge des responsables de traitement dans le traitement des demandes d'exercice de droits. La Commission encourage ainsi les responsables de traitement détenteurs de données et les mandataires à avoir recours à cette technique, notamment lorsqu'ils doivent traiter une quantité importante de demandes d'exercice de droits.

36. Par ailleurs, quand les responsables de traitement fournissent un accès par API, la Commission recommande que l'accès à l'API soit stable, que celle-ci ait un niveau de disponibilité élevé, et que des mesures de sécurité adaptées aux risques soient mises en œuvre.

37. Le recours à une API peut être particulièrement pertinent si une mise à jour régulière des données est nécessaire pour que le mandataire puisse fournir le service à la personne

concernée (par exemple, dans le cadre d'un service d'alerte à l'arrivée d'une nouvelle facture téléphonique).

38. Enfin, lorsque des API sont développées afin de se conformer aux exigences du règlement délégué (UE) 2018/389, la Commission encourage les acteurs assujettis à la DSP2 à étendre leur usage aux données n'entrant pas dans le champ de la DSP2, afin de pouvoir répondre de manière sécurisée et avec plus de fluidité aux demandes d'exercice des droits qu'ils pourraient recevoir.

5.2 — Les demandes d'exercice de droit via l'utilisation de la technique d'aspiration de données ("*scraping*")

39. Les mandataires peuvent solliciter auprès de la personne concernée ses identifiant et mot de passe en vue d'extraire des données la concernant accessibles depuis le site du responsable de traitement (technique dite d'aspiration de données ou "*scraping*").

40. L'utilisation des données d'authentification avec l'accord de la personne concernée dans cette optique n'est pas interdite par principe par le RGPD.

41. Toutefois, compte tenu des risques importants qu'elle comporte pour les personnes concernées, notamment au regard de la préservation du niveau de sécurité apporté par les mécanismes d'authentification reposant sur l'utilisation de mots de passe, le recours à cette technique devrait être strictement limité et systématiquement soumis au recueil d'un consentement valable de la personne concernée (c'est-à-dire libre d'être donné ou refusé, indépendamment de la conclusion du mandat et susceptible d'être retiré à tout moment).

42. De même, le mandataire deviendrait dans cette hypothèse responsable des traitements des données permettant l'authentification de la personne concernée, et serait alors tenu de mettre en œuvre les mesures techniques et organisationnelles appropriées afin de garantir un niveau de sécurité adapté au risque.

43. Le premier cas d'usage est celui dans lequel le responsable de traitement permet l'accès aux données par aspiration en l'indiquant de manière univoque dans sa réponse à la demande qui lui est adressée. Dans ce cas, le responsable du traitement et le mandataire sont tenus d'adapter les mesures de sécurité et devraient, en amont de l'exercice du droit d'accès, procéder à une analyse de risques afin de mettre en œuvre les mesures de sécurité adéquates afin que ces risques soient maîtrisés.

44. Par exemple, ces mesures peuvent consister en la mise en place d'une authentification dédiée au mandataire permettant son identification et une traçabilité des accès, la mise à disposition d'une version dégradée du site contenant uniquement les informations auxquelles le mandataire peut avoir accès, ou l'usage d'un mot de passe temporaire et dédié au mandataire sur le compte utilisateur.

45. Le second correspond au cas où un responsable de traitement ne répond pas à une demande effectuée à plusieurs reprises, au-delà des délais prévus par le RGPD.

46. Dans cette hypothèse, la Commission recommande que le mandataire mette en place les dispositifs suivants : (i) la personne concernée a été pleinement informée des risques encourus dans le cadre du recueil de son consentement ; (ii) le responsable de traitement a été prévenu en amont qu'une aspiration va être mise en œuvre avec les informations lui permettant d'identifier les accès par le mandataire (telles que l'adresse IP de ce dernier, la date, l'heure et la durée de sa connexion, etc.) ; (iii) le mandataire est en mesure de fournir un mandat valide au responsable de traitement si ce dernier en fait la demande, et ce, même si les données ont déjà été collectées ; (iv) le mandataire ne collecte pas de données dont il n'a pas à connaître au regard du mandat, notamment en permettant au mandant de vérifier, de rectifier ou supprimer tout ou partie des données collectées par ce biais ; et (v) le mot de passe utilisé ordinairement par l'utilisateur n'est pas transmis au mandataire. A cette fin, les mandataires devraient mettre en place un système permettant que l'aspiration soit réalisée via le navigateur de la personne concernée (par exemple, par une extension spécifique dans le navigateur). A défaut, la Commission recommande au mandataire d'informer la personne concernée de la nécessité de changer son mot de passe pour en créer un temporaire permettant d'accéder à son compte, puis de le modifier à nouveau une fois cet accès réalisé par le mandataire.

47. La Commission recommande en tout état de cause que, dans l'hypothèse exceptionnelle où le mandataire utilise un mot de passe, dédié ou temporaire, celui-ci ne soit accessible à aucun membre de son personnel et soit supprimé immédiatement après l'accès aux données.

Si l'aspiration est utilisée de manière récurrente, le mandataire doit informer régulièrement la personne de l'existence de cet accès et lui demander de confirmer son souhait de poursuivre la collecte.

48. La Commission rappelle également que les mandataires envisageant de recourir à cette technique d'aspiration des données ne peuvent exiger la désactivation de mesures de sécurité légitimes mises en place par les responsables de traitement, telles que les systèmes de blocage d'accès aux contenus par des robots comme l'usage de "*captchas*" ou de système de suspension d'accès à certaines adresses IP représentant un risque de sécurité avéré.

Article 6

Sur la réponse apportée par le responsable de traitement à la demande d'exercice de droits

49. La Commission encourage les acteurs à collaborer autant que possible afin de faciliter l'exercice des droits des personnes et leur rappelle qu'ils ne peuvent créer de conditions additionnelles, dépourvues de fondement juridique, qui feraient obstacle à l'aboutissement d'une demande d'exercice de droit.

6.1 — Sur la prorogation du délai de réponse lorsqu'une demande est complexe

50. Conformément à l'article 12 alinéa 3 du RGPD, le responsable du traitement doit informer la personne sur les mesures prises pour répondre à sa demande, dans les meilleurs délais et en tout état de cause dans un délai d'un mois à compter de la réception de la demande. Au besoin, ce délai peut être prolongé de deux mois compte tenu de la complexité et du nombre de demandes.

51. Le responsable de traitement doit être en mesure de démontrer la complexité de la demande ; le simple fait qu'une demande est exercée par le biais d'un mandataire ne suffit pas à proroger automatiquement le délai de réponse.

52. Le mandataire devrait jouer pleinement son rôle d'intermédiaire entre le responsable de traitement et la personne concernée. Par exemple, si le responsable de traitement accuse réception de la demande, confirme sa prise en compte (notamment dans le cas d'une demande de rectification ou de suppression) ou s'il répond en informant qu'une prolongation de deux mois est nécessaire, le mandataire devrait transmettre ces informations à la personne concernée. A cet égard, la Commission recommande que la personne concernée puisse suivre l'avancement de la mission du mandataire, et ce à tout moment de sa réalisation (sans préjudice des obligations de transparence et d'exercice des droits relatives aux traitements de ses données à caractère personnel par ledit mandataire).

6.2 — Sur la transmission des données du responsable de traitement au mandataire

53. En ce qui concerne le format technique des données, l'article 20 du RGPD énonce que les données doivent être transmises dans un format couramment utilisé, c'est-à-dire dans un format que des systèmes doivent être en mesure de traiter de manière automatisée. Bien que cet article ne soit relatif qu'aux données faisant l'objet d'une demande de portabilité, la Commission encourage les responsables de traitement et les mandataires à avoir recours à des formats standards globaux ou à l'échelle d'un secteur, et de préférence ouverts et documentés (par exemple XML, JSON, CSV, assortis de métadonnées utiles au meilleur niveau de granularité possible, tout en maintenant un niveau d'abstraction élevé) pour répondre aux demandes d'exercice des droits.

54. En ce qui concerne le canal de transmission, l'article 12 du RGPD énonce que lorsque la personne concernée présente sa demande sous une forme électronique, les informations sont fournies par voie électronique, lorsque cela est possible, à moins que la personne concernée ne demande qu'il en soit autrement. La Commission constate ainsi que le RGPD pose un principe de parallélisme des formes. Aussi, si le mandataire a mis en place des mesures permettant à la personne concernée d'exercer sa demande par voie postale, des mesures similaires devraient être prises permettant de recevoir les données par ce même canal.

55. La transmission directe des données au mandataire par le responsable de traitement peut être exigée dans le cadre du droit à la portabilité, lorsque cela est techniquement possible et que le mandat le prévoit.

56. Dans le cadre d'un droit d'accès, la Commission encourage les responsables de traitement à adresser les données au mandataire lorsque ce dernier est désigné comme destinataire par la personne concernée dans le mandat.

Article 7

Sur le refus de faire droit à une demande d'exercice de droit par le biais d'un mandataire

7.1 — Lorsque la demande est manifestement infondée ou excessive

57. L'article 12 alinéa 5 b) du RGPD énonce que lorsque les demandes d'une personne concernée sont manifestement infondées ou excessives, notamment en raison de leur caractère répétitif, le responsable de traitement peut refuser de donner suite à ces demandes. La Commission considère que le caractère manifestement infondé ou excessif d'une demande devrait faire l'objet d'une appréciation au cas par cas par le responsable de traitement détenteur des données, et que le terme "*manifestement*" implique que le caractère infondé soit indéniable et évident.

58. La Commission estime que le fait qu'une demande soit effectuée par le biais d'un mandataire ne permet pas de considérer qu'elle est manifestement infondée. De plus, la Commission rappelle que les responsables de traitement détenteurs des données ne sont pas responsables des utilisations ultérieures que feraient les mandataires une fois les données transmises : le caractère manifestement infondé ne peut pas être caractérisé par d'éventuelles réutilisations, qui relèvent entièrement de la responsabilité du mandataire.

59. La Commission rappelle que la quantité de données faisant l'objet de la demande ne constitue pas une justification suffisante pour considérer qu'une demande est excessive.

60. Enfin le CEPD a considéré dans ses lignes directrices relatives au droit à la portabilité que les cas dans lesquels le responsable de traitement peut refuser de fournir les informations demandées devraient être très rares, même lorsqu'il est question de demandes multiples. Dans cet esprit, la Commission estime que le caractère répétitif de demandes d'exercice de droits ne suffit pas à lui seul pour les considérer comme excessives.

61. Toutefois, la Commission estime que le renouvellement d'une demande d'exercice de droits pourrait être considérée comme excessif si une demande rigoureusement similaire a déjà été adressée au responsable de traitement détenteur des données, alors que (i) cette demande porte sur le même ensemble de données et les mêmes droits ; (ii) qu'aucune réponse n'a encore été délivrée ; et que (iii) le délai de réponse (un mois pouvant être prorogé de deux mois) dont dispose le responsable de traitement n'est pas encore écoulé.

62. A l'inverse, le renouvellement d'une demande qui porte sur le même ensemble de données et sur les mêmes droits ne devrait pas être considéré comme excessif si le délai de réponse est écoulé et que le responsable de traitement n'a pas respecté ses obligations en ne répondant pas à la demande, ou qu'il a répondu de manière insatisfaisante (si, par exemple, il n'a pas correctement rectifié les données ou n'a pas procédé au transfert de l'ensemble des données portables).

63. S'il a déjà été donné entièrement satisfaction à une première demande par le responsable de traitement, les conditions dans lesquelles une demande relative au même ensemble de données et pour les mêmes droits peut être renouvelée sont généralement liées à des évènements ponctuels, comme par exemple :

• le souhait de la personne concernée d'ajouter un nouveau destinataire à sa demande de portabilité des données ; ou

• lorsque la personne concernée peut raisonnablement considérer que de nouvelles données sont apparues ou que les modalités de traitement ont évolué, comme l'indique le considérant 63 du RGPD.

64. En ce qui concerne l'ajout d'un nouveau destinataire dans le cadre d'une demande de portabilité, la Commission encourage le mandataire à mettre en place un mécanisme permettant à la personne concernée d'ajouter directement sur sa plateforme un nouveau destinataire, si les données ont été conservées par le mandataire, afin d'éviter de renouveler la demande de portabilité auprès du responsable de traitement.

65. Dans tous les cas, la Commission recommande que la personne concernée puisse déterminer librement l'étendue de sa demande et puisse choisir de renouveler un même mandat. En tant que bonne pratique, le mandataire peut lui conseiller de cibler sa demande de renouvellement ou de préciser les raisons pour lesquelles elle estime qu'un renouvellement est nécessaire.

66. D'une manière générale, la Commission recommande de ne pas prévoir de renouvellement par défaut ou de périodicité d'un mandat, sauf si :

— la nature du traitement permet d'anticiper que des modifications seront régulièrement apportées aux données concernées et que le mandataire propose un service de mise à jour périodique des données ; ou si

— la transmission des données se fait par l'intermédiaire d'une API. En effet, le recours à une API permet de réduire considérablement la charge relative au traitement de demandes d'exercices de droit répétitives et réduit la probabilité que des demandes puissent être considérées comme imposant une charge excessive.

67. Enfin, le responsable de traitement ne peut garder le silence lorsqu'il reçoit une demande d'exercice de droits. S'il refuse d'y faire droit, il devra, en application de l'article 12 alinéa 6 du RGPD, justifier des motifs de son refus. Cette justification pourra se faire auprès du mandataire, qui devra en informer la personne concernée. A défaut, le responsable de traitement s'expose, au dépôt d'une plainte auprès de la Commission ou à un recours juridictionnel si la personne concernée souhaite contester le refus implicite ou explicite de prise en compte de sa demande.

7.2 — Lorsque le responsable de traitement a des doutes raisonnables sur l'identité de la personne concernée

68. Le fait qu'une demande d'exercice de droits soit exercée par l'intermédiaire d'un mandataire ne doit pas conduire à considérer *a priori* qu'il existe des doutes raisonnables quant à l'identité de la personne. Ainsi, si les informations préalablement fournies dans le mandat sont suffisantes, il n'est en principe pas 13 nécessaire de collecter des informations supplémentaires. En revanche, ces doutes raisonnables peuvent par exemple être caractérisés en cas d'homonymie.

69. Dans les cas où le responsable de traitement aurait des doutes raisonnables sur l'identité de la personne, notamment lorsque la personne a recours à un pseudonyme qui ne concorde pas avec les informations détenues par lui-même, il peut collecter des informations supplémentaires pour confirmer l'identité, sachant qu'une attention spécifique doit être portée au principe de pertinence des données. Par exemple, si le responsable de traitement ne connaît pas la personne sous son identité régalienne, la collecte de la pièce d'identité pour procéder à des vérifications supplémentaires n'est en principe pas pertinente. A cet égard, la Commission encourage l'adoption de protocoles d'authentification partagés entre le mandataire et le responsable de traitement, afin que ce dernier puisse s'assurer que la personne concernée est bien celle qu'elle prétend être, et de faciliter la transmission directe des données.

70. Pour la collecte d'informations supplémentaires, le responsable de traitement peut se tourner aussi bien vers le mandataire que vers la personne concernée. Dans ce dernier cas, la Commission invite les responsables de traitement à veiller et à tenir le mandataire informé de cette démarche. Par exemple, il peut mettre en place des mécanismes d'authentification permettant à la personne concernée de se connecter au service en ligne avec ses identifiants et lui demander de confirmer que la demande émane bien d'elle. Le responsable de traitement peut également la contacter directement en vue de vérifier la concordance avec des informations dont il dispose déjà (historique d'achat, numéro de carte de fidélité, etc.).

7.3 — Sur la possibilité de refuser une demande en raison d'une impossibilité technique

71. Lorsque la réponse est fournie sous une forme électronique, la transmission des données peut se faire par le biais d'une transmission directe ou d'outils automatisés permettant l'extraction des données pertinentes (comme par exemple des API).

72. La Commission encourage les responsables de traitement et les mandataires à développer des systèmes standardisés afin de réduire les entraves techniques qui font obstacle à la transmission directe des données. L'adoption des technologies standardisées peut se faire à plusieurs niveaux :

— au niveau du transfert des données, notamment dans le cadre de la portabilité des données lors de l'établissement du protocole de communication entre les responsables de traitement (des protocoles largement utilisés sont recommandés, comme REST HTTP/S, SOAP, etc.) ;

— au niveau du format des données, afin que le contenu de celles-ci puisse être aisément interprétable par un autre responsable de traitement ;

— au niveau de la sémantique des données, c'est-à-dire de leur signification dans un contexte en particulier. Afin de faciliter la compréhension du modèle des données, de la documentation, des langages sémantiques ou de modélisation (tels qu'UML) peuvent être utilisés.

73. La Commission considère que le simple fait que le mandataire et le responsable de traitement n'ont pas développé des mécanismes de transmission similaire (directe ou par outil automatisé) ne suffit pas à conclure que l'exercice des droits est 14 techniquement impossible. Il conviendra ainsi que le mandataire et le responsable de traitement déploient des efforts raisonnables en vue de trouver des solutions techniques permettant la bonne transmission des données.

Article 8
Sur les traitements mis en œuvre par le mandataire lorsque les données ont été transmises par le responsable de traitement

8.1 — Sur la restructuration/réorganisation des données

74. En ce qui concerne la possibilité pour le mandataire de restructurer les données avant de les transmettre à la personne concernée, la Commission invite les mandataires à informer clairement les personnes, en précisant dans le contrat si cette restructuration fait partie intégrante du service proposé ou si la personne concernée conserve la possibilité de recevoir les données brutes. Le traitement de données réalisé dans ce cadre peut être fondé sur l'exécution du contrat auquel la personne concernée est partie, dès lors que la restructuration opérée fait partie intégrante du service demandé et attendu par la personne concernée.

8.2. — Sur la conservation des données par le mandataire

75. Les données transmises au mandataire par le responsable de traitement doivent en principe être supprimées, une fois la finalité du traitement découlant du mandat atteinte, ce qui correspond en principe à la transmission des données à la personne concernée ou à un autre responsable de traitement.

76. Toutefois, le mandataire peut proposer une fonctionnalité permettant à la personne concernée de conserver les données sur un espace de stockage dédié qu'il met à sa disposition pour qu'elle puisse y accéder à tout moment. Dans un tel cas, la personne concernée doit être en mesure de définir la durée de conservation des données et de décider à tout moment de leur suppression.

77. La Commission recommande que les mesures suivantes soient prises pour les modalités de conservation des données :
— mettre en place une politique de gestion du contrôle d'accès aux données, qui doit être garanti aux seules personnes autorisées, afin de se prémunir contre la destruction, le vol et la modification par des personnes malveillantes ;
— mettre en place la journalisation des accès et modifications apportées ;
— si les données sont de nature sensible, garantir leur confidentialité par des mesures de chiffrement avec une gestion de clés sous l'unique contrôle de l'utilisateur ;
— si les données sont importantes, garantir leur disponibilité et mettre en place des mécanismes de réplication afin de pouvoir les restaurer en cas de perte ;
— mettre en place une politique de suppression une fois que la durée de conservation prévue sera atteinte.

Article 9
Sur la réutilisation des données transmises au mandataire

78. Les responsables de traitement répondant à des demandes d'exercice de droits ne sont pas responsables des traitements effectués par le mandataire. Seuls les mandataires sont responsables de ces traitements et doivent, à ce titre, s'assurer de leur licéité, tant au regard du RGPD que d'autres réglementations.

79. L'objet du mandat visé par le dernier alinéa de l'article 77 du décret d'application de la loi "Informatique et Libertés" est exclusivement d'exercer les droits de la personne concernée en son nom et pour son compte. Il n'autorise donc pas en tant que telle la réutilisation des données personnelles collectées dans ce cadre par le mandataire pour son propre compte. Une telle réutilisation doit être envisagée de manière distincte, en tant que traitement de données à caractère personnel autonome pleinement soumis au respect de l'ensemble des dispositions du RGPD. Ce traitement doit notamment répondre à une ou des finalités déterminées, explicites et légitimes et être mis en œuvre sous le contrôle de la personne concernée.

80. A titre d'exemple, le mandataire peut proposer à la personne concernée un service additionnel reposant sur la réutilisation de ses données, auquel elle peut librement souscrire. Dans ce cas, seules les données nécessaires à la fourniture du service explicitement demandé par la personne peuvent être utilisées et cette dernière doit pouvoir revenir à tout moment sur son choix et demander la suppression des données la concernant.

81. De manière générale, si les données collectées par le biais du mandat venaient à faire l'objet d'un traitement allant au-delà de leur transmission, par le mandataire ou tout autre tiers auquel la personne concernée les aurait confiées, ce traitement devrait être pleinement conforme à toutes les dispositions du RGPD et devrait notamment disposer d'une base légale

valable au titre de son article 6. A cet égard, le recueil du consentement spécifique, libre et éclairé des personnes concernées doit être privilégié, et sera souvent obligatoire, préalablement à toute réutilisation de leurs données pour des fins étrangères au mandat d'exercice des droits, dès lors qu'une telle réutilisation ne peut reposer sur l'exécution du contrat de mandat conclu avec la personne concernée et n'apparait pas entrer, de manière générale, dans ses attentes raisonnables.

82. Si cette réutilisation n'a pas été prévue dès l'entrée en relation contractuelle entre la personne concernée et le mandataire, ce dernier devra procéder à une analyse de compatibilité des finalités en application de l'article 6(4) du RGPD et disposer d'une base légale valable. Ainsi, la Commission estime que dans la grande majorité des cas, une forme de consentement de la personne sera nécessaire avant de procéder à toute réutilisation des données transmises dans le cadre de l'exercice de droit, à moins que cette réutilisation ait un lien fort avec cet exercice, et que les autres critères de compatibilité énumérés à l'article 6(4) soient remplis.

83. La Commission encourage les mandataires à proposer, le cas échéant, un choix granulaire par type de données et d'utilisation. Ainsi, la personne concernée devrait avoir le choix de décider au cas par cas des réutilisations qu'elle permet.

84. Le mandataire doit par ailleurs fournir à la personne concernée toutes les informations pertinentes et utiles sur les nouveaux traitements qu'il envisage de mettre en œuvre, d'une manière claire, concise et transparente, en application de l'article 13 du RGPD. Ainsi, la personne doit être en mesure de comprendre précisément ce qui sera fait des données la concernant.

85. Il appartient également aux mandataires de s'assurer qu'ils respectent les autres réglementations qui peuvent s'appliquer, notamment le droit de la concurrence, le droit des producteurs de bases de données ou encore la théorie civile de l'abus de droit.

86. Enfin, le droit d'obtenir une copie des données ne doit pas porter atteinte aux droits et libertés d'autrui (article 15 alinéa 4 du RGPD).

87. Si le droit à la portabilité ne porte pas atteinte aux droits et libertés de tiers (article 20 alinéa 4 du RGPD) dès lors que les données concernant des tiers se rapportent également à la personne concernée à l'origine de la demande, le traitement de données de tiers par un nouveau responsable de traitement doit faire l'objet d'une vigilance particulière. A ce titre, le CEPD considère que le nouveau responsable de traitement peut avoir un intérêt légitime à traiter les données de ces tiers afin de fournir un service à la personne concernée lui permettant de traiter ces données pour son usage personnel, et uniquement pour cet usage. A l'inverse, les droits et libertés des tiers ne semblent pas respectés si le mandataire utilise leurs données à des fins qui lui sont propres. Ainsi, la Commission estime que les mandataires devraient s'abstenir de réutiliser les données relatives à des tiers pour leurs propres finalités.

Article 10

Sur la sécurité de la transmission des données

88. En ce qui concerne la sécurité des données transmises directement aux utilisateurs finaux, la Commission recommande que les mesures suivantes soient mises en œuvre par l'entité expéditrice (responsable du traitement ou mandataire) :

— assurer la confidentialité des données échangées lors de leur transmission, par exemple en chiffrant les communications avec des algorithmes et des clés à l'état de l'art;

— assurer que seule la personne concernée peut accéder à ses données. Cela peut se traduire par la possibilité d'accéder aux données depuis un compte utilisateur accessible uniquement après authentification, ou par le partage d'un secret par un canal de communication différent de celui par lequel les données sont transmises, permettant de déchiffrer les données lorsqu'elles sont accessibles depuis un environnement non authentifié;

— mettre en œuvre un mécanisme de traçabilité illustrant le parcours des données.

89. En ce qui concerne les mesures de sécurité, lorsque les données sont transmises au mandataire ou à un responsable de traitement tiers, la Commission recommande que les mesures suivantes soient mises en œuvre :

— assurer la confidentialité des données échangées lors de leur transmission en chiffrant les communications avec des algorithmes et des clés à l'état de l'art;

— mettre en place des mécanismes d'authentification mutuelle des entités concernées;

— avoir recours à des mécanismes d'authentification forte pour l'authentification des personnels habilités à accéder aux données;

— mettre en place des mécanismes de traçabilité des accès aux données, associés à une conservation des journaux de traçabilité et à des mécanismes d'analyse automatique de ces données conformément à la recommandation relative à la journalisation adoptée par la Commission le 29 avril 2021.

Art. 78 **Lorsqu'une demande est présentée sur place, la personne concernée justifie par tout moyen de son identité auprès du responsable du traitement ou du sous-traitant. La demande peut être présentée par une personne spécialement mandatée à cet effet par le demandeur, dans les conditions prévues à l'article 77.**

Lorsque la demande ne peut être satisfaite immédiatement, il est délivré à son auteur un avis de réception, daté et signé.

Art. 79 **Sans préjudice du 4 de l'article 12 du règlement (UE) 2016/679 du 27 avril 2016 susvisé, si la demande transmise par la personne concernée est imprécise ou ne comporte pas les éléments permettant au responsable du traitement ou au sous-traitant d'y répondre, celui-ci peut inviter le demandeur à lui fournir des informations complémentaires dans les délais prévus au 3 de l'article 12 du même règlement.**

Lorsque le responsable de traitement ou le sous-traitant ne s'est pas prononcé dans les délais mentionnés aux 3 et 4 de l'article 12 du règlement (UE) 2016/679 du 27 avril 2016 susvisé, la demande est réputée rejetée.

COMMENTAIRE

L'article 79 du décret du 29 mai 2019 relatif aux demandes d'informations complémentaires qu'un organisme peut adresser à une personne concernée lorsqu'elle exerce ses droits doit être interprété avec précaution. Il pourrait laisser à penser à un organisme sollicité qu'il serait envisageable de limiter la demande de la personne concernée. Or, comme le rappelle la CNIL dans son avis, la notion de demande « imprécise » « ne figure pas dans le RGPD et ces dispositions pourraient permettre aux responsables du traitement de ne pas donner suite, en violation de leurs obligations, aux demandes des personnes concernées pour des motifs vagues et indéterminés ». La CNIL souhaitait que le décret se limite aux « demandes d'informations complémentaires de ces responsables aux seuls cas, d'une part, de doutes raisonnables quant à l'identité du demandeur, prévu par l'article 12 du RGPD, et, d'autre part, aux demandes ne comportant pas les éléments permettant d'y répondre » (Délib. n° 2019-055 du 9 mai 2019, *JO 30 mai*). Notons que le RGPD indique au sujet du droit d'accès que « lorsque le responsable du traitement traite une grande quantité de données relatives à la personne concernée, il devrait pouvoir demander à celle-ci de préciser, avant de lui fournir les informations, sur quelles données ou quelles opérations de traitement sa demande porte » (RGPD, consid. 63).

Le gouvernement n'a pas modifié sa formulation puisque le décret maintient le terme de demande « imprécise ». Rappelons qu'en cas de litige, cette disposition sera interprétée sous le prisme du RGPD et que l'organisme se prévalant de l'imprécision devra dûment justifier les raisons pour lesquelles il n'a pas été fait droit à la demande sur ce fondement.

En outre, en l'absence de réponse de l'organisme, son silence vaut refus. La CNIL avait indiqué dès l'examen du premier décret en 2018 (Décr. n° 2018-687 du 1er août 2018, *JO 3 août*) que « si cette précision permet utilement de « lier » le litige et de le porter devant la Commission ou devant le juge, elle ne doit cependant pas être interprétée par les organismes comme atténuant leur obligation de répondre à la demande d'exercice d'un droit dont ils sont saisis, d'informer la personne des motifs de leur inaction ni de motiver un éventuel refus, conformément aux dispositions du règlement » (Délib. n° 2018-284 du 21 juin 2018, *JO 3 août*). ❑

Art. 80 **Les codes, sigles et abréviations figurant dans les documents délivrés par le responsable de traitement, le sous-traitant ou le délégué à la protection des données en réponse à une demande doivent être explicités, si nécessaire sous la forme d'un lexique ou d'icônes normalisées.**

SECTION 2 *Dispositions particulières aux droits exercés de manière indirecte*

Art. 81 **Les dispositions des articles 141 à 143 sont applicables aux traitements mis en œuvre par les administrations publiques et les personnes privées chargées d'une**

mission de service public qui ont pour mission de contrôler ou recouvrer des impositions ainsi qu'à ceux intéressant la sécurité publique, si l'acte instaurant le traitement a prévu que les droits d'accès, de rectification et d'effacement s'exerceraient dans les conditions de l'article 52 de la loi du 6 janvier 1978 susvisée. Les actes créant ces traitements contiennent les dispositions mentionnées au second paragraphe de l'article 23 du règlement (UE) 2016/679 du 27 avril 2016 susvisé.

CHAPITRE III *OBLIGATIONS INCOMBANT AU RESPONSABLE DU TRAITEMENT ET AU SOUS-TRAITANT*

SECTION 1 *Obligations générales*

Art. 82 Un délégué à la protection des données est désigné par le responsable du traitement ou par le sous-traitant dans les cas prévus par l'article 37 du règlement (UE) 2016/679 du 27 avril 2016 susvisé.

Le délégué veille au respect des obligations prévues par le règlement (UE) 2016/679 du 27 avril 2016 susvisé et par la loi du 6 janvier 1978 susvisée.

V. Délib. CNIL n° 2018-317 du 20 sept. 2018 portant adoption des critères du référentiel d'agrément d'organismes de certification pour la certification des compétences du délégué à la protection des données (DPO) (JO 11 oct.).

V. Délib. CNIL n° 2018-318 du 20 sept. 2018 portant adoption des critères du référentiel de certification des compétences du délégué à la protection des données (DPO) (JO 11 oct.).

Art. 83 La communication à la Commission nationale de l'informatique et des libertés des coordonnées prévues au 7 de l'article 37 du règlement (UE) 2016/679 du 27 avril 2016 susvisé comporte les mentions suivantes :

1° Les nom, prénom et coordonnées professionnelles du responsable du traitement ou du sous-traitant ou, le cas échéant, ceux de son représentant, ainsi que ceux du délégué à la protection des données. Pour les personnes morales responsables du traitement et les sous-traitants, leur dénomination, leur siège social ainsi que l'organe qui les représente légalement ;

2° Lorsque le délégué à la protection des données est une personne morale, les mêmes renseignements concernant le préposé que la personne morale a désigné pour exercer les missions de délégué.

Les coordonnées mentionnées au 1° et au 2° sont communiquées sans délai à la Commission nationale de l'informatique et des libertés par voie électronique ainsi que toutes modifications de celles-ci.

La dénomination et les coordonnées professionnelles de l'organisme ainsi que les moyens de contacter le délégué à la protection des données font l'objet d'une diffusion dans un format ouvert et aisément réutilisable par la Commission nationale de l'informatique et des libertés.

Art. 84 Conformément à l'article 37 du règlement (UE) 2016/679 du 27 avril 2016 susvisé, les responsables du traitement ou les sous-traitants peuvent désigner un seul délégué à la protection des données qui exerce sa mission pour le compte de plusieurs d'entre eux.

Lorsque les collectivités territoriales, leurs groupements, les établissements publics locaux, et les personnes morales de droit privé gérant un service public désignent un seul délégué à la protection des données, une convention détermine les conditions dans lesquelles s'exerce la mutualisation. Chacune des parties à la mutualisation demeure responsable du traitement ou *[du]* sous-traitant.

Art. 85 Sont autorisés à déroger au droit à la communication d'une violation de données, dans les conditions prévues au II de l'article 58 de la loi du 6 janvier 1978 susvisée :

1° Les traitements comportant des données à caractère personnel susceptibles de permettre, directement ou indirectement, d'identifier des personnes dont l'anonymat est protégé au titre de l'article 39 *sexies* de la loi du 29 juillet 1881 sur la liberté de la presse ;

2° Les traitements de données de gestion administrative, financière et opérationnelle ainsi que les traitements de données de santé pour lesquels la notification d'une divulgation ou d'un accès non autorisé est susceptible de représenter un risque pour la sécurité nationale, la défense nationale ou la sécurité publique au regard du volume des données concernées par la violation et des informations relatives à la vie privée qu'elles comportent telles que l'adresse ou la composition de la famille.

SECTION 2 *Traitements de données à caractère personnel dans le domaine de la santé*

Sur la protection des données personnelles durant l'état d'urgence sanitaire, V. App. v° Covid-19 : État d'urgence sanitaire, infra.

SOUS-SECTION 1 *Dispositions générales*

Art. 86 Les traitements de données à caractère personnel dans le domaine de la santé mentionnés au premier alinéa de l'article 67 de la loi du 6 janvier 1978 susvisée ayant pour seule finalité de répondre, en cas de situation d'urgence, à une alerte sanitaire et d'en gérer les suites peuvent utiliser le numéro d'inscription au répertoire national d'identification des personnes physiques dans les conditions prévues au deuxième alinéa du même article 67 lorsqu'une telle utilisation constitue le seul moyen de collecter des données de santé à caractère personnel nécessaires pour faire face à l'urgence sanitaire.

Le numéro d'inscription au répertoire national d'identification des personnes physiques est collecté soit directement auprès des personnes concernées, soit indirectement auprès de leurs proches ou de toutes personnes morales habilitées à traiter ce numéro dans le cadre de leurs missions ou activités.

Sa transmission et sa conservation sur support électronique ou numérique font l'objet d'un chiffrement, conforme aux recommandations, référentiels ou aux règlements types adoptés par la Commission nationale de l'informatique et des libertés. Il est conservé pour la durée nécessaire à l'appariement de données.

Art. 87 Sous réserve des dispositions particulières du présent chapitre, les demandes d'autorisation formulées en application de la section 3 du chapitre III du titre II de la loi du 6 janvier 1978 susvisée sont instruites dans les conditions prévues au chapitre II du titre I du présent décret.

SOUS-SECTION 2 *Dispositions particulières relatives aux traitements à des fins de recherche, d'étude ou d'évaluation dans le domaine de la santé*

§ 1 *Présentation et instruction des demandes d'autorisations de traitements*

Art. 88 Dans les cas prévus à l'article 76 de la loi du 6 janvier 1978 susvisée, les dossiers de demande d'autorisation de traitement de données à caractère personnel ayant pour fin la recherche, les études et les évaluations dans le domaine de la santé sont signés par la personne qui a qualité pour représenter le responsable de traitement.

Ils sont déposés soit auprès de la Commission nationale de l'informatique et des libertés, après avis du comité compétent de protection des personnes en application du 1° de l'article 76 de la loi du 6 janvier 1978 susvisée, soit auprès du secrétariat unique confié, conformément au 2° de l'article L. 1462-1 du code de la santé publique, à *(Décr. n° 2020-567 du 14 mai 2020, art. 1er)* « la Plateforme » des données de santé.

Les dossiers déposés auprès du secrétariat unique sont transmis dans un délai maximal de sept jours ouvrés au comité *(Décr. n° 2020-567 du 14 mai 2020, art. 1er)* « éthique et scientifique » pour les recherches, les études et les évaluations dans le domaine de la santé pour rendre un avis sur le projet.

V. NDLR ss. art. 5.

COMMENTAIRE

La procédure d'instruction s'articule autour de la distinction issue de la loi n° 2012-300 du 5 mars 2012, dite « Jardé », entre les recherches impliquant la personne humaine et celles ne l'impliquant pas.

La Plateforme des données de santé (anciennement dénommée l'Institut des données de santé – INDS) n'est saisie que pour les projets de recherche n'impliquant pas la personne humaine au sens de la loi Jardé, et fait office dans cette hypothèse de secrétariat unique. Les demandes lui sont donc adressées et le décret précise la procédure.

En revanche, lorsque le projet relève de la loi Jardé, la Plateforme n'a pas à être saisie. Le dossier de demande d'autorisation sera directement transmis à la CNIL après avis d'un comité de protection des personnes (CPP).

Il convient de préciser que le projet de recherche ne devra être soumis à la CNIL que s'il n'est pas conforme à une méthodologie de référence adoptée par celle-ci. Le site de la Plateforme tient à jour une liste de questions fréquemment posées (https://www.indsante.fr/sites/default/files/Documents_publics/FAQ_-_revue_20190607_VF_0.pdf). ❑

Art. 89 **Chaque dossier déposé auprès du secrétariat unique mentionné à l'article 88 doit comporter :**

1° L'identité, l'adresse, les titres, expériences, fonctions et déclarations d'intérêt en lien avec l'objet de la recherche du responsable du traitement et du responsable de la recherche, de l'étude ou de l'évaluation, ainsi que, le cas échéant, l'identité et l'adresse du commanditaire de la recherche, de l'étude ou de l'évaluation et de la personne publique qui en a fait la demande. Si ces responsables ou commanditaires ne sont établis ni sur le territoire national, ni sur celui d'un autre État membre de l'Union européenne, sont indiquées l'identité, l'adresse et les fonctions de leur représentant *(Décr. n° 2020-567 du 14 mai 2020, art. 1er)* **« au sein de l'Union européenne ».**

Les missions ou l'objet social de l'organisme concerné sont également précisés ;

2° Les catégories de personnes qui seront appelées à mettre en œuvre le traitement ainsi que celles qui auront accès aux données ;

3° La méthodologie de l'étude ou de l'évaluation ou le protocole de recherche, indiquant notamment l'objectif du traitement de données à caractère personnel, les catégories de personnes concernées par le traitement, l'origine, la nature et la liste des données à caractère personnel utilisées et la justification du recours à celles-ci, la durée et les modalités d'organisation de la recherche, de l'étude ou de l'évaluation, la méthode d'analyse des données, ainsi que, lorsque les caractéristiques de l'étude, de la recherche ou de l'évaluation l'exigent, la justification du nombre de personnes et la méthode d'observation ou d'investigation retenue ;

4° Le type de diffusion ou de publication des résultats de l'étude, de la recherche ou de l'évaluation par le demandeur ;

5° S'il y a lieu, les mesures d'information prévues en application du règlement (UE) 2016/679 du 27 avril 2016 susvisé et *(Décr. n° 2020-567 du 14 mai 2020, art. 1er)* **« aux articles 58, 69 et 70 » de la loi du 6 janvier 1978 susvisée ainsi que la justification de toute demande de dérogation à** *(Décr. n° 2020-567 du 14 mai 2020, art. 1er)* **« l'obligation d'information prévue à l'article 58 » ;**

6° Les caractéristiques du traitement, notamment la durée de conservation des données ;

7° Le cas échéant, la justification scientifique et technique de toute demande de dérogation à l'interdiction de conservation des données sous une forme nominative au-delà de la durée nécessaire à la recherche ;

8° Les avis rendus antérieurement par des instances scientifiques ou éthiques *(Décr. n° 2020-567 du 14 mai 2020, art. 1er)* **« prévues par des dispositions législatives ou réglementaires » ;**

9° Les rapprochements ou interconnexions envisagés ou toute autre forme de mise en relation des informations ;

10° Les dispositions prises pour assurer la sécurité des traitements et des informations et la garantie des secrets protégés par la loi ;

11° Le cas échéant, la mention de toute transmission de données à caractère personnel vers un État n'appartenant pas à l'Union européenne ;

12° Le cas échéant, la liste des traitements répondant aux caractéristiques prévues au IV de l'article 66 de la loi du 6 janvier 1978 susvisée. Le dossier précise, en ce cas, les catégories de données, les destinataires ou les catégories de destinataires *(Décr. nº 2020-567 du 14 mai 2020, art. 1er)* « et la justification du recours au mécanisme de la décision unique ».

Le secrétariat unique vérifie que chaque dossier produit à l'appui d'une demande comporte tous les éléments énoncés ci-dessus.

Toute modification de ces éléments doit être portée à la connaissance du secrétariat susmentionné qui, le cas échéant, en fait part aux instances compétentes.

V. NDLR ss. art. 5.

Art. 90 Le comité *(Décr. nº 2020-567 du 14 mai 2020, art. 1er)* « éthique et scientifique » pour les recherches, les études et les évaluations dans le domaine de la santé, mentionné au 2° de l'article 76 de la loi du 6 janvier 1978 susvisée et saisi par le secrétariat unique mentionné à l'article 88 du présent décret, émet un avis sur la méthodologie retenue, sur la nécessité du recours à des données à caractère personnel, sur la pertinence de celles-ci par rapport à la finalité du traitement et, s'il y a lieu, sur la *(Décr. nº 2020-567 du 14 mai 2020, art. 1er)* « pertinence scientifique et éthique » du projet. Le cas échéant, le comité recommande aux demandeurs des modifications de leur projet afin de le mettre en conformité avec les obligations prévues par la loi du 6 janvier 1978 susvisée.

(Décr. nº 2020-567 du 14 mai 2020, art. 1er) « L'avis rendu par le comité est motivé. »

Dès que le comité a rendu son avis, celui-ci est notifié au secrétariat unique, par tout moyen permettant de dater la réception de cette notification.

L'avis rendu par le comité est transmis au demandeur de l'autorisation.

A l'expiration d'un délai d'un mois à compter de la date de réception du dossier complet par le comité, l'avis dudit comité est réputé favorable.

Le délai mentionné à l'alinéa précédent peut être prolongé une fois, pour une durée d'un mois supplémentaire, sur décision du président du comité.

En cas d'urgence, le délai mentionné au *(Décr. nº 2020-567 du 14 mai 2020, art. 1er)* « cinquième » alinéa peut être ramené à quinze jours, dans les conditions prévues à l'article 100.

V. NDLR ss. art. 5.

Art. 91 Lorsque le comité *(Décr. nº 2020-567 du 14 mai 2020, art. 1er)* « éthique et scientifique » pour les recherches, les études et les évaluations dans le domaine de la santé rend un avis favorable, le cas échéant de façon tacite, ou un avis favorable avec recommandations, réservé ou défavorable, le demandeur informe le secrétariat unique de sa volonté de saisir ou non la Commission nationale de l'informatique et des libertés. Il peut rectifier ou compléter son dossier de demande d'autorisation sur les points qui ont fondé le refus, les réserves ou les recommandations du comité.

Lorsque le demandeur a informé le secrétariat de sa volonté que la commission soit saisie, le secrétariat unique susmentionné transmet sans délai le dossier produit à l'appui de la demande accompagné des avis rendus, ou de l'avis de réception ou du récépissé de la demande d'avis lorsque ce comité a rendu un avis tacitement favorable, à la commission, qui se prononce dans les conditions prévues au V de l'article 66 de la loi du 6 janvier 1978 susvisée.

Le secrétariat unique informe le comité *(Décr. nº 2020-567 du 14 mai 2020, art. 1er)* « éthique et scientifique » pour les recherches, les études et les évaluations dans le domaine de la santé des suites données à son avis.

Le secrétariat unique tient à la disposition du demandeur de l'autorisation, les informations relatives à l'état d'avancement de l'instruction de son dossier jusqu'à l'autorisation rendue par la commission.

V. NDLR ss. art. 5.

Art. 92 *(Décr. nº 2020-567 du 14 mai 2020, art. 1er)* Lorsqu'il est saisi par le président de la Commission nationale de l'informatique et des libertés ou par le ministre chargé de la santé, en application du second alinéa de l'article 72 de la loi du 6 janvier 1978 susvisé, de la question du caractère d'intérêt public d'un traitement de données à caractère personnel à des fins de recherche, d'étude ou d'évaluation faisant l'objet d'une demande d'autorisation, le comité éthique et scientifique pour les recherches, les études et les évaluations dans le domaine de la santé se prononce dans le délai d'un mois. Le secrétariat unique mentionné à l'article 88 informe le demandeur que le comité a été saisi de cette question. L'avis est transmis à l'auteur de la saisine et au demandeur.

Lorsque le comité examine, dans les conditions prévues à l'article 90, le dossier d'une demande d'autorisation relative à un traitement de données à caractère personnel concernant des recherches n'impliquant pas la personne humaine, une étude ou une évaluation, il peut, de sa propre initiative, se prononcer dans son avis sur le caractère d'intérêt public de ce traitement.

V. NDLR ss. art. 5.

§ 2 *Composition et fonctionnement du comité d'éthique et scientifique pour les recherches, les études et les évaluations dans le domaine de la santé (CESREES) (Décr. nº 2020-567 du 14 mai 2020, art. 1er).*

Art. 93 *(Décr. nº 2020-567 du 14 mai 2020, art. 1er)* Le comité éthique et scientifique pour les recherches, les études et les évaluations dans le domaine de la santé, qui siège auprès des ministres chargés de la santé et de la recherche, comprend, outre son président :

1° Trois personnalités qualifiées désignées par le ministre chargé de la santé ;

2° Trois personnalités qualifiées désignées par le ministre chargé de la recherche ;

3° Un expert proposé par la Caisse nationale de l'assurance maladie ;

4° Un expert proposé par l'Institut national de la santé et de la recherche médicale ;

5° Un expert proposé par le Centre national de la recherche scientifique ;

6° Un expert proposé par l'Institut national de recherche en informatique et en automatique ;

7° Un expert proposé par l'Institut national de la statistique et des études économiques ;

8° Un expert proposé par la Conférence nationale des directeurs généraux de centres hospitaliers régionaux et universitaires ;

9° Un expert proposé par la Conférence des doyens des facultés de médecine ;

10° Un expert proposé par la Conférence des présidents d'universités ;

11° Un membre du Conseil d'État proposé par son vice-président ;

12° Un représentant du Comité consultatif national d'éthique, proposé par celui-ci ;

13° Un représentant du service interministériel des archives de France, proposé par ce service ;

14° Deux représentants de l'Union nationale des associations agréées d'usagers du système de santé prévue par l'article L. 1114-6, proposés par celle-ci ;

15° Une personne représentant les acteurs privés du domaine de la santé.

Le président et les membres du comité sont nommés par arrêté conjoint du ministre chargé de la santé et du ministre chargé de la recherche pour une durée de cinq ans renouvelable une fois. En cas de démission ou de décès, ils sont remplacés pour la durée restant à courir de leur mandat.

Les personnalités qualifiées et les experts sont choisis en raison de leurs compétences en matière éthique ou juridique, en matière de recherche dans les domaines de la santé, de l'épidémiologie, de la génétique, de la biostatistique ou des sciences humaines et sociales ou en matière de traitements algorithmiques ou de traitements de données à caractère personnel dans le domaine de la santé.

Le comité élit en son sein un vice-président.

Le comité peut faire appel à des experts extérieurs désignés par le président du comité. Ces experts sont soumis aux obligations prévues par l'article L. 1452-3 du code de la santé publique. Le comité peut également solliciter des représentants des organismes qui détiennent les données concernées par les demandes de traitement.

Les membres du comité et les experts extérieurs sont tenus au secret professionnel.

V. NDLR ss. art. 5.

Art. 94 Le comité *(Décr. nº 2020-567 du 14 mai 2020, art. 1er)* « éthique et scientifique » pour les recherches, les études et les évaluations dans le domaine de la santé est saisi, préalablement à la saisine de la Commission nationale de l'informatique et des libertés, de toute demande de mise en œuvre des traitements de données à caractère personnel ayant pour finalités la recherche, l'étude ou l'évaluation dans le domaine de la santé et n'impliquant pas la personne humaine, conformément au 2° de l'article 76 de la loi du 6 janvier 1978 susvisée.

(Décr. nº 2020-567 du 14 mai 2020, art. 1er)) « Conformément au second alinéa de l'article 72 de la loi du 6 janvier 1978 susvisée, le comité peut se prononcer sur le caractère d'intérêt public d'un traitement de données à caractère personnel à des fins de recherche, d'étude ou d'évaluation dans le domaine de la santé à la demande du président de la Commission nationale informatique et libertés ou du ministre chargé de la santé, ou de sa propre initiative lorsqu'il examine, dans les conditions prévues à l'article 90, le dossier d'une demande d'autorisation relative à un traitement de données à caractère personnel. Il peut également être consulté par les ministères concernés, par la commission, par la Plateforme des données de santé et par les organismes publics et privés qui ont recours à des traitements de données à caractère personnel dans ce domaine.

« Le sens de l'avis rendu par le comité est publié par la Plateforme des données de santé. Pour les traitements autorisés par la commission, la motivation de l'avis du comité est publiée par la Plateforme des données de santé à la fin de la recherche, de l'étude ou de l'évaluation ».

V. NDLR ss. art. 5.

Art. 95 *(Décr. nº 2020-567 du 14 mai 2020, art. 1er)* I. — Le comité éthique et scientifique pour les recherches, les études et les évaluations dans le domaine de la santé ne peut valablement siéger que si la moitié au moins de ses membres est présente. Il rend ses avis à la majorité des membres présents. En cas de partage égal des voix, celle du président est prépondérante. Les séances du comité ne sont pas publiques.

II. — Le comité éthique et scientifique pour les recherches, les études et les évaluations dans le domaine de la santé adopte un règlement intérieur qui définit les modalités de son fonctionnement. Ce règlement intérieur peut notamment prévoir des procédures sans débat pour les traitements similaires à ceux que le comité a déjà examinés, c'est-à-dire des traitements répondant à une même finalité, portant sur des catégories de données identiques et ayant des catégories de destinataires identiques. Il est approuvé par arrêté conjoint du ministre chargé de la santé et du ministre chargé de la recherche.

Le président peut déléguer sa signature à un membre du comité éthique et scientifique nommément désigné.

V. NDLR ss. art. 5.

Art. 96 Le comité *(Décr. nº 2020-567 du 14 mai 2020, art. 1er)* « éthique et scientifique » pour les recherches, les études et les évaluations dans le domaine de la santé peut entendre *(Décr. nº 2020-567 du 14 mai 2020, art. 1er)* « le responsable du traitement ou son représentant ».

V. NDLR ss. art. 5.

Art. 97 Les membres du comité *(Décr. nº 2020-567 du 14 mai 2020, art. 1er)* « éthique et scientifique » pour les recherches, les études et les évaluations dans le domaine de la santé *(Décr. nº 2020-567 du 14 mai 2020, art. 1er)* « , y compris son président et son vice-président, » et les experts extérieurs auxquels il fait appel reçoivent, dans l'exercice de leur mission, une indemnité dont le montant est fixé par arrêté *(Décr. nº 2020-567 du 14 mai 2020, art. 1er)* « du ministre chargé de la santé ». Ils ont droit, en outre, au remboursement des frais qu'occasionne l'exécution de leur mission, dans les conditions prévues par le décret du 3 juillet 2006 susvisé.

V. NDLR ss. art. 5.

Art. 98 Les dossiers, rapports, délibérations et avis sont conservés par le comité *(Décr. nº 2020-567 du 14 mai 2020, art. 1er)* « éthique et scientifique » pour les recherches, les études et les évaluations dans le domaine de la santé dans des conditions assurant leur confidentialité, pendant une durée maximale de dix ans, avant leur versement aux Archives nationales.

V. NDLR ss. art. 5.

Art. 99 Le comité *(Décr. nº 2020-567 du 14 mai 2020, art. 1er)* « éthique et scientifique » pour les recherches, les études et les évaluations dans le domaine de la santé établit un rapport annuel d'activité qui est adressé au ministre chargé de la recherche, au ministre chargé de la santé, des affaires sociales et de la sécurité sociale et au président de la Commission nationale de l'informatique et des libertés.

V. NDLR ss. art. 5.

Art. 100 En cas d'urgence, le ministre chargé de la recherche ou le ministre chargé de la santé, des affaires sociales et de la sécurité sociale peut demander au comité *(Décr. nº 2020-567 du 14 mai 2020, art. 1er)* « éthique et scientifique » pour les recherches, les études et les évaluations dans le domaine de la santé de statuer dans un délai qui peut être réduit à quinze jours. Il en informe le demandeur et le secrétariat unique.

V. NDLR ss. art. 5.

§ 3 *Composition et fonctionnement du comité d'audit du système national des données de santé*

Art. 101 Le comité d'audit prévu à l'article 77 de la loi du 6 janvier 1978 susvisée est présidé par le haut fonctionnaire de défense et de sécurité des ministères chargés des affaires sociales qui peut déléguer cette fonction au fonctionnaire de sécurité des systèmes d'information des ministères chargés des affaires sociales et de la santé.

Le comité d'audit est composé :

1° Du directeur de la recherche, des études, de l'évaluation et des statistiques ou son représentant ;

2° Du délégué à la stratégie des systèmes d'information de santé ou son représentant ;

3° Du directeur de la Caisse nationale d'assurance maladie, responsable du traitement du système national des données de santé, ou son représentant ;

4° Du directeur de l'Agence technique de l'information sur l'hospitalisation ou son représentant ;

5° Du directeur de l'Institut national de la santé et de la recherche médicale ou son représentant ;

6° Du directeur de la Caisse nationale de solidarité pour l'autonomie ou son représentant ;

7° De représentants des organismes d'assurance maladie complémentaire ;

(Décr. nº 2020-567 du 14 mai 2020, art. 1er) « 8° Du président de la Plateforme des données de santé, responsable du traitement du système national des données de santé, ou de son représentant ; »

9° D'une personne représentant les acteurs privés du domaine de la santé ;

10° D'une personnalité qualifiée.

Les personnes mentionnées aux 7°, 9° et 10° sont désignées par arrêté du ministre chargé des affaires sociales et de la santé, sur proposition du président du comité d'audit.

Le président de la Commission nationale de l'informatique et des libertés ou son représentant assiste au comité d'audit en tant qu'observateur.

Le comité d'audit se réunit au moins deux fois par an sur convocation de son président.

Sur la base des orientations arrêtées par le comité d'audit, son président décide des audits à réaliser chaque année sur l'ensemble des systèmes réunissant, organisant ou mettant à disposition tout ou partie des données du système national des données de santé à des fins de recherche, d'étude ou d'évaluation et sur les systèmes composant le système national des données de santé.

La stratégie d'audit ainsi que la programmation des audits sont transmises par le président du comité d'audit au président de la Commission nationale de l'informatique et des libertés.

V. NDLR ss. art. 5.

Art. 102 Les audits sont réalisés par des prestataires indépendants.

Si le périmètre de l'audit implique des données médicales individuelles, le prestataire retenu doit prévoir la présence d'un médecin auprès des auditeurs pour tous les aspects de l'audit concernant ces données.

Le président du comité d'audit suit la mise en œuvre des audits et en rend compte au comité.

Le comité d'audit et le prestataire fondent leur action sur une charte d'audit définie par arrêté du ministre chargé des affaires sociales et de la santé pris après avis de la Commission nationale de l'informatique et des libertés.

Art. 103 Le président du comité d'audit envoie une notification à l'entité auditée pour l'avertir de l'audit. Cette notification rappelle notamment l'objet de la mission, l'identité des auditeurs, la procédure d'audit, le droit d'opposition à l'audit de l'entité auditée qui peut s'exercer à tout moment ainsi que les délais et les voies de recours de l'entité auditée.

Si l'entité auditée fait état de son droit d'opposition à l'audit, les auditeurs alertent aussitôt le président du comité d'audit qui en informe sans délai le président de la Commission nationale de l'informatique et des libertés.

Les auditeurs ont accès de 8 heures à 20 heures, pour l'exercice de leurs missions, aux lieux, locaux, enceintes, installations ou établissements servant à la mise en œuvre des traitements de données à caractère personnel, à l'exclusion des parties de ceux-ci affectés au domicile privé.

Pour l'exercice de leurs missions, les auditeurs peuvent demander communication de tous documents, quel qu'en soit le support, et en prendre copie. Ils peuvent recueillir, notamment sur place ou sur convocation, tout renseignement et toute justification utiles. Les auditeurs peuvent accéder, dans des conditions préservant la confidentialité à l'égard des tiers, aux programmes informatiques et aux données, ainsi qu'en demander la transcription par tout traitement approprié dans des documents directement utilisables pour les besoins de l'audit.

Les auditeurs peuvent procéder à toute constatation utile. Les auditeurs peuvent notamment, à partir d'un service de communication au public en ligne, consulter les données librement accessibles ou rendues accessibles. Les auditeurs peuvent retranscrire les données par tout traitement approprié dans des documents directement utilisables pour les besoins de l'audit.

En cas de difficultés lors de l'audit, l'entité auditée peut saisir le président du comité d'audit afin qu'il s'assure de la conformité du comportement du prestataire et de ses auditeurs aux exigences découlant de la loi du 6 janvier 1978 susvisée, du présent décret, de la charte d'audit mentionnée à l'article 102 et des clauses du marché public sur le fondement duquel ils interviennent.

Art. 104 L'audit donne lieu à un rapport qui est transmis, pour contradiction, à l'entité auditée. Ce rapport rappelle l'objet de la mission, les membres de celle-ci, les personnes rencontrées, le cas échéant leurs déclarations, les demandes formulées par les auditeurs ainsi que les éventuelles difficultés rencontrées. Les manquements et dysfonctionnements constatés par les auditeurs à la loi du 6 janvier 1978 susvisée et aux dispositions du code de la santé publique relatives au système national des données de santé sont consignés dans ces rapports ainsi que les recommandations en découlant.

Le rapport est signé par les auditeurs. Il est envoyé, après validation par le président du comité d'audit, par ce dernier par lettre recommandée avec accusé de réception à l'entité auditée.

Lorsque l'audit conduit à l'accès à des données médicales individuelles, le médecin désigné par le prestataire consigne dans un rapport les vérifications qu'il a faites sans faire état des données médicales individuelles auxquelles il a eu accès. Le rapport, après validation par le président du comité d'audit, est transmis par ce dernier par lettre recommandée avec accusé de réception à l'entité contrôlée.

L'entité auditée dispose d'un délai d'un mois pour répondre à compter de la réception des rapports. Ses réponses doivent comporter un plan d'action et un calendrier de mise en œuvre de ses actions.

Au vu des réponses de l'entité auditée, de son plan d'action et de son calendrier de mise en œuvre, les auditeurs formalisent des rapports définitifs. Ces rapports définitifs sont signés par les auditeurs et le président du comité d'audit, après validation par ce dernier. Ils sont envoyés aux entités auditées par lettre recommandée avec accusé de réception par le président du comité d'audit.

Les rapports définitifs sont systématiquement transmis au président de la Commission nationale de l'informatique et des libertés, et à tous les corps de contrôle qui en font la demande.

L'intégralité des pièces justificatives sont transmises par les auditeurs au président du comité d'audit.

Art. 105 Les entités auditées rendent compte au président du comité d'audit et aux auditeurs de la mise en œuvre de leur plan d'action tous les six mois ou selon le calendrier arrêté par les parties. Les entités auditées doivent fournir à cette occasion tout document justifiant de cette mise en œuvre.

Le président du comité d'audit et les auditeurs suivent la mise en œuvre de ces plans d'action.

Art. 106 Le président du comité d'audit rend compte annuellement au ministre chargé des affaires sociales et de la santé ainsi qu'au comité stratégique de la stratégie d'audit du comité d'audit, des audits réalisés, du niveau global de maîtrise des opérations, des problèmes significatifs constatés ainsi que des recommandations formulées pour respecter la législation en vigueur, les référentiels et réduire les risques.

Le président du comité d'audit présente les principales conclusions et recommandations des audits au comité d'audit.

§ 4 *Composition et fonctionnement des comités de protection des personnes*

Art. 107 La composition et le fonctionnement des comités de protection des personnes sont fixés par les articles R. 1123-1 et suivants du code de la santé publique.

SOUS-SECTION 3 *Procédures simplifiées*

Art. 108 Le président du comité *(Décr. n° 2020-567 du 14 mai 2020, art. 1er)* « éthique et scientifique » pour les recherches, les études et les évaluations dans le domaine de la santé, siégeant à l'assemblée générale de *(Décr. n° 2020-567 du 14 mai 2020, art. 1er)* « la Plateforme » des données de santé, peut avoir recours aux membres du comité d'expertise pour participer à la formalisation des référentiels et règlements types mentionnés au II de l'article 66 de la loi du 6 janvier 1978 susvisée ainsi que des méthodologies de référence mentionnées à l'article 73 de la même loi.

La Commission nationale de l'informatique et des libertés ou, par délégation, le président ou le vice-président délégué établit ces référentiels et règlements types et homologue ces méthodologies de référence. Ceux-ci sont publiés au *Journal officiel* de la République française.

V. NDLR ss. art. 5.

Art. 109 *(Décr. n° 2020-567 du 14 mai 2020, art. 1er)* « La Plateforme » des données de santé peut adresser à la Commission nationale de l'informatique et des libertés des contributions en vue d'éventuelles recommandations de celle-ci relatives aux traitements visés au à la section 3 du *(Décr. n° 2020-567 du 14 mai 2020, art. 1er)* « chapitre III » du titre II de la loi n° 78-17 du 6 janvier 1978 et mentionnées à l'article 8 de cette même loi.

Ces propositions sont rendues publiques. Elles peuvent s'appliquer à des catégories d'opérations pouvant constituer des étapes indépendantes de traitements automatisés.

Les dossiers de demande peuvent se référer aux recommandations publiées par la commission.

V. NDLR ss. art. 5.

Art. 110 Lorsque le responsable d'un traitement ou d'une catégorie de traitements similaires de données à caractère personnel a fait une déclaration de conformité à l'un des référentiels, l'un des règlements types ou à l'une des méthodologies de référence homologuées conformément à l'article 108, seule cette déclaration est envoyée à la commission qui en accuse réception. Le responsable des traitements tient à jour la liste des traitements entrant dans le cadre d'une déclaration de conformité. Pour les traitements qui ne sont pas enregistrés dans le répertoire public mentionné à l'article L. 1121-15 du code de la santé publique, les traitements sont enregistrés dans un répertoire public mis à disposition par le secrétariat unique.

SOUS-SECTION 4 *Modalités d'information des personnes concernées*

Art. 111 *(Abrogé par Décr. n° 2020-567 du 14 mai 2020, art. 1er) Concernant les données du système national des données de santé et de ses composantes, les personnes concernées sont informées de la réutilisation possible de ces données, préalablement rendues non directement identifiantes, à des fins de recherche, d'études ou d'évaluation dans les conditions mentionnées à l'article L. 1461-3 du code de la santé publique, ainsi que de leurs droits. Elles en sont informées par une mention figurant sur le site internet des établissements de santé, des établissements médico-sociaux, des organismes d'assurance maladie obligatoire ou des organismes d'assurance maladie complémentaire, et sur des supports permettant de la porter à la connaissance des personnes concernées, notamment des affiches dans les locaux ouverts au public ou des documents qui leur sont remis. Cette information est mise en œuvre par les directeurs des établissements de santé, des directeurs des établissements médico-sociaux et des directeurs des organismes d'assurance maladie obligatoire et complémentaire.*

V. NDLR ss. art. 5.

Art. 112 Les personnes accueillies dans les établissements ou les centres où s'exercent des activités de prévention, de diagnostic et de soins donnant lieu à la transmission de données à caractère personnel en vue d'un traitement de données à caractère personnel dans le domaine de la santé relevant de la section 3 du chapitre III du titre II de la loi du 6 janvier 1978 susvisée sont informées individuellement des mentions prescrites par le règlement (UE) 2016/679 du 27 avril 2016 susvisé par la remise d'un document ou par tout autre moyen approprié leur permettant de prendre utilement connaissance de ces mentions.

COMMENTAIRE

L'article 112 du décret du 29 mai 2019 a été précisé à la demande de la CNIL afin que l'information individuelle soit limitée aux personnes dont les données vont être utilisées dans le cadre de traitements dans le domaine de la santé fondés sur l'intérêt public en vertu de la section 3 du chapitre III du titre II de la loi du 6 janvier 1978. « Dès lors, ce n'est que dans le cas où de tels traitements relèveraient effectivement des dispositions des articles 64 et suivants de la loi « Informatique et libertés », par exemple les traitements mis en œuvre à des fins de recherche par ces établissements ou centres, et non dans le cas où ils se limiteraient à une prise en charge médicale, que cette information individuelle devrait être requise » (Délib. n° 2019-055 du 9 mai 2019, *JO 30 mai*).

Art. 113 La personne qui entend s'opposer au traitement des données à caractère personnel dans le domaine de la santé la concernant peut exprimer son refus par tout moyen auprès soit du responsable du traitement, soit de l'établissement ou du professionnel de santé détenteur de ces données excepté dans le cas prévu au II de l'article R. 1461-9 du code de la santé publique.

Art. 114 Lorsque la recherche, l'étude ou l'évaluation nécessite l'examen des caractéristiques génétiques, le consentement de la personne concernée ou de ses représentants légaux doit être recueilli, préalablement au traitement, sous forme écrite. En cas d'impossibilité de le recueillir sous cette forme, le consentement exprès de la personne concernée est attesté par un tiers indépendant de l'organisme qui met en œuvre le traitement.

Art. 115 Les articles 39 à 43 du présent décret sont applicables lorsqu'une sanction est susceptible d'être prononcée en application des articles 20 et 21 de la loi du 6 janvier 1978 susvisée.

SECTION 3 *Traitements aux fins archivistiques dans l'intérêt public, à des fins de recherche scientifique ou historique ou à des fins statistiques*

Art. 116 Les dérogations prévues au deuxième alinéa de l'article 78 de la loi du 6 janvier 1978 susvisée relatif aux traitements à des fins de recherche scientifique ou historique ou à des fins statistiques s'appliquent uniquement dans les cas où les droits prévus aux articles 15, 16, 18 et 21 du règlement (UE) 2016/679 du 27 avril 2016 susvisé risqueraient de rendre impossible ou d'entraver sérieusement la réalisation des finalités spécifiques et où de telles dérogations sont nécessaires pour atteindre ces finalités.

Les données issues de ces traitements conservées par le responsable du traitement ou son sous-traitant ne sont accessibles ou modifiables que par des personnes autorisées. Ces personnes respectent les règles de déontologie applicables à leurs secteurs d'activités. Les autorisations accordées par les responsables de traitement à ces personnes respectent les finalités spécifiques de l'alinéa précédent ainsi que les garanties prévues à l'alinéa suivant.

Ces données ne peuvent pas être diffusées sans avoir été préalablement anonymisées sauf si l'intérêt des tiers à cette diffusion prévaut sur les intérêts ou les libertés et droits fondamentaux de la personne concernée. Pour les résultats de la recherche, cette diffusion doit être absolument nécessaire à sa présentation. Les données diffusées doivent être adéquates, pertinentes et limitées à ce qui est nécessaire au regard des finalités pour lesquelles elles sont traitées. La diffusion de données à caractère personnel figurant dans des documents consultés en application de l'article L. 213-3 du code du patrimoine ne peut intervenir qu'après autorisation de l'administration des archives, après accord de l'autorité dont émanent les documents et avis du comité du secret statistique institué par l'article 6 *bis* de la loi n° 51-711 du 7 juin 1951 sur l'obligation, la coordination et le secret en matière de statistiques en ce qui concerne les données couvertes par le secret en matière de statistiques.

CHAPITRE IV *DROITS ET OBLIGATIONS PROPRES AUX TRAITEMENTS DANS LE SECTEUR DES COMMUNICATIONS ÉLECTRONIQUES*

Art. 117 Le présent chapitre s'applique aux traitements relevant du chapitre IV du titre II de la loi du 6 janvier 1978 susvisée.

Les droits et obligations mentionnés aux chapitres II et III s'appliquent sous réserve des dispositions particulières du présent chapitre.

V. L. n° 78-17 du 6 janv. 1978, art. 81 s.

COMMENTAIRE

Les dispositions particulières aux opérateurs de communications électroniques demeurent puisqu'elles relèvent de la directive 2002/58/CE du 12 juillet 2002 concernant le traitement des données à caractère personnel et la protection de la vie privée dans le secteur des communications électroniques (dite « e-privacy », V. Partie II, *Textes complémentaires.*) Ces dispositions avaient été transposées en droit français par l'ordonnance n° 2011-1012 du 24 août 2011. Dans l'attente d'une modification de cette directive qui devrait supprimer ces obligations spécifiques pour renvoyer les opérateurs au droit commun, ces deux régimes coexistent. Ce que la CNIL avait relevé : « la coexistence de ces deux régimes de notification des violations, dont les conditions et modalités diffèrent sur plusieurs points, produit ainsi un effet peu satisfaisant en termes de lisibilité de l'état du droit et en termes opérationnels pour les professionnels devant mettre en œuvre concurremment les deux dispositifs » (Délib. n° 2018-284 du 21 juin 2018, *JO 3 août*). ❑

Art. 118 La notification d'une violation des données à caractère personnel prévue au premier alinéa du II de l'article 83 de la loi du 6 janvier 1978 susvisée est adressée à la Commission nationale de l'informatique et des libertés par lettre remise contre signature ou par voie électronique qui précise la nature et les conséquences de la violation des données à caractère personnel, les mesures déjà prises ou proposées par le fournisseur de services de communications électroniques accessibles au public pour y remédier et les personnes auprès desquelles des informations supplémentaires peuvent être obtenues et, lorsque cela est possible, une estimation du nombre de personnes susceptibles d'être impactées par la violation en cause.

Art. 119 La notification d'une violation des données à caractère personnel prévue au deuxième alinéa du II de l'article 83 de la loi du 6 janvier 1978 est adressée à la personne intéressée par tout moyen permettant au fournisseur de services de communications électroniques accessibles au public d'apporter la preuve de l'accomplissement de cette formalité. Cette notification précise la nature de la violation de données à caractère personnel, les personnes auprès desquelles des informations supplémentaires peuvent être obtenues ainsi que les mesures que le fournisseur recommande à la personne intéressée de prendre pour atténuer les conséquences négatives de cette violation.

Cette notification n'est toutefois pas nécessaire si la Commission nationale de l'informatique et des libertés a constaté que les mesures de protection appropriées au sens de l'article 120 et sur lesquelles elle s'est prononcée dans les conditions prévues aux articles 121 et 122 ont été mises en œuvre par le fournisseur et efficacement appliquées aux données concernées par cette violation.

Art. 120 Constitue une mesure de protection appropriée, au sens de l'article 83 de la loi du 6 janvier 1978, toute mesure technique efficace destinée à rendre les données incompréhensibles à toute personne qui n'est pas autorisée à y avoir accès.

Art. 121 Pour informer la Commission nationale de l'informatique et des libertés des mesures de protection qu'il met en œuvre et qu'il a appliquées au cas particulier, le fournisseur lui adresse, par tout moyen permettant d'apporter la preuve de leur notification, les informations suivantes :

1° Les nom, prénom, adresse et coordonnées téléphoniques du responsable du traitement ;

2° La description des mesures de protection ;

3° Les dispositions prévues et appliquées pour conférer une pleine efficacité à ces mesures ;

4° Le cas échéant, les références du dossier de formalités accomplies auprès de la commission préalablement à la mise en œuvre du traitement considéré ;

5° L'accomplissement ou non de la formalité de notification prévue à la personne intéressée par l'article 119 et, dans la négative, les raisons justifiant l'absence de notification.

Art. 122 La Commission nationale de l'informatique et des libertés vérifie dans un délai de deux mois si les mesures de protection appropriées ont été mises en œuvre et appliquées et apprécie la gravité au cas particulier de la violation de données à caractère personnel.

Le silence gardé par la commission au terme de ce délai vaut constat de non-application au cas particulier des mesures de protection appropriées et emporte pour le fournisseur, s'il n'a pas déjà averti la personne intéressée, l'obligation de procéder à la notification prévue à l'article 119. Ce délai ne court qu'à compter de la réception complète des informations prévues à l'article 121.

Si le fournisseur n'a pas déjà averti la personne intéressée de la violation de ces données en application de l'article 119, la commission peut en outre, lorsqu'elle estime la violation grave, mettre le fournisseur en demeure de l'informer en application du dernier alinéa du II de l'article 83 de la loi du 6 janvier 1978 dans un délai qui ne peut être supérieur à un mois.

CHAPITRE V *DISPOSITIONS RÉGISSANT LES TRAITEMENTS DE DONNÉES À CARACTÈRE PERSONNEL RELATIVES AUX PERSONNES DÉCÉDÉES*

Art. 123 Le présent chapitre s'applique aux traitements relevant du chapitre V du titre II de la loi du 6 janvier 1978 susvisée.

Pour la mise en œuvre des droits mentionnés au I et au II de l'article 85 de la loi du 6 janvier 1978 susvisée, les droits mentionnés au titre II du présent décret s'appliquent sous réserve des dispositions particulières du présent chapitre.

Art. 124 Outre la justification de son identité, l'héritier d'une personne décédée qui souhaite exercer les droits mentionnés au I et au II de l'article 85 de la loi du 6 janvier

1978 susvisée doit, lors de sa demande, apporter la preuve de sa qualité d'héritier par la production d'un acte de notoriété ou d'un livret de famille.

CHAPITRE VI *DES TRANSFERTS DE DONNÉES À CARACTÈRE PERSONNEL VERS LES ÉTATS N'APPARTENANT PAS À L'UNION EUROPÉENNE*

Art. 125 Pour le transfert de données à caractère personnel vers un État n'appartenant pas à l'Union européenne ou à une organisation internationale, la Commission nationale de l'informatique et des libertés peut autoriser les clauses contractuelles et les arrangements administratifs mentionnés aux *a* et *b* du 3 de l'article 46 du règlement (UE) 2016/679 du 27 avril 2016 susvisé. La commission se prononce dans un délai de deux mois à compter de la réception de la demande selon une procédure définie dans son règlement intérieur. Toutefois, ce délai peut être renouvelé une fois sur décision motivée de son président. Lorsque la commission ne s'est pas prononcée dans ces délais, la demande est réputée rejetée.

La mise en œuvre du mécanisme de contrôle de la cohérence prévu à la section 2 du chapitre VII du règlement (UE) 2016/679 du 27 avril 2016 susvisé suspend les délais susmentionnés.

Art. 126 Lorsqu'un transfert a lieu en application du *b* du 3 de l'article 46 du règlement (UE) 2016/679 du 27 avril 2016 susvisé, l'arrangement administratif fondant ce transfert est publié sur le site internet de la Commission nationale de l'informatique et des libertés.

Art. 127 Lorsque pour effectuer un transfert vers un État n'appartenant pas à l'Union européenne, le responsable du traitement ou le sous-traitant se fonde sur un code de conduite ou un mécanisme de certification approuvés conformément aux articles 72 et 74 du présent décret, il transmet à la Commission nationale de l'informatique et des libertés un engagement contraignant et exécutoire pris par le responsable du traitement ou le sous-traitant dans le pays tiers d'appliquer les garanties appropriées, y compris en ce qui concerne les droits des personnes concernées.

Art. 128 Lorsqu'un transfert a lieu en application du dernier alinéa du 1 de l'article 49 du règlement (UE) 2016/679 du 27 avril 2016 susvisé, le responsable du traitement fournit à la personne concernée les informations spécifiques mentionnées à cet alinéa. La Commission nationale de l'informatique et des libertés définit des modèles relatifs à sa propre information et fixe la liste des annexes qui, le cas échéant, doivent être jointes.

TITRE III DISPOSITIONS APPLICABLES AUX TRAITEMENTS RELEVANT DE LA DIRECTIVE (UE) 2016/680 DU PARLEMENT EUROPÉEN ET DU CONSEIL DU 27 AVRIL 2016 RELATIVE À LA PROTECTION DES PERSONNES PHYSIQUES À L'ÉGARD DU TRAITEMENT DES DONNÉES À CARACTÈRE PERSONNEL PAR LES AUTORITÉS COMPÉTENTES À DES FINS DE PRÉVENTION ET DE DÉTECTION DES INFRACTIONS PÉNALES, D'ENQUÊTES ET DE POURSUITES EN LA MATIÈRE OU D'EXÉCUTION DE SANCTIONS PÉNALES, ET À LA LIBRE CIRCULATION DE CES DONNÉES, ET ABROGEANT LA DÉCISION-CADRE 2008/977/JAI DU CONSEIL

CHAPITRE I *DISPOSITIONS GÉNÉRALES*

Art. 129 Le présent titre s'applique, sans préjudice du titre I, aux traitements relevant du titre III de la loi du 6 janvier 1978 susvisée.

Art. 130 I. — Le fait qu'un type de traitement est susceptible d'engendrer un risque élevé pour les droits et les libertés des personnes physiques nécessitant la réalisation d'une analyse d'impact en application de l'article 90 de la loi du 6 janvier 1978 susvisée est déterminé par le recours aux nouvelles technologies, et compte tenu de la nature, de la portée, du contexte et des finalités du traitement.

Lorsqu'un type de traitement porte sur des données mentionnées au I de l'article 6 de la même loi, il est réputé susceptible d'engendrer un risque élevé pour les droits et les libertés des personnes physiques.

II. — Les types de traitements qui portent sur un ensemble d'opérations de traitement similaires et présentent des risques élevés similaires peuvent faire l'objet d'une analyse d'impact commune. Cette analyse commune est, le cas échéant, complétée par chacun des responsables de traitement concernés, en fonction des spécificités de son traitement.

III. — L'analyse d'impact contient au moins une description générale des opérations de traitement envisagées, une évaluation des risques pour les droits et libertés des personnes concernées, les mesures envisagées pour faire face à ces risques, les garanties, mesures et mécanismes de sécurité visant à assurer la protection des données à caractère personnel et à apporter la preuve du respect des dispositions des titres I et III de la même loi, compte tenu des droits et des intérêts légitimes des personnes concernées et des autres personnes touchées.

IV. — Lorsque la Commission nationale de l'informatique et des libertés est consultée préalablement à la mise en œuvre du traitement dans les conditions prévues au troisième alinéa de l'article 90 de la même loi, le responsable du traitement ou le sous-traitant lui fournit l'analyse d'impact relative à la protection des données et, sur demande, toute autre information lui permettant d'apprécier la conformité du traitement aux dispositions des titres I et III de la même loi et, en particulier, les risques pour la protection des données à caractère personnel des personnes concernées et les garanties qui s'y rapportent.

V. — Lorsque la commission est d'avis que le traitement constituerait une violation des dispositions des titres I et III de la même loi, en particulier lorsque le responsable du traitement n'a pas suffisamment identifié ou atténué le risque, elle fournit un avis écrit au responsable du traitement et, le cas échéant, au sous-traitant dans un délai de huit semaines à compter de la réception de la consultation. Si la complexité du traitement prévu le nécessite, ce délai peut être prorogé de six semaines. Dans ce cas, la commission informe le responsable du traitement et, le cas échéant, le sous-traitant de la prorogation de ce délai, dans un délai de six semaines à compter de la réception de la consultation, ainsi que des motifs de cette prorogation.

La Commission nationale de l'informatique et des libertés peut également conseiller le responsable du traitement et faire usage des pouvoirs visés au *f* du 2° du I de l'article 8 et aux I, 2° et 4° du II et 1° à 3° du III de l'article 20 de la même loi.

A défaut de réponse de la commission à sa consultation dans le délai de huit semaines, le cas échéant prorogé de six semaines, le responsable du traitement ou, le cas échéant, le sous-traitant, peut mettre en œuvre le traitement de données, sans préjudice de l'exercice par la commission des pouvoirs mentionnés au septième alinéa du présent article.

COMMENTAIRE

L'article 130 du décret du 29 mai 2019 précise les modalités de réalisation d'une analyse d'impact relative à la protection des données (AIPD) pour les traitements « susceptibles d'engendrer un risque élevé » intéressant la sécurité publique, la sûreté de l'État ou la défense. On notera qu'en cas de consultation de l'autorité de contrôle, celle-ci doit être réalisée dans un délai de huit semaines prorogeable (tout comme pour les traitements soumis aux articles 35 et 36 du RGPD) alors que les demandes d'avis ou d'autorisation sont soumis à un délai de deux mois prorogeable (V. ce Décr., art. 9).

Alors même que la directive n'envisage pas la réalisation d'une analyse d'impact commune à un ensemble d'opérations similaires, le décret, dans son article 131, II, la prévoit. Il reprend en cela l'article 35, 1° du RGPD (« Une seule et même analyse peut porter sur un ensemble d'opérations de traitement similaires qui présentent des risques élevés similaires »). La CNIL avait souhaité que soit reprise cette possibilité afin, selon elle, d'« établir un socle de référence des garanties minimales à mettre en œuvre par l'ensemble des responsables du traitement concerné [constituant] une modalité appropriée de transposition de la directive à certaines catégories de traitements, appelés à être déployés à une large échelle sans adaptation substantielle de leurs caractéristiques propres (hors mesures de sécurité) ». La CNIL a considéré que cette possibilité « pourrait également constituer, au niveau national, une garantie plus étendue pour la protection des droits et des libertés des personnes au sens de l'article 1er de la directive » et que « la singularité du droit national quant aux traitements relevant de la directive, qui prévoit notamment que ceux-ci peuvent être autorisés par un acte réglementaire unique au sens du IV de l'article 31 de la loi du 6 janvier 1978 modifiée dès lors qu'ils répondent à des finalités et des modalités de mise en œuvre identiques, justifie que ces mêmes traitements puissent faire l'objet d'une AIPD commune comportant un socle minimal de mesures à mettre en œuvre par chaque responsable de traitement concerné. Elle permettrait ainsi de faciliter la mise en œuvre de certains traitements tout en garantissant un contrôle adapté à leurs spécificités » (Délib. n° 2019-055 du 9 mai 2019, *JO 30 mai*).

L'analyse d'impact concernant un traitement mis en œuvre pour le compte de l'État doit être transmise à la CNIL avec la demande d'avis (L. n° 78-17 du 6 janv. 1978, art. 90). ❑

Art. 131 **Le contrat ou l'autre acte juridique liant le sous-traitant à l'égard du responsable du traitement, mentionné à l'article 96 de la loi du 6 janvier 1978 susvisée, prévoit notamment que le sous-traitant :**

1° Veille à ce que les personnes autorisées à traiter les données à caractère personnel s'engagent à respecter la confidentialité ou soient soumises à une obligation légale appropriée de confidentialité ;

2° Aide le responsable du traitement, par tout moyen approprié, à veiller au respect des dispositions du chapitre III du titre III de la même loi ;

3° Selon le choix du responsable du traitement et sous réserve d'un éventuel archivage dans l'intérêt public, supprime toutes les données à caractère personnel ou les renvoie au responsable du traitement au terme de la prestation des services de traitement des données, et détruit les copies existantes ;

4° Met à la disposition du responsable du traitement toutes les informations nécessaires pour apporter la preuve du respect de l'article 96 susmentionné et du présent article ;

5° Respecte, pour recruter un autre sous-traitant, les conditions prévues au 2 de l'article 28 du règlement (UE) 2016/679 du 27 avril 2016 susvisé, au dernier alinéa de l'article 96 susmentionné et au présent article.

Cet acte juridique revêt la forme écrite, y compris la forme électronique.

Art. 132 **Lorsque deux responsables du traitement ou plus déterminent conjointement les finalités et les moyens du traitement, ils sont les responsables conjoints du traitement. Les responsables conjoints du traitement définissent de manière transparente leurs obligations respectives aux fins d'assurer le respect des obligations dont ils sont débiteurs en application de la loi du 6 janvier 1978 susvisée et du décret, notamment en ce qui concerne l'exercice des droits de la personne concernée, et leurs obligations respectives quant à la communication des informations visées à l'article 104 de la même loi, par voie d'accord entre eux, sauf si, et dans la mesure où leurs obligations respectives sont définies par le droit de l'Union européenne ou par le droit de l'État membre auquel les responsables du traitement sont soumis. Le point de contact pour les personnes concernées est mentionné dans l'acte instaurant le traitement, ou lorsque ce traitement n'est pas mis en œuvre pour le compte de l'État, dans l'accord conclu entre les responsables conjoints du traitement.**

Si le point de contact n'a pas été désigné ou si sa désignation n'a pas été rendue publique, la personne concernée peut exercer ses droits à l'égard de et contre chacun des responsables du traitement.

CHAPITRE II *OBLIGATIONS INCOMBANT AUX AUTORITÉS COMPÉTENTES, AUX RESPONSABLES DE TRAITEMENT DE DONNÉES À CARACTÈRE PERSONNEL ET AUX SOUS-TRAITANTS*

Art. 133 **Un délégué à la protection des données est désigné par le responsable du traitement dans les cas prévus à l'article 103 de la loi du 6 janvier 1978 susvisée.**

Le responsable du traitement publie les coordonnées du délégué à la protection des données et les communique à la Commission nationale de l'informatique et des libertés dans les conditions prévues à l'article 83.

Lorsque les collectivités territoriales, leurs groupements, les établissements publics locaux et les personnes morales de droit privé gérant un service public désignent un seul délégué à la protection des données, une convention détermine les conditions dans lesquelles s'exerce la mutualisation. Chacune des parties à la mutualisation demeure responsable du traitement ou sous-traitant.

CHAPITRE III *DROITS DE LA PERSONNE CONCERNÉE*

Art. 134 **Le responsable du traitement prend des mesures appropriées pour fournir toute information visée à l'article 104 de la loi du 6 janvier 1978 susvisée. Il procède à toute communication à la personne concernée, prévue par les articles 102, 105 à 107 de la même loi, d'une façon concise, compréhensible et aisément accessible, en des termes clairs et simples.**

COMMENTAIRE

Le décret du 29 mai 2019 (reprenant les dispositions de celui n° 2018-687 du 1er août 2018) intègre les règles posées par la loi (L. n° 78-17 du 6 janv. 1978, art. 104 s.) instaurant désormais un principe de droit d'accès direct qui peut faire l'objet, dans certaines conditions, de restrictions par les responsables de traitement. Ces restrictions devront être prévues dans l'acte réglementaire portant création du traitement en cause et impliqueront dès lors que la personne concernée exerce ses droits de manière indirecte par le biais de la CNIL.

Pour la CNIL, « il résulte de ces nouvelles dispositions législatives que les actes réglementaires portant création de traitements relevant du champ d'application de la directive peuvent prévoir trois dispositifs différents en la matière : soit l'exercice direct des droits par les personnes, sans restriction possible ; soit l'exercice direct des droits avec, en cas de restriction opposée à un demandeur par le responsable du traitement, la possibilité de saisir la Commission aux fins d'exercer ces droits au nom des personnes concernées ; soit, au titre de ces restrictions, l'exercice d'emblée indirect de ces droits lorsque la nature du traitement et des données le justifie » (Délib. n° 2018-284 du 21 juin 2018, *JO 3 août*).

La CNIL a, lors de son avis sur le projet de décret de 2018, insisté sur le fait que l'obligation d'information relevait d'une obligation de résultat, et non de moyens et qu'« il incomb[ait] notamment au responsable de traitement de tenir compte tant de l'objet du traitement que de la nature des personnes concernées figurant dans ce traitement, afin de déterminer le canal qui doit être privilégié pour s'assurer du caractère effectif de l'information délivrée » (Délib. n° 2018-284 du 21 juin 2018, *préc.*). ❑

Art. 135 **Lorsque la personne concernée forme une demande, y compris par voie électronique, tendant à la mise en œuvre des droits prévus au II de l'article 104 et aux articles 105 et 106 de la loi du 6 janvier 1978 susvisée, elle justifie de son identité par tout moyen et précise l'adresse à laquelle doit parvenir la réponse. Elle peut exercer ses droits en utilisant des données d'identité numériques lorsque ces données sont nécessaires et estimées suffisantes par le responsable du traitement pour authentifier ses utilisateurs.**

Lorsque le responsable du traitement a des doutes raisonnables quant à l'identité de la personne, il peut demander les informations supplémentaires apparaissant nécessaires, y compris, lorsque la situation l'exige, la copie d'un titre d'identité portant la signature du titulaire.

Lorsque la demande présentée sur place ne peut être satisfaite immédiatement, il est délivré à son auteur un avis de réception, daté et signé.

Lorsqu'il existe un doute raisonnable sur l'identité du demandeur ou sur l'adresse postale à laquelle la personne concernée a demandé la transmission par écrit d'informations la concernant, la réponse peut être expédiée sous pli recommandé sans avis de réception, la vérification de l'adresse et de l'identité s'effectuant lors de la délivrance du pli.

Si la demande est imprécise ou ne comporte pas tous les éléments permettant au responsable du traitement de procéder aux opérations qui lui sont demandées, celui-ci invite le demandeur à les lui fournir avant l'expiration du délai prévu au huitième alinéa. Le responsable du traitement y procède par lettre remise contre

signature ou par voie électronique. La demande de compléments d'information suspend le délai prévu au huitième alinéa.

Lorsque le responsable du traitement, le sous-traitant ou le délégué à la protection des données n'est pas connu du demandeur, celui-ci peut adresser sa demande au siège ou à l'adresse électronique fonctionnelle de la personne morale, de l'autorité publique, du service ou de l'organisme dont le traitement relève. La demande est transmise immédiatement au responsable du traitement.

Ces demandes peuvent être présentées par une personne spécialement mandatée à cet effet par le demandeur, après justification de son identité et de l'identité du mandant, de son mandat ainsi que de la durée et de l'objet précis de celui-ci. Le mandat doit également préciser si le mandataire peut être rendu destinataire de la réponse du responsable du traitement ou du sous-traitant.

Sans préjudice des dispositions spécifiques applicables à certains traitements, le responsable du traitement répond par écrit à la demande présentée par l'intéressé dans le délai de deux mois suivant sa réception et dans les conditions prévues à l'article 80.

Le délai prévu au huitième alinéa est suspendu lorsque le responsable du traitement ou le sous-traitant a sollicité des informations supplémentaires nécessaires pour identifier la personne concernée ou procéder aux opérations qui lui sont demandées.

Lorsque le responsable du traitement ne s'est pas prononcé dans le délai fixé au huitième alinéa, la demande est réputée rejetée.

Art. 136 Sans préjudice des dispositions spécifiques applicables à certains traitements, les demandes formées en application de l'article 108 de la loi du 6 janvier 1978 susvisée sont régies par les dispositions des articles 141 à 143, sauf s'il s'agit d'informations relevant de l'article 111 de la même loi. Sous peine d'irrecevabilité de sa demande, la personne concernée doit justifier auprès de la Commission nationale de l'informatique et des libertés soit de la réponse écrite du responsable du traitement attestant de la restriction de ses droits intervenue en application des II ou III de l'article 107 de la même loi, soit de la demande qu'elle a adressée à ce dernier plus de deux mois auparavant en application de l'article 135.

Art. 137 Le responsable du traitement auprès duquel le droit d'opposition a été exercé informe sans délai de cette opposition tout autre responsable de traitement qu'il a rendu destinataire des données à caractère personnel qui font l'objet de l'opposition.

CHAPITRE IV *DE LA COOPÉRATION*

Art. 138 Pour la mise en œuvre de l'article 26 de la loi du 6 janvier 1978 susvisée, les dispositions des 2, 3, 6 et 7 de l'article 61 du règlement (UE) 2016/679 du 27 avril 2016 susvisé sont applicables.

CHAPITRE V *TRANSFERTS DE DONNÉES À CARACTÈRE PERSONNEL VERS DES ÉTATS N'APPARTENANT PAS À L'UNION EUROPÉENNE OU VERS DES DESTINATAIRES ÉTABLIS DANS DES ÉTATS N'APPARTENANT PAS À L'UNION EUROPÉENNE*

Art. 139 Lorsqu'un transfert de données à caractère personnel a lieu en application des articles 112 et 114 de la loi du 6 janvier 1978 susvisée, la Commission nationale de l'informatique et des libertés peut éditer des formulaires indiquant les éléments d'informations devant être transmis en vertu de ces articles.

TITRE IV **DISPOSITIONS APPLICABLES AUX TRAITEMENTS INTÉRESSANT LA SÛRETÉ DE L'ÉTAT ET LA DÉFENSE**

Art. 140 Le présent titre s'applique, sans préjudice du titre I, aux traitements relevant du titre IV de la loi du 6 janvier 1978 susvisée.

COMMENTAIRE

Le titre IV concerne les dispositions applicables aux traitements intéressant la sûreté de l'État et la défense, qui ne relèvent pas du champ du droit de l'Union (communément appelé les « traitements hors champs »). Ce titre vise principalement à préciser l'exercice des droits des personnes concernées.

La Commission a souhaité la création de deux sous-sections distinctes afin de distinguer les droits d'application directe et ceux d'application indirecte. La première sous-section débute avec les droits d'application indirecte, c'est-à-dire nécessitant l'intervention de la CNIL, qui « représentent en pratique l'immense majorité des cas » (Délib. n° 2019-055 du 9 mai 2019, *JO 30 mai*).

SOUS-SECTION 1 *Exercice des droits auprès de la Commission nationale de l'informatique et des libertés*

Art. 141 En application de l'article 118 de la loi du 6 janvier 1978 susvisée, toute demande d'accès, de rectification ou d'effacement des informations figurant dans les traitements intéressant la sûreté de l'État ou la défense, autorisés en application du 1° du I de l'article 31 de la loi du 6 janvier 1978 susvisée, est adressée à la commission par écrit.

La demande doit être signée et accompagnée de la photocopie d'un titre d'identité portant la signature du titulaire. Elle doit préciser l'adresse à laquelle doit parvenir la réponse. Lorsqu'il existe un doute sur l'adresse indiquée ou sur l'identité du demandeur, la réponse de la commission peut être expédiée par lettre postale remise contre signature, la vérification de l'adresse ou de l'identité du demandeur s'effectuant lors de la délivrance du pli.

Toute demande manifestement abusive peut être rejetée.

V., supra, art. 81.

Art. 142 Saisie dans les conditions fixées à l'article 141, la commission notifie au demandeur, dans un délai de quatre mois à compter de sa saisine, sans préjudice des dispositions spécifiques applicables à certains traitements, le résultat de ses investigations. Si la demande ne comporte pas tous les éléments permettant à la commission de procéder aux investigations qui lui ont été demandées, celle-ci invite le demandeur à les lui fournir. A défaut de réponse du demandeur dans un délai de deux mois, la demande peut être rejetée. Le délai de quatre mois court à compter de la date de réception par la commission de ces informations complémentaires.

Si la réponse à la demande nécessite la centralisation préalable de pièces et d'éléments, le responsable du traitement y procède dans un délai de trois mois à compter de la date à laquelle il reçoit la demande de la commission. Ce délai peut être prorogé d'un mois lorsque le traitement de la demande nécessite des investigations complexes. La commission est informée de la prorogation de ce délai par le responsable du traitement. Le délai dans lequel la commission répond au demandeur est alors porté à cinq mois. Le délai dont bénéficie le responsable du traitement s'impute sur le délai prévu à l'alinéa précédent.

Sans préjudice des dispositions spécifiques applicables à certains traitements, lorsque la commission sollicite l'avis d'une autorité exerçant des compétences analogues aux siennes dans un autre État membre de l'Union européenne ou un État tiers, le délai de quatre mois mentionné au premier alinéa court à compter de la réception par la commission des informations qu'elle a demandées.

V., supra, art. 81.

Art. 143 I. — Aux termes de ses investigations, la commission constate, en accord avec le responsable du traitement, celles des données dont la communication au demandeur ne met pas en cause les finalités du traitement, la sûreté de l'État, la défense ou la sécurité publique. Elle transmet ces données au demandeur. Le cas échéant, celles-ci sont communiquées selon des modalités définies d'un commun accord entre la commission et le responsable du traitement.

Lorsque le responsable du traitement s'oppose à la communication au demandeur de tout ou partie des données le concernant, la commission informe ce dernier qu'il a été procédé aux vérifications nécessaires.

Lorsque le traitement ne contient aucune donnée concernant le demandeur, la commission en informe celui-ci, avec l'accord du responsable du traitement. En cas d'opposition du responsable du traitement, la commission se borne à informer le demandeur qu'il a été procédé aux vérifications nécessaires.

II. — La commission peut constater, en accord avec le responsable du traitement, que les données concernant le demandeur doivent être rectifiées ou supprimées et qu'il y a lieu de l'en informer. En cas d'opposition du responsable du traitement, la commission se borne à informer le demandeur qu'il a été procédé aux vérifications nécessaires.

III. — La réponse de la commission mentionne les voies et délais de recours ouverts au demandeur. Pour les demandes relatives aux traitements ou parties de traitements intéressant la sûreté de l'État mentionnés à l'article R. 841-2 du code de la sécurité intérieure, la mention des voies de recours précise que le Conseil d'État peut être saisi dans les deux mois à compter de la notification de l'information selon laquelle il a été procédé aux vérifications nécessaires et rappelle les dispositions de l'article L. 841-2 du même code.

V., supra, art. 81.

SOUS-SECTION 2 *Exercice des droits auprès du responsable du traitement*

Art. 144 Lorsque la personne concernée forme une demande, y compris par voie électronique, tendant à la mise en œuvre des droits prévus aux articles 117 et 119 de la loi du 6 janvier 1978 susvisée, elle justifie de son identité par tout moyen. Elle peut exercer ses droits en utilisant des données d'identité numériques lorsque ces données sont nécessaires et estimées suffisantes par le responsable du traitement pour authentifier ses utilisateurs.

Lorsque le responsable du traitement ou le sous-traitant a des doutes raisonnables quant à l'identité de cette personne, il peut demander les informations supplémentaires apparaissant nécessaires, y compris, lorsque la situation l'exige, la copie d'un titre d'identité portant la signature du titulaire.

Les délais prévus à l'article 146 sont suspendus lorsque le responsable du traitement ou le sous-traitant a sollicité des informations supplémentaires nécessaires à l'identification de la personne concernée. Lorsqu'il existe un doute raisonnable sur l'identité du demandeur ou sur l'adresse postale à laquelle la personne concernée a demandé la transmission par écrit d'informations la concernant, la réponse peut être expédiée sous pli recommandé sans avis de réception, la vérification de l'adresse et de l'identité s'effectuant lors de la délivrance du pli.

Lorsque le responsable du traitement ou le sous-traitant n'est pas connu du demandeur, celui-ci peut adresser sa demande au siège ou à l'adresse électronique fonctionnelle de la personne morale, de l'autorité publique, du service ou de l'organisme dont le traitement relève. La demande est transmise immédiatement au responsable du traitement.

Art. 145 Lorsqu'une demande est présentée sur place, la personne concernée justifie par tout moyen de son identité auprès du responsable du traitement ou du sous-traitant.

Lorsque la demande ne peut être satisfaite immédiatement, il est délivré à son auteur un avis de réception, daté et signé.

Art. 146 Le responsable de traitement ou le sous-traitant répond à la demande présentée par l'intéressé dans le délai de deux mois suivant sa réception.

Si la demande transmise par la personne concernée est imprécise ou ne comporte pas les éléments permettant au responsable du traitement ou au sous-traitant d'y répondre, celui-ci peut inviter le demandeur à lui fournir des informations complémentaires avant l'expiration du délai prévu à l'alinéa précédent.

Lorsque le responsable de traitement ou le sous-traitant ne s'est pas prononcé dans le délai prévu au premier alinéa, la demande est réputée rejetée.

SOUS-SECTION 3 *Information des personnes concernées*

Art. 147 Le responsable du traitement porte directement à la connaissance des personnes auprès desquelles sont recueillies des données à caractère personnel les informations énumérées à l'article 116 de la loi du 6 janvier 1978 susvisée sur le support de collecte ou, à défaut, sur un document préalablement porté à leur connaissance en caractères lisibles. En application du 6° du I de l'article 116 susmentionné, il les informe également, dans les mêmes conditions, des coordonnées du service compétent auprès duquel elles peuvent exercer leurs droits d'opposition, d'accès et de rectification.

Les informations mentionnées à l'alinéa précédent peuvent être communiquées aux intéressés, avec leur accord, par voie électronique.

Lorsque les informations sont portées à la connaissance de l'intéressé par voie d'affichage, il lui est indiqué qu'il peut, sur simple demande écrite, recevoir ces informations sur un support écrit.

COMMENTAIRE

L'article 147 du décret du 29 mai 2019 reprend, en l'adaptant, l'article 90 du décret n° 2005-1309 du 20 octobre 2005, inséré par le décret n° 2007-451 du 25 mars 2007. Le gouvernement a maintenu le dernier alinéa consacré à l'information par voie d'affichage. Pourtant, la CNIL s'était interrogée « sur le maintien de ces dispositions du projet de décret, qui définissent des obligations plus précises que celles du règlement, pouvant dans certains cas apporter une protection moindre aux personnes et applicables uniquement à l'information fournie par voie d'affichage » (Délib. n° 2018-284 du 21 juin 2018, *JO 3 août*). ❑

Art. 148 Les informations figurant au 7° du I de l'article 116 de la loi du 6 janvier 1978 susvisée que le responsable du traitement communique, dans les conditions prévues à l'article 147, à la personne auprès de laquelle des données à caractère personnel sont recueillies, sont les suivantes :

1° Le ou les pays d'établissement du destinataire des données dans les cas où ce ou ces pays sont déterminés lors de la collecte des données ;

2° La nature des données transférées ;

3° La finalité du transfert envisagé ;

4° La ou les catégories de destinataires des données ;

5° Le niveau de protection offert par le ou les pays tiers : si le ou les pays tiers ne satisfont pas aux conditions prévues à l'article 123 de la même loi, il est fait mention de l'exception prévue à l'article 124 de cette loi qui permet ce transfert ou de la décision de la Commission nationale de l'informatique et des libertés autorisant ce transfert.

Lorsque le transfert est envisagé postérieurement à la collecte des données à caractère personnel, celui-ci ne peut intervenir que dans un délai de quinze jours suivant la réception par l'intéressé des informations ci-dessus ou, le cas échéant, au terme de la procédure visée à l'article 146.

SOUS-SECTION 4 *Conditions d'exercice du droit d'opposition, du droit d'accès et du droit de rectification*

Art. 149 Pour faciliter l'exercice du droit d'opposition prévu au premier alinéa de l'article 117 de la loi du 6 janvier 1978 susvisée, la personne concernée est mise en mesure d'exprimer son choix à tout moment.

Le responsable du traitement auprès duquel le droit d'opposition a été exercé informe sans délai de cette opposition tout autre responsable de traitement qu'il a rendu destinataire des données à caractère personnel qui font l'objet de l'opposition.

Art. 150 Lorsque le responsable du traitement permet, pour l'exercice du droit d'accès mentionné à l'article 119 de la loi du 6 janvier 1978 susvisée, la consultation des données sur place, celle-ci n'est possible que sous réserve de la protection des données à caractère personnel des tiers. Sauf disposition législative ou réglementaire contraire, une copie des données à caractère personnel du demandeur peut être obtenue immédiatement.

Afin que le demandeur puisse en prendre pleinement connaissance, le responsable de traitement met à la disposition de l'intéressé toutes les données qui le concernent et pendant une durée suffisante.

Lors de la délivrance de la copie demandée, le responsable de traitement atteste, le cas échéant, du paiement de la somme perçue à ce titre.

Art. 151 Lorsque des données à caractère personnel ont été transmises à un tiers, le responsable du traitement qui a procédé à leur rectification en informe sans délai ce tiers. Celui-ci procède également sans délai à la rectification.

TITRE V DISPOSITIONS RELATIVES À L'OUTRE-MER

Art. 152 Le présent décret est applicable en Nouvelle-Calédonie, en Polynésie française, dans les îles Wallis-et-Futuna et dans les Terres australes et antarctiques françaises sous réserve des adaptations prévues au présent titre.

Art. 153 Pour l'application du présent décret à Saint-Barthélemy, à Saint-Pierre-et-Miquelon, en Nouvelle-Calédonie, en Polynésie française, dans les îles Wallis-et-Futuna et dans les Terres australes et antarctiques françaises, la référence au règlement (UE) 2016/679 du Parlement européen et du Conseil du 27 avril 2016 relatif à la protection des personnes physiques à l'égard du traitement des données à caractère personnel et à la libre circulation de ces données est remplacée par la référence aux règles en vigueur en métropole en vertu du règlement (UE) 2016/679 du 27 avril 2016.

Art. 154 I. — Pour son application en Polynésie française, en Nouvelle-Calédonie, à Wallis-et-Futuna et dans les Terres australes *[et]* antarctiques françaises :

1° A l'article 28, les mots : "du *(Décr. n° 2019-966 du 18 sept. 2019)* « tribunal judiciaire » " sont remplacés par les mots : "du tribunal de première instance" en Nouvelle-Calédonie, en Polynésie française et dans les îles Wallis-et-Futuna ;

2° Au deuxième alinéa de l'article 34, les mots : « au moins huit jours avant la date de son audition » sont remplacés par les mots : "au moins un mois avant la date de son audition" ;

3° A l'article 36, les mots : "le préfet ou, selon le cas, le directeur général de l'agence régionale de santé dans le ressort territorial duquel doit avoir lieu le contrôle" sont remplacés par les mots :

a) "Le haut-commissaire de la République", en Polynésie française et en Nouvelle-Calédonie ;

b) "L'administrateur supérieur des îles Wallis-et-Futuna", dans les îles Wallis-et-Futuna ;

c) "L'administrateur supérieur des Terres australes et antarctiques françaises", dans les Terres australes et antarctiques françaises ;

4° A l'article 40, les mots : "dispose d'un délai d'un mois" sont remplacés par les mots : "dispose d'un délai de deux mois" ;

5° A l'article 41, les mots : "ramené à sept jours" sont remplacés par les mots : "ramené à quinze jours" ;

6° A l'article 46, les mots : "huit jours" sont remplacés par les mots : "quinze jours » ;

7° A l'article 47, les mots : "huit jours" sont remplacés par les mots : "quinze jours » ;

8° Au deuxième alinéa de l'article 58, les mots : "huit jours" sont remplacés par les mots : « quinze jours » ;

9° A l'article 124, les mots : "par la production d'un acte de notoriété ou d'un livret de famille" sont remplacés par les mots : "par tous moyens".

II. — Pour son application à Mayotte, à Saint-Pierre-et-Miquelon, à Saint-Barthélemy, à Saint-Martin et à La Réunion, à l'article 36, les mots : "le directeur général de l'agence régionale de santé" sont remplacés par les mots :

1° "Le directeur de l'administration territoriale de santé de Saint-Pierre-et-Miquelon" pour Saint-Pierre-et-Miquelon ;

2° "Le directeur de l'agence de santé de la Guadeloupe, de Saint-Barthélemy et de Saint-Martin" pour la Guadeloupe, Saint-Barthélemy et Saint-Martin ;

3° "Le directeur de l'agence de santé de l'océan Indien" pour La Réunion et Mayotte.

Art. 155 Dans les îles Wallis-et-Futuna, en Polynésie française, en Nouvelle-Calédonie et dans les Terres australes et antarctiques françaises, la compétence dévolue aux huissiers de justice pour la délivrance des actes prévus au présent décret peut être exercée par un représentant de l'autorité administrative ou militaire.

TITRE VI DISPOSITIONS DIVERSES ET FINALES

Art. 156 Le décret n° 2005-1309 du 20 octobre 2005 pris pour l'application de la loi n° 78-17 du 6 janvier 1978 relative à l'informatique, aux fichiers et aux libertés est abrogé.

Art. 157 *Mod. Décr. n° 2018-232 du 30 mars 2018 pris pour l'application à la Commission nationale de l'informatique et des libertés de la loi n° 2017-55 du 20 janvier 2017 portant statut général des autorités administratives indépendantes et des autorités publiques indépendantes.*

Art. 158 I. — *Mod. C. pén., art. R. 625-10 à R. 625-12 et R. 711-1. — V.* ***C. pén.***

II. — *Mod. COJ, art. R. 213-5, R. 532-6-1, R. 552-6, R. 562-6. — V.* **COJ**.

III. — *Mod. CJA, art. R. 555-1 et R. 555-2. — V.* ***CJA***.

Art. 159 Le présent décret entre en vigueur le 1er juin 2019.

PARTIE II

TEXTES COMPLÉMENTAIRES

BIBL. GÉN. ▶ LEQUESNE ROTH, *ibid. 2021. 308* (la fin de l'anonymat : reconnaissance faciale et droit à la vie privée).

▶ **Dossier** : les libertés numériques : droits et garanties, *Dalloz IP/IT 2020. 592*. – Les limites apportées aux libertés numériques, *Dalloz IP/IT 2021. 308*.

Charte des droits fondamentaux de l'Union européenne

JOUE nº C 202 du 7 juin 2016. — V. comm. ss. RGPD, art. 1er.

BIBL. ▶ LORANS, *RTD eur. 2021. 96* (le législateur européen et la protection des droits fondamentaux dans l'Union : vers une concrétisation législative de la Charte).

Art. 7 *Respect de la vie privée et familiale.* **Toute personne a droit au respect de sa vie privée et familiale, de son domicile et de ses communications.**

Art. 8 *Protection des données à caractère personnel.* **1. Toute personne a droit à la protection des données à caractère personnel la concernant.**

2. Ces données doivent être traitées loyalement, à des fins déterminées et sur la base du consentement de la personne concernée ou en vertu d'un autre fondement légitime prévu par la loi. Toute personne a le droit d'accéder aux données collectées la concernant et d'en obtenir la rectification.

3. Le respect de ces règles est soumis au contrôle d'une autorité indépendante.

Traité sur le fonctionnement de l'Union européenne

JOUE nº C 202 du 7 juin 2016. — V. comm. ss. RGPD, art. 1er.

Art. 16 **1. Toute personne a droit à la protection des données à caractère personnel la concernant.**

2. Le Parlement européen et le Conseil, statuant conformément à la procédure législative ordinaire, fixent les règles relatives à la protection des personnes physiques à l'égard du traitement des données à caractère personnel par les institutions, organes et organismes de l'Union, ainsi que par les États membres dans l'exercice d'activités qui relèvent du champ d'application du droit de l'Union, et à la libre circulation de ces données. Le respect de ces règles est soumis au contrôle d'autorités indépendantes.

Les règles adoptées sur la base du présent article sont sans préjudice des règles spécifiques prévues à l'article 39 du traité sur l'Union européenne. — *[TCE, art. 286.]*

V. égal. Convention 108 du Conseil de l'Europe, infra.

Code civil

Les annotations de jurisprudence et de bibliographie ss. l'art. 9 du C. civ. ont été reprises du ***Code civil Dalloz****.*

LIVRE I DES PERSONNES

TITRE I DES DROITS CIVILS *(L. nº 94-653 du 29 juill. 1994).*

Art. 9 *(L. nº 70-643 du 17 juill. 1970)* **Chacun a droit au respect de sa vie privée.**

Les juges peuvent, sans préjudice de la réparation du dommage subi, prescrire toutes mesures, telles que séquestre, saisie et autres, propres à empêcher ou faire

cesser une atteinte à l'intimité de la vie privée : ces mesures peuvent, s'il y a urgence, être ordonnées en référé.

Sur la protection de la vie privée par la Convention de sauvegarde des droits de l'homme et des libertés fondamentales du 4 nov. 1950, dite Convention européenne des droits de l'homme, V. Conv. EDH, art. 8.

Sur la protection pénale de la vie privée, V. C. pén., art. 226-1 et 226-8. — V. infra.

Sur la question prioritaire de constitutionnalité applicable lorsqu'une disposition législative porte atteinte aux droits et libertés garantis par la Constitution, V. Ord. n° 58-1067 du 7 nov. 1958, art. 23-1 s. — ***C. pr. civ., C. const.***

Sur le droit au respect de la vie privée des personnes prises en charge par le système de santé, V. CSP, art. L. 1110-4, V. infra, v° Santé.

Sur les droits des détenus en matière d'utilisation de leur image, V. L. n° 2009-1436 du 24 nov. 2009, art. 41. — ***C. pr. pén.***

L'informatique ne doit porter atteinte ni à l'identité humaine, ni aux droits de l'homme, ni à la vie privée, ni aux libertés individuelles ou publiques. Les droits des personnes de décider et de contrôler les usages qui sont faits des données à caractère personnel les concernant et les obligations incombant aux personnes qui traitent ces données s'exercent dans le cadre du Règl. (UE) 2016/679 du Parlement européen et du Conseil du 27 avr. 2016, de la Dir. (UE) 2016/680 du Parlement européen et du Conseil du 27 avr. 2016 et de la L. n° 78-17 du 6 janv. 1978, art. 1er. — V. Règl. (UE) 2016/679 du Parlement européen et du Conseil du 27 avr. 2016) relatif à la protection des personnes physiques à l'égard du traitement des données à caractère personnel et à la libre circulation de ces données, et abrogeant la directive 95/46/CE (règlement général sur la protection des données).

Sur les renseignements que l'huissier de justice, porteur d'un titre exécutoire, peut obtenir des administrations et entreprises contrôlées par l'État, ou des établissements tenant des comptes de dépôt, sans pouvoir se voir opposer le secret professionnel, V. C. pr. exéc., art. L. 152-1 s. — ***C. pr. exéc.***

Sur le Défenseur des droits, V. L. org. n° 2011-333 du 29 mars 2011. — ***C. const.***

RÉP. CIV. v° *Personnalité (droits de la)*, par LEPAGE.

BIBL. ▶ J.-P. ANCEL, *R. 2000, p. 55* (jurisprudence récente de la Cour de cassation). - ANDRIANTSIMBAZOVINA, *D. 2020. 940* (*people* et Cour européenne des droits de l'homme). - BEIGNIER, *Archives Phil. dr., t. 41, 1997, p. 163* (vie privée et vie publique). - BONNEAU, *RDBF 2018, Dossier 39* (l'accès aux données bancaires au regard du respect de la vie privée). - BRENNER, *Dr. et patr. 3/2002. 65* (secret de la vie privée). - BRUGUIÈRE, *Mél. Cabrillac, Litec, 1999, p. 69* (rumeur et responsabilité) ; *D. 2011. Chron. 28* (droits de la personnalité) ; *RTD civ. 2016. 1* (droits patrimoniaux de la personnalité). - CHARLIN, *Dr. et patr. 5/2010. 27* (vie privée et praticien). - CLAPIÉ, *Mél. Mouly, Litec, 1998, t. 1, p. 267* (droit de mener une vie familiale normale). - DEBET, *CCE 2005. Étude 40* (internet, vie privée et personnes mineures). - DEBOISSY et SAINT-PAU, *D. 2000. Chron. 267* (divulgation d'une information patrimoniale). - DREYER, *CCE 2005. Étude 18* (respect de la vie privée, objet d'un droit fondamental). - DUMOULIN, *Rev. sociétés 2006. 1* (droits de la personnalité des personnes morales). - DUPUIS, *RJPF 2001-12/10* (vie privée et internet) ; *RLDC 2013/102, n° 5015* (vie privée et réseaux sociaux). - FRAYSSINET, *Dr. et patr. 5/2001. 76* (traçabilité des personnes sur internet). - GAUMONT-PRAT, obs. *D. 1999. Somm. 344* (confidentialité des informations collectées à l'occasion des prélèvements de tissus humains) ; obs. *D. 2001. Somm. 1432* (informatisation des données de santé). - GAUVIN, *CCE 2004. Chron. 8* (sanctions des droits de la personnalité). - DE GIVRY, *R. 2000, p. 93* (anonymisation des décisions de justice). - HASSLER, *LPA 7 déc. 2004* (droits de la personnalité : crise d'identité). - DE LAMY, *Dr. fam. 1998. Chron. 8* (vie familiale des étrangers). - LASSERRE-KIESOW, *D. 2010. Chron. 907* (vérité et droit civil). - A. LEPAGE, *CCE 1999. Chron. 5* (célébrité et vie privée) ; *Dr. et patr. 3/2002. 61* (secret de la vie privée). - MARINO, *JCP 2012, suppl. n° 47, p. 14*. - MATHEY, *RTD civ. 2008. 205* (droits et libertés fondamentaux des personnes morales). - MOULIÈRE, *D. 2012. Chron. 571* (droit des affaires et vie privée). - PASCUAL, *RRJ 1998/3. 899* (patrimoine et vie privée). - POLLAUD-DULIAN, *JCP 1994. I. 3780* (droit moral de l'auteur). - POUSSON-PETIT, *Mél. L. Boyer, PU Toulouse, 1996, p. 595* (le droit à l'anonymat). - RIBS, *Mél. Gavalda, Dalloz, 2001, p. 263* (commerce électronique et protection de la vie privée). - RINGEL, *RRJ 1999/4. 1049* (homosexualité, transsexualisme et art. 8 Conv. EDH). - D. ROMAN, *D. 2005. Chron. 1508* (liberté sexuelle). - SERNA, *CCC 1999. Chron. 9* (la voix et le contrat). - SIGOT, *Dalloz IP/IT 2018. 342* *(revenge porn)*. - SOYER, *Mél. Terré, Dalloz/PUF/Juris-Classeur, 1999, p. 343* (l'avenir de la vie privée). - TOIS, *R. 2001, p. 207* (internet et libertés). - VAN MUYLDER, *RFDA 2001. 797* (vie privée des étrangers). - WESTER-OUISSE, *JCP 2009. I. 121* (jurisprudence et personne morale). - *Légicom, nº 20, 1999/4*; *Gaz. Pal. 2007. Doctr. 1459*, nº spécial Droits de la personnalité (actes du colloque du 13 nov. 2006). - Dossier, *AJ fam. 2008. 184* (famille, communication et médias).

▸ **Vie privée et liberté d'expression :** Burgaud, *D. 2015. 939* (équilibre au regard de la Conv. EDH). - Douaoui, *D. 2001. Chron. 1333* (réparation du trouble médiatique). - Gridel, *BICC 15 mars 2003, p. 11* (vie privée et liberté d'expression : le fond du droit); *D. 2005. Chron. 391* (liberté de la presse et droits de la personnalité); *Mél. Aubert, Dalloz, 2005, p. 441* (sur les arrêts CEDH des 18 et 24 juin 2004); *BICC 15 juin 2010* (vie privée et droit de la presse). - Gridel et Lacabarats, *Gaz. Pal. 2002. Doctr. 1632* (vie privée et liberté d'expression). - Lacabarats, *BICC 15 mars 2003, p. 18* (vie privée et liberté d'expression : les actions en justice). - Lacabarats et Calvez, *Gaz. Pal. 2007. Doctr. 3034* (personnes exerçant des activités publiques). - Mallet-Poujol, *D. 2002. Chron. 2420* (droit à l'information). - Ravanas, *D. 2000. Chron. 459* (liberté d'expression et protection des droits de la personnalité).

▸ **Droit à l'image :** Auvret, *JCP 2005. I. 123* (utilisation de la personnalité d'autrui; exemples de presse). - De Bellescize, *LPA 2 oct. 2001* (droit à l'image et attentats). - Bienvenu, *LPA 15 nov. 2002* (panorama des contentieux). - Cottet-Bretonnier, *LPA 11 févr. 2002* (le sportif face à l'exploitation commerciale de son image). - Derieux, *LPA 11 et 12 avr. 2000* (droit à l'image et droit de l'image). - L. Drai, *LPA 16 sept. 2005* (fin du droit absolu à l'image?). - Dupuis, *RLDC 2004/11, nº 459* (droit à l'image et droit d'informer). - Dupuy-Busson, *Gaz. Pal. 2008. 3678*. - Hassler, *D. 2004. Chron. 1611* (liberté de l'image et jurisprudence récente); *LPA 18 mai 2004* (image d'une personne dans un lieu public); *D. 2005. Chron. 739* (jurisprudence récente), *AJ fam. 2008. 188* (image d'un mineur); *LPA 18 déc. 2008* (image d'une personne dans sa vie professionnelle); *Mél. B. Gross, PU Nancy, 2009, 545* (l'image banale d'une personne). - Hauser, *D. 2010. Chron. 214* (droit à l'image de l'enfant). - Lienhard, *D. 1999, nº 38, p. V* (les victimes et le choc des photos). - Marino, *CCE 2003. Chron. 7; Err. avr. 2003, p. 9* (contrats portant sur l'image des personnes). - Ravanas, *D. 2002. Chron. 1502*. - Rizzo, *Dr. et patr. 9/2003. 38* (l'image du sportif). - Serna, *CCC 1998. Chron. 12* (l'image et le contrat); *R. 2010. 65* (le droit de savoir).

▸ **Données personnelles.** Dossier, *AJ contrat 2019. 365* (contrat et protection des données à caractère personnel - aspects généraux); *ibid. 411* (aspects particuliers).

Plan des annotations

I. CONDITIONS DE LA PROTECTION DE LA VIE PRIVÉE

A. CARACTÈRES GÉNÉRAUX DE LA PROTECTION

1. *Nature de la protection civile de la vie privée.* Aux termes de l'art. 2 DDH : « Le but de toute association politique est la conservation des droits naturels et imprescriptibles de l'homme. Ces droits sont la liberté, la propriété, la sûreté et la résistance à l'oppression » ; la liberté proclamée par cet art. implique le respect de la vie privée. • Cons. const. 23 juill. 1999, n° 99-416 DC : *JO 28 juill. ; D. 2000. Somm. 265, obs. Marino ; ibid. 422, obs. Fatin-Rouge ; CCE 1999, n° 52, note Desgorges ; RTD civ. 1999. 725, obs. Molfessis* • 9 nov. 1999, n° 99-419 DC : *JO 16 nov.* • 17 mai 2013, n° 2013-669 DC : *cité note 1 ss. art. 143* • 13 mars 2014, n° 2014-690 DC. ♦ Jugé que le droit de chacun au respect de la vie privée, proclamé par l'art. 9, ne fait pas partie de ceux concernant l'état des personnes. • Crim. 16 avr. 1980 : *D. 1981. 68, note Mestre.* ♦ V. également Conv. EDH, art. 8. « Toute personne a droit au respect de sa vie privée et familiale, de son domicile et de sa correspondance. 2. Il ne peut y avoir ingérence d'une autorité publique dans l'exercice de ce droit que pour autant que cette ingérence est prévue par la loi et qu'elle constitue une mesure qui, dans une société démocratique, est nécessaire à la sécurité nationale, à la sûreté publique, au bien-être économique du pays, à la défense de l'ordre et à la prévention des infractions pénales, à la protection de la santé ou de la morale, ou à la protection des droits et libertés d'autrui. »

2. *Spécificité de la protection résultant de l'art. 9.* Le droit moral de l'auteur d'œuvres littéraires est seulement celui de faire respecter soit l'intégrité de ses œuvres, soit son nom et sa qualité en tant qu'auteur de celles-ci, mais il est entièrement étranger à la défense des autres droits de la personnalité protégés par la loi. • Civ. 1re, 10 mars 1993 : *D. 1994. 78, note Françon ; JCP 1993. II. 22161, note Raynard.* ♦ Indépendance de l'art. 9 C. civ. au regard de l'art. 53 de la L. du 29 juill. 1881 sur la presse : V. • Civ. 2e, 24 avr. 2003, n° 01-01.186 P : *D. 2003. IR 1411 .*

3. *Autonomie de la protection résultant de l'art. 9.* Selon l'art. 9 C. civ., la seule constatation de l'atteinte à la vie privée ouvre droit à réparation. • Civ. 1re, 5 nov. 1996, n° 94-14.798 P : *GAJC, 12e éd., n° 20 ; D. 1997. 403, note Laulom ; D. 1997. Somm. 289, obs. Jourdain ; JCP 1997. II. 22805, note Ravanas ; JCP 1997. I. 4025, nos 1 s., obs. Viney ; RTD civ. 1997. 632, obs. Hauser* • 25 févr. 1997, n° 95-13.545 P : *JCP 1997. II. 22873, note Ravanas* • 6 oct. 1998 : *cité note 24* • Civ. 3e, 25 févr. 2004 : *cité note 35* • Civ. 2e, 18 mars 2004 : *cité note 89* • 18 mars 2004 : *cité note 89.* ♦ V. cependant, note 102.

4. *Personnes tenues au respect de la vie privée – Généralités.* Obligation pour l'employeur de respecter la vie privée de ses salariés et de s'abstenir de toute immixtion arbitraire ou de divulgations s'y rapportant. V. notes 61 s. ♦ Obligation pour le législateur de se conformer aux principes de l'art. 8 de la Conv. EDH., mais aussi d'en assurer le respect. • CEDH 24 juin 2004, *Von Hannover c/ Allemagne*, n° 59320/00 : *D. 2004. 3538, obs. J.-F. Renucci ; D. 2005. 340 ; JCP 2004 G.I. 161, obs. Sudre ; RTD civ. 2004. 802, obs. Marguénaud .* ♦ V. notes 7 *in fine*.

B. PERSONNES AYANT DROIT AU RESPECT DE LEUR VIE PRIVÉE

5. *Personnes physiques – Vie publique – Principe.* Toute personne, quel que soit son rang, sa naissance, sa fortune, ses fonctions présentes ou à venir, a droit au respect de sa vie privée. • Civ. 1re, 23 oct. 1990, n° 89-13.163 P • 27 févr. 2007, n° 06-10.393 P : *D. 2007. AJ 804, obs. Delaporte-Carré ; Gaz. Pal. 2007. Somm. 3518, obs. Guerder ; CCE 2007, n° 97, note A. Lepage ; RTD civ. 2007. 309, obs. Hauser .* – Jurisprudence constante. ♦ Droit au respect de la vie privée du détenu : • CEDH 28 nov. 2002 : *JCP 2003. I. 109, n° 18, obs. Sudre.* ♦ ... De l'étranger sous le coup d'une mesure d'éloignement : • CEDH 11 juill. 2002 : *JCP 2003. I. 109, n° 19, obs. Sudre.* ♦ Pour le droit à l'image, V. note 84.

Limite. Le fait d'exercer une fonction publique ou de prétendre à un rôle politique expose nécessairement à l'attention du public, y compris dans des domaines relevant de la vie privée, de sorte que certains actes privés de personnes publiques peuvent ne pas être considérées comme tels, en raison de l'impact qu'ils peuvent avoir, eu égard au rôle de ces personnes sur la scène politique ou sociale et de l'intérêt que le public peut avoir, en conséquence, à en prendre connaissance. • CEDH 10 nov. 2015, n° 40454/07, *Hachette Filipacchi Associés (Sté), France : cité note 26.* ♦ Sur cette limite, V. notes 106 s.

6. ... Mineurs. En considérant que la divulgation de faits relatifs à la vie privée d'un mineur est soumise à l'autorisation de la personne ayant autorité sur lui, les juges du fond se bornent à appliquer les dispositions légales protectrices de sa personne et de ses biens. • Civ. 1re, 18 mai 1972, n° 70-13.377 P : *R. 1971-1972, p. 16; JCP 1972. II. 17209, concl. Lindon.* ♦ Sur les modalités du consentement des parents, V. • Versailles, 16 févr. 2006 : *D. 2006. Pan. 2704, obs. Lepage* • Paris, 14 févr. 2002 : *D. 2002. 2004, note Ravanas ; RTD civ. 2002. 487, obs. Hauser* (école Montessori), pourvoi rejeté par • Civ. 2e, 3 juin 2004, n° 02-16.903 P. ♦ Violation de l'art. 8 Conv. EDH en cas de photographie, sans l'accord préalable des parents, d'un nourrisson placé dans un milieu stérile et, après leur action en justice, dans le refus de restitution des négatifs par le photographe. • CEDH sect. I, 15 janv. 2009, *R. et D. c/ Grèce,* n° 1234/05 : *RTD civ. 2009. 283, obs. Marguénaud .* ♦ Il résulte de l'art. 10, § 2, Conv. EDH que l'exercice de la liberté d'expression peut être soumis à des restrictions prévues par la loi et justifiées, notamment, par la nécessité d'assurer la protection des droits d'autrui, comme l'interdiction de diffuser, sans l'autorisation des titulaires de l'autorité parentale, une émission à laquelle participe un mineur en situation difficile dans sa vie privée, même dans les cas où l'identité du mineur serait dissimulée ; ceci ne constitue pas, au regard de la nécessité de la protection de l'enfance et de l'adolescence, une atteinte disproportionnée à la liberté d'expression en l'absence d'un motif d'intérêt général susceptible de justifier que l'autorisation des titulaires de l'autorité parentale ne soit pas recueillie. • CE 16 mars 2011 : *D. 2011. 2012, note Afroukh .* ♦ V. aussi note 3 ss. art. 458. ♦ Sur le préjudice propre du titulaire de l'autorité parentale, V. note 143.

Le droit de chacun au respect de sa vie privée et familiale s'oppose à ce que l'animateur d'une émission radiophonique, même à dessein satirique, utilise la personne de l'enfant et exploite sa filiation pour lui faire tenir des propos imaginaires et caricaturaux à l'encontre de son grand-père ou de sa mère, fussent-ils l'un et l'autre des personnalités notoires et dès lors légitimement exposées à la libre critique et à la caricature incisive ; en l'espèce, si les noms du grand-père et de sa mère n'étaient pas cités, l'enfant était identifiable en raison de la référence à son âge, à son prénom exact, à celui de sa mère, Marine, et d'un tic de langage de son grand-père. • Civ. 1re, 20 mars 2014, n° 13-16.829 P : *D. 2015. 342, obs. Dreyer ; ibid. 649, obs. Douchy-Oudot ; AJ fam. 2014. 380, obs. Le Gouvello ; RTD civ. 2014. 334, obs. Hauser ; JCP 2014, n° 579, obs. Latil ; ibid. n° 417, note Bakouche ; ibid. n° 1163, note Antippas ; Dr. fam. 2014, n° 93, obs. Dissaux.*

7. ... Majeurs protégés. La reproduction d'images représentant des handicapés mentaux dans l'intimité de leur existence quotidienne dans l'établissement où ils vivent et ce, sans l'autorisation de leurs représentants légaux, constitue, à elle seule, une atteinte illicite à l'intimité de leur vie privée. • Civ. 1re, 24 févr. 1993, n° 91-13.587 P : *R., p. 241 ; D. 1993. 614, note Verheyde ; Defrénois 1993. 1000, obs. Massip ; JCP 1994. II. 22319 (2e esp.), note Fossier ; RTD civ. 1993. 326, obs. Hauser .* ♦ Le tuteur auquel a été confiée une mission de représentation du majeur pour les actes relatifs à sa personne est recevable à saisir le juge des tutelles, sur le fondement de l'art. 459, d'une demande relative à une décision ayant pour effet de porter gravement atteinte à l'intégrité corporelle de la personne protégée ou à l'intimité de sa vie privée. • Civ. 1re, 13 déc. 2017, n° 17-18.437 P : *D. 2018. 333, note Peterka ; AJ fam. 2018. 6, obs. Dionisi-Peyrusse ; ibid. 124, obs. Pecqueur* (choix d'un établissement de santé). ♦ Il peut être donné mission au mandataire spécial d'un majeur placé sous sauvegarde de justice de recevoir le courrier de l'intéressé, la gestion du patrimoine exigeant des réponses rapides à toute correspondance administrative ou d'affaires et les pouvoirs conférés au mandataire spécial impliquant qu'il n'exerce pas de contrôle sur le courrier personnel. • Civ. 1re, 11 juin 1991, n° 89-20.517 P : *Defrénois 1991. 1257, obs. Massip.* ♦ Atteinte à la vie privée, au sens de l'art. 8 Conv. EDH, dans les cas exceptionnels où le défaut pour un État de permettre l'accès d'une personne handicapée à un établissement ne constituerait pas simplement une perturbation de sa vie quotidienne mais porterait atteinte au droit de cette dernière à un développement personnel et à son droit d'établir des rapports avec d'autres êtres humains et le monde extérieur. • CEDH sect. II, 14 mai 2002, *Zehnalova et Zehnal c/ Rép. tchèque,* n° 38621/97. ♦ Pour le droit à l'image, V. note 84.

8. Transmissibilité du droit. Le droit d'agir pour le respect de la vie privée s'éteint au décès de la personne concernée, seule titulaire de ce droit. • Civ. 1re, 14 déc. 1999, n° 97-15.756 P : *D. 2000. 372, note Beignier (1re esp.) ; D. 2000. Somm. 266, obs. Caron ; JCP 2000. II. 10241, concl. Petit ; CCE 2000, n° 39, note A. Lepage ; LPA 22 mai 2000, note S. Prieur ; RTD civ. 2000. 291, obs. Hauser* • 15 févr. 2005, n° 03-18.302 P : *D. 2005. IR 597 ; ibid. Pan. 2644, obs. A. Lepage ; RJPF 2005-6/14, note Putman.* ♦ ... Qui n'est pas transmis à ses héritiers. • Civ. 2e, 8 juill. 2004, n° 03-13.260 P : *R., p. 205 ; D. 2004. IR 2088 ; D. 2005. Pan. 2644, obs. A. Lepage .* ♦ Déjà en ce sens : • Paris, 6 mai 1997 : *D. 1997. 596, note Beignier (2e esp.) ; D. 1998. Somm. 87, obs. Bigot (2e esp.) ; RTD civ. 1998. 71, obs. Hauser* • 27 mai 1997 : *D. 1998. Somm. 85, obs. Massis ; JCP 1997. II.*

22894, note Dérieux; LPA 9 juill. 1997, note Derieux et note Gras • Metz, 12 avr. 2000 : *D. 2000. 817, note Hocquet-Berg* • Civ. 2e, 20 nov. 2003, n° 02-12.297 P (les héritiers ne bénéficient pas du droit d'agir au nom de la personne décédée) • Paris, 28 avr. 2003 : *Gaz. Pal. 2004. Somm. 1388, obs. Martinet* (acteur de cinéma : distinction d'avec le droit spécifique des artistes-interprètes). ♦ Rappr. : les droits tirés de l'art. 8 Conv. EDH ne sont par nature pas transférables et ne peuvent donc être revendiqués par un parent proche ou par un autre héritier de la victime immédiate. • CEDH sect. V, 19 juill. 2012, *Koch c/ Allemagne*, n° 497/09. ♦ Même solution : le droit à l'image, attribut de la personnalité, s'éteint au décès de son titulaire et n'est pas transmissible à ses héritiers. • Civ. 1re, 31 janv. 2018, n° 16-23.591 : *Dalloz IP/IT 2018. 500, obs. Lefranc ; RTD civ. 2018. 364, obs. Mazeaud*. ♦ Mais jugé que le droit à l'image a un caractère moral et patrimonial, et que le droit patrimonial qui permet de monnayer l'exploitation commerciale de l'image n'est pas purement personnel et se transmet aux héritiers. • TGI Aix-en-Provence, 24 nov. 1988 : *JCP 1989. II. 21329, note Henderycksen; RTD civ. 1990. 126, obs. Patarin* • Paris, 10 sept. 1996 : *D. 1998. Somm. 87, obs. Bigot (3e esp.)*. ♦ Comp. • Crim. 21 oct. 1980 : *D. 1981. 72 (1re esp.), note Lindon* (publication de la photographie d'un acteur sur son lit de mort; recevabilité de l'action des ayants droit pour atteinte à la vie privée). ♦ Rappr. • Civ. 1re, 30 mai 2006, n° 04-17.102 P (intransmissibilité de l'action en réparation d'une atteinte à l'honneur ou à la considération d'une personne morale, une telle action, attachée à la personne même du titulaire de ce droit, étant hors commerce).

9. Protection du défunt – Image. La fixation de l'image d'une personne, vivante ou morte, sans autorisation préalable des personnes ayant pouvoir de l'accorder est prohibée. • Crim. 20 oct. 1998, n° 97-84.621 P : *R., p. 319; D. 1999. 106, note Beignier ; JCP 1999. II. 10044, note Loiseau.* – V. déjà, dans la même affaire : • TGI Paris, 13 janv. 1997 : *D. 1997. 255, note Beignier ; ibid. 1998. Somm. 87, obs. Bigot (1re esp.); JCP 1997. II. 22845, note Serna; LPA 9 juill. 1997, note Derieux et note Gras*, et en appel, • Paris, 2 juill. 1997 : *D. 1997. 596, note Beignier (1re esp.)*. ♦ La publication dans la presse de la photographie du cadavre d'une personne assassinée, au cours de la période de deuil des proches parents de cette personne, constitue, dès lors qu'elle n'a pas reçu l'assentiment de ceux-ci, une profonde atteinte à leur sentiment d'affliction, partant, à l'intimité de leur vie privée. • Paris, 24 févr. 1998 : *D. 1998. 225, note Beignier ; D. 1999. Somm. 123, obs. Hassler et Lapp ; ibid. 167, obs. Massis*. – Pourvoi rejeté par • Civ. 1re, 20 déc. 2000, n° 98-13.875 P : *D. 2001. 885 ; ibid. 872, étude Gridel ; ibid. Somm. 1990, obs. A. Lepage ; JCP 2001. II. 10488, concl. Sainte-Rose, note Ravanas; LPA 7 mars 2001, note Derieux (5e esp.); RTD civ. 2001. 329, obs. Hauser*. – Même sens : • Versailles, 17 juin 1999 : *D. 2000. 372, note Beignier (2e esp.); CCE 2000, n° 15, note Desgorges.* ♦ V. note 90 (surveillance de lieux publics par un circuit de télévision). ♦ Si les proches d'une personne peuvent s'opposer à la reproduction de son image après son décès, c'est à la condition d'en éprouver un préjudice personnel établi, déduit le cas échéant d'une atteinte à la mémoire ou au respect dû au mort. • Civ. 1re, 22 oct. 2009, n° 08-10.557 P : *D. 2009. AJ 2612 ; Dr. fam. 2010, n° 106, obs. Assimopoulos; CCE 2010, n° 7, obs. Lepage; RJPF 2010-1/20, obs. Putman; RTD civ. 2010. 79, obs. Hauser* • 1er juill. 2010, n° 09-15.479 P : *D. 2010. Actu. 1870 ; D. actu. 8 juill. 2010, obs. Lavric; D. 2010. 2044, note Delage ; ibid. 2011. Pan. 780, obs. Dreyer ; JCP 2010, n° 942, note Loiseau; CCE 2010, n° 126, obs. Lepage; RTD civ. 2010. 526, obs. Hauser*. – *Adde* : Antippas, *RLDC 2011/78, n° 4096.* ♦ Conformité à l'art. 10 Conv. EDH de l'interdiction de publier la photographie d'une personne aux mains de ses ravisseurs, et décédée ensuite. • CEDH 26 févr. 2016, n° 4683/11 : *RTD civ. 2016. 297, obs. Marguénaud ; Gaz. Pal. 2016. 913, obs. Mazouz.* – V. également, note 143. ♦ Un prélèvement d'ADN après exhumation ne porte pas atteinte à la vie privée du défunt. • CEDH, sect. III, 13 juill. 2006, *Jäggi c/ Suisse*, n° 58757/00 : *cité note 1 ss. art. 310-3.* ♦ Sur l'obligation au secret bancaire incombant à l'établissement de crédit après le décès du titulaire du compte, V. note 6 ss. art. 10.

10. Personnes morales. Si les personnes morales disposent, notamment, d'un droit à la protection de leur nom, de leur domicile, de leurs correspondances et de leur réputation, seules les personnes physiques peuvent se prévaloir d'une atteinte à la vie privée au sens de l'art. 9. • Civ. 1re, 17 mars 2016, n° 15-14.072 P : *D. 2016. 1116, note Loiseau ; ibid. 2017. 181, obs. Dreyer ; Rev. sociétés 2016. 594, note Dumoulin ; Dalloz IP/IT 2016. 309, obs. Gisclard ; RTD civ. 2016. 321, obs. Hauser*. ♦ Une société civile immobilière n'a pas qualité pour invoquer une atteinte au droit à la vie privée et au respect du domicile de ses associés. • Crim. 16 janv. 2019, n° 17-83.006 P. ♦ Une association, personne morale, peut se prétendre victime au sens de l'art. 34 Conv. EDH et solliciter le bénéfice de l'art. 8 pour la protection du secret des ses correspondances. • CEDH sect. V, 28 juin 2007, n° 62540/00 (système de surveillance insuffisamment « prévu par la loi »). ♦ Pour un arrêt affirmant que les personnes morales sont susceptibles de subir une atteinte à leur vie privée : • Aix-en-Provence, 10 mai 2001 : *D. 2002. Somm. 2299, obs. A. Lepage*. ♦ V. note 105. ♦ V. aussi note 19 ss. art. 102.

11. État. Rejet du pourvoi, sur le fondement de l'art. 9, contre un arrêt ayant retenu que le nom de domaine « france.com » utilisé par une société heurtait les droits de l'État sur son nom, sur son identité et sur sa souveraineté et portait atteinte à l'appellation « France », qui constitue un élément de son identité. • Com. 6 avr. 2022, n° 17-28.116 B.

C. PRINCIPE DE RESPECT DE LA VIE PRIVÉE

1° INTERDICTION DES IMMIXTIONS ET DES DIVULGATIONS

12. *Principe d'interdiction.* Est illicite toute immixtion arbitraire dans la vie privée d'autrui. • Civ. 1re, 6 mars 1996 : *D. 1997. 7, note Ravanas* • Civ. 2e, 3 juin 2004, n° 02-19.886 P : *D. 2004. 2069, note Ravanas ; D. 2005. Pan. 2651, obs. Marino ; Dr. fam. 2004, n° 172, note Larribau-Terneyre ; RTD civ. 2004. 489, obs. Hauser*. ♦ V. note 35. ♦ L'atteinte à la vie privée est indépendante du mode compassionnel, bienveillant ou désobligeant sur lequel elle est opérée. • Civ. 1re, 23 avr. 2003, n° 01-01.851 P : *D. 2003. 1854, note C. Bigot (2e esp.) ; ibid. Somm. 1539, obs. A. Lepage ; JCP 2003. II. 10085, note Ravanas ; Gaz. Pal. 2003. 2403, note Amson.* ♦ Caractérise une immixtion illicite dans la vie privée d'une personne le fait de la faire épier, surveiller et suivre. • Civ. 1re, 25 janv. 2000, n° 97-21.846 P : *D. 2000. Somm. 267, obs. A. Lepage* • Civ. 2e, 3 juin 2004 : *préc.* ♦ Une condamnation pénale ne constitue pas en elle-même une atteinte au respect de la vie privée. • CEDH gr. ch., 3 avr. 2012, *Gillberg c/ Suède*, n° 41723/06. ♦ Sur l'admission de moyens de preuve illicites au regard de la loi Informatique et Libertés, V. note 124.

2° TEMPÉRAMENT – LIBERTÉ D'EXPRESSION ET DROIT À L'INFORMATION

13. *Vie privée et liberté d'expression – Recherche d'un équilibre.* BIBL. Soulard, *D. 2020. 504* (articulation entre la liberté d'expression et le droit au respect de la vie privée). ♦ Le droit au respect de l'intimité de la vie privée peut se heurter aux droits d'information du public et de la liberté d'expression garantis par l'art. 10 Conv. EDH ; dans un tel cas il revient au juge de dégager un équilibre entre ces droits antagonistes qui ne sont ni absolus, ni hiérarchisés entre eux, étant d'égale valeur dans une société démocratique. • Paris, 19 déc. 2013, n° 13/23969 : *D. 2014. 79, obs. Mésa* (prise en compte de l'importance politique respective des deux personnes dont l'orientation sexuelle est divulguée). ♦ Égal. : • Civ. 1re, 23 avr. 2003, n° 01-01.851 : *préc. note 13.* ♦ Les droits au respect de la vie privée et à la liberté d'expression, revêtant, eu égard aux art. 8 et 10 Conv. EDH et 9 C. civ., une identique valeur normative, font ainsi devoir au juge saisi de rechercher leur équilibre et, le cas échéant, de privilégier la solution la plus protectrice de l'intérêt le plus légitime. • Civ. 1re, 9 juill. 2003, n° 00-20.289 : *JCP 2003. II. 10139, note Ravanas ; Gaz. Pal. 2003. 3112, note Amson ; CCE 2003, n° 115, note A. Lepage.* ♦ V. aussi notes 89 s.

Le principe de la liberté d'expression consacré par le § 1er de l'art. 10 Conv. EDH peut comporter, ainsi qu'il résulte de son § 2, des restrictions et des sanctions nécessaires, dans une société démocratique, à la protection de la réputation ou des droits d'autrui ; tel est l'objet de l'art. 9 C. civ., qui donne au juge, par des dispositions précises, le pouvoir d'ordonner toute mesure propre à empêcher ou à faire cesser les atteintes au droit au respect de la vie privée ainsi qu'à réparer le préjudice qui en résulte. • Civ. 1re, 30 sept. 2015, n° 14-16.273 P : *D. 2015. 2189, chron. Gautier ; ibid. 2016. 277, obs. Dreyer ; JCP 2015, n° 1385, note Ducoulombier.* ♦ Le droit au respect de la vie privée, prévu par les art. 8 de la Conv. EDH et 9 C. civ., et le droit à la liberté d'expression, régi par l'art. 10 Conv. EDH, ont la même valeur normative ; il appartient au juge saisi de rechercher un équilibre entre ces droits et, le cas échéant, de privilégier la solution la plus protectrice de l'intérêt le plus légitime. • Même arrêt. ♦ V. également • Cass., ass. plén., 25 oct. 2019, n° 17-86.605 P : *cité note 44* • Civ. 1re, 11 mars 2020, n° 19-13.716 P : *D. 2020. 603 ; Dalloz IP/IT 2020. 325, obs. Dreyer ; RTD civ. 2020. 352, obs. Leroyer*.

14. *... Éléments déterminant cet équilibre.* Pour procéder à la mise en balance des droits en présence, il y a lieu de prendre en considération la contribution de la publication incriminée à un débat d'intérêt général, la notoriété de la personne visée, l'objet du reportage, le comportement antérieur de la personne concernée, le contenu, la forme et les répercussions de ladite publication, ainsi que, le cas échéant, les circonstances de la prise des photographies. • CEDH 10 nov. 2015, n° 40454/07 : *cité note 26.*

15. *... Divulgation nourrissant un débat public.* Mais même si le sujet à l'origine d'un article de presse relève de l'intérêt général, il faut au surplus que le contenu de l'article soit de nature à nourrir le débat public sur le sujet en cause. • CEDH 29 mars 2016, n° 56925/08 • Civ. 1re, 17 févr. 2021, n° 19-24.780 P : *D. 2021. Chron. C. cass. 1784, obs. Serrier ; RTD civ. 2021. 383, obs. Leroyer ; JCP 2021, n° 487, note Legoherel ; ibid. n° 488, note Loiseau* (publication de condamnations pénales et de l'activité professionnelle de la personne, ainsi que de l'indication de l'accès au faire-part du décès de son père). ♦ V. égal. notes 23, 102 et 106. ♦ Le juge doit procéder, de façon concrète, à l'examen de chacun de ces critères. • Civ. 1re, 21 mars 2018, n° 16-28.741 : *cité note 26.*

16. *Sanction des abus de la liberté d'expression.* Les abus de la liberté d'expression qui portent atteinte à la vie privée peuvent être réparés sur le fondement de l'art. 9 C. civ. • Civ. 1re, 7 févr. 2006, n° 04-10.941 P : *D. 2006. IR 605 ; JCP 2006. II. 10041, note Loiseau ; Gaz. Pal. 2006. 1912, avis Sainte-Rose ; ibid. 2007. Somm. 1378, obs. Marino ; RTD civ. 2006. 279, obs. Hauser*.

17. Limites à la liberté de l'information. L'art. 10 Conv. EDH dispose que la liberté de recevoir et de communiquer des informations peut être soumise à des restrictions prévues par la loi et nécessaires, dans une société démocratique, à la protection des droits d'autrui afin d'empêcher la divulgation d'informations confidentielles, et il en va particulièrement ainsi du droit au respect de la vie privée, lui-même expressément affirmé par l'art. 8 de la même Conv., lequel, en outre, étend sa protection au domicile de chacun ; le recours à des enregistrements au domicile d'une personne, sanctionné par la loi pénale, puis leur diffusion constituent un trouble manifestement illicite, que ne sauraient justifier la liberté de la presse ou sa contribution alléguée à un débat d'intérêt général, ni la préoccupation de crédibiliser particulièrement une information, au demeurant susceptible d'être établie par un travail d'investigation et d'analyse couvert par le secret des sources journalistiques. • Civ. 1re, 2 juill. 2014, n° 13-21.929 P : *D. 2014. 1497*. ♦ V. égal. notes 102 s.

3° DIVERSITÉ DES FORMES D'ATTEINTE

18. Enquêtes d'assurance – Proportionnalité. Les opérations de surveillance et de filature menées par les enquêteurs mandatés par l'assureur étant, par elles-mêmes, de nature à porter atteinte à la vie privée de l'assuré, il convient d'apprécier si une telle atteinte est proportionnée au regard des intérêts en présence, l'assureur ayant l'obligation d'agir dans l'intérêt de la collectivité des assurés et, pour ce faire, de vérifier si la demande en réparation de la victime était fondée. • Civ. 1re, 22 sept. 2016, n° 15-24.015 P : *D. 2017. 490, note Beignier et Ben Hadj Yahia ; RTD civ. 2016. 821, obs. Hauser ; JCP 2016, n° 1136, note Lardeux.* ♦ ... Excèdent les nécessités de l'enquête privée et créent des atteintes disproportionnées au regard du but poursuivi des opérations de surveillance de l'intérieur du domicile avec description physique et tentative d'identification des personnes s'y présentant, les déplacements de l'assuré ayant été précisément rapportés. • Même arrêt. ♦ Les atteintes portées à la vie privée d'un assuré, suivi et filmé sur la voie publique ou dans des lieux ouverts au public, sans provocation aucune à s'y rendre, et relatives aux seules mobilité et autonomie de l'intéressé, ne sont pas disproportionnées au regard de la nécessaire et légitime préservation des droits de l'assureur et des intérêts de la collectivité des assurés. • Civ. 1re, 31 oct. 2012, n° 11-17.476 P : *D. 2013. 227, note Dupont ; ibid. 457, obs. Dreyer ; RTD civ. 2013. 86, obs. Hauser ; ibid. 117, obs. Fages* (assuré suivi et filmé par un huissier pour faire la preuve de son autonomie à l'occasion d'une demande d'indemnisation pour perte d'autonomie). ♦ Également : • CEDH 4 févr. 2019, n° 17331/11 : *D. actu. 4 févr. 2019, obs. Nalepale* (absence d'ingérence dans la vie privée du requérant, victime d'un accident, et de son épouse, au sens de l'art. 8 Conv. EDH, les investigations de l'assureur, effectuées à partir du domaine public et limitées à la constatation de la mobilité du requérant, visant uniquement à préserver les droits patrimoniaux de l'assurance, les informations éparses, recueillies sur la requérante, par hasard et sans aucune pertinence pour l'investigation, étant loin de constituer une collecte systématique ou permanente). ♦ Dans le même sens : si le récit d'activités, observées à partir de la voie publique, notamment en direction du balcon de l'intéressé, constitue une atteinte à sa vie privée, une telle atteinte n'est pas disproportionnée lorsque, eu égard au droit à la preuve de toute partie au procès, elle se réduit, à la simple constatation de l'absence de port de lunettes lors de la conduite d'un véhicule ou lors du ménage et du rangement d'un balcon. • Civ. 1re, 10 sept. 2014, n° 13-22.612 P : *D. actu. 22 sept. 2014, obs. Mésa ; D. 2015. 342, obs. Dreyer ; ibid. 2016. 167, obs. Aynès ; RTD civ. 2014. 856, obs. Hauser* (et absence d'atteinte au droit de chacun sur son image, la mauvaise qualité de celle-ci rendant impossible l'identification de la personne représentée). ♦ Rappr., pour établir la nullité d'un contrat d'assurance : • Civ. 1re, 5 févr. 2014 : *D. 2014. 856, note Lardeux ; RTD civ. 2014. 375, obs. Barbier ; RGDA 2014. 218, note Schulz* • CEDH 27 mai 2014, n° 10764/09 : *RGDA 2014. 409, obs. Schulz.*

19. Autres formes d'enquêtes. Une enquête effectuée au sein d'une entreprise, confiée par l'employeur à un organisme extérieur, à la suite de la dénonciation de faits de harcèlement moral n'est pas soumise aux dispositions de l'art. L. 1222-4 C. trav. et ne constitue pas une preuve déloyale comme issue d'un procédé clandestin de surveillance de l'activité du salarié. • Soc. 17 mars 2021, n° 18-25.597 P : *D. 2021. 1152, obs. Vernac et Ferkane ; Dr. soc. 2021. 657, obs. Mouly ; RDT 2021. 454, obs. Mazaud*. ♦ Est illicite le fait de faire épier, surveiller et suivre une personne (contrôle d'un salarié soumis à une clause de non-concurrence). • Civ. 1re, 25 janv. 2000 : *préc. note 12.* ♦ Sur le pouvoir de contrôle de l'employeur sur ses salariés, V. notes 18 et 68 s. ♦ ... Sans que l'existence d'une procédure de divorce et la nécessité d'établir devant le JAF la réalité des revenus de chaque partie puisse justifier cette immixtion disproportionnée. • Civ. 2e, 3 juin 2004 : *préc. note 12.* – Crédeville, *R. 2004, p. 51.* ♦ Sur la surveillance de lieux publics par un circuit de télévision, V. note 90. ♦ Sur l'utilisation par la police d'un endoscope pour surveiller un garage, V. note 130. ♦ Sur la géolocalisation comme mesure judiciaire, V. note 20. ♦ ... Ou encore sur les filatures, V. note 74.

20. Géolocalisation. Sur la nécessité de l'autorisation d'un juge pour pouvoir utiliser une mesure de « géolocalisation » en temps réel d'une personne, d'un véhicule ou d'un autre objet dans le cadre d'une enquête : V. C. pr. pén., art. 230-32 à 230-44, et C. douanes, art. 67 *bis*-2, issus de la

L. n° 2014-372 du 28 mars 2014 relative à la géolocalisation. ♦ V. • Crim. 18 juin 2019, n° 18-86.421 P : *V. note 130.* ♦ Antérieurement déjà : • Crim. 6 janv. 2015, n° 14-84.694 : *D. 2015. 160 ; JCP 2015, n° 295, note Décima* (prise en compte de la durée limitée de la géolocalisation au regard de l'art. 8, Conv. EDH) • 19 nov. 2013 : *D. 2013. 2779* • Crim. 22 oct. 2013 : *D. 2014. 115, note Matsopoulou ; AJ pénal 2013. 668, note Ascensi ; D. avocats 2014. 24, obs. Danet ; JCP 2013, n° 1378, note Fourment. – Adde*, Pradel, *JCP 2014, n° 77.* ♦ Absence de violation pour l'installation d'un GPS dans un véhicule pour suivre les déplacements d'une personne suspectée d'infractions graves. • CEDH, sect. V, 2 sept. 2010, *Uzun c/ Allemagne,* n° 35623/05 (mesure limitée dans le temps et utilisée après l'échec des autres modes de surveillance). ♦ En dehors du recours, par les autorités publiques, à un procédé déloyal, un mis en examen est irrecevable à contester la régularité de la géolocalisation en temps réel d'un véhicule volé et faussement immatriculé sur lequel il ne peut se prévaloir d'aucun droit, les dispositions conventionnelles et légales invoquées ne trouvant pas à s'appliquer (notamment art. 6 et 8, Conv. EDH et principe de loyauté des preuves) • Crim. 2 nov. 2016, n° 16-81.716 P : *D. 2017. 279, note Lennon .* ♦ Pour des ex. de géolocalisation sanctionnée concernant un salarié : • Dijon, 14 sept. 2010 : *CCE 2011, n° 27, obs. Lepage* (géolocalisation des véhicules). ♦ Prise en compte de l'existence d'une application utilisant la géolocalisation d'un livreur pour caractériser un lien de subordination. • Soc. 28 nov. 2018, n° 17-20.079 P : *D. 2019. 177, note Escande-Varniol ; ibid. 2019. 169, avis Courcol-Bouchard ; AJ contrat 2019. 46, obs. Gamet ; RDT 2019. 36, obs. Peyronnet ; JCP 2019, n° 46, note Roche ; RDC 3/2019. 40, note Huet.* ♦ Selon l'art. L. 1121-1 C. trav., nul ne peut apporter aux droits des personnes et aux libertés individuelles et collectives des restrictions qui ne seraient pas justifiées par la nature de la tâche à accomplir ni proportionnées au but recherché ; l'utilisation d'un système de géolocalisation pour assurer le contrôle de la durée du travail, laquelle n'est licite que lorsque ce contrôle ne peut pas être fait par un autre moyen, n'est pas justifiée lorsque le salarié dispose d'une liberté dans l'organisation de son travail. • Soc. 3 nov. 2011 : *R., p. 415 ; D. 2012. 901, obs. Lokiec et Porta ; RDT 2012. 156, obs. Bossu et Morgenroth* • 19 déc. 2018, n° 17-14.631 P (vendeur salarié libre de s'organiser en respectant un programme). ♦ Sur la surveillance vidéo et le droit à l'image, V. note 90.

L'obligation de localisation imposée à des sportifs ciblés en vue de la réalisation de contrôles antidopage inopinés ne viole pas l'art. 8 Conv. EDH. • CEDH 18 janv. 2018, n° 48151/11 : *D. 2018. 171, obs. Vialla ; ibid. 1424, note Renucci ; JCP 2018, n° 225, note Sudre* (C. sport, art. L. 232-5 et L. 232-15). ♦ V. déjà : • CE 24 févr. 2011, n° 340122 : *D. 2012. 704, obs. Dudognon et Collomb* • 29 mai 2013, n° 364839 • 18 déc. 2013, n° 364839 : *D. 2014. 396, obs. Dudognon* • Civ. 1re, 16 oct. 2013, n° 13-15.146 : *D. 2013. 2750, note Brignon ; ibid. 2014. 396, obs. Dudognon* (refus de transmettre une QPC).

21. Tenue de fichiers – Fichiers publics. Dès lors qu'elles sont systématiquement recueillies et conservées dans des fichiers tenus par les autorités, les informations publiques peuvent relever de la vie privée. • CEDH sect. II, 18 nov. 2008, *C. c/ Turquie,* n° 22427/04 (fichier de condamnations pénales ; violation admise dès lors que les informations étaient incomplètes et inexactes, faute de mentionner les acquittement et abandon de poursuite). ♦ Sur l'encadrement des fichiers génétiques, V. note 14 ss. art. 16-11. ♦ Les obligations positives pesant sur l'État au titre de l'art. 8 Conv. EDH imposent aux autorités d'offrir aux intéressés une procédure leur permettant d'accéder à toutes les informations recueillies, de façon effective. • CEDH sect. III, 27 oct. 2009, *H. c/ Roumanie,* n° 21737/03 (fichiers de la *Securitate* roumaine : un délai de six ans ne remplit pas la condition d'effectivité). ♦ ... Et la possibilité d'obtenir une copie du dossier concerné, sauf justification d'un motif impérieux. • CEDH sect. IV, 28 avr. 2009, *K. H. c/ Slovaquie,* n° 32881/04 (dossier médical). ♦ Violation de l'art. 8 Conv. EDH dans le refus des autorités d'effacer du casier judiciaire des condamnations prononcées sur le fondement d'un texte jugé inconstitutionnel et discriminatoire. • CEDH sect. I, 7 nov. 2013, *E. B. c/ Autriche,* n° 31913/07. ♦ ... Dans le refus d'effacer les données enregistrées dans le fichier des empreintes génétiques, alors que l'affaire a été classée sans suite et que le motif invoqué par le procureur, protéger l'intéressé contre d'éventuelles usurpations d'identité, ne peut être retenu puisqu'il permettrait de ficher toute la population. • CEDH sect. V, 18 avr. 2013, *M. K. c/ France,* n° 19522/09.

22. Collecte d'informations. La collecte, l'enregistrement, la conservation, la consultation et la communication de données à caractère personnel doivent être justifiés par un motif d'intérêt général et mis en œuvre de manière adéquate et proportionnée à cet objectif. • Cons. const. 13 mars 2014, n° 2014-690 DC. ♦ La création du registre national des crédits aux particuliers porte au droit au respect de la vie privée une atteinte qui n'est pas proportionnée au motif d'intérêt général de prévention des situations de surendettement, compte tenu de la nature des données enregistrées, de l'ampleur du traitement, de la fréquence de son utilisation, du grand nombre de personnes susceptibles d'y avoir accès et de l'insuffisance des garanties relatives à l'accès au registre. • Même décision. ♦ Sur les limites de l'utilisation par l'employeur d'un logiciel espion destiné au contrôle d'une messagerie instantanée, V. note 69.

II. DOMAINE DE LA VIE PRIVÉE PROTÉGÉE

23. Débat d'intérêt général. La divulgation d'informations relevant de la vie privée d'une personne peut être justifiée comme relevant d'un débat d'intérêt général. Pour exemple, ne viole pas les art. 8 et 10 Conv. EDH, et l'art. 9 la révélation, dans un ouvrage, de l'homosexualité du dirigeant et membre influent d'un parti politique, alors que les interrogations de l'auteur de cet ouvrage sur l'évolution de la doctrine d'un parti politique, présenté comme plutôt homophobe à l'origine, et l'influence que pourrait exercer, à ce titre, l'orientation sexuelle de plusieurs de ses membres dirigeants, relevaient d'un débat d'intérêt général. • Civ. 1re, 11 juill. 2018, nº 17-22.381 P : *D. 2018. 1551 ; RTD civ. 2018. 864, obs. Leroyer .* ♦ V. égal. note 24. ♦ Sur l'incidence de l'intérêt général sur la protection de la vie privée, V. notamment les notes 13, 24, 26, 113 s. et 118 ou, dans le domaine du droit à l'information, notes 106 s.

A. ÉLÉMENTS D'ORDRE PERSONNEL

1º VIE AFFECTIVE, VIE SENTIMENTALE

24. Vie sentimentale, vie sexuelle. La vie sentimentale d'une personne présente un caractère strictement privé et l'art. 9 interdit de porter à la connaissance du public les liaisons, véritables ou imaginaires, qui lui sont prêtées. • TGI Paris, 2 juin 1976 : *D. 1977. 364 (2e esp.), note Lindon.* – Jurisprudence abondante, V. par ex. • TGI Paris, 4 mars 1987 et • Paris, 26 mars 1987 : *JCP 1987. II. 20904, note Agostini* • Civ. 1re, 6 oct. 1998, nº 96-13.600 P : *D. 1999. Somm. 376, obs. Lemouland ; RTD civ. 1999. 62, obs. Hauser* (diffusion large d'une lettre portant la mention « confidentielle » ayant pour objet de révéler une situation de concubinage). ♦ La divulgation des relations entretenues par une jeune femme avec un sportif de renom constitue une violation du droit au respect de la vie privée. • Civ. 2e, 24 avr. 2003, nº 01-01.186 P : *D. 2003. IR 1411 ; Dr. et patr. 7-8/2003. 86, obs. Loiseau.* ♦ ... La publication d'un ouvrage relatant la liaison d'une journaliste avec un personnage public. • TGI Paris, 26 févr. 2013 : *cité note 112.* ♦ Porte atteinte aux principes essentiels fondés sur le respect de la vie privée et familiale le jugement étranger relatif à l'exercice de l'autorité parentale, interdisant notamment au père que sa maîtresse se trouve en présence des enfants sauf s'il se marie avec elle, ou interdisant à toute personne du sexe opposé de passer la nuit à son domicile lorsqu'il reçoit les enfants. • Civ. 1re, 4 nov. 2010 : *cité note 17 ss. art. 309.*

Limites – Liberté d'expression et droit à l'information. Justifie légalement sa décision l'arrêt qui constate la révélation de l'orientation sexuelle du secrétaire général d'un parti politique et l'atteinte portée à sa vie privée, mais retient que l'évocation de cette orientation figure dans un ouvrage portant sur un sujet d'intérêt général, dès lors qu'il se rapporte à l'évolution d'un parti politique qui a montré des signes d'ouverture à l'égard des homosexuels à l'occasion de l'adoption de la loi relative au mariage des personnes de même sexe, la cour d'appel ayant ainsi apprécié le rapport raisonnable de proportionnalité existant entre le but légitime poursuivi par l'auteur, libre de s'exprimer et de faire état de l'information critiquée, et la protection de la vie privée. • Civ. 1re, 9 avr. 2015, nº 14-14.146 P : *D. 2016. 277, obs. Dreyer ; RTD civ. 2015. 583, obs. Hauser ; Gaz. Pal. 2015. 985, obs. Sudre* • Paris, 19 déc. 2013 : *D. 2014. 79, obs. Mésa* (mise en balance du droit au respect de la vie privée et du droit d'information du public et de la liberté d'expression). ♦ Se rapporte à une question d'intérêt général la relation sentimentale existant entre deux personnes, l'évocation des liens personnels les unissant se trouvant justifiée par la nécessaire information du public au sujet des motivations et comportements de dirigeants de sociétés commerciales impliqués dans une affaire financière ayant abouti à la spoliation de l'épargne publique et paraissant avoir agi en contradiction avec la loi. • Civ. 1re, 1er mars 2017, nº 15-22.946 P : *D. 2017. Chron. C. cass. 1859, obs. Canas ; RTD civ. 2017. 352, obs. Hauser ; JCP 2017, nº 372, note Hauser.* – V. note 106.

Inversement : bien que la démission conjointe de deux ministres faisant l'objet d'un article relatif à leur vie sentimentale constitue un sujet d'intérêt général, l'article litigieux est consacré à la seule révélation de leur relation amoureuse et à leur séjour aux États-Unis, de sorte qu'il n'est pas de nature à nourrir le débat public sur ce sujet, l'article portant ainsi atteinte au droit au respect de la vie privée et de l'image. • Civ. 1re, 11 mars 2020, nº 19-13.716 P : *D. 2020. 603 ; Dalloz IP/IT 2020. 325, obs. Dreyer ; RTD civ. 2020. 352, obs. Leroyer .*

25. Vie conjugale. La relation dans un livre ou un film de la mésentente conjugale d'une personne, de son abandon du domicile conjugal et du placement de l'enfant du couple porte atteinte à l'intimité de la vie privée de cette personne. • Civ. 1re, 16 oct. 1984, nº 83-11.786 P : *R., p. 62.* – V. aussi • Civ. 1re, 3 avr. 1984, nº 82-15.849 P • 13 févr. 1985 : *D. 1985. 488 (1re esp.), note Edelman* • TGI Paris, 17 déc. 1986 : *Gaz. Pal. 1987. 1. 238.* – Même sens : • Civ. 1re, 9 juill. 2003 : *cités note 102, 112 et 124.* ♦ La divulgation du projet de divorce de deux époux constitue de la part d'un organe de presse une atteinte à l'intimité de leur vie privée. • Paris, 7 oct. 1981 : *D. 1983. 403, note Lindon.* ♦ Dans le même sens pour l'attribution d'une liaison à une personne publique, cette information pouvant intéresser le public mais n'ayant pas été vérifiée. • TGI Paris, 16 avr. 2010 : *D. 2011. Pan. 781, obs. Dreyer .* ♦ Il en va autrement si la rupture constitue un fait public : V. note 109.

26. Maternité, paternité. La décision d'avoir ou de ne pas avoir un enfant relève de la vie privée au sens de l'art. 8 Conv. EDH. • CEDH sect. III, 2 oct.

2012, *Knecht c/ Roumanie,* n° 10048/10 • CEDH sect. IV, 30 oct. 2012, *P. et S. c/ Pologne,* n° 57375/08 (violation en cas de révélation de l'identité d'une mineure souhaitant interrompre une grossesse par les autorités de l'hôpital, portant atteinte au surplus au secret médical, et non justifiée par le débat général existant sur cette question dans le pays). ♦ La maternité est un des aspects de la vie privée. • Civ. 2e, 5 janv. 1983, n° 81-13.374 P (rejet du pourvoi contre • Paris, 27 févr. 1981 : *D. 1981. 457, note Lindon*). – Même sens : • Civ. 2e, 8 juill. 1981 : *Bull. civ. II, n° 152.* ♦ Constitue une atteinte à la vie privée la divulgation de l'existence, inconnue du public, de l'enfant d'un prince, en l'absence de tout fait d'actualité ou débat d'intérêt général de nature à justifier la publication. • Civ. 1re, 27 févr. 2007 : *préc. note 5.* ♦ Dans la même affaire : eu égard à la nature de l'information en cause, la publication pouvait être reconnue comme ayant contribué à un débat d'intérêt général ; elle touchait certes au domaine de la vie privée du prince, mais l'élément essentiel de l'information – l'existence de l'enfant – dépassait le cadre de la vie privée, compte tenu du caractère héréditaire des fonctions du chef de l'État visé. • CEDH 10 nov. 2015, n° 40454/07, *Hachette Filipacchi Associés (Sté), France : D. 2016. 116, note Renucci ; AJDA 2014. 1763, note Burgorgue-Larsen ; RTD civ. 2016. 81, obs. Hauser ; ibid. 297, obs. Marguénaud .* ♦ Cassation d'un arrêt ayant retenu l'atteinte à la vie privée d'un couple par un article relatant leur mariage religieux et le baptême de leur fils, sans procéder, de façon concrète, à l'examen de chacun des critères posés par la CEDH – contribution de la publication incriminée à un débat d'intérêt général, notoriété de la personne visée, objet du reportage, le comportement antérieur de la personne concernée, contenu, forme et répercussions de la publication, circonstances de la prise des photographies – et sans rechercher si le public avait un intérêt légitime à être informé du mariage religieux d'un membre d'une monarchie héréditaire et du baptême de son fils. • Civ. 1re, 21 mars 2018, n° 16-28.741 P : *D. 2018. Chron. C. cass. 2039, obs. Canas ; Dalloz IP/IT 2018. 380, obs. Dreyer ; RTD civ. 2018. 362, obs. Mazeaud .*

27. *Interruption de grossesse.* Une législation qui réglemente l'interruption de grossesse touche à la sphère de la vie privée. • CEDH sect. IV, 20 mars 2007, *Tysiac c/ Pologne,* n° 5410/03 : *D. 2007. 2648, note Hennion-Jacquet ; RTD civ. 2007. 292, obs. Marguénaud .* ♦ Au titre de son obligation positive de garantir un respect effectif de la vie privée, un État doit assurer un accès effectif à des informations fiables sur les conditions dans lesquelles un avortement est légalement autorisé et sur les procédures correspondantes. • CEDH sect. IV, 30 oct. 2012, *P. et S. c/ Pologne,* n° 57375/08 • CEDH sect. IV, 26 mai 2011, *R.R. c/ Pologne,* n° 27617/04. ♦ Dès lors que le législateur décide d'autoriser l'interruption médicale de grossesse, il ne doit pas l'encadrer dans des limites juridiques qui en compromettent l'exercice effectif et il doit mettre en place des procédures garantissant l'indépendance et la rapidité des décisions. • Même arrêt (violation, en l'espèce, de l'art. 8 Conv. EDH). ♦ Mais l'art. 8, Conv. EDH, ne saurait s'interpréter comme consacrant un droit à l'avortement. • CEDH 16 déc. 2010, n° 25579/05 : *D. 2011. 1360, chron. Hennette-Vauchez ; RTD civ. 2011. 303, obs. Marguénaud ; RDSS 2011. 293, note Roman ; Constitutions 2011. 213, obs. Dubout .*

28. *Victime d'une agression sexuelle.* V. note 139.

2° *INTIMITÉ CORPORELLE*

29. *État de santé.* BIBL. Bergoignan-Esper, *D. 2008. Chron. 1918* (secret médical). – Byk, *JCP 1991. I. 3541* (SIDA et protection des droits individuels). – Coelho, *AJ fam. 2008. 204* (communication d'informations de santé). – Couturier, *RDSS 2009. 277* (secret médical et troubles psychiques). – Laurent-Merle, note *D. 2000. 521* (secret des données médicales et vie privée). – Sarcelet, *D. 2008. Chron. 1921* (rôle du juge et secret médical). – Dossier, *D. 2009. 2615* (secret médical). ♦ Toute personne prise en charge par un professionnel participant à la prévention et aux soins a droit au respect de sa vie privée et du secret des informations la concernant (CSP, art. 1110-4). • Crim. 13 oct. 2020, n° 19-87.341 P : *D. 2020. 2010 ; AJ pénal 2020. 591, obs. Py .* ♦ Une personne est en droit de s'opposer à ce que son état de santé soit commenté dans un article destiné à susciter la curiosité du public et à exploiter à des fins commerciales sa vie privée. • Paris, 9 juill. 1980 : *D. 1981. 72 (2e esp.), note Lindon* • TGI Paris, 6 juin 1988 : *Gaz. Pal. 1989. 1. 30.* ♦ V. aussi • Civ. 1re, 6 juin 1987 : *Bull. civ. I, n° 191* (photographie d'une comédienne à sa sortie d'hôpital). ♦ La révélation dans un livre de faits couverts par le secret médical et concernant une personne décédée constitue pour l'épouse et les enfants de l'intéressé une atteinte manifestement illicite à l'intimité de leur vie privée. • Paris, réf., 13 mars 1996 : *JCP 1996. II. 22632, note Derieux ; RTD civ. 1997. 499, obs. Normand .* – Massis, *D. 1997. Chron. 291.* – Mémeteau, *Gaz. Pal. 1996. 2. Doctr. 754.* ♦ V. conf., dans la même affaire, • TGI Paris, 23 oct. 1996 : *D. 1998. Somm. 85, obs. Massis ; JCP 1997. II. 22844, note Derieux.* ♦ Constitue une violation de la vie privée la divulgation d'informations confidentielles sur la santé mentale d'une personne lors d'une audience publique. • CEDH 29 juin 2006, n° 11901/02. ♦ Comp. note 134. ♦ Absence de violation de la décision condamnant un journal ayant révélé, non seulement qu'un mannequin se droguait, contrairement à ses affirmations, mais aussi les détails de sa thérapie, en assortissant l'article de photos prises clandestinement. • CEDH sect. IV, 18 janv. 2011, *MGN Limited c/ Royaume-Uni,* n° 39401/04. ♦ Lorsqu'une décision de justice oblige une des parties à faire état de sa séropositivité, en l'espèce pour faire jouer une assurance, la protection de la vie privée au titre de l'art. 8 Conv. EDH peut justifier que la décision de justice ne mentionne pas son nom en toutes lettres. • CEDH sect. III, 6 oct. 2009, *C.C. c/ Espagne*, n° 1425/06.

Les dispositions de l'art. 35 C. déont. méd. (CSP, art. R. 4127-35) qui prévoient, sous certaines réserves, que le médecin prévient les proches d'un malade d'un diagnostic fatal, ne sont pas contraires à l'art. 9 C. civ., ni à l'art. 8 Conv. EDH. • CE 30 avr. 1997 : *Lebon 171*. ♦ En ce qui concerne la question des expertises médicales, V. notes 120 et 129. ♦ Sur la protection des données médicales, V. aussi note 5 ss. art. 16-1. ♦ Sur le droit pour un patient d'obtenir copie du dossier médical, V. note 21.

30. Le dossier médical d'un salarié, couvert par le secret médical qui s'impose au médecin qui le tient, ne peut en aucun cas être communiqué à l'employeur. • Soc. 10 juill. 2002, n° 00-40.209 P. ♦ Un comité d'entreprise, qui n'est pas une autorité publique au sens de l'art. 8 Conv. EDH, n'est pas en droit d'obtenir de l'employeur les déclarations prévues par l'art. L. 323-8-5 [L. 5212-5 nouv.] **C. trav.** relatives aux emplois occupés par les travailleurs handicapés qui comportent des indications relatives à l'état de santé relevant de la vie privée des intéressés. • Civ. 2e, 10 juin 2004, n° 02-12.926 P : *D. 2005. 469, note Mouly et Marguénaud ; JCP E 2005. 660, note Raynaud.* ♦ Ni l'accord de la victime ni son absence d'opposition à la levée du secret médical ne peuvent résulter de la simple sollicitation de prestations. • Civ. 2e, 13 nov. 2008, n° 07-18.364 P : *Dr. fam. 2009, n° 128, note Beignier; RDSS 2009. 185, obs. Tauran*. ♦ Des informations couvertes par le secret médical ne peuvent être communiquées à un tiers sans que soit constaté l'accord de la victime ou son absence d'opposition à la levée du secret. • Civ. 2e, 19 févr. 2009, n° 08-11.959 P : *RDSS 2009. 379, obs. Tauran*. ♦ Violation des art. 8 et 14 Conv. EDH en cas de licenciement d'un salarié, sous la pression de ses collègues, en raison de sa contamination par le VIH. • CEDH sect. I, 3 oct. 2013, *I.B. c/ Grèce*, n° 552/10 (arrêt critiquant la décision interne évoquant le caractère contagieux du salarié). ♦ Droit de la personne hospitalisée dans un établissement de santé au respect de sa vie privée et au secret des informations la concernant (CSP, art. L. 1110-4), ce secret s'imposant au personnel de l'établissement et aux professionnels intervenant dans le système de santé mais pas à l'expert mandaté par un CHSCT. • Soc. 20 avr. 2017, nos 15-27.927 P, 15-27.955 P : *D. 2017. 2270, obs. Lokiec et Porta*. ♦ Expertise médicale et intimité de la vie privée, V. note 132.

31. Examens osseux. Les dispositions de l'art. 388 C. civ., qui permettent uniquement la réalisation d'examens radiologiques osseux en vue de la détermination de son âge avec l'accord de la personne, ne contreviennent pas au droit au respect de la vie privée. • Cons. const. 21 mars 2019, n° 2018-768 QPC : *AJDA 2019. 1448, note Escach-Dubourg ; D. 2019. 742, note Parinet ; ibid. 709, note Fulchiron ; RDSS 2019. 453, note Caire ; Rev. crit. DIP 2019. 972, note Jault-Seseke ; AJ fam. 2019. 222, obs. Bouix ; Dr. fam. 2019, n° 107, note Fulchiron; ibid., n° 135, note Bonfils.*

32. Voix. BIBL. Huet-Weiller, *RTD civ. 1982. 497.* – Serna, *CCC 1999. Chron. 9* (contrat sur la voix). ♦ La voix constitue l'un des attributs de la personnalité et peut bénéficier de la protection instituée par l'art. 9 dans la mesure où une voix caractéristique peut être rattachée à une personne identifiable. • Pau, 22 janv. 2001 : *BICC 15 avr. 2002, n° 396; D. 2002. Somm. 2375, obs. A. Lepage*. ♦ Une personne ne peut prétendre, sur le fondement de l'art. 9 C. civ., à la protection de sa voix, considérée comme l'un des attributs de sa personnalité, que si la reproduction incriminée constitue une atteinte à sa vie privée. • Paris, 12 janv. 2005 : *D. 2005. Pan. 2644, obs. A. Lepage ; CCE 2005, n° 92, note A. Lepage.* ♦ Toute personne est en droit d'interdire que l'on imite sa voix dans des conditions susceptibles de créer une confusion de personnes ou de lui causer tout autre préjudice. • TGI Paris, 3 déc. 1975 : *JCP 1978. II. 19002, note Bécourt.* – Dans le même sens : • TGI Paris, 19 déc. 1984 : *Gaz. Pal. 1985. 2. Somm. 406.* ♦ Condamnation d'un animateur de radio et de la station de radio pour avoir fait tenir des propos imaginaires et caricaturaux à la petite fille et fille de personnalités politiques connues, l'enfant étant identifiable. • Civ. 1re, 20 mars 2014, n° 13-16.829 P : *D. 2014. 776*. ♦ V. également note 87.

3° HABITATION – DOMICILE DE LA PERSONNE

33. Domicile – Adresse. La publication dans la presse de la photographie de la résidence d'une personne, accompagnée du nom du propriétaire et de la localisation précise, constitue une atteinte au respect de la vie privée. • Civ. 2e, 5 juin 2003, n° 02-12.853 P : *D. 2003. 2461, note Dreyer ; Defrénois 2003. 1577, obs. Aubert ; Gaz. Pal. 2004. Somm. 1387, obs. Vray; Dr. et patr. 10/2003. 83, obs. Loiseau ; RJPF 2003-11/13, note Putman ; CCE 2003, n° 91, note Caron ; LPA 25-26 déc. 2003, note Derieux ; RTD civ. 2003. 681, obs. Hauser*. ♦ Déjà en ce sens : • TGI Paris, 2 juin 1976 : *D. 1977. 364 (3e esp.), note Lindon* (divulgation dans la presse de l'adresse du domicile d'une personne sans le consentement de celle-ci). – V. aussi • Paris, 15 mai 1970 : *cité note 38.* ♦ V. aussi : • CEDH sect. II, 9 oct. 2012, *Alkaya c/ Turquie*, n° 42811/06 (actrice victime d'un cambriolage : violation de l'art. 8 Conv. EDH dans la divulgation non nécessaire de son adresse). ♦ Mais il n'y a pas atteinte illicite à la vie privée dans l'application du code des postes et des communications électroniques (art. D. 359) imposant à l'abonné de payer une redevance pour que son nom ne figure pas sur l'annuaire téléphonique. • CE 30 déc. 1998 : *JCP 1999. IV. 1759.* ♦ Au sens de la Conv. EDH, la notion de domicile ne saurait être étendue aux terres sur lesquelles un propriétaire autorise ou organise la pratique de la chasse à courre. • CEDH, sect. IV, 24 nov. 2009, *Friend et a. c/ Royaume-Uni*, n°s 16072/06 et 27809/08 (décision estimant par ailleurs que la chasse n'entre pas dans la vie privée au sens de l'art. 8 Conv. EDH et constitue une activité publique). ♦ Surveillance de parkings, V. note 130. ♦ V. également note 20 ss. art. 102.

Sur la mise en balance du droit au respect de la vie privée et du droit à la liberté d'expression, droits ayant la même valeur normative, nécessitant de privilégier la solution la plus protectrice de l'intérêt le plus légitime, à propos de la possibilité, dans un reportage, de localiser le domicile d'un chef d'entreprise, en mettant en parallèle la crise de son secteur d'activité et son patrimoine immobilier dans le département concerné de sorte que ces informations s'inscrivent dans le débat d'intérêt général abordé par l'émission, le journaliste n'ayant pas pénétré sur la proriété. • Civ. 1re, 10 oct. 2019, n° 18-21.871 P : *D. 2019. 1991* ; *Dalloz IP/IT 2020. 73, obs. Dreyer* ; *JCP 2019, n° 1255, note de Korodi.*

34. ... Divulgation licite de l'adresse. Si toute personne est en droit de refuser de faire connaître le lieu de son domicile ou de sa résidence, il en va autrement lorsque cette dissimulation lui est dictée par le seul dessein illégitime de se dérober à l'exécution de ses obligations et de faire échec aux droits de ses créanciers ; le juge des référés peut alors ordonner sous astreinte à l'employeur de communiquer aux créanciers ce renseignement. • Civ. 1re, 19 mars 1991 : *D. 1991. 568, note Velardocchio* ; *RTD civ. 1991. 499, obs. Hauser* • 30 juin 1992 : *D. 1993. 421, note Guiho* ; *JCP 1993. II. 22001, note Daverat.* ♦ V. aussi : • Paris, 6 oct. 2000 : *D. 2001. Somm. 2080, obs. A. Lepage* (estimant que, s'agissant d'un débiteur de mauvaise foi, la divulgation, loin de présenter un caractère fautif, constitue une obligation au regard de l'art. 10 C. civ.). ♦ Sur la divulgation illicite de l'adresse du salarié par son employeur, V. note 64. ♦ Sur la conformité à la Conv. EDH de l'obligation des auteurs d'infractions sexuelles de justifier pendant une longue période de leur adresse et de son éventuel changement. • CEDH, sect. V, 17 déc. 2009, *X. c/ France*, n° 16428/05.

35. ... Respect du domicile. Constitue une atteinte à la vie privée, ouvrant droit à réparation, le fait pour un bailleur de faire visiter les locaux loués sans avertir le locataire. • Civ. 3e, 25 févr. 2004, n° 02-18.081 P : *D. 2004. Somm. 1631, obs. Caron* ; *D. 2005. Pan. 753, obs. Damas* ; *Defrénois 2004. 1721, obs. Aubert* ; *RJPF 2004-5/12, note Garaud* ; *AJDI 2004. 370, obs. Rouquet* ; *RTD civ. 2004. 482, obs. Hauser* ; *ibid. 729, obs. Mestre et Fages* ; *RDC 2004. 988, obs. Seube.* ♦ Rappr. : droit de visite des bâtiments. Le droit de visite de l'art. L. 461 C. urb., s'il est exercé sans l'accord préalable de l'intéressé, porte atteinte au droit au respect de la vie privée. Cette disposition législative est disproportionnée au but recherché en violation de l'art. 8 Conv. EDH (recevabilité de la demande portant sur une résidence secondaire). • CEDH 16 mai 2019, n° 66554/14 : *D. actu. 14 juin 2019, obs. Mikalef-Toudicle.* ♦ Le droit de chacun au respect de sa vie privée s'étend à la présentation interne des locaux constituant le cadre de son habitat. • Civ. 1re, 7 nov. 2006, n° 05-12.788 P : *D. 2007. 700, note Bruguière* ; *ibid. Pan. 2773, obs. A. Lepage* ; *AJDI 2007. 299, obs. de La Vaissière* ; *RTD civ. 2007. 87, obs. Hauser* (photos de l'intérieur d'un logement prises par des ouvriers et produites ultérieurement par le bailleur pour établir l'état de désordre des lieux loués). ♦ Constitue une immixtion arbitraire dans la vie privée la vérification de l'adresse d'une personne aux fins d'établissement d'une attestation dès lors qu'elle s'est accompagnée d'investigations sur les conditions dans lesquelles cette personne occupait un logement. • Civ. 1re, 6 mars 1996 : *D. 1997. 7, note Ravanas*. ♦ Protection particulière du salarié, V. n° 56. ♦ Sur la protection du domicile, élément de l'état de la personne, V. également note 20 ss. art. 102.

36. ... Surveillance du domicile. Les travaux d'installation du système de vidéosurveillance des copropriétaires, en dehors de tout consentement donné par les copropriétaires, compromettent de manière intolérable les droits détenus par chacun d'eux dans leur libre exercice de leurs droits sur les parties communes. • Civ. 3e, 11 mai 2011 : *D. 2011. 1416, obs. Rouquet*.

37. Domicile d'une personne morale. Se rendent coupables de violation de domicile un photographe et un journaliste qui se sont introduits dans le centre d'essai d'un constructeur automobile pour y photographier les nouveaux modèles de la marque. • Crim. 23 mai 1995, n° 94-81.141 P : *R., p. 390* ; *RTD civ. 1996. 130, obs. Hauser*. ♦ V. notes 19 et 22 ss. art. 102, et ci-dessus, note 10.

4° IDENTITÉ ET IDENTIFICATION DE LA PERSONNE

38. Téléphone, numéro de sécurité sociale, profil internet. La divulgation d'un numéro de téléphone a pour effet de porter atteinte à l'intimité de la vie privée de son titulaire. • T. corr. Briey, 15 sept. 1992, *Gaz. Pal. 1993. 1. 201.* V. également : • Paris, 15 mai 1970 : *D. 1970. 466, concl. Cabannes.* ♦ Le numéro de sécurité sociale et les références bancaires ressortissent à la vie privée à l'encontre de toute personne dépourvue de motif légitime à en connaître. • Civ. 1re, 9 déc. 2003, n° 01-11.587 P : *Gaz. Pal. 2005. Somm. 1399, obs. Guerder* ; *RTD civ. 2004. 264, obs. Hauser*.

39. Profil Facebook – Indexation internet. Atteinte à la vie privée et au droit à l'image d'une personne dont l'identité a été utilisée pour créer un faux profil Facebook. • TGI Paris, 24 nov. 2010 : *CCE 2011, n° 28, note Lepage.* ♦ Le choix du nom d'une personne physique comme mot-clé destiné à faciliter le référencement par les moteurs de recherche sur internet des pages qui le supportent n'est pas fautif lorsqu'il n'est associé à aucune autre donnée personnelle, et ne le devient, le cas échéant, que lorsque est répréhensible le contenu de la page à laquelle ce mot-clé est associé. • Civ. 1re, 10 sept. 2014, n° 13-12.464 P : *D. 2015. 342, obs. Dreyer ; RTD civ. 2014. 856, obs. Hauser ; Defrénois 2015. 490, obs. Cabrillac.* ♦ Messagerie internet, V. note 55. ♦ Déréférencement, droit à l'oubli et droit à l'information. • Civ. 1re, 14 févr. 2018, n° 17-10.499 P : *D. 2018. 1033, obs. Fauvarque-Cosson et Maxwell ; Dalloz IP/IT 2018. 250, obs. Derieux .* – V. note 104.

40. Dissimulation du visage. Est conforme aux restrictions prévues à l'art. 9 Conv. EDH la loi interdisant la dissimulation intégrale du visage dans l'espace public en ce qu'elle vise à protéger l'ordre et la sécurité publics et à garantir les conditions du « vivre ensemble » en imposant à toute personne circulant dans un espace public de montrer son visage. • Crim. 9 déc. 2014, n° 14-80.873 P : *D. 2015. 12 .* ♦ Pour la CEDH : la question de l'acceptation ou non du port du voile intégral dans l'espace public constitue un choix de société ; en l'absence de consensus européen sur ce point et compte tenu de la large marge d'appréciation des États membres, l'interdiction posée par la L. du 11 oct. 2010 peut passer pour proportionnée au but poursuivi, à savoir la préservation des conditions du « vivre ensemble » en tant qu'élément de la « protection des droits et libertés d'autrui » et « nécessaire dans une société démocratique » au regard des art. 8 et 9 Conv. EDH. • CEDH, gr. ch., 1er juill. 2014, *S.A.S. c/ France,* n° 43835/11 (arrêt jugeant par ailleurs qu'une restriction générale n'est pas nécessaire sous l'angle de la sécurité publique, écartant l'atteinte à la dignité et ne s'avouant pas convaincu que l'objectif avancé du « respect du socle minimal des valeurs d'une société démocratique et ouverte » puisse concerner le respect de l'égalité entre les hommes et les femmes, un État partie ne pouvant invoquer l'égalité des sexes pour interdire une pratique que des femmes revendiquent, sauf à admettre que l'on puisse à ce titre prétendre protéger des individus contre l'exercice de leurs propres droits et libertés fondamentaux). ♦ Dans le même sens pour la loi belge : • CEDH, sect. II, 11 juill. 2017, *D. c/ Belgique,* n° 4619/12 (absence de violation des art. 8 et 9, la Cour constitutionnelle belge ayant précisé que les « lieux accessibles au public » n'incluaient pas les lieux de culte et la possibilité d'une peine de prison de sept jours étant limitée au cas de récidive et soumise à une appréciation individuelle du principe de proportionnalité).

41. Salariés. V. notes 60 s.

42. État civil. BIBL. Casorla et Pailhès, *D. 2009. Chron. 2375* (atteinte au nom et liberté d'expression). ♦ Le nom patronymique échappe par sa nature à la sphère de la vie privée. • Paris, 30 oct. 1998 : *D. 1998. IR 259; RTD civ. 1999. 61, obs. Hauser* (nom attribué à des personnages de bande dessinée). ♦ Comp. • CEDH 22 févr. 1994, *Burghartz c/ Suisse : Série A, n° 280-B ; Jur. CEDH, 5e éd., n° 123, obs. Berger ; D. 1995. 5, note Marguénaud* (le nom d'une personne, en tant que moyen d'identification personnelle et de rattachement à une famille, concerne la vie privée et familiale de cette personne) • 24 oct. 1996, *Guillot c/ France : RTD civ. 1997. 551, obs. Marguénaud* (même solution pour le prénom) • 28 oct. 1999, *Pilar de la Cierva et a. c/ Espagne : Dr. fam. 2001, n° 90, note de Lamy* (solution contraire pour les titres nobiliaires) • 21 oct. 2008, *G. E. c/ Turquie,* n° 37483/02 (l'art. 8 Conv. EDH est applicable aux contestations concernant les noms et prénoms). ♦ L'ancienne identité de celui qui a légalement fait changer son nom est un élément de sa vie privée. • Civ. 1re, 7 mai 2008, n° 07-10.864 P : *D. 2008. AJ 1481 ; RTD civ. 2008. 449, obs. Hauser.* ♦ Constitue une immixtion illicite dans la vie privée d'un artiste la révélation au public de son patronyme véritable, accompagnée de précisions sur l'adresse de son domicile, son numéro de téléphone, la localité où se trouve sa maison de campagne. • Paris, 15 mai 1970 : *préc. note 38.* ♦ Relève de la vie privée le droit de connaître son ascendance. • CEDH sect. III, 13 juill. 2006, *Jäggi c/ Suisse,* n° 58757/00 : *cité note 1 ss. art. 310-3.* ♦ Transsexualisme et vie privée : V. notes 12 s. ss. art. 99.

43. ... Registres. Si les registres de naissance de l'état civil constituent, à l'expiration d'un délai de soixante-quinze ans à compter de leur clôture, des archives publiques communicables de plein droit à toute personne qui en fait la demande (art. L. 213-2, I, 4°, e C. patr.), certaines des informations qu'ils contiennent et, notamment, celles portant sur les modalités d'établissement de la filiation relèvent de la sphère de la vie privée et bénéficient, comme telles, de la protection édictée par les art. 9 C. civ. et 8 Conv. EDH. • Civ. 1re, 18 oct. 2017, n° 16-19.740 P : *D. 2017. 2098 ; AJ fam. 2017. 651, obs. Salvage-Gerest ; RTD civ. 2018. 80, obs. Mazeaud ; RLDC 2018/155. 21, note Marignol.*

44. Réputation. Le droit à la réputation figure parmi les droits garantis par l'art. 8 Conv. EDH, en tant qu'élément du droit au respect de la vie privée. • CEDH 30 mars 2004, n° 53984/00 • 14 oct. 2008, n° 78060/01 : *JCP 2009. I. 104, n° 9, obs. Sudre ; RTD civ. 2008. 648, obs. Marguénaud .* ♦ La réputation d'une personne, même lorsque celle-ci est critiquée au cours d'un débat public, fait partie de son identité personnelle et de son intégrité morale et, dès lors, relève de sa vie privée au sens de l'art. 8 Conv. EDH. • CEDH 15 nov. 2007, *Pfeifer c/ Autriche,* n° 12556/03. ♦ Sur l'équilibre entre le droit au respect de la vie privée et le droit à la liberté d'expression, ces droits ayant la même valeur normative, V. note 13. ♦ Pour une application en matière d'illustration dans un journal satirique : • Cass., ass. plén., 25 oct. 2019, n° 17-86.605 P : *D. 2020. 195, note Afroukh et Marguénaud* ; *ibid. 2020. 78, obs. Leroyer; AJ pénal 2020. 32, obs. Verly* ; *RTD civ. 2019. 819, obs. Marguénaud* ; *CCE 2020, Étude 4, note Raschel.*

5° RELIGIONS, OPINIONS PHILOSOPHIQUES, SYNDICATS, SECTES

45. Vie publique et liberté d'expression. La participation à la vie politique, en particulier l'exercice d'un mandat parlementaire, relève essentiellement de la vie publique, domaine dans lequel l'art. 8 conv. EDH ne peut s'appliquer que de manière limitée lorsque sont en jeu des aspects strictement liés à la vie privée ou familiale. • CEDH sect. IV, 16 oct. 2012, *Misick c/ Royaume-Uni,* n° 10781/10 (parlementaire d'un territoire britannique d'outre-mer se plaignant de la dissolution de l'assemblée locale). ♦ La révélation de l'exercice de fonctions de responsabilité au titre d'une appartenance politique, religieuse ou philosophique ne constitue pas une atteinte à la vie privée. • Civ. 1re, 12 juill. 2005, n° 04-11.732 P : *D. 2005. Pan. 2647, obs. C. Bigot* ; *Gaz. Pal. 2006. Somm. 4138, obs. Guerder; CCE 2005, n° 163, note A. Lepage* (franc-maçonnerie, en l'espèce). ♦ V. également, pour la révélation de l'appartenance à la franc-maçonnerie justifiée par l'information du public sur un débat d'intérêt général : • Civ. 1re, 24 oct. 2006, n° 04-16.706 P : *D. 2006. IR 2754* ; *Gaz. Pal. 2007. Somm. 3421, obs. Guerder* , cassant • Paris, 10 juin 2004 : *Gaz. Pal. 2004. 3818, note J.-G. M.* ♦ Comp. : constitue une discrimination l'obligation faite aux seuls membres d'associations d'obédience maçonnique de déclarer leur appartenance pour accéder à certaines candidatures à des fonctions régionales, alors que les raisons de sécurité nationale et de défense de l'ordre invoquées sont susceptibles de concerner aussi d'autres groupements. • CEDH sect. I, 31 mai 2007, n° 26740/02 : *AJDA 2007. 1918, obs. Flauss* . ♦ V. cep. : • CEDH sect. II, 3 juin 2008, *S. et Ch. c/ Italie,* n° 13148/04 (absence de violation de l'art. 11 Conv. EDH dans la seule obligation pour des fonctionnaires de révéler l'appartenance à une association susceptible d'être à l'origine de conflits d'intérêts, dans un souci de transparence et sans que cette appartenance soit, en elle-même, un motif de révocation).

46. Religion. La participation publique aux manifestations et aux pratiques religieuses d'un culte autorisé et protégé par la loi ne peut, si elle vient à être révélée, constituer une atteinte fautive à la vie privée, dès lors que cette révélation n'est pas inspirée par une volonté évidente de nuire ou de susciter des attitudes discriminatoires ou agressives. • Paris, 11 févr. 1987 : *Gaz. Pal. 1987. 1. 138; RTD civ. 1988. 93, obs. Rubellin-Devichi.* ♦ Mais la révélation publique de la pratique religieuse d'une personne, en vue de la déconsidérer et de susciter des attitudes discriminatoires, constitue une atteinte au respect dû à sa vie privée. • Civ. 1re, 6 mars 2001, n° 99-10.928 P : *D. 2002. 248, note Duvert* ; *Dr. et patr. 6/2001. 95, obs. Loiseau.* ♦ La consultation du registre qui porte mention du baptême n'est ouverte, l'intéressé mis à part, qu'aux ministres du culte, eux-mêmes tenus au secret ; la seule publicité donnée à cet événement et à son reniement émanant de l'intéressé, il ne peut invoquer aucune atteinte au droit au respect de sa vie privée. • Civ. 1re, 19 nov. 2014, n° 13-25.156 P : *D. 2015. 850, note Dieu* ; *ibid. 2016. 167, obs. Bretzner* ; *RTD civ. 2015. 101, obs. Hauser* ; *LPA, 11 févr. 2015, p. 11, note Ménabé; CCE 2015, n° 25, note Debet* (refus d'une demande d'effacement complet des registres, le baptême constituant un fait dont la réalité historique ne peut être contestée), confirmant • Caen, 10 sept. 2013 : *D. 2013. 2611, note Libchaber* . ♦ Sur l'obligation pour le juge de rechercher, le cas échéant, un équilibre entre le droit au respect de l'intimité de la vie privée et les droits d'information du public et de la liberté d'expression garantis par l'art. 10 Conv. EDH (cas de révélation du baptême du fils d'un membre d'une monarchie héréditaire) : • Civ. 1re, 21 mars 2018, n° 16-28.741 P : *cité note 26.* ♦ Refus d'annuler la disposition du règlement intérieur d'un barreau qui, en l'absence de disposition législative spécifique et à défaut de disposition réglementaire édictée par le CNB, pouvait réglementer l'usage du costume de sa profession en interdisant le port de toute décoration ou signe manifestant ostensiblement une appartenance ou une opinion religieuse, philosophique, communautaire ou politique, cette mesure étant nécessaire, afin de parvenir au but légitime de protéger l'indépendance de l'avocat et d'assurer le droit à un procès équitable, et, hors toute discrimination, adéquate et proportionnée à l'objectif recherché. • Civ. 1re, 2 mars 2022, n° 20-20.185 B.

47. ... Aspect pénal. Ne constitue pas le délit pénal de l'art. 226-1-2° C. pén. la publication de photographies prises à l'insu des plaignants pendant la cérémonie de leur mariage dans une synagogue en raison du caractère public des cérémonies imposé par la L. du 9 déc. 1905 pour la célébration d'un culte tenu dans les locaux appartenant à une association cultuelle ou mis à sa disposition. • Crim. 25 oct. 2011, n° 11-80.266 P : *D. 2012. Pan. 765, obs. Dreyer* ; *RTD civ. 2012. 89, obs. Hauser* .

48. Secte. L'interdiction faite par le juge à une mère de mettre ses enfants en contact avec une secte dont elle est membre n'est pas contraire aux art. de la Conv. EDH relatifs à la liberté de religion et au respect de la vie privée, dès lors que ces art. autorisent des limitations, commandées, en l'espèce, par le seul intérêt des enfants. • Civ. 1re, 22 févr. 2000, n° 98-12.328 P : *D. 2001. 422, note*

Courtin ; D. 2000. Somm. 273, obs. A. Lepage ; RJPF 2000-6/28, note Nys ; LPA 4 avr. 2001, note Belloir-Caux ; RTD civ. 2000. 558, obs. Hauser.

49. Syndicat. L'adhésion du salarié à un syndicat relève de sa vie personnelle et ne peut être divulguée sans son accord. • Soc. 8 juill. 2009, n° 09-60.011 P : *D. 2009. 2393, note Loiseau ; ibid. 2010, note Mouly ; RDT 2009. 729, obs. Grévy ; RTD civ. 2010. 75, obs. Hauser.* ♦ Mais pour une révélation justifiée par la liberté syndicale. V. • Aix-en-Provence, 16 mars 2010 : *RLDC 2011/79, obs. Siffrein-Blanc.*

B. ÉLÉMENTS D'ORDRE MATÉRIEL

1° PATRIMOINE, SITUATION DE FORTUNE, BIENS PERSONNELS

BIBL. Spinosi, *Dr. et patr. 2/2014. 26* (secret du patrimoine et secret des affaires face aux droits et libertés individuels).

50. Informations purement patrimoniales et vie publique. Les questions patrimoniales concernant une personne menant une vie publique, tel un dirigeant d'une grande entreprise, ne relèvent pas du domaine de la vie privée. • CEDH 21 janv. 1999, *Fressoz c/ France : D. 1999. Somm. 272, obs. Fricero (2e esp.) ; JCP 1999. II. 10120, note Derieux ; ibid. I. 149, n° 5, obs. Teyssié ; Gaz. Pal. 1999. 2. 477, note Lambert ; LPA 4 août 1999, note Marie ; RTD civ. 1999. 359, obs. Hauser ; ibid. 909, obs. Marguénaud.* ♦ Comp. : • CEDH 23 juill. 2009, n° 12268/03 : *RTD civ. 2010. 79, obs. Hauser.* ♦ N'est pas contraire à l'art. 8 Conv. EDH une législation qui, dans un souci de transparence et de lutte contre la corruption, impose à des élus la publication de renseignement patrimoniaux. • CEDH sect. IV, 25 oct. 2005, *Wypych c/ Pologne*, n° 2428/05 (la mise en ligne sur Internet de ces informations est licite). ♦ Le respect dû à la vie privée de chacun n'est pas atteint par la publication de renseignements d'ordre purement patrimonial, ne comportant aucune allusion à la vie et à la personnalité de l'intéressé. • Civ. 1re, 28 mai 1991 : *GAJC, 12e éd., n° 21 ; D. 1992. 213, note Kayser ; JCP 1992. II. 21845, note Ringel.* ♦ Dans le même sens : • Civ. 1re, 20 nov. 1990, n° 89-13.049 P, rejetant le pourvoi contre • Paris, 23 janv. 1989 : *D. 1989. 471, note Lindon* • Civ. 1re, 20 oct. 1993 : *D. 1994. 595, note Picod ; RTD civ. 1994. 77, obs. Hauser* (publication de la liste des « cent Français les plus riches »). ♦ V. conf., sur renvoi dans la même affaire : • Versailles, 17 mai 1995 : *D. 1996. 409, note Ravanas.* ♦ Solution inverse dans le cas contraire : • Civ. 1re, 30 mai 2000, n° 98-14.610 P : *D. 2001. Somm. 1989, obs. Marino ; JCP 2001. II. 10524, note Montels ; CCE 2000, n° 107, note A. Lepage ; LPA 9 févr. 2001, note Ringel ; ibid. 20 avr. 2001, note S. Morvan ; RTD civ. 2000. 801, obs. Hauser.* ♦ Comp. : le salaire de celui qui n'est pas une personne publique et ne jouit d'aucune notoriété particulière ressortit à sa vie privée. • Civ. 1re, 15 mai 2007, n° 06-18.488 P : *D. 2007. AJ 1603, obs. Delaporte-Carré ; ibid. Pan. 2773, obs. Bigot ; JCP 2007. II. 10155, note Lasserre Capdeville ; Gaz. Pal. 2007. Somm. 3515, obs. Guerder ; RJPF 2007-9/14, obs. Putman ; CCE 2007, n° 127, note A. Lepage ; LPA 22 août 2007, note Brusorio-Aillaud ; RTD civ. 2007. 546, obs. Hauser* (qui ajoute que, cependant, sa publication nominative dans la presse au sein d'une liste de gains comparés, à propos des difficultés financières notoires d'une entreprise, dans un contexte polémique et médiatique, participe de l'actualité et du droit du public à être informé).

51. … Et informations commerciales. S'il résulte de la jurisprudence de la CEDH (*Satakunnan Markkinapörssi Oy et Satamedia Oyc.Finlande*, gr. ch., 27 juin 2017, n° 931/13) que les données portant sur le patrimoine d'une personne physique relèvent de sa vie privée, les comptes annuels d'une société par actions simplifiée unipersonnelle ne constituent, toutefois, qu'un des éléments nécessaires à la détermination de la valeur des actions que possède son associé unique, dont le patrimoine, distinct de celui de la société, n'est qu'indirectement et partiellement révélé. L'atteinte portée au droit à la protection des données à caractère personnel de cet associé pour la publication de ces comptes est donc proportionnée au but légitime de détection et de prévention des difficultés des entreprises, poursuivi par les dispositions de l'art. L. 611-2, II C. com. • Com. 24 juin 2020, n° 19-14.098 P : *Rev. sociétés 2020. 609, note Martial-Braz.*

52. Informations portant atteinte à la vie privée. La juridiction des référés ne peut autoriser une publication limitée concernant la fortune d'une personne sans rechercher, comme l'y invitaient les conclusions qui lui demandaient de faire application de l'art. 9, si cette publication portait ou non atteinte à l'intimité de la vie privée de cette personne. • Civ. 1re, 31 mai 1988, n° 87-11.772 P , cassant • Paris, 15 janv. 1987 : *D. 1987. 231 (2e esp.), note Lindon ; RTD civ. 1988. 94, obs. Rubellin-Devichi.* ♦ Comp. • TGI Paris, réf., 28 sept. 1989 : *Gaz. Pal. 1989. 2. 789, comm. Bertin, ibid. Doctr. 549.* ♦ L'exigence comme condition d'attribution d'une prime par un comité d'entreprise de la communication de la déclaration des revenus constitue l'atteinte visée par l'art. 9, dès lors que la déclaration de revenus contient des renseignements tels que situation de famille légitime ou illégitime, situation de fortune, existence de dettes. • Civ. 1re, 29 mai 1984, n° 82-12.232 P : *R., p. 62.* ♦ Porte une atteinte à la vie privée de son locataire le bailleur qui écrit à l'employeur du locataire en faisant état de loyers impayés, alors que le différend avec le locataire concernait des charges locatives sur une courte période. • Civ. 1re, 12 oct. 1976 : *JCP 1978. II. 18989, note Richevaux.* ♦ Sur l'atteinte à l'intimité de la vie privée résultant d'un questionnaire adressé par un organisme de retraite à la mairie du domicile de son adhérent à l'effet d'obtenir des renseignements sur l'identité de celui-ci et de son conjoint, ainsi que sur la situation patrimoniale et professionnelle du ménage, V. • Civ. 1re, 19 déc. 1995 : *D. 1997. 158, note Ravanas ; RTD civ. 1996. 360, obs. Hauser*. ♦ V. aussi note 21.

53. Vie privée et bien abandonné. La saisie par les enquêteurs, dans le but de rechercher les auteurs d'une infraction, d'un objet découvert abandonné sur la voie publique ou dans un conteneur collectif d'ordures ménagères ne constitue pas une atteinte à la vie privée, au sens de l'art. 8 Conv. EDH, nécessitant une autorisation judiciaire préalable à l'exploitation de son contenu. • Crim. 6 avr. 2022, n° 21-84.092 B.

54. Image des biens. **BIBL.** De Grandmaison, *LPA 27 mars 1998*. – Kayser, *D. 1995. Chron. 291*. – kenderian, *D. 2002. Chron. 1161* ; *D. 2004. Chron. 1470* (fondement de la protection de l'image des biens). – Ravanas, *D. 2000. Chron. 19.* – Tarlet, *AJDA 2017. 2069* (image des biens publics). – Zenati, *D. 2004. Chron. 962*. ♦ La publication de la photographie de la résidence secondaire d'une personne ne peut être sanctionnée en vertu de l'art. 9 sans que soit précisé en quoi la publication de cette photographie porte atteinte à la vie privée de cette personne par la révélation de faits ayant le caractère d'intimité prévu par le texte. • Civ. 2e, 29 juin 1988 : *Bull. civ. II, n° 160*. ♦ Sur l'image des biens, V. notes 93 s. ss. art. 544.

2° SECRET DE LA CORRESPONDANCE – MESSAGERIE – INTERNET – FICHIERS

55. Internet. Constitue une ingérence dans la vie privée la réception de communications indésirables ou choquantes, mais faculté pour les utilisateurs des systèmes d'échanges de courriers électroniques de réduire ces inconvénients par des filtres. • CEDH, sect. II, 13 nov. 2007, n° 31358/03. ♦ Violation de l'art. 8 Conv. EDH dans le cas où l'identité de l'auteur d'une annonce sur un site Internet, présentant à son insu un adolescent, clairement identifiable, comme à la recherche de relations pédophiles, n'a pas été dévoilée, alors que le respect de la vie privée de l'enfant rendait nécessaire l'identification et la poursuite en justice de l'auteur de l'annonce, y compris pour obtenir une réparation pécuniaire du préjudice subi. • CEDH, sect. IV, 2 déc. 2008, *K. U. c/ Finlande*, n° 2872/02 : *RLDC 2009/59, n° 3405, obs. Favreau.* ♦ Sur la condamnation partielle du système britannique de surveillance électronique de masse : • CEDH, sect. I, 13 sept. 2018, *Big Brother Watch c/ Royaume-Uni*, n° 58170/13 (arrêt estimant, notamment, insuffisant le contrôle du processus de sélection des messages extraits de la masse pour examen et condamnant la possibilité d'accès de certaines autorités publiques aux données, mais ne remettant pas en cause l'échange de données entre services de renseignement).

56. Autres atteintes. Absence d'atteinte disproportionnée au droit au secret des correspondances, au droit à la vie privée de l'avocat dans l'exercice de sa profession et au secret professionnel des avocats de l'obligation qui leur est faite de déclarer à la cellule de renseignement financier nationale (Tracfin) les sommes d'argent de leurs clients dont ils soupçonnent qu'elles proviennent d'une infraction pénale telle que le blanchiment d'argent. • CEDH, sect. V, 6 déc. 2012, *M. c/ France*, n° 12323/11 (solution adoptée notamment compte tenu des garanties prévues).

V. C. pén., art. 226-15 et 432-9. – **C. pén.** ♦ En ce qui concerne les salariés, V. note 69. ♦ ... Les majeurs protégés, V. note 6. ♦ Pour une écoute par retransmission directe sans garantie procédurale. • CEDH, gr. ch., 10 mars 2009, *Bykov c/ Russie*, n° 4378/02 (micro caché et porté par une personne ayant été invitée par le requérant à entrer dans son domicile).

57. Fichiers. V. notes 21 et 22.

3° COMPÉTENCES PROFESSIONNELLES

58. Activités professionnelles et vie privée. Aucune raison de principe ne permet d'exclure les activités professionnelles ou commerciales de la notion de vie privée. • CEDH 4 mai 2000 : *D. 2001. Somm. 1988, obs. A. Lepage ; AJDA 2000. 1012, obs. Flauss* (données de la vie privée systématiquement recueillies et mémorisées dans des fichiers tenus par les pouvoirs publics). ♦ L'art. 8 Conv. EDH ne peut être invoqué pour se plaindre d'une atteinte à la réputation qui résulterait de manière prévisible des propres actions de la personne, telle une infraction pénale, mais la mention dans une publication des condamnations pénales dont une personne a fait l'objet, y compris à l'occasion de son activité professionnelle, porte atteinte à son droit au respect dû à sa vie privée. • CEDH sect. V, 28 juin 2018, nos 60798/10 et 65599/10 : *D. 2019. 1673, obs. Maxwell et Zolynski* • Civ. 1re, 17 févr. 2021, n° 19-24.780 : *D. 2021. Chron. C. cass. 1784, obs. Serrier ; RTD civ. 2021. 383, obs. Leroyer ; JCP 2021, n° 487, note Legoherel ; ibid. n° 488, note Loiseau* (publication de condamnations pénales et de l'activité professionnelle de la personne, ainsi que de l'indication de l'accès au faire-part du décès de son père). ♦ Sur la possibilité pour des éléments de la vie professionnelle de relever de l'art. 8 Conv. EDH. • CEDH, sect. II, 28 mai 2009, *Biageva c/ Grèce*, n° 26713/05 (si la Convention ne garantit par la liberté d'exercer une profession et si le droit national peut définir les conditions d'inscription au barreau, le fait d'avoir autorisé une ressortissante russe à suivre le stage réglementaire tout en lui refusant de participer aux examens viole son art. 8). ♦ Étude spécifique de la protection de la vie privée du salarié, V. notes 60 s.

59. Officiers ministériels : discipline professionnelle. S'agissant des officiers publics et ministériels, la discipline professionnelle n'exclut pas la prise en considération d'éléments de vie privée, eu égard à la portée sociale et d'intérêt public des fonctions qu'ils exercent. • Civ. 1re, 9 mai 2001, n° 00-16.319 P • 10 juill. 2002, n° 99-20.485 P : *D. 2003. Somm. 1540, obs. A. Lepage ; RJPF 2002-11/13, obs. Putman ; Dr. et patr. 1/2003. 117, obs. Loiseau ; RTD civ. 2003. 57, obs. Hauser*.

C. ÉLÉMENTS D'ORDRE PROFESSIONNEL – VIE PRIVÉE DU SALARIÉ

BIBL. *Dr. soc., janv. 2004, n° spécial* (vie professionnelle et vie personnelle). – C. Béguin, *LPA 9 juin 2004* (cybersurveillance du salarié et liberté de la preuve). – Dabosville, *RDT 2018. 826* (utilisation à des fins personnelles des outils de communication de l'entreprise). – Fenoll-Trousseau, *JCP E 2007. 1878* (cybersurveillance). – Marguénaud et Mouly, *RDT 2008. 16* (incursions de la CEDH en droit du travail). – Pignarre, *LPA 7 mars 2006* (vie personnelle et contrat de travail). – Radé, *Dr. soc. 2021. 4* (l'entreprise et la vie privée du salarié). – Richard De La Tour, *R. 1999, p. 191* (la vie personnelle du salarié).

1° ÉTENDUE DE LA PROTECTION

60. Principe de respect de la vie privée du salarié. BIBL. A. Jeammaud, *Hommages à H. Sinay, Peter Lang, 1994, p. 347* (le salarié individu). – Kernaleguen, *Mél. H. Blaise, Economica, 1995, p. 269* (vie privée du salarié). ♦ Les activités professionnelles ou commerciales ne sont pas exclues par principe de la notion de vie privée. • CEDH 4 mai 2000 : *préc. note 58* (données de la vie privée systématiquement recueillies et mémorisées dans des fichiers tenus par les pouvoirs publics). ♦ Le salarié a droit, même au temps et au lieu de travail, au respect de l'intimité de sa vie privée. • Soc. 2 oct. 2001 : *cité note 69*. ♦ Ne porte pas atteinte à la vie privée de son salarié, ingénieur-système, l'employeur qui demande à celui-ci de se rendre à son lieu de travail un jour non ouvré, pour la mise en service d'un ensemble informatique, après l'avoir averti de cette mission plusieurs mois à l'avance. • Soc. 27 nov. 1991 : *D. 1992. 296, note Picod*. ♦ Rappr. • Lyon, 21 mars 2002 : *D. 2003. Somm. 1535, obs. Marino* (compatibilité d'un système d'astreinte avec la vie privée du salarié). ♦ Sur la divulgation de l'adresse du salarié, V. note 64. ♦ ... De son salaire, V. note 50. ♦ Sur le dossier médical du salarié, V. note 30. ♦ Sur le licenciement et la vie privée, V. notes 79 s. ♦ Sur l'appréciation du caractère privé de faits, V. note 82.

61. Limite : mesure d'instruction in futurum. Le respect de la vie personnelle du salarié ne constitue pas en lui-même un obstacle à l'application des dispositions de l'art. 145 C. pr. civ. dès lors que le juge constate que les mesures qu'il ordonne procèdent d'un motif légitime et sont nécessaires à la protection des droits de la partie qui les a sollicitées. • Soc. 23 mai 2007, n° 05-17.818 P : *R., p. 374 ; D. 2007. AJ 1590, obs. Fabre ; JCP E 2007. 2228, note Raynaud ; CCC 2007, n° 213, note Malaurie-Vignal ; Dr. et pr. 2007. 277, note Hugon ; RJPF 2007-10/12, note Putman ; RDT 2007. 590, obs. de Quenaudon ; RTD civ. 2007. 637, obs. Perrot* (ouverture par huissier de l'ordinateur du salarié, soupçonné d'actes de concurrence déloyale, en la présence de celui-ci) • 10 juin 2008, n° 06-19.229 P : *CCC 2008. n° 212, obs. Malaurie-Vignal ; CCE 2008, n° 128, obs. Lepage* • 13 mai 2009, n° 08-41.826 P : *CCE 2009, n° 70, obs. Lepage* (communication d'un relevé de carrière détenu par le salarié pour la mise en œuvre d'une retraite anticipée autorisée par la convention collective). • 19 déc. 2012, n° 10-20.526 P : *D. 2013. 92* (communication par l'employeur de différents éléments d'information concernant d'autres salariés, contrats de travail et bulletins de paie, susceptibles d'établir une discrimination). ♦ Mais pour caractériser le motif légitime d'ordonner une mesure d'instruction avant tout procès, la cour d'appel ne saurait se fonder sur un moyen de preuve illicite utilisé par l'employeur, en l'espèce des filatures du salarié. • Civ. 2e, 17 mars 2016, n° 15-11.412 P. ♦ Sur l'admission de moyens de preuve illicites au regard de la loi Informatique et Libertés, V. note 124.

62. Limite : affichages autorisés. Le respect de la vie personnelle d'un salarié n'est pas en lui-même un obstacle à l'application de l'art. L. 2315-15 C. trav. relatif aux affichages par le CSE, nonobstant l'obligation de discrétion à laquelle sont tenus les représentants du personnel à l'égard des informations revêtant un caractère confidentiel, dès lors que l'affichage par un membre de la délégation du personnel du CSE d'informations relevant de la vie personnelle d'un salarié est indispensable à la défense du droit à la protection de la santé et de la sécurité des travailleurs, lequel participe des missions du CSE et que l'atteinte ainsi portée à la vie personnelle est proportionnée au but poursuivi. • Soc. 16 févr. 2022, n° 20-14.416 B (preuve non rapportée en l'espèce).

2° APPLICATIONS

63. Domicile du salarié : choix du domicile et du lieu de travail. En application de l'art. 8 de la Conv. EDH, une restriction au libre choix du domicile personnel et familial du salarié par l'employeur n'est valable qu'à la condition d'être indispensable à la protection des intérêts légitimes de l'entreprise et proportionnée, compte tenu de l'emploi occupé et du travail demandé, au but recherché. • Soc. 12 janv. 1999, n° 96-40.755 P : *R., p. 314 ; D. 1999. 645, note J. Mouly ; JCP 1999. I. 149, n° 3, obs. Teyssié ; ibid. 181, n° 3, obs. Lahalle ; LPA 31 mars 1999, note Gauriau ; RTD civ. 1999. 358, obs. Hauser ; ibid. 395, obs. Mestre* (attaché commercial). – Même sens : • Soc. 13 avr. 2005, n° 03-42.965 P : *R., p. 228 ; Dr. et patr. 7-8/2005. 94, obs. Loiseau ; RTD civ. 2005. 572, obs. Hauser ; RDC 2005. 1107, obs. Radé* (employé d'immeuble) • 12 juill. 2005, n° 04-13.342 P : *R.,* *p. 228; D. 2006. Pan. 30, obs. Escande-Varniol; ibid. 2006. Pan. 2708, obs. Marino; JCP 2005. II. 10135, note Verkindt; JCP E 2005. 1711, note Auzero; RTD civ. 2006. 109, obs. Mestre et Fages* (avocat salarié) • Civ. 1re, 7 févr. 2006, nº 05-12.113 P : *D. 2006. IR 527; JCP 2006. I. 188, obs. R. Martin; RTD civ. 2006. 280, obs. Hauser (idem)* • 26 sept. 2006 : *RJPF 2006-12/13, obs. Putman.* • Soc. 28 févr. 2012, nº 10-18.308 P : *D. 2012. 744; RDT 2012. 225, obs. Varin; JCP 2012, nº 561, § 2, obs. Mekki* (gouvernante assistant des majeurs protégés). ♦ Pour un refus de mutation constitutif d'une atteinte disproportionnée à la liberté de choix du domicile du salarié : • Soc. 24 janv. 2007 : *D. 2007. 1480, note Loiseau; JCP 2007. II. 10110, note J. Mouly; RDC 2007. 1220, obs. Radé.* ♦ ... Ou le refus d'une mission sans rechercher si la mise en jeu de la clause de mobilité ne portait pas atteinte au droit du salarié à une vie personnelle et familiale et était justifiée et proportionnée au but recherché. • Soc. 14 oct. 2008, nº 07-40.523 P : *D. 2008. AJ 2672, obs. Perrin; ibid. 2009. Pan. 590, obs. Fabre; ibid. 1429, note Lokiec; JCP 2008. II. 10201, note Corrignan-Carsin; LPA 3 avr. 2009, note Fraissinier-Amiot; RDT 2008. 731, obs. Auzero; RDC 2009. 642, obs. Neau-Leduc* • 13 janv. 2009, nº 06-45.562 P : *D. 2009. 1799, note Escande-Varniol; RDC 2009. 1126, obs. Neau-Leduc.* ♦ L'obligation de résidence imposée au salarié, distincte de la mise en œuvre de la clause de mobilité, constitue une modification du contrat de travail que le salarié est fondé à refuser. • Soc. 15 mai 2007, nº 06-41.277 P : *D. 2007. AJ 1600; RDT 2007. 449, obs. Bonnin.* ♦ N'est pas justifiée par la nature du travail à accomplir ni proportionnée au but recherché la demande de déménagement formulée par l'employeur, suite aux agressions dont le salarié avait été victime à son domicile, ce déménagement étant une condition imposée à l'employeur par son assureur, refusant de garantir les sinistres dans certains départements, sauf si le salarié n'y était plus domicilié. • Soc. 23 sept. 2009, nº 08-40.434 P : *D. 2009. AJ 2431; JCP 2009. 574, nº 4, obs. Mekki; RDT 2010. 37, obs. Gardin; RTD civ. 2010. 75, obs. Hauser.*

64. *... Divulgation de l'adresse du salarié.* Dès lors que n'est pas en cause la sauvegarde d'un droit légalement reconnu ou judiciairement constaté, la divulgation du domicile d'un salarié par l'employeur sans son accord constituerait une atteinte à la vie privée. • Civ. 1re, 6 nov. 1990 : *D. 1991. 353, note Prévault.* ♦ L'indication de l'adresse des salariés n'a pas à figurer sur la liste électorale établie en vue des élections des représentants du personnel. • Soc. 20 mars 2002, nº 00-60.315 P : *JCP 2002. II. 10093, note Corrignan-Carsin* • 20 mars 2002, nº 00-60.176 P.

65. *... Usage du domicile du salarié.* Si l'usage fait par le salarié de son domicile relève de sa vie privée, des restrictions sont susceptibles de lui être apportées par l'employeur à condition qu'elles soient justifiées par la nature du travail à accomplir et qu'elles soient proportionnées au but recherché; tel est le cas de l'interdiction faite aux membres du personnel éducatif d'un établissement spécialisé dans l'accueil des mineurs en difficulté, posée dans le règlement intérieur, de recevoir à leur domicile des mineurs placés dans l'établissement. • Soc. 13 janv. 2009, nº 07-43.282 P : *R., p. 326; BICC 15 mai 2009, nº 669; D. 2009. AJ 375, obs. Perrin; ibid. 1316, note Mouly; JCP 2009. II. 10066, note Bossu; RTD civ. 2009. 504, obs. Hauser.* ♦ L'occupation, à la demande de l'employeur, du domicile du salarié à des fins professionnelles constitue une immixtion dans la vie privée de celui-ci et n'entre pas dans l'économie générale du contrat de travail. • Soc. 7 avr. 2010, nº 08-44.865 P : *D. 2010. Pan. 2030, obs. Aubert-Monpeyssen; RDT 2010. 517, note Bossu; RLDC 2010/75, nº 3894, obs. Perruchot-Triboulet* • 27 mars 2019, nº 17-21.014 P : *D. 2019. 705; Dr. soc. 2019. 571, obs. Mouly; RDT 2019. 725, obs. Fouvet.* ♦ Si le salarié, qui n'est tenu ni d'accepter de travailler à son domicile, ni d'y installer ses dossiers et ses instruments de travail, accède à la demande de son employeur, ce dernier doit l'indemniser de cette sujétion particulière ainsi que des frais engendrés par l'occupation à titre professionnel du domicile. • Même arrêt. ♦ L'employeur ne peut, sans porter atteinte à la vie privée du salarié, imposer à celui-ci de travailler à son domicile. • Soc. 2 oct. 2001, nº 99-42.727 P : *R., p. 352; D. 2002. Somm. 768, obs. Mercat-Bruns; ibid. 2297, obs. A. Lepage; JCP 2002. II. 10035, note Corrignan-Carsin; Gaz. Pal. 2002. 31, note Puigelier; RTD civ. 2002. 72, obs. Hauser.*

66. *Vie familiale.* Ne porte pas atteinte au droit à la vie familiale du salarié l'art. L. 3212.19, C. trav. [L. 3123-19], en tant qu'il impose l'application du régime des heures complémentaires et peut rendre impossible le recours au temps de travail choisi. • Crim. 14 avr. 2015, nº 14-86.347 P.

67. *Dossiers personnels – Fichiers informatisés.* Sauf risque ou événement particulier, l'employeur ne peut ouvrir les fichiers identifiés par le salarié comme personnels contenus sur le disque dur de son ordinateur professionnel qu'en présence de ce dernier ou celui-ci dûment appelé. • Soc. 17 mai 2005, nº 03-40.017 P : *R., p. 277; D. 2005. Pan. 2649, obs. Marino; D. 2006. Pan. 30, obs. Escande-Varniol; JCP E 2005. 1880, note Raynaud; CCE 2005, nº 121, note Lepage; Dr. et patr. 9/2005. 122, obs. Masquefa-Neau-Leduc.* – De Quenaudon, *D. 2005. Tribune 1873* • 17 juin 2009, nº 08-40.274 P : *JCP 2009, nº 104, note Léger; D. 2009. AJ 1832, obs. Maillard; RDT 2009. 483, obs. Guiomard; ibid. 591, obs. Marino; CCC 2009, nº 106, note Caprioli; RTD civ. 2010. 75, obs. Hauser.* ♦ La seule conservation sur son poste informatique de trois fichiers contenant des photos à caractère pornographique sans caractère délictueux ne constitue pas, en l'absence de constatation d'un usage abusif affectant son travail, un manquement du salarié aux obligations résultant de son contrat susceptible de justifier son licenciement. • Soc. 8 déc. 2009 : *CCE 2010, nº 31, obs. Caprioli.* ♦ Rappr. note 61. ♦ Sur le contrôle de messageries instantanées par un logiciel espion mis en place par l'employeur, V. note 69. ♦ Sur l'admission de moyens de preuve illicites au regard de la loi Informatique et Libertés, V. note 124.

Caractère personnel des documents. Les documents détenus par le salarié dans le bureau de l'entreprise mis à sa disposition sont, sauf lorsqu'il les identifie comme étant personnels, présumés avoir un caractère professionnel, en sorte que l'employeur peut y avoir accès hors sa présence. • Soc. 18 oct. 2006, nº 04-47.400 P : *R., p. 304 ; D. 2007. Pan. 691, obs. F. Guiomard ; RDT 2006. 395, obs. de Quenaudon ; CCE 2007, nº 61, note A. Lepage.* ♦ Une clé USB, dès lors qu'elle est connectée à un outil informatique mis à la disposition du salarié par l'employeur pour l'exécution du contrat de travail, est présumée utilisée à des fins professionnelles, et l'employeur peut avoir accès aux fichiers non identifiés comme personnels qu'elle contient, hors la présence du salarié. • Soc. 12 févr. 2013, nº 11-28.649 P : *D. 2013. 1026, obs. Lokiec et Porta ; RDT 2013. 339, obs. Nord-Wagner ; RTD civ. 2013. 574, obs. Hauser .* ♦ Les fichiers créés par le salarié à l'aide de l'outil informatique mis à sa disposition par l'employeur pour les besoins de son travail sont présumés avoir un caractère professionnel, sauf si le salarié les identifie comme étant personnels, en sorte que l'employeur est en droit de les ouvrir hors la présence de l'intéressé. • Soc. 21 oct. 2009, nº 07-43.877 P : *RDT 2010. 172, obs. Guyader ; JCP 2009. 574, nº 2, obs. Mekki ; CCE 2010, nº 9, obs. Caprioli ; Dr. et pr. 1/2010. 22, obs. Choquet* (insuffisance de l'indication des initiales du salarié dans le nom du répertoire) • 15 déc. 2009, nº 07-44.264 P : *R, p. 331 ; BICC 1er juin 2010, nº 757, et les obs. ; JCP 2010, nº 57, note Léger* • 10 mai 2012, nº 11-13.884 P : *D. 2013. 1026, obs. Lokiec et Porta ; RDT 2012. 428, obs. Keim-Bagot* (insuffisance de la seule dénomination « Mes documents » donnée à un fichier) • 19 juin 2013, nº 12-12.138 P : *D. 2013. 1629 ; RDT 2013. 708, obs. Nord-Wagner* (des courriels et fichiers intégrés dans le disque dur de l'ordinateur mis à disposition du salarié par l'employeur ne sont pas identifiés comme personnels du seul fait qu'ils émanent initialement de la messagerie électronique personnelle du salarié). ♦ Dans le même sens pour les connexions établies par le salarié : • Soc. 9 févr. 2010 : *CCE 2010, nº 69, obs. Caprioli* (insuffisance de l'inscription du site sur la liste des favoris). ♦ V. sur cette question, l'incidence éventuelle de l'arrêt • CEDH 5 sept. 2017, *Barbulescu : cité note 69.* ♦ Si des données non professionnelles, identifiées comme étant privées et stockées par un employé sur un ordinateur mis à sa disposition par son employeur pour l'accomplissement de ses fonctions, peuvent relever de sa vie privée, l'ouverture par l'employeur, en dehors de la présence du salarié, des fichiers indiqués « personnels » figurant sur le disque dur de son ordinateur professionnel ne constitue pas une atteinte à sa vie privée dès lors que la charte de l'utilisateur pour l'usage du système d'information de l'employeur (SNCF, entreprise ne relevant pas strictement du secteur privé) indique spécifiquement que les informations à caractère privé doivent être clairement identifiées comme telles. Il est, en outre, observé que le requérant avait utilisé une partie importante des capacités de son ordinateur professionnel pour stocker les fichiers litigieux. • CEDH 22 févr. 2018, nº 588/13, *Libert c/ France : D. 2018. 1291, note Marguénaud et Mouly ; Dr. soc. 2018. 455, obs. Dabosville ; Dalloz IP/IT 2018. 511, obs. Péronne et Daoud .*

68. État de santé. V. note 29.

69. Messagerie, correspondance électronique. BIBL. Bitan, *CCE 2004. Étude 15* (contrôle de la messagerie électronique de l'entreprise). – Gasnier et Favaro, *Dr. et patr. 4/2002. 46* (cybersurveillance et secret des correspondances). – A. Lepage, *CCE 2001. Chron. 2* (secret des correspondances immatérielles). ♦ Sur le respect par l'employeur du secret de la correspondance adressée aux salariés sur le lieu de travail, V. note Waquet ss. : • Cass., avis, 24 janv. 1994 : *Gaz. Pal. 1994. 1. 155.* ♦ Si au regard de l'art. 8 de la Conv. EDH, un État dispose d'une marge d'appréciation étendue pour régir les conditions dans lesquelles un employeur peut adopter une politique encadrant les communications non professionnelles, électroniques ou autres, de ses salariés sur leur lieu de travail, ces dispositions doivent être appréciées en tenant compte de six facteurs : 1º le salarié doit avoir reçu une information claire et préalable à la mise en place de la surveillance, 2º il y a lieu de distinguer selon que le contrôle porte sur les flux ou sur le contenu des communications, sa durée et les personnes ayant accès à ses résultats, 3º le contrôle doit reposer sur des motifs légitimes, 4º L'employeur ne doit pas disposer d'un autre moyen moins intrusif de contrôle, 5º Il doit être pris en compte les conséquences de la surveillance pour le salarié, 6º Celui-ci doit enfin disposer de garanties notamment être informé préalablement de l'accès aux informations recueilles par l'employeur. • CEDH 5 sept. 2017, *Barbulescu,* nº 61496/08 : *AJDA 2017. 1639, obs. Pastor ; D. 2017. 1709, obs. Peyronnet ; Dalloz IP/IT 2017. 548, obs. Derieux ; JCP 2017, nº 1169, note Marguénaud et Mouly ; Gaz. Pal. 2017. 2655, obs. Le Maigat ; ibid. 3299, note Colonna et Renaux-Personnic* (recours injustifié à un logiciel espion de contrôle de l'usage de messageries instantanées). ♦ Le salarié a droit, même au temps et au lieu de travail, au respect de l'intimité de sa vie privée ; celle-ci implique en particulier le secret des correspondances ; l'employeur ne peut dès lors, sans violation de cette liberté fondamentale, prendre connaissance des messages personnels émis par le salarié et reçus par lui grâce à un outil informatique mis à sa disposition pour son travail et ceci même au cas où l'employeur aurait interdit une utilisation non professionnelle de l'ordinateur. • Soc. 2 oct. 2001, *Sté Nikon France*, n° 99-42.942 P : *R., p. 351 ; BICC 1er nov. 2001, concl. Kehrig ; D. 2001. 3148, note Gautier ; D. 2002. Somm. 2296, obs. Caron ; JCP E 2001. 1918, note Puigelier ; Gaz. Pal. 2002. 377, note Bridenne ; Defrénois 2002. 1407, obs. Raynouard ; LPA 22 nov. 2001, note Piot et Heslaut ; ibid. 10 déc. 2001, note Picca ; ibid. 19 mars 2002, note F. Petit ; RJPF 2002-1/12, note Bossu ; CCE 2001, n° 120, note A. Lepage ; ibid. Chron. 24, obs. Devèze et Vivant ; RTD civ. 2002. 72, obs. Hauser* • 12 oct. 2004, n° 02-40-392 P. ♦ De même, l'employeur ne peut, sans méconnaître le respect dû à la vie privée du salarié, se fonder sur le contenu d'une correspondance privée, même reçue au lieu de travail, pour sanctionner son destinataire. • Cass., ch. mixte, 18 mai 2007, n° 05-40.803 P : *R., p. 341 ; BICC 1er août 2007, rapp. Gridel, avis Mathon ; D. 2007. 2137, note J. Mouly ; ibid. AJ 1503, obs. Astaix ; ibid. Pan. 3036, obs. Géniaut ; JCP 2007. II. 10129, note Loiseau ; JCP E 2007. 1844, note Puigelier ; Gaz. Pal. 2007. 2576, note Polère ; ibid. Somm. 2809, obs. Barbry et Rouillé-Mirza ; RJPF 2007-10/12, note Putman ; RDT 2007. 527, obs. Aubert-Monpeyssen ; CCE 2007, n° 98, note A. Lepage.* ♦ La réception de courriers électroniques de nature pornographique, non sollicités et non enregistrés sur l'ordinateur, ne saurait légitimer un licenciement disciplinaire. • Soc. 14 avr. 2010, n° 08-43.258 : *CCE 2010, n° 92, obs. Caprioli.* ♦ La production en justice par l'employeur de messages électroniques provenant de la messagerie personnelle du salarié, distincte de la messagerie professionnelle dont il dispose pour les besoins de son activité, doit être écartée en ce qu'elle porte atteinte au secret des correspondances. • Soc. 26 janv. 2016, n° 14-19.002 P : *D. 2016. 807, obs. Lokiec et Porta.* ♦ Mais l'absence de déclaration simplifiée d'un système de messagerie électronique professionnelle non pourvu d'un contrôle individuel de l'activité des salariés, qui n'est dès lors pas susceptible de porter atteinte à la vie privée ou aux libertés au sens de l'art. 24 de la loi « informatique et libertés », ne rend pas illicite la production en justice des courriels adressés par l'employeur ou par le salarié dont l'auteur ne peut ignorer qu'ils sont enregistrés et conservés par le système informatique. • Soc. 1er juin 2017, n° 15-23.522 P : *D. 2017. Chron. C. cass. 1551, obs. Salomon ; ibid. 2018. 138, obs. Renucci ; ibid. 259, obs. Bretzner et Aynès ; Dalloz IP/IT 2017. 602, obs. Adam ; RDC 2018. 49, note Huet.* ♦ Sur l'admission de la production en justice d'éléments du compte Facebook du salarié portant atteinte à sa vie privée mais justifiée par le droit à la preuve. • Soc. 30 sept. 2020, n° 19-12.058 : *cité note 120.* ♦ Sur l'admission de moyens de preuve illicites au regard de la loi Informatique et Libertés, V. note 124.

Jurisprudence antérieure à l'arrêt CEDH 5 sept. 2017, Barbulescu, ci-dessus. Présomptions. Les connexions établies par un salarié sur des sites internet pendant son temps de travail, grâce à l'outil informatique mis à sa disposition par son employeur pour l'exécution de son travail, sont présumées avoir un caractère professionnel de sorte que l'employeur peut les rechercher aux fins de les identifier, hors de sa présence. • Soc. 9 juill. 2008, n° 06-45.800 P : *D. 2008. AJ 2228, obs. Ines ; ibid. 2009. Pan. 191, obs. Khodri-Benamrouche ; CCE 2008. 128, obs. Lepage ; ibid. 131, obs. Caprioli.* ♦ Les courriels adressés ou reçus par le salarié à l'aide de l'outil informatique mis à sa disposition par l'employeur pour les besoins de son travail sont présumés avoir un caractère professionnel en sorte que l'employeur est en droit de les ouvrir hors la présence de l'intéressé, sauf s'ils sont identifiés comme personnels. • Soc. 26 juin 2012, n° 11-15.310 P : *D. 2012. 1829 ; RDT 2012. 562, obs. de Quenaudon* (le règlement intérieur peut contenir des dispositions restreignant le pouvoir de consultation de l'employeur, en le soumettant à d'autres conditions, comme en l'espèce l'exigence d'une consultation en présence du salarié). ♦ Les SMS envoyés ou reçus par le salarié au moyen du téléphone, mis à la disposition par l'employeur pour les besoins de son travail, sont présumés à caractère professionnel, sauf s'ils sont identifiés comme étant personnels. • Com. 10 févr. 2015, n° 13-14.779 P : *D. 2015. 959, note Lasserre Capdeville ; ibid. 2016. 167, obs. Bretzner ; RDT 2015. 191, obs. Adam ; D. avocats 2015. 158, obs. Taquet ; JCP 2015, n° 407, note Bossu.* ♦ Comp. pour un manquement à la délicatesse, contraire au Règlement intérieur national des avocats, d'un employeur qui consulte sans leur accord, au moyen de leur ordinateur professionnel, et produit en justice le contenu de la messagerie personnelle de ses salariés, laissée ouverte en leur absence mais conservant un caractère privé. • Civ. 1re, 17 mars 2016, n° 15-14.557 P.

70. ... Situations ne relevant pas de la vie personnelle. Les propos à caractère sexuel et les attitudes déplacées du salarié à l'égard de personnes avec lesquelles l'intéressé était en contact en raison de son travail ne relèvent pas de sa vie personnelle. • Soc. 19 oct. 2011, n° 09-72.672 P : *D. 2012. 901, obs. Lokiec et Porta ; JCP 2011, n° 1392, note Corrignan-Carsin ; Gaz. Pal. 2011. 3425, note Deharo* (concernant l'envoi de messages électroniques hors du temps et du lieu de travail ou lors de soirées organisées après le travail). ♦ N'ont pas un caractère privé, et peuvent être retenues au soutien d'une procédure disciplinaire, les correspondances adressées au président de la chambre des notaires, à la caisse de retraite et de prévoyance et à l'URSSAF pour dénoncer le comportement de l'employeur dans la gestion d'une étude. • Soc. 15 déc. 2009, n° 07-44.264 P : *préc. note 67.*

71. Rémunération du salarié. Obligation pour l'employeur d'expurger des éléments confidentiels, notamment relatifs à la rémunération des salariés, du contenu des déclarations annuelles des données sociales qu'il communique aux syndicats participant à une négociation préélectorale. • Soc. 6 janv. 2016, n° 15-10.975 P : *D. 2016. 132* ; *RDT 2016. 284, obs. C. Nicod*.

72. Surveillance du salarié avec information préalable. L'employeur a le droit de contrôler et de surveiller l'activité de ses salariés pendant le temps de travail, seul l'emploi de procédé clandestin de surveillance étant illicite ; constituent un mode de preuve valable des écoutes téléphoniques dont les salariés ont été dûment avertis. • Soc. 14 mars 2000, n° 98-42.090 P : *JCP 2001. II. 10472, note Puigelier ; RTD civ. 2000. 801, obs. Hauser*. ♦ V. également note 123 pour l'enregistrement de conversations téléphoniques. • Soc. 15 mai 2001, n° 99-42.219 P : *D. 2001. Somm. 3015, obs. Aubert-Monpeyssen* (recours, à l'insu des salariés, à une société de surveillance) • 23 nov. 2005, n° 03-41.401 P (recours, à l'insu du salarié, à un détective privé). ♦ Ce principe de transparence des moyens de surveillance a été notamment appliqué à la vidéosurveillance : • Soc. 10 janv. 2012, n° 10-23.482 P : *D. 2012. 290* (recours à un système de vidéo surveillance installé sur le site d'une société cliente, alors que la lettre informant les salariés de ce système ne précise pas qu'il permet de contrôler leurs heures d'arrivée et de départ sur le lieu du travail) • 20 nov. 1991, n° 88-43.120 P : *D. 1992. 73, concl. Chauvy* (enregistrement par une caméra du comportement et des paroles d'une salariée, à son insu, violation de l'art. L. 2323-32 C. trav.) • 7 juin 2006, n° 04-43.866 P (vidéosurveillance de la clientèle utilisée pour contrôler les salariés, violation de l'art. L. 2323-32 C. trav., relatif à l'information et la consultation préalable du comité d'entreprise sur les procédés de contrôle de l'activité du salarié). ♦ Le moyen de preuve tiré des enregistrements d'une salariée par l'employeur est illicite si ce dernier n'informe pas ses salariés et ne consulte pas le comité d'entreprise sur l'utilisation d'un système de vidéosurveillance aux fins de recueillir et d'exploiter des informations concernant les salariés. • Soc. 10 nov. 2021, n° 20-12.263 B : *D. 2021. 2093* ; *Dr. soc. 2022. 81, obs. Adam* (exploitation d'informations concernant personnellement la salariée, en vue de son licenciement). ♦ Également : • Soc. 11 déc. 2019, n° 18-11.792 P. ♦ Sur les limites posées à l'utilisation par l'employeur d'un logiciel espion de contrôle d'une messagerie instantanée, V. note 69. ♦ Ne constitue pas un élément de preuve obtenu par un moyen illicite l'audit de vérification de pièces comptables : si le salarié n'avait pas été préalablement informé de la mission confiée par l'employeur à une société d'expertise comptable et de commissariat aux comptes, il n'avait pas été tenu à l'écart des travaux réalisés dans les locaux de l'entreprise. • Soc. 26 janv. 2016, n° 14-19.002 P. ♦ Sur la géolocalisation des personnes, notamment des salariés, V. note 20.

73. ... Information préalable non requise. L'information préalable du salarié n'est pas requise dans certains cas. Au regard des art. 6 et 8 de la Conv. EDH, l'information donnée à la personne faisant l'objet d'une surveillance et son ampleur ne sont que l'un des critères à prendre en compte pour apprécier la proportionnalité d'une telle mesure dans un cas donné. L'existence de soupçons raisonnables que des irrégularités graves ont été commises et l'ampleur des manques constatés peuvent apparaître comme des justifications sérieuses à la mise en place d'une vidéosurveillance sans information préalable des salariés par l'employeur (absence d'atteinte au droit au respect de la vie privée des salariées et de leur droit à un procès équitable par la mise en place par l'employeur d'un système de vidéo surveillance de caissières soupçonnées de vol). • CEDH 17 oct. 2019, n° 1874/13 : *RTD civ. 2019. 815, note Marguénaud*. ♦ Rappr. en matière de messagerie, *aff. Barbulescu*, V. note 69. ♦ Une enquête effectuée au sein d'une entreprise, confiée par l'employeur à un organisme extérieur, à la suite de la dénonciation de faits de harcèlement moral n'est pas soumise aux dispositions de l'art. L. 1222-4 C. trav. et ne constitue pas une preuve déloyale comme issue d'un procédé clandestin de surveillance de l'activité du salarié. • Soc. 17 mars 2021, n° 18-25.597 P : *D. 2021. 1152, obs. Vernac et Ferkane* ; *Dr. soc. 2021. 657, obs. Mouly* ; *RDT 2021. 454, obs. Mazaud*. ♦ Ensuite, ne constitue pas en soi un mode de preuve illicite la simple surveillance d'un salarié faite sur les lieux du travail par son supérieur hiérarchique. • Soc. 26 avr. 2006, n° 04-43.582 P. ♦ ... Ou le contrôle de l'activité d'un salarié, au temps et au lieu de travail, par un service interne à l'entreprise chargé de cette mission, même en l'absence d'information préalable du salarié. • Soc. 5 nov. 2014, n° 13-18.427 P : *D. 2014. 2308*. ♦ Ensuite, cette information n'est pas requise lorsque le salarié ne peut ignorer l'existence d'un moyen de contrôle, V. en ce sens pour des messages laissés sur un répondeur. • Soc. 6 févr. 2013, n° 11-23.738 P : *D. 2013. 439, obs. Siro* ; *ibid. Chron. C. cass. 1768, note Sommé* ; *Dr. soc. 2013. 626, note Salomon* ; *RTD civ. 2013. 380, obs. Barbier*. ♦ ... Ou pour des SMS. • Soc. 23 mai 2007, n° 06-43.209 P : *D. 2007. 2284, note Castets-Renard* ; *ibid. AJ 1598, obs. Fabre* ; *JCP 2007. II. 10140, note L. Weiller ; JCP E 2007. 2072, note Golhen ; Defrénois 2007. 1614, note Quétant ; RDT 2007. 530, obs. de Quenaudon* ; *Dr. et pr. 2007. 339, obs. Bobant ; RTD civ. 2007. 776, obs. Fages*. ♦ Enfin, l'employeur est libre de mettre en place des procédés de surveillance de locaux dans lesquels les salariés n'ont pas accès (licéité des preuves recueillies contre les salariés). • Soc. 31 janv. 2001, n° 98-44.290 P : *D. 2001. Somm.*

2169, obs. Paulin ; *JCP E 2001. 1145, note Puigelier* (vidéosurveillance d'un entrepôt) • 19 avr. 2005, n° 02-46.295 P : *D. 2005. IR 1248, obs. Astaix* ; *RTD civ. 2005. 572, obs. Hauser* (surveillance vidéo d'un local auquel les salariés n'avaient pas accès : mode de preuve licite). ♦ V. aussi note 125. ♦ V. égal. art. 16-3, note 16, pour des procédés de contrôle corporel du salarié par l'employeur.

74. ... Stratagèmes – Filatures. Si l'employeur a le pouvoir de contrôler et de surveiller l'activité de son personnel pendant le temps de travail, il ne peut mettre en œuvre un dispositif de surveillance clandestin et à ce titre déloyal, procédant d'un stratagème. • Soc. 18 mars 2008, n° 06-45.093 P : *D. 2008. AJ 992, obs. Ines* ; *JCP 2008. Actu. 234* (représentants de l'employeur allant anonymement prendre des repas dans le restaurant de l'épouse du salarié où travaillait ce dernier en contrariété avec son statut professionnel) • Soc. 4 juill. 2012, n° 11-30.266 P : *D. 2012. 1894* (utilisation de lettres piégées à l'insu du personnel de La Poste pour mettre fin à des ouvertures de courriers par certains employés). ♦ Constituent ainsi un stratagème des vérifications clandestines et déloyales opérées par des salariés mandatés par le chef de centre pour se rendre dans l'établissement tenu par l'épouse de l'intéressé en se présentant comme de simples clients, sans révéler leurs qualités et le but de leur visite, pour vérifier l'activité du salarié. • Même arrêt. ♦ Si un constat d'huissier ne constitue pas un procédé clandestin de surveillance nécessitant l'information préalable du salarié, en revanche il est interdit à cet officier ministériel d'avoir recours à un stratagème pour recueillir une preuve. • Soc. 18 mars 2008, n° 06-40.852 P : *D. 2008. Pan. 2306, obs. Desbarats* ; *JCP 2008. Actu. 233, obs. Dauxerre*. ♦ V. aussi note 121 (enregistrement illicite de salariés). ♦ Une filature organisée par l'employeur pour surveiller l'activité d'un salarié constitue un moyen de preuve illicite dès lors qu'elle implique une atteinte à la vie privée, insusceptible d'être justifiée, eu égard à son caractère disproportionné. • Soc. 26 nov. 2002, n° 00-42.401 P : *R., p. 359* ; *D. 2003. 1858, note Bruguière* ; *ibid. Somm. 394, obs. Fabre* ; *ibid. 1536, obs. A. Lepage* ; *ibid. Chron. 1305, par Ravanas* ; *JCP 2003. I. 156, n° 5, obs. Cesaro* ; *RTD civ. 2003. 58, obs. Hauser* . ♦ Dans le même sens : • Soc. 22 mai 1995, n° 93-44.078 P : *RTD civ. 1995. 862, obs. Hauser* ; *ibid. 1996. 197, obs. Gautier* (détective privé opérant à l'insu du salarié) • 4 févr. 1998, n° 95-43.421 P. ♦ Comp. : absence de violation de l'art. 8 Conv. EDH pour une surveillance de deux salariés, à leur insu, dès lors que la mesure, limitée dans le temps et à la zone de caisse accessible au public, a été décidée à la suite de découverte de pertes qui ne pouvaient qu'être de leur fait. • CEDH sect. V, 5 oct. 2010, *K. c/ Allemagne*, n° 420/07. ♦ V. notes 121 s. sur les procédés d'enregistrement illicites et note 124 sur l'admission de moyens de preuve illicites au regard de la loi Informatique et Libertés.

75. Tenue vestimentaire du salarié. **BIBL.** Boisgibault de Bryas, *JCP E 2003. 851*. – Gimalac, *LPA 20 déc. 2002*. ♦ La restriction apportée par l'employeur à la liberté individuelle de se vêtir doit être justifiée par la tâche à accomplir et proportionnée au but recherché. • Soc. 18 févr. 1998, n° 95-43.491 P : *JCP 1998. I. 161, n° 7, obs. Alliot* (cassation de l'arrêt qui déclare justifié le licenciement d'un salarié ayant refusé d'appliquer une consigne générale sur le port d'une blouse de travail sans avoir effectué cette recherche) • 16 janv. 2001, n° 98-44.252 P (restriction injustifiée aux libertés individuelles par un contrat de travail imposant le port d'un uniforme, en contrariété avec la convention collective) • 6 nov. 2001, n° 99-43.988 P : *D. 2001. IR 3397* ; *JCP E 2002. 1732, note Lachaise* ; *RTD civ. 2002. 72, obs. Hauser* (l'employeur peut interdire à une salariée en contact avec la clientèle de se présenter au travail en survêtement) • 28 mai 2003, n° 02-40.273 P : *R., p. 308* ; *D. 2003. 2718, note F. Guiomard* ; *D. 2004. Somm. 176, obs. Pousson* ; *JCP 2003. II. 10128, note Corrignan-Carsin* ; *JCP 2004. I. 145, n° 2, obs. Cesaro* ; *JCP E 2004. 334, n° 2, obs. Raynaud* ; *Gaz. Pal. 2003. 1761, note Pansier* ; *RJPF 2003-9/12, obs. Bossu* ; *RTD civ. 2003. 680, obs. Hauser* (tenue vestimentaire du salarié – bermuda – incompatible avec ses fonctions et ses conditions de travail, la liberté de se vêtir à sa guise au temps et au lieu du travail n'entrant pas dans la catégorie des libertés fondamentales). ♦ Caractère discriminatoire du licenciement d'un homme, en contact avec la clientèle, motivé par le port de boucles d'oreilles, l'employeur ne justifiant pas sa décision de lui imposer d'enlever celles-ci par des éléments objectifs étrangers à toute discrimination. • Soc. 11 janv. 2012, n° 10-28.213 P : *D. 2012. 290* ; *RDT 2012. 159, obs. Moizard* ; *Dr. soc. 2012. 346, note Lhernould* ; *RTD civ. 2012. 288, obs. Hauser* ; *JCP 2012, n° 281, obs. Mercat-Bruns* ; *Gaz. Pal. 2012. 766, avis Aldigé, note Piau*.

76. Principe de laïcité. Dabosville, *Dr. soc. 2021. 679* (expression religieuse et relation de travail : les juges français et allemands au défi du droit de l'Union). ♦ Les principes de neutralité et de laïcité du service public sont applicables à l'ensemble des services publics, y compris lorsque ceux-ci sont assurés par des organismes de droit privé, ce qui interdit aux agents notamment de manifester leurs croyances religieuses par des signes extérieurs, en particulier vestimentaires. • Soc. 19 mars 2013, n° 12-11.690 P : *AJDA 2013. 597* ; *D. 2013. 1026, obs. Lokiec et Porta* ; *Dr. soc. 2013. 388, note Dockès* (validité de la restriction instaurée par le règlement intérieur d'une caisse primaire d'assurance maladie nécessaire à la mise en œuvre du principe de laïcité de nature à assurer aux yeux des usagers la neutralité du service public, application au port du voile).

77. … Secteur de droit privé. Inversement le principe de laïcité n'est pas applicable aux salariés des employeurs de droit privé qui ne gèrent pas un service public ; les restrictions apportées par l'employeur à la liberté religieuse doivent être justifiées par la nature de la tâche à accomplir, répondre à une exigence professionnelle essentielle et déterminante et proportionnées au but recherché. • Soc. 19 mars 2013, n° 11-28.845 P : *D. 2013. 956, avis Aldigé ; ibid. 963, note Mouly ; ibid. 1026, obs. Lokiec et Porta ; Dr. soc. 2013. 388, note Dockès ; ibid. 2014. 100, note Laronze ; AJCT 2013. 306, obs. Ficara ; RDT 2013. 385, note Adam ; ibid. 2014. 94, note Calvès ; JCP 2013, n° 542, note Corrignan-Carsin* (la clause du règlement intérieur instaurant une restriction générale et imprécise, le licenciement, prononcé pour un motif discriminatoire, est nul). ♦ Mais sur renvoi, déclarant le licenciement fondé : • Paris, 27 nov. 2013 : *D. 2014. 65, note Mouly ; AJCT 2014. 63, obs. Dreyfus ; Dr. soc. 2014. 4, note Ray ; ibid. 100, note Laronze ; Gaz. Pal. 2014. 217, obs. Colonna et Renaux-Personnic,* confirmé par • Cass., ass. plén., 25 juin 2014, n° 13-28.369 P : *AJDA 2014. 1842, note Mouton et Lamarche ; D. 2014. 1386 ; AJCT 2014. 511, obs. de la Morena ; Dr. soc. 2014. 811, note Mouly ; RDT 2014. 607, note Adam ; RTD civ. 2014. 620, obs. Hauser ; JCP 2014, n° 902, avis Marin ; ibid., n° 903, note Corrignan-Carsin* (affaire *Baby-Loup*). – *Adde :* Mbongo, *JCP 2013, n° 750* (entreprises de tendances et droit au respect des croyances religieuses). ♦ L'employeur, investi de la mission de faire respecter au sein de la communauté de travail l'ensemble des libertés et droits fondamentaux de chaque salarié, peut prévoir dans le règlement intérieur de l'entreprise ou dans une note de service soumise aux mêmes dispositions que le règlement intérieur, en application de l'art. L. 1321-5 C. trav., une clause de neutralité interdisant le port visible de tout signe politique, philosophique ou religieux sur le lieu de travail, dès lors que cette clause générale et indifférenciée n'est appliquée qu'aux salariés se trouvant en contact avec les clients ; en présence du refus d'une salariée de se conformer à une telle clause dans l'exercice de ses activités professionnelles auprès des clients de l'entreprise, il appartient à l'employeur de rechercher si, tout en tenant compte des contraintes inhérentes à l'entreprise et sans que celle-ci ait à subir une charge supplémentaire, il lui est possible de proposer à la salariée un poste de travail n'impliquant pas de contact visuel avec les clients, plutôt que de procéder à son licenciement. • Soc. 22 nov. 2017, n° 13-19.855 P : *D. 2018. 218, note Mouly ; ibid. Chron. C. cass. 190, obs. Salomon ; RDT 2017. 797, obs. Miné ; Gaz. Pal. 2017. 3296, note Le Maigat.* ♦ La seule proximité ou appartenance, réelle ou supposée, à un mouvement religieux ne saurait constituer un motif suffisant en soi pour prendre une mesure défavorable, en l'espèce la mutation d'un préfet en raison de ses convictions religieuses et du fait que son épouse portait le voile, dès lors qu'il n'a pas été clairement démontré que celui-ci n'agissait pas de manière impartiale ou qu'il appartenait à un mouvement fondamentaliste représentant véritablement un danger pour la sécurité nationale. • CEDH, sect. II, 2 févr. 2016, *S. c/ Turquie,* n° 18650/05. ♦ Si l'employeur considère la façon dont le salarié porte sa barbe comme une provocation politique et religieuse, il doit préciser la justification objective de cette appréciation, et quelle façon de tailler la barbe serait admissible au regard des impératifs de sécurité avancés pour justifier le licenciement prononcé. • Soc. 8 juill. 2020, n° 18-23.743 P : *D. 2020. 2312, obs. Vernac et Ferkane ; RDT 2020. 620, obs. Willocx ; AJCT 2021. 45, obs. Bahouala ; RDT 2020. 620, obs. Willocx ; RTD civ. 2020. 858, obs. Leroyer ; JCP 2020, n° 1041, note Hennion* (la décision de l'employeur ne pouvant couvrir des considérations subjectives, telles que sa volonté de tenir compte des souhaits particuliers du client). ♦ L'attente alléguée des clients sur l'apparence physique des vendeuses d'un commerce de détail d'habillement ne saurait constituer une exigence professionnelle essentielle et déterminante. • Soc. 14 avr. 2021, n° 19-24.079 P : *Dr. soc. 2021. 742, obs. Radé ; RDT 2021. 390, obs. Meiffret.*

78. Simple pouvoir de direction. Sauf atteinte excessive au droit du salarié au respect de sa vie personnelle et familiale ou à son droit au repos, l'instauration d'une nouvelle répartition du travail sur la journée relève du pouvoir de direction de l'employeur. • Soc. 3 nov. 2011 : *D. 2012. 67, note Lokiec.*

3° DISCIPLINE – LICENCIEMENT ET VIE PRIVÉE

79. Principe. Ne peut constituer une faute du salarié un fait relevant de sa vie personnelle. • Soc. 16 déc. 1997, n° 95-41.326 P : *JCP 1998. II. 10101, note Escande-Varniol ; Defrénois 1998. 890, obs. Quétant* (à propos du licenciement pour faute grave d'un clerc de notaire pénalement condamné pour aide au séjour irrégulier d'étranger) • 21 oct. 2003, n° 00-45.291 P : *R., p. 304 ; JCP E 2004. 696, note Puigelier* (secrétaire médicale se livrant à une activité annexe de « voyante tarologue », en l'absence de manquements à l'obligation de confidentialité) • 23 juin 2009, n° 07-45.256 P : *JCP 2009, n° 38, p. 28, note Corrignan-Carsin* (détournement de fonds au détriment d'une association ayant son siège dans les locaux d'une société et dont la salariée assurait la trésorerie sur les lieux et au temps de travail). ♦ Un motif tiré de la vie personnelle du salarié ne peut, en principe, justifier un licenciement disciplinaire, sauf s'il constitue un manquement de l'intéressé à une obligation découlant de son contrat de travail. • Soc. 3 mai 2011 : *cité note 82* • 27 mars 2012, n° 10-19.915 P : *D. 2012. 1065, obs. Poissonnier ; Dr. soc. 2012. 525, obs. Mouly* (personnel de sécurité ayant consommé des drogues dures pendant des escales entre deux vols et sous l'influence de produits stupéfiants pendant l'exercice de ses fonctions).

Le licenciement d'un salarié en référence à des faits commis hors du temps de travail et hors de l'entreprise est possible, si ces faits se rattachent à la vie de l'entreprise. • Soc. 10 déc. 2008, nº 07-41.820 P : *D. 2009. AJ 104, obs. Inès ; RDT 2009. 668, obs. de Quenaudon* (propos injurieux tenus par le salarié lors d'une foire, au cours d'un arrêt maladie, mais concernant sa supérieure hiérarchique et devant trois adultes qu'il était chargé d'encadrer). ♦ Relèvent de la vie de l'entreprise des agissements agressifs commis par un salarié envers des collègues et supérieurs au cours d'un séjour de récompense du personnel organisé par l'employeur. • Soc. 8 oct. 2014, nº 13-16.793 P : *D. 2014. 2056* (licenciement justifié). ♦ Les propos à caractère sexuel et les attitudes déplacées du salarié à l'égard de personnes avec lesquelles l'intéressé était en contact en raison de son travail ne relèvent pas de sa vie personnelle. • Soc. 19 oct. 2011 : *préc. note 69.*

Le non-renouvellement d'un contrat de travail d'un prêtre par une institution religieuse, qui affecte sa possibilité d'exercer une activité professionnelle et qui a des conséquences sur la jouissance de son droit à la vie privée, relève de l'art. 8 Conv. EDH. • CEDH sect. III, 15 mai 2012, *Fernández Martínez c/ Espagne*, nº 56030/07 (absence de violation pour un refus motivé par un manquement aux obligations de loyauté et de réserve). ♦ V. aussi : • CEDH sect. IV, 24 juill. 2012, *D.M.T. et D.K.I. c/ Bulgarie*, nº 29476/06 (atteinte excessive dans l'interdiction quasi totale de travailler à l'encontre d'un fonctionnaire pendant une instance ayant duré six ans).

80. Trouble objectif porté à l'entreprise. **BIBL.** Waquet, *RDT 2006. 304* . ♦ Un trouble objectif dans le fonctionnement de l'entreprise ne permet pas en lui-même de prononcer une sanction disciplinaire à l'encontre de celui par lequel il est survenu. • Cass., ch. mixte, 18 mai 2007 : *préc. note 69.* ♦ Il ne peut être procédé à un licenciement pour une cause tirée de la vie privée du salarié que si le comportement de celui-ci, compte tenu de la nature de ses fonctions et de la finalité propre de l'entreprise, a créé un trouble caractérisé au sein de cette dernière ; est sans cause réelle et sérieuse le licenciement d'un sacristain, fondé seulement sur les mœurs de ce salarié, sans que soient constatés des agissements de celui-ci ayant créé un trouble caractérisé au sein de l'association religieuse qui l'employait. • Soc. 17 avr. 1991, nº 90-42.636 P : *R., p. 266 ; JCP 1991. II. 21724, note Sériaux.* ♦ Licenciement fondé sur des motifs liés aux convictions religieuses d'une salariée, portant atteinte à l'art. 9 Conv. EDH. • CEDH 12 avr. 2007, nº 52435/99 (appartenance à la communauté Verbe de Vie). ♦ Absence de violation de l'art. 8 Conv. EDH après le licenciement d'un directeur de l'Église mormone ayant reconnu une relation adultère, la nature particulière des exigences professionnelles imposées, établies par un employeur dont l'éthique est fondée sur la religion ou les convictions justifiant les obligations de loyauté imposées au requérant, acceptables en ce qu'elles avaient pour but de préserver la crédibilité de l'Église mormone. • CEDH 23 sept. 2010 : *D. 2011. 1637, note Marguénaud et Mouly ; RDT 2011. 45, obs. Couard* . ♦ Mais violation de l'art. 8 avec le licenciement d'un organiste et chef de chœur dans une paroisse catholique prononcé après la révélation d'une liaison extraconjugale devant aboutir à la naissance d'un enfant adultérin, les juges nationaux n'ayant pas suffisamment mis en balance la vie privée du salarié et les intérêts de l'église employeur. • CEDH 5e sect., 23 sept. 2010 : *eod. loc.* ♦ Absence de violation de l'art. 8 Conv. EDH en cas de licenciement d'un agent de probation, en charge de délinquants sexuels, qui organise des soirées sado-masochistes et gère un site en diffusant certaines images. • CEDH sect. IV, 16 sept. 2008, *P. c/ Royaume-Uni : D. 2009. 1861, note Marguénaud et Mouly* .

81. ... Réalité du trouble. Dans sa vie privée, le salarié est libre d'acheter les biens, produits ou marchandises de son choix, et le simple achat d'un véhicule d'une autre marque que celle vendue par son employeur, sans que soit relevé le moindre trouble objectif apporté à l'entreprise par un tel comportement, ne saurait constituer une cause réelle et sérieuse de licenciement. • Soc. 22 janv. 1992, nº 90-42.517 P. ♦ Le seul risque d'un conflit d'intérêts pouvant résulter de l'activité professionnelle de la personne que le salarié vient d'épouser ne constitue pas l'élément objectif imputable au salarié de nature à justifier son licenciement. • Soc. 21 sept. 2006, nº 05-41.155 P : *R., p. 303 ; D. 2006. 2901, note Gaba ; RTD civ. 2007. 114, obs. Mestre et Fages* . ♦ Est abusif le licenciement pour perte de confiance d'un employé de banque qui avait souscrit des emprunts le rendant insolvable en violation de l'engagement qu'il avait pris vis-à-vis de son employeur de ne plus en souscrire sans son consentement formel en raison de sa situation financière critique, les motifs allégués étant tirés de la vie personnelle du salarié et aucun trouble objectif caractérisé apporté à l'entreprise par le comportement de son salarié n'étant établi. • Soc. 16 déc. 1998, nº 96-43.540 P : *D. 1999. IR 19* . ♦ En revanche, constituent un trouble objectif caractérisé porté à l'entreprise le comportement violent d'un salarié vis-à-vis de sa concubine, également salariée de l'entreprise. • Soc. 9 juill. 2002 : *RJPF 2003-2/13, note Bossu ; Dr. fam. 2003, nº 22, note Fadeuilhe.* ♦ ... Le vol, même minime, commis par un salarié en dehors de son activité professionnelle au préjudice d'un client de son employeur, justifiant son licenciement pour faute grave. • Soc. 3 déc. 2002, nº 00-44.321 P : *JCP E 2003. 1076, note Puigelier.* ♦ ... Des poursuites pour délits d'atteinte à la propriété d'autrui contre un salarié, cadre commercial de banque. • Soc. 25 janv. 2006, nº 04-44.918 P : *D. 2006.*

Pan. 2709, obs. Lepage ; JCP 2006. II. 10049, note Bossu ; JCP E 2006. 1507, note Puigelier.

82. Fait relevant de la vie professionnelle – Délinquance. Ne relèvent pas de la vie personnelle du salarié, mais de sa vie professionnelle, des faits assimilables à une escroquerie, lorsqu'il a utilisé, pour les commettre, les services de la banque qui l'employait. • Soc. 24 juin 1998, n° 96-40.150 P. ♦ Dans le même sens, pour des faits d'attentat à la pudeur, même commis hors du lieu de travail, de la part d'un salarié chargé de la direction d'un établissement d'accueil de personnes protégées. • Soc. 21 mai 2002 : *JCP 2002. II. 10192, note Puigelier.* ♦ Le fait pour un salarié qui utilise un véhicule dans l'exercice de ses fonctions de commettre, dans le cadre de sa vie personnelle, une infraction entraînant la suspension ou le retrait de son permis de conduire ne saurait être regardé comme une méconnaissance par l'intéressé de ses obligations découlant de son contrat de travail. • Soc. 3 mai 2011, n° 09-67.464 P : *D. 2011. 1568, note Loiseau ; JCP 2011. 1265, note Mouly.* ♦ Rappr. • CE 15 déc. 2010, n° 316856 : *JCP 2011, n° 353, note Mouly.* ♦ *Contra* : • Soc. 2 déc. 2003, n° 01-43.227 P : *R., p. 303 ; D. 2004. 2462, note Boudias ; JCP 2004. II. 10025, note Corrignan-Carsin ; ibid. I. 177, n° 7, obs. Cesaro ; RJPF 2004-4/15, obs. Putman ; RTD civ. 2004. 263, obs. Hauser.* ♦ V. également • Soc. 10 déc. 2008 : *cité note 79.* ♦ V. également note 80 *in fine*.

D. IMAGE DE LA PERSONNE

1° CARACTÈRES GÉNÉRAUX

83. Spécificité du droit à l'image. Constituent des droits distincts le respect dû à la vie privée et celui dû à l'image. • Civ. 1re, 10 mai 2005, n° 02-14.730 P : *D. 2005. Pan. 2643, obs. A. Lepage ; Gaz. Pal. 2006. Somm. 4137, obs. Guerder ; RTD civ. 2005. 572, obs. Hauser.* ♦ Absence d'atteinte à la vie privée dans la production en justice d'un cliché ne révélant rien de la vie privée du sujet. • Paris, 6 juill. 2011 : *Dr. fam. 2011, n° 175, obs. Strickler.* ♦ Le seul fait de produire une photographie en justice ne constitue pas en soi une atteinte à la vie privée. • Même arrêt. ♦ V. aussi note 147. ♦ Sur le caractère patrimonial et transmissible du droit à l'image, V. note 8.

84. Titulaire du droit à l'image. Le droit au respect de la vie privée permet à toute personne, fût-elle artiste du spectacle, de s'opposer à la diffusion, sans son autorisation expresse, de son image, attribut de sa personnalité. • Paris, 25 oct. 1982 : *D. 1983. 363, note Lindon* • TGI Paris, réf., 24 janv. 1997 : *LPA 26 mars 1997, note Serna.* – Nombreuses décisions en ce sens. ♦ V. aussi notes 5 à 7. ♦ Un monarque a, comme toute autre personne, droit au respect de sa vie privée et peut s'opposer à toute diffusion de son image dès lors qu'elle ne le représente pas dans l'exercice de la vie publique. • Civ. 1re, 13 avr. 1988 : *JCP 1989. II. 21320, note Putman.* ♦ V., pour un film saisissant des handicapés mentaux dans l'intimité de leur vie privée, • Toulouse, 15 janv. 1991 : *D. 1991. 600, note Ravanas*, et, rejetant le pourvoi, • Civ. 1re, 24 févr. 1993, n° 91-13.587 P : *R., p. 241 ; D. 1993. 614, note Verheyde ; Defrénois 1993. 1000, obs. Massip ; JCP 1994. II. 22319 (2e esp.), note Fossier ; RTD civ. 1993. 326, obs. Hauser.* ♦ V. note 7. ♦ Protection de l'image du défunt, V. note 9.

Enregistrement audiovisuel d'un procès (Touvier) en application de la L. du 11 juill. 1985 (constitution d'archives de la justice), V. • Crim. 16 mars 1994 : *JCP 1995. II. 22547, note Ravanas.*

85. Attributs du droit à l'image. Le droit dont la personne dispose sur son image porte sur sa captation, sa conservation, sa reproduction et son utilisation ; la seule constatation d'une atteinte ouvre droit à réparation. Selon la jurisprudence de la CEDH, la maîtrise par l'individu de son image implique dans la plupart des cas la possibilité de refuser la diffusion de son image et comprend en même temps le droit pour lui de s'opposer à la captation, la conservation et la reproduction de celle-ci par autrui. • CEDH 15 janv. 2009, *Reklos et Davourlis c/ Grèce*, n° 1234/05, § 40 • 27 mai 2014, *de la Flor Cabrera c/ Espagne*, n° 10764/09, § 31. ♦ Cassation de l'arrêt ayant exclu la faute du diffuseur faute de preuve de commercialisation. • Civ. 1re, 2 juin 2021, n° 20-13.753 P : *D. 2021. 1080 ; RTD civ. 2021. 624, obs. Leroyer ; JCP 2021, n° 981, note Latil.* ♦ L'image étant l'une des caractéristiques attachées à la personnalité de chacun, sa protection effective présuppose, en principe, le consentement de l'individu dès sa captation et non pas seulement au moment de son éventuelle diffusion au public. • Même arrêt.

86. Identification nécessaire de la personne. A défaut de possibilité d'identification de la personne représentée, l'atteinte à la vie privée et à l'image n'est pas constituée. • Civ. 1re, 21 mars 2006, n° 05-16.817 P : *D. 2006. Pan. 2702, obs. A. Lepage ; RTD civ. 2006. 535, obs. Hauser* (photographie d'une personne déshabillée avec masquage du visage) • 5 avr. 2012 : *D. 2012. 1062* (image sur un morceau de sucre, d'une taille très réduite et d'une mauvaise définition) • 9 avr. 2014, n° 12-29.588 P : *D. 2014. 929* (orteil de nourrisson) • 10 sept. 2014, n° 13-22.612 P : *D. actu. 22 sept. 2014, obs. Mésa* (image de mauvaise qualité rendant impossible l'identification de la personne représentée). ♦ Inversement, • Civ. 1re, 29 mars 2017, n° 15-28.813 P : *D. 2017. 761 ; RTD civ. 2017. 609, obs. Hauser* (médecin filmé en caméra cachée, identifiable même si le visage était masqué et la voix déformée). ♦ Autres illustrations sur la nécessité, pour la personne invoquant une atteinte à son droit à l'image, d'être identifiable, V. • Aix-en-Provence, 21 oct. 2004 : *CCE 2005, n° 142, note Lepage* • Paris, 15 avr. 2005 : *ibid.* ♦ Comp. : un mannequin (homme), qui fait profession de la présentation de son corps, subit un préjudice du fait de l'exploitation irrégulière de son image, peu important que son buste, seul reproduit, n'ait pas été identifiable pour les tiers. • Paris, 8 nov. 1999 : *Gaz. Pal. 2000. 1. Somm. 1389, obs. Saya-Salvador.*

87. Image dévalorisante, caricature. L'utilisation dans un sens volontairement dévalorisant de l'image d'une personne justifie que soient prises par le juge toutes mesures propres à faire cesser l'atteinte ainsi portée aux droits de la personne. • Civ. 1re, 16 juill. 1998, n° 96-15.610 P : *D. 1999. 541, note Saint-Pau*, rejetant le pourvoi contre • Versailles, 8 mars 1996 : *Gaz. Pal. 1996. 1. 213, concl. Duplat* (personnage public dont l'image est utilisée de façon déplaisante dans un jeu vidéo à finalité politique). ♦ Atteinte à la vie privée d'un acteur, incarnant un personnage parodié dans des bandes dessinées donnant à cet acteur une image ridicule et dévalorisante, suffisamment réparée par l'allocation de dommages-intérêts et la mention sur les ouvrages offerts à la vente (mais absence d'atteinte à l'art. L. 211-3-4°, CPI). • Civ. 1re, 10 sept. 2014, n° 13-14.629 P : *D. 2014. 1823*. ♦ Caractère justifié d'un licenciement : • CEDH 12 sept. 2011, n° 28955/06 : *JCP 2011. 1758, obs. Gonzalez.* ♦ Sur la forme de la représentation de la personne, V. aussi • Versailles, 30 juin 1994 : *D. 1995. 645, note Ravanas* (santon). ♦ La reproduction de l'image d'une personne sous forme de caricature n'est licite, selon les lois du genre, que pour assurer le plein exercice de la liberté d'expression mais n'implique pas le droit de commercialiser cette reproduction. • Civ. 1re, 13 janv. 1998, n° 95-13.694 P : *D. 1999. 120, note Ravanas ; D. 1999. Somm. 167, obs. Bigot ; D. Affaires 1998. 240, obs. J. F. ; JCP 1998. II. 10082, note Loiseau ; RTD civ. 1998. 341, obs. Hauser*. ♦ La caricature et la satire, même délibérément provocantes ou grossières, participent à la liberté d'expression et de la communication des opinions. Si la « poupée Vaudou » à l'effigie du Président de la République vendue avec un livre et des épingles n'est pas un produit commercial mais une caricature-objet non critiquable en soi, le fait d'inciter le lecteur à piquer et à faire mal à l'intéressé, même symboliquement, constitue une atteinte à la dignité de cette personne. • Paris, 28 nov. 2008 : *D. 2009. 610, note Edelman ; RLDC 2009/56, n° 3263, note Larrieu ; RTD civ. 2009. 93, obs. Hauser*, et sur les mesures prises, V. note 152. ♦ V. aussi note 66 ss. art. 16.

88. Image dans un lieu privé. Porte atteinte à l'intimité de la vie privée d'une personne la publication dans la presse, sans son accord, d'une photographie d'amateur la représentant, prise dans une réunion privée et accompagnée d'une légende révélant son identité. • Civ. 2e, 5 mars 1997, n° 95-14.503 P : *D. 1998. 474, note Ravanas*. ♦ ... D'une photographie la représentant à son domicile, alors que ce domicile n'avait rien à voir avec le lieu où s'étaient déroulés les faits en rapport avec l'actualité judiciaire. • Paris, 20 oct. 2010 : *D. 2011. Pan. 780, obs. Dreyer*. ♦ L'utilisation de photographies de locaux constituant le cadre de la vie privée d'une personne est soumise à l'autorisation de celle-ci. • Civ. 1re, 7 nov. 2006 : *préc. note 35.* ♦ Protection du domicile, V. n° 31.

89. ... Dans un lieu public. Peu importe que la personne se trouve dans un lieu public, dès lors qu'elle apparaît isolément grâce au cadrage réalisé par le photographe. • Civ. 1re, 12 déc. 2000, n° 98-21.311 P : *D. 2001. 2064, note Ravanas ; ibid. Somm. 2077, obs. Caron ; JCP 2001. II. 10572, obs. Abravanel-Jolly ; Dr. et patr. 6/2001. 94, obs. Loiseau ; LPA 2 févr. 2001, note Derieux (3e esp.)* • Civ. 2e, 10 mars 2004, n° 01-15.322 P : *Gaz. Pal. 2006. Somm. 572, obs. Guerder.* ♦ Porte atteinte à la vie privée la publication de photographies de personnes prises lors de manifestations officielles, mais détournées de leur contexte pour illustrer un article traitant de faits relevant de la vie privée des intéressés. • Civ. 2e, 18 mars 2004, n° 02-13.529 P. – Dans le même sens : • Civ. 2e, 18 mars 2004, n° 02-12.743 P.

Limites tenant à la liberté d'expression. Inversement, la publication de clichés représentant une personne seule, pris lors d'autres manifestations publiques, ne porte pas atteinte à son droit à l'image lorsqu'ils sont en relation pertinente avec les propos contenus dans l'article, de nature anodine, sur sa vie sentimentale. • Civ. 1re, 13 mai 2014, n° 13-15.819 P : *D. 2015. 342, obs. Dreyer*. ♦ La protection des droits d'autrui et la liberté d'expression artistique revêtent une identique valeur et il convient de rechercher leur équilibre et de privilégier une solution protectrice de l'intérêt le plus légitime ; le droit à l'image doit céder devant la liberté d'expression chaque fois que l'exercice du premier aurait pour effet de faire arbitrairement obstacle à la liberté de recevoir ou de communiquer des idées qui s'expriment spécialement dans le travail d'un artiste, sauf dans le cas d'une publication contraire à la dignité de la personne ou revêtant pour elle des conséquences d'une particulière gravité. • Paris, 5 nov. 2008 : *D. 2009. 470, note Bigot* (publication, au sein d'un ouvrage, d'un cliché pris dans un lieu public, sans autorisation).

90. Surveillance vidéo de lieux publics. La surveillance des faits et gestes d'un individu dans un lieu public par un équipement photographique sans enregistrement ne constitue pas une atteinte à sa vie privée, au sens de l'art. 8 Conv. EDH, mais l'enregistrement de données, notamment systématique ou permanent, peut justifier une conclusion contraire. La divulgation directe de clichés montrant au public la tentative de suicide de l'intéressé sans son consentement ou sans le rendre méconnaissable constitue une atteinte disproportionnée à sa vie privée. • CEDH sect. IV, 28 janv. 2003, *Peck c/ Royaume-Uni : JCP 2003. I. 160, n° 9, obs. Sudre.* ♦ Comp. • CEDH 1er juin 2004, n° 8704/03 (légalité du placement d'un détenu sous surveillance vidéo permanente). ♦ Pouvoir du juge d'instruction de faire procéder, sous son contrôle effectif et selon les modalités qu'il a autorisées, à une vidéosurveillance sur la voie publique aux fins de rechercher des preuves des infractions dont il est saisi, à l'encontre des personnes soupçonnées de les avoir commises, une telle ingérence dans la vie privée ayant un caractère limité et étant proportionnée au regard de l'objectif poursuivi. • Crim. 11 déc. 2018, n° 18-82.365 P : *D. 2019. 15 ; AJ pénal 2019. 101, obs. de Combles de Nayves* (visa art. 8, Conv. EDH) • 18 juin 2019, n° 18-86.421 P : *cité note 130* • 8 déc. 2020, n° 20-83.885 P. ♦ Sur la protection du domicile, V. notes 15 s. ss. art. 102.

2° IMAGE ET LIBERTÉ DE LA PRESSE

91. Principe – Renvoi. La liberté de communication des informations autorise la publication d'images de personnes impliquées dans un événement, sous la seule réserve du respect de la dignité de la personne humaine. V. notes 102 s.

III. ATTEINTES JUSTIFIÉES À LA VIE PRIVÉE

A. ACCORD DE LA PERSONNE

BIBL. Petit, *RRJ 1997/1. 17* (la mémoire en droit privé).

1° PRINCIPES

92. Divulgation volontaire des faits. Sur le principe posé pour le droit à l'image : les dispositions de l'art. 9 ne font pas obstacle à la liberté contractuelle dès lors que les parties ont stipulé de façon suffisamment claire les limites de l'autorisation donnée pour la reproduction d'une image quant à sa durée, son domaine géographique, la nature des supports, et l'exclusion de certains contextes. • Civ. 1re, 11 déc. 2008, n° 07-19.494 P : *D. 2009. AJ 100 ; JCP 2009. II. 10025, note Loiseau ; CCC 2009. n° 68, obs. Leveneur ; RLDC 2009/58, n° 3340, obs. Pouliquen ; RTD civ. 2009. 295, obs. Hauser ; ibid. 342, obs. Revet ; RTD com. 2009. 141, obs. Pollaud-Dulian ; RDC 2009. 477, obs. Laithier.* ♦ Le fait qu'une personne ait elle-même livré au public des renseignements relatifs à sa vie privée n'autorise pas l'éditeur d'un périodique à décider de son chef la redivulgation de certains de ces faits et à déterminer lui-même les conditions dans lesquelles il les présente. • Civ. 2e, 14 nov. 1975 : *D. 1976. 421, note Edelman.* ♦ V. note 94. ♦ La collaboration avec la presse d'une personne impliquée dans une affaire pénale ne saurait justifier la suppression de toute protection de son image. • CEDH sect. I, 16 avr. 2009, *E. et H. c/ Norvège*, n° 34438/04 (V. note 37 ss. art. 16 pour l'hypothèse). ♦ L'adaptation d'un livre à l'écran constitue une atteinte à la vie privée distincte de celle éventuellement portée par le livre, et d'une particulière gravité en raison du retentissement d'un film, et l'abstention de la victime lors de la publication du livre ne peut lui interdire d'agir en défense de ses droits devant l'atteinte résultant du film. • Civ. 1re, 16 oct. 1984, n° 83-11.786 P : *R., p. 62.*

93. Expression du consentement. En ce sens que le consentement peut être tacite : • Civ. 1re, 7 mars 2006, n° 04-20.715 P : *D. 2006. Pan. 2702, obs. Marino* • 13 nov. 2008, n° 06-16.278 P : *D. 2008. AJ 3009 ; RLDC 2009/56, n° 3252, obs. Bugnicourt ; RTD com. 2009. 128, obs. Pollaud-Dulian* (participation de l'intéressé à un documentaire dont il n'ignorait pas l'objet commercial, aux différentes opérations de promotion du film, dont diverses interviews).

94. Redivulgation des faits. La redivulgation de renseignements relatifs à la vie privée est soumise à autorisation spéciale de l'intéressé. • Paris, 27 janv. 1989 : *JCP 1989. II. 21325 (1re esp.), note Agostini.* ♦ Mais une personne qui a elle-même divulgué des faits relatifs à sa vie privée n'a pas en toutes circonstances un pouvoir discrétionnaire pour s'opposer à la redivulgation des mêmes faits et un journaliste ne commet ni faute ni abus dès lors que la publication de ces faits est justifiée par un intérêt légitime. • TGI Paris, 4 févr. 1988 : *JCP 1988. II. 21107, note Agostini.* – V. aussi, en ce sens, • Toulouse, 10 déc. 2002 : *JCP 2003. I. 126, n° 11, obs. Tricoire.* ♦ Comp. • Paris, 6 mars 2003 : *CCE 2004, n° 47, note A. Lepage* (la redivulgation non justifiée par un événement nouveau et public constitue une ingérence dans la vie privée). ♦ Sur l'affaiblissement de la protection pouvant résulter de divulgations volontaires antérieures. • CEDH sect. V, 23 juill. 2009, *Hachette Filipacchi c/ France*, n° 12268/03.

2° ACCORD ET DROIT À L'IMAGE

95. Cession du droit à l'image – Principe de liberté contractuelle. Les dispositions de l'art. 9, seules applicables en matière de cession de droit à l'image, à l'exclusion notamment du code de la propriété intellectuelle, relèvent de la liberté contractuelle. • Civ. 1re, 11 déc. 2008 : *préc. note 92.* ♦ Dès lors que le droit à l'image revêt les caractéristiques essentielles des attributs d'ordre patrimonial, il peut valablement donner lieu à l'établissement de contrats, soumis au régime général des obligations, entre le cédant, qui dispose de la maîtrise juridique sur son image, et le cessionnaire, qui devient titulaire des prérogatives attachées à ce droit. • Versailles, 22 sept. 2005 : *CCE 2006, n° 4, note Caron.*

96. Image et accord de la personne. Principe de l'autorisation, articulation avec vie privée et liberté d'expression. L'utilisation de l'image d'une personne pour en promouvoir les œuvres doit avoir été autorisée par celle-ci ; la reproduction de la première, au soutien de la vente des secondes, n'est pas une « information » à laquelle le public aurait nécessairement droit au titre de la liberté d'expression, peu important l'absence d'atteinte à la vie privée de l'intéressé. • Civ. 1re, 9 juill. 2009, n° 07-19.758 P : *D. 2009. AJ 2110 ; JCP 2009. 441, n° 11, obs. Dreyer ; RTD civ. 2009. 695, obs. Hauser* (photographie illustrant un coffret de disques). ♦ La reproduction de la photographie de l'artiste sur la jaquette d'une compilation, qui constitue un acte d'exploitation commerciale et non l'exercice de la liberté d'expression, est soumise à autorisation préalable. • Civ. 1re, 24 sept. 2009, n° 08-11.112 P. ♦ Les dispositions de l'art. 9 ne font pas obstacle à la liberté contractuelle dès lors que les parties ont stipulé de façon suffisamment claire les limites de l'autorisation donnée pour la reproduction d'une image quant à sa durée, son domaine géographique, la nature des supports et l'exclusion de certains contextes. • Civ. 1re, 11 déc. 2008 : *préc. note 92*. – V., pour un mannequin professionnel (présomption d'autorisation et d'utilisation conforme) : • Civ. 2e, 4 nov. 2004, n° 06-10.305 P : *D. 2005. Pan. 2645, obs. Lepage*. ♦ ... Pour un modèle ayant accepté de poser pour un auteur-photographe (rémunération non prévue par les usages ou les accords initiaux) : • Civ. 1re, 20 mars 2007, n° 06-10.305 P.

97. ... *Respect de l'accord.* Si une personne a consenti à une utilisation déterminée de son image, une violation de l'art. 9 C. civ. peut être la conséquence de l'inapplication du contrat. • Nîmes, 7 janv. 1988 : *JCP 1988. II. 21059, note Pansier* • Civ. 1re, 12 juin 1990, n° 89-11.485 P • TGI Bobigny, 14 mai 1996 : *Gaz. Pal. 1996. 2. 560, note Pansier* • Versailles, 7 mai 1998 : *BICC 1er déc. 1998, n° 1329* (diffusion ultérieure d'un cliché, en dehors du contexte dans lequel l'autorisation primitive avait été donnée) • Versailles, 4 nov. 1999 : *D. 2000. 347, note Ravanas (idem)* • Soc. 10 juill. 2002, n° 99-44.224 P : *JCP 2003. II. 10000, note Caron* (utilisation d'une photo d'un chanteur, sans son autorisation, pour illustrer une compilation de ses enregistrements). ♦ Comp. • Paris, 6 juin 2007 : *LPA 11 déc. 2007, note Niboyet* • Civ. 1re, 15 nov. 2005, n° 02-21.366 P (inversement, absence d'atteinte dans la publication contractuellement autorisée de photos anciennes) • 28 janv. 2010 : *D. 2011. Pan. 780, obs. Dreyer ; RTD civ. 2010. 299, obs. Hauser ; RLDC 2010/69, n° 3748, obs. Pouliquen* (appréciation d'un accord qui n'était pas illimité, autorisant une utilisation ultérieure). – Même sens : • Civ. 1re, 30 oct. 2007 : *CCE 2008, n° 13, note Lepage*. ♦ ... Et pour un accord tacite donné par le personnage d'un documentaire pour la diffusion de son image sous quelque forme que ce soit dès lors que cette diffusion était directement rattachée au film auquel il avait participé : • Civ. 1re, 13 nov. 2008 : *préc. note 93*. ♦ L'accord donné par une personne pour la diffusion de son image ne peut valoir accord pour la divulgation de ses nom et grade. • Civ. 1re, 4 nov. 2011 : *D. 2012. Pan. 765, obs. Dreyer ; RTD civ. 2012. 90, obs. Hauser ; JCP 2012, n° 71, note Loiseau*. ♦ Absence de violation de l'art. 10 Conv. EDH en cas de condamnation pour contrefaçon de photographes dépassant leur accréditation en mettant en ligne en vue de leur commercialisation des photos d'un défilé de mode. • CEDH sect. V, 10 janv. 2013, *Ashby Donald et a. c/ France*, n° 36769/08. ♦ L'implication du demandeur dans un débat d'idées d'intérêt général sur un ouvrage qu'il avait publié dans sa revue justifie d'illustrer son témoignage télévisé par la diffusion de son image, qui n'avait pas été détournée du contexte dans lequel elle avait été fixée, sans qu'il y ait lieu de recueillir son autorisation et en méconnaissance même des stipulations de la lettre d'autorisation d'utilisation d'image qu'il invoque. • Civ. 1re, 9 avr. 2015, n° 14-13.519 P.

98. *Respect de la finalité.* Constitue une atteinte à la vie privée la publication de photographies ne respectant pas la finalité visée dans l'autorisation donnée par l'intéressé. • Civ. 1re, 30 mai 2000 : *préc. note 50*. ♦ V. cependant dans la même affaire jugeant que la condamnation de l'éditeur a porté atteinte à l'art. 10 Conv. EDH, compte tenu du caractère publicitaire des photographies rediffusées. • CEDH sect. V, 23 juill. 2009, *Hachette Filipacchi c/ France*, n° 12268/03. ♦ L'utilisation de l'image dans un contexte différent de celui pour lequel elle a été réalisée exige un consentement spécial. • Civ. 1re, 14 juin 2007, n° 06-13.601 P : *D. 2007. AJ 1879, obs. Delaporte-Carré ; JCP 2007. II. 10158, note Brusorio-Aillaud ; LPA 2 oct. 2007, note Hassler ; RTD civ. 2007. 753, obs. Hauser*.

99. *Non-respect légitime.* Est légitime l'opposition d'une salariée à la diffusion d'une séquence portant sur ses relations personnelles avec son employeur et excédant l'activité professionnelle constitutive de la finalité du reportage initialement autorisé. • Civ. 1re, 24 oct. 2006, n° 04-17.560 P : *Gaz. Pal. 2007. Somm. 3520, obs. Guerder*. ♦ Mais n'est pas légitime le retrait du consentement avant diffusion des images, sans justification réelle d'un manquement à la finalité autorisée. • Civ. 2e, 10 mars 2004, n° 02-16.354 P : *Dr. et patr. 6/2004. 96, obs. Loiseau*.

100. *Utilisation publicitaire de l'image.* Sur l'utilisation de l'image à des fins publicitaires : • TGI Lyon, 17 déc. 1980 : *D. 1981. 202, note Lindon et Amson* • TGI Aix-en-Provence, 24 nov. 1988 : *JCP 1989. II. 21329, note Henderycksen ; RTD civ. 1990. 126, obs. Patarin* • Paris, 11 mai 1994 : *D. 1995. 185, note Ravanas* • Dijon, 4 avr. 1995 : *JCP 1996. IV. 1528*. ♦ Une actrice ayant accepté de poser nue pour la publicité d'un produit cosmétique est fondée à poursuivre pour atteinte à l'intimité de la vie privée, au sens de l'art. 9 C. civ., un périodique spécialisé dans le nu qui reproduit sa nudité à des fins étrangères à toute promotion publicitaire dès lors qu'une telle diffusion contrarie un choix intime et privé de l'intéressée. • Versailles, 11 mars 1998 : *BICC 15 oct. 1998, n° 1091 ; JCP 1999. I. 149, n° 7, obs. Teyssié*.

101. ... *Portée de l'accord au sens de la loi pénale.* L'art. 226-1 C. pén. étant d'interprétation stricte, n'est pas pénalement réprimé le fait de diffuser, sans son accord, l'image d'une personne réalisée dans un lieu privé avec son consentement. • Crim. 16 mars 2016, n° 15-82.676 P : *D. 2016.*

935, note Serinet ; ibid. Chron. C. cass. 1597, obs. Laurent ; AJ pénal 2016. 268, obs. Thierry ; RSC 2016. 96, obs. Francillon ; JCP 2016, n° 658, note Saint-Pau (diffusion sur internet par son ancien compagnon d'une photographie prise par lui, à l'époque de leur vie commune, représentant sa compagne nue alors qu'elle était enceinte).

B. LIBERTÉ D'EXPRESSION – DROIT À L'INFORMATION

1° PRINCIPES

102. Vie privée et liberté d'expression – Recherche d'un équilibre. Le droit au respect de l'intimité de la vie privée peut se heurter aux droits d'information du public et de la liberté d'expression garantis par l'art. 10 Conv. EDH ; dans un tel cas il revient au juge de dégager un équilibre entre ces droits antagonistes qui ne sont ni absolus, ni hiérarchisés entre eux, étant d'égale valeur dans une société démocratique. • Paris, 19 déc. 2013, n° 13/23969 : *cité note 13.* ♦ Alors, même si le sujet à l'origine d'un article de presse relève de l'intérêt général, il faut au surplus que le contenu de l'article soit de nature à nourrir le débat public sur le sujet en cause • CEDH 29 mars 2016, n° 56925/08 • Civ. 1re, 17 févr. 2021, n° 19-24.780 : *D. 2021. Chron. C. cass. 1784, obs. Serrier ; RTD civ. 2021. 383, obs. Leroyer ; JCP 2021, n° 487, note Legoherel ; ibid. n° 488, note Loiseau* (publication de condamnations pénales et de l'activité professionnelle de la personne, ainsi que de l'indication de l'accès au faire-part du décès de son père). ♦ Le juge doit procéder, de façon concrète, à l'examen de chacun de ces critères • Civ. 1re, 21 mars 2018, n° 16-28.741 : *cité note 26.* ♦ Sur le principe et ses limites, V. notes 13 à 17.

103. Obligation d'information avant la révélation (non). Même si la divulgation d'informations sur la vie privée des personnes publiques poursuit généralement un but de divertissement et non d'éducation, elle bénéficie incontestablement de la protection de l'art. 10 Conv. EDH ; refus d'admettre une violation de l'art. 8 Conv. EDH dans le fait qu'une personne n'a pas été avertie préalablement de la divulgation d'informations pouvant concerner sa vie privée, compte tenu de la marge d'appréciation de l'État en la matière et des conséquences négatives qu'une telle obligation pourrait faire peser sur la liberté protégée par l'art. 10. • CEDH sect. IV, 10 mai 2011, *Mosley c/ Royaume-Uni,* n° 48009/08.

104. Droit d'effacement – Droit à l'oubli et droit à l'information. BIBL. Desgens-Pasanau, *CCC 2020. Étude 3* (droit au déréférencement). ♦ Lorsqu'une juridiction est saisie d'une demande de déréférencement portant sur un lien vers une page internet sur laquelle des données à caractère personnel relatives aux infractions, condamnations et mesures de sûreté sont publiées, elle doit, pour porter une appréciation sur son bien-fondé, vérifier, de façon concrète, si l'inclusion du lien litigieux dans la liste des résultats, affichée à la suite d'une recherche effectuée à partir du nom d'une personne, répond à un motif d'intérêt public important, tel que le droit à l'information du public, et si elle est strictement nécessaire pour assurer la préservation de cet intérêt. • Civ. 1re, 27 nov. 2019, n° 18-14.675 P : *D. 2019. 2298 ; ibid. 2020. Chron. C. cass. 1058, obs. Canas .* ♦ La juridiction saisie d'une demande de déréférencement doit en apprécier le bien-fondé et procéder à la mise en balance des intérêts en présence, de sorte qu'elle ne peut ordonner une mesure d'injonction d'ordre général conférant un caractère automatique à la suppression de la liste de résultats, affichée à la suite d'une recherche effectuée à partir du nom d'une personne, des liens vers des pages internet contenant des informations relatives à cette personne. • Civ. 1re, 14 févr. 2018, n° 17-10.499 P : *D. 2018. 1033, obs. Fauvarque-Cosson et Maxwell ; Dalloz IP/IT 2018. 250, obs. Derieux .*

105. Vie privée et informations relatives à une entreprise. Sur la demande de retrait et d'interdiction, au regard de l'art. 10 Conv. EDH, d'articles de presse divulguant des informations confidentielles sur les difficultés d'un groupe de sociétés, appréciée au regard du droit d'informer le public sur une question d'intérêt général. • Com. 13 févr. 2019, n° 17-18.049 P.

2° APPLICATIONS

106. Liberté de l'information. – Intérêt général. Pour vérifier qu'une publication portant sur la vie privée d'autrui ne tend pas uniquement à satisfaire la curiosité d'un certain lectorat mais constitue également une information d'importance générale, il faut apprécier la totalité de la publication et rechercher si celle-ci, prise dans son ensemble et au regard du contexte dans lequel elle s'inscrit se rapporte à une question d'intérêt général. • CEDH 10 nov. 2015, n° 40454/07 : *préc. note 26.* • Civ. 1re, 1er mars 2017, n° 15-22.946 P : *préc. note 24.* ♦ Il faut en outre que le contenu de la publication soit de nature à nourrir le débat public sur le sujet en cause. V. notes 13 et 102. ♦ Ont trait à l'intérêt général les questions qui touchent le public dans une mesure telle qu'il peut légitimement s'y intéresser, qui éveillent son attention ou le préoccupent sensiblement, notamment parce qu'elles concernent le bien-être des citoyens ou la vie de la collectivité. • Même arrêt. ♦ Pour l'appréciation distributive d'un article de presse au regard de la liberté d'information et de la protection de la vie privée : • Civ. 1re, 12 juill. 2005, n° 04-11.068 P : *D. 2005. Pan. 2646, obs. C. Bigot ; Gaz. Pal. 2006. Somm. 4137, obs. Guerder ; RJPF 2005-12/13, note Putman.* – Rappr. • Civ. 1re, 16 mai 2006, n° 04-10.359 P : *D. 2006. Pan. 2707, obs. Bigot ; Gaz. Pal. 2007. Somm. 3521, obs. Lasfargeas ; RTD civ. 2006. 535, obs. Hauser .* ♦ Pour l'illustration d'un thème général,

V. note 118. ♦ Liberté de la presse et protection des mineurs, V. note 6.

107. ... Lien avec un événement d'actualité. Le traitement journalistique d'un événement d'actualité dont un organe de presse peut légitimement rendre compte peut constituer une extrapolation non nécessaire à l'information du public et un détournement de l'objectif d'information. • Civ. 1re, 23 avr. 2003 : *préc. note 12.* ♦ Ainsi, porte atteinte à la vie privée un article de presse centré sur le fils d'une personnalité, qui n'est pas concerné par l'événement d'actualité, une remise de décoration, accessoirement relaté. • Civ. 1re, 12 juill. 2006, n° 05-14.831 P : *D. 2006. Pan. 2707, obs. Bigot ; JCP 2006. I. 190, obs. Roussineau ; Gaz. Pal. 2006. 3294, avis Sainte-Rose ; ibid. 2007. Somm. 3523, obs. Guerder.* ♦ ... La divulgation de l'existence, inconnue du public, de l'enfant d'un prince, en l'absence de tout fait d'actualité ou débat d'intérêt général de nature à justifier la publication. • Civ. 1re, 27 févr. 2007 : *préc. note 5.* ♦ ... La divulgation ne présentant aucun lien avec l'information judiciaire dont le journaliste prétendait rendre compte. • Civ. 1re, 30 mai 2006, n° 05-14.930 P : *Gaz. Pal. 2007. Somm. 3516, obs. Guerder.* ♦ La divulgation par titre de presse d'un fait présenté comme relevant de la vie privée porte atteinte à celle-ci, peu important que le contenu réel de l'article soit tout autre. • Civ. 1re, 7 mars 2006, n° 05-10.488 P : *D. 2006. IR 813 ; Gaz. Pal. 2006. 2607, note Brusorio ; ibid. 2007. Somm. 3517, obs. Lasfargeas.*

Mais ne porte pas atteinte à la vie privée de l'épouse et des enfants un article de journal relatant les circonstances du décès de leur mari et père et ne faisant que répondre au besoin d'information du public relativement à un fait divers. • Civ. 2e, 20 nov. 2003, n° 02-12.297 P : *Gaz. Pal. 2005. 1224, note Guerder.* ♦ ... Ni à la vie privée d'un fonctionnaire de police la révélation de son nom dans un article de presse relatant son inculpation. • Civ. 2e, 29 avr. 2004, n° 02-19.432 P : *D. 2004. IR 1430 ; Gaz. Pal. 2006. Somm. 572, obs. Guerder.* ♦ V. également, pour le droit à l'image, notes 113 s.

108. ... Personne publique – Famille royale. La publication d'un article exclusivement consacré à la vie privée d'une jeune fille de treize ans appartenant à une famille princière, dépourvue de toute fonction officielle et non impliquée dans un événement d'actualité, porte atteinte au respect de sa vie privée. • Civ. 2e, 25 nov. 2004, n° 03-10.954 P : *D. 2004. IR 3197 ; D. 2005. Pan. 2647, obs. C. Bigot.* ♦ V. également note 107 *in fine.* ♦ Mais pour une solution inverse, à propos de l'état de santé d'un souverain : • CEDH 7 févr. 2012, n° 40660/08 : *D. 2012. 1040, note Renucci ; AJDA 2012. 1726, Chron. Burgorgue-Larsen ; RTD civ. 2012. 279, obs. Marguénaud ; JCP 2012, n° 650, note Afroukh.* ♦ ... Ou pour la légitimité de l'information relative à la vie privée d'un membre d'une monarchie héréditaire, V. note 26.

109. Proportionnalité de l'atteinte – Révélation de faits anodins ou connus. Il n'y a pas atteinte à la vie privée lorsque les prétendues révélations ne sont que la relation de faits publics ou ne présentent qu'un caractère anodin. • Civ. 1re, 3 avr. 2002, n° 99-19.852 P : *D. 2002. 3164, note C. Bigot ; D. 2003. Somm. 1543, obs. Caron ; JCP 2003. I. 126, n° 11, obs. Tricoire ; Gaz. Pal. 2003. 1040, note Toucas et Juillard ; LPA 6 mai 2002, note Derieux ; CCE 2002, n° 158, note A. Lepage ; Dr. et patr. 1/2003. 115, obs. Loiseau* • 23 avr. 2003 : *D. 2003. 1854, note C. Bigot (1re esp.)* (fait d'actualité, officiel et notoire) • Civ. 2e, 19 févr. 2004, n° 02-11.122 P : *D. 2004. 2596, note C. Bigot (3e esp.) ; ibid. Somm. 1633, obs. Caron ; Gaz. Pal. 2005. 1231, note Guerder* (détails anodins au sujet d'une naissance princière), et (sur renvoi après cassation : • Paris, 25 janv. 2006 : *D. 2006. Pan. 2706, obs. Bigot*) • Civ. 2e, 3 juin 2004, n° 03-11.533 P : *Gaz. Pal. 2005. Somm. 2263, et les obs.* (faits publics déjà divulgués) • 8 juill. 2004, n° 02-17.458 P : *D. 2004. IR 2694* (commentaires anodins sur le futur mariage d'une personnalité) • 8 juill. 2004, n° 02-19.440 P *(idem)*, et (sur renvoi après cassation : • Paris, 25 janv. 2006 : *D. 2006. Pan. 2706, obs. Bigot*) • Civ. 1re, 13 mai 2014, n° 13-15.819 P : *préc. note 89* (intéressés ayant à plusieurs reprises posé enlacés dans des manifestations publiques et ainsi officialisé leur relation sentimentale, commentaires anodins). ♦ Mais la seule circonstance qu'un faire-part de décès du père du demandeur a été publié par la famille sur un site internet, accessible à tout internaute, y compris plusieurs années après le décès, et que ce demandeur ne pouvait l'ignorer, ne permet pas d'écarter l'existence d'une atteinte à la vie privée consécutive à l'utilisation du faire-part dans une publication. • Civ. 1re, 17 févr. 2021, n° 19-24.780 : *D. 2021. Chron. C. cass. 1784, obs. Serrier ; RTD civ. 2021. 383, obs. Leroyer ; JCP 2021, n° 487, note Legoherel ; ibid. n° 488, note Loiseau* (publication de condamnations pénales et de l'activité professionnelle de la personne, ainsi que de l'indication de l'accès au faire-part du décès de son père). ♦ La réitération de propos publics faisant état de l'homosexualité de leur auteur prive l'intéressé de la protection de l'art. 9. • TGI Paris, 5 avr. 2006 : *D. 2006. Pan. 2704, obs. Marino.* ♦ La révélation antérieure par l'intéressé lui-même des informations litigieuses est un élément essentiel de l'analyse de l'immixtion reprochée à la société de presse dans certains aspects de la vie privée ; les informations, une fois portées à la connaissance du public par l'intéressé lui-même, cessent d'être secrètes et deviennent librement disponibles. • CEDH 23 juill. 2009, n° 12268/03 : *cité note 50.* ♦ V. aussi notes 7 ou 92 (simple perturbation insuffisante).

110. Divulgation judiciaire ou disciplinaire. Des faits touchant à la vie privée d'une personne ayant été livrés, en leur temps, à la connaissance du public par des comptes rendus de débats judiciaires, ils ont été licitement révélés et, partant, échappent à sa vie privée, la personne ne pouvant se prévaloir d'un droit à l'oubli pour empêcher qu'il en soit à nouveau fait état. • Civ. 1re, 20 nov. 1990, n° 89-12.580 P : *R., p. 260 ; JCP 1992. II. 21908, note Ravanas* • Civ. 2e, 3 juin 2004, n° 03-11.533 P : *D. 2005. Pan. 2647, obs. C. Bigot ; Gaz. Pal. 2005. Somm. 2263, et les obs.* (adaptation à l'écran d'un fait divers ancien). – V. aussi • Paris, 13 sept. 2000 : *D. 2001. 24, note Rassat et Caron ; ibid. Somm. 2079, obs. A. Lepage*. ♦ Rappr., dans le cadre du droit à l'image : violation de l'art. 10 Conv. EDH dans l'interdiction de diffusion de l'image d'un ancien dirigeant de mouvement néonazi lors de sa libération conditionnelle : • CEDH, sect. I, 7 déc. 2006, *Ö. c/ Autriche*, n° 35841/02 (critères pertinents de l'appréciation de la proportionnalité de la mesure : degré de notoriété, durée séparant la diffusion de la condamnation et de la libération, nature de l'infraction, lien entre le contenu du reportage et l'image diffusée, caractère exhaustif et exact de l'information donnée). ♦ Ne viole pas l'art. 9, l'avocat qui communique aux autorités ordinales un courrier adressé à son associé contenant des éléments constituant un manquement déontologique. • Civ. 1re, 16 oct. 2008, n° 07-11.810 P : *D. 2008. AJ 2727 ; JCP 2009. II. 10022, note Marino.* ♦ Mais violation de l'art. 8 pour la divulgation à une compagnie d'assurance de l'imputation policière à une personne d'une infraction de violence volontaire, alors qu'aucune procédure pénale n'a été engagée. • CEDH, sect. IV, 18 janv. 2011, *M. c/ Slovaquie*, n° 4479/03 (compagnie se fondant sur cette décision pour réclamer le remboursement des soins apportés à la victime). ♦ Sur la publication, entre autres éléments, de condamnations pénales et de l'activité professionnelle de la personne : • Civ. 1re, 17 févr. 2021, n° 19-24.780 : *D. 2021. Chron. C. cass. 1784, obs. Serrier ; RTD civ. 2021. 383, obs. Leroyer ; JCP 2021, n° 487, note Legoherel ; ibid. n° 488, note Loiseau.* ♦ V. note 102.

111. ... Procédure judiciaire et vie privée. Sur la conciliation entre le respect de la vie privée et le caractère public des procédures judiciaires (compte rendu de presse), V. • Limoges, 13 juin 1994 : *BICC 1er août 1994, n° 859 ; RTD civ. 1994. 832, obs. Hauser*. ♦ Sur la nécessité de rendre anonyme une décision de justice pour préserver la vie privée d'une des parties, nécessairement exposée dans la décision, V. note 29. ♦ Maintien d'un juste équilibre en cas de révélation de l'arrestation et de la condamnation d'un acteur, suffisamment connu pour être qualifié de personnage public, pour usage de drogue à la fête de la bière, sans autre révélation sur sa vie privée, les articles portant sur des faits judiciaires publics présentant un certain intérêt général. • CEDH, gr. ch., 7 févr. 2012, *Axel Springer AG c/ Allemagne*, n° 39954/08.

112. ... Limite – Œuvre de fiction. Le respect de la vie privée peut s'imposer avec davantage de force à l'auteur d'une œuvre romanesque qu'à un journaliste remplissant sa mission d'information. • Civ. 1re, 9 juill. 2003, n° 00-20.289 P : *D. 2004. Somm. 1633, obs. Caron ; Gaz. Pal. 2003. 3853, note Guerder ; Dr. et patr. 1/2004. 90, obs. Loiseau* (feuilleton consacré à la disparition d'un couple et de ses enfants : interdiction en référé). ♦ Comp. : un roman est une forme d'expression artistique protégée par l'art. 10 Conv. EDH qui peut comporter une part d'exagération ou recourir à des images colorées et expressives et la liberté dont jouissent les auteurs d'ouvrages littéraires bénéficie d'une protection élevée à ce titre. • CEDH, sect. V, 11 mars 2014, *Jelševar et a. c/ Slovénie*, n° 47318/07 (absence de violation en l'espèce, les juridictions internes ayant mis en balance le droit des auteurs et le droit à la vie privée, pour considérer que l'histoire racontée ne pouvait pas être considérée comme correspondant à la réalité par un lecteur moyen, que les passages controversés ne pouvaient passer pour offensants, et que le ton et les expressions employés n'étaient pas non plus insultants ou péjoratifs). ♦ Une œuvre de fiction appuyée sur des faits réels, si elle utilise des éléments de l'existence d'autrui, ne peut leur en adjoindre d'autres qui, fussent-ils imaginaires, portent atteinte au respect dû à la vie privée. • Civ. 1re, 7 févr. 2006 : *préc. note 102.* ♦ Une œuvre de fiction qui ne constitue ni un documentaire ni une émission d'information peut certes s'inspirer de faits réels et mettre en scène des personnages vivants, mais ne saurait, sans l'accord de ceux-ci, empiéter sur leur vie privée dès lors qu'elle ne présente pas clairement les éléments ressortant de celle-ci comme totalement fictifs. • Civ. 1re, 30 sept. 2015, n° 14-16.273 P : *cité note 102* (limitation du droit à la liberté d'expression justifiée pour un programme de fiction dans lequel une personne s'était reconnue et avait été largement reconnue). ♦ Condamnation d'un éditeur pour atteinte à l'intimité de la vie privée d'un personnage public dont la liaison avec une journaliste fait l'objet d'un ouvrage et de la publication de bonnes feuilles dans un magazine, également condamné, précisant explicitement l'identité de cette personne, ces atteintes n'étant pas justifiées par le droit à l'information. • TGI Paris, 26 févr. 2013 : *D. 2013. 569, obs. Mbongo*. ♦ Condamnation d'un animateur de radio et de la station de radio pour avoir fait tenir des propos imaginaires et caricaturaux à la petite-fille et fille de personnalités politiques connues, l'enfant étant identifiable. • Civ. 1re, 20 mars 2014, n° 13-16.829 P : *D. 2014. 776*.

C. IMAGE ET LIBERTÉ DE LA PRESSE

113. Information du public : personnes impliquées dans un fait d'actualité. La liberté de communication des informations autorise la publication d'images de personnes impliquées dans un événement, sous la seule réserve du respect de la dignité de la personne humaine. • Civ. 1re, 20 févr. 2001, n° 98-23.471 P : *D. 2001. 1199, note Gridel (1re esp.)*; *ibid. Somm. 1990, obs. A. Lepage*; *JCP 2001. II. 10533, note Ravanas; Gaz. Pal. 2002. 641, concl. Sainte-Rose; LPA 5 avr. 2001, note Derieux (2e esp.); Dr. et patr. 6/2001. 96, obs. Loiseau; RTD civ. 2001. 329, obs. Hauser* (caractère licite de la publication de la photographie de la victime d'un attentat, en l'absence de toute recherche du sensationnel et de toute indécence) • 16 mai 2006 : *préc. note 106* (photographies d'un comédien célèbre victime d'un accident de santé, l'accident constituant un événement d'actualité dont la presse peut légitimement rendre compte). ♦ Comp. la liberté de la presse et le droit à l'information du public autorisent la diffusion de l'image de personnes impliquées dans un événement d'actualité ou illustrant avec pertinence un débat d'intérêt général, dans une forme librement choisie, sous la seule réserve du respect de la dignité de la personne humaine. • Civ. 1re, 29 mars 2017, n° 15-28.813 P : *D. 2017. 761*; *RTD civ. 2017. 609, obs. Hauser* (atteinte à l'image d'un médecin filmé en caméra cachée et malgré tout identifiable, mais sans atteinte à sa dignité, les propos des journalistes relevant de la loi de 1881).

Illustrations. De même, a un caractère licite la publication de la photographie d'une personne pour l'illustration d'un article relatif à sa mise en examen. • Civ. 1re, 12 juill. 2001, n° 98-21.337 P : *D. 2002. 1380, note C. Bigot*; *ibid. Somm. 2298, obs. Marino*; *JCP 2002. II. 10152, note Ravanas; CCE 2001, n° 117, note A. Lepage; RJPF 2001-11/12, note Garaud; RTD civ. 2001. 852, obs. Hauser*. ♦ ... La publication de la photographie très partielle de la victime d'un accident de la circulation. • Civ. 2e, 8 avr. 2004, n° 03-10.959 P : *Gaz. Pal. 2006. Somm. 573, obs. Lasfargeas.* ♦ ... La publication de clichés d'un couple dans sa vie privée, au soutien d'un article relatant le procès pénal où ce couple est accusé de violences envers son enfant. • Civ. 2e, 25 nov. 2004, n° 02-20.424 P : *D. 2005. Pan. 2647, obs. C. Bigot*; *Gaz. Pal. 2006. 412, note Guerder.* – V. aussi • Civ. 2e, 30 juin 2004, n° 02-19.599 P : *D. 2004. IR 2478*; *D. 2005. Pan. 2648, obs. C. Bigot*; *JCP 2004. II. 10160, note Bakouche (1re esp.).* ♦ Comp. • CEDH sect. I, 23 oct. 2008, *Khoujine c/ Russie*, n° 13470/02 (violation de l'art. 8 Conv. EDH en cas de communication par les autorités à la presse de la photographie d'une personne en détention provisoire). ♦ V. aussi : • CEDH, sect. IV, 15 sept. 2015, *H.-Ł. c/ Pologne*, n° 14781/07 (absence de violation de la convention au titre de l'atteinte à la vie privée, à l'image ou à la présomption d'innocence, dans le traitement médiatique d'un procès criminel qui permettait d'aborder pour la première fois en Pologne la question des risques pouvant être associés aux rendez-vous avec des personnes rencontrées sur internet).

114. ... Relation directe entre la publication et le fait d'actualité. Licéité de la publication de la photo d'une veuve lors des obsèques de son mari, policier tué en service, pour l'illustration d'un article d'actualité consacré aux policiers victimes de violences, avec lequel elle est en lien direct. • Civ. 1re, 7 mars 2006, n° 05-16.059 P : *D. 2006. Pan. 2708, obs. Bigot*; *JCP 2006. I. 190, obs. Roussineau; Gaz. Pal. 2007. Somm. 3522, obs. Guerder.* ♦ V. déjà, décidant que n'est pas victime d'une atteinte à sa vie privée l'individu figurant avec d'autres sur une photographie prise au seuil d'un bâtiment public, non centrée sur sa personne mais sur un événement de l'actualité policière auquel il a été mêlé fortuitement en raison de circonstances tenant à sa vie professionnelle : • Civ. 1re, 25 janv. 2000, n° 97-15.163 P : *D. 2000. Somm. 270, obs. Caron*; *ibid. 409, obs. Bigot (2e esp.)*; *JCP 2000. II. 10257, concl. Sainte-Rose.* – Dans le même sens : • Civ. 1re, 10 mai 2005 : *préc. note 83.* ♦ De même, est légitime la publication d'un tract comportant la photographie d'un policier dans l'exercice de ses fonctions lors d'une expulsion, dès lors que, diffusé quelques jours après l'événement, il est en relation directe avec celui-ci. • Civ. 1re, 20 févr. 2001, n° 99-15.970 P : *D. 2001. 1199, note Gridel (2e esp.)*; *ibid. Somm. 1992, obs. Caron*; *LPA 5 avr. 2001, note Derieux (3e esp.); RTD civ. 2001. 329, obs. Hauser*. ♦ ... La publication de la photographie d'un policier procédant à des constatations après une attaque de véhicule, pour illustrer un article sur ce fait divers. • Civ. 1re, 5 juill. 2005, n° 04-10.607 P : *D. 2005. Pan. 2648, obs. C. Bigot*; *JCP 2005. II. 10123, note Bakouche; RTD civ. 2005. 755, obs. Hauser*. ♦ Sur l'exigence d'un lien direct entre les photographies publiées et l'article qu'elles illustrent : V. aussi • Civ. 2e, 19 févr. 2004, n° 02-11.122 P : *D. 2004. 2596, note C. Bigot (3e esp.)*; *ibid. Somm. 1633, obs. Caron* (lien établi : absence d'atteinte à la vie privée) • 19 févr. 2004, n° 02-12.742 P : *D. 2004. 2596, note C. Bigot (2e esp.)*; *Gaz. Pal. 2006. Somm. 571, obs. Bourg* (utilisation détournée de l'image) • 30 juin 2004, n° 03-13.416 P : *D. 2004. IR 2350*; *D. 2005. Pan. 2648, obs. C. Bigot*; *JCP 2004. II. 10160, note Bakouche (2e esp.) (idem)* • 8 juill. 2004, n° 02-17.458 P : *D. 2004. IR 2694*; *D. 2005. Pan. 2646, obs. C. Bigot* (lien direct) • 8 juill. 2004, n° 02-19.440 P (lien direct) • Civ. 1re, 5 juill. 2005, n° 03-13.913 P : *D. 2006. 1020, note Viangalli*; *Gaz. Pal. 2006. 3946, note Guerder; RTD civ. 2005. 755, obs. Hauser* (absence de lien : atteinte au droit à l'image) • 30 oct. 2007 : *CCE 2008, n° 13, note A. Lepage* (utilisation détournée de l'image : absence de lien direct). ♦ Possibilité d'illustrer un documentaire par l'image d'une personne qui n'a pas été filmée à son insu et a accepté de répondre aux questions de la réalisatrice, cet entretien s'inscrivant dans un débat d'idées d'intérêt général, son implication dans ce débat justifiant d'illustrer son témoignage par la diffusion de son image, qui n'avait pas été détournée du contexte dans lequel elle avait été fixée, sans qu'il y ait lieu de recueillir son autorisation et peu important, dès lors, que les stipulations de la « lettre d'autorisation d'utilisation d'image » aient été méconnues. • Civ. 1re, 9 avr. 2015, n° 14-13.519 P : *D. 2015. 864* (débat sur le négationnisme). – V. aussi note 89. ♦ Un contrôle fiscal, pratique courante, n'est pas un événement d'actualité pouvant justifier que le visage du fonctionnaire de l'administration des impôts qui y procède soit diffusé et soumis à la curiosité du public, sans son consentement. • Civ. 1re, 15 janv. 2015, n° 13-25.634 P : *D. 2016. 277, obs. Dreyer ; RTD civ. 2015. 351, obs. Hauser*. ♦ Sur la non-application d'une convention relative à l'image d'une personne impliquée dans un débat d'idées d'intérêt général, V. note 97.

115. ... Illustrations d'atteintes à la vie privée. Mais porte atteinte au droit au respect de l'image d'une personne la publication d'une photographie d'elle sans que cette publication soit justifiée par l'implication de cette personne dans un événement dont l'importance rende légitime cette divulgation pour l'information du public. • Civ. 2e, 24 avr. 2003 : *préc. note 24.* – Même sens : • Civ. 2e, 30 juin 2004 : *préc.* • Civ. 1re, 21 févr. 2006, n° 03-19.994 P : *D. 2006. IR 677* • Civ. 1re, 5 juill. 2006, n° 05-14.738 P : *Gaz. Pal. 2007. Somm. 3519, obs. Guerder* (nécessité d'éviter que la personne tiers à l'événement soit reconnaissable lors de la projection d'un reportage) • Civ. 1re, 16 janv. 2013, n° 12-15.547 P : *D. 2013. 555, note Dreyer* (photographie réalisée sans autorisation, en dehors de tout événement d'actualité concernant la personne photographiée). ♦ Interdiction, au regard de la L. du 29 juill. 1881, de tout enregistrement, fixation ou transmission de la parole ou de l'image après l'ouverture de l'audience des juridictions administratives ou judiciaires, et de leur cession ou de leur publication, afin de garantir la sérénité et la sincérité des débats judiciaires. • Crim. 24 mars 2020, n° 19-81.769 P : *D. 2020. 1643, obs. Pradel*. ♦ Illustrant un article portant atteinte au respect de la vie privée, la publication de photographies sans le consentement de l'intéressé porte nécessairement atteinte au droit au respect de son image. • Civ. 2e, 25 nov. 2004 : *préc. note 108* • Civ. 1re, 7 mars 2006 : *préc. note 107* • 27 févr. 2007 : *préc. note 5.*

116. Image et vie publique. Absence de violation de l'art. 10 Conv. EDH dans la publication d'une photographie d'un homme politique pour illustrer un article concernant, non sa vie privée, mais l'origine de ses revenus (cumul d'un salaire d'enseignant avec des indemnités de député). La qualité d'homme politique fait entrer celui qui l'assume dans la sphère de la vie publique, avec les conséquences que cela comporte. • CEDH sect. III, 26 févr. 2002, *Krone Verlag c/ Austria*, n° 34315 (une photographie était disponible sur le site internet du parlement). ♦ La reproduction d'une photographie représentant la future épouse du président de la République dénudée sur un site Internet excède la simple relation de l'événement d'actualité constitué par la rumeur de son mariage et ne répond par conséquent pas au droit du public à l'information mais à l'exploitation d'une œuvre photographique. • TGI Paris, 6 juin 2008 : *D. 2009. 542, note Geiger*.

117. Curiosité du public – Recherche de sensationnel. L'intérêt du public pour la façon dont se comporte, d'une manière générale, dans sa vie privée une personnalité connue et l'intérêt commercial des magazines qui publient photos et articles doivent s'effacer devant le droit de l'intéressée à la protection effective de sa vie privée. • CEDH 24 juin 2004 : *D. 2004. Somm. 2538, obs. Renucci ; D. 2005. 340, note Halpérin ; JCP 2004. I. 161, n° 8, obs. Sudre ; Gaz. Pal. 2005. Doctr. 879, étude Auvret ; CCE 2004, n° 147, note A. Lepage ; LPA 6 janv. 2005, note Derieux ; RTD civ. 2004. 802, obs. Marguénaud*. ♦ Pour la suite de l'affaire : • CEDH gr. ch., 7 févr. 2012, nos 40660/08 et 60641/08 (absence de violation de l'art. 8 dans la décision d'interdire deux photographies et d'en autoriser une troisième, au motif qu'elle illustrait un débat d'intérêt général, en l'espèce l'état de santé du prince, père de la requérante). ♦ La publication sans autorisation de la photographie de la victime d'un crime dans des circonstances suggérant la torture, dénotant une recherche de sensationnel, n'est nullement justifiée par les nécessités de l'information ; cette publication, contraire à la dignité humaine, constitue une atteinte à la mémoire ou au respect dû au mort et dès lors à la vie privée des proches, et justifie que soit apporté et une restriction à la liberté d'expression et d'information par l'interdiction de cette publication. • Civ. 1re, 1er juill. 2010 : *préc. note 9.* ♦ Sur les règles applicables dans les reportages en caméra cachée : l'usage d'une technique aussi intrusive et attentatoire à la vie privée que celle de la caméra cachée doit en principe être restreint et n'être utilisé que dans le respect des règles déontologiques, en faisant preuve de retenue ; si un reportage concernant le prosélytisme religieux est, à l'évidence, un sujet d'intérêt général, un juste équilibre n'a pas été ménagé lorsque la diffusion ne s'est pas accompagnée de floutage, alors que le reportage était critique et accompagné de termes offensants tels que « marchand de religion ». • CEDH, sect. II, 13 oct. 2015, *B. c/ Turquie*, n° 37428/06 (requérant, relaxé au titre du délit d'insulte envers Dieu et l'islam, ayant vu son action en responsabilité contre la chaîne et les journalistes rejetée).

118. Illustration d'un thème général. Le principe de la liberté de la presse implique le libre choix des illustrations d'un débat général de phénomène de société sous la seule réserve du respect de la dignité de la personne humaine. • Civ. 2e, 4 nov. 2004, n° 03-15.397 P : *D. 2005. 696, note Corpart ; ibid. Pan. 539, obs. Gaumont-Prat*, et *2648, obs. C. Bigot ; JCP 2004. II. 10186, note Bakouche ; ibid. 2005. I. 143, n° 12, obs. E. T. ; Gaz. Pal. 2005. 4154, note Lasfargeas ; CCE 2005, n° 33, note A. Lepage ; RTD civ. 2005. 363, obs. Hauser* (publication de la photo d'un accidenté de la route pour illustrer un article sur l'insécurité routière). ♦ Déjà jugé que ne constitue pas une atteinte au droit à l'image la publication de photographies illustrant une affaire criminelle célèbre. • Civ. 1re, 13 nov. 2003, nº 00-19.403 P : *D. 2004. Somm. 1634, obs. A. Lepage ; Gaz. Pal. 2005. 1223, note Guerder ; LPA 29 juill. 2004, note Paulik.* ♦ ... La publication de la photographie de personnes prise au cours d'une manifestation anti-PACS et accompagnée d'une légende en relation directe avec l'événement, pour illustrer un article sur le PACS. • Civ. 2e, 11 déc. 2003, nº 01-17.623 P : *D. 2004. 2596, note C. Bigot (1re esp.) ; Gaz. Pal. 2005. Somm. 1400, obs. Guerder ; RJPF 2004-3/15, obs. Putman ; CCE 2004, nº 36, note A. Lepage ; LPA 27 sept. 2004, obs. Daverat.* ♦ Comp. : constitue une atteinte à la vie privée la publication dans un journal de la photographie en gros plan de personnes participant à la « Gay-pride », plus de dix mois après l'événement, pour illustrer un article sur le PACS. • Versailles, 31 janv. 2002 : *BICC 1er oct. 2002, nº 983 ; D. 2003. Somm. 1533, obs. Caron .* ♦ Rien ne justifie que le visage du fonctionnaire de l'administration des impôts procédant à un contrôle fiscal soit diffusé et soumis à la curiosité du public, sans son consentement, hors les cas où il viendrait illustrer avec pertinence soit un événement d'actualité, ce que n'est pas un contrôle fiscal, qui procède d'une pratique courante, soit un débat d'intérêt général, dans la définition duquel n'entre pas l'opposition d'un contribuable à sa réalisation. • Civ. 1re, 15 janv. 2015, nº 13-25.634 P : *D. 2015. 207 .*

L'illustration d'une étude d'intérêt général, qui dispense du consentement spécial des personnes représentées, n'implique pas nécessairement que celles-ci soient identifiables. • Civ. 1re, 14 juin 2007 : *préc. note 97.*

119. Sur l'atteinte à la vie privée et la liberté de l'information, V. aussi notes 102 s. ♦ Sur la liberté de création, V. • Paris, 5 nov. 2008 : *préc. note 89.*

D. DROIT À LA PREUVE

120. Preuve et vie privée. Le droit à la preuve ne peut justifier la production d'éléments portant atteinte à la vie privée qu'à la condition que cette production soit indispensable à l'exercice de ce droit et que l'atteinte soit proportionnée au but poursuivi. • Civ. 1re, 25 févr. 2016, nº 15-12.403 P : *D. 2016. 884, note Saint-Pau ; AJ pénal 2016. 326, obs. Aubert ; RTD civ. 2016. 320, obs. Hauser ; ibid. 371, obs. Barbier ; JCP 2016, nº 583, note A. Aynès.* (en l'espèce, caractère disproportionné pour des investigations qui s'étaient déroulées sur plusieurs années, avaient eu une durée allant de quelques jours à près de deux mois et avaient consisté en des vérifications administratives, un recueil d'informations auprès de nombreux tiers, ainsi qu'en la mise en place d'opérations de filature et de surveillance à proximité du domicile de l'intéressé et lors de ses déplacements). ♦ Le droit à la preuve peut, au regard des art. 6 et 8 Conv. EDH, de l'art. 9 C. civ. et de l'art. 9 C. pr. civ., justifier la production en justice d'éléments extraits du compte privé Facebook d'un salarié portant atteinte à sa vie privée, à la condition que cette production soit indispensable à l'exercice de ce droit et que l'atteinte soit proportionnée au but poursuivi. • Soc. 30 sept. 2020, nº 19-12.058 P : *D. 2020. 2383, note Golhen ; ibid. 2312, obs. Vernac et Ferkane ; ibid. 2021. 207, obs. J. Bretzner et A. Aynès ; Dr. soc. 2021. 14, note Adam ; RDT 2020. 753, obs. Kahn dit Cohen ; ibid. 764, obs. Lhomond ; Dalloz IP/IT 2021. 56, obs. Haas et Torelli ; JCP 2020, nº 1226, note Loiseau.* ♦ Principe appliqué à la production en justice par un syndicat de documents dont le code du travail lui autorise la consultation pour contrôler la durée du travail et le repos dominical (à la condition que cette production soit « nécessaire » à l'exercice de son droit à la preuve) : la production de ces documents ne portait pas une atteinte disproportionnée au droit au respect de la vie personnelle des salariés concernés au regard du but poursuivi. • Soc. 9 nov. 2016, nº 15-10.203 P : *D. 2017. 37, note Lardeux ; Dr. soc. 2017. 89, obs. Mouly .* ♦ ... A la production de moyens de preuve illicites au regard de la loi Informatique et Libertés, portant atteinte à la vie personnelle d'un salarié à la condition que cette production soit indispensable à l'exercice du droit de la preuve et que l'atteinte à la vie personnelle soit strictement proportionnée au but poursuivi. • Soc. 25 nov. 2020, nº 17-19.523 P : *V. note 124.* ♦ ... A la recherche, par un huissier, sur un ordinateur mis à disposition d'un avocat collaborateur, des éléments relatifs à sa clientèle personnelle : nécessité de rechercher si la production litigieuse n'était pas indispensable à l'exercice du droit à la preuve et proportionnée aux intérêts antinomiques en présence. • Civ. 1re, 5 juill. 2017, nº 16-22.183 P : *D. 2017. 1479 ; D. avocats 2017. 321, obs. Naftalski et Mohajri .* ♦ Rappr. Une enquête effectuée au sein d'une entreprise, confiée par l'employeur à un organisme extérieur, à la suite de la dénonciation de faits de harcèlement moral n'est pas soumise aux dispositions de l'art. L. 1222-4 C. trav. et ne constitue pas une preuve déloyale comme issue d'un procédé clandestin de surveillance de l'activité du salarié. • Soc. 17 mars 2021, nº 18-25.597 P : *D. 2021. 1152, obs. Vernac et Ferkane ; Dr. soc. 2021. 657, obs. Mouly ; RDT 2021. 454, obs. Mazaud .*

1º RECHERCHE DE PREUVES

121. Enregistrement illicite : dispositifs cachés. Constitue un mode de preuve illicite tout enregistrement, quels qu'en soient les motifs, d'images ou de paroles à l'insu des salariés, pendant le temps de travail. • Soc. 20 nov. 1991 : *préc. note 72.* ♦ ... Sauf information et consultation préalable du comité d'entreprise. • Soc. 7 juin

2006 : *préc. note 72.* ♦ Dans le même sens : • Soc. 22 mai 1995 : *préc. note 74* (détective privé opérant à l'insu du salarié) • 4 févr. 1998 : *préc. note 74.* ♦ L'employeur, qui a le droit de contrôler et de surveiller l'activité de ses salariés pendant le temps de travail, ne peut être autorisé à utiliser comme mode de preuve les enregistrements d'un système de vidéosurveillance installé sur le site d'une société cliente permettant le contrôle de leur activité dont les intéressés n'ont pas été préalablement informés de l'existence ; insuffisance à ce titre d'une lettre qui les informe de l'existence de cette vidéosurveillance sans préciser que ce dispositif permet de contrôler leurs heures d'arrivée et de départ sur le lieu du travail. • Soc. 10 janv. 2012 : *préc. note 72.* ♦ V. cependant : • Soc. 19 avr. 2005 : *préc. note 72* (surveillance vidéo d'un local auquel les salariés n'avaient pas accès : mode de preuve licite). ♦ V. aussi note 18 (récit d'activités, observées à partir de la voie publique, notamment en direction du balcon de l'intéressé, justifié, en fonction des circonstances, eu égard au droit à la preuve de toute partie au procès).

122. ... Dispositifs excessifs. Il résulte de l'art. L. 1121-1 C. trav. que nul ne peut apporter aux droits des personnes et aux libertés individuelles et collectives de restrictions qui ne seraient pas justifiées par la nature de la tâche à accomplir ni proportionnées au but recherché ; refus de prendre en compte des enregistrements vidéo obtenus alors que le salarié, qui exerçait seul son activité en cuisine, était soumis à la surveillance constante de la caméra qui y était installée, les enregistrements issus de ce dispositif de surveillance étant attentatoires à la vie personnelle du salarié et disproportionnés au but allégué par l'employeur de sécurité des personnes et des biens. • Soc. 23 juin 2021, nº 19-13.856 B. *D. 2021. 1290 ; Dr. soc. 2021. 843, obs. Adam*

123. ... Communications téléphoniques. L'enregistrement de conversations téléphoniques privées, à l'insu de l'auteur des propos, est un procédé déloyal rendant irrecevable en justice la preuve ainsi obtenue. • Civ. 2e, 7 oct. 2004, nº 03-12.653 P : *D. 2005. 122, note Bonfils ; ibid. Pan. 2652, obs. Marino ; JCP 2005. II. 10025, note Léger ; Gaz. Pal. 2005. 340, note de Belval ; CCE 2005, nº 11, note Stoffel-Munck ; RDC 2005. 472, obs. Debet ; RTD civ. 2005. 135, obs. Mestre et Fages .* – Crédeville, *R. 2004, p. 51.* ♦ ... Sauf lorsque leur auteur ne peut ignorer que ses propos sont enregistrés par l'appareil récepteur. V. en ce sens pour des messages laissés sur un répondeur. • Soc. 6 févr. 2013 : *préc. note 72.* ♦ ... Pour des SMS. • Soc. 23 mai 2007 : *préc. note 72.* ♦ ... Où lorsque les SMS sont envoyés ou reçus par le salarié au moyen du téléphone mis à la disposition du salarié par l'employeur pour les besoins de son travail, présumés à caractère professionnel, sauf s'ils sont identifiés comme étant personnels. • Com. 10 févr. 2015, nº 13-14.779 P : *D. 2015. 428 .*

124. Contrôle par un système de traitement automatisé non déclaré à la CNIL. Au regard des art. 6 et 8 Conv. EDH, l'illicéité d'un moyen de preuve, au regard de la loi Informatique et Libertés (antérieurement à l'entrée en vigueur du Règlement général sur la protection des données), n'entraîne pas nécessairement son rejet des débats, le juge devant apprécier si l'utilisation de cette preuve a porté atteinte au caractère équitable de la procédure dans son ensemble, en mettant en balance le droit au respect de la vie personnelle du salarié et le droit à la preuve, lequel peut justifier la production d'éléments portant atteinte à la vie personnelle d'un salarié à la condition que cette production soit indispensable à l'exercice de ce droit et que l'atteinte soit strictement proportionnée au but poursuivi. • Soc. 25 nov. 2020, nº 17-19.523 P : *D. 2021. 117, note Loiseau ; ibid. 1152, obs. Vernac et Ferkane ; Dr. soc. 2021. 21, obs. Trassoudaine-Verger ; ibid. 170, obs. Salomon ; Dalloz IP/IT 2020. 655, obs. Crichton ; JCP 2021, nº 159, note Bossu* (exploitation par l'employeur de fichiers de journalisation et d'adresses IP non déclarés à la CNIL). ♦ *Contra* antérieurement : • Soc. 8 oct. 2014, nº 13-14.991 P : *D. 2015. Chron. C. cass. 104, note Sabotier ; ibid. 2016. 167, obs. J. A. Aynès .*

125. ... Procédé de contrôle légal et connu du salarié. L'employeur étant tenu, sous peine de sanctions pénales, d'assurer la mise en place et l'utilisation d'un chronotachygraphe pour ses salariés conducteurs routiers, une absence de déclaration à la CNIL de l'emploi de cet appareil ne saurait le priver de la possibilité de se prévaloir, à l'égard du salarié, des informations fournies par ce matériel de contrôle, dont le salarié ne peut ignorer l'existence. • Soc. 14 janv. 2014, nº 12-16.218 P : *D. 2014. 2478, obs. . Bretzner ; RDC 2014. 440, note Pelletier.* ♦ La vérification par l'employeur du relevé de communications téléphoniques d'un salarié fourni par France Télécom ne constitue pas un procédé de surveillance illicite. • Soc. 15 mai 2001, nº 99-42.937 P : *D. 2002. 2292, note Planque .* ♦ V. également note 72.

2º DEMANDE DE PREUVE ET PREUVES JUDICIAIRES

126. Constat d'adultère. Le président du tribunal de grande instance est en droit d'autoriser un constat en vue de préconstituer la preuve de l'adultère d'un époux au domicile de la personne coauteur de sa faute. Ce constat ne saurait constituer une atteinte illicite à l'intimité de la vie privée. • Civ. 1re, 6 févr. 1979 : *JCP 1980. II. 19290, note Lindon* • 18 nov. 1992, nº 90-19.368 P. ♦ Même sens, pour un constat au domicile de l'époux : • Civ. 2e, 5 juin 1985, nº 83-14.268 P. ♦ V. aussi notes ss. art. 259-2. ♦ Mais un tel constat, destiné à démontrer le concubinage notoire afin de mettre fin au paiement d'une rente servie à titre de prestation compensatoire, supposant l'accès à l'intérieur du domicile, constituerait une immixtion intolérable dans la vie privée d'un ex-époux dégagé du devoir de fidélité. • Paris, 5 nov. 1981 : *D. 1982. 342, note Massip.*

127. Procédure religieuse. Un archevêque ne peut être condamné sous astreinte à remettre, pour les besoins d'une procédure en divorce, les pièces d'une procédure ecclésiastique en annulation du mariage, alors qu'elles se rapportent à des faits concernant la vie privée du mari et que l'autorité religieuse n'en a eu connaissance qu'à raison de la confiance qui lui a été accordée. • Civ. 2e, 29 mars 1989 : *D. 1990. 45, note Robine ; JCP 1990. II. 21586, note Bouscau ; Gaz. Pal. 1990. 1. 3, note Échappé.* ♦ V. aussi notes ss. art. 259-1.

128. Fins de non-recevoir. Le respect dû à la vie privée ne s'oppose en rien à ce que puisse être administrée par ceux qui en ont la charge la preuve de l'une des fins de non-recevoir prévues au 1° de l'art. 340-1 (ancien) C. civ. • Civ. 1re, 26 janv. 1982 : *Bull. civ. I, n° 41.*

129. Preuve judiciaire – Atteintes licites à la vie privée. Sur le caractère indispensable à la preuve judiciaire et proportionné au but poursuivi de la production d'éléments portant atteinte à la vie privé, V. note 120. ♦ Une prise de photographies et d'empreintes digitales intervenue dans le cadre d'une enquête judiciaire ne constitue pas une atteinte au respect de la vie privée, dès lors que ces éléments sont conservés par les services de police et ne servent qu'à leurs enquêtes. • Civ. 2e, 18 déc. 2003, n° 02-10.237 P : *D. 2004. Somm. 1635, obs. A. Lepage.* – V. déjà • TGI Marseille, 23 mars 1995 : *D. 1996. 40, note Frayssinet.* ♦ Ne porte pas atteinte au droit au respect de la vie privée de l'épouse la production par son mari, dans une procédure de divorce, de messages électroniques qu'elle échange sur un site de rencontres si cette production intervient dans le cadre de procédures dont l'accès est limité. • CEDH 7 sept. 2021, n° 27516/14 : *D. actu. 27 sept. 2021, note Golhen.* ♦ La production en justice, dans le cadre d'un litige sur la succession à la tête d'une société, à la suite du décès de son dirigeant, d'une note « touchant incontestablement à la vie privée de ses enfants », et mettant en doute leurs compétences professionnelles doit être nécessaire quant aux besoins de la défense et proportionnée au but recherché. • Civ. 1re, 16 oct. 2008, n° 07-15.778 P : *D. 2008. AJ 2726 ; CCE 2009, n° 70, obs. Lepage ; RTD civ. 2009. 167, obs. Perrot.* ♦ De même, cassation de l'arrêt ayant refusé de prendre en compte une lettre trouvée par un héritier dans les papiers de son père, et établissant une donation, pour atteinte au secret des correspondances, sans rechercher si la production litigieuse n'était pas indispensable à l'exercice du droit à la preuve, et proportionnée aux intérêts antinomiques en présence. • Civ. 1re, 5 avr. 2012, n° 11-14.177 P : *D. 2012. 1596, note Lardeux ; RTD civ. 2012. 506, obs. Hauser.* ♦ L'art. 9 n'interdit nullement qu'une photographie d'un individu soit prise à l'insu de celui-ci sans son consentement. Ce texte prohibe seulement la reproduction, l'exposition ou la publication du cliché sans le consentement de l'intéressé. La photographie annexe à un procès-verbal pour excès de vitesse n'est donc entachée d'aucune irrégularité. • T. pol. Paris, 25 mai 1984 : *JCP 1985. II. 20531, note Taquet ; RTD civ. 1988. 91, obs. Rubellin-Devichi.* – Même sens : • TGI Lyon, 29 août 1980 : *D. 1981. 507, note Lindon.* ♦ Pour la conformité du procédé à l'art. 8 de la Conv. EDH, V. • Crim. 7 mai 1996, n° 95-85.674 P. ♦ … Et en ce qui concerne les enregistrements téléphoniques par des services de renseignement, dès lors qu'ils ne constituent pas le seul moyen de preuve soumis à l'appréciation souveraine des juges. • CEDH 26 avr. 2007, n° 71525/01. ♦ Comp., pour l'utilisation dans un procès civil ou pénal d'enregistrements réalisés à l'insu de l'intéressé, les décisions citées note 10 ss. art. 1382.

130. … Contrôle d'un parking, d'un véhicule. L'atteinte à la vie privée et au domicile résultant de l'utilisation par la police d'un endoscope, dans un parc privé et non clos de garages, pour visualiser le contenu d'un box fermé ne saurait être invoquée par les demandeurs ne revendiquant aucun droit sur le box et le véhicule en cause. • Crim. 23 janv. 2013 : *D. 2013. 1045, note Potaszkin ; AJ pénal 2013. 227, obs. Pronier.* ♦ V. aussi : • Crim. 23 oct. 2013, n° 13-82.762 (absence d'atteinte à l'intimité de la vie privée, dans le seul fait pour des policiers, dans le cadre d'une enquête préliminaire, d'accéder au parking souterrain d'un immeuble avec l'accord, en connaissance de cause, d'une personne titulaire d'un droit d'accès, et d'y procéder à de simples constatations visuelles sur les véhicules en stationnement) • 18 déc. 2013, n° 13-85.375 P (absence d'atteinte au droit au respect du domicile ou de la vie privée dans le fait d'identifier un véhicule volé, alors que l'intéressé n'était titulaire d'aucun droit sur le parking extérieur où stationnait le véhicule volé). ♦ Également : • Crim. 18 juin 2019, n° 18-86.421 P : *D. 2019. Chron. C. cass. 1568, obs. de Lamarzelle ; JCP 2019, n° 947, note Jeanne* (ni les espaces de circulation, ni les emplacements de stationnement, ni les boxes fermés du parking souterrain d'un immeuble collectif d'habitation ne constituent des lieux d'habitation au sens des art. 230-34 et 706-96-1 C. pr. pén.). ♦ V. cependant : la pose d'un procédé de géolocalisation à l'extérieur d'un véhicule volé et faussement immatriculé est étrangère aux prévisions de l'art. 8, § 2, Conv. EDH. • Crim. 15 oct. 2014, n° 12-82.391 P.

131. Expertise médicale ordonnée judiciairement. Aucune des dispositions du code civil n'autorise le juge aux affaires familiales à contraindre les conjoints à se soumettre à une expertise psychologique ou médico-psychologique relative à leurs relations conjugales réciproques, une telle mesure d'investigation constituant une immixtion dans la vie privée des époux, contraire aux dispositions de l'art. 9. • Paris, 3 mai 1979 : *D. 1979. 504, note Massip.* ♦ Mais lorsque l'un des époux a demandé au juge aux affaires familiales d'ordonner une mesure d'instruction consistant notamment en des investigations à caractère psychologique et psychiatrique et que, n'ignorant pas la nature des examens, il s'y est prêté sans opposition, il a par là même accepté des atteintes à sa vie privée dont il n'est plus en droit de se plaindre. • Civ. 1re, 5 mai 1987 : *D. 1988. 77, note Massip.*

132. L'entretien personnel que l'expert a avec une personne soumise à un examen mental revêt par sa nature même un caractère intime. Il n'est donc pas tenu d'admettre les conseillers médicaux de l'une des parties à assister à l'examen clinique du malade. • Civ. 1re, 25 avr. 1989 : *Gaz. Pal. 1989. 2. 764, note Massip.* ♦ Rappr. Le prévenu de violences ne peut prétendre être présent lors de l'examen médical de la victime par l'expert, compte tenu de son caractère intime. • Crim. 27 juin 2017, nº 17-80.411 P : *D. 2018. Chron. C. cass. 196, obs. Guého.*

E. EXISTENCE DE CERTAINS INTÉRÊTS SUPÉRIEURS

133. Intérêt supérieur de l'enfant. Le respect dû à la vie privée ne fait pas obstacle à ce que le juge intervienne conformément aux pouvoirs que lui donne la loi, pour protéger l'enfant d'un péril. • Civ. 1re, 19 déc. 2000, nº 99-14.620 P : *D. 2001. IR 410* (suppression du droit de visite et d'hébergement du père). ♦ V. aussi note 48. ♦ De même, le respect de la vie privée ne limite pas le pouvoir conféré au juge par l'art. 11 C. pr. civ. dès lors que la mesure d'instruction (expertise sanguine pour l'établissement de la filiation) s'avère nécessaire à la protection des droits de l'enfant, dont l'intérêt est supérieur à toute autre considération. • Reims, 6 avr. 2000 : *D. 2001. Somm. 2080, obs. A. Lepage.* ♦ Sur l'atteinte à la vie privée et familiale (Conv. EDH, art. 8) par l'impossibilité de faire établir un lien de filiation paternelle, justifiée par la stabilité du lien de filiation et la protection des enfants. V. note 3 ss. art. 9.

134. Droits de la défense. Toute atteinte à la vie privée n'est pas interdite, et une telle atteinte peut être justifiée par l'exigence de la protection d'autres intérêts, dont celle des droits de la défense, si elle reste proportionnée au regard des intérêts antinomiques en présence. • Com. 15 mai 2007, nº 06-10.606 P : *D. 2007. AJ 1605 ; ibid. Pan. 2775, obs. A. Lepage ; Dr. fam. 2007, nº 154, note Fossier ; RJPF 2007-11/12, note Putman ; RTD civ. 2007. 637, obs. Perrot ibid. 753, obs. Hauser* (production en justice de pièces relatives à l'état de santé d'un dirigeant social justifiée par la défense des intérêts de la société et des actionnaires). ♦ Comp. • Crim. 24 avr. 2007, nº 06-88.051 P : *Gaz. Pal. 2007. 2558, note Benillouche* (obligation pour le juge de procéder à un contrôle de nécessité et de proportionnalité).

135. Remise d'une personne à une autorité étrangère. Au regard de l'art. 8 Conv. EDH, la remise aux autorités judiciaires allemandes d'une personne ayant sa vie familiale en France, en exécution d'un mandat d'arrêt européen, ne porte pas une atteinte disproportionnée au droit au respect de sa vie privée et familiale, en raison de la peine encourue, de l'importance du préjudice causé et aux antécédents de la personne recherchée, notamment sur le territoire allemand, lesquels établissent sa mobilité géographique. • Crim. 20 oct. 2021, nº 21-85.583 B : *AJ pénal 2021. 594, obs. Chetard.*

136. Confiscation pénale. Appréciation par le juge de la nécessité et de la proportionnalité de l'atteinte au droit de propriété et au droit au respect de la vie privée et familiale du prévenu résultant de la confiscation d'un bien constituant le produit d'une infraction, dans le cadre de l'art. 131-1, al. 3, C. pén. • Crim. 22 mars 2017, nº 16-82.051 P.

IV. MISE EN ŒUVRE DE LA PROTECTION

A. ACTION EN JUSTICE

137. Loi applicable. BIBL. Mestre, *Mél. Kayser, PU Aix-Marseille, 1979, t. 2, p. 239.* ♦ Les conséquences de l'atteinte à la vie privée ou de la violation du droit sur l'image relèvent de la loi du lieu où les faits ont été commis. • Civ. 1re, 13 avr. 1988 : *JCP 1989. II. 21320, note Putman.* ♦ V. note 95 ss. art. 3.

138. Compétence. La juridiction administrative est compétente lorsqu'une atteinte à la vie privée ou au droit d'auteur est imputée à une personne publique. • CE 27 avr. 2011, nº 314577 : *AJDA 2011. 873 ; D. 2011. 1945, note Lécuyer ; JCP 2011. 1435, note Antippas.*

139. ... Victime d'une agression sexuelle. L'art. 39 *quinquies* de la L. du 29 juill. 1881 interdit de diffuser des renseignements concernant l'identité d'une victime d'une agression ou d'une atteinte sexuelles ou l'image de cette victime lorsqu'elle est identifiable, sauf accord de la victime (délit de presse se prescrivant en 3 mois). Il résulte de la combinaison de ce texte avec l'art. 9 que, si la diffusion de l'identité d'une personne et de la nature sexuelle des crimes ou délits dont elle a été victime est poursuivie sur le fondement de l'art. 39 *quinquies*, la divulgation, sans le consentement de l'intéressée, d'informations relatives aux circonstances précises dans lesquelles ces infractions ont été commises est un fait distinct constitutif d'une atteinte à sa vie privée, qui peut être sanctionné sur le fondement de l'art. 9 C. civ. • Civ. 1re, 9 sept. 2020, nº 19-16.415 P : *D. 2021. 197, obs. Dreyer ; AJ pénal 2020. 586, obs. Thierry ; RTD civ. 2020. 857, obs. Leroyer* (révélation d'informations précises et de détails sordides sur les circonstances des crimes commis).

140. L. du 29 juill. 1881 : prescription. Une demande en réparation fondée sur une atteinte au respect dû à la vie privée échappe à la prescription de trois mois instituée par l'art. 65 de la L. du 29 juill. 1881 sur la presse. • Civ. 2e, 26 nov. 1975 : *D. 1977. 33 (1re esp.), note R. L.* • 9 juill. 1980 : *Bull. civ. II, no 179* • Paris, 5 déc. 1997 : *Gaz. Pal. 1998. Somm. 30.* ♦ *A contrario,* application du délai de prescription en l'absence de faute distincte : • Civ. 2e, 13 oct. 1993, no 92-10.617 P : *Gaz. Pal. 1994. 1. Pan. 44.* ♦ Constitue seulement une atteinte au droit exclusif de la personne sur l'utilisation de son image et non une diffamation, dont l'action serait prescrite, la publication d'un article relatant une agression illustré de la photographie d'une personne présentée comme un malfaiteur sans allégation ou imputation contraire à son honneur et sans que son nom soit mentionné. • Civ. 2e, 11 févr. 1999, no 97-10.465 P : *D. 1999. IR 62.*

141. ... Lien avec l'art. 9. Il appartient au juge saisi d'une action civile fondée sur l'art. 9 de restituer aux faits allégués par le demandeur leur exacte qualification en diffamation sans s'arrêter à la dénomination retenue par les parties. • TGI Nanterre, 8 juin 1999 : *Légipresse, déc. 1999. III, p. 172, obs. Ader* (action pour atteinte au droit à l'image prescrite dans le délai de l'art. 65 de la loi de 1881) • TGI Nanterre, 10 févr. 1999, *Pontabry c/ Sté de Conception Presse : Légipresse no 160, I, p. 44* (sous réserve d'opérer une distinction entres les divers faits). ♦ V. aussi en ce sens : • Civ. 1re, 31 mai 2007, no 06-10.747 P : *D. 2007. AJ 1734 ; ibid. 2902, obs. Jourdain ; CCE 2007, no 138, note A Lepage* (reproduction de l'image d'une personne ne faisant qu'illustrer des propos estimés diffamatoires : non-application des art. 9 et 1382 anc. [1240]). ♦ L'action engagée en réparation du préjudice résultant de la diffusion de l'image d'une personne présentée comme alcoolique ne relève pas de la L. du 29 juill. 1881 mais de l'art. 9 C. civ. • Civ. 1re, 21 févr. 2006, no 03-19.994 P : *CCE 2006, no 68, note A. Lepage (2e esp.).* ♦ Inversement, le fait que le nom et la profession d'une personne aient été données dans la presse en pâture sans condamnation préalable et de façon très négative est constitutif de diffamation, et non d'une atteinte à la vie privée (obligation de respecter dans l'assignation les formalités de la L. du 29 juill. 1881, art. 53). • Civ. 1re, 8 nov. 2017, no 16-23.779 P : *D. 2018. 208, obs. Dreyer.* ♦ V. aussi note 2. ♦ Impossibilité pour le demandeur d'échapper à la prescription de trois mois de l'art. 65 lorsque l'atteinte à sa vie privée est aussi constitutive de diffamation ou entre dans sa définition. • Paris, 28 mai 1999 : *préc.* • TGI Nanterre, 8 juin 1999, *Depardieu c/ Hachette Filipacchi Associés : Légipresse no 167, III, p. 172, obs. Ader.*

142. ... Régime procédural. ♦ L'action engagée pour atteinte à la réputation d'une société par l'utilisation de son image est soumise aux conditions dérogatoires du droit de la presse. • Civ. 1re, 30 mai 2006, no 04-18.520 P : *Gaz. Pal. 2007. Somm. 3416, obs. Lasfargeas ; RTD civ. 2007. 354, obs. Jourdain.* ♦ V. aussi note 16 ss. art. 1241. ♦ Nullité de l'assignation qui retient pour les mêmes faits une double qualification fondée sur la L. du 29 juill. 1881 et sur l'art. 9 C. civ. • Civ. 1re, 4 févr. 2015, no 13-16.263 P : *D. 2015. 379.* ♦ Irrecevabilité de la question prioritaire de constitutionnalité portant sur la soumission jurisprudentielle au droit civil commun procédural des actions auxquelles l'art. 9 donne lieu sans dénoncer de dispositions précises régissant leur délai de prescription ou la rédaction de la citation et sur la non-application corrélative des art. 65 et 53 de la L. du 29 juill. 1881 dont la constitutionnalité n'est pas contestée. • Civ. 1re, 8 déc. 2011, no 11-40.070 P : *D. 2012. Pan. 765, obs. Dreyer ; RTD civ. 2012. 89, obs. Hauser.*

143. Intérêt à agir. L'atteinte à la vie privée suppose l'existence d'une référence ou d'une allusion à la vie de la personne qui entend se prévaloir de cette atteinte. • Civ. 2e, 22 mai 1996, no 93-13.448 P. ♦ L'action fondée sur l'atteinte à la vie privée de l'adhérent d'un syndicat n'est pas ouverte au syndicat, chargé de la défense des intérêts de la profession. • Civ. 1re, 19 déc. 1995, no 93-18.939 P. ♦ Mais le parent dont l'autorisation n'a pas été sollicitée pour publier les photographies de son enfant peut obtenir l'indemnisation de son propre préjudice moral tiré de la méconnaissance de ses prérogatives d'autorité parentale. • Civ. 1re, 27 févr. 2007, no 06-14.273 P : *CCE 2007, no 63, note A. Lepage ; Dr. fam. 2007, no 124, note Murat ; RTD civ. 2007. 327, obs. Hauser, et 571, obs. Jourdain.* ♦ La protection résultant de l'art. 9 C. civ. présente un caractère individuel et vise les seules atteintes subies personnellement par le titulaire du droit concerné (campagne publicitaire Benetton ; personnes figurant sur les affiches désignées comme séro-positives, mais non identifiables). • TGI Paris, 1er févr. 1995 : *D. 1995. 569, note Edelman ; D. 1997. Somm. 89, obs. Hassler.* – V., en appel : • Paris, 28 mai 1996 : *D. 1996. 617, note Edelman.* ♦ Le secret médical étant un droit propre au patient, son médecin n'est pas recevable à se constituer partie civile du chef de violation du secret professionnel, dans l'intérêt de celui-ci. • Crim. 13 oct. 2020, no 19-87.341 P : *D. 2020. 2010 ; AJ pénal 2020. 591, obs. Py.* ♦ Sur le droit des héritiers et des proches d'invoquer l'art. 9, V. note 9.

144. Défendeur : site internet d'hébergement. En hébergeant de façon anonyme sur le site internet qu'il gère toute personne qui en fait la demande aux fins de mise à la disposition du public de signaux de toute nature n'ayant pas le caractère de correspondance privée, le fournisseur d'hébergement doit assumer les conséquences de son activité à l'égard des tiers aux droits desquels il serait ainsi porté atteinte. • Paris, 10 févr. 1999 : *D. 1999. 389, note Mallet-Poujol ; JCP 1999. II. 10101, note Olivier et Barbry ; Gaz. Pal. 2000. 1. 637, note Caron* (atteinte à la vie privée par diffusion de photos de nu). ♦ Comp., dans une espèce similaire : il ne peut être reproché à la société, en tant qu'hébergeur grand public, de n'avoir pas procédé spontanément au contrôle du contenu du site litigieux qui a pu légitimement, en l'occurrence, lui rester inconnu, dès lors qu'elle ne saurait être investie, sans risque pour la liberté d'expression, de communication ou de création, d'une mission qui la conduirait à s'intégrer systématiquement dans les rapports de droit entre particuliers. • Versailles, 8 juin 2000 : *D. 2000. IR 270; JCP E 2000. 1858, obs. Mallet-Poujol et Vivant; Gaz. Pal. 2000. 2. Somm. 2326, obs. Barbry; CCE 2000, n° 81, obs. Galloux,* infirmant • TGI Nanterre, 8 déc. 1999 : *D. 2000. Somm. 274, obs. Caron ; JCP 2000. II. 10279, note Olivier et Barbry; JCP E 2000. 657, note Gallot Le Lorier et Varet; Gaz. Pal. 2000. 1. 88, note Bitan; CCE 2000, n° 40, note A. Lepage.*

145. ... Pluralité de défendeurs, obligation in solidum. L'atteinte aux droits consacrés par l'art. 9, rapportée à ses auteurs, est un fait indivisible générant entre eux une obligation *in solidum* à réparation. • Civ. 1re, 30 oct. 2007 : *CCE 2008, n° 27, note A. Lepage* (peu importe, cependant, l'erreur terminologique commise par l'arrêt d'appel ayant condamné « solidairement » les auteurs).

146. Contrôle de la Cour de cassation. Les constatations des juges du fond doivent permettre à la Cour de cassation d'exercer son contrôle sur l'application de l'art. 9 quant à l'existence d'une atteinte à l'intimité de la vie privée. • Civ. 2e, 14 nov. 1975 : *D. 1976. 421, note Edelman* • 15 mars 1978 : *Bull. civ. II, n° 83* • Civ. 1re, 3 déc. 1980 : *D. 1981. 221, note Edelman; JCP 1982. II. 19742 (2e esp.), note Bécourt.* ♦ Irrecevabilité du moyen, nouveau et mélangé de fait, en ce qu'il invoque pour la première fois devant la Cour de cassation le caractère disproportionné de l'atteinte spécifique portée au droit de l'intéressée au respect de sa vie privée et familiale par la mesure d'interdiction de gérer prononcée par le tribunal correctionnel et confirmée par la cour d'appel, en violation de l'art. 8 Conv. EDH. • Crim. 20 juin 2017, n° 16-80.982 P : *D. 2017. 1877, obs. Mascala ; Rev. sociétés 2017. 651, note Matsopoulou .*

B. RÉPARATIONS

1° DOMMAGES-INTÉRÊTS

147. Préjudices distincts. L'atteinte au respect dû à la vie privée et l'atteinte au droit de chacun sur son image constituent des sources de préjudice distinctes ouvrant droit à des réparations distinctes. • Civ. 1re, 12 déc. 2000, n° 98-21.161 P : *D. 2001. 2434, note Saint-Pau ; ibid. Somm. 1987, obs. Caron ; LPA 2 févr. 2001, note Derieux; CCE 2001, n° 94, obs. A. Lepage.*

148. Allocation judiciaire de dommages-intérêts. Si le trouble causé par une publication et le dommage en découlant se trouvent définitivement consommés dès lors que l'hebdomadaire en cause a été mis en vente depuis plusieurs jours, le dommage subi ne peut plus être réparé de manière efficace que par l'allocation de dommages-intérêts. • Paris, 19 juin 1987 : *JCP 1988. II. 20957, note Auvret.* ♦ Est contraire à l'art. 8 Conv. EDH une législation limitant sévèrement le montant des dommages et intérêts pouvant être accordés pour le préjudice moral causé par un abus flagrant de la liberté de la presse, qui prive les victimes de la protection de leur vie privée qu'elles pouvaient espérer et qui ne dissuade pas la répétition de tels abus. • CEDH sect. II, 25 nov. 2008, *A. et B. c/ Lituanie*, n° 36919/02 et n° 23373/03 (révélation de la séropositivité d'un couple, vivant dans un village; limitation légale de la réparation à 2 900 euros en vertu d'un texte ultérieurement abrogé). ♦ Les très nombreuses déclarations qu'un artiste de variétés a accordées à des journaux à propos de sa vie sentimentale apparaissent de nature à atténuer considérablement l'atteinte qu'il affirme avoir subie du fait de la publication dans un magazine d'un texte concernant sa vie privée, ainsi que l'étendue de son préjudice. • Paris, 28 févr. 1989 : *JCP 1989. II. 21325 (2e esp.), note Agostini.* ♦ Rappr. • TGI Paris, 1er juin 2011 : *JCP 2011. 1466, obs. G. Kessler.* ♦ V. aussi • TGI Paris, 3 déc. 1997 : *JCP 1998. II. 10067, note Serna* (le rédacteur en chef d'un magazine résolument « people », victime d'atteintes à sa vie privée, ne peut établir un préjudice résultant de faits qu'il considère par ailleurs comme légitimes). ♦ Comp., pour la reprise, dans un ouvrage historique, de révélations faites par la personne elle-même, de son vivant, sur certains aspects de sa vie intime : • Civ. 1re, 10 oct. 1995 : *JCP 1997. II. 22765, note Ravanas; Err. 22794 bis.*

2° AUTRES MESURES

a. Diversité des mesures

149. Mesures conservatoires. Il résulte de l'art. 9 qu'indépendamment du préjudice subi, les juges peuvent prescrire toute mesure propre à faire cesser une atteinte à l'intimité de la vie privée. • Civ. 1re, 17 nov. 1987, n° 86-13.413 P. ♦ Les juges du fond estiment souverainement que la mesure conservatoire d'interdiction de poursuivre la diffusion d'un livre, prise à titre provisoire dans l'attente d'une décision sur le fond, est seule de nature à faire cesser le trouble manifestement illicite. • Civ. 1re, 16 juill. 1997, n° 96-12.762 P : *JCP 1997. II. 22964, note Derieux (1re esp.),* rejetant le pourvoi contre • Paris, réf., 13 mars 1996 : *préc. note 29.* – Massis, *D. 1997. Chron. 291.* ♦ V. aussi • TGI Paris, réf., 13 oct. 1997 : *Gaz. Pal. 1997. 2. 590, note J.-G. M.* • TGI Paris, réf., 28 oct. 1997 : *JCP 1997. II. 22964, note Derieux (2e et 3e esp.)* (suspension immédiate de la diffusion d'un livre en raison de la gravité du fait imputé au demandeur, identifiable de façon certaine; incapacité des défendeurs d'apporter, à une nouvelle audience, la preuve de leurs allégations : occultation des passages litigieux du livre). ♦ V. également note 61 (mesures d'instruction *in futurum* envers un salarié).

150. Communiqués - Avertissements. N'est pas contraire à la Conv. EDH la restriction à la liberté d'expression consistant, pour le juge, à ordonner la publication d'un communiqué faisant état de la condamnation de l'organe de presse jugé responsable d'une atteinte à la vie privée. • Civ. 1re, 30 mai 2000, n° 98-20.633 P : *D. 2001. 1571, note Ravanas ; Gaz. Pal. 2001. 411, concl. Sainte-Rose ; CCE 2000, n° 96, note A. Lepage.* – Dans le même sens : • Civ. 1re, 12 déc. 2000 : *préc. note 147* (2e arrêt). – V. aussi • CEDH 1er juill. 2003 : *JCP 2005. I. 143, n° 9, obs. de Lamy* • 14 juin 2007, *Hachette Filipacchi c/ France : JCP 2007. II. 10164, note Derieux ; Gaz. Pal. 2007. Doctr. 2843, étude L. François ; RTD civ. 2007. 732, obs. Marguénaud .* ♦ Les juges du fond peuvent ordonner cumulativement une indemnité provisionnelle et la publication judiciaire. • Civ. 1re, 2 oct. 2007 : *RJPF 2007-12/11, note Putman ; RTD civ. 2008. 79, obs. Hauser .* ♦ Condamnation à publication judiciaire d'un communiqué, assortie de l'exécution provisoire, exécutée, puis partiellement réformée en appel : V. • Paris, 16 janv. 2007 : *D. 2007. Pan. 2774, obs. A. Lepage .* ♦ ... Ou encore à l'apposition sur un coffret mis en vente d'un bandeau indiquant que le produit porte atteinte à la dignité de la personne (« poupée Vaudou » à l'effigie du Président de la République), l'interdiction de la vente de l'ouvrage étant une mesure disproportionnée et attentatoire à la liberté d'expression. • Paris, 28 nov. 2008 : *préc. note 87.* ♦ En revanche l'art. 8 Conv. EDH n'impose pas aux médias d'avertir à l'avance les personnes au sujet desquelles ils entendent publier des informations. • CEDH 10 mai 2011, n° 48009/08, *Mosley c/ Royaume-Uni : D. 2011. 1487 .*

151. Remise de document sous astreinte. N'a pas méconnu les exigences des art. 10 Conv. EDH et 9 C. civ. l'arrêt qui, outre la condamnation à dommages-intérêts, a ordonné, sous astreinte, la remise à la victime du négatif de la photographie litigieuse. • Civ. 2e, 18 déc. 2003, n° 00-22.249 P : *D. 2004. IR 251 .* ♦ V. aussi pour la restitution de négatifs. • CEDH sect. I, 15 janv. 2009, *R. et D. c/ Grèce*, n° 1234/05.

b. Adéquation des mesures

152. Adéquation à la gravité de l'atteinte. Le séquestre, la saisie ou la suppression de certains passages d'une publication, assimilables à une véritable censure, ne se justifient que si les descriptions ou divulgations incriminées revêtent, en raison de leur gravité, un caractère intolérable. • Paris, 14 mai 1975 : *D. 1975. 687, note Lindon* • TGI Paris, 15 avr. 1987 : *D. 1987. 551, note Hassler.* ♦ De même, ne peut être retenue comme atteinte à la vie privée la seule communication à un éditeur d'un synopsis, ébauche d'un ouvrage en gestation devant constituer la biographie d'une personnalité connue ; dès lors, le principe de la liberté d'expression s'oppose à ce que le tribunal interdise la mise en vente d'un ouvrage non encore écrit dont la teneur demeure incertaine. • TGI Paris, 18 nov. 1998 : *D. 1999. 462, note Rebut .* ♦ V. aussi, estimant que l'interdiction, même temporaire, en référé de l'ouvrage « Cécilia » relatif à l'ex-femme du président de la République serait manifestement disproportionnée : • TGI Paris, réf., 11 janv. 2008 : *CCE 2008, n° 44, note A. Lepage.*

153. Adéquation au but poursuivi. Le maintien de l'interdiction générale de diffusion d'un livre enfreignant le secret médical, prononcé dans l'instance au fond plus de neuf mois après le décès de la personne concernée, ne répond plus à un besoin social impérieux et porte à la liberté d'expression une atteinte disproportionnée. • CEDH 18 mai 2004, *Sté Plon c/ France : D. 2004. 1838, note Guedj ; ibid. Somm. 2539, obs. Fricero ; JCP 2004. I. 161, n° 12, obs. Sudre ; CCE 2004, n° 96, note A. Lepage ; RTD civ. 2004. 483, obs. Hauser .* ♦ La saisie provisoire d'un livre, destinée à protéger des personnes établies dans le département des Hautes-Pyrénées, ne peut être étendue à l'intégralité du territoire français sans que les juges caractérisent l'adéquation de cette mesure au but poursuivi et, partant, sa nécessité (décision rendue au visa de l'art. 10 Conv. EDH). • Civ. 1re, 31 janv. 1989, n° 87-15.139 P : *R., p. 343.* ♦ Mais possibilité d'interdire la publication de l'autobiographie d'un condamné, décrivant dans le détail les atrocités commises, ce qui serait contraire à la dignité humaine. • CEDH sect. IV, 9 mars 2010, *N. c/ Royaume-Uni*, n° 36882/05. ♦ Une cour d'appel apprécie souverainement que le retrait du magazine contenant les photos attentatoires à la vie privée, ne pouvant prendre effet que trois jours avant la fin de la parution du numéro concerné, déjà abondamment vendu, était une mesure impropre à faire cesser un trouble largement consommé. • Civ. 1re, 5 déc. 2006, n° 06-13.350 P : *JCP 2007. II. 10064, note Brusorio.* – Même sens : • TGI Paris, réf., 11 janv. 2008 : *préc. note 152.* ♦ La publication de communiqués judiciaires est l'une des modalités de la réparation des préjudices causés par voie de presse ; si cette mesure est sollicitée par la victime, la juridiction saisie n'a pas à s'assurer si la publicité donnée à sa décision est appropriée à la nature du fait dommageable et ne risque pas d'en aggraver la portée, dès lors que la mesure demandée et ordonnée est proportionnée au préjudice subi. • Paris, 28 nov. 1988 : *D. 1989. 410, note Aubert.*

c. Référé

154. Nécessité d'une atteinte à l'intimité de la vie privée. Les mesures prévues par l'art. 9, al. 2, ne peuvent être ordonnées en référé que dans le seul cas d'atteinte à l'intimité de la vie privée ; il n'en est pas ainsi de la publication de renseignements d'ordre purement patrimonial, exclusifs de toute allusion à la vie et à la personnalité des intéressés. • Civ. 1re, 4 oct. 1989, n° 87-19.658 P. ♦ Mais sont justifiées la saisie totale et l'interdiction de la vente et de la diffusion d'un livre contenant le récit de la vie conjugale, du divorce et des rapports après divorce d'un couple, l'atteinte grave et insupportable à l'intimité de la vie privée se poursuivant tout au long de l'ouvrage. • Civ. 1re, 3 avr. 1984, n° 82-15.849 P. ♦ V. aussi • Civ. 1re, 9 juill. 2003 : *préc. notes 25 et 102* (interdiction justifiée, en référé, de la poursuite de la publication d'un feuilleton dans un hebdomadaire) • 2 juill. 2014, n° 13-21.929 P : *préc. note 17* (retrait d'un site d'information et interdiction ultérieure de publication d'écoutes contraires au droit au respect de la vie privée sanctionné par la loi pénale).

155. Urgence. La seule constatation de l'atteinte aux droits de la personne caractérise l'urgence au sens de l'art. 9, al. 2. • Civ. 1re, 12 déc. 2000 : *préc. note 147* • 20 déc. 2000 : *préc. note 9.*

Code pénal

Les annotations de jurisprudence ont été reprises du ***Code pénal Dalloz****.*

LIVRE II DES CRIMES ET DÉLITS CONTRE LES PERSONNES

TITRE II DES ATTEINTES À LA PERSONNE HUMAINE

CHAPITRE VI *DES ATTEINTES À LA PERSONNALITÉ*

SECTION 1 *De l'atteinte à la vie privée*

Art. 226-1 **Est puni d'un an d'emprisonnement et de 45 000 € d'amende le fait, au moyen d'un procédé quelconque, volontairement de porter atteinte à l'intimité de la vie privée d'autrui :**

1° En captant, enregistrant ou transmettant, sans le consentement de leur auteur, des paroles prononcées à titre privé ou confidentiel ; *— V. Arr. du 4 juill. 2012 ss. art. R. 226-1.*

2° En fixant, enregistrant ou transmettant, sans le consentement de celle-ci, l'image d'une personne se trouvant dans un lieu privé ;

(L. n° 2020-936 du 30 juill. 2020, art. 17) **« 3° En captant, enregistrant ou transmettant, par quelque moyen que ce soit, la localisation en temps réel ou en différé d'une personne sans le consentement de celle-ci. »**

Lorsque les actes mentionnés *(L. n° 2020-936 du 30 juill. 2020, art. 17)* **« aux 1° et 2° du** *[ancienne rédaction : au]* **» présent article ont été accomplis au vu et au su des intéressés sans qu'ils s'y soient opposés, alors qu'ils étaient en mesure de le faire, le consentement de ceux-ci est présumé.**

(L. n° 2020-936 du 30 juill. 2020, art. 17) **« Lorsque les actes mentionnés au présent article ont été accomplis sur la personne d'un mineur, le consentement doit émaner des titulaires de l'autorité parentale.**

« Lorsque les faits sont commis par le conjoint ou le concubin de la victime ou le partenaire lié à la victime par un pacte civil de solidarité, les peines sont portées à deux ans d'emprisonnement et à 60 000 euros d'amende. »

Corresp. : *C. pén., ancien art. 368.*

RÉP. PÉN. v° *Vie privée (Atteintes à la)*, par CAZÉ-GAILLARDE.

BIBL. ▸ NERSON et RUBELLIN-DEVICHI, *RTD civ. 1983. 103.* – SUDRE, *Mél. Pettiti, Bruylant, 1999, p. 687* (les aléas de la notion de vie privée dans la jurisprudence de la Cour EDH). – GRIDEL, *D. 2001. Chron. 872* (dignité de la personne humaine et liberté de l'information d'actualité). – GRIDEL et LACABARATS, *Gaz. Pal. 2002. 2. Doctr. 1632* (droit à la vie privée et liberté d'expression : fond du droit et action en justice). – MASSIS, *Gaz. Pal. 2004. 2. Doctr. 3563* (santé, droits de la personnalité et liberté d'information). – LEPAGE, *AJ pénal 2005. 9* (vie privée du salarié et droit pénal). – FORTIS, *Gaz. Pal. 2006. 2. Doctr. 2955* (la surveillance au travail). – QUESTIAUX, *Gaz. Pal. 2006. 2. Doctr. 2958* (vidéosurveillance et vie privée). – PONCELA, *RSC 2012. 649* (les liaisons dangereuses du droit à l'image et du droit à l'information du public).

▸ **Colloques.** Entretiens de Nanterre 1996, *Gaz. Pal. 1997. 1. Doctr. 759 s.* (secret et citoyen – les risques technologiques de l'information).

1. Territoires d'outre-mer. Sur les difficultés d'application des art. 368 à 372 C. pén. dans les territoires d'outre-mer. • Crim. 16 avr. 1980, n° 77-92.500 P : *D. 1981. 68, note J. Mestre; RSC 1981. 877, obs. Levasseur.*

2. Jurisprudence européenne. Si la liberté d'expression s'étend également à la publication de photos, il s'agit néanmoins d'un domaine où la protection de la réputation et des droits d'autrui revêt une importance particulière, car il est question de la diffusion non pas « d'idées » mais d'images contenant des informations très personnelles, voire intimes, sur un individu. • CEDH 24 juin 2004 : *D. 2004. Somm. 2538, obs. Renucci*. ♦ Ayant rappelé l'importance fondamentale que revêt la protection de la vie privée pour l'épanouissement de la personnalité de chacun, la Cour affirme que toute personne, même connue du grand public, doit pouvoir bénéficier d'une « espérance légitime » de protection et de respect de sa vie privée. • Même décision.

3. QPC. La question prioritaire de constitutionnalité est ainsi formulée : « Les art. 226-1 et 226-2 C. pén., subsidiairement leur interprétation par la jurisprudence constante de la Cour de cassation, méconnaissent-ils le droit à la liberté d'expression garanti par l'art. 11 de la DDH du 26 août 1789, en ce qu'ils interdisent, de façon générale et absolue, toute diffusion de paroles prononcées à titre privé ou confidentiel, enregistrées sans le consentement de leur auteur ? » ; la question posée ne présente pas un caractère sérieux en ce que, selon la jurisprudence constante de la Cour de cassation, le droit de toute personne au respect de sa vie privée, inscrit à l'art. 9 C. civ., puis déduit de l'art. 2 de la DDH du 26 août 1789 par maintes décisions du Cons. const., recouvre notamment l'usage précis que chacun fait des éléments de sa fortune, sauf son consentement établi à une divulgation, tandis que les art. 226-1 et 226-2 C. pén., dispositions de droit commun et non de droit de la presse, loin de présenter une portée générale et absolue, laissant déjà hors de leur domaine les interceptions de conversations opérées à de strictes conditions légales par les autorités publiques en charge de la lutte contre le crime, régissent seulement la captation et la diffusion, par des particuliers et à l'insu de leur auteur, de propos relatifs à sa vie privée, et excluent de leur champ d'application toutes paroles étrangères à cet objet, fussent-elles tenues à titre privé et dans un lieu privé, à moins que leur interception clandestine, par leur conception, leur objet et leur durée, aient nécessairement conduit celui qui l'a mise en place à pénétrer délibérément dans la vie privée de la personne concernée ; d'où il suit qu'il n'y a pas lieu de la renvoyer au Cons. const. • Civ. 1re, 5 févr. 2014 : *D. actu. 6 févr. 2014, obs. Gayet; Gaz. Pal. 2014. 1. 1794, obs. Michalski.*

4. Référé. L'injonction faite à la société X. en référé de retirer de son site des extraits d'enregistrements illicites réalisés au domicile de Mme B. n'a pas violé l'art. 10 Conv. EDH. • CEDH 14 janv. 2021, *Sté éditrice de Mediapart et a. c/ France*, nos 281/15 et 34445/15 : *D. actu. 29 janv. 2021, obs. Hasnaoui-Dufrenne; AJ pénal 2021. 152, obs. Lavric*. ♦ Après avoir rappelé que l'art. 10 Conv. EDH dispose que la liberté de recevoir et communiquer des informations peut être soumise à des restrictions prévues par la loi et nécessaires, dans une société démocratique, à la protection des droits d'autrui afin d'empêcher la divulgation d'informations confidentielles, l'arrêt retient exactement qu'il en va particulièrement ainsi du droit au respect de la vie privée, lui-même expressément affirmé par l'art. 8 de la même Conv., lequel, en outre, étend sa protection au domicile de chacun ; il s'ensuit que, si, dans une telle société, et pour garantir cet objectif, la loi pénale prohibe et sanctionne le fait d'y porter volontairement atteinte, au moyen d'un procédé de captation, sans le consentement de leur auteur, de paroles prononcées à titre privé ou confidentiel, comme de les faire connaître du public, le recours à ces derniers procédés constitue un trouble manifestement illicite, que ne sauraient justifier la liberté de la presse ou sa contribution alléguée à un débat d'intérêt général, ni la préoccupation de crédibiliser particulièrement une information, au demeurant susceptible d'être établie par un travail d'investigation et d'analyse couvert par le secret des sources journalistiques, la sanction par le retrait et l'interdiction ultérieure de nouvelle publication des écoutes étant adaptées et proportionnées à l'infraction commise, peu important, enfin, que leur contenu, révélé par la seule initiative délibérée et illicite d'un organe de presse de les publier, ait été ultérieurement repris par d'autres. • Civ. 1re, 2 juill. 2014 : *D. actu. 30 juill. 2014, obs. Douville* (rejet du pourvoi contre : • Versailles, 4 juill. 2013, n° 12/00191, V. *infra*, n° 21).

5. Géolocalisation. Il se déduit de l'art. 8 Conv. EDH que la technique dite de « géolocalisation » constitue une ingérence dans la vie privée qui, en raison de sa gravité, doit être exécutée sous le contrôle d'un juge. • Crim. 22 oct. 2013, n° 13-81.945 P : *D. 2014. 115, note Matsopoulou ; JCP 2013, n° 1378, obs. Fourment ; Dr. pénal 2013, comm. 177, obs. Maron et Haas* (2 arrêts). ♦ Justifie sa décision la chambre de l'instruction qui, pour dire régulière au regard de ce texte la mise en œuvre, au cours d'une information, du contrôle des déplacements d'une personne suspectée d'avoir commis une infraction à partir du suivi dynamique des téléphones portables utilisés par elle, retient, notamment, que cette opération a été exécutée sous le contrôle d'un juge constituant une garantie suffisante contre l'arbitraire, et que cette ingérence dans la vie privée de la personne concernée était proportionnée au but poursuivi, les faits en cause étant relatifs à une association de malfaiteurs en vue de préparer des actes de terrorisme portant gravement atteinte à l'ordre public. • Crim. 22 oct. 2013 : *préc.* ♦ En revanche, encourt la censure l'arrêt d'une chambre de l'instruction qui, pour dire régulières des réquisitions judiciaires tendant à la mise en œuvre, au cours d'une enquête préliminaire et sous l'autorité du procureur de la République, d'un contrôle des déplacements d'une personne suspectée d'avoir commis une infraction à partir du suivi dynamique des téléphones portables utilisés par elle, retient qu'il s'agit de simples mesures techniques ne portant pas atteinte à la vie privée et n'impliquant pas de recours à un élément de contrainte ou de coercition. • Crim. 22 oct. 2013 : *préc.*

I. CONTOURS DE L'INTIMITÉ

6. Entreprises. Le délit prévu et réprimé par l'art. 368-1° C. pén., pour être constitué, suppose non seulement l'enregistrement au moyen d'un appareil quelconque des paroles prononcées (dans un lieu privé) par une personne, sans le consentement de celle-ci, mais que les propos en cause concernent l'intimité de la vie privée de cette dernière ; tel n'est pas le cas des propos tenus par un employeur lors de l'entretien préalable au licenciement d'un salarié. • Crim. 16 janv. 1990, n° 89-83.075 P : *Gaz. Pal. 1990. 2. 389.* ♦ Mais se rendent coupables du délit d'atteinte à l'intimité de la vie privée : le président-directeur général d'une entreprise et son gendre qui, à l'aide d'un interphone installé dans le local servant de cantine aux employées, ont écouté les conversations de celles-ci qui se réunissaient dans ce local à l'heure du déjeuner, alors que les conversations étaient relatives non seulement à la vie professionnelle, mais aussi à l'intimité de la vie privée de différentes personnes. • TGI Saint-Étienne, 19 avr. 1977 : *D. 1978. 123, note Lindon.* ♦ ... L'employeur qui a dissimulé un magnétophone à déclenchement vocal dans le faux plafond du bureau occupé par deux de ses employés. • Crim. 24 janv. 1995 : *Dr. pénal 1995. Comm. 118, obs. Véron.*

7. C'est à bon droit que les juges ont retenu la culpabilité du dirigeant d'une société spécialisée dans la sécurité des personnes, des biens et des entreprises, du chef de complicité d'atteintes à la vie privée, pour avoir fourni, à l'auteur principal, les adresses et les numéros de téléphone des personnes à surveiller ; l'argumentation du prévenu invoquant l'absence d'atteintes à la vie privée des plaignants en raison du caractère professionnel des propos enregistrés ne peut être retenue, les branchements clandestins ayant, par leur conception, leur objet et leur durée, nécessairement conduit leur auteur à pénétrer dans la vie privée des personnes écoutées. • Crim. 7 oct. 1997, n° 96-81.485 P : *D. 1999. 152, note Saint-Pau ; Dr. pénal 1998. 47, obs. Véron ; Gaz. Pal. 1998. 2. Somm. 467, note Ch. Morel.*

8. Affaires. N'est pas une atteinte à l'intimité de la vie privée l'enregistrement d'une conversation ayant pour objet des pourparlers en vue de la publication d'un article. • Paris, 26 mars 1987 : *D. 1987. IR 104.*

9. Ne constitue pas une atteinte à l'intimité de la vie privée l'enregistrement d'une conversation téléphonique par l'un des interlocuteurs, à l'insu de l'autre, lorsque celle-ci porte sur l'activité professionnelle des intéressés, peu important que les propos aient été tenus dans un lieu privé. • Crim. 14 févr. 2006, n° 05-84.384 P : *D. 2007. 1184, note Saint-Pau ; ibid. 2007. Pan. 404, obs. Garé ; Dr. pénal 2006. 65, obs. Véron ; AJ pénal 2006. 218 ; Gaz. Pal. 2006. 2. 3228, note Monnet.*

10. Conjoints. Ne peut être considéré comme portant atteinte à l'intimité de la vie privée l'enregistrement de propos ayant trait exclusivement à des problèmes d'argent entre époux séparés de fait. • Besançon, 5 janv. 1978 : *D. 1978. 357, note Lindon ; JCP 1980. II. 19449 (1re esp.), note Bécourt.* ♦ Sur appel de : T. corr. Besançon (et non Pontarlier, comme indiqué par erreur), • Crim. 20 mai 1977 : *JCP 1979. II. 19014, note Bécourt ; Gaz. Pal. 1977. 2. 516.* ♦ Mais est une atteinte à l'intimité de la vie privée : l'écoute téléphonique réalisée par un mari dans l'appartement et les bureaux de son épouse, après qu'une ordonnance de non-conciliation eût été rendue, et alors que le prévenu a reconnu être toujours intéressé par la vie privée de son épouse. • Crim. 11 févr. 1987 : *D. 1987. Somm. 142.* ♦ ... L'enregistrement par une épouse de conversations téléphoniques confidentielles qui se déroulaient dans un lieu privé entre des tiers et son époux. • Crim. 3 mars 1998 : *Gaz. Pal. 1998. 2, chron. crim. 113.*

11. Procédure judiciaire. Les dispositions de l'art. 226-1 C. pén. ne paraissent pas applicables, en dehors de toute atteinte à l'intimité de la vie privée, à l'enregistrement à son insu de la voix d'une personne mise en examen, au cours d'une audition, par un policier agissant sur commission rogatoire du magistrat instructeur, aux fins d'expertise comparative avec la voix perceptible sur un dictaphone saisi au cours de l'enquête ; mais il y a lieu de juger que cet enregistrement a été effectué de manière déloyale et de nature à compromettre les droits de la défense. • Paris, 15 sept. 1998 : *BICC 1999, n° 558.* ♦ En revanche, justifie sa décision la cour d'appel qui condamne un journaliste pour atteinte à l'intimité de la vie privée de jurés d'assises suite à l'enregistrement et la diffusion d'une scène filmée dans une salle de la cour d'assises où les jurés s'étaient retirés pour délibérer. • Crim. 16 févr. 2010, n° 09-81.492 P : *D. 2010. AJ 768, note Lavric ; ibid. 2011. Pan. 782, obs. Dreyer ; AJ pénal 2010. 340, obs. Duparc ; Dr. pénal 2010, n° 56, obs. Véron.*

12. Un journaliste reporter d'images à France 3 Picardie avait été chargé de couvrir le déroulement d'une affaire devant la cour d'assises de la Somme ; la cour et le jury s'étaient retirés pour délibérer, et il était resté dans la salle d'audience à attendre le verdict, à l'instar d'autres confrères ; plusieurs des personnes alors présentes constataient que, par le reflet sur les parois de verre de l'immeuble faisant face, de l'autre côté de la rue, aux fenêtres de la salle des délibérés, le président de la cour et plusieurs jurés étaient visibles depuis la salle d'audience ; les conseils des deux accusés s'étant émus, auprès de l'assistance, de cette situation, le journaliste prenait l'initiative de filmer avec sa caméra ce reflet, qui lui permettait de visualiser le déroulement du délibéré ; sur ces prises de vue, étaient identifiables, outre le président de la cour, deux jurés en train de participer à un vote à main levée ; entre temps, la chaîne de télévision France 3 Picardie diffusait une partie de l'enregistrement filmé par le journaliste, cette retransmission n'étant accompagnée d'aucun floutage ; des poursuites furent exercées, à la fois, contre le journaliste, le rédacteur en chef et le directeur de publication de la chaîne régionale ; les faits ne pouvaient recevoir l'incrimination du délit de l'art. 39, al. 3, de la loi du 29 juill. 1881, dans la mesure où ce délit ne peut être imputé qu'à la personne qui, ayant participé à une délibération judiciaire, en rendrait compte, ce qui ne correspond pas à la situation des trois prévenus, qui n'ont en aucune façon participé aux délibérations du jury de la cour d'assises ; ils ne pourraient se voir reprocher une complicité punissable, en l'absence d'un acte principal de violation du secret du délibéré par l'un des participants à celui-ci. • Amiens, 4 févr. 2009 : *JCP 2009. II. 10063, note Benillouche.* ♦ De même, l'interdiction de photographier les débats judiciaires, prévue et réprimée par l'art. 38 *ter* de la loi du 29 juill. 1881, ne concerne que l'audience proprement dite et ne saurait s'étendre au délibéré d'une juridiction, sauf à ajouter au texte d'incrimination, dont les dispositions sont d'ailleurs explicites, quant à l'objet et à l'étendue de cette interdiction. • Même arrêt. ♦ En revanche, les faits sont constitutifs du délit d'atteinte à la vie privée, prévu et réprimé par les art. 226-1 et 226-2 C. pén. ; le reporter a bien filmé, en toute connaissance de cause, le déroulement du délibéré de la cour d'assises et ainsi fixé l'image de la partie civile ; il est indifférent, au regard de l'incrimination, que le prévenu ait filmé, non directement la scène litigieuse, mais seulement son reflet sur une vitre extérieure, de sorte que l'image ainsi portée à l'extérieur par un phénomène de réverbération serait devenue publique, et aurait, de ce fait, perdu son caractère confidentiel, en étant sortie de la sphère de la vie privée ; il n'est pas contestable que, mettant à profit un phénomène physique, le prévenu a profité d'une opportunité technique imprévue pour filmer une scène se déroulant à l'intérieur d'un lieu privé, c'est-à-dire, aux termes d'une jurisprudence constante, un lieu où quiconque ne peut pénétrer ou accéder sans le consentement de l'occupant, peu important que ce lieu se trouve inclus dans un bâtiment ouvert au public ; en l'espèce, seul le président de la cour d'assises avait la possibilité de donner son autorisation pour qu'une personne ne composant ni la cour ni le jury puise y pénétrer, de sorte que la salle de délibéré se trouve temporairement être, au regard de l'art. 226-1 C. pén., un lieu privé, au demeurant soumis à la surveillance, quant à son accès, des services de police. • Même arrêt. ♦ Il ne serait non plus être retenu, contrairement à ce qui a été considéré par le premier juge, que la participation d'un juré aux délibérations du jury dont il est membre, ne relève pas de l'intimité de sa vie privée, dans la mesure où il participe à une mission de service public, procédant du pouvoir régalien public ; la participation aux délibérations d'un jury criminel se fait par vote à bulletin secret, ce qui en souligne la nature d'acte strictement personnel, qui est inséparable de la sphère de l'intimité de la vie privée, le juré devant se décider en son âme et sa conscience, tandis que son impartialité et son indépendance s'en trouvent renforcées par le jeu de plusieurs dispositions légales, dont il bénéficie, notamment, au titre de la protection légale de l'intimité de la vie privée. • Même arrêt. ♦ Enfin, le reporter ne saurait exciper de sa bonne foi, en alléguant avoir voulu dénoncer une situation qu'il estimait irrégulière et s'être trouvé dans l'obligation, en sa qualité de reporter d'image, de rendre compte d'un élément d'actualité à l'opinion publique ; une telle argumentation relève du mobile et ne saurait faire disparaître le caractère volontaire ayant présidé à la prise de vue litigieuse et à la connaissance par le prévenu de son caractère illégal, n'ayant reçu aucune autorisation des personnes qu'il filmait. • Même arrêt.

13. Constitue une atteinte volontaire à l'intimité de la vie privée le fait de filmer et d'enregistrer, à leur insu, des jurés délibérant dans une salle de cour d'assises, et de diffuser cet enregistrement dans un journal télévisé. • Crim. 16 févr. 2010, n° 09-81.492 P : *D. 2010. AJ 768, obs. Lavric ; ibid. Pan. 2742, obs. Garé ; ibid. 2011. Pan. 782, obs. Dreyer ; JCP 2010, n° 21, 565, note Lennon ; ibid. 1258, p. 2361, obs. Tricoire ; Gaz. Pal. 2010. 2, p. 1745, note Michalski ; ibid., p. 2395, note Detraz* (rejet du pourvoi contre • Amiens, 4 févr. 2009 : *préc. note 12).*

14. Véhicule automobile. Pour dire le délit d'atteinte à l'intimité de la vie privée non établi, relativement à des clichés pris alors qu'un véhicule venait d'être accidenté et ses passagers grièvement blessés, l'arrêt relève qu'en raison de l'accident et de la nécessaire intervention des secours auprès des blessés, le véhicule a perdu son caractère privé, et que ses occupants sont devenus accessibles aux regards des photographes de presse, auxquels aucune interdiction d'approcher l'automobile et de prendre des clichés n'a été signifiée ; en statuant ainsi, alors que ni l'intervention des services de secours, ni l'exposition involontaire aux regards d'autrui d'une victime gravement atteinte lors d'un accident, ne font perdre au véhicule la transportant son caractère de lieu privé au sens de l'art. 226-1 C. pén., et qu'est prohibée par ce texte la fixation en un tel lieu, sans autorisation de la personne concernée, de toute image portant atteinte à l'intimité de sa vie privée, la cour d'appel n'a pas justifié sa décision. • Crim. 12 avr. 2005, n° 04-85.637 P : *Gaz. Pal. 2005. 1. 1917, concl. Commaret; ibid. 2. 3491, note Monnet; RSC 2005. 845, obs. Mayaud*.

II. ATTEINTE À L'INTIMITÉ

15. Nature. L'art. 9 C. civ. concerne, au plan civil, les mêmes atteintes que celles visées par l'art. 368-2 au plan pénal. • TGI Marseille, 23 mars 1995 : *D. 1996. 40, note Frayssinet*.

16. Se rend coupable d'injure publique et de diffamation publique, mais pas d'atteinte à la vie privée, l'employé d'un parc d'attraction qui a présenté sur un site internet des photographies retouchées de ses collègues. • TGI Meaux, 19 nov. 2001 : *D. 2002. Somm. 2373, obs. Caron*.

17. Le délit d'atteinte à l'intimité de la vie privée ne suppose nullement qu'une telle atteinte présente un caractère intolérable. • Crim. 3 mars 1982, n° 80-95.226 P : *D. 1982. 579, note Lindon.*

18. En l'état de notre droit, on ne peut admettre l'argument tendant à faire prévaloir une éventuelle revendication des citoyens français à pouvoir contempler l'image d'un homme public défunt, eût-il été président de la République française ; en effet, tout individu, quel qu'ait été son rôle au sein des institutions françaises, dispose du droit de faire respecter l'intimité de sa vie privée ; les hommes publics, et en particulier les chefs d'État, ne constituent pas une catégorie d'êtres à part, dont l'importance des prérogatives conduirait à la privation des droits élémentaires reconnus à tout individu. • TGI Paris, 13 janv. 1997 : *D. 1997. 255, note Beignier ; JCP 1997. II. 22845, note Serna.* ♦ Confirmé par : • Paris, 2 juill. 1997 : *D. 1997. 596 (1re esp.), note Beignier*. ♦ La fixation de l'image d'une personne, vivante ou morte, sans autorisation préalable des personnes ayant pouvoir de l'accorder, est prohibée, et la diffusion ou la publication de ladite image sans autorisation entre nécessairement dans le champ d'application des art. 226-1, 226-2 et 226-6 C. pén. ; si l'art. 10 Conv. EDH reconnaît à toute personne la liberté de communiquer des informations au public, ce texte prévoit, en son second paragraphe, que l'exercice de cette liberté peut être soumis à certaines conditions, restrictions ou sanctions prévues par la loi qui constituent des mesures nécessaires dans une société démocratique, notamment pour la protection des droits d'autrui ; tel est l'objet des dispositions du code pénal suscitées relatives à l'atteinte à l'intimité de la vie privée. • Crim. 20 oct. 1998, n° 97-84.621 P : *D. 1999. 106, note Beignier ; JCP 1999. II. 10044, note Loiseau; Dr. pénal 1999. 18, obs. Véron.* ♦ Rejet du pourvoi contre : • Paris, 2 juill. 1997 : *préc.*

19. Absence de consentement. L'art. 226-1 C. pén. réprime des peines qu'il prévoit, le fait, au moyen d'un procédé quelconque, de porter volontairement atteinte à l'intimité de la vie privée d'autrui, notamment, en fixant, sans son consentement, l'image d'une personne se trouvant en un lieu privé ; selon ce texte, lorsque l'acte est accompli au vu et au su de la personne intéressée, son consentement est présumé si elle ne s'y est pas opposée, alors qu'elle était en mesure de le faire ; pour dire le délit d'atteinte à l'intimité de la vie privée non établi, un arrêt, après avoir relevé que des photographies de personnes publiques réalisées dans une voiture, à la sortie d'un l'hôtel, montraient le visage de l'un des passagers de face et de profil, parfois partiellement caché par la tête de sa compagne, retient que, bien que pris à l'intérieur du lieu privé que constitue le véhicule, ces clichés n'ont surpris ni gestes, ni attitudes, ni comportements susceptibles d'être rattachés à la sphère intime de la vie privée ; les juges ajoutent que les photographies n'ont pas dévoilé l'existence d'une liaison, déjà largement médiatisée, et qu'elles n'ont revêtu aucun caractère clandestin, compte tenu du contexte dans lequel le couple a, en pleine connaissance de cause, pris la décision de quitter l'hôtel ; en prononçant ainsi, alors que l'art. 226-1 C. pén. a pour objet de sanctionner l'atteinte à l'intimité de la vie privée d'autrui du fait de la fixation, sans son consentement, de l'image d'une personne se trouvant, comme en l'espèce, dans un lieu privé, la cour d'appel, qui a insuffisamment répondu aux chefs péremptoires des conclusions de la partie civile énumérant les diverses raisons démontrant, selon elle, l'absence de consentement de la victime, n'a pas justifié sa décision. • Crim. 12 avr. 2005, n° 04-85.637 P : *Gaz. Pal. 2005. 1. 1917, concl. Commaret; ibid. 2. 3491, note Monnet; RSC 2005. 845, obs. Mayaud*.

20. La partie civile a fait citer directement devant le tribunal correctionnel les prévenus du chef d'atteinte à l'intimité de la vie privée, par enregistrement de paroles prononcées à titre privé ou confidentiel, à la suite de la diffusion, sur la chaîne de télévision TF1, d'une émission intitulée « Le droit de savoir », au cours de laquelle elle était filmée, dans l'exercice de ses fonctions au sein du groupe d'intervention régional (GIR) de la gendarmerie, alors qu'elle procédait à l'audition d'une personne lors d'une enquête relative à un trafic de cigarettes ; pour confirmer le jugement de relaxe entrepris sur l'appel de la partie civile, et dire non constitués les faits d'atteinte à l'intimité de la vie privée par captation de paroles, l'arrêt relève, notamment, que la durée et les conditions du tournage, qui ont conduit les journalistes à suivre les activités des membres du GIR pendant plusieurs mois, sur autorisation du ministère de l'Intérieur, ne permettent pas de considérer que les propos litigieux ont été enregistrés sans le consentement de la partie civile, dont la demande tendant à voir dissimulé son visage n'établit pas qu'elle souhaitait également voir sa voix déformée ; en l'état de ces seuls motifs, la cour d'appel a justifié sa décision. • Crim. 12 févr. 2008 : *Dr. pénal 2008. 61, obs. Véron.*

21. Constitue une atteinte à l'intimité de la vie privée, que ne légitime pas l'information du public, la captation, l'enregistrement ou la transmission sans le consentement de leur auteur des paroles prononcées à titre privé ou confidentiel. • Civ. 1re, 6 oct. 2011, nº 10-21.822 P : *D. 2011. 2771, note Dreye ; Gaz. Pal. 2012. 1. 297, note Detraz ; ibid. 1. 370, note Michalski et Piot.* ♦ Caractérise le trouble manifestement illicite exigé par l'art. 809 C. pr. civ., au regard des art. 226-1 et 226-2 C. pén., visés dans l'assignation, la diffusion d'enregistrements pratiqués de façon clandestine, qui ont, par leur localisation et leur durée, nécessairement conduit leur auteur à pénétrer dans l'intimité des personnes concernées et de leurs interlocuteurs, peu important que les défendeurs aient procédé à un tri au sein des enregistrements diffusés pour ne rendre publics que les éléments ne portant pas atteinte, selon eux, à la vie privée des personnes concernées. • Versailles, 4 juill. 2013, nº 12/00191 : *D. actu. 9 juill. 2013, obs. Lavric.*

22. Revenge porn. Le fait de porter à la connaissance du public ou d'un tiers soit des paroles prononcées à titre privé ou confidentiel, soit l'image d'une personne se trouvant dans un lieu privé n'est punissable que si l'enregistrement ou le document qui les contient a été réalisé sans le consentement de la personne concernée. • Crim. 16 mars 2016, nº 15-82.676 P : *D. actu. 21 mars 2016, obs. Fucini ; D. 2016. Pan. 2424, obs. Garé ; Dr. pénal 2016, nº 73, obs. Conte ; AJ pénal 2016. 268, obs. Thierry ; RSC 2016. 96, obs. Francillon . D. 2016. 935, note Serinet ; ibid. Pan. 1597, obs. Laurent .*

23. Responsabilité civile. A justifié sa décision la cour d'appel qui, après avoir relevé qu'est détachable de la fonction d'un agent public, même si elle n'est pas dépourvue de tout lien avec son service, la faute de cet agent qui, impliquant une intention de nuire ou présentant une gravité particulière, révèle un manquement volontaire et inexcusable à des obligations d'ordre professionnel et déontologique, pour statuer sur les demandes de réparations des parties civiles, retient que tel est le cas des prévenus, hauts fonctionnaires ou hauts gradés de la gendarmerie ou de la police nationale qui, par la commission de faits illégaux relevant d'un système institutionnalisé et constitutifs de délits d'atteinte à l'intimité de la vie privée (écoutes téléphoniques de la « cellule élyséenne »), ont jeté le discrédit sur l'ensemble de la fonction publique civile et militaire en affaiblissant l'autorité de l'État dans l'opinion publique, méconnaissant ainsi l'intérêt général, au seul profit d'intérêts particuliers n'excluant nullement leurs propres intérêts de carrière. • Crim. 30 sept. 2008, nº 07-82.249 P : *D. 2008. 2975, note Matsopoulou ; ibid. 2009. Pan. 2239, obs. Pradel ; RSC 2009. 92, obs. Fortis .*

A. VOLONTÉ DE L'ATTEINTE

24. Principe. Le délit prévu tant par l'art. 368 ancien, que par l'art. 226-1, 1º, nouv. C. pén. n'est punissable que si le prévenu a eu la volonté de porter atteinte à la vie privée d'autrui. • Crim. 7 oct. 1997, nº 96-81.485 P : *D. 1999. 152, note Saint-Pau ; Dr. pénal 1998. Comm. 47, obs. Véron ; Gaz. Pal. 1998. 2. Somm. 467, note Ch. Morel.*

25. Diversité des manifestations. La volonté de porter atteinte à la vie privée peut résulter notamment de la mise en condition de la victime, soumise pendant près d'une heure à un véritable questionnaire soigneusement préparé et orienté. • Crim. 3 mars 1982, nº 80-95.226 P : *D. 1982. 579, note Lindon.*

26. Publier la photographie de la dépouille mortelle d'une personne implique nécessairement la conscience de porter atteinte à l'intimité de la vie privée de celle-ci. • TGI Paris, 13 janv. 1997 : *D. 1997. 255, note Beignier ; JCP 1997. II. 22845, note Serna.* ♦ Sur appel : • Paris, 2 juill. 1997 : *préc. note 18 .* ♦ Sur pourvoi : • Crim. 20 oct. 1998 : *préc. note 18.*

27. Écoutes téléphoniques. A pris part, délibérément, à des écoutes illégales, et doit être reconnu coupable de faits caractérisant le délit d'atteinte à l'intimité de la vie privée le prévenu qui, en sa qualité de chef du GIC, organisme placé sous le contrôle du Premier ministre, était chargé de la mise en place d'interceptions demandées par le ministre de la Défense, après réception de l'aval du directeur de cabinet du Premier ministre, ainsi que de leur transcription et de leur diffusion, alors qu'il connaissait le fondement juridique fragile des interceptions demandées par la « cellule élyséenne » qui lui étaient signalées, qu'il n'a pas estimé devoir attirer l'attention du cabinet du Premier ministre et ne s'est pas opposé à la sortie, hors de son service, d'un nombre significatif d'interceptions dont la « cellule » opérait elle-même irrégulièrement la transcription. • Crim. 30 sept. 2008 : *préc. note 23.*

28. Opérations de surveillance. Manque de base légale la condamnation pour atteinte à l'intimité de la vie privée prononcée contre le directeur d'un foyer d'hébergement qui, après avoir vainement mis en garde le personnel de l'établissement sur l'usage abusif du téléphone de celui-ci pour des communications personnelles, avait fait installer dans son bureau un poste de surveillance destiné à contrôler les communications échangées, alors que l'arrêt ne précise aucun élément de fait d'où résulterait la preuve que le prévenu ait volontairement intercepté ou tenté d'intercepter des conversations téléphoniques privées, échangées dans des conditions autorisées par le règlement du foyer, soit par le personnel, soit par les résidents. • Crim. 27 janv. 1981 : *JCP 1982. II. 19742 (1re esp.), note Bécourt ; RSC 1982. 353, obs. Levasseur.* ♦ Cassation de : • Besançon, 13 déc. 1979 : *JCP 1980. II. 19449 (2e esp.), note Bécourt.* ♦ V., en première instance : • T. corr. Montbéliard, 1er déc. 1978 : *JCP 1979. II. 19248, note Lindon.*

29. Si l'employeur a le droit de contrôler et de surveiller l'activité de ses salariés pendant le temps du travail, tout enregistrement, quels qu'en soient les motifs, d'images ou de paroles à leur insu, constitue un mode de preuve illicite. • Soc. 20 nov. 1991 : *D. 1992. 73, concl. Chauvy*. ♦ L'employeur a le droit de contrôler et de surveiller l'activité de ses salariés pendant le temps du travail ; seul l'emploi de procédé clandestin de surveillance est illicite ; une cour d'appel, qui a relevé que les salariés avaient été dûment avertis de ce que leurs conversations téléphoniques seraient écoutées, a pu décider que les écoutes réalisées constituaient un mode de preuve valable. • Soc. 14 mars 2000, n° 98-42.090 P : *JCP 2001. II. 10472, note Puigelier*. ♦ Si, aux termes de l'art. L. 432-2-1 C. trav. [L. 2323-32 nouv.], le comité d'entreprise est informé et consulté préalablement à la décision de mise en œuvre dans l'entreprise, sur les moyens ou les techniques permettant un contrôle de l'activité des salariés, ce qui interdit à l'employeur de se servir de moyens de preuve obtenus à l'aide de procédés de surveillance qui n'auraient pas été portés préalablement à la connaissance des salariés, l'employeur est libre de mettre en place des procédés de surveillance des entrepôts ou autres locaux de rangement dans lesquels les salariés ne travaillent pas ; ayant constaté qu'un système de vidéosurveillance a été installé par un employeur dans un entrepôt de marchandise et qu'il n'enregistrait pas l'activité de salariés affectés à un poste déterminé, une cour d'appel peut retenir ce moyen de preuve. • Soc. 31 janv. 2001, n° 98-44.290 P : *D. 2001. IR 743 ; Gaz. Pal. 2001. 2. Somm. 1773, note Maurel-Guignot*. ♦ Si l'employeur a le droit de contrôler et de surveiller l'activité de son personnel durant le temps de travail, il ne peut, ainsi qu'il résulte de l'art. L. 432-2-1 C. trav. [L. 2323-32 nouv.], mettre en œuvre un dispositif de contrôle qui n'a pas été porté préalablement à la connaissance des salariés ; ayant relevé qu'une société a fait appel, à l'insu du personnel, à une société de surveillance extérieure à l'entreprise pour procéder au contrôle de l'utilisation par ses salariés des distributeurs de boissons et sandwiches, une cour d'appel décide à bon droit que le rapport de cette société de surveillance constitue un moyen de preuve illicite ; ayant constaté que le licenciement pour faute grave des salariés reposait exclusivement sur le rapport de la société de surveillance, la même cour, qui n'est pas tenue d'ordonner une mesure d'instruction, en déduit justement que le licenciement est dépourvu de cause réelle et sérieuse. • Soc. 15 mai 2001 : *D. 2001. Somm. 3015, obs. Aubert-Monpeyssen*. ♦ Une cour d'appel retient exactement que la vérification par une société du relevé de communications téléphoniques d'un salarié fourni par France Télécom ne constitue pas un procédé de surveillance illicite pour n'avoir pas été préalablement porté à la connaissance des salariés. • Soc. 15 mai 2001 : *D. 2001. Somm. 3015, obs. Aubert-Monpeyssen ; ibid. 2002. 2292, note Planque ; Gaz. Pal. 2002. 1. Somm. 560, note Maurel-Guignot.*

30. Un employeur avait équipé les lieux de travail de caméras et de micros installés dans les faux-plafonds, l'ensemble étant relié à son appartement situé dans l'immeuble, et l'installation apparente était connue des salariés ; toutefois, constitue une atteinte à la vie privée, au sens de l'art. 226-1 C. pén., le fait, pour cet employeur, d'avoir installé d'autres micros, à l'insu des salariés, notamment dans le bureau d'un attaché de presse, afin d'entendre ses conversations ; le salarié ne pouvait avoir connaissance de ce micro dissimulé dans la plinthe d'une cloison entre le bureau et une réserve, alors qu'il ne pouvait être décelé que par un examen attentif ; en outre, les faits ont été reconnus par l'installateur de l'ensemble des systèmes de surveillance ; enfin, l'employeur qui pouvait entendre toutes les conversations sans distinction entre leur caractère privé ou professionnel, ne pouvait invoquer, sans les prouver, des nécessités de sécurité. • Paris, 19 mars 2002 : *D. 2003. Somm. 1533, obs. Marino ; JCP 2002. IV. 2620.*

31. Identification par photographie. En cas d'enregistrement, réalisé au moyen d'un cinémomètre, de l'image de l'auteur d'un excès de vitesse, l'agent verbalisateur agit conformément aux instructions régulières de ses chefs pour établir l'identité de l'auteur d'une infraction ; dès lors ne saurait être retenu l'art. 368 C. pén., l'élément intentionnel faisant défaut. • T. pol. Paris, 25 mai 1984 : *Gaz. Pal. 1984. 2. 632, et la note ; JCP 1986. II. 20531, note Taquet ; RSC 1986. 856, obs. Levasseur.*

32. Le droit interne protège la vie privée des citoyens, et notamment leur droit à l'image, en interdisant de fixer au moyen d'un appareil quelconque l'image d'une personne se trouvant dans un lieu privé, sans le consentement de celle-ci ; cependant, pour constituer une infraction pénale, la loi française exige que le détenteur de l'appareil ait eu l'intention de porter atteinte à l'intimité de la vie privée d'autrui ; ainsi, l'autorité publique qui procède à l'identification d'un contrevenant au moyen d'un appareil photographique ne se rend pas coupable de l'infraction susvisée ; le procédé n'apparaît pas illégal au regard du droit pénal national. • T. pol. Cannes, 9 mai 1994 : *Gaz. Pal. 1994. 2. 635.* ♦ Mais, l'ingérence de l'autorité publique, réalisée par l'opération d'identification par photographie, si elle répond aux nécessités de l'ordre et de la sécurité publique, n'est prévue, dans le droit français, ni par une loi, ni par un règlement, ni par un décret, ni par un arrêté, mais par deux circulaires qui n'ont aucune valeur normative ; elle ne répond dès lors pas aux conditions posées par l'art. 8 Conv. EDH, directement applicable en droit interne et ayant une autorité supérieure à la loi nationale, ce qui entache de nullité le procès-verbal servant de base aux poursuites. • Même jugement. ♦ *Contra* : • T. pol. Marmande, 10 janv. 1995 : *Gaz. Pal. 1995. 2. Somm. 488.*

33. Ne constitue pas une ingérence injustifiée, au sens de l'art. 8 Conv. EDH, la constatation des contraventions d'excès de vitesse au moyen d'un cinémomètre associé à un appareil de prise de vue qui est utilisé aux seules fins de relever l'immatriculation des véhicules en infraction et de permettre, le cas échéant, l'identification des contrevenants. • Crim. 7 mai 1996, n° 95-85.674 P. ♦ Pour rejeter l'exception de nullité de la procédure soulevée par le prévenu qui soutenait que les textes autorisant l'emploi, pour constater les infractions d'excès de vitesse, d'un cinémomètre raccordé à un système de prise de vue, étaient incompatibles avec les dispositions de l'art. 8 Conv. EDH, l'arrêt attaqué énonce que le recours à un tel procédé ne porte aucune atteinte prohibée à la vie privée dès lors que le véhicule concerné circule sur une voie ouverte au public; en cet état, la cour d'appel a justifié sa décision sans méconnaître les dispositions conventionnelles et légales visées au moyen; en effet, ne constitue pas une ingérence injustifiée, au sens de l'art. 8 de la convention européenne précitée, la constatation des contraventions d'excès de vitesse au moyen d'un cinémomètre associé à un appareil de prise de vue utilisé aux seules fins de relever l'immatriculation des véhicules en infraction et de permettre, le cas échéant, l'identification des contrevenants. • Crim. 8 avr. 1998 : *Dr. pénal 1998. Comm. 146 (1er arrêt), obs. J.-H. Robert.*

34. *Photographies anthropométriques.* Une prise de photographies et d'empreintes digitales intervenue dans le cadre d'une enquête préliminaire sur une personne gardée à vue, et sous le contrôle de l'autorité judiciaire, ne saurait être constitutive du délit prévu par l'art. 368-2 C. pén.; il n'en résulte en effet aucune atteinte volontaire à la vie privée, dès lors qu'elles ont été réalisées dans un cadre légal, et qu'en tout état de cause un commissariat de police ne saurait constituer un lieu privé. • TGI Marseille, 23 mars 1995 : *D. 1996. 40, note Frayssinet.*

B. MATÉRIALITÉ DE L'ATTEINTE

35. *Clandestinité.* BIBL. Véron, *Dr. pénal 1998. Chron. 16* (clandestinité et prescription). ♦ Les art. 368 ancien et 226-1 nouv. C. pén. font de la clandestinité un élément constitutif essentiel du délit d'atteinte à l'intimité de la vie privée d'autrui, qui n'est caractérisé que lorsque la personne, dont les paroles ont été enregistrées sans son consentement, est informée de leur captation ou de leur transmission, et qui, selon l'art. 226-6, ne peut être poursuivi que sur la plainte de la victime ou de ses ayants droit. • Crim. 4 mars 1997, n° 96-84.773 P : *Dr. pénal 1997. 75, obs. Véron; Gaz. Pal. 1997. 1. 320, note J.P.D.; RSC 1997. 669, obs. Dintilhac.* ♦ Rejet du pourvoi contre : • Paris, 30 sept. 1996 : *D. 1997. 111, note Breen; Gaz. Pal. 1997. 1. 1, note Doucet.* ♦ Ainsi, sauf à retirer son effectivité de la loi, cette infraction ne peut être prescrite avant qu'elle ait pu être constatée en tous ses éléments, et que soit révélée, aux victimes, l'atteinte qui a pu être portée à leurs droits. • Même arrêt. ♦ Mêmes solutions pour le délit de mise en mémoire informatisée de données nominatives faisant apparaître les opinions des personnes : V. ss. art. 226-19.

36. Le point de départ de la prescription du délit d'atteinte à l'intimité de la vie privée doit être fixé au jour où le délit est apparu et a pu être constaté dans des conditions permettant l'exercice de l'action publique. • Crim. 8 juin 1999 : *Dr. pénal 1999. Comm. 146, obs. Véron.* ♦ L'atteinte à l'intimité à la vie privée par des écoutes téléphoniques est une infraction par nature clandestine conduisant à faire courir le délai de prescription seulement à partir du moment où elle est révélée aux victimes dans tous ses éléments. • Crim. 30 sept. 2008 : *préc. note 23.*

37. *Complicité.* Est complice du délit d'atteinte à l'intimité de la vie privée commis par son époux, la prévenue qui a sciemment, par aide ou assistance, facilité la préparation ou la consommation de l'infraction, dès lors qu'elle conduisait le véhicule qui a servi à photographier une princesse. • Aix-en-Provence, 9 janv. 2006 : *JCP 2007. IV. 1499.*

1° PAROLES

BIBL. Ch. Lèguevaques et V. Douysset, *Gaz. Pal. 2000-1. Doctr. 588* (l'enregistrement téléphonique comme mode de preuve dans le contentieux du divorce).

38. *Enregistrement.* L'art. 368 C. pén. réprime le fait d'enregistrer au moyen d'un appareil quelconque des paroles prononcées (dans un lieu privé) par une personne, sans le consentement de celle-ci, quels que soient les résultats techniques de l'enregistrement, les propos enregistrés seraient-ils inaudibles. • Crim. 19 mai 1981, n° 80-94.634 P : *D. 1981. 544, note Mayer; RSC 1982. 125, obs. Levasseur.*

39. *Persécutions téléphoniques.* La poursuite n'est pas viciée par l'utilisation au cours de l'enquête préliminaire d'un procédé technique qui a pour but et pour résultat non l'interception de communications téléphoniques, mais la détermination de l'origine d'appels constituant des violences avec préméditation; les parties conservent toute latitude pour discuter les résultats d'une telle opération, et les juges demeurent libres d'en déterminer la valeur probante. • Crim. 4 janv. 1974, n° 90-88.773 P : *D. 1974. Somm. 10.*

40. La pose sur la ligne téléphonique du plaignant, et à sa demande, d'un appareil enregistrant le numéro de l'abonné appelant, ainsi que la date et l'heure de l'appel, ne constitue pas une infraction aux dispositions de l'art. 368 C. pén., qui réprime l'écoute, l'enregistrement et la communication des paroles. • Crim. 16 janv. 1974, n° 92-07.273 P : *JCP 1974. II. 17731, note Lindon.*

41. L'enregistrement, à la diligence des destinataires, de communications téléphoniques anonymes et réitérées perturbant la vie familiale, ne saurait entrer dans le cadre des propos protégés par l'art. 368 C. pén., ne présentant pas le caractère d'une atteinte à l'intimité de la vie privée de l'auteur des appels ; il n'est pas contraire aux droits de la défense de l'utiliser pour identifier celui-ci. • Crim. 17 juill. 1984 (2 arrêts), n° 83-92.333 P : *RSC 1985. 304, obs. Levasseur.*

42. Écoutes téléphoniques. L. du 10 juill. 1991. Sur les interceptions ordonnées par l'autorité judiciaire, et les interceptions de sécurité, V. désormais la loi n° 91-646 du 10 juill. 1991, relative au secret des correspondances émises par la voie des télécommunications : art. 432-9, al. 2, et App., v° *Postes et télécommunications.* ♦ Sur le droit intermédiaire : • Comm. EDH 11 janv. 1994 : *Dr. pénal 1995. Comm. 245, note Maron.*

43. Des faits d'écoutes téléphoniques, relevant d'un système institutionnalisé, de surcroît réalisées par une cellule constituée par les plus hautes autorités de l'État (cellule anti-terroriste de l'Élysée), et commises au préjudice de très nombreuses personnes à raison de leur profession, notamment de journalistes, d'avocats et d'hommes politiques, d'écrivains, etc., sont susceptibles de recevoir la qualification correctionnelle prévue par l'art. 226-1 C. pén. prévoyant les atteintes à la vie privée par le moyen de captation, fixation, enregistrement des paroles d'une personne sans son consentement, ce texte ayant repris les dispositions de l'art. 368 C. pén. • Paris, 30 sept. 1996 : *D. 1997. 111, note Breen ; Gaz. Pal. 1997. 1. 1, note Doucet.* ♦ La L. du 10 juill. 1991, relative au secret des correspondances émises par la voie des télécommunications, – qui a notamment complété le code pénal par un art. 186-1, devenu l'art. 432-9, inapplicable aux faits commis avant son entrée en vigueur –, ne contient aucune disposition incompatible avec celles des lois du 17 juill. 1970, relative à la garantie des libertés individuelles, et du 6 janv. 1978, sur l'informatique et les libertés, reprises respectivement aux art. 368 et 369 devenus 226-1 et 226-2 C. pén., et 226-16 à 226-20 du même code, d'où il suit que le moyen qui se borne à affirmer une telle incompatibilité pour prétendre à l'abrogation implicite de ces derniers textes est inopérant et doit être écarté. • Crim. 4 mars 1997, n° 96-84.773 P : *Gaz. Pal. 1997. 1. 320, note J.P.D. ; RSC 1997. 669, obs. Dintilhac*. ♦ Rejet du pourvoi contre : • Paris, 30 sept. 1996 : *préc.*

44. Est justifié l'arrêt, qui pour dire que les agissements reprochés aux prévenus caractérisent le délit d'atteinte à l'intimité de la vie privée prévu, à la date des faits, par l'art. 368 C. pén. devenu l'art. 226-1 du même code, retient que, le 12 janv. 1995, il a été remis au juge d'instruction cinq disquettes provenant de la « cellule élyséenne » et contenant vingt-six fichiers créés grâce à l'emploi d'un logiciel mis à la disposition de cet organisme, parmi lesquels se trouvaient les listes des correspondants des personnes écoutées et plus de trois mille fiches de synthèse de conversations téléphoniques irrégulièrement captées en 1985 et 1986, ajoutant que, compte tenu des résultats des expertises et de l'examen des documents ou bandes magnétiques saisis, la matérialité et le contenu des fichiers extraits des disquettes ne peuvent utilement être contestés par les prévenus, lesquels n'ont d'ailleurs exercé aucune voie de recours contre la décision du tribunal retenant, en fonction des mêmes éléments de preuve, leur culpabilité à l'égard de certaines parties civiles, et énonçant enfin que les interceptions, pratiquées hors d'un cadre légal et sans respecter les recommandations d'un rapport de l'autorité judiciaire, sont avérées et que, même si quelques unes d'entre elles n'ont pas fait l'objet d'une transcription, elles caractérisent en tous ses éléments, y compris l'élément intentionnel, le délit d'atteinte à l'intimité de la vie privée, dès lors que les branchements clandestins et illégaux sur les lignes téléphoniques du domicile ou du local professionnel des parties civiles ont, par leur conception, leur objet et leur durée, nécessairement conduit leurs auteurs à pénétrer dans l'intimité de la vie privée des personnes mises sous écoute et de leurs interlocuteurs. • Crim. 30 sept. 2008 : *préc. note 23.*

45. Pour refuser aux prévenus le bénéfice du fait justificatif prévu par l'art. 327 de l'ancien code pénal devenu l'art. 122-4 du même code, relatif au commandement de l'autorité légitime, l'arrêt relève qu'à l'époque des faits, aucune loi ne prévoyait les interceptions administratives, qui étaient mises en œuvre selon la décision n° 1 E du Premier ministre en date du 28 mars 1960 complétée par les recommandations d'un rapport de l'autorité judiciaire ; l'arrêt observe également que le dépassement de son champ de compétence par la « cellule élyséenne » a entraîné une large confusion entre les missions de lutte contre le terrorisme, la sécurité du président de la République ainsi que de ses proches et la protection de la vie privée de ce dernier, et qu'à le supposer donné par le chef de l'État, l'ordre de procéder à des écoutes pour protéger sa vie privée ne pouvait légitimer cet acte, dès lors qu'il émanait d'une autorité ne disposant pas du pouvoir de le faire ; les juges ajoutent que les écoutes téléphoniques en cause ont été pratiquées de façon illégitime, sans respecter la procédure administrative mise en place ni les directives des Premiers ministres qui avaient interdit, sauf motifs particuliers sur lesquels l'attention devait être alertée, l'écoute d'avocats et de journalistes ; les juges énoncent enfin que le commandement de l'autorité légitime ne peut être retenu en faveur d'un officier supérieur de la gendarmerie et de hauts fonctionnaires, dès lors que ne leur était imposée aucune obéissance inconditionnelle à des ordres manifestement illégaux ; en l'état de ces motifs, qui caractérisent des comportements faisant obstacle à l'application du fait justificatif invoqué, la cour d'appel a justifié sa décision. • Crim. 30 sept. 2008 : *préc. note 23.*

46. Enregistrement de conversations privées sur commission rogatoire. Le juge d'instruction tient des art. 81, al. 1er, 151 et 152 C. pr. pén. le pouvoir de prescrire, en vue de la constatation des infractions, tous les actes d'information utiles à la manifestation de la vérité, y compris l'enregistrement de conversations privées, pourvu que ces mesures aient lieu sous son contrôle et dans des conditions ne portant pas atteinte aux droits de la défense. • Crim. 23 nov. 1999, n° 99-82.658 P.

47. Valeur probante des enregistrements. L'enregistrement d'une conversation privée, effectué et conservé à l'insu de l'auteur des propos invoqués, est un procédé déloyal rendant irrecevable en justice la preuve ainsi obtenue. • Civ. 2e, 7 oct. 2004, n° 03-12.653 P : *D. 2005. 122, note Bonfils ; AJ pénal 2005. 30, obs. Enderlin ; JCP 2005. II. 10025, note Léger.*

48. La prévenue a produit, dans une procédure de divorce, une attestation établie par une amie, relatant de graves violences commises sur elle-même par son époux, en état d'ébriété ; celui-ci a porté plainte et s'est constitué partie civile des chefs d'établissement d'attestation faisant état de faits matériellement inexacts et usage, et a produit un procès-verbal d'huissier retranscrivant intégralement l'enregistrement d'une conversation téléphonique entre lui-même et son épouse, dans laquelle celle-ci reconnaissait le caractère mensonger de l'attestation ; c'est à bon droit que la cour d'appel a écarté l'argumentation de la prévenue qui invoquait le caractère déloyal de ce moyen de preuve au regard du procès équitable, et l'a condamnée du chef d'usage d'attestation inexacte ; dès lors que l'enregistrement de la conversation téléphonique privée, réalisé par l'époux, était justifié par la nécessité de rapporter la preuve des faits dont il était victime et de répondre, pour les besoins de sa défense, aux accusations de violences qui lui étaient imputées, la cour d'appel, devant qui la valeur de ce moyen de preuve a été contradictoirement débattue, n'a pas méconnu les art. 427 C. pr. pén., 226-1 et 441-7 C. pén., et 6, § 1, Conv. EDH. • Crim. 31 janv. 2007, n° 06-82.383 P : *D. 2007, chron. 1821, obs. Ménotti ; Dr. pénal 2007. 98, obs. Véron ; RSC 2007. 331, obs. Filniez.*

49. La transcription effectuée, contre le gré de l'intéressé, par un officier de police judiciaire, des propos qui lui sont tenus, officieusement, par une personne suspecte, élude les règles de procédure et compromet les droits de la défense ; la validité d'un tel procédé ne peut être admise. • Crim. 3 avr. 2007 : *D. 2007. Chron. 1821, obs. Ménotti ; D. 2008, Pan. 2760, obs. Pradel.*

2° IMAGE

BIBL. A. de Lajartre, *JCP 1996. I. 3955* (fonctions et fictions des « miradors électroniques » publics – la « vidéosurveillance » dans la L. du 21 janv. 1995).

50. Lieu privé. Le lieu privé doit être conçu comme un endroit qui n'est ouvert à personne sauf autorisation de celui qui l'occupe d'une manière permanente ou temporaire. • Besançon, 5 janv. 1978 : *D. 1978. 357, note Lindon ; JCP 1980. II. 19449 (1re esp.), note Bécourt* • Aix-en-Provence, 9 janv. 2006 : *JCP 2007. IV. 1499* (à propos d'un véhicule automobile). ♦ Doit être, au contraire, qualifié de public le lieu accessible à tous, sans autorisation spéciale de quiconque, que l'accès en soit permanent et inconditionnel ou subordonné à certaines conditions. • TGI Paris, 23 oct. 1986 : *Gaz. Pal. 1987. 1. 21.*

51. Faire dépendre le caractère public ou privé d'un lieu, de la nature de la scène qui s'y déroule, alors que ce lieu est public par sa destination même, conduirait à insérer dans le texte légal une modalité qui n'y figure pas et à donner de la loi une interprétation extensive. • T. corr. Aix-en-Provence, 16 oct. 1973 : *JCP 1974. II. 17623, note Lindon ; RSC 1976. 119, obs. Levasseur.*

52. Une photographie prise dans la rue, lieu public par nature, ne peut tomber, en cas de publication, sous le coup des art. 368 et 369 (nouvel art. 226-2) C. pén. • T. corr. Aix-en-Provence, 16 oct. 1973 : *préc. note 51* • Toulouse, 26 févr. 1974 : *D. 1974. 736 ; RSC 1976. 119, obs. Levasseur.* ♦ Ne peut être tenue comme un lieu privé au sens de l'art. 368 C. pén. une plage, où a été photographiée une femme, la poitrine découverte, dès lors que cette plage est un lieu accessible à tous les estivants. • TGIParis, 18 mars 1971 : *D. 1971. 447, note Foulon-Piganiol; Gaz. Pal. 1972. 1. 59, note Frémond ; JCP 1971. II. 16875 ; RSC 1972. 118, obs. Levasseur.* ♦ Ne peut être tenue comme un lieu privé au sens de l'art. 368 C. pén. une plage, où a été photographiée une femme, la poitrine découverte, dès lors que cette plage est un lieu accessible à tous les estivants. • TGI Paris, 18 mars 1971 : *D. 1971. 447, note Foulon-Piganiol ; Gaz. Pal. 1972. 1. 59, note Frémond ; JCP 1971. II. 16875 ; RSC 1972. 118, obs. Levasseur.*

53. Un bateau revêt le caractère d'un lieu privé, lorsque, ne se trouvant plus à proximité d'une plage ou d'un port, mais au large, toute personne à bord, si aucune embarcation n'évolue dans le voisinage, est fondée à se croire à l'abri des regards d'autrui. • Paris, 5 févr. 1979 : *JCP 1980. II. 19343, note Lindon ; RSC 1980. 714, obs. Levasseur.* ♦ Constitue un lieu privé au sens de l'art. 226-1 C. pén. un yacht privé servant à une croisière estivale, ce yacht, à l'évidence, n'étant pas librement accessible au public, la qualité de lieu privé s'appliquant à toutes les parties du bateau, y compris celles qui, par la force des choses, sont plus exposées aux regards indiscrets (pont). • Paris, 2 nov. 2000 : *Dr. pénal 2001. 42, obs. Véron.*

54. Est un lieu privé une chambre d'hôpital (tentative de photographier une actrice blessée sur son lit d'hôpital). • Paris, 17 mars 1986 : *Gaz. Pal. 1986. 2. 429.* ♦ ... Un lieu de détention, dans lequel, par définition, il est interdit d'entrer et dont on ne peut sortir sans une autorisation très particulière et strictement limitée (photographies prises clandestinement de surveillants de prison et de détenus). • TGI Paris, 23 oct. 1986 : *préc. note 50.* ♦ Rappr. : • Paris, 19 nov. 1986 : *D. 1987. Somm. 141.*

55. Est un lieu privé la chambre mortuaire d'un ancien président de la République ; sans doute des centaines de personnes y ont été admises, mais selon une procédure qui comprenait filtrage, contrôle et surveillance des opérations exclusives de toute volonté de rendre ce lieu public. • Paris, 2 juill. 1997 : *D. 1997. 596 (1re esp.), note Beignier*. ♦ Sur pourvoi : • Crim. 20 oct. 1998, n° 97-84.621 P : *D. 1999. 106, note Beignier ; JCP 1999. II. 10044, note Loiseau ; Dr. pénal 1999. Comm. 18, obs. Véron.*

56. Les parties civiles ont porté plainte du chef d'atteinte à l'intimité de la vie privée, à la suite de la publication de photographies prises à leur insu pendant la cérémonie de leur mariage dans une synagogue de Paris ; à l'issue de l'information, une personne a été renvoyée devant le tribunal correctionnel de Paris du chef d'atteinte à l'intimité de la vie privée, et trois autres du chef d'utilisation d'un document ou d'un enregistrement obtenu par une atteinte à l'intimité de la vie privée ; les prévenus ayant été relaxés par le tribunal correctionnel, les parties civiles ont interjeté appel ; pour confirmer le jugement, l'arrêt retient qu'en application de l'art. 25 de la loi du 9 déc. 1905, aux termes duquel les réunions pour la célébration d'un culte tenu dans les locaux appartenant à une association cultuelle ou mis à sa disposition sont publiques, le caractère public des cérémonies s'impose à l'autorité religieuse célébrant le mariage ainsi qu'aux mariés ; les juges ajoutent que le fait, personnel aux parties civiles, d'avoir organisé un contrôle temporaire de l'une des entrées de la synagogue, les autres entrées n'étant pas concernées, n'établit pas le caractère privé de la cérémonie ; en l'état de ces énonciations, dont il résulte que la prise des photographies sans le consentement des personnes y figurant ayant été faite dans un lieu public, le délit prévu par l'art. 226-1, 2° ; C. pén. n'est pas constitué, la cour d'appel a justifié sa décision. • Crim. 25 oct. 2011, n° 11-80.266 P : *D. actu. 24 nov. 2011, obs. Lavric ; Gaz. Pal. 2012. 296, note Dreyer ; Dr. pénal 2012. 4, obs. Véron.*

57. Sur le fondement de l'ancienne condition de lieu privé qui était également requise pour les enregistrements de paroles (art. 368, al. 1er, 1°), ont encore été retenus comme de tels lieux, du moins au regard de l'utilisation qui en fut faite : le bureau d'une entreprise. • Crim. 8 déc. 1983, n° 82-92.724 P : *D. 1985. IR 17, obs. Lindon ; Gaz. Pal. 1984. 1, note Doucet ; RSC 1985. 84, obs. Levasseur* • Rouen, 19 mars 1987 : *Gaz. Pal. 1987. 2. Somm. 394.* ♦ ... Un magasin. • Crim. 14 mars 1984, n° 83-90.029 P : *D. 1985. IR 17, obs. Lindon ; RSC 1984. 745, obs. Levasseur.* ♦ Fut également considéré comme lieu privé : une pharmacie après la fermeture des portes. • TGI Paris, 7 nov. 1975 : *D. 1976. 270, note Lindon ; RSC 1976. 729, obs. Levasseur.* ♦ ... Mais non pas le poste téléphonique d'un hôtel mis à la disposition de la clientèle et du personnel dans le hall de réception de cet établissement (par opposition à la cabine isolée phonétiquement). • Besançon, 5 janv. 1978 : *D. 1978. 357, note Lindon ; JCP 1980. II. 19449 (1re esp.), note Bécourt.*

58. Fixation. La fixation de l'image d'une personne, vivante ou morte, est prohibée sans autorisation préalable des personnes ayant pouvoir de l'accorder, la protection de la vie privée persistant au-delà de la mort ; est ainsi coupable d'une atteinte à la vie privée d'autrui le directeur de publication d'un hebdomadaire, qui fait paraître dans son magazine une photographie d'un acteur étendu sur son lit de mort, en un lieu privé. • Crim. 21 oct. 1980, n° 80-90.146 P : *D. 1981. 72, note Lindon ; RSC 1981. 878, obs. Levasseur.*

59. Il résulte d'une jurisprudence constante que les atteintes à l'intimité de la vie privée peuvent porter sur la fixation de l'image de toute personne, vivante ou morte ; on ne peut donc soutenir que le droit au respect de l'intimité de la vie privée prend fin à la date du décès ou que le droit au respect de l'intimité de la vie privée disparaît au moment du décès. • TGI Paris, 13 janv. 1997 : *D. 1997. 255, note Beignier ; JCP 1997. II. 22845, note Serna.* ♦ Le fait de prendre des photographies d'une dépouille mortelle porte incontestablement atteinte à l'intimité de la vie privée d'autrui, quelles que soient les analyses que l'on puisse faire sur le point de savoir si la notion d'autrui se rapporte au décédé ou à ses ayants droit, eu égard à la généralité du terme ; cette notion désigne l'« autre » auquel le respect est dû en raison de sa condition d'être humain qui ne se réduit pas au point de savoir s'il peut ou non encore être porteur de droits privés après son décès. • Paris, 2 juill. 1997 : *D. 1997. 596 (1re esp.), note Beignier* (confirmation de : • TGI Paris, 13 janv. 1997 : *préc.*). ♦ La fixation de l'image d'une personne, vivante ou morte, sans autorisation préalable des personnes ayant pouvoir de l'accorder, est prohibée, et la diffusion ou la publication de ladite image sans autorisation entre nécessairement dans le champ d'application des art. 226-1, 226-2 et 226-6 C. pén. • Crim. 20 oct. 1998, n° 97-84.621 P : *D. 1999. 106, note Beignier ; JCP 1999. II. 10044, note Loiseau ; Dr. pénal 1999. Comm. 18, obs. Véron.* ♦ Rejet du pourvoi contre : • Paris, 2 juill. 1997 : *préc.*

60. L'opposition des ayants droit constitue un élément à prendre en considération, *a fortiori* lorsque le défunt n'a pas eu l'occasion de faire connaître sa volonté personnelle sur ce point ; mais il convient de préciser ... que c'est au regard de l'acte de publication des photographies litigieuses que doivent être appréciés ces éléments constitutifs de l'infraction : en effet, on peut imaginer des situations dans lesquelles les photographies de la dépouille mortelle d'une personne sont prises avec l'accord de la famille pour un usage privé et que l'opposition des ayants droit porte sur la seule diffusion dans le public desdits clichés. • TGI Paris, 13 janv. 1997 : *préc. note 59.* ♦ Sur pourvoi : • Crim. 20 oct. 1998 : *préc. note 59.*

61. Constitue l'infraction prévue par l'art. 368 C. pén. le fait de photographier un tiers, sans son consentement, de l'extérieur à travers la fenêtre fermée de son appartement. • Crim. 25 avr. 1989, n° 86-93.632 P : *RSC 1990. 78, obs. Levasseur*. ♦ Constitue pareillement le délit la prise de photographies, sans son consentement : d'une actrice sur son lit d'hôpital. • Paris, 17 mars 1986 : *Gaz. Pal. 1986. 2. 429.* ♦ ... D'une personne détenue dans une maison d'arrêt. • TGI Paris, 23 oct. 1986 : *préc. note 50.*

62. En revanche, n'entre pas dans le champ d'application de l'art. 368 C. pén., une surveillance à l'aide d'une jumelle effectuée dans le cadre d'une enquête préliminaire destinée à constater une infraction. • Crim. 23 août 1994, n° 93-84.739 P : *Dr. pénal 1994. Comm. 236, note Véron ; ibid. 1995. 49, note Maron.*

63. Valeur probante des enregistrements. Si l'employeur a le droit de contrôler et de surveiller l'activité de ses salariés pendant le temps du travail, tout enregistrement, quels qu'en soient les motifs, d'images ou de paroles à leur insu, constitue un mode de preuve illicite. • Soc. 20 nov. 1991 : *D. 1992. 73, concl. Chauvy*.

64. La captation, la fixation, l'enregistrement ou la transmission par les policiers de l'image d'une personne se trouvant dans un lieu privé, qui ne sont autorisés que dans les cas et conditions prévus par l'art. 706-96 C. pr. pén., ne peuvent être opérés au cour d'une enquête préliminaire ; constitue une ingérence, au sens de l'art. 8 Conv. EDH, dans l'exercice du droit au respect de la vie privée et du domicile, le fait, pour les policiers, de photographier clandestinement, au moyen d'un téléobjectif, les plaques d'immatriculation des véhicules se trouvant à l'intérieur d'une propriété privée non visible de la voie publique, aux fins d'identification des titulaires des cartes grises ; une telle immixtion, opérée en enquête préliminaire, qui n'est prévue par aucune disposition de procédure pénale, est nécessairement irrégulière. • Crim. 21 mars 2007, n° 06-89.444 P : *D. 2007, chron. 1817, obs. Caron ; AJ pénal 2007. 286 ; Dr. pénal 2007. 91, obs. Maron ; Gaz. Pal. 2007. 2. 4073, note Monnet ; RSC 2007. 841, obs. Finielz ; ibid. 897, obs. Renucci ; ibid. 2008. 655, obs. Buisson*.

65. La mise en place d'un dispositif technique ayant pour objet, sans le consentement des intéressés, la captation et la fixation de leur image dans un lieu privé ne peut être autorisée que par le juge d'instruction, dans le cadre d'une information concernant une infraction entrant dans le champ d'application de l'art. 706-73 C. pr. pén. ; des policiers, agissant en enquête préliminaire, ont mis en place un dispositif technique aux fins de capter et de fixer des images dans le parking souterrain clos d'une résidence privée dont l'accès nécessite l'usage d'une télécommande ; ils ont, par ce moyen, fixé les images de personnes allant et venant dans l'allée centrale du parking ; ces documents ont été versés dans la procédure annexée au réquisitoire introductif ; le mis en examen dans l'information ultérieurement ouverte a saisi la chambre de l'instruction d'une demande d'annulation d'actes de la procédure et en particulier des vidéo surveillances réalisées, en faisant notamment valoir qu'elles n'avaient pas été autorisées par un juge et qu'elles avaient été effectuées dans un lieu privé, à usage d'habitation, inaccessible à des vues extérieures et clos, l'usage d'une clef étant nécessaire pour y entrer ; pour déclarer régulières les opérations, l'arrêt attaqué retient que cette installation a été effectuée avec l'autorisation du syndic de l'immeuble, dont le numéro de téléphone et le nom du représentant sont indiqués dans le procès-verbal, que, dans la mesure où l'installation du dispositif a été autorisée par le syndic, il n'était pas nécessaire d'obtenir l'autorisation d'un magistrat, que le dispositif a été installé dans les parties communes de l'immeuble et non dans les parties privatives, que n'étant personnellement titulaire d'aucun droit sur ces lieux, le demandeur n'a pas qualité pour contester la mise en place et l'utilisation du dispositif de surveillance, que, s'il apparaît en personne sur les clichés versés au dossier, le recel de véhicules volés et la falsification de leur immatriculation ne sauraient être regardés comme des activités protégées au titre du respect de la vie privée ; mais en prononçant ainsi, par des motifs inopérants, alors que, les parties communes d'une copropriété constituant un lieu privé, les opérations de captation et de fixation d'images effectuées en l'espèce ne répondaient pas aux conditions de l'art. 706-96 C. pr. pén., la chambre de l'instruction a méconnu le texte susvisé et le principe ci-dessus énoncé. • Crim. 27 mai 2009, n° 09-82.115 P : *D. 2009. AJ 1697, obs. Girault ; ibid. Pan. 2241, obs. Pradel ; AJ pénal 2009. 367, obs. Ascensi ; RSC 2009. 595, obs. Mayaud ; ibid. 899, obs. Buisson*.

Art. 226-2 Est puni des mêmes peines le fait de conserver, porter ou laisser porter à la connaissance du public ou d'un tiers ou d'utiliser de quelque manière que ce soit tout enregistrement ou document obtenu à l'aide de l'un des actes prévus par l'article 226-1.

Lorsque le délit prévu par l'alinéa précédent est commis par la voie de la presse écrite ou audiovisuelle, les dispositions particulières des lois qui régissent ces matières sont applicables en ce qui concerne la détermination des personnes responsables.

Corresp. : *C. pén., ancien art. 369.*

1. Conservation. La conservation d'un enregistrement de paroles prononcées à titre privé ou confidentiel, au sens de l'art. 226-2 C. pén. constitue un délit continu, à l'égard duquel la prescription de l'action publique ne commence à courir que lorsqu'il a cessé. • Crim. 4 mars 1997, n° 96-84.773 P : *Dr. pénal 1997. 75, obs. Véron; Gaz. Pal. 1997. 1. 320, note J.P.D.* ♦ Rejet du pourvoi contre : • Paris, 30 sept. 1996 : *D. 1997. 111, note Breen ; Gaz. Pal. 1997. 1. 1, note Doucet.* ♦ Même solution pour la conservation de données informatisées relatives aux opinions des personnes : V. ss. art. 226-19.

2. Diffusion. Constitue l'infraction prévue par l'art. 368 C. pén. (nouvel art. 226-1) le fait de photographier un tiers, sans son consentement, de l'extérieur à travers la fenêtre fermée de son appartement; la publication d'une telle photographie, sans l'accord de l'intéressé, caractérise le délit prévu par l'art. 369 du même code. • Crim. 25 avr. 1989 : *Bull. crim. n° 165 ; RSC 1990. 78, obs. Levasseur .*

3. La production en justice de photographies prises dans un lieu privé sans le consentement de la personne fixée sur l'image ne constitue pas une diffusion au sens de la L. du 17 juill. 1970, cette production n'ayant pour conséquence qu'une publicité restreinte et les pièces de la procédure n'étant communiquées qu'à des personnes tenues au secret professionnel. • Versailles, 9 juill. 1982 : *Gaz. Pal. 1983. 1. Somm. 50.*

4. L'art. 369 C. pén. ne fait pas de distinction quant à la nature de l'enregistrement porté à la connaissance du public ; il n'y a donc pas lieu de distinguer, dans une conversation, les paroles qui concernent la vie intime et les autres, et le texte est applicable dès lors qu'elles ont été tenues dans un lieu privé et enregistrées sans le consentement de l'intéressé. • Paris, 4 juill. 1990 : *Gaz. Pal. 1991. 2. 446.*

5. Se rend coupable du délit de publication de documents résultant d'une atteinte à l'intimité de la vie privée, faits prévus et réprimés par les art. 226-2, 226-6 et 226-31 C. pén., le directeur de publication d'un hebdomadaire qui a publié deux photographies parues en doubles pages représentant François Mitterrand sur son lit de mort, sans avoir recueilli le consentement des ayants droit de celui-ci. • TGI Paris, 13 janv. 1997 : *D. 1997. 255, note Beignier ; JCP 1997. II. 22845, note Serna.* ♦ Confirmé par : • Paris, 2 juill. 1997 : *D. 1997. 596 (1re esp.), note Beignier .* ♦ La fixation de l'image d'une personne, vivante ou morte, sans autorisation préalable des personnes ayant pouvoir de l'accorder, est prohibée, et la diffusion ou la publication de ladite image sans autorisation entre nécessairement dans le champ d'application des art. 226-1, 226-2 et 226-6 C. pén. ; si l'art. 10 Conv. EDH reconnaît à toute personne la liberté de communiquer des informations au public, ce texte prévoit, en son second paragraphe, que l'exercice de cette liberté peut être soumis à certaines conditions, restrictions ou sanctions prévues par la loi qui constituent des mesures nécessaires dans une société démocratique, notamment pour la protection des droits d'autrui ; tel est l'objet des dispositions du code pénal suscitées relatives à l'atteinte à l'intimité de la vie privée. • Crim. 20 oct. 1998, n° 97-84.621 P : *D. 1999. 106, note Beignier ; JCP 1999. II. 10044, note Loiseau; Dr. pénal 1999. Comm. 18, obs. Véron.* ♦ Rejet du pourvoi contre : • Paris, 2 juill. 1997 : *préc.*

6. L'art. 226-2 C. pén. est applicable à la publication en France de toute photographie dès lors que celle-ci a été réalisée dans des conditions portant atteinte à l'intimité de la vie privée au sens de l'art. 226-1 ; il est indifférent, comme c'est le cas en l'espèce, que la photographie ait été prise à l'étranger, par un photographe étranger, et concerne des personnes de nationalité étrangère. • Paris, 2 nov. 2000 : *Dr. pénal 2001. 42, obs. Véron.*

7. Conflits de qualifications. L'art. L. 42 C. P. et T. (violation du secret des correspondances téléphoniques) et l'art. 369 C. pén. ne font pas double emploi : le premier tend à protéger le secret des communications radioélectriques, alors que le second condamne les atteintes à la vie privée commises par la publication de documents et enregistrements obtenus dans les conditions prévues à l'art. 368 C. pén. (nouvel art. 226-1) ; la publication dans un journal d'une conversation téléphonique ou radiotéléphonique recouvre les deux infractions. • T. corr. Paris, 2 juill. 1981 : *Gaz. Pal. 1983. 1. Somm. 49.* ♦ Rappr. : • Besançon, 5 janv. 1978 : *D. 1978. 357, note Lindon ; JCP 1980. II. 19449 (1re esp.), note Bécourt.* ♦ Sur appel de : T. corr. Besançon (et non Pontarlier, comme indiqué par erreur), • Crim. 20 mai 1977 : *JCP 1979. II. 19014, note Bécourt ; Gaz. Pal. 1977. 2. 516.*

8. Droit de la presse. Le rappel sous quelque forme que ce soit d'une condamnation amnistiée ne pouvant être assimilé à une atteinte à la vie privée, et dès lors que la loi d'amnistie en cause (L. 4 août 1981) n'a institué aucune présomption de responsabilité à l'encontre du directeur de publication d'un écrit périodique, c'est par un emprunt abusif aux dispositions combinées des art. 285 (nouvel art. 227-24) et 369 C. pén. que les juges retiennent la responsabilité d'un tel directeur, du seul fait de la publication, sans rechercher s'il a sciemment pris part aux faits objets de la poursuite. • Crim. 15 mars 1988, n° 84-91.142 P.

9. Le fait que le législateur ait défini, dans l'art. 226-2 C. pén., à propos de la conservation ou de la diffusion de tout enregistrement ou document obtenu par une atteinte à la vie privée, une responsabilité dite en cascade, lorsque sa diffusion en a été commise par voie de presse écrite ou audiovisuelle, suivant renvoi aux dispositions en la matière des lois sur la presse, ne saurait induire la volonté du législateur de soumettre au régime procédural de la loi du 29 juill. 1881 toute atteinte à la vie privée commise par voie de presse écrite ou audiovisuelle ; l'intention du législateur a seulement été de prévoir une imputation légale de ces délits, qui restent, en tout état de cause, soumis au droit pénal commun... ; en adaptant expressément le système de la responsabilité en cascade à ceux qui conservent, portent ou laissent porter à la connaissance du public ou d'un tiers, ou qui utilisent de quelque manière que ce soit tout enregistrement ou document obtenu à la faveur d'une atteinte à l'intimité de la vie d'autrui, le législateur a seulement voulu renforcer la protection de la victime d'une telle atteinte, sans pour autant avoir voulu définir pour chacune des infractions concernées un régime juridique distinct ; il serait peu compréhensible, au regard de la cohérence de la répression, que l'auteur de l'atteinte soit poursuivi plus rigoureusement que ceux qui ont exploité cette atteinte, en plaçant ces derniers sous le régime plus protecteur des délits de presse. • Amiens, 4 févr. 2009 : *JCP 2009. II. 10063, note Benillouche.* ♦ ... Les exceptions préjudicielles tirées de la nullité des actes de citation et de la prescription des délits reprochés, comme étant soumis à la loi du 29 juill. 1881, s'avèrent non fondées, ni justifiées, et seront donc rejetées. • Même arrêt.

Art. 226-2-1 *(L. n° 2016-1321 du 7 oct. 2016, art. 67)* **Lorsque les délits prévus aux articles 226-1 et 226-2 portent sur des paroles ou des images présentant un caractère sexuel prises dans un lieu public ou privé, les peines sont portées à deux ans d'emprisonnement et à 60 000 € d'amende.**

Est puni des mêmes peines le fait, en l'absence d'accord de la personne pour la diffusion, de porter à la connaissance du public ou d'un tiers tout enregistrement ou tout document portant sur des paroles ou des images présentant un caractère sexuel, obtenu, avec le consentement exprès ou présumé de la personne ou par elle-même, à l'aide de l'un des actes prévus à l'article 226-1.

BIBL. ▸ LEPAGE, *Dr. pénal 2017. Étude 1* (l'article 226-2-1 du Code pénal. Une nouvelle strate dans la protection pénale de la vie privée). – DETRAZ, *RSC 2016. 741* (nouvelles dispositions réprimant les atteintes à l'intimité sexuelle : faire compliqué quand on peut faire simple).

Les dispositions de l'art. 226-2-1, al. 2 C. pén. répriment le fait de diffuser, sans l'accord de la personne intéressée, des paroles ou des images présentant un caractère sexuel, obtenues avec son consentement, à l'aide de l'un des actes mentionnés à l'art. 226-1. Les termes « un caractère sexuel » et « absence d'accord de la personne pour la diffusion » sont suffisamment clairs et précis pour garantir contre le risque d'arbitraire. Il appartient aux juridictions compétentes d'apprécier le caractère sexuel des paroles ou images diffusées ainsi que l'absence de consentement de la personne à cette diffusion. Par ailleurs, d'une part, en faisant référence aux enregistrements ou documents obtenus « à l'aide de l'un des actes prévus à l'article 226-1 », qui recouvrent la captation, la fixation, l'enregistrement ou la transmission de paroles ou d'images, le législateur a uniquement défini les actes matériels ayant permis à l'auteur de leur diffusion d'obtenir ces enregistrements et documents, sans les restreindre aux seuls actes réalisés dans un lieu privé, d'autre part, il n'a pas entendu incriminer un mode particulier de diffusion. Enfin, ces dispositions n'ont pas pour effet de déroger au principe, prévu par l'art. 121-3 C. pén., selon lequel il n'y a pas de délit sans intention de le commettre. L'art. 226-2-1, al. 2, C. pén., dans sa rédaction issue de la L. n° 2016-1321 du 7 oct. 2016 pour une République numérique, est conforme à la Constitution. • Cons. const. 30 sept. 2021, n° 2021-933 QPC : *D. actu. 11 oct. 2021, obs. Goetz ; D. 2021. 2028, note Detraz ; ibid. Pan. 2109, obs. Roujou de Boubée ; RSC 2021. 834, obs. Mayaud ; Dr. pénal 2022, n° 2, obs. Conte.*

Art. 226-3 *(Ord. n° 2011-1012 du 24 août 2011, art. 44)* **Est puni de cinq ans d'emprisonnement et de 300 000 € d'amende :**

1° La fabrication, l'importation, la détention, l'exposition, l'offre, la location ou la vente d'appareils ou de dispositifs techniques *(L. n° 2013-1168 du 18 déc. 2013, art. 23)* **« de nature à permettre la réalisation d'opérations » pouvant constituer l'infraction prévue par le** *(L. n° 2020-936 du 30 juill. 2020, art. 18)* **« deuxième** *[ancienne rédaction : second]* **» alinéa de l'article 226-15 ou qui, conçus pour la détection à distance des conversations, permettent de réaliser l'infraction prévue par l'article 226-1 ou ayant pour objet la captation de données informatiques prévue** *(L. n° 2015-912 du 24 juill. 2015, art. 7)* **« aux articles 706-102-1** *(Abrogé par L. n° 2019-222 du 23 mars 2019, art. 46-V et 109-XIII, à compter du 1er juin 2019)* *(L. n° 2016-731 du 3 juin 2016, art. 5)* **« et 706-102-2 » du code de procédure pénale et L. 853-2 du code de la sécurité intérieure » et figurant sur une liste dressée dans des conditions fixées par décret en Conseil d'État, lorsque ces faits sont commis, y compris par négligence, en l'absence d'autorisation ministérielle dont les conditions d'octroi sont fixées par ce même décret ou sans respecter les conditions fixées par cette autorisation ;** — *V. Arr. du 4 juill. 2012 fixant la liste d'appareils et de dispositifs techniques* *prévue par l'art. 226-3 C. pén. (JO 1er août), mod. par Arr. du 17 juill. 2015 (JO 22 juill.) ; Arr. du 15 déc. 2015 (JO 27 déc.) ; Arr. du 11 août 2016 (JO 25 août).*

2° Le fait de réaliser une publicité en faveur d'un appareil ou d'un dispositif technique susceptible de permettre la réalisation des infractions prévues par l'article 226-1 et le *(L. n° 2020-936 du 30 juill. 2020, art. 18)* **« deuxième** *[ancienne rédaction : second]* **» alinéa de l'article 226-15 lorsque cette publicité constitue une incitation à commettre cette infraction ou ayant pour objet la captation de données informatiques prévue** *(L. n° 2015-912 du 24 juill. 2015, art. 7)* **« aux articles 706-102-1** *(Abrogé par L. n° 2019-222 du 23 mars 2019, art. 46-V et 109-XIII, à compter du 1er juin 2019) (L. n° 2016-731 du 3 juin 2016, art. 5)* **«** ***et 706-102-2*** **» du code de procédure pénale et L. 853-2 du code de la sécurité intérieure » lorsque cette publicité constitue une incitation à en faire un usage frauduleux.**

(L. n° 2019-810 du 1er août 2019, art. 4) **« Le présent article n'est pas applicable à la détention ou à l'acquisition par les opérateurs mentionnés à l'article L. 1332-1 du code de la défense, ainsi désignés en vertu de leur activité d'exploitant d'un réseau de communications électroniques ouvert au public, des appareils soumis à une autorisation du Premier ministre en application de la section 7 du chapitre II du titre I du livre II du code des postes et des communications électroniques. »**

Corresp. *: C. pén., ancien art. 371.*

BIBL. ▶ PRADEL, *D. 1992. Chron. 49*. – MARON et VÉRON, *Dr. pénal, déc. 1991 et janv. 1992*. – KAYSER, *JCP 1992. I. 3559*.

Art. 226-3-1 *(L. n° 2018-703 du 3 août 2018, art. 16)* **Le fait d'user de tout moyen afin d'apercevoir les parties intimes d'une personne que celle-ci, du fait de son habillement ou de sa présence dans un lieu clos, a caché à la vue des tiers, lorsqu'il est commis à l'insu ou sans le consentement de la personne, est puni d'un an d'emprisonnement et de 15 000 € d'amende.**

Les faits mentionnés au premier alinéa sont punis de deux ans d'emprisonnement et de 30 000 € d'amende :

1° Lorsqu'ils sont commis par une personne qui abuse de l'autorité que lui confèrent ses fonctions ;

2° Lorsqu'ils sont commis sur un mineur ;

3° Lorsqu'ils sont commis sur une personne dont la particulière vulnérabilité, due à son âge, à une maladie, à une infirmité, à une déficience physique ou psychique ou à un état de grossesse, est apparente ou connue de leur auteur ;

4° Lorsqu'ils sont commis par plusieurs personnes agissant en qualité d'auteur ou de complice ;

5° Lorsqu'ils sont commis dans un véhicule affecté au transport collectif de voyageurs ou dans un lieu destiné à l'accès à un moyen de transport collectif de voyageurs ;

6° Lorsque des images ont été fixées, enregistrées ou transmises.

BIBL. ▶ TELLIER-CAYROL, *AJ pénal 2018. 400* s. (loi du 3 août 2018 renforçant la lutte contre les violences sexuelles et sexistes. Des objectifs respectables, une efficacité incertaine). – CLAVERIE-ROUSSET, *Dr. pénal 2018. Étude 23* (commentaire des principales dispositions de la loi n° 2018-703 du 3 août 2018 renforçant la lutte contre les violences sexuelles ou sexistes). – SAENKO et DETRAZ, *D. 2018. Chron. 2031* (la loi n° 2018-703 du 3 août 2018 renforçant la lutte contre les violences sexuelles et sexistes : les femmes et les enfants d'abord !).

Art. 226-4 L'introduction *(Abrogé par L. n° 2015-714 du 24 juin 2015)* **«** ***ou le maintien*** **» dans le domicile d'autrui à l'aide de manœuvres, menaces, voies de fait ou contrainte, hors les cas où la loi le permet, est puni d'un an d'emprisonnement et de 15 000 € d'amende.** — *Pr. pén. 2-2.*

(L. n° 2015-714 du 24 juin 2015) **« Le maintien dans le domicile d'autrui à la suite de l'introduction mentionnée au premier alinéa, hors les cas où la loi le permet, est puni des même peines ».**

Art. 226-4-1 *(L. n° 2011-267 du 14 mars 2011, art. 2)* **Le fait d'usurper l'identité d'un tiers ou de faire usage d'une ou plusieurs données de toute nature permettant de l'identifier en vue de troubler sa tranquillité ou celle d'autrui, ou de porter atteinte à son honneur ou à sa considération, est puni d'un an d'emprisonnement et de 15 000 € d'amende.**

Cette infraction est punie des mêmes peines lorsqu'elle est commise sur un réseau de communication au public en ligne.

(L. nº 2020-936 du 30 juill. 2020, art. 19) **« Lorsqu'ils sont commis par le conjoint ou le concubin de la victime ou par le partenaire lié à la victime par un pacte civil de solidarité, ces faits sont punis de deux ans d'emprisonnement et de 30 000 euros d'amende. »**

BIBL. ▶ LEPAGE, *JCP 2011, nº 913* (le délit d'usurpation d'identité : questions d'interprétation). – MATTATIA, *RSC 2014. 331* (l'usurpation d'identité sur internet dans tous ses états). – MONTEIL, *D. 2020. 101* (l'usurpation d'identité à l'épreuve du numérique).

Le délit d'usurpation d'identité ne peut être caractérisé en tous ses éléments dès lors que l'identité litigieuse correspond à celle qui a été attribuée au prévenu dans des circonstances extrinsèques, de sorte que ni le fait d'usurper l'identité d'un tiers ni la volonté d'en faire usage en vue de troubler la tranquillité du tiers, ou celle d'autrui, ou de porter atteinte à son honneur ou à sa considération, ne peuvent être caractérisés. En effet, le prévenu, originaire des Comores, était entré sur le territoire français, alors qu'il était mineur, sous une identité qui lui avait été donnée, indépendamment de sa volonté, par un homme qu'il dit avoir considéré longtemps comme son père. • Crim. 17 févr. 2016, nº 15-80.211 P : *D. actu. 22 mars 2016, obs. Gallois ; AJ pénal 2016. 267, obs. Aubert ; RSC 2016. 68, obs. Mayaud.*

Art. 226-4-2 *(L. nº 2014-366 du 24 mars 2014, art. 26)* **Le fait de forcer un tiers à quitter le lieu qu'il habite sans avoir obtenu le concours de l'État dans les conditions prévues à l'article L. 153-1 du code des procédures civiles d'exécution, à l'aide de manœuvres, menaces, voies de fait ou contraintes, est puni de trois ans d'emprisonnement et de 30 000 € d'amende.**

Art. 226-5 **La tentative des infractions prévues par la présente section est punie des mêmes peines.**

Art. 226-6 **Dans les cas prévus par les articles 226-1** *(L. nº 2016-1321 du 7 oct. 2016, art. 67)* **« à 226-2-1 », l'action publique ne peut être exercée que sur plainte de la victime, de son représentant légal ou de ses ayants droit.**

Art. 226-7 *(L. nº 2009-526 du 12 mai 2009, art. 124-I)* **« Les personnes morales déclarées responsables pénalement, dans les conditions prévues par l'article 121-2, des infractions définies à la présente section encourent, outre l'amende suivant les modalités prévues par l'article 131-38 : »**

2° *[1°]* **L'interdiction, à titre définitif ou pour une durée de cinq ans au plus, d'exercer directement ou indirectement l'activité professionnelle ou sociale dans l'exercice ou à l'occasion de l'exercice de laquelle l'infraction a été commise ;**

3° *[2°]* **L'affichage ou la diffusion de la décision prononcée, dans les conditions prévues par l'article 131-35.**

SECTION 4 *De l'atteinte au secret*

§ 1 *De l'atteinte au secret professionnel*

Art. 226-13 **La révélation d'une information à caractère secret par une personne qui en est dépositaire soit par état ou par profession, soit en raison d'une fonction ou d'une mission temporaire, est punie d'un an d'emprisonnement et de 15 000 € d'amende.** — *Pén. 434-3, 434-11 ; Pr. pén. 11, 109.*

Art. 226-14 *(L. nº 2004-1 du 2 janv. 2004, art. 11)* **L'article 226-13 n'est pas applicable dans les cas où la loi impose ou autorise la révélation du secret. En outre, il n'est pas applicable :**

1° A celui qui informe les autorités judiciaires, médicales ou administratives de privations ou de sévices, y compris lorsqu'il s'agit d'atteintes *(L. nº 2006-399 du 4 avr. 2006, art. 14)* **« ou mutilations » sexuelles, dont il a eu connaissance et qui ont été infligées à un mineur ou à une personne qui n'est pas en mesure de se protéger en raison de son âge ou de son incapacité physique ou psychique ;**

2° Au médecin *(L. n° 2015-1402 du 5 nov. 2015, art. 1er)* « ou à tout autre professionnel de santé » qui, avec l'accord de la victime, porte à la connaissance du procureur de la République *(L. n° 2015-1402 du 5 nov. 2015, art. 1er)* « ou de la cellule de recueil, de traitement et d'évaluation des informations préoccupantes relatives aux mineurs en danger ou qui risquent de l'être, mentionnée au deuxième alinéa de l'article L. 226-3 du code de l'action sociale et des familles, » les sévices ou privations qu'il a constatés, sur le plan physique ou psychique, dans l'exercice de sa profession et qui lui permettent de présumer que des violences physiques, sexuelles ou psychiques de toute nature ont été commises. *(L. n° 2007-297 du 5 mars 2007, art. 34)* « Lorsque la victime est un mineur ou une personne qui n'est pas en mesure de se protéger en raison de son âge ou de son incapacité physique ou psychique, son accord n'est pas nécessaire ; »

(L. n° 2020-936 du 30 juill. 2020, art. 12) « 3° Au médecin ou à tout autre professionnel de santé qui porte à la connaissance du procureur de la République une information relative à des violences exercées au sein du couple relevant de l'article 132-80 du présent code, lorsqu'il estime en conscience que ces violences mettent la vie de la victime majeure en danger immédiat et que celle-ci n'est pas en mesure de se protéger en raison de la contrainte morale résultant de l'emprise exercée par l'auteur des violences. Le médecin ou le professionnel de santé doit s'efforcer d'obtenir l'accord de la victime majeure ; en cas d'impossibilité d'obtenir cet accord, il doit l'informer du signalement fait au procureur de la République ;

« 4° » Aux professionnels de la santé ou de l'action sociale qui informent le préfet et, à Paris, le préfet de police du caractère dangereux pour elles-mêmes ou pour autrui des personnes qui les consultent et dont ils savent qu'elles détiennent une arme ou qu'elles ont manifesté leur intention d'en acquérir une.

(L. n° 2015-1402 du 5 nov. 2015, art. 1er) « Le signalement aux autorités compétentes effectué dans les conditions prévues au présent article ne peut engager la responsabilité civile, pénale ou disciplinaire de son auteur, sauf s'il est établi qu'il n'a pas agi de bonne foi. »

§ 2 *De l'atteinte au secret des correspondances*

Art. 226-15 Le fait, commis de mauvaise foi, d'ouvrir, de supprimer, de retarder ou de détourner des correspondances arrivées ou non à destination et adressées à des tiers, ou d'en prendre frauduleusement connaissance, est puni d'un an d'emprisonnement et de 45 000 € d'amende.

Est puni des mêmes peines le fait, commis de mauvaise foi, d'intercepter, de détourner, d'utiliser ou de divulguer des correspondances émises, transmises ou reçues par la *(L. n° 2011-525 du 17 mai 2011, art. 150-2°)* « voie électronique » ou de procéder à l'installation d'appareils *(L. n° 2013-1168 du 18 déc. 2013, art. 23)* « de nature à permettre la réalisation » de telles interceptions. — *V. Arr. du 4 juill. 2012 ss. art. R. 226-1.*

(L. n° 2020-936 du 30 juill. 2020, art. 18) « Lorsqu'ils sont commis par le conjoint ou le concubin de la victime ou le partenaire lié à la victime par un pacte civil de solidarité, ces faits sont punis d'une peine de deux ans d'emprisonnement et de 60 000 euros d'amende. »

LIVRE II **DES CRIMES ET DÉLITS CONTRE LES PERSONNES**

TITRE II **DES ATTEINTES À LA PERSONNE HUMAINE**

CHAPITRE VI ***DES ATTEINTES À LA PERSONNALITÉ***

SECTION 1 ***De l'atteinte à la vie privée***

Art. R. 226-1 *(Décr. n° 97-757 du 10 juill. 1997)* La liste d'appareils *(Décr. n° 2016-67 du 29 janv. 2016, art. 6)* « et de dispositifs techniques » prévue par l'article 226-3 est établie par arrêté du Premier ministre.

Par dérogation aux dispositions de l'article 1er du décret n° 97-34 du 15 janvier 1997 relatif à la déconcentration des décisions administratives individuelles, les autorisations prévues aux articles R. 226-3 et R. 226-7 sont délivrées par le *(Décr. nº 2019-1139 du 7 nov. 2019, art. 1er)* **« directeur général de l'Agence nationale de la sécurité des systèmes d'information** *[ancienne rédaction : Premier ministre]* **».**

V. Instr. du 5 sept. 2006 relative à la commercialisation et à l'acquisition ou détention des matériels permettant de porter atteinte à l'intimité de la vie privée ou au secret des correspondances (JO 3 nov.).

Arrêté du 4 juillet 2012,

Fixant la liste d'appareils et de dispositifs techniques prévue par l'article 226-3 du code pénal.

Art. 1er La liste prévue par l'article 226-3 du code pénal des appareils et des dispositifs techniques soumis à l'autorisation mentionnée à l'article R. 226-3 de ce code figure en annexe I au présent arrêté.

Art. 2 La liste prévue par l'article 226-3 du code pénal des appareils et des dispositifs techniques soumis à l'autorisation mentionnée à l'article R. 226-7 de ce code figure en annexe II au présent arrêté.

Art. 3 L'arrêté du 29 juillet 2004 fixant la liste d'appareils prévue par l'article 226-3 du code pénal est abrogé.

Art. 3-1 *(Arr. du 17 juill. 2015)* Le présent arrêté est applicable sur l'ensemble du territoire de la République.

Art. 4 Le directeur général de l'Agence nationale de la sécurité des systèmes d'information est chargé de l'exécution du présent arrêté, qui sera publié au *Journal officiel* de la République française.

ANNEXES
ANNEXE I

APPAREILS ET DISPOSITIFS TECHNIQUES SOUMIS À AUTORISATION EN APPLICATION DE L'ARTICLE R. 226-3 DU CODE PÉNAL

1. Appareils, à savoir tous dispositifs matériels et logiciels, *(Arr. du 11 août 2016, en vigueur le 1er oct. 2016)* « de nature à permettre » l'interception, l'écoute, l'analyse, la retransmission, l'enregistrement ou le traitement de correspondances émises, transmises ou reçues sur des réseaux de communications électroniques, opérations pouvant constituer l'infraction prévue par le deuxième alinéa de l'article 226-15 du code pénal.

Entrent notamment dans cette catégorie :

(Arr. du 11 août 2016, en vigueur le 1er oct. 2021) « — les appareils qui permettent aux opérateurs de communications électroniques de connecter les équipements de leurs clients au cœur de leur réseau radioélectrique mobile ouvert au public, dès lors que ces appareils disposent de fonctionnalités, pouvant être configurées et activées à distance, permettant de dupliquer les correspondances des clients, à l'exclusion des appareils installés chez ceux-ci ; »

— les appareils dont les fonctionnalités qui participent à l'interception, l'écoute, l'analyse, la retransmission, l'enregistrement ou le traitement de correspondances ne sont pas activées, quel que soit le moyen d'activation ;

— les appareils permettant, par des techniques non intrusives d'induction électromagnétique ou de couplage optique, d'intercepter ou d'écouter les correspondances transitant sur les câbles filaires ou les câbles optiques des réseaux de communications électroniques.

N'entrent pas dans cette catégorie :

— les appareils de tests et de mesures utilisables exclusivement pour l'établissement, la mise en service, le réglage et la maintenance des réseaux et systèmes de communications électroniques ;

— les appareils conçus pour un usage grand public et permettant uniquement l'exploration manuelle ou automatique du spectre radioélectrique en vue de la réception et de l'écoute de fréquences ;

— les dispositifs permettant de réaliser l'enregistrement des communications reçues ou émises par des équipements terminaux de télécommunications, lorsque cet enregistrement fait partie des fonctionnalités prévues par les caractéristiques publiques de ces équipements.

2. Appareils qui, spécifiquement conçus pour détecter à distance les conversations afin de réaliser à l'insu du locuteur l'interception, l'écoute ou la retransmission de la parole, directement ou indirectement, par des moyens acoustiques, électromagnétiques ou optiques, permettent de réaliser l'infraction prévue par l'article 226-1 du code pénal.

Entrent dans cette catégorie :

— les dispositifs microémetteurs permettant la retransmission de la voix par moyens hertziens, optiques ou filaires, à l'insu du locuteur ;

— les appareils d'interception du son à distance de type microcanon ou équipés de dispositifs d'amplification acoustique ;

— les systèmes d'écoute à distance par faisceaux laser.

3. Dispositifs techniques, à savoir tous matériels ou logiciels, spécifiquement conçus pour, sans le consentement des intéressés, accéder aux données informatiques, les enregistrer, les conserver et les transmettre, telles qu'elles s'affichent sur un écran pour l'utilisateur d'un système de traitement automatisé de données *(Arr. du 17 juill. 2015)* « , telles qu'il les y introduit par saisie de caractères ou telles qu'ellles sont reçues et émises par des périphériques audiovisuels », opérations ayant pour objet la captation de données informatiques prévue par l'article 706-102-1 du code de procédure pénale.

N'entrent pas dans cette catégorie les dispositifs de tests et de mesures des signaux radioélectriques émis par un équipement électronique destinés exclusivement à évaluer la compatibilité ou le champ électromagnétique.

ANNEXE II

APPAREILS ET DISPOSITIFS TECHNIQUES SOUMIS À AUTORISATION EN APPLICATION DE L'ARTICLE R. 226-7 DU CODE PÉNAL

1. Appareils, à savoir tous dispositifs matériels et logiciels, *(Arr. du 11 août 2016, en vigueur le 1er oct. 2016)* « de nature à permettre » l'interception, l'écoute, l'analyse, la retransmission, l'enregistrement ou le traitement de correspondances émises, transmises ou reçues sur des réseaux de communications électroniques, opérations pouvant constituer l'infraction prévue par le deuxième alinéa de l'article 226-15 du code pénal.

Entrent notamment dans cette catégorie :

(Arr. du 11 août 2016, en vigueur le 1er oct. 2021) « — les appareils qui permettent aux opérateurs de communications électroniques de connecter les équipements de leurs clients au cœur de leur réseau radioélectrique mobile ouvert au public, dès lors que ces appareils disposent de fonctionnalités, pouvant être configurées et activées à distance, permettant de dupliquer les correspondances des clients, à l'exclusion des appareils installés chez ceux-ci ; »

— les appareils dont les fonctionnalités qui participent à l'interception, l'écoute, l'analyse, la retransmission, l'enregistrement ou le traitement de correspondances ne sont pas activées, quel que soit le moyen d'activation ;

— les appareils permettant, par des techniques non intrusives d'induction électromagnétique ou de couplage optique, d'intercepter ou d'écouter les correspondances transitant sur les câbles filaires ou les câbles optiques des réseaux de communications électroniques.

N'entrent pas dans cette catégorie :

— les appareils de tests et de mesures acquis exclusivement pour l'établissement, la mise en service, le réglage et la maintenance des réseaux et systèmes de communications électroniques ;

— les dispositifs permettant de réaliser l'enregistrement des communications reçues ou émises par des équipements terminaux de télécommunications, lorsque cet enregistrement fait partie des fonctionnalités prévues par les caractéristiques publiques de ces équipements.

2. Appareils permettant l'analyse du spectre radioélectrique ou son exploration manuelle ou automatique en vue de la réception et de l'écoute des fréquences n'appartenant pas aux bandes de fréquences attribuées seules ou en partage par le tableau national de répartition des bandes de fréquences au service de radiodiffusion, ou au service radioamateur, ou aux installations radioélectriques pouvant être établies librement en application de l'article L. 33-3

du code des postes et des communications électroniques, ou aux postes émetteurs et récepteurs fonctionnant sur les canaux banalisés dits "CB".

3. Appareils qui, spécifiquement conçus pour détecter à distance les conversations afin de réaliser à l'insu du locuteur l'interception, l'écoute ou la retransmission de la parole, directement ou indirectement, par des moyens acoustiques, électromagnétiques ou optiques, permettent de réaliser l'infraction prévue par l'article 226-1 du code pénal.

Entrent dans cette catégorie :

— les dispositifs microémetteurs permettant la retransmission de la voix par moyens hertziens, optiques ou filaires, à l'insu du locuteur;

— les appareils d'interception du son à distance de type microcanon ou équipés de dispositifs d'amplification acoustique;

— les systèmes d'écoute à distance par faisceaux laser.

4. Dispositifs techniques, à savoir tous matériels ou logiciels, spécifiquement conçus pour, sans le consentement des intéressés, accéder aux données informatiques, les enregistrer, les conserver et les transmettre, telles qu'elles s'affichent sur un écran pour l'utilisateur d'un système de traitement automatisé de données *(Arr. du 17 juill. 2015)* « , telles qu'il les y introduit par saisie de caractères ou telles qu'elles sont reçues et émises par des périphériques audiovisuels », opérations ayant pour objet la captation de données informatiques prévue par l'article 706-102-1 du code de procédure pénale.

N'entrent pas dans cette catégorie les dispositifs de tests et de mesures des signaux radioélectriques émis par un équipement électronique, destinés exclusivement à évaluer la compatibilité ou le champ électromagnétique.

Art. R. 226-2 *(Décr. n° 97-757 du 10 juill. 1997)* **Il est institué auprès du Premier ministre une commission consultative composée comme suit :**

1° Le *(Décr. n° 2009-1657 du 24 déc. 2009, en vigueur le 13 janv. 2010)* **« directeur général de l'Agence nationale de la sécurité des systèmes d'information » ou son représentant, président;**

2° Un représentant du ministre de la justice;

3° Un représentant du ministre de l'intérieur;

4° Un représentant du ministre de la défense;

5° Un représentant du ministre chargé des douanes;

6° Un représentant du ministre chargé de l'industrie;

7° Un représentant du ministre chargé des télécommunications;

8° Un représentant de la Commission nationale de contrôle *(Décr. n° 2016-67 du 29 janv. 2016, art. 6)* **« des techniques de renseignement** *[ancienne rédaction : des interceptions de sécurité]* **» ;**

9° Un représentant du directeur général de l'Agence nationale des fréquences;

10° Deux personnalités choisies en raison de leur compétence, désignées par le Premier ministre.

La commission peut entendre, à titre d'expert, toute personne compétente.

Elle est saisie pour avis des projets d'arrêtés pris en application des articles R. 226-1 et R. 226-10. Elle peut formuler des propositions de modification de ces arrêtés.

Elle est également consultée sur les demandes d'autorisation présentées en application des articles R. 226-3 et R. 226-7.

Le secrétariat de la commission est assuré par *(Décr. n° 2009-1657 du 24 déc. 2009, en vigueur le 13 janv. 2010)* **« l'Agence nationale de la sécurité des systèmes d'information ».**

Art. R. 226-3 La fabrication, l'importation, l'exposition, l'offre, la location ou la vente de tout appareil *(Décr. n° 2016-67 du 29 janv. 2016, art. 6)* **« ou dispositif technique » figurant sur la liste mentionnée à l'article R. 226-1 est soumise à une autorisation** *(Abrogé par Décr. n° 2019-1139 du 7 nov. 2019, art. 1er)* **«** ***délivrée*** *(Décr. n° 97-757 du 10 juill. 1997)* **«** ***par le Premier ministre*** **», après avis de la commission mentionnée à l'article R. 226-2 ».**

Art. R. 226-4 La demande d'autorisation est déposée *(Décr. n° 97-757 du 10 juill. 1997; Décr. n° 2009-1657 du 24 déc. 2009, en vigueur le 13 janv. 2010)* **« auprès du**

directeur général de l'Agence nationale de la sécurité des systèmes d'information». Elle comporte pour chaque type d'appareil *(Décr. nº 2016-67 du 29 janv. 2016, art. 6)* **« ou de dispositif technique » :**

1° Le nom et l'adresse du demandeur, s'il est une personne physique, ou sa dénomination et son siège, s'il est une personne morale;

2° La ou les opérations mentionnées à l'article R. 226-3 pour lesquelles l'autorisation est demandée et, le cas échéant, la description des marchés visés;

3° L'objet et les caractéristiques techniques du type de l'appareil *(Décr. nº 2016-67 du 29 janv. 2016, art. 6)* **« ou du dispositif technique », accompagnés d'une documentation technique;**

4° Le lieu prévu pour la fabrication de l'appareil *(Décr. nº 2016-67 du 29 janv. 2016, art. 6)* **« ou du dispositif technique » ou pour les autres opérations mentionnées à l'article R. 226-3 ;**

5° L'engagement de se soumettre aux contrôles nécessaires à la vérification du respect des indications fournies dans la demande d'autorisation.

Art. R. 226-5 **L'autorisation mentionnée à l'article R. 226-3 est délivrée pour une durée maximale de six ans.**

Elle peut fixer les conditions de réalisation de l'opération et le nombre des appareils *(Décr. nº 2016-67 du 29 janv. 2016, art. 6)* **« ou des dispositifs techniques » concernés.**

(Décr. nº 2016-67 du 29 janv. 2016, art. 6) **« Elle est accordée de plein droit aux services de l'État désignés par arrêté du Premier ministre pour la fabrication d'appareils ou de dispositifs techniques. »**

Art. R. 226-6 **Chaque appareil** *(Décr. nº 2016-67 du 29 janv. 2016, art. 6)* **« ou dispositif technique » fabriqué, importé, exposé, offert, loué ou vendu doit porter la référence du type correspondant à** *(Décr. nº 97-757 du 10 juill. 1997)* **« la demande d'autorisation » et un numéro d'identification individuel.**

Art. R. 226-7 **L'acquisition ou la détention de tout appareil** *(Décr. nº 2016-67 du 29 janv. 2016, art. 6)* **« ou dispositif technique » figurant sur la liste mentionnée à l'article R. 226-1 est soumise à une autorisation** *(Abrogé par Décr. nº 2019-1139 du 7 nov. 2019, art. 1er)* ***« délivrée** (Décr. nº 97-757 du 10 juill. 1997)* ***« par le Premier ministre »*****, après avis de la commission mentionnée à l'article R. 226-2 ».**

Art. R. 226-8 **La demande d'autorisation est déposée** *(Décr. nº 97-757 du 10 juill. 1997; Décr. nº 2009-1657 du 24 déc. 2009, en vigueur le 13 janv. 2010)* **« auprès du directeur général de l'Agence nationale de la sécurité des systèmes d'information ». Elle comporte pour chaque type d'appareil** *(Décr. nº 2016-67 du 29 janv. 2016, art. 6)* **« ou de dispositif technique » :**

1° Le nom et l'adresse du demandeur, s'il est une personne physique, ou sa dénomination et son siège, s'il est une personne morale;

2° Le type de l'appareil *(Décr. nº 2016-67 du 29 janv. 2016, art. 6)* **« ou du dispositif technique » et le nombre d'appareils** *(Décr. nº 2016-67 du 29 janv. 2016, art. 6)* **« ou de dispositifs techniques » pour la détention desquels l'autorisation est demandée;**

3° L'utilisation prévue;

(Décr. nº 97-757 du 10 juill. 1997) **« 4° L'engagement de se soumettre aux contrôles nécessaires à la vérification du respect des indications fournies dans la demande d'autorisation. »**

Art. R. 226-9 **L'autorisation mentionnée à l'article R. 226-7 est délivrée pour une durée maximale de trois ans.**

Elle peut subordonner l'utilisation des appareils *(Décr. nº 2016-67 du 29 janv. 2016, art. 6)* **« ou des dispositifs techniques » à des conditions destinées à en éviter tout usage abusif.**

Elle est accordée de plein droit aux agents ou services de l'État *(Décr. nº 2016-67 du 29 janv. 2016, art. 6)* **« pour l'acquisition et la détention des appareils ou dispositifs techniques qu'ils sont autorisés à utiliser en application de la loi** *[ancienne rédaction : habilités à réaliser des interceptions autorisées par la loi]* **».**

Art. R. 226-10 Les titulaires de l'une des autorisations mentionnées à l'article R. 226-3 ne peuvent proposer, céder, louer ou vendre les appareils *(Décr. nº 2016-67 du 29 janv. 2016, art. 6)* « ou dispositifs techniques » figurant sur la liste prévue à l'article R. 226-1 qu'aux titulaires de l'une des autorisations mentionnées à l'article R. 226-3 *(Décr. nº 2019-1300 du 6 déc. 2019, art. 2)* « à l'article R. 226-7 ou à l'article L. 34-11 du code des postes et communications électroniques ».

Ils tiennent un registre retraçant l'ensemble des opérations relatives à ces matériels. Le modèle de ce registre est déterminé *(Décr. nº 97-757 du 10 juill. 1997)* « par arrêté du Premier ministre, pris après avis de la commission mentionnée à l'article R. 226-2 ». — *V. ci-dessous Arr. du 16 août 2006. — V. art. R. 623-4. —* ***C. pén.***

Les dispositions des art. R. 226-2, R. 226-3, R. 226-4, R. 226-6, R. 226-7, R. 226-8 et R. 226-10 C. pén. pourront être ultérieurement modifiées par décret en Conseil d'État (Décr. nº 97-757 du 10 juill. 1997, art. 10).

Arrêté du 16 août 2006,

Relatif au registre visé par l'article R. 226-10 du code pénal.

Art. 1er Le registre prévu à l'article R. 226-10 du code pénal retraçant l'ensemble des opérations relatives aux matériels dont la liste est fixée par l'arrêté du 29 juillet 2004 susvisé est conforme au modèle figurant en annexe du présent arrêté.

Art. 2 Ce registre revêt la forme d'un cahier coté et paraphé tenu par le responsable de la société qui a souscrit l'engagement de se soumettre aux contrôles nécessaires tel qu'il est prévu à l'article R. 226-4 du code pénal.

Art. 3 L'arrêté du 15 janvier 1998 ayant le même objet est abrogé.

ANNEXE

REGISTRE

Renseignements concernant la commercialisation

Renseignements concernant la commercialisation							
DATE de l'opération	**NATURE** de l'opération (1)	**DÉSIGNATION** de l'appareil	**NUMÉRO** d'identification (art. R. 226-6 du code pénal)	**NUMÉRO** d'autorisation administrative (art. R. 226-3 du code pénal)	**IDENTIFICATION** du client ou du fournisseur (2)	**RÉFÉRENCES** de l'autorisation du client ou du fournisseur ou du transitaire (3) (art. R. 226-3 ou R. 226-7 du code pénal)	**NOM** de la personne prenant en charge l'appareil et les références de la pièce d'identité produite
(A)	(B)	(C)	(D)	(E)	(F)	(G)	(H)

Nota. – Seules les colonnes (A), (B) et (G) sont renseignées lorsque le client est un agent ou un service de l'État titulaire d'une autorisation délivrée en application de l'article R. 226-9 du code pénal, dernier alinéa. Par ailleurs, en cas de réquisition judiciaire, le numéro correspondant et la désignation de l'autorité judiciaire à l'origine de la réquisition seront renseignés dans la colonne (G), en lieu et place du numéro d'autorisation.

(1) Fabrication, importation, achat, location, vente, retour après location ou dans le cadre du service après-vente, ou autres.

(2) Personne physique ou morale.

(3) Au sens des articles 86 à 94 du code des douanes.

Art. R. 226-11 Les autorisations prévues à l'article R. 226-3 et à l'article R. 226-7 peuvent être retirées :

1º En cas de fausse déclaration ou de faux renseignement ;

2° En cas de modification des circonstances au vu desquelles l'autorisation a été délivrée ;
3° Lorsque le bénéficiaire de l'autorisation n'a pas respecté les dispositions de la présente section ou les obligations particulières prescrites par l'autorisation ;
4° Lorsque le bénéficiaire de l'autorisation cesse l'exercice de l'activité pour laquelle a été délivrée l'autorisation.
Le retrait ne peut intervenir, sauf urgence, qu'après que le titulaire de l'autorisation a été mis à même de faire valoir ses observations.
Les autorisations prennent fin de plein droit en cas de condamnation du titulaire pour l'une des infractions prévues par les articles 226-1, 226-15 ou 432-9.

Art. R. 226-12 Les personnes qui fabriquent, importent, détiennent, exposent, offrent, louent ou vendent des appareils *(Décr. nº 2016-67 du 29 janv. 2016, art. 6)* « ou des dispositifs techniques » figurant sur la liste prévue à l'article R. 226-1 doivent se mettre en conformité avec les prescriptions de la présente section en sollicitant les autorisations nécessaires dans un délai de trois mois à compter de la publication de l'arrêté prévu à l'article R. 226-1.
Si l'autorisation n'est pas délivrée, ces personnes disposent d'un délai d'un mois pour procéder à la destruction de ces appareils *(Décr. nº 2016-67 du 29 janv. 2016, art. 6)* « ou dispositifs techniques » ou pour les vendre ou les céder à une personne titulaire de l'une des autorisations prévues *(Décr. nº 2019-1300 du 6 déc. 2019, art. 2)* « aux articles R. 226-3, R. 226-7 ou à l'article L. 34-11 du code des postes et communications électroniques ». Il en est de même dans les cas d'expiration ou de retrait de l'autorisation.

Code des postes et des communications électroniques

PARTIE LÉGISLATIVE :

LIVRE II LES COMMUNICATIONS ÉLECTRONIQUES

TITRE I DISPOSITIONS GÉNÉRALES

CHAPITRE I *DÉFINITIONS ET PRINCIPES*

Art. L. 32 *(L. nº 2004-669 du 9 juill. 2004, art. 2-1º et 2º)* « 1° Communications électroniques.
« On entend par communications électroniques les émissions, transmissions ou réceptions de signes, de signaux, d'écrits, d'images ou de sons, par *(Ord. nº 2021-650 du 26 mai 2021, art. 1er-1º)* « câble, par la » voie *(Ord. nº 2021-650 du 26 mai 2021, art. 1er-1º)* « hertzienne, par moyen optique ou par d'autres moyens électromagnétiques ».
« 2° Réseau de communications électroniques.
« On entend par réseau de communications électroniques toute installation ou tout ensemble d'installations de transport ou de diffusion ainsi que, le cas échéant, les autres moyens assurant l'acheminement de communications électroniques, notamment ceux de commutation et de routage.
« Sont notamment considérés comme des réseaux de communications électroniques : les réseaux satellitaires, les réseaux terrestres, les systèmes utilisant le réseau électrique pour autant qu'ils servent à l'acheminement de communications électroniques et les réseaux assurant la diffusion ou utilisés pour la distribution de services de communication audiovisuelle. »
(Ord. nº 2021-650 du 26 mai 2021, art. 1er-2º) « 2° *bis* Réseau de communications électroniques à très haut débit.
« On entend par réseau de communications électroniques à très haut débit, un réseau de communications électroniques pouvant fournir des services d'accès à une vitesse supérieure ou égale à 30 Mbit/s.
« 3° Réseau à très haute capacité.

« On entend par réseau à très haute capacité, soit un réseau de communications électroniques qui est entièrement composé d'éléments de fibre optique au moins jusqu'au point de distribution au lieu de desserte, soit un réseau de communications électroniques qui est capable d'offrir, dans des conditions d'heures de pointe habituelles, une performance du réseau comparable en termes de débit descendant et ascendant, de résilience, de paramètres liés aux erreurs, de latence et de gigue. »

(L. nº 96-659 du 26 juill. 1996, art. 1er) « 4º Réseau ouvert au public.

« On entend par réseau ouvert au public tout réseau de communications électroniques établi ou utilisé pour la fourniture au public de services de communications électroniques *(L. nº 2004-669 du 9 juill. 2004, art. 2-3º)* « ou de services de communication au public par voie électronique ». »

(Ord. nº 2001-670 du 25 juill. 2001, art. 20-I) « 4º *bis* Points de terminaison d'un réseau.

« On entend par points de terminaison d'un réseau les points physiques par lesquels les utilisateurs accèdent à un réseau de communications électroniques ouvert au public *(Ord. nº 2021-650 du 26 mai 2021, art. 1er-4º)* « et qui sont, dans le cas de réseaux utilisant la commutation et l'acheminement, identifiés par une adresse réseau spécifique, qui peut être rattachée au numéro ou au nom d'un utilisateur final ». Ces points de raccordement font partie du réseau. »

(L. nº 2004-669 du 9 juill. 2004, art. 2-4º et 5º) « 4º *ter* Boucle locale.

« On entend par boucle locale l'installation qui relie le point de terminaison du réseau dans les locaux de l'abonné au répartiteur principal ou à toute autre installation équivalente d'un réseau de communications électroniques fixe ouvert au public.

« 5º Réseau indépendant.

« On entend par réseau indépendant un réseau de communications électroniques réservé à l'usage d'une ou plusieurs personnes constituant un groupe fermé d'utilisateurs, en vue d'échanger des communications internes au sein de ce groupe. »

(Abrogé par Ord. nº 2021-650 du 26 mai 2021, art. 1er-6º) (L. nº 90-1170 du 29 déc. 1990) « 5º Réseau interne.

« On entend par réseau interne un réseau (L. nº 2004-669 du 9 juill. 2004, art. 2-6º) « de communications électroniques » entièrement établi sur une même propriété, sans emprunter ni le domaine public – y compris hertzien – ni une propriété tierce. »

(Ord. nº 2021-650 du 26 mai 2021, art. 1er-7º à 9º) « 6º Services de communications électroniques.

« On entend par services de communications électroniques, les services fournis *via* des réseaux de communications électroniques qui comprennent au moins l'un des types de services suivants :

« – un service d'accès à Internet ;

« – un service de communications interpersonnelles ;

« – un service consistant entièrement ou principalement en la transmission de signaux tels que les services de transmission utilisés pour la fourniture de services de machine à machine et pour la radiodiffusion.

« Ne sont pas visés les services consistant à fournir des contenus transmis à l'aide de réseaux et de services de communications électroniques ou à exercer une responsabilité éditoriale sur ces contenus.

« 6º *bis* Service de communications interpersonnelles.

« On entend par service de communications interpersonnelles, un service qui permet l'échange interpersonnel et interactif direct d'informations *via* des réseaux de communications électroniques entre un nombre fini de personnes, par lequel les personnes qui amorcent la communication ou y participent en déterminent le ou les destinataires.

« Ne sont pas visés les services qui rendent possible une communication interpersonnelle et interactive uniquement en tant que fonction mineure accessoire intrinsèquement liée à un autre service.

« 6º *ter* Service de communications interpersonnelles fondé sur la numérotation.

« On entend par service de communications interpersonnelles fondé sur la numérotation, un service de communications interpersonnelles qui établit une connexion à un numéro ou des numéros figurant dans des plans nationaux ou internationaux de numérotation téléphonique ou qui permet la communication avec un numéro ou des numéros figurant dans des plans nationaux ou internationaux de numérotation.

« 6° *quater* Service de communications interpersonnelles non fondé sur la numérotation.

« On entend par service de communications interpersonnelles non fondé sur la numérotation, un service de communications interpersonnelles qui n'établit pas de connexion à un numéro ou des numéros figurant dans le plan national ou international de numérotation, ou qui ne permet pas la communication avec un numéro ou des numéros figurant dans un plan national ou international de numérotation.

« 7° Service de communications vocales.

« On entend par service de communications vocales, un service de communications électroniques accessible au public permettant d'émettre et de recevoir, directement ou indirectement, des appels nationaux ou nationaux et internationaux, en composant un ou plusieurs numéros du plan national ou international de numérotation téléphonique. »

(L. n° 2004-669 du 9 juill. 2004, art. 2-9° et 10°) « 8° Accès.

« On entend par accès toute mise à disposition de moyens, matériels ou logiciels, ou de services, en vue de permettre au bénéficiaire de fournir des services de communications électroniques. Ne sont pas visés par le présent code les systèmes d'accès sous condition et les systèmes techniques permettant la réception de services de communication audiovisuelle, définis et réglementés par la loi n° 86-1067 du 30 septembre 1986 relative à la liberté de communication.

« 9° Interconnexion.

« On entend par interconnexion la liaison physique et logique des réseaux ouverts au public exploités par le même opérateur ou un opérateur différent, afin de permettre aux utilisateurs d'un opérateur de communiquer avec les utilisateurs du même opérateur ou d'un autre, ou bien d'accéder aux services fournis par un autre opérateur. Les services peuvent être fournis par les parties concernées ou par d'autres parties qui ont accès au réseau. L'interconnexion constitue un type particulier d'accès mis en œuvre entre opérateurs de réseaux ouverts au public. »

(Ord. n° 2021-650 du 26 mai 2021, art. 1er-10°) « 10° Équipement terminal.

« On entend par équipement terminal :

« *a)* Tout équipement qui est connecté directement ou indirectement à l'interface d'un réseau public de communications électroniques pour transmettre, traiter ou recevoir des informations ; dans les deux cas, direct ou indirect, la connexion peut être établie par fil, fibre optique ou voie électromagnétique ; une connexion est indirecte si un appareil est interposé entre l'équipement terminal et l'interface du réseau public ;

« *b)* Les équipements de stations terrestres de satellites. »

(L. n° 2021-1755 du 23 déc. 2021, art. 1er) « 10° *bis* Systèmes d'exploitation.

« On entend par systèmes d'exploitation les logiciels contrôlant les fonctions de base du matériel et les ressources logicielles d'un équipement terminal, permettant d'y exécuter des applications et aux utilisateurs d'en faire usage.

« 10° *ter* Fournisseur de systèmes d'exploitation.

« On entend par fournisseur de système d'exploitation toute personne qui, à titre professionnel, édite ou adapte le système d'exploitation d'équipements terminaux ou qui édite ou adapte tout autre logiciel contrôlant l'accès aux fonctionnalités desdits équipements. »

(Ord. n° 2016-493 du 21 avr. 2016, art. 1er-2° et 3°, en vigueur le 13 juin 2016) « 11° Réseau, installation ou équipement radioélectrique.

« Un réseau, une installation ou un équipement sont qualifiés de radioélectriques lorsqu'ils utilisent intentionnellement des fréquences radioélectriques, en émission ou en réception, pour la propagation des ondes en espace libre, à des fins de radiocommunication ou de radiorepérage, y compris les équipements permettant de recevoir des services de radio ou de télévision.

« Sont également considérés comme des équipements radioélectriques ceux qui doivent être complétés d'un accessoire tel qu'une antenne, pour émettre ou recevoir intentionnellement des fréquences radioélectriques à des fins de radiocommunication ou de radiorepérage.

« Au nombre des réseaux radioélectriques figurent, notamment, les réseaux utilisant les capacités de satellites. »

(L. nº 2021-1755 du 23 déc. 2021, art. 1er) « **11° *bis*** Centres de données.

« On entend par centres de données les installations accueillant des équipements de stockage de données numériques. »

(Ord. nº 2016-493 du 21 avr. 2016, art. 1er-2º et 3º, en vigueur le 13 juin 2016) « **12°** Exigences essentielles.

« On entend par "exigences essentielles" les exigences nécessaires pour garantir la préservation de l'intérêt général s'attachant :

« — à la protection de la santé, de la sécurité des personnes et des animaux domestiques ainsi que des biens, dans des conditions fixées par décret en Conseil d'État ;

« — au maintien d'un niveau adéquat de compatibilité électromagnétique entre équipements et installations de communications électroniques, dans des conditions fixées par décret en Conseil d'État ;

« — à une utilisation efficace des fréquences radioélectriques par les équipements et à une contribution à l'utilisation optimisée de ces dernières en évitant des brouillages préjudiciables pour les tiers.

« Les exigences essentielles comportent également, pour les classes et les catégories d'équipements prévues par décret en Conseil d'État, les exigences nécessaires à :

« — la protection des réseaux, notamment des échanges d'informations de commande et de gestion qui y sont associés ;

« — l'interopérabilité des services et celle des équipements radioélectriques ;

« — la protection des données à caractère personnel et de la vie privée des utilisateurs et des abonnés ;

« — la compatibilité des équipements radioélectriques avec des accessoires, y compris des chargeurs universels, et avec des dispositifs empêchant la fraude, assurant l'accès aux services d'urgence, facilitant leur utilisation par les personnes handicapées ou garantissant qu'un logiciel ne peut être installé sur un équipement radioélectrique que lorsque la conformité de la combinaison de l'équipement radioélectrique avec le logiciel est avérée.

« Aux fins du présent article, on entend par "interopérabilité des équipements radioélectriques" l'aptitude de ceux-ci à fonctionner, d'une part, avec le réseau et, d'autre part, avec les autres équipements radioélectriques. »

(L. nº 2004-669 du 9 juill. 2004, art. 2-13º) « **13°** Numéro géographique.

« On entend par numéro géographique tout numéro du plan national de numérotation téléphonique dont la structure contient une indication géographique utilisée pour acheminer les appels vers le point de terminaison du réseau correspondant.

« **14°** Numéro non géographique.

« On entend par numéro non géographique tout numéro du plan national de numérotation téléphonique qui n'est pas un numéro géographique. »

(L. nº 96-659 du 26 juill. 1996, art. 1er) « **15°** Opérateur.

« On entend par opérateur toute personne physique ou morale exploitant un réseau de communications électroniques ouvert au public ou fournissant au public un service de communications électroniques. » — *V. Décis. nº 2015-0777 du 2 juill. 2015 (JO 16 oct.).*

(Ord. nº 2021-650 du 26 mai 2021, art. 1er-11º) « **15° *bis*** Utilisateur final.

« On entend par utilisateur final, un utilisateur qui ne fournit pas de réseaux de communications électroniques publics ou de services de communications électroniques accessibles au public. »

(L. nº 2004-575 du 21 juin 2004, art. 47 et 52-I) « **16°** Système satellitaire.

« On entend par système satellitaire tout ensemble de stations terriennes et spatiales ayant pour objet d'assurer des radiocommunications spatiales et comportant un ou plusieurs satellites artificiels de la Terre.

« **17°** Itinérance locale.

« On entend par prestation d'itinérance locale celle qui est fournie par un opérateur de radiocommunications mobiles à un autre opérateur de radiocommunications mobiles en vue de permettre, sur une zone qui n'est couverte, à l'origine, par aucun opérateur de radiocommunications mobiles *(Abrogé par Ord. nº 2021-650 du 26 mai*

2021, art. 1er-12°) « *de deuxième génération* », l'accueil, sur le réseau du premier, des clients du second. »

(L. n° 2009-1572 du 17 déc. 2009, art. 26-1°) « **17° *bis*** Itinérance ultramarine.

« On entend par prestation d'itinérance ultramarine celle qui est fournie par un opérateur de radiocommunications mobiles *(Abrogé par Ord. n° 2021-650 du 26 mai 2021, art. 1er-13°)* « *déclaré* » sur le territoire de la France métropolitaine, d'un département d'outre-mer, de Mayotte, de Saint-Barthélemy, de Saint-Martin ou de Saint-Pierre-et-Miquelon à un autre opérateur de radiocommunications mobiles fournissant des services de communications mobiles sur réseau public terrestre dans un autre de ces territoires, en vue de permettre l'utilisation du réseau du premier, dit "opérateur du réseau visité", par les clients du second, dit "opérateur du réseau d'origine", pour émettre ou recevoir des communications à destination de l'un de ces territoires ou d'un État membre de l'Union européenne. »

(L. n° 2015-990 du 6 août 2015, art. 119) « **17° *ter*** Partage d'un réseau radioélectrique ouvert au public.

« On entend par partage d'un réseau radioélectrique ouvert au public l'utilisation d'éléments d'un réseau d'accès radioélectrique au bénéfice d'opérateurs de communications électroniques titulaires d'une autorisation d'utilisation de fréquences radioélectriques. Il comprend notamment les prestations d'itinérance ou de mutualisation de réseaux radioélectriques ouverts au public. »

(L. n° 2004-669 du 9 juill. 2004, art. 2-14°) « **18°** Données relatives au trafic.

« On entend par données relatives au trafic toutes les données traitées en vue de l'acheminement d'une communication par un réseau de communications électroniques ou en vue de sa facturation. »

(Ord. n° 2011-1012 du 24 août 2011, art. 2-2°) « **19°** Ressources associées.

« On entend par ressources associées *(Ord. n° 2021-650 du 26 mai 2021, art. 1er-14°)* « , les services associés, » les infrastructures physiques et les autres ressources associées à un réseau de communications électroniques ou à un service de communications électroniques, qui concourent ou peuvent concourir à la fourniture de services via ce réseau ou ce service. Sont notamment considérés comme des ressources associées les bâtiments ou accès aux bâtiments, le câblage des bâtiments, les antennes, tours et autres constructions de soutènement, les gaines, conduites, pylônes, *(Ord. n° 2021-650 du 26 mai 2021, art. 1er-14°)* « regards » de visite *(Ord. n° 2021-650 du 26 mai 2021, art. 1er-14°)* « , armoires et » boîtiers.

« **20°** Services associés.

« On entend par services associés les services associés à un réseau ou à un service de communications électroniques et qui concourent ou peuvent concourir à la fourniture de services via ce réseau ou ce service. Sont notamment considérés comme des services associés les services de conversion du numéro d'appel, les systèmes d'accès conditionnel, les guides électroniques de programmes, ainsi que les services relatifs à l'identification, à la localisation et à la disponibilité de l'utilisateur. »

(Ord. n° 2016-526 du 28 avr. 2016, art. 1er, en vigueur le 1er juill. 2016) « **21°** Gestionnaire d'infrastructure d'accueil.

« On entend par gestionnaire d'infrastructure d'accueil toute personne privée ou publique qui met à disposition ou exploite une infrastructure :

« – permettant l'exploitation d'un réseau ouvert au public au sens du 3° ou d'un réseau destiné à fournir un service dans le domaine de la production, du transport ou de la distribution d'électricité, y compris pour l'éclairage public, de gaz ou de chaleur, d'eau y compris d'évacuation ou de traitement des eaux usées ; ou

« – destinée à fournir des services de transport, y compris les voies ferrées, les routes, les ports et les aéroports.

« **22°** Infrastructure d'accueil.

« On entend par infrastructure d'accueil tout élément d'un réseau destiné à accueillir des éléments d'un réseau sans devenir lui-même un élément actif du réseau, tels que les conduites, pylônes, gaines, chambres de tirage et regards, trous de visite, boîtiers, immeubles ou accès à des immeubles, installations liées aux antennes, tours et poteaux, châteaux d'eau. Les câbles, y compris la fibre noire, ainsi que les éléments de réseaux utilisés pour la fourniture des eaux destinées à la consommation humaine ne sont pas des infrastructures d'accueil au sens du présent article. »

(Ord. nº 2021-650 du 26 mai 2021, art. 1er-15º) « 22º *bis* Gestionnaire d'infrastructure d'accueil des points d'accès sans fil à portée limitée.

« On entend par gestionnaire d'infrastructure d'accueil des point d'accès sans fil à portée limitée, toute personne privée ou publique qui met à disposition ou exploite une infrastructure d'accueil des points d'accès sans fil à portée limitée.

« 22º *ter* Infrastructure d'accueil des points d'accès sans fil à portée limitée.

« On entend par infrastructure d'accueil des points d'accès sans fil à portée limitée, toute infrastructure physique contrôlée par l'État, les collectivités territoriales ou leurs groupements, techniquement adaptée pour héberger des points d'accès sans fil à portée limitée ou qui est nécessaire pour connecter de tels points d'accès à un réseau de collecte, y compris le mobilier urbain. Peuvent notamment être considérés comme une infrastructure d'accueil les poteaux d'éclairage, les panneaux et feux de signalisation, les panneaux d'affichage, les arrêts d'autobus et de tramway, les stations de métro.

« 22º *quater* Point d'accès sans fil à portée limitée.

« On entend par point d'accès sans fil à portée limitée, un équipement d'accès sans fil au réseau à faible puissance, de taille réduite et de portée limitée, utilisant le spectre radioélectrique qui peut être équipé d'une ou plusieurs antennes à faible impact visuel et qui permet l'accès sans fil des utilisateurs aux réseaux de communications électroniques. Leurs caractéristiques physiques et techniques sont précisées par le règlement d'exécution (UE) 2020/1070 de la Commission du 20 juillet 2020 précisant les caractéristiques des points d'accès sans fil à portée limitée en application de l'article 57, paragraphe 2, de la directive (UE) 2018/1972 du Parlement européen et du Conseil établissant le code des communications électroniques européen. »

(L. nº 2016-1321 du 7 oct. 2016, art. 68-1º) « 23º Fournisseur de services de communication au public en ligne.

« On entend par fournisseur de services de communication au public en ligne toute personne assurant la mise à disposition de contenus, services ou applications relevant de la communication au public en ligne, au sens du IV de l'article 1er de la loi nº 2004-575 du 21 juin 2004 pour la confiance dans l'économie numérique. Sont notamment considérées comme des fournisseurs de services de communication au public en ligne les personnes qui éditent un service de communication au public en ligne, mentionnées au deuxième alinéa du II de l'article 6 de la même loi, ou celles qui assurent le stockage de signaux, d'écrits, d'images, de sons ou de messages de toute nature mentionnées au 2 du I du même article 6. »

(Ord. nº 2021-650 du 26 mai 2021, art. 1er-16º) « 24º Réseau local hertzien ou RLAN.

« On entend par réseau local hertzien, un système d'accès sans fil à faible puissance, de portée limitée, présentant un faible risque de brouillage avec d'autres systèmes similaires déployés à proximité immédiate par d'autres utilisateurs et utilisant, sur une base non exclusive, du spectre radioélectrique harmonisé.

« 25º Spectre radioélectrique harmonisé.

« On entend par spectre radioélectrique harmonisé, un spectre radioélectrique dont les conditions harmonisées quant à sa disponibilité et son utilisation efficace ont été établies par la voie de mesures techniques d'application adoptées conformément à l'article 4 de la décision nº 676/2002/CE du Parlement européen et du Conseil du 7 mars 2002 relative à un cadre réglementaire pour la politique en matière de spectre radioélectrique dans la Communauté européenne.

« 26º Utilisation partagée du spectre radioélectrique.

« On entend par utilisation partagée du spectre radioélectrique, l'accès par deux utilisateurs ou plus aux mêmes bandes du spectre radioélectrique dans le cadre d'un dispositif de partage défini.

« 27º Ressources de numérotation.

« On entend par ressources de numérotation les préfixes, numéros, blocs de numéros et codes utilisés pour l'acheminement des communications électroniques du plan national ou international de numérotation téléphonique qui ne relèvent pas du système de l'adressage de l'internet.

« 28º Communications d'urgence.

« On entend par communications d'urgence, les communications effectuées au moyen de services de communications interpersonnelles, entre un utilisateur final et le centre de réception des communications d'urgence, dont le but est de demander et de recevoir des secours d'urgence de la part des services d'urgence.

« 29° Informations relatives à la localisation de l'appelant.

« On entend par les informations relatives à la localisation de l'appelant, les données traitées qui proviennent de l'infrastructure de réseau ou de l'appareil mobile et qui indiquent la position géographique de l'équipement terminal mobile d'un utilisateur final et, dans un réseau fixe public, les données relatives à l'adresse physique du point de terminaison du réseau.

« 30° Marchés transnationaux.

« On entend par marchés transnationaux, les marchés qui couvrent l'Union européenne ou une partie importante de celle-ci s'étendant sur plus d'un État membre.

« 31° Groupe pour la politique en matière de spectre radioélectrique.

« On entend par Groupe pour la politique en matière de spectre radioélectrique, le groupe consultatif chargé d'assister et de conseiller la Commission européenne sur des questions liées à la politique du spectre radioélectrique. »

(L. nº 2021-1485 du 15 nov. 2021, art. 24) « **32°** Système automatisé d'appels et d'envois de messages.

« On entend par système automatisé d'appels et d'envois de messages les systèmes émettant des appels ou des messages de manière automatique vers plusieurs utilisateurs finals conformément aux instructions établies pour ce système. »

(L. nº 2021-1755 du 23 déc. 2021, art. 1er) « **33°** Opérateur de centre de données.

« On entend par opérateur de centre de données toute personne assurant la mise à la disposition des tiers d'infrastructures et d'équipements hébergés dans des centres de données. »

Les dispositions de la L. nº 2004-669 du 9 juill. 2004 sont applicables à Mayotte, dans les Terres australes et antarctiques françaises (L. préc., art. 140-I et III).

Les 3°, 3° bis, 3° ter, 4° deviennent respectivement les 4°, 4° bis, 4° ter, 5° (Ord. nº 2021-650 du 26 mai 2021, art. 1er-3°, 5° et 6°).

V. Arr. du 3 déc. 2013 relatif à l'information préalable du consommateur sur les caractéristiques techniques des offres d'accès à l'internet en situation fixe filaire (JO 13 déc.; NOR : ESSC1327107A).

Art. L. 32-1 *(L. nº 96-659 du 26 juill. 1996, art. 2)* I. — Dans les conditions prévues par les dispositions du présent code :

1° Les activités de communications électroniques s'exercent librement, dans le respect des *(Abrogé par L. nº 2004-669 du 9 juill. 2004, art. 3-1°)* *« autorisations et »* *(Ord. nº 2021-650 du 26 mai 2021, art. 2-1°)* « dispositions du présent livre », *(L. nº 2004-669 du 9 juill. 2004, art. 3-1°)* « et sous réserve, le cas échéant, des autorisations prévues au titre II et par la loi nº 86-1067 du 30 septembre 1986 précitée » ;

2° Le maintien et le développement du service public des communications électroniques défini au chapitre III, qui comprend notamment le droit de chacun au bénéfice du service universel des communications électroniques, sont garantis ;

3° La fonction de régulation du secteur des communications électroniques est indépendante de l'exploitation des réseaux et de la fourniture des services de communications électroniques. Elle est exercée au nom de l'État *(Abrogé par L. nº 2004-669 du 9 juill. 2004, art. 3-2°)* *« dans les conditions prévues au chapitre IV »* par le ministre chargé des communications électroniques et par l'Autorité de *(L. nº 2019-1063 du 18 oct. 2019, art. 3)* « régulation des communications électroniques, des postes et de la distribution de la presse ».

(L. nº 2015-990 du 6 août 2015, art. 120-1°) « II. — Dans le cadre de leurs attributions respectives, le ministre chargé des communications électroniques et l'Autorité de *(L. nº 2019-1063 du 18 oct. 2019, art. 3)* « régulation des communications électroniques, des postes et de la distribution de la presse » prennent, dans des conditions objectives et transparentes, des mesures raisonnables et proportionnées en vue d'atteindre les objectifs suivants :

« 1° La fourniture et le financement de l'ensemble des composantes du service public des communications électroniques ;

« 2° Le développement de l'emploi ;

« 3° Le développement de l'investissement, de l'innovation et de la compétitivité dans le secteur des communications électroniques ;

« 4° L'aménagement et l'intérêt des territoires et la diversité de la concurrence dans les territoires ;

« 5° La protection des consommateurs, conjointement avec le ministre chargé de la consommation, et la satisfaction des besoins de l'ensemble des utilisateurs, y compris les utilisateurs handicapés, âgés ou ayant des besoins sociaux spécifiques, en matière d'accès aux services et aux équipements ;

(L. nº 2016-1321 du 7 oct. 2016, art. 40-1º) « 5° *bis* La neutralité de l'internet, définie au *q* du I de l'article L. 33-1 ; »

(Ord. nº 2021-650 du 26 mai 2021, art. 2-2º) « 5° *ter* L'évaluation et le suivi des questions liées à la configuration du marché et à la concurrence en ce qui concerne l'accès à un internet ouvert ; »

« 6° Le respect par les opérateurs de communications électroniques de la protection des données à caractère personnel, du secret des correspondances et du principe de neutralité vis-à-vis du contenu des messages transmis ;

« 7° L'intégrité et la sécurité des réseaux de communications électroniques ouverts au public et le respect, par les exploitants de réseau et les fournisseurs de services de communications électroniques, de l'ordre public et des obligations de défense et de sécurité publique ;

« 8° Un niveau élevé de protection de l'environnement et de la santé, conjointement avec les ministres chargés de la santé et de l'environnement ;

« 9° La sobriété de l'exposition de la population aux champs électromagnétiques ;

« 10° La promotion des numéros européens harmonisés pour les services à objet social et la contribution à l'information des utilisateurs finals, lorsque ces services sont fournis ;

« 11° La possibilité d'utiliser tous les types de technologies et tous les types de services de communications électroniques dans les bandes de fréquences disponibles pour ces services, sous réserve de faisabilité technique.

« III. — Dans le cadre de ses attributions et, le cas échéant, conjointement avec le ministre chargé des communications électroniques, l'Autorité de *(L. nº 2019-1063 du 18 oct. 2019, art. 3)* « régulation des communications électroniques, des postes et de la distribution de la presse » prend, dans des conditions objectives et transparentes, des mesures raisonnables et proportionnées en vue d'atteindre les objectifs suivants :

« 1° L'exercice au bénéfice des utilisateurs d'une concurrence effective et loyale entre les exploitants de réseau et les fournisseurs de services de communications électroniques, en particulier lorsqu'ils bénéficient de subventions publiques conformément aux articles 106 et 107 du traité sur le fonctionnement de l'Union européenne ;

« 2° La définition de conditions d'accès aux réseaux ouverts au public et d'interconnexion de ces réseaux qui garantissent la possibilité pour tous les utilisateurs de communiquer librement et l'égalité des conditions de la concurrence ;

« 3° L'absence de discrimination, dans des circonstances analogues, dans les relations entre opérateurs et fournisseurs de services de communications au public en ligne pour l'acheminement du trafic et l'accès à leurs services ;

« 4° La mise en place et le développement de réseaux et de services et l'interopérabilité des services au niveau européen ;

« 5° La capacité des utilisateurs finals à accéder à l'information et à la diffuser ainsi qu'à accéder aux applications et aux services de leur choix ; — *Le 6º devient le 5º (Ord. nº 2021-650 du 26 mai 2021, art. 2-3º).*

« 6° L'utilisation et la gestion efficaces *(Abrogé par Ord. nº 2021-650 du 26 mai 2021, art. 2-3º) « des fréquences radioélectriques et »* des ressources de numérotation ; — *Le 5º devient le 6º (Ord. nº 2021-650 du 26 mai 2021, art. 2-3º).*

(Ord. nº 2021-650 du 26 mai 2021, art. 2-3º) « 7° L'utilisation et la gestion efficaces des fréquences radioélectriques ;

« 8° La sécurité, la prévisibilité et la cohérence réglementaire, afin notamment de promouvoir les investissements de long terme, dans l'octroi, le renouvellement, la modification, la restriction, la location, la cession et le retrait des droits d'utilisation du spectre radioélectrique ;

« 9° La promotion, dans le respect des règles de concurrence, de l'utilisation partagée du spectre radioélectrique entre des utilisations similaires ou différentes du spectre ;

« 10° L'application du régime d'utilisation du spectre radioélectrique le plus approprié et le moins onéreux possible de manière à maximiser la flexibilité, le partage et l'efficacité dans l'utilisation du spectre radioélectrique. »

« IV. — Sans préjudice des objectifs définis aux II et III, le ministre chargé des communications électroniques et l'Autorité de *(L. n° 2019-1063 du 18 oct. 2019, art. 3)* « régulation des communications électroniques, des postes et de la distribution de la presse » veillent :

« 1° Au respect de la plus grande neutralité possible, d'un point de vue technologique, des mesures qu'ils prennent ;

« 2° A la promotion des investissements et de l'innovation dans les infrastructures améliorées et de nouvelle génération, en tenant compte, lorsqu'ils fixent des obligations en matière d'accès, du risque assumé par les entreprises qui investissent, et à autoriser des modalités de coopération entre les investisseurs et les personnes recherchant un accès, afin de diversifier le risque d'investissement dans le respect de la concurrence sur le marché et du principe de non-discrimination ;

(Ord. n° 2021-650 du 26 mai 2021, art. 2-4°) « 2° *bis* A la promotion de la connectivité et de l'accès à des réseaux à très haute capacité, y compris des réseaux fixes, mobiles et sans fil, et la pénétration de tels réseaux ; »

« 3° A l'absence de discrimination, dans des circonstances analogues, dans le traitement des opérateurs ;

« 4° A la promotion, lorsque cela est approprié, d'une concurrence fondée sur les infrastructures.

« Ils assurent l'adaptation du cadre réglementaire à des échéances appropriées et de manière prévisible pour les différents acteurs du secteur.

« V. — » *(Ord. n° 2021-650 du 26 mai 2021, art. 2-5°)* « Toutes mesures qu'il est envisagé d'adopter dans le cadre des dispositions du présent code ayant une incidence importante sur un marché ou affectant les intérêts des utilisateurs finals doivent être rendues publiques avant leur adoption dans un délai permettant une consultation des parties intéressées d'au moins trente jours, sauf dans des circonstances exceptionnelles, afin de permettre le recueil d'observations dont elle pourrait faire l'objet. Le résultat des consultations est rendu public sous réserve des secrets protégés par la loi. »

(L. n° 2004-669 du 9 juill. 2004, art. 3-9°) « L'Autorité met en place un service permettant de prendre connaissance des consultations prévues par l'alinéa précédent. »

(L. n° 2015-990 du 6 août 2015, art. 120-1°) « L'Autorité de *(L. n° 2019-1063 du 18 oct. 2019, art. 3)* « régulation des communications électroniques, des postes et de la distribution de la presse » peut être saisie pour avis par les ministres chargés des communications électroniques et des postes sur toute question relevant de sa compétence. »

Les dispositions de la L. n° 2004-669 du 9 juill. 2009 sont applicables à Mayotte, dans les Terres australes et antarctiques françaises (L. préc., art. 140-I et III).

Art. L. 32-2 *Abrogé par L. n° 2004-669 du 9 juill. 2004, art. 4-I.*

Art. L. 32-3 *(L. n° 2016-1321 du 7 oct. 2016, art. 68-2° et 112-III)* I. — Les opérateurs, ainsi que les membres de leur personnel, sont tenus de respecter le secret des correspondances. Le secret couvre le contenu de la correspondance, l'identité des correspondants ainsi que, le cas échéant, l'intitulé du message et les documents joints à la correspondance.

II. — Les fournisseurs de services de communication au public en ligne permettant à leurs utilisateurs d'échanger des correspondances, ainsi que les membres de leur personnel, respectent le secret de celles-ci. Le secret couvre le contenu de la correspondance, l'identité des correspondants ainsi que, le cas échéant, l'intitulé du message et les documents joints à la correspondance.

III. — Les I et II du présent article ne font pas obstacle au traitement automatisé d'analyse, à des fins d'affichage, de tri ou d'acheminement des correspondances, ou de détection de contenus non sollicités ou de programmes informatiques malveillants, du contenu de la correspondance en ligne, de l'identité des correspondants ainsi que, le cas échéant, de l'intitulé ou des documents joints mentionnés aux mêmes I et II.

IV. — Le traitement automatisé d'analyse, à des fins publicitaires, statistiques ou d'amélioration du service apporté à l'utilisateur, du contenu de la correspondance en ligne, de l'identité des correspondants ainsi que, le cas échéant, de l'intitulé ou des documents joints mentionnés auxdits I et II est interdit, sauf si le consentement exprès de l'utilisateur est recueilli à une périodicité fixée par voie réglementaire, qui ne peut être supérieure à un an. Le consentement est spécifique à chaque traitement.

V. — Les opérateurs et les personnes mentionnés aux I et II sont tenus de porter à la connaissance de leur personnel les obligations résultant du présent article.

VI. — Le présent article est applicable dans les îles Wallis-et-Futuna.

Art. L. 32-3-3 *(L. nº 2004-575 du 21 juin 2004, art. 9-I)* Toute personne assurant une activité de transmission de contenus sur un réseau de communications électroniques ou de fourniture d'accès à un réseau de communications électroniques ne peut voir sa responsabilité civile ou pénale engagée à raison de ces contenus que dans les cas où soit elle est à l'origine de la demande de transmission litigieuse, soit elle sélectionne le destinataire de la transmission, soit elle sélectionne ou modifie les contenus faisant l'objet de la transmission.

Art. L. 32-3-4 *(L. nº 2004-575 du 21 juin 2004, art. 9-I)* Toute personne assurant dans le seul but de rendre plus efficace leur transmission ultérieure, une activité de stockage automatique, intermédiaire et temporaire des contenus qu'un prestataire transmet ne peut voir sa responsabilité civile ou pénale engagée à raison de ces contenus que dans l'un des cas suivants :

1º Elle a modifié ces contenus, ne s'est pas conformée à leurs conditions d'accès et aux règles usuelles concernant leur mise à jour ou a entravé l'utilisation licite et usuelle de la technologie utilisée pour obtenir des données ;

2º Elle n'a pas agi avec promptitude pour retirer les contenus qu'elle a stockés ou pour en rendre l'accès impossible, dès qu'elle a effectivement eu connaissance, soit du fait que les contenus transmis initialement ont été retirés du réseau, soit du fait que l'accès aux contenus transmis initialement a été rendu impossible, soit du fait que les autorités judiciaires ont ordonné de retirer du réseau les contenus transmis initialement ou d'en rendre l'accès impossible.

Art. L. 32-4 *(L. nº 2016-1321 du 7 oct. 2016, art. 43-1º)* « I.— » *(L. nº 2004-669 du 9 juill. 2004, art. 4-III)* « Le ministre chargé des communications électroniques et l'Autorité de régulation des communications électroniques *(L. nº 2019-1063 du 18 oct. 2019, art. 3)* « , des postes et de la distribution de la presse » peuvent, de manière proportionnée aux besoins liés à l'accomplissement de leurs missions, et sur la base d'une décision motivée : »

(L. nº 90-1170 du 29 déc. 1990, art. 2) 1º Recueillir auprès des personnes physiques ou morales exploitant des réseaux de communications électroniques ou fournissant des services de communications électroniques les informations ou documents nécessaires pour s'assurer du respect par ces personnes des principes définis aux articles L. 32-1 et L. 32-3, ainsi que des obligations qui leur sont imposées *(L. nº 2004-669 du 9 juill. 2004, art. 4-III)* « par le présent code ou par les textes pris pour son application » ;

(Ord. nº 2011-1012 du 24 août 2011, art. 4-I et II) « 2º Recueillir auprès des personnes fournissant des services de communication au public en ligne les informations ou documents concernant les conditions techniques et tarifaires d'acheminement du trafic *(L. nº 2016-1321 du 7 oct. 2016, art. 40-2º)* « , y compris de gestion, » appliquées à leurs services *(L. nº 2016-1321 du 7 oct. 2016, art. 40-2º)* « , notamment en vue d'assurer le respect de la neutralité de l'internet mentionnée au *q* du I de l'article L. 33-1 » *(L. nº 2021-1755 du 23 déc. 2021, art. 1er)* « , et les informations ou documents nécessaires relatifs à l'empreinte environnementale du secteur des communications électroniques ou des secteurs étroitement liés à celui-ci, pour s'assurer du respect par ces personnes des principes définis à l'article L. 32-1 ainsi que des obliga-

tions qui leur sont imposées par le présent code ou par les textes pris pour son application » ;

(Ord. n° 2016-526 du 28 avr. 2016, art. 2, en vigueur le 1er juill. 2016) « **2° *bis*** Recueillir auprès des gestionnaires d'infrastructure d'accueil les informations ou documents nécessaires pour s'assurer du respect par ces personnes des obligations prévues aux articles L. 34-8-2-1 et L. 34-8-2-2 ; »

(L. n° 2021-1755 du 23 déc. 2021, art. 1er) « **2° *ter*** Recueillir, auprès des fournisseurs de services de communication au public en ligne, des opérateurs de centre de données, des fabricants d'équipements terminaux, des équipementiers de réseaux et des fournisseurs de systèmes d'exploitation, les informations ou documents nécessaires relatifs à l'empreinte environnementale du secteur des communications électroniques ou des secteurs étroitement liés à celui-ci, pour s'assurer du respect par ces personnes des principes définis à l'article L. 32-1 ainsi que des obligations qui leur sont imposées par le présent code ou par les textes pris pour son application ; »

« **3°** » *(L. n° 2004-669 du 9 juill. 2004, art. 4-III)* « Procéder auprès des mêmes personnes à des enquêtes. »

(L. n° 2016-1321 du 7 oct. 2016, art. 43-1°) « Ces enquêtes sont menées dans les conditions prévues aux II à IV du présent article et à l'article L. 32-5. »

(L. n° 96-659 du 26 juill. 1996, art. 6-III) « Le ministre chargé des communications électroniques et *(Abrogé par L. n° 2004-669 du 9 juill. 2004, art. 4-III)* ***« le président de »*** l'Autorité de régulation des communications électroniques *(L. n° 2019-1063 du 18 oct. 2019, art. 3)* « , des postes et de la distribution de la presse » veillent » à ce que ne soient pas divulguées les informations recueillies en application du présent article lorsqu'elles sont protégées par un secret visé aux articles L. 311-5 à L. 311-8 du code des relations entre le public et l'administration.

(L. n° 2016-1321 du 7 oct. 2016, art. 43-1°) « **II.** — Les fonctionnaires et agents placés sous l'autorité du ministre chargé des communications électroniques et de l'Autorité de régulation des communications électroniques *(L. n° 2019-1063 du 18 oct. 2019, art. 3)* « , des postes et de la distribution de la presse », habilités à cet effet par ledit ministre et assermentés dans des conditions fixées par décret en Conseil d'État, peuvent, pour l'exercice de leurs missions, opérer sur la voie publique, pénétrer entre 8 heures et 20 heures dans tous lieux utilisés à des fins professionnelles par les personnes mentionnées aux 1°, 2° et 2° *bis* du I du présent article, à l'exclusion des parties de ceux-ci affectées au domicile privé, et accéder à tout moyen de transport à usage professionnel.

« Les fonctionnaires et agents mentionnés au premier alinéa du présent II peuvent demander la communication de tout document nécessaire à l'accomplissement de leur mission, quel qu'en soit le support, et obtenir ou prendre copie de ces documents par tout moyen et sur tout support. Ils peuvent recueillir, sur place ou sur convocation, tout renseignement, tout document ou toute justification utiles. Ils peuvent accéder aux logiciels, aux programmes informatiques et aux données stockées et en demander la transcription par tout traitement approprié dans des documents directement utilisables pour les besoins du contrôle.

« Ils peuvent recourir à toute personne compétente. Cette personne :

« 1° Peut les accompagner lors de leurs contrôles et prendre connaissance de tout document ou élément nécessaire à la réalisation de sa mission ou de son expertise ;

« 2° Ne peut effectuer aucun acte de procédure pénale ou administrative ;

« 3° Ne peut utiliser les informations dont elle prend connaissance à cette occasion pour la mise en œuvre des pouvoirs de contrôle dont elle dispose, le cas échéant, en application d'autres dispositions législatives ou réglementaires ;

« 4° Ne peut, sous peine des sanctions prévues à l'article 226-13 du code pénal, divulguer les informations dont elle a eu connaissance dans ce cadre.

« Les fonctionnaires et agents mentionnés au premier alinéa du présent II peuvent procéder à des visites conjointes avec des agents, désignés par l'autorité administrative dont ils dépendent, appartenant à d'autres services de l'État ou de ses établissements publics.

« Les visites et auditions donnent lieu à procès-verbal, dont une copie est transmise dans les cinq jours aux personnes intéressées. Ce procès-verbal fait foi jusqu'à preuve contraire.

« Les fonctionnaires et agents mentionnés au premier alinéa du présent II peuvent également procéder à toute constatation utile. Ils peuvent notamment, à partir d'un service de communication au public en ligne, consulter les données librement accessibles ou rendues accessibles, y compris par imprudence, par négligence ou par le fait d'un tiers. Ils peuvent retranscrire les données par tout traitement approprié dans des documents directement utilisables pour les besoins du contrôle. Un décret en Conseil d'État précise les conditions dans lesquelles ils procèdent à ces constatations.

« III. — Les visites conduites en application du II du présent article peuvent être préalablement autorisées dans les conditions prévues à l'article L. 32-5.

« Lorsque ces visites n'ont pas été préalablement autorisées dans les conditions définies au même article L. 32-5, le responsable de locaux professionnels privés est informé de son droit d'opposition à la visite. Lorsqu'il exerce ce droit, la visite ne peut se dérouler qu'après l'autorisation du juge des libertés et de la détention du tribunal judiciaire, dans les conditions prévues audit article L. 32-5.

« Lorsque les lieux sont affectés au domicile privé, lorsque le responsable de locaux professionnels privés exerce le droit d'opposition prévu au présent article ou lorsqu'il est procédé à une saisie, les visites sont autorisées dans les conditions définies au même article L. 32-5.

« IV. — Dans le cadre des contrôles et enquêtes mentionnés au présent article et à l'article L. 32-5, le secret professionnel ne peut être opposé aux fonctionnaires et agents mentionnés au II du présent article. Ces personnes peuvent, sans se voir opposer le secret professionnel, accéder à tout document ou élément d'information détenu par les services et établissements de l'État et des autres collectivités publiques. »

Les dispositions de la L. nº 2004-669 du 9 juill. 2004 sont applicables à Mayotte, dans les Terres australes et antarctiques françaises (L. préc., art. 140-I et III).

Art. L. 32-5 *(Ord. nº 2009-375 du 1er avr. 2009, art. 10) (L. nº 2016-1321 du 7 oct. 2016, art. 43-2º)* « I. — Les visites mentionnées au III de l'article L. 32-4 sont autorisées par ordonnance du juge des libertés et de la détention du tribunal judiciaire dans le ressort duquel sont situés les lieux à visiter. Lorsque ces lieux sont situés dans le ressort de plusieurs juridictions et qu'une action simultanée doit être menée dans chacun d'eux, une ordonnance unique peut être délivrée par l'un des juges des libertés et de la détention compétents.

« Le juge vérifie que la demande d'autorisation est fondée ; cette demande doit comporter tous les éléments d'information en possession du demandeur de nature à justifier la visite et la saisie. »

L'ordonnance comporte l'adresse des lieux à visiter, le nom et la qualité du ou des fonctionnaires habilités à procéder aux opérations de visite et de saisie ainsi que les heures auxquelles ils sont autorisés à se présenter.

L'ordonnance est exécutoire au seul vu de la minute.

II. — L'ordonnance est notifiée sur place, au moment de la visite, à l'occupant des lieux ou à son représentant qui en reçoit copie intégrale contre récépissé ou émargement au procès-verbal de visite. En l'absence de l'occupant des lieux ou de son représentant, l'ordonnance est notifiée, après la visite, par lettre recommandée avec demande d'avis de réception. La notification est réputée faite à la date de réception figurant sur l'avis. A défaut de réception, il est procédé à la signification de l'ordonnance par acte d'huissier de justice. *(L. nº 2016-1321 du 7 oct. 2016, art. 43-2º)* « L'ordonnance comporte la mention de la faculté pour l'occupant des lieux ou son représentant de faire appel à un conseil de son choix. L'exercice de cette faculté n'entraîne pas la suspension des opérations de visite et de saisie. »

L'acte de notification comporte mention des voies et délais de recours contre l'ordonnance ayant autorisé la visite et contre le déroulement des opérations de visite. Il mentionne également que le juge ayant autorisé la visite peut être saisi d'une demande de suspension ou d'arrêt de cette visite.

III. — La visite et la saisie de documents s'effectuent sous l'autorité et le contrôle du juge des libertés et de la détention qui les a autorisées. *(Ord. nº 2021-650 du 26 mai 2021, art. 53-1º)* « S'il l'estime utile, il désigne le chef du service qui devra nommer un ou plusieurs officiers de police judiciaire chargés d'assister à ces opérations, d'apporter leur concours en procédant le cas échéant aux réquisitions nécessaires et de tenir le juge informé du déroulement de ces opérations. » Le juge des libertés et de la détention peut, s'il l'estime utile, se rendre dans les locaux pendant l'intervention. A tout moment, il peut décider la suspension ou l'arrêt de la visite. La saisine du juge des libertés et de la détention aux fins de suspension ou d'arrêt des opérations de visite et de saisie n'a pas d'effet suspensif.

IV. — La visite ne peut commencer avant 6 heures et après 21 heures. Elle est effectuée en présence de l'occupant des lieux ou de son représentant, qui peut se faire assister *(L. n° 2016-1321 du 7 oct. 2016, art. 43-2°)* « par le conseil » de son choix. En l'absence de l'occupant des lieux, les agents chargés de la visite ne peuvent procéder à celle-ci qu'en présence de deux témoins qui ne sont pas placés sous leur autorité.

(Ord. n° 2021-650 du 26 mai 2021, art. 53-2°) « Le ou les officiers de police judiciaire, » les agents habilités, l'occupant des lieux ou son représentant peuvent seuls prendre connaissance des pièces et documents avant leur saisie.

Un procès-verbal relatant les modalités et le déroulement de l'opération et consignant les constatations effectuées est dressé sur-le-champ par les agents habilités à procéder à la visite. Un inventaire des pièces et documents saisis lui est annexé s'il y a lieu. Le procès-verbal et l'inventaire sont signés par les agents habilités et l'occupant des lieux ou, le cas échéant, par son représentant et les témoins. En cas de refus de signer, mention en est faite au procès-verbal. *(L. n° 2016-1321 du 7 oct. 2016, art. 43-2°)* « Si l'inventaire sur place présente des difficultés, les pièces et les documents saisis sont placés sous scellés. L'occupant des lieux ou son représentant est avisé qu'il peut assister à l'ouverture des scellés ; l'inventaire est alors établi. »

Les originaux du procès-verbal et de l'inventaire sont, dès qu'ils ont été établis, adressés au juge qui a autorisé la visite. Une copie de ces mêmes documents est remise ou adressée par lettre recommandée avec demande d'avis de réception à l'occupant des lieux ou à son représentant.

Le procès-verbal et l'inventaire mentionnent le délai et les voies de recours.

Les pièces saisies sont conservées pour les besoins de la procédure, à moins qu'une décision insusceptible de pourvoi en cassation par les parties n'en ordonne la restitution.

V. — L'ordonnance autorisant la visite peut faire l'objet d'un appel devant le premier président de la cour d'appel suivant les règles prévues par le code de procédure civile. Les parties ne sont pas tenues de constituer *(L. n° 2011-94 du 25 janv. 2011, art. 31-I-9°, en vigueur le 1er janv. 2012)* « avocat ».

Cet appel est formé par déclaration remise ou adressée par pli recommandé au greffe de la cour dans un délai de quinze jours. Ce délai court à compter de la notification de l'ordonnance. Cet appel n'est pas suspensif.

Le greffe du tribunal judiciaire transmet sans délai le dossier de l'affaire au greffe de la cour d'appel où les parties peuvent le consulter.

L'ordonnance du premier président de la cour d'appel est susceptible d'un pourvoi en cassation, selon les règles prévues par le code de procédure civile. Le délai du pourvoi en cassation est de quinze jours.

VI. — Le premier président de la cour d'appel connaît des recours contre le déroulement des opérations de visite ou de saisie autorisées par le juge des libertés et de la détention suivant les règles prévues par le code de procédure civile. Les parties ne sont pas tenues de constituer *(L. n° 2011-94 du 25 janv. 2011, art. 31-I-9°, en vigueur le 1er janv. 2012)* « avocat ».

Le recours est formé par déclaration remise ou adressée par pli recommandé au greffe de la cour dans un délai de quinze jours. Ce délai court à compter de la remise ou de la réception soit du procès-verbal, soit de l'inventaire, mentionnés au premier alinéa. Ce recours n'est pas suspensif.

L'ordonnance du premier président de la cour d'appel est susceptible d'un pourvoi en cassation selon les règles prévues par le code de procédure civile. Le délai du pourvoi en cassation est de quinze jours.

VII. — Le présent article est reproduit dans l'acte de notification de l'ordonnance du juge des libertés et de la détention autorisant la visite.

CHAPITRE II *RÉGIME JURIDIQUE*

SECTION 1 *Réseaux et services* *(L. n° 2004-669 du 9 juill. 2004, art. 5-I).*

....

Art. L. 33-1 *(L. n° 2004-669 du 9 juill. 2004, art. 6-I)* **« I. — L'établissement et l'exploitation des réseaux ouverts au public et la fourniture au public de services de communications électroniques sont libres sous réserve** *(Ord. n° 2021-650 du 26 mai 2021, art. 3-1°)* **« du »** *(L. n° 2004-669 du 9 juill. 2004, art. 6-I)* **« respect de règles portant sur :**

(Ord. n° 2011-1012 du 24 août 2011, art. 5-1°) **« *a)* Les conditions de permanence, de qualité, de disponibilité, de sécurité et d'intégrité du réseau et du service qui incluent des obligations de notification à l'autorité compétente des** *(Ord. n° 2021-650 du 26 mai 2021, art. 3-1°)* **« incidents de sécurité ayant eu un impact significatif sur leur fonctionnement » ; »**

« *b)* Les conditions de confidentialité et de neutralité au regard des messages transmis et des informations liées aux communications ;

« *c)* Les normes et spécifications du réseau et du service ;

« *d)* Les prescriptions exigées par la protection de la santé et de l'environnement et par les objectifs d'aménagement du territoire et d'urbanisme, comportant, le cas échéant, les conditions d'occupation du domaine public, les garanties financières ou techniques nécessaires à la bonne exécution des travaux d'infrastructures *(L. n° 2015-990 du 6 août 2015, art. 122-II)* **« , les modalités de partage des infrastructures et des réseaux radioélectriques ouverts au public et d'itinérance locale » ;**

« *e)* Les prescriptions exigées par l'ordre public, la défense nationale et la sécurité publique, notamment celles qui sont nécessaires à la mise en œuvre des interceptions justifiées par les nécessités de la sécurité publique, ainsi que les garanties d'une juste rémunération des prestations assurées à ce titre *(Ord. n° 2011-1012 du 24 août 2011, art. 46)* **« et celles qui sont nécessaires pour répondre, conformément aux orientations fixées par l'autorité nationale de défense des systèmes d'informations, aux menaces et aux atteintes à la sécurité des systèmes d'information des autorités publiques et des opérateurs mentionnés aux articles L. 1332-1 et L. 1332-2 du code de la défense » ;**

« *f)* L'acheminement gratuit des *(Ord. n° 2021-650 du 26 mai 2021, art. 3-1°)* **« communications » d'urgence.** *(Ord. n° 2011-1012 du 24 août 2011, art. 5-2° et 3°)* **« A ce titre, les opérateurs** *(L. n° 2021-1520 du 25 nov. 2021, art. 17)* **« mettent en œuvre toute mesure permettant de garantir la continuité de l'acheminement de ces communications. Ils sont chargés de mettre en place une supervision technique permettant d'assurer, dans les meilleurs délais, une remontée d'alerte dans les conditions définies par décret. Ils fournissent également » gratuitement aux services d'urgence l'information relative à la localisation de l'appelant ; »**

(Ord. n° 2021-650 du 26 mai 2021, art. 3-1° et 59, en vigueur le 21 juin 2022) **« *f bis)* L'acheminement gratuit des communications des pouvoirs publics pour alerter la population située dans les zones géographiques potentiellement affectées soit par un cas d'urgence, un accident, un sinistre ou une catastrophe au sens de l'article L. 112-1 du code de la sécurité intérieure, soit par une menace ou une agression au sens des articles L. 1111-1 et L. 1111-2 du code de la défense, imminents ou en cours, l'État contribuant aux frais d'équipement en matériels et logiciels acquis spécifiquement pour l'exécution de cette mission ; »**

(Ord. n° 2021-650 du 26 mai 2021, art. 3-1°) **« *f ter)* L'acheminement gratuit d'informations d'intérêt général à destination des utilisateurs finals ; »**

« *g)* Le financement du service universel et, le cas échéant, la fourniture du service universel et des *(Ord. n° 2011-1012 du 24 août 2011, art. 5-4°)* **« services complémentaires au service universel », dans les conditions prévues aux articles L. 35-2 à L. 35-5 ;**

« *h)* La fourniture des informations prévues à l'article L. 34 ;

« *i)* L'interconnexion et l'accès, dans les conditions prévues aux articles L. 34-8 et L. 38 ;

« *j)* Les conditions nécessaires pour assurer l'équivalence de traitement des opérateurs internationaux conformément aux dispositions du III du présent article ;

« *k)* Les conditions nécessaires pour assurer l'interopérabilité des services ;

« *l)* Les obligations qui s'imposent à l'*(Ord. n° 2021-650 du 26 mai 2021, art. 3-1°)* « opérateur » pour permettre son contrôle par l'Autorité de régulation des communications électroniques *(L. n° 2019-1063 du 18 oct. 2019, art. 3)* « , des postes et de la distribution de la presse » et celles qui sont nécessaires pour l'application *(Ord. n° 2021-650 du 26 mai 2021, art. 3-1°)* « des articles L. **33-12-1** et » L. **37-1** ;

(Abrogé par L. n° 2015-1785 du 29 déc. 2015, art. 27-III, applicable à la taxe éligible à compter du 1er mai 2016) ***« m) L'acquittement des taxes dues par l'exploitant pour couvrir les coûts administratifs occasionnés par la mise en œuvre des dispositions du présent livre, dans les conditions prévues par les lois de finances ; »***

(L. n° 2014-344 du 17 mars 2014, art. 146-II-2°) « *n)* L'information des utilisateurs, dans la mesure où cette information est nécessaire à la mise en œuvre des dispositions du présent code ou des décisions prises en application de celui-ci ; »

« *n bis)* Les informations devant figurer dans le contrat conclu avec un utilisateur professionnel, à la demande de ce dernier, et comprenant celles mentionnées à l'article L. **121-83** du code de la consommation relatives aux prestations qu'il a souscrites ;

« *n ter)* L'obligation de mettre à disposition des utilisateurs professionnels les informations mentionnées à l'article L. **121-83-1** du code de la consommation, selon les modalités prévues à ce même article ; »

« *o)* Un accès des utilisateurs finals handicapés à des services de communications électroniques à un tarif abordable et aux services d'urgence, équivalent à celui dont bénéficie la majorité des utilisateurs finals ; »

(L. n° 2016-1321 du 7 oct. 2016, art. 40-3° et 105-I) « *p)* Un accès des utilisateurs finals sourds, malentendants, sourdaveugles et aphasiques à une offre de services de communications électroniques incluant, pour les appels passés et reçus, la fourniture d'un service de traduction simultanée écrite et visuelle défini au IV de l'article 105 de la loi n° **2016-1321** du **7** octobre **2016** pour une République numérique.

« Cette offre est proposée sans surcoût aux utilisateurs finals, dans la limite d'un usage raisonnable dont les conditions sont définies par décret et dans le respect de conditions de qualité définies par l'Autorité de régulation des communications électroniques *(L. n° 2019-1063 du 18 oct. 2019, art. 3)* « , des postes et de la distribution de la presse ».

« Elle garantit les conditions de neutralité et de confidentialité mentionnées au *b* du présent I ainsi que la prévention de la violation des données à caractère personnel mentionnée à l'article *(Ord. n° 2018-1125 du 12 déc. 2018, art. 14, en vigueur le 1er juin 2019)* « **83** » de la loi n° **78-17** du **6** janvier **1978** relative à l'informatique, aux fichiers et aux libertés ; »

(Ord. n° 2021-650 du 26 mai 2021, art. 58-1°) « *q)* La neutralité de l'internet, qui consiste à garantir l'accès à l'internet ouvert régi par le règlement (UE) **2015/2120** du Parlement européen et du Conseil du **25** novembre **2015** établissant des mesures relatives à l'accès à un internet ouvert et aux prix de détail pour les communications à l'intérieur de l'Union européenne réglementées et modifiant la directive **2002/22/CE** et le règlement (UE) n° **531/2012** ; »

(Ord. n° 2021-650 du 26 mai 2021, art. 3-1°) « Les fournisseurs de services de communications interpersonnelles non-fondés sur la numérotation ne sont concernés que par les règles énoncées aux *a, b, c, e, f bis, g, k, l, n, n bis, n ter* et *o* du présent I. »

(L. n° 2004-669 du 9 juill. 2009, art. 6-I) « Un décret fixe les modalités d'application du présent article, notamment *(Ord. n° 2021-650 du 26 mai 2021, art. 3-1°)* « les » *(Ord. n° 2011-1012 du 24 août 2011, art. 5-7°)* « informations visées *(L. n° 2014-344 du 17 mars 2014, art. 146-II-2°)* « aux n *bis* et n *ter* », et précise, en tant que de besoin, selon les différentes catégories de réseaux et de services, les règles » *(Ord. n° 2011-1012 du 24 août 2011, art. 5-7° ; L. n° 2016-1321 du 7 oct. 2016, art. 40-3°)* « mentionnées aux *a* à *q* ». »

II. — Les opérateurs réalisant un chiffre d'affaires annuel sur le marché des communications électroniques supérieur à un seuil fixé par arrêté des ministres chargés des communications électroniques et de l'économie sont tenus d'individualiser sur le plan comptable *(Ord. n° 2021-650 du 26 mai 2021, art. 3-2°)* « leur activité ».

En outre, lorsqu'ils disposent dans un secteur d'activité autre que les communications électroniques d'un monopole ou d'une position dominante appréciée après avis de l'Autorité de la concurrence, et que les infrastructures utilisées peuvent être séparées physiquement, ils sont tenus, dans l'intérêt d'un bon exercice de la concurrence, d'individualiser cette activité sur le plan juridique.

(Abrogé par L. nº 2004-669 du 9 juill. 2004, art. 6-I) (Ord. nº 2001-670 du 25 juill. 2001, art. 28) ***« Les opérateurs inscrits sur la liste établie en application du a du 7º de l'article L. 36-7 au titre d'une zone géographique donnée et qui détiennent, dans la même zone, des droits exclusifs ou bénéficient de droits particuliers pour l'exploitation de réseaux distribuant par câble des services de radiodiffusion sonore et de télévision sont tenus d'exploiter cette dernière activité sous la forme d'une personne juridiquement distincte. »***

III. — Sous réserve des engagements internationaux souscrits par la France, le ministre chargé des communications électroniques et l'Autorité de régulation des communications électroniques *(L. nº 2019-1063 du 18 oct. 2019, art. 3)* « , des postes et de la distribution de la presse » veillent à ce que soit assurée l'égalité de traitement des opérateurs *(L. nº 2004-669 du 9 juill. 2004, art. 6-I)* « acheminant » du trafic international au départ ou à destination de réseaux ouverts au public français, notamment dans les conditions *(L. nº 2004-669 du 9 juill. 2004, art. 6-I)* « d'accès aux réseaux français et étrangers ».

Sous la même réserve, ils veillent également à ce que les opérateurs des pays tiers à l'Union européenne assurent aux opérateurs *(Ord. nº 2021-650 du 26 mai 2021, art. 3-3º)* « au sens du 15º de l'article L. 32 ayant une activité en France » des droits comparables, notamment en matière d'interconnexion *(L. nº 2004-669 du 9 juill. 2004, art. 6-I)* « et d'accès », à ceux dont ils bénéficient sur le territoire national, en application du présent code. *— Le III est abrogé par la L. nº 2004-669 du 9 juill. 2004, art. 6-I et le IV devient le III (L. préc., art. 6-I).*

(L. nº 2004-669 du 9 juill. 2004, art. 6-I) « IV. — Les installations mentionnées au 2º de l'article L. 33 *(Abrogé par Ord. nº 2021-650 du 26 mai 2021, art. 3-4º)* ***« sont soumises à déclaration dans les conditions prévues aux trois premiers alinéas du I du présent article et »*** doivent respecter les règles mentionnées aux *i* et *l* du I. »

(Ord. nº 2011-1012 du 24 août 2011, art. 47) « V. — Les opérateurs de services de communications électroniques sont tenus de permettre l'accès par les autorités judiciaires, les services de la police et de la gendarmerie nationale, les services d'incendie et de secours et les services d'aide médicale d'urgence, agissant dans le cadre de missions judiciaires ou d'interventions de secours, à leurs listes d'abonnés et d'utilisateurs, complète*[s]*, non expurgée*[s]* et mise*[s]* à jour. »

(Ord. nº 2021-650 du 26 mai 2021, art. 3-5º et 6º) « VI. — Les opérateurs n'apportent aucune limitation technique ou contractuelle à un service d'accès à internet, qui aurait pour objet ou effet d'interdire à un utilisateur de ce service qui en fait la demande :

« 1º D'accéder, depuis un point d'accès à internet, à des données enregistrées sur un équipement connecté à internet, par l'intermédiaire du service d'accès auquel il a souscrit ou de donner à des tiers accès à ces données ;

« 2º D'accéder au réseau local hertzien de son choix fourni par des tiers ou de permettre l'accès d'autres utilisateurs finals au réseau de ces opérateurs par l'intermédiaire de réseaux locaux hertziens.

« VII. — 1º Les dispositions du *e* du I sont applicables en Polynésie française, dans les îles Wallis-et-Futuna et en Nouvelle-Calédonie dans leur rédaction résultant de l'ordonnance nº 2021-650 du 26 mai 2021 portant transposition de la directive (UE) 2018/1972 du Parlement européen et du Conseil du 11 décembre 2018 établissant le code des communications électroniques européen et relative aux mesures d'adaptation des pouvoirs de l'Autorité de régulation des communications électroniques, des postes et de la distribution de la presse ;

« 2º Les dispositions du *f bis* du I sont applicables en Polynésie française et dans les îles Wallis-et-Futuna dans leur rédaction résultant de l'ordonnance nº 2021-650 du 26 mai 2021 précitée ;

« 3º Les dispositions du *f bis* du I sont applicables en Nouvelle-Calédonie dans leur rédaction résultant de l'ordonnance nº 2021-650 du 26 mai 2021 précitée, sous réserve des compétences exercées par cette collectivité en application du statut qui la régit. »

Les dispositions de la L. n° 2004-669 du 9 juill. 2004 sont applicables à Mayotte, dans les Terres australes et antarctiques françaises (L. préc., art. 140-I et III).

V. Arr. du 6 juill. 2015 homologuant la Décis. n° 2015-0153 de l'Autorité de régulation des communications électroniques et des postes en date du 17 mars 2015 modifiant la Décis. n° 02-1179 du 19 déc. 2002 établissant la liste des numéros d'urgence devant être acheminés gratuitement par les opérateurs de communications électroniques (JO 6 août).

V. Décis. n° 2016-0172 du 9 févr. 2016 modifiant la Décis. n° 02-1179 du 19 déc. 2002 établissant la liste des numéros d'urgence devant être acheminés gratuitement par les opérateurs de communications électroniques (JO 24 juill.).

Loi n° 2016-1321 du 7 octobre 2016,

Pour une République numérique (JO 8 oct.).

Art. 105 IV — La mise en œuvre du *p* du I de l'article L. 33-1 du code des postes et des communications électroniques, de l'article 78 de la loi n° 2005-102 du 11 février 2005 pour l'égalité des droits et des chances, la participation et la citoyenneté des personnes handicapées et de l'article L. 112-8 du code de la consommation s'appuie notamment sur la création d'un groupement interprofessionnel comportant notamment des opérateurs de communications électroniques, dont l'objet est d'assurer l'organisation, le fonctionnement et la gestion de services d'accessibilité téléphonique grâce à une mutualisation des coûts, selon des modalités définies par le décret mentionné au VII du présent article et sous le contrôle de l'Autorité de régulation des communications électroniques et des postes.

Les services de traduction mentionnés au *p* du I de l'article L. 33-1 du code des postes et des communications électroniques, à l'article 78 de la loi n° 2005-102 du 11 février 2005 précitée et à l'article L. 112-8 du code de la consommation assurent, en mode simultané et à la demande de l'utilisateur, l'interprétariat entre le français et la langue des signes française, la transcription écrite et le codage en langage parlé complété.

L'accessibilité des services d'accueil mentionnés à l'article 78 de la loi n° 2005-102 du 11 février 2005 précitée et à l'article L. 112-8 du code de la consommation peut être réalisée directement par des téléconseillers professionnels maitrisant la langue des signes française, la transcription écrite ou le codage en langage parlé complété et dont les diplômes et qualifications sont précisés par le décret mentionné au VII du présent article.

V. — Au plus tard dix ans après la promulgation de la présente loi, et selon des modalités définies par le décret prévu au VII, le service de traduction mentionné au *p* du I de l'article L. 33-1 du code des postes et des communications électroniques fonctionne vingt-quatre heures sur vingt-quatre, tous les jours de l'année, le service de traduction mentionné à l'article 78 de la loi n° 2005-102 du 11 février 2005 précitée fonctionne aux horaires d'ouverture des services d'accueil téléphonique concerné et le service de traduction mentionné à l'article L. 112-8 du code de la consommation fonctionne aux horaires d'ouverture des services clients.

VI. — La mise en œuvre du *p* du I de l'article L. 33-1 du code des postes et des communications électroniques, de l'article 78 de la loi n° 2005-102 du 11 février 2005 précitée et de l'article L. 112-8 du code de la consommation peut s'appuyer sur des applications de communications électroniques permettant la vocalisation du texte, la transcription de la voix en texte, la traduction en et depuis la langue des signes française ou la transcription en et depuis le langage parlé complété. Cette mise en œuvre ne peut se substituer au service de traduction simultanée écrite et visuelle mentionné au *p* du I de l'article L. 33-1 du code des postes et des communications électroniques, à l'article 78 de la loi n° 2005-102 du 11 février 2005 précitée et à l'article L. 112-8 du code de la consommation qu'à la condition de garantir une accessibilité de qualité équivalente et d'offrir les mêmes conditions de traduction aux personnes sourdes, malentendantes, sourdaveugles et aphasiques.

VII. — Les I et II entrent en vigueur selon des modalités et à une date prévues par décret et, au plus tard, cinq ans après la promulgation de la présente loi. Le III entre en vigueur à une date fixée par décret et, au plus tard, deux ans après la promulgation de la présente loi. Ce décret précise également les modalités de suivi de l'application du présent article et les diplômes et qualifications requis pour les professionnels intervenant sur l'accessibilité simultanée des appels.

VIII. — Dans un délai de six mois à compter de la promulgation de la présente loi, le Gouvernement présente un plan des métiers visant à développer les formations conduisant aux professions spécialisées nécessaires à la mise en œuvre du présent article.

....

SECTION 2 *Annuaires et services de renseignements*

(L. nº 2004-669 du 9 juill. 2004, art. 9)

Art. L. 34 La publication des listes d'abonnés ou d'utilisateurs des réseaux ou services de communications électroniques est libre, sous réserve de la protection des droits des personnes.

Parmi les droits garantis figurent ceux pour toute personne d'être mentionnée sur les listes d'abonnés ou d'utilisateurs publiées dans les annuaires ou consultables par l'intermédiaire d'un service de renseignements ou de ne pas l'être, de s'opposer à l'inscription de certaines données la concernant dans la mesure compatible avec les nécessités de la constitution des annuaires et des services de renseignements auxquels ces listes sont destinées, d'être informée préalablement des fins auxquelles sont établis, à partir de ces listes, des annuaires et services de renseignements et des possibilités d'utilisation reposant sur des fonctions de recherche intégrées à leur version électronique, d'interdire que les informations nominatives la concernant soient utilisées dans des opérations commerciales, ainsi que de pouvoir obtenir communication desdites informations nominatives et exiger qu'elles soient rectifiées, complétées, clarifiées, mises à jour ou effacées, dans les conditions prévues aux articles *(Ord. nº 2018-1125 du 12 déc. 2018, art. 14, en vigueur le 1er juin 2019)* « 49 et 50 » de la loi nº 78-17 du 6 janvier 1978 relative à l'informatique, aux fichiers et aux libertés.

Le consentement préalable des abonnés à un opérateur de téléphonie mobile est requis pour toute inscription dans les listes d'abonnés ou d'utilisateurs établies par leur opérateur mobile, destinées à être publiées dans les annuaires ou consultables par l'intermédiaire d'un service de renseignements, de données à caractère personnel les concernant.

Sur toute demande présentée en vue d'éditer un annuaire universel ou de fournir un service universel de renseignements, même limitée à une zone géographique déterminée, les opérateurs sont tenus de communiquer, dans des conditions non discriminatoires et à un tarif reflétant les coûts du service rendu, la liste de tous les abonnés ou utilisateurs auxquels ils ont affecté, directement ou par l'intermédiaire d'un distributeur, un ou plusieurs numéros du plan national de numérotation téléphonique prévu à l'article L. 44. Les données communiquées portent soit sur l'ensemble des abonnés et des utilisateurs de l'opérateur, soit sur ceux qui sont domiciliés dans la ou les communes de la zone géographique faisant l'objet de la demande. Un décret en Conseil d'État, pris après avis de la Commission *(L. nº 2016-1321 du 7 oct. 2016, art. 45-I)* « supérieure du numérique et des postes », précise les modalités d'application du présent alinéa.

Les litiges relatifs aux conditions techniques et financières de la fourniture des listes d'abonnés prévue à l'alinéa précédent peuvent être soumis à l'Autorité de régulation des communications électroniques *(L. nº 2019-1063 du 18 oct. 2019, art. 3)* « , des postes et de la distribution de la presse » conformément à l'article L. 36-8.

Les dispositions de la L. nº 2004-669 du 9 juill. 2004 sont applicables à Mayotte, dans les Terres australes et antarctiques françaises (L. préc., art. 140-I et III).

SECTION 3 *Protection de la vie privée des utilisateurs de réseaux et services de communications électroniques* (L. nº 2004-669 du 9 juill. 2004, art. 10-I).

Art. L. 34-1 *(Ord. nº 2011-1012 du 24 août 2011, art. 7-2º)* « I. — Le présent article s'applique au traitement des données à caractère personnel dans le cadre de la fourniture au public de services de communications électroniques ; il s'applique notamment aux réseaux qui prennent en charge les dispositifs de collecte de données et d'identification. »

(L. nº 2001-1062 du 15 nov. 2001, art. 29) II. — *(L. nº 2004-669 du 9 juill. 2004, art. 10-II)* « Les opérateurs de communications électroniques, et notamment les personnes dont l'activité est d'offrir un accès à des services de communication au public en ligne, effacent ou rendent *(L. nº 2021-998 du 30 juill. 2021, art. 17)* « anonymes, sous réserve des II *bis* à VI, les données relatives aux communications électroniques ». »

(Ord. nº 2011-1012 du 24 août 2011, art. 7-5º) « Les personnes qui fournissent au public des services de communications électroniques établissent, dans le respect des

dispositions de l'alinéa précédent, des procédures internes permettant de répondre aux demandes des autorités compétentes. »

(L. nº 2006-64 du 23 janv. 2006, art. 5) « Les personnes qui, au titre d'une activité professionnelle principale ou accessoire, offrent au public une connexion permettant une communication en ligne par l'intermédiaire d'un accès au réseau, y compris à titre gratuit, sont soumises au respect des dispositions applicables aux opérateurs de communications électroniques en vertu du présent article. »

(L. nº 2021-998 du 30 juill. 2021, art. 17) « II *bis*. — Les opérateurs de communications électroniques sont tenus de conserver :

« 1° Pour les besoins des procédures pénales, de la prévention des menaces contre la sécurité publique et de la sauvegarde de la sécurité nationale, les informations relatives à l'identité civile de l'utilisateur, jusqu'à l'expiration d'un délai de cinq ans à compter de la fin de validité de son contrat ;

« 2° Pour les mêmes finalités que celles énoncées au 1° du présent II *bis*, les autres informations fournies par l'utilisateur lors de la souscription d'un contrat ou de la création d'un compte ainsi que les informations relatives au paiement, jusqu'à l'expiration d'un délai d'un an à compter de la fin de validité de son contrat ou de la clôture de son compte ;

« 3° Pour les besoins de la lutte contre la criminalité et la délinquance grave, de la prévention des menaces graves contre la sécurité publique et de la sauvegarde de la sécurité nationale, les données techniques permettant d'identifier la source de la connexion ou celles relatives aux équipements terminaux utilisés, jusqu'à l'expiration d'un délai d'un an à compter de la connexion ou de l'utilisation des équipements terminaux.

« III. — Pour des motifs tenant à la sauvegarde de la sécurité nationale, lorsqu'est constatée une menace grave, actuelle ou prévisible, contre cette dernière, le Premier ministre peut enjoindre par décret aux opérateurs de communications électroniques de conserver, pour une durée d'un an, certaines catégories de données de trafic, en complément de celles mentionnées au 3° du II *bis*, et de données de localisation précisées par décret en Conseil d'État.

« L'injonction du Premier ministre, dont la durée d'application ne peut excéder un an, peut être renouvelée si les conditions prévues pour son édiction continuent d'être réunies. Son expiration est sans incidence sur la durée de conservation des données mentionnées au premier alinéa du présent III.

« III *bis*. — Les données conservées par les opérateurs en application du présent article peuvent faire l'objet d'une injonction de conservation rapide par les autorités disposant, en application de la loi, d'un accès aux données relatives aux communications électroniques à des fins de prévention et de répression de la criminalité, de la délinquance grave et des autres manquements graves aux règles dont elles ont la charge d'assurer le respect, afin d'accéder à ces données. »

IV. — Pour les besoins de la facturation et du paiement des prestations de communications électroniques, les opérateurs peuvent, jusqu'à la fin de la période au cours de laquelle la facture peut être légalement contestée ou des poursuites engagées pour en obtenir le paiement, utiliser, conserver et, le cas échéant, transmettre à des tiers concernés directement par la facturation ou le recouvrement les catégories de données techniques qui sont déterminées, *(L. nº 2004-669 du 9 juill. 2004, art. 10-II)* « dans les limites fixées par le *(Ord. nº 2011-1012 du 24 août 2011, art. 7-6°)* « VI », » selon l'activité des opérateurs et la nature de la communication, par décret en Conseil d'État pris après avis de la Commission nationale de l'informatique et des libertés.

(L. nº 2004-669 du 9 juill. 2009, art. 10-II) « Les opérateurs peuvent en outre réaliser un traitement des données relatives au trafic en vue de commercialiser leurs propres services de communications électroniques ou de fournir des services à valeur ajoutée, si les abonnés y consentent expressément et pour une durée déterminée. Cette durée ne peut, en aucun cas, être supérieure à la période nécessaire pour la fourniture ou la commercialisation de ces services. Ils peuvent également conserver certaines données en vue d'assurer la sécurité de leurs réseaux. »

V. — Sans préjudice des dispositions *(Ord. nº 2011-1012 du 24 août 2011, art. 7-7°)* « du III et du IV » *(Abrogé par L. nº 2021-998 du 30 juill. 2021, art. 17)* *« et sous réserve des nécessités des enquêtes judiciaires »*, les données permettant de localiser l'équipe-

ment terminal de l'utilisateur ne peuvent ni être utilisées pendant la communication à des fins autres que son acheminement, ni être conservées et traitées après l'achèvement de la communication que moyennant le consentement de l'abonné, dûment informé des catégories de données en cause, de la durée du traitement, de ses fins et du fait que ces données seront ou non transmises à des fournisseurs de services tiers. L'abonné peut retirer à tout moment et gratuitement, hormis les coûts liés à la transmission du retrait, son consentement. L'utilisateur peut suspendre le consentement donné, par un moyen simple et gratuit, hormis les coûts liés à la transmission de cette suspension. Tout appel destiné à un service d'urgence vaut consentement de l'utilisateur jusqu'à l'aboutissement de l'opération de secours qu'il déclenche et seulement pour en permettre la réalisation.

VI. — *(L. n° 2004-669 du 9 juill. 2009, art. 10-II)* **« Les données conservées et traitées dans les conditions définies** *(Ord. n° 2011-1012 du 24 août 2011, art. 7-8°)* **« aux »** *(L. n° 2021-998 du 30 juill. 2021, art. 17)* **« II *bis* à V » portent exclusivement sur l'identification des personnes utilisatrices des services fournis par les opérateurs, sur les caractéristiques techniques des communications assurées par ces derniers et sur la localisation des équipements terminaux. »**

Elles ne peuvent en aucun cas porter sur le contenu des correspondances échangées ou des informations consultées, sous quelque forme que ce soit, dans le cadre de ces communications.

(L. n° 2021-998 du 30 juill. 2021, art. 17) **« Un décret en Conseil d'État, pris après avis de la Commission nationale de l'informatique et des libertés et de l'Autorité de régulation des communications électroniques, des postes et de la distribution de la presse, détermine, selon l'activité des opérateurs et la nature des communications, les informations et catégories de données conservées en application des II *bis* et III ainsi que les modalités de compensation des surcoûts identifiables et spécifiques des prestations assurées à ce titre, à la demande de l'État, par les opérateurs. »**

La conservation et le traitement de ces données s'effectuent dans le respect des dispositions de la loi n° 78-17 du 6 janvier 1978 relative à l'informatique, aux fichiers et aux libertés.

Les opérateurs prennent toutes mesures pour empêcher une utilisation de ces données à des fins autres que celles prévues au présent article.

Les dispositions de la L. n° 2004-669 du 9 juill. 2009 sont applicables à Mayotte, en Nouvelle-Calédonie, en Polynésie française, dans les îles Wallis-et-Futuna et dans les Terres australes et antarctiques françaises (L. préc., art. 140-I à III).

Les I, II, III, IV et V deviennent respectivement les II, III, IV, V et VI (Ord. n° 2011-1012 du 24 août 2011, art. 7-I°).

Les dispositions de l'Ord. n° 2011-1012 du 24 août 2011 sont applicables en Nouvelle-Calédonie, en Polynésie française et dans les îles Wallis-et-Futuna (Ord. préc., art. 7-8°).

Sans préjudice des dispositions de la L. n° 2013-1168 du 18 déc. 2013 qui s'y appliquent de plein droit, la présente loi s'applique sur l'ensemble du territoire de la République (L. préc., art. 57).

Art. L. 34-1-1 *(Abrogé par L. n° 2013-1168 du 18 déc. 2013, art. 20-II, à compter du 1er janv. 2015) (L. n° 2006-64 du 23 janv. 2006, art. 6-I)* ***Afin de prévenir*** [Dispositions déclarées non conformes à la Constitution par la décision du Conseil constitutionnel n° 2005-532 DC du 19 janv. 2006] ***les actes de terrorisme, les agents individuellement désignés et dûment habilités des services de police et de gendarmerie nationales spécialement chargés de ces missions peuvent exiger des opérateurs et personnes mentionnés au I de l'article L. 34-1 la communication des données conservées et traitées par ces derniers en application dudit article.***

Les données pouvant faire l'objet de cette demande sont limitées aux données techniques relatives à l'identification des numéros d'abonnement ou de connexion à des services de communications électroniques, au recensement de l'ensemble des numéros d'abonnement ou de connexion d'une personne désignée, aux données relatives à la localisation des équipements terminaux utilisés ainsi qu'aux données techniques relatives aux communications d'un abonné portant sur la liste des numéros appelés et appelants, la durée et la date des communications.

Les surcoûts identifiables et spécifiques éventuellement exposés par les opérateurs et personnes mentionnés au premier alinéa pour répondre à ces demandes font l'objet d'une compensation financière.

Les demandes des agents sont motivées et soumises à la décision d'une personnalité qualifiée, placée auprès du ministre de l'intérieur. Cette personnalité est désignée pour une durée

de trois ans renouvelable par la Commission nationale de contrôle des interceptions de sécurité sur proposition du ministre de l'intérieur qui lui présente une liste d'au moins trois noms. Des adjoints pouvant la suppléer sont désignés dans les mêmes conditions. La personnalité qualifiée établit un rapport d'activité annuel adressé à la Commission nationale de contrôle des interceptions de sécurité. Les demandes, accompagnées de leur motif, font l'objet d'un enregistrement et sont communiquées à la Commission nationale de contrôle des interceptions de sécurité.

Cette instance peut à tout moment procéder à des contrôles relatifs aux opérations de communication des données techniques. Lorsqu'elle constate un manquement aux règles définies par le présent article ou une atteinte aux droits et libertés, elle saisit le ministre de l'intérieur d'une recommandation. Celui-ci lui fait connaître dans un délai de quinze jours les mesures qu'il a prises pour remédier aux manquements constatés.

Les modalités d'application des dispositions du présent article sont fixées par décret en Conseil d'État, pris après avis de la Commission nationale de l'informatique et des libertés et de la Commission nationale de contrôle des interceptions de sécurité, qui précise notamment la procédure de suivi des demandes et les conditions et durée de conservation des données transmises.

V. note ss. art. L. 34-1.

Art. L. 34-2 *(L. nº 2001-1062 du 15 nov. 2001, art. 29)* **La prescription est acquise, au profit des opérateurs mentionnés** *(L. nº 2004-669 du 9 juill. 2004, art. 10-III)* **« à l'article L. 33-1 », pour toutes demandes en restitution du prix de leurs prestations de communications électroniques présentées après un délai d'un an à compter du jour du paiement.**

La prescription est acquise, au profit de l'usager, pour les sommes dues en paiement des prestations de communications électroniques d'un opérateur appartenant aux catégories visées au précédent alinéa lorsque celui-ci ne les a pas réclamées dans un délai d'un an courant à compter de la date de leur exigibilité.

Les dispositions de la L. nº 2004-669 du 9 juill. 2009 sont applicables à Mayotte, en Nouvelle-Calédonie, en Polynésie française, dans les îles Wallis-et-Futuna et dans les Terres australes et antarctiques françaises (L. préc., art. 140-I à III).

Art. L. 34-3 *(L. nº 2003-239 du 18 mars 2003, art. 72)* **Les opérateurs exploitant un réseau radioélectrique de communication ouvert au public ou fournissant des services de radiocommunication au public sont tenus de mettre en œuvre les dispositifs techniques destinés à interdire, à l'exception des numéros d'urgence, l'accès à leurs réseaux ou à leurs services des communications émises au moyen de terminaux mobiles, identifiés et qui leur ont été déclarés volés.** *(L. nº 2011-267 du 14 mars 2011, art. 42)* **« Ces terminaux doivent être bloqués dans un délai de quatre jours ouvrés à compter de la réception par l'opérateur concerné de la déclaration officielle de vol, transmise par les services de police ou de gendarmerie. »**

Toutefois, l'officier de police judiciaire peut requérir des opérateurs, après accord donné par le procureur de la République ou le juge d'instruction, de ne pas appliquer les dispositions du premier alinéa.

Les dispositions de la L. nº 2004-669 du 9 juill. 2009 sont applicables à Mayotte, en Nouvelle-Calédonie, en Polynésie française, dans les îles Wallis-et-Futuna et dans les Terres australes et antarctiques françaises (L. préc., art. 140-I à III).

Art. L. 34-4 *(L. nº 2003-239 du 18 mars 2003, art. 126-I)* **I. — Les dispositions des articles** *(L. nº 2004-669 du 9 juill. 2004, art. 10-IV)* **« L. 34-1, L. 34-2 et L. 34-3 » sont applicables en Nouvelle-Calédonie, en Polynésie française et dans les îles Wallis-et-Futuna** *(L. nº 2021-998 du 30 juill. 2021, art. 32)* **« dans leur rédaction résultant de la loi nº 2021-998 du 30 juillet 2021 relative à la prévention d'actes de terrorisme et au renseignement ».**

II. — Sans préjudice de leur application de plein droit à Mayotte en vertu du 8º du I de l'article 3 de la loi nº 2001-616 du 11 juillet 2001 relative à Mayotte, les articles L. 32-3-3 et L. 32-3-4 sont applicables en Nouvelle-Calédonie, en Polynésie française, à Wallis-et-Futuna et dans les Terres australes et antarctiques françaises.

Les dispositions de la L. nº 2004-669 du 9 juill. 2009 sont applicables à Mayotte, en Nouvelle-Calédonie, en Polynésie française, dans les îles Wallis-et-Futuna et dans les Terres australes et antarctiques françaises (L. préc., art. 140-I à III).

Art. L. 34-5 *(Ord. n° 2011-1012 du 24 août 2011, art. 8)* « Est interdite la prospection directe au moyen de *(L. n° 2014-344 du 17 mars 2014, art. 115-1°)* « système*[s]* automatisé*[s]* de communications électroniques au sens du 6° de l'article L. 32 », d'un télécopieur ou de courriers électroniques utilisant les coordonnées d'une personne physique, abonné ou utilisateur, qui n'a pas exprimé préalablement son consentement à recevoir des prospections directes par ce moyen. »

(L. n° 2004-575 du 21 juin 2004, art. 22-I) Pour l'application du présent article, on entend par consentement toute manifestation de volonté libre, spécifique et informée par laquelle une personne accepte que des données à caractère personnel la concernant soient utilisées à fin de prospection directe.

Constitue une prospection directe l'envoi de tout message destiné à promouvoir, directement ou indirectement, des biens, des services ou l'image d'une personne vendant des biens ou fournissant des services. *(L. n° 2014-344 du 17 mars 2014, art. 115-2°)* « Pour l'application du présent article, les appels et messages ayant pour objet d'inciter l'utilisateur ou l'abonné à appeler un numéro surtaxé ou à envoyer un message textuel surtaxé relèvent également de la prospection directe. »

Toutefois, la prospection directe par courrier électronique est autorisée si les coordonnées du destinataire ont été recueillies *(Abrogé par Ord. n° 2011-1012 du 24 août 2011, art. 8-II)* « *directement* » auprès de lui, dans le respect des dispositions de la loi n° 78-17 du 6 janvier 1978 relative à l'informatique, aux fichiers et aux libertés, à l'occasion d'une vente ou d'une prestation de services, si la prospection directe concerne des produits ou services analogues fournis par la même personne physique ou morale, et si le destinataire se voit offrir, de manière expresse et dénuée d'ambiguïté, la possibilité de s'opposer, sans frais, hormis ceux liés à la transmission du refus, et de manière simple, à l'utilisation de ses coordonnées *(Ord. n° 2011-1012 du 24 août 2011, art. 8-II)* « au moment où elles » sont recueillies et chaque fois qu'un courrier électronique de prospection lui est adressé *(Ord. n° 2011-1012 du 24 août 2011, art. 8-II)* « au cas où il n'aurait pas refusé d'emblée une telle exploitation ».

Dans tous les cas, il est interdit d'émettre, à des fins de prospection directe, des messages au moyen *(L. n° 2014-344 du 17 mars 2014, art. 115-1°)* « de système*[s]* automatisé*[s]* de communications électroniques au sens du 6° de l'article L. 32 », télécopieurs et courriers électroniques, sans indiquer de coordonnées valables auxquelles le destinataire puisse utilement transmettre une demande tendant à obtenir que ces communications cessent sans frais autres que ceux liés à la transmission de celle-ci. Il est également interdit de dissimuler l'identité de la personne pour le compte de laquelle la communication est émise et de mentionner un objet sans rapport avec la prestation ou le service proposé.

La Commission nationale de l'informatique et des libertés veille, pour ce qui concerne la prospection directe utilisant les coordonnées *(Ord. n° 2011-1012 du 24 août 2011, art. 8-IV)* « d'un abonné ou » d'une personne physique, au respect des dispositions du présent article en utilisant les compétences qui lui sont reconnues par la loi n° 78-17 du 6 janvier 1978 précitée. A cette fin, elle peut notamment recevoir, par tous moyens, les plaintes relatives aux *(L. n° 2014-344 du 17 mars 2014, art. 115-3°)* « manquements » aux dispositions du présent article.

(Ord. n° 2016-301 du 14 mars 2016, art. 13-1°, en vigueur le 1er juill. 2016) « Les manquements aux dispositions du présent article sont recherchés et constatés par les agents mentionnés aux articles L. 511-3 et L. 511-21 du code de la consommation, dans les conditions prévues à l'article L. 511-5 du même code. »

(L. n° 2014-344 du 17 mars 2014, art. 115-5°) « Sous réserve qu'il n'ait pas été fait application de l'article L. 36-11 et en vue d'assurer la protection du consommateur, les manquements au présent article sont sanctionnés par une amende administrative, prononcée par l'autorité administrative chargée de la concurrence et de la consommation dans les conditions prévues *(Ord. n° 2016-301 du 14 mars 2016, art. 13-1°, en vigueur le 1er juill. 2016)* « au chapitre II du titre II du livre V » du code de la consommation, dont le montant ne peut excéder *(L. n° 2020-901 du 24 juill. 2020, art. 8)* « 75 000 € » pour une personne physique et *(L. n° 2020-901 du 24 juill. 2020, art. 8)* « 375 000 € » pour une personne morale.

« Lorsque l'autorité mentionnée au huitième alinéa du présent article a prononcé une amende administrative en application du même présent article, l'autorité men-

tionnée à l'article L. 36-11 veille, si elle prononce à son tour une sanction, à ce que le montant global des sanctions prononcées contre la même personne à raison des mêmes faits n'excède pas le maximum légal le plus élevé. »

Un décret en Conseil d'État précise en tant que de besoin les conditions d'application du présent article, notamment eu égard aux différentes technologies utilisées.

Sans préjudice des art. L. 33-4-1 CPCE et L. 121-20-5 C. consom. tels qu'ils résultent de l'art. 22 de la L. n° 2004-575 du 21 juin 2004, le consentement des personnes, dont les coordonnées ont été recueillies avant la publication de la présente loi dans les conditions prévues par la L. n° 78-17 du 6 janv. 1978 relative à l'informatique, aux fichiers et aux libertés, à l'utilisation de celles-ci à fin de prospection directe peut être sollicité par voie de courrier électronique pendant les six mois suivant la publication de la présente loi. A l'expiration de ce délai, ces personnes sont présumées avoir refusé l'utilisation ultérieure de leurs coordonnées personnelles à fin de prospection directe si elles n'ont pas manifesté expressément leur consentement à celle-ci (L. préc., art. 22-III).

Les dispositions de la L. n° 2004-669 du 9 juill. 2009 sont applicables à Mayotte, en Nouvelle-Calédonie, en Polynésie française, dans les îles Wallis-et-Futuna et dans les Terres australes et antarctiques françaises (L. préc., art. 140-I à III).

COMMENTAIRE

L'article L. 34-5 du code des postes et communications électroniques (CPCE) fait partie intégrante du corpus juridique de la protection des données et ne saurait être méconnu lorsqu'il s'agit de déterminer les règles de la prospection commerciale par voie électronique.

Les règles de la prospection directe relèvent initialement de la directive 2002/58/CE du 12 juillet 2002, dite « vie privée et communications électroniques », transposée en droit français. Des codes de déontologie présentés respectivement par le Syndicat national de la communication directe (SNCD) et l'Union française du marketing direct & digital (UFMD) visant à définir les modalités pratiques d'application de ce régime juridique applicable à la prospection par courrier électronique ont été soumis à la Commission de l'informatique et des libertés (CNIL) qui, par deux délibérations adoptées en mars 2005, les a estimés conformes aux exigences légales et à ses préconisations (CNIL, Délib. n° 2005-047 du 22 mars 2005 et n° 2005-051 du 30 mars 2005).

L'article L. 34-5 a évolué de manière pragmatique notamment lors de la révision des directives du « Paquet Télécom » de 2011 puis par des ajouts issus de la loi du 17 mars 2014, dite « loi Hamon », relative à la consommation.

Le RGPD qui s'applique, depuis le 25 mai 2018, aux données personnelles y compris celles utilisées dans le cadre de la prospection doit être considérée comme complétant les dispositions de l'article L. 34-5 du CPCE. L'article 95 du RGPD indique ainsi que « le présent règlement n'impose pas d'obligations supplémentaires aux personnes physiques ou morales quant au traitement dans le cadre de la fourniture de services de communications électroniques accessibles au public sur les réseaux publics de communications dans l'Union en ce qui concerne les aspects pour lesquels elles sont soumises à des obligations spécifiques ayant le même objectif énoncées dans la directive 2002/58/CE ».

Cette dualité se retrouve également dans cette compétence partagée entre la CNIL et l'autorité en charge de la concurrence et de la consommation.

Plus que la personne physique, il s'agit de protéger le consommateur. Plus que la vie privée, c'est la tranquillité que l'on souhaite préserver.

I. CONDITIONS DE LA PROSPECTION DIRECTE

A. CHAMP D'APPLICATION

1. PERSONNES PHYSIQUES

Est visée la prospection directe adressée aux personnes physiques, et non aux personnes morales. La personne physique concernée peut être un professionnel ou un particulier. Il peut ainsi s'agir d'une adresse de messagerie personnalisée au sein d'une entreprise (mrX@sociétéY.com).

2. PROSPECTION DIRECTE

La définition de la prospection directe se veut délibérément large puisqu'elle vise la promotion directe ou indirecte de biens, service ou de l'image vendant des biens ou fournissant des services.

La formation restreinte de la CNIL a précisé, au sujet de lettres d'information « destinées notamment à promouvoir d'autres titres de la société [de presse] ainsi que des biens ou services proposés par des tiers », que si « l'objet principal de la lettre d'information est de fournir un contenu d'information, elle a également vocation à titre accessoire à assurer une opération de prospection au sens de l'article L. 34-5 précité » (Délib. n° 2015-155 du 1er juin 2015 prononçant une sanction pécuniaire à l'encontre de la société X).

Sont également concernés « les appels et messages ayant pour objet d'inciter l'utilisateur ou l'abonné à appeler un numéro surtaxé ou à envoyer un message textuel surtaxé relèvent également de la prospection directe. »

3. CHAMP DE LA COMMUNICATION ÉLECTRONIQUE

L'article L. 34-5 encadre également le mode de communication puisqu'il s'agit de prospection réalisée par voie électronique (mail, mms, sms) et non par téléphone (sauf recours à un automate d'appel). Le fait que la prospection téléphonique ne soit pas dans le champ de l'article L. 34-5 n'a pas pour conséquence d'autoriser sans restriction le recours aux numéros de téléphone de personnes physiques, le RGPD s'appliquant.

B. LE CONSENTEMENT PRÉALABLE

1. DÉFINITION DU CONSENTEMENT

La prospection par voie électronique est par principe interdite sauf si la personne (physique) y a préalablement consenti. On parle d'*« opt-in »*.

Il convient de rappeler que l'article L. 34-5 est antérieur à l'adoption du RGPD et que la directive « vie privée » définissait déjà le « consentement ».

Dans son avis sur le consentement (WP 259, préc.), révisé le 10 avril 2018, le G29 devenu depuis le CEPD « note que les exigences relatives au consentement imposées par le RGPD ne sont pas considérées comme des "obligations supplémentaires", mais plutôt comme des conditions préalables essentielles au traitement licite. Aussi les conditions d'obtention d'un consentement valable établies par le RGPD sont applicables dans les situations tombant dans le champ d'application de la directive "vie privée et communications électroniques". » (V. App., v° *Comité européen de la protection des données*).

Ainsi, pour être valable, le consentement de l'article L. 34-5 nécessite une « manifestation de volonté libre, spécifique et informé ». Précisons que l'article 4 du RGPD reprend cette définition en remplaçant « informé » par « éclairé » et en y ajoutant « univoque ». Il s'agit pour la personne d'être en capacité d'accepter la prospection sans y être contrainte, que ce consentement soit délivré pour la prospection (et non de manière générale) et que la personne reçoive l'information adéquate concernant la prospection afin de pouvoir accepter ou refuser en toute connaissance de cause. En cela, on se rapportera aux obligations d'information du RGPD (V. comm. ss. RGPD, art. 13 s. et G29, avis WP 260 rev. 01 du 11 avr. 2018 sur la transparence, App., v° *Comité européen de la protection des données*).

L'avis WP 259, précité, sur le consentement rappelle que celui-ci « doit être clair et se distinguer des autres questions, et doit être présenté sous une forme compréhensible et aisément accessible. Cette exigence signifie essentiellement que les informations nécessaires à une prise de décision éclairée concernant le consentement ne peuvent être cachées dans des conditions générales ».

En cas d'achat de fichiers de prospection, il appartient à l'acheteur de n'acheter « auprès de ses partenaires que des fichiers dits *opt-in*, c'est-à-dire comportant les coordonnées de personnes ayant expressément et préalablement consenti à recevoir de la prospection commerciale » (CNIL, Délib. n° 2011-384 du 12 janv. 2012 prononçant une sanction pécuniaire à l'encontre de la société X).

Le consentement implique un acte positif de la part de la personne. « Le recours à des cases cochées par défaut n'est pas valable en vertu du RGPD. Le silence ou l'inactivité de la personne concernée, ainsi que le simple fait qu'elle continue à utiliser un service, ne peuvent être considérés comme une indication active de choix. » (G29, avis WP 259, *préc.*)

Le cas échéant, il conviendra également de prendre en considération les exigences spécifiques relatives aux personnes vulnérables, en particulier aux enfants (V. comm. ss. RGPD, art. 8).

2. *EXCEPTIONS AU CONSENTEMENT*

Il peut être fait exception au recueil du consentement si les conditions cumulatives exposées ci-dessous sont remplies.

a. Le contexte de la prospection

Lors d'une vente ou d'une prestation de services, les coordonnées doivent avoir été recueillies directement auprès du destinataire.

Cela exclut donc la transmission à des partenaires du vendeur ou prestataire qui n'auraient pas recueilli les données directement. Il est toutefois possible de demander, lors de la collecte, le consentement pour que les partenaires puissent réaliser de la prospection commerciale. Dans cette situation, les conditions relatives à la transparence s'appliquent. La CNIL a ainsi mise en demeure une société « de faire apparaître la liste exhaustive des lettres d'information auxquelles l'internaute souscrit lorsqu'il coche la case générale précitée *[oui, je souhaite recevoir les newsletters du groupe X]* », ces lettres relevant de sociétés distinctes (CNIL, Délib. n° 2015-155 du 1er juin 2015 prononçant une sanction pécuniaire à l'encontre de la société X).

De plus, la prospection envisagée ne doit concerner que des produits ou des services analogues, c'est-à-dire ayant un lien avec l'interaction initiale afin d'éviter de surprendre le destinataire.

Il convient d'observer que la CNIL a adopté une vision pragmatique en considérant que la prospection de professionnels faisait également exception à l'exigence de consentement : « le principe dit de l'*opt-in* vise uniquement le cas d'une prospection électronique entre professionnels et particuliers (B to C). » Toutefois, dans le cadre des professionnels, « l'objet de la sollicitation doit également être en rapport avec la profession de la personne démarchée (exemple : message présentant les mérites d'un logiciel à paul.toto@société.fr, directeur informatique.) » (CNIL, Rapport annuel 2005).

b. L'information et l'opposition

Le destinataire doit avoir été informé (V. *supra*), et il doit pouvoir s'opposer à cette prospection « sans frais » et « de manière expresse et dénuée d'ambiguïté » (« *opt-out* »).

Au moment du recueil des données, le destinataire doit être informé de la finalité de la prospection et qu'il puisse s'y opposer « au moment de la collecte », prérogative qu'il conservera à la réception de chaque message.

L'information et la possibilité de s'opposer sont également requises entre professionnels dans le cadre du « *B to B* ».

C. QUALITÉ DU MESSAGE

Chaque message envoyé doit offrir la possibilité de se désinscrire et ce grâce à des « coordonnées valables ». En pratique, le message comportera un lien de désinscription ou une adresse électronique permettant de prendre en compte de manière effective la désinscription.

Il est explicitement « interdit de dissimuler l'identité de la personne pour laquelle la communication est émise ». Cette obligation fait écho à celle du RGPD sur la transparence, et notamment l'information concernant le responsable du traitement.

Enfin, est également interdit le fait de « mentionner un objet sans rapport avec la prestation ou le service proposé ».

L'objectif est clairement d'éviter les pratiques trompeuses qui troubleraient la tranquillité du destinataire, autrement dit les « spams » ou « pourriels ».

II. SANCTIONS

Au regard de la dialectique observée, la personne physique et le consommateur, deux autorités veillent au respect de l'article L. 34-5 : la CNIL en charge de la protection des données à caractère personnel et l'autorité en charge de la concurrence et de la consommation.

La CNIL est en charge du respect des dispositions de l'article L. 34-5 afin de faire protéger les données de la personne physique. L'article L. 34-5 précise que la CNIL peut recevoir des plaintes relatives à ces « manquements » et ce « par tous moyens ». On rappellera que la CNIL a mis en place une procédure de plainte en ligne. Elle collabore activement avec la plateforme de signalement « Signal spam » qui lui permet d'avoir une vision spécifique des spams.

La CNIL a pu se prononcer sur les manquements à cet article notamment sous l'angle du consentement. Elle jouit des pouvoirs qui lui sont conférés par le RGPD, notamment les pouvoirs de sanction.

Afin de protéger le consommateur, l'autorité administrative chargée de la concurrence et de la consommation a également la possibilité d'agir par le biais d'amende administrative dont le montant ne peut excéder :

- 75 000 euros pour une personne physique ;
- 275 000 euros pour une personne morale.

Notons que le 31 janvier 2019, la Direction générale de la concurrence, de la consommation et de la répression des fraudes (DGCCRF) et la CNIL ont signé un nouveau protocole de coopération. Les deux autorités ont décidé de mettre à jour la convention initialement signée en janvier 2011 afin de renforcer leur collaboration et de l'adapter aux nouveaux enjeux numériques, par le biais par exemple de contrôle commun. ❑

Courrier électronique à des fins de prospection commerciale. L'art. 13, § 1, de la Dir. 2002/58/CE du 12 juill. 2002 concernant le traitement des données à caractère personnel et la protection de la vie privée dans le secteur des communications électroniques (directive « vie privée et communications électroniques ») doit être interprété en ce sens que constitue une « utilisation [...] de courrier électronique à des fins de prospection directe », au sens de cette disposition, l'affichage dans la boîte de réception de l'utilisateur d'un service de messagerie électronique de messages publicitaires sous une forme qui s'apparente à celle d'un véritable courrier électronique et au même emplacement que ce dernier sans que la détermination aléatoire des destinataires desdits messages ni la détermination du degré d'intensité de la charge imposée à cet utilisateur aient d'incidence à cet égard, cette utilisation n'étant autorisée qu'à condition que ledit utilisateur ait été informé de manière claire et précise des modalités de diffusion d'une telle publicité, notamment au sein de la liste des courriers électroniques privés reçus, et ait manifesté son consentement de manière spécifique et en pleine connaissance de cause à recevoir de tels messages publicitaires. • CJUE 25 nov. 2021, n° C-102/20. ♦ L'annexe I, pt 26, de la Dir. 2005/29/CE du 11 mai 2005 relative aux pratiques commerciales déloyales des entreprises vis-à-vis des consommateurs dans le marché intérieur (directive « pratiques commerciales déloyales ») doit être interprétée en ce sens qu'une démarche consistant en l'affichage dans la boîte de réception de l'utilisateur d'un service de messagerie électronique de messages publicitaires sous une forme qui s'apparente à celle d'un véritable courrier électronique et au même emplacement que ce dernier relève de la notion de « sollicitations répétées et non souhaitées » des utilisateurs de services de messagerie électronique, au sens de cette disposition, si l'affichage de ces messages publicitaires, d'une part, a eu un caractère suffisamment fréquent et régulier pour pouvoir être qualifié de « sollicitations répétées » et, d'autre part, peut être qualifié de « sollicitations non souhaitées », en l'absence d'un consentement donné par cet utilisateur préalablement à cet affichage. • Même arrêt.

Art. L. 34-6 *(L. n° 2004-669 du 9 juill. 2004, art. 10-V)* **A sa demande, tout abonné d'un réseau ouvert au public peut, sauf pour une raison liée au fonctionnement des services d'urgence ou à la tranquillité de l'appelé, s'opposer à l'identification par ses correspondants de son numéro d'abonné.**

Les dispositions de la L. n° 2004-669 du 9 juill. 2009 sont applicables à Mayotte et dans les Terres australes et antarctiques françaises (L. préc., art. 140-I et III).

Art. L. 34-7 *L'art. L. 34-7 est transféré à l'art. L. 33-5 (L. n° 2004-669 du 9 juill. 2004, art. 8-II).*

....

PARTIE RÉGLEMENTAIRE : *DÉCRETS EN CONSEIL D'ÉTAT*

LIVRE II LES COMMUNICATIONS ÉLECTRONIQUES

TITRE I DISPOSITIONS GÉNÉRALES *(Décr. n° 97-245 du 12 mars 1997).*

CHAPITRE II *RÉGIME JURIDIQUE* *(Décr. n° 97-245 du 12 mars 1997).*

SECTION 2 *Annuaires et services de renseignements* *(Décr. n° 2005-606 du 27 mai 2005).*

Art. R. 10 **Toute personne ayant souscrit un abonnement au service téléphonique au public a le droit de figurer gratuitement sur une liste d'abonnés ou d'utilisateurs destinée à être publiée.**

Elle peut obtenir gratuitement de l'opérateur auprès duquel elle est abonnée ou *(Décr. nº 2012-436 du 30 mars 2012, art. 5)* « du distributeur de son service » :

1. De ne pas être mentionnée sur les listes d'abonnés ou d'utilisateurs publiées ou susceptibles d'être consultées par les services *(Abrogé par Décr. nº 2005-606 du 27 mai 2005)* « *universels* » de renseignements ;

2. Que ces listes ne comportent pas l'adresse complète de son domicile sauf lorsque l'activité professionnelle mentionnée consiste à fournir des biens ou des services aux consommateurs ;

3. Que ces listes ne comportent pas de référence à son sexe, sous réserve d'absence d'homonymie sur la même liste ;

4. Que les données à caractère personnel la concernant issues des listes d'abonnés ou d'utilisateurs ne soient pas utilisées dans des opérations de prospection directe soit par voie postale, soit par voie de communications électroniques, sans préjudice des dispositions de l'article *(Décr. nº 2005-606 du 27 mai 2005)* « **L. 34-5** », à l'exception des opérations concernant la fourniture du service téléphonique au public et relevant de la relation contractuelle entre l'opérateur et l'abonné ;

5. Que ces données ne soient pas mentionnées sur des listes d'abonnés ou d'utilisateurs permettant la recherche inversée de l'identité de l'abonné et de l'utilisateur à partir de son numéro de téléphone.

Les abonnés sont informés par les opérateurs ou leurs distributeurs des droits mentionnés aux alinéas précédents au moment où ils souscrivent leur abonnement. Ces droits peuvent être exercés au moment de la souscription de l'abonnement ou, ultérieurement, à tout moment, auprès de l'opérateur ou du distributeur du service.

(Décr. nº 2005-606 du 27 mai 2005) « Les abonnés qui bénéficient » des dispositions prévues au 1 ci-dessus bénéficient de plein droit des dispositions du 4.

(Décr. nº 2005-606 du 27 mai 2005) « Le consentement préalable des abonnés à un opérateur de téléphonie mobile est requis pour toute inscription de données à caractère personnel les concernant dans les listes d'abonnés ou d'utilisateurs mentionnées au premier alinéa. A défaut, ils bénéficient de plein droit des dispositions du 1 ci-dessus. »

Les abonnés qui ont opté pour un mode de règlement entièrement prépayé de leurs communications et qui n'ont aucun engagement contractuel de durée avec leur opérateur doivent, pour figurer sur les listes d'abonnés ou d'utilisateurs mentionnées au premier alinéa, formuler une demande auprès de leur opérateur ou distributeur. Ils fournissent à cette fin les renseignements prévus au I de l'article R. 10-3.

(Décr. nº 2005-606 du 27 mai 2005) « Les opérateurs et leurs distributeurs mettent les abonnés qui ont opté pour un mode de règlement entièrement prépayé de leurs communications et qui n'ont aucun engagement contractuel de durée avec leur opérateur à même de prendre connaissance des informations prévues au premier alinéa du présent article. »

Les dispositions du Décr. nº 2003-752 du 1er août 2003 sont applicables de plein droit à Mayotte (Décr. préc., art. 5).

Art. R. 10-1 *(Abrogé par Décr. nº 2014-1109 du 30 sept. 2014, art. 38-7º)* ***Le fait d'utiliser, dans des opérations de prospection directe, des données à caractère personnel*** *(Décr. nº 2012-436 du 30 mars 2012, art. 6)* ***« relatives à des » personnes ayant exprimé leur opposition, par application des dispositions du 4 de l'article R. 10, quel que soit le mode d'accès à ces données, est puni, pour chaque correspondance ou chaque appel, de l'amende prévue pour les contraventions de la quatrième classe, sans préjudice de l'application du premier alinéa de l'article 226-18 du code pénal.***

La prospection directe des personnes physiques *(Décr. nº 2012-436 du 30 mars 2012, art. 6)* ***« , abonnés ou utilisateurs, » en violation des dispositions du premier alinéa de l'article*** *(Décr. nº 2005-606 du 27 mai 2005)* ***« L. 34-5 » est punie, pour chaque communication, de l'amende prévue pour les contraventions de la quatrième classe, sans préjudice de l'application du premier alinéa de l'article 226-18 du code pénal.***

Art. R. 10-2 *Abrogé par Décr. nº 2005-606 du 27 mai 2005.*

Art. R. 10-3 I. — Les opérateurs établissent les listes d'abonnés et d'utilisateurs mentionnées au quatrième alinéa de l'article *(Décr. nº 2005-606 du 27 mai 2005)* « **L. 34** ».

Ces listes contiennent les données permettant d'identifier les abonnés ou les utilisateurs, d'empêcher toute confusion entre les personnes et de prendre connaissance des oppositions qui ont été formulées en application de l'article R. 10.

Sans préjudice des dispositions des 1, 2 et 3 de l'article R. 10, ces données sont constituées par les noms, prénoms et, le cas échéant, les raisons sociales ou dénominations sociales, adresses et numéros de téléphone des abonnés au service téléphonique au public et de ses utilisateurs. Les abonnés à la téléphonie fixe *(Décr. n° 2005-606 du 27 mai 2005)* « ou mobile » peuvent demander l'insertion dans les listes des données relatives aux autres utilisateurs de la ligne concernée, sous réserve de leur accord, qui doit accompagner la demande.

Les opérateurs insèrent dans les listes la mention de la profession ou activité des personnes qui en font la demande *(Décr. n° 2005-606 du 27 mai 2005)* « sous la responsabilité du demandeur ». Ils peuvent également proposer l'insertion des adresses électroniques des abonnés ou utilisateurs. *(Décr. n° 2005-606 du 27 mai 2005)* « Pour un abonné professionnel, l'opérateur n'insère que le ou les principaux numéros de cet abonné ainsi que ceux dont ce dernier a, le cas échéant, demandé l'inscription et ne fait figurer le nom des personnes physiques utilisatrices, si l'abonné le demande, qu'après que celui-ci ait attesté avoir recueilli le consentement préalable de ces personnes. »

Les listes font apparaître les oppositions que les abonnés ou utilisateurs ont formulées en application de l'article R. 10.

II. — Les opérateurs prennent, chacun en ce qui le concerne, les précautions nécessaires afin d'assurer le contrôle de l'exactitude des données figurant dans les listes et de la qualité, notamment technique, de ces listes qui doivent être mises à jour *(Décr. n° 2005-606 du 27 mai 2005)* « sous réserve des dispositions du quatrième alinéa du I du présent article. »

Afin que les données correspondantes soient prises en compte dans ces listes, les distributeurs transmettent à chaque opérateur, dans un délai d'un jour suivant la date de la souscription du contrat, les données relatives à l'abonné avec lequel un contrat a été signé.

Art. R. 10-4 I. — *(Décr. n° 2005-606 du 27 mai 2005)* « Les opérateurs communiquent, sous la forme d'un fichier transmis sur support électronique, les listes d'abonnés et d'utilisateurs prévues au quatrième alinéa de l'article L. 34, à toute personne souhaitant éditer un annuaire universel ou fournir un service universel de renseignements. »

Les données communiquées concernent soit l'ensemble des abonnés et des utilisateurs domiciliés en France, soit les abonnés et utilisateurs domiciliés dans la ou les communes de la zone géographique faisant l'objet de la demande.

Les modalités d'accès à cette base de données, le format des données ainsi que les caractéristiques du fichier mentionné au deuxième alinéa sont définis par accord entre le demandeur et l'opérateur.

Préalablement à toute communication des listes qu'ils ont constituées, les opérateurs en retirent les données relatives aux abonnés et utilisateurs *(Décr. n° 2005-606 du 27 mai 2005)* « qui bénéficient des dispositions du 1 » de l'article R. 10.

II. — L'usage des listes obtenues par application du quatrième alinéa de l'article *(Décr. n° 2005-606 du 27 mai 2005)* « L. 34 » à d'autres fins que la fourniture d'annuaires universels ou de services universels de renseignements téléphoniques est interdit.

Sauf stipulations contractuelles contraires, toute vente des listes obtenues par application du quatrième alinéa de l'article *(Décr. n° 2005-606 du 27 mai 2005)* « L. 34 » est interdite.

Sans préjudice de l'application des peines prévues à l'article 226-21 du code pénal, le fait de contrevenir aux dispositions du II du présent article est puni, pour chaque abonné concerné, de l'amende prévue pour les contraventions de la quatrième classe.

Art. R. 10-5 Les éditeurs d'annuaire universel et les fournisseurs de service universel de renseignements prennent les mesures nécessaires pour préserver, compte tenu des techniques disponibles, la sécurité des informations qui leur ont été communiquées en application de l'article *(Décr. n° 2005-606 du 27 mai 2005)* « L. 34 » afin d'empêcher l'altération, la destruction ou la communication à des tiers non autorisés des fichiers et des données qu'ils contiennent. Ils prennent toutes dispositions, notamment contractuelles, vis-à-vis de leurs agents et de leurs partenaires commerciaux afin que ceux-ci respectent la confidentialité des informations qui leur ont été, le cas échéant, confiées.

Les éditeurs d'annuaire universel et les fournisseurs de service universel de renseignements ne doivent pas effectuer ou permettre à quiconque d'effectuer des opérations tendant à isoler au sein des listes mentionnées au premier alinéa les abonnés d'un opérateur ou d'un distributeur particulier.

Les éditeurs d'annuaire universel et les fournisseurs de service universel de renseignements traitent et présentent de manière non discriminatoire les données relatives aux abonnés qui leur sont communiquées par les opérateurs. Ils s'abstiennent notamment de toute discrimination en fonction de l'opérateur ou du distributeur.

Les insertions publicitaires ou autres prestations permettant aux professionnels qui le souhaitent d'apparaître dans les annuaires universels de manière particulière doivent être identifiées comme telles.

(Décr. n° 2005-606 du 27 mai 2005) « Lorsqu'une personne dispose de plusieurs contrats d'abonnement, elle peut faire usage des droits prévus à l'article R. 10 de manière différente pour chaque abonnement. Pour les abonnements qu'une personne a choisi d'inscrire dans les listes d'abonnés et si elle n'a pas choisi le même degré de protection pour chacun d'entre eux, les opérateurs, les éditeurs d'annuaires universels et les fournisseurs de services universels de renseignements doivent appliquer aux données à caractère personnel relatives à cet abonné la protection la plus forte qu'il a choisie.

« Les éditeurs d'annuaires universels et les fournisseurs de services universels de renseignements sont tenus de mettre à jour les informations publiées dans un délai de deux jours ouvrables suivant la réception des informations utiles, pour les annuaires sous forme électronique et pour les services de renseignements, et dans un délai compatible avec la périodicité de leur publication, dans le cas des annuaires imprimés. »

Art. R. 10-6 La communication des listes d'abonnés et d'utilisateurs, par application du quatrième alinéa de l'article *(Décr. n° 2005-606 du 27 mai 2005)* « L. 34 », donne lieu à rémunération des opérateurs ayant communiqué ces données.

Les tarifs de cette communication, qui reflètent le coût du service rendu, sont établis par chaque opérateur selon les principes suivants :

1. Les coûts pris en compte pour la fixation du tarif sont ceux qui sont causés, directement ou indirectement, par la fourniture des listes d'abonnés. Ces coûts peuvent notamment comprendre une part liée à l'amortissement du matériel informatique et des logiciels nécessaires et une rémunération normale des capitaux employés.

2. Les coûts qui sont spécifiques à la fourniture des listes d'abonnés sont entièrement pris en compte dans la fixation du tarif. Les coûts liés à d'autres activités de l'opérateur en sont exclus.

Art. R. 10-7 Sous réserve des dispositions des 1, 2, 3 et 5 de l'article R. 10, tout annuaire universel sous forme imprimée ou électronique et tout service universel de renseignements donnent accès aux noms et prénoms, aux raisons sociales ou dénominations sociales, aux adresses et aux numéros de téléphone de tous les abonnés au service téléphonique au public et des utilisateurs qui ont manifesté leur accord. Ils donnent également accès à la mention de la profession des personnes qui l'ont souhaité dans les conditions prévues au quatrième alinéa de l'article R. 10-3.

Tout annuaire universel électronique donne, en outre, accès aux adresses électroniques figurant dans les listes d'abonnés et d'utilisateurs.

Tout annuaire universel fait apparaître les oppositions que les abonnés et les utilisateurs ont exprimées en application du 4 de l'article R. 10.

Tout annuaire universel comporte une information facilement accessible pour tout utilisateur relative :

— à l'ensemble des droits prévus à l'article R. 10 ;

— au droit pour chaque personne d'obtenir communication des données à caractère personnel la concernant et de demander leur rectification, leur mise à jour ou leur destruction.

Art. R. 10-8 L'annuaire universel *(Décr. n° 2016-1870 du 26 déc. 2016, art. 2)* « qui peut être fourni » sous forme imprimée *(Décr. n° 2004-1222 du 17 nov. 2004, art. 14)* « édité » en application de l'article L. 35-4 est publié chaque année à une date portée à la connaissance du public.

L'annuaire universel *(Décr. n° 2016-1870 du 26 déc. 2016, art. 2)* « qui peut être fourni » sous forme électronique prévu par les mêmes dispositions permet l'accès immédiat du public, à un tarif abordable, aux informations qu'il contient et qui sont régulièrement mises à jour.

(Décr. n° 2016-1870 du 26 déc. 2016, art. 2) « Lorsqu'un opérateur est chargé, en application de l'article L. 35-2, de fournir l'annuaire universel sous forme imprimée, il met gratuitement » à la disposition de tout abonné au service téléphonique au public un exemplaire des volumes départementaux de l'annuaire universel du département dans lequel l'abonnement a été souscrit *(Décr. n° 2004-1222 du 17 nov. 2004, art. 14)* « ou, lorsqu'il s'agit d'un abonnement à la téléphonie mobile, du département où se situe l'adresse de facturation », y compris lorsque l'intéressé a fait usage des droits prévus à l'article R. 10. Lorsque plusieurs abonnés ont le même domicile ou lorsque la même personne dispose de plusieurs abonnements correspondant à une même adresse, il est mis à disposition un seul exemplaire gratuit. *(Décr. n° 2004-1222 du 17 nov. 2004, art. 14)* « Cet opérateur » propose à la vente l'annuaire universel à un tarif abordable.

Le service universel de renseignements *(Abrogé par Décr. n° 2008-792 du 20 août 2008, art. 1er) « assuré par cet opérateur »* est accessible à un tarif abordable.

Art. R. 10-9 Est interdit l'usage de tout document imitant ceux qu'utilisent les fournisseurs du service téléphonique au public dans leurs rapports avec leurs abonnés, notamment les factures.

Est interdit l'usage de tout document imitant ceux qu'utilisent les concessionnaires de publicité dans les annuaires d'abonnés au service téléphonique au public pour recueillir des souscriptions de publicité à insérer dans ces annuaires.

Le fait de contrevenir aux dispositions du présent article est puni, pour chaque document mis en circulation, de l'amende prévue pour les contraventions de quatrième classe.

Art. R. 10-10 *Abrogé par Décr. n° 2010-671 du 18 juin 2010, art. 5-IX-1°.*

Art. R. 10-11 Ainsi que le prévoit l'article R. 48-1 du code de procédure pénale, les dispositions de l'article 529 du code de procédure pénale relatives à l'amende forfaitaire sont applicables aux infractions définies aux articles R. 10-1, *(Abrogé par Décr. n° 2005-606 du 27 mai 2005)* « R. 10-2, » R. 10-4 et R. 10-9 du présent code. — *[Anc. art. R. 11.]*

SECTION 3 *Protection de la vie privée des utilisateurs de réseaux et services de communications électroniques* (Décr. n° 2005-605 du 27 mai 2005, art. 2-IV).

Art. R. 10-12 *(Décr. n° 2021-1361 du 20 oct. 2021, art. 2)* Les données de trafic et de localisation, mentionnées aux IV et V de l'article R. 10-13 et à l'article R. 10-14, s'entendent des informations rendues disponibles par les procédés de communication électronique, susceptibles d'être enregistrées par l'opérateur à l'occasion des communications électroniques dont il assure la transmission.

Art. R. 10-13 *(Décr. n° 2006-358 du 24 mars 2006) (Décr. n° 2021-1361 du 20 oct. 2021, art. 3)* « I. — Les informations relatives à l'identité civile de l'utilisateur, au sens du 1° du II *bis* de l'article L. 34-1, que les opérateurs de communications électroniques sont tenus de conserver, sont :

« 1° Les nom et prénom, la date et le lieu de naissance pour une personne physique ou la raison sociale, ainsi que les nom, prénom, date et lieu de naissance de la personne agissant en son nom, lorsque le compte est ouvert au nom d'une personne morale ;

« 2° La ou les adresses postales associées ;

« 3° La ou les adresses de courrier électronique de l'utilisateur et du ou des comptes associés le cas échéant ;

« 4° Le ou les numéros de téléphone.

« II. – Les autres informations fournies par l'utilisateur lors de la souscription d'un contrat ou de la création d'un compte, mentionnées au 2° du II *bis* de l'article L. 34-1, que les opérateurs de communications électroniques sont tenus de conserver, sont :

« 1° L'identifiant utilisé ;

« 2° Le ou les pseudonymes utilisés ;

« 3° Les données destinées à permettre à l'utilisateur de vérifier son mot de passe ou de le modifier, le cas échéant par l'intermédiaire d'un double système d'identification de l'utilisateur, dans leur dernière version mise à jour.

« III. – Les informations relatives au paiement mentionnées au 2° du II *bis* de l'article L. 34-1, que les opérateurs de communications électroniques sont tenus de conserver, pour chaque opération de paiement, lorsque la souscription du contrat ou la création du compte est payante, sont :

« 1° Le type de paiement utilisé ;

« 2° La référence du paiement ;

« 3° Le montant ;

« 4° La date, l'heure et le lieu en cas de transaction physique.

« IV. – Les données techniques permettant d'identifier la source de la connexion ou celles relatives aux équipements terminaux utilisés, mentionnées au 3° du II *bis* de l'article L. 34-1, que les opérateurs de communications électroniques sont tenus de conserver, sont :

« 1° L'adresse IP attribuée à la source de la connexion et le port associé ;

« 2° Le numéro d'identifiant de l'utilisateur ;

« 3° Le numéro d'identification du terminal ;

« 4° Le numéro de téléphone à l'origine de la communication.

« V. – Les données de trafic et de localisation mentionnées au III de l'article L. 34-1, que les opérateurs de communications électroniques sont tenus de conserver sur injonction du Premier ministre, sont :

« 1° Les caractéristiques techniques ainsi que la date, l'horaire et la durée de chaque communication ;

« 2° Les données relatives aux services complémentaires demandés ou utilisés et leurs fournisseurs ;

« 3° Les données techniques permettant d'identifier le ou les destinataires de la communication, mentionnées aux 1° à 4° du IV du présent article ;

« 4° Pour les opérations effectuées à l'aide de téléphones mobiles, les données permettant d'identifier la localisation de la communication.

« VI. – » Les surcoûts identifiables et spécifiques supportés par les opérateurs requis par les autorités judiciaires pour la fourniture des données relevant des catégories mentionnées au présent article sont compensés selon les modalités prévues à l'article R. 213-1 du code de procédure pénale.

V. Arr. du 14 nov. 2016 pris en application des art. R. 213-1 et R. 213-2 C. pr. pén. fixant la tarification applicable aux réquisitions des opérateurs de communications électroniques.

Art. R. 10-13-1 *(Décr. nº 2015-349 du 27 mars 2015, art. 3) (Abrogé par Décr. nº 2021-1361 du 20 oct. 2021, art. 4)* ***« En application du III de l'article L. 34-1 et pour les besoins de la sécurité des systèmes d'information de l'État et des opérateurs mentionnés aux articles L. 1332-1 et L. 1332-2 du code de la défense, les opérateurs de communications électroniques conservent les données mentionnées au a et au c du I de l'article R. 10-13. »***

Les surcoûts identifiables et spécifiques supportés par les opérateurs pour communiquer les informations mentionnées à l'article L. 2321-3 du code de la défense à l'Agence nationale de la sécurité des systèmes d'information sont remboursés par l'État selon des tarifs fixés par arrêté du Premier ministre.

Les dispositions issues du Décr. nº 2015-349 du 27 mars 2015 sont applicables en Nouvelle-Calédonie, en Polynésie française et dans les îles Wallis-et-Futuna (Décr. préc., art. 4-III).

L'avis nº 2015-1089 du 15 sept. 2015 porte sur un projet d'arrêté fixant la tarification applicable à la transmission par les opérateurs de communications électroniques des informations mentionnées à l'art. L. 2321-3 C. défense (JO 13 oct.).

Art. R. 10-14 *(Décr. nº 2006-358 du 24 mars 2006) (Décr. nº 2021-1361 du 20 oct. 2021, art. 5)* **« I. — En application du IV de l'article L. 34-1, les opérateurs de communications électroniques sont autorisés à conserver, pour les besoins de leurs opérations de facturation et de paiement, les données mentionnées au IV et aux 1° et 2° du V de l'article R. 10-13 lorsqu'un de leurs abonnés est à l'origine de la communication. »**

II. — Pour les activités de téléphonie, les opérateurs peuvent conserver, outre les données mentionnées au I, les données à caractère technique relatives à la localisation de la communication, à l'identification du ou des destinataires de la communication et les données permettant d'établir la facturation.

III. — Les données mentionnées aux I et II du présent article ne peuvent être conservées que si elles sont nécessaires à la facturation et au paiement des services rendus. Leur conservation devra se limiter au temps strictement nécessaire à cette finalité sans excéder un an.

IV. — Pour la sécurité des réseaux et des installations, les opérateurs peuvent conserver pour une durée n'excédant pas trois mois :

***a)* Les données permettant d'identifier l'origine de la communication ;**

***b)* Les caractéristiques techniques ainsi que la date, l'horaire et la durée de chaque communication ;**

***c)* Les données à caractère technique permettant d'identifier le ou les destinataires de la communication ;**

***d)* Les données relatives aux services complémentaires demandés ou utilisés et leurs fournisseurs.**

……………………………………………………………………………………………

Art. D. 98-5 *(Décr. nº 2005-862 du 26 juill. 2005)* **Règles portant sur les conditions de confidentialité et de neutralité au regard des messages transmis et des informations liées aux communications** *(Décr. nº 2012-488 du 13 avr. 2012, art. 2)* **« et sur la sécurité et l'intégrité des réseaux et services ».**

I. — Respect du secret des correspondances et neutralité.

L'opérateur prend les mesures nécessaires pour garantir la neutralité de ses services vis-à-vis du contenu des messages transmis sur son réseau et le secret des correspondances.

A cet effet, l'opérateur assure ses services sans discrimination quelle que soit la nature des messages transmis et prend les dispositions utiles pour assurer l'intégrité des messages.

L'opérateur est tenu de porter à la connaissance de son personnel les obligations et peines qu'il encourt au titre des dispositions du code pénal, et notamment au titre des articles 226-13, 226-15 et 432-9 relatifs au secret des correspondances.

(Décr. nº 2017-428 du 28 mars 2017) **« Pour l'application des dispositions du IV de l'article L. 32-3, la périodicité du recueil du consentement exprès de l'utilisateur est fixée à un an. »** *— Pour l'application des dispositions du IV de l'art. L. 32-3 aux traitements mis en place avant la date d'entrée en vigueur du Décr. nº 2017-428 du 28 mars 2017, le premier consentement de l'utilisateur est recueilli dans les six mois suivant cette date (Décr. préc., art. 2).*

II. — Traitement des données à caractère personnel.

(Décr. nº 2012-488 du 13 avr. 2012, art. 2) **« Sans préjudice des dispositions de la loi nº 78-17 du 6 janvier 1978 modifiée relative à l'informatique, aux fichiers et aux libertés, l'opérateur met en œuvre une politique de sécurité relative au traitement des données à caractère personnel et prend les mesures nécessaires garantissant que seules des personnes autorisées puissent avoir accès aux données à caractère personnel dans les cas prévus par des dispositions législatives et réglementaires et que les données à caractère personnel stockées ou transmises soient protégées contre la destruction accidentelle ou illicite, la perte ou l'altération accidentelles et le stockage, le traitement, l'accès et la divulgation non autorisés ou illicites. »**

1. L'opérateur garantit à tout client, outre les droits mentionnés à l'article R. 10, le droit :

– d'exercer gratuitement son droit d'accès aux données à caractère personnel le concernant ainsi que son droit de rectification de celles-ci ;

– de recevoir des factures non détaillées et, sur sa demande, des factures détaillées.

2. Lorsque les clients de l'opérateur reçoivent une facturation détaillée, les factures adressées :

– comportent un niveau de détail suffisant pour permettre la vérification des montants facturés ;

– ne mentionnent pas les appels à destination des numéros gratuits pour l'utilisateur ;

– n'indiquent pas les quatre derniers chiffres des numéros appelés, à moins que le client n'ait expressément demandé que cela soit le cas.

La facturation détaillée est disponible gratuitement pour l'abonné. Toutefois, des prestations supplémentaires peuvent être, le cas échéant, proposées à l'abonné à un tarif raisonnable.

3. L'opérateur permet à chacun de ses clients de s'opposer gratuitement et par un moyen simple, appel par appel ou de façon permanente (secret permanent), à l'identification de sa ligne par les postes appelés.

Lorsqu'un abonné dispose de plusieurs lignes, cette fonction est offerte pour chaque ligne. Cette fonction doit également être proposée pour des communications effectuées à partir de cabines téléphoniques publiques *(Décr. nº 2012-488 du 13 avr. 2012, art. 2)* « ou d'autres points d'accès au service téléphonique au public ». L'opérateur met en œuvre un dispositif particulier de suppression de cette fonction pour des raisons liées au fonctionnement des services d'urgence ou à la tranquillité de l'appelé, conformément à la réglementation en vigueur.

Lorsqu'un abonné dispose du secret permanent, l'opérateur lui permet de supprimer cette fonction, appel par appel, gratuitement et par un moyen simple.

4. L'opérateur informe les abonnés lorsqu'il propose un service d'identification de la ligne appelante ou de la ligne connectée. Il les informe également des possibilités prévues aux trois alinéas suivants :

Dans le cas où l'identification de la ligne appelante est offerte, l'opérateur permet à tout abonné d'empêcher par un moyen simple et gratuit que l'identification de la ligne appelante soit transmise vers son poste.

Dans le cas où l'identification de la ligne appelante est offerte et est indiquée avant l'établissement de l'appel, l'opérateur permet à tout abonné de refuser, par un moyen simple, les appels entrants émanant d'une ligne non identifiée. L'opérateur peut, pour des raisons techniques justifiées, demander à l'Autorité de régulation des communications électroniques, des postes et de la distribution de la presse de disposer d'un délai pour la mise en œuvre de cette fonction.

Dans le cas où l'identification de la ligne obtenue est offerte, l'opérateur permet à tout abonné d'empêcher par un moyen simple et gratuit l'identification de la ligne obtenue auprès de la personne qui appelle.

5. L'opérateur permet à l'abonné vers lequel des appels sont transférés d'interrompre ou de faire interrompre le transfert d'appel gratuitement et par un moyen simple.

L'opérateur informe tout abonné, préalablement à la souscription du contrat, des droits mentionnés au 1 du II du présent article.

Lorsque l'opérateur fait appel à des sociétés de commercialisation de services, il veille, dans les relations contractuelles avec celles-ci, au respect de ses obligations relatives aux conditions de confidentialité et de neutralité au regard des messages transmis et des informations liées aux communications.

(Décr. nº 2012-488 du 13 avr. 2012, art. 2) « III. – Sécurité *(Abrogé par Décr. nº 2021-1281 du 30 sept. 2021, art. 4) « et intégrité »* des réseaux et des services.

(Décr. nº 2021-1281 du 30 sept. 2021, art. 4) « La sécurité des réseaux et des services, au titre du présent article, s'entend comme leur capacité à résister à toute action qui compromettrait la disponibilité, l'authenticité, l'intégrité ou la confidentialité de ces réseaux ou services, des données stockées, transmises, ou traitées ou des services connexes offerts ou rendus accessibles par ces réseaux ou ces services. »

« L'opérateur prend toutes les mesures appropriées pour assurer *(Décr. n° 2021-1281 du 30 sept. 2021, art. 4)* « la sécurité » de ses réseaux et garantir la continuité des services fournis.

L'opérateur prend toutes les dispositions techniques et organisationnelles nécessaires pour assurer la sécurité de son réseau et de ses services à un niveau adapté au risque existant. En particulier, des mesures sont prises pour prévenir ou limiter les conséquences des atteintes à la sécurité pour les utilisateurs et les réseaux interconnectés.

« L'opérateur prend les mesures utiles pour assurer la sécurité *(Abrogé par Décr. n° 2021-1281 du 30 sept. 2021, art. 4)* ***« et l'intégrité »*** des dispositifs intégrés aux équipements terminaux nécessaires à l'identification et à l'authentification des utilisateurs pour la fourniture de services de communications électroniques.

« Il se conforme aux prescriptions techniques en matière de sécurité éventuellement édictées par arrêté du ministre chargé des communications électroniques. Ce dernier peut se faire communiquer à titre confidentiel les dispositions prises pour la sécurisation du réseau.

« L'opérateur informe ses clients des services existants permettant, le cas échéant, de renforcer la sécurité des communications.

Lorsqu'il existe *(Décr. n° 2021-1281 du 30 sept. 2021, art. 4)* « une menace particulière et importante d'incident de sécurité dans des réseaux de communications électroniques ou des services de communications électroniques ouverts au public » l'opérateur informe les abonnés *(Décr. n° 2021-1281 du 30 sept. 2021, art. 4)* « concernés par cette menace ainsi que de toute mesure de protection ou correctrice que ces derniers peuvent prendre ».

« Dès qu'il en a connaissance, l'opérateur informe le ministre de l'intérieur de *(Décr. n° 2021-1281 du 30 sept. 2021, art. 4)* « tout incident de sécurité » ayant un impact significatif sur le fonctionnement de ses réseaux ou de ses services. Ce dernier en informe le ministre chargé des communications électroniques ainsi que les services de secours et de sécurité susceptibles d'être concernés. Lorsque l'atteinte à la sécurité *(Abrogé par Décr. n° 2021-1281 du 30 sept. 2021, art. 4)* ***« ou la perte d'intégrité »*** résulte ou est susceptible de résulter *(Décr. n° 2021-1281 du 30 sept. 2021, art. 4)* « d'un incident d'origine informatique », l'opérateur en informe également l'autorité nationale de défense des systèmes d'information. *(Décr. n° 2021-1281 du 30 sept. 2021, art. 4)* « L'opérateur se conforme, le cas échéant, aux prescriptions techniques requises par le ministre chargé des communications électroniques pour remédier ou prévenir l'incident de sécurité.

« Le caractère significatif de l'impact de l'incident de sécurité est déterminé en particulier au regard des paramètres suivants :

« *a)* Le nombre d'utilisateurs touchés par l'incident de sécurité ;

« *b)* La durée de l'incident de sécurité ;

« *c)* L'étendue géographique de la zone touchée par l'incident de sécurité ;

« *d)* La mesure dans laquelle le fonctionnement du réseau ou du service est affecté ;

« *e)* L'ampleur de l'impact sur les activités économiques et sociétales. »

« Dès que l'opérateur a mené une analyse des causes et des conséquences *(Décr. n° 2021-1281 du 30 sept. 2021, art. 4)* « de l'incident de sécurité », il en rend compte au ministre chargé des communications électroniques et à l'autorité nationale de défense des systèmes d'information dans le cas où cette dernière avait été informée ainsi que des mesures prises pour éviter leur renouvellement. Le ministre chargé des communications électroniques en informe les ministres intéressés.

« Les administrations veillent à la confidentialité des informations qui leur sont communiquées. Toutefois, lorsqu'il est d'utilité publique de divulguer les faits, le ministre de l'intérieur peut en informer le public ou demander à l'opérateur en cause de le faire.

Lorsque *(Décr. n° 2021-1281 du 30 sept. 2021, art. 4)* « l'incident de sécurité a » un impact significatif dans un ou des autres États membres de l'Union européenne, le ministre chargé des communications électroniques *(Abrogé par Décr. n° 2021-1281 du 30 sept. 2021, art. 4)* ***« , en liaison avec l'autorité nationale de défense des systèmes d'information, »*** informe les autorités compétentes des États membres *(Décr. n° 2021-1281 du 30 sept. 2021, art. 4)* « . Dans le cas d'un incident d'origine informatique,

l'autorité nationale de défense des systèmes d'information informe » l'Agence européenne chargée de la sécurité des réseaux et de l'information des atteintes survenues.

« Ces *(Décr. n° 2021-1281 du 30 sept. 2021, art. 4)* **« incidents de sécurité » font l'objet d'un rapport annuel remis par le ministre chargé des communications électroniques à la Commission européenne et à l'Agence européenne chargée de la sécurité des réseaux et de l'information. »**

V. Arr. du 31 déc. 2013 relatif aux factures des services de communications électroniques et à l'information du consommateur sur la consommation au sein de son offre (JO 4 janv. 2014).

Directive 2002/58/CE du Parlement européen et du Conseil du 12 juillet 2002,

Concernant le traitement des données à caractère personnel et la protection de la vie privée dans le secteur des communications électroniques (directive vie privée et communications électroniques).

La directive est en cours de révision, V. :

– Proposition de Règlement du Parlement européen et du Conseil concernant le respect de la vie privée et la protection des données à caractère personnel dans les communications électroniques et abrogeant la directive 2002/58/CE (règlement « vie privée et communications électroniques ») (COM/2017/010 final - 2017/03 (COD)).

– Conseil de l'UE, communiqué de presse du 10 févr. 2021, accord sur un mandat de négociation en vue de la révision des règles e-privacy (https://www.consilium.europa.eu).

– CEPD, Déclaration 03/20 du 9 mars 2021 sur le Règlement ePrivacy (https://edpb.europa.eu/).

Sur l'articulation entre la directive et le RGPD, V. avis du CEPD 5/2019 du 12 mars 2019, App. v° Comité européen de la protection des données (CEPD).

BIBL. ▸ Cabinet VIGO, *D. actu. 18 févr. 2021* (le règlement européen « e-privacy », bloqué depuis 2017 au Conseil de l'UE, va enfin pouvoir être débattu au Parlement européen).

Art. 1er à 4 *V. ces art. sur le Code en ligne.*

Art. 5 *Confidentialité des communications.* **1. Les États membres garantissent, par la législation nationale, la confidentialité des communications effectuées au moyen d'un réseau public de communications et de services de communications électronique accessibles au public, ainsi que la confidentialité des données relatives au trafic y afférentes. En particulier, ils interdisent à toute autre personne que les utilisateurs d'écouter, d'intercepter, de stocker les communications et les données relatives au trafic y afférentes, ou de les soumettre à tout autre moyen d'interception ou de surveillance, sans le consentement des utilisateurs concernés sauf lorsque cette personne y est légalement autorisée, conformément à l'article 15, paragraphe 1. Le présent paragraphe n'empêche pas le stockage technique nécessaire à l'acheminement d'une communication, sans préjudice du principe de confidentialité.**

2. Le paragraphe 1 n'affecte pas l'enregistrement légalement autorisé de communications et des données relatives au trafic y afférentes, lorsqu'il est effectué dans le cadre des usages professionnels licites, afin de fournir la preuve d'une transaction commerciale ou de toute autre communication commerciale.

(Dir. 2009/136/CE du 25 nov. 2009, art. 2, en vigueur le 19 déc. 2009) **« 3. Les États membres garantissent que le stockage d'informations, ou l'obtention de l'accès à des informations déjà stockées, dans l'équipement terminal d'un abonné ou d'un utilisateur n'est permis qu'à condition que l'abonné ou l'utilisateur ait donné son accord, après avoir reçu, dans le respect de la directive 95/46/CE, une information claire et complète, entre autres sur les finalités du traitement. Cette disposition ne fait pas obstacle à un stockage ou à un accès techniques visant exclusivement à effectuer la transmission d'une communication par la voie d'un réseau de communications électroniques, ou strictement nécessaires au fournisseur pour la fourniture d'un service de la société de l'information expressément demandé par l'abonné ou l'utilisateur. »**

V. L. n° 78-17 du 6 janv. 1978, art. 82

V., sur les cookies : Délib. CNIL, n° 2020-091 du 17 sept. 2020, ss. L. n° 78-17 du 6 janv. 1978, art. 82.

Art. 6 à 14 *bis* *V. ces art. sur le Code en ligne.*

Art. 15 *Application de certaines dispositions de la directive 95/46/CE.* **1. Les États membres peuvent adopter des mesures législatives visant à limiter la portée des droits et des obligations prévus aux articles 5 et 6, à l'article 8, paragraphes 1, 2, 3 et 4, et à l'article 9 de la présente directive lorsqu'une telle limitation constitue une mesure nécessaire, appropriée et proportionnée, au sein d'une société démocratique, pour sauvegarder la sécurité nationale – c'est-à-dire la sûreté de l'État – la défense et la sécurité publique, ou assurer la prévention, la recherche, la détection et la poursuite d'infractions pénales ou d'utilisations non autorisées du système de communications électroniques, comme le prévoit l'article 13, paragraphe 1, de la directive 95/46/CE. A cette fin, les États membres peuvent, entre autres, adopter des mesures législatives prévoyant la conservation de données pendant une durée limitée lorsque cela est justifié par un des motifs énoncés dans le présent paragraphe. Toutes les mesures visées dans le présent paragraphe sont prises dans le respect des principes généraux du droit communautaire, y compris ceux visés à l'article 6, paragraphes 1 et 2, du traité sur l'Union européenne.**

(Dir. 2006/24/CE du 15 mars 2006, art. 11, en vigueur le 3 mai 2006) **« 1 *bis*. Le paragraphe 1 n'est pas applicable aux données dont la conservation est spécifiquement exigée par la directive 2006/24/CE du Parlement européen et du Conseil du 15 mars 2006 sur la conservation de données traitées dans le cadre de la fourniture de services de communications électroniques accessibles au public ou de réseaux publics de communications** *[JOUE L 105, du 13.4.2006, p. 54.]* **aux fins visées à l'article 1er, paragraphe 1, de ladite directive. »**

(Dir. 2009/136/CE du 25 nov. 2009, art. 2, en vigueur le 19 déc. 2009) **« 1 *ter*. Les fournisseurs établissent, sur la base des dispositions nationales adoptées au titre du paragraphe 1, des procédures internes permettant de répondre aux demandes d'accès aux données à caractère personnel concernant les utilisateurs. Ils mettent, sur demande, à la disposition de l'autorité nationale compétente des informations sur ces procédures, sur le nombre de demandes reçues, sur la base juridique invoquée et sur leur réponse. »**

2. Les dispositions du chapitre III de la directive 95/46/CE relatif aux recours juridictionnels, à la responsabilité et aux sanctions sont applicables aux dispositions nationales adoptées en application de la présente directive ainsi qu'aux droits individuels résultant de la présente directive.

3. Le groupe de protection des personnes à l'égard du traitement des données à caractère personnel, institué par l'article 29 de la directive 95/46/CE, remplit aussi les tâches visées à l'article 30 de ladite directive en ce qui concerne les matières couvertes par la présente directive, à savoir la protection des droits et des libertés fondamentaux ainsi que des intérêts légitimes dans le secteur des communications électroniques.

1. Données de connexion. Jurisprudence européenne. La CJUE a limité de manière forte la possibilité aux États membres d'imposer aux opérateurs de télécommunication « une réglementation nationale prévoyant, à des fins de lutte contre la criminalité, une conservation généralisée et indifférenciée de l'ensemble des données relatives au trafic et des données de localisation de tous les abonnés et utilisateurs inscrits concernant tous les moyens de communication électronique (« métadonnées »). • CJUE 21 déc. 2016, *Télé2 Sverige AB*, nos C-203/15 et C-698/15 : *D. 2018. 1033, obs. Fauvarque-Cosson et Maxwell ; Dalloz IP/IT 2017. 230, obs. Forest ; AJDA 2017. 1106, chron. Broussy, Cassagnabère, Gänser et Bonneville ; JAC 2017, p. 13, obs. Scaramozzino ; RTD eur. 2017. 884, obs. Benlolo-Carabot ; ibid. 2018. 461, obs. Benoît-Rohmer ; Rev. UE 2017. 178, étude Brécho.* ♦ Cette décision interprétée comme une interdiction généralisée a été précisée par la CJUE. • CJUE 6 oct. 2020, n° C-623/17 : *Dalloz IP/IT 2021. 46, obs. Daoud, Bello et Pecriaux ; AJDA 2021. 387, chron. Bonneville, Gänser, Markarian et Iljic ; AJ pénal 2020. 531, obs. Nicaud ; RTD eur. 2021. 175, obs. Bertrand ; ibid. 973, obs. Benoît-Rohmer.* ♦ Ainsi, si la conservation des métadonnées s'avère envisageable, elle doit se limiter aux besoins de la sécurité nationale en cas de menace grave, et l'accès aux données doit être soumis au contrôle préalable d'une autorité indépendante et au contrôle d'un juge en aval lors de l'exploitation des données conservées. Pour la lutte contre la criminalité grave, les autorités peuvent demander aux opérateurs de geler les données de trafic et de localisation relatives à une personne, pour les besoins d'une enquête pénale, sur une courte période (méthode dite de « conservation rapide » des données).

2. Données de connexion. Jurisprudence nationale. Le Conseil d'État a considéré que l'encadrement de la conservation des métadonnées ne contrevenait pas à la Constitution et que la possibilité d'accéder à ces données pour la lutte contre la criminalité grave permettait de garantir les exigences constitutionnelles de prévention des atteintes à l'ordre public et de recherche des auteurs d'infractions pénales. La conservation généralisée des métadonnées pendant une durée d'un an par les opérateurs de télécommunication est ainsi justifiée par la menace existante pour la sécurité nationale. Toutefois, le Conseil d'État a enjoint au Gouvernement de réévaluer régulièrement la menace qui pèse sur le territoire pour justifier la conservation généralisée des données et de subordonner l'exploitation de ces données par les services de renseignement à l'autorisation d'une autorité indépendante avec effet contraignant. Enfin, le Conseil d'État a rappelé que le principe de proportionnalité entre gravité de l'infraction et importance des mesures d'enquête mises en œuvre, qui gouverne la procédure pénale, justifiait comme l'avait acté la CJUE que le recours aux données de connexion soit limité aux poursuites d'infractions d'un degré de gravité suffisant. Il a ainsi repris le concept de la méthode de « conservation rapide » des données pour la lutte contre la criminalité grave. • CE 21 avr. 2021 n° 393099 : *AJDA 2021. 194, chron. Malverti et Beaufils ; D. 2021. 1247, pt de vue Roux ; ibid. 1268, et les obs., note Douville et Gaudin ; AJ pénal 2021. 309, chron. Archambault ; Légipresse 2021. 253, et les obs. ; RFDA 2021. 421, concl. Lallet ; ibid. 570, chron. Roblot-Troizier ; RTD eur. 2021. 349, étude Azoulai et Ritleng ; JCP 2021, n° 659, note Iliopoulou-Penot.*

Art. 15 *bis à* 21 *V. ces art. sur le Code en ligne.*

Convention 108 du Conseil de l'Europe

Pour la protection des personnes à l'égard du traitement automatisé des données à caractère personnel.

Version consolidée du 18 mai 2018

BIBL. ▸ KWASNY et DE TERWANGNE, *Dalloz IP/IT 2020. 607* (la protection des données à l'ère du numérique : la convention 108+, parente et nécessaire alliée du RGPD). – MAXIMIN, *D. actu. 19 févr. 2021* (données biométriques : les recommandations du Conseil de l'Europe sur la reconnaissance faciale). – LEQUESNE ROTH, *Dalloz IP/IT 2021. 361* (rapport du Conseil de l'Europe sur la reconnaissance faciale). – DEBET, *CCE 2021, n° 23* (reconnaissance faciale : un encadrement strict prôné par les lignes directrices du Comité consultatif de la Convention 108).

Préambule

Les États membres du Conseil de l'Europe, et les autres signataires de la présente Convention,

Considérant que le but du Conseil de l'Europe est de réaliser une union plus étroite entre ses membres, dans le respect notamment de la prééminence du droit ainsi que des droits de l'homme et des libertés fondamentales ;

Considérant qu'il est nécessaire de garantir la dignité humaine ainsi que la protection des droits de l'homme et des libertés fondamentales de toute personne, et, eu égard à la diversification, à l'intensification et à la mondialisation des traitements des données et des flux de données à caractère personnel, l'autonomie personnelle, fondée sur le droit de la personne de contrôler ses propres données à caractère personnel et le traitement qui en est fait ;

Rappelant que le droit à la protection des données à caractère personnel est à considérer au regard de son rôle dans la société et qu'il est à concilier avec d'autres droits de l'homme et libertés fondamentales, dont la liberté d'expression ;

Considérant que la présente Convention permet de prendre en compte, dans la mise en œuvre des règles qu'elle fixe, le principe du droit d'accès aux documents officiels ;

Reconnaissant la nécessité de promouvoir les valeurs fondamentales du respect de la vie privée et de la protection des données à caractère personnel à l'échelle mondiale, favorisant ainsi la libre circulation de l'information entre les peuples ;

Reconnaissant l'intérêt d'intensifier la coopération internationale entre les Parties à la Convention.

Sont convenus de ce qui suit :

CHAPITRE I *DISPOSITIONS GÉNÉRALES*

Art. 1er *Objet et but.* Le but de la présente Convention est de protéger toute personne physique, quelle que soit sa nationalité ou sa résidence, à l'égard du traitement des données à caractère personnel, contribuant ainsi au respect de ses droits de l'homme et de ses libertés fondamentales et notamment du droit à la vie privée.

Art. 2 *Définitions.* Aux fins de la présente Convention :

a. "données à caractère personnel" signifie : toute information concernant une personne physique identifiée ou identifiable ("personne concernée") ;

b. "traitement de données" s'entend de toute opération ou ensemble d'opérations effectuées sur des données à caractère personnel, telles que la collecte, l'enregistrement, la conservation, la modification, l'extraction, la communication, la mise à disposition, l'effacement ou la destruction des données, ou l'application d'opérations logiques et/ou arithmétiques à ces données ;

c. Lorsque aucun procédé automatisé n'est utilisé, le traitement de données désigne une opération ou des opérations effectuée(s) sur des données à caractère personnel au sein d'un ensemble structuré de données qui sont accessibles ou peuvent être retrouvées selon des critères spécifiques ;

d. "responsable du traitement" signifie : la personne physique ou morale, l'autorité publique, le service, l'agence ou tout autre organisme qui, seul ou conjointement avec d'autres, dispose du pouvoir de décision à l'égard du traitement de données ;

e. "destinataire" signifie : la personne physique ou morale, l'autorité publique, le service, l'agence ou tout autre organisme qui reçoit communication de données ou à qui des données sont rendues accessibles ;

f. "sous-traitant" signifie : la personne physique ou morale, l'autorité publique, le service, l'agence ou tout autre organisme qui traite des données à caractère personnel pour le compte du responsable du traitement.

Art. 3 *Champ d'application.* 1. Chaque Partie s'engage à appliquer la présente Convention aux traitements de données relevant de sa juridiction dans les secteurs public et privé, garantissant ainsi à toute personne le droit à la protection de ses données à caractère personnel.

2. La présente Convention ne s'applique pas au traitement de données effectué par une personne dans le cadre d'activités exclusivement personnelles ou domestiques.

CHAPITRE II *PRINCIPES DE BASE POUR LA PROTECTION DES DONNÉES À CARACTÈRE PERSONNEL*

Art. 4 *Engagements des Parties.* 1. Chaque Partie prend, dans sa loi, les mesures nécessaires pour donner effet aux dispositions de la présente Convention ainsi que pour en assurer l'application effective.

2. Ces mesures doivent être prises par chaque Partie et doivent être entrées en vigueur au moment de la ratification ou de l'adhésion à la présente Convention.

3. Chaque Partie s'engage :

a. à permettre au Comité conventionnel prévu au chapitre VI d'évaluer l'efficacité des mesures qu'elle aura prises dans sa loi pour donner effet aux dispositions de la présente Convention ; et

b. à contribuer activement à ce processus d'évaluation.

Art. 5 *Légitimité du traitement de données et qualité des données.* 1. Le traitement de données doit être proportionné à la finalité légitime poursuivie et refléter à chaque étape du traitement un juste équilibre entre tous les intérêts en présence, qu'ils soient publics ou privés, ainsi que les droits et les libertés en jeu.

2. Chaque Partie prévoit que le traitement de données ne peut être effectué que sur la base du consentement libre, spécifique, éclairé et non équivoque de la personne concernée ou en vertu d'autres fondements légitimes prévus par la loi.

3. Les données à caractère personnel faisant l'objet d'un traitement sont traitées licitement.

4. Les données à caractère personnel faisant l'objet d'un traitement sont :

a. traitées loyalement et de manière transparente ;

b. collectées pour des finalités explicites, déterminées et légitimes et ne sont pas traitées de manière incompatible avec ces finalités ; le traitement ultérieur à des fins archivistiques dans l'intérêt public, à des fins de recherche scientifique ou historique, ou à des fins statistiques est compatible avec ces fins, à condition que des garanties complémentaires s'appliquent ;

c. adéquates, pertinentes et non excessives au regard des finalités pour lesquelles elles sont traitées ;

d. exactes, et si nécessaire, mises à jour ;

e. conservées sous une forme permettant l'identification des personnes concernées pendant une durée n'excédant pas celle nécessaire aux finalités pour lesquelles elles sont traitées.

Art. 6 *Catégories particulières de données.* 1. Le traitement :

– de données génétiques ;

– de données à caractère personnel concernant des infractions, des procédures et des condamnations pénales et des mesures de sûreté connexes ;

– de données biométriques identifiant un individu de façon unique ;

– de données à caractère personnel pour les informations qu'elles révèlent sur l'origine raciale ou ethnique, les opinions politiques, l'appartenance syndicale, les convictions religieuses ou autres convictions, la santé ou la vie sexuelle ;

n'est autorisé qu'à la condition que des garanties appropriées, venant compléter celles de la présente Convention, soient prévues par la loi.

2. Ces garanties doivent être de nature à prévenir les risques que le traitement de données sensibles peut présenter pour les intérêts, droits et libertés fondamentales de la personne concernée, notamment un risque de discrimination.

Art. 7 *Sécurité des données.* 1. Chaque Partie prévoit que le responsable du traitement ainsi que, le cas échéant, le sous-traitant, prend des mesures de sécurité appropriées contre les risques tels que l'accès accidentel ou non autorisé aux données à caractère personnel, leur destruction, perte, utilisation, modification ou divulgation.

2. Chaque Partie prévoit que le responsable du traitement est tenu de notifier, sans délai excessif, à tout le moins à l'autorité de contrôle compétente au sens de l'article 15 de la présente Convention, les violations des données susceptibles de porter gravement atteinte aux droits et libertés fondamentales des personnes concernées.

Art. 8 *Transparence du traitement.* 1. Chaque Partie prévoit que le responsable du traitement informe les personnes concernées :

a. de son identité et de sa résidence ou lieu d'établissement habituels ;

b. de la base légale et des finalités du traitement envisagé ;

c. des catégories des données à caractère personnel traitées ;

d. le cas échéant, des destinataires ou catégories de destinataires des données à caractère personnel ; et

e. des moyens d'exercer les droits énoncés à l'article 9 ;

ainsi que de toute autre information complémentaire nécessaire pour garantir un traitement loyal et transparent des données à caractère personnel.

2. Le paragraphe 1 ne s'applique pas lorsque la personne concernée détient déjà l'information.

3. Lorsque les données à caractère personnel ne sont pas collectées directement auprès des personnes concernées, le responsable du traitement n'est pas tenu de fournir ces informations dès lors que le traitement est expressément prévu par la loi ou que cela lui est impossible ou implique des efforts disproportionnés.

Art. 9 *Droits des personnes concernées.* 1. Toute personne a le droit :

a. de ne pas être soumise à une décision l'affectant de manière significative, qui serait prise uniquement sur le fondement d'un traitement automatisé de données, sans que son point de vue soit pris en compte ;

b. d'obtenir, à sa demande, à intervalle raisonnable et sans délai ou frais excessifs, la confirmation d'un traitement de données la concernant, la communication sous une forme intelligible des données traitées, et toute information disponible sur leur origine, sur la durée de leur conservation ainsi que toute autre information que le responsable du traitement est tenu de fournir au titre de la transparence des traitements conformément à l'article 8, paragraphe 1 ;

c. d'obtenir, à sa demande, connaissance du raisonnement qui sous-tend le traitement de données, lorsque les résultats de ce traitement lui sont appliqués ;

d. de s'opposer à tout moment, pour des raisons tenant à sa situation, à ce que des données à caractère personnel la concernant fassent l'objet d'un traitement, à moins que le responsable du traitement ne démontre des motifs légitimes justifiant le traitement qui prévalent sur les intérêts, ou les droits et libertés fondamentales de la personne concernée ;

e. d'obtenir, à sa demande, sans frais et sans délai excessifs, la rectification de ces données ou, le cas échéant, leur effacement lorsqu'elles sont ou ont été traitées en violation des dispositions de la présente Convention ;

f. de disposer d'un recours conformément à l'article 12, lorsque ses droits prévus par la présente Convention ont été violés ;

g. de bénéficier, quelle que soit sa nationalité ou sa résidence, de l'assistance d'une autorité de contrôle au sens de l'article 15 pour l'exercice de ses droits prévus par la présente Convention.

2. Le paragraphe 1.a ne s'applique pas si la décision est autorisée par une loi à laquelle est soumis le responsable du traitement et qui prévoit également des mesures appropriées pour la sauvegarde des droits, des libertés et des intérêts légitimes de la personne concernée.

Art. 10 *Obligations complémentaires.* 1. Chaque Partie prévoit que les responsables du traitement, ainsi que, le cas échéant, les sous-traitants, doivent prendre toutes les mesures appropriées afin de se conformer aux obligations de la présente Convention et être en mesure de démontrer sous réserve de la législation nationale adoptée conformément à l'article 11, paragraphe 3, en particulier à l'autorité de contrôle compétente, prévue à l'article 15, que le traitement dont ils sont responsables est en conformité avec les dispositions de la présente Convention.

2. Chaque Partie prévoit que les responsables du traitement, ainsi que, le cas échéant, les sous-traitants, doivent procéder, préalablement au commencement de tout traitement, à l'examen de l'impact potentiel du traitement de données envisagé sur les droits et libertés fondamentales des personnes concernées, et qu'ils doivent concevoir le traitement de données de manière à prévenir ou à minimiser les risques d'atteinte à ces droits et libertés fondamentales.

3. Chaque Partie prévoit que les responsables du traitement, ainsi que, le cas échéant, les sous-traitants, prennent des mesures techniques et organisationnelles tenant compte des implications du droit à la protection des données à caractère personnel à tous les stades du traitement des données.

4. Chaque Partie peut, eu égard aux risques encourus pour les intérêts, droits et libertés fondamentales des personnes concernées, adapter l'application des dispositions des paragraphes 1, 2 et 3 dans la loi donnant effet aux dispositions de la présente Convention, en fonction de la nature et du volume des données, de la nature, de la portée et de la finalité du traitement et, le cas échéant de la taille des responsables du traitement et des sous-traitants.

Art. 11 *Exceptions et restrictions.* 1. Aucune exception aux dispositions énoncées au présent chapitre n'est admise, sauf au regard des dispositions de l'article 5, paragraphe 4, de l'article 7, paragraphe 2, de l'article 8, paragraphe 1, et de l'article 9, dès lors qu'une telle exception est prévue par une loi, qu'elle respecte l'essence des droits et libertés fondamentales, et qu'elle constitue une mesure nécessaire et proportionnée dans une société démocratique :

a. à la protection de la sécurité nationale, à la défense, à la sûreté publique, à des intérêts économiques et financiers importants de l'État, à l'impartialité et à l'indépendance de la justice ou à la prévention, à l'investigation et à la répression des infractions pénales et à l'exécution des sanctions pénales, ainsi qu'à d'autres objectifs essentiels d'intérêt public général ;

b. à la protection de la personne concernée ou des droits et libertés fondamentales d'autrui, notamment la liberté d'expression.

2. Des restrictions à l'exercice des dispositions visées aux articles 8 et 9 peuvent être prévues par la loi pour le traitement des données utilisées à des fins archivistiques dans l'intérêt public, à des fins de recherche scientifique ou historique ou à des fins statistiques, lorsqu'il n'existe pas de risque identifiable d'atteinte aux droits et libertés fondamentales des personnes concernées.

3. Outre les exceptions prévues au paragraphe 1 du présent article, relatives aux activités de traitement à des fins de sécurité nationale et de défense, chaque Partie peut prévoir par une loi et uniquement dans la mesure où cela constitue une mesure nécessaire et proportionnée dans une société démocratique à cette fin, des exceptions à l'article 4, paragraphe 3, à l'article 14, paragraphes 5 et 6, et à l'article 15, paragraphe 2, alinéas a, b, c et d.

Cela est sans préjudice de l'exigence que les activités de traitement à des fins de sécurité nationale et de défense fassent l'objet d'un contrôle et d'une supervision indépendants effectifs selon la législation nationale de chaque Partie.

Art. 12 *Sanctions et recours.* Chaque Partie s'engage à établir des sanctions et des recours juridictionnels et non juridictionnels appropriés visant les violations des dispositions de la présente Convention.

Art. 13 *Protection plus étendue.* Aucune des dispositions du présent chapitre ne sera interprétée comme limitant ou portant atteinte à la faculté pour chaque Partie d'accorder aux personnes concernées une protection plus étendue que celle prévue par la présente Convention.

CHAPITRE III *FLUX TRANSFRONTIÈRES DE DONNÉES À CARACTÈRE PERSONNEL*

Art. 14 *Flux transfrontières de données à caractère personnel.* 1. Une Partie ne peut, aux seules fins de la protection des données à caractère personnel, interdire ou soumettre à une autorisation spéciale le transfert de ces données à un destinataire relevant de la juridiction d'une autre Partie à la Convention. Cette Partie peut néanmoins agir ainsi lorsqu'il existe un risque réel et sérieux que le transfert à une autre Partie, ou de cette autre Partie à une non-Partie, conduise à contourner les dispositions de la Convention. Une Partie peut également agir ainsi lorsqu'elle est tenue de respecter des règles de protection harmonisées communes à des États appartenant à une organisation internationale régionale.

2. Lorsque le destinataire relève de la juridiction d'un État ou d'une organisation internationale qui n'est pas Partie à la présente Convention, le transfert de données à caractère personnel n'est possible que si un niveau approprié de protection fondé sur les dispositions de la présente Convention est garanti.

3. Un niveau de protection des données approprié peut être garanti par :

a. les règles de droit de cet État ou de cette organisation internationale, y compris les traités ou accords internationaux applicables ; ou

b. des garanties *ad hoc* ou standardisées agréées, établies par des instruments juridiquement contraignants et opposables, adoptés et mis en œuvre par les personnes impliquées dans le transfert et le traitement ultérieur des données.

4. Nonobstant les modalités prévues aux paragraphes précédents, chaque Partie peut prévoir que le transfert de données à caractère personnel peut avoir lieu :

a. si la personne concernée a donné son consentement explicite, spécifique et libre, après avoir été informée des risques introduits par l'absence de garanties appropriées ; ou

b. si des intérêts spécifiques de la personne concernée le nécessitent dans un cas particulier ; ou

c. si des intérêts légitimes prépondérants, notamment des intérêts publics importants, sont prévus par la loi et si ce transfert constitue une mesure nécessaire et proportionnée dans une société démocratique ; ou

d. si ce transfert constitue une mesure nécessaire et proportionnée dans une société démocratique pour la liberté d'expression.

5. Chaque Partie prévoit que l'autorité de contrôle compétente au sens de l'article 15 de la présente Convention obtient toute information pertinente relative aux transferts de données prévus au paragraphe 3.b, et, sur demande, aux paragraphes 4.b et 4.c.

6. Chaque Partie prévoit également que l'autorité de contrôle peut exiger de la personne qui transfère les données qu'elle démontre l'effectivité des garanties prises ou l'existence d'intérêts légitimes prépondérants et qu'elle peut, pour protéger les droits et les libertés fondamentales des personnes concernées, interdire ou suspendre les transferts ou soumettre à condition de tels transferts de données.

CHAPITRE IV *AUTORITÉS DE CONTRÔLE*

Art. 15 *Autorités de contrôle.* 1. Chaque Partie prévoit qu'une ou plusieurs autorités sont chargées de veiller au respect des dispositions de la présente Convention.

2. A cet effet, ces autorités :

a. disposent de pouvoirs d'investigation et d'intervention ;

b. exercent les fonctions en matière de transferts de données prévues à l'article 14, notamment l'agrément de garanties standardisées ;

c. disposent du pouvoir de rendre des décisions relatives aux violations des dispositions de la présente Convention et peuvent, notamment, infliger des sanctions administratives ;

d. disposent du pouvoir d'ester en justice ou de porter à la connaissance de l'autorité judiciaire compétente des violations des dispositions de la présente Convention ;

e. sont chargées :

i. de sensibiliser le public à leurs fonctions et à leurs pouvoirs, ainsi qu'à leurs activités ;

ii. de sensibiliser le public aux droits des personnes concernées et à l'exercice de ces droits ;

iii. de sensibiliser les responsables du traitement et les sous-traitants aux responsabilités qui leur incombent en vertu de la présente Convention ;

une attention particulière sera portée au droit à la protection des données des enfants et des autres personnes vulnérables.

3. Les autorités de contrôle compétentes sont consultées sur toute proposition législative ou administrative impliquant des traitements de données à caractère personnel.

4. Chaque autorité de contrôle compétente traite les demandes et les plaintes dont elle est saisie par les personnes concernées au regard de leurs droits à la protection des données et tient ces personnes informées des résultats.

5. Les autorités de contrôle agissent avec indépendance et impartialité dans l'accomplissement de leurs fonctions et l'exercice de leurs pouvoirs et, ce faisant, elles ne sollicitent ni n'acceptent d'instructions.

6. Chaque Partie s'assure que les autorités de contrôle disposent des ressources nécessaires à l'accomplissement effectif de leurs fonctions et à l'exercice de leurs pouvoirs.

7. Chaque autorité de contrôle prépare et publie un rapport d'activités périodique.

8. Les membres et agents des autorités de contrôle sont tenus à une obligation de confidentialité à l'égard des informations confidentielles auxquelles ils ont, ou ont eu, accès dans l'accomplissement de leurs fonctions et l'exercice de leurs pouvoirs.

9. Les décisions des autorités de contrôle peuvent faire l'objet d'un recours juridictionnel.

10. Les autorités de contrôle ne sont pas compétentes s'agissant des traitements effectués par des organes dans l'exercice de leurs fonctions juridictionnelles.

CHAPITRE V *COOPÉRATION ET ENTRAIDE*

Art. 16 *Désignation des autorités de contrôle.* 1. Les Parties s'engagent à coopérer et à s'accorder mutuellement assistance pour la mise en œuvre de la présente Convention.

2. A cette fin,

a. chaque Partie désigne une ou plusieurs autorités de contrôle au sens de l'article 15 de la présente Convention, dont elle communique la dénomination et l'adresse au Secrétaire Général du Conseil de l'Europe ;

b. chaque Partie, qui a désigné plusieurs autorités de contrôle, indique, dans la communication visée à l'alinéa précédent, la compétence de chacune.

Art. 17 *Formes de coopération.* 1. Les autorités de contrôle coopèrent entre elles dans la mesure nécessaire à l'accomplissement de leurs fonctions et l'exercice de leurs pouvoirs, notamment :

a. en s'accordant mutuellement une assistance par l'échange d'informations pertinentes et utiles et en coopérant entre elles, à condition qu'en ce qui concerne la protection des données à caractère personnel toutes les règles et garanties de la présente Convention soient respectées ;

b. en coordonnant leurs investigations ou interventions, ou en menant des actions conjointes ;

c. en fournissant des informations et des documents sur leur droit et sur leurs pratiques administratives en matière de protection des données.

2. Les informations visées au paragraphe 1 n'incluent pas les données à caractère personnel faisant l'objet d'un traitement, à moins que ces données soient essentielles à la coopération ou que la personne concernée ait donné un consentement explicite, spécifique, libre et éclairé pour ce faire.

3. Afin d'organiser leur coopération et d'accomplir les fonctions prévues aux paragraphes précédents, les autorités de contrôle des Parties se constituent en réseau.

Art. 18 *Assistance aux personnes concernées.* 1. Chaque Partie prête assistance à toute personne concernée, quelle que soit sa nationalité ou sa résidence, pour l'exercice de ses droits prévus par l'article 9 de la présente Convention.

2. Lorsque la personne concernée réside sur le territoire d'une autre Partie, elle doit avoir la faculté de présenter la demande par l'intermédiaire de l'autorité de contrôle désignée par cette Partie.

3. La demande d'assistance doit contenir toutes les indications nécessaires concernant notamment :

a. le nom, l'adresse et tout autre élément pertinent d'identification de la personne concernée à l'origine de la demande ;

b. le traitement auquel la demande se réfère ou le responsable du traitement correspondant ;

c. l'objet de la demande.

Art. 19 *Garanties.* 1. Une autorité de contrôle qui a reçu des informations d'une autre autorité de contrôle, soit à l'appui d'une demande, soit en réponse à une demande qu'elle a formulée elle-même, ne pourra faire usage de ces informations à des fins autres que celles spécifiées dans la demande.

2. En aucun cas une autorité de contrôle ne sera autorisée à faire une demande au nom d'une personne concernée, de sa propre initiative et sans l'approbation expresse de cette personne.

Art. 20 *Refus des demandes.* Une autorité de contrôle, saisie d'une demande aux termes de l'article 17 de la présente Convention, ne peut refuser d'y donner suite que si :

a. la demande est incompatible avec ses compétences ;

b. la demande n'est pas conforme aux dispositions de la présente Convention ;

c. l'exécution de la demande serait incompatible avec la souveraineté, la sécurité nationale ou l'ordre public de la Partie qui l'a désignée, ou avec les droits et libertés fondamentales des personnes relevant de la juridiction de cette Partie.

Art. 21 *Frais et procédures.* 1. La coopération et l'entraide que les Parties s'accordent aux termes de l'article 17, ainsi que l'assistance qu'elles prêtent aux personnes concernées aux termes des articles 9 et 18 ne donneront pas lieu au paiement de frais et droits autres que ceux afférents aux experts et aux interprètes. Ces frais et droits seront à la charge de la Partie qui a fait la demande.

2. La personne concernée ne peut être tenue de payer, en liaison avec les démarches entreprises pour son compte sur le territoire d'une autre Partie, des frais et droits autres que ceux exigibles des personnes résidant sur le territoire de cette Partie.

3. Les autres modalités relatives à la coopération et à l'entraide concernant notamment les formes et procédures ainsi que les langues à utiliser seront établies directement entre les Parties concernées.

CHAPITRE VI *COMITÉ CONVENTIONNEL*

Art. 22 *Composition du comité.* 1. Un Comité conventionnel est constitué après l'entrée en vigueur de la présente Convention.

2. Toute Partie désigne un représentant et un suppléant à ce Comité. Tout État membre du Conseil de l'Europe qui n'est pas Partie à la Convention a le droit de se faire représenter au comité par un observateur.

3. Le Comité conventionnel peut, par une décision prise à la majorité des deux tiers des représentants des Parties, inviter un observateur à se faire représenter à ses réunions.

4. Toute Partie qui n'est pas membre du Conseil de l'Europe contribuera au financement des activités du Comité conventionnel selon des modalités établies par le Comité des Ministres en accord avec cette Partie.

Art. 23 *Fonctions du comité.* Le Comité conventionnel :

a. peut faire des recommandations en vue de faciliter ou d'améliorer l'application de la Convention ;

b. peut faire des propositions d'amendement à la présente Convention conformément à l'article 25 ;

c. formule un avis sur toute proposition d'amendement à la présente Convention qui lui est soumis conformément à l'article 25, paragraphe 3 ;

d. peut exprimer un avis sur toute question relative à l'interprétation ou à l'application de la présente Convention ;

e. formule, préalablement à toute nouvelle adhésion à la Convention, un avis destiné au Comité des Ministres sur le niveau de protection des données à caractère personnel assuré par le candidat à l'adhésion et recommande, le cas échéant, des mesures à prendre en vue d'atteindre la conformité avec les dispositions de la présente Convention ;

f. peut, à la demande d'un État ou d'une organisation internationale, évaluer si leur niveau de protection des données à caractère personnel est conforme aux dispositions de la présente Convention et recommande, le cas échéant, des mesures à prendre en vue d'atteindre une telle conformité ;

g. peut élaborer ou approuver des modèles de garanties standardisées au sens de l'article 14 ;

h. examine la mise en œuvre de la présente Convention par les Parties et recommande des mesures à prendre en cas de non-respect de la présente Convention par une Partie ;

i. facilite au besoin le règlement amiable de toute difficulté d'application de la présente Convention.

Art. 24 *Procédure.* 1. Le Comité conventionnel est convoqué par le Secrétaire Général du Conseil de l'Europe. Il tient sa première réunion dans les douze mois qui suivent l'entrée en vigueur de la présente Convention. Il se réunit par la suite au moins une fois par an et, en tous cas, chaque fois qu'un tiers des représentants des Parties demande sa convocation.

2. A l'issue de chacune de ses réunions, le Comité conventionnel soumet au Comité des Ministres du Conseil de l'Europe un rapport sur ses travaux et sur le fonctionnement de la présente Convention.

3. Les modalités de vote au sein du Comité conventionnel sont fixées dans les éléments pour le règlement intérieur annexés au Protocole n° STCE [223].

4. Le Comité conventionnel établit les autres éléments de son règlement intérieur et fixe en particulier les procédures d'évaluation et d'examen prévues à l'article 4, paragraphe 3 et à l'article 23, alinéas e, f et h, sur la base de critères objectifs.

CHAPITRE VII *AMENDEMENTS*

Art. 25 *Amendements.* 1. Des amendements à la présente Convention peuvent être proposés par une Partie, par le Comité des Ministres du Conseil de l'Europe ou par le comité conventionnel.

2. Toute proposition d'amendement est communiquée par le Secrétaire Général du Conseil de l'Europe aux Parties à la présente Convention, aux autres États membres du Conseil de l'Europe, à l'Union européenne et à chaque État non membre ou organisation internationale qui a été invité(e) à adhérer à la présente Convention conformément aux dispositions de l'article 28.

3. En outre, tout amendement proposé par une Partie ou par le Comité des Ministres est communiqué au comité conventionnel, qui soumet au Comité des Ministres son avis sur l'amendement proposé.

4. Le Comité des Ministres examine l'amendement proposé et tout avis soumis par le comité conventionnel, et peut approuver l'amendement.

5. Le texte de tout amendement approuvé par le Comité des Ministres conformément au paragraphe 4 du présent article est transmis aux Parties pour acceptation.

6. Tout amendement approuvé conformément au paragraphe 4 du présent article entrera en vigueur le trentième jour après que toutes les Parties auront informé le Secrétaire Général qu'elles l'ont accepté.

7. Par ailleurs, le Comité des Ministres peut, après consultation du comité conventionnel, décider à l'unanimité qu'un amendement en particulier entrera en vigueur à l'expiration d'une période de trois ans à compter de la date à laquelle il aura été ouvert à l'acceptation, sauf si une Partie a notifié au Secrétaire Général du Conseil de l'Europe une objection à son entrée en vigueur. Lorsqu'une telle objection a été notifiée, l'amendement entrera en vigueur le premier jour du mois suivant la date à laquelle la Partie à la présente Convention qui a notifié l'objection aura déposé son instrument d'acceptation auprès du Secrétaire Général du Conseil de l'Europe.

CHAPITRE VIII *CLAUSES FINALES*

Art. 26 *Entrée en vigueur.* 1. La présente Convention est ouverte à la signature des États membres du Conseil de l'Europe et de l'Union européenne. Elle sera soumise à ratification, acceptation ou approbation. Les instruments de ratification, d'acceptation ou d'approbation seront déposés près le Secrétaire Général du Conseil de l'Europe.

2. La présente Convention entrera en vigueur le premier jour du mois qui suit l'expiration d'une période de trois mois après la date à laquelle cinq États membres du Conseil de l'Europe auront exprimé leur consentement à être liés par la Convention conformément aux dispositions du paragraphe précédent.

3. Pour toute Partie qui exprimera ultérieurement son consentement à être liée par la Convention, cette dernière entrera en vigueur le premier jour du mois qui suit l'expiration d'une période de trois mois après la date du dépôt de l'instrument de ratification, d'acceptation ou d'approbation.

Art. 27 *Adhésion d'États non membres ou d'organisations internationales.* 1. Après l'entrée en vigueur de la présente Convention, le Comité des Ministres du Conseil de l'Europe pourra, après consultation des Parties à la présente Convention et en avoir obtenu l'assentiment unanime, et à la lumière de l'avis formulé par le Comité conventionnel conformément à l'article 23.e, inviter tout État non membre du Conseil de l'Europe ou une organisation internationale à adhérer à la présente Convention par une décision prise à la majorité prévue à l'article 20.d du Statut du Conseil de l'Europe, et à l'unanimité des représentants des États contractants ayant le droit de siéger au Comité des Ministres.

2. Pour tout État ou organisation internationale adhérant à la présente Convention conformément au paragraphe 1 ci-dessus, la Convention entrera en vigueur le premier jour du mois qui suit l'expiration d'une période de trois mois après la date du dépôt de l'instrument d'adhésion près le Secrétaire Général du Conseil de l'Europe.

Art. 28 *Clause territoriale.* 1. Tout État, l'Union européenne ou une autre organisation internationale peuvent, au moment de la signature ou au moment du dépôt de son instrument de ratification, d'acceptation, d'approbation ou d'adhésion, désigner le ou les territoires auxquels s'appliquera la présente Convention.

2. Tout État, l'Union européenne ou une autre organisation internationale peuvent, à tout autre moment par la suite, par une déclaration adressée au Secrétaire Général du Conseil de l'Europe, étendre l'application de la présente Convention à tout autre territoire désigné dans la déclaration. La Convention entrera en vigueur à l'égard de ce territoire le premier jour du mois qui suit l'expiration d'une période de trois mois après la date de réception de la déclaration par le Secrétaire Général.

3. Toute déclaration faite en vertu des deux paragraphes précédents pourra être retirée, en ce qui concerne tout territoire désigné dans cette déclaration, par notification adressée au Secrétaire Général. Le retrait prendra effet le premier jour du mois qui suit l'expiration d'une période de six mois après la date de réception de la notification par le Secrétaire Général

Art. 29 *Réserves.* Aucune réserve n'est admise aux dispositions de la présente Convention.

Art. 30 *Dénonciation.* 1. Toute Partie peut, à tout moment, dénoncer la présente Convention en adressant une notification au Secrétaire Général du Conseil de l'Europe.

2. La dénonciation prendra effet le premier jour du mois qui suit l'expiration d'une période de six mois après la date de réception de la notification par le Secrétaire Général.

Art. 31 *Notifications.* Le Secrétaire Général du Conseil de l'Europe notifiera aux États membres du Conseil et à toute Partie à la présente Convention :

a. toute signature ;

b. le dépôt de tout instrument de ratification, d'acceptation, d'approbation ou d'adhésion ;

c. toute date d'entrée en vigueur de la présente Convention conformément à ses articles 26, 27 et 28 ;

d. tout autre acte, notification ou communication ayant trait à la présente Convention.

ANNEXE AU PROTOCOLE

Éléments pour le Règlement intérieur du comité conventionnel

1. Chaque Partie a le droit de vote et dispose d'une voix.

2. La majorité des deux tiers des représentants des Parties constitue le quorum nécessaire pour tenir une réunion du comité conventionnel. Dans le cas où le Protocole d'amendement à la Convention entrerait en vigueur conformément à l'article 37(2) avant son entrée en vigueur à l'égard de tous les États Contractants à la Convention, le quorum nécessaire pour tenir une réunion du comité conventionnel sera d'au moins 34 Parties au Protocole.

3. Les décisions au titre de l'article 23 sont prises à la majorité des quatre cinquièmes. Les décisions au titre de l'article 23, alinéa h, sont prises à la majorité des quatre cinquièmes, y compris la majorité des voix des États Parties non membres d'une organisation d'intégration régionale qui est Partie à la Convention.

4. Lorsque le comité conventionnel prend des décisions en vertu de l'article 23, alinéa h, la Partie concernée par l'examen ne vote pas. Dès lors qu'une telle décision concerne une question relevant de la compétence d'une organisation d'intégration régionale, ni l'organisation ni ses États membres ne votent.

5. Les décisions concernant les questions procédurales sont prises à la majorité simple.

6. Les organisations d'intégration régionale, dans les domaines relevant de leur compétence, peuvent exercer leur droit de vote au sein du comité conventionnel avec un nombre de voix égal au nombre de leurs États membres qui sont Parties à la Convention. Une telle organisation n'exerce pas son droit de vote si l'un de ses États membres exerce son droit.

7. En cas de vote, toutes les Parties doivent être informées de l'objet et du moment du vote, ainsi que du fait que le vote sera exercé par les Parties individuellement ou par une organisation d'intégration régionale au nom de ses États membres.

8. Le comité conventionnel peut ultérieurement amender le règlement intérieur à la majorité des deux tiers des Parties, à l'exception des modalités de vote qui ne peuvent être amendées qu'à l'unanimité et auxquelles l'article 25 de la Convention s'applique.

Règlement (UE) 2018/1807 du 14 novembre 2018,

Établissant un cadre applicable au libre flux des données à caractère non personnel dans l'Union européenne.

V., infra, Lignes directrices relatives au règlement concernant un cadre applicable au libre flux des données à caractère non personnel dans l'Union européenne du 29 mai 2019-COM(2019) 250 final.

BIBL. ▶ CAPRIOLI, *CCE 2019, n° 3, p. 44* (règlement européen sur la libre circulation des flux de données à caractère non personnel). – DOUVILLE, *D. 2020. 10* (données non personnelles (libre flux) : publication d'un règlement européen). – BOEV, *Dalloz IP/IT 2020. 223* (le nouveau règlement : un 5e principe de libre circulation ?). – BOUGEARD, *Dalloz IP/IT 2020. 408* (les dispositions relatives à l'accès et au portage des données : code de conduite et bonnes pratiques). – CARRE, *Dalloz IP/IT 2020. 228* (libre circulation des données, propriété et droit à l'information : à propos du règlement (UE) 2018/1807 du 14 novembre 2018). – ÉRÉSÉO, *Dalloz IP/IT 2020. 414* (libre circulation des données et droit de la concurrence : à propos du règlement du 14 novembre 2018 relatif à la libre circulation des données non personnelles). – GOSSA, *Dalloz IP/IT 2020. 213* (les données non personnelles : un tech-checking). – GUICHARDAZ et PÉNIN, *Dalloz IP/IT 2020. 218* (L'économie de la réutilisation des données non personnelles). – Favro, *Dalloz IP/IT 2020. 234* (« Les données non personnelles » : un nouvel objet juridique). – MOUCHETTE, *Dalloz IP/IT 2020. 401* (haro sur les obligations de localisation des données non personnelles). – MULLER, *Dalloz IP/IT 2020. 424* (la libre circulation des données et la directive concernant la réutilisation des données du secteur public). – ZOLYNSKI, *Dalloz IP/IT 2020. 429* (la place du règlement (UE) 2018/1807 dans la construction du droit des données de l'Union européenne). – ZORN, *Dalloz IP/IT 2020. 420* (le jeu de données composites : données personnelles et (en même temps) non personnelles ?). – MAXWELL, *D. 2020. 528* (le règlement (UE) 2018/1807 du 14 novembre 2018 sur le libre flux des données à caractère non personnel).

(1) La transformation numérique de l'économie s'accélère. Les technologies de l'information et des communications ne constituent plus un secteur d'activité parmi d'autres, mais la base de tous les systèmes économiques innovants et des sociétés modernes. Les données électroniques sont au centre de ces systèmes et peuvent générer une grande valeur lorsqu'elles sont analysées ou combinées à des services et des produits. Dans le même temps, le développement rapide de l'économie des données et des technologies émergentes telles que l'intelligence artificielle, les produits et les services en lien avec l'internet des objets, les systèmes autonomes et la 5G soulèvent de nouvelles questions juridiques quant à l'accès aux données et à leur réutilisation, à la responsabilité, à l'éthique et à la solidarité. Des travaux devraient être envisagés sur la question de la responsabilité, notamment par la mise en œuvre de codes de conduite par autorégulation et d'autres bonnes pratiques, en tenant compte des recommandations, des décisions et des mesures prises sans interaction humaine tout au long de la chaîne de valeur du traitement des données. Ces travaux pourraient également porter sur des mécanismes appropriés visant à déterminer les responsabilités et à transférer les responsabilités entre services coopérant, les assurances et les audits.

(2) Les chaînes de valeur des données sont le résultat de diverses activités : création et collecte des données ; agrégation et organisation des données ; traitement des données ; analyse, commercialisation et distribution des données ; utilisation et réutilisation des données. Le fonctionnement efficace et efficient du traitement des données est un élément fondamental de toute chaîne de valeur. Toutefois, le fonctionnement efficace et efficient du traitement des données et le développement de l'économie

des données dans l'Union sont entravés, en particulier, par deux types d'obstacles à la mobilité des données et au marché intérieur : les exigences en matière de localisation des données mises en place par les autorités des États membres et les pratiques menant à une dépendance à l'égard des fournisseurs dans le secteur privé.

(3) La liberté d'établissement et la liberté de prestation de services consacrées par le traité sur le fonctionnement de l'Union européenne s'appliquent aux services de traitement des données. Cependant, la prestation de ces services est entravée ou, parfois, empêchée par certaines exigences nationales, régionales ou locales exigeant que les données soient localisées sur un territoire précis.

(4) Ces obstacles à la libre circulation des services de traitement des données et à la liberté d'établissement des fournisseurs de services découlent des exigences, dans le droit des États membres, visant à localiser les données dans une zone géographique ou un territoire précis à des fins de traitement des données. D'autres règles ou pratiques administratives ont un effet équivalent en imposant des exigences spécifiques qui rendent plus difficile le traitement de données en dehors d'une zone géographique ou d'un territoire précis dans l'Union, telles que les exigences d'utiliser des moyens techniques qui sont certifiés ou agréés dans un État membre particulier. L'absence de sécurité juridique quant à la portée des exigences, légitimes ou non, de localisation des données restreint encore le choix offert aux acteurs du marché et au secteur public concernant la localisation du traitement des données. Le présent règlement ne limite en rien la liberté des entreprises de conclure des contrats précisant où les données doivent être localisées. Le présent règlement vise simplement à sauvegarder cette liberté en permettant de convenir d'une localisation située en tout lieu de l'Union.

(5) En même temps, la mobilité des données dans l'Union est également freinée par des restrictions relevant du secteur privé, à savoir les questions juridiques, contractuelles et techniques qui dissuadent ou empêchent les utilisateurs des services de traitement des données de transférer leurs données d'un fournisseur de services à un autre ou de les rapatrier vers leur propre système informatique, en particulier au terme de leur contrat avec un fournisseur.

(6) La combinaison de ces obstacles a entraîné un manque de concurrence entre les fournisseurs de services informatiques en nuage dans l'Union, divers problèmes de dépendance à l'égard des fournisseurs et un sérieux manque de mobilité des données. De même, les politiques de localisation des données ont entravé la capacité des entreprises de recherche et développement à faciliter la collaboration entre les entreprises, les universités et d'autres organismes de recherche aux fins de la stimulation de l'innovation.

(7) Pour des raisons de sécurité juridique et vu la nécessité de conditions de concurrence égales au sein de l'Union, un ensemble unique de règles applicables à tous les acteurs du marché est un élément essentiel du fonctionnement du marché intérieur. Afin de supprimer les obstacles aux échanges et les distorsions de concurrence qui résultent des divergences entre les droits nationaux, et d'empêcher l'apparition probable d'autres obstacles et distorsions de concurrence importantes, il est nécessaire d'adopter des règles uniformes applicables dans tous les États membres.

(8) Le cadre juridique de l'Union relatif à la protection des personnes physiques à l'égard du traitement des données à caractère personnel, au respect de la vie privée et à la protection des données à caractère personnel dans les communications électroniques, et en particulier le règlement (UE) **2016/679** du Parlement européen et du Conseil *[du 27 avr. 2016 relatif à la protection des personnes physiques à l'égard du traitement des données à caractère personnel et à la libre circulation de ces données, et abrogeant la directive 95/46/CE]* et les directives (UE) **2016/680** *[du 27 avr. 2016 relative à la protection des personnes physiques à l'égard du traitement des données à caractère personnel par les autorités compétentes à des fins de prévention et de détection des infractions pénales, d'enquêtes et de poursuites en la matière ou d'exécution de sanctions pénales, et à la libre circulation de ces données, et abrogeant la décision-cadre 2008/977/JAI du Conseil]* et **2002/58/CE** *[du 12 juill. 2002 concernant le traitement des données à caractère personnel et la protection de la vie privée dans le secteur des communications électroniques]* du Parlement européen et du Conseil, n'est pas remis en question par le présent règlement.

(9) L'essor de l'internet des objets, l'intelligence artificielle et l'apprentissage automatique représentent des sources importantes de données à caractère non personnel, par exemple en raison de leur déploiement dans des processus automatisés de production industrielle. Des exemples spécifiques de données à caractère non personnel

sont notamment les ensembles de données agrégées et anonymisées utilisées pour l'analyse des mégadonnées, les données sur l'agriculture de précision qui peuvent aider à contrôler et à optimiser l'utilisation des pesticides et de l'eau, ou encore les données sur les besoins d'entretien des machines industrielles. Si les évolutions technologiques permettent de transformer les données anonymisées en données à caractère personnel, ces données doivent être traitées comme des données à caractère personnel, et le règlement (UE) 2016/679 doit s'appliquer en conséquence.

(10) En vertu du règlement (UE) 2016/679, les États membres ne peuvent ni limiter ni interdire la libre circulation des données à caractère personnel au sein de l'Union pour des motifs liés à la protection des personnes physiques à l'égard du traitement des données à caractère personnel. Le présent règlement établit le même principe de libre circulation, au sein de l'Union, des données à caractère non personnel sauf si une restriction ou une interdiction se justifie par des motifs de sécurité publique. Le règlement (UE) 2016/679 et le présent règlement énoncent un ensemble cohérent de règles concernant la libre circulation de différents types de données. En outre, le présent règlement n'impose pas d'obligation de stocker séparément les différents types de données.

(11) Afin d'établir un cadre applicable au libre flux des données à caractère non personnel dans l'Union et les bases pour développer l'économie des données et renforcer la compétitivité des entreprises de l'Union, il convient d'instaurer un cadre juridique clair, complet et prévisible concernant le traitement des données autres que personnelles dans le marché intérieur. Grâce à une approche fondée sur des principes, prévoyant une coopération entre les États membres ainsi qu'une autorégulation, le cadre devrait être assez souple pour permettre de prendre en compte l'évolution des besoins des utilisateurs, des fournisseurs de services et des autorités nationales dans l'Union. Afin d'éviter le risque de recoupement avec des mécanismes existants et ainsi un alourdissement de la charge pour les États membres comme pour les entreprises, il convient de ne pas établir de règles techniques détaillées.

(12) Le présent règlement ne devrait pas avoir d'incidence sur le traitement des données dès lors qu'il est effectué dans le cadre d'une activité qui ne relève pas du droit de l'Union. Il convient, en particulier, de rappeler que la sécurité nationale relève de la seule responsabilité de chaque État membre conformément à l'article 4 du traité sur l'Union européenne.

(13) Le libre flux des données dans l'Union jouera un rôle important dans la croissance et l'innovation fondées sur les données. A l'instar des entreprises et des consommateurs, les autorités publiques et les organismes de droit public des États membres peuvent bénéficier d'une plus grande liberté de choix pour ce qui est des fournisseurs de services axés sur les données, de prix plus concurrentiels et d'une meilleure fourniture de services aux citoyens. Compte tenu des volumes élevés de données que gèrent les autorités publiques et les organismes de droit public, il est de la plus haute importance qu'ils montrent l'exemple en utilisant les services de traitement des données et qu'ils s'abstiennent de prendre des mesures restrictives en matière de localisation des données lorsqu'ils recourent à des services de traitement des données. Il convient donc que les autorités publiques et les organismes de droit public relèvent du présent règlement. A cet égard, le principe du libre flux des données à caractère non personnel prévu par le présent règlement devrait également s'appliquer aux pratiques administratives générales et cohérentes et aux autres exigences de localisation des données dans le domaine des marchés publics, sans préjudice de la directive 2014/24/UE du Parlement européen et du Conseil *[du 26 févr. 2014 sur la passation des marchés publics et abrogeant la directive 2004/18/CE]*.

(14) A l'instar de la directive 2014/24/UE, le présent règlement est sans préjudice des dispositions législatives, réglementaires et administratives qui concernent l'organisation interne des États membres et qui attribuent aux autorités publiques et aux organismes de droit public des pouvoirs et des responsabilités en matière de traitement des données sans rémunération contractuelle de parties privées, ainsi que des dispositions législatives, réglementaires et administratives des États membres qui prévoient la mise en œuvre de ces pouvoirs et responsabilités. Si les autorités publiques et les organismes de droit public sont encouragés à prendre en considération les avantages économiques et autres bienfaits de l'externalisation vers des prestataires de services extérieurs, ils peuvent avoir des raisons légitimes de choisir l'autoprestation de services ou l'internalisation. Par conséquent, aucune disposition du présent règlement n'oblige les États membres à sous-traiter ou à externaliser la prestation de

services qu'ils souhaitent fournir eux-mêmes ou organiser autrement que par des marchés publics.

(15) Le présent règlement devrait s'appliquer aux personnes physiques ou morales qui fournissent des services de traitement des données aux utilisateurs résidant ou ayant un établissement dans l'Union, y compris à celles qui fournissent des services dans l'Union sans y avoir d'établissement. Le présent règlement ne devrait donc pas s'appliquer aux services de traitement des données ayant lieu en dehors de l'Union ni aux exigences de localisation relatives à ces données.

(16) Le présent règlement ne fixe pas de règles relatives à la détermination de la loi applicable en matière commerciale et est donc sans préjudice du règlement (CE) n° 593/2008 du Parlement européen et du Conseil *[du 17 juin 2008 sur la loi applicable aux obligations contractuelles (Rome I)]*. En particulier, dès lors que la loi applicable à un contrat n'a pas été choisie conformément audit règlement, un contrat de prestation de services est en principe régi par la loi du pays dans lequel le prestataire de services a sa résidence habituelle.

(17) Le présent règlement devrait s'appliquer au traitement des données au sens le plus large, quel que soit le type de système informatique utilisé, qu'il ait lieu dans les locaux de l'utilisateur ou qu'il soit externalisé chez un fournisseur de services. Il devrait couvrir le traitement des données à différents niveaux d'intensité, depuis le stockage des données (infrastructure à la demande) jusqu'au traitement des données sur des plateformes (plateforme à la demande) ou dans des applications (logiciel à la demande).

(18) Les exigences de localisation des données constituent incontestablement un obstacle à la libre prestation des services de traitement des données dans l'ensemble de l'Union, et au marché intérieur. A ce titre, elles devraient être interdites à moins qu'elles ne se justifient par des motifs de sécurité publique comme prévu par le droit de l'Union, en particulier au sens de l'article 52 du traité sur le fonctionnement de l'Union européenne, et respecter le principe de proportionnalité consacré par l'article 5 du traité sur l'Union européenne. Afin de donner effet au principe du libre flux des données à caractère non personnel à travers les frontières, d'assurer la levée rapide des exigences actuelles de localisation des données et de permettre, pour des raisons fonctionnelles, le traitement des données à plusieurs endroits dans l'Union, et comme le présent règlement prévoit des mesures pour garantir la disponibilité des données à des fins de contrôle réglementaire, les États membres ne devraient pouvoir invoquer que la sécurité publique pour justifier des exigences de localisation des données.

(19) Le concept de sécurité publique, au sens de l'article 52 du traité sur le fonctionnement de l'Union européenne et tel que l'interprète la Cour de justice, englobe à la fois la sécurité intérieure et extérieure d'un État membre, mais aussi les questions de sûreté publique, afin, en particulier, de faciliter la détection des infractions pénales, les enquêtes et les poursuites en la matière. Il présuppose l'existence d'une menace réelle et suffisamment grave portant atteinte à l'un des intérêts fondamentaux de la société, telle qu'une menace pour le fonctionnement des institutions et des services publics essentiels et pour la survie de la population, ainsi que le risque d'une perturbation grave des relations extérieures ou de la coexistence pacifique des nations, ou un risque pour les intérêts militaires. Conformément au principe de proportionnalité, les exigences de localisation des données qui sont justifiées par des motifs de sécurité publique devraient être adaptées à la réalisation de l'objectif poursuivi et ne devraient pas aller au-delà de ce qui est nécessaire pour atteindre cet objectif.

(20) Afin d'assurer l'application effective du principe du libre flux des données à caractère non personnel à travers les frontières et d'empêcher l'apparition de nouveaux obstacles au bon fonctionnement du marché intérieur, les États membres devraient communiquer immédiatement à la Commission tout projet d'acte prévoyant une nouvelle exigence de localisation des données ou modifiant une exigence existante. Ces projets d'acte devraient être transmis et appréciés conformément à la directive (UE) 2015/1535 du Parlement européen et du Conseil *[du 9 sept. 2015 prévoyant une procédure d'information dans le domaine des réglementations techniques et des règles relatives aux services de la société de l'information]*.

(21) De plus, afin de supprimer les dispositions pouvant constituer des obstacles, les États membres devraient, durant une période transitoire de 24 mois à partir de la date d'application du présent règlement, procéder à l'examen des dispositions législatives, réglementaires ou administratives de nature générale existantes qui énoncent

des exigences de localisation des données et communiquer à la Commission toute exigence de localisation des données qu'ils jugent conforme au présent règlement ainsi que sa justification. Cela devrait permettre à la Commission d'examiner la conformité de toute exigence de localisation des données restante. La Commission devrait être à même, le cas échéant, d'adresser des observations à l'État membre concerné. Ces observations pourraient comprendre une recommandation de modifier ou d'abroger l'exigence de localisation des données.

(22) Les obligations établies par le présent règlement de communiquer à la Commission les exigences existantes de localisation des données et les projets d'actes devraient s'appliquer aux exigences réglementaires de localisation des données et aux projets d'actes de nature générale mais pas aux décisions adressées à une personne physique ou morale spécifique.

(23) Afin d'assurer la transparence des exigences de localisation des données en vigueur dans les États membres, qui sont établies dans une disposition législative, réglementaire ou administrative de nature générale, pour les personnes physiques et morales comme les fournisseurs de services et les utilisateurs des services de traitement des données, les États membres devraient publier les informations sur ces exigences sur un point d'information unique en ligne national et les mettre à jour régulièrement. A défaut, les États membres devraient fournir des informations actualisées sur ces exigences à un point d'information central établi au titre d'un autre acte de l'Union. Afin que les personnes physiques et morales soient correctement informées des exigences de localisation des données dans l'ensemble de l'Union, les États membres devraient notifier à la Commission les adresses de ces points d'information uniques. La Commission devrait publier ces informations sur son propre site internet, ainsi qu'une liste consolidée régulièrement mise à jour de toutes les exigences de localisation des données en vigueur dans les États membres, avec une synthèse des informations sur ces exigences.

(24) Les exigences de localisation des données trouvent souvent leur origine dans un manque de confiance dans le traitement transfrontière des données, découlant de l'indisponibilité présumée de celles-ci à des fins d'intervention des autorités compétentes des États membres, comme l'inspection et l'audit dans le cadre d'un contrôle réglementaire ou prudentiel. Un tel manque de confiance ne peut être surmonté uniquement par la nullité des clauses contractuelles interdisant aux autorités compétentes l'accès légal aux données pour l'exercice de leurs fonctions officielles. Par conséquent, le présent règlement devrait clairement préciser qu'il ne porte pas atteinte au pouvoir des autorités compétentes de demander ou d'obtenir l'accès à des données conformément au droit de l'Union ou au droit national, et que les autorités compétentes ne peuvent se voir refuser l'accès aux données au motif que les données sont traitées dans un autre État membre. Les autorités compétentes pourraient imposer des exigences fonctionnelles pour faciliter l'accès aux données et exiger, par exemple, que les descriptions des systèmes doivent demeurer dans l'État membre concerné.

(25) Les personnes physiques ou morales qui sont soumises à l'obligation de fournir des données à des autorités compétentes peuvent s'en acquitter en donnant et en garantissant auxdites autorités un accès effectif et en temps utile, par voie électronique, aux données, indépendamment de l'État membre sur le territoire duquel celles-ci sont traitées. Cet accès peut être garanti par des clauses et conditions contractuelles concrètes entre la personne physique ou morale soumise à l'obligation de donner accès aux données et le fournisseur de services.

(26) Lorsqu'une personne physique ou morale est soumise à une obligation de fournir des données et ne la respecte pas, l'autorité compétente devrait être en mesure de demander l'assistance des autorités compétentes dans d'autres États membres. En pareil cas, les autorités compétentes devraient utiliser des instruments de coopération spécifiques du droit de l'Union ou en vertu d'accords internationaux, en fonction du sujet dans une situation donnée, comme par exemple dans le domaine de la coopération policière, de la justice pénale ou civile ou des questions administratives – respectivement, la décision-cadre **2006/960/JAI** *[du 18 déc. 2006 relative à la simplification de l'échange d'informations et de renseignements entre les services répressifs des États membres de l'Union européenne]*, la directive **2014/41/UE** du Parlement européen et du Conseil *[du 3 avr. 2014 concernant la décision d'enquête européenne en matière pénale]*, **la convention sur la cybercriminalité du Conseil de l'Europe** *[STCE n° 185]*, **le règlement (CE) n° 1206/2001 du Conseil** *[du 28 mai 2001 relatif à la coopération entre les juridictions des États membres dans le domaine de l'obtention des preuves en matière civile ou commerciale]*, **la directive 2006/**

112/CE du Conseil *[du 28 nov. 2006 relative au système commun de taxe sur la valeur ajoutée]* et le règlement (UE) n° 904/2010 du Conseil *[du 7 oct. 2010 concernant la coopération administrative et la lutte contre la fraude dans le domaine de la taxe sur la valeur ajoutée]*. En l'absence de tels mécanismes de coopération spécifiques, les autorités compétentes devraient coopérer les unes avec les autres en vue de fournir l'accès aux données sollicitées par l'intermédiaire de points de contact uniques désignés.

(27) Lorsqu'une demande d'assistance implique d'obtenir, de la part de l'autorité sollicitée, l'accès à tous les locaux d'une personne physique ou morale, y compris à tous les équipements et moyens de traitement des données, cet accès doit être conforme au droit de l'Union ou au droit procédural national, y compris toute obligation d'obtenir une autorisation judiciaire préalable.

(28) Le présent règlement ne devrait pas permettre aux utilisateurs de tenter d'échapper à l'application du droit national. Il devrait dès lors permettre aux États membres d'infliger des sanctions effectives, proportionnées et dissuasives aux utilisateurs qui empêchent les autorités compétentes d'accéder aux données nécessaires à l'accomplissement de leurs missions officielles en vertu du droit de l'Union et du droit national. En cas d'urgence, lorsqu'un utilisateur abuse de son droit, les États membres devraient pouvoir imposer des mesures provisoires strictement proportionnées. Toute mesure provisoire nécessitant la relocalisation de données pendant plus de 180 jours à compter de la relocalisation s'écarterait du principe de libre circulation des données pendant une période importante et devrait dès lors être communiquée à la Commission pour examen de sa compatibilité avec le droit de l'Union.

(29) La capacité de transférer des données sans entrave est un élément clé pour faciliter le choix de l'utilisateur et favoriser une concurrence effective sur les marchés pour les services de traitement des données. Les difficultés réelles ou ressenties concernant le portage transfrontière de données rendent également les utilisateurs professionnels moins confiants à l'égard des offres transfrontières et sapent de ce fait leur confiance dans le marché intérieur. Alors que les consommateurs individuels bénéficient du droit de l'Union en vigueur, il n'existe pas de mesures facilitant le changement de fournisseur de services pour les utilisateurs intervenant dans le cadre de leurs activités commerciales ou professionnelles. Des exigences techniques cohérentes dans l'ensemble de l'Union, que cela concerne l'harmonisation technique, la reconnaissance mutuelle ou l'harmonisation volontaire, contribuent également à la mise en place d'un marché intérieur concurrentiel pour les services de traitement des données.

(30) Pour tirer pleinement parti de l'environnement concurrentiel, les utilisateurs professionnels devraient être en mesure de faire des choix en connaissance de cause et de comparer facilement les différentes composantes des divers services de traitement des données proposés dans le marché intérieur, notamment en ce qui concerne les conditions générales contractuelles de portage des données lors de la résiliation d'un contrat. Afin de s'aligner sur le potentiel d'innovation du marché et de tenir compte de l'expérience et de l'expertise des fournisseurs de services et des utilisateurs professionnels des services de traitement des données, les informations et exigences fonctionnelles détaillées concernant le portage des données devraient être définies par les acteurs du marché dans le cadre de l'autorégulation, encouragée, facilitée et contrôlée par la Commission, sous la forme de codes de conduite de l'Union pouvant comporter des conditions générales contractuelles types.

(31) Pour être efficaces et faciliter les changements de fournisseur de services et le portage des données, de tels codes de conduite devraient être complets et englober au minimum les aspects qui s'avèrent essentiels au cours du processus de portage des données, tels que les processus et la localisation des sauvegardes de données, les formats et supports de données disponibles, la configuration informatique requise et la bande passante minimale du réseau, le délai à prévoir avant le lancement de la procédure de portage et la durée pendant laquelle les données resteront accessibles en vue de leur portage, ainsi que les garanties d'accès aux données en cas de faillite du fournisseur de services. Les codes de conduite devraient aussi indiquer clairement que la dépendance à l'égard des fournisseurs n'est pas une pratique commerciale acceptable, prévoir des technologies renforçant la confiance et être régulièrement mis à jour pour suivre l'évolution technologique. Tout au long du processus, la Commission devrait veiller à consulter toutes les parties prenantes, y compris les associations de petites et moyennes entreprises (PME) et de jeunes pousses, les utilisateurs et les fournisseurs de services en nuage. Elle devrait évaluer l'élaboration de ces codes de conduite et l'efficacité de leur mise en application.

(32) Lorsqu'une autorité compétente d'un État membre sollicite l'assistance d'un autre État membre pour obtenir l'accès à des données conformément au présent règlement, elle devrait présenter, par l'intermédiaire d'un point de contact unique désigné, une demande dûment motivée au point de contact unique désigné dudit État membre, qui devrait comprendre une explication écrite des motifs et des bases juridiques pour demander l'accès aux données. Le point de contact unique désigné par l'État membre sollicité devrait faciliter la transmission de la demande à l'autorité compétente concernée dans l'État membre en question. Afin de garantir une coopération effective, l'autorité à laquelle une demande est transmise devrait fournir une assistance sans retard indu, pour répondre à une demande donnée ou pour fournir des informations sur les difficultés rencontrées pour satisfaire cette demande ou sur ses motifs de rejet.

(33) Le renforcement de la confiance dans la sécurité du traitement transfrontière des données devrait réduire la propension des acteurs du marché et du secteur public à utiliser la localisation des données en lieu et place d'une assurance de sécurité des données. Il devrait également améliorer la sécurité juridique pour les entreprises en ce qui concerne le respect des exigences de sécurité applicables lorsqu'elles externalisent leurs activités de traitement des données à des fournisseurs de services, y compris à ceux qui sont situés dans d'autres États membres.

(34) Toutes les exigences de sécurité relatives au traitement des données qui s'appliquent de manière justifiée et proportionnée sur la base du droit de l'Union ou du droit national en conformité avec le droit de l'Union dans l'État membre de résidence ou d'établissement des personnes physiques ou morales dont les données sont concernées devraient continuer à s'appliquer au traitement des données dans un autre État membre. Ces personnes physiques ou morales devraient pouvoir satisfaire à ces exigences par elles-mêmes ou par des clauses contractuelles dans les contrats conclus avec les fournisseurs de services.

(35) Les exigences de sécurité fixées au niveau national devraient être nécessaires et proportionnées aux risques qui menacent la sécurité du traitement des données dans le domaine d'application du droit national contenant ces exigences.

(36) La directive (UE) 2016/1148 du Parlement européen et du Conseil *[du 6 juill. 2016 concernant des mesures destinées à assurer un niveau élevé commun de sécurité des réseaux et des systèmes d'information dans l'Union]* prévoit des mesures juridiques pour renforcer le niveau global de cybersécurité dans l'Union. Les services de traitement des données sont au nombre des services numériques régis par ladite directive. Selon ladite directive, les États membres doivent veiller à ce que les fournisseurs de service numérique identifient les risques qui menacent la sécurité des réseaux et des systèmes d'information qu'ils utilisent et prennent les mesures techniques et organisationnelles nécessaires et proportionnées pour les gérer. Ces mesures devraient garantir un niveau de sécurité adapté au risque existant et prendre en considération la sécurité des systèmes et des installations, la gestion des incidents, la gestion de la continuité des activités, le suivi, l'audit et le contrôle, ainsi que le respect des normes internationales. Ces éléments doivent être complétés par la Commission dans des actes d'exécution adoptés au titre de ladite directive.

(37) La Commission devrait présenter un rapport sur la mise en œuvre du présent règlement, notamment en vue de déterminer s'il est nécessaire de le modifier pour tenir compte de l'évolution des technologies ou des marchés. Il convient, dans ce rapport, d'évaluer en particulier le présent règlement, spécialement son application aux ensembles de données composés à la fois de données à caractère personnel et de données à caractère non personnel, ainsi que l'application de l'exception relative à la sécurité publique. Avant la mise en application du présent règlement, la Commission devrait également publier des lignes directrices sur la manière de traiter les ensembles de données composés à la fois de données à caractère personnel et de données à caractère non personnel, afin que les entreprises, dont les PME, puissent mieux comprendre l'interaction entre le présent règlement et le règlement (UE) 2016/679 et afin de veiller à ce que les deux règlements soient respectés.

(38) Le présent règlement respecte les droits fondamentaux et observe les principes reconnus, en particulier, par la Charte des droits fondamentaux de l'Union européenne, et devrait être interprété et appliqué dans le respect de ces droits et principes, notamment les droits à la protection des données à caractère personnel, la liberté d'expression et d'information et la liberté d'entreprise.

(39) Étant donné que l'objectif du présent règlement, à savoir garantir le libre flux des données autres que des données à caractère personnel dans l'Union, ne peut pas être atteint de manière suffisante par les États membres mais peut, en raison de ses dimensions et de ses effets, l'être mieux au niveau de l'Union, celle-ci peut prendre des mesures, conformément au principe de subsidiarité consacré à l'article 5 du traité sur l'Union européenne. Conformément au principe de proportionnalité tel qu'énoncé audit article, le présent règlement n'excède pas ce qui est nécessaire pour atteindre cet objectif,

Art. 1er *Objet.* Le présent règlement vise à assurer le libre flux de données autres que les données à caractère personnel au sein de l'Union, en établissant des règles concernant les exigences de localisation des données, la disponibilité des données pour les autorités compétentes et le portage des données pour les utilisateurs professionnels.

Art. 2 *Champ d'application.* Le présent règlement s'applique au traitement de données électroniques autres que les données à caractère personnel dans l'Union, qui est :

a) fourni en tant que service aux utilisateurs résidant ou disposant d'un établissement dans l'Union, par un fournisseur de services établi ou non dans l'Union ; ou

b) effectué par une personne physique ou morale résidant ou disposant d'un établissement dans l'Union pour ses propres besoins.

2. Dans le cas d'un ensemble de données composé à la fois de données à caractère personnel et de données à caractère non personnel, le présent règlement s'applique aux données de l'ensemble à caractère non personnel. Lorsque les données à caractère personnel et les données à caractère non personnel d'un ensemble sont inextricablement liées, le présent règlement est sans préjudice de l'application du règlement (UE) 2016/679.

3. Le présent règlement ne s'applique pas aux activités qui ne relèvent pas du champ d'application du droit de l'Union.

Le présent règlement est sans préjudice des dispositions législatives, réglementaires et administratives qui concernent l'organisation interne des États membres et qui attribuent aux autorités publiques et aux organismes de droit public au sens de l'article 2, paragraphe 1, point 4), de la directive 2014/24/UE, des pouvoirs et des responsabilités en matière de traitement des données sans rémunération contractuelle de parties privées, ainsi que des dispositions législatives, réglementaires et administratives des États membres qui prévoient la mise en œuvre de ces pouvoirs et responsabilités.

Art. 3 *Définitions.* Aux fins du présent règlement, on entend par :

1) "données", les données autres que les données à caractère personnel au sens de l'article 4, point 1), du règlement (UE) 2016/679 ;

2) "traitement", toute opération ou tout ensemble d'opérations effectuées ou non à l'aide de procédés automatisés et appliquées à des données ou à des ensembles de données sous forme électronique, telles que la collecte, l'enregistrement, l'organisation, la structuration, le stockage, l'adaptation ou la modification, l'extraction, la consultation, l'utilisation, la communication par transmission, la diffusion ou toute autre forme de mise à disposition, le rapprochement ou l'interconnexion, la limitation, l'effacement ou la destruction ;

3) "projet d'acte", un texte rédigé en vue d'être édicté comme disposition législative, réglementaire ou administrative de nature générale, et se trouvant au stade de la préparation au cours duquel des modifications substantielles peuvent encore être apportées ;

4) "fournisseur de services", une personne physique ou morale qui fournit des services de traitement des données ;

5) "exigence de localisation des données", toute obligation, interdiction, condition, limite ou autre exigence prévue par les dispositions législatives, réglementaires ou administratives d'un État membre ou résultant des pratiques administratives générales et cohérentes dans un État membre et les organismes de droit public, notamment dans le domaine des marchés publics, sans préjudice de la directive

2014/24/UE, qui impose le traitement des données sur le territoire d'un État membre donné ou qui entrave le traitement des données dans un autre État membre ;

6) "autorité compétente", une autorité d'un État membre ou toute autre entité habilitée en vertu du droit national à exercer une fonction publique ou la puissance publique qui a le pouvoir d'obtenir l'accès aux données traitées par une personne physique ou morale pour l'exécution de ses fonctions officielles, au sens du droit de l'Union ou du droit national ;

7) "utilisateur", une personne physique ou morale, y compris une autorité publique ou un organisme de droit public, qui utilise ou demande un service de traitement des données ;

8) "utilisateur professionnel", une personne physique ou morale, y compris une autorité publique ou un organisme de droit public, qui utilise ou demande un service de traitement des données à des fins liées à son activité commerciale, industrielle, artisanale, libérale ou à sa mission.

Art. 4 *Libre circulation des données au sein de l'Union.* 1. Les exigences de localisation des données sont interdites, sauf si elles sont justifiées par des motifs de sécurité publique dans le respect du principe de proportionnalité.

Le premier alinéa du présent paragraphe est sans préjudice du paragraphe 3 et des exigences de localisation des données établies sur la base du droit en vigueur de l'Union.

2. Les États membres communiquent immédiatement à la Commission tout projet d'acte qui introduit une nouvelle exigence de localisation des données ou modifie une exigence de localisation des données existante conformément aux procédures définies aux articles 5, 6 et 7 de la directive (UE) 2015/1535.

3. Au plus tard le 30 mai 2021, les États membres veillent à ce que toute exigence existante de localisation des données qui est établie dans une disposition législative, réglementaire ou administrative de nature générale et qui n'est pas conforme au paragraphe 1 du présent article soit abrogée.

Au plus tard le 30 mai 2021, si un État membre estime qu'une mesure existante incluant une exigence de localisation des données est conforme au paragraphe 1 du présent article et peut donc rester en vigueur, il communique cette mesure à la Commission, accompagnée d'une justification de son maintien en vigueur. Sans préjudice de l'article 258 du traité sur le fonctionnement de l'Union européenne, la Commission examine, dans un délai de six mois à compter de la date de réception de cette communication, la conformité de cette mesure avec le paragraphe 1 du présent article et adresse, le cas échéant, des observations à l'État membre concerné, y compris en lui recommandant au besoin de modifier ou d'abroger la mesure.

4. Les États membres publient les détails de toutes les exigences de localisation des données, établies dans une disposition législative, réglementaire ou administrative de nature générale et applicables sur leur territoire, par l'intermédiaire d'un point d'information unique en ligne national qu'ils tiennent à jour, ou fournissent des détails actualisés de telles exigences de localisation à un point d'information central établi au titre d'un autre acte de l'Union.

5. Les États membres communiquent à la Commission l'adresse de leur point d'information unique visé au paragraphe 4. La Commission publie sur son site internet les liens vers ces points d'information uniques, ainsi qu'une liste consolidée régulièrement mise à jour de toutes les exigences de localisation des données visées au paragraphe 4, avec une synthèse des informations sur ces exigences.

Art. 5 *Disponibilité des données pour les autorités compétentes.* 1. Le présent règlement n'affecte pas le pouvoir des autorités compétentes de demander ou d'obtenir l'accès à des données pour l'accomplissement de leurs fonctions officielles, conformément au droit de l'Union ou au droit national. L'accès aux données par les autorités compétentes ne peut être refusé au motif que les données sont traitées dans un autre État membre.

2. Lorsqu'une autorité compétente, après avoir demandé l'accès aux données d'un utilisateur, n'obtient pas l'accès aux données et qu'il n'existe pas de mécanisme de coopération spécifique en vertu du droit de l'Union ou d'accords internationaux pour

l'échange de données entre autorités compétentes de différents États membres, cette autorité compétente peut solliciter l'assistance de l'autorité compétente dans un autre État membre, conformément à la procédure prévue à l'article 7.

3. Lorsqu'une demande d'assistance implique d'obtenir, de la part de l'autorité sollicitée, l'accès à tous les locaux d'une personne physique ou morale, y compris à tous les équipements et moyens de traitement des données, cet accès doit être conforme au droit de l'Union ou au droit procédural national.

4. Les États membres peuvent imposer des sanctions effectives, proportionnées et dissuasives en cas de manquement à l'obligation de fournir des données, conformément au droit de l'Union et au droit national.

Lorsqu'un utilisateur spécifique abuse de ses droits, un État membre peut imposer des mesures provisoires strictement proportionnées à cet utilisateur, lorsque l'urgence de l'accès aux données le justifie et compte tenu des intérêts des parties concernées. Si une mesure provisoire impose la relocalisation des données pour une durée supérieure à 180 jours à compter de la relocalisation, elle est communiquée à la Commission au cours de cette période de 180 jours. La Commission examine, dans les plus brefs délais possibles, la mesure et sa compatibilité avec le droit de l'Union et, le cas échéant, prend les mesures qui s'imposent. La Commission échange des informations sur l'expérience acquise en la matière avec les points de contact uniques des États membres visés à l'article 7.

Art. 6 *Portage des données.* 1. La Commission encourage et facilite l'élaboration de codes de conduite par autorégulation au niveau de l'Union (ci-après dénommés "codes de conduite"), afin de contribuer à une économie des données compétitive, fondée sur les principes de transparence et d'interopérabilité et tenant dûment compte des normes ouvertes, concernant, notamment, les aspects suivants :

a) les bonnes pratiques qui facilitent le changement de fournisseurs de services et le portage des données dans des formats structurés, usuels et lisibles par machine, notamment dans des formats standard ouverts, lorsque le fournisseur de services obtenant les données le demande ou l'exige ;

b) les exigences minimales d'information afin que les utilisateurs professionnels disposent, préalablement à la conclusion d'un contrat de traitement des données, d'informations suffisamment détaillées, claires et transparentes en ce qui concerne les processus, les exigences techniques, les délais et les frais qui s'appliquent dans le cas où un utilisateur professionnel souhaite changer de fournisseur de services ou transférer ses données pour les rapatrier vers ses propres systèmes informatiques ;

c) les approches en matière de dispositifs de certification facilitant la comparaison entre les produits et services de traitement des données pour les utilisateurs professionnels, compte tenu des normes nationales ou internationales établies afin de faciliter la comparabilité de ces produits et services. Ces approches peuvent porter, entre autres, sur la gestion de la qualité, la gestion de la sécurité de l'information, la gestion de la continuité des activités et la gestion environnementale ;

d) les feuilles de route de communication axées sur une démarche pluridisciplinaire afin d'informer les parties intéressées sur les codes de conduite.

2. La Commission veille à ce que les codes de conduite soient élaborés en étroite coopération avec toutes les parties intéressées, y compris les associations de PME et de jeunes pousses, les utilisateurs et les fournisseurs de services en nuage.

3. La Commission encourage les fournisseurs de services à terminer le développement des codes de conduite au plus tard le 29 novembre 2019 et à les mettre effectivement en œuvre au plus tard le 29 mai 2020.

Art. 7 *Procédure de coopération entre les autorités.* 1. Chaque État membre désigne un point de contact unique qui assure la liaison avec les points de contact uniques des autres États membres et la Commission en ce qui concerne l'application du présent règlement. Les États membres notifient à la Commission les points de contact uniques désignés et toute modification ultérieure les concernant.

2. Lorsqu'une autorité compétente d'un État membre sollicite l'assistance d'un autre État membre, conformément à l'article 5, paragraphe 2, afin d'obtenir l'accès à des données, elle présente au point de contact unique désigné de cet État membre

une demande dûment motivée. La demande comprend une explication écrite des motifs et des bases juridiques pour demander l'accès aux données.

3. Le point de contact unique identifie l'autorité compétente concernée de son État membre et lui transmet la demande reçue conformément au paragraphe 2.

4. L'autorité compétente concernée ainsi sollicitée veille, sans retard injustifié et dans des délais proportionnés à l'urgence de la demande, à fournir une réponse en communiquant les données demandées ou en informant l'autorité compétente qui a présenté la demande qu'elle ne considère pas que les conditions requises pour demander une assistance au titre du présent règlement sont réunies.

5. Toutes les informations échangées dans le cadre de la demande d'assistance et fournies en vertu de l'article 5, paragraphe 2, ne sont utilisées qu'aux fins pour lesquelles elles ont été demandées.

6. Les points de contact uniques fournissent aux utilisateurs des informations générales sur le présent règlement, notamment sur les codes de conduite.

Art. 8 *Évaluation et lignes directrices.* 1. Au plus tard le 29 novembre 2022, la Commission soumet un rapport au Parlement européen, au Conseil et au Comité économique et social européen faisant état de son évaluation de la mise en œuvre du présent règlement, notamment en ce qui concerne :

a) l'application du présent règlement, en particulier aux ensembles de données composés à la fois de données à caractère personnel et de données à caractère non personnel, à la lumière de l'évolution des marchés et de l'évolution technologique qui pourraient élargir les possibilités de désanonymisation des données ;

b) la mise en œuvre par les États membres de l'article 4, paragraphe 1, et en particulier l'exception relative à la sécurité publique ; et

c) l'élaboration et la mise en œuvre effective des codes de conduite, ainsi que la fourniture effective d'informations par les fournisseurs de services.

2. Les États membres communiquent à la Commission toutes les informations nécessaires à l'établissement du rapport visé au paragraphe 1.

3. Au plus tard le 29 mai 2019, la Commission publie des lignes directrices sur l'interaction entre le présent règlement et le règlement (UE) 2016/679, en particulier en ce qui concerne les ensembles de données composés à la fois de données à caractère personnel et de données à caractère non personnel.

Art. 9 *Dispositions finales.* Le présent règlement entre en vigueur le vingtième jour suivant celui de sa publication au *Journal officiel de l'Union européenne.*

Il s'applique six mois après la date de sa publication *[au JOUE L 303 du 28 nov. 2018]*.

Lignes directrices de la Commission du 29 mai 2019,

Relatives au règlement concernant un cadre applicable au libre flux des données à caractère non personnel dans l'Union européenne - COM(2019) 250 final.

Le présent document est publié par les services de la Commission européenne à des fins d'information uniquement. Il ne contient aucune interprétation faisant autorité du règlement (UE) 2018/1807 du Parlement européen et du Conseil du 14 nov. 2018 concernant un cadre applicable au libre flux des données à caractère non personnel dans l'Union européenne et ne constitue ni une décision ni une position de la Commission européenne. Il est sans préjudice de toute décision ou position de la Commission et de la compétence de la Cour de justice de l'Union s'agissant d'interpréter le règlement conformément aux traités de l'Union.

1 Introduction

Dans une économie où les données jouent un rôle toujours plus important, les flux de données sont au cœur des processus opérationnels des entreprises, toutes tailles et tous secteurs confondus. Les nouvelles technologies numériques ouvrent de nouvelles perspectives pour le grand public, les entreprises et les administrations publiques dans l'Union européenne (ci-après l'"UE").

Pour accroître encore les échanges transfrontières de données et stimuler l'économie des données, le Parlement européen et le Conseil ont adopté en novembre 2018, sur la base d'une proposition de la Commission européenne (ci-après la

"Commission") le règlement (UE) 2018/1807 *[du 14 nov. 2018]* concernant un cadre applicable au libre flux des données à caractère non personnel dans l'Union européenne (ci-après le "règlement relatif au libre flux des données à caractère non personnel)". Ce règlement est applicable à partir du 28 mai 2019. Le principe de la libre circulation des données à caractère personnel est déjà inscrit dans le règlement (UE) 2016/679 *[du 27 avr. 2016]* relatif à la protection des personnes physiques à l'égard du traitement des données à caractère personnel et à la libre circulation de ces données, et abrogeant la directive 95/46/CE ("règlement général sur la protection des données", ci-après le RGPD). En conséquence, il existe désormais un cadre global englobant un espace européen commun des données et la libre circulation de toutes les données au sein de l'Union européenne *[Le RGPD s'applique également à l'Espace économique européen (EEE), qui comprend l'Islande, le Liechtenstein et la Norvège. En outre, le règlement relatif au libre flux des données à caractère non personnel présente un intérêt pour l'EEE.]*.

Le règlement relatif au libre flux des données à caractère non personnel donne aux entreprises la sécurité juridique nécessaire pour traiter leurs données à l'endroit de leur choix dans l'UE, renforce la confiance dans les services de traitement des données et contrecarre les pratiques menant à une dépendance à l'égard des fournisseurs. Cela permettra d'élargir le choix offert au client, d'améliorer l'efficacité et de stimuler l'adoption des technologies en nuage avec, à la clé, des économies non négligeables pour les entreprises de l'UE. Une étude montre que les entreprises de l'UE peuvent économiser 20 à 50 % de leurs coûts informatiques en migrant vers le nuage *[Deloitte : Measuring the economic impact of cloud computing in Europe, SMART 2014/0031, 2016. Disponible (en anglais) en ligne à l'adresse suivante : http://ec.europa.eu/newsroom/document.cfm?doc_id=41184.]*.

Ces deux règlements garantissent la libre circulation des données entre les États membres, ce qui permet aux utilisateurs de services de traitement de données de se servir des données recueillies sur différents marchés de l'UE pour améliorer leur productivité et leur compétitivité. Les utilisateurs peuvent donc tirer pleinement parti des économies d'échelle que permet de réaliser le vaste marché de l'UE, en améliorant leur compétitivité à l'échelle mondiale et en renforçant l'interconnectivité de l'économie européenne fondée sur les données.

Le règlement relatif au libre flux des données à caractère non personnel présente trois caractéristiques dignes d'intérêt :

- Il interdit en principe aux États membres d'imposer des exigences en matière de localisation des données. Il ne peut être dérogé à cette règle que pour des motifs de sécurité publique dans le respect du principe de proportionnalité.
- Il établit un mécanisme de coopération visant à garantir que les autorités compétentes continuent d'être en mesure d'exercer tout droit dont elles jouissent en matière d'accès aux données qui sont traitées dans un autre État membre.
- Il encourage les acteurs du secteur à élaborer, avec le soutien de la Commission, des codes de conduite fondés sur l'autorégulation concernant le changement de fournisseurs de services et le portage des données.

Objectif des présentes lignes directrices

Les présentes lignes directrices sont conformes à l'article 8, paragraphe 3, du règlement relatif au libre flux des données à caractère non personnel, qui impose à la Commission de publier des lignes directrices sur l'interaction entre ledit règlement et le RGPD, "en particulier en ce qui concerne les ensembles de données composés à la fois de données à caractère personnel et de données à caractère non personnel".

Ces lignes directrices visent à aider les utilisateurs – en particulier les petites et moyennes entreprises – à comprendre l'interaction entre le règlement relatif au libre flux des données à caractère non personnel et le RGPD *[Considérant 37 du règlement relatif au libre flux des données à caractère non personnel.]*. Elles portent donc, plus particulièrement, sur : i) les concepts de données à caractère non personnel et de données à caractère personnel ; ii) les principes de libre circulation des données et d'interdiction des exigences de localisation des données en vertu des deux règlements ; et iii) la notion de portabilité des données dans le cadre du règlement sur le libre flux des

données à caractère non personnel. Elles couvrent également les exigences d'autorégulation établies dans les deux règlements.

Le règlement relatif au libre flux des données à caractère non personnel couvre uniquement les "données autres que les données à caractère personnel" telles que définies par le RGPD. Le RGPD régit le traitement des données à caractère personnel, qui constitue un élément essentiel du cadre de protection des données de l'UE *[Règl. (UE) 2016/679 du du 27 avril 2016 relatif à la protection des personnes physiques à l'égard du traitement des données à caractère personnel et à la libre circulation de ces données, et abrogeant la directive 95/46/CE (règlement général sur la protection des données) (JO L 119 du 4.5.2016, p. 1) ; Règl. (UE) 2018/1725 du 23 oct. 2018 relatif à la protection des personnes physiques à l'égard du traitement des données à caractère personnel par les institutions, organes et organismes de l'Union et à la libre circulation de ces données (JO L 295 du 21.11.2018, p. 39) ; Dir. (UE) 2016/680 relative à la protection des personnes physiques à l'égard du traitement des données à caractère personnel par les autorités compétentes à des fins de prévention et de détection des infractions pénales, d'enquêtes et de poursuites en la matière ou d'exécution de sanctions pénales, et à la libre circulation de ces données, (JO L 119 du 4.5.2016, p. 89) ; Dir. 2002/58/CE du 12 juill. 2002 concernant le traitement des données à caractère personnel et la protection de la vie privée dans le secteur des communications électroniques (directive"vie privée et communications électroniques")(JO L 201 du 31.7.2002, p. 37 ;en cours de révision)]*. **Il est entré en vigueur dans les États membres le 25 mai 2018. Le règlement établit des règles harmonisées pour protéger les personnes dans l'UE/l'EEE en ce qui concerne le traitement de leurs données à caractère personnel et la libre circulation de ces données. Le RGPD : (i) précise quelles informations constituent des données à caractère personnel ; (ii) établit les fondements juridiques de leur traitement ; et (iii) définit les droits et obligations à respecter lors du traitement de ces données** *[Pour de plus amples informations sur divers aspects du RGPD et la législation européenne sur la protection des données, V. la page web du comité européen de la protection des données, qui a publié, conformément à l'article 70 du RGPD, un certain nombre de lignes directrices. Cette page web contient également des références à des lignes directrices, à des recommandations et à d'autres documents émanant du groupe de travail "article 29", prédécesseur du comité européen de la protection des données. En outre, pour sensibiliser les particuliers et les entreprises au RGPD, la Commission a publié une communication contenant des orientations relatives à l'application directe du règlement général sur la protection des données [COM(2018) 43 final)]*, **entre autres dispositions. En ce qui concerne le principe de libre circulation des données personnelles, l'article 1er, paragraphe 3 du RGPD dispose que "***[l]***a libre circulation des données à caractère personnel au sein de l'Union n'est ni limitée ni interdite pour des motifs liés à la protection des personnes physiques à l'égard du traitement des données à caractère personnel".**

Dans la pratique, un ensemble de données est, dans la plupart des cas, composé à la fois de données à caractère personnel et de données à caractère non personnel. On parle souvent d'"ensembles de données mixtes". La section 2.2 ci-dessous fournit davantage de précisions sur l'interaction entre le règlement relatif au libre flux des données à caractère non personnel et le RGPD en ce qui concerne les ensembles de données mixtes.

Dans un souci de clarté, il n'y a pas d'obligations contradictoires au titre du RGPD et du règlement relatif à la libre circulation des données à caractère non personnel.

2 L'interaction entre le règlement relatif au libre flux des données à caractère non personnel et le RGPD en ce qui concerne les ensembles de données mixtes

2.1 *La notion de données à caractère non personnel dans le règlement relatif au libre flux des données à caractère non personnel*

Le règlement relatif au libre flux des données à caractère non personnel *[Art. 1er]* **vise à assurer le libre flux de données autres que les données à caractère personnel. Le terme utilisé dans le texte du règlement est "données", qui doit s'entendre comme "les données autres que des données à caractère personnel au sens de l'article 4,**

point 1, du règlement (UE) 2016/679 [RGPD]" *[V. art. 3, § 1 du règlement relatif au libre flux des données à caractère non personnel.]*. **Ces données, également appelées "données à caractère non personnel" dans le présent document, sont définies par opposition aux données à caractère personnel définies dans le RGPD.**

Données à caractère personnel

Aux fins du RGPD, on entend par "données à caractère personnel" toute information se rapportant à une personne physique identifiée ou identifiable (ci-après dénommée "personne concernée"); est réputée être une "personne physique identifiable" une personne physique qui peut être identifiée, directement ou indirectement, notamment par référence à un identifiant, tel qu'un nom, un numéro d'identification, des données de localisation, un identifiant en ligne, ou à un ou plusieurs éléments spécifiques propres à son identité physique, physiologique, génétique, psychique, économique, culturelle ou sociale.

La définition des données à caractère personnel est volontairement large et elle est restée pour l'essentiel inchangée dans le RGPD par rapport à la législation précédente *[V. art. 2, pt a) de la Dir. 95/46/CE du 24 oct.1995 relative à la protection des personnes physiques à l'égard du traitement des données à caractère personnel et à la libre circulation de ces données (date de fin de validité : 24 mai 2018, abrogée par le RGPD). V. également la jurisprudence de la CJUE sur la définition des données à caractère personnel, qui reconnaît l'interprétation large d'une telle notion, par exemple les arrêts de la CJUE du 29 janv. 2009, C-275/06; du 24 nov. 2011, C-70/10; et du 19 oct. 2016, C-582/14.]*. **Ainsi, divers aspects de la définition des données à caractère personnel, tels que "toute information", "concernant" ou "identifié ou identifiable", ont déjà été étudiés par le groupe de travail "article 29"** *[Le groupe de travail "article 29" était un organe consultatif qui conseillait la Commission sur les questions de protection des données et qui a contribué à l'élaboration de politiques harmonisées en matière de protection des données dans l'UE. Après l'entrée en vigueur du RGPD le 25 mai 2018, le comité européen de la protection des données a succédé à ce groupe de travail.]* **dans son avis 4/2007 sur le concept de données à caractère personnel du 20 juin 2007, WP 136.**

Il est de pratique courante, dans des domaines comme la recherche, de pseudonymiser des données à caractère personnel afin de masquer l'identité d'une personne. La **pseudonymisation** est le traitement de données à caractère personnel de telle façon que celles-ci ne puissent plus être attribuées à une personne concernée précise sans avoir recours à des informations supplémentaires. Ces informations supplémentaires sont conservées séparément et de manière sûre, en ayant recours à des mesures techniques et organisationnelles (telles que le chiffrement) *[V. la définition de "pseudonymisation" à l'art. 4, § 5, du RGPDj; Par ex., on pourrait considérer qu'une étude de recherche sur les effets d'un nouveau médicament fait l'objet d'une pseudonymisation si les données à caractère personnel des participants à l'étude étaient remplacées par des attributs uniques (par exemple, un numéro ou un code) dans la documentation de recherche et que leurs données à caractère personnel associées aux attributs uniques qui leur sont attribués étaient conservées séparément dans un document sécurisé (par exemple dans une base de données protégée par un mot de passe]*.Néanmoins, les données qui ont fait l'objet d'une pseudonymisation et qui pourraient être attribuées à une personne physique par le recours à des informations supplémentaires sont toujours considérées comme des informations concernant une personne physique identifiable *[V. le considérant 26 du RGPD.]*. Ces données **constituent des données à caractère personnel** au sens du RGPD.

Données à caractère non personnel

Les données qui ne sont pas des données à caractère personnel au sens du RGPD sont des données à caractère non personnel. On peut ranger les données à caractère **non personnel** dans deux catégories, selon leur origine :

- d'une part, les données qui, au départ, ne concernaient pas une personne physique identifiée ou identifiable, telles que les données relatives aux conditions météorologiques générées par des capteurs installés sur des éoliennes ou les données relatives aux besoins de maintenance des machines industrielles ;

• **d'autre part, les données qui étaient initialement des données à caractère personnel, mais qui ont ensuite été rendues anonymes** *[V.le considérant 26 du RGPD, qui dispose qu'"Il n'y a dès lors pas lieu d'appliquer les principes relatifs à la protection des données aux informations anonymes, à savoir les informations ne concernant pas une personne physique identifiée ou identifiable, ni aux données à caractère personnel rendues anonymes de telle manière que la personne concernée ne soit pas ou plus identifiable.]*. **L'anonymisation" des données à caractère personnel est différente de la pseudonymisation (voir ci-dessus), car des données correctement anonymisées ne peuvent être attribuées à une personne donnée, même en utilisant des données supplémentaires** *[V. l'arrêt de la CJUE du 19 oct. 2016, C-582/14. La Cour a jugé qu'une adresse IP dynamique peut constituer une donnée à caractère personnel même si un tiers (par exemple, un fournisseur de services internet) dispose des informations supplémentaires nécessaires pour identifier la personne concernée. La possibilité d'identifier la personne doit constituer un moyen raisonnablement susceptible d'être utilisé à cette fin, que ce soit directement ou indirectement.]*, **et sont donc des données à caractère non personnel.**

L'évaluation visant à déterminer si les données sont correctement anonymisées dépend des circonstances spécifiques propres à chaque cas considéré *[l'anonymisation des données devrait toujours s'effectuer à l'aide des techniques d'anonymisation les plus récentes]*. **Plusieurs exemples de réidentification d'ensembles de données prétendument rendues anonymes ont montré qu'une telle évaluation pouvait être ardue.** ***[Pour des exemples de réidentification de données prétendument rendues anonymes, voir l'étude sur les flux de données futurs réalisée pour la commission ITRE du Parlement européen par Blackman, C. Forge, S. : Data Flows — Future Scenarios : In-Depth Analysis for the ITRE Committee, 2017, p. 22, Box 2. Disponible (en anglais) à l'adresse suivante : http://www.europarl.europa.eu/RegData/etudes/IDAN/2017/607362/IPOL_IDA(2017)607362_EN.pdf]***. **Pour déterminer si une personne est identifiable, il convient d'examiner tous les moyens raisonnablement susceptibles d'être utilisés par un responsable du traitement ou par une autre personne pour identifier une personne, que ce soit directement ou indirectement** *[V. le considérant 26 du RGPD, qui dispose que "pour établir si des moyens sont raisonnablement susceptibles d'être utilisés pour identifier une personne physique, il convient de prendre en considération l'ensemble des facteurs objectifs, tels que le coût de l'identification et le temps nécessaire à celle-ci, en tenant compte des technologies disponibles au moment du traitement et de l'évolution de celles-ci".]*

Exemples de données à caractère non personnel

• *Lorsque des données sont agrégées à un niveau tel que les événements individuels (tels que les déplacements à l'étranger d'une personne ou ses habitudes de voyage qui pourraient constituer des données à caractère personnel) ne sont plus identifiables, ces données peuvent être qualifiées d'anonymes [V. l'avis 05/2014 sur les techniques d'anonymisation du groupe de travail "Article 29", WP 216, adopté le 10 avril 2014, p. 10 : "Ce n'est que si les données sont agrégées par le responsable de leur traitement à un niveau où les événements individuels ne sont plus identifiables que l'ensemble de données résultant peut être qualifié d'anonyme. Par exemple : si une organisation collecte des données sur des déplacements individuels, les habitudes de voyage au niveau des événements individuels pourraient encore être considérées comme des données à caractère personnel pour toute partie intéressée, tant que le responsable du traitement des données (ou un tiers) continue à avoir accès aux données brutes originales, même si les identifiants directs ont été supprimés de l'ensemble de données transmis à des tiers. Mais si le responsable du traitement des données efface les données brutes et ne transmet à des tiers que des statistiques agrégées à un niveau supérieur, par exemple "le lundi, sur le trajet X, le nombre de passagers est supérieur de 160 % à celui du mardi", ces données pourraient être qualifiées d'anonymes".]... Les données anonymes sont notamment utilisées dans le domaine des statistiques ou dans les rapports de vente (par exemple pour évaluer la popularité d'un produit et ses caractéristiques).*

• *Les données relatives à la négociation à haute fréquence dans le secteur financier, ou les données relatives à l'agriculture de précision qui contribuent à contrôler et à optimiser l'utilisation des pesticides, des nutriments et de l'eau.*

Toutefois, si un rapport peut, d'une manière ou d'une autre, être établi entre des données à caractère non personnel et une personne, permettant l'identification directe ou indirecte de cette dernière, ces données doivent être considérées comme des données à caractère personnel.

Par exemple, si un rapport de contrôle de la qualité sur une chaîne de production dans une usine permet d'établir un lien entre les données et certains ouvriers (par exemple ceux qui fixent les paramètres de production), les données sont considérées comme des données à caractère personnel et c'est le RGPD qui s'applique. Il est également applicable lorsque les progrès de la technologie et de l'analyse des données permettent de transformer des données anonymisées en données à caractère personnel *[Si des données à caractère personnel font l'objet d'un traitement illicite ou si leur traitement constitue, de quelque autre manière, une violation du règlement sur la protection des données, les personnes concernées (personnes physiques) ont le droit, en vertu dudit règlement, d'introduire une réclamation auprès d'une autorité de contrôle nationale (autorité chargée de la protection des sonnées) dans l'Union européenne ou de former un recours juridictionnel effectif devant une juridiction nationale. Les missions, compétences et pouvoirs des autorités de contrôle nationales sont régis par le chapitre VI, section 2, du RGPD]*.

Étant donné que la définition des données à caractère personnel renvoie à des "personnes physiques", les ensembles de données contenant les noms et les coordonnées de personnes morales sont en principe des données à caractère non personnel *[Le considérant 14 du RGPD dispose que : "Le [..]règlement ne couvre pas le traitement des données à caractère personnel qui concernent les personnes morales, et en particulier des entreprises dotées de la personnalité juridique, y compris le nom, la forme juridique et les coordonnées de la personne morale.". Il y a lieu, toutefois, de lire cette disposition à la lumière de la définition des données à caractère personnel figurant à l'article 4, point 1, du RGPD.]*. **Toutefois, dans certaines situations, il peut s'agir de données à caractère personnel** *[V. CJUE du 9 nov. 2010 dans les affaires jointes C-92/09 et C-93/09, point 52]*. Tel sera le cas, par exemple, si le nom de la personne morale est le même que celui d'une personne physique qui le détient ou si les informations concernent une personne physique identifiée ou identifiable *[https://ec.europa.eu/info/law/law-topic/data-protection/reform/rules-business-and-organisations/application-regulation/do-data-protection-rules-apply-data-about-company_en]*.

2.2 *Ensembles de données mixtes*

Le règlement relatif au libre flux des données à caractère non personnel et le RGPD abordent la question de la libre circulation des données dans l'UE sous deux angles différents.

Le règlement sur le libre flux des données à caractère non personnel prévoit une interdiction générale des exigences de localisation des données à caractère non personnel. L'article 4, paragraphe 1, du règlement interdit les exigences de localisation des données, à moins qu'elles ne soient justifiées par des motifs de sécurité publique, dans le respect du principe de proportionnalité.

En plus d'assurer un niveau élevé de protection des données à caractère personnel, le RGPD garantit la libre circulation de ces données. En vertu de l'article 1er, paragraphe 3, du règlement, la libre circulation des données à caractère personnel au sein de l'Union "n'est ni limitée ni interdite pour des motifs liés à la protection des personnes physiques à l'égard du traitement des données à caractère personnel". Les deux règlements combinés assurent la libre circulation de "toutes" les données dans l'UE. Les dispositions spécifiques sont examinées plus en détail dans les sections 3.1 et 3.2.

Un ensemble de données mixte comporte à la fois des données à caractère personnel et des données à caractère non personnel. La majorité des ensembles de données utilisés dans l'économie des données sont des ensembles de données mixtes. Les applications nées du progrès technologique telles que l'internet des objets (c'est-à-dire les objets connectés numériques), l'intelligence artificielle et les technologies permettant l'analyse des mégadonnées y ont couramment recours.

Exemples d'ensembles de données mixtes

- *Le dossier fiscal d'une entreprise, mentionnant le nom et le numéro de téléphone du directeur général de l'entreprise ;*
- *les ensembles de données d'une banque, notamment ceux qui contiennent des informations sur les clients et les détails de transactions, tels que les services de paiement (cartes de crédit et de*

débit), les applications de gestion des relations avec les partenaires et les conventions de prêt, les documents combinant des données concernant tant des personnes physiques que des personnes morales ;

- *les données statistiques anonymisées d'un établissement de recherche et les données brutes initialement collectées, telles que les réponses des personnes interrogées à des questionnaires d'enquête ;*
- *une base de données sur les problèmes informatiques d'une entreprise et leurs solutions fondées sur des rapports individuels d'incidents informatiques ;*
- *des données relatives à l'internet des objets, lorsque certaines des données permettent d'émettre des hypothèses sur des individus identifiables (par exemple, présence à une adresse et modalités d'utilisation particulières) ; ainsi que*
- *l'analyse des données des journaux d'exploitation d'équipements de production dans l'industrie manufacturière.*

Exemple : services de gestion des relations avec la clientèle

Certaines banques utilisent des services de gestion des relations avec la clientèle (CRM) fournis par des tiers qui nécessitent la mise à disposition des données d'un client dans l'environnement CRM. Les données contenues dans le service CRM comprennent toutes les informations nécessaires pour gérer efficacement l'interaction avec le client, telles que son adresse postale et électronique, son numéro de téléphone, les produits et services qu'il achète, et les rapports de vente, y compris des données agrégées. Ces données peuvent comprendre aussi bien des données à caractère personnel qu'à caractère non personnel.

En ce qui concerne les ensembles de données mixtes, le règlement relatif au libre flux des données à caractère non personnel *[Art. 2, § 1]* **dispose ce qui suit :**

"Dans le cas d'un ensemble de données composé à la fois de données à caractère personnel et de données à caractère non personnel, le présent règlement s'applique aux données de l'ensemble à caractère non personnel. Lorsque les données à caractère personnel et les données à caractère non personnel d'un ensemble sont inextricablement liées, le présent règlement est sans préjudice de l'application du règlement (UE) 2016/679."

Par conséquent, lorsqu'un ensemble de données est composé à la fois de données à caractère personnel et de données à caractère non personnel :

- **le règlement relatif au libre flux des données à caractère non personnel s'applique aux données à caractère non personnel de l'ensemble ;**
- **la disposition relative à la libre circulation du RGPD** *[Art. 1er, § 3, du RGPD. V. à cet égard la section 3.2 ci-dessous.]* **s'applique aux données à caractère personnel de l'ensemble de données et**
- **si les données à caractère non personnel et les données à caractère personnel sont "inextricablement liées", les droits et obligations en matière de protection des données découlant du RGPD s'appliquent pleinement à l'intégralité de l'ensemble de données mixtes, même lorsque les données à caractère personnel ne représentent qu'une petite partie de l'ensemble de données** *[Comme le rappelle l'analyse d'impact accompagnant la proposition de règlement du Parlement européen et du Conseil concernant un cadre applicable à la libre circulation des données à caractère non personnel dans l'Union européenne, document de travail des services de la Commission [SWD(2017) 304 final], partie 1/2, p. 3, quelle que soit la quantité de données à caractère personnel figurant dans un ensemble de données mixte, il convient de respecter pleinement les dispositions du RGPD en ce qui concerne les données à caractère personnel de l'ensemble.]***.**

Cette interprétation est conforme au droit à la protection des données à caractère personnel garanti par la charte des droits fondamentaux de l'Union européenne *[Charte des droits fondamentaux de l'Union européenne, JO C 362 du 26.10.2012, p. 391.]* **et au considérant 8 du règlement sur la libre circulation des données à caractère non personnel** *[Considérant 8 dudit règlement]***. Ce considérant 8 dispose que "le cadre juridique** *[...]* **relatif à la protection des personnes physiques à l'égard du traitement des données à caractère personnel** *[...]***, en particulier** *[le règlement général sur la protection* *des données] [...]* **et les directives (UE) 2016/680 et 2002/58/CE** *[...]* **n'est pas remis en question par le présent règlement".**

> ***Exemple pratique :***
>
> *Une société exerçant ses activités dans l'UE propose ses services par l'intermédiaire d'une plateforme. Les entreprises (clientes) téléchargent sur la plateforme leurs documents, qui contiennent des ensembles de données mixtes. En tant que "responsable du traitement", l'entreprise qui télécharge les documents doit veiller à ce que le traitement soit conforme au RGPD. En traitant l'ensemble de données pour le compte du responsable du traitement, la société qui offre les services (le "sous-traitant") doit conserver et traiter les données conformément au RGPD, par exemple aux fins de garantir un niveau de sécurité approprié des données, y compris au moyen d'un chiffrement.*

L'expression "inextricablement liée" n'est définie par aucun des deux règlements*[Le règlement relatif au libre flux des données à caractère non personnel et le RGPD.]*. **Dans la pratique, elle peut qualifier une situation où un ensemble de données contient des données à caractère personnel ainsi que des données à caractère non personnel et où une séparation entre les deux serait soit impossible, soit considérée comme économiquement inefficace ou techniquement impossible par le responsable du traitement. Par exemple, une entreprise souhaitant acquérir des systèmes de CRM et de rapport des ventes verrait ses coûts doubler si elle achetait des logiciels distincts pour le système CRM (données à caractère personnel) et pour le système de rapport des ventes (données agrégées/à caractère non personnel) faisant appel aux données du CRM.**

La séparation des deux types de données risque également de faire nettement diminuer la valeur de l'ensemble de données. En outre, en raison de l'évolution de la nature des données (voir la section 2.1) il devient plus difficile d'établir une distinction claire entre les différentes catégories de données et, partant, de les séparer.

Il est important de noter qu'aucun des deux règlements n'oblige les entreprises à séparer les ensembles de données dont elles sont responsables ou qu'elles transforment.

En conséquence, un ensemble de données mixte sera généralement soumis aux obligations incombant aux responsables du traitement et aux sous-traitants et devra respecter les droits des personnes concernées établis par le RGPD.

> ***Traitement des données concernant la santé***
>
> *Les données relatives à la santé peuvent faire partie d'un ensemble de données mixte. Il s'agit, par exemple, des dossiers médicaux électroniques, des essais cliniques ou des séries de données collectées par diverses applications de santé et de bien-être mobiles (applications permettant à l'utilisateur de mesurer son état de santé, lui rappelant de prendre ses médicaments ou de suivre l'évolution de son état de forme) [Le développement et l'exploitation d'applications de santé mobiles doivent avoir lieu dans le respect strict des dispositions du RGPD. Ces exigences seront précisées dans le code de conduite relatif à la protection de la vie privée pour les applications de santé mobiles, actuellement en cours d'élaboration. Pour de plus amples informations sur son état d'avancement, V. : https://ec.europa.eu/digital-single-market/en/privacy-code-conduct-mobile-health-apps.]. Les progrès technologiques rendent de plus en plus floue la frontière entre les données à caractère personnel et les données à caractère non personnel de ces ensembles. Par conséquent, leur traitement doit respecter les dispositions du RGPD, en particulier (étant donné que les données relatives à la santé constituent une catégorie particulière de données au sens du règlement) celles de l'article 9, qui prévoit une interdiction générale du traitement des catégories particulières de données et des exceptions à cette règle d'interdiction.*
>
> *Les données contenues dans les ensembles de données mixtes contenant des données relatives à la santé peuvent constituer une précieuse source d'informations, par exemple pour approfondir la recherche médicale, pour mesurer les effets secondaires d'un médicament prescrit, à des fins de statistiques épidémiologiques ou pour mettre au point de nouveaux services ou traitements de santé. Toutefois, l'exécution des opérations de traitement initial et des opérations de traitement ultérieur des données doit être conforme au RGPD. Par conséquent, tout traitement de données relatives à la santé doit avoir une base juridique valable [V. art. 6, § 1, du RGPD.] et une justification appropriée, être sûr et fournir des garanties suffisantes.*

Enfin, il est essentiel que les particuliers et les entreprises bénéficient de la sécurité juridique et qu'ils aient confiance dans le traitement des données. C'est également essentiel pour l'économie des données. Ces garanties sont fournies par les deux règlements, lesquels visent également à ne pas empêcher la libre circulation des données.

3 Libre flux des données et suppression des exigences de localisation des données

La présente section explique plus en détail la notion d'exigences de localisation des données au titre du règlement relatif au libre flux des données à caractère non personnel, et le principe de libre circulation figurant dans le RGPD. Bien que ces dispositions ciblent les États membres, il peut être utile pour les entreprises d'avoir une vision plus précise de la manière dont ces deux règlements contribuent à la libre circulation de toutes les données au sein de l'UE.

3.1 *Libre flux des données à caractère non personnel*

Le règlement relatif au libre flux des données à caractère non personnel *[Art. 4, § 1, dudit règlement.]* dispose que "*[l]*es exigences de localisation des données sont interdites, sauf si elles sont justifiées par des motifs de sécurité publique dans le respect du principe de proportionnalité".

Les **exigences de localisation des données** sont définies *[Art. 3, § 5, du règlement relatif au libre flux des données à caractère non personnel.]* comme "toute obligation, interdiction, condition, limite ou autre exigence prévue par les dispositions législatives, réglementaires ou administratives d'un État membre ou résultant des pratiques administratives générales et cohérentes dans un État membre et les organismes de droit public, notamment dans le domaine des marchés publics, sans préjudice de la directive 2014/24/UE, qui impose le traitement des données sur le territoire d'un État membre donné ou qui entrave le traitement des données dans un autre État membre *[Il convient de noter que l'absence de sécurité juridique quant à la portée des exigences, légitimes ou non, de localisation des données restreint encore le choix offert aux acteurs du marché et au secteur public concernant la localisation du traitement des données [voir le considérant 4 du règlement relatif au libre flux des données à caractère non personnel].]*".

La définition montre que les mesures restreignant la libre circulation des données au sein de l'UE peuvent prendre différentes formes. Elles peuvent être prévues par des dispositions législatives, réglementaires ou administratives, voire résulter de pratiques administratives générales et cohérentes. En outre, l'interdiction relative aux exigences de localisation des données couvre les mesures tant directes qu'indirectes qui limiteraient la libre circulation des données à caractère non personnel.

Les **exigences directes de localisation des données** peuvent être, par exemple, l'obligation de stocker les données à un emplacement géographique précis (par exemple, les serveurs doivent être situés dans un État membre donné) ou l'obligation de respecter des exigences techniques propres à un État membre (par exemple, les données doivent répondre à des formats nationaux spécifiques).

Les **exigences indirectes de localisation des données**, qui entraveraient le traitement des données à caractère non personnel dans un autre État membre, peuvent revêtir diverses formes. Elles peuvent inclure l'exigence d'utiliser des moyens techniques qui sont certifiés ou agréés dans un État membre particulier ou d'autres exigences qui ont pour effet de rendre plus difficile le traitement de données en dehors d'une zone géographique ou d'un territoire précis dans l'Union européenne *[Considérant 4 du règlement relatif au libre flux des données à caractère non personnel. Voir deux études sur les exigences de localisation des données réalisées avant l'adoption du règlement relatif au libre flux des données à caractère non personnel : (1) Godel, M. et al. : Facilitating cross border data flows in the Digital Single Market, SMART number 2015/2016. Disponible en ligne à l'adresse suivante : http://ec.europa.eu/newsroom/document.cfm?doc_id=41185 et (2) Time.lex, Spark Legal Network et Tech4i2 : Cross-border data flow in the digital single market : study on data localisation restrictions. SMART number 2015/0054. Disponible en ligne à l'adresse suivante :*

http://ec.europa.eu/newsroom/dae/document.cfm?doc_id=46695http://ec.europa.eu/newsroom/dae/document.cfm?doc_id=46695.].

L'évaluation visant à déterminer si une mesure spécifique constitue une exigence indirecte de localisation des données doit tenir compte des circonstances particulières de chaque cas.

Le règlement relatif au libre flux des données à caractère non personnel *[Considérant 19 dudit règlement.]* **fait référence à la notion de sécurité publique telle que définie par la jurisprudence de la Cour de justice de l'Union européenne. La sécurité publique "englobe à la fois la sécurité intérieure et extérieure d'un État membre** *[Voir par exemple l'arrêt de la CJUE du 23 nov. 2010, C-145/09, point 43, et l'arrêt du 4 avr. 2017, C-544/15, point 39.]*, **mais aussi les questions de sûreté publique, afin, en particulier, de faciliter la détection des infractions pénales, les enquêtes et les poursuites en la matière.** *[Elle]* **présuppose l'existence d'une menace réelle et suffisamment grave portant atteinte à l'un des intérêts fondamentaux de la société** *[Voir par exemple l'arrêt de la CJUE du 22 déc. 2008, C-161/07, point 35, et la jurisprudence citée, ainsi que l'arrêt du 26 mars 2009, C-326/07, point 70, et la jurisprudence citée.]*, **telle qu'une menace pour le fonctionnement des institutions et des services publics essentiels et pour la survie de la population, ainsi que le risque d'une perturbation grave des relations extérieures ou de la coexistence pacifique des nations, ou un risque pour les intérêts militaires".**

Par ailleurs, toute exigence de localisation des données qui se justifie par des motifs de sécurité publique doit être proportionnelle. Conformément à la jurisprudence de la Cour de justice de l'Union européenne, le principe de proportionnalité exige que les mesures adoptées soient appropriées pour garantir la réalisation de l'objectif poursuivi et n'aillent pas au-delà de ce qui est nécessaire pour atteindre cet objectif *[Voir par exemple l'arrêt de la CJUE du 8 juill. 2010, C-343/09, point 45, et la jurisprudence citée.]*.

Par souci de clarté, l'interdiction relative aux exigences de localisation des données est sans préjudice des restrictions déjà existantes imposées par le droit de l'Union *[Voir par exemple l'art. 245, § 2, de la DIr. 2006/112/CE du 28 nov. 2006 relative au système commun de taxe sur la valeur ajoutée, qui dispose que "[l]es États membres peuvent imposer aux assujettis établis sur leur territoire l'obligation de leur déclarer le lieu de stockage lorsque celui-ci est situé en dehors de leur territoire". Cette exigence doit toutefois être lue conformément à l'article 249, qui dispose que : "[l]orsqu'un assujetti stocke les factures qu'il émet ou qu'il reçoit par une voie électronique garantissant un accès en ligne aux données et que le lieu de stockage est situé dans un État membre autre que celui dans lequel il est établi, les autorités compétentes de l'État membre dans lequel il est établi ont, aux fins de la présente directive, le droit d'accéder à ces factures par voie électronique, de les télécharger et de les utiliser, dans les limites fixées par la réglementation de l'État membre d'établissement de l'assujetti et dans la mesure où cela leur est nécessaire aux fins de contrôle".]*.

En outre, le règlement relatif au libre flux des données à caractère non personnel n'impose aucune obligation aux entreprises ni ne limite leur liberté contractuelle de décider du lieu où leurs données doivent être traitées.

Les États membres sont tenus de publier les détails de toutes les exigences de localisation des données applicables sur leur territoire par l'intermédiaire d'un point d'information unique en ligne national (site web national). Ils doivent tenir ce point d'information à jour ou fournir des détails actualisés à un point d'information central établi au titre d'un autre acte de l'Union *[Art. 4, § 4, du règlement relatif au libre flux des données à caractère non personnel.]*. **Pour plus de facilité pour les entreprises et afin de leur offrir un accès aisé aux informations pertinentes dans toute l'UE, la Commission publiera les liens vers ces points d'information sur le portail "L'Europe est à vous"** *[https://europa.eu/youreurope/index.htm]*.

3.2 *Libre flux des données à caractère personnel*

Le RGPD *[Art. 1er, § 3.]* **dispose que "***[l]***a libre circulation des données à caractère personnel au sein de l'Union n'est ni limitée ni interdite pour des motifs liés à la**

protection des personnes physiques à l'égard du traitement des données à caractère personnel".

Si un État membre impose des exigences de localisation des données à caractère personnel pour des raisons autres que la protection des données à caractère personnel, ces exigences devront être évaluées à l'aune des dispositions relatives aux libertés fondamentales et des motifs permettant de déroger à ces libertés figurant dans le traité sur le fonctionnement de l'Union européenne *[Version consolidée du traité sur le fonctionnement de l'Union européenne (JO C 326 du 26.10.2012, p. 47) ; Voir également l'arrêt de la CJUE du 19 juin 2008, C-319/06, points 90-91 : la Cour a estimé qu'une obligation de tenir à disposition et de conserver certains documents dans un État membre donné constituait une restriction à la libre prestation des services ; une justification selon laquelle cette obligation est "de nature à faciliter en général l'accomplissement de la mission de contrôle des autorités" n'est pas suffisante.]* et dans la législation applicable de l'UE, telle que la directive Services *[Directive 2006/123/CE du 12 déc. 2006 relative aux services dans le marché intérieur (JO L 376 du 27.12.2006, p. 36).]* et la directive sur le commerce électronique *[Directive 2000/31/CE du 8 juin 2000 relative à certains aspects juridiques des services de la société de l'information, et notamment du commerce électronique, dans le marché intérieur ("directive sur le commerce électronique"), JO L 178 du 17.7.2000, p. 1.]*.

Exemple :

Une législation nationale impose que les comptes salaires soient situés dans un État membre donné pour des raisons liées au contrôle réglementaire, par exemple par l'autorité fiscale nationale. Une telle disposition nationale ne relèverait pas du champ d'application de l'article 1er, paragraphe 3, du RGPD, les raisons étant autres que la protection des données à caractère personnel. Cette exigence devrait être évaluée à l'aune des dispositions relatives aux libertés fondamentales et des motifs permettant de déroger à ces libertés figurant dans le traité sur le fonctionnement de l'Union européenne.

Le RGPD *[Art. 9, § 4.]* reconnaît que les États membres peuvent imposer des conditions, y compris des limitations, en ce qui concerne le traitement des données génétiques, des données biométriques ou des données concernant la santé. Toutefois, comme indiqué au considérant 53, cela ne devrait pas entraver le libre flux des données à caractère personnel au sein de l'Union lorsque ces conditions s'appliquent au traitement transfrontalier de ces données. Cette approche est conforme à l'article 16 du traité sur le fonctionnement de l'Union européenne, qui constitue la base juridique pour l'adoption de règles relatives au droit à la protection des données à caractère personnel et de règles relatives à la libre circulation de ces données.

3.3 *Champ d'application du règlement relatif au libre flux des données à caractère non personnel*

Ainsi que cela a déjà été indiqué, le règlement relatif au libre flux des données à caractère non personnel vise à assurer le libre flux de données à caractère non personnel "au sein de l'Union" *[V. art. 1er du règlement relatif au libre flux des données à caractère non personnel.]*. Il ne s'applique donc pas aux opérations de traitement ayant lieu en dehors de l'UE ni aux exigences de localisation des données relatives à ce traitement *[V. le considérant 15 du règlement relatif au libre flux des données à caractère non personnel ; Le terme "traitement" est défini au sens large [art. 3, § 2, du règlement relatif au libre flux des données à caractère non personnel] et, comme le souligne le considérant 17, le règlement devrait s'appliquer au traitement des données au sens le plus large, quel que soit le type de système informatique utilisé.]*.

Conformément à l'article 2, paragraphe 1, du règlement, le champ d'application de ce dernier est donc limité au traitement de données électroniques à caractère non personnel dans l'Union, qui est :

(a) fourni en tant que service aux utilisateurs résidant ou disposant d'un établissement dans l'Union, par un fournisseur de services établi ou non dans l'Union ; ou

(b) effectué par une personne physique ou morale résidant ou disposant d'un établissement dans l'Union pour ses propres besoins.

Exemples

Article 2, paragraphe 1, point a), du règlement relatif au libre flux des données à caractère non personnel :

- *Un fournisseur de services en nuage établi aux États-Unis fournit ses services de traitement à des clients résidant ou établis dans l'UE. Il gère ses activités par l'intermédiaire de serveurs situés sur le territoire de l'UE, où les données de ses clients européens sont conservées ou traitées d'une autre manière. Le fournisseur de services en nuage n'est pas tenu de posséder d'infrastructures propres à l'UE, mais peut par exemple aussi louer un espace sur un serveur dans l'UE. Le règlement relatif au libre flux des données à caractère non personnel s'applique à ce traitement des données.*

- *Un fournisseur de services en nuage établi au Japon propose ses services à des clients européens. Les capacités de traitement du fournisseur sont situées au Japon et toutes les activités de traitement y sont menées. Le règlement relatif au libre flux des données à caractère non personnel ne s'applique pas en l'espèce, si toutes les activités de traitement ont lieu en dehors de l'UE [Il convient de noter que le règlement relatif au libre flux des données à caractère non personnel ne concerne pas les exigences de localisation des données imposées par les États membres, et éventuellement présentes dans leur ordre juridique national, en ce qui concerne le stockage de données à caractère non personnel dans des pays tiers. Par souci de clarté, le RGPD s'applique au traitement des données à caractère personnel des personnes concernées qui se trouvent dans l'UE par un responsable du traitement ou un sous-traitant qui n'est pas établi dans l'Union, lorsque les activités de traitement se rapportent : a) à l'offre de biens ou de services à ces personnes concernées dans l'Union, qu'un paiement soit exigé ou non desdites personnes ; ou b) au suivi de leur comportement, dans la mesure où celui-ci a lieu au sein de l'Union (voir l'art. 3, § 2, du RGPD).].*

Article 2, paragraphe 1, point b), du règlement relatif au libre flux des données à caractère non personnel :

- *Une petite start-up européenne d'un État membre A décide de développer ses activités en ouvrant un établissement dans l'État membre B. Pour réduire les coûts au minimum, elle choisit de centraliser le stockage et le traitement des données du nouvel établissement sur son serveur situé dans l'État membre A. Les États membres ne peuvent pas interdire ces efforts de centralisation informatique, à moins que cela ne soit justifié pour des raisons de sécurité publique dans le respect du principe de proportionnalité.*

Bien que le règlement relatif au libre flux des données à caractère non personnel ne s'applique pas si toutes les activités de traitement des données à caractère non personnel sont effectuées en dehors de l'UE, le RGPD doit être respecté lorsque des données à caractère personnel font partie de l'ensemble de données considéré. En particulier, les règles relatives aux transferts de données à caractère personnel vers des pays tiers ou à des organisations internationales en vertu du RGPD doivent être respectées en tout état de cause *[Pour ce qui est des transferts de données à caractère personnel vers des pays tiers, consulter la page web de la Commission : https://ec.europa.eu/info/law/law-topic/data-protection/reform/rules-business-and-organisations/obligations/what-rules-apply-if-my-organisation-transfers-data-outside-eu_en et la communication de la Commission au Parlement européen et au Conseil - Échange et protection de données à caractère personnel à l'ère de la mondialisation, COM(2017) 7 final, disponible à l'adresse suivante : https://eur-lex.europa.eu/legal-content/EN/TXT/?uri=COM%3A2017%3A7%3AFIN. En ce qui concerne le Japon, la Commission a adopté sa décision d'adéquation le 23 janvier 2019, permettant ainsi la libre circulation des données à caractère personnel entre les deux économies moyennant de solides garanties en matière de protection.].*

3.4 *Activités liées à l'organisation interne des États membres*

Le règlement relatif au libre flux des données à caractère non personnel n'oblige pas les États membres à externaliser la prestation de services liés aux données à caractère non personnel qu'ils souhaitent fournir eux-mêmes ou organiser autrement que par des marchés publics *[Considérant 14 du règlement relatif au libre flux des données à caractère non personnel.].*

L'article 2, paragraphe 3, deuxième alinéa, du règlement relatif au libre flux des données à caractère non personnel dispose ce qui suit :

"Le présent règlement est sans préjudice des dispositions législatives, réglementaires et administratives qui concernent l'organisation interne des États membres

et qui attribuent aux autorités publiques et aux organismes de droit public au sens de l'article 2, paragraphe 1, point 4), de la directive 2014/24/UE *[L'art. 2, § 1, point 4, de la directive 2014/24/UE du Parlement européen et du Conseil du 26 février 2014 sur la passation des marchés publics et abrogeant la directive 2004/18/CE (JO L 94 du 28.3.2014, p. 65) dispose qu'"on entend par "organisme de droit public" tout organisme présentant toutes les caractéristiques suivantes : a) il a été créé pour satisfaire spécifiquement des besoins d'intérêt général ayant un caractère autre qu'industriel ou commercial ; b) il est doté de la personnalité juridique ; et c) soit il est financé majoritairement par l'État, les autorités régionales ou locales ou par d'autres organismes de droit public, soit sa gestion est soumise à un contrôle de ces autorités ou organismes, soit son organe d'administration, de direction ou de surveillance est composé de membres dont plus de la moitié sont désignés par l'État, les autorités régionales ou locales ou d'autres organismes de droit public".]*, des pouvoirs et des responsabilités en matière de **traitement des données sans rémunération contractuelle de parties privées**, ainsi que des dispositions législatives, réglementaires et administratives des États membres qui prévoient la mise en œuvre de ces pouvoirs et responsabilités" *[Le considérant 13 du règlement relatif au libre flux des données à caractère non personnel précise que le règlement est sans préjudice de la directive 2014/24/UE.]*.

Il peut y avoir des intérêts légitimes qui justifieraient le choix de ce type d'"autoprestation" de services de traitement des données, comme l'"internalisation" ou des arrangements mutuels entre administrations publiques. L'utilisation d'un "nuage propre au gouvernement" ou le recours, par le gouvernement, à une agence informatique centralisée pour fournir des services de traitement des données aux institutions et aux organismes publics constituent des exemples types.

Cependant, le règlement relatif au libre flux des données à caractère non personnel encourage les États membres à prendre en considération les avantages économiques et autres bienfaits de l'externalisation vers des prestataires de services extérieurs *[Considérant 14 du règlement relatif au libre flux des données à caractère non personnel. Un prestataire de services extérieur serait toute entité qui n'est pas un "organisme de droit public" au sens de l'article 2, paragraphe 1, point 4, de la directive 2014/24/UE du Parlement européen et du Conseil du 26 février 2014 sur la passation des marchés publics et abrogeant la directive 2004/18/CE (JO L 94 du 28.3.2014, p. 65).]*. Dès que les autorités nationales commencent à "externaliser" le traitement des données avec rémunération contractuelle de parties privées et que le traitement a lieu au sein de l'UE, ce dernier est couvert par le règlement relatif au libre flux des données à caractère non personnel, ce qui signifie que le principe du libre flux des données à caractère non personnel s'applique aux pratiques générales et administratives des autorités nationales. Lesdites autorités doivent notamment s'abstenir de prendre des mesures restrictives en matière de localisation des données, par exemple dans le cadre d'appels d'offres relatifs à des marchés publics *[Considérant 13 du règlement relatif au libre flux des données à caractère non personnel.]*.

4 Approches autorégulatrices soutenant le libre flux des données

L'autorégulation contribue à l'innovation et à l'instauration d'un climat de confiance entre les acteurs du marché et offre la possibilité de tenir davantage compte des évolutions du marché. La présente section donne un aperçu des initiatives d'autorégulation pour le traitement tant des données à caractère personnel que des données à caractère non personnel.

4.1 *Portage des données et changement de fournisseur de services en nuage*

L'un des objectifs du règlement relatif au libre flux des données à caractère non personnel est d'éviter les pratiques menant à une dépendance à l'égard de fournisseurs. Ces pratiques existent lorsque les utilisateurs ne peuvent pas changer de fournisseur de services parce que leurs données sont "verrouillées" dans le système du fournisseur, par exemple en raison d'un format de données spécifiques ou de dispositions contractuelles, et ne peuvent être transférées en dehors du système informatique du fournisseur. Le portage des données sans entraves est important pour permettre aux utilisateurs de choisir librement entre les fournisseurs de services de traitement des données, et donc pour garantir une concurrence effective sur le marché.

La portabilité des données entre les entreprises gagne en importance dans toute une série de secteurs numériques, dont les services en nuage.

Conformément à l'article 6 du règlement relatif au libre flux des données à caractère non personnel, la Commission encourage et facilite l'élaboration de codes de conduite par autorégulation au niveau de l'Union (ci-après "codes de conduite") afin de contribuer à une économie des données compétitive. Elle fournit une base permettant à l'industrie d'élaborer des codes de conduite par autorégulation concernant le changement de fournisseur de services et le portage des données entre différents systèmes informatiques.

Un certain nombre d'aspects devraient être pris en compte lors de l'élaboration de ces codes de conduite sur le portage des données, notamment :

- les **bonnes pratiques** qui facilitent le changement de fournisseur de services et le portage des données dans des formats structurés, usuels et lisibles par machine ;
- les **exigences minimales d'information** afin que les utilisateurs professionnels disposent, préalablement à la conclusion d'un contrat, d'informations suffisamment détaillées et claires en ce qui concerne les processus, les exigences techniques, les délais et les frais qui s'appliquent dans le cas où un utilisateur professionnel souhaite changer de fournisseur de services ou transférer ses données pour les rapatrier vers ses propres systèmes informatiques ;
- les **approches en matière de dispositifs de certification** afin de faciliter la comparabilité des services en nuage ; ainsi que
- les **feuilles de route de communication** afin d'informer sur les codes de conduite.

Au sein du marché des services en nuage, la Commission a commencé à faciliter les travaux des groupes de travail des parties prenantes sur l'informatique en nuage dans le marché unique numérique (MUN), qui réunit des experts de l'informatique en nuage et des utilisateurs professionnels, dont des petites et moyennes entreprises. A ce stade, un sous-groupe élabore des codes de conduite par autorégulation sur le portage des données et le changement de fournisseur de services en nuage (groupe de travail SWIPO) *[Cloud Switching and Porting Data Working Group (groupe de travail "changement de fournisseur de services en nuage et portage des données").]* et un autre sous-groupe travaille sur la mise en place d'une certification de la sécurité de l'informatique en nuage (groupe de travail CSPCERT) *[European Cloud Service Provider Certification Working Group (groupe de travail "certification européenne des fournisseurs de services en nuage"). Voir également la section 4.3.]*.

Le groupe de travail SWIPO élabore des codes de conduite couvrant l'ensemble des services en nuage : infrastructure à la demande, plateforme à la demande et logiciel à la demande.

La Commission s'attend à ce que les différents codes de conduite soient complétés par des **clauses contractuelles types** *[Voir le considérant 30 du règlement relatif au libre flux des données à caractère non personnel.]*. Celles-ci permettront de disposer d'une spécificité technique et juridique suffisante en ce qui concerne la mise en œuvre et l'application concrètes des codes de conduite, qui seront particulièrement importantes pour les petites et moyennes entreprises. La rédaction des clauses contractuelles types est prévue après l'élaboration des codes de conduite (qui devrait être achevée pour le 29 novembre 2019).

Conformément à l'article 8 du règlement relatif au libre flux des données à caractère non personnel, la Commission évaluera la mise en œuvre du règlement d'ici au 29 novembre 2022. Cette évaluation portera sur : i) l'incidence sur le libre flux des données en Europe ; ii) l'application du règlement, en particulier aux ensembles de données mixtes ; iii) la mesure dans laquelle les États membres ont effectivement abrogé les mesures restrictives existantes injustifiées en matière de localisation des données ; et iv) l'efficacité sur le marché des codes de conduite en ce qui concerne le portage des données et le changement de fournisseur de services en nuage.

La notion de portabilité et l'interaction avec le RGPD

Les deux règlements *[Article 6 du règlement relatif au libre flux des données à caractère non personnel et article 20 du RGPD.]* **font référence à la portabilité des données et à l'objectif de faciliter le transfert des données d'un environnement informatique à un autre, que ce soit vers les systèmes d'un autre fournisseur ou vers des systèmes sur site. Cela permet d'éviter la dépendance à l'égard de fournisseurs et favorise la concurrence entre fournisseurs de services. Toutefois, les règlements se distinguent par leur approche de la portabilité en ce qui concerne la relation entre les groupes d'intérêt ciblés ainsi que la nature juridique des dispositions.**

Le droit à la portabilité des données à caractère personnel en vertu de l'article 20 du RGPD se concentre sur la relation entre la personne concernée et le responsable du traitement. Il porte sur le droit de la personne concernée à recevoir les données à caractère personnel qu'elle a fournies au responsable du traitement, dans un format structuré, couramment utilisé et lisible par machine, et à transmettre ces données à un autre responsable du traitement ou à les transférer vers ses propres capacités de stockage sans que le responsable du traitement auquel les données à caractère personnel ont été communiquées y fasse obstacle *[Voir le groupe de travail "Article 29" : lignes directrices relatives au droit à la portabilité des données. WP 242 rév.01, adoptées le 13 décembre 2016, telles que révisées, et adoptées le 5 avril 2017.]*. **Généralement, les personnes concernées dans cette relation sont les consommateurs de différents services en ligne qui souhaitent changer de fournisseur de services.**

L'article 6 du règlement relatif au libre flux des données à caractère non personnel ne prévoit pas le droit pour les utilisateurs professionnels de transférer les données, mais a une approche autorégulatrice, avec des codes de conduite volontaires pour les entreprises. Dans le même temps, il vise une situation où un utilisateur professionnel a externalisé le traitement de ses données à un tiers proposant des services de traitement des données *[Le considérant 29 du règlement relatif au libre flux des données à caractère non personnel dispose ce qui suit : "Alors que les consommateurs individuels bénéficient du droit de l'Union en vigueur [à savoir, le RGPD], il n'existe pas de mesures facilitant le changement de fournisseur de services pour les utilisateurs intervenant dans le cadre de leurs activités commerciales ou professionnelles".]*. **Conformément à l'article 3, paragraphe 8, du règlement relatif au libre flux des données à caractère non personnel, un "utilisateur professionnel" peut inclure "une personne physique ou morale, y compris une autorité publique ou un organisme de droit public, qui utilise ou demande un service de traitement des données à des fins liées à son activité commerciale, industrielle, artisanale, libérale ou à sa mission".**

Dans la pratique, la portabilité prévue à l'article 6 du règlement relatif au libre flux des données à caractère non personnel concerne les interactions interentreprises entre un utilisateur professionnel (pouvant, dans des cas tels que le traitement des données à caractère personnel, être qualifié de "responsable du traitement" conformément au RGPD) et un fournisseur de services (pouvant également être qualifié de "sous-traitant" dans certains cas).

Malgré les différences, il peut se présenter des situations dans lesquelles le portage des données serait couvert à la fois par le règlement relatif au libre flux des données à caractère non personnel et par le RGPD, en ce qui concerne les ensembles de données mixtes.

Exemple :

Une entreprise utilisant des services en nuage décide de changer de fournisseur de services en nuage et de transférer toutes les données vers un nouveau fournisseur. Le changement de fournisseur de services et le portage des données sont couverts par le contrat entre le client et le fournisseur de services en nuage. Si l'ancien fournisseur de services en nuage adhère aux codes de conduite élaborés dans le cadre du règlement relatif au libre flux des données à caractère non personnel, le portage des données doit avoir lieu dans le respect des exigences qui y sont spécifiées.

Si les données à caractère personnel font également partie des ensembles de données transférés, le portage doit respecter toutes les dispositions pertinentes du RGPD et il convient de veiller en particulier à ce que le nouveau fournisseur de services en nuage se conforme aux exigences applicables, notamment en matière de sécurité [Voir le groupe de travail "Article 29" : avis 05/2012 sur l'informatique en nuage adopté le 1er juillet 2012, WP 196, qui précise la position et les obligations des utilisateurs de services en nuage et des fournisseurs de services en nuage en ce qui concerne le traitement des données à caractère personnel.].

Exemple :

Dans le cas où une banque décide de changer de fournisseur de gestion de la relation avec la clientèle (CRM), certaines données (à caractère personnel et non personnel) pourraient devoir être transférées de l'ancien fournisseur vers le nouveau. Ces données seront alors soumises à des exigences réglementaires distinctes, certaines découlant du RGPD et d'autres du règlement relatif au libre flux des données à caractère non personnel.

4.2 *Codes de conduite et mécanismes de certification en matière de protection des données à caractère personnel*

Des codes de conduite et des mécanismes de certification peuvent être utilisés pour démontrer le respect des obligations prévues par le RGPD (voir article 24, paragraphe 3, et article 28, paragraphe 5).

Conformément à l'article 40, paragraphe 1, et à l'article 42, paragraphe 1, du RGPD, les États membres, les autorités de contrôle, le Comité européen de la protection des données et la Commission devraient encourager l'industrie à élaborer des codes de conduite et à mettre en place des mécanismes de certification en matière de protection des données.

Les associations ou d'autres organismes représentant une catégorie particulière de responsables du traitement ou de sous-traitants peuvent élaborer un code de conduite pour le secteur concerné. Le projet de code doit être soumis à l'autorité de contrôle compétente respective pour approbation *[Voir l'art. 40, § 5, et l'art. 55 du RGPD]*. **Si le projet de code de conduite porte sur des activités de traitement dans plusieurs États membres, l'autorité de contrôle doit le soumettre au Comité européen de la protection des données avant de l'approuver. Ledit comité se prononce alors sur la question de savoir si le projet de code est conforme au RGPD.**

Le Comité européen de la protection des données a publié ses lignes directrices 1/2019 relatives aux codes de conduite et aux organismes de suivi au titre du RGPD *[Comité européen de la protection des données : Lignes directrices 1/2019 relatives aux codes de conduite et aux organismes de suivi au titre du règlement (UE) 2016/679, adoptées le 12 février 2019, version pour consultation publique, disponible en ligne à l'adresse suivante : https://edpb.europa.eu/our-work-tools/our-documents/guidelines/guidelines-12019-codes-conduct-and-monitoring-bodies-under_en]*. **Les lignes directrices comprennent des informations sur l'élaboration des codes de conduite, les critères d'approbation de ceux-ci et d'autres informations utiles. De même, les lignes directrices 1/2018 du Comité européen de la protection des données relatives à l'agrément et à la détermination des critères d'agrément conformément aux articles 42 et 43 du RGPD fournissent des informations sur la certification au titre dudit règlement ainsi que sur l'élaboration et l'approbation des critères de certification** *[Comité européen de la protection des données : Lignes directrices 1/2018 relatives à l'agrément et à la détermination des critères d'agrément conformément aux articles 42 et 43 du règlement (UE) 2016/679, adoptées le 23 janvier 2019, disponibles en ligne à l'adresse suivante : https://edpb.europa.eu/our-work-tools/our-documents/guidelines/guidelines-12018-certification-and-identifying-certification_en.]*.

Exemples de codes de conduite élaborés par le secteur de l'informatique en nuage :

Le code de conduite de l'UE sur l'informatique en nuage (EU Cloud Code of Conduct)*, dont l'élaboration a été facilitée par la Commission, a été rédigé en collaboration avec le Cloud Select Industry Group (C-SIG) sur la base de la directive sur la protection des données [Directive 95/46/CE du Parlement européen et du Conseil du 24 octobre 1995 relative à la protection des personnes physiques à l'égard du traitement des données à caractère personnel et à la libre circulation de ces données (date de fin de validité : 24 mai 2018).] puis du RGPD. Ce code de conduite couvre tout l'éventail des services en nuage - logiciel à la demande, plateforme à la demande et infrastructure à la demande [Pour de plus amples informations sur le code de conduite de l'UE sur l'informatique en nuage, voir : https://eucoc.cloud/en/home.html].*

Le code de conduite des prestataires de services d'infrastructure en nuage en Europe (Cloud Infrastructure Services Providers in Europe, CISPE) *[Pour de plus amples informations sur le code de conduite CISPE, voir : https://cispe.cloud/code-of-conduct/] est axé sur les fournisseurs d'infrastructure à la demande. Il comprend des exigences concernant les fournisseurs d'infrastructure à la demande agissant comme sous-traitants au titre du RGPD. Il contient également des dispositions relatives à la structure de gouvernance pour la mise en œuvre et l'application du code.*

Le code de conduite de la Cloud Security Alliance pour le respect du RGPD *s'adresse à toutes les parties prenantes dans les domaines de l'informatique en nuage et de la législation européenne relative aux données à caractère personnel, telles que les fournisseurs de services en nuage, les clients faisant appel à ces services et les clients potentiels, les auditeurs de l'informatique en nuage et les courtiers de l'informatique en nuage. Il couvre l'ensemble des fournisseurs de services en nuage [Pour de plus amples informations sur le code de conduite de la Cloud Security Alliance, voir : https://gdpr.cloudsecurityalliance.org/].*

4.3 *Renforcer la confiance dans le traitement transfrontière des données – certification de la sécurité*

Comme indiqué au considérant 33 du règlement relatif au libre flux des données à caractère non personnel, le renforcement de la confiance dans la sécurité du traitement transfrontière des données devrait réduire la propension des acteurs du marché et du secteur public à utiliser la localisation des données en lieu et place d'une assurance de sécurité des données. Parallèlement au train de mesures sur la cybersécurité proposé par la Commission en 2017 *[Pour en savoir plus, voir : https://ec.europa.eu/digital-single-market/en/cyber-security]*, le groupe de travail CSPCERT élabore actuellement des recommandations aux fins de la mise en place d'un dispositif européen de certification de l'informatique en nuage qui seront présentées à la Commission. Un tel dispositif est susceptible de faciliter la libre circulation des données, de permettre une meilleure comparabilité des services en nuage et de promouvoir l'adoption de ces services. La Commission peut demander à l'ENISA (Agence de l'Union européenne pour la cybersécurité) de concevoir un système candidat conformément aux dispositions applicables du règlement sur la cybersécurité *[Règlement du Parlement européen et du Conseil du 17 avril 2019 relatif à l'ENISA (Agence de l'Union européenne pour la cybersécurité) et à la certification des technologies de l'information et des communications en matière de cybersécurité et abrogeant le règlement (UE) n° 526/2013 (règlement sur la cybersécurité).]*. Ce système peut porter à la fois sur les données à caractère personnel et sur les données à caractère non personnel. Outre le règlement sur la cybersécurité, et comme souligné au point 4.2, le RGPD peut également être utilisé pour démontrer l'existence de garanties appropriées en matière de sécurité des données *[Voir le considérant 74 du règlement sur la cybersécurité]*.

Remarques finales

La sécurité juridique et la confiance dans le traitement des données sont essentielles pour que l'UE puisse exploiter pleinement les données et que des chaînes de valeur puissent être créées dans tous les secteurs et par-delà les frontières. Les deux règlements garantissent cela et poursuivent tous deux l'objectif de la libre circulation des données. Ensemble, le règlement relatif au libre flux des données à caractère non personnel et le RGPD jettent les bases du libre flux de toutes les données au sein de l'Union européenne et d'une économie européenne fondée sur les données hautement compétitive.

APPENDICE

BANQUE – ASSURANCE

V. Guidelines 06/2020 on the interplay of the Second Payment Services Directive and the GDPR, 15 déc. 2020 (https://edpb.europa.eu/).

V. CNIL, fiches pratiques, 16 juill. 2021 (https://www.cnil.fr/) :

— les durées de conservation des données du secteur de l'assurance ;

— le principe de minimisation et les traitements du NIR et des données de santé dans le secteur de l'assurance ;

— la qualification des acteurs du secteur de l'assurance au regard du RGPD ;

— les grands traitements du secteur de l'assurance et leurs bases légales.

V. Guide actualisant le Pack de conformité Assurance de la CNIL, juill. 2021 (https://www.ffa-assurance.fr/actualites/traitement-des-donnees-caractere-personnel-guide-actualisation-du-pack-de-conformite).

BIBL. ▶ CASTETS-RENARD, *Dalloz IP/IT 2016. 6* (la transposition de la directive « PSI 2 » et l'ouverture des données publiques). - DE FALLOIS, *RDSS 2017. 77* (assurance et « droit à l'oubli » en matière de santé). - BANK, *RDBF 2018. Étude 1* (données personnelles : la difficile articulation de la Directive sur les services de paiement 2 et le règlement général sur la protection des données) ; *ibid. Étude 20* (données personnelles : articulation de la Directive sur les services de paiement 2 et le règlement général sur la protection des données - Acte II : suite et fin ?). - BANCK et SCHULTIS, *Vade-mecum* de la protection des données personnelles pour le secteur bancaire et financier, *RB Édition, 2018.* - JOUFFIN et ROUSSILLE, *Banque et Dr. 1-2/2019. 61* (favoriser la libre circulation des datas (données non personnelles) : que vive le secret bancaire !). - CNIL, *oct. 2021* (quand la confiance paie. Les moyens de paiement d'aujourd'hui et de demain au défi de la protection des données). - STORRER, *Banque et Dr. 11-12/2021. 13* (à propos du livre blanc de la CNIL sur les données de paiement). - DE RAVEL D'ESCLAPON, *RDBF 2021. Étude 16* (payer aujourd'hui et demain - réflexions à partir du livre blanc de la CNIL « Quand la confiance paie »).

Code des assurances

PREMIÈRE PARTIE : *LÉGISLATIVE*

LIVRE I **LE CONTRAT**

TITRE III **RÈGLES RELATIVES AUX ASSURANCES DE PERSONNES ET AUX OPÉRATIONS DE CAPITALISATION** *(L. n° 92-665 du 16 juill. 1992).*

CHAPITRE II ***LES ASSURANCES SUR LA VIE ET LES OPÉRATIONS DE CAPITALISATION*** *(L. n° 92-665 du 16 juill. 1992).*

Art. L. 132-27-2 *(L. n° 2014-617 du 13 juin 2014, art. 3-I-6°, en vigueur le 1er janv. 2016)* **I. — Les sommes dues au titre des contrats d'assurance sur la vie et des bons ou contrats de capitalisation qui ne font pas l'objet d'une demande de versement des prestations ou du capital sont déposées à la Caisse des dépôts et consignations à l'issue d'un délai de dix ans à compter de la date de prise de connaissance par l'assureur du décès de l'assuré ou de l'échéance du contrat. Le dépôt intervient dans le mois suivant l'expiration de ce délai.** *(L. n° 2019-486 du 22 mai 2019, art. 71-VII)* **« A défaut d'échéance du contrat ou de prise de connaissance par l'assureur du décès de l'assuré, lorsque la date de naissance de l'assuré remonte à plus de cent vingt années et qu'aucune opération n'a été effectuée à l'initiative de l'assuré au cours des deux dernières années, l'assureur est tenu de rechercher le bénéficiaire et, si cette recherche aboutit, de l'aviser de la stipulation effectuée à son profit. Si cette recherche n'aboutit pas, les sommes dues au titre de ces contrats sont transférées à**

la Caisse des dépôts et consignations au terme d'un délai de dix ans à compter de la date du cent vingtième anniversaire de l'assuré, après vérification de sa date de naissance par l'assureur. » Les sommes dues au titre d'un contrat d'assurance temporaire en cas de décès ne font pas l'objet de ce dépôt lorsque le décès de l'assuré est intervenu antérieurement au 1er janvier 2015.

Le dépôt à la Caisse des dépôts et consignations des sommes dues au titre des contrats mentionnés au premier alinéa du présent I et comportant, en tout ou partie, des engagements exprimés en unités de compte mentionnés au second alinéa de l'article L. 131-1 ou affectés à l'acquisition de droits donnant lieu à la constitution d'une provision de diversification s'effectue en numéraire. La valeur de ces engagements ou de ces droits est celle atteinte à l'expiration du délai de dix ans mentionné au premier alinéa du présent I, sauf si les stipulations contractuelles prévoient une date antérieure.

Le souscripteur du contrat ou les bénéficiaires des sommes déposées à la Caisse des dépôts et consignations ne peuvent en obtenir le versement qu'en numéraire, nonobstant toute stipulation contraire. *(L. n° 2019-486 du 22 mai 2019, art. 71-VII)* « La Caisse des dépôts et consignations procède à la restitution des sommes sous la forme d'un capital. »

Les entreprises d'assurance, les institutions de prévoyance et les unions transmettent à la Caisse des dépôts et consignations les informations nécessaires, le cas échéant, au versement des sommes mentionnées au troisième alinéa au souscripteur du contrat ou à ses bénéficiaires.

Jusqu'à l'expiration du délai mentionné au III, elles conservent les informations et documents relatifs à l'encours des contrats à la date du dépôt prévu au deuxième alinéa du présent I, à la computation du délai mentionné au premier alinéa et au régime d'imposition applicable, ainsi que les informations et documents permettant d'identifier les souscripteurs et les bénéficiaires de ces contrats. Ces informations et documents sont transmis à la Caisse des dépôts et consignations à sa demande. Elles conservent également les informations et documents permettant d'apprécier qu'elles ont satisfait à leurs obligations en matière de contrats non réglés.

Le dépôt des sommes à la Caisse des dépôts et consignations en application du présent I est libératoire de toute obligation pour l'assureur et le souscripteur, à l'exception des obligations en matière de conservation d'informations et de documents prévues à l'avant-dernier alinéa. Ce caractère libératoire n'emporte cependant pas exonération de responsabilité pour les manquements commis antérieurement à ce dépôt.

II. — Six mois avant l'expiration du délai mentionné au premier alinéa du I du présent article, les entreprises d'assurance, les institutions de prévoyance et les unions mentionnées au I de l'article L. 132-9-3 informent le souscripteur ou les bénéficiaires du contrat, par tout moyen à leur disposition, de la mise en œuvre du présent article.

La Caisse des dépôts et consignations organise, dans le respect de la loi n° 78-17 du 6 janvier 1978 relative à l'informatique, aux fichiers et aux libertés, la publicité appropriée de l'identité des souscripteurs des contrats dont les sommes garanties ont fait l'objet du dépôt mentionné au I du présent article, afin de permettre aux souscripteurs ou aux bénéficiaires des contrats de percevoir les sommes qui leur sont dues. Ces derniers communiquent à la Caisse des dépôts et consignations les informations permettant de vérifier leur identité et de déterminer le montant des sommes qui leur sont dues.

Le notaire chargé d'établir l'actif successoral en vue du règlement de la succession pour laquelle il a été mandaté obtient, sur sa demande auprès de la Caisse des dépôts et consignations, le versement des sommes déposées en application du I et dues aux ayants droit du défunt, lorsque ces sommes entrent dans l'actif successoral. Le notaire restitue ces sommes aux ayants droit.

Le notaire joint à sa demande le mandat l'autorisant à agir au nom des ayants droit.

III. — Par dérogation au premier alinéa de l'article L. 518-24 du code monétaire et financier, les sommes déposées à la Caisse des dépôts et consignations en application du présent article et qui n'ont pas été réclamées par le souscripteur ou leurs bénéficiaires sont acquises à l'État à l'issue d'un délai de vingt ans à compter de la date de leur dépôt à la Caisse des dépôts et consignations.

Jusqu'à l'expiration de ce délai, la Caisse des dépôts et consignations détient, pour le compte des souscripteurs ou de leurs bénéficiaires, les sommes qui lui ont été déposées.

Pour chaque dépôt correspondant à un contrat d'assurance sur la vie ou à un bon ou contrat de capitalisation, le montant des sommes versées par la Caisse des dépôts et consignations à son souscripteur ou à ses bénéficiaires ou acquises à l'État ne peut être inférieur au montant des sommes déposées à la Caisse des dépôts et consignations, diminué, le cas échéant, des versements partiels réalisés par la Caisse des dépôts et consignations en application du présent article.

IV. — Un décret en Conseil d'État précise les modalités d'application du présent article.

V. art. R. 132-5-5 s.

V. Décis. du 9 juin 2016 [fichier CICLADE], infra.

CHAPITRE III *ACCÈS À L'ASSURANCE CONTRE LES RISQUES D'INVALIDITÉ OU DE DÉCÈS*

Art. L. 133-1 *(L. nº 2016-41 du 26 janv. 2016, art. 190-IV)* L'accès à l'assurance contre les risques d'invalidité ou de décès est garanti dans les conditions fixées aux articles L. 1141-1 à L. 1141-3, L. 1141-5 et L. 1141-6 du code de la santé publique. *— V. ces art. infra.*

DEUXIÈME PARTIE : *RÉGLEMENTAIRE*

LIVRE I **LE CONTRAT**

TITRE III **RÈGLES RELATIVES AUX ASSURANCES DE PERSONNES ET AUX OPÉRATIONS DE CAPITALISATION** *(Décr. nº 93-385 du 19 mars 1993).*

CHAPITRE II *LES ASSURANCES SUR LA VIE ET LES OPÉRATIONS DE CAPITALISATION (Décr. nº 93-382 du 19 mars 1993).*

SECTION 1 *Dispositions générales*

Art. R. 132-5-5 *(Décr. nº 2015-1092 du 28 août 2015, art. 2-I-2º, en vigueur le 1er janv. 2016)* I. — Sans préjudice des obligations visées au dernier alinéa de l'article L. 132-8, pour l'application du premier alinéa de l'article L. 132-27-2, la date de prise de connaissance du décès de l'assuré par l'entreprise d'assurance, est la date à laquelle l'entreprise d'assurance est informée du décès, par l'obtention de l'acte de décès, intervenant notamment à la suite de la consultation du répertoire national d'identification des personnes physiques prévue à l'article L. 132-9-3.

II. — Pour l'application du I de l'article L. 132-27-2, est considérée comme l'échéance du contrat, celle prévue par la dernière reconduction tacite, s'il y a lieu.

III. — Les sommes libellées en devises étrangères sont converties en euros par les entreprises d'assurance dans les sept jours ouvrés précédant la date de dépôt à la Caisse des dépôts et consignations, sauf si les stipulations contractuelles prévoient une date antérieure, et déposées à la Caisse des dépôts et consignations, en euros et nettes de frais perçus au profit d'un tiers pour la conversion.

Les dépôts interviennent *[,]* le cas échéant, à une fréquence mensuelle.

IV. — Lors du dépôt des sommes à la Caisse des dépôts et consignations en application du I de l'article L. 132-27-2, l'entreprise d'assurance communique à la Caisse des dépôts et consignations par voie dématérialisée les informations suivantes :

1º Pour l'ensemble des dépôts :

a) Le nombre de contrats et bons de capitalisation concernés par le dépôt ;

b) Le total des sommes concernées ;

2º Pour chaque contrat et bon de capitalisation concerné par le dépôt :

a) Le type et numéro de contrat, de bon, de police ou d'adhésion ;

b) Le montant des sommes déposées ;

c) La devise d'origine ;

d) La date de connaissance du décès de l'assuré ou la date de l'échéance du contrat ou du bon de capitalisation.

Dans un délai de cinq jours ouvrés à compter de la réception des informations susmentionnées et des sommes correspondantes, la Caisse des dépôts et consignations délivre à l'entreprise d'assurance un justificatif de dépôt mentionnant la date de dépôt, le montant total des sommes déposées et les montants déposés au titre de chaque contrat ou bon. Le délai de vingt ans mentionné au III de l'article L. 132-27-2 court à compter de la date de dépôt des sommes à la Caisse des dépôts et consignations mentionnée par le justificatif.

V. — L'entreprise d'assurance communique également lors de ce dépôt, par voie dématérialisée, les informations qu'elle détient nécessaires à la publicité appropriée de l'identité des souscripteurs des contrats, mentionnée au II de l'article L. 132-27-2, et au versement des sommes au souscripteur du contrat ou aux bénéficiaires en application du I de l'article L. 132-27-2, à savoir :

1° Informations relatives au souscripteur ou à l'adhérent :

a) Pour les personnes physiques :

— état civil ;

— dernière adresse connue ;

b) Pour les personnes morales :

— dénomination ou raison sociale ;

— dernier siège social connu ;

2° Informations relatives à l'assuré :

a) Date du décès, s'il y a lieu ;

b) État civil ;

c) Dernière adresse connue ;

3° Informations relatives au(x) bénéficiaire(s) :

a) Dernier libellé connu de la clause bénéficiaire ;

b) Pour les personnes physiques :

— état civil ;

— dernière adresse connue ;

c) Pour les personnes morales :

— dénomination ou raison sociale ;

— dernier siège social connu.

VI. — 1° Les entreprises d'assurance, les institutions de prévoyance ou les unions mentionnées au I de l'article L. 132-9-3 conservent, jusqu'à l'expiration des délais fixés au III de l'article L. 132-27-2, les informations et les documents suivants relatifs au régime d'imposition applicable aux sommes transférées à la Caisse des dépôts et consignations :

a) Pour les sommes versées à la Caisse des dépôts et consignations issues de la fraction rachetable de chaque contrat mentionné au I de l'article 990 I du code général des impôts, la valeur de rachat au jour du décès de l'assuré qui correspond aux sommes, rentes ou valeurs dues à raison des primes versées à compter du 13 octobre 1998 ;

b) Pour les sommes versées à la Caisse des dépôts et consignations issues de la fraction non rachetable de chaque contrat mentionné au I de l'article 990 I du code général des impôts, le produit résultant de la multiplication du montant du capital-décès dû, diminué de la valeur de rachat au jour du décès de l'assuré, par le taux de mortalité qui correspond à l'âge de l'assuré lors de son décès dans la table de mortalité applicable à cette date ;

c) Pour les sommes versées à la Caisse des dépôts et consignations issues de chaque contrat mentionné au I de l'article 990 I du code général des impôts non rachetable, la prime annuelle ou le montant de la prime unique versée à la souscription du contrat, lorsque celle-ci est intervenue à compter du 13 octobre 1998 ;

d) Pour les sommes versées à la Caisse des dépôts et consignations et qui entrent dans le champ d'application du 1 du I de l'article 990 I *bis* du code général des impôts, la valeur de rachat au jour du décès de l'assuré des contrats d'assurance sur la vie dont ces sommes sont issues ;

e) Pour les sommes versées à la Caisse des dépôts et consignations issues de contrats d'assurance sur la vie ou des bons ou contrats de capitalisation mentionnés au I de l'article 990 I *bis* du code général des impôts qui comportent un terme, le montant des sommes dues au bénéficiaire au jour de l'échéance du contrat ;

f) Pour l'ensemble des sommes versées à la Caisse des dépôts et consignations issues de contrats mentionnés au I de l'article 990 I du code général des impôts et au I de l'article 990 I *bis* du code général des impôts, les conditions dans lesquelles la revalorisation du capital garanti est intervenue à compter du décès de l'assuré en application du troisième alinéa de l'article L. 132-5, pour chacun des contrats précités, ou celles dans lesquelles des intérêts ont été servis en application de l'article R. 132-3-1 ;

g) Pour la fraction des sommes ayant le caractère de produits attachés aux bons, contrats ou placements mentionnés au I de l'article 125-0 A du code général des impôts :

– la nature du contrat ;

– la date de souscription du contrat ;

– le montant des produits imposables et le montant des produits exonérés d'impôt sur le revenu ;

2° Les entreprises d'assurance, les institutions de prévoyance ou les unions mentionnées à l'article L. 132-9-3-1 communiquent à la Caisse des dépôts et consignations, sur sa demande, les informations et documents mentionnés au 1°.

Les sommes déposées à la Caisse des dépôts et consignations portent intérêt dans les conditions prévues à l'art. L. 518-23 C. mon. fin. (Décr. n° 2015-1092 du 28 août 2015, art. 2-II).

Code civil

LIVRE III DES DIFFÉRENTES MANIÈRES DONT ON ACQUIERT LA PROPRIÉTÉ

TITRE XIV DE LA FIDUCIE

Art. 2019 A peine de nullité, le contrat de fiducie et ses avenants sont enregistrés dans le délai d'un mois à compter de leur date au service des impôts du siège du fiduciaire ou au service des impôts des non-résidents si le fiduciaire n'est pas domicilié en France.

Lorsqu'ils portent sur des immeubles ou des droits réels immobiliers, ils sont, sous la même sanction, publiés dans les conditions prévues aux articles 647 et 657 du code général des impôts.

La transmission des droits résultant du contrat de fiducie et, si le bénéficiaire n'est pas désigné dans le contrat de fiducie, sa désignation ultérieure doivent, à peine de nullité, donner lieu à un acte écrit enregistré dans les mêmes conditions.

(Ord. n° 2020-115 du 12 févr. 2020, art. 12) « La désignation d'un tiers en application de l'article 2017 et l'information sur l'identité du ou des bénéficiaires effectifs de la fiducie mentionnés à l'article L. 561-2-2 du code monétaire et financier doivent également, à peine de nullité, donner lieu à un acte écrit établi par le fiduciaire et enregistré dans les mêmes conditions. »

Art. 2020 Un registre national des fiducies est constitué selon des modalités précisées par décret en Conseil d'État. – *V. Décr. n° 2010-219 du 2 mars 2010 relatif au traitement automatisé de données à caractère personnel dénommé « Registre national des fiducies » (JO 4 mars).*

Code de la consommation

PREMIÈRE PARTIE : *LÉGISLATIVE*

LIVRE VII TRAITEMENT DES SITUATIONS DE SURENDETTEMENT

TITRE V FICHIER NATIONAL RECENSANT LES INFORMATIONS SUR LES INCIDENTS DE PAIEMENT CARACTÉRISÉS

BIBL. GÉN. ▸ NDLR, *BRDA 2010, n° 13, p. 31* (fichiers des crédits aux particuliers). – LEGEAIS, *RDBF 2010. Repère 5* (fichier positif : vers la fin d'un serpent de mer ?). – MOLE, *Dr. et* *patr. 11/2010. 28* (créer un fichier positif des crédits ?). – LEGRAND, *D. 2013. 1419* (registre national des crédits aux particuliers : l'occasion (encore) manquée ?). – CLARET, *JCP 2013, nº 695* (le fichier positif : serpent de mer ou Léviathan ?). – LASSERRE CAPDEVILLE, *CCC 2018. Étude 4* (le contentieux bancaire lié au FICP) ; *Banque et Dr. 5-6/2020. 12* (l'effacement d'une inscription au FICP) ; *RLDA oct. 2020. 43* (crédit aux consommateurs : la preuve de la consultation du FICP).

CHAPITRE I *OBJET DU FICHIER*

Art. L. 751-1 **Un fichier national recense les informations sur les incidents de paiement caractérisés liés aux crédits accordés aux personnes physiques pour des besoins non professionnels.**

Ce fichier est géré par la Banque de France, laquelle est seule habilitée à centraliser ces informations.

Il est soumis à la loi nº 78-17 du 6 janvier 1978 relative à l'informatique, aux fichiers et aux libertés. – *[C. consom., art. L. 333-4, I, al. 1er.]*

V., ci-dessous, C. mon. fin., art. L. 313-6.

Art. L. 751-2 **Ce fichier a pour finalité de fournir aux établissements de crédit et aux sociétés de financement mentionnés au titre I du livre V du code monétaire et financier, aux établissements de monnaie électronique et aux établissements de paiement mentionnés au titre II du même livre V et aux organismes mentionnés aux 5 et 8 de l'article L. 511-6 du même code un élément d'appréciation de la solvabilité des personnes qui sollicitent un crédit. Toutefois, l'inscription d'une personne physique au sein du fichier n'emporte pas interdiction de délivrer un crédit.**

Le fichier peut fournir un élément d'appréciation à l'usage des établissements de crédit, des établissements de monnaie électronique et des établissements de paiement dans leurs décisions d'attribution des moyens de paiement.

Les informations qu'il contient peuvent également être prises en compte par les entreprises mentionnées au premier alinéa pour la gestion des risques liés aux crédits souscrits par leurs clients.

L'organisme de caution mentionné à l'article 26-7 de la loi nº 65-557 du 10 juillet 1965 fixant le statut de la copropriété des immeubles bâtis peut consulter le fichier mentionné au présent article, pour les copropriétaires participant à l'emprunt mentionné à l'article 26-4 de cette même loi. – *[C. consom., art. L. 333-4, I, al. 2 à 5.]*

Sur les sanctions, V. ci-dessous, art. L. 762-1 et L. 762-2.

Art. L. 751-3 **La Banque de France est déliée du secret professionnel pour la diffusion, aux entreprises mentionnées au premier alinéa de l'article L. 751-2, des informations nominatives contenues dans le fichier.** – *[C. consom., art. L. 333-4, IV, al. 1er.]*

Art. L. 751-4 **Les conditions dans lesquelles la Banque de France et les entreprises mentionnées au premier alinéa de l'article L. 751-2 informent les personnes de leur inscription et de leur radiation du fichier ainsi que de leurs droits sont précisées par arrêté, pris après avis de la Commission nationale de l'informatique et des libertés.** – *[C. consom., art. L. 333-4, IV, al. 2.]*

Art. L. 751-5 **Il est interdit à la Banque de France et aux entreprises mentionnées au premier alinéa de l'article L. 751-2 de remettre à quiconque copie des informations contenues dans le fichier.**

Cette interdiction ne s'applique pas aux intéressés, lesquels exercent leur droit d'accès aux informations les concernant contenues dans le fichier conformément à l'article *(Ord. nº 2018-1125 du 12 déc. 2018, art. 4, en vigueur le 1er juin 2019)* **« 49 » de la loi nº 78-17 du 6 janvier 1978 relative à l'informatique, aux fichiers et aux libertés.** – *[C. consom., art. L. 333-4, IV, al. 3.]*

Art. L. 751-6 **Un arrêté du ministre chargé de l'économie, pris après avis de la Commission nationale de l'informatique et des libertés et du comité consultatif du secteur financier, fixe les modalités de collecte, d'enregistrement, de conservation et de consultation des informations.**

Cet arrêté détermine également les modalités selon lesquelles les établissements et organismes mentionnés au premier alinéa de l'article L. 751-2 peuvent justifier qu'ils ont consulté le fichier, notamment en application de l'article L. 312-16. – *[C. consom., art. L. 333-5.] — V. Arr. du 26 oct. 2010, ci-dessous.*

CHAPITRE II *INSCRIPTION ET RADIATION*

Art. L. 752-1 Les entreprises mentionnées au premier alinéa de l'article L. 751-2 sont tenues de déclarer à la Banque de France, dans des conditions précisées par arrêté, les incidents de paiement caractérisés dans les conditions précisées par l'arrêté mentionné à l'article L. 751-6.

Dès la réception de cette déclaration, la Banque de France inscrit immédiatement les incidents de paiement caractérisés au fichier et, dans le même temps, met cette information à la disposition de l'ensemble des entreprises ayant accès au fichier. Les frais afférents à cette déclaration ne peuvent être facturés aux personnes physiques concernées.

Les informations relatives à ces incidents sont radiées immédiatement à la réception de la déclaration de paiement intégral des sommes dues effectuée par l'entreprise à l'origine de l'inscription au fichier. Elles ne peuvent en tout état de cause être conservées dans le fichier pendant plus de cinq ans à compter de la date d'enregistrement par la Banque de France de l'incident ayant entraîné la déclaration. – *[C. consom., art. L. 333-4, II.]*

Art. L. 752-2 Dès qu'une commission de surendettement des particuliers est saisie par un débiteur, elle en informe la Banque de France aux fins d'inscription au fichier.

La même obligation pèse sur le greffe du *(Ord. nº 2019-964 du 18 sept. 2019, art. 4, en vigueur le 1er janv. 2020)* « tribunal judiciaire *[ancienne rédaction : juge du tribunal d'instance]* » lorsque, sur recours de l'intéressé contre une décision de recevabilité *(Abrogé par L. nº 2016-1547 du 18 nov. 2016, art. 58, à compter du 1er janv. 2018 ; Abrogé par L. nº 2017-203 du 21 févr. 2017, art. 14)* ***« ou d'orientation »*** rendue par la commission, la situation mentionnée à l'article L. 711-1 est reconnue par ce juge *[juge des contentieux de la protection]* ou lorsque le débiteur a bénéficié de l'effacement des dettes résultant d'un rétablissement personnel en application des dispositions des articles *(L. nº 2016-1547 du 18 nov. 2016, art. 58, en vigueur le 1er janv. 2018)* « L. 741-2, L. 741-6, L. 741-7 *[ancienne rédaction : L. 741-3, L. 741-7, L. 741-8]* » ou L. 742-22. – *[C. consom., art. L. 333-4, III, al. 1er.]*

Art. L. 752-3 Le fichier recense les mesures du plan conventionnel de redressement mentionnées à l'article L. 732-2. Ces mesures sont communiquées à la Banque de France par la commission. L'inscription est conservée pendant toute la durée de l'exécution du plan conventionnel, sans pouvoir excéder sept ans.

Le fichier recense également les mesures prises en vertu des articles L. 733-1, *(L. nº 2016-1547 du 18 nov. 2016, art. 58, en vigueur le 1er janv. 2018)* « L. 733-4 et L. 733-7 *[ancienne rédaction : L. 733-7 et L. 733-8]* » qui sont communiquées à la Banque de France par la commission ou le greffe du *(Ord. nº 2019-964 du 18 sept. 2019, art. 4, en vigueur le 1er janv. 2020)* « tribunal judiciaire *[ancienne rédaction : juge du tribunal d'instance]* » *(Abrogé par L. nº 2016-1547 du 18 nov. 2016, art. 58, à compter du 1er janv. 2018)* ***« lorsqu'elles sont soumises à son homologation »***. L'inscription est conservée pendant toute la durée d'exécution de ces mesures, sans pouvoir excéder sept ans.

Lorsque les mesures du plan conventionnel mentionnées à l'article L. 732-2 et celles prises en application des articles L. 733-1, *(L. nº 2016-1547 du 18 nov. 2016, art. 58, en vigueur le 1er janv. 2018)* « L. 733-4 et L. 733-7 *[ancienne rédaction : L. 733-7 et L. 733-8]* » sont exécutées sans incident, les informations relatives aux mentions qui ont entraîné leur déclaration sont radiées à l'expiration d'une période de cinq ans à compter de la signature du plan conventionnel *(L. nº 2016-1547 du 18 nov. 2016, art. 58, en vigueur le 1er janv. 2018)* « , de la date de la décision de la commission qui impose des mesures ou de la date du jugement ordonnant des mesures *[ancienne rédaction : ou de la date de la décision de la commission qui impose des mesures ou lorsque les mesures recommandées par la commission ont acquis force exécutoire]* ». Lorsque, pour une même personne, sont prescrits successivement, dans le cadre d'une révision ou d'un renouvellement du plan ou des mesures, un plan conventionnel mentionné à l'article L. 732-2 et des mesures prises en application des articles L. 733-1, *(L. nº 2016-1547 du 18 nov. 2016, art. 58, en vigueur le 1er janv. 2018)* « L. 733-4 et L. 733-7 *[ancienne rédaction : L. 733-7 et L. 733-8]* », l'inscription est maintenue pendant la durée globale d'exécution du plan et des mesures sans pouvoir excéder sept ans.

Pour les personnes ayant bénéficié de la procédure de rétablissement personnel, les informations relatives aux mentions correspondantes sont radiées à l'expiration d'une période de cinq ans à compter de la *(L. nº 2016-1547 du 18 nov. 2016, art. 58, en vigueur le 1er janv. 2018)* « décision de la commission ou de la *[ancienne rédaction : date d'homologation ou de]* » clôture de la procédure. La même durée de cinq ans est applicable aux personnes physiques ayant fait l'objet d'une liquidation judiciaire en application de l'article L. 670-6 du code de commerce. – *[C. consom., art. L. 333-4, III, al. 2, 3, 4 et 5.]*

……………………………………………………………………………………………

TITRE VI SANCTIONS

CHAPITRE II *SANCTIONS PÉNALES*

Art. L. 762-1 Le fait, pour la Banque de France et les entreprises mentionnées au premier alinéa de l'article L. 751-2, de remettre à quiconque copie des informations contenues dans le fichier mentionné à l'article L. 751-1 est puni des peines prévues aux articles 226-21 et 226-22 du code pénal. – *[C. consom., art. L. 333-4, IV, al. 3.]*

Art. L. 762-2 La collecte des informations contenues dans le fichier mentionné à l'article L. 751-1 par des personnes autres que la Banque de France et les entreprises mentionnées au premier alinéa de l'article L. 751-2 est punie des peines prévues à l'article 226-18 du code pénal. – *[C. consom., art. L. 333-4, IV, al. 4.]*

Code général des impôts

LIVRE I ASSIETTE ET LIQUIDATION DE L'IMPÔT

TROISIÈME PARTIE *DISPOSITIONS COMMUNES AUX PREMIÈRE ET DEUXIÈME PARTIES*

TITRE I ASSIETTE ET CONTRÔLE DE L'IMPÔT

CHAPITRE I *OBLIGATIONS DES CONTRIBUABLES*

0I *Déclarations relatives aux comptes financiers, aux contrats d'assurance vie et aux trusts (L. nº 2013-672 du 26 juill. 2013, art. 7-II-1º).*

Art. 1649 A Les administrations publiques, les établissements ou organismes soumis au contrôle de l'autorité administrative *(Ord. nº 2020-115 du 12 févr. 2020, art. 13-1º)* « , les établissements bénéficiant des dispositions des articles L. 511-22 et L. 511-23 du code monétaire et financier pour leurs opérations avec des résidents français » et toutes personnes qui reçoivent habituellement en dépôt des valeurs mobilières, titres ou *(Ord. nº 2020-115 du 12 févr. 2020, art. 13-1º)* « fonds *[ancienne rédaction : espèces]* » doivent déclarer à l'administration des impôts l'ouverture et la clôture des comptes de toute nature *(Ord. nº 2020-115 du 12 févr. 2020, art. 13-1º)* « ainsi que la location de coffres forts ». – *V. Ann. IV, art. 164 FB à 164 FF.* – ***CGI.***

Les personnes physiques, les associations, les sociétés n'ayant pas la forme commerciale, domiciliées ou établies en France, sont tenues de déclarer, en même temps que leur déclaration de revenus ou de résultats, les références des comptes ouverts, *(L. nº 2018-898 du 23 oct. 2018, art. 7, en vigueur à une date fixée par décret et, au plus tard, le 1er janv. 2019)* « détenus, » utilisés ou clos à l'étranger. Les modalités d'application du présent alinéa sont fixées par décret. – *V. Ann. III, art. 344 A et 344 B.* – **CGI**.

Les sommes, titres ou valeurs transférés à l'étranger ou en provenance de l'étranger par l'intermédiaire de comptes non déclarés dans les conditions prévues au deuxième alinéa constituent, sauf preuve contraire, des revenus imposables. – *V. égal. C. pr. fisc., art. L. 10-0 A, L. 23 C, L. 151 B et L. 181-0 A.* – ***C. pr. fisc.***

V., infra, Arr. du 14 juin 1982 modifié.

V. CNIL, Exercer son droit d'accès au fichier des comptes bancaires et assimilés (FICOBA), août 2019 (www.cnil.fr).

Art. 1649 AA Lorsque des contrats de capitalisation ou des placements de même nature, notamment des contrats d'assurance vie, sont souscrits auprès d'organismes mentionnés au I de l'article 1649 *ter* qui sont établis hors de France, les souscripteurs sont tenus de déclarer, en même temps que leur déclaration de revenus, les références des contrats ou placements concernés, la date d'effet et la durée de ces contrats ou placements, les opérations de remboursement et de versement des primes effectuées au cours de l'année précédente et, le cas échéant, la valeur de rachat ou le montant du capital garanti, y compris sous forme de rente, au 1er janvier de l'année de la déclaration. Les modalités d'application du présent alinéa sont fixées par décret. – *V. Ann. III, art. 344 C.* – **CGI**.

Les versements faits à l'étranger ou en provenance de l'étranger par l'intermédiaire de contrats non déclarés dans les conditions prévues au premier alinéa constituent, sauf preuve contraire, des revenus imposables.

Art. 1649 AB *(Ord. nº 2020-115 du 12 févr. 2020, art. 13-2º)* I. – L'administrateur d'un trust défini à l'article 792-0 *bis* dont le constituant ou l'un au moins des bénéficiaires à *[a]* son domicile fiscal en France ou qui comprend un bien ou un droit qui y est situé, l'administrateur d'un trust défini à l'article 792-0 *bis* établi ou résidant en dehors de l'Union européenne lorsqu'il acquiert un bien immobilier ou qu'il entre en relation d'affaires en France au sens de l'article L. 561-2-1 du code monétaire et financier ainsi que l'administrateur qui a son domicile fiscal en France sont tenus de déclarer les informations suivantes :

1° La constitution, la modification ou l'extinction, ainsi que le contenu des termes du trust ;

2° Les informations relatives aux nom, prénoms, adresse, date, lieu de naissance et nationalité des bénéficiaires effectifs des trusts, qui s'entendent comme toutes personnes physiques ayant la qualité d'administrateur, de constituant, de bénéficiaire et, le cas échéant, de protecteur ainsi que de toute autre personne physique exerçant un contrôle effectif sur le trust ou exerçant des fonctions équivalentes ou similaires.

3° La valeur vénale au 1er janvier de l'année :

a) Pour les personnes qui ont en France leur domicile fiscal au sens de l'article 4 B, des biens et droits situés en France ou hors de France et des produits capitalisés placés dans le trust ;

b) Pour les autres personnes, des seuls biens et droits situés en France et des produits capitalisés placés dans le trust.

II. – Les informations mentionnées au I sont conservées dans un registre placé sous la responsabilité du ministre chargé du budget.

Les modalités d'application du présent article sont fixées par décret en Conseil d'État.

‖ *V., infra, Arr. du 21 juin 2016.*

Art. 1649 *ter* I. – Les entreprises d'assurance, les institutions de prévoyance et les unions mentionnées au I de l'article L. 132-9-3 du code des assurances, ainsi que les mutuelles ou unions mentionnées à l'article L. 223-10-2 du code de la mutualité et les organismes assimilés, établis en France, déclarent la souscription et le dénouement des contrats de capitalisation ou des placements de même nature, notamment des contrats d'assurance vie.

II. – Les entreprises, personnes morales, institutions et organismes mentionnés au I déclarent également chaque année au titre de ces contrats :

1° Pour les contrats d'assurance vie non rachetables souscrits depuis le 20 novembre 1991, le montant cumulé des primes versées entre le soixante-dixième anniversaire du souscripteur et le 1er janvier de l'année de la déclaration, lorsque ce montant est supérieur ou égal à 7 500 € ;

2° Pour les autres contrats, quelle que soit leur date de souscription, le montant cumulé des primes versées au 1er janvier de l'année de la déclaration et la valeur de rachat ou le montant du capital garanti, y compris sous forme de rente, à la même date, lorsque ce montant ou cette valeur est supérieur ou égal à 7 500 €.

III. — Les déclarations prévues aux I et II s'effectuent dans les conditions et délais fixés par décret en Conseil d'État. — *V. Ann. II, art. 292 B, 306-0 F et 370 C.* — **CGI**.

V. infra. Arr. du 1er sept. 2016.

Code monétaire et financier

PREMIÈRE PARTIE : *LÉGISLATIVE*

LIVRE I **LA MONNAIE**

TITRE III **LES INSTRUMENTS DE LA MONNAIE SCRIPTURALE**

CHAPITRE I *LE CHÈQUE BANCAIRE ET POSTAL* (*L. no 2005-516 du 20 mai 2005, art. 16-IV*).

SECTION 12 *Incidents de paiement et sanctions* (*L. no 2005-516 du 20 mai 2005, art. 16-IV*).

Art. L. 131-86 La Banque de France assure l'information de toute personne qui, lors de la remise d'un chèque pour le paiement d'un bien ou d'un service, souhaite vérifier la régularité, au regard (*L. no 2005-516 du 20 mai 2005, art. 16-IV, en vigueur le 31 déc. 2005*) « du présent chapitre », de l'émission de celui-ci. L'origine de ces demandes d'information donne lieu à enregistrement. — *[Décr.-L. du 30 oct. 1935, art. 74-1, al. 1er.]* — *V. art. R. 131-5 s. et R. 163-2. — Sur la sanction de la diffusion ou de la conservation des informations obtenues en application de l'art. L. 131-86, V. art. L. 163-12, ci-dessous.*

....

TITRE IV **LA BANQUE DE FRANCE**

CHAPITRE IV *DISPOSITIONS DIVERSES*

Art. L. 144-1 (*Abrogé par L. no 2007-212 du 20 févr. 2007, art. 3*) « ***La Banque de France est habilitée à se faire communiquer par les établissements de crédit et les établissements financiers tous documents et renseignements qui lui sont nécessaires pour exercer les missions définies à la section 1 du chapitre I du présent titre.*** » (*L. no 2007-212 du 20 févr. 2007, art. 3*) « La Banque de France » peut entrer directement en relation avec les entreprises et groupements professionnels qui seraient disposés à participer à ses enquêtes. (*L. no 2007-212 du 20 févr. 2007, art. 6*) « Ces entreprises et groupements professionnels peuvent communiquer à la Banque de France des informations sur leur situation financière. » — *[L. no 93-980 du 4 août 1993, art. 20.]*

(*Ord. no 2014-559 du 30 mai 2014, art. 18, en vigueur le 1er oct. 2014*) « La Banque de France peut communiquer tout ou partie des renseignements qu'elle détient sur la situation financière des entreprises aux autres banques centrales *[,]* aux autres institutions chargées d'une mission similaire à celles qui lui sont confiées en France, (*L. no 2016-1691 du 9 déc. 2016, art. 54*) « aux conseils régionaux lorsqu'ils attribuent des aides publiques aux entreprises » (*L. no 2019-486 du 22 mai 2019, art. 70*) « , à l'administration fiscale pour sa mission économique, aux administrations d'État à vocation économique ou financière intervenant dans la prévention et le traitement des difficultés des entreprises », aux établissements de crédit et établissements financiers, notamment les sociétés de financement, » (*Ord. no 2017-484 du 6 avr. 2017, art. 3*) « aux entreprises d'assurance, aux fonds de retraite professionnelle supplémentaire, aux mutuelles, aux mutuelles ou unions de retraite professionnelle supplémentaire, aux institutions de retraite professionnelle supplémentaire et aux institutions de prévoyance » *(L. n° 2015-990 du 6 août 2015, art. 169-I)* « qui investissent dans des prêts et des titres assimilés dans les conditions prévues, respectivement, par le code des assurances, le code de la mutualité et le code de la sécurité sociale, à des sociétés de gestion » *(Ord. n° 2017-1107 du 22 juin 2017, art. 1er, en vigueur le 3 janv. 2018)* « de portefeuille » *(Ord. n° 2016-520 du 28 avr. 2016, art. 1er, en vigueur le 1er oct. 2016)* « , aux intermédiaires en financement participatif lorsqu'ils exercent l'intermédiation au sens de l'article L. 548-1 pour les opérations de prêt à titre onéreux ou » *(Ord. n° 2021-1735 du 22 déc. 2021, art. 1er)* « à titre gratuit et aux prestataires des services de financement participatif ». — *V. Décr. n° 2015-1854 du 30 déc. 2015, ci-dessous.*

(L. n° 2010-1249 du 22 oct. 2010, art. 59) « Elle peut aussi communiquer ces renseignements aux entreprises d'assurance habilitées, dans les conditions prévues par le code des assurances, à pratiquer en France des opérations d'assurance crédit ou de caution, sous réserve que leurs interventions s'adressent à des entreprises.

« Elle établit au préalable les modalités de communication de ces renseignements et fixe les obligations déclaratives *(L. n° 2016-1691 du 9 déc. 2016, art. 54)* « et les règles de confidentialité applicables aux » *(L. n° 2015-990 du 6 août 2015, art. 169-I)* « entités mentionnées aux deuxième et troisième alinéas lorsqu'elles consentent des prêts *(L. n° 2016-1691 du 9 déc. 2016, art. 54)* « ou des aides publiques », investissent dans des prêts et des titres assimilés *(Abrogé par Ord. n° 2021-1735 du 22 déc. 2021, art. 1er)* « , ***proposent des minibons*** » ou effectuent des opérations d'assurance-crédit ou de caution ».

« Les méthodes et modèles de notation du risque *(L. n° 2015-990 du 6 août 2015, art. 169-I)* « des entreprises d'assurance mentionnées au troisième alinéa » sont transmis à l'Autorité de contrôle prudentiel et de résolution. »

(L. n° 2019-486 du 22 mai 2019, art. 70) « Un décret, pris après avis de la Banque de France, fixe les modalités d'application des deuxième et quatrième alinéas aux entités mentionnées au deuxième alinéa, autres que les banques centrales et assimilées, établissements de crédit et établissements financiers. » — *V. Décr. n° 2015-1854 du 30 déc. 2015, ci-dessous.*

Sur les échanges d'informations entre les institutions bancaires et financières, V. art. L. 631-1. — ***C. mon. fin.***

En ce qui concerne le secret professionnel, V. art. L. 511-33, ci-dessous.

V. CNIL, délib. n° 2009-498 du 17 sept. 2009, autorisant les nouvelles modalités de mise en œuvre du Fichier bancaire des entreprises (FIBEN) de la Banque de France (https://www.cnil.fr/fr).

....

Art. L. 144-5 *(L. n° 2008-776 du 4 août 2008, art. 75)* Un décret fixe la durée maximale pendant laquelle les informations relatives à la situation des dirigeants et des entrepreneurs qui sont détenues par la Banque de France peuvent être communiquées à des tiers. — *V. art. D. 144-12, ci-dessous.*

....

TITRE V LES RELATIONS FINANCIÈRES AVEC L'ÉTRANGER

CHAPITRE II *OBLIGATIONS DE DÉCLARATION*

Art. L. 152-2 Les personnes physiques, les associations, les sociétés n'ayant pas la forme commerciale, domiciliées ou établies en France, sont soumises aux dispositions du deuxième alinéa de l'article 1649 A du code général des impôts. — *[L. n° 89-935 du 29 déc. 1989, art. 98-2.]*

Art. L. 152-3 Les établissements de crédit, *(L. n° 2013-100 du 28 janv. 2013, art. 4-II)* « les établissements de monnaie électronique, » *(Ord. n° 2009-866 du 15 juill. 2009, art. 2-III, en vigueur le 1er nov. 2009)* « les établissements de paiement » ainsi que les organismes et services mentionnés à l'article L. 518-1 doivent communiquer aux administrations fiscales et douanières, sur leur demande, la date et le montant des sommes transférées à l'étranger par les personnes visées à l'article L. 152-2, l'identification de l'auteur du transfert et du bénéficiaire ainsi que les références des comptes concernés en France et à l'étranger. Ces dispositions s'appliquent également aux opérations effectuées pour le compte de ces personnes sur des comptes de non-résidents.

Les organismes mentionnés au premier alinéa sont tenus de conserver, dans les conditions prévues à l'article L. 102 B du Livre des procédures fiscales, tout document, information, donnée ou traitement relatif aux opérations de transfert mentionnées aux alinéas précédents.

Un décret en Conseil d'État peut fixer, après avis de la commission nationale de l'informatique et des libertés, les règles particulières relatives à la conservation et à la communication des informations détenues par les organismes mentionnés au premier alinéa. – *[L. nº 89-935 du 29 déc. 1989, art. 98-3.] – V. art. R. 152-10, infra.*

……………………………………………………………………………………………

Art. L. 152-6 Les organismes qui ne se conforment pas aux obligations prévues à l'article L. 152-3 sont passibles d'une amende égale à 50 % du montant des sommes non communiquées.

Lorsque le contribuable apporte la preuve que le Trésor n'a subi aucun préjudice, le taux de l'amende est ramené à 5 % et son montant plafonné à 750 € en cas de première infraction.

L'infraction est constatée et l'amende recouvrée, garantie et contestée dans les conditions prévues pour les contraventions aux dispositions relatives au droit de communication *(L. nº 2013-1117 du 6 déc. 2013, art. 56)* « des administrations fiscales et douanières » mentionnées à l'article L. 152-3. – *[L. nº 89-935 du 29 déc. 1989, art. 98 (5).]*

……………………………………………………………………………………………

TITRE VI DISPOSITIONS PÉNALES

CHAPITRE III *INFRACTIONS RELATIVES AUX CHÈQUES ET AUX AUTRES INSTRUMENTS DE LA MONNAIE SCRIPTURALE* *(Ord. nº 2009-866 du 15 juill. 2009, art. 2-IV, en vigueur le 1er nov. 2009).*

Art. L. 163-12 Est puni des peines prévues à l'article 226-21 du code pénal le fait, pour toute personne, de diffuser ou de conserver des informations obtenues en application de l'article L. 131-86. – *[Décr.-L. du 30 oct. 1935, art. 74-1, al. 2.]*

……………………………………………………………………………………………

LIVRE III LES SERVICES

TITRE I LES OPÉRATIONS DE BANQUE, LES SERVICES DE PAIEMENT ET L'ÉMISSION ET LA GESTION DE MONNAIE ÉLECTRONIQUE *(L. nº 2013-100 du 28 janv. 2013, art. 5-I).*

CHAPITRE II *COMPTES ET DÉPÔTS*

SECTION 4 *Comptes inactifs*

(L. nº 2014-617 du 13 juin 2014, art. 1er, en vigueur le 1er janv. 2016)

Art. L. 312-19 I. – Les établissements de crédit mentionnés au titre I du livre V ainsi que les établissements de monnaie électronique et les établissements de paiement mentionnés au titre II du même livre recensent chaque année les comptes inactifs ouverts dans leurs livres.

Un compte est considéré comme inactif :

1° Soit à l'issue d'une période de douze mois au cours de laquelle les deux conditions suivantes sont remplies :

a) Le compte n'a fait l'objet d'aucune opération, hors inscription d'intérêts et débit par l'établissement tenant le compte de frais et commissions de toutes natures ou versement de produits ou remboursement de titres de capital ou de créance ;

b) Le titulaire du compte, son représentant légal ou la personne habilitée par lui ne s'est pas manifesté, sous quelque forme que ce soit, auprès de cet établissement ni n'a effectué aucune opération sur un autre compte ouvert à son nom dans les livres de l'établissement.

La période de douze mois est portée à cinq ans pour les comptes sur lesquels sont inscrits des titres financiers, les comptes sur livret, les comptes à terme et les comptes sur lesquels sont inscrits des avoirs et dépôts au titre des produits d'épargne mentionnés au titre II du livre II *(L. nº 2019-486 du 22 mai 2019, art. 94)* «, au titre des produits de l'épargne salariale mentionnés aux chapitres III et IV du titre III du livre III de la troisième partie du code du travail ainsi qu'au titre des produits de la participation affectés à un compte courant bloqué en vertu du 2° de l'article L. 3323-2 du même code ». Lorsque les sommes déposées sur un compte ou les titres inscrits en compte sont indisponibles pendant une certaine période en vertu de dispositions légales, de stipulations contractuelles ou de l'existence d'une sûreté conventionnelle, la période de cinq ans commence à courir au terme de la période d'indisponibilité ;

2° Soit, si son titulaire est décédé, à l'issue d'une période de douze mois suivant le décès au cours de laquelle aucun de ses ayants droit n'a informé l'établissement tenant le compte de sa volonté de faire valoir ses droits sur les avoirs et dépôts qui y sont inscrits.

Un compte qui remplit les conditions prévues au 1° en raison de l'application de dispositions légales ou réglementaires ou d'une décision de justice n'est pas un compte inactif au sens du présent article.

Pour l'application du 2°, les établissements mentionnés au premier alinéa du présent I mettent en œuvre, dans le respect de la loi nº 78-17 du 6 janvier 1978 relative à l'informatique, aux fichiers et aux libertés, des traitements de *(Ord. nº 2018-1125 du 12 déc. 2018, art. 11, en vigueur le 1er juin 2019)* « données à caractère personnel » ayant pour finalité la recherche des titulaires décédés de comptes remplissant les conditions prévues au 1°. A cet effet, ils consultent chaque année, dans des conditions fixées par décret en Conseil d'État, les données figurant au répertoire national d'identification des personnes physiques et relatives au décès des personnes inscrites.

Lorsqu'un compte est considéré comme inactif, l'établissement tenant ce compte en informe par tout moyen à sa disposition le titulaire, son représentant légal, la personne habilitée par lui ou, le cas échéant, ses ayants droit connus de l'établissement et leur indique les conséquences qui y sont attachées en application du présent article et de l'article L. 312-20.

II. — Les établissements mentionnés au premier alinéa du I du présent article publient, chaque année, chacun pour ce qui le concerne, le nombre de comptes inactifs ouverts dans leurs livres et le montant total des dépôts et avoirs inscrits sur ces comptes.

III. — Le montant annuel des frais et commissions de toutes natures prélevés sur les comptes mentionnés aux 1° et 2° du I est plafonné.

IV. — Les conditions d'application du présent article sont déterminées par décret en Conseil d'État. – *V. art. R. 312-19 s., infra.*

Art. L. 312-20 I. — Les dépôts et avoirs inscrits sur les comptes inactifs mentionnés à l'article L. 312-19 sont déposés à la Caisse des dépôts et consignations :

1° Pour les comptes inactifs mentionnés au 1° du I du même article L. 312-19, à l'issue d'un délai de dix ans à compter de la date de la dernière opération, hors inscription d'intérêts et débit par l'établissement tenant le compte de frais et commissions de toutes natures ou versement de produits ou remboursement de titres de capital ou de créance, ou à compter de la date de la dernière manifestation du titulaire du compte, de son représentant légal ou de la personne habilitée par lui ou à compter du terme de la période d'indisponibilité mentionnée au dernier alinéa du même 1°. Il est pris en compte la date la plus récente parmi les trois dates mentionnées à la première phrase du présent 1°. *(L. nº 2015-990 du 6 août 2015, art. 140-I)* « Pour les plans d'épargne-logement dont le titulaire ne détient aucun autre compte au sein du même établissement de crédit, le délai de dix ans est porté à vingt ans à compter de la date du dernier versement ; »

2° Pour les comptes inactifs mentionnés au 2° du I du même article L. 312-19, à l'issue d'un délai de trois ans après la date du décès du titulaire du compte.

(L. n° 2021-874 du 1er juill. 2021, art. 3 ; L. n° 2021-875 du 1er juill. 2021, art. 4) « Lorsqu'il dépose les dépôts et avoirs mentionnés au premier alinéa du présent I à la Caisse des dépôts et consignations, l'établissement lui communique les informations qu'il détient permettant de distinguer les personnes physiques et les personnes morales et, pour ces dernières, leur statut juridique. Les conditions d'application du présent alinéa sont déterminées par décret. »

Les établissements procédant aux dépôts mentionnés au premier alinéa du présent I publient, chaque année, chacun pour ce qui le concerne, le nombre de comptes dont les dépôts et avoirs sont ainsi déposés et le montant total des dépôts et avoirs ainsi déposés.

Les avoirs en instruments financiers sont liquidés par l'établissement tenant le compte, nonobstant toute stipulation contraire, dans les meilleurs délais à l'issue des périodes de dix ans ou de trois ans mentionnées, respectivement, aux 1° et 2° du présent I. Cet établissement ne peut être tenu responsable des effets de la liquidation sur la valeur des avoirs. Le produit de la liquidation est déposé à la Caisse des dépôts et consignations dans les trois mois qui suivent l'expiration des périodes de dix ans ou de trois ans mentionnées, respectivement, aux mêmes 1° et 2° ou, le cas échéant, dans le mois suivant la liquidation effective des titres lorsque la liquidation n'a pu être réalisée, pour des raisons indépendantes de la volonté de l'établissement, dans le délai de trois mois qui lui est accordé pour déposer le produit de cette liquidation à la Caisse des dépôts et consignations. Le titulaire du compte ou ses ayants droit ne peuvent en obtenir le versement qu'en numéraire. *(L. n° 2019-486 du 22 mai 2019, art. 71)* « La Caisse des dépôts et consignations procède à la restitution des sommes sous la forme d'un capital. »

Les droits d'associé et les titres financiers mentionnés aux 1 et 2 du II de l'article L. 211-1 non admis aux négociations sur un marché réglementé ou sur un système multilatéral de négociation ne sont ni liquidés, ni déposés à la Caisse des dépôts et consignations.

Six mois avant l'expiration du délai mentionné au 1° du présent I, l'établissement tenant le compte informe, par tout moyen à sa disposition, son titulaire, son représentant légal, la personne habilitée par lui ou, le cas échéant, ses ayants droit connus de l'établissement de la mise en œuvre du présent article.

II. — Le dépôt, à la Caisse des dépôts et consignations, des sommes déposées sur un compte ou du produit de la liquidation des titres inscrits sur un compte dans les conditions prévues au I entraîne la clôture de ces comptes, nonobstant toute stipulation contractuelle contraire.

III. — Par dérogation au premier alinéa de l'article L. 518-24, les sommes déposées à la Caisse des dépôts et consignations en application du I du présent article et qui n'ont pas été réclamées par leurs titulaires ou par leurs ayants droit sont acquises à l'État à l'issue d'un délai :

1° De vingt ans à compter de la date de leur dépôt à la Caisse des dépôts et consignations en application du 1° du même I ;

2° De vingt-sept ans à compter de la date de leur dépôt à la Caisse des dépôts et consignations en application du 2° dudit I ;

(L. n° 2015-990 du 6 août 2015, art. 140-I) « 3° De dix ans à compter de la date de leur dépôt à la Caisse des dépôts et consignations en application du 1° du I pour les plans d'épargne-logement dont le titulaire ne détient aucun autre compte au sein du même établissement de crédit. »

Jusqu'à l'expiration de ces délais, les sommes déposées à la Caisse des dépôts et consignations sont détenues par celle-ci pour le compte des titulaires ou de leurs ayants droit.

IV. — Jusqu'à l'expiration des délais prévus au III du présent article, les établissements mentionnés au premier alinéa du I de l'article L. 312-19 sont tenus de conserver les informations et documents relatifs au solde des comptes à la date du dépôt prévu au I du présent article, à la computation des délais mentionnés au même I et au régime d'imposition applicable, ainsi que les informations et documents permettant d'identifier les titulaires de ces comptes et, le cas échéant, leurs ayants droit. Ces informations et documents sont transmis à la Caisse des dépôts et consignations à sa demande.

V. — Pour chaque dépôt correspondant à un compte, le montant des sommes versées par la Caisse des dépôts et consignations à son titulaire ou à ses ayants droit ou acquises par l'État ne peut être inférieur au montant des sommes déposées à la Caisse des dépôts et consignations, diminué, le cas échéant, des versements partiels réalisés par la Caisse des dépôts et consignations en application du III.

La Caisse des dépôts et consignations organise, dans le respect de la loi n° 78-17 du 6 janvier 1978 relative à l'informatique, aux fichiers et aux libertés, la publicité appropriée de l'identité des titulaires de compte dont les avoirs ont fait l'objet du dépôt mentionné au premier alinéa du I, afin de permettre à ces personnes ou à leurs ayants droit de percevoir les sommes qui ont été ainsi déposées et qui leur sont dues.

Les titulaires de compte ou les ayants droit communiquent à la Caisse des dépôts et consignations les informations permettant de vérifier leur identité et de déterminer le montant des sommes qui leur sont dues.

Le notaire chargé d'établir l'actif successoral en vue du règlement de la succession pour laquelle il a été mandaté obtient sur sa demande auprès de la Caisse des dépôts et consignations la communication des informations détenues par celle-ci en application du IV ainsi que le versement des sommes déposées en application du I, à charge pour lui de les restituer aux ayants droit du titulaire du compte.

Le notaire joint à sa demande le mandat l'autorisant à agir au nom des ayants droit.

VI. — Un coffre-fort mis à disposition par un établissement de crédit est considéré comme inactif lorsque son titulaire, le représentant légal de ce dernier ou la personne habilitée par lui ou l'un de ses ayants droit ne s'est pas manifesté, sous quelque forme que ce soit, ni n'a effectué aucune opération sur un compte ouvert à son nom dans les livres de l'établissement pendant une durée d'au moins dix ans et que, à l'issue de cette période de dix ans, les frais de location n'ont pas été payés au moins une fois.

Lorsqu'un coffre-fort est considéré comme inactif au sens du premier alinéa du présent VI, l'établissement de crédit procède à la recherche du titulaire éventuellement décédé dans les conditions prévues à l'avant-dernier alinéa du I de l'article L. 312-19. Il informe le titulaire, son représentant légal, la personne habilitée par lui ou, le cas échéant, ses ayants droit connus de l'établissement des conséquences prévues aux deux derniers alinéas du présent VI liées à l'inactivité du coffre-fort en application du présent article. Ces deux opérations de recherche et d'information sont renouvelées tous les cinq ans à compter de la date du premier impayé.

A l'expiration d'un délai de vingt ans à compter de la date du premier impayé mentionné au premier alinéa du présent VI, l'établissement est autorisé à procéder à l'ouverture du coffre-fort, en présence d'un huissier de justice qui dresse l'inventaire de son contenu, et, selon les cas, soit à liquider les titres déposés dans le coffre-fort dans les conditions définies au *(L. n° 2021-874 du 1er juill. 2021, art. 3 ; L. n° 2021-875 du 1er juill. 2021, art. 4)* « sixième » alinéa du I du présent article, soit à faire vendre judiciairement aux enchères publiques les biens déposés dans le coffre-fort. Six mois avant l'expiration de ce délai, il informe, par courrier recommandé et par tout autre moyen à sa disposition, le titulaire, son représentant légal, la personne habilitée par lui ou, le cas échéant, ses ayants droit connus de l'établissement de la mise en œuvre du présent alinéa. Le produit de la vente, déduction faite des frais annuels de location impayés, à l'exclusion de toute pénalité et de tout intérêt de retard, et des frais liés à l'ouverture du coffre-fort et à la vente des biens, est acquis à l'État. L'établissement de crédit est autorisé, pour les objets d'une valeur estimée par une personne habilitée pour organiser et réaliser les ventes judiciaires de meubles aux enchères publiques, et inférieure à un seuil fixé par un arrêté du ministre chargé de l'économie, ainsi que pour les objets qui n'ont pu être vendus judiciairement aux enchères publiques après deux tentatives intervenues à six mois d'intervalle, soit à les détruire, soit à les conserver pour le compte du titulaire ou de ses ayants droit, soit, pour les biens pouvant présenter un intérêt culturel ou historique, à les transférer à un service public intervenant dans ces domaines. Dans ce dernier cas, la personne morale dont dépend ce service public devient propriétaire du bien transféré.

L'établissement de crédit ne peut être tenu pour responsable des effets de la vente sur la valeur des biens concernés.

VII. – Les conditions d'application du présent article sont déterminées par décret en Conseil d'État. – *V. art. R. 312-19 s.*

V. Décis. du 9 juin 2016 [fichier CICLADE], infra.

CHAPITRE III ***CRÉDITS***

SECTION 1 ***Dispositions générales***

SOUS-SECTION 3 *Fichier des incidents de paiement caractérisés*

Art. L. 313-6 Les règles relatives au fichier des incidents de paiement caractérisés sont fixées par les articles *(Ord. n° 2016-301 du 14 mars 2016, art. 2, en vigueur le 1er juill. 2016)* « L. 751-1 à L. 752-3 *[ancienne rédaction : L. 333-4 et L. 333-5]* » du code de la consommation.

....

LIVRE V **LES PRESTATAIRES DE SERVICES**

TITRE I **PRESTATAIRES DE SERVICES BANCAIRES** *(Ord. n° 2014-158 du 20 févr. 2014, art. 3).*

CHAPITRE I ***DISPOSITIONS GÉNÉRALES*** *(Ord. n° 2013-544 du 27 juin 2013, art. 4, en vigueur le 1er janv. 2014).*

SECTION 5 ***Le secret professionnel***

Art. L. 511-33 *(L. n° 2008-776 du 4 août 2008, art. 154-I) (Ord. n° 2014-158 du 20 févr. 2014, art. 3)* « I. – » Tout membre d'un conseil d'administration et, selon le cas, d'un conseil de surveillance et toute personne qui à un titre quelconque participe à la direction ou à la gestion d'un établissement de crédit *(Ord. n° 2013-544 du 27 juin 2013, art. 4, en vigueur le 1er janv. 2014)* « , d'une société de financement » ou d'un organisme mentionné *(L. n° 2015-992 du 17 août 2015, art. 23-IV)* « aux 5 et 8 » de l'article L. 511-6 ou qui est employée par l'un de ceux-ci est tenu au secret professionnel.

Outre les cas où la loi le prévoit, le secret professionnel ne peut être opposé ni à l'Autorité de contrôle prudentiel et de résolution, ni à la Banque de France, *(Ord. n° 2015-859 du 15 juill. 2015, art. 15)* « ni à l'Institut d'émission des départements d'outre-mer, ni à l'Institut d'émission d'outre-mer, » ni à l'autorité judiciaire agissant dans le cadre d'une procédure pénale *(L. n° 2013-672 du 26 juill. 2013, art. 31-I)* « , ni aux commissions d'enquête créées en application de l'article 6 de l'ordonnance n° 58-1100 du 17 novembre 1958 relative au fonctionnement des assemblées parlementaires ». – *V. ce texte au* ***C. const.***

Les établissements de crédit *(Ord. n° 2013-544 du 27 juin 2013, art. 4, en vigueur le 1er janv. 2014)* « et les sociétés de financement » peuvent par ailleurs communiquer des informations couvertes par le secret professionnel, d'une part, aux agences de notation pour les besoins de la notation des produits financiers et, d'autre part, aux personnes avec lesquelles ils négocient, concluent ou exécutent les opérations ci-après énoncées, dès lors que ces informations sont nécessaires à celles-ci :

1° Opérations de crédit effectuées, directement ou indirectement, par un ou plusieurs établissements de crédit *(Ord. n° 2013-544 du 27 juin 2013, art. 4, en vigueur le 1er janv. 2014)* « ou sociétés de financement » ;

2° Opérations sur instruments financiers, de garanties ou d'assurance destinées à la couverture d'un risque de crédit ;

(Ord. n° 2013-544 du 27 juin 2013, art. 4, en vigueur le 1er janv. 2014) « 3° Prises de participation ou de contrôle dans un établissement de crédit, une entreprise d'investissement ou une société de financement ; »

4° Cessions d'actifs ou de fonds de commerce ;

5° Cessions ou transferts de créances ou de contrats ;

6° Contrats de prestations de services conclus avec un tiers en vue de lui confier des fonctions opérationnelles importantes ;

7° Lors de l'étude ou l'élaboration de tout type de contrats ou d'opérations, dès lors que ces entités appartiennent au même groupe que l'auteur de la communication.

(L. n° 2016-1691 du 9 déc. 2016, art. 56) « Lors d'opérations sur contrats financiers, les établissements de crédit et les sociétés de financement peuvent également communiquer des informations couvertes par le secret professionnel, lorsqu'une législation ou une réglementation d'un État qui n'est pas membre de l'Union européenne prévoit la déclaration de ces informations à un référentiel central. Lorsque ces informations constituent des données à caractère personnel soumises à la loi n° **78-17** du 6 janvier 1978 relative à l'informatique, aux fichiers et aux libertés, leur transmission doit s'effectuer dans les conditions prévues par la même loi. »

Outre les cas exposés ci-dessus, les établissements de crédit *(Ord. n° 2013-544 du 27 juin 2013, art. 4, en vigueur le 1er janv. 2014)* « et les sociétés de financement » peuvent communiquer des informations couvertes par le secret professionnel au cas par cas et uniquement lorsque les personnes concernées leur ont expressément permis de le faire.

Les personnes recevant des informations couvertes par le secret professionnel, qui leur ont été fournies pour les besoins d'une des opérations ci-dessus énoncées, doivent les conserver confidentielles, que l'opération susvisée aboutisse ou non. Toutefois, dans l'hypothèse où l'opération susvisée aboutit, ces personnes peuvent à leur tour communiquer les informations couvertes par le secret professionnel dans les mêmes conditions que celles visées au présent article aux personnes avec lesquelles elles négocient, concluent ou exécutent les opérations énoncées ci-dessus.

(Abrogé par L. n° 2022-401 du 21 mars 2022, art. 16, à compter du 1er sept. 2022) (Ord. n° 2014-158 du 20 févr. 2014, art. 3) « ***II. — Le personnel des établissements de crédit, des sociétés de financement, des compagnies financières holding, des compagnies financières holding mixtes et des entreprises mères de société de financement soumis au contrôle de l'Autorité de contrôle prudentiel et de résolution, ainsi que le personnel des prestataires externes de ces personnes, peuvent signaler à l'Autorité les manquements et infractions potentiels ou avérés au règlement (UE) n° 575/2013 du Parlement européen et du Conseil du 26 juin 2013*** *(Ord. n° 2017-1107 du 22 juin 2017, art. 5, en vigueur le 3 janv. 2018)* ***« et au règlement (UE) n° 600/2014 du Parlement européen et du Conseil du 15 mai 2014 », aux dispositions du présent titre et du titre III du présent livre ou d'un règlement pris pour leur application ou de toute autre disposition législative ou réglementaire dont la méconnaissance entraîne celle des dispositions précitées. Les signalements sont faits sous forme écrite et accompagnés de tout élément de nature à établir la réalité des faits signalés.***

« L'Autorité de contrôle prudentiel et de résolution recueille les signalements dans des conditions qui garantissent la protection des personnes signalant les manquements, notamment en ce qui concerne leur identité, et la protection des données à caractère personnel relatives aux personnes concernées par les signalements. »

Le procureur de la République, le juge d'instruction ou le tribunal saisi peuvent obtenir des parties, de toute administration, de tout établissement financier, ou de toute personne détenant des fonds du prévenu, la communication des renseignements utiles de nature financière ou fiscale, sans que puisse être opposée l'obligation au secret (C. pén., art. 132-22, applicable à compter du 1er mars 1994).

*Sur l'inopposabilité du secret professionnel : ... au juge-commissaire et au tribunal, dans le cadre d'une procédure de redressement ou de liquidation judiciaires, V. C. com., art. L. 623-2 et L. 651-4. — **C. com.** — ... au président du TGI, dans le cadre d'une procédure de conciliation, V. C. com., art. L. 611-2 et L. 611-6. — **C. com.** — ... à la commission départementale d'examen des situations de surendettement des particuliers, V. 2e note ss. art. L. 313-6. — ... au juge, dans le cadre d'une procédure de divorce, s'agissant de fixer une prestation compensatoire, une pension alimentaire ou de liquider un régime matrimonial, V. C. civ., art. 259-3. — **C. civ.***

Sur la levée du secret professionnel dans le cadre de la lutte contre le blanchiment des capitaux provenant du trafic des stupéfiants, V. art. L. 562-12.

*Sur le droit de communication de l'administration fiscale, V. LPF, art. L. 83. — **C. pr. fisc.***

*Sur l'obligation de renseignement du tiers saisi dans le cadre de la procédure de saisie-attribution, V. C. pr. exéc., art. L. 123-1, L. 162-1 et L. 211-3. — **C. pr. exéc.***

Art. L. 511-34 *(L. n° 2003-706 du 1er août 2003, art. 72)* « Les entreprises établies en France et qui font partie d'un groupe financier *(L. n° 2010-737 du 1er juill. 2010, art. 29)* « ou *(Ord. n° 2013-544 du 27 juin 2013, art. 4, en vigueur le 1er janv. 2014)* « d'un groupe comprenant au moins une » *(L. n° 2014-1 du 2 janv. 2014, art. 18-II)*

« société de financement » *(L. n° 2010-737 du 1er juill. 2010, art. 29)* **« ou, pour l'application du 2° du présent article, »** *(Ord. n° 2015-378 du 2 avr. 2015, art. 10-1°, en vigueur le 1er janv. 2016)* **« d'un groupe au sens de l'article L. 356-1 du code des assurances »,** *(Ord. n° 2020-115 du 12 févr. 2020, art. 1er)* **« d'un groupe au sens du III de l'article L. 511-20 comprenant au moins une entité mentionnée au 1°** ***bis*** **ou 1°** ***ter*** **de l'article L. 561-2, » ou d'un groupe mixte** *(Ord. n° 2004-1201 du 12 nov. 2004, art. 5)* **« ou d'un conglomérat financier » auquel appartiennent des** *(Ord. n° 2014-158 du 20 févr. 2014, art. 3)* **« entités réglementées au sens de l'article L. 517-2 » ayant leur siège social dans un État membre de** *(Ord. n° 2014-158 du 20 févr. 2014, art. 3)* **« l'Union » européenne ou État partie à l'accord sur l'Espace économique européen ou dans un État où sont applicables les accords prévus** *(L. n° 2008-776 du 4 août 2008, art. 155-I)* **« aux articles L. 632-7, L. 632-13 et L. 632-16 »** *(L. n° 2010-737 du 1er juill. 2010, art. 29)* **« du présent code » sont tenues, nonobstant toutes dispositions contraires, de transmettre à des entreprises du même groupe ayant leur siège social dans l'un de ces États :**

« 1° Les renseignements relatifs à leur situation financière nécessaires à l'organisation de la surveillance sur base consolidée *(Ord. n° 2004-1201 du 12 nov. 2004, art. 5)* **« et de la surveillance complémentaire » de ces** *(Ord. n° 2014-158 du 20 févr. 2014, art. 3)* **« entités réglementées ou sociétés de financement » ;**

« 2° Les informations nécessaires à l'organisation de la lutte contre le blanchiment des capitaux et contre le financement du terrorisme ;

(L. n° 2008-776 du 4 août 2008, art. 155-I) **« 3° Les informations nécessaires à l'organisation de la détection des** *(L. n° 2016-819 du 21 juin 2016, art. 8, en vigueur le 3 juill. 2016)* **« abus de marché mentionnés à l'article 16 du règlement (UE) n° 596/2014 du Parlement européen et du Conseil du 16 avril 2014 sur les abus de marché (règlement relatif aux abus de marché) et abrogeant la directive 2003/6/CE du Parlement européen et du Conseil et les directives 2003/124/CE, 2003/125/CE et 2004/72/CE de la Commission » ;**

« 4° Les informations nécessaires à la gestion des conflits d'intérêts au sens du *(Ord. n° 2016-827 du 23 juin 2016, art. 26, en vigueur le 3 janv. 2018)* **« 3° du I et** *[du]* **3° du II de l'article L. 533-10** *[ancienne rédaction : 3 de l'article L. 533-10]* **». »**

« Ces dernières informations ne peuvent être communiquées à des personnes extérieures au groupe, à l'exception des autorités compétentes des États visés au premier alinéa. Cette exception ne s'étend pas aux autorités des États ou territoires dont la législation est reconnue insuffisante ou dont les pratiques sont considérées comme faisant obstacle à la lutte contre le blanchiment des capitaux ou le financement du terrorisme par l'instance internationale de concertation et de coordination en matière de lutte contre le blanchiment d'argent dont la liste est mise à jour par arrêté du ministre chargé de l'économie. »

Les personnes recevant ces informations sont tenues au secret professionnel dans les conditions et sous les peines mentionnées à l'article L. 511-33, pour tous renseignements ou documents qu'elles seraient ainsi amenées à recevoir ou à détenir.

Les dispositions du présent article ne font pas obstacle à l'application de la loi n° 78-17 du 6 janvier 1978 relative à l'informatique, aux fichiers et aux libertés. — *[L. n° 84-46 du 24 janv. 1984, art. 57-1.]*

V. les Lignes directrices ACP relatives aux échanges d'informations au sein d'un groupe et hors groupe (mars 2011). — ***C. mon. fin.***

TITRE II LES PRESTATAIRES DE SERVICES DE PAIEMENT, LES CHANGEURS MANUELS ET LES ÉMETTEURS DE MONNAIE ÉLECTRONIQUE *(L. n° 2013-100 du 28 janv. 2013, art. 10-I).*

CHAPITRE I *LES PRESTATAIRES DE SERVICES DE PAIEMENT*

Art. L. 521-1 I. — Les prestataires de services de paiement sont les établissements de paiement *(L. n° 2013-100 du 28 janv. 2013, art. 10-II)* « , les établissements de monnaie électronique » *(Ord. n° 2017-1252 du 9 août 2017, art. 12, en vigueur le*

13 janv. 2018) « , les établissements de crédit et les prestataires de services d'information sur les comptes ».

II. — Lorsqu'ils fournissent des services de paiement, les institutions et services suivants sont également considérés comme des prestataires de services de paiement, sans être soumis aux dispositions du chapitre II du présent titre et dans les limites des dispositions législatives qui, le cas échéant, les régissent :

a) La Banque de France *(Ord. nº 2013-79 du 25 janv. 2013, art. 3)* « , l'Institut d'émission des départements d'outre-mer et l'Institut d'émission d'outre-mer » ;

b) Le Trésor public ;

c) La Caisse des dépôts et consignations.

....

Art. L. 521-5 *(Ord. nº 2017-1252 du 9 août 2017, art. 12, en vigueur le 13 janv. 2018)* Les prestataires de services de paiement n'ont accès à des données à caractère personnel nécessaires à l'exécution de leurs services de paiement, ne les traitent et ne les conservent qu'avec le consentement exprès de l'utilisateur de services de paiement.

Art. L. 521-6 *(Ord. nº 2017-1252 du 9 août 2017, art. 12 et 34-XII, en vigueur le 26 mai 2018)* Les systèmes de paiement et les prestataires de services de paiement sont autorisés à traiter des données à caractère personnel lorsque cela est nécessaire pour garantir la prévention, la recherche et la détection des fraudes en matière de paiements. La communication aux personnes d'informations sur le traitement des données à caractère personnel et le traitement de ces données à caractère personnel ainsi que tout autre traitement de données à caractère personnel sont effectués conformément aux dispositions du règlement (UE) 2016/679 du Parlement européen et du Conseil *(Ord. nº 2018-1125 du 12 déc. 2018, art. 11, en vigueur le 1er juin 2019)* « et *[de]* la loi nº 78-17 du 6 janvier 1978 relative à l'informatique, aux fichiers et aux libertés » et du règlement (CE) 45/2001 du Parlement européen et du Conseil.

Art. L. 521-7 *(Ord. nº 2017-1252 du 9 août 2017, art. 12 et 34-XIII, en vigueur le 26 mai 2018)* Par dérogation aux dispositions de l'article L. 612-1, la Commission nationale de l'informatique et des libertés veille au respect des dispositions des articles L. 521-5 et L. 521-6 en utilisant les compétences qui lui sont reconnues par le règlement (UE) 2016/679 du Parlement européen et du Conseil *(Ord. nº 2018-1125 du 12 déc. 2018, art. 11, en vigueur le 1er juin 2019)* « et la loi nº 78-17 du 6 janvier 1978 relative à l'informatique, aux fichiers et aux libertés ». A cette fin, elle peut notamment recevoir, par tous moyens, les plaintes relatives aux infractions aux dispositions des articles L. 521-5 et L. 521-6.

Art. L. 521-8 *(Ord. nº 2017-1252 du 9 août 2017, art. 12, en vigueur le 13 janv. 2018)* La Banque de France s'assure de la sécurité de l'accès aux comptes de paiement et à leurs informations dans le cadre de la fourniture des services de paiement mentionnés au *[aux]* 7º et 8º du II de l'article L. 314-1 par tout prestataire de services de paiement et de la pertinence des normes applicables en la matière. Pour l'accomplissement de cette mission, la Banque de France dispose des mêmes pouvoirs auprès de ces prestataires que ceux prévus aux quatrième et cinquième alinéas du I de l'article L. 141-4.

Art. L. 521-9 *(Ord. nº 2017-1252 du 9 août 2017, art. 12, en vigueur le 13 janv. 2018)* Les prestataires de services de paiement mettent en place des procédures prévoyant des mesures d'atténuation et des mécanismes de contrôle appropriés en vue de gérer les risques opérationnels et de sécurité, liés aux services de paiement qu'ils fournissent. Un arrêté du ministre en charge de l'économie et des finances précise le contenu de ces procédures.

Art. L. 521-10 *(Ord. nº 2017-1252 du 9 août 2017, art. 12, en vigueur le 13 janv. 2018)* I. — Les prestataires de services de paiement informent sans retard injustifié l'Autorité de contrôle prudentiel et de résolution de tout incident opérationnel majeur.

II. — Les prestataires de services de paiement informent sans retard injustifié la Banque de France de tout incident de sécurité majeur. La Banque de France évalue l'incident et prend au besoin des mesures appropriées et si elle l'estime nécessaire, elle en informe l'Autorité de contrôle prudentiel et de résolution en application de l'article L. 631-1.

III. — Lorsque l'incident a ou est susceptible d'avoir des répercussions sur les intérêts financiers de ses utilisateurs de services de paiement, le prestataire de services de paiement informe sans retard injustifié ses utilisateurs de services de paiement de l'incident et de toutes les mesures disponibles qu'ils peuvent prendre pour atténuer les effets dommageables de l'incident.

IV. — Dès réception de la notification visée au I ou au II, l'Autorité de contrôle prudentiel et de résolution ou la Banque de France communique sans retard injustifié les détails importants de l'incident à l'Autorité bancaire européenne et à la Banque centrale européenne, et, après avoir évalué la pertinence de l'incident pour d'autres autorités nationales concernées, informe celles-ci en conséquence.

V. — Les modalités des notifications prévues aux I à III sont précisées par arrêté du ministre de l'économie et des finances.

....

TITRE VI OBLIGATIONS RELATIVES À LA LUTTE CONTRE LE BLANCHIMENT DES CAPITAUX, LE FINANCEMENT DES ACTIVITÉS TERRORISTES, LES LOTERIES, JEUX ET PARIS PROHIBÉS ET L'ÉVASION ET LA FRAUDE FISCALES

(L. nº 2017-1775 du 28 déc. 2017, art. 56).

CHAPITRE I *OBLIGATIONS RELATIVES À LA LUTTE CONTRE LE BLANCHIMENT DES CAPITAUX ET LE FINANCEMENT DU TERRORISME*

SECTION 2 *Personnes assujetties aux obligations de lutte contre le blanchiment des capitaux et le financement du terrorisme*

Art. L. 561-2 *(Ord. nº 2016-1635 du 1er déc. 2016, art. 2-I)* Sont assujettis aux obligations prévues par les dispositions des sections 2 à 7 du présent chapitre :

1° Les organismes, institutions et services régis par les dispositions du titre I du présent livre, y compris les succursales des établissements de crédit mentionnés à l'article L. 511-22 *(Ord. nº 2020-115 du 12 févr. 2020, art. 2)* « et des établissements financiers mentionnés à l'article L. 511-23 » ;

1° *bis* Les établissements de paiement régis par les dispositions du chapitre II du titre II du présent livre y compris les succursales des établissements de paiement mentionnés au II de l'article L. 522-13 ;

1° *ter* Les établissements de monnaie électronique régis par le chapitre VI du titre II du présent livre y compris les succursales des établissements de monnaie électronique mentionnés à l'article *(L. nº 2018-700 du 3 août 2018, art. 6)* « L. 526-24 » ; *— V. art. L. 526-1 s. —* ***C. mon. fin.***

1° *quater* Les établissements de crédit, les établissements de paiement et les établissements de monnaie électronique ayant leur siège social dans un autre État membre de l'Union européenne ou partie à l'Espace économique européen en tant qu'ils exercent leur activité sur le territoire national en ayant recours aux services d'un ou *[de]* plusieurs agents pour la fourniture de services de paiement en France ou d'une ou *[de]* plusieurs personnes en vue de distribuer en France de la monnaie électronique au sens de l'article L. 525-8 ; *— V. Instr. ACPR nº 2018-I-20 du 12 nov. 2018. —* ***C. mon. fin.***

2° Les entreprises mentionnées aux articles L. 310-1 et L. 310-2 du code des assurances ;

2° *bis* Les institutions ou unions régies par le titre III du livre IX du code de la sécurité sociale ;

2° *ter* Les mutuelles et unions réalisant des opérations mentionnées au 1° du I de l'article L. 111-1 du code de la mutualité ;

(Ord. n° 2017-484 du 6 avr. 2017, art. 3) « **2° *quater* Les fonds de retraite professionnelle supplémentaire mentionnés à l'article L. 381-1 du code des assurances ;**

« **2° *quinquies* Les mutuelles ou unions de retraite professionnelle supplémentaire mentionnées à l'article L. 214-1 du code de la mutualité ;**

« **2° *sexies* Les institutions de retraite professionnelle supplémentaire mentionnées à l'article L. 942-1 du code de la sécurité sociale ;** »

3° Les intermédiaires en opérations de banque et en services de paiement mentionnés à l'article L. 519-1 lorsqu'ils agissent en vertu d'un mandat délivré par un client et qu'ils se voient confier des fonds en tant que mandataire des parties ;

3° *bis* Les intermédiaires d'assurance définis à l'article L. 511-1 du code des assurances sauf ceux qui agissent sous l'entière responsabilité de l'organisme ou du courtier d'assurance ;

4° Les intermédiaires en financement participatif mentionnés à l'article L. 548-2 ;

5° La Banque de France, l'institut d'émission des départements d'outre-mer mentionné à l'article *(Ord. n° 2022-230 du 15 févr. 2022, art. 4)* « **L. 721-7** » **du présent code et l'institut d'émission d'outre-mer mentionné à l'article** *(Ord. n° 2022-230 du 15 févr. 2022, art. 4)* « *[aux articles]* **L. 721-18 et L. 721-19** » **du même code ;**

6° Les entreprises d'investissement *(Abrogé par Ord. n° 2017-1107 du 22 juin 2017, art. 10, à compter du 3 janv. 2018)* ***« autres que les sociétés de gestion de portefeuille »*, y compris les succursales d'entreprises d'investissement mentionnées à l'article L. 532-18-1** *(Ord. n° 2020-115 du 12 févr. 2020, art. 2)* « **ainsi que les succursales d'entreprises d'investissement mentionnées à l'article L. 532-48** », **les personnes mentionnées à l'article L. 440-2, les entreprises de marché mentionnées à l'article L. 421-2, les dépositaires centraux et gestionnaires de systèmes de règlement et de livraison d'instruments financiers, les conseillers en investissements financiers,** *(Ord. n° 2021-1735 du 22 déc. 2021, art. 23)* « **les prestataires de services de financement participatif au titre de leurs activités mentionnées à l'article L. 547-4** » **et les intermédiaires habilités mentionnés à l'article L. 211-4, ainsi que les placements collectifs mentionnés au I de l'article L. 214-1 et les sociétés de gestion de placements collectifs mentionnées à l'article L. 543-1** *(Ord. n° 2020-115 du 12 févr. 2020, art. 2)* « **et les succursales des sociétés de gestion européennes d'OPCVM et de FIA mentionnées aux articles L. 532-20-1 et L. 532-21-3 ;** »

6° *bis* Les prestataires de services d'investissement ayant leur siège social dans un autre État membre de l'Union européenne en tant qu'ils exercent leur activité sur le territoire national en ayant recours à des agents liés mentionnés à l'article L. 545-1 du code monétaire et financier *(Abrogé par Ord. n° 2020-115 du 12 févr. 2020, art. 2)* ***« lorsque ces derniers effectuent des opérations pour leur clientèle en France »* ;**

7° Les changeurs manuels ;

(L. n° 2019-486 du 22 mai 2019, art. 85 et 86) « **7° *bis* Les prestataires des services mentionnés aux** *(Ord. n° 2020-1544 du 9 déc. 2020, art. 4)* « **1° à 4°** » **de l'article L. 54-10-2 ;**

« **7° *ter* Les émetteurs de jetons ayant obtenu le visa mentionné à l'article L. 552-4 dans le cadre de l'offre ayant fait l'objet du visa et dans la limite des transactions avec les souscripteurs prenant part à cette offre ;**

« **7° *quater* Les prestataires agréés au titre de l'article L. 54-10-5, à l'exception des prestataires mentionnés au 7° *bis* du présent article ;** »

8° *(Ord. n° 2020-115 du 12 févr. 2020, art. 2)* « **Les personnes exerçant les activités mentionnées** » *(Ord. n° 2020-1342 du 4 nov. 2020, art. 1er)* « **au 1°, mais concernant leur activité de location uniquement en exécution d'un mandat de transaction de biens immeubles dont le loyer mensuel est supérieur ou égal à 10 000 euros, ainsi qu'aux 2°, 4°, 5° et 8°** » **de l'article 1er de la loi n° 70-9 du 2 janvier 1970 réglementant les conditions d'exercice des activités relatives à certaines opérations portant sur les immeubles et les fonds de commerce ;** — *V.* ***C. copr.***

(Ord. n° 2019-1015 du 2 oct. 2019, art. 31, en vigueur le 1er janv. 2020) « **9° Les opérateurs de jeux ou de paris autorisés sur le fondement de l'article L. 321-1 et L. 321-3 du code de la sécurité intérieure, du V de l'article 34 de la loi n° 2017-257 du 28 février 2017 relative au statut de Paris et à l'aménagement métropolitain et leurs représentants légaux et directeurs responsables ;**

« 9° *bis* Les opérateurs de jeux ou de paris autorisés sur le fondement de l'article 21 de la loi n° 2010-476 du 12 mai 2010 relative à l'ouverture à la concurrence et à la régulation du secteur des jeux d'argent et de hasard en ligne et leurs représentants légaux, de l'article 5 de la loi du 2 juin 1891, ayant pour objet de réglementer l'autorisation et le fonctionnement des courses de chevaux, de l'article 137 de la loi n° 2019-486 du 22 mai 2019 relative à la croissance et la transformation des entreprises ; »

(Ord. n° 2020-115 du 12 févr. 2020, art. 2) « 10° Les personnes qui négocient des œuvres d'art et des antiquités ou agissent en qualité d'intermédiaires dans le commerce des œuvres d'art et d'antiquités, y compris lorsque celui-ci est réalisé par des galeries d'art, lorsque la valeur de la transaction ou d'une série de transactions liées est d'un montant égal ou supérieur à 10 000 euros et les personnes qui entreposent ou négocient des œuvres d'art ou agissent en qualité d'intermédiaires dans le commerce des œuvres d'art quand celui-ci est réalisé dans des ports francs ou zones franches, lorsque la valeur de la transaction ou d'une série de transactions liées est d'un montant égal ou supérieur à 10 000 euros ; »

11° Les personnes acceptant des paiements en espèces ou au moyen de monnaie électronique d'un montant supérieur à un seuil fixé par décret et se livrant au commerce de biens *(Abrogé par Ord. n° 2020-115 du 12 févr. 2020, art. 2)* ***« suivants : pierres précieuses, métaux précieux, bijoux, objets d'ameublement et de décoration d'intérieur, produits cosmétiques, produits textiles, maroquinerie, produits gastronomiques, horlogerie, arts de la table »*** ; *— V. art. D. 561-10-1.*

(Ord. n° 2020-1342 du 4 nov. 2020, art. 1er) « 11° *bis* Les personnes, autres que celles mentionnées aux 1° à 7°, se livrant à titre habituel et principal au commerce de métaux précieux ou de pierres précieuses, lorsque la valeur de la transaction ou d'une série de transactions liées est d'un montant égal ou supérieur à 10 000 euros ; »

12° Les experts-comptables, les salariés autorisés à exercer la profession d'expert-comptable en application des articles 83 *ter* et 83 *quater* de l'ordonnance n° 45-2138 du 19 septembre 1945 portant institution de l'ordre des experts-comptables et réglementant les titres et la profession d'expert-comptable ;

12° *bis* Les commissaires aux comptes ;

13° Les avocats au Conseil d'État et à la Cour de cassation, les avocats, les notaires, les *(Ord. n° 2016-1635 du 1er déc. 2016, art. 21-I, en vigueur le 1er juill. 2022)* « commissaires *[ancienne rédaction : huissiers]* » de justice, les administrateurs judiciaires *(Ord. n° 2016-1635 du 1er déc. 2016, art. 21-I, en vigueur le 1er juill. 2022)* « et les mandataires judiciaires *[ancienne rédaction :, les mandataires judiciaires et les commissaires-priseurs judiciaires]* », dans les conditions prévues à l'article L. 561-3 ;

14° Les opérateurs de ventes volontaires de meubles aux enchères publiques *(Ord. n° 2020-115 du 12 févr. 2020, art. 2)* « lorsque la valeur de la transaction ou d'une série de transactions liées est d'un montant égal ou supérieur à 10 000 euros » ; *— V. C. com., art. L. 321-4 s. —* ***C. com.***

15° Les personnes exerçant l'activité de domiciliation mentionnée aux articles L. 123-11-2 et suivants du code de commerce ;

16° Les personnes exerçant l'activité d'agents sportifs mentionnés à l'article L. 222-7 du code du sport ;

17° Les personnes autorisées au titre du I de l'article L. 621-18-5 ;

(Ord. n° 2020-115 du 12 févr. 2020, art. 2) « 18° Les caisses des règlements pécuniaires des avocats créées en application du 9° de l'article 53 de la loi n° 71-1130 du 31 décembre 1971 au titre des fonds, effets ou valeurs déposés par les avocats pour le compte de leurs clients dans le cadre des activités mentionnées au I de l'article L. 561-3 ;

« 19° Les greffiers des tribunaux de commerce mentionnés à l'article L. 741-1 du code de commerce. »

Les personnes assujetties mentionnées aux 1° à *(Ord. n° 2020-115 du 12 févr. 2020, art. 2)* « 19° » comprennent les personnes physiques et les personnes morales.

CNIL, délib. n° 2011-180 du 16 juin 2011 (NOR : CNIA1100008X).

SECTION 3 *Obligations de vigilance à l'égard de la clientèle*

V. les Principes d'application sectoriels relatifs aux obligations de LCB-FT dans le cadre du droit au compte (version mise à jour au 25 avr. 2018).

Art. L. 561-4-1 *(Ord. nº 2016-1635 du 1er déc. 2016, art. 3-I)* Les personnes mentionnées à l'article L. 561-2 appliquent les mesures de vigilance destinées à mettre en œuvre les obligations qu'elles tiennent du présent chapitre en fonction de l'évaluation des risques présentés par leurs activités en matière de blanchiment de capitaux et de financement du terrorisme.

A cette fin, elles définissent et mettent en place des dispositifs d'identification et d'évaluation des risques de blanchiment des capitaux et de financement du terrorisme auxquels elles sont exposées ainsi qu'une politique adaptée à ces risques. Elles élaborent en particulier une classification des risques en question en fonction de la nature des produits ou services offerts, des conditions de transaction proposées, des canaux de distribution utilisés, des caractéristiques des clients, ainsi que du pays ou du territoire d'origine ou de destination des fonds.

Lorsqu'elles appartiennent à un groupe *(Ord. nº 2020-115 du 12 févr. 2020, art. 3)* « au sens de l'article L. 561-33 », et que l'entreprise mère du groupe a son siège social en France, elles mettent en place un dispositif d'identification et d'évaluation des risques existant *[existants]* au niveau du groupe ainsi qu'une politique adaptée, définis par celle-ci.

Pour l'identification et l'évaluation des risques de blanchiment des capitaux et de financement du terrorisme auxquels elles sont exposées, les personnes mentionnées ci-dessus tiennent compte des facteurs inhérents aux clients, aux produits, services, transactions et canaux de distribution, ainsi qu'aux facteurs géographiques, précisés par arrêté du ministre chargé de l'économie, ainsi que des recommandations de la Commission européenne issues du rapport prévu par l'article 6 *(Ord. nº 2020-115 du 12 févr. 2020, art. 3)* « et des facteurs de risque mentionnés aux annexes II et III » de la directive 2015/849 du Parlement européen et du Conseil du 20 mai 2015 relative à la prévention de l'utilisation du système financier aux fins du blanchiment de capitaux ou du financement du terrorisme, ainsi que de l'analyse des risques effectuée au plan national dans des conditions fixées par décret.

Art. L. 561-5 *(Ord. nº 2016-1635 du 1er déc. 2016, art. 3-II)* I. — Avant d'entrer en relation d'affaires avec leur client ou de l'assister dans la préparation ou la réalisation d'une transaction, les personnes mentionnées à l'article L. 561-2 :

1° Identifient leur client et, le cas échéant, le bénéficiaire effectif au sens de l'article L. 561-2-2 ;

2° Vérifient ces éléments d'identification sur présentation de tout document écrit à caractère probant.

II. — Elles identifient et vérifient dans les mêmes conditions que celles prévues au I l'identité de leurs clients occasionnels et, le cas échéant, de leurs bénéficiaires effectifs, lorsqu'elles soupçonnent qu'une opération pourrait participer au blanchiment des capitaux ou au financement du terrorisme ou lorsque les opérations sont d'une certaine nature ou dépassent un certain montant.

III. — Lorsque le client souscrit ou adhère à un contrat d'assurance vie ou de capitalisation, les personnes concernées identifient et vérifient également l'identité des bénéficiaires de ces contrats et*[,]* le cas échéant *[,]* des bénéficiaires effectifs de ces bénéficiaires.

IV. — Par dérogation au I, lorsque le risque de blanchiment des capitaux ou de financement du terrorisme paraît faible et que c'est nécessaire pour ne pas interrompre l'exercice normal de l'activité, les obligations mentionnées au 2° dudit I peuvent être satisfaites durant l'établissement de la relation d'affaires.

V. — Les conditions d'application du présent article sont précisées par décret en Conseil d'État. — *V. art. R. 561-5 s.*

Art. L. 561-5-1 *(Ord. nº 2016-1635 du 1er déc. 2016, art. 3-III)* Avant d'entrer en relation d'affaires, les personnes mentionnées à l'article L. 561-2 recueillent les informations relatives à l'objet et à la nature de cette relation et tout autre élément d'information pertinent. Elles actualisent ces informations pendant toute la durée de la relation d'affaires.

Les modalités d'application de cet article sont précisées par décret en Conseil d'État. — *V. art. R. 561-12.*

Art. L. 561-6 *(Abrogé par Ord. n° 2016-1635 du 1er déc. 2016, art. 3-IV)* ***« Avant d'entrer en relation d'affaires avec un client, les personnes mentionnées à l'article L. 561-2 recueillent les informations relatives à l'objet et à la nature de cette relation et tout autre élément d'information pertinent sur ce client. »***

(Ord. n° 2016-1635 du 1er déc. 2016, art. 3-IV) « Pendant toute la durée de la relation d'affaires » et dans les conditions fixées par décret en Conseil d'État, ces personnes exercent *(Abrogé par Ord. n° 2016-1635 du 1er déc. 2016, art. 3-IV)* ***« sur la relation d'affaires »***, dans la limite de leurs droits et obligations, une vigilance constante et pratiquent un examen attentif des opérations effectuées en veillant à ce qu'elles soient cohérentes avec la connaissance actualisée qu'elles ont de leur *(Ord. n° 2016-1635 du 1er déc. 2016, art. 3-IV)* « relation d'affaires ». – *V. art. R. 561-12-1.* – ***C. mon. fin.***

Art. L. 561-7 I. – Pour les personnes mentionnées aux 1° à 6° *(Ord. n° 2020-1544 du 9 déc. 2020, art. 4)* « et au 7° *bis* » de l'article L. 561-2, les obligations prévues *(Ord. n° 2016-1635 du 1er déc. 2016, art. 3-V)* « aux I et III de l'article L. 561-5 et à l'article L. 561-5-1 » peuvent être mises en œuvre par un tiers *(Ord. n° 2016-1635 du 1er déc. 2016, art. 3-V)* « dans l'un ou l'autre des deux cas suivants :

« 1° Le tiers est une personne mentionnée aux 1° à 2° *ter* ou aux 3° *bis*, 5°, 6°, 12°, 12° *bis* ou 13° de l'article L. 561-2 *(Ord. n° 2020-1544 du 9 déc. 2020, art. 4)* « ou la personne est un prestataire de services mentionné aux 1° et 2° de l'article L. 54-10-2 », exerçant sa profession ou son activité ou ayant son siège social en France, ou une personne appartenant à une catégorie équivalente sur le fondement d'un droit étranger et située dans un autre État membre de l'Union européenne, dans un État partie à l'Espace économique européen ou dans un pays tiers imposant des obligations équivalentes en matière de lutte contre le blanchiment et le financement du terrorisme *(Abrogé par Ord. n° 2020-115 du 12 févr. 2020, art. 3)* ***« figurant sur une liste déterminée par arrêté du ministre chargé de l'économie »*** ;

« 2° Le tiers est une personne mentionnée aux 1° à 2° *ter* ou aux 3° *bis*, 5°, 6° ou 8° de l'article L. 561-2 *(Ord. n° 2020-1544 du 9 déc. 2020, art. 4)* « ou la personne est un prestataire de services mentionné aux 1° et 2° de l'article L. 54-10-2 », ou une personne appartenant à une catégorie équivalente sur le fondement d'un droit étranger, qui appartient au même groupe au sens de l'article L. 511-20, à l'exclusion des groupes mixtes, à un conglomérat financier au sens de l'article L. 517-3 ou *[à]* un groupe au sens des articles L. 322-1-2, L. 322-1-3 et L. 356-2 du code des assurances ou au sens de l'article L. 111-4-2 du code de la mutualité ou au sens de l'article L. 931-2-2 du code de la sécurité sociale. Le groupe applique les mesures prévues au présent chapitre conformément à l'article L. 561-33 lorsque l'entreprise mère a son siège social en France ou des mesures équivalentes lorsque ce n'est pas le cas. En outre, lorsque le tiers se situe dans un pays tiers qui figure sur la liste publiée par la Commission européenne en application de l'article 9 de la directive (UE) 2015/849 du 20 mai 2015 relative à la prévention de l'utilisation du système financier aux fins du blanchiment de capitaux ou du financement du terrorisme, le groupe notifie à l'Autorité de contrôle prudentiel et de résolution le recours à ce tiers ainsi que les documents justifiant que le groupe s'assure bien de la mise en œuvre par ce tiers des procédures groupes mentionnées à l'article L. 561-33. »

(Abrogé par Ord. n° 2016-1635 du 1er déc. 2016, art. 3-V) ***« b) »*** La personne assujettie a accès aux informations recueillies par le tiers dans les conditions prévues par un décret en Conseil d'État. – *V. art. R. 561-13.* – ***C. mon. fin.***

La personne assujettie qui se repose sur les diligences effectuées par un tiers demeure responsable du respect de ses obligations.

II. – Les personnes mentionnées aux 1° à 6° *(Ord. n° 2020-1544 du 9 déc. 2020, art. 4)* « et au 7° *bis* » de l'article L. 561-2 peuvent communiquer les informations recueillies pour la mise en œuvre *(Ord. n° 2016-1635 du 1er déc. 2016, art. 3-V)* « de l'article L. 561-5 et de l'article L. 561-5-1 » à une autre personne mentionnée aux 1° à 6° *(Ord. n° 2020-1544 du 9 déc. 2020, art. 4)* « et au 7° *bis* » de l'article L. 561-2 située ou ayant son siège social en France. Elles peuvent également communiquer ces informations à un établissement proposant des activités financières équivalentes à celles exercées par les personnes mentionnées aux 1° à 6° *(Ord. n° 2020-1544 du*

9 déc. 2020, art. 4) « **et au 7° *bis*** » **de l'article L. 561-2,** *(Ord. n° 2016-1635 du 1er déc. 2016, art. 3-V)* « **si les conditions suivantes sont remplies :**

« **1° Le tiers destinataire est situé dans un autre État membre de l'Union européenne, dans un État partie à l'accord sur l'Espace économique européen ou dans un pays tiers imposant des obligations équivalentes en matière de lutte contre le blanchiment et le financement des activités terroristes** *(Abrogé par Ord. n° 2020-115 du 12 févr. 2020, art. 3)* « ***figurant sur la liste déterminée par arrêté du ministre chargé de l'économie*** », **ou fait partie d'un groupe ou d'un conglomérat financier ayant mis en place une organisation et des procédures mentionnées à l'article L. 561-33.**

« **2°** » **Le traitement par le tiers destinataire des données à caractère personnel garantit un niveau de protection suffisant de la vie privée et des libertés et droits fondamentaux des personnes, conformément aux articles** *(Ord. n° 2018-1125 du 12 déc. 2018, art. 11, en vigueur le 1er juin 2019)* « **122 et 123** » **de la loi n° 78-17 du 6 janvier 1978 relative à l'informatique, aux fichiers et aux libertés.**

(Ord. n° 2009-866 du 15 juill. 2009, art. 14, en vigueur le 1er nov. 2009) « **Pour l'application du présent article, les personnes mentionnées aux 1° à 6° de l'article L. 561-2 s'entendent à l'exclusion des personnes mentionnées au 1° *bis* du même article qui fournissent principalement le service mentionné au 6° du II de l'article L. 314-1.** »

(Ord. n° 2020-115 du 12 févr. 2020, art. 3) « **Les modalités d'application du présent article sont précisées par décret en Conseil d'État.** » – *V. art. R. 561-13.* – ***C. mon. fin.***

Sur l'application de l'Ord. n° 2009-866 du 15 juill. 2009 aux conventions conclues avant son entrée en vigueur, V. note ss. art. L. 112-6.

V. Arr. du 6 janv. 2021, art. 8, au C. compliance.

V. les Lignes directrices ACPR relatives à l'identification, la vérification de l'identité et la connaissance de la clientèle (déc. 2018).

Art. L. 561-7-1 *(Ord. n° 2020-115 du 12 févr. 2020, art. 3)* **Les avocats et les personnes mentionnées au 18° de l'article L. 561-2 peuvent se communiquer mutuellement les informations recueillies pour la mise en œuvre des articles L. 561-5, L. 561-5-1, L. 561-6, L. 561-9 à L. 561-10-2.**

Art. L. 561-8 *(Ord. n° 2016-1635 du 1er déc. 2016, art. 3-VI)* **I. – Lorsqu'une personne mentionnée à l'article L. 561-2 n'est pas en mesure de satisfaire** *(L. n° 2019-486 du 22 mai 2019, art. 206-VII-B ; Ord. n° 2020-115 du 12 févr. 2020, art. 3)* « **aux obligations** » **prévues à l'article L. 561-5** *(Ord. n° 2020-115 du 12 févr. 2020, art. 3)* « **ou à l'article L. 561-5-1** », **elle n'exécute aucune opération, quelles qu'en soient les modalités,** *(Ord. n° 2020-115 du 12 févr. 2020, art. 3)* « **n'établit ni ne poursuit aucune relation d'affaires et peut transmettre la déclaration prévue à l'article L. 561-15 dans les conditions prévues à cet article** ». **Si celle-ci a déjà été établie en application du IV de l'article L. 561-5, elle y met un terme et la déclaration prévue à l'article L. 561-15 s'effectue dans les conditions prévues à cet article.**

(Ord. n° 2020-115 du 12 févr. 2020, art. 3) « **Les personnes mentionnées aux 12° à 13° de l'article L. 561-2 ne sont pas soumises aux dispositions du premier alinéa lorsque leur activité se rattache à une procédure juridictionnelle, y compris dans le cadre de conseils relatifs à la manière d'engager ou d'éviter une telle procédure, et lorsqu'elles donnent des consultations juridiques.** »

II. – Le I s'applique également lorsqu'un établissement de crédit a été désigné par la Banque de France sur le fondement de l'article L. 312-1 et que l'établissement n'a pas pu satisfaire *(L. n° 2019-486 du 22 mai 2019, art. 206-VII-B)* « **à l'une des obligations** » **prévues à l'article L. 561-5** *(Ord. n° 2020-115 du 12 févr. 2020, art. 3)* « **ou à l'article L. 561-5-1** ».

III. – Un décret en Conseil d'État précise les modalités d'application du I lorsque la conclusion ou la résiliation du contrat auquel il est mis fin en application du présent article est régie par des dispositions législatives spécifiques.

Art. L. 561-9 *(Ord. n° 2016-1635 du 1er déc. 2016, art. 3-VII)* **Les personnes mentionnées à l'article L. 561-2 peuvent mettre en œuvre les dispositions des articles L. 561-5, L. 561-5-1 et L. 561-6 sous la forme de mesures de vigilance simplifiées dans l'un ou l'autre des cas suivants :**

1° Le risque de blanchiment des capitaux et de financement du terrorisme leur paraît faible ;

(Ord. nº 2020-115 du 12 févr. 2020, art. 3) « 2° Les clients, les services ou les produits figurent sur la liste des personnes, services ou produits présentant un faible risque de blanchiment de capitaux ou de financement du terrorisme et il n'existe pas de soupçon de blanchiment ou de financement du terrorisme.

« Un décret en Conseil d'État fixe les conditions d'application du présent article ainsi que la liste mentionnée au 2°. » — *V. art. R. 561-14 s.* — **C. *mon. fin.***

Art. L. 561-9-1 *(Ord. nº 2016-1635 du 1er déc. 2016, art. 3-VIII)* S'il n'existe pas de soupçon de blanchiment ou de financement du terrorisme, les personnes qui émettent de la monnaie électronique mentionnées aux 1°, 1° *ter* et 1° *quater* de l'article L. 561-2 ne sont pas soumises aux obligations de vigilance prévues aux articles L. 561-5 et L. 561-5-1, sous réserve du respect de conditions notamment de seuils définies par décret en Conseil d'État. — *V. art. R. 561-16-1.* — **C. *mon. fin.***

Art. L. 561-10 Les personnes mentionnées à l'article L. 561-2 appliquent des mesures de vigilance complémentaires à l'égard de leur client, en sus des mesures prévues aux articles L. 561-5 et *(Ord. nº 2016-1635 du 1er déc. 2016, art. 3-IX)* « L. 561-5-1 », lorsque :

(Abrogé par Ord. nº 2020-115 du 12 févr. 2020, art. 3) ***« 1° Le client ou son représentant légal n'est pas physiquement présent aux fins de l'identification*** *(Ord. nº 2016-1635 du 1er déc. 2016, art. 3-IX)* ***« au moment de l'établissement de la relation d'affaires » ; »***

(Ord. nº 2020-115 du 12 févr. 2020, art. 3) « 1° » Le client *(Ord. nº 2016-1635 du 1er déc. 2016, art. 3-IX, en vigueur le 26 juin 2017)* « , le cas échéant son bénéficiaire effectif, le bénéficiaire d'un contrat d'assurance vie ou de capitalisation, le cas échéant son bénéficiaire effectif, » est une personne *(Abrogé par Ord. nº 2016-1635 du 1er déc. 2016, art. 3-IX, à compter du 26 juin 2017)* ***« résidant dans un autre État membre de l'Union européenne ou un pays tiers et »*** qui est exposée à des risques particuliers en raison des fonctions politiques, juridictionnelles ou administratives qu'elle exerce ou a exercées *(Abrogé par Ord. nº 2020-115 du 12 févr. 2020, art. 3)* ***« pour le compte d'un autre État »*** ou de celles qu'exercent ou ont exercées des membres directs de sa famille ou des personnes connues pour lui être étroitement associées *(Ord. nº 2016-1635 du 1er déc. 2016, art. 3-IX, en vigueur le 26 juin 2017)* « ou le devient en cours de relation d'affaires » ;

(Ord. nº 2020-115 du 12 févr. 2020, art. 3) « 2° » *(Ord. nº 2016-1635 du 1er déc. 2016, art. 3-IX)* « Le produit ou l'opération présente, par sa nature, un risque particulier de blanchiment de capitaux ou de financement du terrorisme, notamment lorsqu'ils favorisent l'anonymat » ;

(Ord. nº 2020-115 du 12 févr. 2020, art. 3) « 3° » L'opération est une opération pour compte propre ou pour compte de tiers effectuée avec des personnes physiques ou morales, y compris leurs filiales ou établissements *(Ord. nº 2020-115 du 12 févr. 2020, art. 3)* « ou toute autre entité », domiciliées, enregistrées ou établies dans un État ou un territoire *(L. nº 2013-672 du 26 juill. 2013, art. 8-I)* « figurant sur les listes publiées par le Groupe d'action financière parmi ceux dont la législation ou les pratiques font obstacle à la lutte contre le blanchiment des capitaux et le financement du terrorisme » *(Ord. nº 2016-1635 du 1er déc. 2016, art. 3-IX)* « ou par la Commission européenne en application de l'article 9 de la directive (UE) 2015/849 du 20 mai 2015 relative à la prévention de l'utilisation du système financier aux fins du blanchiment de capitaux ou du financement du terrorisme. — *V. ce texte au* **C. *compliance***.

« S'il n'existe pas de soupçon de blanchiment des capitaux ou de financement du terrorisme, les personnes mentionnées à l'article L. 561-2 peuvent ne pas appliquer aux clients mentionnés *(Ord. nº 2020-115 du 12 févr. 2020, art. 3)* « au 1° » les mesures de vigilance complémentaires prévues par le présent article lorsque la relation d'affaires est établie avec une personne mentionnée au 2° de l'article L. 561-9 ou est établie exclusivement pour un ou plusieurs produits mentionnés *(L. nº 2019-486 du 22 mai 2019, art. 206-VII-B)* « au même » 2° de l'article L. 561-9. »

Un décret en Conseil d'État précise les catégories de personnes mentionnées au *(Ord. nº 2020-115 du 12 févr. 2020, art. 3)* « 1° », la liste des produits et des opérations mentionnées au *(Ord. nº 2020-115 du 12 févr. 2020, art. 3)* « 2° », ainsi que les mesures de vigilance complémentaires. – *V. art. R. 561-18 s.* – ***C. mon. fin.***

Art. L. 561-10-1 *(Ord. nº 2016-1635 du 1er déc. 2016, art. 3-X)* I. – Lorsque le risque de blanchiment des capitaux et de financement du terrorisme présenté par une relation d'affaires, un produit ou une opération leur paraît élevé, les personnes mentionnées à l'article L. 561-2 mettent en œuvre les dispositions des articles L. 561-5, L. 561-5-1 et L. 561-6 sous la forme de mesures de vigilance renforcées.

II. – La mise en œuvre des mesures de vigilance complémentaires prévues à l'article L. 561-10 ne fait pas obstacle à l'application des dispositions du I ci-dessus.

Art. L. 561-10-2 *(Abrogé par Ord. nº 2016-1635 du 1er déc. 2016, art. 3-XI)* ***« I. – Lorsque le risque de blanchiment des capitaux et de financement du terrorisme présenté par un client, un produit ou une transaction leur paraît élevé, les personnes mentionnées à l'article L. 561-2 renforcent l'intensité des mesures prévues aux articles L. 561-5 et L. 561-6.*** – *V. désormais art. L. 561-10-1.*

« II. – » Les personnes mentionnées à l'article L. 561-2 effectuent un examen renforcé de toute opération particulièrement complexe ou d'un montant inhabituellement élevé ou ne paraissant pas avoir de justification économique ou d'objet licite. Dans ce cas, ces personnes se renseignent auprès du client sur l'origine des fonds et la destination de ces sommes ainsi que sur l'objet de l'opération et l'identité de la personne qui en bénéficie. – *V. art. R. 561-22.* – ***C. mon. fin.***

Art. L. 561-10-3 *(Ord. nº 2020-115 du 12 févr. 2020, art. 3)* I. – Lorsqu'une personne mentionnée au 1° à 1° *quater* ou au 5° à 6° *bis* de l'article L. 561-2 entretient avec un organisme financier situé dans un pays non membre de l'Union européenne ou qui n'est pas partie à l'accord sur l'Espace économique européen une relation transfrontalière de correspondant avec exécution de paiement ou une relation en vue de la réalisation d'opérations sur titres ou de transferts de fonds, la personne assujettie met en œuvre vis-à-vis de l'organisme financier étranger avec lequel elle est en relation, outre les mesures prévues aux articles L. 561-5, L. 561-5-1 et L. 561-6, des mesures de vigilance complémentaires définies par décret en Conseil d'État.

Il est interdit aux personnes mentionnées aux 1° à 1° *quater* et au 5° à 6° *bis* de l'article L. 561-2 de nouer ou maintenir une relation de correspondant avec un établissement exerçant des activités équivalentes constitué dans un pays où il n'a aucune présence physique effective permettant que s'exercent des activités de direction et de gestion, s'il n'est pas rattaché à un établissement ou à un groupe réglementé.

Les personnes mentionnées aux 1° à 1° *quater* et au 5° à 6° *bis* de l'article L. 561-2 prennent des mesures appropriées pour s'assurer qu'elles ne nouent ni ne maintiennent une relation de correspondant avec une personne entretenant elle-même des relations de correspondant permettant à un établissement constitué dans les conditions mentionnées à l'alinéa précédent d'utiliser ses comptes.

II. – Pour l'application des dispositions du I, la notion de relation de correspondant désigne la réalisation d'opérations de banque, par une personne mentionnée au 1° ou au 5° de l'article L. 561-2 exerçant en qualité de correspondant, y compris la mise à disposition d'un compte courant et la fourniture des services qui y sont liés, tels que la gestion de trésorerie, les transferts internationaux de fonds, la compensation de chèques, les comptes de passage et les services de change à une autre personne mentionnée au 1° ou au 5° de l'article L. 561-2 qui est son client.

Cette notion désigne également les relations entre et parmi les personnes mentionnées aux 1° à 1° *quater* et 5° à 6° *bis* de l'article L. 561-2, y compris lorsque des services similaires sont fournis par un établissement correspondant avec un établissement client, et comprenant les relations établies pour des opérations sur titres ou des transferts de fonds.

Les comptes de passage mentionnés au premier alinéa désignent des comptes de correspondants utilisés directement par des tiers pour réaliser des opérations pour leur propre compte.

Art. L. 561-11 *(Ord. nº 2020-115 du 12 févr. 2020, art. 3)* I. – Dans les conditions fixées par décret en Conseil d'État, le ministre chargé de l'économie arrête les mesures visant à soumettre à des conditions spécifiques, à restreindre ou à interdire l'activité, ou tout ou partie des relations d'affaires et des opérations réalisées pour leur propre compte ou pour compte de tiers, des personnes mentionnées à l'article L. 561-2 avec des personnes physiques ou morales, y compris leurs filiales ou établissements, entretenant des liens avec l'un des pays tiers à haut risque recensé par la Commission européenne en application de l'article 9 de la directive (UE) 2015/849 du 20 mai 2015.

II. — Le ministre chargé de l'économie peut arrêter les mesures mentionnées au I à l'encontre des États ou territoires figurant sur les listes publiées par le Groupe d'action financière, parmi ceux dont la législation ou les pratiques font obstacle à la lutte contre le blanchiment des capitaux et le financement du terrorisme.

Art. L. 561-12 Sous réserve de dispositions plus contraignantes, les personnes mentionnées à l'article L. 561-2 conservent pendant cinq ans à compter de la clôture de leurs comptes ou de la cessation de leurs relations avec eux les documents *(L. n° 2016-731 du 3 juin 2016, art. 31-II)* « et informations, quel qu'en soit le support, » relatifs *(Ord. n° 2020-115 du 12 févr. 2020, art. 3)* « à leurs relations d'affaires ou clients occasionnels, ainsi qu'aux mesures de vigilance mises en œuvre ». Elles conservent également, dans la limite de leurs attributions, pendant cinq ans à compter de leur exécution, *(L. n° 2016-731 du 3 juin 2016, art. 31)* « quel qu'en soit le support, les documents et informations » relatifs aux opérations faites par ceux-ci, ainsi que les documents consignant les caractéristiques des opérations mentionnées *(Ord. n° 2016-1635 du 1er déc. 2016, art. 3-XIV)* « à l'article L. 561-10-2 ».

(L. n° 2016-731 du 3 juin 2016, art. 31-II) « Sans préjudice des obligations mentionnées au premier alinéa du présent article, les *(Ord. n° 2016-1635 du 1er déc. 2016, art. 3-XIV)* « personnes mentionnées aux 1°, 1° *ter* et 1° *quater* de l'article L. 561-2 » recueillent les informations et les données techniques relatives à l'activation, au chargement et à l'utilisation de la monnaie électronique au moyen d'un support physique et les conservent pendant une durée de cinq ans à compter de l'exécution de ces opérations. » *(Abrogé par Ord. n° 2020-115 du 12 févr. 2020, art. 3)* ***« Un arrêté du ministre chargé de l'économie précise les informations et les données techniques qui sont recueillies et conservées. »***

(Abrogé par Ord. n° 2016-1635 du 1er déc. 2016, art. 3-XIV) ***« Les personnes mentionnées au 9° de l'article L. 561-2 satisfont*** *(L. n° 2016-731 du 3 juin 2016, art. 31-II)* ***« aux obligations prévues au premier alinéa du présent article » en appliquant les mesures prévues à l'article L. 561-13. »***

Art. L. 561-13 *(Ord. n° 2020-115 du 12 févr. 2020, art. 3)* Les personnes mentionnées au 9° et 9° *bis* de l'article L. 561-2 enregistrent les opérations d'échange de tous modes de paiement, plaques, jetons, tickets dont le montant excède un certain seuil. Les modalités d'application du présent article sont fixées par décret.

Art. L. 561-14 Les personnes mentionnées aux 1° à *(Ord. n° 2020-1544 du 9 déc. 2020, art. 4)* « 7° *bis* » de l'article L. 561-2 ne tiennent pas de comptes ni de livrets d'épargne anonymes.

Art. L. 561-14-1 *(Abrogé par L. n° 2017-1837 du 30 déc. 2017, art. 28)* ***Les dispositions de l'article L. 561-5 s'appliquent aux*** *(Ord. n° 2016-1635 du 1er déc. 2016, art. 3-XVI)* ***« bons, titres et contrats » mentionnés à l'article 990 A du code général des impôts.***

Art. L. 561-14-2 Les dispositions du deuxième alinéa de l'article 537 du code général des impôts ne font pas obstacle à l'application de l'article L. 561-5 du présent code. Toutefois, les informations mentionnées à ce dernier article sont portées sur un registre distinct de celui institué par l'article 537 du code général des impôts.

Lorsque le client n'a pas autorisé l'organisme financier à communiquer son identité et son domicile fiscal à l'administration fiscale, le droit de communication prévu aux articles L. 83, L. 85, L. 87 et L. 89 du livre des procédures fiscales ne s'applique ni au registre institué par le présent article ni aux documents justificatifs mentionnés *(Abrogé par L. n° 2017-1837 du 30 déc. 2017, art. 28)* ***« à l'article L. 561-5 établis en raison des opérations sur les bons, titres et contrats mentionnés à l'article 990 A du code*** *général des impôts et* » au deuxième alinéa de l'article **537** *(L. nº 2017-1837 du 30 déc. 2017, art. 28)* « du code général des impôts ».

SECTION 4 ***Obligations de déclaration et d'information*** *(Ord. nº 2016-1635 du 1er déc. 2016, art. 4-I).*

Art. L. 561-15 I. – Les personnes mentionnées à l'article L. **561-2** sont tenues, dans les conditions fixées par le présent chapitre, de déclarer au service mentionné à l'article L. **561-23** les sommes inscrites dans leurs livres ou les opérations portant sur des sommes dont elles savent, soupçonnent ou ont de bonnes raisons de soupçonner qu'elles proviennent d'une infraction passible d'une peine privative de liberté supérieure à un an ou *(Ord. nº 2016-1635 du 1er déc. 2016, art. 4-II)* « sont liées » au financement du terrorisme.

II. – Par dérogation au I, les personnes mentionnées à l'article L. **561-2** déclarent au service *(L. nº 2010-853 du 23 juill. 2010, art. 23-I)* « mentionné à l'article L. **561-23** » les sommes ou opérations dont ils *[elles]* savent, soupçonnent ou ont de bonnes raisons de soupçonner qu'elles proviennent d'une fraude fiscale lorsqu'il y a présence d'au moins un critère défini par décret. *– V. art. D. 561-32-1. – V. aussi LPF, art. 84 D.*

III. – A l'issue de l'examen renforcé prescrit *(Ord. nº 2016-1635 du 1er déc. 2016, art. 4-II)* « à » *(L. nº 2010-853 du 23 juill. 2010, art. 23-I)* « l'article L. **561-10-2** », les personnes mentionnées à l'article L. **561-2** effectuent, le cas échéant, la déclaration prévue au I du présent article.

(Ord. nº 2016-1635 du 1er déc. 2016, art. 4-II) « IV. – » Toute information de nature à infirmer, conforter ou modifier les éléments contenus dans la déclaration est portée, sans délai, à la connaissance du service mentionné à l'article L. **561-23**.

(Ord. nº 2016-1635 du 1er déc. 2016, art. 4-II) « V. – » *(L. nº 2013-672 du 26 juill. 2013, art. 12-I)* « Les tentatives d'opérations mentionnées aux I et II du présent article font l'objet d'une déclaration au service mentionné à l'article L. **561-23**. »

(Ord. nº 2016-1635 du 1er déc. 2016, art. 4-II) « VI. – La déclaration mentionnée au présent article est établie par écrit. Elle peut toutefois être recueillie verbalement, sauf pour les personnes mentionnées à l'article L. **561-17**, par le service mentionné à l'article L. **561-23**, dans des conditions permettant à ce dernier de s'assurer de sa recevabilité.

« Ce service accuse réception de la déclaration, sauf si la personne mentionnée à l'article L. **561-2** a indiqué expressément ne pas le souhaiter.

« VII. – Un décret en Conseil d'État précise les conditions d'application du présent article et notamment le contenu et les modalités de transmission de la déclaration ainsi que les conditions dans lesquelles le service accuse réception de la déclaration et s'assure de sa recevabilité. » *– V. art. R. 561-23 s. –* ***C. mon. fin.***

Art. L. 561-15-1 *(Ord. nº 2016-1635 du 1er déc. 2016, art. 4-III)* « I. – Les personnes mentionnées à l'article L. **561-2** adressent au service mentionné à l'article L. **561-23** les éléments d'information relatifs à certaines opérations présentant un risque élevé de blanchiment ou de financement du terrorisme en raison du pays ou du territoire d'origine ou de destination des fonds, de la nature des opérations en cause ou des structures juridiques impliquées dans ces opérations. Un décret en Conseil d'État fixe les conditions d'application du présent article en ce qui concerne notamment les personnes et les opérations concernées ainsi que les modalités de transmission de l'information. *– V. art. R. 561-31-1. –* ***C. mon. fin.***

« II. – » *(L. nº 2013-672 du 26 juill. 2013, art. 12-II)* « Les informations adressées en application du présent article sont faites sans préjudice des déclarations éventuellement faites en application de l'article L. **561-15**. »

Art. L. 561-16 Les personnes mentionnées à l'article L. **561-2** s'abstiennent d'effectuer toute opération *(Ord. nº 2016-1635 du 1er déc. 2016, art. 4-IV, en vigueur le 1er janv. 2017)* « portant sur des sommes dont elles savent, soupçonnent ou ont de bonnes raisons de soupçonner qu'elles proviennent d'une infraction passible d'une peine privative de liberté supérieure à un an ou sont liées au financement du terrorisme » jusqu'à ce qu'elles aient fait la déclaration prévue à l'article L. **561-15**. Elles ne peuvent alors procéder à la réalisation de l'opération que si les conditions prévues au quatrième alinéa de l'article *(Ord. nº 2016-1635 du 1er déc. 2016, art. 4-IV, en vigueur le 1er janv. 2017)* « L. 561-24 » sont réunies.

Lorsqu'une opération devant faire l'objet de la déclaration prévue à l'article L. 561-15 a déjà été réalisée, soit parce qu'il a été impossible de surseoir à son exécution, soit que son report aurait pu faire obstacle à des investigations portant sur une opération suspectée de blanchiment des capitaux ou de financement du terrorisme, soit qu'il est apparu postérieurement à sa réalisation qu'elle était soumise à cette déclaration, la personne mentionnée à l'article L. 561-2 en informe sans délai le service prévu à l'article L. 561-23.

Art. L. 561-17 Par dérogation aux articles L. 561-15 et L. 561-16, l'avocat au Conseil d'État et à la Cour de cassation *(L. nº 2011-94 du 25 janv. 2011, art. 31-II, en vigueur le 1er janv. 2012)* « ou l'avocat » *(Ord. nº 2020-115 du 12 févr. 2020, art. 4)* « ou la caisse des règlements pécuniaires des avocats » communique la déclaration, selon le cas, au président de l'ordre des avocats au Conseil d'État et à la Cour de cassation *(L. nº 2011-94 du 25 janv. 2011, art. 31-II, en vigueur le 1er janv. 2012)* « ou au bâtonnier de l'ordre auprès duquel l'avocat est inscrit » *(Ord. nº 2020-115 du 12 févr. 2020, art. 4)* « ou au bâtonnier de l'ordre auprès duquel est inscrit l'avocat ayant déposé les fonds, effets ou valeurs faisant l'objet de cette déclaration ». Dès lors que les conditions fixées à l'article L. 561-3 sont remplies, ces autorités transmettent la déclaration au service mentionné à l'article L. 561-23, dans les délais et selon les modalités définis par décret en Conseil d'État. — *V. art. R. 561-32.* — ***C. mon. fin.***

Lorsqu'une déclaration a été transmise en méconnaissance de ces dispositions, le service mentionné à l'article L. 561-23 en refuse la communication et informe dans les meilleurs délais, selon le cas, le président de l'ordre des avocats au Conseil d'État et à la Cour de cassation *(L. nº 2011-94 du 25 janv. 2011, art. 31-II, en vigueur le 1er janv. 2012)* « ou le bâtonnier de l'ordre auprès duquel l'avocat déclarant est inscrit ».

Cette dérogation ne s'applique pas à l'avocat agissant en qualité de fiduciaire. — *Sur la fiducie, V. C. civ., art. 2011.* — ***C. civ.***

Art. L. 561-18 *(Ord. nº 2016-1635 du 1er déc. 2016, art. 4-V)* La déclaration mentionnée à l'article L. 561-15 est confidentielle.

Sous réserve des dispositions de l'article *(Ord. nº 2018-1125 du 12 déc. 2018, art. 11, en vigueur le 1er juin 2019)* « 19 » de la loi nº 78-17 du 6 janvier 1978 mentionnée ci-dessus, il est interdit, sous peine des sanctions prévues à l'article L. 574-1, aux dirigeants et préposés d'organismes financiers, aux personnes mentionnées à l'article L. 561-2, au président de l'ordre des avocats au Conseil d'État et à la Cour de cassation *(L. nº 2011-94 du 25 janv. 2011, art. 31-II, en vigueur le 1er janv. 2012)* « ou au bâtonnier de l'ordre auprès duquel l'avocat est inscrit », de porter à la connaissance du propriétaire des sommes ou de l'auteur de l'une des opérations mentionnées à l'article L. 561-15 ou à des tiers, autres que les autorités de contrôle, ordres professionnels et instances représentatives nationales visées à l'article L. 561-36, l'existence et le contenu d'une déclaration faite auprès du service mentionné à l'article L. 561-23 et de donner des informations sur les suites qui ont été réservées à cette déclaration.

Le fait, pour les personnes mentionnées au 13º de l'article L. 561-2, de s'efforcer de dissuader leur client de prendre part à une activité illégale ne constitue pas une divulgation au sens de l'alinéa précédent. — *Anc. I de l'art. L. 561-19 (Ord. nº 2016-1635 du 1er déc. 2016, art. 4-V).*

Art. L. 561-19 *(Ord. nº 2016-1635 du 1er déc. 2016, art. 4-VI)* Les dirigeants et préposés des personnes mentionnées aux 1º à *(Ord. nº 2020-115 du 12 févr. 2020, art. 4)* « 7º *quater* » de l'article L. 561-2 peuvent révéler à l'autorité judiciaire ou aux officiers de police judiciaire agissant sur délégation que des informations ont été transmises au service mentionné à l'article L. 561-23 en application de l'article L. 561-15. Dans ce cas, l'autorité judiciaire ou les officiers de police judiciaire peuvent demander confirmation à ce service de l'existence de cette déclaration.

La déclaration prévue à l'article L. 561-15 n'est accessible à l'autorité judiciaire que sur réquisition auprès du service mentionné à l'article L. 561-23 et dans les seuls cas où cette déclaration est nécessaire à la mise en œuvre de la responsabilité des personnes mentionnées à l'article L. 561-2, de leurs dirigeants et préposés ou de celle des autorités mentionnées à l'article L. 561-17 et lorsque l'enquête judiciaire fait apparaître qu'ils peuvent être impliqués dans le mécanisme de blanchiment de capitaux ou de financement du terrorisme qu'ils ont révélé. – *Anc. II de l'art. L. 561-19 (Ord. nº 2016-1635 du 1er déc. 2016, art. 4-V).*

Art. L. 561-20 *(Ord. nº 2016-1635 du 1er déc. 2016, art. 4-VII) (Ord. nº 2020-1544 du 9 déc. 2020, art. 4)* « I. – Par dérogation à l'article L. 561-18 et sauf opposition du service mentionné à l'article L. 561-23, les personnes mentionnées aux 1° à 7° *bis* et au 7° *quater* de l'article L. 561-2, ainsi que leurs filiales et succursales, s'informent de l'existence et du contenu de la déclaration prévue à l'article L. 561-15 lorsque les conditions suivantes sont réunies : »

a) Les informations ne sont échangées qu'entre personnes d'un même groupe soumises à l'obligation de déclaration prévue à l'article L. 561-15 ;

b) Les informations divulguées sont nécessaires à l'exercice, au sein du groupe, de la vigilance en matière de lutte contre le blanchiment des capitaux et le financement du terrorisme et seront exclusivement utilisées à cette fin ;

(Ord. nº 2020-115 du 12 févr. 2020, art. 4) « *c)* Les informations sont divulguées à une personne ou un établissement établi dans l'Union européenne ou l'Espace économique européen ou dans un pays tiers à condition que l'entité du groupe établie dans ce pays tiers applique les mesures prévues au présent chapitre conformément à l'article L. 561-33 ou des mesures équivalentes ;

« *d)* Le traitement des informations mentionnées aux *a* à *c* garantit un niveau de protection suffisant de la vie privée et des libertés et droits fondamentaux des personnes conformément aux articles 122 et 123 de la loi nº 78-17 du 6 janvier 1978. »

II. – Par dérogation à l'article L. 561-18 *(Ord. nº 2020-115 du 12 févr. 2020, art. 4)* « et sauf opposition du service mentionné à l'article L. 561-23 », les personnes mentionnées aux 12°, 12° *bis*, 13° de l'article L. 561-2, qui appartiennent au même réseau ou à une même structure d'exercice professionnel, s'informent au sein du réseau ou de la structure d'exercice professionnel de l'existence et du contenu de la déclaration prévue à l'article L. 561-15 lorsque les conditions suivantes sont réunies :

a) Les informations ne sont échangées qu'entre personnes d'un même réseau ou d'une même structure d'exercice professionnel soumises à l'obligation de déclaration prévue à l'article L. 561-15 ;

b) Les informations divulguées sont nécessaires à l'exercice, au sein du réseau ou de la structure d'exercice professionnel, de la vigilance en matière de lutte contre le blanchiment des capitaux et le financement du terrorisme et seront exclusivement utilisées à cette fin ;

c) Les informations sont divulguées à une personne ou *[à]* un établissement situé en France ou dans un autre État membre de l'Union européenne, dans un État partie à l'Espace économique européen ou dans un pays tiers imposant des obligations équivalentes en matière de lutte contre le blanchiment et le financement du terrorisme *(Abrogé par Ord. nº 2020-115 du 12 févr. 2020, art. 4)* ***« figurant sur une liste fixée par arrêté du ministre chargé de l'économie »*** ;

d) Le traitement des informations réalisé dans le pays mentionné au *c)* garantit un niveau de protection suffisant de la vie privée et des libertés et droits fondamentaux des personnes conformément aux articles *(Ord. nº 2018-1125 du 12 déc. 2018, art. 11, en vigueur le 1er juin 2019)* « 122 et 123 » de la loi nº 78-17 du 6 janvier 1978.

(Ord. nº 2020-1544 du 9 déc. 2020, art. 4) « III. – Par dérogation à l'article L. 561-18 et sauf opposition du service mentionné à l'article L. 561-23, les entreprises mères de groupes mentionnées au I de l'article L. 561-33 ont accès aux informations relatives à l'existence et au contenu des déclarations prévues à l'article L. 561-15 réalisées par les entités du groupe, lorsque les conditions suivantes sont remplies :

« *a)* Les entreprises mères sont établies dans un État membre de l'Union européenne ou dans un État partie à l'accord sur l'Espace économique européen ou dans un pays tiers imposant des obligations équivalentes en matière de lutte contre le blanchiment de capitaux et le financement du terrorisme ;

« *b)* Ces informations sont nécessaires pour la mise en œuvre des obligations prévues à l'article L. 561-33 ou à des obligations équivalentes prévues par la réglementation locale et seront exclusivement utilisées à cette fin ;

« *c)* Le traitement des informations réalisé dans ce pays garantit un niveau de protection suffisant de la vie privée et des libertés et droits fondamentaux des personnes conformément aux articles 122 et 123 de la loi n° 78-17 du 6 janvier 1978. »

(Ord. n° 2020-115 du 12 févr. 2020, art. 4) « Un décret en Conseil d'État précise les modalités d'application du présent article. »

Art. L. 561-21 Par dérogation à l'article *(Ord. n° 2016-1635 du 1er déc. 2016, art. 4-VIII)* « L. 561-18 », les personnes mentionnées *(Ord. n° 2020-115 du 12 févr. 2020, art. 4)* « aux 1° à 7° *quater* et aux 12°, 12° *bis*, 13°, 18° et 19° » de l'article L. 561-2 peuvent, lorsqu'elles interviennent pour un même client et dans une même *(Ord. n° 2016-1635 du 1er déc. 2016, art. 4-VIII)* « opération » *(L. n° 2012-387 du 22 mars 2012, art. 73)* « ou lorsqu'elles ont connaissance, pour un même client, d'une même opération », s'informer mutuellement *(L. n° 2012-387 du 22 mars 2012, art. 73)* « , et par tout moyen sécurisé, » de l'existence et du contenu de la déclaration prévue à l'article L. 561-15. *(Ord. n° 2020-115 du 12 févr. 2020, art. 4)* « Ces échanges d'informations ne sont autorisés, parmi les personnes énumérées à l'article L. 561-2, qu'entre celles mentionnées aux 1° à 7° ou entre celles mentionnées aux 1° *bis*, 1° *ter* et 1° *quater* qui fournissent principalement le service mentionné au 6° du II de l'article L. 314-1, ou entre celles mentionnées aux 7° *bis* à 7° *quater*. Ils sont également autorisés entre les personnes mentionnées aux 12°, 12° *bis*, 13° à 19° du même article L. 561-2 ou entre celles mentionnées à son 18° et les avocats mentionnés au 13°, si les conditions suivantes sont réunies :

« *a)* Les personnes mentionnées aux 1° à 7° *quater* et aux 12°, 12° *bis*, 13°, 18° et 19° de l'article L. 561-2 sont situées en France, dans un État membre de l'Union européenne ou partie à l'accord sur l'Espace économique européen ; »

b) *(L. n° 2012-387 du 22 mars 2012, art. 73)* « Lorsque l'échange d'informations implique des personnes qui ne sont pas situées en France, celles-ci » sont soumises à des obligations équivalentes en matière de secret professionnel ;

c) Les informations échangées sont utilisées exclusivement à des fins de prévention du blanchiment des capitaux et du financement du terrorisme ;

d) Le traitement des informations communiquées, lorsqu'il est réalisé dans un pays tiers, garantit un niveau de protection suffisant de la vie privée et des libertés et droits fondamentaux des personnes, conformément aux articles *(Ord. n° 2018-1125 du 12 déc. 2018, art. 11, en vigueur le 1er juin 2019)* « 122 et 123 » de la loi n° 78-17 du 6 janvier 1978 mentionnée ci-dessus.

(Abrogé par L. n° 2010-853 du 23 juill. 2010, art. 23-I) ***« Pour l'application du présent article, les personnes mentionnées aux 1° à 6° de l'article L. 561-2, à l'exception*** *(Ord. n° 2009-866 du 15 juill. 2009, art. 14)* ***« des établissements de paiement fournissant principalement le service mentionné au 6° du II de l'article L. 314-1 », constituent une seule et même catégorie professionnelle. »***

Art. L. 561-22 I. – Aucune poursuite fondée sur les articles 226-10, 226-13 et 226-14 du code pénal ne peut être intentée contre :

a) Les personnes mentionnées à l'article L. 561-2 ou leurs dirigeants et préposés ou les autorités mentionnées à l'article L. 561-17 lorsqu'ils ont, de bonne foi, fait la déclaration prévue à l'article L. 561-15 dans les conditions prescrites par les dispositions législatives ou réglementaires applicables ou lorsqu'ils ont communiqué des informations au service mentionné à l'article L. 561-23 en application de l'article *(Ord. n° 2016-1635 du 1er déc. 2016, art. 4-IX, en vigueur le 1er janv. 2017)* « L. 561-25 » *(Ord. n° 2020-115 du 12 févr. 2020, art. 4)* « ou lorsqu'ils ont, de bonne foi, signalé une divergence en application de l'article L. 561-47-1 » ;

b) Les autorités de contrôle qui ont transmis des informations au service mentionné à l'article L. 561-23 en application *(L. n° 2010-853 du 23 juill. 2010, art. 23-I)* « du II de l'article » *(Ord. n° 2016-1635 du 1er déc. 2016, art. 4-IX, en vigueur le 1er janv.*

2017) « **L. 561-28** » *(Ord. n° 2020-115 du 12 févr. 2020, art. 4)* « ou qui ont signalé une divergence en application de l'article **L. 561-47-1** » ;

c) Les personnes qui ont transmis des informations à ce service en application de l'article *(L. n° 2010-853 du 23 juill. 2010, art. 23-I)* « **L. 561-27** et du III de l'article » *(Ord. n° 2016-1635 du 1er déc. 2016, art. 4-IX, en vigueur le 1er janv. 2017)* « **L. 561-28** » ;

(Ord. n° 2020-115 du 12 févr. 2020, art. 4) « ***d)*** Les préposés ou les dirigeants des personnes mentionnées à l'article **L. 561-2** lorsqu'ils ont signalé un soupçon de blanchiment de capitaux ou de financement du terrorisme dans le cadre du dispositif de contrôle interne prévu à l'article **L. 561-32.** »

II. — Aucune action en responsabilité civile ne peut être intentée ni aucune sanction professionnelle *(Ord. n° 2020-115 du 12 févr. 2020, art. 4)* « ou mesure préjudiciable ou discriminatoire en matière d'emploi, parmi celles mentionnées au deuxième alinéa de l'article **L. 1132-3-3** du code du travail, » prononcée contre :

a) Les personnes mentionnées à l'article **L. 561-2** ou leurs dirigeants et préposés ou les autorités mentionnées à l'article **L. 561-17**, lorsqu'ils ont, de bonne foi, fait la déclaration prévue à l'article **L. 561-15** dans les conditions prescrites par les dispositions législatives ou réglementaires applicables, notamment par l'article **L. 561-16**, ou lorsqu'ils ont communiqué des informations au service mentionné à l'article **L. 561-23** en application de l'article *(Ord. n° 2016-1635 du 1er déc. 2016, art. 4-IX, en vigueur le 1er janv. 2017)* « **L. 561-25** » *(Ord. n° 2020-115 du 12 févr. 2020, art. 4)* « ou lorsqu'ils ont, de bonne foi, signalé une divergence en application de l'article **L. 561-47-1** » ;

b) Les autorités de contrôle qui ont transmis des informations au service mentionné à l'article **L. 561-23** en application *(L. n° 2010-853 du 23 juill. 2010, art. 23-I)* « du II de l'article » *(Ord. n° 2016-1635 du 1er déc. 2016, art. 4-IX, en vigueur le 1er janv.* *2017)* « **L. 561-28** » *(Ord. n° 2020-115 du 12 févr. 2020, art. 4)* « ou qui ont signalé une divergence en application de l'article **L. 561-47-1** » ;

c) Les personnes qui ont transmis des informations à ce service en application de l'article *(L. n° 2010-853 du 23 juill. 2010, art. 23-I)* « **L. 561-27** et du III de l'article » *(Ord. n° 2016-1635 du 1er déc. 2016, art. 4-IX, en vigueur le 1er janv. 2017)* « **L. 561-28** » ;

(Ord. n° 2020-115 du 12 févr. 2020, art. 4) « ***d)*** Les préposés ou les dirigeants des personnes mentionnées à l'article **L. 561-2** lorsqu'ils ont signalé un soupçon de blanchiment de capitaux ou de financement du terrorisme dans le cadre du dispositif de contrôle interne prévu à l'article **L. 561-32.** »

En cas de préjudice résultant directement d'une telle déclaration ou communication, l'État répond du dommage subi.

III. — Les dispositions du présent article s'appliquent même si la preuve du caractère délictueux des faits à l'origine de la déclaration mentionnée à l'article **L. 561-15**, de l'information transmise en application des articles **L. 561-27** et *(Ord. n° 2016-1635 du 1er déc. 2016, art. 4-IX, en vigueur le 1er janv. 2017)* « **L. 561-28** » ou de l'exercice du droit de communication prévu à l'article *(Ord. n° 2016-1635 du 1er déc. 2016, art. 4-IX, en vigueur le 1er janv. 2017)* « **L. 561-25** » n'est pas rapportée ou si les poursuites engagées en raison de ces faits ont été closes par une décision de non-lieu, de relaxe ou d'acquittement.

IV. — Lorsque l'opération a été exécutée comme il est prévu aux articles **L. 561-16** ou *(Ord. n° 2016-1635 du 1er déc. 2016, art. 4-IX, en vigueur le 1er janv. 2017)* « **L. 561-24** » et sauf concertation frauduleuse avec le propriétaire des sommes ou l'auteur de l'opération, les personnes mentionnées à l'article **L. 561-2** sont dégagées de toute responsabilité et aucune poursuite pénale ne peut être engagée à leur encontre de ce chef par application des articles **222-34** à **222-41**, **321-1**, **321-2**, **321-3**, **324-1**, **324-2** et **421-2-2** du code pénal ou de l'article **415** du code des douanes.

V. — Sauf concertation frauduleuse avec le propriétaire des sommes ou l'auteur de l'opération, la responsabilité pénale des personnes mentionnées au 1° de l'article **L. 561-2** ne peut être engagée, par application des articles **222-34** à **222-41**, **321-1**, **321-2**, **321-3**, **324-1** *(Ord. n° 2016-1635 du 1er déc. 2016, art. 4-IX, en vigueur le 1er janv. 2017)* « *[,]* **324-2** et **421-2-2** du code pénal » ou de l'article **415** du code des douanes, lorsqu'elles ouvrent un compte sur désignation de la Banque de France

conformément à l'article L. 312-1 du présent code *(L. n° 2011-412 du 14 avr. 2011, art. 13-II ; L. n° 2017-1339 du 15 sept. 2017, art. 27-II)* **« et à l'article L. 52-6-1 du code électoral ».**

Il en va de même pour des opérations réalisées par la personne ainsi désignée lorsque le client a fait l'objet d'une déclaration mentionnée à l'article L. 561-15 *(L. n° 2010-853 du 23 juill. 2010, art. 23-I)* **« et qu'elle a respecté les obligations de vigilance prévues »** *(Ord. n° 2016-1635 du 1er déc. 2016, art. 4-IX, en vigueur le 1er janv. 2017)* **« au II de l'article L. 561-10-1 et à l'article L. 561-10-2 ».**

(L. n° 2016-1691 du 9 déc. 2016, art. 68) **« VI. — Lorsque, à la suite d'une désignation effectuée par le service mentionné à l'article L. 561-23 en application du 2° de l'article** *(L. n° 2019-486 du 22 mai 2019, art. 206-VII-B)* **« L. 561-26 », les personnes mentionnées à l'article L. 561-2 poursuivent la relation d'affaires, ni leur responsabilité civile ou professionnelle, ni leur responsabilité pénale en application des articles 222-34 à 222-41, 321-1 à 321-3, 324-1, 324-2, 421-2-2 et du troisième alinéa de l'article 421-5 du code pénal ou de l'article 415 du code des douanes ne peuvent être engagées.**

« Le premier alinéa du présent VI s'applique sauf concertation frauduleuse avec le propriétaire des sommes ou l'auteur de l'opération et sous réserve de la mise en œuvre de bonne foi des obligations de vigilance et de déclaration des personnes mentionnées à l'article L. 561-2. »

Art. L. 561-22-1 *(Abrogé par Ord. n° 2020-115 du 12 févr. 2020, art. 4) (L. n° 2017-1837 du 30 déc. 2017, art. 109, en vigueur le 1er janv. 2018)* ***Le droit de communication de l'administration fiscale auprès des personnes mentionnées à l'article L. 561-2 du présent code s'exerce dans les conditions prévues à l'article L. 88 du livre des procédures fiscales.***

SECTION 5 *La cellule de renseignement financier nationale*

SOUS-SECTION 1 *Organisation et mission (Ord. n° 2016-1635 du 1er déc. 2016, art. 5-I, en vigueur le 1er janv. 2017).*

Art. L. 561-23 I. — Une cellule de renseignement financier nationale exerce les attributions prévues au présent chapitre. Elle est composée d'agents spécialement habilités par le ministre chargé de l'économie. Les conditions de cette habilitation ainsi que l'organisation et les modalités de fonctionnement de ce service sont définies par décret *(Abrogé par Ord. n° 2016-1635 du 1er déc. 2016, art. 5-II, à compter du 1er janv. 2017)* ***« en Conseil d'État ».*** *— V. art. R. 561-33 s. —* ***C. mon. fin.***

(Ord. n° 2016-1635 du 1er déc. 2016, art. 5-II, en vigueur le 1er janv. 2017) « II. — Le service mentionné au I reçoit les déclarations prévues à l'article L. 561-15 et les informations mentionnées aux articles L. 561-15-1, L. 561-25, L. 561-25-1, L. 561-27, L. 561-28 et L. 561-29.

« III. — Ce service recueille, analyse, enrichit et exploite tout renseignement propre à établir l'origine ou la destination des sommes ou la nature des opérations ayant fait l'objet d'une déclaration mentionnée à l'article L. 561-15 ou d'une information reçue au titre des articles L. 561-25, L. 561-25-1, L. 561-27, L. 561-28 ou L. 561-29. »

....

SOUS-SECTION 3 *Échanges d'informations (Ord. n° 2016-1635 du 1er déc. 2016, art. 5-VIII, en vigueur le 1er janv. 2017).*

Art. L. 561-27 *(Ord. n° 2016-1635 du 1er déc. 2016, art. 5-IX, en vigueur le 1er janv. 2017)* Le service mentionné à l'article L. 561-23 reçoit, à l'initiative des administrations de l'État, des collectivités territoriales, des établissements publics, des organismes mentionnés à l'article L. 134-1 du code des juridictions financières et de toute autre personne chargée d'une mission de service public, toutes les informations nécessaires à l'accomplissement de sa mission ou les obtient *(Ord. n° 2021-958 du 19 juill. 2021, art. 1er)* « en temps utile, » de ceux-ci à sa demande.

Il dispose, pour les besoins de l'accomplissement de sa mission :

1° D'un droit d'accès direct aux fichiers utilisés par les services en charge de l'établissement de l'assiette, du contrôle et du recouvrement des impôts ;

2° D'un droit d'accès direct aux traitements de données à caractère personnel mentionnés à l'article 230-6 du code de procédure pénale, y compris pour les données portant sur des procédures judiciaires en cours et à l'exclusion de celles relatives aux personnes enregistrées en qualité de victimes.

L'autorité judiciaire, les juridictions financières *(Ord. nº 2020-115 du 12 févr. 2020, art. 5)* « , les officiers de police judiciaire et les services de renseignement mentionnés aux articles L. 811-2 et L. 811-4 du code de la sécurité intérieure » peuvent le rendre destinataire de toute information aux mêmes fins.

SECTION 7 *Les autorités de contrôle et les sanctions administratives*

SOUS-SECTION 1 *Dispositions générales*

Art. L. 561-36 *(Ord. nº 2016-1635 du 1er déc. 2016, art. 7-I)* I. — Le contrôle du respect, par les personnes mentionnées à l'article L. 561-2, des obligations prévues aux chapitres I et II du présent titre *(Ord. nº 2020-1342 du 4 nov. 2020, art. 2)* « , des dispositions européennes directement applicables en matière de lutte contre le blanchiment des capitaux et le financement du terrorisme, y compris celles des règlements européens portant mesures restrictives pris en application des articles 75 ou 215 du traité sur le fonctionnement de l'Union européenne, ainsi que celles prises en application du même article 215 à d'autres fins » et, le cas échéant, le pouvoir de sanction en cas de non-respect de celles-ci sont assurés :

1° Par l'Autorité de contrôle prudentiel et de résolution dans les conditions définies à l'article L. 561-36-1 ;

2° Par l'Autorité des marchés financiers sur *(Abrogé par Ord. nº 2017-1107 du 22 juin 2017, art. 10, à compter du 3 janv. 2018)* ***« les sociétés de gestion et »*** *(Ord. nº 2020-115 du 12 févr. 2020, art. 7)* « les sociétés de gestion de placements collectifs mentionnées à l'article L. 543-1, sur les succursales des sociétés de gestion européennes d'OPCVM et de FIA mentionnées aux articles L. 532-20-1 et L. 532-21-3, sur les placements collectifs mentionnés au I de l'article L. 214-1, sur les personnes mentionnées au 7 de l'article L. 440-2, pour celles d'entre elles qui relèvent de la compétence de l'Autorité des marchés financiers », sur les dépositaires centraux et les gestionnaires de systèmes de règlement et de livraison d'instruments financiers, sur les personnes autorisées au titre de l'article L. 621-18-5, sur les conseillers en investissements financiers *(Ord. nº 2021-1735 du 22 déc. 2021, art. 25)* « *[, sur]* les prestataires de services de financement participatif au titre de leurs activités mentionnées à l'article L. 547-4 » *(L. nº 2019-486 du 22 mai 2019, art. 85 et 86)* « et sur les émetteurs de jetons mentionnés au 7° *ter* de l'article L. 561-2 ainsi que les prestataires mentionnés au 7° *quater* de l'article L. 561-2 » ;

3° Par le conseil de l'ordre du barreau auprès duquel les avocats sont inscrits, conformément à l'article 17 de la loi nº 71-1130 du 31 décembre 1971 portant réforme de certaines professions judiciaires et juridiques. Il peut être assisté dans sa mission de contrôle par le Conseil national des barreaux conformément à l'article 21-1 de la même loi ; — *V.* ***C. avocat.***

4° Par les chambres des notaires sur les notaires de leur ressort, conformément à l'article 4 de l'ordonnance nº 45-2590 du 2 novembre 1945 relative au statut du notariat. *(L. nº 2021-1729 du 22 déc. 2021, art. 43, en vigueur le 1er juill. 2022)* « Elles peuvent être assistées dans leur mission de contrôle par le Conseil supérieur du notariat, conformément à l'article 6 de la même ordonnance ; » — *V.* ***C. pr. civ.***

(Ord. nº 2016-1635 du 1er déc. 2016, art. 21-I, en vigueur le 1er juill. 2022) « 5° Sous réserve du 8° ci-dessous*[,]* par les chambres régionales des commissaires de justice sur les commissaires de justice de leur ressort, conformément à l'article 15 de l'ordonnance nº 2016-728 du 2 juin 2016 relative au statut de commissaire de justice *[ancienne rédaction : 5° Sous réserve des dispositions du 8° ci-dessous, par les chambres régionales des huissiers de justice sur les huissiers de justice de leur ressort, conformément à l'article 7 de l'ordonnance nº 45-2592 du 2 novembre 1945 relative au statut des huissiers de justice]* ». *(L. nº 2021-1729 du 22 déc. 2021, art. 43, en vigueur le 1er juill. 2022)* « Elles peuvent être assistées dans leur mission de contrôle par la chambre nationale des commissaires de justice, conformément à l'article 16 de la même ordonnance ; » — *V.* ***C. pr. civ.***

(Abrogé par Ord. nº 2016-1635 du 1er déc. 2016, art. 21-I, à compter du 1er juill. 2022) ***« 6° Sous réserve des dispositions du 8° ci-dessous, par la chambre de discipline des commis-***

saires-priseurs judiciaires sur les commissaires-priseurs judiciaires de leur ressort, conformément à l'article 8 de l'ordonnance n° 45-2593 du 2 novembre 1945 relative au statut des commissaires-priseurs judiciaires ; »

7° Par le conseil de l'ordre des avocats au Conseil d'État et à la Cour de cassation sur les avocats au Conseil d'État et à la Cour de cassation, conformément à l'article 13-1 de l'ordonnance du 10 septembre 1817 qui réunit, sous la dénomination d'ordre des avocats au Conseil d'État et à la Cour de cassation, l'ordre des avocats aux Conseils et le collège des avocats à la Cour de cassation, fixe irrévocablement le nombre des titulaires et contient des dispositions pour la discipline intérieure de l'ordre ; – *V. **C. avocat**.*

8° Dans les conditions définies au titre I du livre VIII du code de commerce pour les administrateurs judiciaires, les mandataires judiciaires et les personnes mentionnées au III de l'article L. 812-2 du code de commerce ;

9° Dans les conditions définies au titre II du livre VIII du code de commerce pour les commissaires aux comptes ;

10° Par l'ordre des experts-comptables sur les experts-comptables et les salariés autorisés à exercer la profession d'expert-comptable en application des articles 83 *ter* et 83 *quater* de l'ordonnance n° 45-2138 du 19 septembre 1945 portant institution de l'ordre des experts-comptables et réglementant le titre et la profession d'experts-comptables *[expert-comptable]*, conformément à l'article 1er de cette ordonnance ;

(Abrogé par Ord. n° 2020-115 du 12 févr. 2020, art. 7) ***« 11° Par le conseil des ventes volontaires de meubles aux enchères publiques sur les opérateurs de ventes volontaires de meubles aux enchères publiques, conformément aux articles L. 321-18 et L. 321-22 du code de commerce ; »***

12° Par l'administration des douanes pour les personnes mentionnées *(Ord. n° 2020-115 du 12 févr. 2020, art. 7 ; Ord. n° 2020-1342 du 4 nov. 2020, art. 2)* « aux 10°, 11° *bis* et 14° » de l'article L. 561-2 ;

13° Par les fédérations sportives conformément à l'article L. 222-7 du code du sport pour les personnes mentionnées au 16° de l'article L. 561-2 ;

14° Par l'autorité administrative compétente telle que désignée par décret en Conseil d'État en application de l'article L. 561-36-2, pour les personnes mentionnées aux 8°, 9°, 9 *bis*, 11° et 15° de l'article L. 561-2 ; – *V. art. R. 561-39 et R. 561-40.* – ***C. mon. fin.***

(Ord. n° 2020-115 du 12 févr. 2020, art. 7) « 15° Par la commission de contrôle des caisses des règlements pécuniaires des avocats pour les personnes mentionnées au 18° de l'article L. 561-2 ;

« 16° Par le conseil national des greffiers des tribunaux de commerce, dans les conditions définies au titre IV du livre VII du code de commerce, pour les greffiers des tribunaux de commerce mentionnés à l'article L. 741-1 du même code. »

II. – En cas de manquement par une personne mentionnée à l'article L. 561-2 à tout ou partie des obligations lui incombant en vertu du présent titre, l'autorité compétente peut engager à l'égard de cette personne une procédure de sanction. Une telle procédure est engagée dans tous les cas lorsqu'il existe des faits susceptibles de constituer des manquements graves, répétés ou systématiques à ces obligations.

En cas de manquement par une personne mentionnée à l'article L. 561-2 à tout ou partie des obligations lui incombant en vertu du présent titre, l'autorité compétente peut également sanctionner les dirigeants de cette personne ainsi que les autres personnes physiques salariées, préposées, ou agissant pour le compte de cette personne, du fait de leur implication personnelle.

Dans le cas où l'autorité compétente engage une procédure de sanction, elle en avise le procureur de la République. Par dérogation, pour les avocats au Conseil d'État et à la Cour de cassation *(Ord. n° 2020-115 du 12 févr. 2020, art. 7)* « , les avocats et les personnes mentionnées au 18° de l'article L. 561-2 », elle en avise, selon le cas, le procureur général près la Cour de cassation ou le procureur général près la cour d'appel.

III. – Les autorités de contrôle mentionnées au I contrôlent le respect des obligations prévues au présent titre par les personnes assujetties ayant leur siège social dans un autre État membre de l'Union européenne ou partie à l'Espace économique européen en tant qu'elles exploitent des établissements sur le territoire national ou y exercent leur activité dans les conditions prévues aux articles 1° *quater* ou 6 *bis* de l'article L. 561-2.

Chaque autorité de contrôle reçoit de son homologue situé dans cet État membre ou communique à celui-ci, les informations nécessaires à l'accomplissement de sa mission.

(Ord. nº 2020-115 du 12 févr. 2020, art. 7) « IV. – Les autorités de contrôle mentionnées au I veillent à disposer d'une bonne compréhension des risques de blanchiment de capitaux et de financement du terrorisme. Dans le cadre de leurs contrôles sur pièces et sur place, elles ont notamment accès à toutes les informations relatives aux risques nationaux et internationaux liés aux clients et à l'activité des personnes relevant de leur compétence. Elles évaluent le profil de risques de blanchiment de capitaux et de financement du terrorisme des personnes relevant de leur compétence, y compris les risques de non-respect par celles-ci de la réglementation. Elles procèdent au réexamen de cette évaluation de façon périodique ou lorsque des changements majeurs interviennent dans la gestion ou les activités de ces personnes.

« Ces autorités déterminent la fréquence et l'intensité de leurs contrôles sur pièces et sur place, en tenant compte notamment du profil de risque des personnes relevant de leur compétence et des risques de blanchiment de capitaux et de financement du terrorisme.

« Elles examinent les évaluations des risques mises en place par les personnes relevant de leur compétence en application de l'article L. 561-4-1 ainsi que la mise en œuvre et le caractère adéquat, selon une approche par les risques, de l'organisation, des procédures internes et des mesures de contrôle interne que ces personnes mettent en place à cette fin en application de l'article L. 561-32.

« V. – Sous réserve de l'application des articles L. 561-18, L. 561-25 et L. 561-25-1, les autorités de contrôle mentionnées aux 3° à 11° du I publient un rapport annuel relatif à leurs activités de contrôle et de sanction. Ce rapport contient des éléments quantitatifs, rendus anonymes, relatifs aux échanges d'informations avec le service mentionné à l'article L. 561-23. Un décret en Conseil d'État précise le contenu et le mode de publication de ce rapport. »

....

Art. L. 561-36-3 *(Ord. nº 2016-1635 du 1er déc. 2016, art. 7-IV)* I. – Tout manquement aux obligations prévues par les dispositions des sections 3 à 6 du présent chapitre *(Ord. nº 2020-1342 du 4 nov. 2020, art. 2)* « , du chapitre II du présent titre, des dispositions européennes directement applicables en matière de lutte contre le blanchiment des capitaux et le financement du terrorisme, y compris celles des règlements européens portant mesures restrictives pris en application des articles 75 ou 215 du traité sur le fonctionnement de l'Union européenne, ainsi que celles prises en application du même article 215 à d'autres fins » par les personnes mentionnées aux 12°, *(Ord. nº 2020-115 du 12 févr. 2020, art. 7)* « 13°, 14° 18°, et 19° » de l'article L. 561-2 peut donner lieu aux mesures et sanctions suivantes :

1° Une injonction ordonnant à l'une de ces personnes de mettre un terme au comportement en cause et lui interdisant de le réitérer ;

2° Une interdiction temporaire d'exercice de responsabilités dirigeantes au sein d'une de ces personnes ;

3° Une sanction pécuniaire dont le montant ne peut être supérieur à un million d'euros. Lorsque l'avantage retiré du manquement peut être déterminé, cette sanction peut être au plus le double du montant de cet avantage.

En cas de manquement par une personne mentionnée au premier alinéa à tout ou partie des obligations lui incombant en vertu du présent titre, l'autorité compétente peut également sanctionner les dirigeants de cette personne ainsi que les autres personnes physiques salariées, préposées, ou agissant pour le compte de cette personne, du fait de leur implication personnelle dans les manquements en cause.

II. – Le montant et le type de la sanction infligée en cas de manquement aux dispositions des sections 3 à 6 du présent chapitre par les personnes mentionnées au premier alinéa du I sont fixés en tenant compte, notamment :

1° De la gravité et de la durée des manquements ;

2° Du degré de responsabilité de l'auteur des manquements, de sa situation financière, de l'importance des gains qu'il a obtenus ou des pertes qu'il a évitées, de son degré de coopération lors du contrôle et de la procédure ainsi que des manquements qu'il a précédemment commis ;

3° S'ils peuvent être déterminés, des préjudices subis par des tiers du fait des manquements.

III. — Dans les conditions fixées par un décret en Conseil d'État, la décision de l'autorité de sanction, le cas échéant le recours contre cette décision, l'issue du recours, de même que la décision d'annulation d'une sanction précédemment imposée sont rendues *[rendus]* publiques dans les publications, journaux ou supports désignés par cette autorité dans un format proportionné à la faute commise et à la sanction infligée. Les frais sont supportés par les personnes sanctionnées. — *V. art. R. 561-42-1 et R. 561-42-2.* — ***C. mon. fin.***

Toutefois, les décisions mentionnées ci-dessus sont publiées de manière anonyme dans les cas suivants :

1° Lorsque la publication sous une forme non anonyme compromettrait une enquête pénale en cours ;

2° Lorsqu'il ressort d'éléments objectifs et vérifiables fournis par la personne sanctionnée que le préjudice qui résulterait pour elle d'une publication sous une forme non anonyme serait disproportionné.

Lorsque les situations mentionnées aux 1° et 2° sont susceptibles de cesser d'exister dans un court délai, l'autorité de sanction peut différer la publication pendant ce délai.

L'autorité de sanction peut mettre à la charge de la personne sanctionnée tout ou partie des frais occasionnés par les mesures de contrôle ayant permis la constatation des faits ayant donné lieu à sanction.

IV. — Les dispositions qui précèdent ne font pas obstacle à la mise en œuvre, du fait des manquements mentionnés au premier alinéa du I, aux *[des]* dispositions particulières applicables aux personnes mentionnées à ce même alinéa.

…………

SOUS-SECTION 2 *La commission nationale des sanctions*

Art. L. 561-40 *(Ord. nº 2016-1635 du 1er déc. 2016, art. 7-VIII)* I. — La Commission nationale des sanctions peut prononcer l'une des sanctions administratives suivantes :

1° L'avertissement ;

2° Le blâme ;

3° L'interdiction temporaire d'exercice de l'activité ou d'exercice de responsabilités dirigeantes au sein d'une personne morale exerçant cette activité pour une durée n'excédant pas cinq ans ;

4° Le retrait d'agrément ou de la carte professionnelle.

La sanction prévue au 3° peut être assortie du sursis. Si, dans le délai de cinq ans à compter du prononcé de la sanction, la personne sanctionnée commet une infraction ou une faute entraînant le prononcé d'une nouvelle sanction, celle-ci entraîne, sauf décision motivée, l'exécution de la première sanction sans confusion possible avec la seconde.

La commission peut prononcer, soit à la place, soit en sus de ces sanctions, une sanction pécuniaire dont le montant ne peut être supérieur à cinq millions d'euros ou, lorsque l'avantage retiré du manquement peut être déterminé, au double de ce dernier. Les sommes sont recouvrées par le Trésor public.

En cas de manquement par une personne mentionnée à l'article L. 561-37 à tout ou partie des obligations lui incombant en vertu du présent titre, la Commission nationale des sanctions peut également sanctionner les dirigeants de cette personne ainsi que les autres personnes physiques salariées, préposées, ou agissant pour le compte de cette personne, du fait de leur implication personnelle dans ces manquements.

II. — Le montant et le type de la sanction infligée au titre du présent article sont fixés en tenant compte, notamment, le cas échéant :

1° De la gravité et de la durée des manquements ;

2° Du degré de responsabilité de l'auteur des manquements, de sa situation financière, de l'importance des gains qu'il a obtenus ou des pertes qu'il a évitées, de son degré de coopération lors du contrôle et de la procédure devant la commission ainsi que des manquements qu'il a précédemment commis ;

3° S'ils peuvent être déterminés, des préjudices subis par des tiers du fait des manquements.

III. – Dans les conditions fixées par décret en Conseil d'État, la décision de la commission, le cas échéant le recours contre cette décision, l'issue du recours, la décision d'annulation d'une sanction précédemment imposée sont rendus publiques dans les publications, journaux ou supports désignés par la commission dans un format proportionné à la faute commise et à la sanction infligée. Les frais sont supportés par les personnes sanctionnées. – *V. art. R. 561-50-1 et R. 561-50-2.*

Toutefois, les décisions de la commission sont publiées de manière anonyme dans les cas suivants :

1° Lorsque la publication sous une forme non anonyme compromettrait une enquête pénale en cours ;

2° Lorsqu'il ressort d'éléments objectifs et vérifiables fournis par la personne sanctionnée que le préjudice qui résulterait pour elle d'une publication sous une forme non anonyme serait disproportionné.

Lorsque les situations mentionnées aux 1° et 2° sont susceptibles de cesser d'exister dans un court délai, la commission peut décider de différer la publication pendant ce délai.

La commission peut décider de mettre à la charge de la personne sanctionnée tout ou partie des frais occasionnés par les mesures de contrôle ayant permis la constatation des faits sanctionnés.

....

SECTION 8 *Droit d'accès indirect aux données*

Art. L. 561-45 Lorsque des données à caractère personnel font l'objet d'un traitement aux seules fins de l'application des articles L. 561-5 à L. 561-23 par une personne mentionnée à l'article L. 561-2, le droit d'accès s'exerce auprès de la Commission nationale de l'informatique et des libertés.

La commission désigne l'un de ses membres appartenant ou ayant appartenu au Conseil d'État, à la Cour de cassation ou à la Cour des comptes pour mener les investigations utiles et faire procéder aux modifications nécessaires. Celui-ci peut se faire assister d'un agent de la commission.

Les données peuvent être communiquées au demandeur lorsque la commission constate, en accord avec le service mentionné à l'article L. 561-23 et après avis du responsable du traitement, que leur communication n'est susceptible ni de révéler l'existence d'une déclaration prévue à l'article L. 561-15 ou des suites qui lui ont été données, ou l'exercice par le service mentionné à l'article L. 561-23 de son droit de communication prévu à l'article L. 561-26, ni de mettre en cause la finalité de lutte contre le blanchiment des capitaux et le financement du terrorisme lorsque les données sont relatives au demandeur et détenues dans le cadre de la mise en œuvre des dispositions des articles L. 561-8, L. 561-9 et L. 561-10.

Lorsque la communication des données est susceptible de mettre en cause la finalité du traitement, la Commission nationale de l'informatique et des libertés, saisie par le demandeur, l'informe qu'il a été procédé aux vérifications nécessaires.

....

DEUXIÈME PARTIE : *RÉGLEMENTAIRE*

LIVRE I **LA MONNAIE**

TITRE III **LES INSTRUMENTS DE LA MONNAIE SCRIPTURALE**

CHAPITRE I *LE CHÈQUE BANCAIRE* (*Décr. n° 2006-1115 du 5 sept. 2006, art. 3*).

SECTION 5 *Présentation et paiement* (*Décr. n° 2006-1115 du 5 sept. 2006, art. 3*).

SOUS-SECTION 2 *Procédures de vérification auprès de la Banque de France* (*Décr. n° 2006-1115 du 5 sept. 2006, art. 3-4°*).

Art. R. 131-5 Toute personne à laquelle est remis un chèque pour le paiement d'un bien ou d'un service peut, directement ou par l'intermédiaire d'un mandataire, véri-

fier auprès de la Banque de France si ce chèque n'a pas été déclaré comme volé ou perdu, n'a pas été tiré sur un compte clôturé ou émis par une personne frappée d'une interdiction judiciaire ou bancaire.

Le service ainsi rendu donne lieu à rémunération. – *[Décr. nº 92-467 du 26 mai 1992, art. 1er.]*

V., infra, art. R. 163-2 (sanctions pénales).

V., infra, Arr. du 24 juill. 1992 relatif au traitement automatisé des informations sur la régularité des chèques mis en œuvre par la Banque de France.

V. CNIL (https://www.cnil.fr) :

– Délib. nº 2014-266 du 26 juin 2014 autorisant la Banque de France à modifier le dispositif de détection des chèques « présumés flambants » à l'occasion de la consultation du fichier national des chèques irréguliers (FNCI) ;

–Délib. nº 2009-363 du 25 juin 2009 autorisant la mise en place par la banque de france d'un dispositif de détection des chèques « présumés flambants » a l'occasion de la consultation du fichier national des chèques irréguliers (FNCI) ;

–Délib. nº 2004-094 du 2 déc. 2014 portant autorisation de la mise en œuvre par la Banque de France d'une expérimentation concernant le comptage du nombre de chèques consultés sur un compte dans le cadre de la consultation du Fichier national des chèques irréguliers NCI) mod. par Délib. nº 2005-092 du 19 mai 2005 ;

– Délib. nº 92-068 du 7 juill. 1992 portant sur une demande d'avis présentée par la Banque de France sur la modification du fichier national des chèques volés ou perdus ;

–Délib. nº 90-36 du 20 mars 1990 portant avis sur la mise en œuvre par la Banque de France d'un traitement automatisé d'informations nominatives, relatif à la gestion d'un fichier national des chèques déclarés volés ou perdus (F.N.C.V.).

Art. R. 131-6 La Banque de France attribue à chaque personne souhaitant procéder ou faire procéder par un mandataire aux vérifications mentionnées à l'article R. 131-5 un code d'accès au fichier constitué à cet effet. – *[Décr. nº 92-467 du 26 mai 1992, art. 2.]*

Art. R. 131-7 La personne qui consulte le fichier indique le code d'accès qui lui est attribué. S'il s'agit d'un mandataire, celui-ci mentionne son propre code d'accès et celui du bénéficiaire du chèque.

L'interrogation comporte les renseignements suivants tels qu'ils figurent sur le chèque présenté :

***a)* Le numéro de la formule ;**

***b)* L'identification précise du tiré ;**

***c)* Les coordonnées bancaires du tireur.** – *[Décr. nº 92-467 du 26 mai 1992, art. 3.]*

Art. R. 131-8 La réponse de la Banque de France est transmise sans délai à la personne qui consulte le fichier. S'il s'agit d'un mandataire, celui-ci en informe sans délai son mandant.

Lorsque la Banque de France constate que l'émission d'un chèque n'est pas régulière pour une des causes mentionnées au premier alinéa de l'article R. 131-5, elle en informe la personne qui a consulté le fichier sans indiquer la nature de l'irrégularité, enregistre l'ensemble des éléments d'identification mentionnés à l'article R. 131-7 et les conserve pendant une durée minimale de deux mois. – *[Décr. nº 92-467 du 26 mai 1992, art. 4.]*

Art. R. 131-9 La Banque de France précise à toute personne qui effectue les vérifications prévues par la présente sous-section que la diffusion et la conservation, par quiconque, des informations obtenues sont interdites sous peine des sanctions prévues par l'article 226-21 du code pénal. – *[Décr. nº 92-467 du 26 mai 1992, art. 5.]*

SECTION 12 ***Incidents de paiement et sanctions*** *(Décr. nº 2006-1115 du 5 sept. 2006, art. 3).*

SOUS-SECTION 1 *Enregistrement par les banquiers des incidents de paiement de chèques tenant à un défaut de provision suffisante (Décr. nº 2006-1115 du 5 sept. 2006, art. 3).*

....

Art. R. 131-11 Le tiré qui refuse en tout ou en partie le paiement d'un chèque pour défaut de provision suffisante enregistre l'incident au plus tard le deuxième jour

ouvré suivant le refus de paiement. Lorsque le titulaire a émis le chèque au mépris d'une interdiction toujours en vigueur, ce délai expire au plus tard le cinquième jour ouvré suivant le refus de paiement.

Le tiré procède dans les mêmes conditions à un enregistrement lorsque le paiement du chèque est refusé pour un autre motif si la provision est, par ailleurs, insuffisante pour en permettre le paiement.

Le nouveau refus de paiement d'un chèque ayant déjà fait l'objet d'un enregistrement n'est pas enregistré. – *[Décr. nº 92-456 du 22 mai 1992, art. 2.]*

Art. R. 131-12 L'enregistrement par le banquier tiré des incidents de paiement de chèques tenant à un défaut de provision suffisante comporte, pour chaque incident, les renseignements suivants :

1° Le numéro du compte, l'indication qu'il s'agit d'un compte individuel ou d'un compte collectif ainsi que les éléments permettant l'identification précise du tiré ;

2° Le nom ou la dénomination ou raison sociale du titulaire du compte, son adresse ainsi que :

a) S'il s'agit d'une personne physique, ses prénoms, date et lieu de naissance et, le cas échéant, le nom d'usage, lorsqu'il est connu du tiré ;

b) S'il s'agit d'une personne morale, sa forme juridique ;

c) En outre, le numéro national d'identification des entreprises prévu par les dispositions réglementaires en vigueur, s'il s'agit d'une entreprise individuelle ou d'une personne morale qui en est pourvue ;

3° Le numéro du chèque ;

4° Le montant du chèque exprimé en euros et, le cas échéant, sa date de création lorsque le titulaire du compte a émis le chèque au mépris d'une interdiction d'émettre toujours en vigueur lors du refus de paiement ;

5° La date du refus de paiement du chèque ;

6° La cause du refus de paiement et le montant de l'insuffisance de la provision ;

7° L'indication, s'il y a lieu, que le chèque a été émis au mépris d'une injonction faite en application de l'article L. 131-73, ou en violation d'une interdiction prononcée en application de l'article L. 163-6 ;

8° L'indication, s'il y a lieu, que le compte sur lequel le chèque a été émis était clôturé lors du refus de paiement.

L'enregistrement est complété par la date de régularisation de l'incident dès que celle-ci intervient. – *[Décr. nº 92-456 du 22 mai 1992, art. 3.]*

Art. R. 131-13 Tout banquier qui reçoit de la Banque de France, en application de l'article R. 131-42, avis d'une interdiction d'émettre des chèques concernant une personne titulaire de compte dans son établissement enregistre cet avis au plus tard le troisième jour ouvré suivant cette réception. Il mentionne également la date à laquelle cette interdiction lui a été notifiée. Il enregistre dans les mêmes conditions les levées d'interdiction. – *[Décr. nº 92-456 du 22 mai 1992, art. 4.]*

Art. R. 131-14 Les incidents sont enregistrés dans l'ordre chronologique, chacun étant affecté d'un numéro pris dans une série annuelle ininterrompue. Les enregistrements prévus par les articles R. 131-12 et R. 131-13 sont conservés et doivent pouvoir être justifiés pendant un an à compter de la date de régularisation ou, à défaut, pendant cinq ans à compter de l'injonction. – *[Décr. nº 92-456 du 22 mai 1992, art. 5.]*

....

SOUS-SECTION 3 *Déclaration à la Banque de France des incidents de paiement et des régularisations (Décr. nº 2006-1115 du 5 sept. 2006, art. 3).*

Art. R. 131-26 L'avis de non-paiement pour défaut de provision suffisante établi en application de l'article L. 131-84 doit comporter tous les renseignements prévus aux 1°, 2°, 4°, 5°, 6° et 8° de l'article R. 131-12, ainsi que le numéro d'enregistrement de l'incident chez le tiré.

Cet avis est transmis à la Banque de France au plus tard le deuxième jour ouvré suivant le refus de paiement du chèque. Lorsque le titulaire du compte a émis le chèque au mépris d'une interdiction toujours en vigueur, ce délai expire au plus tard le cinquième jour ouvré suivant le refus de paiement.

(Abrogé par Décr. nº 2011-243 du 4 mars 2011) ***« Lorsque le titulaire du compte bénéficie de la dispense de pénalité libératoire, seul l'incident qui a entraîné l'interdiction d'émettre est déclaré à la Banque de France. Les incidents constatés ultérieurement pendant le délai de dispense de pénalité et non régularisés sont déclarés à la Banque de France au plus tard le deuxième jour ouvré suivant l'expiration de ce délai. »*** – *[Décr. nº 92-456 du 22 mai 1992, art. 16.]*

....

TITRE IV LA BANQUE DE FRANCE

CHAPITRE IV *DISPOSITIONS DIVERSES*

SECTION 3 *Dispositions diverses*

Art. D. 144-12 *(Décr. nº 2012-405 du 23 mars 2012, art. 1er, en vigueur le 1er avr. 2012)* « I. – Les informations détenues par la Banque de France sur les dirigeants d'entreprise et les entrepreneurs individuels peuvent être communiquées *(Décr. nº 2015-1854 du 30 déc. 2015, art. 7)* « aux entités mentionnées à l'article L. 144-1 » *(Abrogé par Décr. nº 2019-859 du 20 août 2019, art. 2)* ***« et aux administrations à vocation économique ou financière »***.

« II. – Lorsqu'elles font état de décisions intervenues dans le cadre d'une procédure de sauvegarde ou de redressement judiciaire, les informations mentionnées au I ne peuvent être communiquées qu'à condition de faire également l'objet d'une mention au registre du commerce et des sociétés.

« Lorsqu'elles font état de décisions intervenues dans le cadre d'une procédure de liquidation judiciaire, ces informations ne peuvent être communiquées que pendant une durée maximale *(Décr. nº 2013-799 du 2 sept. 2013, en vigueur le 9 sept. 2013)* « de cinq ans » à compter du prononcé de cette procédure. » *(Décr. nº 2013-799 du 2 sept. 2013, en vigueur le 9 sept. 2013)* « A l'exception des cas mentionnés au III, le prononcé *(Décr. nº 2018-834 du 1er oct. 2018, en vigueur le 1er janv. 2019)* « d'une ou de deux procédures » de liquidation judiciaire au cours des cinq dernières années n'entraîne pas l'attribution d'un indicateur significatif aux dirigeants d'entreprise et aux entrepreneurs individuels. »

(Décr. nº 2009-198 du 18 févr. 2009, art. 1er) « III. – Les informations détenues par la Banque de France relatives à la faillite personnelle ou à l'interdiction de gérer d'un dirigeant d'entreprise ou d'un entrepreneur individuel prononcées sur le fondement des articles L. 653-1 et suivants du code de commerce peuvent être communiquées *(Abrogé par Décr. nº 2012-405 du 23 mars 2012, art. 1er, à compter du 1er avr. 2012)* ***« à des tiers »*** pendant la durée de la mesure correspondante.

« IV. – Lorsque la fonction de dirigeant d'entreprise ou l'exercice de l'activité d'entrepreneur cesse, la durée maximale de diffusion par la Banque de France des informations détenues sur lesdites fonctions ou sur l'exercice de l'activité est *(Décr. nº 2013-799 du 2 sept. 2013, en vigueur le 9 sept. 2013)* « de cinq ans » à compter de la date de cessation des fonctions ou de l'arrêt de l'activité d'entrepreneur. »

(Abrogé par Décr. nº 2012-405 du 23 mars 2012, art. 1er, à compter du 1er avr. 2012) ***« V. – Dans les autres cas, les informations relatives à la situation des dirigeants et des entrepreneurs détenues par la Banque de France ne peuvent être communiquées à des tiers plus de quatre ans après l'intervention de l'événement auquel elles se rapportent. »***

....

TITRE V LES RELATIONS FINANCIÈRES AVEC L'ÉTRANGER

CHAPITRE II *OBLIGATIONS DE DÉCLARATION*

SECTION 3 *Transferts de sommes, titres ou valeurs*

Art. R. 152-10 *(Décr. nº 2010-1011 du 30 août 2010, art. 1er)* Pour l'application de l'article L. 152-3 :

1° L'obligation de conservation d'informations relatives aux opérations de transfert de sommes sur un compte à l'étranger ou sur un compte de non-résident en France porte sur la date et le montant des sommes transférées, l'identification de l'auteur du transfert et du bénéficiaire ainsi que les références des comptes concernés en France et à l'étranger.

Cette obligation s'applique également aux informations relatives aux paiements par carte bancaire réalisant un tel transfert ;

2° Les administrations fiscale et douanière peuvent demander la communication des informations mentionnées au 1° pour des personnes non identifiées, à la condition que la demande précise à la fois :

a) Le montant unitaire plancher des transferts ou paiements recherchés, qui ne peut être inférieur à 15 000 euros pour les paiements effectués par carte bancaire ;

b) La période concernée, éventuellement fractionnée, qui ne peut excéder dix-huit mois ;

c) Les États ou territoires de destination des opérations de transfert ou de paiement.

3° Sur demande de l'administration, les informations sont communiquées sur support informatique, par un dispositif sécurisé.

TITRE VI DISPOSITIONS PÉNALES

CHAPITRE III *INFRACTIONS RELATIVES AUX CHÈQUES ET AUX AUTRES INSTRUMENTS DE LA MONNAIE SCRIPTURALE* (*Décr. nº 2009-934 du 29 juill. 2009, art. 2-I, en vigueur le 1er nov. 2009*).

Art. R. 163-2 Le fait, pour toute personne, d'interroger la Banque de France sur la régularité d'un chèque en méconnaissance des conditions fixées par le premier alinéa de l'article R. 131-5 est puni de l'amende prévue par les contraventions de la 5e classe. La récidive de la contravention prévue au présent article est réprimée conformément à l'article 132-11 du code pénal.

La même peine est applicable au mandataire qui ne se conforme pas aux dispositions du premier alinéa de l'article R. 131-8. – *[Décr. nº 92-467 du 26 mai 1992, art. 6.]*

....

LIVRE III LES SERVICES

TITRE I LES OPÉRATIONS DE BANQUE, LES SERVICES DE PAIEMENT ET L'ÉMISSION ET LA GESTION DE MONNAIE ÉLECTRONIQUE

CHAPITRE II *COMPTES ET DÉPÔTS*

SECTION 4 *Comptes inactifs*

(L. nº 2014-617 du 13 juin 2014, art. 1er, en vigueur le 1er janv. 2016)

Art. R. 312-19 I. — Dans le cadre de la consultation des données figurant au répertoire national d'identification des personnes physiques, prévue au neuvième alinéa du I de l'article L. 312-19, les établissements mentionnés au premier alinéa du I de l'article L. 312-19 peuvent notamment obtenir, directement ou par l'intermédiaire d'une personne mandatée à cet effet, le fichier des personnes décédées extrait du répertoire national d'identification des personnes physiques.

Pour la recherche de titulaires décédés d'un compte sur lequel sont inscrits des dépôts et avoirs au titre des produits d'épargne mentionnés au chapitre II du titre II du livre II, la consultation peut être effectuée sur la base du numéro d'inscription au répertoire national d'identification des personnes physiques lorsqu'il figure sur les relevés de compte individuels conformément au troisième alinéa de l'article L. 3341-7 du code du travail.

Les conditions d'obtention du fichier sont fixées par une convention conclue entre l'INSEE et chaque destinataire des données ou toute personne mandatée à cet effet.

II. — L'absence de manifestation d'une personne ou de réalisation d'opération sur un compte relatif aux produits d'épargne mentionnés au chapitre II du titre II du livre II ne peut, à elle seule, être prise en considération pour caractériser l'inactivité d'un autre compte entrant dans le champ d'application du I de l'article L. 312-19, et réciproquement.

III. — Sans préjudice de l'information prévue au dernier alinéa du I de l'article L. 312-20, l'information prévue au dernier alinéa du I de l'article L. 312-19 est renouvelée annuellement jusqu'à l'année précédant le dépôt à la Caisse des dépôts et consignations des dépôts et avoirs en application du I de l'article L. 312-20. Lorsque l'établissement ne dispose pas d'une adresse postale valide à laquelle adresser cette information, il contacte par tout autre moyen à sa disposition le titulaire de compte, son représentant légal, la personne habilitée par lui ou, le cas échéant, ses ayants droit connus. Les établissements conservent sur support durable la trace des éléments permettant de justifier des dates et modalités de délivrance de cette information.

IV. — Les frais et commissions de toute nature prélevés sur les comptes inactifs s'entendent de l'ensemble des frais et commissions perçus par les établissements sur les opérations relatives à la gestion et à la clôture de ces comptes et les produits et services bancaires liés à ces comptes.

Ils sont débités dans la limite du solde créditeur ou le cas échéant du plafond réglementaire.

Ces frais et commissions sont plafonnés annuellement par compte pour chacune des catégories de compte suivantes :

1° Les produits d'épargne mentionnés aux sections 1 à 5 du chapitre I du titre II du livre II ;

2° Les comptes d'épargne mentionnés aux sections 6 et 6 *bis* du même chapitre et les produits d'épargne mentionnés au chapitre II du même titre ;

3° Les comptes sur lesquels sont inscrits des titres financiers ;

4° Les autres comptes mentionnés au I de l'article L. 312-19 ;

Ces plafonds sont fixés par arrêté du ministre chargé de l'économie. — *V. Arr. du 21 sept. 2015, ci-dessous au **C. mon. fin.***

Art. R. 312-20 I. — Sans préjudice des dispositions prévues aux cinquième et sixième alinéas du I de l'article L. 312-20, les dépôts et avoirs inscrits sur les comptes inactifs mentionnés à l'article L. 312-19 sont déposés, après clôture des comptes, à la Caisse des dépôts et consignations dans les trois mois suivant l'expiration des délais de dix ans *(Décr. nº 2016-73 du 29 janv. 2016, art. 4)* « , vingt ans » ou trois ans prévus respectivement aux 1° et 2° du I de l'article L. 312-20.

Les dépôts et avoirs libellés en devise étrangère sont convertis en euros par les établissements mentionnés au premier alinéa du I de l'article L. 312-19 préalablement à leur dépôt à la Caisse des dépôts et consignations et déposés à la Caisse des dépôts et consignations, en euros et nets des frais perçus au profit d'un tiers pour la conversion.

Le produit de la liquidation est déposé à la Caisse des dépôts et consignations, net des frais perçus au profit d'un tiers pour la réalisation des opérations de liquidation.

II. — Lors du dépôt des sommes à la Caisse des dépôts et consignations en application du I de l'article L. 312-20, l'établissement communique à la Caisse des dépôts et consignations par voie dématérialisée les informations suivantes :

1° Pour l'ensemble du dépôt :

a) Le nombre de comptes concernés par le dépôt ;

b) Le total des sommes déposées ;

2° Pour chaque compte concerné par le dépôt :

a) Les références du compte sur lequel étaient inscrits, avant sa clôture, les dépôts et avoirs transférés ou le numéro d'inscription au répertoire national d'identification des personnes physiques lorsqu'il figure sur les relevés de compte individuels sur lequel sont inscrits des dépôts et avoirs au titre des produits d'épargne mentionnés au chapitre II du titre II du livre II conformément au troisième alinéa de l'article L. 3341-7 du code du travail ;

b) Le solde du compte dont les dépôts et avoirs ont été transférés, ou le produit de la liquidation des avoirs en instruments financiers visés au cinquième alinéa du I de l'article L. 312-20 ;

c) La devise d'origine du compte ;

d) Pour les comptes inactifs mentionnés au 1° du I de l'article L. 312-19 : la date la plus récente parmi les trois dates mentionnées au 1° du I de l'article L. 312-20 *(Décr. n° 2016-73 du 29 janv. 2016, art. 4)* « ou, pour les plans d'épargne-logement dont le titulaire ne détient aucun autre compte au sein du même établissement de crédit, la date du dernier versement ».

Pour les comptes inactifs mentionnés au 2° du I du même article : la date de décès du titulaire de compte ;

e) L'existence, le cas échéant, d'une compensation légale ou conventionnelle entre divers comptes détenus par un même titulaire.

Dans un délai de cinq jours ouvrés à compter de la réception des informations susmentionnées et des sommes correspondantes, la Caisse des dépôts et consignations délivre à l'établissement un justificatif de dépôt mentionnant la date de dépôt, le montant total des sommes déposées et les montants unitaires transférés par compte. Les délais *(Décr. n° 2016-73 du 29 janv. 2016, art. 4)* « de vingt ans, vingt-sept ans et dix ans » mentionnés au III de l'article L. 312-20 courent à compter de la date de dépôt à la Caisse des dépôts et consignations mentionnée par le justificatif.

III. — L'établissement communique également à la Caisse des dépôts et consignations, par voie dématérialisée, lors de ce dépôt, les informations qu'il détient, nécessaires à la publicité appropriée de l'identité des titulaires de comptes et au versement des sommes dues au titulaire ou à ses ayants droit en application du V de l'article L. 312-20 :

1° Si le titulaire est une personne physique : son état civil, sa dernière adresse connue, le cas échéant l'identité de son représentant légal ;

2° Si le titulaire est une personne morale : sa dénomination ou sa raison sociale et son dernier siège social connu ;

3° La nature du compte ;

4° En cas de compensation légale ou conventionnelle entre divers comptes détenus par un même titulaire : les références, le solde et la devise d'origine de chacun des comptes inactifs compensés ;

5° Pour les produits d'épargne mentionnés au chapitre II du titre II du livre II : la dénomination ou la raison sociale de l'employeur et l'adresse de son dernier siège social.

IV. — 1° L'établissement conserve, jusqu'à l'expiration des délais fixés au III de l'article L. 312-20, les informations et les documents suivants relatifs au régime d'imposition applicable à l'ensemble des sommes transférées à la Caisse des dépôts et consignations au titre des comptes considérés comme inactifs au sens du 1° du I de l'article L. 312-19 :

a) Pour la fraction des sommes ayant le caractère d'un revenu mentionné aux articles 117 *quater* et 125 A du code général des impôts :

– la nature des produits en cause ;

– le montant brut des produits imposables à l'impôt sur le revenu et, le cas échéant, le montant des produits éligibles à l'abattement prévu à l'article 158 du code précité ;

– l'assiette, la nature et le montant des impositions opérées, le cas échéant, par l'établissement ;

b) Pour la fraction du produit de la liquidation prévue au cinquième alinéa du I de l'article L. 312-20 ayant le caractère de gain net :

– la nature de chaque titre cédé ;

– la date et le prix d'acquisition du titre lorsqu'ils sont connus de l'établissement ;

– la date et le prix de cession du titre ;

2° L'établissement communique à la Caisse des dépôts et consignations, sur sa demande, les informations ainsi que les documents mentionnés au 1°.

Art. R. 312-21 Les établissements mentionnés au premier alinéa du I publient les informations prévues au II de l'article L. 312-19 et au quatrième alinéa du I de l'article L. 312-20 dans leur rapport annuel ou sur tout autre document durable. Ces informations doivent-être *[doivent être]* facilement accessibles.

Art. R. 312-22 I. – La publicité appropriée de l'identité des titulaires de comptes prévue au deuxième alinéa du V de l'article L. 312-20 est organisée par la Caisse des dépôts et consignations sur la base des informations communiquées par les établissements mentionnés au premier alinéa du I de l'article L. 312-19, par l'intermédiaire d'un dispositif dématérialisé dédié, dans le respect de la loi n° 78-17 du 6 janvier 1978 relative à l'informatique, aux fichiers et aux libertés. Ce dispositif peut également servir à la transmission des demandes de restitution, accompagnées des documents et pièces justificatives requis.

La restitution des sommes par la Caisse des dépôts et consignations s'effectue sur la base des informations, documents et pièces justificatives qui lui auront été communiqués par les établissements visés au premier alinéa du I de l'article L. 312-19 et par les titulaires de comptes ou par leurs ayants droit. La procédure de restitution s'effectue soit par le dispositif dématérialisé prévu au précédent alinéa, soit par tout autre moyen.

Lorsque le titulaire du compte est décédé avant la restitution des sommes, la Caisse des dépôts et consignations procède au prélèvement prévu au I de l'article 990 I *bis* du code général des impôts dans les conditions prévues au III du même article.

Lorsque les sommes sont restituées au titulaire du compte, la Caisse des dépôts et consignations communique au bénéficiaire du reversement les informations dont elle dispose en vue de permettre à ce dernier de déterminer le régime fiscal applicable aux sommes ainsi restituées.

II. – Les sommes déposées à la Caisse des dépôts et consignations portent intérêt dans les conditions prévues à l'article L. 518-23.

....

LIVRE V **LES PRESTATAIRES DE SERVICES**

TITRE VI **OBLIGATIONS RELATIVES À LA LUTTE CONTRE LE BLANCHIMENT DES CAPITAUX, LE FINANCEMENT DES ACTIVITÉS TERRORISTES ET LES LOTERIES, JEUX ET PARIS PROHIBÉS** *(Décr. n° 2010-1504 du 7 déc. 2010, art. 1er).*

CHAPITRE I ***OBLIGATIONS RELATIVES À LA LUTTE CONTRE LE BLANCHIMENT DE CAPITAUX ET LE FINANCEMENT DU TERRORISME***

(Décr. n° 2009-1087 du 2 sept. 2009, art. 1er)

SECTION 3 ***Obligations de vigilance à l'égard de la clientèle***

SOUS-SECTION 1 *Identification et vérification de l'identité du client (Décr. n° 2018-284 du 18 avr. 2018, art. 11, en vigueur le 1er oct. 2018).*

Art. R. 561-5 *(Décr. n° 2018-284 du 18 avr. 2018, art. 12, en vigueur le 1er oct. 2018)* Pour l'application du 1° du I de l'article L. 561-5, les personnes mentionnées à l'article L. 561-2 identifient leur client dans les conditions suivantes :

1° Lorsque le client est une personne physique, par le recueil de ses nom et prénoms, ainsi que de ses date et lieu de naissance ;

2° Lorsque le client est une personne morale, par le recueil de sa forme juridique, de sa dénomination, de son numéro d'immatriculation, ainsi que de l'adresse de son siège social *(Décr. n° 2020-118 du 12 févr. 2020, art. 3)* « et celle du lieu de direction effective de l'activité, si celle-ci est différente de l'adresse du siège social » ;

3° Lorsque le client intervient dans le cadre d'une fiducie ou d'un dispositif juridique comparable de droit étranger, par le recueil des *(Décr. n° 2020-118 du 12 févr. 2020, art. 3)* « informations prévues au présent article pour l'identification » des constituants, des fiduciaires, des bénéficiaires et, le cas échéant, du tiers au sens de l'article 2017 du code civil ou *(Abrogé par Décr. n° 2020-118 du 12 févr. 2020, art. 3)* *« par le recueil du nom »* de leurs équivalents pour tout autre dispositif juridique comparable relevant d'un droit étranger. Dans le cas où les bénéficiaires sont désignés par des caractéristiques ou une catégorie particulières, les personnes mentionnées à l'article L. 561-2 recueillent les informations permettant de les identifier au moment du versement des prestations ou au moment où ils exercent leurs droits acquis ;

4° Lorsque le client est un placement collectif qui n'est pas une société, par le recueil de sa dénomination, de sa forme juridique, de son numéro d'agrément, de son numéro international d'identification des valeurs mobilières, ainsi que de la dénomination, de l'adresse et du numéro d'agrément de la société de gestion qui le gère.

(Abrogé par Décr. nº 2020-118 du 12 févr. 2020, art. 3) *« Les personnes mentionnées à l'article L. 561-2 identifient également les personnes agissant pour le compte du client selon les modalités prévues au présent article et vérifient leurs pouvoirs. »*

Art. R. 561-5-1 *(Décr. nº 2018-284 du 18 avr. 2018, art. 13, en vigueur le 1er oct. 2018)* Pour l'application du 2° du I de l'article L. 561-5, les personnes mentionnées à l'article L. 561-2 vérifient l'identité du client selon l'une des modalités suivantes :

(Décr. nº 2021-387 du 2 avr. 2021, art. 1er) « 1° En recourant :

« *a)* A un moyen d'identification électronique certifié ou attesté par l'Agence nationale de la sécurité des systèmes d'information conforme au niveau de garantie soit substantiel soit élevé fixé par l'article 8 du règlement (UE) nº 910/2014 du Parlement européen et du Conseil du 23 juillet 2014 sur l'identification électronique et les services de confiance pour les transactions électroniques au sein du marché intérieur, ou

« *b)* A un moyen d'identification électronique délivré dans le cadre d'un schéma notifié à la Commission européenne par un État membre de l'Union européenne dans les conditions prévues au paragraphe 1 de l'article 9 de ce règlement et dont le niveau de garantie correspond au niveau soit substantiel soit élevé fixé par l'article 8 du même règlement ; »

2° En recourant à un moyen d'identification électronique présumé fiable au sens de l'article L. 102 du code des postes et des communications électroniques ;

(Décr. nº 2018-284 du 18 avr. 2018, art. 87, en vigueur le 1er janv. 2021) « 3° Lorsque le client est une personne physique, *(Décr. nº 2020-118 du 12 févr. 2020, art. 3)* « physiquement présente aux fins de l'identification au moment de l'établissement de la relation d'affaires, » par la présentation de l'original d'un document officiel en cours de validité comportant sa photographie et par la prise d'une copie de ce document ; »

4° Lorsque le client est une personne morale, *(Décr. nº 2020-118 du 12 févr. 2020, art. 3)* « dont le représentant dûment habilité est physiquement présent aux fins de l'identification au moment de l'établissement de la relation d'affaires » par la communication de l'original ou de la copie de tout acte ou extrait de registre officiel datant de moins de trois mois ou extrait du *Journal officiel*, constatant la dénomination, la forme juridique, l'adresse du siège social et l'identité des associés et dirigeants sociaux mentionnés aux 1° et 2° de l'article R. 123-54 du code de commerce, des représentants légaux ou de leurs équivalents en droit étranger. *(Décr. nº 2020-118 du 12 févr. 2020, art. 3)* « La vérification de l'identité de la personne morale peut également être réalisée en obtenant une copie certifiée du document directement via les greffes des tribunaux de commerce ou un document équivalent en droit étranger ;

« 5° Par ailleurs, lorsque le client intervient dans le cadre d'une fiducie ou d'un dispositif juridique équivalent en droit étranger, les personnes mentionnées à l'article L. 561-2 recueillent, selon le mode de constitution du dispositif, la copie du contrat de fiducie établi en application de l'article 2012 du code civil, l'extrait du *Journal officiel* de la loi établissant la fiducie en application du même article 2012 ou tout document ou acte équivalent afférent à un dispositif juridique équivalent en droit étranger. »

(Abrogé par Décr. nº 2020-118 du 12 févr. 2020, art. 3) *« Les personnes mentionnées à l'article L. 561-2 vérifient également l'identité des personnes agissant pour le compte du client selon les modalités prévues au présent article. »*

Art. R. 561-5-2 *(Décr. nº 2020-118 du 12 févr. 2020, art. 3)* Pour l'application du 2° du I de l'article L. 561-5, et lorsque les mesures prévues aux 1° à 4° de l'article R. 561-5-1 ne peuvent pas être mises en œuvre, les personnes mentionnées à l'article L. 561-2 vérifient l'identité de leur client en appliquant au moins deux mesures parmi les suivantes :

1° Obtenir une copie d'un document mentionné au 3° ou au 4° de l'article R. 561-5-1 ;

2° Mettre en œuvre des mesures de vérification et de certification de la copie d'un document officiel ou d'un extrait de registre officiel mentionné au 3° ou au 4° de l'article R. 561-5-1 par un tiers indépendant de la personne à identifier ;

3° Exiger que le premier paiement des opérations soit effectué en provenance ou à destination d'un compte ouvert au nom du client auprès d'une personne mentionnée aux 1° à 6° *bis* de l'article L. 561-2 qui est établie dans un État membre de l'Union européenne ou dans un État partie à l'accord sur l'Espace économique européen ou dans un pays tiers imposant des obligations équivalentes en matière de lutte contre le blanchiment de capitaux et le financement du terrorisme ;

4° Obtenir directement une confirmation de l'identité du client de la part d'un tiers remplissant les conditions prévues au 1° ou au 2° du I de l'article L. 561-7 ;

5° Recourir à un service certifié conforme par l'Agence nationale de la sécurité des systèmes d'information, ou un organisme de certification que cette agence autorise, au niveau de garantie substantiel des exigences relatives à la preuve et à la vérification d'identité, prévues à l'annexe du règlement d'exécution (UE) 2015/1502 du 8 septembre 2015. Un arrêté conjoint du Premier ministre et du ministre chargé de l'économie précise les modalités d'application de ce 5° ; — *V. Arr. du 28 mars 2021 relatif à la certification de conformité des services d'entrée en relation d'affaires à distance. —* ***C. compliance.***

6° Recueillir une signature électronique avancée ou qualifiée ou un cachet électronique avancé ou qualifié valide reposant sur un certificat qualifié ou avoir recours à un service d'envoi recommandé électronique qualifié comportant l'identité du signataire ou du créateur de cachet et délivré par un prestataire de service de confiance qualifié inscrit sur une liste de confiance nationale en application de l'article 22 du règlement (UE) n° 910/2014 du 23 juillet 2014.

Parmi les mesures mentionnées ci-dessus, les personnes mentionnées à l'article L. 561-2 choisissent celles qui, combinées entre elles, permettent la vérification de tous les éléments d'identification du client mentionnés à l'article R. 561-5.

Ces personnes conservent, selon les modalités prévues à l'article L. 561-12, les informations et documents relatifs aux mesures mises en œuvre au titre du présent article, quel qu'en soit le support.

Art. R. 561-5-3 *(Décr. n° 2020-118 du 12 févr. 2020, art. 3)* Pour l'application du 2° du I de l'article L. 561-5, et par dérogation à l'article R. 561-5-2, lorsque les mesures prévues aux 1° à 3° de l'article R. 561-5-1 ne peuvent pas être mises en œuvre :

1° Les personnes mentionnées au 9° *bis* de l'article L. 561-2 vérifient l'identité et, le cas échéant, l'adresse de leur client ouvrant un compte joueur en appliquant les mesures prévues en application de l'article 17 de la loi n° 2010-476 du 12 mai 2010 relative à l'ouverture à la concurrence et à la régulation du secteur des jeux d'argent et de hasard en ligne ;

2° Les personnes mentionnées au 9° de l'article L. 561-2 et celles mentionnées au 9° *bis* pour leurs jeux et paris en réseau physique de distribution accessibles sans compte joueur vérifient l'identité de leur client en lui demandant communication de la copie d'un document officiel en cours de validité comportant sa photographie et justifiant de son identité et de sa date de naissance. Elles vérifient également son adresse et, lorsque leur client souhaite alimenter son compte ou recevoir ses avoirs par virement, ne procèdent à ces opérations qu'en provenance ou à destination d'un seul compte de paiement ouvert à son nom par le joueur auprès d'un prestataire de services de paiement établi dans un État membre de l'Union européenne ou dans un État partie à l'accord sur l'Espace économique européen ou dans un pays tiers imposant des obligations équivalentes en matière de lutte contre le blanchiment de capitaux et le financement du terrorisme.

Art. R. 561-5-4 *(Décr. n° 2020-118 du 12 févr. 2020, art. 3)* Pour l'application du I de l'article L. 561-5, les personnes mentionnées à l'article L. 561-2 identifient et vérifient l'identité des personnes agissant pour le compte du client selon les modalités prévues aux articles R. 561-5 à R. 561-5-3. Elles vérifient également leurs pouvoirs.

Elles conservent, selon les modalités prévues à l'article L. 561-12, les informations et documents relatifs aux mesures mises en œuvre au titre du présent article, quel qu'en soit le support.

Art. R. 561-6 Il peut n'être procédé à la vérification de l'identité du client et, le cas échéant, du bénéficiaire effectif, en application du *(Décr. n° 2018-284 du 18 avr. 2018, art. 14, en vigueur le 1er oct. 2018)* « IV » de l'article L. 561-5, que pendant l'établissement de la relation d'affaires, dans les conditions suivantes :

1° En cas d'ouverture d'un compte, la vérification de l'identité a lieu au plus tard avant la réalisation de la première opération sur ce compte ;

(Décr. n° 2020-118 du 12 févr. 2020, art. 3) « 2° En cas d'ouverture d'un compte joueur, la vérification de l'identité du joueur a lieu au plus tard avant la validation du compte joueur et la restitution de son éventuel solde créditeur, lorsque cette vérification est effectuée par une personne mentionnée aux 9° et 9° *bis* de l'article L. 561-2 ; »

3° En cas de conclusion d'un contrat, la vérification de l'identité a lieu au plus tard au moment de cette conclusion ou avant le début de l'opération qui est l'objet du contrat *(Abrogé par Décr. n° 2018-284 du 18 avr. 2018, art. 14, à compter du 1er oct. 2018)* « ***, sous réserve, pour les personnes mentionnées à l'article L. 561-2, d'être en mesure de justifier à l'autorité de contrôle leur décision de ne pas vérifier l'identité de leur client avant d'entrer en relation d'affaires par la nécessité de poursuivre la relation d'affaires déjà engagée et le faible risque de blanchiment de capitaux ou de financement du terrorisme*** » ;

4° En cas de souscription d'un contrat d'assurances, la vérification de l'identité du bénéficiaire du contrat a lieu au plus tard au moment du paiement de la prestation au bénéficiaire du contrat ou au moment où celui-ci entend exercer les droits conférés par le contrat ;

5° En cas d'opération liée au financement d'actifs *(Décr. n° 2018-284 du 18 avr. 2018, art. 14, en vigueur le 1er oct. 2018)* « corporels ou incorporels à usage professionnel » dont la propriété n'est pas transférée ou ne l'est qu'à la cessation de la relation contractuelle, la vérification de l'identité du bénéficiaire du contrat a lieu au plus tard au moment du paiement du premier loyer ou de la première redevance.

....

SOUS-SECTION 6 *Obligations de vigilance constante sur la relation d'affaires*
(Décr. n° 2018-284 du 18 avr. 2018, art. 24, en vigueur le 1er oct. 2018)

Art. R. 561-12 *(Décr. n° 2018-284 du 18 avr. 2018, art. 27, en vigueur le 1er oct. 2018)* Pour l'application de l'article L. 561-5-1, les personnes mentionnées à l'article L. 561-2 :

1° Avant d'entrer en relation d'affaires, recueillent et analysent les éléments d'information nécessaires à la connaissance de l'objet et de la nature de la relation d'affaires ;

2° Pendant toute la durée de la relation d'affaires, recueillent, mettent à jour et analysent les éléments d'information qui permettent de conserver une connaissance appropriée *(Décr. n° 2020-118 du 12 févr. 2020, art. 6)* « et actualisée » de leur relation d'affaires.

La nature et l'étendue des informations collectées ainsi que la fréquence de la mise à jour de ces informations et l'étendue des analyses menées sont adaptées au risque de blanchiment de capitaux et de financement du terrorisme présenté par la relation d'affaires. *(Décr. n° 2020-118 du 12 févr. 2020, art. 6)* « Ils tiennent compte également des changements pertinents affectant la relation d'affaires ou la situation du client, y compris lorsque ces changements sont constatés par les personnes mentionnées à l'article L. 561-2 à l'occasion du réexamen de toute information pertinente relative aux bénéficiaires effectifs, notamment en application de la règlementation relative à l'échange d'informations dans le domaine fiscal. »

Les personnes mentionnées à l'article L. 561-2 sont en mesure de justifier auprès des autorités de contrôle *(Décr. n° 2020-118 du 12 févr. 2020, art. 6)* « mentionnées à l'article L. 561-36 » de la mise en œuvre de ces mesures et de leur adéquation au risque de blanchiment de capitaux et de financement du terrorisme présenté par la relation d'affaires.

Un arrêté du ministre chargé de l'économie précise les modalités d'application du présent article en ce qui concerne les éléments d'informations mentionnés aux 1° et 2°. — *V. Arr. du 2 sept. 2009, ci-dessous.*

……………………………………………………………………………………

SECTION 7 *Contrôle du respect des obligations et sanctions* (*Décr. n° 2018-284 du 18 avr. 2018, art. 57*).

SOUS-SECTION 2 *Publication des décisions de sanction*

Art. R. 561-42-1 (*Décr. n° 2018-284 du 18 avr. 2018, art. 61*) Pour l'application du III de l'article L. 561-36-3, la décision de l'autorité de sanction est publiée :

1° Sur le site internet du Conseil national des barreaux pour les avocats ;

2° Sur le site internet du Conseil supérieur du notariat pour les notaires ;

3° Sur le site internet de la (*Décr. n° 2018-872 du 9 oct. 2018, art. 27-IV, en vigueur le 1er janv. 2019*) « Chambre nationale des commissaires de justice [*ancienne rédaction : Chambre nationale des huissiers de justice*] » pour les huissiers de justice ;

4° Sur le site internet de la (*Décr. n° 2018-872 du 9 oct. 2018, art. 27-IV, en vigueur le 1er janv. 2019*) « Chambre nationale des commissaires de justice [*ancienne rédaction : Chambre nationale des commissaires-priseurs judiciaires*] » pour les commissaires-priseurs judiciaires ;

5° Sur le site internet du conseil de l'ordre des avocats au Conseil d'État et à la Cour de cassation pour les avocats au Conseil d'État et à la Cour de cassation ;

6° Sur le site internet du ministère de la justice pour les administrateurs judiciaires et les mandataires judiciaires ;

7° Sur le site internet de l'ordre des experts-comptables pour les experts-comptables ;

8° Sur le site internet du Conseil des ventes volontaires de meubles aux enchères publiques pour les opérateurs de ventes volontaires de meubles aux enchères publiques.

La publication mentionne au moins la sanction infligée et la nature de l'infraction commise, ainsi que, sauf lorsque l'autorité de sanction fait application du deuxième alinéa du III de l'article L. 561-36-3, l'identité de la personne physique ou morale sanctionnée. Cette publication intervient après que l'autorité a notifié sa décision à la personne sanctionnée.

Lorsque la décision mentionnée au premier alinéa fait l'objet d'un recours juridictionnel, l'autorité publie cette information, ainsi que toute information relative à l'issue de ce recours, dans les mêmes conditions. Il en va de même lorsque la décision de sanction est annulée ou réformée.

La décision publiée conformément aux précédents alinéas demeure disponible pendant une période d'au moins cinq ans à compter de la publication initiale. Toutefois, les données à caractère personnel figurant dans la décision publiée sur le site internet mentionné au premier alinéa sont supprimées à l'issue d'une durée qui ne peut excéder cinq ans.

Art. R. 561-42-2 (*Décr. n° 2018-284 du 18 avr. 2018, art. 61*) Sans préjudice de la publication sur un site internet officiel prévue à l'article R. 561-42-1, la décision peut également être publiée dans les publications, journaux ou supports désignés par l'autorité de sanction.

Lorsqu'un recours est formé contre cette décision, mention en est faite sur le site internet mentionné à l'alinéa précédent. Il en va de même lorsque la décision est annulée ou réformée.

……………………………………………………………………………………

SOUS-SECTION 3 *Commission nationale des sanctions*

……………………………………………………………………………………

Art. R. 561-50-1 (*Décr. n° 2018-284 du 18 avr. 2018, art. 68*) Pour l'application du III de l'article L. 561-40, la décision de la Commission est publiée sur le site internet de la commission.

La publication mentionne au moins la sanction infligée et la nature de l'infraction commise, ainsi que, sauf lorsque l'autorité de sanction fait application du deuxième alinéa du III de l'article L. 561-40, l'identité de la personne physique ou morale sanctionnée. Cette publication intervient après que l'autorité a notifié sa décision à la personne sanctionnée.

Lorsque la décision mentionnée au premier alinéa fait l'objet d'un recours juridictionnel, l'autorité publie cette information, ainsi que toute information relative à l'issue de ce recours, dans les mêmes conditions. Il en va de même lorsque la décision de sanction est annulée ou réformée.

La décision publiée conformément aux précédents alinéas demeure disponible pendant une période d'au moins cinq ans à compter de la publication initiale. Toutefois, les données à caractère personnel figurant dans la décision publiée sur le site internet mentionné au premier alinéa sont supprimées à l'issue d'une durée qui ne peut excéder cinq ans.

Art. R. 561-50-2 *(Décr. n° 2018-284 du 18 avr. 2018, art. 68)* Sans préjudice de la publication sur le site internet prévue à l'article R. 561-50-1, la décision peut également être publiée, à l'expiration du délai de recours, dans les publications, journaux ou supports désignés par la Commission.

Lorsqu'un recours est formé contre cette décision, mention en est faite sur le site internet mentionné à l'alinéa précédent. Il en va de même lorsque la décision est annulée ou réformée.

Code de la santé publique

PREMIÈRE PARTIE : *LÉGISLATIVE*

PREMIÈRE PARTIE *PROTECTION GÉNÉRALE DE LA SANTÉ*

LIVRE I **PROTECTION DES PERSONNES EN MATIÈRE DE SANTÉ**

TITRE IV **RÉPARATION DES CONSÉQUENCES DES RISQUES SANITAIRES**

CHAPITRE I *ACCÈS À L'ASSURANCE CONTRE LES RISQUES D'INVALIDITÉ OU DE DÉCÈS*

SECTION 2 *Risques aggravés*

Art. L. 1141-2 *(L. n° 2007-131 du 31 janv. 2007, art. 1er)* Une convention nationale relative à l'accès au crédit des personnes présentant, du fait de leur état de santé ou de leur handicap, un risque aggravé est conclue entre l'État, les organisations professionnelles représentant les établissements de crédit *(Ord. n° 2013-544 du 27 juin 2013, art. 14-1°-a)* « , les sociétés de financement », les entreprises d'assurance, les mutuelles et les institutions de prévoyance ainsi que des organisations nationales représentant les malades et les usagers du système de santé agréées en vertu de l'article L. 1114-1 ou représentant les personnes handicapées. Cette convention a pour objet :

– de faciliter l'assurance des prêts demandés par les personnes présentant un risque aggravé en raison de leur état de santé ou d'un handicap ;

– d'assurer la prise en compte complète par les établissements de crédit *(Ord. n° 2013-544 du 27 juin 2013, art. 14-1°-b)* « ou les sociétés de financement » des garanties alternatives à l'assurance ;

– de définir des modalités particulières d'information des demandeurs, d'instruction de leur dossier et de médiation.

Toute personne présentant, du fait de son état de santé ou de son handicap, un risque aggravé bénéficie de plein droit de cette convention.

Art. L. 1141-2-1 *(L. nº 2007-131 du 31 janv. 2007, art. 2)* La convention prévue à l'article L. 1141-2 définit notamment :

1º Les conditions d'âge des emprunteurs, l'objet, le montant et la durée des prêts ;

2º Les modalités d'information des demandeurs d'emprunt sur les dispositions relatives à l'accès au crédit et à l'assurance emprunteur ;

3º Les conditions dans lesquelles un demandeur d'emprunt peut se prévaloir, pendant un délai déterminé, d'une offre d'assurance, y compris pour un bien différent de celui visé par cette offre ;

4º La couverture des risques décès et invalidité, dans les cas où elle est requise ;

5º Les garanties de confidentialité des données à caractère personnel et de nature médicale ;

6º Un mécanisme de mutualisation, mis en œuvre par les entreprises d'assurance, les mutuelles *(Ord. nº 2013-544 du 27 juin 2013, art. 14-2º-a)* « , les institutions de prévoyance, les établissements de crédit et les sociétés de financement », permettant, sous condition de ressources des demandeurs d'emprunt, de limiter le coût additionnel résultant du risque aggravé pour l'assurance décès et invalidité des crédits professionnels et des crédits destinés à l'acquisition de la résidence principale ;

7º Les dispositifs d'études et de recherche permettant de recueillir, d'analyser et de publier les données disponibles sur la mortalité et la morbidité résultant des principales pathologies, en vue de fournir les éléments statistiques nécessaires à la tarification du risque ;

8º La procédure d'instruction des demandes d'emprunt et les modalités selon lesquelles la personne est informée des motifs des refus d'assurance ;

9º Un dispositif de médiation entre, d'une part, les personnes présentant un risque aggravé de santé et, d'autre part, les organismes d'assurance *(Ord. nº 2013-544 du 27 juin 2013, art. 14-2º-b)* « , les établissements de crédit et les sociétés de financement » ;

10º La composition et les modalités de fonctionnement d'une instance de suivi et de propositions associant les parties et chargée d'évaluer régulièrement la réalisation des objectifs et engagements de la convention. — *V. infra, Conv. AERAS révisée du 2 sept. 2015.*

Art. L. 1141-3 *(L. nº 2007-131 du 31 janv. 2007, art. 3)* La convention prévue à l'article L. 1141-2 est conclue pour une durée de trois ans.

La convention et ses avenants sont publiés au *Journal officiel*.

Pour celles de ses dispositions qui prévoient les conditions de collecte et d'utilisation ainsi que les garanties de confidentialité des données à caractère personnel de nature médicale, la convention fait l'objet, préalablement à sa conclusion, d'une consultation de la Commission nationale de l'informatique et des libertés, qui donne un avis sur sa conformité à la loi nº 78-17 du 6 janvier 1978 relative à l'informatique, aux fichiers et aux libertés.

A défaut d'accord, ou en cas de dénonciation, compromettant la mise en œuvre ou la pérennité du dispositif conventionnel, les conditions de collecte et d'utilisation et les garanties de confidentialité des données à caractère personnel de nature médicale sont fixées dans les six mois par décret en Conseil d'État, après avis de la Commission nationale de l'informatique et des libertés.

Au cas où la convention ne serait pas signée par l'une des organisations professionnelles mentionnées à l'article L. 1141-2, un décret peut, après consultation des signataires de la convention et de l'organisation professionnelle non signataire, étendre son application aux entreprises et organismes représentés par l'organisation non signataire.

A défaut de prorogation ou de renouvellement de la convention ou en cas de dénonciation de la convention, les dispositions énumérées à l'article L. 1141-2-1 sont fixées dans les six mois par décret en Conseil d'État. Ce décret prend effet à la date d'expiration de la convention.

....

Arrêté du 14 juin 1982,

Relatif à l'extension d'un système automatisé de gestion du fichier des comptes bancaires.

Art. 1er Les déclarations d'ouverture, de clôture ou de modification des comptes de toute nature incombent aux établissements, personnes physiques ou morales, qui gèrent ces comptes.

Art. 2 *(Arr. du 29 déc. 2003, art. 1er)* « Les déclarations d'ouverture, de modification et de clôture de comptes visées à l'article 1er sont souscrites dans le mois suivant les ouvertures, modifications et clôtures de comptes auprès du centre de services informatiques compétent. »

Ces déclarations font l'objet d'un traitement informatisé dénommé "Gestion du fichier des comptes bancaires et assimilés" qui recense, sur support magnétique, l'existence des comptes et porte à la connaissance des services autorisés à consulter ce fichier la liste de ceux qui sont détenus par une ou plusieurs personnes physiques ou morales.

(Arr. du 23 oct. 1995, art. 1er) « Les informations ne peuvent être communiquées qu'aux personnes ou organismes bénéficiant d'une habilitation législative et dans la limite fixée par la loi. »

Art. 3 *(Arr. du 29 déc. 2003, art. 2)* I. – Les déclarations d'ouverture, de clôture ou de modification de comptes mentionnées à l'article 1er doivent comporter les renseignements suivants :

– la désignation et l'adresse de l'établissement qui gère ce compte ;

– la désignation du compte (numéro, nature, type et caractéristique) ;

– la date et la nature de l'opération déclarée : ouverture, clôture ou modification (en distinguant si celle-ci affecte le compte lui-même ou son titulaire) ;

Pour les personnes physiques, leur nom, prénom, date et lieu de naissance, adresse et numéro SIRET pour les entrepreneurs individuels ;

Pour les personnes morales, leur dénomination ou raison sociale, forme juridique, numéro SIRET et adresse.

Les informations d'état civil des personnes physiques (nom, prénom, date et lieu de naissance, sexe) font l'objet de demandes de certification auprès de l'Institut national de la statistique et des études économiques (INSEE). En retour, l'INSEE certifie ou infirme l'état civil de la personne sans communiquer à cette occasion le numéro d'inscription au Répertoire national d'identification des personnes physiques.

L'INSEE communique également à la *(Arr. du 17 févr. 2009, art. 1er)* « direction générale des finances publiques » toute modification affectant les éléments d'état civil précités des personnes physiques ayant fait antérieurement l'objet d'une certification ainsi que les décès.

La *(Arr. du 17 févr. 2009, art. 1er)* « direction générale des finances publiques » utilise le fichier SIRENE pour certifier les éléments d'identification des personnes morales et intégrer les modifications éventuelles (changement de dénomination ou de raison sociale, d'adresse ou de siège social, de forme juridique ; cession, cessation d'activité).

(Arr. du 10 juill. 2014) « Ces données sont conservées dix ans révolus après l'enregistrement de la clôture du compte *[,]* que le titulaire soit une personne physique ou une personne morale.

« II. – Les données à caractère personnel utilisées pour permettre l'accès aux agents de la DGFiP, de la DGDDI, de TRACFIN, des branches maladie, famille, vieillesse et recouvrement du régime général de la sécurité sociale, du régime social des indépendants, de la Mutualité sociale agricole, de la Caisse nationale des industries électriques et gazières, de la Caisse nationale militaire de sécurité sociale, de la direction des retraites et de la solidarité de la Caisse des dépôts et consignations, de la caisse de retraite et prévoyance des clercs et employés de notaires, des institutions chargées de mettre en œuvre les régime*[s]* de retraite complémentaire et affiliées aux deux grandes fédérations ARRCO et AGIRC *(Arr. du 11 oct. 2016, art. 1er)* « , de l'institution mentionnée à l'article L. 5312-1 du code du travail, aux notaires, aux officiers de police judiciaire de la police nationale et de la gendarmerie nationale, » *(Arr. du 25 avr. 2017, art. 1er)* « aux agents des douanes et aux agents des services fiscaux habilités à effectuer des enquêtes judiciaires en application, respectivement des dispositions des articles 28-1 et 28-2 du code de procédure pénale, *(Arr. du 26 oct. 2020, art. 1er)* « aux agents de la Haute Autorité pour la transparence de la vie publique, aux agents de contrôle de l'inspection du travail mentionnés à l'article L. 8211-1 du code du travail, aux agents des organismes mentionnés aux articles L. 213-1 et L. 725-4 du code de la sécurité sociale et à ceux mentionnés à l'article

L. 724-7 du code rural et de la pêche maritime ainsi qu'aux assistants spécialisés détachés ou mis à disposition par l'administration fiscale en application de l'article 706 du code de procédure pénale » sont issues des annuaires de la direction générale des finances publiques. Ces informations sont les suivantes :

« – nom, prénom ;

« – adresse professionnelle ;

« – numéro d'identification professionnelle ;

« – mot de passe. »

III. – En outre, les connexions font l'objet d'une journalisation qui se traduit par la conservation de la date et de l'heure de chaque connexion, des éléments d'identification de l'auteur, des éléments relatifs aux interrogations et aux restitutions. Ces informations sont conservées pendant trois ans.

Sont destinataires de ces informations les responsables de sécurité du système d'information et, pendant un mois, les chefs de service, pour l'ensemble des données de consultation concernant leurs collaborateurs.

Art. 4 *(Arr. du 23 oct. 1995, art. 2)* Indépendamment des autorités judiciaires, des officiers de police judiciaire agissant en application des dispositions du code de procédure pénale et des agents de la *(Arr. du 17 févr. 2009, art. 1er)* « direction générale des finances publiques » sont autorisés, dans la limite des dérogations à la règle du secret professionnel prévues par la loi, à demander et à recevoir communication des informations gérées par le fichier des comptes bancaires et assimilés :

– les agents de la direction générale des douanes et des droits indirects, en vertu des articles 64 A et 455 du code des douanes et L. 134 du livre des procédures fiscales ;

– les agents de la direction générale de la concurrence, de la consommation et de la répression des fraudes, visés à l'article L. 116 du livre des procédures fiscales ;

(Abrogé par Arr. du 26 oct. 2020, art. 2) « – les agents du crédit d'équipement des petites et moyennes entreprises, visés à l'article L. 120 du livre des procédures fiscales ;

« – les agents de l'Agence nationale pour l'indemnisation des Français rapatriés d'outre-mer, visés à l'article L. 128 du livre des procédures fiscales ; »

– les agents de l'Autorité des marchés financiers, visés à l'article L. 135 F du livre des procédures fiscales ;

– les membres et rapporteurs de la commission des infractions fiscales mentionnées à l'article 1741 A du code général des impôts, visés à l'article L. 137 du livre des procédures fiscales ;

– les magistrats de la Cour des comptes, de la chambre régionale des comptes et les rapporteurs auprès de la cour de discipline budgétaire et financière, visés à l'article L. 140 du livre des procédures fiscales ;

(Abrogé par Arr. du 26 oct. 2020, art. 2) « – les officiers et agents de police judiciaire pour l'accomplissement de leur mission de lutte contre le travail clandestin, visés à l'article L. 141 du livre des procédures fiscales ; »

– les membres des commissions chargées d'allouer une indemnité à certaines victimes de dommages corporels résultant d'une infraction, visés à l'article L. 146 du livre des procédures fiscales ;

– les huissiers de justice chargés par le créancier de former une demande de paiement direct d'une pension alimentaire, visés à l'article L. 151 du livre des procédures fiscales *(Arr. du 13 déc. 2007, art. 2)* « , ou qui agissent aux fins d'assurer l'exécution d'un titre exécutoire visé par l'article L. 151 A du livre des procédures fiscales » ;

(Arr. du 17 oct. 2013, art. 2-I) « – les organismes et services chargés de la gestion d'un régime obligatoire de sécurité sociale, les institutions de retraite complémentaire chargées de déterminer l'assiette, le montant et le recouvrement des cotisations et contributions, les services chargés de la gestion et du paiement des pensions aux fonctionnaires de l'État et assimilées *[assimilés]* et l'institution mentionnée à l'article L. 5312-1 du code du travail, visés à l'article L. 152 du livre des procédures fiscales ; »

– les organismes débiteurs de prestations familiales chargés de poursuivre le recouvrement des créances alimentaires impayées, visés à l'article L. 162 A du livre des procédures fiscales ;

– la Banque de France, l'Institut d'émission des départements d'outre-mer et l'Institut d'émission d'outre-mer, chargés d'assurer la centralisation des informations relatives aux titulaires de comptes, visées au deuxième alinéa de l'article 17-II de la loi n° 91-1382 du 30 décembre 1991 susvisée ;

(Arr. du 29 déc. 2003, art. 3-II) « – les agents de la cellule de coordination chargée du traitement du renseignement et de l'action contre les circuits financiers clandestins (TRACFIN) en application de l'*(Arr. du 17 oct. 2013, art. 2-II)* « article L. 561-27 » du code monétaire et financier susvisé ;

« – les agents comptables du budget annexe de l'aviation civile en vertu de l'article L. 81, troisième alinéa, du livre des procédures fiscales ; »

(Arr. du 13 déc. 2007, art. 1er) « – le Fonds de garantie des victimes des actes de terrorisme et d'autres infractions (FGA) visé par l'article L. 135 M du livre des procédures fiscales ; »

(Arr. du 17 févr. 2009, art. 3) « – les établissements bancaires en application de l'article L. 166 A du livre des procédures fiscales » ;

(Arr. du 25 juill. 2016, art. 2) « – les notaires chargés d'établir l'actif successoral en vue du règlement de la succession pour laquelle ils ont été mandatés en application de l'article L. 151 B du livre des procédures fiscales ;

« – les agents comptables des établissements publics, des groupements d'intérêt public de l'État, et des autorités publiques indépendantes visés à l'article L. 135 ZE du livre des procédures fiscales » ;

(Arr. du 11 oct. 2016, art. 2) « – les officiers de police judiciaire, les agents des douanes et les agents des services fiscaux pour les besoins de l'accomplissement de leur mission, visés à l'article L. 135 ZC du livre des procédures fiscales, individuellement désignés et dûment habilités selon les modalités fixées à l'article R. 135 ZC-1 du livre des procédures fiscales » ;

(Arr. du 25 avr. 2017, art. 1er) « – les agents de la Haute Autorité pour la transparence de la vie publique pour les besoins de l'accomplissement de leurs missions, mentionnés à l'article L. 135 ZG du livre des procédures fiscales, individuellement désignés et dûment habilités selon les modalités fixées à l'article R. 135 ZG-1 du livre précité » ;

(Arr. du 27 oct. 2017, art. 1er) « – les agents de la direction générale du Trésor, visés à l'article L. 135 T du livre des procédures fiscales » ;

(Arr. du 26 oct. 2020, art. 2) « – les agents de contrôle de l'inspection du travail mentionnés à l'article L. 8211-1 du code du travail, les agents des organismes mentionnés aux articles L. 213-1 et L. 725-4 du code de la sécurité sociale et ceux mentionnés à l'article L. 724-7 du code rural et de la pêche maritime, en vertu de l'article L. 135 ZK du livre des procédures fiscales ;

« – les assistants spécialisés détachés ou mis à disposition par l'administration fiscale, en application de l'article 706 du code de procédure pénale en vertu de l'article L. 135 ZJ du livre des procédures fiscales. »

Art. 5 *(Arr. du 26 oct. 2020, art. 3)* Le droit d'accès aux informations figurant dans l'application FICOBA concernant le titulaire des comptes spécifiés s'exerce auprès de la Commission nationale de l'informatique et des libertés dans les conditions prévues à l'article 118 de la loi du 6 janvier 1978 modifiée, en application de l'article 52 de la loi précitée, sauf en ce qui concerne les données d'identification pour lequel le droit d'accès s'exerce auprès du centre des finances publiques du domicile du requérant.

Le droit d'accès s'exerce par les ayants droit en vue du règlement de la succession, dans les conditions posées à l'article 15 du règlement du Parlement européen et du Conseil du 27 avril 2016 susvisé, auprès du Centre national de traitement (FBFV, BP 31, 77421 Marne-la-Vallée Cedex 02).

Les droits de rectification, de limitation et d'effacement, prévus par la loi du 6 janvier 1978 modifiée, s'exerce *[s'exercent]* par le titulaire ou ses héritiers en application des articles 16, 17 et 18 du règlement du Parlement européen et du Conseil du 27 avril 2016 susvisé auprès du centre des finances publiques du domicile du requérant.

Lorsque des rectifications sont à apporter, la demande doit ensuite en être faite par le titulaire ou ses héritiers directement auprès de l'établissement bancaire de domiciliation du ou des comptes concernés.

En outre, le droit d'opposition et le droit à la portabilité prévus par les articles 55 et 56 du règlement du Parlement européen et du Conseil du 27 avril 2016 susvisé ne s'appliquent pas au traitement mis en œuvre.

Art. 6 *(Arr. du 29 déc. 2003, art. 4)* Il est satisfait aux obligations résultant des articles 1er, 2 et 3 du présent arrêté par la communication des informations sur un support informatique ou par réseau ou par l'envoi des imprimés normalisés.

Les établissements n'assurant pas la gestion des comptes à l'aide d'un moyen informatique de traitement de l'information sont tenus d'en informer le centre de services informatiques avant tout envoi de déclaration à ce service.

Art. 7 Le modèle des imprimés normalisés, les caractéristiques des supports magnétiques utilisés et leurs modalités de souscription sont définis par le directeur général des *(Arr. du 25 avr. 2017, art. 1er)* « finances publiques ».

Art. 8 L'arrêté du 19 mai 1980 fixant la mise en place d'un système automatisé de gestion du fichier des comptes bancaires (FICOBA) est abrogé.

Arrêté du 24 juillet 1992,

Relatif au traitement automatisé des informations sur la régularité des chèques mis en œuvre par la Banque de France.

Art. 1er Aux fins prévues à l'article 74-1 du décret *[décret-loi]* du 30 octobre 1935 *[C. mon. fin., art. L. 131-86]* susvisé et à l'article 1er du décret du 26 mai 1992 *[C. mon. fin., art. R. 131-5]* susvisé, la centralisation des informations mentionnée à l'article 74 du même décret *[décret-loi]* du 30 octobre 1935 *[C. mon. fin., art. L. 131-85]* susvisé est assurée dans un fichier de base recensant les coordonnées bancaires des titulaires frappés d'une interdiction bancaire ou judiciaire d'émettre des chèques. Ce fichier centralise en outre des éléments d'identification sur les faux chèques ainsi que les coordonnées bancaires des comptes clôturés et des comptes pour lesquels une déclaration de perte ou de vol a été enregistrée auprès des services de police et de gendarmerie ou de l'établissement tiré. Dans cette dernière hypothèse, les coordonnées bancaires sont complétées, lorsqu'ils sont connus, par les numéros de formule des chèques ayant fait l'objet d'une opposition à paiement.

Art. 2 Le fichier de base alimente un fichier de consultation contenant uniquement les informations indispensables à l'identification des chèques déclarés volés ou perdus, des faux chèques, des chèques tirés sur des comptes clos ou par une personne physique ou morale frappée d'une interdiction d'émettre des chèques.

Les coordonnées bancaires du titulaire du compte sont exprimées sous la forme codée figurant sur la ligne d'identification située au bas du chèque. A cette fin, les établissements tirés communiquent à la Banque de France les règles de codage qui leur sont propres.

Art. 3 Les personnes visées à l'article 1er du décret du 26 mai 1992 *[C. mon. fin., art. R. 131-5]* susvisé n'ont pas d'accès direct aux informations du fichier de base. Il leur est délivré uniquement un message réponse indiquant, le cas échéant, que l'émission du chèque est irrégulière. En même temps qu'elle leur communique leur code d'accès, la Banque de France informe ces personnes de la signification des différents codes réponses utilisés.

Seuls les établissements teneurs de comptes, pour l'ensemble des informations enregistrées sous les comptes de leurs clients, et les services de police et de gendarmerie, pour les seules informations sur chèques perdus ou volés, ont accès aux informations recensées dans le fichier de base.

Art. 4 La Banque de France assure directement la gestion du fichier de base. Elle peut déléguer par contrat la gestion du fichier de consultation ainsi que la promotion du service auprès des utilisateurs.

Art. 5 La Banque de France attribue un code d'accès spécifique aux mandataires habilités à interroger le fichier de consultation en application du décret du 26 mai 1992 *[C. mon. fin., art. R. 131-5 s.]* susvisé.

Tout mandataire peut interroger le fichier de consultation en vertu d'un contrat reçu d'un mandant. Le mandataire est tenu de présenter copie du mandat à la demande de la Banque de France.

Le mandataire informe sans délai son mandant de la réponse de la Banque de France aux interrogations du fichier de consultation. Il peut prendre, le cas échéant, connaissance de cette réponse.

Art. 6 L'interrogation du fichier de consultation s'effectue par lecture automatique ou saisie manuelle des caractères figurant sur la ligne codée située au bas du chèque.

Art. 7 Les modalités techniques d'accès au fichier de consultation répondent aux standards du marché.

Art. 8 Toute personne désireuse de connaître, de contester et, le cas échéant, de faire rectifier les informations que la Banque de France détient à son nom dans le Fichier national des chèques irréguliers, peut transmettre sa demande au service gestionnaire du fichier (Banque de France, 39 rue Croix-des-Petits-Champs, 75001 Paris) ou à la succursale de la Banque de France la plus proche du domicile du demandeur par simple lettre accompagnée :

– d'une part, de la photocopie d'une pièce d'identité officielle ;

– d'autre part, d'un document comportant l'identité et les coordonnées bancaires du titulaire du compte.

Les personnes physiques – ou les mandataires sociaux des personnes morales – peuvent ainsi obtenir communication de l'ensemble des informations recensées sous leur dossier et toutes explications sur le fonctionnement de la centralisation correspondante.

Dans tous les cas, la totalité des informations recensées dans le fichier sont communiquées en clair.

L'identité des déclarants (établissements teneurs de comptes, services de police et de gendarmerie) est indiquée aux demandeurs ; les rectifications éventuelles d'informations recensées sont effectuées soit par les établissements teneurs de comptes, soit par la Banque de France lorsque les données figurant dans le fichier émanent exclusivement des services de police et de gendarmerie. La modification est portée immédiatement à la connaissance du demandeur.

L'absence de réponse de la part des établissements teneurs de comptes, dans le délai de dix jours ouvrés à compter de la réception d'une demande de rectification, vaut refus.

Art. 9 Lorsqu'elle indique que l'émission d'un chèque est irrégulière, la Banque de France conserve durant une période minimale de deux mois, associées à l'origine de l'appel, les caractéristiques du chèque testé : numéro des formules, identification de l'établissement tiré, coordonnées bancaires du tireur.

Arrêté du 2 septembre 2009,

Pris en application de l'article R. 561-12 du code monétaire et financier et définissant des éléments d'information liés à la connaissance du client et de la relation d'affaires aux fins d'évaluation des risques de blanchiment de capitaux et de financement du terrorisme (Rect. JO 12 sept.).

Art. 1er En application de l'article R. 561-12, les éléments d'information susceptibles d'être recueillis pendant toute la durée de la relation d'affaires aux fins d'évaluation des risques de blanchiment de capitaux et de financement du terrorisme peuvent être :

1° Au titre de la connaissance de la relation d'affaires :

– le montant et la nature des opérations envisagées ;

– la provenance des fonds ;

– la destination des fonds ;
– la justification économique déclarée par le client ou le fonctionnement envisagé du compte.

2° Au titre de la connaissance de la situation professionnelle, économique et financière du client et, le cas échéant, du bénéficiaire effectif :

a) Pour les personnes physiques :
– la justification de l'adresse du domicile à jour au moment où les éléments sont recueillis ;
– les activités professionnelles actuellement exercées ;
– les revenus ou tout élément permettant d'estimer les autres ressources ;
– tout élément permettant d'apprécier le patrimoine ;
– s'agissant des personnes mentionnées aux I, II et III de l'article R. 561-18, les fonctions ou tout élément permettant d'apprécier la nature des liens existants entre ces personnes ;

b) Pour les personnes morales :
– la justification de l'adresse du siège social ;
– les statuts ;
– les mandats et pouvoirs ;
– ainsi que tout élément permettant d'apprécier la situation financière ;

c) Pour les structures de gestion d'un patrimoine d'affectation sans personnalité morale, d'une fiducie ou de tout autre dispositif juridique comparable relevant du droit étranger, un document justifiant la répartition des droits sur le capital ou sur les bénéfices de l'entité au nom de laquelle l'ouverture d'un compte ou l'exécution d'une opération est demandée.

Décret n° 2010-219 du 2 mars 2010,

Relatif au traitement automatisé de données à caractère personnel dénommé « Registre national des fiducies ».

Art. 1er Un traitement automatisé de données à caractère personnel dénommé "Registre national des fiducies" est mis en œuvre par le ministre chargé du budget (direction générale des finances publiques).

Ce traitement a pour finalité de centraliser les informations relatives aux contrats de fiducie nécessaires pour faciliter les contrôles permettant la lutte contre l'évasion fiscale, le blanchiment des capitaux et le financement du terrorisme.

Art. 2 Les informations traitées sont les suivantes :

(Décr. n° 2020-118 du 12 févr. 2020, art. 16) « 1° Nom, prénoms, adresse, date, lieu de naissance et nationalité des personnes physiques ayant la qualité de constituant, de fiduciaire, de tiers au sens de l'article 2017 du code civil et, le cas échéant, des personnes physiques désignées dans le contrat de fiducie comme bénéficiaires ;

« 2° Dénomination sociale, numéro SIREN et adresse du siège social ou de l'établissement des personnes morales ayant la qualité de constituant, de fiduciaire, de tiers au sens de l'article 2017 du code civil et, le cas échéant, des personnes morales désignées dans le contrat de fiducie comme bénéficiaires ainsi que les nom, prénoms, adresse, date et lieu de naissance et nationalité de leurs bénéficiaires effectifs au sens de l'article L. 561-2-2 du code monétaire et financier ; »

3° Date et numéro de l'enregistrement du contrat de fiducie et de ses avenants et identification du service des impôts auprès duquel la formalité a été accomplie ;

4° Le cas échéant, date d'accomplissement des formalités de la publicité foncière, numéro de publication et identification du service auprès duquel les formalités ont été accomplies.

Art. 3 Les informations sont conservées dix ans après l'extinction du contrat de fiducie.

Art. 4 *(Abrogé par Décr. n° 2020-118 du 12 févr. 2020, art. 16) Sont autorisés à accéder aux données mentionnées à l'article 2 les agents de la direction générale des finances publiques chargés de la mise en œuvre du traitement individuellement désignés et spécialement habilités à cette fin.*

Art. 5 *(Abrogé par Décr. n° 2020-118 du 12 févr. 2020, art. 16) Sont destinataires des informations faisant l'objet du traitement, pour l'exercice des missions qui leur sont confiées, le juge d'instruction, le procureur de la République, les officiers de police judiciaire, les agents des douanes mentionnés à l'article 28-1 du code de procédure pénale, les agents du service TRACFIN et les agents habilités de la direction générale des finances publiques chargés du contrôle et du recouvrement en matière fiscale.*

Art. 6 Les consultations du traitement automatisé aux fins d'accéder aux données traitées font l'objet d'un enregistrement comprenant l'identification du consultant, la date, l'heure et l'objet de la consultation. Ces informations sont conservées pendant un délai de trois ans.

Art. 7 Le droit d'accès et le droit de rectification, prévus par la loi du 6 janvier 1978 susvisée, s'exercent auprès du service des impôts auprès duquel le contrat de fiducie a été enregistré.

Le droit d'opposition prévu par l'article 38 de la même loi ne s'applique pas au présent traitement.

Arrêté du 26 octobre 2010,

Relatif au fichier national des incidents de remboursement des crédits aux particuliers.

A l'exception des art. 2 et 13 qui entrent en vigueur le 1er mai 2011, l'Arr. du 26 oct. 2010 est entré en vigueur le 1er nov. 2010 (Arr. préc., art. 18).

BIBL. ▶ NDLR, *BRDA 2010, n° 22, p. 21* (modernisation du FICP).

CHAPITRE I *CONTENU DU FICHIER NATIONAL DES INCIDENTS DE REMBOURSEMENT DES CRÉDITS AUX PARTICULIERS ET CONSULTATIONS*

Art. 1er *Contenu. (Arr. du 17 févr. 2020, art. 1er)* « I. — » Le fichier national des incidents de remboursement des crédits aux particuliers (FICP) est géré par la Banque de France. Il centralise :

— les incidents de paiement correspondant au champ d'application défini à l'article 3, déclarés par les établissements de crédit *(Arr. du 17 févr. 2020, art. 1er)* « et les sociétés de financement » mentionnés à l'article L. 511-1 du code monétaire et financier, *(Arr. du 2 mai 2013, art. 61)* « les établissements de monnaie électronique mentionnés à l'article L. 526-1 du même code, » les établissements de paiement mentionnés à l'article L. 522-1 du même code et les organismes mentionnés *(Arr. du 17 févr. 2020, art. 1er)* « aux 5 et 8 » de l'article L. 511-6 du même code ;

— les informations relatives aux situations de surendettement mentionnées au *(Ord. n° 2016-301 du 14 mars 2016, art. 2, en vigueur le 1er juill. 2016)* « livre VII » du code de la consommation et aux jugements de liquidation judiciaire prononcés dans les départements du Haut-Rhin, du Bas-Rhin et de la Moselle en application de l'article L. 670-6 du code de commerce communiquées à la Banque de France par les commissions de surendettement ou les greffes des tribunaux.

(Arr. du 17 févr. 2020, art. 1er) « II. — Les établissements de crédit et les sociétés de financement menant à leur terme les opérations de crédit qu'ils ont conclues ou se sont engagés à conclure avant la décision de retrait d'agrément, en application de l'article L. 511-16 du code monétaire et financier, procèdent aux déclarations d'incidents de paiement dans les conditions prévues par le présent arrêté. »

Art. 2 *Consultations obligatoires et consultations facultatives. (Arr. du 17 févr. 2020, art. 1er)* « I. — » Conformément aux dispositions des articles L. 511-33 et L. 522-19 du code monétaire et financier, les informations figurant dans le FICP sont réservées à l'usage exclusif des établissements et organismes mentionnés à l'article 1er qui ne peuvent consulter ce fichier à d'autres fins que celles mentionnées *(Arr. du 17 févr. 2020, art. 1er)* « à l'article L. 751-2 du code de la consommation, dans les conditions visées aux II et III » ci-dessous. *(Arr. du 17 févr. 2020, art. 1er)* « Toutefois, l'inscription d'une personne physique au sein du fichier n'emporte pas interdiction de délivrer un crédit.

« II. – Les établissements et organismes mentionnés au I de l'article 1er » doivent obligatoirement consulter le FICP :

1° Avant toute décision effective d'octroyer un crédit *(Arr. du 26 sept. 2016, art. 1er)* « tel qu'encadré par le chapitre II du titre I du livre III du code de la consommation » *(Abrogé par Arr. du 17 févr. 2020, art. 1er)* ***« dans sa rédaction résultant de l'ordonnance nº 2016-351 du 25 mars 2016 sur les contrats de crédit aux consommateurs relatifs aux biens immobiliers à usage d'habitation »*** et avant tout octroi d'une autorisation de découvert remboursable dans un délai supérieur à un mois. Sans préjudice de consultations antérieures dans le cadre de la procédure d'octroi de crédit, cette consultation obligatoire, qui a pour objet d'éclairer la décision finale du prêteur avec les données les plus à jour, doit être réalisée lorsque le prêteur décide :

– d'agréer la personne de l'emprunteur en application de l'article *(Ord. nº 2016-301 du 14 mars 2016, art. 2, en vigueur le 1er juill. 2016)* « **L. 312-24** » du code de la consommation pour les crédits mentionnés à l'article *(Ord. nº 2016-301 du 14 mars 2016, art. 2, en vigueur le 1er juill. 2016)* « **L. 312-1** » du même code ;

– de consentir un crédit en application *(Abrogé par Arr. du 17 févr. 2020, art. 1er)* ***« du II »*** de l'article *(Ord. nº 2016-301 du 14 mars 2016, art. 2, en vigueur le 1er juill. 2016)* « **L. 312-86** » du même code.

2° Avant de proposer à un client la reconduction annuelle de son contrat de crédit renouvelable en application de l'article *(Ord. nº 2016-301 du 14 mars 2016, art. 2, en vigueur le 1er juill. 2016)* « **L. 312-75** » du code de la consommation.

(Arr. du 26 sept. 2016, art. 1er) « 3° Avant toute décision effective d'octroyer un crédit tel qu'encadré par le chapitre III du titre I du livre III du code de la consommation *(Abrogé par Arr. du 17 févr. 2020, art. 1er)* ***« dans sa rédaction résultant de l'ordonnance nº 2016-351 du 25 mars 2016 sur les contrats de crédit aux consommateurs relatifs aux biens immobiliers à usage d'habitation »***. Sans préjudice de consultations antérieures dans le cadre de la procédure d'octroi de crédit, cette consultation obligatoire, qui a pour objet d'éclairer la décision finale du prêteur avec les données les plus à jour, est réalisée au plus tard à l'émission de l'offre mentionnée à l'article **L. 313-24** du même code *(Abrogé par Arr. du 17 févr. 2020, art. 1er)* ***« dans sa rédaction résultant de l'ordonnance susmentionnée »***. »

(Arr. du 17 févr. 2020, art. 1er) « III. – Ces mêmes établissements et organismes » peuvent également consulter le FICP :

1° Avant d'octroyer un crédit autre que ceux mentionnés ci-dessus ;

2° Avant l'attribution de moyens de paiement, en particulier avant la délivrance des premières formules de chèques et au moment de l'attribution ou du renouvellement d'une carte de paiement *(Arr. du 17 févr. 2020, art. 1er)* « , y compris en vue d'identifier les personnes en situation de fragilité financière auxquelles doit être proposée l'offre spécifique prévue au deuxième alinéa de l'article **L. 312-1-3** du code monétaire et financier » ;

3° Dans le cadre de la gestion des risques liés aux crédits souscrits par leurs clients. Les informations collectées à cette occasion ne peuvent être utilisées à d'autres fins, y compris celles mentionnées ci-dessus.

(Arr. du 17 févr. 2020, art. 1er) « IV. – Les établissements de crédit et les sociétés de financement mentionnés au II de l'article 1er peuvent consulter le FICP uniquement dans le cadre de la gestion des risques liés aux crédits souscrits par leurs clients. Les informations collectées à cette occasion ne peuvent être utilisées à d'autres fins. »

L'art. 2 est entré en vigueur le 1er mai 2011 (Arr. du 26 oct. 2010, art. 18).

CHAPITRE II *ENREGISTREMENT DES INCIDENTS DE PAIEMENT*

Art. 3 *Champ d'application.* Est considéré comme pouvant faire l'objet d'un incident de paiement déclarable au FICP tout acte par lequel un établissement ou organisme mentionné à l'article 1er met des fonds à la disposition d'une personne physique pour le financement de ses besoins non professionnels ou prend, dans l'intérêt de celle-ci, un engagement par signature, quelle que soit la qualification ou la technique utilisée, notamment :

– les crédits affectés ou liés définis au *(Ord. nº 2016-301 du 14 mars 2016, art. 2, en vigueur le 1er juill. 2016)* « 11° » de l'article **L. 311-1** du code de la consommation ;

– les prêts personnels ;
– les crédits renouvelables définis à l'article *(Ord. n° 2016-301 du 14 mars 2016, art. 2, en vigueur le 1er juill. 2016)* « **L. 312-57** » du même code ;
– les autorisations de découvert définies au *(Ord. n° 2016-301 du 14 mars 2016, art. 2, en vigueur le 1er juill. 2016)* « **12°** » de l'article **L. 311-1** du même code ;
– les découverts tacitement acceptés définis au *(Ord. n° 2016-301 du 14 mars 2016, art. 2, en vigueur le 1er juill. 2016)* « **13°** » de l'article **L. 311-1** du même code ;
– les crédits accordés pour l'acquisition, la construction, l'aménagement ou l'entretien d'un immeuble mentionnés au 1° de l'article *(Ord. n° 2016-301 du 14 mars 2016, art. 2, en vigueur le 1er juill. 2016)* « **L. 312-4** » du même code ;
– les regroupements de crédits définis *(Ord. n° 2016-301 du 14 mars 2016, art. 2, en vigueur le 1er juill. 2016)* « aux articles **L. 314-10** et suivants » du même code ;
– les opérations de location-vente et de location avec option d'achat.

Les opérations de location-vente et de location avec option d'achat sont assimilées à des crédits pour l'application du présent arrêté.

Art. 4 *Définition des incidents de paiement.* Constituent des incidents de paiement caractérisés pour l'application du présent arrêté :

1° Pour un même crédit comportant des échéances, les défauts de paiement atteignant un montant cumulé au moins égal :

i) Pour les crédits remboursables mensuellement, à la somme du montant des deux dernières échéances dues ;

ii) Pour les crédits qui ont des échéances autres que mensuelles, à l'équivalent d'une échéance, lorsque ce montant demeure impayé pendant plus de 60 jours ;

2° Pour un même crédit ne comportant pas d'échéance, le défaut de paiement des sommes exigibles plus de 60 jours après la date de mise en demeure du débiteur, notifiée de manière formelle, d'avoir à régulariser sa situation, dès lors que le montant des sommes impayées est au moins égal à 500 euros ;

3° Pour tous les types de crédit, les défauts de paiement pour lesquels l'établissement ou l'organisme mentionné à l'article 1er engage une procédure judiciaire ou prononce la déchéance du terme après mise en demeure du débiteur restée sans effet.

Les établissements et organismes mentionnés à l'article 1er peuvent ne pas inscrire les retards de paiement d'un montant inférieur à 150 euros pour lesquels la déchéance du terme n'a pas été prononcée.

Art. 5 *Constat d'un incident de paiement et information des débiteurs défaillants.* I. – Dès qu'un incident de paiement caractérisé est constaté, l'établissement ou organisme mentionné à l'article 1er informe le débiteur défaillant que l'incident sera déclaré à la Banque de France à l'issue d'un délai de 30 jours calendaires révolus courant à compter de la date de l'envoi du courrier d'information, le cachet de la poste faisant foi. Ce délai permet notamment à la personne concernée de régulariser sa situation ou de contester auprès de l'établissement ou de l'organisme le constat d'incident caractérisé.

Ce courrier d'information doit mentionner les caractéristiques de l'incident pouvant donner lieu à inscription au FICP, notamment le montant des sommes dues au titre de l'impayé, la référence et le montant du crédit, ainsi que les modalités de régularisation de l'incident avant le délai susmentionné. Il doit également préciser les modalités d'exercice, auprès de l'établissement ou de l'organisme mentionné à l'article 1er, des *(Arr. du 17 févr. 2020, art. 2)* « droits d'accès, de rectification et d'effacement » des données que ce dernier détient conférés au débiteur défaillant par les articles *(Arr. du 17 févr. 2020, art. 2)* « **15, 16 et 17** du règlement (UE) **2016/679** et les articles **49, 50 et 51** » de la loi n° **78-17** modifiée *[relative à l'informatique, aux fichiers et aux libertés]*.

II. – Au terme du délai *(Arr. du 17 févr. 2020, art. 2)* « de 30 jours » mentionné ci-dessus, sauf si les sommes dues ont été réglées ou si une solution amiable a été trouvée, l'incident devient déclarable et l'établissement ou l'organisme mentionné à l'article 1er informe par courrier le débiteur défaillant des informations qu'il transmet à la Banque de France.

Le courrier de notification de l'inscription à la personne concernée doit mentionner qu'à défaut du paiement intégral des sommes dues donnant lieu à une levée anticipée de l'inscription celle-ci sera conservée pendant la durée d'inscription prévue par l'article 8.

Il doit également indiquer que ces informations sont consultables auprès de la Banque de France pendant toute la durée de l'inscription par l'ensemble des établissements et organismes mentionnés à l'article 1er.

(Arr. du 17 févr. 2020, art. 2) « Enfin, il doit également indiquer les modalités d'exercice des droits :

« – d'accès auprès de la Banque de France ;

« – de rectification et d'effacement auprès de l'établissement ou organisme à l'origine de la déclaration portant sur les données contenues dans le FICP conférés au débiteur défaillant par les articles 15, 16 et 17 du règlement (UE) 2016/679 et les articles 49, 50 et 51 de la loi n° 78-17 modifiée. »

Art. 6 *Modalités et contenu de la déclaration.* I. – Pour chaque incident de paiement caractérisé devenu déclarable, les établissements et organismes mentionnés à l'article 1er communiquent à la Banque de France au plus tard le quatrième jour ouvré suivant la date à laquelle l'incident est devenu déclarable, sous peine des sanctions prévues à l'article 16 :

– le nom de famille et le nom marital, les prénoms dans l'ordre de l'état civil, la date de naissance, le sexe, le code géographique du lieu de naissance pour les personnes nées en France métropolitaine, dans les départements d'outre-mer (DOM) *(Arr. du 18 juill. 2013, art. 1er)* « , dans le Département de Mayotte, dans les collectivités d'outre-mer et en Nouvelle-Calédonie », ou le lieu de naissance et code ISO du pays de naissance pour les personnes nées à l'étranger ;

– la nature du crédit ayant donné lieu à l'incident de paiement ;

– la date à laquelle l'incident est devenu déclarable (date de référence).

II. – Pour chaque incident de paiement précédemment déclaré, les établissements et organismes mentionnés à l'article 1er signalent à la Banque de France, sous peine des sanctions prévues à l'article 16, le paiement intégral des sommes dues, que celui-ci ait été effectué *(Arr. du 17 févr. 2020, art. 2)* « auprès de l'établissement ou organisme prêteur, d'une société de recouvrement de créances ou d'un huissier » par le débiteur principal ou par une caution autre qu'un établissement ou un organisme mentionné à l'article 1er, à leur initiative ou après engagement d'une procédure judiciaire *(Abrogé par Arr. du 17 févr. 2020, art. 2)* *« , au plus tard le quatrième jour ouvré suivant la date du paiement intégral »*. Ces informations sont transmises selon les mêmes modalités que la déclaration d'incident. *(Arr. du 17 févr. 2020, art. 2)* « Lorsque le paiement intégral est effectué auprès de l'établissement ou de l'organisme prêteur, la déclaration doit être faite au plus tard le quatrième jour ouvré suivant la date du paiement intégral. Lorsqu'il est effectué auprès d'une société de recouvrement de créances ou d'un huissier, ce délai est porté à sept jours ouvrés. »

III. – Les informations sont notifiées à la Banque de France par télétransmission d'un fichier informatique sécurisé ou par échange sécurisé sur internet.

IV. – Les inscriptions et radiations d'incidents sont enregistrées dès la réception des déclarations par la Banque de France.

Art. 7 *Principe d'unicité de la déclaration et exception.* Lorsqu'un incident de paiement caractérisé ayant affecté le remboursement d'un crédit donné est enregistré dans le fichier, il n'est procédé *(Arr. du 17 févr. 2020, art. 2)* « , jusqu'à la radiation de cet incident, » à aucune nouvelle déclaration au titre du même crédit en cas de survenance d'autres incidents ou de prononcé de la déchéance du terme ou d'engagement d'une procédure judiciaire *(Arr. du 17 févr. 2020, art. 2)* « , y compris par l'établissement ou organisme mentionné à l'article 1er intervenu en qualité de caution. Seuls les » incidents de paiement survenus sur ce même crédit dans le cadre d'un plan de surendettement *(Arr. du 17 févr. 2020, art. 2)* « font l'objet d'une déclaration », conformément aux dispositions ci-dessous.

Lorsqu'un débiteur saisit la commission de surendettement, il ne peut *(Arr. du 17 févr. 2020, art. 2)* « plus » être déclaré d'incident de paiement caractérisé au nom de ce débiteur à compter de la décision de recevabilité de son dossier et :

– jusqu'à l'expiration d'un délai de 60 jours, courant à compter de la date d'entrée en vigueur du plan conventionnel de redressement prévu par *(Arr. du 17 févr. 2020, art. 2)* « l'article L. 732-2 » du code de la consommation ou de la date du courrier de la commission informant les parties que les mesures prévues par les articles *(Arr. du 17 févr. 2020, art. 2)* « L. 733-1, L. 733-4 et L. 733-7 » du même code s'imposent ou la date à laquelle *(Arr. du 17 févr. 2020, art. 2)* « ces mesures » sont devenues exécutoires ; ou

– jusqu'au terme de l'instruction du dossier, lorsque celle-ci ne débouche sur aucune des mesures susvisées.

A l'expiration de cette période, l'établissement ou l'organisme mentionné à l'article 1er est tenu de déclarer au FICP un incident intervenu dans l'exécution des mesures prévues aux articles *(Arr. du 17 févr. 2020, art. 2)* « L. 732-2, L. 733-1, L. 733-4 et L. 733-7 » susmentionnés, même pour un crédit au titre duquel un précédent incident aurait déjà été déclaré. Cette déclaration au titre d'un incident intervenu dans l'exécution des mesures susmentionnées s'effectue dans les conditions prévues par les articles 4 et suivants.

Art. 8 *Durée de conservation et règles de mise à jour.* Les informations visées à l'article 6 sont conservées dans le fichier pendant cinq ans à compter de la date à laquelle l'incident est devenu déclarable.

Elles sont radiées dès la réception de la déclaration du paiement intégral des sommes dues, effectué en application du II de l'article 6.

Les renseignements centralisés sont modifiés ou effacés par la Banque de France dès la réception de l'indication fournie par l'établissement ou l'organisme mentionné à l'article 1er que la déclaration initiale était erronée.

CHAPITRE III *ENREGISTREMENT DES SITUATIONS DE SURENDETTEMENT*

Art. 9 *Champ d'application.* Pour chaque situation de surendettement et chaque jugement de liquidation judiciaire mentionnés à l'article 1er, sont communiquées selon les cas par les commissions de surendettement *(Abrogé par Arr. du 17 févr. 2020, art. 3)* « *, le greffe du tribunal judiciaire* » ou le greffe du tribunal judiciaire à la Banque de France :

– les informations relatives à l'état civil du débiteur mentionnées au premier tiret du I de l'article 6 ;

– la nature, la date d'effet et la durée de l'inscription telles que définies à l'article 10.

Art. 10 *Inscription.* I. – Sont enregistrées comme dossier en cours d'instruction :

– les saisines des commissions de surendettement qui sont communiquées par ces dernières à la Banque de France ;

– les décisions de recevabilité prises par *(Arr. du 17 févr. 2020, art. 3)* « le juge des contentieux de la protection » en cas de recours, qui sont communiquées à la Banque de France par le greffe du tribunal judiciaire en application *(Arr. du 17 févr. 2020, art. 3)* « de l'article L. 752-2 » du code de la consommation ;

– en cas de recours sur la décision de déchéance prise par la commission de surendettement en application *(Ord. nº 2016-301 du 14 mars 2016, art. 2, en vigueur le 1er juill. 2016)* « des articles L. 712-3 et L. 761-1 », la décision prise par *(Arr. du 17 févr. 2020, art. 3)* « le juge des contentieux de la protection » de poursuivre l'étude du dossier après avoir infirmé la décision de la commission. Cette décision est communiquée à la Banque de France par le greffe du tribunal judiciaire.

L'inscription des dossiers en cours d'instruction est conservée dans le fichier pour une durée de trente-six mois et peut faire l'objet de prorogations par période d'un an décidées par la commission.

II. – L'inscription des dossiers en cours d'instruction est radiée :

— lorsque le dossier est irrecevable à la procédure de traitement du surendettement. La commission informe immédiatement la Banque de France de cette irrecevabilité. En cas de recours, le greffe du tribunal judiciaire communique à la Banque de France le jugement confirmant l'irrecevabilité ;

— lorsque la déchéance a été prononcée en vertu *(Ord. nº 2016-301 du 14 mars 2016, art. 2, en vigueur le 1er juill. 2016)* « des articles **L. 712-3** et **L. 761-1** » du code de la consommation. La commission informe immédiatement la Banque de France de cette déchéance. En cas de recours, le greffe du tribunal judiciaire communique à la Banque de France le jugement confirmant la déchéance ;

— en cas d'extinction de l'instance devant *(Arr. du 17 févr. 2020, art. 3)* « le juge des contentieux de la protection » portée à la connaissance de la Banque de France par le greffe.

III. — L'inscription des dossiers en cours d'instruction est remplacée par l'inscription d'une mesure :

1º Lorsque :

— la commission communique à la Banque de France les informations concernant les mesures du plan conventionnel de redressement mentionnées *(Arr. du 17 févr. 2020, art. 3)* « à l'article **L. 732-2** » du code de la consommation ;

— la commission informe la Banque de France que les mesures définies aux articles *(Arr. du 17 févr. 2020, art. 3)* « **L. 733-1**, **L. 733-4** et **L. 733-7** » du même code s'imposent aux parties ;

— le greffe du tribunal judiciaire *(Arr. du 17 févr. 2020, art. 3)* « informe » la Banque de France *(Arr. du 17 févr. 2020, art. 3)* « des mesures prises par le juge » en vertu des articles *(Arr. du 17 févr. 2020, art. 3)* « **L. 733-1**, **L. 733-4** et **L. 733-7** » du même code.

L'inscription de ces mesures est conservée pendant toute la durée d'exécution de celles-ci, sans pouvoir excéder *(Arr. du 26 sept. 2016, art. 1er)* « sept *[ancienne rédaction : huit]* » ans.

2º Lorsque *(Arr. du 17 févr. 2020, art. 3)* « la commission ou » le greffe du tribunal judiciaire *(Arr. du 17 févr. 2020, art. 3)* « informe » la Banque de France *(Arr. du 17 févr. 2020, art. 3)* « que le débiteur a bénéficié de l'effacement des dettes résultant d'un rétablissement personnel en application des articles **L. 741-2**, **L. 741-6**, **L. 741-7** ou **L. 742-22** » du code de la consommation.

L'inscription de ces décisions est maintenue pour une période de cinq ans.

Toutefois, lorsque l'actif du débiteur a été suffisant pour désintéresser l'ensemble de ses créanciers, il n'y a pas lieu à inscription. Lorsque le juge établit un plan en vertu *(Ord. nº 2016-301 du 14 mars 2016, art. 2, en vigueur le 1er juill. 2016)* « des articles **L. 742-24** et **L. 742-25** » du même code, l'inscription est conservée pour une durée identique à celle prévue pour les mesures prévues aux articles *(Arr. du 17 févr. 2020, art. 3)* « **L. 733-1**, **L. 733-4** et **L. 733-7** » du même code.

(Abrogé par Arr. du 26 sept. 2016, art. 1er) ***« IV. — A l'issue de la période de suspension de l'exigibilité des créances l'inscription est maintenue dans le FICP au titre du réexamen du dossier, sur la notification faite par la commission de surendettement chargée de réexaminer la situation du débiteur conformément aux dispositions du 4º*** *(Ord. nº 2016-301 du 14 mars 2016, art. 2, en vigueur le 1er juill. 2016)* ***« de l'article L. 733-2 » du code de la consommation.***

« L'inscription peut faire l'objet de prorogations par période d'un an décidées par la commission.

« L'inscription au titre du réexamen est radiée dans les cas prévus au II du présent article ou remplacée par l'inscription au titre d'une mesure visée au III du présent article. »

(Arr. du 26 sept. 2016, art. 1er) « IV. — » Les jugements de liquidation judiciaire prononcés dans les départements du Haut-Rhin, du Bas-Rhin et de la Moselle en application de l'article **L. 670-6** du code de commerce sont communiqués par le greffe du tribunal judiciaire à la Banque de France aux fins d'enregistrement dans le fichier pour une durée de cinq ans à compter de la date du jugement. Toutefois, lorsque l'actif du débiteur a été suffisant pour désintéresser l'ensemble de ses créanciers, il n'y a pas lieu à inscription.

(Arr. du 26 sept. 2016, art. 1er) « V. — » Lorsqu'une personne bénéficie de mesures successives prévues aux articles *(Arr. du 17 févr. 2020, art. 3)* « **L. 732-2**, **L. 733-1**,

L. 733-4 et L. 733-7 » du code de la consommation, la durée cumulée d'inscription de ces mesures ne peut excéder *(Arr. du 26 sept. 2016, art. 1er)* « sept *[ancienne rédaction : huit]* » ans.

Art. 11 *Radiation par anticipation.* I. — Les informations inscrites en application de l'article 10 sont radiées par anticipation dès que :

— le débiteur a justifié auprès de la Banque de France du règlement intégral de ses dettes auprès de tous les créanciers figurant au plan ou au jugement. A cet effet, le débiteur remet une attestation de paiement émanant de chacun des créanciers concernés. Ceux-ci sont tenus de délivrer une telle attestation, sur demande du débiteur, dès lors que le remboursement de la créance est effectif. Cette attestation doit notamment comporter les éléments suivants : nom, prénoms ou dénomination sociale et adresse du créancier, identification de la créance, nom, prénoms du débiteur. La délivrance d'une telle attestation intervient dans le délai d'un mois maximum à compter de la demande formulée par le débiteur ;

— les mesures mentionnées aux articles *(Arr. du 17 févr. 2020, art. 3)* « L. 732-2, L. 733-1, L. 733-4 et L. 733-7 » du code de la consommation ont été exécutées sans incident pendant 5 ans dans les conditions prévues aux articles *(Arr. du 17 févr. 2020, art. 3)* « L. 752-1 à L. 752-3 » du même code.

II. — Constituent des incidents pour l'application du présent article :

1° Dans le cadre de mesures prévoyant des échéances de remboursement mensuelles, les défauts de paiement atteignant un montant cumulé au moins égal à la somme du montant des deux dernières échéances dues ;

2° Dans le cadre de mesures ayant des échéances de remboursement autres que mensuelles, les défauts de paiement atteignant un montant cumulé au moins égal à l'équivalent d'une échéance, lorsque ce montant demeure impayé pendant plus de 60 jours.

CHAPITRE IV *CONSULTATION ET CONSERVATION DES DONNÉES*

Art. 12 *Modalités de consultation.* I. — Dans le cadre des consultations prévues à l'article 2, les établissements et organismes mentionnés à l'article 1er peuvent obtenir communication, pour chaque personne recensée, des éléments suivants figurant dans le fichier :

— les informations visées au I de l'article 6 ci-dessus ;

— le nombre d'incidents et le nombre d'établissements déclarants ;

— l'existence de mesures conventionnelles ou judiciaires mentionnées à l'article 10 ;

— l'existence d'un jugement de liquidation judiciaire mentionné au V de l'article 10 ;

— la date à laquelle les informations seront radiées du fichier, sauf mesure de radiation anticipée.

Ces établissements et organismes peuvent également recevoir, pour chaque personne concernée, les informations ayant trait à l'existence d'un dossier en cours d'instruction ou en réexamen mentionnés *[mentionné]* au I de l'article 10.

II. — La communication des informations aux établissements et organismes mentionnés à l'article 1er s'effectue :

— soit par procédure de consultation sécurisée sur internet ;

— soit par remise ou télétransmission d'un fichier informatique sécurisé.

III. — Les tarifs de consultation sont fixés par la Banque de France de manière à couvrir l'intégralité des coûts du fichier *(Arr. du 17 févr. 2020, art. 4)* « , y compris la délivrance de l'attestation visée au IV de l'article 13 ». Ces coûts sont supportés par les établissements et organismes qui interrogent le fichier. Les tarifs sont liés aux procédures de consultation utilisées et au nombre d'interrogations.

Art. 13 *Modalités de justification des consultations et conservation des données.* I. — En application de l'article *(Ord. n° 2016-301 du 14 mars 2016, art. 2, en vigueur le 1er juill. 2016)* « L. 751-6 » du code de la consommation, afin de pouvoir justifier qu'ils ont consulté le fichier, les établissements et organismes mentionnés *(Arr. du 17 févr. 2020,* *art. 4)* « au I de l'article 1er » doivent, dans les cas de consultations aux fins mentionnées *(Arr. du 17 févr. 2020, art. 4)* « au II de l'article 2 », conserver des preuves de la consultation du fichier *(Abrogé par Arr. du 17 févr. 2020, art. 4)* « ***, de son motif et de son résultat,*** » sur un support durable. Ils doivent être en mesure de démontrer que les modalités de consultation du fichier et de conservation *(Arr. du 17 févr. 2020, art. 4)* « des éléments de preuve de ces » consultations garantissent l'intégrité des informations ainsi collectées. Constitue un support durable tout instrument permettant aux établissements et organismes mentionnés à l'article 1er de stocker les informations constitutives de ces preuves, d'une manière telle que ces informations puissent être consultées ultérieurement pendant une période adaptée à leur finalité et reproduites à l'identique. *(Arr. du 17 févr. 2020, art. 4)* « Les éléments de preuve sont apportés conformément au modèle figurant en annexe au présent arrêté. Ils sont à restituer sur papier d'affaire reprenant les mentions obligatoires prévues aux articles R. 123-237 et R. 123-238 du code de commerce. »

(Abrogé par Arr. du 17 févr. 2020, art. 4) « ***Le cas échéant, le résultat des consultations effectuées aux fins mentionnées au II de l'article 2 est conservé dans les conditions décrites ci-dessus.*** »

II. — Les établissements et organismes mentionnés à l'article 1er mettent en place des procédures internes leur permettant de justifier que les consultations du fichier ne sont effectuées qu'aux fins mentionnées à l'article 2 et à elles seules.

(Arr. du 17 févr. 2020, art. 4) « III. — Les établissements et organismes mentionnés au I de l'article 1er peuvent conserver le résultat des consultations effectuées aux fins mentionnées aux II et III de l'article 2 dans les conditions décrites ci-dessous. »

Les modalités de conservation du résultat des consultations doivent prévoir que seul le résultat de la dernière consultation *(Arr. du 17 févr. 2020, art. 4)* « est » accessible *(Abrogé par Arr. du 17 févr. 2020, art. 4)* « ***à des fins de gestion courante, et*** » uniquement *(Arr. du 17 févr. 2020, art. 4)* « pour l'instruction du » dossier de demande de crédit, de reconduction annuelle d'un contrat de crédit renouvelable ou d'attribution de moyens de paiement *(Arr. du 17 févr. 2020, art. 4)* « dans le cadre de laquelle la consultation a été effectuée ».

Au-delà du délai d'instruction, le résultat des consultations effectuées à ces fins doit être conservé sous forme d'archives, consultables uniquement à des fins d'audit ou dans le cadre de litiges. Lorsque le résultat d'une consultation comporte des informations relatives à plusieurs personnes en raison d'une *(Arr. du 17 févr. 2020, art. 4)* « homonymie, établie à partir de la clé Banque de France réduite à la date de naissance et aux cinq premières lettres du nom, seules les informations relatives à la personne concernée par la demande » doivent être conservées. *(Arr. du 17 févr. 2020, art. 4)* « Les données ne correspondant pas à la personne concernée par la demande devront être détruites dès que l'établissement aura constaté la levée de l'homonymie par l'exploitation de la fiche transmise.

« Dans ces cas, les » modalités de conservation des résultats des consultations effectuées par les établissements et organismes mentionnés *(Arr. du 17 févr. 2020, art. 4)* « au I de l'article 1er » dans le cadre de la gestion des risques liés aux crédits souscrits par leurs clients doivent prévoir que l'ensemble de ces résultats ne peut être exploité sous forme nominative qu'en une seule fois et au plus tard 30 jours après la date de la consultation la plus ancienne. Après leur exploitation, ces résultats ne peuvent être conservés que sous forme non nominative et à des fins d'actualisation des modèles de notation interne.

(Arr. du 17 févr. 2020, art. 4) « IV. — Les établissements ou organismes mentionnés au I de l'article 1er, pour les consultations effectuées aux fins mentionnées au II de l'article 2, peuvent se faire délivrer par la Banque de France une attestation de consultation. Les établissements de crédit et les sociétés de financement mentionnés au II de l'article 1er peuvent se faire délivrer cette attestation pour les consultations effectuées aux fins mentionnées au II de l'article 2 avant leur retrait d'agrément.

« Pour obtenir cette attestation, les établissements demandeurs doivent fournir à la Banque de France le numéro de consultation attribué lors de la consultation.

« La conservation, par la Banque de France, des données nécessaires à l'établissement de l'attestation de consultation se fait dans une base dédiée, séparée de la base active. La finalité de la conservation de ces données est limitée à l'établissement de l'attestation.

« Les établissements peuvent demander une attestation de consultation durant un délai de :

« – 20 ans pour un crédit relevant du chapitre II du titre I du livre III du code de la consommation ainsi que pour l'octroi d'une autorisation de découvert remboursable dans un délai supérieur à 1 mois,

« – 35 ans pour un crédit relevant du chapitre III du titre I du livre III du code de la consommation,

« – 5 ans dans le cadre de la reconduction annuelle d'un contrat de crédit renouvelable en application des articles L. 312-57 et suivants du code de la consommation.

« Ces délais courent à compter de la date de la consultation effectuée par l'établissement.

« L'attestation délivrée par la Banque de France contient les informations suivantes : la dénomination de l'établissement ou organisme concerné, son code interbancaire, la clé Banque de France consultée, le motif de la consultation et la nature du crédit concerné, le numéro de consultation attribué par la Banque de France, l'horodatage de la réponse et le vecteur d'échange utilisé pour la consultation. »

L'art. 13 est entré en vigueur le 1er mai 2011 (Arr. du 26 oct. 2010, art. 18).

CHAPITRE V *INFORMATION DES PERSONNES CONCERNÉES ET DROIT D'ACCÈS ET DE RECTIFICATION DES DONNÉES LES CONCERNANT*

Art. 14 *Information des personnes concernées.* Conformément aux dispositions *(Arr. du 17 févr. 2020, art. 5)* « des articles 12 à 14 du règlement (UE) 2016/679 et de l'article 48 de la loi n° 78-17 du 6 janvier 1978 relative à l'informatique, aux fichiers et aux libertés modifiée », tout établissement ou organisme mentionné *(Arr. du 17 févr. 2020, art. 5)* « au I de l'article 1er » informe l'emprunteur qu'il doit, dans le cadre de la procédure d'octroi de crédit à la consommation, consulter le FICP et qu'il sera tenu, en cas d'incident de paiement caractérisé tel que défini à l'article 4, de demander l'inscription *(Abrogé par Arr. du 17 févr. 2020, art. 5)* ***« d'informations le concernant »*** dans ce fichier *(Arr. du 17 févr. 2020, art. 5)* « des informations le concernant, visées à l'article 6 du présent arrêté ».

Les personnes faisant l'objet d'une procédure de surendettement ou de liquidation judiciaire sont informées de leur inscription au FICP et de la durée de celle-ci par la commission de surendettement ou le greffe du tribunal *(Arr. du 17 févr. 2020, art. 5)* « judiciaire » qui communique à la Banque de France les informations nécessaires à l'inscription *(Arr. du 17 févr. 2020, art. 5)* « prévue par l'article 10 du présent arrêté ».

Art. 15 *Exercice du droit d'accès (Arr. du 17 févr. 2020, art. 5, en vigueur le 1er avr. 2020) «, de rectification et d'effacement».* Lorsqu'une personne entend exercer son droit d'accès conformément à l'article *(Arr. du 17 févr. 2020, art. 5, en vigueur le 1er avr. 2020)* « 15 du règlement (UE) 2016/679 et à l'article 49 de la loi n° 78-17 du 6 janvier 1978 relative à l'informatique, aux fichiers et aux libertés modifiée », elle s'adresse à la Banque de France. *(Arr. du 17 févr. 2020, art. 5, en vigueur le 1er avr. 2020)* « Le droit d'accès peut s'exercer par voie postale, par voie électronique dans les conditions fixées par la Banque de France ou aux guichets de cette dernière. »

Conformément aux dispositions *(Arr. du 17 févr. 2020, art. 5, en vigueur le 1er avr. 2020)* « de l'article L. 751-5 » du code de la consommation, celle-ci peut communiquer par écrit au demandeur les informations recensées à son nom.

(Arr. du 17 févr. 2020, art. 5, en vigueur le 1er avr. 2020) « Les droits de rectification et d'effacement prévus aux articles 16 et 17 du règlement (UE) 2016/679 et aux articles 50 et 51 de la loi du 6 janvier 1978 modifiée s'exercent auprès » de l'établissement ou de l'organisme à l'origine de la déclaration *(Arr. du 17 févr. 2020, art. 5, en vigueur le 1er avr. 2020)* « , y compris lorsqu'ils sont exercés sur le fondement » d'une décision de justice ordonnant la rectification ou *(Arr. du 17 févr. 2020, art. 5, en vigueur le 1er avr. 2020)* « l'effacement des informations relatives à la personne concernée. En revanche, ces droits s'exercent auprès de la Banque de France lorsque les informations sont relatives à des mesures de traitement du surendettement.

« Le droit d'accès aux données visées aux I et IV de l'article 13 s'effectue directement auprès de l'établissement ou organisme ayant procédé à la consultation. »

CHAPITRE VI *SANCTIONS*

Art. 16 *Sanctions disciplinaires.* Les infractions aux dispositions du présent arrêté ainsi que tout retard dans les déclarations sont passibles des sanctions prévues à l'article L. 612-39 du code monétaire et financier.

CHAPITRE VII *DISPOSITIONS RELATIVES À L'OUTRE-MER*

Art. 17 I. — Le présent arrêté est applicable en Nouvelle-Calédonie, en Polynésie française et dans les îles Wallis-et-Futuna, sous réserve des adaptations prévues au II.

II. — 1° Les montants libellés en euros sont remplacés par les montants libellés en francs CFP ;

2° *(Arr. du 17 févr. 2020, art. 6)* « Aux articles 5, 9, 10, 11, 12, 13 et 15 », les mots : "la Banque de France" sont remplacés par les mots : "l'Institut d'émission d'outre-mer ou la Banque de France".

(Arr. du 17 févr. 2020, art. 6) « 3° Aux articles 5, 14 et 15, les références au règlement UE/2016/679 du Parlement européen et du Conseil du 27 avril 2016 relatif à la protection des personnes physiques à l'égard du traitement des données à caractère personnel et à la libre circulation de ces données, et abrogeant la directive 95/46/CE, sont inapplicables ;

« 4° Aux articles 9, 10 et 14, en Nouvelle-Calédonie, en Polynésie française et dans les îles Wallis-et-Futuna, les mots : "juge des contentieux de la protection" sont remplacés par les mots : "président du tribunal de première instance ou le juge délégué par lui", le mot : "juge" est remplacé par les mots : "président du tribunal de première instance ou le juge délégué par lui" et les mots : "le greffe du tribunal judiciaire" sont remplacés par les mots : "le greffe du tribunal de première instance" ;

« 5° Pour son application en Polynésie française et en Nouvelle-Calédonie :

« *a)* Les références aux articles du code de la consommation et au code de commerce sont remplacées par les références aux dispositions applicables localement ayant le même objet ;

« *b)* Au troisième alinéa du I de l'article 10, la référence : "L. 752-2" est remplacée par la référence : "L. 771-7". »

CHAPITRE VIII *DISPOSITIONS FINALES*

Art. 18 *Entrée en vigueur.* Les dispositions des articles 2 et 13 du présent arrêté entrent en vigueur à la date d'entrée en vigueur de l'article 6 de la loi n° 2010-737 du 1er juillet 2010 susvisée *[portant réforme du crédit à la consommation]*.

Les autres dispositions du présent arrêté entrent en vigueur à la date d'entrée en vigueur de l'article 48 de la même loi.

Art. 19 Le règlement n° 90-05 du 11 avril 1990 modifié relatif au fichier national des incidents de remboursement des crédits aux particuliers (FICP) du Comité de la réglementation bancaire et financière est abrogé à la date d'entrée en vigueur de l'article 48 de la loi n° 2010-737 du 1er juillet 2010 susvisée *[portant réforme du crédit à la consommation]. — V. le Règl. préc. au* ***C. consom.****, éd. 2010 ou antérieures.*

ANNEXE

LOGO DE L'ÉTABLISSEMENT *

(Arr. du 17 févr. 2020, art. 7)

L'établissement code interbancaire : *10121* – dénomination : **Banque de PINDRAY** a effectué une consultation obligatoire du FICP pour la clé BDF *010150DEBUT*

le **2017-04-03**
pour **M. Début Paul né le 01/01/1950 à Tours**
dans le cadre *[d'un octroi de crédit] ou [d'un renouvellement de crédit]*
* pour un crédit type *[IMMOBILIER] ou [CONSOMMATION]***
à laquelle il a été répondu le *2017-04-03-22.48.39*
Numéro de consultation obligatoire : *170930001542*

* Informations relatives à l'établissement (complétées par l'établissement)

Données en bleu *[gras]* : données provenant de l'établissement.

Données en rouge *[ital]* : données restituées par la Banque de France dans la réponse à la consultation.

* l'information [d'un octroi de crédit] ou [d'un renouvellement de crédit] sera renseignée en mode dynamique suivant le type de consultation obligatoire.

** l'information [IMMOBILIER] ou [CONSOMMATION] sera renseignée en mode dynamique suivant le type de crédit.

En plus du logo, devront également figurer les mentions obligatoires qui doivent être mentionnées sur les papiers d'affaires conformément aux articles R. 123-237 et R. 123-238 du code de commerce.

Convention AERAS révisée du 2 septembre 2015,

S'assurer et emprunter avec un risque aggravé de santé.

Version consolidée suite à la signature le 2 sept. 2015 d'un avenant relatif au droit à l'oubli.

V., supra, C. assur., art. L. 133-1.

....

TITRE II LE TRAITEMENT DES DONNÉES PERSONNELLES NÉCESSAIRES À LA SOUSCRIPTION ET À L'EXÉCUTION DES CONTRATS

1) La demande légitime par l'assureur des informations nécessaires à l'acceptation du risque et, lorsque le risque se réalise, au règlement de la prestation garantie, doit être conciliée avec la confidentialité qui s'impose, s'agissant d'informations qui touchent à la vie privée et à la santé des personnes.

Dans cet esprit, les professions s'engagent à respecter les principes de la présente convention et du code de bonne conduite, de portée générale, qui y est annexé.

Ce code constate les procédures de confidentialité existantes et les actualise. Il précise un certain nombre de points par des recommandations renforçant la protection de la confidentialité des informations touchant la personne des assurés.

2) S'agissant des contrats liés à un emprunt, afin de respecter la confidentialité, les établissements de crédit et les sociétés de financement veillent à ce que le candidat à l'assurance, lorsqu'il est présent dans les locaux de l'agence bancaire, prenne seul connaissance des dispositions et questions figurant dans le questionnaire de santé. Afin de se conformer à l'exigence de confidentialité, il y répond seul quel que soit le support utilisé, qu'il s'agisse d'un support papier ou d'une procédure informatique sécurisée ; il lui est proposé de le remplir seul soit sur place soit à son domicile. Toutefois, à sa demande, le client peut être assisté par son interlocuteur pour remplir le questionnaire. En ce cas, avant de l'assister le conseiller bancaire lui rappelle les règles de confidentialité définies dans le code de bonne conduite annexé à la présente convention.

3) Les questionnaires de santé respectent les principes suivants :

a) les questions posées sont précises et portent sur les événements relatifs à l'état de santé (ex. : existence d'une rente d'invalidité, intervention chirurgicale...), les pathologies recherchées, les arrêts de travail et les situations liées à la protection sociale (ex. : exonération du ticket modérateur...) ;

b) les questionnaires de santé ne font aucune référence aux aspects intimes de la vie privée, et notamment à la sexualité ;

c) dans l'hypothèse d'une question portant sur des tests de dépistage, elle ne porte que sur les sérologies virales, notamment sur les virus des hépatites B et C ou sur celui de l'immunodéficience humaine et sous la forme suivante :

« Avez-vous ou non subi un test de dépistage des sérologies, portant en particulier sur les virus des hépatites B et C ou sur celui de l'immunodéficience humaine, dont le résultat a été positif ? A quelle date ? »

Il ne peut être demandé au candidat à l'assurance de se soumettre à de tels tests que si l'importance des capitaux souscrits ou les informations recueillies par le questionnaire de risques le justifient ;

d) il est précisé de manière apparente sur les questionnaires de santé le droit pour les futurs assurés de ne pas remplir les questionnaires de santé en agence bancaire. Les courtiers, conseillers d'établissements de crédit et de sociétés de financement et les autres intermédiaires concernés relaient cette information ;

e) la formulation des questions relatives aux arrêts de travail et à la prescription d'un traitement médical, à la prise en charge au titre des affections de longue durée (ALD), à l'invalidité et à l'allocation pour adulte handicapé (AAH), a été harmonisée. La question relative à la prise en charge au titre d'une ALD porte au maximum sur les 15 dernières années. La question relative aux arrêts de travail ainsi qu'à la prescription d'un traitement médical, porte sur des durées de plus de 21 jours et au maximum, sur les 10 dernières années ;

f) les assureurs s'engagent à mettre en pleine conformité les questionnaires de santé avec les dispositions de la Convention AERAS et à mettre en cohérence les questionnaires de santé et les clauses générales des contrats avant le 31 décembre 2015. Les assureurs, les établissements de crédit et les sociétés de financement s'assurent de leurs mises à jour.

4) En fonction des réponses apportées par le candidat à l'assurance, le service médical de l'assureur a la possibilité de demander des informations complémentaires.

5) Un travail d'harmonisation de la formulation des questions ayant le même objet pour les questionnaires de santé de 1er niveau et pour les questionnaires détaillés par pathologie est conduit par les assureurs, en concertation avec les associations. Ce travail est présenté à la commission de suivi et de propositions, pour avis, avant sa diffusion.

6) Les assureurs actualisent les questionnaires de santé au regard des évolutions de la médecine. Ils présentent un rapport sur ce point à la commission de suivi et de propositions ainsi qu'à la commission des études et recherches.

7) Lorsqu'un candidat à l'emprunt a passé dans le cadre d'une demande d'assurance emprunteur, pour le compte d'un concurrent, des examens médicaux dans les six mois précédant une nouvelle demande d'assurance, les assureurs utilisent les résultats de ces examens, transmis par le candidat à l'emprunt.

8) A compter du second semestre 2011, les assureurs s'engagent à faire des propositions de tarification pour une assurance emprunteur sur la base d'un questionnaire détaillé par pathologie que le candidat à l'assurance aura rempli pour le compte d'un concurrent.

....

TITRE IV « DROIT À L'OUBLI » ET MISE EN PLACE D'UNE GRILLE DE RÉFÉRENCE

Le présent titre met en place d'une part un « droit à l'oubli » pour les anciens malades du cancer en assurant à ces personnes, passé certains délais, de ne plus avoir à le déclarer lors de la souscription d'un contrat d'assurance emprunteur et de ne se voir appliquer aucune exclusion de garantie ou surprime du fait de ce cancer. Il prévoit d'autre part, l'élaboration d'une grille de référence listant les pathologies (pathologies cancéreuses et autres pathologies, notamment chroniques) pour lesquelles l'assurance sera accordée aux personnes qui en ont souffert ou en souffrent, sans surprime, ni exclusion de garantie, ou dans des conditions se rapprochant des conditions standard, après certains délais adaptés à chacune de ces pathologies. Cette grille sera établie et actualisée au rythme des progrès thérapeutiques et de la disponibilité des données de santé nécessaires.

1) Absence de déclaration d'une ancienne pathologie cancéreuse

Aucune information médicale relative à une pathologie cancéreuse ne pourra être sollicitée par l'assureur dès lors que le protocole thérapeutique relatif à cette pathologie est achevé depuis plus de 15 ans.

Pour les cancers diagnostiqués jusqu'à l'âge de 15 ans révolus, ce délai est ramené à 5 ans.

La fin du protocole thérapeutique est la date de la fin du traitement actif du cancer, en l'absence de rechute, par chirurgie, radiothérapie, chimiothérapie effectuées en structure autorisée, à laquelle plus aucun traitement n'est nécessaire hormis la possibilité d'une thérapeutique persistante de type hormonothérapie ou immunothérapie.

Si l'emprunteur fait état d'informations médicales relatives à une pathologie pour laquelle aucune information ne peut être sollicitée en vertu des deux premiers alinéas, il n'est pas tenu compte de ces informations par l'assureur.

Aucune surprime ni exclusion de garantie ne peut être appliquée aux candidats à l'emprunt du fait d'une pathologie entrant dans le cadre prévu par les deux premiers alinéas.

Ces dispositions sont d'effet immédiat. Les questionnaires de santé renseignés par les candidats à l'emprunt seront mis à jour afin d'indiquer très clairement qu'aucune des questions posées ne couvre le champ visé par les deux premiers alinéas.

Dans le cadre de la Convention AERAS, pour les demandes de crédits immobiliers et professionnels et de l'assurance emprunteur, ce « droit à l'oubli » s'applique suivant les conditions d'éligibilité en vigueur.

2) Mise en place d'une grille de référence

Une grille de référence est établie par le groupe de travail mentionné au titre III pour des pathologies cancéreuses, d'autres types de pathologies, y compris chroniques ou des situations de santé permettant de se rapprocher des conditions d'assurance standard :

i) Elle dresse la liste de pathologies *[Le cas échéant, distinguées en fonction des traitements administrés]*, cancéreuses ou d'autres pathologies, y compris chroniques, pour lesquelles les données de la science disponibles permettent de conclure qu'une assurance emprunteur (Décès-PTIA-incapacité-invalidité) peut être accordée, dans un délai inférieur aux délais mentionnés aux deux premiers alinéas du 1) s'agissant des pathologies cancéreuses, aux malades ou anciens malades, qui en ont souffert ou en souffrent, sans surprime ni exclusion liée à la pathologie identifiée dans la liste ;

ii) Elle intègre également les pathologies pour lesquelles les données de la science disponibles permettent de proposer une assurance dans des conditions se rapprochant des conditions standard ;

iii) Elle définit, par pathologie, les délais à compter desquels de telles assurances sont accordées, sans préjudice des dispositions des deux premiers alinéas du 1). Elle précise également la date de référence à partir de laquelle ces délais courent : la fin du protocole thérapeutique pour les pathologies cancéreuses ou des dates de référence adaptées à chaque autre type de pathologie.

Une première grille de référence est proposée par le groupe de travail à l'automne 2015, pour approbation par la Commission de suivi et de propositions avant le 31 décembre 2015.

Les contrats concernés par les dispositifs mentionnés au 1) et au 2) respectent les conditions énoncées au 2e paragraphe de l'article I du titre relatif à la couverture des risques liés aux emprunts. Le groupe de travail examine également les possibilités d'extension des dispositifs pour les contrats ne répondant pas à ces conditions.

3) Mise à jour de la grille de référence en fonction des avancées thérapeutiques et des données épidémiologiques

La grille de référence mentionnée au 2) est mise à jour en tant que de besoin, et *a minima* à chaque renouvellement de la présente convention, au rythme des avancées thérapeutiques et des données épidémiologiques disponibles, en vue d'assurer aux candidats à l'emprunt leur prise en compte. Lorsque la grille de référence est mise à jour, le délai de mise à jour des questionnaires de santé, s'il y a lieu, ne peut être supérieur à 3 mois.

Le groupe de travail mentionné au titre III soumet chaque mise à jour à opérer à l'approbation de la commission de suivi et de propositions.

4) Effectivité

Les signataires de la Convention AERAS s'engagent à respecter les dispositions relatives au « droit à l'oubli » figurant dans la présente convention.

La grille de référence est rendue publique. Elle est publiée, ainsi que ses mises à jour, sur le site internet dédié à la Convention AERAS.

Les assureurs et intermédiaires en assurance s'engagent à respecter la grille de référence et ses mises à jour dans leurs pratiques de tarification pour toutes les souscriptions postérieures à l'établissement de ladite grille. Ils s'engagent également à diffuser l'information et le mode d'accès à la grille de référence auprès des souscripteurs, de manière à ce que ces derniers soient assurés de sa bonne application.

....

Décret n° 2015-1854 du 30 décembre 2015,

Relatif aux modalités de communication par la Banque de France de données relatives à la situation financière des entreprises à certaines entités mentionnées à l'article L. 144-1 du code monétaire et financier (Décr. n° 2016-1453 du 28 oct. 2016, art. 3).

Art. 1er Les sociétés de gestion mentionnées au deuxième alinéa de l'article L. 144-1 du code monétaire et financier sont les sociétés de gestion de portefeuille mentionnées à l'article L. 532-9 du même code qui remplissent cumulativement les conditions suivantes :

1° La société de gestion dispose d'un agrément de l'Autorité des marchés financiers l'autorisant à gérer des créances dans le cadre de son programme d'activité ;

2° La société de gestion gère effectivement des créances dans le cadre de la gestion d'un placement collectif, ou développe cette activité dans un délai n'excédant pas douze mois. Elle communique à cet effet à l'Autorité des marchés financiers un document annuel de synthèse portant sur son activité de gestion de créances.

Art. 1er-1 *(Décr. n° 2018-246 du 5 avr. 2018, art. 1er)* Les demandes formées par les conseils régionaux en application du deuxième alinéa de l'article L. 144-1 du code monétaire et financier portent sur les informations strictement nécessaires à l'examen des attributions d'aides publiques aux entreprises.

Art. 1er-2 *(Décr. n° 2019-859 du 20 août 2019, art. 1er)* 1° Les demandes formées par l'administration fiscale en application du deuxième alinéa de l'article L. 144-1 du code monétaire et financier portent sur les informations strictement nécessaires dans le cadre de sa mission économique de détection, de prévention et de traitement des difficultés des entreprises.

2° Les demandes formées par les administrations d'État à vocation économique ou financière en application du deuxième alinéa de l'article L. 144-1 du code monétaire et financier portent sur les informations strictement nécessaires à la détection, à la prévention et au traitement des difficultés des entreprises.

Art. 2 *(Décr. n° 2019-859 du 20 août 2019, art. 1er)* « L'administration fiscale, les administrations d'État à vocation économique ou financière, les conseils régionaux », les entreprises d'assurance, les mutuelles, les institutions de prévoyance *(Décr. n° 2016-1453 du 28 oct. 2016, art. 3)* « , les intermédiaires en financement participatif, les prestataires de services d'investissement, les conseillers en investissements participatifs » ainsi que les sociétés de gestion mentionnées au deuxième alinéa de l'article L. 144-1 du code monétaire et financier et définies à l'article 1er du présent décret, qui demandent à la Banque de France communication de renseignements qu'elle détient sur la situation financière des entreprises, concluent avec elle une convention conforme aux dispositions de l'article 3.

Art. 3 La convention mentionnée à l'article 2 définit les conditions générales d'accès aux informations détenues par la Banque de France sur la situation financière des entreprises, les services proposés, leur tarification, la durée de l'engagement contractuel et ses modalités de reconduction, les responsabilités respectives des parties, les obligations des adhérents, notamment en matière de confidentialité des données *(Abrogé par Décr. nº 2016-1453 du 28 oct. 2016, art. 3)* ***« qui ne peuvent être utilisées que dans le cadre des dispositions légales et réglementaires en vigueur et de l'activité d'investissement dans des prêts »***. *(Décr. nº 2016-1453 du 28 oct. 2016, art. 3)* « Ces données ne peuvent être utilisées que dans le cadre des dispositions légales et réglementaires en vigueur, à l'occasion de l'activité d'investissement dans des prêts, de l'activité d'intermédiation au sens de l'article L. **548-1** du code monétaire et financier *(Décr. nº 2018-246 du 5 avr. 2018, art. 1er)* « , » dans le cadre des offres de minibons mentionnées à l'article L. **223-6** » *(Décr. nº 2019-859 du 20 août 2019, art. 1er)* « du même code, de l'octroi d'aides publiques aux entreprises ou de la détection, de la prévention et du traitement des difficultés des entreprises ».

La reconduction de la convention dans le cas des sociétés de gestion est subordonnée à l'effectivité d'une activité de gestion de créances, constatée au travers de la remise du document mentionné au 2° de l'article 1er.

Les informations sur la situation financière des entreprises ne peuvent être diffusées à l'extérieur de l'établissement adhérent, sauf accord préalable de la Banque de France et conclusion d'un avenant spécifique au contrat l'autorisant expressément.

La diffusion de ces informations à l'intérieur de l'établissement adhérent est limitée aux fins d'une utilisation dans le cadre d'une activité de gestion de créances. Elle s'inscrit dans le respect des règles et des procédures en matière de gestion des conflits d'intérêts, notamment prévues par le règlement général de l'Autorité des marchés financiers. *(Décr. nº 2018-246 du 5 avr. 2018, art. 1er)* « La diffusion de ces informations » *(Décr. nº 2019-859 du 20 août 2019, art. 1er)* « est limitée, à l'intérieur d'un conseil régional adhérent, aux fins d'une utilisation dans le cadre de l'instruction préalable et de l'octroi d'aides publiques aux entreprises, à l'intérieur de l'administration fiscale, à sa mission économique de détection, prévention et traitement des difficultés des entreprises, et à l'intérieur des administrations d'État à vocation économique ou financière, aux fins d'une utilisation dans le cadre de la détection, de la prévention et du traitement des difficultés des entreprises. »

Art. 4 Les entreprises d'assurance, les mutuelles, les institutions de prévoyance, ainsi que les sociétés de gestion mentionnées au deuxième alinéa de l'article L. **144-1** du code monétaire et financier et définies à l'article 1er du présent décret, transmettent à la Banque de France, selon une fréquence mensuelle identique pour tous les déclarants, des informations sur les prêts aux entreprises qu'elles ont consentis ou qu'elles détiennent, conformément aux dispositions de l'article 5. *(Décr. nº 2016-1453 du 28 oct. 2016, art. 3)* « Les intermédiaires en financement participatif, les prestataires de services d'investissement et les conseillers en investissements participatifs transmettent à la Banque de France, selon une périodicité et des modalités qu'elle détermine, des informations sur les financements obtenus par les porteurs de projet, par leur intermédiaire, sous la forme de prêts ou d'émissions de minibons. »

Art. 5 Les déclarations mentionnées à l'article 4 comprennent toutes les informations nécessaires, déterminées par la Banque de France, pour caractériser les prêts *(Décr. nº 2016-1453 du 28 oct. 2016, art. 3)* « ou les financements obtenus » au regard du risque encouru.

Les établissements mentionnés à l'article 4 déclarent les concours par rubrique selon leur nature et leur catégorie de maturité, conformément à une nomenclature définie par la Banque de France. Selon cette ventilation, les déclarations de concours renseignent le numéro de SIREN du bénéficiaire, l'encours constaté à la date d'arrêté de la centralisation des déclarations ainsi que les principales caractéristiques des concours. L'ensemble de ces informations et leurs modalités de transmission sont précisées dans un cahier des charges défini par la Banque de France qui tient compte, dans la définition de ces obligations, de la nature et des caractéristiques de ces établissements. La première transmission d'informations des nouveaux déclarants peut être effectuée dans un délai de douze mois.

Art. 6 Les entreprises d'assurance, les mutuelles, les institutions de prévoyance, ainsi que les sociétés de gestion mentionnées au deuxième alinéa de l'article L. 144-1 du code monétaire et financier et définies à l'article 1er du présent décret, poursuivent, en cas de cession de la créance, leurs obligations déclaratives à la Banque de France jusqu'à extinction de la créance. Après accord de la Banque de France, les organismes cédant la créance sont déchargés des obligations déclaratives transférées au cessionnaire.

Décision du 9 juin 2016,

Portant création par la Caisse des dépôts et consignations d'un traitement automatisé de données à caractère personnel relatif à la mise en œuvre d'un téléservice dénommé « système d'information permettant la restitution des sommes provenant des comptes bancaires inactifs, des contrats d'assurance vie et des bons ou contrats de capitalisation en déshérence », objet du dépôt obligatoire à la Caisse des dépôts et consignations (JO 25 juin).

Art. 1er Il est créé à la Caisse des dépôts et consignations un traitement automatisé de données à caractère personnel qui a pour finalité de mettre à disposition, sur son site internet www.ciclade.caissedesdepots.fr, un téléservice dénommé "système d'information permettant la restitution des sommes provenant des comptes bancaires inactifs, des contrats d'assurance vie et des bons ou contrats de capitalisation en déshérence".

Art. 2 Le téléservice a pour finalité de permettre aux titulaires de comptes bancaires visés à l'article L. 312-20 du code monétaire et financier ou à leur ayants droit, ainsi qu'aux souscripteurs, adhérents, membres participants ou bénéficiaires de contrats d'assurance vie, bons ou contrats de capitalisation non réclamés visés aux articles L. 132-27-2 du code des assurances et L. 223-25-4 du code de la mutualité, de percevoir les sommes qui leur sont dues au titre de ces comptes, contrats ou bons, dont les sommes ont fait l'objet d'un dépôt à la Caisse des dépôts et consignations en application de la loi n° 2014-617 du 13 juin 2014.

Art. 3 Le téléservice dénommé "système d'information permettant la restitution des sommes provenant des comptes bancaires inactifs, des contrats d'assurance vie et des bons ou contrats de capitalisation en déshérence" est obligatoirement mis en œuvre au moyen du traitement mentionné à l'article 1er.

Art. 4 Les catégories de données à caractère personnel et d'informations enregistrées dans le traitement sont les suivantes :

I. – 1° Données relatives aux titulaires des comptes inactifs visés à l'article L. 312-20 du code monétaire et financier et leurs ayants droit, aux souscripteurs, adhérents, membres participants, assurés et bénéficiaires des contrats d'assurance vie, bons ou contrats de capitalisation non réclamés visés aux articles L. 132-27-2 du code des assurances et L. 223-25-4 du code de la mutualité, ainsi qu'aux usagers du téléservice :

– l'état civil : *[les]* nom(s) et prénom(s), le sexe, la capacité juridique, la nationalité, la date et *[le]* lieu de naissance, s'il y a lieu la date et le lieu de décès ainsi que la date de connaissance du décès ;

– pour les personnes morales : dénomination, date de constitution, immatriculation ;

– les dernières coordonnées connues ;

– les références ou numéros du (ou des) compte(s), contrat(s), bon(s), police(s) ou d'adhésion visé(s) au présent article, le type de produit, la nature du produit, la devise d'origine du produit, la date d'ouverture, de souscription ou d'adhésion au produit ainsi que l'identité de la personne morale auprès duquel *[de laquelle]* le(s) produit(s) a (ou ont) été contracté(s) ;

– son dernier relevé d'identité bancaire connu ;

– les références, la nature, le solde et la devise d'origine du (ou des) compte(s), contrat(s) ou bon(s) visé au présent article ainsi que l'identité de la personne morale auprès duquel le(s) compte(s), contrat(s) ou bon(s) a (ou ont) été contracté(s) ;

– en cas de compensation légale ou conventionnelle entre divers comptes détenus par un même titulaire : les références du compte sur lequel les sommes déposées étaient inscrites avant sa clôture, le solde du compte, dont les dépôts et avoirs et la devise d'origine de chacun des comptes inactifs compensés ;

– pour les personnes concernées par des comptes inactifs visés à l'article L. 312-20 du code monétaire et financier et leurs ayants droit : la date de départ de la déchéance trentenaire, le fait générateur de l'inactivité (décès du titulaire, opération à l'initiative du titulaire, etc.), l'existence d'une compensation légale ou conventionnelle entre divers comptes détenus par un même titulaire et en cas de compensation légale ou conventionnelle entre divers comptes détenus par un même titulaire les références, le solde et la devise d'origine de chacun des comptes inactifs compensés, le solde du (ou des) compte(s) visé(s) au présent article, pour les comptes inactifs mentionnés au 1° du I de l'article L. 312-19 du code monétaire et financier, la date la plus récente parmi les trois dates mentionnées au 1° du I de l'article L. 312-20 du code monétaire et financier ;

– le montant des sommes déposées à la Caisse des dépôts et consignations ;

– pour les personnes concernées par des produits d'épargne mentionnés au chapitre II du titre II du livre II du code monétaire et financier : la dénomination ou la raison sociale de l'employeur concerné et l'adresse de son dernier siège social, le numéro d'inscription au répertoire national d'identification des personnes physiques (NIR) lorsqu'il figure sur les relevés de compte individuels sur lesquels sont inscrits des dépôts et avoirs au titre des produits d'épargne mentionnés au chapitre II du titre II du livre II du code monétaire et financier conformément au troisième alinéa de l'article L. 3341-7 du code du travail ;

– pour les personnes concernées par des contrats d'assurance vie, bons ou contrats de capitalisation non réclamés visés aux articles L. 132-27-2 du code des assurances et L. 223-25-4 du code de la mutualité : le dernier libellé connu de la clause bénéficiaire, le fait générateur de l'inactivité, la date d'échéance, des informations complémentaires sur l'historique du dossier permettant de faciliter le traitement de demande du grand public ;

– les informations et les documents relatifs au régime d'imposition applicable à l'ensemble des sommes transférées à la Caisse des dépôts et consignations visés au 1° du IV de l'article R. 312-20 du code monétaire et financier, au 1° du VI de l'article R. 132-5-5 du code des assurances et au 1° du VI de l'article R. 223-11 du code de la mutualité.

2° Données relatives, le cas échéant, au(x) représentant(s) légal(aux) des personnes visées au 1° du I du présent article :

– son état civil : *[les]* nom(s) et prénom(s), le sexe, la capacité juridique, la nationalité, la date et le lieu de naissance, s'il y a lieu la date et le lieu de décès ;

– ses dernières coordonnées connues, notamment adresse(s), courriel(s), numéro(s) de téléphone.

II. – Données relatives aux usagers du téléservice à des fins de gestion de leurs requêtes et de la traçabilité des accès, sans préjudice de la conservation des données relatives à ces personnes ou à leurs représentants légaux prévue au titre du I du présent article :

– la date de la (ou des) requête(s) ;

– le relevé d'identité bancaire ;

– le numéro d'inscription au répertoire national d'identification des personnes physiques (NIR) ;

– la photocopie d'une pièce admise comme justificatif d'identité.

Art. 5 Les usagers du téléservice accèdent directement aux données à caractère personnel les concernant visées à l'article 4.II, les constituent et les mettent à jour, via le site internet du téléservice.

Art. 6 Les personnels de la Caisse des dépôts et consignations concernés au titre de leurs fonctions accèdent directement à tout ou partie des données à caractère personnel strictement nécessaires à l'exercice de leurs missions pour la mise en œuvre du téléservice.

Art. 7 Dans le cadre des finalités définies à l'article 2 et dans la limite des informations nécessaires, le traitement est alimenté par les usagers et par les établissements de crédit, les établissements de monnaie électronique, les établissements de paiement, les entreprises d'assurance, les institutions de prévoyance, les unions d'assurance, les mutuelles, les unions de mutuelles et les personnes qui fournissent des services d'investissement ou des services connexes conformément aux articles L. 321-1 et L. 321-2 du code monétaire et financier.

Art. 8 Les données à caractère personnel et les informations prévues à l'article 4 sont conservées pendant une durée maximale de 67 ans.

Le point de départ de la durée de conservation des données communiquées par les établissements de crédit, les établissements de monnaie électronique, les établissements de paiement, les entreprises d'assurance, les institutions de prévoyance, les unions d'assurance, les mutuelles, les unions de mutuelles et les personnes qui fournissent des services d'investissement ou des services connexes prévus aux articles L. 321-1 et L. 321-2 du code monétaire et financier est le dépôt des fichiers, sous réserve d'un acte interruptif de procédure.

Le point de départ de la durée de conservation des données communiquées par les usagers du téléservice ainsi que des pièces complémentaires communiquées par les établissements de crédit, les établissements de monnaie électronique, les établissements de paiement, les entreprises d'assurance, les institutions de prévoyance, les unions d'assurance, les mutuelles, les unions de mutuelles et les personnes qui fournissent des services d'investissement ou des services connexes prévus aux articles L. 321-1 et L. 321-2 du code monétaire et financier est la date de leur communication.

Art. 9 Le droit d'accès et de rectification s'exerce, conformément aux articles 39 et 40 de la loi du 6 janvier 1978, auprès du correspondant informatique et libertés de la Caisse des dépôts et consignations.

Art. 10 Le droit d'opposition prévu à l'article 38 de la loi du 6 janvier 1978 susvisée ne s'applique pas au traitement créé par la présente décision.

Art. 11 Toute opération relative au traitement automatisé autorisé par la présente décision fait l'objet d'un enregistrement comprenant l'identification de la personne habilitée ou de l'usager, la date, l'heure et la nature de l'intervention dans ledit traitement automatisé ainsi que, le cas échéant, les jetons issus du mécanisme d'échange d'informations permettant de vérifier la bonne information de l'usager et l'éventuel recueil du consentement de ce dernier. Ces informations sont conservées pendant une durée d'un an.

Arrêté du 21 juin 2016,

Relatif aux conditions d'accès et d'utilisation des informations contenues dans le registre public des trusts (JO 2 juill.).

Art. 1er L'accès au traitement automatisé prévu à l'article 368 de l'annexe II au code général des impôts est réalisé dans le cadre de la procédure d'authentification sécurisée fixée pour l'accès aux services en ligne de la direction générale des finances publiques.

Les informations d'authentification des usagers sont celles qui figurent dans l'annuaire de la direction générale des finances publiques défini par l'arrêté du 14 janvier 2002 autorisant la création d'un traitement automatisé d'informations nominatives à la direction générale des impôts permettant la gestion des accès aux applications internet et intranet et dénommé "annuaire DGI".

Art. 2 Les conditions générales d'utilisation du registre public des trusts, dont l'utilisateur prend connaissance avant d'accéder au traitement automatisé prévu à l'article 368 de l'annexe II au code général des impôts, sont définies en annexe au présent arrêté.

ANNEXE

CONDITIONS GÉNÉRALES D'UTILISATION DU REGISTRE PUBLIC DES TRUSTS

L'utilisateur doit prendre connaissance de l'intégralité des présentes conditions générales d'utilisation, préalable nécessaire à l'accès au registre public des trusts.

L'utilisateur doit également accepter la mémorisation de sa consultation

L'attention de l'utilisateur est appelée sur les articles 8 à 10 du titre II des présentes conditions générales d'utilisation.

Les présentes conditions générales définissent les droits et obligations des utilisateurs du site. En cas de non-respect des présentes conditions générales, la direction générale des finances publiques (DGFiP) se réserve la possibilité de refuser l'accès au site et d'engager toute action en réparation du préjudice subi.

Le registre public des trusts contient des informations relatives aux trusts et à leurs constituants, bénéficiaires, administrateurs dont l'administration a connaissance.

Le registre public des trusts s'inscrit dans le cadre de l'article 1649 AB du code général des impôts (CGI) et des articles 368 à 368 C de l'annexe II à ce même code.

Art. 1er *Objet des conditions générales d'utilisation.* Les présentes conditions générales d'utilisation du registre public des trusts ont pour objet de définir, dans le cadre de l'article 1649 AB du CGI et des articles 368 à 368 B de l'annexe II au même code, les prestations fournies par la DGFiP à l'utilisateur et les conditions d'utilisation par l'utilisateur de ces prestations.

Art. 2 *Qualité du demandeur.* Toute personne physique ou morale ayant une occurrence fiscale en France par l'intermédiaire de son représentant légal peut consulter le registre public des trusts.

Art. 3 *Droits d'accès et de rectification.* Conformément aux articles 39 et suivants de la loi n° 78-17 du 6 janvier 1978 modifiée relative à l'informatique, aux fichiers et aux libertés, toute personne peut obtenir communication et, le cas échéant, rectification des informations la concernant en envoyant à la DGFiP une demande écrite et signée à laquelle est jointe une photocopie d'une pièce d'identité à l'adresse suivante :

M. le chef du service de la gestion fiscale, direction générale des finances publiques, 139, rue de Bercy, 75574 Paris Cedex 12.

Le demandeur ne bénéficie pas du droit de s'opposer à figurer dans le registre public des trusts, conformément aux dispositions combinées de l'article 38 de la loi du 6 janvier 1978 modifiée relative à l'informatique, aux fichiers et aux libertés, de l'article 1649 AB du CGI et de l'article 368 B de l'annexe II au CGI.

TITRE I COMMUNICATION DES DONNÉES FIGURANT DANS LE REGISTRE PUBLIC DES TRUSTS

L'objet du présent titre est de définir la nature et les conditions de la communication des informations figurant dans le registre public des trusts.

Art. 4 *Consultation du registre public des trusts.* L'accès des utilisateurs au registre public des trusts doit se faire dans le respect du régime de communication défini par les présentes conditions générales d'utilisation sur la base de l'article 368 B de l'annexe II au CGI.

La demande porte sur :

— l'identification du trust, sa date de constitution ;

— l'dentification du (des) constituant(s), du (des) bénéficiaire(s), du (des) administrateur(s).

Art. 5 *Nature des données communiquées.* La DGFiP constitue la base de données du registre public des trusts, qu'elle met à jour de façon régulière.

Les informations restituées pour chaque requête sont celles mentionnées dans le cadre défini par les articles 1649 AB du CGI et 368 A de l'annexe II au même code, lorsque l'administration les a en sa possession :

— le nom, le(s) prénom(s), la date de naissance, la date de décès, le lieu de naissance du (des) constituant(s), du (des) bénéficiaire(s), du (des) administrateurs ;

— la raison sociale, le numéro SIREN du (des) constituant(s), du (des) bénéficiaire(s), du (des) administrateurs ;

— la dénomination du trust, son adresse, sa date de constitution, sa date d'extinction.

Les informations mentionnées aux articles 1649 AB du CGI et 368 A de l'annexe II au même code sont disponibles pendant une période qui n'excède pas dix ans après la date d'extinction du trust.

Art. 6 *Conditions de communication des données fournies par la DGFiP.* Les informations mentionnées à l'article 5 sont communiquées par voie électronique par le registre public des trusts selon un régime de communication défini à l'article 368 A de l'annexe II au CGI.

Les informations sont communiquées de manière individuelle.

L'utilisateur, qui doit au préalable s'être identifié, doit accepter, d'une part, les présentes conditions générales d'utilisation et, d'autre part, que ses consultations soient mémorisées afin de garantir le respect des conditions générales d'utilisation.

La DGFiP conserve pendant un an les informations suivantes, pour chaque consultation :

— l'identifiant de l'usager (numéro fiscal) ;

— l'adresse IP (protocole internet) de l'usager ;

— les date et heure au moment de la consultation.

Art. 7 *Responsabilité de la DGFiP pour la communication des données.* Dans le cadre du présent document, la DGFiP décline toute responsabilité en cas de manques éventuels qui pourraient être constatés dans les informations transmises, définies à l'article 5, ou d'erreurs dans leur contenu.

La DGFiP ne pourra être tenue pour responsable en cas de non-communication des informations objet du registre des trusts, dans le cas de problèmes informatiques ou d'un événement qu'elle ne peut raisonnablement maîtriser, constituant un cas de force majeure. Cette exonération de responsabilité durera aussi longtemps que survivra la cause exonératoire, sous réserve que la DGFiP en ait informé l'utilisateur dans les meilleurs délais après la date à laquelle la survenance de la cause exonératoire est portée à sa connaissance.

TITRE II USAGE DES DONNÉES TRANSMISES

L'objet du présent titre est de définir les conditions d'utilisation et de diffusion des données communiquées par la DGFiP.

Art. 8 *Droit d'usage des données fournies par la DGFiP.* La DGFiP accorde aux utilisateurs un droit d'usage sur l'ensemble des informations communiquées.

L'usage des informations ainsi obtenues est fait par l'utilisateur sous son unique responsabilité.

En particulier, l'utilisateur est soumis à l'obligation de respect de la vie privée prévue à l'article 9 du code civil et repris à l'article 1er de la loi du 6 janvier 1978.

Art. 9 *Utilisation et diffusion par l'utilisateur des informations fournies par la DGFiP.* L'utilisateur n'est pas autorisé par la DGFiP à diffuser un produit composé pour tout ou partie des données en provenance du site "Registre public des trusts", même en mentionnant la source.

La responsabilité des utilisateurs peut être engagée, en cas d'abus, notamment au plan pénal pour diffamation, atteinte à la finalité des informations mises à disposition, violation des droits d'auteur et de producteur d'une base de données, mais aussi au plan civil pour atteinte à la vie privée.

L'utilisation des données peut entraîner plusieurs incriminations pénales liées aux traitements automatisés de données à caractère personnel, aux fichiers et aux bases de données.

L'article 226-21 du code pénal punit de cinq ans d'emprisonnement et de 300 000 euros d'amende le fait, par toute personne détentrice de données à caractère personnel à l'occasion de leur enregistrement, de leur classement, de leur transmission ou de toute autre forme de traitement, de détourner ces informations de leur finalité telle que définie par la disposition législative, l'acte réglementaire ou la décision de la Commission nationale de l'informatique et des libertés autorisant le traitement automatisé, ou par les déclarations préalables à la mise en œuvre de ce traitement.

De plus, l'article L. 343-4 du code de la propriété intellectuelle sanctionne de trois ans d'emprisonnement et de 300 000 euros d'amende le délit d'atteinte aux droits du producteur d'une base de données.

Enfin, la diffamation applicable à internet est définie dans l'article 29, alinéa 1er, de la loi du 29 juillet 1881 sur la liberté de la presse comme toute allégation ou imputation d'un fait de nature à porter atteinte à l'honneur ou à la considération d'une personne.

Aux sanctions pénales peuvent s'ajouter des sanctions administratives. L'article L. 326-1 du code des relations entre le public et l'administration prévoit une amende de 1 500 euros en cas de réutilisation des informations publiques à des fins non commerciales et de 150 000 euros en cas de réutilisation des informations publiques à des fins commerciales.

Art. 10 *Limite de responsabilité quant à l'usage des données.* L'utilisateur reconnaît avoir eu communication des caractéristiques des informations, de la date et la nature de la déclaration de trust déposée et de toute information utile sur leur usage. Il renonce en conséquence à tout recours contre la DGFiP fondé sur un défaut de convenance des informations aux utilisations souhaitées.

La responsabilité de la DGFiP est limitée à la communication des informations. Elle ne peut pas être engagée sur l'utilisation qui en est faite par l'utilisateur du registre public des trusts.

Art. 11 *Les droits d'auteur de l'État.* L'État (DGFiP) est titulaire des droits d'auteur portant sur la base de données ainsi que des droits du producteur sur cette même base, conformément à l'article L. 341-1 du code de la propriété intellectuelle.

L'État (DGFiP), titulaire des droits d'auteur sur les données précitées, conserve ces droits, nonobstant l'usage qu'en fera l'utilisateur, du fait de l'importance de l'investissement en moyens humains et matériels qu'il met en œuvre dans la constitution de ses bases de données informatiques et de la mise à jour permanente qu'il réalise sur son propre matériel.

La fourniture par la DGFiP des informations visées à l'article 5 sous forme dématérialisée à l'utilisateur n'emporte pas acquisition des droits de propriété de l'État.

Art. 12 *Conditions financières.* Le droit d'usage des données transmises est accordé aux utilisateurs à titre gratuit.

TITRE III DISPOSITIONS DIVERSES

Art. 13 *Règlement des différends.* Tout conflit portant sur l'interprétation ou sur l'exécution des conditions générales d'utilisation et pour lequel une solution amiable ne peut être trouvée sera soumis aux juridictions administratives du domicile du requérant.

Art. 14 *Application des présentes dispositions.* Les conditions d'utilisation précitées ne s'appliquent qu'aux utilisateurs du registre public des trusts dans le cadre de l'article 1649 AB du CGI.

Art. 15 *Exhaustivité de la présente.* Les intitulés des articles tels qu'ils apparaissent dans les présentes conditions générales d'utilisation n'y figurent que pour en faciliter la lecture.

Arrêté du 1er septembre 2016,

Portant création par la direction générale des finances publiques d'un traitement automatisé de données à caractère personnel de gestion du fichier des contrats de capitalisation et d'assurance vie dénommé Ficovie.

Art. 1er **Un traitement automatisé de données à caractère personnel dénommé Ficovie est mis en œuvre à la direction générale des finances publiques.**

Art. 2 *(Arr. du 10 oct. 2017, art. 1er)* **Le traitement a pour finalité de recenser, sur support informatique, les déclarations des contrats et placements prévues aux I et II de l'article 1649 *ter* du code général des impôts.**

Il permet :

1° L'accès aux déclarations par :

— les agents habilités de la direction générale des finances publiques aux fins de contrôle et de recouvrement ;

(Arr. du 3 juin 2021, art. 1er) « – les agents habilités de la direction générale des douanes et droits indirects, dans le cadre de leurs missions de contrôle et de recouvrement et leurs missions dévolues par les dispositions du code de procédure pénale ; »

– les agents habilités de la cellule de renseignement financier nationale, dans le cadre des missions qui leur sont dévolues par les dispositions du code monétaire et financier ;

– les agents habilités de la Haute Autorité pour la transparence de la vie publique, dans le cadre des missions qui leur sont dévolues par les dispositions de la loi n° 2013-907 du 11 octobre 2013 relative à la transparence de la vie publique ;

(Arr. du 3 juin 2021, art. 1er) « – les agents des services fiscaux habilités à effectuer des enquêtes judiciaires dans le cadre des missions qui leur sont dévolues par les dispositions du code de procédure pénale ;

« – les officiers de police judiciaire de la police nationale et de la gendarmerie nationale habilités à effectuer des enquêtes judiciaires, dans le cadre des missions qui leur sont dévolues par les dispositions du code de procédure pénale ;

« – les assistants spécialisés habilités détachés ou mis à disposition par l'administration fiscale en application de l'article 706 du code de procédure pénale, dans le cadre des missions qui leur sont dévolues ;

« – les agents de contrôle habilités de l'inspection du travail mentionnés à l'article L. 8112-1 du code du travail, les agents des organismes mentionnés aux articles L. 213-1 et L. 752-4 du code de la sécurité sociale et ceux mentionnés à l'article L. 724-7 du code rural et de la pêche maritime, dans le cadre de leurs missions de contrôle et de recouvrement portant sur les infractions prévues à l'article L. 8211-1 du code du travail ;

« – les agents habilités des organismes mentionnés aux articles L. 211-1, L. 212-1, L. 215-1, L. 222-1-1, L. 752-4 du code de la sécurité sociale et ceux mentionnés à l'article L. 724-7 du code rural et de la pêche maritime, dans le cadre de leurs missions de contrôle et de recouvrement portant sur les infractions prévues à l'article L. 114-16-2 du code de la sécurité sociale ;

« – les agents habilités de l'agence de gestion et de recouvrement des avoirs saisis et confisqués dans le cadre des missions qui leur sont dévolues par les dispositions du code de procédure pénale ; »

2° La consultation des informations nécessaires à la gestion de certains patrimoines privés pour les agents habilités de la direction générale des finances publiques ;

3° La détection des contrats en déshérence ;

(Arr. du 3 juin 2021, art. 1er) « 4° La gestion des demandes des tiers autorisés ;

« 5° » Le suivi statistique et le suivi des dépôts des déclarations.

Art. 3 I. — Les données à caractère personnel relatives traitées sont les suivantes :

1° Les données d'identification :

– de l'organisme : nom ou raison sociale et domiciliation ;

– des souscripteurs : nom, prénoms, date et lieu de naissance, sexe, *(Arr. du 5 janv. 2017, art. 1er)* « date de décès, » numéro SPI et numéro ITIP pour les personnes physiques, raison sociale, adresse du siège et numéro SIREN ou numéro RNA pour les personnes morales ;

– de l'assuré : nom, prénoms, date et lieu de naissance, sexe, *(Arr. du 5 janv. 2017, art. 1er)* « date de décès, » domicile, numéro SPI et numéro ITIP ;

– des ayants droit en cas de décès du souscripteur n'entraînant pas le dénouement du contrat : nom, prénoms, date et lieu de naissance, sexe et domicile ;

– des bénéficiaires en cas de dénouement du contrat ou placement par décès de l'assuré : nom, prénoms, date et lieu de naissance, sexe, domicile, numéro SPI et numéro ITIP pour les personnes physiques, raison sociale, adresse du siège et numéro SIREN ou numéro RNA pour les personnes morales ;

2° Les données relatives au contrat ou placement : nature, date de souscription, référence ou numéro de police, en cas de dénouement date et cause du dénouement et, s'agissant des contrats d'assurance vie, leur caractère rachetable ou non rachetable ;

3° Les données à déclarer en application du II de l'article 1649 *ter* du code général des impôts :

– pour les contrats de capitalisation, quelle que soit leur date de souscription, le montant cumulé des primes versées au 1er janvier de l'année de la déclaration et la valeur de rachat à cette même date, lorsque cette valeur ou ce montant est supérieur ou égal à 7 500 €. Les montants des éventuels capitaux garantis à la même date, y compris sous forme de rente, peuvent, le cas échéant, être déclarés s'ils sont supérieurs ou égaux à ce montant ;

– pour les contrats d'assurance vie rachetables, quelle que soit leur date de souscription, la valeur de rachat au 1er janvier de l'année de la déclaration, lorsque cette valeur est supérieure ou égale à 7 500 €. Les montants des éventuels capitaux garantis à cette même date, y compris sous forme de rente, peuvent, le cas échéant, être déclarés s'ils sont supérieurs ou égaux à ce montant ;

– pour les contrats d'assurance vie non rachetables souscrits depuis le 20 novembre 1991, le montant cumulé des primes versées entre le soixante-dixième anniversaire du souscripteur et le 1er janvier de l'année de la déclaration, lorsque ce montant est supérieur ou égal à 7 500 € ;

(Arr. du 3 juin 2021, art. 2) « 4° Les données d'identification des tiers autorisés ;

« 5° » En cas de dénouement du contrat d'assurance vie par décès de l'assuré, les données prévues aux articles 292 B et 306-0 F de l'annexe II au code général des impôts ainsi que celles prévues au II de l'article 370 C de cette même annexe ;

(Arr. du 3 juin 2021, art. 2) « 6° » En cas de versement à la Caisse des dépôts et consignations de sommes, la date et le montant des sommes versées.

II. – Les interrogations *(Arr. du 5 janv. 2017, art. 2)* « et les actions » effectuées par les utilisateurs font l'objet d'une journalisation qui se traduit par la conservation, pour chaque connexion, des éléments d'identification de l'auteur, des références et de la nature des actions effectuées ainsi que des date et heure.

Art. 4 I. – Les données mentionnées au I de l'article 3 sont conservées jusqu'à la fin de la trentième année suivant celle du dépôt de la déclaration de dénouement, sauf dans le cas de versements de sommes à la Caisse des dépôts et consignations pour lesquelles les données sont conservées jusqu'à la fin de la vingtième année suivant celle de ce versement.

II. – Les données mentionnées au II de l'article 3 sont conservées *(Arr. du 5 janv. 2017, art. 3)* « au maximum trois ans ».

Art. 5 *(Arr. du 5 janv. 2017, art. 4)* I. – Les destinataires des données mentionnées au I de l'article 3 sont les agents habilités de la direction générale des finances publiques en charge du contrôle, *(Arr. du 3 juin 2021, art. 3)* « du recouvrement, de la gestion des patrimoines privés et de la gestion des demandes des tiers autorisés ».

(Arr. du 10 oct. 2017, art. 2) « Sont également destinataires des informations visées au I de l'article 3 :

« – les agents habilités de la cellule de renseignement financier nationale, en application des dispositions de l'article L. 561-27 du code monétaire et financier ;

« – les agents habilités de la direction générale des douanes et droits indirects, en application des dispositions *(Arr. du 3 juin 2021, art. 3)* « des articles L. 135 ZC et L. 135 ZL » du livre des procédures fiscales ;

« – les agents habilités de la Haute Autorité pour la transparence de la vie publique, en application des dispositions de l'article L. 135 ZG du livre des procédures fiscales. »

(Arr. du 3 juin 2021, art. 3) « – les agents des services fiscaux habilités à effectuer des enquêtes judiciaires, en application des dispositions de l'article L. 135 ZC du livre des procédures fiscales ;

« – les officiers de police judiciaire de la police nationale et de la gendarmerie nationale habilités, en application des dispositions de l'article L. 135 ZG du livre des procédures fiscales ;

« – les agents habilités de la caisse primaire d'assurance maladie, en application des dispositions de l'article L. 134 D du livre des procédures fiscales ;

« – les agents habilités des caisses d'allocations familiales, en application des dispositions de l'article L. 134 D du livre des procédures fiscales ;

« — les agents habilités des caisses générales de sécurité sociale, en application des dispositions des articles L. 134 D et L. 135 ZK du livre des procédures fiscales ;

« — les agents habilités des caisses de mutualité sociale agricole, en application des dispositions des articles L. 134 D et L. 135 ZK du livre des procédures fiscales ;

« —les agents habilités des caisses d'assurance retraite et de la santé au travail, en application des dispositions de l'article L. 134 D du livre des procédures fiscales ;

« — les agents habilités de la caisse nationale d'assurance vieillesse, en application des dispositions de l'article L. 134 D du livre des procédures fiscales ;

« — les agents de contrôle habilités de l'inspection du travail, en application des dispositions de l'article L. 135 ZK du livre des procédures fiscales ;

« — les agents des unions de recouvrement des cotisations de sécurité sociale et d'allocation familiales habilités, en application des dispositions de l'article L. 135 ZK du livre des procédures fiscales ;

« — les assistants spécialisés habilités détaché ou mis à disposition par l'administration fiscale habilités, en application des dispositions de l'article L. 135 ZJ du livre des procédures fiscales ;

« — les agents habilités de l'agence de gestion et de recouvrement des avoirs saisis et confisqués, en application des dispositions de l'article 92 de la loi n° 2019-1479 du 28 décembre 2019 de finances pour 2020. »

Les destinataires des données mentionnées au II de l'article 3 sont l'encadrement, les responsables de la sécurité informatique et les agents habilités à consulter les traces.

II. — En application des dispositions de l'article L. 151 B du livre des procédures fiscales, sont destinataires des données strictement nécessaires à leur mission :

— les notaires chargés d'établir l'actif successoral en vue du règlement de la succession pour laquelle ils ont été mandatés afin d'identifier l'ensemble des contrats de capitalisation souscrits par le défunt ;

— les notaires mandatés par le bénéficiaire éventuel d'un contrat d'assurance sur la vie dont le défunt était l'assuré, afin d'obtenir communication des informations relatives aux contrats dont le mandant est identifié comme bénéficiaire.

Art. 6 Le traitement reçoit du référentiel des personnes physiques et morales de la direction générale des finances publiques, dénommé PERS, les données relatives à l'identification des personnes *(Arr. du 5 janv. 2017, art. 5)* « et à leur décès ».

Art. 7 *(Arr. du 3 juin 2021, art. 4)* Les droits d'accès, de rectification, d'effacement et à la limitation du traitement, mentionnés aux articles 15, 16, 17 et 18 du règlement (UE) 2016/679 du Parlement européen et du Conseil du 27 avril 2016 s'exercent auprès des services des impôts des particuliers. La demande peut être effectuée par courrier, par courriel via la messagerie sécurisée de son espace personnel ou directement à l'accueil du service des impôts des particuliers.

La qualité de la personne concernée détermine les données pour lesquelles elle peut exercer son droit d'accès, dans la limite du droit des tiers et des secrets protégés par la loi :

— le souscripteur et l'assuré ont accès à l'ensemble des données mentionnées au I de l'article 3 ;

— le bénéficiaire a accès à l'ensemble des données mentionnées au 1° du I de l'article 3, à l'exception des informations relatives aux ayants droit, ainsi qu'à l'ensemble des données mentionnées au 2° du I de l'article 3.

Art. 8 Le droit d'opposition prévu à l'*(Arr. du 3 juin 2021, art. 5)* « article 21 du règlement susvisé » ne s'applique pas au présent traitement.

Art. 9 L'arrêté du 29 février 2016 portant création par la direction générale des finances publiques d'un traitement automatisé de données à caractère personnel de gestion du fichier des contrats de capitalisation et d'assurance vie dénommé "Ficovie" est abrogé.

Lignes directrices du CEPD 6/2020 du 15 décembre 2020,

Relatives à l'interaction entre la deuxième directive sur les services de paiement et le RGPD (version 2.0).

Le comité européen de la protection des données,

[...]

Considérant ce qui suit :

(1) Le règlement général sur la protection des données prévoit un ensemble cohérent de règles applicables au traitement des données à caractère personnel dans toute l'Union européenne (UE).

(2) La deuxième directive sur les services de paiement (la directive 2015/2366/CE du Parlement européen et du Conseil du 23 décembre 2015, ci-après la « DSP2 ») abroge la directive 2007/64/CE et prévoit de nouvelles règles en vue de garantir la sécurité juridique pour les consommateurs, les commerçants et les entreprises dans la chaîne de paiement, ainsi que la modernisation du cadre juridique relatif au marché des services de paiement *[Consid. 6 de la DSP2]*. Les États membres étaient tenus de transposer la directive dans leur droit national avant le 13 janvier 2018.

(3) Une caractéristique importante de la DSP2 est l'introduction d'un cadre juridique pour les nouveaux services d'initiation de paiement et services d'information sur les comptes. La DSP2 permet à ces nouveaux prestataires de services de paiement d'avoir accès aux comptes de paiements des personnes concernées aux fins de la fourniture desdits services.

(4) En ce qui concerne la protection des données, conformément à l'article 94, paragraphe 1, de la DSP2, tout traitement de données à caractère personnel, y compris la communication d'informations sur le traitement, aux fins de la DSP2, est effectué conformément au RGPD *[La DSP2 étant antérieure au RGPD, elle fait encore référence à la Dir. 95/46/CE. L'art. 94 du RGPD dispose que les références faites à la Dir. 95/46/CE abrogée s'entendent comme faites au RGPD]* et au règlement (UE) 2018/1725.

(5) Selon le considérant 89 de la DSP2, lorsque des données à caractère personnel font l'objet d'un traitement aux fins de la directive, la finalité du traitement devrait être précisée, la base juridique applicable devrait être nommée, les exigences de sécurité applicables du RGPD mises en œuvre, et les principes de nécessité, de proportionnalité, de limitation de la finalité et de la durée proportionnée de conservation devraient être respectés. De même, la protection des données dès la conception et la protection des données par défaut devraient être intégrées dans tous les systèmes de traitement des données développés et utilisés dans le cadre de la DSP2 *[Consid. 89 de la DSP2]*.

(6) Selon le considérant 93 de la DSP2, il convient que les prestataires de services d'initiation de paiement (ci-après, les « PSIP ») et les prestataires de services d'information sur les comptes (ci-après, les « PSIC »), d'une part, et le prestataire de services de paiement gestionnaire du compte (ci-après, les « PSPGC »), d'autre part, respectent les nécessaires exigences de protection des données et de sécurité prescrites ou visées dans la directive ou incluses dans les normes techniques de réglementation,

A ADOPTÉ LES LIGNES DIRECTRICES SUIVANTES :

L'intégralité de la notice est accessible sur le Code en ligne.

Recommandations du CEPD 02/2021 du 19 mai 2021,

On the legal basis for the storage of credit card data for the sole purpose of facilitating further online transactions.

The European Data Protection Board

HAS ADOPTED THE FOLLOWING RECOMMENDATIONS :

1. In the context of the COVID-19 pandemic the digital economy and e-commerce continuously developed. Analogously the risks of using credit card data online has increased. As stated by the Article 29 Working Party in its guidelines on Data Protection Impact Assessments, credit card data violations *"clearly involves serious impacts in the data subject's daily life"*, as financial data can be used for *"payment fraud"* *[ARTICLE 29 DATA PROTECTION WORKING PARTY - Guidelines on Data Protection*

Impact Assessment (DPIA) and determining whether processing is "likely to result in a high risk" for the purposes of Regulation 2016/679].

2. Therefore, it is very important that controllers put in place the appropriate safeguards for the data subjects, and to ensure them the control over their personal data, in order to decrease the risk of unlawful processing and foster trust in the digital environment. The EDPB deems this trust vital for sustainable growth of the digital economy.

3. For this purpose, these recommendations aim to encourage a harmonised application of data protection rules regarding the processing of credit card data within the European Economic Area (EEA), and to guarantee a homogeneous protection of data subject's rights, in full respect of the fundamental data protection principles as required by the GDPR.

4. More specifically, these recommendations deal with the storing of credit card data by online providers of goods and services, for the sole and specific purpose of facilitating further purchases by data subjects *[It should be noted that they do not cover payment institutions operating in online stores, nor public authorities. Neither the storage of credit card data for any other purpose, for instance for compliance with a legal obligation, or to establish a recurring payment in cases of contract of continuing performance or subscription for a long-term service (e.g. a contract which stipulates the supply of a certain good every month, or the subscription for a music or movie streaming service)]*. They cover the situation where a data subject buys product or pays for a service via a website or an application, and provides his/her credit card data, generally on a dedicated form, in order to conclude this unique transaction.

5. As with any processing, the controller must have a valid legal basis under Art. 6 GDPR to store those data. In this regard, it should be noted that a number of the legal bases mentioned in Article 6 GDPR would not be applicable to this situation and have to be excluded. The storage of credit card data following a transaction, in order to facilitate further purchases, cannot be considered necessary for compliance with a legal obligation (Art. 6(1)(c) GDPR) nor to protect the vital interest of a natural person (Art. 6(1)(d) GDPR). The performance of a task carried out in the public interest or in the exercise of official authority vested in the controller (Art. 6(1)(e) GDPR) cannot be considered as an adequate legal basis either.

6. In addition, the storage of the credit card data after the payment for goods or services is not, as such, necessary for the performance of a contract (Art. 6(1)(b) GDPR). Whereas, in the first place, the processing of the data related to the credit card used by the client to pay is necessary to fulfil the contract, thereby triggering Article 6 (1)(b) GDPR, the storage of these data is only useful in order to facilitate the potential next transaction and facilitate the sales. Such purpose cannot be considered as strictly necessary for the performance of the contract for the provision of the good or service that the data subject has already paid *[See as well EDPB Guidelines 2/2019 on the processing of personal data under Article 6(1)(b) GDPR in the context of the provision of online services to data subject, in particular on page 10]*.

7. When it comes to a processing necessary for the purposes of the legitimate interest of the controller or a third party *[See Article 29 Working Party Opinion on the notion of legitimate interest of the data controller under Article 7 of Directive 95/46/EC, currently under revision by the EDPB (see the EDPB Work program 2021/2022 adopted on the 16 March 2021).]*, the EDPB notes that for the controller to be able to rely on Article 6(1)(f) GDPR, the three conditions laid down by this article must be satisfied *[See CJEU judgement of 4 May 2017, Valsts policijas Rīgas reģiona pārvaldes Kārtības policijas pārvalde v Rīgas pašvaldības SIA 'Rīgas satiksme', Case C-13/16, ECLI:EU:C:2017:336, point 28]*. This legal basis requires, first, the identification and qualification of a legitimate interest pursued by the controller or by a third party. The interest of the controller or third party may be broader than the purpose of the processing and must be present and

effective at the date of the data processing *[See CJEU judgement of 11 December 2019, TK v Asociaţia de Proprietari bloc M5A-ScaraA, Case C-708/18, ECLI:EU:C:2019:1064, point 44]*.

8. The legitimate interest legal basis requires, second, the need to process personal data for the purposes of the legitimate interest pursued. For what regards this last condition, provided that the controller has a legitimate interest as outlined above, it is not evident that the storage of the credit card data to facilitate future purchases is necessary to pursue that legitimate interest. Indeed, the actual conclusion of another purchase depends on the consumer choice and is not determined by the possibility to realize it "in one click".

9. Finally, the third condition requires the performance of a balancing test: the legitimate interest of the controller or third party must be balanced against the interests or fundamental rights and freedoms of the data subject, including data subject rights to data protection and privacy. The balancing test requires taking into consideration the particular circumstances of the processing *[See CJEU judgement of 24 November 2011, Asociación Nacional de Establecimientos Financieros de Crédito (ASNEF) and Federación de Comercio Electrónico y Marketing Directo (FECEMD) v Administración del Estado, Cases C-468/10 and C-469/10, ECLI:EU:C:2011:777, points 47 and 48; CJEU judgement of 19 October 2016, Patrick Breyer v Bundesrepublik Deutschland, Case C-582/14, ECLI:EU:C:2016:779, point 62]*. An essential component of the balancing exercise is the potential impact on the data subject's rights and freedoms resulting from the processing *[See CJEU judgement of 24 November 2011 abovementioned, point 44; CJEU judgement of 11 December 2019 abovementioned, point 56]*. Such impact can depend on the nature of data, specific method of processing and access to such data by third parties. Regarding the nature of data criterion, it should be noted that financial data have been qualified by the Article 29 Working Party as data of a highly personal nature because their violation clearly involves serious impacts in on the data subject's daily life *[ARTICLE 29 DATA PROTECTION WORKING PARTY – Guidelines on Data Protection Impact Assessment (DPIA) and determining whether processing is "likely to result in a high risk" for the purposes of Regulation 2016/679]*. Hence, notwithstanding the controller's obligation to implement technical and organisational measures to ensure appropriate security of the credit card data pursuant to Article 5(1)(f) GDPR and the fact that those data may be stored for other purposes, their processing to facilitate further purchases may involve an increasing risk of credit card data security breaches as it implies processing in other systems. Another important element of the balancing test that could be taken into consideration to assess the impact of the processing on data subjects'is the reasonable expectations of data subjects based on their relationship with the data controller, the context and the purpose of personal data collection *[See recital 47 GDPR]*. Yet, it appears that at the time of purchase, while providing credit card data for the payment, the data subject does not reasonably expect his or her credit card data to be stored for longer than what is necessary to pay the goods or services he/she is buying. Consequently, the fundamental rights and freedoms of the person concerned by the data protection would likely take precedence over the controller's interest in this specific context.

10. Those aspects lead to conclude that consent (Art. 6(1)(a) GPDR) appears to be the sole appropriate legal basis for the above-described processing to be lawful. Indeed, to address the security risks, to allow the data subject to keep control over his/her data, and to decide actively of the use of his/her credit data, the specific consent of the data subject should be obtained before storing his or her credit card data after a purchase. This consent will enable the controller to demonstrate the individual's willingness to facilitate his/her further purchases through the specific website or application, which cannot be presumed by the simple fact he/she concluded one, or several, isolated transactions.

11. This consent cannot be presumed, it must be free, specific, informed and unambiguous *[See EDPB Guidelines 05/2020 on consent under Regulation 2016/679]*. It must be delivered by a clear affirmative action, and should be requested in a user-friendly

way, such as through a checkbox, which should not be pre-ticked *[Ibid.]*, directly on the form used for the data collection. This specific consent must be distinguished from the consent given for terms of service or of sales and not be a condition to the completion of the transaction.

12. According to the Article 7(3) GDPR, the data subject shall have the right to withdraw his or her consent for the storing of credit card data for the purposes of facilitating further purchases at any time. The withdrawal must be free, simple and as easy for the data subject, as it was to give consent. It must lead to the effective deletion by the controller of credit card data stored for the sole purpose of facilitating further transactions.

COMITÉ EUROPÉEN DE LA PROTECTION DES DONNÉES (ANC. G29)

Le Comité européen de la protection des données (CEPD) a remplacé le Groupe de travail de l'article 29 de la Dir. 95/46 du 26 oct. 1995 (G29) (V. RGPD, art. 68 s.).

Le CEPD a approuvé les avis et lignes directrices du G29 relatives au RGPD (Endorsement 1/2018 du 25 mai 2018 : CEWP 242 à 244, 248, 250, 251, 253, 254, 256, 257, 259, 260, 263 à 265). Dans l'attente de leurs remplacements, les autres textes restent éclairants.

Avis du G29 n° 4/2007 du 20 juin 2007,

Sur le concept de données à caractère personnel ***(WP 136)****.*

V. NDLR en tête du v°.

I. Introduction

Le groupe de travail reconnaît la nécessité de mener une analyse approfondie du concept de données à caractère personnel. Les informations relatives aux pratiques actuelles dans les États membres de l'UE semblent indiquer un certain degré d'incertitude et de diversité dans les pratiques, d'un État membre à l'autre, sur des aspects importants de ce concept, ce qui risque d'affecter le bon fonctionnement du cadre existant en matière de protection des données dans différents contextes. Les résultats de cette analyse d'un élément capital pour l'application et l'interprétation des règles de protection des données auront nécessairement un impact considérable sur un certain nombre de questions importantes, notamment pour certains domaines, tels que la gestion de l'identité dans le contexte de l'administration en ligne (« *e-government* ») et des services de télésanté (« *e-health* »), de même que dans le contexte de la technologie RFID (*radio-identification*).

L'objectif du présent avis adopté par le groupe de travail est de parvenir à une même interprétation du concept de données à caractère personnel, des cas dans lesquels la législation nationale en matière de protection des données devrait s'appliquer, et de ses modalités d'application. Élaborer une définition commune de la notion de données à caractère personnel revient à définir ce qui relève ou non du champ d'application des règles nationales de protection des données. Le corollaire de ce travail est de fournir des orientations sur les modalités d'application des règles de protection des données à certaines catégories de situations qui se présentent à l'échelle européenne, afin de contribuer à l'application uniforme de ces normes, une mission essentielle du groupe de travail « article 29 ».

Des exemples tirés des pratiques nationales des autorités européennes de protection des données serviront à étayer et illustrer la présente analyse. La plupart de ces exemples n'ont été modifiés qu'aux seules fins de les rendre exploitables dans ce contexte.

II. Généralités et questions politiques

La directive définit largement le concept de données à caractère personnel

La définition des données à caractère personnel figurant dans la directive 95/46/CE (ci-après « la directive sur la protection des données » ou « la directive ») est ainsi libellée : *« données à caractère personnel » : toute information concernant une personne physique identifiée ou identifiable (personne concernée) ; est réputée identifiable une personne qui peut être identifiée, directement ou indirectement, notamment par référence à un numéro d'identification ou à un ou [à] plusieurs éléments spécifiques, propres à son identité physique, physiologique, psychique, économique, culturelle ou sociale ».*

Il convient de relever que cette définition reflète la volonté du législateur européen de définir largement le concept de « données à caractère personnel » et ce, tout au long du processus législatif. La proposition initiale de la Commission indiquait que *« comme dans la Convention 108, une définition large est adoptée afin de couvrir toutes les informations qui peuvent être reliées à une personne»* [COM(90) 314 final, 13.9.1990, p. 19 (comm. relatif à l'art. 2).]. Dans la proposition modifiée de la Commission, il était précisé que *«la proposition modifiée donne satisfaction à l'objectif du Parlement qui est d'adopter la définition la plus globale possible de la notion de "donnée à caractère personnel", afin de couvrir toutes les informations qui peuvent être reliées à une personne physique»* [COM(90) 314 final, 13.9.1990, p. 19 (comm. relatif à l'art. 2)], un objectif également pris en considération par le Conseil dans la position commune [COM(92) 422 final, 28.10.1992, p. 10 (comm. relatif à l'art. 2)].

Les règles contenues dans la directive visent à protéger les personnes physiques

Les articles 1er des directives 95/46/CE et 2002/58/CE [Position commune (CE) n° 1/95 arrêtée par le Conseil le 20 février 1995, JO C 93 du 13.4.1995, p. 20] mentionnent clairement que la finalité ultime de ces règles est de protéger les libertés et droits fondamentaux des personnes physiques, notamment leur vie privée, à l'égard du traitement des données à caractère personnel. C'est un élément très important à prendre en compte dans l'interprétation et l'application des règles de ces deux instruments. Il peut jouer un rôle déterminant dans la définition des modalités d'application des dispositions de la directive dans certaines situations où [dans lequelles] les droits des personnes physiques ne sont pas menacés, et mettre en garde contre toute interprétation des mêmes règles qui pourrait priver les personnes physiques de la protection de leurs droits.

Le champ d'application de la directive exclut un certain nombre d'activités, et le texte se caractérise par une grande souplesse permettant d'apporter une solution juridique appropriée aux circonstances en jeu.

En dépit du concept large de « données à caractère personnel » et de « traitement » contenu dans la directive, le simple fait qu'une situation donnée soit reconnue comme impliquant « le traitement de données à caractère personnel » au sens de la définition ne préjuge pas, à lui seul, de l'application des règles de la directive dans cette situation précise, notamment en vertu de son article 3. A part les dérogations tenant au champ d'application du droit communautaire, les dérogations au titre de l'article 3 prennent en compte la technique de traitement utilisé[e] (traitement manuel non structuré) et la finalité de l'utilisation (activités exclusivement personnelles ou domestiques d'une personne physique). Même en cas de traitement des données à caractère personnel relevant du champ d'application de la directive, toutes ses dispositions ne s'appliquent pas nécessairement au cas d'espèce. Un certain nombre de dispositions prévues par la directive laissent une souplesse considérable afin de parvenir à un juste équilibre entre, d'une part, la protection des droits de la personne concernée, et d'autre part, les intérêts légitimes des responsables du traitement des données, des tiers[,] et l'intérêt public éventuel. Des exemples de ces dispositions se trouvent à l'article 6 (conservation de données pendant la durée nécessaire), à l'article 7, point f (mise en balance des intérêts pour justifier le traitement), au dernier paragraphe de l'article 10, point c, et à l'article 11, paragraphe 1, point c, (le cas échéant, notification de la personne concernée afin de garantir un traitement loyal), à l'article 18 (dérogations à l'obligation de notification), pour n'en citer que quelques-uns

Le champ d'application des règles de protection des données ne doit pas être trop étendu

Il n'est pas souhaitable que les règles de protection des données s'appliquent en définitive à des situations qui n'étaient pas destinées à être couvertes par ces règles et pour lesquelles le législateur ne les a pas conçues. Les dérogations importantes de l'article 3 évoquées plus haut et les explications des considérants 26 et 27 de la directive montrent comment le législateur entendait faire appliquer la protection des données.

L'une des restrictions concerne le type de traitement des données. A cet égard, il n'est pas inutile de rappeler que la promulgation des premières lois sur la protection des données dans les années [19]70 est due aux nouvelles technologies de traitement électronique des données, qui permettaient un accès plus facile et plus étendu aux données à caractère personnel que les formes traditionnelles de traitement des données. Par conséquent, la protection des données dans le cadre de la directive vise à protéger les formes de traitement présentant généralement un risque accru d'« accès facile aux données à caractère personnel » (considérant 27). Le traitement non automatisé de données à caractère personnel n'entre dans le champ d'application de la directive que dans la mesure où les données sont contenues ou appelées à figurer dans un fichier (art. 3).

Le traitement des données dans les cas où les moyens permettant d'identifier la personne concernée ne sont pas « susceptibles d'être raisonnablement mis en œuvre » (considérant 26) constitue une autre restriction générale à l'application de la protection des données au sens de la directive : cette question sera examinée plus loin.

Il faut également éviter de restreindre indûment l'interprétation du concept de données à caractère personnel.

Pour les cas où une application mécanique de chacune des dispositions de la directive s'avérerait, *a priori*, extrêmement fastidieuse ou conduirait même à des situations absurdes, il convient de vérifier tout d'abord : 1) si la situation entre dans le champ d'application de la directive, notamment en vertu de son art. 3 et 2) dans le cas où elle entre dans son champ d'application, si la directive elle-même ou la législation nationale de transposition ne prévoit pas de dérogations ou de simplifications dans des situations particulières, afin d'apporter une réponse juridique appropriée, tout en assurant la protection des droits des personnes physiques et des intérêts en jeu. Il est préférable de ne pas restreindre indûment l'interprétation de la définition des données à caractère personnel, mais plutôt de prendre en compte la souplesse considérable existant dans l'application de ces règles aux données.

A cet égard, les autorités nationales de contrôle en matière de protection des données jouent un rôle essentiel dans le cadre de leur mission de contrôle de l'application de la législation en matière de protection des données, qui consiste entre autres à donner une interprétation des dispositions légales et des orientations concrètes aux responsables du traitement et aux personnes concernées. Il importe qu'elles approuvent une définition qui soit assez large pour anticiper les évolutions et incorporer toutes les « zones d'ombre » dans son champ d'application, tout en faisant légitimement usage de la souplesse qu'offre la directive. En réalité, le texte de la directive invite à élaborer une politique alliant une interprétation large de la notion de données à caractère personnel et un juste équilibre dans l'application des règles de la directive.

III. Analyse de la définition des « données à caractère personnel » au sens de la directive sur la protection des données *[V. RGPD, art. 4]*

Cette définition repose sur quatre grands éléments constitutifs, qui seront analysés tour à tour aux fins du présent document :
- « toute information »,
- « concernant »,
- « une personne physique »,
- « identifiée ou identifiable ».

Ces quatre éléments constitutifs sont étroitement liés et interdépendants. Toutefois, pour respecter la méthodologie à suivre dans le présent document, chacun de ces éléments sera traité séparément.

1. *Premier élément : « toute information »*

L'expression « toute information » que l'on retrouve dans la définition de la directive manifeste clairement la volonté du législateur d'élaborer un concept large des données à caractère personnel. Ce libellé appelle une interprétation large.

Du point de vue de la nature des informations, le concept de données à caractère personnel englobe toutes sortes de renseignements à propos d'une personne. Il peut s'agir d'informations « objectives » telles qu'une particularité sanguine de la personne concernée, comme il peut aussi s'agir d'informations « subjectives » sous forme d'avis ou d'appréciations. Ce dernier type de renseignements représente un grande partie du traitement des données à caractère personnel dans des secteurs tels que celui des banques, pour l'évaluation de la fiabilité des emprunteurs (« X est un emprunteur fiable »), des assurances (« X ne devrait pas mourir dans un proche avenir »)*[,]* ou de l'emploi (« X est un bon travailleur et mérite d'être promu »).

Pour être considérées comme des « données à caractère personnel », il n'est pas nécessaire que ces informations soient vraies ou prouvées. En réalité, les règles de protection des données envisagent déjà que des informations puissent être incorrectes et prévoient pour la personne concernée le droit d'accéder à ces informations et de les contester par des voies de recours adéquates *[on peut envisager de les rectifier en ajoutant des commentaires a contrario ou en recourant aux voies de droit appropriées comme les mécanismes de recours]*.

Du point de vue du contenu des informations, on entend par « données à caractère personnel » toutes sortes d'informations. Cela couvre évidemment les informations à caractère personnel considérées comme « données sensibles », au sens de l'article 8 de la directive, en raison du fort potentiel de risque qu'elles présentent, mais également des informations plus générales. L'expression « données à caractère personnel » englobe les informations touchant à la vie privée et familiale d'une personne physique, *stricto sensu*, mais également les informations relatives à ses activités, quelles qu'elles soient, tout comme celles concernant ses relations de travail ainsi que son comportement économique ou social. Il s'agit donc d'informations concernant des personnes physiques, indépendamment de leur situation ou de leur qualité (en tant que consommateurs, patients, employés, clients, etc.).

Exemple n° 1 – Habitudes et pratiques professionnelles.

Les informations se rapportant à des ordonnances de médicaments (par exemple numéro d'identification du médicament, nom du médicament, dosage du médicament, fabricant, prix de vente, nouveau ou renouvellement, raisons de l'utilisation, raisons du non-remplacement, prénom et nom du prescripteur, numéro de téléphone, etc.), que ce soit sous forme d'ordonnances individuelles ou sous forme de tendances dégagées d'un certain nombre d'ordonnances, peuvent être considérées comme des données à caractère personnel concernant le médecin qui prescrit ce médicament, même si le patient reste anonyme. Ainsi, la fourniture d'informations concernant des ordonnances rédigées par des médecins identifiés ou identifiables à des fabricants de médicaments soumis à ordonnance constitue une communication de données à caractère personnel à des tiers destinataires au sens de la directive.

Cette interprétation est corroborée par le libellé de la directive elle-même. D'un côté, il convient de considérer que le concept de vie privée et familiale est large, comme l'a précisé la Cour européenne des droits de l'homme *[CEDH 6 févr. 2000, Amann c/ Suisse, pt. 65 : « [...] le terme "vie privée" ne doit pas être interprété de façon restrictive. En particulier, le respect de la vie privée englobe le droit pour l'individu de nouer et développer des relations avec ses semblables ; de surcroît, aucune raison de principe ne permet d'exclure les activités professionnelles ou commerciales de la notion de "vie privée" (arrêts Niemietz/Allemagne du 16 déc. 1992, série A n° 251-B, p. 33-34, § 29, et Halford préc., p. 1015-1016, § 42). Cette interprétation extensive concorde avec celle de la Convention élaborée au sein du Conseil de l'Europe pour la protection des personnes à l'égard du traitement automatisé des données à caractère personnel du 28 janvier 1981 [...] »]*. De l'autre, les règles de protection des données à caractère personnel vont au-delà de la protection du concept général du droit au respect de la vie privée et familiale. A noter que la Charte des droits fondamentaux de l'Union européenne consacre la protection des données à caractère personnel dans son article 8 comme un droit autonome, séparé et différent du respect de la vie privée visé à l'article 7 de ladite charte, comme c'est d'ailleurs le cas au niveau national dans certains États membres. Cette interprétation est conforme aux dispositions de l'article 1er, paragraphe 1, qui visent à assurer la protection « des libertés et droits fondamentaux des personnes physiques, notamment [mais pas exclusivement] de leur vie privée ». En conséquence, la directive se réfère spécifiquement au traitement des données à caractère personnel en dehors du contexte domestique ou familial, comme celui prévu par le droit du travail (art. 8, paragr. 2, point b), pour les condamnations pénales, les sanctions administratives ou les jugements civils (art. 8, paragr. 5) ou en matière de prospection (art. 14, point b). La Cour de justice des Communautés européennes *[CJUE du 6 nov. 2003, aff. C-101/2001 (Lindqvist), pt. 24 : « La notion de "données à caractère personnel" employée à l'art. 3, paragr. 1, de la directive 95/46 englobe, conformément à la définition figurant à l'art. 2, sous a), de celle-ci, "toute information concernant une personne physique identifiée ou identifiable". Cette notion comprend assurément le nom d'une personne joint à ses coordonnées téléphoniques ou à des informations relatives à ses conditions de travail ou à ses passe-temps ».]* a approuvé cette approche générale.

S'agissant du format des informations ou du support utilisé pour celles-ci, le concept de données à caractère personnel englobe les informations disponibles sous n'importe quelle forme, qu'elles soient alphabétiques, numériques, graphiques, photographiques ou acoustiques. Sont par exemple concernées les informations conservées sur papier, tout comme les informations stockées dans une mémoire d'ordinateur (code binaire) ou sur une cassette vidéo. C'est une conséquence logique de l'intégration du traitement automatisé des données à caractère personnel dans son champ d'application. Il apparaît en particulier que les données constituées par des sons et des images méritent, à ce titre, d'être reconnues comme des données à caractère personnel, dans la mesure où elles peuvent représenter des informations sur une personne physique. A cet égard, la référence spécifique aux données constituées par des sons et des images, à l'article 33 de la directive, doit être interprétée comme confirmant et précisant que ce type de données relève effectivement de son champ d'application (à condition que l'ensemble des autres conditions soient remplies), et que la directive s'applique à ces données. En réalité, il s'agit là d'une hypothèse logique concernant la disposition contenue dans ledit article dont l'objectif est d'évaluer si les règles énoncées par la directive apportent des solutions juridiques appropriées dans ces domaines. Cet objectif est également spécifié au considérant 14 qui énonce que *« compte tenu de l'importance du développement en cours, dans le cadre de la société de l'information, des techniques pour capter, transmettre, manipuler, enregistrer, conserver ou communiquer les données constituées par des sons et des images, relatives aux personnes physiques, la présente directive est appelée à s'appliquer aux traitements portant sur ces données »*. Par ailleurs, il n'est pas nécessaire, pour que ces informations soient considérées comme *[des]* données à caractère personnel, qu'elles soient contenues dans une base de données ou un fichier structurés. Les informations contenues sous forme de texte libre dans un document électronique peuvent également être reconnues comme des données à caractère personnel, pour autant que les autres critères énoncés dans la définition des données à caractère personnel soient remplis. Les courriers électroniques contiennent par exemple des « données à caractère personnel ».

Exemple n° 2 – Services bancaires par téléphone.

En qui concerne les services bancaires par téléphone, où la voix du client qui donne des instructions à la banque est enregistrée, il y a lieu de considérer ces instructions enregistrées comme des données à caractère personnel.

Exemple n° 3 – Vidéosurveillance.

Les images de personnes physiques captées par un système de vidéosurveillance peuvent être considérées comme des données à caractère personnel, pour autant que les individus soient reconnaissables.

Exemple n° 4 – Le dessin d'un enfant.

A la suite d'un test neuropsychiatrique pratiqué sur une fillette dans le contexte d'une procédure judiciaire concernant sa garde, celle-ci fait un dessin représentant sa famille. Ce dessin fournit des informations sur l'état d'esprit de la fillette et ses sentiments envers différents membres de sa famille. Ces infor-

mations pourraient, en soi, être considérées comme des « informations à caractère personnel ». Ce dessin révèle, en effet, des informations concernant cet[te] **enfant (sa santé mentale), mais aussi le comportement de son père ou de sa mère par exemple. En conséquence, les parents peuvent dans ce cas user de leur droit d'accéder à cet élément d'information spécifique.**

A cet égard, les données biométriques méritent une référence particulière. Ces données peuvent se définir comme des propriétés biologiques, des caractéristiques physiologiques, des caractéristiques vivantes ou des actions reproductibles lorsque ces caractéristiques et/ou actions sont à la fois propres à cette personne physique et mesurables, même si les méthodes utilisées dans la pratique pour les mesurer techniquement impliquent un certain degré de probabilité. Parmi les exemples caractéristiques de ces données biométriques figurent les empreintes digitales, la structure de la rétine, la structure faciale, la voix, mais aussi la forme des mains, le système veineux, voire des caractéristiques profondément ancrées ou d'autres caractéristiques comportementales (signature manuscrite, dynamique de frappe sur un clavier, démarche ou élocution particulières, etc.).

Ce qui caractérise, entre autres, les données biométriques, c'est qu'elles peuvent être considérées comme *[un]* contenu des informations concernant une personne physique donnée (X a ces empreintes digitales) ainsi que comme *[un]* élément permettant d'établir un lien entre une information et une personne physique (cet objet a été touché par quelqu'un qui présente ces empreintes digitales et celles-ci correspondent à X ; par conséquent, X a touché l'objet). Elles peuvent ainsi servir d'« identificateurs ». En effet, en raison du lien unique qui les relie à une personne physique spécifique, les données biométriques peuvent être utilisées pour identifier la personne physique. Cette dualité apparaît également dans le cas des données ADN qui fournissent des informations sur le corps humain et qui permettent l'identification spécifique et sans ambiguïté d'une personne.

Les prélèvements de tissus humains (comme les prélèvements de sang), bien que n'étant pas des données biométriques en soi (la structure des empreintes digitales est une donnée biométrique, alors que le doigt en lui-même n'en est pas une), sont des sources d'information dont on peut extraire des données biométriques. Il ressort de ce qui précède que l'extraction d'informations à partir de prélèvements est assimilée à une collecte de données à caractère personnel soumises aux règles de la directive. La collecte, la conservation et l'utilisation de prélèvements de tissus peuvent elles-mêmes être soumises à diverses séries de règles *[V. recomm. du 15.3.2006 du Conseil de l'Europe (Rec. 2006. 4) du Comité des ministres aux États membres sur la recherche utilisant du matériel biologique d'origine humaine]*.

2. *Deuxième élément : « concernant »*

Cet élément constitutif de la définition est crucial, dans la mesure où il est très important de déterminer avec précision les relations/liens qui importent et de pouvoir les distinguer.

D'une manière générale, on peut considérer que les informations « concernent » une personne physique, lorsqu'elles ont trait à cette personne physique.

Dans nombre de situations, ce lien est facile à établir. Par exemple, dans le cas de données enregistrées dans le dossier personnel d'un employé dans un service du personnel, il s'agit clairement de données « concernant » la situation de la personne en sa qualité d'employé. Il en va de même des données relatives aux résultats de l'examen médical d'un patient dans son dossier médical, ou de l'image d'une personne filmée sur une vidéo lors d'une interview.

On peut citer un certain nombre d'autres situations où il n'est pas toujours aussi évident que dans les cas précédents de déterminer que les informations « concernent » une personne physique.

Dans certaines situations, les informations découlant des données concernent en premier lieu des objets, et non des personnes. Ces objets appartiennent en général à quelqu'un, ou peuvent subir l'influence particulière de personnes ou exercer une influence particulière sur des personnes ou se trouver d'une manière ou d'une autre à proximité physique ou géographique de personnes ou d'autres objets. Ce n'est donc que de manière indirecte que l'on pourra considérer que ces informations concernent ces personnes ou ces objets.

Exemple n° 5 – La valeur d'une maison.

La valeur d'une maison constitue un élément d'information sur un objet. A l'évidence, les règles de protection des données ne s'appliquent pas si cet élément d'information n'est utilisé que pour illustrer le niveau des prix de l'immobilier dans un certain quartier. Toutefois, dans certaines circonstances, ces informations méritent également d'être considérées comme des données à caractère personnel. En effet, une maison constitue le patrimoine d'un propriétaire, qui servira, par exemple, à déterminer si cette personne est imposable à ce titre. Dans ce contexte, il est incontestable que ces informations doivent relever de la catégorie des données à caractère personnel.

Ce principe vaut également pour les données concernant en premier lieu des processus ou des événements, par exemple des informations sur le fonctionnement d'une machine nécessitant une intervention humaine. Il est, dès lors, possible de considérer ce type d'informations comme « concernant » une personne physique.

Exemple n° 6 – Service entretien/réparation automobile.

Le registre entretien/réparation tenu par un mécanicien ou un garage contient des informations sur le véhicule, le kilométrage, les dates des entretiens effectués, les problèmes techniques et son état matériel. Ces informations sont associées dans le dossier à une plaque minéralogique et à un numéro de moteur, que l'on peut rattacher, à leur tour, au propriétaire. Lorsque le garage établit un lien entre le véhicule et le propriétaire, aux fins de la facturation, ces informations « concernent » le propriétaire ou le conducteur. Si le lien est établi avec le mécanicien qui s'est occupé de la voiture, aux fins de l'évaluation de sa productivité, ces informations « concernent » également le mécanicien.

Le groupe de travail s'est déjà penché sur la question de savoir dans quelles circonstances on peut considérer ces informations comme « concernant » une personne. Dans le contexte de l'examen des questions de protection des données soulevées par les marqueurs RFID, le groupe de travail relève que : *« les données concernent une personne si elles ont trait à l'identité, aux caractéristiques ou au comportement d'une personne[,] ou si cette information est utilisée pour déterminer ou influencer la façon dont cette personne est traitée ou évaluée »* [*document de travail WP 105 : « Document de travail sur les questions de protection des données liées à la technologie RFID », adopté le 19.1.2005, p. 9*].

Vu les cas évoqués ci-dessus, et dans le même ordre d'idées, il convient de souligner que pour considérer que les données « concernent » une personne physique, la présence d'un élément de **« contenu »** ou de **« finalité »** ou de **« résultat »** est indispensable.

L'élément de **« contenu »** est présent lorsque – conformément à la perception la plus évidente et la plus commune dans une société du mot « concerner » – des informations ayant trait à une personne particulière sont communiquées, indépendamment de toute finalité de la part du responsable du traitement des données ou du tiers, ou de l'impact de ces informations sur la personne concernée. Les informations « concernent » une personne lorsqu'elles ont « trait » à cette personne, et une évaluation s'impose à la lumière de l'ensemble des circonstances du cas d'espèce. Par exemple, les résultats d'une analyse médicale concernent manifestement le patient, tout comme les informations contenues dans le dossier au nom d'un certain client concernent celui-ci. De la même façon, les informations contenues dans des marqueurs RFID ou des codes-barres intégrés dans le document d'identité d'une personne donnée concernent cette personne, comme cela sera le cas dans les futurs passeports qui seront dotés d'une puce RFID.

L'élément de « **finalité** » peut lui aussi jouer un rôle pour déterminer si des informations « concernent » une certaine personne. Cet élément de « finalité » sera considéré comme présent lorsque les données sont utilisées ou susceptibles d'être utilisées, compte tenu de l'ensemble des circonstances du cas d'espèce, afin d'évaluer, de traiter d'une certaine manière ou d'influer sur le statut ou le comportement d'une personne physique.

Exemple n° 7 – Historique des appels d'un poste téléphonique.

L'historique des appels d'un poste téléphonique au sein d'une entreprise fournit des informations sur les appels effectués à partir de cet appareil connecté à une certaine ligne. Ces informations peuvent être rattachées à différents sujets. D'une part, la ligne est mise à la disposition de l'entreprise qui, en contrepartie, s'engage à payer les appels effectués dans ce cadre. L'appareil téléphonique est utilisé par un employé pendant les heures de travail et on part du principe qu'il est l'auteur des appels effectués. L'historique des appels peut également fournir des informations sur la personne appelée. Ce poste téléphonique peut également être utilisé par toute autre personne autorisée à pénétrer dans les locaux en l'absence de l'employé (par exemple le personnel de nettoyage). A des fins diverses, les informations sur l'utilisation de cet appareil peuvent concerner l'entreprise, l'employé ou le personnel de nettoyage (par exemple pour vérifier l'heure à laquelle le personnel de nettoyage quitte son lieu de travail, puisqu'il est censé confirmer par téléphone l'heure à laquelle il quitte les locaux avant de les fermer à clé). A noter qu'en l'occurrence*[,]*** **le concept de données à caractère personnel s'étend à la fois aux appels sortants et aux appels entrants, dans la mesure où tous les appels contiennent des informations concernant la vie privée, les relations sociales et les communications des personnes concernées.**

Un troisième type de lien avec des personnes spécifiques intervient lorsque l'on se trouve en présence d'un élément de « **résultat** ». Même en l'absence de tout élément de « contenu » ou de « finalité », on peut considérer que des données « concernent » une personne physique lorsque leur utilisation est susceptible d'avoir un impact sur certains des droits et intérêts d'une personne, compte tenu de l'ensemble des circonstances du cas d'espèce. Il convient de relever qu'il n'est pas nécessaire que le résultat potentiel ait un impact majeur. Il suffit qu'une personne physique puisse être traitée différemment par rapport à d'autres personnes à la suite du traitement de ces données.

Exemple n° 8 – Impact sur les conducteurs du contrôle de la position des taxis pour optimiser le service.

Une compagnie de taxis met en place un système de localisation par satellite permettant de localiser les taxis disponibles en temps réel. La finalité du traitement est d'offrir un meilleur service et d'économiser du carburant, en attribuant à chaque client qui commande un taxi le véhicule le plus proche de l'adresse du client. A proprement parler, les données nécessaires au fonctionnement de ce système sont des données concernant les véhicules, et non pas les conducteurs. La finalité du traitement n'est pas d'évaluer les performances des chauffeurs de taxi, par exemple en optimisant leurs itinéraires. Toujours est-il que ce système permet de contrôler les performances des chauffeurs de taxi et de contrôler s'ils respectent les limitations de vitesse, choisissent les itinéraires appropriés, sont au volant ou se reposent hors du véhicule, etc. Dès lors, ce système peut avoir un impact considérable sur ces personnes, et on peut considérer que ces données en tant que telles concernent également des personnes physiques. Leur traitement doit donc être soumis aux règles de protection des données.

Ces trois éléments (contenu, finalité, résultat) sont à considérer comme des conditions alternatives, et non cumulatives. Lorsque l'élément de « contenu » est présent, il n'est pas nécessaire que les autres éléments le soient pour considérer que ces informations concernent la personne. Le corollaire de ce constat est que la même information peut concerner simultanément différentes personnes, selon l'élément en présence pour chacune d'entre elles. Les mêmes informations peuvent concerner X en raison de l'élément de « contenu » (les données ont manifestement trait à X), et Y en raison de l'élément de « finalité » (elles sont utilisé*[e]*s afin de traiter Y d'une certaine manière) et Z en raison de l'élément de « résultat » (elles sont susceptibles d'avoir un impact sur les droits et intérêts de Z). Cela signifie qu'il n'est pas nécessaire que les données « soient axées » sur une personne pour considérer qu'elles la concernent. Il découle de l'analyse précédente qu'il est indispensable de vérifier, pour chaque donnée spécifique, sur la base de ses qualités intrinsèques, si elle concerne une personne donnée. De la même façon, le fait que des informations puissent concerner différentes personnes doit être pris en considération dans l'application de dispositions de fond (par exemple concernant l'étendue du droit d'accès).

Exemple n° 9 – Informations contenues dans le procès-verbal d'une réunion.

Un exemple de la nécessité de se prêter à l'analyse précédente pour chaque information séparément est fourni par les informations contenues dans le procès-verbal d'une réunion, qui fait généralement état de la présence des participants X, Y et Z, des interventions effectuées par X et Y et d'un compte rendu des travaux sur certains thèmes tels que résumés par l'auteur du procès-verbal, à savoir Z. S'agissant des données à caractère personnel concernant X, les seules informations à considérer à ce titre sont sa présence à la réunion à une certaine heure, en un certain lieu, et ses interventions. La présence d'Y à cette réunion, ses interventions et les travaux sur une question telle que résumée par Z ne sont pas des données à caractère personnel concernant X. Et ce, même si ces informations figurent dans le même document, et même si c'est X qui a lancé la question à discuter lors de la réunion. Ces informations sont donc exclues du droit d'accès de X à ses propres données à caractère personnel. Quant à savoir si ces informations peuvent être considérées comme des données à caractère personnel d'Y et de Z et dans quelle mesure, il conviendra de le déterminer séparément en les soumettant à l'analyse décrite ci-dessus.

3. *Troisième élément : [personne physique] « identifiée ou identifiable »*

La directive exige que les informations concernent une personne physique « identifiée ou identifiable ». Ce principe appelle les considérations qui suivent.

D'une manière générale, on peut considérer une personne physique comme « identifiée » lorsque, au sein d'un groupe de personnes, elle se « distingue » de tous les autres membres de ce groupe. La personne physique est donc « identifiable » lorsque, même sans avoir encore été identifiée, il est possible de le faire (comme l'exprime le suffixe « -able »). Cette seconde option constitue donc en pratique la condition de base qui détermine si les informations entrent dans le champ d'application du troisième élément.

L'identification se fait normalement au moyen d'informations spécifiques que l'on peut appeler « identifiants » et qui présentent une relation particulièrement privilégiée et étroite avec la personne physique concernée. Il peut s'agir, par exemple, de signes extérieurs concernant l'apparence de cette personne*[,]* comme sa taille, la couleur de ses cheveux, ses vêtements, etc. *[,]* ou d'une caractéristique de cette personne qui n'est pas immédiatement perceptible, comme une profession, une fonction, un nom, etc. La directive fait référence à ces « identifiants » dans la définition des « données à caractère personnel » visée à l'article 2, qui énonce qu'une personne physique « peut être identifiée, directement ou indirectement, notamment par référence à un numéro d'identification ou à un ou *[à]* plusieurs éléments spécifiques, propres à son identité physique, physiologique, psychique, économique, culturelle ou sociale ».

Identifiable « directement » ou « indirectement »

De plus amples explications se trouvent dans le commentaire sur les articles de la proposition modifiée de la Commission, en ce sens qu'il y est précisé qu'« *une per-*

sonne peut être identifiée soit directement par un nom soit indirectement par un numéro de téléphone, de voiture, de sécurité sociale, de passeport ou par un croisement de critères significatifs, permettant de la reconnaître à l'intérieur d'un petit groupe par exemple (âge, fonction occupée, adresse, etc.) ». Ce libellé montre clairement que c'est le contexte du cas d'espèce qui déterminera si certains identifiants sont suffisants pour permettre l'identification. Un nom de famille très courant sera insuffisant pour identifier quelqu'un – c'est-à-dire pour distinguer quelqu'un – dans l'ensemble de la population d'un pays, alors qu'il sera probablement suffisant pour identifier un élève dans une classe. Même des informations accessoires, comme « l'homme portant un costume noir »*[,]* peuvent permettre d'identifier une personne parmi les passants se trouvant près de feux de signalisation. Ainsi, la question de savoir si une personne à laquelle se rapportent les informations est identifiée ou pas dépend des circonstances du cas d'espèce.

S'agissant des personnes « directement » identifiées ou identifiables, le **nom** de la personne est évidemment l'identifiant le plus courant et, dans la pratique, la notion de « personne identifiée » implique le plus souvent une référence au nom de cette personne.

Afin de s'assurer de son identité, le nom de la personne doit parfois être associé à d'autres éléments d'information (date de naissance, nom des parents, adresse ou photo d'identité) afin d'éviter toute confusion entre cette personne et d'éventuels homonymes.

A titre d'exemple, l'information selon laquelle X est redevable d'une certaine somme d'argent peut être considérée comme concernant une personne identifiée, car elle est liée au nom de cette personne. Le nom est un élément d'information qui révèle que la personne utilise cette combinaison de lettres et de sons pour se distinguer d'autres personnes et être distinguée par d'autres personnes avec lesquelles elle établit des relations. Le nom peut également être le point de départ conduisant à des informations sur le domicile de la personne ou l'endroit où elle se trouve et à des informations sur les membres de sa famille (par le biais du nom de famille) et sur différentes relations juridiques et sociales associées à ce nom (scolarité/études, dossier médical, comptes bancaires). Il est même possible de connaître l'apparence d'une personne si sa photographie est associée à ce nom. Tous ces nouveaux éléments d'information liés au nom peuvent permettre à quelqu'un de « zoomer » sur la personne en chair et en os, et grâce aux identifiants, l'élément d'information initial est alors associé à une personne physique que l'on peut distinguer d'autres personnes.

S'agissant des personnes « indirectement » identifiées ou identifiables, cette catégorie relève en général du phénomène des « combinaisons uniques », à quelque degré que ce soit. Pour les cas où, de prime abord, les identifiants sont insuffisants pour permettre à quiconque de distinguer une personne particulière, cette personne peut néanmoins être « identifiable », car ces informations combinées à d'autres éléments d'information (que ces derniers soient conservés par le responsable du traitement ou non) permettent de la distinguer parmi d'autres personnes. C'est pourquoi la directive précise « un ou plusieurs éléments spécifiques, propres à son identité physique, physiologique, psychique, économique, culturelle ou sociale ». Certaines caractéristiques, de par leur spécificité, permettent d'identifier quelqu'un sans difficulté (« actuel Premier ministre espagnol »), mais une combinaison de détails à un niveau catégoriel (tranche d'âge, origine régionale, etc.) peut également s'avérer assez concluante dans certaines circonstances, notamment si l'on a accès à des informations supplémentaires. Ce phénomène a été étudié de manière approfondie par les statisticiens*[,]* toujours soucieux de ne pas commettre de violation de la confidentialité.

Exemple n° 10 – Informations fragmentaires dans la presse.

Des informations sont publiées sur une ancienne affaire pénale qui, à l'époque, avait suscité un grand intérêt du public. Dans la publication en question, aucun identifiant habituel n'est utilisé, en particulier aucune mention du nom ni de la date de naissance des personnes impliquées dans l'affaire.

Il ne semble pas particulièrement difficile d'obtenir des informations supplémentaires permettant de retrouver les principales personnes concernées, par exemple en consultant les journaux parus lors de la période concernée. En effet, on peut supposer qu'il y a une certaine probabilité que quelqu'un puisse effectuer ce genre de démarches (comme de consulter d'anciens journaux) qui permettraient vraisemblablement d'obtenir les noms et d'autres identifiants concernant les personnes évoquées dans cet exemple. Il semble donc justifié de considérer les informations de l'exemple cité comme des « informations concernant les personnes identifiables » qui entrent donc dans la catégorie des « données à caractère personnel ».

A cet égard, il convient de relever que si l'identification par le nom constitue, dans la pratique, le moyen le plus répandu, un nom n'est pas toujours nécessaire pour identifier une personne, notamment lorsque d'autres « identifiants » sont utilisés pour distinguer quelqu'un. En effet, les fichiers informatiques enregistrant les données à caractère personnel attribuent habituellement un identifiant spécifique aux personnes enregistrées pour éviter toute confusion entre deux personnes se trouvant dans un même fichier. Sur l'internet aussi, les outils de surveillance du trafic permettent de cerner facilement le comportement d'une machine et, derrière celle-ci, de son utilisateur. On reconstitue ainsi la personnalité de l'individu pour lui attribuer certaines décisions. Sans même s'enquérir du nom et de l'adresse de la personne, on peut la caractériser en fonction de critères socio-économiques, psychologiques, philosophiques ou autres*[,]* et lui attribuer certaines décisions dans la mesure où le point de contact de la personne (l'ordinateur) ne nécessite plus nécessairement la révélation de son identité au sens étroit du terme. En d'autres termes, la possibilité d'identifier une personne n'implique plus nécessairement la faculté de connaître son identité. La définition des données à caractère personnel reflète ce constat *[Poullet Y. et son équipe, « Rapport sur l'application des principes de protection des données aux réseaux mondiaux de télécommunications », Conseil de l'Europe, Comité consultatif T-PD, point 2.3.1, T-PD (2004) 04 final]*.

La Cour de justice des Communautés européennes a statué dans ce sens, considérant que *« l'opération consistant à faire référence, sur une page internet, à diverses personnes et à les identifier soit par leur nom, soit par d'autres moyens, par exemple leur numéro de téléphone ou des informations* ***relatives à*** *leurs conditions de travail et à leurs passe-temps, constitue un "traitement de données à caractère personnel [...]" au sens [...] de la directive 95/46 »* *[CJUE 6 nov. 2003, aff. C-101/2001 (Lindqvist), point 27]*.

Exemple n° 11 – Demandeurs d'asile.

A des fins administratives, on a attribué dans un foyer d'accueil un numéro de code à des demandeurs d'asile qui cachent leur véritable nom. Ce numéro sert d'identifiant, de sorte que différents éléments d'information concernant le séjour du demandeur d'asile dans le foyer lui seront attribués, et au moyen d'une photographie et d'autres indicateurs biométriques, il y aura un lien étroit et direct entre ce numéro de code et cette personne physique, permettant de la distinguer des autres demandeurs d'asile et de lui attribuer différents éléments d'information se référant alors à une personne physique « identifiée ».

L'article 8, paragraphe 7, prévoit également que : *« les États membres déterminent les conditions dans lesquelles un numéro national d'identification ou tout autre identifiant de portée générale peut faire l'objet d'un traitement. »* Il est utile de relever le sens de cette disposition, qui ne contient aucune indication particulière quant à la nature des conditions que les États membres sont censés adopter, bien qu'elle figure dans l'article consacré aux données sensibles. Le considérant 33 qualifie ces données de *« données qui sont susceptibles, de par leur nature, de porter atteinte aux libertés fondamentales ou à la vie privée »*. On peut raisonnablement penser que le législateur a éprouvé les mêmes inquiétudes concernant les numéros d'identification nationaux en raison des fortes probabilités d'établir facilement et clairement un lien avec différents éléments d'information sur une personne donnée.

Moyens d'identification

Le considérant 26 de la directive accorde une attention particulière au terme « identifiable », en énonçant que « *pour déterminer si une personne est identifiable, il convient de considérer l'ensemble des moyens susceptibles d'être raisonnablement mis en œuvre, soit par le responsable du traitement, soit par une autre personne, pour identifier ladite personne* ». Cela signifie que la simple possibilité hypothétique de distinguer une personne n'est pas suffisante pour considérer cette personne comme « identifiable ». Si, compte tenu de « *l'ensemble des moyens susceptibles d'être raisonnablement mis en œuvre, soit par le responsable du traitement, soit par une autre personne* », cette possibilité n'existe pas ou qu'elle est négligeable, la personne ne saurait être considérée comme « identifiable » et les informations ne seraient pas des « données à caractère personnel ». Le critère de « *l'ensemble des moyens susceptibles d'être raisonnablement mis en œuvre, soit par le responsable du traitement, soit par une autre personne* »*[,]* doit notamment prendre en compte tous les facteurs en jeu. Les coûts engendrés par l'identification constituent un facteur, mais pas le seul. La finalité visée, la manière dont le traitement est structuré, l'intérêt escompté par le responsable du traitement, les intérêts en jeu pour les personnes, les risques de dysfonctionnement organisationnel (par exemple violations du devoir de confidentialité) et les défaillances techniques sont autant d'aspects qu'il convient de prendre en considération. Par ailleurs, ce critère présente un caractère dynamique*[,]* d'où la nécessité de tenir compte de l'état d'avancement technologique au moment du traitement et de changements éventuels pendant la période pour laquelle les données seront traitées. Il se peut que l'identification ne soit pas possible aujourd'hui avec l'ensemble des moyens existants auxquels l'on peut raisonnablement recourir. Si les données doivent être conservées pendant une durée d'un mois, il est probable que l'identification ne pourra intervenir pendant la « durée de vie » des informations, et elles ne sauraient dès lors être considérées comme des données à caractère personnel. Cependant, si elles doivent être conservées pendant dix ans, le responsable du traitement doit envisager la possibilité d'une identification pouvant intervenir même au cours de la neuvième année, ce qui en ferait à ce moment-là des données à caractère personnel. Il est souhaitable que le système puisse s'adapter à ces développements lorsqu'ils interviennent, et intégrer alors les mesures techniques et organisationnelles appropriées en temps utile.

Exemple n° 12 – Publication de clichés radiographiques portant le prénom d'une patiente.

Le cliché radiographique d'une patiente a été publié dans un journal scientifique, associé au prénom de celle-ci, un prénom très rare. Le prénom de cette personne associée à la connaissance qu'avaient ses proches de l'affection dont elle souffrait rendaient cette personne identifiable à *[par]* **un certain nombre de personnes ; ce cliché radiographique entre alors dans la catégorie des données à caractère personnel.**

Exemple n° 13 – Données de recherche pharmaceutique.

Les hôpitaux ou les médecins, à titre individuel, transfèrent des informations médicales concernant leurs patients à une société à des fins de recherche médicale. Aucun nom de patient n'est utilisé, mais seulement un numéro de série attribué de manière aléatoire à chacun des cas cliniques, afin d'assurer la cohérence et d'éviter toute confusion avec des informations concernant différents patients. Seuls les médecins, qui sont tenus au secret médical, sont en possession des noms de leurs patients. Les données ne contiennent aucune autre information susceptible de rendre les patients identifiables par recoupement. De plus, toutes les autres mesures ont été prises pour éviter que les personnes concernées puissent être identifiées ou deviennent identifiables, que ce soit sur le plan juridique, technique ou organisationnel. Dans ces circonstances, l'autorité chargée de la protection des données peut considérer qu'il n'existe aucun moyen, dans le cadre du traitement des données réalisé par la société pharmaceutique, susceptible d'être raisonnablement mis en œuvre pour identifier les personnes concernées.

Comme mentionné plus haut, un facteur essentiel pour évaluer *« l'ensemble des moyens susceptibles d'être raisonnablement mis en œuvre »* pour identifier les personnes sera, en réalité, la finalité visée par le responsable du traitement dans le cadre du traitement des données. Les autorités nationales de protection des données ont été confrontées à des cas où *[dans lesquels]*, d'une part, le responsable du traitement prétend que seules des informations éparses sont traitées, sans aucune référence ni au nom ni à aucun autre identifiant direct, et fait valoir que ces données ne sauraient être assimilées à des données à caractère personnel ni soumises aux règles de protection des données. D'autre part, le traitement de ces informations n'a de sens que s'il permet l'identification de personnes spécifiques et un certain type de traitement. Lorsque la finalité du traitement implique l'identification de personnes physiques, il est permis de penser que le responsable du traitement ou toute autre personne concernée dispose ou disposera de moyen « susceptibles d'être raisonnablement mis en œuvre » pour identifier la personne concernée. En réalité, prétendre que les personnes physiques ne sont pas identifiables alors que la finalité du traitement est précisément de les identifier serait une contradiction absolue *in terminis*. Il est dès lors essentiel de considérer ces informations comme concernant des personnes physiques identifiables et d'appliquer les règles de protection des données à leur traitement.

Exemple n° 14 – Vidéosurveillance.

Cela est particulièrement important dans le contexte de la vidéosurveillance, où *[dans lequel]* **les responsables du traitement prétendent souvent que l'identification n'interviendrait que pour un faible pourcentage des éléments collectés et que dès lors, avant que l'identification n'intervienne dans ces cas limités, il ne saurait être question de traitement de données à caractère personnel. Étant donné que la finalité de la vidéosurveillance est néanmoins d'identifier les personnes apparaissant sur des images, lorsque le responsable du traitement juge cette identification nécessaire, l'ensemble de l'application relève du traitement de données concernant des personnes identifiables, même si certaines personnes enregistrées ne sont pas concrètement identifiables.**

Exemple n° 15 – Adresses IP dynamiques.

Le groupe de travail a considéré les adresses IP comme des données concernant une personne identifiable. Il a d'ailleurs précisé dans un document de travail que *« les fournisseurs d'accès internet et les gestionnaires des réseaux locaux peuvent, en utilisant des moyens raisonnables, identifier les utilisateurs internet auxquels ils ont attribué des adresses IP, du fait qu'ils enregistrent systématiquement dans un fichier les date, heure, durée et adresse dynamique IP donnée à l'utilisateur internet. Il en va de même pour les fournisseurs de services internet qui conservent un fichier-registre sur le serveur HTTP. Dans ces cas, on peut parler, sans l'ombre d'un doute, de données à caractère personnel au sens de l'article 2, point a, de la directive »* *[WP 37 : « Le respect de la vie privée sur internet - Une approche européenne intégrée sur la protection des données en ligne », adopté le 21.11.2000].*

Il apparaît notamment que lorsque le traitement d'adresses IP *[a]* **été effectué pour identifier les utilisateurs de l'ordinateur (par exemple, par des titulaires de droits d'auteur afin de poursuivre ces utilisateurs d'ordinateur pour violation de droits de la propriété intellectuelle), le responsable du traitement part du principe que les « moyens susceptibles d'être raisonnablement mis en œuvre » pour identifier les personnes seront disponibles, par exemple par l'intermédiaire des tribunaux saisis (sinon la collecte d'informations serait inutile), de sorte qu'il convient de considérer ces informations comme des données à caractère personnel.**

A noter toutefois le cas particulier de certains types d'adresses IP qui, dans certaines circonstances, ne permettent en fait pas l'identification de l'utilisateur, et ce, pour diverses raisons d'ordre technique et organisationnel. L'exemple des adresses IP attribuées à un ordinateur dans un café internet illustre cette situation, puisque dans ce cas*[,]* **aucune identification des clients n'est requise.**

On pourrait faire valoir que les données collectées sur l'utilisation d'un ordinateur X pendant un certain laps de temps ne permettent pas l'identification de l'utilisateur à l'aide de moyens raisonnables, et que celles-ci ne sont donc pas des données à caractère personnel. Toutefois, il convient de relever qu'il est très probable que les fournisseurs d'accès internet ignorent si l'adresse IP en question permet ou non l'identification, et qu'ils traitent les données associées à cette *[adresse]* **IP de la même manière qu'ils traitent les informations associées aux adresses IP d'utilisateurs dûment enregistrés et identifiables. Ainsi, à moins que les fournisseurs d'accès internet soient en mesure de déterminer avec une certitude absolue que les données correspondent à des utilisateurs non identifiables, par mesure** *[de]* **sécurité, ils devront traiter toutes les informations IP comme des données à caractère personnel.**

Exemple n° 16 – Dommages causés par des graffitis.

Des véhicules destinés au transport de passagers d'une société de transport subissent régulièrement des dommages occasionnés par des graffitis. Afin d'évaluer les dommages et de faciliter les poursuites judiciaires contre les auteurs de ces graffitis, la société tient un registre contenant des informations sur les circonstances des dommages ainsi que des photographies des véhicules endommagés et des « tags » ou de la « signature » des auteurs. Lorsque ces informations sont inscrites dans ce registre, les auteurs des dommages ne sont pas connus*[,]* **pas plus que l'on ne sait à qui appartient la « signature ». Il est bien possible que l'on ne le découvre jamais. Toutefois, la finalité du traitement est précisément d'identifier les personnes physiques auxquelles se rapportent les informations en tant qu'auteurs des dommages afin de pouvoir les traduire en justice. Ce type de traitement n'a de sens que si le responsable du traitement des données considère comme « raisonnablement probable » qu'un jour il disposera des moyens pour identifier des personnes. Les informations contenues dans les images sont à considérer comme des données relatives à des personnes physiques « identifiables », les informations dans ce registre comme des « données à caractère personnel », et le traitement doit être soumis aux règles de protection des données qui considèrent ce type de traitement comme légitime, dans certaines circonstances et moyennant certaines garanties.**

Lorsque l'identification de la personne concernée ne figure pas dans la finalité du traitement, les mesures techniques visant à empêcher l'identification ont un rôle très important à jouer. La mise en place des mesures techniques et organisationnelles les plus appropriées existantes pour protéger les données contre l'identification peut être déterminante pour considérer que les personnes ne sont pas identifiables, compte tenu de « *l'ensemble des moyens susceptibles d'être raisonnablement mis en œuvre, soit par le responsable du traitement, soit par une autre personne* » pour identifier les personnes physiques. Dans ce cas, la mise en œuvre de telles mesures n'est pas la conséquence de l'obligation légale découlant de l'article 17 de la directive (qui ne s'applique que si les informations sont, en premier lieu, des données à caractère personnel), mais plutôt une condition pour que les informations ne puissent justement pas être considérées comme des données à caractère personnel et que leur traitement ne soit pas soumis à la directive.

Données pseudonymisées

La pseudonymisation est un traitement qui consiste à dissimuler l'identité. L'objectif de ce traitement est de permettre la collecte de données supplémentaires relatives à la même personne sans qu'il soit nécessaire de connaître son identité. Il s'agit là d'un aspect particulièrement important dans le contexte de la recherche et des statistiques.

La pseudonymisation peut s'effectuer de manière retraçable en utilisant soit des listes de correspondance des identités et leurs pseudonymes, soit des algorithmes de cryptage à double sens pour la pseudonymisation. Il est également possible de dissimuler les identités de manière à rendre toute réidentification impossible, par exemple, grâce à un cryptage à sens unique qui génère en général des données anonymisées.

L'efficacité de la procédure de pseudonymisation dépend d'un certain nombre de facteurs (le stade auquel on y recourt, son niveau de sécurité en ce qui concerne la possibilité de retracer les informations, l'importance de la population dans laquelle la personne est dissimulée, la possibilité de rattacher des transactions/enregistrements individuels à une même personne, etc.). Les pseudonymes doivent faire l'objet d'un choix aléatoire et non prévisible. La quantité de pseudonymes possible*[,]* doit être assez grande pour que le même pseudonyme ne puisse jamais être choisi deux fois au hasard. Pour garantir un niveau de sécurité élevé, il importe que l'ensemble des pseudonymes potentiels soit au moins équivalent à l'éventail des valeurs des fonctions de hachage cryptographique sûres *[V. document de travail « Techniques améliorant la protection des données » réalisé par le groupe de travail « Techniques améliorant la protection des données » du comité « Questions techniques et organisationnelles relatives à la protection des données » des commissaires chargés de la protection des données du Bund et des Länder allemands (oct. 1997), disponible à l'adresse suivante : http://ec.europa.eu/justice_home/fsj/privacy/studies/index_en.htm]*.

Les données pseudonymisées de manière retraçable peuvent être considérées comme des informations sur des personnes physiques indirectement identifiables. En effet, les pseudonymes permettent d'établir une correspondance avec une personne de telle façon que l'identité de cette personne ne soit reconnaissable que dans des cas spécifiques définis à l'avance. Dans ce cas, bien que les règles de protection des données s'appliquent, les risques que présente pour les personnes physiques le traitement de ces informations indirectement identifiables seront le plus souvent minimes, si bien que l'application de ces règles sera à juste titre, plus souple que dans le cas de traitement d'informations concernant des personnes physiques directement identifiables.

Données codées

Les données codées sont un exemple classique de pseudonymisation. Les informations correspondent à des personnes physiques possédant chacune un code, la clé permettant d'établir une correspondance entre ce code et des identifiants courants de ces personnes physiques (comme le nom, la date de naissance, l'adresse) étant conservée séparément.

Exemple n° 17 – Données non agrégées à des fins statistiques.

Un exemple illustrant l'importance *[de]* **la prise en compte de toutes les circonstances pour évaluer si les moyens d'identification sont « susceptibles d'être raisonnablement » utilisés, pourrait être celui des informations à caractère personnel traitées par l'Institut national de la statistique, lorsque à un certain stade***[,]* **les informations sont conservées sous une forme non agrégée et concernent des personnes physiques spécifiques, mais sont désignées par un code plutôt que par un nom (par exemple la personne portant le code X1234 boit un verre de vin par jour plus de trois fois par semaine). L'Institut** *[national]* **de la statistique conserve la clé permettant d'accéder à ces codes séparément (la liste des codes correspondant aux noms des personnes). Cette clé peut être considérée comme susceptible d'être « raisonnablement utilisée » par l'Institut** *[national]* **de la statistique, de sorte que l'ensemble des informations relatives à une personne physique peuvent être considérées comme des données à caractère personnel et l'Institut doit les soumettre aux règles de protection des données. Or, on peut imaginer qu'une liste de données concernant les habitudes de consommation de vin de consommateurs soit transférée à l'organisation viticole nationale, afin de lui permettre d'appuyer sa stratégie publique sur des statistiques. Pour déterminer si cette liste d'informations constitue toujours des données personnelles, il convient de vérifier si les différents consommateurs de vin peuvent être identifiés, compte tenu de *« l'ensemble des moyens susceptibles d'être raisonnablement mis en œuvre, soit par le responsable du traitement, soit par une autre personne »*.**

Si les codes utilisés sont uniques et correspondent à une personne spécifique, le risque d'identification existe à partir du moment où il est possible d'avoir accès à la clé d'encryptage utilisée. Par conséquent, les risques de piratage externe, la probabilité qu'un membre de l'entreprise expéditrice – même s'il est tenu au secret professionnel – transmette la clé et la faisabilité d'une identification indirecte sont autant de facteurs qui méritent d'être pris en compte pour déterminer si les personnes peuvent être identifiées, *compte tenu de l'ensemble des moyens susceptibles d'être raisonnablement mis en œuvre, soit par le responsable du traitement, soit par une autre personne*, et donc s'il faut considérer les informations comme des « données à caractère personnel ». Si tel est le cas, les règles de protection des données s'appliquent. Un autre problème réside dans le fait qu'il est possible que ces règles de protection des données prennent en considération le degré de risque pour les personnes physiques, ce qui signifie que le traitement serait soumis à des conditions plus ou moins strictes, en faisant usage de la souplesse prévue par les dispositions de la directive.

Par contre, si les codes ne sont pas uniques, mais que le même numéro de code (par exemple « 123 ») est utilisé pour désigner des personnes résidant dans des villes différentes, et portent sur des données issues de différentes années (la distinction d'une personne physique particulière n'intervient que dans le cadre d'une année et au sein de l'échantillon d'une même ville), le responsable du traitement ou un tiers ne pourrait identifier une personne physique spécifique qu'à condition de savoir à quelle année et à quelle ville les données se réfèrent. Si ces informations supplémentaires disparaissaient, et qu'elles ne sont pas *susceptibles d'être raisonnablement* récupérées, on pourrait alors considérer que ces informations ne se rapportent pas à des personnes physiques identifiables et qu'elles ne sauraient être soumises aux règles de protection des données.

Ce type de données est couramment utilisé dans les essais cliniques de médicaments. Ces activités sont régies par le cadre juridique établi par la directive 2001/20/CE du 4 avril 2001 relative à l'application de bonnes pratiques cliniques dans la conduite d'essais cliniques *[JO L 121 du 1.5.2001, p. 34]*. Le professionnel/chercheur en médecine (« investigateur ») qui effectue des essais sur des médicaments collecte des données sur les résultats cliniques de patients identifiés chacun par un code. Le chercheur ne communique les informations à la société pharmaceutique ou à d'autres parties intéressées (« promoteurs ») que sous forme codée, car leurs intérêts ne portent que sur les informations biostatistiques. Toutefois, l'investigateur conserve séparément la clé permettant d'associer le code à des informations générales pour identifier les patients séparément. Pour protéger la santé des patients s'il s'avère que les médicaments comportent des risques, l'investigateur est tenu de conserver cette clé, de manière à pouvoir identifier les patients individuellement pour leur permettre, le cas échéant, de recevoir un traitement approprié.

La question qui se pose ici est de savoir si les données utilisées aux fins d'essais cliniques peuvent être considérées comme concernant des personnes physiques « identifiables » et donc être soumises aux règles de protection des données. Conformément à l'analyse décrite ci-dessus, pour déterminer si une personne est identifiable, il convient de prendre en compte l'ensemble des moyens susceptibles d'être raisonnablement mis en œuvre, soit par le responsable du traitement, soit par une autre personne pour identifier ladite personne. Dans ce cas, l'identification des personnes physiques (pour appliquer le traitement approprié, le cas échéant) est l'une des finalités du traitement des données codées. La société pharmaceutique a analysé les moyens destinés au traitement, a prévu les mesures organisationnelles et ses relations avec le chercheur qui détient la clé de telle manière que l'identification des personnes physiques peut non seulement intervenir, mais doit aussi intervenir dans certaines circonstances. Ainsi, l'identification des patients figure parmi les finalités et les moyens du traitement. En l'occurrence, on peut conclure que ces données codées constituent des informations concernant des personnes physiques identifiables par toutes les parties concernées par l'identification éventuelle, et doivent être soumises aux règles de protection des données. Cela ne signifie pas pour autant que tout autre responsable du traitement des données qui traite le même ensemble de données codées doive être considéré comme traitant des données à caractère personnel, si le système spécifique dans lequel ces autres responsables du traitement opèrent exclut expressément la réidentification et que des mesures techniques ont été prises à cet effet.

Dans d'autres domaines de la recherche ou dans le cadre du même projet, il est possible que la réidentification de la personne concernée ait été exclue lors de la conception des protocoles et de la procédure, par exemple lorsque aucun aspect thérapeutique n'est concerné. Pour des raisons techniques ou autres, il peut toujours être possible de découvrir à quelles personnes correspondent telles données cliniques, mais cette identification n'est en aucun cas censée se produire ou escomptée, et des mesures techniques appropriées (par exemple cryptographie, hachage irréversible) ont été mises en place pour prévenir cette éventualité. En l'occurrence, même si l'identification de certaines personnes concernées peut se produire malgré tous les protocoles et mesures (en raison de circonstances imprévisibles telles qu'une correspondance accidentelle des caractéristiques de la personne concernée qui révèlent son identité), les informations traitées par le responsable initial peuvent ne pas être considérées comme concernant des personnes physiques identifiées ou identifiables, compte tenu *de l'ensemble des moyens susceptibles d'être raisonnablement mis en œuvre, soit par le responsable du traitement, soit par une autre personne*. Leur traitement peut ainsi ne pas être soumis aux dispositions de la directive. Il en va tout autrement pour le nouveau responsable du traitement qui a effectivement eu accès aux données identifiables qui seront, elles, sans aucun doute considérées comme des « données à caractère personnel ».

FAQ 14-7 sur le régime de la « sphère de sécurité »

La question des données codées dans la recherche pharmaceutique a été traitée dans le cadre du régime de la « sphère de sécurité » *[Décision de la Commission 2000/520/CE du 26.7.2000, JO L 215 du 25.8.2000, p. 7]*. La FAQ (*frequently asked question* – question souvent posée) 14-7 est ainsi libellée :

FAQ 14 – Produits pharmaceutiques et médicaux

7. Q : Les données de la recherche sont habituellement codées à leur source uniquement par le chercheur principal, pour ne pas révéler l'identité des intéressés. Les sociétés pharmaceutiques qui commanditent ce type de recherche ne reçoivent pas la clé de ce code. Le code de la clé unique est détenu par le seul chercheur, pour qu'il puisse identifier la personne concernée dans des circonstances spéciales (par exemple, si un suivi médical est requis). Le transfert de l'Union européenne aux États-Unis de données personnelles ainsi codées représente-t-il un transfert de données soumis aux principes de la « sphère de sécurité » ?

7. R : Non. Cela ne représenterait pas un transfert de données personnelles soumis à ces principes.

Le groupe de travail estime que cet avis exprimé dans le cadre du régime de la « sphère de sécurité » ne va pas à l'encontre de l'argumentation exposée ci-dessus qui aurait tendance à considérer ces informations comme des données à caractère personnel soumises à la directive. En réalité, cette FAQ n'est pas suffisamment précise, dans la mesure où elle n'indique ni le destinataire ni les modalités de transfert de ces données. Selon le groupe de travail, la FAQ se réfère au cas dans lequel les données codées sont communiquées à un destinataire aux États-Unis (par exemple, la société pharmaceutique) qui ne reçoit que les données codées et n'aura jamais connaissance de l'identité des patients qui n'est connue et ne sera connue, si un traitement s'avère nécessaire, que par le professionnel/chercheur en médecine, mais jamais par la société américaine.

Données anonymes

Par « données anonymes » au sens de la directive, on entend toute information concernant une personne physique lorsque cette personne ne peut être identifiée, ni par le responsable du traitement des données ni par une autre personne, *compte tenu de l'ensemble des moyens susceptibles d'être raisonnablement mis en œuvre, soit par le responsable du traitement, soit par une autre personne pour identifier ladite personne*. Les

« données anonymisées » sont donc des données anonymes qui concernaient auparavant une personne identifiable, mais ne permettent plus cette identification. Le considérant 26 évoque également ce concept lorsqu'il énonce que *« les principes de la protection ne s'appliquent pas aux données rendues anonymes d'une manière telle que la personne concernée n'est plus identifiable »*. Une fois encore, pour vérifier si les données permettent l'identification d'une personne physique et si ces informations peuvent être considérées comme anonymes ou pas, il faut tenir compte des circonstances, et un examen au cas par cas s'impose et s'attachera notamment à vérifier dans quelle mesure les moyens sont susceptibles d'être raisonnablement mis en œuvre pour l'identification, comme décrit au considérant 26. Cela s'avère particulièrement important dans le cas des informations statistiques où, en dépit du fait que lesdites informations peuvent se présenter sous forme agrégée, l'échantillon initial n'est pas suffisamment important et d'autres éléments d'information peuvent permettre d'identifier les personnes physiques.

Exemple n° 18 – Enquêtes statistiques et association d'informations éparses.

En dehors de leur obligation générale de respecter les règles de protection des données afin d'assurer l'anonymat des enquêtes statistiques, les statisticiens sont soumis à une obligation spécifique de secret professionnel et, en vertu de ces règles, il leur est interdit de publier des données non anonymes. Ils sont donc contraints de publier des données statistiques agrégées qui ne peuvent en aucun cas être attribuées à une personne identifiée dissimulée derrière les statistiques. Cette règle est particulièrement importante en ce qui concerne la publication de données de recensement. Il convient de déterminer, dans chaque situation, un seuil en dessous duquel on estime qu'il est possible d'identifier les personnes concernées. S'il apparaît qu'un critère conduit à une identification dans une catégorie de personnes donnée, quelle que soit sa taille (par exemple un seul médecin opère dans une ville de 6 000 habitants), il importe d'éliminer complètement ce critère « discriminatoire » ou d'ajouter d'autres critères pour « diluer » les résultats sur une personne donnée, afin de garantir le secret statistique.

Exemple n° 19 – Publication d'informations résultant d'un système de vidéosurveillance.

Un commerçant installe un système de surveillance par caméra dans son magasin. Il affiche, dans son magasin, des photos de gens pris en flagrant délit de vol grâce au système de surveillance par caméra. Après l'intervention de la police, il occulte les visages des voleurs, en les assombrissant. Néanmoins, malgré cette précaution, il est toujours possible que ces personnes soient reconnues sur des photos par des amis, des proches ou des voisins, par exemple parce que leur silhouette, leur coupe de cheveux et leurs vêtements sont encore reconnaissables.

4. *Quatrième élément : « personne physique »*

La protection assurée par les dispositions de la directive s'applique aux personnes physiques, c'est-à-dire aux êtres humains. Le droit à la protection des données à caractère personnel est, en ce sens, un droit universel qui n'est pas limité aux ressortissants ou résidents d'un certain pays. Le considérant 2 de la directive s'y réfère explicitement en énonçant que *« les systèmes de traitement de données sont au service de l'homme »* et qu'ils *« doivent, quelle que soit la nationalité ou la résidence des personnes physiques, respecter les libertés et droits fondamentaux de ces personnes »*.

Le concept de « personne physique » est évoqué à l'article 6 de la Déclaration universelle des droits de l'homme qui se lit comme suit : *« Chacun a le droit à la reconnaissance en tous lieux de sa personnalité juridique »*. La législation des États membres, généralement dans le domaine du droit civil, décrit plus précisément le concept de la personnalité des êtres humains, considérée comme la capacité à être un sujet de droit, de la naissance de l'individu jusqu'à son décès. Les données personnelles sont dès lors en principe des données concernant des personnes vivantes identifiées ou identifiables. Cela soulève un certain nombre de questions aux fins de la présente analyse.

Données relatives à des personnes décédées

Les informations relatives à des personnes décédées ne sauraient, en principe, être considérées comme des données à caractère personnel soumises aux règles de la directive, étant donné qu'en vertu du droit civil*[,]* les personnes décédées ne sont plus des personnes physiques. Cependant, les données des personnes décédées peuvent, dans certains cas, encore bénéficier indirectement d'un certain niveau de protection.

D'une part, les responsables du traitement de données ne sont peut-être pas en mesure de vérifier si la personne à laquelle se rapportent les données est encore vivante ou éventuellement décédée. Même en admettant qu'ils le soient, les informations relatives à la personne décédée peuvent être traitées selon le même système que si elle était en vie, sans distinction aucune. Étant donné que le responsable du traitement des données est soumis aux obligations de protection des données énoncées par la directive en ce qui concerne les données sur les personnes vivantes, il sera probablement plus facile pour lui, dans la pratique, de traiter également les données relatives aux personnes décédées dans les conditions imposées par les règles de protection des données, plutôt que de séparer les deux ensembles de données.

D'autre part, les informations relatives à des personnes décédées peuvent concerner également des personnes vivantes. A titre d'exemple, les informations révélant que la personne décédée X était atteinte d'hémophilie indiquent que son fils souffre aussi de la même maladie, étant donné que celle-ci est due à un gène contenu dans le chromosome X. Ainsi, lorsque des informations qui sont des données relatives à des personnes décédées peuvent être considérées comme concernant en même temps des personnes vivantes et constituer des données à caractère personnel soumises aux dispositions de la directive, les données à caractère personnel des personnes décédées peuvent bénéficier indirectement de la protection des règles de protection des données.

Troisièmement, les informations relatives aux personnes décédées peuvent bénéficier d'une protection spécifique accordée par une série de règles autres que la législation sur la protection des données, fixant les limites de ce que d'aucuns appellent la *personalitas praeterita*. L'obligation de confidentialité du personnel médical ne s'éteint pas avec le décès du patient. La législation nationale sur le droit au respect de l'image et de l'honneur peut également prévoir une protection de la mémoire de la personne décédée.

Quatrièmement, rien ne s'oppose à ce qu'un État membre étende la portée de la législation nationale transposant les dispositions de la directive 95/46/CE à des domaines non inclus dans le champ d'application de ladite directive, pour autant qu'aucune autre disposition du droit communautaire n'y fasse obstacle, comme l'a rappelé la Cour de justice des Communautés et européennes *[Arrêt 6 nov. 2003 dans l'affaire C-101/2001 (Lindqvist), point 98]*. On peut imaginer que certains législateurs nationaux décident d'étendre les dispositions de la législation nationale en matière de protection des données à certains aspects concernant le traitement des données relatives à des personnes décédées, lorsqu'un intérêt légitime le justifie *[Procès-verbal du Conseil de l'Union européenne, 8.2.1995, document nº 4730/95 : Ad art. 2a : « Le Conseil et la Commission confirment qu'il appartient aux États membres de déterminer si et dans quelle mesure la présente directive est susceptible de s'appliquer aux personnes décédées ».]*.

Enfants à naître

L'applicabilité des règles de protection des données avant la naissance dépend de l'orientation générale adoptée dans les ordres juridiques nationaux à propos de la protection des enfants à naître. Pour tenir essentiellement compte des droits de succession, certains États membres reconnaissent le principe selon lequel les enfants conçus mais pas encore nés sont considérés comme s'ils étaient nés s'agissant de certains droits (ils peuvent par exemple hériter ou accepter une donation), sous réserve qu'ils naissent effectivement. Dans d'autres États membres, ils bénéficient d'une protection spécifique régie par des dispositions légales particulières, également subordonnée à la même condition. Afin de déterminer si les dispositions nationales de protection des données protègent également les informations concernant les enfants à naître, il convient de considérer l'approche générale de l'ordre juridique national, tout en gardant à l'esprit que la finalité des règles de protection des données est de protéger la personne physique.

Une deuxième question réside dans le fait que l'attitude générale de l'ordre juridique se fonde sur le principe selon lequel la situation des enfants à naître est limitée dans le temps à la durée de la grossesse. Le fait que cette situation puisse, en réalité, se prolonger bien au-delà, comme dans le cas d'*[des]* embryons congelés, n'est pas pris en compte. Enfin, il arrive que des solutions juridiques spécifiques soient prévues en particulier dans les dispositions régissant les techniques de reproduction, qui traitent de l'utilisation des informations médicales ou génétiques sur les embryons.

Personnes morales

Étant donné que la définition des données à caractère personnel se réfère à des particuliers, c'est-à-dire à des personnes physiques, les informations concernant les personnes morales ne sont en principe pas couvertes par la directive, de sorte qu'elles ne bénéficient pas de la protection qu'elle prévoit *[Considérant 24 de la directive 95/46/CE : « considérant que les législations relatives à la protection des personnes morales à l'égard du traitement des données qui les concernent ne sont pas affectées par la présente directive »]*. Toutefois, certaines règles de protection des données peuvent malgré tout s'appliquer indirectement à des informations concernant des entreprises ou des personnes morales, dans certaines circonstances particulières.

Certaines dispositions de la directive 2002/58/CE relative à la vie privée dans le secteur des communications électroniques s'étendent aussi aux personnes morales. Son article 1er est libellé comme suit : « *2. Les dispositions de la présente directive précisent et complètent la directive 95/46/CE aux fins énoncées au paragraphe 1. En outre, elles prévoient la protection des intérêts légitimes des abonnés qui sont des personnes morales* ». Par conséquent, les articles 12 et 13 étendent l'application de certaines dispositions concernant respectivement les annuaires d'abonnés et les communications non sollicitées aux personnes morales.

Les informations ayant trait à des personnes morales peuvent également être considérées comme « concernant » des personnes physiques en tant que telles, selon les critères énoncés dans le présent document. Cela peut être le cas lorsque le nom de la personne morale est dérivé de celui d'une personne physique. Un autre cas de figure est celui du courrier électronique d'une entreprise qui est normalement utilisé par un employé, ou des informations concernant une petite entreprise (du point de vue juridique, un « objet » plutôt qu'une personne morale) qui peuvent éventuellement décrire le comportement de leur propriétaire. Dans tous ces cas, lorsque les critères de « contenu », de « finalité » ou de « résultat » permettent de considérer les informations relatives à une personne morale ou à une entreprise comme « concernant » une personne physique, il y a lieu de les considérer comme des données à caractère personnel, et dès lors*[,]* les règles de protection des données doivent s'appliquer.

Comme l'a précisé la Cour de justice des Communautés européennes, rien ne s'oppose à ce qu'un État membre étende la portée de la législation nationale transposant les dispositions de la directive 95/46 à des domaines non inclus dans le champ d'application de cette dernière, pour autant qu'aucune autre disposition du droit communautaire n'y fasse obstacle *[CJUE 6 nov. 2003 aff. C-101/2001 (Lindqvist), point 98]*. Ainsi, certains États membres, tels que l'Italie, l'Autriche et le Luxembourg, ont étendu l'application de certaines dispositions de leur législation nationale transposant la directive (comme celles sur les mesures de sécurité) au traitement de*[s]* données concernant des personnes morales.

Comme dans le cas des informations relatives aux personnes décédées, il peut arriver qu'en vertu des modalités pratiques mises en place par le responsable du traitement des données, des données relatives à des personnes morales soient soumises *de facto* aux règles sur la protection des données. Lorsque le responsable du traitement collecte sans distinction des données relatives à des personnes physiques et morales, et les inclut dans les mêmes séries de données, la conception des mécanismes de traitement des données et le système d'audit peuvent être établis de manière à satisfaire aux règles de protection des données. En réalité, il peut s'avérer plus facile pour le responsable du traitement d'appliquer les règles de protection des données à tous les types d'informations qu'il traite plutôt que d'établir une distinction entre les informations relatives aux personnes physiques et celles relatives aux personnes morales.

IV. Que se passe-t-il si les données ne relèvent pas du champ d'application de la définition ?

Comme nous l'avons vu tout au long du présent document, il se peut que, dans certaines circonstances, les informations ne soient pas considérées comme des données à caractère personnel. Il en est ainsi lorsque les données ne peuvent être considérées comme concernant une personne physique, ou parce que les personnes physiques ne peuvent pas être considérées comme identifiées ou identifiables. Lorsque les informations traitées ne relèvent pas du concept de « données à caractère personnel », il s'ensuit que la directive ne s'applique pas, conformément à son article 3. Cela ne signifie pas pour autant que les personnes physiques soient privées de toute forme de protection dans cette situation particulière. Les éléments suivants méritent d'être pris en considération.

Si la directive ne s'applique pas, en revanche, la législation nationale sur la protection des données peut, elle, s'appliquer. Comme prévu à l'article 34, les États membres sont destinataires de ladite directive. En dehors de son champ d'application, les États membres ne sont pas soumis aux obligations qu'elle impose, à savoir mettre en vigueur les dispositions législatives, réglementaires et administratives nécessaires pour se conformer à ladite directive. Cependant, comme l'a précisé la Cour de justice des Communautés européennes, rien ne s'oppose à ce qu'un État membre étende la portée de la législation nationale transposant les dispositions de la directive 95/46 à des domaines non inclus dans le champ d'application de cette dernière, pour autant qu'aucune autre disposition du droit communautaire n'y fasse obstacle. Il est donc tout à fait possible que certaines situations n'impliquant pas le traitement de données à caractère personnel telles que définies dans la directive fassent tout de même l'objet de mesures de protection en vertu du droit national. Cela peut s'appliquer par exemple à un domaine tel que celui des données codées, qu'il s'agisse de données à caractère personnel ou non.

Lorsque les règles de protection des données ne s'appliquent pas, certaines activités peuvent néanmoins être contraires à l'article 8 de la Convention européenne des droits de l'homme, qui protège le droit à la vie privée et familiale, à la lumière de la jurisprudence étendue de la CEDH. D'autres séries de règles telles que la législation sur les délits civils, le droit pénal ou la législation interdisant la discrimination peuvent également offrir une protection aux personnes physiques lorsque les règles de protection des données ne s'appliquent pas et que divers intérêts légitimes sont éventuellement en jeu.

V. Conclusions

Dans le présent avis, le groupe de travail a donné des orientations sur la manière dont il convient d'interpréter le concept de données à caractère personnel dans la directive 95/46/CE et la législation communautaire connexe, et de l'appliquer dans diverses situations.

Le constat général est que l'intention du législateur européen était d'adopter une notion large de données à caractère personnel, bien qu'il existe certaines limites à cette notion. Il ne faut jamais perdre de vue que l'objectif des règles contenues dans la directive est d'assurer la protection des libertés et des droits fondamentaux des personnes physiques, notamment de la vie privée, à l'égard du traitement des données à caractère personnel. Ces règles ont donc été conçues pour s'appliquer à des situations où *[dans lesquelles]* les droits des personnes physiques pourraient être menacés et nécessitent par conséquent d'être protégés. Le champ d'application des règles de protection des données ne doit pas être trop étendu, mais il faut également éviter de restreindre indûment l'interprétation du concept de données à caractère personnel. La directive a défini son champ d'application, en excluant un certain nombre d'activités, et permet une certaine souplesse dans l'application des règles aux activités qui relèvent de son champ d'application. Les autorités de protection des données jouent un rôle essentiel pour parvenir à un équilibre approprié dans cette application (V. partie II).

L'analyse du groupe de travail reposait sur quatre grands éléments constitutifs apparaissant dans la définition des « données à caractère personnel », à savoir « toute information », « concernant », « personne physique », « identifiée ou identifiable ». Ces éléments sont étroitement liés et interdépendants, mais déterminent ensemble les éléments d'information à considérer comme *[des]* « données à caractère personnel ». Cette analyse est étayée par des exemples tirés de la pratique nationale des autorités européennes de protection des données.

– Le premier élément – « toute information » – appelle une interprétation large du concept, indépendamment de la nature ou du contenu des informations, et du format technique de présentation. Cela signifie que tant les informations objectives que subjectives concernant une personne, à quelque titre que ce soit, peuvent être considérées comme *[des]* « données à caractère personnel », indépendamment du support technique sur lequel elles se trouvent. Dans le présent avis, le groupe de travail aborde également les données biométriques et les distinctions juridiques concernant les prélèvements humains dont elles peuvent être extraites (V. point III.1).

– Le deuxième élément – « concernant » – a jusqu'à présent été souvent négligé, bien qu'il joue un rôle crucial pour déterminer la portée matérielle du concept, notamment en ce qui concerne les objets et les nouvelles technologies. Dans son avis, le groupe de travail avance trois autres éléments – le contenu, la finalité ou le résultat – pour déterminer si les informations « concernent » une personne physique. Ils s'appliquent également aux informations susceptibles d'avoir une influence manifeste sur la manière dont une personne physique est traitée ou évaluée (V. point III.2).

– Le troisième élément – « identifiée ou identifiable » – se concentre sur les conditions dans lesquelles il convient de considérer une personne physique comme « identifiable », et notamment sur « les moyens susceptibles d'être raisonnablement mis en œuvre » soit par le responsable du traitement, soit par une autre personne, pour identifier ladite personne. Le contexte particulier et les circonstances liées à un cas spécifique sont déterminants dans cette analyse. Le groupe de travail aborde aussi les « données pseudonymisées » et l'utilisation de « données codées » dans la recherche statistique ou pharmaceutique (V. point III.3).

– Le quatrième élément – « personne physique » – concerne l'exigence voulant que les « données à caractère personnel » portent sur des « personnes physiques vivantes ». Le groupe examine en outre les interfaces avec les données relatives à des personnes décédées, des enfants à naître et des personnes morales (V. point III.4).

La dernière partie est consacrée à ce qui se produit si les données ne relèvent pas du champ d'application de la définition des « données à caractère personnel ». Différentes solutions sont envisageables pour remédier aux problèmes posés en l'occurrence, notamment par le biais de la législation nationale en dehors du champ d'application de la directive, sous réserve du respect des autres dispositions du droit communautaire (V. point IV).

Le groupe de travail invite toutes les parties intéressées à examiner soigneusement les orientations fournies dans le présent avis et d'*[à]* en tenir compte dans leur interprétation et leur application des dispositions de droit national conformément à la directive 95/46/CE.

Les membres du groupe de travail qui, dans leur majorité, représentent des autorités nationales de contrôle de la protection des données s'engagent à approfondir ces orientations dans le cadre de leurs compétences et de *[à]* veiller à la bonne application de leur législation nationale conformément à la directive 95/46/CE.

Le groupe de travail entend appliquer et approfondir les orientations fournies dans le présent avis, lorsque cela s'avère nécessaire, et en tenir soigneusement compte dans ses futurs travaux, en particulier lorsqu'il traitera de thèmes tels que la gestion de l'identité dans le contexte de l'administration électronique (« *e-government* ») et des services de télésanté (« *e-health* »), de même que dans le contexte de la technologie RFID (*radio-identification*). Dans ce dernier secteur, le groupe de travail entend contribuer à une nouvelle analyse de l'influence des règles de protection des données sur l'utilisation de la technologie RFID et l'éventuel besoin de prendre les mesures complémentaires indispensables au respect des droits et des intérêts en matière de protection des données dans ce contexte.

Enfin, le groupe de travail accueillera avec satisfaction tout retour d'information des parties intéressées et des autorités de contrôle concernant leur expérience pratique des orientations fournies dans le présent avis, notamment tout autre exemple complétant ceux évoqués dans le présent document. Il entend revenir sur ce sujet en temps voulu, en vue de parvenir à une perception commune du concept clé de données à caractère personnel, et d'assurer une application harmonisée et une meilleure mise en œuvre de la directive 95/46/CE et, sur cette base, de la législation communautaire connexe.

Avis du G29 n° 3/2010 du 13 juillet 2010,

Sur le principe de la responsabilité ***(WP 173)***.

V. NDLR en tête de v°.

Note de synthèse

Il est fréquent que les principes et obligations à respecter dans l'Union européenne en matière de protection des données ne se traduisent pas suffisamment par des mesures et pratiques internes concrètes. A moins d'une réelle intégration dans les valeurs et pratiques communes d'une organisation et d'une répartition explicite des responsabilités, le respect de ces principes et obligations risque d'être compromis, et les incidents relatifs à la protection des données sont susceptibles de se perpétuer.

Pour favoriser la protection effective des données, le cadre réglementaire européen doit se doter d'outils complémentaires. Le présent avis a pour but de conseiller la Commission sur la manière de modifier la directive sur la protection des données dans ce sens. A cet égard, le présent avis formule une proposition concrète en vue d'établir un principe de responsabilité exigeant des responsables du traitement des données qu'ils mettent en place des mesures appropriées et efficaces pour garantir le respect des principes et obligations définis dans la directive, et qu'ils le prouvent aux autorités de contrôle qui le demandent. Cela contribuerait à faire de la protection des données une réalité et aiderait les autorités compétentes en la matière dans leurs missions de supervision et de mise en application.

L'avis contient en outre des suggestions visant à garantir que le principe de responsabilité offre la sécurité juridique requise, tout en laissant une certaine marge de manœuvre aux acteurs de la protection (par exemple, en leur permettant de déterminer les mesures concrètes à mettre en place selon les risques liés au traitement et les types de données traités). Il examine ensuite l'impact que pourrait avoir un tel principe sur d'autres domaines, dont les transferts de données internationaux, les exigences en matière de notification, les sanctions et, enfin, il aborde l'élaboration de programmes de certification ou de labels.

I. Introduction

1. La protection des données doit devenir une réalité. Les prescriptions légales en la matière doivent se traduire par de véritables mesures de protection des données. Pour favoriser la protection effective des données, le cadre juridique européen en la matière doit se doter de mécanismes complémentaires. Au cours des discussions sur

l'avenir du cadre européen et mondial de protection des données, il a été suggéré de recourir à des mécanismes reposant sur la responsabilité afin d'encourager les responsables du traitement des données à utiliser des outils pratiques en vue de garantir la protection effective des données.

2. Dans son document de décembre 2009 intitulé « L'avenir de la protection de la vie privée » (WP 168), le groupe article 29 estimait que le cadre juridique actuel n'avait pas été pleinement en mesure de garantir la transposition des exigences en matière de protection des données en mécanismes efficaces offrant une réelle protection. Pour remédier à cette situation, le groupe proposait à la Commission d'envisager la mise en place de mécanismes basés sur le principe de responsabilité, en mettant tout particulièrement l'accent sur la possibilité d'intégrer un principe de responsabilité dans la version révisée de la directive relative à la protection des données *[« Pour résoudre ce problème, il conviendrait d'introduire un principe de responsabilité dans le cadre global aux termes duquel les responsables du traitement des données seraient contraints de prendre les mesures nécessaires pour veiller au respect des obligations et principes essentiels de la directive actuelle lors du traitement des données à caractère personnel. Une telle disposition renforcerait la nécessité de mettre en place des politiques et des mécanismes permettant la mise en œuvre effective des principes et obligations essentiels de la directive actuelle. Elle confirmerait la nécessité de prendre des mesures efficaces donnant lieu à une application interne efficace des obligations et principes essentiels actuellement consacrés dans la directive. En outre, le principe de responsabilité exigerait des responsables du traitement des données qu'ils mettent en place les mécanismes internes nécessaires pour démontrer leur conformité aux parties prenantes externes, notamment aux autorités nationales chargées de la protection des données. Au final, la nécessité de prouver que les mesures appropriées ont été prises pour assurer la conformité facilitera considérablement l'exécution des règles applicables » (WP 168, point 79. Pour obtenir de plus amples informations, V. aussi les points 74 à 78).]*. Ce principe renforcerait le rôle du responsable du traitement des données et accroîtrait sa responsabilité.

3. Pour faire bref, disons qu'un principe légal de responsabilité exigerait expressément des responsables du traitement des données qu'ils mettent en œuvre des mesures appropriées et efficaces en vue de garantir le respect des principes et obligations prévus par la directive, et qu'ils soient en mesure d'en faire la preuve sur demande. En pratique, ceci *[cela]* se traduirait par des programmes évolutifs visant à appliquer les principes relatifs à la protection des données en vigueur (parfois appelés « programmes de conformité »). En complément de ce principe, d'autres exigences particulières, destinées à donner effet aux garanties en matière de protection des données ou à s'assurer de leur efficacité, pourraient être définies. On pourrait par exemple imaginer une disposition requérant la réalisation d'une évaluation de l'impact sur la vie privée pour toutes les opérations de traitement des données à plus haut risque.

4. Cet avis entend se fonder sur les contributions antérieures du groupe « article 29 » à ce sujet, formulées dans son avis sur l'avenir de la protection de la vie privée, en vue de conseiller la Commission dans le cadre de son actuel processus de révision de la directive 95/46/CE. Pour ce faire, le présent avis est divisé en quatre sections. La première aborde la nécessité, pour les responsables du traitement des données, de renforcer leurs dispositifs internes (politiques et procédures) en vue de s'assurer que toutes les opérations de traitement s'effectuent dans le respect des règles en vigueur et de voir comment des systèmes basés sur la responsabilité pourraient contribuer à cet objectif. Elle examine ensuite la forme que pourrait revêtir l'architecture juridique d'un système basé sur la responsabilité, ainsi que les précédents dans le domaine de la protection des données et dans d'autres domaines. La deuxième section avance une proposition concrète de principe de responsabilité et expose le raisonnement qui sous-tend les différents aspects de cette proposition. La troisième section traite des différents éléments liés à un système juridique, et notamment à un système général de responsabilité. Elle expose aussi la nécessité d'une telle proposition en vue de garantir la sécurité juridique, cette proposition étant cependant formulée dans des termes suffisamment larges de façon à laisser une certaine marge de manœuvre aux acteurs de la protection (ce qui permettrait de déterminer des

mesures et méthodes de vérification concrètes à appliquer selon les risques liés au traitement et les types de données traités). Enfin, l'avis aborde d'autres questions connexes, telles que la relation avec les transferts internationaux ; il décrit les avantages d'un mécanisme basé sur la responsabilité pour les autorités chargées de la protection des données et envisage le rôle éventuel de la certification dans ce contexte.

II. Responsabilité : buts, architecture juridique, précédents et terminologie

1. *La responsabilité comme moteur de l'application efficace des principes de protection des données*

5. A l'heure actuelle, la nécessité et l'intérêt, pour les responsables du traitement des données, de garantir la mise en place de mesures efficaces assurant une réelle protection des données se font de plus en plus sentir. Il y a à cela plusieurs raisons, que nous examinerons ci-après.

6. Tout d'abord, nous assistons à un véritable « déluge de données », avec une croissance continue du nombre de données à caractère personnel générées, traitées et transférées. Ce phénomène est favorisé tant par l'évolution technologique, à savoir la multiplication des systèmes d'information et de communication, que par la capacité grandissante des personnes à utiliser les technologies et à interagir avec celles-ci. A mesure que les volumes de données disponibles et circulant de par le monde augmentent, les risques pour leur confidentialité s'accroissent eux aussi. Ceci *[Cela]* souligne encore la nécessité, pour les responsables du traitement des données, tant du secteur public que du secteur privé, de mettre en œuvre de véritables mécanismes internes efficaces en vue de garantir la protection des informations à caractère personnel.

7. Ensuite, cette croissance constante du volume d'informations à caractère personnel va de pair avec une augmentation de leur valeur sur le plan social, politique et économique. Dans certains secteurs, et surtout dans les environnements en ligne, les données à caractère personnel sont *de facto* devenues une monnaie d'échange pour les contenus en ligne. Dans le même temps, du point de vue sociétal, on reconnaît de plus en plus la valeur sociale de la protection des données. En bref, à mesure que les informations à caractère personnel gagnent en importance pour les responsables du traitement des données tous secteurs confondus, les citoyens, les consommateurs et la société dans son ensemble sont eux aussi de plus en plus conscients de leur valeur, ce qui renforce encore la nécessité d'appliquer des mesures strictes en vue de les préserver.

8. Enfin, il découle de ce qui précède que les divulgations de données à caractère personnel peuvent avoir un impact négatif majeur pour les responsables du traitement des données des secteurs public et privé. Tout incident potentiel lié à des applications d'administration ou de santé en ligne aurait des conséquences désastreuses sur le plan économique, mais surtout en termes de réputation. Il est par conséquent devenu capital pour les responsables du traitement des données de tous les secteurs de réduire les risques au minimum, de jouir d'une bonne réputation et de la conserver et de s'assurer la confiance des citoyens et des consommateurs.

9. En résumé, les points ci-dessus montrent qu'il est absolument nécessaire pour les responsables du traitement des données de mettre en œuvre des mesures de protection des données efficaces, visant une bonne gouvernance en la matière, tout en réduisant au minimum les risques juridiques et économiques ainsi que les risques d'atteinte à la réputation susceptibles de résulter de mauvaises pratiques en matière de protection des données. Comme nous le verrons plus en détail ci-après, c'est précisément le but des mécanismes fondés sur la responsabilité.

2. *Une possible architecture juridique globale pour les mécanismes basés sur la responsabilité*

10. Dans ce contexte, il est intéressant de s'interroger sur la manière dont le cadre juridique pourrait encourager les responsables du traitement des données à prendre

des mesures offrant une réelle protection – en d'autres termes, de se demander à quoi devrait ressembler l'architecture juridique d'un système basé sur la responsabilité.

11. Avant d'entrer dans le vif du sujet, il convient de souligner d'emblée que ces systèmes ne modifieront et n'affecteront en rien les principes essentiels de la protection des données. Au contraire, ils ont pour but d'en améliorer l'application.

12. Une façon d'inciter les responsables du traitement des données à mettre en place de telles mesures serait d'insérer un principe de responsabilité dans la version révisée de la directive. Parmi les effets attendus d'une telle disposition figurent la mise en œuvre de mesures et *[de]* procédures internes en vue d'appliquer les principes existants de protection des données et de garantir leur efficacité, ainsi que l'obligation de le démontrer à la demande des autorités chargées de la protection des données. Comme nous le verrons ci-après, le*[s]* type*[s]* de procédures et de mécanismes varierait *[varieraient]* selon les risques que posent le traitement et la nature des données.

13. En outre, on pourrait également envisager des exigences spécifiques, telles que l'obligation d'évaluer l'impact sur la vie privée dans certains cas ou la désignation de délégués à la protection des données personnelles. Ces prescriptions particulières pourraient venir compléter le principe général de responsabilité.

14. Le groupe de travail « article 29 » reconnaît que les responsables du traitement des données pourraient vouloir mettre en œuvre des politiques et *[des]* procédures qui ne soient pas expressément prévues par la législation relative à la protection des données. Par exemple, il se peut qu'un tel responsable veuille s'engager à répondre aux demandes d'accès dans des délais très brefs, alors que la législation prévoit une certaine souplesse, ou à répondre aux demandes d'accès simultanément en ligne et hors ligne, afin de garantir la bonne réception des informations dans un délai bref. On pourrait aussi imaginer une situation dans laquelle le responsable du traitement des données souhaiterait aller au-delà des exigences minimales prévues par le cadre juridique général. Il pourrait ainsi décider de désigner un délégué à la protection des données, bien que la législation en vigueur ne l'y contraigne pas, ou vouloir commander à une tierce partie un audit de toutes ses opérations de traitement des données afin d'évaluer si celles-ci sont conformes au cadre juridique relatif à la protection des données. Le groupe de travail « article 29 » salue ces initiatives et souhaiterait que le nouveau cadre juridique relatif à la protection des données encourage les responsables du traitement des données à prendre de telles mesures.

15. Dans le droit fil de ce qui précède, l'« architecture juridique » des mécanismes de responsabilité prévoirait deux niveaux : le premier niveau consisterait en une exigence légale fondamentale contraignante pour tous les responsables du traitement des données, laquelle comprendrait deux éléments de fond : la mise en œuvre de mesures/procédures et la conservation d'une trace documentaire de celle-ci. Des exigences particulières pourraient venir compléter ce premier niveau. Le second niveau couvrirait des systèmes de responsabilité*[s]* volontaires allant au-delà des exigences juridiques minimales, eu égard aux principes sous-jacents de la protection des données (offrir des garanties supérieures à celles requises par les règles en vigueur)*[,]* et/ou en termes de modalités de mise en œuvre ou de contrôle de l'efficacité des mesures (définir des exigences plus strictes). Tout en reconnaissant l'importance et les avantages de tels systèmes, le présent avis traitera principalement du premier niveau, et plus particulièrement du principe général de responsabilité.

3. *Principe de responsabilité en matière de protection des données ainsi que dans d'autres domaines, et terminologie*

Précédents

16. Le groupe de travail « article 29 » tient à observer que le principe de responsabilité n'est pas neuf en soi. Sa reconnaissance explicite figure déjà dans les lignes directrices de l'Organisation de coopération et de développement économiques (OCDE) régissant la protection de la vie privée, adoptées en 1980. Sous *[les]* « Principe de la responsabilité », celles-ci disposent : « *Tout maître de fichier devrait être*

responsable du respect des mesures donnant effet aux principes [matériels] énoncés ci-dessous ».

17. Dernièrement, ce principe a été explicitement inclus dans les « normes internationales de Madrid », élaborées par la Conférence internationale des commissaires à la protection des données et de la vie privée *[La personne responsable doit : « a) prendre les mesures nécessaires pour observer les principes et obligations exposés dans le présent document et dans la législation nationale applicable, et b) avoir les mécanismes internes en place pour démontrer l'observation des principes aux personnes concernées et aux autorités de contrôle dans l'exercice de leurs pouvoirs, comme prévu à l'art. 23 ».]*. Il figure aussi dans la dernière version du projet de norme ISO 29100 établissant un cadre pour le respect de la vie privée et est l'un des principaux concepts du cadre de l'OCEAP (Organisation de coopération économique Asie-Pacifique) pour la protection de la vie privée et de ses règles transnationales en la matière *[ce qui précède, le « Centre for Information Policy Leadership » participe actuellement à une initiative visant à explorer les effets du principe de responsabilité en matière de protection des données et de la vie privée. V. www.informationpolicycentre.com]*.

18. D'un point de vue réglementaire, le groupe de travail « article 29 » note que les principes énoncés dans la norme du Canada intitulée « Code type sur la protection des renseignements personnels », annexés à la loi sur la protection des renseignements personnels et les documents électroniques, font référence à la responsabilité. Le premier principe, entre autres, exige l'élaboration et la mise en œuvre de politiques et de pratiques visant à respecter les dix principes énoncés dans ladite norme, et notamment la mise en œuvre de procédures pour protéger les renseignements à caractère personnel et la mise en place des procédures pour recevoir les plaintes et les demandes de renseignements et y donner suite.

19. Le groupe de travail « article 29 » note par ailleurs que les règles d'entreprise contraignantes (« BCR ») appliquées dans le contexte des transferts de données internationaux prennent en compte le principe de responsabilité. En effet, ces règles constituent des codes de bonnes pratiques, élaborés et mis en œuvre par des organisations multinationales, qui contiennent des mesures internes visant à mettre en application les principes de la protection des données (telles des audits, des programmes de formation, un réseau de délégués à la protection de la vie privée, un système de gestion des plaintes). Une fois révisées par les autorités nationales chargées de la protection des données, les BCR sont réputées offrir des garanties adéquates pour les transferts ou *[les]* catégories de transferts de données à caractère personnel entre entreprises qui appartiennent au même groupe et sont liées par lesdites règles en vertu des articles 25 et 26, paragraphe 2, de la directive 95/46/CE.

20. En dehors du domaine de la protection des données, il existe aussi des exemples d'application du principe de responsabilité, comme un programme précisant les politiques et *[les]* procédures des responsables du traitement des données en vue de garantir la conformité avec la législation et la réglementation en vigueur. La réglementation en matière de services financiers rend par exemple obligatoire le recours à des programmes de conformité. Dans d'autres secteurs, les programmes de conformité ne sont pas obligatoires mais sont encouragés, comme c'est le cas dans le droit de la concurrence. Ainsi, au Canada, le Bureau de la concurrence a-t-il élaboré des politiques très détaillées en matière de programmes de conformité d'entreprise, programmes auxquels les entreprises peuvent décider d'adhérer ou non sur *[une]* base volontaire. Le Commissaire canadien de la concurrence souligne toutefois l'importance de la conformité en tant qu'outil d'atténuation des risques et met en avant ses avantages juridiques, économiques et en matière d'image *[http://www.bureaudelaconcurrence.gc.ca/eic/site/cb-bc.nsf/fra/02732.html]*.

Terminologie

21. En anglais, on utilise le terme « *accountability* », issu du monde anglo-saxon où il est d'usage courant et où il existe un vaste consensus sur le sens à lui donner – bien qu'il soit difficile d'en définir avec précision le sens dans la pratique. Globalement, on peut toutefois dire qu'il met l'accent sur la manière dont la responsabilité (*responsability*) est assumée et sur la manière de le vérifier. En anglais, les termes « *responsability* » et « *accountability* » sont comme l'avers et le revers d'une médaille et sont

tous deux des éléments essentiels de la bonne gouvernance. On ne peut inspirer une confiance suffisante que s'il est démontré que la responsabilité (*responsability*) est efficacement assumée dans la pratique.

22. Dans la plupart des autres langues européennes, du fait, essentiellement, de la diversité des systèmes juridiques, il est difficile de traduire le terme « *accountability* ». Il existe dès lors un risque réel d'interprétation différente du terme et, donc, d'absence d'harmonisation. D'autres termes ont été suggérés pour rendre le sens d'« *accountability* ». Parmi ceux-ci : « *reinforced responsability* » (responsabilité renforcée), « *assurance* », « *reliability* » (fiabilité), « *trustworthiness* » (crédibilité) et, en français, « obligation de rendre des comptes », etc. On peut aussi avancer que l'« *accountability* » renvoie à la « mise en œuvre des principes de protection des données ».

23. Aux fins du présent document, nous avons choisi de nous concentrer sur les mesures à prendre ou à prévoir afin d'assurer la conformité dans le domaine de la protection des données. C'est dans ce sens qu'il faut entendre le terme de « responsabilité » utilisé dans le présent avis pour faire référence à l'anglais « *accountability* », sans préjudice de toute autre formule qui refléterait avec plus de précision le concept visé ici. C'est pourquoi le présent document ne se focalisera pas sur les termes, mais, de manière plus pragmatique, sur les mesures à prendre, plutôt que sur le concept lui-même.

III. Vers une proposition de disposition générale en matière de responsabilité

1. *Une disposition générale visant à réaffirmer et à renforcer la responsabilité des responsables du traitement des données*

24. Le groupe de travail « article 29 » a réfléchi plus avant à la possibilité d'introduire, à la lumière des considérations évoquées à la section 1, des solutions reposant sur la responsabilité dans le nouveau cadre juridique global en matière de protection des données.

25. Cette réflexion l'a conforté dans son opinion, déjà exprimée dans l'avis sur l'avenir de la protection de la vie privée, selon laquelle un principe général de responsabilité devrait être inclus dans un nouveau cadre législatif complet. L'objet d'une telle disposition consisterait à réaffirmer et à renforcer la responsabilité des responsables du traitement des données dans le cadre de leur mission, sans préjudice des éventuelles mesures concrètes venant compléter ce principe.

26. Cette nouvelle disposition s'inscrirait dans le droit fil de certaines dispositions déjà présentes dans le cadre législatif actuel. Citons, à cet égard et à titre d'exemple, l'article 6 de la directive 95/46/CE, qui fait référence, au paragraphe 1, aux principes relatifs à la qualité des données et mentionne, au paragraphe 2, qu'« il incombe au responsable du traitement d'assurer le respect du paragraphe 1 ». Ou encore l'article 17, paragraphe 1, qui exige des responsables du traitement des données qu'ils mettent en œuvre des mesures techniques et d'organisation. Une disposition générale de responsabilité renforcerait même la nécessité pour les responsables du traitement des données de respecter les exigences de l'article 17 en matière de sécurité, en plus des autres prescriptions.

2. *Vers une proposition concrète de principe général de responsabilité*

27. La nouvelle disposition viserait à favoriser l'adoption de mesures concrètes et pratiques, de manière à traduire les principes généraux de protection des données dans des politiques et *[des]* procédures concrètes définies au niveau du responsable du traitement des données, conformément à la législation et à la réglementation en vigueur. Le responsable du traitement des données devrait également veiller à l'efficacité des mesures prises et pouvoir démontrer, sur demande, qu'il les a bien mises en œuvre.

28. De manière schématique, une telle disposition générale se concentrerait sur deux éléments centraux :

(i) la nécessité pour le responsable du traitement des données de prendre des mesures appropriées et efficaces pour mettre en œuvre les principes de protection des données ;

(ii) la nécessité de démontrer, sur demande, que des mesures appropriées et efficaces ont été prises. En conséquence, le responsable devrait fournir des preuves de l'exécution du point (i) ci-dessus.

29. Cette obligation devrait s'appliquer à tous les responsables du traitement des données, en toutes circonstances.

30. Le premier élément de l'obligation exigerait des responsables du traitement des données qu'ils mettent en œuvre des mesures appropriées. Les types de mesures visés ne seraient pas précisés dans le texte de la disposition générale, mais des orientations ultérieures, émises par les autorités nationales chargées de la protection des données, par le groupe de travail « article 29 » ou par la Commission (via les procédures de comitologie) pourraient spécifier, pour certains cas, un ensemble minimal de mesures spécifiques jugées appropriées. Citons, à titre d'exemple, l'adoption, dans certaines circonstances, des politiques et *[des]* procédures internes nécessaires à la mise en œuvre des principes de protection des données, qui refléteraient la législation et la réglementation en vigueur.

31. La mise en œuvre de ces mesures et procédures pourrait aussi se faire efficacement par l'attribution de responsabilités et la formation des agents participant aux opérations de traitement des données. Ainsi les responsables du traitement des données devraient ils notamment être encouragés à désigner des délégués à la protection des données à caractère personnelle *[personnel]*, conformément à l'article 18 de la directive. Il convient, en tout état de cause, d'encourager l'attribution de responsabilités à différents niveaux de l'organisation, en vue de garantir que celles-ci sont bien assumées.

32. Concernant les transferts de données à caractère personnel à destination de pays tiers, les responsables du traitement des données devraient adopter et mettre en œuvre des mesures appropriées pour se conformer à l'exigence, prévue à l'article 26 de la directive, d'offrir des « garanties suffisantes » telles que les BCR.

33. Les responsables du traitement des données doivent également s'assurer que les mesures pratiques mises en œuvre en vue d'observer les principes de protection des données sont efficaces. Dans le cas d'*[des]* opérations de traitement de données de plus grande ampleur, plus complexes ou à haut risque, l'efficacité des mesures adoptées devrait faire l'objet d'un contrôle régulier. Il existe différentes manières d'évaluer l'efficacité (ou l'inefficacité) des mesures : contrôles, audits internes et externes, etc.

34. A la lumière des remarques exposées ci-dessus, le groupe de travail « article 29 » s'est penché sur le libellé d'une proposition concrète qui pourrait être introduite dans un cadre législatif global. Celle-ci pourrait être formulée comme suit :

« Article X – Mise en œuvre des principes de protection des données »

1. Le responsable du traitement prend des mesures efficaces et appropriées en vue de garantir le respect des principes et obligations énoncés dans la directive.

2. A la demande de l'autorité de contrôle, le responsable du traitement apporte à celle-ci la preuve du respect des dispositions du paragraphe 1.

IV. Examen de divers éléments liés au principe général de responsabilité

1. *Renforcement des obligations existantes*

35. Le groupe de travail « article 29 » note que certains responsables du traitement des données pourraient percevoir le principe général de responsabilité comme une source de nouvelles exigences légales lourdes pour eux, surtout compte tenu de la situation économique difficile que connaît actuellement l'Union européenne. Ce serait une erreur.

36. Le groupe de travail « article 29 » tient à souligner que la plupart des exigences énoncées dans cette nouvelle disposition existent en fait déjà dans la législation en

vigueur, bien qu'elles y soient moins explicites. En vertu du cadre juridique actuel, les responsables du traitement des données sont d'ores et déjà tenus, en effet, de se conformer aux principes et obligations qui figurent dans la directive. Pour ce faire, il est intrinsèquement nécessaire de mettre en place des procédures liées à la protection des données et d'éventuellement les vérifier. De ce point de vue, une disposition relative à la responsabilité ne constitue pas une grande nouveauté et, pour l'essentiel, n'impose pas d'exigences qui n'existent *[pas]* déjà implicitement dans la législation en vigueur. Globalement, la nouvelle disposition ne vise pas à soumettre les responsables du traitement des données à de nouveaux principes, mais plutôt à assurer le respect *de facto* des principes existants.

37. En fait, une évolution législative analogue a eu lieu en 2009, lorsque la directive 2002/58/CE a été modifiée *[Dir. 2009/136/CE du Parlement européen et du Conseil du 25 nov. 2009 modifiant la dir. 2002/22/CE concernant le service universel et les droits des utilisateurs au regard des réseaux et services de communications électroniques, la dir. 2002/58/CE concernant le traitement des données à caractère personnel et la protection de la vie privée dans le secteur des communications électroniques et le règl. (CE) n° 2006/2004 relatif à la coopération entre les autorités nationales chargées de veiller à l'application de la législation en matière de protection des consommateurs]*. Dans ce cas, la législation impose la mise en œuvre d'une politique de sécurité, et ce afin d'« *[assurer] la mise en œuvre d'une politique de sécurité relative au traitement des données à caractère personnel* ». S'agissant des dispositions de ladite directive en matière de sécurité, le législateur a donc décidé qu'il était nécessaire d'introduire une exigence explicite d'élaboration et de mise en place d'une politique de sécurité. Par ailleurs, l'article 18 de la directive 95/46/CE, qui fait référence à la désignation d'un détaché à la protection des données, de même que le système des règles d'entreprise contraignantes mentionné ci-dessus, offrent déjà des exemples de mesures pratiques qui peuvent être adoptées par les responsables du traitement des données.

38. Autre question en relation avec le point ci-dessus : les conséquences de la conformité (ou de la non-conformité) au principe de responsabilité. Le groupe de travail « article 29 » tient à signaler que le fait d'observer le principe de responsabilité ne signifie pas pour autant qu'un responsable du traitement des données soit en conformité avec les principes matériels énoncés dans la directive.

En d'autres termes, ce principe n'offre aucune présomption juridique de conformité et ne remplace aucun desdits principes. Un responsable du traitement des données peut avoir mis en œuvre et vérifié les mesures mises en place et néanmoins être en défaut. Par conséquent, l'adoption, par un responsable du traitement des données, de mesures destinées à observer les principes ne doit en aucun cas exclure la mise en œuvre à son encontre de mesures coercitives lorsque les autorités chargées de la protection des données l'estiment nécessaire. En pratique, toutefois, les responsables du traitement des données des secteurs public et privé qui ont adopté des mesures dans le cadre de programmes de conformité solides sont plus susceptibles d'être en conformité avec la législation. En effet, ayant mis en place des mesures efficaces destinées à observer les principes matériels de la protection des données, il est moins vraisemblable qu'ils enfreignent la législation. Par conséquent, lors de l'évaluation des sanctions relatives aux violations des principes de protection des données, les autorités chargées de la protection des données devraient tenir compte de la mise en œuvre (ou de l'absence de mise en œuvre) de mesures et de leur vérification.

2. *Mesures appropriées en vue de mettre en œuvre les dispositions de la directive*

39. Une disposition relative à la responsabilité exigerait des responsables du traitement des données qu'ils définissent et mettent en œuvre les mesures requises pour garantir la conformité de leurs opérations avec les principes et obligations de la directive et en fassent vérifier l'efficacité de manière périodique.

40. Le principe général de responsabilité qui est proposé évite à dessein de trop détailler les types de mesures à prendre. Ceci *[Cela]* soulève les deux questions fonda-

mentales et connexes suivantes : *i)* Quelles sont les mesures courantes qui assureraient le respect du principe de responsabilité ? *ii)* Comment proportionner et adapter les mesures à des circonstances spécifiques ?

Les mesures : illustration

41. Le groupe de travail « article 29 » considère que les mesures de responsabilité courantes pourraient inclure la liste – non exhaustive – suivante :

• instauration de procédures internes avant la création de nouvelles opérations de traitement de données à caractère personnel (contrôle interne, évaluation, etc.) *[Les opérations de traitement des données existantes devraient bénéficier d'une période de transition en vue de leur mise en conformité avec la législation] ;*

• mise en place de politique de protection de données écrites et contraignantes, à prendre en compte et à appliquer aux nouvelles opérations de traitement des données (par exemple, conformité aux critères de qualité des données, préavis, principes de sécurité, consultation, etc.), lesquelles devraient être mises à la disposition des personnes concernées ;

• mappage des procédures en vue de veiller au bon recensement de toutes les opérations de traitement des données et gestion d'un inventaire de celles-ci ;

• désignation d'un délégué à la protection des données et d'autres personnes responsables de la protection des données ;

• mise en place d'une protection des données adéquate et d'une formation pour les agents. Parmi ceux-ci, citons les personnes chargées (ou responsables) du traitement des données à caractère personnel (directeurs des ressources humaines, par exemple), mais aussi les directeurs informatique, développeurs et directeurs d'entités opérationnelles. Des ressources suffisantes doivent être mises à disposition pour la gestion de la protection de la vie privée ;

• mise en place de procédures de gestion des demandes d'accès, de rectification et d'effacement, qui doivent être transparentes pour les personnes concernées ;

• mise sur pied un mécanisme interne de gestion des plaintes ;

• élaboration de procédures internes pour une gestion et une déclaration efficaces des infractions ;

• réalisation d'évaluations d'impact sur la vie privée dans certaines circonstances ;

• mise en œuvre et supervision de procédures de vérification afin de s'assurer que toutes les mesures n'existent pas seulement sur papier, mais qu'elles sont aussi mises en œuvre et fonctionnent dans la pratique (audits internes ou externes, etc.).

42. Une stratégie complémentaire au principe général de responsabilité pourrait également être envisagée. Dans cette hypothèse, le cadre juridique pourrait non seulement inclure un principe de responsabilité général, mais aussi une liste indicative de mesures susceptibles d'être encouragées au niveau national *[Par exemple, les normes internationales adoptées à Madrid par les autorités chargées de la protection des données prévoient, à l'art. 22, une disposition relative aux mesures proactives, qui dit cela : « Les États, à travers leur législation nationale, pourront encourager la mise en œuvre, par ceux qui sont impliqués à un quelconque stade du traitement, de mesures visant à promouvoir une meilleure conformité aux lois applicables sur la protection de la vie privée en relation avec le traitement de données personnelles. De telles mesures pourraient inclure, entre autres :*

« a) la mise en œuvre de procédures de prévention et de détection des manquements, qui pourraient être basées sur les modèles standardisés de gouvernance de sécurité de l'information et/ou de gestion de la sécurité de l'information ;

« b) la nomination d'un ou [de] plusieurs correspondants à la protection des données, dotés des qualifications, ressources et pouvoirs suffisants pour exercer leur fonction de supervision de manière adéquate ;

« c) la réalisation périodique de programmes de formation, d'éducation, de sensibilisation auprès des membres des organisations pour une meilleure compréhension des lois applicables sur la protection de la vie privée en relation avec le traitement de données personnelles, ainsi que des procédures établies par les organisations à cet effet ;

« d) la réalisation périodique d'audits transparents, réalisés par des parties qualifiées et de préférence indépendantes afin de vérifier la conformité aux lois applicables sur la protection de la vie privée en

relation avec le traitement de données personnelles, ainsi qu'aux procédures établies par les organisations à cet effet ;
« e) l'adaptation des systèmes et/ou technologies de l'information pour le traitement de données personnelles aux lois applicables sur la protection de la vie privée en relation avec le traitement de données personnelles, particulièrement au moment de décider de leurs spécifications techniques et de leur développement et mise en œuvre ;
« f) la mise en œuvre d'évaluations de l'impact sur la vie privée préalablement à la mise en œuvre de nouveaux systèmes et/ou technologies de l'information pour le traitement de données personnelles, ainsi qu'avant la mise en place de nouvelles méthodes de traitement de données personnelles, ou de toutes modifications substantielles dans le traitement existant ;
« g) l'adoption de codes d'autorégulation contraignants, qui incluent des éléments permettant de mesurer leur efficacité en matière de conformité et de niveau de protection des données personnelles, et qui prévoient des mesures efficaces en cas de non-conformité ;
« h) la mise en œuvre d'un plan d'intervention établissant des lignes directrices d'action à prendre dans l'hypothèse d'un manquement aux lois applicables sur la protection de la vie privée en relation avec le traitement de données personnelles, incluant au moins l'obligation de déterminer la cause et l'étendue du manquement, de décrire ses effets dommageables et de prendre les mesures appropriées pour éviter qu'il ne se reproduise dans le futur ».]

Cette disposition pourrait contenir une liste indicative et non exhaustive de mesures susceptibles de devenir la « boîte à outils » des responsables du traitement des données. Elle fournirait ainsi des orientations aux responsables sur ce qui pourrait constituer, selon les cas, les mesures appropriées à prendre. Cette liste ne ferait bien sûr qu'accompagner l'obligation légale générale d'adopter des mesures appropriées.

Proportionnalité des mesures

43. La liste ci-dessus est indicative des mesures que les responsables du traitement des données pourraient mettre sur pied pour assurer le respect de la première partie du principe de responsabilité (« *Le responsable du traitement prend des mesures efficaces et appropriées pour garantir le respect des principes et obligations énoncés dans la directive.* »).

44. Certaines de ces mesures sont des « mesures fondamentales » qui devront être mises en œuvre dans la plupart des opérations de traitement des données. L'élaboration d'actions et de procédures internes visant l'application des principes (procédures de gestion des demandes d'accès, des plaintes) peut constituer un exemple de mesure appropriée pour certaines opérations de traitement. L'adéquation des mesures devra être établie au cas par cas. Il incombe aux responsables du traitement des données de prendre de telles décisions, sur la base des orientations émises par les autorités nationales chargées de la protection des données et par le groupe de travail « article 29 », le cas échéant (V. ci-dessous).

45. Il découle de ce qui précède que, pour déterminer les types de mesures à mettre en œuvre, seules des options « sur mesure » sont possibles. En effet, les mesures spécifiques à appliquer doivent être arrêtées selon les faits et circonstances de chaque cas particulier, compte tenu, en particulier, du risque associé au traitement et aux types de données. Une stratégie unique aurait pour seul effet d'obliger les responsables du traitement des données à mettre en place des structures inadaptées et se solderait par un échec.

46. Dans cette optique, les responsables doivent être à même d'élaborer des mesures répondant aux spécificités de leur situation particulière et des opérations de traitement concernées. A cet égard, le groupe de travail « article 29 » rappelle les critères utilisés à l'article 17 de la directive actuelle *[« Ces mesures doivent assurer, compte tenu de l'état de l'art et des coûts liés à leur mise en œuvre, un niveau de sécurité approprié au regard des risques présentés par le traitement et de la nature des données à protéger. »]* pour déterminer le type de mesures *[mesure]* de sécurité à appliquer, à savoir les risques associés au traitement des données et à la nature de celles-ci. Ces deux facteurs peuvent être utilisés de manière analogue afin de déterminer les types généraux de mesures à appliquer. Plus concrètement, des aspects comme l'ampleur des opérations de traitement, les buts de celui-ci et le nombre de transferts de données envisagés peuvent

contribuer à définir le niveau de risque. Le type de données *[donnée]*, notamment leur *[son]* éventuel caractère sensible, doit également être pris en compte. Une réflexion quant à la nécessité d'imposer certaines obligations aux sous-traitants de données ou aux concepteurs et/ou producteurs de TIC (technologies de l'information et de la communication) pourrait également être menée à la lumière de ce principe de responsabilité.

47. Tout en se conformant à ces critères, les grandes organisations responsables du traitement de données devraient, en principe, mettre en œuvre des mesures strictes. Dans certains cas, les organisations de taille modeste ou moyenne, par exemple si elles effectuent des opérations de traitement de données à risque, telles des données liées aux dossiers médicaux en ligne, peuvent également être tenues de mettre en place des garanties rigoureuses. Ainsi, une administration locale (municipalité), une multinationale, une petite entreprise en ligne, une organisation pour laquelle le traitement des données constitue une activité centrale ou une organisation avec des antécédents d'infractions auraient toutes besoin de mesures spécifiques pour assurer une gouvernance crédible et efficace des informations. Dès lors, dans des cas simples comme le traitement des données à caractère personnel liées aux ressources humaines en vue de créer un répertoire d'entreprise, il pourrait facilement être satisfait à l'« obligation de démontrer » à laquelle fait référence le paragraphe 2 de la disposition sur la responsabilité (par exemple, par la présentation des notes d'information utilisées, une description des mesures élémentaires de sécurité, etc.). En revanche, dans d'autres situations plus complexes, impliquant par exemple le recours à des dispositifs biométriques innovants, respecter l'« obligation de démontrer » pourrait exiger d'autres mesures. Il se peut ainsi que le responsable du traitement ait à démontrer qu'il a réalisé une évaluation de l'impact sur la vie privée, que les agents chargés du traitement ont été formés et qu'ils sont régulièrement informés, etc.

48. La transparence fait partie intégrante des nombreuses mesures de responsabilité. La transparence vis-à-vis des personnes concernées et du public en général contribue à une plus grande responsabilité des responsables du traitement des données. Ainsi, il est possible d'obtenir un degré de responsabilité supérieur en publiant les politiques de protection de la vie privée sur internet, en assurant la transparence quant aux procédures internes de gestion des plaintes et en publiant des rapports annuels.

Orientations et sécurité juridique

49. Si la nécessité d'une solution évolutive, et donc d'une certaine souplesse, justifie l'utilisation d'un langage transparent, le groupe de travail « article 29 » est conscient qu'une disposition générale, flexible et offrant une marge d'adaptation peut aussi être source d'insécurité. Les responsables du traitement pourraient ainsi considérer que la disposition n'est pas suffisamment détaillée pour garantir la sécurité juridique. Il se peut, par exemple, qu'ils ne soient pas sûrs du niveau de détail requis dans les politiques et *[les]* procédures de respect de la vie privée, du moment et de la manière de désigner un délégué à la protection des données, du moment d'organiser des séances de formation, etc. Cette incertitude peut également porter sur le type de contrôle, externe ou interne, qui est nécessaire. Par ailleurs, les responsables du traitement des données pourraient aussi craindre de se voir imposer des interprétations nationales divergentes et arbitraires quant à la portée et à la nature de leurs obligations.

50. Le groupe de travail « article 29 » comprend ces inquiétudes. Toutefois, pour les raisons exposées ci-dessus concernant la nécessité de prévoir une certaine souplesse et une certaine adaptabilité, il n'est pas possible d'inclure dans la directive elle-même une solution permettant de garantir la sécurité juridique. Pour parvenir à la sécurité juridique requise, le groupe de travail considère qu'il pourrait être utile d'harmoniser les orientations émises par la Commission (au moyen de mesures techniques de mise en œuvre, par exemple) et/ou par le groupe de travail « article 29 », en vue d'offrir une plus grande sécurité et d'éliminer les éventuelles divergences au niveau de la mise en œuvre *[Publié par le Commissariat à la protection de la vie privée du Canada, l'outil d'auto évaluation LPRPDE est un exemple d'orientation de cette nature. Cet outil*

aide les organisations de moyenne et de grande taille à élaborer et à mettre en œuvre de bonnes pratiques de gouvernance et de gestion de la protection de la vie privée. Il est disponible à l'adresse : http://www.priv.gc.ca/information/pub/ar-vr/pipeda_sa_tool_200807_f.pdf]. Le groupe de travail pourrait également préparer des orientations générales ébauchant les éléments nécessaires pour tout responsable du traitement des données quel qu'il soit. Cette base pourrait ensuite être adaptée aux besoins spécifiques de chaque responsable.

51.Il peut également être utile de développer un modèle de programme de conformité des données, qui servirait de base aux organisations de moyenne et de grande taille pour élaborer leur propre programme, comme cela a été fait pour les BCR, sur la base des orientations élaborées par le groupe de travail « article 29 » *[Document de travail n° 153 du groupe de travail « article 29 » établissant un tableau des éléments et principes à reprendre dans les règles d'entreprise contraignantes et document de travail n° 154 établissant un cadre pour la structure des règles d'entreprise contraignantes]*. Ces modèles devraient être créés après un examen minutieux des pratiques en cours et des modèles disponibles, et après consultation de toutes les parties prenantes concernées. Il s'agit là d'un domaine qui exigera un investissement important de tous les acteurs.

Efficacité des mesures

52. Les problèmes abordés ci-avant concernant les mesures à appliquer se posent également dans le contexte de la garantie de leur efficacité. Suivant le type de traitement de données, les moyens de garantir l'efficacité des mesures mises en place seront différents.

53. Les responsables du traitement des données peuvent évaluer l'efficacité (ou l'inefficacité) des mesures de différentes manières. Pour les opérations de grande envergure, complexes et à haut risque, il est fréquent d'avoir recours à des audits internes et externes. La manière dont les audits sont réalisés peut également varier, allant de l'audit complet à l'audit négatif (lesquels peuvent, à leur tour, revêtir différentes formes). Pour définir les modalités permettant de garantir l'efficacité des mesures, le groupe de travail « article 29 » suggère d'appliquer les mêmes critères que ceux utilisés pour déterminer les mesures, lesquels découlent de l'article 17 de la directive 95/46/CE, à savoir les risques posés par le traitement des données et la nature de celles-ci. La manière dont un responsable garantira l'efficacité des mesures dépendra par conséquent du caractère sensible des données, des volumes de données traités et des risques particuliers associés aux opérations de traitement. Les orientations du groupe de travail « article 29 » sur les mesures pourraient également inclure des orientations à ce sujet.

3. *Corrélation avec d'autres exigences*

Notifications préalables

54. Une réflexion pourrait être menée quant à l'impact possible sur les notifications préalables d'une définition de garanties appropriées au niveau du responsable du traitement. On pourrait envisager que certains mécanismes de responsabilité remplacent ou réduisent les exigences administratives prévues par l'actuelle législation sur la protection des données, comme l'a déjà suggéré le groupe de travail « article 29 » dans son avis sur l'avenir de la protection de la vie privée.

Transferts de données internationaux

55. Les règles d'entreprise contraignantes sont un exemple de la manière dont les principes de protection des données peuvent être mis en œuvre sur la base du principe de responsabilité. Elles constituent une manière reconnue et acceptée par le groupe de travail « article 29 » de fournir des garanties adéquates pour les transferts à destination de pays tiers.

56. Il s'agit là d'un domaine qui gagnerait à être étudié plus avant à la lumière de la révision de la directive 95/46/CE. Il importe notamment d'examiner si, en vertu de l'article 26, paragraphe 2, de la directive (*« un État membre peut autoriser un transfert [...] lorsque le responsable du traitement offre des garanties suffisantes [...] ; ces garanties peuvent notamment résulter de clauses contractuelles appropriées »*), les règles

d'entreprise contraignantes et éventuellement d'autres mécanismes de responsabilité contraignants analogues sont réputés offrir des garanties suffisantes.

57. Dans ce contexte, il serait extrêmement intéressant d'évaluer, entre autres choses, les mécanismes utilisés en interne chez les responsables du traitement des données pour mettre en application les principes et obligations de protection des données, ainsi que leurs systèmes de vérification. Il serait également judicieux de débattre de *[des]* mécanismes qui permettraient de rationaliser le système actuel reposant sur l'autorisation des transferts de données par les autorités nationales chargées de la protection des données.

4. *Le rôle des autorités chargées de la protection des données*

58. Une question se pose néanmoins : le principe de responsabilité proposé dans le présent avis aura-t-il un impact sur les pouvoirs des autorités chargées de la protection des données, notamment dans le domaine de la mise en application ? Comme expliqué ci-après, le principe ne privera les autorités chargées de la protection des données d'aucune de leurs prérogatives. Au contraire, il comportera des avantages pour elles.

59. En ce qui concerne l'exécution, le principe tel qu'il est proposé réaffirme la compétence des autorités chargées de la protection des données de demander au responsable du traitement des preuves de sa conformité au principe de responsabilité ; il renforce donc les activités de surveillance desdites autorités. Ceci *[Cela]* garantit que les autorités restent compétentes pour, à tout moment, prendre des mesures coercitives. Il convient de souligner que, en tout état de cause, les autorités chargées de la protection des données restent compétentes pour superviser non seulement les mesures prises par les responsables du traitement des données mais, surtout, la conformité aux principes et obligations sous-jacents.

60. Par ailleurs, mettre le principe de responsabilité en application permettra aux autorités chargées de la protection des données de disposer d'informations utiles pour surveiller le degré de conformité. En effet, puisque les responsables du traitement des données devraient être en mesure de démontrer aux autorités qu'ils ont mis en œuvre les mesures et de quelle manière, des informations très pertinentes en matière de conformité seraient dès lors à la disposition des autorités. Celles-ci pourraient alors utiliser ces informations aux fins de leur mission de surveillance. Par ailleurs, si ces informations ne leur étaient pas fournies sur demande, les autorités chargées de la protection des données auraient une raison immédiate d'agir à l'encontre des responsables, indépendamment de la violation présumée d'autres principes de protection des données sous-jacents.

61. Ce principe devrait également être déterminant pour les autorités chargées de la protection des données, en ce sens qu'il les aiderait à être plus sélectives et *[plus]* stratégiques, leur permettant d'investir leurs ressources de manière à générer la plus large conformité possible.

62. Le groupe de travail « article 29 » note que le principe de responsabilité peut contribuer à l'émergence d'une expertise juridique et technique dans le domaine de la mise en œuvre des exigences en matière de protection des données. Des personnes disposant de solides connaissances, ainsi que d'une bonne compréhension des aspects techniques et juridiques de la protection des données, mais aussi d'excellentes aptitudes à la communication, à la formation du personnel, ainsi qu'à l'élaboration et à la mise en œuvre de politiques et d'audits seront indispensables dans ce domaine. Une telle expertise sera nécessaire tant en interne que sous la forme d'un service externe auquel les entreprises pourront avoir recours. Cette évolution sera capitale pour garantir que les responsables du traitement des données assument leurs obligations, au besoin en réalisant des audits internes et externes/internes. Dans le même temps, elle sera bénéfique pour les autorités de protection des données puisque, dans la mesure où le système contribuera à la conformité globale, les autorités auront à leur disposition davantage d'informations solides sur les pratiques internes des entreprises, et l'apparition de professionnels de la protection des données hautement qua-

lifiés et compétents facilitera sans aucun doute leur interaction avec les responsables du traitement des données.

63. On peut conclure que l'activité des autorités de protection des données est davantage centrée sur un rôle « *ex post* » qu'« *ex ante* ». La responsabilité mettant l'accent sur certains résultats à obtenir en termes de bonne gouvernance de la protection des données, on considère qu'elle est orientée sur les résultats et met l'accent sur son rôle « *ex post* » (en d'autres termes, elle intervient après le début du traitement des données).

5. *Sanctions*

64. Le système proposé ne peut fonctionner que si les autorités chargées de la protection des données sont dotées de compétences notables en matière de sanction. A cet égard, si et lorsque des responsables du traitement des données ne respectent pas le principe de responsabilité, il faut que des sanctions significatives puissent leur être imposées. Par exemple, un responsable du traitement des données qui n'honorerait pas les engagements qu'il a pris au titre des politiques internes contraignantes devrait pouvoir être sanctionné. Ceci *[Cela]* vient bien sûr s'ajouter à la violation proprement dite des principes essentiels de la protection des données.

65. Outre ce qui précède, le groupe de travail « article 29 » considère que les pouvoirs des autorités nationales chargées de la protection des données devraient inclure la possibilité d'imposer aux responsables du traitement des données des instructions précises concernant leurs systèmes de conformité.

6. *Développement de programmes de certification*

66. A plus long terme, la disposition relative à la responsabilité pourrait favoriser la mise en place de programmes de certification ou de labels. De tels programmes contribueraient à prouver qu'un responsable du traitement des données a bien respecté la disposition, qu'il a défini et mis en œuvre des mesures appropriées et que celles-ci ont fait l'objet d'un audit périodique. Divers facteurs peuvent favoriser une telle évolution.

67. En règle générale, on peut s'attendre à ce que, pour se distinguer de la concurrence et créer un avantage concurrentiel, les services d'évaluation de l'impact sur la vie privée/d'audit/de protection des données proposent de plus en plus des certificats et labels. Les responsables du traitement des données pourront alors décider d'avoir recours à des services fiables qui délivrent des certificats. Lorsque certains labels seront connus pour leurs tests rigoureux, les responsables du traitement des données pourraient privilégier ceux-ci pour bénéficier d'un plus grand « confort » en matière de conformité, et pour se doter d'un avantage concurrentiel.

68. Si des BRC sont utilisées comme base juridique des transferts de données internationaux, les responsables du traitement des données sont tenus de démontrer qu'ils ont mis en place des garanties suffisantes, auquel cas les autorités chargées de la protection des données peuvent autoriser les transferts. Il s'agit également d'un domaine dans lequel des services de certification pourraient s'avérer utiles. De tels services analyseraient les garanties fournies par le responsable du traitement des données et, le cas échéant, les certifieraient. Les autorités chargées de la protection des données pourraient alors utiliser ces certificats délivrés au titre d'un programme de certification donné lorsqu'elles analysent les BCR pour savoir si un responsable du traitement des données a fourni des garanties suffisantes aux fins de transferts de données internationaux. Le processus d'autorisation de ce type de transferts *[transfert]* en serait simplifié.

7. *Réglementation des programmes de certification*

69. Les raisons qui justifient l'instauration de services de certification soulignent aussi la nécessité de réglementer ceux-ci. En effet, si ces services ont pour objet de fournir des preuves fiables de la conformité en matière de protection des données

(aux autorités chargées de la protection des données, aux responsables du traitement et aux consommateurs en général) et qu'ils doivent s'intégrer sans heurts au marché intérieur, il semble nécessaire de définir des règles pour leur fourniture. Les autorités chargées de la protection des données devraient jouer un rôle clé dans l'élaboration de ces règles (par exemple, données de référence, modèles, etc.) et être en mesure de les faire appliquer, ce qui suppose qu'elles disposent aussi des ressources suffisantes à cet effet. Par ailleurs, les autorités chargées de la protection des données ont aussi un rôle à jouer dans la certification des organismes de certification, surtout dans le domaine des transferts de données internationaux. La qualité des services et la nécessité qu'ils respectent les règles du marché intérieur étant des critères clés, la législation devra établir les conditions permettant de parvenir à une telle qualité. Il ne semble pas possible de laisser faire le marché. L'expérience dans d'autres domaines, et notamment dans la certification des marchandises, a montré une tendance au nivellement par le bas. La concurrence entre prestataires pourrait conduire à une baisse des prix, ainsi qu'à une certaine souplesse, voire à un assouplissement, des procédures. Bref, qu'elles soient ou non arrêtées à l'échelon transfrontalier, des règles semblent nécessaires pour garantir la bonne qualité des services et des conditions égales pour tous.

70. Le groupe de travail « article 29 » note que la législation en vigueur en matière d'accréditation *[Règl. (CE) n° 765/2008 du Parlement européen et du Conseil du 9 juill. 2008 fixant les prescriptions relatives à l'accréditation et à la surveillance du marché pour la commercialisation des produits et abrogeant le règl. (CEE) n° 339/93]* peut s'appliquer aux services de certification dans le domaine de la protection des données. Cette législation fournit déjà la structure nécessaire pour établir les règles en matière d'organisation et de fonctionnement des organismes d'accréditation. Ces règles s'appliquent à l'accréditation volontaire, ainsi que dans les cas spécifiques où *[dans lesquels]* une accréditation est obligatoire.

71. Il va de soi que ce type de services *[service]* favoriserait aussi l'harmonisation des normes sous-jacentes sur la base desquelles les entités seraient évaluées. Les orientations mentionnées (émanant du groupe de travail « article 29 » ou de la Commission), définissant des modèles de programmes de conformité des données, joueraient à cet égard un rôle de premier plan.

V. Conclusions

72. L'évolution des nouvelles technologies et la mondialisation de plus en plus marquée de l'économie et de la société ont conduit à une prolifération des informations à caractère personnel collectées, triées, transférées ou conservées à d'autres fins. Par conséquent, les risques associés à ces données se multiplient aussi.

73. Le groupe de travail « article 29 » est convaincu que l'augmentation, tant des risques que de la valeur des données à caractère personnel, justifie en soi de renforcer le rôle et la responsabilité des responsables du traitement des données. Un cadre réglementaire tenant compte de cette nouvelle donne doit prévoir les outils nécessaires en vue d'encourager les responsables du traitement des données à mettre en pratique des mesures appropriées et efficaces assurant que les principes de protection des données portent leurs fruits. Des procédures visant à recenser toutes les opérations de traitement des données, à répondre aux demandes d'accès et à répartir les ressources judicieusement, notamment en désignant des personnes responsables de l'organisation de la conformité en matière de protection des données*[,]* sont autant d'exemples de ces mesures.

74. Pour favoriser la protection des données dans la pratique, le groupe de travail « article 29 » suggère tout d'abord d'inclure dans les propositions de modification de la directive relative à la protection des données une nouvelle disposition exigeant des responsables du traitement des données qu'ils mettent en œuvre des mesures appropriées et efficaces pour garantir le respect des principes et obligations en la matière, et qu'ils démontrent cette mise en conformité aux autorités qui le demandent. Ces mesures devraient favoriser la conformité aux principes et obliga-

tions en matière de protection des données tout en limitant les risques d'accès non autorisé, d'abus, de pertes *[perte]*, etc. L'obligation de démontrer, sur demande, la mise en place des mesures requises devrait, pour les autorités chargées de la protection des données, se révéler un instrument utile qui les aidera dans leur mission de surveillance.

75. L'obligation de mettre en œuvre ces mesures devrait s'appliquer aux responsables du traitement des données de tous les secteurs (privé et public) et être adaptable, de manière à ce que le type de mesures *[mesure]* prises *[prise]* soit proportionné aux risques associés au traitement des données et à la nature de celles-ci.

Avis du G29 n° 06/2014 du 9 avril 2014,

Sur la notion d'intérêt légitime poursuivi par le responsable du traitement des données au sens de l'article 7 de la directive 95/46/CE [RGPD, art. 6] **(WP 217)**.

V. NDLR en tête de v°.

Résumé

Le présent avis analyse les critères légitimant le traitement des données énoncés à l'article 7 de la directive 95/46/CE. Il se concentre sur l'intérêt légitime poursuivi par le responsable du traitement et formule des orientations pour l'application de l'article 7, point f, dans le cadre juridique actuel, ainsi que des recommandations d'améliorations futures.

L'article 7, point f, est le dernier des six motifs qui rendent licite le traitement des données à caractère personnel. Dans les faits, il requiert la mise en balance de l'intérêt légitime poursuivi par le responsable du traitement, ou par les tiers auxquels les données sont communiquées, et des intérêts ou des droits fondamentaux de la personne concernée. Le résultat de cette mise en balance déterminera si l'article 7, point f, peut être invoqué pour justifier le traitement.

Le groupe de travail « Article 29 » mesure toute l'importance et l'utilité du critère fixé par l'article 7, point f, qui, lorsque les circonstances s'y prêtent et moyennant des garanties adéquates, permet d'éviter un recours excessif à d'autres fondements juridiques. L'article 7, point f, ne saurait servir uniquement « en dernier ressort », dans les situations rares ou inattendues où *[dans lesquelles]* l'on considère que les autres motifs légitimant le traitement ne s'appliquent pas. Il faut néanmoins éviter de s'y référer automatiquement ou d'en élargir indûment l'utilisation au prétexte qu'il semble moins contraignant que les autres motifs.

Une appréciation correcte de l'article 7, point f, ne se borne pas à une simple mise en balance consistant à peser deux « poids » aisément quantifiables et comparables. Le critère suppose un examen complet de plusieurs facteurs, de façon à garantir que les intérêts et les droits fondamentaux des personnes concernées sont dûment pris en considération. Il s'agit néanmoins d'un examen modulable qui peut varier en complexité et qui ne doit pas être inutilement contraignant. Les facteurs à prendre en considération dans cette mise en balance sont notamment :

– la nature et la source de l'intérêt légitime, et la question de savoir si le traitement des données est nécessaire à l'exercice d'un droit fondamental, est d'intérêt public à quelque autre égard ou bénéficie d'une reconnaissance dans la collectivité concernée ;

– l'incidence sur les personnes concernées et leurs attentes raisonnables quant à ce qu'il adviendra de leurs données, ainsi que la nature des données et la façon dont elles sont traitées ;

– les garanties supplémentaires qui pourraient limiter toute incidence injustifiée sur la personne concernée, comme la minimisation des données, les technologies renforçant la protection de la vie privée, une plus grande transparence, un droit général et inconditionnel de s'opposer au traitement et la portabilité des données.

Le groupe de travail « Article 29 » recommande à l'avenir d'intégrer, dans la proposition de règlement, un considérant sur les facteurs-clés à examiner lors de l'application du critère de mise en balance. Il préconise aussi d'ajouter un considérant imposant au responsable du traitement, s'il y a lieu, de documenter son appréciation dans un souci de plus grande responsabilisation. Enfin, le groupe de travail « Article 29 » serait favorable à l'ajout d'une disposition de fond exigeant des responsables du traitement qu'ils expliquent pourquoi ils considèrent que l'intérêt ou les droits et libertés fondamentaux des personnes concernées ne prévalent pas sur l'intérêt qu'ils poursuivent.

I. Introduction

Le présent avis analyse les critères légitimant le traitement des données énoncés à l'article 7 de la directive 95/46/CE *[du 24 oct. 1995, relative à la protection des personnes physiques à l'égard du traitement des données à caractère personnel et à la libre circulation de ces données (JO L 281, 23.11.1995, p. 31)]* (ci-après la « directive »). Il se concentre, en particulier, sur l'intérêt légitime poursuivi par le responsable du traitement, au sens de l'article 7, point f.

Les critères énumérés à l'article 7 sont liés au principe plus large de « licéité » posé à l'article 6, paragraphe 1, point a, qui requiert que les données à caractère personnel soient traitées « loyalement et licitement ».

L'article 7 n'autorise le traitement de données à caractère personnel que si au moins un des six fondements juridiques énumérés audit article s'applique. Concrètement, les données à caractère personnel seront traitées uniquement si :
a) la personne concernée a indubitablement donné son consentement *[V. avis nº 15/2011 (WP 187) du 13 juill. 2011 sur la protection des données concernant la définition du consentement]* ; ou si – en résumé *[ces dispositions sont examinées plus en détail à un stade ultérieur.]* – le traitement est nécessaire :
b) à l'exécution d'un contrat conclu avec la personne concernée ;
c) au respect d'une obligation légale imposée au responsable du traitement ;
d) à la sauvegarde de l'intérêt vital de la personne concernée ;
e) à l'exécution d'une mission d'intérêt public ; ou
f) à la réalisation de l'intérêt légitime poursuivi par le responsable du traitement, sous réserve du respect d'un critère supplémentaire de mise en balance avec les droits et l'intérêt de la personne concernée.

Ce dernier motif permet le traitement « nécessaire à la réalisation de l'intérêt légitime poursuivi par le responsable du traitement ou par le ou les tiers auxquels les données sont communiquées, à condition que ne prévalent pas l'intérêt ou *[sans objet dans la version française, concerne une faute de frappe dans la version originale anglaise - voir le point III.3.2.]* les droits et libertés fondamentaux de la personne concernée, qui appellent une protection au titre de l'article 1er paragraphe 1 ». Autrement dit, l'article 7, point f, autorise le traitement, sous réserve d'une mise en balance qui compare l'intérêt légitime poursuivi par le responsable du traitement – ou par le ou les tiers auxquels les données sont communiquées – avec l'intérêt ou les droits fondamentaux des personnes concernées *[La référence à l'art. 1er, § 1, ne doit pas être interprétée comme une limitation de la portée de l'intérêt et des droits et libertés fondamentaux de la personne concernée. Cette référence sert plutôt à insister sur l'objectif général de la législation en matière de protection des données et de la directive elle-même. En effet, l'art. 1er, § 1, mentionne non seulement la protection de la vie privée, mais aussi la protection des autres « libertés et droits fondamentaux des personnes physiques » dans leur ensemble, dont la vie privée n'est qu'une composante.]*.

Nécessité d'une approche plus cohérente et harmonisée en Europe

Il ressort des études réalisées par la Commission dans le cadre de la révision de la directive, ainsi que de la coopération et des échanges de vues entre les autorités nationales chargées de la protection des données, que l'absence d'une interprétation harmonisée de l'article 7, point f, de la directive a conduit à des applications divergentes dans les États membres. Notamment, bien que plusieurs États membres imposent une véritable mise en balance, l'article 7, point f, est parfois perçu à tort comme une « porte ouverte » légitimant tout traitement de données qui ne cadre avec aucun autre fondement juridique.

L'absence d'approche cohérente peut entraîner un manque de sécurité juridique et de prévisibilité, affaiblir la position des personnes concernées et aussi imposer des contraintes réglementaires inutiles aux entreprises et à d'autres organisations exerçant des activités transfrontières. De telles incohérences ont déjà donné lieu à des litiges portés devant la Cour de justice de l'Union européenne *[V. p. 8, dans la section 2.1 « Bref historique », « Mise en œuvre de la directive : l'arrêt ASNEF et FECEMD ».]*.

Il est donc particulièrement opportun, alors que le travail d'élaboration d'un nouveau Règlement général sur la protection des données se poursuit, de veiller à ce que le sixième motif justifiant le traitement (« l'intérêt légitime ») et sa relation avec les autres motifs soient mieux compris. En particulier, dès lors que les droits fondamentaux des personnes concernées sont en jeu, il convient de prendre dûment en considération le respect de ces droits lors de l'application de chacun des six motifs, sans discrimination. L'article 7, point f, ne doit pas devenir un moyen commode d'échapper à l'obligation de se conformer au droit applicable en matière de protection des données.

C'est pourquoi, dans le cadre de son programme de travail 2012-2013, le groupe de travail « Article 29 » sur la protection des données (ci-après le « groupe de travail ») a décidé d'examiner attentivement la question et s'est engagé – en application de son programme de travail *[V. le programme de travail 2012-2013 adopté le 1er février 2012 (WP 190).]* – à rédiger le présent avis.

Mettre en œuvre le cadre juridique actuel et préparer l'avenir

Le programme de travail a lui-même clairement défini deux objectifs : « assurer la mise en œuvre correcte du cadre juridique actuel » et aussi « préparer l'avenir ».

En conséquence, le premier objectif du présent avis est d'assurer une compréhension commune du cadre juridique existant. Cet objectif s'inscrit dans le prolongement d'avis antérieurs portant sur d'autres dispositions-clés de la directive *[Comme l'avis 3/2013 (WP 203) du 3.04.2013 sur la limitation de la finalité, 15/2011 sur la définition du consentement, préc., 8/2010 (WP 179) du 16.12.2010 sur le droit applicable, et 1/2010 (WP 169) du 16.2.2010 sur les notions de « responsable du traitement » et de « sous-traitant »,]*. Dans un deuxième *[second]* temps, en s'appuyant sur l'analyse proposée, l'avis formulera aussi des recommandations à prendre en considération lors du réexamen du cadre juridique sur la protection des données.

Structure de l'avis

Après un bref survol, au chapitre II, de l'histoire et du rôle de l'intérêt légitime et d'autres motifs légitimant le traitement, le chapitre III examinera et interprétera les dispositions concernées de la directive, en tenant compte de ce qui est constant dans leur application nationale. Cette analyse sera illustrée d'*[par des]* exemples pratiques tirés des expériences nationales. Elle étayera les recommandations formulées au chapitre IV tant en ce qui concerne l'application du cadre réglementaire actuel que dans le contexte de la révision de la directive.

II. Observations générales et considérations politiques

1. *Bref historique*

Cet aperçu examine plus particulièrement le développement des notions de licéité et de fondements juridiques justifiant le traitement, dont l'intérêt légitime. Il explique notamment comment la nécessité d'une base juridique a d'abord constitué une condition dans le contexte des dérogations au droit à la vie privée, avant de devenir une exigence distincte dans le contexte de la protection des données.

La Convention européenne des droits de l'homme (CEDH)

L'article 8 de la Convention européenne des droits de l'homme, adoptée en 1950, consacre le droit au respect de la vie privée – à savoir le droit de toute personne au respect de sa vie privée et familiale, de son domicile et de sa correspondance. Il proscrit toute ingérence dans l'exercice de ce droit, sauf si elle est « prévue par la loi » et nécessaire « dans une société démocratique », afin de répondre à certains types d'intérêts publics impératifs, expressément énumérés.

L'article 8 de la CEDH traite en particulier de la protection de la vie privée et exige que toute ingérence soit justifiée. Cette approche repose sur une interdiction générale de l'ingérence dans l'exercice du droit à la vie privée et n'autorise des exceptions que dans des conditions strictement définies. En cas d'« ingérence dans la vie privée », une base juridique est requise, de même que la spécification d'une finalité légitime comme condition préalable permettant d'apprécier la nécessité de l'ingérence. Cette approche explique que la CEDH ne dresse pas la liste des fondements juridiques possibles, mais se concentre sur la nécessité d'une base juridique et sur les conditions que cette base juridique doit remplir.

La Convention 108

La Convention 108 *[pour la protection des personnes à l'égard du traitement automatisé des données à caractère personnel.]* du Conseil de l'Europe, ouverte à la signature en 1981, introduit la notion distincte de protection des données à caractère personnel. L'idée sous-jacente, à l'époque, n'était pas que le traitement des données à caractère personnel devrait toujours être perçu comme une « ingérence dans la vie privée », mais plutôt que, pour protéger les droits et libertés fondamentaux de toute personne, et notamment son droit au respect de sa vie privée, le traitement des données à caractère personnel devrait toujours remplir certaines conditions. L'article 5 établit donc les principes fondamentaux du droit en matière de protection des données, notamment l'exigence selon laquelle les « données à caractère personnel faisant l'objet d'un traitement automatisé sont : a) obtenues et traitées loyalement et licitement ». La Convention ne mentionnait toutefois pas de motifs détaillés justifiant le traitement *[Le projet de texte de la Convention modernisée adopté en assemblée plénière par le T-PD en nov. 2012 prévoit que le traitement des données peut être effectué sur la base du consentement de la personne concernée ou en vertu « d'un autre fondement légitime prévu par la loi », à l'instar de la Charte des droits fondamentaux de l'Union européenne mentionnée ci-après]*.

Les lignes directrices de l'OCDE [régissant la protection de la vie privée et les flux transfrontières de données de caractère personnel, 11 juill. 2013.]

Élaborées parallèlement à la Convention 108 et adoptées en 1980, les lignes directrices de l'OCDE s'inscrivent dans des idées similaires de « licéité », bien que la notion soit exprimée de manière différente. Les lignes directrices ont été mises à jour en 2013, sans modification sensible du principe de licéité. Leur article 7 prévoit en particulier qu'« *[i]*l conviendrait d'assigner des limites à la collecte des données de caractère personnel et toute donnée de ce type devrait être obtenue par des moyens licites et loyaux et, le cas échéant, après en avoir informé la personne concernée ou avec son consentement ». Le fondement juridique constitué par le consentement est ici expressément mentionné comme une possibilité, à laquelle il convient de recourir « le cas échéant ». Cela suppose une appréciation des intérêts et des droits en jeu, ainsi qu'une évaluation de la mesure dans laquelle le traitement est intrusif. En ce sens, l'approche de l'OCDE présente certaines similitudes avec les critères – nettement plus élaborés – prévus par la directive 95/46/CE.

La directive 95/46/CE

Lors de son adoption, en 1995, la directive était inspirée des premiers instruments adoptés en matière de protection des données, notamment la Convention 108 et les lignes directrices de l'OCDE. L'expérience encore balbutiante acquise par certains États membres dans le domaine de la protection des données avait elle aussi été prise en considération.

Outre une exigence plus générale énoncée à son article 6, paragraphe 1, point a, selon laquelle les données à caractère personnel doivent être traitées « loyalement et licitement », la directive ajoutait un ensemble spécifique de conditions supplémentaires, qui ne figuraient pas en tant que telles dans la Convention 108 ni dans les lignes directrices de l'OCDE : le traitement des données à caractère personnel doit être basé sur l'un des six fondements juridiques mentionnés à l'article 7.

Mise en œuvre de la directive : l'arrêt ASNEF et FECEMD [CJUE du 24.11.2011 dans les aff. C-468/10 et C-469/10]

Le rapport de la Commission intitulé *« Evaluation of the implementation of the Data Protection Directive »* (évaluation de la mise en œuvre de la directive sur la protection des données) *[V. l'annexe 2 de l'analyse d'impact accompagnant le paquet de mesures de la Commission européenne visant à réformer le cadre européen de protection des données, cité précédem-*

ment] souligne que la mise en œuvre des dispositions de la directive dans le droit national s'est parfois révélée peu satisfaisante. Dans l'analyse technique de la transposition de la directive par les États membres *[analyse et étude d'impact sur la mise en œuvre de la directive 95/46/CE dans les États membres. V. http://ec.europa.eu/justice/policies/privacy/docs/lawreport/consultation/technical-annex_en.pdf.]*, la Commission donne des précisions sur l'application de l'article 7. L'analyse explique que, si la législation de la plupart des États membres énonce les six fondements juridiques en termes relativement semblables à ceux utilisés dans la directive, la souplesse de ces principes a, dans les faits, conduit à des applications divergentes.

Dans ce contexte, il est particulièrement intéressant de relever que la Cour de justice a considéré, dans son arrêt ASNEF et FECEMD du 24 novembre 2011, que l'Espagne n'avait pas transposé correctement l'article 7, point f, de la directive en imposant – en l'absence du consentement de la personne concernée – que les données traitées figurent dans des sources accessibles au public. L'arrêt déclarait en outre que l'article 7, point f, a un effet direct. L'arrêt limite la marge d'appréciation dont disposent les États membres pour appliquer l'article 7, point f. En particulier, ils ne doivent pas franchir la ligne ténue qui sépare, d'un côté, la clarification et, de l'autre, la formulation d'exigences supplémentaires, qui reviendrait à modifier le champ d'application de l'article 7, point f.

L'arrêt, en ce qu'il précise que les États membres ne sont pas autorisés à imposer des restrictions et exigences unilatérales supplémentaires quant aux fondements juridiques du traitement licite des données dans leur droit national, a des conséquences non négligeables. Les juridictions nationales et autres organes concernés doivent interpréter les dispositions nationales à la lumière de cet arrêt et, si nécessaire, écarter les règles et les pratiques non conformes.

Cet arrêt montre combien il importe que les autorités nationales chargées de la protection des données et/ou les législateurs européens parviennent à une compréhension claire et commune de l'applicabilité de l'article 7, point f. Il convient pour ce faire d'adopter une approche équilibrée, qui ne restreint ni n'élargit indûment le champ d'application de cette disposition.

La Charte des droits fondamentaux

Depuis l'entrée en vigueur du traité de Lisbonne, le 1er décembre 2009, la Charte des droits fondamentaux de l'Union européenne (ci-après la « Charte ») a « la même valeur juridique que les traités » *[V. l'art. 6, § 1, du TUE.]*. Son article 8 consacre la protection des données à caractère personnel comme un droit fondamental, distinct du droit au respect de sa vie privée et familiale, qui fait l'objet de l'article 7. Il énonce l'exigence d'un fondement légitime pour le traitement. Concrètement, il prévoit que les données à caractère personnel doivent être traitées « sur la base du consentement de la personne concernée ou en vertu d'un autre fondement légitime prévu par la loi » *[V. l'art. 8, § 2, de la Charte.]*. Ces dispositions renforcent aussi bien l'importance du principe de licéité que la nécessité de justifier le traitement des données à caractère personnel par une base juridique adéquate.

La proposition de règlement sur la protection des données

Dans le contexte du processus de révision du cadre de la protection des données, la portée des motifs fondant la licéité du traitement prévus à l'article 7, et en particulier le champ d'application de l'article 7, point f, font *[fait]* actuellement l'objet de discussions.

L'article 6 du règlement proposé énumère les motifs justifiant un traitement licite des données à caractère personnel. A quelques exceptions près (qui seront décrites plus loin), les six motifs susceptibles d'être invoqués demeurent largement inchangés par rapport à ceux actuellement prévus par l'article 7 de la directive. La Commission a cependant proposé de fournir des orientations supplémentaires sous la forme d'actes délégués.

Il est intéressant de noter que, dans le cadre des travaux de la commission du Parlement européen concernée *[Projet de rapport de la commission des libertés civiles, de la justice et des affaires intérieures (LIBE) sur la proposition de règlement du Parlement européen et du Conseil relatif à la protection des personnes physiques à l'égard du traitement des données à caractère personnel et à la libre circulation de ces données (Règlement général sur la protection des données) [COM(2012)0011 - C7-0025/2012 - 2012/0011(COD)], daté du 16.1.2013 (ci-après le « projet de rapport de la commission LIBE »). Voir, en particulier, les amendements 101 et 102. Voir aussi les amendements adoptés par la commission le 21.10.2013 dans son rapport final (ci-après le « rapport final de la commission LIBE »).]*, **les députés se sont efforcés de clarifier la notion d'intérêt légitime dans la proposition de règlement elle-même. Une liste de cas dans lesquels l'intérêt légitime poursuivi par le responsable du traitement des données prévaudrait en principe sur l'intérêt légitime et les droits et libertés fondamentaux de la personne concernée a été dressée, ainsi qu'une deuxième liste de cas où ce serait l'inverse. Ces listes – mentionnées dans les dispositions ou dans les considérants – apportent une contribution utile pour apprécier l'équilibre entre les droits et intérêts du responsable du traitement et ceux de la personne concernée. Elles sont prises en compte dans le présent avis** *[V. la section 3.3.1 et, en particulier, la liste à puces en pages 27 et 28 énumérant de façon non exhaustive certains des contextes où la question de l'intérêt légitime au sens de l'art. 7, point f), est le plus communément susceptible de se poser.]*.

2. *Le rôle de la notion*

L'intérêt légitime poursuivi par le responsable du traitement : le critère de la mise en balance en dernier recours ?

L'article 7, point f, constitue la dernière option parmi les six motifs qui rendent licite le traitement des données à caractère personnel. Il impose un critère reposant sur une mise en balance : ce qui est nécessaire à la réalisation de l'intérêt légitime poursuivi par le responsable du traitement (ou par les tiers) doit être mis en balance avec l'intérêt ou les droits et libertés fondamentaux de la personne concernée. Le résultat de cette mise en balance détermine si l'article 7, point f, peut servir de fondement juridique au traitement.

Le caractère ouvert de cette disposition suscite maintes questions importantes concernant sa portée exacte et son application, qui seront analysées successivement dans le présent avis. Toutefois, ainsi qu'il est expliqué ci-après, cette option ne doit pas pour autant être perçue comme pouvant uniquement être utilisée avec parcimonie pour combler les lacunes « en dernier ressort » dans des situations rares et imprévues, ou comme une dernière chance si aucun autre motif ne s'applique. Elle ne doit pas non plus apparaître comme une option privilégiée, ni son utilisation être indûment encouragée pour la simple raison qu'elle est considérée comme moins contraignante que les autres motifs.

Il se pourrait bien, au contraire, que l'article 7, point f, ait, de par sa nature même, un intérêt propre et qu'il ait un rôle très utile à jouer comme motif fondant la licéité du traitement, si plusieurs conditions déterminantes sont remplies.

Un recours approprié à l'article 7, point f, dans les circonstances appropriées et moyennant des garanties adéquates, permet aussi d'éviter un mauvais usage et une invocation excessive d'autres fondements juridiques.

Les cinq premiers motifs de l'article 7 reposent sur le consentement de la personne concernée, sur une disposition contractuelle, sur une obligation légale ou sur d'autres justifications expressément identifiées comme conférant au traitement sa légitimité. Quand le traitement est fondé sur l'un de ces cinq motifs, il est considéré *a priori* comme légitime et donc uniquement subordonné au respect d'autres dispositions du droit applicables. Autrement dit, l'équilibre entre les différents droits et intérêts en jeu – y compris ceux du responsable du traitement et de la personne concernée – est présumé atteint, à condition, bien sûr, que toutes les autres dispositions du droit en matière de protection des données soient respectées. L'article 7, point f, quant à lui, impose un critère spécifique, dans les cas qui ne cadrent pas avec les scénarios prédéfinis des motifs a à e. Il assure que tout traitement, en dehors de ces scénarios, doive *[doit]* **répondre aux exigences d'un critère de mise en balance, en tenant dûment compte des intérêts et droits fondamentaux de la personne concernée.**

Ce critère peut, dans certains cas, mener à la conclusion que la balance penche en faveur des intérêts et droits fondamentaux des personnes concernées et que, par conséquent, le traitement ne peut être effectué. D'un autre côté, une évaluation appropriée de l'équilibre requis par l'article 7, point f, souvent assortie d'une possibilité de s'opposer au traitement, peut, dans d'autres cas, être préférable à l'invocation inappropriée, par exemple, du motif du « consentement » ou du caractère « nécessaire à l'exécution d'un contrat ». Vu sous cet angle, l'article 7, point f, présente des garanties complémentaires – qui imposent des mesures appropriées – par rapport aux autres motifs prédéfinis. Il ne doit donc pas être considéré comme « le maillon faible » ni comme une porte ouverte à la légitimation de tous les traitements de données qui ne relèvent d'aucun des autres fondements juridiques.

Le groupe de travail insiste sur le fait que son interprétation du champ d'application de l'article 7, point f, vise à proposer une approche équilibrée, qui garantisse aux responsables du traitement des données la flexibilité nécessaire dans les situations où les personnes concernées ne subissent pas une incidence injustifiée, tout en offrant à ces personnes une sécurité juridique et des garanties suffisantes pour empêcher tout abus de cette disposition ouverte.

3. *Les notions liées*

La relation de l'article 7, point f, avec d'autres motifs fondant la licéité du traitement

L'article 7 commence par le consentement, et continue en énumérant les autres motifs fondant la licéité du traitement, dont les contrats et obligations légales, pour en arriver progressivement au critère de l'intérêt légitime, qui figure en dernière position parmi les six motifs susceptibles d'être invoqués. L'ordre dans lequel les fondements juridiques sont présentés à l'article 7 a parfois été interprété comme une indication de l'importance respective des différents motifs. Cependant, comme le groupe de travail l'a déjà souligné dans son avis sur la notion de consentement *[V. ci-dessus]*, le libellé de la directive n'établit pas de distinction juridique entre les six motifs et n'indique aucunement qu'il existe entre eux une hiérarchie. Rien n'indique que l'article 7, point f, ne doive être appliqué que dans des cas exceptionnels, et aucun autre élément dans le libellé ne suggère que l'ordre spécifique des six fondements juridiques ait un quelconque effet juridiquement pertinent. Néanmoins, la signification précise de l'article 7, point f, et sa relation avec d'autres motifs fondant la licéité du traitement sont longtemps demeurées assez obscures.

Dans ce contexte, diverses approches, favorisées par la formulation ouverte de la directive, sont apparues au gré des diversités historiques et culturelles : certains États membres ont eu tendance à envisager l'article 7, point f, comme un motif d'ordre inférieur, destiné à combler les lacunes uniquement dans des cas exceptionnels où aucun des cinq autres motifs ne s'appliquerait *[Il est aussi à noter que le projet de rapport de la commission LIBE proposait, par son amendement 100, de séparer l'art. 7, point f), des autres fondements juridiques et aussi d'ajouter des exigences supplémentaires au cas où ce fondement juridique est invoqué, notamment un renforcement de la transparence et de la responsabilité, comme on le verra plus tard.]*. D'autres États membres, à l'inverse, n'y voient qu'une possibilité parmi six autres, qui n'est ni plus ni moins importante que les autres options et qui peut s'appliquer à des situations très nombreuses et variées, pour autant que les conditions nécessaires soient remplies.

Compte tenu de ces divergences, et également de l'arrêt ASNEF et FECEMD, il importe de clarifier la relation de « l'intérêt légitime » avec les autres motifs fondant la licéité du traitement – c'est-à-dire, par exemple, avec le consentement, les clauses contractuelles, les missions d'intérêt public – ainsi qu'avec le droit d'opposition de la personne concernée. On pourrait ainsi mieux définir le rôle et la fonction du motif de l'intérêt légitime et donc apporter plus de sécurité juridique.

Il faut aussi relever que le motif de l'intérêt légitime, à l'instar des autres motifs hormis celui du consentement, comporte un critère de « nécessité » qui doit être rempli. Cela limite strictement le contexte dans lequel chacun de ces motifs peut s'appliquer. La Cour de justice de l'Union européenne a considéré que la « nécessité »

constitue une notion autonome du droit communautaire *[CJUE 16 déc. 2008, aff. C-524/06 (Heinz Huber/Bundesrepublik Deutschland), point 52 : « Dès lors, eu égard à l'objectif consistant à assurer un niveau de protection équivalent dans tous les États membres, la notion de nécessité telle qu'elle résulte de l'art. 7, sous e), de la directive 95/46, qui vise à délimiter précisément une des hypothèses dans lesquelles le traitement de données à caractère personnel est licite, ne saurait avoir un contenu variable en fonction des États membres. Partant, il s'agit d'une notion autonome du droit communautaire qui doit recevoir une interprétation de nature à répondre pleinement à l'objet de cette directive tel que défini à l'art. 1er, § 1, de celle-ci. »]*. **La Cour européenne des droits de l'homme a, elle aussi, donné des orientations utiles** *[CEDH 25 mars 1983, dans l'affaire Silver et autres/Royaume-Uni, au point 97 à propos de l'expression « nécessaire dans une société démocratique » : « l'adjectif "nécessaire" n'est pas synonyme d'"indispensable", mais n'a pas non plus la souplesse de termes tels qu'"admissible", "normal", "utile", "raisonnable" ou "opportun" [...]. ».*

De surcroît, le fait d'avoir un fondement juridique approprié ne dispense pas le responsable du traitement des données de respecter les obligations de loyauté, de licéité, de nécessité et de proportionnalité, mais aussi de qualité des données, qui lui incombent en vertu de l'article 6. Par exemple, même si le traitement des données à caractère personnel est justifié par l'intérêt légitime ou par l'exécution d'un contrat, cela n'autorise pas une collecte de données excessive au regard de la finalité spécifiée.

L'intérêt légitime et les autres motifs visés à l'article 7 sont des motifs alternatifs et il suffit donc qu'un seul d'entre eux s'applique. Cependant, ils viennent s'ajouter non seulement aux exigences de l'article 6, mais aussi à tous les autres principes et obligations de protection des données qui peuvent être applicables.

Autres critères de mise en balance

L'article 7, point f, n'est pas le seul critère de mise en balance prévu dans la directive. Par exemple, l'article 9 suppose un équilibre entre le droit à la protection des données à caractère personnel et la liberté d'expression. Cet article permet aux États membres d'accorder des exemptions et dérogations pour les traitements des données à caractère personnel « effectués aux seules fins de journalisme ou d'expression artistique ou littéraire » si elles sont « nécessaires pour concilier le droit à la vie privée avec les règles régissant la liberté d'expression ».

De plus, de nombreuses autres dispositions de la directive requièrent aussi une analyse au cas par cas, une mise en balance des intérêts et des droits en jeu et une certaine souplesse dans l'appréciation de multiples facteurs. Il s'agit notamment des dispositions relatives à la nécessité, à la proportionnalité et à la limitation de la finalité, aux exceptions visées à l'article 13, et à la recherche scientifique, pour n'en citer que quelques-unes.

Il semble effectivement que la directive ait été conçue pour laisser place à l'interprétation et à la mise en balance des intérêts. L'intention était bien sûr, au moins en partie, de donner aux États membres une marge de manœuvre plus grande pour la transposition dans le droit national. Cependant, la nécessité d'une certaine flexibilité découle, en outre, de la nature même du droit à la protection des données à caractère personnel et du droit au respect de la vie privée. En effet, ces deux droits, de même que la plupart (mais non la totalité) des autres droits fondamentaux, sont considérés comme des droits humains relatifs, ou qualifiés *[Il n'existe que peu de droits humains qui ne puissent être mis en balance avec les droits d'autrui ou avec l'intérêt collectif. On les appelle les droits absolus. Ces droits ne peuvent jamais être limités ni restreints, quelles que soient les circonstances – même en cas de guerre ou d'état d'urgence. Le droit de n'être pas soumis à la torture ni à un traitement inhumain ou dégradant en est un exemple. Il n'est jamais admissible de torturer quelqu'un ou de le traiter d'une manière inhumaine ou dégradante, quelles que soient les circonstances. Les exemples de droits humains non absolus comprennent notamment le droit au respect de la vie privée et familiale, le droit à la liberté d'expression et le droit à la liberté de pensée, de conscience et de religion.]*. **Les droits de ce type doivent toujours être interprétés dans leur contexte. Pour autant que des garanties appropriées soient prévues, ils peuvent être mis en balance avec les droits d'autrui. Dans certaines situations – toujours sous réserve de garanties appropriées –***[,]* **ils peuvent aussi être soumis à des restrictions pour des raisons d'intérêt public.**

4. *Contexte et conséquences stratégiques*

Garantir la légitimité mais aussi la flexibilité : les moyens de préciser l'article 7, point f.
Le libellé actuel de l'article 7, point f, de la directive est ouvert. Il s'ensuit qu'il peut servir de fondement dans un large éventail de situations, du moment que ses exigences sont satisfaites, et notamment le critère de mise en balance. Cependant, une telle flexibilité peut aussi avoir des conséquences négatives. Des orientations complémentaires seraient donc utiles pour éviter une application incohérente de la directive dans les États membres ou un manque de sécurité juridique.

La Commission prévoit de telles orientations dans la proposition de règlement, sous la forme d'actes délégués. D'autres options consistent notamment à apporter des éclaircissements et *[à]* introduire des dispositions détaillées dans le texte du règlement proposé lui-même *[V. la section 2.1 « Bref historique », « La proposition de règlement sur la protection des données », en page 9.]* et/ou à confier au Comité européen de la protection des données le soin de formuler des orientations complémentaires dans ce domaine.

Chacune de ces options a des avantages et des inconvénients. Si l'appréciation devait avoir lieu au cas par cas, sans autres orientations, cela risquerait d'entraîner une application incohérente et un manque de prévisibilité, comme c'était le cas précédemment.

D'un autre côté, le fait de prévoir, dans le texte même du règlement proposé, des listes détaillées et exhaustives de situations dans lesquelles l'intérêt légitime poursuivi par le responsable du traitement prévaut en règle générale sur les droits fondamentaux de la personne concernée, ou inversement, pourrait induire en erreur ou être inutilement coercitif, ou les deux à la fois.

Ces approches pourraient néanmoins inspirer une solution équilibrée, apportant certaines précisions complémentaires dans le règlement proposé lui-même et d'autres orientations dans des actes délégués ou dans les lignes directrices du Comité européen de la protection des données *[En ce qui concerne les actes délégués et les orientations du comité européen de la protection des données, le groupe de travail « Article 29 » a fait part, dans son avis 08/2012 (WP 199) du 5.10.2012 apportant des contributions supplémentaires au débat sur la réforme de la protection des données, de sa nette préférence pour les orientations (voir p. 14 et 15).]*.

L'analyse présentée au chapitre III vise à jeter les bases d'une telle approche, ni trop générale au point d'en perdre toute signification, ni trop précise au point d'en devenir exagérément rigide.

III. Analyse des dispositions

1. *Aperçu général de l'article 7*

L'article 7 dispose que le traitement de données à caractère personnel ne peut être effectué que si au moins un des six motifs juridiques énumérés à cet article s'applique. Avant d'analyser chacun de ces motifs, la section 3.1 donne un aperçu général de l'article 7 et de sa relation avec l'article 8, qui porte sur les catégories particulières de données.

1.1. *Consentement ou « nécessaire à... »*

Une distinction peut être établie entre le cas où le traitement des données à caractère personnel se fonde sur le consentement indubitable de la personne concernée [article 7, point a] et les cinq autres cas [article 7, points b à f]. En résumé, ces derniers décrivent des scénarios où *[dans lesquels]* le traitement peut se révéler nécessaire dans un contexte spécifique, comme l'exécution d'un contrat conclu avec la personne concernée, le respect d'une obligation légale imposée au responsable du traitement, etc.

Dans le premier cas, visé à l'article 7, point a, ce sont les personnes concernées elles-mêmes qui autorisent le traitement de leurs données à caractère personnel. Il leur appartient de décider si elles permettent que leurs données soient traitées. Le consentement n'élimine pas pour autant la nécessité de respecter les principes énoncés à l'article 6 *[Cour suprême des Pays-Bas du 9 sept. 2011 dans l'aff. ECLI:NL:HR:2011:BQ8097, point 3.3, e, à propos du principe de proportionnalité. Voir aussi la page 8 de l'avis 15/2011 du groupe de travail « Article 29 », cité en note de bas de page 2, ci-dessus : « [...] l'obtention d'un consentement n'annule pas les obligations imposées au responsable du traitement par l'art. 6 en termes d'équité, de nécessité, de proportionnalité ainsi que de qualité des données. Ainsi, même si le traitement de données à caractère personnel a reçu le consentement de l'utilisateur, cela ne justifie pas la collecte de données excessives au regard d'une fin particulière. »]*. De plus, le consentement doit encore remplir certaines conditions essentielles pour être légitime, comme l'explique l'avis 15/2011 du groupe de travail *[V. p. 12 à 28 de l'avis 15/2011, cité ci-dessus.]*. Dès lors que le traitement des données de l'utilisateur est, en définitive, laissé à sa discrétion, tout dépend de la validité et de la portée du consentement de la personne concernée.

Autrement dit, le premier motif, mentionné à l'article 7, point a, a trait à l'autodétermination de la personne concernée comme fondement de la légitimité. Tous les autres motifs, en revanche, autorisent le traitement – moyennant des garanties et des mesures définies – dans des situations où, indépendamment du consentement, il est approprié et nécessaire de traiter les données dans un certain contexte pour servir un intérêt légitime spécifique.

Les points b, c, d et e spécifient chacun un critère légitimant le traitement :

b) l'exécution d'un contrat conclu avec la personne concernée ;
c) le respect d'une obligation légale imposée au responsable du traitement ;
d) la sauvegarde de l'intérêt vital de la personne concernée ;
e) l'exécution d'une mission d'intérêt public.

Le point f est moins précis et renvoie, plus généralement, à un (quelconque) intérêt légitime poursuivi par le responsable du traitement (dans n'importe quel contexte). Cette disposition générale est cependant expressément subordonnée à un critère supplémentaire de mise en balance, qui vise à protéger l'intérêt et les droits des personnes concernées, comme on le verra à la section 3.2.

Dans tous les cas, c'est au responsable du traitement des données qu'il revient initialement d'apprécier si les critères énoncés à l'article 7, points a à f, sont remplis, sous réserve du respect du droit applicable et des orientations relatives à la façon dont ce droit doit être appliqué. Ensuite, la légitimité du traitement peut faire l'objet d'une autre évaluation, et éventuellement être contestée, par les personnes concernées, par d'autres parties prenantes, par les autorités chargées de la protection des données, et en définitive la question peut être tranchée par les tribunaux.

Pour compléter ce bref aperçu, il convient d'indiquer que, comme on le verra à la section 3.3.6, au moins dans les cas visés aux points e et f, la personne concernée peut exercer son droit d'opposition, ainsi que le prévoit l'article 14 *[Selon l'art. 14, point a, ce droit s'applique « sauf en cas de disposition contraire du droit national ». En Suède, par exemple, le droit national ne reconnaît pas la possibilité de s'opposer à un traitement fondé sur l'art. 7, point e.]*. Cela donnera lieu à une nouvelle évaluation des intérêts en jeu ou, si le traitement des données à caractère personnel est envisagé à des fins de prospection [article 14, point b], cela contraindra le responsable du traitement à y mettre un terme, sans évaluation complémentaire.

1.2. *Relation avec l'article 8* [RGPD, art. 9]

L'article 8 de la directive régit de façon plus détaillée le traitement de certaines catégories particulières de données à caractère personnel. Il concerne plus spécialement le traitement des données « qui révèlent l'origine raciale ou ethnique, les opinions politiques, les convictions religieuses ou philosophiques, l'appartenance syndicale, ainsi que le traitement des données relatives à la santé et à la vie sexuelle » (article 8, paragraphe 1), et les données « relatives aux infractions [ou] aux condamnations pénales » (article 8, paragraphe 5).

Le traitement de ces données est en principe interdit, sous réserve de certaines exceptions. L'article 8, paragraphe 2, prévoit plusieurs exceptions à cette interdiction, aux points a à e. L'article 8, paragraphes 3 et 4, prévoit d'autres exceptions.

Certaines de ces dispositions sont analogues – mais non identiques – à celles énoncées à l'article 7, points a à f.

Les conditions spécifiques de l'article 8, ainsi que le fait que certains des motifs énumérés à l'article 7 ressemblent aux conditions énoncées à l'article 8, conduisent à s'interroger sur la relation entre les deux dispositions.

Si l'article 8 est conçu comme une *lex specialis*, il convient d'examiner s'il exclut complètement l'applicabilité de l'article 7. Dans l'affirmative, cela signifierait que des catégories particulières de données à caractère personnel peuvent être traitées sans que les critères de l'article 7 doivent être satisfaits, pour autant qu'une des exceptions de l'article 8 s'applique. Il est cependant également possible que la relation soit plus complexe et que les articles 7 et 8 doivent être appliqués cumulativement *[Puisque l'art. 8 se présente comme une interdiction avec des exceptions, celles-ci peuvent être perçues comme des exigences, qui limitent seulement la portée de l'interdiction mais ne constituent pas, en tant que telles, un fondement juridique suffisant pour justifier le traitement. Selon cette lecture, l'applicabilité des exceptions de l'art. 8 n'exclut pas l'applicabilité des exigences de l'art. 7, et les unes comme les autres doivent, le cas échéant, s'appliquer cumulativement.]*.

Quoi qu'il en soit, il est clair que l'objectif de la mesure est d'assurer une protection supplémentaire pour des catégories particulières de données. Par conséquent, le résultat final de l'analyse devrait être tout aussi clair : l'application de l'article 8, en soi ou cumulé avec l'article 7, vise à garantir un niveau de protection plus élevé de certaines catégories particulières de données.

Dans la pratique, bien que, dans certains cas, l'article 8 énonce des exigences plus strictes – comme le consentement « explicite » requis à l'article 8, paragraphe 2, point a, par rapport au consentement « indubitablement donné » prévu à l'article 7 –*[,]* il n'en va pas ainsi de toutes les dispositions. Certaines exceptions prévues par l'article 8 ne semblent pas équivalentes ou plus strictes que les motifs visés à l'article 7. Il serait inapproprié de conclure, par exemple, que le fait que des catégories particulières de données ont été manifestement rendues publiques par quelqu'un, comme l'envisage l'article 8, paragraphe 2, point e, serait – toujours et en soi – une condition suffisante pour autoriser tout type de traitement des données, sans mettre en balance les intérêts et les droits en jeu, comme l'exige l'article 7, point f *[De plus, l'art. 8, § 2, point e, ne saurait être interprété a contrario comme signifiant que, si les données rendues publiques par la personne concernée ne sont pas des données sensibles, elles peuvent être traitées sans satisfaire à d'autres conditions. Les données accessibles au public restent des données à caractère personnel soumises aux exigences de la protection des données, notamment au respect de l'art. 7, qu'il s'agisse ou non de données sensibles.]*.

Dans certaines situations, le fait que le responsable du traitement des données soit un parti politique lèverait aussi l'interdiction du traitement de catégories particulières de données selon l'article 8, paragraphe 2, point d. Cela ne veut pas dire pour autant que tout traitement entrant dans le champ d'application de cette disposition soit nécessairement licite. Cette question doit être appréciée séparément et le responsable du traitement devra éventuellement démontrer, par exemple, que le traitement des données est nécessaire à l'exécution d'un contrat [article 7, point b], ou que son intérêt légitime prévaut, conformément à l'article 7, point f. Dans ce dernier cas, le critère de mise en balance prévu par l'article 7, point f, doit être appliqué après l'appréciation du respect des exigences de l'article 8 par le responsable du traitement des données.

De même, le simple fait que « le traitement des données est nécessaire aux fins de la médecine préventive, des diagnostics médicaux, de l'administration de soins ou de traitements ou de la gestion de services de santé » et l'obligation de secret qui s'applique au traitement de ces données – comme indiqué à l'article 8, paragraphe 3 – impliquent qu'un tel traitement de données sensibles est exempté de l'interdiction visée à l'article 8, paragraphe 1. Ce n'est pourtant pas nécessairement suffisant pour garantir aussi la licéité au titre de l'article 7, et un fondement juridique comme l'exécution d'un contrat conclu avec le patient conformément à l'article 7, point b, une obligation légale conformément à l'article 7, point c, l'exécution d'une mission d'intérêt public conformément à l'article 7, point e, ou l'appréciation du critère énoncé à l'article 7, point f, sera requis.

En conclusion, le groupe de travail considère qu'il faut analyser au cas par cas si l'article 8 prévoit, en soi, des conditions plus strictes et suffisantes *[V. l'analyse présentée dans l'avis « AMA » du groupe de travail « Article 29 », point 3.3, qui prend en considération aussi bien l'art. 7 que l'arti. 8 de la directive : Deuxième avis 4/2009 sur le standard international pour la protection des renseignements personnels de l'Agence mondiale antidopage (AMA), sur les dispositions du code de l'AMA s'y rapportant et sur d'autres questions relatives à la vie privée dans le cadre de la lutte contre le dopage dans le sport par l'AMA et les organisations (nationales) antidopage, adopté le 6.4.2009 (WP 162).]*, ou s'il convient d'appliquer cumulativement les articles 8 et 7 pour garantir une protection complète des personnes concernées. Le résultat de l'examen ne peut en aucun cas aboutir à une moindre protection des catégories particulières de données *[Il va sans dire que, dans le cas de l'application de l'art. 8 également, le respect des autres dispositions de la directive, y compris son art. 6, doit être assuré.]*.

Il s'ensuit aussi que le responsable du traitement qui s'occupe de catégories particulières de données ne peut jamais invoquer *uniquement* un fondement juridique relevant de l'article 7 pour légitimer une activité de traitement des données. Le cas échéant, l'article 7 ne prévaudra pas, mais s'appliquera toujours de manière *cumulative* avec l'article 8, afin que toutes les garanties et les mesures pertinentes soient respectées. Cela vaudra d'autant plus dans les cas où *[dans lesquels]* les États membres décident d'ajouter des exemptions à celles énoncées à l'article 8, ainsi que le prévoit l'article 8, paragraphe 4.

2. *Article 7, points a à e*

La présente section 3.2 donne un bref aperçu de chacun des fondements juridiques mentionnés à l'article 7, points a à e, de la directive, avant d'examiner plus particulièrement, à la section 3.3, l'article 7, point f. Cette analyse mettra aussi en lumière certaines des corrélations les plus courantes entre ces fondements juridiques, faisant intervenir par exemple un « contrat », une « obligation légale » et un « intérêt légitime », selon le contexte particulier et les circonstances.

2.1. *Consentement*

Le consentement, en tant que fondement juridique, a été analysé dans l'avis 15/2011 du groupe de travail sur la définition du consentement. L'avis concluait essentiellement que le consentement n'est qu'un fondement juridique parmi d'autres, plutôt que le fondement principal légitimant le traitement de données à caractère personnel. Il joue un rôle important mais n'exclut pas la possibilité que, compte tenu du contexte, d'autres fondements juridiques puissent être jugés plus appropriés par le responsable du traitement ou par la personne concernée. S'il est utilisé à bon escient, le consentement est un instrument qui permet à la personne concernée de contrôler le traitement de ses données. Au contraire, s'il est mal utilisé, le contrôle de la personne concernée devient illusoire et le consentement constitue alors une base inappropriée pour le traitement de données.

Parmi ses recommandations, le groupe de travail soulignait la nécessité de clarifier le sens de la notion de « consentement indubitable » : « *[c]*ette clarification devrait insister sur le fait qu'un consentement indubitable impose de recourir à des mécanismes qui ne laissent aucun doute sur l'intention de la personne concernée de consentir au traitement. Dans le même temps, il conviendrait d'expliquer que l'utilisation d'options par défaut, que la personne concernée doit modifier pour refuser le traitement (consentement fondé sur le silence), ne constitue pas, en soi, un consentement indubitable. Cette observation vaut tout particulièrement dans l'environnement en ligne *[V. la page 41 de l'avis 15/2011 du groupe de travail « Article 29 » sur la définition du consentement.]* ». Il proposait aussi d'exiger des responsables du traitement qu'ils mettent en place des mécanismes pour démontrer le consentement (dans le cadre de l'obligation générale de rendre compte) et invitait le législateur à ajouter une exigence explicite concernant la qualité et l'accessibilité des informations servant de base au consentement.

2.2. *Contrat*

L'article 7, point b, constitue un fondement juridique dans les situations où *[dans lesquelles]* le traitement « est nécessaire à l'exécution d'un contrat auquel la personne concernée est partie ou à l'exécution de mesures précontractuelles prises à la demande de celle-ci ». Cela recouvre deux scénarios différents.

i) Dans le premier cas de figure, la disposition s'applique aux situations dans lesquelles le traitement est nécessaire à l'exécution d'un contrat auquel la personne concernée est partie. Il peut s'agir, par exemple, du traitement de son adresse pour que des produits achetés en ligne puissent être livrés, ou du traitement des informations figurant sur une carte de crédit afin d'effectuer une transaction. Dans le contexte des relations de travail, ce motif peut autoriser, par exemple, le traitement des informations relatives aux salaires et des coordonnées de comptes bancaires pour que les salariés puissent être payés.

La disposition doit être interprétée de façon restrictive et ne couvre pas les situations dans lesquelles le traitement n'est pas véritablement nécessaire à l'exécution d'un contrat, mais plutôt imposé unilatéralement à la personne concernée par le responsable du traitement. Le fait qu'un certain traitement de données soit couvert par un contrat ne signifie pas non plus automatiquement que le traitement soit nécessaire à son exécution. Par exemple, l'article 7, point b, ne peut pas servir de fondement juridique pour établir un profil des goûts et du mode de vie de l'utilisateur à partir de son historique de navigation sur un site internet et des articles achetés. En effet, le responsable du traitement des données n'a pas été chargé, dans le contrat, d'établir un profil mais de fournir des produits et des services, par exemple. Même si ces activités de traitement sont expressément mentionnées en petits caractères dans le contrat, elles n'en deviennent pas pour autant « nécessaires » à l'exécution de ce dernier.

Il existe ici un lien évident entre l'appréciation de la nécessité et le respect du principe de limitation de la finalité. Il importe de déterminer la raison d'être exacte du contrat, c'est-à-dire sa substance et son objectif fondamental, car c'est ce qui permettra de vérifier si le traitement des données est nécessaire à l'exécution du contrat.

Dans certaines situations limites, on peut être amené à s'interroger ou à recueillir des éléments complémentaires plus précis, afin de déterminer si le traitement est nécessaire à l'exécution du contrat. Ainsi, la constitution d'une base de données de contact à usage interne contenant les noms, les adresses professionnelles, les numéros de téléphone et les adresses de courrier électronique de tous les salariés d'une entreprise, destinée à faciliter les échanges d'informations entre collègues, peut dans certains cas être considérée comme nécessaire à l'exécution d'un contrat au titre de l'article 7, point b, mais elle peut aussi être licite en vertu de l'article 7, point f, s'il est démontré que l'intérêt du responsable du traitement prévaut et si toutes les mesures appropriées ont été prises, par exemple, en consultant dûment les représentants du personnel.

D'autres cas, comme la surveillance électronique de l'utilisation de l'internet, du courriel ou du téléphone par les salariés, ou la vidéosurveillance de ces derniers, constituent plus manifestement un traitement qui risque d'aller au-delà de ce qui est nécessaire à l'exécution d'un contrat de travail, bien que cela puisse, ici aussi, dépendre de la nature de l'emploi. La prévention de la fraude – qui peut inclure, entre autres, la surveillance et l'établissement de profils des clients – est un autre aspect généralement susceptible d'être considéré comme allant au-delà de ce qui est nécessaire à l'exécution d'un contrat. Un tel traitement pourrait tout de même être légitime en vertu d'un autre motif mentionné à l'article 7, par exemple, selon les circonstances, le consentement, une obligation légale ou l'intérêt légitime du responsable du traitement [article 7, points a, c ou f] *[Un autre exemple de fondements juridiques multiples est présenté dans l'avis 15/2011 du groupe de travail « Article 29 » sur la définition du*

consentement (cité en note de bas de page 2). Pour l'achat d'une voiture, le responsable du traitement peut être habilité à traiter des données à caractère personnel à différentes fins et sur la base de différents motifs :
– les données sont nécessaires à l'achat de la voiture : art. 7, point b ;
– pour traiter les documents du véhicule : art. 7, point c ;
– pour les services de gestion de la clientèle (par exemple, pour l'entretien du véhicule dans différentes entreprises du même groupe au sein de l'UE) : art. 7, point f;
– pour transférer les données à des tiers aux fins de leurs propres activités de commercialisation : art. 7, point a.]. Dans ce dernier cas, le traitement devrait être subordonné à des garanties et mesures supplémentaires en vue de protéger l'intérêt ou les droits et libertés des personnes concernées.

L'article 7, point b, s'applique uniquement à ce qui est nécessaire à l'*exécution* d'un contrat. Il ne couvre pas les diverses actions déclenchées par le non-respect du contrat ni quelque autre incident dans son exécution. Tant que le traitement relève de l'exécution normale d'un contrat, il peut entrer dans le champ d'application de l'article 7, point b. S'il survient un incident qui donne lieu à un conflit, le traitement des données peut prendre un cours différent. Le traitement des informations de base relatives à la personne concernée, comme le nom, l'adresse et la référence à des obligations contractuelles en souffrance, pour l'envoi de rappels, devrait encore être considéré comme relevant du traitement de données nécessaire à l'exécution d'un contrat. Quant aux traitements plus élaborés de données, dans lesquels des tiers peuvent ou non intervenir, comme le recouvrement de créances, ou une action en justice à l'encontre d'un client en défaut de paiement, on pourrait faire valoir qu'un tel traitement ne relève plus de l'exécution « normale » du contrat et n'entre donc plus dans le champ d'application de l'article 7, point b. Cela ne rendrait cependant pas le traitement illégitime pour autant, car le responsable du traitement a un intérêt légitime à former un recours pour faire respecter ses droits contractuels. D'autres fondements juridiques, comme l'article 7, point f, pourraient être invoqués, sous réserve de garanties et de mesures appropriées, et du respect du critère de mise en balance *[Pour les catégories particulières de données, il convient peut-être aussi être de prendre en compte l'art. 8, paragr. 1, point e : « nécessaire à la constatation, à l'exercice ou à la défense d'un droit en justice ».].*

ii) Dans le second cas de figure, l'article 7, point b, couvre aussi le traitement de données qui a lieu avant la conclusion d'un contrat. Il peut donc s'appliquer aux relations précontractuelles, pour autant que les démarches soient accomplies à la demande de la personne concernée, plutôt qu'à l'initiative du responsable du traitement ou d'un tiers. Par exemple, si une personne demande à un détaillant de lui faire une offre de prix pour un produit, le traitement de données effectué à cette fin, tel que la conservation, pour une durée limitée, de l'adresse et des informations à propos de ce qui est demandé, pourra s'appuyer sur ce fondement juridique. De même, si quelqu'un demande un devis à un assureur pour sa voiture, l'assureur est en droit de traiter les données nécessaires, par exemple, la marque et l'âge de la voiture, ainsi que d'autres données pertinentes et proportionnées, afin d'établir le devis.

En revanche, des vérifications détaillées comme, par exemple, le traitement de données d'examens médicaux par une compagnie d'assurance avant de proposer une assurance maladie ou une assurance vie ne seraient pas considérées comme une étape nécessaire accomplie à la demande de la personne concernée. Les vérifications de la cote de crédit avant d'accorder un prêt ne sont pas non plus effectuées à la demande de la personne concernée conformément à l'article 7, point b, mais plutôt au titre de l'article 7, point f, ou de l'article 7, point c, en vertu d'une obligation légale faite aux banques de consulter une liste officielle de débiteurs enregistrés.

Le traitement à des fins de prospection directe sur l'initiative du détaillant/responsable du traitement ne pourra pas non plus s'appuyer sur ce motif. Dans certains cas, l'article 7, point f, pourrait se substituer à l'article 7, point b, en tant que fondement juridique, sous réserve de garanties et de mesures appropriées, et du respect du critère de mise en balance. Dans d'autres circonstances, notamment en cas d'établissement de profils détaillés, de partage de données, de prospection directe en ligne ou de publicité comportementale, il convient d'examiner si la personne concernée a donné son consentement, conformément à l'article 7, point a, comme le montre l'analyse présentée plus bas *[V. la section 3.3.6, point b), sous l'intitulé : « Illustration : l'évolution de l'approche de la prospection directe », p. 51 et 52.]*.

2.3. *Obligation légale*

L'article 7, point c, constitue un fondement juridique dans les situations où *[dans lesquelles]* le traitement « est nécessaire au respect d'une obligation légale à laquelle le responsable du traitement est soumis ». Cela peut être le cas, par exemple, lorsque les employeurs doivent communiquer des données relatives aux rémunérations de leurs salariés à la sécurité sociale ou à l'administration fiscale, ou lorsque les institutions financières sont tenues de signaler certaines opérations suspectes aux autorités compétentes en vertu de règles visant à lutter contre le blanchiment d'argent. Il pourrait s'agir aussi d'une obligation à laquelle une autorité publique est soumise, puisque rien ne limite l'application de l'article 7, point c, au secteur privé ou public. Cette disposition s'appliquerait, par exemple, à la collecte de données par une autorité locale aux fins du traitement des amendes pour stationnement irrégulier.

L'article 7, point c, présente des similitudes avec l'article 7, point e, dans la mesure où une mission d'intérêt public repose souvent sur une disposition légale, ou en découle. Le champ d'application de l'article 7, point c, est néanmoins strictement délimité.

Pour que l'article 7, point c, puisse s'appliquer, l'obligation doit être imposée par la loi (et non, par exemple, par une cause contractuelle). La loi doit remplir toutes les conditions requises pour rendre l'obligation valable et contraignante, et doit aussi être conforme au droit applicable en matière de protection des données, notamment aux principes de nécessité, de proportionnalité *[V. aussi l'avis 01/2014 du 27. 2.2014 sur l'application des notions de nécessité et de proportionnalité et la protection des données dans le secteur répressif]* et de limitation de la finalité.

Il importe également de souligner que l'article 7, point c, se rapporte aux lois de l'Union européenne ou d'un État membre. Les obligations imposées par les lois de pays tiers (comme, par exemple, l'obligation de mettre en place des mécanismes de dénonciation des dysfonctionnements, instaurée en 2002 par la loi Sarbanes-Oxley aux États-Unis) ne relèvent pas de ce motif. Pour être valable, une obligation légale imposée par un pays tiers devrait être officiellement reconnue et intégrée dans l'ordre juridique de l'État membre concerné, par exemple sous la forme d'une convention internationale *[V., à ce propos, la section 4.2.2 de l'avis 10/2006 (WP 128) du 20.11.2006 sur le traitement des données à caractère personnel par la Société de télécommunications interbancaires mondiales (SWIFT), et l'avis 1/2006 (WP 117 du 1.2.2006) relatif à l'application des règles de l'UE en matière de protection des données aux mécanismes internes de dénonciation des dysfonctionnements dans les domaines de la comptabilité, des contrôles comptables internes, de l'audit, de la lutte contre la corruption et la criminalité bancaire et financière]*. En revanche, la nécessité de satisfaire à une obligation étrangère peut représenter un intérêt légitime poursuivi par le responsable du traitement, mais uniquement sous réserve de respecter le critère de mise en balance de l'article 7, point f, et pour autant que des garanties adéquates aient été mises en place, comme celles approuvées par l'autorité compétente chargée de la protection des données.

Le responsable du traitement ne doit pas avoir le choix de se conformer ou non à l'obligation. Les engagements volontaires unilatéraux et les partenariats public-privé qui supposent le traitement de données au-delà de ce qui est requis par la loi n'entrent donc pas dans le champ d'application de l'article 7, point c. Par exemple, si un fournisseur de services internet décide – sans y être contraint par une obligation légale claire et précise – de surveiller ses utilisateurs afin de lutter contre le téléchargement illégal, l'article 7, point c, ne pourra pas être invoqué comme fondement juridique approprié à cet effet.

De surcroît, l'obligation légale elle-même doit être suffisamment claire à propos du traitement de données à caractère personnel qu'elle requiert. En conséquence, l'article 7, point c, s'applique sur la base de dispositions juridiques mentionnant explicitement la nature et l'objet du traitement. Le responsable du traitement ne devrait pas avoir de marge d'appréciation injustifiée quant à la façon de se conformer à l'obligation légale.

La législation peut, dans certains cas, définir seulement un objectif général, tandis que des obligations plus spécifiques sont imposées à un niveau différent, par exemple, dans le droit dérivé ou dans une décision contraignante d'une autorité publique dans un cas concret. Cela peut aussi déboucher sur des obligations légales au sens de l'article 7, point c, pour autant que la nature et l'objet du traitement soient bien définis et qu'il existe une base juridique adéquate.

Il en va toutefois autrement si une autorité réglementaire formule uniquement des lignes directrices générales et énonce les conditions auxquelles elle pourrait envisager de faire usage de ses pouvoirs d'exécution (par exemple, des orientations réglementaires à l'intention des institutions financières portant sur certaines normes de vigilance). Dans de tels cas, les activités de traitement doivent être appréciées au regard de l'article 7, point f, et ne peuvent être considérées comme légitimes que sous réserve du respect du critère supplémentaire de mise en balance *[Des orientations émanant d'une autorité réglementaire peuvent néanmoins jouer un rôle dans l'appréciation de l'intérêt légitime poursuivi par le responsable du traitement [voir la section 3.3.4, point a, notamment en p. 40]*.

D'une manière générale, il convient de noter que certaines activités de traitement peuvent sembler relever, à peu de chose près, de l'article 7, point c, ou de l'article 7, point b, sans remplir pleinement les critères pour que ces motifs puissent s'appliquer. Cela ne veut pas dire qu'un tel traitement est toujours nécessairement illicite : il peut parfois être légitime, mais plutôt au titre de l'article 7, point f, sous réserve du respect du critère supplémentaire de mise en balance.

2.4. *Intérêt vital*

L'article 7, point d, constitue un fondement juridique dans les situations où *[dans lesquelles]* le traitement « est nécessaire à la sauvegarde de l'intérêt vital de la personne concernée ». Ce libellé est différent des termes employés à l'article 8, paragraphe 2, point c, qui est plus précis et renvoie à des situations où *[dans lesquelles]* « le traitement est nécessaire à la défense des intérêts vitaux de la personne concernée ou d'une autre personne dans le cas où la personne concernée se trouve dans l'incapacité physique ou juridique de donner son consentement ».

Les deux dispositions paraissent néanmoins indiquer que ce fondement juridique devrait avoir une application limitée. Premièrement, l'expression « intérêt vital » semble limiter l'application de ce motif à des questions de vie ou de mort, ou, à tout le moins, à des menaces qui comportent un risque de blessure ou une autre atteinte à la santé de la personne concernée [ou aussi d'une autre personne, dans le cas de l'article 8, paragraphe 2, point c].

Le considérant 31 confirme que l'objectif de ce fondement juridique est de « protéger un intérêt essentiel à la vie de la personne concernée ». La directive n'indique cependant pas précisément si la menace doit être immédiate. Cela suscite des questions quant à la portée de la collecte de données, par exemple, à titre de mesure préventive ou à grande échelle, comme la collecte des données relatives aux passagers transportés par une compagnie aérienne en cas de risque d'épidémie ou d'incident de sûreté.

Le groupe de travail considère qu'il convient de donner une interprétation restrictive à cette disposition, conformément à l'esprit de l'article 8. Bien que l'article 7, point d, ne limite pas expressément l'utilisation de ce motif à des situations où *[dans lesquelles]* le consentement ne peut servir de fondement juridique, pour les raisons mentionnées à l'article 8, paragraphe 2, point c, il est raisonnable de supposer que, lorsqu'il est possible et nécessaire de demander un consentement valable, il y a effectivement lieu d'obtenir ce consentement chaque fois que les conditions le permettent. Cette disposition verrait ainsi son application limitée à une analyse au cas par cas et elle ne pourrait normalement servir à légitimer ni la collecte massive de données à caractère personnel ni leur traitement. Au cas où cela s'avérerait nécessaire, les points c ou e de l'article 7 représenteraient des motifs plus appropriés pour justifier le traitement.

2.5. *Mission d'intérêt public*

L'article 7, point e, constitue un fondement juridique dans les situations où *[dans lesquelles]* le traitement « est nécessaire à l'exécution d'une mission d'intérêt public ou relevant de l'exercice de l'autorité publique, dont est investi le responsable du traitement ou le tiers auquel les données sont communiquées ».

Il importe de noter que, tout comme l'article 7, point c, l'article 7, point e, se rapporte à l'intérêt public de l'Union européenne ou d'un État membre. De même, « l'autorité publique » désigne une autorité conférée par l'Union européenne ou par un État membre. Autrement dit, les missions menées dans l'intérêt public d'un pays tiers ou relevant de l'exercice d'une autorité publique conférée en vertu d'une législation étrangère n'entrent pas dans le champ d'application de cette disposition *[V. la section 2.4 du document de travail du groupe de travail « Article 29 » du 25.11.2005 (WP 114) relatif à une interprétation commune des dispositions de l'art. 26, § 1, de la directive 95/46/CE, pour une interprétation similaire de la notion de « sauvegarde d'un intérêt public important » visée à l'arti. 26, § 1, point d).]*.

L'article 7, point e, recouvre deux situations et s'applique tant au secteur public qu'au secteur privé. Premièrement, il concerne des situations où *[dans lesquelles]* le responsable du traitement est lui-même investi d'une autorité publique ou d'une mission d'intérêt public (sans nécessairement être lui aussi soumis à une obligation légale de traiter des données) et le traitement est nécessaire à l'exercice de cette autorité ou de cette mission. Par exemple, une administration fiscale peut collecter et traiter la déclaration de revenus d'une personne afin d'établir et de vérifier le montant de l'impôt à payer. Ou une association professionnelle, comme un barreau d'avocats ou un ordre des médecins, investie de l'autorité publique requise, peut engager des procédures disciplinaires à l'encontre de certains de ses membres. Un autre exemple pourrait être celui d'une collectivité locale, comme une administration municipale, chargée de gérer une bibliothèque, une école ou une piscine.

Deuxièmement, l'article 7, point e, couvre aussi des situations où *[dans lesquelles]* le responsable du traitement n'est pas investi d'une autorité publique, mais est invité à communiquer des données à un tiers investi d'une telle autorité. Par exemple, un agent d'un service public compétent pour enquêter sur un crime peut demander au responsable du traitement sa coopération dans le cadre d'une enquête en cours, plutôt que de lui ordonner de se soumettre à une demande de coopération spécifique. L'article 7, point e, peut en outre couvrir des situations où *[dans lesquelles]* le responsable du traitement communique des données, de manière proactive, à un tiers investi de cette autorité publique. Cela peut être le cas, par exemple, quand un responsable du traitement constate qu'une infraction pénale a été commise et transmet l'information aux services répressifs compétents de sa propre initiative.

A la différence de l'article 7, point c, il n'est pas nécessaire que le responsable du traitement soit soumis à une obligation légale. Pour reprendre l'exemple donné ci-dessus, un responsable du traitement qui remarquerait par hasard qu'une fraude ou un vol a été commis n'aurait peut-être pas l'obligation légale de le signaler à la police, mais il pourrait néanmoins, le cas échéant, le faire volontairement en vertu de l'article 7, point e.

Il faut cependant que le traitement soit « nécessaire à l'exécution d'une mission d'intérêt public », ou encore que le responsable du traitement ou le tiers auquel il communique les données soit investi d'une autorité publique et que le traitement des données soit nécessaire à l'exercice de cette autorité *[Autrement dit, dans ces cas, l'intérêt public des missions et la responsabilité correspondante subsisteront, même si l'exercice de la mission a été confié à d'autres entités, y compris dans le secteur privé.]*. Il importe aussi de souligner que cette autorité publique ou cette mission d'intérêt public aura généralement été attribuée par une loi ou une autre règle de droit. Si le traitement suppose une ingérence dans la vie privée ou si le droit national l'exige par ailleurs afin de garantir la protection des personnes concernées, la base juridique encadrant le genre de traitement de données qui peut être autorisé devra être suffisamment précise et spécifique.

Ces situations deviennent de plus en plus courantes et se répandent aussi en dehors du secteur public, du fait de la tendance à sous-traiter des missions de l'administration à des entités du secteur privé. Cela peut être le cas, par exemple, pour les activités de traitement du secteur des transports ou de la santé (études épidémiologiques, recherches, etc.). Ce motif pourrait aussi être invoqué dans le cadre de l'action répressive, comme l'ont déjà montré les exemples ci-dessus. Cependant, la mesure dans laquelle une société privée peut être autorisée à coopérer avec les services répressifs, par exemple pour lutter contre la fraude ou le partage de contenu illégal sur l'internet, requiert une analyse au regard non seulement de l'article 7, mais aussi de l'article 6, afin de prendre en considération les exigences de limitation de la finalité, de licéité et de loyauté *[V., en ce sens, l'avis du groupe de travail « Article 29 » sur SWIFT (cité précédemment, en note de bas de page 39), l'avis 4/2003 13.6.2003 (WP 78) sur le niveau de protection assuré aux États-Unis pour la transmission des données passagers et le document de travail (WP 104) du 18.1.2005 sur les questions de protection des données liées aux droits de propriété intellectuelle]*.

L'article 7, point e, a potentiellement un champ d'application très large, ce qui plaide en faveur d'une interprétation stricte et d'une définition précise, au cas par cas, de l'intérêt public en jeu et de l'autorité publique justifiant le traitement. Ce large champ d'application explique aussi pourquoi, comme dans le cas de l'article 7, point f, un droit d'opposition a été prévu à l'article 14 quand le traitement est fondé sur l'article 7, point e *[Comme indiqué précédemment, cette possibilité de s'opposer au traitement des données en vertu de l'art. 7, point e, n'existe pas dans certains États membres (par exemple, en Suède).]*. Des garanties et des mesures supplémentaires similaires peuvent donc s'appliquer dans les deux cas *[Comme on le verra plus loin, le projet de rapport de la commission LIBE recommandait d'autres garanties - en particulier, une transparence renforcée - dans le cas où l'art. 7, point f), s'applique.]*.

En ce sens, l'article 7, point e, présente des similitudes avec l'article 7, point f, et, dans certains contextes, pour les pouvoirs publics en particulier, le premier peut remplacer le second.

Pour apprécier la mesure dans laquelle ces dispositions s'appliquent aux organismes du secteur public, à la lumière notamment des propositions de changements à apporter au cadre juridique de la protection des données, il est utile de noter que *[le]* texte actuel du règlement n° 45/2001 *[du 18 déc. 2000 relatif à la protection des personnes physiques à l'égard du traitement des données à caractère personnel par les institutions et organes communautaires et à la libre circulation de ces données (JO L 8, 12.1.2001, p. 1).]*, qui fixe les règles de protection des données applicables aux institutions et organes de l'Union européenne, ne contient aucune disposition comparable à l'article 7, point f.

Le considérant 27 de ce règlement prévoit néanmoins que « *[l]*e traitement de données à caractère personnel effectué pour l'exécution de missions d'intérêt public par les institutions et les organes communautaires comprend le traitement de données à caractère personnel nécessaires pour la gestion et le fonctionnement de ces institutions et organes ». Cette disposition autorise donc le traitement des données pour un motif « d'intérêt public » au sens large dans des situations très variées, qui auraient pu, sinon, être couvertes par une disposition analogue à l'article 7, point f. La vidéosurveillance de locaux pour des raisons de sécurité, le contrôle électronique des échanges de courriels, ou les évaluations du personnel ne sont que quelques exemples des *[de]* situations *[situation]* qui peuvent relever de cette disposition relative à « l'exécution de missions d'intérêt public » interprétée de manière large.

Dans une perspective d'avenir, il importe également de tenir compte du fait que le règlement proposé prévoit expressément, à l'article 6, paragraphe 1, point f, que les considérations relatives au motif de l'intérêt légitime « ne s'appliquent pas au traitement effectué par les autorités publiques dans l'exécution de leurs missions ». Si cette disposition est adoptée et interprétée au sens large, de façon à interdire totalement aux autorités publiques d'invoquer l'intérêt légitime comme fondement juridique, les motifs de la « mission d'intérêt public » et de « l'exercice de l'autorité publique » énoncés à l'article 7, point e, devraient recevoir une interprétation qui laisse aux pouvoirs publics une certaine latitude, pour au moins leur permettre d'assurer correctement leur gestion et leur fonctionnement, à l'instar de l'interprétation du règlement n° 45/2001 qui prévaut actuellement.

Une autre possibilité serait d'interpréter la dernière phrase de l'article 6, paragraphe 1, point f, du règlement proposé de façon à ne pas interdire totalement aux autorités publiques d'invoquer l'intérêt légitime comme fondement juridique. Dans ce cas, l'expression « traitement effectué par les autorités publiques dans l'exécution de leurs missions » figurant à l'article 6, paragraphe 1, point f, tel qu'il est proposé, devrait recevoir une interprétation restrictive, ne couvrant pas le traitement effectué aux fins d'assurer correctement la gestion et le fonctionnement de ces autorités publiques. De ce fait, il resterait possible d'invoquer le motif de l'intérêt légitime pour justifier le traitement nécessaire à la bonne gestion et au fonctionnement correct de ces pouvoirs publics.

3. *Article 7, point f : intérêt légitime*

L'article 7, point f *[Pour le libellé complet de l'art. 7, point f, voir la page 4 ci-dessus.]*, impose un critère de mise en balance : l'intérêt légitime poursuivi par le responsable du traitement (ou par des tiers) doit être comparé avec l'intérêt ou les droits et libertés fondamentaux de la personne concernée. Le résultat de cette mise en balance détermine dans une large mesure si l'article 7, point f, peut servir de fondement juridique justifiant le traitement.

Il convient de préciser d'emblée que ce critère ne se borne pas à une simple mise en balance consistant à peser deux « poids » aisément quantifiables et comparables. Comme on le verra plus en détail dans la description présentée ci-après, cette mise en balance peut nécessiter une appréciation complexe de divers facteurs. Afin de mieux structurer et de simplifier l'évaluation, nous avons scindé le processus en plusieurs étapes pour garantir l'application effective du critère de mise en balance.

La section 3.3.1 commence par examiner un plateau de la balance : ce qui constitue « l'intérêt légitime poursuivi par le responsable du traitement ou par le ou les tiers auxquels les données sont communiquées ». Dans la section 3.3.2, nous nous pencherons sur l'autre plateau de la balance, à savoir « l'intérêt ou les droits et libertés fondamentaux de la personne concernée, qui appellent une protection au titre de l'article 1er, paragraphe 1 ».

Les sections III.3.3 et III.3.4 expliquent la manière dont le critère de mise en balance doit être appliqué. La section 3.3.3 présente une introduction générale à l'aide de trois scénarios différents. Ensuite, la section 3.3.4 expose les principales considérations dont il faut tenir compte pour appliquer le critère, et notamment les garanties et les mesures à prévoir par le responsable du traitement des données.

Enfin, dans les sections III.3.5 et III.3.6, nous examinerons aussi certains mécanismes particuliers tels que le principe de responsabilité, la transparence et le droit d'opposition, qui peuvent contribuer à assurer – et approfondir – une mise en balance correcte des divers intérêts en jeu.

3.1. *Intérêt légitime poursuivi par le responsable du traitement (ou par des tiers)*

La notion d'« intérêt »

La notion d'« intérêt » et celle de « finalité », mentionnée à l'article 6 de la directive, sont étroitement liées, mais néanmoins distinctes. En matière de protection des données, la « finalité » est la raison spécifique pour laquelle les données sont traitées : le but ou l'intention de leur traitement. L'intérêt, quant à lui, est l'enjeu plus large poursuivi par le responsable du traitement, ou le bénéfice qu'il tire – ou que la société pourrait tirer – du traitement.

Par exemple, une entreprise peut avoir un *intérêt* à préserver la santé et la sécurité du personnel qui travaille dans sa centrale nucléaire. Pour ce faire, l'entreprise peut avoir comme *finalité* d'appliquer des procédures de contrôle d'accès spécifiques qui justifient le traitement de certaines données à caractère personnel afin de contribuer à protéger la santé et la sécurité des employés.

Un intérêt doit être formulé en termes suffisamment clairs pour permettre l'application du critère de mise en balance avec l'intérêt et les droits fondamentaux de la personne concernée. De plus, l'intérêt en jeu doit aussi être « poursuivi par le responsable du traitement ». Cela suppose un intérêt réel et présent, qui correspond à des activités menées actuellement ou à des bénéfices escomptés dans un avenir très proche. Autrement dit, des intérêts trop vagues ou hypothétiques ne seront pas suffisants.

La nature de l'intérêt peut varier. Certains intérêts peuvent être impérieux et profitables à la société en général, comme l'intérêt de la presse à publier des informations sur des faits de corruption dans l'administration ou l'intérêt d'effectuer des recherches scientifiques (sous réserve de garanties appropriées). D'autres intérêts peuvent être moins pressants pour l'ensemble de la société ou, en tout cas, leur poursuite peut avoir une incidence plus mitigée ou controversée sur la collectivité. Cela peut s'appliquer, par exemple, à l'intérêt économique d'une entreprise à *[d']* en savoir le plus possible sur ses clients potentiels afin de mieux cibler la publicité pour ses produits ou services.

Qu'est-ce qui rend un intérêt « légitime » ou « illégitime » ?

Cette question vise à déterminer le seuil de ce qui constitue un intérêt légitime. Si l'intérêt poursuivi par le responsable du traitement des données est illégitime, le critère de mise en balance n'aura pas à être appliqué, puisque le seuil initial permettant d'invoquer l'article 7, point f, n'aura pas été atteint.

Le groupe de travail considère que la notion d'intérêt légitime pourrait inclure des intérêts très variés, qu'ils soient futiles ou incontestables, évidents ou plus controversés. C'est donc dans un deuxième temps, lorsqu'il s'agira de mettre en balance ces intérêts avec les intérêts et droits fondamentaux des personnes concernées, qu'il conviendra d'adopter une approche plus restreinte et de procéder à une analyse plus approfondie.

La liste qui suit énumère de façon non exhaustive certains des contextes où *[dans lesquels]* la question de l'intérêt légitime au sens de l'article 7, point f, est le plus communément susceptible de se poser. Elle est présentée ici sans préjuger si l'intérêt poursuivi par le responsable du traitement prévaudra en définitive sur l'intérêt et les droits des personnes concernées après la mise en balance :

– exercice du droit à la liberté d'expression ou d'information, notamment dans les médias et dans les arts ;
– prospection directe conventionnelle et autres formes de prospection commerciale ou de publicité ;
– messages non commerciaux non sollicités, notamment à des fins de campagne politique ou de collecte de fonds pour des actions caritatives ;
– exécution de demandes en justice, y compris le recouvrement de créances via des procédures extrajudiciaires ;
– prévention de la fraude, de l'utilisation abusive de services, ou du blanchiment d'argent ;
– surveillance du personnel à des fins de sécurité ou de gestion ;
– mécanismes de dénonciation des dysfonctionnements ;
– sécurité physique, sécurité des systèmes et réseaux informatiques ;
– traitement à finalité historique, scientifique ou statistique ;
– traitement à des fins de recherche (y compris la recherche commerciale).

En conséquence, un intérêt peut être considéré comme légitime dès lors que le responsable du traitement est en mesure de poursuivre cet intérêt dans le respect de la législation sur la protection des données et d'autres législations. Autrement dit, un intérêt légitime doit être « acceptable au regard du droit » *[Les observations concernant la nature de la « légitimité » formulées à la section 3.1.3 de l'avis 3/2013 du groupe de travail « Article 29 » sur la limitation de la finalité (cité en note de bas de page 9 ci-dessus) s'appliquent aussi ici, mutatis mutandis. Comme il est indiqué aux pages 19 et 20 de cet avis, la notion de « droit » est utilisée ici dans son sens le plus large. Cela inclut d'autres législations applicables, par exemple en matière d'emploi, de contrats, ou de protection des consommateurs. De plus, la notion de droit « inclut toutes les formes de droit écrit et coutumier, le droit primaire et le droit dérivé, les arrêtés municipaux, les précédents judiciaires, les principes constitutionnels, les droits fondamentaux, d'autres principes juridiques, ainsi que la jurisprudence, tel que ce "droit" serait interprété et pris en compte par des juridictions compétentes. Dans les limites du droit, d'autres éléments comme les coutumes, les codes de conduite, les codes de déontologie, les accords contractuels, ainsi que les circonstances et le contexte général peuvent aussi être pris en considération pour déterminer si une finalité particulière est légitime. Cela peut comprendre la nature de la relation sous-jacente entre le responsable du traitement et les personnes concernées, qu'elle soit commerciale ou autre ». En outre, ce qui peut être considéré comme un intérêt légitime « peut aussi changer au fil du temps, en fonction des progrès scientifiques et technologiques, et des évolutions de la société et des attitudes culturelles ».]*.

Pour être pertinent au regard de l'article 7, point f, un « intérêt légitime » doit donc :
— être licite (c'est-à-dire conforme au droit en vigueur dans l'Union et dans le pays concerné) ;
— être formulé en termes suffisamment clairs pour permettre l'application du critère de mise en balance avec l'intérêt et les droits fondamentaux de la personne concernée (c'est-à-dire suffisamment précis) ;
— constituer un intérêt réel et présent (c'est-à-dire non hypothétique).

Le fait que le responsable du traitement poursuive un tel intérêt légitime en traitant certaines données ne signifie pas qu'il puisse nécessairement invoquer l'article 7, point f, comme fondement juridique justifiant le traitement. La légitimité de l'intérêt poursuivi n'est qu'un point de départ, un des éléments qui doivent être analysés en vertu de l'article 7, point f. La possibilité d'invoquer cette disposition dépendra du résultat de la mise en balance qui suit.

A titre d'illustration : des responsables du traitement peuvent avoir un intérêt légitime à connaître les préférences de leurs clients pour être en mesure de mieux personnaliser leurs offres et, en fin de compte, de proposer des produits et des services qui correspondent mieux aux besoins et aux désirs des clients. Dans cette perspective, l'article 7, point f, peut constituer un fondement juridique approprié pour certains types d'activités de prospection, en ligne ou hors ligne, pour autant qu'il existe des garanties appropriées [incluant, entre autres, un mécanisme fonctionnel permettant de s'opposer à ce traitement conformément à l'article 14, paragraphe b, comme on le verra à la section 3.3.6, *Le droit d'opposition et au-delà*].

Cela ne signifie pas pour autant que les responsables du traitement pourraient invoquer l'article 7, point f, pour surveiller indûment les activités en ligne ou hors ligne de leurs clients, pour compiler d'importants volumes de données à leur propos en provenance de différentes sources, collectées à l'origine dans d'autres contextes et à des fins différentes, et pour créer – mais aussi, par exemple, échanger en passant par des courtiers en informations – des profils complexes concernant la personnalité et les préférences des clients, sans les en informer ni mettre à leur disposition un mécanisme fonctionnel permettant d'exprimer leur opposition, pour ne rien dire de leur consentement éclairé. Une telle activité de profilage risque de constituer une violation grave de la vie privée du client et, dans ce cas, l'intérêt et les droits de la personne concernée prévaudraient sur l'intérêt poursuivi par le responsable du traitement *[La question des techniques de traçage et le rôle du consentement exigé par l'art. 5, § 3, de la directive « vie privée et communications électroniques » seront discutés séparément. V. la section 3.3.6, point b), sous l'intitulé : « Illustration : l'évolution de l'approche de la prospection directe ».]*.

Pour donner un autre exemple, dans son avis sur SWIFT *[V. la section 4.2.3 de l'avis déjà cité en note de bas de page 39. L'intérêt légitime poursuivi par le responsable du traitement dans cette affaire était aussi lié à l'intérêt public d'un pays tiers, qui ne saurait relever de la directive 95/46/CE.]*, le groupe de travail concluait, tout en reconnaissant l'intérêt légitime de la société à se conformer aux sommations du droit des États-Unis pour éviter le risque d'être sanctionnée par les autorités américaines, que l'article 7, point f, ne pouvait pas être invoqué. Le groupe de travail considérait notamment qu'en raison des conséquences considérables pour les particuliers du traitement de données effectué d'une manière « cachée, systématique, massive et de longue durée », « les intérêts des nombreuses personnes concernées sur le plan des libertés et des droits fondamentaux prévalent *[contre]* ceux de SWIFT à ne pas être sanctionnée par les États-Unis pour non-soumission éventuelle à une sommation ».

Comme on le verra plus tard, si l'intérêt poursuivi par le responsable du traitement n'est pas impérieux, l'intérêt et les droits de la personne concernée ont plus de chances de prévaloir contre l'intérêt légitime – mais moins important – du responsable du traitement. Il ne s'ensuit pas, cependant, que des intérêts moins impérieux poursuivis par le responsable du traitement ne puissent pas, parfois, prévaloir contre l'intérêt et les droits des personnes concernées : cela arrive généralement quand les conséquences du traitement pour les personnes concernées sont aussi moins importantes.

L'intérêt légitime dans le secteur public

Le texte actuel de la directive n'exclut pas expressément que les responsables du traitement qui sont des autorités publiques puissent se servir de l'article 7, point f, comme fondement juridique pour traiter des données *[A l'origine, la première proposition de directive de la Commission couvrait séparément le traitement des données dans le secteur privé et les activités de traitement dans le secteur public. Cette distinction formelle entre les règles applicables au secteur public et au secteur privé a été abandonnée dans la proposition modifiée. Cela aurait aussi pu entraîner des divergences d'interprétation et de mise en œuvre par les divers États membres.]*.

Cependant, la proposition de règlement *[V. l'art. 6, § 1, point f), de la proposition de règlement.]* exclut cette possibilité pour le « traitement effectué par les autorités publiques dans l'exécution de leurs missions ».

Le changement législatif proposé fait ressortir l'importance du principe selon lequel, en règle générale, les autorités publiques ne devraient traiter des données à caractère personnel dans l'exécution de leurs missions que si elles y sont dûment autorisées par la loi. Le respect de ce principe est particulièrement important – et clairement requis par la jurisprudence de la Cour européenne des droits de l'homme – dans les cas où *[dans lesquels]* la vie privée des personnes concernées est en jeu et où *[dans lesquels]* les activités de l'autorité publique constitueraient une ingérence dans cette vie privée.

Une autorisation suffisamment détaillée et précise prévue par la loi est donc exigée – dans la directive actuelle également – lorsque le traitement par les autorités publiques suppose une ingérence dans la vie privée des personnes concernées. Cela peut prendre la forme d'une obligation légale spécifique de traiter des données, conformément à l'article 7, point c, ou d'une autorisation spécifique (sans qu'il s'agisse nécessairement d'une obligation) de traiter des données, dans le respect des exigences de l'article 7, points e ou f *[A cet égard, voir aussi la section 3.2.5 ci-dessus à propos des missions d'intérêt public (pages 23 à 25) ainsi que les considérations présentées ci-après sous l'intitulé L'intérêt légitime des tiers (pages 30 à 32). Voir aussi les réflexions sur les limites de « l'application du droit par la sphère privée », en page 39 sous l'intitulé « Intérêt public/intérêt de la collectivité ». Dans toutes ces situations, il importe particulièrement de veiller au respect absolu des limites définies par l'art. 7, point f, et aussi par l'art. 7, point e.]*.

L'intérêt légitime des tiers

Le texte actuel de la directive ne mentionne pas seulement « l'intérêt légitime poursuivi par le responsable du traitement » mais autorise aussi l'invocation de l'article 7, point f, quand l'intérêt légitime est poursuivi par « les tiers auxquels les données sont communiquées » *[La proposition de règlement entend restreindre l'utilisation de ce motif aux « intérêts légitimes poursuivis par un responsable du traitement ». Il n'apparaît pas clairement, à la lecture du texte seul, si le libellé proposé correspond uniquement à une volonté de simplification du texte ou si son intention est d'exclure les situations où un responsable du traitement pourrait communiquer des données dans l'intérêt légitime poursuivi par d'autres. Ce texte n'est cependant pas définitif. L'intérêt des tiers a, par exemple, été réintroduit dans le rapport final de la commission LIBE à l'occasion du vote des amendements de compromis par cette commission du Parlement européen le 21 oct. 2013. V. l'amendement 100 sur l'art. 6. Le groupe de travail est favorable à la réintroduction de l'intérêt des tiers dans la proposition, étant donné que son utilisation peut demeurer appropriée dans certaines situations, notamment celles décrites ci-après.]*. Les exemples suivants illustrent certaines des situations où *[dans lesquelles]* cette disposition peut s'appliquer.

Publication de données à des fins de transparence et de responsabilité. Un contexte important où l'article 7, point f, peut être pertinent est celui où *[dans lesquel]* la publication de données vise à assurer la transparence et la responsabilité (par exemple, les salaires des dirigeants d'une entreprise). Dans ce cas, on peut considérer que la divulgation publique est effectuée principalement non pas dans l'intérêt du responsable du traitement qui publie les données, mais dans celui d'autres parties prenantes, comme les salariés, la presse ou l'opinion publique, à qui *[auxquelles]* les données sont communiquées.

Dans une perspective de protection des données et de respect de la vie privée, et afin de garantir la sécurité juridique, en général, il est souhaitable que les données à caractère personnel soient rendues publiques en vertu d'une loi qui l'autorise et, s'il y a lieu, qui spécifie clairement les données à publier, la finalité de la publication et toutes les garanties nécessaires *[Cette recommandation de bonnes pratiques ne devrait pas remettre en cause les dispositions nationales en matière de transparence et d'accès public aux documents.]*. Il s'ensuit également qu'il peut être préférable que l'article 7, point c, plutôt que l'article 7, point f, serve de fondement juridique quand des données à caractère personnel sont divulguées à des fins de transparence et de responsabilité *[En effet, dans certains États membres, il faut respecter des règles différentes pour le traitement effectué par des parties du secteur public ou privé. Par exemple, selon le code italien de la protection des données, la diffusion de données à caractère personnel par un organisme public n'est autorisée que si elle est prévue par une loi ou un règlement (art. 19.3).]*.

Cependant, en l'absence d'une obligation légale expresse ou de la permission de publier des données, il serait néanmoins possible de communiquer des données à caractère personnel à des parties intéressées. Dans des circonstances appropriées, il serait aussi possible de publier des données à caractère personnel à des fins de transparence et de responsabilité.

Dans les deux cas – c'est-à-dire indépendamment du fait que les données à caractère personnel soient divulguées en vertu d'une loi l'autorisant ou non –*[,]* la divulgation dépend directement du résultat de la mise en balance prévue à l'article 7, point f, et de la mise en œuvre de garanties et de mesures appropriées *[Comme l'explique l'avis 06/2013 sur les données ouvertes (voir page 9 de cet avis, cité en note de bas de page 88 ci-après), « la législation nationale doit respecter l'art. 8 de la Convention européenne des droits de l'homme (CEDH) et les art.s 7 et 8 de la Charte des droits fondamentaux de l'Union européenne (« Charte de l'UE »). Cela implique, comme l'a déclaré la CJUE dans ses arrêts Österreichischer Rundfunk et Schecke, qu'il faut établir que la divulgation « est nécessaire et proportionnée au but légitime recherché ». V. CJUE 20 mai 2003, aff. jointes C-465/00, C-138/01 et C-139/01, Rundfunk, et 9 nov. 2010, aff. jointes C-92/09 et C-93/09, Volker und Markus Schecke.]*.

En outre, l'utilisation ultérieure, dans un souci de plus grande transparence, de données à caractère personnel déjà publiées (par exemple, la republication des données par la presse, ou la diffusion ultérieure d'un ensemble de données publiées initialement, d'une manière plus innovante ou conviviale par une ONG), peut aussi être souhaitable. La possibilité ou non de republier et de réutiliser les données dépendra également du résultat de la mise en balance, qui devrait tenir compte, en *[entre]* autres, de la nature des informations et des conséquences pour les particuliers de la republication ou de la réutilisation *[La limitation de la finalité constitue également une considération importante à cet égard. En page 22 de son avis 06/2013 sur les données ouvertes (cité en note de bas de page 88 ci-après), le groupe de travail recommande « que toute loi qui demande un accès public à des données énonce clairement les finalités de la divulgation des données à caractère personnel. Si ce n'est pas le cas, ou si seuls des termes généraux et vagues sont employés, la sécurité juridique et la prévisibilité en souffriront. En particulier, pour toute demande de réutilisation, l'organisme du secteur public et les réutilisateurs potentiels éprouveront de grandes difficultés à déterminer la finalité première de la publication et, ensuite, les autres finalités qui seraient compatibles avec cette finalité. Comme cela a été dit précédemment, même si les données à caractère person-*

nel sont publiées sur l'internet, cela n'implique pas qu'elles peuvent faire l'objet d'un traitement ultérieur pour toute autre finalité. »].

Recherche historique ou autres formes de recherche scientifique. **Un autre contexte important dans lequel la divulgation dans l'intérêt légitime poursuivi par des tiers peut être pertinente se rapporte à la recherche historique ou à d'autres formes de recherche scientifique, en particulier lorsque ces travaux nécessitent un accès à certaines bases de données. La directive reconnaît expressément ces activités, sous réserve de garanties et de mesures appropriées** *[V., par ex., l'art. 6, § 1, points b et e.]*, **mais il ne faut pas oublier que le fondement légitime de ces activités résidera souvent dans une utilisation mûrement réfléchie de l'article 7, point f** *[Comme l'explique l'avis 3/2013 du groupe de travail « Article 29 » sur la limitation de la finalité (cité en note de bas de page 9 ci-dessus), l'utilisation ultérieure de données à des fins secondaires devrait être subordonnée à une double condition. Premièrement, il convient de veiller à ce que les données servent à des finalités compatibles. Deuxièmement, il y a lieu de vérifier si le traitement est fondé sur une base juridique appropriée au titre de l'art. 7.].*

Intérêt général ou intérêt d'un tiers. **Enfin, l'intérêt légitime des tiers peut aussi être pertinent à d'autres égards. C'est le cas lorsqu'un responsable du traitement – parfois encouragé par les autorités publiques – poursuit un intérêt qui correspond à l'intérêt général ou à l'intérêt d'un tiers. Il peut s'agir notamment de situations où** *[dans lesquelles]* **le responsable du traitement va plus loin que les obligations légales spécifiques qui lui sont imposées par des lois ou des réglementations afin d'aider les services répressifs ou des acteurs privés dans leur lutte contre des activités illégales, comme le blanchiment d'argent, la séduction malintentionnée de mineurs ou le partage illégal de fichiers en ligne. Dans ces situations, cependant, il importe particulièrement de veiller à ce que les limites prévues par l'article 7, point f, soient pleinement respectées** *[V.à cet égard, par exemple, le document de travail sur les questions de protection des données liées aux droits de propriété intellectuelle, adopté le 18.1.2005 (WP 104).].*

Le traitement doit être nécessaire à la/aux finalités visées

Enfin, le traitement des données à caractère personnel doit aussi être « nécessaire à la réalisation de l'intérêt légitime » poursuivi par le responsable du traitement ou – en cas de communication des données – par le tiers. Cette condition complète l'exigence de nécessité au titre de l'article 6 et suppose l'existence d'un lien entre le traitement et l'intérêt poursuivi. Cette exigence de « nécessité » s'applique dans toutes les situations mentionnées à l'article 7, points b à f, mais elle est particulièrement pertinente dans le cas du point f, afin de garantir que le traitement des données fondé sur l'intérêt légitime ne débouche pas sur une interprétation trop large de la nécessité de traiter des données. Comme dans les autres cas, cela signifie qu'il y a lieu d'examiner s'il existe d'autres moyens plus respectueux de la vie privée susceptibles de servir la même finalité.

3.2. *L'intérêt ou les droits de la personne concernée*

L'intérêt ou les droits (et non, comme il est écrit dans la version anglaise, « interests for rights »)

Le texte anglais de l'article 7, point f, de la directive mentionne *« the interests or fundamental rights and freedoms of the data subject which require protection under Article 1 (1) »*.

Le groupe de travail a cependant constaté, en comparant les différentes versions linguistiques de la directive, que l'expression *« interests for »* a été traduite avec le sens de *« interests or »* dans d'autres langues importantes utilisées lorsque le texte a été négocié *[Par exemple, « l'intérêt ou les droits et libertés fondamentaux de la personne concernée » en français, « l'interesse o i diritti e le libertà fondamentali della persona interessata » en italien ; « das Interesse oder die Grundrechte und Grundfreiheiten der betroffenen Person » en allemand.].*

Une analyse plus approfondie donne à penser que le libellé anglais de la directive est simplement le résultat d'une faute de frappe : *« or »* a été erronément dactylographié *« for »* *[Le groupe de travail « Article 29 » observe que, pour être correcte du point de vue grammatical, la version anglaise aurait dû être « interests in » plutôt que « interests for », si telle* *avait été la signification voulue. De plus, l'expression « interests for » ou « interest in » paraît être redondante, puisque, si le sens avait été celui-là, la mention « fundamental rights and freedoms » aurait normalement suffi. L'interprétation selon laquelle il s'agit d'une faute de frappe est aussi confirmée par le fait que la position commune (CE) nº 1/95 adoptée par le Conseil le 20 févr. 1995 mentionne aussi « interests or fundamental rights and freedoms ». Enfin, le groupe de travail « Article 29 » note que la Commission entendait corriger cette faute de frappe dans le règlement proposé : l'art. 6, § 1, point f), mentionne « the interests or fundamental rights and freedoms of the data subject which require protection of personal data » et non « interests for ».].* Le texte anglais correct devrait donc être : « *interests or fondamental rights and freedoms* ».

Il convient de donner une interprétation large aux notions d'« intérêt » et de « droits »

La mention de « l'intérêt ou les droits et libertés fondamentaux » a une incidence directe sur le champ d'application de la disposition. Elle accorde davantage de protection à la personne concernée, c'est-à-dire qu'elle requiert que l'« intérêt » des personnes concernées soit lui aussi pris en considération, et non pas seulement ses *[leurs]* droits et libertés fondamentaux. Il n'y a cependant aucune raison de supposer que la restriction de l'article 7, point f, aux droits fondamentaux « qui appellent une protection au titre de l'article 1er paragraphe 1 » – et donc la référence explicite à l'objet de la directive *[V. l'art. 1er, § 1 : « Les États membres assurent, conformément à la présente directive, la protection des libertés et droits fondamentaux des personnes physiques, notamment de leur vie privée, à l'égard du traitement des données à caractère personnel. »]* – ne s'appliquerait pas aussi au terme « interêt ». Le message sans équivoque est néanmoins que tous les intérêts pertinents de la personne concernée devraient être pris en compte.

Cette interprétation du texte paraît logique, non seulement du point de vue grammatical, mais aussi compte tenu de la large interprétation de la notion d'« intérêt légitime » du responsable du traitement. Si le responsable du traitement – ou le tiers en cas de communication des données – peut poursuivre n'importe quel intérêt, pour autant qu'il ne soit pas illégitime, la personne concernée devrait aussi pouvoir s'attendre à ce que ses intérêts de toutes sortes soient pris en considération et mis en balance avec ceux du responsable du traitement, pour autant qu'ils soient pertinents dans le champ d'application de la directive.

En ces temps où croît le déséquilibre du « pouvoir de l'information », à l'heure où administrations et entreprises amassent des volumes sans précédent de données concernant les individus et se donnent de plus en plus les moyens de constituer des profils détaillés qui prédiront leurs comportements (au risque de renforcer encore le déséquilibre informationnel et d'amoindrir l'autonomie des citoyens), il est plus crucial que jamais de protéger l'intérêt des personnes à préserver leur vie privée et leur autonomie.

Enfin, il importe de relever qu'à la différence de l'« intérêt » du responsable du traitement, l'« intérêt » des personnes concernées n'est pas suivi ici de l'adjectif « légitime ». Cela suppose que la protection de l'intérêt et des droits des individus a une portée plus vaste. Même les personnes qui se livrent à des activités illégales ne devraient pas faire l'objet d'une ingérence disproportionnée dans l'exercice de leurs droits et de leurs intérêts *[Bien sûr, l'une des conséquences de la criminalité pourrait être la collecte et l'éventuelle publication de données à caractère personnel concernant les criminels et les suspects, sous réserve cependant de garanties et de conditions strictes.]*. Par exemple, un individu qui peut avoir commis un vol dans un supermarché pourrait encore voir son intérêt prévaloir contre la publication par le propriétaire du magasin de sa photo et de son adresse privée sur les murs du supermarché ou et/ou sur l'internet.

3.3. *Introduction à l'application du critère de mise en balance*

Il est utile d'imaginer que l'intérêt légitime poursuivi par le responsable du traitement et les incidences sur l'intérêt et les droits de la personne concernée se présentent sous la forme d'un spectre. L'intérêt légitime peut être, selon les cas, minime, relativement important ou impérieux. De même, les incidences sur l'intérêt et les droits des personnes concernées peuvent présenter plus ou moins de gravité et peuvent être anodines ou très préoccupantes.

L'intérêt légitime poursuivi par le responsable du traitement, quand il est peu important, ne prévaut généralement sur l'intérêt et les droits des personnes concernées que dans les cas où *[dans lesquels]* les incidences sont encore plus insignifiantes. D'un autre côté, un intérêt légitime impérieux peut justifier, dans certains cas et sous réserve de garanties et de mesures adéquates, une ingérence même grave dans la vie privée ou d'autres conséquences importantes pour l'intérêt ou les droits des personnes concernées *[V., à titre d'illustration, le raisonnement suivi par le groupe de travail « Article 29 » dans plusieurs avis et documents de travail : Avis 4/2006 (WP 121) du 14.6.2006, sur la Notice of Proposed Rulemaking (notification de proposition de règlement) du US Department of Health and Human Services, du 20 novembre 2005, relative au contrôle des maladies contagieuses et à la collecte d'informations sur les passagers (Control of Communicable Disease Proposed 42 CFR Parts 70 and 71) (en anglais), qui traite de graves menaces spécifiques pour la santé publique ; Avis 1/2006 sur les mécanismes de dénonciation des dysfonctionnements, qui fait intervenir la gravité d'une infraction alléguée parmi les éléments du critère de mise en balance ; Document (WP 55) du 29.5.2002 concernant la surveillance des communications électroniques sur le lieu de travail, adopté le, qui met en balance le droit de l'employeur à gérer efficacement son entreprise avec la dignité humaine du travailleur, ainsi qu'avec le secret de la correspondance.]*.

Il importe ici de souligner le rôle essentiel que les garanties peuvent jouer *[Les garanties peuvent inclure, notamment, des limitations strictes du volume de données collectées, la suppression immédiate des données après utilisation, des mesures techniques et organisationnelles visant à garantir une séparation fonctionnelle, l'utilisation appropriée de techniques d'anonymisation, l'agrégation des données, et des technologies renforçant la protection de la vie privée, mais aussi plus de transparence, de responsabilité et la possibilité de s'opposer au traitement. V. aussi la section 3.3.4, point d et plus bas.]* pour réduire les incidences injustifiées sur les personnes concernées et, partant, modifier l'équilibre des droits et des intérêts, au point que ceux de ces personnes ne prévalent plus sur l'intérêt légitime poursuivi par le responsable du traitement des données. Le recours à des garanties ne suffit bien sûr pas à justifier, à lui seul, n'importe quel traitement dans toutes les situations envisageables. Il faut en outre que les garanties en question soient adéquates et suffisantes, et qu'elles réduisent indubitablement et sensiblement les incidences sur les personnes concernées.

Scénarios de présentation

Avant de passer aux orientations sur les modalités d'application du critère de mise en balance, les trois scénarios de présentation suivants peuvent illustrer, en guise d'introduction, comment se présente l'équilibre des intérêts et des droits dans la réalité. Les trois exemples reposent sur un scénario simple et anodin, qui commence avec une offre promotionnelle pour la livraison à domicile de plats italiens. Les exemples introduisent progressivement de nouveaux éléments qui montrent comment la balance se met à pencher d'un côté, tandis que l'incidence sur les personnes concernées augmente.

Scénario 1 : offre spéciale d'une chaîne de pizzerias.

Claudia commande une pizza via une application mobile de son smartphone, mais ne s'oppose pas à l'envoi d'offres commerciales sur le site internet. Son adresse et les informations de sa carte de crédit sont enregistrées en vue de la livraison. Quelques jours plus tard, Claudia reçoit des coupons de réduction pour des produits similaires de la chaîne de pizzerias dans la boîte à lettres de son domicile.

Analyse succincte : la chaîne de pizzerias a un intérêt légitime, mais pas particulièrement impérieux, à chercher à vendre davantage de ses produits à ses clients. D'un autre côté, il ne semble pas y avoir d'ingérence importante dans la vie privée de Claudia, ni aucune incidence injustifiée sur son intérêt et ses droits. Les données et le contexte sont relativement anodins (consommation de pizzas). La chaîne de pizzerias a mis en place certaines garanties : les informations utilisées sont relativement limitées (coordonnées de contact) et les coupons sont envoyés par courrier traditionnel. De plus, une possibilité de refuser l'envoi de publicités est prévue sur le site internet et est relativement facile à utiliser.

Tout bien pesé, et compte tenu des garanties et mesures en place (dont un outil permettant facilement de s'opposer au traitement), l'intérêt et les droits de la personne concernée ne semblent pas prévaloir sur l'intérêt légitime de la chaîne de pizzerias à *[de]* **procéder à ce traitement de données minimal.**

Scénario 2 : publicité ciblée pour la même offre promotionnelle.

Le contexte est le même, mais cette fois la chaîne de pizzerias conserve non seulement l'adresse et les informations de la carte de crédit de Claudia, mais aussi son historique de commandes récent (au cours des trois dernières années). En outre, l'historique des achats est combiné avec des données provenant du supermarché où Claudia fait ses courses en ligne, qui est géré par la même société que celle qui exploite la chaîne de pizzerias. Claudia se voit proposer par la chaîne de pizzerias des offres promotionnelles et des publicités ciblées fondées sur son historique de commandes pour les deux services différents. Elle reçoit les offres promotionnelles en ligne et hors ligne, par courrier ordinaire, par courrier électronique, et par l'affichage des offres sur le site internet de la société, ainsi que sur le site de plusieurs partenaires commerciaux (quand elle accède à ces sites sur son ordinateur ou via son téléphone mobile). Son historique de navigation est aussi suivi. Ses données de localisation sont tracées via son téléphone mobile. Un logiciel analyse les données et prédits *[prédit]* **ses préférences, ainsi que les moments et les lieux où elle sera le plus encline à effectuer un achat plus important, disposée à payer un prix plus élevé, susceptible d'être influencée par un taux de réduction particulier, ou quand elle a le plus envie de ses desserts ou plats préparés favoris** *[V., par ex., http://www.stanfordlawreview.org/online/privacy-and-big-data/consumer-subject-review-boards : « Des recherches récentes indiquent que la volonté est une ressource limitée que l'on peut épuiser ou reconstituer au fil du temps. Imaginez que la crainte de l'obésité incite une consommatrice à essayer de résister à son penchant pour la malbouffe. Il y aura forcément des moments et des endroits où elle en sera incapable. A l'aide d'un volume considérable de données, les publicitaires peuvent parvenir à comprendre exactement quand et comment approcher cette consommatrice lorsqu'elle est le plus vulnérable - surtout dans un monde constamment connecté où même nos appareils électroménagers sont capables de nous baratiner. »]*. **Claudia est fortement agacée par les publicités qui s'affichent constamment sur son téléphone mobile quand elle vérifie l'horaire des bus pour rentrer chez elle, avec les dernières offres de plats à emporter auxquelles elle tente de résister. Elle n'a pas réussi à trouver des informations conviviales ou un moyen simple pour faire cesser ces publicités, bien que la société prétende avoir mis en place un mécanisme d'opposition au traitement des données qui couvre tout le secteur. Elle a aussi été surprise de constater qu'après avoir déménagé dans un quartier moins aisé, elle ne recevait plus d'offres promotionnelles. Sa facture mensuelle pour les achats d'alimentation a de ce fait augmenté d'environ 10 %. Un ami plus versé dans les nouvelles technologies lui a fait lire certaines hypothèses publiées sur un blog, selon lesquelles le supermarché facturerait plus cher les commandes provenant de « mauvais quartiers », en raison des risques statistiquement plus élevés de fraude à la carte de crédit. La société se refuse à tout commentaire et se retranche derrière la confidentialité de sa politique d'offres promotionnelles et le caractère propriétaire de l'algorithme utilisé pour fixer les prix.**

Analyse succincte : les données et le contexte demeurent relativement bénins. Toutefois l'ampleur de la collecte de données et les méthodes utilisées pour influencer Claudia (y compris diverses techniques de traçage, la prévision des moments et des lieux propices aux envies de nourriture et le fait que Claudia est alors plus vulnérable et risque de céder à la tentation) sont des facteurs à prendre en considération pour apprécier l'impact du traitement. Le manque de transparence quant à la logique du traitement de données effectué par la société, qui peut avoir entraîné une discrimination de fait en matière de prix sur la base du lieu où une commande est passée, et les conséquences financières potentiellement importantes pour les clients font, en fin de compte, pencher la balance,

même dans le contexte assez anodin des courses alimentaires et des repas à emporter. Au lieu de donner simplement la possibilité de refuser ce type de profilage et de publicité ciblée, un consentement informé serait nécessaire, conformément à l'article 7, point a, de la directive 95/46/CE, mais aussi à l'article 5, paragraphe 3), de la directive « vie privée et communications électroniques ». En conséquence, l'article 7, point f, ne devrait pas pouvoir être invoqué comme fondement juridique justifiant le traitement.

Scénario 3 : utilisation des commandes de denrées alimentaires pour adapter les primes d'assurance santé.

Les habitudes de consommation de Claudia, y compris le moment et la nature de ses commandes de nourriture, sont vendues par la chaîne de pizzerias à une compagnie d'assurances, qui s'en sert pour ajuster ses primes d'assurance santé.

Analyse succincte : la compagnie d'assurance santé peut avoir un intérêt légitime – dans la mesure où la législation applicable l'y autorise – à évaluer les risques sanitaires auxquels s'exposent ses assurés et à leur faire payer des primes variables selon les différents risques. Cependant, la façon dont les données sont collectées et l'ampleur même de la collecte de données sont excessives. Une personne raisonnable se trouvant dans la situation de Claudia ne s'attendrait probablement pas à ce que des informations sur sa consommation de pizzas puissent servir à calculer ses primes d'assurance santé.

En plus du caractère excessif du profilage et de la possibilité de suppositions inexactes (les pizzas pourraient avoir été commandées pour quelqu'un d'autre), le fait de déduire des données sensibles (risque sanitaire) à partir de données apparemment anodines (commande de repas à domicile) contribue à faire pencher la balance en faveur de l'intérêt et des droits de la personne concernée. Enfin, le traitement a aussi un impact financier considérable sur elle.

Tout bien pesé, dans ce cas spécifique, l'intérêt et les droits de la personne concernée prévalent sur l'intérêt légitime de la compagnie d'assurance santé. En conséquence, l'article 7, point f, ne devrait pas pouvoir être invoqué comme fondement juridique justifiant le traitement. Il est par ailleurs douteux que l'article 7, point a, puisse être utilisé, au regard de l'ampleur excessive de la collecte de données et peut-être aussi d'autres restrictions spécifiques imposées par le droit national.

Les scénarios présentés ci-dessus et la possibilité d'introduire des variantes comportant d'autres éléments soulignent la nécessité de disposer d'un nombre limité de facteurs-clés qui aideront à focaliser le travail d'appréciation, ainsi que d'une approche pragmatique permettant d'employer des hypothèses pratiques (« méthode empirique ») fondées principalement sur ce qu'une personne raisonnable jugerait acceptable selon les circonstances (« attentes raisonnables ») et compte tenu des conséquences de l'activité de traitement des données pour les personnes concernées (« incidence »).

3.4. *Facteurs-clés à prendre en considération pour appliquer le critère de mise en balance*

Les États membres ont défini plusieurs facteurs utiles à prendre en considération pour appliquer le critère de mise en balance. La présente section examine ces facteurs dans quatre rubriques principales : a) appréciation de l'intérêt légitime du responsable du traitement, b) incidence sur les personnes concernées, c) bilan provisoire et d) garanties supplémentaires mises en place par le responsable du traitement afin de prévenir toute incidence injustifiée sur les personnes concernées *[Compte tenu de leur importance, certaines questions spécifiques liées aux garanties seront examinées plus en détail dans des rubriques distinctes des sections III.3.5 et III.3.6.]*.

Pour appliquer le critère de mise en balance, il importe, tout d'abord, d'examiner la nature et la source de l'intérêt légitime, d'une part, et l'incidence sur les personnes concernées, d'autre part. Cette appréciation devrait déjà tenir compte des mesures que le responsable du traitement prévoit d'adopter pour se conformer à la directive (afin, par exemple, de respecter la limitation de la finalité et la proportionnalité, comme l'exige l'article 6, ou d'informer les personnes concernées, conformément aux articles 10 et 11).

Après une analyse et un examen attentif de tous les aspects du problème, un bilan provisoire pourra être établi. Si le résultat de l'évaluation laisse encore quelques doutes, l'étape suivante consistera à apprécier si des garanties supplémentaires, apportant davantage de protection à la personne concernée, peuvent faire pencher la balance dans un sens qui légitimerait le traitement.

a) Appréciation de l'intérêt légitime du responsable du traitement

Alors que la notion d'intérêt légitime est plutôt large, comme expliqué à la section 3.3.1 ci-dessus, sa nature joue un rôle crucial quand il s'agit de mettre en balance ce type d'intérêt avec les droits et intérêts des personnes concernées. S'il est impossible de porter des jugements de valeur à l'égard de toutes les formes d'intérêt légitime envisageables, il est possible de formuler certaines orientations. Comme indiqué précédemment, cet intérêt peut être insignifiant ou impérieux, manifeste ou plus controversé.

i) Exercice d'un droit fondamental

Plusieurs droits et libertés fondamentaux parmi ceux consacrés par la Charte des droits fondamentaux de l'Union européenne (ci-après la « Charte ») *[Les dispositions de la Charte s'adressent aux institutions et organes de l'Union dans le respect du principe de subsidiarité, ainsi qu'aux États membres uniquement lorsqu'ils mettent en œuvre le droit de l'Union.]* **et par la Convention européenne des droits de l'homme (ci-après la « CEDH ») peuvent entrer en conflit avec le droit au respect de la vie privée et le droit à la projection des données à caractère personnel, comme la liberté d'expression et d'information** *[Art. 11 de la Charte et art. 10 de la CEDH.]*, **la liberté des arts et des sciences** *[Art. 13 de la Charte et art. 9 et 10 de la CEDH.]*, **le droit d'accès aux documents** *[Art. 42 de la Charte : « Tout citoyen de l'Union ainsi que toute personne physique ou morale résidant ou ayant son siège statutaire dans un État membre a un droit d'accès aux documents des institutions, organes et organismes de l'Union, quel que soit leur support ». Des droits d'accès similaires existent]*, **ainsi, par exemple, que le droit à la liberté et à la sûreté** *[Art. 6 de la Charte et art. 5 de la CEDH.]*, **la liberté de pensée, de conscience et de religion** *[Art. 10 de la Charte et art. 9 de la CEDH.]*, **la liberté d'entreprise** *[Art. 16 de la Charte.]*, **le droit de propriété** *[Art. 17 de la Charte et art. 1er du protocole n° 1 à la CEDH.]*, **le droit à un recours effectif et à accéder à un tribunal impartial** *[Art. 47 de la Charte et art. 6 de la CEDH.]*, **ou la présomption d'innocence et les droits de la défense** *[Art. 48 de la Charte et art. 6 et 13 de la CEDH.]*.

Pour que l'intérêt légitime du responsable du traitement prévale, le traitement des données doit être « nécessaire » et « proportionné » à l'exercice du droit fondamental concerné.

A titre d'illustration, selon les circonstances, il peut s'avérer nécessaire et proportionné qu'un journal publie certains éléments incriminants à propos du train de vie d'un haut fonctionnaire impliqué dans un scandale de corruption présumé. D'un autre côté, il ne s'agit pas de donner aux médias toute latitude de publier sans motif valable n'importe quel détail sur la vie privée des personnalités publiques. Ce genre de cas suscite généralement des questions d'appréciation complexes et il peut être utile, pour éclairer l'évaluation, de s'appuyer sur une législation et une jurisprudence spécifiques, sur des lignes directrices, des codes de conduite et d'autres critères formels ou informels *[A propos des critères à appliquer dans les situations touchant à la liberté d'expression, la jurisprudence de la Cour européenne des droits de l'homme apporte aussi des orientations utiles. Voir, par exemple, l'arrêt de la Cour dans l'affaire von Hannover/Allemagne (n° 2) du 7 février 2012, notamment les points 95 à 126. Il faut aussi tenir compte du fait que l'art. 9 de la directive (sous l'intitulé Traitement de données à caractère personnel et liberté d'expression) autorise les États membres à « prévoi[r], pour les traitements de données à caractère personnel effectués aux seules fins de journalisme ou d'expression artistique ou littéraire, des exemptions et dérogations [à certaines dispositions de la directive] » pour autant qu'elles soient « nécessaires pour concilier le droit à la vie privée avec les règles régissant la liberté d'expression ».]*.

Dans ce contexte aussi, des garanties supplémentaires peuvent, éventuellement, jouer un rôle important et aider à trouver des moyens de parvenir à un équilibre – parfois fragile.

ii) Intérêt public/intérêt de la collectivité

Dans certains cas, le responsable du traitement peut choisir d'invoquer l'intérêt public ou l'intérêt de la collectivité (que ce soit prévu ou non par les lois ou les réglementations nationales). Par exemple, des données à caractère personnel peuvent être traitées par une association caritative aux fins de la recherche médicale, ou par une organisation sans but lucratif dans le cadre d'une action de mobilisation contre la corruption.

Il peut aussi arriver que l'intérêt commercial d'une société privée coïncide dans une certaine mesure avec un intérêt public. Cela peut être le cas, par exemple, pour lutter contre la fraude financière ou l'utilisation abusive de services *[Voir, par exemple, « Exemple 21 : extraction des données de compteurs intelligents pour détecter l'utilisation frauduleuse d'énergie » en page 67 de l'avis 3/2013 du groupe de travail « Article 29 » sur la limitation de la finalité.]*. Un prestataire de services peut avoir un intérêt commercial légitime à veiller à ce que ses clients n'abusent pas du service (ou ne puissent pas obtenir des services sans payer), mais, en même temps, les clients de l'entreprise, les contribuables et l'ensemble des citoyens ont aussi un intérêt légitime à ce que les activités frauduleuses soient découragées et détectées quand elles sont commises.

En général, le fait qu'un responsable du traitement agisse non seulement dans son propre intérêt légitime (commercial, par exemple), mais aussi dans l'intérêt de la collectivité, peut donner plus de « poids » à cet intérêt. Plus l'intérêt public ou collectif est impérieux, et plus la collectivité et les personnes concernées reconnaissent sans équivoque au responsable du traitement la possibilité d'agir et de procéder au traitement de données pour servir ces intérêts et s'attendent à ce qu'il l'utilise, plus l'intérêt légitime pèse dans la balance.

D'un autre côté, « l'application du droit par la sphère privée » ne doit pas servir à légitimer des pratiques qui, si elles étaient le fait d'un organisme public, seraient interdites au regard de la jurisprudence de la Cour européenne des droits de l'homme, au motif qu'elles constitueraient une ingérence d'une autorité publique dans la vie privée des personnes concernées sans satisfaire au critère rigoureux prévu par l'article 8, paragraphe 2, de la CEDH.

iii) Autres intérêts légitimes

Dans certains cas, ainsi qu'il a été expliqué à la section 3.2, le contexte dans lequel un intérêt légitime apparaît peut se rapprocher de ceux où *[dans lesquels]* certains autres fondements juridiques peuvent être retenus, en particulier les motifs visés aux points b (contrat), c (obligation légale), ou e (mission d'intérêt public), de l'article 7. Par exemple, il se peut qu'une activité de traitement des données ne soit pas strictement nécessaire, mais qu'elle reste néanmoins pertinente pour l'exécution d'un contrat, comme il est possible qu'une loi autorise le traitement de certaines données, sans pour autant l'exiger. Comme on l'a vu, il n'est pas toujours facile de tracer une ligne de séparation claire entre les différents motifs, mais il n'en est que plus important d'inclure dans l'analyse le test de mise en balance visé à l'article 7, point f.

Ici encore, comme dans tous les autres cas possibles qui n'ont pas été mentionnés jusqu'à présent, plus l'intérêt poursuivi par le responsable du traitement est impérieux, et plus la collectivité reconnaît sans équivoque au responsable du traitement la possibilité d'agir et de procéder au traitement des données pour servir cet intérêt légitime et s'attend à ce qu'il l'utilise, plus ledit intérêt pèse dans la balance *[Bien sûr, l'appréciation doit aussi comprendre une réflexion sur le préjudice que le responsable du traitement, des tiers ou la collectivité pourraient subir si le traitement des données n'est pas effectué.]*. Cela nous amène au point suivant, d'ordre plus général.

iv) Reconnaissance juridique et culturelle/sociétale de la légitimité des intérêts

Dans tous les contextes présentés ci-dessus, il importe également de savoir si le droit de l'Union ou d'un État membre permet expressément (même s'il ne l'exige pas) que les responsables du traitement prennent des mesures pour poursuivre l'intérêt public ou privé concerné. L'existence d'orientations non contraignantes dûment adoptées, élaborées par des autorités telles que des agences disposant de pouvoirs réglementaires, qui encouragent les responsables du traitement à traiter les données pour poursuivre l'intérêt concerné entre aussi en ligne de compte.

Le respect d'éventuelles orientations non contraignantes formulées par des autorités chargées de la protection des données ou d'autres organismes compétents concernant les modalités du traitement des données pourra probablement contribuer à une appréciation favorable lors de la mise en balance. Les attentes culturelles et sociétales, même si elles ne se reflètent pas directement dans les instruments législatifs ou réglementaires, peuvent aussi jouer un rôle et faire pencher la balance dans un sens ou dans l'autre.

Plus il est reconnu explicitement dans la législation ou dans d'autres instruments réglementaires – contraignants ou non pour les responsables du traitement – ou même dans la culture de la collectivité concernée, sans qu'il existe de base juridique précise, que les responsables du traitement peuvent prendre des mesures et traiter des données afin de poursuivre un intérêt particulier, plus cet intérêt légitime pèse lourd dans la balance *[Cet intérêt ne peut cependant pas servir à légitimer des pratiques d'ingérence qui, autrement, ne satisferaient pas au critère de l'art. 8, § 2, de la CEDH.]*.

b) Incidence sur les personnes concernées

L'autre plateau de la balance, à savoir l'incidence du traitement sur l'intérêt ou les droits et libertés fondamentaux de la personne concernée, constitue un critère crucial. La première sous-section présentée ci-dessous aborde en termes généraux les modalités d'évaluation de l'impact sur la personne concernée.

Plusieurs éléments peuvent être utiles ici. Ils seront analysés dans d'autres sous-sections, notamment la nature des données à caractère personnel, la façon dont les informations sont traitées, les attentes raisonnables des personnes concernées et le statut du responsable du traitement et de la personne concernée. Nous examinerons aussi brièvement certaines questions liées aux sources de risques potentiels qui peuvent avoir des conséquences pour les individus concernés, à la gravité de ces conséquences potentielles et à la probabilité de les voir se concrétiser.

i) Évaluation de l'incidence

Pour apprécier l'incidence *[Cette évaluation de l'incidence doit s'entendre dans le contexte de l'art. 7, point f). Autrement dit, nous ne nous référons pas à une « analyse des risques » ou à une « analyse d'impact relative à la protection des données » au sens de la proposition de règlement (art.s 33 et 34) et des divers amendements proposés par la commission LIBE. La question de la méthodologie à suivre dans le cadre d'une « analyse des risques » ou d'une « analyse d'impact relative à la protection des données » déborde du cadre du présent avis. D'un autre côté, il ne faut pas perdre de vue que - d'une manière ou d'une autre -, l'analyse d'impact au regard de l'art. 7, point f), peut constituer une part importante d'une « analyse des risques » ou d'une « analyse d'impact relative à la protection des données » éventuelle et peut aussi contribuer à identifier des situations où il y a lieu de consulter l'autorité chargée de la protection des données.]* du traitement, il convient de prendre en considération les conséquences aussi bien positives que négatives. Il peut s'agir notamment de décisions ou de mesures éventuelles qui seront prises ultérieurement par des tiers et de situations où *[dans lesquelles]* le traitement peut aboutir à l'exclusion de certaines personnes, à une discrimination à leur encontre, à de la diffamation ou, plus généralement, de situations qui comportent un risque de nuire à la réputation, au pouvoir de négociation ou à l'autonomie de la personne concernée.

En plus des conséquences négatives qui peuvent être spécifiquement prévues, il faut aussi tenir compte des répercussions morales, comme l'irritation, la crainte et le désarroi qui peuvent résulter de la perte du contrôle exercé par la personne concernée sur ses informations à caractère personnel, ou de la découverte d'une utilisation abusive ou d'une compromission effective ou potentielle de ces informations – du fait, par exemple, de leur divulgation sur l'internet. L'effet dissuasif sur un comportement protégé, comme la liberté de recherche ou la liberté d'expression, qui peut résulter d'une surveillance constante ou d'un traçage, doit aussi être dûment pris en considération.

Le groupe de travail insiste sur l'importance cruciale de comprendre que l'« incidence » dont il faut tenir compte constitue une notion beaucoup plus large qu'un préjudice ou un dommage occasionné à une ou *[à]* plusieurs personnes concernées en particulier. Le terme « incidence », tel qu'il est employé dans le présent avis, couvre toutes les conséquences possibles (potentielles ou effectives) du traitement de données. Dans un souci de clarté, nous soulignons aussi le fait que cette notion n'est pas liée à celle de violation de données et va au-delà des incidences qui peuvent résulter d'une violation de données. La notion d'incidence, telle qu'elle est utilisée ici, englobe plutôt les diverses façons dont un individu peut être affecté – positivement ou négativement – par le traitement de ses données à caractère personnel *[Par exemple, le risque de préjudice financier si une violation de données provoque la diffusion d'informations financières censées être conservées dans un environnement sûr, et aboutit à un vol d'identité ou à d'autres formes de fraude, ou les risques de lésion, de douleur, de souffrance et d'inconfort qui pourraient découler, par exemple, d'une altération non autorisée de dossiers médicaux entraînant une erreur dans le traitement d'un patient, doivent toujours être dûment pris en compte, bien que cela ne se limite en aucune façon à des situations entrant dans le champ d'application de l'art. 7, point f. Ces risques ne sont cependant pas les seuls à prendre en considération pour l'évaluation d'impact au regard de l'art. 7, point f.]*.

Il importe aussi de comprendre que, bien souvent, l'incidence négative subie par la personne concernée résulte de l'accumulation d'un ensemble de circonstances liées ou non et qu'il peut se révéler difficile d'établir quelle activité de traitement a été déterminante pour cette incidence négative et par quel responsable du traitement elle a été effectuée.

Étant donné que, dans ce contexte, il est souvent difficile, pour les personnes concernées, de constituer un dossier de demande d'indemnisation pour un préjudice ou un dommage subi, même si l'effet lui-même est très réel, il n'en est que plus important de privilégier la prévention et de veiller à ce que les activités de traitement des données ne puissent avoir lieu que si le risque d'une incidence négative indue sur l'intérêt ou les droits et libertés fondamentaux des personnes concernées est nul ou très faible.

Pour évaluer l'incidence, la terminologie et la méthodologie employées en matière d'analyse des risques traditionnelle peuvent être utiles dans une certaine mesure. C'est pourquoi quelques éléments de cette méthodologie seront évoqués succinctement ci-après. L'élaboration d'une méthodologie complète d'évaluation d'impact – dans le contexte de l'article 7, point f, ou d'une manière plus générale – sortirait cependant du cadre du présent avis.

Dans ce contexte comme dans d'autres, il est important d'identifier les sources d'incidences potentielles sur les personnes concernées.

La probabilité qu'un risque se concrétise est un des éléments à prendre en considération. Par exemple, l'accessibilité via l'internet, les échanges de données avec des sites hébergés en dehors de l'Union, les interconnexions avec d'autres systèmes et un degré élevé d'hétérogénéité ou de variabilité peuvent représenter des vulnérabilités que des pirates pourraient exploiter. A cette source de risque correspond une probabilité élevée de voir le risque de compromission de données se matérialiser. A l'inverse, un système homogène et stable qui n'a pas d'interconnexions et est déconnecté de l'internet comporte un risque beaucoup plus faible de compromission de données.

Un autre élément de l'analyse des risques tient à la gravité des conséquences d'un risque qui se concrétise. Il peut s'agir, dans les cas les moins préoccupants, de la simple contrariété liée à la nécessité de réencoder les coordonnées perdues par le responsable du traitement des données mais, dans les cas les plus extrêmes, les conséquences peuvent être fatales, par exemple quand la localisation d'individus placés sous protection tombe entre les mains de criminels ou en cas de coupure de l'alimentation électrique à distance via des compteurs intelligents alors que les conditions météorologiques ou l'état de santé des personnes concernées sont critiques.

Chacun de ces deux éléments-clés – la probabilité que le risque se concrétise d'une part, et la gravité des conséquences de l'autre – contribue à l'évaluation générale de l'incidence potentielle.

Enfin, en appliquant la méthodologie, il ne faut pas perdre de vue que l'évaluation d'impact au regard de l'article 7, point f, ne saurait aboutir à un exercice mécanique et purement quantitatif. Dans les scénarios d'analyse des risques traditionnels, la « gravité » peut prendre en compte le nombre d'individus susceptibles d'être affectés. Néanmoins, il convient de rappeler qu'un traitement des données à caractère personnel ayant une incidence sur un petit nombre de personnes – voire sur un seul individu – requiert quand même une analyse très minutieuse, surtout si l'incidence sur chaque individu concerné est potentiellement importante.

ii) Nature des données

Il serait important, tout d'abord, d'évaluer si le traitement porte sur des données sensibles, soit qu'elles relèvent des catégories particulières de données visées à l'article 8 de la directive, soit pour d'autres raisons, comme dans le cas des données biométriques, des informations génétiques, des données de communication, des données de localisation et d'autres formes d'informations personnelles nécessitant une protection spéciale *[Les données biométriques et les informations génétiques sont considérées comme des catégories particulières de données dans la proposition de règlement sur la protection des données de la Commission, lue conjointement avec les amendements proposés par la commission LIBE. V. l'amendement 103 sur l'art. 9 dans le rapport final de la commission LIBE. A propos de la relation entre les art. 7 et 8 de la directive 95/46/CE, voir la section 3.1.2 ci-dessus, p. 15 à 17.]*.

A titre d'illustration, le groupe de travail considère, en règle générale, que l'utilisation de la biométrie pour satisfaire à des exigences générales en matière de sécurité des biens ou des personnes constitue un intérêt légitime sur lequel prévaudrait *[prévaudraient]* **l'intérêt ou les droits et libertés fondamentaux de la personne concernée. D'un autre côté, des données biométriques comme les empreintes digitales et/ou l'image de l'iris pourraient servir à assurer la sécurité d'un lieu à haut risque comme un laboratoire effectuant des recherches sur des virus dangereux, pour autant que le responsable du traitement ait apporté la preuve concrète de l'existence d'un risque considérable** *[V. l'avis 3/2012 (WP 193) sur l'évolution des technologies biométriques. Pour donner un autre exemple, dans son avis 4/2009 sur l'Agence mondiale antidopage, le groupe de travail a souligné que l'art. 7, point f), ne constituerait pas un motif valable pour justifier le traitement des données médicales et des données relatives aux infractions dans le contexte des enquêtes antidopage, au regard de la « gravité des intrusions dans la vie privée » qui en résulteraient. Le traitement des données doit être prévu par la loi et doit satisfaire aux exigences de l'art. 8, § 4 ou 5, de la directive]*.

En général, plus les informations sont sensibles, plus les conséquences qu'elles peuvent avoir pour la personne concernée sont importantes. Cela ne veut pas dire, cependant, qu'il est permis de traiter librement, en vertu de l'article 7, point f, des données qui, en elles-mêmes, peuvent paraître anodines. En effet, selon la façon dont elles sont traitées, même ces données peuvent avoir une incidence importante sur les individus, comme on le verra dans la sous-section iii) ci-dessous.

A cet égard, le fait que les données aient déjà été rendues publiques par la personne concernée ou par des tiers peut être un élément pertinent. Il importe avant tout de souligner ici que les données à caractère personnel, même si elles ont été rendues publiques, restent considérées comme des données à caractère personnel et que leur traitement continue donc à requérir des garanties appropriées *[V. l'avis 3/2013 sur la limitation de la finalité et l'avis 06/2013 (WP 207) du 5.6.2013 sur la réutilisation des informations du secteur public (ISP) et des données ouvertes]*. **Il n'existe aucune autorisation générale permettant de réutiliser et de traiter de nouveau des données à caractère personnel publiquement disponibles en vertu de l'article 7, point f.**

Cela dit, le fait que des données à caractère personnel soient publiquement disponibles est un facteur qui peut être pris en considération dans l'évaluation, surtout si leur publication s'accompagnait d'une attente raisonnable d'utilisation ultérieure des données à certaines fins (par exemple, pour des travaux de recherche ou dans un souci de transparence et de responsabilité).

iii) La façon dont les données sont traitées

L'analyse d'impact au sens large peut consister notamment à examiner si les données ont été publiées ou rendues accessibles par quelque autre moyen à un grand

nombre de personnes, ou si des volumes considérables de données à caractère personnel sont traités ou combinés avec d'autres données (par exemple, en cas d'établissement de profils, à des fins commerciales, judiciaires, ou autres). Le traitement à grande échelle de données apparemment anodines et leur *[sa]* combinaison avec d'autres données peuvent parfois permettre des inférences à propos de données plus sensibles, comme l'a montré le scénario 3 ci-dessus, qui illustrait la mise en relation des habitudes de consommation de pizzas avec les primes d'assurance santé.

Outre le fait qu'elle risque de permettre le traitement de données plus sensibles, ce genre d'analyse peut aussi conduire à des prévisions saugrenues, inattendues, voire inexactes, concernant, par exemple, le comportement ou la personnalité des individus concernés. Selon la nature et l'incidence de ces prévisions, l'intrusion dans la vie privée de ces personnes peut être considérable *[V. la section 3.2.5 et l'annexe 2 (gros volumes de données et données ouvertes) de l'avis sur la limitation de la finalité.]*.

Le groupe de travail a aussi insisté, dans un avis précédent, sur les risques inhérents à certaines solutions de sécurité (notamment les pare-feu, antivirus ou anti-spam), susceptibles de donner lieu au déploiement à grande échelle de l'analyse des paquets en profondeur, ce qui peut influencer sensiblement l'appréciation de l'équilibre des droits *[V. la section 3.1 de l'avis 1/2009 (WP 159) concernant les propositions modifiant la directive 2002/58/CE sur la protection de la vie privée dans le secteur des communications électroniques (directive « vie privée et communications électroniques »)]*.

En général, plus l'incidence du traitement pourrait se révéler négative ou incertaine, moins il est probable que ce traitement sera jugé légitime au regard du critère de mise en balance. Dans ce contexte, il sera certainement utile d'examiner s'il n'existe pas d'autres méthodes, aux conséquences moins négatives pour la personne concernée, pour atteindre les objectifs poursuivis par le responsable du traitement. Si nécessaire, des analyses d'impact relatives à la vie privée et à la protection des données peuvent servir à déterminer si cette possibilité peut être envisagée.

iv) Attentes raisonnables de la personne concernée

Les attentes raisonnables de la personne concernée quant à l'utilisation et à la divulgation des données sont aussi très pertinentes à cet égard. Ainsi qu'il a été indiqué à propos de l'analyse du principe de limitation de la finalité *[V. p. 24 et 25 de l'avis 3/2013 du groupe de travail « Article 29 » sur la limitation de la finalité.]*, il est « important d'examiner si le statut du responsable du traitement des données *[« Comme, par exemple, un avocat ou un médecin ».]*, la nature de la relation ou du service fourni *[« Comme, par exemple, des services d'informatique en nuage pour la gestion des documents personnels, des services de messagerie électronique, des agendas électroniques, des liseuses équipées de fonctions de prise de notes et diverses applications de journal qui peuvent contenir des informations très personnelles. »]* ou les obligations légales ou contractuelles applicables (ou d'autres engagements pris lors de la collecte) pourraient susciter des attentes raisonnables de confidentialité plus stricte et de limitations plus strictes en cas d'utilisation ultérieure ». En général, plus le contexte de la collecte est spécifique et restrictif, plus les limitations susceptibles de s'appliquer à l'utilisation des données sont strictes. Là encore, il est nécessaire de tenir compte des circonstances factuelles, plutôt que de s'appuyer simplement sur des clauses imprimées en petits caractères.

v) Statut du responsable du traitement des données et de la personne concernée

Le statut de la personne concernée et du responsable du traitement des données est aussi pertinent pour apprécier l'incidence du traitement. Selon que le responsable du traitement des données est un individu ou une petite organisation, une grande multinationale, ou un organisme du secteur public, et en fonction des circonstances, le rapport de force avec la personne concernée peut être plus ou moins grand. Une grande multinationale dispose, par exemple, de ressources et d'un pouvoir de négociation considérables vis-à-vis d'une personne concernée, à titre individuel, et elle peut par conséquent être à même d'imposer ce qu'elle considère comme son « intérêt légitime » à la personne concernée, surtout si l'entreprise occupe une position dominante sur le marché. En l'absence de contrôle, ce genre de situation peut tourner au désavantage des personnes concernées. De même que les lois sur la protection des consommateurs et sur la concurrence contribuent à éviter que ce pouvoir ne soit pas utilisé à bon escient, le droit applicable en matière de protection des données pourrait aussi jouer un rôle important en matière de prévention des atteintes aux droits et aux intérêts des personnes concernées.

D'un autre côté, le statut de la personne concernée a aussi son importance. Si, en principe, il y a lieu d'appliquer le critère de mise en balance par rapport à un individu moyen, certaines situations spécifiques appellent plutôt une approche au cas par cas : par exemple, il serait pertinent de prendre en considération le fait que la personne concernée est un enfant *[V. l'avis 2/2009 (WP 160) du 11.2.2009 sur la protection des données à caractère personnel de l'enfant (Principes généraux et cas particulier des écoles). Cet avis insiste sur la vulnérabilité spécifique de l'enfant et, dans le cas où l'enfant est représenté, sur la nécessité de prendre en compte son intérêt propre et non celui de ses représentants.]* ou appartient à une catégorie de population*[s]* plus vulnérable*[s]* qui requiert une protection spéciale, comme, par exemple, les malades mentaux, les demandeurs d'asile ou les personnes âgées. Bien sûr, il faut aussi examiner si la personne concernée est un salarié, un étudiant, un patient, ou s'il existe de quelque autre façon un déséquilibre dans la relation entre la position de la personne concernée et celle du responsable du traitement. Il est important d'apprécier l'effet concret du traitement sur les individus en particulier.

Enfin, il faut souligner que toutes les incidences négatives sur les personnes concernées ne « pèsent » pas du *[le]* même poids dans la balance. La finalité du critère de mise en balance prévu par l'article 7, point f, n'est pas d'éviter toute incidence négative sur la personne concernée. Il s'agit plutôt de prévenir une incidence disproportionnée. La différence est cruciale. Par exemple, la publication dans un journal d'un article fondé sur une enquête sérieuse et sur des faits précis à propos de soupçons de corruption au sein de l'administration peut être préjudiciable à la réputation des fonctionnaires concernés et peut avoir des conséquences importantes, notamment l'atteinte à la réputation, la défaite aux élections, ou l'emprisonnement, mais elle pourrait néanmoins être fondée en vertu de l'article 7, point f *[Comme expliqué précédemment, les éventuelles dérogations pertinentes pour le traitement à des fins de journalisme en vertu de l'art. 9 de la directive doivent aussi être prises en compte.]*.

c) Bilan provisoire

Lors de la mise en balance des intérêts et des droits en jeu, comme décrit précédemment, les mesures prises par le responsable du traitement pour se conformer aux obligations générales que lui impose la directive, notamment en termes de proportionnalité et de transparence, contribueront grandement à garantir le respect par le responsable du traitement des données des exigences énoncées à l'article 7, point f. Un respect absolu de ces conditions devrait signifier que l'incidence sur les individus est réduite, qu'une ingérence dans la poursuite des intérêts et l'exercice des droits ou libertés fondamentaux des personnes concernées est moins probable et qu'il est, par conséquent, plus probable que l'article 7, point f, puisse être invoqué par le responsable du traitement des données. Cela devrait encourager les responsables du traitement à mieux se conformer à toutes les dispositions horizontales de la directive *[propos du rôle important du « respect des dispositions horizontales », V. aussi p. 54 de l'avis 3/2013 du groupe de travail « Article 29 » sur la limitation de la finalité, cité en note de bas de page 9, ci-dessus.]*.

Cela ne veut pas dire, cependant, que le respect de ces exigences horizontales sera toujours, en soi, suffisant pour garantir une base juridique en application de l'article 7, point f. Si tel était le cas, en effet, l'article 7, point f, serait superflu ou créerait une faille privant de sa signification l'article 7 tout entier, qui prévoit que le traitement doit se fonder sur une base juridique précise adéquate.

C'est pourquoi il importe d'approfondir l'évaluation lors de l'exercice de mise en balance lorsque l'analyse préliminaire ne permet pas d'établir clairement dans quel sens *[de quel côté]* penche la balance. Le responsable du traitement peut envisager d'introduire des mesures supplémentaires, qui vont au-delà du respect des dispositions horizontales de la directive, afin de contribuer à réduire toute incidence indue du traitement sur les personnes concernées.

Ces mesures supplémentaires peuvent comprendre, par exemple, la mise à disposition d'un mécanisme accessible et facile à utiliser offrant aux personnes concernées la possibilité inconditionnelle de s'opposer au traitement. Dans certains cas (mais pas toujours), de telles mesures peuvent contribuer à faire pencher la balance et à permettre le traitement en vertu de l'article 7, point f, tout en protégeant aussi les droits et les intérêts des personnes concernées.

d) Garanties supplémentaires mises en place par le responsable du traitement

Comme expliqué ci-dessus, la façon dont le responsable du traitement appliquerait des mesures appropriées pourrait, dans certaines situations, contribuer à « faire pencher la balance ». C'est l'évaluation dans son ensemble qui déterminera si le résultat est acceptable ou non. Plus l'incidence sur la personne concernée est significative, plus il convient de prêter attention aux garanties pertinentes.

A titre d'exemple, les mesures concernées peuvent inclure, entre autres, une limitation stricte du volume de données collectées, ou la suppression immédiate des données après utilisation. Si certaines de ces mesures sont peut-être déjà obligatoires au titre de la directive, elles sont souvent modulables et laissent aux responsables du traitement une certaine latitude pour assurer une meilleure protection des personnes concernées. Par exemple, le responsable du traitement peut collecter moins de données, ou fournir des informations complémentaires par rapport à ce que prévoient spécifiquement les articles 10 et 11 de la directive.

Dans certains autres cas, les garanties ne sont pas explicitement requises par la directive, mais pourraient bien figurer à l'avenir dans le règlement proposé, ou elles ne sont exigées que dans des situations particulières. Il peut s'agir, par exemple :

– de mesures techniques et organisationnelles garantissant que les données ne peuvent servir à la prise de décisions ou de mesures à l'endroit des individus (« séparation fonctionnelle », comme c'est souvent le cas dans le contexte de la recherche) ;
– d'un large recours aux techniques d'anonymisation ;
– de l'agrégation de données ;
– de technologies renforçant la protection de la vie privée, de la prise en compte du respect de la vie privée dès la conception, d'analyses d'impact relatives à la vie privée et à la protection des données ;
– d'une transparence accrue ;
– d'un droit d'opposition général et inconditionnel ;
– de la portabilité des données et d'autres mesures connexes destinées à renforcer le pouvoir des personnes concernées.

Le groupe de travail observe qu'en ce qui concerne certaines questions-clés, notamment la séparation fonctionnelle et les techniques d'anonymisation, certaines orientations ont déjà été données dans les parties correspondantes de ses avis sur la limitation de la finalité, sur les données ouvertes et sur les techniques d'anonymisation *[V. les sections III.2.3, III.2.5 et l'annexe 2 de l'avis 3/2013 du groupe de travail « Article 29 » sur la limitation de la finalité, à propos du traitement ultérieur à des fins de recherche historique, statistique et scientifique, des gros volumes de données et des données ouvertes ; V. aussi les sections concernées de l'avis 06/2013 du groupe de travail « Article 29 » sur les données ouvertes et de l'avis 5/2014 sur les techniques d'anonymisation.]*.

En ce qui concerne la pseudonymisation et le chiffrement, le groupe de travail tient à souligner que, si les données ne sont pas directement identifiables, cela n'a, en soi, aucune incidence sur l'appréciation de la légitimité du traitement : il ne faudrait pas croire que ces techniques permettent de rendre légitime un traitement qui ne l'est pas *[V. sur ce point les amendements votés par la commission LIBE dans le rapport final de la commission LIBE, et en particulier l'amendement 15 sur le considérant 38, qui met en relation la pseudonymisation et les attentes légitimes de la personne concernée.]*.

Cependant, la pseudonymisation et le chiffrement, comme toutes les autres mesures techniques et organisationnelles introduites pour protéger les informations personnelles, joueront un rôle dans l'évaluation de l'incidence potentielle du traitement sur la personne concernée et, de ce fait, pourront dans certains cas contribuer à faire pencher la balance en faveur du responsable du traitement. L'utilisation de formes moins risquées de traitement des données à caractère personnel (par exemple, le chiffrement des données à caractère personnel en vue de leur stockage ou de leur transit, ou le fait de rendre les données à caractère personnel moins directement et moins aisément identifiables) devrait généralement réduire les risques d'interférence avec l'intérêt ou les droits et libertés fondamentaux des personnes concernées.

A propos de ces garanties – et de l'appréciation générale résultant de la mise en balance –, le groupe de travail souhaite mettre en avant trois aspects spécifiques qui jouent souvent un rôle crucial dans le contexte de l'article 7, point f :

– la relation entre le critère de mise en balance, la transparence et le principe de responsabilité ;

– le droit de la personne concernée de s'opposer au traitement, et au-delà de cette opposition, la possibilité de refuser sans avoir à donner de justification ; et

– le renforcement du pouvoir des personnes concernées : portabilité des données et disponibilité de mécanismes fonctionnels permettant à la personne concernée d'accéder à ses propres données, de les modifier, de les effacer, de les transférer, ou de les traiter ultérieurement d'une autre façon (ou de confier à des tiers leur traitement ultérieur).

Compte tenu de leur importance, ces sujets seront examinés dans des sections séparées.

3.5. *Responsabilité et transparence*

Tout d'abord, avant qu'une opération de traitement en vertu de l'article 7, point f, puisse avoir lieu, il appartient au responsable du traitement d'apprécier s'il a un intérêt légitime, si le traitement est nécessaire à cet intérêt légitime et si, dans le cas envisagé, les intérêts et les droits des personnes concernées ne prévalent pas sur cet intérêt.

C'est pourquoi l'article 7, point f, repose sur le principe de responsabilité. Le responsable du traitement doit au préalable procéder à une analyse minutieuse et effective, fondée sur les circonstances factuelles particulières plutôt que sur une réflexion abstraite, en tenant compte aussi des attentes raisonnables des personnes concernées. Une bonne pratique consisterait, éventuellement, à documenter ce travail d'analyse d'une manière suffisamment détaillée et transparente pour permettre la vérification de l'application complète et correcte du critère de mise en balance par les parties intéressées, notamment les personnes concernées et les autorités chargées de la protection des données, et enfin par les tribunaux, si besoin est.

Le responsable du traitement définira d'abord l'intérêt légitime qu'il poursuit et appliquera ensuite le critère de mise en balance, mais il ne s'agit pas là nécessairement d'une appréciation définitive : si, en réalité, l'intérêt poursuivi n'est pas celui qui a été spécifié par le responsable du traitement ou si la définition de l'intérêt n'est pas suffisamment détaillée, il faut réévaluer la mise en balance, sur la base de l'intérêt réel, qui sera déterminé soit par une autorité chargée de la protection des données soit par un tribunal *[Par ex., à la suite d'une plainte ou d'une opposition exprimée en vertu de l'art. 14.]*. Comme dans le cas d'autres aspects essentiels de la protection des données, par exemple l'identification du responsable du traitement des données ou la spécification de la finalité, ce qui importe, c'est la réalité que recouvre toute affirmation faite par le responsable du traitement.

La notion de responsabilité est étroitement liée à celle de transparence. Afin de permettre aux personnes concernées de faire valoir leurs droits et, plus généralement, aux parties prenantes d'exercer un contrôle public, le groupe de travail recommande que les responsables du traitement expliquent aux personnes concernées d'une manière claire et conviviale les raisons qu'ils ont de penser que l'intérêt ou les droits et libertés fondamentaux des personnes concernées ne prévalent pas sur l'intérêt qu'ils poursuivent et leur présentent aussi les garanties qu'ils ont prises pour protéger les données à caractère personnel, y compris, le cas échéant, le droit de s'opposer au traitement *[Comme expliqué en page 46 de l'avis 3/2013 du groupe de travail « Article 29 » sur la limitation de la finalité, en cas d'établissement de profil et d'automatisation du processus décisionnel, « afin de garantir la transparence, les personnes concernées/consommateurs devraient avoir accès à leurs "profils", ainsi qu'à la logique du processus de décision (algorithme) qui aboutit à l'élaboration du profil. Autrement dit : les organisations devraient divulguer leurs critères décisionnels. C'est une garantie cruciale, qui revêt encore plus d'importance dans le monde des gros volumes de données». Le fait qu'une organisation assure ou non cette transparence est un facteur très pertinent à prendre également en considération dans l'exercice de mise en balance.]*.

A cet égard, le groupe de travail souligne que la législation en matière de protection des consommateurs et, en particulier, les lois qui protègent les consommateurs contre les pratiques commerciales déloyales revêtent aussi une grande importance ici.

Si un responsable du traitement dissimule, dans une clause contractuelle formulée en termes juridiques techniques et imprimée en petits caractères, des informations importantes concernant une utilisation ultérieure inattendue des données, cette pratique peut tomber sous le coup des règles de protection des consommateurs relatives aux clauses abusives (notamment l'interdiction des « clauses surprenantes ») et, par ailleurs, elle ne satisfait ni aux conditions de l'article 7, point a, qui supposent un consentement valide et informé, ni aux exigences de l'article 7, point f, du point de vue des attentes raisonnables de la personne concernée et d'un équilibre globalement acceptable des intérêts. Cela soulèverait bien sûr aussi des questions quant à la conformité avec l'article 6, qui requiert un traitement loyal et licite des données à caractère personnel.

Par exemple, dans un certain nombre de cas, les utilisateurs de services en ligne « gratuits », comme les moteurs de recherche, les messageries électroniques, les médias sociaux, le stockage de fichiers ou d'autres applications en ligne ou mobile*[s]*, ne sont pas pleinement conscients de la mesure dans laquelle leur activité est enregistrée et analysée afin d'engendrer de la valeur pour le prestataire de services et, de ce fait, ils ne se préoccupent pas des risques que cela comporte.

Afin de renforcer le pouvoir des personnes concernées dans ces situations, une condition préalable nécessaire – mais nullement suffisante en elle-même – consiste d'abord à préciser que les services ne sont pas gratuits et que ce sont les données à caractère personnel des consommateurs qui servent de moyen de paiement *[Concernant d'autres garanties possibles dans les situations de plus en plus courantes où les consommateurs paient au moyen de leurs données personnelles, voir la section 3.3.6, et en particulier, p. 53 et 54, sous les rubriques « Alternatives respectueuses de la protection des données aux services en ligne "gratuits" » et « Portabilité des données, "midata" et questions connexes ».]*. Les conditions et les garanties sous réserve desquelles les données peuvent être utilisées doivent aussi être clairement énoncées dans chaque cas pour assurer la validité du consentement requis par l'article 7, point a, ou un équilibre favorable au regard de l'article 7, point f.

3.6. *Le droit d'opposition et au-delà*

a) Le droit d'opposition en vertu de l'article 14 de la directive

Les points e et f de l'article 7 ont ceci de particulier que, s'ils reposent principalement sur une appréciation objective des intérêts et des droits en jeu, ils font aussi intervenir l'autodétermination de la personne concernée en lui reconnaissant un droit d'opposition *[Ce droit d'opposition ne doit pas être confondu avec le consentement prévu par l'art. 7, point a, que le responsable du traitement des données doit obtenir pour pouvoir traiter les données. Dans le contexte de l'art. 7, point f, le responsable du traitement peut traiter les données sous réserve de certaines conditions et garanties, aussi longtemps que la personne concernée ne s'y est pas opposée. En ce sens, le droit d'opposition peut plutôt être considéré comme une forme particulière d'option de refus. Voir plus de détails dans l'avis 15/2011 du groupe de travail « Article 29 » sur la définition du consentement.]* : pour ces deux motifs, au moins, l'article 14, point a, de la directive prévoit que (« sauf en cas de disposition contraire du droit national ») la personne concernée peut « s'opposer à tout moment, pour des raisons prépondérantes et légitimes tenant à sa situation particulière, à ce que des données la concernant fassent l'objet d'un traitement ». Il ajoute que si cette opposition est justifiée, le traitement des données doit cesser.

En principe, selon la législation actuelle, la personne concernée devra donc démontrer qu'il existe « des raisons prépondérantes et légitimes » d'arrêter de traiter ses données à caractère personnel [article 14, point a], sauf dans le cas d'activités de prospection où l'opposition n'a pas à être justifiée [article 14, point b].

Il ne faut pas y voir une contradiction avec le critère de mise en balance visé à l'article 7, point f, qui est appliqué *a priori* : cette disposition vient plutôt compléter la mise en balance, en ce sens que, lorsque le traitement est autorisé à la suite d'une évaluation raisonnable et objective des différents droits et intérêts en jeu, la personne concernée dispose encore d'une possibilité *supplémentaire* de marquer son opposition, pour des motifs liés à sa situation particulière. Il faudra alors procéder à une nouvelle appréciation en tenant compte des arguments spécifiques avancés par la personne concernée. Cette nouvelle appréciation peut, en principe, faire encore l'objet d'une vérification par une autorité chargée de la protection des données ou par les tribunaux.

b) Au-delà de l'opposition : le rôle du refus comme garantie supplémentaire

Le groupe de travail souligne que, même si le droit reconnu par l'article 14, point a, est subordonné à la présentation d'une justification par la personne concernée, rien n'empêche le responsable du traitement de proposer une option de refus qui serait plus large, et qui n'exigerait aucune démonstration supplémentaire d'un intérêt légitime (prépondérant ou autre) de la part de la personne concernée. Ce droit inconditionnel ne devrait pas se fonder sur la situation spécifique des personnes concernées.

En effet, surtout dans les cas douteux où *[dans lesquels]* il est difficile de trouver un équilibre, un mécanisme bien conçu et fonctionnel permettant de refuser le traitement, sans donner nécessairement aux personnes concernées tous les éléments qui satisferaient à la condition de consentement valide visée à l'article 7, point a, pourrait jouer un rôle important pour préserver les droits et les intérêts des personnes concernées.

Pour ce faire, il est nécessaire d'adopter une approche nuancée, qui distingue entre les cas où *[dans lesquels]* un consentement préalable, conforme à l'article 7, point a, est requis et les cas où *[dans lesquels]* un mécanisme fonctionnel permettant de refuser le traitement (combiné éventuellement avec d'autres mesures supplémentaires) peut contribuer à protéger les personnes concernées au regard de l'article 7, point f.

Plus le mécanisme de l'option de refus est largement applicable et facile à exercer, plus il contribuera à faire pencher la balance en faveur du traitement et à permettre l'invocation de l'article 7, point f, comme fondement juridique.

Illustration : l'évolution de l'approche de la prospection directe

Afin d'illustrer la distinction qu'il convient d'établir entre les cas où *[dans lesquels]* un consentement au titre de l'article 7, point a, est requis et les cas où *[dans lesquels]* une option de refus pourrait servir de garantie au regard de l'article 7, point f, il est utile de prendre l'exemple de la prospection directe, pour laquelle il existe déjà une disposition spécifique prévoyant la possibilité de refuser le traitement, à l'article 14, point b, de la directive. Pour tenir compte des nouvelles avancées technologiques, cette disposition a été complétée ultérieurement par des dispositions spécifiques de la directive « vie privée et communications électroniques » *[A propos de l'art. 13 de la directive « vie privée et communications électroniques », voir aussi la section 3.2.4 de l'avis 3/2013 du groupe de travail « Article 29 » sur la limitation de la finalité.]*.

Conformément à l'article 13 de la directive « vie privée et communications électroniques », pour certains types – plus intrusifs – d'activités de prospection directe (comme la prospection par courrier électronique et les automates d'appel), le consentement est de rigueur. A titre d'exception, dans le cadre d'une relation client-fournisseur existante, où *[dans laquelle]* un responsable du traitement cherche à promouvoir ses propres produits ou services « similaires », il est suffisant de prévoir une possibilité de refus (inconditionnelle), sans justification à fournir.

Les technologies ont évolué, nécessitant des solutions similaires, relativement simples, qui obéissent à une logique analogue pour les nouvelles pratiques de prospection.

Premièrement, la façon dont le matériel de prospection est diffusé a évolué : au lieu de simples courriers électroniques arrivant dans les boîtes aux lettres, des publicités comportementales ciblées apparaissent aussi désormais sur les écrans de smartphones et d'ordinateurs. Dans un proche avenir, la publicité pourrait être intégrée dans des objets intelligents connectés à l'internet des objets.

Deuxièmement, les publicités deviennent toujours plus spécifiquement ciblées : au lieu de se fonder sur de simples profils de clients, elles tirent parti du traçage des activités des consommateurs qui sont de plus en plus souvent conservées en ligne et hors ligne et analysées au moyen de méthodes automatisées plus élaborées *[V. la section 3.2.5 et l'annexe 2 (sur les gros volumes de données et les données ouvertes) de l'avis 3/2013 du groupe de travail « Article 29 » sur la limitation de la finalité.]*.

Du fait de ces évolutions, l'objectif de l'exercice de mise en balance est désormais différent : la question ne concerne plus la liberté d'expression commerciale, mais principalement l'intérêt économique des entreprises à mieux connaître leurs clients grâce au traçage et à la surveillance de leurs activités en ligne et hors ligne, qui devraient être mis en balance avec les droits (fondamentaux) de ces personnes au respect de leur vie privé et à la protection de leurs données à caractère personnel et avec leur intérêt à ne pas faire l'objet d'une surveillance indue.

Ce changement de modèle d'entreprise dominant et la valorisation des données à caractère personnel en tant qu'actif pour les sociétés commerciales expliquent l'exigence récente d'un consentement dans ce contexte, conformément à l'article 5, paragraphe 3, et à l'article 13 de la directive « vie privée et communications électroniques ».

Il y a donc des règles spécifiques différentes, selon la forme de prospection, notamment :

— le droit inconditionnel de s'opposer au traitement à des fins de prospection (conçu pour le contexte traditionnel des envois postaux, et pour la promotion de produits similaires) conformément à l'article 14, point b, de la directive ; l'article 7, point f, pourrait être invoqué comme fondement juridique dans ce cas ;

— le consentement exigé en vertu de l'article 13 de la directive « vie privée et communications électroniques » pour la prospection au moyen d'automates d'appel, de télécopieurs, de messages texte et de courriers électroniques (sous réserve des exceptions prévues) *[V. aussi l'art. 13, § 3, de la directive « vie privée et communications électroniques », qui laisse aux États membres le choix entre les options de consentement et de refus pour la prospection directe passant par d'autres moyens.]*, et l'application de fait de l'article 7, point a, de la directive sur la protection des données.

— le consentement exigé en vertu de l'article 5, paragraphe 3, de la directive « vie privée et communications électroniques » [et de l'article 7, point a, de la directive sur la protection des données] pour la publicité comportementale fondée sur des techniques de traçage comme le stockage d'informations au moyen de cookies dans l'équipement terminal des utilisateurs *[Concernant l'application de cette disposition, V. l'avis 2/2010 (WP 171) sur la publicité comportementale en ligne.]*.

Si les fondements juridiques applicables sont clairs en ce qui concerne l'article 5, paragraphe 3, et l'article 13 de la directive « vie privée et communications électroniques », toutes les formes de prospection ne sont pas couvertes*[,]* et il serait souhaitable de pouvoir disposer d'orientations quant aux situations qui requièrent un consentement au titre de l'article 7, point a, et aux situations dans lesquelles un équilibre est atteint au regard de l'article 7, point f, grâce notamment à la possibilité de refuser le traitement.

A cet égard, il est utile de rappeler l'avis du groupe de travail « Article 29 » sur la limitation de la finalité, où *[dans lequel]* il est expressément indiqué que « si une organisation souhaite spécifiquement analyser ou prédire les préférences personnelles, le comportement et les attitudes de clients individuels, qui serviront ensuite à guider des "mesures ou décisions" prises à l'égard de ces clients [...] un consentement préalable libre, spécifique, informé et indubitable devrait presque toujours être requis, faute de quoi l'utilisation ultérieure ne pourra pas être jugée compatible. Ce consentement devrait surtout être requis, par exemple, pour le traçage et le profilage à des fins de prospection directe, de publicité comportementale, de courtage en informations, de publicités fondées sur la localisation ou d'étude de marché numérique fondée sur le traçage *[V. l'annexe II (sur les gros volumes de données et les données ouvertes) de l'avis, p. 45.]*. »

Alternatives respectueuses de la protection des données aux services en ligne « gratuits »

Dans le cas où les consommateurs qui souscrivent à des services en ligne « gratuits » « paient » en fait ces services en autorisant l'utilisation de leurs données à caractère personnel, un moyen de contribuer à une évaluation favorable à l'issue de la mise en balance – ou à la conclusion que le consommateur a vraiment été libre de son choix et a donc donné un consentement valide au titre de l'article 7, point a – consisterait, pour le responsable du traitement, à proposer aussi une autre version de ses services, où les « données à caractère personnel » ne serviraient pas à des fins de prospection.

Tant que ces autres services ne sont pas disponibles, il est plus difficile de prétendre qu'un consentement valide (donné librement) a été obtenu au titre de l'article 7, point a, du simple fait de l'utilisation des services gratuits, ou que la balance penche en faveur du responsable du traitement au regard de l'article 7, point f.

Les considérations présentées ci-dessus soulignent le rôle important que des garanties supplémentaires, et notamment un mécanisme fonctionnel permettant de refuser le traitement, peuvent jouer pour modifier le bilan provisoire. Parallèlement, elles donnent aussi à penser que dans certains cas, l'article 7, point f, ne peut pas être invoqué comme motif justifiant le traitement et que les responsables du traitement doivent obtenir un consentement valide au titre de l'article 7, point a, – ou satisfaire à quelque autre condition énoncée par la directive – pour que le traitement puisse avoir lieu.

Portabilité des données, « midata » et questions connexes

Parmi les garanties supplémentaires qui pourraient contribuer à faire pencher la balance, il convient de prêter une attention particulière à la portabilité des données et aux mesures connexes, qui peuvent se révéler de plus en plus pertinentes dans un environnement en ligne. Le groupe de travail « Article 29 » rappelle son avis sur la limitation de la finalité, où *[dans lequel]* il a souligné que « dans de nombreuses situations, des garanties comme le fait de permettre aux personnes concernées/consommateurs d'accéder directement à leurs données dans un format portable, convivial et lisible par machine peuvent contribuer à renforcer leur pouvoir et à rectifier le déséquilibre économique entre les grandes entreprises, d'un côté, et les personnes concernées/consommateurs, de l'autre. Cela permettrait aussi aux individus de "partager les richesses" créées par les gros volumes de données et inciterait les développeurs à proposer des fonctionnalités et des applications complémentaires à leurs utilisateurs *[« Voir des initiatives comme "midata" au Royaume-Uni, qui reposent sur le principe-clé selon lequel les données devraient être restituées aux consommateurs. Le programme "midata" est une initiative volontaire, qui devrait progressivement offrir aux consommateurs un accès renforcé à leurs données personnelles dans un format électronique portable. L'idée maîtresse est que les consommateurs devraient aussi tirer profit des gros volumes de données en accédant à leurs propres informations pour être en mesure de faire de meilleurs choix. Voir aussi les initiatives "Green button" qui permettent aux consommateurs d'accéder à des informations sur leur propre consommation énergétique. » Pour plus d'information sur des initiatives au Royaume-Uni et en France, voir http://www.midatalab.org.uk/ et http://mesinfos.fing.org/.]* ».

La disponibilité de mécanismes fonctionnels permettant aux personnes concernées d'accéder à leurs propres données, de les modifier, de les effacer, de les transférer, ou de les traiter ultérieurement d'une autre façon (ou de confier à des tiers leur traitement ultérieur) renforcera le pouvoir des personnes concernées et leur donnera la possibilité de tirer un meilleur parti des services numériques. En outre, cela peut favoriser un environnement de marché plus concurrentiel, en permettant aux clients de changer plus aisément de fournisseurs (par exemple, en matière de services bancaires en ligne ou de fournisseurs d'énergie sur un réseau électrique intelligent). Enfin, cela peut aussi contribuer au développement d'autres services à valeur ajoutée par des tiers qui pourront accéder aux données des consommateurs à la demande de ces derniers et avec leur consentement. Dans cette perspective, la portabilité des données est donc une bonne chose non seulement pour la protection des données, mais aussi pour la concurrence et la protection des consommateurs *[A propos du droit à la portabilité des données, voir l'art. 18 du règlement proposé.]*.

IV. Observations finales

Dans le présent avis, le groupe de travail a analysé les critères légitimant le traitement des données énoncés dans l'article 7 de la directive. Au-delà des orientations proposées pour l'interprétation et l'application pratiques de l'article 7, point f, dans le cadre juridique actuel, son objectif est de formuler des recommandations politiques destinées à aider les décideurs dans le choix des modifications qu'ils envisagent d'apporter au cadre juridique actuel en matière de protection des données. Avant de présenter ces recommandations, les principales conclusions concernant l'interprétation de l'article 7 sont résumées ci-après.

1. *Conclusions*

Aperçu général de l'article 7

L'article 7 dispose que le traitement de données à caractère personnel ne peut être effectué que si au moins un des six motifs juridiques énumérés à cet article existe.

Le premier motif, exposé à l'article 7, point a, porte sur le consentement de la personne concernée comme fondement légitimant le traitement. Les autres motifs, en revanche, autorisent le traitement – sous réserve de garanties – dans des situations où *[dans lesquelles]* , indépendamment du consentement, il est approprié et nécessaire de traiter les données dans un certain contexte pour servir un intérêt légitime spécifique.

Les points b, c, d, et e spécifient chacun un contexte particulier, dans lequel le traitement des données à caractère personnel peut être considéré comme légitime. Les conditions qui s'appliquent dans chacun de ces différents contextes requièrent une attention minutieuse, car elles déterminent la portée des différents motifs légitimant le traitement. Plus particulièrement, les critères du traitement « nécessaire à l'exécution d'un contrat », « nécessaire au respect d'une obligation légale », « nécessaire à la sauvegarde de l'intérêt vital de la personne concernée » et « nécessaire à l'exécution d'une mission d'intérêt public ou relevant de l'exercice de l'autorité publique » sont assortis d'exigences différentes, qui ont été examinées à la section 3.2.

Le point f fait référence, plus généralement, à un (quelconque) intérêt légitime poursuivi par le responsable du traitement (dans n'importe quel contexte). Cette disposition générale est, cependant, expressément subordonnée à un critère supplémentaire de mise en balance, qui requiert que l'intérêt légitime poursuivi par le responsable du traitement – ou par le ou les tiers auxquels les données sont communiquées – soit comparé avec les intérêts ou les droits fondamentaux des personnes concernées.

Rôle de l'article 7, point f

L'article 7, point f, ne doit pas être perçu comme un fondement juridique pouvant uniquement être utilisé avec parcimonie pour combler certaines lacunes « en dernier ressort » dans des situations rares et imprévues, ou comme une dernière chance si aucun autre motif ne s'applique. Il ne doit pas non plus apparaître comme une option privilégiée, et il ne s'agit pas d'encourager indûment son utilisation parce qu'il serait considéré comme moins contraignant que les autres motifs. Il s'agit plutôt d'un moyen, tout aussi valable que l'un quelconque des autres motifs permettant de légitimer le traitement des données à caractère personnel.

Une utilisation appropriée de l'article 7, point f, dans les circonstances appropriées et moyennant des garanties adéquates, permet aussi d'éviter une utilisation abusive et une invocation excessive d'autres fondements juridiques. Une évaluation appropriée de l'équilibre requis par l'article 7, point f, souvent assortie d'une possibilité de s'opposer au traitement, peut, dans d'autres cas, se substituer valablement à l'invocation inappropriée, par exemple, du motif du « consentement » ou du caractère « nécessaire à l'exécution d'un contrat ». Dans cette optique, l'article 7, point f, présente des garanties complémentaires par rapport aux autres motifs prédéfinis. Il ne doit donc pas être considéré comme « le maillon faible » ou comme une porte ouverte à la légitimation de tout traitement de données qui ne relève pas d'un des autres fondements juridiques.

Intérêt légitime poursuivi par le responsable du traitement/intérêt ou droits fondamentaux de la personne concernée

La notion d'« intérêt » désigne, au sens large, l'enjeu poursuivi par le responsable du traitement, ou le bénéfice qu'il tire du traitement – ou que la société pourrait en tirer. Il peut être impérieux, manifeste ou plus controversé. Les situations auxquelles renvoie l'article 7, point f, peuvent donc aller de l'exercice de droits fondamentaux ou de la protection d'intérêts personnels ou sociaux importants à d'autres contextes moins évidents, voire problématiques.

Pour être considéré comme « légitime » et pertinent au sens de l'article 7, point f, l'intérêt doit être licite, c'est-à-dire conforme au droit applicable dans l'Union et dans le pays concerné. Il doit aussi être exprimé en termes suffisamment clairs pour permettre l'application du critère de mise en balance avec l'intérêt et les droits fondamentaux de la personne concernée. Enfin, il doit constituer un intérêt réel et présent, c'est-à-dire qu'il ne doit pas être hypothétique.

Si le responsable du traitement, ou le tiers auquel les données doivent être communiquées, poursuit un tel intérêt légitime, il ne s'ensuit pas nécessairement que l'article 7, point f, peut être invoqué comme fondement juridique justifiant le traitement. La possibilité d'invoquer l'article 7, point f, dépendra du résultat de la mise en balance qui suit. Le traitement doit aussi être « nécessaire à la réalisation de l'intérêt légitime » poursuivi par le responsable du traitement ou – en cas de communication des données – par le tiers. Des moyens plus respectueux de la vie privée susceptibles de servir à la même finalité devraient donc toujours être préférés.

La notion d'« intérêt » des personnes concernées est définie encore plus largement, puisqu'elle n'exige pas d'élément de « légitimité ». Si le responsable du traitement ou le tiers peut poursuivre n'importe quel intérêt, pour autant qu'il ne soit pas illégitime, la personne concernée devrait aussi pouvoir s'attendre à ce que ses intérêts, quelle qu'en soit la nature, soient pris en considération et mis en balance avec ceux du responsable du traitement, pour autant qu'ils soient pertinents dans le champ d'application de la directive.

Application du critère de mise en balance

Dans son interprétation du champ d'application de l'article 7, point f, le groupe de travail entend proposer une approche équilibrée, qui garantit aux responsables du traitement des données la souplesse nécessaire dans les situations où [dans lesquelles] les personnes concernées ne subissent aucune incidence indue, tout en offrant aux personnes concernées une sécurité juridique et des garanties suffisantes pour empêcher un usage abusif de cette disposition ouverte.

Pour appliquer le critère de mise en balance, il importe, tout d'abord, d'examiner la nature et la source de l'intérêt légitime, ainsi que la nécessité du traitement pour la poursuite de cet intérêt, d'une part, et l'incidence sur les personnes concernées, d'autre part. Cette appréciation initiale devrait tenir compte des mesures, en matière de transparence ou de collecte limitée des données, par exemple, que le responsable du traitement prévoit d'adopter pour se conformer à la directive.

Après une analyse et un examen attentif de tous les aspects du problème, un bilan provisoire peut être établi : une conclusion préliminaire peut être tirée afin de déterminer si l'intérêt légitime poursuivi par le responsable du traitement prévaut sur les droits et les intérêts des personnes concernées. Il peut cependant y avoir des cas où [dans lesquels] le résultat de la mise en balance n'est pas clair et où [dans lesquels] il subsiste un doute quant à la question de savoir si l'intérêt légitime du responsable du traitement (ou du tiers) prévaut et si le traitement peut se fonder sur l'article 7, point f.

C'est pourquoi il importe de procéder à une évaluation complémentaire dans le cadre de l'exercice de mise en balance. A ce stade, le responsable du traitement peut envisager d'introduire d'autres mesures, qui vont au-delà du respect des dispositions horizontales de la directive, afin de contribuer à protéger les personnes concernées. Ces mesures supplémentaires peuvent comprendre, par exemple, la mise en place d'un mécanisme fonctionnel et aisément accessible garantissant aux personnes concernées la possibilité inconditionnelle de refuser le traitement.

Facteurs-clés à prendre en considération pour appliquer le critère de mise en balance

Compte tenu de ce qui précède, les facteurs qui peuvent utilement être pris en considération lors de l'application du critère de mise en balance sont :

• la nature et la source de l'intérêt légitime, et notamment :

– si le traitement des données est nécessaire à l'exercice d'un droit fondamental, ou

– s'il est d'intérêt public à quelque autre égard ou bénéficie d'une reconnaissance sociale, culturelle ou légale/réglementaire dans la collectivité concernée ;

• l'incidence sur les personnes concernées, et notamment :

– la nature des données, comme le fait que le traitement porte ou non sur des données qui peuvent être considérées comme sensibles ou qui ont été obtenues à partir de sources publiquement accessibles ;

– la façon dont les données sont traitées, y compris si elles ont été publiées ou rendues accessibles par quelque autre moyen à un grand nombre de personnes, ou si des volumes considérables de données à caractère personnel sont traités ou combinés avec d'autres données (par exemple, en cas d'établissement de profils, à des fins commerciales, judiciaires, ou autres) ;

– les attentes raisonnables de la personne concernée, en particulier à propos de l'utilisation et de la divulgation des données dans une situation donnée ;

– le statut du responsable du traitement des données et celui de la personne concernée, y compris l'équilibre des pouvoirs entre eux, ou le fait que la personne concernée soit un enfant ou appartienne à une catégorie de population*[s]* plus vulnérable*[s]*.

• les garanties supplémentaires destinées à prévenir toute incidence indue sur les personnes concernées, et notamment :

– la minimisation des données (par exemple, une limitation stricte du volume de données collectées, ou la suppression immédiate des données après utilisation) ;

– les mesures techniques et organisationnelles garantissant les données ne peuvent *[pouvant]* servir à la prise de décisions ou d'autres mesures à l'endroit des individus (« séparation fonctionnelle ») ;

– un large recours aux techniques d'anonymisation, l'agrégation des données, les technologies renforçant la protection de la vie privée, la prise en compte du respect de la vie privée dès la conception, les analyses d'impact relatives à la vie privée et à la protection des données ;

– une transparence accrue, un droit général et inconditionnel de refuser le traitement, la portabilité des données et autres mesures connexes visant à renforcer le pouvoir des personnes concernées.

Responsabilité, transparence, droit d'opposition et au-delà

A propos de ces garanties – et de l'appréciation générale résultant de la mise en balance –, trois aspects spécifiques jouent souvent un rôle crucial dans le contexte de l'article 7, point f, et requièrent donc une attention spéciale :

– l'existence de mesures supplémentaires en vue d'accroître la transparence et la responsabilité et leur nécessité éventuelle ;

– le droit de la personne concernée de s'opposer au traitement, et au-delà de cette opposition, la possibilité de refuser sans avoir à donner de justification ;

– le renforcement du pouvoir des personnes concernées : portabilité des données et disponibilité de mécanismes fonctionnels permettant à la personne concernée d'accéder à ses propres données, de les modifier, de les effacer, de les transférer, ou de les traiter ultérieurement d'une autre façon (ou de confier à des tiers leur traitement ultérieur).

2. *Recommandations*

Le libellé actuel de l'article 7, point f, de la directive est ouvert. Cette souplesse dans sa formulation laisse une marge d'interprétation considérable et a parfois conduit – ainsi que l'expérience l'a montré – à un manque de prévisibilité et de sécurité juridique. Cependant, utilisé dans le contexte approprié, et si les critères adéquats sont appliqués, comme indiqué dans le présent avis, l'article 7, point f, a un rôle essentiel à jouer en tant que fondement juridique d'un traitement légitime des données.

Le groupe de travail soutient donc l'approche adoptée actuellement à l'article 6 de la proposition de règlement, qui maintient l'équilibre des intérêts en tant que fondement juridique séparé. D'autres orientations seraient néanmoins bienvenues pour garantir une application adéquate du critère de mise en balance.

Possibilités et moyens d'apporter des précisions

Il serait essentiel que la disposition demeure suffisamment flexible et qu'elle reflète aussi bien le point de vue du responsable du traitement des données que celui de la personne concernée, ainsi que le caractère dynamique des contextes considérés. C'est pourquoi le groupe de travail est d'avis qu'il n'est pas souhaitable de faire figurer, dans le texte du règlement proposé ou dans des actes délégués, des listes détaillées et exhaustives de situations dans lesquelles un intérêt serait, de fait, qualifié de légitime. Le groupe de travail n'est pas davantage favorable à la définition de cas où *[dans lesquels]* l'intérêt ou le droit d'une partie devrait en principe ou par présomption prévaloir sur l'intérêt ou le droit de l'autre partie, du simple fait de la nature de cet intérêt ou de ce droit, ou parce que certaines mesures de protection ont été prises, par exemple, parce que les données ont simplement été pseudonymisées. Cela risquerait d'être à la fois trompeur et inutilement coercitif.

Plutôt que de porter des jugements définitifs sur les mérites des différents droits et intérêts, le groupe de travail insiste sur le rôle crucial de la mise en balance dans l'évaluation au titre de l'article 7, point f. Il est nécessaire de conserver la flexibilité du critère, mais la façon dont il est appliqué doit être plus efficace dans la pratique et doit réellement améliorer la conformité. Cela devrait se traduire par une obligation de *responsabilité renforcée* pour les responsables du traitement des données, à qui *[auxquels]* il appartient de démontrer que l'intérêt et les droits de la personne concernée ne prévalent pas sur leur propre intérêt.

Orientations et responsabilité

Pour ce faire, le groupe de travail recommande, dans le règlement proposé, de formuler des orientations de la manière suivante.

1) Il serait utile d'établir et d'intégrer dans un considérant une liste non exhaustive des facteurs-clés à prendre en considération lors de l'application du critère de mise en balance, comme la nature et la source de l'intérêt légitime, l'incidence sur les personnes concernées, et les garanties supplémentaires qui peuvent être mises en place par le responsable du traitement afin de prévenir toute incidence indue sur les personnes concernées. Ces garanties peuvent comprendre, entre autres :

– une séparation fonctionnelle des données, une utilisation appropriée des techniques d'anonymisation, de chiffrement et d'autre mesures techniques et organisationnelles destinées à limiter les risques potentiels pour les personnes concernées ;

– mais aussi des mesures visant à garantir aux personnes concernées une transparence accrue et une plus grande liberté de choix, comme, éventuellement, la possibilité inconditionnelle de refuser le traitement, sans frais et d'une manière qui puisse être aisément et effectivement invoquée.

2) Le groupe de travail est aussi favorable à une clarification, dans le règlement proposé, de la façon dont le responsable du traitement pourrait apporter la preuve d'un *[Une telle démonstration doit demeurer raisonnable et mettre l'accent sur le résultat plutôt que sur un processus administratif.]* renforcement de sa responsabilité.

La modification des conditions dans lesquelles les personnes concernées peuvent exercer le droit d'opposition prévu à l'article 19 du règlement proposé constitue déjà un élément important du point de vue de la responsabilité. Si la personne concernée s'oppose au traitement de ses données en vertu de l'article 7, point f, il appartiendra désormais au responsable du traitement des données, en application du règlement proposé, de démontrer que son intérêt prévaut. Le groupe de travail approuve sans réserve ce renversement de la charge de la preuve, qui contribue à une obligation renforcée de responsabilité.

Si le responsable du traitement des données ne parvient pas à démontrer à la personne concernée que son intérêt prévaut dans un cas précis, cela peut avoir des conséquences plus larges sur l'ensemble du traitement, et pas uniquement à l'égard de la personne concernée qui a manifesté son opposition. Le responsable du traitement peut être amené, le cas échéant, à remettre en question ou à réorganiser le traitement, dans l'intérêt non seulement de cette personne concernée en particulier, mais aussi de toutes les autres personnes concernées qui peuvent se trouver dans une situation similaire *[Hormis le renversement de la charge de la preuve, le groupe de travail approuve aussi le fait que le règlement proposé n'exige plus qu'une opposition soit exprimée « pour des raisons prépondérantes et légitimes tenant à [l]a situation particulière [de la personne concernée] ». Selon le règlement proposé, l'invocation de raisons légitimes (pas nécessairement « prépondérantes ») tenant à la situation particulière de la personne concernée serait suffisante. D'ailleurs, une autre option, proposée dans le rapport final de la commission LIBE, consiste aussi à abandonner l'exigence que l'opposition se rapporte à la situation particulière de la personne concernée. Le groupe de travail est favorable à cette approche en ce sens qu'il recommande que les personnes concernées puissent tirer parti de l'une ou l'autre de ces possibilités ou des deux à la fois, le cas échéant, c'est-à-dire s'opposer au traitement du fait de leur situation particulière, ou d'une manière plus générale et, dans ce dernier cas, sans avoir à fournir une justification spécifique. Voir, en ce sens, l'amendement 114 sur l'art. 19, § 1, du règlement proposé dans le rapport final de la commission LIBE.]*.

Cette exigence est nécessaire, mais non suffisante. Afin d'assurer dès le départ la protection des personnes concernées et d'éviter que le renversement de la charge de la preuve ne soit contourné *[Les responsables du traitement des données, par exemple, peuvent être tentés d'éviter de démontrer au cas par cas que leur intérêt prévaut, en recourant à des formulaires de justification standard, ou à rendre fastidieux l'exercice du droit d'opposition.]*, il importe de prendre des mesures avant que le traitement ne commence, et pas uniquement au cours des procédures d'« opposition » *a posteriori*.

Il est donc proposé que, dès le premier stade de toute activité de traitement, plusieurs mesures soient prises par le responsable du traitement des données. Les deux premières mesures pourraient figurer dans un considérant du règlement proposé et la troisième dans une disposition spécifique :

– Effectuer une évaluation *[Cette évaluation, comme indiqué précédemment en note de bas de page 84, ne devrait pas être confondue avec une analyse d'impact complète relative à la vie privée et à la protection des données. Il n'existe pas actuellement d'orientations globales pour les évaluations d'impact au niveau européen, bien que dans certains domaines, à savoir l'identification par radiofréquence et les compteurs intelligents, plusieurs efforts louables aient été consentis pour définir une méthodologie/un cadre (et/ou un modèle) au niveau sectoriel qui pourrait s'appliquer dans toute l'Union européenne. Voir la « proposition des entreprises relative au cadre d'évaluation de l'impact sur la protection des données et de la vie privée des applications reposant sur l'identification par radiofréquence (RFID) » et le « modèle d'analyse d'impact sur la protection des données pour les réseaux intelligents et les systèmes de relevés intelligents (modèle d'AIPD) élaboré par le groupe d'experts 2 de la task-force sur les réseaux intelligents de la Commission ». Le groupe de travail a émis plusieurs avis concernant ces deux méthodologies. De plus, certaines initiatives ont été lancées en vue de définir une méthodologie d'analyse d'impact sur la protection des données, dont les efforts « spécifiques à un domaine » pourraient tirer profit. V., par ex., le projet PIAF (A Privacy Impact Assessment Framework for data protection and privacy rights) : http://www.piafproject.eu/. Pour des orientations formulées au niveau national, V. par ex., la méthodologie de la CNIL disponible sur son site officiel]*, qui comprendrait les différents stades de l'analyse présentée dans le présent avis et résumée à l'annexe 1. Le responsable du traitement devrait déterminer explicitement les intérêts en jeu qui prévalent et les raisons pour lesquelles ils prévalent sur les intérêts des personnes concernées. Cette évaluation préalable ne devrait pas être trop laborieuse et devrait rester modulable : elle peut se limiter aux critères essentiels si l'impact du traitement sur les personnes concernées est, à première vue, insignifiant, tandis qu'elle devrait être plus approfondie si l'équilibre paraît difficile à atteindre et requiert, par exemple, l'adoption de plusieurs garanties supplémentaires. Le cas échéant – c'est-à-dire quand une opération de traitement présente des risques spécifiques pour les droits et les libertés des personnes concernées, il conviendrait de procéder à une analyse plus complète de l'incidence sur la vie privée et la protection des données (conformément à l'article 33 du règlement proposé), dont l'évaluation au regard de l'article 7, point f, pourrait constituer une part importante.

– Documenter cette évaluation. De même que le degré de détail dans lequel doit entrer l'évaluation est modulable, l'ampleur du travail de documentation devrait aussi être modulable. Cela dit, certains documents de base devraient néanmoins être disponibles dans tous les cas, sauf les plus anodins, indépendamment de l'appréciation de l'incidence du traitement sur la personne concernée. C'est sur la base de ces documents que l'évaluation du responsable du traitement peut ultérieurement être vérifiée et éventuellement contestée.

– Assurer la transparence et la visibilité de ces informations auprès des personnes concernées et d'autres parties prenantes. La transparence devrait toujours être garantie à l'égard des personnes concernées et des autorités chargées de la protection des données, mais aussi, le cas échéant, de l'opinion publique en général. Pour ce qui est des personnes concernées, le groupe de travail renvoie au projet de rapport de la commission LIBE *[Projet de rapport sur la proposition de règlement du Parlement européen et du Conseil relatif à la protection des personnes physiques à l'égard du traitement des données à caractère personnel et à la libre circulation de ces données (Règlement général sur la protection des données) [COM(2012)0011 - C7-0025/2012 - 2012/0011(COD)].]*, qui indiquait que le responsable du traitement devrait informer la personne concernée des raisons qui le portent à croire que ses intérêts prévalent sur l'intérêt ou les droits et libertés fondamentaux de la personne concernée. Selon le groupe de travail, ces informations devraient être communiquées aux personnes concernées conjointement avec celles que le responsable du traitement doit fournir conformément aux articles 10 et 11 de la directive actuelle (article 11 du règlement proposé). Cela permettra à la personne concernée de soulever éventuellement des objections dans un deuxième temps et au responsable du traitement de justifier au cas par cas les intérêts qui prévalent. En outre, le responsable du traitement devrait mettre la documentation sur laquelle il a fondé son évaluation à la disposition des autorités chargées de la protection des données, à la demande de ces dernières, afin de leur permettre de procéder éventuellement à une vérification et de faire appliquer leur décision, s'il y a lieu.

Le groupe de travail recommande que ces trois mesures soient explicitement incluses dans le règlement proposé selon les modalités énoncées plus haut. Ce serait un moyen de reconnaître le rôle des fondements juridiques dans l'appréciation de la légitimité et de clarifier l'importance du critère de mise en balance dans le contexte plus large des mesures de renforcement de la responsabilité et des analyses d'impact dans le nouveau cadre juridique proposé.

Le groupe de travail estime qu'il est également souhaitable de charger le Comité européen de la protection des données de formuler au besoin d'autres orientations sur la base de ce cadre. Cette approche garantirait à la fois une clarté suffisante du texte et une flexibilité suffisante dans son application.

ANNEXE 1

Guide succinct sur les modalités d'application du critère de mise en balance visé à l'article 7, point f

Étape 1 : Évaluer quel fondement juridique peut éventuellement être retenu au titre de l'article 7, points a à f.

Le traitement des données ne peut s'effectuer que si au moins un des six motifs – énoncés aux points a à f – de l'article 7 peut être retenu (des motifs différents peuvent être invoqués à différents stades de la même activité de traitement). S'il apparaît, à première vue, que l'article 7, point f, pourrait être un fondement juridique approprié, passer à l'étape 2.

Conseils pratiques :

— l'article 7, point a, s'applique uniquement si un consentement libre, informé, spécifique et indubitable a été donné ; le fait qu'un individu n'ait pas marqué son opposition au traitement en vertu de l'article 14 ne doit pas être confondu avec le consentement visé à l'article 7, point a cependant, un mécanisme facile à utiliser et permettant de s'opposer à un traitement peut être considéré comme une garantie importante au regard de l'article 7, point f ;

— l'article 7, point b, couvre le traitement nécessaire à l'exécution du contrat ; le seul fait que le traitement des données soit lié au contrat ou prévu quelque part dans les clauses du contrat ne signifie pas nécessairement que ce motif puisse être retenu ; le cas échéant, l'article 7, point f, peut être envisagé comme une autre option ;

— l'article 7, point c, se rapporte uniquement à des obligations légales, claires et spécifiques conformes aux législations de l'Union ou d'un État membre ; dans le cas de lignes directrices non contraignantes (formulées, par exemple, par des organes de réglementation), ou d'une obligation légale étrangère, l'article 7, point f, doit être envisagé comme une autre option.

Étape 2 : Qualifier un intérêt de « légitime » ou d'« illégitime ».

Pour être considéré comme légitime, un intérêt doit remplir toutes les conditions suivantes :

— être licite (c'est-à-dire conforme au droit applicable dans l'Union et dans le pays concerné) ;

— être exprimé en termes suffisamment clairs pour permettre l'application du critère de mise en balance avec l'intérêt et les droits fondamentaux de la personne concernée (c'est-à-dire suffisamment concret) ;

— constituer un intérêt réel et présent (c'est-à-dire ne pas être hypothétique).

Étape 3 : Déterminer si le traitement est nécessaire à la réalisation de l'intérêt poursuivi.

Pour remplir cette condition, examiner s'il existe d'autres moyens plus respectueux de la vie privée susceptibles d'atteindre la finalité du traitement et de servir l'intérêt légitime du responsable du traitement des données.

Étape 4 : Établir un bilan provisoire en appréciant si les droits fondamentaux ou les intérêts des personnes concernées prévalent sur l'intérêt poursuivi par le responsable du traitement des données.

— Tenir compte de la nature de l'intérêt poursuivi par le responsable du traitement (droit fondamental, autre type d'intérêt, intérêt public) ;

— évaluer le préjudice possible pour le responsable du traitement, les tiers ou la collectivité si le traitement des données n'est pas effectué ;

— tenir compte de la nature des données (données sensibles au sens strict du terme ou dans un sens plus général ?) ;

— prendre en considération le statut de la personne concernée (mineur, salarié, etc.) et celui du responsable du traitement (par exemple, si une entreprise occupe une position dominante sur le marché) ;

— tenir compte de la façon dont les données sont traitées (à grande échelle, extraction de données, établissement de profils, divulgation auprès d'un grand nombre de personnes ou publication) ;

— identifier les droits fondamentaux et/ou les intérêts des personnes concernées qui pourraient en subir les conséquences ;

— prendre en considération les attentes raisonnables des personnes concernées ;

— évaluer les incidences sur les personnes concernées et les comparer avec les avantages du traitement escomptés par le responsable du traitement des données.

Conseil pratique : prendre en considération l'effet concret du traitement sur des individus en particulier — ne pas en faire un exercice abstrait ou hypothétique.

Étape 5 : Établir un bilan final en tenant compte des garanties supplémentaires.

Identifier et mettre en place des garanties supplémentaires appropriées résultant du devoir de vigilance et de diligence, comme :

— la minimisation des données (par exemple, une limitation stricte du volume de données collectées, ou la suppression immédiate des données après utilisation) ;

— les mesures techniques et organisationnelles garantissant que les données ne peuvent servir à la prise de décisions ou d'autres mesures à l'endroit des individus (« séparation fonctionnelle ») ;
— un large recours aux techniques d'anonymisation, l'agrégation des données, les technologies renforçant la protection de la vie privée, la prise en compte du respect de la vie privée dès la conception, les analyses d'impact relatives à la vie privée et à la protection des données ;
— une transparence accrue, un droit général et inconditionnel de refuser le traitement, la portabilité des données et autres mesures connexes visant à renforcer le pouvoir des personnes concernées.

Conseil pratique : l'utilisation de technologies et d'approches renforçant la protection de la vie privée peut faire pencher la balance en faveur du responsable du traitement des données, tout en protégeant les personnes concernées.

Étape 6 : Démontrer le respect des dispositions applicables et garantir la transparence.

— Dresser un plan des étapes 1 à 5 pour justifier le traitement avant son lancement.
— Informer les personnes concernées des raisons qui portent le responsable du traitement à penser que la balance penche en sa faveur.
— Tenir la documentation à la disposition des autorités chargées de la protection des données.

Conseil pratique : cette étape est modulable ; le degré de détail de l'appréciation et de la documentation doit être adapté à la nature et au contexte du traitement. Ces mesures auront plus d'ampleur quand de gros volumes d'informations concernant de nombreuses personnes sont traités, d'une façon qui pourrait avoir une incidence considérable sur ces personnes. Une analyse d'impact complète relative à la vie privée et à la protection des données (conformément à l'article 33 du règlement proposé) ne sera nécessaire que lorsqu'une opération de traitement présente des risques spécifiques pour les droits et libertés des personnes concernées. Dans ces cas, l'évaluation au regard de l'article 7, point f, pourrait devenir une part essentielle de cette analyse d'impact plus large.

Étape 7 : Et si la personne concernée exerce son droit d'opposition ?

— Lorsqu'il n'existe comme garantie qu'un droit d'opposition assorti de conditions [c'est ce qui est explicitement requis en vertu de l'article 14, point a, à titre de garantie minimale] : au cas où la personne concernée s'oppose au traitement, il convient de veiller à ce qu'un mécanisme approprié et convivial ait été mis en place pour réévaluer l'équilibre en ce qui concerne cet individu et cesser de traiter ses données si la réévaluation fait apparaître que son intérêt prévaut.
— Lorsqu'un droit de refus inconditionnel a été prévu à titre de garantie supplémentaire [parce qu'il est explicitement requis au titre de l'article 14, point b, ou parce que cette garantie supplémentaire est jugée nécessaire ou utile] : au cas où la personne concernée s'oppose au traitement, il convient de veiller à ce que son choix soit respecté, sans qu'il soit nécessaire de faire d'autres démarches ou de procéder à une nouvelle évaluation.

ANNEXE 2

Exemples pratiques destinés à illustrer l'application du critère de mise en balance visé à l'article 7, point f

Cette annexe présente des exemples de certains des contextes les plus courants où *[dans lesquels]* la question de l'intérêt légitime au sens de l'article 7, point f, peut se poser. Le plus souvent, nous avons regroupé sous une même rubrique au moins deux exemples liés qu'il est intéressant de comparer. Bon nombre des exemples reposent sur des situations réelles, ou des éléments de cas réels auxquels sont confrontées les autorités chargées de la protection des données dans les différents États membres. Nous avons cependant modifié parfois les faits dans une certaine mesure pour mieux illustrer comment le critère de mise en balance doit être appliqué.

Ces exemples sont fournis pour illustrer le processus de réflexion : la méthode à utiliser pour tenir compte des multiples facteurs du critère de mise en balance. Autrement dit, les exemples ne sont pas destinés à présenter une évaluation concluante des situations décrites. En effet, dans beaucoup de cas, en modifiant les circonstances d'une manière ou d'une autre (par exemple, si le responsable du traitement venait à adopter des garanties supplémentaires comme une anonymisation plus complète, de meilleures mesures de sécurité et davantage de transparence ou de liberté de choix pour les personnes concernées), le résultat de la mise en balance pourrait changer *[L'application correcte de l'art. 7, point f, peut donner lieu à des questions d'appréciation complexes et il peut être utile, pour éclairer l'évaluation, de s'appuyer sur une législation et une jurisprudence spécifiques, sur des lignes directrices, des codes de conduite et d'autres critères formels ou informels.]*.

Cela devrait encourager les responsables du traitement à mieux respecter l'ensemble des dispositions horizontales de la directive et à prévoir, s'il y a lieu, des mesures supplémentaires fondées sur le respect de la vie privée et la protection des données dès la conception. Plus les responsables du traitement ont *[prennent]* soin de protéger les données à caractère personnel d'une manière générale, plus ils ont des chances de satisfaire au critère de mise en balance.

Exercice du droit à la liberté d'expression ou d'information *[A propos de la liberté d'expression ou d'information, voir la page 38 de l'avis. Les dérogations éventuelles applicables en vertu du droit national pour le traitement à des fins de journalisme, conformément à l'art. 9 de la directive, doivent aussi être prises en compte dans l'appréciation de ces exemples.]* ***notamment dans les médias et dans les arts***

Exemple 1 : une ONG republie les dépenses des parlementaires.

Une administration publie – en vertu d'une obligation légale [article 7, point c] – les dépenses des parlementaires ; par la suite, une ONG qui se consacre à la transparence analyse les données et les republie dans une version exacte et proportionnée, mais plus informative et annotée, afin de contribuer à renforcer la transparence et la responsabilité.

En supposant que l'ONG assure le travail de republication et d'annotation de manière fidèle et proportionnée, adopte des garanties appropriées et, plus généralement, respecte les droits des individus concernés, elle devrait pouvoir invoquer l'article 7, point f, comme fondement juridique justifiant le traitement. La nature de l'intérêt légitime (un droit fondamental à la liberté d'expression ou d'information), l'intérêt public servi par la transparence et la responsabilité, et le fait que les informations aient déjà été publiées et se rapportent à des données à caractère personnel (relativement moins sensibles) liées aux activités menées par des individus dans l'exercice de leurs fonctions publiques *[Il ne peut être exclu que certaines dépenses révèlent des données plus sensibles, touchant à la santé, par exemple. Si tel est le cas, il conviendrait de les effacer de l'ensemble de données avant la première publication. Une bonne pratique consiste à adopter une « démarche proactive » et à offrir aux personnes concernées l'occasion d'examiner leurs données avant toute publication, en les informant clairement des possibilités et des modalités de publication.]* **sont autant de facteurs qui pèsent en faveur de la légitimité du traitement. Un autre élément contribuant à l'évaluation favorable tient à ce que la publication initiale était requise par la loi et que les personnes concernées devaient donc s'attendre à voir leurs données publiées. Dans** *[Sur]* **l'autre plateau de la balance, on trouve l'incidence sur les individus qui peut être considérable, à cause du jugement du public, et la mise en cause possible de l'intégrité de certains individus pouvant entraîner, par exemple, une défaite aux élections, voire dans certains cas une enquête pénale sur des activités frauduleuses. Dans l'ensemble, les facteurs ci-dessus montrent cependant que, tout bien pesé, l'intérêt poursuivi par le responsable du traitement (et l'intérêt des citoyens à qui** *[auxquels]* **les données sont communiquées) prévaut sur l'intérêt des personnes concernées.**

Exemple 2 : un conseiller municipal prend sa fille comme assistante.

Un journaliste publie un article bien documenté, relatant des faits avérés, dans un journal local en ligne, qui révèle qu'un conseiller municipal n'a assisté qu'à une seule réunion du conseil sur les onze dernières et indique qu'il a peu de chances d'être réélu en raison d'un récent scandale à propos de la nomination de sa fille, âgée de dix-sept ans, comme assistante.

Une analyse semblable à celle de l'exemple 1 s'applique également ici. En ce qui concerne les faits, il est dans l'intérêt légitime du journal en question de publier l'information. Même si des données à caractère personnel ont été révélées à propos du conseiller, le droit de ce dernier au respect de sa vie privée ne prévaut pas sur le droit fondamental à la liberté d'expression qui justifie la publication de l'article dans le journal. Cette appréciation tient au fait que le droit des personnalités publiques en matière de vie privée est relativement limité au regard de leurs activités publiques et à l'importance particulière de la liberté d'expression – surtout si la publication des informations est d'intérêt public.

Exemple 3 : un délit mineur continue à apparaître parmi les premiers résultats d'une recherche en ligne.

Les archives en ligne d'un journal contiennent un article déjà ancien relatif à une personne qui a, par le passé, connu une certaine célébrité au plan local en tant que capitaine d'une petite équipe de football amateur. Cet individu est identifié par son nom complet et l'article porte sur une

procédure pénale relativement mineure le concernant (ivresse et trouble à l'ordre public). Le casier judiciaire de cet homme est aujourd'hui vierge et l'ancien délit pour lequel il a purgé sa peine voici plusieurs années n'y figure plus. Ce qui est gênant pour cet individu, c'est que lorsqu'une recherche sur son nom est effectuée avec les principaux moteurs de recherche en ligne, les premiers résultats affichés font apparaître le lien vers ce vieil article le concernant. Malgré une demande introduite par la personne concernée, le journal refuse de prendre des mesures techniques qui restreindraient la disponibilité générale de l'article qui lui est consacré. Par exemple, le journal n'envisage pas d'adopter des mesures techniques et organisationnelles qui viseraient – dans la mesure où la technologie le permet – à limiter l'accès aux informations à partir de moteurs de recherche externes qui se servent du nom de la personne comme critère de recherche.

C'est là un autre cas illustrant le conflit possible entre la liberté d'expression et le droit au respect de la vie privée. Cela montre aussi que, parfois, des garanties supplémentaires – comme le fait de veiller à ce que, au moins en cas d'opposition justifiée en vertu de l'article 14, point a, de la directive, la partie concernée des archives du journal ne soit plus accessible par des moteurs de recherche externes ou *[que]* le format utilisé pour afficher les informations ne permette plus de recherches sur le nom – peuvent jouer un rôle essentiel pour trouver un équilibre adéquat entre les deux droits fondamentaux en cause. Cela ne fait pas obstacle à d'autres mesures éventuelles qui pourraient être prises par les moteurs de recherche ou d'autres tiers *[V. aussi aff. C-131/12 Google Spain/ actuellement pendante devant la Cour de justice de l'Union européenne. — Depuis jugée : CJUE 13 mai 2014.]*.

Prospection directe conventionnelle et autres formes de prospection commerciale ou de publicité

Exemple 4 : un magasin d'informatique envoie à ses clients des publicités pour des produits similaires.

Un magasin d'informatique obtient de ses clients leurs coordonnées de contact dans le cadre de la vente d'un produit et se sert de ces coordonnées à des fins de prospection par courrier ordinaire pour promouvoir ses propres produits similaires. Le magasin vend aussi des produits en ligne et envoie des courriers électroniques promotionnels quand une nouvelle gamme de produits entre en stock. Les clients disposent d'informations claires sur la possibilité qu'ils ont de s'y opposer, sans frais et de manière simple, quand leurs coordonnées de contact sont collectées et chaque fois qu'un message est envoyé, au cas où ils n'auraient pas refusé initialement.

La transparence du traitement, le fait que le client peut raisonnablement s'attendre à recevoir des offres pour des produits similaires en tant que client du magasin et le droit d'opposition contribuent à renforcer la légitimité du traitement et à garantir les droits des individus. Dans *[Sur]* l'autre plateau de la balance, il ne semble pas y avoir d'incidence disproportionnée sur le droit au respect de la vie privée (dans cet exemple, nous avons supposé que le magasin d'informatique n'établit pas de profils complexes de ses clients, en se servant, par exemple, d'une analyse détaillée de ses données de consultation en ligne).

Exemple 5 : une pharmacie en ligne établit des profils détaillés.

Une pharmacie en ligne se livre à des activités de prospection fondées sur les achats de médicaments et autres produits faits par ses clients, y compris des produits obtenus avec une prescription médicale. Elle analyse ces informations – combinées à des données démographiques à propos de sa clientèle, par exemple l'âge et le sexe – afin d'établir un « profil de santé et de bien-être » de chaque client. Le profil utilise des données de l'historique de navigation, qui sont collectées non seulement à propos des produits achetés par les clients, mais aussi à propos des produits et des informations qu'ils ont consultés sur le site internet. Les profils de clients comprennent des informations ou des prévisions indiquant qu'une cliente est enceinte, qu'une autre souffre d'une maladie chronique particulière, ou serait intéressée par l'achat de compléments alimentaires, de lotion solaire ou d'autres produits de soin de la peau à certaines périodes de l'année. Les analystes de la pharmacie en ligne se servent de ces informations pour envoyer à certaines personnes des courriers électroniques leur proposant des médicaments vendus sans prescription, des compléments alimentaires et d'autres produits. Dans ce cas, la pharmacie ne peut invoquer son intérêt légitime pour justifier la création et l'utilisation de profils de ses clients à des fins de prospection. L'activité de profilage décrite pose plusieurs problèmes. Les informations sont particulièrement sensibles et peuvent révéler beaucoup de choses sur des sujets qui sont censés rester privés aux yeux de la plupart des individus *[Au-delà des restrictions éventuelles imposées par les lois en matière de protection des données, la publicité pour des produits soumis à prescription médicale est aussi strictement réglementée dans l'Union, et il existe certaines restrictions concernant la publicité pour les médicaments vendus sans prescription. Par ailleurs, les exigences de l'art. 8 à propos des catégories particulières de données (comme les données relatives à la santé) doivent aussi être prises en considération.].* **L'ampleur de cette activité de profilage et la manière dont elle est effectuée (utilisation de l'historique de navigation, algorithmes prédictifs) révèlent aussi un degré élevé d'ingérence dans la vie privée. Un consentement fondé sur l'article 7, point a, et sur l'article 8, paragraphe 2, point a (lorsqu'il s'agit de données sensibles) pourrait cependant, si besoin est, constituer une autre option.**

Messages non commerciaux non sollicités, notamment à des fins de campagne politique ou de collecte de fonds pour des actions caritatives

Exemple 6 : une candidate aux élections locales fait un usage ciblé de la liste électorale.

Une candidate aux élections locales se sert de la liste électorale *[Il est supposé que dans l'État membre où l'exemple s'applique, une liste électorale est établie en vertu de la loi.]* **pour envoyer une lettre de présentation à chaque électeur potentiel de sa circonscription dans le cadre de sa campagne pour les prochaines élections. La candidate n'utilise les données obtenues dans la liste électorale que pour envoyer sa lettre et ne conserve pas les données après la fin de la campagne.**

Cette utilisation du registre local s'inscrit dans les attentes raisonnables des individus, quand elle intervient au cours de la période préélectorale : l'intérêt de la responsable du traitement est clair et légitime. L'usage limité et ciblé des informations contribue aussi à faire pencher la balance en faveur de l'intérêt légitime de la responsable du traitement. Une telle utilisation des listes électorales peut aussi être réglementée par la loi au niveau national, dans une perspective d'intérêt public, de façon à prévoir des règles spécifiques, des limitations et des garanties. Si tel est le cas, le respect de ces règles spécifiques est également requis afin de garantir la légitimité du traitement.

Exemple 7 : une association sans but lucratif collecte des informations à des fins d'envois de messages ciblés.

Une organisation philosophique qui se consacre au développement humain et social décide de mener des actions de collecte de fonds organisées sur la base du profil de ses membres. A cette fin, elle collecte des données sur les sites de réseaux sociaux au moyen d'un logiciel spécialement conçu pour cibler les individus qui ont « aimé » la page de l'organisation, « aimé » ou « partagé » les messages postés par l'organisation sur sa page, consulté régulièrement certains sujets ou retweeté les messages de l'organisation. Elle envoie ensuite des messages et des lettres d'information à ses membres en fonction de leurs profils. Par exemple, les personnes âgées qui ont un chien et qui ont « aimé » des articles sur les refuges pour animaux reçoivent des appels aux dons différents de ceux adressés aux familles avec enfants en bas âge ; les personnes appartenant à des groupes ethniques différents reçoivent aussi des messages différents.

Le fait que des catégories particulières de données soient traitées (convictions philosophiques) requiert le respect de l'article 8, une condition qui paraît être remplie puisque le traitement est effectué dans le cadre des activités légitimes de l'organisation. Ce n'est cependant pas une condition suffisante dans ce cas : la façon dont les données sont utilisées excède les attentes raisonnables des individus. Le volume de données collectées, le manque de transparence à propos de la collecte et la réutilisation de données communiquées initialement à une fin différente contribuent à la conclusion que l'article 7, point f, ne peut pas être invoqué en l'occurrence. Le traitement ne doit donc pas être autorisé, à moins qu'un autre motif puisse être invoqué, par exemple le consentement des personnes concernées donné conformément à l'article 7, point a.

Exécution de demandes en justice, y compris le recouvrement de créances via des procédures extrajudiciaires

Exemple 8 : litige à propos de la qualité de travaux de rénovation.

Un client conteste la qualité de travaux de rénovation réalisés dans sa cuisine et refuse de payer la totalité du prix demandé. L'entrepreneur transmet des données pertinentes et proportionnées à son avocat pour lui permettre d'envoyer un rappel au client et de négocier un arrangement avec lui s'il continue à *[de]* **refuser de payer.**

Dans ce cas, les démarches préliminaires accomplies par l'entrepreneur au moyen d'informations de base sur la personne concernée (par exemple, nom, adresse, référence du contrat) pour lui

envoyer un rappel (directement ou, en l'occurrence, par l'intermédiaire de son avocat) peuvent encore relever du traitement nécessaire à l'exécution du contrat [article 7, point b]. Les étapes suivantes *[Selon les États membres, il existe actuellement un certain degré de variabilité quant aux mesures qui peuvent être jugées nécessaires à l'exécution d'un contrat.]*, **incluant l'intervention d'une société de recouvrement de créances, devraient cependant être appréciées au regard de l'article 7, point f, compte tenu, entre autres, du degré d'ingérence et de l'incidence sur la personne concernée, comme on le verra dans l'exemple suivant.**

Exemple 9 : un client disparaît avec une voiture achetée à crédit.

Un client cesse de payer les mensualités dues pour l'achat à crédit d'une coûteuse voiture de sport et « disparaît » ensuite. Le concessionnaire fait appel à un « agent de recouvrement » tiers. L'agent de recouvrement mène une enquête intrusive « de type judiciaire », en recourant notamment à la vidéosurveillance avec caméra cachée et à des écoutes téléphoniques.

Bien que l'intérêt poursuivi par le concessionnaire et par l'agent de recouvrement soit légitime, la balance ne penche pas en leur faveur à cause des méthodes intrusives utilisées pour collecter des informations, dont certaines sont explicitement interdites par la loi (écoutes téléphoniques). La conclusion serait différente si, par exemple, le concessionnaire ou l'agent de recouvrement n'avaient effectué que des vérifications limitées pour confirmer les coordonnées de contact de la personne concernée afin d'engager des poursuites en justice.

Prévention de la fraude, de l'utilisation abusive de services, ou du blanchiment d'argent

Exemple 10 : vérification des données des clients avant l'ouverture d'un compte bancaire.

Une institution financière suit des procédures raisonnables et proportionnées – conformément aux lignes directrices non contraignantes de l'autorité publique de surveillance financière compétente – afin de vérifier l'identité de toute personne qui souhaite ouvrir un compte. Elle conserve dans ses archives les informations utilisées pour vérifier l'identité de la personne.

L'intérêt poursuivi par le responsable du traitement est légitime et le traitement des données porte uniquement sur des informations limitées et nécessaires (pratique normale dans ce secteur d'activité, à laquelle s'attendent raisonnablement les personnes concernées, et recommandée par les autorités compétentes). Des garanties appropriées ont été mises en place pour limiter toute incidence indue et disproportionnée sur les personnes concernées. Le responsable du traitement peut donc invoquer l'article 7, point f. Sinon, et dans la mesure où les procédures utilisées sont spécifiquement requises par le droit en vigueur, l'article 7, point c, pourrait s'appliquer.

Exemple 11 : échange d'informations pour lutter contre le blanchiment d'argent.

Une institution financière – après avoir obtenu l'avis de l'autorité compétente chargée de la protection des données – met en place des procédures fondées sur des critères spécifiques et limités pour échanger avec d'autres filiales du même groupe des données relatives à un contournement présumé des règles de lutte contre le blanchiment d'argent, en prévoyant des limitations d'accès strictes, des mesures de sécurité et une interdiction de toute utilisation ultérieure à d'autres fins.

Pour des raisons semblables à celles exposées ci-dessus, et selon les circonstances, le traitement des données pourrait être fondé sur l'article 7, point f. Sinon, et dans la mesure où les procédures appliquées sont spécifiquement requises par le droit en vigueur, l'article 7, point c, pourrait s'appliquer.

Exemple 12 : liste noire de toxicomanes agressifs.

Un groupe d'hôpitaux crée une liste noire commune d'individus « agressifs » qui cherchent à se procurer des médicaments, afin de leur interdire l'accès aux locaux des hôpitaux participants.

Même si l'intérêt des responsables du traitement à *[d']***assurer la sécurité des hôpitaux est légitime, il doit être mis en balance avec le droit fondamental au respect de la vie privée et avec d'autres considérations impératives comme la nécessité de ne pas priver les individus concernés d'un accès à des soins médicaux. Le fait que le traitement porte sur des données sensibles (par exemple, des données médicales relatives à une toxicomanie) corrobore aussi la conclusion que, dans ce cas, il est peu probable que le traitement puisse être justifié en vertu de l'article 7, point f** *[Les exigences de l'art. 8 à propos des catégories particulières de données (comme les données de santé) doivent aussi être prises en considération.]*. **Le traitement pourrait être acceptable s'il était, par exemple, encadré par une loi prévoyant des garanties spécifiques (vérifications et contrôles, transparence, prévention des décisions automatisées) pour faire en sorte qu'il n'entraîne pas de discri-**

mination ou de violation des droits fondamentaux des individus *[V. le document de travail sur les listes noires (WP 65), adopté le 3 octobre 2002.]*. **Dans ce dernier cas, selon que cette législation spécifique requiert ou autorise seulement le traitement, soit l'article 7, point c, soit l'article 7, point f, pourrait être invoqué comme fondement juridique.**

Surveillance du personnel à des fins de sécurité ou de gestion

Exemple 13 : utilisation des heures de travail des avocats à des fins de facturation et de calcul de primes.

Le nombre d'heures facturables accomplies par les membres d'un cabinet d'avocats est traité à la fois à des fins d'établissement des factures et pour la détermination des primes annuelles. Le système est expliqué de manière transparente aux employés qui disposent d'un droit explicite de marquer leur désaccord avec les conclusions en ce qui concerne tant la facturation que le paiement des primes, ce qui donne alors lieu à des discussions avec la direction.

Le traitement paraît nécessaire à la réalisation de l'intérêt légitime poursuivi par le responsable du traitement et il ne semble pas qu'il existe un moyen plus respectueux de la vie privée susceptible de servir à la même finalité. L'incidence sur les employés est d'ailleurs limitée, grâce aux garanties et aux processus mis en place. L'article 7, point f, pourrait donc constituer un fondement juridique approprié dans ce cas. Il pourrait aussi être soutenu que le traitement effectué à l'une de ces fins ou aux deux est nécessaire à l'exécution du contrat.

Exemple 14 : surveillance électronique de l'utilisation de l'internet [Quelques États membres estiment qu'un contrôle électronique limité peut être « nécessaire à l'exécution d'un contrat » et peut donc tirer son fondement juridique de l'art. 7, point b), plutôt que de l'art. 7, point f).].

Un employeur surveille l'utilisation de l'internet par les salariés durant les heures de travail pour s'assurer qu'ils ne font pas un usage personnel excessif de l'équipement informatique de la société. Les données collectées comprennent les fichiers temporaires et les cookies créés sur les ordinateurs des salariés, l'historique des sites visités et des téléchargements effectués durant les heures de travail. Les données sont traitées sans consultation préalable des personnes concernées ni des représentants syndicaux/du comité d'entreprise. Les informations fournies aux individus concernés à propos de ces pratiques sont insuffisantes. Le volume et la nature des données collectées représentent une ingérence considérable dans la vie privée des salariés. En plus des questions de proportionnalité, la transparence des pratiques, étroitement liée aux attentes raisonnables des personnes concernées, est aussi un facteur important à prendre en considération. Même si l'employeur a un intérêt légitime à limiter le temps consacré par les salariés à visiter des sites internet qui ne sont pas directement pertinents pour leur travail, les méthodes utilisées ne satisfont pas au critère de mise en balance prévu par l'article 7, point f. L'employeur devrait recourir à des méthodes moins intrusives (par exemple, limiter l'accessibilité de certains sites), qu'il conviendrait, pour se conformer aux meilleures pratiques, de discuter et d'approuver conjointement avec les représentants du personnel et de communiquer aux salariés de façon transparente.

Mécanismes de dénonciation des dysfonctionnements

Exemple 15 : mécanisme de dénonciation des dysfonctionnements répondant à des obligations légales étrangères.

Une filiale européenne d'un groupe américain met en place un mécanisme limité de dénonciation des dysfonctionnements pour signaler les infractions graves dans le domaine de la comptabilité et des finances. Les entités du groupe sont soumises à un code de bonne gouvernance qui préconise un renforcement des procédures de contrôle interne et de gestion des risques. Du fait de ses activités internationales, la filiale européenne est tenue de fournir des données financières fiables aux autres membres du groupe aux États-Unis. Le mécanisme est conçu pour être conforme au droit américain et aux lignes directrices formulées par les autorités nationales chargées de la protection des données dans l'Union.

Parmi les garanties prévues, des séances de formation ainsi que d'autres moyens servent à donner des orientations claires aux salariés sur les circonstances dans lesquelles il convient d'utiliser le mécanisme. Le personnel est mis en garde contre tout abus – par exemple, des allégations fausses ou sans fondement à l'encontre de collègues. Il est aussi expliqué aux salariés qu'ils peuvent, à leur convenance, utiliser le mécanisme de façon anonyme ou en s'identifiant. Dans ce

dernier cas, ils sont avisés des circonstances dans lesquelles les informations qui les identifient seront transmises à leur employeur ou à d'autres agences.

Si le droit européen ou la législation d'un État membre de l'Union exigeait la mise en place du mécanisme, le traitement pourrait se fonder sur l'article 7, point c. Cependant, les obligations légales étrangères ne sont pas considérées comme une obligation légale au sens de l'article 7, point c, et ne peuvent donc pas servir à légitimer le traitement en vertu de l'article 7, point c. Le traitement pourrait néanmoins se fonder sur l'article 7, point f, par exemple, s'il existe un intérêt légitime à garantir la stabilité des marchés financiers ou à lutter contre la corruption, et pour autant que le mécanisme comporte des garanties suffisantes, conformément aux orientations des autorités de réglementation compétentes dans l'Union.

Exemple 16 : mécanisme interne de dénonciation des dysfonctionnements dépourvu de procédures cohérentes.

Une société de services financiers décide d'instaurer un mécanisme de dénonciation des dysfonctionnements parce qu'elle soupçonne l'existence de pratiques répandues de détournement et de corruption parmi son personnel et souhaite encourager les salariés à se surveiller mutuellement. Dans un souci d'économie, la société décide d'intégrer le mécanisme à son fonctionnement interne, en confiant sa gestion aux membres de son service de ressources humaines. Pour inciter les salariés à faire usage du mécanisme, elle offre une gratification en espèces « en toute discrétion » à ceux dont la contribution permet de repérer des conduites inappropriées et de recouvrer des fonds.

La société a sans doute un intérêt légitime à détecter et prévenir le vol et la corruption. Cependant, son mécanisme de dénonciation des dysfonctionnements est si mal conçu et dépourvu de garanties que l'intérêt et le droit au respect de la vie privée des salariés prévalent – en particulier de ceux qui pourraient être victimes de fausses accusations formulées dans le seul but d'un gain financier. Le fait que le mécanisme soit géré en interne plutôt que de manière indépendante pose un autre problème, tout comme le manque de formation et d'orientations concernant l'utilisation du mécanisme.

Sécurité physique, sécurité des systèmes et réseaux informatiques

Exemple 17 : contrôles biométriques dans un laboratoire de recherche.

Un laboratoire de recherche scientifique travaillant sur des virus mortels utilise un système d'accès biométrique en raison du risque élevé pour la santé publique au cas où ces virus viendraient à sortir des installations. Des garanties appropriées sont appliquées, notamment la conservation des données biométriques sur des cartes personnelles que les salariés gardent en leur possession plutôt que dans un système centralisé.

Même si les données sont sensibles, au sens large du terme, leur traitement est motivé par des raisons d'intérêt public. Ces considérations, ajoutées au fait que les risques d'abus sont réduits par le recours à des garanties appropriées, font de l'article 7, point f, une base juridique adéquate justifiant le traitement.

Exemple 18 : caméras cachées servant à identifier les visiteurs et les salariés qui fument.

Une société utilise des caméras cachées pour identifier les visiteurs et les salariés qui fument dans des locaux du bâtiment où ce n'est pas autorisé.

Bien que le responsable du traitement ait un intérêt légitime à veiller au respect de l'interdiction de fumer, les moyens utilisés à cet effet sont, d'une manière générale, disproportionnés et inutilement intrusifs. Il existe des méthodes plus respectueuses de la vie privée et plus transparentes (comme les détecteurs de fumée et les panneaux d'interdiction visibles). Le traitement n'est donc pas conforme à l'article 6, qui requiert que les données soient « non excessives » au regard des finalités pour lesquelles elles sont collectées et pour lesquelles elles sont traitées ultérieurement. De même, il ne satisfera probablement pas au critère de mise en balance visé à l'article 7.

Recherche scientifique

Exemple 19 : recherches relatives aux effets du divorce et du chômage des parents sur la réussite scolaire des enfants.

Dans le cadre d'un programme lancé par le gouvernement et autorisé par un comité d'éthique compétent, des recherches sont menées sur la relation entre le divorce, le chômage des parents et la réussite scolaire des enfants. Sans faire partie des « catégories particulières de données », l'objet de ces recherches tient néanmoins à des questions qui, pour de nombreuses familles, seraient considérées comme personnelles et très intimes. Les recherches permettront de mettre en place une assistance pédagogique spéciale ciblant des enfants qui seraient exposés, sinon, à des risques d'absentéisme, de mauvais résultats scolaires et, parvenus à l'âge adulte, de chômage et de criminalité. La législation de l'État membre concerné autorise explicitement le traitement des données à caractère personnel (à l'exception des catégories particulières de données) à des fins de recherches, pour autant que ces travaux soient nécessaires à la réalisation d'un intérêt public important et menés dans le respect de garanties adéquates, qui sont décrites en détail dans des dispositions d'exécution. Ce cadre juridique inclut des exigences spécifiques, mais aussi une structure de responsabilité qui permet l'évaluation au cas par cas de l'admissibilité des recherches (si elles sont effectuées sans le consentement des individus concernés) et des mesures à appliquer en particulier pour protéger les personnes concernées.

Le chercheur dirige un centre de recherche sûr auquel sont transmises les informations pertinentes, dans des conditions sécurisées, par le registre de population, les tribunaux, les services d'aide à l'emploi et les écoles. Le centre de recherche procède alors au « hachage » des identités individuelles pour que les enregistrements relatifs aux divorces, au chômage et aux résultats scolaires puissent être liés sans révéler les identités « civiles » des individus – par exemple, leurs noms et leurs adresses. Toutes les données originales sont ensuite définitivement supprimées. D'autres mesures sont prises pour assurer la séparation fonctionnelle (c'est-à-dire garantir que les données serviront uniquement à des fins de recherche) et réduire le risque de ré-identification éventuelle.

Les membres du personnel qui travaillent au centre de recherche reçoivent une formation rigoureuse en matière de sécurité et sont personnellement responsables – voire passibles de poursuites pénales – pour tout manquement à la sécurité qui leur serait imputable. Des mesures techniques et organisationnelles sont prises, par exemple, pour garantir que les employés qui se servent de clés USB ne peuvent pas faire sortir des données à caractère personnel du centre.

Le centre de recherche a un intérêt légitime à effectuer ces travaux, qui présentent un grand intérêt public. Lesdits travaux sont aussi dans l'intérêt légitime des administrations de l'emploi, de l'éducation et d'autres organismes participant au programme, qui seront mieux à même de planifier et dispenser des services à ceux qui en ont le plus besoin. Les aspects du programme touchant à la vie privée ont été bien conçus et les garanties mises en place font que ni l'intérêt ni le droit au respect de la vie privée des parents ou des enfants dont les données ont servi de base aux recherches ne prévalent sur l'intérêt légitime des organisations qui mènent ces travaux.

Exemple 20 : étude sur l'obésité.

Une université souhaite mener des recherches sur les niveaux d'obésité infantile dans plusieurs villes et collectivités rurales. Malgré les difficultés auxquelles elle se heurte généralement pour obtenir des écoles et autres institutions un accès aux données pertinentes, elle parvient à convaincre quelques dizaines d'enseignants à suivre pendant un certain temps les enfants de leurs classes qui paraissent obèses et à leur poser des questions à propos de leurs habitudes alimentaires, de leurs niveaux d'activité physique, du temps qu'ils consacrent à jouer à des jeux vidéo, etc. Ces enseignants consignent aussi les noms et adresses des enfants interrogés pour leur faire envoyer un coupon permettant de télécharger gratuitement de la musique en ligne en guise de remerciement pour leur participation. Les chercheurs constituent ensuite une base de données sur les enfants, en mettant en corrélation les niveaux d'obésité avec l'activité physique et d'autres facteurs. Les exemplaires papier des questionnaires complétés – sous une forme qui permet encore d'identifier les enfants – sont conservés dans les archives de l'université pendant une durée indéterminée, sans mesures de sécurité adéquates. Des photocopies de tous les questionnaires sont envoyées sur demande à tout étudiant de la faculté de médecine ou d'universités partenaires dans le monde entier qui manifeste son intérêt en vue d'une utilisation ultérieure des données de recherche.

Bien que l'université ait un intérêt légitime à effectuer ces recherches, la façon dont celles-ci sont conçues signifie que, à plusieurs égards, les intérêts des enfants et leurs droits au respect de la vie privée l'emportent sur cet intérêt légitime. Hormis la méthodologie, qui manque de rigueur scientifique, le problème vient en particulier de l'absence d'approche renforçant la protection de la vie privée dans la conception des recherches et de la facilité d'accès aux données à caractère personnel collectées. A aucun moment, les données des enfants ne sont codées ou anonymisées et aucune autre mesure n'a été prise pour en garantir la sécurité ou assurer une séparation fonctionnelle. Il n'a

pas non plus été obtenu de consentement valide au regard de l'article 7, point a, et de l'article 8, paragraphe 2, point a, et rien n'indique qu'on ait expliqué aux enfants ou à leurs parents à quoi allaient servir leurs données à caractère personnel ou avec qui elles seraient partagées.

Obligation légale étrangère

Exemple 21 : respect des exigences du droit fiscal en vigueur dans un pays tiers.

Des banques de l'Union collectent et transfèrent certaines données de leurs clients aux fins du respect des obligations en matière de fiscalité qui s'appliquent à leurs clients dans un pays tiers. La collecte et le transfert de ces données sont prévus dans les conditions et garanties convenues entre l'Union et le pays étranger dans le cadre d'un accord international et s'effectuent conformément aux termes de cet accord.

Si une obligation étrangère n'est pas, en soi, considérée comme une base légitimant le traitement au titre de l'article 7, point c, elle peut le devenir dès lors qu'elle est confirmée par un accord international. Dans ce dernier cas, le traitement pourrait être jugé nécessaire au respect d'une obligation légale intégrée au cadre juridique intérieur par l'accord international. Cependant, s'il n'existe pas d'accord de ce type, la collecte et le transfert devront faire l'objet d'une évaluation au regard des exigences de l'article 7, point f, et ne pourront être considérés comme admissibles que si des garanties adéquates sont mises en place, comme celles approuvées par l'autorité compétente chargée de la protection des données (V. aussi l'exemple 15, ci-dessus).

Exemple 22 : transfert de données sur des dissidents.

Une entreprise de l'Union transfère des données relatives à des résidents étrangers à la demande d'un régime autoritaire dans un pays tiers qui souhaite accéder aux données de dissidents (par exemple, les données relatives à leurs échanges de courriers électroniques, le contenu de ces courriers, l'historique de navigation ou des messages privés échangés sur les réseaux sociaux).

Dans ce cas, à la différence de l'exemple précédent, il n'existe aucun accord international qui autoriserait l'application de l'article 7, point c, comme fondement juridique. En outre, plusieurs éléments plaident contre une invocation de l'article 7, point f, pour justifier le traitement. Bien que le responsable du traitement puisse avoir un intérêt économique à se plier aux demandes d'un gouvernement étranger (à défaut de quoi il pourrait faire l'objet d'un traitement moins favorable de la part de l'administration du pays tiers par rapport à d'autres entreprises), la légitimité et la proportionnalité du transfert sont hautement contestables au regard du cadre des droits fondamentaux de l'Union. L'impact potentiellement gigantesque sur les individus concernés (par exemple, discrimination, emprisonnement, condamnation à mort) fait aussi pencher fortement la balance en faveur des intérêts et des droits des personnes concernées.

Réutilisation de données publiquement disponibles

Exemple 23 : classement de personnalités politiques.

Une ONG qui se consacre à la transparence se sert de données publiquement disponibles concernant des élus (promesses faites à l'époque de leur élection et participation effective aux scrutins de l'assemblée où ils siègent) pour les classer selon le respect de leurs engagements.

Même si l'incidence sur les personnalités politiques concernées peut être considérable, le fait que le traitement se fonde sur des informations publiques et se rapporte à leurs responsabilités publiques, ajouté à une finalité évidente de renforcement de la transparence et de la responsabilité, fait pencher la balance en faveur de l'intérêt du responsable du traitement *[Comme dans les exemples 1 et 2, nous avons supposé que la publication est exacte et proportionnée. L'absence de garanties et d'autres facteurs peuvent modifier l'équilibre des intérêts selon les circonstances.]*.

Enfants et autres personnes vulnérables

Exemple 24 : site internet d'information à l'intention des adolescents.

Le site internet d'une ONG qui dispense des conseils aux adolescents sur des questions comme la drogue, la grossesse non désirée et la consommation d'alcool collecte des données via son propre serveur à propos des visiteurs du site. Ces données sont immédiatement anonymisées et transformées en statistiques générales sur les sections les plus populaires du site auprès des visiteurs selon les différentes régions géographiques du pays.

L'article 7, point f, pourrait servir de fondement juridique, même si des données concernant des individus vulnérables sont concernées, dès lors que le traitement est effectué dans l'intérêt public et que des garanties strictes ont été mises en place (les données sont immédiatement rendues anonymes et utilisées seulement pour la production de statistiques), ce qui contribue à faire pencher la balance en faveur du responsable du traitement.

Solutions de prise en compte du respect de la vie privée dès la conception utilisées comme garantie supplémentaire

Exemple 25 : accès aux numéros de téléphone mobile des utilisateurs et non-utilisateurs d'une application : « comparer et oublier ».

Les données à caractère personnel d'individus sont traitées pour vérifier s'ils ont déjà indubitablement donné leur consentement dans le passé (système « comparer et oublier » mis en place à titre de garantie).

Le développeur d'une application est tenu d'obtenir le consentement indubitable des personnes concernées pour traiter leurs données à caractère personnel : c'est le cas, par exemple, s'il souhaite accéder à tout le carnet d'adresses électroniques des utilisateurs de l'application, y compris les numéros de téléphone mobiles *[mobile]* **de contacts qui n'utilisent pas l'application. Pour ce faire, il peut d'abord vérifier si les détenteurs des numéros de téléphone mobile figurant dans le carnet d'adresses des utilisateurs de l'application ont déjà indubitablement donné leur consentement [conformément à l'article 7, point a] pour le traitement de leurs données.**

Pour ce traitement initial limité (à savoir, un accès en lecture à court terme à tout le carnet d'adresses de l'utilisateur d'une application), le développeur peut invoquer l'article 7, point f, comme fondement juridique, sous réserve de garanties appropriées. Ces garanties devraient inclure des mesures techniques et organisationnelles pour faire en sorte que cet accès serve uniquement à aider l'utilisateur à identifier quels sont, parmi ses contacts, ceux qui sont déjà des utilisateurs et qui ont donc déjà indubitablement donné leur consentement pour que la société collecte et traite leurs numéros de téléphone à cet effet. Les numéros de téléphone mobile des non-utilisateurs ne peuvent être utilisés et collectés que dans le but strictement limité de vérifier s'ils ont déjà indubitablement donné leur consentement et devraient être effacés immédiatement après.

Combinaison d'informations personnelles recueillies par des services internet

Exemple 26 : combinaison d'informations personnelles recueillies par différents services internet.

La politique de confidentialité d'une société proposant divers services sur internet, dont un moteur de recherche, le partage de vidéos et un réseau social, contient une clause qui l'autorise à « combiner toutes les informations personnelles » collectées à propos de chacun de ses utilisateurs pour les différents services qu'ils utilisent, sans déterminer aucune période de conservation des données. Selon cette société, le but est de « garantir la meilleure qualité de service possible ».

La société met certains outils à la disposition de différentes catégories d'utilisateurs pour leur permettre d'exercer leurs droits (par exemple, désactiver les publicités ciblées, s'opposer à l'ajout d'un type de cookie spécifique).

Cependant, les outils disponibles ne permettent pas aux utilisateurs d'exercer un contrôle effectif sur le traitement de leurs données : les utilisateurs ne peuvent pas contrôler les combinaisons spécifiques de leurs données collectées par différents services et ils ne peuvent pas s'opposer à la combinaison des données les concernant. Dans l'ensemble, il existe un déséquilibre entre l'intérêt légitime de la société et la protection des droits fondamentaux des utilisateurs, de telle sorte que l'article 7, point f, ne devrait pas pouvoir servir de fondement juridique justifiant le traitement. L'article 7, point a, constituerait un fondement plus approprié, pour autant que les conditions d'un consentement valide soient remplies.

Avis du G29 n° 05/2014 du 10 avril 2014,

Sur les techniques d'anonymisation ***(WP 216)****.*

V. NDLR en tête de v°.

Résumé

Dans le présent avis, le groupe de travail "Article 29" analyse l'efficacité et les limites des techniques d'anonymisation existantes dans le contexte juridique de la protection des données dans l'Union et formule des recommandations pour l'utilisation de ces techniques en tenant compte du risque résiduel d'identification inhérent à chacune d'elles.

Le groupe de travail "Article 29" convient de l'intérêt potentiel de l'anonymisation, notamment comme stratégie permettant aux citoyens et à la société en général de bénéficier des avantages des « données ouvertes », tout en atténuant les risques pour les personnes concernées. Cependant, les études de cas et les recherches publiées ont montré combien il est difficile de créer un ensemble de données vraiment anonymes en conservant suffisamment d'informations sous-jacentes pour les besoins de la tâche concernée.

Au regard de la directive 95/46/CE et d'autres instruments juridiques pertinents de l'Union, l'anonymisation est le résultat du traitement des données personnelles afin d'empêcher, de façon irréversible, toute identification. Ce faisant, les responsables du traitement des données doivent tenir compte de plusieurs éléments, en prenant en considération l'ensemble des moyens « susceptibles d'être raisonnablement mis en œuvre » à des fins d'identification (soit par le responsable du traitement, soit par un tiers).

L'anonymisation constitue un traitement ultérieur des données à caractère personnel ; à ce titre, elle doit satisfaire à l'exigence de compatibilité au regard des motifs juridiques et des circonstances du traitement ultérieur. De plus, si les données anonymisées sortent du champ d'application de la législation sur la protection des données, les personnes concernées peuvent néanmoins avoir droit à une protection au titre d'autres dispositions (comme celles qui protègent la confidentialité des communications).

Les principales techniques d'anonymisation, à savoir la randomisation et la généralisation, sont décrites dans le présent avis. Il y est notamment question d'ajout de bruit, de permutation, de confidentialité différentielle, d'agrégation, de *k*-anonymat, de *l*-diversité et de *t*-proximité. Les principes, les points forts et les points faibles de ces techniques sont expliqués, de même que les erreurs courantes et les échecs qui se rapportent à l'utilisation de chaque technique.

L'avis examine la fiabilité de chaque technique sur la base de trois critères :

i) est-il toujours possible d'isoler un individu ?

ii) est-il toujours possible de relier entre eux les enregistrements relatifs à un individu ? et

iii) peut-on déduire des informations concernant un individu ?

La connaissance des principales forces et faiblesses de chaque technique peut être utile pour décider comment concevoir un processus d'anonymisation adéquat dans un contexte donné.

Il est aussi question de la pseudonymisation, afin d'éviter certains écueils et idées fausses : la pseudonymisation n'est pas une méthode d'anonymisation. Elle réduit simplement la corrélation d'un ensemble de données avec l'identité originale d'une personne concernée et constitue par conséquent une mesure de sécurité utile.

La conclusion du présent avis est que les techniques d'anonymisation peuvent apporter des garanties en matière de respect de la vie privée et peuvent servir à créer des procédés d'anonymisation efficaces, mais uniquement si leur application est correctement conçue – ce qui suppose que les conditions préalables (le contexte) et les objectifs du processus d'anonymisation soient clairement définis de façon à parvenir à l'anonymisation visée, tout en produisant des données utiles. Le choix de la solution optimale devrait s'opérer au cas par cas, en utilisant éventuellement une combinaison de techniques différentes, sans perdre de vue les recommandations pratiques formulées dans cet avis.

Enfin, les responsables du traitement des données devraient être conscients qu'un ensemble de données anonymisées peut encore présenter des risques résiduels pour les personnes concernées. En effet, d'une part, l'anonymisation et la ré-identification sont des domaines de recherche très actifs où de nouvelles découvertes sont régulièrement publiées et, d'autre part, même des données anonymisées, comme les statistiques, peuvent servir à étoffer des profils existants, créant ainsi de nouveaux problèmes en termes de protection des données. C'est pourquoi l'anonymisation ne doit pas être considérée comme un exercice ponctuel : il appartient aux responsables du traitement des données de réévaluer régulièrement les risques associés.

1. Introduction

Alors que les appareils, les capteurs et les réseaux engendrent des volumes considérables et de nouveaux types de données et que le coût de leur stockage devient négligeable, les perspectives de réutilisation de ces données suscitent dans le public un intérêt et une demande qui ne cessent de croître. Les "données ouvertes" peuvent apporter des avantages évidents à la société, aux citoyens et aux organisations, à condition cependant que soit respecté le droit de chacun à la protection de ses données à caractère personnel et de sa vie privée.

L'anonymisation peut constituer une bonne stratégie afin de préserver ces avantages tout en atténuant les risques. Dès lors qu'un ensemble de données est vraiment anonymisé et que les individus ne sont plus identifiables, la législation européenne sur la protection des données ne s'applique plus. Toutefois, les études de cas et les travaux de recherche publiés font clairement ressortir toute la difficulté de créer un ensemble de données vraiment anonymes à partir d'une profusion de données à caractère personnel, en conservant suffisamment d'informations sous-jacentes pour les besoins de la tâche concernée. Par exemple, un ensemble de données considérées comme anonymes peut être combiné avec un autre ensemble de données de telle façon qu'un ou plusieurs individus deviennent identifiables.

Dans le présent avis, le groupe de travail "Article 29" analyse l'efficacité et les limites des techniques d'anonymisation existantes dans le contexte juridique de la protection des données dans l'Union et formule des recommandations pour une utilisation prudente et responsable de ces techniques afin de mettre en place un processus d'anonymisation.

2. Définitions et analyse juridique

2.1. *Définitions dans le contexte législatif de l'Union*

La directive 95/46/CE mentionne l'anonymisation au considérant 26 pour exclure les données anonymisées du champ d'application de la législation sur la protection des données :

« considérant que les principes de la protection doivent s'appliquer à toute information concernant une personne identifiée ou identifiable ; que, pour déterminer si une personne est identifiable, il convient de considérer l'ensemble des moyens susceptibles d'être raisonnablement mis en œuvre, soit par le responsable du traitement, soit par une autre personne, pour identifier ladite personne ; que les principes de la protection ne s'appliquent pas aux données rendues anonymes d'une manière telle que la personne concernée n'est plus identifiable ; que les codes de conduite au sens de l'article 27 peuvent être un instrument utile pour fournir des indications sur les moyens par lesquels les données peuvent être rendues anonymes et conservées sous une forme ne permettant plus l'identification de la personne concernée » *[Il est à noter, de surcroît, que c'est aussi l'approche suivie dans le projet de règlement de l'Union sur la protection des données, au considérant 23 : « Pour déterminer si une personne est identifiable, il convient de considérer l'ensemble des moyens susceptibles d'être raisonnablement mis en œuvre, soit par le responsable du traitement, soit par une autre personne, pour identifier ladite personne. »]*.

Une lecture attentive du considérant 26 permet d'en tirer une définition conceptuelle de l'anonymisation. Le considérant 26 signifie que, pour rendre des données anonymes, il faut en retirer suffisamment d'éléments pour que la personne concernée ne puisse plus être identifiée. Plus précisément, les données doivent être traitées de façon à ne plus pouvoir être utilisées pour identifier une personne physique en recourant à « l'ensemble des moyens susceptibles d'être raisonnablement mis en œuvre », soit par le responsable du traitement, soit par un tiers. Un facteur important est que le traitement doit être irréversible. La directive ne précise pas comment un tel processus d'anonymisation devrait ou pourrait être exécuté *[Cette notion est approfondie ci-dessous dans le présent avis.]*. L'accent est mis sur le résultat : il faut faire en sorte que les données ne permettent pas d'identifier la personne concernée par "l'ensemble" des moyens "susceptibles" d'être "raisonnablement" employés. Il est fait référence aux codes de conduite en tant qu'instrument*[s]* utile*[s]* pour envisager des mécanismes possibles d'anonymisation et de conservation des données sous une forme "ne permettant plus" l'identification de la personne concernée. La directive place donc manifestement la barre très haut.

La directive "vie privée et communications électroniques" (directive 2002/58/CE) évoque aussi l'anonymisation et les données anonymes dans une optique très similaire. Le considérant 26 indique :

"Il convient également d'effacer ou de rendre anonymes les données relatives au trafic utilisées pour la commercialisation de services de communications ou pour la fourniture de services à valeur ajoutée, lorsque les services en question ont été fournis."

En conséquence de quoi, l'article 6, paragraphe 1, dispose :

"Les données relatives au trafic concernant les abonnés et les utilisateurs traitées et stockées par le fournisseur d'un réseau public de communications ou d'un service de communications électroniques accessibles au public doivent être effacées ou rendues anonymes lorsqu'elles ne sont plus nécessaires à la transmission d'une communication sans préjudice des paragraphes 2, 3 et 5, du présent article ainsi que de l'article 15, paragraphe 1."

De plus, conformément à l'article 9, paragraphe 1 :

"Lorsque des données de localisation, autres que des données relatives au trafic, concernant des utilisateurs ou** [des] **abonnés de réseaux publics de communications ou de services de communications électroniques accessibles au public ou des abonnés à ces réseaux ou services, peuvent être traitées, elles ne le seront qu'après avoir été rendues anonymes ou moyennant le consentement des utilisateurs ou des abonnés, dans la mesure et pour la durée nécessaires à la fourniture d'un service à valeur ajoutée."

Le raisonnement qui sous-tend ces dispositions est que le résultat de l'anonymisation, en tant que technique appliquée aux données à caractère personnel, devrait être, dans l'état actuel de la technologie, aussi permanent qu'un effacement, c'est-à-dire qu'il devrait rendre impossible tout traitement de données à caractère personnel *[Il convient de rappeler ici que l'anonymisation est aussi définie dans des normes internationales - notamment la norme ISO 29100 - comme étant le « processus par lequel des informations personnellement identifiables (IPI) sont irréversiblement altérées de telle façon que le sujet des IPI ne puisse plus être identifié directement ou indirectement, que ce soit par le responsable du traitement des IPI seul ou en collaboration avec une quelconque autre partie » (ISO 29100:2011). L'irréversibilité de l'altération subie par les données personnelles pour ne plus permettre l'identification directe ou indirecte est donc aussi un élément déterminant pour l'ISO. De ce point de vue, la norme présente une convergence considérable avec les principes et les notions qui sous-tendent la directive 95/46/CE. Cela s'applique aussi aux définitions que l'on peut trouver dans certaines législations nationales (par exemple, en Italie, en Allemagne et en Slovénie), qui insistent sur le caractère non identifiable et qui font référence à l'"effort disproportionné" qu'exigerait une ré-identification (D, SI). La loi française relative à la protection des données prévoit néanmoins que les données conservent un caractère personnel même si la ré-identification de la personne concernée est rendue très difficile et improbable - c'est-à-dire qu'il n'y a pas de disposition renvoyant au critère du "caractère raisonnable".]*.

2.2. *Analyse juridique*

L'analyse du libellé des dispositions relatives à l'anonymisation dans les principaux instruments de protection des données de l'Union permet de retenir quatre aspects essentiels :

— L'anonymisation peut être le résultat du traitement de données à caractère personnel dans le but d'empêcher irréversiblement l'identification de la personne concernée.

— Plusieurs techniques d'anonymisation peuvent être envisagées ; il n'y a pas de normes prescriptives dans la législation de l'Union.

– Les éléments contextuels ont leur importance : il faut prendre en considération "l'ensemble" des moyens "susceptibles" d'être "raisonnablement" utilisés à des fins d'identification par le responsable du traitement ou par des tiers, en prêtant une attention particulière aux moyens que l'état actuel de la technologie a rendu récemment "susceptibles" d'être "raisonnablement" mis en œuvre (compte tenu de l'évolution de la puissance de calcul et des outils disponibles).

– Pour apprécier la validité d'une technique d'anonymisation, il faut tenir compte du facteur de risque qui lui est inhérent – et notamment des utilisations possibles des données "anonymisées" au moyen de cette technique –*[,]* et évaluer la gravité et la probabilité de ce risque.

L'expression "technique d'anonymisation" est employée dans le présent avis, plutôt que les termes "anonymat" ou "données anonymes", afin d'insister sur le risque résiduel de ré-identification inhérent à toute mesure technique ou organisationnelle visant à rendre des données "anonymes".

2.2.1. *Licéité du processus d'anonymisation*

Premièrement, l'anonymisation est une technique appliquée aux données à caractère personnel afin d'empêcher irréversiblement leur identification. L'hypothèse de départ est donc que les données à caractère personnel doivent avoir été collectées et traitées dans le respect de la législation applicable en matière de conservation des données sous une forme identifiable.

Dans ce contexte, le processus d'anonymisation, désignant le traitement de telles données à caractère personnel en vue de les rendre anonymes, constitue un "traitement ultérieur". A ce titre, ce traitement doit satisfaire au critère de compatibilité conformément aux lignes directrices proposées par le groupe de travail "Article 29" dans son avis 03/2013 sur la limitation des finalités *[Avis 03/2013 du groupe de travail "Article 29".]*

Il s'ensuit que la base juridique de l'anonymisation peut, en principe, résider dans l'un des motifs mentionnés à l'article 7 (notamment l'intérêt légitime poursuivi par le responsable du traitement des données) pour autant que les exigences de qualité des données visées à l'article 6 de la directive soient également satisfaites, en tenant dûment compte des circonstances spécifiques et de tous les facteurs mentionnés dans l'avis du groupe de travail "Article 29" sur la limitation des finalités *[Cela signifie notamment qu'il faut procéder à une appréciation matérielle à la lumière de toutes les circonstances pertinentes, en prêtant une attention particulière aux facteurs-clés suivants : a) la relation entre les finalités pour lesquelles les données à caractère personnel ont été collectées et les finalités du traitement ultérieur ; b) le contexte dans lequel les données à caractère personnel ont été collectées et les attentes raisonnables des personnes concernées à propos de leur utilisation ultérieure ; c) la nature des données à caractère personnel et l'impact du traitement ultérieur sur les personnes concernées ; d) les garanties appliquées par le responsable du traitement pour assurer un traitement équitable et éviter tout impact excessif sur les personnes concernées.]*.

D'un autre côté, il faut mentionner les dispositions énoncées à l'article 6, paragraphe 1, point e, de la directive 95/46/CE (mais aussi à l'article 6, paragraphe 1, et à l'article 9, paragraphe 1, de la directive "vie privée et communications électroniques"), qui soulignent la nécessité de conserver des données à caractère personnel "sous une forme permettant l'identification" pendant une durée n'excédant pas celle nécessaire à la réalisation des finalités pour lesquelles elles sont collectées ou pour lesquelles elles sont traitées ultérieurement.

En soi, cette exigence insiste sur le fait que les données à caractère personnel devraient, à tout le moins, être anonymisées "par défaut" (sous réserve de dispositions juridiques différentes, comme celles mentionnées dans la directive "vie privée et communications électroniques" à propos des données relatives au trafic). Si le responsable du traitement des données souhaite conserver ces données à caractère personnel après que les finalités du traitement original ou ultérieur ont été réalisées, des techniques d'anonymisation devraient être appliquées de façon à empêcher irréversiblement l'identification.

Par conséquent, le groupe de travail "Article 29" considère que l'anonymisation, en tant que traitement ultérieur de données à caractère personnel, peut être jugée compatible avec les finalités originales du traitement, à condition que le processus d'anonymisation soit de nature à produire des informations anonymisées au sens décrit dans le présent document.

Il faut ajouter que l'anonymisation doit demeurer conforme aux contraintes juridiques rappelées par la Cour de justice dans son arrêt C-553/07 (*College van burgemeester en wethouders van Rotterdam/M.E.E. Rijkeboer*), concernant la nécessité de conserver les données sous une forme identifiable pour permettre, par exemple, l'exercice des droits d'accès des personnes concernées. La Cour a jugé que « *[l]'article 12, sous a, de la directive [95/46/CE] impose aux États membres de prévoir un droit d'accès à l'information sur les destinataires ou les catégories de destinataires des données ainsi qu'au contenu de l'information communiquée non seulement pour le présent, mais aussi pour le passé. Il appartient aux États membres de fixer un délai de conservation de cette information ainsi qu'un accès corrélatif à celle-ci qui constituent un juste équilibre entre, d'une part, l'intérêt de la personne concernée à protéger sa vie privée, notamment au moyen des voies d'intervention et de recours prévus par la directive et, d'autre part, la charge que l'obligation de conserver cette information représente pour le responsable du traitement.* ».

Cela vaut en particulier dans le cas où un responsable du traitement des données s'appuie sur l'article 7, point f, de la directive 95/46/CE, en ce qui concerne l'anonymisation : l'intérêt légitime poursuivi par le responsable du traitement des données doit toujours être mis en balance avec les droits et les libertés fondamentales des personnes concernées.

Par exemple, une enquête des autorités néerlandaises chargées de la protection des données DPA en 2012-2013 sur le recours à des technologies d'inspection approfondie des paquets par quatre opérateurs de téléphonie mobile a mis en évidence un fondement juridique, au titre de l'article 7, point f de la directive 95/46/CE, justifiant l'anonymisation des contenus des données relatives au trafic dès que possible après la collecte de ces données. En effet, l'article 6 de la directive "vie privée et communications électroniques" stipule que les données relatives au trafic concernant les abonnés et les utilisateurs traitées et stockées par le fournisseur d'un réseau public de communications ou d'un service de communications électroniques accessibles au public doivent être effacées ou rendues anonymes aussi rapidement que possible. Dans ce cas, dès lors que l'article 6 de la directive "vie privée et communications électroniques" le permet, il existe un fondement juridique correspondant dans l'article 7 de la directive sur la protection des données. L'inverse est vrai également : si un type de traitement de données n'est pas autorisé au titre de l'article 6 de la directive "vie privée et communications électroniques", l'article 7 de la directive sur la protection des données ne peut constituer un fondement juridique.

2.2.2. *Caractère potentiellement identifiable des données anonymisées*

Le groupe de travail "Article 29" a examiné en détail le concept de données à caractère personnel dans son avis 4/2007 sur les données à caractère personnel, en concentrant son attention sur les éléments constitutifs de la définition figurant à l'article 2, point a, de la directive 95/46/CE, et notamment la mention "identifiée ou identifiable" qui fait partie de cette définition. Dans ce contexte, le groupe de travail "Article 29" a aussi conclu que les « "données anonymisées" sont donc des données anonymes qui concernaient auparavant une personne identifiable, mais ne permettent plus cette identification ».

De ce fait, le groupe de travail "Article 29" a déjà fait ressortir que le critère des "moyens susceptibles d'être raisonnablement mis en œuvre" évoqué par la directive doit être appliqué pour apprécier si le procédé d'anonymisation est suffisamment fiable, c'est-à-dire si l'identification est devenue "raisonnablement" impossible. Le contexte et les circonstances propres à chaque cas spécifique ont un impact direct sur le caractère identifiable. Dans l'annexe technique jointe au présent avis, les conséquences du choix de la technique la plus appropriée sont analysées.

Ainsi qu'il a déjà été signalé, les recherches, les outils et la puissance de calcul évoluent. Il n'est par conséquent ni réaliste ni utile de dresser une liste exhaustive des circonstances dans lesquelles l'identification n'est plus possible. Cependant, certains facteurs-clés méritent d'être pris en considération et illustrés.

Premièrement, il peut être avancé que les responsables du traitement des données devraient concentrer leur attention sur les moyens concrets qui seraient nécessaires pour inverser la technique d'anonymisation, notamment en termes de coût et de savoir-faire requis pour mettre en œuvre ces moyens, et sur l'appréciation de leur probabilité et de leur gravité. Par exemple, les responsables du traitement des données devraient mettre en balance leurs efforts d'anonymisation et les coûts résultants (en termes de temps et de ressources) avec la disponibilité croissante, à peu de frais, des moyens techniques permettant d'identifier des individus dans des ensembles de données, l'accessibilité publique croissante d'autres ensembles de données (comme ceux mis à disposition dans le cadre de politique de "données ouvertes"), et les nombreux exemples d'anonymisation incomplète entraînant par la suite des effets négatifs, parfois irréparables, pour les personnes concernées *[Il est intéressant de relever que les amendements du Parlement européen au projet de Règlement général sur la protection des données récemment proposé (21 oct. 2013) mentionnent spécifiquement au considérant 23 : « Pour établir si des moyens sont raisonnablement susceptibles d'être mis en œuvre afin d'identifier une personne physique, il convient de considérer l'ensemble des facteurs objectifs, tels que le coût de l'identification et le temps nécessaire à celle-ci, en tenant compte à la fois des technologies disponibles au moment du traitement et de l'évolution de celles-ci. »]*. Il est à noter que le risque d'identification peut augmenter avec le temps et dépend aussi des progrès des technologies de l'information et des communications. Les règles juridiques doivent donc, le cas échéant, être formulées d'une manière technologiquement neutre et tenir compte, dans l'idéal, des capacités d'évolution des technologies de l'information *[V. l'avis 4/2007 du groupe de travail "Article 29", p. 16.]*.

Deuxièmement, "les moyens" qu'il convient de considérer "pour déterminer si une personne est identifiable" sont ceux "susceptibles d'être raisonnablement mis en œuvre, soit par le responsable du traitement, soit par une autre personne". Il est donc crucial de comprendre que, dans le cas où un responsable du traitement des données n'efface pas les données originales (identifiables) au niveau des événements individuels et transmet une partie de cet ensemble de données (par exemple après avoir supprimé ou masqué les données identifiables), l'ensemble de données résultant constitue encore des données à caractère personnel. Ce n'est que si les données sont agrégées par le responsable de leur traitement à un niveau où les événements individuels ne sont plus identifiables que l'ensemble de données résultant peut être qualifié d'anonyme. Par exemple : si une organisation collecte des données sur des déplacements individuels, les habitudes de voyage au niveau des événements individuels pourraient encore être considérées comme des données à caractère personnel pour toute partie intéressée, tant que le responsable du traitement des données (ou un tiers) continue à avoir accès aux données brutes originales, même si les identifiants directs ont été supprimés de l'ensemble de données transmis à des tiers. Mais si le responsable du traitement des données efface les données brutes et ne transmet à des tiers que des statistiques agrégées à un niveau supérieur, par exemple "le lundi, sur le trajet X, le nombre de passagers est supérieur de 160 % à celui du mardi", ces données pourraient être qualifiées d'anonymes.

Une solution d'anonymisation efficace doit empêcher toutes les parties d'isoler un individu dans un ensemble de données, de relier entre eux deux enregistrements dans un ensemble de données (ou dans deux ensembles de données séparés) et de déduire des informations de cet ensemble de données. D'une manière générale, il ne suffit donc pas de supprimer directement des éléments qui sont, en eux-mêmes, identifiants pour garantir que toute identification de la personne n'est plus possible. Il sera souvent nécessaire de prendre des mesures supplémentaires pour empêcher l'identification, toujours en fonction du contexte et des finalités du traitement auquel sont destinées les données anonymisées.

EXEMPLE :

Les profils génétiques constituent un exemple de données à caractère personnel qui, en raison du caractère unique de certains profils, peuvent présenter un risque d'identification si la seule technique utilisée est la suppression de l'identité du donneur. Il a déjà été démontré dans la littérature *[V. John Bohannon, "Genealogy Databases Enable Naming of Anonymous DNA Donors", Science, vol. 339, n° 6117 (18 janv. 2013), p. 262]* **que la combinaison de ressources génétiques publiquement disponibles (par exemple, des registres généalogiques, des notices nécrologiques, les résultats obtenus en interrogeant les moteurs de recherche) et des métadonnées concernant les données d'ADN (date du prélèvement, âge, lieu de résidence) peut révéler l'identité de certains individus même si cet ADN a été donné "anonymement".**

Les deux grandes familles de techniques d'anonymisation – la randomisation et la généralisation des données *[Les principales caractéristiques de ces deux techniques d'anonymisation et leurs différences sont décrites à la sect. 3 ci-après ("Analyse technique").]* – ont leurs lacunes ; cependant, chacune d'elles peut être appropriée, selon les circonstances et le contexte, pour atteindre la finalité souhaitée sans compromettre le droit des personnes concernées au respect de leur vie privée. Il faut insister sur le fait que l'"identification" ne désigne pas simplement la possibilité de retrouver le nom et/ou l'adresse d'une personne, mais inclut aussi la possibilité de l'identifier par un procédé d'individualisation, de corrélation ou d'inférence. De surcroît, pour que la législation sur la protection des données s'applique, peu importe que les intentions soient celles du responsable du traitement des données ou de celui à qui elles sont destinées. Du moment que les données sont identifiables, les règles en matière de protection des données s'appliquent.

Quand des tiers traitent un ensemble de données auquel une technique d'anonymisation a été appliquée (données anonymisées et communiquées par le responsable de leur traitement à l'origine), ils ne sont pas tenus d'observer les exigences de protection des données pour autant qu'ils ne puissent pas identifier (directement ou indirectement) les personnes concernées dans l'ensemble de données original. Cependant, les tiers doivent prendre en compte les facteurs contextuels et circonstanciels mentionnés précédemment (y compris les spécificités des techniques d'anonymisation appliquées par le responsable du traitement des données à l'origine) pour décider comment ils comptent exploiter et, en particulier, combiner ces données anonymisées pour leur propre usage – car les conséquences résultantes peuvent entraîner différents types de responsabilité de leur part. Dans le cas où ces facteurs et ces caractéristiques sont de nature à comporter un risque inacceptable d'identification des personnes concernées, le traitement entre de nouveau dans le champ d'application de la législation en matière de protection des données.

La liste présentée plus haut ne se veut en aucune façon exhaustive, mais vise plutôt à donner une orientation générale pour l'appréciation du caractère potentiellement identifiable d'un ensemble de données selon les différentes techniques d'anonymisation disponibles qui lui sont appliquées. Tous les aspect mentionnés ci-dessus peuvent être considérés comme autant de facteurs de risque que doivent peser aussi bien les responsables du traitement qui anonymisent les ensembles de données que les tiers qui exploitent ces ensembles de données "anonymisés" pour leur propre usage.

2.2.3. *Risques de l'utilisation de données anonymisées*

Quand ils envisagent de recourir à des techniques d'anonymisation, les responsables du traitement des données doivent tenir compte des risques suivants.

– Un piège à éviter en particulier est de considérer les données pseudonymisées comme équivalentes à des données anonymisées. La section consacrée à l'analyse technique expliquera que les données pseudonymisées ne peuvent être assimilées à des informations anonymisées puisqu'elles continuent à permettre l'individualisation d'une personne concernée et la corrélation entre différents ensembles de données. Le pseudonymat n'est pas de nature à *[de]* empêcher qu'une personne concernée soit identifiable*[,]* et reste donc dans le champ d'application du régime juridique de la protection des données. Cela vaut en particulier dans le contexte des recherches scientifiques, statistiques ou historiques *[V. aussi l'avis 4/2007 du groupe de travail "Article 29", p. 19 à 21.]*.

EXEMPLE :

L'affaire *AOL (America On Line)* illustre de manière typique les idées fausses qui entourent la pseudonymisation. En 2006, une base de données contenant vingt millions de mots-clés figurant dans les recherches effectuées par plus de 650 000 utilisateurs au cours d'une période de trois mois a été diffusée publiquement, sans autre mesure destinée à préserver la vie privée que le remplacement de l'identifiant d'utilisateur AOL par un attribut numérique. A la suite de quoi, l'identité et la localisation de certains utilisateurs ont été rendues publiques. Les requêtes transmises à un moteur de recherches *[recherche]*, **surtout si elles peuvent être couplées avec d'autres attributs, comme les adresses IP ou d'autres paramètres de configuration, ont un potentiel d'identification très élevé.**

– Une deuxième erreur serait de considérer que les individus n'ont plus aucune garantie dès lors que les données ont été correctement anonymisées (ayant satisfait à l'ensemble des conditions et critères mentionnés ci-dessus et sortant, par définition, du champ d'application de la directive sur la protection des données) – d'abord et avant tout parce que d'autres actes législatifs peuvent s'appliquer à l'utilisation de ces données. Par exemple, l'article 5, paragraphe 3, de la directive "vie privée et communications électroniques" interdit le stockage d'"informations" le quelque type que ce soit (y compris les informations non personnelles) et l'accès à ces informations sur l'équipement terminal d'un abonné ou d'un utilisateur sans son accord, dans le cadre du principe plus large de la confidentialité des communications.

– Une troisième négligence résulterait aussi de ne pas envisager l'impact que des données correctement anonymisées peuvent avoir sur les individus dans certaines circonstances, en particulier dans le cas du profilage. La vie privée des personnes est protégée par l'article 8 de la CEDH et par l'article 7 de la Charte des droits fondamentaux de l'Union européenne ; de ce fait, même si la législation sur la protection des données ne s'applique plus à ce type de données, l'usage qui est fait des ensembles de données anonymisées et mises à la disposition de tiers peut entraîner une atteinte à la vie privé*[e]*. Une prudence particulière s'impose dans la manipulation d'informations anonymisées, surtout lorsque ces informations servent (souvent en combinaison avec d'aunes données) à prendre des décisions qui produisent des effets (même indirectement) sur les individus. Ainsi qu'il a déjà été signalé dans le présent avis et comme l'a clairement précisé le groupe de travail "Article 29" notamment dans son avis sur la notion de limitation des finalités" (avis 03/2013) *[WP 203 du 2 avr. 2013]*, les attentes légitimes des personnes concernées quant au traitement ultérieur de leurs données doivent être appréciées à la lumière des facteurs contextuels pertinents – comme la nature de la relation entre les personnes concernées et les responsables du traitement des données, les obligations juridiques applicables, la transparence des opérations de traitement.

3. Analyse technique, fiabilité des technologies et erreurs typiques

Il existe différentes pratiques et techniques d'anonymisation, avec des degrés de fiabilité variables. Cette section portera sur les principaux points que les responsables du traitement des données doivent prendre en considération quand ils choisissent d'appliquer une technique donnée, au regard notamment des garanties offertes par cette technique, en tenant compte de l'état actuel de la technologie et en envisageant trois risques essentiels en matière d'anonymisation :

– l'individualisation, qui correspond à la possibilité d'isoler une partie ou la totalité des enregistrements identifiant un individu dans l'ensemble de données ;

– la corrélation, qui consiste dans la capacité de relier entre elles *[eux]*, au moins, deux enregistrements se rapportant à la même personne concernée ou à un groupe de personnes concernées (soit dans la même base de données, soit dans deux bases de données différentes). Si une attaque permet d'établir (par exemple, au moyen d'une analyse de corrélation) que deux enregistrements correspondent à un même groupe d'individus, mais ne permet pas d'isoler des individus au sein de ce groupe, la technique résiste à l'"individualisation", mais non à la corrélation ;

— l'inférence, qui est la possibilité de déduire, avec un degré de probabilité élevé, la valeur d'un attribut à partir des valeurs d'un ensemble d'autres attributs.

Une solution résistant à ces trois risques offrirait par conséquent une protection fiable contre les tentatives de ré-identification utilisant les moyens les plus susceptibles d'être raisonnablement mis en œuvre par le responsable du traitement des données ou par des tiers. Le groupe de travail "Article 29" souligne, à cet égard, que les recherches en matière de techniques d'anonymisation se poursuivent et font apparaître invariablement qu'aucune technique n'est, en soi, infaillible. En termes généraux, on distingue deux grandes approches de l'anonymisation : la première repose sur la **randomisation** tandis que la seconde se fonde sur la **généralisation.** D'autres notions sont aussi abordées dans le présent avis, comme la pseudonymisation, la confidentialité différentielle, la *l*-diversité et la *t*-proximité.

Le vocabulaire suivant est employé dans cette section : un ensemble de données se compose des différents enregistrements relatifs à des individus (les personnes concernées). Chaque enregistrement se rapporte à une personne concernée et comporte une série de valeurs (ou "entrées", par exemple : 2013) pour chaque attribut (par exemple, l'année). Un ensemble de données est donc un groupe d'enregistrements qui peuvent être présentés tantôt sous la forme d'un tableau (ou de plusieurs tableaux), tantôt sous la forme d'un graphique annoté/pondéré, ce qui est de plus en plus souvent le cas aujourd'hui. Les exemples donnés dans le présent avis porteront sur des tableaux, mais ils s'appliquent aussi à d'autres représentations graphiques des enregistrements. Les combinaisons d'attributs qui se rapportent à une personne concernée ou à un groupe de personnes concernées peuvent être désignées par le terme de "quasi-identifiants". Dans certains cas, un ensemble de données peut comporter des enregistrements multiples pour un même individu. Un "attaquant" est un tiers (c'est-à-dire ni le responsable du traitement des données ni un sous-traitant) qui accède aux enregistrements originaux par accident ou de manière intentionnelle.

3.1. *Randomisation*

La randomisation est une famille de techniques qui altèrent la véracité des données afin d'affaiblir le lien entre les données et l'individu. Si les données sont suffisamment incertaines, elles ne peuvent plus être rattachées à un individu en particulier. En elle-même, la randomisation ne réduira pas la singularité de chaque enregistrement, qui sera toujours dérivé d'une seule personne concernée, mais elle peut apporter une protection contre les attaques/risques relevant de l'inférence et peut être combinée avec des techniques de généralisation pour offrir de meilleures garanties de respect de la vie privée. Des techniques supplémentaires peuvent se révéler nécessaires pour empêcher qu'un enregistrement permette d'identifier un individu.

3.1.1. *Ajout de bruit*

La technique d'ajout de bruit est particulièrement utile quand des attributs peuvent avoir un effet négatif important sur des individus et consiste à modifier des attributs dans l'ensemble de données pour les rendre moins précis, tout en conservant la distribution générale. Pour traiter un ensemble de données, un observateur supposera que les valeurs sont exactes, mais ce ne sera vrai qu'à un certain degré. Par exemple, si la taille d'un individu a été mesurée à l'origine au centimètre près, l'ensemble de données anonymisées peut présenter une précision de ± 10 cm seulement. Si cette technique est appliquée efficacement, un tiers ne sera pas en mesure d'identifier un individu ni ne pourra restaurer les données ou discerner de quelque autre façon comment les données ont été modifiées.

L'ajout de bruit devra ordinairement être combiné avec d'autres techniques d'anonymisation comme la suppression des attributs évidents et des quasi-identifiants. Le niveau de bruit devrait dépendre du niveau d'information requis et de l'impact que la divulgation des attributs protégés aurait sur le respect de la vie privée des individus.

3.1.1.1. *Garanties*

- Individualisation : Il reste possible d'isoler les enregistrements correspondant à un individu (peut-être de manière non identifiable), même si les enregistrements sont moins fiables.
- Corrélation : Il reste possible relier entre eux les enregistrements correspondant au même individu, mais ces enregistrements sont moins fiables*[,]* et il peut donc arriver qu'un enregistrement réel soit relié à un enregistrement ajouté artificiellement (c'est-à-dire à un "bruit"). Dans certains cas, une attribution erronée pourrait exposer une personne concernée à un niveau de risque considérable, voire plus élevé que celui résultant d'une attribution correcte.
- Inférence : Une attaque par inférence est peut-être possible, mais le taux de succès sera moins élevé et certains faux positifs (et faux négatifs) sont plausibles.

3.1.1.2. *Erreurs courantes*

- Ajout de bruit incohérent : Si le bruit n'est pas sémantiquement viable (c'est-à-dire s'il est disproportionné et ne respecte pas la logique entre les attributs d'un ensemble), un attaquant ayant accès à la base de données sera en mesure de le filtrer et, dans certains cas, de recréer les entrées manquantes. De plus, si l'ensemble de données est trop clairsemé *[Cette notion est examinée plus en détail dans l'annexe]*, il peut arriver qu'il reste possible de relier les entrées de données bruitées avec une source extérieure.
- Supposer que l'ajout de bruit est suffisant : l'ajout de bruit est une mesure complémentaire qui rend plus difficile la récupération des données à caractère personnel par un attaquant. A moins que le bruit ne soit plus élevé que le niveau d'information contenu dans l'ensemble de données, il ne faut pas supposer que l'ajout de bruit représente une solution d'anonymisation qui se suffit à elle-même.

3.1.1.3. *Échecs de l'ajout de bruit*

Une expérience de ré-identification très connue est celle réalisée sur la base de données des clients du fournisseur de contenu vidéo Netflix. Des chercheurs ont analysé les propriétés géométriques de cette base de données composée de plus de 100 millions d'évaluations, sur une échelle de 1 à 5, attribuées à plus de 18 000 films par près de 500 000 utilisateurs, qui avait été rendue publique par la société, après avoir été "anonymisée" conformément à la politique interne de l'entreprise en matière de confidentialité, en supprimant toutes les informations d'identification des utilisateurs hormis les évaluations et les dates. Un bruit avait été ajouté dans la mesure où les évaluations avaient été légèrement augmentées ou diminuées.

Malgré ces précautions, il est apparu que 99 % des enregistrements des utilisateurs pouvaient être identifiés de manière unique dans l'ensemble de données en prenant comme critères de sélection huit évaluations et des dates comportant une marge d'erreur de 14 jours, tandis qu'un abaissement des critères de sélection (deux évaluations, avec une marge d'erreur de trois jours dans les dates) permettait encore d'identifier 68 % des utilisateurs *[Narayanan, A., et Shmatikov, V. (mai 2008), "Robust de-anonymization of large sparse datasets", in Security and Privacy, 2008, SP 2008, IEEE Symposium on (p. 111 à 125), IEEE.]*.

3.1.2. ***Permutation***

Cette technique, qui consiste à mélanger les valeurs des attributs dans un tableau de telle sorte que certaines d'entre elles sont artificiellement liées à des personnes concernées différentes, est utile quand il est important de conserver la distribution exacte de chaque attribut dans l'ensemble de données.

La permutation peut être considérée comme une forme spéciale d'ajout de bruit. Dans une technique de bruit classique, les attributs sont modifiés au moyen de valeurs aléatoires. La production d'un bruit cohérent peut se révéler une tâche difficile et le simple fait de modifier légèrement les valeurs des attributs risque de ne pas garantir la confidentialité adéquate. Au lieu de quoi, les techniques de permutation altèrent les valeurs au sein de l'ensemble de données en les échangeant simplement d'un enregistrement à un autre. Cet échange garantira que la fourchette et la distribution des valeurs resteront les mêmes, mais non les corrélations entre les valeurs et les individus. Si deux ou plusieurs attributs sont liés par une relation logique ou une corrélation statistique et sont permutés indépendamment l'un de l'autre, ce lien sera détruit. Il peut donc être important de permuter un ensemble d'attributs de façon à ne pas briser la relation logique, faute de quoi un attaquant pourrait identifier les attributs permutés et inverser la permutation.

Par exemple, si l'on examine un sous-ensemble d'attributs dans un ensemble de données médicales, comme les "motifs d'hospitalisation/symptômes/service concerné", les valeurs seront dans la plupart des cas liées par une forte relation logique et la permutation d'une seule des valeurs serait par conséquent détectée et pourrait même être inversée.

A l'instar de l'ajout de bruit, la permutation risque de ne pas garantir en soi l'anonymisation et devrait toujours être combinée à la suppression des attributs évidents/quasi-identifiants.

3.1.2.1. *Garanties*

• Individualisation : Comme dans le cas de l'ajout de bruit, il reste possible d'isoler les enregistrements correspondant à un individu, mais ces enregistrements sont moins fiables.

• Corrélation : Si la permutation affecte des attributs et des quasi-identifiants, elle peut empêcher de relier "correctement" des attributs entre eux tant à l'intérieur qu'à l'extérieur d'un ensemble de données, mais elle autorise toujours une corrélation "incorrecte", puisqu'une entrée réelle peut se trouver associée à une personne concernée différente.

• Inférence : Des déductions peuvent encore être tirées de l'ensemble de données, en particulier si les attributs sont corrélés entre eux ou ont des relations logiques fortes ; toutefois, sans savoir quels attributs ont été permutés, l'attaquant doit envisager la possibilité que son inférence se fonde sur une hypothèse et seule une inférence probabiliste demeure possible.

3.1.2.2. *Erreurs courantes*

• Sélection du mauvais attribut : La permutation des attributs non sensibles ou ne comportant pas de risques n'apporterait pas de gain significatif en termes de protection des données à caractère personnel. En effet, si les attributs sensibles/à risque restent associés à la valeur originale, un attaquant aura toujours la possibilité d'extraire des informations sensibles à propos des individus.

• Permutation aléatoire des attributs : Si deux attributs sont fortement corrélés, le fait de permuter les attributs au hasard n'offrira pas de garanties solides. Cette erreur courante est illustrée dans le tableau 1.

• Supposer que la permutation est suffisante : A l'instar de l'ajout de bruit, la permutation ne garantit pas en elle-même l'anonymat et devrait être combinée avec d'autres techniques comme la suppression des attributs évidents.

3.1.2.3. *Échecs de la permutation*

L'exemple qui suit montre que la permutation aléatoire des attributs offre de piètres garanties de confidentialité quand il existe des liens logiques entre différents attributs. Après la tentative d'anonymisation, il est facile de déduire le revenu de chaque individu selon sa situation professionnelle (et l'année de sa naissance). Par exemple, un examen direct des données permet de soutenir que le P.-D.G. est très probablement né en 1957 et perçoit la rémunération la plus élevée, tandis que le chômeur est né en 1964 et a le revenu le moins élevé.

Année	Sexe	Situation professionnelle	Revenu (permuté)
1957	M	Ingénieur	70 000
1957	M	PDG	5 000
1957	M	Sans emploi	43 000
1964	M	Ingénieur	100 000
1964	M	Directeur	45 000

Tableau 1. Un exemple d'anonymisation inefficace par permutation d'attributs corrélés

3.1.3. *Confidentialité différentielle*

La confidentialité différentielle *[Dwork, C. (2006), "Differential privacy", in Automata, languages and programming (p. 1 à 12), Springer Berlin Heidelberg.]* fait partie de la famille des techniques de randomisation, avec une approche différente : si, dans les faits, l'insertion de bruit intervient à l'avance, quand l'ensemble de données est censé être publié, la confidentialité différentielle peut être utilisée quand le responsable du traitement des données produit des aperçus anonymisés d'un ensemble de données tout en conservant une copie des données originales. Ces aperçus anonymisés sont ordinairement produits au moyen d'un sous-ensemble de requêtes à l'intention d'un tiers en particulier. Le sous-ensemble comprend un bruit aléatoire délibérément ajouté *a posteriori*. La confidentialité différentielle indique au responsable du traitement des données quel niveau de bruit il doit ajouter, et sous quelle forme, pour obtenir les garanties nécessaires *[V. Ed Felten (2012), "Protecting privacy by adding noise". Internet : https://techatftc.wordpress.com/2012/06/21/protecting-privacy-by-adding-noise/]*. Dans ce contexte, il sera particulièrement important d'assurer un contrôle permanent (au moins pour chaque nouvelle requête), afin de repérer toute possibilité d'identifier un individu dans l'ensemble des résultats de la requête. Il faut cependant préciser que les techniques de confidentialité différentielle ne modifient pas les données originales et que, par conséquent, tant que les données originales sont conservées, le responsable du traitement des données reste en mesure d'identifier des individus dans les résultats des requêtes de confidentialité différentielle, compte tenu de l'ensemble des moyens susceptibles d'être raisonnablement mis en œuvre. Ces résultats doivent donc aussi être considérés comme des données à caractère personnel.

L'un des avantages d'une approche reposant sur la confidentialité différentielle tient au fait que des ensembles de données sont communiqués à des tiers autorisés en réponse à une demande spécifique, plutôt que d'être publiés sous la forme d'un unique ensemble de données. Pour faciliter le contrôle, le responsable du traitement des données peut conserver une liste de toutes les demandes et requêtes afin de vérifier que les tiers n'ont pas accès à des données pour lesquelles ils ne disposent pas d'autorisation. Une requête peut aussi être soumise à des techniques d'anonymisation, incluant l'ajout de bruit ou la substitution, pour mieux garantir la confidentialité. Les recherches se poursuivent en vue de trouver un bon mécanisme interactif de question-réponse, qui soit capable tout à la fois de répondre assez précisément à n'importe quelle question (c'est-à-dire en ajoutant le moins de bruit possible) et de préserver la confidentialité.

Pour limiter les attaques par inférence et par corrélation, il est nécessaire de garder une trace des requêtes soumises par une entité et de surveiller les informations obtenues à propos des personnes concernées ; par conséquent, les bases de données à "confidentialité différentielle" ne devraient pas être déployées sur des moteurs de recherche ouverts qui n'offrent aucune traçabilité des entités requérantes.

3.1.3.1. *Garanties*

• Individualisation : Si les résultats se limitent à la production de statistiques et si les règles appliquées à l'ensemble de données sont bien choisies, il ne devrait pas être possible d'utiliser les réponses pour isoler un individu.

• Corrélation : En recourant à des requêtes multiples, il pourrait être possible de relier entre elles les entrées relatives à un individu spécifique d'une réponse à l'autre.

• Inférence : Il est possible de déduire des informations concernant des individus ou des groupes au moyen de requêtes multiples.

3.1.3.2. *Erreurs courantes*

• Ne pas injecter suffisamment de bruit : Afin d'empêcher que des liens puissent être établis avec des connaissances tirées du contexte, la difficulté consiste à fournir le moins d'éléments possibles indiquant si une personne concernée ou un groupe de personnes concernées en particulier a contribué ou non à l'ensemble de données. Le plus difficile, du point de vue de la protection des données, est de parvenir à générer le niveau de bruit approprié à ajouter aux réponses réelles, de façon à protéger la vie privée des individus sans nuire à l'utilité des réponses fournies.

3.1.3.3. *Échecs de la confidentialité différentielle*

Traitement indépendant de chaque requête : Une combinaison de résultats de requêtes risque de permettre la divulgation d'informations censées rester confidentielles. Si un historique des requêtes n'est pas conservé, un attaquant peut concevoir des questions multiples destinées à interroger une base de données à "confidentialité différentielle" qui réduisent progressivement l'amplitude de l'échantillon résultant jusqu'à ce qu'un caractère spécifique à une seule personne concernée ou à un groupe de personnes concernées finisse par émerger, de façon certaine ou avec un taux de probabilité très élevé. Il faut, en outre, veiller à ne pas commettre l'erreur de penser que les données sont anonymes pour les tiers, alors que le responsable du traitement des données reste en mesure d'identifier la personne concernée dans la base de données originale, compte tenu de l'ensemble des moyens susceptibles d'être raisonnablement mis en œuvre.

3.2. *Généralisation*

La généralisation constitue la seconde famille de techniques d'anonymisation. Cette approche consiste à généraliser, ou diluer, les attributs des personnes concernées en modifiant leur*[s]* échelle*[s]* ou leur*[s]* ordre*[s]* de grandeur respectif*[s]* (par exemple, une région plutôt qu'une ville, un mois plutôt qu'une semaine). Si la généralisation peut être efficace pour empêcher l'individualisation, elle ne garantit pas une anonymisation effective dans tous les cas ; en particulier, elle requiert des approches quantitatives spécifiques et sophistiquées afin de prévenir la corrélation et l'inférence.

3.2.1. *Agrégation et k-anonymat*

Les techniques de l'agrégation et du *k*-anonymat visent à empêcher qu'une personne concernée puisse être isolée en la regroupant avec, au moins, *k* autres individus. Pour ce faire, les valeurs des attributs sont généralisées dans une mesure telle que tous les individus partagent la même valeur. Par exemple, en abaissant la granularité géographique d'une ville à un pays, on inclut un nombre plus élevé de personnes concernées. Les dates de naissance individuelles peuvent être généralisées en une fourchette de dates, ou regroupées par mois ou par année. D'autres attributs numériques (par exemple, les salaires, le poids, la taille ou la dose d'un médicament administrée) peuvent être généralisés au moyen de valeurs d'intervalle (par exemple, salaire de 20 000 à 30 000 €). Ces méthodes peuvent être utilisées quand la corrélation de valeurs d'attributs ponctuelles risque de créer des quasi-identifiants.

3.2.1.1. *Garanties*

• Individualisation : Dès lors que les mêmes attributs sont désormais partagés par *k* utilisateurs, il ne devrait plus être possible d'isoler un individu au sein d'un groupe de *k* utilisateurs.

• Corrélation : Si la corrélation est limitée, il reste possible de relier les enregistrements par groupe de *k* utilisateurs. Ensuite, au sein de ce groupe, la probabilité que deux enregistrements correspondent aux mêmes pseudo-identifiants est de 1/*k* (ce qui pourrait être nettement plus que la probabilité que ces entrées ne puissent pas être reliées entre elles).

• Inférence : Le principal défaut du modèle du *k*-anonymat est qu'il n'empêche pas un quelconque type d'attaque par inférence. En effet, si tous les *k* individus font partie du même groupe, pour peu que l'on sache à quel groupe appartient un individu, il est facile d'obtenir la valeur de cette propriété.

3.2.1.2. *Erreurs courantes*

• Négliger certains quasi-identifiants : Le seuil de *k* constitue un paramètre critique dans la technique du *k*-anonymat. Plus la valeur de *k* est élevée, plus les garanties de confidentialité sont fortes. Une erreur courante consiste à augmenter artificiellement la valeur de *k* en réduisant l'ensemble des quasi-identifiants pris en considération. Un nombre réduit de quasi-identifiants facilite la constitution de groupes de *k* utilisateurs du fait de la capacité d'identification inhérente associée aux autres attributs (surtout si certains d'entre eux sont sensibles ou ont une entropie très élevée, comme dans le cas d'attributs très rares). Le fait de ne pas prendre en considération tous les quasi-identifiants lors de la sélection de l'attribut à généraliser est une erreur critique ; si certains attributs peuvent servir à isoler un individu dans un groupe de *k*, la généralisation ne permet pas de protéger certains individus (voir l'exemple du tableau 2).

• Faible valeur de k : La recherche d'une faible valeur de *k* se révèle, elle aussi, problématique. Si *k* est trop petit, le coefficient de pondération d'un individu au sein d'un groupe est trop important et les attaques par inférence ont de meilleures chances de succès. Par exemple, si *k* = 2*[,]* la probabilité que les deux individus partagent la même propriété est plus grande que dans le cas où *k* > 10.

• Ne pas regrouper des individus dont le coefficient de pondération est similaire : Le fait de constituer un ensemble d'individus présentant une distribution inégale d'attributs peut aussi créer des problèmes. L'impact des enregistrements correspondant à un individu sur un ensemble de données variera : certains représenteront une fraction considérable des entrées tandis les contributions d'autres resteront assez insignifiantes. Il est donc important de veiller à ce que *k* soit suffisamment élevé pour qu'aucun individu ne représente une fraction trop grande des entrées dans un groupe.

3.2.1.3. *Échecs du k-anonymat*

Le principal problème lié au *k*-anonymat est qu'il n'empêche pas les attaques par inférence. Dans l'exemple qui suit, si l'attaquant sait qu'un individu figure dans l'ensemble de données et est né en 1964, il sait aussi que cet individu a fait une crise cardiaque. De plus, si l'on sait que cet ensemble de données a été obtenu auprès d'une organisation française, on peut en déduire que chacun des individus réside à Paris puisque les trois premiers chiffres des codes postaux sont 750*).

Année	Sexe	Code postal	Diagnostic
1957	M	750*	Crise cardiaque
1957	M	750*	Cholestérol
1957	M	750*	Cholestérol
1964	M	750*	Crise cardiaque
1964	M	750*	Crise cardiaque

Tableau 2. Un exemple de *k*-anonymisation mal conçue

3.2.2. *l-diversité/t-proximité*

La *l*-diversité étend le *k*-anonymat pour faire en sorte qu'il ne soit plus possible d'obtenir des résultats certains au moyen d'attaques par inférence en veillant à ce que, dans chaque classe d'équivalence, chaque attribut ait au moins *l* valeurs différentes.

Un objectif fondamental à atteindre est d'éviter autant que possible les classes d'équivalence caractérisées par une faible variabilité des attributs, de telle sorte qu'un attaquant reste toujours confronté à un degré d'incertitude considérable, malgré les connaissances tirées du contexte dont il pourrait disposer à propos d'une personne concernée.

La *l*-diversité est utile pour protéger les données contre les attaques par inférence, quand les valeurs des attributs sont bien distribuées. Il faut cependant souligner que cette technique n'empêche pas les fuites d'informations si les attributs au sein d'un segment sont distribués de manière inégale ou ne présentent qu'un faible écart de valeurs ou de contenus sémantiques. En définitive, la *l*-diversité se prête à des attaques par inférence probabilistes.

La *t*-proximité constitue un affinement de la *l*-diversité, en ce sens qu'elle vise à créer des classes d'équivalence qui ressemblent à la distribution initiale des attributs dans le tableau. Cette technique est utile quand il est important de conserver des données aussi proches que possible des données originales ; à cet effet, une contrainte supplémentaire est ajoutée à la classe d'équivalence, à savoir que non seulement chaque classe d'équivalence doit comporter au moins *l* valeurs différentes, mais aussi que chaque valeur est représentée autant de fois que nécessaire pour refléter la distribution initiale de chaque attribut.

3.2.2.1. *Garanties*

- Individualisation : A l'instar du *k*-anonymat, la *l*-diversité et la *t*-proximité permettent d'empêcher que les enregistrements relatifs à un individu soient isolés dans la base de données.
- Corrélation : La *l*-diversité et la *t*-proximité n'apportent pas d'amélioration par rapport au k-anonymat pour ce qui est d'empêcher la corrélation. Le problème reste le même pour n'importe quel regroupement : la probabilité que les mêmes entrées se rapportent à la même personne concernée est plus élevée que 1/N (où N est le nombre de personnes concernées dans la base de données).
- Inférence : la principale amélioration de la *l*-diversité et de la *t*-proximité par rapport au *k*-anonymat est qu'il n'est plus possible de lancer des attaques par inférence contre une base de données à "*l*-diversité" ou "*t*-proximité" avec un degré de certitude de 100 %.

3.2.2.2. *Erreurs courantes*

- Protéger les valeurs des attributs sensibles en les mélangeant avec d'autres attributs sensibles : Le fait d'avoir deux valeurs pour un attribut dans un groupe ne suffit pas à apporter des garanties de confidentialité. En fait, la distribution des valeurs sensibles dans chaque groupe devrait être semblable à la distribution de ces valeurs dans la population totale ou, du moins, elle devrait être uniforme dans l'ensemble du groupe.

3.2.2.3. *Échecs de la l-diversité*

Dans le tableau présenté ci-dessous, la *l*-diversité est assurée pour l'attribut "Diagnostic" ; cependant, pour peu que l'on connaisse un individu né en 1964 qui figure dans ce tableau, il reste possible de supposer avec une probabilité très élevée qu'il a fait une crise cardiaque.

Année	Sexe	Code postal	Diagnostic
1957	M	750*	Crise cardiaque
1957	M	750*	Cholestérol

Année	Sexe	Code postal	Diagnostic
1957	M	750*	Cholestérol
1957	M	750*	Cholestérol
1964	M	750*	Crise cardiaque
1964	M	750*	Crise cardiaque
1964	M	750*	Crise cardiaque
1964	M	750*	Cholestérol
1964	M	750*	Crise cardiaque
1964	M	750*	Crise cardiaque
1964	M	750*	Crise cardiaque
1964	M	750*	Crise cardiaque
1964	M	750*	Crise cardiaque
1964	M	750*	Crise cardiaque
1964	M	750*	Crise cardiaque

Tableau 3. Un exemple de *l*-diversité où les valeurs de « Diagnostic » ne sont pas uniformément distribuées

Nom	Date de naissance	Sexe
Smith	1964	M
Rossi	1964	M
Dupont	1964	M
Jansen	1964	M
Garcia	1964	M

Tableau 4. En sachant que ces individus figurent dans le tableau 3, un attaquant pourrait en déduire qu'ils ont fait une crise cardiaque

4. Pseudonymisation

La pseudonymisation consiste à remplacer un attribut (généralement un attribut unique) par un autre dans un enregistrement. La personne physique est donc toujours susceptible d'être identifiée indirectement ; par conséquent, la pseudonymisation ne permet pas, à elle seule, de produire un ensemble de données anonymes. Elle est néanmoins examinée dans le présent avis en raison de nombreuses idées fausses et erreurs qui entourent son utilisation.

La pseudonymisation réduit le risque de mise en corrélation d'un ensemble de données avec l'identité originale d'une personne concernée ; à ce titre, c'est une mesure de sécurité utile, mais non une méthode d'anonymisation.

Le résultat de la pseudonymisation peut être indépendant de la valeur initiale (comme dans le cas d'un numéro aléatoire généré par le responsable du traitement ou d'un nom choisi par la personne concernée) ou il peut être dérivé des valeurs originales d'un attribut ou d'un ensemble d'attributs, par exemple au moyen d'une fonction de hachage ou d'un système de chiffrement.

Les techniques de pseudonymisation les plus utilisées sont les suivantes :

• Système cryptographique à clé secrète : dans ce cas, le détenteur de la clé peut aisément ré-identifier chaque personne concernée en décryptant l'ensemble de données, puisque les données à caractère personnel y figurent toujours, quoique sous une forme cryptée. En supposant qu'un système cryptographique conforme à l'état de la technique a été appliqué, le décryptage ne serait possible qu'à condition de connaître la clé.

• Fonction de hachage : il s'agit d'une fonction qui renvoie un résultat de taille fixe, quelle que soit la taille de l'entrée encodée (l'entrée peut être un attribut unique ou un ensemble d'attributs) et qui ne peut être inversée ; c'est-à-dire que le risque de récupération des données observé dans le cas du chiffrement n'existe plus. Cependant, si la fourchette dans laquelle se situent les valeurs d'entrée de la fonction de hachage est connue, il est possible de réintroduire ces valeurs dans la fonction de hachage afin d'obtenir la valeur correcte correspondant à un enregistrement en particulier. Par exemple, si un ensemble de données a été pseudonymisé en procédant au hachage du numéro d'identification national, il peut être reconstitué simplement en appliquant la fonction de hachage à toutes les valeurs possibles et en comparant les résultats avec les valeurs figurant dans l'ensemble de données. Les fonctions de hachage sont ordinairement conçues pour être calculées relativement vite et se prêtent donc à des attaques par force brute *[Ces attaques consistent à essayer toutes les entrées plausibles afin de constituer des tableaux de correspondance.]*. Des tables pré-calculées peuvent aussi être créées pour permettre la reconstitution en masse d'un ensemble volumineux de valeurs de hachage.

L'utilisation d'une fonction de hachage avec salage (où une valeur aléatoire, appelée "sel", est ajoutée à l'attribut qui fait l'objet du hachage) permet de réduire la probabilité de reconstituer la valeur d'entrée. Il reste néanmoins possible, avec des moyens raisonnables, de calculer la valeur originale de l'attribut qui se cache derrière le résultat d'une fonction de hachage avec salage *[Surtout si le type d'attribut est connu (nom, numéro de sécurité sociale, date de naissance, etc.). Pour augmenter la puissance de calcul requise, on pourrait recourir à une fonction de hachage à dérivation de clé, où la valeur calculée est hachée plusieurs fois avec une courte chaîne de "sel".]*.

• Fonction de hachage par clé avec clé enregistrée : il s'agit d'une fonction de hachage particulière qui utilise une clé secrète comme entrée supplémentaire (à la différence d'une fonction de hachage avec salage, où le "sel" n'est généralement pas secret). Un responsable du traitement des données peut ré-exécuter la fonction sur l'attribut en se servant de la clé secrète, mais il est beaucoup plus difficile pour un attaquant de ré-exécuter la fonction sans connaître la clé car le nombre de possibilités à tester est suffisamment grand pour rendre la tâche impraticable.

• Chiffrement déterministe ou fonction de hachage par clé avec suppression de la clé : cette technique équivaut à sélectionner un nombre aléatoire comme pseudonyme pour chaque attribut de la base de données et à supprimer ensuite la table de correspondance. Cette solution permet *[Tout dépend des autres attributs figurant dans l'ensemble de données et de la suppression des données originales.]* de réduire le risque de corrélation entre les données à caractère personnel figurant dans l'ensemble de données et celles qui se rapportent au même individu dans un autre ensemble de données, où *[dans lequel]* un pseudonyme différent est utilisé. En supposant qu'un algorithme conforme à l'état de la technique soit appliqué, il sera difficile pour un attaquant, en termes de puissance de calcul requise, de décrypter ou de ré-exécuter la fonction, car cela supposerait d'essayer chaque clé possible, puisque la clé n'est pas disponible.

• Tokenization : cette technique est généralement appliquée dans le secteur financier (même si elle n'y est pas confinée) pour remplacer les numéros d'identification de cartes par des valeurs sans grande utilité pour un attaquant. Elle dérive des techniques précédentes, dans la mesure où elle repose normalement sur l'application de mécanismes de chiffrement à sens unique ou sur l'assignation, au moyen d'une fonction d'index, d'un numéro séquentiel ou d'un nombre produit de manière aléatoire qui n'est pas mathématiquement dérivé des données originales.

4.1. *Garanties*

• Individualisation : Il reste possible d'isoler les enregistrements d'un individu, puisque celui-ci est toujours identifié par un attribut unique qui est le résultat de la fonction de pseudonymisation (= l'attribut pseudonymisé).

• Corrélation : La coi relation restera facile entre les enregistrements qui utilisent le même attribut pseudonymisé en référence au même individu. Même si des attributs pseudonymisés différents sont utilisés pour la même personne concernée, la corrélation est encore possible au moyen d'autres attributs. Ce n'est que dans le cas où aucun autre attribut dans l'ensemble de données ne peut servir à identifier la personne concernée et où tout lien entre l'attribut original et l'attribut pseudonymisé a été éliminé (notamment par la suppression des données originales) qu'aucun recoupement évident ne pourra être fait entre deux ensembles de données qui utilisent des attributs pseudonymisés différents.

• Inférence : Les attaques par inférence sur l'identité réelle d'une personne concernée sont possibles au sein de l'ensemble de données ou entre différentes bases de données qui utilisent le même attribut pseudonymisé pour un individu, ou encore dans le cas où les pseudonymes sont transparents et ne masquent pas correctement l'identité originale de la personne concernée.

4.2. *Erreurs courantes*

• Croire qu'un ensemble de données pseudonymisé est anonymisé : Les responsables du traitement des données supposent souvent qu'il suffit de supprimer ou de remplacer un ou plusieurs attributs pour rendre l'ensemble de données anonyme. De nombreux exemples ont montré que ce n'est pas le cas ; le simple fait de modifier l'identité n'empêche pas quelqu'un d'identifier une personne concernée s'il subsiste des quasi-identifiants dans l'ensemble de données, ou si les valeurs d'autres attributs permettent encore d'identifier un individu. Dans bien des cas, il peut se révéler aussi facile d'identifier un individu dans un ensemble de données pseudonymisé qu'à partir des données originales. Des mesures supplémentaires devraient être prises pour pouvoir considérer l'ensemble de données comme anonymisé, notamment la suppression et la généralisation d'attributs, l'effacement des données originales ou du moins leur conservation à un niveau hautement agrégé.

• Erreurs courantes lors de l'utilisation de la pseudonymisation comme technique destinée à réduire la corrélation :

• Utiliser la même clé dans des bases de données différentes : l'élimination du risque de corrélation entre différents ensembles de données dépend beaucoup de l'utilisation d'un algorithme à clé et du fait qu'un même individu correspondra à différents attributs pseudonymisés dans des contextes différents. Il est donc important d'éviter d'utiliser la même clé dans des bases de données différentes pour pouvoir réduire la corrélation.

• Utiliser des clés différentes ("clés alternées") pour des utilisateurs différents : il pourrait être tentant d'employer des clés différentes pour différents ensembles d'utilisateurs et de changer la clé en fonction de son utilisation (par exemple, se servir de la même clé pour dix entrées d'enregistrement relatives au même utilisateur). Cependant, si elle n'est pas correctement conçue, cette opération pourrait faire apparaître des motifs, réduisant partiellement les avantages escomptés. Par exemple, l'utilisation alternée d'une clé selon des règles spécifiques pour des individus spécifiques faciliterait la mise en corrélation des entrées correspondant à des individus donnés. De plus, la disparition de données pseudonymisées récurrentes dans la base de données au moment où de nouvelles données apparaissent peut indiquer que les enregistrements se rapportent à la même personne physique.

• Conserver la clé : si la clé secrète est conservée avec les données pseudonymisées, et si les données sont compromises, l'attaquant peut être en mesure de relier facilement les données pseudonymisées avec leur attribut original. Il en va de même si la clé est conservée séparément, mais de façon peu sûre.

4.3. *Lacunes de la pseudonymisation*

- Soins de santé

1. Nom, adresse, date de naissance	**2. Période de perception d'une prestation d'assistance spéciale**	**3. Indice de masse corporelle**	**6. N° de référence dans la cohorte de recherche**
	< 2 ans	15	QA5FRD4
	> 5 ans	14	2B48HFG
	< 2 ans	16	RC3URPQ
	> 5 ans	18	SD289K9
	< 2 ans	20	5E1FL7Q

Tableau 5. Un exemple de pseudonymisation par hachage (nom, adresse, date de naissance) qui peut être aisément inversée

Un ensemble de données a été créé pour examiner la relation entre le poids d'une personne et la perception d'une prestation d'assistance spéciale. L'ensemble de données original comprenait le nom, l'adresse et la date de naissance des personnes concernées, qui ont été effacés. Le numéro de référence dans la cohorte de recherche a été généré à partir des données supprimées en utilisant une fonction de hachage. Bien que le nom, l'adresse et la date de naissance aient été supprimés du tableau, si l'on connaît le nom, l'adresse et la date de naissance d'une personne concernée, en plus de la fonction de hachage utilisée, il est facile de calculer les numéros de référence dans la cohorte de recherche.

- Réseaux sociaux

Il a été démontré *[A. Narayanan et V. Shmatikov, "De-anonymizing social networks", in 30th IEEE Symposium on Security and Privacy, 2009.]* que des informations sensibles à propos d'individus spécifiques peuvent être extraites des graphes de réseaux sociaux, malgré les techniques de "pseudonymisation" appliquées à ces données. L'exploitant d'un réseau social a supposé à tort que la pseudonymisation suffisait à empêcher l'identification après la vente des données à d'autres sociétés à des fins de marketing et de publicité. A la place des noms réels, l'exploitant utilisait des pseudonymes, mais ce n'est manifestement pas assez pour anonymiser les profils d'utilisateurs, étant donné que les relations entre les différents individus sont uniques et peuvent servir d'identifiants.

- Localisation

Les chercheurs du MIT *[Y.-A. de Montjoye, C. Hidalgo, M. Verleysen et V. Blondel, "Unique in the Crowd : The privacy bounds of human mobility", Nature, n° 1376, 2013.]* ont récemment analysé un ensemble de données pseudonymisé couvrant 15 mois de coordonnées mobiles spatiales et temporelles de 1,5 million de personnes sur un territoire d'un rayon de 100 km. Ils ont démontré que quatre points de localisation permettaient d'isoler 95 % de cette population et que deux points seulement suffisaient pour isoler plus de 50 % des personnes concernées (un seul point étant supposé être très probablement le domicile ou le lieu de travail), ce qui laissait très peu de place à la protection de la vie privée, même si les identités des individus avaient été pseudonymisées en remplaçant leurs attributs réels *[...]* par d'autres étiquettes.

5. Conclusions et recommandations

5.1. *Conclusions*

Les techniques d'anonymisation font l'objet de recherches intensives, et le présent document a invariablement montré que chaque technique a ses avantages et ses inconvénients. Le plus souvent, il n'est pas possible de formuler des recommandations minimales quant aux paramètres à utiliser, étant donné que chaque ensemble de données doit être envisagé au cas par cas.

Dans beaucoup de situations, un ensemble de données anonymisées peut encore présenter un risque résiduel pour les personnes concernées. En effet, même quand il n'est plus possible de reconstituer précisément l'enregistrement d'un individu, il reste parfois possible de glaner des informations à propos de cet individu à l'aide d'autres sources d'informations disponibles (publiquement ou non). Il faut souligner qu'au-delà de l'impact direct produit par les conséquences d'un processus d'anonymisation inefficace sur les personnes concernées (désagrément, temps perdu et sentiment de perte de contrôle du fait de l'inclusion dans un groupe sans notification ni accord préalable), d'autres effets secondaires indirects peuvent survenir quand une personne concernée est erronément prise pour cible par un quelconque attaquant, à la suite du traitement de données anonymisées – surtout si les intentions de l'attaquant sont malveillantes. C'est pourquoi le groupe de travail "Article 29" insiste sur le fait que les techniques d'anonymisation peuvent apporter des garanties en matière de respect de la vie privée, mais uniquement si leur application est correctement conçue – ce qui suppose que les conditions préalables (le contexte) et les objectifs du processus d'anonymisation soient clairement définis de façon à assurer le niveau d'anonymisation visé.

5.2. *Recommandations*

— Il existe des limitations inhérentes à certaines techniques d'anonymisation. Ces limitations doivent être envisagées avec attention par les responsables du traitement avant de recourir à une technique donnée pour élaborer un processus d'anonymisation. Il faut prendre en considération les finalités que l'anonymisation vise à atteindre – comme de protéger la vie privée des personnes lors de la publication d'un ensemble de données, ou de permettre l'obtention de certaines informations à partir d'un ensemble de données.

— Aucune des techniques décrites dans le présent document ne satisfait de façon certaine aux critères d'une anonymisation efficace (à savoir, empêcher l'individualisation d'une personne concernée, la corrélation entre les enregistrements se rapportant à un individu et l'obtention par inférence de données concernant un individu). Cependant, dès lors que certains de ces risques peuvent être évités complètement ou partiellement au moyen d'une technique donnée, il est nécessaire de concevoir avec soin l'application d'une technique individuelle à la situation concernée et d'opter pour une combinaison de ces techniques en vue de renforcer la fiabilité du résultat.

Le tableau présenté ci-après donne un aperçu des forces et des faiblesses des techniques considérées au regard des trois exigences fondamentales :

	Reste-t-il un risque d'individualisation ?	**Reste-t-il un risque de corrélation ?**	**Reste-t-il un risque d'inférence ?**
Pseudonymisation	Oui	Oui	Oui
Ajout de bruit	Oui	Peut-être pas	Peut-être pas
Substitution	Oui	Oui	Peut-être pas
Agrégation ou *k*-anonymat	Non	Oui	Oui
l-diversité	Non	Oui	Peut-être pas
Confidentialité différentielle	Peut-être pas	Peut-être pas	Peut-être pas
Hachage/Tokenization	Oui	Oui	Peut-être pas

Tableau 6. Forces et faiblesses des techniques considérées

— La solution optimale devrait être choisie au cas par cas. Une solution (c'est-à-dire un processus d'anonymisation complet) répondant aux trois critères résisterait aux tentatives d'identification utilisant les moyens les plus susceptibles d'être raisonnablement mis en œuvre par le responsable du traitement des données ou par des tiers.

– Lorsqu'un des critères n'est pas rempli par une proposition, il convient de procéder à une évaluation approfondie des risques d'identification. Cette évaluation devrait être soumise à l'autorité compétente si le droit national requiert l'examen ou l'autorisation du processus d'anonymisation par ladite autorité.

Afin de réduire les risques d'identification, les bonnes pratiques suivantes devraient être prises en considération :

Bonne pratique d'anonymisation

En général :

– Ne pas se contenter de "publier et oublier". Compte tenu du risque résiduel d'identification, les responsables du traitement des données devraient :

• 1. identifier les nouveaux risques et réévaluer régulièrement le(s) risque(s) résiduel(s) ;

• 2. examiner si les contrôles des risques identifiés sont suffisants et les ajuster en conséquence ; et

• 3. surveiller et contrôler les risques.

– Parmi ces risques résiduels, la possibilité d'identifier la partie non anonymisée d'un ensemble de données devrait (le cas échéant) être prise en considération, surtout en combinaison avec la partie anonymisée, ainsi que les corrélations possibles entre les attributs (par exemple entre les données relatives à la localisation géographique et celles concernant le niveau de prospérité).

Éléments contextuels :

– Les finalités visées par l'anonymisation d'un ensemble de données devraient être clairement définies, dans la mesure où elles jouent un rôle-clé dans la détermination du risque d'identification.

– Cela va de pair avec la prise en considération de tous les éléments contextuels pertinents – par exemple, la nature des données originales, les mécanismes de contrôle en place (y compris les mesures de sécurité restreignant l'accès aux ensembles de données), la taille de l'échantillon (aspects quantitatifs), la disponibilité de ressources d'informations publiques (sur lesquelles peuvent s'appuyer les destinataires), la communication envisagée de données à des tiers (limitée ou illimitée, par exemple sur l'internet, etc.).

– Il convient de prendre en considération les attaquants possibles, compte tenu de l'attrait des données pour des attaques ciblées (là encore, le caractère sensible des informations et la nature des données seront des facteurs-clés à cet égard).

Éléments techniques :

– Les responsables du traitement des données devraient divulguer la technique d'anonymisation / la combinaison de techniques appliquée, surtout s'ils prévoient de diffuser l'ensemble de données anonymisées.

– Les attributs évidents (par exemple, rares)/quasi-identifiants devraient être supprimés de l'ensemble de données.

– Si des techniques d'ajout de bruit sont utilisées (dans le cadre de la randomisation), le niveau de bruit ajouté aux enregistrements devrait être déterminé en fonction de la valeur d'un attribut (c'est-à-dire qu'il ne faut pas injecter un bruit démesuré), de l'impact des attributs à protéger pour les personnes concernées et/ou du caractère clairsemé de l'ensemble de données.

– En cas de recours à la confidentialité différentielle (dans le cadre de la randomisation), il convient de tenir compte de la nécessité de conserver une trace des requêtes de façon à détecter celles qui présentent un risque d'intrusion dans la vie privée, car le caractère intrusif des requêtes est cumulatif.

– Si des techniques de généralisation sont appliquées, il est crucial que le responsable du traitement des données ne se limite pas à un critère de généralisation qui reste inchangé pour le même attribut ; c'est-à-dire qu'il convient de sélectionner des granularités géographiques ou des intervalles de temps différents. Le choix du critère à appliquer doit être dicté par la distribution des valeurs des attributs dans la population concernée. Toutes les distributions ne se prêtent pas à une généralisation.

Autrement dit, il n'existe pas d'approche universelle à suivre en matière de généralisation. Il importe de veiller à la variabilité au sein des classes d'équivalence; par exemple, un seuil spécifique devrait être sélectionné en fonction des "éléments contextuels" mentionnés ci-dessus (taille de l'échantillon, etc.) et, si ce seuil n'est pas atteint, il conviendrait de rejeter l'échantillon concerné (ou de définir un critère de généralisation différent).

ANNEXE

UN APERÇU DES TECHNIQUES D'ANONYMISATION

A.1. Introduction

Il existe dans l'Union différentes interprétations de l'anonymat : dans certains pays, la notion correspond à un anonymat informatique (c'est-à-dire qu'il doit être difficile, en termes de puissance de calcul, d'identifier directement ou indirectement une des personnes concernées, même pour le responsable du traitement des données, avec la collaboration de quelque autre partie)*[,]* et dans d'autres pays, il s'agit d'un anonymat parfait (c'est-à-dire qu'il doit être impossible d'identifier directement ou indirectement une des personnes concernées, même pour le responsable du traitement des données, avec la collaboration de quelque autre partie). Néanmoins, l'"anonymisation" désigne dans les deux cas le processus au moyen duquel des données sont rendues anonymes. La différence réside dans ce qui est considéré comme un niveau acceptable de risque de ré-identification.

Divers usages peuvent être envisagés pour les données anonymisées : enquêtes sociales, analyses statistiques, développement de nouveaux services/produits. Aussi générales que soient les finalités poursuivies, il arrive parfois que ces activités puissent avoir un impact sur certaines personnes concernées, annulant le caractère prétendument anonyme des données traitées. On peut en citer de nombreux exemples, depuis le lancement d'actions de marketing ciblées jusqu'à la mise en œuvre de mesures publiques fondées sur les profils, les comportements ou les schémas de mobilité des utilisateurs *[Par exemple, dans le cas de TomTom aux Pays-Bas (V. l'exemple expliqué à la section 2.2.3.]*.

Malheureusement, hormis les déclarations générales, il n'existe pas de système de mesure suffisamment évolué qui permette d'apprécier à l'avance le temps ou les efforts nécessaires pour parvenir à une ré-identification après le traitement, ou encore de sélectionner la procédure la plus appropriée à mettre en place si l'on veut réduire la probabilité qu'une base de données diffusée renvoie à un ensemble identifié de personnes concernées.

L'"art de l'anonymisation", ainsi qu'on désigne parfois ces pratiques dans la littérature scientifique *[Jun Gu, Yuexian Chen, Jinning Fu, HuanchunPeng, Xiaojun Ye, Synthesizing : Art of Anonymization, Database and Expert Systems Applications Lecture Notes in Computer Science, Springer, volume 6261, 2010, p. 385 à 399.]*, est une nouvelle branche scientifique encore balbutiante et il existe beaucoup de pratiques visant à réduire la capacité d'identification des ensembles de données; il doit être bien clair, cependant, que la majorité de ces pratiques n'empêchent *[empêche]* pas la mise en relation des données traitées avec les personnes concernées. Dans certaines circonstances, les tentatives d'identification d'ensembles de données censés être anonymes ont été couronnées de succès; dans d'autres situations, des faux positifs ont été constatés.

Il existe, en gros, deux approches différentes : l'une se fonde sur la généralisation de l'attribut, l'autre sur la randomisation. Un examen des détails et des subtilités de ces pratiques nous aidera à mieux comprendre le potentiel d'identification des données et jettera un nouvel éclairage sur la notion même de données à caractère personnel.

A.2. L'"anonymisation" par randomisation

En matière d'anonymisation, une option consiste à modifier les valeurs réelles pour empêcher que les données anonymisées puissent être mises en relation avec les valeurs originales. Cet objectif peut être atteint au moyen de nombreuses méthodes, qui vont de l'injection de bruit à la substitution de données (permutation). Il faut aussi souligner que la suppression d'un attribut équivaut à une forme extrême de randomisation dudit attribut (lequel est alors entièrement couvert par le bruit).

Dans certaines circonstances, l'objectif du traitement n'est pas tant de publier un ensemble de données randomisées, mais plutôt de permettre l'accès aux données au moyen de requêtes. Le risque pour les personnes concernées vient dans ce cas de la probabilité qu'un attaquant soit en mesure d'obtenir des informations en transmettant une série de requêtes différentes, sans que le responsable du traitement des données en ait connaissance. Pour garantir l'anonymat des individus auxquels se rapporte l'ensemble de données, il faudrait qu'il ne soit pas possible de conclure qu'une personne concernée a contribué à l'ensemble de données, de façon à rompre le lien avec d'éventuelles informations tirées du contexte qu'un attaquant pourrait avoir en sa possession.

En ajoutant du bruit, selon les modalités appropriées, à la réponse à une requête, il est possible de réduire encore le risque de ré-identification. Cette approche, désignée dans la littérature par les termes de "confidentialité différentielle" *[Cynthia Dwork, Differential Privacy, International Colloquium on Automata, Languages and Programming, ICALP, 2006, p. 1 à 12]* s'écarte des méthodes décrites précédemment en ce qu'elle donne à ceux qui publient des données un plus grand contrôle sur l'accès aux données par rapport à une diffusion publique. L'ajout de bruit vise deux objectifs principaux : premièrement, protéger la vie privée des personnes concernées reprises dans l'ensemble de données et, deuxièmement, préserver l'utilité des informations communiquées. En particulier, l'ampleur du bruit doit être proportionnelle au niveau des requêtes (des réponses trop précises à de trop nombreuses requêtes concernant des individus augmentent le risque d'identification). Pour être efficace, l'application de la randomisation doit aujourd'hui être envisagée au cas par cas, car aucune technique ne constitue une méthodologie à toute épreuve. Il existe des exemples de fuites d'informations à propos des attributs d'une personne concernée (figurant ou non dans l'ensemble de données), alors même que le responsable du traitement considérait l'ensemble de données comme randomisé.

Il peut être utile d'examiner des exemples précis pour mettre en lumière les failles possibles de la randomisation, en tant que procédé d'anonymisation. Ainsi, dans le cas d'un accès interactif, des requêtes jugées anodines en termes de confidentialité pourraient représenter un risque pour la vie privée des personnes concernées. En fait, si l'attaquant sait qu'un sous-groupe S d'individus figure dans l'ensemble de données qui contient des informations relatives à l'incidence d'un attribut A dans une population P, en posant simplement les deux questions "Combien d'individus dans la population P possèdent l'attribut A ?" et "Combien d'individus dans la population P, hormis ceux repris dans le sous-groupe S, possèdent l'attribut A ?", il peut être possible de déterminer (par soustraction) le nombre d'individus du sous-groupe S qui possèdent effectivement l'attribut A — soit de façon certaine, soit par inférence probabiliste. En tout cas, le respect de la vie privée des individus du sous-groupe S pourrait être gravement compromis, selon la nature de l'attribut A.

On peut aussi considérer que la publication d'un ensemble de données peut présenter un risque pour la vie privée d'une personne concernée qui n'y est pas reprise, s'il existe un lien connu entre cette personne et des données figurant dans cet ensemble. Par exemple, si l'on sait que "la valeur de l'attribut A de la cible diffère dans une quantité X de la valeur moyenne de la population", en demandant simplement à l'administrateur de la base de données d'exécuter une opération - anodine en termes de confidentialité - d'extraction de la valeur moyenne de l'attribut A, l'attaquant peut déduire avec exactitude des données à caractère personnel relatives à une personne concernée en particulier.

L'opération qui consiste à injecter certaines inexactitudes relatives dans les valeurs réelles d'une base de données doit être conçue correctement. Il faut ajouter suffisamment de bruit pour protéger la confidentialité, mais pas trop non plus, afin de préserver l'utilité des données. Par exemple, si le nombre de personnes concernées présentant un attribut particulier est très réduit ou si l'attribut a un caractère hautement sensible, il peut être préférable de s'en tenir à une fourchette, ou à une phrase générale, du genre "un petit nombre de cas, peut-être même zéro", plutôt que d'indiquer le chiffre exact. De cette façon, même si le mécanisme d'ajout de bruit est connu à l'avance, la vie privée des personnes concernées est respectée, puisqu'il subsiste un degré d'incertitude. Du point de vue de l'utilité, si l'inexactitude est correctement conçue, les résultats restent utiles à des fins d'analyse statistique ou de prise de décision.

La randomisation d'une base de données et l'accès en confidentialité différentielle requièrent une réflexion plus poussée. Premièrement, la juste dose de distorsion peut varier considérablement selon le contexte (le type de requête, la taille de la population de la base de données, la nature de l'attribut et le risque d'identification inhérent) et aucune solution universelle ne peut être envisagée. De plus, le contexte peut changer avec le temps et le mécanisme interactif devrait être modifié en conséquence. Le calibrage du bruit nécessite une surveillance des risques cumulatifs qu'un mécanisme interactif représente pour le respect de la vie privée des personnes concernées. Le mécanisme d'accès aux données devrait donc disposer d'alertes qui se déclenchent lorsqu'un budget "coût pour la confidentialité" est épuisé et que les personnes concernées pourraient être exposées à des risques spécifiques si une nouvelle requête est *[était]* transmise, afin d'aider le responsable du traitement des données à déterminer le niveau approprié de distorsion qu'il y a lieu d'injecter à chaque fois dans les données à caractère personnel.

D'un autre côté, il faut aussi envisager le cas où des valeurs d'attributs sont supprimées (ou modifiées). Une solution souvent employée pour traiter certaines valeurs d'attributs atypiques est la suppression de l'ensemble de*[s]* données relatives aux individus atypiques ou des valeurs atypiques. Dans ce dernier cas, il est important de veiller à ce que l'absence de la valeur ne devienne pas en elle-même un élément permettant l'identification d'une personne concernée.

Passons à présent à la randomisation par substitution d'attribut. Une des principales idées fausses qui circulent à propos de l'anonymisation consiste à l'assimiler au chiffrement ou au codage à clé. Cette erreur repose sur deux suppositions, à savoir a) que lorsque certains attributs d'un enregistrement dans une base de données (par exemple, le nom, l'adresse, la date de naissance) font l'objet d'un chiffrement ou qu'une chaîne apparemment aléatoire leur est substituée à la suite d'une opération de codage à clé, comme une fonction de hachage, cet enregistrement est "anonymisé", et b) que l'anonymisation est plus efficace si la longueur de la clé est appropriée et si l'algorithme de chiffrement est conforme à l'état de la technique. Cette idée fausse est largement répandue parmi les responsables du traitement des données et appelle des éclaircissements, car elle se rapporte aussi à la pseudonymisation et à ses risques prétendument moindres.

Premièrement, les objectifs de ces techniques sont radicalement différents : le chiffrement, en tant que mesure de sécurité, vise à garantir la confidentialité d'un canal de communication entre des parties identifiées (êtres humains, appareils ou éléments logiciels/matériels) afin d'éviter une interception ou une divulgation involontaire. Le codage à clé correspond à une traduction sémantique des données qui dépend d'une clé secrète. L'objectif de l'anonymisation, en revanche, est d'éviter l'identification d'individus en empêchant que des attributs puissent être mis en relation avec une personne concernée à son insu.

Ni le chiffrement ni le codage à clé ne se prêtent, en eux-mêmes, à l'objectif de rendre une personne concernée non identifiable, puisque les données originales, entre les mains du responsable du traitement au moins, peuvent encore être consultées ou reconstituées par déduction. La seule traduction sémantique de données à caractère personnel, telle qu'elle est appliquée dans le cas du codage à clé, n'exclut pas la possibilité de rétablir la structure originale des données, en exécutant l'algorithme en sens inverse ou au moyen d'attaques par force brute, selon la nature des mécanismes employés, ou à la suite d'une violation de données. Un chiffrement conforme à l'état de la technique peut garantir une meilleure protection des données, c'est-à-dire empêcher leur consultation par des entités qui ignorent la clé de décryptage, mais il ne se traduit pas nécessairement par une anonymisation. Tant que la clé ou les données originales sont accessibles (même dans le cas de leur conservation par un tiers de confiance, tenu par contrat d'assurer un service de séquestre), la possibilité d'identifier une personne concernée n'a pas été éliminée.

Le fait de se fonder exclusivement sur la robustesse du mécanisme de chiffrement comme mesure du degré d'"anonymisation" d'un ensemble de données est trompeur, car de nombreux autres facteurs techniques et organisationnels affectent la sécurité générale d'un mécanisme de chiffrement ou d'une fonction de hachage. La littérature fait état de beaucoup d'attaques couronnées de succès, qui contournent totalement l'algorithme, en exploitant les faiblesses de la conservation des clés (par exemple, l'existence d'un mode par défaut moins sécurisé) ou d'autres facteurs humains (par exemple, des mots de passe faibles permettant de récupérer la clé). Enfin, un système de chiffrement sélectionné, avec une clé d'une taille donnée, est conçu pour garantir la confidentialité pendant une certaine période (la taille de la plupart des clés actuelles devra être revue vers 2020), tandis qu'un processus d'anonymisation ne devrait pas être limité dans le temps.

Il peut être intéressant d'examiner en détail les limites de la randomisation (ou de la substitution et de la suppression) de l'attribut, à la lumière de divers exemples d'anonymisation par randomisation inefficaces recensés ces dernières années et des raisons qui expliquent ces échecs.

Un cas bien connu de diffusion d'un ensemble de données mal anonymisé est celui du prix Netflix *[Arvind Narayanan, Vitaly Shmatikov, "Robust De-anonymization of Large Sparse Datasets", in IEEE Symposium on Security and Privacy, 2008, p. 111 à 125]*. En examinant un enregistrement générique dans une base de données dont plusieurs attributs relatifs à une personne concernée ont été randomisés, chaque enregistrement peut encore être scindé en deux sous-enregistrements comme suit : {attributs randomisés, attributs en clair}, où les attributs en clair peuvent constituer n'importe quelle combinaison de données qui ne sont pas censées avoir un caractère personnel. Dans le cas de l'ensemble de données du prix Netflix, il est à noter que chaque enregistrement peut être représenté par un point dans un espace multidimensionnel, où *[dans lequel]* chaque attribut en clair est une coordonnée. En appliquant cette technique, tout ensemble de données peut être considéré comme une constellation de points dans cet espace multidimensionnel, qui présente parfois un caractère très clairsemé, c'est-à-dire que les points sont distants les uns des autres. En fait, ils peuvent être si éloignés qu'après avoir divisé l'espace en vastes régions, chaque région ne contient qu'un seul enregistrement. Même l'injection de bruit ne parvient pas à rapprocher suffisamment les enregistrements pour qu'ils partagent la même région multidimensionnelle. Dans l'expérience de Netflix, par exemple, huit évaluations de films attribuées au cours d'une période s'étendant sur 14 jours suffisaient à rendre les enregistrements uniques. Après l'ajout de bruit aux évaluations et aux dates, aucune superposition de régions ne pouvait être constatée. Autrement dit, cette même sélection de huit films évalués constituait une empreinte digitale des évaluations attribuées, qui n'était pas partagée par deux personnes concernées dans la base de données. Sur la base de cette observation géométrique, les chercheurs ont comparé l'ensemble de données prétendument anonyme de Netflix avec une autre base de données publique contenant des évaluations de films (IMDB) et découvert ainsi des utilisateurs qui avaient attribué des évaluations pour les mêmes films au cours de la même période. Comme la majorité des utilisateurs présentaient *[présentait]* une correspondance biunivoque, les informations auxiliaires récupérées dans la base de données IMDB ont pu être importées dans l'ensemble de *[des]* données publiées *[publié]* par Netflix, de façon à identifier tous les enregistrements censés être anonymes.

Il est important de souligner qu'il s'agit d'une propriété générale : la part résiduelle de toute base de données "randomisée" conserve un potentiel d'identification très élevé, selon la rareté de la combinaison des attributs résiduels. C'est une mise en garde que les responsables du traitement des données devraient toujours avoir à l'esprit en choisissant la randomisation comme moyen de parvenir à l'anonymisation recherchée.

De nombreuses expériences de ré-identification de ce type ont été menées selon une approche similaire de projection de deux bases de données sur le même sous-espace. C'est une méthode de ré-identification très puissante, qui a récemment été appliquée dans de nombreux domaines différents. Par exemple, une expérience d'identification réalisée à l'encontre d'un réseau social *[L. Backstrom, C. Dwork, et J. M. Kleinberg, "Wherefore art thou r3579x ? : anonymized social networks, hidden patterns, and structural steganography", compte rendu de la 16e Conférence internationale sur le World Wide Web WWW'07, p. 181 à 190 (2007).]* a exploité le graphe social d'utilisateurs pseudonymisés au moyen d'étiquettes. Dans ce cas, les attributs utilisés à des fins d'identification étaient les listes de contacts des différents utilisateurs, puisqu'il avait été démontré que la probabilité que deux individus aient une liste de contacts identique est très faible. Sur la base de cette hypothèse intuitive, il a été constaté qu'un sous-graphe de liens internes comportant un nombre très limité de nœuds constitue une empreinte topologique exploitable, cachée au sein du réseau, et qu'une large portion de l'ensemble du réseau social peut être identifiée dès lors que ce sous-réseau a été délimité. Pour ne donner que quelques chiffres sur les performances d'une attaque similaire, il a été démontré qu'en utilisait *[utilisant]* moins de dix nœuds (qui peuvent déboucher sur des millions de configurations de sous-réseaux différentes, chacun constituant potentiellement une empreinte topologique)*[,]* un réseau social de plus de 4 millions de nœuds pseudonymisés et de 70 millions de liens peut être vulnérable à des attaques de ré-identification susceptibles de compromettre un grand nombre de relations. Il faut ajouter que cette approche de ré-identification n'est pas limitée au contexte spécifique des réseaux sociaux, mais est suffisamment générale pour pouvoir être adaptée à d'autres bases de données où *[dans lesquelles]* les relations entre les utilisateurs sont enregistrées (par exemple, un répertoire téléphonique, une messagerie électronique, des sites de rencontre, etc.).

Un autre moyen d'identifier un enregistrement supposé anonyme repose sur l'analyse du style de rédaction (stylométrie) *[http://33bits.org/2012/02/20/is-writing-style-sufficient-to-deanonymize-material-posted-online/]*. Plusieurs algorithmes ont déjà été mis au point pour extraire des mesures de texte analysé, qui couvrent la fréquence d'utilisation d'un mot particulier, l'occurrence de constructions grammaticales spécifiques et le type de ponctuation. Toutes ces propriétés peuvent être utilisées pour associer un texte censé être anonyme au style de rédaction d'un auteur identifié. Des chercheurs ont extrait le style de rédaction de plus de 100 000 blogs et sont aujourd'hui capables d'identifier automatiquement l'auteur d'un message avec une précision approchant déjà de 80 % ; l'efficacité de cette technique devrait aussi se renforcer avec l'exploitation d'autres indications, comme la localisation ou des métadonnées contenues dans le texte.

Le potentiel d'identification au moyen de la sémantique d'un enregistrement (à savoir la part résiduelle non randomisée d'un enregistrement) est un problème qui mérite davantage de considération de la part des milieux de la recherche et de l'industrie. L'exemple récent d'une tentative couronnée de succès visant à rétablir les identités de donneurs d'ADN (2013) *[Les données génétiques constituent un exemple particulièrement important de données sensibles, qui peuvent être exposées à un risque de ré-idenitification si le seul mécanisme censé les "anonymiser" est la suppression des identités des donneurs. V. l'exemple cité à la sect. 2.2.2 ci-dessus. V. aussi John Bohannon, "Genealogy Databases Enable Naming of Anonymous DNA Donors", Science, vol. 339, n° 6117 (18 janv. 2013), p. 262.]* montre que peu de progrès ont été accomplis depuis la célèbre affaire *AOL* (2006), où *[dans laquelle]* une base de données contenant vingt millions de mots-clés figurant dans les recherches effectuées par plus de 650 000 utilisateurs au cours d'une période de trois mois avait été diffusée publiquement. A la suite de quoi, l'identité et la localisation de certains utilisateurs avaient été rendues publiques.

Les données de localisation constituent une autre famille de données dont l'anonymat est rarement garanti par le simple fait de supprimer les identités des personnes concernées ou par le chiffrement partiel de certains attributs. Les schémas de mobilité sont peut-être suffisamment uniques pour que la partie sémantique des données de localisation (le lieu où la personne concernée se trouvait à un certain moment), même en l'absence d'autres attributs, permette de révéler bon nombre de caractéristiques d'une personne concernée *[Ce problème a été pris en compte dans certaines législations nationales. Par exemple, en France, les statistiques de localisation publiées sont anonymisées par des techniques de généralisation et de permutation. Ainsi, l'INSEE publie des statistiques qui sont généralisées en agrégeant toutes les données au niveau d'une superficie de 40 000 m^2. La granularité de l'ensemble de données est suffisante pour préserver l'utilité des données et des permutations empêchent des attaques de ré-identification dans les zones clairsemées. D'une manière plus générale, l'agrégation de cette famille de données et la permutation apportent de solides garanties contre les attaques par inférence et les tentatives de ré-identification (http://www.insee.fr/fr/).]*. Cela a été démontré bien des fois dans des travaux universitaires représentatifs *[De Montjoye, Y.-A., Hidalgo, C.A., Verleysen, M. et Blondel, V.D., "Unique in the Crowd : The privacy bounds of human mobility", Nature, 3, p. 1376 (2013).]*.

A cet égard, il faut se garder de considérer les pseudonymes comme un moyen d'assurer une protection adéquate des personnes concernées contre les fuites d'identité ou d'attribut. Si la pseudonymisation se fonde sur le remplacement d'une identité par un autre code unique, il serait naïf de supposer qu'un tel procédé constitue une solution d'anonymisation fiable, sans tenir compte de la complexité des méthodes d'identification et des multiples contextes dans lesquels elles pourraient être appliquées.

A.3. L'"anonymisation" par généralisation

Un exemple simple peut contribuer à clarifier l'approche fondée sur la généralisation de l'attribut.

Prenons le cas d'un responsable du traitement des *[de]* données qui décide de publier un simple tableau contenant trois éléments d'information, ou attributs : un numéro d'identification, unique pour chaque enregistrement, une identification de localisation, qui relie la personne concernée au lieu où elle vit, et une identification de propriété, qui spécifie la propriété de la personne concernée. Supposons en outre que cette propriété correspond à une valeur parmi deux valeurs distinctes, indiquée de façon générique par {P1, P2} :

Identification par n° d'ordre	Localisation	Propriété
N° 1	Rome	P1
N° 2	Madrid	P1
N° 3	Londres	P2
N° 4	Paris	P1

Identification par n° d'ordre	Localisation	Propriété
N° 5	Barcelone	P1
N° 6	Milan	P2
N° 7	New York	P2
N° 8	Berlin	P1

Tableau A1. Échantillon de personnes concernées, avec leur localisation et leurs propriétés P1 ou P2

Si quelqu'un, qu'on appellera "l'attaquant", sait à l'avance qu'une personne concernée spécifique (la cible), qui vit à Milan, figure dans le tableau, il lui suffit d'examiner le tableau pour apprendre aussi que sa propriété est P2, le n° 6 étant la seule personne concernée identifiée par cette localisation.

Cet exemple très sommaire montre les principaux éléments de toute procédure d'identification appliquée à un ensemble de données qui a fait l'objet d'un processus d'anonymisation supposé. C'est-à-dire qu'un attaquant se trouve (accidentellement ou délibérément) en possession de connaissances tirées du contexte à propos de certaines ou de toutes les personnes concernées dans un ensemble de données. L'attaquant s'efforce de relier ces connaissances tirées du contexte avec les *[aux]* données figurant dans l'ensemble de données publié pour avoir une idée plus claire des caractéristiques de ces personnes concernées.

Afin de rendre moins efficace ou moins immédiate la mise en relation des données avec une forme quelconque de connaissances tirées du contexte, le responsable du traitement des *[de]* données pourrait intervenir sur l'identification de localisation, en remplaçant la ville où vivent les personnes concernées par une zone plus large, comme le pays. De cette façon, le tableau se présenterait comme suit :

Identification par n° d'ordre	Localisation	Propriété
N° 1	Italie	P1
N° 2	Espagne	P1
N° 3	Royaume-Uni	P2
N° 4	France	P1
N° 5	Espagne	P1
N° 6	Italie	P2
N° 7	États-Unis	P2
N° 8	Allemagne	P1

Tableau A2. Généralisation du tableau A1 par nationalité

Avec cette nouvelle agrégation de données, les connaissances tirées du contexte dont dispose l'attaquant à propos d'une personne concernée identifiée (disons : "la cible vit à Rome et figure dans le tableau") ne permettent pas de parvenir à une conclusion claire concernant sa propriété, puisque les deux Italiens mentionnés dans le tableau ont des propriétés distinctes, respectivement P1 et P2. L'attaquant se trouve confronté à une incertitude de 50 % quant à la propriété de l'entité cible. Ce simple exemple montre l'effet de la généralisation sur la pratique d'anonymisation. En fait, si ce procédé de généralisation peut être efficace pour réduire de moitié la probabilité d'identifier une cible italienne, il est sans effet dans le cas de cibles vivant à *[dans]* d'autres endroits (aux États-Unis, par exemple).

De plus, un attaquant peut encore obtenir des informations sur une cible espagnole. Si les connaissances tirées du contexte sont du type "la cible vit à Madrid et figure dans le tableau" ou "la cible vit à Barcelone et figure dans le tableau", l'attaquant peut en déduire avec 100 % de certitude que la cible a la propriété P1. Par conséquent, la généralisation ne garantit pas le même niveau de confidentialité ou de résistance aux attaques par inférence à toute la population de l'ensemble de données.

En suivant ce raisonnement, on pourrait être tenté de conclure qu'une généralisation accrue serait utile pour empêcher toute mise en relation – par exemple une généralisation par continent. De cette façon, le tableau se présenterait comme suit :

Identification par n° d'ordre	**Localisation**	**Propriété**
N° 1	Europe	P1
N° 2	Europe	P1
N° 3	Europe	P2
N° 4	Europe	P1
N° 5	Europe	P1
N° 6	Europe	P2
N° 7	Amérique du Nord	P2
N° 8	Europe	P1

Tableau A3. Généralisation du tableau A1 par continent

Avec ce genre d'agrégation, toutes les personnes concernées dans le tableau, hormis celle qui vit aux États-Unis, seraient protégées contre les attaques par corrélation et les tentatives d'identification, et toute information tirée du contexte du type "la cible vit à Madrid et figure dans le tableau" ou "la cible vit à Milan et figure dans le tableau" aboutirait à un certain niveau de probabilité quant à la propriété qui s'applique à la personne concernée (P1 avec une probabilité de 71,4 % et P2 avec une probabilité de 28,6 %), plutôt qu'à une mise en relation directe. Mais cette généralisation supplémentaire s'opère au prix d'une perte évidente et radicale d'informations : le tableau ne permet pas de découvrir des corrélations potentielles entre les propriétés et la localisation, c'est-à-dire d'apprécier si un lieu spécifique serait plus susceptible de déclencher l'une des deux propriétés, puisqu'il ne fait apparaître que les distributions dites "marginales", à savoir la probabilité absolue de l'occurrence des propriétés P1 et P2 dans l'ensemble de la population (respectivement 62,5 % et 37,5 % dans notre exemple) et dans chaque continent (respectivement, comme il a été indiqué, 71,4 % et 28,6 % en Europe et 100 % et 0 % en Amérique du Nord).

L'exemple montre aussi que le recours à la généralisation affecte l'utilité pratique des données. Il existe aujourd'hui certains outils qui permettent de déterminer au préalable (c'est-à-dire avant qu'un ensemble de données soit rendu public) quel est le niveau de généralisation de l'attribut le plus approprié, de façon à réduire les risques d'identification des personnes concernées dans un tableau sans affecter exagérément l'utilité des données publiées.

k-anonymat

Le *k*-anonymat est une technique fondée sur la généralisation des attributs qui vise à prévenir les attaques par corrélation. Cette pratique est issue d'une expérience de ré-identification menée à la fin des années 1990, aux États-Unis, où une entreprise privée, active dans le secteur de la santé, a rendu public un ensemble de données censé être anonymisé. Cette anonymisation consistait à effacer les noms des personnes concernées, mais l'ensemble de données contenait encore des informations d'ordre médical et d'autres attributs comme le code postal (identification de localisation indiquant où vivaient les personnes concernées), le sexe et la date de naissance complète. Le même triplet {code postal, sexe, date de naissance complète} figurait aussi dans d'autres registres accessibles au public (par exemple, la liste électorale) et a donc pu être utilisé par un chercheur pour mettre en relation l'identité de certaines personnes concernées avec les attributs de l'ensemble de données publié. Les connaissances tirées du contexte dont disposait l'attaquant (le chercheur) pouvaient être énoncées comme suit : "Je sais que la personne concernée figurant dans la liste électorale avec un triplet {code postal, sexe, date de naissance complète} spécifique est unique. Il existe un enregistrement correspondant à ce triplet dans l'ensemble de données publié." Il a été constaté empiriquement *[L. Sweeney, "Weaving Technology and Policy Together to Maintain Confidentiality", Journal of Law, Medicine & Ethics, 25, n°s 2 et 3 (1997), p. 98 à 110]* que la grande majorité (plus de 80 %) des personnes concernées dans le registre public utilisé pour cette expérience de recherche étaient *[était]* associées *[associée]* de façon univoque à un triplet spécifique, ce qui rendait l'identification possible. Par conséquent, les données n'étaient pas correctement anonymisées dans ce cas.

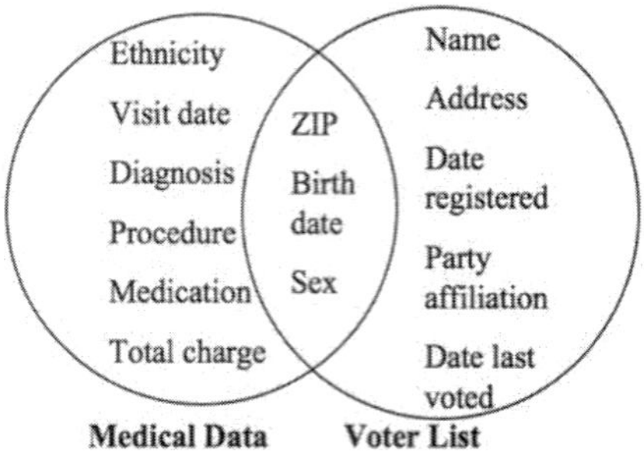

Figure A1. Ré-identification par corrélation entre les données

Afin de réduire l'efficacité d'attaques par corrélation similaires, il a été avancé que les responsables du traitement devraient d'abord examiner l'ensemble de données et regrouper les attributs qui pourraient raisonnablement être exploités par un attaquant pour mettre le tableau publié en relation avec une autre source auxiliaire ; chaque groupe devrait inclure au moins *k* combinaisons identiques d'attributs généralisés (c'est-à-dire qu'il devrait représenter une classe d'équivalence d'attributs). Les ensembles de données ne seraient ensuite publiés qu'après avoir été répartis dans de tels groupes homogènes. Les attributs retenus en vue de leur généralisation sont appelés "quasi-identifiants", puisque leur connaissance, en clair, entraînerait l'identification immédiate des personnes concernées.

De nombreuses expériences d'identification ont démontré la faiblesse de tableaux *k*-anonymisés mal conçus. Cela peut être dû, par exemple, au fait que les autres attributs d'une classe d'équivalence sont identiques (comme dans le cas de la classe d'équivalence des personnes concernées espagnoles dans l'exemple du tableau A2) ou que leur distribution est très déséquilibrée, avec une forte prévalence d'un attribut spécifique, ou encore au fait que le nombre d'enregistrements dans une classe d'équivalence est très réduit, ce qui permet dans les deux cas une inférence probabiliste, ou qu'il n'existe pas de différence "sémantique" significative entre les attributs en clair des classes d'équivalence (ainsi, la mesure quantitative de ces attributs pourrait être effectivement différente, mais très proche en termes numériques, ou ils pourraient relever d'une gamme d'attributs sémantiquement similaires, par exemple, une même catégorie de risque*[s]* de crédit ou une même famille de pathologies), de telle sorte que l'ensemble de données peut encore laisser filtrer une grande quantité d'informations sur les personnes concernées exploitables par des attaques par corrélation *[Il faut souligner que des corrélations peuvent aussi être établies une fois que les enregistrements ont été regroupés par attributs. Quand le responsable du traitement des données sait quels sont les types de corrélations qu'il souhaite vérifier, il peut sélectionner les attributs les plus pertinents. Par exemple, les résultats des enquêtes du centre PEW ne sont pas vulnérables à des attaques par inférence à granularité fine et restent très utiles pour la recherche de corrélations entre les données démographiques et les intérêts (http://www.pewintemet.org/Reports/2013/Anonymity-online.aspx).].* Un point important sur lequel il faut insister ici est que, dans tous les cas où les données sont clairsemées (si, par exemple, il y a peu d'occurrences d'une propriété spécifique dans une zone géographique) et où une première agrégation ne permet pas de regrouper les données avec un nombre suffisant d'occurrences de propriétés différentes (si, par exemple, il reste un petit nombre d'occurrences de quelques propriétés seulement qui peuvent être localisées dans une zone géographique), il est nécessaire de procéder à une agrégation d'attributs supplémentaire pour atteindre l'anonymisation recherchée.

l-diversité

A partir de ces observations, des variantes du *k*-anonymat ont été proposées au fil des années, et certains critères techniques de renforcement de la pratique d'anonymisation par généralisation ont été mis au point, en vue de réduire les risques des attaques par corrélation. Ils se fondent sur des propriétés probabilistes des ensembles de données. En particulier, une contrainte supplémentaire est ajoutée, à savoir que chaque attribut d'une classe d'équivalence apparaît au moins à *l* reprises, de telle sorte qu'un attaquant reste toujours confronté à un degré d'incertitude considérable concernant les attributs, malgré les connaissances tirées du contexte dont il pourrait disposer à propos d'une personne concernée. Cela revient à dire qu'un ensemble de données (ou un segment) doit posséder un nombre minimal d'occurrences d'une propriété sélectionnée : ce procédé permet d'atténuer le risque de ré-identification. Tel est l'objectif de la pratique d'anonymisation à *l*-diversité. Un exemple de cette pratique est donné dans les tableaux A4 (les données originales) et A5 (le résultat du traitement). Comme on le voit, en traitant correctement l'identification de localisation et les âges des individus du tableau A4, le processus de généralisation d'attributs se traduit par une augmentation considérable de l'incertitude quant aux attributs réels de chaque personne concernée dans l'enquête. Par exemple, même si l'attaquant sait qu'une personne concernée figure dans la première classe d'équivalence, il ne peut déterminer avec plus de certitude si une personne a la propriété X, Y ou Z, puisqu'il existe au moins un enregistrement dans cette classe (et dans n'importe quelle classe d'équivalence) présentant ces propriétés.

Numéro d'ordre	Identification de localisation	Âge	Propriété
1	111	38	X
2	122	39	X
3	122	31	Y
4	111	33	Y
5	231	60	Z
6	231	65	X
7	233	57	Y
8	233	59	Y
9	111	41	Z
10	111	47	Z
11	122	46	Z
12	122	45	Z

Tableau A4. Un tableau où les individus sont regroupés par localisation, âge et trois propriétés X, Y et Z

Numéro d'ordre	Identification de localisation	Âge	Propriété
1	11*	< 50	X
4	11*	< 50	Y
9	11*	< 50	Z
10	11*	< 50	Z
5	23*	> 50	Z
6	23*	> 50	X
7	23*	> 50	Y
8	23*	> 50	Y
2	12*	< 50	X
3	12*	< 50	Y
11	12*	< 50	Z
12	12*	< 50	Z

Tableau A5. Un exemple de version à *l*-diversité du tableau A4

t-proximité :

L'approche désignée par le terme "*t*-proximité" prend en considération le cas particulier des attributs qui sont distribués de manière inégale au sein d'un segment ou qui ne présentent qu'un faible écart de valeurs ou de contenus sémantiques. C'est une amélioration supplémentaire de l'anonymisation par généralisation consistant à organiser les données de façon à créer des classes d'équivalence qui reflètent autant que possible la distribution initiale des attributs dans l'ensemble de données original. A cet effet, une procédure en deux étapes est appliquée comme suit. Le tableau A6 constitue la base de données originale comprenant les enregistrements en clair des personnes concernées, groupées par localisation, âge, salaire et deux familles de propriétés sémantiquement similaires, respectivement {X1, X2, X3} et {Y1, Y2, Y3} (par exemple, des classes de risque de crédit similaires, des maladies similaires). Premièrement, le tableau est *l*-diversifié avec une valeur *l* = 1 (tableau A7), en regroupant des enregistrements en classes d'équivalence sémantiquement similaires qui présentent un faible niveau d'anonymisation ciblée ; puis il est traité en vue d'obtenir une *t*-proximité (tableau A8) et une plus grande variabilité au sein de chaque segment. En fait, après cette deuxième étape, chaque classe d'équivalence comprend des enregistrements des deux familles de propriétés. Il est à noter que l'identification de localisation et l'âge ont des granularités différentes dans les diverses étapes du processus : il s'ensuit que chaque attribut peut nécessiter des critères de généralisation différents pour parvenir à l'anonymisation recherchée, ce qui à son tour requiert, de la part des responsables du traitement des données, un ajustement spécifique et un calcul informatique approprié.

Numéro d'ordre	Identification de localisation	Âge	Salaire	Propriété
1	1127	29	30 000	X1
2	1112	22	32 000	X2
3	1128	27	35 000	X3
4	1215	43	50 000	X2
5	1219	52	120 000	Y1
6	1216	47	60 000	Y2
7	1115	30	55 000	Y2
8	1123	36	100 000	Y3
9	1117	32	110 000	X3

Tableau A6. Un tableau où les individus sont regroupés par localisation, âge, salaire et deux familles de propriétés

Numéro d'ordre	Identification de localisation	Âge	Salaire	Propriété
1	11**	2*	30 000	X1
2	11**	2*	32 000	X2
3	11**	2*	35 000	X3
4	121*	> 40	50 000	X2
5	121*	> 40	120 000	Y1
6	121*	> 40	60 000	Y2
7	11**	3*	55 000	Y2
8	11**	3*	100 000	Y3
9	11**	3*	110 000	X3

Tableau A7. Une version à *l*-diversité du tableau A6

Numéro d'ordre	Identification de localisation	Âge	Salaire	Propriété
1	112*	< 40	30 000	X1
3	112*	< 40	35 000	X3
8	112*	< 40	100 000	Y3
4	121*	> 40	50 000	X2
5	121*	> 40	120 000	Y1
6	121*	> 40	60 000	Y2
2	111*	< 40	32 000	X2
7	111*	< 40	55 000	Y2
9	111*	< 40	110 000	X3

Tableau A8. Une version à *t*-proximité du tableau A6

Il faut préciser que l'objectif de la généralisation des attributs des personnes concernées par des procédés aussi élaborés ne peut parfois être atteint que pour un petit nombre d'enregistrements et non pour l'ensemble d'entre eux. Les bonnes pratiques devraient veiller à ce que chaque classe d'équivalence contienne plusieurs individus et qu'aucune attaque par inférence ne reste possible. En tout cas, cette approche requiert un examen approfondi des données disponibles de la part des responsables du traitement, ainsi qu'une analyse combinatoire de diverses alternatives (par exemple, des fourchettes d'amplitudes différentes, une granularité différente en termes de localisation ou d'âge, etc.). Autrement dit, l'anonymisation par généralisation ne peut être le résultat d'une tentative rudimentaire qui consisterait, pour les responsables du traitement des données, à remplacer des valeurs d'attributs analytiques dans un enregistrement par des fourchettes. Des approches quantitatives plus spécifiques sont nécessaires, de façon par exemple à évaluer l'entropie des attributs au sein de chaque segment ou à mesurer la distance entre les distributions originales des attributs et la distribution dans chaque classe d'équivalence.

Lignes directrices du G29 du 5 avril 2017,

Relatives au droit à la portabilité des données ***(WP 242 rev. 01).***

Adoptées le 13 déc. 2016 et révisées le 5 avr. 2017.

V. NDLR en tête de v°.

Synthèse

L'article 20 du Règlement général sur la protection des données *[RGPD]* crée un nouveau droit à la portabilité des données, qui est étroitement lié au droit d'accès aux données, tout en différant de celui-ci à de nombreux égards. Il confère aux personnes concernées le droit de recevoir les données à caractère personnel qu'elles ont fournies à un responsable du traitement, dans un format structuré, couramment utilisé et lisible par machine, et de les transmettre à un autre responsable du traitement. Ce nouveau droit a pour objectif de responsabiliser les personnes concernées et de leur permettre de contrôler davantage les données à caractère personnel les concernant.

Dans la mesure où il permet la transmission directe des données à caractère personnel d'un responsable du traitement à un autre, le droit à la portabilité des données constitue également un instrument important qui facilitera la libre circulation des données à caractère personnel dans l'Union et qui stimulera la concurrence entre les responsables du traitement. Il facilitera le passage d'un prestataire de services à un autre et encouragera dès lors la mise au point de nouveaux services dans le contexte de la stratégie pour un marché unique numérique.

Le présent avis fournit des orientations sur la manière d'interpréter et de mettre en œuvre le droit à la portabilité des données, tel qu'il a été introduit par le Règlement général sur la protection des données. Il a pour objet d'examiner la question du droit

à la portabilité des données et son champ d'application. Il précise les conditions dans lesquelles ce nouveau droit s'applique*[,]* compte tenu de la base juridique du traitement des données (soit le consentement de la personne concernée, soit la nécessité d'exécuter un contrat) et du fait que ce droit est limité aux données à caractère personnel fournies par la personne concernée. Le présent avis fournit également des exemples et des critères concrets pour expliquer les circonstances dans lesquelles ce droit s'applique. A cet égard, le groupe de travail « Article 29 » considère que le droit à la portabilité des données couvre les données fournies sciemment et activement par la personne concernée, ainsi que les données à caractère personnel générées par son activité. Ce nouveau droit ne peut être remis en cause et limité aux informations à caractère personnel que la personne concernée communique directement, par exemple sur un formulaire en ligne.

A titre de bonne pratique, les responsables du traitement devraient commencer à élaborer les moyens qui contribueront à répondre aux demandes de portabilité des données, comme des outils de téléchargement et des interfaces de programme d'application. Ils devraient garantir que les données à caractère personnel sont transmises dans un format structuré, couramment utilisé et lisible par machine et doivent être encouragés à garantir l'interopérabilité du format de données fourni dans le cadre de l'exercice d'une demande de portabilité des données.

Le présent avis aide également les responsables du traitement à comprendre clairement leurs obligations respectives et recommande des bonnes pratiques et des outils visant à soutenir le respect du droit à la portabilité des données. Enfin, il recommande que les parties prenantes du secteur et les associations professionnelles travaillent de concert sur une série commune de normes et de formats interopérables afin de satisfaire aux exigences liées au droit à la portabilité des données.

I. Introduction

L'article 20 du Règlement général sur la protection des données (RGPD) introduit un nouveau droit à la portabilité des données. Ce droit permet aux personnes concernées de recevoir les données à caractère personnel qu'elles ont fournies à un responsable du traitement, dans un format structuré, couramment utilisé et lisible par machine, et de les transmettre sans obstacle à un autre responsable du traitement. Ce droit, qui s'applique sous réserve de certaines conditions, encourage le choix et le contrôle de l'utilisateur, ainsi que sa responsabilisation.

Les personnes exerçant leur droit d'accès au titre de la directive 95/46/CE relative à la protection des données étaient limitées par le format choisi par le responsable du traitement lors de la fourniture des informations demandées. **Le nouveau droit à la portabilité des données vise à responsabiliser les personnes concernées au sujet de leurs données à caractère personnel, car il facilite leur capacité à déplacer, à copier ou à transmettre facilement des données à caractère personnel d'un environnement informatique vers un autre** (qu'il s'agisse de leur propre système, du système de tiers de confiance ou de celui de nouveaux responsables du traitement).

En affirmant les droits et le contrôle personnels des particuliers sur les données à caractère personnel les concernant, la portabilité des données représente également une occasion de « rééquilibrer » la relation entre les personnes concernées et les responsables du traitement *[L'objectif premier de la portabilité des données est de renforcer le contrôle des particuliers sur les données à caractère personnel les concernant et de veiller à ce qu'ils jouent un rôle actif dans l'écosystème des données]*.

Si le droit à la portabilité des données à caractère personnel peut également favoriser la concurrence entre les services (en facilitant le passage d'un service à l'autre), le RGPD réglemente les données à caractère personnel et non la concurrence. En particulier, l'article 20 ne limite pas les données portables à celles qui sont nécessaires ou utiles pour le changement de services *[Par exemple, ce droit peut permettre aux banques de proposer des services complémentaires, sous le contrôle de l'utilisateur, en utilisant des données à caractère personnel initialement recueillies dans le cadre d'un service d'approvisionnement en énergie]*.

Bien que la portabilité des données soit un nouveau droit, d'autres types de portabilité existent déjà ou sont en cours de discussion dans d'autres domaines de la législation (par exemple, dans le contexte de la résiliation d'un contrat, de l'itinérance des services de communication et de l'accès transfrontière aux services *[Voir le programme de la Commission européenne pour un marché unique numérique : https://ec.europa.eu/digital-agenda/en/digital-single-market, en particulier le premier pilier stratégique intitulé « Améliorer l'accès aux biens et services numériques »]*). **Certaines synergies, voire des avantages pour les particuliers, peuvent découler de ces différents types de portabilité si ces services sont fournis dans le cadre d'une approche combinée, même si les analogies doivent être traitées avec prudence.**

Le présent avis fournit des orientations aux responsables du traitement afin qu'ils puissent mettre à jour leurs pratiques, leurs processus et leurs stratégies, et clarifie la signification de la portabilité des données afin de permettre aux personnes concernées d'exercer efficacement leur nouveau droit.

II. Quels sont les principaux éléments de la portabilité des données ?

A son article 20, paragraphe 1, le Règlement général sur la protection des données définit le droit à la portabilité des données comme suit :

Les personnes concernées ont le droit de recevoir les données à caractère personnel les concernant qu'elles ont fournies à un responsable du traitement, dans un format structuré, couramment utilisé et lisible par machine, et ont le droit de transmettre ces données à un autre responsable du traitement sans que le responsable du traitement auquel les données à caractère personnel ont été communiquées y fasse obstacle [...].

Le droit de recevoir des données à caractère personnel

Premièrement, la portabilité des données est un **droit des personnes concernées à recevoir un sous-ensemble de données à caractère personnel** les concernant traitées par un responsable du traitement et à les sauvegarder en vue d'un usage personnel ultérieur. Cette sauvegarde peut se faire sur un dispositif privé ou un nuage privé, sans que les données soient nécessairement transmises à un autre responsable du traitement.

A cet égard, la portabilité des données complète le droit d'accès. Une particularité de la portabilité des données réside dans le fait qu'elle offre aux personnes concernées un moyen aisé de gérer et de réutiliser elles-mêmes les données à caractère personnel les concernant. Ces données doivent être reçues « *dans un format structuré, couramment utilisé et lisible par machine* ». Par exemple, une personne concernée pourrait vouloir extraire sa liste de chansons actuelle (ou un historique des titres écoutés) d'un service de diffusion en flux de musique afin de voir le nombre de fois qu'elle a écouté certaines chansons ou de décider quelle musique elle souhaite acheter ou écouter sur une autre plate-forme. De la même manière, elle pourrait aussi souhaiter extraire la liste de ses contacts de son application de messagerie, par exemple, pour établir une liste de mariage ou obtenir des informations sur des achats effectués en utilisant différentes cartes de fidélité, ou pour évaluer son empreinte carbone *[Dans ces cas, le traitement des données effectué par la personne concernée peut relever des activités domestiques lorsque le traitement est entièrement effectué sous le seul contrôle de la personne concernée ou être réalisé par une autre partie, au nom de la personne concernée. Dans ce dernier cas, l'autre partie doit être considérée comme le responsable du traitement, y compris aux seules fins de la conservation des données à caractère personnel, et doit respecter les principes et obligations énoncés dans le Règlement général]*.

Le droit de transmettre les données à caractère personnel d'un responsable du traitement à un autre responsable du traitement

Deuxièmement, l'article 20, paragraphe 1, confère aux personnes concernées le **droit de transmettre les données à caractère personnel d'un responsable du traitement à un autre responsable du traitement** sans que le premier « y fasse obstacle ». Les données peuvent aussi être transmises directement d'un responsable du traitement à un autre à la demande de la personne concernée, lorsque cela est techniquement possible (article 20, paragraphe 2). A cet égard, le considérant 68 énonce qu'[i]l y a lieu d'encourager les responsables du traitement à mettre au point des formats interopérables permettant la portabilité des données *[V. également la sect. V]*, mais sans créer, pour les responsables du traitement, d'obligation d'adopter ou de maintenir des systèmes de traitement qui sont techniquement compatibles *[Une attention particulière doit par conséquent être accordée au format des données transmises pour garantir que les données peuvent être réutilisées, avec un minimum d'effort, par la personne concernée ou par un autre responsable du traitement. V. également la sect. V]*. Le Règlement général sur la protection des données interdit toutefois aux responsables du traitement d'entraver la transmission.

En substance, cet aspect de la portabilité des données habilite les personnes concernées non seulement à obtenir et à réutiliser les données qu'elles ont fournies, mais aussi à les transmettre à un autre prestataire de services (dans le même secteur d'activité ou dans un autre). En plus de responsabiliser le consommateur en empêchant un « verrouillage » des données, le droit à la portabilité des données devrait renforcer les possibilités d'innovation et de partage des données à caractère personnel entre les responsables du traitement de manière sûre et sécurisée, sous le contrôle de la personne concernée *[V. plusieurs applications expérimentales en Europe, par exemple MiData au Royaume-Uni ou MesInfos/SelfData par FING en France]*. La portabilité des données peut encourager le partage contrôlé et limité par les utilisateurs de données à caractère personnel entre organisations et, partant, enrichir les services et les expériences clients *[Les industries appartenant aux mouvements du « Quantified Self » et de l'« Internet of Things » ont démontré l'avantage (et les risques) découlant de la mise en relation des données à caractère personnel provenant de différents aspects de la vie d'une personne, comme la forme physique, l'activité sportive et l'absorption de calories, afin de fournir une image plus complète de la vie d'une personne en un seul fichier]*. La portabilité des données peut faciliter la transmission et la réutilisation de données à caractère personnel concernant les utilisateurs entre les différents services qui les intéressent.

Responsabilité

La portabilité des données garantit le droit de recevoir des données à caractère personnel et de les traiter selon les souhaits de la personne concernée *[Le droit à la portabilité des données ne se limite pas aux données à caractère personnel qui sont utiles et pertinentes pour des services similaires fournis par des concurrents du responsable du traitement]*.

Les responsables du traitement qui répondent à des demandes de portabilité des données, dans les conditions établies à l'article 20, ne sont pas responsables du traitement effectué par la personne concernée ou par une autre société qui reçoit les données à caractère personnel. Ils agissent au nom de la personne concernée, y compris lorsque les données à caractère personnel sont directement transmises à un autre responsable du traitement. A cet égard, le responsable des données n'est pas responsable de la conformité du responsable du traitement destinataire avec la législation relative à la protection des données, étant donné que ce n'est pas le responsable du traitement émetteur qui choisit le destinataire. En même temps, le responsable du traitement devrait fixer des garanties pour s'assurer qu'il agit réellement au nom de la personne concernée. Il peut par exemple mettre en place des procédures pour s'assurer que le type de données à caractère personnel transmises est effectivement celui que la personne concernée souhaite transmettre. A cet effet, il est possible d'obtenir la confirmation de la personne concernée avant la transmission ou plus tôt, lorsque le consentement original au traitement est donné ou lors de la finalisation du contrat.

Les responsables du traitement répondant à une demande de portabilité des données n'ont aucune obligation particulière de contrôler et de vérifier la qualité des données avant de les transmettre. Bien entendu, ces données doivent déjà être exactes et tenues à jour, conformément aux principes énoncés à l'article 5, paragraphe 1, du Règlement général sur la protection des données. La portabilité des données n'oblige par ailleurs pas le responsable du traitement à conserver des données à caractère personnel plus longtemps que nécessaire ou au-delà d'une période de conservation spécifiée *[Dans l'exemple ci-dessus, si le responsable du traitement des données ne conserve aucune liste des chansons écoutées par un utilisateur, ces données à caractère personnel ne peuvent être incluses dans une demande de portabilité des données]*. Il est important de noter qu'il n'existe aucune exigence supplémentaire concernant la conservation des données au-delà des périodes de conservation applicables par ailleurs, simplement pour pouvoir répondre de manière positive à toute éventuelle demande future de portabilité des données.

Lorsque les données à caractère personnel demandées sont traitées par un sous-traitant, le contrat conclu en vertu de l'article 28 du Règlement général sur la protection des données doit inclure l'obligation d'aider « le responsable du traitement, par des mesures techniques et organisationnelles appropriées, [à] donner suite aux demandes dont les personnes concernées le saisissent en vue d'exercer leurs droits ». Le responsable du traitement devrait donc mettre en œuvre des procédures spécifiques en coopération avec ses sous-traitants pour répondre aux demandes de portabilité des données. En cas de responsabilité conjointe, le contrat devrait clairement répartir les responsabilités entre chaque responsable du traitement en ce qui concerne le traitement des demandes de portabilité des données.

Par ailleurs, un responsable du traitement destinataire *[C'est-à-dire le responsable du traitement qui reçoit les données à caractère personnel à la suite d'une demande de portabilité des données introduite par la personne concernée auprès d'un autre responsable du traitement]* est chargé de garantir que les données portables fournies sont pertinentes et ne sont pas excessives au regard du nouveau traitement des données. Par exemple, dans le cas d'une demande de portabilité des données auprès d'un service de messagerie par laquelle la personne concernée souhaite récupérer des courriers électroniques et les envoyer vers une plate-forme d'archivage sécurisée, le nouveau responsable du traitement ne doit pas traiter les coordonnées des correspondants de la personne concernée. Si ces informations ne sont pas pertinentes au regard de la finalité du nouveau traitement, elles ne doivent pas être conservées ni traitées. Dans tous les cas, les responsables du traitement destinataires ne sont pas tenus d'accepter de traiter les données à caractère personnel transmises à la suite d'une demande de portabilité des données. De la même manière, lorsqu'une personne concernée demande à transmettre les détails de ses transactions bancaires à un service qui l'aide à gérer son budget, le responsable du traitement destinataire ne doit pas accepter toutes les données ni conserver tous les détails des transactions une fois qu'elles ont été caractérisées aux fins du nouveau service. En d'autres termes, les données acceptées et conservées devraient se limiter à celles qui sont nécessaires et pertinentes au *[pour le]* service fourni par le responsable du traitement destinataire.

Une organisation « destinataire » devient un nouveau responsable du traitement pour ces données à caractère personnel et doit respecter les principes énoncés à l'article 5 du Règlement général sur la protection des données. Par conséquent, le « nouveau » responsable du traitement destinataire doit indiquer clairement et directement la finalité du nouveau traitement avant toute demande de transmission des données portables, conformément aux exigences en matière de transparence établies à l'article 14 *[En outre, le nouveau responsable du traitement ne doit pas traiter de données à caractère personnel qui ne sont pas pertinentes et le traitement doit être limité à ce qui est nécessaire au regard des nouvelles finalités, même si les données à caractère personnel font partie d'une série de données plus globale transmise au moyen d'un processus de portabilité. Les données à caractère personnel qui ne sont pas nécessaires pour réaliser la finalité du nouveau traitement doivent être supprimées dans les meilleurs délais]*. Comme pour tout traitement de données effectué sous sa responsabilité, le responsable du traitement doit appliquer les principes énoncés à l'article 5, tels que la licéité, la loyauté et la transparence, la limitation des finalités, la minimisation des données, l'exactitude, l'intégrité et la confidentialité, la limitation de la conservation et la responsabilité *[Une fois reçues par le responsable du traitement, les données à caractère personnel envoyées dans le cadre du droit à la portabilité des données peuvent être considérées comme ayant été « fournies » par la personne concernée et être retransmises conformément à ce droit, dans la mesure où les autres conditions applicables à celui-ci (c'est-à-dire la base juridique du traitement, etc.) sont remplies]*.

Les responsables du traitement détenant des données à caractère personnel doivent être prêts à faciliter l'exercice du droit à la portabilité des données par leurs personnes concernées. Les responsables du traitement peuvent également choisir d'accepter des données provenant d'une personne concernée, mais ils n'y sont pas tenus.

Portabilité des données au regard des autres droits des personnes concernées

Lorsqu'une personne exerce son droit à la portabilité des données, elle le fait sans porter atteinte à aucun autre droit (comme c'est le cas pour tout autre droit prévu par le Règlement général sur la protection des données). Une personne concernée peut continuer à utiliser le service du responsable du traitement et à en bénéficier même après une opération de portabilité des données. La portabilité des données ne déclenche pas automatiquement l'effacement des données *[Comme indiqué à l'art. 17 du RGPD]* des systèmes du responsable du traitement et n'a pas d'incidence sur la période de conservation initiale qui s'applique aux données transmises. La personne concernée peut exercer ses droits aussi longtemps que le responsable du traitement continue de traiter les données.

De la même manière, si la personne concernée souhaite exercer son droit à l'effacement de ses données (« droit à l'oubli » établi à l'article 17), la portabilité des données ne peut être utilisée par un responsable du traitement comme moyen de reporter ou de refuser cet effacement

Si une personne concernée venait à découvrir que des données à caractère personnel demandées dans le cadre du droit à la portabilité des données ne répondent pas totalement à sa demande, toute autre demande de données à caractère personnel au titre du droit d'accès doit être accueillie complètement, conformément à l'article 15 du Règlement général sur la protection des données.

Par ailleurs, lorsqu'un acte législatif spécifique de l'Union ou d'un État membre dans un autre domaine prévoit également une certaine forme de portabilité des données concernées, les conditions établies par ces législations spécifiques doivent aussi être prises en considération lorsqu'il est donné suite à une demande de portabilité des données au titre du Règlement général sur la protection des données. S'il ressort clairement de la demande formulée par la personne concernée que son intention n'est pas d'exercer ses droits au titre du Règlement général sur la protection des données mais plutôt au titre de la législation sectorielle uniquement, alors, les dispositions du Règlement général sur la protection des données relatives à la portabilité des données ne s'appliquent pas à cette demande *[Par exemple, si, par sa demande, la personne concernée cherche spécifiquement à donner accès à l'historique de son compte bancaire à un prestataire de services d'information sur les comptes aux fins énoncées dans la directive sur les services de paiement 2 (DSP2), cet accès doit être octroyé conformément aux dispositions de cette directive]*. Si, en revanche, la demande concerne la portabilité au titre du Règlement général sur la protection des données, l'existence de cette législation spécifique est sans préjudice de l'application générale du principe de portabilité des données à tout responsable du traitement, comme le prévoit ledit règlement. Il convient plutôt d'évaluer, au cas par cas, comment cette législation spécifique peut, éventuellement, affecter le droit à la portabilité des données.

III. Quand la portabilité des données s'applique-t-elle ?

Quelles sont les opérations de traitement couvertes par le droit à la portabilité des données ?

Le respect du Règlement général sur la protection des données exige des responsables du traitement qu'ils se fondent sur une base juridique claire pour le traitement des données à caractère personnel.

Conformément à l'article 20, paragraphe 1, point a, du Règlement général sur la protection des données, pour relever du champ d'application de la portabilité des données, les opérations de traitement doivent être fondées :

– sur le consentement de la personne concernée [en application de l'article 6, paragraphe 1, point a, ou de l'article 9, paragraphe 2, point a, s'agissant de catégories particulières de données à caractère personnel] ;
– ou sur un contrat auquel la personne concernée est partie en application de l'article 6, paragraphe 1, point b.

Les titres de livres achetés par une personne sur *[dans]* une librairie en ligne ou les chansons écoutées via un service de diffusion en flux de musique sont des exemples de données à caractère personnel qui relèvent généralement du champ d'application de la portabilité des données, parce qu'elles sont traitées sur la base de l'exécution d'un contrat auquel la personne concernée est partie.

Le Règlement général sur la protection des données n'établit aucun droit général à la portabilité des données dans les cas où le traitement des données à caractère personnel ne se fonde pas sur le consentement ou sur un contrat *[V. le consid. 68 et l'art. 20, paragr. 3, du RGPD. L'art. 20, paragr. 3, et le consid. 68 disposent que la portabilité des données ne s'applique pas si le traitement des données est nécessaire à l'exécution d'une mission d'intérêt public ou relevant de l'exercice de l'autorité publique dont est investi le responsable du traitement ou si un responsable du traitement exerce ses missions publiques ou respecte une obligation légale. Dès lors, les responsables du traitement ne sont pas obligés de prévoir la portabilité dans ces cas. Toutefois, une bonne pratique consiste à mettre au point des processus visant à répondre automatiquement à des demandes de portabilité, en suivant les principes régissant le droit à la portabilité des données. Un exemple serait un service public fournissant un service de téléchargement facile des précédentes déclarations des revenus des particuliers. Concernant la portabilité des données en tant que bonne pratique dans le cas d'un traitement fondé sur la base juridique de la nécessité d'un intérêt légitime et de régimes volontaires existants, V. p. 53 et 54 de l'avis 6/2014 du groupe de travail « Article 29 » concernant les intérêts légitimes (WP 217)]*. Par exemple, les établissements financiers n'ont pas l'obligation de donner suite à une demande de portabilité des données concernant les données à caractère personnel traitées dans le cadre de leurs obligations en matière de prévention et de détection du blanchiment d'argent et d'autres formes de criminalité financière. De même, la portabilité des données ne couvre pas les coordonnées professionnelles traitées dans le cadre d'une relation d'entreprise à entreprise lorsque le traitement n'est fondé ni sur le consentement de la personne concernée ni sur un contrat auquel cette personne est partie.

S'agissant des données des employés, le droit à la portabilité des données ne s'applique généralement que si le traitement se fonde sur un contrat auquel la personne concernée est partie. Dans de nombreux cas, le consentement ne sera pas considéré comme ayant été donné librement dans ce contexte, en raison du déséquilibre des pouvoirs entre l'employeur et l'employé *[Comme le groupe de travail « Article 29 » l'a souligné dans son avis 8/2001 du 13 sept. 2001 (WP 48)]*. Certains traitements relevant des ressources humaines se fondent plutôt sur la base juridique de l'intérêt légitime, ou sont nécessaires au respect d'obligations juridiques spécifiques dans le domaine de l'emploi. Dans la pratique, le droit à la portabilité des données dans le domaine des ressources humaines concernera incontestablement certaines opérations de traitement (tels *[telles]* que les services de paiement et d'indemnisation ou le recrutement interne), mais dans de nombreuses autres situations, une approche au cas par cas sera nécessaire pour déterminer si toutes les conditions régissant le droit à la portabilité des données sont remplies.

Enfin, le droit à la portabilité des données s'applique uniquement si le traitement des données « est effectué à l'aide de procédés automatisés » et, par conséquent, ne couvre pas la plupart des dossiers papier.

Quelles sont les données à caractère personnel à inclure ?

Conformément à l'article 20, paragraphe 1, les personnes concernées ont le droit de recevoir les données :
– à caractère personnel les concernant et
– qu'elles ont fournies à un responsable du traitement.

L'article 20, paragraphe 4, dispose également que le respect de ce droit ne porte pas atteinte aux droits et libertés de tiers.

Première condition : données à caractère personnel relatives à la personne concernée

Seules les données à caractère personnel peuvent faire l'objet d'une demande de portabilité. Par conséquent, toute donnée anonyme *[http://ec.europa.eu/justice/data-protection/article-29/documentation/opinion-recommendation/files/2014/wp216_fr.pdf]* ou ne se rapportant pas *[à]* la personne concernée est exclue du champ d'application. Toutefois, les données pseudonymisées qui peuvent clairement être liées à la personne concernée (par exemple, lorsque la personne concernée fournit l'identifiant correspondant, voir l'article 11, paragraphe 2) relèvent du champ d'application.

Dans de nombreuses circonstances, les responsables du traitement traiteront des informations qui contiennent les données à caractère personnel de plusieurs personnes concernées. Dans un tel cas, les responsables du traitement ne devraient pas interpréter de manière trop restrictive l'expression « données à caractère personnel les concernant [relatives à la personne concernée] ». A titre d'exemple, les registres des services de téléphonie, de messagerie interpersonnelle ou de VoIP peuvent inclure (dans l'historique du compte de l'abonné) les coordonnées de tiers concernés par des appels entrants et sortants. Même si les registres contiennent dès lors des données à caractère personnel relatives à plusieurs personnes, les abonnés devraient pouvoir recevoir ceux-ci en réponse à leurs demandes de portabilité des données, étant donné que les registres se rapportent (également) à la personne concernée. Toutefois, lorsque ces registres sont ensuite transmis à un nouveau responsable du traitement, ce dernier ne doit pas les traiter pour une finalité qui porterait atteinte aux droits et libertés de tiers (voir ci-dessous : troisième condition).

Deuxième condition : données fournies par la personne concernée

La deuxième condition restreint le champ d'application aux données « fournies » par la personne concernée.

Il existe de nombreux exemples de données à caractère personnel qui sont sciemment et activement « fournies » par la personne concernée, comme les données relatives à un compte (par exemple, adresse postale, nom d'utilisateur, âge) transmises via des formulaires en ligne. Néanmoins, les données « fournies » par la personne concernée peuvent également découler de l'observation de l'activité de cette dernière. Par conséquent, le groupe de travail « Article 29 » considère que pour donner tout son effet à ce nouveau droit, il convient que le terme « fournies » couvre également les données personnelles qui sont observées dans le cadre des activités des utilisateurs, telles que les données brutes traitées par un compteur intelligent ou d'autres types d'objets connectés *[En ayant la possibilité d'extraire les données résultant de l'observation de son activité, la personne concernée pourra également disposer d'un meilleur aperçu des choix de mise en œuvre posés par le responsable du traitement en ce qui concerne la portée des données observées et sera plus à même de choisir les données qu'elle est prête à fournir pour obtenir un service similaire, de même qu'elle saura dans quelle mesure son droit à la vie privée est respecté]*, les journaux d'activités, l'historique d'utilisation d'un site web ou des activités de recherche.

Cette dernière catégorie de données n'inclut pas les données qui sont générées par le responsable du traitement (au moyen des données observées ou directement fournies comme intrants), telles qu'un profil d'utilisateur créé par l'analyse des données brutes collectées à partir d'un compteur intelligent.

Une distinction peut être opérée entre différentes catégories de données, en fonction de leur origine, afin de déterminer si elles sont couvertes par le droit à la portabilité des données. Les catégories suivantes peuvent être qualifiées de données « fournies par la personne concernée » :

– **les données activement et sciemment fournies par la personne concernée** (par exemple, adresse postale, nom d'utilisateur, âge, etc.) ;

– **les données observées fournies par la personne concernée grâce à l'utilisation du service ou du dispositif.**

Ces données peuvent inclure, par exemple, l'historique de recherche, les données relatives au trafic et les données de localisation d'une personne. Elles peuvent aussi inclure d'autres données brutes comme le rythme cardiaque enregistré par un dispositif portable.

En revanche, les données déduites et les données dérivées sont créées par le responsable du traitement sur la base des données « fournies par la personne concernée ». Par exemple, le résultat d'une appréciation relative à la santé d'un utilisateur ou un profil créé dans le contexte des réglementations relatives à la gestion des risques et de la réglementation financière (par ex., pour attribuer une cote de solvabilité ou respecter les règles en matière de lutte contre le blanchiment d'argent) ne peuvent pas être considérés en soi comme ayant été « fournis » par la personne concernée. Bien que ces données puissent faire partie d'un profil conservé par un responsable du traitement et soient déduites ou dérivées d'une analyse des données fournies par la personne concernée (par ses actions, par exemple), ces données ne seront généralement pas considérées comme étant « fournies par la personne concernée » et ne relèveront dès lors pas du champ d'application de ce nouveau droit *[Néanmoins, la personne concernée peut continuer à exercer son « droit d'obtenir du responsable du traitement la confirmation que des données à caractère personnel la concernant sont ou ne sont pas traitées et, lorsqu'elles le sont, l'accès auxdites données à caractère personnel », ainsi que son droit d'accès à des informations concernant « l'existence d'une prise de décision automatisée, y compris un profilage, visée à l'art. 22, paragr. 1 et 4, et, au moins en pareils cas, des informations utiles concernant la logique sous-jacente, ainsi que l'importance et les conséquences prévues de ce traitement pour la personne concernée », conformément à l'art. 15 du Règlement général sur la protection des données (qui fait référence au droit d'accès)]*.

En général, compte tenu des objectifs stratégiques du droit à la portabilité des données, l'expression « fournies par la personne concernée » doit être interprétée au sens large, et devrait exclure les « données déduites » et les « données dérivées », qui incluent les données à caractère personnel qui sont créées par un prestataire de services (par exemple, des résultats algorithmiques). Un responsable du traitement peut exclure ces données déduites, mais doit inclure toutes les autres données à caractère personnel fournies par la personne concernée via les moyens techniques mis à disposition par le responsable du traitement *[Sont incluses toutes les données observées au sujet de la personne concernée durant les activités pour lesquelles les données sont collectées, comme l'historique des transactions ou le protocole des accès. Les données collectées au moyen du suivi et de l'enregistrement de la personne concernée (comme une application enregistrant le rythme cardiaque ou une technologie utilisée pour suivre le comportement de navigation sur le web) doivent également être considérées comme étant « fournies par » la personne concernée, même si les données ne sont pas activement ou sciemment transmises]*.

Par conséquent, l'expression « fournies par » englobe les données à caractère personnel qui se rapportent à l'activité de la personne concernée ou qui résultent de l'observation du comportement d'une personne, mais exclut les données résultant d'une analyse subséquente de ce comportement. En revanche, les données à caractère personnel qui ont été créées par le responsable du traitement dans le cadre du traitement des données, par exemple, par un processus de personnalisation ou de recommandation, par catégorisation ou profilage des utilisateurs, sont des données qui sont dérivées ou déduites des données à caractère personnel fournies par la personne concernée et elles ne sont pas couvertes par le droit à la portabilité des données.

Troisième condition : le droit à la portabilité des données ne doit pas porter atteinte aux droits et libertés de tiers

En ce qui concerne les données à caractère personnel relatives à d'autres personnes concernées :

La troisième condition vise à empêcher l'extraction et la transmission de données contenant les données à caractère personnel d'autres personnes concernées (non consentantes) à un nouveau responsable du traitement dans le cas où ces données sont susceptibles d'être traitées d'une manière qui porterait atteinte aux droits et aux libertés des autres personnes concernées (article 20, paragraphe 4, du Règlement général sur la protection des données) *[Le consid. 68 dispose que « [l]orsque, dans un ensemble de données à caractère personnel, plusieurs personnes sont concernées, le droit de recevoir les données à caractère personnel devrait s'entendre sans préjudice des droits et libertés des autres personnes concernées conformément au présent règlement »].*

Une telle atteinte interviendrait, par exemple, si la transmission de données d'un responsable du traitement à un autre empêchait des tiers d'exercer leurs droits en tant que personnes concernées en vertu du Règlement général sur la protection des données (comme le droit à l'information, le droit d'accès, etc.).

La personne concernée qui initie la transmission des données la concernant à un autre responsable du traitement soit donne son consentement au nouveau responsable du traitement aux fins du traitement de ses données, soit conclut un contrat avec ce dernier. Lorsque des données à caractère personnel de tiers sont comprises dans l'ensemble de données, une autre base juridique doit être définie pour le traitement. Par exemple, un intérêt légitime peut être poursuivi par le responsable du traitement au titre de l'article 6, paragraphe 1, point f, en particulier lorsque l'objectif du responsable du traitement est de fournir à la personne concernée un service qui permet à cette dernière de traiter des données à caractère personnel dans le cadre d'une activité purement personnelle ou domestique. L'opération de traitement initiée par la personne concernée dans le cadre d'une activité personnelle qui concerne et affecte potentiellement des tiers reste de sa responsabilité dans la mesure où ce traitement n'est, en aucune manière, décidé par le responsable du traitement.

Par exemple, un service de messagerie peut permettre la création d'un répertoire de contacts, d'amis, de parents, de membres de la famille et de connaissances plus éloignées d'une personne concernée. Dans la mesure où ces données concernent la personne identifiable qui souhaite exercer son droit à la portabilité des données (et sont créées par celle-ci), les responsables du traitement doivent transmettre à cette personne concernée l'ensemble du répertoire des courriers électroniques entrants et sortants.

De même, le compte bancaire d'une personne concernée peut contenir des données à caractère personnel relatives aux transactions non seulement du titulaire du compte, mais aussi d'autres personnes (par exemple en cas de virement d'argent au titulaire du compte). Il est peu probable que les droits et libertés de ces tiers soient compromis par la transmission des informations concernant le compte bancaire au titulaire du compte dans le cadre d'une demande de portabilité, pour autant que, dans les deux exemples, les données soient utilisées à la même fin (c'est-à-dire une adresse de contact utilisée uniquement par la personne concernée ou l'historique du compte bancaire de la personne concernée).

A l'inverse, les droits et libertés des tiers ne seront pas respectés si le nouveau responsable du traitement utilise les données à caractère personnel à d'autres fins, par exemple, si le responsable du traitement destinataire des données utilise les données à caractère personnel d'autres personnes figurant dans le carnet d'adresses de la personne concernée à des fins de marketing.

Par conséquent, afin d'éviter qu'il soit porté atteinte aux tiers concernés, le traitement de ces données à caractère personnel par un autre responsable du traitement est permis uniquement dans la mesure où les données sont conservées sous le seul contrôle de l'utilisateur demandeur et sont gérées uniquement à des fins purement personnelles ou domestiques. Un « nouveau » responsable du traitement destinataire (auquel les données peuvent être transmises à la demande de l'utilisateur) ne peut pas utiliser les données de tiers qui lui sont transmises à des fins qui lui sont propres, par exemple pour proposer des produits et services de marketing à ces autres tierces personnes concernées. Par exemple, ces informations ne doivent pas être utilisées pour enrichir le profil de la tierce personne concernée et reconstruire son environnement social, sans qu'elle en soit informée et qu'elle y ait consenti *[Un service de réseaux sociaux ne doit pas enrichir le profil de ses membres en utilisant des données à caractère personnel transmises par une personne concernée dans le cadre de son droit à la portabilité des données sans respecter le principe de transparence et veiller à ce que ce traitement spécifique repose sur une base juridique appropriée]*. Elles ne peuvent pas non plus être utilisées pour extraire des informations concernant ces tiers et créer des profils spécifiques, même si le responsable du traitement est déjà en possession de leurs données à caractère personnel. Dans le cas contraire, ce traitement est susceptible d'être illicite et abusif, en particulier si les tiers concernés ne sont pas informés et ne peuvent *[pas]* exercer leurs droits en tant que personnes concernées.

Par ailleurs, il est de bonne pratique pour tous les responsables du traitement (qu'il s'agisse de la partie émettrice ou destinataire des données) de mettre en œuvre des outils permettant aux personnes concernées de choisir les données qu'elles souhaitent recevoir et transmettre et d'exclure, le cas échéant, les données d'autres personnes. Cette manière de procéder contribuera à réduire les risques pour les tiers dont les données à caractère personnel pourraient être concernées par la portabilité.

Par ailleurs, les responsables du traitement devraient mettre en place des mécanismes de consentement applicables à d'autres personnes concernées, afin de faciliter la transmission de données dans les cas où ces parties veulent donner leur consentement, par exemple si celles-ci veulent également transférer leurs données à un autre responsable du traitement. Cette situation peut se produire, par exemple, dans le cas des réseaux sociaux, mais il appartient aux responsables du traitement de décider de la meilleure pratique à suivre.

En ce qui concerne les données couvertes par la propriété intellectuelle et le secret des affaires :

Les droits et libertés d'autrui sont mentionnés à l'article 20, paragraphe 4. Bien qu'elle ne soit pas directement liée à la portabilité, cette notion peut s'entendre comme incluant le « secret des affaires ou [...] la propriété intellectuelle, notamment [le] droit d'auteur protégeant le logiciel ». Toutefois, s'il convient de prendre en considération ces droits avant de répondre à une demande de portabilité des données, « ces considérations ne devraient pas aboutir à refuser toute communication d'informations à la personne concernée ». En outre, le responsable du traitement ne doit pas rejeter une demande de portabilité des données sur la base d'une violation d'un autre droit contractuel (par exemple, une dette en suspens ou un litige commercial avec la personne concernée).

Le droit à la portabilité des données n'est pas un droit permettant à une personne d'abuser des informations d'une manière qui pourrait être qualifiée de déloyale ou qui constituerait une violation des droits de propriété intellectuelle.

Toutefois, un risque commercial potentiel ne saurait, en soi, motiver un refus de répondre à la demande de portabilité et les responsables du traitement peuvent transmettre les données à caractère personnel fournies par les personnes concernées sous une forme qui ne divulgue pas des informations couvertes par le secret des affaires ou par des droits de propriété intellectuelle.

IV. De quelle manière les règles générales régissant l'exercice des droits de la personne concernée s'appliquent-elles à la portabilité des données ?

Quelles sont les informations préalables à fournir à la personne concernée ?

Afin de respecter le nouveau droit à la portabilité des données, les responsables du traitement doivent informer les personnes concernées de l'existence de ce nouveau droit. Lorsque les données à caractère personnel concernées sont collectées directement auprès de la personne concernée, cette information doit avoir lieu « au moment où les données en question sont obtenues ». Si les données à caractère personnel n'ont pas été collectées auprès de la personne concernée, le responsable du traitement doit fournir les informations requises par l'article 13, paragraphe 2, point b, et l'article 14, paragraphe 2, point c.

« Lorsque les données à caractère personnel n'ont pas été collectées auprès de la personne concernée », l'article 14, paragraphe 3, exige que les informations soient fournies dans un délai raisonnable après avoir obtenu les données à caractère personnel, mais ne dépassant pas un mois, au moment de la première communication avec la personne concernée ou lorsque les données à caractère personnel sont communiquées à des tiers *[L'art. 12 exige que le responsable du traitement procède à « toute communication [...] d'une façon concise, transparente, compréhensible et aisément accessible, en des termes clairs et simples, en particulier pour toute information destinée spécifiquement à un enfant »]*.

Lorsqu'ils fournissent les informations requises, les responsables du traitement doivent veiller *[à]* opérer une distinction entre le droit à la portabilité des données et les autres droits. Par conséquent, le groupe de travail « Article 29 » recommande en particulier que les responsables du traitement expliquent clairement la différence entre les types de données qu'une personne concernée peut recevoir en exerçant son droit d'accès et son droit à la portabilité.

En outre, le groupe de travail recommande que les responsables du traitement incluent toujours des informations concernant le droit à la portabilité des données avant toute clôture de compte par une personne concernée. Cette mesure permet aux utilisateurs de faire le point sur leurs données à caractère personnel et de les transférer facilement vers leur propre dispositif ou tout autre prestataire avant la résiliation d'un contrat.

Enfin, en tant que meilleure pratique pour les responsables du traitement « destinataires », le groupe de travail « Article 29 » recommande que les personnes concernées reçoivent des informations complètes sur la nature des données à caractère personnel qui sont pertinentes aux fins de l'exécution des services considérés. Outre qu'elle renforce le caractère loyal du traitement, cette pratique permet aux utilisateurs de limiter les risques pour les tiers, ainsi que toute autre duplication inutile de données à caractère personnel, même lorsque aucune autre personne n'est concernée.

De quelle manière le responsable du traitement peut-il identifier la personne concernée avant de répondre à sa demande ?

Le Règlement général sur la protection des données ne contient aucune prescription normative concernant la manière d'authentifier la personne concernée. Néanmoins, l'article 12, paragraphe 2, dudit règlement dispose que le responsable du traitement ne peut pas refuser de donner suite à la demande de la personne concernée d'exercer ses droits (y compris le droit à la portabilité des données), à moins qu'il ne traite des données à caractère personnel pour une finalité qui n'exige pas l'identification d'une personne concernée et qu'il puisse démontrer qu'il n'est pas en mesure d'identifier la personne concernée. Toutefois, conformément à l'article 11, paragraphe 2, en pareils cas, la personne concernée peut fournir des informations complémentaires qui permettent de l'identifier. Par ailleurs, l'article 12, paragraphe 6, dispose que lorsque le responsable du traitement a des doutes raisonnables quant à l'identité de la personne concernée, il peut demander que lui soient fournies des informations supplémentaires nécessaires pour confirmer l'identité de la personne concernée. Lorsqu'une personne concernée fournit des informations complémentaires permettant de l'identifier, le responsable du traitement ne peut refuser de donner suite à la demande. Lorsque les informations et données collectées en ligne sont liées à des pseudonymes ou à des identifiants uniques, les responsables du traitement peuvent appliquer des procédures appropriées permettant à une personne de présenter une demande de portabilité des données et de recevoir des données la concernant. En tout état de cause, les responsables du traitement doivent appliquer une procédure d'authentification afin d'établir avec certitude l'identité de la personne concernée demandant ses données à caractère personnel ou, plus généralement, exerçant les droits conférés par le Règlement général sur la protection des données.

Ces procédures existent déjà souvent. A l'heure actuelle, les personnes concernées sont souvent déjà authentifiées par le responsable du traitement avant la conclusion d'un contrat ou la collecte de leur consentement au traitement. Par conséquent, les données à caractère personnel utilisées pour enregistrer la personne concernée par le traitement peuvent également être utilisées comme preuves pour l'authentification de cette personne aux fins de la portabilité *[Par exemple, lorsque le traitement des données est lié à un compte d'utilisateur, la communication de l'identifiant et du mot de passe correspondant à ce compte peut suffire à identifier la personne concernée]*.

Si, en pareils cas, l'identification préalable des personnes concernées peut nécessiter une demande de preuve de leur identité légale, cette vérification peut ne pas être pertinente pour évaluer le lien entre les données et la personne concernée, étant donné que ce lien est sans rapport avec l'identité officielle ou légale. Fondamentalement, la possibilité, pour le responsable du traitement, de demander à la personne concernée des informations complémentaires destinées à vérifier son identité ne peut donner lieu à des exigences excessives ni à la collecte de données à caractère personnel qui ne sont pas pertinentes ni nécessaires au renforcement du lien entre la personne et les données à caractère personnel demandées.

Dans de nombreux cas, de telles procédures d'authentification sont déjà en place. Par exemple, les noms d'utilisateur et les mots de passe sont souvent utilisés pour permettre à des personnes d'accéder à leurs données contenues dans leurs comptes de messagerie, leurs comptes sur des réseaux sociaux et les comptes utilisés pour différents services, que certaines personnes choisissent d'utiliser sans révéler leurs identité et nom complets.

Si le volume des données demandées par la personne concernée rend la transmission via l'internet problématique, au lieu de prévoir éventuellement une prolongation de délai de maximum trois mois *[de 3 mois au maximum]* afin de répondre à cette demande *[Art. 12, paragr. 3 : « Le responsable du traitement fournit des informations sur les mesures prises à la suite d'une demande »]*, le responsable du traitement pourrait également devoir envisager d'autres moyens de transmettre les données, notamment en utilisant la diffusion en flux ou le stockage sur un CD, un DVD ou d'autres supports physiques ou en autorisant que les données à caractère personnel soient transmises directement à un autre responsable du traitement (conformément à l'article 20, paragraphe 2, du Règlement général sur la protection des données, lorsque cela est techniquement possible).

Quel est le délai imparti pour répondre à une demande de portabilité ?

L'article 12, paragraphe 3, requiert que le responsable du traitement fournisse à la personne concernée « des informations sur les mesures prises » « dans les meilleurs délais »*[,]* et en tout état de cause « dans un délai d'un mois à compter de la réception de la demande ». Ce délai d'un mois peut être prolongé à un maximum de trois mois *[de 3 mois au maximum]* pour les affaires complexes, à condition que la personne concernée ait été informée des motifs de cette prolongation dans un délai d'un mois à compter de la réception de la demande initiale.

Les responsables du traitement fournissant des services informatiques sont susceptibles d'être mieux équipés pour pouvoir répondre à des demandes dans un délai très court. Afin de répondre aux attentes de l'utilisateur, une bonne pratique consiste à définir le délai dans lequel une réponse peut d'ordinaire être donnée à une demande de portabilité de données et à communiquer cette information aux personnes concernées.

Le responsable du traitement qui ne donne pas suite à une demande de portabilité informe la personne concernée, conformément à l'article 12, paragraphe 4, « des motifs de son inaction et de la possibilité d'introduire une réclamation auprès d'une autorité de contrôle et de former un recours juridictionnel », dans un délai maximal d'un mois à compter de la réception de la demande.

Les responsables du traitement doivent respecter l'obligation de répondre à la demande dans les conditions prescrites, même s'il s'agit de signifier un refus. En d'autres termes, le responsable du traitement est tenu de répondre à une demande de portabilité des données.

Dans quels cas une demande de portabilité des données peut-elle être rejetée ou subordonnée au paiement de frais ?

L'article 12 interdit au responsable du traitement d'exiger un paiement pour fournir les données à caractère personnel, à moins qu'il puisse démontrer que les demandes sont manifestement infondées ou excessives, « notamment en raison de leur caractère répétitif ». Pour les services de la société de l'information spécialisés dans le traitement automatisé de données à caractère personnel, la mise en œuvre de systèmes automatisés, tels que des interfaces de programme d'application (API) *[Le terme « interface de programme d'application » (API) désigne les interfaces d'applications ou les services web mis à disposition par les responsables du traitement de sorte que d'autres systèmes ou applications puissent se mettre en relation avec leurs systèmes et travailler avec ceux-ci]*, peut faciliter les échanges avec les personnes concernées et donc alléger la charge potentielle découlant de demandes répétées. Par conséquent, les cas dans lesquels le responsable du traitement peut justifier un refus de fournir les informations demandées devraient être très rares, même lorsqu'il est question de demandes multiples de portabilité des données.

En outre, le coût global des processus créés pour répondre aux demandes de portabilité des données ne devrait pas être pris en considération pour déterminer le caractère excessif d'une demande. En effet, l'article 12 du Règlement général sur la protection des données se concentre sur les demandes introduites par une personne concernée et non sur le nombre total de demandes reçues par le responsable du traitement. En conséquence, les coûts totaux liés à la mise en œuvre du système ne devraient pas être imputés aux personnes concernées ni invoqués pour justifier un refus de répondre à des demandes de portabilité.

V. De quelle manière les données portables doivent-elles être fournies ?

Quels sont les moyens que le responsable du traitement est censé mettre en œuvre pour fournir les données ?

L'article 20, paragraphe 1, du Règlement général sur la protection des données dispose que les personnes concernées ont le droit de transmettre les données à un autre responsable du traitement sans que le responsable du traitement auquel les données à caractère personnel ont été communiquées y fasse obstacle.

Il peut s'agir d'entraves juridiques, techniques ou financières mises en place par le responsable du traitement pour empêcher ou ralentir l'accès aux données, leur transmission ou leur réutilisation par la personne concernée ou par un autre responsable du traitement, par exemple, des frais demandés pour la fourniture des données, un manque d'interopérabilité ou l'absence d'accès à un format de données ou à une interface de programme d'application ou le format fourni, des délais ou une complexité excessifs pour extraire l'intégralité de l'ensemble de données, l'obscurcissement délibéré de l'ensemble de données, ou encore une normalisation sectorielle ou des exigences en matière d'accréditation spécifiques et abusives ou excessives *[Certaines entraves légitimes peuvent survenir, par exemple celles qui sont liées aux droits et libertés de tiers visés à l'art. 20, paragr. 4, ou celles qui ont trait à la sécurité des propres systèmes des responsables du traitement. Il incombe au responsable du traitement de justifier en quoi ces entraves sont justifiées et pourquoi il ne s'agit pas d'obstacles au sens de l'art. 20, paragr. 1]*.

L'article 20, paragraphe 2, fait également obligation aux responsables du traitement de transmettre directement les données portables à d'autres responsables du traitement « lorsque cela est techniquement possible ».

La possibilité technique de la transmission de responsable du traitement à responsable du traitement, sous le contrôle de la personne concernée, doit être évaluée au cas par cas. Le considérant 68 précise les limites de ce qui est « techniquement possible », indiquant que ce droit « ne devrait pas créer, pour les responsables du traitement, d'obligation d'adopter ou de maintenir des systèmes de traitement qui sont techniquement compatibles ».

Les responsables du traitement sont censés transmettre les données à caractère personnel dans un format interopérable, bien que cela n'oblige pas les autres responsables du traitement à prendre en charge ces formats. La transmission directe d'un responsable du traitement à un autre peut par conséquent avoir lieu lorsque la communication entre deux systèmes est possible, de manière sécurisée *[Par une communication authentifiée présentant le niveau de chiffrement des données nécessaire]*, et lorsque le système récepteur est techniquement en mesure de recevoir les données entrantes. Si des entraves techniques empêchent la transmission directe, le responsable du traitement doit expliquer celles-ci à la personne concernée, car, dans le cas contraire, sa décision sera considérée comme semblable, dans ses effets, à un refus de donner suite à la demande formulée par la personne concernée (article 12, paragraphe 4).

Du point de vue technique, les responsables du traitement devraient envisager et évaluer deux modes différents et complémentaires pour mettre les données portables à la disposition des personnes concernées ou d'autres responsables du traitement :
– une transmission directe de l'intégralité de l'ensemble de données portables (ou plusieurs extraits de parties de l'ensemble global de données) ;
– un outil automatisé permettant l'extraction des données pertinentes.

Le deuxième mode de transmission peut être privilégié par les responsables du traitement dans les cas impliquant des ensembles de données volumineux et complexes, étant donné qu'il permet l'extraction de toute partie de l'ensemble de données pertinente pour la personne concernée dans le cadre de sa demande, peut contribuer à réduire le risque au minimum et permet éventuellement l'utilisation de mécanismes de synchronisation *[Les mécanismes de synchronisation contribuent au respect de l'obligation générale établie à l'art. 5 du RGPD, qui dispose que les données à caractère personnel « doivent être [...] exactes et, si nécessaire, tenues à jour »]* (par exemple, dans le contexte d'une communication régulière entre responsables du traitement). Il peut s'agir d'une meilleure manière d'assurer la conformité pour le « nouveau » responsable du traitement et *[cela]* constituerait une bonne pratique en ce qui concerne la réduction des risques liés à la confidentialité de la part du responsable du traitement initial.

Ces deux manières différentes et éventuellement complémentaires de fournir les données portables pertinentes pourraient être mises en œuvre par la mise à disposition des données au moyen, par exemple, de messages sécurisés, d'un serveur SFTP, d'une interface de programme d'application web ou d'un portail web sécurisés. Les personnes concernées devraient avoir la possibilité d'utiliser un entrepôt de données personnelles, un système de gestion des informations personnelles *[Pour les systèmes de gestion des informations personnelles (PIMS), V., par exemple, l'avis 9/2016 du CEPD, à l'adresse : https://edps.europa.eu/sites/edp/files/publication/16-10-20_pims_opinion_fr.pdf]* ou d'autres types de services de tiers de confiance pour conserver et stocker leurs données à caractère personnel et accorder aux responsables du traitement l'autorisation d'accéder aux données personnelles et de les traiter en tant que de besoin.

Quel est le format de données attendu ?

Le Règlement général sur la protection des données exige du responsable du traitement qu'il fournisse les données à caractère personnel demandées par la personne concernée dans un format qui permet leur réutilisation. Plus spécifiquement, l'article 20, paragraphe 1, du Règlement général sur la protection des données dispose que les données à caractère personnel doivent être fournies « dans un format structuré, couramment utilisé et lisible par machine ». Le considérant 68 précise que ce format doit être interopérable, un terme qui est défini *[Art. 2 de la décis. nº 922/2009/CE du Parlement européen et du Conseil du 16 sept. 2009 concernant des solutions d'interopérabilité pour les administrations publiques européennes (ISA), JO L 260 du 3.10.2009, p. 20]* comme suit dans l'Union :

la capacité de diverses organisations hétérogènes à interagir en vue d'atteindre des objectifs communs, mutuellement avantageux et convenus, impliquant le partage d'informations et de connaissances entre elles, selon les processus d'entreprise qu'elles prennent en charge, par l'échange de données entre leurs systèmes TIC respectifs.

Les qualificatifs « structuré », « couramment utilisé » et « lisible par machine » constituent une série d'exigences minimales qui devraient faciliter l'interopérabilité du format de données fourni par le responsable du traitement. En ce sens, les termes « structuré, couramment utilisé et lisible par machine » donnent des précisions sur les moyens, tandis que l'interopérabilité est le résultat escompté.

Le considérant 21 de la directive 2013/37/UE *[Modifiant la directive 2003/98/CE concernant la réutilisation des informations du secteur public] [Le glossaire de l'UE (http://eur-lex.europa.eu/eli-register/glossary.html) fournit davantage de précisions quant aux attentes liées aux notions utilisées dans les présentes lignes directrices, telles que lisible par machine, interopérabilité, format ouvert, norme ou métadonnées]* définit le format « lisible par machine » comme suit :

un format de fichier structuré de telle manière que des applications logicielles puissent facilement identifier, reconnaître et extraire des données spécifiques, notamment chaque énoncé d'un fait et sa structure interne. Les données encodées présentes dans des fichiers

qui sont structurés dans un format lisible par machine sont des données lisibles par machine. Les formats lisibles par machine peuvent être ouverts ou propriétaires ; il peut s'agir de normes formelles ou non. Les documents encodés dans un format de fichier qui limite le traitement automatique, en raison du fait que les données ne peuvent pas, ou ne peuvent pas facilement, être extraites de ces documents, ne devraient pas être considérés comme des documents dans des formats lisibles par machine. Les États membres devraient, le cas échéant, encourager l'utilisation de formats ouverts, lisibles par machine.

Compte tenu de la grande variété de types de données potentiels qui pourraient être traités par un responsable du traitement, le Règlement général sur la protection des données n'impose pas de recommandations spécifiques quant au format des données à caractère personnel à fournir. Le format le plus approprié différera d'un secteur à l'autre et des formats adéquats peuvent déjà exister, et doivent toujours être choisis de manière à pouvoir être interprétés et offrir à la personne concernée un degré élevé de portabilité. Dès lors, les formats qui sont soumis à des contraintes de licences onéreuses ne sont pas considérés comme relevant d'une approche adéquate.

Le considérant 68 précise que « *[l]e droit de la personne concernée de transmettre ou de recevoir des données à caractère personnel la concernant ne devrait pas créer, pour les responsables du traitement, d'obligation d'adopter ou de maintenir des systèmes de traitement qui sont techniquement compatibles* ». **Dès lors, la portabilité vise à produire des systèmes interopérables, et non des systèmes compatibles** *[La norme ISO/IEC 2382-01 définit l'interopérabilité comme suit : « La possibilité de communiquer, d'exécuter des programmes, ou de transférer des données entre diverses unités fonctionnelles d'une façon qui n'exige que peu de, voire aucune connaissance des caractéristiques particulières de ces unités de la part de l'utilisateur »]*.

Les données à caractère personnel devraient être fournies dans des formats dont le niveau d'abstraction par rapport à tout format interne ou propriétaire est élevé. En tant que telle, la portabilité des données suppose un traitement des données supplémentaire par les responsables du traitement, afin d'extraire les données des plates-formes et de filtrer les données à caractère personnel hors du champ d'application de la portabilité, comme les données déduites ou les données liées à la sécurité des systèmes. Ainsi, les responsables du traitement sont encouragés à recenser préalablement les données qui relèvent du champ d'application de la portabilité dans leurs propres systèmes. Ce traitement de données supplémentaire sera considéré comme accessoire au traitement des données principal parce qu'il n'est pas effectué pour réaliser une nouvelle finalité définie par le responsable du traitement.

Lorsque aucun format n'est d'usage courant dans un secteur ou un contexte donné, **les responsables du traitement devraient fournir les données à caractère personnel au moyen de formats ouverts communément utilisés (par exemple XML, JSON, CSV, etc.), assortis de métadonnées utiles au meilleur niveau de granularité possible**, tout en maintenant un niveau d'abstraction élevé. A cet effet, il convient d'utiliser des métadonnées appropriées afin de décrire précisément la signification des informations échangées. Ces métadonnées devraient être suffisantes pour rendre possibles la fonction et la réutilisation des données, sans, bien entendu, violer le secret des affaires. Il est par conséquent peu probable qu'une version PDF d'une boîte de messagerie électronique fournie à une personne soit suffisamment structurée ou descriptive pour permettre la réutilisation aisée des données de la boîte de messagerie. Les données contenues dans les courriers électroniques devraient plutôt être fournies dans un format qui préserve toutes les métadonnées, afin de permettre une réutilisation efficace des données. A cet effet, lorsqu'il sélectionne un format de données dans lequel fournir les données à caractère personnel, le responsable du traitement doit examiner en quoi ce format pourrait affecter ou entraver le droit de la personne à réutiliser les données. Dans les cas où *[dans lesquels]* un responsable du traitement est en mesure de fournir à la personne concernée des choix quant au format de données à caractère personnel qu'elle préfère, il doit expliquer clairement l'incidence de ce choix. Toutefois, le traitement de métadonnées supplémentaires uniquement parce qu'elles pourraient être nécessaires ou souhaitées dans le cadre d'une demande de portabilité des données ne constitue pas un motif légitime pour ce traitement.

Le groupe de travail « Article 29 » encourage la coopération entre les parties prenantes de l'industrie et les associations professionnelles afin qu'elles travaillent de concert sur une série commune de normes et de formats interopérables en vue de satisfaire aux exigences liées au droit à la portabilité des données. Ce défi a également été relevé par le cadre d'interopérabilité européen (EIF, *European Interoperability Framework*), qui a défini une approche commune de l'interopérabilité pour les organisations souhaitant collaborer en vue de la fourniture de services publics. Au sein de son champ d'application, le cadre définit un ensemble d'éléments communs tels que le vocabulaire, les concepts, les principes, les politiques, les lignes directrices, les recommandations, les normes, les spécifications et les pratiques *[Source : http://ec.europa.eu/isa/documents/isa_annex_ii_eif_en.pdf]*.

Comment traiter une collecte de données à caractère personnel de grande ampleur ou complexe ?

Le Règlement général sur la protection des données n'explique pas comment relever le défi d'une collecte de données de grande ampleur, d'une structure de données complexe ou d'autres problèmes techniques susceptibles de créer des difficultés pour les responsables du traitement ou les personnes concernées.

Toutefois, dans tous les cas, il est capital que la personne soit en mesure de comprendre pleinement la définition, le schéma et la structure des données à caractère personnel qui pourraient être fournies par le responsable du traitement. Par exemple, les données pourraient d'abord être fournies dans un format résumé au moyen de tableaux permettant à la personne concernée de transmettre des sous-ensembles de données à caractère personnel plutôt que l'intégralité de celles-ci. Le responsable du traitement doit fournir un aperçu « d'une façon concise, transparente, compréhensible et aisément accessible, en des termes clairs et simples » (voir l'article 12, paragraphe 1, du Règlement général sur la protection des données), de manière à ce que la personne concernée dispose toujours d'informations claires quant aux données à télécharger ou à transmettre à un autre responsable du traitement en relation avec une finalité donnée. Par exemple, les personnes concernées doivent être en mesure d'utiliser des applications logicielles afin d'identifier, de reconnaître et de traiter facilement des données spécifiques.

Comme indiqué ci-dessus, une manière pratique permettant à un responsable du traitement de répondre à des demandes de portabilité des données pourrait consister à offrir une API dûment sécurisée et documentée. Les personnes concernées pourraient ainsi introduire auprès du responsable du traitement des demandes de données à caractère personnel via leur propre logiciel ou le logiciel d'un tiers ou accorder à d'autres (y compris un autre responsable du traitement) la permission de le faire en leur nom, comme précisé à l'article 20, paragraphe 2, du Règlement général sur la protection des données. En accordant l'accès à des données par l'intermédiaire d'une interface de programme d'application accessible depuis l'extérieur, il pourrait également être possible de proposer un système d'accès plus sophistiqué permettant aux personnes d'introduire des demandes de données ultérieures, sous la forme soit d'un téléchargement complet, soit d'une fonction delta contenant uniquement les modifications apportées depuis le dernier téléchargement, sans que ces demandes supplémentaires soient onéreuses pour le responsable du traitement.

De quelle manière les données portables peuvent-elles être sécurisées ?

En général, conformément à l'article 5, paragraphe 1, point f, du Règlement général sur la protection des données, les responsables du traitement doivent garantir la « sécurité appropriée des données à caractère personnel, y compris la protection contre le traitement non autorisé ou illicite et contre la perte, la destruction ou les dégâts d'origine accidentelle, à l'aide de mesures techniques ou organisationnelles appropriées ».

Toutefois, la transmission des données à caractère personnel à la personne concernée peut aussi poser des problèmes de sécurité :

Comment les responsables du traitement peuvent-ils garantir la fourniture sécurisée de données à caractère personnel à la bonne personne ?

La portabilité des données étant destinée à extraire des données à caractère personnel du système d'information du responsable du traitement, la transmission peut devenir une source de risque possible pour ces données (en particulier, un risque de violation des données pendant la transmission). Il incombe au responsable du traitement de prendre toutes les mesures de sécurité qui s'imposent afin de garantir non seulement la transmission sécurisée des données à caractère personnel (par exemple, en utilisant le chiffrement de bout en bout ou le cryptage de données) au bon destinataire (par exemple, en utilisant des informations d'authentification fortes), mais aussi de maintenir la protection des données à caractère personnel qui restent dans ses systèmes, ainsi que d'établir des procédures transparentes pour remédier aux éventuelles violations des données *[Conformément à la directive (UE) 2016/1148 concernant des mesures destinées à assurer un niveau élevé commun de sécurité des réseaux et des systèmes d'information dans l'Union]*. Pour ce faire, il doit évaluer les éventuels risques spécifiques liés à la portabilité des données et prendre les mesures d'atténuation des risques appropriées.

Les mesures d'atténuation des risques précitées pourraient inclure : si la personne concernée doit déjà s'authentifier, l'utilisation d'informations d'authentification supplémentaires, telles qu'un secret partagé ou un autre élément d'authentification comme un mot de passe à usage unique ; la suspension ou le gel de la transmission, s'il existe une suspicion de compromission du compte ; en cas de transmission directe d'un responsable du traitement à un autre, il convient d'utiliser une authentification par mandat, telle que l'authentification par jeton.

De telles mesures de sécurité ne doivent pas être obstructives par nature et ne doivent pas empêcher les utilisateurs d'exercer leurs droits, notamment en imposant des coûts supplémentaires.

Comment aider les utilisateurs à sécuriser le stockage de leurs données à caractère personnel dans leur propre système ?

En récupérant leurs données à caractère personnel d'un service en ligne, les utilisateurs courent toujours le risque de stocker ces données dans des systèmes moins sécurisés que celui fourni par le service. Il incombe à la personne concernée demandant les données de définir les bonnes mesures pour sécuriser les données à caractère personnel dans son propre système. Toutefois, la personne concernée doit être informée de ce risque afin de prendre les mesures nécessaires pour protéger les informations qu'elle a reçues. Comme exemple de bonne pratique, les responsables du traitement pourraient aussi recommander des formats, outils de chiffrement ou autres mesures de sécurité appropriés pour aider les personnes concernées à atteindre cet objectif.

ANNEXE

Questions fréquemment posées

1. Quel est l'objet du droit à la portabilité des données ?

En substance, la portabilité des données permet aux personnes concernées d'obtenir et de réutiliser les données « les concernant » à des fins qui leur sont propres et pour différents services. Ce droit leur permet plus facilement de déplacer, de copier ou de transférer aisément et sans obstacle des données à caractère personnel d'un environnement informatique vers un autre. En plus de rendre le consommateur autonome en empêchant un « verrouillage » des données, ce droit devrait renforcer les possibilités d'innovation et de partage des données à caractère personnel entre les responsables du traitement de manière sûre et sécurisée, sous le contrôle de la personne concernée.

2. Quelles sont les possibilités offertes par l'exercice du droit à la portabilité des données ?

Premièrement, il s'agit du droit de recevoir des données à caractère personnel (« dans un format structuré, couramment utilisé et lisible par machine ») traitées par un responsable du traitement et de les sauvegarder en vue d'un usage personnel ultérieur sur un dispositif privé, sans les transférer à un autre responsable du traitement. Ce droit offre aux personnes concernées la possibilité de gérer elles-mêmes facilement leurs données à caractère personnel. Deuxièmement, ce droit offre également aux personnes concernées la possibilité de transférer les données à caractère personnel les concernant d'un responsable du traitement à un autre « sans obstacle » et leur permet plus facilement de déplacer, de copier ou de transférer aisément des données à caractère personnel d'un environnement informatique à un autre.

3. Quels sont les outils recommandés pour répondre aux demandes de portabilité des données ?

Premièrement, les responsables du traitement devraient offrir à la personne concernée la possibilité de téléchargement direct, mais aussi lui permettre de transmettre directement les données à un autre responsable du traitement. Cette fonction pourrait par exemple être mise en œuvre grâce à une interface de programme d'application.

Les personnes concernées pourraient également avoir recours à une plate-forme de stockage des données à caractère personnel, ou à un tiers de confiance, afin de conserver et de stocker leurs données à caractère personnel et donner aux responsables du traitement la permission d'accéder à ces données et de les traiter selon les besoins, de sorte que les données puissent être transférées facilement d'un responsable du traitement à un autre.

4. Dans quelle mesure les responsables du traitement sont-ils responsables des données transférées ou reçues dans le cadre de l'exercice du droit à la portabilité des données ?

Le responsable du traitement qui répond à des demandes de portabilité des données n'est pas responsable du traitement effectué par la personne concernée ou par une autre société qui reçoit les données à caractère personnel. Parallèlement, le responsable du traitement destinataire est chargé de garantir que les données portables fournies sont pertinentes et ne sont pas excessives au regard du nouveau traitement des données, qu'il a clairement informé la personne concernée de la finalité de ce nouveau traitement et, plus généralement, qu'il a respecté les principes de protection des données qui s'appliquent à leur traitement, conformément aux dispositions du Règlement général sur la protection des données.

5. L'exercice du droit à la portabilité des données a-t-il une incidence sur l'exercice des autres droits de la personne concernée ?

Lorsqu'une personne exerce son droit à la portabilité des données (ou un autre droit prévu par le Règlement général sur la protection des données), elle le fait sans porter atteinte à un quelconque autre droit. La personne concernée peut exercer son droit aussi longtemps que le responsable du traitement traite les données. Par exemple, la personne concernée peut continuer à utiliser le service du responsable du traitement et à en bénéficier même après une opération de portabilité des données. De la même manière, si la personne concernée souhaite exercer son droit à l'effacement de ses données, s'opposer à l'utilisation de ses données à caractère personnel ou y accéder, l'exercice antérieur ou ultérieur du droit à la portabilité des données ne peut être utilisé par un responsable du traitement afin de reporter sa réponse à une demande de la personne concernée visant à exercer ses autres droits ou de refuser d'y répondre. En outre, la portabilité des données ne génère pas automatiquement l'effacement des données des systèmes du responsable du traitement et n'a pas d'incidence sur la période de conservation initiale qui s'applique aux données transmises conformément au droit à la portabilité des données.

6. Quand le droit à la portabilité des données s'applique-t-il ?

Ce nouveau droit s'applique pour autant que 3 conditions soient remplies de manière cumulative.

Premièrement, les données à caractère personnel demandées doivent être traitées par des moyens automatiques (c'est-à-dire que les dossiers papier sont exclus) sur la base du consentement préalable de la personne concernée ou de l'exécution d'un contrat auquel la personne concernée est partie.

Deuxièmement, les données à caractère personnel demandées doivent porter sur la personne concernée et être fournies par celle-ci. Le groupe de travail « Article 29 » recommande que les responsables du traitement n'interprètent pas de manière trop restrictive les termes « données à caractère personnel relatives à la personne concernée » lorsque des données de tiers sont contenues dans un ensemble de données relatives à la personne concernée et fournies par cette dernière et lorsqu'elles sont utilisées par la personne concernée introduisant la demande à des fins personnelles. Des exemples typiques d'ensemble de données incluant des données de tiers sont les listes d'appels téléphoniques (qui contiennent les appels entrants et sortants) qu'une personne concernée voudrait recevoir, ou l'historique d'un compte bancaire qui inclut les paiements entrants effectués par des tiers.

Les données à caractère personnel peuvent être considérées comme étant fournies par la personne concernée lorsqu'elles sont sciemment et activement « fournies par » la personne concernée, comme les données relatives à un compte (par exemple, adresse postale, nom d'utilisateur, âge) transmises via des formulaires en ligne, mais aussi lorsqu'elles sont générées par les activités des utilisateurs et collectées à partir de ces activités, grâce à l'utilisation du service ou du dispositif. En revanche, les données à caractère personnel qui sont dérivées ou déduites des données fournies par la personne concernée, comme un profil d'utilisateur créé par l'analyse des données brutes d'un compteur intelligent, sont exclues du champ d'application du droit à la portabilité des données parce qu'elles ne sont pas fournies par la personne concernée, mais créées par le responsable du traitement.

Troisièmement, l'exercice de ce nouveau droit ne peut porter atteinte aux droits et aux libertés de tiers. Par exemple, si l'ensemble de données transféré à la demande de la personne concernée contient des données à caractère personnel relatives à d'autres personnes, le nouveau responsable du traitement ne doit traiter ces données que s'il existe un motif juridique approprié pour le faire. D'ordinaire, le traitement sous le seul contrôle de la personne concernée, dans le cadre d'activités purement personnelles ou domestiques, sera approprié.

7. Comment informer les personnes concernées de ce nouveau droit ?

Les responsables du traitement doivent informer les personnes concernées de l'existence du droit à la portabilité des données « d'une façon concise, transparente, compréhensible et aisément accessible, en des termes clairs et simples ». A cet égard, le groupe de travail « Article 29 » recommande que les responsables du traitement expliquent clairement la différence entre les types de données qu'une personne concernée peut recevoir en utilisant le droit à la portabilité ou le droit d'accès, et qu'ils fournissent des informations spécifiques sur le droit à la portabilité des données avant toute clôture de compte, afin de permettre à la personne concernée de récupérer ses données à caractère personnel et de les stocker.

En outre, les responsables du traitement recevant les données portables à la demande de la personne concernée peuvent, à titre de meilleure pratique, fournir aux personnes concernées des informations détaillées sur la nature des données à caractère personnel qui sont pertinentes pour l'exécution de leurs services.

8. De quelle manière le responsable du traitement peut-il identifier la personne concernée avant de répondre à sa demande ?

Le groupe de travail « Article 29 » recommande que le responsable du traitement mette en place des procédures appropriées permettant à une personne d'introduire une demande de portabilité des données et de recevoir les données la concernant. Les responsables du traitement doivent appliquer une procédure d'authentification afin d'établir avec certitude l'identité de la personne concernée demandant ses données à caractère personnel ou, plus généralement, exerçant les droits conférés par le Règlement général sur la protection des données.

9. Quel est le délai imparti pour répondre à une demande de portabilité ?

L'article 12 interdit au responsable du traitement d'exiger un paiement pour fournir les données à caractère personnel, à moins qu'il puisse démontrer que les demandes sont manifestement infondées ou excessives, « notamment en raison de leur caractère répétitif ». Pour les services informatiques ou les services en ligne similaires qui se spécialisent dans le traitement automatique des données à caractère personnel, il est très peu probable que le fait de répondre à des demandes multiples de portabilité des données doive être considéré comme imposant une charge excessive. Dans ces cas, le groupe de travail « Article 29 » recommande de définir un délai raisonnable adapté au contexte et d'en informer les personnes concernées.

10. De quelle manière les données portables doivent-elles être fournies ?

Les données à caractère personnel doivent être fournies dans un format structuré, couramment utilisé et lisible par machine. Ces spécifications applicables aux moyens doivent garantir l'interopérabilité du format de données fourni par le responsable du traitement, l'interopérabilité étant le résultat escompté. Néanmoins, cela ne signifie pas que les responsables du traitement doivent prévoir des systèmes compatibles. En outre, les responsables du traitement doivent fournir avec les données autant de métadonnées que possible, au niveau de précision et de granularité le plus élevé possible, qui préserve la signification précise des informations échangées.

Compte tenu de la grande variété de types de données potentiels qui pourraient être traités par un responsable du traitement, le Règlement général sur la protection des données n'impose pas de recommandations spécifiques quant au format des données à caractère personnel à fournir. Le format le plus approprié différera d'un secteur à l'autre et des formats adéquats peuvent déjà exister, mais doivent toujours être choisis de manière à pouvoir être interprétés.

Le groupe de travail « Article 29 » encourage vivement la coopération entre les parties prenantes de l'industrie et les associations professionnelles afin qu'elles travaillent de concert sur une série commune de normes et de formats interopérables en vue de satisfaire aux exigences liées au droit à la portabilité des données.

Lignes directrices du G29 du 5 avril 2017,

Concernant les délégués à la protection des données (DPD) **(WP 243 rev. 01)**.

Adoptées le 13 déc. 2016 et révisées le 5 avr. 2017.

V. NDLR en tête de v°.

1. Introduction

Le Règlement général sur la protection des données (RGPD) *[Règlement (UE) 2016/679 du Parlement européen et du Conseil du 27 avr. 2016]*, **qui devrait prendre effet le 25 mai 2018, fournit un cadre de conformité modernisé, fondé sur la responsabilité, en matière de protection des données en Europe. Les délégués à la protection des données (DPD) seront au cœur de ce nouveau cadre juridique pour de nombreux organismes, pour faciliter la conformité avec les dispositions du RGPD.**

En vertu du RGPD, certains responsables du traitement et sous-traitants ont l'obligation de désigner un DPD *[La désignation d'un DPD est également obligatoire pour les autorités compétentes en vertu de l'art. 32 de la directive (UE) 2016/680 du Parlement européen et du Conseil du 27 avr. 2016 relative à la protection des personnes physiques à l'égard du traitement des données à caractère personnel par les autorités compétentes à des fins de prévention et de détection des infractions pénales, d'enquêtes et de poursuites en la matière ou d'exécution de sanctions pénales, et à la libre circulation de ces données, et abrogeant la décision-cadre 2008/977/JAI du Conseil, ainsi que de la législation de transposition nationale. Bien que les présentes lignes directrices portent essentiellement sur les DPD désignés en vertu du RGPD, elles sont également pertinentes pour les DPD désignés en vertu de la directive (UE) 2016/680, en ce qui concerne les dispositions similaires des deux actes]*. **Cette obligation s'appliquera à l'ensemble des autorités et organismes publics (indépendamment de la nature des données qu'ils traitent), ainsi qu'à d'autres organismes dont les activités de base consistent en un suivi systématique à grande échelle de personnes ou en un traitement à grande échelle de catégories particulières de données à caractère personnel.**

Même lorsque le RGPD n'exige pas spécifiquement la désignation d'un DPD, les organismes peuvent parfois juger utile d'en désigner un sur une base volontaire. Le groupe de travail « Article 29 » sur la protection des données (« G29 ») encourage ces efforts déployés sur une base volontaire.

La notion de DPD n'est pas nouvelle. Bien que la directive 95/46/CE *[du 24 oct. 1995 relative à la protection des personnes physiques à l'égard du traitement des données à caractère personnel et à la libre circulation de ces données (JO L 281 du 23.11.1995, p. 31)]* **ne contraigne aucun organisme à désigner un DPD, la pratique consistant à désigner un DPD s'est néanmoins installée dans plusieurs États membres au fil des ans.**

Avant l'adoption du RGPD, le G29 avait fait valoir que le DPD était l'une des pierres angulaires du régime de responsabilité et que la désignation d'un DPD pouvait faciliter le respect des règles et, en outre, devenir un avantage concurrentiel pour les entreprises *[V. http://ec.europa.eu/justice/data-protection/article-29/documentation/other-document/files/2015/20150617_appendix_core_issues_plenary_fr.pdf]*. **Outre qu'ils favorisent le respect des règles grâce à la mise en œuvre d'outils de responsabilité (comme la facilitation d'analyses d'impact relatives à la protection des données et la facilitation ou la réalisation d'audits relatifs à la protection des données), les DPD agissent comme intermédiaires entre les acteurs concernés (par exemple, les autorités de contrôle, les personnes concernées et les entités économiques au sein d'un organisme).**

Les DPD ne sont pas personnellement responsables en cas de non-respect du RGPD. Ce dernier établit clairement que c'est le responsable du traitement ou le sous-traitant qui est tenu de s'assurer et d'être en mesure de démontrer que le traitement est effectué conformément à ses dispositions (art. 24, paragr. 1). Le respect de la protection des données relève de la responsabilité du responsable du traitement ou du sous-traitant.

Le responsable du traitement ou le sous-traitant jouent également un rôle essentiel pour permettre l'exécution efficace des missions du DPD. La désignation d'un DPD est une première étape, mais celui-ci doit aussi disposer d'une autonomie et de ressources suffisantes pour s'acquitter efficacement de ses missions.

Le RGPD reconnaît le DPD en tant qu'acteur clé dans le nouveau système de gouvernance des données et établit les conditions relatives à sa désignation, à sa fonction et à ses missions. L'objectif des présentes lignes directrices est de préciser les dispositions pertinentes du RGPD afin d'aider les responsables du traitement et les sous-traitants à respecter la législation, mais aussi d'assister les DPD dans leur rôle. Les présentes lignes directrices formulent également des recommandations en matière de bonnes pratiques, en s'appuyant sur l'expérience acquise dans certains États membres de l'Union. Le G29 assurera le suivi de la mise en œuvre des présentes lignes directrices et pourrait les compléter avec des précisions supplémentaires si nécessaire.

2. Désignation d'un DPD

2.1. *Désignation obligatoire*

L'article 37, paragraphe 1, du RGPD requiert la désignation d'un DPD dans trois cas spécifiques *[Il est à noter que, conformément à l'art. 37, paragr. 4, le droit de l'Union ou des États membres peut exiger la désignation de DPD dans d'autres situations également]* :

a) lorsque le traitement est effectué par une autorité publique ou un organisme public *[A l'exception des juridictions agissant dans l'exercice de leur fonction juridictionnelle, V. art. 32 de la directive (UE) 2016/680]* ;

b) lorsque les activités de base du responsable du traitement ou du sous-traitant consistent en des opérations de traitement qui exigent un suivi régulier et systématique à grande échelle des personnes concernées ; ou

c) lorsque les activités de base du responsable du traitement ou du sous-traitant consistent en un traitement à grande échelle de catégories particulières de données *[Conformément à l'art. 9, ces catégories incluent les données à caractère personnel qui révèlent l'origine raciale ou ethnique, les opinions politiques, les convictions religieuses ou philosophiques ou l'appartenance syndicale ; est également visé le traitement des données génétiques, des données biométriques aux fins d'identifier une personne physique de manière unique, des données concernant la santé ou des données concernant la vie sexuelle ou l'orientation sexuelle d'une personne physique]* ou *[L'art., paragr. 1, point c, utilise le terme « et ». V. le point 2.1.5 ci-dessous pour des explications concernant l'utilisation du terme « ou » au lieu du terme « et »]* de données à caractère personnel relatives à des condamnations pénales et à des infractions *[Art. 10]*.

Dans les points ci-après, le G29 donne des orientations en ce qui concerne les critères et la terminologie figurant à l'article 37, paragraphe 1.

A moins qu'il soit évident qu'un organisme n'est pas tenu de désigner un DPD, le G29 recommande que les responsables du traitement et les sous-traitants documentent l'analyse interne effectuée afin de déterminer si, oui ou non, il y a lieu de désigner un DPD, afin qu'ils soient en mesure de démontrer que les facteurs pertinents ont été correctement pris en considération *[Voir art. 24, paragr. 1]*. Cette analyse fait partie de la documentation requise au titre du principe de responsabilité. Elle peut être exigée par l'autorité de contrôle et doit être tenue à jour le cas échéant, par exemple si les responsables du traitement ou les sous-traitants exercent de nouvelles activités ou s'ils proposent de nouveaux services susceptibles de correspondre aux cas énumérés à l'article 37, paragraphe 1.

Lorsqu'un organisme désigne un DPD sur une base volontaire, les conditions prévues aux articles 37 à 39 s'appliquent à la désignation, à la fonction et aux missions de celui-ci comme si la désignation avait été obligatoire.

Rien n'empêche un organisme qui n'est pas tenu légalement de désigner un DPD et ne souhaite pas en désigner sur une base volontaire d'employer du personnel ou des consultants extérieurs chargés de missions liées à la protection des données à caractère personnel. En pareil cas, il importe de veiller à ce qu'il n'y ait pas de confusion quant à leur titre, leur statut, leur fonction et leurs missions. Ainsi, il convient d'indiquer clairement, dans toute communication au sein de l'entreprise ainsi qu'avec les autorités chargées de la protection des données, les personnes concernées et le public au sens large, que cette personne ou ce consultant ne porte pas le titre de délégué à la protection des données (DPD) *[Cela vaut également pour les responsables de la protection de la vie privée (chief privacy officers) ou les autres professionnels chargés des questions de confidentialité qui sont déjà employés dans certaines entreprises et qui, s'ils ne respectent pas les critères établis par le RGPD, notamment pour ce qui est des ressources disponibles ou des garanties d'indépendance, ne peuvent être considérés ni désignés comme DPD]*.

Le DPD, que sa désignation soit obligatoire ou volontaire, est désigné pour toutes les opérations de traitement effectuées par le responsable du traitement ou le sous-traitant.

2.1.1. *Une autorité publique ou un organisme public*

Le RGPD ne définit pas ce qu'il convient d'entendre par « *une autorité publique ou un organisme public* ». Le G29 considère que cette notion doit être définie en fonction du droit national. En conséquence, les autorités publiques et les organismes publics incluent les autorités nationales, régionales et locales, mais, au regard des législations nationales applicables, cette notion englobe aussi généralement une série d'autres organismes de droit public *[V., par exemple, les définitions de l'« organisme du secteur public » et de l'« organisme de droit public » énoncées respectivement à l'art. 2, point 1), et à l'art. 2, point 2), de la directive 2003/98/CE du Parlement européen et du Conseil du 17 novembre 2003 concernant la réutilisation des informations du secteur public (JO L 345 du 31.12.2003, p. 90)]*. En pareils cas, la désignation d'un DPD est obligatoire.

Les autorités publiques et les organismes publics ne sont pas les seuls à pouvoir effectuer des missions de service public ou exercer l'autorité publique *[Art. 6, paragr. 1, point e]* ; d'autres personnes physiques ou morales de droit public ou privé peuvent également le faire, dans des domaines variant en fonction de la réglementation nationale de chaque État membre, tels que les services de transports publics, l'approvisionnement en eau et en énergie, les infrastructures routières, la radiodiffusion publique, le logement social ou les organes disciplinaires pour les professions réglementées.

Dans ces cas, les personnes concernées peuvent se trouver dans une situation très similaire à celle dans laquelle leurs données sont traitées par une autorité publique ou un organisme public. En particulier, les données peuvent être traitées à des fins similaires, et les particuliers n'ont souvent guère ou pas le choix quant au traitement même des données les concernant ou aux modalités de ce traitement et peuvent donc requérir la protection supplémentaire que peut apporter la désignation d'un DPD.

Bien qu'il n'y ait pas d'obligation dans ce cas, le G29 recommande, à titre de bonne pratique, que les organismes privés chargés d'effectuer des missions de service public ou exerçant l'autorité publique désignent un DPD. Les activités de ce DPD couvrent l'ensemble des opérations de traitement effectuées, y compris celles qui ne sont pas liées à la réalisation d'une mission de service public ou à l'exercice d'une charge officielle (par exemple, la gestion d'une base de données des employés).

2.1.2. *Activités de base*

L'article 37, paragraphe 1, points b et c, du RGPD fait référence aux « *activités de base du responsable du traitement ou du sous-traitant* ». Le considérant 97 précise que « *les activités de base d'un responsable du traitement ont trait à ses activités principales et ne concernent pas le traitement des données à caractère personnel en tant qu'activité auxi-*

liaire». Les « activités de base » peuvent être considérées comme les opérations essentielles nécessaires pour atteindre les objectifs du responsable du traitement ou du sous-traitant.

Toutefois, les « activités de base » ne doivent pas être interprétées comme excluant les activités pour lesquelles le traitement de données fait partie intégrante de l'activité du responsable du traitement ou du sous-traitant. Par exemple, l'activité de base d'un hôpital est de fournir des soins de santé. Toutefois, un hôpital ne peut fournir de soins de santé de manière sûre et efficace sans traiter des données concernant la santé, telles que les dossiers médicaux des patients. Par conséquent, le traitement de ces données doit être considéré comme l'une des activités de base de tout hôpital, et les hôpitaux doivent donc désigner un DPD.

On peut aussi citer l'exemple d'une société de sécurité privée qui assure la surveillance d'un certain nombre de centres commerciaux privés et d'espaces publics. L'activité de base de la société est la surveillance, qui est elle-même indissociablement liée au traitement de données à caractère personnel. Par conséquent, cette société doit également désigner un DPD.

En revanche, tous les organismes exercent certaines activités comme la rémunération de leurs employés ou les activités d'assistance informatique classiques. Ces activités constituent des exemples de fonctions de soutien nécessaires à l'activité de base ou principale de l'organisme. Bien que ces activités soient nécessaires ou essentielles, elles sont généralement considérées comme des fonctions auxiliaires plutôt que comme l'activité de base.

2.1.3. *A grande échelle*

L'article 37, paragraphe 1, points b et c, exige que le traitement des données à caractère personnel soit effectué à grande échelle pour que la désignation d'un DPD soit obligatoire. Si le RGPD ne définit pas la notion de traitement à « grande échelle », le considérant 91 fournit toutefois certaines orientations *[Selon ce considérant, les « opérations de traitement à grande échelle qui visent à traiter un volume considérable de données à caractère personnel au niveau régional, national ou supranational, qui peuvent affecter un nombre important de personnes concernées et qui sont susceptibles d'engendrer un risque élevé » devraient être incluses en particulier. Par ailleurs, le considérant indique spécifiquement que le « traitement de données à caractère personnel ne devrait pas être considéré comme étant à grande échelle si le traitement concerne les données à caractère personnel de patients ou de clients par un médecin, un autre professionnel de la santé ou un avocat exerçant à titre individuel ». Il importe de souligner que, si le considérant donne des exemples extrêmes dans un sens comme dans l'autre (le traitement par un médecin exerçant à titre individuel par rapport au traitement des données d'un pays entier ou dans l'ensemble de l'Europe), il existe une large zone grise entre ces deux extrêmes. En outre, il convient de garder à l'esprit que ce considérant concerne les analyses d'impact relatives à la protection des données, ce qui signifie que certains éléments pourraient être spécifiques à ce contexte et ne pas nécessairement s'appliquer exactement de la même manière à la désignation de DPD]*.

En effet, il n'est pas possible de donner un chiffre précis, que ce soit pour la quantité de données traitées ou le nombre d'individus concernés, qui soit applicable dans toutes les situations. Cela n'exclut toutefois pas la possibilité qu'au fil du temps, une pratique courante puisse émerger, permettant de déterminer en des termes plus spécifiques ou quantitatifs ce qui constitue un traitement « à grande échelle » pour certains types d'activités de traitement courantes. Le G29 prévoit également de contribuer à cette évolution, en partageant et *[en]* faisant connaître des exemples de seuils pertinents pour la désignation d'un DPD.

En tout état de cause, le G29 recommande que les facteurs suivants, en particulier, soient pris en considération pour déterminer si le traitement est mis en œuvre à grande échelle :
– le nombre de personnes concernées, soit en valeur absolue, soit en valeur relative par rapport à la population concernée ;
– le volume de données et/ou le spectre des données traitées ;
– la durée, ou la permanence, des activités de traitement des données ;
– l'étendue géographique de l'activité de traitement.

Exemples de traitement à grande échelle :
– traitement des données de patients par un hôpital dans le cadre du déroulement normal de ses activités ;
– traitement des données de voyage des passagers utilisant un moyen de transport public urbain (par exemple, suivi par les titres de transport) ;
– traitement des données de géolocalisation en temps réel des clients d'une chaîne internationale de restauration rapide à des fins statistiques par un sous-traitant spécialisé dans la fourniture de ces services ;
– traitement des données de clients par une compagnie d'assurance ou une banque dans le cadre du déroulement normal de ses activités ;
– traitement des données à caractère personnel par un moteur de recherche à des fins de publicité comportementale ;
– traitement des données (contenu, trafic, localisation) par des fournisseurs de services de téléphonie ou internet.

Exemples ne constituant pas un traitement à grande échelle :
– traitement, par un médecin exerçant à titre individuel, des données de ses patients ;
– traitement des données à caractère personnel relatives aux condamnations pénales et aux infractions par un avocat exerçant à titre individuel.

2.1.4. *Suivi régulier et systématique*

La notion de suivi régulier et systématique des personnes concernées n'est pas définie dans le RGPD, mais celle de « suivi du comportement des personnes concernées » est mentionnée au considérant 24 [*« Afin de déterminer si une activité de traitement peut être considérée comme un suivi du comportement des personnes concernées, il y a lieu d'établir si les personnes physiques sont suivies sur internet, ce qui comprend l'utilisation ultérieure éventuelle de techniques de traitement des données à caractère personnel qui consistent en un profilage d'une personne physique, afin notamment de prendre des décisions la concernant ou d'analyser ou de prédire ses préférences, ses comportements et ses dispositions d'esprit. »*] et inclut clairement toutes les formes de suivi et de profilage sur internet, y compris à des fins de publicité comportementale.

Toutefois, la notion de suivi n'est pas limitée à l'environnement en ligne et le suivi en ligne ne doit être considéré que comme un exemple de suivi du comportement des personnes concernées [*Il est à noter que le considérant 24 porte en particulier sur l'application extraterritoriale du RGPD. En outre, il existe également une différence entre l'expression « le suivi du comportement de ces personnes »* [*art. 3, paragr. 2, point b*] *et l'expression « un suivi régulier et systématique [...] des personnes concernées »* [*art. 37, paragr. 1, point b*]*, qui pourrait donc être considérée comme une notion différente*].

Le G29 interprète le terme « régulier » comme recouvrant une ou plusieurs des significations suivantes :
– continu ou se produisant à intervalles réguliers au cours d'une période donnée ;
– récurrent ou se répétant à des moments fixes ;
– ayant lieu de manière constante ou périodique.

Le G29 interprète le terme « systématique » comme recouvrant une ou plusieurs des significations suivantes :
– se produisant conformément à un système ;
– préétabli, organisé ou méthodique ;
– ayant lieu dans le cadre d'un programme général de collecte de données ;
– effectué dans le cadre d'une stratégie.

Exemples d'activités pouvant constituer un suivi régulier et systématique des personnes concernées : exploitation d'un réseau de télécommunications ; fourniture de services de télécommunications ; reciblage par courrier électronique ; activités de marketing fondées sur les données ; profilage et notation à des fins d'évaluation des risques (par exemple, aux fins de l'évaluation du risque de crédit, de l'établissement des primes d'assurance, de la prévention de la fraude ou de la détection du blanchiment d'argent) ; géolocalisation, par exemple, par des applications mobiles ; programmes de fidélité ; publicité comportementale ; surveillance des données sur le bien-être, la santé et la condition physique au moyen de dispositifs portables ; systèmes de télévision en circuit fermé ; dispositifs connectés tels que les voitures et compteurs intelligents, la domotique, etc.

2.1.5. *Catégories particulières de données et données relatives à des condamnations pénales et à des infractions*

L'article 37, paragraphe 1, point c, concerne le traitement de catégories particulières de données visées à l'article 9 et de données à caractère personnel relatives à des condamnations pénales et à des infractions visées à l'article 10. Bien que cette disposition utilise le terme « et », il n'existe aucune raison de principe qui voudrait que les deux critères doivent être appliqués simultanément. Il convient donc de lire le texte comme voulant dire « ou ».

2.2. *DPD du sous-traitant*

L'article 37 s'applique à la fois aux responsables du traitement *[le responsable du traitement est défini à l'art. 4, point 7), comme la personne ou l'organisme qui détermine les finalités et les moyens du traitement]* et aux sous-traitants *[Le sous-traitant est défini à l'art. 4, point 8), comme la personne ou l'organisme qui traite des données pour le compte du responsable du traitement]* en ce qui concerne la désignation d'un DPD. En fonction de la personne qui remplit les critères de désignation obligatoire, dans certains cas, seul le responsable du traitement ou le sous-traitant est tenu de désigner un DPD, dans d'autres, le responsable de traitement et le sous-traitant sont tenus de désigner chacun un DPD (les deux DPD devant alors collaborer entre eux).

Il est important de souligner que, même si le responsable du traitement remplit les critères de désignation obligatoire, son sous-traitant n'est pas nécessairement tenu de désigner un DPD. Il peut toutefois s'agir d'une bonne pratique.

Exemples :

– Une petite entreprise familiale active dans le secteur de la distribution d'appareils électroménagers dans une seule ville recourt aux services d'un sous-traitant dont l'activité de base consiste à fournir des services d'analyse de sites internet et d'assistance à la publicité et au marketing ciblés. Les activités de l'entreprise familiale et ses clients n'entraînent pas de traitement de données à « grande échelle », compte tenu du faible nombre de clients et des activités relativement limitées. Toutefois, prises globalement, les activités du sous-traitant, qui dispose d'un grand nombre de clients comme cette petite entreprise, consistent en un traitement à grande échelle. Le sous-traitant doit donc désigner un DPD en vertu de l'article 37, paragraphe 1, point b, tandis que l'entreprise familiale elle-même n'est pas soumise à l'obligation de désigner un DPD.

– Une entreprise de taille moyenne spécialisée dans la fabrication de carrelage sous-traite ses services de médecine du travail à un sous-traitant externe, qui dispose d'un grand nombre de clients similaires. Le sous-traitant doit désigner un DPD en vertu de l'article 37, paragraphe 1, point c, dans la mesure où le traitement s'effectue à grande échelle. En revanche, le fabricant n'est pas nécessairement tenu de désigner un DPD.

Le DPD désigné par un sous-traitant supervise également les activités menées par l'organisme sous-traitant lorsque celui-ci agit lui-même en qualité de responsable du traitement (par exemple, ressources humaines, informatique, logistique).

2.3. *Désignation d'un DPD unique pour plusieurs organismes*

L'article 37, paragraphe 2, autorise un groupe d'entreprises à désigner un seul DPD à condition qu'il soit « facilement joignable à partir de chaque lieu d'établissement ». La notion de joignabilité renvoie aux missions du DPD en tant que point de contact pour les personnes concernées *[Art. 38, paragr. 4 : « Les personnes concernées peuvent prendre contact avec le délégué à la protection des données au sujet de toutes les questions relatives au traitement de leurs données à caractère personnel et à l'exercice des droits que leur confère le présent règlement »]*, **pour l'autorité de contrôle** *[Art. 39, paragr. 1, point e : « faire office de point de contact pour l'autorité de contrôle sur les questions relatives au traitement, y compris la consultation préalable visée à l'art. 36, et mener des consultations, le cas échéant, sur tout autre sujet »]*, **mais également en interne au sein de l'organisme, compte tenu du fait que l'une des missions du DPD consiste à « informer et conseiller le responsable du traitement ou le sous-traitant ainsi que les employés qui procèdent au traitement sur les obligations qui leur incombent en vertu du présent règlement »** *[Art. 39, paragr. 1, point a]*.

Afin de veiller à ce que le DPD, qu'il soit interne ou externe, soit joignable, il est important de s'assurer que ses coordonnées sont mises à disposition conformément aux exigences du RGPD *[V. à cet égard le point 2.6 ci-dessous]*.

Il doit être en mesure, avec l'aide d'une équipe si nécessaire, de communiquer efficacement avec les personnes concernées *[Art. 12, paragr. 1 : « Le responsable du traitement prend des mesures appropriées pour fournir toute information visée aux art. 13 et 14 ainsi que pour procéder à toute communication au titre des art. 15 à 22 et de l'art. 34 en ce qui concerne le traitement à la personne concernée d'une façon concise, transparente, compréhensible et aisément accessible, en des termes clairs et simples, en particulier pour toute information destinée spécifiquement à un enfant »]* **et de coopérer** *[Art. 39, paragr. 1, point d : « coopérer avec l'autorité de contrôle »]* **avec les autorités de contrôle compétentes, ce qui implique également que cette communication s'effectue dans la ou les langues utilisées par les autorités de contrôle et les personnes concernées en question. La disponibilité d'un DPD (qu'il se trouve physiquement dans le même lieu que les employés ou qu'il soit joignable à travers un service d'assistance téléphonique ou d'autres moyens de communication sécurisés) est essentielle pour que les personnes concernées puissent prendre contact avec lui.**

En vertu de l'article 37, paragraphe 3, un seul délégué à la protection des données peut être désigné pour plusieurs autorités publiques ou organismes publics, compte tenu de leur structure organisationnelle et de leur taille. Les mêmes considérations en matière de ressources et de communication s'appliquent. Étant donné que le DPD est chargé d'une série de missions, le responsable du traitement ou le sous-traitant doit s'assurer qu'un seul DPD peut, avec l'aide d'une équipe si nécessaire, s'acquitter efficacement de ces missions en dépit du fait qu'il soit désigné par plusieurs autorités publiques et organismes publics.

2.4. *Joignabilité et localisation du DPD*

Conformément à la section 4 du RGPD, la joignabilité du DPD doit être effective.

Afin de garantir que le DPD soit joignable, le G29 recommande que celui-ci se trouve dans l'Union européenne, que le responsable du traitement ou le sous-traitant soit ou non établi dans l'Union.

Toutefois, il ne peut être exclu que, dans certaines situations où *[dans lesquelles]* le responsable du traitement ou le sous-traitant ne possède pas d'établissement dans l'Union européenne *[V. l'art. 3 du RGPD concernant le champ d'application territorial]*, le DPD puisse mener ses activités de manière plus efficace s'il se trouve en dehors de l'Union.

2.5. *Expertise et compétences du DPD*

L'article 37, paragraphe 5, dispose que le DPD *« est désigné sur la base de ses qualités professionnelles et, en particulier, de ses connaissances spécialisées du droit et des pratiques en matière de protection des données, et de sa capacité à accomplir les missions visées à l'article 39 »*. Le considérant 97 indique que le niveau de connaissances spécialisées requis devrait être déterminé en fonction des opérations de traitement de données effectuées et de la protection exigée pour les données à caractère personnel traitées.

Niveau d'expertise

Le niveau d'expertise requis n'est pas strictement défini, mais il doit être proportionné à la sensibilité, à la complexité et au volume des données traitées par un organisme. Par exemple, lorsqu'une opération de traitement de données est particulièrement complexe, ou lorsqu'une grande quantité de données sensibles est concernée, il est possible que le DPD doive disposer d'un niveau plus élevé d'expertise et de soutien. Il existe également une différence selon que l'organisme transfère systématiquement des données à caractère personnel hors de l'Union européenne ou, au contraire, que les transferts de ce type sont occasionnels. Il convient donc de choisir le DPD soigneusement, en prenant dûment en considération les questions relatives à la protection des données qui se posent au sein de l'organisme.

Qualités professionnelles

Bien que l'article 37, paragraphe 5, ne précise pas les qualités professionnelles à prendre en considération lors de la désignation du DPD, il est nécessaire que les DPD disposent d'une expertise dans le domaine des législations et pratiques nationales et européennes en matière de protection des données, ainsi que d'une connaissance approfondie du RGPD. Il est également utile que les autorités de contrôle encouragent la formation adéquate et régulière des DPD.

La connaissance du secteur d'activité et de l'organisme du responsable du traitement est utile. Le DPD devrait également disposer d'une bonne compréhension des opérations de traitement effectuées, ainsi que des systèmes d'information et des besoins du responsable du traitement en matière de protection et de sécurité des données.

Dans le cas d'une autorité publique ou d'un organisme public, le DPD devrait également avoir une bonne connaissance des règles et procédures administratives de l'organisme.

Aptitude à exercer ses missions

L'aptitude à exercer les missions qui incombent au DPD doit être interprétée tant au regard des qualités personnelles et connaissances du DPD que de sa fonction au sein de l'organisme. Parmi les qualités personnelles figurent par exemple l'intégrité et un haut niveau de déontologie ; la préoccupation première du DPD doit être de permettre le respect du RGPD. Le DPD joue un rôle clé dans la promotion d'une culture de la protection des données au sein de l'organisme et contribue à mettre en œuvre des éléments essentiels du RGPD, tels que les principes relatifs au traitement des données *[Chap. II]*, les droits des personnes concernées *[Chap. III]*, la protection des données dès la conception et la protection des données par défaut *[Art. 25]*, le registre des activités de traitement *[Art. 30]*, la sécurité du traitement *[Art. 32] [,]* ainsi que la notification et la communication des violations de données *[Art. 33 et 34]*.

DPD sur la base d'un contrat de service

La fonction du DPD peut aussi être exercée sur la base d'un contrat de service conclu avec une personne ou un organisme indépendant de l'organisme du responsable du traitement ou du sous-traitant. Dans ce cas, il est essentiel que chaque membre de l'organisme exerçant les fonctions de DPD remplisse l'ensemble des exigences applicables établies à la section 4 du RGPD (par exemple, il est essentiel qu'aucun des membres de l'organisme n'ait de conflit d'intérêts). Il est tout aussi important que chaque membre soit protégé par les dispositions du RGPD (par exemple, pas de résiliation abusive du contrat de service pour les activités de DPD pas plus que de licenciement abusif d'un membre de l'organisme exerçant les missions du DPD). Dans le même temps, les compétences et les atouts individuels peuvent être combinés de sorte que plusieurs personnes, travaillant en équipe, puissent mieux servir leurs clients.

Dans un souci de clarté juridique et de bonne organisation, et afin d'éviter les conflits d'intérêts pour les membres de l'équipe, il est recommandé de prévoir une répartition claire des tâches au sein de l'équipe chargée de la fonction de DPD et de désigner, pour chaque client, une seule personne comme personne de contact principale « responsable » de ce client. En règle générale, il serait également utile de préciser ces points dans le contrat de service.

2.6. *Publication et communication des coordonnées du DPD*

L'article 37, paragraphe 7, du RGPD dispose que le responsable du traitement ou le sous-traitant :
- publie les coordonnées du DPD et
- communique ces coordonnées à l'autorité de contrôle compétente.

Ces exigences visent à garantir que les personnes concernées (tant à l'intérieur qu'à l'extérieur de l'organisme) et les autorités de contrôle puissent aisément et directement prendre contact avec le DPD sans devoir s'adresser à un autre service de l'organisme. La confidentialité est également un aspect important : les employés pourraient par exemple hésiter à se plaindre auprès du DPD si la confidentialité de leurs communications n'est pas garantie

Le DPD est soumis au secret professionnel ou à une obligation de confidentialité en ce qui concerne l'exercice de ses missions, conformément au droit de l'Union ou au droit des États membres (article 38, paragraphe 5).

Les coordonnées du DPD doivent contenir des informations permettant aux personnes concernées et aux autorités de contrôle de joindre celui-ci facilement (une adresse postale, un numéro de téléphone spécifique et/ou une adresse de courrier électronique spécifique). Le cas échéant, aux fins de la communication avec le public, d'autres moyens de communication pourraient également être prévus, par exemple, une assistance par téléphone spécifique, ou un formulaire de contact spécifique adressé au DPD sur le site web de l'organisme.

L'article 37, paragraphe 7, n'exige pas que les coordonnées publiées incluent le nom du DPD. Si la publication du nom du DPD peut constituer une bonne pratique, il appartient au responsable du traitement, ou au sous-traitant, et au DPD de décider si elle est nécessaire ou utile dans les circonstances particulières du cas considéré *[Il est à noter qu'à la différence de l'art. 37, paragr. 7, l'art. 33, paragr. 3, point b, qui décrit les informations à communiquer à l'autorité de contrôle et à la personne concernée en cas de violation de données à caractère personnel, exige explicitement la communication du nom du DPD (et pas uniquement de ses coordonnées)]*.

Toutefois, la communication du nom du DPD à l'autorité de contrôle est essentielle pour que le DPD puisse faire office de point de contact entre l'organisme et l'autorité de contrôle *[art. 39, paragr. 1, point e)]*.

A titre de bonne pratique, le G29 recommande également que tout organisme communique le nom et les coordonnées du DPD à ses employés. Par exemple, le nom et les coordonnées du DPD pourraient être publiés en interne sur l'intranet, dans le répertoire téléphonique et dans les organigrammes de l'organisme.

3. Fonction du DPD

3.1. *Association du DPD à toutes les questions relatives à la protection des données à caractère personnel*

L'article 38 du RGPD dispose que le responsable du traitement et le sous-traitant doivent veiller à ce que le DPD « *soit associé, d'une manière appropriée et en temps utile, à toutes les questions relatives à la protection des données à caractère personnel* ».

Il est essentiel que le DPD, ou son équipe, soit associé dès le stade le plus précoce possible à toutes les questions relatives à la protection des données. En ce qui concerne les analyses d'impact relatives à la protection des données, le RGPD prévoit expressément la participation du DPD à un stade précoce et précise que le responsable du traitement doit demander conseil au DPD lorsqu'il effectue une analyse de ce type *[Art. 35, paragr. 2]*. L'information et la consultation du DPD dès le début permettront de faciliter le respect du RGPD et d'encourager une approche fondée sur la protection des données dès la conception ; il devrait donc s'agir d'une procédure habituelle au sein de la gouvernance de l'organisme. En outre, il importe que le DPD soit considéré comme un interlocuteur au sein de l'organisme et qu'il soit membre des groupes de travail consacrés aux activités de traitement de données au sein de l'organisme.

Par conséquent, l'organisme devrait veiller, par exemple, à ce que :

– le DPD soit invité à participer régulièrement aux réunions de l'encadrement supérieur et intermédiaire ;

– sa présence soit recommandée lorsque des décisions ayant des implications en matière de protection des données sont prises. Toutes les informations pertinentes doivent être transmises au DPD en temps utile afin de lui permettre de fournir un avis adéquat ;

– l'avis du DPD soit toujours dûment pris en considération. En cas de désaccord, le G29 recommande, à titre de bonne pratique, de consigner les raisons pour lesquelles l'avis du DPD n'a pas été suivi ;

– le DPD soit immédiatement consulté lorsqu'une violation de données ou un autre incident se produit.

Le cas échéant, le responsable du traitement ou le sous-traitant pourrait élaborer des lignes directrices ou des programmes en matière de protection des données indiquant les cas dans lesquels le DPD doit être consulté.

3.2. *Ressources nécessaires*

L'article 38, paragraphe 2, du RGPD exige que l'organisme aide son DPD *en fournissant les ressources nécessaires pour exercer [ses] missions, ainsi que l'accès aux données à caractère personnel et aux opérations de traitement, et lui permettant d'entretenir ses connaissances spécialisées*. Les aspects suivants, en particulier, doivent être pris en considération :

– soutien actif de la fonction du DPD par l'encadrement supérieur (par exemple, au niveau du conseil d'administration) ;

– temps suffisant pour que les DPD puissent accomplir leurs tâches. Cet aspect est particulièrement important lorsqu'un DPD interne est désigné à temps partiel ou lorsque le DPD externe est chargé de la protection des données en plus d'autres tâches. Autrement, des conflits de priorités pourraient conduire à ce que les tâches du DPD soient négligées. Il est primordial que le DPD puisse consacrer suffisamment de temps à ses missions. Il est de bonne pratique de fixer un pourcentage de temps consacré à la fonction de DPD lorsque cette fonction n'est pas occupée à temps plein. Il est également de bonne pratique de déterminer le temps nécessaire à l'exécution de la fonction et le niveau de priorité approprié pour les tâches du DPD, et que le DPD (ou l'organisme) établisse un plan de travail ;

– soutien adéquat du point de vue des ressources financières, des infrastructures (locaux, installations, équipements) et du personnel, le cas échéant ;

– communication officielle de la désignation du DPD à l'ensemble du personnel afin de veiller à ce que l'existence et la fonction de celui-ci soient connues au sein de l'organisme ;

– accès nécessaire à d'autres services, tels que les ressources humaines, le service juridique, l'informatique, la sécurité, etc., de manière à ce que les DPD puissent recevoir le soutien, les contributions et les informations essentiels de ces autres services ;

– formation continue. Les DPD doivent avoir la possibilité de maintenir leurs connaissances à jour en ce qui concerne les évolutions dans le domaine de la protection des données. L'objectif devrait être d'augmenter constamment le niveau d'expertise des DPD et ceux-ci devraient être encouragés à participer à des cours de formation sur la protection des données ainsi qu'à d'autres formes de développement professionnel, telles que la participation à des forums sur la protection de la vie privée, des ateliers, etc. ;

– compte tenu de la taille et de la structure de l'organisme, il est possible qu'il faille mettre en place une équipe de DPD (un DPD et son personnel). En pareils cas, la structure interne de l'équipe ainsi que les tâches et responsabilités de chacun de ses membres doivent être clairement établies. De même, lorsque la fonction du DPD est exercée par un prestataire de services externe, une équipe de personnes travaillant pour le compte de cette entité peut exercer, dans les faits, les missions du DPD en tant que groupe, sous la responsabilité d'une personne de contact principale désignée pour le client.

D'une manière générale, plus les opérations de traitement sont complexes ou sensibles, plus les ressources octroyées au DPD devront être importantes. La fonction de protection des données doit être effective et dotée de ressources adéquates au regard du traitement de données réalisé.

3.3. *Instructions et exercice de « leurs fonctions et missions en toute indépendance »*

L'article 38, paragraphe 3, prévoit certaines garanties de base destinées à faire en sorte que les DPD soient en mesure d'exercer leurs missions avec un degré suffisant d'autonomie au sein de leur organisme. En particulier, les responsables du traitement/sous-traitants doivent veiller à ce que le DPD « *ne reçoive aucune instruction en ce qui concerne l'exercice des missions* ». Le considérant 97 indique en outre que les DPD, « *qu'ils soient ou non des employés du responsable du traitement, devraient être en mesure d'exercer leurs fonctions et missions en toute indépendance* ».

Cela signifie que, dans l'exercice de leurs missions au titre de l'article 39, les DPD ne doivent pas recevoir d'instructions sur la façon de traiter une affaire, par exemple, quel résultat devrait être obtenu, comment enquêter sur une plainte ou s'il y a lieu de consulter l'autorité de contrôle. En outre, ils ne peuvent être tenus d'adopter un certain point de vue sur une question liée à la législation en matière de protection des données, par exemple, une interprétation particulière du droit.

L'autonomie des DPD ne signifie cependant pas qu'ils disposent de pouvoirs de décision allant au-delà des missions leur incombant conformément à l'article 39.

Le responsable du traitement ou le sous-traitant reste responsable du respect de la législation sur la protection des données et doit être en mesure de démontrer ce respect *[Art. 5, paragr. 2]*. Si le responsable du traitement ou le sous-traitant prend des décisions qui sont incompatibles avec le RGPD et l'avis du DPD, ce dernier devrait avoir la possibilité d'indiquer clairement son avis divergent au niveau le plus élevé de la direction et aux décideurs. A cet égard, l'article 38, paragraphe 3, dispose que le DPD « *fait directement rapport au niveau le plus élevé de la direction du responsable du traitement ou du sous-traitant* ». Une telle reddition de compte directe garantit que l'encadrement supérieur (par exemple, le conseil d'administration) a connaissance des avis et recommandations du DPD qui s'inscrivent dans le cadre de la mission de ce dernier consistant à informer et à conseiller le responsable du traitement ou le sous-traitant. L'élaboration d'un rapport annuel sur les activités du DPD destiné au niveau le plus élevé de la direction constitue un autre exemple de reddition de compte directe.

3.4. *Licenciement ou sanction pour l'exercice des missions du DPD*

L'article 38, paragraphe 3, dispose que le DPD ne devrait pas être « *relevé de ses fonctions ou pénalisé par le responsable du traitement ou le sous-traitant pour l'exercice de ses missions* ».

Cette exigence renforce l'autonomie des DPD et contribue à garantir que ceux-ci agissent en toute indépendance et bénéficient d'une protection suffisante dans l'exercice de leurs missions relatives à la protection des données.

Le RGPD n'interdit les sanctions que si elles sont imposées au DPD à la suite de l'exercice de ses missions de DPD. Par exemple, si un DPD considère qu'un traitement particulier est susceptible d'engendrer un risque élevé et conseille au responsable du traitement ou au sous-traitant de procéder à une analyse d'impact relative à la protection des données, mais que le responsable du traitement ou le sous-traitant n'est pas d'accord avec l'évaluation du DPD, ce dernier ne peut être relevé de ses fonctions pour avoir formulé cet avis.

Les sanctions peuvent prendre des formes diverses et peuvent être directes ou indirectes. Il peut s'agir, par exemple, d'absence de promotion ou de retard dans la promotion, de freins à l'avancement de carrière ou du refus de l'octroi d'avantages dont bénéficient d'autres travailleurs. Il n'est pas nécessaire que ces sanctions soient effectivement mises en œuvre, une simple menace suffit pour autant qu'elle soit utilisée pour sanctionner le DPD pour des motifs liés à ses activités de DPD.

Dans le cadre d'une gestion normale, et comme c'est le cas pour tout autre employé ou sous-traitant conformément au droit des contrats ou au droit du travail et au droit pénal applicables au niveau national, et selon les conditions qui y sont fixées, un DPD pourra toujours être licencié légitimement pour des motifs autres que l'exercice de ses missions de DPD (par exemple, en cas de vol, de harcèlement physique, moral ou sexuel, ou d'autres fautes graves similaires).

Dans ce contexte, il convient de noter que le RGPD ne précise pas comment et quand un DPD peut être licencié ou remplacé par une autre personne. Toutefois, plus le contrat d'un DPD est stable et plus il existe de garanties contre le licenciement abusif, plus il est probable que le DPD pourra agir en toute indépendance. Par conséquent, le G29 encourage les efforts déployés par les organismes à cet effet.

3.5. *Conflits d'intérêts*

L'article 38, paragraphe 6, autorise les DPD à « *exécuter d'autres missions et tâches* ». Il exige toutefois que l'organisme veille à ce que « *ces missions et tâches n'entraînent pas de conflit d'intérêts* ».

L'absence de conflit d'intérêts est étroitement liée à l'obligation d'agir en toute indépendance. Bien que les DPD soient autorisés à exercer d'autres fonctions, un DPD ne peut se voir confier d'autres missions et tâches qu'à condition que celles-ci ne donnent pas lieu à un conflit d'intérêts. Cela signifie en particulier que le DPD ne peut exercer au sein de l'organisme une fonction qui l'amène à déterminer les finalités et les moyens du traitement de données à caractère personnel. En raison de la structure organisationnelle spécifique de chaque organisme, cet aspect doit être étudié au cas par cas.

En règle générale, parmi les fonctions susceptibles de donner lieu à un conflit d'intérêts au sein de l'organisme peuvent figurer les fonctions d'encadrement supérieur (par exemple, directeur général, directeur opérationnel, directeur financier, médecin-chef, responsable du département marketing, responsable des ressources humaines ou responsable du service informatique), mais aussi d'autres rôles à un niveau inférieur de la structure organisationnelle si ces fonctions ou rôles supposent la détermination des finalités et des moyens du traitement. En outre, il peut également y avoir conflit d'intérêts, par exemple, si un DPD externe est appelé à représenter le responsable du traitement ou le sous-traitant devant les tribunaux dans des affaires ayant trait à des questions liées à la protection des données.

En fonction des activités, de la taille et de la structure de l'organisme, il peut être de bonne pratique pour les responsables du traitement ou les sous-traitants :
– de recenser les fonctions qui seraient incompatibles avec celle de DPD ;
– d'établir des règles internes à cet effet, afin d'éviter les conflits d'intérêts ;
– d'inclure une explication plus générale concernant les conflits d'intérêts ;
– de déclarer que leur DPD n'a pas de conflit d'intérêts en ce qui concerne sa fonction de DPD, dans le but de mieux faire connaître cette exigence ;
– de prévoir des garanties dans le règlement intérieur de l'organisme, et de veiller à ce que l'avis de vacance pour la fonction de DPD ou le contrat de service soit suffisamment précis et détaillé pour éviter tout conflit d'intérêts. Dans ce contexte, il convient également de garder à l'esprit que les conflits d'intérêts peuvent prendre différentes formes selon que le DPD est recruté en interne ou à l'extérieur.

4. Missions du DPD

4.1. *Contrôle du respect du RGPD*

L'article 39, paragraphe 1, point b, confie au DPD, entre autres missions, la tâche de contrôler le respect du RGPD. Le considérant 97 précise en outre que le DPD

« devrait aider le responsable du traitement ou le sous-traitant à vérifier le respect, au niveau interne, du présent règlement ».

Dans le cadre de ces tâches de contrôle du respect du RGPD, les DPD peuvent notamment :
– recueillir des informations permettant de recenser les activités de traitement ;
– analyser et vérifier la conformité des activités de traitement ;
– informer et conseiller le responsable du traitement ou le sous-traitant et formuler des recommandations à son intention.

Le contrôle du respect du RGPD ne signifie pas que le DPD est personnellement responsable en cas de non-respect de celui-ci. Le RGPD établit clairement que c'est le responsable du traitement, et non le DPD, qui est tenu de mettre *« en œuvre des mesures techniques et organisationnelles appropriées pour s'assurer et être en mesure de démontrer que le traitement est effectué conformément au présent règlement »* (art. 24, paragr. 1). Le respect de la protection des données relève de la responsabilité sociale du responsable du traitement des données, et non du DPD.

4.2. *Rôle du DPD dans les analyses d'impact relatives à la protection des données*

Conformément à l'article 35, paragraphe 1, il incombe au responsable du traitement, et non au DPD, d'effectuer, si nécessaire, une analyse d'impact relative à la protection des données. Toutefois, le DPD peut jouer un rôle d'assistance du responsable du traitement très important et très utile. Conformément au principe de protection des données dès la conception, l'article 35, paragraphe 2, exige expressément que le responsable du traitement « demande conseil » au DPD lorsqu'il réalise une analyse d'impact relative à la protection des données. L'article 39, paragraphe 1, point c, donne pour sa part mission au DPD de *« dispenser des conseils, sur demande, en ce qui concerne l'analyse d'impact relative à la protection des données et vérifier l'exécution de celle-ci en vertu de l'article 35 ».*

Le G29 recommande que le responsable du traitement demande conseil au DPD sur les questions suivantes notamment *[L'art. 39, paragr. 1, énumère les missions du DPD et indique que ces missions sont « au moins » les suivantes. Par conséquent, rien ne s'oppose à ce que le responsable du traitement confie au DPD des missions autres que celles qui sont expressément mentionnées à l'art. 39, paragr. 1, ou précise ces missions de manière plus détaillée]* :
– la question de savoir s'il convient ou non de procéder à une analyse d'impact relative à la protection des données ;
– la méthodologie à suivre lors de la réalisation d'une analyse d'impact relative à la protection des données ;
– la question de savoir s'il convient d'effectuer l'analyse d'impact relative à la protection des données en interne ou de la sous-traiter ;
– les mesures (y compris des mesures techniques et organisationnelles) à appliquer pour atténuer les risques éventuels pesant sur les droits et les intérêts des personnes concernées ;
– la question de savoir si l'analyse d'impact relative à la protection des données a été correctement réalisée et si ses conclusions (opportunité ou non de procéder au traitement et garanties à mettre en place) sont conformes au RGPD.

Si le responsable du traitement est en désaccord avec l'avis fourni par le DPD, la documentation de l'analyse d'impact relative à la protection des données devrait expressément justifier, par écrit, la raison pour laquelle l'avis n'a pas été pris en considération *[L'art. 24, paragr. 1, dispose que, « [c]ompte tenu de la nature, de la portée, du contexte et des finalités du traitement ainsi que des risques, dont le degré de probabilité et de gravité varie, pour les droits et libertés des personnes physiques, le responsable du traitement met en œuvre des mesures techniques et organisationnelles appropriées pour s'assurer et être en mesure de démontrer que le traitement est effectué conformément au présent règlement. Ces mesures sont réexaminées et actualisées si nécessaire »]*.

Le G29 recommande en outre que le responsable du traitement décrive clairement, par exemple dans le contrat du DPD, mais aussi dans les informations fournies aux employés et à l'encadrement (ainsi qu'à d'autres parties prenantes, le cas échéant), les missions précises du DPD et leur champ d'application, notamment en ce qui concerne la réalisation des analyses d'impact relatives à la protection des données.

4.3. *Coopérer avec l'autorité de contrôle et faire office de point de contact*

Conformément à l'article 39, paragraphe 1, points d et e, le DPD devrait : « *coopérer avec l'autorité de contrôle* » et « *faire office de point de contact pour l'autorité de contrôle sur les questions relatives au traitement, y compris la consultation préalable visée à l'article 36, et mener des consultations, le cas échéant, sur tout autre sujet* ».

Ces missions ont trait au rôle de « facilitateur » du DPD mentionné dans l'introduction des présentes lignes directrices. Le DPD fait office de point de contact pour faciliter l'accès de l'autorité de contrôle aux documents et informations nécessaires à l'exécution des missions mentionnées à l'article 57, ainsi qu'à l'exercice de ses pouvoirs d'enquête, de ses pouvoirs d'adopter des mesures correctrices, de ses pouvoirs d'autorisation et de ses pouvoirs consultatifs visés à l'article 58. Comme cela a déjà été mentionné, le DPD est soumis au secret professionnel ou à une obligation de confidentialité en ce qui concerne l'exercice de ses missions, conformément au droit de l'Union ou au droit des États membres (article 38, paragraphe 5). Toutefois, l'obligation de secret professionnel/confidentialité n'interdit pas au DPD de prendre contact avec l'autorité de contrôle pour solliciter son avis. L'article 39, paragraphe 1, point e, dispose que le DPD peut mener des consultations auprès de l'autorité de contrôle sur tout autre sujet, le cas échéant.

4.4. *Approche fondée sur les risques*

L'article 39, paragraphe 2, requiert que le DPD tienne « *dûment compte [...] du risque associé aux opérations de traitement compte tenu de la nature, de la portée, du contexte et des finalités du traitement* ».

Cet article rappelle un principe général de bon sens, qui peut s'appliquer à de nombreux aspects du travail quotidien d'un DPD. En substance, il exige des DPD qu'ils établissent des priorités dans leurs activités et concentrent leurs efforts sur les questions qui représentent un risque élevé en matière de protection des données. Cela ne signifie pas qu'ils doivent négliger la vérification de la conformité des opérations de traitement présentant un niveau de risque inférieur, mais plutôt qu'ils doivent se concentrer, en premier lieu, sur les secteurs présentant un risque élevé.

Cette approche sélective et pragmatique devrait aider les DPD à conseiller le responsable du traitement sur la méthode à utiliser lors de la réalisation d'une analyse d'impact sur la protection des données, sur les domaines qui devraient être soumis à un audit interne ou externe en matière de protection des données, sur les activités de formation à proposer au personnel ou aux membres de l'encadrement responsables des activités de traitement des données et sur les opérations de traitement auxquelles il devrait consacrer une part plus importante de son temps et de ses ressources.

4.5. *Rôle du DPD dans la tenue du registre*

En vertu de l'article 30, paragraphes 1 et 2, c'est le responsable du traitement ou le sous-traitant, et non le DPD, qui doit tenir « *un registre des activités de traitement effectuées sous [sa] responsabilité* » ou « *un registre de toutes les catégories d'activités de traitement effectuées pour le compte du responsable du traitement* ».

Dans la pratique, les DPD dressent souvent des inventaires et tiennent un registre des opérations de traitement sur la base des informations qui leur ont été fournies par les différents services dans leur organisme responsables du traitement de données à caractère personnel. Cette pratique a été inscrite dans de nombreuses législations nationales ainsi que dans les règles en matière de protection des données applicables aux institutions et organes de l'Union européenne *[Art. 24, paragr. 1, point d, du règlement (CE) nº 45/2001]*.

L'article 39, paragraphe 1, établit une liste des missions que le DPD doit au moins se voir confier. Par conséquent, rien ne s'oppose à ce que le responsable du traitement ou le sous-traitant confie au DPD la mission de tenir le registre des opérations de traitement effectuées sous la responsabilité du responsable du traitement ou du sous-traitant. Ce registre doit être considéré comme l'un des outils permettant au DPD d'exercer ses missions de contrôle du respect du RGPD ainsi que d'information et de conseil du responsable du traitement ou du sous-traitant.

En tout état de cause, le registre qui doit être tenu au titre de l'article 30 doit aussi être considéré comme un outil permettant au responsable du traitement et à l'autorité de contrôle de disposer, sur demande, d'une vue d'ensemble de toutes les activités de traitement de données à caractère personnel effectuées par un organisme. Il s'agit donc d'une condition préalable nécessaire au respect du RGPD et, à ce titre, d'une mesure de responsabilisation efficace.

ANNEXE

Lignes directrices concernant les DPD : ce qu'il faut savoir

L'objectif de la présente annexe est de répondre, dans un format simplifié et facile à lire, à certaines des principales questions que peuvent se poser les organismes au sujet des nouvelles exigences prévues par le Règlement général sur la protection des données (RGPD) en matière de désignation d'un DPD.

Désignation du DPD

1. Quels sont les organismes tenus de désigner un DPD ?

La désignation d'un DPD est obligatoire :
— si le traitement est effectué par une autorité publique ou un organisme public, quelles que soient les données qui sont traitées ;
— si les activités de base du responsable du traitement ou du sous-traitant consistent en des opérations de traitement qui exigent un suivi régulier et systématique à grande échelle des personnes concernées ;
— si les activités de base du responsable du traitement ou du sous-traitant consistent en un traitement à grande échelle de catégories particulières de données ou de données à caractère personnel relatives à des condamnations pénales et à des infractions.

Il est à noter que le droit de l'Union ou des États membres peut exiger la désignation de DPD dans d'autres situations également. Enfin, même si la désignation d'un DPD n'est pas obligatoire, les organismes peuvent parfois estimer utile d'en désigner un sur une base volontaire. Le groupe de travail « Article 29 » sur la protection des données (« G29 ») encourage ces efforts déployés sur une base volontaire. Lorsqu'un organisme désigne un DPD sur une base volontaire, les mêmes conditions s'appliquent à la désignation, à la fonction et aux missions de celui-ci que si la désignation avait été obligatoire.

Sources : article 37, paragraphe 1, du RGPD

2. Qu'entend-on par « activités de base » ?

Les « activités de base » peuvent être considérées comme les opérations essentielles pour atteindre les objectifs du responsable du traitement ou du sous-traitant. Elles comprennent également toutes les activités pour lesquelles le traitement de données fait partie intégrante de l'activité du responsable du traitement ou du sous-traitant. Par exemple, le traitement des données concernant la santé telles que les dossiers médicaux des patients doit être considéré comme l'une des activités de base des hôpitaux, et ces derniers doivent donc désigner un DPD.

En revanche, tous les organismes exercent certaines activités de soutien comme la rémunération de leurs employés ou les activités d'assistance informatique classiques. Ces activités constituent des exemples de fonction de soutien nécessaire à l'activité de base ou principale de l'organisme. Bien que ces activités soient nécessaires ou essentielles, elles sont généralement considérées comme des fonctions auxiliaires plutôt que comme l'activité de base.

Sources : article 37, paragraphe 1, points b et c, du RGPD

3. Qu'entend-on par « à grande échelle » ?

Le RGPD ne définit pas la notion de traitement « à grande échelle ». Le G29 recommande que les facteurs suivants, en particulier, soient pris en considération pour déterminer si le traitement est mis en œuvre à grande échelle :
— le nombre de personnes concernées, soit en valeur absolue, soit en valeur relative par rapport à la population concernée;
— le volume de données et/ou le spectre des données traitées;
— la durée, ou la permanence, des activités de traitement des données;
— l'étendue géographique de l'activité de traitement.

Exemples de traitement à grande échelle :
— traitement des données de*[s]* patients par un hôpital dans le cadre du déroulement normal de ses activités;
— traitement des données de voyage des passagers utilisant un moyen de transport public urbain (par exemple, suivi par les titres de transport);
— traitement des données de géolocalisation en temps réel des clients d'une chaîne internationale de restauration rapide à des fins statistiques par un sous-traitant spécialisé dans ces activités;
— traitement des données de*[s]* clients par une compagnie d'assurance ou une banque dans le cadre du déroulement normal de ses activités;
— traitement des données à caractère personnel par un moteur de recherche à des fins de publicité comportementale;
— traitement des données (contenu, trafic, localisation) par des fournisseurs de services de téléphonie ou internet.

Exemples ne constituant pas un traitement à grande échelle :
— traitement, par un médecin exerçant à titre individuel, des données de ses patients;
— traitement des données à caractère personnel relatives aux condamnations pénales et aux infractions par un avocat exerçant à titre individuel.

4. Qu'entend-on par « suivi régulier et systématique » ?

La notion de suivi régulier et systématique des personnes concernées n'est pas définie dans le RGPD, mais inclut clairement toutes les formes de suivi et de profilage sur internet, y compris à des fins de publicité comportementale. La notion de suivi ne se limite toutefois pas à l'environnement en ligne.

Exemples d'activité pouvant constituer un suivi régulier et systématique des personnes concernées : exploitation d'un réseau de télécommunications; fourniture de services de télécommunications; reciblage par courrier électronique; activités de marketing fondées sur les données; profilage et notation à des fins d'évaluation des risques (par exemple, aux fins de l'évaluation du risque de crédit, de l'établissement des primes d'assurance, de la prévention de la fraude ou de la détection du blanchiment d'argent); géolocalisation, par exemple, par des applications mobiles; programmes de fidélité; publicité comportementale; surveillance des données sur le bien-être, la santé et la condition physique au moyen de dispositifs portables; systèmes de télévision en circuit fermé; dispositifs connectés tels que les voitures et compteurs intelligents, la domotique, etc.

Le G29 interprète le terme « régulier » comme recouvrant une ou plusieurs des significations suivantes :
— continu ou se produisant à intervalles réguliers au cours d'une période donnée;
— récurrent ou se répétant à des moments fixes;
— ayant lieu de manière constante ou périodique.

Le G29 interprète le terme « systématique » comme recouvrant une ou plusieurs des significations suivantes :
— se produisant conformément à un système;
— préétabli, organisé ou méthodique;
— ayant lieu dans le cadre d'un programme général de collecte de données;
— effectué dans le cadre d'une stratégie.

Sources : article 37, paragraphe 1, point b, du RGPD

5. Des organismes peuvent-ils désigner un DPD conjointement ?
Dans l'affirmative, à quelles conditions ?

Oui. Un groupe d'entreprises peut désigner un seul DPD à condition qu'il soit « *facilement joignable à partir de chaque lieu d'établissement* ». La notion de joignabilité renvoie aux missions du

DPD en tant que point de contact pour les personnes concernées, pour l'autorité de contrôle et également en interne au sein de l'organisme. Afin de veiller à ce que le DPD, qu'il soit interne ou externe, soit joignable, il est important de s'assurer que ses coordonnées sont mises à disposition. Le DPD, avec l'aide d'une équipe si nécessaire, doit être en mesure de communiquer efficacement avec les personnes concernées et de coopérer avec les autorités de contrôle compétentes, ce qui implique que cette communication s'effectue dans la ou les langues utilisées par les autorités de contrôle et les personnes concernées en question. La disponibilité d'un DPD (qu'il se trouve physiquement dans le même lieu que les employés ou qu'il soit joignable à travers un service d'assistance téléphonique ou d'autres moyens de communication sécurisés) est essentielle pour que les personnes concernées puissent prendre contact avec lui.

Un seul délégué à la protection des données peut être désigné pour plusieurs autorités publiques ou organismes publics, compte tenu de leur structure organisationnelle et de leur taille. Les mêmes considérations en matière de ressources et de communication s'appliquent. Étant donné que le DPD est chargé d'une série de missions, le responsable du traitement ou le sous-traitant doit s'assurer qu'un seul DPD peut, avec l'aide d'une équipe si nécessaire, s'acquitter efficacement de ces missions en dépit du fait qu'il soit désigné par plusieurs autorités publiques et organismes publics.

Sources : article 37, paragraphes 2 et 3, du RGPD

6. Où le DPD doit-il se trouver ?

Afin de garantir que le DPD soit joignable, le G29 recommande que celui-ci se trouve dans l'Union européenne, que le responsable du traitement ou le sous-traitant soit ou non établi dans l'Union. Toutefois, il ne peut être exclu que, dans certaines situations où *[dans lesquelles]* le responsable du traitement ou le sous-traitant ne possède pas d'établissement dans l'Union européenne, le DPD puisse mener ses activités de manière plus efficace s'il se trouve en dehors de l'Union.

7. Est-il possible de désigner un DPD externe ?

Oui. Le DPD peut être un membre du personnel du responsable du traitement ou du sous-traitant (DPD interne) ou exercer ses missions sur la base d'un contrat de service, ce qui signifie que le DPD peut être une personne externe et, dans ce cas, sa fonction peut être exercée sur la base d'un contrat de service conclu avec une personne ou un organisme.

Lorsque la fonction du DPD est exercée par un prestataire de services externe, une équipe de personnes travaillant pour le compte de cette entité peut, dans les faits, exercer les missions du DPD en tant que groupe, sous la responsabilité d'une personne de contact principale responsable du client. Dans ce cas, il est essentiel que chaque membre de l'organisme externe exerçant les fonctions de DPD remplisse l'ensemble des exigences applicables établies dans le RGPD.

Dans un souci de clarté juridique et de bonne organisation, et afin de prévenir les conflits d'intérêts pour les membres de l'équipe, les lignes directrices recommandent de prévoir, dans le contrat de service, une répartition claire des tâches au sein de l'équipe externe chargée de la fonction de DPD et de désigner une seule personne comme personne de contact principale « responsable » du client.

Sources : article 37, paragraphe 6, du RGPD

8. Quelles sont les qualités professionnelles que le DPD doit posséder ?

Le DPD est désigné sur la base de ses qualités professionnelles et, en particulier, de ses connaissances spécialisées du droit et des pratiques en matière de protection des données, et de sa capacité à accomplir ses missions.

Le niveau de connaissances spécialisées requis devrait être déterminé en fonction des opérations de traitement de données effectuées et de la protection exigée pour les données à caractère personnel traitées. Par exemple, lorsqu'une opération de traitement de données est particulièrement complexe, ou lorsqu'une grande quantité de données sensibles est concernée, il est possible que le DPD doive disposer d'un niveau plus élevé d'expertise et de soutien.

Les compétences et l'expertise nécessaires sont notamment les suivantes :

— expertise relative aux législations nationale et européenne en matière de protection des données, y compris une connaissance approfondie du RGPD ;
— compréhension des opérations de traitement effectuées ;
— compréhension des technologies de l'information et de la sécurité des données ;
— connaissance du secteur d'activité et de l'organisme ;

— capacité à promouvoir une culture de protection des données au sein de l'organisme.

Sources : article 37, paragraphe 5, du RGPD

Fonction du DPD

9. Quelles ressources le responsable du traitement ou le sous-traitant doit-il mettre à la disposition du DPD ?

Le DPD doit disposer des ressources nécessaires à l'exécution de ses missions.

En fonction de la nature des opérations et activités de traitement et de la taille de l'organisme, les ressources suivantes devraient être fournies au DPD :

— soutien actif de la fonction du DPD par l'encadrement supérieur;

— temps suffisant pour que les DPD puissent accomplir leurs missions;

— soutien adéquat du point de vue des ressources financières, des infrastructures (locaux, installations, équipements) et du personnel, le cas échéant;

— communication officielle de la désignation du DPD à l'ensemble du personnel;

— accès à d'autres services au sein de l'organisme de manière à ce que les DPD puissent recevoir le soutien, les contributions et les informations essentiels de ces autres services;

— formation continue.

Sources : article 38, paragraphe 2, du RGPD

10. Quelles sont les garanties permettant au DPD d'exercer ses missions en toute indépendance ? Qu'entend-on par « conflit d'intérêts » ?

Il existe plusieurs garanties permettant au DPD d'agir en toute indépendance :

— absence d'instruction de la part des responsables du traitement ou des sous-traitants en ce qui concerne l'exercice des missions du DPD;

— interdiction pour le responsable du traitement de licencier ou de sanctionner le DPD pour l'exercice de ses missions;

— absence de conflit d'intérêts avec d'autres missions et tâches possibles.

Les autres missions et tâches d'un DPD ne doivent pas donner lieu à un conflit d'intérêts. Cela signifie tout d'abord que le DPD ne peut exercer au sein de l'organisme une fonction qui l'amène à déterminer les finalités et les moyens du traitement de données à caractère personnel. En raison de la structure organisationnelle spécifique de chaque organisme, cet aspect doit être étudié au cas par cas.

En règle générale, parmi les fonctions susceptibles de donner lieu à un conflit d'intérêts au sein de l'organisme peuvent figurer les fonctions d'encadrement supérieur (par exemple, directeur général, directeur opérationnel, directeur financier, médecin-chef, responsable du département marketing, responsable des ressources humaines ou responsable du service informatique), mais aussi d'autres rôles à un niveau inférieur de la structure organisationnelle si ces fonctions ou rôles supposent la détermination des finalités et des moyens du traitement. En outre, il peut également y avoir conflit d'intérêts, par exemple, si un DPD externe est appelé à représenter le responsable du traitement ou le sous-traitant devant les tribunaux dans des affaires ayant trait à des questions liées à la protection des données.

Sources : article 38, paragraphes 3 et 6, du RGPD

Missions du DPD

11. Qu'entend-on par « surveillance du respect des règles » ?

Dans le cadre de ces tâches de contrôle du respect du RGPD, les DPD peuvent notamment :

— recueillir des informations permettant de recenser les activités de traitement;

— analyser et vérifier la conformité des activités de traitement;

— informer et conseiller le responsable du traitement ou le sous-traitant et formuler des recommandations à son intention.

Sources : article 39, paragraphe 1, point b, du RGPD

12. Le DPD est-il personnellement responsable en cas de non-respect des exigences en matière de protection des données ?

Non, le DPD n'est pas personnellement responsable en cas de non-respect des exigences en matière de protection des données. C'est le responsable du traitement ou le sous-traitant qui est tenu de s'assurer et doit être en mesure de démontrer que le traitement est effectué conformément au RGPD. Le respect de la protection des données relève de la responsabilité du responsable du traitement ou du sous-traitant.

13. Quel est le rôle du DPD en ce qui concerne l'analyse d'impact relative à la protection des données et le registre des activités de traitement ?

En ce qui concerne l'analyse d'impact relative à la protection des données, le responsable du traitement ou le sous-traitant devrait solliciter l'avis du DPD sur les questions suivantes notamment :
— la question de savoir s'il convient ou non de procéder à une analyse d'impact relative à la protection des données ;
— la méthodologie à suivre lors de la réalisation d'une analyse d'impact relative à la protection des données ;
— la question de savoir s'il convient d'effectuer l'analyse d'impact relative à la protection des données en interne ou de la sous-traiter ;
— les mesures (y compris des mesures techniques et organisationnelles) à appliquer pour atténuer les risques éventuels pesant sur les droits et les intérêts des personnes concernées ;
— la question de savoir si l'analyse d'impact relative à la protection des données a été correctement réalisée et si ses conclusions (opportunité ou non de procéder au traitement et garanties à mettre en place) sont conformes aux exigences en matière de protection des données.
— En ce qui concerne le registre des activités de traitement, c'est le responsable du traitement ou le sous-traitant, et non le DPD, qui est tenu de tenir un registre de ces opérations. Toutefois, rien ne s'oppose à ce que le responsable du traitement ou le sous-traitant confie au DPD la mission de tenir le registre des opérations de traitement effectuées sous la responsabilité du responsable du traitement ou du sous-traitant. Ce registre doit être considéré comme l'un des outils permettant au DPD d'exercer ses missions de contrôle du respect des règles ainsi que d'information et de conseil du responsable du traitement ou du sous-traitant.

Sources : article 39, paragraphe 1, point c, et article 30 du RGPD

Lignes directrices du G29 du 5 avril 2017,

Concernant la désignation d'une autorité de contrôle chef de file d'un responsable du traitement ou d'un sous-traitant **(WP 244 rev. 01)**.

Adoptées le 13 déc. 2016 et révisées le 5 avr. 2017.

V. NDLR en tête de v°.

1. Désignation d'une autorité de contrôle chef de file : notions principales

1.1. *« Traitement transfrontalier de données à caractère personnel »*

Il n'est pertinent de désigner une autorité de contrôle chef de file que lorsque le traitement transfrontalier de données à caractère personnel est effectué par un responsable du traitement ou un sous-traitant. L'article 4, point 23, du Règlement général sur la protection des données (ci-après le « Règlement général sur la protection des donnéesèglement général ») définit le « traitement transfrontalier » comme suit :

— un traitement de données à caractère personnel qui a lieu dans l'Union dans le cadre des activités d'établissements dans plusieurs États membres d'un responsable du traitement ou d'un sous-traitant lorsque le responsable du traitement ou le sous-traitant est établi dans plusieurs États membres ; ou

— un traitement de données à caractère personnel qui a lieu dans l'Union dans le cadre des activités d'un établissement unique d'un responsable du traitement ou d'un sous-traitant, mais qui affecte sensiblement ou est susceptible d'affecter sensiblement des personnes concernées dans plusieurs États membres.

Cela signifie que, si une organisation a des établissements en France et en Roumanie, par exemple, et si le traitement de données à caractère personnel a lieu dans le cadre de l'activité de ceux-ci, ce traitement constituera un traitement transfrontalier.

L'organisation peut aussi exercer une activité de traitement dans le seul cadre de son établissement situé en France. Toutefois, si cette activité affecte sensiblement, ou est susceptible d'affecter sensiblement, des personnes concernées en France et en Roumanie, elle sera également considérée comme un traitement transfrontalier.

1.1.1. *Libellé « substantially affects » dans la version anglaise (« affecte sensiblement »)*

Le Règlement général ne définit ni l'adverbe « *substantially* » (« sensiblement ») ni la forme verbale « *affects* » (« affecte »). Ce libellé traduit l'intention de garantir que toutes les activités de traitement, quel que soit leur effet, qui ont lieu dans le cadre d'un seul établissement ne relèvent pas de la définition de « traitement transfrontalier ».

Les significations les plus courantes du terme anglais « *substantial* » sont les suivantes : de grande dimension ou en quantité importante ; assez important, assez grand ou d'une valeur indéniable, de grande importance ; solide ; de poids, important.

La signification la plus pertinente du verbe « *affect* » est « influencer » ou « avoir un effet important sur ». Le substantif « effect » *[,]* qui correspond au verbe « *affect* », signifie, entre autres, « résultat » ou « conséquence ». Ces définitions suggèrent que, pour qu'un traitement de données *affecte* une personne, il faut qu'il ait une quelconque incidence sur cette dernière. Ainsi, un traitement qui n'a pas d'incidence significative sur les personnes ne relève pas de la seconde partie de la définition de « traitement transfrontalier ». En revanche, il relève de la première partie de la définition s'il a lieu dans l'Union dans le cadre des activités d'établissements dans plusieurs États membres d'un responsable du traitement ou d'un sous-traitant lorsque le responsable du traitement ou le sous-traitant est établi dans plusieurs États membres.

Un traitement peut relever de la seconde partie de la définition non seulement s'il a une incidence sensible réelle, mais également s'il est susceptible d'avoir une telle incidence. Il convient d'observer que l'expression « susceptible de » ne signifie pas qu'il existe une lointaine possibilité d'incidence sensible. L'incidence sensible doit être plus probable qu'improbable. En revanche, cela signifie également qu'il n'est pas nécessaire que les personnes soient réellement affectées : la probabilité qu'elles soient sensiblement affectées suffit à faire entrer le traitement en cause dans le champ de la définition de « traitement transfrontalier ».

Le fait qu'une opération de traitement de données puisse donner lieu au traitement d'un certain nombre – voire d'un grand nombre – de données à caractère personnel de personnes résidant dans un certain nombre d'États membres ne signifie pas nécessairement que ce traitement a ou est susceptible d'avoir une incidence significative. Un traitement qui n'a pas d'incidence sensible ne constitue pas un traitement transfrontalier au sens de la seconde partie de la définition, et ce quel que soit le nombre de personnes qu'il affecte.

Les autorités de contrôle interpréteront l'expression « affecte sensiblement » au cas par cas. Il sera tenu compte du contexte du traitement, du type de données, des finalités du traitement et de facteurs tels que le fait que le traitement :

– provoque ou est susceptible de provoquer un dommage, une perte ou des difficultés pour les personnes concernées ;

– affecte ou est susceptible d'affecter réellement les personnes concernées en limitant leurs droits ou en les privant d'une possibilité ;

– affecte ou est susceptible d'affecter la santé, le bien-être ou la tranquillité d'esprit des personnes concernées ;

– affecte ou est susceptible d'affecter la condition ou la situation économique ou financière des personnes concernées ;

– expose les personnes concernées à la discrimination ou à un traitement inéquitable ;

– comporte l'analyse de catégories particulières de données à caractère personnel ou d'autres données intrusives, en particulier de données à caractère personnel relatives aux enfants ;
– incite ou est susceptible d'inciter des personnes à modifier sensiblement leur comportement ;
– a des conséquences improbables, inattendues ou indésirables pour les personnes concernées ;
– cause une gêne ou entraîne d'autres effets négatifs, notamment une atteinte à la réputation ; ou
– nécessite le traitement d'une gamme étendue de données à caractère personnel.

Enfin, le critère de l'« incidence sensible » vise à garantir que les autorités de contrôle sont uniquement tenues de coopérer de manière formelle dans le cadre du mécanisme de contrôle de la cohérence instauré par le Règlement général *« lorsqu'une autorité de contrôle entend adopter une mesure destinée à produire des effets juridiques en ce qui concerne des opérations de traitement qui affectent sensiblement un nombre important de personnes concernées dans plusieurs États membres »* (considérant 135).

1.2. *Autorité de contrôle chef de file*

Pour dire les choses simplement, une « autorité de contrôle chef de file » est l'autorité qui assume la responsabilité principale de la gestion d'une activité de traitement transfrontalier, par exemple lorsqu'une personne concernée introduit une réclamation concernant le traitement de ses données à caractère personnel.

L'autorité de contrôle chef de file coordonnera toute enquête éventuelle, en y associant les autres autorités de contrôle « concernées ».

La désignation de l'autorité de contrôle chef de file dépend du lieu de l'« établissement principal » ou de l'« établissement unique » dans l'Union du responsable du traitement. L'article 56 du Règlement général dispose que :

« l'autorité de contrôle de l'établissement principal ou de l'établissement unique du responsable du traitement ou du sous-traitant est compétente pour agir en tant qu'autorité de contrôle chef de file concernant le traitement transfrontalier effectué par ce responsable du traitement ou ce sous-traitant, conformément à la procédure [de coopération] prévue à l'article 60 ».

1.3. *Établissement principal*

La notion d'« établissement principal » est définie comme suit à l'article 4, point 16), du Règlement général :

– *en ce qui concerne un responsable du traitement établi dans plusieurs États membres, le lieu de son* ***administration centrale*** *dans l'Union, à moins que les* ***décisions quant aux finalités et aux moyens*** *du traitement de données à caractère personnel soient prises dans un autre établissement du responsable du traitement dans l'Union et que ce dernier établissement a le* ***pouvoir de faire appliquer ces décisions****, auquel cas l'établissement ayant pris de telles décisions est considéré comme l'établissement principal ;*
– *en ce qui concerne un sous-traitant établi dans plusieurs États membres, le lieu de son administration centrale dans l'Union ou, si ce sous-traitant ne dispose pas d'une administration centrale dans l'Union, l'établissement du sous-traitant dans l'Union où se déroule l'essentiel des activités de traitement effectuées dans le cadre des activités d'un établissement du sous-traitant, dans la mesure où le sous-traitant est soumis à des obligations spécifiques en vertu du présent règlement.*

2. Étapes de la désignation de l'autorité de contrôle chef de file

2.1. *Désignation de l'« établissement principal » des responsables du traitement*

Pour localiser l'établissement principal, il est avant tout nécessaire d'identifier l'administration centrale du responsable du traitement dans l'Union, s'il y en a une

[Le Règlement général présente de l'intérêt pour l'EEE et s'y appliquera après son intégration dans l'accord EEE. Il fait actuellement l'objet d'un examen en vue de cette intégration, V. http://www.efta.int/eea-lex/32016R0679].

Conformément à l'approche ressortant du Règlement général, l'administration centrale dans l'Union est le lieu où sont prises les décisions quant aux finalités et aux moyens du traitement de données à caractère personnel, et ce lieu a le pouvoir de faire appliquer ces décisions.

L'essence même du principe de l'autorité *[de contrôle]* chef de file établi par le Règlement général est que le contrôle du traitement transfrontalier ne doit être effectué que par une seule autorité de contrôle dans l'Union. Lorsque des décisions portant sur différentes activités de traitement transfrontalier sont prises au sein de l'administration centrale dans l'Union, il n'y aura qu'une seule autorité de contrôle chef de file pour les diverses activités de traitement de données effectuées par la société multinationale. Il se peut toutefois qu'un établissement autre que le lieu de l'administration centrale prenne des décisions autonomes quant aux finalités et aux moyens d'une activité de traitement spécifique. Cela signifie que, dans certaines situations, plusieurs autorités *[de contrôle]* chefs de file peuvent être identifiées*[,]* à savoir lorsqu'une société multinationale décide de disposer de différents centres de décision, situés dans différents pays, pour différentes activités de traitement.

Il convient de rappeler que, lorsqu'une entreprise multinationale centralise l'ensemble des décisions quant aux finalités et aux moyens du traitement dans un de ses établissements situés dans l'Union (et que cet établissement a le pouvoir de faire appliquer ces décisions), une seule autorité de contrôle chef de file sera désignée pour cette multinationale.

En pareilles situations, il est essentiel que les entreprises déterminent avec précision le lieu où sont prises les décisions quant aux finalités et aux moyens du traitement. Il est de l'intérêt des responsables du traitement et des sous-traitants de déterminer correctement l'établissement principal dans la mesure où cela leur permet de savoir quelle est l'autorité de contrôle compétente au regard des nombreuses obligations qui leur incombent en vertu du Règlement général. Il peut s'agir, le cas échéant, de désigner un délégué à la protection des données ou de solliciter des conseils au sujet d'une activité de traitement à risque pour laquelle le responsable du traitement ne peut atténuer les risques par des moyens raisonnables. Les dispositions en la matière du Règlement général visent à permettre le respect de ces obligations.

Les exemples ci-dessous illustrent ces dispositions.

Exemple 1 : Un détaillant de produits alimentaires a son siège (c'est-à-dire le « lieu de son administration centrale ») à Rotterdam, aux Pays-Bas. Il possède des établissements dans plusieurs autres États membres, qui y entretiennent des contacts avec des personnes. Tous ces établissements utilisent le même logiciel pour traiter les données à caractère personnel des consommateurs à des fins de marketing. Toutes les décisions quant aux finalités et aux moyens du traitement des données à caractère personnel des consommateurs à des fins de marketing sont prises au siège, à Rotterdam. De ce fait, l'autorité de contrôle chef de file de cette société au regard de cette activité de traitement transfrontalier est l'autorité de contrôle des Pays-Bas.

Exemple 2 : Une banque a son siège à Francfort, à partir duquel elle organise toutes *[Nous sommes conscients que le traitement de données à caractère personnel à des fins bancaires englobe un grand nombre d'activités de traitement différentes. Toutefois, dans un souci de simplification, nous les considérons comme un tout. Il en va de même pour le traitement effectué à des fins d'assurances]* ses activités de traitement bancaire, mais son service « Assurances » se trouve à Vienne. Conformément à l'article 4, point 16), du Règlement général, si l'établissement de Vienne est habilité à prendre des décisions concernant les activités de traitement de données relatives aux assurances et à faire appliquer ces décisions dans l'ensemble de l'Union, l'autorité de contrôle autrichienne serait alors l'autorité *[de contrôle]* chef de file pour ce qui concerne le traitement transfrontalier de données à caractère personnel à des fins d'assurances, et les autorités allemandes (l'autorité de contrôle du Land de Hesse) seraient chargées du contrôle du traitement des données à caractère personnel à des fins bancaires, peu importe où les clients sont établis

[Il convient de rappeler également que le Règlement général prévoit la possibilité d'effectuer un contrôle local dans certains cas. V. le consid. 127 : « Chaque autorité de contrôle qui ne fait pas office d'autorité de contrôle chef de file devrait être compétente pour traiter les cas de portée locale lorsque le responsable du traitement ou le sous-traitant est établi dans plusieurs États membres mais que l'objet du traitement spécifique ne se rapporte qu'à un traitement effectué dans un seul État membre et ne porte que sur des personnes concernées de ce seul État membre, par exemple lorsqu'il s'agit de traiter des données à caractère personnel relatives à des employés dans le contexte des relations de travail propre à un État membre. » Ce principe signifie que le contrôle des données relatives aux ressources humaines en rapport avec le marché du travail local pourrait incomber à plusieurs autorités de contrôle].

2.1.1. *Critères pour la désignation de l'établissement principal du responsable du traitement lorsqu'il ne s'agit pas du lieu de l'administration centrale de celui-ci dans l'Union*

Le considérant 36 du Règlement général apporte un éclairage sur le facteur essentiel à prendre en considération pour déterminer l'établissement principal d'un responsable du traitement lorsque le critère de l'administration centrale ne s'applique pas. Il convient ainsi de déterminer le lieu de l'exercice effectif et réel des activités de gestion déterminant les principales décisions quant aux finalités et aux moyens du traitement dans le cadre d'un dispositif stable. Le considérant 36 précise également que « *[l]*a présence et l'utilisation de moyens techniques et de technologies de traitement de données à caractère personnel ou d'activités de traitement ne constituent pas, en elles-mêmes, un établissement principal et ne sont, dès lors, pas des critères déterminants pour un établissement principal ».

Le responsable du traitement détermine lui-même où se situe son établissement principal et, dès lors, sous quelle autorité de contrôle chef de file il se place. Toutefois, ce point peut être contesté ultérieurement par l'autorité de contrôle concernée.

Les facteurs énoncés ci-dessous sont utiles pour déterminer le lieu de l'établissement principal d'un responsable du traitement, au sens du Règlement général, lorsqu'il ne s'agit pas du lieu de son administration centrale dans l'Union.

– Où les décisions finales quant aux finalités et aux moyens du traitement sont-elles prises ?
– Où les décisions relatives aux activités commerciales nécessitant un traitement de données sont-elles prises ?
– Où le pouvoir de faire appliquer les décisions se concentre-t-il effectivement ?
– Où le directeur (ou les directeurs) assumant la responsabilité générale de la gestion du traitement transfrontalier est-il *[sont-ils]* établi*[s]* ?
– Où le responsable du traitement ou le sous-traitant est-il inscrit au registre des sociétés, s'il est implanté dans un seul territoire ?

Veuillez noter que cette liste n'est pas exhaustive. En fonction du responsable du traitement ou de l'activité de traitement en cause, d'autres facteurs peuvent se révéler pertinents. Si une autorité de contrôle a des raisons de douter que l'établissement indiqué par le responsable du traitement est l'établissement principal aux fins de l'application du Règlement général, elle peut – bien entendu – exiger du responsable du traitement qu'il fournisse les informations supplémentaires nécessaires afin de prouver le lieu de l'établissement principal.

2.1.2. *Groupes d'entreprises*

Lorsque le traitement est effectué par un groupe d'entreprises dont le siège est établi dans l'Union, l'établissement de l'entreprise qui exerce le contrôle global est réputé être le centre de décision lié au traitement des données à caractère personnel, et sera donc considéré comme étant l'établissement principal du groupe, excepté lorsque les décisions quant aux finalités et aux moyens du traitement sont prises par un autre établissement. L'établissement principal sera probablement la société mère ou le siège opérationnel du groupe d'entreprises dans l'Union, puisque c'est là que se trouvera l'administration centrale de ce dernier.

La référence, dans la définition, au lieu de l'administration centrale d'un responsable du traitement fonctionne bien pour les organisations disposant d'un siège décisionnel centralisé et d'une structure en succursales. Il est clair, en pareil cas, que le pouvoir de prendre des décisions concernant le traitement de données transfrontalier et de les faire appliquer relève de la compétence du siège de la société. Il est aisé, dans une telle situation, de déterminer le lieu de l'établissement principal et, par là même, l'autorité de contrôle qui fera office d'autorité de contrôle chef de file. Toutefois, il se peut que le système décisionnel de certains groupes d'entreprises soit plus complexe, différents établissements se voyant confier des pouvoirs décisionnels indépendants en matière de traitement transfrontalier. Les critères établis ci-dessus devraient aider les groupes d'entreprises à désigner leur établissement principal.

2.1.3. *Responsables conjoints du traitement*

Le Règlement général ne couvre pas spécifiquement la question de la désignation d'une autorité *[de contrôle]* chef de file lorsque plusieurs responsables du traitement établis dans l'Union déterminent conjointement les finalités et les moyens du traitement, c'est-à-dire en cas de responsables conjoints du traitement. L'article 26, paragraphe 1, et le considérant 79 indiquent clairement que, dans cette situation, les responsables conjoints du traitement définissent de manière transparente leurs obligations respectives aux fins d'assurer le respect des exigences du règlement. Par conséquent, pour pouvoir bénéficier du principe de guichet unique, les responsables conjoints du traitement doivent désigner celui de leurs établissements (parmi ceux où *[dans lesquels]* les décisions sont prises) qui aura le pouvoir de faire appliquer les décisions concernant le traitement à l'égard de l'ensemble des responsables conjoints du traitement. Cet établissement sera alors considéré comme l'établissement principal pour les traitements impliquant des responsables conjoints du traitement. L'accord entre les responsables conjoints du traitement est sans préjudice des règles en matière de responsabilité établies par le Règlement général, en particulier à l'article 82, paragraphe 4.

2.2. *Cas particuliers*

Dans certains cas particuliers et complexes, il sera difficile d'établir le lieu de l'établissement principal ou de déterminer où les décisions concernant le traitement de données sont prises. Ce peut être le cas lorsqu'il y a une activité de traitement transfrontalier et que le responsable du traitement est établi dans plusieurs États membres, mais qu'il n'y a pas d'administration centrale dans l'Union et qu'aucun des établissements dans l'Union ne prend de décisions quant au traitement (c'est-à-dire que les décisions sont prises exclusivement en dehors de l'Union).

Dans le cas de figure ci-dessus, la société qui effectue le traitement transfrontalier peut souhaiter être contrôlée par une autorité *[de contrôle]* chef de file afin de bénéficier du principe de guichet unique. Or, le Règlement général ne prévoit pas de solution pour ce type de situation. En pareilles circonstances, la société devrait désigner en tant qu'établissement principal l'établissement qui est habilité à faire appliquer les décisions relatives à l'activité de traitement et à assumer la responsabilité de ce traitement, notamment en disposant d'actifs suffisants. Si aucun établissement principal n'est ainsi désigné par la société, il ne sera pas possible de désigner une autorité *[de contrôle]* chef de file, mais les autorités de contrôle pourront toujours mener des enquêtes plus poussées, s'il y a lieu.

Le Règlement général n'autorise pas l'élection de juridiction (« *forum shopping* »). Si une société affirme avoir son établissement principal dans un État membre, mais qu'aucun exercice réel d'activités de gestion ou aucune prise de décision concernant le traitement de données à caractère personnel n'y a lieu, les autorités de contrôle compétentes (ou, en dernier recours, le Comité européen de la protection des données – CEPD) désigneront l'autorité de contrôle « chef de file », sur la base de critères objectifs et des éléments de preuve disponibles. Le processus visant à déterminer le lieu de l'établissement principal peut exiger des autorités de contrôle qu'elles enquêtent et coopèrent activement. Les conclusions ne peuvent reposer exclusivement sur des déclarations de l'organisation considérée. La charge de la preuve incombe en dernier ressort aux responsables du traitement et aux sous-traitants, qui doivent fournir aux autorités de contrôle concernées la preuve du lieu où les décisions relatives au traitement de données sont prises et du lieu où réside le pouvoir de faire appliquer ces décisions. La tenue de registres des activités de traitement de données aiderait à la fois les organisations et les autorités de contrôle à déterminer quelle est l'autorité *[de contrôle]* chef de file. L'autorité de contrôle chef de file ou les autorités concernées peuvent réfuter l'analyse du responsable du traitement sur la base d'un examen objectif des faits pertinents, en demandant des informations complémentaires si nécessaire.

Dans certains cas, les autorités de contrôle compétentes demanderont au responsable du traitement de démontrer clairement, conformément à toutes *[les]* lignes directrices du CEPD, où se trouve le lieu de son établissement principal ou le lieu dans lequel sont prises les décisions relatives à une activité de traitement en particulier. Les éléments de preuve fournis seront dûment pris en considération et les autorités de contrôle concernées coopéreront pour décider laquelle d'entre elles agira en tant que chef de file lors des enquêtes. Ces cas ne seront portés devant le CEPD pour décision en vertu de l'article 65, paragraphe 1, point b, du Règlement général que lorsque les autorités de contrôle auront des points de vue divergents quant à la désignation de l'autorité de contrôle chef de file. Toutefois, dans la plupart des cas, les autorités de contrôle compétentes devraient être en mesure de convenir d'une ligne de conduite mutuellement satisfaisante.

2.3. *Sous-traitant*

En vertu du Règlement général, les sous-traitants visés par ledit règlement et établis dans plusieurs États membres peuvent également bénéficier du système de guichet unique.

Selon l'article 4, point 16) b, du Règlement général, l'établissement principal du sous-traitant sera le lieu de son administration centrale dans l'Union ou, si ce sous-traitant ne dispose pas d'une administration centrale dans l'Union, l'établissement dans l'Union où se déroule l'essentiel de ses activités de traitement.

Toutefois, conformément au considérant 36, lorsque le responsable du traitement et le sous-traitant sont tous deux concernés, l'autorité de contrôle chef de file compétente devrait être celle du responsable du traitement. Dans cette situation, l'autorité de contrôle du sous-traitant sera une « autorité de contrôle concernée » et devrait participer à la procédure de coopération. Cette règle ne s'applique que lorsque le responsable du traitement est établi dans l'Union. Les responsables du traitement visés à l'article 3, paragraphe 2, du Règlement général ne seront pas soumis au mécanisme de guichet unique. Un sous-traitant, par exemple un grand fournisseur de services en nuage, peut fournir des services à de multiples responsables du traitement situés dans différents États membres. Dans ce cas, l'autorité de contrôle chef de file sera l'autorité de contrôle compétente pour agir en tant que chef de file pour le responsable du traitement. Dans la pratique, cela signifie qu'un sous-traitant pourrait devoir traiter avec plusieurs autorités de contrôle.

3. Autres questions pertinentes

3.1. *Le rôle de l'« autorité de contrôle concernée »*

Aux termes de l'article 4, point 22), du Règlement général, on entend par :

« autorité de contrôle concernée », une autorité de contrôle qui est concernée par le traitement de données à caractère personnel parce que : a) le responsable du traitement ou le sous-traitant est établi sur le territoire de l'État membre dont cette autorité de contrôle relève ; b) des personnes concernées résidant dans l'État membre de cette autorité de contrôle sont sensiblement affectées par le traitement ou sont susceptibles de l'être ; ou c) une réclamation a été introduite auprès de cette autorité de contrôle.

Le concept d'autorité de contrôle concernée vise à garantir que le modèle de l'« autorité *[de contrôle]* chef de file » n'empêche pas les autres autorités de contrôle d'avoir un droit de regard sur la façon dont une question est traitée lorsque, par exemple, des personnes résidant en dehors de la juridiction de l'autorité *[de contrôle]* chef de file sont sensiblement affectées par une activité de traitement de données. Pour ce qui est du point a de la définition, les mêmes considérations valent pour la désignation d'une autorité *[de contrôle]* chef de file. Il convient de noter qu'au point b, la personne concernée doit simplement résider dans l'État membre en question ; elle ne doit pas nécessairement être ressortissante de cet État. En ce qui concerne le point c, il sera généralement aisé d'établir, de manière formelle, si une autorité de contrôle en particulier a reçu une réclamation.

L'article 56, paragraphes 2 et 5, du Règlement général permet à une autorité de contrôle concernée de participer au traitement d'un cas sans être l'autorité de contrôle chef de file. Lorsqu'une autorité de contrôle chef de file décide de ne pas traiter un cas, l'autorité de contrôle concernée qui l'a informée le traite. Cette disposition est conforme aux procédures prévues à l'article 61 (assistance mutuelle) et à l'article 62 (opérations conjointes des autorités de contrôle) du Règlement général. Ce cas de figure peut se présenter lorsqu'une entreprise de commercialisation dont l'établissement principal est à Paris lance un produit qui n'affecte que des personnes concernées résidant au Portugal. En pareille situation, les autorités de contrôle française et portugaise peuvent convenir qu'il y a lieu de désigner l'autorité de contrôle portugaise comme chef de file pour le traitement de ce cas. Les autorités de contrôle peuvent exiger des responsables du traitement qu'ils fournissent des informations précisant les modalités qui les lient. Dès lors que cette activité de traitement a des effets purement locaux – c'est-à-dire qu'elle n'affecte que des personnes résidant au Portugal –*[,]* les autorités de contrôle française et portugaise ont le pouvoir discrétionnaire de choisir l'autorité de contrôle qui traitera ce cas, conformément au considérant 127 du Règlement général.

En vertu du Règlement général, l'autorité de contrôle chef de file et les autorités de contrôle concernées sont tenues de coopérer, dans le respect des points de vue de chacune d'entre elles, pour garantir que le cas est examiné et résolu à la satisfaction de chaque autorité, en offrant un droit de recours effectif aux personnes concernées. Les autorités de contrôle s'efforceront d'adopter une ligne de conduite mutuellement acceptable. Le mécanisme formel de contrôle de la cohérence ne devrait être invoqué que lorsque la coopération ne permet pas de parvenir à une solution mutuellement acceptable.

L'acceptation mutuelle des décisions peut s'appliquer non seulement aux conclusions de fond, mais également aux décisions relatives à la ligne de conduite adoptée, y compris en ce qui concerne les activités visant à garantir le respect des règles (enquête approfondie ou enquête de portée limitée, par exemple). Elle peut également s'appliquer à une décision de ne pas traiter un cas conformément au Règlement général, en raison, par exemple, d'une politique de priorités, ou de l'existence d'autres autorités concernées, telles que décrit*[es]* plus haut.

L'adoption d'une approche consensuelle et la bonne volonté des autorités de contrôle sont fondamentales pour la réussite du processus de coopération et de contrôle de la cohérence établi par le Règlement général.

3.2. *Traitement local*

L'activité de traitement local de données ne relève pas des dispositions du Règlement général relatives à la coopération et au contrôle de la cohérence. Les autorités de contrôle respecteront leur compétence respective à traiter localement les activités de traitement local de données. Les traitements effectués par des autorités publiques seront toujours examinés au niveau « local » également.

3.3. *Sociétés établies en dehors de l'Union*

Le mécanisme de coopération et de contrôle de la cohérence prévu par le Règlement général ne s'applique qu'aux responsables du traitement possédant au

moins un établissement dans l'Union européenne. Si la société ne possède aucun établissement dans l'Union, la simple présence d'un représentant dans un État membre ne permet pas d'appliquer le système de guichet unique. Cela signifie que les responsables du traitement ne possédant aucun établissement dans l'Union doivent s'adresser aux autorités de contrôle locales dans chaque État membre dans lesquels ils exercent des activités, par l'intermédiaire de leur représentant local.

ANNEXE *[I]*

QUESTIONS RELATIVES À LA DÉSIGNATION DE L'AUTORITÉ DE CONTRÔLE CHEF DE FILE

1. Le responsable du traitement ou le sous-traitant effectue-t-il un traitement transfrontalier de données à caractère personnel ?

a. Oui, si :
— le responsable du traitement ou le sous-traitant est établi dans plus d'un État membre et
— le traitement de données à caractère personnel a lieu dans le cadre des activités d'établissements situés dans plus d'un État membre.

Dans ce cas, allez au point 2.

b. Oui, si :
— le traitement de données à caractère personnel a lieu dans le cadre des activités de l'établissement unique d'un responsable du traitement ou d'un sous-traitant dans l'Union, mais
— affecte sensiblement ou est susceptible d'affecter sensiblement des personnes dans plus d'un État membre.

Dans ce cas, l'autorité *[de contrôle]* chef de file est l'autorité dont relève l'établissement unique du responsable du traitement ou du sous-traitant dans un seul État membre. Il doit, en toute logique, s'agir de l'établissement principal du responsable du traitement ou du sous-traitant, étant donné que c'est leur seul établissement.

2. Comment désigner l'« autorité de contrôle chef de file »

a. Dans le cas où il y a uniquement un responsable du traitement :

i. déterminer le lieu de l'administration centrale du responsable du traitement dans l'Union ;

ii. l'autorité de contrôle du pays où se situe le lieu de l'administration centrale est l'autorité *[de contrôle]* chef de file du responsable du traitement.

Toutefois :

iii. si les décisions quant aux finalités et aux moyens du traitement sont prises dans un autre établissement situé dans l'Union, et que cet établissement a le pouvoir de faire appliquer ces décisions, l'autorité *[de contrôle]* chef de file est alors celle du pays où *[dans lequel]* est situé cet établissement.

b. Dans le cas où il y a un responsable du traitement et un sous-traitant :

i. vérifier si le responsable du traitement est établi dans l'Union et s'il est soumis au système de guichet unique. Si tel est le cas ;

ii. désigner l'autorité de contrôle chef de file du responsable du traitement. Cette autorité sera également l'autorité de contrôle chef de file pour le sous-traitant ;

iii. l'autorité de contrôle (non-chef de file) dont relève le sous-traitant sera une « autorité concernée ». — *V. le point 3 ci-dessous.*

c. Dans le cas où il y a uniquement un sous-traitant :

i. déterminer le lieu de l'administration centrale du sous-traitant dans l'Union ;

ii. si le sous-traitant n'a pas d'administration centrale dans l'Union, déterminer l'établissement dans l'Union où *[dans lequel]* ont lieu ses activités de traitement principales.

d. Dans le cas où il y a des responsables conjoints du traitement :

i. vérifier si les responsables conjoints du traitement sont établis dans l'Union ;

ii. désigner, parmi les établissements où *[dans lequels]* sont prises les décisions quant aux finalités et aux moyens du traitement, celui qui a le pouvoir de faire appliquer ces décisions à l'égard de l'ensemble des responsables conjoints du traitement. Cet établissement sera alors considéré comme l'établissement principal pour le traitement effectué par les responsables conjoints du traitement. L'autorité *[de contrôle]* chef de file est celle du pays où *[dans lequel]* se situe cet établissement.

3. Y a-t-il des « autorités de contrôle concernées » ?

Une autorité est une « autorité concernée » :
lorsque le responsable du traitement ou le sous-traitant dispose d'un établissement sur son territoire ; ou
lorsque des personnes concernées présentes sur son territoire sont sensiblement affectées par le traitement ou susceptibles de l'être ; ou
lorsqu'une réclamation a été reçue par une autorité particulière.

ANNEXE II

QUESTIONS FRÉQUEMMENT POSÉES

Qu'est-ce qu'une autorité de contrôle chef de file ?

Selon le Règlement général, la règle de principe est que le contrôle de l'activité de traitement transfrontalier, ou concernant des citoyens de plusieurs États membres, soit *[est]* effectué par une seule autorité de contrôle, dite « autorité de contrôle chef de file ». C'est ce que l'on appelle le principe du guichet unique.

Une autorité de contrôle chef de file est l'organisme qui assume la responsabilité principale du contrôle d'une activité de traitement transfrontalier, par exemple lorsqu'une société qui exerce une activité de traitement dans plusieurs États membres fait l'objet d'une enquête.

L'autorité *[de contrôle]* chef de file est chargée de coordonner les opérations auxquelles participent les autorités de contrôle concernées, conformément aux articles 60 à 62 du règlement (par exemple, en matière de guichet unique, d'assistance mutuelle et d'opérations conjointes). Elle soumettra tout projet de décision aux autorités de contrôle intéressées.

Qu'est-ce qu'un traitement transfrontalier ?

Le mécanisme de l'autorité de contrôle chef de file ne s'applique que dans le cadre d'activités de traitement transfrontalier. Il est dès lors nécessaire de déterminer si un quelconque traitement transfrontalier a lieu.

Conformément à l'article 4, paragraphe 23, du règlement, on entend par « traitement transfrontalier » :

— un traitement de données à caractère personnel qui a lieu dans l'Union dans le cadre des activités d'établissements dans plusieurs États membres d'un responsable du traitement ou d'un sous-traitant lorsque le responsable du traitement ou le sous-traitant est établi dans plusieurs États membres ; ou

— un traitement de données à caractère personnel qui a lieu dans l'Union dans le cadre des activités d'un établissement unique d'un responsable du traitement ou d'un sous-traitant, mais qui affecte sensiblement ou est susceptible d'affecter sensiblement des personnes concernées dans plusieurs États membres.

Que signifie « affecte sensiblement » ?

Le règlement ne définit *[pas]* les termes « affecte sensiblement ».

Les autorités de contrôle interpréteront cette expression au cas par cas. Elles tiendront compte du contexte du traitement, du type de données, des finalités du traitement et de facteurs tels que le fait de savoir si le traitement :

— provoque ou est susceptible de provoquer un dommage, une perte ou des difficultés pour les personnes concernées ;

— affecte ou est susceptible d'affecter réellement les personnes concernées en limitant leurs droits ou en les privant d'une possibilité ;

— affecte ou est susceptible d'affecter la santé, le bien-être ou la tranquillité d'esprit des personnes concernées ;

— affecte ou est susceptible d'affecter la condition ou la situation économique ou financière des personnes concernées ;

— expose les personnes concernées à la discrimination ou à un traitement inéquitable ;

— comporte l'analyse de catégories particulières de données à caractère personnel ou *[d']*autres données intrusives, en particulier de données à caractère personnel relatives aux enfants ;

— incite ou est susceptible d'inciter des personnes à modifier sensiblement leur comportement ;

— a des conséquences improbables, inattendues ou indésirables pour les personnes concernées ;

— cause une gêne ou entraîne d'autres effets négatifs, notamment une atteinte à la réputation ; ou

— nécessite le traiteme n t d'une gamme étendue de données à caractère personnel.

Comment l'autorité de contrôle chef de file du responsable du traitement est-elle désignée ?

Une fois qu'il a été établi que le traitement en cause est un traitement transfrontalier, il y a lieu de désigner l'autorité de contrôle chef de file.

Conformément à l'article 56 du règlement, l'autorité *[de contrôle]* chef de file sera l'autorité de contrôle du pays dans lequel se trouve l'établissement principal de l'organisation.

Lorsqu'une organisation possède un établissement unique dans l'Union, mais que le traitement affecte sensiblement ou est susceptible d'affecter sensiblement des personnes concernées dans plusieurs États membres, l'autorité de contrôle chef de file est l'autorité de contrôle du lieu de cet établissement unique.

Lorsqu'une organisation possède plusieurs établissements dans l'Union, l'établissement principal est, en principe, le lieu de l'administration centrale de cette organisation. Toutefois, si un autre établissement est habilité à prendre des décisions quant aux finalités et aux moyens du traitement – et qu'il a le pouvoir de faire appliquer ces décisions –, cet établissement devient alors l'établissement principal. Il incombe aux responsables du traitement d'établir clairement où sont prises les décisions quant aux finalités et aux moyens des activités de traitement de données à caractère personnel.

A titre d'exemple, si une société effectue une ou plusieurs activités de traitement transfrontalier et que les décisions concernant l'ensemble des activités de traitements transfrontaliers sont prises au sein de l'administration centrale dans l'Union, il n'y aura qu'une seule autorité de contrôle chef de file pour toutes les activités de traitement transfrontalier.

Cette autorité de contrôle *[chef de file]* sera celle du lieu de l'administration centrale de la société.

En revanche, si une société effectue plusieurs activités de traitement transfrontalier et que les décisions quant aux moyens et aux finalités du traitement sont prises dans différents établissements, il y aura plusieurs autorités de contrôle chefs de file. Ces autorités seront celles du lieu des établissements dans lesquels sont prises les décisions concernant les activités respectives de traitement transfrontalier. Pour bénéficier pleinement du mécanisme du guichet unique avec une seule autorité de contrôle chef de file pour l'ensemble des activités de traitement transfrontalier, les sociétés devraient envisager de centraliser en un seul lieu les pouvoirs décisionnels concernant les activités de traitement de données à caractère personnel.

Quels sont les critères utilisés pour désigner l'autorité de contrôle chef de file du responsable du traitement ?

Les facteurs énoncés ci-dessous sont utiles pour déterminer le lieu de l'établissement principal d'un responsable du traitement :

— Possède-t-il un établissement unique dans l'Union ?

Si tel est le cas, et si le traitement affecte sensiblement ou est susceptible d'affecter sensiblement des personnes concernées dans plusieurs États membres, l'autorité de contrôle chef de file est l'autorité de contrôle du lieu de cet établissement unique.

— Son siège se situe-t-il dans l'Union ?

▶ Si tel est le cas, quel est son rôle ? Les décisions quant aux finalités et aux moyens du traitement y sont-elles prises ? Enfin, cet établissement a-t-il le pouvoir de faire appliquer les décisions relatives aux activités de traitement ?

▶ Dans le cas contraire, possède-t-il d'autres établissements :

dans lesquels les décisions concernant les activités commerciales impliquant un traitement de données sont prises ?

effectivement habilités à faire appliquer les décisions ?

dans lesquels le directeur ou les directeurs assumant l'entière responsabilité de la gestion du traitement transfrontalier sont établis ?

situés là où le responsable du traitement ou le sous-traitant est immatriculé au registre des sociétés (s'il est implanté dans un seul territoire) ?

Comment l'autorité de contrôle chef de file des sous-traitants est-elle désignée ?

En vertu du règlement, les sous-traitants visés par ledit règlement et établis dans plusieurs États membres peuvent également bénéficier du système de guichet unique.

Selon l'article 4, paragraphe 16, point b, du règlement, l'établissement principal du sous-traitant sera le lieu de son administration centrale dans l'Union ou, si ce sous-traitant ne dispose pas d'une administration centrale dans l'Union, l'établissement dans l'Union où se déroule *[dans lequel]* l'essentiel de ses activités de traitement.

Toutefois, conformément au considérant 36, lorsque le responsable du traitement et le sous-traitant sont tous deux concernés, l'autorité de contrôle chef de file compétente sera celle du responsable du traitement. Dans cette situation, l'autorité de contrôle du sous-traitant est considérée comme une « autorité de contrôle concernée » et devrait participer à la procédure de coopération.

Avis du G29 n° 2/2017 du 8 juin 2017,

Sur le traitement des données sur le lieu de travail **(WP 249)**.

V. NDLR en tête de v°.

1. Synthèse

Le présent avis complète l'***avis 8/2001 sur le traitement des données à caractère personnel dans le contexte professionnel*** **(WP 48)** *[Groupe de travail "Article 29", avis 8/2001 sur le traitement des données à caractère personnel dans le contexte professionnel, WP 48, 13 septembre 2001]* et le ***document de travail de 2002 concernant la surveillance des communications électroniques sur le lieu de travail*** **(WP 55)** *[Groupe de travail "Article 29", document de travail concernant la surveillance des communications électroniques sur le lieu de travail, WP 55, 29 mai 2002]* du groupe de travail "Article 29". Depuis la publication de ces documents, un certain nombre de nouvelles technologies permettant de procéder à un traitement plus systématique des données à caractère personnel des employés sur le lieu de travail ont été adoptées, ce qui pose d'importants défis en matière de protection des données et de la vie privée.

Dans le présent avis, le groupe de travail procède à une nouvelle évaluation de l'équilibre entre les intérêts légitimes des employeurs et les attentes raisonnables des employés en matière de protection de la vie privée en décrivant les risques que posent les nouvelles technologies et en examinant la proportionnalité d'un certain nombre de scénarios dans lesquels elles pourraient être déployées.

Bien que s'intéressant principalement à la directive relative à la protection des données, le groupe de travail se penche sur les obligations supplémentaires imposées aux employeurs par le Règlement général sur la protection des données. Il réaffirme également la position et les conclusions exprimées dans l'avis 8/2001 et le document de travail WP 55, à savoir que, lors du traitement des données à caractère personnel des employés :

- les employeurs devraient toujours garder à l'esprit les principes fondamentaux de protection des données, quelle que soit la technologie utilisée ;
- le contenu des communications électroniques effectuées à partir de locaux professionnels bénéficie des mêmes protections des droits fondamentaux que les communications analogiques ;
- le consentement est très peu susceptible de constituer une base juridique pour le traitement des données sur le lieu de travail, à moins que les employés ne puissent refuser le traitement sans conséquences défavorables ;
- l'exécution d'un contrat et des intérêts légitimes peuvent parfois être invoqués, à condition que le traitement soit strictement nécessaire à des fins légitimes et respecte les principes de proportionnalité et de subsidiarité ;
- les employés devraient recevoir des informations concrètes au sujet de la surveillance qui est menée ; et
- tout transfert international de données relatives aux employés ne devrait avoir lieu que si un niveau de protection adéquat est garanti.

2. Introduction

L'adoption rapide de nouvelles technologies de l'information sur le lieu de travail, en termes d'infrastructures, d'applications et de dispositifs intelligents, permet de nouveaux types de traitement systématique et potentiellement invasif des données sur le lieu de travail. Par exemple :

• les technologies qui permettent le traitement des données sur le lieu de travail peuvent maintenant être mises en œuvre à un coût très inférieur à celui d'il y a plusieurs années, alors que la capacité de traitement des données à caractère personnel par ces technologies a augmenté de manière exponentielle ;

• les nouvelles formes de traitement, telles que celles concernant les données à caractère personnel relatives à l'utilisation de services en ligne et/ou les données de localisation à partir d'un dispositif intelligent, sont beaucoup moins visibles pour les employés que d'autres types de traitement plus traditionnels, tels que ceux passant par des caméras de vidéo-surveillance. Cela soulève des questions quant à la mesure dans laquelle les employés sont conscients de la présence de ces technologies, puisque les employeurs pourraient illégalement mettre en œuvre ces méthodes de traitement sans en avertir leurs employés ; et

• la frontière entre le domicile et le lieu de travail est devenue de plus en plus floue. Par exemple, lorsque les employés travaillent à distance (notamment de chez eux) ou lorsqu'ils voyagent pour affaires, une surveillance des activités en dehors du lieu de travail physique peut être menée et éventuellement inclure la surveillance de l'individu dans un contexte privé.

Par conséquent, si l'utilisation de ces technologies peut s'avérer utile pour détecter ou prévenir la perte de la propriété intellectuelle et matérielle de l'entreprise, améliorer la productivité des employés et protéger les données à caractère personnel dont le responsable du traitement a la responsabilité, elles posent également d'importants défis en matière de respect de la vie privée et de protection des données. Il est donc nécessaire de procéder à une nouvelle évaluation concernant l'équilibre entre l'intérêt légitime de l'employeur à protéger ses activités et les attentes raisonnables des personnes concernées, à savoir les employés, en matière de respect de la vie privée.

Dans le présent avis, le groupe de travail se concentrera sur les nouvelles technologies de l'information en évaluant neuf scénarios différents dans lesquels elles peuvent s'inscrire, mais il se penchera aussi brièvement sur les méthodes plus traditionnelles de traitement des données au travail par rapport auxquelles les risques sont amplifiés en raison de l'évolution technologique.

Lorsque le terme "employé" est utilisé dans le présent avis, le groupe de travail "Article 29" n'entend pas en limiter la portée aux seules personnes ayant un contrat de travail reconnu comme tel en vertu des législations du travail applicables. Au cours des dernières décennies, de nouveaux modèles d'affaires associés à différents types de relations de travail, et en particulier l'emploi sous le régime des indépendants, sont devenus plus courants. Le présent avis vise à couvrir toutes les situations dans lesquelles il existe une relation de travail, qu'elle soit fondée ou non sur un contrat de travail.

Il convient de préciser que les employés sont rarement en mesure de donner, de refuser ou de révoquer librement leur consentement, étant donné la dépendance qui découle de la relation employeur/employé. Sauf dans des situations exceptionnelles, les employeurs devront s'en remettre à un autre fondement juridique que le consentement, comme la nécessité de traiter les données pour leur intérêt légitime. Cependant, un intérêt légitime ne suffit pas à lui seul à l'emporter sur les droits et libertés des employés.

Indépendamment de la base juridique sur laquelle se fonde le traitement, il convient d'effectuer un test de proportionnalité avant le début du traitement afin d'examiner si celui-ci est nécessaire pour atteindre un objectif légitime, ainsi que de définir les mesures qui doivent être prises pour veiller à ce que les atteintes aux droits au respect de la vie privée et au secret des communications soient limitées au minimum. Ces éléments peuvent être intégrés dans une analyse d'impact relative à la protection des données (AIPD).

3. Cadre juridique

Bien que l'analyse ci-après porte principalement sur le cadre juridique actuel instauré par la directive 95/46/CE (directive relative à la protection des données ou

"DPD") *[du 24 oct. 1995 relative à la protection des personnes physiques à l'égard du traitement des données à caractère personnel et à la libre circulation de ces données (JO L 281 du 23.11.1995, p. 31-50)]*, **le groupe de travail se penchera également, dans le présent avis, sur les obligations découlant du règlement (UE) 2016/679 (Règlement général sur la protection des données ou "RGPD")** *[du 27 avril 2016 relatif à la protection des personnes physiques à l'égard du traitement des données à caractère personnel et à la libre circulation de ces données, et abrogeant la directive 95/46/CE (Règlement général sur la protection des données) (JO L 119 du 4.5.2016, p. 1-88)]*, **qui est déjà entré en vigueur et qui deviendra applicable le 25 mai 2018.**

En ce qui concerne la proposition de règlement "vie privée et communications électroniques" *[Proposition de règlement du Parlement européen et du Conseil concernant le respect de la vie privée et la protection des données à caractère personnel dans les communications électroniques et abrogeant la directive 2002/58/CE, 2017/0003 (COD)]*, **le groupe de travail invite les législateurs européens à envisager une exception spécifique pour les interférences avec les appareils délivrés aux employés** *[V. groupe de travail "Article 29", avis 01/2017 sur la proposition de règlement "vie privée et communications électroniques", WP 247, 4 avril 2017, page 29]*. **La proposition de règlement ne contient pas d'exception valable à l'interdiction générale d'interférence, et les employeurs ne peuvent généralement pas donner un consentement valable pour le traitement des données à caractère personnel de leurs employés.**

3.1. *Directive 95/46/CE — Directive relative à la protection des données ("DPD")*

Dans son avis 8/2001, le groupe de travail "Article 29" avait déjà souligné que les employeurs devaient tenir compte des principes fondamentaux de protection des données énoncés dans la DPD lors du traitement des données à caractère personnel dans le contexte professionnel. La mise au point de nouvelles technologies et de nouvelles méthodes de traitement dans ce contexte n'a pas modifié cette situation – en fait, il est même *d'autant plus* important pour les employeurs d'appliquer ces principes de base. A cet égard, les employeurs devraient :

- **veiller à ce que les données soient traitées à des fins déterminées et légitimes, qui sont proportionnées et nécessaires ;**
- **tenir compte du principe de limitation de la finalité, tout en veillant à ce que les données soient adéquates, pertinentes et non excessives au regard de la finalité légitime ;**
- **appliquer les principes de proportionnalité et de subsidiarité, quel que soit le fondement juridique applicable ;**
- **faire preuve de transparence à l'égard des employés en ce qui a trait à l'utilisation et aux objectifs des technologies de surveillance ;**
- **permettre l'exercice des droits des personnes concernées, y compris les droits d'accès et, le cas échéant, de rectification, d'effacement ou de verrouillage des données à caractère personnel ;**
- **garder les données exactes et ne pas les conserver plus longtemps que nécessaire ; et**
- **prendre toutes les mesures nécessaires pour protéger les données contre tout accès non autorisé et veiller à ce que le personnel soit suffisamment informé des obligations en matière de protection des données.**

Sans toutefois répéter les conseils donnés précédemment, le groupe de travail "Article 29" souhaite mettre l'accent sur trois principes, à savoir les fondements juridiques, la transparence et les décisions automatisées.

3.1.1. *Fondements juridiques (article 7)*

Lors du traitement de données à caractère personnel dans le contexte professionnel, au moins l'un des critères énoncés à l'article 7 doit être satisfait. Si les types de données à caractère personnel traités relèvent des catégories particulières (telles que définies à l'article 8), le traitement est interdit sauf exception *[Comme indiqué à la section 8 de l'avis 8/2001 ; par exemple, l'art. 8, paragr. 2, point b), prévoit une exception aux* *fins de respecter les obligations et les droits spécifiques du responsable du traitement en matière de droit du travail, dans la mesure où le traitement est autorisé par une législation nationale prévoyant des garanties adéquates. Il convient de noter que dans certains pays, il existe des mesures spéciales auxquelles les employeurs doivent se conformer pour protéger la vie privée de leurs employés. Le Portugal est un exemple de pays où de telles mesures spéciales existent et des mesures similaires peuvent également s'appliquer dans d'autres États membres. Pour ces raisons, les conclusions de la section 5.6 ainsi que les exemples présentés aux sections 5.1 et 5.7.1 du présent avis ne sont donc pas valables au Portugal.]*. **Même si l'employeur peut invoquer l'une de ces exceptions, un fondement juridique de l'article 7 est toujours nécessaire pour que le traitement soit légitime.**

En résumé, les employeurs doivent donc tenir compte de ce qui suit :

• pour la majorité de ces traitements de données au travail, **la base juridique ne peut et ne doit pas être le consentement des employés** [art. 7, point a)] en raison de la nature de la relation employeur/employé ;

• le traitement peut être nécessaire à **l'exécution d'un contrat** [art. 7, point b)] dans les cas où l'employeur doit traiter des données à caractère personnel de l'employé pour remplir de telles obligations ;

• il est assez courant que le **droit du travail puisse imposer des obligations légales** [art. 7, point c)] **qui nécessitent le traitement de données à caractère personnel** ; dans de tels cas, l'employé doit être clairement et pleinement informé de ce traitement (sauf si une exception s'applique) ;

• si un employeur cherche à invoquer un **intérêt légitime** [art. 7, point f)], la finalité du traitement doit être légitime ; la méthode ou la technologie choisie doit être nécessaire, proportionnée et mise en œuvre de la manière la moins intrusive possible, tout en permettant à l'employeur de démontrer que **des mesures appropriées ont été mises en place** pour assurer un équilibre avec les droits et libertés fondamentaux des employés *[Groupe de travail "Article 29", avis 06/2014 sur la notion d'intérêt légitime poursuivi par le responsable du traitement des données au sens de l'art. 7 de la directive 95/46/CE, WP 217, adopté le 9 avril 2014]* ;

• les traitements doivent également être conformes aux **exigences de transparence** (articles 10 et 11) et les employés doivent être informés de manière claire et complète du traitement de leurs données à caractère personnel *[Conformément à l'article 11, paragraphe 2, de la DPD, le responsable du traitement n'est pas tenu de fournir des informations à la personne concernée si la législation prévoit expressément l'enregistrement ou la collecte des données.]*, y compris de l'existence d'une surveillance éventuelle ; et

• **des mesures techniques et d'organisation appropriées** doivent être adoptées pour garantir la sécurité des traitements (article 17).

Les critères les plus pertinents de l'article 7 sont détaillés ci-dessous.

• **Consentement [article 7, point a)]**

Selon la directive relative à la protection des données, on entend par consentement toute manifestation de volonté, libre, spécifique et informée par laquelle la personne concernée accepte que des données à caractère personnel la concernant fassent l'objet d'un traitement. Pour que le consentement soit valable, il doit également être révocable.

Dans son avis 8/2001, le groupe de travail "Article 29" a déjà souligné que lorsqu'un employeur doit traiter des données à caractère personnel relatives à ses employés, il est trompeur de partir du principe que le traitement peut être légitimé par le consentement des employés. Dans les cas où un employeur affirme demander le consentement de l'employé et où l'absence de consentement peut entraîner un préjudice réel ou potentiel pour l'employé (ce qui peut être hautement probable dans le contexte professionnel, surtout lorsque l'employeur surveille le comportement de l'employé au fil du temps), le consentement n'est pas valable puisqu'il n'est et ne peut pas être donné librement. Ainsi, dans la majorité des cas de traitement des données relatives aux employés, la base juridique de ce traitement ne peut et ne doit pas être le consentement des employés. Une base juridique différente est donc nécessaire.

En outre, même dans les cas où l'on pourrait considérer que le consentement constitue la base juridique valable d'un tel traitement (c'est-à-dire s'il peut être indubitablement conclu que le consentement est donné librement), il doit constituer une manifestation de volonté spécifique et informée de l'employé. Les paramètres par défaut des dispositifs et/ou l'installation de logiciels qui facilitent le traitement électronique des données à caractère personnel ne peuvent pas constituer une forme de consentement donnée par les employés, puisque le consentement exige une manifestation active de volonté. L'absence d'action (par exemple, le fait de ne pas modifier les paramètres par défaut) ne peut généralement pas être considérée comme un consentement spécifique permettant un tel traitement *[Voir également groupe de travail "Article 29", avis 15/2011 sur la définition du consentement, WP 187, 13 juillet 2011]*.

- **Exécution d'un contrat [article 7, point b)]**

Les relations de travail sont souvent fondées sur un contrat de travail entre l'employeur et l'employé. Lorsque l'employeur s'acquitte de ses obligations en vertu dudit contrat, comme la rémunération de l'employé, il est tenu de traiter certaines données à caractère personnel.

- **Obligations légales [article 7, point c)]**

Il est assez courant que le droit du travail impose des obligations légales à l'employeur, dont le respect nécessite le traitement de données à caractère personnel (par exemple aux fins du calcul de l'impôt et de la gestion des salaires). De toute évidence, en pareils cas, une telle législation constitue la base juridique du traitement des données.

- **Intérêt légitime [article 7, point f)]**

Si un employeur souhaite invoquer le fondement juridique de l'article 7, point f), de la DPD, la finalité du traitement doit être légitime et la méthode choisie ou la technologie spécifique avec laquelle le traitement doit être entrepris doit être nécessaire dans l'intérêt légitime de l'employeur. Le traitement doit également être proportionné aux besoins de l'entreprise, c'est-à-dire à l'objectif visé. Le traitement des données sur le lieu de travail devrait être effectué de la manière la moins intrusive possible et cibler le domaine de risque spécifique. De plus, si l'article 7, point f), est invoqué, l'employé conserve le droit de s'opposer au traitement pour des raisons prépondérantes et légitimes en vertu de l'article 14.

Pour invoquer l'article 7, point f), comme fondement juridique du traitement, il est essentiel que des mesures spécifiques d'atténuation soient prévues de sorte à assurer un juste équilibre entre l'intérêt légitime de l'employeur et les libertés et droits fondamentaux des employés *[Pour un exemple de l'équilibre à trouver, voir affaire Köpke c. Allemagne, [2010] CEDH 1725, (URL : http://www.bailii.org/eu/cases/ECHR/2010/1725.html), dans laquelle un employé a été licencié à la suite d'une opération de vidéo-surveillance secrète entreprise par l'employeur et une agence de détectives privés. Alors qu'en l'espèce, la Cour a conclu que les autorités nationales avaient trouvé un juste équilibre entre l'intérêt légitime de l'employeur (à la protection de ses droits de propriété), le droit de l'employé au respect de sa vie privée et l'intérêt public lié à l'administration de la justice, elle a également observé que les divers intérêts en cause pourraient à l'avenir être pris en compte différemment en raison de l'évolution technologique.]*. De telles mesures, selon la forme de surveillance, devraient imposer des limites aux activités de surveillance afin d'éviter toute violation de la vie privée de l'employé. Ces limites pourraient être :

- géographiques (par exemple, surveillance uniquement dans des endroits spécifiques ; la surveillance des zones sensibles telles que les lieux religieux et, par exemple, les zones sanitaires et les salles de repos devrait être interdite),
- liées aux données (par exemple, les dossiers électroniques personnels et la communication ne devraient pas être surveillés), et
- temporelles (par exemple, un échantillonnage au lieu d'une surveillance continue).

3.1.2. *Transparence (articles 10 et 11)*

Les exigences de transparence des articles 10 et 11 s'appliquent au traitement des données sur le lieu de travail. Les employés doivent être informés de l'existence de toute surveillance, des finalités du traitement des données à caractère personnel et de toute autre information nécessaire pour garantir un traitement équitable.

Avec les nouvelles technologies, le besoin de transparence devient plus évident dans la mesure où elles permettent de collecter et de traiter ultérieurement des quantités potentiellement énormes de données à caractère personnel de manière insidieuse.

3.1.3. *Décisions automatisées (article 15)*

L'article 15 de la DPD reconnaît également aux personnes concernées le droit de ne pas être soumises à une décision prise sur le seul fondement d'un traitement automatisé, lorsque cette décision produit des effets juridiques à leur égard ou les affecte de manière significative de façon similaire, et qu'elle est prise sur le seul fondement d'un traitement automatisé de données destiné à évaluer certains aspects de leur personnalité, tels que leur rendement professionnel, sauf si la décision est nécessaire à la conclusion ou à l'exécution d'un contrat, est autorisée par le droit de l'Union ou le droit d'un État membre, ou est fondée sur le consentement explicite de la personne concernée.

3.2. *Règlement (UE) 2016/679 – Règlement général sur la protection des données ("RGPD")*

Le RGPD intègre et renforce les exigences énoncées dans la DPD. Il introduit également de nouvelles obligations pour tous les responsables du traitement, y compris les employeurs.

3.2.1. *Protection des données dès la conception*

L'article 25 du RGPD exige des responsables du traitement qu'ils mettent en œuvre la protection des données dès la conception et par défaut. Exemple : lorsqu'un employeur remet des appareils aux employés, les solutions les plus favorables à la protection de la vie privée devraient être choisies si des technologies de suivi sont utilisées. La minimisation des données doit également être prise en considération.

3.2.2. *Analyses d'impact relatives à la protection des données*

L'article 35 du RGPD énonce les exigences relatives à la réalisation par le responsable du traitement d'une analyse d'impact relative à la protection des données (AIPD) lorsqu'un type de traitement, en particulier par le recours à de nouvelles technologies, et compte tenu de la nature, de la portée, du contexte et des finalités du traitement lui-même, est susceptible d'engendrer un risque élevé pour les droits et libertés des personnes physiques. Un exemple est l'évaluation systématique et approfondie d'aspects personnels concernant des personnes physiques, qui est fondée sur un traitement automatisé, y compris le profilage, et sur la base de laquelle sont prises des décisions produisant des effets juridiques à l'égard d'une personne physique ou l'affectant de manière significative de façon similaire.

Lorsque l'AIPD indique que les risques recensés ne peuvent pas être suffisamment atténués par le responsable du traitement, c'est-à-dire que les risques résiduels restent élevés, le responsable du traitement doit consulter l'autorité de contrôle préalablement au traitement (article 36, paragraphe 1), tel que clarifié dans les lignes directrices du groupe de travail "Article 29" sur les AIPD *[Groupe de travail "Article 29", lignes directrices concernant l'analyse d'impact relative à la protection des données (AIPD) et la manière de déterminer si le traitement est "susceptible d'engendrer un risque élevé" aux fins du règlement (UE) 2016/679, WP 248, 4 avril 2017, page 18.]*.

3.2.2. *[3.2.3.]* *"Traitement de données dans le cadre des relations de travail"*

L'article 88 du RGPD dispose que les États membres peuvent prévoir, par la loi ou au moyen de conventions collectives, des règles plus spécifiques pour assurer la protection des droits et libertés en ce qui concerne le traitement des données à caractère personnel des employés dans le cadre des relations de travail. En particulier, ces règles peuvent être prévues aux fins :

- du recrutement ;
- de l'exécution du contrat de travail (y compris le respect des obligations fixées par la loi ou par des conventions collectives) ;
- de la gestion, de la planification et de l'organisation du travail ;
- de l'égalité et de la diversité sur le lieu de travail ;
- de la santé et de la sécurité au travail ;
- de la protection des biens appartenant à l'employeur ou au client ;
- de l'exercice et de la jouissance des droits et des avantages liés à l'emploi (individuellement) ; et
- de la résiliation de la relation de travail.

Conformément à l'article 88, paragraphe 2, toute règle de ce type devrait comprendre des mesures appropriées et spécifiques pour protéger la dignité humaine, les intérêts légitimes et les droits fondamentaux des personnes concernées, en accordant une attention particulière :

- à la transparence du traitement ;
- au transfert de données à caractère personnel au sein d'un groupe d'entreprises ou d'un groupe d'entreprises engagées dans une activité économique conjointe ; et
- aux systèmes de contrôle sur le lieu de travail.

Dans le présent avis, le groupe de travail fournit des lignes directrices pour l'utilisation légitime des nouvelles technologies dans un certain nombre de situations spécifiques, en détaillant des mesures appropriées et spécifiques visant à protéger la dignité humaine, les intérêts légitimes et les droits fondamentaux des employés.

4. Risques

Les technologies modernes permettent de suivre les employés dans le temps, sur tous les lieux de travail et à domicile, grâce à de nombreux dispositifs différents tels que les smartphones, les ordinateurs de bureau, les tablettes, les véhicules et les appareils portatifs. S'il n'y a pas de limites au traitement et si celui-ci n'est pas transparent, il y a un risque élevé que l'intérêt légitime des employeurs à l'amélioration de l'efficacité et à la protection des actifs de l'entreprise se transforme en un contrôle injustifiable et intrusif.

Les technologies qui surveillent les communications peuvent également avoir un effet dissuasif sur les droits fondamentaux des employés à s'organiser, à organiser des réunions entre eux et à communiquer de manière confidentielle (y compris le droit de demander des renseignements). La surveillance des communications et des comportements exercera une pression sur les employés pour qu'ils se conforment afin d'empêcher la détection de ce qui pourrait être perçu comme des anomalies, d'une manière comparable à la façon dont l'utilisation intensive de la vidéosurveillance a influencé le comportement des citoyens dans les espaces publics. En outre, en raison des caractéristiques de ces technologies, il se peut que les employés n'aient pas connaissance des données à caractère personnel qui sont traitées ni des fins auxquelles elles le sont, voire qu'ils n'aient même pas conscience de l'existence de la technologie de surveillance elle-même.

La surveillance de l'utilisation des TI diffère également des autres outils d'observation et de surveillance plus visibles, comme la vidéo-surveillance, en ce sens qu'elle peut se dérouler de façon insidieuse. En l'absence d'une politique de surveillance du lieu de travail facilement compréhensible et accessible, il se peut que les employés ne soient pas conscients de l'existence et des conséquences de la surveillance en cours et ne soient donc pas en mesure d'exercer leurs droits. Un autre risque provient de la "surcollecte" de données dans ces systèmes, par exemple ceux qui collectent des données de localisation wi-fi.

L'augmentation de la quantité de données générées dans le contexte professionnel, combinée aux nouvelles techniques d'analyse et de recoupement des données, peut également créer des risques de traitement ultérieur incompatible. Parmi les exemples de traitements ultérieurs illégitimes, on peut citer l'utilisation de systèmes légitimement installés pour protéger les biens mais qui servent ensuite à surveiller la disponibilité des employés, leur rendement et leur attitude vis-à-vis des clients. D'autres comprennent l'utilisation de données collectées au moyen d'un système de vidéosurveillance pour surveiller régulièrement le comportement et le rendement des employés, ou encore l'utilisation de données d'un système de géolocalisation (par exemple, le suivi wi-fi ou bluetooth) pour vérifier constamment les mouvements et le comportement d'un employé.

Par conséquent, un tel suivi peut porter atteinte au droit au respect de la vie privée des employés, que cette surveillance ait lieu de façon systématique ou occasionnelle. Le risque ne se limite pas à l'analyse du contenu des communications. Ainsi, l'analyse des métadonnées relatives à une personne pourrait permettre une surveillance approfondie tout aussi envahissante de sa vie et de ses comportements.

L'utilisation à grande échelle des technologies de surveillance peut également limiter la volonté des employés d'informer les employeurs (et les moyens par lesquels ils pourraient le faire) des irrégularités ou des actions illégales de leurs supérieurs hiérarchiques et/ou d'autres employés qui menacent de nuire à l'entreprise (en particulier les données des clients) ou au lieu de travail. L'anonymat est souvent nécessaire pour qu'un employé concerné puisse agir et signaler de telles situations. La surveillance qui porte atteinte au droit au respect de la vie privée des employés peut entraver les communications nécessaires avec les agents concernés. En pareil cas, les moyens mis à disposition des dénonciateurs internes peuvent devenir inefficaces *[Voir, par exemple, groupe de travail "Article 29", avis 1/2006 relatif à l'application des règles de l'UE en matière de protection des données aux mécanismes internes de dénonciation des dysfonctionnements dans les domaines de la comptabilité, des contrôles comptables internes, de l'audit, de la lutte contre la corruption et la criminalité bancaire et financière, WP 117, 1er février 2006]*.

5. Scénarios

Dans la présente section, le groupe de travail examine un certain nombre de scénarios de traitement des données sur le lieu de travail dans lesquels les nouvelles technologies ou l'évolution de technologies existantes peuvent engendrer des risques élevés pour la vie privée des employés. Dans tous ces cas, les employeurs devraient se demander si :

- l'activité de traitement est nécessaire et, le cas échéant, s'interroger sur les fondements juridiques applicables ;
- le traitement proposé des données à caractère personnel est équitable pour les employés ;
- l'activité de traitement est proportionnelle aux préoccupations soulevées ; et
- l'activité de traitement est transparente.

5.1. *Opérations de traitement pendant le processus de recrutement*

L'utilisation des médias sociaux par les particuliers est très répandue et il est relativement courant que les profils d'utilisateurs soient accessibles au public en fonction des paramètres choisis par le titulaire du compte. Par conséquent, il se peut que les employeurs estiment que l'inspection des profils sociaux des candidats potentiels se justifie au cours de leur processus de recrutement. Cela peut également être le cas pour d'autres informations relatives à l'employé potentiel accessibles au public.

Toutefois, les employeurs ne devraient pas présumer que, simplement parce que le profil d'un individu sur les médias sociaux est accessible au public, ils sont autorisés à traiter ces données à leurs propres fins. Un fondement juridique, tel que l'intérêt légitime, est requis pour ce traitement. Dans ce contexte, l'employeur devrait – avant l'inspection d'un profil sur les médias sociaux – déterminer si le profil du candidat sur les médias sociaux est lié à des fins professionnelles ou privées, car cela peut constituer une indication importante pour la recevabilité juridique de l'inspection des données. En outre, les employeurs ne sont autorisés à collecter et à traiter les données à caractère personnel relatives aux demandeurs d'emploi que dans la mesure où la collecte de ces données est nécessaire et pertinente pour l'exécution du travail faisant l'objet de la demande.

Les données recueillies au cours du processus de recrutement devraient en principe être effacées dès qu'il devient clair que la candidature ne sera pas retenue par l'employeur ou sera retirée par le candidat *[V. également Conseil de l'Europe, recommandation CM/Rec(2015)5 du Comité des ministres aux États membres sur le traitement des données à caractère personnel dans le cadre de l'emploi, paragraphe 13.2 (1er avril 2015]. Dans les cas où l'employeur souhaite conserver les données en vue d'une demande d'emploi ultérieure, la personne concernée devrait en être informée et avoir la possibilité de s'opposer à un tel traitement ultérieur, auquel cas il convient de les effacer (idem)]*\. La personne concernée doit également être correctement informée de tout traitement de ce genre avant de s'engager dans le processus de recrutement.

Il n'existe aucun fondement juridique permettant à un employeur potentiel d'exiger que les employés éventuels deviennent ses "amis", ou d'avoir accès de toute autre manière au contenu de leurs profils.

Exemple

Lors du recrutement de nouveaux collaborateurs, un employeur vérifie les profils des candidats sur différents réseaux sociaux et intègre les informations provenant de ces réseaux (et toute autre information disponible sur l'internet) dans le processus de sélection.

Ce n'est que s'il est nécessaire pour le poste de passer en revue les informations disponibles sur les médias sociaux au sujet d'un candidat, par exemple pour pouvoir évaluer des risques particuliers concernant l'attribution d'une fonction spécifique, et si les candidats sont correctement informés (par exemple, dans le texte de l'offre d'emploi), que l'employeur peut s'appuyer sur une base juridique en vertu de l'article 7, point f), pour examiner les informations relatives aux candidats accessibles au public.

5.2. *Opérations de traitement résultant de la vérification en cours d'emploi*

Grâce à l'existence de profils sur les médias sociaux et à la mise au point de nouvelles technologies d'analyse, les employeurs ont (ou peuvent obtenir) la capacité technique de contrôler de façon permanente les employés en recueillant des renseignements sur leurs amis, leurs opinions, leurs croyances, leurs intérêts, leurs habitudes, leur position géographique, leurs attitudes et leurs comportements, et d'obtenir ainsi des données, y compris des données sensibles, relatives à la vie privée et familiale de l'employé.

La vérification en cours d'emploi des profils des employés sur les médias sociaux ne devrait pas avoir lieu de manière généralisée.

De plus, les employeurs devraient s'abstenir d'exiger d'un employé ou d'un candidat à un emploi l'accès aux renseignements qu'il partage avec d'autres personnes sur les réseaux sociaux.

Exemple

Un employeur surveille les profils LinkedIn d'anciens employés soumis à des clauses de non-concurrence. Cette surveillance a pour but de contrôler le respect de ces clauses. Elle se limite à ces anciens employés.

Tant que l'employeur peut prouver qu'une telle surveillance est nécessaire pour protéger ses intérêts légitimes, qu'il n'existe pas d'autres moyens moins envahissants et que les anciens employés ont été informés de manière adéquate de la portée de la surveillance régulière de leurs communications publiques, il peut se fonder sur la base juridique de l'article 7, point f), de la DPD.

De plus, les employés ne devraient pas être tenus d'utiliser un profil fourni par leur employeur sur les médias sociaux. Même lorsque cela est spécifiquement prévu dans le cadre des tâches qui leur incombent (par exemple, porte-parole d'une organisation), ils doivent conserver la possibilité de choisir un profil privé "non professionnel" qu'ils peuvent utiliser à la place du profil "officiel" lié à l'employeur, et cela devrait être précisé dans les conditions du contrat de travail.

5.3. *Opérations de traitement résultant du contrôle de l'utilisation des TIC sur le lieu de travail*

Traditionnellement, la surveillance des communications électroniques sur le lieu de travail (par exemple, téléphone, navigation internet, courriel, messagerie instantanée, voix sur IP, etc.) était considérée comme la principale menace pour la vie privée des employés. Dans son *document de travail de 2001 concernant la surveillance des communications électroniques sur le lieu de travail*, le groupe de travail "Article 29" a formulé un certain nombre de conclusions concernant le contrôle de l'utilisation du courrier électronique et de l'internet. Bien que ces conclusions demeurent valables, il est nécessaire de tenir compte des progrès technologiques qui ont permis de mettre en place des moyens de surveillance plus modernes, potentiellement plus envahissants et intrusifs. Ces évolutions incluent, entre autres :

• les outils de prévention des pertes de données (*Data Loss Prévention* – DLP), qui surveillent les communications sortantes dans le but de détecter les fuites potentielles de données ;

• les pare-feu de nouvelle génération (*Next-Generation Firewalls* – NGFW) et les systèmes de gestion unifiée des menaces (*Unified Threat Management* – UTM), qui peuvent fournir diverses technologies de surveillance, y compris l'inspection approfondie des paquets, l'interception TLS, le filtrage des sites web, le filtrage du contenu, le reporting intégré aux appareils, les informations sur l'identité des utilisateurs et (comme décrit ci-dessus) la prévention de la perte de données. Ces technologies peuvent également être déployées individuellement, selon l'employeur ;

• les applications et mesures de sécurité qui impliquent l'enregistrement de l'accès des employés aux systèmes de l'employeur ;

• la technologie eDiscovery, qui désigne tout processus dans lequel des données électroniques font l'objet d'une recherche dans le but de les utiliser comme éléments de preuve ;

• le suivi de l'utilisation des applications et des périphériques via des logiciels invisibles, soit sur le bureau, soit dans le nuage ;

• l'utilisation sur le lieu de travail d'applications bureautiques fournies sous forme de services en nuage *(cloud service)*, ce qui permet en théorie d'enregistrer de manière très détaillée les activités des employés ;

• la surveillance des appareils personnels (ordinateurs, téléphones mobiles, tablettes, etc.) que les employés utilisent pour leur travail conformément à une politique d'utilisation spécifique, comme *Bring-Your-Own-Device* (BYOD), ainsi que la technologie de gestion des appareils mobiles (*Mobile Device Management* – MDM) qui permet la distribution d'applications, de paramètres de données et de configuration, et de correctifs pour les appareils mobiles ; et

• l'utilisation d'appareils portatifs (par exemple, appareils de santé et de fitness).

Il est possible qu'un employeur mette en œuvre une solution de surveillance "tout-en-un", telle qu'une série de progiciels de sécurité lui permettant de surveiller l'intégralité de l'utilisation des TIC sur le lieu de travail, par opposition à la simple surveillance des courriels ou des sites web, comme c'était le cas auparavant. Les conclusions adoptées dans le document WP 55 s'appliqueraient à tout système permettant une telle surveillance *[V. également affaire Copland c. Royaume-Uni, (2007) 45 EHRR 37, 25 BHRC 216, 2 ALR Int'l 785, [2007] CEDH 253 (url : http://www.bailii.org/eu/cases/ECHR/2007/253.html), dans laquelle la Cour a déclaré que les courriers électroniques envoyés à partir de locaux professionnels et les informations découlant de la surveillance de l'utilisation de l'internet pouvaient faire partie de la vie privée et de la correspondance d'un employé, et que la collecte et la conservation de ces informations à l'insu de l'employé constitueraient une atteinte à ses droits, bien que la Cour n'ait pas statué qu'une telle surveillance ne serait jamais nécessaire dans une société démocratique.]*.

Exemple

Un employeur a l'intention de déployer un appareil d'inspection TLS pour décrypter et inspecter le trafic sécurisé, dans le but de détecter tout élément

malveillant. L'appareil peut également enregistrer et analyser la totalité de l'activité en ligne d'un employé sur le réseau de l'organisation.

L'utilisation de protocoles de communication cryptés est de plus en plus courante pour garantir une protection contre l'interception des flux de données en ligne impliquant des données à caractère personnel. Toutefois, cela peut également poser des problèmes car le cryptage rend impossible la surveillance des données entrantes et sortantes. L'équipement d'inspection TLS décrypte le flux de données, analyse le contenu à des fins de sécurité et réencrypte ensuite le flux.

Dans cet exemple, l'employeur s'appuie sur des intérêts légitimes – la nécessité de protéger le réseau et les données à caractère personnel des employés et des clients qui y sont conservées contre l'accès non autorisé ou la fuite de données. Toutefois, la surveillance de toutes les activités en ligne des employés est une réaction disproportionnée qui porte atteinte au droit au secret des communications. L'employeur devrait d'abord étudier d'autres moyens, moins invasifs, de protéger la confidentialité des données des clients et la sécurité du réseau.

Dans la mesure où une certaine interception du trafic TLS peut être qualifiée de strictement nécessaire, l'appareil devrait être configuré de manière à empêcher l'enregistrement permanent de l'activité des employés, par exemple en bloquant le trafic entrant ou sortant suspect et en redirigeant l'utilisateur vers un portail d'information où il peut demander la révision d'une telle décision automatisée. Si un enregistrement général devait néanmoins être considéré comme strictement nécessaire, l'appareil pourrait également être configuré pour ne pas stocker les données d'enregistrement à moins que l'appareil ne signale la survenance d'un incident, avec une minimisation des informations recueillies.

L'employeur pourrait, à titre de bonne pratique, proposer aux employés d'autres possibilités d'accès non surveillé. Cela pourrait se faire en offrant gratuitement le Wi-Fi, ou des dispositifs ou terminaux autonomes (avec des sauvegardes appropriées pour assurer la confidentialité des communications) avec lesquels les employés peuvent exercer leur droit légitime d'utiliser les infrastructures de travail pour un usage privé *[V. Halford c. Royaume-Uni, [1997] CEDH 32, (url : http://www.bailii.org/eu/cases/ECHR/1997/32.html), où la Cour a indiqué que "les appels téléphoniques émanant de locaux professionnels, tout comme ceux provenant du domicile, peuvent se trouver compris dans les notions de "vie privée" et de "correspondance" visées à l'art. 8, paragr. 1, [de la Convention]" ; et Barbulescu c. Roumanie, [2016] CEDH 61, concernant l'utilisation d'un compte de messagerie instantanée professionnelle pour la correspondance personnelle, où la Cour a considéré que le contrôle du compte par l'employeur était limité et proportionné ; dans un avis divergent, le juge Pinto de Alberquerque a plaidé en faveur d'un équilibre prudent.]* **De plus, les employeurs devraient tenir compte de certains types de trafic dont l'interception met en péril l'équilibre entre leurs intérêts légitimes et la vie privée des employés – comme l'utilisation du courrier électronique privé, les visites aux services bancaires en ligne et aux sites web en matière de santé – dans le but de configurer adéquatement l'appareil de façon à ne pas procéder à l'interception de communications dans des circonstances qui ne sont pas conformes à la proportionnalité. Les employés devraient être informés du type de communications surveillées par l'appareil.**

Une politique définissant les raisons pour lesquelles des données d'enregistrement suspectes peuvent être consultées, à quel moment et par qui, devrait être élaborée et rendue facilement et en permanence accessible à tous les employés, afin de les guider sur l'utilisation acceptable et inacceptable du réseau et des installations. Cela permet aux employés d'adapter leur comportement pour éviter d'être surveillés lorsqu'ils utilisent légitimement des infrastructures informatiques professionnelles à des fins privées. En tant que bonne pratique, une telle politique devrait être évaluée, au moins une fois par an, afin de déterminer si la solution de surveillance choisie donne les résultats escomptés et s'il existe d'autres outils ou moyens moins invasifs pour atteindre les mêmes objectifs.

Indépendamment de la technologie concernée ou des capacités qu'elle possède, la base juridique de l'article 7, point f), n'est disponible que si le traitement remplit certaines conditions. Tout d'abord, les employeurs qui utilisent ces produits et applications doivent tenir compte de la proportionnalité des mesures qu'ils mettent en œuvre et déterminer si des mesures supplémentaires peuvent être prises pour atténuer ou réduire l'ampleur et l'impact du traitement des données. A titre d'exemple de bonne pratique, l'examen en question pourrait prendre la forme d'une AIPD préalable à l'introduction de toute technologie de surveillance. Ensuite, les employeurs doivent mettre en œuvre des politiques d'utilisation acceptable parallèlement aux politiques de confidentialité et en informer leurs employés en décrivant l'utilisation autorisée du réseau et des équipements de l'organisation et en détaillant strictement le traitement qui est effectué.

Dans certains pays, la mise en place d'une telle politique nécessiterait juridiquement l'approbation d'un conseil des travailleurs ou d'une représentation similaire des membres du personnel. Dans la pratique, ces politiques sont souvent élaborées par le personnel chargé de la maintenance informatique. Étant donné que leur principale préoccupation portera essentiellement sur la sécurité, et non pas sur les attentes légitimes des employés en matière de protection de la vie privée, le groupe de travail "Article 29" recommande que, dans tous les cas, un échantillon représentatif d'employés soit associé au processus visant à évaluer la nécessité d'une surveillance, ainsi que la logique et l'accessibilité de la politique.

Exemple

Un employeur déploie un outil de prévention des pertes de données pour surveiller automatiquement les messages électroniques sortants, de sorte à empêcher la transmission non autorisée de données exclusives (par exemple, des données à caractère personnel de clients), indépendamment du fait qu'une telle action soit involontaire ou non. Une fois qu'un message électronique est considéré comme étant la source potentielle d'une fuite de données, une enquête plus poussée est menée.

Là encore, l'employeur invoque la nécessité, en vertu de son intérêt légitime, de protéger les données à caractère personnel des clients ainsi que ses biens contre l'accès non autorisé ou la fuite de données. Toutefois, un tel outil peut engendrer un traitement inutile de données à caractère personnel – par exemple, une alerte "faussement positive" peut donner lieu à un accès non autorisé à des messages électroniques légitimes envoyés par des employés (par exemple, des messages électroniques personnels).

Par conséquent, la nécessité de l'outil DLP et de son déploiement devrait être pleinement justifiée afin de parvenir à un juste équilibre entre les intérêts légitimes de l'employeur et le droit fondamental à la protection des données à caractère personnel des employés. Pour que les intérêts légitimes de l'employeur puissent être invoqués, certaines mesures devraient être prises pour atténuer les risques. Par exemple, les règles suivies par le système pour qualifier un courrier électronique de source potentielle de fuite de données devraient être totalement transparentes pour les utilisateurs, et dans les cas où l'outil reconnaît un courrier électronique à envoyer comme une source possible de fuite de données, un message d'avertissement devrait informer l'expéditeur avant la transmission du courrier électronique, afin de lui donner la possibilité d'annuler son envoi.

Dans certains cas, ce n'est pas en raison du déploiement de technologies spécifiques que la surveillance des employés est possible, mais simplement parce que les employés sont censés utiliser des applications en ligne mises à leur disposition par l'employeur qui traitent des données à caractère personnel. L'utilisation d'applications bureautiques dans le nuage (par exemple, éditeurs de documents, calendriers, réseaux sociaux) en est un exemple. Il faudrait veiller à ce que les employés puissent désigner certains espaces privés auxquels l'employeur ne peut avoir accès, sauf dans des circonstances exceptionnelles. Ceci s'applique par exemple aux calendriers, qui sont souvent utilisés pour des rendez-vous privés. Si l'employé fixe un rendez-vous à titre privé ou le note tel quel dans le calendrier, les employeurs (et les autres employés) ne devraient pas être autorisés à examiner le contenu du rendez-vous.

L'exigence de subsidiante dans ce contexte signifie parfois qu'il ne peut y avoir aucun contrôle. C'est le cas, par exemple, lorsque l'utilisation interdite de services de communications peut être empêchée en bloquant certains sites web. S'il est possible de bloquer des sites web, au lieu de surveiller en permanence toutes les communications, il convient de choisir cette option pour respecter cette exigence de subsidiarité.

Plus généralement, une plus grande importance devrait être accordée à la prévention plutôt qu'à la détection – les intérêts de l'employeur sont mieux servis en prévenant les abus sur l'internet par des moyens techniques qu'en consacrant des ressources à la détection des abus.

5.4. *Opérations de traitement résultant du contrôle de l'utilisation des TIC en dehors du lieu de travail*

L'utilisation des TIC en dehors du lieu de travail est devenue plus fréquente avec l'expansion des politiques de travail à domicile, de télétravail et de celles favorisant l'utilisation de son équipement personnel de communication (*bring your own device*). Les caractéristiques de ces technologies peuvent présenter un risque pour la vie privée des employés, car dans de nombreux cas, les systèmes de surveillance existant sur le lieu de travail sont effectivement étendus à la sphère domestique des employés lorsqu'ils utilisent de tels équipements.

5.4.1. *Surveillance du travail à domicile et à distance*

Il est devenu plus courant pour les employeurs d'offrir aux employés la possibilité de travailler à distance, par exemple à partir de chez eux et/ou pendant leurs trajets. Il s'agit là d'un facteur déterminant qui restreint la distinction entre le lieu de travail et le domicile. En général, cela implique que l'employeur remette aux employés du matériel ou des logiciels TIC qui, une fois installés à domicile ou sur leurs propres appareils, leur permettent d'avoir le même niveau d'accès au réseau, aux systèmes et aux ressources de l'employeur que celui qu'ils auraient s'ils se trouvaient sur le lieu de travail, en fonction de la mise en œuvre.

Bien que le télétravail puisse être une évolution positive, il présente également un risque supplémentaire pour l'employeur. Par exemple, les employés qui ont un accès à distance à l'infrastructure de l'employeur ne sont pas liés par les mesures de sécurité matérielle qui peuvent être en place dans les locaux de l'employeur. Pour être clair : sans la mise en œuvre de mesures techniques appropriées, le risque d'accès non autorisé augmente et peut entraîner la perte ou la destruction d'informations, y compris les données à caractère personnel des employés ou des clients, que l'employeur peut détenir.

Afin d'atténuer ce risque, les employeurs peuvent penser qu'il est justifié de déployer des progiciels (sur site ou dans le nuage) capables, par exemple, d'enregistrer les frappes de touches et les mouvements de souris, de procéder à des captures d'écran (au hasard ou à intervalles réguliers), d'enregistrer les applications utilisées (et leur durée d'utilisation) et, sur des appareils compatibles, d'activer les webcams et d'en collecter les images. De telles technologies sont largement disponibles, y compris auprès de tiers tels que les fournisseurs de services d'informatique en nuage.

Toutefois, le traitement découlant de ces technologies est disproportionné et il est très peu probable que l'employeur ait un motif légal justifiant un intérêt légitime, par exemple pour l'enregistrement des frappes et des mouvements de souris d'un employé.

L'essentiel est de traiter le risque posé par le travail à domicile et à distance d'une manière proportionnée et non excessive, quelle que soit la manière dont l'option est offerte et quelle que soit la technologie proposée, en particulier si les frontières entre l'utilisation professionnelle et privée sont floues.

5.4.2. *Apportez votre équipement personnel de communication (BYOD)*

En raison de la hausse de popularité, des caractéristiques et de la capacité des appareils électroniques grand public, les employeurs peuvent être confrontés à la demande des employés d'utiliser leurs propres appareils sur le lieu de travail pour effectuer leurs tâches. Ce phénomène est connu comme le "*bring your own device*" ou BYOD (Apportez votre équipement personnel de communication).

La mise en œuvre efficace du BYOD peut se traduire par un certain nombre d'avantages pour les employés, notamment une meilleure satisfaction au travail, une amélioration générale du moral, une plus grande efficacité au travail et une flexibilité accrue. Toutefois, par définition, l'appareil d'un employé sera en partie utilisé à des fins privées, ce qui est plus susceptible d'être le cas à certains moments de la journée (par exemple, le soir et les week-ends). Il est donc tout à fait possible que l'utilisation par les employés de leurs propres appareils conduise les employeurs à traiter des informations non professionnelles relatives à ces employés, et éventuellement aux membres de leur famille qui utilisent également ces appareils.

Dans le contexte professionnel, les risques d'atteinte à la vie privée liés au BYOD sont généralement associés aux technologies de surveillance qui recueillent des identificateurs tels que les adresses MAC, ou aux cas où un employeur accède à l'appareil d'un employé en faisant valoir une analyse de sécurité, par exemple pour détecter les logiciels malveillants. En ce qui concerne ce dernier cas, il existe un certain nombre de solutions commerciales qui permettent d'analyser les appareils privés, mais leur utilisation pourrait potentiellement permettre l'accès à toutes les données de cet appareil. Il convient donc de les gérer avec soin. Par exemple, les sections d'un appareil qui sont présumées utilisées uniquement à des fins privées (par exemple, le dossier contenant les photos prises avec l'appareil) ne peuvent en principe pas être consultées.

La surveillance de la position et du trafic de ces appareils peut être considérée comme servant un intérêt légitime à protéger les données à caractère personnel dont l'employeur a la responsabilité en tant que responsable du traitement. Toutefois, cette démarche peut s'avérer illégale en ce qui concerne l'appareil personnel d'un employé, si cette surveillance permet également de saisir des données relatives à sa vie privée et familiale. Afin d'empêcher la surveillance des informations privées, il convient de mettre en place des mesures appropriées pour établir la distinction entre l'utilisation privée et professionnelle de l'appareil.

Les employeurs devraient également mettre en œuvre des méthodes permettant de transférer en toute sécurité leurs propres données entre cet appareil et leur réseau. Il se peut donc que l'appareil soit configuré pour rediriger tout le trafic via un VPN vers le réseau de l'entreprise, afin d'offrir un certain niveau de sécurité. Toutefois, si une telle mesure est utilisée, l'employeur devrait également tenir compte du fait que les logiciels installés à des fins de surveillance posent un risque pour la vie privée pendant les périodes d'utilisation personnelle par l'employé. Les appareils qui offrent des protections supplémentaires, telles que le "*sandboxing*" de données (conserver les données contenues dans une application spécifique), pourraient être utilisés.

Inversement, l'employeur doit également envisager d'interdire l'utilisation de dispositifs de travail spécifiques à des fins privées s'il n'existe aucun moyen d'empêcher que l'utilisation privée soit surveillée, par exemple si l'appareil offre un accès à distance aux données à caractère personnel dont l'employeur est responsable du traitement.

5.4.3. *Gestion des appareils mobiles*

La gestion des appareils mobiles (*Mobile device management* – MDM) permet aux employeurs de localiser les appareils à distance, de déployer des configurations et/ou des applications spécifiques et de supprimer les données à la demande. Un employeur peut exploiter lui-même cette fonctionnalité ou faire appel à un tiers. Les services MDM permettent également aux employeurs d'enregistrer ou de suivre l'appareil en temps réel, même s'il n'est pas déclaré volé.

Une AIPD devrait être effectuée avant le déploiement de toute technologie de ce type lorsqu'elle est innovante, ou nouvelle pour le responsable du traitement. Si l'AIPD aboutit à la conclusion que la technologie MDM est nécessaire dans des circonstances particulières, il convient néanmoins d'évaluer si le traitement des données qui en résulte est conforme aux principes de proportionnalité et de subsidiarité. Les employeurs doivent veiller à ce que les données collectées dans le cadre de cette capacité de localisation à distance soient traitées à des fins déterminées et ne fassent pas, et ne puissent pas faire, partie d'un programme plus large permettant un suivi permanent des employés. Même à des fins déterminées, les caractéristiques de suivi devraient être atténuées. Les systèmes de suivi peuvent être conçus pour enregistrer les données de localisation sans les transmettre à l'employeur – en pareilles circonstances, les données de localisation ne devraient être disponibles que dans les cas où l'appareil serait déclaré volé ou perdu.

Les employés dont les appareils sont couverts par des services MDM doivent également être pleinement informés du suivi dont ils font l'objet et des conséquences qui en découlent pour eux.

5.4.4. *Appareils portatifs*

Les employeurs sont de plus en plus tentés de fournir des appareils portatifs à leurs employés afin de suivre et de surveiller leur santé et leurs activités sur leur lieu de travail et parfois même en dehors de celui-ci. Toutefois, ce traitement suppose le traitement de données relatives à la santé et est donc interdit en vertu de l'article 8 de la DPD.

Compte tenu de la relation inégale entre les employeurs et les employés – du fait que l'employé dépend financièrement de l'employeur – et du caractère sensible des données sur la santé, il est hautement improbable qu'un consentement explicite juridiquement valable puisse être donné pour le suivi ou la surveillance de ces données, car les employés ne sont, pour l'essentiel, pas "libres" de donner un tel consentement. Même si l'employeur faisait appel à un tiers pour recueillir les données sur la santé, qui ne lui fournirait que des renseignements agrégés sur les évolutions générales en matière de santé, le traitement resterait illégal.

De même, comme décrit dans l'avis 5/2014 sur les techniques d'anonymisation *[Groupe de travail "Article 29", avis 5/2014 sur les techniques d'anonymisation, WP 216, 10 avril 2014]*, il est techniquement très difficile de garantir l'anonymisation complète des données. Même dans un environnement comptant plus d'un millier d'employés, compte tenu de la disponibilité d'autres données sur les employés, l'employeur serait toujours en mesure de repérer ceux qui présentent des états de santé particuliers, comme l'hypertension artérielle ou l'obésité.

Exemple :

Une organisation offre en cadeau à chacun de ses employés un appareil de suivi de l'activité physique. Les appareils comptent le nombre de pas effectués par les employés et enregistrent leur rythme cardiaque et leurs habitudes de sommeil au fil du temps.

Les données de santé qui en résultent ne devraient être accessibles qu'à l'employé et non pas à l'employeur. Toutes les données transférées entre l'employé (en tant que personne concernée) et le fournisseur de l'appareil/du service (en tant que responsable du traitement des données) sont du ressort de ces parties.

Étant donné que les données relatives à la santé pourraient également être traitées par la partie commerciale qui a fabriqué les dispositifs ou qui offre un service à l'employeur, celui-ci devrait évaluer la politique de confidentialité du fabricant et/ou du prestataire de services lorsqu'il choisit le dispositif ou le service, afin de s'assurer qu'elle n'aboutit pas à un traitement illicite de données relatives à la santé des employés.

5.5. *Opérations de traitement relatives au temps de travail et à l'assiduité*

Les systèmes qui permettent aux employeurs de contrôler l'accès à leurs locaux ou à certaines parties de ceux-ci peuvent également permettre de suivre les activités des employés. Bien que de tels systèmes existent depuis plusieurs années, de nouvelles technologies destinées à contrôler le temps de travail et l'assiduité des employés sont de plus en plus largement déployées, y compris celles qui traitent les données biométriques et d'autres comme le suivi des appareils mobiles.

Ces systèmes peuvent certes constituer un élément important de la piste d'audit d'un employeur, mais ils présentent également le risque d'aboutir à un niveau invasif de connaissances et de contrôle en ce qui concerne les activités de l'employé sur son lieu de travail.

Exemple :

Un employeur dispose d'une salle de serveurs dans laquelle sont stockées sous forme numérique les données sensibles relatives à l'entreprise, les données à caractère personnel relatives aux employés et les données à caractère personnel relatives aux clients. Pour se conformer aux obligations légales imposant de sécuriser les données contre tout accès non autorisé, l'employeur a mis en place un système de contrôle d'accès qui enregistre l'entrée et la sortie des employés disposant d'une autorisation appropriée pour entrer dans la pièce. En cas de disparition d'un équipement ou si des données font l'objet d'un accès non autorisé, d'une perte ou d'un vol, les registres tenus par l'employeur lui permettent de déterminer qui a eu accès à la salle à ce moment-là.

Étant donné que le traitement est nécessaire et ne l'emporte pas sur le droit à la vie privée des employés, il peut relever de l'intérêt légitime au titre de l'article 7, point f), si les employés ont été adéquatement informés du traitement. Toutefois, la surveillance continue de la fréquence et des heures exactes d'entrée et de sortie des employés ne peut être justifiée si ces données sont également utilisées à d'autres fins, comme l'évaluation du rendement des employés.

5.6. *Opérations de traitement à l'aide de systèmes de vidéo-surveillance*

Le contrôle et la surveillance vidéo continuent de poser des problèmes semblables à ceux qui existaient auparavant en ce qui a trait à la protection de la vie privée des employés : la capacité de surveiller continuellement le comportement du travailleur *[Voir affaire Köpke c. Allemagne précitée ; en outre, il convient de noter que dans certaines juridictions, l'installation de systèmes tels que la vidéo-surveillance dans le but de prouver l'illégalité d'un comportement a été jugée admissible ; voir affaire Bershka devant la Cour constitutionnelle d'Espagne.]*. Les changements les plus importants relatifs à l'application de cette technologie dans le contexte professionnel concernent la possibilité d'accéder facilement aux données collectées à distance (par exemple via un smartphone), la réduction de la taille des caméras (ainsi que l'augmentation de leurs capacités, par exemple en haute définition), et le traitement qui peut être effectué par les nouvelles analyses vidéo.

Grâce aux possibilités offertes par l'analyse vidéo, un employeur est en mesure de surveiller les expressions faciales du travailleur par des moyens automatisés, d'identifier les écarts par rapport à des modèles de mouvements prédéfinis (par exemple, le contexte d'usine), et plus encore. Cela serait disproportionné par rapport aux droits et libertés des employés, et donc généralement illégal. Le traitement est également susceptible d'entraîner un profilage et, éventuellement, une prise de décision automatisée. Par conséquent, les employeurs devraient s'abstenir d'utiliser des technologies de reconnaissance faciale. Il peut y avoir quelques exceptions marginales à cette règle, mais de tels scénarios ne peuvent pas être utilisés pour invoquer une légitimation générale de l'utilisation de cette technologie *[En outre, en vertu du RGPD, le traitement des données biométriques à des fins d'identification doit être fondé sur une exception prévue par l'art. 9, paragr. 2.]*.

5.7. *Opérations de traitement impliquant des véhicules utilisés par les employés*

Les technologies permettant aux employeurs de surveiller leurs véhicules sont largement répandues, en particulier parmi les organisations dont les activités impliquent des transports ou celles qui disposent d'importants parcs de véhicules.

Tout employeur qui utilise la télématique automobile recueillera des données sur le véhicule et sur l'employé qui utilise ce véhicule. Ces données peuvent comprendre non seulement la position du véhicule (et, par conséquent, de l'employé) recueillie par les systèmes de repérage GPS de base, mais également, selon la technologie, de nombreux autres renseignements, y compris le comportement de conduite. Certaines technologies peuvent également permettre une surveillance continue du véhicule et du conducteur (par exemple, les enregistreurs de données d'événements).

Un employeur pourrait être obligé d'installer une technologie de suivi dans ses véhicules pour démontrer qu'il respecte d'autres obligations légales, par exemple pour assurer la sécurité des employés qui conduisent ces véhicules. L'employeur peut également avoir un intérêt légitime à pouvoir localiser les véhicules à tout moment. Même si les employeurs ont un intérêt légitime à atteindre ces objectifs, il convient tout d'abord de déterminer si le traitement à ces fins est nécessaire et si la mise en œuvre effective est conforme aux principes de proportionnalité et de subsidiarité. Lorsque l'utilisation privée d'un véhicule professionnel est autorisée, la mesure la plus importante qu'un employeur peut prendre pour assurer le respect de ces principes est de proposer une option de refus *(opt-out)* : l'employé devrait, en principe, avoir la possibilité de désactiver temporairement la localisation de la position lorsque des circonstances particulières justifient cette désactivation, comme une visite chez le médecin. De cette façon, l'employé peut de sa propre initiative protéger certaines données de localisation considérées comme privées. L'employeur doit veiller à ce que les données recueillies ne soient pas utilisées pour un traitement ultérieur illégitime, comme le suivi et l'évaluation des employés.

L'employeur doit aussi informer clairement les employés que le véhicule d'entreprise qu'ils conduisent est équipé d'un dispositif de suivi et que leurs déplacements sont enregistrés pendant qu'ils utilisent ce véhicule (et que, selon la technologie utilisée, leur comportement de conduite peut également être consigné). De préférence, ces informations devraient être affichées de manière bien visible dans chaque voiture, à portée de vue du conducteur.

Il est possible que les employés puissent utiliser les véhicules de l'entreprise en dehors des heures de travail, par exemple pour un usage personnel, en fonction des politiques spécifiques régissant l'utilisation de ces véhicules. Compte tenu de la sensibilité des données de localisation, il est peu probable qu'il existe une base juridique permettant de contrôler la position des véhicules des employés en dehors des heures de travail convenues. Toutefois, si une telle nécessité devait exister, il conviendrait d'envisager une mise en œuvre proportionnée aux risques. Par exemple, cela pourrait supposer que, pour prévenir le vol de véhicule, la position de la voiture ne soit pas enregistrée en dehors des heures de travail, à moins que le véhicule ne quitte un large périmètre défini (région ou même pays). De plus, la position ne serait divulguée qu'en cas d'urgence – l'employeur n'activerait la "visibilité" de la position, en accédant aux données déjà stockées par le système, que lorsque le véhicule quitterait une région prédéfinie.

Comme indiqué dans l'*avis 13/2011 sur les services de géolocalisation des dispositifs mobiles intelligents* du groupe de travail "Article 29" *[Groupe de travail "Article 29", avis 13/2011 sur les services de géolocalisation des dispositifs mobiles intelligents, WP 185, 16 mai 2011]* :

"Les dispositifs de surveillance des véhicules ne sont pas des dispositifs de surveillance du personnel. Leur fonction est de repérer ou de contrôler la position des véhicules dans lesquels ils sont installés. Les employeurs ne devraient pas les considérer comme des dispositifs leur permettant de repérer ou contrôler le comportement ou les allées et venues de chauffeurs ou autres membres du personnel, par exemple en envoyant des alertes en rapport avec la vitesse du véhicule."

En outre, comme indiqué dans l'*avis 5/2005 sur l'utilisation de données de localisation aux fins de fourniture de services à valeur ajoutée* du groupe de travail "Article 29" [*Groupe de travail "Article 29", avis 5/2005 sur l'utilisation de données de localisation aux fins de fourniture de services à valeur ajoutée, WP 115, 25 novembre 2005*] :

"[Le traitement] peut donc être justifié lorsqu'il est effectué aux fins de la surveillance du transport de personnes ou de marchandises, d'une meilleure affectation des ressources pour des prestations à fournir en des lieux dispersés (par exemple, planification en temps réel des opérations) ou de la poursuite d'un objectif de sécurité, qu'il s'agisse de celle du travailleur lui-même ou des marchandises ou véhicules dont il a la charge. A l'inverse, le groupe 29 considère le traitement des données comme excessif si les travailleurs sont libres d'organiser leurs déplacements comme ils l'entendent ou si le contrôle de leur travail constitue la seule finalité dudit traitement alors que ce contrôle pourrait être réalisé par d'autres moyens."

5.7.1. *Enregistreurs de données d'événements*

Les enregistreurs de données d'événements fournissent à l'employeur la capacité technique de traiter une quantité importante de données à caractère personnel relatives aux employés qui conduisent les véhicules de l'entreprise. Ces dispositifs sont de plus en plus souvent placés dans les véhicules dans le but d'enregistrer des images vidéo, voire même du son, en cas d'accident. Ces systèmes sont capables d'enregistrer, par exemple en cas de freinage brusque, de changement soudain de direction ou d'accident, les moments qui précèdent immédiatement l'incident, mais ils peuvent également être configurés pour assurer une surveillance en continu. Ces informations peuvent être utilisées par la suite pour observer et examiner le comportement de conduite d'une personne dans le but de l'améliorer. De plus, plusieurs de ces systèmes incluent un GPS pour localiser la position du véhicule en temps réel, et d'autres données correspondant à la conduite (comme la vitesse du véhicule) peuvent également être stockées en vue d'un traitement ultérieur.

Ces dispositifs sont désormais particulièrement répandus parmi les organisations dont les activités impliquent des transports ou celles qui disposent d'un important parc de véhicules. Toutefois, le déploiement d'enregistreurs de données d'événements ne peut être licite que s'il est nécessaire de traiter les données à caractère personnel relatives à l'employé à des fins légitimes et si le traitement est conforme aux principes de proportionnalité et de subsidiarité.

Exemple

Une entreprise de transport équipe tous ses véhicules d'une caméra vidéo placée à l'intérieur de la cabine, qui enregistre le son et l'image. Le traitement de ces données a pour but d'améliorer les compétences de conduite des employés. Les caméras sont configurées pour conserver les enregistrements lors d'incidents tels qu'un freinage brusque ou un changement soudain de direction. L'entreprise présume qu'elle dispose d'un fondement juridique pour le traitement dans son intérêt légitime au sens de l'article 7, point f), de la directive, afin de protéger la sécurité de ses employés et celle des autres conducteurs.

Toutefois, l'intérêt légitime de l'entreprise à surveiller les conducteurs ne prévaut pas sur le droit de ces conducteurs à la protection de leurs données à caractère personnel. La surveillance continue des employés à l'aide de ces caméras constitue une atteinte grave à leur droit au respect de la vie privée. Il existe d'autres méthodes (par exemple, l'installation d'équipements qui empêchent l'utilisation des téléphones mobiles) ainsi que d'autres systèmes de sécurité, comme un système de freinage d'urgence perfectionné ou un système d'avertissement de sortie de voie pouvant être utilisé pour prévenir les accidents de la route, qui peuvent être plus appropriés. En outre, une telle vidéo ayant de fortes chances d'entraîner le traitement de données à caractère personnel de tiers (tels que des piétons), l'intérêt légitime de l'entreprise n'est pas suffisant pour justifier un tel traitement.

5.8. *Opérations de traitement impliquant la communication à des tiers de données relatives à des employés*

Il est de plus en plus courant pour les entreprises de transmettre à leurs clients les données de leurs employés dans le but d'assurer une prestation de service fiable. Ces données peuvent s'avérer excessives en fonction de l'étendue des services fournis (elles peuvent, par exemple, inclure la photo d'un employé). Toutefois, les employés ne sont pas en mesure, compte tenu du déséquilibre des pouvoirs, de donner leur libre consentement au traitement de leurs données à caractère personnel par leur employeur, et si le traitement n'est pas proportionnel, l'employeur n'a pas de fondement juridique sur lequel s'appuyer.

Exemple :

Une entreprise de livraison envoie à ses clients un courrier électronique avec un lien vers le nom et la localisation du livreur (employé). L'entreprise a également envisagé de fournir une photo d'identité du livreur. Elle a supposé qu'elle disposait d'un fondement juridique pour le traitement dans son intérêt légitime [article 7, point f), de la directive], en permettant au client de vérifier si le livreur est effectivement la bonne personne.

Cependant, il n'est pas nécessaire de fournir le nom et la photo du livreur aux clients. Puisqu'il n'y a pas d'autre motif légitime pour ce traitement, l'entreprise de livraison n'est pas autorisée à fournir ces données à caractère personnel aux clients.

5.9. *Opérations de traitement impliquant des transferts internationaux de données en matière de ressources humaines (RH) et d'autres données relatives aux employés*

Les employeurs utilisent de plus en plus d'applications et de services en nuage, tels que ceux conçus pour la gestion des données RH et les applications bureautiques en ligne. L'utilisation de la plupart de ces applications se traduira par le transfert international de données en provenance des employés et concernant ces derniers. Comme indiqué précédemment dans l'avis 8/2001, l'article 25 de la directive dispose que le transfert de données à caractère personnel vers un pays tiers extérieur à l'UE ne peut avoir lieu que si le pays tiers en question assure un niveau de protection adéquat. Quelle que soit la base, le transfert devrait satisfaire aux dispositions de la directive.

Il convient donc de veiller à ce que ces dispositions concernant le transfert international de données soient respectées. Le groupe de travail "Article 29" réaffirme sa position antérieure selon laquelle il est préférable de s'appuyer sur une protection adéquate plutôt que sur les dérogations énumérées à l'article 26 de la DPD. Lorsque le consentement est invoqué, il doit être spécifique, univoque et libre. Toutefois, il convient également de veiller à ce que les données partagées en dehors de l'UE/EEE, ainsi que l'accès ultérieur par d'autres entités du groupe, restent limités à ce qui est strictement nécessaire aux fins prévues.

6. Conclusions et recommandations

6.1. *Droits fondamentaux*

Le contenu des communications visées ci-dessus, ainsi que les données relatives au trafic concernant ces communications, bénéficient des mêmes protections des droits fondamentaux que les communications "analogiques".

Les communications électroniques émanant de locaux professionnels peuvent être couvertes par les notions de "vie privée" et de "correspondance" au sens de l'article 8, paragraphe 1, de la Convention européenne. Sur la base de la directive en vigueur sur la protection des données, les employeurs ne peuvent collecter les données qu'à des fins légitimes, le traitement étant effectué dans des conditions appropriées (par exemple, proportionnées et nécessaires, pour un intérêt réel et actuel, d'une manière licite, articulée et transparente), en se fondant sur une base juridique pour le traitement des données à caractère personnel collectées à partir de communications électroniques ou générées par des communications électroniques.

Le fait qu'un employeur soit propriétaire des moyens électroniques n'exclut pas le droit des employés à la confidentialité de leurs communications, des données de localisation et de la correspondance s'y rapportant. La localisation de la position des employés par l'entremise des appareils qu'ils possèdent en propre ou que l'entreprise a mis à leur disposition devrait se limiter aux cas où elle est strictement nécessaire à des fins légitimes. Dans le cas d'un appareil personnel utilisé dans le cadre professionnel (BYOD), il est certainement important que les employés aient la possibilité de protéger leurs communications privées contre toute surveillance liée au travail.

6.2. *Consentement et intérêt légitime*

Les employés sont très rarement en mesure de donner, de refuser ou de révoquer librement leur consentement, étant donné la dépendance qui découle de la relation employeur/employé. Compte tenu du déséquilibre de pouvoir, les employés ne peuvent donner leur libre consentement que dans des circonstances exceptionnelles, dans lesquelles l'acceptation ou le rejet d'une proposition n'a aucune conséquence.

L'intérêt légitime des employeurs peut parfois être invoqué comme fondement juridique, mais seulement si le traitement est strictement nécessaire à des fins légitimes et s'il est conforme aux principes de proportionnalité et de subsidiarité. Un test de proportionnalité devrait être effectué avant le déploiement de tout outil de contrôle afin de déterminer si toutes les données sont nécessaires, si ce traitement prévaut sur les droits généraux à la vie privée dont jouissent également les employés sur le lieu de travail et quelles mesures doivent être prises pour garantir que les atteintes au droit à la vie privée et au droit au secret des communications sont limitées au minimum nécessaire.

6.3. *Transparence*

Des informations claires et précises devraient être fournies aux employés au sujet de toute surveillance qui est menée, des finalités de cette surveillance et des circonstances, ainsi que des possibilités pour les employés d'empêcher la saisie de leurs données par les technologies de surveillance. Les politiques et les règles relatives à la surveillance légitime doivent être claires et facilement accessibles. Le groupe de travail recommande d'associer un échantillon représentatif d'employés à l'élaboration et à l'évaluation de ces règles et politiques, car la plupart des activités de surveillance sont susceptibles d'empiéter sur la vie privée des employés.

6.4. *Proportionnalité et minimisation des données*

Le traitement des données sur le lieu de travail doit consister en une réponse proportionnée aux risques encourus par l'employeur. Par exemple, une utilisation abusive de l'internet peut être détectée sans qu'il soit nécessaire d'analyser le contenu de sites web. Si une utilisation abusive peut être évitée (par exemple, en utilisant des filtres web), l'employeur n'a aucun droit général d'effectuer une surveillance.

En outre, une interdiction totale de la communication pour des raisons personnelles est irréalisable et son application peut nécessiter un niveau de surveillance qui peut s'avérer disproportionné. Une bien plus grande importance devrait être accordée à la prévention plutôt qu'à la détection – les intérêts de l'employeur sont mieux servis en prévenant les abus sur l'internet par des moyens techniques qu'en consacrant des ressources à la détection des abus.

Les informations consignées dans le cadre d'une surveillance continue, ainsi que les informations qui sont présentées à l'employeur, devraient être réduites au minimum dans la mesure du possible. Les employés devraient avoir la possibilité d'interrompre temporairement la localisation de la position, si les circonstances le justifient.

Des solutions qui, par exemple, permettent de localiser des véhicules peuvent être conçues pour enregistrer les données de position sans les transmettre à l'employeur.

Les employeurs doivent tenir compte du principe de minimisation des données lorsqu'ils décident de déployer de nouvelles technologies. Les informations devraient être stockées pendant le minimum de temps nécessaire, pour une durée de conservation spécifiée. Lorsque l'information n'est plus nécessaire, elle devrait être supprimée.

6.5. *Services en nuage, applications en ligne et transferts internationaux*

Lorsque les employés sont censés utiliser des applications en ligne qui traitent des données à caractère personnel (comme les applications bureautiques en ligne), les employeurs devraient envisager de leur permettre de désigner certains espaces privés auxquels l'employeur ne peut en aucun cas avoir accès, comme une adresse électronique ou un répertoire privé.

L'utilisation de la plupart des applications dans le nuage entraînera le transfert international de données relatives aux employés. Il convient de veiller à ce que le transfert de données à caractère personnel vers un pays tiers en dehors de l'Union n'ait lieu que lorsqu'un niveau de protection adéquat est assuré, et à ce que les données partagées en dehors de l'UE/EEE et les accès ultérieurs par d'autres entités du groupe restent limités à ce qui est strictement nécessaire aux fins prévues.

Lignes directrices du G29 du 3 octobre 2017,

Sur l'application et la fixation des amendes administratives aux fins du règlement (UE) 2016/679 ***(WP 253)****.*

V. NDLR en tête de v°.

I. Introduction

L'Union européenne a mené à bien une réforme approfondie de la réglementation relative à la protection des données en Europe. Cette réforme repose sur plusieurs piliers (éléments clés) : des règles cohérentes, des procédures simplifiées, des actions coordonnées, la participation des utilisateurs, une information plus efficace et des pouvoirs renforcés d'application des règles.

Les responsables du traitement et les sous-traitants sont plus que jamais chargés de veiller à la protection effective des données à caractère personnel des individus. Les autorités de contrôle sont investies de pouvoirs pour garantir que les principes du Règlement général sur la protection des données (ci-après le « règlement ») ainsi que les droits des personnes concernées sont respectés conformément à l'esprit et à la lettre du règlement.

L'application cohérente des règles relatives à la protection des données est essentielle à un régime harmonisé de protection des données. Les amendes administratives sont au cœur du nouveau régime d'application introduit par le règlement. Elles constituent un élément efficace de la panoplie dont les autorités de contrôle disposent pour faire respecter la réglementation, parallèlement aux autres mesures prévues par l'article 58.

Le présent document vise à aider les autorités de contrôle, auxquelles il est destiné, à améliorer l'application du règlement et à mieux le faire respecter. Il reflète leur compréhension commune des dispositions de l'article 83 du règlement ainsi que son interaction avec les articles 58 et 70 et les considérants correspondants.

En particulier, l'article 70, paragraphe 1, point e, prévoit que le Comité européen de la protection des données (ci-après le « CEPD ») est habilité à publier des lignes directrices, des recommandations et des bonnes pratiques afin de favoriser l'application cohérente du présent règlement. L'article 70, paragraphe 1, point k, précise la disposition pour ce qui est des lignes directrices concernant la fixation des amendes administratives.

Les présentes lignes directrices ne sont pas exhaustives et ne fournissent pas d'explications sur les différences entre les systèmes administratifs, civils ou pénaux*[,]* lors de l'imposition de sanctions administratives en général.

Afin d'assurer une approche cohérente de l'imposition des amendes administratives, qui reflète de manière adéquate l'ensemble des principes énoncés dans les présentes lignes directrices, le CEPD a convenu d'une définition commune des critères d'évaluation visés à l'article 83, paragraphe 2, du règlement. Le CEPD et chaque autorité de contrôle conviennent donc d'utiliser les présentes lignes directrices dans le cadre d'une approche commune.

II. Principes

Dès qu'une violation du règlement a été établie sur la base de l'évaluation des faits de l'espèce, l'autorité de contrôle compétente doit définir la ou les mesures correctives les plus adéquates pour remédier à la violation. Les dispositions de l'article 58, paragraphe 2, points b à j *[L'art. 58, paragr. 2, point a, prévoit que des avertissements peuvent être adressés lorsque « les opérations de traitement [...] sont susceptibles de violer les dispositions du présent règlement ». Autrement dit, dans le cas couvert par la disposition, la violation du règlement n'a pas encore eu lieu]*, énoncent les instruments que les autorités de contrôle peuvent utiliser pour remédier aux cas de non-conformité dus à un responsable du traitement ou *[à]* un sous-traitant. Lorsqu'elles exercent ces pouvoirs, les autorités de contrôle doivent respecter les principes suivants.

1. *La violation du règlement devrait entraîner l'imposition de « sanctions équivalentes »*

La notion d'« équivalence » est essentielle pour déterminer la portée de l'obligation qui incombe aux autorités de contrôle de veiller à être cohérentes lorsqu'elles exercent leur pouvoir d'adopter des mesures correctives conformément à l'article 58, paragraphe 2, de manière générale, et lorsqu'elles infligent des amendes administratives en particulier *[Même lorsque le système juridique de certains pays de l'Union ne permet pas l'imposition d'amendes administratives comme le règlement le prévoit, une telle application des règles dans ces États membres doit avoir un effet équivalent aux amendes administratives infligées par les autorités de contrôle (consid. 151). Les juridictions sont tenues par le règlement mais pas par les présentes lignes directrices du CEPD]*.

Afin d'assurer un niveau cohérent et élevé de protection des personnes physiques et de lever les obstacles aux flux de données à caractère personnel au sein de l'Union, ***le niveau de protection [...] devrait être équivalent*** *dans tous les États membres* (considérant 10). Le considérant 11 précise qu'un niveau équivalent de protection des données à caractère personnel dans l'ensemble de l'Union exige, entre autres, *« dans les États membres, des pouvoirs équivalents de surveillance et de contrôle du respect des règles relatives à la protection des données à caractère personnel et des sanctions équivalentes pour les violations »*. En outre, des sanctions équivalentes dans l'ensemble des États membres ainsi qu'une coopération efficace entre les autorités de contrôle des différents États membres sont considérées comme une manière *« d'éviter que des divergences n'entravent la libre circulation des données à caractère personnel au sein du marché intérieur »*, conformément au considérant 13 du règlement.

Le règlement offre une base plus solide que la directive 95/46/CE pour assurer un niveau plus élevé de cohérence, puisqu'il est directement applicable dans les États membres. Si les autorités de contrôle agissent en « totale indépendance » (article 52) à l'égard des gouvernements, des responsables du traitement ou des sous-traitants, elles sont tenues de coopérer *« en vue d'assurer une application cohérente du présent règlement et des mesures prises pour en assurer le respect »* [article 57, paragraphe 1, point g].

Le règlement appelle à une plus grande cohérence que la directive 95/46/CE lorsque des sanctions sont infligées. Dans les cas transfrontaliers, la cohérence sera garantie essentiellement par le mécanisme de coopération (guichet unique) et, dans une certaine mesure, par le mécanisme de contrôle de la cohérence décrit par le nouveau règlement.

Dans les cas nationaux couverts par le règlement, les autorités de contrôle appliqueront les présentes lignes directrices dans un esprit de coopération, conformément à l'article 57, paragraphe 1, point g, et à l'article 63, en vue d'assurer une application cohérente du règlement et des mesures prises pour en assurer le respect. Bien que les autorités de contrôle restent libres de choisir les mesures correctives présentées à l'article 58, paragraphe 2, elles doivent éviter d'appliquer des mesures correctives différentes à des cas similaires.

Il en va de même lorsque ces mesures correctives prennent la forme d'amendes *[amende]*.

2. *Comme toutes les mesures correctives choisies par les autorités de contrôle, les amendes administratives devraient être « effectives, proportionnées et dissuasives »*

Comme toutes les mesures correctives en général, les amendes administratives devraient répondre de manière adéquate à la nature, à la gravité et aux conséquences de la violation, et les autorités de contrôle doivent apprécier l'ensemble des faits de l'espèce d'une manière cohérente et objectivement justifiée. L'appréciation du caractère effectif, proportionné et dissuasif dans chaque cas devra également prendre en considération l'objectif poursuivi par la mesure corrective retenue, à savoir de restaurer le respect des règles ou de sanctionner un comportement illicite (ou les deux).

Les autorités de contrôle devraient déterminer une mesure corrective qui soit *« effective, proportionnée et dissuasive »* (article 83, paragraphe 1), tant dans les cas nationaux (article 55) que dans les cas impliquant un traitement transfrontalier de données à caractère personnel (tel que défini à l'article 4, paragraphe 23).

Les présentes lignes directrices reconnaissent le fait que les législations nationales peuvent fixer des exigences supplémentaires pour la procédure coercitive devant être suivie par les autorités de contrôle. Ces exigences peuvent comprendre, par exemple, l'envoi de notifications, les exigences de formes, les délais pour la présentation d'observations, le recours, l'exécution des règles et le paiement *[Par exemple, le cadre constitutionnel et le projet de loi sur la protection des données en Irlande prévoient qu'une décision formelle est prise sur l'établissement de la violation et que celle-ci est communiquée aux parties concernées avant l'évaluation de la sévérité de la ou des sanctions. La décision sur l'établissement de la violation ne peut être modifiée pendant l'évaluation de la sévérité de la ou des sanctions]*.

Ces exigences ne devraient toutefois pas porter atteinte, dans la pratique, au caractère effectif, proportionné ou dissuasif des mesures.

La pratique émergente au sein des autorités de contrôle en matière de protection des données, mais aussi les enseignements tirés d'autres secteurs réglementés préciseront la notion de caractère effectif, proportionné ou dissuasif, de même que la jurisprudence des juridictions appelées à interpréter ces principes.

Pour infliger des amendes effectives, proportionnées et dissuasives, les autorités de contrôle s'en remettront à la définition de la notion d'entreprise fournie par la CJUE aux fins de l'application des articles 101 et 102 du TFUE, à savoir que la notion d'entreprise doit s'entendre comme une unité économique pouvant être formée par la société mère et toutes les filiales concernées. Conformément au droit et à la jurisprudence de l'Union *[Dans sa jurisprudence, la Cour de justice en donne la définition suivante : « la notion d'entreprise comprend toute entité exerçant une activité économique, indépendamment du statut juridique de cette entité et de son mode de financement » (arrêt Höfner et Elsner, ECLI:EU:C:1991:161, point 21). Une entreprise « doit être comprise comme désignant une unité économique même si, du point de vue juridique, cette unité économique est constituée de plusieurs personnes physiques ou morales » (arrêt Confederación Española de Empresarios de Estaciones de Servicio, ECLI:EU:C:2006:784, point 40)]*, il y a lieu d'entendre par entreprise l'unité économique engagée dans des activités commerciales ou économiques, quelle que soit la personne morale impliquée (considérant 150).

3. *L'autorité de contrôle compétente appréciera « chaque cas d'espèce »*

Les amendes administratives peuvent être infligées pour répondre à toute une série de violations. L'article 83 du règlement prévoit une approche harmonisée des violations des obligations explicitement énumérées aux paragraphes 4 à 6. La législation d'un État membre peut étendre l'application de l'article 83 aux autorités et *[aux]* organismes publics établis dans cet État membre. En outre, la législation des États membres peut permettre ou même rendre obligatoire l'imposition d'une amende en cas de violation d'autres dispositions que celles visées à l'article 83, paragraphes 4 à 6.

Le règlement exige que chaque cas d'espèce soit apprécié *[Outre l'application des critères prévus à l'art. 83, d'autres dispositions sous-tendent cette approche, notamment :*
– le considérant 141 (« L'enquête faisant suite à une réclamation devrait être menée, sous contrôle juridictionnel, dans la mesure appropriée au cas d'espèce. ») ;
– le considérant 129 (« Les pouvoirs des autorités de contrôle devraient être exercés conformément aux garanties procédurales appropriées prévues par le droit de l'Union et le droit des États membres, d'une manière impartiale et équitable et dans un délai raisonnable. Toute mesure devrait notamment être appropriée, nécessaire et proportionnée en vue de garantir le respect du présent règlement, compte tenu des circonstances de l'espèce... ») ;
– l'art. 57, paragraphe 1, point f (« traite les réclamations introduites par une personne concernée ou par un organisme, une organisation ou une association, conformément à l'article 80, examine l'objet de la réclamation, dans la mesure nécessaire... ; »)]. L'article 83, paragraphe 2, est le point de départ d'une telle appréciation individuelle. Ce paragraphe énonce que « [p]our décider s'il y a lieu d'imposer une amende administrative et pour décider du montant de l'amende administrative, il est dûment tenu compte, dans chaque cas d'espèce, des éléments suivants (...) ». Par conséquent, et compte tenu également du considérant 148 *[Afin de renforcer l'application des règles du présent règlement, des sanctions, y compris des amendes administratives, devraient être infligées pour toute violation du présent règlement, en complément ou à la place des mesures appropriées imposées par l'autorité de contrôle en vertu du présent règlement. En cas de violation mineure ou si l'amende susceptible d'être imposée constitue une charge disproportionnée pour une personne physique, un rappel à l'ordre peut être adressé plutôt qu'une amende. Il convient toutefois de tenir dûment compte de la nature, de la gravité et de la durée de la violation, du caractère intentionnel de la violation et des mesures prises pour atténuer le dommage subi, du degré de responsabilité ou de toute violation pertinente commise précédemment, de la manière dont l'autorité de contrôle a eu connaissance de la violation, du respect des mesures ordonnées à l'encontre du responsable du traitement ou du sous-traitant, de l'application d'un code de conduite, et de toute autre circonstance aggravante ou atténuante. L'application de sanctions, y compris d'amendes administratives, devrait faire l'objet de garanties procédurales appropriées conformément aux principes généraux du droit de l'Union et de la Charte, y compris le droit à une protection juridictionnelle effective et à une procédure régulière.]*, l'autorité de contrôle est tenue de choisir la ou les mesures les plus adéquates. Dans les cas mentionnés à l'article 83, paragraphes 4 à 6, ce choix **doit** prendre en considération l'ensemble des mesures correctives, et notamment l'imposition de l'amende administrative appropriée, que ce soit parallèlement à une mesure corrective au titre de l'article 58, paragraphe 2, ou de manière autonome.

Les amendes sont un instrument important que les autorités de contrôle devraient utiliser dans les circonstances appropriées. Les autorités de contrôle sont encouragées à adopter une approche mûrement réfléchie et équilibrée lorsqu'elles appliquent des mesures correctives afin de réagir à la violation d'une manière tant effective et dissuasive que proportionnée. Il ne s'agit pas de considérer les amendes comme un recours ultime ni de craindre de les imposer, mais, en revanche, elles ne doivent pas non plus être utilisées de telle manière que leur efficacité s'en trouverait amoindrie.

Dans les cas où l'article 65 du règlement reconnaît sa compétence, le CEPD adopte une décision contraignante dans les litiges entre autorités qui concernent en particulier l'établissement d'une violation. Lorsque l'objection pertinente et motivée soulève la question de la conformité de la mesure corrective avec le RGPD, la décision du CEPD examine également la manière dont les principes d'efficacité, de proportionnalité et de dissuasion sont respectés par l'amende administrative proposée dans le projet de décision de l'autorité de contrôle compétente. Les lignes directrices distinctes que le CEPD formulera sur l'application de l'article 65 du règlement apporteront plus de précisions sur le type de décision devant être prise par le CEPD.

4. *Une approche harmonisée des amendes administratives dans le domaine de la protection des données requiert la participation active des autorités de contrôle et des échanges d'informations entre elles*

Les présentes lignes directrices reconnaissent le fait que le pouvoir d'infliger des amendes représente, pour certaines autorités de contrôle nationales, une nouveauté dans le domaine de la protection des données et qu'il soulève de nombreuses questions de ressources, d'organisation et de procédure. Ainsi, les décisions par lesquelles les autorités de contrôle exercent le pouvoir d'infliger des amendes qui leur a été confié pourront être attaquées devant les juridictions nationales.

Les autorités de contrôle coopèrent entre elles et, le cas échéant, avec la Commission européenne au travers des mécanismes de coopération prévus par le règlement afin de favoriser les échanges d'informations formels et informels, notamment lors d'ateliers. Cette coopération devrait se concentrer sur leur expérience et leur pratique dans l'exercice du pouvoir d'infliger des amendes, le but ultime étant d'atteindre une plus grande cohérence.

Ce partage proactif d'informations, parallèlement à la jurisprudence émergente sur l'exercice de ce pouvoir, pourrait donner lieu à une révision des principes ou de certains points des présentes lignes directrices.

III. Critères d'évaluation visés à l'article 83, paragraphe 2

L'article 83, paragraphe 2, contient une liste de critères que les autorités de contrôle sont censées appliquer lorsqu'elles apprécient l'opportunité d'infliger une amende ainsi que le montant de celle-ci. Il n'est pas recommandé d'effectuer une évaluation répétée des mêmes critères, mais une évaluation qui tienne compte de l'ensemble des circonstances de chaque cas d'espèce, conformément à l'article 83 *[En raison des règles de procédure nationales qui découlent, dans certains pays, d'exigences constitutionnelles, l'évaluation de la sanction à infliger peut être effectuée séparément après l'évaluation de la question de savoir si une violation a été commise. Le contenu et le degré de précision d'un projet de décision adopté par l'autorité de contrôle principale dans ces pays peuvent s'en trouver limités]*.

Les conclusions établies au premier stade de l'évaluation peuvent être utilisées à la seconde étape relative au montant de l'amende, afin d'éviter de devoir effectuer une deuxième évaluation sur la base des mêmes critères.

Les lignes directrices de la présente section visent à aider les autorités de contrôle à interpréter les faits de l'espèce à la lumière des critères énoncés à l'article 83, paragraphe 2.

A. *la nature, la gravité et la durée de l'infraction*

Presque toutes les obligations qui incombent aux responsables du traitement et aux sous-traitants en vertu du règlement sont classées en fonction de leur nature dans les dispositions de l'article 83, paragraphes 4 à 6. En fixant deux montants maximaux différents pour l'amende administrative (10 et 20 millions d'euros), le règlement indique déjà que la violation de certaines dispositions du règlement peut être plus grave que celle d'autres dispositions. Lorsqu'elle évalue les faits de l'espèce à la lumière des critères généraux contenus à l'article 83, paragraphe 2, l'autorité de contrôle compétente peut toutefois considérer que, dans le cas d'espèce, la nécessité de réagir par une mesure corrective sous la forme d'une amende est plus ou moins élevée. Lorsqu'une amende est choisie comme mesure corrective appropriée ou qu'elle figure parmi de telles mesures, le système par paliers prévu par le règlement (article 83, paragraphes 4 à 6) est appliqué pour déterminer l'amende maximale pouvant être infligée en fonction de la nature de la violation en question.

Le considérant 148 introduit la notion de « violations mineures ». Ces violations peuvent porter sur une ou *[sur]* plusieurs dispositions du règlement, énumérées à l'article 83, paragraphe*[s]* 4 ou 5. L'évaluation des critères énoncés à l'article 83, paragraphe 2, peut toutefois amener l'autorité de contrôle à considérer que, dans les circonstances concrètes de l'espèce, la violation n'engendre pas un risque important pour les droits des personnes concernées, par exemple, et qu'elle n'affecte pas l'essence de l'obligation en question. Dans de tels cas, l'amende est parfois (mais pas toujours) remplacée par un rappel à l'ordre.

Le considérant 148 ne fait pas obligation à l'autorité de contrôle de remplacer d'office l'amende par un rappel à l'ordre dans le cas d'une violation mineure (*« un rappel à l'ordre peut être adressé plutôt qu'une amende »*), mais il lui laisse la possibilité de le faire après une évaluation concrète de toutes les circonstances de l'espèce.

Le considérant 148 offre la même possibilité de remplacer une amende par un rappel à l'ordre lorsque le responsable du traitement est une personne physique et que l'amende susceptible de lui être infligée constituerait une charge disproportionnée. Le principe est que l'autorité de contrôle doit évaluer si, compte tenu des circonstances du cas d'espèce, l'imposition d'une amende est nécessaire. Si elle tranche en faveur de l'imposition d'une amende, l'autorité de contrôle doit alors également évaluer si cette amende constituerait une charge disproportionnée pour une personne physique.

Le règlement n'attribue pas un taux d'amende précis à chaque violation, mais se borne à les plafonner (montant maximal). Cela peut indiquer que la violation des obligations énoncées à l'article 83, paragraphe 4, est moins grave que la violation de celles énumérées à l'article 83, paragraphe 5. La réaction effective, proportionnée et dissuasive à une violation de l'article 83, paragraphe 5, dépendra néanmoins des circonstances de l'espèce.

Il convient de noter que les violations du règlement qui, par leur nature, pourraient relever de la catégorie allant « jusqu'à 10 millions d'euros ou jusqu'à 2 % du chiffre d'affaires annuel mondial total », visée à l'article 83, paragraphe 4, pourraient finalement relever d'une catégorie de niveau supérieur (20 millions d'euros) dans certaines circonstances. Cela pourrait être le cas lorsque ces violations ont fait précédemment l'objet d'une injonction *[Les injonctions visées à l'art. 58, paragr. 2, sont les suivantes :*
— ordonner au responsable du traitement ou au sous-traitant de satisfaire aux demandes présentées par la personne concernée en vue d'exercer ses droits en application du présent règlement ;
— ordonner au responsable du traitement ou au sous-traitant de mettre les opérations de traitement en conformité avec les dispositions du présent règlement, le cas échéant, de manière spécifique et dans un délai déterminé ;
— ordonner au responsable du traitement de communiquer à la personne concernée une violation de données à caractère personnel ;
— imposer une limitation temporaire ou définitive, y compris une interdiction, du traitement ;
— ordonner la rectification ou l'effacement de données à caractère personnel ou la limitation du traitement en application des art. 16, 17 et 18, et la notification de ces mesures aux destinataires auxquels les données à caractère personnel ont été divulguées en application de l'art. 17, paragr. 2, et de l'art. 19 ;
— ordonner à l'organisme de certification de retirer une certification délivrée en application des articles 42 et 43, ou ordonner à l'organisme de certification de ne pas délivrer de certification si les exigences applicables à la certification ne sont pas ou plus satisfaites ;
— ordonner la suspension des flux de données adressés à un destinataire situé dans un pays tiers ou à une organisation internationale] de l'autorité de contrôle que le responsable du traitement ou le sous-traitant n'a pas respectée *[L'application de l'art. 83, paragr. 6, doit nécessairement tenir compte du droit de procédure national. La législation nationale détermine la manière dont une injonction est émise et notifiée ainsi que le moment à partir duquel elle entre en vigueur. Elle détermine également si un délai peut être accordé pour la mise en conformité. En particulier, l'effet d'un recours sur la force exécutoire d'une injonction devrait être pris en considération]* (article 83, paragraphe 6). Les dispositions de la législation nationale peuvent, dans

la pratique, affecter cette évaluation *[Les dispositions législatives relatives à la prescription peuvent avoir pour effet qu'une injonction précédente de l'autorité de contrôle ne puisse plus être prise en considération en raison du laps de temps qui s'est écoulé depuis qu'elle a été émise. Dans certaines juridictions, les règles prévoient qu'à l'expiration de la période de prescription concernant une injonction, aucune amende ne peut être infligée pour le non-respect de cette injonction au titre de l'art. 83, paragr. 6. Il incombe à chaque autorité de contrôle dans chaque juridiction de déterminer comment elle sera affectée par ces dispositions]*. La nature de la violation, mais aussi « la portée ou [...] la finalité du traitement concerné, ainsi que [le] nombre de personnes concernées affectées et le niveau de dommage qu'elles ont subi » donneront une indication de la **gravité** de la violation. La survenance de plusieurs violations différentes commises simultanément dans un cas particulier implique que l'autorité de contrôle a la possibilité d'infliger les amendes administratives à un niveau qui rend celles-ci efficaces, proportionnées et dissuasives, dans les limites de la violation la plus grave. Par conséquent, si une violation des articles 8 et 12 a été constatée, l'autorité de contrôle a la possibilité d'appliquer les mesures correctives visées à l'article 83, paragraphe 5, qui correspondent à la catégorie de la violation la plus grave, à savoir celle de l'article 12. La fourniture, à ce stade, d'informations plus détaillées dépasserait le cadre des présentes lignes directrices (des calculs détaillés pourraient en effet faire l'objet d'une éventuelle version ultérieure).

Les facteurs ci-dessous devraient être évalués en combinaison avec, par exemple, le nombre de personnes concernées et les effets possibles sur celles-ci.

Le **nombre** de personnes concernées devrait être évalué afin de déterminer si le fait est isolé ou s'il est révélateur d'une violation plus systématique ou de l'absence de routines adéquates. Cela ne veut pas dire que des faits isolés ne devraient pas donner lieu à l'application des règles, étant donné qu'ils peuvent tout de même affecter de nombreuses personnes concernées. En fonction des circonstances de l'espèce, ce nombre se rapportera, par exemple, au nombre total de déclarants dans la base de données en cause, au nombre d'utilisateurs d'un service, au nombre de clients ou à la population du pays, le cas échéant.

La **finalité** du traitement doit également être évaluée. L'avis du groupe de travail « Article 29 » relatif à la limitation des finalités *[WP 203, avis 03/2013 sur la limitation des finalités, consultable à la page : http://ec.europa.eu/justice/data-protection/article-29/documentation/opinion-recommendation/files/2013/wp203_en.pdf]* a déjà analysé les deux grands éléments fondateurs de ce principe de la législation sur la protection des données : la spécification des finalités et l'utilisation compatible. Lorsqu'elles apprécient la finalité du traitement dans le contexte de l'article 83, paragraphe 2, les autorités de contrôle devraient se demander dans quelle mesure le traitement respecte les deux éléments clés de ce principe *[V. égal. WP 217, avis 6/2014 sur la notion d'intérêt légitime du responsable du traitement au titre de l'art. 7, p. 24, sur la question : « Qu'est-ce qui fait qu'un intérêt est "légitime" ou "illégitime" ? »]*. Dans certaines situations, l'autorité de contrôle peut estimer nécessaire de procéder à une analyse plus approfondie de la finalité du traitement en tant que tel dans l'analyse visée à l'article 83, paragraphe 2.

Si les personnes concernées ont subi un dommage, le niveau du **dommage** doit être pris en considération. Le traitement de données à caractère personnel peut engendrer des risques pour les droits et les libertés de l'individu, comme l'exprime le considérant 75 :

« Des risques pour les droits et libertés des personnes physiques, dont le degré de probabilité et de gravité varie, peuvent résulter du traitement de données à caractère personnel qui est susceptible d'entraîner des dommages physiques, matériels[,] ou un préjudice moral, en particulier : lorsque le traitement peut donner lieu à une discrimination, à un vol ou [à] une usurpation d'identité, à une perte financière, à une atteinte à la réputation, à une perte de confidentialité de données protégées par le secret professionnel, à un renversement non autorisé du processus de pseudonymisation ou à tout autre dommage économique ou social important ; lorsque les personnes concernées pourraient être privées de leurs droits et libertés ou empêchées d'exercer le contrôle sur leurs données à caractère personnel ; lorsque le traitement concerne des données à caractère personnel qui révèlent l'origine raciale ou ethnique, les opinions politiques, la religion ou les convictions philosophiques, l'appartenance syndi-

cale, ainsi que des données génétiques, des données concernant la santé ou des données concernant la vie sexuelle ou des données relatives à des condamnations pénales et à des infractions, ou encore à des mesures de sûreté connexes ; lorsque des aspects personnels sont évalués, notamment dans le cadre de l'analyse ou de la prédiction d'éléments concernant le rendement au travail, la situation économique, la santé, les préférences ou [les] centres d'intérêt personnels, la fiabilité ou le comportement, la localisation ou les déplacements, en vue de créer ou d'utiliser des profils individuels ; lorsque le traitement porte sur des données à caractère personnel relatives à des personnes physiques vulnérables, en particulier les enfants ; ou lorsque le traitement porte sur un volume important de données à caractère personnel et touche un nombre important de personnes concernées. »

Si des dommages ont été subis ou sont susceptibles de l'être en raison d'une violation du règlement, l'autorité de contrôle devrait en tenir compte dans le choix de la mesure corrective, même si elle n'est pas elle-même compétente pour octroyer le dédommagement correspondant au préjudice subi.

L'imposition d'une amende ne dépend pas de la capacité de l'autorité de contrôle à établir un lien de cause à effet entre la violation et le préjudice matériel (voir, par exemple, l'article 83, paragraphe 6).

La durée de la violation peut être indicative, par exemple :
a) d'un acte intentionnel de la part du responsable du traitement ou
b) d'une omission de prendre les mesures préventives appropriées ou
c) d'une incapacité à mettre en place les mesures techniques et organisationnelles requises.

B. *le fait que la violation a été commise délibérément ou par négligence*

En général, l'« intention » comprend à la fois la connaissance et la volonté en rapport avec les caractéristiques d'une infraction, tandis que « non délibérément » signifie qu'il n'y a pas eu d'intention de commettre la violation, bien que le responsable du traitement ou le sous-traitant n'ait pas respecté l'obligation de diligence qui lui incombe en vertu de la législation.

Il est généralement admis que les violations commises délibérément, qui manifestent un mépris pour les dispositions législatives, sont plus graves que les violations commises non délibérément et que, par conséquent, elles sont davantage susceptibles de justifier l'application d'une amende administrative. Les conclusions pertinentes concernant la volonté ou la négligence seront tirées sur la base des éléments objectifs de comportement déduits des faits de l'espèce. En outre, la jurisprudence et les pratiques émergentes dans le domaine de la protection des données résultant de l'application du règlement fourniront des exemples de circonstance indiquant des seuils plus précis pour apprécier si la violation a été commise ou non de manière délibérée.

Les circonstances qui dénotent une violation délibérée peuvent être un traitement illicite autorisé explicitement par la haute direction du responsable du traitement, ou contre l'avis du délégué à la protection des données ou au mépris des politiques existantes, par exemple le fait d'obtenir et de traiter des données concernant les salariés d'un concurrent dans l'intention de discréditer celui-ci sur le marché.

Voici d'autres exemples :
– la modification de données à caractère personnel dans le but de donner faussement l'impression que des objectifs ont été atteints – cela s'est vu dans le contexte des objectifs concernant les listes d'attente dans les hôpitaux ;
– la vente de données à caractère personnel à des fins de commercialisation, c'est-à-dire le fait de vendre des données comme si la personne concernée avait donné son consentement préalable sans vérifier son avis à ce sujet ou en passant outre celui-ci.

D'autres circonstances, comme le fait de ne pas lire et de ne pas respecter les politiques existantes, les erreurs humaines ou le fait de ne pas vérifier la présence de données à caractère personnel dans les informations publiées, de ne pas appliquer à temps les mises à jour techniques ou de ne pas adopter de politiques (au lieu de s'abstenir uniquement de les appliquer) peuvent dénoter une négligence.

Les entreprises devraient veiller à mettre en place des structures et des ressources adaptées à la nature et à la complexité de leurs activités. En conséquence, les responsables du traitement et les sous-traitants ne peuvent se prévaloir d'un manque de ressources pour justifier des violations de la législation relative à la protection des données. D'après le règlement, les routines et la documentation des activités de traitement s'inspirent d'une approche basée sur le risque.

Il existe des zones grises qui influenceront la prise de décision quant à l'opportunité d'imposer une mesure corrective. Il se peut que l'autorité doive procéder à une enquête plus poussée afin d'établir les faits de l'espèce et *[de]* garantir que toutes les circonstances propres à chaque cas d'espèce ont été suffisamment prises en considération.

C. *toute mesure prise par le responsable du traitement ou [par] le sous-traitant pour atténuer le dommage subi par les personnes concernées*

Les responsables du traitement et les sous-traitants sont tenus de mettre en œuvre les mesures techniques et organisationnelles afin de garantir un niveau de sécurité adapté au risque, d'effectuer des analyses d'impact relatives à la protection des données et d'atténuer les risques pour les droits et les libertés des personnes résultant du traitement des données à caractère personnel. Toutefois, lorsqu'une violation a lieu et que la personne concernée subit un dommage, la partie responsable devrait faire tout ce qui est en son pouvoir pour réduire les conséquences de la violation pour la personne concernée. Un tel comportement responsable (ou son absence) devrait être pris en compte par l'autorité de contrôle lorsqu'elle choisit la ou les mesures correctives et lorsqu'elle évalue la sanction à infliger dans le cas d'espèce.

Bien que les facteurs aggravants et atténuants soient particulièrement adaptés pour calculer avec précision le montant de l'amende en fonction des circonstances particulières de l'espèce, leur rôle dans le choix de la mesure corrective appropriée ne devrait pas être sous-estimé. Dans les cas où l'évaluation basée sur d'autres critères laisse des doutes à l'autorité de contrôle quant à l'opportunité d'une amende administrative, qu'il s'agisse d'une mesure corrective unique ou d'une mesure combinée à celles visées à l'article 58, ces circonstances aggravantes ou atténuantes peuvent aider à choisir les mesures appropriées en faisant pencher la balance vers celle qui paraît la plus efficace, la plus proportionnée et la plus dissuasive dans le cas concerné.

Cette disposition vise à évaluer le degré de responsabilité du responsable du traitement après que la violation a été commise. Il se peut qu'elle couvre des cas où le responsable du traitement ou le sous-traitant n'a manifestement pas adopté une attitude irresponsable ou négligente, mais où il a fait tout son possible pour corriger son comportement lorsqu'il a pris conscience de la violation.

L'expérience dans le domaine réglementaire accumulée par les autorités de contrôle dans le cadre de la directive 95/46/CE a montré précédemment qu'il peut être approprié de faire preuve d'une certaine flexibilité à l'égard des responsables du traitement ou des sous-traitants qui ont reconnu avoir commis une violation et pris des mesures pour remédier à leur comportement ou en limiter les conséquences. Ces mesures peuvent, par exemple, prendre les formes suivantes (elles ne justifieront toutefois pas une approche plus flexible dans chaque cas) :

– la prise de contact avec d'autres responsables du traitement ou sous-traitants susceptibles d'avoir été impliqués dans un élargissement du traitement, par exemple lorsque des données ont été partagées par erreur avec des tiers ;

– les mesures prises en temps utile par le responsable du traitement ou le sous-traitant pour empêcher que la violation se poursuive ou qu'elle atteigne un niveau ou un stade tel que ses conséquences auraient été beaucoup plus graves.

D. *le degré de responsabilité du responsable du traitement ou du sous-traitant, compte tenu des mesures techniques et organisationnelles qu'ils ont mises en œuvre en vertu des articles 25 et 32*

Par comparaison avec la directive 95/46/CE sur la protection des données, le règlement responsabilise beaucoup plus le responsable du traitement.

Le degré de responsabilité du responsable du traitement ou du sous-traitant peut être évalué, dans le contexte de l'application d'une mesure corrective appropriée, à partir des questions suivantes :

– le responsable du traitement a-t-il mis en œuvre des mesures techniques suivant les principes de protection des données dès la conception ou par défaut (article 25) ?

– le responsable du traitement a-t-il mis en œuvre des mesures organisationnelles qui donnent effet aux principes de protection des données dès la conception et par défaut (article 25) à tous les niveaux de l'organisation ?

– le responsable du traitement ou le sous-traitant a-t-il mis en œuvre un niveau approprié de sécurité (article 32) ?

– les routines ou politiques pertinentes en matière de protection des données sont-elles connues et appliquées au niveau approprié de la direction au sein de l'organisation (article 24) ?

Les articles 25 et 32 du règlement imposent aux responsables du traitement de tenir compte *« de l'état des connaissances, des coûts de mise en œuvre et de la nature, de la portée, du contexte et des finalités du traitement ainsi que des risques, dont le degré de probabilité et de gravité varie, que présente le traitement pour les droits et libertés des personnes physiques »*. Ces dispositions instaurent une obligation de moyens plutôt qu'une obligation de résultat, c'est-à-dire que le responsable du traitement doit effectuer les évaluations nécessaires et tirer les conclusions appropriées. La question à laquelle l'autorité de contrôle doit répondre est de savoir dans quelle mesure le responsable du traitement « a fait ce qui pouvait être attendu de lui »*[,]* compte tenu de la nature, de la finalité ou de l'ampleur du traitement considéré à la lumière des obligations qui lui incombent en vertu du règlement.

Lors de cette évaluation, il convient de tenir dûment compte de toute procédure ou méthode relevant des « bonnes pratiques », lorsqu'elles existent et qu'elles s'appliquent. Il importe également de tenir compte des normes de l'industrie ainsi que des codes de conduite dans le domaine ou le métier concerné. Les codes de conduite pourraient donner une indication de ce qui constitue une pratique courante dans le domaine et du niveau de connaissance des différentes façons de faire face aux problèmes de sécurité habituels liés au traitement.

Si les bonnes pratiques devraient être l'idéal à poursuivre dans l'absolu, les circonstances particulières de chaque cas d'espèce doivent être prises en considération pour évaluer le degré de responsabilité.

E. *toute violation pertinente commise précédemment par le responsable du traitement ou [par] le sous-traitant*

Ce critère vise à évaluer les antécédents de l'entité qui a commis la violation. Les autorités de contrôle devraient être conscientes du fait que cette évaluation peut avoir une portée assez large parce que tout type de violation du règlement, même si elle est de nature différente de celle examinée dans ce cadre par l'autorité de contrôle, pourrait être « pertinente » pour l'évaluation, étant donné qu'elle pourrait donner une indication du niveau général de méconnaissance ou de non-observation des règles en matière de protection des données.

L'autorité de contrôle devrait évaluer les questions suivantes :

– le responsable du traitement ou le sous-traitant a-t-il déjà commis la même violation?

– le responsable du traitement ou le sous-traitant a-t-il violé le règlement de la même manière (par exemple, à la suite d'une mauvaise connaissance des routines existantes au sein de l'organisation ou d'une évaluation inappropriée des risques, parce qu'il n'a pas répondu en temps voulu aux demandes de la personne concernée ou qu'il a pris un retard injustifié pour répondre aux demandes, etc.) ?

F. *le degré de coopération établi avec l'autorité de contrôle en vue de remédier à la violation et d'en atténuer les éventuels effets négatifs*

L'article 83, paragraphe 2, prévoit qu'il peut être tenu « dûment compte » du degré de coopération pour décider d'infliger ou non une amende administrative ainsi que du montant de celle-ci. Le règlement n'apporte pas de réponse précise à la question de savoir comment il convient de tenir compte des efforts des responsables du traitement ou des sous-traitants pour remédier à une violation déjà établie par l'autorité de contrôle. En outre, il est clair que les critères seraient normalement appliqués lors du calcul du montant de l'amende à infliger.

Toutefois, lorsque l'intervention du responsable du traitement a eu pour effet d'empêcher des conséquences négatives pour les droits des personnes ou de les limiter, son intervention peut également être prise en considération lors du choix d'une mesure corrective proportionnée au cas d'espèce.

La question suivante donne un exemple de cas où *[dans lequel]* la coopération avec l'autorité de contrôle est susceptible d'être prise en considération :
– l'entité a-t-elle réagi d'une manière particulière aux demandes de l'autorité de contrôle pendant la phase d'enquête dans ce cas spécifique, de telle sorte que les incidences sur les droits des personnes concernées ont été considérablement limitées ?

Cela dit, il ne serait pas approprié d'accorder une attention supplémentaire à la coopération déjà requise par la loi, par exemple lorsque l'entité est de toute façon tenue de permettre à l'autorité de contrôle d'accéder à ses locaux pour mener ses audits ou ses inspections.

G. *les catégories de données à caractère personnel concernées par la violation*

Voici quelques exemples de questions clés auxquelles l'autorité de contrôle pourrait estimer nécessaire de répondre, le cas échéant :
– La violation concerne-t-elle le traitement des catégories particulières de données visées aux articles 9 et 10 du règlement ?
– Les données sont-elles directement ou indirectement identifiables ?
– Le traitement implique-t-il des données dont la diffusion pourrait causer à la personne concernée un dommage immédiat ou une souffrance (qui ne relèvent pas de la catégorie visée aux articles 9 ou 10) ?
– Les données sont-elles directement disponibles, sans protections techniques, ou sont-elles cryptées *[Le fait que la violation ne concerne que des données indirectement identifiables ou même pseudonymes ou cryptées ne devrait pas toujours être considéré comme un facteur atténuant assimilable à une « prime ». Pour ces violations, une évaluation globale des autres critères pourrait faire pencher modérément ou fortement la balance en faveur de l'imposition d'une amende]* ?

H. *la manière dont l'autorité de contrôle a eu connaissance de la violation, notamment si, et dans quelle mesure, le responsable du traitement ou le sous-traitant a notifié la violation*

Une autorité de contrôle pourrait être informée de la violation à la suite d'une enquête, de plaintes, d'articles de presse, de dénonciations anonymes ou d'une notification par le responsable du traitement. Le règlement fait obligation au responsable du traitement de signaler à l'autorité de contrôle les violations de données à caractère personnel. Lorsque le responsable du traitement ne fait que remplir cette obligation, le respect de celle-ci ne peut être considéré comme un facteur atténuant. De même, l'autorité de contrôle peut considérer qu'un responsable du traitement ou un sous-traitant qui a fait preuve de négligence en ne notifiant pas la violation, ou en ne la notifiant pas de manière détaillée en raison de son incapacité à évaluer adéquatement l'ampleur de la violation, mérite une sanction plus lourde, c'est-à-dire qu'il est peu probable qu'elle considère cette violation comme étant mineure.

I. *lorsque des mesures visées à l'article 58, paragraphe 2, ont été précédemment ordonnées à l'encontre du responsable du traitement ou du sous-traitant concerné pour le même objet, le respect de ces mesures*

Il se peut qu'une autorité de contrôle ait déjà un responsable du traitement ou un sous-traitant dans le collimateur s'il a déjà commis une violation et après des échanges nourris avec le délégué à la protection des données, s'il existe. L'autorité de contrôle tiendra dès lors compte des échanges antérieurs.

Contrairement au critère décrit au point e, ce critère d'évaluation ne vise qu'à rappeler aux autorités de contrôle qu'elles doivent se référer aux mesures qu'elles ont elles-mêmes prises précédemment à l'égard du même responsable du traitement ou sous-traitant « *concernant le même objet* ».

J. *l'application de codes de conduite approuvés en application de l'article 40 ou de mécanismes de certification approuvés en application de l'article 42*

Les autorités de contrôle ont le devoir de « *[contrôler] l'application du présent règlement et [de veiller] au respect de celui-ci* » [article 57, paragraphe 1, point a]. L'application d'un code de conduite approuvé peut être utilisée par le responsable du traitement ou le sous-traitant pour démontrer le respect de la réglementation, conformément à l'article 24, paragraphe 3, l'article 28, paragraphe 5, ou l'article 32, paragraphe 3.

En cas de violation de l'une des dispositions du règlement, l'application d'un code de conduite approuvé pourrait donner à l'autorité de contrôle une indication de la nécessité réelle d'intervenir sous la forme d'une amende administrative efficace, proportionnée et dissuasive*[,]* ou sous la forme d'autres mesures correctives. D'après l'article 40, paragraphe 4, les codes de conduite approuvés comprendront « *les mécanismes permettant à l'organisme [de contrôle] de procéder au contrôle obligatoire du respect de ses dispositions* ».

Lorsque le responsable du traitement ou le sous-traitant applique un code de conduite approuvé, l'autorité de contrôle peut se contenter du fait que la communauté chargée d'administrer le code prend elle-même les mesures appropriées à l'encontre de son membre, par exemple au travers des programmes de contrôle et d'application des règles prévus par le code de conduite lui-même. Par conséquent, l'autorité de contrôle peut considérer que de telles mesures sont suffisamment efficaces, proportionnées ou dissuasives dans ce cas particulier et qu'il n'est pas nécessaire qu'elle impose elle-même des mesures supplémentaires. Certaines formes de sanction de comportements non conformes peuvent passer par le programme de contrôle, conformément à l'article 41, paragraphe 2, point c, et à l'article 42, paragraphe 4, et comprendre la suspension ou l'exclusion du responsable du traitement ou du sous-traitant concerné de la communauté appliquant le code en question. Néanmoins, les pouvoirs de l'organisme de contrôle sont « *sans préjudice des missions et des pouvoirs de l'autorité de contrôle qui est compétente* », ce qui signifie que l'autorité de contrôle n'est pas tenue de prendre en considération les sanctions déjà imposées dans le cadre du programme d'autorégulation.

Le non-respect de mesures d'autorégulation pourrait également être révélateur de la négligence du responsable du traitement ou du sous-traitant ou de son intention délibérée de ne pas s'y conformer.

K. *toute autre circonstance aggravante ou atténuante applicable aux circonstances de l'espèce, telle que les avantages financiers obtenus ou les pertes évitées, directement ou indirectement, du fait de la violation*

La disposition donne elle-même des exemples d'autres éléments pouvant être pris en considération pour décider du caractère approprié d'une amende administrative sanctionnant une violation des dispositions de l'article 83, paragraphes 4 à 6.

Les informations sur les avantages obtenus du fait d'une violation peuvent être particulièrement importantes pour les autorités de contrôle dans la mesure où ceux-ci ne peuvent être compensés par des mesures dénuées de tout caractère pécuniaire. Par conséquent, le fait que le responsable du traitement ait retiré un avantage de la violation du règlement peut constituer une indication claire de la nécessité d'infliger une amende.

IV. Conclusions

Les réflexions sur les questions telles que celles exposées à la section précédente aideront les autorités de contrôle à établir, à partir des faits pertinents de l'espèce, les critères les plus utiles pour décider d'infliger ou non une amende administrative appropriée en plus ou à la place des autres mesures prévues à l'article 58. Compte tenu du contexte qui se dégage d'une telle évaluation, l'autorité de contrôle déterminera la mesure corrective la plus efficace, la plus proportionnée et la plus dissuasive pour réagir à la violation.

L'article 58 donne quelques orientations quant aux mesures qu'une autorité de contrôle peut choisir, étant donné que les mesures correctives sont en soi de nature différente et qu'elles visent essentiellement à atteindre des finalités différentes. Certaines mesures visées à l'article 58 peuvent même se cumuler et constituer ainsi une action régulatrice basée sur plusieurs mesures correctives.

Il n'est pas toujours nécessaire de compléter la mesure par une autre mesure corrective. Par exemple, l'efficacité et le caractère dissuasif de l'intervention de l'autorité de contrôle, qui prend dûment en compte ce qui est proportionné dans le cas d'espèce, peuvent être garantis uniquement par l'amende.

Fondamentalement, les autorités doivent rétablir le respect de la réglementation en recourant à toutes les mesures correctives dont elles disposent. Les autorités de contrôle devront également choisir la voie la plus appropriée à leur action régulatrice. Celle-ci peut comprendre par exemple des sanctions pénales (lorsqu'elles sont disponibles au niveau national).

La pratique consistant à infliger des amendes administratives de manière cohérente dans toute l'Union européenne est en pleine évolution. Des mesures devraient être prises conjointement par les autorités de contrôle pour améliorer en permanence la cohérence. Elles peuvent prendre la forme d'échanges réguliers lors d'ateliers de traitement de cas ou d'autres événements permettant la comparaison de cas tirés des niveaux infranational, national et transnational. La création d'un sous-groupe permanent rattaché à un département compétent du CEPD est recommandée pour soutenir cette activité permanente.

Lignes directrices du G29 du 4 octobre 2017,

Concernant l'analyse d'impact relative à la protection des données (AIPD) et la manière de déterminer si le traitement est « susceptible d'engendrer un risque élevé » aux fins du règlement (UE) 2016/679 ***(WP 248 rev. 01)****.*

Révisées le 4 oct. 2017.

V. NDLR en tête de v°.

I. Introduction

Le règlement (UE) 2016/679 *[du Parlement européen et du Conseil du 27 avril 2016]* **(RGPD) s'appliquera à partir du 25 mai 2018. De la même manière que la directive 2016/680** *[L'art. 27 de la directive (UE) 2016/680 du Parlement européen et du Conseil du 27 avr. 2016 relative à la protection des personnes physiques à l'égard du traitement des données à caractère personnel par les autorités compétentes à des fins de prévention et de détection des infractions pénales, d'enquêtes et de poursuites en la matière ou d'exécution de sanctions pénales, et à la libre circulation de ces données dispose également qu'une analyse d'impact sur la vie privée est nécessaire lorsque le traitement « est susceptible d'engendrer un risque élevé pour les droits et les libertés des personnes physiques ».]*, **l'article 35 du RGPD introduit la notion d'analyse d'impact relative à la protection des données (AIPD** *[On parle souvent, dans d'autres contextes, d'« analyse d'impact sur la vie privée » pour désigner la même notion]***).**

Une AIPD est un processus dont l'objet est de décrire le traitement, d'en évaluer la nécessité ainsi que la proportionnalité et d'aider à gérer les risques pour les droits et libertés des personnes physiques liés au traitement de leurs données à caractère personnel *[Si le RGPD ne définit pas formellement la notion d'AIPD en tant que telle, – l'art. 35, paragr. 7, dispose que l'analyse doit au moins contenir : « a) une description systématique des* *opérations de traitement envisagées et des finalités du traitement, y compris, le cas échéant, l'intérêt légitime poursuivi par le responsable du traitement ; b) une évaluation de la nécessité et de la proportionnalité des opérations de traitement au regard des finalités ; c) une évaluation des risques pour les droits et libertés des personnes concernées conformément au paragraphe 1 ; et d) les mesures envisagées pour faire face aux risques, y compris les garanties, mesures et mécanismes de sécurité visant à assurer la protection des données à caractère personnel et à apporter la preuve du respect du présent règlement, compte tenu des droits et des intérêts légitimes des personnes concernées et des autres personnes affectées » ; - son sens et son rôle sont clarifiés au considérant 84 comme suit : « Afin de mieux garantir le respect du présent règlement lorsque les opérations de traitement sont susceptibles d'engendrer un risque élevé pour les droits et libertés des personnes physiques, le responsable du traitement devrait assumer la responsabilité d'effectuer une analyse d'impact relative à la protection des données pour évaluer, en particulier, l'origine, la nature, la particularité et la gravité de ce risque »]*, **en les évaluant et en déterminant les mesures nécessaires pour y faire face. Les AIPD sont un outil important au regard du principe de responsabilité, compte tenu de leur utilité pour les responsables du traitement non seulement aux fins du respect des exigences du RGPD, mais également en ce qui concerne leur capacité à démontrer que des mesures appropriées ont été prises pour assurer la conformité au règlement (voir également l'article 24)** *[V. égal. le considérant 84 : « Il convient de tenir compte du résultat de cette analyse pour déterminer les mesures appropriées à prendre afin de démontrer que le traitement des données à caractère personnel respecte le présent règlement »]*. **Autrement dit, une AIPD est un processus qui vise à assurer la conformité aux règles et à pouvoir en apporter la preuve.**

En vertu du RGPD, le non-respect des exigences applicables en matière d'AIPD peut donner lieu à des amendes imposées par l'autorité de contrôle compétente. Le fait de ne pas effectuer d'AIPD alors que le traitement est soumis à l'obligation d'une telle analyse (article 35, paragraphes 1, 3 et 4), de réaliser l'analyse d'une manière incorrecte (article 35, paragraphes 2 et 7 à 9) ou de ne pas consulter l'autorité de contrôle compétente lorsque la situation l'exige (article 36, paragraphe 3, point e, est passible d'une amende administrative pouvant s'élever jusqu'à 10 000 000 euros ou, dans le cas d'une entreprise, jusqu'à 2 % du chiffre d'affaires annuel mondial total de l'exercice précédent, le montant le plus élevé étant retenu.

II. Objectifs des présentes lignes directrices

Les présentes lignes directrices tiennent compte :

– de la déclaration 14/EN WP 218 du groupe de travail « Article 29 » sur la protection des données (GT29 *[G29]*) *[Déclaration 14/EN WP 218 du G29 concernant le rôle d'une approche par les risques dans les cadres juridiques de la protection des données (en anglais), adoptée le 30 mai 2014]* ;

– des lignes directrices 16/EN WP 243 du GT29 *[G29]* **relatives aux délégués à la protection des données** *[V. ce texte supra]* ;

– de l'avis 13/EN WP 203 du GT29 *[G29]* **relatif à la limitation des finalités** *[Avis 13/EN WP 203 du G29 de mars 2013 relatif à la limitation des finalités, adopté le 2 avr. 2013]* ;

– des normes internationales pertinentes *[Par ex., ISO 31000:2009, Management du risque - Principes et lignes directrices, Organisation internationale de normalisation (ISO) ; ISO/IEC 29134 (projet, indisponible en français), Technologies de l'information -Techniques de sécurité - Lignes directrices pour l'évaluation d'impacts sur la vie privée, Organisation internationale de normalisation (ISO).]*.

Conformément à l'approche par les risques préconisée par le RGPD, il n'est pas obligatoire d'effectuer une AIPD pour chaque opération de traitement. Une AIPD n'est requise que lorsque le traitement est *« susceptible d'engendrer un risque élevé pour les droits et libertés des personnes physiques »* (article 35, paragraphe 1). Afin de garantir une interprétation cohérente des situations dans lesquelles une AIPD est obligatoire (article 35, paragraphe 3), les présentes lignes directrices s'appliquent en premier lieu à éclaircir cet aspect et fournissent des critères pour les listes que les autorités de protection des données (APD) sont tenues d'adopter en vertu de l'article 35, paragraphe 4.

Conformément à l'article 70, paragraphe 1, point e, le Comité européen de la protection des données (CEPD) pourra publier des lignes directrices, recommandations et bonnes pratiques afin d'encourager une application cohérente du RGPD. Le présent document ayant pour objet d'anticiper les travaux futurs du CEPD, il s'emploie à clarifier les dispositions pertinentes du RGPD afin de faciliter le respect de la législation par les responsables du traitement et de procurer une sécurité juridique aux responsables du traitement tenus d'effectuer une AIPD.

Ces lignes directrices s'efforcent également de promouvoir la mise en place :
– d'une liste commune à l'échelle de l'Union des opérations de traitement pour lesquelles une AIPD est obligatoire (article 35, paragraphe 4) ;
– d'une liste commune à l'échelle de l'Union des opérations de traitement pour lesquelles une AIPD n'est pas nécessaire (article 35, paragraphe 5) ;
– de critères communs concernant la méthodologie à suivre pour la réalisation d'une AIPD (article 35, paragraphe 5) ;
– de critères communs pour la détermination des cas dans lesquels l'autorité de contrôle doit être consultée (article 36, paragraphe 1) ;
– de recommandations basées sur l'expérience acquise dans les États membres de l'UE, dans la mesure du possible.

III. Les AIPD : explication du règlement

Le RGPD exige des responsables du traitement qu'ils mettent en œuvre des mesures appropriées pour assurer et être en mesure de démontrer la conformité de leurs opérations avec les dispositions du règlement, en tenant compte notamment « des risques, dont le degré de probabilité et de gravité varie, pour les droits et libertés des personnes physiques » (article 24, paragraphe 1). L'obligation pour les responsables du traitement d'effectuer une AIPD dans certaines situations doit être comprise dans le contexte de leur obligation générale de gérer de manière appropriée les risques *[Il convient de souligner que la gestion des risques pour les droits et libertés des personnes physiques suppose d'identifier ces risques, de les analyser, de les estimer, de les évaluer, de les traiter (par ex. en les atténuant) et de les réexaminer régulièrement. Les responsables du traitement ne sauraient se soustraire à leurs responsabilités en recourant à des polices d'assurance pour couvrir les risques]* que présente le traitement de données personnelles.

Un « risque » est un scénario qui décrit un événement et ses effets, estimés en termes de gravité et de probabilité. La « gestion du risque » peut, quant à elle, se définir comme un ensemble d'activités coordonnées dans le but de diriger et de piloter un organisme vis-à-vis du risque.

L'article 35 évoque un risque potentiellement élevé « pour les droits et libertés des personnes physiques ». Comme indiqué dans la déclaration du GT29 *[G29]* concernant le rôle d'une approche par les risques dans les cadres juridiques de la protection des données, la référence aux « droits et libertés » des personnes concernées vise principalement les droits à la protection des données et à la vie privée, mais s'entend également, le cas échéant, pour d'autres droits fondamentaux, tels que la liberté de parole, la liberté de pensée, la liberté de circulation, l'interdiction de toute discrimination, le droit à la liberté ainsi que la liberté de conscience et de religion.

Conformément à l'approche par les risques préconisée par le RGPD, il n'est pas obligatoire d'effectuer une AIPD pour chaque opération de traitement. Ainsi, une AIPD n'est requise que lorsqu'un type de traitement est « susceptible d'engendrer un risque élevé pour les droits et libertés des personnes physiques » (article 35, paragraphe 1). Le simple fait que les conditions déclenchant l'obligation d'effectuer une AIPD ne soient pas remplies ne restreint toutefois pas l'exigence générale faite aux responsables du traitement de mettre en œuvre des mesures pour gérer de manière appropriée les risques pour les droits et libertés des personnes concernées. Concrètement, cela signifie que les responsables du traitement sont tenus d'évaluer de manière continue les risques créés par leurs activités de traitement dans le but d'identifier quand un type de traitement est « susceptible d'engendrer un risque élevé pour les droits et libertés des personnes physiques ».

Le schéma suivant illustre les principes de base adoptés par le RGPD en ce qui concerne les AIPD :

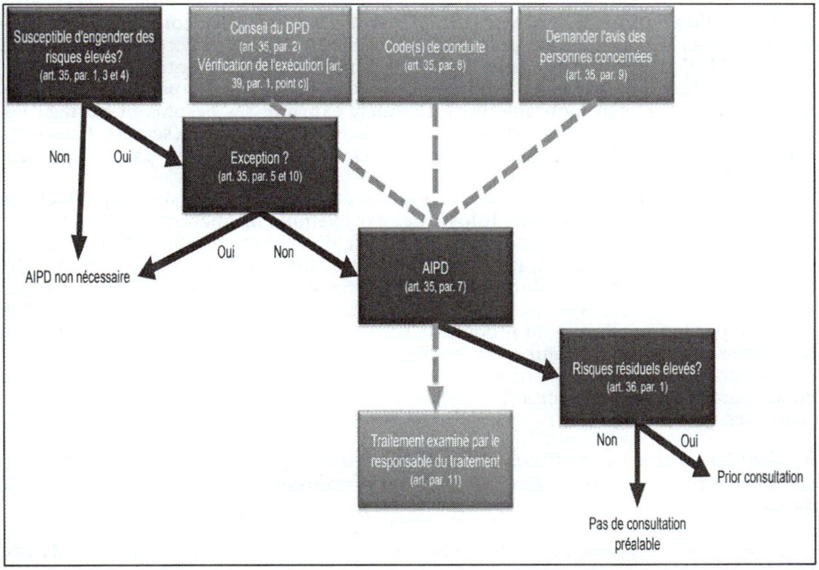

A. *Sur quoi porte une AIPD ? Une opération de traitement unique ? Un ensemble d'opérations de traitement similaires ?*

Une AIPD peut concerner une opération de traitement de données unique. Cependant, l'article 35, paragraphe 1, dispose qu'« *une seule et même analyse peut porter sur un ensemble d'opérations de traitement similaires qui présentent des risques élevés similaires* ». Le considérant 92 ajoute qu'« *il existe des cas dans lesquels il peut être raisonnable et économique d'élargir la portée de l'analyse d'impact relative à la protection des données au-delà d'un projet unique, par exemple lorsque des autorités publiques ou organismes publics entendent mettre en place une application ou une plateforme de traitement commune, ou lorsque plusieurs responsables du traitement envisagent de créer une application ou un environnement de traitement communs à tout un secteur ou segment professionnel, ou pour une activité transversale largement utilisée* ».

Une seule et même AIPD peut être utilisée pour évaluer plusieurs opérations de traitement similaires en termes de nature, de portée, de contexte, de finalités et de risques. En effet, les AIPD visent à assurer l'étude systématique des nouvelles situations susceptibles d'entraîner des risques élevés pour les droits et libertés des personnes physiques, et il n'est pas nécessaire de procéder à une AIPD dans les cas (à savoir des opérations de traitement effectuées dans un contexte spécifique et à des fins spécifiques) qui ont déjà été étudiés. Tel peut être le cas lorsque des technologies similaires sont utilisées pour collecter le même type de données pour les mêmes finalités. Par exemple, un groupe d'autorités municipales mettant chacune en place un système similaire de surveillance par CCTV pourrait se contenter d'une AIPD unique couvrant le traitement envisagé par chacun de ces responsables distincts ; un opérateur ferroviaire (un seul responsable du traitement) pourrait quant à lui couvrir la vidéosurveillance de l'ensemble de ses gares au moyen d'une seule et même AIPD. Ceci *[Cela]* peut également valoir pour des opérations de traitement similaires mises en œuvre par différents responsables du traitement. Dans pareils cas, il y a lieu qu'une AIPD de référence soit partagée ou rendue publiquement accessible, les mesures décrites dans l'AIPD doivent être mises en œuvre et une justification de la réalisation d'une AIPD unique doit être fournie.

Lorsque l'opération de traitement implique des responsables conjoints du traitement, ceux-ci doivent définir précisément leurs obligations respectives. Il convient que leur AIPD détermine quelle partie est responsable des différentes mesures destinées à faire face aux risques et à protéger les droits et libertés des personnes concernées, et que chaque responsable du traitement exprime ses besoins et partage les informations utiles en veillant à ne pas compromettre de secrets (secrets d'affaires, propriété intellectuelle, informations commerciales confidentielles, par ex.) et à ne pas divulguer de vulnérabilités.

Une AIPD peut également être utile pour évaluer l'impact sur la protection des données d'un produit technologique, par exemple un matériel ou un logiciel, lorsque celui-ci est susceptible d'être utilisé par divers responsables du traitement pour réaliser différentes opérations de traitement. Bien entendu, le responsable du traitement déployant le produit reste tenu d'effectuer sa propre AIPD pour ce qui concerne sa mise en œuvre spécifique, mais il peut s'appuyer pour cela sur une AIPD élaborée par le fournisseur du produit, le cas échéant. Prenons l'exemple de la relation entre fabricants de compteurs intelligents et entreprises de services publics. Il conviendrait que chaque fournisseur ou sous-traitant partage les informations utiles en s'assurant de ne compromettre aucun secret ni de menacer la sécurité en divulguant des vulnérabilités.

B. *Quelles sont les opérations de traitement qui requièrent une AIPD ? Sauf cas exceptionnel, toutes celles qui sont « susceptibles d'engendrer un risque élevé »*

Cette section explique dans quels cas une AIPD est obligatoire et dans quels cas elle n'est pas nécessaire.

A moins que l'opération de traitement ne relève d'un cas exceptionnel [III, B, a], il convient d'effectuer une AIPD dès lors que le traitement est « susceptible d'engendrer un risque élevé » [III, B, b].

a) Quand une AIPD est-elle obligatoire ? Lorsque le traitement est « *susceptible d'engendrer un risque élevé* ».

Le RGPD n'exige pas une AIPD pour toute opération de traitement qui pourrait engendrer des risques pour les droits et libertés des personnes physiques. La réalisation d'une AIPD n'est obligatoire que quand le traitement est « *susceptible d'engendrer un risque élevé pour les droits et libertés des personnes physiques* » (article 35, paragraphe 1, illustré par l'article 35, paragraphe 3, et complété par l'article 35, paragraphe 4). Elle est particulièrement pertinente en cas de recours à une nouvelle technologie de traitement *[Les consid. 89 et 91 ainsi que l'art. 35, paragr. 1 et 3, fournissent d'autres d'exemples]*.

En cas de doute quant à la nécessité d'effectuer une AIPD, dans la mesure où les AIPD sont un outil important pour les responsables du traitement aux fins du respect de la législation sur la protection des données, le GT29 *[G29]* recommande d'en effectuer une malgré tout.

Même si une AIPD peut également être requise dans d'autres situations, l'article 35, paragraphe 3, considère que le traitement est « susceptible d'engendrer un risque élevé »*[,]* en particulier dans les cas suivants :

« — *a) l'évaluation systématique et approfondie d'aspects personnels concernant des personnes physiques, qui est fondée sur un traitement automatisé, y compris le profilage, et sur la base de laquelle sont prises des décisions produisant des effets juridiques à l'égard d'une personne physique ou l'affectant de manière significative de façon similaire [V. consid. 75 : « notamment dans le cadre de l'analyse ou de la prédiction d'éléments concernant le rendement au travail, la situation économique, la santé, les préférences ou centres d'intérêt personnels, la fiabilité ou le comportement, la localisation ou les déplacements, en vue de créer ou d'utiliser des profils individuels ».]* ;

« — b) le traitement à grande échelle de catégories particulières de données visées à l'article 9, paragraphe 1, ou de données à caractère personnel relatives à des condamnations pénales et à des infractions visées à l'article 10 [*V. consid. 75 : « lorsque le traitement concerne des données à caractère personnel qui révèlent l'origine raciale ou ethnique, les opinions politiques, la religion ou les convictions philosophiques, l'appartenance syndicale, ainsi que des données génétiques, des données concernant la santé ou des données concernant la vie sexuelle ou des données relatives à des condamnations pénales et à des infractions, ou encore à des mesures de sûreté connexes »*] ; ou

« —c) la surveillance systématique à grande échelle d'une zone accessible au public ».

Comme le laissent entendre les mots « en particulier » dans la phrase introductive de l'article 35, paragraphe 3, du RGPD, il s'agit là d'une liste non exhaustive. Même si elles ne figurent pas dans cette liste, d'autres opérations de traitement peuvent néanmoins présenter un risque aussi élevé. Ces opérations de traitement doivent également faire l'objet d'une AIPD. C'est la raison pour laquelle les critères exposés ci-dessous vont parfois au-delà d'une simple explication de ce que les trois exemples de l'article 35, paragraphe 3, du RGPD donnent à comprendre.

Pour donner une vision plus concrète des opérations de traitement qui nécessitent une AIPD du fait d'un risque inhérent élevé, compte tenu des éléments particuliers de l'article 35, paragraphes 1 et 3, points a à c, de la liste à adopter au niveau national en vertu de l'article 35, paragraphe 4, et des considérants 71, 75 et 91, ainsi que des autres références du RGPD aux opérations de traitement *« susceptibles d'engendrer un risque élevé »* [*V. par exemple consid. 75, 76, 92 et 116*], il convient de prendre en compte les neuf critères ci-après.

1. Évaluation ou notation, y compris les activités de profilage et de prédiction, portant notamment sur des *« aspects concernant le rendement au travail de la personne concernée, sa situation économique, sa santé, ses préférences ou centres d'intérêt personnels, sa fiabilité ou son comportement, ou sa localisation et ses déplacements »* (consid. 71 et 91). A titre d'exemples, prenons le cas d'un établissement financier passant ses clients au crible d'une base de données de cote de crédit ou d'une base de données dédiée à la lutte contre le blanchiment de capitaux et le financement du terrorisme (LBC/FT) ou « antifraude », celui d'une société de biotechnologie proposant des tests génétiques directement aux consommateurs afin d'évaluer et de prédire les risques de maladie/de problèmes de santé, ou encore celui d'une entreprise analysant les usages ou la navigation sur son site web pour créer des profils comportementaux ou marketing.

2. Prise de décisions automatisée avec effet juridique ou effet similaire significatif : traitement ayant pour finalité la prise de décisions à l'égard des personnes concernées produisant *« des effets juridiques à l'égard d'une personne physique ou l'affectant de manière significative de façon similaire »* [art. 35, paragr. 3, point a]. Le traitement pourrait, par exemple, entraîner l'exclusion ou une discrimination. Les traitements n'ayant que peu ou pas d'effet sur les personnes ne répondent pas à ce critère particulier. Des explications complémentaires concernant ces notions seront fournies dans les prochaines lignes directrices du GT29 [*G29*] relatives au profilage.

3. Surveillance systématique : traitement utilisé pour observer, surveiller ou contrôler les personnes concernées, y compris la collecte de données via des réseaux ou par « la surveillance systématique [...] d'une zone accessible au public » [art. 35, paragr. 3, point c] [*Pour le GT29 [G29], s'entend comme « systématique » toute surveillance qui remplit un ou plusieurs des critères suivants (voir les lignes directrices 16/EN WP 243 du GT29 [G29] relatives aux délégués à la protection des données) : - se déroule selon un système ; - préparée, organisée ou méthodique ; - se déroule dans le cadre d'un plan général de collecte de données ; - réalisée dans le cadre d'une stratégie. Pour le GT29 [G29], s'entend comme une « zone accessible au public » tout lieu, quel qu'il soit, ouvert à tout un chacun, tel qu'une place, un centre commercial, une rue, un marché, une gare ou encore une bibliothèque publique, par exemple*]. Ce type de surveillance est un critère étant donné que la collecte des données à caractère personnel est susceptible d'intervenir dans des circonstances telles que les personnes concernées ne savent pas qui collecte leurs données et de quelle façon elles seront utilisées. En outre, il peut être impossible pour les personnes de se soustraire à un tel traitement dans l'espace public (ou accessible au public) considéré.

4. Données sensibles ou données à caractère hautement personnel : il s'agit de catégories particulières de données à caractère personnel visées à l'article 9 (informations concernant les opinions politiques des personnes, par exemple) ainsi que des données à caractère personnel relatives aux condamnations pénales ou aux infractions visées à l'article 10. A titre d'exemple, citons les dossiers médicaux que peut conserver un hôpital général ou encore les informations sur des auteurs d'infractions que peut détenir un enquêteur privé. Au-delà des dispositions du RGPD, certaines catégories de données peuvent être considérées comme augmentant le risque possible pour les droits et libertés des personnes. Ces données à caractère personnel sont considérées comme sensibles (au sens commun du terme) dans la mesure où elles sont liées à des activités domestiques et privées (communications électroniques dont la confidentialité doit être protégée, par exemple), dans la mesure où elles ont un impact sur l'exercice d'un droit fondamental (données de localisation dont la collecte met en cause la liberté de circulation, par exemple)*[,]* ou dans la mesure où leur violation aurait clairement des incidences graves dans la vie quotidienne de la personne concernée (données financières susceptibles d'être utilisées pour des paiements frauduleux, par exemple). A cet égard, il peut être pertinent de déterminer si les données ont déjà été rendues publiques par la personne concernée ou par des tiers. Le fait que les données à caractère personnel soient publiquement disponibles peut être pris en compte en tant que facteur dans l'analyse lorsqu'il est prévu une utilisation ultérieure des données pour certaines finalités. Ce critère peut également inclure les données telles que les documents personnels, les courriers électroniques, les agendas, les notes des liseuses équipées de fonctions de prise de notes ainsi que les informations à caractère très personnel contenues dans les applications de *« life-logging »*.

5. Données traitées à grande échelle : le RGPD ne précise pas ce qu'il faut entendre par « grande échelle », même si le considérant 91 fournit quelques indications à ce sujet. Quoi qu'il en soit, pour déterminer si le traitement est effectué à grande échelle, le GT29 *[G29]* recommande de prendre en compte, en particulier, les facteurs suivants *[V. les lignes directrices 16/EN WP 243 du GT29 [G29] relatives aux délégués à la protection des données]* :

a. le nombre de personnes concernées, soit en valeur absolue, soit en proportion de la population considérée ;

b. le volume de données et/ou l'éventail des différents éléments de données traitées ;

c. la durée ou la permanence de l'activité de traitement de données ;

d. l'étendue géographique de l'activité de traitement.

6. Croisement ou combinaison d'ensembles de données, par exemple issus de deux opérations de traitement de données, ou plus, effectuées à des fins différentes et/ou par différents responsables du traitement, d'une manière qui outrepasserait les attentes raisonnables de la personne concernée *[V. l'explication fournie dans l'avis 13/EN WP 203 du G29 relatif à la limitation des finalités, p. 24.]*.

7. Données concernant des personnes vulnérables (considérant 75) : le traitement de ce type de données est un critère en raison du déséquilibre des pouvoirs accru qui existe entre les personnes concernées et le responsable du traitement, ce qui signifie que les premières peuvent se trouver dans l'incapacité de consentir, ou de s'opposer, aisément au traitement de leurs données ou d'exercer leurs droits. Peuvent être considérés comme des personnes concernées vulnérables les enfants (qui peuvent être vus comme incapables de s'opposer ou de consentir sciemment et de manière réfléchie au traitement de leurs données), les employés, les segments les plus vulnérables de la population nécessitant une protection particulière (personnes souffrant de maladie mentale, demandeurs d'asile et personnes âgées, patients, etc.) et, en tout état de cause, toutes autres personnes pour lesquelles un déséquilibre dans la relation avec le responsable du traitement peut être identifié.

8. Utilisation innovante ou application de nouvelles solutions technologiques ou organisationnelles : utilisation combinée, par exemple, de systèmes de reconnaissance des empreintes digitales et de reconnaissance faciale pour améliorer le contrôle des accès physiques, etc. Le RGPD indique clairement (art. 35, paragr. 1, et

consid. 89 et 91) que l'utilisation d'une nouvelle technologie, définie en « *conformité avec l'état des connaissances technologiques* » (consid. 91), peut déclencher la nécessité d'une AIPD, et ce en raison du fait que l'utilisation de la technologie en question peut impliquer de nouvelles formes de collecte et d'utilisation des données, présentant potentiellement un risque élevé pour les droits et libertés des personnes. En effet, les conséquences personnelles et sociales du déploiement d'une nouvelle technologie peuvent être inconnues, et une AIPD aidera le responsable du traitement à comprendre et à traiter de tels risques. Par exemple, certaines applications de « l'internet des objets » sont susceptibles d'avoir un impact important sur la vie quotidienne et la vie privée des personnes, et nécessitent par conséquent une AIPD.

9. Traitements en eux-mêmes qui « *empêchent [les personnes concernées] d'exercer un droit ou de bénéficier d'un service ou d'un contrat* » (art. 22 et consid. 91). Ces traitements incluent notamment les opérations visant à autoriser, modifier ou refuser l'accès à un service ou la conclusion d'un contrat. A titre d'exemple, prenons le cas d'une banque passant ses clients au crible d'une base de données de cote de crédit avant d'arrêter ses décisions d'octroi de prêt.

Dans la plupart des cas, le responsable du traitement peut considérer qu'un traitement satisfaisant à deux critères nécessite une AIPD. D'une manière générale, le GT29 *[G29]* estime que plus le traitement remplit de critères, plus il est susceptible de présenter un risque élevé pour les droits et libertés des personnes concernées et par conséquent de nécessiter une AIPD, quelles que soient les mesures que le responsable du traitement envisage d'adopter.

Néanmoins, dans certains cas, **le responsable du traitement peut considérer que même si son traitement ne satisfait qu'à un seul de ces critères, il requiert malgré tout une AIPD.**

Les exemples qui suivent illustrent la façon dont il convient d'utiliser les critères pour déterminer si une opération de traitement considérée nécessite une AIPD.

Exemples d'opérations de traitement	**Critères potentiellement pertinents**	**AIPD potentiellement requise ?**
Traitement par un hôpital des données génétiques et des données de santé de ses patients (système d'information hospitalier).	– Données sensibles ou données à caractère hautement personnel. – Données concernant des personnes vulnérables. – Données traitées à grande échelle.	oui
Utilisation d'un système de caméras pour surveiller les comportements routiers. Le responsable du traitement envisage d'utiliser un système d'analyse vidéo intelligente pour isoler les véhicules et reconnaître automatiquement les plaques d'immatriculation.	– Surveillance systématique. – Utilisation innovante ou application de solutions technologiques ou organisationnelles.	
Surveillance systématique par une entreprise des activités de ses employés, y compris leur poste de travail, leur activité sur internet, etc.	– Surveillance systématique. – Données concernant des personnes vulnérables.	
Collecte de données sur les réseaux sociaux publics dans le but de générer des profils.	– Évaluation ou notation. – Données traitées à grande échelle. – Croisement ou combinaison d'ensembles de données. – Données sensibles ou données à caractère hautement personnel.	

Exemples d'opérations de traitement	**Critères potentiellement pertinents**	**AIPD potentiellement requise ?**
Création par une institution d'une base de données spécialisée dans la notation de crédit ou « antifraude » au niveau national.	– Évaluation ou notation. – Prise de décisions automatisée avec effet juridique ou effet similaire significatif. – Empêche les personnes concernées d'exercer un droit ou de bénéficier d'un service ou d'un contrat. – Données sensibles ou données à caractère hautement personnel.	
Stockage à des fins d'archivage de données à caractère personnel sensibles, pseudonymisées, concernant des personnes vulnérables participant à des projets de recherche ou à des essais cliniques.	– Données sensibles. – Données concernant des personnes vulnérables. – Empêche les personnes concernées d'exercer un droit ou de bénéficier d'un service ou d'un contrat.	
Traitement de « données à caractère personnel de patients ou de clients par un médecin, un autre professionnel de la santé ou un avocat exerçant à titre individuel » (considérant 91).	– Données sensibles ou données à caractère hautement personnel. – Données concernant des personnes vulnérables.	Non
Utilisation par un magazine en ligne d'une liste de diffusion pour communiquer à ses abonnés son digest générique quotidien.	– Données traitées à grande échelle.	
Diffusion par un site de commerce électronique de publicités pour des pièces automobiles anciennes impliquant un profilage limité, basé sur les articles visualisés ou achetés sur le site internet.	– Évaluation ou notation	Non

A l'inverse, une opération de traitement peut correspondre à l'un des cas susmentionnés et être néanmoins considérée par le responsable du traitement comme non « susceptible d'engendrer un risque élevé ». Dans pareil cas, il convient que le responsable du traitement explique et documente les motifs de sa décision de ne pas procéder à une AIPD en incluant/rapportant par ailleurs l'opinion à cet égard du délégué à la protection des données.

De plus, dans le cadre du principe de responsabilité, il est prévu que les responsables du traitement « *tiennent un registre des activités de traitement effectuées sous leur responsabilité* », lequel doit consigner un certain nombre d'informations, dont les finalités du traitement, une description des catégories de données concernées et des destinataires des données*[,]* et « *dans la mesure du possible, une description générale des mesures de sécurité techniques et organisationnelles visées à l'article 32, paragraphe 1* » (art. 30, paragr. 1), et chacun d'eux a l'obligation d'évaluer la probabilité d'un risque élevé, y compris s'il décide finalement de ne pas effectuer d'AIPD.

Remarque : les autorités de contrôle sont tenues d'établir, de publier et de communiquer au Comité européen de la protection des données (CEPD) une liste des opérations de traitement nécessitant une AIPD (art. 35, paragr. 4) *[Dans ce contexte, « l'autorité de contrôle compétente applique le mécanisme de contrôle de la cohérence visé à l'art. 63, lorsque ces listes comprennent des activités de traitement liées à l'offre de biens ou de services à des personnes concernées ou au suivi de leur comportement dans plusieurs États membres, ou peuvent affecter sensiblement la libre circulation des données à caractère personnel au sein de l'Union » (art. 35, paragr. 6)]*. Les critères susmentionnés peuvent aider les autorités de contrôle à constituer une telle liste, à laquelle d'autres éléments spécifiques pourront être intégrés en temps voulu, le cas échéant. Par exemple, le traitement de tout type de données biométriques ainsi que celui des données des enfants pourraient également être considérés comme pertinents aux fins de l'établissement de la liste visée à l'article 35, paragraphe 4.

b) Quand une AIPD n'est-elle pas nécessaire ? Lorsque le traitement n'est pas « *susceptible d'engendrer un risque élevé* » ou qu'une AIPD similaire existe déjà ou que le traitement a été autorisé avant mai 2018 ou qu'il a une base juridique ou encore qu'il figure dans la liste des opérations de traitement qui ne requièrent pas d'AIPD.

Le GT29 *[G29]* considère qu'une AIPD n'est pas nécessaire dans les cas suivants :
– **lorsque le traitement n'est pas « *susceptible d'engendrer un risque élevé pour les droits et libertés des personnes physiques* »** (art. 35, paragr. 1) ;
– **lorsque le traitement est très similaire en termes de nature, de portée, de contexte et de finalités à un autre traitement qui a fait l'objet d'une AIPD.** Dans un tel cas, les résultats de l'AIPD réalisée pour le traitement similaire peuvent être utilisés (art. 35, paragr. 1 *[« Une seule et même analyse peut porter sur un ensemble d'opérations de traitement similaires qui présentent des risques élevés similaires »]*) ;
– lorsque le traitement a fait l'objet d'un examen mené par une autorité de contrôle avant mai 2018 dans des conditions spécifiques qui n'ont pas changé *[« Les décisions de la Commission qui ont été adoptées et les autorisations qui ont été accordées par les autorités de contrôle sur le fondement de la directive 95/46/CE demeurent en vigueur jusqu'à ce qu'elles soient modifiées, remplacées ou abrogées » (consid. 171).]* (V. III, C) ;
– **lorsque le traitement**, effectué en application de l'article 6, paragraphe 1, point*[s]* c ou e, **a une base juridique** dans le droit de l'Union ou dans le droit de l'État membre, que ce droit règlemente l'opération de traitement spécifique **et qu'une AIPD a déjà été réalisée** dans le cadre de l'établissement de la base juridique en question (article 35, paragraphe 10) *[Dans le cas d'une AIPD réalisée au stade de l'élaboration de la législation conférant une base juridique au traitement, un réexamen pourra être nécessaire avant le lancement des opérations, la législation adoptée étant susceptible de différer de la proposition d'une manière affectant les questions liées à la protection de la vie privée et à la protection des données. En outre, il est possible que les détails techniques disponibles en ce qui concerne le traitement effectif soient insuffisants au moment de l'adoption de la législation, même si une AIPD a été effectuée. Dans de tels cas, il pourra s'avérer nécessaire d'effectuer une AIPD spécifique avant d'exécuter les activités de traitement proprement dites]*, à moins qu'un État membre n'estime qu'il est nécessaire de procéder à une telle analyse avant les activités de traitement ;
– **lorsque le traitement figure dans la liste facultative (établie par l'autorité de contrôle) des opérations de traitement** qui ne requièrent pas d'AIPD (art. 35, paragr. 5). Cette liste peut recenser les activités de traitement conformes aux conditions fixées par l'autorité en question, en particulier par l'intermédiaire de lignes directrices, de décisions ou autorisations spécifiques, de règles de conformité, etc. (par ex. en France, autorisations, dispenses, règles simplifiées, packs de conformité...). Dans pareil cas et sous réserve d'une réévaluation par l'autorité de contrôle compétente, il n'est pas nécessaire d'effectuer une AIPD, à la condition exclusive, toutefois, que le traitement relève strictement du champ d'application de la procédure pertinente indiquée dans la liste et continue de satisfaire pleinement à toutes les exigences applicables du RGPD.

C. *Et qu'en est-il des opérations de traitement déjà existantes ? Une AIPD est nécessaire dans certains cas*

L'obligation d'effectuer une AIPD s'applique aux opérations de traitement existantes susceptibles d'engendrer un risque élevé pour les droits et libertés des personnes physiques et pour lesquelles les risques associés ont évolué, compte tenu de la nature, de la portée, du contexte et des finalités du traitement.

Aucune AIPD n'est nécessaire pour les opérations de traitement qui ont fait l'objet d'un examen par une autorité de contrôle ou par le détaché à la protection des données, conformément à l'article 20 de la directive 95/46/CE, et dont la mise en œuvre n'a pas changé depuis le contrôle préalable. En effet, « *Les décisions de la Commission qui ont été adoptées et les autorisations qui ont été accordées par les autorités de contrôle sur le fondement de la directive 95/46/CE demeurent en vigueur jusqu'à ce qu'elles soient modifiées, remplacées ou abrogées* » (consid. 171).

A l'inverse, ceci *[cela]* signifie que tout traitement de données dont les conditions de mise en œuvre (portée, finalités, données à caractère personnel collectées, identité des responsables du traitement ou des destinataires des données, durée de conservation des données, mesures techniques et organisationnelles, etc.) ont changé depuis l'examen préalable effectué par l'autorité de contrôle ou le détaché à la protection des données et sont susceptibles d'engendrer un risque élevé doit faire l'objet d'une AIPD.

De plus, une AIPD peut être nécessaire à la suite d'une évolution des risques découlant des opérations de traitement *[Eu égard aux différents aspects suivants : contexte, données collectées, finalités, fonctionnalités, données à caractère personnel traitées, destinataires, combinaisons de données, risques (actifs de soutien, sources de risques, impacts potentiels, menaces, etc.), mesures de sécurité et transferts internationaux]*, par exemple en raison du recours à une nouvelle technologie ou de l'utilisation des données à caractère personnel à des fins différentes. Les opérations de traitement peuvent évoluer rapidement et de nouvelles vulnérabilités peuvent apparaître. Par conséquent, il convient de noter que la révision d'une AIPD est non seulement utile dans un souci d'amélioration continue, mais également essentielle pour maintenir le niveau de protection des données dans un environnement qui change au fil du temps. Une AIPD peut également devenir nécessaire du fait d'une évolution du contexte organisationnel ou sociétal de l'activité de traitement, par exemple s'il s'avère que les effets de certaines décisions automatisées se sont accrus ou que de nouvelles catégories de personnes concernées apparaissent vulnérables à la discrimination. Dans chacun de ces exemples, le facteur en cause peut entraîner une évolution des risques découlant de l'activité de traitement concernée.

Inversement, certaines évolutions peuvent aussi réduire les risques. Prenons par exemple le cas d'une opération de traitement ayant évolué de telle sorte que les prises de décisions ne sont plus automatisées ou celui d'une activité de surveillance ayant perdu son caractère systématique. Dans ce cas, le réexamen des risques peut montrer qu'une AIPD n'est plus nécessaire.

A titre de bonne pratique, **une AIPD devrait faire l'objet d'un examen continu et être régulièrement réévaluée**. Par conséquent, même si une AIPD ne s'avère pas nécessaire le 25 mai 2018, il conviendra, le moment venu, que le responsable du traitement procède à une telle AIPD dans le cadre de ses obligations générales de responsabilité.

D. *Comment effectuer une AIPD ?*

a) Quand convient-il d'effectuer une AIPD ? Préalablement au lancement du traitement.

L'AIPD doit être effectuée « avant le traitement » (art. 35, paragr. 1 et 10, consid. 90 et 93) *[A moins qu'il s'agisse d'un traitement déjà existant ayant préalablement fait l'objet d'un examen par l'autorité de contrôle, auquel cas l'AIPD sera effectuée avant toute mise en œuvre de modifications significatives]*. **Cette exigence est cohérente avec les principes de protection des données dès la conception et de protection des données par défaut (article 25 et considérant 78). L'AIPD doit être considérée comme un outil d'aide à la prise de décisions en ce qui concerne le traitement.**

L'AIPD doit être lancée le plus tôt possible dans le cycle de conception du traitement, même si certaines opérations de traitement sont encore inconnues. La mise à jour de l'AIPD tout au long du projet assurera la prise en compte des questions liées à la protection des données et de la vie privée et encouragera la création de solutions favorisant la conformité. Il peut également être nécessaire de répéter les différentes étapes de l'évaluation au fur et à mesure de l'avancée du processus de développement étant donné que le choix de certaines mesures techniques ou organisationnelles peut modifier la gravité ou la probabilité des risques associés au traitement.

Le fait que l'AIPD puisse devoir être actualisée après le lancement effectif du traitement n'est pas une raison valable pour la différer ou pour ne pas l'effectuer. Une telle analyse est un processus continu, en particulier lorsque l'opération de traitement est dynamique et soumise à de constants changements. **La réalisation d'une AIPD relève d'un processus continu et n'est pas un exercice ponctuel.**

b) Qui est tenu d'effectuer l'AIPD ? Le responsable du traitement, avec le DPD et les sous-traitants.

La responsabilité de veiller à ce qu'une AIPD soit effectuée incombe au responsable du traitement (art. 35, paragr. 2). L'AIPD peut être réalisée par quelqu'un d'autre, à l'intérieur ou à l'extérieur de l'organisation, mais le responsable du traitement reste responsable en dernier ressort de cette tâche.

Le responsable du traitement est également tenu de prendre conseil auprès du délégué à la protection des données (DPD), si un tel délégué a été désigné (art. 35, paragr. 2), et il convient que l'AIPD documente les conseils ainsi recueillis ainsi que les décisions prises par le responsable du traitement. Le DPD a également pour mission de vérifier l'exécution de l'AIPD (art. 39, paragr. 1, point c). Des précisions complémentaires sont fournies dans les lignes directrices 16/EN WP 243 du GT29 *[G29]* relatives aux délégués à la protection des données.

Si le traitement est entièrement ou partiellement effectué par un sous-traitant, **ce dernier doit aider le responsable du traitement à effectuer l'AIPD** et fournir toutes les informations nécessaires (en application de l'art. 28, paragr. 3, point f).

Le responsable du traitement « demande l'avis des personnes concernées ou de leurs représentants » (art. 35, paragr. 9), « le cas échéant ». Le GT29 *[G29]* considère que :

– ces avis peuvent être recueillis par divers moyens, selon le contexte (par ex. une étude générique en lien avec les finalités et les moyens de l'opération de traitement, un questionnaire soumis aux représentants du personnel, ou des enquêtes de type habituel envoyées aux futurs clients du responsable du traitement), le responsable du traitement devant s'assurer de s'appuyer sur une base juridique pour le traitement de toutes données à caractère personnel impliquées dans cette collecte d'avis. Il convient toutefois de noter que demander le consentement au traitement n'est évidemment pas un moyen de recueillir l'avis des personnes concernées ;

– si la décision finale du responsable du traitement diffère de l'avis des personnes concernées, il y a lieu qu'il documente les raisons de sa décision de persévérer ou non ;

– le responsable du traitement doit également justifier toute décision de ne pas recueillir l'avis des personnes concernées s'il juge la démarche inappropriée, en estimant par exemple que cela compromettrait la confidentialité de plans d'affaires ou serait disproportionné ou irréalisable.

Enfin, il est de bonne pratique de définir et de documenter les autres rôles et responsabilités spécifiques, en fonction de la politique interne et des processus et règles en jeu ; par exemple :

– en cas de proposition faite par une unité opérationnelle spécifique de procéder à une AIPD, l'unité en question devrait ensuite contribuer à l'AIPD et devrait être impliquée dans le processus de validation de l'analyse ;

– le cas échéant, il est recommandé de recueillir les conseils d'experts indépendants de différentes professions *[Recommendations for a privacy impact assessment framework for the European Union, Deliverable D3 : http://www.piafproject.eu/ref/PIAF_D3_final.pdf]* (avocats, experts en informatique, experts en sécurité, sociologues, experts en déontologie, etc.) ;

– les rôles et responsabilités de tout sous-traitant doivent être définis contractuellement, et l'AIPD doit être effectuée avec son aide, compte tenu de la nature du traitement et des informations à la disposition du sous-traitant (art. 28, paragr. 3, point f] ;

– le responsable de la sécurité des systèmes d'information (RSSI), si un tel responsable a été désigné, ainsi que le DPD peuvent être amenés à suggérer au responsable du traitement d'effectuer une AIPD sur une opération de traitement spécifique et devraient dès lors apporter leur appui aux parties prenantes en ce qui concerne la méthodologie à suivre, participer à l'évaluation de la qualité de l'analyse des risques

et de l'acceptabilité des risques résiduels, et contribuer au développement des connaissances spécifiques au contexte du responsable du traitement ;
– le responsable de la sécurité des systèmes d'information (RSSI), si un tel responsable a été désigné, et/ou le service informatique devraient apporter leur assistance au responsable du traitement et peuvent être amenés à proposer la réalisation d'une AIPD sur une opération de traitement spécifique, en fonction des besoins en matière de sécurité ou des besoins opérationnels.

c) Quelle est la méthodologie à suivre pour effectuer une AIPD ? Différentes méthodologies mais des critères communs.

Le RGPD dispose qu'une AIPD (art. 35, paragr. 7, et consid. 84 et 90) doit au moins contenir :
« – une description systématique des opérations de traitement envisagées et des finalités du traitement ;
« – une évaluation de la nécessité et de la proportionnalité des opérations de traitement ;
« – une évaluation des risques pour les droits et libertés des personnes concernées ;
« – les mesures envisagées pour :
« o faire face aux risques ;
« o apporter la preuve du respect [du] règlement ».

Le schéma suivant illustre le processus itératif générique suggéré pour la réalisation d'une AIPD *[Il convient de souligner que le processus décrit ici est itératif : dans la pratique, chacune des étapes devra probablement être réexaminée plusieurs fois avant que l'AIPD ne puisse être finalisée]* :

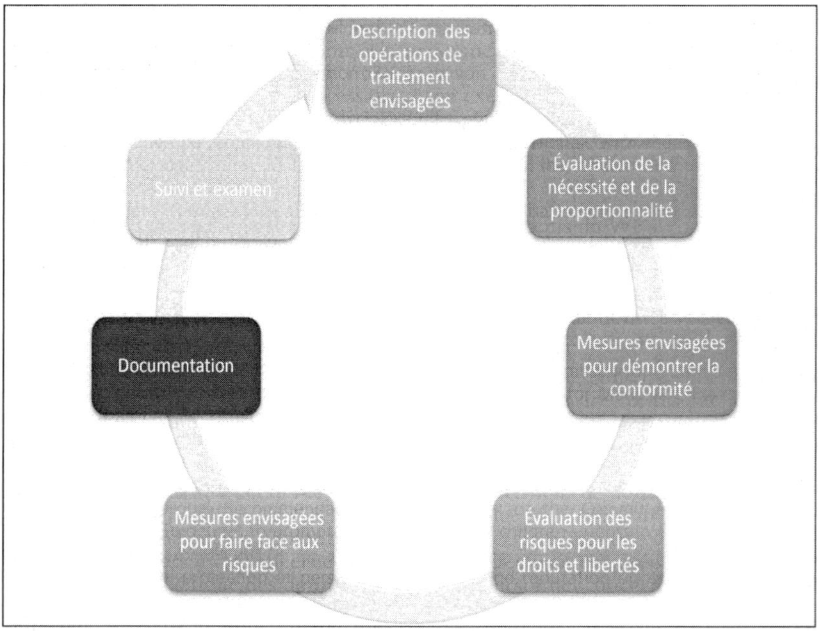

Le respect d'un code de conduite (art. 40) doit être pris en compte (art. 35, paragr. 8) lors de l'évaluation de l'impact d'une opération de traitement de données. Ceci *[Cela]* peut être utile pour démontrer que des mesures adéquates ont été choisies ou mises en place, à condition toutefois que le code de conduite soit approprié pour l'opération de traitement considérée. Il convient également de prendre en compte les garanties que représentent les certifications, labels et marques destinés à démontrer la conformité au RGPD des opérations de traitement effectuées par les responsables du traitement et les sous-traitants (art. 42) ainsi que l'application de règles d'entreprise contraignantes (REC).

Toutes les exigences pertinentes établies dans le RGPD fournissent un cadre général et générique pour la conception et la réalisation d'une AIPD. La mise en œuvre pratique de l'AIPD sera dès lors fonction des exigences du RGPD pouvant être complétées par des indications pratiques plus détaillées. La mise en œuvre d'une AIPD est donc en ce sens adaptable. Cela signifie que même un responsable du traitement opérant sur de petites quantités de données peut concevoir et mettre en œuvre une AIPD adaptée à ses opérations de traitement.

Le considérant 90 du RGPD mentionne un certain nombre d'éléments d'une AIPD qui recouvrent des composantes bien définies de la gestion des risques (par ex. dans la norme ISO 31000 *[Processus de gestion des risques : communication et consultation, établissement du contexte, appréciation du risque, traitement du risque, suivi et évaluation (V. sect. Termes et définitions et la table des matières dans l'aperçu de la norme ISO 31000]*). En termes *[terme]* de gestion des risques, une AIPD a pour objectif d'aider à « gérer les risques » pour les droits et libertés des personnes physiques en :

– établissant le contexte : *« compte tenu de la nature, de la portée, du contexte et des finalités du traitement et des sources du risque »* ;

– appréciant le risque : *« évaluer la probabilité et la gravité particulières du risque élevé »* ;

– traitant le risque : « atténuer ce risque » et « assurer la protection des données à caractère personnel », et « démontrer le respect du présent règlement ».

Remarque : l'AIPD au sens du RGPD est un outil de gestion des risques pour les droits des personnes concernées et se place ainsi sous l'angle de leurs droits, comme c'est également le cas dans certains autres domaines tels que la sécurité sociétale, par exemple. A l'inverse, dans d'autres domaines encore (par ex. la sécurité de l'information), la gestion des risques est axée sur l'organisation.

La souplesse offerte par le RGPD permet au responsable du traitement de déterminer la structure et la forme précises de l'AIPD afin qu'elles soient adaptées aux pratiques de travail existantes. Il existe un certain nombre de processus établis au sein de l'UE et dans le monde qui tiennent compte des éléments décrits au considérant 90. Cependant, quelle que soit sa forme, une AIPD se doit d'être une véritable évaluation des risques, permettant au responsable du traitement de prendre des mesures pour y faire face.

Différentes méthodologies (V. l'annexe 1 pour des exemples de méthodologies d'analyse d'impact sur la protection des données et la vie privée) peuvent être utilisées pour faciliter la mise en œuvre des exigences de base énoncées dans le RGPD. Afin de permettre le développement de ces différentes approches, tout en aidant les responsables du traitement à respecter les dispositions du RGPD, des critères communs ont été identifiés (V. l'annexe 2). Ces derniers clarifient les exigences de base du règlement, mais offrent suffisamment de marge de manœuvre pour autoriser différentes formes de mise en œuvre. Ces critères peuvent être utilisés pour démontrer qu'une méthodologie d'AIPD considérée satisfait aux normes établies par le RGPD. **Il appartient au responsable du traitement de choisir une méthodologie, mais cette méthodologie doit satisfaire aux critères visés à l'annexe 2.**

Le GT29 *[G29]* encourage le développement de cadres sectoriels pour les AIPD qui, dans la mesure où ils se fondent sur des connaissances sectorielles spécifiques, permettent dès lors à l'AIPD de prendre en compte les spécificités d'un type particulier d'opération de traitement (par ex. : types particuliers de données, d'actifs d'entreprise, d'impacts potentiels, de menaces, de mesures). L'AIPD est ainsi en mesure de traiter les problèmes qui se posent dans un secteur économique donné, ou lors de l'utilisation de technologies particulières ou encore de l'exécution de types particuliers d'opérations de traitement.

Enfin, si nécessaire, « le responsable du traitement procède à un examen afin d'évaluer si le traitement est effectué conformément à l'analyse d'impact relative à la protection des données, au moins quand il se produit une modification du risque présenté par les opérations de traitement » (art. 35, paragr. 11 *[Seule l'application des paragr. 1 à 7 de l'art. 35 est explicitement exclue par l'art. 35, paragr. 10]*).

d) Est-il obligatoire de publier l'AIPD ? Non, mais la publication d'un résumé peut être de nature à susciter la confiance, et l'AIPD complète doit être communiquée à l'autorité de contrôle en cas de consultation préalable ou sur demande de l'APD.

Le RGPD ne fait pas obligation de publier l'AIPD, et il relève de la discrétion du responsable du traitement de la publier ou non. Cependant, une publication au moins partielle, sous la forme d'un résumé ou d'une conclusion de son AIPD, devrait être envisagée par le responsable du traitement.

Une telle pratique serait utile pour susciter la confiance dans les opérations de traitement du responsable du traitement et pour donner des gages de responsabilité et de transparence. Il est notamment de bonne pratique de publier une AIPD lorsque des citoyens sont affectés par l'opération de traitement. Tel peut en particulier être le cas lorsqu'une autorité publique réalise une AIPD.

L'AIPD publiée n'a pas besoin d'inclure l'intégralité de l'analyse, notamment lorsque celle-ci pourrait donner des informations spécifiques relatives à des risques en matière de sécurité concernant le responsable du traitement ou divulguer des secrets d'affaires ou des informations commercialement sensibles. Dans pareille situation, la version publiée peut consister simplement en un résumé des principales constatations de l'AIPD, ou même uniquement en une déclaration selon laquelle une AIPD a été effectuée.

De plus, lorsqu'une AIPD révèle des risques résiduels élevés, le responsable du traitement est tenu de se tourner vers l'autorité de contrôle pour une consultation préalable concernant le traitement (art. 36, paragr. 1). Dans le cadre cette dernière, l'AIPD doit être communiquée dans son intégralité (art. 36, paragr. 3, point e). L'autorité de contrôle peut fournir un avis *[La communication d'un avis écrit au responsable du traitement n'est nécessaire que si l'autorité de contrôle juge que le traitement envisagé ne respecte pas les dispositions du règlement, conformément à l'article 36, paragraphe 2]*, et veillera à protéger le secret des affaires et à ne pas divulguer de vulnérabilités dans la sécurité, sous réserve des principes applicables dans chaque État membre en matière d'accès du public aux documents officiels.

E. *Quand convient-il de consulter l'autorité de contrôle ? En présence de risques résiduels élevés*

Comme expliqué précédemment :

– une AIPD est requise lorsque le traitement « est susceptible d'engendrer un risque élevé pour les droits et libertés des personnes physiques » [art. 35, paragr. 1 ; V. III, B, a]. A titre d'exemple, le traitement de données de santé à grande échelle est considéré comme susceptible d'engendrer un risque élevé et nécessite une AIPD ;

– dès lors, il appartient au responsable du traitement d'évaluer les risques pour les droits et libertés des personnes concernées et d'identifier les mesures *[En tenant également compte des orientations existantes du CEPD et des autorités de contrôle, ainsi que des possibilités techniques les plus récentes et des coûts de mise en œuvre, comme prévu à l'art. 35, paragr. 1.]* envisagées pour réduire ces risques à un niveau acceptable et apporter la preuve du respect du RGPD *[art. 35, paragr. 7 ; V. III, C, c]*. Par exemple, dans un cas de stockage de données à caractère personnel sur *[des]* ordinateurs portables, l'application de mesures de sécurité techniques et organisationnelles appropriées (chiffrement efficace et complet des disques, gestion des clés rigoureuse, contrôle approprié des accès, sauvegardes sécurisées, etc.) en plus des règles existantes (avis, consentement, droit d'accès, droit d'opposition, etc.).

Dans l'exemple des ordinateurs portables ci-dessus, à condition que les risques aient été jugés suffisamment réduits par le responsable du traitement et après prise en compte de l'article 36, paragraphe 1, et des considérants 84 et 94, le traitement pourrait être mis en œuvre sans consultation de l'autorité de contrôle. Ce n'est que lorsque les risques identifiés ne peuvent pas être suffisamment réduits par le responsable du traitement (à savoir en présence de risques résiduels élevés) que ce dernier est tenu de consulter l'autorité de contrôle.

Un risque résiduel peut notamment être considéré comme élevé et inacceptable dès lors qu'il exposerait les personnes à des conséquences importantes, voire irréversibles, qu'elles seraient susceptibles de ne pas pouvoir surmonter (par ex. : un accès illégitime à leurs données qui pourrait menacer leur vie, entraîner une mise à pied, mettre en péril leur situation financière) et/ou lorsqu'il semble évident que le risque se concrétisera (par ex. : dans la mesure où il n'est pas possible de réduire le nombre de personnes accédant aux données en raison de leurs modes de partage, d'utilisation ou de distribution, ou en présence d'une vulnérabilité bien connue non corrigée).

Lorsque le responsable du traitement ne parvient pas à identifier des mesures suffisantes pour réduire les risques à un niveau acceptable (à savoir que les risques résiduels demeurent élevés), une consultation de l'autorité de contrôle est obligatoire *[Remarque : « la pseudonymisation et le chiffrement des données à caractère personnel » (tout comme la minimisation des données, les mécanismes de contrôle, etc.) ne sont pas nécessairement des mesures appropriées. Il ne s'agit là que d'exemples. Les mesures appropriées dépendent du contexte et des risques spécifiques aux opérations de traitement]*.

En outre, l'autorité de contrôle devra être consultée dans tous les cas où le droit de l'État membre exige que les responsables du traitement consultent l'autorité de contrôle et/ou obtiennent son autorisation préalable en ce qui concerne un traitement que le responsable du traitement envisage dans le cadre d'une mission d'intérêt public dont il est investi, notamment pour les traitements en rapport avec la protection sociale et la santé publique (art. 36, paragr. 5).

Il convient toutefois de noter que, indépendamment de la nécessité ou non de consulter l'autorité de contrôle en fonction du niveau du risque résiduel, les obligations de conserver un rapport de l'AIPD et de mettre celle-ci à jour en temps utile demeurent.

IV. Conclusions et recommandations

Les AIPD sont un outil utile pour les responsables du traitement aux fins de l'établissement de systèmes de traitement de données répondant aux exigences du RGPD et peuvent être obligatoires pour certains types d'opérations de traitement. Leur mise en œuvre est adaptable et elles peuvent prendre différentes formes, même si le RGPD fixe les conditions de base à remplir pour une AIPD effective. La réalisation d'une AIPD devrait être considérée par les responsables du traitement comme une activité utile et positive aidant à se conformer à la législation.

L'article 24, paragraphe 1, définit comme suit la responsabilité fondamentale du responsable du traitement aux fins du respect du RGPD : « *Compte tenu de la nature, de la portée, du contexte et des finalités du traitement ainsi que des risques, dont le degré de probabilité et de gravité varie, pour les droits et libertés des personnes physiques, le responsable du traitement met en œuvre des mesures techniques et organisationnelles appropriées pour s'assurer et être en mesure de démontrer que le traitement est effectué conformément au présent règlement. Ces mesures sont réexaminées et actualisées si nécessaire* ».

L'AIPD est un élément essentiel de la mise en conformité avec le règlement lorsqu'un traitement de données à risque élevé est prévu ou déjà effectué. Il convient par conséquent que les responsables du traitement utilisent les critères définis dans le présent document pour déterminer si une AIPD est ou non nécessaire. Dans sa politique interne, le responsable du traitement peut étendre cette liste au-delà des obligations légales fixées par le RGPD, ce qui pourra lui attirer une confiance accrue de la part des personnes concernées et des autres responsables du traitement.

Lorsqu'un traitement à risque potentiellement élevé est prévu, le responsable du traitement doit :

– choisir une méthodologie d'AIPD (voir les exemples donnés à l'annexe 1) qui satisfait aux critères de l'annexe 2, ou spécifier et mettre en œuvre un processus d'AIPD systématique :

• conforme aux critères de l'annexe 2 ;

• intégré aux processus existants de conception, de développement, de modification, de gestion des risques et d'examen opérationnel, selon les processus, le contexte et la culture internes ;
• impliquant les parties intéressées et définissant clairement leurs responsabilités (responsable du traitement, DPD, personnes concernées ou leurs représentants, unités opérationnelles, services techniques, sous-traitants, responsable de la sécurité des systèmes d'information, etc.) ;
– communiquer son rapport d'AIPD à l'autorité de contrôle compétente si la demande lui en est faite ;
– consulter l'autorité de contrôle s'il n'a pas réussi à identifier des mesures suffisantes pour atténuer les risques élevés ;
– procéder à un réexamen périodique de l'AIPD et du traitement qu'elle évalue, au moins lorsqu'un changement intervient dans les risques présentés par le traitement ;
– documenter les décisions prises.

ANNEXE 1

Exemples de cadres européens existants pour la réalisation d'une AIPD

Le RGPD ne précise pas la procédure à suivre pour effectuer une AIPD et laisse le loisir aux responsables du traitement de recourir à un cadre qui complète leurs pratiques de travail existantes, sous réserve néanmoins que celui-ci prenne en compte les éléments décrits à l'article 35, paragraphe 7. Il peut s'agir d'un cadre sur mesure pour le responsable du traitement ou commun à un secteur particulier. Un certain nombre de cadres développés par les APD de l'UE ainsi que de cadres sectoriels européens ont été publiés, dont en particulier les suivants :

Exemples de cadres européens génériques :
— DE : *Standard Data Protection Model, V.1.0* – Trial version, 2016
https://www.datenschutzzentrum.de/uploads/SDM-Methodology_V1_EN1.pdf
— ES : *Guía para una Evaluación de Impacto en la Protección de Datos Personales (EIPD)*, Agencia española de protección de datos (AGPD), 2014.
https://www.agpd.es/portalwebAGPD/canaldocumentacion/publicaciones/common/Guias/Guia_EIPD.pdf
— FR : Étude d'impact sur la vie privée (PIA), Commission nationale de l'informatique et des libertés (CNIL), 2015.
https://www.cnil.fr/fr/etude-dimpacts-sur-la-vie-privee-suivez-la-methode-de-la-cnil
— UK : *Conducting privacy impact assessments code of practice*, Information Commissioner's Office (ICO), 2014.
https://ico.org.uk/media/for-organisations/documents/1595/pia-code-of-practice.pdf

Exemples de cadres européens sectoriels :
— Cadre relatif à l'analyse de l'impact sur la vie privée et la protection des données pour les applications RFID *[V. aussi : - la recommandation de la Commission du 12 mai 2009 sur la mise en œuvre des principes de respect de la vie privée et de protection des données dans les applications reposant sur l'identification par radiofréquence ; - l'avis 9/2011 sur la proposition révisée des entreprises relative au cadre d'évaluation de l'impact sur la protection des données et de la vie privée des applications reposant sur l'identification par radiofréquence (RFID)]*.
Modèle d'analyse d'impact sur la protection des données des réseaux intelligents et des systèmes intelligents de mesure *[V. avis 07/2013 sur le modèle d'analyse d'impact relative à la protection des données pour les réseaux intelligents et les ststèmes de relevés intelligents (modèle d'AIPD) élaboré par le groupe d'experts 2 de la task-force sur les réseaux intelligents de la Commission.]*.
— Une norme internationale fournit également des lignes directrices concernant les méthodologies applicables pour la réalisation d'une AIPD (ISO/IEC 29134 *[ISO/IEC 29134 (projet, indisponible en français), Technologies de l'information - Techniques de sécurité - Lignes directrices pour l'évaluation d'impacts sur la vie privée, Organisation internationale de normalisation (ISO)]*).

ANNEXE 2

Critères d'acceptabilité d'une AIPD

Les critères suivants proposés par le GT29 *[G29]* peuvent être utilisés par les responsables du traitement pour déterminer si une AIPD ou une méthodologie d'AIPD considérée est suffisamment complète aux fins du respect des exigences du RGPD :

▶ une description systématique du traitement est fournie (art. 35, paragr. 7, point a) :
▶ la nature, la portée, le contexte et les finalités du traitement sont pris en compte (consid. 90) ;
▶ les données à caractère personnel concernées, les destinataires et la durée pendant laquelle les données à caractère personnel seront conservées sont précisés ;
▶ une description fonctionnelle de l'opération de traitement est fournie ;
▶ les actifs sur lesquels reposent les données à caractère personnel (matériels, logiciels, réseaux, personnes, documents papier ou canaux de transmission papier) sont identifiés ;
▶ le respect des codes de conduite approuvés est pris en compte (art. 35, paragr. 8) ;

▶ la nécessité et la proportionnalité sont évaluées (art. 35, paragr. 7, point b) :
▶ les mesures envisagées pour assurer la conformité au règlement sont déterminées (art. 35, paragr. 7, point d, et consid. 90), avec prise en compte :
▶ de mesures contribuant au respect des principes de proportionnalité et de nécessité du traitement, fondées sur les exigences suivantes :
— finalités déterminées, explicites et légitimes (art. 5, paragr. 1, point b) ;
— licéité du traitement (art. 6) ;
— données adéquates, pertinentes et limitées à ce qui est nécessaire (art. 5, paragr. 1, point c) ;
— durée de conservation limitée (art. 5, paragr. 1, point e) ;
▶ de mesures contribuant aux droits des personnes concernées :
— informations fournies à la personne concernée (art. 12, 13 et 14) ;
— droit d'accès et droit à la portabilité des données (art. 15 et 20) ;
— droit de rectification et droit à l'effacement (art. 16, 17 et 19) ;
— droit d'opposition et droit à la limitation du traitement (art. 18, 19 et 21) ;
— relations avec les sous-traitants (art. 28) ;
— garanties entourant le ou les transferts internationaux (chap. V) ;
— consultation préalable (art. 36) ;

▶ les risques pour les droits et libertés des personnes concernées sont gérés (art. 35, paragr. 7, point c) :
▶ l'origine, la nature, la particularité et la gravité des risques sont évalués *[évaluées]* (considérant 84) ou, plus spécifiquement, pour chaque risque (accès illégitime aux données, modification non désirée des données, disparition des données) du point de vue des personnes concernées :
— les sources de risque sont prises en compte (consid. 90) ;
— les impacts potentiels sur les droits et libertés des personnes concernées sont identifiés en cas d'événements tels qu'un accès illégitime aux données, une modification non désirée de celles-ci ou leur disparition.
— les menaces qui pourraient conduire à un accès illégitime aux données, à une modification non désirée de celles-ci ou à leur disparition sont identifiées ;
— la probabilité et la gravité sont évaluées (consid. 90) ;
▶ les mesures envisagées pour faire face à ces risques sont déterminées (art. 35, paragr. 7, point d, et consid. 90) ;

▶ les parties intéressées sont impliquées :
▶ l'avis du DPD est recueilli (art. 35, paragr. 2) ;
▶ le point de vu*[e]* des personnes concernées ou de leurs représentants est recueilli, le cas échéant (art. 35, paragr. 9).

Lignes directrices du G29 du 6 février 2018,

Sur la notification des violations de données à caractère personnel en vertu du règlement (UE) 2016/679 ***(WP 250 rev. 01)****.*

Révisées le 6 févr. 2018.

V. NDLR en tête de vº.

V. CEPD, Lignes directrices 01/2021 du 14 janv. 2021, sur les exemples concernant la notification de violation de données (versions soumises à consultation publique - https://edpb.europa.eu/).

INTRODUCTION

Le règlement général sur la protection des données (ci-après le « RGPD ») introduit l'exigence que toute violation de données à caractère personnel (ci-après la « violation ») soit notifiée à l'autorité de contrôle nationale compétente *[Voir article 4, paragraphe 21, du RGPD]* **(ou en cas de violation transfrontalière, à l'autorité chef de**

file) et, dans certains cas, communiquée aux personnes dont les données à caractère personnel ont été affectées par ladite violation.

L'obligation de notifier les violations existe déjà à l'heure actuelle pour certaines organisations, telles que les fournisseurs de services de communications électroniques accessibles au public *[comme prévu par la directive 2009/136/CE et le règlement (CE) nº 611/2013] [Voir http://eur-lex.europa.eu/legal-content/FR/TXT/?uri=celex:32009L0136 et http://eur-lex.europa.eu/legal-content/FR/TXT/?uri=CELEX%3A32013R0611]*. Certains États membres disposent par ailleurs déjà de leur propre obligation de notification des violations. Il peut s'agir de l'obligation de notifier les violations impliquant certaines catégories de responsables du traitement autres que les fournisseurs de services de communications électroniques accessibles au public (par exemple, en Allemagne et en Italie), ou de l'obligation de notifier toutes les violations portant sur des données à caractère personnel (par exemple, aux Pays-Bas). D'autres États membres peuvent disposer de codes de bonne pratique pertinents (par exemple, en Irlande *[Voir https://www.dataprotection.ie/docs/Data_Security_Breach_Code_of_Practice/1082.htm]*). Cependant, si un certain nombre d'autorités européennes chargées de la protection des données encouragent actuellement les responsables du traitement à notifier les violations, la directive 95/46/CE sur la protection des données *[Voir http://eur-lex.europa.eu/legal-content/FR/TXT/?uri=celex:31995L0046]*, que le RGPD remplace, ne contient pas d'obligation spécifique à cet égard. Une telle exigence sera donc nouvelle pour de nombreuses organisations. Le RGPD rend en effet cette notification obligatoire pour tous les responsables du traitement à moins qu'une violation soit peu susceptible d'engendrer un risque pour les droits et libertés des individus *[Les droits consacrés par la Charte des droits fondamentaux de l'Union européenne, disponible à l'adresse suivante : http://eur-lex.europa.eu/legal-content/FR/TXT/?uri=CELEX:12012P/TXT]*. Les sous-traitants ont également un rôle important à jouer et doivent notifier toute violation au responsable du traitement *[Voir article 33, paragraphe 2. Ce concept est similaire à celui de l'article 5 du règlement (UE) nº 611/2013, qui dispose qu'un fournisseur auquel il est fait appel pour fournir une partie d'un service de communications électroniques (sans qu'il soit directement lié par contrat avec les abonnés) est tenu d'informer le fournisseur qui l'a engagé en cas de violation de données à caractère personnel]*.

Le groupe de travail « Article 29 » (G29) considère que cette nouvelle exigence de notification présente plusieurs avantages. Lors de la notification à l'autorité de contrôle, les responsables du traitement peuvent notamment obtenir des conseils afin de savoir s'il convient d'informer les personnes concernées. En effet, l'autorité de contrôle peut ordonner au responsable du traitement d'informer lesdites personnes de la violation *[Voir article 34, paragraphe 4, et article 58, paragraphe 2, point e)]*. D'un autre côté, la communication d'une violation aux personnes concernées permet au responsable du traitement de leur fournir des informations sur les risques résultant de la violation et sur les mesures qu'elles peuvent prendre afin de se protéger des conséquences potentielles. Tout plan de réaction à une violation devrait viser à protéger les individus et leurs données à caractère personnel. Aussi la notification des violations devrait-elle être vue comme un outil permettant de renforcer la conformité en matière de protection des données à caractère personnel. Parallèlement, il convient de noter que la non-communication d'une violation aux personnes concernées ou à l'autorité de contrôle pourrait entraîner une sanction pour le responsable du traitement en vertu de l'article 83.

Les responsables du traitement et les sous-traitants sont ainsi encouragés à prévoir à l'avance et à mettre en place des processus leur permettant de détecter et d'endiguer rapidement toute violation, d'évaluer les risques pour les personnes concernées *[Ceci peut se faire dans le cadre de l'exigence de suivi et d'examen de l'analyse d'impact relative à la protection des données (AIPD), requise pour les opérations de traitement susceptibles d'engendrer un risque élevé pour les droits et libertés des personnes physiques (article 35, paragraphes 1 et 11)]* et de déterminer ensuite s'il est nécessaire d'informer l'autorité de contrôle compétente et de communiquer, si nécessaire, la violation aux personnes concernées. La notification à l'autorité de contrôle devrait faire partie intégrante de ce plan de réaction aux incidents.

Le RGPD contient des dispositions concernant les cas où une violation doit être notifiée, les personnes et entités auxquelles il convient de la notifier ainsi que les informations que devrait comprendre cette notification. Les informations requises pour une telle notification peuvent certes être communiquées de façon échelonnée, mais les responsables du traitement devraient réagir à toute violation dans des délais appropriés.

Dans son avis 03/2014 sur la notification des violations de données à caractère personnel *[Voir l'avis 03/2014 sur la notification des violations de données à caractère personnel http://ec.europa.eu/justice/article-29/documentation/opinion-recommendation/files/2014/wp213_fr.pdf]*, le G29 a fourni des orientations aux responsables du traitement afin de les aider à décider s'il convient d'informer les personnes concernées en cas de violation. L'avis portait sur l'obligation imposée aux fournisseurs de communications électroniques au titre de la directive 2002/58/CE, fournissait des exemples tirés de nombreux secteurs, dans le contexte du RGPD, encore à l'état de projet à l'époque, et présentait une série de bonnes pratiques à l'intention de tous les responsables du traitement.

Les présentes lignes directrices expliquent les obligations établies par le RGPD en matière de notification et de communication des violations ainsi que certaines des mesures que les responsables du traitement et les sous-traitants peuvent adopter en vue de respecter ces nouvelles obligations. Elles fournissent également des exemples de différents types de violations et des entités et personnes à informer dans différents cas de figure.

I. Notification d'une violation de données à caractère personnel en vertu du RGPD

A. *Considérations de base concernant la sécurité*

L'une des exigences du RGPD est que les données à caractère personnel soient traitées de façon à garantir un niveau de sécurité approprié desdites données, et notamment à les protéger contre le traitement non autorisé ou illicite et contre la perte, la destruction ou les dégâts d'origine accidentelle, à l'aide de mesures techniques ou organisationnelles appropriées *[Article 5, paragraphe 1, point f), et article 32]*.

Le RGPD exige par conséquent des responsables du traitement et des sous-traitants qu'ils mettent en place des mesures techniques et organisationnelles appropriées afin de garantir un niveau de sécurité adapté au risque pour les données à caractère personnel traitées. Ils devraient tenir compte de l'état des connaissances, des coûts de mise en œuvre et de la nature, de la portée, du contexte et des finalités du traitement ainsi que des risques, dont le degré de probabilité et de gravité varie, que présente le traitement pour les droits et libertés des personnes physiques *[Article 32 ; voir également considérant 8]*. Le RGPD exige également que toutes les mesures de protection techniques et organisationnelles appropriées soient mises en œuvre pour établir immédiatement si une violation des données à caractère personnel s'est produite, ce qui déterminera si l'obligation de notification s'applique *[Voir considérant 87]*.

Aussi l'un des éléments clés de toute politique de sécurité des données est-il d'être en mesure de prévenir toute violation dans la mesure du possible et, lorsqu'une telle violation se produit malgré tout, d'y réagir dans les meilleurs délais.

B. *Qu'est-ce qu'une violation de données à caractère personnel ?*

1. *Définition*

Avant de pouvoir remédier à une violation, le responsable du traitement doit être capable de la reconnaître. A son article 4, paragraphe 12, le RGPD définit une « violation de données à caractère personnel » comme : « une violation de la sécurité entraînant, de manière accidentelle ou illicite, la destruction, la perte, l'altération, la divulgation non autorisée de données à caractère personnel transmises, conservées ou traitées d'une autre manière, ou l'accès non autorisé à de telles données ».

Ce que l'on entend par « destruction » de données à caractère personnel devrait être assez clair : il s'agit des cas où les données n'existent plus, ou n'existent plus sous une forme utile pour le responsable du traitement. « Dommage » devrait également être relativement clair : il s'agit des cas où les données à caractère personnel ont été altérées, corrompues ou ne sont plus complètes. Pour ce qui est de la « perte » de données à caractère personnel, cela signifie que les données pourraient toujours exister, mais que le responsable du traitement a perdu tout contrôle ou tout accès à ces données, ou encore qu'il ne les a plus en sa possession. Enfin, le traitement non autorisé ou illicite peut inclure la divulgation de données à caractère personnel à des destinataires (ou l'accès à de telles données par ceux-ci) n'étant pas autorisés à les recevoir (ou à y avoir accès), ou toute autre forme de traitement en infraction au RGPD.

Exemple.

Il peut, par exemple, y avoir perte de données à caractère personnel lorsqu'un appareil contenant une copie de la base de données client d'un responsable du traitement est perdu ou volé. Un autre exemple de perte serait lorsque la copie unique d'un ensemble de données à caractère personnel a été cryptée par un rançongiciel, ou par le responsable du traitement à l'aide d'une clé qui n'est plus en sa possession.

Il convient avant tout de garder à l'esprit qu'une violation est une forme d'incident de sécurité. Toutefois, comme indiqué à l'article 4, paragraphe 12, le RGPD ne s'applique que lorsqu'il s'agit d'une violation de données à caractère personnel. Une telle violation aura pour conséquence que le responsable du traitement ne sera plus en mesure d'assurer la conformité avec les principes relatifs au traitement de données à caractère personnel tels que définis à l'article 5 du RGPD. Cette nuance met en lumière la différence entre un incident de sécurité et une violation de données à caractère personnel : si toutes les violations de données à caractère personnel constituent des incidents de sécurité, tous les incidents de sécurité ne constituent pas nécessairement des violations de données à caractère personnel *[Il convient de noter qu'un incident de sécurité ne se limite pas à des modèles de menaces où une entité extérieure s'attaque à une organisation, mais qu'il inclut également les incidents de traitement internes qui enfreignent les principes de sécurité]*.

Les éventuelles conséquences négatives d'une violation pour les personnes concernées sont envisagées ci-après.

2. *Types de violations de données à caractère personnel*

Dans son avis 03/2014 sur la notification des violations, le G29 expliquait que les violations pouvaient être classées selon trois principes de sécurité de l'information bien connus *[Voir l'avis 03/2014]* :

– « violation de la confidentialité » – la divulgation ou l'accès non autorisés ou accidentels à des données à caractère personnel ;

– « violation de l'intégrité » – l'altération non autorisée ou accidentelle de données à caractère personnel ;

– « violation de la disponibilité » – la destruction ou la perte accidentelles ou non autorisées de l'accès *[Il est bien établi que l'« accès » est une composante fondamentale de la « disponibilité ». Voir par exemple NIST SP800-53rev4, qui définit la « disponibilité » comme : « [l]'assurance d'une utilisation et d'un accès opportuns et fiables à des informations », disponible à l'adresse suivante : http://nvlpubs.nist.gov/nistpubs/SpecialPublications/NIST.SP.800-53r4.pdf. Le CNSSI-4009 mentionne également : « L'accès rapide et fiable aux données et services d'information pour les utilisateurs autorisés. » Voir https://rmf.org/wp-content/uploads/2017/10/CNSSI-4009.pdf. L'ISO/IEC 27000 :2016 définit également la disponibilité comme la « propriété d'être accessible et utilisable à la demande par une entité autorisée » : https://www.iso.org/obp/ui/#iso:std:iso-iec:27000:ed-4:v1:fr]* à des données à caractère personnel.

Il convient également de noter qu'en fonction des circonstances, une violation peut concerner à la fois la confidentialité, l'intégrité et la disponibilité de données à caractère personnel ou une combinaison de ces éléments.

S'il est relativement facile de déterminer si une violation de la confidentialité ou de l'intégrité s'est produite, il peut être moins évident de déterminer l'existence d'une violation de la disponibilité. Une violation sera toujours considérée comme une violation de la disponibilité en cas de perte ou de destruction permanente de données à caractère personnel.

Exemple.

Il peut, par exemple, y avoir perte de disponibilité lorsque des données ont été supprimées, soit accidentellement, soit par une personne non autorisée, ou encore, dans le cas de données cryptées de façon sécurisée, lorsque la clé de décryptage a été perdue. Si le responsable du traitement n'est pas en mesure de restaurer l'accès aux données, par exemple au moyen d'une sauvegarde, alors la perte de disponibilité sera considérée comme permanente.

Une perte de disponibilité peut également se produire en cas de perturbation majeure du service normal d'une organisation, par exemple dans le cas d'une panne de courant ou d'une attaque par déni de service rendant les données à caractère personnel indisponibles.

La question pourrait se poser de savoir si une perte de disponibilité temporaire des données à caractère personnel doit être considérée comme une violation, et, si tel est le cas, s'il est nécessaire de la notifier. L'article 32 du RGPD sur la « sécurité du traitement » explique que, lors de la mise en œuvre des mesures techniques et organisationnelles appropriées afin de garantir un niveau de sécurité adapté au risque, il convient d'envisager, entre autres, « des moyens permettant de garantir la confidentialité, l'intégrité, la disponibilité et la résilience constantes des systèmes et des services de traitement », ainsi que « des moyens permettant de rétablir la disponibilité des données à caractère personnel et l'accès à celles-ci dans des délais appropriés en cas d'incident physique ou technique ».

Par conséquent, un incident de sécurité entraînant l'indisponibilité temporaire de données à caractère personnel est également considéré comme un type de violation, dès lors que la perte de l'accès aux données peut avoir une incidence significative sur les droits et libertés des personnes physiques. Il convient de préciser que l'indisponibilité de données à caractère personnel en raison d'un entretien planifié du système n'est pas considérée comme une « violation de la sécurité » au sens de l'article 4, paragraphe 12.

Une violation entraînant une perte de disponibilité temporaire devrait être documentée conformément à l'article 33, paragraphe 5, au même titre qu'une perte ou une destruction permanente de données à caractère personnel (ou tout autre type de violation). Cela aidera le responsable du traitement à démontrer son respect du principe de responsabilité à l'autorité de contrôle, qui pourrait demander à consulter ces registres *[Voir l'article 33, paragraphe 5]*. Toutefois, en fonction des circonstances de la violation, il peut être nécessaire ou non de la notifier à l'autorité de contrôle et de la communiquer aux personnes concernées. Afin d'en juger, le responsable du traitement devra évaluer la probabilité et la gravité de l'incidence de la perte de disponibilité des données à caractère personnel sur les droits et libertés des personnes physiques. Conformément à l'article 33, le responsable du traitement devra en effet notifier la violation, à moins que celle-ci ne soit pas susceptible d'engendrer un risque pour les droits et libertés des personnes physiques. Ce point devra évidemment faire l'objet d'une appréciation au cas par cas.

Exemples.

Si des données médicales critiques concernant les patients d'un hôpital sont rendues indisponibles, ne serait-ce que temporairement, cela pourrait présenter un risque pour les droits et libertés des personnes concernées ; des opérations pourraient par exemple être annulées et des vies mises en danger.

Inversement, si les systèmes d'une entreprise médiatique ne sont pas disponibles pendant plusieurs heures (par ex. en raison d'une panne de courant), et que l'entreprise en question n'est de ce fait plus en mesure d'envoyer des bulle-

tins d'information à ses abonnés, il est peu probable que cela représente un risque pour les droits et libertés des personnes concernées.

Il convient de noter que, bien qu'une perte de disponibilité des systèmes du responsable du traitement puisse être uniquement temporaire et n'avoir aucune incidence sur les personnes physiques, il est important que le responsable du traitement envisage toutes les conséquences potentielles d'une violation, dès lors qu'elle peut encore nécessiter une notification pour d'autres raisons.

Exemple.

Une attaque par rançongiciel (logiciel malveillant qui crypte les données du responsable du traitement jusqu'à ce qu'une rançon soit versée) pourrait entraîner une perte temporaire de disponibilité si les données peuvent être restaurées au moyen d'une sauvegarde. Cependant, une intrusion dans le réseau s'est tout de même produite et sa notification pourrait se révéler nécessaire si l'incident est considéré comme une violation de la confidentialité (c.-à-d. que le pirate a accédé aux données à caractère personnel) et que cela présente un risque pour les droits et libertés des personnes physiques.

3. *Les conséquences possibles d'une violation de données à caractère personnel*

Une violation peut potentiellement avoir, pour les personnes concernées, toute une série de conséquences négatives, susceptibles d'entraîner des dommages physiques, matériels ou un préjudice moral. Le RGPD explique que ces dommages et préjudices peuvent inclure une perte de contrôle sur leurs données à caractère personnel, la limitation de leurs droits, une discrimination, un vol ou une usurpation d'identité, une perte financière, un renversement non autorisé de la procédure de pseudonymisation, une atteinte à la réputation ou une perte de confidentialité de données à caractère personnel protégées par le secret professionnel. Ils peuvent également comprendre tout autre dommage économique ou social important pour les personnes concernées *[Voir aussi les considérants 85 et 75]*.

Le RGPD exige donc du responsable du traitement qu'il notifie toute violation à l'autorité de contrôle, à moins qu'elle ne soit pas susceptible d'engendrer le risque que de telles conséquences négatives ne se produisent. Lorsqu'en revanche, ce risque est élevé, le RGPD exige du responsable du traitement qu'il communique la violation aux personnes concernées dans les meilleurs délais *[Voir également le considérant 86]*.

Le considérant 87 du RGPD souligne l'importance d'être en mesure d'identifier une violation, d'évaluer ses risques pour les personnes concernées et de la notifier, le cas échéant :

« Il convient de vérifier si toutes les mesures de protection techniques et organisationnelles appropriées ont été mises en œuvre pour établir immédiatement si une violation des données à caractère personnel s'est produite et pour informer rapidement l'autorité de contrôle et la personne concernée. Il convient d'établir que la notification a été faite dans les meilleurs délais, compte tenu en particulier de la nature et de la gravité de la violation des données à caractère personnel et de ses conséquences et effets négatifs pour la personne concernée. Une telle notification peut amener une autorité de contrôle à intervenir conformément à ses missions et à ses pouvoirs fixés par le présent règlement. »

Des orientations complémentaires sur l'évaluation du risque de conséquences négatives pour les personnes concernées sont disponibles au chapitre IV du présent document.

Si les responsables du traitement ne notifient pas une violation de données à l'autorité de contrôle, aux personnes concernées ou aux deux, alors que les conditions établies à l'article 33 et/ou 34 sont remplies, l'autorité de contrôle sera amenée à effectuer un choix, dans le cadre duquel elle sera tenue d'envisager toutes les mesures correctrices à sa disposition, notamment l'imposition d'une amende administrative appropriée *[Pour plus de détails, voir les lignes directrices du G29 sur l'application et la fixation des amendes administratives, disponible à l'adresse suivante : https://cnpd.public.lu/content/dam/*

cnpd/fr/dossiers-thematiques/Reglement-general-sur-la-protection-des-donnees/wp253-fr.pdf], que celle-ci accompagne l'une des mesures correctrices définies par l'article 58, paragraphe 2, ou soit imposée comme une sanction indépendante. Si une telle amende administrative est choisie, celle-ci pourra s'élever jusqu'à 10 000 000 EUR ou jusqu'à 2 % du chiffre d'affaires annuel mondial total de l'entreprise conformément à l'article 83, paragraphe 4, point a), du RGPD. Il importe également de garder à l'esprit que dans certains cas, la non-notification d'une violation pourrait trahir une absence de mesures de sécurité ou l'inadéquation des mesures de sécurité existantes. Les lignes directrices du G29 sur les amendes administratives disposent que : « [l]a survenance de plusieurs violations différentes commises simultanément dans un cas particulier implique que l'autorité de contrôle a la possibilité d'infliger les amendes administratives à un niveau qui rend celles-ci efficaces, proportionnées et dissuasives, dans les limites de la violation la plus grave ». Dans un tel cas, l'autorité de contrôle aura également la possibilité de prononcer des sanctions pour non-notification ou non-communication d'une violation (articles 33 et 34), d'une part, et pour absence de mesures de sécurité (adéquates) (article 32), d'autre part, dès lors qu'il s'agit de deux violations distinctes.

II. Article 33 – Notification à l'autorité de contrôle

A. *Quand procéder à la notification*

1. *Exigences de l'article 33*

L'article 33, paragraphe 1, dispose ce qui suit :

« En cas de violation de données à caractère personnel, le responsable du traitement en notifie la violation en question à l'autorité de contrôle compétente conformément à l'article 55, dans les meilleurs délais et, si possible, 72 heures au plus tard après en avoir pris connaissance, à moins que la violation en question ne soit pas susceptible d'engendrer un risque pour les droits et libertés des personnes physiques. Lorsque la notification à l'autorité de contrôle n'a pas lieu dans les 72 heures, elle est accompagnée des motifs du retard. »

Le considérant 87 prévoit *[Le considérant 85 est également important à cet égard]* :

« Il convient de vérifier si toutes les mesures de protection techniques et organisationnelles appropriées ont été mises en œuvre pour établir immédiatement si une violation des données à caractère personnel s'est produite et pour informer rapidement l'autorité de contrôle et la personne concernée. Il convient d'établir que la notification a été faite dans les meilleurs délais, compte tenu en particulier de la nature et de la gravité de la violation des données à caractère personnel et de ses conséquences et effets négatifs pour la personne concernée. Une telle notification peut amener une autorité de contrôle à intervenir conformément à ses missions et à ses pouvoirs fixés par le présent règlement. »

2. *Quand un responsable du traitement prend-il « connaissance » ?*

Comme indiqué ci-dessus, en cas de violation, le RGPD exige du responsable du traitement qu'il notifie la violation en question dans les meilleurs délais, et, si possible, 72 heures au plus tard après en avoir pris connaissance. Cette exigence soulève la question de savoir quand un responsable du traitement peut être considéré comme ayant pris « connaissance » d'une violation. Le G29 considère qu'un responsable du traitement devrait être considéré comme ayant pris « connaissance » lorsqu'il est raisonnablement certain qu'un incident de sécurité s'est produit et que cet incident a compromis des données à caractère personnel.

Cependant, comme indiqué précédemment, le RGPD exige du responsable du traitement qu'il mette en œuvre toutes les mesures de protection techniques et organisationnelles appropriées pour établir immédiatement si une violation des données à caractère personnel s'est produite et pour informer rapidement l'autorité de contrôle et les personnes concernées. Il dispose également qu'il convient d'établir que la notification a été faite dans les meilleurs délais, compte tenu en particulier de la nature et de la gravité de la violation et de ses conséquences et effets négatifs pour la personne concernée *[Voir le considérant 87]*. Le responsable du traitement se voit ainsi tenu de prendre les mesures nécessaires pour s'assurer de prendre « connaissance » de toute violation dans les meilleurs délais afin de pouvoir réagir de façon appropriée.

Le moment exact où un responsable du traitement peut être considéré comme ayant pris « connaissance » d'une violation spécifique dépendra des circonstances de la violation en question. Dans certains cas, il sera relativement clair dès le début qu'une violation s'est produite, tandis que dans d'autres, un certain temps pourrait être nécessaire avant de pouvoir déterminer si des données à caractère personnel ont été compromises. L'accent devrait toutefois être mis sur une intervention et une enquête rapide visant à déterminer s'il y a effectivement eu violation de données à caractère.

Exemples.

1. Dans le cas de la perte d'une clé USB contenant des données à caractère personnel cryptées, il est souvent impossible d'évaluer si des personnes non autorisées ont eu accès auxdites données. Cependant, bien que le responsable du traitement ne soit pas en mesure de déterminer si une violation de la confidentialité s'est produite, un tel cas doit être notifié dès lors qu'il est raisonnablement certain qu'une violation de la disponibilité a eu lieu ; le responsable du traitement aurait pris « connaissance » de cette violation lorsqu'il s'est rendu compte de la disparition de la clé USB.

2. Un tiers informe un responsable du traitement qu'il a accidentellement reçu les données à caractère personnel de l'un de ses clients et fournit la preuve de cette divulgation non autorisée. Dès lors que le responsable du traitement a reçu des preuves claires attestant d'une violation de la confidentialité, il ne fait aucun doute qu'il en a pris « connaissance ».

3. Un responsable du traitement remarque une possible intrusion dans son réseau. Il vérifie son système afin de déterminer si les données à caractère personnel qui y sont conservées ont été compromises et confirme que tel est le cas. Une fois encore, dès lors que le responsable du traitement dispose à présent de preuves claires attestant d'une violation, il ne fait aucun doute qu'il en a pris « connaissance ».

4. Un cybercriminel contacte le responsable du traitement après avoir piraté son système afin de lui demander une rançon. Dans ce cas, après avoir vérifié son système en vue de confirmer qu'il a été piraté, le responsable du traitement dispose de preuves claires attestant qu'une violation s'est produite, et il ne fait aucun doute qu'il en a pris connaissance.

Après avoir été informé d'une possible violation par un individu, par une organisation médiatique ou par une autre source, ou encore lorsqu'il a lui-même détecté un incident de sécurité, le responsable du traitement peut mener une brève enquête afin de déterminer si une violation s'est effectivement produite. Lors de cette période d'enquête, le responsable du traitement peut ne pas être considéré comme ayant pris « connaissance ». Cette période d'enquête initiale devrait cependant débuter aussi rapidement que possible et déterminer avec un degré de certitude raisonnable si une violation s'est produite ; une enquête plus détaillée pourra alors suivre.

Après avoir pris connaissance d'un incident, le responsable du traitement devra notifier toute violation soumise à l'obligation de notification dans les meilleurs délais, et, si possible, dans les 72 heures. Pendant cette période, le responsable du traitement devrait évaluer le risque probable pour les personnes concernées afin de déterminer si l'obligation de notification s'applique et quelle ou quelles mesures doivent être prises afin de remédier à cette violation. Un responsable du traitement peut cependant déjà disposer d'une évaluation initiale des risques potentiels qui pourraient résulter d'une violation dans le cadre d'une analyse d'impact relative à la protection des données (AIPD) *[Voir les lignes directrices du G29 sur les AIPD à l'adresse suivante : https://www.cnil.fr/sites/default/files/atoms/files/wp248_rev.01_fr.pdf]* effectuée préalablement aux opérations de traitement concernées. Une AIPD est néanmoins plus générale que les circonstances spécifiques de toute violation réelle. Aussi une évaluation complémentaire tenant compte de ces circonstances devra-t-elle être réalisée en tout état de cause. Pour plus d'informations sur l'évaluation du risque, voir le chapitre IV.

Dans la plupart des cas, ces mesures préliminaires devraient être prises peu de temps après l'alerte initiale (c.-à-d. lorsque le responsable du traitement ou le sous-traitant suspecte qu'un incident de sécurité portant sur des données à caractère personnel pourrait avoir eu lieu). A l'exception de certains cas exceptionnels, cette procédure ne devrait pas être plus longue que dans l'exemple ci-dessous.

Exemple.

Une personne informe le responsable du traitement qu'elle a reçu un courrier électronique dont l'expéditeur se fait passer pour le responsable du traitement et qui contient des données à caractère personnel concernant son utilisation (réelle) des services du responsable du traitement, ce qui indiquerait que la sécurité de ce dernier a été compromise. Le responsable du traitement procède à une brève enquête et repère une intrusion dans son réseau ainsi que des preuves signalant un accès non autorisé à des données à caractère personnel. Le responsable du traitement sera désormais considéré comme ayant pris « connaissance » de la violation et devra en informer l'autorité de contrôle, à moins que ladite violation ne soit peu susceptible d'engendrer un risque pour les droits et libertés des individus. Le responsable du traitement devra prendre des mesures correctives appropriées afin de remédier à la violation.

Le responsable du traitement devrait disposer de procédures internes afin d'être en mesure de détecter une violation et d'y remédier. Par exemple, afin de détecter certaines irrégularités dans le traitement des données, un responsable du traitement ou un sous-traitant peut avoir recours à certaines mesures techniques telles que des analyseurs de flux de données et de journaux, qui permettront de définir des incidents et des alertes en établissant des corrélations entre des données journal 23 *[Il convient de noter que les données journal facilitant la vérifiabilité par exemple du stockage, des modifications ou de l'effacement des données peuvent aussi être qualifiées de données à caractère personnel concernant la personne qui a lancé les opérations de traitement respectives]*. Il est important qu'une fois détectée, une violation soit communiquée au niveau de direction approprié afin qu'il soit possible d'y remédier et, le cas échéant, de la notifier conformément à l'article 33 et, si nécessaire, à l'article 34. De telles mesures et de tels mécanismes de notification devraient être détaillés dans le plan de réaction aux incidents et/ou dans les accords de gouvernance. Ceux-ci aideront le responsable du traitement à planifier et à déterminer efficacement à qui échoit la responsabilité opérationnelle au sein de l'organisation concernant la gestion d'une violation, ainsi que s'il faut, et comment, rapporter une violation de façon appropriée.

Le responsable du traitement devrait également disposer d'accords avec tout sous-traitant auquel il a recours, lui-même soumis à l'obligation d'avertir le responsable du traitement en cas de violation (voir plus bas).

S'il incombe aux responsables du traitement et aux sous-traitants de mettre en place les mesures appropriées afin d'être en mesure de prévenir une violation, d'y réagir et d'y remédier, certaines mesures pratiques devraient être prises en toutes circonstances.

— Des informations concernant tous les incidents de sécurité devraient être communiquées à une personne responsable ou aux personnes chargées de remédier aux incidents, d'établir l'existence d'une violation et d'évaluer le risque.

— Le risque pour les personnes concernées résultant d'une violation devrait ensuite être évalué (risque inexistant, risque, ou risque élevé) et les services concernés de l'organisation devraient être informés.

— Le cas échéant, il conviendra subséquemment de notifier la violation à l'autorité de contrôle et de la communiquer aux personnes concernées.

– Parallèlement, le responsable du traitement devrait prendre des mesures pour endiguer la violation et y remédier.

– La violation devrait être documentée tout au long de son évolution.

Il doit donc être clair que le responsable du traitement a l'obligation de réagir à une alerte initiale et de déterminer si une violation a effectivement eu lieu. Cette brève période permet au responsable du traitement de procéder à une enquête et de collecter des preuves et autres informations pertinentes. Une fois que le responsable du traitement a établi, avec un degré de certitude raisonnable, qu'une violation a eu lieu, si les conditions de l'article 33, paragraphe 1, sont remplies, il doit alors la notifier à l'autorité de contrôle dans les meilleurs délais et, si possible, dans les 72 heures *[Voir le règlement (CEE, Euratom) n° 1182/71 portant détermination des règles applicables aux délais, aux dates et aux termes, disponible à l'adresse suivante : http://eur-lex.europa.eu/legal-content/FR/TXT/HTML/?uri=CELEX:31971R1182]*. Si un responsable du traitement ne réagit pas dans les meilleurs délais et qu'il apparaît de façon évidente qu'une violation a eu lieu, ce manque de réaction pourrait être considéré comme une non-notification en vertu de l'article 33.

L'article 32 dispose clairement que le responsable du traitement et le sous-traitant doivent mettre en œuvre les mesures techniques et organisationnelles appropriées afin de garantir un niveau de sécurité adapté des données à caractère personnel : la capacité de détecter une violation, d'y remédier et de la communiquer dans les meilleurs délais devrait être considérée comme un élément essentiel de ces mesures.

3. *Responsables conjoints du traitement*

L'article 26 concerne les responsables conjoints du traitement et dispose que ceux-ci devraient définir leurs obligations respectives aux fins d'assurer le respect du RGPD *[Voir également le considérant 79]*. Ceci impliquera de déterminer quelle partie sera responsable du respect des obligations définies aux articles 33 et 34. Le G29 recommande que les arrangements contractuels entre les responsables conjoints du traitement comprennent des dispositions déterminant quel responsable du traitement prendra la direction ou sera responsable du respect de l'obligation de notification des violations établie par le RGPD.

4. *Obligations du sous-traitant*

Si le responsable du traitement conserve la responsabilité générale en matière de protection des données à caractère personnel, le rôle du sous-traitant est essentiel afin de permettre au responsable du traitement de respecter ses obligations, notamment en termes de notification des violations. En effet, l'article 28, paragraphe 3, précise que le traitement par un sous-traitant est régi par un contrat ou un autre acte juridique. L'article 28, paragraphe 3, point f), dispose que le contrat ou l'autre acte juridique doit prévoir que le sous-traitant « aide le responsable du traitement à garantir le respect des obligations prévues aux articles 32 à 36, compte tenu de la nature du traitement et des informations à la disposition du sous-traitant ».

L'article 33, paragraphe 2, indique clairement que si un responsable du traitement a recours à un sous-traitant et que celui-ci prend connaissance d'une violation des données à caractère personnel qu'il traite au nom du responsable du traitement, il doit la lui notifier « dans les meilleurs délais ». Il convient de noter que le sous-traitant ne doit pas évaluer la probabilité qu'un risque découle d'une violation avant de la notifier au responsable du traitement ; il appartient au responsable du traitement d'effectuer cette évaluation après avoir pris connaissance de la violation. Le sous-traitant doit simplement établir si une violation s'est produite puis la notifier au responsable du traitement. Le responsable du traitement a recours au sous-traitant pour atteindre ses objectifs ; aussi le responsable du traitement doit-il en principe être considéré comme ayant pris « connaissance » une fois que le sous-traitant l'a informé de la violation. L'obligation faite au sous-traitant de notifier la violation au responsable du traitement permet à ce dernier d'y remédier et de déterminer s'il est nécessaire d'avertir l'autorité de contrôle conformément à l'article 33, paragraphe 1, ainsi que les personnes concernées conformément à l'article 34, paragraphe 1. Le responsable du traitement pourrait également analyser lui-même la violation en question, dès lors que le sous-traitant pourrait ne pas connaître tous les éléments pertinents liés à la violation. Il pourrait par exemple ne pas savoir si le responsable du traitement conserve toujours une copie ou une sauvegarde des données à caractère personnel détruites ou perdues par le sous-traitant. Ces éléments pourraient avoir une incidence sur l'obligation de notification du responsable du traitement.

Le RGPD ne définit pas de délai spécifique dans lequel le sous-traitant doit alerter le responsable du traitement, si ce n'est qu'il doit le faire « dans les meilleurs délais ». Aussi le G29 recommande-t-il au sous-traitant de notifier rapidement la violation en question au responsable du traitement et de lui fournir des informations complémentaires à ce sujet au fur et à mesure que des détails supplémentaires se font jour. Cette communication est essentielle afin d'aider le responsable du traitement à satisfaire à son obligation de notifier la violation à l'autorité de contrôle dans les 72 heures.

Comme expliqué plus haut, le contrat entre le responsable du traitement et le sous-traitant devrait inclure des dispositions précisant la façon de satisfaire aux exigences définies à l'article 33, paragraphe 2, parallèlement à d'autres dispositions du RGPD. Ces dispositions pourraient inclure des exigences de notification rapide par le sous-traitant, ce qui aiderait le responsable du traitement à respecter l'obligation d'informer l'autorité de contrôle dans les 72 heures.

Lorsque le sous-traitant propose ses services à plusieurs responsables du traitement affectés par le même incident, le sous-traitant devra communiquer les détails dudit incident à tous les responsables du traitement.

Un sous-traitant pourrait effectuer une notification au nom du responsable du traitement si celui-ci lui en a donné l'autorisation et si cela fait partie des dispositions contractuelles entre le responsable du traitement et le sous-traitant. Une telle notification doit être effectuée conformément aux articles 33 et 34. Il est cependant important de noter que le titulaire de l'obligation légale de notification reste le responsable du traitement.

B. *Fournir des informations à l'autorité de contrôle*

1. *Informations à fournir*

Lorsqu'un responsable du traitement notifie une violation à l'autorité de contrôle, l'article 33, paragraphe 3, prévoit que la notification doit, à tout le moins :

« a) décrire la nature de la violation de données à caractère personnel y compris, si possible, les catégories et le nombre approximatif de personnes concernées par la violation et les catégories et le nombre approximatif d'enregistrements de données à caractère personnel concernés ;

b) communiquer le nom et les coordonnées du délégué à la protection des données ou d'un autre point de contact auprès duquel des informations supplémentaires peuvent être obtenues ;

c) décrire les conséquences probables de la violation de données à caractère personnel ;

d) décrire les mesures prises ou que le responsable du traitement propose de prendre pour remédier à la violation de données à caractère personnel, y compris, le cas échéant, les mesures pour en atténuer les éventuelles conséquences négatives ».

Le RGPD ne définit pas les catégories de personnes concernées ni les enregistrements de données à caractère personnel. Toutefois, le G29 suggère que les catégories de personnes concernées se réfèrent aux différents types d'individus dont les données à caractère personnel ont été affectées par une violation : en fonction des descripteurs utilisés, cela pourrait inclure, entre autres, les enfants et autres groupes vulnérables, les personnes handicapées, les employés ou les clients. De façon similaire, les catégories d'enregistrements des données à caractère personnel pourraient se référer aux différents types d'enregistrement que le responsable du traitement pourrait traiter, telles que les données concernant la santé, les dossiers de scolarité, les informations relatives à l'assistance sociale, les données financières, les numéros de compte bancaire, les numéros de passeport, etc.

Le considérant 85 indique clairement que l'obligation de notification a pour finalité de limiter les dommages pour les personnes physiques. Par conséquent, si les types de personnes concernées ou les types de données à caractère personnel témoignent d'un risque de dommages particuliers causés par une violation (par ex. usurpation d'identité, fraude, perte financière, menace envers le secret professionnel), il est important que la notification indique ces catégories. De cette façon, l'obligation de définir les catégories est liée à l'obligation de décrire les conséquences probables de la violation.

L'absence d'informations précises (par ex. le nombre exact de personnes concernées affectées) ne devrait pas constituer un obstacle à la notification d'une violation dans les meilleurs délais. Le RGPD accepte que des chiffres approximatifs soient communiqués quant au nombre de personnes et d'enregistrements de données concernés. Il convient de se concentrer davantage sur le fait de remédier aux conséquences négatives de la violation que sur la fourniture de chiffres précis. Aussi, lorsqu'il a été clairement établi qu'une violation s'est produite, mais que sa portée exacte n'est pas encore connue, une notification échelonnée (voir ci-après) est-elle une bonne manière de satisfaire à l'obligation de notification.

L'article 33, paragraphe 3, dispose que le responsable du traitement doit « à tout le moins » inclure les informations listées dans toute notification, ce qui signifie qu'un responsable du traitement peut, si nécessaire, décider de fournir plus d'informations. Les différents types de violations (confidentialité, intégrité ou disponibilité) peuvent nécessiter la fourniture d'informations complémentaires afin d'expliquer en détail les circonstances de chaque cas.

Exemple.

Le responsable du traitement pourrait trouver utile d'inclure le nom de son sous-traitant dans sa notification à l'autorité de contrôle si celui-ci est à l'origine de la violation, notamment si cette dernière a entraîné un incident ayant affecté les enregistrements de données à caractère personnel de nombreux autres responsables du traitement ayant recours au même sous-traitant.

En tout état de cause, l'autorité de contrôle peut demander des informations complémentaires dans le cadre de son enquête sur la violation..

2. *Notification échelonnée*

En fonction de la nature de la violation, il peut être nécessaire que le responsable du traitement effectue une enquête complémentaire afin d'établir tous les faits pertinents liés à l'incident. Aussi l'article 33, paragraphe 4, dispose-t-il ce qui suit :

« Si, et dans la mesure où, il n'est pas possible de fournir toutes les informations en même temps, les informations peuvent être communiquées de manière échelonnée sans autre retard indu. »

Cela signifie que le RGPD reconnaît que les responsables du traitement ne disposeront pas toujours de toutes les informations nécessaires concernant une violation dans les 72 heures après en avoir pris connaissance, dès lors que l'ensemble des détails de l'incident peuvent ne pas être systématiquement disponibles au cours de cette période initiale. Il autorise donc une notification échelonnée. Une telle notification interviendra plus probablement dans le cas de violations plus complexes, telles que certains types d'incidents de cybersécurité nécessitant par exemple une enquête approfondie et détaillée afin d'établir pleinement la nature de la violation et la mesure dans laquelle des données à caractère personnel ont été compromises. Dans de nombreux cas, le responsable du traitement devra ainsi poursuivre son enquête et fournir des informations complémentaires à l'autorité de contrôle par la suite. Il y est autorisé à condition de justifier son retard conformément à l'article 33, paragraphe 1. Le G29 recommande que, si le responsable du traitement ne dispose pas encore de toutes les informations nécessaires, il en informe l'autorité de contrôle dans le cadre de sa notification initiale et précise qu'il fournira des informations plus détaillées par la suite. L'autorité de contrôle devrait déterminer la façon et le moment où des informations complémentaires devraient être fournies. Cela n'empêche toutefois pas le responsable du traitement de fournir des informations complémentaires à tout autre moment s'il prend connaissance d'informations complémentaires pertinentes concernant la violation devant être communiquées à l'autorité de contrôle.

L'obligation de notification a pour objectif d'encourager les responsables du traitement à réagir rapidement à une violation, à l'endiguer et, si possible, à récupérer les données à caractère personnel compromises, ainsi qu'à solliciter des conseils auprès de l'autorité de contrôle. La notification à l'autorité de contrôle dans les premières 72 heures peut permettre au responsable du traitement de s'assurer que sa décision concernant la communication ou non de la violation aux personnes concernées est correcte.

L'objectif de cette notification à l'autorité de contrôle n'est cependant pas uniquement d'obtenir des conseils relatifs à la notification éventuelle des personnes concernées. Dans certains cas, il sera évident qu'en raison de la nature de la violation et de la gravité du risque, le responsable du traitement devra informer les personnes concernées dans les meilleurs délais. Par exemple, s'il existe un risque immédiat d'usurpation d'identité, ou si des catégories particulières de données à caractère personnel *[Voir l'article 9]* sont divulguées sur le web, le responsable du traitement devrait réagir dans les meilleurs délais afin d'endiguer la violation et de la communiquer aux personnes concernées (voir chapitre III). Dans des circonstances exceptionnelles, cette communication peut même être effectuée avant la notification à l'autorité de contrôle. De façon plus générale, la notification à l'autorité de contrôle ne peut servir de justification à la non-communication de la violation aux personnes concernées lorsque celle-ci est nécessaire.

Il convient également de préciser que si une enquête de suivi met au jour, après la notification initiale, des preuves indiquant que l'incident de sécurité a été endigué et qu'aucune violation n'a effectivement eu lieu, le responsable du traitement peut en informer l'autorité de contrôle. Cette information pourrait alors être ajoutée aux informations déjà fournies à l'autorité de contrôle et l'incident classé comme n'étant pas une violation. Aucune sanction n'est prévue en cas de notification d'un incident qui s'avère, en fin de compte, ne pas constituer une violation.

Exemple.

Un responsable du traitement informe l'autorité de contrôle, dans les 72 heures suivant la détection de la violation, de la perte d'une clé USB contenant une copie des données à caractère personnel de certains de ses clients. Il s'avère par la suite que ladite clé USB avait été rangée au mauvais endroit dans les locaux du responsable du traitement et qu'elle a été retrouvée. Le responsable du traitement en informe l'autorité de contrôle et demande à ce que sa notification soit modifiée.

Il convient de noter qu'une telle approche échelonnée de la notification existe déjà en vertu des obligations découlant de la directive 2002/58/CE et du règlement n° 611/2013 ainsi que dans le cadre d'autres incidents autodéclarés.

3. *Notification tardive*

L'article 33, paragraphe 1, indique clairement que lorsque la notification à l'autorité de contrôle n'a pas lieu dans les 72 heures, elle est accompagnée des motifs du retard. Cette disposition reconnaît, au même titre que le concept de notification échelonnée, qu'un responsable du traitement pourrait ne pas toujours être en mesure de notifier une violation dans ce délai, et qu'une notification tardive pourrait être autorisée.

Un tel scénario pourrait par exemple se produire lorsqu'un responsable du traitement constate, sur une courte période, plusieurs violations similaires affectant de façon identique de grandes quantités de personnes concernées. Un responsable du traitement pourrait prendre connaissance d'une violation et, en entreprenant son enquête et avant la notification, détecter d'autres violations similaires dont la cause diffère. En fonction des circonstances, il pourrait falloir un certain temps au responsable du traitement pour établir la portée des violations et pour élaborer une notification constructive comprenant différentes violations très similaires, mais aux causes potentiellement différentes, plutôt que de notifier chaque violation individuellement. La notification à l'autorité de contrôle pourrait par conséquent avoir lieu plus de 72 heures après la prise de connaissance de ces violations par le responsable du traitement.

A proprement parler, chaque violation individuelle est un incident devant être notifié. Toutefois, afin d'éviter que la notification ne soit excessivement fastidieuse, le responsable du traitement pourrait soumettre une notification « groupée » énumérant toutes ces violations, à condition qu'elles concernent un seul type de données à caractère personnel compromises de façon similaire et qu'elles se soient produites sur une période de temps relativement courte. Si une série de violations concernant différents types de données à caractère personnel compromises de façon différente se produisent, la notification devra alors se faire selon la procédure classique, c'est-à-dire que chaque violation devra être notifiée conformément à l'article 33.

Si le RGPD autorise dans une certaine mesure les notifications tardives, celles-ci restent exceptionnelles. Il convient de signaler qu'une notification groupée peut également être effectuée pour des violations similaires multiples notifiées dans les 72 heures.

C. *Violations transfrontalières et violations dans des établissements de pays tiers*

1. *Violations transfrontalières*

En cas de traitement transfrontalier *[Voir l'article 4, paragraphe 23]* de données à caractère personnel, une violation peut affecter des personnes concernées dans plus d'un État membre. L'article 33, paragraphe 1, indique clairement qu'en cas de violation, le responsable du traitement doit la notifier à l'autorité de contrôle compétente conformément à l'article 55 du RGPD *[Voir également le considérant 122]*. L'article 55, paragraphe 1, dispose ce qui suit :

« Chaque autorité de contrôle est compétente pour exercer les missions et les pouvoirs dont elle est investie conformément au présent règlement sur le territoire de l'État membre dont elle relève. »

Toutefois, l'article 56, paragraphe 1, prévoit ce qui suit :

« Sans préjudice de l'article 55, l'autorité de contrôle de l'établissement principal ou de l'établissement unique du responsable du traitement ou du sous-traitant est compétente pour agir en tant qu'autorité de contrôle chef de file concernant le traitement transfrontalier effectué par ce responsable du traitement ou ce sous-traitant, conformément à la procédure prévue à l'article 60. »

Par ailleurs, l'article 56, paragraphe 6, énonce ce qui suit :

« L'autorité de contrôle chef de file est le seul interlocuteur du responsable du traitement ou du sous-traitant pour le traitement transfrontalier effectué par ce responsable du traitement ou ce sous-traitant. »

Cela signifie qu'en cas de violation dans le cadre d'un traitement transfrontalier nécessitant une notification, le responsable du traitement devra informer l'autorité de contrôle chef de file *[Voir les lignes directrices du G29 sur la désignation d'une autorité de contrôle chef de file d'un responsable du traitement ou d'un sous-traitant disponibles à l'adresse suivante : https://www.cnil.fr/sites/default/files/atoms/files/wp244rev01_fr.pdf]*. Aussi un responsable du traitement doit-il, lors de la rédaction de son plan de réaction à une violation, évaluer quelle autorité de contrôle est l'autorité de contrôle chef de file qu'il devra informer *[Une liste des coordonnées de toutes les autorités de protection des données nationales est disponible à l'adresse suivante : http://ec.europa.eu/justice/data-protection/bodies/authorities/index_en.htm]*. Cela permettra au responsable du traitement de réagir rapidement à une violation et de respecter ses obligations au titre de l'article 33. Il doit être clair qu'en cas de violation impliquant un traitement transfrontalier, il convient de notifier la violation à l'autorité de contrôle chef de file, qui n'est pas nécessairement celle de l'endroit où les personnes concernées résident ou de l'endroit où la violation a eu lieu. Lorsqu'il notifie la violation à l'autorité de contrôle chef de file, le responsable du traitement devrait indiquer, le cas échéant, si la violation implique des établissements situés dans d'autres États membres et les États membres dans lesquels des personnes concernées sont susceptibles d'être affectées par la violation.

Si le responsable du traitement a des doutes concernant l'identité de l'autorité de contrôle chef de file, il devrait, à tout le moins, informer l'autorité de contrôle locale de l'endroit où la violation s'est produite.

2. *Violations dans des établissements de pays tiers*

L'article 3 concerne le champ d'application territorial du RGPD, y compris lorsqu'il s'applique au traitement de données à caractère personnel par un responsable du traitement ou un sous-traitant n'étant pas établi dans l'UE. Plus précisément, l'article 3, paragraphe 2, énonce ce qui suit :

« Le présent règlement s'applique au traitement des données à caractère personnel relatives à des personnes concernées qui se trouvent sur le territoire de l'Union par un responsable du traitement ou un sous-traitant qui n'est pas établi dans l'Union, lorsque les activités de traitement sont liées :

a) à l'offre de biens ou de services à ces personnes concernées dans l'Union, qu'un paiement soit exigé ou non desdites personnes ; ou

b) au suivi du comportement de ces personnes, dans la mesure où il s'agit d'un comportement qui a lieu au sein de l'Union. »

L'article 3, paragraphe 3, est également pertinent en la matière et dispose que :

« [l]e présent règlement s'applique au traitement de données à caractère personnel par un responsable du traitement qui n'est pas établi dans l'Union mais dans un lieu où le droit d'un État membre s'applique en vertu du droit international public ».

Lorsqu'un responsable du traitement qui n'est pas établi dans l'UE est soumis à l'article 3, paragraphe 2, ou à l'article 3, paragraphe 3, et constate une violation, il est par conséquent toujours tenu de respecter les obligations de notification définies aux articles 33 et 34. L'article 27 dispose qu'un responsable du traitement (ou un sous-traitant) doit désigner un représentant dans l'UE lorsque l'article 3, paragraphe 2, s'applique. Dans de tels cas, le G29 recommande que la notification soit adressée à l'autorité de contrôle de l'État membre dans lequel le représentant du responsable du traitement dans l'UE est établi *[Voir le considérant 80 et l'article 27]*. De la même façon, lorsqu'un sous-traitant est soumis à l'article 3, paragraphe 2, il sera tenu de respecter les obligations incombant aux sous-traitants, et notamment l'obligation de notifier la violation au responsable du traitement conformément à l'article 33, paragraphe 2.

D. *Conditions dans lesquelles la notification n'est pas obligatoire*

L'article 33, paragraphe 1, indique clairement qu'une violation qui n'est « pas susceptible d'engendrer un risque pour les droits et libertés des personnes physiques » ne doit pas être notifiée à l'autorité de contrôle. Tel pourrait par exemple être le cas lorsque les données à caractère personnel sont déjà disponibles pour le public et qu'une divulgation desdites données n'est pas susceptible d'engendrer un risque pour les personnes concernées. Ceci contraste avec les obligations de notification s'appliquant aux fournisseurs de services de communications électroniques accessibles au public en vertu de la directive 2009/136/CE, qui dispose que toutes les violations pertinentes doivent être notifiées à l'autorité compétente.

Dans son avis 03/2014 sur la notification des violations *[Avis 03/2014 du G29 sur la notification des violations, http://ec.europa.eu/justice/article-29/documentation/opinion-recommendation/files/2014/wp213_fr.pdf]*, le G29 expliquait qu'une violation de la confidentialité de données à caractère personnel qui ont été cryptées à l'aide d'un algorithme de pointe constituait tout de même une violation de données à caractère personnel, et que celle-ci devait être notifiée. Néanmoins, si la confidentialité de la clé de cryptage est intacte – c.-à-d. que la clé n'a été compromise dans aucune violation de sécurité et a été générée de façon à ne pouvoir être trouvée, par aucun moyen technologique existant, par quelqu'un qui n'est pas autorisé à l'utiliser –, les données sont en principe incompréhensibles. La violation n'est donc pas susceptible de porter atteinte aux personnes concernées et n'aurait donc pas besoin de leur être communiquée *[Voir également l'article 4, paragraphes 1 et 2, du règlement (UE) n° 611/2013]*. Toutefois, même lorsque les données sont cryptées, une perte ou une altération peut avoir des conséquences négatives pour les personnes concernées lorsque le responsable du traitement ne dispose pas de sauvegardes adéquates. Dans ce cas de figure, il convient de communiquer la violation aux personnes concernées, même si les données elles-mêmes ont fait l'objet de mesures de cryptage adéquates.

Le G29 expliquait aussi que le même raisonnement s'appliquait dans les cas où les données à caractère personnel, telles les mots de passe, sont hachées et salées en mode sécurisé, où la valeur hachée a été calculée à l'aide d'une fonction de hachage à clé cryptographique de pointe, où la clé utilisée pour hacher les données n'a été compromise dans aucune violation de sécurité et où celle-ci a été générée de façon à ne pouvoir être trouvée, par aucun moyen technologique existant, par quelqu'un qui n'est pas autorisé à l'utiliser.

Par conséquent, si les données à caractère personnel ont été rendues incompréhensibles pour tout tiers non autorisé et si les données en question constituent une copie ou qu'il en existe une sauvegarde, une violation de la confidentialité portant sur des données à caractère personnel correctement cryptées ne doit pas être notifiée à l'autorité de contrôle. La raison en est qu'une telle violation est peu susceptible d'engendrer un risque pour les droits et libertés des personnes physiques. Cela signifie bien entendu que la personne concernée ne devra pas non plus être informée dès lors que la violation est peu susceptible d'engendrer un risque élevé. Il convient toutefois de garder à l'esprit que si la notification peut ne pas être requise dans un premier temps dans la mesure où il n'existe pas de risque probable pour les droits et libertés des personnes physiques, cet état des choses peut évoluer avec le temps, et le risque devra alors être réévalué. Par exemple, si l'on se rend ultérieurement compte que la clé est compromise ou si l'on découvre une vulnérabilité dans le logiciel de cryptage, une notification pourrait toujours être nécessaire.

Il convient en outre de noter qu'une violation de données cryptées ne disposant pas d'une sauvegarde constitue une violation de la disponibilité, ce qui pourrait engendrer un risque pour les personnes concernées et donc nécessiter une notification. De la même façon, une violation qui entraîne la perte de données cryptées disposant d'une sauvegarde peut toujours constituer une violation à notifier en fonction de la période de temps nécessaire pour restaurer les données à partir de la sauvegarde en question et des conséquences de cette perte de disponibilité pour les personnes physiques. Comme indiqué à l'article 32, paragraphe 1, point c), un facteur de sécurité important est en effet l'existence de « moyens permettant de rétablir la disponibilité des données à caractère personnel et l'accès à celles-ci dans des délais appropriés en cas d'incident physique ou technique ».

Exemple.

Une violation qui ne nécessiterait aucune notification à l'autorité de contrôle serait la perte d'un appareil mobile crypté de façon sécurisée et utilisé par le responsable du traitement et son personnel. Si la clé de cryptage reste en la possession du responsable du traitement et que les données à caractère personnel affectées ne constituent pas une copie unique, celles-ci seraient inaccessibles à tout pirate. Cela signifie que la violation est peu susceptible d'engendrer un risque pour les droits et libertés des personnes concernées. Si, par la suite, il devient évident que la clé de cryptage a été compromise ou que le logiciel ou algorithme de cryptage est vulnérable, le risque pour les droits et libertés des personnes physiques s'en verra affecté et une notification pourra alors être nécessaire.

Cependant, si un responsable du traitement n'informe pas l'autorité de contrôle alors que les données n'ont pas été effectivement cryptées de façon sécurisée, il se trouvera en situation de non-respect de l'article 33. Ainsi, en choisissant leur logiciel de cryptage, les responsables du traitement devraient être particulièrement attentifs à la qualité et à la bonne application du cryptage envisagé, s'assurer de comprendre le niveau de protection qu'il fournit effectivement et évaluer s'il convient aux risques potentiels. Les responsables du traitement devraient également connaître en détail le fonctionnement de leur produit de cryptage. Par exemple, un appareil pourrait être crypté une fois éteint, mais pas lorsqu'il se trouve en mode veille. Certains produits de cryptage disposent par ailleurs de « clés par défaut » qui doivent être modifiées par chaque client afin d'être efficaces. Le cryptage pourrait également être considéré comme adéquat par des experts en sécurité au moment de sa mise en œuvre, mais pourrait être dépassé quelques années plus tard. Il ne serait alors plus certain que les données sont cryptées de façon suffisante par le produit en question et que celui-ci fournit un niveau de protection approprié.

III. Article 34 – Communication à la personne concernée

A. *Informer les personnes concernées*

Dans certains cas, en plus de notifier une violation à l'autorité de contrôle, le responsable du traitement est également tenu de la communiquer aux personnes concernées.

L'article 34, paragraphe 1, dispose que :

« [l]orsqu'une violation de données à caractère personnel est susceptible d'engendrer un risque élevé pour les droits et libertés d'une personne physique, le responsable du traitement communique la violation de données à caractère personnel à la personne concernée dans les meilleurs délais ».

Les responsables du traitement devraient garder à l'esprit que la notification à l'autorité de contrôle est obligatoire, à moins que la violation en question ne soit pas susceptible d'engendrer un risque pour les droits et libertés des personnes physiques. En outre, lorsqu'une violation est susceptible d'engendrer un risque élevé pour les droits et libertés des personnes physiques, ces dernières doivent également être informées. Le seuil à atteindre est par conséquent plus élevé pour la communication aux personnes concernées que pour la notification à l'autorité de contrôle, et toutes les violations ne devront donc pas être communiquées aux personnes concernées, ce qui les protège de notifications excessives et non nécessaires.

Le RGPD indique que la communication d'une violation aux personnes concernées devrait se faire « dans les meilleurs délais », c'est-à-dire aussi vite que possible. L'objectif principal de la notification aux personnes concernées est de fournir des informations spécifiques concernant les mesures qu'elles devraient prendre pour se protéger *[Voir également le considérant 86]*. Comme précisé ci-dessus, en fonction de la nature de la violation et des risques engendrés, une communication rapide aidera les personnes concernées à prendre des mesures pour se protéger contre toute conséquence négative de la violation.

L'annexe B des présentes lignes directrices fournit une liste non exhaustive d'exemples de cas où une violation pourrait être susceptible d'engendrer un risque élevé pour les personnes concernées et, partant, de cas où un responsable du traitement devra notifier une violation aux personnes concernées.

B. *Informations à fournir*

Concernant la notification des personnes concernées, l'article 34, paragraphe 2, dispose que :

« [l]a communication à la personne concernée visée au paragraphe 1 du présent article décrit, en des termes clairs et simples, la nature de la violation de données à caractère personnel et contient au moins les informations et mesures visées à l'article 33, paragraphe 3, points b), c) et d) ».

Conformément à cette disposition, le responsable du traitement devrait au moins fournir les informations suivantes :

– une description de la nature de la violation ;

– le nom et les coordonnées du délégué à la protection des données ou d'un autre point de contact ;

– une description des conséquences probables de la violation ; et

– une description des mesures prises ou que le responsable du traitement propose de prendre pour remédier à la violation, y compris, le cas échéant, des mesures pour en atténuer les éventuelles conséquences négatives.

A titre d'exemple de mesures prises pour remédier à la violation et pour en atténuer les conséquences négatives, un responsable du traitement pourrait indiquer qu'après avoir notifié la violation à l'autorité de contrôle pertinente, il a reçu des conseils sur la gestion de la violation et l'atténuation de ses conséquences. Le responsable du traitement devrait également, le cas échéant, fournir des conseils spécifiques aux personnes affectées concernant la façon de se protéger des éventuelles conséquences négatives de la violation, par exemple en réinitialisant leurs mots de passe si les informations de connexion ont été compromises. Une fois encore, un responsable du traitement peut choisir de fournir des informations complémentaires à celles présentées ici comme nécessaires.

C. *Contacter les personnes concernées*

En principe, la violation devrait être communiquée aux personnes concernées directement, à moins que cela n'exige des efforts disproportionnés. Dans ce cas, il est plutôt procédé à une communication publique ou à une mesure similaire permettant aux personnes concernées d'être informées de manière tout aussi efficace [article 34, paragraphe 3, point c)].

La communication d'une violation aux personnes concernées devrait se faire au moyen de messages dédiés ne contenant pas d'autres informations, telles que des comptes rendus réguliers, des bulletins d'informations ou des messages standard. La communication de la violation sera ainsi plus claire et transparente.

De telles méthodes de communication transparente pourraient être des messages directs (par ex. e-mail, SMS, message direct), des notifications ou des bannières bien visibles sur le site internet, des communications postales et des annonces bien visibles dans des médias imprimés. Une notification se limitant uniquement à un communiqué de presse ou à un blog d'entreprise ne constituerait pas une méthode efficace de communication d'une violation à une personne. Le G29 recommande que les responsables du traitement choisissent une méthode qui maximise la probabilité que les informations soient communiquées comme il se doit à toutes les personnes concernées. En fonction des circonstances, cela peut impliquer que le responsable du traitement ait recours à plusieurs méthodes de communication, par opposition à un canal de contact unique.

Il pourrait également être nécessaire que les responsables du traitement s'assurent que la communication soit accessible dans des formats alternatifs appropriés ainsi que dans les langues pertinentes afin que les personnes concernées soient en mesure de comprendre les informations qui leur sont communiquées. Par exemple, la langue utilisée lors des échanges habituels préalables avec une personne concernée sera généralement appropriée pour communiquer une violation à cette même personne. Toutefois, si la violation touche des personnes concernées avec lesquelles le responsable du traitement n'a jamais interagi par le passé, ou en particulier des personnes qui résident dans un État membre ou un pays non membre de l'UE autre que celui où est établi le responsable du traitement, une communication dans la langue locale devrait être appropriée, compte tenu des ressources nécessaires. L'objectif principal est d'aider les personnes concernées à comprendre la nature de la violation ainsi que les mesures qu'elles peuvent mettre en place pour se protéger.

Les responsables du traitement sont les mieux placés pour déterminer le canal le plus approprié afin de communiquer une violation aux personnes concernées, en particulier s'ils interagissent fréquemment avec leurs clients. Cependant, un responsable du traitement devrait bien évidemment se montrer prudent dans l'utilisation d'un canal de contact compromis par une violation, dès lors que ce canal pourrait également être utilisé par le pirate pour se faire passer pour le responsable du traitement.

Parallèlement, le considérant 86 explique ce qui suit :

« Il convient que de telles communications aux personnes concernées soient effectuées aussi rapidement qu'il est raisonnablement possible et en coopération étroite avec l'autorité de contrôle, dans le respect des directives données par celle-ci ou par d'autres autorités compétentes, telles que les autorités répressives. Par exemple, la nécessité d'atténuer un risque immédiat de dommage pourrait justifier d'adresser rapidement une communication aux personnes concernées, alors que la nécessité de mettre en œuvre des mesures appropriées empêchant la poursuite de la violation des données à caractère personnel ou la survenance de violations similaires peut justifier un délai plus long pour la communication. »

Les responsables du traitement pourraient dès lors contacter et consulter l'autorité de contrôle non seulement pour obtenir des conseils sur la façon d'informer les personnes concernées d'une violation conformément à l'article 34, mais également sur les messages adéquats à envoyer aux personnes concernées et sur la façon la plus appropriée de les contacter.

Parallèlement, le considérant 88 indique que la notification d'une violation devrait « tenir compte des intérêts légitimes des autorités répressives lorsqu'une divulgation prématurée risquerait d'entraver inutilement l'enquête sur les circonstances de la violation des données à caractère personnel ». Cela peut signifier que, dans certaines circonstances, lorsque cela se justifie et sur les conseils des autorités répressives, le responsable du traitement peut retarder la communication de la violation aux personnes concernées jusqu'au moment où cette communication n'entraverait plus une telle enquête. Passé ce délai, les personnes concernées devront toutefois toujours être informées dans les meilleurs délais.

Dans le cas particulier où le responsable du traitement n'est pas en mesure de communiquer une violation à une personne concernée car il ne dispose pas d'informations suffisantes pour la contacter, il devrait l'informer dès que raisonnablement possible (par ex. lorsqu'une personne concernée exerce son droit d'accès à ses données à caractère personnel au titre de l'article 15 et fournit au responsable du traitement les informations complémentaires nécessaires afin de la contacter).

D. *Conditions dans lesquelles la communication n'est pas obligatoire*

L'article 34, paragraphe 3, définit trois conditions dans lesquelles la communication aux personnes concernées n'est pas nécessaire en cas de violation, à savoir :

– le responsable du traitement a mis en œuvre les mesures techniques et organisationnelles appropriées afin de protéger les données à caractère personnel préalablement à la violation, en particulier les mesures qui rendent les données à caractère personnel incompréhensibles pour toute personne qui n'est pas autorisée à y avoir accès. Cela pourrait par exemple inclure la protection des données à caractère personnel au moyen d'un chiffrement de pointe ou par tokénisation ;

– le responsable du traitement a pris, immédiatement après la violation, des mesures qui garantissent que le risque élevé pour les droits et libertés des personnes concernées n'est plus susceptible de se concrétiser. Par exemple, en fonction des circonstances du cas d'espèce, le responsable du traitement peut avoir immédiatement déterminé et pris des mesures contre la personne ayant accédé aux données à caractère personnel avant qu'elle n'ait pu les utiliser. Il convient cependant toujours de tenir compte des conséquences potentielles de toute violation de la confidentialité, toujours en fonction de la nature des données concernées ;

– contacter les personnes concernées exigerait des efforts disproportionnés *[Voir les lignes directrices du G29 sur la transparence, qui aborderont la problématique des efforts disproportionnés, disponible à l'adresse suivante : http://ec.europa.eu/newsroom/just/document.cfm?doc_id=48850]*, par exemple si leurs coordonnées ont été perdues à la suite de la violation ou ne sont tout simplement pas connues. Par exemple, l'entrepôt d'un bureau de statistiques a été inondé et les documents contenant les données à caractère personnel n'existaient qu'en format papier. Dans un tel cas, le responsable du traitement doit procéder à une communication publique ou prendre une mesure similaire permettant aux personnes concernées d'être informées de manière tout aussi efficace. En cas d'efforts disproportionnés, des dispositions techniques pourraient également être envisagées afin que les informations concernant la violation soient disponibles sur demande, ce qui pourrait se révéler utile pour les personnes éventuellement affectées par la violation, mais que le responsable du traitement n'est pas en mesure de contacter par un autre biais.

Conformément au principe de responsabilité, les responsables du traitement devraient être en mesure de démontrer à l'autorité de contrôle qu'ils remplissent l'une ou plusieurs de ces conditions *[Voir l'article 5, paragraphe 2]*. Il convient de garder à l'esprit que si la notification peut ne pas être requise dans un premier temps dans la mesure où il n'existe pas de risque pour les droits et libertés des personnes physiques, cet état des choses peut évoluer avec le temps, et le risque devra alors être réévalué.

Si un responsable du traitement décide de ne pas communiquer une violation aux personnes concernées, l'article 34, paragraphe 4, explique que l'autorité de contrôle peut exiger de lui qu'il procède à cette communication si elle considère que la violation est susceptible d'engendrer un risque élevé pour les personnes concernées. Elle peut également au contraire considérer que les conditions visées à l'article 34, paragraphe 3, sont remplies et qu'aucune communication aux personnes concernées n'est donc requise. Si l'autorité de contrôle juge que la décision de ne pas informer les personnes concernées n'est pas fondée, elle peut par ailleurs envisager de recourir aux pouvoirs et sanctions à sa disposition.

IV. Évaluation de l'existence d'un risque ou d'un risque élevé

A. *Le risque en tant que déclencheur de la notification*

Bien que le RGPD introduise l'obligation de notifier une violation, celle-ci ne s'impose pas en toutes circonstances :

– la notification à l'autorité de contrôle compétente est obligatoire à moins qu'une violation soit peu susceptible d'engendrer un risque pour les droits et libertés des individus ;

– la communication d'une violation aux personnes concernées ne devient nécessaire que lorsque ladite violation est susceptible d'engendrer un risque élevé pour leurs droits et libertés.

Cela signifie qu'immédiatement après avoir pris connaissance d'une violation, il est crucial que le responsable du traitement ne cherche pas uniquement à endiguer l'incident, mais qu'il évalue également le risque qui pourrait en résulter. Il y a deux raisons principales à cela : premièrement, si le responsable du traitement connaît la probabilité et la gravité potentielle des conséquences pour les personnes concernées, cela l'aidera à prendre des mesures efficaces pour endiguer et remédier à la violation ; deuxièmement, cela l'aidera à déterminer s'il est tenu d'informer l'autorité de contrôle et, le cas échéant, les personnes concernées.

Comme expliqué plus haut, la notification d'une violation est obligatoire à moins que cette violation soit peu susceptible d'engendrer un risque pour les droits et libertés des individus, tandis que la communication d'une violation aux personnes concernées ne devient nécessaire que lorsque ladite violation est susceptible d'engendrer un risque élevé pour leurs droits et libertés. Un tel risque existe lorsqu'une violation est susceptible d'engendrer des dommages physiques, matériels ou un préjudice moral pour les personnes dont les données ont fait l'objet de la violation. Des exemples de tels dommages sont la discrimination, le vol ou l'usurpation d'identité, la perte financière ou l'atteinte à la réputation. Lorsque la violation implique des données à caractère personnel qui révèlent l'origine raciale ou ethnique, les opinions politiques, la religion ou les convictions philosophiques, l'appartenance syndicale, ou des données génétiques, des données concernant la santé ou des données concernant la vie sexuelle ou des données relatives à des condamnations pénales et à des infractions, ou encore à des mesures de sûreté connexes, de tels dommages sont considérés comme susceptibles de se produire *[V. les consid. 75 et 85]*.

B. *Les facteurs à prendre en compte lors de l'évaluation du risque*

Les considérants 75 et 76 du RGPD indiquent qu'en général, lors de l'évaluation du risque, il convient de tenir compte à la fois de la probabilité et de la gravité du risque pour les droits et libertés des personnes concernées. Ils disposent en outre que le risque devrait faire l'objet d'une évaluation objective.

Il est à noter que l'évaluation du risque présenté par une violation pour les droits et libertés des personnes concernées se fait selon une approche différente de celle adoptée dans le cadre d'une AIPD *[Voir les lignes directrices du G29 sur les AIPD à l'adresse suivante : https://www.cnil.fr/sites/default/files/atoms/files/wp248_rev.01_fr.pdf]*. L'AIPD envisage en effet autant les risques encourus si le traitement des données est effectué comme prévu que les risques en cas de violation. Dans le cadre de son appréciation d'une éventuelle violation, une telle analyse évalue de façon générale la probabilité d'une telle violation ainsi que les dommages qu'elle pourrait engendrer pour les personnes concernées ; il s'agit, en d'autres termes, de l'évaluation d'un incident hypothétique. En cas de violation réelle, l'incident s'est déjà produit et l'accent est donc entièrement mis sur le risque présenté par la violation pour les personnes concernées.

Exemple.

Une AIPD considère que l'utilisation envisagée d'un logiciel de sécurité donné afin de protéger les données à caractère personnel constitue une mesure appropriée pour assurer un niveau de sécurité adapté au risque que le traitement présenterait pour les personnes concernées sans ledit logiciel. Toutefois, si le logiciel révélait ultérieurement une vulnérabilité, cela changerait sa capacité à limiter le risque pour les données à caractère personnel protégées et il devrait donc être réévalué dans le cadre d'une AIPD continue.

Cette vulnérabilité est ensuite exploitée et une violation se produit. Le responsable du traitement devrait évaluer les circonstances spécifiques de la violation, les données concernées et la gravité potentielle des conséquences pour les personnes concernées, ainsi que la probabilité que le risque se concrétise.

En évaluant le risque présenté par une violation pour les personnes concernées, le responsable du traitement devrait par conséquent tenir compte des circonstances spécifiques de la violation, y compris la gravité des conséquences potentielles et la probabilité que celles-ci se produisent. Le G29 recommande donc que l'évaluation tienne compte des critères suivants *[L'article 3, paragraphe 2, du règlement (UE) n° 611/2013 fournit des orientations sur les facteurs qui devraient être pris en compte pour ce qui est de la notification des violations dans le secteur des services de communications électroniques et pouvant être utiles dans le cadre de la notification en vertu du RGPD. Voir : http://eur-lex.europa.eu/LexUriServ/LexUriServ.do?uri=OJ:L:2013:173:0002:0008:fr:PDF]* :

– Le type de violation

Le type de la violation survenue peut avoir une incidence sur le niveau de risque encouru par les personnes concernées. Par exemple, les conséquences d'une violation de la confidentialité dans le cadre de laquelle des informations médicales ont été divulguées à des parties non autorisées pourraient différer de celles engendrées par une violation dans le cadre de laquelle les informations médicales d'un patient ont été perdues ou ne sont plus disponibles.

– La nature, le caractère sensible et le volume des données à caractère personnel

De toute évidence, l'un des facteurs clés dans l'évaluation du risque est le type et le caractère sensible des données à caractère personnel qui ont été compromises par la violation. En général, plus les données sont sensibles, plus le risque de dommage sera élevé pour les personnes concernées, mais il convient également de tenir compte des autres données à caractère personnel qui pourraient déjà être disponibles au sujet de la personne concernée. Par exemple, dans des circonstances normales, la divulgation du nom et de l'adresse d'une personne est peu susceptible d'entraîner un préjudice important. Par contre, si le nom et l'adresse d'un parent adoptif sont divulgués à un parent biologique, les conséquences pourraient être considérables à la fois pour le parent adoptif et pour l'enfant.

Si, prises individuellement, des violations portant sur des données relatives à la santé, des documents d'identité ou des données financières, telles que des données de carte de crédit, peuvent nuire à la personne concernée, prises ensemble, elles pourraient être utilisées pour une usurpation d'identité. La combinaison de données à caractère personnel est ainsi généralement plus sensible que chaque type de données à caractère personnel pris séparément.

Si certains types de données à caractère personnel peuvent sembler, au premier abord, relativement inoffensifs, il convient tout de même d'évaluer minutieusement ce que les données pourraient révéler sur la personne concernée. Une liste de clients acceptant des livraisons régulières n'est *a priori* pas particulièrement sensible, mais ces mêmes données concernant des clients ayant demandé à ce que leurs livraisons soient interrompues lorsqu'ils partent en vacances constitueraient des informations utiles aux yeux de criminels.

De la même façon, si une petite quantité de données à caractère personnel hautement sensibles peut avoir d'importantes conséquences pour la personne concernée, un grand nombre de détails peut révéler une quantité d'informations plus grande encore au sujet de cette même personne. Une violation touchant de gros volumes de données à caractère personnel au sujet de très nombreuses personnes peut ainsi avoir des conséquences pour un tout aussi grand nombre de personnes.

– La facilité d'identification des personnes concernées

Un facteur important à prendre en compte est la facilité avec laquelle une partie ayant accès à des données à caractère personnel compromises peut identifier des individus spécifiques ou associer les données en question à d'autres informations afin d'identifier ces mêmes individus. Dans certaines circonstances, une identification pourrait être possible directement à partir des données à caractère personnel compromises, sans que des recherches spécifiques ne soient nécessaires pour découvrir l'identité de la personne concernée, tandis que dans d'autres, il pourrait être extrêmement difficile d'attribuer des données à caractère personnel à une personne spécifique, bien que cela puisse toujours être possible dans certaines conditions. Une identification peut être directement ou indirectement possible à partir des données compromises, comme elle peut dépendre des circonstances spécifiques de la violation et de la disponibilité publique de renseignements personnels connexes. Cette dernière éventualité serait plus pertinente en cas de violation de la confidentialité ou de la disponibilité.

Comme indiqué plus haut, les données à caractère personnel protégées par un niveau de cryptage approprié seront incompréhensibles pour tout tiers non autorisé sans la clé de décryptage. En outre, une pseudonymisation correctement mise en œuvre (définie à l'article 4, paragraphe 5, comme « le traitement de données à caractère personnel de telle façon que celles-ci ne puissent plus être attribuées à une personne concernée précise sans avoir recours à des informations supplémentaires, pour autant que ces informations supplémentaires soient conservées séparément et soumises à des mesures techniques et organisationnelles afin de garantir que les données à caractère personnel ne sont pas attribuées à une personne physique identifiée ou identifiable ») peut également réduire la probabilité que des personnes physiques soient identifiées en cas de violation. Les techniques de pseudonymisation ne peuvent néanmoins pas être considérées comme suffisantes à elles seules pour rendre les données incompréhensibles.

– La gravité des conséquences pour les personnes concernées

En fonction de la nature des données à caractère personnel impliquées dans une violation, par exemple des catégories particulières de données, les dommages potentiels pour les personnes concernées peuvent être particulièrement graves, notamment lorsque la violation pourrait entraîner un vol ou une usurpation d'identité, un préjudice physique, une détresse psychologique, une humiliation ou une atteinte à la réputation. Si la violation concerne des données à caractère personnel de personnes vulnérables, celles-ci pourraient être exposées à un plus grand risque de dommages.

Le fait que le responsable du traitement ait connaissance ou non de ce que des données à caractère personnel se trouvent en la possession de personnes dont les intentions sont inconnues ou potentiellement malicieuses peut avoir une incidence sur le niveau de risque potentiel. Prenons le cas d'une violation de la confidentialité dans le cadre de laquelle des données à caractère personnel ont été accidentellement divulguées à un tiers, tel que défini à l'article 4, paragraphe 10, ou à un autre destinataire. Une telle situation peut par exemple se produire lorsque des données à caractère personnel sont envoyées par erreur au mauvais service d'une organisation ou à un organisme fournisseur fréquemment sollicité. Le responsable du traitement peut demander au destinataire de lui renvoyer les données reçues ou de les détruire de façon sécurisée. Dans les deux cas, dès lors que le responsable du traitement entretient une relation continue avec le destinataire et qu'il pourrait avoir connaissance de ses procédures, de ses antécédents et de toute autre information pertinente, ce dernier peut être considéré comme « fiable ». En d'autres termes, le responsable du traitement peut disposer d'un certain degré de confiance envers le destinataire, de manière à pouvoir raisonnablement s'attendre à ce que ce dernier ne lise pas les données envoyées par erreur ou n'y accède pas et à ce qu'il satisfasse à sa demande de les lui renvoyer. Quand bien même le destinataire aurait accédé aux données, le responsable du traitement pourrait toujours être convaincu qu'il n'entreprendra aucune autre action par rapport à celles-ci et qu'il les lui renverra rapidement et coopérera pour assurer leur récupération. Dans de tels cas, le responsable du traitement peut tenir compte de ce facteur dans son évaluation du risque présenté par la violation. Si le fait que le destinataire est considéré comme fiable peut neutraliser la gravité des conséquences de la violation, cela ne signifie en effet pas pour autant qu'aucune violation ne s'est produite. La probabilité que ladite violation engendre un risque pour les personnes concernées peut en revanche s'en voir invalidée et il ne serait dès lors plus nécessaire de la notifier à l'autorité de contrôle ou aux personnes concernées. Encore une fois, tout dépendra des circonstances spécifiques de chaque violation. Le responsable du traitement devra cependant toujours conserver les renseignements relatifs à la violation dans le cadre de son obligation générale de tenir des registres des violations (voir le chapitre V ci-après).

Il convient également de tenir compte de la permanence des conséquences pour les personnes concernées, celles-ci pouvant être considérées comme plus importantes si elles ont un effet à long terme.

– Les caractéristiques particulières des personnes concernées

Une violation peut toucher des données à caractère personnel concernant des enfants ou d'autres personnes vulnérables, qui pourraient alors être exposés à un risque plus important. D'autres facteurs spécifiques aux personnes concernées pourraient également affecter la gravité des conséquences de la violation pour les personnes en question.

– Les caractéristiques particulières du responsable du traitement

La nature et le rôle du responsable du traitement ainsi que de ses activités peuvent affecter le niveau de risque qu'engendre une violation pour les personnes concernées. Par exemple, dès lors qu'une organisation médicale traite des catégories particulières de données à caractère personnel, le risque pour les personnes concernées sera plus important en cas de violation de données à caractère personnel que s'il s'agissait d'une liste de diffusion d'un journal.

– Le nombre de personnes concernées

Une violation peut toucher uniquement une personne, un nombre restreint de personnes ou des milliers de personnes, voire davantage. En général, plus le nombre de personnes concernées est élevé, plus les conséquences potentielles d'une violation sont nombreuses. Une violation peut cependant également avoir de graves conséquences ne serait-ce que pour une seule personne en fonction de la nature des données à caractère personnel et du contexte dans lequel elles ont été compromises. La solution consiste à nouveau à évaluer la probabilité et la gravité des conséquences pour les personnes concernées.

– Éléments généraux

Lorsqu'il évalue le risque susceptible de résulter d'une violation, le responsable du traitement devrait ainsi examiner à la fois la gravité des conséquences potentielles pour les droits et libertés des personnes concernées et la probabilité que ces conséquences se produisent. Il est évident que lorsque les conséquences d'une violation sont potentiellement plus graves, le risque est plus élevé. De même, lorsque la probabilité que celles-ci se produisent est plus importante, le risque s'en verra également renforcé. En cas de doute, le responsable du traitement devrait opter pour la prudence et procéder à une notification. L'annexe B fournit une série d'exemples utiles de différents types de violations représentant un risque ou un risque élevé pour les personnes concernées.

L'Agence de l'Union européenne chargée de la sécurité des réseaux et de l'information (ENISA) a publié des recommandations relatives à la méthodologie à adopter pour évaluer la gravité d'une violation que les responsables du traitement et les sous-traitants pourraient trouver utiles lors de la conception de leur plan de réaction et d'intervention en cas de violation *[ENISA, Recommendations for a methodology of the assessment of severity of personal data breaches, https://www.enisa.europa.eu/publications/dbn-severity]*.

V. Responsabilité et tenue de registres

A. *Documenter les violations*

Qu'une violation doive être notifiée à l'autorité de contrôle ou non, le responsable du traitement est tenu de documenter toutes les violations, comme expliqué à l'article 33, paragraphe 5 :

« Le responsable du traitement documente toute violation de données à caractère personnel, en indiquant les faits concernant la violation des données à caractère personnel, ses effets et les mesures prises pour y remédier. La documentation ainsi constituée permet à l'autorité de contrôle de vérifier le respect du présent article. »

Cette obligation de documentation est liée au principe de responsabilité du RGPD figurant à l'article 5, paragraphe 2. Cette exigence de tenir des registres des violations, qu'elles soient sujettes à notification ou non, est également liée aux obligations du responsable du traitement au titre de l'article 24, et l'autorité de contrôle peut demander à voir lesdits registres. Les responsables du traitement sont donc encouragés à établir un registre interne des violations, qu'ils soient tenus de les notifier ou non *[Le responsable du traitement peut décider de documenter les violations dans le cadre de son registre des activités de traitement tenu conformément à l'article 30. Un registre séparé n'est pas nécessaire, à condition que les informations concernant les violations soient clairement identifiables en tant que telles et puissent être extraites sur demande]*.

S'il appartient au responsable du traitement de déterminer la méthode et la structure à utiliser pour documenter une violation, certaines informations clés devraient être incluses en toutes circonstances. Comme requis à l'article 33, paragraphe 5, le responsable du traitement doit reprendre des informations concernant la violation, y compris les causes, les faits et les données à caractère personnel concernées. Il devrait également inclure les effets et les conséquences de la violation ainsi que les mesures prises par le responsable du traitement pour y remédier.

Le RGPD ne définit pas la période de conservation d'une telle documentation. Lorsque de tels registres contiennent des données à caractère personnel, il incombera au responsable du traitement de déterminer la période de conservation appropriée conformément aux principes liés au traitement de données à caractère personnel *[Voir l'article 5]* et au fondement juridique du traitement *[Voir l'article 6 et l'article 9]*. Il devra conserver cette documentation conformément à l'article 33, paragraphe 5, dès lors que l'autorité de contrôle pourrait la réclamer à titre de preuve du respect dudit article, ou plus généralement du principe de responsabilité. De toute évidence, si les registres en eux-mêmes ne contiennent pas de données à caractère personnel, le principe de limitation de la conservation *[Voir l'article 5, paragraphe 1, point e)]* du RGPD ne s'applique pas.

Outre ces informations, le G29 recommande que le responsable du traitement documente également le raisonnement justifiant les décisions prises en réaction à la violation. En particulier, lorsqu'une violation n'est pas notifiée, la justification de cette décision devrait être documentée. Cette justification devrait inclure les raisons pour lesquelles le responsable du traitement considère que la violation est peu susceptible d'engendrer un risque pour les droits et libertés des individus *[Voir le considérant 85]*. Si le responsable du traitement considère que l'une des conditions visées à l'article 34, paragraphe 3, est remplie, il devrait également pouvoir fournir des éléments de preuve appropriés à cet égard.

Lorsque le responsable du traitement ne notifie pas une violation à l'autorité de contrôle, mais que la notification est retardée, le responsable du traitement doit être en mesure de fournir les raisons d'un tel retard ; une documentation à cet égard pourrait contribuer à démontrer que le retard de notification est bien justifié et n'est pas excessif.

Lorsque le responsable du traitement communique une violation aux personnes concernées, il devrait être transparent en ce qui concerne la violation en question et communiquer de façon efficace et en temps utile. Conserver la trace d'une telle communication aiderait ainsi le responsable du traitement à démontrer son respect du principe de responsabilité et du RGPD en général.

Dans le but de favoriser leur conformité avec les articles 33 et 34, il serait bénéfique à la fois pour les responsables du traitement et les sous-traitants de disposer d'une procédure de notification documentée définissant la procédure à suivre lorsqu'une violation est détectée, y compris concernant la façon d'endiguer, de gérer et de remédier à l'incident, d'évaluer le risque et de notifier la violation. A cet égard, toujours afin de prouver leur conformité avec le RGPD, il pourrait être utile de démontrer que les employés ont été informés de l'existence de tels mécanismes et procédures et qu'ils savent comment réagir en cas de violation.

Il convient de noter qu'en cas de manquement à cette obligation de documenter correctement une violation, l'autorité de contrôle pourrait exercer ses pouvoirs au titre de l'article 58 et/ou imposer une amende administrative conformément à l'article 83.

B. *Rôle du délégué à la protection des données*

Un responsable du traitement ou un sous-traitant peut disposer d'un délégué à la protection des données (DPD) *[Voir les lignes directrices du G29 concernant les DPD à l'adresse suivante : https://www.cnil.fr/sites/default/files/atoms/files/wp243rev01_fr.pdf]* comme exigé à l'article 37 ou sur une base volontaire à titre de bonne pratique. L'article 39 du RGPD définit un certain nombre de tâches obligatoires pour le DPD, mais n'interdit nullement que d'autres tâches lui soient attribuées par le responsable du traitement si nécessaire.

Les tâches imposées au DPD et présentant un intérêt particulier pour la notification des violations comprennent, entre autres, celle d'informer et de conseiller le responsable du traitement ou le sous-traitant en matière de protection des données, de contrôler le respect du RGPD et de dispenser des conseils en ce qui concerne l'AIPD. Le DPD doit également coopérer avec l'autorité de contrôle et faire office de point de contact pour celle-ci ainsi que pour les personnes concernées. Il convient également de noter que, lors de la notification d'une violation à l'autorité de contrôle, l'article 33, paragraphe 3, point b), exige du responsable du traitement qu'il communique le nom et les coordonnées de son DPD ou d'un autre point de contact.

Pour ce qui est de la documentation des violations, le responsable du traitement ou le sous-traitant pourrait solliciter l'avis de son DPD concernant la structure, l'organisation et l'administration d'une telle documentation. Le DPD pourrait également être chargé de tenir de tels registres.

Ces tâches indiquent que le DPD devrait jouer un rôle clé dans la prévention des violations et la préparation à une violation en fournissant des conseils et en contrôlant le respect du RGPD, ainsi que lors d'une telle violation (par ex. lors de la notification à l'autorité de contrôle) et durant l'enquête subséquente de l'autorité de contrôle. A cet égard, le G29 recommande que le DPD soit rapidement informé de l'existence d'une violation et participe à la gestion et au processus de notification de la violation.

VI. Obligations de notification en vertu d'autres instruments juridiques

Outre la notification et la communication au titre du RGPD, et indépendamment de celles-ci, les responsables du traitement devraient également avoir connaissance de toute obligation de notification d'incidents de sécurité pouvant s'appliquer en vertu d'autres législations associées, ainsi que de la possibilité qu'ils soient ainsi tenus de notifier parallèlement à l'autorité de contrôle une violation de données à caractère personnel. De telles obligations peuvent varier d'un État membre à l'autre. Des exemples d'obligations de notification définies par d'autres instruments juridiques et de la façon dont celles-ci interagissent avec le RGPD peuvent toutefois être trouvés ci-dessous :

– Règlement (UE) n° 910/2014 sur l'identification électronique et les services de confiance pour les transactions électroniques au sein du marché intérieur (règlement eIDAS) *[Voir http://eur-lex.europa.eu/legal-content/FR/TXT/?uri=uriserv%3AOJ.L_.2014.257.01.0073.01.FRA]*.

L'article 19, paragraphe 2, du règlement eIDAS exige des prestataires de services de confiance qu'ils notifient à l'organe de contrôle toute atteinte à la sécurité ou toute perte d'intégrité ayant une incidence importante sur le service de confiance fourni ou sur les données à caractère personnel qui y sont conservées. Le cas échéant – c.-à-d. lorsqu'une telle atteinte ou perte constitue une violation de données à caractère personnel en vertu du RGPD – le prestataire de services de confiance devrait également avertir l'autorité de contrôle.

– Directive (UE) 2016/1148 concernant des mesures destinées à assurer un niveau élevé commun de sécurité des réseaux et des systèmes d'information dans l'Union (directive SRI) *[Voir http://eur-lex.europa.eu/legal-content/FR/TXT/?uri=uriserv:OJ.L_.2016.194.01.0001.01.FRA]*.

Les articles 14 et 16 de la directive SRI exigent des opérateurs de services essentiels et des fournisseurs de service numérique qu'ils notifient tout incident à leur autorité compétente. Le considérant 63 de la directive SRI *[Considérant 63 : « Dans de nombreux cas, des données à caractère personnel sont compromises à la suite d'incidents. Dans de telles circonstances, les autorités compétentes et les autorités chargées de la protection des données devraient coopérer et échanger des informations sur tous les aspects pertinents de la lutte contre toute atteinte aux données à caractère personnel à la suite d'incidents. »]* reconnaît que dans de nombreux cas, des données à caractère personnel peuvent être compromises à la suite d'incidents. Si la directive en question prévoit que les autorités compétentes et les autorités de contrôle coopèrent et échangent des informations dans ce cadre, il n'en reste pas moins que lorsque de tels incidents sont, ou deviennent, des violations de données à caractère personnel en vertu du RGPD, ces opérateurs et/ou fournisseurs sont tenus d'avertir l'autorité de contrôle indépendamment des exigences de notification des incidents définies par la directive SRI.

Exemple.

Un fournisseur de services en nuage qui notifie une violation en vertu de la directive SRI pourrait également devoir la notifier à un responsable du traitement si ladite violation comprend une violation de données à caractère personnel. De la même façon, un prestataire de services de confiance au sens du règlement eIDAS peut également être tenu d'informer l'autorité chargée de la protection des données compétente en cas de violation.

– Directive 2009/136/CE (directive « Droits des citoyens ») et règlement (UE) n° 611/2013 (règlement relatif à la notification des violations).

Les fournisseurs de services de communications électroniques accessibles au public au sens de la directive 2002/58/CE *[Le 10 janvier 2017, la Commission européenne a proposé un règlement concernant le respect de la vie privée et la protection des données à caractère personnel dans les communications électroniques, qui remplacera la directive 2009/136/CE et supprimera les exigences de notification de celle-ci. Toutefois, tant que la proposition n'est pas approuvée par le Parlement européen, l'actuelle exigence de notification reste en vigueur ; voir https://ec.europa.eu/digital-single-market/en/news/proposal-regulation-privacy-and-electronic-communications]* sont tenus de notifier les violations aux autorités nationales compétentes.

Les responsables du traitement devraient également avoir connaissance de toute autre obligation de notification juridique, médicale ou professionnelle en vertu d'autres régimes applicables.

VII. Annexe

A. *Organigramme indiquant les obligations de notifications*

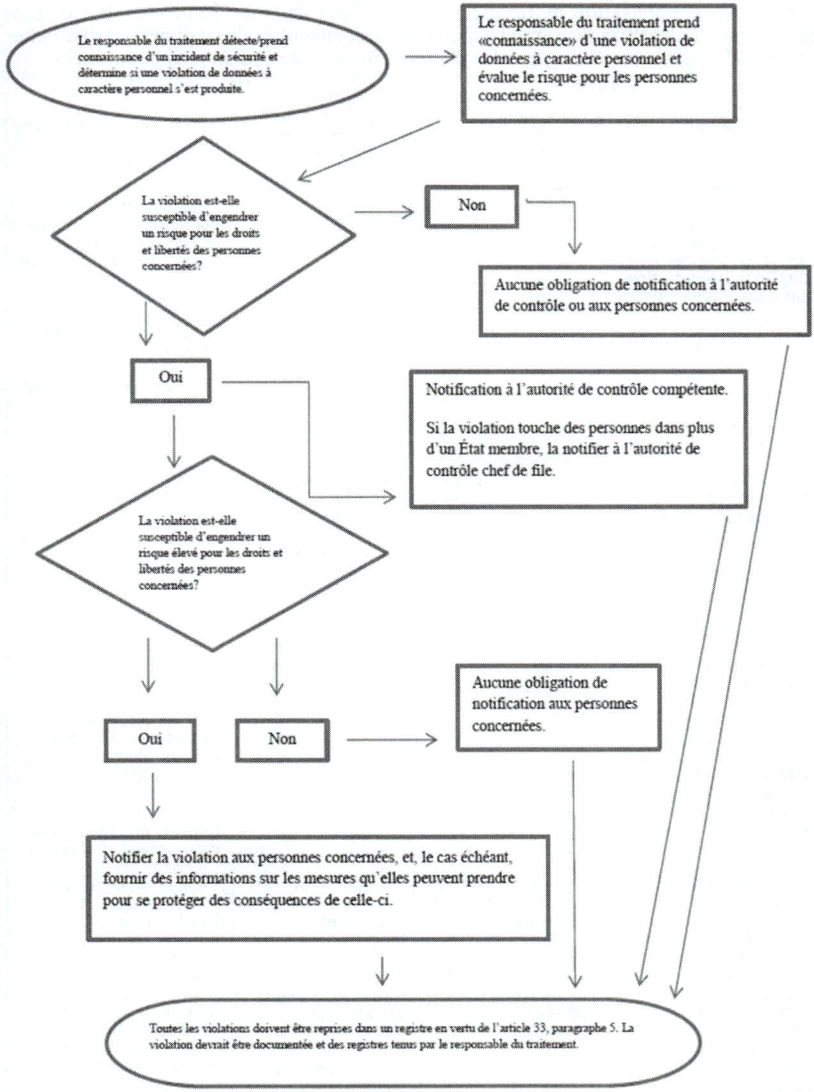

B. *Exemples de violations de données à caractère personnel et à qui les notifier*

Les exemples suivants, non exhaustifs, aideront les responsables du traitement à déterminer si l'obligation de notification s'applique dans différents cas de violation de données à caractère personnel. Ces exemples peuvent également aider à distinguer un risque d'un risque élevé pour les droits et libertés des personnes concernées.

Exemple	Notifier la violation à l'autorité de contrôle ?	Notifier la violation aux personnes concernées ?	Notes/recommandations
i. Un responsable du traitement a stocké une sauvegarde d'une archive de données à caractère personnel cryptées sur une clé USB. La clé est volée lors d'un cambriolage.	Non	Non	Tant que les données sont cryptées à l'aide d'un algorithme de pointe, que des sauvegardes des données existent, que la clé unique n'est pas compromise et que les données peuvent être restaurées en temps utile, cette violation peut ne pas devoir être notifiée. Si les données sont en revanche ultérieurement compromises, la notification est nécessaire.
ii. Un responsable du traitement assure un service en ligne. À la suite d'une cyberattaque sur ce service, des données à caractère personnel de personnes physiques en sont soutirées. Le responsable du traitement n'a de clients que dans un seul État membre.	Oui, avertir l'autorité de contrôle en cas de conséquences probables pour les personnes concernées.	Oui, avertir les personnes concernées en fonction de la nature des données à caractère personnel concernées et si la gravité des conséquences probables pour celles-ci est élevée.	
iii. Une courte panne de courant de quelques minutes dans le centre d'appel d'un responsable du traitement empêche les clients d'appeler ce dernier et d'accéder à leurs dossiers.	Non	Non	Pas d'obligation de notifier la violation, mais l'incident doit être documenté en vertu de l'article 33, paragraphe 5. Des registres appropriés devraient être tenus par le responsable du traitement.
iv. Un responsable du traitement est victime d'une cyberattaque au moyen d'un rançongiciel qui crypte toutes ses données. Aucune sauvegarde n'est disponible et les données ne peuvent pas être restaurées. L'enquête révèle que la seule fonctionnalité du rançongiciel était de crypter les données et qu'aucun autre programme malveillant	Oui, avertir l'autorité de contrôle en cas de conséquences probables pour les personnes concernées, dès lors qu'il s'agit d'une perte de disponibilité.	Oui, avertir les personnes concernées en fonction de la nature des données à caractère personnel concernées et des conséquences potentielles de la perte de disponibilité des données, ainsi que des autres conséquences probables.	Si une sauvegarde avait été disponible et si les données avaient pu être restaurées en temps utile, il n'aurait pas été nécessaire de notifier la violation à l'autorité de contrôle ou aux personnes concernées dès lors qu'il n'y aurait pas eu de perte permanente de la disponibilité ou de la confidentialité. Toutefois, si l'autorité de contrôle prenait connaissance de l'incident par d'autres

Exemple	Notifier la violation à l'autorité de contrôle ?	Notifier la violation aux personnes concernées ?	Notes/recommandations
n'est présent dans le système.			moyens, elle pourrait envisager de procéder à une enquête afin d'évaluer le respect des exigences de sécurité plus générales de l'article 32.
v. Une personne appelle le centre d'appel d'une banque pour signaler une violation de données. La personne en question a reçu le relevé mensuel d'une autre personne. Le responsable du traitement procède à une courte enquête (c.-à-d. terminée sous 24 heures), établit, avec un degré de certitude raisonnable, qu'une violation de données à caractère personnel s'est produite et signale l'existence potentielle d'un défaut systémique impliquant que d'autres personnes sont ou pourraient être affectées.	Oui	Seules les personnes concernées sont informées en cas de risque élevé et s'il est évident qu'aucune autre personne n'a été affectée.	Si, après une enquête complémentaire, on s'aperçoit que davantage de personnes sont concernées, il convient de notifier cette évolution à l'autorité de contrôle et de prendre des mesures complémentaires afin d'informer les autres personnes concernées en cas de risque élevé pour celles-ci.
vi. Un responsable du traitement gère un marché en ligne et a des clients dans plusieurs États membres. Le marché en question est victime d'une cyberattaque et les noms d'utilisateur, les mots de passe et les historiques d'achat sont publiés en ligne par le pirate.	Oui, informer l'autorité de contrôle chef de file si l'attaque concerne un traitement transfrontalier.	Oui, dès lors que l'attaque pourrait engendrer un risque élevé.	Le responsable devrait prendre des mesures, p. ex. en forçant la réinitialisation des mots de passe des comptes touchés, ainsi que d'autres mesures pour limiter le risque. Le responsable du traitement devrait également tenir compte d'autres obligations de notification, p. ex. en vertu de la directive SRI en tant que fournisseur de service numérique.
vii. Une entreprise d'hébergement de sites internet agissant en tant que sous-traitant détecte une erreur dans le code qui contrôle l'autorisation utilisateur. En raison de ce défaut, n'importe quel utilisateur peut accéder aux informations de compte de n'importe quel autre utilisateur.	En tant que sous-traitant, l'entreprise d'hébergement de sites internet doit avertir les clients concernés (les responsables du traitement) dans les meilleurs délais. En partant du principe que l'entreprise d'hébergement de sites internet a mené sa propre enquête, les responsables du traitement concernés devraient être	Si la violation est peu susceptible d'entraîner un risque élevé pour les personnes concernées, il ne sera pas nécessaire de la leur notifier.	L'entreprise d'hébergement de sites internet (sous-traitant) doit également tenir compte d'autres obligations de notification (p. ex. en vertu de la directive SRI en tant que fournisseur de service numérique). S'il n'existe aucune preuve que cette vulnérabilité a été exploitée chez l'un des responsables du traitement de l'entreprise, il se pourrait que l'incident ne soit pas soumis à l'obligation de notification, mais il est probable qu'il doive être documenté ou

Exemple	**Notifier la violation à l'autorité de contrôle ?**	**Notifier la violation aux personnes concernées ?**	**Notes/recommandations**
	relativement certains de l'occurrence éventuelle d'une violation, et ils seront probablement considérés comme ayant « pris connaissance » une fois que l'entreprise d'hébergement (le sous-traitant) les en aura informés. Le responsable du traitement doit alors informer l'autorité de contrôle.		qu'il soit le signe d'une non-conformité à l'article 32.
viii. Une cyberattaque rend indisponibles les dossiers médicaux d'un hôpital pendant 30 heures.	Oui, l'hôpital est tenu de le signaler à l'autorité de contrôle dès lors qu'un risque élevé pour le bien-être des patients et leur vie privée pourrait en résulter.	Oui, informer les personnes concernées.	
ix. Des données à caractère personnel d'un grand nombre d'étudiants sont envoyées par erreur à une mauvaise liste d'adresses contenant plus de 1 000 destinataires.	Oui, avertir l'autorité de contrôle.	Oui, avertir les personnes concernées en fonction de la portée et du type de données à caractère personnel concernées ainsi que de la gravité des conséquences potentielles.	
x. Un courrier électronique de marketing direct est envoyé aux destinataires dans les champs « à : » ou « cc : », permettant ainsi à chaque destinataire de voir l'adresse électronique des autres destinataires.	Oui, il pourrait être obligatoire de le notifier à l'autorité de contrôle si un grand nombre de personnes sont touchées, si des données sensibles sont révélées (p ex une liste d'adresses de patients d'un psychothérapeute) ou si d'autres facteurs présentent des risques élevés (p ex le courrier électronique contient les mots de passe initiaux).	Oui, avertir les personnes concernées en fonction de la portée et du type de données à caractère personnel concernées ainsi que de la gravité des conséquences potentielles.	La notification pourrait ne pas être nécessaire si aucune donnée sensible n'est révélée et si seul un nombre limité d'adresses électroniques a été divulgué.

Lignes directrices du G29 du 6 février 2018,

Sur les décisions individuelles automatisées et le profilage au vu des dispositions du règlement 2016/679 **(WP 251 rev. 01)**.

Adoptées le 3 oct. 2017 et révisées le 6 févr. 2018.

V. NDLR en tête de v°.

I. Introduction

The General Data Protection Regulation (the GDPR), specifically addresses profiling and automated individual decision-making, including profiling *[Regulation (EU) 2016/679 of the European Parliament and of the Council of 27 April 2016 on the protection of natural persons with regard to the processing of personal data and on the free movement of such data, and repealing Directive 95/46/EC. Profiling and automated individual decision-making are also covered by Directive (EU) 2016/680 of the European Parliament and of the Council of 27 April 2016 on the protection of natural persons with regard to the processing of personal data by competent authorities for the purposes of the prevention, investigation, detection or prosecution of criminal offences or the execution of criminal penalties, and on the free movement of such data. While these guidelines focus on profiling and automated individual decision-making under the GDPR, the guidance is also relevant regarding the two topics under Directive 2016/680, with respect to their similar provisions. The analysis of specific features of profiling and automated individual decision-making under Directive 2016/680 is not included in these guidelines, since guidance in this respect is provided by the Opinion WP 258 "Opinion on some key issues of the Law Enforcement Directive (EU 2016/680)", adopted by WP 29 on 29 November 2017. This Opinion covers automated individual decision-making and profiling in the context of law enforcement data processing at pages 11-14 and is available at : http://ec.europa.eu/newsroom/article29/item-detail.cfm?item_id=610178]*.

Profiling and automated decision-making are used in an increasing number of sectors, both private and public. Banking and finance, healthcare, taxation, insurance, marketing and advertising are just a few examples of the fields where profiling is being carried out more regularly to aid decision-making.

Advances in technology and the capabilities of big data analytics, artificial intelligence and machine learning have made it easier to create profiles and make automated decisions with the potential to significantly impact individuals'rights and freedoms.

The widespread availability of personal data on the internet and from Internet of Things (IoT) devices, and the ability to find correlations and create links, can allow aspects of an individual's personality or behaviour, interests and habits to be determined, analysed and predicted.

Profiling and automated decision-making can be useful for individuals and organisations, delivering benefits such as:

– increased efficiencies; and

– resource savings.

They have many commercial applications, for example, they can be used to better segment markets and tailor services and products to align with individual needs. Medicine, education, healthcare and transportation can also all benefit from these processes.

However, profiling and automated decision-making can pose significant risks for individuals'rights and freedoms which require appropriate safeguards.

These processes can be opaque. Individuals might not know that they are being profiled or understand what is involved.

Profiling can perpetuate existing stereotypes and social segregation. It can also lock a person into a specific category and restrict them to their suggested preferences. This can undermine their freedom to choose, for example, certain products or services such as books, music or newsfeeds. In some cases, profiling can lead to inaccurate predictions. In other cases it can lead to denial of services and goods and unjustified discrimination.

The GDPR introduces new provisions to address the risks arising from profiling and automated decision-making, notably, but not limited to, privacy. The purpose of these guidelines is to clarify those provisions.

This document covers:

– Definitions of profiling and automated decision-making and the GDPR approach to these in general – Chapter II

– General provisions on profiling and automated decision-making – Chapter III

– Specific provisions on solely automated decision-making defined in Article 22 – Chapter IV

– Children and profiling – Chapter V

– Data protection impact assessments and data protection officers – Chapter VI

The Annexes provide best practice recommendations, building on the experience gained in EU Member States.

The Article 29 Data Protection Working Party (WP 29) will monitor the implementation of these guidelines and may complement them with further details as appropriate.

II. Definitions

The GDPR introduces provisions to ensure that profiling and automated individual decision-making (whether or not this includes profiling) are not used in ways that have an unjustified impact on individuals'rights; for example:

– specific transparency and fairness requirements;

– greater accountability obligations;

– specified legal bases for the processing;

– rights for individuals to oppose profiling and specifically profiling for marketing; and

– if certain conditions are met, the need to carry out a data protection impact assessment.

The GDPR does not just focus on the decisions made as a result of automated processing or profiling. It applies to the collection of data for the creation of profiles, as well as the application of those profiles to individuals.

A. *Profiling*

The GDPR defines profiling in Article 4(4) as:

any form of automated processing of personal data consisting of the use of personal data to evaluate certain personal aspects relating to a natural person, in particular to analyse or predict aspects concerning that natural person's performance at work, economic situation, health, personal preferences, interests, reliability, behaviour, location or movements;

Profiling is composed of three elements:

– it has to be an *automated* form of processing;

– it has to be carried out *on personal data*; and

– the objective of the profiling must be *to evaluate personal* aspects about a natural person.

Article 4(4) refers to "any form of automated processing" rather than "solely" automated processing (referred to in Article 22). Profiling has to involve some form of automated processing – although human involvement does not necessarily take the activity out of the definition.

Profiling is a procedure which may involve a series of statistical deductions. It is often used to make predictions about people, using data from various sources to infer something about an individual, based on the qualities of others who appear statistically similar.

The GDPR says that profiling is automated processing of personal data for evaluating personal aspects, in particular to analyse or make predictions about individuals. The use of the word "evaluating" suggests that profiling involves some form of assessment or judgement about a person.

A simple classification of individuals based on known characteristics such as their age, sex, and height does not necessarily lead to profiling. This will depend on the purpose of the classification. For instance, a business may wish to classify its customers according to their age or gender for statistical purposes and to acquire an aggregated overview of its clients without making any predictions or drawing any conclusion about an individual. In this case, the purpose is not assessing individual characteristics and is therefore not profiling.

The GDPR is inspired by but is not identical to the definition of profiling in the Council of Europe Recommendation CM/Rec (2010)13 *[Council of Europe. The protection of individuals with regard to automatic processing of personal data in the context of profiling. Recommendation CM/Rec(2010)13 and explanatory memorandum. Council of Europe 23 November 2010, http://www.coe.int/t/dghl/standardsetting/cdcj/CDCJ%20Recommendations/CMRec(2010)13E_Profiling.pdf]* (the Recommendation), as the Recommendation *excludes* processing that does not include inference. Nevertheless the Recommendation usefully explains that profiling may involve three distinct stages:

– data collection;

– automated analysis to identify correlations;

– applying the correlation to an individual to identify characteristics of present or future behaviour.

Controllers carrying out profiling will need to ensure they meet the GDPR requirements in respect of all of the above stages.

Broadly speaking, profiling means gathering information about an individual (or group of individuals) and evaluating their characteristics or behaviour patterns in order to place them into a certain category or group, in particular to analyse and/or make predictions about, for example, their:

– ability to perform a task;

– interests; or

– likely behaviour.

Example.

A data broker collects data from different public and private sources, either on behalf of its clients or for its own purposes. The data broker compiles the data to develop profiles on the individuals and places them into segments. It sells this information to companies who wish to improve the targeting of their goods and services. The data broker carries out profiling by placing a person into a certain category according to their interests.

Whether or not there is automated decision-making as defined in Article 22(1) will depend upon the circumstances.

B. *Automated decision-making*

Automated decision-making has a different scope and may partially overlap with or result from profiling. Solely automated decision-making is the ability to make decisions by technological means without human involvement. Automated decisions can be based on any type of data, for example:

– data provided directly by the individuals concerned (such as responses to a questionnaire);

– data observed about the individuals (such as location data collected via an application);

– derived or inferred data such as a profile of the individual that has already been created (e.g. a credit score).

Automated decisions can be made with or without profiling; profiling can take place without making automated decisions. However, profiling and automated decision-making are not necessarily separate activities. Something that starts off as a simple automated decision-making process could become one based on profiling, depending upon how the data is used.

Example.

Imposing speeding fines purely on the basis of evidence from speed cameras is an automated decision-making process that does not necessarily involve profiling.

It would, however, become a decision based on profiling if the driving habits of the individual were monitored over time, and, for example, the amount of fine imposed is the outcome of an assessment involving other factors, such as whether the speeding is a repeat offence or whether the driver has had other recent traffic violations.

Decisions that are not solely automated might also include profiling. For example, before granting a mortgage, a bank may consider the credit score of the borrower, with additional meaningful intervention carried out by humans before any decision is applied to an individual.

C. *How the GDPR addresses the concepts*

There are potentially three ways in which profiling may be used:

(i) general profiling;

(ii) decision-making based on profiling; and

(iii) *solely* automated decision-making, including profiling, which produces legal effects or similarly significantly affects the data subject (Article 22[1]).

The difference between (ii) and (iii) is best demonstrated by the following two examples where an individual applies for a loan online:

– a human decides whether to agree the loan based on a profile produced by purely automated means (ii);

– an algorithm decides whether the loan is agreed and the decision is automatically delivered to the individual, without any prior and meaningful assessment by a human (iii).

Controllers can carry out profiling and automated decision-making as long as they can meet all the principles and have a lawful basis for the processing. Additional safeguards and restrictions apply in the case of solely automated decision-making, including profiling, defined in Article 22(1).

Chapter III of these guidelines explains the GDPR provisions for *all* profiling and automated individual decision-making. This includes decision-making processes that are *not* solely automated.

Chapter IV of these guidelines explains the specific provisions that *only* apply to solely automated individual decision-making, including profiling *[As defined in Art. 22(1) of the GDPR]*. A general prohibition on this type of processing exists to reflect the potential risks to individuals'rights and freedoms.

III. General provisions on profiling and automated decision-making

This overview of the provisions applies to all profiling and automated decision-making. Additional specific provisions set out in Chapter IV apply if the processing meets the definition in Article 22(1).

A. *Data protection principles*

The principles are relevant for all profiling and automated decision-making involving personal data *[GDPR - Recital 72 "Profiling is subject to the rules of this Regulation governing the processing of personal data, such as the legal grounds for processing or data protection principles."]*

To aid compliance, controllers should consider the following key areas :

1. *Article 5(1) (a) – Lawful, fair and transparent*

Transparency of processing *[The WP 29 Guidelines on transparency cover transparency generally in more detail Art. 29 Data Protection Working Party. Guidelines on transparency under Regulation 2016/679 WP 260, 28 November 2017, http://ec.europa.eu/newsroom/just/document.cfm?doc_id=48850, Accessed 18 December 2017]* is a fundamental requirement of the GDPR.

The process of profiling is often invisible to the data subject. It works by creating derived or inferred data about individuals – "new" personal data that has not been provided directly by the data subjects themselves. Individuals have differing levels of comprehension and may find it challenging to understand the complex techniques involved in profiling and automated decision-making processes.

Under Article 12.1 the controller must provide data subjects with concise, transparent, intelligible and easily accessible information about the processing of their personal data *[Office of the Australian Information Commissioner. Consultation draft: Guide to big data and the Australian Privacy Principles, 05/2016 says: "Privacy notices have to communicate information handling practices clearly and simply, but also comprehensively and with enough specificity to be meaningful. The very technology that leads to greater collection of personal information also presents the opportunity for more dynamic, multi-layered and user centric privacy notices." https://www.oaic.gov.au/engage-with-us/consultations/guide-to-big-data-and-the-australian-privacy-principles/consultation-draft-guide-to-big-data-and-the-australian-privacy-principles. Accessed 24 April 2017].*

For data collected directly from the data subject this should be provided at the time of collection (Article 13); for indirectly obtained data the information should be provided within the timescales set out in Article 14(3).

Example.

Some insurers offer insurance rates and services based on an individual's driving behaviour. Elements taken into account in these cases could include the distance travelled, the time spent driving and the journey undertaken as well as predictions based on other data collected by the sensors in a (smart) car. The data collected is used for profiling to identify bad driving behaviour (such as fast acceleration, sudden braking, and speeding). This information can be cross-referenced with other sources (for example the weather, traffic, type of road) to better understand the driver's behaviour.

The controller must ensure that they have a lawful basis for this type of processing. The controller must also provide the data subject with information about the collected data, and, if appropriate, the existence of automated decision-making referred to in Article 22(1) and (4), the logic involved, and the significance and envisaged consequences of such processing.

The specific requirements surrounding information and access to personal data are discussed in Chapters III (section D) and IV (section E).

Processing also has to be fair, as well as transparent.

Profiling may be unfair and create discrimination, for example by denying people access to employment opportunities, credit or insurance, or targeting them with excessively risky or costly financial products. The following example, which would not meet the requirements of Article 5(l)(a), illustrates how unfair profiling can lead to some consumers being offered less attractive deals than others.

Example.

A data broker sells consumer profiles to financial companies without consumer permission or knowledge of the underlying data. The profiles define consumers into categories (carrying titles such as "Rural and Barely Making It," "Ethnic Second-City Strugglers," "Tough Start: Young Single Parents,") or "score" them, focusing on consumers" financial vulnerability. The financial companies offer these consumers payday loans and other "non-traditional" financial services (high-cost loans and other financially risky products) *[This example is taken from : United States Senate, Committee on Commerce, Science, and Transportation. A Review of the Data Broker Industry: Collection, Use, and Sale of Consumer Data for Marketing Purposes, Staff Report for Chairman Rockefeller, December 18, 2013. https://www.commerce.senate.gov/public/_cache/files/0d2b3642-6221-4888-a631-08f2f255b577/E5D72CBE7F44F5BFC846BECE22C875B.12.18.13-senate-commerce-committee-report-on-data-broker-industry.pdf. See page ii of the Executive Summary and 12 of the main body of the document in particular. Accessed 21 July 2017].*

2. *Article 5(1) (b) Further processing and purpose limitation*

Profiling can involve the use of personal data that was originally collected for something else.

Example.

Some mobile applications provide location services allowing the user to find nearby restaurants offering discounts. However, the data collected is also used to build a profile on the data subject for marketing purposes – to identify their food preferences, or lifestyle in general. The data subject expects their data will be used to find restaurants, but not to receive adverts for pizza delivery just because the app has identified that they arrive home late. This further use of the location data may not be compatible with the purposes for which it was collected in the first place, and may thus require the consent of the individual concerned *[Note that the provisions of the future ePrivacy Regulation may also apply]*.

Whether this additional processing is compatible with the original purposes for which the data were collected will depend upon a range of factors *[Highlighted in the Art. 29 Data Protection Working Party. Opinion 03/2013 on purpose limitation, 2 April 2013. http://ec.europa.eu/justice/data-protection/article-29/documentation/opinion-recommendation/files/2013/wp203_en.pdf. Accessed 24 April 2017]*, including what information the controller initially provided to the data subject. These factors are reflected in the GDPR *[Art. 6(4)]* and summarised below:

– the relationship between the purposes for which the data have been collected and the purposes of further processing;

– the context in which the data were collected and the reasonable expectations of the data subjects as to their further use;

– the nature of the data;

– the impact of the further processing on the data subjects; and

– the safeguards applied by the controller to ensure fair processing and to prevent any undue impact on the data subjects.

3. *Article 5(1) (c) Data minimisation*

The business opportunities created by profiling, cheaper storage costs and the ability to process large amounts of information can encourage organisations to collect more personal data than they actually need, in case it proves useful in the future. Controllers must make sure they are complying with the data minimisation principle, as well as the requirements of the purpose limitation and storage limitation principles.

Controllers should be able to clearly explain and justify the need to collect and hold personal data, or consider using aggregated, anonymised or (when this provides sufficient projection) pseudonymised data for profiling.

4. *Article 5(1) (d) Accuracy*

Controllers should consider accuracy at all stages of the profiling process, specifically when:

– collecting data;

– analysing data;

– building a profile for an individual; or

– applying a profile to make a decision affecting the individual.

If the data used in an automated decision-making or profiling process is inaccurate, any resultant decision or profile will be flawed. Decisions may be made on the basis of outdated data or the incorrect interpretation of external data. Inaccuracies may lead to inappropriate predictions or statements about, for example, someone's health, credit or insurance risk.

Even if raw data is recorded accurately, the dataset may not be fully representative or the analytics may contain hidden bias.

Controllers need to introduce robust measures to verify and ensure on an ongoing basis that data reused or obtained indirectly is accurate and up to date. This reinforces the importance of providing clear information about the personal data being processed, so that the data subject can correct any inaccuracies and improve the quality of the data.

5. *Article 5(1) (e) Storage limitation*

Machine-learning algorithms are designed to process large volumes of information and build correlations that allow organisations to build up very comprehensive, intimate profiles of individuals. Whilst there can be advantages to retaining data in the case of profiling, since there will be more data for the algorithm to learn from, controllers must comply with the data minimisation principle when they collect personal data and ensure that they retain those personal data for no longer than is necessary for and proportionate to the purposes for which the personal data are processed.

The controller's retention policy should take into account the individuals'rights and freedoms in line with the requirements of Article 5(1)(e).

The controller should also make sure that the data remains updated throughout the retention period to reduce the risk of inaccuracies *[Norwegian Data Protection Authority. The Great Data Race - How commercial utilisation of personal data challenges privacy, Report, November 2015. Datatilsynet https://www.datatilsynet.no/English/Publications/The-Great-Data-Race/Accessed 24 April 20171 Art. 29 Data Protection Working Party. Guidelines on Consent under Regulation 2016/679 WP 259, 28 November 2017, http://ec.europa.eu/newsroon/just/document.cfm?doc_id=48849. Accessed 18 December 2017]*.

B. *Lawful bases for processing*

Automated decision-making defined in Article 22(1) is only permitted if one of the exceptions described in Chapter IV (sections C and D) applies. The following lawful bases for processing are relevant for all other automated individual decision-making and profiling.

1. *Article 6(1) (a) consent*

Consent as a basis for processing generally is addressed in the WP 29 Guidelines on consent *[Art. 29 Data Protection Working Party. Guidelines on Consent under Regulation 2016/679 WP 259, 28 November 2017, http://ec.europa.eu/newsroom/just/document.cfm?doc_id=48849. Accessed 18 December 2017]*. Explicit consent is one of the exceptions from the prohibition on automated decision-making and profiling defined in Article 22(1).

Profiling can be opaque. Often it relies upon data that is derived or inferred from other data, rather than data directly provided by the data subject.

Controllers seeking to rely upon consent as a basis for profiling will need to show that data subjects understand exactly what they are consenting to, and remember that consent is not always an appropriate basis for the processing *[Ibid]*. In all cases, data subjects should have enough relevant information about the envisaged use and consequences of the processing to ensure that any consent they provide represents an informed choice.

2. *Article 6(1) (b) – necessary for the performance of a contract*

Controllers may wish to use profiling and automated decision-making processes because they:

— potentially allow for greater consistency or fairness in the decision-making process (e.g. by reducing the potential for human error, discrimination and abuse of power);

— reduce the risk of customers failing to meet payments for goods or services (for example by using credit referencing); or

– enable them to deliver decisions within a shorter time frame and improve efficiency.

Regardless of the above, these considerations alone are not sufficient to show that this type of processing is *necessary* under Article 6(1)(b) for the performance of a contract. As described in the WP 29 Opinion on legitimate interest *[Opinion 06/2014 on the notion of legitimate interests of the date controller under Art. 7 of Directive 95/46/EC. European Commission, 9 April 2014. http://ec.europa.eu/justice/date-protection/article-29/documentation/opinion-recommendation/files/2014/wp217_en.pdf. Accessed 24 april 2017]*, necessity should be interpreted narrowly.

The following is an example of profiling that would *not* meet the Article 6(1)(b) basis for processing.

Example.

A user buys some items from an on-line retailer. In order to fulfil the contract, the retailer must process the user's credit card information for payment purposes and the user's address to deliver the goods. Completion of the contract is not dependent upon building a profile of the user's tastes and lifestyle choices based on his or her visits to the website. Even if profiling is specifically mentioned in the small print of the contract, this fact alone does not make it "necessary" for the performance of the contract.

3. *Article 6(1) (c) – necessary for compliance with a legal obligation*

There may be instances where there will be a legal obligation *[GDPR Recitals 41 and 45]* to carry out profiling – for example in connection with fraud prevention or money laundering. The WP 29 Opinion on legitimate interests *[Page 19 Art. 29 Data Protection Working Party. Opinion 06/2014 on the notion of legitimate interests of the data controller under Art. 7 of Directive 95/46/EC. European Commission, 9 April 2014. http://ec.europa.eu/iustice/data-protection/article-29/documentation/opinion-recommendation/files/2014/wp217_en.pdf. Accessed 24 April 2017]* provides useful information about this basis for processing, including the safeguards to be applied.

4. *Article 6(1) (d) – necessary to protect vital interests*

This covers situations where the processing is necessary to protect an interest which is essential for the life of the data subject or that of another natural person.

Certain types of processing may serve important public interest grounds as well as the vital interests of the data subject. Examples of this may include profiling necessary to develop models that predict the spread of life-threatening diseases or in situations of humanitarian emergencies. In these cases, however, and in principle, the controller can only rely on vital interest grounds if no other legal basis for the processing is available *[GDPR Recital 46]*. If the processing involves special category personal data the controller would also need to ensure that they meet the requirements of Article 9(2) (c).

5. *Article 6(1) (e) – necessary for the performance of a task carried out in the public interest or exercise of official authority*

Article 6(1) (e) might be an appropriate basis for public sector profiling in certain circumstances. The task or function must have a clear basis in law.

6. *Article 6(1) (f) – necessary for the legitimate interests* [Legitimate interests listed in GDPR Recital 47 include processing for direct marketing purposes and processing strictly necessary for the purposes of preventing fraud] *pursued by the controller or by a third party*

Profiling is allowed if it is necessary for the purposes of the legitimate interests *[The controller's "legitimate interest" cannot render profiling lawful if the processing falls within the Art. 22(1) definition]* pursued by the controller or by a third party. However, Article 6(1) (f) does not automatically apply just because the controller or third party has a legitimate interest. The controller must carry out a balancing exercise to assess whether their interests are overridden by the data subject's interests or fundamental rights and freedoms.

The following are particularly relevant:

– the level of detail of the profile (a data subject profiled within a broadly described cohort such as "people with an interest in English literature", or segmented and targeted on a granular level);

– the comprehensiveness of the profile (whether the profile only describes a small aspect of the data subject, or paints a more comprehensive picture);

– the impact of the profiling (the effects on the data subject); and

– the safeguards aimed at ensuring fairness, non-discrimination and accuracy in the profiling process.

Although the WP 29 opinion on legitimate interests *[Art. 29 Data Protection Working Party. Opinion 06/2014 on the notion of legitimate interests of the data controller under Art. 7 of Directive 95/46/EC. European Commission, 9 April 2014, Page 47, examples on pages 59 and 60 http://ec.europa.eu/justice/data-protection/article-29/documentation/opinion-recommendation/files/2014/wp217_en.pdf. Accessed 24 April 2017]* is based on Article 7 of the data protection Directive 95/46/EC (the Directive), it contains examples that are still useful and relevant for controllers carrying out profiling. It also suggests it would be difficult for controllers to justify using legitimate interests as a lawful basis for intrusive profiling and tracking practices for marketing or advertising purposes, for example those that involve tracking individuals across multiple websites, locations, devices, services or data-brokering.

The controller should also consider the future use or combination of profiles when assessing the validity of processing under Article 6(1) (f).

C. *Article 9 – Special categories of data*

Controllers can only process special category personal data if they can meet one of the conditions set out in Article 9(2), as well as a condition from Article 6. This includes special category data derived or inferred from profiling activity.

Profiling can create special category data by inference from data which is not special category data in its own right but becomes so when combined with other data. For example, it may be possible to infer someone's state of health from the records of their food shopping combined with data on the quality and energy content of foods.

Correlations may be discovered that indicate something about individuals'health, political convictions, religious beliefs or sexual orientation, as demonstrated by the following example:

Example.

One study *[Michael Kosinski, David Stilwell and Thore Graepel. Private traits and attributes are predictable from digital records of human behaviour. Proceedings of the National Academy of Sciences of the United States of America, http://www.pnas.org/content/110/15/5802.full.pdf. Accessed 29 March 2017]* **combined Facebook "likes" with limited survey information and found that researchers accurately predicted a male user's sexual orientation 88% of the time; a user's ethnic origin 95% of the time; and whether a user was Christian or Muslim 82% of the time.**

If sensitive preferences and characteristics are inferred from profiling, the controller should make sure that:

– the processing is not incompatible with the original purpose;

– they have identified a lawful basis for the processing of the special category data; and

– they inform the data subject about the processing.

Automated decision-making as defined in Article 22(1) that is based on special categories of data is covered in Chapter IV (section D).

D. ***Rights of the data subject*** *[This Section is relevant for both profiling and automated decision-making. For automated decision making under Art. 22, please note that there are also additional requirements as described in Chapter IV]*

The GDPR introduces stronger rights for data subjects and creates new obligations for controllers.

In the context of profiling these rights are actionable against the controller creating the profile and the controller making an automated decision about a data subject (with or without human intervention), if these entities are not the same.

Example.

A data broker undertakes profiling of personal data. In line with their Article 13 and 14 obligations the data broker should inform the individual about the processing, including whether they intend to share the profile with any other organisations. The data broker should also present separately details of the right to object under Article 21(1).

The data broker shares the profile with another company. This company uses the profile to send the individual direct marketing.

The company should inform the individual (Article 14(1) (c)) about the purposes for using this profile, and from what source they obtained the information (14(2) (f)). The company must also advise the data subject about their right to object to processing, including profiling, for direct marketing purposes (Article 21(2)).

The data broker and the company should allow the data subject the right to access the information used (Article 15) to correct any erroneous information (Article 16), and in certain circumstances erase the profile or personal data used to create it (Article 17). The data subject should also be given information about their profile, for example in which "segments" or "categories" they are placed *[The Norwegian Data Protection Authority. The Great Data Race - How commercial utilisation of personal data challenges privacy. Report, November 2015. https://www.datatilsynet.no/English/Publications/The-Great-Data-Race/Accessed 24 April 2017]*.

If the company uses the profile as part of a solely automated decision-making process with legal or similarly significant effects on the data subject, the company is the controller subject to the Article 22 provisions. (This does not exclude the data broker from Article 22 if the processing meets the relevant threshold.)

1. ***Articles 13 and 14 – Right to be informed***

Given the core principle of transparency underpinning the GDPR, controllers must ensure they explain clearly and simply to individuals how the profiling or automated decision-making process works.

In particular, where the processing involves profiling-based decision making (irrespective of whether it is caught by Article 22 provisions), then the fact that the processing is for the purposes of both (a) profiling and (b) making a decision based on the profile generated, must be made clear to the data subject *[GDPR - Art. 13(l)(c) and Art. 14(l)(c). Art. 13(2)(f) and 14(2)(g) require the controller to inform the data subject about the existence of automated decision-making, including profiling, described in Art. 22(1) and (4). This is explained further in Chapter IV]*.

Recital 60 states that giving information about profiling is part of the controller's transparency obligations under Article 5(1) (a). The data subject has a right *to be informed* by the controller about and, in certain circumstances, a right *to object* to "profiling", *regardless* of whether solely automated individual decision-making based on profiling takes place.

Further guidance on transparency in general is available in the WP 29 Guidelines on transparency under the GDPR *[Art. 29 Data Protection Working Party. Guidelines on transparency under Regulation 2016/679 WP 260, 28 November 2017 http://ec.europa.eu/newsroom/just/document.cfm?doc_id=48850, Accessed 18 December 2017]*.

2. *Article 15 – Right of access*

Article 15 gives the data subject the right to obtain details of any personal data used for profiling, including the categories of data used to construct a profile.

In addition to general information about the processing, pursuant to Article 15(3), the controller has a duty to make available the data used as input to create the profile as well as access to information on the profile and details of which segments the data subject has been placed into.

This differs from the right to data portability under Article 20 where the controller only needs to communicate the data provided by the data subject or observed by the controller and not the profile itself *[Page 9, WP 29 Guidelines on the Right to data portability, WP 242 http://ec.europa.eu/newsroom/document.cfm?doc_id=45685. Accessed 8 January 2018]*.

Recital 63 provides some protection for controllers concerned about revealing trade secrets or intellectual property, which may be particularly relevant in relation to profiling. It says that the right of access "should not adversely affect the rights or freedoms of others, including trade secrets or intellectual property and in particular the copyright protecting the software". However, controllers cannot rely on the protection of their trade secrets as an excuse to deny access or refuse to provide information to the data subject.

Recital 63 also specifies that "where possible, the controller should be able to provide remote access to a secure system which would provide the data subject with direct access to his or her personal data."

3. *Article 16 – Right to rectification, Article 17 – Right to erasure, and Article 18 – Right to restriction of processing*

Profiling can involve an element of prediction, which increases the risk of inaccuracy. The input data may be inaccurate or irrelevant, or taken out of context. There may be something wrong with the algorithm used to identify correlations.

The Article 16 right to rectification might apply where, for example, an individual is placed into a category that says something about their ability to perform a task, and that profile is based on incorrect information. Individuals may wish to challenge the accuracy of the data used and any grouping or category that has been applied to them.

The rights to rectification and erasure *[GDPR - Art. 17 GDPR - Art. 18(1)(d)]* apply to both the "input personal data" (the personal data used to create the profile) and the "output data" (the profile itself or "score" assigned to the person).

Article 16 also provides a right for the data subject to complement the personal data with additional information.

Example.

A local surgery's computer system places an individual into a group that is most likely to get heart disease. This "profile" is not necessarily inaccurate even if he or she never suffers from heart disease. The profile merely states that he or she *is more likely* to get it. That may be factually correct as a matter of statistics.

Nevertheless, the data subject has the right, taking into account the purpose of the processing, to provide a supplementary statement. In the above scenario, this could be based, for example, on a more advanced medical computer system (and statistical model) factoring in additional data and carrying out more detailed examinations than the one at the local surgery with more limited capabilities.

The right to restrict processing (Article 18) will apply to any stage of the profiling process.

4. *Article 21 – Right to object*

The controller has to bring details of the right to object under Article 21(1) and (2) *explicitly* to the data subject's attention, and present it clearly and separately from other information (Article 21(4)).

Under Article 21(1) the data subject can object to processing (including profiling), on grounds relating to his or her particular situation. Controllers are specifically required to provide for this right in all cases where processing is based on Article 6(1) (e) or (f).

Once the data subject exercises this right, the controller must interrupt *[GDPR - Art. 18(1)(d)]* (or avoid starting) the profiling process unless it can demonstrate compelling legitimate grounds that override the interests, rights and freedoms of the data subject. The controller may also have to erase the relevant personal data *[GDPR - Art. 17(1)(c)]*

The GDPR does not provide any explanation of what would be considered compelling legitimate grounds *[See explanation on legitimacy, Art. 29 Data Protection Working Party Opinion 06/2014 on the notion of legitimate interests of the data controller under Art. 7 of Directive 95/46/EC. 9 April 2014, p. 24 - 26 http://ec.europa.eu/justice/data-protection/article-29/documentation/opinion-recommendation/files/2014/wp217_en.pdf. Accessed 24 April 2017]*. It may be the case that, for example, the profiling is beneficial for society at large (or the wider community) and not just the business interests of the controller, such as profiling to predict the spread of contagious diseases.

The controller would need to:

– consider the importance of the profiling to their particular objective;

– consider the impact of the profiling on the data subject's interest, rights and freedoms – this should be limited to the minimum necessary to meet the objective; and

– carry out a balancing exercise.

There must always be a balancing exercise between the competing interests of the controller and the basis for the data subject's objection (which may be for personal, social or professional reasons). Unlike in the Directive 95/46/EC, the burden of proof to show compelling legitimate grounds lies with the controller rather than the data subject.

It is clear from the wording of Article 21 that the balancing test is different from that found in Article 6(1)(f). In other words, it is not sufficient for a controller to just demonstrate that their earlier legitimate interest analysis was correct. This balancing test requires the legitimate interest to be compelling, implying a higher threshold for overriding objections.

Article 21(2) grants an *unconditional* right for the data subject to object to the processing of their personal data for direct marketing purposes, including profiling to the extent that it is related to such direct marketing *[In line with Art. 12(2) controllers who collect personal data from individuals with the aim of using it for direct marketing purposes should, at the moment of collection, consider offering data subjects an easy way to indicate that they do not wish their personal data to be used for direct marketing purposes, rather than requiring them to exercise their right to object at a later occasion]*. This means that there is no need for any balancing of interests; the controller must respect the individual's wishes without questioning the reasons for the objection. Recital 70 provides additional context to this right and says that it may be exercised at any time and free of charge.

IV. Specific provisions on solely automated decision-making as defined in Article 22

Article 22(1) says

The data subject shall have the right not to be subject to a decision *based solely* on automated processing, including profiling, which produces *legal effects* concerning him or her or *similarly significantly affects him or her*.

The term "right" in the provision does not mean that Article 22(1) applies only when actively invoked by the data subject. Article 22(1) establishes a general prohibition for decision-making based solely on automated processing. This prohibition applies whether or not the data subject takes an action regarding the processing of their personal data.

In summary, Article 22 provides that:

(i) as a rule, there is a general prohibition on fully automated individual decision-making, including profiling that has a legal or similarly significant effect;

(ii) there are exceptions to the rule;

(iii) where one of these exceptions applies, there must be measures in place to safeguard the data subject's rights and freedoms and legitimate interest *[Recital 71 says that such processing should be "subject to suitable safeguards, which should include specific information to the data subject and the right to obtain human intervention, to express his or her point of view, to obtain an explanation of the decision reached after such assessment and to challenge the decision."]*.

This interpretation reinforces the idea of the data subject having control over their personal data, which is in line with the fundamental principles of the GDPR. Interpreting Article 22 as a prohibition rather than a right to be invoked means that individuals are automatically protected from the potential effects this type of processing may have. The wording of the Article suggests that this is the intention and is supported by Recital 71 which says:

However, decision-making based on such processing, including profiling, **should be allowed** where expressly authorised by Union or Member State law..., or necessary for the entering or performance of a contract..., or when the data subject has given his or her explicit consent.

This implies that processing under Article 22(1) is not allowed generally *[Further comments on the interpretation of Art. 22 as a prohibition can be found in Annex 2]*.

However the Article 22(1) prohibition *only* applies in specific circumstances when a decision based solely on automated processing, including profiling, has a legal effect on or similarly significantly affects someone, as explained further in the guidelines. Even in these cases there are defined exceptions which allow such processing to take place.

The required safeguarding measures, discussed in more detail below, include the right to be informed (addressed in Articles 13 and 14 – specifically meaningful information about the logic involved, as well as the significance and envisaged consequences for the data subject), and safeguards, such as the right to obtain human intervention and the right to challenge the decision (addressed in Article 22(3)).

Any processing likely to result in a high risk to data subjects requires the controller to carry out a Data Protection Impact Assessment (DPIA) *[Art. 29 Data Protection Working Party. Guidelines on Data Protection Impact Assessment (DPIA) and determining whether processing is "likely to result in a high risk" for the purposes of Regulation 2016/679. 4 April 2017, European Commission, http://ec.europa.eu/newsroom/document.cfm?doc_id=44137 Accessed 24 April 2017]*. As well as addressing any other risks connected with the processing, a DPIA can be particularly useful for controllers who are unsure whether their proposed activities will fall within the Article 22(1) definition, and, if allowed by an identified exception, what safeguarding measures must be applied.

A. *"Decision based solely on automated processing"*

Article 22(1) refers to decisions "based solely" on automated processing. This means that there is no human involvement in the decision process.

Example.

An automated process produces what is in effect a recommendation concerning a data subject. If a human being reviews and takes account of other factors in making the final decision, that decision would not be "based solely" on automated processing.

The controller cannot avoid the Article 22 provisions by fabricating human involvement. For example, if someone routinely applies automatically generated profiles to individuals without any actual influence on the result, this would still be a decision based solely on automated processing.

To qualify as human involvement, the controller must ensure that any oversight of the decision is meaningful, rather than just a token gesture. It should be carried out by someone who has the authority and competence to change the decision. As part of the analysis, they should consider all the relevant data.

As part of their DPIA, the controller should identify and record the degree of any human involvement in the decision-making process and at what stage this takes place.

B. *"Legal" or "similarly significant" effects*

The GDPR recognises that automated decision-making, including profiling can have serious consequences for individuals. The GDPR does not define "legal" or "similarly significant" however the wording makes it clear that only serious impactful effects will be covered by Article 22.

"Decision producing legal effects"

A legal effect requires that the decision, which is based on solely automated processing, affects someone's legal rights, such as the freedom to associate with others, vote in an election, or take legal action. A legal effect may also be something that affects a person's legal status or their rights under a contract. Examples of this type of effect include automated decisions about an individual that result in:

– cancellation of a contract;

– entitlement to or denial of a particular social benefit granted by law, such as child or housing benefit;

– refused admission to a country or denial of citizenship.

"Similarly significantly affects him or her"

Even if a decision-making process does not have an effect on people's legal rights it could still fall within the scope of Article 22 if it produces an effect that is equivalent or similarly significant in its impact.

In other words, even where there is no change in their legal rights or obligations, the data subject could still be impacted sufficiently to require the protections under this provision. The GDPR introduces the word "similarly" (not present in Article 15 of Directive 95/46/EC) to the phrase "significantly affects". Therefore the threshold for *significance* must be similar to that of a decision producing a legal effect.

Recital 71 provides the following typical examples: "automatic refusal of an online credit application" or "e-recruiting practices without any human intervention".

For data processing to significantly affect someone the effects of the processing must be sufficiently great or important to be worthy of attention. In other words, the decision must have the potential to:

– significantly affect the circumstances, behaviour or choices of the individuals concerned;

– have a prolonged or permanent impact on the data subject; or

– at its most extreme, lead to the exclusion or discrimination of individuals.

It is difficult to be precise about what would be considered sufficiently *significant* to meet the threshold, although the following decisions could fall into this category:

– decisions that affect someone's financial circumstances, such as their eligibility to credit;

– decisions that affect someone's access to health services;

– decisions that deny someone an employment opportunity or put them at a serious disadvantage;

– decisions that affect someone's access to education, for example university admissions.

This bring us also to the issue of online advertising, which increasingly relies on automated tools and involves solely automated individual decision-making. As well as complying with the general provisions of the GDPR, covered in Chapter III, the provisions of the proposed ePrivacy Regulation may also be relevant. Furthermore, children require enhanced protection, as will be discussed below in Chapter V.

In many typical cases the decision to present targeted advertising based on profiling will not have a similarly significant effect on individuals, for example an advertisement for a mainstream online fashion outlet based on a simple demographic profile : "women in the Brussels region aged between 25 and 35 who are likely to be interested in fashion and certain clothing items".

However it is possible that it may do, depending upon the particular characteristics of the case, including:

– the intrusiveness of the profiling process, including the tracking of individuals across different websites, devices and services;
– the expectations and wishes of the individuals concerned;
– the way the advert is delivered; or
– using knowledge of the vulnerabilities of the data subjects targeted.

Processing that might have little impact on individuals generally may in fact have a significant effect for certain groups of society, such as minority groups or vulnerable adults. For example, someone known or likely to be in financial difficulties who is regularly targeted with adverts for high interest loans may sign up for these offers and potentially incur further debt.

Automated decision-making that results in differential pricing based on personal data or personal characteristics could also have a significant effect if, for example, prohibitively high prices effectively bar someone from certain goods or services.

Similarly significant effects could also be triggered by the actions of individuals other than the one to which the automated decision relates. An illustration of this is given below.

Example.

Hypothetically, a credit card company might reduce a customer's card limit, based not on that customer's own repayment history, but on non-traditional credit criteria, such as an analysis of other customers living in the same area who shop at the same stores.

This could mean that someone is deprived of opportunities based on the actions of others.

In a different context using these types of characteristics might have the advantage of extending credit to those without a conventional credit history, who would otherwise have been denied.

C. *Exceptions from the prohibition*

Article 22(1) sets out a general prohibition on solely automated individual decision-making with legal or similarly significant effects, as described above.

This means that the controller should not undertake the processing described in Article 22(1) unless one of the following Article 22(2) exceptions applies – where the decision is:

(a) necessary for the performance of or entering into a contract;

(b) authorised by Union or Member State law to which the controller is subject and which also lays down suitable measures to safeguard the data subject's rights and freedoms and legitimate interests; or

(c) based on the data subject's explicit consent.

Where the decision-making involves special categories of data defined in Article 9(1) the controller must also ensure that they can meet the requirements of Article 22(4).

1. *Performance of a contract*

Controllers may wish to use solely automated decision-making processes for contractual purposes because they believe it is the most appropriate way to achieve the objective. Routine human involvement can sometimes be impractical or impossible due to the sheer quantity of data being processed.

The controller must be able to show that this type of processing is necessary, taking into account whether a less privacy-intrusive method could be adopted *[Buttarelli, Giovanni. Assessing the necessity of measures that limit the fundamental right to the protection of personal data. A Toolkit European Data Protection Supervisor, 11 April 2017, https://edps.europa.eu/sites/edp/files/publication/17-04-11_necessity_toolkit_en_0.pdf Accessed 24 April 2017]*. If other effective and less intrusive means to achieve the same goal exist, then it would not be "necessary".

Automated decision-making described in Article 22(1) may also be necessary for pre-contractual processing.

Example.

A business advertises an open position. As working for the business in question is popular, the business receives tens of thousands of applications. Due to the exceptionally high volume of applications, the business may find that it is not practically possible to identify fitting candidates without first using fully automated means to sift out irrelevant applications. In this case, automated decision-making may be necessary in order to make a short list of possible candidates, with the intention of entering into a contract with a data subject.

Chapter III (Section B) provides more information on contracts as a lawful basis for processing.

2. *Authorised by Union or Member State law*

Automated decision-making including profiling could potentially take place under 22(2)(b) if Union or Member State law authorised its use. The relevant law must also lay down suitable measures to safeguard the data subject's rights and freedoms and legitimate interests.

Recital 71 says that this could include the use of automated decision-making defined in Article 22(1) for monitoring and preventing fraud and tax-evasion, or to ensure the security and reliability of a service provided by the controller.

3. *Explicit consent*

Article 22 requires *explicit* consent. Processing that falls within the definition of Article 22(1) poses significant data protection risks and a high level of individual control over personal data is therefore deemed appropriate.

"Explicit consent" is not defined in the GDPR. The WP 29 guidelines on consent *[Art. 29 Data Protection Working Party. Guidelines on Consent under Regulation 2016/679 WP259. 28 November 2017. http://ec.europa.eu/newsroom/just/document.cfm?doc_id=48849. Accessed 18 December 2017]* provide guidance on how this should be interpreted.

Chapter III (Section B) provides more information on consent generally.

D. *Special categories of personal data – Article 22(4)*

Automated decision-making (described in Article 22(1)) that involves special categories of personal data is only allowed under the following cumulative conditions (Article 22(4)):

– there is an applicable Article 22(2) exemption; and

– point (a) or (g) of Article 9(2) applies.

9(2) (a) – the explicit consent of the data subject; or

9(2) (g) – processing necessary for reasons of substantial public interest, on the basis of Union or Member State law which shall be proportionate to the aim pursued, respect the essence of the right to data protection and provide for suitable and specific measures to safeguard the fundamental rights and interests of the data subject.

In both of the above cases, the controller must put in place suitable measures to safeguard the data subject's rights and freedoms and legitimate interests.

E. ***Rights of the data subject*** *[GDPR Art. 12 provides for the modalities applicable for the exercise of the data subject's rights]*

1. ***Articles 13(2) (f) and 14(2) (g) – Right to be informed***

Given the potential risks and interference that profiling caught by Article 22 poses to the rights of data subjects, data controllers should be particularly mindful of their transparency obligations.

Articles 13(2) (f) and 14(2) (g) require controllers to provide specific, easily accessible information about automated decision-making, based solely on automated processing, including profiling, that produces legal or similarly significant effects *[Referred to in Art. 22(1) and (4).The WP Guidelines on transparency cover the general information requirements set out in Articles 13 and 14]*.

If the controller is making automated decisions as described in Article 22(1), they must:

- tell the data subject that they are engaging in this type of activity;
- provide meaningful information about the logic involved; and
- explain the significance and envisaged consequences of the processing.

Providing this information will also help controllers ensure they are meeting some of the required safeguards referred to in Article 22(3) and Recital 71.

If the automated decision-making and profiling does not meet the Article 22(1) definition it is nevertheless good practice to provide the above information. In any event the controller must provide sufficient information to the data subject to make the processing fair *[GDPR Recital 60 "The controller should provide the data subject with any further information necessary to ensure fair and transparent processing taking into account the specific circumstances and context in which the personal data are processed. Furthermore the data subject should be informed of the existence of profiling and the consequences of such profiling."]*, and meet all the other information requirements of Articles 13 and 14.

Meaningful information about the "logic involved"

The growth and complexity of machine-learning can make it challenging to understand how an automated decision-making process or profiling works.

The controller should find simple ways to tell the data subject about the rationale behind, or the criteria relied on in reaching the decision. The GDPR requires the controller to provide meaningful information about the logic involved, not necessarily a complex explanation of the algorithms used or disclosure of the full algorithm *[Complexity is no excuse for failing to provide information to the data subject. Recital 58 states that the principle of transparency is "of particular relevance in situations where the proliferation of actors and the technological complexity of practice makes it difficult for the data subject to know and understand whether, by whom and for what purpose personal data relating to him are being collected, such as in the case of online advertising"]*. The information provided should, however, be sufficiently comprehensive for the data subject to understand the reasons for the decision.

Example.

A controller uses credit scoring to assess and reject an individual's loan application. The score may have been provided by a credit reference agency, or calculated directly based on information held by the controller.

Regardless of the source (and information on the source must be provided to the data subject under Article 14 (2) (f) where the personal data have not been obtained from thé data subject), if the controller is reliant upon this score it must be able to explain it and the rationale, to the data subject.

The controller explains that this process helps them make fair and responsible lending decisions. It provides details of the main characteristics considered in reaching the decision, the source of this information and the relevance. This may include, for example:

- **the information provided by the data subject on the application form;**

— information about previous account conduct, including any payment arrears; and

— official public records information such as fraud record information and insolvency records.

The controller also includes information to advise the data subject that the credit scoring methods used are regularly tested to ensure they remain fair, effective and unbiased.

The controller provides contact details for the data subject to request that any declined decision is reconsidered, in line with the provisions of Article 22(3).

"Significance" and "envisaged consequences"

This term suggests that information must be provided about intended or future processing, and how the automated decision-making might affect the data subject *[Council of Europe. Draft Explanatory Report on the modernised version of CoE Convention 108, paragraph 75: "Data subjects should be entitled to know the reasoning underlying the processing of their data, including the consequences of such a reasoning, which led to any resulting conclusions, in particular in cases involving the use of algorithms for automated-decision making including profiling. For instance in the case of credit scoring, they should be entitled to know the logic underpinning the processing of their data and resulting in a "yes" or, "no" decision, and not simply information on the decision itself. Without an understanding of these elements there could be no effective exercise of other essential safeguards such as the right to object and the right to complain to a competent authority." https://rm.coe.int/CoERMPublicCommonSearchServices/DisplayDCTMContent?documentId=09000016806b6ec2]*. In order to make this information meaningful and understandable, real, tangible examples of the type of possible effects should be given.

In a digital context, controllers might be able to use additional tools to help illustrate such effects.

Example.

An insurance company uses an automated decision making process to set motor insurance premiums based on monitoring customers'driving behaviour. To illustrate the significance and envisaged consequences of the processing it explains that dangerous driving may result in higher insurance payments and provides an app comparing fictional drivers, including one with dangerous driving habits such as fast acceleration and last-minute braking.

It uses graphics to give tips on how to improve these habits and consequently how to lower insurance premiums.

Controllers can use similar visual techniques to explain how a past decision has been made.

2. *Article 15(1) (h) – Right of access*

Article 15(1) (h) entitles data subjects to have the same information about solely automated decision-making, including profiling, as required under Articles 13(2) (f) and 14(2) (g), namely:

– the existence of automated decision making, including profiling;

– meaningful information about the logic involved; and

– the significance and envisaged consequences of such processing for the data subject.

The controller should have already given the data subject this information in line with their Article 13 obligations *[GDPR Art. 12(3) clarifies the times cales for providing this information]*.

Article 15(1)(h) says that the controller should provide the data subject with information about the *envisaged consequences* of the processing, rather than an explanation of a *particular* decision. Recital 63 clarifies this by stating that every data subject should have the right of access to obtain "communication" about automatic data processing, including the logic involved, and *at least* when based on profiling, the consequences of such processing,

By exercising their Article 15 rights, the data subject can become aware of a decision made concerning him or her, including one based on profiling.

The controller should provide the data subject with general information (notably, on factors taken into account for the decision-making process, and on their respective "weight" on an aggregate level) which is also useful for him or her to challenge the decision.

F. *Establishing appropriate safeguards*

If the basis for processing is 22(2)(a) or 22(2)(c), Article 22(3) requires controllers to implement suitable measures to safeguard data subjects'rights freedoms and legitimate interests. Under Article 22(2)(b) the Member or Union State law that authorises the processing must also incorporate appropriate safeguarding measures.

Such measures should include as a minimum a way for the data subject to obtain human intervention, express their point of view, and contest the decision.

Human intervention is a key element. Any review must be carried out by someone who has the appropriate authority and capability to change the decision. The reviewer should undertake a thorough assessment of all the relevant data, including any additional information provided by the data subject.

Recital 71 highlights that *in any case* suitable safeguards should also include:

specific information to the data subject and the right... to obtain an explanation of the decision reached after such assessment and to challenge the decision.

The controller must provide a simple way for the data subject to exercise these rights.

This emphasises the need for transparency about the processing. The data subject will only be able to challenge a decision or express their view if they fully understand how it has been made and on what basis. Transparency requirements are discussed in Chapter IV (section E).

Errors or bias in collected or shared data or an error or bias in the automated decision-making process can result in:

– incorrect classifications; and
– assessments based on imprecise projections; that
– impact negatively on individuals.

Controllers should carry out frequent assessments on the data sets they process to check for any bias, and develop ways to address any prejudicial elements, including any over-reliance on correlations. Systems that audit algorithms and regular reviews of the accuracy and relevance of automated decision-making including profiling are other useful measures.

Controllers should introduce appropriate procedures and measures to prevent errors, inaccuracies *[(GDPR Recital 71 says that: "In order to ensure fair and transparent processing in respect of the data subject, taking into account the specific circumstances and context in which the personal data are processed, the controller should use appropriate mathematical or statistical procedures for the profiling, implement technical and organisational measures appropriate to ensure, in particular, that factors which result in inaccuracies in personal data are corrected and the risk of errors is minimised,...."]* or discrimination on the basis of special category data. These measures should be used on a cyclical basis; not only at the design stage, but also continuously, as the profiling is applied to individuals. The outcome of such testing should feed back into the system design.

Further examples of appropriate safeguards can be found in the Recommendations section.

V. Children and profiling

The GDPR creates additional obligations for data controllers when they are processing children's personal data.

Article 22 itself makes no distinction as to whether the processing concerns adults or children. However, recital 71 says that solely automated decision-making, including profiling, with legal or similarly significant effects should not apply to children

[Recital 71 - "such measure should not concern a child"]. Given that this wording is not reflected in the Article itself, WP 29 does not consider that this represents an absolute prohibition on this type of processing in relation to children. However, in the light of this recital, WP 29 recommends that, as a rule, controllers should not rely upon the exceptions in Article 22(2) to justify it.

There may nevertheless be some circumstances in which it is necessary for controllers to carry out solely automated decision-making, including profiling, with legal or similarly significant effects in relation to children, for example to protect their welfare. If so, the processing may be carried out on the basis of the exceptions in Article 22(2)(a), (b) or (c) as appropriate.

In those cases there must be suitable safeguards in place, as required by Article 22(2)(b) and 22(3), and they must therefore be appropriate for children. The controller must ensure that these safeguards are effective in protecting the rights, freedoms and legitimate interests of the children whose data they are processing.

The need for particular protection for children is reflected in recital 38, which says:

Children merit specific protection with regard to their personal data, as they may be less aware of the risks, consequences and safeguards concerned and their rights in relation to the processing of personal data. Such specific protection should, in particular, apply to the use of personal data of children for the purposes *of marketing or creating personality or user profiles and the collection of personal data with regard to children when using services offered directly to a child.*

Article 22 does not prevent controllers from making solely automated decisions about children, if the decision will not have a legal or similarly significant effect on the child. However, solely automated decision making which influences a child's choices and behaviour could potentially have a legal or similarly significant effect on them, depending upon the nature of the choices and behaviours in question.

Because children represent a more vulnerable group of society, organisations should, in general, refrain from profiling them for marketing purposes *[The WP 29 Opinion 02/2013 on apps on smart devices (WP 202), adopted on 27 February 2013, under the specific section 3.10 on Children, specifies at page 26 that "data controllers should not process children's data for behavioural advertising purposes, neither directly nor indirectly, since this will be outside of the scope of the child's understanding and therefore exceed the boundaries of lawful processing"]*. Children can be particularly susceptible in the online environment and more easily influenced by behavioural advertising. For example, in online gaming, profiling can be used to target players that the algorithm considers are more likely to spend money on the game as well as providing more personalised adverts. The age and maturity of the child may affect their ability to understand the motivation behind this type of marketing or the consequences *[An EU study on the impact of marketing through social media, online games and mobile applications on children's behaviour found that marketing practices have clear impacts on children's behaviour. This study was based on children aged between 6 and 12 years]*.

Article 40(2) (g) explicitly refers to the preparation of codes of conduct incorporating safeguards for children ; it may also be possible to develop existing codes *[One example of a code of conduct dealing with marketing to children is that produced by FEDMA Code of conduct, explanatory memorandum, available at: http://www.oecd.org/sti/ieconomy/2091875.pdf Accessed 15 May 2017. V., in particular: "6.2 Marketers targeting children, or for whom children are likely to constitute a section of their audience, should not exploit children's credulity, loyalty, vulnerability or lack of experience; 6.8.5 Marketers should not make a child's access to a website contingent on the collection of detailed personal information. In, particular, special incentives such as prize offers and games should not be used to entice children to divulge detailed personal information."]*.

VI. Data protection impact assessments (DPIA) and Data Protection Officer (DPO)

Accountability is an important area and an explicit requirement under the GDPR *[As required by the GDPR Art. 5(2)]*.

As a key accountability tool, a DPIA enables the controller to assess the risks involved in automated decision-making, including profiling. It is a way of showing that suitable measures have been put in place to address those risks and demonstrate compliance with the GDPR.

Article 35(3) (a) highlights the need for the controller to carry out a DPIA in the case of:

a systematic and extensive evaluation of personal aspects relating to natural persons which *is based* on automated processing, *including* profiling, and on which decisions are based that produce legal effects concerning the natural person or similarly significantly affect the natural person;

Article 35(3)(a) refers to evaluations including profiling and decisions that are "based" on automated processing, rather than "solely" automated processing. We take this to mean that Article 35(3) (a) will apply in the case of decision-making including profiling with legal or similarly significant effects that is *not* wholly automated, as well as solely automated decision-making defined in Article 22(1).

If the controller envisages a "model" where it takes *solely* automated decisions having a *high impact* on individuals based on *profiles* made about them and it *cannot* rely on the indvidual's consent, on a contract with the individual or on a law authorising this, the controller should not proceed.

The controller can still envisage a "model" of decision-making based on profiling, by significantly increasing the level of human intervention so that the model is *no longer a fully automated decision making process*, although the processing could still present risks to individuals'fundamental rights and freedoms. If so the controller must ensure that they can address these risks and meet the requirements described in Chapter III of these Guidelines.

A DPIA can also be a useful way for the controller to identify what measures they will introduce to address the data protection risks involved with the processing. Such measures *[Mirroring the requirements in Art. 13(2)(f), Art. 14(2)(g) and Art. 22(3)]* could include:

– informing the data subject about the existence of and the logic involved in the automated decision-making process;

– explaining the significance and envisaged consequences of the processing for the data subject;

– providing the data subject with the means to oppose the decision; and

– allowing the data subject to express their point of view.

Other profiling activities may warrant a DPIA, depending upon the specifics of the case. Controllers may wish to consult the WP 29 guidelines on DPIAs *[Art. 29 Data Protection Working Party. Guidelines on Data Protection Impact Assessment (DPIA) and determining whether processing is "likely to result in a high risk" for the purposes of Regulation 2016/679. 4 April 2017. http://ec.europa.eu/newsroom/document.cfm?doc_id=44137 Accessed 24 April 2017]* for further information and to help determine the need to carry out a DPIA.

An additional accountability requirement is the designation of a DPO, where the profiling and/or the automated decision-making is a core activity of the controller and requires regular and systematic monitoring of data subjects on a large scale (Article 37(l)(b) *[Art. 29 Data Protection Working Party. Guidelines on Data Protection Officer (DPOs). 5 April 2017; http://ec.europa.eu/newsroom/article29/item-detail.cfm?item_id=612048 Accessed 22 January 2018]*.

ANNEX 1

GOOD PRACTICE RECOMMENDATIONS

The following good practice recommendations will assist data controllers in meeting the requirements of the GDPR provisions on profiling and automated decision making *[Controllers also need to ensure they have robust procedures in place to ensure that they can meet their obligations under Articles 15 - 22 in the timescales provided for by the GDPR]*.

Article	Issue	Recommendation
5(1)(a),12, 13, 14	Right to have information	Controllers should consult the WP 29 Guidelines on transparency WP 260 for general transparency requirements. In addition to the general requirements, when the controller is processing data as defined in Article 22, they must provide meaningful information about the logic involved. Instead of providing a complex mathematical explanation about how algorithms or machine-learning work, the controller should consider using clear and comprehensive ways to deliver the information to the data subject, for example: • the categories of data that have been or will be used in the profiling or decision-making process; • why these categories are considered pertinent; • how any profile used in the automated decision-making process is built, including any statistics used in the analysis; • why this profile is relevant to the automated decision-making process; and • how it is used for a decision concerning the data subject. Such information will generally be more relevant to the data subject and contribute to the transparency of the processing. Controllers may wish to consider visualisation and interactive techniques to aid algorithmic transparency.
6(1)(a)	Consent as a basis for processing	If controllers are relying upon consent as a basis for processing they should consult the WP 29 Guidelines on consent WP 259.
15	Right of access	Controllers may want to consider implementing a mechanism for data subjects to check their profile, including details of the information and sources used to develop it.
16	Right to rectification	Controllers providing data subjects with access to their profile in connection with their Article 15 rights should allow them the opportunity to update or amend any inaccuracies in the data or profile. This can also help them meet their Article 5(1) (d) obligations. Controllers could consider introducing online preference management tools such as a privacy dashboard. This gives data subjects the option of managing what is happening to their information across a number of different services - allowing them to alter settings, update their personal details, and review or edit their profile to correct any inaccuracies.
21(1) and (2)	Right to object	The right to object in Article 21(1) and (2) has to be explicitly brought to the attention of the data subject and presented clearly and separately frorn other information (Article 21(4). Controllers need to ensure that this right is prominently displayed on their website or in any relevant documentation and not hidden away within any other terms and conditions.
22 and Recital 71	Appropriate safeguards	The following list, though not exhaustive, provides some good practice suggestions for controllers to consider when making solely automated decisions, including profiling (defined in Article 22(1)): • regular quality assurance checks of heir systems to make sure that individuals are being treated fairly and not discriminated against, whether on the basis of special categories of personal data or otherwise; • algorithmic auditing - testing the algorithms used and developed by machine learning systems to prove that they are

Article	Issue	Recommendation
		actually performing as intended, and not producing discriminatory, erroneous or unjustified results; • for independent `third party' auditing (where decision-making based on profiling has a high impact on individuals), provide the auditor with all necessary information about how the algorithm or machine learning system works; • obtaining contractual assurances for third party algorithms that auditing and testing has been carried out and the algorithm is compliant with agreed standards; • specific measures for data minimisation to incorporate clear retention periods for profiles and for any personal data used when creating or applying the profiles; • using anonymisation or pseudonymisation techniques in the context of profiling; • ways to allow the data subject to express his or her point of view and contest the decision; and, • a mechanism for human intervention in defined cases, for example providing a link to an appeals process at the point the automated decision is delivered to the data subject, with agreed timescales for the review and a named contact point for any queries. Controllers can also explore options such as: • certification mechanisms for processing operations; • codes of conduct for auditing processes involving machine learning; • ethical review boards to assess the potential harms and benefits to society of particular applications for profiling.
53 Information Commissioner's Office - Big data, artificial intelligence, machine learning and data protection version 20, 03/2017 Page 87, paragraph 194, March 2017 https://icoorguk/media/for-organisations/documents/2013559/big-data-ai-ml-and-data-protectionpdf Accessed 24 April 2017.		

ANNEX 2

KEY GDPR PROVISIONS

Key GDPR provisions that reference general profiling and automated decision-making

Article	Recital	Comments
3(2)(b)	**24**	The monitoring of data subjects'behaviour as far as their behaviour takes place within the Union. **Recital 24:** "... tracked on the internet use of personal data processing techniques which consist of profiling a natural person, *particularly in order to take decisions* concerning her or him or for analysing or predicting her or his personal preferences, behaviours or attitudes".
4(4)	**30**	**Article 4(4)** definition of profiling **Recital 30:** "online identifier..., such as Internet Protocol addresses, cookie identifiers or other identifiers such as radio frequency identification tags may leave traces which, in particular when combined with unique identifiers and other information received by the servers,*may be used to create profiles of the natural persons and identify them.*"
5 and 6	**72**	**Recital 72:** "Profiling is subject to the rules of this Regulation governing the processing of personal data, such as the legal grounds for processing **(Article 6)** or data protection principles **(Article 5).**"
8	**38**	Use of children's personal data for profiling. **Recital 38:** "Children merit specific protection ... in particular ... to the use of personal data of children for the purposes of ... creating personality or user profiles"

Article	Recital	Comments
13 and 14	**60**	Right to be informed. **Recital 60:** "Furthermore, the data subject *shall be informed of the existence of profiling and the consequences of such profiling.*"
15	**63**	Right of access. **Recital 63:** "right to know and obtain communication with regard to the purposes for which the personal data are processed, ... and, *at least* when based on profiling, the consequences of such profiling".
21(1)(2) and (3)	**70**	Right to object to profiling. **Recital 70:** "... the right to object to such processing, including profiling to the extent that it is related to such direct marketing."
23	**73**	**Recital 73:** "Restrictions concerning specific principles and concerning the right to object and decisions based on profiling may be imposed by Union or Member State law as far as necessary and proportionate in a democratic society ..." to safeguard specific objectives of general public interest
35(3)(a)	**91**	A DPIA is required in the case of "a systematic and extensive evaluation of personal aspects relating to natural persons which is *based* on automated processing, including profiling, and on which decisions are based that produce legal effects concerning the natural person or similarly significantly affect the natural person;" **Covers decision-making including profiling that is not solely automated.**

Key GDPR provisions that reference automated decision-making as defined in Article 22

Article	Recital	Comments
13(2)(f) and **14(2)(g)**	**61**	Right to be informed about: • the existence of automated decision-making under **A22(1)** and **(4);** • meaningful information about the logic involved; • significance and envisaged consequences of such processing.
15(h)		Specific access rights to information about the existence of solely automated decision-making, including profiling.
22(1)	**71**	Prohibition on decision-making based solely on automated processing, including profiling, which produces legal/similarly significant effects. In addition to the explanation provided in the main body of the guidelines, the following points expand on the rationale for reading Article 22 as a prohibition: • Although Chapter III is about the rights of the data subject, the provisions in Articles 12 - 22 are not exclusively concerned with the *active* exercise of rights. Some of the rights are *passive*; they do not all relate to situations where the data subject takes an action i.e. makes a requestor a complaint or a demand of some sort. Articles 15-18 and Articles 20-21 are about the data subject actively exercising their rights, but Articles 13 &14 concern duties which the data controller has to fulfil, without any active involvement from the data subject. So the inclusion of Article 22 in that chapter does hot in itself mean that it is a right to object; • Article 12(2) talks about the exercise of `data subject rights under Articles 15 to 22; but this does not mean that Article 22(1) itself has to be interpreted as a right. There *is* an active right in A22, but it is part of the safeguards which have to be applied in those cases where automated decision making is allowed (Articles 22(2)(a-c)) - the right to obtain human intervention, express his or her point of view and to contest the decision. It only applies in those cases, because carrying out the processing described in Article 22(1) on other bases is prohibited; • Article 22 is found in a section of the GDPR called "Right to object **and** automated individual decision-making", implying that Article 22

Article	Recital	Comments
		is *not* a right to object like Article 21. This is further emphasised by the lack in Article 22 of an equivalently explicit information duty as that found in Article 21(4); • If Article 22 were to be interpreted as a right to object, the exception in Article 22(2)(c) would not make much sense. The exception states that automated decision-making can still take place if the data subject has given explicit consent (see below). This would be contradictory as a data subject cannot object and consent to the same processing; • An objection would mean that human intervention must take place. Article 22(2)(a) and (c) exceptions override the main rule in Article 22(1), but only as long as human intervention is available to the data subject, as specified in Article 22(3). Since the data subject (by objecting) has already requested human intervention, Article 22(2)(a) and (c) would automatically be circumvented in every case, thus rendering them meaningless in effect. **Recital 71:** "... Such processing includes "profiling" that consists of any form of automated processing of personal data evaluating the personal aspects relating to a natural person, in particular to analyse or predict aspects concerning the data subject's performance at work, economic situation, health, personal preferences or interests, reliability or behaviour, location or movements" ... *"Such measure should not concern a child"*
22(2)(a-c)	**71**	**Article 22(2)** lifts the prohibition for processing based on **(a)** the performance of or entering into a contract, **(b)** Union or Member state law, or **(c)** explicit consent. **Recital 71** provides further context on **22(2)(b)** and says that processing described in **A22(1)**: "should be allowed where expressly authorised by Union or Member State law to which the controller is subject, including for fraud and tax-evasion monitoring and prevention purposes conducted in accordance with the regulations, standards and recommendations of Union institutions or national oversight bodies and to ensure the security and reliability of a service provided by the controller ..."
22(3)	**71**	**Article 22 (3) and Recital 71** also specify that even in the cases referred to in **22(2)(a)** and **(c)** the processing should be subject to suitable safeguards. **Recital 71:** "which should include specific information to the data subject and the right to obtain human intervention, to express his or her point of view, to obtain an explanation of the decision reached after such assessment and to challenge the decision. Such measure should not concern a child."
23	**73**	**Recital 73:** "Restrictions concerning specific principles and concerning ... the right to object and decisions based on profiling ... may be imposed by Union or Member State law as far as necessary and proportionate in a democratic society ..." to safeguard specific objectives of general public interest
35(3)(a)	**91**	Requirement to carry out a DPIA.
47(2)(e)		Binding corporate rules referred to in **47(1)** should specify at least "... the right not to be subject to decisions based solely on automated processing, including profiling in accordance with **Article 22 ...**"

ANNEX 3

FURTHER READING

These Guidelines take account of the following:

— WP 29 Advice paper on essential elements of a definition and a provision on profiling within the EU General Data Protection Regulation, adopted 13 May 2013;

— WP 29 Opinion 2/2010 on online behavioural advertising, WP171;

— WP 29 Opinion 03/2013 on Purpose limitation, WP 203;

— WP 29 Opinion 06/2014 on the Notion of legitimate interests of the data controller under Article 7 of Directive 95/46/EC, WP217;

— WP 29 Statement on the role of a risk-based approach to data protection legal frameworks, WP218;

— WP 29 Opinion 8/2014 on the Recent Developments on the Internet of Things, WP223;

— WP 29 Guidelines on Data Protection Officers (DPOs), WP243;

— WP 29 Guidelines on identifying a controller or processor's lead supervisory authority WP244;

— WP 29 Guidelines on consent, WP259;

— WP 29 Guidelines on transparency, WP260;

— Council of Europe. Recommendation CM/Rec(2010)13 on the protection of individuals with regard to automatic processing of personal data in the context of profiling;

— Council of Europe. Guidelines on the protection of individuals with regard to the processing of personal data in a world of Big Data, 01/2017;

— Information Commissioner's Office – Big data, artificial intelligence, machine learning and data protection version 2.0, 03/2017;

— Office of the Australian Commissioner – Consultation draft: Guide to big data and the Australian Privacy Principles, 05/2016;

— European Data Protection Supervisor (EDPS) Opinion 7/2015 – Meeting the challenges of big data, 19 November 2015;

— Datatilsynet – Big Data – privacy principles under pressure 09/2013;

— Council of Europe. Convention for the protection of individuals with regard to automatic processing of personal data – Draft explanatory report on the modernised version of CoE Convention 108, August 2016;

— Datatilsynet – The Great Data Race – How commercial utilisation of personal data challenges privacy. Report, November 2015;

— European Data Protection Supervisor – Assessing the necessity of measures that limit the fundamental right to the protection of personal data: A Toolkit;

— Joint Committee of the European Supervisory Authorities. Joint Committee Discussion Paper on the use of Big Data by financial institutions 2016-86;

— Commission de la protection de la vie privée. Big Data Rapport;

— United States Senate, Committee on Commerce, Science, and Transportation. A Review of the Data Broker Industry: Collection, Use, and Sale of Consumer Data for Marketing Purposes, Staff Report for Chairman Rockefeller, December 18, 2013;

— Lilian Edwards & Michael Veale. Slave to the Algorithm? Why a "Right to an Explanation" is probably not the remedy you are looking for. Research paper, posted 24 May 2017;

— NYTimes.com. Showing the Algorithms behind New York City Services;

— Council of Europe. Recommendation CM/REC(2018)x of the Committee of Ministers to Member States on Guidelines to promote, protect and fulfil children's rights in the digital environment (revised draft, 25 July 2017);

— Unicef. Privacy, protection of personal information and reputation rights. Discussion paper series: Children's Rights and Business in a Digital World;

— House of Lords. Growing up with the internet. Select Committee on Communications, 2nd Report of Sessions 2016 – 17;

— Sandra Wachter, Brent Mittelstadt and Luciano Floridi. Why a right to explanation of automated decision-making does not exist in the General Data Protection Regulation, 28 December 2016;

— Sandra Wachter, Brent Mittelstadt and Chris Russell. Counterfactual explanations Without Opening the Black Box: Automated Decisions and the GDPR, 6 October 2017;

— Australian Government. Better Practice Guide, Automated Assistance in Administrative Decision-Making. Six steps methodology, plus summary of checklist points Part. 7 February 2007.

Lignes directrices du G29 du 11 avril 2018,

Sur la transparence au vu du règlement (UE) 2016/679 ***(WP 260 rev. 01)****.*

Révisées le 10 avr. 2018.

V. NDLR en tête de v°.

BIBL. ▶ ARMINGAUD et SÉLOSSE, *RLDI juill. 2019. 50* (l'essentiel ne saurait être visible pour les yeux. Retour sur les lignes directrices sur la transparence).

Introduction

1. Les présentes lignes directrices du groupe de travail "Article 29" (G29) fournissent une orientation pratique ainsi qu'une aide à l'interprétation concernant la nouvelle obligation de transparence applicable au traitement des données à caractère personnel au titre du règlement général sur la protection des données *[Règl. (UE) 2016/679 du 27 avr. 2016, relatif à la protection des personnes physiques à l'égard du traitement des données à caractère personnel et à la libre circulation de ces données, et abrogeant la directive 95/46/CE (JO L 119 du 4.5.2016, p. 1)]* **(ci-après le "RGPD"). La transparence est une obligation globale au sens du RGPD qui s'applique à trois domaines centraux : 1) la communication aux personnes concernées d'informations relatives au traitement équitable de leurs données ; 2) la façon dont les responsables du traitement communiquent avec les personnes concernées sur leurs droits au titre du RGPD ; et 3) la façon dont les responsables du traitement facilitent l'exercice par les personnes concernées de leurs droits** *[Ces lignes directrices fixent les principes généraux relatifs à l'exercice des droits des personnes concernées plutôt qu'elles traitent des modalités spécifiques à chacun des droits de ces personnes au titre du RPGD.]***. Dans la mesure où le respect de la transparence à l'égard du traitement des données est requis par la directive (UE) 2016/680** *[du 27 avr. 2016, relative à la protection des personnes physiques à l'égard du traitement des données à caractère personnel par les autorités compétentes à des fins de prévention et de détection des infractions pénales, d'enquêtes et de poursuites en la matière ou d'exécution de sanctions pénales, et à la libre circulation de ces données, et abrogeant la décision-cadre 2008/977/JAI du Conseil (JO L 119 du 4.5.2016, p. 89)]***, ces lignes directrices s'appliquent également à l'interprétation de ce principe** *[Bien que la transparence ne constitue pas l'un des principes relatifs au traitement des données à caractère personnel énoncés à l'article 4 de la Dir. (UE) 2016/680, le considérant 26 de ladite directive dispose que "tout traitement de données à caractère personnel doit être licite, loyal et transparent à l'égard des personnes physiques concernées".]***. A l'instar de toutes les lignes directrices du G29, les présentes lignes directrices ont vocation à être généralement applicables et pertinentes pour les responsables du traitement, quelles que soient les caractéristiques sectorielles, d'entreprise ou réglementaires spécifiques à un responsable du traitement en particulier. A ce titre, ces lignes directrices ne peuvent pas prendre en compte les nuances et nombreuses variables pouvant apparaître dans le contexte des obligations de transparence d'un secteur, d'une entreprise ou d'un domaine réglementé spécifique. Néanmoins, elles visent, d'une part, à permettre aux responsables du traitement de comprendre, à un degré élevé, l'interprétation par le G29 de ce que les obligations de transparence impliquent dans la pratique et, d'autre part, à indiquer l'approche que les responsables du traitement devraient, selon le G29, adopter en matière de transparence tout en intégrant les notions d'équité et de responsabilité dans leurs mesures de transparence.**

2. La transparence est une caractéristique bien ancrée dans le droit de l'Union européenne *[L'art. 1er du TUE décrit les décisions comme étant prises "dans le plus grand respect possible du principe d'ouverture et le plus près possible des citoyens" ; l'art. 11, § 2, dispose que "[l]es institutions entretiennent un dialogue ouvert, transparent et régulier avec les associations représentatives et la société civile" ; et l'art. 15 TFUE prévoit, entre autres, que les citoyens de l'Union ont un droit d'accès aux documents des institutions, organes et organismes de l'Union et que les institutions, organes et organismes de l'Union ont pour obligation d'assurer la transparence* *de leurs travaux.]*. Son objectif premier est de susciter la confiance dans les processus applicables aux citoyens en leur permettant de comprendre et, au besoin, de contester lesdits processus. C'est également une expression du principe d'équité à l'égard du traitement des données à caractère personnel énoncé à l'article 8 de la charte des droits fondamentaux de l'Union européenne. Conformément au RGPD *[art. 5, § 1, point a) : "Les données à caractère personnel doivent être traitées de manière licite, loyale et transparente au regard de la personne concernée"]*, outre l'obligation de traiter les données de manière licite et loyale, la transparence constitue désormais un aspect fondamental des principes relatifs au traitement *[Dans la Dir. 95/46/CE, le principe de transparence n'était évoqué qu'au considérant 38 au titre d'une obligation de traiter les données de manière loyale, sans être expressément mentionné à l'art. 6, § 1, point a), de ladite directive.]*. La transparence est intrinsèquement liée à l'équité et au nouveau principe de responsabilité au titre du RGPD. Il ressort également de l'article 5, paragraphe 2, que le responsable du traitement doit toujours être en mesure de démontrer que les données à caractère personnel sont traitées de manière transparente au regard de la personne concernée *[Conformément à l'art. 5, § 2, du RGPD, il incombe au responsable du traitement de démontrer la transparence (parallèlement aux cinq autres principes liés au traitement des données tels qu'énoncés à l'art. 5, § 1) en vertu du principe de responsabilité.]*. Parallèlement, le principe de responsabilité exige la transparence des opérations de traitement afin que les responsables du traitement puissent démontrer qu'ils satisfont aux obligations leur incombant en vertu du RGPD *[L'obligation imposée aux responsables du traitement de mettre en œuvre des mesures techniques et organisationnelles pour s'assurer et être en mesure de démontrer que le traitement est effectué conformément au RGPD est établie à l'art. 24, § 1.]*.

3. Conformément au considérant 171 du RGPD, lorsqu'un traitement a commencé avant le 25 mai 2018, le responsable du traitement doit s'assurer que le traitement en question satisfait aux obligations de transparence applicables à compter du 25 mai 2018 (conjointement à toutes les autres obligations au titre du RGPD). Cela signifie que les responsables du traitement devraient réexaminer avant le 25 mai 2018 toutes les informations fournies aux personnes concernées sur le traitement de leurs données à caractère personnel (par exemple, dans des déclarations ou des avis sur la protection de la vie privée, etc.) afin de garantir qu'ils respectent les obligations de transparence énoncées dans les présentes lignes directrices. Lorsque des modifications ou des ajouts sont apportés à ces informations, les responsables du traitement doivent clairement indiquer aux personnes concernées que ces modifications ont été effectuées aux fins de la conformité au RGPD. Le G29 recommande que ces modifications ou ajouts soient activement portés à l'attention des personnes concernées et exige, au minimum, que les responsables du traitement rendent ces informations publiques (par exemple sur leur site web). Néanmoins, si les modifications ou ajouts sont substantiels, ils devraient, conformément aux points 29 à 32 ci-après, être portés activement à l'attention des personnes concernées.

4. Le principe de transparence, lorsqu'il est respecté par les responsables du traitement, permet aux personnes concernées de contrôler leurs données à caractère personnel et d'exiger des responsables du traitement et des sous-traitants qu'ils rendent des comptes à cet égard, par exemple en accordant ou en retirant leur consentement éclairé et en faisant appliquer leurs droits en tant que personnes concernées *[V., par ex., les conclusions de l'avocat général Cruz Villalón du 9 juill. 2015 dans l'affaire Bara (aff. C-201/14), point 74 : "cette exigence d'information des personnes concernées par le traitement de leurs données personnelles, qui garantit la transparence de tout traitement, est d'autant plus importante qu'elle conditionne l'exercice par les intéressés de leur droit d'accès aux données traitées, visé à l'article 12 de la directive 95/46, et de leur droit d'opposition au traitement desdites données, défini à l'article 14 de la même directive".]*. Le concept de transparence du RGPD est centré sur l'utilisateur plutôt que sur l'aspect légal et se concrétise dans plusieurs articles par des exigences pratiques spécifiques applicables aux responsables du traitement et aux sous-traitants. Les exigences pratiques (informations) sont exposées aux articles 12 à 14 du RGPD. Cependant, la qualité, l'accessibilité et l'intelligibilité des informations sont aussi importantes que le contenu réel des informations en matière de transparence devant être fournies aux personnes concernées.

5. Les exigences de transparence du RGPD s'appliquent quelle que soit la base juridique du traitement et tout au long du cycle de vie de ce dernier. Cela ressort clairement de l'article 12, qui prévoit que la transparence s'applique aux étapes suivantes du cycle de traitement des données :

• avant ou au commencement du cycle de traitement des données, c'est-à-dire quand les données à caractère personnel sont collectées auprès de la personne concernée ou obtenues d'une autre manière ;

• tout au long de la période de traitement, c'est-à-dire lors des communications avec les personnes concernées sur leurs droits ; et

• à des moments spécifiques du cycle de traitement, par exemple en cas de violation des données ou de modification substantielle du traitement.

Signification de la transparence

6. La transparence n'est pas définie dans le RGPD. Le considérant 39 du RGPD fournit des informations sur le sens et l'effet du principe de transparence dans le cadre du traitement des données : "Le fait que des données à caractère personnel concernant des personnes physiques sont collectées, utilisées, consultées ou traitées d'une autre manière et la mesure dans laquelle ces données sont ou seront traitées devraient être transparents à l'égard des personnes physiques concernées. Le principe de transparence exige que toute information et communication relatives au traitement de ces données à caractère personnel soient aisément accessibles, faciles à comprendre, et formulées en des termes clairs et simples. Ce principe vaut, notamment, pour les informations communiquées aux personnes concernées sur l'identité du responsable du traitement et sur les finalités du traitement ainsi que pour les autres informations visant à assurer un traitement loyal et transparent à l'égard des personnes physiques concernées et leur droit d'obtenir la confirmation et la communication des données à caractère personnel les concernant qui font l'objet d'un traitement."

Éléments de transparence au titre du RGPD

7. Les articles clés du RGPD en matière de transparence, en ce qu'ils s'appliquent aux droits de la personne concernée, se trouvent au chapitre III (Droits de la personne concernée). L'article 12 établit les règles générales applicables : à la communication d'informations aux personnes concernées (visée aux articles 13 et 14) ; aux communications adressées aux personnes concernées au sujet de l'exercice de leurs droits (visées aux articles 15 à 22) ; et aux communications concernant les violations de données (article 34). Plus particulièrement, l'article 12 impose que les informations ou communications en question respectent les règles suivantes :

• elles doivent être concises, transparentes, compréhensibles et aisément accessibles (article 12, paragraphe 1) ;

• des termes clairs et simples doivent être employés (article 12, paragraphe 1) ;

• l'exigence concernant l'utilisation de termes clairs et simples est particulièrement importante pour les informations destinées à des enfants (article 12, paragraphe 1) ;

• les informations sont fournies "par écrit ou par d'autres moyens y compris, lorsque c'est approprié, par voie électronique" (article 12, paragraphe 1) ;

• lorsque la personne concernée en fait la demande, les informations peuvent être fournies oralement (article 12, paragraphe 1) ; et

• elles sont généralement fournies gratuitement (article 12, paragraphe 5).

"concises, transparentes, compréhensibles et aisément accessibles"

8. L'exigence que la fourniture d'informations aux personnes concernées et que les communications qui leur sont adressées soient réalisées d'une manière "concise et transparente" signifie que les responsables du traitement devraient présenter les informations/communications de façon efficace et succincte afin d'éviter de noyer d'informations les personnes concernées. Ces informations devraient être clairement

différenciées des autres informations non liées à la vie privée telles que des clauses contractuelles ou des modalités d'utilisation générale. Dans un contexte en ligne, la présentation d'une déclaration de confidentialité ou de dispositions en matière de protection de la vie privée sur différents niveaux permet à la personne concernée de naviguer jusqu'à la section spécifique de la déclaration ou de l'avis sur la protection de la vie privée à laquelle elle souhaite accéder immédiatement plutôt que de devoir faire défiler de grandes quantités de texte à la recherche d'informations spécifiques.

9. L'exigence que ces informations soient "compréhensibles" signifie qu'elles devraient pouvoir être comprises par la majorité du public visé. La compréhensibilité est étroitement liée à l'exigence d'utiliser des termes clairs et simples. Un responsable du traitement connaît les personnes au sujet desquelles il collecte des informations et peut mettre à profit ces connaissances pour déterminer ce que ce public serait susceptible de comprendre. Par exemple, un responsable du traitement collectant les données à caractère personnel de professionnels exerçant une activité peut partir du principe que son public a un niveau de compréhension plus élevé que si ce même responsable du traitement collectait des données à caractère personnel concernant des enfants. Si les responsables du traitement ont des incertitudes sur le niveau de compréhensibilité et de transparence des informations et l'efficacité des interfaces utilisateur, avis, politiques, etc., ils ont la possibilité de tester ces derniers au moyen, par exemple, de différents mécanismes tels que des panels d'utilisateurs, des tests de lisibilité, des interactions formelles et informelles ou en dialoguant, entre autres, avec des groupes d'entreprises, des organisations représentatives des intérêts des consommateurs ou des organes réglementaires, le cas échéant.

10. Un aspect primordial du principe de transparence mis en lumière dans ces dispositions est que la personne concernée devrait être en mesure de déterminer à l'avance ce que la portée et les conséquences du traitement englobent afin de ne pas être prise au dépourvu à un stade ultérieur quant à la façon dont ses données à caractère personnel ont été utilisées. C'est également un aspect important du principe d'équité au titre de l'article 5, paragraphe 1, du RGPD, qui est d'ailleurs lié au considérant 39 qui dispose que "[l]es personnes physiques devraient être informées des risques, règles, garanties et droits liés au traitement des données à caractère personnel". Plus particulièrement, en ce qui concerne les traitements de données complexes, techniques ou non prévus, la position du G29 est que les responsables du traitement devraient, en plus de fournir les informations énoncées aux articles 13 et 14 (traitées ultérieurement dans les présentes lignes directrices), définir séparément et de façon claire les principales conséquences du traitement : autrement dit, quel sera réellement l'effet du traitement spécifique décrit dans une déclaration ou un avis sur la protection de la vie privée pour la personne concernée. En accord avec le principe de responsabilité et conformément au considérant 39, les responsables du traitement devraient évaluer s'il existe pour les personnes physiques concernées par ce type de traitement des risques particuliers qu'il conviendrait de porter à l'attention des intéressés. Une telle évaluation pourrait permettre de fournir un aperçu des types de traitement susceptibles d'avoir le plus d'impact sur les libertés et droits fondamentaux des personnes concernées quant à la protection de leurs données à caractère personnel.

11. Le critère "aisément accessible" signifie que la personne concernée ne devrait pas avoir à rechercher les informations mais devrait pouvoir tout de suite y accéder : par exemple, ces informations pourraient être communiquées aux personnes concernées directement ou au moyen d'un lien qui leur serait adressé ; leur emplacement et accès pourraient être clairement indiqués, ou elles pourraient être fournies en réponse à une question en langage naturel (par exemple, dans une déclaration de confidentialité ou des dispositions en matière de protection de la vie privée sur différents niveaux en ligne, dans une FAQ, au moyen de fenêtres contextuelles qui s'activent quand une personne concernée remplit un formulaire en ligne, ou dans un contexte numérique interactif avec un agent conversationnel. Ces mécanismes sont présentés plus en détail ci-après, notamment aux points 33 à 40).

Exemple. **Chaque entreprise disposant d'un site internet devrait publier une déclaration ou un avis sur la protection de la vie privée sur son site. Un lien direct**

vers cette déclaration ou cet avis sur la protection de la vie privée devrait être clairement visible sur chaque page de ce site internet sous un terme communément utilisé (comme "Confidentialité", "Politique de confidentialité" ou "Avis de protection de la vie privée"). Les textes ou liens dont la mise en page ou le choix de couleur les rend moins visibles ou difficiles à trouver sur une page web ne sont pas considérés comme aisément accessibles.

Pour les applications, les informations nécessaires devraient également être accessibles dans la boutique en ligne avant leur téléchargement. Une fois l'application installée, les informations doivent rester aisément accessibles dans l'application. L'un des moyens de satisfaire à cette exigence est de garantir que les informations ne se trouvent jamais à plus de deux actions/clics sur l'écran (par exemple, en intégrant une option "Confidentialité"/"Protection des données" dans le menu de l'application). De plus, les informations personnelles en question devraient être propres à l'application et ne devraient pas simplement être la politique de confidentialité générique de l'entreprise qui est propriétaire de l'application ou qui la met à la disposition du public.

Le G29 recommande à titre de bonne pratique que, dans un contexte en ligne, un lien vers la déclaration ou l'avis sur la protection de la vie privée soit fourni au point de collecte des données à caractère personnel, ou que ces informations soient consultables sur la même page que celle où les données à caractère personnel sont collectées.

« Des termes clairs et simples »

12. S'agissant d'informations écrites (et lorsque des informations écrites sont prononcées oralement ou, au moyen de méthodes audio/audiovisuelles, notamment pour les personnes concernées souffrant de problèmes de vue), les bonnes pratiques applicables au principe d'écriture claire doivent être suivies *[V. "Rédiger clairement" par la Commission européenne (2011), consultable à l'adresse suivante : https://publications.europa.eu/en/publication-detail/-/publication/c2dab20c-0414-408d-87b5-dd3c6e5dd9a5/language-fr.]*. Une exigence linguistique semblable (pour des "termes clairs et compréhensibles") a été précédemment appliquée dans la législation de l'Union *[art. 5 de la Dir. 93/13/CEE du 5 avr. 1993 concernant les clauses abusives dans les contrats conclus avec les consommateurs]* et est explicitement énoncée dans le contexte du consentement au considérant 42 du RGPD *[Le considérant 42 dispose qu'une déclaration de consentement rédigée préalablement par le responsable du traitement devrait être fournie sous une forme compréhensible et aisément accessible, et formulée en des termes clairs et simples, et qu'elle ne devrait contenir aucune clause abusive.]*. L'exigence de termes clairs et simples signifie que les informations devraient être fournies de la façon la plus simple possible, en évitant des phrases et des structures linguistiques complexes. Les informations devraient être concrètes et fiables ; elles ne devraient pas être formulées dans des termes abstraits ou ambigus ni laisser de place à différentes interprétations. Plus particulièrement, les finalités et fondements juridiques du traitement des données à caractère personnel devraient être clairs.

Exemples de mauvaises pratiques.

Les phrases suivantes ne sont pas suffisamment claires pour que l'on comprenne la finalité du traitement :

- ***"Il se peut que nous utilisions vos données à caractère personnel en vue de la mise au point de nouveaux services"* (car le sens de "services" et la façon dont ces données permettront de mettre au point les services ne sont pas clairs) ;**
- ***"Il se peut que nous utilisions vos données à caractère personnel à des fins de recherche"* (car le type de "recherche" visé n'est pas clair) ; et**
- ***"Il se peut que nous utilisions vos données à caractère personnel afin de vous proposer des services personnalisés"* (car ce qu'englobe la "personnalisation" n'est pas clair)**

Exemples de bonnes pratiques.

[L'exigence de transparence est entièrement valable, indépendamment de l'exigence imposée aux responsables du traitement de garantir l'existence d'une base juridique pour le traitement en vertu de l'art. 6.]

- **"Nous conserverons votre historique d'achats et utiliserons les informations sur les produits que vous avez précédemment achetés afin de vous suggérer d'autres produits qui, selon nous, devraient vous intéresser" (cette phrase indique clairement quels types de données seront traités, que la personne concernée recevra des annonces ciblées pour des produits et que ses données seront utilisées à cette fin) ;**
- **"Nous conserverons et analyserons les informations relatives à vos dernières visites sur notre site internet et la façon dont vous naviguez parmi les différentes rubriques de notre site à des fins d'analyse en vue de comprendre comment les internautes consultent notre site pour, à terme, le rendre plus intuitif" (cette phrase indique clairement le type de données qui seront traitées et le type d'analyses que le responsable du traitement effectuera) ; et**
- **"Nous conserverons une trace des articles de notre site internet sur lesquels vous avez cliqué et utiliserons ces informations pour adapter la publicité sur ce site à vos centres d'intérêt, que nous avons déterminés au vu des articles que vous avez lus" (cette phrase indique clairement en quoi consiste la personnalisation et la façon dont les centres d'intérêt de la personne concernée ont été identifiés).**

13. Les qualificatifs tels que "peut", "pourrait", "certains", "souvent" et "possible" sont à éviter. Lorsque les responsables du traitement choisissent d'utiliser des termes vagues, ils devraient pouvoir, conformément au principe de responsabilité, démontrer que ce type de langage ne pouvait pas être évité et prouver qu'il ne nuit pas à l'équité du traitement. Les paragraphes et phrases doivent être bien structurés, en utilisant des puces et des alinéas pour indiquer les relations hiérarchiques. Il convient de privilégier la forme active plutôt que la voix passive et d'éviter les mots superflus. Les informations fournies à une personne concernée ne devraient pas contenir de termes trop juridiques, techniques ou spécialisés. Lorsque les informations sont traduites dans une ou plusieurs langues, le responsable du traitement doit s'assurer que toutes les traductions sont exactes et que la phraséologie et la syntaxe ont du sens dans la langue cible de sorte que le texte traduit n'ait pas à être déchiffré ou réinterprété. (Une traduction dans une ou plusieurs langues devrait être fournie lorsque le responsable du traitement cible *[Par exemple, si le responsable du traitement exploite un site internet dans la langue en question et/ou offre des options spécifiques à un pays et/ou facilite le paiement de biens ou services dans la monnaie d'un État membre en particulier, cela peut être le signe que ce responsable du traitement cible les personnes concernées d'un État membre spécifique.]* des personnes concernées parlant ces langues.)

Communication d'informations à des enfants et d'autres personnes vulnérables

14. Quand un responsable du traitement cible des enfants *[Le terme "enfant" n'est pas défini dans le RGPD ; néanmoins le G29 reconnaît, en accord avec la convention internationale relative aux droits de l'enfant des Nations unies - que tous les États membres de l'Union européenne ont ratifiée -, qu'un enfant est une personne âgée de moins de 18 ans.]* ou est, ou devrait être, conscient que ses biens et/ou services sont particulièrement utilisés par des enfants (y compris lorsque le responsable du traitement est tributaire du consentement de l'enfant) *[C'est-à-dire les enfants âgés de 16 ans et plus (ou, lorsque (conformément à l'art. 8, § 1, du RGPD) le droit national de l'État membre a fixé l'âge du consentement à un âge spécifique situé entre 13 et 16 ans, permettant aux enfants de consentir à une offre de prestation de services d'une société de l'information, les enfants ayant atteint ledit âge de consentement national).]*, il doit s'assurer que le vocabulaire, le ton et le style de langage utilisés sont adaptés aux enfants et peuvent être compris par ces derniers de sorte que les enfants destinataires des informations reconnaissent que le message/les informations leur sont adressés *[Le considérant 38 indique que "[l]es enfants méritent une protection spécifique en ce qui concerne leurs données à caractère personnel parce qu'ils peuvent être moins conscients des risques, des conséquences et des garanties concernées et de leurs droits liés au traitement des données à caractère*

personnel". Le considérant 58 prévoit que "[l]es enfants méritant une protection spécifique, toute information et communication, lorsque le traitement les concerne, devraient être rédigées en des termes clairs et simples que l'enfant peut aisément comprendre".]. **Un exemple utile de langage axé sur l'enfant, utilisé en remplacement du langage juridique d'origine, est accessible dans la "Convention des droits de l'enfant des Nations unies expliquée aux enfants"** *[https://www.unicef.org/rightsite/files/uncrcchilldfriendlylanguage.pdf]*.

15. La position du G29 est que la transparence est un droit indépendant qui s'applique autant aux enfants qu'aux adultes. Le G29 insiste en particulier sur le fait que les enfants ne perdent pas leur droit à la transparence en tant que personnes concernées simplement parce que leur consentement a été donné ou autorisé par le titulaire de la responsabilité parentale dans une situation où l'article 8 du RGPD s'applique. Bien qu'un tel consentement soit, dans de nombreux cas, donné ou autorisé sur une base ponctuelle par le titulaire de la responsabilité parentale, un enfant (comme toute autre personne concernée) dispose d'un droit permanent à la transparence pendant toute la durée de son interaction avec le responsable du traitement. Ceci est conforme à l'article 13 de la convention internationale relative aux droits de l'enfant des Nations unies qui prévoit qu'un enfant a droit à la liberté d'expression, ce qui comprend la liberté de rechercher, de recevoir et de répandre des informations et des idées de toute espèce *[L'art. 13 de la Conv. internationale relative aux droits de l'enfant des Nations unies dispose comme suit : "L'enfant a droit à la liberté d'expression. Ce droit comprend la liberté de rechercher, de recevoir et de répandre des informations et des idées de toute espèce, sans considération de frontières, sous une forme orale, écrite, imprimée ou artistique, ou par tout autre moyen du choix de l'enfant."]*. **Il est important de signaler que, bien qu'il prévoie la fourniture du consentement au nom d'un enfant en dessous d'un âge spécifique** *[C'est-à-dire les enfants âgés de 16 ans et plus (ou, lorsque (conformément à l'art. 8, § 1, du RGPD) le droit national de l'État membre a fixé l'âge du consentement à un âge spécifique situé entre 13 et 16 ans, permettant aux enfants de consentir à une offre de prestation de services d'une société de l'information, les enfants ayant atteint ledit âge de consentement national)]*, **l'article 8 ne prévoit pas de mesures de transparence destinées au titulaire de la responsabilité parentale qui donne un tel consentement. Par conséquent, les responsables du traitement ont pour obligation, en vertu des dispositions spécifiques aux mesures de transparence destinées aux enfants prévues à l'article 12, paragraphe 1 (et appuyées par les considérants 38 et 58), de garantir que, lorsqu'ils ciblent des enfants ou ont conscience que leurs biens ou services sont particulièrement utilisés par des enfants en âge de savoir lire et écrire, ces informations et communications soient transmises en des termes clairs et simples ou fournies par un moyen facilement compréhensible par des enfants. Pour éviter toute ambiguïté, le G29 reconnaît néanmoins que dans le cas d'enfants très jeunes ou seulement pré-alphabétisés, les mesures de transparence peuvent également être adressées aux titulaires de la responsabilité parentale, étant donné que ces enfants, dans la plupart des cas, ne parviendront pas à comprendre les messages écrits ou non écrits les plus élémentaires au sujet de la transparence.**

16. De même, si un responsable du traitement est informé que ses biens et/ou services sont utilisés par (ou ciblent) d'autres membres vulnérables de la société, notamment des personnes souffrant de handicaps ou des personnes éprouvant des difficultés à accéder à l'information, il devrait prendre en compte les vulnérabilités de ces personnes dans son analyse de la façon de garantir le respect de ses obligations de transparence à l'égard de ces personnes concernées *[Par exemple, la Conv. relative aux droits des personnes handicapées des Nations unies exige que des formes appropriées d'aide et d'accompagnement soient fournies aux personnes handicapées afin de leur assurer l'accès à l'information.]*. **Cette exigence est liée à la nécessité pour le responsable du traitement d'évaluer le niveau probable de compréhension de son public, comme expliqué au point 9 du présent document.**

"Par écrit ou par d'autres moyens"

17. Conformément à l'article 12, paragraphe 1, les informations et les communications doivent, en principe, être adressées aux personnes concernées par écrit *[L'art. 12, § 1, porte sur les termes utilisés et dispose que les informations sont fournies par écrit ou par d'autres moyens y compris, lorsque c'est approprié, par voie électronique.]*. **(L'article 12,**

paragraphe 7, prévoit également que les informations peuvent être accompagnées d'icônes normalisées. Cette question est abordée dans la rubrique sur les éléments visuels aux points 49 à 53 du présent document). Cependant, le RGPD autorise également l'utilisation d'autres "voies" non déterminées notamment des voies électroniques. La position du G29 à l'égard des moyens électroniques écrits est que, lorsqu'un responsable du traitement alimente (ou exploite en partie ou en totalité) un site internet, il lui est recommandé d'avoir recours à une déclaration ou à un avis sur la protection de la vie privée à différents niveaux permettant aux visiteurs du site de naviguer parmi les aspects spécifiques de la déclaration ou de l'avis sur la protection de la vie privée qui les intéressent le plus (voir les points 35 à 37 pour en savoir plus sur les déclarations et avis sur la protection de la vie privée à différents niveaux) *[La reconnaissance par le G29 des avantages des avis à différents niveaux a déjà été notée dans l'avis 10/2004 relatif aux dispositions davantage harmonisées en matière d'information et l'avis 2/2013 sur les applications destinées aux dispositifs intelligents.]*. Néanmoins, l'intégralité des informations adressées à une personne concernée devrait également être accessible à un endroit unique ou dans un même document (au format papier ou électronique) pouvant être aisément consulté par cette personne si elle souhaite consulter l'intégralité des informations qui lui sont adressées. Il est également important de noter que le recours à une approche à plusieurs niveaux ne se limite pas à la communication des informations aux personnes concernées par des moyens électroniques écrits. Comme expliqué aux points 35 à 36 et 38 ci-après, une approche à plusieurs niveaux pour la communication d'informations aux personnes concernées peut également être utilisée en employant un ensemble de méthodes visant à garantir la transparence à l'égard du traitement.

18. Bien entendu, les déclarations et avis sur la protection de la vie privée à différents niveaux ne sont pas les seuls moyens électroniques écrits dont disposent les responsables du traitement. Ces derniers peuvent également utiliser des avis apparaissant dans des fenêtres contextuelles à des moments spécifiques, des avis apparaissant par pression sur l'écran ou par déplacement au-dessus de l'écran, et des tableaux de bord sur la protection de la vie privée. Les moyens électroniques non écrits pouvant être utilisés en sus d'une déclaration ou d'un avis sur la protection de la vie privée à différents niveaux peuvent inclure des vidéos ainsi que des alertes vocales pour smartphone ou objet connecté *[Ces exemples de moyens électroniques ne sont fournis qu'à titre indicatif et les responsables du traitement peuvent élaborer de nouvelles méthodes innovantes en vue de satisfaire à l'art. 12.]*. Les "autres moyens", qui ne sont pas nécessairement électroniques, peuvent inclure, par exemple, des bandes dessinées, des infographies ou des organigrammes. Lorsque les informations sur la transparence sont destinées spécifiquement à des enfants, les responsables du traitement devraient prendre en compte le type de mesures pouvant être particulièrement accessibles aux enfants (par exemple, des dessins animés, des bandes dessinées, des pictogrammes, des animations, etc.).

19. La méthode choisie pour communiquer les informations, c'est-à-dire la façon dont le responsable du traitement et la personne concernée interagissent ou la façon dont les informations de la personne concernée sont collectées, doit impérativement être adaptée aux circonstances particulières de la situation. Ainsi, fournir simplement les informations par voie électronique et par écrit, par exemple dans une déclaration ou un avis sur la protection de la vie privée en ligne, peut ne pas être adapté ou ne pas fonctionner sur un dispositif collectant les données à caractère personnel qui ne dispose pas d'un écran (dispositifs connectés/intelligents) pour afficher le site internet ou ces informations écrites. Dans un tel cas, des moyens alternatifs supplémentaires et adaptés devraient être envisagés, par exemple la fourniture de la déclaration ou de l'avis sur la protection de la vie privée dans un guide d'instruction au format papier ou la fourniture au format papier, dans les instructions ou sur l'emballage, de l'adresse URL du site internet (plus précisément, la page spécifique du site internet) où se trouve l'avis ou la déclaration sur la protection de la vie privée. La communication audio (orale) des informations est également possible si le dispositif sans écran dispose de fonctions audio. Le G29 a précédemment formulé des recommandations touchant à la transpa-

rence et à la communication d'informations aux personnes concernées dans son avis sur les récentes évolutions relatives à l'internet des objets *[Avis 8/2014 du G29 adopté le 16 sept. 2014.]* **(comme l'utilisation de codes QR imprimés sur des objets connectés qui, lorsqu'ils sont scannés, affichent les informations requises sur la transparence). Ces recommandations demeurent applicables au titre du RGPD.**

"...les informations peuvent être fournies oralement"

20. L'article 12, paragraphe 1, envisage en particulier que les informations puissent être fournies oralement à une personne concernée, si elle en fait la demande, à condition que son identité soit démontrée par d'autres moyens. En d'autres termes, les moyens employés ne peuvent pas se fonder uniquement sur la simple affirmation par l'intéressé qu'il est bien la personne concernée et les moyens devraient permettre au responsable du traitement de vérifier l'identité de la personne concernée avec suffisamment de certitude. L'exigence de vérification de l'identité de la personne concernée avant la communication orale des informations ne s'applique qu'aux informations liées à l'exercice par une personne concernée de ses droits en vertu des articles 15 à 22 et 34. Cette condition préalable à la communication d'informations orales ne peut s'appliquer à la communication d'informations confidentielles générales telles qu'énoncées aux articles 13 et 14, puisque les informations requises au titre de ces articles doivent également être rendues accessibles aux futurs utilisateurs et clients (dont l'identité ne pourrait pas être vérifiée par un responsable du traitement). Aussi les informations à fournir en vertu des articles 13 et 14 peuvent-elles être fournies oralement sans que le responsable du traitement n'ait besoin que la personne concernée justifie son identité.

21. La fourniture orale des informations requises au titre des articles 13 et 14 ne doit pas nécessairement se faire d'une personne à une autre (c'est-à-dire en personne ou par téléphone). Des informations orales enregistrées peuvent être fournies en plus d'informations écrites. Par exemple, cela peut s'appliquer dans le contexte de personnes malvoyantes lorsqu'elles interagissent avec des prestataires de services de la société de l'information, ou dans le contexte de dispositifs intelligents sans écran, comme indiqué précédemment au point 19. Quand un responsable du traitement choisit de fournir des informations oralement à une personne concernée, ou quand une personne concernée demande la fourniture orale d'informations ou de communications, le G29 estime que le responsable du traitement doit permettre à la personne concernée de réécouter les messages préenregistrés. Cela est impératif lorsque la demande d'informations orales émane de personnes concernées malvoyantes ou d'autres personnes concernées ayant des difficultés à accéder à des informations écrites ou à les comprendre. Le responsable du traitement devrait également veiller à conserver une trace écrite, et s'assurer qu'il est en mesure de le prouver (aux fins de la conformité à l'exigence de responsabilité), de : i) la demande d'informations par voie orale, ii) la méthode par laquelle l'identité de la personne concernée a été vérifiée (le cas échéant, voir le point 20 ci-dessus), et iii) du fait que les informations ont été transmises à la personne concernée.

"Gratuitement"

22. Conformément à l'article 12, paragraphe 5 *[Cet article prévoit qu'"[a]ucun paiement n'est exigé pour fournir les informations au titre des articles 13 et 14 et pour procéder à toute communication et prendre toute mesure au titre des articles 15 à 22 et de l'article 34".]*, **les responsables du traitement ne peuvent généralement pas exiger de paiement de la part des personnes concernées pour la fourniture d'informations au titre des articles 13 et 14, ou pour les communications et la prise de mesures au titre des articles 15 à 22 (sur les droits de la personne concernée) et de l'article 34 (communication à la personne concernée d'une violation de données à caractère personnel)** *[Toutefois, au titre de l'art. 12, § 5, le responsable du traitement peut exiger le paiement de frais raisonnables lorsque, par exemple, la demande d'une personne concernée en lien avec les informations au titre des art. 13 ou 14 ou les droits prévus aux art. 15 à 22 ou à l'art. 34 est excessive ou manifestement infondée. (D'un autre côté, en ce qui concerne le droit d'accès au titre de l'art. 15,*

§ 3, un responsable du traitement peut exiger le paiement de frais raisonnables basés sur les coûts administratifs pour toute copie supplémentaire des données à caractère personnel demandée par la personne concernée.)]. Cet aspect de la transparence signifie également que les informations fournies en vertu des exigences de transparence ne peuvent pas être subordonnées à des opérations financières, par exemple le paiement ou l'achat de biens ou services *[A titre d'exemple, si les données à caractère personnel d'une personne concernée sont collectées dans le cadre d'un achat, les informations requises au titre de l'art. 13 devraient être fournies avant le paiement et au moment de la collecte des informations, plutôt qu'après la conclusion de l'opération. Néanmoins, lorsque des services gratuits sont fournis à une personne concernée, les informations au titre de l'art. 13 doivent être transmises avant, plutôt qu'après, l'inscription, puisque l'art. 13, § 1, exige la fourniture des informations "au moment où les données à caractère personnel sont obtenues".]*.

Informations à fournir à la personne concernée – Articles 13 et 14

Contenu

23. Le RGPD répertorie les catégories d'informations à fournir à une personne concernée en ce qui concerne le traitement de ses données à caractère personnel lorsque celles-ci sont collectées auprès de la personne concernée (article 13) ou obtenues d'une autre source (article 14). Le tableau en annexe des présentes lignes directrices résume les catégories d'informations à fournir au titre des articles 13 et 14. Il prend également en compte la nature, la portée et le contenu de ces exigences. Par souci de clarté, la position du G29 est qu'il n'y a pas de différence entre le statut des informations à fournir au titre du paragraphe 1 et du paragraphe 2 des articles 13 et 14, respectivement. Toutes les informations contenues dans ces paragraphes sont d'égale importance et doivent être fournies à la personne concernée.

"Mesures appropriées"

24. A l'instar du contenu, la forme et la manière dont les informations requises au titre des articles 13 et 14 devraient être fournies à la personne concernée sont importantes. L'avis contenant ces informations est fréquemment désigné comme un avis sur la protection de la vie privée, un avis de confidentialité, une politique de confidentialité, une déclaration de confidentialité ou un avis de traitement loyal. Le RGPD ne prescrit pas la forme ou les modalités selon lesquelles les informations devraient être fournies à la personne concernée ; cependant, il établit clairement que le responsable du traitement est tenu de prendre des "mesures appropriées" pour fournir les informations requises à des fins de transparence. Cela signifie que le responsable du traitement devrait prendre en compte toutes les circonstances de la collecte et du traitement des données lorsqu'il décide des modalités et de la forme appropriées pour la fourniture des informations. Plus particulièrement, les mesures appropriées devront être analysées à la lumière de l'expérience de l'utilisateur du service ou du produit. A cet égard, il conviendra de prendre en compte le type de dispositif utilisé (le cas échéant), la nature des interfaces utilisateur et des interactions avec le responsable du traitement (le "parcours" de l'utilisateur) et les limitations que ces facteurs entraînent. Comme indiqué ci-dessus au point 17, le G29 recommande que, lorsqu'un responsable du traitement est présent sur internet, il y a lieu de fournir en ligne une déclaration de confidentialité ou des dispositions en matière de protection de la vie privée sur différents niveaux.

25. Pour déterminer les modalités les mieux adaptées à la communication d'informations, les responsables du traitement devraient, avant de se décider, essayer différentes modalités au moyen de tests utilisateurs (par exemple, des tests en salle ou d'autres tests normalisés sur la lisibilité ou l'accessibilité) afin de connaître la réaction des utilisateurs sur l'accessibilité, la compréhensibilité et la facilité d'utilisation des mesures proposées. (Voir également les commentaires complémentaires du point 9 sur les autres mécanismes d'exécution de tests pour les utilisateurs). La documentation de cette approche devrait également aider les responsables du traitement à satisfaire à leurs obligations de responsabilité, en démontrantque les outils et

l'approche choisis pour communiquer les informations sont les mieux adaptés aux circonstances.

Délai de soumission des informations

26. Les articles 13 et 14 indiquent les informations à fournir aux personnes concernées dès la phase de commencement du cycle de traitement [*Conformément aux principes d'équité et de limitation de la finalité, l'entité qui collecte les données à caractère personnel auprès de la personne concernée devrait toujours préciser les finalités du traitement au moment de la collecte. Si la finalité comprend la création de données à caractère personnel déduites, la finalité prévue de créer puis de traiter ces données à caractère personnel induites, ainsi que les catégories des données induites traitées, doit toujours être communiquée à la personne concernée au moment de la collecte ou avant le traitement ultérieur à d'autres fins, conformément à l'art. 13, § 3, ou à l'art. 14, § 4.*]. L'article 13 s'applique au cas de figure dans lequel les données sont collectées auprès de la personne concernée. Cela comprend les données à caractère personnel :

• qu'une personne concernée fournit sciemment à un responsable du traitement (par exemple lorsqu'elle remplit un formulaire en ligne) ; ou

• qu'un responsable du traitement collecte auprès d'une personne concernée par observation (par exemple en utilisant des appareils de saisie automatique de données ou des logiciels de saisie de données tels que des caméras, un équipement de réseau, un système de repérage Wi-Fi, la radio-identification ou d'autres types de capteurs).

L'article 14 s'applique au cas de figure dans lequel les données n'ont pas été collectées auprès de la personne concernée. Il s'agit des données à caractère personnel qu'un responsable du traitement a obtenues de sources telles que :

• des responsables du traitement tiers ;
• des sources en libre accès ;
• des courtiers en données ; ou
• d'autres personnes concernées.

27. S'agissant des délais de fourniture de ces informations, leur communication rapide est un élément essentiel de l'obligation de transparence et de l'obligation de traiter les données avec équité. Lorsque l'article 13 s'applique, les informations doivent, en vertu de son paragraphe 1, être fournies "au moment où les données en question sont obtenues". Lorsque les données à caractère personnel ont été obtenues de façon indirecte au titre de l'article 14, les délais dans lesquels les informations requises doivent être fournies à la personne concernée sont définis à l'article 14, paragraphe 3, points a) à c), comme suit :

• l'exigence générale est que les informations doivent être communiquées "dans un délai raisonnable" après avoir obtenu les données à caractère personnel, mais ne dépassant pas un mois, "eu égard aux circonstances particulières dans lesquelles les données à caractère personnel sont traitées" [*article 14, paragraphe 3, point a)*] ;

• le délai général d'un mois fixé à l'article 14, paragraphe 3, point a), peut être encore réduit en vertu de l'article 14, paragraphe 3, point b) [*La formule à l'art. 14, ! 3, point b) "si les données à caractère personnel doivent être utilisées aux fins de... ", indique l'ajout d'une précision à la situation générale concernant le délai maximal établi à l'art. 14 § 3, point a), mais elle ne la remplace pas.*], qui prévoit le cas où les données sont utilisées aux fins de la communication avec la personne concernée. Dans un tel cas, les informations doivent être fournies au plus tard lors de la première communication avec ladite personne. Si la première communication a lieu avant le délai d'un mois après l'obtention des données à caractère personnel, les informations doivent être fournies au plus tard lors de la première communication avec la personne concernée, nonobstant le fait que le délai d'un mois à compter de l'obtention des données n'a pas expiré. Si la première communication avec une personne concernée a lieu plus d'un mois après l'obtention des données à caractère personnel, l'article 14, paragraphe 3, point a), continue de s'appliquer, de sorte que les informations énoncées à cet article doivent être fournies à la personne concernée au plus tard un mois après l'obtention des données ;

• le délai général d'un mois énoncé à l'article 14, paragraphe 3, point a), peut également être réduit en vertu de l'article 14, paragraphe 3, point c) [*La formule à l'art. 14, § 3, point c) "s'il est envisagé de communiquer les informations à un autre destinataire...", indique de la même manière l'ajout d'une précision à la situation générale concernant le délai maximal établi à l'arti. 14, § 3, point a), mais elle ne la remplace pas.]*, **qui prévoit le cas où les données sont communiquées à un autre destinataire (qu'il s'agisse ou non d'un tiers)** *[L'art. 4, § 9, donne la définition de "destinataire" et précise qu'un destinataire auquel des données à caractère personnel sont communiquées ne doit pas nécessairement être un tiers. Par conséquent, un destinataire peut être un responsable du traitement, un responsable conjoint du traitement ou un sous-traitant.]*. **Dans un tel cas, les informations doivent être fournies au plus tard au moment de la première communication. Dans cette hypothèse, si la communication a lieu avant l'expiration du délai d'un mois, les informations doivent être fournies au plus tard au moment de la première communication, nonobstant le fait que le délai d'un mois à compter de l'obtention des données n'a pas expiré. De façon similaire à la situation visée à l'article 14, paragraphe 3, point b), si la communication de données à caractère personnel se produit plus d'un mois après l'obtention des données en question, l'article 14, paragraphe 3, point a), continue de s'appliquer, de sorte que les informations énoncées à cet article doivent être fournies à la personne concernée au plus tard un mois après l'obtention des données.**

28. Par conséquent, dans tous les cas, le délai maximal pendant lequel les informations prévues à l'article 14 doivent être fournies à une personne concernée est d'un mois. Toutefois, les principes d'équité et de responsabilité prévus par le RGPD exigent des responsables du traitement qu'ils prennent toujours en compte les attentes raisonnables des personnes concernées ainsi que les effets que ce traitement peut avoir sur elles et sur leur capacité à exercer leurs droits en lien avec ledit traitement, lorsqu'ils choisissent le moment auquel fournir les informations prévues par l'article 14. Le principe de responsabilité exige desresponsables du traitement qu'ils expliquent les motifs de leur décision et justifient le choix du moment où ils ont fourni les informations. En pratique, il peut être difficile de satisfaire à ces exigences lorsque des informations sont fournies au "dernier moment". A cet égard, le considérant 39 indique, entre autres, que les personnes concernées devraient "être informées des risques, règles, garanties et droits liés au traitement des données à caractère personnel et des modalités d'exercice de leurs droits en ce qui concerne ce traitement". Le considérant 60 fait également référence au fait que la personne concernée doit être informée de l'existence de l'opération de traitement et de ses finalités dans le cadre du principe de traitement loyal et transparent. Pour toutes ces raisons, la position du G29 est que, dans la mesure du possible, les responsables du traitement devraient, conformément au principe d'équité, fournir les informations aux personnes concernées bien avant les délais indiqués. D'autres commentaires sur l'adéquation du délai entre la notification des opérations de traitement aux personnes concernées et le moment où lesdites opérations de traitement prennent effet sont formulés aux points 30 à 31 et 48.

Modifications des informations à fournir au titre des articles 13 et 14

29. La responsabilité en matière de transparence s'applique non seulement au moment de la collecte des données à caractère personnel, mais aussi tout au long du cycle de vie de leur traitement, quelles que soient les informations ou les communications fournies. C'est par exemple le cas lors de la modification du contenu des avis et déclarations existants sur la protection de la vie privée. Le responsable du traitement devrait respecter les mêmes principes lorsqu'il communique l'avis ou la déclaration initial(e) sur la protection de la vie privée et toute modification substantielle apportée ultérieurement à cet avis ou à cette déclaration. Les facteurs que les responsables du traitement devraient prendre en compte lors de l'évaluation de ce que constitue une modification substantielle comprennent l'incidence sur la personne concernée (notamment sa capacité à exercer ses droits) et le caractère inattendu ou surprenant de la modification pour cette personne. Les modifications d'un avis ou d'une déclaration sur la protection de la vie privée doivent toujours être communiquées à la personne concernée, notamment : une modification de la finalité du traitement ; une modification de l'identité du responsable du traitement ; ou une modifica-

tion de la façon dont les personnes concernées peuvent exercer leurs droits concernant le traitement. Inversement, à titre d'exemple, les corrections de fautes d'orthographe ou de problèmes de syntaxe ou de grammaire ne sont pas considérées par le G29 comme une modification substantielle. Dès lors que la plupart des clients ou utilisateurs actuels ne font que jeter un coup d'œil aux communications portant sur la modification d'un avis ou d'une déclaration sur la protection de la vie privée, le responsable du traitement devrait prendre toutes les mesures nécessaires pour garantir que ces modifications soient communiquées de manière à être lues par la plupart des destinataires. Cela signifie, par exemple, qu'une notification de modification devrait toujours être communiquée par un moyen adapté (par exemple, e-mail, courrier postal, fenêtre contextuelle sur une page web ou autre moyen captant efficacement l'attention de la personne concernée) spécifiquement consacré à la modification (par exemple, séparée d'un contenu de marketing direct), et cette communication doit respecter les prescriptions de l'article 12, c'est-à-dire être adressée d'une façon concise, transparente, compréhensible et aisément accessible, en des termes clairs et simples. Les mentions contenues dans l'avis ou la déclaration sur la protection de la vie privée indiquant que la personne concernée devrait régulièrement vérifier l'avis ou la déclaration sur la vie privée afin d'en connaître les éventuelles modifications ou mises à jour sont jugées non seulement insuffisantes, mais également déloyales au sens de l'article 5, paragraphe 1, point a). D'autres orientations relatives aux délais de notification des modifications aux personnes concernées sont présentées ci-après, aux points 30 et 31.

Délai de notification des modifications des informations à fournir au titre des articles 13 et 14

30. Le RGPD ne traite pas des délais (et donc des méthodes y afférentes) qui s'appliquent aux notifications des modifications des informations préalablement fournies à une personne concernée au titre de l'article 13 ou de l'article 14 (sauf en cas d'intention d'effectuer un traitement ultérieur pour une finalité autre, auquel cas les informations sur cette finalité ultérieure doivent être notifiées avant le commencement dudit traitement, conformément à l'article 13, paragraphe 3, et à l'article 14, paragraphe 4. A ce sujet, voir le point 45 ci-après). Cependant, comme indiqué plus haut, dans le cadre des délais applicables à la communication des informations au titre de l'article 14, le responsable du traitement doit à nouveau prêter attention aux principes d'équité et de responsabilité à l'égard des attentes raisonnables de la personne concernée ou de l'incidence potentielle de ces modifications sur la personne concernée. Si la modification des informations change fondamentalement la nature du traitement (par exemple, l'élargissement des catégories de destinataires ou l'introduction de transferts vers un pays tiers) ou s'il s'agit d'une modification qui peut ne pas être fondamentale pour l'opération de traitement, mais qui peut l'être pour la personne concernée et avoir une incidence sur cette dernière, les informations devraient être fournies à la personne concernée bien avant que la modification ait lieu et la méthode utilisée pour informer la personne concernée des modifications devrait être explicite et efficace. L'objectif étant de garantir à la personne concernée qu'elle ne "rate" pas la modification et de lui accorder une période de temps raisonnable pour qu'elle puisse a) évaluer la nature et l'incidence de la modification, et b) exercer ses droits au titre du RGPD en lien avec la modification (par exemple, retirer son consentement ou s'opposer au traitement).

31. Les responsables du traitement devraient évaluer attentivement les circonstances et le contexte de chaque situation où une mise à jour des informations sur la transparence est requise, notamment l'incidence potentielle des modifications pour la personne concernée et les modalités utilisées pour communiquer la modification, et être capables de démontrer que l'intervalle de temps entre la notification des modifications et la date de prise d'effet des modifications respecte le principe d'équité pour la personne concernée. Par ailleurs, la position du G29 est que, conformément au principe d'équité, le responsable du traitement devrait également, lors de la notification de modifications aux personnes concernées, leur expliquer l'incidence que

ces modifications pourraient avoir sur elles. Toutefois, le respect des exigences de transparence ne "blanchit" pas les situations où les modifications apportées au traitement sont telles que le traitement devient complètement différent par nature de ce en quoi il consistait auparavant. Le G29 met l'accent sur le fait que toutes les autres règles du RGPD, y compris celles concernant un traitement ultérieur incompatible, continuent de s'appliquer, que les obligations de transparence aient été satisfaites ou non.

32. De plus, même lorsque les informations relatives à la transparence (par exemple, celles contenues dans un avis ou une déclaration sur la protection de la vie privée) ne sont pas modifiées de façon substantielle, il est probable que les personnes concernées qui font appel à un service depuis un certain temps ne se souviendront pas des informations qui leur ont été fournies au départ au titre des articles 13 et/ou 14. Le G29 recommande que les responsables du traitement permettent aux personnes concernées de disposer en continu d'un accès facilité aux informations afin qu'elles puissent se refamiliariser avec la portée du traitement des données. Conformément au principe de responsabilité, les responsables du contrôle devraient également évaluer s'il y a lieu d'adresser, et à quels intervalles, des rappels exprès aux personnes concernées sur l'existence d'un avis ou d'une déclaration sur la protection de la vie privée et sur l'endroit où elles peuvent le/la trouver.

Modalités : format de la communication des informations

33. Les articles 13 et 14 font référence à l'obligation imposée au responsable du traitement de "*[fournir]* toutes les informations suivantes...". Le mot "fournir" est crucial en l'occurrence. Il signifie que le responsable du traitement doit prendre des mesures concrètes pour fournir les informations en question à la personne concernée ou pour diriger activement la personne concernée vers l'emplacement desdites informations (par exemple au moyen d'un lien direct, d'un code QR, etc.). La personne concernée ne doit pas avoir à chercher activement les informations couvertes par ces articles parmi d'autres informations telles que les conditions d'utilisation d'un site internet ou d'une application. L'exemple donné au paragraphe 11 est explicite à cet égard. Comme indiqué au point 17, le G29 recommande que l'intégralité des informations adressées aux personnes concernées soit également consultable à un endroit unique ou dans un même document (sous forme numérique sur un site internet ou au format papier) qui serait aisément accessible dans le cas où elles souhaiteraient consulter l'intégralité des informations.

34. Il existe dans le RGPD un conflit inhérent entre, d'une part, l'exigence de communiquer aux personnes concernées les informations complètes qui sont requises au titre du RGPD et, d'autre part, l'exigence de le faire d'une manière concise, transparente, compréhensible et aisément accessible. A cet effet, et en gardant à l'esprit les principes fondamentaux de responsabilité et d'équité, les responsables du traitement doivent entreprendre leur propre analyse de la nature, des circonstances, de la portée et du contexte du traitement des données à caractère personnel qu'ils exécutent, et décider, en vertu des exigences légales du RGPD et compte tenu des recommandations des présentes lignes directrices et notamment du point 36 ci-après, comment hiérarchiser les informations à fournir aux personnes concernées et quels sont les niveaux de détail et les méthodes adaptés à la communication des informations.

Approche à plusieurs niveaux dans un environnement numérique et avis/déclarations sur la protection de la vie privée à différents niveaux

35. Dans le contexte numérique, à la lumière du volume d'informations à fournir à la personne concernée, le responsable du traitement peut adopter une approche à plusieurs niveaux, par laquelle il choisit d'utiliser plusieurs méthodes pour garantir la transparence. Le G29 recommande en particulier que les avis/déclarations sur la protection de la vie privée à différents niveaux soient utilisés pour relier les différentes catégories d'informations à fournir à la personne concernée, au lieu d'afficher toutes ces informations sur une seule et même page, afin d'éviter de noyer d'informa-

tions la personne concernée. Les avis/déclarations sur la protection de la vie privée à différents niveaux peuvent contribuer à résoudre le conflit entre l'exhaustivité et la compréhension des informations, notamment en permettant aux utilisateurs de naviguer directement vers la partie de la déclaration/de l'avis qu'ils souhaitent lire. Il convient de noter que les avis/déclarations sur la protection de la vie privée à différents niveaux ne sont pas simplement des pages imbriquées nécessitant que l'utilisateur effectue plusieurs clics avant d'accéder aux informations pertinentes. La mise en page et l'organisation du premier niveau de l'avis ou de la déclaration sur la protection de la vie privée devraient être telles que la personne concernée bénéficie d'un aperçu clair des informations qui lui sont accessibles sur le traitement de ses données à caractère personnel et du lieu ainsi que de la façon de trouver ces informations détaillées parmi les niveaux de l'avis ou de la déclaration sur la protection de la vie privée. Il est également important que les informations contenues aux différents niveaux d'un tel avis soient cohérentes et que les niveaux ne fournissent pas d'informations contradictoires.

36. En ce qui concerne le contenu de la première modalité utilisée par un responsable du traitement pour informer la personne concernée dans le cadre d'une approche à plusieurs niveaux (en d'autres termes, la principale façon de communiquer pour la première fois avec une personne concernée) ou le contenu du premier niveau d'une déclaration/d'un avis sur la protection de la vie privée, le G29 recommande que le premier niveau/la première modalité inclue les détails de la finalité du traitement, l'identité du responsable du traitement et une description des droits des personnes concernées. (En outre, ces informations devraient être directement portées à l'attention de la personne concernée au moment de la collecte des données à caractère personnel, par exemple en les affichant pendant que ladite personne remplit un formulaire en ligne.) L'importance de fournir ces informations en amont découle en particulier du considérant 39 *[Le considérant 39 indique, en ce qui concerne le principe de transparence, que " [c]e principe vaut, notamment, pour les informations communiquées aux personnes concernées sur l'identité du responsable du traitement et sur les finalités du traitement ainsi que pour les autres informations visant à assurer un traitement loyal et transparent à l'égard des personnes physiques concernées et leur droit d'obtenir la confirmation et la communication des données à caractère personnel les concernant qui font l'objet d'un traitement".]* Alors que les responsables du traitement doivent être en mesure de démontrer qu'ils ont fait preuve de responsabilité à l'égard des informations qu'ils décident de fournir en priorité, la position du G29 est que, conformément au principe d'équité, en plus des informations détaillées ci-dessus dans ce paragraphe, le premier niveau ou la première modalité devrait également contenir des informations sur le traitement qui aura la plus forte incidence sur la personne concernée et sur tout traitementqui pourrait la surprendre. Aussi la personne concernée devrait-elle être en mesure de comprendre à partir des informations fournies au premier niveau/à la première modalité quelles seront pour elle les conséquences du traitement en question (voir également le point 10 ci-dessus).

37. Dans un contexte numérique, en plus de fournir en ligne un avis/une déclaration sur la protection de la vie privée à différents niveaux, les responsables du traitement peuvent choisir d'utiliser des outils de transparence supplémentaires (voir les autres exemples proposés ci-après) offrant des informations sur mesure, spécifiques à la personne concernée et spécifiques aux biens et services que celle-ci utilise. Il convient toutefois de noter que, même si le G29 recommande le recours à des avis/déclarations sur la protection de la vie privée à différents niveaux en ligne, cette recommandation n'exclut pas l'élaboration et l'utilisation d'autres méthodes innovantes pour satisfaire aux exigences de transparence.

Approche à plusieurs niveaux dans un environnement non numérique

38. Une approche à plusieurs niveaux pour communiquer des informations sur la transparence aux personnes concernées peut également être utilisée dans un contexte hors ligne ou non numérique (c'est-à-dire dans un environnement réel tel qu'un engagement entre deux personnes ou des communications par téléphone) où

plusieurs modalités peuvent être déployées par les responsables du traitement afin de faciliter la fourniture d'informations. (Voir également les points 33 à 37 et 39 à 40 en ce qui concerne les différentes modalités applicables à la communication des informations.) Cette approche ne doit pas être confondue avec l'émission distincte d'un avis ou d'une déclaration sur la protection des données à différents niveaux. Quels que soient les formats utilisés dans cette approche à plusieurs niveaux, le G29 recommande que le premier "niveau" (autrement dit, la principale façon de communiquer pour la première fois avec une personne concernée) communique de manière générale les informations les plus importantes (comme énoncé au point 36 ci-dessus), à savoir les détails de la finalité du traitement, l'identité du responsable du traitement et l'existence des droits des personnes concernées, ainsi que les informations ayant la plus forte incidence sur le traitement ou tout traitement susceptible de surprendre les personnes concernées. Par exemple, quand le premier contact avec une personne concernée se fait par téléphone, ces informations pourraient être fournies lors de l'appel téléphonique tandis que les autres informations requises au titre des articles 13 et 14 pourraient être fournies ultérieurement et par d'autres moyens, notamment en envoyant un exemplaire de la politique de confidentialité par e-mail et/ou en envoyant à la personne concernée un lien vers l'avis/la déclaration en ligne du responsable du traitement sur la protection de la vie privée à différents niveaux.

Notifications de type "push" et "pull"

39. Pour fournir des informations sur la transparence, il est également possible d'avoir recours à des notifications de type "push" et "pull". Les notifications de type "push" consistent à envoyer des notifications d'informations sur la transparence "juste à temps" tandis que les notifications de type "pull" facilitent l'accès aux informations par différentes méthodes,comme la gestion des autorisations, les tableaux de bord sur la protection de la vie privée et les tutoriels "en savoir plus". Ces notifications assurent à la personne concernée une transparence davantage axée sur l'utilisateur.

- Un tableau de bord sur la protection de la vie privée est un lieu unique depuis lequel les personnes concernées peuvent visualiser les informations relatives à la confidentialité et gérer leurs préférences en permettant ou en empêchant que leurs données soient utilisées de certaines façons par le service en question. Un tel outil est particulièrement utile lorsqu'un même service est utilisé par les personnes concernées sur une pluralité d'appareils différents, car cela leur donne accès à leurs données à caractère personnel et leur permet de les gérer sans égard à la façon dont elles utilisent le service. Permettre aux personnes concernées de régler manuellement leurs paramètres de confidentialité au moyen d'un tableau de bord sur la protection de la vie privée peut également faciliter la personnalisation d'un avis ou d'une déclaration sur la protection de la vie privée, en reflétant uniquement les types de traitement ayant lieu précisément pour cette personne concernée. L'intégration d'un tableau de bord sur la protection de la vie privée dans l'architecture existante d'un service (par exemple en utilisant la même mise en page et le même marquage que le reste du service) est préférable, puisqu'elle rendra l'accès et l'utilisation du tableau intuitifs, ce qui peut contribuer à inciter les utilisateurs à s'intéresser à ces informations, de la même façon qu'ils s'intéresseraient à d'autres aspects du service. Une telle intégration peut être un moyen efficace de montrer que les "informations sur la confidentialité" constituent une partie nécessaire et intégrale d'un service, à la place d'une liste interminable de dispositions juridiques.
- Une notification à "flux tendus" sert à fournir de façon *ad hoc* des informations spécifiques sur la confidentialité, au moment où leur lecture est la plus pertinente pour la personne concernée. Cette méthode est utile pour fournir des informations à différents moments du processus de collecte de données ; elle aide à scinder la fourniture d'informations en blocs facilement assimilables et réduit le recours à un avis ou une déclaration sur la protection de la vie privée unique contenant des informations difficiles à comprendre une fois sorties de leur contexte. Par exemple, si une personne concernée achète un produit en ligne, une brève explication peut être fournie sous forme de fenêtres contextuelles accompagnant les champs de texte

pertinents. Des informations placées à côté d'un champ exigeant le numéro de téléphone de la personne concernée pourraient expliquer, par exemple, que ces données ne sont collectées qu'en vue de contacter la personne au sujet de son achat et ne seront communiquées qu'au service de livraison.

Autres types de "mesures appropriées"

40. Étant donné le niveau très élevé d'accès à internet dans l'Union et le fait que les personnes concernées ont la possibilité de se connecter à tout moment, depuis divers endroits et sur différents appareils, comme indiqué plus haut, la position du G29 est qu'une "mesure appropriée" pour fournir des informations sur la transparence, dans le cas des responsables du traitement maintenant une présence numérique/en ligne, est de le faire au moyen d'un avis ou d'une déclaration électronique sur la protection de la vie privée. Néanmoins, selon les circonstances de la collecte et du traitement des données, un responsable du traitement peut avoir besoin d'utiliser en plus (ou à titre subsidiaire si le responsable du traitement ne bénéficie pas d'une présence numérique ou en ligne) d'autres modalités et formats pour fournir les informations. Les autres moyens possibles de communiquer des informations à une personne concernée dans les différents environnements de données à caractère personnel suivants peuvent inclure les modes répertoriés ci-dessous, applicables à chaque environnement correspondant. Comme indiqué précédemment, une approche à plusieurs niveaux peut être suivie par les responsables du traitement s'ils choisissent d'utiliser plusieurs de ces méthodes tout en s'assurant que les informations les plus importantes (voir les points 36 et 38) sont toujours transmises dans la première modalité utilisée pour communiquer avec la personne concernée.

a. Environnement papier, par exemple lors de la conclusion d'un contrat par voie postale : explications écrites, brochures, informations figurant dans un document contractuel, bandes dessinées, infographies ou organigrammes.

b. Environnement téléphonique : explications orales fournies par une personne physique permettant une interaction, questions appelant une réponse, ou informations automatisées ou pré-enregistrées proposant l'option d'entendre d'autres informations plus détaillées.

c. Environnement de technologie intelligente sans écran/connectée tel que les analyses de repérage Wi-Fi : icônes, codes QR, alertes vocales, informations écrites intégrées dans des instructions d'installation papier, vidéos intégrées dans des instructions d'installation numériques, informations écrites sur un dispositif intelligent, messages envoyés par SMS ou par e-mail, tableaux visibles contenant les informations, signalisation publique ou campagnes d'information publiques.

d. Environnement réunissant deux personnes, comme lors de la réponse à une enquête d'opinion ou l'inscription d'une personne à un service : explications orales ou écrites fournies au format papier ou électronique.

e. Environnement "réel" au moyen d'un système CCTV ou d'un enregistrement par drone : tableaux visibles contenant les informations, signalisation publique, campagnes d'information publiques ou avis dans la presse et les médias.

Informations sur le profilage et la prise de décision automatisée

41. Les informations sur l'existence d'une prise de décision automatisée, y compris un profilage, visées à l'article 22, paragraphes 1 et 4, et les informations utiles concernant la logique sous-jacente, ainsi que l'importance des conséquences prévues de ce traitement pour la personne concernée font partie des informations obligatoires devant être fournies à une personne concernée au titre de l'article 13, paragraphe 2, point f), et de l'article 14, paragraphe 2, point g). Le G29 a élaboré des lignes directrices sur les décisions individuelles automatisées et le profilage *[Lignes directrices sur les décisions individuelles automatisées et le profilage au titre du règlement 2016/679, WP 251.]* auxquelles il y a lieu de se reporter pour obtenir davantage d'orientations quant à la façon dont la transparence devrait être mise en œuvre dans les circonstances particulières du profilage. Il convient de noter que, parallèlement aux exigences de transparence spécifiques applicables à la prise de décision automatisée au titre de l'article 13, paragraphe 2,

point f), et de l'article 14, paragraphe 2, point g), les commentaires contenus dans les présentes lignes directrices quant à l'importance d'informer les personnes concernées sur les conséquences du traitement de leurs données à caractère personnel, ainsi que le principe général selon lequel les personnes concernées ne devraient pas être surprises par le traitement de leurs données à caractère personnel, s'appliquent de la même façon au profilage en général (et non pas uniquement au profilage visé à l'article 22 *[Cela s'applique aux prises de décision fondées uniquement sur un traitement automatisé, y compris le profilage, qui produit des effets juridiques pour la personne concernée ou, de façon similaire, l'affecte de manière significative.]*), en tant que type de traitement *[Le considérant 60, pertinent en l'occurrence, indique qu'" [e]n outre, la personne concernée devrait être informée de l'existence d'un profilage et des conséquences de celui-ci ".]*.

Autres questions : risques, règles et garanties

42. Le considérant 39 du RGPD porte également sur la fourniture de certaines informations qui ne sont pas explicitement couvertes par l'article 13 et l'article 14 (voir la citation du considérant au point 28 ci-dessus). Le renvoi à ce considérant qui indique que les personnes concernées devraient être informées des risques, règles et garanties liés au traitement des données à caractère personnel se rattache à plusieurs autres questions. Celles-ci comprennent notamment les analyses d'impact relatives à la protection des données (AIPD). Conformément aux lignes directrices du G29 concernant les AIPD *[Lignes directrices concernant l'analyse d'impact relative à la protection des données (AIPD) et la manière de déterminer si le traitement est "susceptible d'engendrer un risque élevé" aux fins du règlement (UE) 2016/679, WP 248, rev.1.]*, les responsables du traitement peuvent envisager la publication de l'AIPD (ou de toute partie de celle-ci) comme un moyen de favoriser la confiance dans les opérations de traitement et de démontrer le respect des principes de transparence et de responsabilité, bien qu'une telle publication ne soit pas obligatoire. Par ailleurs, l'application d'un code de conduite (comme le prévoit l'article 40) peut servir d'élément pour démontrer le respect des obligations de transparence, puisque les codes de conduite peuvent être rédigés en vue de préciser l'application du RGPD concernant : le traitement loyal et transparent ; les informations communiquées au public et aux personnes concernées ; et les informations communiquées aux enfants et relatives à leur protection, parmi d'autres enjeux.

43. Un autre élément pertinent concernant la transparence est la protection des données dès la conception et la protection des données par défaut (comme requis à l'article 25). Ces principes exigent des responsables du traitement qu'ils intègrent des considérations sur la protection des données dans leurs systèmes et opérations de traitement dès le début, plutôt que de prendre en compte la protection des données à la dernière minute, en réponse à un problème de conformité. Le considérant 78 fait référence à l'application par les responsables du traitement de mesures satisfaisant aux exigences en matière de protectiondes données dès la conception et de protection des données par défaut, notamment des mesures portant sur la transparence à l'égard des fonctions et du traitement des données à caractère personnel.

44. D'un autre côté, la question des responsables conjoints du traitement est aussi liée au devoir d'informer les personnes concernées des risques, règles et garanties possibles. L'article 26, paragraphe 1, impose aux responsables conjoints du traitement de déterminer leurs responsabilités respectives aux fins d'assurer le respect des exigences du RGPD de manière transparente, notamment en ce qui concerne l'exercice des droits de la personne concernée, et leurs obligations respectives quant à la communication des informations visées aux articles 13 et 14. L'article 26, paragraphe 2, exige que les grandes lignes de l'accord entre les responsables du traitement soient mises à la disposition de la personne concernée. En d'autres termes, une personne concernée doit avoir parfaitement compris à quel responsable du traitement elle doit s'adresser si elle souhaite exercer un ou plusieurs de ses droits au titre du RGPD *[En vertu de l'art. 26, § 3, indépendamment des termes de l'accord entre les responsables conjoints du traitement visé à l'art. 26, § 1, une personne concernée peut exercer les droits que lui confère le RGPD à l'égard de et contre chacun des responsables conjoints du traitement.]*.

Informations concernant un traitement ultérieur

45. Les articles 13 et 14 contiennent une disposition *[Aux art. 13, § 3, et 14, § 4, qui sont formulés en termes identiques, à l'exception du mot "collectées", qui est utilisé à l'art. 13 et est remplacé par le mot "obtenues" à l'art. 14.]* exigeant du responsable du traitement qu'il informe la personne concernée lorsqu'il a l'intention d'effectuer un traitement ultérieur des données à caractère personnel pour une finalité autre que celle pour laquelle les données à caractère personnel ont été collectées/obtenues. Dans un tel cas, "le responsable du traitement fournit au préalable à la personne concernée des informations au sujet de cette autre finalité et toute autre information pertinente visée au paragraphe 2". Ces dispositions donnent spécifiquement effet au principe énoncé à l'article 5, paragraphe 1, point b), selon lequel les données à caractère personnel doivent être collectées pour des finalités déterminées, explicites et légitimes, et ne pas être traitées ultérieurement d'une manière incompatible avec ces finalités *[Sur ce principe, voir par exemple les considérants 47, 50, 61, 156 et 158 et les art. 6, § 4, et 89.]*. La seconde partie de l'article 5, paragraphe 1, point b), indique que le traitement ultérieur à des fins archivistiques dans l'intérêt public, à des fins de recherche scientifique ou historique ou à des fins statistiques n'est pas considéré, conformément à l'article 89, paragraphe 1, comme incompatible avec les finalités initiales. Lorsque des données à caractère personnel sont traitées ultérieurement à des fins compatibles avec les finalités initiales (l'article 6, paragraphe 4, porte sur cette question *[L'art. 6, § 4, énonce d'une manière non exhaustive les facteurs à prendre en compte lors de la vérification de la compatibilité du traitement à d'autres finalités avec la finalité pour laquelle les données à caractère personnel ont été initialement collectées, à savoir : le lien entre lesdites finalités ; le contexte dans lequel les données à caractère personnel ont été collectées ; la nature des données à caractère personnel (en particulier si le traitement porte sur des catégories particulières de données à caractère personnel ou si des données à caractère personnel relatives à des infractions pénales et à des infractions sont incluses) ; les conséquences possibles du traitement ultérieur envisagé pour les personnes concernées ; et l'existence de garanties appropriées.]*), les articles 13, paragraphe 3, et 14, paragraphe 4, s'appliquent. Les exigences contenues dans ces articles, qui imposent d'informer une personne concernée en cas de traitement ultérieur de ses données, appuient la position du RGPD quant au fait qu'une personne concernée devrait raisonnablement s'attendre, au moment et dans le cadre de la collecte des données à caractère personnel, à ce que celles-ci fassent l'objet d'un traitement à une fin donnée *[Considérants 47 et 50.]*. Autrement dit, une personne concernée ne devrait pas être surprise par la finalité du traitement de ses données à caractère personnel.

46. Les articles 13, paragraphe 3, et 14, paragraphe 4, dans la mesure où ils visent la fourniture de "toute autre information pertinente visée au paragraphe 2", peuvent être interprétés de prime abord comme laissant certains éléments à l'appréciation du responsable du traitement concernant la mesure et les catégories particulières d'informations tirées du paragraphe 2 correspondant (c'est-à-dire l'article 13, paragraphe 2, ou l'article 14, paragraphe 2, le cas échéant) qui devraient être fournies à la personne concernée. (Le considérant 61 y fait référence sous l'expression "toute autre information nécessaire".) Néanmoins, la position par défaut est que toutes les informations énoncées dans ce paragraphe devraient être fournies à la personne concernée à moins qu'une ou plusieurs catégories d'informations n'existe(nt) pas ou ne soi(en)t pas applicable(s).

47. Le G29 recommande que les responsables du traitement, pour être transparents, loyaux et responsables, envisagent d'intégrer dans leur avis ou leur déclaration sur la protection de la vie privée les informations concernant l'analyse de compatibilité menée au titre de l'article 6, paragraphe 4 *[Également au titre du considérant 50.]*, lorsqu'une base juridique autre que le consentement, le droit national ou le droit de l'Union est suivie au titre de la nouvelle finalité de traitement, afin que ces informations soient accessibles aux personnes concernées. (En d'autres termes, une explication justifiant que le traitement en vue d'autres finalités est compatible avec la finalité initiale.) L'objectif est de donner aux personnes concernées la possibilité

d'évaluer la compatibilité du traitement ultérieur et les garanties fournies et de décider d'exercer ou non leurs droits, par exemple le droit de limiter le traitement ou le droit de le refuser, entre autres *[Conformément au considérant 63, cette recommandation permettra à la personne concernée d'exercer son droit d'accès afin de prendre connaissance du traitement et d'en vérifier la licéité.]*. Lorsque les responsables du traitement choisissent de ne pas inclure ces informations dans un avis ou une déclaration sur la protection de la vie privée, le G29 recommande qu'ils signalent clairement aux personnes concernées qu'elles ont la possibilité d'obtenir ces informations sur demande.

48. La question des délais se rattache à l'exercice des droits des personnes concernées. Comme souligné précédemment, la communication d'informations en temps utile est un élément essentiel des obligations de transparence au titre des articles 13 et 14 et elle est, par nature, associée au concept de traitement loyal. Les informations concernant un traitement ultérieur doivent être fournies "avant de procéder à ce traitement ultérieur". La position du G29 est qu'une période de temps raisonnable devrait s'écouler entre la notification et le commencement du traitement, au lieu que le traitement démarre immédiatement dès réception de la notification par la personne concernée. Cela offrirait aux personnes concernées les avantages pratiques du principe de transparence, en les faisant bénéficier de la possibilité utile d'analyser (et éventuellement d'exercer leur droit à cet égard) le traitement ultérieur. La définition d'une période raisonnable dépendra des circonstances particulières. Selon le principe d'équité, plus le traitement ultérieur est intrusif (ou moins attendu), plus la période devrait être longue. De même, le principe de responsabilité exige des responsables du traitement qu'ils soient en mesure de démontrer que les délais raisonnables déterminés pour la communication de ces informations sont justifiés eu égard aux circonstances et que les délais dans l'ensemble sont équitables pour les personnes concernées. (Voir également les commentaires précédents en lien avec la vérification des délais raisonnables, aux points 30 à 32 ci-dessus.)

Outils de visualisation

49. Il est important de noter que le principe de transparence prévu par le RGPD ne doit pas nécessairement être mis en œuvre par des modes de communication linguistiques (écrits ou oraux). Le RGPD prévoit des outils de visualisation (en faisant notamment référence aux icônes, aux mécanismes de certification et aux labels et marques en matière de protection des données), le cas échéant. Le considérant 58 *["Ces informations pourraient être fournies sous forme électronique, par exemple via un site internet lorsqu'elles s'adressent au public. Ceci vaut tout particulièrement dans des situations où la multiplication des acteurs et la complexité des technologies utilisées font en sorte qu'il est difficile pour la personne concernée de savoir et de comprendre si des données à caractère personnel la concernant sont collectées, par qui et à quelle fin, comme dans le cas de la publicité en ligne."]* indique que l'accessibilité des informations adressées au public ou aux personnes concernées est particulièrement importante dans l'environnement numérique *[Dans ce contexte, les responsables du traitement devraient prendre en compte les personnes concernées qui sont malvoyantes (par exemple, les daltoniens rouge-vert).]*.

Icônes

50. Le considérant 60 prévoit que les informations à communiquer à une personne concernée peuvent être "accompagnées" d'icônes normalisées, permettant ainsi une approche à plusieurs niveaux. Cependant, les icônes ne devraient pas simplement remplacer les informations nécessaires aux personnes concernées pour l'exercice de leurs droits ni ne devraient servir de solution de substitution pour satisfaire aux obligations du responsable du traitement au titre des articles 13 et 14. L'article 12, paragraphe 7, prévoit explicitement l'utilisation de telles icônes :
"Les informations à communiquer aux personnes concernées en application des articles 13 et 14 peuvent être fournies accompagnées d'icônes normalisées afin d'offrir une bonne vue d'ensemble, facilement visible, compréhensible et clairement

lisible, dutraitement prévu. Lorsque les icônes sont présentées par voie électronique, elles sont lisibles par machine."

51. L'article 12, paragraphe 7, dispose que "*[l]*orsque les icônes sont présentées par voie électronique, elles sont lisibles par machine", ce qui laisse à penser qu'il peut exister des situations où les icônes ne sont pas présentées par voie électronique *[Il n'existe pas de définition de l'expression "lisible par machine" dans le RGPD, mais le considérant 21 de la Dir. 2013/37/UE définit un format "lisible par machine" comme étant : "un format de fichier structuré de telle manière que des applications logicielles puissent facilement identifier, reconnaître et extraire des données spécifiques, notamment chaque énoncé d'un fait et sa structure interne. Les données encodées présentes dans des fichiers qui sont structurés dans un format lisible par machine sont des données lisibles par machine. Les formats lisibles par machine peuvent être ouverts ou propriétaires ; il peut s'agir de normes formelles ou non. Les documents encodés dans un format de fichier qui limite le traitement automatique, en raison du fait que les données ne peuvent pas, ou ne peuvent pas facilement, être extraites de ces documents, ne devraient pas être considérés comme des documents dans des formats lisibles par machine. Les États membres devraient, le cas échéant, encourager l'utilisation de formats ouverts, lisibles par machine".]*, par exemple les icônes présentées physiquement sur des documents, des appareils connectés ou l'emballage d'un appareil connecté, les notifications envoyées dans des lieux publics concernant le repérage Wi-Fi, les codes QR et les notifications de CCTV.

52. La finalité de l'utilisation d'icônes est claire : améliorer la transparence pour les personnes concernées en réduisant éventuellement la nécessité de devoir présenter de grandes quantités d'informations écrites à ces dernières. Néanmoins, l'utilité des icônes pour communiquer efficacement les informations requises au titre des articles 13 et 14 aux personnes concernées dépend de la normalisation des symboles et images, qui doivent être utilisés de façon universelle et reconnus dans l'Union européenne comme des raccourcis indiquant ces informations. A cet égard, le RGPD attribue à la Commission la responsabilité de l'élaboration d'un code d'icônes, mais le comité européen de la protection des données peut, à la demande de la Commission ou de son propre chef, fournir à la Commission un avis sur ces icônes *[L'art. 12, § 8, dispose que la Commission est habilitée à adopter des actes délégués en conformité avec l'art. 92, aux fins de déterminer les informations à présenter sous la forme d'icônes ainsi que les procédures régissant la fourniture d'icônes normalisées. Le considérant 166 (qui traite des actes délégués de la Commission en général) est instructif et prévoit que la Commission procède aux consultations appropriées durant son travail préparatoire, y compris au niveau des experts. Toutefois, le comité européen de la protection des données joue également un rôle consultatif important en ce qui concerne la normalisation des icônes, puisque l'art. 70, § 1, point r), dispose que le comité, de sa propre initiative ou, le cas échéant, à la demande de la Commission, a pour mission de rendre à la Commission un avis sur les icônes.]*. Le G29 reconnaît, conformément au considérant 166, que l'élaboration d'un code d'icônes devrait être centrée sur une approche factuelle et qu'il sera nécessaire, en amont d'une telle normalisation, de mener des recherches approfondies conjointement avec les entreprises et le grand public à l'égard de l'efficacité des icônes dans ce contexte.

Mécanismes de certification, labels et marques

53. Outre l'utilisation d'icônes normalisées, le RGPD prévoit (à l'article 42) l'utilisation de mécanismes de certification en matière de protection des données ainsi que de labels et de marques en la matière, aux fins de démontrer que les opérations de traitement effectuées par les responsables du traitement et les sous-traitants respectent le RGPD et d'améliorer la transparence pour les personnes concernées *[V. la référence au considérant 100.]*. Le G29 publiera des lignes directrices sur les mécanismes de certification en temps utile.

Exercice des droits des personnes concernées

54. La transparence impose une triple obligation aux responsables du traitement en ce qui concerne les droits des personnes concernées au titre du RGPD ; en effet,

ils doivent *[Conformément à la rubrique Transparence et modalités du RGPD sur les droits des personnes concernées (section 1, chap. III, art. 12).]* **:**

- **fournir aux personnes concernées des informations sur leurs droits** *[Accès, rectification, effacement, limitation du traitement, opposition au traitement, portabilité.] [conformément à l'art. 13, § 2, point b), et à l'art. 14, § 2, point c)]* **;**
- **respecter le principe de transparence (par exemple, en ce qui concerne la qualité des communications énoncées à l'article 12, paragraphe 1) lorsqu'ils communiquent avec les personnes concernées au sujet de leurs droits au titre des articles 15 à 22 et 34 ; et**
- **faciliter l'exercice des droits des personnes concernées au titre des articles 15 à 22.**

55. Les exigences du RGPD concernant l'exercice de ces droits et la nature des informations requises sont conçues de manière à doter les personnes concernées des informations utiles pour qu'elles puissent revendiquer leurs droits et demander des comptes aux responsables du traitement quant au traitement de leurs données à caractère personnel. Le considérant 59 souligne que "des modalités devraient être prévues pour faciliter l'exercice par la personne concernée des droits qui lui sont conférés" et que le responsable du traitement devrait "également fournir les moyens de présenter des demandes par voie électronique, en particulier lorsque les données à caractère personnel font l'objet d'un traitement électronique". La modalité fournie par un responsable du traitement pour que la personne concernée puisse exercer ses droits devrait être adaptée au contexte et à la nature de la relation et des interactions entre le responsable du traitement et la personne concernée. A cette fin, un responsable du traitement peut souhaiter fournir à une personne concernée une ou plusieurs modalités différentes pour l'exercice des droits de celle-ci, reflétant les différentes façons selon lesquelles la personne concernée interagit avec le responsable du traitement.

Exemple

Un prestataire de services de santé propose un formulaire électronique sur son site internet et des formulaires papier à la réception de ses cliniques afin de faciliter le dépôt des demandes d'accès aux données à caractère personnel, que ce soit en ligne ou en personne. En plus de proposer ces deux modalités, le service de santé accepte les demandes d'accès soumises par un autre moyen (par lettre ou e-mail, par exemple) et met à la disposition des personnes concernées un point de contact dédié (joignable par e-mail et par téléphone) pour les aider à exercer leurs droits.

Dérogations à l'obligation de fournir des informations

Dérogations à l'article 13

56. La seule dérogation possible aux obligations visées à l'article 13 d'un responsable du traitement qui a directement collecté des données à caractère personnel auprès d'une personne concernée est "lorsque, et dans la mesure où, la personne concernée dispose déjà de ces informations" *[Art. 13, § 4.]*. Le principe de responsabilité exige des responsables du traitement qu'ils démontrent (en le documentant) quelles informations étaient déjà en la possession de la personne concernée, comment et quand elle les a reçues et qu'aucune modification n'a été apportée à ces informations susceptibles de les rendre obsolètes. De plus, l'utilisation de l'expression "dans la mesure où" à l'article 13, paragraphe 4, montre bien que même si la personne concernée a déjà reçu certaines informations relevant des catégories énoncées à l'article 13, le responsable du traitement a toujours pour obligation de compléter ces informations afin de garantir que la personne concernée dispose de toutes les informations répertoriées à l'article 13, paragraphes 1 et 2. L'exemple suivant est un exemple de bonne pratique concernant les limitations d'interprétation de la dérogation visée à l'article 13, paragraphe 4.

Exemple

Une personne s'inscrit à un service de messagerie en ligne et reçoit toutes les informations requises au titre de l'article 13, paragraphes 1 et 2, lors de son

inscription. Six mois plus tard, la personne concernée active une fonctionnalité de messagerie instantanée connectée proposée par le prestataire de service de messagerie et indique son numéro de téléphone portable à cette fin. Le prestataire de service communique à la personne concernée certaines informations au titre de l'article 13, paragraphes 1 et 2, à l'égard du traitement du numéro de téléphone (par exemple, les finalités et la base juridique du traitement, les destinataires et la période de conservation), mais il ne fournit pas les informations que la personne a déjà reçues six mois auparavant et qui n'ont pas changé depuis (par exemple, l'identité et les coordonnées du responsable du traitement et du délégué à la protection des données, les informations sur les droits de la personne concernée et son droit de porter plainte auprès de l'autorité de contrôle pertinente). Par souci de bonne pratique, la série complète d'informations devrait néanmoins être à nouveau fournie à la personne concernée, mais cette dernière devrait pouvoir distinguer facilement quelles informations sont nouvelles. Le nouveau traitement exécuté au titre du service de messagerie instantanée peut affecter la personne concernée d'une façon qui pourrait l'inciter à vouloir exercer un droit dont elle ne se souvient peut-être pas, ayant été informée de celui-ci six mois auparavant. Fournir à nouveau toutes les informations permet de garantir que la personne concernée demeure bien informée de ses droits et de la façon dont ses données sont utilisées.

Dérogations à l'article 14

57. L'article 14 définit une série bien plus longue de dérogations à l'obligation d'information du responsable du traitement lorsque les données à caractère personnel n'ont pas été collectées auprès de la personne concernée. Ces dérogations devraient, en règle générale, être interprétées et appliquées *stricto sensu*. Outre les circonstances où la personne concernée dispose déjà des informations en question *[article 14, paragraphe 5, point a)]*, l'article 14, paragraphe 5, prévoit les dérogations suivantes :

- la communication de ces informations est impossible ou exigerait des efforts disproportionnés, en particulier pour le traitement à des fins archivistiques dans l'intérêt public, à des fins de recherche scientifique ou historique ou à des fins statistiques, ou elle rendrait impossible ou compromettrait gravement la réalisation des objectifs dudit traitement ;
- l'obtention ou la communication des informations sont prévues par le droit de l'Union ou le droit de l'État membre auquel le responsable du traitement est soumis et qui prévoit des mesures appropriées visant à protéger les intérêts légitimes de la personne concernée ; ou
- une obligation de secret professionnel (y compris une obligation légale de secret professionnel) qui est réglementée par le droit de l'Union ou le droit des États membres prévoit que les données à caractère personnel doivent rester confidentielles.

Se révèle impossible, exigerait des efforts disproportionnés et compromettrait gravement la réalisation des objectifs

58. L'article 14, paragraphe 5, point b), prévoit trois situations distinctes où l'obligation de fournir les informations visées à l'article 14, paragraphes 1, 2 et 4, est levée :

(i) lorsqu'elle se révèle impossible (en particulier à des fins archivistiques, de recherche scientifique ou historique ou à des fins statistiques) ;

(ii) orsqu'elle exigerait des efforts disproportionnés (en particulier à des fins archivistiques, de recherche scientifique ou historique ou à des fins statistiques) ; ou

(iii) lorsque la fourniture des informations requises au titre de l'article 14, paragraphe 1, rendrait impossible ou compromettrait gravement la réalisation des objectifs dudit traitement.

"Se révèle impossible"

59. La situation dans laquelle la fourniture d'informations "se révèle impossible" en vertu de l'article 14, paragraphe 5, point b), est absolue et ne permet pas de

demi-mesure, car la fourniture est simplement possible ou impossible ; il n'existe pas de degrés d'impossibilité. Par conséquent, si un responsable du traitement souhaite faire jouer cette dérogation, il doit démontrer quels facteurs l'empêchent effectivement de communiquer les informations en question à la personne concernée. Si, après une certaine période, les facteurs ayant généré l'"impossibilité" cessent d'exister et qu'il devient donc possible de communiquer les informations à la personne concernée, le responsable du traitement devrait les communiquer immédiatement. Dans la pratique, rares sont les situations où un responsable du traitement peut démontrer qu'il est effectivement impossible de communiquer les informations à la personne concernée. L'exemple suivant en est l'illustration.

Exemple

Une personne s'inscrit à un service d'abonnement en ligne post-payé. Après l'inscription, le responsable du traitement collecte les données de crédit de la personne auprès d'une agence d'évaluation du crédit afin de décider de fournir ou non le service en question. Le protocole du responsable du traitement impose à ce dernier d'informer la personne concernée de la collecte de ses données de crédit dans les trois jours suivant la collecte, conformément à l'article 14, paragraphe 3, point a). Toutefois, l'adresse et le numéro de téléphone de la personne concernée ne figurent pas dans les registres publics (et la personne concernée vit à l'étranger). De plus, la personne concernée n'a pas donné d'adresse e-mail lors de son inscription au service, ou son adresse e-mail n'est pas valide. Le responsable du traitement réalise qu'il ne dispose d'aucun moyen pour contacter directement la personne concernée. Dans ce cas, toutefois, le responsable du traitement a la possibilité de fournir les informations relatives à la collecte des données par l'agence d'évaluation du crédit sur son site internet, avant la validation de l'inscription. Dans une telle situation, il ne serait donc pas impossible de fournir les informations au titre de l'article 14.

Impossibilité de fournir la source des données

60. Le considérant 61 indique que "lorsque l'origine des données à caractère personnel n'a pas pu être communiquée à la personne concernée parce que plusieurs sources ont été utilisées, des informations générales devraient être fournies". La levée de l'obligation de fournir à la personne concernée des informations sur la source de ses données à caractère personnel s'applique uniquement lorsqu'une telle fourniture n'est pas possible en raison de l'impossibilité d'attribuer différents éléments des données à caractère personnel concernant une même personne à une source en particulier. En revanche, le simple fait qu'une base de données comprenant les données à caractère personnel de plusieurs personnes concernées ait été compilée par un responsable du traitement utilisant plus d'une source ne suffit pas à lever cette obligation s'il est possible (bien que chronophage ou fastidieux) de déterminer la source dont proviennent les données à caractère personnel des personnes concernées. Étant donné les obligations propres à la protection des données dès la conception et par défaut *[Art. 25.]*, les mécanismes de transparence devraient être intégrés à des systèmes de traitement dès le départ afin que toutes les sources des données à caractère personnel reçues par une entreprise puissent être suivies et retracées jusqu'à leur source à tout moment pendant le cycle de vie du traitement des données (voir le point 43 ci-dessus).

"Efforts disproportionnés"

61. Conformément à l'article 14, paragraphe 5, point b), à l'instar d'une situation où la fourniture d'informations "se révèle impossible", une situation exigeant des "efforts disproportionnés" peut s'appliquer, en particulier, au traitement "à des fins archivistiques dans l'intérêt public, à des fins de recherche scientifique ou historique, ou à des fins statistiques sous réserve des *[...]* garanties visées à l'article 89, paragraphe 1". Le considérant 62 fait également référence à ces objectifs comme des cas où la fourniture d'informations à la personne concernée exigerait des efforts

disproportionnés et dispose à cet égard que le nombre de personnes concernées, l'ancienneté des données, ainsi que les garanties appropriées éventuelles adoptées devraient être pris en considération. Compte tenu de l'importance accordée au considérant 62 et à l'article 14, paragraphe 5, point b), aux fins archivistiques, de recherche et statistiques à l'égard de l'application de cette dérogation, la position du G29 est que la dérogation ne devrait pas être systématiquement revendiquée par les responsables du traitement qui ne traitent pas des données à caractère personnel à des fins archivistiques dans l'intérêt public, à des fins de recherche scientifique ou historique, ou à des fins statistiques. Le G29 souligne le fait que, lorsque ces finalités sont effectivement poursuivies, les conditions énoncées à l'article 89, paragraphe 1, doivent être respectées et la communication des informations doit représenter un effort disproportionné.

62. Pour déterminer ce qui peut constituer une impossibilité ou des efforts disproportionnés au titre de l'article 14, paragraphe 5, point b), il apparaît pertinent qu'aucune dérogation comparable n'existe au titre de l'article 13 (lorsque les données à caractère personnel sont collectées auprès d'une personne concernée). La seule différence entre une situation au titre de l'article 13 et une situation au titre de l'article 14 est que, s'agissant de cette dernière, les données à caractère personnel ne sont pas collectées auprès de la personne concernée. Dès lors, il s'ensuit que l'impossibilité ou les efforts disproportionnés découlent généralement de circonstances qui ne s'appliquent pas si les données à caractère personnel sont collectées auprès de la personne concernée. En d'autres termes, l'impossibilité ou les efforts disproportionnés doivent être directement liés au fait que les données à caractère personnel ont été collectées autrement qu'auprès de la personne concernée.

Exemple

Un grand hôpital métropolitain exige de tous les patients admis pour un traitement de jour, un séjour de longue durée ou des consultations qu'ils remplissent un formulaire de renseignements demandant les coordonnées de deux parents proches (personnes concernées). Étant donné le très grand nombre de patients transitant par l'hôpital chaque jour, communiquer les informations requises au titre de l'article 14 à toutes les personnes désignées comme parent proche dans les formulaires remplis chaque jour par les patients exigerait des efforts disproportionnés de la part de l'hôpital.

63. Les facteurs susmentionnés correspondant au considérant 62 (le nombre de personnes concernées, l'ancienneté des données, ainsi que les garanties appropriées éventuelles adoptées) peuvent être à l'origine de situations obligeant un responsable du traitement à mettre en œuvre des efforts disproportionnés pour informer une personne concernée des informations pertinentes au titre de l'article 14.

Exemple

Des spécialistes de la recherche historique entreprennent de retracer une ascendance d'après des noms de famille et obtiennent indirectement un large ensemble de données correspondant à 20 000 personnes concernées. Cependant, l'ensemble de données a été collecté il y a 50 ans, n'a pas été mis à jour depuis et ne contient aucune coordonnée. Vu la taille de la base de données et, plus particulièrement, l'ancienneté des données, essayer de retrouver chaque personne concernée pour lui communiquer les informations prévues à l'article 14 exigerait des efforts disproportionnés de la part des chercheurs.

64. Quand un responsable du traitement souhaite s'appuyer sur la dérogation prévue à l'article 14, paragraphe 5, point b), au motif que la fourniture des informations exigerait des efforts disproportionnés, il devrait mettre en balance les efforts qui lui sont demandés pour communiquer les informations à la personne concernée et l'incidence et les effets sur la personne concernée dans le cas où celle-ci ne recevrait pas ces informations. Cette mise en balance devrait être documentée par le responsable du traitement conformément à ses obligations de responsabilité. Dans un tel cas, l'article 14, paragraphe 5, point b), précise que le responsable du traitement doit prendre des mesures appropriées pour protéger les droits, les libertés et les intérêts

légitimes de la personne concernée. Cette disposition s'applique également lorsqu'un responsable du traitement constate que la fourniture des informations se révèle impossible ou est susceptible de rendre impossible ou de compromettre gravement la réalisation des objectifs dudit traitement. Une mesure appropriée, au sens de l'article 14, paragraphe 5, point b), devant être systématiquement prise par les responsables du traitement est de rendre les informations accessibles au public. Un responsable du traitement peut remplir cette obligation de différentes façons, par exemple en mettant les informations sur son site internet ou en les présentant de façon proactive dans un journal ou sur des affiches dans ses locaux. Les autres mesures appropriées, en plus de rendre les informations accessibles au public, dépendront des circonstances du traitement, mais peuvent inclure : la réalisation d'une analyse d'impact relative à la protection des données ; l'application de techniques de pseudonymisation des données ; la réduction du nombre de données collectées et de la période de conservation ; et la mise en œuvre de mesures techniques et organisationnelles pour garantir un niveau élevé de sécurité. Par ailleurs, des situations peuvent se présenter où un responsable du traitement traite des données à caractère personnel qui ne requièrent pas d'identifier une personne concernée (par exemple, des données pseudonymisées). Dans de tels cas, l'article 11, paragraphe 1, peut également être pertinent puisqu'il dispose qu'un responsable du traitement n'est pas tenu de conserver, d'obtenir ou de traiter des informations supplémentaires pour identifier la personne concernée à la seule fin de respecter le RGPD.

Compromettrait gravement la réalisation des objectifs

65. La situation finale couverte par l'article 14, paragraphe 5, point b), est celle où la fourniture d'informations par un responsable du traitement à une personne concernée au titre de l'article 14, paragraphe 1, est susceptible de rendre impossible ou de compromettre gravement la réalisation des objectifs dudit traitement. Pour appliquer cette dérogation, les responsables du traitement doivent démontrer que le simple fait de communiquer les informations prévues à l'article 14, paragraphe 1, anéantirait les objectifs du traitement. Le recours à cet aspect de l'article 14, paragraphe 5, point b), notamment, présuppose que le traitement des données satisfasse à tous les principes établis à l'article 5 et, plus important encore, que le traitement des données à caractère personnel soit loyal et fondé sur une base juridique en toutes circonstances.

Exemple

La banque A est tenue, en vertu de la législation en matière de lutte contre le blanchiment des capitaux, de signaler toute activité suspecte associée aux comptes qu'elle détient à l'autorité chargée de faire appliquer le droit financier. La banque B (située dans un autre État membre) informe la banque A que le titulaire d'un compte dans son établissement lui a demandé d'effectuer un virement, apparemment suspect, sur un compte détenu à la banque A. La banque A transmet les données concernant le titulaire du compte dans son établissement et signale les activités suspectes à l'autorité chargée de faire appliquer le droit financier. D'après la législation en matière de lutte contre le blanchiment des capitaux, une banque qui signale une suspicion de fraude et prévient le titulaire du compte en question qu'il peut faire l'objet d'une enquête des autorités de réglementation commet une infraction pénale. Dans ce cas, l'article 14, paragraphe 5, point b), s'applique, car communiquer à la personne concernée (le titulaire du compte de la banque A) les informations prévues à l'article 14 sur le traitement des données à caractère personnel du titulaire du compte reçues de la banque B compromettrait gravement les objectifs de la législation, qui comprennent la prévention des dénonciations.

Toutefois, des informations générales devraient être communiquées à toutes les personnes décidant d'ouvrir un compte à la banque A, leur indiquant que leurs données à caractère personnel peuvent être traitées à des fins de lutte contre le blanchiment d'argent.

L'obtention ou la communication des informations sont expressément prévues par la loi

66. L'article 14, paragraphe 5, point c), autorise une levée des obligations d'information prévues à l'article 14, paragraphes 1, 2 et 4, dans la mesure où l'obligation ou la communication des données à caractère personnel "sont expressément prévues par le droit de l'Union ou le droit de l'État membre auquel le responsable du traitement est soumis". Cette dérogation dépend de la prévision par le droit en question de "mesures appropriées visant à protéger les intérêts légitimes de la personne concernée". Un tel droit doit concerner directement le responsable du traitement et l'obtention ou la communication en question devraient être obligatoires pour ce dernier. De même, le responsable du traitement doit être en mesure de démontrer que le droit en question lui est applicable et lui impose d'obtenir ou de communiquer lesdites données à caractère personnel. Bien qu'il revienne au droit de l'Union ou au droit de l'État membre d'élaborer la loi de sorte qu'elle prévoie des "mesures appropriées visant à protéger les intérêts légitimes de la personne concernée", le responsable du traitement devrait garantir (et être en mesure de démontrer) que l'obtention ou la communication de données à caractère personnel par ses soins respectent ces mesures. En outre, le responsable du traitement devrait signaler clairement aux personnes concernées qu'il obtient ou communique les données à caractère personnel en accord avec le droit en question, sauf en cas d'interdiction légale l'empêchant de le faire. Cette disposition est conforme au considérant 41 du RGPD, qui dispose qu'une base juridique ou une mesure législative devrait être claire et précise et que son application devrait être prévisible pour les justiciables, conformément à la jurisprudence de la Cour de justice de l'Union européenne et de la Cour européenne des droits de l'homme. Toutefois, l'article 14, paragraphe 5, point c), ne s'applique pas lorsque le responsable du traitement est tenu de collecter les données directement auprès de la personne concernée, auquel cas l'article 13 s'applique. Dans cette situation, la seule dérogation au titre du RGPD exemptant le responsable du traitement de l'obligation de fournir à la personne concernée les informations sur le traitement est celle prévue par l'article 13, paragraphe 4 (c'est-à-dire lorsque, et dans la mesure où, la personne concernée dispose déjà de ces informations). Cependant, comme indiqué au point 68 ci-dessous, les États membres peuvent également légiférer, à l'échelon national et en accord avec l'article 23, sur d'autres limitations spécifiques au droit de transparence visé à l'article 12 et aux informations prévues aux articles 13 et 14.

Exemple

En vertu du droit national, une administration fiscale est soumise à l'obligation d'obtenir de la part des employeurs le montant des rémunérations de leurs salariés. Les données à caractère personnel n'étant pas collectées auprès des personnes concernées, l'administration fiscale est soumise aux obligations visées à l'article 14. Mais dès lors que l'obtention des données à caractère personnel par l'administration fiscale auprès des employeurs est expressément prévue par la loi, l'obligation d'information de l'article 14 ne s'applique pas à l'administration fiscale dans ce cas précis.

Confidentialité du fait d'une obligation de confidentialité

67. L'article 14, paragraphe 5, point d), prévoit une dérogation à l'obligation d'information imposée aux responsables du traitement lorsque les données à caractère personnel "doivent rester confidentielles en vertu d'une obligation de secret professionnel réglementée par le droit de l'Union ou le droit des États membres, y compris une obligation légale de secret professionnel". Lorsqu'un responsable du traitement souhaite se prévaloir de cette dérogation, il doit être en mesure de prouver qu'il a correctement identifié la dérogation en question et de démontrer que l'obligation de secret professionnel le concerne directement, de sorte que cela l'empêche de communiquer toutes les informations visées à l'article 14, paragraphes 1, 2 et 4, à la personne concernée.

Exemple
Un médecin (responsable du traitement) est tenu au secret professionnel à l'égard des informations médicales de ses patients. Un patient (auquel le respect du secret professionnel s'applique) communique au médecin des informations sur sa santé concernant une maladie génétique dont certains de ses proches sont atteints. Le patient fournit également au médecin certaines données à caractère personnel sur ses proches (personnes concernées), qui sont atteints de cette même maladie. Le médecin n'est pas tenu de fournir aux proches les informations visées à l'article 14 puisque la dérogation prévue à l'article 14, paragraphe 5, point d), s'applique. Si le médecin communiquait les informations prévues à l'article 14 aux proches, cela constituerait une violation du secret professionnel vis-à-vis de son patient.

Limitations applicables aux droits des personnes concernées

68. L'article 23 dispose que les États membres (ou l'Union) peuvent légiférer de manière à limiter davantage la portée des droits des personnes concernées à l'égard de la transparence et de leurs droits fondamentaux *[Conformément aux art. 12 à 22 et 34, ainsi qu'à l'art. 5, dans la mesure où ses dispositions correspondent aux droits et obligations prévus aux art. 12 à 22.]* lorsque de telles mesures respectent l'essence des libertés et droits fondamentaux et sont nécessaires et proportionnées pour garantir un ou plusieurs des dix objectifs énoncés à l'article 23, paragraphe 1, points a) à j). Lorsque de telles mesures nationales réduisent soit les droits spécifiques des personnes concernées soit les obligations générales de transparence, qui, autrement, s'appliqueraient aux responsables du traitement en vertu du RGPD, les responsables du traitement concernés devraient être en mesure de démontrer de quelle manière lesdites mesures nationales s'appliquent à eux. Conformément à l'article 23, paragraphe 2, point h), la mesure législative doit contenir une disposition concernant le droit des personnes concernées d'être informées de toute limitation de leurs droits, à moins que cela risque de nuire à la finalité de la limitation. Dans le même ordre d'idée, et en vertu du principe de loyauté, le responsable du traitement devrait également informer la personne concernée qu'il invoque (ou invoquera, au cas où ladite personne déciderait d'exercer un de ses droits en particulier) une telle limitation législative nationale à l'exercice des droits de celle-ci ou à l'obligation de transparence, sauf si cela risquait de nuire à la finalité de la limitation législative. A ce titre, le principe de transparence impose au responsable du traitement de fournir des informations adaptées et en amont à la personne concernée au sujet de ses droits et de toute restriction spécifique applicable à ces droits que le responsable du traitement déciderait d'invoquer, de sorte que la personne concernée ne soit pas surprise par une prétendue limitation d'un droit en particulier si elle cherche à exercer, ultérieurement, ce droit contre le responsable du traitement. En ce qui concerne la pseudonymisation et la minimisation des données, et dans la mesure où le responsable du traitement peut chercher à invoquer l'article 11 du RGPD, le G29 a précédemment confirmé dans l'avis 3/2017 *[Avis 3/2017 sur le traitement des données à caractère personnel dans le contexte des systèmes de transport intelligents coopératifs (STI-C) - voir point 4.2.]* que l'article 11 du RGPD devrait être interprété comme un moyen de faire appliquer une véritable minimisation des données sans entraver l'exercice des droits des personnes concernées, et qu'un tel exercice doit être rendu possible grâce aux informations complémentaires fournies par les personnes concernées.

69. Par ailleurs, l'article 85 exige des États membres qu'ils concilient, par la loi, le droit à la protection des données à caractère personnel et le droit à la liberté d'expression et d'information. Cette obligation impose, entre autres, aux États membres de prévoir des exemptions ou dérogations appropriées à certaines dispositions du RGPD (notamment aux obligations de transparence au titre des articles 12 à 14) pour les traitements menés à des fins journalistiques et à des fins d'expression universitaire, artistique ou littéraire, si cela est nécessaire pour concilier les deux droits en question.

Transparence et violation de données

70. Le G29 a établi des lignes directrices distinctes sur les violations de données *[Lignes directrices sur la notification de violations de données à caractère personnel en vertu du règlement 2016/679, WP 250.]* **mais, aux fins des présentes lignes directrices, les obligations d'un responsable du traitement concernant la communication des violations de données à une personne concernée doivent prendre pleinement en compte les obligations de transparence énoncées à l'article 12** *[Ce point est clairement défini à l'art. 12, § 1, qui fait spécifiquement référence à "...toute communication au titre des art. 15 à 22 et de l'art. 34 en ce qui concerne le traitement à la personne concernée..." [soulignement ajouté].]*. **La communication d'une violation de données doit satisfaire aux mêmes obligations, telles que détaillées ci-dessus (notamment concernant le recours à des termes clairs et simples), que celles applicables à toute autre communication adressée à une personne concernée au sujet de ses droits ou liée à la communication d'informations au titre des articles 13 et 14.**

ANNEXE

INFORMATIONS DEVANT ÊTRE COMMUNIQUÉES À UNE PERSONNE CONCERNÉE AU TITRE DE L'ARTICLE 13 OU DE L'ARTICLE 14

Type d'information requise	**Article pertinent (si les données à caractère personnel sont collectées directement auprès de la personne concernée)**	**Article pertinent (si les données à caractère personnel ne sont pas collectées auprès de la personne concernée)**	**Commentaires du G29 sur l'obligation d'information**
L'identité et les coordonnées du responsable du traitement et, le cas échéant, de son représentant(1)	Article 13, paragraphe 1, point a)	Article 14, paragraphe 1, point a)	Ces informations devraient permettre d'identifier facilement le responsable du traitement et favoriser différentes formes de communication avec le responsable du traitement (par exemple, numéro de téléphone, e-mail, adresse postale, etc.)
Coordonnées du délégué à la protection des données, le cas échéant	Article 13, paragraphe 1, point b)	Article 14, paragraphe 1, point b)	Voir les lignes directrices du G29 sur le délégué à la protection des données (2).
Les finalités du traitement ainsi que sa base juridique	Article 13, paragraphe 1, point c)	Article 14, paragraphe 1, point c)	En plus d'établir la finalité du traitement visé pour les données à caractère personnel, la base juridique pertinente appliquée au titre de l'article 6 doit être précisée. Dans le cas de catégories spécifiques de données à caractère personnel, la disposition pertinente de l'article 9 (et, le cas échéant, du droit de l'Union ou de l'État membre en vertu duquel les données sont traitées) doit être précisée. Lorsque, conformément à l'article 10, des données à caractère personnel relatives aux condamnations pénales et aux infractions ou aux mesures de sûreté connexes sont traitées au titre de l'article 6, paragraphe 1, le droit pertinent de l'Union ou d'un État membre en vertu duquel le traitement est effectué devrait, le cas échéant, être précisé.

Type d'information requise	**Article pertinent (si les données à caractère personnel sont collectées directement auprès de la personne concernée)**	**Article pertinent (si les données à caractère personnel ne sont pas collectées auprès de la personne concernée)**	**Commentaires du G29 sur l'obligation d'information**
Lorsque des intérêts légitimes [article 6, paragraphe 1, point f)] constituent la base juridique du traitement, les intérêts légitimes poursuivis par le responsable du traitement ou par un tiers	Article 13, paragraphe 1, point d)	Article 14, paragraphe 2, point b)	L'intérêt spécifique en question doit être déterminé dans l'intérêt de la personne concernée Par souci de bonne pratique, le responsable du traitement peut également fournir à la personne concernée les informations issues de la mise en balance, qui doit être réalisée pour pouvoir invoquer l'article 6, paragraphe 1, point f), en tant que base juridique au traitement, en amont de toute collecte de données à caractère personnel auprès de personnes concernées Afin d'éviter de noyer d'informations les personnes concernées, ces éléments peuvent être inclus dans un avis ou une déclaration sur la protection de la vie privée à différents niveaux (voir le point 35) En tout état de cause, la position du G29 est que les informations communiquées aux personnes concernées devraient indiquer clairement que ces dernières ont la possibilité d'obtenir sur simple demande des informations relatives à la mise en balance Cela est essentiel pour garantir une transparence efficace lorsque les personnes concernées ont des doutes quant au fait que la mise en balance ait été menée de façon équitable ou si elles souhaitent déposer plainte auprès d'une autorité de contrôle
Catégories de données à caractère personnel concernées	Sans objet	Article 14, paragraphe 1, point d)	Ces informations sont requises dans un scénario au titre de l'article 14, car les données à caractère personnel n'ont pas été collectées auprès de la personne concernée qui n'a donc pas connaissance des catégories des données à caractère personnel obtenues par le responsable du traitement.
Les destinataires [(3)] (ou catégories de destinataires) des données à caractère personnel	Article 13, paragraphe 1, point e)	Article 14, paragraphe 1, point e)	Le terme « destinataire » est défini à l'article 4, paragraphe 9, comme signifiant « la personne physique ou morale, l'autorité publique, le service ou tout autre organisme qui reçoit communication de données à caractère personnel, **qu'il s'agisse ou non d'un tiers** » (mise en gras ajoutée). À cet effet, un destinataire n'est pas nécessairement un tiers. Par conséquent, les autres responsables du traitement, responsables conjoints du traitement et sous-traitants auxquels les données sont transférées ou communiquées sont couverts par le terme « destinataire » et des informations relatives à ces destinataires devraient être fournies en plus des informations relatives aux autres destinataires tiers.

Type d'information requise	Article pertinent (si les données à caractère personnel sont collectées directement auprès de la personne concernée)	Article pertinent (si les données à caractère personnel ne sont pas collectées auprès de la personne concernée)	Commentaires du G29 sur l'obligation d'information
			Les destinataires réels (nommément désignés) des données à caractère personnel ou les catégories de destinataires doivent être indiqués. Conformément au principe d'équité, les responsables du traitement doivent fournir aux personnes concernées les informations les plus significatives sur les destinataires. En pratique, il s'agit généralement de destinataires nommément désignés afin que les personnes concernées puissent savoir exactement qui détient leurs données à caractère personnel. Si les responsables du traitement choisissent de communiquer les catégories de destinataires, les informations devraient être les plus spécifiques possible et indiquer le type de destinataire (en fonction des activités qu'il mène), l'industrie, le secteur et le sous-secteur ainsi que l'emplacement des destinataires.
Le détail des transferts vers des pays tiers, la situation de tels transferts, et le détail des garanties pertinentes (4) (notamment l'existence ou l'absence d'une décision d'adéquation de la Commission (5) ainsi que les moyens d'obtenir une copie de ces informations ou de connaître l'endroit où elles ont été mises à disposition	Article 13, paragraphe 1, point f)	Article 14, paragraphe 1, point f)	L'article pertinent du RGPD permettant le transfert et le mécanisme correspondant (par exemple, la décision d'adéquation au titre de l'article 45/ les règles d'entreprise contraignantes au titre de l'article 47/ les clauses types de protection des données au titre de l'article 46, paragraphe 2/ les dérogations et garanties au titre de l'article 49, etc.) devraient être précisés. Des informations concernant l'endroit où se trouvent les documents correspondants et la façon d'y accéder ou de les obtenir devraient également être fournies, par exemple en indiquant un lien vers le mécanisme utilisé. Conformément au principe d'équité, les informations fournies sur les transferts vers des pays tiers devraient être aussi utiles que possible aux personnes concernées; cela nécessite généralement la désignation des pays tiers.
La période de conservation (ou, si ce n'est pas possible, les critères utilisés pour déterminer cette période)	Article 13, paragraphe 2, point a)	Article 14, paragraphe 2, point a)	Ceci est lié à l'obligation de minimisation des données visée à l'article 5, paragraphe 1, point c), et à l'obligation de limitation de la conservation visée à l'article 5, paragraphe 1, point e). La période de conservation (ou les critères pour la déterminer) peut être dictée par différents facteurs comme des exigences réglementaires ou des lignes directrices industrielles, mais elle devrait être formulée de manière à ce que la personne concernée puisse évaluer, selon la situation dans laquelle elle se trouve, quelle sera la période de conservation s'agissant

Type d'information requise	**Article pertinent (si les données à caractère personnel sont collectées directement auprès de la personne concernée)**	**Article pertinent (si les données à caractère personnel ne sont pas collectées auprès de la personne concernée)**	**Commentaires du G29 sur l'obligation d'information**
			de données spécifiques ou en cas de finalités spécifiques. Le responsable du traitement ne peut se contenter de déclarer de façon générale que les données à caractère personnel seront conservées aussi longtemps que la finalité légitime du traitement l'exige. Le cas échéant, différentes périodes de stockage devraient être mentionnées pour les différentes catégories de données à caractère personnel et/ou les différentes finalités de traitement, notamment les périodes à des fins archivistiques.
Les droits suivants de la personne concernée: • accès; • rectification; • effacement; • limitation du traitement; • objection au traitement; • portabilité.	Article 13, paragraphe 2, point b)	Article 14, paragraphe 2, point c)	Ces informations devraient être spécifiques au scénario de traitement et inclure un résumé de ce que comprend le droit en question et des mesures pouvant être prises par la personne concernée pour l'exercer, ainsi que toute limitation audit droit (voir point 68 ci-dessus). En particulier, le droit de s'opposer au traitement doit être explicitement porté à l'attention de la personne concernée au plus tard au moment de la première communication avec la personne concernée et doit être présenté clairement et séparément de toute autre information (6). En ce qui concerne le droit à la portabilité, voir les lignes directrices du G29 sur le droit à la portabilité des données (7).
Lorsque le traitement dépend du consentement (ou du consentement explicite), le droit de retirer son consentement à tout moment	Article 13, paragraphe 2, point c)	Article 14, paragraphe 2, point d)	Ces informations devraient inclure des explications sur la façon de retirer son consentement, prenant en compte le fait qu'il devrait être aussi facile pour une personne concernée de retirer son consentement que de le donner (8).
Le droit d'introduire une réclamation auprès d'une autorité de contrôle	Article 13, paragraphe 2, point d)	Article 14, paragraphe 2, point e)	Ces informations devraient expliquer que, conformément à l'article 77, une personne concernée a le droit d'introduire une réclamation auprès d'une autorité de contrôle, notamment dans l'État membre de sa résidence habituelle ou de son lieu de travail, ou en cas de violation alléguée du RGPD.
Si l'exigence de fournir les informations revêt un caractère réglementaire ou contractuel ou si elle conditionne la conclusion d'un contrat, ou s'il existe	Article 13, paragraphe 2, point e)	Sans objet	Par exemple, dans le cadre de relations de travail, fournir certaines informations à un employeur actuel ou éventuel peut être une exigence contractuelle. Les formulaires en ligne devraient déterminer clairement les champs « obligatoires », les champs facultatifs, et les conséquences si des champs obligatoires sont laissés vides.

Type d'information requise	Article pertinent (si les données à caractère personnel sont collectées directement auprès de la personne concernée)	Article pertinent (si les données à caractère personnel ne sont pas collectées auprès de la personne concernée)	Commentaires du G29 sur l'obligation d'information
une obligation de fourniture des informations, ainsi que les conséquences éventuelles de leur non-fourniture.			
La source d'où proviennent les données à caractère personnel et, le cas échéant, une mention indiquant qu'elles sont issues ou non de sources accessibles au public	Sans objet	Article 14, paragraphe 2, point f)	La source spécifique aux données devrait être fournie à moins qu'il ne soit pas possible de le faire. Voir le point 60 pour plus d'informations à cet égard. Si la source spécifique n'est pas nommée, les informations fournies devraient indiquer: la nature des sources (c'est-à-dire les sources publiques et privées) et les types d'organismes, d'entreprises et de secteurs.
L'existence d'une prise de décision automatisée, y compris un profilage et, le cas échéant, des informations utiles sur la logique utilisée et l'importance et les conséquences envisagées d'un tel traitement pour la personne concernée	Article 13, paragraphe 2, point f)	Article 14, paragraphe 2, point g)	Voir les lignes directrices du G29 sur les décisions individuelles automatisées et le profilage[(9)].

(1)Conformément à l'article 4, paragraphe 17, du RGPD (et au sens du considérant 80), on entend par « représentant » une personne physique ou morale établie dans l'Union, désignée par le responsable du traitement ou le sous-traitant par écrit, en vertu de l'article 27, qui les représente en ce qui concerne leurs obligations respectives en vertu du RGPD. Cette obligation s'applique lorsque, conformément à l'article 3, paragraphe 2, le responsable du traitement ou le sous-traitant n'est pas établi dans l'Union européenne, mais qu'il traite les données à caractère personnel de personnes concernées qui se trouvent dans l'Union, et que ce traitement est lié à l'offre de biens ou services à ces personnes concernées dans l'Union ou au suivi de leur comportement.

(2)Lignes directrices sur le délégué à la protection des données, WP 243 rev.01, version révisée et adoptée le 5 avril 2017.

(3)Selon la définition donnée à l'article 4, paragraphe 9, du RGPD et conformément au considérant 31.

(4)Conformément à l'article 46, paragraphes 2 et 3.

(5)En vertu de l'article 45.

(6)Article 21, paragraphe 4, et considérant 70 (qui s'applique à la prospection).

(7)Lignes directrices sur le droit à la portabilité des données, WP 242 rev.01, version révisée et adoptée le 5 avril 2017.

(8)Article 7, paragraphe 3.

(9)Lignes directrices sur les décisions individuelles automatisées et le profilage au titre du règlement 2016/679, WP 251.

Avis 5/2019 du 12 mars 2019,

Relatif aux interactions entre la directive « vie privée et communications électroniques » et le RGPD, en particulier en ce qui concerne la compétence, les missions et les pouvoirs des autorités de protection des données.

Le comité européen de la protection des données

vu l'article 63 et l'article 64, paragraphe 2, du règlement (UE) 2016/679 du Parlement européen et du Conseil du 27 avril 2016 relatif à la protection des personnes physiques à l'égard du traitement des données à caractère personnel et à la libre circulation de ces données, et abrogeant la directive 95/46/CE (ci-après le « RGPD »),

vu l'article 63 et l'article 64, paragraphe 2, du règlement (UE) 2016/679 du Parlement européen et du Conseil du 27 avril 2016 relatif à la protection des personnes physiques à l'égard du traitement des données à caractère personnel et à la libre circulation de ces données, et abrogeant la directive 95/46/CE (ci-après le « RGPD »),

vu les articles 10 et 22 de son règlement intérieur du 25 mai 2018, tel que modifié le 23 novembre 2018,

considérant ce qui suit :

(1) Le rôle principal du comité européen de la protection des données (ci-après le « comité ») est de veiller à l'application cohérente du règlement (UE) 2016/679 (ci-après le « RGPD ») dans l'ensemble de l'Espace économique européen. L'article 64, paragraphe 2, du RGPD dispose que toute autorité de contrôle, le président du comité ou la Commission peuvent demander que toute question d'application générale ou produisant des effets dans plusieurs États membres soit examinée par le comité en vue d'obtenir un avis. L'objectif du présent avis est d'examiner une question d'application générale ou produisant des effets dans plusieurs États membres.

(2) Le 3 décembre 2018, l'autorité belge de protection des données a demandé au comité européen de la protection des données d'examiner et de rendre un avis sur les interactions entre le RGPD et la directive « vie privée et communications électroniques », en particulier en ce qui concerne la compétence, les missions et les pouvoirs des autorités de protection des données.

(3) L'avis du comité doit être adopté conformément à l'article 64, paragraphe 3, du RGPD, en liaison avec l'article 10, paragraphe 2, du règlement intérieur, dans un délai de huit semaines à compter du premier jour ouvrable après que le président du comité et l'autorité de contrôle compétente ont décidé que le dossier était complet. Sur décision du président, ce délai peut être prolongé de six semaines en fonction de la complexité de la question,

A ADOPTÉ L'AVIS SUIVANT :

1. Résumé des faits

1. Le 3 décembre 2018, l'autorité belge de protection des données a demandé au comité européen de la protection des données d'examiner et de rendre un avis sur les interactions entre la directive « vie privée et communications électroniques » *[Directive 2002/58/CE du Parlement européen et du Conseil du 12 juillet 2002 concernant le traitement des données à caractère personnel et la protection de la vie privée dans le secteur des communications électroniques (directive « vie privée et communications électroniques »), modifiée par la directive 2006/24/CE et la directive 2009/136/CE.]* et le RGPD, en soumettant les questions suivantes :

concernant **la compétence, les missions et les pouvoirs** des autorités de protection des données *[Au sens des articles 55 à 58 du RGPD. L'expression « autorités de protection des données » (par opposition aux « autorités de contrôle ») est utilisée tout au long du présent avis afin de distinguer clairement les « autorités de contrôle » envisagées par le RGPD des autres types d'autorités de contrôle, telles que les autorités réglementaires nationales mentionnées dans la directive 2002/58/CE.]*, si

i. les autorités de protection des données peuvent ou non exercer leur compétence, leurs missions et leurs pouvoirs en ce qui concerne tout traitement relevant, du moins en ce qui concerne certaines opérations de traitement, du champ d'application matériel tant du RGPD que de la directive « vie privée et communications électroniques » ; et, dans l'affirmative, si

ii. les autorités de protection des données peuvent ou devraient tenir compte des dispositions de la directive « vie privée et communications électroniques » et/ou de ses transpositions nationales lorsqu'elles exercent leurs compétences, leurs missions et leurs pouvoirs au titre du RGPD (par exemple, lorsqu'elles évaluent la licéité du traitement) et, dans l'affirmative, dans quelle mesure ;

b. si les mécanismes de coopération et de cohérence peuvent ou devraient être appliqués en ce qui concerne tout traitement relevant, du moins en ce qui concerne certaines opérations de traitement, du champ d'application matériel tant du RGPD que de la directive « vie privée et communications électroniques » ; ainsi que

c. la mesure dans laquelle tout traitement peut être régi par les dispositions tant de la directive « vie privée et communications électroniques » que du RGPD, et si cela affecte la réponse aux questions n° 1 et n° 2.

2. Le comité considère que ces questions touchent à une problématique d'application générale du RGPD, dès lors qu'il existe un besoin évident d'interprétation cohérente de la part des différentes autorités de protection des données en ce qui concerne les limites de leurs compétences, missions et pouvoirs. Une clarification est particulièrement nécessaire afin de garantir, entre autres, une mise en œuvre cohérente de l'assistance mutuelle au titre de l'article 61 du RGPD et des opérations conjointes au titre de l'article 62 du RGPD.

3. Le présent avis ne porte pas sur la répartition des compétences, des missions et des pouvoirs des autorités de protection des données telle que définie par la proposition de règlement « vie privée et communications électroniques ».

2. Cadre juridique

2.1. *Dispositions pertinentes du RGPD*

4. Selon son article 2, paragraphe 1, le RGPD s'applique au « traitement de données à caractère personnel, automatisé en tout ou en partie, ainsi qu'au traitement non automatisé de données à caractère personnel contenues ou appelées à figurer dans un fichier ».

L'article 2, paragraphe 2, du RGPD dispose que le RGPD ne s'applique pas au traitement de données à caractère personnel effectué :

« a) dans le cadre d'une activité qui ne relève pas du champ d'application du droit de l'Union ;

b) par les États membres dans le cadre d'activités qui relèvent du champ d'application du chapitre 2 du titre V du traité sur l'Union européenne ;

c) par une personne physique dans le cadre d'une activité strictement personnelle ou domestique ;

d) par les autorités compétentes à des fins de prévention et de détection des infractions pénales, d'enquêtes et de poursuites en la matière ou d'exécution de sanctions pénales, y compris la protection contre des menaces pour la sécurité publique et la prévention de telles menaces ».

5. L'article 5, intitulé « Principes relatifs au traitement des données à caractère personnel », énonce les principes applicables à tout traitement de données à caractère personnel, y compris l'exigence selon laquelle tout traitement de données à caractère personnel doit être licite et loyal *[Voir également le considérant 39 du RGPD (« Tout traitement de données à caractère personnel devrait être licite et loyal. [...] »).]*. L'article 6 décrit les circonstances dans lesquelles le traitement de données à caractère personnel est licite, dont l'une concerne le consentement de la personne concernée. L'article 7 précise les conditions d'un consentement valable au sens du RGPD *[Voir*

les lignes directrices du GT 29 sur le consentement au sens du règlement (UE) 2016/679, GT 259 rév.01, adoptées par le comité européen de la protection des données le 25 mai 2018.].

6. L'article 51, paragraphe 1, définit le mandat légal des autorités de protection des données, qui consiste à surveiller l'application du RGPD afin de protéger les libertés et droits fondamentaux des personnes physiques à l'égard du traitement et de faciliter le libre flux des données à caractère personnel au sein de l'Union. Les articles 55, 57 et 58 précisent les compétences, les missions et les pouvoirs de chaque autorité de protection des données. Le chapitre VII du RGPD, intitulé « Coopération et cohérence », précise les différentes manières dont les autorités de protection des données doivent coopérer afin de contribuer à une application cohérente du RGPD.

7. L'article 94, intitulé « Abrogation de la directive 95/46/CE », dispose ce qui suit :

« 1. La directive 95/46/CE est abrogée avec effet au 25 mai 2018.

2. Les références faites à la directive abrogée s'entendent comme faites au présent règlement. Les références faites au groupe de protection des personnes à l'égard du traitement des données à caractère personnel institué par l'article 29 de la directive 95/46/CE s'entendent comme faites au comité européen de la protection des données institué par le présent règlement. »

8. L'article 95, intitulé « Relation avec la directive 2002/58/CE », est libellé comme suit :

« Le présent règlement n'impose pas d'obligations supplémentaires aux personnes physiques ou morales quant au traitement dans le cadre de la fourniture de services de communications électroniques accessibles au public sur les réseaux publics de communications dans l'Union en ce qui concerne les aspects pour lesquels elles sont soumises à des obligations spécifiques ayant le même objectif énoncées dans la directive 2002/58/CE. »

9. Le considérant 173 du RGPD indique ce qui suit :

« (173) Le présent règlement devrait s'appliquer à tous les aspects de la protection des libertés et droits fondamentaux à l'égard du traitement des données à caractère personnel qui ne sont pas soumis à des obligations spécifiques ayant le même objectif énoncées dans la directive 2002/58/CE du Parlement européen et du Conseil, y compris les obligations incombant au responsable du traitement et les droits des personnes physiques. Afin de clarifier la relation entre le présent règlement et la directive 2002/58/CE, cette directive devrait être modifiée en conséquence. Après l'adoption du présent règlement, il convient de réexaminer la directive 2002/58/CE, notamment afin d'assurer la cohérence avec le présent règlement. »

2.2. *Dispositions pertinentes de la directive-cadre*

10. L'article 2, point g), de la directive-cadre *[Directive 2002/21/CE du Parlement européen et du Conseil du 7 mars 2002 relative à un cadre réglementaire commun pour les réseaux et services de communications électroniques (directive « cadre »).]* définit une « autorité réglementaire nationale » comme :

« l'organisme ou les organismes chargés par un État membre d'une quelconque des tâches de réglementation assignées dans la présente directive et dans les directives particulières ».

11. L'article 2, point l), de la directive-cadre définit ce dernier terme comme suit :

« "directives particulières" : la directive 2002/20/CE (directive "autorisation"), la directive 2002/19/CE (directive "accès"), la directive 2002/22/CE (directive "service universel") et la directive 2002/58/CE du Parlement européen et du Conseil du 12 juillet 2002 concernant le traitement des données à caractère personnel et la protection de la vie privée dans le secteur des communications électroniques (directive "vie privée et communications électroniques"). »

12. L'article 3, paragraphe 1, de la directive-cadre dispose ce qui suit :

« Les États membres veillent à ce que chacune des tâches assignées aux autorités réglementaires nationales dans la présente directive et dans les directives particulières soit accomplie par un organisme compétent. »

2.3. *Dispositions pertinentes de la directive « vie privée et communications électroniques »*

13. L'article 1er, paragraphe 2, de la directive « vie privée et communications électroniques » dispose ce qui suit :

« Les dispositions de la présente directive précisent et complètent *[le règlement (UE) 2016/679]* ***aux fins énoncées au paragraphe 1. En outre, elles prévoient la protection des intérêts légitimes des abonnés qui sont des personnes morales. »*** *[Conformément à l'article 94, paragraphe 2, du RGPD, toutes les références faites à la directive 95/46 dans la directive « vie privée et communications électroniques » s'entendent comme faites au « [règlement (UE) 2016/679] » et les références faites au « groupe de protection des personnes à l'égard du traitement des données à caractère personnel institué par l'article 29 de la directive 95/46/CE » s'entendent comme faites au « [comité européen de la protection des données] ».]*

14. L'article 2, point f), de la directive « vie privée et communications électroniques » dispose ce qui suit :

« le "consentement" d'un utilisateur ou d'un abonné correspond au "consentement de la personne concernée" figurant dans *[le règlement (UE) 2016/679]*. **»**

15. L'article 15, paragraphe 2, de la directive « vie privée et communications électroniques » dispose ce qui suit :

Les dispositions du « *[chapitre VIII sur les voies de recours, la responsabilité et les sanctions] [du règlement (UE) 2016/679]* ***sont applicables aux dispositions nationales adoptées en application de la présente directive ainsi qu'aux droits individuels résultant de la présente directive. »***

16. L'article 15, paragraphe 3, de la directive « vie privée et communications électroniques » dispose ce qui suit :

« Le *[comité européen de la protection des données]* ***remplit aussi les tâches visées à*** *[l'article 70 du règlement (UE) 2016/679]* ***en ce qui concerne les matières couvertes par la présente directive, à savoir la protection des droits et des libertés fondamentaux ainsi que des intérêts légitimes dans le secteur des communications électroniques. »***

17. L'article 15 *bis*, intitulé « Mise en œuvre et contrôle de l'application », dispose ce qui suit :

« 1. Les États membres déterminent le régime des sanctions, y compris des sanctions pénales s'il y a lieu, applicables aux violations des dispositions nationales prises en application de la présente directive et prennent toute mesure nécessaire pour assurer la mise en œuvre de celles-ci. *[...]*

2. Sans préjudice de tout recours judiciaire qui pourrait être disponible, les États membres veillent à ce que l'autorité nationale compétente et, le cas échéant, d'autres organismes nationaux aient le pouvoir d'ordonner la cessation des infractions visées au paragraphe 1.

3. Les États membres veillent à ce que l'autorité nationale compétente et, le cas échéant, d'autres organismes nationaux disposent des pouvoirs d'enquête et des ressources nécessaires, et notamment du pouvoir d'obtenir toute information pertinente dont ils pourraient avoir besoin, afin de surveiller et de contrôler le respect des dispositions nationales adoptées en application de la présente directive.

4. Les autorités réglementaire*[s]* ***nationales compétentes peuvent adopter des mesures afin d'assurer une coopération transfrontalière effective dans le contrôle de l'application des législations nationales adoptées en application de la présente directive et de créer des conditions harmonisées pour la fourniture de services impliquant des flux de données transfrontaliers.***

Les autorités réglementaires nationales fournissent à la Commission, en temps utile avant l'adoption de ces mesures, un résumé des raisons sur lesquelles se fondent leur intervention, les mesures envisagées et la démarche proposée. Après avoir examiné ces informations et consulté l'ENISA et le *[comité européen de la protection des données]*, ***la Commission peut émettre des commentaires ou faire des recommandations, en particulier pour garantir que les mesures envisagées ne font pas obstacle au fonctionnement du marché intérieur. Les autorités réglementaires nationales tiennent le plus grand compte des commentaires ou recommandations de la Commission lorsqu'elles statuent sur ces mesures. »***

18. Le considérant 10 de la directive « vie privée et communications électroniques » dispose ce qui suit :

« Dans le secteur des communications électroniques, [le règlement (UE) 2016/679] *est applicable notamment à tous les aspects de la protection des droits et libertés fondamentaux qui n'entrent pas expressément dans le cadre de la présente directive, y compris les obligations auxquelles est soumis le responsable du traitement des données à caractère personnel et les droits individuels.* [Le règlement (UE) 2016/679] *s'applique aux services de communications électroniques non publics. »*

3. Champ d'application du présent avis

19. Le RGPD a pour objectif de protéger les libertés et droits fondamentaux des personnes physiques, et en particulier leur droit à la protection des données à caractère personnel, et de garantir la libre circulation de ces données au sein de l'Union *[Article 1er du RGPD.]*. Afin d'atteindre cet objectif, le RGPD établit des règles communes en matière de traitement des données afin d'assurer une protection cohérente et effective des données à caractère personnel dans l'ensemble de l'Union et d'éviter que des divergences n'entravent la libre circulation des données à caractère personnel au sein du marché intérieur. Ces règles servent à assurer un équilibre entre les avantages (potentiels) du traitement des données et les inconvénients (potentiels).

20. La directive « vie privée et communications électroniques » a pour objectif d'harmoniser les dispositions nationales nécessaires pour assurer un niveau équivalent de protection des droits et libertés fondamentaux, et en particulier du droit à la vie privée et à la confidentialité, en ce qui concerne le traitement des données à caractère personnel dans le secteur des communications électroniques, ainsi que la libre circulation de ces données et des équipements et services de communications électroniques dans la Communauté *[Article 1er, paragraphe 1, de la directive « vie privée et communications électroniques ».]*. Aussi la directive « vie privée et communications électroniques » cherche-t-elle à garantir le respect des droits exposés aux articles 7 et 8 de la charte. A cet égard, la directive « vie privée et communications électroniques » vise à « préciser et compléter » les dispositions du RGPD en ce qui concerne le traitement de données à caractère personnel dans le secteur des communications électroniques *[Article 1er, paragraphes 1 et 2, de la directive « vie privée et communications électroniques », à lire à la lumière de l'article 94, paragraphe 2, du RGPD.]*.

21. Les questions soumises au comité se limitent au traitement qui relève du champ d'application matériel tant du RGPD que de la directive « vie privée et communications électroniques ». Afin de clarifier davantage le champ d'application du présent avis, les sections suivantes précisent :

- les cas où il n'y a pas d'interaction entre le RGPD et la directive « vie privée et communications électroniques » car la question n'entre pas dans le champ d'application du RGPD ;
- les cas où il n'y a pas d'interaction entre le RGPD et la directive « vie privée et communications électroniques » car la question n'entre pas dans le champ d'application de la directive « vie privée et communications électroniques » ; et
- les cas où il y a interaction entre le RGPD et la directive « vie privée et communications électroniques » car le traitement relève du champ d'application matériel tant du RGPD que de la directive « vie privée et communications électroniques ».

3.1. *Questions sortant du champ d'application du RPGD*

22. En principe, le champ d'application matériel du RGPD couvre toute forme de traitement de données à caractère personnel, quelle que soit la technologie utilisée *[Voir également le considérant 46 de la directive « vie privée et communications électroniques ».]*. Le RGPD ne s'applique pas :

- lorsqu'aucune donnée à caractère personnel n'est traitée (par exemple, le numéro de téléphone du service client automatisé d'une personne morale ou l'adresse IP d'un photocopieur numérique dans un réseau d'entreprise ne constituent pas des données à caractère personnel) ;

• lorsque les activités ne relèvent pas du champ d'application matériel du RGPD, compte tenu de l'article 2, paragraphes 2 et 3, du RGPD ; ou

• lorsque les activités ne relèvent pas du champ d'application territorial du RGPD *[Article 3 du RGPD. Voir les lignes directrices 3/2018 du comité européen de la protection des données relatives au champ d'application territorial du RGPD (article 3) du 16 novembre 2018.]*.

3.2. *Questions sortant du champ d'application de la directive « vie privée et communications électroniques »*

23. L'une des particularités de la directive « vie privée et communications électroniques » est que deux de ses dispositions ont un champ d'application plus large que les autres dispositions, dont le champ d'application est limité à la fourniture de services de communications électroniques accessibles au public sur les réseaux publics de communications. Par conséquent, comme indiqué dans les sections suivantes, il convient de répondre à deux questions pour déterminer si une activité relève ou non du champ d'application matériel de la directive « vie privée et communications électroniques ».

3.2.1. *Champ d'application matériel général de la directive « vie privée et communications électroniques »*

24. Selon son article 3, la directive « vie privée et communications électroniques » s'applique au « *traitement des données à caractère personnel dans le cadre de la fourniture de services de communications électroniques accessibles au public sur les réseaux de communications publics dans la Communauté, y compris les réseaux de communications publics qui prennent en charge les dispositifs de collecte de données et d'identification* ».

25. A ce titre, la directive « vie privée et communications électroniques » traite en premier lieu des services et réseaux de communications électroniques accessibles au public *[Document de travail des services de la Commission, rapport « Ex-post REFIT evaluation of the ePrivacy Directive 2002/58/CE », COM SWD(2017)005, p. 20 ; Rapport à la Commission « ePrivacy Directive : assessment of transposition, effectiveness and compatibility with proposed Data Protection Regulation », SMART 2013/0071, p. 24 et suivantes.]*.

Le code des communications électroniques *[Directive (UE) 2018/1972 du Parlement européen et du Conseil du 11 décembre 2018 établissant le code des communications électroniques européen.]* dispose que les services équivalents sur le plan fonctionnel aux services de communications électroniques sont couverts.

26. Aux fins de son champ d'application matériel général, la directive « vie privée et communications électroniques » s'applique lorsque toutes les conditions suivantes sont réunies :

• il existe un service de communications électroniques *[L'article 2, paragraphe d), dispose que « communication » signifie « toute information échangée ou acheminée entre un nombre fini de parties au moyen d'un service de communications électroniques accessible au public » et exclut les services de radiodiffusion qui peuvent - en théorie - atteindre une audience illimitée. Le terme « service de communications électroniques » est actuellement défini à l'article 2, point c), de la directive-cadre, mais à compter du 21 décembre 2020, il sera défini à l'article 2, paragraphe 4, du code des communications électroniques.]* ;

• ce service est proposé par le biais d'un réseau de communications électroniques *[Le terme « réseau de communications électroniques » est actuellement défini à l'article 2, point a), de la directive-cadre, mais à compter du 21 décembre 2020, il sera défini à l'article 2, paragraphe 1, du code des communications électroniques.]* ;

• le service et le réseau sont accessibles au public *[Un service pour le public est un service proposé à tous les membres du public aux mêmes conditions, et pas seulement un service public. Comparer : CEPD, avis 5/2016, avis préliminaire du CEPD sur le réexamen de la directive « vie privée et communications électroniques » (directive 2002/58/CE), p. 14, et la communication de la Commission au Parlement européen et au Conseil sur le rôle central et l'état actuel de la transposition de la directive 90/388/CEE relative à la concurrence dans les marchés des services de télécommunications, COM(95) 113 final, 4.4.1995, p. 15.]* ;

- le service et le réseau sont proposés au sein de l'UE.

27. Les activités qui ne répondent pas à l'ensemble des critères susmentionnés ne relèvent généralement pas du champ d'application de la directive « vie privée et communications électroniques ».

Exemples.

Un réseau d'entreprise qui n'est accessible qu'aux employés à des fins professionnelles ne constitue pas un service de communications électroniques « accessible au public ». Par conséquent, la transmission de données de localisation via un tel réseau n'entre pas dans le champ d'application matériel de la directive « vie privée et communications électroniques » *[Document de travail des services de la Commission, rapport « Ex-post REFIT evaluation of the ePrivacy Directive 2002/58/CE », COM SWD(2017)005, p. 21, https://eur-lex.europa.eu/legal-content/EN/TXT/PDF/?uri=CELEX:52017SC0005&from=EN ; Rapport à la Commission « ePrivacy Directive: assessment of transposition, effectiveness and compatibility with proposed Data Protection Regulation », SMART 2013/0071, p. 14, https://ec.europa.eu/digital-single-market/en/news/eprivacy-directive-assessment-transposition-effectiveness-and-compatibility-proposed-data]*.

Un service de synchronisation d'horloge envoie un signal via un réseau de communications électroniques à toutes les horloges qui respectent son protocole de synchronisation (nombre indéterminé de destinataires). Dans ce contexte, ce service constitue un service de radiodiffusion plutôt qu'un service de communication et ne relèverait pas non plus du champ d'application matériel de la directive « vie privée et communications électroniques ».

3.2.2. *Champ d'application matériel étendu de l'article 5, paragraphe 3, et de l'article 13 de la directive « vie privée et communications électroniques »*

28. Le but premier de la directive « vie privée et communications électroniques » est de protéger les droits et les libertés fondamentaux des citoyens lorsqu'ils utilisent des réseaux de communications électroniques *[L'article 1er, paragraphe 1, de la directive « vie privée et communications électroniques » dispose ce qui suit : « La présente directive prévoit l'harmonisation des dispositions nationales nécessaires pour assurer un niveau équivalent de protection des droits et libertés fondamentaux, et en particulier du droit à la vie privée et à la confidentialité, en ce qui concerne le traitement des données à caractère personnel dans le secteur des communications électroniques, ainsi que la libre circulation de ces données et des équipements et services de communications électroniques dans la Communauté. »]*. Au vu de cet objectif, l'article 5, paragraphe 3, et l'article 13 de la directive « vie privée et communications électroniques » s'appliquent aussi bien aux fournisseurs de services de communications électroniques qu'aux opérateurs de sites internet (par exemple pour les cookies) ou à d'autres entreprises (par exemple pour le marketing direct) *[Groupe de travail « Article 29 » sur la protection des données, avis 2/2010 sur la publicité comportementale en ligne, 22 juin 2010, GT 171, chapitre 3.2.1, p. 10. Avis 1/2008 sur les aspects de la protection des données liés aux moteurs de recherche (GT 148), chapitre 4.1.3, p. 13. Rapport à la Commission « ePrivacy Directive : assessment of transposition, effectiveness and compatibility with proposed Data Protection Regulation », SMART 2013/0071, p. 9.]*.

Exemples.

Les services de moteurs de recherche qui stockent ou accèdent à des cookies sur l'appareil d'un utilisateur relèvent du champ d'application matériel étendu de l'article 5, paragraphe 3, de la directive « vie privée et communications électroniques » [Avis 1/2008 sur les aspects de la protection des données liés aux moteurs de recherche (GT 148), chapitre 4.1.3, p. 13.].

Un courrier électronique non sollicité envoyé par un opérateur de site internet à des fins de marketing direct relève également du champ d'application matériel étendu de l'article 13 de la directive « vie privée et communications électroniques » [Avis 1/2008 sur les aspects de la protection des données liés aux moteurs de recherche (GT 148), chapitre 4.1.3, p. 13.].

3.3. *Questions relevant du champ d'application matériel de la directive « vie privée et communications électroniques » et du RGPD*

29. Il existe de nombreux exemples d'activités de traitement qui relèvent à la fois du champ d'application matériel de la directive « vie privée et communications électroniques » et de celui du RGPD. L'utilisation de cookies en est un bon exemple. Dans son avis sur la publicité comportementale en ligne, le groupe de travail « Article 29 » a indiqué que :

[l]orsqu'en raison du placement d'un cookie ou d'un dispositif similaire, et de la récupération d'informations par son intermédiaire, les informations collectées peuvent être considérées comme des données à caractère personnel, la directive 95/46/CE s'applique également, **en plus de** l'article 5, paragraphe 3 » *[Groupe de travail « Article 29 » sur la protection des données, avis 2/2010 sur la publicité comportementale en ligne, 22 juin 2010, GT 171, p. 11. Voir également l'avis 1/2008 sur les aspects de la protection des données liés aux moteurs de recherche (GT 148), chapitre 4.1.3, pp. 13-14.]*.

30. La jurisprudence de la Cour de justice de l'Union européenne (CJUE) confirme qu'il est possible que le traitement relève à la fois du champ d'application matériel de la directive « vie privée et communications électroniques » et de celui du RGPD. Dans *Wirtschaftsakademie*. *[CJUE, C-210/16, 5 juin 2018, C-210/16, EU:C:2018:388. Voir notamment les points 33 et 34.]*, la CJUE a appliqué la directive 95/46/CE bien que le traitement sous-jacent ait également impliqué des traitements entrant dans le champ d'application matériel de la directive « vie privée et communications électroniques ». Dans l'affaire Fashion ID en cours, l'avocat général a estimé que les deux ensembles de règles pouvaient être applicables dans une affaire impliquant des plugiciels sociaux et des cookies *[Conclusions de l'avocat général M. Michal Bobek dans l'affaire Fashion ID, C-40/17, 19 décembre 2018, EU:C:2018:1039. Voir notamment les points 111 à 115.]*.

31. Si le RGPD a remplacé la directive 95/46/CE le 25 mai 2018, l'analyse entreprise par la CJUE et le groupe de travail « Article 29 » selon laquelle les deux actes juridiques peuvent s'appliquer conjointement demeure pertinente. Le considérant 30 du RGPD précise la définition des « identifiants en ligne » d'une manière qui étaye l'interprétation selon laquelle le traitement de données à caractère personnel peut relever du champ d'application matériel tant du RGPD que de la directive « vie privée et communications électroniques » :

« Les personnes physiques peuvent se voir associer, par les appareils, applications, outils et protocoles qu'elles utilisent, des identifiants en ligne tels que des adresses IP et des témoins de connexion (« cookies ») ou d'autres identifiants, par exemple des étiquettes d'identification par radiofréquence. Ces identifiants peuvent laisser des traces qui, notamment lorsqu'elles sont combinées aux identifiants uniques et à d'autres informations reçues par les serveurs, peuvent servir à créer des profils de personnes physiques et à identifier ces personnes. »

32. Il convient de noter en particulier que les « adresses IP » et les « témoins de connexion (« cookies ») » sont mentionnés au considérant 30, qui précise que les adresses IP et les témoins de connexion peuvent être combinés à d'autres « identificateurs uniques » et à d'autres informations reçues par les serveurs pour créer des profils de personnes physiques.

33. Autrement dit, le RGPD lui-même se réfère explicitement, lorsqu'il clarifie son propre champ d'application matériel (la notion de données à caractère personnel), aux activités de traitement qui relèvent également, du moins en partie, du champ d'application matériel de la directive « vie privée et communications électroniques ».

34. Un autre exemple d'activité qui relève à la fois du champ d'application matériel de la directive « vie privée et communications électroniques » et de celui du RGPD est la relation client entre les fournisseurs de services de communications électroniques et les personnes physiques qui utilisent leurs services. En effet, cette relation, d'une part, implique le traitement de données à caractère personnel concernant les clients et, d'autre part, est soumise à des règles spécifiques concernant notamment les annuaires d'abonnés, la facturation détaillée ou l'identification de la ligne appelante. Les données relatives au trafic et les données de localisation générées par les services de communications électroniques peuvent également faire l'objet d'un traitement de données à caractère personnel, dans la mesure où elles concernent des personnes physiques.

35. Enfin, l'article 95 du RGPD et son considérant 173 confirment la relation lex generalis-lex specialis entre le RGPD et la directive « vie privée et communications électroniques », l'article 95 prévoyant que le RGPD n'impose pas d'obligations supplémentaires aux personnes physiques ou morales quant au traitement dans le cadre de la fourniture de services de communications électroniques accessibles au public sur les réseaux publics de communications dans l'Union en ce qui concerne les aspects pour lesquels elles sont soumises à des obligations spécifiques ayant le même objectif énoncées dans la directive « vie privée et communications électroniques ».

***

36. Le présent avis vise à clarifier la compétence, les missions et les pouvoirs des autorités de protection des données en ce qui concerne les cas qui relèvent à la fois du champ d'application matériel de la directive « vie privée et communications électroniques » que de celui du RGPD, comme indiqué brièvement dans les sections précédentes. Les sections suivantes décrivent quelques exemples d'interaction entre les dispositions de la directive « vie privée et communications électroniques » et celles du RGPD et la manière dont chaque ensemble de règles se rapporte à l'un ou l'autre.

4. Intéractions entre la directive « vie privée et communication électroniques » et le RGPD

37. Bien qu'il existe un chevauchement entre le champ d'application matériel de la directive « vie privée et communications électroniques » et celui du RGPD, cela ne conduit pas nécessairement à un conflit entre leurs règles respectives, comme le révèle une lecture parallèle des différentes dispositions. En outre, l'article 1er, paragraphe 2, de la directive « vie privée et communications électroniques » dispose expressément que « *les dispositions de la présente directive précisent et complètent la directive 95/46/CE (...)* » *[L'article 94, paragraphe 2, du RGPD dispose que les références faites à la directive 95/46 abrogée s'entendent comme faites au RGPD.]*. Afin de bien comprendre les interactions entre la directive « vie privée et communications électroniques » et le RGPD, il est nécessaire de commencer par clarifier le sens de l'article 1er, paragraphe 2, de la directive « vie privée et communications électroniques ». Le sens et les implications de l'article 95 du RGPD seront ensuite précisés.

4.1. "*Préciser*"

38. Un certain nombre de dispositions de la directive « vie privée et communications électroniques » « *précisent* » les dispositions du RGPD en ce qui concerne le traitement de données à caractère personnel dans le secteur des communications électroniques. Conformément au principe *lex specialis derogat legi generali*, les dispositions spéciales priment les règles générales dans les situations qu'elles visent spécifiquement à régler *[Arrêt de la CJUE dans les affaires jointes T-60/06 RENV II et T-62/06 RENV II, 22 avril 2016, EU :T :2016 :233, point 81.]*. Dans les situations où la directive « vie privée et communications électroniques » « précise » (c.-à-d. rend plus spécifique) les règles du RGPD, les dispositions (spécifiques) de la directive « vie privée et communications électroniques » primeront, en tant que « *lex specialis* », les dispositions (plus générales) du RGPD *[Groupe de travail « Article 29 » sur la protection des données, avis 2/2010 sur la publicité comportementale en ligne, 22 juin 2010, GT 171, pp. 11-12.]*. Toutefois, tout traitement de données à caractère personnel qui n'est pas spécifiquement régi par la directive « vie privée et communications électroniques » (ou pour lequel cette directive ne contient pas de « règle spéciale ») reste soumis aux dispositions du RGPD.

39. Un exemple de situation où la directive « vie privée et communications électroniques » « précise » les dispositions du RGPD peut être trouvé à l'article 6 de ladite directive, qui concerne le traitement de ce que l'on appelle les « données relatives au trafic ». De manière générale, le traitement de données à caractère personnel peut

être justifié par chacune des bases juridiques mentionnées à l'article 6 du RGPD. Toutefois, le fournisseur d'un service de communications électroniques ne peut pas exploiter l'ensemble des bases juridiques potentielles prévues à l'article 6 du RGPD en ce qui concerne le traitement de données relatives au trafic, dès lors que l'article 6 de la directive « vie privée et communications électroniques » limite explicitement les conditions dans lesquelles les données relatives au trafic, y compris les données à caractère personnel, peuvent être traitées. Dans ce cas de figure, les dispositions plus spécifiques de la directive « vie privée et communications électroniques » doivent primer les dispositions plus générales du RGPD. L'article 6 de la directive « vie privée et communications électroniques » ne restreint toutefois pas l'application d'autres dispositions du RGPD, concernant par exemple les droits de la personne concernée. Il n'invalide pas non plus l'exigence selon laquelle le traitement de données à caractère personnel doit être licite et loyal *[article 5, paragraphe 1, point a), du RGPD]*.

40. La situation est la même en ce qui concerne l'article 5, paragraphe 3, de la directive « vie privée et communications électroniques », dans la mesure où les informations stockées dans l'appareil de l'utilisateur final constituent des données à caractère personnel. Cet article dispose que, de manière générale, le consentement préalable est nécessaire pour le stockage d'informations, ou l'obtention de l'accès à des informations déjà stockées, dans l'équipement terminal d'un abonné ou d'un utilisateur *[Conformément à l'article 5, paragraphe 3, il est permis de stocker des informations, ou d'accéder à des informations déjà stockées, dans l'équipement terminal d'un abonné ou d'un utilisateur dans la mesure où il s'agit d'un stockage ou d'un accès techniques visant exclusivement à effectuer la transmission d'une communication par la voie d'un réseau de communications électroniques, ou strictement nécessaires au fournisseur pour la fourniture d'un service de la société de l'information expressément demandé par l'abonné ou l'utilisateur.]*. Dans la mesure où les informations stockées sur l'appareil de l'utilisateur final constituent des données à caractère personnel, l'article 5, paragraphe 3, de la directive « vie privée et communications électroniques » prime l'article 6 du RGPD pour ce qui des activités consistant à stocker ce type d'informations ou à y accéder. Il en va de même en ce qui concerne les interactions entre l'article 6 du RGPD et les articles 9 et 13 de la directive « vie privée et communications électroniques ». Lorsque ces articles exigent un consentement pour les actions spécifiques qu'ils décrivent, le responsable du traitement ne peut pas se fonder sur l'ensemble des bases juridiques possibles prévues à l'article 6 du RGPD.

41. Un corollaire du principe de « *lex specialis* » est qu'il ne peut être dérogé à la règle générale que dans la mesure où la législation régissant un domaine spécifique contient une règle spéciale. Les faits de chaque affaire doivent être soigneusement analysés afin de déterminer l'ampleur de la dérogation, en particulier dans les cas où les données font l'objet de différents types de traitement, que ce soit en parallèle ou en séquence.

Exemple :

Un courtier de données établit des profils à partir de renseignements concernant le comportement de navigation des individus sur internet, collectés par le biais de cookies, mais pouvant également inclure des données à caractère personnel obtenues via d'autres sources (par exemple, par l'intermédiaire de « partenaires commerciaux »). Dans un tel cas, l'un des sous-ensembles du traitement en question, à savoir le dépôt ou la lecture de cookies, doit être conforme à la disposition nationale transposant l'article 5, paragraphe 3, de la directive « vie privée et communications électroniques ». Le traitement ultérieur des données à caractère personnel, y compris les données à caractère personnel obtenues par le biais des cookies, doit également avoir une base juridique en vertu de l'article 6 du RGPD afin d'être licite *[Si les autorités de protection des données ne peuvent pas appliquer l'article 5, paragraphe 3, de la directive « vie privée et communications électroniques » (à moins que le droit national ne leur confère cette compétence), elles devraient tenir compte du fait que le traitement dans son ensemble implique des activités spécifiques pour lesquelles le législateur européen a cherché à fournir une protection supplémentaire afin d'éviter toute atteinte à cette protection.]*.

4.2. *« Compléter »*

42. La directive « vie privée et communications électroniques » contient également des dispositions qui « complètent » celles du RGPD en ce qui concerne le traitement de données à caractère personnel dans le secteur des communications électroniques. Par exemple, plusieurs dispositions de la directive « vie privée et communications électroniques » visent à protéger les « abonnés » et les « utilisateurs » des services de communications électroniques accessibles au public. Les abonnés à un service de communications électroniques accessible au public peuvent être des personnes physiques ou des personnes morales. En complétant le RGPD, la directive « vie privée et communications électroniques » protège non seulement les droits fondamentaux des personnes physiques et en particulier leur droit au respect de leur vie privée, mais également les intérêts légitimes des personnes morales *[Considérant 12 de la directive « vie privée et communications électroniques ».]*.

4.3. *La signification de l'article 95 du RGPD*

43. L'article 95 du RGPD dispose que le RGPD *« n'impose pas d'obligations supplémentaires aux personnes physiques ou morales quant au traitement dans le cadre de la fourniture de services de communications électroniques accessibles au public sur les réseaux publics de communications dans l'Union en ce qui concerne les aspects pour lesquels elles sont soumises à des obligations spécifiques ayant le même objectif énoncées dans la directive 2002/58/CE »* (soulignement ajouté).

44. L'objectif de l'article 95 du RGPD est donc d'éviter d'imposer des charges administratives non nécessaires à des responsables du traitement qui seraient autrement soumis à des charges administratives similaires, mais pas entièrement identiques. Un exemple illustrant l'application de cet article concerne l'obligation de notification des violations des données à caractère personnel, imposée à la fois par la directive « vie privée et communications électroniques » *[Article 4 de la directive « vie privée et communications électroniques ».]* et par le RGPD *[Articles 32 à 34 du RGPD.]*. Tous deux prévoient l'obligation d'assurer la sécurité, ainsi que l'obligation de notifier les violations de données à caractère personnel, respectivement à l'autorité nationale compétente et à l'autorité de protection des données. Ces obligations sont applicables en parallèle en vertu des deux textes législatifs, conformément à leur champ d'application respectif. Il est évident qu'une double obligation de notification au titre des deux actes, l'une au titre du RGPD et l'autre au titre de la législation nationale en matière de protection de la vie privée dans le secteur des communications électroniques, constituerait une charge supplémentaire sans avantages immédiatement apparents pour la protection des données. Conformément à l'article 95 du RGPD, les fournisseurs de services de communications électroniques qui ont notifié une violation de données à caractère personnel conformément à la législation nationale applicable en matière de protection de la vie privée dans le secteur des communications électroniques ne sont pas tenus de notifier séparément la même violation aux autorités de protection des données conformément à l'article 33 du RGPD.

4.4. *Coexistence*

45. Lorsque des dispositions spécifiques régissent un traitement ou un ensemble de traitements particuliers, ces dispositions spécifiques devraient être appliquées (*lex specialis*) ; dans tous les autres cas (c'est-à-dire lorsqu'aucune disposition spécifique ne régit un traitement ou un ensemble de traitements particuliers), la règle générale (*lex generalis*) sera appliquée.

46. Le considérant 173 confirme que, en ce qui concerne le traitement de données à caractère personnel auxquelles les obligations spécifiques de la directive « vie privée et communications électroniques » ne s'appliquent pas, le RGPD reste applicable :

« à tous les aspects de la protection des libertés et droits fondamentaux à l'égard du traitement des données à caractère personnel qui ne sont pas soumis à des obligations spécifiques ayant le même objectif énoncées dans la directive 2002/58/CE du Parlement euro-

péen et du Conseil, y compris les obligations incombant au responsable du traitement et les droits des personnes physiques » *[Le considérant 173 indique en outre qu'« [a]fin de clarifier la relation entre le présent règlement et la directive 2002/58/CE, cette directive devrait être modifiée en conséquence. Après l'adoption du présent règlement, il convient de réexaminer la directive 2002/58/CE, notamment afin d'assurer la cohérence avec le présent règlement ». Ce processus de réexamen est toujours en cours.]*.

47. Le considérant 173 du RGPD réitère ce qui est déjà indiqué au considérant 10 de la directive « vie privée et communications électroniques », qui dispose que : « ***[d]ans le secteur des communications électroniques,*** *[le règlement (UE) 2016/679]* ***est applicable notamment à tous les aspects de la protection des droits et libertés fondamentaux qui n'entrent pas expressément dans le cadre de la présente directive, y compris les obligations auxquelles est soumis le responsable du traitement des données à caractère personnel et les droits individuels*** ».

48. Par exemple, le fournisseur d'un réseau de communications public ou d'un service de communications électroniques accessible au public doit se conformer aux règles nationales transposant l'article 6, paragraphe 2, de la directive « vie privée et communications électroniques » concernant les données relatives au trafic lors du traitement de données nécessaires pour établir les factures des abonnés et les paiements pour interconnexion. En l'absence de dispositions spécifiques en matière de protection de la vie privée dans le domaine des communications électroniques, par exemple en ce qui concerne le droit d'accès, les dispositions du RGPD s'appliquent. De même, le considérant 32 de la directive « vie privée et communications électroniques » confirme que lorsque le fournisseur d'un service de communications électroniques ou d'un service à valeur ajoutée fait sous-traiter le traitement des données à caractère personnel nécessaires à la fourniture desdits services, cette sous-traitance et le traitement des données qui en découle devraient respecter intégralement les exigences du RGPD pour ce qui est des responsables du contrôle et du traitement des données à caractère personnel.

***

49. Les sections précédentes décrivaient les interactions entre les dispositions de la directive « vie privée et communications électroniques » et du RGPD en cas de traitement relevant du champ d'application matériel des deux instruments. Les sections suivantes portent sur la résolution des questions soumises au comité concernant la compétence, les missions et les pouvoirs des autorités de protection des données, en ce qui concerne les cas qui relèvent au moins en partie du champ d'application de la directive « vie privée et communications électroniques ».

5. La compétence, les missions et les pouvoirs des autorités de protection des données

50. Les autorités belges ont soumis au comité deux questions relatives à la compétence, aux missions et aux pouvoirs des autorités de protection des données – tels que définis aux articles 55 à 58 du RGPD –, pouvant être paraphrasées comme suit :

- Le simple fait que le traitement de données à caractère personnel relève à la fois du champ d'application matériel du RGPD et de celui de la directive « vie privée et communications électroniques » limite-t-il les compétences, les missions et les pouvoirs des autorités de protection des données au titre du RGPD ? Autrement dit, existe-t-il un sous-ensemble d'opérations de traitement des données qui devrait être exclu de leur examen et, dans l'affirmative, dans quelle mesure ?
- Dans l'exercice de leurs compétences, missions et pouvoirs au titre du RGPD, les autorités de protection des données devraient-elles tenir compte des dispositions de la directive « vie privée et communications électroniques » (par exemple, lorsqu'elles évaluent la licéité du traitement) et, dans l'affirmative, dans quelle mesure ? Autrement dit, les infractions aux règles nationales en matière de protection de la vie privée dans le secteur des communications électroniques doivent-elles être prises en compte ou écartées lors de l'évaluation de la conformité avec le RGPD et, dans l'affirmative, dans quelles circonstances ?

51. A titre préliminaire, il convient de noter que les États membres sont tenus d'assurer la pleine efficacité du droit de l'Union, notamment en prévoyant des mécanismes d'application appropriés. Cette obligation se fonde sur le principe de coopération loyale établi à l'article 4, paragraphe 3, du TUE [*L'article 4, paragraphe 3, du TUE dispose : « En vertu du principe de coopération loyale, l'Union et les États membres se respectent et s'assistent mutuellement dans l'accomplissement des missions découlant des traités. Les États membres prennent toute mesure générale ou particulière propre à assurer l'exécution des obligations découlant des traités ou résultant des actes des institutions de l'Union. Les États membres facilitent l'accomplissement par l'Union de sa mission et s'abstiennent de toute mesure susceptible de mettre en péril la réalisation des objectifs de l'Union. »*]. Les sections suivantes décrivent brièvement les dispositions d'exécution respectives du RGPD et de la directive « vie privée et communications électroniques » ainsi que les interactions entre lesdites dispositions.

5.1. *Application du RGPD*

52. Le RGPD prévoit que ses dispositions soient appliquées par des autorités de protection des données indépendantes. A cet égard, il convient également de noter que l'article 8 de la charte des droits fondamentaux de l'UE (la « charte ») prévoit que le traitement des données à caractère personnel est soumis au contrôle d'une autorité indépendante :

« Article 8 – Protection des données à caractère personnel

1. Toute personne a droit à la protection des données à caractère personnel la concernant.

2. Ces données doivent être traitées loyalement, à des fins déterminées et sur la base du consentement de la personne concernée ou en vertu d'un autre fondement légitime prévu par la loi. Toute personne a le droit d'accéder aux données collectées la concernant et d'en obtenir la rectification.

*3. Le respect de ces règles est soumis au **contrôle d'une autorité indépendante.** »*

53. Les autorités de protection des données sont investies d'un mandat légal à cet égard, comme prévu à l'article 51, paragraphe 1, du RGPD, qui consiste à surveiller l'application du RGPD afin de protéger les libertés et droits fondamentaux des personnes physiques à l'égard du traitement et de faciliter le libre flux des données à caractère personnel au sein de l'Union.

54. Le RGPD contient une exception et une possibilité de déroger à ce mandat :

- la compétence des autorités de contrôle ne couvre pas le traitement de données à caractère personnel effectué par les juridictions dans l'exercice de leur fonction juridictionnelle (article 55, paragraphe 3, du RGPD) ;
- dans le cadre du traitement réalisé à des fins journalistiques ou à des fins d'expression universitaire, artistique ou littéraire, les États membres peuvent prévoir des exemptions ou des dérogations entre autres aux chapitres VI (autorités de contrôle indépendantes) et VII (coopération et cohérence) du RGPD (article 85 du RGPD).

En outre, les pouvoirs des autorités de protection des données peuvent être étendus en vertu de l'article 58, paragraphe 6, du RGPD et peuvent notamment comprendre le pouvoir d'imposer des amendes administratives à des autorités publiques et à des organismes publics si l'État membre concerné le prévoit dans sa législation nationale (article 83, paragraphe 7, du RGPD).

Étant donné qu'il s'agit d'exceptions à la règle générale, ces dispositions doivent être interprétées de façon restrictive.

55. Lorsque le RGPD limite ou autorise des dérogations aux compétences, missions et pouvoirs des autorités de protection des données, il le fait explicitement. Le RGPD ne fait pas non plus obstacle à l'exercice des compétences, missions et pouvoirs des autorités de protection des données en matière de traitement dans la mesure où celui-ci relève du champ d'application matériel du RGPD. La question est donc de savoir si le législateur européen a envisagé ou autorisé une dérogation à la compétence générale des autorités de protection des données dans les cas où les dispositions

de la directive « vie privée et communications électroniques » s'appliquent au traitement en question.

5.2. *Application de la directive « vie privée et communications électroniques »*

56. L'application des dispositions de la directive « vie privée et communications électroniques » est étroitement liée à la directive-cadre *[Directive 2002/21/CE du Parlement européen et du Conseil du 7 mars 2002 relative à un cadre réglementaire commun pour les réseaux et services de communications électroniques (directive « cadre »), telle que modifiée.]*, dont l'article 3, paragraphe 1, dispose que « *[l]*es États membres veillent à ce que chacune des tâches assignées aux autorités réglementaires nationales dans la présente directive et dans les directives particulières soit accomplie par un organisme compétent » *[L'article 2, point l), de la directive-cadre précise que l'on entend par « directives particulières » la directive 2002/20/CE (directive « autorisation »), la directive 2002/19/CE (directive « accès »), la directive 2002/22/CE (directive « service universel ») et la directive 2002/58/CE du Parlement européen et du Conseil du 12 juillet 2002 concernant le traitement des données à caractère personnel et la protection de la vie privée dans le secteur des communications électroniques (directive « vie privée et communications électroniques »).]*.

57. L'article 2, point g), de la directive-cadre définit une « autorité réglementaire nationale » comme :

« l'organisme ou les organismes chargés par un État membre d'une quelconque des tâches de réglementation assignées dans la présente directive et dans les directives particulières ».

58. Les États membres ont choisi différents moyens de confier à une ou plusieurs entités la tâche de mettre en œuvre les règles nationales en matière de protection de la vie privée dans le secteur des communications électroniques *[Rapport à la Commission « ePrivacy Directive : assessment of transposition, effectiveness and compatibility with proposed Data Protection Regulation », SMART 2013/0071, p. 33 et suivantes.]*. Ce niveau de variation est rendu possible par le fait que la directive « vie privée et communications électroniques » n'énonce que certains objectifs généraux à atteindre par les États membres dans ce domaine.

59. La directive « vie privée et communications électroniques » ne prévoit pas qu'un seul organisme national sera compétent pour faire appliquer ses dispositions. En effet, l'article 15 *bis* de la directive « vie privée et communications électroniques » dispose explicitement que plusieurs organismes nationaux peuvent être compétents pour faire appliquer ses dispositions. L'article 15 *bis* prévoit également la mise en œuvre et le contrôle de l'application de la directive par les États membres, y compris l'obligation pour les États membres de déterminer le régime des sanctions, d'accorder le pouvoir d'ordonner la cessation des infractions, d'accorder des pouvoirs d'enquête et des ressources, etc. comme suit :

« *1. Les États membres déterminent le régime des sanctions, y compris des sanctions pénales s'il y a lieu, applicables aux violations des dispositions nationales prises en application de la présente directive et prennent toute mesure nécessaire pour assurer la mise en œuvre de celles-ci. Les sanctions ainsi prévues doivent être effectives, proportionnées et dissuasives et peuvent être appliquées pour couvrir la durée de l'infraction, même si celle-ci a été ultérieurement corrigée. Les États membres notifient ces dispositions à la Commission, au plus tard le 25 mai 2011, et toute modification ultérieure les concernant dans les meilleurs délais.*

2. Sans préjudice de tout recours judiciaire qui pourrait être disponible, les États membres veillent à ce que l'autorité nationale compétente ***et, le cas échéant, d'autres organismes nationaux*** *aient le pouvoir d'ordonner la cessation des infractions visées au paragraphe 1.*

3. Les États membres veillent à ce que l'autorité nationale compétente ***et, le cas échéant, d'autres organismes nationaux*** *disposent des pouvoirs d'enquête et des ressources nécessaires, et notamment du pouvoir d'obtenir toute information pertinente dont ils pourraient avoir besoin, afin de surveiller et de contrôler le respect des dispositions nationales adoptées en application de la présente directive.*

4. Les autorités réglementaire[s] nationales compétentes peuvent adopter des mesures afin d'assurer une coopération transfrontalière effective dans le contrôle de l'application des législations nationales adoptées en application de la présente directive et de créer des conditions harmonisées pour la fourniture de services impliquant des flux de données transfrontaliers. »

60. En outre, l'article 15, paragraphe 2, de la directive « vie privée et communications électroniques » contient une disposition renvoyant aux dispositions de la directive 95/46/CE relatives aux recours juridictionnels, à la responsabilité et aux sanctions, qui doit désormais s'entendre comme faisant référence au RGPD :

« *Les dispositions du chapitre III de la directive 95/46/CE relatif aux recours juridictionnels, à la responsabilité et aux sanctions sont applicables aux dispositions nationales adoptées en application de la présente directive ainsi qu'aux droits individuels résultant de la présente directive.* »

61. L'article 15, paragraphe 3, de la directive « vie privée et communications électroniques » dispose également ce qui suit :

« *Le groupe de protection des personnes à l'égard du traitement des données à caractère personnel, institué par l'article 29 de la directive 95/46/CE, remplit aussi les tâches visées à l'article 30 de ladite directive en ce qui concerne les matières couvertes par la présente directive, à savoir la protection des droits et des libertés fondamentaux ainsi que des intérêts légitimes dans le secteur des communications électroniques.* » *[L'article 15, paragraphe 3, de la directive « vie privée et communications électroniques » dispose que « [l]e groupe de protection des personnes à l'égard du traitement des données à caractère personnel, institué par l'article 29 de la directive 95/46/CE, remplit aussi les tâches visées à l'article 30 de ladite directive en ce qui concerne les matières couvertes par la présente directive, à savoir la protection des droits et des libertés fondamentaux ainsi que des intérêts légitimes dans le secteur des communications électroniques ». L'article 94, paragraphe 2, du RGPD dispose que « [l]es références faites à la directive abrogée s'entendent comme faites au présent règlement. Les références faites au groupe de protection des personnes à l'égard du traitement des données à caractère personnel institué par l'article 29 de la directive 95/46/CE s'entendent comme faites au comité européen de la protection des données institué par le présent règlement ». En conséquence, l'article 30 de la directive 95/46 doit s'entendre comme une référence aux sections pertinentes de l'article 70 du RGPD (Missions du comité).]*

5.3. *Application lorsque le RGPD et la directive « vie privée et communications électroniques » se recoupent*

62. La directive « vie privée et communications électroniques » précise et complète le RGPD et renvoie en outre aux dispositions de ce dernier qui concernent les recours juridictionnels, la responsabilité et les sanctions (article 15, paragraphe 2, de la directive « vie privée et communications électroniques », lu à la lumière de l'article 94 du RGPD).

5.3.1. *Question n° 1 : certaines opérations de traitement sont-elles « hors-limite » pour les autorités de protection des données ?*

• *Le simple fait que le traitement de données à caractère personnel relève à la fois du champ d'application matériel du RGPD et de celui de la directive « vie privée et communications électroniques » limite-t-il les compétences, les missions et les pouvoirs des autorités de protection des données au titre du RGPD ? Autrement dit, existe-t-il un sous-ensemble d'opérations de traitement qu'elles devraient exclure de leur examen et, dans l'affirmative, quelles opérations de traitement doivent être exclues ?*

63. Conformément au RGPD, les États membres doivent avoir désigné une ou plusieurs autorités de contrôle. Les États membres peuvent avoir désigné la même autorité pour être compétente pour le contrôle (partiel) de l'application de la transposition nationale de la directive « vie privée et communications électroniques », mais peuvent également avoir opté pour une ou plusieurs autres autorités, par exemple une autorité nationale de régulation des télécommunications (ART), une organisation de protection des consommateurs ou un ministère.

64. La directive « vie privée et communications électroniques » laisse aux États membres une certaine souplesse quant à l'autorité ou à l'organisme chargé de faire appliquer ses dispositions.

65. Si la directive « vie privée et communications électroniques » renvoie aux dispositions du RGPD relatives aux recours juridictionnels, à la responsabilité et aux sanctions (article 15, paragraphe 2, de la directive « vie privée et communications électroniques »), l'article 15 *bis*, paragraphe 1, de la directive « vie privée et communications électroniques » précise ses propres dispositions en matière de « Mise en œuvre et contrôle de l'application ». Par exemple, l'article 15 *bis*, paragraphe 1, dispose que « *[l]es États membres déterminent le régime des sanctions, y compris des sanctions pénales s'il y a lieu, applicables aux violations des dispositions nationales prises en application de la présente directive et prennent toute mesure nécessaire pour assurer la mise en œuvre de celles-ci...* ». A ce titre, la directive « vie privée et communications électroniques » accorde explicitement aux États membres un pouvoir discrétionnaire en matière de sanctions et l'article 15, paragraphe 2, n'interfère pas avec le pouvoir discrétionnaire accordé aux États membres en matière d'application (c'est-à-dire pour déterminer qui applique les dispositions de la directive « vie privée et communications électroniques ») *[Il convient de noter que l'article 15 bis, paragraphe 1, de la directive « vie privée et communications électroniques » a été introduit par la directive 2009/136/CE (c'est-à-dire par une modification de la directive « vie privée et communications électroniques »).]*.

66. Si la législation nationale confie à l'autorité de protection des données la compétence de contrôler l'application de la directive « vie privée et communications électroniques », elle devrait également déterminer les missions et les pouvoirs de celle-ci en ce qui concerne le contrôle de l'application de ladite directive. L'autorité de protection des données ne peut pas automatiquement se fonder sur les missions et les pouvoirs prévus dans le RGPD pour prendre des mesures visant à faire respecter les règles nationales en matière de protection de la vie privée dans le secteur des communications électroniques, dès lors que lesdites missions et lesdits pouvoirs sont exclusivement liés au contrôle de l'application du RGPD. La législation nationale peut attribuer des missions et des pouvoirs inspirés du RGPD, mais peut également conférer d'autres missions et pouvoirs à l'autorité de protection des données en vue de faire appliquer les règles nationales en matière de protection de la vie privée dans le secteur des communications électroniques conformément à l'article 15 *bis* de la directive « vie privée et communications électroniques ».

67. Le pouvoir discrétionnaire n'existe que conformément aux exigences et limites établies dans les règles supérieures du droit. L'article 8, paragraphe 3, de la charte exige que le respect des règles de protection des données à caractère personnel soit soumis au contrôle d'une autorité indépendante *[La jurisprudence de la CJUE concernant l'article 28 de la directive 95/46 a clarifié les exigences en matière d'indépendance : voir, par exemple, arrêt du 9 mars 2010, C-518/07 (Commission/Allemagne), points 17 et suivants ; arrêt du 16 octobre 2012, C-614/10 (Commission/Autriche), points 36 et suivants ; arrêt du 6 octobre 2015, C-362/14 (« sphère de sécurité »), points 41 et suivants ; arrêt du 21 décembre 2016, C-203/15 et C-698/15 (Tele2/Watson), point 123.]*.

68. Lorsque le traitement de données à caractère personnel relève à la fois du champ d'application matériel du RGPD et de celui de la directive « vie privée et communications électroniques », les autorités de protection des données ne sont compétentes pour contrôler les sous-ensembles du traitement qui sont régis par des règles nationales transposant la directive « vie privée et communications électroniques » que si la législation nationale leur confère cette compétence. Toutefois, la compétence des autorités de protection des données au titre du RGPD reste en tout état de cause inchangée en ce qui concerne les traitements qui ne sont pas soumis à des règles particulières prévues par la directive « vie privée et communications électroniques ». Cette ligne de démarcation ne peut pas être modifiée par la législation nationale transposant la directive « vie privée et communications électroniques » (par exemple, en élargissant le champ d'application matériel au-delà de ce qui est requis par la directive « vie privée et communications électroniques » et en conférant

une compétence exclusive pour cette disposition à l'autorité réglementaire nationale).

69. Les autorités de protection des données sont compétentes pour contrôler l'application du RGPD. Le simple fait qu'un sous-ensemble du traitement relève du champ d'application de la directive « vie privée et communications électroniques » ne limite pas la compétence des autorités de protection des données au titre du RGPD.

70. Lorsqu'une compétence exclusive a été attribuée à un organe autre que l'autorité de protection des données, le droit procédural national détermine ce qui doit se passer lorsque les personnes concernées déposent néanmoins des plaintes auprès de l'autorité de protection des données concernant, par exemple, le traitement de données à caractère personnel sous la forme de données relatives au trafic ou à la localisation, de communications électroniques non sollicitées ou de la collecte de données à caractère personnel au moyen de cookies, sans se plaindre également de violations (potentielles) du RGPD.

5.3.2. *Question n° 2 : les dispositions nationales en matière de protection de la vie privée dans le secteur des communications électroniques sont-elles « hors-limite » ?*

• *Dans l'exercice de leurs compétences, missions et pouvoirs au titre du RGPD, les autorités de protection des données devraient-elles tenir compte des dispositions de la directive « vie privée et communications électroniques » (par exemple, lorsqu'elles évaluent la licéité du traitement) et, dans l'affirmative, dans quelle mesure ? Autrement dit, les infractions aux règles nationales en matière de protection de la vie privée dans le secteur des communications électroniques doivent-elles être prises en compte ou écartées lors de l'évaluation de la conformité avec le RGPD et, dans l'affirmative, dans quelles circonstances ?*

71. L'exemple suivant permet d'illustrer la différence avec la question n° 1. Imaginons un courtier de données qui établit des profils à partir de renseignements obtenus de deux sources distinctes. La première source se compose de données concernant le comportement de navigation des individus sur internet, collectées par le recours à des cookies et/ou d'autres identifiants d'appareils. La seconde source est constituée de données obtenues par l'intermédiaire de partenaires commerciaux, qui partagent des données concernant les participants à des tirages au sort ou à des programmes de remboursements en espèces.

72. Le profilage des personnes à partir de données à caractère personnel relève généralement du champ d'application du RGPD et donc de la compétence des autorités de protection des données. Si une autorité de protection des données reçoit une plainte concernant les activités de profilage menées par le courtier de données, quelle considération peut-elle accorder à des règles spécifiques, en l'occurrence aux règles nationales en matière de protection de la vie privée dans le secteur des communications électroniques, lorsqu'elle évalue la conformité au RGPD ?

73. Il convient de noter que la directive « vie privée et communications électroniques » est un exemple spécifique de texte juridique qui assure une protection spéciale à des catégories particulières de données qui peuvent être des données à caractère personnel. D'autres textes juridiques offrent également une protection particulière à certains types de données qui peuvent être des données à caractère personnel pour diverses raisons (par exemple le contexte du traitement, la nature des données ou les risques pour les personnes concernées) *[Un exemple peut être trouvé dans le secteur financier : une protection spécifique est conférée aux données utilisées pour évaluer la solvabilité d'un individu ou la publicité à donner aux sanctions administratives. Voir : l'article 21, paragraphe 1, de la directive 2014/17/UE du Parlement européen et du Conseil du 4 février 2014 sur les contrats de crédit aux consommateurs relatifs aux biens immobiliers à usage résidentiel et modifiant les directives 2008/48/CE et 2013/36/UE et le règlement (UE) n° 1093/2010 ; les articles 68 et 69 de la directive 2013/36/UE du Parlement européen et du Conseil du 26 juin 2013 concernant l'accès à l'activité des établissements de crédit et la surveillance prudentielle des établissements de crédit et des entreprises d'investissement, modifiant la directive 2002/87/CE et abrogeant les directives 2006/48/CE et 2006/49/CE. Un autre exemple peut être trouvé dans les règles relatives aux essais cliniques : voir les articles 28 à 35 du règlement (UE) n° 536/2014 du*

Parlement européen et du Conseil du 16 avril 2014 relatif aux essais cliniques de médicaments à usage humain et abrogeant la directive 2001/20/CE.].

74. Les États membres sont tenus de désigner une ou plusieurs autorités chargées de veiller au respect de la législation nationale transposant la directive « vie privée et communications électroniques », qui seront alors chargées de faire appliquer ce texte législatif. La législation nationale transposant la directive « vie privée et communications électroniques » s'applique au(x) traitement(s) spécifique(s) régi(s) par la directive « vie privée et communications électroniques » (par exemple, un traitement qui consiste à stocker des informations sur le dispositif de l'utilisateur final ou à accéder à des informations y étant déjà stockées).

75. A moins que la législation nationale ne leur confère une telle compétence, les autorités de protection des données ne peuvent pas faire appliquer les dispositions de (la législation nationale mettant en œuvre) la directive « vie privée et communications électroniques » en tant que telles lorsqu'elles exercent leurs compétences dans le cadre du RGPD. Toutefois, comme indiqué précédemment, le traitement de données à caractère personnel qui implique des opérations relevant du champ d'application matériel de la directive « vie privée et communications électroniques » peut comporter des aspects supplémentaires pour lesquels la directive ne contient pas de « règle spéciale ». Par exemple, l'article 5, paragraphe 3, de la directive « vie privée et communications électroniques » contient une règle spéciale applicable au stockage d'informations, ou à l'obtention de l'accès à des informations déjà stockées, dans l'équipement terminal d'un utilisateur final. Il ne contient en revanche pas de règle spéciale pour toute activité de traitement antérieure ou ultérieure (par exemple, le stockage et l'analyse des données relatives à la navigation sur internet à des fins de publicité comportementale en ligne ou de sécurité). En conséquence, les autorités de protection des données restent pleinement compétentes pour évaluer la licéité de tous les autres traitements qui suivent le stockage d'information ou l'obtention de l'accès à des informations déjà stockées dans l'équipement terminal de l'utilisateur final *[A cet égard, il convient de mentionner l'avis du GT 29 sur la notion d'intérêt légitime (06/2014) ainsi que l'avis du GT 29 sur la limitation de la finalité (avis 03/2013 - en anglais uniquement), qui précisent que certaines formes de publicité comportementale nécessitent le consentement de la personne concernée, et pas uniquement en raison de l'article 5, paragraphe 3. L'avis sur la limitation de la finalité indique ce qui suit (traduction libre) : « Le deuxième scénario possible est celui où une organisation souhaite spécifiquement analyser ou prédire les préférences personnelles, le comportement et les attitudes de clients individuels, ce qui inspirera ultérieurement les "mesures ou décisions" prises à l'égard de ces clients. Dans ces cas, un consentement libre, spécifique, éclairé et sans équivoque serait presque toujours nécessaire, faute de quoi une utilisation ultérieure ne pourrait pas être considérée comme compatible. Il est important de noter qu'un tel consentement devrait être requis, par exemple, pour le suivi et le profilage à des fins de marketing direct, de publicité comportementale, de courtage de données, de publicité géolocalisée ou d'étude de marché numérique fondée sur le suivi. »*

L'avis sur la notion d'intérêt légitime indique ce qui suit :

« Au lieu de donner simplement la possibilité de refuser ce type de profilage et de publicité ciblée, un consentement informé serait nécessaire, conformément à l'article 7, point a), de la directive 95/46/CE, mais aussi à l'article 5, paragraphe 3) de la directive "vie privée et communications électroniques". En conséquence, l'article 7, point f), ne devrait pas pouvoir être invoqué comme fondement juridique justifiant le traitement. »].

76. Une violation du RGPD pourrait également constituer une violation des règles nationales en matière de protection de la vie privée dans le secteur des communications électroniques. L'autorité de protection des données peut tenir compte de la constatation factuelle d'une violation des règles relatives à la protection de la vie privée dans le secteur des communications électroniques dans l'application du RGPD (par exemple, lorsqu'elle évalue le respect du principe de licéité ou de loyauté au titre de l'article 5, paragraphe 1, point a), du RGPD). Toutefois, toute décision d'exécution doit être justifiée sur la base du RGPD, sauf si l'autorité de protection des données s'est vu attribuer des compétences supplémentaires par la législation de l'État membre concerné.

77. Si la législation nationale fait de l'autorité de protection des données une autorité compétente au titre de la directive « vie privée et communications électroniques », elle sera compétente pour faire appliquer directement les règles nationales en matière de protection de la vie privée dans le secteur des communications électroniques, en plus de celles du RGPD (si tel n'est pas le cas, elle n'est pas compétente).

78. A titre d'observation générale, lorsque plusieurs autorités sont compétentes pour les différents instruments juridiques, elles devraient veiller à ce que l'application des deux instruments soit cohérente, notamment pour éviter une violation du principe *non bis in idem* dans les cas où les infractions aux dispositions du RGPD et de la directive « vie privée et communications électroniques » ayant été commises dans le cadre d'une même activité de traitement sont étroitement liées.

6. L'applicabilité des mécanismes de coopération et de cohérence

79. La troisième question soumise au comité par l'autorité belge de protection des données peut être paraphrasée comme suit :

• *dans quelle mesure les mécanismes de coopération et de cohérence sont-ils applicables en ce qui concerne tout traitement relevant, du moins en ce qui concerne certaines opérations de traitement, du champ d'application matériel tant du RGPD que de la directive « vie privée et communications électroniques » ?*

80. Conformément au chapitre VII du RGPD, les mécanismes de coopération et de cohérence dont disposent les autorités de protection des données au titre du RGPD concernent le contrôle de l'application des dispositions du RGPD. Les mécanismes du RGPD ne s'appliquent pas au contrôle de l'application des dispositions de la directive « vie privée et communications électroniques » en tant que telle.

81. En tout état de cause, l'article 15, paragraphe 3, de la directive « vie privée et communications électroniques » dispose ce qui suit :

> *« Le* [comité européen de la protection des données] *remplit aussi les tâches visées à* [l'article 70 du règlement (UE) 2016/679] *en ce qui concerne les matières couvertes par la présente directive, à savoir la protection des droits et des libertés fondamentaux ainsi que des intérêts légitimes dans le secteur des communications électroniques. »*

82. Concernant la coopération entre les autorités compétentes pour le contrôle de l'application de la directive « vie privée et communications électroniques », l'article 15 *bis*, paragraphe 4, de ladite directive dispose que « [l]*es autorités réglementaire*[s] *nationales compétentes peuvent adopter des mesures afin d'assurer une coopération transfrontalière effective dans le contrôle de l'application des législations nationales adoptées en application de la présente directive et de créer des conditions harmonisées pour la fourniture de services impliquant des flux de données transfrontaliers (...)* ».

83. Une telle coopération transfrontalière entre les autorités compétentes pour le contrôle de l'application de la directive « vie privée et communications électroniques », y compris les autorités de protection des données, les autorités réglementaires nationales et d'autres autorités, peut avoir lieu dans la mesure où les autorités réglementaires nationales compétentes adoptent des mesures pour permettre cette coopération.

84. Il convient de noter que le mécanisme de coopération et de cohérence reste néanmoins pleinement applicable dans la mesure où le traitement est soumis aux dispositions générales du RGPD (et non à une « règle spéciale » contenue dans la directive « vie privée et communications électroniques »). Par exemple, même si le traitement des données à caractère personnel (par exemple le profilage) repose en partie sur l'accès aux informations stockées dans le dispositif de l'utilisateur final, les règles de protection des données qui ne sont pas prévues par la directive « vie privée et communications électroniques » (par exemple les droits des personnes concernées, les principes du traitement) pour tout traitement de données à caractère personnel qui a lieu après l'accès aux informations stockées dans le dispositif de l'utilisateur final seront soumises aux dispositions du RGPD, notamment en ce qui concerne les mécanismes de coopération et de cohérence.

85. Dans la pratique, les autorités de protection des données devront choisir avec soin l'« axe de communication » à utiliser, en particulier si elles ne sont pas uniquement responsables du contrôle de l'application du RGPD, mais également compétentes pour faire appliquer (partiellement) la transposition nationale de la directive « vie privée et communications électroniques ». L'« axe de communication » par défaut – tel que détaillé dans le chapitre VII (Coopération et cohérence) du RGPD – sera utilisé pour toutes les parties d'une procédure qui supposent d'avoir recours aux pouvoirs d'exécution accordés par le RGPD en réponse à une violation du RGPD. L'« axe de communication » discrétionnaire peut être utilisé par les autorités de protection des données dans le cadre des pouvoirs d'exécution distincts que leur confère la transposition nationale de la directive « vie privée et communications électroniques » et uniquement dans la mesure où la procédure vise à répondre aux violations des règles nationales en matière de protection de la vie privée dans le secteur des communications électroniques régissant les comportements spécifiques réglementés par ladite directive. Dès qu'il s'agit de questions relevant du champ d'application du RGPD, les autorités de protection des données sont tenues d'appliquer le mécanisme de coopération et de cohérence prévu par le RGPD.

7. Conclusion

• *Le simple fait que le traitement de données à caractère personnel relève à la fois du champ d'application matériel du RGPD et de celui de la directive « vie privée et communications électroniques » limite-t-il les compétences, les missions et les pouvoirs des autorités de protection des données au titre du RGPD ? Autrement dit, existe-t-il un sous-ensemble d'opérations de traitement des données qu'elles devraient laisser de côté et, dans l'affirmative, dans quelles circonstances ?*

86. Lorsque le traitement de données à caractère personnel relève à la fois du champ d'application matériel du RGPD et de celui de la directive « vie privée et communications électroniques », les autorités de protection des données ne sont compétentes pour contrôler les traitements de données régis par les règles nationales en matière de protection de la vie privée dans le secteur des communications électroniques que si le droit national leur confère cette compétence, et ce contrôle doit être exercé dans le cadre des pouvoirs de supervision que la loi nationale transposant la directive « vie privée et communications électroniques » leur confère.

87. Les autorités de protection des données sont compétentes pour contrôler l'application du RGPD. Le simple fait qu'un sous-ensemble du traitement relève du champ d'application de la directive « vie privée et communications électroniques » ne limite pas la compétence des autorités de protection des données au titre du RGPD.

• *Dans l'exercice de leurs compétences, missions et pouvoirs au titre du RGPD, les autorités de protection des données devraient-elles tenir compte des dispositions de la directive « vie privée et communications électroniques » et, dans l'affirmative, dans quelle mesure ? Autrement dit, les infractions aux règles nationales en matière de protection de la vie privée dans le secteur des communications électroniques doivent-elles être écartées lors de l'évaluation de la conformité avec le RGPD et, dans l'affirmative, dans quelles circonstances ?*

88. L'autorité ou les autorités désignées comme compétentes au sens de la directive « vie privée et communications électroniques » par les États membres sont exclusivement responsables du contrôle de l'application des dispositions nationales transposant la directive « vie privée et communications électroniques » qui sont applicables à ce traitement spécifique, y compris dans les cas où le traitement de données à caractère personnel relève à la fois du champ d'application matériel du RGPD et de celui de la directive « vie privée et communications électroniques ». Néanmoins, les autorités de protection des données restent pleinement compétentes en ce qui concerne tout traitement de données à caractère personnel qui n'est pas soumis à une ou plusieurs règles spécifiques contenues dans la directive « vie privée et communications électroniques ».

89. Une violation du RGPD pourrait également constituer une violation des règles nationales en matière de protection de la vie privée dans le secteur des communica-

tions électroniques. L'autorité de protection des données peut tenir compte de la constatation factuelle d'une violation des règles relatives à la protection de la vie privée dans le secteur des communications électroniques dans l'application du RGPD (par exemple, lorsqu'elle évalue le respect du principe de licéité ou de loyauté au titre de l'article 5, paragraphe 1, point a), du RGPD). Toutefois, toute décision d'exécution doit être justifiée sur la base du RGPD, sauf si l'autorité de protection des données s'est vu attribuer des compétences supplémentaires par la législation de l'État membre concerné.

90. Si la législation nationale fait de l'autorité de protection des données une autorité compétente au titre de la directive « vie privée et communications électroniques », elle sera compétente pour faire appliquer directement les règles nationales en matière de protection de la vie privée dans le secteur des communications électroniques, en plus de celles du RGPD (si tel n'est pas le cas, elle n'est pas compétente).

• Dans quelle mesure les mécanismes de coopération et de cohérence sont-ils applicables en ce qui concerne tout traitement relevant, du moins en ce qui concerne certaines opérations de traitement, du champ d'application matériel tant du RGPD que de la directive « vie privée et communications électroniques » ?

91. Les mécanismes de coopération et de cohérence dont disposent les autorités de protection des données au titre du chapitre VII du RGPD concernent le contrôle de l'application des dispositions du RGPD. Les mécanismes du RGPD ne s'appliquent pas au contrôle de l'application de la transposition nationale de la directive « vie privée et communications électroniques ». Le mécanisme de coopération et de cohérence reste néanmoins pleinement applicable dans la mesure où le traitement est soumis aux dispositions générales du RGPD (et non à une « règle spéciale » contenue dans la directive « vie privée et communications électroniques »).

***

92. Le comité reconnaît que l'interprétation qui précède est sans préjudice de l'issue des négociations en cours sur le règlement « vie privée et communications électroniques ». La proposition de règlement aborde de nombreux éléments importants, notamment en ce qui concerne les compétences des autorités de protection des données, mais également toute une série d'autres questions adopté 30 fondamentales. Le comité réitère sa position selon laquelle l'adoption d'un règlement « vie privée et communications électroniques » est essentielle *[Le comité européen de la protection des données a invité la Commission européenne, le Parlement et le Conseil à collaborer pour assurer une adoption rapide du nouveau règlement « vie privée et communications électroniques » (déclaration du comité européen de la protection des données publiée le 25 mai 2018).]*.

Lignes directrices 2/2019 du 8 octobre 2019,

Sur le traitement des données à caractère personnel au titre de l'article 6, paragraphe 1, point b), du RGPD dans le cadre de la fourniture de services en ligne aux personnes concernées (version 2.0).

1 Partie 1 – Introduction

1.1 *Contexte*

1. Conformément à l'article 8 de la Charte des droits fondamentaux de l'Union européenne, les données à caractère personnel doivent être traitées loyalement, à des fins déterminées et sur la base d'un fondement légitime prévu par la loi. A cet égard, l'article 6, paragraphe 1, du règlement général sur la protection des données *[Règlement (UE) 2016/679 du Parlement européen et du Conseil du 27 avril 2016 relatif à la protection des personnes physiques à l'égard du traitement des données à caractère personnel et à la libre circulation de ces données, et abrogeant la directive 95/46/CE (règlement général sur la protection des données)]* (le « RGPD ») précise que le traitement n'est licite que si l'une des six conditions énoncées à l'article 6, paragraphe 1, points a) à f), est remplie. Il est essentiel de déterminer la base juridique appropriée qui correspond à l'objectif et à l'essence du traitement. Lorsqu'ils déterminent la base juridique appropriée, les responsables du traitement doivent tenir compte, entre autres, de l'incidence sur les droits des personnes concernées, afin de respecter le principe de loyauté.

2. L'article 6, paragraphe 1, point b), du RGPD pose un fondement légal pour le traitement des données en stipulant que le traitement n'est licite que dans la mesure où « il est nécessaire à l'exécution d'un contrat auquel la personne concernée est partie ou à l'exécution de mesures précontractuelles prises à la demande de celle-ci » *[Voir également le considérant 44]*. Cette disposition renforce la liberté d'entreprise, qui est garantie par l'article 16 de la charte, et reflète le fait que, parfois, les obligations contractuelles envers la personne concernée ne peuvent être exécutées sans que cette dernière fournisse certaines données à caractère personnel. Si le traitement spécifique fait partie intégrante de la prestation de service demandée, il est dans l'intérêt des deux parties de traiter ces données, faute de quoi le service ne pourrait pas être fourni et le contrat ne pourrait pas être exécuté. Toutefois, la possibilité de s'appuyer sur cette base juridique ou sur l'une des autres bases juridiques mentionnées à l'article 6, paragraphe 1, ne dispense pas le responsable du traitement de l'obligation de respecter les autres exigences du RGPD.

3. Les articles 56 et 57 du Traité sur le fonctionnement de l'Union européenne définissent et réglementent la libre prestation de services dans l'Union européenne. Des mesures législatives spécifiques ont été adoptées par l'UE en ce qui concerne les « services de la société de l'information » *[Voir, par exemple, la directive (UE) 2015/1535 du Parlement européen et du Conseil et l'article 8 du RGPD]*. On entend par « services de la société de l'information » « tout service normalement fourni contre rémunération, à distance par voie électronique et à la demande individuelle d'un bénéficiaire de services ». Cette définition s'étend aux services qui ne sont pas payés directement par les personnes qui en bénéficient, *[Voir le considérant 18 de la directive 2000/31/CE du Parlement européen et du Conseil du 8 juin 2000 relative à certains aspects juridiques des services de la société de l'information, et notamment du commerce électronique, dans le marché intérieur]*, comme les services en ligne financés par la publicité. Les « services en ligne », tels qu'ils sont utilisés dans les présentes lignes directrices, font référence aux « services de la société de l'information ».

4. L'évolution du droit de l'Union reflète l'importance centrale des services en ligne dans la société moderne. La prolifération de l'internet mobile permanent et la disponibilité généralisée des appareils connectés ont permis le développement de services en ligne dans des domaines tels que les réseaux sociaux, le commerce électronique, la recherche sur l'internet, la communication et les voyages. Alors que certains de ces services sont financés par les paiements des utilisateurs, d'autres sont fournis sans aucun paiement monétaire de la part du consommateur. Au lieu de cela, ils sont financés par la vente de services publicitaires en ligne permettant de cibler les personnes concernées. Le pistage du comportement de l'utilisateur à des fins publicitaires est souvent effectué par des moyens dont l'utilisateur n'est généralement pas conscient, *[A cet égard, les responsables du traitement doivent remplir les obligations de transparence prévues dans le RGPD]* et il n'est pas toujours immédiatement évident au regard de la nature du service fourni, de telle sorte que, dans la pratique, il est quasiment impossible pour la personne concernée d'exercer un choix éclairé en ce qui concerne l'utilisation de ses données.

5. Dans ce contexte, le comité européen de la protection des données *[Institué en vertu de l'article 68 du RGPD]* (CEPD) estime qu'il convient de fournir des orientations sur l'applicabilité de l'article 6, paragraphe 1, point b), au traitement des données à caractère personnel dans le cadre des services en ligne, afin de s'assurer que cette base juridique ne soit invoquée que lorsqu'elle est appropriée.

6. Dans son avis sur la notion d'intérêt légitime poursuivi par le responsable du traitement des données, le groupe de travail « article 29 » (WP 29) s'est déjà exprimé sur la base de la nécessité contractuelle au sens de la directive 95/46/CE *[Groupe de travail « article 29 », avis 06/2014 sur la notion d'intérêt légitime poursuivi par le responsable du traitement des données au sens de l'article 7 de la directive 95/46/CE (WP 217). Voir, notamment, les pages 11, 16, 17, 18 et 55]*. D'une manière générale, ces orientations restent pertinentes au regard de l'article 6, paragraphe 1, point b), du RGPD.

1.2 *Champ d'application des présentes lignes directrices*

7. Les présentes lignes directrices portent sur l'applicabilité de l'article 6, paragraphe 1, point b), relatif au traitement des données à caractère personnel dans le cadre des contrats de services en ligne, quel que soit le mode de financement de ces services. Les lignes directrices exposeront les éléments du traitement licite au sens de l'article 6, paragraphe 1, point b), du RGPD et examineront la notion de « nécessité » telle qu'applicable dans l'expression « nécessaire à l'exécution d'un contrat ».

8. Les règles de protection des données régissent des aspects importants quant à la manière dont les services en ligne interagissent avec leurs utilisateurs, mais d'autres règles s'appliquent également. La réglementation des services en ligne implique des responsabilités interfonctionnelles dans les domaines du droit de la protection des consommateurs et du droit de la concurrence, notamment. Les considérations relatives à ces domaines du droit dépassent le cadre des présentes lignes directrices.

9. Bien que l'article 6, paragraphe 1, point b), ne puisse s'appliquer que dans un contexte contractuel, les présentes lignes directrices n'expriment pas d'avis sur la validité des contrats de services en ligne en général, ces derniers ne relevant pas de la compétence du CEPD. Toutefois, les contrats et les conditions contractuelles doivent être conformes aux exigences du droit des contrats et, le cas

10. Certaines observations générales sur les principes de protection des données sont formulées ci-dessous, mais les questions de protection des données qui peuvent se poser lors du traitement au sens de l'article 6, paragraphe 1, point b), ne seront pas toutes traitées en détail. Les responsables du traitement doivent toujours s'assurer qu'ils respectent les principes de protection des données énoncés à l'article 5, ainsi que toutes les autres exigences du RGPD et, le cas échéant, la législation sur la vie privée et les communications électroniques.

2 Partie 2 – Analyse de l'article 6, paragraphe 1, point b)

2.1 *Observations générales*

11. La base juridique du traitement au sens de l'article 6, paragraphe 1, point b), doit être examinée dans le contexte du RGPD dans son ensemble, des objectifs énoncés à l'article 1er ainsi que de l'obligation des responsables du traitement d'utiliser les données à caractère personnel dans le respect des principes de protection de ces dernières visés à l'article 5. Cela inclut l'obligation de traiter les données à caractère personnel d'une manière équitable et transparente, et conformément aux principes de limitation de la finalité et de minimisation des données.

12. L'article 5, paragraphe 1, point a), du RGPD dispose que les données à caractère personnel doivent être traitées de manière licite, loyale et transparente au regard de la personne concernée. Le principe de loyauté prévoit notamment la reconnaissance des attentes raisonnables *[Certaines données à caractère personnel sont censées être privées ou n'être traitées que selon certaines modalités, et, à cet égard, le traitement des données ne devrait pas surprendre la personne concernée. Dans le RGPD, la notion d'« attentes raisonnables » est expressément mentionnée aux considérants 47 et 50, lus en liaison avec l'article 6, paragraphe 1, point f), et paragraphe 4]* des personnes concernées, l'examen des éventuelles conséquences négatives que le traitement pourrait avoir sur celles-ci, et la prise en compte de la relation et des effets potentiels du déséquilibre entre les personnes concernées et le responsable du traitement.

13. Comme mentionné ci-dessus, dans un souci de légalité, les contrats de services en ligne doivent être valides au regard du droit des contrats applicable. La question de savoir si la personne concernée est un enfant est un exemple de facteur pertinent. En pareil cas (outre le respect des exigences du RGPD, et notamment des « protections spécifiques » qui s'appliquent aux enfants) *[Voir le considérant 38, qui énonce que les enfants méritent une protection spécifique en ce qui concerne leurs données à caractère personnel*

parce qu'ils peuvent être moins conscients des risques, des conséquences et des garanties concernées et de leurs droits liés au traitement des données à caractère personnel] , le responsable du traitement doit s'assurer qu'il respecte bien les lois nationales pertinentes en ce qui concerne la capacité des enfants à conclure des contrats. En outre, pour garantir le respect des principes de loyauté et de licéité, le responsable du traitement doit satisfaire à d'autres exigences légales. Ainsi, par exemple, pour les contrats conclus avec des consommateurs, la directive 93/13/CEE concernant les clauses abusives dans les contrats conclus avec les consommateurs (la « directive sur les clauses abusives dans les contrats ») peut être applicable *[Une clause d'un contrat n'ayant pas fait l'objet d'une négociation individuelle est abusive au sens de la directive sur les clauses abusives dans les contrats « lorsque, en dépit de l'exigence de bonne foi, elle crée au détriment du consommateur un déséquilibre significatif entre les droits et obligations des parties découlant du contrat ». A l'instar de l'obligation de transparence prévue dans le RGPD, la directive sur les clauses abusives dans les contrats impose l'utilisation d'une rédaction claire et compréhensible. Un traitement de données à caractère personnel qui est fondé sur une clause considérée comme abusive, au sens de la directive sur les clauses abusives dans les contrats, ne sera généralement pas conforme à l'exigence prévue à l'article 5, paragraphe 1, point a), du RGPD, selon laquelle les données doivent être traitées de manière licite et loyale]*. L'article 6, paragraphe 1, point b), ne se limite pas aux contrats régis par le droit d'un État membre de l'EEE *[Le RGPD s'applique à certains responsables du traitement qui ne sont pas établis dans l'EEE ; voir l'article 3 du RGPD]*.

14. L'article 5, paragraphe 1, point b), du RGPD instaure le principe de limitation de la finalité, selon lequel les données à caractère personnel doivent être collectées pour des finalités déterminées, explicites et légitimes, et ne doivent pas être traitées ultérieurement d'une manière incompatible avec ces finalités.

15. L'article 5, paragraphe 1, point c), prévoit le principe de minimisation des données, c'est-à-dire que les données traitées doivent être limitées à ce qui est nécessaire pour atteindre la finalité. Cette évaluation complète les évaluations de la nécessité en vertu de l'article 6, paragraphe 1, points b) à f).

16. Les principes de limitation de la finalité et de minimisation des données sont particulièrement importants dans les contrats de services en ligne, qui ne font généralement pas l'objet d'une négociation individuelle. Les progrès technologiques permettent aux responsables du traitement de recueillir et de traiter facilement plus de données à caractère personnel que jamais auparavant. En conséquence, il existe un risque accru que les responsables du traitement de données cherchent à inclure des conditions générales de traitement dans les contrats afin de maximiser la collecte et les utilisations possibles des données, sans préciser ces finalités de manière adéquate, ni prévoir des obligations de minimisation des données. Le groupe de travail « article 29 » a affirmé précédemment :

pour déterminer quel type de traitement est ou n'est pas inclus dans la finalité spécifiée, mais aussi pour permettre l'évaluation du respect de la loi et l'application de garanties de protection des données. Pour ces raisons, les finalités vagues ou générales, telles que des fins d'« amélioration de l'expérience utilisateur », des « fins commerciales », des « fins de sécurité informatique » ou des fins de « recherches futures », ne satisferont généralement pas – si pas davantage détaillées – au critère d'être « spécifiques » *[Avis 03/2013 du groupe de travail « article 29 » sur la limitation de la finalité (WP 203), pages 15 et 16]*.

2.2 *Interaction de l'article 6, paragraphe 1, point b), avec d'autres bases juridiques de traitement*

17. Lorsque le traitement n'est pas considéré comme « nécessaire à l'exécution d'un contrat », c'est-à-dire lorsqu'un service demandé peut être fourni sans que le traitement spécifique ait lieu, le CEPD reconnaît qu'une autre base juridique peut être applicable, pour autant que les conditions pertinentes soient remplies. En particulier, dans certaines circonstances, il peut être plus approprié de se fonder sur le consentement donné librement en vertu de l'article 6, paragraphe 1, point a). Dans

d'autres cas, l'article 6, paragraphe 1, point f), peut fournir une base juridique plus appropriée pour le traitement. La base juridique doit être déterminée dès le début du traitement et les informations fournies aux personnes concernées conformément aux articles 13 et 14 doivent préciser la base juridique.

18. Il est possible qu'une autre base juridique que l'article 6, paragraphe 1, point b), corresponde mieux à l'objectif et au contexte du traitement en question. La détermination de la base juridique appropriée est liée aux principes de loyauté et de limitation de la finalité *[Lorsque les responsables du traitement s'attachent à déterminer la base juridique appropriée conformément au principe de loyauté, ils auront des difficultés à le faire s'ils n'ont pas d'abord clairement défini les finalités du traitement, ou si le traitement des données à caractère personnel va au-delà de ce qui est nécessaire pour les finalités spécifiées]*.

19. Les lignes directrices du groupe de travail « article 29 » sur le consentement précisent également que « lorsqu'un responsable du traitement cherche à traiter des données à caractère personnel qui sont en fait nécessaires à l'exécution d'un contrat, le consentement ne constitue pas la base juridique appropriée ». Inversement, le CEPD considère que, lorsque le traitement n'est pas en fait nécessaire à l'exécution d'un contrat, ce traitement ne peut intervenir que s'il repose sur une autre base juridique appropriée *[Pour de plus amples informations sur les implications liées à l'article 9, voir les lignes directrices du groupe de travail « article 29 » sur le consentement en vertu du règlement 2016/679 (WP 259), approuvées par le CEPD, pages 19 et 20]*.

20. Conformément à leurs obligations de transparence, les responsables du traitement devraient veiller à éviter toute confusion en ce qui concerne la base juridique applicable. Cela est particulièrement important lorsque la base juridique appropriée est l'article 6, paragraphe 1, point b), et qu'un contrat concernant des services en ligne est conclu par des personnes concernées. Selon les circonstances, les personnes concernées pourraient avoir l'impression erronée, lorsqu'elles signent un contrat ou acceptent des conditions de service, qu'elles donnent leur consentement conformément à l'article 6, paragraphe 1, point a). En même temps, un responsable du traitement pourrait supposer, à tort, que la signature d'un contrat correspond à un consentement au sens de l'article 6, paragraphe 1, point a). Il s'agit en effet de notions totalement différentes. Il importe d'établir une distinction entre l'acceptation de conditions de service pour conclure un contrat et le consentement donné au sens de l'article 6, paragraphe 1, point a). En effet, ces deux notions sont assorties d'exigences et de conséquences juridiques différentes.

21. En ce qui concerne le traitement de catégories particulières de données à caractère personnel, le groupe de travail « article 29 » a également observé dans les lignes directrices sur le consentement que :

L'article 9, paragraphe 2, ne reconnaît pas la notion de « nécessaire à l'exécution d'un contrat » comme une exception à l'interdiction générale de traiter des catégories particulières de données. Par conséquent, les responsables du traitement et les États membres qui sont confrontés à cette situation devraient examiner les exceptions spécifiques prévues à l'article 9, paragraphe 2, points b) à j). Si aucune des exceptions b) à j) ne s'applique, l'obtention d'un consentement explicite, conformément aux conditions du consentement valable prévues dans le RGPD, demeure la seule exception légale possible pour traiter ces données *[Lignes directrices du groupe de travail « article 29 » sur le consentement en vertu du règlement 2016/679 (WP 259), approuvées par le CEPD, page 19]*

2.3 *Champ d'application de l'article 6, paragraphe 1, point b)*

22. L'article 6, paragraphe 1, point b), s'applique lorsque l'une des deux conditions suivantes est remplie : le traitement en question doit être objectivement nécessaire à l'exécution d'un contrat avec une personne concernée ou le traitement doit être objectivement nécessaire afin de prendre des mesures précontractuelles à la demande de la personne concernée.

2.4 *Nécessité*

23. **La nécessité d'un traitement est une condition préalable pour les deux parties de l'article 6, paragraphe 1, point b). Il est important de relever d'emblée que la notion de ce qui est « nécessaire à l'exécution d'un contrat » n'est pas une simple évaluation de ce qui est autorisé ou fixé dans les conditions d'un contrat. En effet, la notion de nécessité possède une signification indépendante dans le droit de l'Union européenne, qui doit refléter les objectifs de la législation relative à la protection des données** *[La CJUE a affirmé dans Huber qu'« il s'agit d'une notion [la nécessité] autonome du droit communautaire qui doit recevoir une interprétation de nature à répondre pleinement à l'objet de cette directive [directive 95/46], tel que défini à l'article 1er, paragraphe 1 de celle-ci ». CJUE, affaire C-524/06, Heinz Huber/Bundesrepublik Deutschland, 18 décembre 2008, point 52]*. **Par conséquent, elle implique également la prise en compte du droit fondamental au respect de la vie privée et à la protection des données à caractère personnel** *[Voir articles 7 et 8 de la Charte des droits fondamentaux de l'Union européenne]*, **ainsi que des exigences des principes de protection des données, y compris notamment le principe de loyauté.**

24. **Le point de départ consiste à déterminer la finalité du traitement. Or, dans le contexte d'une relation contractuelle, les finalités du traitement peuvent être très variées. Ces finalités doivent être clairement précisées et communiquées à la personne concernée, conformément aux obligations du responsable du traitement en matière de limitation de la finalité et de transparence.**

25. **L'évaluation de ce qui est « nécessaire » implique une évaluation factuelle globale du traitement « aux fins de l'objectif poursuivi et de déterminer si ce traitement est moins intrusif par rapport aux autres moyens de réaliser le même objectif »** *[Voir la Boîte à outils du CEPD : Guide pour l'évaluation de la nécessité des mesures limitant le droit fondamental à la protection des données à caractère personnel, page 5]*. **S'il existe des alternatives réalistes et moins intrusives, le traitement n'est pas « nécessaire »** *[Dans l'affaire Schecke, la CJUE a estimé que, lors de l'examen de la nécessité du traitement des données à caractère personnel, le législateur devait tenir compte de mesures alternatives moins intrusives. CJUE, affaires jointes C-92/09 et C-93/09, Volker und Markus Schecke GbR et Hartmut Eifert/Land Hessen, 9 novembre 2010. La CJUE a repris cet argument dans l'affaire Rīgas, jugeant que « s'agissant de la condition relative à la nécessité du traitement des données, il y a lieu de rappeler que les dérogations et les restrictions au principe de la protection des données à caractère personnel doivent s'opérer dans les limites du strict nécessaire ». CJUE, affaire C-13/16, Valsts policijas Rīgas regiona pārvaldes Kārtības policijas pārvalde/Rīgas pašvaldības SIA 'Rīgas satiksme', point 30. Toute limitation de l'exercice des droits au respect de la vie privée et à la protection des données à caractère personnel, dans le cadre du traitement de données, doit être appréciée à l'aune du critère de stricte nécessité (voir la Boîte à outils du CEPD) : Guide pour l'évaluation de la nécessité des mesures limitant le droit fondamental à la protection des données à caractère personnel, page 7]*. **L'article 6, paragraphe 1, point b), ne couvrira pas les traitements qui sont utiles mais non objectivement nécessaires à l'exécution du service contractuel ou à la mise en œuvre des mesures précontractuelles pertinentes à la demande de la personne concernée, même s'ils sont nécessaires pour les autres finalités commerciales du responsable du traitement.**

2.5 *Nécessaire à l'exécution d'un contrat avec la personne concernée*

26. **Un responsable du traitement peut invoquer la première option de l'article 6, paragraphe 1, point b), pour traiter des données à caractère personnel lorsque, conformément à ses obligations en matière de responsabilité au titre de l'article 5, paragraphe 2, il peut établir à la fois que le traitement intervient dans le cadre d'un contrat valable conclu avec la personne concernée et qu'il est nécessaire à l'exécution du contrat particulier signé avec celle-ci. Lorsque le responsable du traitement ne peut pas démontrer a) l'existence d'un contrat, b) la validité du contrat en vertu du droit national des contrats applicable, et c) que le traitement est objectivement**

nécessaire à l'exécution du contrat, il devrait envisager une autre base juridique pour le traitement.

27. Le simple fait de mentionner ou de faire référence au traitement de données dans un contrat ne suffit pas à faire entrer le traitement en question dans le champ d'application de l'article 6, paragraphe 1, point b). Par ailleurs, le traitement peut être objectivement nécessaire même s'il n'est pas expressément mentionné dans le contrat. En tout état de cause, le responsable du traitement doit respecter ses obligations en matière de transparence. Lorsqu'un responsable du traitement cherche à établir que le traitement est basé sur l'exécution d'un contrat avec la personne concernée, il est important d'évaluer ce qui est objectivement nécessaire à l'exécution du contrat. A l'évidence, « nécessaire à l'exécution » suppose quelque chose de plus qu'une simple clause contractuelle. Cela ressort également clairement du libellé de l'article 7, paragraphe 4. Bien que cette disposition ne concerne que la validité du consentement, elle établit clairement une distinction entre les activités de traitement nécessaires à l'exécution d'un contrat, d'un côté, et les clauses subordonnant le service à certaines activités de traitement qui ne sont en fait pas nécessaires à l'exécution du contrat, de l'autre.

28. A cet égard, le CEPD approuve les orientations précédemment adoptées par le groupe de travail « article 29 » sur la disposition équivalente en vertu de la précédente directive, selon lesquelles la disposition « nécessaire à l'exécution d'un contrat avec la personne concernée » :

... doit être interprétée de façon restrictive et ne couvre pas les situations dans lesquelles le traitement n'est pas véritablement nécessaire à l'exécution d'un contrat, mais plutôt imposé unilatéralement à la personne concernée par le responsable du traitement. De même, le fait qu'un traitement soit couvert par un contrat ne signifie pas automatiquement qu'il est nécessaire à son exécution. [...] Même si ces activités de traitement sont spécifiquement mentionnées dans les petits caractères du contrat, ce seul fait ne les rend pas « nécessaires » à l'exécution du contrat *[Avis 06/2014 du groupe de travail « article 29 » sur la notion d'intérêt légitime du responsable du traitement au sens de l'article 7 de la directive 95/46/CE (WP 217), p. 16 et 17]*.

29. Le CEPD rappelle également les mêmes orientations du WP 29, affirmant :

Il existe en l'espèce un lien évident entre l'évaluation de la nécessité et le respect du principe de limitation de la finalité. Il est important de déterminer la justification exacte du contrat, c'est-à-dire sa substance et son objectif fondamental. En effet, c'est par rapport à ces critères qu'il sera vérifié si le traitement de données est nécessaire à l'exécution du contrat *[Ibidem, p. 17]*.

30. Pour déterminer si l'article 6, paragraphe 1, point b), constitue une base juridique appropriée pour le traitement dans le cadre d'un service contractuel en ligne, il convient de tenir compte du but, de la finalité ou de l'objectif particulier du service. Afin que l'article 6, paragraphe 1, point b), soit applicable, le traitement doit être objectivement nécessaire à une finalité qui fait partie intégrante de la prestation de ce service contractuel à la personne concernée. Le traitement de données de paiement à des fins de facturation du service n'est pas exclu. Le responsable du traitement devrait être en mesure de démontrer en quoi l'objet principal du contrat spécifique conclu avec la personne concernée ne peut être effectivement exécuté en l'absence du traitement spécifique des données à caractère personnel concernées. La question importante, en l'espèce, est le lien entre, d'un côté, les données à caractère personnel et les opérations de traitement concernées, et, de l'autre, l'exécution ou l'inexécution du service fourni dans le cadre du contrat.

31. Les contrats de services numériques peuvent comporter des conditions expresses qui imposent des conditions supplémentaires en ce qui concerne notamment la publicité, les paiements ou encore les cookies. Un contrat ne peut élargir artificiellement les catégories de données à caractère personnel ou

32. Le responsable du traitement devrait être en mesure de justifier la nécessité de son traitement par rapport à la finalité contractuelle fondamentale et mutuellement comprise. Cela dépend non seulement du point de vue du responsable du traitement, mais aussi de celui d'une personne concernée raisonnable au moment de la conclusion du contrat, ainsi que de la question de savoir si le contrat peut toujours être considéré comme « exécuté » en l'absence du traitement en question. Bien que le responsable du traitement puisse considérer que le traitement est nécessaire pour la finalité contractuelle, il est important qu'il examine attentivement le point de vue d'une personne concernée moyenne, afin de s'assurer qu'il existe une véritable compréhension mutuelle de la finalité contractuelle.

33. Afin de procéder à l'appréciation de la question de savoir si l'article 6, paragraphe 1, point b), est applicable, les questions suivantes peuvent servir de guide :

• Quelle est la nature du service fourni à la personne concernée ? Quelles sont ses caractéristiques distinctives ?

• Quelle est la justification exacte du contrat (c'est-à-dire sa substance et son objet fondamental) ?

• Quels sont les éléments essentiels du contrat ?

• Quelles sont les perspectives et les attentes mutuelles des parties au contrat ? Comment le service est-il promu ou annoncé auprès de la personne concernée ? Un utilisateur ordinaire du service s'attendrait-il raisonnablement à ce que, compte tenu de la nature du service, le traitement envisagé soit effectué pour permettre l'exécution du contrat auquel il est partie ?

34. Si l'appréciation de ce qui est « nécessaire à l'exécution d'un contrat », qui doit être effectuée avant le début du traitement, montre que le traitement envisagé va au-delà de ce qui est objectivement nécessaire à l'exécution du contrat, cela ne rend pas ce futur traitement illicite en soi. Comme déjà mentionné, l'article 6 indique clairement que d'autres bases juridiques peuvent être invoquées avant le début du traitement *[Voir les lignes directrices du groupe de travail « article 29 » sur le consentement en vertu du règlement 2016/679 (WP 259), approuvées par le CEPD, page 31, dans lesquelles il est affirmé que : « Le RGPD ne permet pas de changer de base juridique »]*.

35. Si, au cours de la durée de vie d'un service, de nouvelles technologies sont mises en œuvre qui modifient la manière dont les données à caractère personnel sont traitées, ou si le service évolue d'une autre manière, les critères mentionnés précédemment doivent être réévalués pour déterminer si des traitements nouveaux ou modifiés peuvent être fondés sur l'article 6, paragraphe 1, point b).

Exemple 1.

Une personne concernée achète des articles auprès d'un détaillant en ligne. La personne concernée souhaite payer par carte de crédit et que les produits soient livrés à son domicile. Afin d'exécuter le contrat, le détaillant doit traiter les informations relatives à la carte de crédit et à l'adresse de facturation de la personne concernée à des fins de paiement, ainsi que l'adresse de la personne pour livrer les articles. L'article 6, paragraphe 1, point b), est donc applicable en tant que base juridique pour ces activités de traitement.

Toutefois, si le client a opté pour l'expédition à un point d'enlèvement, le traitement de l'adresse personnelle de la personne concernée n'est plus nécessaire à l'exécution du contrat d'achat. Dans ce contexte, le traitement de l'adresse de la personne concernée nécessitera une base juridique différente de celle prévue à l'article 6, paragraphe 1, point b).

Exemple 2.

Le même détaillant en ligne souhaite créer des profils des goûts et des choix de style de vie de l'utilisateur en fonction de ses visites sur le site Web. La conclusion du contrat d'achat ne dépend pas de l'établissement de ces profils. Même si le profilage est spécifiquement mentionné dans le contrat, ce seul fait ne le rend pas « nécessaire » à l'exécution du contrat. Si le détaillant en ligne souhaite effectuer un tel profilage, il doit s'appuyer sur une base juridique différente.

36. Dans les limites du droit des contrats et, le cas échéant, du droit des consommateurs, les responsables du traitement sont libres de concevoir leurs activités, leurs services et leurs contrats comme bon leur semble. Dans certains cas, un responsable du traitement pourrait souhaiter regrouper, au sein d'un même contrat, plusieurs services ou éléments distincts d'un même service, avec des finalités, des caractéristiques et des motifs fondamentaux différents. Cela pourrait créer une situation de type « à prendre ou à laisser » pour les personnes concernées, qui pourraient n'être intéressées que par un seul de ces services.

37. En ce qui concerne la législation sur la protection des données, les responsables du traitement doivent tenir compte du fait que les activités de traitement prévues doivent reposer sur une base juridique appropriée. Lorsque le contrat consiste en plusieurs services ou éléments distincts d'un même service, qui peuvent en fait être raisonnablement exécutés indépendamment les uns des autres, la question se pose de savoir dans quelle mesure l'article 6, paragraphe 1, point b), peut servir de base juridique. L'applicabilité de l'article 6, paragraphe 1, point b), devrait être évaluée dans le contexte de chacun de ces services séparément, en examinant ce qui est objectivement nécessaire pour exécuter chacun des services que la personne concernée a activement demandés ou souscrits. Cette appréciation pourrait révéler que certaines activités de traitement sont nécessaires, non pas pour les différents services demandés par la personne concernée, mais pour l'ensemble du modèle commercial du responsable du traitement. Dans ce cas, l'article 6, paragraphe 1, point b), ne constitue pas une base juridique pour ces activités. Toutefois, d'autres bases juridiques peuvent être invoquées pour ce traitement, comme l'article 6, paragraphe 1, points a) ou f), à condition que les critères pertinents soient remplis. Par conséquent, l'appréciation de l'applicabilité de l'article 6, paragraphe 1, point b), n'affecte pas la légalité du contrat ni le regroupement des services en tant que tel.

38. Comme le groupe de travail « article 29 » l'a déjà fait observer, la base juridique ne s'applique qu'à ce qui est nécessaire à l'exécution d'un contrat *[Avis 06/2014 du groupe de travail « article 29 » sur la notion d'intérêt légitime du responsable du traitement au titre de l'article 7 de la directive 95/46/CE (WP 217), p. 17 et 18]*.A ce titre, elle ne s'applique pas automatiquement à toutes les autres mesures consécutives à la non-conformité ou à tous les autres incidents liés à l'exécution d'un contrat. Toutefois, certaines mesures peuvent être raisonnablement prévues et nécessaires dans le cadre d'une relation contractuelle normale, comme l'envoi de rappels formels concernant les impayés ou la correction d'erreurs ou de retards dans l'exécution du contrat. L'article 6, paragraphe 1, point b), peut couvrir les traitements de données à caractère personnel qui sont nécessaires dans le cadre de ces mesures.

Exemple 3.

Une entreprise vend des produits en ligne. Un client contacte l'entreprise parce que la couleur du produit acheté est différente de celle convenue. Le traitement des données à caractère personnel du client pour régler ce problème peut être fondé sur l'article 6, paragraphe 1, point b).

39. La garantie contractuelle peut faire partie de l'exécution d'un contrat et, par conséquent, le stockage de certaines données pendant une période de conservation déterminée, à des fins de garantie, une fois l'échange de produits/services/paiement terminé, peut être nécessaire à l'exécution d'un contrat.

2.6 *Résiliation de contrat*

40. Un responsable du traitement doit déterminer la base juridique appropriée pour les traitements envisagés avant de procéder au traitement des données. Lorsque l'article 6, paragraphe 1, point b), constitue la base de tout ou partie des activités de

traitement, le responsable du traitement devrait anticiper ce qui se passera en cas de résiliation du contrat *[En cas d'annulation ultérieure d'un contrat, cela aura une incidence sur la licéité [au sens de l'article 5, paragraphe 1, point a)] de la poursuite du traitement. Toutefois, cela n'implique pas automatiquement que le choix de l'article 6, paragraphe 1, point b), comme base juridique était erroné].*

41. Lorsque le traitement de données à caractère personnel est fondé sur l'article 6, paragraphe 1, point b), et que le contrat est résilié dans son intégralité, le traitement de ces données ne sera généralement plus nécessaire à l'exécution du contrat, et le responsable du traitement devra donc mettre fin au traitement. La personne concernée a peut-être fourni ses données à caractère personnel dans le cadre d'une relation contractuelle parce qu'elle supposait que les données ne seraient traitées que dans la mesure nécessaire à cette relation. Dès lors, il est généralement injuste d'adopter une nouvelle base juridique lorsque la base initiale cesse d'exister.

42. La résiliation d'un contrat peut nécessiter des démarches administratives, comme le retour des marchandises ou le remboursement, par exemple. Le traitement associé peut être fondé sur l'article 6, paragraphe 1, point b).

43. L'article 17, paragraphe 1, point a), dispose que les données à caractère personnel sont effacées lorsqu'elles ne sont plus nécessaires au regard des finalités pour lesquelles elles ont été collectées. Cette règle ne s'applique toutefois pas si le traitement est nécessaire pour certaines finalités spécifiques, notamment le respect d'une obligation légale en vertu de l'article 17, paragraphe 3, point b), ou la constatation, l'exercice ou la défense de droits en justice en vertu de l'article 17, paragraphe 3, point e). Dans la pratique, si les responsables du traitement constatent un besoin général de conserver des registres à des fins légales, ils doivent déterminer une base juridique pour cette conservation dès le début du traitement, et doivent communiquer clairement, au même moment, la durée pendant laquelle ils prévoient de conserver les registres à ces fins légales après la résiliation du contrat. Dans ce cas, ils ne sont pas obligés d'effacer les données après la résiliation du contrat.

44. En tout état de cause, il est possible que plusieurs traitements présentant des finalités et des bases juridiques distinctes aient été identifiés dès le début du traitement. Tant que ces autres traitements restent licites et que le responsable du traitement a communiqué clairement ces opérations au début du traitement, conformément aux obligations de transparence du RGPD, il sera toujours possible de traiter des données à caractère personnel concernant la personne concernée pour ces finalités distinctes après la résiliation du contrat.

Exemple 4.

Un service en ligne propose un service d'abonnement qui peut être annulé à tout moment. Lorsqu'un contrat est conclu pour ce service, le responsable du traitement informe la personne concernée du traitement des données à caractère personnel.

Le responsable du traitement explique notamment que, tant que le contrat sera en vigueur, il traitera des données relatives à l'utilisation du service pour émettre les factures. La base juridique applicable est l'article 6, paragraphe 1, point b), car le traitement à des fins de facturation peut être considéré comme objectivement nécessaire à l'exécution du contrat. Toutefois, en cas de résiliation du contrat, et à supposer qu'il n'y ait aucune demande en justice en cours ni aucune obligation légale de conserver les données, l'historique d'utilisation sera effacé.

En outre, le responsable du traitement informe les personnes concernées qu'il est tenu, en vertu du droit national, de conserver certaines données à caractère personnel à des fins comptables, pendant un nombre d'années déterminé. La base juridique appropriée est l'article 6, paragraphe 1, point c), et les données seront conservées même si le contrat est résilié.

2.7 *Nécessaire à l'exécution de mesures précontractuelles*

45. La deuxième option prévue à l'article 6, paragraphe 1, point b), s'applique lorsque le traitement est nécessaire à l'exécution de mesures précontractuelles prises à la demande de la personne concernée. Cette disposition reflète le fait qu'un traitement préalable de données à caractère personnel peut être nécessaire avant la conclusion d'un contrat, afin de faciliter la conclusion effective de ce contrat.

46. Au moment du traitement, il peut être difficile de savoir si un contrat sera effectivement conclu. La deuxième option prévue à l'article 6, paragraphe 1, point b), peut néanmoins s'appliquer pour autant que la personne concernée fasse la demande dans le cadre de l'éventuelle conclusion d'un contrat, et que le traitement en question soit nécessaire à l'exécution des mesures demandées. Dans cette optique, lorsqu'une personne concernée contacte le responsable du traitement pour se renseigner sur son offre de services, le traitement des données à caractère personnel de la personne concernée pour répondre à sa demande de renseignements peut être fondé sur l'article 6, paragraphe 1, point b).

47. En tout état de cause, cette disposition ne couvrirait pas la prospection non sollicitée ou tout autre traitement effectué à la seule initiative du responsable du traitement ou à la demande d'un tiers.

Exemple 5.

La personne concernée fournit son code postal pour savoir si un prestataire de services est présent dans sa région. Cela peut être considéré comme un traitement nécessaire à l'exécution de mesures précontractuelles à la demande de la personne concernée, conformément à l'article 6, paragraphe 1, point b).

Exemple 6.

Dans certains cas, les institutions financières ont l'obligation d'identifier leurs clients conformément aux lois nationales. Dans ce contexte, avant de conclure un contrat avec des personnes concernées, la banque demande à voir leur pièce d'identité.

Dans ce cas, l'identification est nécessaire à l'exécution d'une obligation légale au nom de la banque, et non à l'exécution de mesures à la demande de la personne concernée. La base juridique appropriée n'est donc pas l'article 6, paragraphe 1, point b), mais l'article 6, paragraphe 1, point c).

3 Partie 3 – Applicabilité de l'article 6, paragraphe 1, point b), dans des situations spécifiques

3.1 *Traitement à des fins d'« amélioration du service »* *[Les services en ligne pourraient également devoir tenir compte de la directive (UE) 2019/770 du Parlement européen et du Conseil du 20 mai 2019 relative à certains aspects concernant les contrats de fourniture de contenus numériques et de services numériques (JO L 136 du 22.05.2019, p. 1), qui sera applicable à compter du 1er janv. 2022].*

48. Les services en ligne recueillent souvent des informations détaillées sur la façon dont les utilisateurs interagissent avec leur service. Dans la plupart des cas, la collecte de données organisationnelles relatives à un service ou de renseignements liés au comportement des utilisateurs ne peut pas être considérée comme nécessaire à la fourniture du service. En effet, celui-ci pourrait être fourni en l'absence du traitement de ces données personnelles. Toutefois, un prestataire de services pourrait se fonder sur d'autres bases juridiques pour ce traitement, telles que l'intérêt légitime ou le consentement.

49. Le CEPD ne considère pas que l'article 6, paragraphe 1, point b), constituerait généralement une base juridique appropriée pour un traitement destiné à améliorer un service ou à développer de nouvelles fonctions au sein d'un service existant. Dans la plupart des cas, un utilisateur conclut un contrat pour bénéficier d'un service existant. Si la possibilité d'apporter des améliorations ou des modifications à un service peut être régulièrement intégrée dans les clauses contractuelles, un tel traitement ne peut généralement pas être considéré comme objectivement nécessaire à l'exécution du contrat conclu avec l'utilisateur.

3.2 *Traitement à des fins de « prévention de la fraude »*

50. Comme l'a déjà fait remarquer le groupe de travail « article 29 », *[Avis 06/2014 du groupe de travail « article 29 » sur la notion d'intérêt légitime du responsable du traitement au titre de l'article 7 de la directive 95/46/CE (WP 217), p. 17]*. Le traitement à des fins de prévention de la fraude peut impliquer la surveillance et l'établissement du profil des clients. De l'avis du CEPD, un tel traitement est susceptible d'aller au-delà de ce qui est objectivement nécessaire à l'exécution d'un contrat avec une personne concernée. Cependant, le traitement de données à caractère personnel strictement nécessaire à des fins de prévention de la fraude peut constituer un intérêt légitime du responsable du traitement *[Voir le considérant 47, sixième phrase.]* et pourrait, à ce titre, être considéré comme licite, à condition que le responsable du traitement remplisse les exigences spécifiques de l'article 6, paragraphe 1, point f) (intérêts légitimes). En outre, l'article 6, paragraphe 1, point c) (obligation légale), pourrait également fournir une base juridique pour un tel traitement de données.

3.3 *Traitement à des fins de publicité comportementale en ligne*

51. La publicité comportementale en ligne, de même que le pistage et le profilage des personnes concernées qui vont avec, est souvent utilisée pour financer des services en ligne. Le groupe de travail « article 29 » s'est déjà prononcé sur ce traitement, affirmant :

[la nécessité contractuelle] n'est pas un fondement juridique approprié pour établir un profil des goûts et des choix de style de vie de l'utilisateur en fonction de son parcours de navigation sur un site Web et des articles achetés. En effet, le responsable du traitement de données n'a pas été engagé pour effectuer un profilage, mais pour livrer des produits et des services particuliers, par exemple *[Avis 06/2014 du groupe de travail « article 29 » sur la notion d'intérêts légitimes du responsable du traitement au sens de l'article 7 de la directive 95/46/CE (WP 217), page 17]*.

52. En règle générale, le traitement de données à caractère personnel à des fins de publicité comportementale n'est pas nécessaire à l'exécution d'un contrat de services en ligne. Normalement, il serait difficile de soutenir que le contrat n'a pas été exécuté au motif qu'il n'y avait pas de publicité comportementale. Cela est d'autant plus vrai que les personnes concernées ont le droit absolu, en vertu de l'article 21, de s'opposer au traitement de leurs données à des fins de prospection.

53. En outre, l'article 6, paragraphe 1, point b), ne saurait fournir une base juridique pour la publicité comportementale en ligne au simple motif que cette publicité finance indirectement la fourniture du service. Bien qu'un tel traitement puisse contribuer à la prestation d'un service, cela ne suffit pas en soi à établir qu'il est nécessaire à l'exécution du contrat en question. Le responsable du traitement devrait tenir compte des facteurs visés au paragraphe 33.

54. Étant donné que la protection des données est un droit fondamental garanti par l'article 8 de la Charte des droits fondamentaux, et eu égard au fait que l'une des principales finalités du RGPD est de permettre aux personnes concernées de contrôler les informations les concernant, les données à caractère personnel ne sauraient être considérées comme une marchandise négociable. Même si la personne concernée peut consentir au traitement de données à caractère personnel *[Voir la directive (UE) 2019/770 du Parlement européen et du Conseil du 20 mai 2019 relative à certains aspects concernant les contrats de fourniture de contenus numériques et de services numériques]*. Elle ne

saurait renoncer à ses droits fondamentaux du fait d'un tel consentement *[Outre le fait que l'utilisation des données à caractère personnel est réglementée par le RGPD, il existe d'autres raisons pour lesquelles le traitement de données à caractère personnel diffère conceptuellement des paiements monétaires. Ainsi, par exemple, l'argent peut être comptabilisé, d'où la possibilité de comparer les prix sur un marché concurrentiel, et les paiements monétaires ne peuvent normalement être effectués qu'avec l'intervention de la personne concernée. En outre, les données à caractère personnel peuvent être exploitées par plusieurs services en même temps. Une fois que l'on perd le contrôle de ses données à caractère personnel, il peut être difficile d'en reprendre le contrôle].*

55. Le CEPD relève également que, conformément aux exigences en matière de protection de la vie privée dans le secteur des communications électroniques, à l'avis existant du groupe de travail « article 29 » sur la publicité comportementale *[Avis 2/2010 du groupe de travail « article 29 » sur la publicité comportementale en ligne (WP 171)].* **Ainsi qu'au document de travail 02/2013 énonçant des lignes directrices sur le recueil du consentement pour le dépôt de cookies** *[Voir le document de travail 02/2013 du groupe de travail « article 29 » énonçant des lignes directrices sur le recueil du consentement pour le dépôt de cookies (WP 208)].* **Les responsables du traitement doivent obtenir le consentement préalable des personnes concernées pour déposer les cookies nécessaires à la réalisation de publicité comportementale.**

56. Le CEPD note également que le pistage et le profilage des utilisateurs peuvent être effectués aux fins d'identifier des groupes d'individus présentant des caractéristiques similaires, afin de permettre le ciblage de la publicité sur des publics similaires. Ce traitement ne peut être effectué sur la base de l'article 6, paragraphe 1, point b). En effet, il ne peut être considéré comme objectivement nécessaire à l'exécution du contrat conclu avec l'utilisateur pour pister et comparer les caractéristiques et le comportement des utilisateurs à des fins liées à la diffusion de publicités auprès d'autres personnes *[Voir également les lignes directrices du groupe de travail « article 29 » sur la prise de décision individuelle automatisée et le profilage aux fins du règlement 2016/679 (WP 251 rev.01), approuvées par le CEPD, page 13].*

3.4 *Traitement pour la personnalisation du contenu* *[Les services en ligne pourraient également devoir tenir compte de la directive (UE) 2019/770 du Parlement européen et du Conseil du 20 mai 2019 relative à certains aspects concernant les contrats de fourniture de contenus numériques et de services numériques (JO L 136 du 22.05.2019, p. 1), qui sera applicable à compter du 1er janv. 2022].*

57. Le CEPD reconnaît que la personnalisation du contenu peut constituer (mais ne constitue pas toujours) un élément intrinsèque et attendu de certains services en ligne, et qu'elle peut donc être considérée, dans certains cas, comme nécessaire à l'exécution du contrat avec l'utilisateur du service. La question de savoir si un tel traitement peut être considéré comme un aspect intrinsèque d'un service en ligne dépendra de la nature du service fourni, des attentes de la personne concernée moyenne au regard non seulement des conditions du service, mais aussi de la manière dont le service est promu auprès des utilisateurs, ainsi que de la question de savoir si ce service peut être fourni sans personnalisation. Lorsque la personnalisation du contenu n'est pas objectivement nécessaire aux fins du contrat sous-jacent, par exemple lorsque la fourniture d'un contenu personnalisé vise à accroître la participation des utilisateurs à un service, mais qu'elle ne fait pas partie intégrante de l'utilisation de ce service, les responsables du traitement devraient envisager une autre base juridique, le cas échéant.

Exemple 7.

Un moteur de recherche d'hôtels en ligne surveille les réservations passées des utilisateurs afin de créer un profil de leurs dépenses typiques. Ce profil est ensuite utilisé pour recommander des hôtels particuliers à l'utilisateur lorsque les résultats de la recherche sont affichés. Dans ce cas, le profilage du comportement passé et des données financières de l'utilisateur ne serait pas objectivement nécessaire à l'exécu-

tion d'un contrat, c'est-à-dire à la fourniture de services d'hôtellerie basés sur des critères de recherche particuliers fournis par l'utilisateur. Par conséquent, l'article 6, paragraphe 1, point b), ne serait pas applicable à cette activité de traitement.

Exemple 8.

Une plateforme de vente en ligne permet aux acheteurs potentiels de rechercher et d'acheter des produits. La plateforme souhaite afficher des suggestions de produits personnalisées, en fonction des annonces que les acheteurs potentiels ont déjà consultées sur le site, afin d'améliorer l'interactivité. Cette personnalisation n'est pas objectivement nécessaire à la fourniture du service de marché. Dès lors, un tel traitement de données à caractère personnel ne saurait se fonder sur l'article 6, paragraphe 1, point b) comme base juridique.

Lignes directrices 3/2018 du 12 novembre 2019,

Relatives au champ d'application territorial du RGPD (article 3) (version 2.0).

Introduction

Le champ d'application territorial du règlement général sur la protection des données *[Règlement (UE) 2016/679 du Parlement européen et du Conseil du 27 avril 2016 relatif à la protection des personnes physiques à l'égard du traitement des données à caractère personnel et à la libre circulation de ces données, et abrogeant la directive 95/46/CE (règlement général sur la protection des données)]* (ci-après le « RGPD » ou le « règlement ») est déterminé par l'article 3 du règlement et représente une évolution significative de la législation de l'Union européenne en matière de protection des données par rapport au cadre défini par la directive 95/46/CE2. Le RGPD confirme en partie les choix établis par le législateur de l'Union et la Cour de justice de l'Union européenne (CJUE) dans le cadre de la directive 95/46/CE *[Directive 95/46/CE du Parlement européen et du Conseil du 24 octobre 1995 relative à la protection des personnes physiques à l'égard du traitement des données à caractère personnel et à la libre circulation de ces données]*. De nouveaux éléments importants ont toutefois été introduits. Plus important encore, l'objectif principal de l'article 4 de la directive était de définir de quel État membre le droit national est applicable, tandis que l'article 3 du RGPD définit le champ d'application territoriale d'un texte directement applicable. En outre, si l'article 4 de la directive faisait mention du « [recours] [...] à des moyens » sur le territoire de l'Union pour faire entrer dans le champ d'application de la législation de l'Union en matière de protection des données les responsables du traitement qui n'étaient pas « établi[s] sur le territoire de la Communauté », l'article 3 du RGPD n'en fait pas mention.

L'article 3 du RGPD reflète l'intention du législateur de garantir une protection complète des droits des personnes concernées dans l'Union et d'établir, comme impératif en matière de protection des données, des conditions de concurrence équitables pour les entreprises actives sur les marchés de l'Union, dans un contexte de circulation mondiale des données.

L'article 3 du RGPD définit le champ d'application territorial du règlement sur la base de deux critères principaux : le critère d'« établissement », en vertu de l'article 3, paragraphe 1, et le critère de « ciblage », en vertu de l'article 3, paragraphe 2. Lorsque l'un de ces deux critères est rempli, les dispositions pertinentes du RGPD s'appliquent au traitement pertinent de données à caractère personnel par le responsable du traitement ou le sous-traitant concerné. En outre, l'article 3, paragraphe 3, confirme que le RGPD s'applique au traitement lorsque le droit d'un État membre s'applique en vertu du droit international public.

Issues d'une interprétation commune des autorités chargées de la protection des données dans l'Union, les présentes lignes directrices visent à garantir une application cohérente du RGPD lorsqu'il s'agit de déterminer si un traitement particulier effectué par un responsable du traitement ou un sous-traitant relève du champ d'application du nouveau cadre juridique de l'Union. Dans les présentes lignes directrices, le comité européen de la protection des données (ci-après le « comité ») définit et clarifie les critères permettant de déterminer l'application du champ d'application territorial du RGPD. Une telle interprétation commune s'avère également indispensable pour les responsables du traitement et les sous-traitants, tant à l'intérieur qu'à l'extérieur de l'Union, afin que ces derniers puissent évaluer s'ils doivent se conformer au RGPD pour une activité de traitement donnée.

Étant donné que les responsables du traitement ou les sous-traitants qui ne sont pas établis dans l'Union, mais qui exercent des activités de traitement relevant de l'article 3, paragraphe 2, sont tenus de désigner un représentant dans l'Union, les présentes lignes directrices fourniront également des précisions sur le processus de désignation de ce représentant en vertu de l'article 27 et sur ses responsabilités et obligations.

A titre de principe général, le comité affirme que, lorsque le traitement de données à caractère personnel relève du champ d'application territorial du RGPD, toutes les dispositions du règlement s'appliquent à ce traitement. Les présentes lignes directrices préciseront les différents scénarios qui peuvent se présenter, en fonction du type d'activités de traitement, l'entité qui effectue ces activités de traitement ou la localisation de ces entités, et préciseront les dispositions applicables à chaque situation. Il est par conséquent essentiel que les responsables du traitement et les sous-traitants, en particulier ceux qui offrent des biens et des services au niveau international, procèdent à une évaluation minutieuse et *in concreto* de leurs activités de traitement, afin de déterminer si le traitement connexe de données à caractère personnel relève du champ d'application du RGPD.

Le comité souligne que l'application de l'article 3 vise à déterminer si une activité de traitement particulière, plutôt qu'une personne (morale ou physique), entre dans le champ d'application du RGPD. Par conséquent, certains traitements de données à caractère personnel effectués par un responsable du traitement ou un sous-traitant pourraient entrer dans le champ d'application du règlement, tandis que d'autres, effectués par ce même responsable du traitement ou sous-traitant pourraient, en fonction de l'activité de traitement, ne pas en relever.

Les présentes lignes directrices, initialement adoptées par le comité le 16 novembre 2018, ont été soumises à une consultation publique du 23 novembre 2018 au 18 janvier 2019 et ont été mises à jour en tenant compte des contributions et commentaires reçus.

1. Application du critère d'établissement (article 3, paragraphe 1)

L'article 3, paragraphe 1, du RGPD dispose que le « *règlement s'applique au traitement des données à caractère personnel effectué dans le cadre des activités d'un établissement d'un responsable du traitement ou d'un sous-traitant sur le territoire de l'Union, que le traitement ait lieu ou non dans l'Union* ».

Il fait mention non seulement de l'établissement d'un responsable du traitement, mais aussi de l'établissement d'un sous-traitant. Par conséquent, le traitement de données à caractère personnel par un sous-traitant peut également être soumis au droit de l'Union du fait que le sous-traitant a un établissement situé sur le territoire de l'Union.

L'article 3, paragraphe 1, garantit que le RGPD s'applique au traitement effectué par un responsable du traitement ou un sous-traitant dans le cadre des activités d'un établissement de ce responsable du traitement ou sous-traitant sur le territoire de l'Union, quel que soit le lieu réel du traitement. Par conséquent, le comité recommande une approche à trois volets pour déterminer si le traitement des données à caractère personnel relève ou non du champ d'application du RGPD, conformément à l'article 3, paragraphe 1.

Les sections suivantes donnent des précisions sur l'application du critère d'établissement, tout d'abord en examinant la définition d'un « établissement » dans l'Union au sens de la législation de l'Union en matière de protection des données, ensuite en examinant ce que l'on entend par « traitement effectué dans le cadre des activités d'un établissement sur le territoire de l'Union », et enfin en confirmant que le RGPD s'applique, que le traitement effectué dans le cadre des activités de cet établissement ait lieu ou non dans l'Union.

A) *« Un établissement sur le territoire de l'Union »*

Avant d'examiner ce que l'on entend par « un établissement sur le territoire de l'Union », il convient tout d'abord de déterminer qui est le responsable du traitement ou le sous-traitant pour une activité de traitement donnée. En vertu de l'article 4, point 7, du RGPD, on entend par « responsable du traitement » « la personne physique ou morale, l'autorité publique, le service ou un autre organisme qui, seul ou conjointement avec d'autres, détermine les finalités et les moyens du traitement ». En vertu de l'article 4, point 8, du RGPD, on entend par « sous-traitant » « la personne physique ou morale, l'autorité publique, le service ou tout autre organisme qui traite des données à caractère personnel pour le compte du responsable du traitement ». Ainsi qu'il ressort de la jurisprudence pertinente de la CJUE et d'un avis *[Avis 1/2010 du groupe de travail « Article 29 » sur les notions de « responsable du traitement » et de « sous-traitant » (WP 169), adopté le 16 février 2010 et en cours de révision par le comité]* **antérieur du groupe de travail « Article 29 », la détermination du statut de responsable du traitement ou de sous-traitant d'une entité aux fins de la législation de l'Union en matière de protection des données constitue un élément essentiel de l'évaluation de l'application du RGPD au traitement des données à caractère personnel en question.**

Alors que la notion d'« établissement principal » est définie à l'article 4, point 16, le RGPD ne donne pas de définition du terme « établissement » aux fins de l'article 3 *[La définition de la notion d'« établissement principal » est principalement pertinente pour déterminer la compétence des autorités de contrôle concernées conformément à l'article 56 du RGPD. Voir les lignes directrices du groupe de travail « Article 29 » concernant la désignation d'une autorité de contrôle chef de file d'un responsable du traitement ou d'un sous-traitant (16/FR WP 244 rev.01), adoptées par le comité]*. **Le considérant 22** *[Considérant 22 du RGPD : « Tout traitement de données à caractère personnel qui a lieu dans le cadre des activités d'un établissement d'un responsable du traitement ou d'un sous-traitant sur le territoire de l'Union devrait être effectué conformément au présent règlement, que le traitement lui-même ait lieu ou non dans l'Union. L'établissement suppose l'exercice effectif et réel d'une activité au moyen d'un dispositif stable. La forme juridique retenue pour un tel dispositif, qu'il s'agisse d'une succursale ou d'une filiale ayant la personnalité juridique, n'est pas déterminante à cet égard. »]* **précise toutefois qu'un** ***« établissement suppose l'exercice effectif et réel d'une activité au moyen d'un dispositif stable. La forme juridique retenue pour un tel dispositif, qu'il s'agisse d'une succursale ou d'une filiale ayant la personnalité juridique, n'est pas déterminante à cet égard ».***

Cette formulation est identique à celle du considérant 19 de la directive 95/46/CE, auquel il a été fait référence dans plusieurs arrêts de la CJUE élargissant l'interprétation du terme « établissement », qui écarte toute approche formaliste selon laquelle une entreprise ne serait établie que dans le lieu où elle est enregistrée *[Voir en particulier les arrêts Google Spain SL, Google Inc./AEPD, Mario Costeja González (C-131/12), Weltimmo/NAIH (C-230/14), Verein für Konsumenteninformation/Amazon EU (C-191/15) et Wirtschaftsakademie Schleswig-Holstein (C-210/16)]*. **En effet, la CJUE a jugé que la notion d'établissement s'étendait à toute activité réelle et effective, même minime, au moyen d'une installation stable** *[Arrêt Weltimmo, point 31]*. **Afin de déterminer si une entité établie à l'extérieur de l'Union dispose d'un établissement dans un État membre, il convient d'évaluer tant le degré de stabilité du dispositif que la réalité de l'exercice des activités dans cet autre État membre, en tenant compte de la nature spécifique des activités économiques et des prestations de services en question. Cela vaut tout particulièrement pour des entreprises qui s'emploient à offrir des services exclusivement sur l'internet** *[Arrêt Weltimmo, point 29]*.

Le seuil pour une « installation stable *[Arrêt Weltimmo, point 30]* », (ou « dispositif stable » selon la terminologie employée dans le RGPD) peut en fait être assez bas lorsque les activités d'un responsable du traitement portent principalement sur la fourniture de services en ligne. Par conséquent, dans certaines circonstances, la présence d'un seul employé ou agent d'une entité d'un État tiers dans l'Union peut suffire pour constituer une installation stable (équivalente à un « établissement » au sens de l'article 3, paragraphe 1) si cet employé ou agent agit avec un degré de stabilité suffisant. A l'inverse, lorsqu'un employé est établi dans l'Union, mais que le traitement n'est pas effectué dans le cadre de ses activités sur le territoire de l'Union (c'est-à-dire que le traitement concerne des activités du responsable du traitement en dehors de l'Union), la simple présence d'un employé dans l'Union ne signifie pas que ce traitement entre dans le champ d'application du RGPD. En d'autres termes, la simple présence d'un employé sur le territoire de l'Union ne suffit pas en tant que telle à déclencher l'application du RGPD, puisque pour que le traitement en question relève du champ d'application dudit règlement, il doit également être effectué dans le cadre des activités de l'employé établi sur le territoire de l'Union.

La circonstance que l'entité d'un État tiers responsable du traitement des données ne possède ni filiale ni succursale dans un État membre n'exclut pas qu'elle puisse y posséder un établissement au sens de la législation de l'Union en matière de protection des données. Bien que la notion d'établissement soit large, elle n'est pas sans limites. Il s'avère impossible de conclure que l'entité d'un État tiers dispose d'un établissement sur le territoire de l'Union du seul fait que le site internet de l'entreprise est accessible dans l'Union *[Arrêt de la CJUE du 28 juillet 2016, Verein für Konsumenteninformation/Amazon EU Sarl, C-191/15, ECLI:EU:C:2016:612, point 76 (ci-après l'« arrêt Verein für Konsumenteninformation »)]*.

Exemple 1.

Un constructeur automobile dont le siège social se trouve aux États-Unis possède à Bruxelles une succursale lui appartenant en totalité qui supervise toutes ses activités en Europe, y compris la commercialisation et la publicité.

La succursale belge peut être considérée comme une installation stable, qui exerce des activités réelles et effectives au regard de la nature de l'activité économique exercée par le constructeur automobile. En tant que telle, la succursale belge pourrait donc être considérée comme un établissement sur le territoire de l'Union, au sens du RGPD.

Dès lors qu'il est conclu qu'un responsable du traitement ou un sous-traitant est établi sur le territoire de l'Union, une analyse *in concreto* devrait être effectuée afin de déterminer si le traitement en question est effectué dans le cadre des activités de cet établissement et si l'article 3, paragraphe 1, s'applique en conséquence. Si un responsable du traitement ou un sous-traitant établi en dehors de l'Union exerce « une activité réelle et effective, même minime, [...] au moyen d'une installation stable », quelle que soit sa forme juridique (filiale, succursale, bureau, etc.), sur le territoire d'un État membre, ce responsable du traitement ou sous-traitant peut être réputé avoir un établissement dans cet État membre *[Voir en particulier le point 29 de l'arrêt Weltimmo, qui met l'accent sur une conception souple de la notion d'« établissement » et précise qu'« il convient d'évaluer tant le degré de stabilité de l'installation que la réalité de l'exercice des activités dans cet autre État membre, en tenant compte de la nature spécifique des activités économiques et des prestations de services en question »]*. Par conséquent, il importe de déterminer si le traitement des données à caractère personnel a lieu « dans le cadre des activités » d'un tel établissement, comme le souligne le considérant 22.

B) *Traitement des données à caractère personnel effectué « dans le cadre des activités » d'un établissement*

L'article 3, paragraphe 1, confirme qu'il n'est pas nécessaire que le traitement en question soit effectué « par » l'établissement concerné sur le territoire de l'Union ; le responsable du traitement ou le sous-traitant sera soumis aux obligations prévues par le RGPD lorsque le traitement est effectué « dans le cadre des activités » de son établissement sur le territoire de l'Union. Le comité recommande de déterminer au cas par cas et sur la base d'une analyse *in concreto* si le traitement est effectué dans le cadre des activités d'un établissement du responsable du traitement ou du sous-traitant sur le territoire de l'Union aux fins de l'article 3, paragraphe 1. Chaque scénario doit être évalué en fonction de ses mérites propres, en tenant compte des faits particuliers de l'affaire.

Le comité estime que, aux fins de l'article 3, paragraphe 1, l'expression « *traitement dans le cadre des activités d'un établissement d'un responsable du traitement ou d'un sous-traitant* » doit être comprise au regard de la jurisprudence pertinente. D'une part, en vue d'atteindre l'objectif consistant à assurer une protection efficace et complète, l'expression « dans le cadre des activités d'un établissement » ne saurait recevoir une interprétation restrictive *[Arrêt Weltimmo, point 25, et arrêt Google Spain, point 53]*. D'autre part, l'existence d'un établissement au sens du RGPD ne devrait pas être interprétée de manière trop large pour conclure que l'existence d'une présence sur le territoire de l'Union, même éloignée des activités de traitement de données d'une entité d'un État tiers, suffira à faire entrer ce traitement dans le champ d'application de la législation de l'Union en matière de protection des données. Certaines activités commerciales exercées par une entité d'un État tiers sur le territoire d'un État membre peuvent en effet être si éloignées du traitement de données à caractère personnel par cette entité que l'existence de l'activité commerciale sur le territoire de l'Union ne suffirait pas à faire entrer le traitement de données par ladite entité dans le champ d'application de la législation de l'Union en matière de protection des données *[Mise à jour de l'avis 8/2010 sur le droit applicable à la lumière de l'arrêt de la CJUE dans l'affaire Google Spain (WP 179) du groupe de travail « Article 29 », adoptée le 16 décembre 2015]*.

La prise en considération des deux facteurs suivants peut aider à déterminer si le traitement est effectué par un responsable du traitement ou un sous-traitant dans le cadre de son établissement sur le territoire de l'Union :

I) *Relation entre un responsable du traitement ou un sous-traitant en dehors de l'Union et son établissement local sur le territoire de l'Union*

Les activités de traitement de données d'un responsable du traitement ou d'un sous-traitant établi en dehors de l'Union peuvent être inextricablement liées aux activités d'un établissement local situé sur le territoire d'un État membre et, partant, déclencher l'applicabilité du droit de l'Union, même si cet établissement local ne joue en réalité aucun rôle dans le traitement lui-même *[Arrêt de la CJUE du 13 mai 2014, Google Spain, C-131/12, ECLI:EU:C:2014:317]*. Si une analyse des faits au cas par cas révèle l'existence d'un lien inextricable entre le traitement de données à caractère personnel effectué par un responsable du traitement ou un sous-traitant d'un État tiers et les activités d'un établissement sur le territoire de l'Union, le droit de l'Union s'appliquera à ce traitement par l'entité d'un État tiers, que l'établissement situé sur le territoire de l'Union joue ou non un rôle dans ce traitement des données *[Mise à jour de l'avis 8/2010 sur le droit applicable à la lumière de l'arrêt de la CJUE dans l'affaire Google Spain (WP 179) du groupe de travail « Article 29 », adoptée le 16 décembre 2015]*.

II) *Levée de recettes sur le territoire de l'Union*

La levée de recettes sur le territoire de l'Union par un établissement local, dans la mesure où ces activités peuvent être considérées comme « inextricablement liées » au traitement de données à caractère personnel effectué en dehors de l'Union et aux personnes physiques sur le territoire de l'Union, peut indiquer que le traitement est effectué « dans le cadre des activités de l'établissement situé sur le territoire de l'Union » par un responsable du traitement ou un sous-traitant d'un État tiers et peut suffire à déclencher l'application du droit de l'Union audit traitement *[Tel peut être le cas, par exemple, pour tout opérateur étranger disposant d'un bureau de vente ou d'une autre pré-*

sence sur le territoire de l'Union, même si ce bureau ne joue aucun rôle dans le traitement proprement dit des données, en particulier lorsque le traitement a lieu dans le cadre de l'activité commerciale sur le territoire de l'Union et que les activités de l'établissement visent les habitants des États membres dans lesquels il est situé (mise à jour WP 179)].

Le comité recommande que les organisations non situées sur le territoire de l'Union procèdent à une évaluation de leurs activités de traitement, premièrement en déterminant si des données à caractère personnel sont traitées et, deuxièmement, en cernant les liens potentiels entre l'activité pour laquelle les données sont traitées et les activités de toute présence de l'organisation sur le territoire de l'Union. En cas d'existence d'un tel lien, la nature de ce lien sera essentielle pour déterminer si le RGPD s'applique au traitement en question et devra être évaluée notamment au regard des deux éléments susmentionnés.

Exemple 2.

Un site de vente en ligne est exploité par une société basée en Chine. Les activités de traitement des données à caractère personnel de la société sont exclusivement effectuées en Chine. La société chinoise a établi un bureau européen à Berlin afin de diriger et de mettre en œuvre des campagnes de prospection commerciale et de commercialisation sur les marchés de l'Union.

Dans le cas présent, on peut considérer que les activités du bureau européen de Berlin sont inextricablement liées au traitement des données à caractère personnel effectué par le site chinois de vente en ligne, dans la mesure où les campagnes de prospection commerciale et de commercialisation sur les marchés de l'Union servent notamment à rentabiliser les services offerts par le site. Le traitement des données à caractère personnel par la société chinoise dans le cadre des ventes dans l'Union est en effet inextricablement lié aux activités menées par le bureau européen de Berlin dans le cadre des campagnes de prospection commerciale et de commercialisation sur les marchés de l'Union. Par conséquent, le traitement des données à caractère personnel effectué par la société chinoise dans le cadre des ventes dans l'Union peut être considéré comme effectué dans le cadre des activités du bureau européen en tant qu'établissement situé sur le territoire de l'Union. Cette activité de traitement de la société chinoise sera dès lors soumise aux dispositions du RGPD, en application de son article 3, paragraphe 1.

Exemple 3.

Une chaîne d'hôtels et de centres de villégiature en Afrique du Sud offre des forfaits sur son site internet, disponible en anglais, en allemand, en français et en espagnol. La société ne possède pas de bureau, de représentation ou d'installation stable sur le territoire de l'Union.

Dans le cas présent, en l'absence de représentation ou d'installation stable de la chaîne d'hôtels et de centres de villégiature sur le territoire de l'Union, il apparaît qu'aucune entité liée à ce responsable du traitement en Afrique du Sud ne peut être considérée comme un établissement sur le territoire de l'Union au sens du RGPD. Par conséquent, le traitement en question ne peut être soumis aux dispositions du RGPD, en application de l'article 3, paragraphe 1.

Il convient toutefois d'analyser *in concreto* si le traitement effectué par ce responsable du traitement établi en dehors de l'Union peut être soumis au RGPD, en application de l'article 3, paragraphe 2.

C) *Application du RGPD à l'établissement d'un responsable du traitement ou d'un sous-traitant sur le territoire de l'Union, que le traitement ait lieu ou non dans l'Union*

En vertu de l'article 3, paragraphe 1, le traitement des données à caractère personnel effectué dans le cadre des activités d'un établissement d'un responsable du traitement ou d'un sous-traitant sur le territoire de l'Union déclenche l'application du

RGPD et des obligations qui en découlent pour le responsable du traitement ou le sous-traitant concerné.

L'article en question précise que le règlement s'applique au traitement des données à caractère personnel effectué dans le cadre des activités d'un établissement sur le territoire de l'Union « que le traitement ait lieu ou non dans l'Union ». C'est la présence, par l'intermédiaire d'un établissement, d'un responsable du traitement ou d'un sous-traitant sur le territoire de l'Union et le fait qu'un traitement est effectué dans le cadre des activités de cet établissement qui déclenchent l'application du RGPD à ses activités de traitement. Par conséquent, le lieu du traitement n'est pas un facteur pertinent pour déterminer si le traitement, effectué dans le cadre des activités d'un établissement sur le territoire de l'Union, relève ou non du champ d'application du RGPD.

Exemple 4.

Une société française a mis au point une application de covoiturage destinée exclusivement à des clients au Maroc, en Algérie et en Tunisie. Le service n'est disponible que dans ces trois pays, mais toutes les activités de traitement des données à caractère personnel sont effectuées par le responsable du traitement en France.

Alors que la collecte des données à caractère personnel a lieu dans des pays tiers, le traitement ultérieur de ces données dans le présent cas est effectué dans le cadre des activités d'un établissement d'un responsable du traitement sur le territoire de l'Union. Par conséquent, même si le traitement concerne des données à caractère personnel de personnes concernées qui ne se trouvent pas sur le territoire de l'Union, les dispositions du RGPD s'appliquent au traitement effectué par la société française, conformément à l'article 3, paragraphe 1.

Exemple 5.

Une société pharmaceutique dont le siège social est situé à Stockholm effectue toutes ses activités de traitement des données à caractère personnel relatives à ses données d'essais cliniques dans sa filiale basée à Singapour.

Dans le cas présent, alors que les activités de traitement ont lieu à Singapour, ce traitement est effectué dans le cadre des activités de la société pharmaceutique à Stockholm, c'est-à-dire d'un responsable du traitement établi sur le territoire de l'Union. Par conséquent, les dispositions du RGPD s'appliquent à ce traitement, conformément à l'article 3, paragraphe 1.

Pour déterminer le champ d'application territorial du RGPD, l'emplacement géographique sera un aspect important en vertu de l'article 3, paragraphe 1, en ce qui concerne le lieu d'établissement :

– du responsable du traitement ou du sous-traitant lui-même (est-il établi à l'intérieur ou à l'extérieur de l'Union ?) ;

– de la présence commerciale d'un responsable du traitement ou d'un sous-traitant d'un État tiers (possède-t-il un établissement sur le territoire de l'Union ?).

L'emplacement géographique ne constitue toutefois pas un facteur important aux fins de l'article 3, paragraphe 1, en ce qui concerne le lieu où le traitement est effectué ou en ce qui concerne la localisation des personnes concernées.

Le libellé de l'article 3, paragraphe 1, ne limite pas l'application du RGPD au traitement des données à caractère personnel des personnes qui se trouvent sur le territoire de l'Union. Par conséquent, le comité estime que tout traitement des données à caractère personnel dans le cadre des activités d'un établissement d'un responsable du traitement ou d'un sous-traitant sur le territoire de l'Union relèverait du champ d'application du RGPD, indépendamment du lieu ou de la nationalité de la personne concernée dont les données à caractère personnel sont traitées. Cette approche est étayée par le considérant 14 du RGPD, qui dispose que « [l]a protection conférée par le présent règlement devrait s'appliquer aux personnes physiques, indépendamment de leur nationalité ou de leur lieu de résidence, en ce qui concerne le traitement de leurs données à caractère personnel. »

D) *Application du critère d'établissement au responsable du traitement et au sous-traitant*

En ce qui concerne les activités de traitement relevant du champ d'application de l'article 3, paragraphe 1, le comité estime que ces dispositions s'appliquent aux responsables du traitement et aux sous-traitants dont les activités de traitement sont effectuées dans le cadre des activités de leur établissement respectif sur le territoire de l'Union. Tout en reconnaissant que les exigences relatives à l'établissement de la relation entre un responsable du traitement et un sous-traitant *[Conformément à l'article 28, le comité rappelle que les activités de traitement effectuées par un sous-traitant pour le compte d'un responsable du traitement sont régies par un contrat ou un autre acte juridique du droit de l'Union ou du droit d'un État membre, qui lie le sous-traitant à l'égard du responsable du traitement, et que ce dernier fait uniquement appel à des sous-traitants qui présentent des garanties suffisantes quant à la mise en œuvre de mesures appropriées de manière à ce que le traitement réponde aux exigences du RGPD et garantisse la protection des droits des personnes concernées].* ne varient pas en fonction de l'emplacement géographique de l'établissement d'un responsable du traitement ou d'un sous-traitant, le comité estime que, lorsqu'il s'agit de cerner les différentes obligations découlant de l'applicabilité du RGPD en vertu de l'article 3, paragraphe 1, le traitement par chaque entité doit être considéré séparément.

Le RGPD prévoit des dispositions ou obligations différentes et spécifiques qui s'appliquent aux responsables du traitement et aux sous-traitants et, à ce titre, si un responsable du traitement ou un sous-traitant est soumis au RGPD en application de l'article 3, paragraphe 1, les obligations correspondantes leur seraient applicables respectivement et séparément. Dans ce contexte, le comité estime notamment qu'un sous-traitant sur le territoire de l'Union ne devrait pas être considéré comme un établissement d'un responsable du traitement au sens de l'article 3, paragraphe 1, du seul fait de sa qualité de sous-traitant pour le compte d'un responsable du traitement.

L'existence d'une relation entre un responsable du traitement et un sous-traitant ne déclenche pas nécessairement l'application du RGPD aux deux entités, si l'une de ces deux entités n'est pas établie sur le territoire de l'Union.

Une organisation qui traite des données à caractère personnel pour le compte et sur instruction d'une autre organisation (la société cliente) agira en tant que sous-traitant pour la société cliente (le responsable du traitement). Lorsqu'un sous-traitant est établi sur le territoire de l'Union, il sera tenu de se conformer aux obligations qui incombent aux sous-traitants en vertu du RGPD. Si le responsable du traitement qui donne des instructions au sous-traitant est également situé sur le territoire de l'Union, il sera tenu de se conformer aux obligations qui incombent aux responsables du traitement en vertu du RGPD. L'activité de traitement qui, lorsqu'elle est effectuée par un responsable du traitement, relève du champ d'application du RGPD en vertu de l'article 3, paragraphe 1, ne sera pas exclue du champ d'application du règlement simplement parce que le responsable du traitement charge un sous-traitant non établi sur le territoire de l'Union d'effectuer ce traitement pour son compte.

I) *Traitement effectué par un responsable du traitement établi sur le territoire de l'Union qui donne des instructions à un sous-traitant non établi sur le territoire de l'Union*

Lorsqu'un responsable du traitement soumis au RGPD choisit de faire appel à un sous-traitant situé en dehors de l'Union pour une activité de traitement donnée, il devra néanmoins s'assurer au moyen d'un contrat ou d'un autre acte juridique que le sous-traitant traite les données conformément aux dispositions du RGPD.

L'article 28, paragraphe 3, dispose que le traitement par un sous-traitant est régi par un contrat ou un autre acte juridique. Par conséquent, le responsable du traitement devra veiller à établir avec le sous-traitant un contrat répondant à toutes les exigences énoncées à l'article 28, paragraphe 3. En outre, il est probable que, pour s'assurer qu'il s'est conformé aux obligations qui lui incombent en vertu de l'article 28, paragraphe 1 (à savoir faire uniquement appel à un sous-traitant qui présente des garanties suffisantes quant à la mise en œuvre de mesures de manière à ce que le traitement réponde aux exigences du règlement et garantisse la protection des droits des personnes concernées), le responsable du traitement devra peut-être envisager d'imposer, par contrat, les obligations que le RGPD impose aux sous-traitants qui y sont soumis. En d'autres termes, le responsable du traitement devrait veiller à ce que le sous-traitant non soumis au RGPD respecte les obligations, régies par un contrat ou un autre acte juridique du droit de l'Union ou du droit d'un État membre, visées à l'article 28, paragraphe 3.

Par conséquent, le sous-traitant situé en dehors de l'Union sera indirectement soumis à certaines obligations imposées par les responsables du traitement soumis au RGPD en vertu des dispositions contractuelles visées à l'article 28. En outre, les dispositions du chapitre V du RGPD peuvent s'appliquer.

Exemple 6.

Un institut de recherche finlandais mène des recherches sur le peuple sami. L'institut lance un projet qui ne concerne que le peuple sami en Russie. Pour ce projet, l'institut fait appel à un sous-traitant établi au Canada.

Le responsable du traitement finlandais a pour devoir de ne recourir qu'à des sous-traitants qui présentent des garanties suffisantes quant à la mise en œuvre de mesures appropriées de manière à ce que le traitement réponde aux exigences du RGPD et garantisse la protection des droits des personnes concernées. Le responsable du traitement finlandais doit conclure un contrat de traitement de données avec le sous-traitant canadien, et les obligations incombant au sous-traitant seront précisées dans cet acte juridique.

II) *Traitement dans le cadre des activités d'un établissement d'un sous-traitant sur le territoire de l'Union*

Si la jurisprudence nous permet de bien comprendre l'effet du traitement effectué dans le cadre des activités d'un établissement du responsable du traitement sur le territoire de l'Union, l'effet du traitement effectué dans le cadre des activités d'un établissement d'un sous-traitant sur le territoire de l'Union est moins clair.

Le comité souligne qu'il importe de considérer séparément l'établissement du responsable du traitement et celui du sous-traitant pour déterminer si chaque partie est elle-même « établie dans l'Union ».

La première question est de savoir si le responsable du traitement a lui-même un établissement dans l'Union et si le traitement est effectué dans le cadre des activités de cet établissement. Dans l'hypothèse où le traitement n'est pas considéré comme effectué dans le cadre des activités de l'établissement du responsable du traitement sur le territoire de l'Union, le responsable du traitement ne sera pas soumis aux obligations qui lui incombent en vertu de l'article 3, paragraphe 1, du RGPD (bien qu'il puisse encore relever du champ d'application de l'article 3, paragraphe 2). A moins que d'autres facteurs entrent en jeu, l'établissement du sous-traitant sur le territoire de l'Union ne sera pas considéré comme un établissement à l'égard du responsable du traitement.

Se pose alors la question distincte de savoir si le sous-traitant traite des données dans le cadre des activités de son établissement sur le territoire de l'Union. Dans l'affirmative, le sous-traitant sera soumis aux obligations qui lui incombent en vertu de l'article 3, paragraphe 1, du RGPD. Cela ne signifie cependant pas que le responsable du traitement d'un État tiers sera soumis aux obligations qui incombent aux responsables du traitement en vertu du RGPD. En d'autres termes, un responsable du traitement d'un État tiers (tel qu'il est décrit ci-dessus) ne sera pas soumis aux dispositions du RGPD simplement parce qu'il choisit de faire appel à un sous-traitant dans l'Union.

En donnant des instructions à un sous-traitant dans l'Union, le responsable du traitement non soumis aux dispositions du RGPD n'effectue pas de traitement « dans le cadre des activités du sous-traitant sur le territoire de l'Union ». Le traitement est effectué dans le cadre des activités du responsable du traitement ; le sous-traitant fournit simplement un service de traitement *[L'offre d'un service de traitement dans ce contexte ne peut pas non plus être considérée comme une offre de service aux personnes concernées dans l'Union]* qui n'est pas « inextricablement lié » aux activités du responsable du traitement. Comme il a été mentionné plus haut, dans le cas d'un sous-traitant établi sur le territoire de l'Union et effectuant un traitement pour le compte d'un responsable du traitement établi en dehors de l'Union et non soumis aux dispositions du RGPD en application de l'article 3, paragraphe 2, le comité estime que les activités de traitement du responsable du traitement ne seraient pas considérées comme relevant du champ d'application territorial du RGPD du simple fait que ce traitement est effectué pour son compte par un sous-traitant établi sur le territoire de l'Union. Toutefois, même si le responsable du traitement n'est pas établi sur le territoire de l'Union et n'est pas soumis aux dispositions du RGPD en application de l'article 3, paragraphe 2, le sous-traitant, en raison de son établissement sur le territoire de l'Union, sera soumis aux dispositions pertinentes du RGPD en application de l'article 3, paragraphe 1.

Exemple 7.

Aux fins du traitement des données à caractère personnel relatives à ses clients, une entreprise mexicaine de vente au détail conclut un contrat avec un sous-traitant.

L'entreprise mexicaine offre et oriente ses services exclusivement vers le marché mexicain et son traitement concerne exclusivement les personnes concernées situées en dehors de l'Union.

Dans le cas présent, l'entreprise mexicaine ne cible pas les personnes situées sur le territoire de l'Union en leur offrant des biens ou des services. De même, elle ne suit pas le comportement des personnes sur le territoire de l'Union. Par conséquent, le traitement effectué par le responsable du traitement, qui est établi en dehors de l'Union, n'est pas soumis aux dispositions du RGPD en application de l'article 3, paragraphe 2.

Les dispositions du RGPD ne s'appliquent pas au responsable du traitement en vertu de l'article 3, paragraphe 1, car ce dernier ne traite pas des données à caractère personnel dans le cadre des activités d'un établissement sur le territoire de l'Union. Le sous-traitant est établi en Espagne et, par conséquent, son traitement relève du champ d'application du RGPD en vertu de l'article 3, paragraphe 1. Il sera tenu de se conformer aux obligations qui lui incombent en vertu du règlement pour tout traitement effectué dans le cadre de ses activités.

Lorsqu'il s'agit d'un sous-traitant établi dans l'Union qui effectue un traitement pour le compte d'un responsable du traitement qui ne possède pas d'établissement sur le territoire de l'Union aux fins de l'activité de traitement et qui ne relève pas du champ d'application territorial du RGPD conformément à l'article 3, paragraphe 2, le sous-traitant est soumis aux dispositions pertinentes suivantes du RGPD directement applicables aux sous-traitants :

– les obligations imposées aux sous-traitants en vertu de l'article 28, paragraphes 2, 3, 4, 5 et 6, relatives à l'obligation de conclure un contrat de traitement de données, à l'exception de celles relatives à la fourniture d'une assistance au responsable du traitement dans le respect des obligations qui incombent à ce dernier au titre du RGPD ;

– le sous-traitant ou toute personne agissant sous l'autorité du responsable du traitement ou sous celle du sous-traitant, qui a accès à des données à caractère personnel, ne peut pas traiter ces données, excepté sur instruction du responsable du traitement, à moins d'y être obligé par le droit de l'Union ou le droit d'un État membre, conformément à l'article 29 et à l'article 32, paragraphe 4 ;
– le cas échéant, le sous-traitant tient un registre de toutes les catégories d'activités de traitement effectuées pour le compte du responsable du traitement, conformément à l'article 30, paragraphe 2 ;
– le cas échéant, le sous-traitant coopère avec l'autorité de contrôle, à la demande de celle-ci, dans l'exécution de ses missions, conformément à l'article 31 ;
– le sous-traitant met en œuvre les mesures techniques et organisationnelles appropriées afin de garantir un niveau de sécurité adapté au risque, conformément à l'article 32 ;
– le sous-traitant notifie au responsable du traitement toute violation de données à caractère personnel dans les meilleurs délais après en avoir pris connaissance, conformément à l'article 33 ;
– le cas échéant, le sous-traitant désigne un délégué à la protection des données, conformément aux articles 37 et 38 ;
– les dispositions relatives aux transferts de données à caractère personnel vers des pays tiers ou à des organisations internationales, conformément au chapitre V.

En outre, étant donné que ce traitement serait effectué dans le cadre des activités d'un établissement d'un sous-traitant sur le territoire de l'Union, le comité rappelle que le sous-traitant devra veiller à ce que son traitement reste licite au regard des autres obligations découlant du droit de l'Union ou du droit d'un État membre. L'article 28, paragraphe 3, précise également que « *le sous-traitant informe immédiatement le responsable du traitement si, selon lui, une instruction constitue une violation du présent règlement ou d'autres dispositions du droit de l'Union ou du droit des États membres relatives à la protection des données* ».

Conformément aux positions adoptées précédemment par le groupe de travail « Article 29 », le comité estime que le territoire de l'Union ne peut être utilisé comme un « paradis de données », par exemple lorsqu'une activité de traitement s'assortit de problèmes éthiques inadmissibles *[Avis 1/2010 du groupe de travail « Article 29 » sur les notions de « responsable du traitement » et de « sous-traitant » (WP 169), adopté le 16 février 2010 et en cours de révision par le comité]*, et que certaines obligations légales allant au-delà de l'application de la législation de l'Union en matière de protection des données, en particulier les règles européennes et nationales concernant l'ordre public, devront en tout cas être respectées par tout responsable du traitement établi dans l'Union, indépendamment de la situation géographique du responsable du traitement. Cet aspect important tient également compte du fait qu'en appliquant la législation de l'Union, les dispositions résultant du RGPD et des législations nationales connexes sont soumises à la charte des droits fondamentaux de l'Union européenne *[Charte des droits fondamentaux de l'Union européenne (2012/C 326/02)]*.Toutefois, cela n'impose pas d'obligations supplémentaires aux responsables du traitement établis en dehors de l'Union en ce qui concerne les traitements ne relevant pas du champ d'application territorial du RGPD.

2 Application du critère de ciblage (article 3, paragraphe 2)

L'absence d'établissement sur le territoire de l'Union ne signifie pas nécessairement que les activités de traitement effectuées par un responsable du traitement ou un sous-traitant établi dans un pays tiers seront exclues du champ d'application du RGPD, étant donné que l'article 3, paragraphe 2, définit les circonstances dans lesquelles le RGPD s'applique à un responsable ou à un sous-traitant non établi sur le territoire de l'Union, en fonction de leurs activités de traitement.

Dans ce contexte, le comité confirme qu'en l'absence d'établissement sur le territoire de l'Union, un responsable du traitement ou un sous-traitant ne peut bénéficier

du mécanisme de guichet unique prévu à l'article 56 du RGPD. En effet, le mécanisme de coopération et de cohérence prévu par le RGPD ne s'applique qu'aux responsables du traitement et aux sous-traitants qui possèdent au moins un établissement sur le territoire de l'Union *[Lignes directrices du groupe de travail « Article 29 » concernant la désignation d'une autorité de contrôle chef de file d'un responsable du traitement ou d'un sous-traitant (16/FR WP 244 rev.01), adoptées par le comité]*.

Si les présentes lignes directrices visent à clarifier le champ d'application territorial du RGPD, le comité tient également à souligner que les responsables du traitement et les sous-traitants devront également tenir compte d'autres textes applicables, tels que la législation sectorielle de l'Union ou des États membres et les législations nationales. En effet, plusieurs dispositions du RGPD permettent aux États membres d'appliquer des conditions supplémentaires et de définir un cadre spécifique en matière de protection des données au niveau national dans certains domaines ou en fonction de situations de traitement spécifiques. Par conséquent, les responsables du traitement et les sous-traitants doivent s'assurer qu'ils connaissent et respectent ces conditions et cadres supplémentaires qui peuvent varier d'un État membre à l'autre. De telles variations dans les dispositions relatives à la protection des données applicables dans chaque État membre sont particulièrement notables en ce qui concerne les dispositions de l'article 8 (qui prévoit que l'âge auquel les enfants peuvent donner un consentement valable pour le traitement de leurs données par des services de la société de l'information peut varier entre 13 et 16 ans), de l'article 9 (traitement portant sur des catégories particulières de données à caractère personnel), de l'article 23 (limitations) ou les dispositions contenues au chapitre IX du RGPD (liberté d'expression et d'information, accès du public aux documents officiels, numéro d'identification national, cadre des relations de travail, traitement à des fins archivistiques dans l'intérêt public, à des fins de recherche scientifique ou historique ou à des fins statistiques, secret, églises et associations religieuses).

L'article 3, paragraphe 2, du RGPD dispose que « *[l]e présent règlement s'applique au traitement des données à caractère personnel relatives à des personnes concernées qui se trouvent sur le territoire de l'Union par un responsable du traitement ou un sous-traitant qui n'est pas établi dans l'Union, lorsque les activités de traitement sont liées : a) à l'offre de biens ou de services à ces personnes concernées dans l'Union, qu'un paiement soit exigé ou non desdites personnes ; ou b) au suivi du comportement de ces personnes, dans la mesure où il s'agit d'un comportement qui a lieu au sein de l'Union.* »

L'application du « critère de ciblage » aux personnes concernées qui se trouvent sur le territoire de l'Union, conformément à l'article 3, paragraphe 2, peut être déclenchée par des activités de traitement effectuées par un responsable du traitement ou un sous-traitant non établi dans l'Union qui concernent deux types d'activité distincts, à condition que ces activités de traitement portent sur des personnes concernées qui se trouvent sur le territoire de l'Union. Outre qu'il ne s'applique qu'au traitement effectué par un responsable du traitement ou un sous-traitant non établi dans l'Union, le critère de ciblage vise surtout ce sur quoi les « activités de traitement » « portent », un point qui doit être examiné au cas par cas.

Le comité souligne qu'un responsable du traitement ou un sous-traitant peut être soumis aux dispositions du RGPD pour certaines de ses activités de transformation, mais non pour d'autres. L'élément déterminant pour l'application territoriale du RGPD en vertu de l'article 3, paragraphe 2, réside dans l'examen des activités de traitement en question.

Pour évaluer les conditions d'application du critère de ciblage, le comité recommande dès lors une approche en deux volets, afin de déterminer d'une part que le traitement concerne des données à caractère personnel relatives à des personnes concernées qui se trouvent sur le territoire de l'Union, et d'autre part si le traitement est lié à l'offre de biens ou de services ou au suivi du comportement des personnes concernées dans l'Union.

A) *Personnes concernées dans l'Union*

Le libellé de l'article 3, paragraphe 2, fait mention des « *données à caractère personnel relatives à des personnes concernées qui se trouvent sur le territoire de l'Union* ». Par conséquent, l'application du critère de ciblage n'est pas limitée par la citoyenneté, le lieu de résidence ou tout autre type de statut juridique de la personne concernée dont les données à caractère personnel sont traitées. Le considérant 14 confirme cette interprétation et précise que « *[l]a protection conférée par le présent règlement devrait s'appliquer aux personnes physiques, indépendamment de leur nationalité ou de leur lieu de résidence, en ce qui concerne le traitement de leurs données à caractère personnel* ».

Cette disposition du RGPD reflète le droit primaire de l'Union qui prévoit également un large champ d'application pour la protection des données à caractère personnel, qui ne se limite pas aux citoyens de l'Union. En effet, l'article 8 de la charte des droits fondamentaux dispose que le droit à la protection des données à caractère personnel n'est pas limité, mais conféré à « toute personne » *[Charte des droits fondamentaux de l'Union européenne, article 8, paragraphe 1, « Toute personne a droit à la protection des données à caractère personnel la concernant »]*.

Si la localisation de la personne concernée sur le territoire de l'Union constitue un facteur déterminant pour l'application du critère de ciblage visé à l'article 3, paragraphe 2, le comité estime que la nationalité ou le statut juridique d'une personne concernée qui se trouve sur le territoire de l'Union ne saurait limiter ou restreindre le champ d'application territorial du règlement.

L'exigence selon laquelle la personne concernée doit être située dans l'Union doit être évaluée au moment où l'activité déclenchante pertinente a lieu, c'est-à-dire au moment de l'offre de biens ou de services ou au moment où le comportement est contrôlé, quelle que soit la durée de l'offre faite ou du contrôle effectué.

En ce qui concerne les activités de traitement liées à l'offre de services, le comité estime toutefois que la disposition vise les activités qui ciblent intentionnellement, plutôt que par inadvertance ou incidemment, des personnes dans l'Union. Par conséquent, si le traitement est lié à un service qui n'est offert qu'à des personnes situées à l'extérieur de l'Union, mais que le service n'est pas retiré lorsque ces personnes entrent dans l'Union, le traitement correspondant ne sera pas soumis aux dispositions du RGPD. Dans le cas présent, le traitement n'est pas lié au ciblage intentionnel de personnes dans l'Union, mais au ciblage de personnes à l'extérieur de l'Union, qui se poursuivra qu'elles restent en dehors de l'Union ou qu'elles se rendent dans l'Union.

Exemple 8.

Une société australienne offre un service en ligne d'actualités et de vidéos, basé sur les préférences et les intérêts des utilisateurs. Les utilisateurs peuvent recevoir des mises à jour quotidiennes ou hebdomadaires. Le service est offert exclusivement aux utilisateurs situés en Australie, qui doivent fournir un numéro de téléphone australien lors de leur inscription.

Un abonné australien du service se rend en vacances en Allemagne et continue à utiliser le service.

Même si l'abonné australien utilisera le service pendant son séjour dans l'Union, le service ne « cible » pas les personnes dans l'Union, mais uniquement les personnes en Australie, de sorte que le traitement des données à caractère personnel par la société australienne ne relève pas du champ d'application du RGPD.

Exemple 9.

Une jeune entreprise établie aux États-Unis, sans aucune présence commerciale ni établissement sur le territoire de l'Union, a mis au point une application de cartographie urbaine destinée aux touristes. L'application traite des données

à caractère personnel relatives à la localisation des clients qui utilisent l'application (les personnes concernées) dès que ceux-ci commencent à utiliser l'application dans la ville qu'ils visitent, afin d'offrir une publicité ciblée de lieux à visiter, restaurants, bars et hôtels. L'application est disponible pour les touristes pendant qu'ils visitent New York, San Francisco, Toronto, Paris et Rome.

Au moyen de son application de cartographie urbaine, la jeune entreprise américaine cible spécifiquement des personnes dans l'Union (à savoir à Paris et à Rome) en leur offrant ses services lorsqu'ils se trouvent sur le territoire de l'Union. Le traitement des données à caractère personnel relatives à des personnes concernées qui se trouvent sur le territoire de l'Union dans le cadre de l'offre du service relève du champ d'application du RGPD, conformément à l'article 3, paragraphe 2, point a). En outre, le traitement des données relatives à la localisation des personnes concernées visant à offrir une publicité ciblée en fonction de leur localisation est également lié au suivi du comportement de ces personnes dans l'Union. Par conséquent, le traitement effectué par la jeune entreprise américaine entre également dans le champ d'application du RGPD, conformément à l'article 3, paragraphe 2, point b).

Le comité tient également à souligner que le seul fait de traiter les données à caractère personnel d'une personne qui se trouve sur le territoire de l'Union ne suffit pas à déclencher l'application du RGPD aux activités de traitement d'un responsable du traitement ou sous-traitant non établi dans l'Union. L'élément de « ciblage » des personnes qui se trouvent sur le territoire de l'Union, que ce soit en leur offrant des biens ou des services ou en suivant leur comportement (comme précisé ci-après), doit toujours être présent en sus.

Exemple 10.

Un citoyen des États-Unis voyage à travers l'Europe pendant ses vacances. Pendant son séjour en Europe, il télécharge et utilise une application d'actualités offerte par une entreprise des États-Unis. L'application s'adresse exclusivement au marché des États-Unis, comme en témoignent clairement les conditions d'utilisation de l'application et l'indication que le dollar américain est la seule devise disponible pour le paiement. La collecte par ladite société des données à caractère personnel relatives à ce touriste, par l'intermédiaire de l'application, n'est pas soumise aux dispositions du RGPD.

En outre, il convient de noter que le traitement des données à caractère personnel relatives à des citoyens ou à des résidents de l'Union qui a lieu dans un pays tiers ne déclenche pas l'application du RGPD, pour autant que ce traitement ne soit pas lié à une offre spécifique destinée à des personnes dans l'Union ou à un suivi de leur comportement dans l'Union.

Exemple 11.

Une banque établie à Taïwan compte des clients de nationalité allemande qui résident à Taïwan. La banque n'est active qu'à Taïwan ; ses activités ne s'adressent pas au marché de l'Union. Le traitement par la banque des données à caractère personnel de ses clients allemands n'est pas soumis aux dispositions du RGPD.

Exemple 12.

Les autorités canadiennes de l'immigration traitent les données à caractère personnel des citoyens de l'Union lorsqu'ils entrent sur le territoire canadien afin d'examiner leurs demandes de visa. Ce traitement n'est pas soumis aux dispositions du RGPD.

B) *Offre de biens ou de services aux personnes concernées dans l'Union, qu'un paiement soit exigé ou non desdites personnes*

La première activité qui déclenche l'application de l'article 3, paragraphe 2, est l'« offre de biens ou de services », une notion qui a été traitée plus avant dans le droit et la jurisprudence de l'Union, et dont il convient de tenir compte dans l'application du critère de ciblage. L'offre de services comprend également l'offre de services de la société de l'information, définie à l'article 1er, paragraphe 1, point b), de la directive (UE) 2015/1535 *[Directive (UE) 2015/1535 du Parlement européen et du Conseil du 9 septembre 2015 prévoyant une procédure d'information dans le domaine des réglementations techniques et des règles relatives aux services de la société de l'information]* comme **« *tout service de la société de l'information, c'est-à-dire tout service presté normalement contre rémunération, à distance, par voie électronique et à la demande individuelle d'un destinataire de services* ».**

L'article 3, paragraphe 2, point a), précise que le critère de ciblage concernant l'offre de biens ou de services s'applique, qu'un paiement soit exigé ou non de la personne concernée. Par conséquent, la question de savoir si l'activité d'un responsable du traitement ou d'un sous-traitant non établi dans l'Union doit être considérée comme une offre d'un bien ou d'un service ne dépend pas du fait que le paiement soit effectué en échange du bien ou du service fourni *[Voir, en particulier, les arrêts de la CJUE du 26 avril 1988, Bond van Adverteerders e. a./État néerlandais, 352/85, point 16, et du 7 décembre 1993, Wirth [1993] Racc, C-109/92. I-06447, point 15].*

Exemple 13.

Une société des États-Unis, qui ne possède aucun établissement dans l'Union, traite les données à caractère personnel de ses employés qui étaient temporairement en voyage d'affaires en France, en Belgique et aux Pays-Bas à des fins de ressources humaines, notamment en vue de procéder au remboursement de leurs frais de logement et au paiement de leurs indemnités journalières, qui varient en fonction du pays où ils se trouvent.

Dans le présent cas, bien que l'activité de traitement soit spécifiquement liée à des personnes qui se trouvent sur le territoire de l'Union (c'est-à-dire des employés qui se trouvent temporairement en France, en Belgique et aux Pays-Bas), elle n'est pas liée à une offre de service à ces personnes, mais fait plutôt partie du traitement nécessaire pour que l'employeur puisse remplir ses obligations contractuelles et ses obligations en matière de gestion des ressources humaines liées à leur emploi. L'activité de traitement n'est pas liée à une offre de service. Par conséquent, elle n'est pas soumise aux dispositions du RGPD en application de l'article 3, paragraphe 2, point a).

Un autre élément clé à évaluer afin de déterminer si le critère de ciblage visé à l'article 3, paragraphe 2, point a), peut être rempli est de savoir si l'offre de biens ou de services vise une personne dans l'Union ou, en d'autres termes, si le comportement du responsable du traitement, qui détermine les moyens et objectifs du traitement, démontre son intention d'offrir des biens ou des services à une personne située sur le territoire de l'Union. Le considérant 23 du RGPD précise en effet qu'« *[a]fin de déterminer si un tel responsable du traitement ou sous-traitant offre des biens ou des services à des personnes concernées qui se trouvent dans l'Union, il y a lieu d'établir s'il est clair que le responsable du traitement ou le sous-traitant envisage d'offrir des services à des personnes concernées dans un ou plusieurs États membres de l'Union* ».

Le considérant précise en outre qu'« *[a]lors que la simple accessibilité du site internet du responsable du traitement, d'un sous-traitant ou d'un intermédiaire dans l'Union, d'une adresse électronique ou d'autres coordonnées, ou l'utilisation d'une langue généralement utilisée dans le pays tiers où le responsable du traitement est établi ne suffit pas pour établir cette intention, des facteurs tels que l'utilisation d'une langue ou d'une monnaie d'usage courant dans un ou plusieurs États membres, avec la possibilité de commander des biens et des services dans cette autre langue ou la mention de clients ou d'utilisateurs qui se trouvent dans l'Union, peuvent indiquer clairement que le responsable du traitement envisage d'offrir des biens ou des services à des personnes concernées dans l'Union* ».

Les éléments énumérés au considérant 23 font écho et sont conformes à la jurisprudence de la CJUE fondée sur le règlement (CE) n° 44/2001 du Conseil concernant la compétence judiciaire, la reconnaissance et l'exécution des décisions en matière civile et commerciale *[Règlement (CE) n° 44/2001 du Conseil du 22 décembre 2000 concernant la compétence judiciaire, la reconnaissance et l'exécution des décisions en matière civile et commerciale]*, et notamment son article 15, paragraphe 1, point c). Dans les affaires *Pammer/Reederei Karl Schlüter GmbH & Co et Hotel Alpenhof/Heller* (affaires jointes C-585/08 et C-144/09), la Cour a été invitée à clarifier ce que signifie « activité dirigée » au sens de l'article 15, paragraphe 1, point c), du règlement (CE) n° 44/2001 (Bruxelles I). La CJUE a estimé que, pour déterminer si un commerçant peut être considéré comme « dirigeant » son activité vers l'État membre sur le territoire duquel le consommateur a son domicile, au sens de l'article 15, paragraphe 1, point c), du règlement (CE) n° 44/2001, le commerçant doit avoir manifesté sa volonté d'établir des relations commerciales avec ces consommateurs. Dans ce contexte, la CJUE a examiné des indices permettant de démontrer que le commerçant envisageait de commercer avec des consommateurs domiciliés dans d'autres États membres.

Si la notion de « direction d'une activité » diffère de celle d'« offre de biens ou de services », le comité estime que la jurisprudence dans les affaires *Pammer/Reederei Karl Schlüter GmbH & Co et Hotel Alpenhof/Heller* (affaires jointes C-585/08 et C-144/09) *[Il est d'autant plus pertinent qu'en vertu de l'article 6 du règlement (CE) n° 593/2008 du Parlement européen et du Conseil du 17 juin 2008 sur la loi applicable aux obligations contractuelles (Rome I), à défaut de choix de la loi applicable, ce critère de « direction d'une activité » vers le pays de la résidence habituelle du consommateur est pris en considération pour déterminer la loi du pays où le consommateur a sa résidence habituelle comme la loi applicable au contrat]* pourrait être utile pour déterminer si des biens ou des services sont offerts à une personne concernée dans l'Union. Compte tenu des faits spécifiques de l'affaire, les facteurs suivants pourraient donc, entre autres, être pris en considération, éventuellement combinés les uns avec les autres :

– L'Union ou au moins un État membre est désigné par son nom en référence au bien ou au service offert ;

– le responsable du traitement ou le sous-traitant paie un opérateur de moteur de recherche pour un service de référencement sur l'internet afin de faciliter l'accès des consommateurs de l'Union à son site ; ou le responsable du traitement ou le sous-traitant a lancé des campagnes de commercialisation et de publicité destinées au public d'un État membre de l'Union ;

– la nature internationale de l'activité en cause, telle que certaines activités touristiques ;

– la mention d'adresses ou de numéros de téléphone spécifiques à joindre à partir d'un pays de l'Union ;

– l'utilisation d'un nom de domaine de premier niveau autre que celui du pays tiers dans lequel le responsable du traitement ou le sous-traitant est établi, par exemple « .de », ou l'utilisation de noms de domaine de premier niveau neutres tels que « .eu » ;

– la description d'itinéraires à partir d'un ou de plusieurs autres États membres vers le lieu de la prestation de service ;

– la mention d'une clientèle internationale composée de clients domiciliés dans différents États membres de l'Union, notamment par la présentation de témoignages de tels clients ;

– l'utilisation d'une autre langue ou d'une autre monnaie que celles habituellement utilisées dans le pays du commerçant, en particulier une langue ou une monnaie d'un ou plusieurs États membres de l'Union ;

– le responsable du traitement des données propose la fourniture des biens dans les États membres de l'Union.

Comme il a déjà été mentionné, plusieurs des éléments susmentionnés, s'ils sont pris isolément, peuvent ne pas constituer une indication claire de la volonté d'un responsable du traitement d'offrir des biens ou des services aux personnes concernées dans l'Union. Par contre, chacun d'eux devrait être pris en considération dans toute analyse *in concreto* afin de déterminer si la combinaison des facteurs relatifs aux activités commerciales du responsable du traitement peut être considérée conjointement comme une offre de biens ou services destinés aux personnes concernées dans l'Union.

Il convient toutefois de rappeler que le considérant 23 confirme que la simple accessibilité du site internet du responsable du traitement, d'un sous-traitant ou d'un intermédiaire dans l'Union, la mention sur le site internet de son adresse électronique ou géographique, ou de son numéro de téléphone sans code international, ne constitue pas en soi une preuve suffisante pour démontrer la volonté du responsable du traitement ou du sous-traitant d'offrir des biens ou un service à une personne concernée qui se trouve sur le territoire de l'Union. Dans ce contexte, le comité rappelle que lorsque des biens ou des services sont fournis par inadvertance ou incidemment à une personne sur le territoire de l'Union, le traitement connexe des données à caractère personnel ne relèverait pas du champ d'application territorial du RGPD.

Exemple 14.

Un site internet, basé et géré en Turquie, offre des services de création, d'édition, d'impression et d'expédition d'albums de photos de famille personnalisés. Le site internet est disponible en anglais, en français, en néerlandais et en allemand et les paiements peuvent être effectués en euros. Le site indique que les albums de photos ne peuvent être livrés que par la poste en France, au Benelux et en Allemagne.

Dans le cas présent, il est clair que la création, l'édition et l'impression d'albums de photos de famille personnalisés constituent un service au sens du droit de l'Union. Le fait que le site internet soit disponible dans quatre langues de l'Union et que les albums de photos puissent être livrés par la poste dans six États membres de l'Union montre l'intention du site internet turc d'offrir ses services aux particuliers dans l'Union.

Par conséquent, il est clair que le traitement effectué par le site internet turc, en tant que responsable du traitement, est lié à l'offre d'un service aux personnes concernées dans l'Union et est soumis aux obligations et dispositions du RGPD, en vertu de son article 3, paragraphe 2, point a).

En application de l'article 27, le responsable du traitement devra désigner un représentant dans l'Union.

Exemple 15.

Une société privée basée à Monaco traite les données à caractère personnel de ses employés à des fins de paiement des salaires. Un grand nombre de ses employés sont des résidents français et italiens.

Dans le cas présent, bien que le traitement effectué par la société porte sur des personnes concernées en France et en Italie, il ne s'inscrit pas dans le cadre d'une offre de biens ou de services. En effet, la gestion des ressources humaines, y compris le paiement des salaires par une société d'un pays tiers, ne peut être considérée comme une offre de service au sens de l'article 3, paragraphe 2, point a). Le traitement en question n'est pas lié à l'offre de biens ou de services aux personnes concernées dans l'Union (ni au suivi de leur comportement). Par conséquent, il n'est pas soumis aux dispositions du RGPD, conformément à l'article 3.

Cette évaluation est sans préjudice du droit applicable du pays tiers concerné.

Exemple 16.

Une université suisse de Zurich lance son processus de sélection des candidats à un master, en leur mettant à disposition une plateforme en ligne sur laquelle ils peuvent télécharger leur curriculum vitæ et leur lettre de motivation, ainsi que leurs coordonnées. Le processus de sélection est ouvert à tout étudiant possédant un niveau suffisant d'allemand et d'anglais et titulaire d'un diplôme de

licence. L'université ne fait pas la promotion de ses masters auprès des étudiants des universités de l'Union et n'accepte que les paiements en francs suisses.

Comme il n'existe pas de distinction ni de spécification pour les étudiants de l'Union dans le processus de candidature et de sélection pour un master, il ne peut être établi que l'université suisse entend cibler les étudiants d'un État membre de l'Union en particulier. Un niveau suffisant d'allemand et d'anglais est une exigence générale qui s'applique à tout candidat, qu'il soit résident suisse, ressortissant de l'Union ou étudiant d'un pays tiers. Par conséquent, en l'absence d'autres facteurs indiquant le ciblage spécifique des étudiants dans les États membres de l'Union, il ne peut pas être établi que le traitement en question est lié à l'offre d'un service éducatif aux personnes concernées dans l'Union. Ce traitement ne sera donc pas soumis aux dispositions du RGPD.

L'université suisse propose également des cours d'été en relations internationales et fait la promotion de cette offre dans les universités allemandes et autrichiennes afin de maximiser la fréquentation des cours. Dans ce cas, l'université suisse entend clairement offrir ce service aux personnes concernées qui se trouvent dans l'Union. Par conséquent, le RGPD s'appliquera aux activités de traitement correspondantes.

c) *Suivi du comportement des personnes concernées*

Le deuxième type d'activité qui déclenche l'application de l'article 3, paragraphe 2, est le suivi du comportement des personnes concernées, dans la mesure où il s'agit d'un comportement qui a lieu au sein de l'Union.

Le considérant 24 précise que « *[l]e traitement de données à caractère personnel de personnes concernées qui se trouvent dans l'Union par un responsable du traitement ou un sous-traitant qui n'est pas établi dans l'Union devrait également être soumis au présent règlement lorsque ledit traitement est lié au suivi du comportement de ces personnes dans la mesure où il s'agit de leur comportement au sein de l'Union* ».

Pour que l'article 3, paragraphe 2, point b), déclenche l'application du RGPD, le comportement suivi doit d'abord concerner une personne concernée dans l'Union et, comme critère cumulatif, le comportement suivi doit avoir lieu sur le territoire de l'Union.

La nature de l'activité de traitement qui peut être considérée comme un suivi du comportement est précisée au considérant 24, qui indique qu'« *[a]fin de déterminer si une activité de traitement peut être considérée comme un suivi du comportement des personnes concernées, il y a lieu d'établir si les personnes physiques sont suivies sur l'internet, ce qui comprend l'utilisation ultérieure éventuelle de techniques de traitement des données à caractère personnel qui consistent en un profilage d'une personne physique, afin notamment de prendre des décisions la concernant ou d'analyser ou de prédire ses préférences, ses comportements et ses dispositions d'esprit* ». Alors que le considérant 24 porte exclusivement sur le suivi d'un comportement au moyen du pistage d'une personne sur l'internet, le comité estime que le pistage par d'autres types de réseaux ou de technologies impliquant un traitement des données à caractère personnel devrait également être pris en considération pour déterminer si une activité de traitement constitue le suivi d'un comportement, par exemple au moyen de dispositifs portables ou d'autres dispositifs intelligents.

Contrairement à l'article 3, paragraphe 2, point a), ni l'article 3, paragraphe 2, point b), ni le considérant 24 n'introduisent expressément un degré nécessaire d'« intention de cibler » de la part du responsable du traitement ou du sous-traitant afin de déterminer si l'activité de suivi déclencherait l'application du RGPD aux activités de traitement. L'utilisation du terme « suivi » implique que le responsable du traitement poursuit un objectif spécifique en vue de la collecte et de la réutilisation ultérieure des données pertinentes relatives au comportement d'une personne au sein de l'Union. Le comité n'estime pas que la collecte ou l'analyse en ligne de données à caractère personnel relatives à des personnes dans l'Union serait automatiquement considérée comme un « suivi ». Il sera nécessaire de tenir compte de la finalité du traitement des données par le responsable du traitement et, en particulier, de toute analyse comportementale ou technique de profilage ultérieure impliquant ces données. Le comité tient compte du libellé du considérant 24, qui indique que pour déterminer si le traitement implique le suivi du comportement d'une personne concernée, le suivi des personnes physiques sur l'internet, y compris l'utilisation ultérieure éventuelle de techniques de profilage, constitue un facteur important.

Par conséquent, l'application de l'article 3, paragraphe 2, point b), lorsqu'un responsable du traitement ou un sous-traitant suit le comportement des personnes concernées qui se trouvent dans l'Union, pourrait englober un large éventail d'activités de suivi, en particulier :
— la publicité comportementale ;
— les activités de géolocalisation, en particulier à des fins de commercialisation ;
— le suivi en ligne grâce à l'utilisation de cookies ou d'autres techniques de suivi telles que la prise d'empreintes digitales ;
— les services personnalisés d'analyse de l'alimentation et de la santé en ligne ;
— la télévision en circuit fermé ;
— les études de marché et autres études comportementales basées sur des profils individuels ;
— la surveillance de l'état de santé d'une personne ou l'établissement de rapports réguliers connexes.

Exemple 17.

Une société de conseil en commerce de détail établie aux États-Unis fournit des conseils sur l'aménagement d'un centre commercial en France, sur la base d'une analyse des mouvements des clients dans l'ensemble du centre, recueillis grâce au suivi Wi-Fi.

L'analyse des mouvements d'un client à l'intérieur du centre grâce au suivi Wi-Fi équivaudra au suivi du comportement des personnes. Dans le cas présent, le comportement des personnes concernées a lieu dans l'Union puisque le centre commercial est situé en France. Par conséquent, la société de conseil, en tant que responsable du traitement, est soumise au RGPD en ce qui concerne le traitement de ces données à cette fin, en application de l'article 3, paragraphe 2, point b).

En application de l'article 27, le responsable du traitement devra désigner un représentant dans l'Union.

Exemple 18.

Un développeur d'applications établi au Canada, qui ne dispose d'aucun établissement dans l'Union, suit le comportement des personnes concernées dans l'Union et est par conséquent soumis au GDPR, conformément à l'article 3, paragraphe 2, point b). Le développeur fait appel à un sous-traitant établi aux États-Unis pour l'optimisation et la maintenance des applications.

En ce qui concerne ce traitement, le responsable du traitement canadien a l'obligation de ne faire appel qu'à des sous-traitants appropriés et de veiller à ce que ses obligations découlant du RGPD apparaissent dans le contrat ou l'acte juridique régissant la relation avec son sous-traitant aux États-Unis, conformément à l'article 28.

D) *Sous-traitant non établi dans l'Union*

Les activités de traitement qui sont « liées » à l'activité de ciblage qui a déclenché l'application de l'article 3, paragraphe 2, relèvent du champ d'application territorial du RGPD. Le comité estime qu'il doit exister un lien entre l'activité de traitement et l'offre de biens ou de services, mais que tant le traitement effectué par un responsable du traitement que celui effectué par un sous-traitant sont importants et doivent être pris en considération.

Lorsqu'il s'agit d'un sous-traitant non établi dans l'Union, afin de déterminer si son traitement peut être soumis au RGPD en application de l'article 3, paragraphe 2, il est nécessaire de vérifier si les activités de traitement du sous-traitant « sont liées » aux activités de ciblage du responsable du traitement.

Le comité estime que, lorsque les activités de traitement d'un responsable du traitement sont liées à l'offre de biens ou de services ou au suivi du comportement des personnes dans l'Union (« ciblage »), tout sous-traitant chargé d'effectuer cette activité de traitement pour le compte du responsable du traitement relève du champ d'application du RGPD en vertu de l'article 3, paragraphe 2, en ce qui concerne ce traitement.

Le caractère de « ciblage » d'une activité de traitement est lié aux finalités et moyens de celle-ci ; la décision de cibler des personnes dans l'Union ne peut être prise que par une entité agissant en tant que responsable du traitement. Une telle interprétation n'exclut pas la possibilité que le sous-traitant puisse participer activement aux activités de traitement liées à la réalisation des critères de ciblage (c'est-à-dire que le sous-traitant offre des biens ou des services ou qu'il effectue un suivi pour le compte et sur instruction du responsable du traitement).

Par conséquent, le comité estime que l'accent devrait être mis sur le lien entre les activités de traitement effectuées par le sous-traitant et l'activité de ciblage menée par un responsable du traitement.

Exemple 19.

Une société brésilienne vend des ingrédients alimentaires et des recettes locales en ligne, mettant cette offre de biens à la disposition des personnes dans l'Union, en faisant la publicité de ces produits et en offrant la livraison en France, en Espagne et au Portugal. Dans ce contexte, la société charge un sous-traitant également établi au Brésil de proposer des offres spéciales pour ses clients en France, en Espagne et au Portugal sur la base de leurs commandes précédentes et d'effectuer le traitement des données connexes.

Les activités de traitement effectuées par le sous-traitant, sur instruction du responsable du traitement, sont liées à l'offre de biens aux personnes concernées dans l'Union. En outre, en proposant ces offres personnalisées, le responsable du traitement des données suit directement les personnes concernées dans l'Union. Par conséquent, le traitement effectué par le sous-traitant est soumis au RGPD, en application de l'article 3, paragraphe 2.

Exemple 20.

Une société des États-Unis a mis au point une application « santé et mode de vie » qui permet aux utilisateurs d'enregistrer auprès de ladite société leurs indicateurs personnels (temps de sommeil, poids, tension artérielle, rythme cardiaque, etc.). L'application fournit ensuite aux utilisateurs des recommandations quotidiennes en matière d'alimentation et de sport. Le traitement est effectué par le responsable du traitement aux États-Unis. L'application est mise à la disposition des personnes dans l'Union et est utilisée par celles-ci. Aux fins du stockage des données, la société fait appel à un sous-traitant établi aux États-Unis (fournisseur de services en nuage). Dans la mesure où la société des États-Unis suit le comportement des personnes dans l'Union, grâce à l'application « santé et mode de vie », elle « ciblera » les personnes dans l'Union, et son traitement des données à caractère personnel de ces personnes relèvera de l'article 3, paragraphe 2, du RGPD.

En effectuant le traitement sur instruction et pour le compte de la société, la société des États-Unis, le fournisseur de services nuagiques/le sous-traitant effectue une activité de traitement « relative » au ciblage de personnes dans

l'Union par son responsable du traitement. Cette activité de traitement effectuée par le sous-traitant pour le compte de son responsable du traitement relève du champ d'application du RGPD en vertu de l'article 3, paragraphe 2.

Exemple 21.

Une société turque propose des voyages culturels à forfait au Moyen-Orient en mettant à disposition des guides parlant anglais, français et espagnol. Les voyages à forfait sont notamment annoncés et proposés sur un site internet disponible dans les trois langues, permettant la réservation et le paiement en ligne en euros et en livres sterling. A des fins de commercialisation et de prospection commerciale, la société charge un sous-traitant, un centre d'appels, établi en Tunisie, de contacter d'anciens clients en Irlande, en France, en Belgique et en Espagne afin d'obtenir un avis sur leurs voyages précédents et de les informer des nouvelles offres et destinations.

Le responsable du traitement effectue un « ciblage » en offrant ses services à des personnes dans l'Union et son traitement relèvera du champ d'application de l'article 3, paragraphe 2.

Les activités de traitement du sous-traitant tunisien, qui fait la promotion des services du responsable du traitement auprès de personnes dans l'Union, sont également liées à l'offre de services du responsable du traitement et relèvent par conséquent du champ d'application de l'article 3, paragraphe 2. En outre, dans ce cas particulier, le sous-traitant tunisien participe activement aux activités de traitement liées à la réalisation des critères de ciblage, en offrant des services pour le compte et sur instruction du responsable du traitement turc.

E) *Interaction avec d'autres dispositions du RGPD et d'autres législations*

Le comité évaluera également plus en détail l'interaction entre l'application du champ d'application territorial du RGPD énoncé à l'article 3 et les dispositions relatives aux transferts internationaux de données énoncées au chapitre V. Des lignes directrices supplémentaires pourraient être publiées à cet égard, le cas échéant.

Les responsables du traitement ou les sous-traitants non établis sur le territoire de l'Union seront tenus de se conformer à la législation nationale de leur propre pays tiers en ce qui concerne le traitement des données à caractère personnel. Toutefois, lorsque ce traitement concerne le ciblage de personnes dans l'Union en vertu de l'article 3, paragraphe 2, en plus d'être soumis à la législation nationale de son pays, le responsable du traitement sera également tenu de se conformer au RGPD. Cela serait le cas, que le traitement soit effectué ou non conformément à une obligation légale dans le pays tiers ou simplement par choix du responsable du traitement.

3 Traitement dans un lieu où le droit d'un État membre s'applique en vertu du droit international public

L'article 3, paragraphe 3, dispose que *« [l]e présent règlement s'applique au traitement de données à caractère personnel par un responsable du traitement qui n'est pas établi dans l'Union, mais dans un lieu où le droit d'un État membre s'applique en vertu du droit international public ». Cette disposition est explicitée au considérant 25 qui énonce que « [l]orsque le droit d'un État membre s'applique en vertu du droit international public, le présent règlement devrait s'appliquer également à un responsable du traitement qui n'est pas établi dans l'Union, par exemple qui se trouve auprès de la représentation diplomatique ou consulaire d'un État membre ».*

Par conséquent, le comité estime que le RGPD s'applique au traitement de données à caractère personnel effectué par les ambassades et consulats des États membres de l'Union situés en dehors de l'Union, puisque ce traitement relève du champ d'application du RGPD en vertu de l'article 3, paragraphe 3. La représentation diplomatique ou consulaire d'un État membre, en tant que responsable du traitement ou sous-traitant, serait alors soumise à toutes les dispositions pertinentes du RGPD, y compris en ce qui concerne les droits de la personne concernée, les obligations générales relatives au responsable du traitement et au sous-traitant et les transferts de données à caractère personnel vers des pays tiers ou à des organisations internationales.

Exemple 22.

Le consulat des Pays-Bas à Kingston, en Jamaïque, ouvre un processus de candidature en ligne pour le recrutement de personnel local afin de soutenir son administration. Bien que ce consulat ne soit pas établi dans l'Union, le fait qu'il s'agisse d'une représentation consulaire d'un pays de l'Union où le droit d'un État membre s'applique en vertu du droit international public rend le RGPD applicable au traitement des données à caractère personnel, conformément à l'article 3, paragraphe 3.

Exemple 23.

Un paquebot de croisière allemand voyageant dans les eaux internationales traite les données des clients à bord dans le but d'adapter l'offre de divertissement en croisière. Bien que le paquebot navigue en dehors de l'Union, dans les eaux internationales, le fait qu'il batte pavillon allemand signifie qu'en vertu du droit international public, le RGPD est applicable à son traitement des données à caractère personnel, conformément à l'article 3, paragraphe 3.

Bien qu'elle ne soit pas liée à l'application de l'article 3, paragraphe 3, une situation différente est celle dans laquelle, en vertu du droit international, certaines entités, certains organismes ou certaines organisations établis dans l'Union bénéficient de privilèges et d'immunités tels que ceux prévus par la convention de Vienne sur les relations diplomatiques de 1961 *[http://legal.un.org/ilc/texts/instruments/french/conventions/9_1_1961.pdf]*, la convention de Vienne sur les relations consulaires de 1963 ou les accords de siège conclus entre des organisations internationales et les pays hôtes dans l'Union. A cet égard, le comité rappelle que l'application du RGPD est sans préjudice des dispositions du droit international, telles que celles régissant les privilèges et immunités des missions diplomatiques et représentations consulaires de pays tiers, ainsi que des organisations internationales. Parallèlement, il importe de rappeler que tout responsable du traitement ou sous-traitant qui relève du champ d'application du RGPD pour une activité de traitement donnée et qui échange des données à caractère personnel avec ces entités, organismes et organisations doit se conformer au RGPD, y compris, le cas échéant, à ses règles relatives aux transferts vers des pays tiers ou à des organisations internationales.

4 Représentant des responsables du traitement ou des sous-traitants qui ne sont pas établis dans l'Union

Les responsables du traitement ou les sous-traitants soumis au RGPD en application de son article 3, paragraphe 2, sont tenus de désigner un représentant dans l'Union. Par conséquent, un responsable du traitement ou un sous-traitant non établi dans l'Union, mais soumis au RGPD, qui ne désignerait pas de représentant dans l'Union, violerait le règlement.

Cette disposition n'est pas entièrement nouvelle puisque la directive 95/46/CE prévoyait déjà une obligation similaire. En vertu de la directive, cette disposition concernait les responsables du traitement non établis sur le territoire de la Communauté qui, aux fins du traitement de données à caractère personnel, recouraient à des moyens, automatisés ou non, situés sur le territoire d'un État membre. Le RGPD impose l'obligation de désigner un représentant dans l'Union à tout responsable du traitement ou sous-traitant relevant du champ d'application de l'article 3, paragraphe 2, sauf s'il remplit les critères d'exemption visés à l'article 27, paragraphe 2. Afin de faciliter l'application de cette disposition spécifique, le comité juge nécessaire de fournir des lignes directrices supplémentaires sur le processus de désignation, les obligations d'établissement et les responsabilités du représentant dans l'Union conformément à l'article 27.

Il convient de noter qu'un responsable du traitement ou un sous-traitant non établi dans l'Union qui a désigné par écrit un représentant dans l'Union, conformément à l'article 27 du RGPD, ne relève pas du champ d'application de l'article 3, paragraphe 1, ce qui signifie que la présence du représentant dans l'Union ne constitue pas un « établissement » d'un responsable du traitement ou sous-traitant en application de l'article 3, paragraphe 1.

A) *Désignation d'un représentant*

Le considérant 80 précise que « *[l]e représentant devrait être expressément désigné par un mandat écrit du responsable du traitement ou du sous-traitant pour agir en son nom en ce qui concerne les obligations qui lui incombent en vertu du présent règlement. La désignation de ce représentant ne porte pas atteinte aux responsabilités du responsable du traitement ou du sous-traitant au titre du présent règlement. Ce représentant devrait accomplir ses tâches conformément au mandat reçu du responsable du traitement ou du sous-traitant, y compris coopérer avec les autorités de contrôle compétentes en ce qui concerne toute action entreprise pour assurer le respect du présent règlement* ».

Par conséquent, le mandat écrit visé au considérant 80 régit les relations et les obligations entre le représentant dans l'Union et le responsable du traitement ou le sous-traitant établi en dehors de l'Union tout en ne portant pas atteinte aux responsabilités de ces deux derniers. Le représentant dans l'Union peut être une personne physique ou morale établie dans l'Union en mesure de représenter un responsable du traitement ou un sous-traitant établi en dehors de l'Union en ce qui concerne les obligations qui leur incombent respectivement au titre du RGPD.

Dans la pratique, la fonction de représentant dans l'Union peut être exercée sur la base d'un contrat de service conclu avec une personne ou une organisation, et peut dès lors être assumée par un large éventail d'entités commerciales et non commerciales, telles que des cabinets d'avocats, des cabinets de conseil, des sociétés privées, etc., à condition que ces entités soient établies dans l'Union. Un représentant peut également agir au nom de plusieurs responsables du traitement et sous-traitants de pays tiers.

Lorsque la fonction de représentant est assumée par une société ou tout autre type d'organisation, il est recommandé qu'une seule personne soit désignée comme contact principal et « responsable » pour chaque responsable du traitement ou sous-traitant représenté. D'une manière générale, il serait utile de préciser ces points dans le contrat de service.

Conformément au RGPD, le comité confirme que, lorsque plusieurs activités de traitement d'un responsable du traitement ou d'un sous-traitant relèvent du champ d'application de l'article 3, paragraphe 2, du RGPD (et qu'aucune des exceptions de l'article 27, paragraphe 2, du RGPD ne s'applique), le responsable du traitement ou le sous-traitant n'est pas tenu de désigner plusieurs représentants pour chaque activité distincte relevant de l'article 3, paragraphe 2. De même, le comité ne considère pas que la fonction de représentant dans l'Union soit compatible avec le rôle d'un délégué à la protection des données (ci-après le « DPD ») externe qui serait établi dans l'Union. L'article 38, paragraphe 3, établit certaines garanties de base pour aider à faire en sorte que les DPD soient en mesure d'accomplir leurs tâches avec un degré suffisant d'autonomie au sein de leur organisation. En particulier, les responsables du traitement ou les sous-traitants sont tenus de veiller à ce que le DPD « ne reçoive aucune instruction en ce qui concerne l'exercice des missions ». Le considérant 97 ajoute que les DPD, « *qu'ils soient ou non des employés du responsable du traitement, devraient être en mesure d'exercer leurs fonctions et missions en toute indépendance* » *[Lignes directrices du groupe de travail « Article 29 » concernant les délégués à la protection des données (DPD), WP 243 rev.01, adoptées par le comité]*. Cette exigence d'un degré suffisant d'autonomie et d'indépendance du délégué à la protection des données ne semble pas compatible avec la fonction de représentant dans l'Union. Le représentant est en effet soumis à un mandat d'un responsable du traitement ou d'un sous-traitant et agira en son nom et, partant, sous sa direction directe *[Un DPD externe agissant également en tant que représentant dans l'Union ne pourrait pas, par exemple, se trouver dans une situation où il est chargé, en tant que représentant, de communiquer à une personne concernée une décision ou une mesure prise par le responsable du traitement ou le sous-traitant qu'il a, en tant que DPD, jugée non conforme aux dispositions du RGPD et contre laquelle il s'est prononcé]*. Le représentant est mandaté par le responsable du traitement ou le sous-traitant qu'il représente et agit par conséquent en son nom dans l'exercice de sa mission. Ce rôle ne peut être compatible avec l'exercice indépendant des fonctions et des tâches du délégué à la protection des données.

En outre, et en complément à son interprétation, le comité rappelle la position déjà prise par le groupe de travail « Article 29 » qui souligne qu'« ***il peut également y avoir conflit d'intérêts, par exemple, si un DPD externe est appelé à représenter le responsable du traitement ou le sous-traitant devant les tribunaux dans des affaires ayant trait à des questions liées à la protection des données*** » *[Lignes directrices du groupe de travail « Article 29 » concernant les délégués à la protection des données (DPD), WP 243 rev.01, adoptées par le comité]*.

De même, étant donné la possibilité d'un conflit d'obligations et d'intérêts en cas de procédures coercitives, le comité ne considère pas la fonction d'un représentant du responsable du traitement dans l'Union comme compatible avec le rôle de sous-traitant de ce même responsable du traitement, en particulier en ce qui concerne le respect de leurs responsabilités respectives et le respect du règlement.

Bien que le RGPD n'impose aucune obligation au responsable du traitement ou au représentant lui-même de notifier la désignation de ce dernier à une autorité de contrôle, le comité rappelle que, conformément à l'article 13, paragraphe 1, point a), et à l'article 14, paragraphe 1, point a), les responsables du traitement fournissent, dans le cadre de leurs obligations d'information, des informations sur l'identité de leur représentant dans l'Union. Ces informations sont, par exemple, incluses dans les [avis de confidentialité et] informations initiales fournies aux personnes concernées au moment de la collecte des données. Un responsable du traitement non établi dans l'Union, mais relevant du champ d'application de l'article 3, paragraphe 2, qui n'informerait pas les personnes concernées qui se trouvent dans l'Union de l'identité de son représentant contreviendrait aux obligations de transparence qui lui incombent en vertu du RGPD. Ces informations devraient en outre être facilement accessibles aux autorités de contrôle afin de faciliter l'établissement d'un contact pour les besoins de la coopération.

Exemple 24.

Le site internet visé à l'exemple 12, basé et géré en Turquie, offre des services de création, d'édition, d'impression et d'expédition d'albums de photos de famille personnalisés. Le site internet est disponible en anglais, en français, en néerlandais et en allemand et les paiements peuvent être effectués en euros ou en livres sterling. Le site indique que les albums de photos ne peuvent être livrés par la poste qu'en France, au Benelux et en Allemagne. Ce site étant soumis au RGPD, en application de son article 3, paragraphe 2, point a), le responsable du traitement doit désigner un représentant dans l'Union.

Le représentant doit être établi dans l'un des États membres où le service offert est disponible, dans ce cas en France, en Belgique, aux Pays-Bas, au Luxembourg ou en Allemagne. Le nom et les coordonnées du responsable du traitement et de son représentant dans l'Union doivent faire partie des informations accessibles en ligne aux personnes concernées lorsqu'elles commencent à utiliser le service en créant leur album de photos. Ils doivent également figurer dans l'avis de confidentialité général du site internet.

B) ***Exemptions de l'obligation de désignation*** *[Une partie des critères et de l'interprétation énoncés dans les lignes directrices du groupe de travail « Article 29 » concernant les délégués à la protection des données (DPD), WP 243 rev.01, adoptées par le comité, peut servir de base pour les exemptions de l'obligation de désignation].*

Alors que l'application de l'article 3, paragraphe 2, entraîne l'obligation de désigner un représentant dans l'Union pour les responsables du traitement ou les sous-traitants établis en dehors de l'Union, l'article 27, paragraphe 2, prévoit une dérogation à la désignation obligatoire d'un représentant dans l'Union, dans deux cas distincts :

- **le traitement est « occasionnel, n'implique pas un traitement à grande échelle des catégories particulières de données visées à l'article 9, paragraphe 1, ou un traitement de données à caractère personnel relatives à des condamnations pénales et à des infractions visées à l'article 10, et n'est pas susceptible d'engendrer un risque pour les droits et libertés des personnes physiques, compte tenu de la nature, du contexte, de la portée et des finalités du traitement ».**

Conformément aux positions adoptées précédemment par le groupe de travail « Article 29 », le comité estime qu'une activité de traitement ne peut être considérée comme « occasionnelle » que si elle n'est pas effectuée régulièrement et qu'elle a lieu en dehors du cours normal des affaires ou des activités du responsable du traitement ou du sous-traitant *[Prise de position du groupe de travail « Article 29 » sur les dérogations à l'obligation de tenir un registre des activités de traitement conformément à l'article 30, paragraphe 5, du RGPD].*

En outre, bien que le RGPD ne définisse pas la notion de « traitement à grande échelle », le groupe de travail « Article 29 » a recommandé précédemment dans ses lignes directrices WP 243 concernant les délégués à la protection des données (DPD) que les facteurs suivants, en particulier, soient pris en considération pour déterminer si le traitement est mis en œuvre à grande échelle : le nombre de personnes concernées, soit en valeur absolue, soit en valeur relative par rapport à la population concernée ; le volume de données et/ou le spectre des données traitées ; la durée, ou la permanence, des activités de traitement des données ; l'étendue géographique de l'activité de traitement *[Lignes directrices du groupe de travail « Article 29 » concernant les délégués à la protection des données (DPD), adoptées le 13 décembre 2016 et révisées en dernier lieu le 5 avril 2017 (WP 243 rev.01), adoptées par le comité].*

Enfin, le comité souligne que l'exemption de l'obligation de désignation prévue à l'article 27 fait référence au traitement qui « n'est pas susceptible d'engendrer un risque pour les droits et libertés des personnes physiques » *[Article 27, paragraphe 2, point a), du RGPD]*, **ne limitant dès lors pas l'exemption au traitement qui n'est pas susceptible d'engendrer un risque élevé pour les droits et libertés des personnes concernées. Conformément au considérant 75, lors de l'évaluation du risque pour les droits et libertés des personnes concernées, il convient de tenir compte à la fois de la probabilité et de la gravité du risque ;**

ou

- **le traitement est effectué par « une autorité publique ou un organisme public ».**

La qualification d'« autorité publique ou organisme public » pour une entité établie en dehors de l'Union devra être évaluée par les autorités de contrôle *in concreto* et au cas par cas *[Le RGPD ne définit pas la notion d'« autorité publique ou organisme public ». Le comité estime qu'une telle notion doit être déterminée par le droit national. Par conséquent, les autorités publiques et organismes publics comprennent les autorités nationales, régionales et locales, mais le concept, en vertu des lois nationales applicables, comprend généralement aussi une série d'autres organismes régis par le droit public.]* **Le comité note que, compte tenu de la nature de leurs tâches et missions, les cas où une autorité publique ou un organisme public d'un pays tiers offrirait des biens ou des services à la personne concernée dans l'Union, ou suivrait son comportement au sein de l'Union, sont susceptibles d'être limités.**

C) *Établissement dans un des États membres dans lesquels se trouvent les personnes physiques dont les données à caractère personnel font l'objet d'un traitement*

L'article 27, paragraphe 3, prévoit que « *[l]e représentant est établi dans un des États membres dans lesquels se trouvent les personnes physiques dont les données à caractère personnel font l'objet d'un traitement lié à l'offre de biens ou de services, ou dont le comportement fait l'objet d'un suivi* ». Lorsqu'une proportion significative des personnes concernées dont les données à caractère personnel font l'objet d'un traitement se trouvent dans un État membre donné, le comité recommande, à titre de bonne pratique, que le représentant soit établi dans ce même État membre. Le représentant doit toutefois rester facilement accessible aux personnes concernées dans les États membres dans lesquels il n'est pas établi et dans lesquels les services ou les biens sont offerts ou le comportement fait l'objet d'un suivi.

Le comité confirme que le critère d'établissement du représentant dans l'Union est la localisation des personnes concernées dont les données à caractère personnel font l'objet d'un traitement. Le lieu de traitement, même par un sous-traitant établi dans un autre État membre, ne constitue pas ici un facteur pertinent pour déterminer le lieu de l'établissement du représentant.

Exemple 25.

Une société pharmaceutique indienne, qui n'a ni activité ni établissement dans l'Union et qui est soumise au RGPD conformément à l'article 3, paragraphe 2, parraine des essais cliniques réalisés par des chercheurs (hôpitaux) en Belgique, au Luxembourg et aux Pays-Bas. La majorité des patients participant aux essais cliniques se trouvent en Belgique.

La société pharmaceutique indienne, en tant que responsable du traitement, doit désigner un représentant dans l'Union établi dans l'un des trois États membres dans lesquels les patients, en tant que personnes concernées, participent aux essais cliniques (Belgique, Luxembourg ou Pays-Bas). Étant donné que la plupart des patients sont des résidents belges, il est recommandé que le représentant soit établi en Belgique. Si tel est le cas, le représentant en Belgique devrait cependant être facilement accessible aux personnes concernées et aux autorités de contrôle aux Pays-Bas et au Luxembourg.

Dans ce cas particulier, le représentant dans l'Union pourrait être le représentant légal du promoteur dans l'Union, conformément à l'article 74 du règlement (UE) n° 536/2014 relatif aux essais cliniques, à condition qu'il ne fasse pas office de sous-traitant au nom du promoteur des essais cliniques, qu'il soit établi dans un des trois États membres et que les deux fonctions soient régies par chaque cadre juridique et exercées dans le respect de ceux-ci.

D) *Obligations et responsabilités du représentant*

Le représentant dans l'Union agit au nom du responsable du traitement ou du sous-traitant qu'il représente en ce qui concerne les obligations qui incombent à ces derniers en vertu du GDPR. Sont notamment concernées les obligations relatives à l'exercice des droits des personnes concernées et, à cet égard et comme indiqué précédemment, l'identité et les coordonnées du représentant doivent être fournies aux personnes concernées conformément aux articles 13 et 14. Bien qu'il ne soit pas lui-même responsable du respect des droits des personnes concernées, le représentant doit faciliter la communication entre les personnes concernées et le responsable du traitement ou le sous-traitant représenté, afin que l'exercice des droits des personnes concernées soit effectif.

En vertu de l'article 30, le représentant du responsable du traitement ou du sous-traitant tient notamment un registre des activités de traitement effectuées sous leur responsabilité. Le comité estime que, si la tenue de ce registre est une obligation imposée à la fois au responsable du traitement/sous-traitant et au représentant, le responsable du traitement ou le sous-traitant non établi dans l'Union est responsable du contenu principal et de la mise à jour du registre et doit simultanément fournir à son représentant toutes les informations exactes et actualisées afin que le registre puisse également être conservé et mis à disposition par le représentant à tout moment. Parallèlement, il incombe au représentant de pouvoir le fournir en application de l'article 27, par exemple, lorsque le représentant reçoit une notification d'une autorité de contrôle conformément à l'article 27, paragraphe 4.

Tel qu'il est précisé au considérant 80, le représentant devrait également accomplir ses tâches conformément au mandat reçu du responsable du traitement ou du sous-traitant, y compris coopérer avec les autorités de contrôle compétentes en ce qui concerne toute action entreprise pour assurer le respect du règlement. Dans la pratique, cela signifie qu'une autorité de contrôle prendrait contact avec le représentant pour toute question relative aux obligations de conformité d'un responsable du traitement ou d'un sous-traitant établi en dehors de l'Union, et que le représentant serait en mesure de faciliter tout échange d'informations ou de procédures entre une autorité de contrôle requérante et un responsable du traitement ou un sous-traitant établi en dehors de l'Union.

Avec l'aide d'une équipe, le cas échéant, le représentant dans l'Union doit par conséquent être en mesure de communiquer efficacement avec les personnes concernées et de coopérer avec les autorités de contrôle concernées. Cela signifie que cette communication devrait en principe avoir lieu dans la ou les langues utilisées par les autorités de contrôle et les personnes concernées ou, si cela entraîne un effort disproportionné, que d'autres moyens et techniques doivent être utilisés par le représentant afin de garantir une communication efficace. Par conséquent, la disponibilité d'un représentant est essentielle pour que les personnes concernées et les autorités de contrôle puissent facilement prendre contact avec le responsable du traitement ou le sous-traitant établi en dehors de l'Union. Conformément au considérant 80 et à l'article 27, paragraphe 5, la désignation d'un représentant dans l'Union ne porte pas atteinte aux responsabilités du responsable du traitement ou du sous-traitant au titre du RGPD et est sans préjudice des actions en justice qui pourraient être intentées contre le responsable du traitement ou le sous-traitant lui-même. Le RGPD n'établit pas une responsabilité substitutive du représentant en lieu et place du responsable du traitement ou du sous-traitant qu'il représente dans l'Union.

Il convient toutefois de noter que la notion de représentant a été introduite précisément dans le but de faciliter le contact avec les responsables du traitement ou les sous-traitants qui relèvent du champ d'application de l'article 3, paragraphe 2, du RGPD et d'assurer l'application effective de ce dernier. A cette fin, l'intention était de permettre aux autorités de contrôle d'engager des procédures coercitives par l'intermédiaire du représentant désigné par les responsables du traitement ou les sous-traitants non établis dans l'Union. Cette latitude inclut la possibilité pour les autorités de contrôle d'adresser au représentant les mesures correctrices ou les amendes et sanctions administratives infligées au responsable du traitement ou au sous-traitant non établi dans l'Union, conformément à l'article 58, paragraphe 2, et à l'article 83 du RGPD. La possibilité de tenir un représentant directement responsable est toutefois limitée à ses obligations directes visées à l'article 30 et à l'article 58, paragraphe 1, point a), du RGPD.

Le comité souligne en outre que l'article 50 du RGPD vise notamment à faciliter l'application de la législation à l'égard des pays tiers et des organisations internationales, et que l'élaboration de nouveaux mécanismes de coopération internationale à cet égard est actuellement envisagée.

Lignes directrices 3/2019 du 29 janvier 2020,

Sur le traitement des données à caractère personnel par des dispositifs vidéo (version 2.0).

1 Introduction

1. L'utilisation intensive de dispositifs vidéo a une incidence sur le comportement des citoyens. La mise en œuvre généralisée de ces outils dans de nombreux domaines de la vie des particuliers exercera une pression supplémentaire sur ceux-ci aux fins de la détection des anomalies éventuelles. En effet, ces technologies peuvent restreindre les possibilités de mouvement anonyme et d'utilisation anonyme des services et limitent généralement la possibilité de passer inaperçu. Les incidences en matière de protection des données sont énormes.

2. Si les citoyens peuvent être disposés à accepter la vidéosurveillance lorsque celle-ci vise un objectif précis de sécurité, il convient de prendre des mesures afin d'éviter toute utilisation abusive pour des finalités totalement différentes et inattendues pour la personne concernée (par exemple, à des fins commerciales, de suivi des performances des employés, etc.). En outre, de nombreux outils sont désormais mis en place pour exploiter les images enregistrées et pour transformer les caméras traditionnelles en caméras intelligentes. Associée à ces nouveaux outils et techniques, la quantité de données générées par la vidéosurveillance augmente les risques d'utilisation secondaire (liée ou non à l'objectif premier du système), voire d'abus. Dans le domaine de la vidéosurveillance, il convient toujours d'observer soigneusement les principes généraux énoncés dans le RGPD (article 5).

3. A bien des égards, les systèmes de vidéosurveillance modifient la manière dont les professionnels des secteurs privé et public interagissent dans les lieux privés ou publics aux fins du renforcement de la sécurité, de l'obtention d'une analyse de l'audience, de la diffusion de publicités personnalisées, etc. La vidéosurveillance est devenue très performante grâce à la mise en œuvre croissante de l'analyse vidéo intelligente. Ces techniques peuvent être très intrusives (telles que les technologies biométriques complexes) ou peu intrusives (comme les algorithmes de comptage simples). En général, il est de plus en plus difficile de rester anonyme et de préserver sa vie privée. Diverses questions relatives à la protection des données peuvent être soulevées d'une situation à l'autre, tandis que les analyses juridiques différeront en fonction du type de technologie mis en place.

4. Outre les interrogations propres à la protection de la vie privée, il existe également des risques liés aux éventuels dysfonctionnements de ces dispositifs et aux biais qu'ils peuvent induire. Le milieu de la recherche rapporte que les logiciels utilisés pour l'identification, la reconnaissance ou l'analyse faciales donnent des résultats différents selon l'âge, le sexe et l'origine ethnique de la personne qu'ils identifient. Étant donné que l'efficacité des algorithmes pourrait varier en fonction du groupe démographique visé, les biais inhérents aux technologies de reconnaissance faciale risquent de renforcer les préjugés de la société. C'est pourquoi les responsables du traitement des données doivent également veiller à évaluer régulièrement la pertinence des données biométriques issues de la vidéosurveillance ainsi que le caractère suffisant des garanties fournies.

5. Il importe de ne pas recourir systématiquement à la vidéosurveillance lorsqu'il existe d'autres moyens d'atteindre la finalité poursuivie. Sinon, nous risquons de voir évoluer nos normes culturelles de telle sorte que nous serons amenés à accepter un niveau insuffisant de protection de la vie.

6. Les présentes lignes directrices visent à donner des indications sur la manière d'appliquer le RGPD dans le cadre du traitement des données à caractère personnel obtenues au moyen de dispositifs vidéo. Les exemples présentés ne sont pas exhaustifs, le raisonnement général pouvant être appliqué à tous les domaines d'utilisation potentiels.

2 Champ d'application *[Le comité européen de la protection des données rappelle que certaines exigences spécifiques de la législation nationale peuvent s'appliquer dans les cas prévus par le RGPD]*

2.1 *Données à caractère personnel*

7. La surveillance systématique et automatisée d'un espace spécifique par des moyens optiques ou audiovisuels, principalement à des fins de protection des biens ou de protection de la vie et de la santé des personnes, est devenue un phénomène important de notre époque. Cette activité entraîne la collecte et la conservation d'informations picturales ou audiovisuelles sur toutes les personnes entrant dans l'espace surveillé qui sont identifiables sur la base de leur apparence ou d'autres éléments spécifiques. L'identité de ces personnes peut être établie sur la base de ces informations. Cette technique permet également le traitement ultérieur de données à caractère personnel concernant la présence et le comportement des personnes dans un espace donné. Le risque potentiel d'utilisation abusive de ces données augmente en fonction de la taille de la zone surveillée ainsi que du nombre de personnes qui la fréquentent. Cette observation est reflétée par l'article 35, paragraphe 3, point c), du RGPD, qui requiert la réalisation d'une analyse d'impact relative à la protection des données en cas de surveillance systématique à grande échelle d'une zone accessible au public, ainsi qu'à son article 37, paragraphe 1, point b), qui contraint les sous-traitants à désigner un délégué à la protection des données lorsque le traitement, du fait de sa nature, exige un suivi régulier et systématique des personnes concernées.

8. Toutefois, le RGPD ne s'applique pas aux traitements de données qui ne présentent aucun lien avec une personne physique, par exemple lorsqu'il n'est pas possible d'identifier un individu directement ou indirectement.

9. Exemple : le RGPD ne s'applique pas aux fausses caméras (c'est-à-dire toute caméra qui ne fonctionne pas comme telle et, par conséquent, ne traite pas de données à caractère personnel). *Certains États membres sont toutefois susceptibles d'avoir pris des mesures à cet égard.*

Exemple : les enregistrements effectués à haute altitude ne relèvent du champ d'application du RGPD que si, dans ces circonstances, les données traitées permettent d'établir un lien avec une personne spécifique.

Exemple : une caméra électronique est intégrée dans une voiture pour fournir une assistance au stationnement. Si la caméra est conçue ou réglée de telle manière qu'elle ne recueille aucune information relative à une personne physique (comme des plaques d'immatriculation ou des informations permettant d'identifier des passants), le RGPD ne s'applique pas.

2.2 *Application de la directive en matière de protection des données dans le domaine répressif [directive (UE) 2016/680]*

10. Le traitement de données à caractère personnel par les autorités compétentes à des fins de prévention et de détection des infractions pénales, d'enquêtes et de poursuites en la matière ou d'exécution de sanctions pénales, y compris la protection contre des menaces pour la sécurité publique et la prévention de telles menaces, relève de la directive (UE) 2016/680.

2.3 *Exemption dans le cadre d'une activité domestique*

11. En vertu de l'article 2, paragraphe 2, point c), du RGPD, le traitement de données à caractère personnel effectué par une personne physique dans le cadre d'une activité strictement personnelle ou domestique, qui peut également comprendre une activité en ligne, n'est pas visé par le RGPD.

12. Cette disposition, appelée « exemption dans le cadre d'une activité domestique », doit être lue de manière restrictive dans le contexte de la vidéosurveillance. Par conséquent, comme l'a estimé la Cour de justice de l'Union européenne (CJUE), cette exemption doit *« être interprétée comme visant uniquement les activités qui s'insèrent dans le cadre de la vie privée ou familiale des particuliers, ce qui n'est manifestement pas le cas du traitement de données à caractère personnel consistant dans leur publication sur Internet de sorte que ces données sont rendues accessibles à un nombre indéfini de personnes »* *[Cour de Justice de l'Union européenne, arrêt dans l'affaire C-101/01, Bodil Lindqvist, 6 novembre 2003, point 47]*. Par ailleurs, si une vidéosurveillance, dans la mesure où elle enregistre et stocke en permanence des données à caractère personnel, s'étend, *« même partiellement, à l'espace public et, de ce fait, est dirigée vers l'extérieur de la sphère privée de celui qui procède au traitement des données par ce moyen, elle ne saurait être considérée comme une activité exclusivement "personnelle ou domestique", au sens de l'article 3, paragraphe 2, second tiret, de la directive 95/46 »* *[Cour de Justice de l'Union européenne, arrêt dans l'affaire C-212/13, František Ryneš/Úřad pro ochranu osobních údajů, 11 décembre 2014, point 33]*.

13. Les dispositifs vidéo exploités à l'intérieur de locaux détenus par une personne privée sont susceptibles de bénéficier de l'exemption dans le cadre d'une activité domestique. A cet égard, il convient de tenir compte d'une diversité de facteurs pour parvenir à une conclusion. Outre les éléments relevés ci-dessus dans les arrêts de la CJUE, tout utilisateur d'un système vidéosurveillance à domicile doit déterminer s'il entretient une relation personnelle quelconque avec les personnes concernées, si l'ampleur ou la fréquence de la surveillance semble indiquer qu'il exerce une activité professionnelle et si la surveillance a une incidence négative sur les personnes concernées. La présence d'un seul des éléments susmentionnés n'indique pas nécessairement que le traitement ne peut pas bénéficier de l'exemption dans le cadre d'une activité domestique, une évaluation globale étant nécessaire pour prendre une décision.

14. **Exemple : un touriste enregistre des vidéos à la fois sur son téléphone portable et sur un caméscope pour documenter ses vacances. Il montre les images à ses amis et à sa famille mais ne les rend pas accessibles à un nombre indéterminé de personnes. L'exemption dans le cadre d'une activité domestique s'applique.**

Exemple : une vététiste en descente veut enregistrer son parcours avec une caméra. Elle se trouve dans une région isolée et ne prévoit d'utiliser les enregistrements que pour son divertissement personnel à la maison. L'exemption dans le cadre d'une activité domestique s'applique, bien que, dans une certaine mesure, des données à caractère personnel soient traitées.

Exemple : une personne surveille et enregistre son propre jardin. La propriété est clôturée et seul le responsable du traitement et sa famille pénètrent régulièrement dans le jardin. L'exemption dans le cadre d'une activité domestique s'applique, à condition que la vidéosurveillance ne s'étende pas, même partiellement, à un espace public ou à une propriété voisine.

3 Licéité du traitement

15. Avant l'utilisation, les finalités du traitement doivent être spécifiées en détail [article 5, paragraphe 1, point b)]. La vidéosurveillance peut avoir de nombreux objectifs, tels que la protection de biens et autres actifs, la contribution à la protection de la vie et de l'intégrité physique des personnes ou encore la collecte de preuves dans le cadre d'actions civiles *[Les règles applicables à la collecte d'éléments de preuve dans le cadre d'actions de droit civil varient d'un État membre à l'autre]*. Il y a lieu de documenter ces objectifs de surveillance par écrit (article 5, paragraphe 2) et de les préciser pour chaque caméra de surveillance utilisée. Les caméras qui sont utilisées pour les mêmes finalités par un seul responsable du traitement peuvent être documentées conjointe-

ment. Par ailleurs, les personnes concernées doivent être informées de l'objectif ou des objectifs du traitement conformément à l'article 13 *(voir Section 7, Obligations en matière de transparence et d'information)*. Toute vidéosurveillance invoquant le seul objectif de « sécurité » ou se fondant sur la mention « pour votre sécurité » n'est pas motivée de manière suffisamment précise [article 5, paragraphe 1, point b)]. Elle est en outre contraire au principe selon lequel les données à caractère personnel doivent être traitées de manière licite, loyale et transparente à l'égard de la personne concernée *[voir article 5, paragraphe 1, point a)]*.

16. En principe, chaque motif juridique prévu à l'article 6, paragraphe 1, peut fournir une base juridique pour le traitement des données de vidéosurveillance. Par exemple, l'article 6, paragraphe 1, point c), s'applique lorsque la législation nationale prévoit une obligation de procéder à une vidéosurveillance *[Les présentes lignes directrices n'analysent ou n'approfondissent pas les différences qui distinguent les législations de chaque État membre]*. Toutefois, dans la pratique, les dispositions les plus susceptibles de s'appliquer sont les suivantes :

- l'article 6, paragraphe 1, point f) (intérêt légitime), et
- l'article 6, paragraphe 1, point e) (nécessité d'exécuter une mission d'intérêt public ou relevant de l'exercice de l'autorité publique).

A titre relativement exceptionnel, l'article 6, paragraphe 1, point a), (consentement) peut être utilisé comme base juridique par le responsable du traitement.

3.1 *Intérêt légitime [article 6, paragraphe 1, point f)]*

17. En vertu du considérant 47, l'évaluation juridique de la conformité à l'article 6, paragraphe 1, point f), doit s'appuyer sur les critères suivants.

3.1.1 *Existence d'intérêts légitimes*

18. La vidéosurveillance est licite si elle est nécessaire compte tenu des intérêts légitimes poursuivis par le responsable du traitement ou par un tiers, à moins que ne prévalent les intérêts ou les libertés et droits fondamentaux de la personne concernée [article 6, paragraphe 1, point f)]. Les intérêts légitimes du responsable du traitement ou du tiers peuvent être des intérêts juridiques *[Cour de Justice de l'Union européenne, arrêt dans l'affaire C-13/16, Rīgas satiksme, 4 mai 2017]*, économiques ou non matériels *[Voir WP 217, Groupe de travail « article 29 »]*. Toutefois, le responsable du traitement doit tenir compte du fait que si la personne concernée s'oppose à la surveillance conformément à l'article 21, il ne peut procéder à la vidéosurveillance que si ses intérêts légitimes *impérieux* prévalent sur les intérêts, droits et libertés de la personne concernée ou si cela est nécessaire aux fins de la constatation, de l'exercice ou de la défense d'un droit en justice.

19. Dans une situation de danger réel, la finalité de protection de biens contre le cambriolage, le vol ou le vandalisme peut constituer un intérêt légitime motivant le recours à la vidéosurveillance.

20. L'intérêt légitime doit exister réellement et être actuel (c'est-à-dire qu'il ne peut pas correspondre à une situation fictive ou spéculative) *[Voir WP 217, groupe de travail « article 29 », p. 24 et suiv. Voir également arrêt de la CJUE dans l'affaire C-708/18, point 44]*. Avant de procéder à la surveillance, le responsable du traitement doit avoir connu une situation de détresse concrète résultant, par exemple, de dommages ou d'incidents graves. Compte tenu du principe de responsabilité, il est conseillé aux responsables du traitement de documenter les incidents pertinents (date, nature, perte financière) et les poursuites pénales y afférentes. Une fois répertoriés, ces incidents peuvent constituer une preuve solide de l'existence d'un intérêt légitime. Il convient de réévaluer l'existence d'un intérêt légitime et le caractère nécessaire de la surveillance à intervalles réguliers (par exemple, une fois par an, selon les circonstances).

21. Exemple : un commerçant entend ouvrir un nouvel établissement et souhaite installer un système de vidéosurveillance aux fins de la prévention du vandalisme. Il peut démontrer, en s'appuyant sur des statistiques, que le voisinage proche peut s'attendre à un taux de vandalisme élevé. Par ailleurs, l'expérience des commerces voisins est utile. Le responsable du traitement concerné ne doit pas impérativement avoir subi des dommages. Pour autant que les dommages rapportés dans le voisinage fassent état d'un risque important, il est possible de déterminer l'existence d'un intérêt légitime. Il ne suffit toutefois pas de présenter des statistiques nationales ou générales sur la criminalité sans analyser la zone concernée ou les dangers auxquels s'expose le commerce en question.

22. Les situations de danger imminent, comme celles auxquelles sont confrontées les banques, les commerces proposant des biens précieux (par exemple les bijoutiers) ou les zones qui sont le théâtre d'un nombre important d'atteintes aux biens (telles que les stations-service), peuvent indiquer l'existence d'un intérêt légitime.

23. A son article 6, paragraphe 1, alinéa 2, le RGPD indique également de manière claire que, dans l'exécution de leurs missions, les autorités publiques ne peuvent pas se fonder sur un intérêt légitime dans le cadre de leurs activités de traitement des données.

3.1.2 *Caractère nécessaire du traitement*

24. Les données à caractère personnel doivent être adéquates, pertinentes et limitées à ce qui est nécessaire au regard des finalités pour lesquelles elles sont traitées (« minimisation des données ») *[voir article 5, paragraphe 1, point c)]*. Avant d'installer un système de vidéosurveillance, le responsable du traitement devrait toujours examiner de manière critique si cette mesure est, d'une part, appropriée pour atteindre l'objectif visé et, d'autre part, adéquate et nécessaire à cette fin. Il convient d'opter pour des mesures de vidéosurveillance uniquement si la finalité du traitement ne peut pas être raisonnablement réalisée par des moyens moins susceptibles de porter atteinte aux libertés et droits fondamentaux des personnes concernées.

25. Lorsqu'un responsable du traitement souhaite prévenir tout dommage occasionné à des biens, plutôt que d'installer un système de vidéosurveillance, il peut également prendre d'autres mesures de sécurité telles que clôturer la propriété, instaurer des patrouilles régulières de personnel de sécurité, utiliser des portiers, installer un meilleur éclairage, des serrures de sécurité et des fenêtres et portes inviolables, ou appliquer un revêtement ou des feuilles anti-graffiti sur les murs. Ces mesures peuvent se révéler aussi efficaces que les systèmes de vidéosurveillance contre les cambriolages, les vols et le vandalisme. Le responsable du traitement doit évaluer au cas par cas si ces mesures peuvent constituer une solution raisonnable.

26. Avant de recourir à un système de caméras, le responsable du traitement est tenu d'évaluer où et quand les mesures de vidéosurveillance sont strictement nécessaires. En général, un système de surveillance fonctionnant aussi bien la nuit qu'en dehors des heures normales de travail répondra aux besoins du responsable du traitement désireux de prévenir tout danger pour ses biens.

27. La plupart du temps, la nécessité de recourir à la vidéosurveillance pour protéger les locaux du responsable du traitement ne s'applique qu'aux limites de la propriété *[Certains États membres peuvent également avoir pris des mesures à cet égard]*. Cependant, il ne suffit pas toujours de surveiller les lieux concernés pour garantir une protection efficace. Dans certains cas précis, il peut être nécessaire d'étendre la vidéosurveillance à l'environnement immédiat de la propriété. Dans ce contexte, le responsable du traitement devrait envisager des moyens physiques et techniques supplémentaires, consistant par exemple à bloquer ou à pixeliser les zones non pertinentes.

28. Exemple : une librairie souhaite protéger ses locaux contre le vandalisme. En général, les caméras ne devraient filmer que les locaux concernés, car il n'est pas nécessaire de surveiller les locaux voisins ou les lieux publics situés aux alentours de la librairie à cette fin.

29. Des questions relatives à la nécessité du traitement se posent également eu égard à la méthode de conservation des éléments de preuve. Dans certains cas, il peut être nécessaire d'utiliser des boîtes noires dans lesquelles les images sont automatiquement supprimées au terme d'une durée de conservation déterminée et sont accessibles uniquement en cas d'incident. Dans d'autres situations, il peut être approprié de privilégier la surveillance en temps réel à l'enregistrement de documents vidéo. Il convient également de tenir compte de la finalité poursuivie avant d'opter pour l'une de ces solutions. Par exemple, si l'objectif de la vidéosurveillance est la préservation d'éléments de preuve, les méthodes de suivi en temps réel ne sont généralement pas adaptées. Parfois, la surveillance en temps réel se révèle également plus intrusive que la conservation et la suppression automatique des fichiers au terme d'une période déterminée (par exemple, les solutions supposant que le personnel de sécurité observe en permanence un moniteur peuvent être plus intrusives que celles ne recourant pas à un moniteur et sauvegardant directement les images dans une boîte noire). Il est impératif de prendre en considération le principe de minimisation des données dans ce contexte [article 5, paragraphe 1, point c)]. Il convient également de garder à l'esprit le fait que le responsable du traitement peut choisir de faire appel à des vigiles capables de réagir et d'intervenir immédiatement au lieu d'installer un système de vidéosurveillance.

3.1.3 *Mise en balance des intérêts*

30. En partant du principe que la vidéosurveillance est nécessaire pour protéger les intérêts légitimes d'un responsable du traitement, un système de vidéosurveillance ne peut être mis en service que si les intérêts ou les libertés et droits fondamentaux de la personne concernée ne prévalent pas sur les intérêts légitimes du responsable du traitement ou ceux d'un tiers (en matière, par exemple, de protection de biens ou d'intégrité physique). Le responsable du traitement doit examiner :
1) dans quelle mesure le contrôle a une incidence sur les intérêts ainsi que sur les libertés et les droits fondamentaux des personnes et
2) si cela entraîne des violations des droits de la personne concernée ou d'autres conséquences négatives à cet égard. En fait, la mise en balance des intérêts est obligatoire. Il convient d'évaluer et d'équilibrer soigneusement les libertés et les droits fondamentaux de la personne concernée, d'une part, et les intérêts légitimes du responsable du traitement, d'autre part.

31. Exemple : une entreprise privée de stationnement a documenté des problèmes récurrents de vols dans les voitures garées. L'aire de stationnement est un espace ouvert et facilement accessible à tous, mais elle est clairement signalée par les panneaux et les barrages routiers qui l'entourent. L'entreprise de stationnement a un intérêt légitime (prévenir les vols dans les voitures des clients) à surveiller la zone pendant la période de la journée où elle rencontre des problèmes. Les personnes concernées sont surveillées au cours d'un délai réduit, elles ne se trouvent pas dans la zone à des fins récréatives et il est également dans leur propre intérêt que les vols soient empêchés. L'intérêt légitime du responsable du traitement l'emporte en l'occurrence sur l'intérêt des personnes concernées à ne pas être surveillées.

Exemple : un restaurant décide d'installer des caméras de surveillance dans les toilettes pour contrôler la propreté des installations sanitaires. Dans ce cas, les droits des personnes concernées prévalent clairement sur l'intérêt du responsable du traitement et il est dès lors interdit d'installer des caméras dans ces locaux.

3.1.3.1 *Prise de décisions au cas par cas*

32. Étant donné que la mise en balance des intérêts est obligatoire en vertu du RGPD, il y a lieu de prendre des décisions au cas par cas [voir article 6, paragraphe 1, point f)]. Il ne suffit pas de se référer à des situations abstraites ou de comparer des cas semblables. Le responsable du traitement est tenu d'évaluer les risques d'atteinte aux droits de la personne concernée, le critère décisif étant la gravité du préjudice porté.

33. La gravité peut par exemple être définie par le type d'informations recueillies (contenu de l'information), la portée (densité de l'information, étendue spatiale et géographique), le nombre de personnes concernées (exprimé sous la forme d'un nombre spécifique ou d'un pourcentage du groupe en question), le cas d'espèce, les intérêts réels du groupe de personnes "concernées, les moyens de substitution ainsi que la nature et la portée de l'évaluation des données."

34. La taille de la zone surveillée et le nombre de personnes concernées par la surveillance peuvent constituer des facteurs importants dans le cadre de la mise en balance. Il convient de prendre en considération des critères différents lorsqu'il s'agit de recourir à la vidéosurveillance dans une zone isolée (par exemple, pour observer la faune ou pour protéger des infrastructures critiques telles qu'une antenne radio privée) ou, au contraire, dans une zone piétonne ou un centre commercial.

35. **Exemple : si une caméra est installée sur le tableau de bord d'un véhicule (par exemple, pour recueillir des preuves en cas d'accident), il est important de s'assurer qu'elle n'enregistre pas en permanence la circulation ainsi que les personnes alentour. Dans le cas contraire, l'intérêt de disposer d'enregistrements vidéo comme preuve dans l'éventualité d'un accident de la route ne permet pas de justifier cette atteinte grave aux droits des personnes concernées** *[Certains États membres peuvent également avoir pris des mesures à cet égard]*.

3.1.3.2 *Attentes raisonnables des personnes concernées*

36. Conformément au considérant 47, il est nécessaire d'évaluer soigneusement l'existence d'un intérêt légitime. A cet égard, il convient de tenir compte des attentes raisonnables de la personne concernée au moment et dans le cadre du traitement de données à caractère personnel la concernant. Eu égard au contrôle systématique, la relation entre la personne concernée et le responsable du traitement peut varier considérablement et influer sur les attentes raisonnables éventuelles de la personne concernée. Il est impératif de ne pas interpréter la notion d'attentes raisonnables en se fondant uniquement sur les attentes subjectives invoquées dans le cas d'espèce. A titre de critère décisif, il convient plutôt de déterminer si un tiers objectif peut raisonnablement s'attendre à faire l'objet d'une surveillance dans une situation particulière.

37. Par exemple, dans la plupart des cas, un employé ne s'attend pas à être surveillé par son employeur sur son lieu de travail *[Voir également : groupe de travail « article 29 », avis 2/2017 sur le traitement des données sur le lieu de travail, WP 249, adopté le 8 juin 2017]*. Par ailleurs, on ne s'attend pas à ce que les jardins privés, les zones d'habitation ou les salles d'examen et de traitement fassent l'objet d'une surveillance. De même, il n'est pas raisonnable de s'attendre à être surveillé dans les installations sanitaires ou les saunas, ce qui constitue une atteinte grave aux droits de la personne concernée. Les personnes concernées s'attendent raisonnablement à ce qu'aucune vidéosurveillance n'ait lieu dans ces zones. En revanche, les clients d'une banque peuvent s'attendre à être surveillés à l'intérieur de la banque ou par le distributeur automatique.

38. Les personnes concernées peuvent également s'attendre à ne pas être surveillées dans les zones accessibles au public, en particulier si ces zones sont généralement utilisées pour des activités de récupération, de régénération et de loisirs, ainsi

que dans les lieux où les personnes séjournent et/ou communiquent, tels que les salons, les tables des restaurants, les parcs, les cinémas et les salles de fitness. Dans ces cas, les intérêts ou les droits et libertés de la personne concernée prévalent souvent sur les intérêts légitimes du responsable du traitement.

39. **Exemple : dans les toilettes, les personnes concernées s'attendent à ne pas être surveillées. Le recours à la vidéosurveillance, par exemple en vue de prévenir les accidents, n'est pas une mesure proportionnelle.**

40. Les panneaux informant la personne concernée quant à la vidéosurveillance n'ont aucune pertinence lorsqu'il s'agit de définir ses attentes objectives. Cela signifie, par exemple, qu'un commerçant ne peut pas compter sur le fait que les clients s'attendent objectivement à être surveillés simplement parce qu'un panneau disposé à l'entrée les informe de la présence d'un système de surveillance.

3.2 *Nécessité d'exécuter une mission d'intérêt public ou relevant de l'exercice de l'autorité publique dont est investi le responsable du traitement [article 6, paragraphe 1, point e)]*

41. Les données à caractère personnel obtenues au moyen d'une vidéosurveillance peuvent faire l'objet d'un traitement en vertu de l'article 6, paragraphe 1, point e), si cela est nécessaire à l'exécution d'une mission d'intérêt public ou relevant de l'exercice de l'autorité publique *[Le fondement du traitement « est défini par le droit de l'Union ou le droit de l'État membre » concerné et est nécessaire « à l'exécution d'une mission d'intérêt public ou relevant de l'exercice de l'autorité publique dont est investi le responsable du traitement » (article 6, paragraphe 3)]*. Lorsque l'exercice de l'autorité publique ne permet pas un tel traitement, d'autres bases législatives, en matière, par exemple, de « santé et de sécurité » aux fins de la protection des visiteurs et des employés peuvent offrir une marge de manœuvre limitée pour le traitement, dans le respect des obligations du RGPD et des droits des personnes concernées.

42. Les États membres peuvent maintenir ou adopter une législation nationale spécifique en matière de vidéosurveillance afin d'adapter l'application des règles du RGPD en définissant de manière plus précise les exigences spécifiques de traitement, à condition qu'elles soient conformes aux principes établis par le RGPD (tels que la limitation de la conservation ou la proportionnalité).

3.3 *Consentement [article 6, paragraphe 1, point a)]*

43. Le consentement doit être donné librement, spécifique, éclairé et univoque, conformément aux lignes directrices sur le consentement *[Groupe de travail « article 29 », « Lignes directrices sur le consentement au sens du règlement 2016/679 » (WP 259 rév. 01), approuvées par le comité européen de protection des données]*.

44. En ce qui concerne la surveillance systématique, le consentement de la personne concernée ne peut servir de base juridique conformément à l'article 7 (voir considérant 43) que dans des cas exceptionnels. De par leur nature, les systèmes de surveillance surveillent simultanément un nombre indéterminé de personnes. Le responsable du traitement ne sera vraisemblablement pas en mesure de prouver que la personne concernée a donné son consentement avant que ses données à caractère personnel ne soient traitées (article 7, paragraphe 1). Dans l'hypothèse où la personne concernée retire son consentement, le responsable du traitement éprouvera des difficultés à démontrer que les données à caractère personnel ne sont plus traitées (article 7, paragraphe 3).

45. **Exemple : un athlète peut demander à être suivi dans le cadre d'exercices individuels afin d'analyser ses techniques et ses performances. En revanche, lorsqu'un club sportif prend l'initiative de surveiller une équipe entière pour la même finalité, le consentement des athlètes ne sera souvent pas valable, car**

ceux-ci peuvent se sentir contraints d'accepter cette mesure afin de ne pas nuire à leurs coéquipiers.

46. Si le responsable du traitement souhaite se fonder sur le consentement, il est tenu de s'assurer que chaque personne concernée qui pénètre dans la zone faisant l'objet d'une vidéosurveillance a donné son consentement. A cet égard, il convient de veiller au respect des critères visés à l'article 7. Le fait d'entrer dans une zone surveillée et désignée comme telle (par exemple, les visiteurs sont invités à emprunter un couloir ou un portail spécifique pour pénétrer dans l'espace concerné) ne constitue pas une déclaration ou un acte positif clair indiquant le consentement des personnes concernées, sauf si cette mesure est conforme aux dispositions des articles 4 et 7, telles que décrites dans les lignes directrices sur le consentement *[Groupe de travail « article 29 », « Lignes directrices sur le consentement au sens du règlement 2016/679 » (WP 259), approuvées par le comité européen de la protection des données, qu'il convient de prendre en considération]*.

47. Étant donné le déséquilibre en matière de pouvoir qui caractérise la relation employeur-employé, dans la plupart des cas, l'employeur ne devrait pas partir du principe qu'il dispose du consentement de ses employés au moment de traiter leurs données à caractère personnel, car il est peu probable que celui-ci ait été donné librement. Dans ce contexte, il convient de prendre en considération les lignes directrices sur le consentement.

48. La loi ou les conventions collectives des États membres, y compris les « accords d'entreprise », peuvent prévoir des règles spécifiques concernant le traitement des données à caractère personnel des employés dans le cadre des relations de travail (voir article 88).

4 Communication d'enregistrements vidéo à des tiers

49. En principe, les règles générales du RGPD s'appliquent à la communication d'enregistrements vidéo à des tiers.

4.1 *Communication d'enregistrements vidéo à des tiers en général*

50. La communication est définie à l'article 4, paragraphe 2, comme la transmission (dans le cadre, par exemple, d'une communication individuelle), la diffusion (par exemple, la publication en ligne) ou tout autre forme de mise à disposition. Les tiers sont définis à l'article 4, paragraphe 10. Lorsque la communication est effectuée à l'intention de pays tiers ou d'organisations internationales, les dispositions particulières des articles 44 et suivants s'appliquent également.

51. Toute communication de données à caractère personnel constitue un type de traitement distinct de données à caractère personnel pour lequel le responsable du traitement doit se fonder sur une base juridique au sens de l'article 6.

52. **Exemple : un responsable du traitement qui souhaite télécharger un enregistrement sur l'internet doit s'appuyer sur une base juridique pour ce traitement, par exemple en obtenant le consentement de la personne concernée conformément à l'article 6, paragraphe 1, point a).**

53. La transmission d'enregistrements vidéo à des tiers à des fins autres que celles pour lesquelles les données ont été collectées est possible en vertu des règles énoncées à l'article 6, paragraphe 4

54. **Exemple : une barrière (sur une aire de stationnement) fait l'objet d'une vidéosurveillance afin de prévenir les dégâts. Des dégâts y sont occasionnés et l'enregistrement est transmis à un avocat pour poursuivre l'affaire. Dans ce cas, la finalité de l'enregistrement est la même que celle de la transmission.**

Exemple : une barrière (sur une aire de stationnement) fait l'objet d'une vidéosurveillance afin de prévenir les dégâts. L'enregistrement est publié en ligne pour des raisons de pur divertissement. Dans ce cas, la finalité du traitement a changé et n'est pas compatible avec la finalité initiale. En outre, il serait difficile d'attribuer une base juridique à ce traitement (publication).

55. Il appartiendrait au tiers destinataire d'effectuer sa propre analyse juridique, notamment en définissant la base juridique applicable au traitement au titre de l'article 6 (eu égard, par exemple, à la réception de l'enregistrement).

4.2 *Communication d'enregistrements vidéo aux services répressifs*

56. La communication d'enregistrements vidéo aux services répressifs est également une procédure indépendante, qui nécessite une justification distincte de la part du responsable du traitement.

57. Conformément à l'article 6, paragraphe 1, point c), le traitement est licite s'il est nécessaire au respect d'une obligation légale à laquelle le responsable du traitement est soumis. Bien que le droit policier applicable soit un domaine relevant du seul contrôle des États membres, il existe vraisemblablement des règles générales qui régissent la transmission de preuves aux services répressifs dans tous les États membres. Les modalités applicables au responsable du traitement qui communique les données sont réglementées par le RGPD. Si la législation nationale exige du responsable du traitement qu'il coopère avec les services répressifs (par exemple dans le cadre d'une enquête), la base juridique de la transmission des données est l'obligation légale prévue à l'article 6, paragraphe 1, point c).

58. La limitation des finalités prévue à l'article 6, paragraphe 4, ne pose alors souvent aucun problème, étant donné que la communication est explicitement conforme à la législation de l'État membre concerné. Il n'est donc pas nécessaire de tenir compte des exigences particulières en vue d'un changement de finalité au sens des points a) à e).

59. **Exemple : un commerçant enregistre des images à l'entrée de son établissement. Une séquence montre une personne qui vole le portefeuille d'une autre personne. La police demande au responsable du traitement de lui remettre le matériel afin de l'aider dans son enquête. Dans ce cas, le commerçant se fonderait sur la base juridique visée à l'article 6, paragraphe 1, point c) (obligation légale), lu conjointement avec le droit national pertinent en matière de traitement du transfert.**

60. Exemple : une caméra est installée dans un commerce pour des raisons de sécurité. Le propriétaire de l'établissement pense avoir enregistré un acte suspect et décide d'envoyer les images à la police (sans aucune indication qu'une enquête est en cours). Dès lors, il doit évaluer si les conditions prévues, dans la plupart des cas, à l'article 6, paragraphe 1, point f), sont remplies. C'est généralement le cas si le commerçant a de bonnes raisons de penser qu'une infraction a été commise.

61. Le traitement des données à caractère personnel par les services répressifs n'est pas régi par le RGPD [voir article 2, paragraphe 2, point d)], mais plutôt par la directive en matière de protection des données dans le domaine répressif [directive (UE) 2016/680].

5 Traitement portant sur des catégories particulières de données

62. Les systèmes de vidéosurveillance collectent généralement des quantités importantes de données à caractère personnel et peuvent révéler des informations d'une nature extrêmement personnelle, voire des catégories particulières de données. En effet, des données apparemment insignifiantes collectées initialement par vidéosurveillance peuvent être utilisées pour déduire d'autres informations en vue d'atteindre une finalité différente (par exemple, pour analyser les habitudes d'une

personne). Toutefois, on n'estime pas que la vidéosurveillance nécessite toujours le traitement de catégories particulières de données à caractère personnel.

63. **Exemple : un enregistrement vidéo montrant une personne qui porte des lunettes ou utilise un fauteuil roulant n'est pas considéré en soi comme une catégorie particulière de données à caractère personnel.**

64. Toutefois, si les images sont traitées de manière à déduire des catégories particulières de données, l'article 9 s'applique.

65. **Exemple : des opinions politiques pourraient par exemple être déduites d'images montrant des personnes concernées identifiables prenant part à un événement, une grève, etc. Ces cas de figure relèveraient de l'article 9.**

Exemple : le fait qu'un hôpital installe une caméra afin de surveiller l'état de santé d'un patient serait considéré comme un traitement portant sur des catégories particulières de données à caractère personnel (article 9).

66. En règle générale, lors de l'installation d'un système de vidéosurveillance, il convient d'accorder une attention particulière au principe de minimisation des données. Par conséquent, même dans les cas où l'article 9, paragraphe 1, ne s'applique pas, le responsable du traitement devrait toujours s'efforcer de minimiser le risque d'enregistrer des images révélant d'autres données sensibles (dépassant le champ d'application de l'article 9), quelle que soit la finalité poursuivie.

67. **Exemple : la vidéosurveillance d'une église ne relève pas en soi de l'article 9. Toutefois, le responsable du traitement doit procéder à une évaluation particulièrement attentive en vertu de l'article 6, paragraphe 1, point f), compte tenu de la nature des données ainsi que du risque d'enregistrer d'autres données sensibles (dépassant le champ d'application de l'article 9), lorsqu'il examine les intérêts de la personne concernée.**

68. Si un système de vidéosurveillance est utilisé pour traiter des catégories particulières de données, le responsable du traitement doit déterminer à la fois une exception pour le traitement de catégories particulières de données en vertu de l'article 9 (c'est-à-dire une exemption à la règle générale selon laquelle il convient de ne pas traiter les catégories particulières de données) et une base juridique en vertu de l'article 6.

69. Par exemple, en théorie et à titre exceptionnel, l'article 9, paragraphe 2, point c), (« *[...] le traitement est nécessaire à la sauvegarde des intérêts vitaux de la personne concernée ou d'une autre personne physique[...]* ») pourrait s'appliquer, mais le responsable du traitement devrait alors démontrer qu'il s'agit d'une nécessité absolue en vue de sauvegarder les intérêts vitaux d'une personne et que « *[...]la personne concernée se trouve dans l'incapacité physique ou juridique de donner son consentement* ». En outre, le responsable du traitement ne serait pas autorisé à accéder au système pour une quelconque autre raison.

70. Dans ce cadre, il est important de noter que les exceptions énumérées à l'article 9 ne permettraient probablement pas de justifier le traitement de catégories particulières de données par vidéosurveillance. Plus précisément, les responsables du traitement de données obtenues au moyen de la vidéosurveillance ne peuvent pas se prévaloir de l'article 9, paragraphe 2, point e), qui autorise les traitements portant sur des données à caractère personnel manifestement rendues publiques par la personne concernée. Le simple fait d'entrer dans le champ de la caméra ne présuppose pas que la personne concernée a l'intention de rendre publiques des catégories particulières de données la concernant.

71. En outre, le traitement de catégories particulières de données exige une vigilance accrue et continue à l'égard de certaines obligations, telles que celles visant à garantir un niveau élevé de sécurité et encadrant la réalisation d'une analyse d'impact relative à la protection des données, le cas échéant.

72. Exemple : un employeur n'est pas autorisé à consulter les enregistrements de vidéosurveillance couvrant une manifestation pour identifier les grévistes.

5.1 *Considérations générales sur le traitement des données biométriques*

73. L'utilisation de données biométriques et, en particulier, de la reconnaissance faciale comporte des risques accrus pour les droits des personnes concernées. Il est indispensable que le recours à ces technologies se fasse dans le respect des principes de licéité, de nécessité, de proportionnalité et de minimisation des données, tels qu'ils sont énoncés dans le RGPD. Si le recours à ces technologies peut être perçu comme étant particulièrement efficace, les responsables du traitement devraient tout d'abord évaluer l'incidence sur les libertés et droits fondamentaux ainsi qu'envisager des moyens moins intrusifs pour atteindre la finalité légitime du traitement.

74. Pour être qualifiées de données biométriques, telles que définies dans le RGPD, les données brutes qui font l'objet d'un traitement doivent comprendre une mesure des caractéristiques physiques, physiologiques ou comportementales d'une personne physique. Étant donné que les données biométriques sont obtenues au moyen de telles mesures, le RGPD les définit, à son article 4, paragraphe 14, comme « [...] résultant d'un traitement technique spécifique, relatives aux caractéristiques physiques, physiologiques ou comportementales d'une personne physique, qui permettent ou confirment son identification unique [...] ». Les enregistrements vidéo représentant une personne ne peuvent toutefois pas être considérés comme des données biométriques au sens de l'article 9 s'ils n'ont pas fait l'objet d'un traitement technique spécifique en vue de contribuer à l'identification d'une personne *[Le considérant 51 du RGPD étaye cette analyse et indique ce qui suit : « [...] Le traitement des photographies ne devrait pas systématiquement être considéré comme constituant un traitement de catégories particulières de données à caractère personnel, étant donné que celles-ci ne relèvent de la définition de données biométriques que lorsqu'elles sont traitées selon un mode technique spécifique permettant l'identification ou l'authentification unique d'une personne physique. [...] »]*.

75. Il ne peut être question d'un traitement portant sur des catégories particulières de données à caractère personnel (article 9) que si les données biométriques concernées sont traitées « aux fins d'identifier une personne physique de manière unique ».

76. En résumé, au regard de l'article 4, paragraphe 14, et de l'article 9, il convient de tenir compte de trois critères :
– **la nature des données** : les données se rapportent aux caractéristiques physiques, physiologiques ou comportementales d'une personne physique ;
– **les moyens et modalités de traitement** : les données résultent « d'un traitement technique spécifique » ;
– **la finalité du traitement** : les données doivent être traitées afin d'identifier une personne physique de manière unique.

77. Dans la plupart des cas, le recours à la vidéosurveillance, y compris aux fonctionnalités de reconnaissance biométrique installées par des entités privées pour leurs propres besoins (à des fins commerciales, statistiques ou de sécurité, par exemple), nécessite le consentement explicite de toutes les personnes concernées [article 9, paragraphe 2, point a)], bien qu'une autre exception visée à l'article 9 puisse éventuellement s'appliquer.

78. Exemple : pour améliorer ses services, une société privée remplace les points de contrôle d'identification des passagers dans un aéroport (dépôt des bagages, embarquement) par des systèmes de vidéosurveillance munis d'une technologie de reconnaissance faciale pour vérifier l'identité des passagers qui ont choisi de consentir à une telle procédure. Puisque le traitement relève de l'article 9, les passagers, qui auront préalablement donné leur consentement explicite et éclairé, devront s'inscrire à un terminal automatique, par exemple, afin de créer et d'enregistrer le modèle facial associé à leur carte d'embarquement et à leur identité. Les points de contrôle équipés d'une fonctionnalité de

reconnaissance faciale doivent être signalés de manière distincte : il convient par exemple d'installer le système dans un portique, afin que les modèles biométriques des personnes non consentantes ne soient pas enregistrés. Seuls les passagers qui auront préalablement donné leur consentement et procédé à leur enregistrement utiliseront le portique équipé du système biométrique.

Exemple : un responsable du traitement gère l'accès à son bâtiment au moyen d'une méthode de reconnaissance faciale. Les personnes ne peuvent utiliser cette voie d'accès que si elles ont donné leur consentement explicite et éclairé [conformément à l'article 9, paragraphe 2, point a)] au préalable. Toutefois, afin de garantir qu'aucune image d'une personne qui n'a pas préalablement donné son consentement ne soit enregistrée, la personne concernée devrait enclencher elle-même la méthode de reconnaissance faciale, par exemple en appuyant sur un bouton. Pour garantir la licéité du traitement, le responsable du traitement doit toujours proposer une autre manière d'accéder au bâtiment, sans traitement biométrique, comme des badges ou des clés.

79. Dans de tels cas, lorsque des modèles biométriques sont générés, les responsables du traitement veillent à ce qu'une fois qu'un résultat de concordance ou de non-correspondance a été obtenu, tous les modèles intermédiaires réalisés à la volée (avec le consentement explicite et éclairé de la personne concernée), aux fins de la comparaison au modèle créé par la personne concernée au moment de son enregistrement, soient supprimés immédiatement et de manière sécurisée. Les modèles créés pour l'enregistrement ne doivent être conservés que pour atteindre la finalité du traitement et ne devraient être ni stockés ni archivés.

80. Toutefois, lorsque le traitement vise, par exemple, à distinguer deux catégories de personnes et non à identifier une personne physique de manière unique, celui-ci ne relève pas de l'article 9.

81. **Exemple : un commerçant souhaite personnaliser ses publicités en fonction du sexe et de l'âge des clients filmés par son système de vidéosurveillance. Si ce système ne génère pas de modèles biométriques en vue d'identifier des personnes de manière unique mais détecte uniquement les caractéristiques physiques des clients afin de procéder à un classement, le traitement ne relève pas de l'article 9 (pour autant qu'aucun autre type de catégories particulières de données ne soit traité).**

82. Toutefois, l'article 9 s'applique si le responsable du traitement conserve des données biométriques (le plus souvent au moyen de modèles créés par l'extraction de caractéristiques clés issues de données biométriques brutes, telles que les mesures du visage obtenues à partir d'une image) afin d'identifier une personne de manière unique. Si un responsable du traitement souhaite détecter une personne concernée qui pénètre à nouveau dans l'espace surveillé ou dans une autre zone (par exemple, pour projeter une publicité personnalisée continue), la finalité serait alors d'identifier de manière unique une personne physique, ce qui signifie que l'opération relèverait d'emblée de l'article 9. Cela pourrait être le cas si un responsable du traitement enregistre des modèles pour fournir une publicité personnalisée sur plusieurs panneaux d'affichage placés à différents endroits au sein de son établissement. Dès lors que le système se fonde sur l'analyse de caractéristiques physiques pour détecter des personnes spécifiques qui entrent dans le champ de la caméra (comme les visiteurs d'un centre commercial) et les suivre, il constitue une méthode d'identification biométrique, car il vise la reconnaissance par l'utilisation d'un traitement technique spécifique.

83. **Exemple : un commerçant a installé un système de reconnaissance faciale à l'intérieur de son établissement afin d'adapter ses publicités à sa clientèle. Le responsable du traitement doit obtenir le consentement explicite et éclairé de toutes les personnes concernées avant d'utiliser ce système biométrique et de faire de la publicité sur mesure. Le système serait illicite s'il filmait des visiteurs ou des passants qui n'ont pas consenti à la création de leur modèle biométrique,**

même si leur modèle est supprimé dans le délai le plus court possible. En effet, ces modèles temporaires constituent des données biométriques traitées afin d'identifier de manière unique une personne qui peut ne pas souhaiter recevoir de publicité ciblée.

84. Le comité européen de la protection des données constate que certains systèmes biométriques sont installés dans des environnements non contrôlés [*Cela signifie que le dispositif biométrique est situé dans un espace ouvert au public et qu'il peut analyser toute personne passant dans son champ d'enregistrement, à l'inverse des systèmes biométriques situés dans des environnements contrôlés qui ne peuvent être enclenchés qu'avec la participation d'une personne consentante.*], ce qui signifie que le système enregistre à la volée le visage de toute personne qui entre dans le champ de la caméra, y compris celles qui n'ont pas consenti à l'utilisation du dispositif biométrique et, dès lors, il crée de modèles biométriques. Ces modèles sont comparés à ceux créés par les personnes concernées ayant donné leur consentement préalable dans le cadre d'une procédure d'enregistrement (c'est-à-dire les utilisateurs de dispositifs biométriques) afin que le responsable du traitement puisse déterminer si la personne est un utilisateur de dispositif biométrique ou non. Dans ce cas, le système vise souvent à distinguer, au moyen d'une base de données, les personnes qu'il est censé reconnaître de celles qui ne se sont pas enregistrées. Étant donné que la finalité est ici d'identifier des personnes physiques de manière unique, une exception au titre de l'article 9, paragraphe 2, du RGPD est toujours nécessaire pour quiconque est filmé par la caméra.

85. **Exemple : un hôtel utilise la vidéosurveillance pour alerter automatiquement le directeur de l'établissement de l'arrivée d'une personnalité dont le visage a été identifié. Ces personnalités ont donné leur consentement explicite à l'utilisation de la reconnaissance faciale avant d'être enregistrées dans une base de données créée à cet effet. Ces systèmes de traitement des données biométriques seraient illicites à moins que tous les autres clients surveillés (afin d'identifier les personnalités) n'aient consenti au traitement** conformément à l'article 9, paragraphe 2, point a), du RGPD.

Exemple : un responsable du traitement installe un système de vidéosurveillance avec reconnaissance faciale à l'entrée de la salle de concert qu'il gère. Il doit aménager des entrées clairement séparées, l'une étant équipée d'un dispositif biométrique et l'autre non (où les spectateurs scannent leur billet, par exemple). Les entrées munies de dispositifs biométriques doivent être installées et rendues accessibles de telle sorte que le système n'est pas en mesure d'enregistrer les modèles biométriques des spectateurs non consentants.

86. Enfin, lorsque le consentement est requis par l'article 9 du RGDP, le responsable du traitement ne doit pas conditionner l'accès à ses services à l'acceptation du traitement biométrique. En d'autres termes, et notamment lorsque le traitement biométrique est utilisé à des fins d'authentification, le responsable du traitement doit proposer une solution de substitution qui ne nécessite pas de traitement biométrique, sans contrainte ni coût supplémentaire pour la personne concernée. Cette solution de substitution est également nécessaire pour les personnes se trouvant dans l'incapacité d'utiliser le dispositif biométrique (enregistrement ou lecture des données biométriques impossible, situation de handicap rendant l'utilisation du dispositif difficile, etc.), et dans l'hypothèse d'une indisponibilité du dispositif (telle qu'un dysfonctionnement), il convient de mettre en œuvre une « solution de secours » afin d'assurer la continuité du service proposé, cette solution ne devant toutefois être utilisée qu'à titre exceptionnel. Occasionnellement, il peut arriver que le traitement de données biométriques constitue l'activité principale d'un service fourni par contrat, par exemple lorsqu'un musée organise une exposition pour démontrer le fonctionnement d'un dispositif de reconnaissance faciale, auquel cas la personne concernée ne pourra pas refuser le traitement de données biométriques si elle souhaite participer à l'exposition. Dans ces circonstances, le consentement requis en vertu de l'article 9 reste valable si les exigences visées à l'article 7 sont respectées.

5.2 *Mesures suggérées pour minimiser les risques lors du traitement de données biométriques*

87. Conformément au principe de minimisation des données, les responsables du traitement doivent s'assurer que les données extraites d'une image numérique pour construire un modèle ne sont pas excessives et ne contiennent que les informations nécessaires à l'accomplissement de la finalité spécifiée, de manière à éviter tout traitement ultérieur éventuel. Des mesures devraient être mises en place en vue de garantir que les modèles ne peuvent pas être transférés d'un système biométrique à l'autre.

88. L'identification et l'authentification/la vérification nécessiteront probablement la conservation du modèle à des fins de comparaison ultérieure. Le responsable du traitement doit déterminer l'endroit le plus approprié pour la conservation des données. Dans un environnement contrôlé (comprenant des couloirs délimités ou des points de contrôle), les modèles sont conservés sur un dispositif individuel détenu par l'utilisateur et demeurant sous son seul contrôle (à savoir son smartphone ou sa carte d'identité) ou, lorsque cela est nécessaire à des fins spécifiques et pour répondre à des besoins objectifs, ils sont conservés dans une base de données centralisée sous une forme cryptée avec une clé ou un code secret que seul l'utilisateur connaît, afin d'empêcher tout accès non autorisé au modèle ou au lieu de conservation. Si le responsable du traitement ne peut pas éviter d'avoir accès aux modèles, il doit prendre des mesures appropriées pour garantir la sécurité des données conservées. Cela peut inclure le cryptage du modèle à l'aide d'un algorithme cryptographique.

89. En tout état de cause, le responsable du traitement prend toutes les précautions nécessaires pour préserver la disponibilité, l'intégrité et la confidentialité des données traitées. A cette fin, le responsable du traitement prend notamment les mesures suivantes : il compartimente les données pendant la transmission et la conservation ; il conserve les modèles biométriques et les données brutes ou les données d'identité dans des bases de données distinctes ; il crypte les données biométriques, notamment les modèles biométriques, et définit une politique de cryptage et de gestion des clés ; il intègre une mesure organisationnelle et technique de détection des fraudes ; il associe un code d'intégrité aux données (par exemple signature ou hachage) et il interdit tout accès externe aux données biométriques. Ces mesures devront évoluer pour s'adapter aux progrès technologiques.

90. En outre, les responsables du traitement devraient supprimer les données brutes (images du visage, signaux vocaux, démarche, etc.) et veiller à l'efficacité de la méthode de suppression. S'il n'existe plus de base juridique pour le traitement, il y a lieu de supprimer les données brutes. En effet, dans la mesure où les modèles biométriques découlent de ces données, on peut estimer que la constitution de bases de données pourrait représenter une menace égale, voire plus grande encore (car il n'est peut-être pas toujours facile de lire un modèle biométrique sans savoir comment il a été programmé, tandis que les données brutes sont les éléments constitutifs de tout modèle). Si le responsable du traitement est tenu de conserver les données, il convient d'envisager l'application de méthodes de bruit additif (telles que le filigrane), ce qui rendrait la création du modèle inefficace. Le responsable du traitement doit également effacer les données biométriques et les modèles en cas d'accès non autorisé au terminal de comparaison de lecture ou au serveur de conservation et supprimer toute donnée non nécessaire à la poursuite du traitement au terme de la vie du dispositif biométrique.

6 Droits de la personne concernée

91. En raison de la nature du traitement des données obtenues par vidéosurveillance, il y a lieu de clarifier certains droits des personnes concernées garantis par le RGPD. Ce chapitre n'est toutefois pas exhaustif, tous les droits prévus par le RGPD s'appliquant au traitement des données à caractère personnel par vidéosurveillance.

6.1 *Droit d'accès*

92. La personne concernée a le droit d'obtenir du responsable du traitement la confirmation que des données à caractère personnel la concernant sont ou ne sont pas traitées. Dans le contexte de la vidéosurveillance, cela signifie que si aucune donnée n'est conservée ou transférée de quelque manière que ce soit, le responsable du traitement peut uniquement, au terme de la surveillance en temps réel, indiquer que les données à caractère personnel ne sont plus traitées (outre les obligations générales d'information prévues à l'article 13, voir Section 7 – Obligations en matière de transparence et d'information). Toutefois, si les données sont encore en cours de traitement au moment de la demande (c'est-à-dire si les données sont conservées ou traitées en continu de quelque manière que ce soit), la personne concernée doit pouvoir y accéder et recevoir des informations conformément à l'article 15.

93. Il existe toutefois un certain nombre de limitations susceptibles de s'appliquer au droit d'accès dans certains cas.

• Article 15, paragraphe 4, du RGPD, obligation de ne pas porter atteinte aux droits d'autrui

94. Étant donné que plusieurs personnes concernées peuvent figurer dans la même séquence de vidéosurveillance, une procédure de filtrage entraînerait un traitement supplémentaire des données à caractère personnel de tiers. Si la personne concernée souhaite recevoir une copie des images (article 15, paragraphe 3), cela pourrait porter atteinte aux droits et libertés des autres personnes concernées qui y sont représentées. Pour éviter un tel cas de figure, le responsable du traitement devrait donc tenir compte du fait qu'en raison de la nature intrusive des séquences vidéo, il ne devrait pas, dans certains cas, transmettre des enregistrements dans lesquels d'autres personnes concernées peuvent être identifiées. L'obligation de protéger les droits de tiers ne devrait cependant pas servir de prétexte pour refuser les demandes d'accès légitimes des personnes concernées. Le responsable du traitement devrait dès lors mettre en œuvre des mesures techniques visant à donner suite à la demande d'accès (en appliquant, par exemple, des méthodes de retouche d'image comme le masquage ou le brouillage). Toutefois, le responsable du traitement n'est pas tenu de recourir à ces mesures techniques s'il peut par ailleurs garantir qu'il est en mesure de répondre à une demande au titre de l'article 15 dans le délai prévu à l'article 12, paragraphe 3.

• Article 11, paragraphe 2, du RGPD, le responsable du traitement n'est pas à même d'identifier la personne concernée.

95. Si l'enregistrement vidéo ne permet pas de rechercher des données à caractère personnel (c'est-à-dire si le responsable du traitement était probablement tenu de parcourir un volume important d'images conservées pour trouver la personne concernée), le responsable du traitement peut ne pas être à même d'identifier la personne concernée.

96. Pour ces raisons, dans sa demande adressée au responsable du traitement, la personne concernée devrait (après s'être identifiée, y compris au moyen d'un document d'identité ou en personne) préciser quand elle est entrée dans la zone surveillée, dans un délai raisonnable et proportionnel au nombre de personnes concernées filmées. Le responsable du traitement est tenu d'informer au préalable la personne concernée des informations dont il doit disposer pour donner suite à la demande. Lorsque le responsable du traitement est à même de démontrer qu'il n'est pas en mesure d'identifier la personne concernée, il en informe la personne concernée, si possible. Dès lors, dans sa réponse à la personne concernée, le responsable du traitement devrait l'informer, entre autres, de la zone exacte de surveillance et du fait qu'il a vérifié les caméras utilisées afin qu'elle puisse comprendre pleinement quelles données à caractère personnel la concernant ont pu être traitées.

97. Exemple : si une personne concernée demande une copie des données à caractère personnel la concernant traitées par vidéosurveillance à l'entrée d'un

centre commercial accueillant 30 000 visiteurs par jour, elle devrait préciser quand elle a traversé la zone surveillée dans un délai d'une heure environ. Si le responsable du traitement traite toujours les images, il devrait fournir une copie de l'enregistrement vidéo. S'il est possible d'identifier d'autres personnes concernées dans le même enregistrement, cette partie de l'enregistrement devrait être rendue anonyme (par exemple en brouillant la copie ou des parties de celle-ci) avant que la copie soit transmise à la personne concernée ayant déposé la demande.

Exemple : si le responsable du traitement efface automatiquement toutes les images, par exemple dans un délai de deux jours, il n'est plus à même de fournir d'enregistrements à la personne concernée passé ce délai. Si le responsable du traitement reçoit une demande après ce délai, la personne concernée devrait en être informée.

- Article 12 du RGPD, demandes excessives

98. Lorsque les demandes d'une personne concernée sont excessives ou manifestement infondées, le responsable du traitement peut soit exiger le paiement de frais raisonnables conformément à l'article 12, paragraphe 5, point a), du RGPD, soit refuser de donner suite à ces demandes [article 12, paragraphe 5, point b), du RGPD]. Le responsable du traitement doit être en mesure de démontrer le caractère manifestement infondé ou excessif de la demande.

6.2 *Droit à l'effacement et droit d'opposition*

6.2.1 *Droit à l'effacement (« droit à l'oubli »)*

99. Si le responsable du traitement continue à traiter des données à caractère personnel après le contrôle en temps réel (par exemple, en les stockant), la personne concernée peut demander l'effacement des données à caractère personnel en vertu de l'article 17 du RGPD.

100. Sur demande, le responsable du traitement est tenu d'effacer les données à caractère personnel sans délai excessif si l'une des circonstances énumérées à l'article 17, paragraphe 1, du RGPD s'applique (et si aucune des exceptions énoncées à l'article 17, paragraphe 3, du RGPD ne s'applique). Cela inclut l'obligation d'effacer les données à caractère personnel lorsqu'elles ne sont plus nécessaires à la poursuite de la finalité pour laquelle elles ont été initialement conservées ou lorsque le traitement est illicite (voir également Section 8 – *Durées de conservation et obligation d'effacement*). En outre, en fonction de la base juridique sur laquelle repose le traitement, il y a lieu d'effacer les données à caractère personnel :
– lorsque la personne concernée retire son *consentement* (et qu'il n'est possible de fonder le traitement sur aucune autre base *juridique* ;
– en raison de l'existence d'un *intérêt légitime* :
 • lorsque la personne concernée exerce son droit d'opposition (voir Section 6.2.2) et qu'il n'existe pas de motifs impérieux et légitimes de traiter les données ; ou
 • lorsque la personne concernée s'oppose à leur traitement à des fins de prospection directe (y compris le profilage).

101. Si le responsable du traitement a rendu public un enregistrement vidéo (en le radiodiffusant ou en le diffusant en flux continu en ligne, par exemple), il convient de prendre des mesures raisonnables afin d'informer les autres responsables du traitement (qui traitent actuellement les données à caractère personnel en question) de la demande introduite en vertu de l'article 17, paragraphe 2, du RGPD. Ces mesures raisonnables devraient comprendre des mesures techniques tenant compte des technologies disponibles et du coût de leur mise en œuvre. Dans la mesure du possible, lorsqu'il efface des données à caractère personnel, le responsable du traitement

devrait en informer toute personne à laquelle les données en question ont été précédemment communiquées, conformément à l'article 19 du RGPD.

102. Outre l'obligation qui lui incombe d'effacer les données à caractère personnel à la demande de la personne concernée, le responsable du traitement est tenu, au titre des principes généraux du RGPD, de limiter les quantités de données à caractère personnel qu'il conserve (voir Section 8).

103. En ce qui concerne la vidéosurveillance, il convient de noter que lorsque des images sont par exemple brouillées sans qu'il soit possible de récupérer rétroactivement les données à caractère personnel qu'elles contenaient auparavant, les données à caractère personnel sont considérées effacées conformément au RGPD.

104. Exemple : le propriétaire d'un commerce de proximité fait face à des problèmes de vandalisme, en particulier sur ses murs extérieurs, et installe par conséquent un système de vidéosurveillance devant l'entrée de son établissement afin de surveiller sa façade. Un passant demande que les données à caractère personnel le concernant soient effacées immédiatement. Le responsable du traitement est tenu de répondre à la demande sans retard excessif et au plus tard dans un délai d'un mois. Étant donné que les images en question ne répondent plus à la finalité pour laquelle elles ont été initialement conservées (aucun acte de vandalisme n'a été commis lors du passage de la personne concernée), il n'existe, au moment de la demande, aucun intérêt légitime à conserver les données qui prévaudrait sur les intérêts des personnes concernées. Dès lors, le responsable du traitement doit effacer les données à caractère personnel.

6.2.2 *Droit d'opposition*

105. En ce qui concerne la vidéosurveillance fondée sur un *intérêt légitime* [article 6, paragraphe 1, point f), du RGPD] ou la nécessité d'exécuter une mission d'*intérêt public* [article 6, paragraphe 1, point e), du RGPD], la personne concernée a le droit de s'opposer, à tout moment et pour des motifs tenant à sa situation particulière, au traitement conformément à l'article 21 du RGPD. A moins que le responsable du traitement ne démontre que des motifs légitimes et impérieux prévalent sur les droits et les intérêts de la personne concernée, le traitement des données de la personne qui s'est opposée doit alors cesser. Le responsable du traitement devrait être tenu de répondre aux demandes de la personne concernée sans retard excessif et au plus tard dans un délai d'un mois.

106. Dans le contexte de la vidéosurveillance, la personne concernée peut formuler une objection au moment d'entrer dans la zone surveillée, de traverser celle-ci ou après l'avoir quittée. En pratique, cela signifie qu'à moins que le responsable du traitement ne puisse se prévaloir de motifs légitimes et impérieux, la surveillance d'une zone où il serait possible d'identifier des personnes physiques n'est licite que si :

(1) le responsable du traitement est en mesure d'empêcher immédiatement la caméra de traiter des données à caractère personnel lorsque cela lui est demandé ; ou

(2) la zone surveillée est délimitée de telle sorte que le responsable du traitement est certain d'obtenir l'accord de la personne concernée avant que celle-ci n'y pénètre et il ne s'agit pas d'une zone à laquelle la personne concernée a le droit d'accéder en temps normal.

107. Les présentes lignes directrices ne visent pas à définir ce qui est considéré comme un intérêt légitime *impérieux* (article 21 du RGPD).

108. En cas de recours à un système de vidéosurveillance à des fins de prospection directe, la personne concernée a le droit de s'opposer au traitement sur une base discrétionnaire, car le droit d'opposition est absolu dans ce contexte (article 21, paragraphes 2 et 3, du RGPD).

109. **Exemple : une entreprise rencontre des difficultés en raison de violations de la sécurité au niveau de son entrée publique et, s'appuyant sur l'existence d'un intérêt légitime, utilise la vidéosurveillance afin d'identifier les personnes qui pénètrent illégalement dans ses locaux. Un visiteur s'oppose au traitement de ses données par le système de vidéosurveillance pour des raisons tenant à sa situation particulière. Dans ce cas, l'entreprise rejette toutefois la demande en expliquant que les images conservées sont nécessaires aux fins d'une enquête interne en cours et qu'elle a par conséquent des raisons légitimes et impérieuses de continuer à traiter les données à caractère personnel.**

7 Obligations en matière de transparence et d'information [Certaines exigences spécifiques de la législation nationale peuvent s'appliquer]

110. Le droit européen en matière de protection des données dispose de longue date que les personnes concernées devraient être informées de l'utilisation de la vidéosurveillance. Elles devraient être informées de façon détaillée des lieux surveillés *[Voir WP 859, avis 4/2004 du groupe de travail « Article 29 » sur le traitement des données à caractère personnel au moyen de la vidéosurveillance]*. Les obligations générales en matière de transparence et d'information sont énoncées aux articles 12 et suivants du RGPD. Les « lignes directrices sur la transparence au sens du règlement 2016/679 (WP 260) » du groupe de travail « article 29 », qui ont été approuvées par le comité européen de la protection des données le 25 mai 2018, fournissent de plus amples détails à cet égard. Conformément au paragraphe 26 du document WP 260, c'est l'article 13 du RGPD qui s'applique lorsque les données à caractère personnel sont collectées « [...] auprès d'une personne concernée par observation (par exemple en utilisant des appareils de saisie automatique de données ou des logiciels de saisie de données tels que des caméras [...]) ».

111. A la lumière du volume d'informations à fournir à la personne concernée, le responsable du traitement peut adopter une approche à plusieurs niveaux, par laquelle il choisit d'utiliser plusieurs méthodes pour garantir la transparence (WP 260, paragraphe 35 ; WP 89, paragraphe 22). En ce qui concerne la vidéosurveillance, les informations les plus importantes devraient être affichées sur le panneau d'avertissement en tant que tel (premier niveau), tandis que les autres détails obligatoires peuvent être fournis par d'autres moyens (deuxième niveau).

7.1 *Informations de premier niveau (panneau d'avertissement)*

112. Le premier niveau se rapporte à la manière dont le responsable du traitement s'adresse à la personne concernée en premier lieu. A ce stade, le responsable du traitement peut utiliser un panneau d'avertissement reprenant les informations pertinentes. Ces informations peuvent être accompagnées d'icônes afin d'offrir une bonne vue d'ensemble, facilement visible, compréhensible et clairement lisible, du traitement prévu (article 12, paragraphe 7, du RGPD). Le format des informations doit être adapté au lieu où elles sont affichées (WP 89, paragraphe 22).

7.1.1 *Positionnement du panneau d'avertissement*

113. Les informations doivent être placées de telle sorte que la personne concernée puisse facilement reconnaître les circonstances de la surveillance avant de pénétrer dans la zone surveillée (approximativement à hauteur des yeux). Il n'est pas nécessaire d'indiquer la position de la caméra pour autant que les zones surveillées et le contexte de la surveillance sont détaillés sans ambiguïté (WP 89, paragraphe 22). La personne concernée doit être en mesure d'évaluer les limites de la zone surveillée par une caméra afin de pouvoir éviter la surveillance ou adapter son comportement si nécessaire.

7.1.2 *Contenu du premier niveau*

114. Les indications fournies au premier niveau (panneau d'avertissement) doivent communiquer de manière générale les informations les plus importantes, par exemple les détails des finalités du traitement, l'identité du responsable du traitement et l'existence des droits de la personne concernée, ainsi que des renseignements sur les principales incidences du traitement *[Voir WP 260, paragraphe 38]*. Il y a par exemple lieu de mentionner les intérêts légitimes poursuivis par le responsable du traitement (ou par un tiers) et les coordonnées du délégué à la protection des données (le cas échéant). Le panneau doit également faire référence au deuxième niveau d'informations, plus détaillé, et indiquer où et comment le trouver.

115. En outre, le panneau doit également contenir toute information susceptible de surprendre la personne concernée (WP 260, paragraphe 38). Il peut s'agir, par exemple, de la transmission de données à des tiers, en particulier si ceux-ci sont situés en dehors de l'Union européenne, et de la durée de conservation. En l'absence d'informations à cet égard, la personne concernée devrait pouvoir s'assurer qu'elle fera seulement l'objet d'une surveillance en direct (sans enregistrement de données ni transmission à des tiers).

116. **Exemple (suggestion non contraignante)** :

Exemple (suggestion non contraignante):

Vidéosurveillance!

Des informations supplémentaires sont disponibles :
- [illegible]
- à notre réception [illegible]

Identité du responsable du traitement et, le cas échéant, du représentant du responsable du traitement :

Coordonnées, y compris du délégué à la protection des données (le cas échéant) :

Informations sur le traitement ayant la plus grande incidence sur la personne concernée (par exemple, période de conservation ou surveillance en direct, publication ou transmission de séquences vidéo à des tiers) :

Finalité(s) de la vidéosurveillance :

Droits des personnes concernées : en tant que personne concernée, vous pouvez exercer plusieurs droits, notamment le droit de demander au responsable du traitement l'accès à vos données à caractère personnel ou leur effacement.

Pour plus de détails sur la vidéosurveillance, y compris sur vos droits, consultez les informations complètes fournies par le responsable du traitement au moyen des options présentées à gauche.

7.2 *Informations de deuxième niveau*

117. Les informations de deuxième niveau doivent également être mises à la disposition de la personne concernée dans un lieu facilement accessible, par exemple sous la forme d'une fiche d'information complète disponible dans un lieu central (par exemple, au bureau d'information, à la réception ou à la caisse) ou d'une affiche facilement accessible. Comme mentionné ci-dessus, le panneau d'avertissement du premier niveau doit faire clairement référence aux informations de deuxième niveau.

En outre, il est préférable que les informations du premier niveau se réfèrent à une source numérique (par exemple, un code QR ou une adresse de site web) du deuxième niveau. Toutefois, il convient de rendre également les informations facilement accessibles sous une forme non numérique. Il devrait être possible d'accéder aux informations du deuxième niveau sans entrer dans la zone surveillée, en particulier si les informations sont fournies par voie numérique (la personne concernée étant par exemple invitée à suivre un lien). Un autre moyen approprié pourrait consister en la mise à disposition d'un numéro de téléphone que la personne concernée est en mesure d'appeler. Quelle que soit la manière dont les informations sont fournies, celles-ci doivent contenir toutes les mentions obligatoires en vertu de l'article 13 du RGPD.

118. Outre ces options, et pour garantir leur efficacité, le comité européen de la protection des données favorise l'utilisation de moyens technologiques pour fournir des informations aux personnes concernées. Il peut s'agir, par exemple, de la géolocalisation des caméras et de l'inclusion d'informations dans des applications cartographiques ou des sites web afin que les personnes puissent facilement, d'une part, identifier et localiser les sources vidéo liées à l'exercice de leurs droits et, d'autre part, obtenir des informations plus détaillées sur le traitement.

119. Exemple : un commerçant surveille son établissement. Pour se conformer à l'article 13, il lui suffit de placer un panneau d'avertissement contenant les informations du premier niveau à un endroit bien visible à l'entrée du commerce. En outre, il doit fournir une fiche d'information contenant les informations de deuxième niveau à la caisse ou à tout autre endroit central et facilement accessible dans son établissement.

8 Délais de conservation et obligation d'effacement

120. Les données à caractère personnel ne peuvent être conservées pendant une durée excédant celle nécessaire au regard des finalités pour lesquelles elles sont traitées [article 5, paragraphe 1, points c) et e), du RGPD]. Certains États membres peuvent avoir adopté des dispositions spécifiques applicables aux périodes de conservation dans le contexte de la vidéosurveillance, conformément à l'article 6, paragraphe 2, du RGPD.

121. Il y a lieu de vérifier s'il est nécessaire ou non de conserver les données à caractère personnel dans un bref délai. Les finalités légitimes de la vidéosurveillance sont généralement la protection de biens ou la préservation d'éléments de preuve. D'ordinaire, il est possible de constater les dommages survenus dans un délai d'un ou deux jours. Pour démontrer plus facilement la conformité au cadre de protection des données, il est dans l'intérêt du responsable du traitement de prendre des dispositions organisationnelles à l'avance (par exemple, nommer, le cas échéant, un représentant chargé de filtrer et de sécuriser les images vidéo). Compte tenu des principes de minimisation des données et de limitation de leur durée de conservation visés à l'article 5, paragraphe 1, points c) et e), du RGPD, les données à caractère personnel devraient être effacées après quelques jours dans la plupart des cas (par exemple, lorsqu'il s'agit de détecter des actes de vandalisme), idéalement de manière automatique. Plus la durée de conservation fixée est longue (notamment lorsqu'elle dépasse 72 heures), plus il convient de développer le raisonnement justifiant la légitimité de la finalité poursuivie et le caractère nécessaire de la conservation. Si le responsable du traitement non seulement utilise un système de vidéosurveillance pour surveiller ses locaux, mais a qu'il a également l'intention de conserver les données, il doit s'assurer que la conservation est réellement nécessaire pour atteindre la finalité qu'il poursuit. Si tel est le cas, la durée de conservation doit être clairement définie et fixée individuellement pour chaque finalité spécifique. Il incombe au responsable du traitement de définir la durée de conservation conformément aux principes de nécessité et de proportionnalité ainsi que de démontrer le respect des dispositions du RGPD.

122. Exemple : en temps normal, le propriétaire d'un petit commerce constaterait tout acte de vandalisme le jour même. Par conséquent, une durée de conservation régulière de 24 heures est suffisante. Les jours de fermeture ou les congés prolongés peuvent toutefois justifier le recours à une durée de conservation plus longue. Si le commerçant s'aperçoit que des dommages ont été causés, il peut également avoir besoin de conserver les images vidéo pendant une période plus longue afin d'engager des poursuites contre le contrevenant.

9 Mesures techniques et organisationnelles

123. Comme indiqué à l'article 32, paragraphe 1, du RGPD, toute procédure de traitement de données à caractère personnel dans le cadre de la vidéosurveillance doit non seulement être autorisée par la loi, mais aussi sécurisée de manière adaptée par les responsables du traitement et les sous-traitants. Les mesures **organisationnelles et techniques** mises en œuvre doivent être proportionnelles aux risques pour les droits et libertés des personnes physiques résultant de la destruction, de la perte, de l'altération ou de la divulgation non autorisée de données de vidéosurveillance, ou de l'accès non autorisé à de telles données, de manière accidentelle ou illicite. Conformément aux articles 24 et 25 du RGPD, les responsables du traitement sont tenus de mettre en œuvre des mesures techniques et organisationnelles afin, notamment, de garantir le respect de tous les principes de protection des données pendant le traitement et de prévoir des moyens permettant aux personnes concernées d'exercer leurs droits, tels qu'ils sont définis aux articles 15 à 22 du RGPD. Les responsables du traitement devraient adopter un cadre et des politiques internes à même de garantir cette mise en œuvre tant au moment de la définition des moyens de traitement que lors du traitement à proprement parler, y compris la réalisation d'analyses d'impact relatives à la protection des données, le cas échéant.

9.1 *Vue d'ensemble du système de vidéosurveillance*

124. Un système de vidéosurveillance *[Étant donné que le RGPD ne fournit pas de définition, une description technique figure par exemple dans la norme EN 62676-1-1 :2014 Systèmes de vidéosurveillance destinés à être utilisés dans les applications de sécurité - Partie 1-1 : exigences du système vidéo]* se compose de dispositifs analogiques et numériques ainsi que de logiciels permettant de saisir des images vidéo, de les traiter et de les afficher afin qu'un opérateur puisse les consulter. Ses composantes sont regroupées dans les catégories suivantes :

• Environnement vidéo : saisie d'images, interconnexions et traitement des images :

o l'objectif de la saisie d'images consiste à générer une image du monde réel dans un format pouvant être utilisé par le reste du système ;

o les interconnexions englobent toutes les transmissions de données au sein de l'environnement vidéo, c'est-à-dire les connexions et les communications. Les connexions sont par exemple les câbles, les réseaux numériques et les transmissions sans fil. Les communications font référence à l'ensemble des signaux vidéo et des données de contrôle, qui peuvent être numériques ou analogiques ;

o le traitement des images comprend l'analyse, la conservation et l'affichage d'une image ou d'une séquence d'images.

• Du point de vue de la gestion du système, tout système de vidéosurveillance remplit les fonctions logiques suivantes :

o la gestion des données et des activités, qui comprend le traitement des commandes des opérateurs et des activités générées par le système (procédures d'alerte, avertissement des opérateurs) ;

o les interfaces avec d'autres systèmes peuvent inclure la connexion à d'autres systèmes de sécurité (contrôle d'accès, alarme incendie) et à des systèmes ne relevant pas du domaine de la sécurité (tels que des systèmes de gestion des bâtiments et de reconnaissance automatique des plaques d'immatriculation).

• La sécurité du système de vidéosurveillance vise à garantir la confidentialité, l'intégrité et la disponibilité du système et des données :

o la sécurité du système inclut la sécurité physique de toutes les composantes du système et le contrôle de l'accès au système ;

o la sécurité des données comprend la prévention de la perte ou de la manipulation des données.

125.

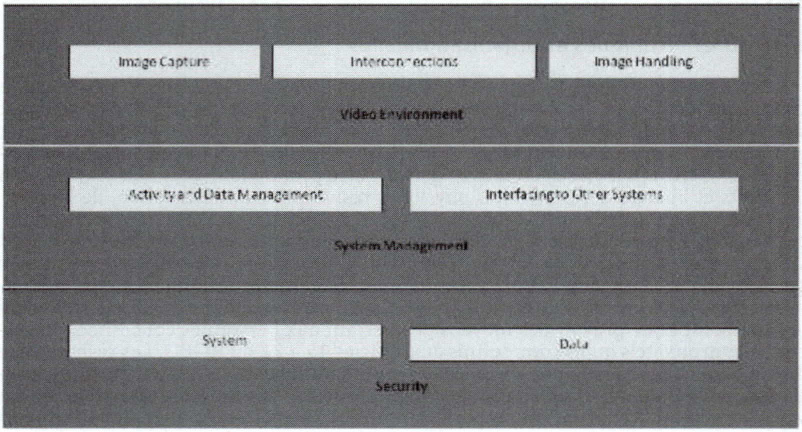

Image Capture	Saisie d'images
Interconnections	Interconnexions
Image Handling	Traitement des images
Video Environment	Environnement vidéo
Activity and Data Management	Gestion des activités et des données
Interfacing to Other Systems	Interface avec d'autres systèmes
System Management	Gestion du système
System	Système
Data	Données
Security	Sécurité

Figure 1 – système de surveillance vidéo

9.2 *Protection des données dès la conception et protection des données par défaut*

126. Comme indiqué à l'article 25 du RGPD, les responsables du traitement doivent mettre en œuvre des mesures techniques et organisationnelles appropriées en matière de protection des données dès lors qu'ils prévoient de recourir à la vidéosurveillance et, par conséquent, avant de commencer la collecte et le traitement d'images vidéo. Ce principe met en lumière la nécessité d'intégrer des technologies renforçant la protection de la vie privée, de définir des paramètres par défaut qui minimisent le traitement des données et de fournir les outils nécessaires pour assurer la meilleure protection possible des données à caractère personnel *[WP 168, avis sur « L'avenir de la protection de la vie privée », contribution conjointe du groupe de travail « article 29 » sur la protection des données et du groupe de travail « Police et justice » à la consultation de la Commission européenne sur le cadre juridique du droit fondamental à la protection des données à caractère personnel (adopté le 1er décembre 2009)]*.

127. Les responsables du traitement devraient intégrer des mesures de protection des données et de la vie privée non seulement dans les spécifications de la conception des technologies qu'ils emploient, mais aussi dans leurs pratiques organisationnelles. En ce qui concerne ces dernières, le responsable du traitement devrait adopter un cadre de gestion approprié ainsi qu'établir et appliquer des politiques et des procédures en matière de vidéosurveillance. D'un point de vue technique, les spécifications et la conception du système devraient inclure des exigences concernant le traitement des données à caractère personnel dans le respect des principes énoncés à l'article 5 du RGPD (licéité du traitement, finalité et limitation des données, minimisation des données par défaut au sens de l'article 25, paragraphe 2, du RGPD, intégrité et confidentialité, responsabilité, etc.). Si un responsable du traitement prévoit d'acquérir un système de vidéosurveillance commercial, il doit inclure ces exigences dans le cahier des charges de l'achat. Il doit veiller au respect de ces exigences en les appliquant à l'ensemble des composantes du système et des données traitées par celui-ci, tout au long de leur cycle de vie.

9.3 *Exemples concrets de mesures pertinentes*

128. La plupart des mesures visant à sécuriser les systèmes de vidéosurveillance, en particulier dans le cadre du recours à des équipements et des logiciels numériques, ne diffèrent pas des méthodes appliquées à d'autres types de systèmes informatiques. Toutefois, quelle que soit la solution choisie, le responsable du traitement doit protéger de manière adéquate l'intégralité des éléments du système de vidéosurveillance et des données à tous les stades, c'est-à-dire pendant la conservation (données au repos), la transmission (données en transit) et le traitement (données en cours d'utilisation). Pour ce faire, il est nécessaire que les responsables du traitement et les sous-traitants combinent des mesures organisationnelles et techniques.

129. Au moment de sélectionner des solutions techniques, le responsable du traitement devrait privilégier les technologies respectueuses de la vie privée, y compris parce qu'elles sont plus aptes à renforcer la sécurité. On dénombre parmi ces technologies les systèmes qui permettent de masquer ou de brouiller les zones non pertinentes aux fins de la surveillance ou de supprimer les images représentant des tiers dans le cadre de la transmission de séquences vidéo aux personnes concernées *[L'utilisation de ces technologies peut même être obligatoire dans certains cas afin de se conformer à l'article 5, paragraphe 1, point c). En tout état de cause, elles peuvent servir d'exemples de bonnes pratiques]*. D'autre part, les solutions retenues ne devraient pas être équipées de fonctions superflues (telles que des caméras à mouvement illimité ou disposant d'une capacité de zoom, de transmission radio ou d'analyse et d'enregistrement audio). Il convient de désactiver les fonctions fournies qui ne sont pas nécessaires aux fins de la surveillance.

130. Il existe de nombreux documents à cet égard, notamment des normes et spécifications techniques internationales sur la sécurité physique des systèmes multimédias *[IEC TS 62045 - Sécurité multimédia - Lignes directrices pour la protection de la vie privée concernant les équipements et les systèmes en service et hors service]* et la sécurité des systèmes informatiques généraux*[ISO/IEC 27000 – Systèmes de management de la sécurité de l'information]*. C'est pourquoi cette section ne fournit qu'une vue d'ensemble de haut niveau de ce sujet.

9.3.1 *Mesures organisationnelles*

131. Outre la nécessité éventuelle de procéder à une analyse d'impact relative à la protection des données (voir *Section 10*), les responsables du traitement devraient réfléchir aux questions suivantes lorsqu'ils créent leurs propres politiques et procédures de vidéosurveillance :

- Qui est responsable de la gestion et de l'exploitation du système de vidéosurveillance ?
- Quelles sont la finalité et la portée du projet de vidéosurveillance ?

• Dans quels cas la vidéosurveillance est-elle appropriée ou interdite (ce qui consiste à déterminer où et quand son utilisation est autorisée ou non ; par exemple, utilisation de caméras cachées et d'enregistrements audio en plus des enregistrements vidéo) *[Ces conditions peuvent dépendre de la législation nationale et des réglementations sectorielles]* ?

• Quelles sont les mesures de transparence visées à la section 7 (*Obligations en matière de transparence et d'information*) ?

• Comment la vidéo est-elle enregistrée et pour quelle durée, y compris l'archivage des enregistrements vidéo liés aux incidents de sécurité ?

• Qui doit suivre une formation appropriée et quand ?

• Qui a accès aux enregistrements vidéo et pour quelles finalités ?

• Quelles sont les procédures opérationnelles (par exemple, par qui et où les images sont-elles surveillées, que faire en cas de violation de données) ?

• Quelles sont les procédures que les tiers doivent suivre pour demander des enregistrements vidéo, et dans quelles conditions est-il possible de refuser de telles demandes ou d'y donner suite ?

• Quelles sont les procédures d'acquisition, d'installation et d'entretien des systèmes de vidéosurveillance ?

• Quelles sont les procédures de gestion des incidents et de reprise ?

9.3.2 *Mesures techniques*

132. La **sécurité du système** fait référence à la sécurité physique de l'ensemble des composantes du système et à l'intégrité de celui-ci, c'est-à-dire la **protection et la résilience contre toute ingérence, intentionnelle ou non, dans son fonctionnement normal** et le contrôle d'accès. La sécurité des données se rapporte à la **confidentialité** (les données ne sont accessibles qu'aux personnes disposant d'un droit d'accès), à l'**intégrité** (la prévention contre la perte ou la manipulation des données) et à la disponibilité (les données sont rendues accessibles dès que cela est nécessaire).

133. La **sécurité physique** est un élément essentiel de la protection des données et constitue la première ligne de défense, car elle protège les systèmes de vidéosurveillance contre le vol, le vandalisme, les catastrophes naturelles, les défaillances d'origine humaine et les dommages accidentels (par exemple, les surtensions électriques, les températures extrêmes et le café renversé). La sécurité physique est la principale mesure de protection des systèmes analogiques.

134. La **sécurité des systèmes et des données**, c'est-à-dire la protection contre les ingérences intentionnelles et non intentionnelles dans le fonctionnement normal du système, peut inclure :

• la protection de l'ensemble de l'infrastructure du système de vidéosurveillance (y compris les caméras, le câblage et l'alimentation électrique à distance) contre les manipulations physiques et le vol ;

• la protection des canaux de communication employés pour la transmission des données contre les tentatives d'interception ;

• le cryptage des données ;

• l'utilisation de solutions matérielles et logicielles contre les cyberattaques telles que des pare-feu, des antivirus ou des systèmes de détection des intrusions ;

• la détection des défaillances des composants, des logiciels et des interconnexions ; et

• des moyens permettant de rétablir la disponibilité du système et l'accès à celui-ci en cas d'incident physique ou technique.

135. Le **contrôle d'accès** garantit que seules les personnes disposant d'une autorisation puissent accéder au système et aux données, en bloquant toute tentative d'accès par des tiers. Afin de sécuriser le contrôle d'accès physique et logique, il convient notamment :

• de veiller à ce que tous les locaux où la vidéosurveillance est effectuée et où les images vidéo sont conservées soient protégés contre l'accès non surveillé de tiers ;

• de positionner les écrans de manière à ce que seuls les opérateurs autorisés puissent les voir (surtout lorsqu'ils se trouvent dans des zones ouvertes, comme un bureau de réception) ;

• de définir et d'appliquer des procédures d'octroi, de modification et de révocation de l'accès physique et logique ;

• de mettre en œuvre des méthodes ainsi que des moyens d'authentification et d'autorisation des utilisateurs, tels que des modalités encadrant la longueur des mots de passe et la fréquence de leur modification ;

• d'enregistrer et de contrôler régulièrement les actions entreprises par l'utilisateur (tant à l'égard du système que des données) ; et

• de procéder à la surveillance et à la détection en continu des défauts d'accès et de corriger les faiblesses identifiées dans les plus brefs délais.

10 Analyse d'impact relative à la protection des données

136. Conformément à l'article 35, paragraphe 1, du RGPD, les responsables du traitement sont tenus d'effectuer des analyses d'impact relatives à la protection des données lorsqu'un type de traitement de données est susceptible d'engendrer un risque élevé pour les droits et libertés des personnes physiques. L'article 35, paragraphe 3, point c), du RGPD dispose que les responsables du traitement doivent réaliser des analyses d'impact relatives à la protection des données si le traitement consiste en la surveillance systématique à grande échelle d'une zone accessible au public. Par ailleurs, conformément à l'article 35, paragraphe 3, point b), du RGPD, une évaluation de l'impact sur la protection des données est également requise lorsque le responsable du traitement a l'intention de traiter à grande échelle des catégories particulières de données.

137. Les lignes directrices concernant l'analyse d'impact relative à la protection des données27 fournissent des conseils supplémentaires et des exemples plus détaillés à l'égard de la vidéosurveillance (en ce qui concerne, par exemple, « l'utilisation d'un système de caméras pour surveiller le comportement au volant sur les autoroutes »). L'article 35, paragraphe 4, du RGPD oblige chaque autorité de contrôle à publier une liste des types d'opérations de traitement pour lesquelles une analyse d'impact relative à la protection des données est requise dans leur pays. Ces listes figurent généralement sur les sites web des autorités. Compte tenu des finalités courantes de la vidéosurveillance (protection de personnes et de biens, détection, prévention et contrôle des infractions, collecte de preuves et identification biométrique des suspects), il est raisonnable de supposer qu'une analyse d'impact relative à la protection des données sera nécessaire dans de nombreux cas de recours à la vidéosurveillance. Par conséquent, il appartient aux responsables du traitement de consulter attentivement ces documents afin de déterminer s'il convient de prévoir une analyse d'impact et de procéder à celle-ci le cas échéant. Le résultat de l'analyse effectuée devrait orienter le choix du responsable du traitement quant aux mesures de protection des données mises en œuvre.

138. Il importe également de noter que si les résultats de l'analyse d'impact relative à la protection des données indiquent que le traitement entraînerait un risque élevé en dépit des mesures de sécurité prévues par le responsable du traitement, il sera alors nécessaire de consulter l'autorité de contrôle compétente avant le traitement. De plus amples détails sur les consultations préalables figurent à l'article 36.

Lignes directrices 05/2020 du 4 mai 2020,

Sur le consentement au sens du règlement (UE) 2016/679 (version 1.1).

Le comité européen de la protection des données

vu l'article 70, paragraphe 1, point e), du règlement (UE) 2016/679 du Parlement européen et du Conseil du 27 avril 2016 relatif à la protection des personnes physiques à l'égard du traitement des données à caractère personnel et à la libre circulation de ces données, et abrogeant la directive 95/46/CE (ci-après le « RGPD »),

vu l'accord sur l'Espace économique européen, et en particulier son annexe XI et son protocole 37, tels que modifiés par la décision du Comité mixte de l'EEE n° 154/2018 du 6 juillet 2018 *[Les références aux « États membres » qui sont faites tout au long du présent document doivent être comprises comme des références aux « États membres de l'EEE ».]*,

vu les articles 12 et 22 de son règlement,

vu les lignes directrices du groupe de travail « Article 29 » sur le consentement au titre du règlement (UE) 2016/679, WP 259 rév. 01,

A ADOPTÉ LES LIGNES DIRECTRICES SUIVANTES :

0 Préface

Le 10 avril 2018, le groupe de travail « Article 29 » a adopté ses lignes directrices sur le consentement au titre du règlement (UE) 2016/679 (WP 259.01), qui ont été approuvées par le comité européen de la protection des données (ci-après l'« EDPB ») lors de sa première réunion plénière. Le présent document est une version légèrement actualisée de ces lignes directrices. Toute référence aux lignes directrices du groupe de travail « Article 29 » sur le consentement (WP 259 rév. 01) devrait désormais être interprétée comme une référence aux présentes lignes directrices.

L'EDPB a constaté la nécessité de nouvelles précisions, en particulier en ce qui concerne deux questions :

1 la validité du consentement fourni par la personne concernée lorsqu'elle interagit avec un « accès subordonné à l'acceptation de cookies » ou « cookie walls » ;

2 l'exemple 16 sur le défilement et le consentement.

Les points relatifs à ces deux questions ont été révisés et actualisés, tandis que le reste du document est resté inchangé, à l'exception de modifications rédactionnelles. La révision concerne plus précisément :

- la section relative à la conditionnalité (points 38 à 41) ;
- la section relative au caractère univoque (point 86)

1 Introduction

1. Les présentes lignes directrices fournissent une analyse approfondie de la notion de consentement dans le règlement (UE) 2016/679, également connu sous le nom de règlement général sur la protection des données (ci-après le « RGPD »). La notion de consentement telle qu'utilisée jusqu'à présent dans la directive sur la protection des données (ci-après la « directive 95/46/CE ») et dans la directive « vie privée et communications électroniques » a évolué. Le RGPD apporte des clarifications et des précisions complémentaires sur les conditions d'obtention et de démonstration d'un consentement valable. Les présentes lignes directrices se concentrent sur ces modifications afin de fournir des orientations pratiques visant à assurer le respect du RGPD, en s'inspirant de l'avis 15/2011 du groupe de travail « Article 29 » sur le consentement. Il incombe aux responsables du traitement d'innover afin de trouver de nouvelles solutions qui fonctionnent selon les paramètres de la loi et favorisent davantage la protection des données à caractère personnel ainsi que les intérêts des personnes concernées.

2. Le consentement demeure l'une des six bases juridiques permettant de traiter des données à caractère personnel, telles qu'énumérées à l'article 6 du RGPD *[L'article 9 du RGPD fournit une liste de dérogations possibles à l'interdiction de traiter les catégories particulières de données à caractère personnel. L'une des exceptions citées est lorsque la personne concernée donne son consentement explicite au traitement des données.]*. Lorsqu'il entreprend des activités qui impliquent le traitement de données à caractère personnel, le res-

ponsable du traitement doit toujours prendre le temps d'examiner quelle serait la base juridique appropriée pour le traitement envisagé.

3. En général, le consentement ne constitue une base juridique appropriée que si la personne concernée dispose d'un contrôle et d'un choix réel concernant l'acceptation ou le refus des conditions proposées ou de la possibilité de les refuser sans subir de préjudice. Lorsqu'il sollicite un consentement, le responsable du traitement a l'obligation d'évaluer si celui-ci satisfera à toutes les conditions d'obtention d'un consentement valable. S'il a été obtenu dans le plein respect du RGPD, le consentement est un outil qui confère aux personnes concernées un contrôle sur le traitement éventuel de leurs données à caractère personnel. Dans le cas contraire, le contrôle de la personne concernée devient illusoire et le consentement ne constituera pas une base valable pour le traitement des données, rendant de ce fait l'activité de traitement illicite *[Voir également l'avis 15/2011 du groupe de travail « Article 29 » sur la définition du consentement (WP 187), p. 6-9 et/ou l'avis 06/2014 sur la notion d'intérêt légitime poursuivi par le responsable du traitement des données au sens de l'article 7 de la directive 95/46/CE (WP 217), p. 10, 11, 14 et 15.]*.

4. Les avis existants du groupe de travail « Article 29 » (ci-après le « G29 ») sur le consentement *[Principalement l'avis 15/2011 sur la définition du consentement (WP 187).]* restent pertinents lorsqu'ils sont en phase avec le nouveau cadre juridique, dès lors que le RGPD codifie certaines des orientations et des bonnes pratiques générales du G29 et que la plupart des principaux éléments du consentement restent identiques en vertu du RGPD. Aussi l'EDPB développe-t-il et complète-t-il dans le présent document ses avis précédents du groupe de travail « Article 29 » relatifs à des thématiques spécifiques comprenant des références au consentement au sens de la directive 95/46/CE plutôt que de les remplacer.

5. Comme le G29 l'a indiqué dans son avis 15/2011 sur la définition du consentement, l'invitation à accepter le traitement de données devrait être régie par des conditions strictes, dès lors qu'elle concerne les droits fondamentaux des personnes concernées et que le responsable du traitement souhaite procéder à un traitement qui serait illicite sans le consentement de la personne concernée *[Avis 15/2011 sur la définition du consentement (WP 187), p. 9.]*. Le rôle essentiel du consentement est souligné par les articles 7 et 8 de la Charte des droits fondamentaux de l'Union européenne. En outre, l'obtention d'un consentement n'annule pas ou ne diminue pas de quelque façon que ce soit l'obligation imposée au responsable du traitement de respecter les principes relatifs au traitement énoncés dans le RGPD, notamment en son article 5 concernant la loyauté, la nécessité, la proportionnalité ainsi que la qualité des données. Ainsi, même si le traitement de données à caractère personnel a reçu le consentement de la personne concernée, cela ne justifie pas la collecte de données excessives au regard d'une finalité spécifique de traitement, ce qui serait foncièrement abusif *[Voir également l'avis 15/2011 sur la définition du consentement (WP 187) et l'article 5 du RGPD.]*.

6. Dans le même temps, l'EDPB a eu connaissance de la révision de la directive « vie privée et communications électroniques » (2002/58/CE). La notion de consentement telle que présentée dans le projet de règlement « vie privée et communications électroniques » reste liée à la notion de consentement au sens du RGPD *[Selon l'article 9 de la proposition de règlement « vie privée et communications électroniques », la définition et les conditions du consentement figurant à l'article 4, paragraphe 11, et à l'article 7 du RGPD s'appliquent.]*. En vertu de ce nouvel instrument, les entreprises nécessiteront probablement le consentement des personnes concernées pour la plupart de leurs messages commerciaux en ligne et de leurs appels commerciaux, ainsi que pour leurs méthodes de suivi en ligne, y compris moyennant l'utilisation de cookies, d'applications ou d'autres logiciels. L'EDPB a déjà fourni des recommandations et des orientations au législateur européen concernant la proposition de règlement « vie privée et communications électroniques » *[Voir la déclaration du comité européen de la protection des données sur la directive ePrivacy - 25/05/2018 et la déclaration 3/2019 sur un règlement « vie privée et communications électroniques ».]*.

7. Concernant la directive « vie privée et communications électroniques » existante, l'EDPB note que les références faites à la directive 95/46/CE abrogée s'entendent comme faites au RGPD *[Voir l'article 94 du RGPD.]*. Ceci s'applique également aux références faites au consentement dans l'actuelle directive 2002/58/CE, dès lors que le règlement « vie privée et communications électroniques » ne sera pas (encore) entré en vigueur le 25 mai 2018. Selon l'article 95 du RGPD, aucune obligation supplémentaire concernant le traitement de données dans le cadre de la fourniture de services de communications électroniques accessibles au public sur les réseaux publics de communications ne sera imposée dans la mesure où la directive « vie privée et communications électroniques » impose des obligations spécifiques ayant le même objectif. L'EDPB note que les exigences relatives au consentement imposées par le RGPD ne sont pas considérées comme des « obligations supplémentaires », mais plutôt comme des conditions préalables essentielles au traitement licite. Aussi les conditions d'obtention d'un consentement valable établies par le RGPD sont-elles applicables dans les situations tombant dans le champ d'application de la directive « vie privée et communications électroniques ».

2 Le consentement à l'article 4, paragraphe 11, du RGPD

8. L'article 4, paragraphe 11, du RGPD définit le consentement comme suit : « *toute manifestation de volonté, libre, spécifique, éclairée et univoque par laquelle la personne concernée accepte, par une déclaration ou par un acte positif clair, que des données à caractère personnel la concernant fassent l'objet d'un traitement.* »

9. Le concept fondamental de consentement reste identique à celui de la directive 95/46/CE ; et le consentement constitue l'une des bases juridiques sur lesquelles tout traitement de données à caractère personnel doit être fondé conformément à l'article 6 du RGPD *[Le consentement était défini par la directive 95/46/CE comme « toute manifestation de volonté, libre, spécifique et informée par laquelle la personne concernée accepte que des données à caractère personnel la concernant fassent l'objet d'un traitement » qui doit être « indubitablement donné » afin de rendre le traitement des données à caractère personnel légitime [article 7, point a), de la directive 95/46/CE]. Voir l'avis 15/2011 du G29 sur la définition du consentement (WP 187) pour des exemples d'adéquation du consentement en tant que base juridique. Dans cet avis, le G29 a fourni des orientations afin de distinguer les cas où le consentement est une base juridique appropriée de ceux où les intérêts légitimes (avec une éventuelle possibilité de refus) constituent une base suffisante, ou encore lorsqu'une relation contractuelle serait recommandée. Voir également l'avis 06/2014 du G29, paragraphe III.1.2, p. 15 et suivantes. Le consentement explicite constitue également l'une des exceptions à l'interdiction de traitement portant sur des catégories particulières de données : voir l'article 9 du RGPD.]*. Outre la définition révisée de l'article 4, paragraphe 11, le RGPD fournit des orientations complémentaires en son article 7 et dans ses considérants 32, 33, 42 et 43 quant à la façon dont le responsable du traitement doit agir afin de respecter les principaux éléments de l'exigence de consentement.

10. Enfin, l'introduction de dispositions et de considérants spécifiques sur le retrait du consentement confirme que le consentement devrait être une décision réversible et qu'un certain degré de contrôle par la personne concernée demeure.

3 Éléments d'un consentement valable

11. L'article 4, paragraphe 11, du RGPD énonce que le consentement de la personne concernée signifie toute :

- manifestation de volonté libre,
- spécifique,
- éclairée et
- univoque par laquelle la personne concernée accepte, par une déclaration ou par un acte positif clair, que des données à caractère personnel la concernant fassent l'objet d'un traitement.

12. Les sections suivantes analysent dans quelle mesure la formulation de l'article 4, paragraphe 11, exige des responsables du traitement de modifier leurs

demandes/formulaires de consentement afin de se conformer au RGPD *[Pour des orientations concernant les activités de traitement en cours basées sur le consentement au sens de la directive 95/46/CE, voir le chapitre 7 du présent document ainsi que le considérant 171 du RGPD.]*.

3.1 *Manifestation de volonté libre* *[Dans plusieurs avis, le groupe de travail « Article 29 » a exploré les limites du consentement dans des situations où il ne peut être donné librement. C'était notamment le cas de l'avis 15/2011 sur la définition du consentement (WP 187), du document de travail sur le traitement des données à caractère personnel relatives à la santé contenues dans les dossiers médicaux électroniques (WP 131), de l'avis 8/2001 sur le traitement des données à caractère personnel dans le contexte professionnel (WP 48) et du deuxième avis 4/2009 sur le traitement de données par l'Agence mondiale antidopage [deuxième avis 4/2009 sur le standard international de l'Agence mondiale antidopage (AMA) sur la protection de la vie privée et des renseignements personnels, sur les dispositions y afférentes du Code de l'AMA et sur d'autres questions concernant la vie privée dans le contexte de la lutte contre le dopage dans le sport menée par l'AMA et des organisations antidopage (nationales) (WP 162)].]*

13. L'adjectif « libre » implique un choix et un contrôle réel pour les personnes concernées. En règle générale, le RGPD dispose que si la personne concernée n'est pas véritablement en mesure d'exercer un choix, se sent contrainte de consentir ou subira des conséquences négatives importantes si elle ne donne pas son consentement, le consentement n'est pas valable *[Voir l'avis 15/2011 sur la définition du consentement (WP 187), p. 14.]*. **Si le consentement est présenté comme une partie non négociable des conditions générales, l'on considère qu'il n'a pas été donné librement. Le consentement ne sera par conséquent pas considéré comme étant donné librement si la personne concernée n'est pas en mesure de refuser ou de retirer son consentement sans subir de préjudice** *[Voir les considérants 42 et 43 du RGPD et l'avis 15/2011 du G29 sur la définition du consentement, adopté le 13 juillet 2011 (WP 187), p. 14.]*. **La notion de déséquilibre entre le responsable du traitement et la personne concernée est également prise en compte par le RGPD.**

14. Au moment de déterminer si le consentement est donné librement, il y a également lieu de tenir compte de la situation spécifique de l'intégration du consentement dans un contrat ou de son association à la fourniture d'un service, comme décrit à l'article 7, paragraphe 4. L'article 7, paragraphe 4, a été rédigé de façon non exhaustive par l'usage des termes « entre autres », ce qui signifie qu'une série d'autres situations peut tomber sous le coup de cette disposition. En termes généraux, toute pression ou influence inappropriée exercée sur la personne concernée (pouvant se manifester de différentes façons) l'empêchant d'exercer sa volonté rendra le consentement non valable.

15. Exemple 1 : une application mobile d'édition de photos demande à ses utilisateurs d'activer leur localisation GPS afin de pouvoir utiliser ses services. L'application indique également à ses utilisateurs qu'elle utilisera les données collectées à des fins de publicité comportementale. Ni la géolocalisation, ni la publicité comportementale en ligne ne sont nécessaires à la fourniture de services d'édition de photos et toutes deux dépassent de ce fait la fourniture du service de base proposé. Dès lors que les utilisateurs ne peuvent pas utiliser l'application sans consentir à ces finalités, le consentement ne peut pas être considéré comme donné librement.

3.1.1 *Déséquilibre des rapports de force*

16. Le considérant 43 *[Le considérant 43 du RGPD prévoit que : « Pour garantir que le consentement est donné librement, il convient que celui-ci ne constitue pas un fondement juridique valable pour le traitement de données à caractère personnel dans un cas particulier lorsqu'il existe un déséquilibre manifeste entre la personne concernée et le responsable du traitement, en particulier lorsque le responsable du traitement est une autorité publique et qu'il est improbable que le consentement ait été donné librement au vu de toutes les circonstances de cette situation particulière. [...] ».]*

indique clairement qu'il n'est pas probable que des **autorités publiques** puissent se fonder sur le consentement pour le traitement de données à caractère personnel, dès lors que lorsque le responsable du traitement est une autorité publique, il existe souvent un déséquilibre manifeste des rapports de force entre le responsable du traitement et la personne concernée. Il est également clair que dans la plupart des cas, la personne concernée n'aura pas de solution alternative réaliste à l'acceptation du traitement (et des conditions de traitement) de ce type de responsable du traitement. L'EDPB considère qu'il existe d'autres bases juridiques en principe plus adaptées aux activités des autorités publiques *[Voir l'article 6 du RGPD, notamment le paragraphe 1, points c) et e).]*

17. Sans préjudice de ces considérations générales, le cadre juridique du RGPD n'exclut pas entièrement le recours au consentement en tant que base juridique du traitement de données par des autorités publiques. Les exemples suivants démontrent que le recours au consentement peut être approprié dans certaines circonstances.

18. Exemple 2 : une municipalité locale prévoit des travaux d'entretien de la voirie. Dès lors que les travaux de voirie pourraient perturber la circulation pendant un certain temps, la municipalité offre à ses citoyens la possibilité de s'inscrire sur une liste d'adresses électroniques afin d'être informés de l'état d'avancement des travaux et des retards prévus. La municipalité indique clairement qu'il n'y a aucune obligation de participation et demande le consentement des personnes concernées pour pouvoir utiliser leurs adresses électroniques (exclusivement) à cette fin. Les citoyens qui ne donnent pas leur consentement ne seront en aucun cas privés d'un service de base de la municipalité ou de l'exercice d'un quelconque droit, et sont donc libres de donner ou de refuser leur consentement à ce traitement de leurs données. Toutes les informations sur les travaux de voirie seront également disponibles sur le site Internet de la municipalité.

19. Exemple 3 : une propriétaire foncière a besoin de certains permis de la part de sa municipalité locale et de l'administration provinciale dans laquelle se situe sa municipalité. Les deux entités publiques ont besoin des mêmes informations afin de délivrer ces permis, mais n'ont pas accès à leurs bases de données respectives. Elles demandent donc les mêmes informations à la propriétaire foncière, qui envoie ses données séparément à ces deux entités publiques. La municipalité et l'administration provinciale demandent son consentement pour fusionner leurs dossiers afin d'éviter une duplication des procédures et de la correspondance. Elles lui assurent que c'est entièrement facultatif et que les demandes de permis seront de toute façon traitées séparément si elle décide de ne pas donner son consentement à la fusion de ses données. La propriétaire foncière peut librement donner son consentement aux autorités concernant la fusion des dossiers.

20. Exemple 4 : une école publique demande le consentement de ses étudiants pour utiliser leurs photographies dans une revue étudiante imprimée. Le consentement serait ici le fruit d'un véritable choix dès lors que les étudiants ne se verront pas privés de tout enseignement ou de tout service et pourraient refuser l'utilisation de ces photographies sans aucun préjudice *[Aux fins de cet exemple, une école publique signifie une école financée par l'État ou un établissement scolaire considéré comme une autorité publique ou un organisme public par le droit national.]*

21. Un déséquilibre des rapports de force peut également avoir lieu dans le cadre des **relations de travail**. *[Voir également l'article 88 du RGPD, qui souligne la nécessité de protéger les intérêts spécifiques des employés et introduit la possibilité de dérogations dans la législation des États membres. Voir également le considérant 155.]*. Au vu de la dépendance résultant de la relation employeur/employé, il est peu probable que la personne concernée soit en mesure de refuser de donner son consentement à son employeur concernant le traitement de ses données sans craindre ou encourir des conséquences négatives suite à ce refus. Il est ainsi peu probable qu'un employé soit en mesure de répondre librement à une demande de consentement de la part de son employeur visant à activer des systèmes de surveillance, tels que des caméras de surveillance, sur le lieu de travail, ou à remplir des formulaires d'évaluation, sans se sentir obligé de consentir *[Voir l'avis 15/2011 sur la définition du consentement (WP 187), p. 14-16, l'avis 8/2001 sur le traitement des données à caractère personnel dans le contexte professionnel (WP 48), chapitre 10, le*

document de travail concernant la surveillance des communications électroniques sur le lieu de travail (WP 55), paragraphe 4.2, et l'avis 2/2017 sur le traitement des données au travail (WP 249), paragraphe 6.2.]. Aussi l'EDPB considère-t-il problématique que les employeurs traitent les données à caractère personnel de leurs employés actuels ou potentiels en se fondant sur leur consentement, dès lors qu'il est peu probable que celui-ci soit donné librement. Pour la majorité de ces traitements de données au travail, la base juridique ne peut et ne devrait pas être le consentement des employés [article 6, paragraphe 1, point a)] en raison de la nature de la relation employeur/employé *[Voir l'avis 2/2017 sur le traitement des données au travail, pages 6-7.].*

22. Cela ne signifie toutefois pas que les employeurs ne peuvent jamais avoir recours au consentement en tant que base juridique pour le traitement de données. Il peut exister des situations où l'employeur est en mesure de démontrer que le consentement est de facto donné librement. Vu le déséquilibre des rapports de force entre un employeur et les membres de son personnel, les employés ne peuvent donner librement leur consentement que dans des situations exceptionnelles, lorsqu'absolument aucune conséquence négative ne résultera de leur refus de donner leur consentement *[Voir également l'avis 2/2017 sur le traitement des données au travail (WP 249), paragraphe 6.2.].*

23. ***Exemple 5 : une équipe de tournage va filmer dans un bureau. L'employeur demande le consentement de tous les employés travaillant dans la zone concernée à être filmés, dès lors qu'ils pourraient apparaître en arrière-plan de la vidéo. Ceux qui ne souhaitent pas être filmés ne sont pénalisés en aucune façon, et disposeront de bureaux équivalents ailleurs dans le bâtiment pendant toute la durée du tournage.***

24. Les déséquilibres de rapports de force ne se limitent pas aux autorités publiques et aux employeurs, ils peuvent également avoir lieu dans d'autres situations. Comme souligné par le G29 dans plusieurs avis, le consentement ne peut être valable que si la personne concernée est véritablement en mesure d'exercer un choix et s'il n'y a pas de risque de tromperie, d'intimidation, de coercition ou de conséquences négatives importantes (par ex. coûts supplémentaires importants) si elle ne donne pas son consentement. Le consentement ne sera pas libre lorsque tout élément de contrainte, de pression ou d'incapacité d'exercer un véritable choix sera présent.

3.1.2 *Conditionnalité*

25. L'article 7, paragraphe 4, du RGPD joue un rôle crucial au moment de déterminer si le consentement est donné librement *[Article 7, paragraphe 4, du RGPD : « Au moment de déterminer si le consentement est donné librement, il y a lieu de tenir le plus grand compte de la question de savoir, entre autres, si l'exécution d'un contrat, y compris la fourniture d'un service, est subordonnée au consentement au traitement de données à caractère personnel qui n'est pas nécessaire à l'exécution dudit contrat. » Voir également le considérant 43 du RGPD, qui prévoit que : « [...] Le consentement est présumé ne pas avoir été donné librement si un consentement distinct ne peut pas être donné à différentes opérations de traitement des données à caractère personnel bien que cela soit approprié dans le cas d'espèce, ou si l'exécution d'un contrat, y compris la prestation d'un service, est subordonnée au consentement malgré que celui-ci ne soit pas nécessaire à une telle exécution ».].*

26. L'article 7, paragraphe 4, du RGPD indique entre autres que le « couplage » du consentement à l'acceptation de conditions générales et la « subordination » de la fourniture d'un contrat ou d'un service à une demande de consentement au traitement de données à caractère personnel non nécessaires à l'exécution dudit contrat ou service ne sont en aucun cas souhaitables. Le consentement est présumé ne pas avoir été donné librement s'il a été donné dans une telle situation (considérant 43). L'article 7, paragraphe 4, cherche à garantir que la finalité du traitement des données à caractère personnel ne soit pas dissimulée ou associée à la fourniture d'un contrat ou d'un service pour lequel ces données à caractère personnel ne sont pas nécessaires. Ce faisant, le RGPD veille à ce que le traitement de données à caractère personnel pour lequel le consentement est sollicité ne puisse pas devenir directement ou indirectement la contre-performance d'un contrat. Ces deux bases juridiques du traite-

ment de données à caractère personnel, à savoir le consentement et le contrat, ne peuvent pas être fusionnées et amalgamées.

27. L'obligation de consentir au traitement de données à caractère personnel autres que celles strictement nécessaires limite le choix de la personne concernée et fait obstacle au consentement libre. Dès lors que la législation sur la protection des données vise à protéger les droits fondamentaux, le contrôle d'un individu sur ses données à caractère personnel est considéré comme essentiel, et il semble évident que le consentement au traitement de données à caractère personnel non nécessaires ne peut pas être considéré comme une condition sine qua non de l'exécution d'un contrat ou de la fourniture d'un service.

28. Lorsqu'une demande de consentement est liée à l'exécution d'un contrat par le responsable du traitement, une personne concernée ne souhaitant pas autoriser le traitement de ses données à caractère personnel par le responsable du traitement risque ainsi de voir les services sollicités lui être refusés.

29. Afin d'évaluer si une telle situation de couplage ou de subordination a lieu, il est important de déterminer le champ d'application du contrat et les données qui seraient nécessaires à l'exécution dudit contrat.

30. Selon l'avis 06/2014 du G29, la locution « nécessaire à l'exécution d'un contrat » doit être interprétée de façon restrictive. Le traitement doit être nécessaire pour exécuter le contrat conclu avec chacune des personnes concernées. Cela peut par exemple inclure le traitement de l'adresse de la personne concernée afin que des biens achetés en ligne puissent être livrés, ou le traitement des informations de carte de crédit afin de permettre le paiement. Dans le contexte du travail, ce principe peut par exemple autoriser le traitement des informations liées au salaire et au compte bancaire afin de pouvoir verser les salaires *[Pour plus d'informations et d'exemples, voir l'avis 06/2014 sur la notion d'intérêt légitime poursuivi par le responsable du traitement des données au sens de l'article 7 de la directive 95/46/CE, adopté par le G29 le 9 avril 2014, p. 18-19 (WP 2017).]*. Il doit exister un lien direct et objectif entre le traitement des données et l'objectif d'exécution du contrat.

31. Si un responsable du traitement cherche à traiter des données qui sont effectivement nécessaires à l'exécution d'un contrat, le consentement n'est alors pas la base juridique appropriée *[La base juridique appropriée pourrait alors être l'article 6, paragraphe 1, point b) (contrat).]*.

32. L'article 7, paragraphe 4, n'est pertinent que lorsque les données requises ne sont pas nécessaires à l'exécution d'un contrat (y compris la fourniture d'un service) et que l'exécution dudit contrat est conditionnée à l'obtention desdites données sur la base du consentement. Inversement, si le traitement **est** nécessaire à l'exécution du contrat (y compris la fourniture d'un service), l'article 7, paragraphe 4, ne s'applique pas.

33 ***Exemple 6 : une banque demande le consentement de ses clients afin de permettre à de tierces parties d'utiliser leurs informations de paiement à des fins de commercialisation directe. Ce traitement n'est pas nécessaire à l'exécution du contrat avec le client et à la fourniture de services de compte bancaire ordinaires. Si le refus du client de donner son consentement à cette finalité de traitement entraînait le déni de services bancaires, la fermeture du compte bancaire, ou, selon le cas, une augmentation des frais, le consentement ne peut être donné librement.***

34. Le choix du législateur de souligner, entre autres, la conditionnalité en tant que présomption de l'absence de liberté de consentement démontre qu'il convient d'évaluer soigneusement l'existence d'une telle conditionnalité. La locution « tenir le plus grand compte » utilisée à l'article 7, paragraphe 4, suggère que le responsable du traitement doit être particulièrement prudent lorsqu'un contrat (qui pourrait inclure la fourniture d'un service) intègre une sollicitation de consentement au traitement de données à caractère personnel.

35. Dès lors que la formulation de l'article 7, paragraphe 4, n'est pas absolue, il pourrait exister un nombre très limité de cas où cette conditionnalité ne rendrait pas le consentement non valable. Toutefois, le terme « présumé » du considérant 43 indique clairement que de tels cas seront hautement exceptionnels.

36. En tout état de cause, la charge de la preuve repose sur le responsable du traitement en vertu de l'article 7, paragraphe 4 *[Voir également l'article 7, paragraphe 1, du RGPD qui dispose que le responsable du traitement doit démontrer que le consentement de la personne concernée a été donné librement.]*. Cette règle spécifique reflète le principe général de responsabilité omniprésent dans le RGPD. Toutefois, lorsque l'article 7, paragraphe 4, s'applique, il sera plus difficile pour le responsable du traitement de prouver que le consentement a été donné librement par la personne concernée *[Dans une certaine mesure, l'introduction de ce paragraphe est une codification des orientations existantes du G29. Comme décrit dans l'avis 15/2011, lorsqu'une personne concernée se trouve dans une situation de dépendance vis-à-vis du responsable du traitement - en raison de la nature de la relation ou de circonstances particulières - l'on peut être porté à croire que la liberté de consentement est limitée (par ex. dans une relation de travail ou si la collecte des données est effectuée par une autorité publique). Avec l'entrée en vigueur de l'article 7, paragraphe 4, il sera plus difficile pour le responsable du traitement de prouver que le consentement a été donné librement par la personne concernée. Voir : avis 15/2011 du groupe de travail « Article 29 » sur la définition du consentement (WP 187), p. 14-18.]*.

37. Le responsable du traitement pourrait avancer que son organisation offre un véritable choix aux personnes concernées si celles-ci peuvent choisir entre un service qui inclut le consentement à l'utilisation de données à caractère personnel à des fins complémentaires et un service équivalent proposé par le même responsable du traitement n'impliquant pas de consentir au traitement de données à caractère personnel à des fins complémentaires. Dans la mesure où il existe la possibilité que le responsable du traitement exécute le contrat ou fournisse le service sans que la personne concernée ne consente aux autres utilisations des données en question, le service n'est pas conditionné. Les deux services doivent cependant être réellement équivalents.

38. L'EDPB considère que le consentement ne peut pas être considéré comme donné librement si un responsable du traitement avance qu'il existe un choix entre son service comprenant le consentement à l'utilisation de données à caractère personnel à des fins complémentaires et un service équivalent proposé par un autre responsable du traitement. Dans un tel cas, la liberté de choix dépendrait de ce que d'autres acteurs du marché font et du point de savoir de si la personne concernée trouve les services de l'autre responsable du traitement réellement équivalents. Cela impliquerait en outre une obligation pour les responsables du traitement de surveiller l'évolution du marché afin de s'assurer que le consentement à leurs activités de traitement est toujours valable, dès lors qu'un concurrent pourrait modifier ultérieurement ses services. Aussi le recours à cet argument implique-t-il qu'un consentement reposant sur une autre option proposée par un tiers n'est pas conforme au RGPD, ce qui signifie qu'un prestataire de services ne peut empêcher les personnes concernées d'accéder à un service au motif qu'elles ne donnent pas leur consentement.

39. Afin que le consentement soit donné librement, l'accès aux services et aux fonctionnalités ne doit pas être conditionné au consentement d'un utilisateur au stockage d'informations, ou à l'accès aux informations déjà stockées, sur l'équipement terminal d'un utilisateur (les « cookie walls ») *[Comme précisé ci-dessus, les conditions d'obtention d'un consentement valable établies par le RGPD sont applicables dans les situations tombant dans le champ d'application de la directive « vie privée et communications électroniques ».]*.

40. Exemple 6 bis : un fournisseur de sites web met en place un script qui cachera le contenu, à l'exception d'une demande d'accepter les cookies et des informations sur les cookies mis en place et les fins auxquelles les données seront traitées. Il n'est pas possible d'avoir accès au contenu sans cliquer sur le bouton « Accepter les cookies ». La personne concernée ne disposant pas d'un choix réel, son consentement n'est pas donné librement.

41. Il ne s'agit pas d'un consentement valable, la fourniture du service étant subordonnée au clic, par la personne concernée, sur le bouton « Accepter les cookies ». Elle ne dispose pas d'un choix réel.

3.1.3 *Granularité*

42. Un service peut impliquer de multiples opérations de traitement à différentes fins. Dans de tels cas, les personnes concernées devraient être libres de choisir quelles finalités elles acceptent, plutôt que de devoir consentir à un ensemble de finalités de traitement. En vertu du RGPD, plusieurs consentements pourraient être nécessaires avant de pouvoir fournir un service dans un cas donné.

43. Le considérant 43 précise que le consentement est présumé ne pas avoir été donné librement si le processus/la procédure d'obtention du consentement ne permet pas aux personnes concernées de donner un consentement distinct à différentes opérations de traitement des données à caractère personnel (par ex. uniquement pour certaines opérations de traitement et pas pour d'autres) bien que cela soit approprié dans le cas d'espèce. Le considérant 32 prévoit que « *[l]e consentement donné devrait valoir pour toutes les activités de traitement ayant la ou les mêmes finalités. Lorsque le traitement a plusieurs finalités, le consentement devrait être donné pour l'ensemble d'entre elles* ».

44. Si le responsable du traitement a regroupé plusieurs finalités de traitement et n'a pas cherché à obtenir un consentement distinct pour chaque finalité, la liberté est limitée. Cette nécessité de détailler le consentement est étroitement liée à la nécessité que le consentement soit spécifique, comme décrit à la rubrique 3.2 ci-après. Afin de se conformer aux conditions d'obtention d'un consentement valable lorsque le traitement des données est effectué pour différentes finalités, il convient de détailler le consentement, c.-à-d. de différencier ses différentes finalités et d'obtenir un consentement pour chacune d'entre elles.

45. Exemple 7 : dans la même demande de consentement, un détaillant demande le consentement de ses clients à l'utilisation de leurs données afin de leur envoyer des communications commerciales par courrier électronique et de partager leurs informations avec d'autres entreprises au sein du même groupe. Ce consentement n'est pas détaillé dès lors qu'il n'y a pas de consentement différencié pour ces deux finalités distinctes et le consentement ne sera donc pas valable. Dans ce cas, un consentement spécifique devrait être obtenu pour envoyer les coordonnées de la personne concernée aux partenaires commerciaux. Un tel consentement spécifique sera jugé valable pour chaque partenaire (voir également la rubrique 3.3.1) dont l'identité a été fournie à la personne concernée au moment de l'obtention de son consentement, à condition que les données leur soient envoyées pour la même finalité (dans cet exemple : une finalité commerciale).

3.1.4 *Préjudice*

46. Le responsable du traitement doit démontrer qu'il est possible de refuser ou de retirer son consentement sans subir de préjudice (considérant 42). Par exemple, le responsable du traitement doit prouver que le retrait du consentement n'engendre pas de frais pour la personne concernée et qu'il n'y a donc pas de désavantage évident pour ceux qui retirent leur consentement.

47. D'autres exemples de préjudice sont la tromperie, l'intimidation, la coercition ou toute conséquence négative importante si la personne concernée refuse de donner son consentement. Le responsable du traitement devrait être en mesure de prouver que la personne concernée dispose d'une véritable liberté de choix concernant la décision de donner ou non son consentement et qu'il est possible de retirer son consentement sans subir de préjudice.

48. Si un responsable du traitement est en mesure de démontrer qu'un service inclut la possibilité de retirer son consentement sans subir de conséquences négatives, c'est-à-dire sans que la qualité du service ne soit amoindrie au détriment de l'utilisateur, cela peut constituer la preuve que le consentement a été donné librement. Le RGPD n'exclut pas tous les incitants, mais il appartiendra au responsable du traitement de démontrer que le consentement a bien été donné librement en toutes circonstances.

49. Exemple 8 : lorsqu'une utilisatrice télécharge une application mobile de la catégorie « mode de vie », celle-ci sollicite son consentement pour accéder à l'accéléromètre du téléphone. Cet accès n'est pas nécessaire au fonctionnement de l'application, mais est utile pour le responsable du traitement qui souhaite en savoir plus sur les mouvements et les niveaux d'activité de ses utilisateurs. Lorsque l'utilisatrice retire ultérieurement son consentement, elle découvre que l'application ne fonctionne plus que de manière restreinte. Il s'agit d'un exemple de préjudice au sens du considérant 42, ce qui signifie que le consentement n'a jamais été obtenu de façon valable (et le responsable doit de ce fait supprimer toutes les données à caractère personnel concernant les mouvements des utilisateurs collectées de cette manière).

50. Exemple 9 : une personne concernée s'inscrit à un bulletin d'informations d'une enseigne de mode avec des réductions générales. Le détaillant demande le consentement de la personne concernée pour collecter davantage de données sur ses préférences en matière de shopping afin d'adapter ses offres à ses préférences en fonction de son historique d'achat ou d'un questionnaire rempli sur une base volontaire. Si la personne concernée retire ultérieurement son consentement, elle recevra à nouveau des réductions non personnalisées. Il ne s'agit pas ici d'un préjudice, dès lors que seul l'incitant autorisé aura été perdu.

51. Exemple 10 : une revue de mode donne la possibilité à ses lecteurs d'acheter de nouveaux produits de maquillage avant leur lancement officiel.

52. Les produits seront bientôt disponibles sur le marché, mais les lecteurs de cette revue bénéficient d'une avant-première exclusive sur ces produits. Afin de profiter de cet avantage, les lecteurs doivent donner leur adresse postale et consentir à leur inscription sur la liste de diffusion de la revue. L'adresse postale est nécessaire pour l'expédition et la liste de diffusion est utilisée pour l'envoi d'offres commerciales pour des produits tels que des cosmétiques ou des t-shirts tout au long de l'année.

53. L'entreprise explique que les données sur la liste de diffusion ne seront utilisées que pour l'envoi de produits et de dépliants publicitaires par la revue elle-même et ne seront en aucun cas partagées avec d'autres organisations.

54. Si le lecteur ne souhaite pas révéler son adresse à cette fin, il ne subira aucun préjudice dès lors que les produits lui seront toujours accessibles.

3.2 *Spécifique*

55. L'article 6, paragraphe 1, point a), confirme que le consentement de la personne concernée doit être donné en lien avec « une ou plusieurs finalités spécifiques » et que la personne concernée a un choix concernant chacune de ces finalités *[Des orientations complémentaires concernant la détermination des « finalités » peuvent être trouvées dans l'avis 3/2013 sur la limitation de la finalité (WP 203).]*. L'exigence selon laquelle le consentement doit être « spécifique » vise à garantir un certain degré de contrôle utilisateur et de transparence pour la personne concernée. Cette exigence n'a pas été modifiée par le RGPD et reste étroitement liée à l'exigence selon laquelle le consentement doit être « éclairé ». Parallèlement, elle doit être interprétée conformément à l'exigence selon laquelle le consentement doit être « détaillé » pour être considéré comme étant « libre ». *[Le considérant 43 du RGPD prévoit qu'un consentement distinct pour différentes opérations de traitement sera nécessaire chaque fois que cela est approprié. Des possibilités de consentement détaillé devraient être prévues afin de permettre aux personnes concernées de donner un consentement distinct à des fins distinctes.]*. Pour résumer, afin de se conformer au caractère « spécifique » du consentement, le responsable du traitement doit garantir :

i la spécification des finalités en tant que garantie contre tout détournement d'usage,

ii le caractère détaillé des demandes de consentement, et

iii la séparation claire des informations liées à l'obtention du consentement au traitement des données et des informations concernant d'autres sujets.

56. **Ad. (i)** : conformément à l'article 5, paragraphe 1, point b), du RGPD, l'obtention d'un consentement valable est toujours précédée de la détermination d'une fina-

lité déterminée, explicite et légitime pour l'activité de traitement envisagée *[Voir l'avis 3/2013 du G29 sur la limitation de la finalité (WP 203), p. 16 : « Pour ces raisons, les finalités vagues ou générales, telles que des fins d'"amélioration de l'expérience utilisateur", des "fins commerciales", des "fins de sécurité informatique" ou des fins de "recherches futures", ne satisferont généralement pas - si pas davantage détaillées - au critère d'être "spécifiques". »]*. **Combinée à la notion de limitation de la finalité de l'article 5, paragraphe 1, point b), la nécessité d'obtenir un consentement spécifique sert de garantie contre l'élargissement ou l'estompement progressif des fins auxquelles les données sont traitées après qu'une personne concernée a donné son consentement à la collecte initiale de ses données. Ce phénomène, également connu sous le terme de détournement d'usage, constitue un risque pour les personnes concernées dès lors qu'il peut entraîner une utilisation imprévue de leurs données à caractère personnel par le responsable du traitement ou par de tierces parties ainsi que l'affaiblissement du contrôle exercé par la personne concernée.**

57. Si le responsable du traitement se fonde sur l'article 6, paragraphe 1, point a), la personne concernée doit toujours donner son consentement pour une finalité de traitement spécifique *[Ceci est conforme à l'avis 15/2011 du G29 sur la définition du consentement (WP 187), par exemple p. 19.]*. Conformément au concept de limitation de la finalité, à l'article 5, paragraphe 1, point b), et au considérant 32, le consentement peut couvrir différentes opérations dans la mesure où ces opérations partagent la même finalité. Il va sans dire qu'un consentement spécifique ne peut être obtenu que lorsque les personnes concernées sont spécifiquement informées des finalités prévues du traitement des données les concernant.

58. Sans préjudice des dispositions relatives à la compatibilité des finalités, le consentement doit être spécifique à la finalité. Les personnes concernées donneront leur consentement en sachant qu'elles en possèdent le contrôle et que leurs données ne seront traitées qu'à ces fins spécifiques. Si un responsable du traitement traite des données en se fondant sur le consentement et souhaite traiter les données à une autre finalité, il doit solliciter un consentement complémentaire pour cette autre finalité à moins qu'une autre base juridique ne reflète mieux la situation.

59. Exemple 11 : un réseau de télévision par câble collecte les données à caractère personnel de ses abonnés en se fondant sur leur consentement afin de leur proposer, en fonction de leurs habitudes de visionnement, des suggestions personnalisées de nouveaux films qui pourraient les intéresser. Après un certain temps, le réseau décide qu'il souhaiterait permettre à de tierces parties d'envoyer (ou d'afficher) des publicités ciblées en fonction des habitudes de visionnement des abonnés. Au vu de cette nouvelle finalité, un nouveau consentement sera nécessaire.

60. **Ad. ii) :** les mécanismes de consentement ne doivent pas être détaillés uniquement afin de satisfaire à l'exigence selon laquelle le consentement doit être « libre », mais également à l'exigence selon laquelle il doit être « spécifique ». Cela signifie qu'un responsable du traitement qui sollicite le consentement pour diverses finalités spécifiques devrait prévoir un consentement distinct pour chaque finalité afin que les utilisateurs puissent donner un consentement spécifique à des finalités spécifiques.

61. **Ad. iii) :** enfin, le responsable des données devrait accompagner chacune des demandes de consentement distinctes d'informations spécifiques concernant les données traitées pour chaque finalité afin que les personnes concernées soient conscientes de l'incidence de leur choix. Les personnes concernées pourront ainsi donner leur consentement spécifique. Cette problématique est liée à l'exigence selon laquelle les responsables du traitement doivent fournir des informations claires, telle que décrite à la rubrique 3.3 ci-après.

3.3 *Éclairé*

62. Le RGPD renforce l'exigence selon laquelle le consentement doit être éclairé. Conformément à l'article 5 du RGPD, l'exigence de transparence, étroitement liée aux principes de loyauté et de licéité, en est l'un des principes fondamentaux. Fournir des informations aux personnes concernées avant d'obtenir leur consentement est

indispensable afin de leur permettre de prendre des décisions en toute connaissance de cause, de comprendre ce à quoi ils consentent et, par exemple, d'exercer leur droit de retirer leur consentement. Si le responsable du traitement ne fournit pas d'informations accessibles, le contrôle utilisateur devient illusoire et le consentement ne constituera pas une base valable pour le traitement.

63. Si un responsable du traitement ne respecte pas les exigences relatives à l'obtention d'un consentement éclairé, ce consentement ne sera pas valable et ledit responsable du traitement pourrait se trouver dans une situation d'infraction à l'article 6 du RGPD.

3.3.1 *Exigences minimales de contenu pour que le consentement soit « éclairé »*

64. Pour que le consentement soit éclairé, il est nécessaire d'informer la personne concernée de certains éléments cruciaux pour opérer un choix. Aussi l'EDPB est-il d'avis qu'au moins les informations suivantes sont nécessaires afin d'obtenir un consentement valable :

i. l'identité du responsable du traitement, *[Voir également le considérant 42 du RGPD : « [...] Pour que le consentement soit éclairé, la personne concernée devrait connaître au moins l'identité du responsable du traitement et les finalités du traitement auquel sont destinées les données à caractère personnel. [...] ».]*

ii. la finalité de chacune des opérations de traitement pour lesquelles le consentement est sollicité, *[Voir à nouveau le considérant 42 du RGPD.]*

iii. les (types de) données collectées et utilisées, *[Voir également l'avis 15/2011 du G29 sur la définition du consentement (WP 187), p. 21-22.]*

iv. l'existence du droit de retirer son consentement *[Voir l'article 7, paragraphe 3, du RGPD.]*,

v. des informations concernant l'utilisation des données pour la prise de décision automatisée conformément à l'article 22, paragraphe 2, point c) *[Voir également les lignes directrices du G29 sur les décisions individuelles automatisées et le profilage au titre du règlement 2016/679 (WP 251), paragraphe IV.B, p. 20 et suivantes.]*, le cas échéant, et

vi. des informations sur les risques éventuels liés à la transmission des données en raison de l'absence de décision d'adéquation et de garanties appropriées telles que décrites à l'article 46 *[Conformément à l'article 49, paragraphe 1, point a), des informations spécifiques relatives à l'absence des garanties décrites à l'article 46 sont requises lorsqu'un consentement explicite est sollicité. Voir également l'avis 15/2011 du G29 sur la définition du consentement (WP 187), p. 21.]*.

65. Concernant les points (i) et (iii), l'EDPB signale que si le consentement sollicité doit servir de base à plusieurs responsables (conjoints) du traitement ou si les données doivent être transférées à, ou traitées par, d'autres responsables qui souhaitent se fonder sur le consentement original, ces organisations devraient toutes être nommées. Les sous-traitants ne doivent pas impérativement être nommés en vertu des exigences en matière de consentement, bien que pour se conformer aux articles 13 et 14 du RGPD, les responsables du traitement doivent fournir une liste complète des destinataires ou des catégories de destinataires, y compris des sous-traitants. Pour conclure, l'EDPB signale qu'en fonction des circonstances et du contexte de chaque cas, plus d'informations peuvent être nécessaires afin que la personne concernée puisse réellement comprendre les opérations de traitement envisagées.

3.3.2 *Comment fournir des informations*

66. Le RGPD ne prescrit pas la forme sous laquelle les informations doivent être fournies afin de satisfaire à l'exigence du consentement éclairé. Cela signifie que les informations valables peuvent être présentées de diverses façons, par exemple sous la forme de communications écrites ou verbales ou de messages audio ou vidéo. Le RGPD fixe toutefois différentes exigences en matière de consentement éclairé,

notamment en son article 7, paragraphe 2, et au considérant 32. Cela entraîne une amélioration du niveau de clarté et d'accessibilité des informations.

67. En sollicitant un consentement, les responsables du traitement devraient s'assurer d'utiliser systématiquement des termes clairs et simples. Cela signifie qu'un message devrait être facilement compréhensible pour l'homme de la rue et pas uniquement pour les avocats. Les responsables du traitement ne peuvent pas utiliser de longues politiques de confidentialité difficiles à comprendre ou des énoncés riches en jargon juridique. Le consentement doit être clair et se distinguer des autres questions, et doit être présenté sous une forme compréhensible et aisément accessible. Cette exigence signifie essentiellement que les informations nécessaires à une prise de décision éclairée concernant le consentement ne peuvent être cachées dans des conditions générales *[La déclaration de consentement doit être désignée comme telle. Les énoncés de type « Je suis conscient(e) que... » ne satisfont pas à l'exigence selon laquelle les termes utilisés doivent être clairs.]*.

68. Un responsable du traitement doit s'assurer que le consentement est fourni sur la base d'informations qui permettent aux personnes concernées d'identifier facilement qui est le responsable des données et de comprendre ce à quoi elles consentent. Le responsable du traitement doit clairement décrire la finalité du traitement des données pour lequel le consentement est sollicité *[Voir l'article 4, paragraphe 11, et l'article 7, paragraphe 2, du RGPD.]*.

69. D'autres orientations spécifiques sur l'accessibilité ont été fournies dans les lignes directrices du G29 sur la transparence. Si le consentement doit être donné par voie électronique, la sollicitation doit être claire et concise. Des informations superposées ou détaillées peuvent être un moyen adéquat de gérer la double obligation que celles-ci soient précises et complètes d'un côté, et compréhensibles d'un autre.

70. Un responsable du traitement doit évaluer quel type de public fournit des données à caractère personnel à son organisation. Par exemple, si le public cible comprend des mineurs, il convient que le responsable du traitement s'assure que les informations sont compréhensibles pour ceux-ci *[Voir également le considérant 58 concernant les informations compréhensibles pour les enfants.]*. Après avoir identifié leur public, les responsables du traitement doivent déterminer quelles informations devraient être fournies et, ensuite, comment lesdites informations seront présentées aux personnes concernées.

71. L'article 7, paragraphe 2, traite des déclarations de consentement écrites préformulées concernant également d'autres questions. Lorsque le consentement est requis dans le cadre d'un contrat (papier), la demande de consentement devrait être présentée sous une forme qui la distingue clairement des autres questions. Si le contrat papier comprend de nombreux aspects qui ne sont pas liés à la question du consentement à l'utilisation de données à caractère personnel, la question du consentement devrait être traitée sous une forme qui se distingue clairement, ou dans le cadre d'un document distinct. De même, si le consentement est sollicité par voie électronique, la demande de consentement doit être séparée et distincte, elle ne peut être simplement un paragraphe dans les conditions générales, conformément au considérant 32 *[Voir également le considérant 42 et la directive 93/13/CE, notamment son article 5 (termes clairs et compréhensibles et en cas de doute, l'interprétation la plus favorable au consommateur prévaudra) et son article 6 (invalidité des clauses abusives, le contrat continue à exister sans ces clauses s'il reste pertinent, faute de quoi le contrat ne sera plus valable).]*. Afin de s'adapter à de petits écrans ou à des situations où il y a peu d'espace pour les informations, une présentation superposée des informations peut être envisagée, le cas échéant, afin d'éviter toute perturbation excessive de l'expérience utilisateur ou de la conception du produit.

72. Un responsable du traitement qui se fonde sur le consentement de la personne concernée doit également respecter les différentes obligations en matière d'information énoncées aux articles 13 et 14 afin d'être conforme au RGPD. En pratique, le respect des obligations en matière d'information et de l'exigence selon laquelle le consentement doit être éclairé pourrait entraîner une approche intégrée dans de

nombreux cas. Toutefois, cette rubrique est rédigée étant entendu qu'un consentement « éclairé » valable est possible même lorsque tous les éléments des articles 13 et/ou 14 ne sont pas mentionnés lors du processus d'obtention du consentement (ces points devraient bien évidemment être mentionnés ailleurs, par exemple dans la déclaration de confidentialité d'une entreprise). Le G29 a publié d'autres lignes directrices sur l'exigence de la transparence.

73. Exemple 12 : l'entreprise X est un responsable du traitement qui a reçu des plaintes concernant le manque de clarté des finalités du traitement des données pour lesquelles le consentement a été demandé aux personnes concernées. L'entreprise considère nécessaire de vérifier si les informations de sa demande de consentement sont compréhensibles pour les personnes concernées. X organise des panels volontaires constitués de catégories spécifiques de clients et présente de nouvelles mises à jour de ses informations de consentement à ces audiences tests avant de les communiquer à l'extérieur. La sélection du panel respecte le principe d'indépendance et se fait sur la base de critères assurant un résultat représentatif et non biaisé. Les membres du panel reçoivent un questionnaire et indiquent ce qu'ils ont compris de ces informations et comment ils les évalueraient sur les plans de l'intelligibilité et de la pertinence. Le responsable du traitement poursuit ces tests jusqu'à ce que le panel indique que les informations sont compréhensibles. X établit un rapport du test et le tient à disposition à des fins de référence ultérieure. Cet exemple montre l'une des possibilités dont dispose X pour démontrer que les personnes concernées reçoivent des informations claires avant de consentir au traitement de leurs données à caractère personnel par ses soins.

74. Exemple 13 : une entreprise procède au traitement de données en se fondant sur le consentement. L'entreprise utilise un avis de confidentialité superposé qui inclut une demande de consentement. L'entreprise communique toutes les informations de base concernant le responsable du traitement et les activités de traitement des données envisagées *[Il convient de noter que lorsque l'identité du responsable du traitement ou les finalités du traitement ne sont pas apparentes dans le premier niveau d'informations de l'avis de confidentialité superposé (et se trouvent dans des niveaux inférieurs), il sera difficile pour le responsable du traitement de démontrer que la personne concernée a donné un consentement éclairé, à moins que le responsable du traitement ne soit en mesure de démontrer que la personne concernée en question a accédé à ces informations avant de donner son consentement.]****. Toutefois, l'entreprise n'indique pas comment son délégué à la protection des données peut être contacté dans le premier niveau d'informations de son avis de confidentialité. Afin de disposer d'une base juridique valable au sens de l'article 6, ce responsable du traitement a obtenu un consentement « éclairé » valable, même si les coordonnées du délégué à la protection des données n'ont pas été communiquées à la personne concernée (dans le premier niveau d'informations) conformément à l'article 13, paragraphe 1, point b) ou à l'article 14, paragraphe 1, point b), du RGPD.***

3.4 *Univoque*

75. Le RGPD établit clairement que le consentement nécessite une déclaration de la part de la personne concernée ou un acte positif clair, ce qui signifie qu'il doit toujours être donné par une déclaration ou un geste actif. Il doit être évident que la personne concernée a consenti au traitement en question.

76. L'article 2, point h), de la directive 95/46/CE décrit le consentement comme une « manifestation de volonté par laquelle la personne concernée accepte que des données à caractère personnel la concernant fassent l'objet d'un traitement ». L'article 4, paragraphe 11, du RGPD développe cette définition en précisant qu'un consentement valable nécessite une manifestation de volonté *univoque*, par une déclaration ou par un acte positif clair, conformément à de précédentes orientations publiées par le G29.

77. Un « acte positif clair » signifie que la personne concernée doit avoir posé un acte délibéré afin de donner son consentement au traitement spécifique *[Voir le document de travail des services de la Commission, analyse d'impact, annexe 2, p. 20 et p. 105-106 : « Comme le souligne également l'avis du G29 sur le consentement, il semble essentiel de préciser que*

l'obtention d'un consentement valable impose de recourir à des mécanismes qui ne laissent aucun doute sur l'intention de la personne concernée de consentir au traitement, tout en expliquant que - dans le contexte de l'environnement en ligne - l'utilisation d'options par défaut, que la personne concernée doit modifier pour refuser le traitement ("consentement fondé sur le silence"), ne constitue pas, en soi, un consentement indubitable. Cela conférerait aux individus un plus grand contrôle sur leurs propres données lorsque le traitement est fondé sur leur consentement. Quant à l'incidence sur le responsable du traitement, celle-ci serait faible dès lors que cette mesure ne fait que clarifier et expliciter les implications de l'actuelle directive concernant les conditions d'un consentement valable de la part de la personne concernée. Dans la mesure où la notion de consentement "explicite" clarifierait - en remplaçant la notion de consentement "indubitable" - les modalités et la qualité du consentement et où elle ne vise pas à accroître le nombre de cas et de situations où le consentement (explicite) devrait être utilisé comme base du traitement, l'incidence de cette mesure sur les responsables du traitement ne devrait pas être majeure ».]. Le considérant 32 établit des orientations complémentaires à cet égard. Le consentement peut être recueilli au moyen d'une déclaration écrite ou orale (enregistrée), y compris par voie électronique.

78. Peut-être la façon la plus littérale de satisfaire au critère d'une « déclaration écrite » est-elle de s'assurer que la personne concernée rédige une lettre ou un courrier électronique expliquant au responsable du traitement ce à quoi elle consent. Cela est cependant rarement réaliste. Les déclarations écrites peuvent adopter de nombreuses tailles et formes qui pourraient être conformes au RGPD.

79. Sans préjudice du droit des contrats (national) existant, le consentement peut être obtenu moyennant une déclaration orale enregistrée, bien qu'il convienne que la personne concernée ait pris bonne note des informations à sa disposition avant sa déclaration de consentement. Le recours à des cases cochées par défaut n'est pas valable en vertu du RGPD. Le silence ou l'inactivité de la personne concernée, ainsi que le simple fait qu'elle continue à utiliser un service, ne peuvent être considérés comme une indication active de choix.

80. Exemple 14 : lors de l'installation d'un logiciel, celui-ci demande le consentement de la personne concernée afin d'utiliser des rapports d'erreur non anonymes afin d'améliorer le logiciel. Un avis de confidentialité superposé fournissant les informations nécessaires accompagne la demande de consentement. En cochant activement la case stipulant « Je consens », l'utilisateur est en mesure de poser un « acte positif clair » afin de donner son consentement au traitement.

81. Un responsable du traitement doit également être conscient que le consentement ne peut être obtenu moyennant la même action que lorsqu'une personne concernée accepte un contrat ou les conditions générales d'un service. L'acceptation globale des conditions générales ne peut être considérée comme un acte positif clair visant à donner son consentement à l'utilisation de données à caractère personnel. Le RGPD n'autorise pas les responsables du traitement à proposer des cases cochées par défaut ou des options de refus nécessitant une action de la personne concernée pour signaler son refus (par exemple des « cases de refus ») *[Voir l'article 7, paragraphe 2. Voir également le document de travail n° 02/2013 sur le recueil du consentement pour le dépôt de cookies (WP 208), p. 4-7.]*.

82. Lorsque le consentement est donné à la suite d'une demande introduite par voie électronique, la demande de consentement ne devrait pas inutilement perturber l'utilisation du service pour lequel il est accordé *[Voir le considérant 32 du RGPD.]*. Un acte positif clair par lequel une personne concernée donne son consentement peut être nécessaire lorsqu'une méthode moins perturbante ou dérangeante entraînerait une certaine ambiguïté. Il peut ainsi être nécessaire qu'une demande de consentement interrompe l'expérience d'utilisation jusqu'à un certain point afin que cette demande soit effective.

83. Toutefois, les responsables du traitement conservent la liberté de développer un mode de consentement qui convienne à leur organisation dans le respect des exigences du RGPD. A cet égard, les mouvements physiques peuvent être qualifiés d'actes positifs clairs conformes au RGPD.

84. Les responsables du traitement devraient élaborer des mécanismes de consentement clairs pour les personnes concernées. Ils doivent éviter toute ambiguïté et

veiller à ce que l'acte par lequel le consentement est accordé puisse se distinguer de tout autre acte. Aussi la simple poursuite de l'utilisation ordinaire d'un site Internet n'est-elle pas un comportement qui permet de supposer une manifestation de volonté de la part de la personne concernée visant à donner son accord à une opération de traitement envisagée.

85. Exemple 15 : faire glisser une barre sur un écran, agiter la main devant une caméra intelligente, faire tourner un smartphone dans le sens des aiguilles d'une montre ou pour former un huit sont différentes possibilités permettant d'indiquer son consentement, pour autant que des informations claires soient fournies et qu'il soit clair que le mouvement en question signifie que la personne concernée accepte une demande spécifique (par ex. « En faisant glisser cette barre vers la gauche, vous consentez à l'utilisation de l'information X à une fin Y. Veuillez répéter le mouvement pour confirmer »). Le responsable du traitement doit être en mesure de démontrer que le consentement a été obtenu de cette façon et les personnes concernées doivent être en mesure de retirer leur consentement aussi facilement qu'elles l'ont donné.

86. Exemple 16 : sur la base du considérant 32, des actions telles que faire défiler une page web ou naviguer sur une page web ou une activité similaire de l'utilisateur ne satisferont dans aucune circonstance à l'exigence d'un acte positif clair : il peut être difficile de distinguer ces actes d'une autre activité ou interaction par un utilisateur et, dès lors, il ne sera pas non plus possible de déterminer qu'un consentement univoque a été obtenu. En outre, dans ce cas, il sera difficile de permettre à l'utilisateur de retirer son consentement aussi facilement qu'il l'a donné.

87. Dans le contexte numérique, de nombreux services nécessitent des données à caractère personnel afin de fonctionner. Les utilisateurs reçoivent ainsi chaque jour de nombreuses demandes de consentement auxquelles elles doivent répondre par un clic ou en balayant leur écran. Cela peut mener à une certaine lassitude : lorsque trop souvent rencontré, l'effet d'avertissement des mécanismes de consentement diminue.

88. Il en résulte une situation où les informations de consentement cessent d'être lues. Cela constitue un grand risque pour les personnes concernées, dès lors que le consentement est généralement demandé pour des actions qui seraient illicites sans ce consentement. Le RGPD impose aux responsables du traitement de développer des solutions à ce problème.

89. Un exemple fréquemment mentionné de solution à ce problème dans un environnement en ligne est l'obtention du consentement des utilisateurs d'internet moyennant les paramètres de leur navigateur. De tels paramètres devraient être développés conformément aux conditions d'un consentement valable établies par le RGPD, telles que la nécessité que le consentement soit distinct pour chacune des finalités envisagées et que les informations fournies nomment les responsables du traitement.

90. En tout état de cause, le consentement doit toujours être obtenu avant que le responsable du traitement ne commence à traiter les données à caractère personnel pour lesquelles un consentement est nécessaire. Le G29 a à maintes reprises considéré dans ses avis que le consentement devrait être donné préalablement à l'activité de traitement *[Le G29 a constamment défendu cette position depuis son avis 15/2011 sur la définition du consentement (WP 187), p. 34-36.]*. Bien que le RGPD n'indique pas littéralement en son article 4, paragraphe 11, que le consentement doit être donné préalablement à l'activité de traitement, il le laisse cependant clairement entendre. Le titre de l'article 6, paragraphe 1, et la formule « a consenti » utilisée dans l'article 6, paragraphe 1, point a), étayent cette interprétation. Il ressort logiquement de l'article 6 et du considérant 40 qu'une base juridique valable doit exister avant le début du traitement des données. Le consentement devrait donc être donné préalablement à l'activité de traitement. En principe, il peut être suffisant de ne demander le consentement de la personne concernée qu'une seule fois. Les responsables du traitement doivent toutefois obtenir un nouveau consentement spécifique si les finalités du traitement des données changent après l'obtention du consentement ou si une finalité supplémentaire est envisagée.

4 Obtention d'un consentement explicite

91. Le consentement explicite est requis dans certaines situations où un risque sérieux lié à la protection des données survient, et où un niveau élevé de contrôle sur les données à caractère personnel par la personne concernée est de ce fait jugé approprié. En vertu du RGPD, le consentement explicite joue un rôle dans l'article 9 relatif au traitement portant sur des catégories particulières de données, dans les dispositions relatives aux transferts de données vers des pays tiers ou des organisations internationales de l'article 49 *[Selon l'article 49, paragraphe 1, point a), du RGPD, un consentement explicite peut lever l'interdiction portant sur les transferts de données vers des pays ne disposant pas d'un niveau adéquat de droit relatif à la protection des données. Voir également le document de travail relatif à une interprétation commune des dispositions de l'article 26, paragraphe 1, de la directive 95/46/CE du 24 octobre 1995 (WP 114), p. 13, où le G29 a indiqué que le recours au consentement pour les transferts de données périodiques ou permanents n'est pas approprié.]* **ainsi qu'à l'article 22 sur la décision individuelle automatisée, y compris le profilage** *[A l'article 22, le RGPD introduit des dispositions visant à protéger les personnes concernées contre les prises de décision uniquement fondées sur un traitement automatisé, y compris le profilage. Les décisions prises sur cette base sont autorisées sous certaines conditions légales. Le consentement joue un rôle clé dans ce mécanisme de protection, dès lors que l'article 22, paragraphe 2, point c), du RGPD prévoit clairement qu'un responsable du traitement peut procéder à des prises de décision automatisées, y compris à un profilage, qui pourraient affecter la personne concernée de manière significative s'il dispose du consentement explicite de celle-ci. Le G29 a publié d'autres lignes directrices à cet égard : lignes directrices du G29 sur les décisions individuelles automatisées et le profilage au titre du règlement 2016/679 du G29, 3 octobre 2017 (WP 251).]*.

92. Le RGPD dispose qu'une « déclaration ou un acte positif clair » est une condition sine qua non d'un consentement « standard ». Dès lors que les exigences pour un consentement « standard » dans le RGPD sont déjà portées à un niveau supérieur à celles de la directive 95/46/CE, il convient de préciser quels efforts complémentaires un responsable du traitement devrait entreprendre afin d'obtenir le consentement explicite d'une personne concernée conformément au RGPD.

93. Le terme *explicite* se rapporte à la façon dont le consentement est exprimé par la personne concernée. Il implique que la personne concernée doit formuler une déclaration de consentement exprès. Une manière évidente de s'assurer que le consentement est explicite serait de confirmer expressément le consentement dans une déclaration écrite. Le cas échéant, le responsable du traitement pourrait s'assurer que la déclaration écrite est signée par la personne concernée afin de prévenir tout doute potentiel et toute absence potentielle de preuve à l'avenir *[Voir également l'avis 15/2011 du G29 sur la définition du consentement (WP 187), p. 28.]*.

94. Une telle déclaration signée n'est toutefois pas la seule façon d'obtenir le consentement explicite, et on ne peut affirmer que le RGPD préconise des déclarations écrites et signées dans toutes les situations où un consentement explicite valable est nécessaire. Par exemple, dans un contexte numérique ou en ligne, une personne concernée peut être en mesure de fournir la déclaration nécessaire en remplissant un formulaire électronique, en envoyant un courrier électronique, en téléchargeant un document scanné porteur de la signature de la personne concernée ou en utilisant une signature électronique. En théorie, le recours à des déclarations orales peut également être suffisamment explicite pour que le consentement soit valable, bien qu'il puisse être difficile pour le responsable du traitement de prouver que toutes les conditions d'un consentement explicite valable étaient remplies lorsque la déclaration a été enregistrée.

95. Une organisation peut également obtenir un consentement explicite moyennant une conversation téléphonique, à condition que les informations relatives au choix soient loyales, compréhensibles et claires et qu'elle demande une confirmation spécifique de la part de la personne concernée (par ex. appuyer sur un bouton ou donner une conformation orale).

96. Exemple 17 : un responsable du traitement peut également obtenir le consentement explicite d'un visiteur de son site internet en affichant un écran de consentement

explicite qui contient des cases à cocher avec les mentions « Oui » et « Non », à condition que le texte indique clairement qu'il s'agit d'un consentement, par exemple moyennant une formulation telle que « Je consens par la présente au traitement de mes données » et non « Je suis conscient(e) que mes données seront traitées ». Il va sans dire que les conditions d'obtention d'un consentement éclairé ainsi que les autres conditions d'obtention d'un consentement valable doivent être satisfaites.

97. Example 18 : une clinique de chirurgie esthétique demande le consentement explicite d'un patient afin de transférer son dossier médical à un expert consulté dans le but d'obtenir une deuxième opinion sur l'état du patient. Le dossier médical se présente sous la forme d'un fichier numérique. Au vu de la nature spécifique des informations concernées, la clinique demande la signature électronique de la personne concernée afin d'obtenir un consentement explicite valable et d'être en mesure de démontrer qu'un consentement valable a été obtenu *[Cet exemple est sans préjudice du règlement (UE) n° 910/2014 du Parlement européen et du Conseil du 23 juillet 2014 sur l'identification électronique et les services de confiance pour les transactions électroniques au sein du marché intérieur.]*.

98. Une vérification en deux étapes du consentement peut également être une façon de s'assurer que le consentement explicite est valable. Par exemple, une personne concernée reçoit un courrier électronique l'informant de l'intention du responsable du traitement de traiter un dossier contenant des informations médicales. Le responsable du traitement explique dans le courrier électronique qu'il lui demande son consentement pour utiliser un ensemble spécifique d'informations à une fin spécifique. Si la personne concernée consent à l'utilisation de ces données, le responsable du traitement lui demande une réponse par courrier électronique contenant la formule « Je consens ». Une fois la réponse envoyée, la personne concernée reçoit un lien de vérification qu'elle doit ouvrir ou un SMS avec un code de vérification afin de confirmer le consentement.

99. L'article 9, paragraphe 2, ne reconnaît pas le caractère « nécessaire à l'exécution d'un contrat » comme une exception à l'interdiction générale de traiter des catégories particulières de données. Les responsables du traitement et les États membres se trouvant dans cette situation devraient se pencher sur les exceptions spécifiques des points b) à j) de l'article 9, paragraphe 2. Si aucune des exceptions listées aux points b) à j) ne s'applique, l'obtention d'un consentement explicite conforme aux conditions d'un consentement valable définies par le RGPD reste la seule exception licite permettant de traiter de telles données.

100. Exemple 19 : une compagnie aérienne, Holiday Airways, propose un service de voyage assisté pour les passagers qui ne peuvent voyager sans assistance, par exemple en raison d'un handicap. Une cliente réserve un vol d'Amsterdam à Budapest et demande une assistance voyage afin de pouvoir monter dans l'avion. Holiday Airways lui demande de fournir des informations sur son état de santé afin de mettre en place les services appropriés (il existe donc de nombreuses possibilités, par ex. un fauteuil roulant à la porte d'arrivée, ou un assistant voyageant avec elle de A à B). Holiday Airways lui demande son consentement explicite pour traiter ses données de santé dans l'objectif d'organiser l'assistance voyage requise. Les données traitées sur la base du consentement sont nécessaires au service requis. En outre, les vols vers Budapest sont toujours disponibles sans assistance voyage. Il convient de noter que dès lors que les données sont nécessaires à la fourniture du service requis, l'article 7, paragraphe 4, ne s'applique pas.

101. Exemple 20 : une entreprise prospère est spécialisée dans la fourniture de lunettes de snowboard et de ski personnalisées et d'autres types de lunettes personnalisées pour les sports en extérieur. L'idée est que les clients puissent les porter sans devoir porter leurs propres lunettes. L'entreprise reçoit les commandes à un point central et livre ses produits dans toute l'UE à partir d'un seul endroit.

102. Afin de pouvoir fournir ses produits personnalisés aux clients souffrant de myopie, ce responsable du traitement demande leur consentement pour utiliser des informations sur leurs problèmes oculaires. Les clients fournissent les informations de santé nécessaires, telles que des données concernant leurs ordonnances, lorsqu'ils passent commande en ligne. Sans ces données, il est impossible pour l'entreprise de fournir

les lunettes personnalisées demandées. L'entreprise propose également une gamme de lunettes avec des corrections standards. Les clients qui ne souhaitent pas partager leurs données de santé pourraient opter pour ces modèles standards. Aussi un consentement explicite estil nécessaire en vertu de l'article 9 et le consentement peut-il être considéré comme étant donné librement.

5 Conditions supplémentaires d'obtention d'un consentement valable

103. Le RGPD introduit des conditions exigeant des responsables du traitement qu'ils prennent des dispositions complémentaires afin de s'assurer d'obtenir, de conserver et d'être en mesure de démontrer un consentement valable. L'article 7 du RGPD établit ces conditions supplémentaires d'obtention d'un consentement valable, avec des dispositions spécifiques concernant l'archivage du consentement et le droit de retirer facilement son consentement. L'article 7 s'applique également au consentement auquel il est fait référence dans d'autres articles du RGPD, par ex. dans les articles 8 et 9. Des orientations sur les exigences complémentaires de démonstration d'un consentement valable et de retrait du consentement sont disponibles ci-après.

5.1 *Démonstration du consentement*

104. A l'article 7, paragraphe 1, le RGPD souligne l'obligation explicite du responsable du traitement de démontrer que la personne concernée a donné son consentement. En vertu de l'article 7, paragraphe 1, la charge de la preuve reposera sur le responsable du traitement.

105. Le considérant 42 prévoit que : « *Lorsque le traitement est fondé sur le consentement de la personne concernée, le responsable du traitement devrait être en mesure de prouver que ladite personne a consenti à l'opération de traitement.* »

106. Les responsables du traitement sont libres de développer des méthodes adaptées à leurs opérations quotidiennes pour se conformer à cette disposition. Parallèlement, l'obligation qu'a le responsable du traitement de démontrer qu'un consentement valable a été obtenu ne devrait pas en elle-même entraîner des volumes de traitement supplémentaire excessifs. Cela signifie que les responsables du traitement devraient disposer de suffisamment de données pour établir un lien avec le traitement (afin de démontrer que le consentement a été obtenu), mais qu'ils ne devraient pas collecter plus d'informations que nécessaire.

107. Il incombe au responsable du traitement de prouver qu'un consentement valable a été obtenu de la part de la personne concernée. Le RGPD ne prescrit pas précisément comment cela doit être fait. Le responsable du traitement doit toutefois être en mesure de prouver qu'une personne concernée a donné son consentement dans un cas spécifique. L'obligation de démontrer le consentement s'applique tant que l'activité de traitement en question perdure. Une fois l'activité de traitement terminée, la preuve de consentement ne devrait pas être conservée plus longtemps que strictement nécessaire pour respecter une obligation légale ou à la constatation, à l'exercice ou à la défense de droits en justice, conformément à l'article 17, paragraphe 3, points b) et e).

108. Le responsable du traitement peut par exemple conserver une trace des déclarations de consentement reçues afin de pouvoir attester la façon dont le consentement a été obtenu, du moment où il a été obtenu et des informations fournies à la personne concernée à l'époque. Le responsable du traitement doit être en mesure de démontrer que la personne concernée a été informée et que le flux de travail respectait tous les critères pertinents pour un consentement valable. La raison de cette obligation établie par le RGPD est que les responsables du traitement doivent répondre de l'obtention d'un consentement valable de la part des personnes concernées et des mécanismes de consentement qu'ils ont établis. Par exemple, dans l'environnement en ligne, un responsable du traitement pourrait conserver des informations sur la session lors de laquelle le consentement a été donné, parallèlement à la documentation sur le flux de travail relatif au consentement à l'époque de la session et à une copie des informations fournies à l'époque à la personne concernée. Il ne serait pas suffisant de simplement se référer à une configuration adéquate du site internet en question.

109. Exemple 21 : un hôpital met en place un programme de recherche scientifique, appelé projet X, pour lequel des dossiers dentaires de patients réels sont nécessaires. Les participants sont recrutés par le biais d'appels téléphoniques à des patients ayant volontairement accepté de figurer sur une liste de candidats pouvant être contactés à cette fin. Le responsable du traitement sollicite le consentement explicite des personnes concernées pour utiliser leur dossier dentaire. Le consentement est obtenu lors d'un appel téléphonique par l'enregistrement d'une déclaration orale de la personne concernée dans laquelle celle-ci confirme consentir à l'utilisation de ses données aux fins du projet X.

110. Le RGPD ne fixe pas de durée spécifique pendant laquelle le consentement restera valable. La durée de validité du consentement dépendra du contexte, de la portée du consentement initial et des attentes de la personne concernée. Si les opérations de traitement changent ou évoluent considérablement, le consentement initial n'est plus valable. Dans ce cas, un nouveau consentement devra être obtenu.

111. L'EDPB recommande, à titre de meilleure pratique, que le consentement soit renouvelé à des intervalles appropriés. Fournir à nouveau toutes les informations permet de garantir que la personne concernée demeure bien informée de la façon dont ses données sont utilisées et dont elle peut exercer ses droits *[Voir les lignes directrices du groupe de travail « Article 29 » sur la transparence au titre du règlement (UE) 2016/679, WP 260 rév. 01 - approuvées par l'EDPB.]*.

5.2 *Retrait du consentement*

112. Le RGPD accorde une place importante au retrait du consentement. Les dispositions et considérants du RGPD sur le retrait du consentement peuvent être considérés comme la codification de l'interprétation existante de cette thématique dans les avis du G29 *[Le G29 a discuté de cette thématique dans son avis sur le consentement [voir l'avis 15/2011 sur la définition du consentement (WP 187), p. 10, 14-15, 22, 31 et 37-38] et, entre autres, dans son avis sur l'utilisation de données de localisation [voir l'avis 5/2005 sur l'utilisation de données de localisation aux fins de fourniture de services à valeur ajoutée (WP 115), p. 7].]*.

113. L'article 7, paragraphe 3, du RGPD dispose que le responsable du traitement doit veiller à ce qu'il soit aussi simple pour la personne concernée de retirer que de donner son consentement, et à ce que cela puisse être fait à tout moment. Le RGPD ne précise pas que la personne concernée doit toujours pouvoir donner et retirer son consentement moyennant la même action.

114. Toutefois, lorsque le consentement est obtenu par voie électronique uniquement par un clic, une frappe ou en balayant l'écran, les personnes concernées doivent, en pratique, pouvoir retirer ce consentement par le même biais. Lorsque le consentement est obtenu au moyen d'une interface utilisateur spécifique au service (par exemple moyennant un site internet, une application, un compte avec identifiant, l'interface d'un dispositif IdO ou par courrier électronique), il est évident qu'une personne concernée doit pouvoir retirer son consentement moyennant la même interface électronique, dès lors que changer d'interface à la seule fin de retirer son consentement nécessiterait des efforts inutiles. La personne concernée devrait également être en mesure de retirer son consentement sans subir de préjudice. Cela signifie, entre autres, qu'un responsable du traitement doit proposer la possibilité de retirer son consentement gratuitement ou sans entraîner la diminution du niveau de service *[Voir également l'avis 4/2010 du G29 sur le code de conduite de la FEDMA relatif à l'exploitation de données à caractère personnel dans le cadre d'opérations de marketing direct (WP 174) et l'avis sur l'utilisation de données de localisation aux fins de fourniture de services à valeur ajoutée (WP 115).]*.

115. Exemple 22 : un festival de musique vend des tickets par le biais d'une plateforme de vente de tickets en ligne. Pour chaque ticket vendu, il demande le consentement de l'acheteur pour utiliser ses coordonnées à des fins commerciales. Afin d'indi-

quer leur consentement à cette finalité, les clients peuvent sélectionner soit « Non », soit « Oui ». Le responsable du traitement informe les clients qu'ils auront la possibilité de retirer leur consentement. Pour ce faire, ils peuvent contacter gratuitement un centre d'appel les jours ouvrables entre 8 h et 17 h. Dans cet exemple, le responsable du traitement ne respecte pas l'article 7, paragraphe 3, du RGPD. En effet, le retrait du consentement nécessite ici un appel téléphonique pendant les heures ouvrables, ce qui est plus fastidieux que le clic de souris nécessaire pour donner son consentement sur la plateforme de vente de tickets en ligne, accessible 24 heures/24 et 7 jours/7.

116. Le RGPD considère l'existence d'un retrait facile comme un aspect nécessaire à un consentement valable. Si le droit de retrait ne remplit pas les exigences du RGPD, le mécanisme de consentement du responsable du traitement n'est pas conforme au RGPD. Comme mentionné à la rubrique 3.1 sur la condition d'un consentement éclairé, le responsable du traitement doit informer la personne concernée du droit de retrait du consentement avant qu'elle ne donne son consentement, conformément à l'article 7, paragraphe 3 du RGPD. Dans le cadre de l'obligation de transparence, le responsable du traitement doit en outre informer les personnes concernées de la façon dont elles peuvent exercer leurs droits *[Le considérant 39 du RGPD, qui se réfère aux articles 13 et 14 du règlement, dispose que « les personnes physiques devraient être informées des risques, règles, garanties et droits liés au traitement des données à caractère personnel et des modalités d'exercice de leurs droits en ce qui concerne ce traitement ».]*.

117. En règle générale, si le consentement est retiré, toutes les opérations de traitement des données basées sur le consentement ayant eu lieu avant le retrait du consentement – et conformes au RGPD – restent licites, mais le responsable du traitement doit cesser les activités de traitement en question. Si aucune autre base juridique ne justifie le traitement des données (par ex. période de conservation), celles-ci devraient être supprimées par le responsable du traitement *[Voir l'article 17, paragraphe 1, point b), et paragraphe 3 du RGPD.]*.

118. Comme mentionné précédemment dans les présentes lignes directrices, il est essentiel que les responsables des données évaluent les finalités pour lesquelles les données sont effectivement traitées ainsi que les bases juridiques sur lesquelles ce traitement se fonde avant que les données ne soient collectées. Les entreprises ont souvent besoin de données à caractère personnel pour différentes finalités, et le traitement se fonde sur plus d'une base juridique, par ex. les données client peuvent se fonder sur un contrat ainsi que sur le consentement. Le retrait du consentement ne signifie ainsi pas qu'un responsable du traitement doit effacer les données traitées à une fin fondée sur l'exécution d'un contrat avec la personne concernée. Aussi les responsables du traitement devraientils d'emblée préciser clairement quelles finalités s'appliquent à quel élément de données et quelle base juridique sert de fondement au traitement.

119. Les responsables du traitement ont l'obligation de supprimer les données ayant été traitées sur la base du consentement une fois le consentement retiré, à condition qu'aucune autre finalité ne justifie leur conservation *[Dans un tel cas, l'autre finalité justifiant le traitement doit disposer de sa propre base juridique. Cela ne signifie pas que le responsable du traitement peut remplacer le consentement par une autre base juridique, voir rubrique 6 ci-après.]*. Outre cette situation, couverte par l'article 17, paragraphe 1, point b), une personne concernée peut demander la suppression d'autres données la concernant traitées sur la base d'un autre fondement juridique, par ex. sur la base de l'article 6, paragraphe 1, point b) *[Voir l'article 17, y compris les exceptions qui peuvent s'y appliquer, et le considérant 65 du RGPD.]*. Les responsables du traitement sont contraints d'évaluer si la poursuite du traitement des données en question est appropriée, même en l'absence d'une demande d'effacement par la personne concernée *[Voir l'article 5, paragraphe 1, point e), du RGPD.]*.

120. Dans les cas où la personne concernée retire son consentement et où le responsable du traitement souhaite continuer à traiter les données à caractère personnel sur la base d'un autre fondement juridique, il ne peut silencieusement passer du consentement (qui est retiré) à cet autre fondement juridique. Toute modification de la base juridique du traitement doit être notifiée à la personne concernée conformé-

ment aux exigences en matière d'information définies aux articles 13 et 14 et en vertu du principe général de transparence.

6 Interactions entre le consentement et les autres bases juridiques définies par l'article 6 du RGPD

121. L'article 6 établit les conditions d'un traitement des données à caractère personnel licite et décrit six bases juridiques sur lesquelles un responsable du traitement peut se fonder. L'application de l'une de ces six bases juridiques doit être établie avant l'activité de traitement et en lien avec une finalité spécifique *[Conformément aux articles 13, paragraphe 1, point c) et 14, paragraphe 1, point c), le responsable du traitement doit en informer la personne concernée.]*.

122. Il est important de noter que si un responsable du traitement choisit de se fonder sur le consentement pour une partie du traitement, il doit être prêt à respecter ce choix et à interrompre le traitement si un individu retire son consentement. Indiquer que les données seront traitées sur la base du consentement, alors que le traitement se fonde sur une autre base juridique, serait fondamentalement déloyal envers les personnes concernées.

123. Autrement dit, le responsable du traitement ne peut passer du consentement à une autre base juridique. Par exemple, il n'est pas autorisé d'utiliser rétrospectivement la base juridique des intérêts légitimes afin de justifier le traitement lorsque des problèmes ont été rencontrés concernant la validité du consentement. Dès lors que les responsables du traitement ont l'obligation de communiquer la base juridique sur laquelle ils se fondent au moment de la collecte des données, ils doivent avoir défini leur base juridique préalablement à ladite collecte.

7 Domaines critiques spécifiques dans le RGPD

7.1 *Les enfants (article 8)*

124. Par rapport à la directive actuelle, le RGPD établit un niveau de protection supplémentaire lorsque les données à caractère personnel de personnes vulnérables, notamment d'enfants, sont traitées. L'article 8 introduit des obligations complémentaires pour garantir un niveau de protection des données à caractère personnel amélioré pour les enfants en ce qui concerne les services de la société de l'information. Les raisons de cette protection améliorée sont précisées au considérant 38 : « *[...] ils peuvent être moins conscients des risques, des conséquences et des garanties concernées et de leurs droits liés au traitement des données à caractère personnel [...]* ». Le considérant 38 indique également que « *[c]ette protection spécifique devrait, notamment, s'appliquer à l'utilisation de données à caractère personnel relatives aux enfants à des fins de marketing ou de création de profils de personnalité ou d'utilisateur et à la collecte de données à caractère personnel relatives aux enfants lors de l'utilisation de services proposés directement à un enfant* ». Le mot « notamment » indique que cette protection spécifique ne se limite pas uniquement au marketing ou au profilage, mais inclut « la collecte de données à caractère personnel relatives aux enfants » au sens large.

125. L'article 8, paragraphe 1, dispose que lorsque le consentement s'applique, en ce qui concerne l'offre directe de services de la société de l'information aux enfants, le traitement des données à caractère personnel relatives à un enfant est licite lorsque l'enfant est âgé d'au moins 16 ans. Lorsque l'enfant est âgé de moins de 16 ans, ce traitement n'est licite que si, et dans la mesure où, le consentement est donné ou autorisé par le titulaire de la responsabilité parentale à l'égard de l'enfant *[Sans préjudice de la possibilité qu'ont les États membres de déroger par voie législative à la limite d'âge ; voir l'article 8, paragraphe 1.]*. Le RGPD est flexible en ce qui concerne l'âge minimum d'un consentement valable : les États membres peuvent prévoir par la loi un âge inférieur, mais il ne peut être inférieur à 13 ans.

126. Comme mentionné à la rubrique 3.1 sur le consentement éclairé, les informations devront être compréhensibles pour l'audience à laquelle s'adresse le responsable du traitement, avec une attention particulière pour la situation des enfants.

Afin d'obtenir un « consentement éclairé » de la part d'un enfant, le responsable du traitement doit expliquer en termes clairs et simples pour les enfants comment il a l'intention d'utiliser les données qu'il collecte *[Le considérant 58 du RGPD réaffirme cette obligation, en indiquant que, le cas échéant, un responsable du traitement devrait s'assurer que les informations fournies sont compréhensibles pour des enfants.]*. **S'il appartient au parent de donner son consentement, un certain nombre d'informations pourrait être nécessaire afin que l'adulte en question puisse prendre une décision éclairée.**

127. Il ressort clairement de ce qui précède que l'article 8 s'appliquera uniquement lorsque les conditions suivantes sont remplies :

- **le traitement est lié à l'offre directe de services de la société de l'information à un enfant** *[Selon l'article 4, paragraphe 25, du RGPD, un service de la société de l'information est un service au sens de l'article 1er, paragraphe 1, point b), de la directive (UE) 2015/1535 : « b) "service", tout service de la société de l'information, c'est-à-dire tout service presté normalement contre rémunération, à distance, par voie électronique et à la demande individuelle d'un destinataire de services. Aux fins de la présente définition, on entend par : i) "à distance", un service fourni sans que les parties soient simultanément présentes ; ii) "par voie électronique", un service envoyé à l'origine et reçu à destination au moyen d'équipements électroniques de traitement (y compris la compression numérique) et de stockage de données, et qui est entièrement transmis, acheminé et reçu par fils, par radio, par moyens optiques ou par d'autres moyens électromagnétiques ; iii) "à la demande individuelle d'un destinataire de services", un service fourni par transmission de données sur demande individuelle. » Une liste indicative des services non visés par cette définition figure à l'annexe I de ladite directive. Voir aussi le considérant 18 de la directive 2000/31. Selon l'article 1er de la convention des Nations unies relative aux droits de l'enfant, « [...] un enfant s'entend de tout être humain âgé de moins de dix-huit ans, sauf si la majorité est atteinte plus tôt en vertu de la législation qui lui est applicable » ; cf. Nations unies, résolution 44/25 du 20 novembre 1989 (convention relative aux droits de l'enfant).]* ;
- **le traitement est fondé sur le consentement.**

7.1.1 *Service de la société de l'information*

128. Afin de déterminer la portée du terme « service de la société de l'information » dans le RGPD, l'article 4, paragraphe 25, du RGPD fait référence à la directive 2015/1535.

129. Pour évaluer la portée de cette définition, l'EDPB se réfère également à la jurisprudence de la Cour de justice de l'Union européenne *[Cf. arrêt de la Cour de justice de l'Union européenne du 2 décembre 2010, Ker-Optika, C-108/09, points 22 et 28. Par rapport aux « services composites », l'EDPB se réfère également à l'affaire C-434/15 (Asociación Profesional Elite Taxi contre Uber Systems Spain SL), point 40, qui énonce qu'un service de la société de l'information faisant partie intégrante d'un service global dont l'élément principal n'est pas un service de la société de l'information (dans le cas d'espèce, un service de transport) ne répond pas à la qualification de « service de la société de l'information ».]*. **Cette dernière a estimé que les services de la société de l'information couvrent les contrats et autres services conclus ou transmis en ligne. Lorsqu'un service a deux éléments économiquement indépendants, l'un d'entre eux étant un élément en ligne, par exemple l'offre ou l'acceptation d'une offre dans le cadre de la conclusion d'un contrat, ou les informations liées aux produits ou services, y compris les activités de marketing, cet élément est considéré comme un service de la société de l'information, tandis que l'autre élément, qui serait la livraison ou la distribution physique de marchandises, n'est pas couvert par la notion de service de la société de l'information. La fourniture d'un service en ligne relèverait également du champ d'application du terme service de la société de l'information au sens de l'article 8 du RGPD.**

7.1.2 *Proposés directement à un enfant*

130. L'inclusion de la formule « proposés directement à un enfant » indique que l'article 8 ne s'applique qu'à certains des services de la société de l'information, et non à tous. A cet égard, si un prestataire de services de la société de l'information indique clairement aux utilisateurs potentiels qu'il ne propose ses services qu'à des

personnes âgées de 18 ans ou plus, et que cette affirmation n'est pas contredite par d'autres preuves (tels que le contenu du site Internet ou les plans de commercialisation), ces services ne seront pas considérés comme étant « proposés directement à un enfant » et l'article 8 ne s'appliquera pas.

7.1.3 *Âge*

131. Le RGPD dispose que les « *États membres peuvent prévoir par la loi un âge inférieur pour ces finalités pour autant que cet âge inférieur ne soit pas en dessous de 13 ans.* » Lorsqu'il évalue le public ciblé par ses services, le responsable du traitement doit être conscient des différentes lois nationales. Il convient de noter en particulier qu'un responsable du traitement fournissant un service transfrontalier ne peut pas toujours se contenter de respecter uniquement la législation de l'État membre dans lequel il est principalement établi, mais peut se voir dans l'obligation de respecter les législations nationales respectives de tous les États membres dans lesquels il propose son ou ses services de la société de l'information. Cela sera fonction du point de savoir si l'État membre décide d'utiliser le lieu d'établissement principal du responsable du traitement comme point de référence dans sa législation nationale, ou bien la résidence de la personne concernée. Avant toute chose, les États membres doivent tenir compte de l'intérêt supérieur de l'enfant lorsqu'ils prennent leur décision. Le groupe de travail encourage les États membres à chercher une solution harmonisée à cet égard.

132. Lorsqu'ils fournissent des services de la société de l'information à des enfants en se fondant sur le consentement, les responsables du traitement devront s'efforcer raisonnablement de vérifier que l'utilisateur a dépassé l'âge minimum de consentement numérique ; ces efforts devraient être proportionnels à la nature des activités de traitement et aux risques qui y sont liés.

133. Si les utilisateurs indiquent qu'ils ont bien l'âge minimum de consentement numérique, le responsable du traitement peut effectuer des vérifications appropriées pour s'assurer que cette affirmation est vraie. Bien que la nécessité de déployer des efforts raisonnables pour vérifier l'âge ne soit pas explicite dans le RGPD, elle est sous-entendue de façon implicite, dès lors que si un enfant donne son consentement alors qu'il n'a pas atteint l'âge requis pour donner un consentement valable en son nom propre, le traitement des données sera illicite.

134. Si l'utilisateur déclare ne pas avoir atteint l'âge minimum de consentement numérique, le responsable du traitement peut accepter cette déclaration sans vérification complémentaire, mais devra s'assurer d'obtenir une autorisation parentale et de vérifier que la personne fournissant ce consentement est titulaire de la responsabilité parentale.

135. La vérification de l'âge de la personne concernée ne doit pas entraîner un traitement de données supplémentaire excessif. Le mécanisme choisi pour vérifier l'âge d'une personne concernée devrait comprendre une évaluation des risques liés au traitement envisagé. Dans certaines situations à faible risque, il pourrait être approprié de demander à un nouvel abonné à un service de révéler son année de naissance ou de remplir un formulaire stipulant qu'il est ou n'est pas mineur *[Bien qu'il ne s'agisse pas d'une solution infaillible dans tous les cas, il s'agit d'un exemple de méthode pour satisfaire à cette disposition.]*. En cas de doute, le responsable du traitement devrait réviser ses mécanismes de vérification de l'âge dans un cas donné et évaluer si des méthodes de vérification alternatives sont nécessaires *[Voir l'avis 5/2009 du G29 sur les réseaux sociaux en ligne (WP 163).]*.

7.1.4 *Consentement des enfants et responsabilité parentale*

136. Concernant l'autorisation d'un titulaire de la responsabilité parentale, le RGPD ne définit pas de méthode pratique d'obtention du consentement parental ou de vérification que la personne en question est habilitée à effectuer cette action *[Le G29 remarque que le titulaire de la responsabilité parentale n'est pas toujours le parent biologique de l'enfant et que la responsabilité parentale peut être détenue par de multiples parties pouvant comprendre des personnes morales comme des personnes physiques.]*. Aussi l'EDPB recommande-t-il l'adoption d'une approche proportionnée, conformément à l'article 8, paragraphe 2, du RGPD et à l'article 5, paragraphe 1, point c), du RGPD (minimisation des données). Une approche proportionnée pourrait être de se concentrer sur l'obtention d'une quantité limitée d'informations, telles que les coordonnées d'un parent ou d'un tuteur.

137. Le caractère raisonnable d'une mesure, à la fois pour ce qui est de vérifier qu'un utilisateur est suffisamment âgé pour donner son propre consentement et que la personne donnant son consentement au nom d'un enfant est titulaire de la responsabilité parentale, peut dépendre des risques liés au traitement ainsi que des technologies disponibles. Dans les cas présentant de faibles risques, la vérification de la responsabilité parentale par courrier électronique peut être suffisante. Inversement, dans les situations à risque élevé, il peut être approprié de demander davantage de preuves afin que le responsable du traitement soit en mesure de vérifier et de conserver les informations conformément à l'article 7, paragraphe 1, du RGPD *[Par exemple, le responsable du traitement pourrait demander au parent ou tuteur d'effectuer un paiement de 0,01 € moyennant un virement bancaire, comprenant une brève confirmation, dans la communication associée à la transaction, que le titulaire du compte bancaire est le titulaire de la responsabilité parentale de l'utilisateur. Le cas échéant, une méthode alternative de vérification devrait être fournie afin d'éviter tout traitement discriminatoire indu de personnes ne disposant pas d'un compte bancaire.]*. Des services de vérification tiers de confiance peuvent constituer une solution pour minimiser la quantité de données à caractère personnel traitées par le responsable du traitement.

138. Exemple 23 : une plateforme de jeu en ligne souhaite s'assurer que les clients mineurs ne souscrivent ses services qu'avec le consentement de leurs parents ou tuteurs. Le responsable du traitement suit les étapes suivantes :

139. Étape 1 : demander à l'utilisateur de préciser s'il a plus ou moins de 16 ans (ou tout autre âge de consentement numérique). Si l'utilisateur indique ne pas avoir l'âge minimum du consentement numérique :

140. Étape 2 : le service informe l'enfant qu'un parent ou tuteur doit donner son consentement ou autoriser le traitement avant que le service ne lui soit fourni. Il est demandé à l'utilisateur de communiquer l'adresse électronique d'un parent ou tuteur.

141. Étape 3 : le service contacte le parent ou tuteur, obtient son consentement au traitement par courrier électronique et prend des mesures raisonnables pour confirmer que l'adulte en question est titulaire de la responsabilité parentale.

142. Étape 4 : en cas de plainte, la plateforme prend des mesures complémentaires pour vérifier l'âge de l'abonné.

143. Si la plateforme respecte les autres exigences en matière de consentement, elle peut se conformer aux critères complémentaires de l'article 8 du RGPD en suivant les étapes susmentionnées.

144. L'exemple montre que le responsable du traitement peut démontrer que des efforts raisonnables ont été entrepris afin de vérifier que le consentement valable a été obtenu pour les services fournis à un enfant. L'article 8, paragraphe 2, ajoute notamment que « *[l]e responsable du traitement s'efforce raisonnablement de vérifier que le consentement est donné ou autorisé par le titulaire de la responsabilité parentale à l'égard de l'enfant, compte tenu des moyens technologiques disponibles* ».

145. Il incombe au responsable du traitement de déterminer quelles mesures sont appropriées dans un cas spécifique. En règle générale, les responsables du traitement doivent éviter les solutions de vérification qui impliquent en elles-mêmes une collecte excessive de données à caractère personnel.

146. L'EDPB reconnaît qu'il peut exister des cas où une telle vérification est ardue (par exemple lorsque les enfants fournissant leur propre consentement n'ont pas encore établi une « empreinte identitaire », ou lorsque la responsabilité parentale n'est pas facilement vérifiable). Ces difficultés peuvent être prises en compte au moment de décider des efforts raisonnables, mais l'on s'attend également à ce que les responsables du traitement procèdent à une évaluation constante de leurs procédures et de la technologie disponible.

147. Pour ce qui est de l'autonomie d'une personne concernée à donner son consentement au traitement de ses données à caractère personnel et à avoir un contrôle total sur le traitement, le consentement donné ou autorisé par un titulaire de la responsabilité parentale quant au traitement des données à caractère personnel d'un enfant peut être confirmé, modifié ou retiré une fois que la personne concernée atteint l'âge minimum de consentement numérique.

148. En pratique, cela signifie que si l'enfant n'entreprend aucune action, le consentement donné ou autorisé par un titulaire de la responsabilité parentale quant au traitement de données à caractère personnel avant l'âge minimum de consentement numérique restera une base juridique valable pour ledit traitement.

149. Une fois l'âge minimum de consentement numérique atteint, l'enfant aura la possibilité de retirer son consentement par lui-même, conformément à l'article 7, paragraphe 3. Conformément aux principes de loyauté et de responsabilité, le responsable du traitement doit informer l'enfant de cette possibilité *[Les personnes concernées devraient également être conscientes du droit à l'oubli prévu à l'article 17, particulièrement pertinent pour le consentement donné lorsque la personne concernée était encore un enfant, cf. considérant 63.]*.

150. Il est important de noter que conformément au considérant 38, le consentement par un parent ou un tuteur n'est pas nécessaire dans le cadre de services de prévention ou de conseil proposés directement à un enfant. Par exemple, la fourniture de services de protection de l'enfant proposés en ligne à un enfant au moyen d'un service de messagerie instantanée en ligne ne devrait pas nécessiter une autorisation parentale préalable.

151. Enfin, le RGPD énonce que les règles relatives aux exigences d'autorisation parentale par rapport aux mineurs ne devraient pas porter atteinte « au droit général des contrats des États membres, notamment aux règles concernant la validité, la formation ou les effets d'un contrat à l'égard d'un enfant ». Aussi les exigences d'un consentement valable pour l'utilisation de données concernant des enfants font-elles partie d'un cadre juridique devant être considéré comme distinct du droit des contrats national. Ce document d'orientation ne traite par conséquent pas de la question de savoir s'il est licite pour un mineur de conclure des contrats en ligne. Ces deux régimes juridiques peuvent s'appliquer simultanément, mais le champ d'application du RGPD ne demande pas l'harmonisation des dispositions nationales du droit des contrats.

7.2 *La recherche scientifique*

152. La définition de ce que sont les fins de recherche scientifique a d'importantes répercussions sur le type d'activités de traitement des données qu'un responsable du traitement peut entreprendre. Le terme de « recherche scientifique » n'est pas défini par le RGPD. Le considérant 159 dispose que « *[...] Aux fins du présent règlement, le traitement de données à caractère personnel à des fins de recherche scientifique devrait être interprété au sens large [...]* ». Toutefois, l'EDPB considère que cette notion peut être élargie au-delà de sa signification habituelle et estime que la « *recherche scientifique* » signifie dans ce contexte un projet de recherche établi conformément aux normes méthodologiques et éthiques du secteur en question, conformément aux bonnes pratiques.

153. Lorsque le consentement est la base juridique de la conduite de recherches conformément au RGPD, celui-ci devrait se distinguer des autres exigences de consentement qui servent de norme éthique ou d'obligation procédurale. Un exemple d'une telle obligation procédurale où le traitement n'est pas fondé sur le consentement, mais sur une autre base juridique peut être trouvé dans le règlement relatif aux essais cliniques. Dans le contexte de la législation relative à la protection des données, cette dernière forme de consentement pourrait être considérée comme une garantie complémentaire *[Lorsque le consentement est la base juridique de la conduite de recherches conformément au RGPD, celui-ci devrait se distinguer des autres exigences de consentement qui servent de norme éthique ou d'obligation procédurale. Un exemple d'une telle obligation*

procédurale où le traitement n'est pas fondé sur le consentement, mais sur une autre base juridique peut être trouvé dans le règlement relatif aux essais cliniques. Dans le contexte de la législation relative à la protection des données, cette dernière forme de consentement pourrait être considérée comme une garantie complémentaire]. Parallèlement, le RGPD ne restreint pas l'application de l'article 6 au seul consentement pour ce qui est du traitement de données à des fins de recherche. Du moment que des garanties appropriées existent, telles que celles énumérées à l'article 89, paragraphe 1, et que le traitement respecte les principes de loyauté, de licéité, de transparence et de minimisation des données ainsi que les droits individuels, d'autres bases juridiques, telles que l'article 6, paragraphe 1, point e) ou f), peuvent être envisageables *[L'article 6, paragraphe 1, point c), peut également s'appliquer aux opérations de traitement spécifiquement exigées par la loi, telles que la collecte de données fiables et solides en vertu du protocole approuvé par les États membres au titre du règlement relatif aux essais cliniques.]*. Ceci s'applique également aux catégories particulières de données en vertu de la dérogation définie par l'article 9, paragraphe 2, point j) *[En vertu de l'article 9, paragraphe 2, point i), l'essai spécifique de médicaments peut se fonder sur une réglementation européenne ou nationale.]*.

154. Le considérant 33 semble apporter plus de flexibilité au niveau de précision et de détail du consentement dans le cadre de la recherche scientifique. Le considérant 33 prévoit que : « *Souvent, il n'est pas possible de cerner entièrement la finalité du traitement des données à caractère personnel à des fins de recherche scientifique au moment de la collecte des données. Par conséquent, les personnes concernées devraient pouvoir donner leur consentement en ce qui concerne certains domaines de la recherche scientifique, dans le respect des normes éthiques reconnues en matière de recherche scientifique. Les personnes concernées devraient pouvoir donner leur consentement uniquement pour ce qui est de certains domaines de la recherche ou de certaines parties de projets de recherche, dans la mesure où la finalité visée le permet.* »

155. Premièrement, il convient de noter que le considérant 33 n'annule pas les obligations liées à l'exigence d'obtention d'un consentement spécifique. Cela signifie qu'en principe, les projets de recherche scientifique ne peuvent inclure des données à caractère personnel sur la base du consentement de la personne concernée que si leur finalité est décrite avec précision. Dans les cas où les finalités du traitement de données dans le cadre d'un projet scientifique ne peuvent être précisées d'entrée de jeu, le considérant 33 admet, à titre d'exception, que la finalité soit décrite de façon plus générale.

156. Au vu des conditions strictes établies par l'article 9 du RGPD concernant le traitement portant sur des catégories particulières de données, l'EDPB observe que lorsque des catégories particulières de données sont traitées sur la base d'un consentement explicite, l'application de l'approche flexible décrite au considérant 33 devra être soumise à une interprétation plus stricte et nécessitera un contrôle minutieux.

157. Lorsque considéré dans son ensemble, le RGPD ne peut être interprété comme permettant à un responsable du traitement d'éluder le principe clé qu'est la spécification de la finalité pour laquelle le consentement de la personne concernée est sollicité.

158. Lorsque les finalités de recherche ne peuvent pas être spécifiées dans leur intégralité, le responsable du traitement doit trouver d'autres méthodes pour s'assurer que l'essence des exigences en matière de consentement soit respectée autant que possible, par exemple en faisant en sorte que les personnes concernées puissent donner leur consentement pour une finalité de recherche exprimée en termes plus généraux, ainsi que pour les éventuelles étapes spécifiques du projet de recherche connues à l'avance. Au fur et à mesure que le projet de recherche progresse, le consentement pour les étapes suivantes du projet peut être obtenu avant que lesdites étapes ne débutent. Un tel consentement devrait néanmoins toujours respecter les normes éthiques applicables à la recherche scientifique.

159. Dans de tels cas, le responsable du traitement peut en outre appliquer des garanties complémentaires. L'article 89, paragraphe 1, souligne par exemple la nécessité d'établir des garanties dans le cadre des activités de traitement de données à des fins de recherche scientifique ou historique, ou à des fins statistiques. Le traite-

ment à ces fins « est soumis, conformément au présent règlement, à des garanties appropriées pour les droits et libertés de la personne concernée ». La minimisation, l'anonymisation et la sécurité des données sont citées comme garanties possibles *[Voir, par exemple, le considérant 156. Le traitement de données à caractère personnel à des fins scientifiques devrait également respecter d'autres dispositions législatives pertinentes, telles que celles relatives aux essais cliniques ; cf. considérant 156, mentionnant le règlement (UE) n° 536/2014 du Parlement européen et du Conseil du 16 avril 2014 relatif aux essais cliniques de médicaments à usage humain. Voir également l'avis 15/2011 du G29 sur la définition du consentement (WP 187), p. 8 : « En outre, l'obtention d'un consentement n'annule pas les obligations imposées au responsable du traitement par l'article 6 en termes d'équité, de nécessité, de proportionnalité ainsi que de qualité des données. Ainsi, même si le traitement de données à caractère personnel a reçu le consentement de l'utilisateur, cela ne justifie pas la collecte de données excessives au regard d'une fin particulière. […] En principe, le consentement ne doit pas être considéré comme une dérogation à d'autres principes applicables à la protection des données, mais bien comme une garantie. Il s'agit en premier lieu d'une condition de licéité et non d'une renonciation à l'application d'autres principes. »]*. **L'anonymisation est la solution privilégiée dans tous les cas où la finalité de la recherche ne nécessite pas le traitement de données à caractère personnel.**

160. La transparence constitue une garantie complémentaire lorsque les circonstances de la recherche ne permettent pas un consentement spécifique. Un manque de précision concernant la finalité peut être compensé par la communication régulière, par les responsables du traitement, d'informations sur l'évolution de la finalité à mesure que le projet progresse afin qu'avec le temps, le consentement soit aussi spécifique que possible. La personne concernée aura ainsi au moins une compréhension générale de l'état de la situation, ce qui lui permettra d'évaluer si elle souhaite ou non recourir à son droit de retrait du consentement conformément à l'article 7, paragraphe 3 *[D'autres mesures de transparence peuvent également être pertinentes. Lorsque des responsables du traitement procèdent au traitement de données à des fins scientifiques sans être en mesure de communiquer toutes les informations en début du projet, ils pourraient désigner une personne de contact spécifique à laquelle les personnes concernées peuvent adresser leurs questions.]*.

161. L'établissement d'un plan de recherche exhaustif que les personnes concernées pourraient consulter avant de donner leur consentement pourrait également contribuer à compenser le manque de précision de la finalité *[Une telle possibilité peut être trouvée à l'article 14, paragraphe 1, de l'actuelle loi finlandaise relative à la protection des données (Henkilötietolaki, 523/1999).]*. **Ce plan de recherche devrait décrire les questions de recherche et les méthodes de travail envisagées aussi clairement que possible. Il pourrait également contribuer au respect de l'article 7, paragraphe 1, dès lors que les responsables du traitement doivent être en mesure de prouver que les informations étaient accessibles aux personnes concernées au moment du consentement afin de démontrer la validité du consentement.**

162. Il est important de rappeler que lorsque le consentement est utilisé comme base juridique du traitement, la personne concernée doit avoir la possibilité de retirer ce consentement. L'EDPB observe que le retrait du consentement pourrait compromettre les types de recherche scientifique nécessitant des données pouvant être reliées à des individus ; le RGPD indique cependant clairement que le consentement peut être retiré et que les responsables du traitement doivent s'y conformer – la recherche scientifique ne bénéficie d'aucune dérogation à cet égard. Si un responsable du traitement reçoit une demande de retrait du consentement, il doit en principe supprimer immédiatement les données à caractère personnel de la personne concernée s'il souhaite continuer à utiliser les données aux fins de sa recherche *[Voir également l'avis 05/2014 du G29 sur les techniques d'anonymisation (WP 216).]*.

7.3 *Les droits des personnes concernées*

163. Si l'activité de traitement des données est fondée sur le consentement d'une personne concernée, cela aura une incidence sur les droits de cette personne. Lorsque le traitement est fondé sur le consentement, les personnes concernées bénéficient du

droit à la portabilité des données (article 20). Le droit d'opposition (article 21) ne s'applique en revanche pas lorsque le traitement est fondé sur le consentement, bien que le droit de retrait du consentement puisse entraîner un résultat similaire.

164. Les articles 16 à 20 du RGPD indiquent que (lorsque le traitement est fondé sur le consentement) les personnes concernées disposent du droit à l'effacement lorsque le consentement a été retiré ainsi que du droit à la limitation, du droit de rectification et du droit d'accès *[Lorsque certaines activités de traitement des données sont restreintes conformément à l'article 18 du RGPD, le consentement de la personne concernée peut être nécessaire pour lever ces restrictions.]*.

8 Consentement obtenu en vertu de la directive 95/46/CE

165. Les responsables du traitement qui traitent actuellement des données sur la base du consentement conformément à la législation nationale relative à la protection des données ne sont pas automatiquement contraints de revoir entièrement leurs relations de consentement avec les personnes concernées en prévision du RGPD. Les consentements obtenus jusqu'ici restent valables dans la mesure où ils sont conformes aux conditions énoncées par le RGPD.

166. Il est essentiel que les responsables du traitement révisent en profondeur leurs processus de travail et leurs registres avant le 25 mai 2018 afin de s'assurer que les consentements existants sont conformes aux normes du RGPD (voir le considérant 171 du RGPD *[Le considérant 171 du RGPD prévoit que : « [l]a directive 95/46/CE devrait être abrogée par le présent règlement. Les traitements déjà en cours à la date d'application du présent règlement devraient être mis en conformité avec celui-ci dans un délai de deux ans après son entrée en vigueur. Lorsque le traitement est fondé sur un consentement en vertu de la directive 95/46/CE, il n'est pas nécessaire que la personne concernée donne à nouveau son consentement si la manière dont le consentement a été donné est conforme aux conditions énoncées dans le présent règlement, de manière à ce que le responsable du traitement puisse poursuivre le traitement après la date d'application du présent règlement. Les décisions de la Commission qui ont été adoptées et les autorisations qui ont été accordées par les autorités de contrôle sur le fondement de la directive 95/46/CE demeurent en vigueur jusqu'à ce qu'elles soient modifiées, remplacées ou abrogées ».]*). En pratique, le RGPD relève la barre pour ce qui est de la mise en œuvre de mécanismes de consentement et introduit une série de nouvelles exigences qui astreignent les responsables du traitement à modifier leurs mécanismes de consentement plutôt que de simplement remanier leur politique de confidentialité *[Comme indiqué dans l'introduction, le RGPD apporte des clarifications et des précisions complémentaires sur les conditions d'obtention et de démonstration d'un consentement valable. Nombre de ces nouvelles dispositions s'inspirent de l'avis 15/2011 sur le consentement.]*.

167. Par exemple, dès lors que le RGPD dispose qu'un responsable du traitement doit être en mesure de démontrer qu'un consentement valable a été obtenu, tous les consentements présumés dont aucune trace n'est conservée seront automatiquement en deçà des normes de consentement établies par le RGPD et devront être renouvelés. De même, dès lors que le RGPD requiert une « déclaration ou un acte positif clair », tous les consentements présumés fondés sur une forme d'action plus implicite de la part de la personne concernée (par ex. une case cochée par défaut) ne seront pas conformes aux normes de consentement du RGPD.

168. En outre, afin d'être en mesure de démontrer qu'un consentement valable a été obtenu ou de permettre une indication plus détaillée des souhaits de la personne concernée, les opérations et les systèmes informatiques pourraient nécessiter une révision. Des mécanismes permettant aux personnes concernées de retirer facilement leur consentement doivent également être rendus disponibles, tout comme des informations sur la procédure de retrait du consentement. Si les procédures existantes d'obtention et de gestion du consentement ne sont pas conformes aux normes du RGPD, les responsables du traitement devront obtenir un nouveau consentement conforme au RGPD.

169. D'un autre côté, dès lors que tous les éléments énumérés aux articles 13 et 14 ne doivent pas nécessairement être présents pour que le consentement soit éclairé,

les obligations d'information complémentaires fixées par le RGPD ne s'opposent pas nécessairement à la continuité de la validité du consentement obtenu avant l'entrée en vigueur du RGPD (voir page 17 ci-dessus). Il convient de signaler que la directive 95/46/CE n'établissait aucune nécessité d'informer les personnes concernées de la base sur laquelle se fondait le traitement de leurs données.

170. Si un responsable du traitement estime que le consentement obtenu en vertu de l'ancienne législation ne satisfera pas aux normes de consentement du RGPD, il doit prendre des mesures afin de se conformer auxdites normes, par exemple en renouvelant le consentement au moyen d'un mécanisme conforme au RGPD. Dans le cadre du RGPD, il n'est pas possible de passer d'une base juridique à une autre. Si un responsable du traitement n'est pas en mesure de renouveler le consentement au moyen d'un mécanisme conforme au RGPD et n'est pas non plus en mesure de se conformer au nouveau règlement en fondant – à titre exceptionnel – son traitement des données sur une autre base juridique tout en s'assurant que le traitement ainsi poursuivi respecte les principes de loyauté et de responsabilité, les activités de traitement devront être interrompues. En tout état de cause, le responsable du traitement doit respecter les principes de licéité, de loyauté et de transparence du traitement.

Recommandations 02/2020 du 10 novembre 2020,

Sur les garanties essentielles européennes pour les mesures de surveillance.

Le comité européen de la protection des données

vu l'article 70, paragraphe 1, point e), du règlement (UE) 2016/679 du Parlement européen et du Conseil du 27 avril 2016 relatif à la protection des personnes physiques à l'égard du traitement des données à caractère personnel et à la libre circulation de ces données, et abrogeant la directive 95/46/CE (ci-après le « RGPD ») *[Le présent document ne concerne pas les cas de transferts ou de transferts ultérieurs relevant du champ d'application de la directive en matière de protection des données dans le domaine répressif [directive (UE) 2016/680].]*,

vu l'accord sur l'Espace économique européen (EEE) et, en particulier, son annexe XI et son protocole 37, tels que modifiés par la décision du Comité mixte de l'EEE n° 154/2018 du 6 juillet 2018 *[Dans le présent document, on entend par « États membres » les « États membres de l'EEE ».]*,

vu les articles 12 et 22 de son règlement intérieur,

vu le document de travail du groupe de travail « Article 29 » sur la justification des ingérences dans les droits fondamentaux au respect de la vie privée et à la protection des données par des mesures de surveillance lors du transfert de données à caractère personnel (« garanties essentielles européennes », WP237),

A ADOPTÉ LES RECOMMANDATIONS SUIVANTES :

1 Introduction

1. A la suite de l'arrêt Schrems I, les autorités de l'UE chargées de la protection des données réunies au sein du groupe de travail « Article 29 » se sont appuyées sur la jurisprudence pour recenser les garanties essentielles européennes à respecter afin que les ingérences dans les droits fondamentaux au respect de la vie privée et à la protection des données par le biais de mesures de surveillance lors du transfert de données à caractère personnel n'aillent pas au-delà de ce qui est nécessaire et proportionné dans une société démocratique.

2. Le comité européen de la protection des données tient à souligner que les garanties essentielles européennes reposent sur la jurisprudence de la Cour de justice de l'Union européenne (ci-après la « CJUE ») concernant les articles 7, 8, 47 et 52 de la Charte des droits fondamentaux de l'Union européenne (ci-après la « Charte ») et, le cas échéant, sur la jurisprudence de la Cour européenne des droits de l'homme (ci-après la « CouEDH ») relative à l'article 8 de la Convention européenne des droits de l'homme (ci-après la « CEDH ») concernant les questions de surveillance dans les États parties à la CEDH *[Dans les présentes recommandations, l'expression « droits fondamen-*

taux » trouve son origine dans la Charte des droits fondamentaux de l'Union européenne. Elle s'entend toutefois également des « droits de l'homme », tels qu'ils sont consacrés par la Convention européenne des droits de l'homme.]

3. La mise à jour du présent document vise à préciser davantage les garanties essentielles européennes élaborées à l'origine en réponse à l'arrêt Schrems I *[Arrêt de la CJUE du 6 octobre 2015, Maximillian Schrems/Data Protection Commissioner, C-362/14, EU :C :2015 :650 (ci-après « Schrems I »).]*, **en tenant compte des clarifications apportées par la CJUE (et par la CouEDH) depuis sa publication, notamment dans son arrêt phare Schrems II** *[Arrêt de la CJUE du 16 juillet 2020, Data Protection Commissioner/Facebook Ireland Ltd, Maximillian Schrems, C-311/18, ECLI:EU:C:2020:559 (ci-après « Schrems II »).]*.

4. Dans son arrêt Schrems II, la CJUE a déclaré que l'examen de la décision 2010/87/UE de la Commission relative aux clauses contractuelles types pour le transfert de données à caractère personnel vers des sous-traitants établis dans des pays tiers, à la lumière des articles 7, 8 et 47 de la Charte, n'avait révélé aucun élément de nature à affecter la validité de cette décision, mais elle a invalidé la décision relative au « bouclier de protection des données » (ci-après la « décision BPD »). La CJUE a déclaré que la décision BPD était incompatible avec l'article 45, paragraphe 1, du RGPD, lu à la lumière des articles 7, 8 et 47 de la Charte. L'arrêt peut donc servir d'exemple lorsque des mesures de surveillance prises dans un pays tiers (en l'occurrence, les États-Unis, avec l'article 702 du FISA et le décret présidentiel n° 12 333) ne sont pas suffisamment limitées et ne sont pas susceptibles d'un recours effectif permettant aux personnes concernées de faire valoir leurs droits, comme l'exige le droit de l'Union pour considérer que le niveau de protection dans le pays tiers est « essentiellement équivalent » à celui qui est garanti dans l'Union, au sens de l'article 45, paragraphe 1, du RGPD.

5. Les raisons de l'invalidation du bouclier de protection des données ont également eu des conséquences sur d'autres outils de transfert *[Schrems II, § 105.]*. Bien que la Cour ait interprété l'article 46, paragraphe 1, du RGPD dans le contexte de la validité des clauses contractuelles types (ci-après les « CCT »), son interprétation s'applique à tout transfert vers des pays tiers au moyen de l'un des outils visés à l'article 46 du RGPD *[Schrems II, § 92.]*.

6. En dernier ressort, il appartient à la CJUE de juger si des ingérences dans un droit fondamental peuvent être justifiées. Toutefois, en l'absence d'un tel jugement et conformément à la jurisprudence actuelle, les autorités chargées de la protection des données sont tenues d'évaluer les cas individuels, soit d'office, soit à la suite d'une plainte, et de renvoyer l'affaire devant une juridiction nationale si elles soupçonnent que le transfert n'est pas conforme à l'article 45 dans le cas d'une décision d'adéquation, ou de suspendre ou interdire le transfert si elles estiment qu'il n'est pas possible de respecter l'article 46 du RGPD et que la protection des données transférées que requiert le droit de l'Union ne peut pas être assurée par d'autres moyens.

7. Les garanties essentielles européennes mises à jour ont pour but de fournir des éléments permettant de déterminer si des mesures de surveillance autorisant l'accès d'autorités publiques d'un pays tiers à des données à caractère personnel, qu'il s'agisse d'agences de sécurité nationale ou d'autorités répressives, peuvent être considérées comme une ingérence justifiable ou non.

8. En effet, les garanties essentielles européennes font partie de l'évaluation à réaliser afin de déterminer si un pays tiers offre un niveau de protection essentiellement équivalent à celui qui est garanti au sein de l'Union, mais elles n'ont pas en soi pour objectif de définir tous les éléments nécessaires pour considérer qu'un pays tiers offre ce niveau de protection conformément à l'article 45 du RGPD. De même, elles ne visent pas, en soi, à définir tous les éléments qu'il conviendrait de prendre en considération pour apprécier si le régime juridique d'un pays tiers empêche l'exportateur et l'importateur des données de fournir des garanties appropriées conformément à l'article 46 du RGPD.

9. Par conséquent, les éléments décrits dans le présent document devraient être considérés comme étant les garanties essentielles qui doivent être trouvées dans le pays tiers lors de l'évaluation de l'ingérence, découlant des mesures de surveillance

dudit pays, dans les droits au respect de la vie privée et à la protection des données, plutôt que comme une liste d'éléments visant à démontrer que le régime juridique d'un pays tiers dans son ensemble assure un niveau de protection essentiellement équivalent.

10. L'article 6, paragraphe 3, du traité sur l'Union européenne dispose que les droits fondamentaux énoncés dans la CEDH constituent des principes généraux du droit de l'Union. Toutefois, comme le rappelle la CJUE dans sa jurisprudence, la CEDH ne constitue pas, tant que l'Union n'y a pas adhéré, un instrument juridique formellement intégré à l'ordre juridique de l'Union *[Schrems II, § 98.]*. Dès lors, le niveau de protection des droits fondamentaux exigé par l'article 46, paragraphe 1, du RGPD doit être déterminé sur la base des dispositions dudit règlement, lues à la lumière des droits fondamentaux consacrés par la Charte. Cela étant, conformément à l'article 52, paragraphe 3, de la Charte, les droits contenus dans cette dernière et les droits correspondants garantis par la CEDH doivent avoir la même signification et la même portée que ceux énoncés dans ladite convention et, partant, comme l'a rappelé la CJUE, il convient de tenir compte de la jurisprudence de la CouEDH relative aux droits déjà prévus dans la Charte des droits fondamentaux de l'Union européenne en tant que seuil de protection minimale en vue de l'interprétation des droits correspondants de la Charte *[Affaires jointes C-511/18, C-512/18 et C-520/18, La Quadrature du Net e.a. (ci-après « La Quadrature du Net e.a. »).]*. Toutefois, conformément à l'article 52, paragraphe 3, dernière phrase, de la Charte, « [c]ette disposition ne fait pas obstacle à ce que le droit de l'Union accorde une protection plus étendue ».

11. Dès lors, la teneur des garanties essentielles continuera de s'appuyer en partie sur la jurisprudence de la CouEDH, dans la mesure où la Charte telle qu'interprétée par la CJUE n'offre pas un niveau de protection supérieur imposant d'autres exigences que la jurisprudence de la CouEDH.

12. Le présent document situe le contexte et précise les quatre garanties essentielles européennes.

2 Ingérences dans les droits fondamentaux

13. Les droits fondamentaux au respect de la vie privée et familiale, y compris les communications, et à la protection des données à caractère personnel sont énoncés aux articles 7 et 8 de la Charte et s'appliquent à toute personne. L'article 8 précise les conditions de la licéité du traitement des données à caractère personnel, reconnaît le droit d'accès et de rectification et exige que le respect de ces règles soit soumis au contrôle d'une autorité indépendante.

14. « [L]'opération consistant à faire transférer des données à caractère personnel d'un État membre vers un pays tiers constitue, en tant que telle, un traitement de données à caractère personnel » *[CJUE, Schrems II, § 83.]*. Par conséquent, les articles 7 et 8 de la Charte s'appliquent à cette opération spécifique et leur protection s'étend aux données transférées, raison pour laquelle les personnes concernées dont les données à caractère personnel sont transférées vers un pays tiers doivent bénéficier d'un niveau de protection essentiellement équivalent à celui garanti au sein de l'Union *[CJUE, Schrems II, § 96.]*.

15. Selon la CJUE, lorsque le traitement des données à caractère personnel d'une personne physique porte atteinte au droit fondamental au respect de la vie privée consacré à l'article 7 de la Charte, il y a également atteinte au droit à la protection des données, étant donné que ce traitement relève du champ d'application de l'article 8 de la Charte et doit, dès lors, nécessairement satisfaire à l'exigence de protection des données prévue audit article *[CJUE, Schrems II, § 170-171.]*.

16. Par conséquent, s'agissant de l'ingérence possible dans les droits fondamentaux consacrés dans le droit de l'Union, l'obligation imposée aux fournisseurs de services de communications électroniques (...) de conserver les données relatives au trafic aux fins de les rendre, le cas échéant, accessibles aux autorités nationales compétentes soulève des questions relatives au respect des articles 7 et 8 de la Charte *[CJUE, C-623/17, Privacy International (ci-après « Privacy International »), § 60.]*. Ces mêmes

questions se posent également pour d'autres types de traitement de données, tels que leur transmission à des personnes autres que les utilisateurs ou l'accès à ces données en vue de leur utilisation *[CJUE, Privacy International, § 61.]*, ce qui implique donc une ingérence dans ces droits fondamentaux. En outre, l'accès aux données par une autorité publique constitue une ingérence supplémentaire, conformément à une jurisprudence constante *[CouEDH, Leander, § 48 ; CouEDH, Rotaru, § 46 ; CJUE, Digital Rights Ireland, § 35.]*.

17. Pour constater une ingérence, il importe peu de « savoir si les informations relatives à la vie privée concernée présentent ou non un caractère sensible, ou si les intéressés ont ou non subi d'éventuels inconvénients en raison de cette ingérence » *[CJUE, Schrems II, § 171 et jurisprudence citée.]*. La CJUE a également souligné que la question de savoir si les données conservées ont été utilisées ou non est dénuée de pertinence *[CJUE, Schrems II, § 171 et jurisprudence citée.]*.

18. Toutefois, les droits consacrés aux articles 7, 8 et 11 de la Charte n'apparaissent pas comme étant des prérogatives absolues, mais doivent être pris en considération par rapport à leur fonction dans la société *[CJUE, Privacy International, § 63.]*

19. La Charte inclut un critère de nécessité et de proportionnalité pour encadrer les limitations aux droits qu'elle protège. Son article 52, paragraphe 1, précise la portée des limitations possibles aux articles 7 et 8 en disposant que "toute limitation de l'exercice des droits et libertés reconnus par la présente Charte doit être prévue par la loi et respecter le contenu essentiel desdits droits et libertés. Dans le respect du principe de proportionnalité, des limitations ne peuvent être apportées que si elles sont nécessaires et répondent effectivement à des objectifs d'intérêt général reconnus par l'Union ou au besoin de protection des droits et libertés d'autrui".

20. La CJUE a rappelé qu'une législation de l'Union qui implique une ingérence dans les droits fondamentaux garantis par les articles 7 et 8 de la Charte « doit prévoir des règles claires et précises régissant la portée et l'application de la mesure en cause et imposant des exigences minimales, de telle sorte que les personnes dont les données à caractère personnel sont concernées disposent de garanties suffisantes permettant de protéger efficacement ces données contre les risques d'abus », notamment lorsque les données à caractère personnel sont soumises à un traitement automatisé et « lorsqu'il existe un risque important d'accès illicite à ces données » *[CJUE, Privacy International, § 68 et jurisprudence citée.]*.

21. Selon la CJUE, la protection du droit au respect de la vie privée impose que les dérogations et les limitations au droit à la protection des données « s'opèrent dans les limites du strict nécessaire ». En outre, un objectif d'intérêt général doit se concilier avec les droits fondamentaux concernés par la mesure en « effectuant une pondération équilibrée » entre cet objectif et les droits en cause *[CJUE, Privacy International, § 68 et jurisprudence citée.]*.

22. Il en résulte que l'accès, la conservation et l'utilisation ultérieure de données à caractère personnel par des autorités publiques dans le cadre de mesures de surveillance ne doivent pas excéder les limites du strict nécessaire, appréciées à la lumière de la Charte, sans quoi « elle[s] ne saurai[en]t être considérée[s] comme étant justifiée[s], dans une société démocratique » *[CJUE, Privacy International, § 81.]*.

23. Les quatre garanties essentielles européennes, telles qu'elles sont détaillées dans la section suivante, visent à préciser comment il convient d'apprécier le niveau d'ingérence dans les droits fondamentaux au respect de la vie privée et à la protection des données dans le cadre de mesures de surveillance adoptées par des autorités publiques d'un pays tiers, lors du transfert de données à caractère personnel, et quelles prescriptions légales doivent s'appliquer pour déterminer si ces ingérences seraient acceptables en vertu de la Charte.

3 Les garanties essentielles européennes

24. A la suite de l'analyse de la jurisprudence, le comité européen de la protection des données considère que les exigences légales applicables pour justifier les limita-

tions aux droits au respect de la vie privée et à la protection des données reconnus par la Charte peuvent se résumer à quatre garanties essentielles européennes :

A. le traitement doit reposer sur des règles claires, précises et accessibles ;

B. la nécessité et la proportionnalité du traitement au regard des objectifs légitimes poursuivis doivent être démontrées ;

C. un mécanisme de surveillance indépendant doit être mis en place ;

D. l'intéressé doit disposer de voies de recours effectives.

25. Ces garanties reposent sur les droits fondamentaux au respect de la vie privée et à la protection des données dont bénéficie toute personne, quelle que soit sa nationalité.

Garantie A – Le traitement doit reposer sur des règles claires, précises et accessibles

26. Conformément à l'article 8, paragraphe 2, de la Charte, les données à caractère personnel doivent être traitées à des fins déterminées et sur la base du consentement de la personne concernée ou en vertu d'un autre fondement légitime prévu par la loi » *[Schrems II, § 173.]*, comme l'a rappelé la CJUE dans l'arrêt Schrems II. Par ailleurs, aux termes de l'article 52, paragraphe 1, de la Charte, toute limitation de l'exercice des droits et libertés reconnus par la Charte dans l'Union doit être prévue par la loi. Une ingérence justifiable doit donc être conforme à la loi.

27. Ce fondement juridique doit prévoir des règles claires et précises régissant la portée et l'application de la mesure en cause et imposant des exigences minimales *[Schrems II, § 175, 180, et avis 1/15 (Accord PNR UE-Canada) du 26 juillet 2017, § 139 et jurisprudence citée.]*. En outre, la Cour a rappelé que cette « réglementation doit être légalement contraignante en droit interne » *[Privacy International, § 68. Il devrait également être clair que, dans la version française de l'arrêt, la Cour utilise le terme « réglementation », qui est plus large que les seuls actes du Parlement.]*. A cet égard, la CJUE a précisé que l'appréciation du droit applicable du pays tiers doit porter sur la question de savoir si la personne concernée peut l'invoquer et s'en prévaloir devant les tribunaux *[Schrems II, § 181, où la Cour fait référence à la Presidential Policy Directive 28 des États-Unis.]*. La Cour indique donc que les droits conférés aux personnes concernées doivent être effectifs ; lorsqu'elles ne bénéficient pas de droits opposables aux autorités publiques, le niveau de protection assuré ne saurait être considéré comme étant essentiellement équivalent à celui résultant de la Charte, contrairement à ce qu'exige l'article 45, paragraphe 2, point a), du RGPD *[Schrems II, § 181.]*.

28. Par ailleurs, la Cour a souligné que le droit applicable doit indiquer en quelles circonstances et sous quelles conditions une mesure prévoyant le traitement de telles données peut être prise *[Privacy International, § 68, concernant le droit des États membres.]* (voir sous le point « Garantie B », *infra*, le rapport entre ces exigences et les principes de nécessité et de proportionnalité).

29. De plus, la CJUE a également déclaré que « l'exigence selon laquelle toute limitation de l'exercice des droits fondamentaux doit être prévue par la loi implique que la base légale qui permet l'ingérence dans ces droits doit définir elle-même la portée de la limitation de l'exercice du droit concerné » *[Schrems II, § 175 et jurisprudence citée ; Privacy International, § 65.]*.

30. Enfin, la Cour européenne des droits de l'homme « ne voit aucune raison de soumettre les règles gouvernant l'interception des communications individuelles et les dispositifs de surveillance plus généraux à des critères d'accessibilité et de clarté différents » *[CouEDH, Liberty, § 63.]*. La CouEDH a également précisé que la base légale doit à tout le moins contenir une définition des catégories de personnes susceptibles de faire l'objet d'une surveillance, une limite à la durée de l'exécution de la mesure, la procédure à suivre pour l'examen, l'utilisation et la conservation des données recueillies et les précautions à prendre pour la communication des données à d'autres parties *[CouEDH, Weber et Saravia, § 95.]*.

31. Enfin, l'ingérence doit être prévisible quant à ses effets pour l'intéressé afin de lui garantir une protection adéquate et effective contre une ingérence arbitraire et le

risque d'abus. Il en résulte que le traitement doit reposer sur une base juridique précise, claire, mais également accessible (à savoir publique) *[CouEDH, Malone, § 65-66.]*. Sur cette question, la CouEDH a rappelé dans l'affaire Zakharov qu'« en matière d'interception de communications, la "prévisibilité" ne pouvait se comprendre de la même façon que dans beaucoup d'autres domaines ». Elle a indiqué que, dans le contexte particulier des mesures de surveillance secrète, telle l'interception de communications, « la prévisibilité ne saurait signifier qu'un individu doit se trouver à même de prévoir quand les autorités sont susceptibles d'intercepter ses communications de manière qu'il puisse adapter sa conduite en conséquence ». Or, étant donné que dans ce type de situation, le risque d'arbitraire apparaît avec netteté, « l'existence de règles claires et détaillées en matière d'interception de conversations téléphoniques apparaît donc indispensable, d'autant que les procédés techniques utilisables ne cessent de se perfectionner. La loi doit être rédigée avec suffisamment de clarté pour indiquer à tous de manière adéquate en quelles circonstances et sous quelles conditions elle habilite la puissance publique à prendre pareilles mesures secrètes » *[CouEDH, Zakharov, § 229.]*.

Garantie B – La nécessité et la proportionnalité du traitement au regard des objectifs légitimes poursuivis doivent être démontrées

32. Conformément à l'article 52, paragraphe 1, première phrase, de la Charte, toute limitation de l'exercice des droits et libertés reconnus par la charte doit respecter le contenu essentiel desdits droits et libertés. En vertu de l'article 52, paragraphe 1, seconde phrase, de la Charte, dans le respect du principe de proportionnalité, des limitations ne peuvent être apportées à ces droits et libertés que si elles sont nécessaires et répondent effectivement à des objectifs d'intérêt général reconnus par l'Union ou au besoin de protection des droits et des libertés d'autrui *[Schrems II, § 174.]*.

33. S'agissant du **principe de proportionnalité**, la Cour a déclaré, au sujet de la réglementation des États membres, que la possibilité de justifier une limitation aux droits au respect de la vie privée et à la protection des données doit être appréciée, d'une part, en mesurant la **gravité de l'ingérence** que comporte une telle limitation *[Dans ce contexte, la Cour a notamment relevé que « l'ingérence que comporte le recueil en temps réel des données permettant de localiser un équipement terminal apparaît particulièrement grave, dès lors que ces données fournissent aux autorités nationales compétentes le moyen d'un suivi précis et permanent des déplacements des utilisateurs des téléphones mobiles (...) » (La Quadrature du Net e.a., § 187 et jurisprudence citée).]* et, d'autre part, en vérifiant que **l'importance de l'objectif d'intérêt général** poursuivi par cette limitation est en relation avec cette gravité *[La Quadrature du Net e.a., § 131.]*.

34. Dans l'arrêt La Quadrature du Net e.a., il convient d'observer que, s'agissant de la réglementation d'un État membre et non celle d'un pays tiers, la CJUE a déclaré que l'importance de l'objectif de sauvegarde de la sécurité nationale est susceptible de justifier des mesures comportant des ingérences dans les droits fondamentaux plus graves que celles que pourraient justifier d'autres objectifs, tels que la lutte contre la criminalité. Elle a toutefois conclu qu'il en est ainsi dès lors qu'il existe des circonstances suffisamment concrètes permettant de considérer que l'État membre concerné fait face à une menace grave pour la sécurité nationale qui s'avère réelle et actuelle ou prévisible et satisfait aux autres exigences énoncées à l'article 52, paragraphe 1, de la Charte *[§ 136-137. Voir également Privacy International. Comme la Cour l'a précisé, ces menaces se distinguent, par leur nature et leur particulière gravité, du risque général de survenance de tensions ou de troubles, même graves, à la sécurité publique (§ 75). A titre d'exemple, dans l'arrêt La Quadrature du Net e.a., la Cour a relevé que l'ingérence résultant d'une analyse automatisée des données relatives au trafic et des données de localisation s'avère particulièrement grave dès lors qu'elle couvre de manière généralisée et indifférenciée les données des personnes faisant usage des moyens de communications électroniques, de sorte que cette mesure ne peut satisfaire à l'exigence de proportionnalité que dans des situations dans lesquelles l'État membre concerné se trouve face à une menace grave pour la sécurité nationale qui s'avère réelle et actuelle ou prévisible*

et, entre autres conditions, à la condition que la durée de cette conservation soit limitée au strict nécessaire (§ 174-177).].

35. A cet égard, conformément à la jurisprudence constante de la Cour, les dérogations et limitations à la protection des données à caractère personnel ne doivent s'opérer que dans les limites du strict nécessaire *[Schrems II, § 176 et jurisprudence citée.]*. Pour satisfaire à cette exigence, outre l'établissement de règles claires et précises régissant la portée et l'application de la mesure en cause, la réglementation en cause doit imposer des exigences minimales, de sorte que les personnes dont les données ont été transférées disposent de garanties suffisantes permettant de protéger efficacement leurs données à caractère personnel contre les risques d'abus. « Elle doit en particulier indiquer en quelles circonstances et sous quelles conditions une mesure prévoyant le traitement de telles données peut être prise, garantissant ainsi que l'ingérence soit limitée au strict nécessaire. La nécessité de disposer de telles garanties est d'autant plus importante lorsque les données à caractère personnel sont soumises à un traitement automatisé » *[Schrems II, § 175.]*.

36. Dans l'arrêt Schrems II, la CJUE a souligné que la législation d'un pays tiers qui ne fait ressortir d'aucune manière l'existence de limitations à l'habilitation qu'elle comporte pour la mise en œuvre des programmes de surveillance aux fins du renseignement extérieur ne saurait assurer un niveau de protection substantiellement équivalent à celui garanti par la Charte. En effet, selon la jurisprudence, une base légale qui permet des ingérences dans les droits fondamentaux doit, pour satisfaire au principe de proportionnalité, définir elle-même la portée de la limitation de l'exercice du droit concerné *[Schrems II, § 180.]*.

37. S'agissant du **principe de nécessité**, la CJUE a indiqué qu'une réglementation « qui autorise de manière généralisée la conservation de l'intégralité des données à caractère personnel de toutes les personnes dont les données ont été transférées depuis l'Union (...) sans qu'aucune différenciation, limitation ou exception soit opérée en fonction de l'objectif poursuivi et sans que soit prévu un critère objectif permettant de délimiter l'accès des autorités publiques aux données et leur utilisation ultérieure à des fins précises, strictement restreintes et susceptibles de justifier l'ingérence que comportent tant l'accès que l'utilisation de ces données » n'est pas conforme à ce principe *[Schrems I, § 93 avec d'autres références. Voir, toutefois, en ce qui concerne la réglementation d'un État membre et non celle d'un pays tiers, Privacy International, § 71 et jurisprudence citée. Dans cette affaire, la Cour a déclaré qu'une réglementation nationale imposant aux fournisseurs de services de communications électroniques de procéder à la communication par transmission généralisée et indifférenciée des données relatives au trafic et des données de localisation aux services de sécurité et de renseignement, excède les limites du strict nécessaire et ne saurait être considérée comme étant justifiée, dans une société démocratique, ainsi que l'exige la directive vie privée et communications électroniques, lue à l'aune de la Charte (§ 81).]*. En particulier, une réglementation permettant aux autorités publiques d'accéder de manière généralisée au contenu de communications électroniques doit être considérée comme portant atteinte au contenu essentiel du droit fondamental au respect de la vie privée, tel que garanti par l'article 7 de la Charte *[Schrems I, § 94.]*.

38. De même, cette fois dans le cadre de l'évaluation d'une réglementation d'un État membre et non d'un pays tiers, la CJUE a déclaré dans l'arrêt La Quadrature du Net e.a. qu'« une réglementation prévoyant une conservation des données à caractère personnel doit toujours répondre à des critères objectifs, établissant un rapport entre les données à conserver et l'objectif poursuivi » *[La Quadrature du Net e.a., § 133. Dans ce contexte, la Cour a confirmé que la directive vie privée et communications électroniques, lue à la lumière de la Charte, s'oppose à des mesures législatives prévoyant, à titre préventif, une conservation générale et indifférenciée des données relatives au trafic et des données de localisation. En revanche, la Cour a estimé que le législateur ne s'oppose pas, dans des situations de menace grave pour la sécurité nationale qui s'avère réelle et actuelle ou prévisible, au recours à une injonction faite aux fournisseurs de services de communications électroniques de procéder à une conservation généralisée et indifférenciée des données relatives au trafic et des données de localisation. Cette mesure doit toutefois respecter des conditions spécifiques. En particulier, l'injonction ne peut être émise que pour une période temporellement limitée au strict nécessaire, mais renouvelable en cas de persistance de* *la menace (§ 168).]*. Dans le même contexte, dans l'arrêt Privacy International, la Cour a également conclu que le législateur « doit se fonder sur des critères objectifs pour définir les circonstances et les conditions dans lesquelles doit être accordé aux autorités nationales compétentes l'accès aux données en cause » *[Privacy International, § 78 et jurisprudence citée. Dans l'arrêt Privacy International, s'agissant de l'accès d'une autorité à des données à caractère personnel prévu par la réglementation d'un État membre, la Cour a jugé qu'« un accès général à toutes les données conservées, en l'absence de tout lien, même indirect, avec le but poursuivi, ne peut être considéré comme étant limité au strict nécessaire » (§ 77-78).]*.

Garantie C – Mécanisme de surveillance indépendant

39. Le comité européen de la protection des données rappelle qu'une ingérence a lieu au moment de la collecte des données, mais aussi au moment où une autorité publique accède à des données en vue de leur traitement ultérieur. La CouEDH a précisé à maintes reprises que toute ingérence dans le droit au respect de la vie privée et à la protection des données doit être soumise à un mécanisme de surveillance efficace, indépendant et impartial, qui doit être assuré par un juge ou par un autre organe indépendant *[CouEDH, Klass, § 17, 51.]* (comme une autorité administrative ou un organe parlementaire). Dans l'arrêt Schrems II, la CJUE a également tenu compte du contrôle de l'application des mesures de surveillance par un organe indépendant *[Schrems II, § 179, 183.]*.

40. La CouEDH précise que si l'autorisation (judiciaire) préalable des mesures de surveillance est certes une garantie importante contre l'arbitraire, il faut également apprécier le fonctionnement correct du système d'interception, en tenant compte de l'existence ou de l'absence de freins et de contrepoids à l'exercice du pouvoir et de signes d'abus réels *[CouEDH, Big Brother Watch, § 319-320, appel pendant.]*. Dans l'arrêt Schrems II, la CJUE a également tenu compte de la portée du rôle du mécanisme de surveillance, qui ne couvrait pas les mesures de surveillance individuelle *[Schrems II, § 179.]*.

41. En ce qui concerne la législation des États membres, la CJUE a recensé un certain nombre de mesures qui ne sont conformes au droit de l'Union que si elles sont soumises à un contrôle effectif exercé soit par une juridiction, soit par une entité administrative indépendante, dont la décision est dotée d'un effet contraignant. L'objet de ce contrôle est de vérifier l'existence d'une situation justifiant la mesure et le respect des conditions et des garanties devant être prévues *[CJUE, La Quadrature du Net e.a., § 168, 189.]*. En ce qui concerne le recueil en temps réel des données relatives au trafic et des données de localisation, le contrôle doit notamment permettre de s'assurer au préalable qu'un tel recueil n'est autorisé que dans la limite de ce qui est strictement nécessaire. En cas d'urgence dûment justifiée, les mesures peuvent avoir lieu sans un tel contrôle préalable ; toutefois, la Cour impose toujours que le contrôle postérieur intervienne dans un délai bref *[CJUE, La Quadrature du Net e.a., § 189.]*.

42. Quant à l'indépendance des mécanismes de contrôle en matière de surveillance, les conclusions de la CJUE concernant l'indépendance d'une entité dans le cadre du recours pourraient être prises en considération (voir sous le point « Garantie D », *infra*). En outre, la jurisprudence de la CouEDH peut apporter des éléments supplémentaires. Cette Cour a estimé préférable que le contrôle soit confié à un juge. Il n'est toutefois pas exclu qu'un autre organe puisse être responsable « à condition que cet organe soit suffisamment indépendant à l'égard de l'exécutif » *[CouEDH, Zakharov, § 258, Iordachi e.a. c. Moldova, § 40, 51 ; Dumitru Popescu c. Roumanie, § 70-73.]* et « des autorités qui procèdent à la surveillance ; [il est] investi de pouvoirs et attributions suffisants pour exercer un contrôle efficace et permanent » *[CouEDH, Klass, § 56, Big Brother Watch, § 318, appel pendant.]*. La CouEDH a ajouté que « le mode de désignation et le statut juridique des membres de l'organe de contrôle » *[CouEDH, Zakharov, § 278.]* doivent être pris en compte pour apprécier l'indépendance. Cela inclut des « personnes possédant les qualifications requises pour accéder à la magistrature et nommées soit par le parlement soit par le Premier ministre. En revanche,

elle a jugé insuffisamment indépendant un ministre de l'intérieur qui non seulement était nommé par le pouvoir politique et membre de l'exécutif, mais de plus était directement impliqué dans la commande de moyens spéciaux de surveillance» *[CouEDH, Zakharov, § 278.]*. **Selon la CouEDH, «il est essentiel que l'organe de contrôle ait accès à tous les documents pertinents, y compris à des informations confidentielles»** *[CouEDH, Zakharov, § 281.]*. **Enfin, la CouEDH recherche «si les activités de l'organe de contrôle sont ouvertes à un droit de regard du public»** *[CouEDH, Zakharov, § 283.]*.

Garantie D – L'intéressé doit disposer de voies de recours effectives

43. La dernière garantie essentielle européenne a trait au droit de toute personne à des voies de recours. Celle-ci doit disposer d'un recours effectif pour faire valoir ses droits lorsqu'elle estime qu'ils ne sont pas ou n'ont pas été respectés. Dans l'arrêt Schrems I, la CJUE a expliqué qu'«une réglementation ne prévoyant aucune possibilité pour le justiciable d'exercer des voies de droit afin d'avoir accès à des données à caractère personnel le concernant, ou d'obtenir la rectification ou la suppression de telles données, ne respecte pas le contenu essentiel du droit fondamental à une protection juridictionnelle effective, tel que consacré à l'article 47 de la Charte. L'article 47, premier alinéa, de la Charte exige que toute personne dont les droits et libertés garantis par le droit de l'Union ont été violés ait droit à un recours effectif devant un tribunal dans le respect des conditions prévues à cet article» *[CJUE, Schrems I, § 95.]*.

44. Lors de l'appréciation de la réglementation d'un État membre autorisant le recueil en temps réel des données relatives au trafic et des données de localisation, la Cour a jugé que l'information est nécessaire «pour permettre à ces personnes d'exercer leurs droits, découlant des articles 7 et 8 de la Charte, de demander l'accès à leurs données à caractère personnel faisant l'objet de ces mesures et, le cas échéant, la rectification ou la suppression de celles-ci, ainsi que d'introduire, conformément à l'article 47, premier alinéa, de la Charte, un recours effectif devant un tribunal» *[La Quadrature du Net e.a., § 190, et CJUE, avis 1/15, § 220.]*. **Elle a néanmoins également reconnu que l'information des personnes dont les données ont été collectées ou analysées ne doit intervenir que pour autant que et qu'à partir du moment où elle n'est pas susceptible de compromettre les missions incombant aux autorités responsables** *[La Quadrature du Net e.a., § 191.]*.

45. Pour la CouEDH également, la question d'un recours effectif est indissolublement liée à la notification d'une mesure de surveillance à l'intéressé une fois que la surveillance a cessé. En particulier, la Cour a jugé que «la personne concernée ne peut guère, en principe, contester rétrospectivement devant la justice la légalité des mesures prises à son insu, sauf si on l'avise de celles-ci ou si – autre cas de figure –, soupçonnant que ses communications font ou ont fait l'objet d'interceptions, la personne a la faculté de saisir les tribunaux, ceux-ci étant compétents même si le sujet de l'interception n'a pas été informé de cette mesure» *[CouEDH, Zakharov, § 234.]*. **La CouEDH a ainsi reconnu que, dans certains cas, il peut ne pas y avoir de notification, mais qu'un recours effectif doit toutefois être prévu. Ainsi, dans l'affaire Kennedy, par exemple, la Cour a estimé qu'une juridiction offre des voies de recours suffisantes si elle satisfait à une série de conditions, à savoir qu'elle doit être un organe indépendant et impartial, ayant édicté son propre règlement de procédure et composé de membres qui doivent exercer ou avoir exercé de hautes fonctions judiciaires ou être des juristes chevronnés et qu'aucun obstacle probatoire ne doit être surmonté pour saisir cette juridiction** *[CouEDH, Kennedy, § 190.]*. **Lorsqu'elle entame l'examen de plaintes de particuliers, la juridiction devrait avoir accès à tous les documents pertinents** *[Le comité européen de la protection des données observe que le Commissaire aux droits de l'homme du Conseil de l'Europe estime que la règle dite «des tiers», en vertu de laquelle les services de renseignement d'un pays qui fournissent des données aux services de renseignement d'un autre pays peuvent imposer aux services destinataires de ne pas divulguer les données transférées à un tiers, ne devrait pas s'appliquer aux organes de surveillance afin de ne pas entraver la possibilité* *d'un recours effectif (Document thématique - La surveillance démocratique et effective des services de sécurité nationale).]*, y compris aux informations confidentielles. Enfin, elle doit être habilitée à agir dans des cas de non-respect *[CouEDH, Kennedy, § 167.]*.

46. L'article 47 de la Charte fait référence à un tribunal, bien que dans d'autres versions linguistiques que le français, la préférence soit donnée au terme « juridiction » *[Le terme « tribunal » est, par exemple, traduit par « Gericht » en allemand et « gerecht » en néerlandais.]*, tandis que la CEDH impose uniquement aux États membres de s'assurer que « toute personne dont les droits et libertés ont été violés a droit à l'octroi d'un recours effectif devant une instance nationale » *[Article 13 de la CEDH.]*, qui ne doit pas nécessairement être une autorité judiciaire *[CouEDH, Klass, § 67.]*.

47. Dans l'arrêt Schrems II, lors de l'appréciation du caractère adéquat du niveau de protection d'un pays tiers, la CJUE a rappelé que « les justiciables doivent disposer de la possibilité d'exercer des voies de droit devant un tribunal indépendant et impartial afin d'avoir accès à des données à caractère personnel les concernant, ou d'obtenir la rectification ou la suppression de telles données *[Schrems II, § 194.]*. Dans le même contexte, la CJUE estime qu'une protection judiciaire effective contre de telles ingérences peut être assurée non seulement par un tribunal, mais également par un organe *[Schrems II, § 197, où la Cour utilise expressément ce terme.]* qui offre des garanties substantiellement équivalentes à celles requises à l'article 47 de la Charte. Dans l'arrêt Schrems II, la CJUE a à la fois souligné que l'indépendance du tribunal ou de l'organe doit être assurée, en particulier par rapport au pouvoir exécutif, assortie de toutes les garanties nécessaires, notamment en ce qui concerne les conditions de sa révocation ou de l'annulation de sa nomination *[Schrems II, § 195.]*, et que les pouvoirs qui devraient être conférés à un tribunal doivent être conformes aux exigences de l'article 47 de la Charte. A cet égard, l'organe *[Schrems II, § 197, où la Cour utilise expressément ce terme.]* sera habilité à prendre des décisions contraignantes à l'égard des services de renseignement, conformément aux garanties légales dont pourraient se prévaloir les personnes concernées *[Schrems II, § 196.]*.

4 Observations finales

48. Les quatre garanties essentielles européennes doivent être considérées comme des éléments fondamentaux à rechercher lors de l'appréciation du niveau d'ingérence dans les droits fondamentaux au respect de la vie privée et à la protection des données. Elles ne doivent pas être appréciées indépendamment les unes des autres, dans la mesure où elles sont étroitement liées, mais être considérées globalement, en tenant compte de la législation pertinente en matière de mesures de surveillance, du niveau minimal de garanties pour la protection des droits des personnes concernées et des voies de recours que prévoit le droit interne du pays tiers.

49. Ces garanties requièrent un certain degré d'interprétation, en particulier du fait que la législation du pays tiers ne doit pas nécessairement être identique au cadre juridique de l'Union.

50. Comme l'a déclaré la CouEDH dans l'arrêt Kennedy, une « appréciation de cette question dépend de toutes les circonstances de la cause, par exemple la nature, l'étendue et la durée des mesures éventuelles, les raisons requises pour les ordonner, les autorités compétentes pour les permettre, exécuter et contrôler, le type de recours fourni par le droit interne » *[CouEDH, Kennedy, § 153.]*.

51. Par conséquent, l'appréciation des mesures de surveillance d'un pays tiers à l'aune des garanties essentielles européennes peut aboutir à deux conclusions :

- la réglementation du pays tiers concerné ne satisfait pas aux exigences des garanties essentielles européennes : dans ce cas, la réglementation du pays tiers n'offrirait pas un niveau de protection essentiellement équivalent à celui qui est garanti dans l'Union ;
- la réglementation du pays tiers concerné satisfait aux exigences des garanties essentielles européennes.

52. Lors de l'appréciation du caractère adéquat du niveau de protection au titre de l'article 45 du RGPD, la Commission devra évaluer s'il est satisfait aux garanties

essentielles européennes dans le cadre des éléments à prendre en considération pour garantir que la législation du pays tiers dans son ensemble offre un niveau de protection essentiellement équivalent à celui qui est garanti dans l'Union.

53. Lorsque des exportateurs – et des importateurs – de données s'appuient sur des garanties appropriées au titre de l'article 46 du RGPD, compte tenu des exigences de la législation du pays tiers spécifiquement applicable aux données transférées, ils devraient veiller à ce qu'un niveau de protection essentiellement équivalent soit effectivement atteint. En particulier, lorsque la législation du pays tiers ne respecte pas les exigences des garanties essentielles européennes, cela impliquerait de veiller à ce que cette législation n'empiète pas sur les garanties et mesures de protection relatives aux transferts, afin qu'un niveau de protection essentiellement équivalent à celui garanti dans l'Union soit maintenu.

54. Le comité européen de la protection des données a publié d'autres orientations et recommandations à prendre en considération pour procéder à cette évaluation, en fonction de l'outil de transfert utilisé et de la nécessité de prévoir des garanties appropriées, y compris, le cas échéant, des mesures supplémentaires *[Critères de référence pour l'adéquation WP 254 rev.01, version révisée et adoptée le 6 févr. 2018 ; recommandations du Comité européen de la protection des données 01/2020 relatives aux mesures complétant les outils de transfert afin de garantir le respect du niveau de protection des données à caractère personnel de l'UE, 10 nov. 2020.]*.

55. Par ailleurs, il convient de relever que les garanties essentielles européennes sont basées sur des prescriptions légales. Le comité européen de la protection des données souligne que ces garanties reposent sur les droits fondamentaux qui s'appliquent à toute personne, quelle que soit sa nationalité.

56. Le comité européen de la protection des données rappelle que les garanties essentielles européennes constituent une norme de référence aux fins de l'évaluation de l'ingérence résultant des mesures de surveillance d'un pays tiers dans le cadre des transferts internationaux de données. Ces normes découlent du droit de l'Union et de la jurisprudence de la CJUE et de la CouEDH, qui est contraignante pour les États membres.

Lignes directrices 07/2020 du 7 juillet 2021,

Sur les concepts de responsable du traitement et de sous-traitant (version 2.0).

V. ces lignes directrices sur le Code en ligne 🏛.

COMMUNICATION – COMMERCE ÉLECTRONIQUE

V. L. nº 78-17 du 6 janv. 1978, art. 81 à 83.
V. CEPD :
— Lignes directrices 01/2020 du 9 mars 2021 sur le traitement des données à caractère personnel dans le contexte des véhicules connectés et des applications liées à la mobilité, version 2.0 (https://edpb.europa.eu/) ;
— Lignes directrices 08/2020 du 13 avr. 2021 sur le ciblage des utilisateurs des médias sociaux, version 2.0 (https://edpb.europa.eu/) ;
— Lignes directrices 02/2021 du 7 juill. 2021 sur les assistants vocaux virtuels, version 2.0 (https://edpb.europa.eu/) ;

Code de la consommation

PREMIÈRE PARTIE : *LÉGISLATIVE*

LIVRE I INFORMATION DES CONSOMMATEURS ET PRATIQUES COMMERCIALES

TITRE I INFORMATION DES CONSOMMATEURS

CHAPITRE I *OBLIGATION GÉNÉRALE D'INFORMATION PRÉCONTRACTUELLE*

Art. L. 111-7-2 *(L. nº 2016-1321 du 7 oct. 2016, art. 52)* **Sans préjudice des obligations d'information prévues à l'article 19 de la loi nº 2004-575 du 21 juin 2004 pour la confiance dans l'économie numérique** *[V. App., vº Commerce électronique]* **et aux articles L. 111-7 et L. 111-7-1 du présent code, toute personne physique ou morale dont l'activité consiste, à titre principal ou accessoire, à collecter, à modérer ou à diffuser des avis en ligne provenant de consommateurs est tenue de délivrer aux utilisateurs une information loyale, claire et transparente sur les modalités de publication et de traitement des avis mis en ligne.**

Elle précise si ces avis font ou non l'objet d'un contrôle et, si tel est le cas, elle indique les caractéristiques principales du contrôle mis en œuvre.

Elle affiche la date de l'avis et ses éventuelles mises à jour.

Elle indique aux consommateurs dont l'avis en ligne n'a pas été publié les raisons qui justifient son rejet.

Elle met en place une fonctionnalité gratuite qui permet aux responsables des produits ou des services faisant l'objet d'un avis en ligne de lui signaler un doute sur l'authenticité de cet avis, à condition que ce signalement soit motivé.

Un décret, pris après avis de la Commission nationale de l'informatique et des libertés, fixe les modalités et le contenu de ces informations. — *V. art. D. 111-16 s.*

L'art. L. 111-7-2 est applicable dans les îles Wallis-et-Futuna (L. nº 2016-1321 du 7 oct. 2016, art. 110-III).

Sur les sanctions, V. art. L. 131-4.

BIBL. ▶ BRUNAUX, *CCC 2021. formule 6* (clauses relatives au choix par le professionnel des avis publiés par le consommateur) ; *ibid. 2022. formule 3* (clauses exonératoires de responsabilité des professionnels du fait des avis publiés par les internautes).

Art. L. 111-7-3 *(L. nº 2022-309 du 3 mars 2022, art. 1er, en vigueur le 1er oct. 2023)* **Les opérateurs de plateformes en ligne mentionnés à l'article L. 111-7 du présent code et les personnes qui fournissent des services de communications interpersonnelles non fondés sur la numérotation, au sens du 6º *quater* de l'article L. 32 du code des postes et des communications électroniques, dont l'activité dépasse un ou plusieurs seuils définis par décret réalisent un audit de cybersécurité, dont les résultats sont présentés au consommateur dans les conditions prévues au dernier alinéa du présent article, portant sur la sécurisation et la localisation des données qu'ils**

hébergent, directement ou par l'intermédiaire d'un tiers, et sur leur propre sécurisation, dans les conditions prévues au présent article.

L'audit mentionné au premier alinéa est effectué par des prestataires d'audit qualifiés par l'Agence nationale de la sécurité des systèmes d'information.

Un arrêté conjoint des ministres chargés du numérique et de la consommation, pris après avis de la Commission nationale de l'informatique et des libertés, fixe les critères qui sont pris en compte par l'audit prévu au même premier alinéa et ses conditions en matière de durée de validité ainsi que les modalités de sa présentation.

Le résultat de l'audit est présenté au consommateur de façon lisible, claire et compréhensible et est accompagné d'une présentation ou d'une expression complémentaire, au moyen d'un système d'information coloriel.

....

Art. L. 131-4 Tout manquement aux obligations d'information mentionnées *(L. n° 2022-309 du 3 mars 2022, art. 1er, en vigueur le 1er oct. 2023)* **« aux articles L. 111-7, L. 111-7-2 et L. 111-7-3** *[ancienne rédaction : à l'article L. 111-7 et à l'article L. 111-7-2]* **»** *(L. n° 2019-1063 du 18 oct. 2019, art. 7)* **« du présent code ainsi qu'au II de l'article 15 de la loi n° 47-585 du 2 avril 1947 relative au statut des entreprises de groupage et de distribution des journaux et publications périodiques »** est passible d'une amende administrative dont le montant ne peut excéder 75 000 euros pour une personne physique et 375 000 euros pour une personne morale.

Cette amende est prononcée dans les conditions prévues au chapitre II du titre II du livre V. — *[C. consom., art. L. 111-6-1, sanction-information plateformes.]*

Les modifications issues de la L. n° 2016-1321 du 7 oct. 2016 sont applicables dans les îles Wallis-et-Futuna (L. préc., art. 110-III).

LIVRE II FORMATION ET EXÉCUTION DES CONTRATS

TITRE II RÈGLES DE FORMATION ET D'EXÉCUTION DE CERTAINS CONTRATS

CHAPITRE III *OPPOSITION AU DÉMARCHAGE TÉLÉPHONIQUE*

BIBL. GÉN. ▶ DEBET, *CCE 2015, n° 63* (liste d'opposition au démarchage téléphonique). - JOUFFIN, *Banque et Dr. 7-8/2015. 45* (démarchage téléphonique). - BOCCARA et JOUFFIN, *ibid. mai-juin 2016. 41* (opposition au démarchage téléphonique : le dispositif se met en place). - E. PETIT, *AJDI 2016. 557* (remarques critiques sur la foire aux questions Bloctel). - PERRAY et UZAN-NAULIN, *CCE 2017. Étude 3* (la nouvelle norme simplifiée de la CNIL en matière de clients, prospects et vente en ligne : entre convergence, cohérence et conformité). - NDLR, *BRDA 2020, n° 17, p. 23 (L. n° 2020-901 du 24 juill. 2020)*. - PELLIER, *JCP E 2020. Actu. 615* (une loi de plus pour le démarchage téléphonique !). - LOISEAU, *CCE 2020, n° 71* (renforcement de la protection contre le démarchage électronique).

Art. L. 223-1 Le consommateur qui ne souhaite pas faire l'objet de prospection commerciale par voie téléphonique peut gratuitement s'inscrire sur une liste d'opposition au démarchage téléphonique. — *V. art. R. 223-1 s.*

Il est interdit à un professionnel, directement ou par l'intermédiaire d'un tiers agissant pour son compte, de démarcher téléphoniquement un consommateur inscrit sur cette liste *(L. n° 2020-901 du 24 juill. 2020, art. 9)* « , sauf lorsqu'il s'agit de sollicitations intervenant dans le cadre de l'exécution d'un contrat en cours et ayant un rapport avec l'objet de ce contrat, y compris lorsqu'il s'agit de proposer au consommateur des produits ou des services afférents ou complémentaires à l'objet du contrat en cours ou de nature à améliorer ses performances ou sa qualité ».

(L. n° 2020-901 du 24 juill. 2020, art. 3) « Toute prospection commerciale de consommateurs par des professionnels, par voie téléphonique, ayant pour objet la vente d'équipements ou la réalisation de travaux pour des logements en vue de la réalisation d'économies d'énergie ou de la production d'énergies renouvelables est interdite, à l'exception des sollicitations intervenant dans le cadre de l'exécution d'un contrat en cours au sens du deuxième alinéa du présent article.

« Tout professionnel saisit, directement ou par le biais d'un tiers agissant pour son compte, l'organisme mentionné à l'article L. 223-4 aux fins de s'assurer de la conformité de ses fichiers de prospection commerciale avec la liste d'opposition au démarchage téléphonique :

« 1° Au moins une fois par mois s'il exerce à titre habituel une activité de démarchage téléphonique ;

« 2° Avant toute campagne de démarchage téléphonique dans les autres cas.

« Un décret, pris après avis du Conseil national de la consommation, détermine les jours et horaires ainsi que la fréquence auxquels la prospection commerciale par voie téléphonique non sollicitée peut avoir lieu, lorsqu'elle est autorisée en application du deuxième alinéa du présent article.

« Le professionnel mentionné au quatrième alinéa respecte un code de bonnes pratiques qui détermine les règles déontologiques applicables au démarchage téléphonique. Ce code de bonnes pratiques, rendu public, est élaboré par les professionnels opérant dans le secteur de la prospection commerciale par voie téléphonique. Il est, en tant que de besoin, précisé par décret.

« Tout professionnel ayant tiré profit de sollicitations commerciales de consommateurs réalisées par voie téléphonique en violation des dispositions du présent article est présumé responsable du non-respect de ces dispositions, sauf s'il démontre qu'il n'est pas à l'origine de leur violation.

« Tout contrat conclu avec un consommateur à la suite d'un démarchage téléphonique réalisé en violation des dispositions du présent article est nul.

« Les modalités selon lesquelles l'inscription sur une liste d'opposition au démarchage téléphonique est reconductible tacitement sont déterminées par décret. » – *[C. consom., art. L. 121-34, al. 1er et 2.]*

Sur les sanctions, V. art. L. 242-16.

Loi n° 2020-901 du 24 juillet 2020, *visant à encadrer le démarchage téléphonique et à lutter contre les appels frauduleux.* **Art. 3** *[...]*

II. — Tout professionnel qui contacte par téléphone une personne en vue de la réalisation d'une étude ou d'un sondage respecte des règles déontologiques, rendues publiques, élaborées par les professionnels opérant dans ce secteur. Ces règles précisent notamment les jours et horaires ainsi que la fréquence auxquels les appels téléphoniques aux fins de réalisation d'études ou sondages sont autorisés.

Les jours et horaires ainsi que la fréquence auxquels peuvent être passés ces appels sont, en tant que de besoin, précisés par décret.

Les manquements aux dispositions prises en application du deuxième alinéa du présent II sont passibles de l'amende administrative prévue à l'article L. 242-16 du code de la consommation, prononcée dans les conditions fixées au même article L. 242-16. Ils sont recherchés et constatés par les agents mentionnés à l'article L. 511-3 du même code dans les conditions fixées par l'article L. 511-6 dudit code.

Art. L. 223-2 Lorsqu'un professionnel est amené à recueillir auprès d'un consommateur des données téléphoniques, il l'informe de son droit à s'inscrire sur la liste d'opposition au démarchage téléphonique.

Lorsque ce recueil d'information se fait à l'occasion de la conclusion d'un contrat, le contrat mentionne, de manière claire et compréhensible, l'existence de ce droit pour le consommateur. – *[C. consom., art. L. 121-34, al. 3.]*

Sur les sanctions, V. art. L. 242-16.

Art. L. 223-3 Est interdite la location ou la vente de fichiers contenant des données téléphoniques et comportant les coordonnées d'un ou plusieurs consommateurs inscrits sur la liste d'opposition au démarchage téléphonique. – *[C. consom., art. L. 121-34, al. 4.]*

Sur les sanctions, V. art. L. 242-16.

Art. L. 223-4 Le ministre chargé de l'économie désigne par arrêté l'organisme chargé de la gestion de la liste d'opposition au démarchage téléphonique, après mise en concurrence, pour une durée fixée par voie réglementaire. – *V. Arr. du 25 févr. 2016, ci-dessous.*

(L. n° 2020-901 du 24 juill. 2020, art. 4) « L'organisme mentionné au premier alinéa rend accessible, dans un format ouvert, aisément réutilisable et exploitable par un système de traitement automatisé, les données essentielles de son activité, dans le

respect des articles L. 311-5 à L. 311-7 du code des relations entre le public et l'administration, et rend public, sur son site internet, un rapport d'activité annuel comportant ces données. »

Les modalités de fonctionnement du mécanisme d'opposition au démarchage téléphonique, les conditions dans lesquelles les entreprises ont accès à une version actualisée de la liste *(L. n° 2020-901 du 24 juill. 2020, art. 4)* **« , » les modalités du contrôle de l'État sur l'organisme gestionnaire** *(L. n° 2020-901 du 24 juill. 2020, art. 4)* **« et la nature de ses données essentielles » sont déterminées par décret en Conseil d'État, pris après avis** *(L. n° 2020-901 du 24 juill. 2020, art. 4)* **« motivé et publié » de la Commission nationale de l'informatique et des libertés.** – *[C. consom., art. L. 121-34, al. 5 et 6.] – V. art. R. 223-1 s.*

Sur les sanctions, V. art. L. 242-16.

Arrêté du 25 février 2016, *portant désignation de l'organisme chargé de gérer la liste d'opposition au démarchage téléphonique.* **Art. 1er** L'organisme désigné, chargé de la gestion de la liste d'opposition au démarchage téléphonique dans le cadre d'une délégation de service public, pour une durée de cinq ans, et prévu à l'article *(Ord. n° 2016-301 du 14 mars 2016, art. 2, en vigueur le 1er juill. 2016)* « L. 223-4 » du code de la consommation, est la société par action simplifiée OPPOSETEL, sise 92-98, boulevard Victor-Hugo, à Clichy, et représentée par M. Éric Huignard, en sa qualité de président.

Art. L. 223-5 **Les interdictions prévues aux articles L. 223-1 et L. 223-3 ne s'appliquent pas à la prospection en vue de la fourniture de journaux, de périodiques ou de magazines.**

(L. n° 2020-901 du 24 juill. 2020, art. 3) **« Un décret, pris après avis du Conseil national de la consommation, détermine les jours et horaires ainsi que la fréquence auxquels cette prospection est autorisée. »** – *[C. consom., art. L. 121-34, al. 7.]*

Sur les sanctions, V. art. L. 242-16.

Art. L. 223-6 **Les dispositions du présent chapitre s'appliquent sans préjudice des articles** *(Ord. n° 2018-1125 du 12 déc. 2018, art. 4, en vigueur le 1er juin 2019)* **« 49 à 56 » de la loi n° 78-17 du 6 janvier 1978 relative à l'informatique, aux fichiers et aux libertés.** – *[C. consom., art. L. 121-34, al. 8.]*

Art. L. 223-7 **Les conditions de la prospection directe au moyen d'un automate d'appel, d'un télécopieur ou d'un courrier électronique sont prévues à l'article L. 34-5 du code des postes et des communications électroniques.** – *[C. consom., art. L. 121-34-1-1.]*

CHAPITRE IV *RÈGLES SPÉCIFIQUES À DES CONTRATS AYANT UN OBJET PARTICULIER*

SECTION 3 *Contrats de services de communications électroniques*

SOUS-SECTION 2 *Information précontractuelle*

(Ord. n° 2021-650 du 26 mai 2021, art. 45)

Art. L. 224-27 **I. – Préalablement à la conclusion d'un contrat, les fournisseurs de services de communications électroniques accessibles au public communiquent aux consommateurs, dans la mesure où elles concernent un service qu'ils fournissent :**

1° Les informations mentionnées aux articles L. 111-1, L. 221-5 et, le cas échéant, L. 221-8 et L. 221-11 ;

2° Les informations mentionnées à l'article L. 224-27-1.

Ces informations sont communiquées d'une manière claire et compréhensible sur un support durable ou, lorsqu'il n'est pas possible de communiquer ces informations sur un tel support, dans un document facilement téléchargeable mis à disposition par le fournisseur. Celui-ci attire expressément l'attention du consommateur sur la disponibilité de ce document et sur l'importance de son téléchargement à des fins de documentation, de référence future ou de reproduction à l'identique.

Ces informations sont fournies sur demande dans un format accessible aux personnes handicapées.

II. – Préalablement à la conclusion d'un contrat, les fournisseurs de services de communications électroniques accessibles au public communiquent aux consommateurs, sous une forme concise et facilement accessible, un document contractuel récapitulant les principaux éléments d'information mentionnés au I. Ce document est présenté conformément au modèle de récapitulatif contractuel annexé au règlement d'exécution (UE) 2019/2243 de la Commission du 17 décembre 2019.

Les fournisseurs complètent ce modèle en y faisant figurer les informations mentionnées ci-dessus. Ils communiquent gratuitement ce document récapitulatif au consommateur avant la conclusion du contrat, y compris des contrats à distance. Lorsque pour des raisons techniques objectives, les fournisseurs sont dans l'impossibilité de communiquer ce document récapitulatif au moment prévu, ils le communiquent dès que possible et sans délai au consommateur. Le contrat prend effet lorsque ce dernier a confirmé son accord après la réception du récapitulatif contractuel. Ces dispositions sont sans préjudice des dispositions relatives aux contrats conclus à distance et hors établissement du chapitre I du titre II du livre II du présent code.

III. – Les informations communiquées au titre du I et du II du présent article deviennent partie intégrante du contrat et ne sont pas modifiées, à moins que les parties au contrat n'en décident autrement de manière expresse.

Sur les sanctions, V. art. L. 242-20.

....

TITRE IV SANCTIONS

CHAPITRE II *RÈGLES DE FORMATION ET D'EXÉCUTION DE CERTAINS CONTRATS*

SECTION 3 *Opposition au démarchage téléphonique*

Art. L. 242-16 Tout manquement aux dispositions des articles L. 223-1 à L. 223-5 est passible d'une amende administrative dont le montant ne peut excéder *(L. n° 2020-901 du 24 juill. 2020, art. 7)* « 75 000 € » pour une personne physique et *(L. n° 2020-901 du 24 juill. 2020, art. 7)* « 375 000 € » pour une personne morale.

Cette amende est prononcée dans les conditions prévues au chapitre II du titre II du livre V.

(L. n° 2020-901 du 24 juill. 2020, art. 12) « Par dérogation au premier alinéa de l'article L. 522-6, la décision prononcée en application du présent article par l'autorité administrative chargée de la concurrence et de la consommation est publiée aux frais de la personne sanctionnée.

« L'autorité administrative chargée de la concurrence et de la consommation peut décider de reporter la publication d'une décision, de publier cette dernière sous une forme anonymisée ou de ne pas la publier dans l'une ou l'autre des circonstances suivantes :

« 1° Lorsque la publication de la décision est susceptible de causer à la personne en cause un préjudice grave et disproportionné ;

« 2° Lorsque la publication serait de nature à perturber gravement le déroulement d'une enquête ou d'un contrôle en cours. » – *[C. consom., art. L. 121-34-1.]*

....

DEUXIÈME PARTIE : *RÉGLEMENTAIRE*

LIVRE I INFORMATION DES CONSOMMATEURS ET PRATIQUES COMMERCIALES

TITRE I INFORMATION DES CONSOMMATEURS

CHAPITRE I *OBLIGATION GÉNÉRALE D'INFORMATION PRÉCONTRACTUELLE*

....

Art. D. 111-16 *(Décr. n° 2017-1436 du 29 sept. 2017, art. 1er, en vigueur le 1er janv. 2018)* Pour l'application des dispositions de l'article L. 111-7-2, un avis en ligne s'entend de l'expression de l'opinion d'un consommateur sur son expérience de consommation grâce à tout élément d'appréciation, qu'il soit qualitatif ou quantitatif.

L'expérience de consommation s'entend que le consommateur ait ou non acheté le bien ou le service pour lequel il dépose un avis.

Ne sont pas considérés comme des avis en ligne*[,]* au sens de l'article L. 111-7-2, les parrainages d'utilisateurs, les recommandations par des utilisateurs d'avis en ligne, ainsi que les avis d'experts.

Art. D. 111-17 *(Décr. n° 2017-1436 du 29 sept. 2017, art. 1er, en vigueur le 1er janv. 2018)* Toute personne exerçant l'activité mentionnée à l'article L. 111-7-2 indique de manière claire et visible :

1° A proximité des avis :

a) L'existence ou non d'une procédure de contrôle des avis ;

b) La date de publication de chaque avis, ainsi que celle de l'expérience de consommation concernée par l'avis ;

c) Les critères de classement des avis parmi lesquels figurent le classement chronologique.

2° Dans une rubrique spécifique facilement accessible :

a) L'existence ou non de contrepartie fournie en échange du dépôt d'avis ;

b) Le délai maximum de publication et de conservation d'un avis.

Art. D. 111-18 *(Décr. n° 2017-1436 du 29 sept. 2017, art. 1er, en vigueur le 1er janv. 2018)* Lorsque la personne exerçant l'activité mentionnée à l'article L. 111-7-2 exerce un contrôle sur les avis, elle veille à ce que les traitements de données à caractère personnel réalisés dans ce cadre soient conformes à la loi n° 78-17 du 6 janvier 1978 relative à l'informatique, aux fichiers et aux libertés modifiée et précise dans la rubrique prévue au 2° de l'article D. 111-17 :

1° Les caractéristiques principales du contrôle des avis au moment de leur collecte, de leur modération ou de leur diffusion ;

2° La possibilité, le cas échéant, de contacter le consommateur auteur de l'avis ;

3° La possibilité ou non de modifier un avis et, le cas échéant, les modalités de modification de l'avis ;

4° Les motifs justifiant un refus de publication de l'avis.

Art. D. 111-19 *(Décr. n° 2017-1436 du 29 sept. 2017, art. 1er, en vigueur le 1er janv. 2018)* Lorsque la personne exerçant l'activité mentionnée à l'article L. 111-7-2 refuse la publication d'un avis, elle informe son auteur des motifs de refus par tout moyen approprié.

LIVRE II **FORMATION ET EXÉCUTION DES CONTRATS**

TITRE II **RÈGLES DE FORMATION ET D'EXÉCUTION DE CERTAINS CONTRATS**

CHAPITRE III ***OPPOSITION AU DÉMARCHAGE TÉLÉPHONIQUE***

Art. R. 223-1 La liste d'opposition au démarchage téléphonique prévue à l'article L. 223-1 repose sur un traitement automatisé de données à caractère personnel dont la mise en œuvre et la gestion sont confiées à un organisme de droit public ou de droit privé désigné dans les conditions prévues à l'article L. 223-4, pour une durée maximale de cinq ans. – *[C. consom., art. R. 121-7.]*

Art. R. 223-2 Ce traitement automatisé a pour finalité d'assurer la collecte, l'enregistrement, la conservation, la gestion et la mise à jour de la liste comportant les numéros de téléphone des consommateurs qui ne souhaitent pas faire l'objet d'un démarchage par voie téléphonique.

Il permet aux entreprises qui recourent au démarchage téléphonique de bénéficier de fichiers de prospection actualisés desquels sont retirées, par l'organisme mentionné à l'article R. 223-1, les coordonnées des consommateurs inscrits sur la liste d'opposition. – *[C. consom., art. R. 121-7-1.]*

Art. R. 223-3 Les informations nominatives qui peuvent être portées sur la liste d'opposition sont exclusivement le ou les numéros de téléphone désignés par le consommateur accompagnés de la date et de l'heure d'inscription.

Le consommateur qui désire s'inscrire sur cette liste peut y procéder par voie électronique ou par tout autre moyen. Une confirmation de son inscription fait l'objet d'un récépissé d'inscription qui lui est communiqué par l'organisme dans les mêmes formes que celles de l'inscription. Ce récépissé précise la durée de l'inscription ainsi que la date à laquelle elle devient effective au plus tard dans les trente jours de la délivrance du récépissé.

(Décr. nº 2021-1528 du 26 nov. 2021, art. 1er, en vigueur le 1er janv. 2022) « Chaque numéro est inscrit pour une durée de trois ans. Cette inscription est tacitement reconductible par période de trois ans. L'organisme informe le consommateur lors de son inscription et, au moins trois mois avant la date de reconduction tacite de cette inscription, des modalités lui permettant de se désinscrire. »

Le consommateur peut se désinscrire à tout moment de la liste par voie électronique ou par tout autre moyen. Une confirmation de sa désinscription indiquant sa date de prise d'effet lui est délivrée dans les mêmes formes que celles de sa désinscription. – *[C. consom., art. R. 121-7-2.]*

Les dispositions issues du Décr. nº 2021-1528 du 26 nov. 2021 ne s'appliquent pas aux inscriptions en cours au 1er janv. dont l'échéance intervient avant le 1er avr. 2022 (Décr. préc., art. 3).

Art. R. 223-4 L'organisme mentionné à l'article R. 223-1 est seul habilité à collecter, enregistrer, conserver, modifier ou traiter les informations portées sur la liste d'opposition au démarchage téléphonique.

Il est également seul habilité à mettre à jour cette liste en fonction des inscriptions, des désinscriptions et des changements de coordonnées que les consommateurs lui communiquent, à recevoir de la part des professionnels leurs fichiers de prospection commerciale et à procéder aux opérations de mise en conformité des fichiers avec la liste.

Il lui est interdit de communiquer les informations mentionnées à l'article R. 223-3 et d'utiliser la liste d'opposition à des fins commerciales. – *[C. consom., art. R. 121-7-3.]*

Art. R. 223-4-1 *(Décr. nº 2021-1528 du 26 nov. 2021, art. 2, en vigueur le 1er janv. 2022)* Les données essentielles mentionnées à l'article L. 223-4 sont :

1° Le nombre de professionnels adhérents ;

2° Le montant des redevances versées par les professionnels adhérents ;

3° Le nombre de consommateurs et de numéros de téléphone inscrits sur la liste d'opposition ;

4° Le nombre de numéros de téléphone transmis par les professionnels adhérents aux fins de retrait de leurs fichiers de prospection commerciale des numéros inscrits sur la liste d'opposition ;

5° Le nombre de numéros de téléphone de consommateurs inscrits sur la liste d'opposition retirés des fichiers de prospection commerciale des professionnels adhérents ;

6° Le nombre de réclamations déposées par les consommateurs.

Art. R. 223-5 La redevance versée par les professionnels à l'organisme mentionné à l'article R. 223-1 comprend :

1° Une part fixe comprenant, outre les frais d'inscription acquittés lors de l'adhésion au service, ceux correspondant au coût annuel de gestion du dossier ouvert par l'organisme pour chaque professionnel adhérent ;

2° Une part variable correspondant aux charges annuelles de l'organisme liées à la collecte, l'enregistrement, la conservation, la gestion des numéros de téléphone des consommateurs tels que prévus à l'article R. 223-2 et à la fréquence d'utilisation de la liste d'opposition par le professionnel. Son montant est calculé en fonction du nombre et de la taille de ses fichiers ainsi que du nombre de consultations de l'organisme afin que celui-ci les vérifie ou les actualise.

Un arrêté du ministre chargé de l'économie fixe le montant de la part fixe et le taux de la part variable de la redevance. – *[C. consom., art. R. 121-7-4.] – V. Arr. du 9 mai 2016 (JO 26 sept.).*

Art. R. 223-6 Le professionnel qui exerce à titre habituel une activité de démarchage téléphonique saisit de manière régulière, et au moins mensuellement, l'organisme mentionné à l'article R. 223-1 aux fins de s'assurer de la conformité de ses fichiers de prospection commerciale avec la liste des oppositions au démarchage.

Le professionnel qui a accessoirement recours au démarchage téléphonique consulte cet organisme avant toute campagne de démarchage téléphonique. – *[C. consom., art. R. 121-7-5.]*

Art. R. 223-7 Hormis le cas où le consommateur s'est désinscrit, les données contenues dans la liste d'opposition sont conservées par l'organisme pendant une durée de trois ans à compter de l'expiration de la période d'inscription. – *[C. consom., art. R. 121-7-7.]*

Art. R. 223-8 Un représentant du Gouvernement est désigné par arrêté du ministre chargé de l'économie auprès de l'organisme afin de vérifier le respect par celui-ci des obligations légales et contractuelles mises à sa charge. – *[C. consom., art. R. 121-7-8.]*

Code de l'environnement

CHAPITRE I ***PUBLICITÉ, ENSEIGNES ET PRÉENSEIGNES*** *(Ord. nº 2004-1199 du 12 nov. 2004).*

SECTION 2 ***Publicité***

SOUS-SECTION 3 *Publicité à l'intérieur des agglomérations*

Art. L. 581-9 *(L. nº 2010-788 du 12 juill. 2010, art. 40)* « Dans les agglomérations, et sous réserve des dispositions des articles L. 581-4 et L. 581-8, la publicité est admise. Elle doit toutefois satisfaire, notamment en matière d'emplacements, de densité, de surface, de hauteur, d'entretien et, pour la publicité lumineuse, d'économies d'énergie et de prévention des nuisances lumineuses au sens du chapitre III du présent titre, à des prescriptions fixées par décret en Conseil d'État en fonction des procédés, des dispositifs utilisés, des caractéristiques des supports et de l'importance des agglomérations concernées. » Ce décret précise également les conditions d'utilisation comme supports publicitaires du mobilier urbain installé sur le domaine public.

(L. nº 2010-788 du 12 juill. 2010, art. 40) « Peuvent être autorisés par arrêté municipal, au cas par cas, les emplacements de bâches comportant de la publicité et, après avis de la commission départementale compétente en matière de nature, de paysages et de sites, l'installation de dispositifs publicitaires de dimensions exceptionnelles liés à des manifestations temporaires. Les conditions d'application du présent alinéa sont déterminées par le décret mentionné au premier alinéa. »

L'installation des dispositifs de publicité lumineuse autres que ceux qui supportent des affiches éclairées par projection ou par transparence est soumise à l'autorisation *(L. nº 2011-525 du 17 mai 2011, art. 94-III)* « de l'autorité compétente ». – *Sous la réserve énoncée au considérant 31, les deuxième et troisième alinéas de l'art. L. 581-9 sont conformes à la Constitution (Décision du Cons. const. nº 2012-282 QPC du 23 nov. 2012, art. 3, JO 24 nov.).*

(Abrogé par Ord. nº 2018-1125 du 12 déc. 2018, art. 9) (L. nº 2010-788 du 12 juill. 2010, art. 40) ***« Tout système de mesure automatique de l'audience d'un dispositif publicitaire ou d'analyse de la typologie ou du comportement des personnes passant à proximité d'un dispositif publicitaire est soumis à autorisation de la Commission nationale de l'informatique et des libertés. »*** – *[L. nº 79-1150 du 29 déc. 1979, art. 8.]*

Code général des impôts

LIVRE I ASSIETTE ET LIQUIDATION DE L'IMPÔT

TROISIÈME PARTIE *DISPOSITIONS COMMUNES AUX PREMIÈRE ET DEUXIÈME PARTIES*

TITRE I ASSIETTE ET CONTRÔLE DE L'IMPÔT

CHAPITRE I *OBLIGATIONS DES CONTRIBUABLES*

Art. 1649 *ter* A *(L. n° 2021-1900 du 30 déc. 2021, art. 134 , en vigueur le 1er janv. 2023)* I. – L'entreprise ou l'organisme qui, en qualité d'opérateur de plateforme, met à la disposition d'utilisateurs un dispositif permettant une mise en relation par voie électronique afin d'effectuer, directement ou indirectement, des opérations de vente d'un bien, de fourniture d'un service par des personnes physiques, de location d'un mode de transport ou de location d'un bien immobilier de toute nature souscrit auprès de l'administration fiscale une déclaration relative aux opérations réalisées par des vendeurs et prestataires par son intermédiaire.

II. – La déclaration prévue au I comporte les informations suivantes :

1° Les éléments d'identification de l'opérateur de plateforme ainsi que la raison commerciale des plateformes pour lesquelles l'opérateur de plateforme effectue la déclaration ;

2° Les éléments d'identification de chaque vendeur ou prestataire à déclarer en application de l'article 1649 *ter* C ainsi que chaque État ou territoire dont le vendeur ou prestataire à déclarer est résident ;

3° Le montant total de la contrepartie perçue par chaque vendeur ou prestataire au cours de chaque trimestre et le nombre d'opérations pour lesquelles elle a été perçue, ainsi que tous frais, commissions ou taxes retenus ou prélevés par l'opérateur de plateforme au cours de chaque trimestre ;

4° Lorsqu'ils sont disponibles, l'identifiant du compte financier sur lequel la contrepartie est versée ainsi que les éléments d'identification du titulaire de ce compte, s'il diffère du vendeur ou prestataire à déclarer. Toutefois, ces informations ne sont pas déclarées lorsque le vendeur ou prestataire est résident d'un État ou territoire n'ayant pas l'intention d'utiliser ces informations, dont la liste est fixée par arrêté du ministre chargé du budget ;

5° Lorsque les opérations consistent en la location de biens immobiliers :

a) L'adresse et, le cas échéant, le numéro d'enregistrement foncier de chaque lot ;

b) Le cas échéant, le nombre de jours et le type de location pour chaque lot.

III. – La déclaration prévue au I est souscrite par voie électronique au plus tard le 31 janvier de l'année suivant celle au cours de laquelle les opérations ont été réalisées.

Art. 1649 *ter* B *(L. n° 2021-1900 du 30 déc. 2021, art. 134 , en vigueur le 1er janv. 2023)* I. – L'opérateur de plateforme souscrit la déclaration prévue à l'article 1649 *ter* A lorsqu'il se trouve dans l'une des situations suivantes :

1° Il est résident de France ;

2° Il n'est pas résident de France mais remplit l'une des conditions suivantes :

a) Il est constitué conformément à la législation française ;

b) Son siège de direction se trouve en France ;

c) Il possède un établissement stable en France.

Toutefois, l'opérateur de plateforme n'est pas tenu de souscrire la déclaration prévue à l'article 1649 *ter* A lorsqu'il remplit également au moins une des conditions prévues au présent 2° dans un ou plusieurs autres États membres de l'Union européenne et qu'il s'acquitte auprès de l'un de ces autres États membres des obligations déclaratives qui lui incombent en application de la directive 2011/16/UE du Conseil du 5 février 2011 relative à la coopération administrative dans le domaine fiscal et abrogeant la directive 77/799/CEE ;

3° Il n'est ni résident d'un État membre de l'Union européenne, ni constitué ou géré dans un État membre et il ne possède pas d'établissement stable dans un État membre mais remplit les conditions cumulatives suivantes :

a) Il facilite des opérations mentionnées au I de l'article 1649 *ter* A qui sont réalisées par des personnes fiscalement domiciliées dans un État membre ou, s'agissant de la location de biens immobiliers, qui sont afférentes à des biens situés dans un État membre ;

b) Il choisit de remplir ses obligations déclaratives au titre de ces opérations auprès de l'administration fiscale française.

Toutefois, l'opérateur de plateforme qui est résident d'un État ou d'un territoire autre qu'un État membre de l'Union européenne ayant conclu avec la France une convention permettant un échange automatique d'informations concernant les opérations réalisées par des vendeurs ou prestataires par l'intermédiaire de plateformes numériques et reconnue, au moyen d'actes d'exécution de la Commission européenne, comme étant d'effet équivalent à l'obligation prévue à l'article 1649 *ter* A ne déclare que les opérations mentionnées au même article qui sont réalisées par son intermédiaire et qui n'entrent pas dans le champ de cette convention.

Il en va de même pour l'opérateur de plateforme qui, sans être résident de cet État ou territoire, y est constitué conformément à la législation de cet État ou territoire ou y a son siège de direction.

II. — L'opérateur de plateforme qui justifie annuellement que le modèle commercial de sa plateforme est tel qu'il ne compte aucun vendeur ou prestataire à déclarer en application de l'article 1649 *ter* C n'est tenu ni de souscrire la déclaration prévue à l'article 1649 *ter* A, ni de mettre en œuvre les procédures d'identification prévues à l'article 1649 *ter* D.

Art. 1649 *ter* C *(L. nº 2021-1900 du 30 déc. 2021, art. 134 , en vigueur le 1er janv. 2023)* I. — L'opérateur de plateforme mentionne dans la déclaration prévue à l'article 1649 *ter* A les informations relatives aux vendeurs ou prestataires utilisateurs de sa plateforme lorsqu'ils remplissent les conditions suivantes :

1° Ils ont réalisé des opérations mentionnées à l'article 1649 *ter* A ou ont perçu une contrepartie à raison de ces opérations ;

2° Ils sont résidents de France, d'un autre État membre de l'Union européenne ou d'un État ou territoire ayant conclu avec la France une convention permettant un échange automatique d'informations concernant les opérations réalisées par des vendeurs ou prestataires par l'intermédiaire de plateformes numériques ou ont réalisé des opérations de location de biens immobiliers situés dans un ou plusieurs de ces États ou territoires.

II. — Le I ne s'applique pas aux vendeurs ou prestataires utilisateurs de plateforme qui sont :

1° Une entité publique ;

2° Une entité dont les actions font l'objet de transactions régulières sur un marché boursier réglementé ou une entité liée à une entité dont les actions font l'objet de transactions régulières sur un marché boursier réglementé ;

3° Une entité pour laquelle l'opérateur de plateforme a facilité plus de deux mille opérations de location de biens immobiliers en lien avec un lot au cours de la période de déclaration ;

4° Une personne ayant effectué, au cours de la période de déclaration, moins de trente opérations de vente de biens pour lesquelles le montant total de la contrepartie n'excède pas 2 000 €.

Art. 1649 *ter* D *(L. nº 2021-1900 du 30 déc. 2021, art. 134 , en vigueur le 1er janv. 2023)* I. — L'opérateur de plateforme met en œuvre, y compris au moyen de traitements de données à caractère personnel, les diligences nécessaires à l'identification :

1° Des vendeurs ou prestataires qui effectuent une ou plusieurs opérations mentionnées au I de l'article 1649 *ter* A et, le cas échéant, des biens immobiliers loués. Il collecte à cette fin les éléments relatifs aux résidences fiscales et, le cas échéant, les numéros d'identification fiscale des vendeurs ou prestataires concernés ainsi que les références des biens immobiliers loués ;

2° Le cas échéant, des personnes détentrices des comptes financiers sur lesquels les contreparties devant faire l'objet d'une déclaration ont été perçues.

L'opérateur de plateforme vérifie la fiabilité des informations collectées.

Les vendeurs ou prestataires qui effectuent des opérations mentionnées au I de l'article 1649 *ter* A remettent à l'opérateur de plateforme les informations nécessaires à l'application du même article 1649 *ter* A.

Lorsque, après deux rappels de l'opérateur de plateforme, un vendeur ou un prestataire ne fournit pas les informations nécessaires à l'application du présent I, l'opérateur de plateforme ferme le compte du vendeur ou du prestataire dans un délai ne pouvant être inférieur à soixante jours et empêche celui-ci de s'enregistrer de nouveau sur la plateforme. Toutefois, après la fermeture du compte, l'opérateur de plateforme peut autoriser le vendeur ou le prestataire à s'enregistrer de nouveau, à la condition que ce dernier ait présenté des garanties suffisantes de son engagement à fournir l'ensemble des informations nécessaires à l'application de l'article 1649 *ter* A.

L'opérateur de plateforme tient un registre des démarches entreprises et des informations collectées qui sont nécessaires à la correcte exécution de ses obligations. Il conserve les données de ce registre pendant une période de dix ans.

Ces traitements éventuels sont soumis à la loi n° 78-17 du 6 janvier 1978 relative à l'informatique, aux fichiers et aux libertés.

II. – L'opérateur de plateforme informe chaque vendeur ou prestataire, personne physique, concerné par la déclaration prévue à l'article 1649 *ter* A que les données le concernant qui sont transférées à l'administration fiscale peuvent être communiquées à l'administration fiscale d'un autre État membre de l'Union européenne ou d'un État ou territoire ayant conclu avec la France une convention permettant un échange automatique des informations prévues au I du même article 1649 *ter* A.

III. – L'opérateur de plateforme fournit à chaque vendeur ou prestataire qui réalise des opérations mentionnées au I de l'article 1649 *ter* A, dans le délai prévu au III du même article, les informations transmises à l'administration fiscale le concernant.

Art. 1649 *ter* E *(L. n° 2021-1900 du 30 déc. 2021, art. 134 , en vigueur le 1er janv. 2023)* I. – L'opérateur de plateforme soumis à l'obligation déclarative prévue à l'article 1649 *ter* A en application du 3° du I de l'article 1649 *ter* B s'enregistre auprès de l'administration fiscale, qui lui attribue un numéro d'enregistrement individuel.

II. – Nonobstant l'article 1740 E, le numéro d'enregistrement prévu au I du présent article est retiré dans les cas suivants :

1° L'opérateur de plateforme a notifié à l'administration fiscale qu'il n'exerce plus aucune activité en cette qualité ;

2° Il existe des raisons de supposer que l'activité de l'opérateur de plateforme a cessé ;

3° L'opérateur de plateforme ne remplit plus les conditions prévues au 3° du I de l'article 1649 *ter* B.

Le retrait du numéro d'enregistrement prend effet à l'expiration d'un délai de trois mois à compter de sa notification à l'opérateur de plateforme.

III. – A l'expiration d'un délai de six mois à compter de la prise d'effet du retrait, l'opérateur de plateforme dont le numéro d'enregistrement a été retiré peut déposer une nouvelle demande d'enregistrement dans les conditions prévues au I du présent article.

Code des postes et des communications électroniques

PREMIÈRE PARTIE : *LÉGISLATIVE*

LIVRE II **LES COMMUNICATIONS ÉLECTRONIQUES**

TITRE I **DISPOSITIONS GÉNÉRALES**

CHAPITRE I *DÉFINITIONS ET PRINCIPES*

V. art. L. 32 à L. 32-5, supra, Partie II - Textes complémentaires.

CHAPITRE II *RÉGIME JURIDIQUE*

V. art. L. 33-1 à L. 34-7, supra, Partie II - Textes complémentaires.

....

TITRE II **RESSOURCES ET POLICE** *(L. nº 2004-669 du 9 juill. 2004, art. 20).*

....

CHAPITRE II *NUMÉROTATION ET ADRESSAGE* *(L. nº 2004-669 du 9 juill. 2004, art. 20).*

....

Art. L. 45 *(Ord. nº 2014-329 du 12 mars 2014, art. 1er)* **L'attribution et la gestion des noms de domaine rattachés à chaque domaine de premier niveau du système d'adressage par domaines de l'internet correspondant aux codes pays du territoire national ou d'une partie de celui-ci sont centralisées par un organisme unique dénommé "office d'enregistrement".**

Le ministre chargé des communications électroniques désigne, par arrêté, l'office d'enregistrement de chaque domaine, après consultation publique, pour une durée fixée par voie réglementaire.

Chaque office d'enregistrement établit chaque année un rapport d'activité, qu'il transmet au ministre chargé des communications électroniques.

Le ministre chargé des communications électroniques veille au respect par les offices d'enregistrement des principes énoncés aux articles L. 45-1 à L. 45-6. En cas de méconnaissance par un office de ces dispositions ou d'incapacité financière ou technique à mener à bien ses missions, le ministre peut procéder au retrait de la désignation de cet office, après l'avoir mis à même de présenter ses observations.

Art. L. 45-1 *(Ord. nº 2014-329 du 12 mars 2014, art. 1er)* **Les noms de domaine sont attribués et gérés dans l'intérêt général selon des règles non discriminatoires et transparentes, garantissant le respect de la liberté de communication, de la liberté d'entreprendre et des droits de propriété intellectuelle.**

Les noms de domaine sont attribués pour une durée limitée et renouvelable.

Sous réserve des dispositions de l'article L. 45-2, le nom de domaine est attribué au demandeur éligible ayant le premier fait régulièrement parvenir sa demande. Un nom de domaine attribué et en cours de validité ne peut faire l'objet d'une nouvelle demande d'enregistrement.

L'enregistrement des noms de domaine s'effectue sur la base des déclarations faites par le demandeur et sous sa responsabilité.

Art. L. 45-2 *(Ord. nº 2014-329 du 12 mars 2014, art. 1er)* **Dans le respect des principes rappelés à l'article L. 45-1, l'enregistrement ou le renouvellement des noms de domaine peut être refusé ou le nom de domaine supprimé lorsque le nom de domaine est :**

1º Susceptible de porter atteinte à l'ordre public ou aux bonnes mœurs ou à des droits garantis par la Constitution ou par la loi ;

2º Susceptible de porter atteinte à des droits de propriété intellectuelle ou de la personnalité, sauf si le demandeur justifie d'un intérêt légitime et agit de bonne foi ;

3º Identique ou apparenté à celui de la République française, d'une collectivité territoriale ou d'un groupement de collectivités territoriales ou d'une institution ou service public national ou local, sauf si le demandeur justifie d'un intérêt légitime et agit de bonne foi.

Le décret en Conseil d'État prévu à l'article L. 45-7 et les règles d'attribution de chaque office d'enregistrement définissent les éléments permettant d'établir un usage de mauvaise foi et l'absence d'intérêt légitime.

Le refus d'enregistrement ou de renouvellement ou la suppression du nom de domaine ne peuvent intervenir, pour l'un des motifs prévus au présent article, qu'après que l'office d'enregistrement a mis le demandeur en mesure de présenter ses observations et, le cas échéant, de régulariser sa situation.

(L. nº 2020-1508 du 3 déc. 2020, art. 6) « En outre, l'office d'enregistrement supprime ou transfère sans délai à l'autorité compétente le nom de domaine sur injonction de l'autorité administrative chargée de la concurrence et de la consommation en application du *c* du 2° de l'article L. 521-3-1 du code de la consommation. »

Art. L. 45-3 *(Ord. nº 2014-329 du 12 mars 2014, art. 1er)* Peuvent demander l'enregistrement d'un nom de domaine, dans chacun des domaines de premier niveau :

– les personnes physiques résidant sur le territoire de l'Union européenne ;

– les personnes morales ayant leur siège social ou leur établissement principal sur le territoire de l'un des États membres de l'Union européenne.

Art. L. 45-4 *(Ord. nº 2014-329 du 12 mars 2014, art. 1er)* L'attribution des noms de domaine est assurée par les offices d'enregistrement, par l'intermédiaire des bureaux d'enregistrement. L'exercice de leur mission ne confère ni aux offices ni aux bureaux d'enregistrement de droits de propriété intellectuelle sur les noms de domaine.

Les bureaux d'enregistrement sont accrédités, selon des règles non discriminatoires et transparentes, par chacun des offices d'enregistrement, pour chaque domaine de premier niveau concerné.

Les bureaux d'enregistrement exercent leur activité sous le contrôle de l'office d'enregistrement qui les a accrédités. Le non-respect des règles fixées aux articles L. 45-1 à L. 45-3 et L. 45-5 peut entraîner la suppression de l'accréditation.

Art. L. 45-5 *(Ord. nº 2014-329 du 12 mars 2014, art. 1er)* Les offices d'enregistrement et les bureaux d'enregistrement rendent publics les prix de leurs prestations d'attribution et de gestion des noms de domaine. Les offices d'enregistrement publient quotidiennement les noms de domaine qu'ils ont enregistrés.

Ils collectent les données nécessaires à l'identification des personnes physiques ou morales titulaires de noms et sont responsables du traitement de ces données au regard de la loi nº 78-17 du 6 janvier 1978 relative à l'informatique, aux fichiers et aux libertés.

L'État est titulaire de l'ensemble des droits sur la base de données ainsi constituée. Pour remplir leur mission et pendant la durée de celle-ci, les offices d'enregistrement disposent du droit d'usage de cette base de données.

La fourniture de données inexactes par le titulaire peut emporter la suppression de l'enregistrement du nom de domaine correspondant. Celle-ci ne peut intervenir qu'après que l'office d'enregistrement a mis le titulaire en mesure de régulariser la situation.

Art. L. 45-6 *(Ord. nº 2014-329 du 12 mars 2014, art. 1er)* Toute personne démontrant un intérêt à agir peut demander à l'office d'enregistrement compétent la suppression ou le transfert à son profit d'un nom de domaine lorsque le nom de domaine entre dans les cas prévus à l'article L. 45-2.

L'office statue sur cette demande dans un délai de deux mois suivant sa réception, selon une procédure contradictoire fixée par son règlement intérieur, qui peut prévoir l'intervention d'un tiers choisi dans des conditions transparentes, non discriminatoires et rendues publiques. Le règlement intérieur fixe notamment les règles déontologiques applicables aux tiers et garantit le caractère impartial et contradictoire de leur intervention.

Le règlement intérieur de l'office est approuvé par arrêté du ministre chargé des communications électroniques.

Les décisions prises par l'office sont susceptibles de recours devant le juge judiciaire.

Art. L. 45-7 *(Ord. nº 2014-329 du 12 mars 2014, art. 1er)* Les modalités d'application des articles L. 45 à L. 45-6 sont déterminées par décret en Conseil d'État.

Art. L. 45-8 *(Ord. nº 2014-329 du 12 mars 2014, art. 1er)* Les articles L. 45 à L. 45-7 sont applicables dans les îles Wallis-et-Futuna et dans les Terres australes et antarctiques françaises.

PARTIE RÉGLEMENTAIRE : ***DÉCRETS EN CONSEIL D'ÉTAT***

LIVRE II **LES COMMUNICATIONS ÉLECTRONIQUES**

TITRE II **RESSOURCES ET POLICE** *(Décr. nº 2005-605 du 27 mai 2005, art. 4-I).*

CHAPITRE II ***NUMÉROTATION ET ADRESSAGE***

SECTION 2 ***Gestion des domaines de premier niveau du système d'adressage par domaines de l'internet correspondant aux codes pays du territoire national ou d'une partie de celui-ci***

Art. R. 20-44-38 *(Décr. nº 2015-1317 du 20 oct. 2015)* La consultation publique portant appel à candidatures relative à la désignation de chaque office d'enregistrement fait l'objet d'un avis publié au *Journal officiel* de la République française et au *Journal officiel de l'Union européenne.* Cet avis précise les règles de fonctionnement et de contrôle à respecter par l'office conformément à l'article R. 20-44-39, les critères de détermination du choix de l'office et son calendrier ainsi que, le cas échéant, la partie du territoire national dont l'office est chargé.

Les offices d'enregistrement doivent avoir leur siège sur le territoire d'un État membre de l'Union européenne.

Les offices d'enregistrement sont désignés pour une durée de cinq ans prorogeable une fois pour une durée identique.

Au plus tard un an avant l'expiration de la première période de cinq ans pour laquelle l'office a été désigné il est procédé à une consultation publique à l'issue de laquelle le ministre chargé des communications électroniques décide s'il proroge la désignation ou s'il met en œuvre une nouvelle procédure de désignation.

Art. R. 20-44-39 *(Décr. nº 2015-1317 du 20 oct. 2015)* La désignation d'un office est accompagnée d'un cahier des charges précisant s'il y a lieu :

– les exigences de permanence, de qualité, de disponibilité et de sécurité du service d'enregistrement ;

– les exigences relatives à la notification aux services de l'État des atteintes ou tentatives d'atteintes à la sécurité du service ;

– les modalités d'audit de la sécurité et de la résilience des infrastructures de l'office d'enregistrement par le ministre chargé des communications électroniques ;

– l'exigence d'un dispositif permettant à toute personne de porter à la connaissance de l'office un nom de domaine susceptible de présenter un caractère illicite ou contraire à l'ordre public ;

– l'exigence d'un dispositif de concertation de l'office avec l'ensemble des parties intéressées par ses décisions, notamment les bureaux d'enregistrement, les demandeurs de noms de domaine et les utilisateurs d'internet ;

– les modalités de publication des enregistrements de noms de domaine effectués par chaque office, conformément aux dispositions de l'article R. 20-44-41.

Art. R. 20-44-40 *(Décr. nº 2015-1317 du 20 oct. 2015)* Avant le 30 juin de chaque année, chaque office adresse au ministre chargé des communications électroniques un rapport sur l'activité de l'année précédente. La liste des informations que doit contenir ce rapport est fixée par arrêté du ministre chargé des communications électroniques.

Chaque office est tenu de répondre aux demandes du ministre chargé des communications électroniques relatives au respect des principes prévus aux articles L. 45 à L. 45-6 et des règles prévues en application des dispositions de l'article R. 20-44-39 dans un délai d'un mois.

Chaque office signale sans délai aux services du ministre chargé des communications électroniques les noms de domaine enregistrés ou sollicités présentant un caractère manifestement illicite ou contraire à l'ordre public en vertu de l'article L. 45-2 qu'il a identifiés ou qui lui sont signalés.

Art. R. 20-44-41 *(Décr. nº 2015-1317 du 20 oct. 2015)* Chaque office publie quotidiennement la liste des noms de domaine qu'il a enregistrés la veille. Cette liste fait l'objet d'un accès libre et sans contrepartie financière depuis le site internet de l'office d'enregistrement.

Chaque office met à disposition du public les détails de la procédure d'accréditation et la liste des bureaux d'enregistrement accrédités.

Art. R. 20-44-42 *(Décr. nº 2015-1317 du 20 oct. 2015)* Pour l'application du dernier alinéa de l'article L. 45, le ministre chargé des communications électroniques notifie le projet de retrait de la désignation et ses motifs à l'office en cause. Celui-ci dispose d'un délai de deux mois pour présenter ses observations.

Art. R. 20-44-43 *(Décr. nº 2015-1317 du 20 oct. 2015)* L'accréditation prévue à l'article L. 45-4 est délivrée lorsque le prestataire :

– maîtrise les principes et les modalités de fonctionnement du système des noms de domaine de l'internet ;

– maîtrise les matériels et les règles techniques permettant d'effectuer les enregistrements auprès de l'office ;

– a mis en place une procédure de vérification des données d'identification fournies par les demandeurs de noms de domaine permettant de répondre, le cas échéant, aux demandes de l'office d'enregistrement ;

– dispose des ressources humaines et techniques nécessaires pour assurer la mise à jour des données administratives et techniques fournies par les demandeurs de noms de domaine pour leur identification ;

– dispose des matériels et logiciels informatiques nécessaires pour assurer la sécurité des données personnelles fournies par les demandeurs de noms de domaine et conserve ces dernières dans le respect des dispositions de la loi nº 78-17 du 6 janvier 1978 ;

– offre des conditions d'accueil du public adéquates ;

– justifie qu'il n'agit pas sous contrôle, au sens de l'article L. 233-3 du code de commerce, de l'office d'enregistrement ou d'une personne morale exerçant un contrôle sur cet office au sens des mêmes dispositions.

Un contrat entre l'office d'enregistrement et chaque bureau d'enregistrement accrédité fixe les conditions d'accès aux services de l'office ainsi qu'à ceux du bureau d'enregistrement.

Art. R. 20-44-44 *(Décr. nº 2015-1317 du 20 oct. 2015)* La demande d'accréditation est adressée à l'office d'enregistrement du domaine de l'internet correspondant. Elle comporte les éléments permettant à l'office d'enregistrement d'apprécier le respect par le demandeur des conditions fixées aux articles R. 20-44-39 et R. 20-44-40.

Art. R. 20-44-45 *(Décr. nº 2015-1317 du 20 oct. 2015)* La demande d'accréditation est adressée à l'office d'enregistrement du domaine de l'internet correspondant. Elle comporte les éléments permettant à l'office d'enregistrement d'apprécier le respect par le demandeur des conditions fixées aux articles R. 20-44-39 et R. 204440 *[R. 20-44-40]*.

Lorsqu'un bureau d'enregistrement ne remplit plus tout ou partie des critères d'accréditation, cette dernière est suspendue pour une durée qui ne peut excéder quatre mois ou supprimée.

L'office d'enregistrement concerné notifie le projet de suspension ou de suppression de l'accréditation et ses motifs au bureau d'enregistrement en cause. Celui-ci dispose d'un délai d'un mois pour présenter ses observations.

Art. R. 20-44-46 *(Décr. nº 2015-1317 du 20 oct. 2015)* Peut notamment caractériser l'existence d'un intérêt légitime, pour l'application du 2° et du 3° de l'article L. 45-2, le fait, pour le demandeur ou le titulaire d'un nom de domaine :

– d'utiliser ce nom de domaine, ou un nom identique ou apparenté, dans le cadre d'une offre de biens ou de services, ou de pouvoir démontrer qu'il s'y est préparé ;

– d'être connu sous un nom identique ou apparenté à ce nom de domaine, même en l'absence de droits reconnus sur ce nom ;

– de faire un usage non commercial du nom de domaine ou d'un nom apparenté sans intention de tromper le consommateur ou de nuire à la réputation d'un nom sur lequel est reconnu ou établi un droit.

Peut notamment caractériser la mauvaise foi, pour l'application des 2° et 3° de l'article L. 45-2, le fait, pour le demandeur ou le titulaire d'un nom de domaine :

– d'avoir obtenu ou demandé l'enregistrement de ce nom principalement en vue de le vendre, de le louer ou de le transférer de quelque manière que ce soit à un organisme public, à une collectivité locale ou au titulaire d'un nom identique ou apparenté sur lequel un droit est reconnu et non pour l'exploiter effectivement ;

– d'avoir obtenu ou demandé l'enregistrement d'un nom de domaine principalement dans le but de nuire à la réputation du titulaire d'un intérêt légitime ou d'un droit reconnu sur ce nom ou sur un nom apparenté, ou à celle d'un produit ou service assimilé à ce nom dans l'esprit du consommateur ;

– d'avoir obtenu ou demandé l'enregistrement d'un nom de domaine principalement dans le but de profiter de la renommée du titulaire d'un intérêt légitime ou d'un droit reconnu sur ce nom ou sur un nom apparenté, ou de celle d'un produit ou service assimilé à ce nom, en créant une confusion dans l'esprit du consommateur.

Art. R. 20-44-47 *(Décr. nº 2015-1317 du 20 oct. 2015)* Les articles R. 20-44-38 à R. 20-44-46 sont applicables à Wallis-et-Futuna et dans les Terres australes et antarctiques françaises.

....

Art. D. 98-5 *(Décr. nº 2005-862 du 26 juill. 2005)* Règles portant sur les conditions de confidentialité et de neutralité au regard des messages transmis et des informations liées aux communications *(Décr. nº 2012-488 du 13 avr. 2012, art. 2)* « et sur la sécurité et l'intégrité des réseaux et services ».

I. – Respect du secret des correspondances et neutralité.

L'opérateur prend les mesures nécessaires pour garantir la neutralité de ses services vis-à-vis du contenu des messages transmis sur son réseau et le secret des correspondances.

A cet effet, l'opérateur assure ses services sans discrimination quelle que soit la nature des messages transmis et prend les dispositions utiles pour assurer l'intégrité des messages.

L'opérateur est tenu de porter à la connaissance de son personnel les obligations et peines qu'il encourt au titre des dispositions du code pénal, et notamment au titre des articles 226-13, 226-15 et 432-9 relatifs au secret des correspondances.

(Décr. nº 2017-428 du 28 mars 2017) « Pour l'application des dispositions du IV de l'article L. 32-3, la périodicité du recueil du consentement exprès de l'utilisateur est fixée à un an. » – *Pour l'application des dispositions du IV de l'art. L. 32-3 aux traitements mis en place avant la date d'entrée en vigueur du Décr. nº 2017-428 du 28 mars 2017, le premier consentement de l'utilisateur est recueilli dans les six mois suivant cette date (Décr. préc., art. 2).*

II. – Traitement des données à caractère personnel.

(Décr. nº 2012-488 du 13 avr. 2012, art. 2) « Sans préjudice des dispositions de la loi nº 78-17 du 6 janvier 1978 modifiée relative à l'informatique, aux fichiers et aux libertés, l'opérateur met en œuvre une politique de sécurité relative au traitement des données à caractère personnel et prend les mesures nécessaires garantissant que seules des personnes autorisées puissent avoir accès aux données à caractère personnel dans les cas prévus par des dispositions législatives et réglementaires et que les données à caractère personnel stockées ou transmises soient protégées contre la destruction accidentelle ou illicite, la perte ou l'altération accidentelles et le stockage, le traitement, l'accès et la divulgation non autorisés ou illicites. »

1. L'opérateur garantit à tout client, outre les droits mentionnés à l'article R. 10, le droit :

– d'exercer gratuitement son droit d'accès aux données à caractère personnel le concernant ainsi que son droit de rectification de celles-ci ;

– de recevoir des factures non détaillées et, sur sa demande, des factures détaillées.

2. Lorsque les clients de l'opérateur reçoivent une facturation détaillée, les factures adressées :

– comportent un niveau de détail suffisant pour permettre la vérification des montants facturés ;
– ne mentionnent pas les appels à destination des numéros gratuits pour l'utilisateur ;
– n'indiquent pas les quatre derniers chiffres des numéros appelés, à moins que le client n'ait expressément demandé que cela soit le cas.

La facturation détaillée est disponible gratuitement pour l'abonné. Toutefois, des prestations supplémentaires peuvent être, le cas échéant, proposées à l'abonné à un tarif raisonnable.

3. L'opérateur permet à chacun de ses clients de s'opposer gratuitement et par un moyen simple, appel par appel ou de façon permanente (secret permanent), à l'identification de sa ligne par les postes appelés.

Lorsqu'un abonné dispose de plusieurs lignes, cette fonction est offerte pour chaque ligne. Cette fonction doit également être proposée pour des communications effectuées à partir de cabines téléphoniques publiques *(Décr. nº 2012-488 du 13 avr. 2012, art. 2)* « ou d'autres points d'accès au service téléphonique au public ». L'opérateur met en œuvre un dispositif particulier de suppression de cette fonction pour des raisons liées au fonctionnement des services d'urgence ou à la tranquillité de l'appelé, conformément à la réglementation en vigueur.

Lorsqu'un abonné dispose du secret permanent, l'opérateur lui permet de supprimer cette fonction, appel par appel, gratuitement et par un moyen simple.

4. L'opérateur informe les abonnés lorsqu'il propose un service d'identification de la ligne appelante ou de la ligne connectée. Il les informe également des possibilités prévues aux trois alinéas suivants :

Dans le cas où l'identification de la ligne appelante est offerte, l'opérateur permet à tout abonné d'empêcher par un moyen simple et gratuit que l'identification de la ligne appelante soit transmise vers son poste.

Dans le cas où l'identification de la ligne appelante est offerte et est indiquée avant l'établissement de l'appel, l'opérateur permet à tout abonné de refuser, par un moyen simple, les appels entrants émanant d'une ligne non identifiée. L'opérateur peut, pour des raisons techniques justifiées, demander à l'Autorité de régulation des communications électroniques et des postes de disposer d'un délai pour la mise en œuvre de cette fonction.

Dans le cas où l'identification de la ligne obtenue est offerte, l'opérateur permet à tout abonné d'empêcher par un moyen simple et gratuit l'identification de la ligne obtenue auprès de la personne qui appelle.

5. L'opérateur permet à l'abonné vers lequel des appels sont transférés d'interrompre ou de faire interrompre le transfert d'appel gratuitement et par un moyen simple.

L'opérateur informe tout abonné, préalablement à la souscription du contrat, des droits mentionnés au 1 du II du présent article.

Lorsque l'opérateur fait appel à des sociétés de commercialisation de services, il veille, dans les relations contractuelles avec celles-ci, au respect de ses obligations relatives aux conditions de confidentialité et de neutralité au regard des messages transmis et des informations liées aux communications.

(Décr. nº 2012-488 du 13 avr. 2012, art. 2) « III. – Sécurité et intégrité des réseaux et des services.

« L'opérateur prend toutes les mesures appropriées pour assurer l'intégrité de ses réseaux et garantir la continuité des services fournis.

L'opérateur prend toutes les dispositions techniques et organisationnelles nécessaires pour assurer la sécurité de son réseau et de ses services à un niveau adapté au risque existant. En particulier, des mesures sont prises pour prévenir ou limiter les conséquences des atteintes à la sécurité pour les utilisateurs et les réseaux interconnectés.

« L'opérateur prend les mesures utiles pour assurer la sécurité et l'intégrité des dispositifs intégrés aux équipements terminaux nécessaires à l'identification et à l'authentification des utilisateurs pour la fourniture de services de communications électroniques.

« Il se conforme aux prescriptions techniques en matière de sécurité éventuellement édictées par arrêté du ministre chargé des communications électroniques. Ce dernier peut se faire communiquer à titre confidentiel les dispositions prises pour la sécurisation du réseau.

« L'opérateur informe ses clients des services existants permettant, le cas échéant, de renforcer la sécurité des communications.

« Lorsqu'il existe un risque particulier de violation de la sécurité du réseau, l'opérateur informe les abonnés de ce risque ainsi que de tout moyen éventuel d'y remédier et du coût que cela implique.

« Dès qu'il en a connaissance, l'opérateur informe le ministre de l'intérieur de toute atteinte à la sécurité ou perte d'intégrité ayant un impact significatif sur le fonctionnement de ses réseaux ou de ses services. Ce dernier en informe le ministre chargé des communications électroniques ainsi que les services de secours et de sécurité susceptibles d'être concernés. Lorsque l'atteinte à la sécurité ou la perte d'intégrité résulte ou est susceptible de résulter d'une agression informatique, l'opérateur en informe également l'autorité nationale de défense des systèmes d'information.

« Dès que l'opérateur a mené une analyse des causes et des conséquences des atteintes à la sécurité ou pertes d'intégrité, il en rend compte au ministre chargé des communications électroniques et à l'autorité nationale de défense des systèmes d'information dans le cas où cette dernière avait été informée ainsi que des mesures prises pour éviter leur renouvellement. Le ministre chargé des communications électroniques en informe les ministres intéressés.

« Les administrations veillent à la confidentialité des informations qui leur sont communiquées. Toutefois, lorsqu'il est d'utilité publique de divulguer les faits, le ministre de l'intérieur peut en informer le public ou demander à l'opérateur en cause de le faire.

« Lorsque l'atteinte à la sécurité ou la perte d'intégrité est susceptible d'avoir un impact significatif dans un ou des autres États membres de l'Union européenne, le ministre chargé des communications électroniques, en liaison avec l'autorité nationale de défense des systèmes d'information, informe les autorités compétentes des États membres et l'Agence européenne chargée de la sécurité des réseaux et de l'information des atteintes survenues.

« Ces atteintes à la sécurité ou pertes d'intégrité font l'objet d'un rapport annuel remis par le ministre chargé des communications électroniques à la Commission européenne et à l'Agence européenne chargée de la sécurité des réseaux et de l'information. »

V. Arr. du 31 déc. 2013 relatif aux factures des services de communications électroniques et à l'information du consommateur sur la consommation au sein de son offre (JO 4 janv. 2014).

Code de la propriété intellectuelle

PREMIÈRE PARTIE : *LÉGISLATIVE*

PREMIÈRE PARTIE *LA PROPRIÉTÉ LITTÉRAIRE ET ARTISTIQUE*

LIVRE III **DISPOSITIONS GÉNÉRALES RELATIVES AU DROIT D'AUTEUR, AUX DROITS VOISINS ET DROITS DES PRODUCTEURS DE BASES DE DONNÉES** *(L. nº 98-536 du 1er juill. 1998).*

TITRE III **PRÉVENTION, PROCÉDURES ET SANCTIONS** *(L. nº 2009-669 du 12 juin 2009, art. 4).*

CHAPITRE I *DISPOSITIONS GÉNÉRALES*

SECTION 3 ***Autorité de régulation de la communication audiovisuelle et numérique*** *(L. nº 2021-1382 du 25 oct. 2021, art. 1er, en vigueur le 1er janv. 2022).*

SOUS-SECTION 3 *Mission de protection des œuvres et objets auxquels est attaché un droit d'auteur ou un droit voisin*

§ 1 *Envoi des recommandations aux abonnés (L. n° 2021-1382 du 25 oct. 2021, art. 1er, en vigueur le 1er janv. 2022).*

Art. L. 331-19 *(L. n° 2021-1382 du 25 oct. 2021, art. 1er, en vigueur le 1er janv. 2022)* **« L'Autorité de régulation de la communication audiovisuelle et numérique » agit sur saisine d'agents assermentés et agréés dans les conditions définies à l'article L. 331-2 qui sont désignés par :**

— les organismes de défense professionnelle régulièrement constitués ;

— les *(Ord. n° 2016-1823 du 22 déc. 2016, art. 2-14°)* **« organismes de gestion collective » ;**

— le Centre national du cinéma et de l'image animée.

(L. n° 2021-1382 du 25 oct. 2021, art. 1er, en vigueur le 1er janv. 2022) **« L'autorité » peut également agir sur la base d'informations qui lui sont transmises par le procureur de la République** *(L. n° 2021-1382 du 25 oct. 2021, art. 1er, en vigueur le 1er janv. 2022)* **« ou sur la base d'un constat d'huissier établi à la demande d'un ayant droit ».**

Elle ne peut être saisie de faits remontant à plus de six mois. *(L. n° 2021-1382 du 25 oct. 2021, art. 1er, en vigueur le 1er janv. 2022)* **« Ce délai est de douze mois s'agissant des informations transmises par le procureur de la République. »**

Les dispositions de l'Ord. n° 2016-1823 du 22 déc. 2016 sont applicables dans les îles Wallis-et-Futuna (Ord. préc., art. 6).

L'art. L. 331-19, renuméroté par la L. n° 2021-1382 du 25 oct. 2021, est l'ancien art. L. 331-24.

Sur les membres de l'ARCOM exerçant la mission mentionnée aux art. L. 331-19 à L. 331-24, V. L. n° 86-1067 du 30 sept. 1986, art. 4-IV, ss. art. L. 331-13.

Art. L. 331-20 **Lorsqu'elle est saisie de faits susceptibles de constituer un manquement à l'obligation définie à l'article L. 336-3,** *(L. n° 2021-1382 du 25 oct. 2021, art. 1er, en vigueur le 1er janv. 2022)* **« l'Autorité de régulation de la communication audiovisuelle et numérique » peut envoyer à l'abonné, sous son timbre et pour son compte, par la voie électronique et par l'intermédiaire de la personne dont l'activité est d'offrir un accès à des services de communication au public en ligne ayant conclu un contrat avec l'abonné** *(L. n° 2021-1382 du 25 oct. 2021, art. 1er, en vigueur le 1er janv. 2022)* **« ou par lettre simple », une recommandation lui rappelant les dispositions de l'article L. 336-3, lui enjoignant de respecter l'obligation qu'elles définissent** *[Dispositions déclarées non conformes à la Constitution par la décision du Conseil constitutionnel n° 2009-580 DC du 10 juin 2009.] (L. n° 2009-1311 du 28 oct. 2009, art. 3)* **« et l'avertissant des sanctions encourues en application des articles L. 335-7 et L. 335-7-1 ». Cette recommandation contient également une information de l'abonné sur l'offre légale de contenus culturels en ligne, sur l'existence de moyens de sécurisation permettant de prévenir les manquements à l'obligation définie à l'article L. 336-3 ainsi que sur les dangers pour le renouvellement de la création artistique et pour l'économie du secteur culturel des pratiques ne respectant pas le droit d'auteur et les droits voisins.**

En cas de renouvellement, dans un délai de six mois à compter de l'envoi de la recommandation visée au premier alinéa, de faits susceptibles de constituer un manquement à l'obligation définie à l'article L. 336-3, *(L. n° 2021-1382 du 25 oct. 2021, art. 1er, en vigueur le 1er janv. 2022)* **« l'autorité » peut adresser une nouvelle recommandation comportant les mêmes informations que la précédente par la voie électronique dans les conditions prévues au premier alinéa. Elle** *(L. n° 2009-1311 du 28 oct. 2009, art. 3)* **« doit » assortir cette recommandation d'une lettre remise contre signature ou de tout autre moyen propre à établir la preuve de la date** *(L. n° 2009-1311 du 28 oct. 2009, art. 3)* **« de présentation » de cette recommandation.**

Les recommandations adressées sur le fondement du présent article mentionnent la date et l'heure auxquelles les faits susceptibles de constituer un manquement à l'obligation définie à l'article L. 336-3 ont été constatés. *(L. n° 2021-1382 du 25 oct. 2021, art. 1er, en vigueur le 1er janv. 2022)* **« Elles précisent » le contenu des œuvres ou objets protégés concernés par ce manquement.** *(L. n° 2021-1382 du 25 oct. 2021, art. 1er, en vigueur le 1er janv. 2022)* **« Elles indiquent les coordonnées postales et électroniques où leur destinataire peut adresser, s'il le souhaite, des observations à l'autorité. »**

Sur la contravention de négligence caractérisée, V. art. R. 335-5.

L'art. L. 331-20, renuméroté par la L. n° 2021-1382 du 25 oct. 2021, est l'ancien art. L. 331-25.

Art. L. 331-21 **Les personnes dont l'activité est d'offrir un accès à des services de communication au public en ligne font figurer, dans les contrats conclus avec leurs abonnés, la mention claire et lisible des dispositions de l'article L. 336-3 et des mesures qui peuvent être prises par** *(L. n° 2021-1382 du 25 oct. 2021, art. 1er, en vigueur le 1er janv. 2022)* **« l'Autorité de régulation de la communication audiovisuelle et numérique »** *[Dispositions déclarées non conformes à la Constitution par la décision du Conseil constitutionnel n° 2009-580 DC du 10 juin 2009.]*. **Elles font également figurer, dans les contrats conclus avec leurs abonnés, les sanctions pénales et civiles encourues en cas de violation des droits d'auteur et des droits voisins** *(L. n° 2009-1311 du 28 oct. 2009, art. 3)* **« et en application de l'article L. 335-7-1 ».**

En outre, les personnes visées au premier alinéa du présent article informent leurs nouveaux abonnés et les personnes reconduisant leur contrat d'abonnement sur l'offre légale de contenus culturels en ligne, sur l'existence de moyens de sécurisation permettant de prévenir les manquements à l'obligation définie à l'article L. 336-3 ainsi que sur les dangers pour le renouvellement de la création artistique et pour l'économie du secteur culturel des pratiques ne respectant pas le droit d'auteur et les droits voisins.

L'art. L. 331-21, renuméroté par la L. n° 2021-1382 du 25 oct. 2021, est l'ancien art. L. 331-27.

Art. L. 331-22 *(L. n° 2021-1382 du 25 oct. 2021, art. 1er, en vigueur le 1er janv. 2022)* **« L'Autorité de régulation de la communication audiovisuelle et numérique » peut conserver les données techniques mises à sa disposition pendant la durée nécessaire à l'exercice des compétences qui lui sont confiées** *(L. n° 2021-1382 du 25 oct. 2021, art. 1er, en vigueur le 1er janv. 2022)* **« au présent paragraphe »** *[Dispositions déclarées non conformes à la Constitution par la décision du Conseil constitutionnel n° 2009-580 DC du 10 juin 2009.]*.

(L. n° 2009-1311 du 28 oct. 2009, art. 4) **« La personne dont l'activité est d'offrir un accès à des services de communication au public en ligne est tenue d'informer** *(L. n° 2021-1382 du 25 oct. 2021, art. 1er, en vigueur le 1er janv. 2022)* **« l'autorité » de la date à laquelle elle a débuté la suspension ;** *(L. n° 2021-1382 du 25 oct. 2021, art. 1er, en vigueur le 1er janv. 2022)* **« l'autorité » procède à l'effacement des données à caractère personnel relatives à l'abonné dès le terme de la période de suspension. »**

L'art. L. 331-22, renuméroté par la L. n° 2021-1382 du 25 oct. 2021, est l'ancien art. L. 331-28.

Art. L. 331-23 **Est autorisée la création, par** *(L. n° 2021-1382 du 25 oct. 2021, art. 1er, en vigueur le 1er janv. 2022)* **« l'Autorité de régulation de la communication audiovisuelle et numérique », d'un traitement automatisé de données à caractère personnel portant sur les personnes faisant l'objet d'une procédure dans le cadre** *(L. n° 2021-1382 du 25 oct. 2021, art. 1er, en vigueur le 1er janv. 2022)* **« du présent paragraphe ».**

Ce traitement a pour finalité la mise en œuvre, par *(L. n° 2021-1382 du 25 oct. 2021, art. 1er, en vigueur le 1er janv. 2022)* **« l'autorité, des mesures prévues au présent paragraphe »** *(L. n° 2009-1311 du 28 oct. 2009, art. 5)* **« , de tous les actes de procédure afférents et des modalités de l'information des organismes de défense professionnelle et des** *(Ord. n° 2016-1823 du 22 déc. 2016, art. 2-14°)* **« organismes de gestion collective » des éventuelles saisines de l'autorité judiciaire ainsi que des notifications prévues au cinquième alinéa de l'article L. 335-7 »** *[Dispositions déclarées non conformes à la Constitution par la décision du Conseil constitutionnel n° 2009-580 DC du 10 juin 2009.]*.

Un décret en Conseil d'État, pris après avis de la Commission nationale de l'informatique et des libertés, fixe les modalités d'application du présent article. Il précise notamment :

— les catégories de données enregistrées et leur durée de conservation ;

— les destinataires habilités à recevoir communication de ces données, notamment les personnes dont l'activité est d'offrir un accès à des services de communication au public en ligne ;

— les conditions dans lesquelles les personnes intéressées peuvent exercer, auprès de *(L. n° 2021-1382 du 25 oct. 2021, art. 1er, en vigueur le 1er janv. 2022)* **« l'autorité »,**

leur droit d'accès aux données les concernant conformément à la loi n° 78-17 du 6 janvier 1978 relative à l'informatique, aux fichiers et aux libertés.

Les dispositions de l'Ord. n° 2016-1823 du 22 déc. 2016 sont applicables dans les îles Wallis-et-Futuna (Ord. préc., art. 6).

L'art. L. 331-23, renuméroté par la L. n° 2021-1382 du 25 oct. 2021, est l'ancien art. L. 331-29.

Décret n° 2010-236 du 5 mars 2010,

Relatif au traitement automatisé de données à caractère personnel autorisé par l'article L. 331-23 du code de la propriété intellectuelle dénommé « Système de gestion des mesures pour la protection des œuvres sur internet » (Décr. n° 2021-1823 du 24 déc. 2021, art. 2, en vigueur le 1er janv. 2022).

Sur la légalité du Décr. n° 2010-236 du 5 mars 2010, V. CE 26 déc. 2013, n° 349171 : RTD com. 2014. 121, chron. F. Pollaud-Dulian.

Art. 1er *(Décr. n° 2011-264 du 11 mars 2011)* Le traitement de données à caractère personnel dénommé "Système de gestion des mesures pour la protection des œuvres sur internet" a pour finalité la mise en œuvre, par *(Décr. n° 2021-1823 du 24 déc. 2021, art. 3, en vigueur le 1er janv. 2022)* « le membre de l'Autorité de régulation de la communication audiovisuelle et numérique désigné en application du IV de l'article 4 de la loi n° 86-1067 du 30 septembre 1986 relative à la liberté de communication » :

1° Des mesures prévues par le livre III de la partie législative du code de la propriété intellectuelle (titre III, chapitre I, section 3, sous-section 3 *(Décr. n° 2021-1823 du 24 déc. 2021, art. 3, en vigueur le 1er janv. 2022)* « , paragraphe 1 ») et le livre III de la partie réglementaire du même code (titre III, chapitre I, section 2, sous-section 2) ;

2° Des saisines du procureur de la République de faits susceptibles de constituer des infractions prévues aux articles L. 335-2, L. 335-3, L. 335-4 et R. 335-5 du même code ainsi que de l'information des organismes de défense professionnelle et des *(Décr. n° 2017-924 du 6 mai 2017, art. 5)* « organismes de gestion collective » de ces saisines.

(Décr. n° 2021-1823 du 24 déc. 2021, art. 3, en vigueur le 1er janv. 2022) « Ce traitement a également pour finalité la mise en œuvre par l'Autorité de régulation de la communication audiovisuelle et numérique des mesures de notification des peines prévues aux articles L. 335-7 et L. 335-7-1 du même code. »

Art. 2 Les données à caractère personnel et informations enregistrées dans le traitement prévu à l'article 1er figurent en annexe au présent décret.

Art. 3 Les données à caractère personnel et informations mentionnées à l'article 2 sont effacées :

1° Deux mois après la date de réception par *(Décr. n° 2021-1823 du 24 déc. 2021, art. 4, en vigueur le 1er janv. 2022)* « l'Autorité de régulation de la communication audiovisuelle et numérique » des données prévues au 1° de l'annexe dans le cas où n'est pas envoyée à l'abonné, dans ce délai, la recommandation prévue au premier alinéa de l'article *(Décr. n° 2021-1823 du 24 déc. 2021, art. 4, en vigueur le 1er janv. 2022)* « L. 331-20 » du code de la propriété intellectuelle ;

2° *(Décr. n° 2021-1823 du 24 déc. 2021, art. 4, en vigueur le 1er janv. 2022)* « Vingt *[ancienne rédaction : Quatorze]* » mois après la date de l'envoi d'une recommandation prévue au premier alinéa de l'article *(Décr. n° 2021-1823 du 24 déc. 2021, art. 4, en vigueur le 1er janv. 2022)* « L. 331-20 » du code de la propriété intellectuelle dans le cas où n'est pas intervenue, dans ce délai, la présentation au même abonné d'une nouvelle recommandation prévue au deuxième alinéa du même article ;

3° *(Décr. n° 2021-1823 du 24 déc. 2021, art. 4, en vigueur le 1er janv. 2022)* « Vingt-sept *[ancienne rédaction : Vingt et un]* » mois après la date de présentation de la lettre remise contre signature ou de tout autre moyen propre à établir la preuve de la date de présentation de la recommandation prévue au deuxième alinéa de l'article *(Décr. n° 2021-1823 du 24 déc. 2021, art. 4, en vigueur le 1er janv. 2022)* « L. 331-20 » du code de la propriété intellectuelle *(Décr. n° 2011-264 du 11 mars 2011)* « si *(Décr. n° 2021-1823 du 24 déc. 2021, art. 4, en vigueur le 1er janv. 2022)* « le membre de l'Autorité mentionné au premier alinéa de l'article 1er » n'a pas transmis au parquet territorialement compétent une procédure en application de l'article *(Décr. n° 2021-1823 du 24 déc. 2021, art. 4, en vigueur le 1er janv. 2022)* « R. 331-14 » du code de la propriété intellectuelle ;

« 4° *(Décr. nº 2021-1823 du 24 déc. 2021, art. 4, en vigueur le 1er janv. 2022)* « Deux ans *[ancienne rédaction : Un an]* » après la date de la transmission de la *(Décr. nº 2021-1823 du 24 déc. 2021, art. 4, en vigueur le 1er janv. 2022)* « décision » constatant l'infraction au procureur de la République, si celui-ci n'a pas fait connaître les suites données à la procédure ou s'il a fait connaître, dans ce délai, qu'il n'engage pas de poursuites ;

« 5° Dès que le procureur de la République fait *(Décr. nº 2021-1823 du 24 déc. 2021, art. 4, en vigueur le 1er janv. 2022)* « connaître au membre de l'Autorité mentionné au premier alinéa de l'article 1er » que la juridiction n'a pas prononcé de peine de suspension de l'accès à un service de communication en ligne, ou, au plus tard, un an après la date de la saisine de la juridiction communiquée par le procureur de la *(Décr. nº 2021-1823 du 24 déc. 2021, art. 4, en vigueur le 1er janv. 2022)* « République à ce membre » ;

« 6° Dès que le casier judiciaire a été informé de l'exécution de la peine de suspension de l'accès à internet, conformément aux dispositions de l'article *(Décr. nº 2021-1823 du 24 déc. 2021, art. 4, en vigueur le 1er janv. 2022)* « L. 331-22 » du code de la propriété intellectuelle, ou au plus tard deux ans à compter de la date de la décision judiciaire définitive. »

Les délais d'effacement prévus à l'art. 3, dans sa rédaction résultant du Décr. nº 2021-1823 du 24 déc. 2021, ne sont pas applicables aux procédures qui, en cours devant la commission de protection des droits de l'Hadopi à la date prévue au 1er janv. 2022, sont poursuivies de plein droit devant l'Arcom ou devant le membre de cette autorité mentionné au IV de l'art. 4 de la L. nº 86-1067 du 30 sept. 1986 (Décr. préc., art. 11).

Art. 4 I. — Ont directement accès aux données à caractère personnel et aux informations mentionnées à l'annexe au présent décret *(Décr. nº 2021-1823 du 24 déc. 2021, art. 5, en vigueur le 1er janv. 2022)* « le membre de l'Autorité mentionné au premier alinéa de l'article 1er et » les agents publics assermentés habilités par le président de *(Décr. nº 2021-1823 du 24 déc. 2021, art. 5, en vigueur le 1er janv. 2022)* « l'Autorité en application de l'article L. 331-14 du code de la propriété intellectuelle » mentionnée à l'article 1er.

II. — Les opérateurs de communications électroniques *(Abrogé par Décr. nº 2021-1823 du 24 déc. 2021, art. 5, à compter du 1er janv. 2022) « et les prestataires »* mentionnés au 2° de l'annexe au présent décret sont destinataires :

— des données techniques nécessaires à l'identification de l'abonné ;

— des recommandations prévues à l'article *(Décr. nº 2021-1823 du 24 déc. 2021, art. 5, en vigueur le 1er janv. 2022)* « L. 331-20 » du code de la propriété intellectuelle en vue de leur envoi par voie électronique à leurs abonnés ;

(Décr. nº 2011-264 du 11 mars 2011) « — des éléments nécessaires à la mise en œuvre des peines complémentaires de suspension de l'accès à un service de communication au public en ligne portées à la connaissance de *(Décr. nº 2021-1823 du 24 déc. 2021, art. 5, en vigueur le 1er janv. 2022)* « l'Autorité » par le procureur de la République.

« III. — Les organismes de défense professionnelle et les *(Décr. nº 2017-924 du 6 mai 2017, art. 5)* « organismes de gestion collective » sont destinataires d'une information relative à la saisine du procureur de la République.

« IV. — Les autorités judiciaires sont destinataires des procès-verbaux de constatation de faits susceptibles de constituer des infractions prévues aux articles L. 335-2, L. 335-3, L. 335-4, L. 335-7, *(Décr. nº 2021-1823 du 24 déc. 2021, art. 5, en vigueur le 1er janv. 2022)* « R. 331-8, R. 331-10 » et R. 335-5 du code de la propriété intellectuelle.

« Le casier judiciaire automatisé est informé de l'exécution de la peine de suspension. »

Art. 5 Les consultations du traitement automatisé font l'objet d'un enregistrement comprenant l'identifiant du consultant, la date, l'heure et l'objet de la consultation. Ces informations sont conservées pendant un délai d'un an.

Art. 6 *(Décr. nº 2021-1823 du 24 déc. 2021, art. 6, en vigueur le 1er janv. 2022)* Les droits d'accès et de rectification prévus aux articles 105 et 106 de la loi du 6 janvier 1978 susvisée s'exercent auprès du membre de l'Autorité mentionné au premier alinéa de l'article 1er.

Art. 7 Le droit d'opposition prévu *(Décr. nº 2021-1823 du 24 déc. 2021, art. 7, en vigueur le 1er janv. 2022)* « au 1er alinéa de l'article 110 » de la loi du 6 janvier 1978 susvisé ne s'applique pas au présent traitement.

Art. 8 Le présent traitement fait l'objet d'une *(Décr. nº 2021-1823 du 24 déc. 2021, art. 8, en vigueur le 1er janv. 2022)* « mise en relation » avec :

1° D'une part, les traitements automatisés de données à caractère personnel mis en œuvre par les organismes de défense professionnelle régulièrement constitués, les *(Décr. nº 2017-924 du 6 mai 2017, art. 5)* « organismes de gestion collective », le Centre national du cinéma et de l'image animée, pour la collecte des données et informations mentionnées au 1° de l'annexe au présent décret ;

2° D'autre part, les traitements mis en œuvre par les opérateurs de communications électroniques *(Abrogé par Décr. n° 2021-1823 du 24 déc. 2021, art. 8, à compter du 1er janv. 2022)* « *et les prestataires* » mentionnés au 2° de l'annexe au présent décret pour la collecte des données et informations mentionnées à ce même alinéa. Cette *(Décr. n° 2021-1823 du 24 déc. 2021, art. 8, en vigueur le 1er janv. 2022)* « mise en relation » est effectuée selon des modalités définies par une convention conclue avec les opérateurs *(Abrogé par Décr. n° 2021-1823 du 24 déc. 2021, art. 8, à compter du 1er janv. 2022)* « *et prestataires concernés* » ou, à défaut, par un arrêté conjoint du ministre chargé de la culture et du ministre chargé des communications électroniques.

(Décr. n° 2021-1823 du 24 déc. 2021, art. 8, en vigueur le 1er janv. 2022) « Les mises en relation » prévues aux 1° et 2° sont effectuées selon des modalités assurant la sécurité, l'intégrité et le suivi des données et informations conservées.

Art. 9 Le présent décret *(Décr. n° 2021-1823 du 24 déc. 2021, art. 9, en vigueur le 1er janv. 2022)* « , dans sa rédaction résultant du décret n° 2021-1823 du 24 décembre 2021*[,]* » est applicable sur l'ensemble du territoire de la République, à l'exception de la Polynésie française.

ANNEXE

Les données à caractère personnel et informations enregistrées dans le traitement dénommé "Système de gestion des mesures pour la protection des œuvres sur internet" sont les suivantes :

1° Données à caractère personnel et informations provenant des organismes de défense professionnelle régulièrement constitués, des sociétés de perception et de répartition des droits, du Centre national du cinéma et de l'image animée *(Décr. n° 2021-1823 du 24 déc. 2021, art. 10, en vigueur le 1er janv. 2022)* « , des constats d'huissier établis à la demande d'un ayant droit » *(Décr. n° 2011-264 du 11 mars 2011)* « ainsi que celles provenant du procureur de la République » :

Quant aux faits susceptibles de constituer un manquement à l'obligation définie à l'article L. 336-3 du code de la propriété intellectuelle :

Date et heure des faits ;

Adresse IP *(Décr. n° 2021-1823 du 24 déc. 2021, art. 10, en vigueur le 1er janv. 2022)* « et port associé » des abonnés concernés ;

Protocole pair à pair utilisé ;

Pseudonyme utilisé par l'abonné ;

Informations relatives aux œuvres ou objets protégés concernés par les faits ;

Nom du fichier tel que présent sur le poste de l'abonné (le cas échéant) ;

Fournisseur d'accès à internet auprès duquel l'accès a été souscrit *(Décr. n° 2010-1057 du 3 sept. 2010)* « ou ayant fourni la ressource technique IP ».

Quant aux agents assermentés et agréés dans les conditions définies à l'article L. 331-2 du code de la propriété intellectuelle :

Nom de famille, prénoms ;

Date et durée de l'agrément, date de l'assermentation ;

Organismes (de défense professionnelle régulièrement constitués, sociétés de perception et de répartition des droits ou Centre national du cinéma et de l'image animée) ayant procédé à la désignation de l'agent.

(Décr. n° 2021-1823 du 24 déc. 2021, art. 10, en vigueur le 1er janv. 2022) « Quant aux huissiers ayant établi les constats à la demande des ayants droit :

« Nom de famille, prénoms ;

« Nom de l'étude (le cas échéant).

« Quant aux ayants droit à la demande desquels les constats sont établis :

« Nom de famille, prénoms ;

« Dénomination ou raison sociale (le cas échéant) ;

« Organismes (le cas échéant). »

2° Données à caractère personnel et informations relatives à l'abonné recueillies auprès des opérateurs de communications électroniques en application de l'article L. 34-1 du code des postes et communications électroniques *(Abrogé par Décr. n° 2021-1823 du 24 déc. 2021, art. 10, à compter du 1er janv. 2022)* « *et des prestataires mentionnés aux 1 et 2 du I de l'article 6 de la loi du 21 juin 2004 pour la confiance dans l'économie numérique* » :

Nom de famille, prénoms ;

Adresse postale et adresses électroniques ;

Coordonnées téléphoniques ;

Adresse de l'installation téléphonique de l'abonné ;

(Décr. nº 2010-1057 du 3 sept. 2010) « Fournisseur d'accès à internet, utilisant les ressources techniques du fournisseur d'accès mentionné au 1°, auprès duquel l'abonné a souscrit son contrat ; numéro de dossier ; »

(Décr. nº 2011-264 du 11 mars 2011) « — date du début de la suspension de l'accès à un service de communication au public en ligne. »

3° Recommandations par voie électronique et recommandations par lettre remise contre signature ou par tout autre moyen propre à établir la preuve de la date de présentation prévues à l'article *(Décr. nº 2021-1823 du 24 déc. 2021, art. 10, en vigueur le 1er janv. 2022)* « L. 331-20 » du code de la propriété intellectuelle ainsi que courriers et observations des abonnés destinataires des recommandations.

(Décr. nº 2011-264 du 11 mars 2011) « 4° Saisines du procureur de la République relatives aux faits susceptibles de constituer des infractions prévues aux articles L. 335-2, L. 335-3, L. 335-4, L. 335-7, *(Décr. nº 2021-1823 du 24 déc. 2021, art. 10, en vigueur le 1er janv. 2022)* « R. 331-8, R. 331-10 » et R. 335-5 du code de la propriété intellectuelle ainsi que les courriers d'information des organismes de défense professionnelle *(Décr. nº 2021-1823 du 24 déc. 2021, art. 10, en vigueur le 1er janv. 2022)* « , des organismes de gestion collective et des ayants-droit » ;

« 5° Décisions de justice exécutoires comportant des peines complémentaires de suspension de l'accès à un service de communication en ligne et leur notification aux opérateurs de communications électroniques, en application de l'article *(Décr. nº 2021-1823 du 24 déc. 2021, art. 10, en vigueur le 1er janv. 2022)* « R. 331-17 » du code de la propriété intellectuelle. »

Art. L. 331-24 **Un décret en Conseil d'État** *(L. nº 2021-1382 du 25 oct. 2021, art. 1er, en vigueur le 1er janv. 2022)* **« précise les conditions d'application du présent paragraphe. »**

[Dispositions déclarées non conformes à la Constitution par la décision du Conseil constitutionnel nº 2009-580 DC du 10 juin 2009.]

L'art. L. 331-24, renuméroté par la L. nº 2021-1382 du 25 oct. 2021, est l'ancien art. L. 331-30.

§ 2 *Caractérisation des atteintes aux droits*

(L. nº 2021-1382 du 25 oct. 2021, art. 1er, en vigueur le 1er janv. 2022)

Art. L. 331-25 **I. — Au titre de la mission mentionnée au 1° de l'article L. 331-12, l'Autorité de régulation de la communication audiovisuelle et numérique peut rendre publique l'inscription sur une liste du nom et des agissements de ceux des services de communication au public en ligne ayant fait l'objet d'une délibération dans le cadre de laquelle il a été constaté que ces services portaient atteinte, de manière grave et répétée, aux droits d'auteur ou aux droits voisins.**

II. — L'engagement de la procédure d'instruction préalable à l'inscription sur la liste mentionnée au I du présent article est assuré par le rapporteur mentionné à l'article 42-7 de la loi nº 86-1067 du 30 septembre 1986 relative à la liberté de communication ou par l'un de ses adjoints.

Sont qualifiés pour procéder, sur demande du rapporteur, à la recherche et à la constatation d'une atteinte aux droits d'auteur ou aux droits voisins les agents habilités et assermentés mentionnés au III de l'article L. 331-14 du présent code.

Ces agents, qui disposent des pouvoirs d'enquête reconnus à l'autorité par l'article 19 de la loi nº 86-1067 du 30 septembre 1986 précitée, peuvent prendre en compte tout élément utile et solliciter des titulaires de droits d'auteur ou de droits voisins toute information relative :

1° Aux autorisations d'exploitation que lesdits titulaires ont consenties à des services de communication au public en ligne ;

2° Aux notifications qu'ils ont adressées aux services de communication au public en ligne ou aux autres éléments permettant de constater l'exploitation illicite sur ces services d'œuvres ou d'objets protégés ;

3° Aux constats effectués par les agents agréés et assermentés mentionnés à l'article L. 331-2 du présent code.

Les constats des agents font l'objet de procès-verbaux, qui sont communiqués au rapporteur. S'il estime que les éléments recueillis justifient l'inscription sur la liste mentionnée au I du présent article, le rapporteur transmet le dossier à cette fin au président de l'autorité.

III. — L'autorité convoque le responsable du service de communication au public en ligne en cause à une séance publique pour le mettre en mesure de faire valoir ses observations et de produire tout élément justificatif. Cette convocation est effectuée par voie électronique sur la base des informations mentionnées au 2° de l'article 19 de la loi n° 2004-575 du 21 juin 2004 pour la confiance dans l'économie numérique ; lorsque ces informations ne sont pas disponibles, l'autorité informe le service concerné par l'intermédiaire de son site internet. Dans tous les cas, la convocation est adressée au moins quinze jours avant la date de la séance publique.

A la date fixée pour cette séance publique, le responsable du service en cause comparaît en personne ou par l'intermédiaire d'un représentant. Le défaut de comparution personnelle ou de représentation ne fait pas obstacle à la poursuite de la procédure.

IV. — A l'issue de la séance publique mentionnée au III, l'autorité délibère sur l'inscription du service de communication au public en ligne sur la liste mentionnée au I. L'autorité délibère hors la présence du rapporteur.

La délibération, prise après procédure contradictoire, par laquelle l'autorité estime qu'un service de communication au public en ligne a porté atteinte, de manière grave et répétée, aux droits d'auteur ou aux droits voisins et par laquelle elle décide, en conséquence, de l'inscrire sur la liste mentionnée au même I est motivée. L'autorité fixe la durée de l'inscription sur la liste mentionnée audit I, qui ne peut excéder douze mois.

La délibération est publiée sur le site internet de l'autorité et notifiée au service en cause par voie électronique, dans les conditions prévues au premier alinéa du III.

A tout moment, le service de communication au public en ligne peut demander à l'autorité d'être retiré de la liste mentionnée au I dès lors qu'il justifie du respect des droits d'auteur et des droits voisins. L'autorité statue sur cette demande par une décision motivée rendue après une séance publique organisée selon les modalités définies au III.

V. — La liste mentionnée au I peut être utilisée par les signataires des accords volontaires prévus à l'article L. 331-12. Pendant toute la durée de l'inscription sur cette liste, les annonceurs, leurs mandataires, les services mentionnés au 2° du II de l'article 299 du code général des impôts et toute autre personne en relation commerciale avec les services mentionnés au I du présent article, notamment pour pratiquer des insertions publicitaires ou procurer des moyens de paiement, rendent publique, au moins une fois par an, dans des conditions précisées par l'autorité, l'existence de ces relations et les mentionnent, le cas échéant, dans le rapport de gestion prévu au II de l'article L. 232-1 du code de commerce.

VI. — L'inscription, par l'autorité, sur la liste prévue au I du présent article ne constitue pas une étape préalable nécessaire à toute sanction ou voie de droit que les titulaires de droits peuvent directement solliciter auprès du juge.

Art. L. 331-26 Un décret en Conseil d'État précise les conditions d'application du présent paragraphe.

§ 3 *Lutte contre les sites miroirs*

(L. n° 2021-1382 du 25 oct. 2021, art. 1er, en vigueur le 1er janv. 2022)

Art. L. 331-27 I. — Lorsqu'une décision judiciaire passée en force de chose jugée a ordonné toute mesure propre à empêcher l'accès à un service de communication au public en ligne en application de l'article L. 336-2, l'Autorité de régulation de la communication audiovisuelle et numérique, saisie par un titulaire de droits partie à la décision judiciaire, peut demander à toute personne visée par cette décision, pour une durée ne pouvant excéder celle restant à courir pour les mesures ordonnées par le juge, d'empêcher l'accès à tout service de communication au public en ligne reprenant en totalité ou de manière substantielle le contenu du service mentionné par ladite décision. Pour l'application du présent I, l'Autorité de régulation de la communication audiovisuelle et numérique communique précisément les données d'identification du service en cause, selon les modalités qu'elle définit.

Dans les mêmes conditions, l'autorité peut également demander à tout exploitant de moteur de recherche, annuaire ou autre service de référencement de faire cesser le référencement des adresses électroniques donnant accès à ces services de communication au public en ligne.

Pour faciliter l'exécution des décisions judiciaires mentionnées à l'article L. 336-2, l'autorité adopte des modèles d'accord, qu'elle invite les ayants droit et toute personne susceptible de contribuer à remédier aux atteintes aux droits d'auteur et droits voisins en ligne à conclure. L'accord détermine notamment les conditions d'information réciproque des parties sur l'existence de tout service de communication au public en ligne reprenant en totalité ou de manière substantielle le contenu du service visé par la décision. Il engage toute personne susceptible de contribuer à remédier aux atteintes aux droits d'auteur et droits voisins en ligne, partie à l'accord, à prendre les mesures prévues par la décision judiciaire.

II. — En cas de difficulté relative à l'application des premier ou deuxième alinéas du I, l'Autorité de régulation de la communication audiovisuelle et numérique peut demander aux services de se justifier. Sans préjudice d'une telle demande, l'autorité judiciaire peut être saisie, en référé ou sur requête, pour ordonner toute mesure destinée à faire cesser l'accès à ces services. Cette saisine s'effectue sans préjudice de la saisine prévue à l'article L. 336-2.

DEUXIÈME PARTIE : *RÉGLEMENTAIRE*

LIVRE III **DISPOSITIONS GÉNÉRALES**

TITRE III **PROCÉDURES ET SANCTIONS**

CHAPITRE I *DISPOSITIONS GÉNÉRALES*

SECTION 2 *Autorité de régulation de la communication audiovisuelle et numérique* (*Décr. n° 2021-1853 du 27 déc. 2021, art. 1er, en vigueur le 1er janv. 2022*).

SOUS-SECTION 2 *Mission de protection des œuvres et objets auxquels est attaché un droit d'auteur ou un droit voisin*

1er *Envoi des recommandations aux abonnés* (*Décr. n° 2021-1853 du 27 déc. 2021, art. 1er, en vigueur le 1er janv. 2022*).

Art. R. 331-6 (*Décr. n° 2010-872 du 26 juill. 2010*) Pour être recevables, les saisines adressées (*Décr. n° 2021-1853 du 27 déc. 2021, art. 1er, en vigueur le 1er janv. 2022*) « à l'Autorité de régulation de la communication audiovisuelle et numérique » par les organismes de défense professionnelle régulièrement constitués, (*Décr. n° 2017-924 du 6 mai 2017, art. 4-XLII*) « les organismes de gestion collective » et le Centre national du cinéma et de l'image animée (*Décr. n° 2021-1853 du 27 déc. 2021, art. 1er, en vigueur le 1er janv. 2022*) « ou les constats d'huissier établis à la demande d'un ayant droit dans les conditions prévues à l'article L. 331-19 » doivent comporter :

1° Les données à caractère personnel et les informations mentionnées au 1° de l'annexe du décret n° 2010-236 du 5 mars 2010 relatif au traitement automatisé de données à caractère personnel autorisé par l'article (*Décr. n° 2021-1853 du 27 déc. 2021, art. 1er, en vigueur le 1er janv. 2022*) « L. 331-23 » du code de la propriété intellectuelle dénommé "Système de gestion des mesures pour la protection des œuvres sur internet" ;

2° Une déclaration sur l'honneur selon laquelle l'auteur de la saisine a qualité pour agir au nom du titulaire de droits sur l'œuvre ou l'objet protégé concerné par les faits.

Dès réception de la saisine, *(Décr. n° 2021-1853 du 27 déc. 2021, art. 1er, en vigueur le 1er janv. 2022)* **« l'Autorité » en accuse réception par voie électronique.** – *Anc. art. R. 331-35 (Décr. n° 2021-1853 du 27 déc. 2021, art. 1er, en vigueur le 1er janv. 2022).*

Art. R. 331-7 *(Décr. n° 2010-872 du 26 juill. 2010)* **Les procès-verbaux dressés par les agents assermentés et agréés mentionnés à l'article** *(Décr. n° 2021-1853 du 27 déc. 2021, art. 1er, en vigueur le 1er janv. 2022)* **« L. 331-19 » peuvent être établis sous la forme électronique. Dans ce cas, il est fait usage d'une signature électronique sécurisée dans les conditions prévues par l'article 1367 du code civil et le** *(Décr. n° 2017-1416 du 28 sept. 2017, art. 2-II)* **« décret n° 2017-1416 du 28 septembre 2017 relatif à la signature électronique ».** – *Anc. art. R. 331-36 (Décr. n° 2021-1853 du 27 déc. 2021, art. 1er, en vigueur le 1er janv. 2022).*

Art. R. 331-8 *(Décr. n° 2010-872 du 26 juill. 2010)* **Les opérateurs de communications électroniques mentionnés à l'article L. 34-1 du code des postes et des communications électroniques** *(Abrogé par Décr. n° 2021-1853 du 27 déc. 2021, art. 1er, à compter du 1er janv. 2022)* ***« et les prestataires mentionnés aux 1 et 2 du I de l'article 6 de la loi n° 2004-575 du 21 juin 2004 pour la confiance dans l'économie numérique »*** **sont tenus de communiquer** *(Décr. n° 2013-596 du 8 juill. 2013)* **« , par une interconnexion au traitement automatisé de données à caractère personnel mentionné à l'article** *(Décr. n° 2021-1853 du 27 déc. 2021, art. 1er, en vigueur le 1er janv. 2022)* **« L. 331-23 » ou par le recours à un support d'enregistrement assurant leur intégrité et leur sécurité, » les données à caractère personnel et les informations mentionnées au 2° de l'annexe du décret n° 2010-236 du 5 mars 2010 dans un délai de huit jours suivant la transmission par** *(Décr. n° 2021-1853 du 27 déc. 2021, art. 1er, en vigueur le 1er janv. 2022)* **« les agents habilités et assermentés mentionnés au I de l'article L. 331-14 » des données techniques nécessaires à l'identification de l'abonné dont l'accès à des services de communication au public en ligne a été utilisé à des fins de reproduction, de représentation, de mise à disposition ou de communication au public d'œuvres ou d'objets protégés sans l'autorisation des titulaires des droits prévus aux livres I et II lorsqu'elle est requise.**

(Abrogé par Décr. n° 2021-1853 du 27 déc. 2021, art. 1er, à compter du 1er janv. 2022) ***« Ces opérateurs et prestataires sont également tenus de fournir les documents et les copies des documents mentionnés aux troisième et quatrième alinéas de l'article L. 331-21 dans un délai de quinze jours suivant la demande qui leur en est faite par la commission de protection des droits. »***

(Décr. n° 2010-1202 du 12 oct. 2010) **« Les opérateurs sont tenus d'adresser par voie électronique à l'abonné chacune des recommandations mentionnées respectivement au premier et au deuxième alinéa de l'article** *(Décr. n° 2021-1853 du 27 déc. 2021, art. 1er, en vigueur le 1er janv. 2022)* **« L. 331-20 », dans un délai de vingt-quatre heures suivant sa transmission par** *(Décr. n° 2021-1853 du 27 déc. 2021, art. 1er, en vigueur le 1er janv. 2022)* **« le membre de l'Autorité de régulation de la communication audiovisuelle et numérique désigné en application du IV de l'article 4 de la loi n° 86-1067 du 30 septembre 1986 relative à la liberté de communication ». »** – *Anc. art. R. 331-37 (Décr. n° 2021-1853 du 27 déc. 2021, art. 1er, en vigueur le 1er janv. 2022).*

Loi n° 2004-575 du 21 juin 2004,

Pour la confiance dans l'économie numérique.

Art. 1er **[...] IV – Ainsi qu'il est dit à l'article 1er de la loi n° 86-1067 du 30 septembre 1986 relative à la liberté de communication, la communication au public par voie électronique est libre.**

L'exercice de cette liberté ne peut être limité que dans la mesure requise, d'une part, par le respect de la dignité de la personne humaine, de la liberté et de la propriété d'autrui, du caractère pluraliste de l'expression des courants de pensée et d'opinion et, d'autre part, par la sauvegarde de l'ordre public, par les besoins de la

défense nationale, par les exigences de service public, par les contraintes techniques inhérentes aux moyens de communication, ainsi que par la nécessité, pour les services audiovisuels, de développer la production audiovisuelle.

On entend par communication au public par voie électronique toute mise à disposition du public ou de catégories de public, par un procédé de communication électronique, de signes, de signaux, d'écrits, d'images, de sons ou de messages de toute nature qui n'ont pas le caractère d'une correspondance privée.

On entend par communication au public en ligne toute transmission, sur demande individuelle, de données numériques n'ayant pas un caractère de correspondance privée, par un procédé de communication électronique permettant un échange réciproque d'informations entre l'émetteur et le récepteur.

On entend par courrier électronique tout message, sous forme de texte, de voix, de son ou d'image, envoyé par un réseau public de communication, stocké sur un serveur du réseau ou dans l'équipement terminal du destinataire, jusqu'à ce que ce dernier le récupère.

....

Art. 6 I. — 1. Les personnes dont l'activité est d'offrir un accès à des services de communication au public en ligne informent leurs abonnés de l'existence de moyens techniques permettant de restreindre l'accès à certains services ou de les sélectionner et leur proposent au moins un de ces moyens *(L. n° 2022-300 du 2 mars 2022, art. 3)* « sans surcoût. Un décret, pris après avis de la Commission nationale de l'informatique et des libertés, précise les fonctionnalités minimales et les caractéristiques techniques auxquelles ces moyens répondent, compte tenu de la nature de l'activité de ces personnes. » — *Les dispositions issues de la L. n° 2022-300 du 2 mars 2022 entrent en vigueur à une date fixée par décret, qui ne peut être postérieure de plus de trois mois à la date de réception par le Gouvernement de la réponse de la Commission européenne permettant de considérer le dispositif législatif lui ayant été notifié comme conforme au droit de l'UE (L. préc., art. 4).*

(L. n° 2009-669 du 12 juin 2009, art. 13) Les personnes visées à l'alinéa précédent les informent également de l'existence de moyens de sécurisation permettant de prévenir les manquements à l'obligation définie à l'article L. 336-3 du code de la propriété intellectuelle *(Abrogé par L. n° 2021-1382 du 25 oct. 2021, art. 1er, à compter du 1er janv. 2022)* « ***et leur proposent au moins un des moyens figurant sur la liste prévue au deuxième alinéa de l'article L. 331-26 du même code*** ».

(L. n° 2020-105 du 10 févr. 2020, art. 13 et 130, en vigueur le 1er janv. 2022) « **1 *bis.*** A compter du 1er janvier 2022, et dans le respect de la loi n° 78-17 du 6 janvier 1978 relative à l'informatique, aux fichiers et aux libertés, les personnes mentionnées au 1 informent également leurs abonnés de la quantité de données consommées dans le cadre de la fourniture d'accès au réseau et indiquent l'équivalent des émissions de gaz à effet de serre correspondant.

« Les équivalents d'émissions de gaz à effet de serre correspondant à la consommation de données sont établis suivant une méthodologie mise à disposition par l'Agence de l'environnement et de la maîtrise de l'énergie. »

2. Les personnes physiques ou morales qui assurent, même à titre gratuit, pour mise à disposition du public par des services de communication au public en ligne, le stockage de signaux, d'écrits, d'images, de sons ou de messages de toute nature fournis par des destinataires de ces services ne peuvent pas voir leur responsabilité civile engagée du fait des activités ou des informations stockées à la demande d'un destinataire de ces services si elles n'avaient pas effectivement connaissance de leur caractère *(L. n° 2020-766 du 24 juin 2020, art. 17)* « manifestement » illicite ou de faits et circonstances faisant apparaître ce caractère ou si, dès le moment où elles en ont eu cette connaissance, elles ont agi promptement pour retirer ces données ou en rendre l'accès impossible.

L'alinéa précédent ne s'applique pas lorsque le destinataire du service agit sous l'autorité ou le contrôle de la personne visée audit alinéa.

3. Les personnes visées au 2 ne peuvent voir leur responsabilité pénale engagée à raison des informations stockées à la demande d'un destinataire de ces services si elles n'avaient pas effectivement connaissance *(L. n° 2020-766 du 24 juin 2020, art. 17)* « du caractère manifestement illicite de l'activité ou de l'information » ou si,

dès le moment où elles en ont eu connaissance, elles ont agi promptement pour retirer ces informations ou en rendre l'accès impossible.

L'alinéa précédent ne s'applique pas lorsque le destinataire du service agit sous l'autorité ou le contrôle de la personne visée audit alinéa.

4. Le fait, pour toute personne, de présenter aux personnes mentionnées au 2 un contenu ou une activité comme étant illicite dans le but d'en obtenir le retrait ou d'en faire cesser la diffusion, alors qu'elle sait cette information inexacte, est puni d'une peine d'un an d'emprisonnement et de 15 000 € d'amende.

5. La connaissance des faits litigieux est présumée acquise par les personnes désignées au 2 lorsqu'il leur est notifié les éléments suivants :

(L. nº 2020-766 du 24 juin 2020, art. 1er) « – si le notifiant est une personne physique : ses nom, prénom, adresse électronique ; si le notifiant est une personne morale : sa forme sociale, sa dénomination sociale, son adresse électronique ; si le notifiant est une autorité administrative : sa dénomination et son adresse électronique. Ces conditions sont réputées satisfaites dès lors que le notifiant est un utilisateur inscrit du service de communication au public en ligne mentionné au même 2, qu'il est connecté au moment de procéder à la notification et que l'opérateur a recueilli les éléments nécessaires à son identification ;

« – la description du contenu litigieux, sa localisation précise et, le cas échéant, la ou les adresses électroniques auxquelles il est rendu accessible ; ces conditions sont réputées satisfaites dès lors que le service de communication au public en ligne mentionné audit 2 permet de procéder précisément à cette notification par un dispositif technique directement accessible depuis ledit contenu litigieux ;

« – les motifs légaux pour lesquels le contenu litigieux devrait être retiré ou rendu inaccessible ; cette condition est réputée satisfaite dès lors que le service de communication au public en ligne mentionné au même 2 permet de procéder à la notification par un dispositif technique proposant d'indiquer la catégorie d'infraction à laquelle peut être rattaché ce contenu litigieux ; »

– la copie de la correspondance adressée à l'auteur ou à l'éditeur des informations ou activités litigieuses demandant leur interruption, leur retrait ou leur modification, ou la justification de ce que l'auteur ou l'éditeur n'a pu être contacté. *(L. nº 2020-766 du 24 juin 2020, art. 2)* « ; cette condition n'est pas exigée pour la notification des infractions mentionnées au troisième alinéa du 7 du présent I ainsi qu'à l'article 24 *bis* et aux troisième et quatrième alinéas de l'article 33 de la loi du 29 juillet 1881 sur la liberté de la presse. »

6. Les personnes mentionnées aux 1 et 2 ne sont pas des producteurs au sens de l'article 93-3 de la loi nº 82-652 du 29 juillet 1982 sur la communication audiovisuelle.

7. Les personnes mentionnées aux 1 et 2 ne sont pas soumises à une obligation générale de surveiller les informations qu'elles transmettent ou stockent, ni à une obligation générale de rechercher des faits ou des circonstances révélant des activités illicites.

Le précédent alinéa est sans préjudice de toute activité de surveillance ciblée et temporaire demandée par l'autorité judiciaire.

Compte tenu de l'intérêt général attaché à la répression de l'apologie *(L. nº 2021-1109 du 24 août 2021, art. 40)* « , de la négation ou de la banalisation » des crimes contre l'humanité, *(L. nº 2014-1353 du 13 nov. 2014, art. 12-I)* « de la provocation à la commission d'actes de terrorisme et de leur apologie, » de l'incitation à la haine raciale *(L. nº 2014-873 du 4 août 2014, art. 57-1º)* « , à la haine à l'égard de personnes à raison de leur sexe, de leur orientation *(L. nº 2020-766 du 24 juin 2020, art. 1er)* « sexuelle, de leur identité de genre » ou de leur handicap, » ainsi que de la pornographie enfantine, *(L. nº 2007-297 du 5 mars 2007, art. 40)* « de l'incitation à la violence *(L. nº 2010-769 du 9 juill. 2010, art. 28)* « , notamment l'incitation aux violences *(L. nº 2018-703 du 3 août 2018, art. 11)* « sexuelles et sexistes », » ainsi que des atteintes à la dignité humaine, » les personnes mentionnées ci-dessus doivent concourir à la lutte contre la diffusion des infractions visées aux cinquième *(L. nº 2014-1353 du 13 nov. 2014, art. 12-I)* « septième et huitième » alinéas de l'article 24 *(L. nº 2021-1109 du 24 août 2021, art. 40)* « et à l'article 24 *bis* » de la loi du 29 juillet 1881 sur la liberté de la presse et *(L. nº 2007-297 du 5 mars 2007, art. 40 ;*

L. n° 2016-444 du 13 avr. 2016, art. 1er) « **aux articles** *(L. n° 2018-703 du 3 août 2018, art. 11)* « **222-33,** » *(L. n° 2022-299 du 2 mars 2022, art. 16)* « **222-33-2-3,** » **225-4-1,** *(L. n° 2022-92 du 31 janv. 2022, art. 1er)* « **225-4-13,** » **225-5, 225-6, 227-23, 227-24 et 421-2-5** » **du code pénal.**

A ce titre, elles doivent mettre en place un dispositif facilement accessible et visible permettant à toute personne de porter à leur connaissance ce type de données *(L. n° 2021-1109 du 24 août 2021, art. 42)* « **et rendre publics les moyens qu'elles consacrent à la lutte contre les activités illicites mentionnées au troisième alinéa du présent 7. Ces obligations ne sont pas applicables aux opérateurs mentionnés au I de l'article 6-4 pour la lutte contre la diffusion des contenus mentionnés au même I. Les personnes mentionnées aux 1 et 2 du présent I** » **ont également l'obligation** *(Abrogé par L. n° 2021-1109 du 24 août 2021, art. 42)* « ***, d'une part,*** » **d'informer promptement les autorités publiques compétentes de toutes activités illicites mentionnées** *(L. n° 2021-1109 du 24 août 2021, art. 42)* « **au troisième alinéa du présent 7** » **qui leur seraient signalées et qu'exerceraient les destinataires de leurs services** *(Abrogé par L. n° 2021-1109 du 24 août 2021, art. 42)* « ***, et, d'autre part, de rendre publics les moyens qu'elles consacrent à la lutte contre ces activités illicites*** ». — *Pour l'application de l'art. 42 de la L. n° 2021-1109 du 24 août 2021, V. le III dudit art.*

(L. n° 2007-297 du 5 mars 2007, art. 40) « **Compte tenu de l'intérêt général attaché à la répression des activités illégales de jeux d'argent, les personnes mentionnées aux 1 et 2 mettent en place, dans des conditions fixées par décret, un dispositif facilement accessible et visible permettant de signaler à leurs abonnés les services de communication au public en ligne tenus pour répréhensibles par les autorités publiques compétentes en la matière. Elles informent également leurs abonnés des risques encourus par eux du fait d'actes de jeux réalisés en violation de la loi.** »

(L. n° 2018-898 du 23 oct. 2018, art. 29) « **Les personnes mentionnées aux 1 et 2 informent leurs abonnés de l'interdiction de procéder en France métropolitaine et dans les départements d'outre-mer à des opérations de vente à distance, d'acquisition, d'introduction en provenance d'un autre État membre de l'Union européenne ou d'importation en provenance de pays tiers de produits du tabac manufacturé dans le cadre d'une vente à distance, ainsi que des sanctions légalement encourues pour de tels actes.** »

(L. n° 2007-297 du 5 mars 2007, art. 40) « **Tout manquement aux obligations définies aux quatrième** *(L. n° 2018-898 du 23 oct. 2018, art. 29)* « **, cinquième et avant-dernier alinéas du présent 7** » **est puni des peines prévues au 1 du VI.** »

(L. n° 2021-1109 du 24 août 2021, art. 39) « **8. Le président du tribunal judiciaire, statuant selon la procédure accélérée au fond, peut prescrire à toute personne susceptible d'y contribuer toutes mesures** » **propres à prévenir un dommage ou à faire cesser un dommage occasionné par le contenu d'un service de communication au public en ligne.**

(L. n° 2021-1109 du 24 août 2021, art. 39) « **Il détermine les personnes ou catégories de personnes auxquelles une demande peut être adressée par l'autorité administrative dans les conditions prévues à l'article 6-3.** »

II. — *(L. n° 2021-998 du 30 juill. 2021, art. 17)* « **Dans les conditions fixées aux II *bis*, III et III *bis* de l'article L. 34-1 du code des postes et des communications électroniques, les personnes mentionnées aux 1 et 2 du I du présent article** » **détiennent et conservent les données de nature à permettre l'identification de quiconque a contribué à la création du contenu ou de l'un des contenus des services dont elles sont prestataires.**

Elles fournissent aux personnes qui éditent un service de communication au public en ligne des moyens techniques permettant à celles-ci de satisfaire aux conditions d'identification prévues au III.

(Abrogé par L. n° 2021-998 du 30 juill. 2021, art. 17) « ***L'autorité judiciaire peut requérir communication auprès des prestataires mentionnés aux 1 et 2 du I des données mentionnées au premier alinéa.***

« ***Les dispositions des articles 226-17, 226-21 et 226-22 du code pénal sont applicables au traitement de ces données.*** »

Un décret en Conseil d'État, pris après avis de la Commission nationale de l'informatique et des libertés, définit les données mentionnées au premier alinéa et déter-

mine la durée et les modalités de leur conservation. – *V. Décr. n° 2011-219 du 25 févr. 2011 relatif à la conservation et à la communication des données permettant d'identifier toute personne ayant contribué à la création d'un contenu mis en ligne (JO 1er mars).*

II *bis*. *Abrogé par L. n° 2013-1168 du 18 déc. 2013, art. 20, à compter du 1er janv. 2015.*

III. — 1. Les personnes dont l'activité est d'éditer un service de communication au public en ligne mettent à disposition du public, dans un standard ouvert :

***a)* S'il s'agit de personnes physiques, leurs nom, prénoms, domicile et numéro de téléphone et, si elles sont assujetties aux formalités d'inscription au registre du commerce et des sociétés ou au répertoire des métiers, le numéro de leur inscription ;**

***b)* S'il s'agit de personnes morales, leur dénomination ou leur raison sociale et leur siège social, leur numéro de téléphone et, s'il s'agit d'entreprises assujetties aux formalités d'inscription au registre du commerce et des sociétés ou au répertoire des métiers, le numéro de leur inscription, leur capital social, l'adresse de leur siège social ;**

***c)* Le nom du directeur ou du codirecteur de la publication et, le cas échéant, celui du responsable de la rédaction au sens de l'article 93-2 de la loi n° 82-652 du 29 juillet 1982 précitée ;**

***d)* Le nom, la dénomination ou la raison sociale et l'adresse et le numéro de téléphone du prestataire mentionné au 2 du I.**

2. Les personnes éditant à titre non professionnel un service de communication au public en ligne peuvent ne tenir à la disposition du public, pour préserver leur anonymat, que le nom, la dénomination ou la raison sociale et l'adresse du prestataire mentionné au 2 du I, sous réserve de lui avoir communiqué les éléments d'identification personnelle prévus au 1.

Les personnes mentionnées au 2 du I sont assujetties au secret professionnel dans les conditions prévues aux articles 226-13 et 226-14 du code pénal, pour tout ce qui concerne la divulgation de ces éléments d'identification personnelle ou de toute information permettant d'identifier la personne concernée. Ce secret professionnel n'est pas opposable à l'autorité judiciaire.

IV. — Toute personne nommée ou désignée dans un service de communication au public en ligne dispose d'un droit de réponse, sans préjudice des demandes de correction ou de suppression du message qu'elle peut adresser au service, *[Dispositions déclarées non conformes à la Constitution par décision du Conseil constitutionnel n° 2004-496 DC du 10 juin 2004.]*.

La demande d'exercice du droit de réponse est adressée au directeur de la publication ou, lorsque la personne éditant à titre non professionnel a conservé l'anonymat, à la personne mentionnée au 2 du I qui la transmet sans délai au directeur de la publication. Elle est présentée au plus tard dans un délai de trois mois à compter de *[Dispositions déclarées non conformes à la Constitution par décision du Conseil constitutionnel n° 2004-496 DC du 10 juin 2004.]* **la mise à disposition du public du message justifiant cette demande.**

Le directeur de la publication est tenu d'insérer dans les trois jours de leur réception les réponses de toute personne nommée ou désignée dans le service de communication au public en ligne sous peine d'une amende de 3 750 €, sans préjudice des autres peines et dommages-intérêts auxquels l'article pourrait donner lieu.

Les conditions d'insertion de la réponse sont celles prévues par l'article 13 de la loi du 29 juillet 1881 précitée. La réponse sera toujours gratuite.

Un décret en Conseil d'État fixe les modalités d'application du présent *(L. n° 2004-669 du 9 juill. 2004, art. 111)* **« IV ».** – *V. Décr. n° 2007-1527 du 24 oct. 2007 relatif au droit de réponse applicable aux services de communication au public en ligne et pris pour l'application du IV de l'article 6 de la loi n° 2004-575 du 21 juin 2004 pour la confiance dans l'économie numérique (JO 26 oct.).*

V. — Les dispositions des chapitres IV et V de la loi du 29 juillet 1881 précitée sont applicables aux services de communication au public en ligne et la prescription acquise dans les conditions prévues par l'article 65 de ladite loi *[Dispositions déclarées non conformes à la Constitution par décision du Conseil constitutionnel n° 2004-496 DC du 10 juin 2004.]*.

VI. — 1. Est puni d'un an d'emprisonnement et de *(L. n° 2020-766 du 24 juin 2020, art. 6)* **« 250 000 euros » d'amende le fait, pour une personne physique ou le diri-**

geant de droit ou de fait d'une personne morale exerçant l'une des activités définies aux 1 et 2 du I, de ne pas satisfaire aux obligations définies *(L. nº 2007-297 du 5 mars 2007, art. 40)* **« aux quatrième** *(L. nº 2014-1353 du 13 nov. 2014, art. 12-III)* **« et cinquième » alinéas » du 7 du I** *(L. nº 2014-1353 du 13 nov. 2014, art. 12-III)* **« du présent article ni à celles prévues à l'article 6-1 de la présente loi », de ne pas avoir conservé les éléments d'information visés au II** *(L. nº 2014-1353 du 13 nov. 2014, art. 12-III)* **« du présent article » ou de ne pas déférer à la demande d'une autorité judiciaire d'obtenir communication desdits éléments.**

Les personnes morales peuvent être déclarées pénalement responsables de ces infractions dans les conditions prévues à l'article 121-2 du code pénal. Elles encourent une peine d'amende, suivant les modalités prévues par l'article 131-38 du même code, ainsi que les peines mentionnées aux 2° et 9° de l'article 131-39 de ce code. L'interdiction mentionnée au 2° de cet article est prononcée pour une durée de cinq ans au plus et porte sur l'activité professionnelle dans l'exercice ou à l'occasion de laquelle l'infraction a été commise.

2. Est puni d'un an d'emprisonnement et de 75 000 € d'amende le fait, pour une personne physique ou le dirigeant de droit ou de fait d'une personne morale exerçant l'activité définie au III, de ne pas avoir respecté les prescriptions de ce même article.

Les personnes morales peuvent être déclarées pénalement responsables de ces infractions dans les conditions prévues à l'article 121-2 du code pénal. Elles encourent une peine d'amende, suivant les modalités prévues par l'article 131-38 du même code, ainsi que les peines mentionnées aux 2° et 9° de l'article 131-39 de ce code. L'interdiction mentionnée au 2° de cet article est prononcée pour une durée de cinq ans au plus et porte sur l'activité professionnelle dans l'exercice ou à l'occasion de laquelle l'infraction a été commise.

V. Circ. du 24 nov. 2020 relative à la lutte contre la haine en ligne (NOR :JUSD2032620C).

Les dispositions des art. 6 et 7 de la L. nº 2004-575 du 21 juin 2004 sont applicables en Nouvelle-Calédonie, en Polynésie française et à Wallis-et-Futuna (L. préc., art. 57).

BIBL. ▸ BÉNOIT, *Légipresse 2015. 339* (la mise en œuvre de la responsabilité des prestataires d'hébergement toujours incertaine). – BOUGUETTAYA, *RLDI janv. 2017. 44* (loi « pour une République numérique » : quel impact pour le e-commerce ?). – BRUNETTI-PONS, *CCE 2019. Étude 10* (la responsabilité de l'hébergeur d'un site Internet offrant une prestation d'entremise accessible sur le territoire français en vue d'une gestation pour le compte d'autrui). – LAMPE, *Propr. intell. 2009, nº 32, p. 245* (l'application consacrée de la LCEN aux sites communautaires du web 2.0 : bilan et perspective de la jurisprudence). – LOISEAU, *CCE 2016, nº 51* (vers un droit des plateformes numériques). – DE MARTINO, *CCE 2011. Entretien 1* (plateformes vidéo, la fin d'un débat). – NÉRI, *CCE 2011. Prat. 5* (pratique contentieuse. La procédure de notification aux hébergeurs des contenus illicites présents sur internet). – QUÉMENER, *Dalloz IP/IT 2021. 110* (haine en ligne : présentation de la circulaire du garde des Sceaux relative à la lutte contre ce fléau). – THORVAL, *RIDA oct. 2018. 45* (la responsabilité des fournisseurs de moyens face à la contrefaçon sur internet).

Art. 6-1 *(L. nº 2014-1353 du 13 nov. 2014, art. 12-II)* **Lorsque les nécessités de la lutte contre la provocation à des actes terroristes ou l'apologie de tels actes relevant de l'article 421-2-5 du code pénal ou contre la diffusion des images ou des représentations de mineurs relevant de l'article 227-23 du même code le justifient, l'autorité administrative peut demander à toute personne mentionnée au III de l'article 6 de la présente loi ou aux personnes mentionnées au 2 du I du même article 6 de retirer les contenus qui contreviennent à ces mêmes articles 421-2-5 et 227-23. Elle en informe simultanément les personnes mentionnées au 1 du I de l'article 6 de la présente loi.**

En l'absence de retrait de ces contenus dans un délai de vingt-quatre heures, l'autorité administrative peut notifier aux personnes mentionnées au même 1 la liste des adresses électroniques des services de communication au public en ligne contrevenant auxdits articles 421-2-5 et 227-23. Ces personnes doivent alors empêcher sans délai l'accès à ces adresses. Toutefois, en l'absence de mise à disposition par la personne mentionnée au III du même article 6 des informations mentionnées à ce même III, l'autorité administrative peut procéder à la notification prévue à la première phrase du présent alinéa sans avoir préalablement demandé le retrait des contenus dans les conditions prévues à la première phrase du premier alinéa du présent article.

L'autorité administrative transmet les demandes de retrait et la liste mentionnées, respectivement, aux premier et deuxième alinéas à une personnalité qualifiée, désignée en son sein par *(L. n° 2021-1382 du 25 oct. 2021, art. 33, en vigueur le 1er janv. 2022)* **« l'Autorité de régulation de la communication audiovisuelle et numérique » pour la durée de son mandat au sein** *(L. n° 2021-1382 du 25 oct. 2021, art. 33, en vigueur le 1er janv. 2022)* **« de l'autorité ».** *(Abrogé par L. n° 2021-1109 du 24 août 2021, art. 41, à compter du 7 juin 2022)* ***« Elle ne peut être désignée parmi les personnes mentionnées au 1° du I de l'article 9 de la loi n° 78-17 du 6 janvier 1978 relative à l'informatique, aux fichiers et aux libertés. »*** **La personnalité qualifiée s'assure de la régularité des demandes de retrait et des conditions d'établissement, de mise à jour, de communication et d'utilisation de la liste. Si elle constate une irrégularité, elle peut à tout moment recommander à l'autorité administrative d'y mettre fin. Si l'autorité administrative ne suit pas cette recommandation, la personnalité qualifiée peut saisir la juridiction administrative compétente, en référé ou sur requête.**

L'autorité administrative peut également notifier les adresses électroniques dont les contenus contreviennent aux articles 421-2-5 et 227-23 du code pénal aux moteurs de recherche ou aux annuaires, lesquels prennent toute mesure utile destinée à faire cesser le référencement du service de communication au public en ligne. La procédure prévue au troisième alinéa du présent article est applicable.

La personnalité qualifiée mentionnée au même troisième alinéa rend public chaque année un rapport d'activité sur les conditions d'exercice et les résultats de son activité, qui précise notamment le nombre de demandes de retrait, le nombre de contenus qui ont été retirés, les motifs de retrait et le nombre de recommandations faites à l'autorité administrative. Ce rapport est remis au Gouvernement et au Parlement.

Les modalités d'application du présent article sont précisées par décret, notamment la compensation, le cas échéant, des surcoûts justifiés résultant des obligations mises à la charge des opérateurs.

Tout manquement aux obligations définies au présent article est puni des peines prévues au 1 du VI de l'article 6 de la présente loi.

V. Décr. n° 2015-196 du 20 févr. 2015 relatif à l'indemnité allouée à la personnalité qualifiée mentionnée à l'article 6-1 de la loi n° 2004-575 du 21 juin 2004 (JO 22 févr.).

Sur la procédure permettant le blocage et le déréférencement des sites incitants à des actes de terrorisme ou en faisant l'apologie et des sites diffusant des images et représentations de mineurs à caractère pornographique, V. Décr. n° 2015-125 du 5 févr. 2015 (JO 6 févr.) et Décr. n° 2015-253 du 4 mars 2015 (JO 5 mars).

L'autorité administrative compétente est la direction générale de la police nationale et, plus spécifiquement, l'office central de lutte contre la criminalité liée aux technologies de l'information et de la communication (Décr. n° 2015-125 du 5 févr. 2015, art. 1er).

Art. 6-1-1 *(L. n° 2022-1159 du 16 août 2022)* **I. — L'autorité administrative mentionnée à l'article 6-1 est compétente pour émettre des injonctions de retrait au titre de l'article 3 du règlement (UE) 2021/784 du Parlement européen et du Conseil du 29 avril 2021 relatif à la lutte contre la diffusion de contenus à caractère terroriste en ligne.**

II. — La personnalité qualifiée mentionnée à l'article 6-1 reçoit transmission des injonctions de retrait émises en application des articles 3 et 4 du règlement (UE) 2021/784 du Parlement européen et du Conseil du 29 avril 2021 précité. Elle est l'autorité compétente pour procéder à l'examen approfondi des injonctions de retrait au titre de l'article 4 du même règlement.

III. — L'Autorité de régulation de la communication audiovisuelle et numérique est compétente pour :

1° Superviser la mise en œuvre des mesures spécifiques prises en application de l'article 5 du règlement (UE) 2021/784 du Parlement européen et du Conseil du 29 avril 2021 précité ;

2° Recevoir la notification de la désignation d'un représentant légal au titre du 4 de l'article 17 du même règlement.

IV. — Les modalités d'application du présent article sont précisées par décret, notamment les modalités d'échange d'informations entre l'autorité administrative, la personnalité qualifiée mentionnée au II et l'Autorité de régulation de la communication audiovisuelle et numérique, d'une part, et entre ces autorités et les autres

autorités compétentes étrangères désignées pour la mise en œuvre du règlement (UE) 2021/784 du Parlement européen et du Conseil du 29 avril 2021 précité, d'autre part.

Art. 6-1-2 *(L. n° 2022-1159 du 16 août 2022)* En cas d'indisponibilité de la personnalité qualifiée mentionnée aux articles 6-1 et 6-1-1, les missions de cette dernière sont exercées par un suppléant, désigné en son sein par l'Autorité de régulation de la communication audiovisuelle et numérique, pour la durée de son mandat au sein de l'autorité.

Art. 6-1-3 *(L. n° 2022-1159 du 16 août 2022)* I. — La méconnaissance de l'obligation de retirer des contenus à caractère terroriste ou de bloquer l'accès à ces contenus dans tous les États membres dans un délai d'une heure à compter de la réception d'une injonction de retrait prévue au 3 de l'article 3 et au 2 de l'article 4 du règlement (UE) 2021/784 du Parlement européen et du Conseil du 29 avril 2021 précité est punie d'un an d'emprisonnement et de 250 000 euros d'amende.

Lorsque l'infraction prévue au premier alinéa du présent I est commise de manière habituelle par une personne morale, le montant de l'amende peut être porté à 4 % de son chiffre d'affaires mondial pour l'exercice précédent.

II. — La méconnaissance de l'obligation d'informer immédiatement prévue au 5 de l'article 14 du règlement (UE) 2021/784 du Parlement européen et du Conseil du 29 avril 2021 précité est punie d'un an d'emprisonnement et de 250 000 euros d'amende.

Lorsque l'infraction prévue au premier alinéa du présent II est commise de manière habituelle par une personne morale, le montant de l'amende peut être porté à 4 % de son chiffre d'affaires mondial pour l'exercice précédent.

III. — Les personnes morales peuvent être déclarées pénalement responsables, dans les conditions prévues à l'article 121-2 du code pénal, des infractions prévues aux I et II du présent article. Elles encourent une peine d'amende, suivant les modalités prévues à l'article 131-38 du code pénal, ainsi que les peines prévues aux 2° et 9° de l'article 131-39 du même code. L'interdiction prévue au 2° du même article 131-39 est prononcée pour une durée de cinq ans au plus et porte sur l'activité professionnelle dans l'exercice ou à l'occasion de laquelle l'infraction a été commise.

Art. 6-1-4 *(L. n° 2022-1159 du 16 août 2022)* I. — L'Autorité de régulation de la communication audiovisuelle et numérique veille, dans les conditions prévues au présent article, au respect du règlement (UE) 2021/784 du Parlement européen et du Conseil du 29 avril 2021 précité par les fournisseurs de services d'hébergement définis à l'article 2 du même règlement qui ont leur établissement principal en France ou dont le représentant légal réside en France.

Elle recueille auprès des fournisseurs de services d'hébergement concernés, dans les conditions fixées à l'article 19 de la loi n° 86-1067 du 30 septembre 1986 relative à la liberté de communication, les informations nécessaires au suivi des obligations prévues au présent article.

II. — L'Autorité de régulation de la communication audiovisuelle et numérique peut mettre le fournisseur concerné en demeure de se conformer, le cas échéant dans le délai qu'elle fixe, aux obligations prévues au 6 de l'article 3, au 7 de l'article 4, aux 1, 2, 3 et 5 de l'article 5, aux articles 6, 7, 10 et 11, au 1 de l'article 15 et à l'article 17 du règlement (UE) 2021/784 du Parlement européen et du Conseil du 29 avril 2021 précité.

III. — Lorsque le fournisseur concerné ne se conforme pas à la mise en demeure ou à la décision prise en application du 6 de l'article 5 du règlement (UE) 2021/784 du Parlement européen et du Conseil du 29 avril 2021 précité qui lui est adressée, l'Autorité de régulation de la communication audiovisuelle et numérique peut, dans les conditions prévues à l'article 42-7 de la loi n° 86-1067 du 30 septembre 1986 précitée, prononcer une sanction pécuniaire dont le montant prend en considération :

1° La nature, la gravité et la durée du manquement ;

2° Le fait que le manquement a été commis de manière intentionnelle ou par négligence ;

3° Les manquements commis précédemment par le fournisseur concerné ;
4° La situation financière du fournisseur concerné ;
5° La coopération du fournisseur concerné avec les autorités compétentes ;
6° La nature et la taille du fournisseur concerné ;
7° Le degré de responsabilité du fournisseur concerné, en tenant compte des mesures techniques et organisationnelles prises par ce fournisseur pour se conformer au règlement (UE) 2021/784 du Parlement européen et du Conseil du 29 avril 2021 précité.

La sanction ainsi prononcée ne peut excéder 4 % du chiffre d'affaires annuel mondial total de l'exercice précédent. Lorsque le même manquement a fait l'objet, dans un autre État, d'une sanction pécuniaire calculée sur la base de cette même assiette, le montant de cette sanction est pris en compte pour la détermination de la sanction prononcée en application du présent alinéa.

L'Autorité de régulation de la communication audiovisuelle et numérique peut rendre publiques les mises en demeure et sanctions qu'elle prononce. Elle détermine dans sa décision les modalités de cette publication, qui tiennent compte de la gravité du manquement. Elle peut également ordonner l'insertion de ces mises en demeure et sanctions dans des publications, journaux et supports qu'elle désigne, aux frais des fournisseurs faisant l'objet de la mise en demeure ou de la sanction.

Les sanctions pécuniaires sont recouvrées comme les créances de l'État étrangères à l'impôt et au domaine.

Art. 6-1-5 *(L. nº 2022-1159 du 16 août 2022)* I. — Sans préjudice des articles L. 521-1 et L. 521-2 du code de justice administrative, les fournisseurs de services d'hébergement et les fournisseurs de contenus concernés par une injonction de retrait au titre de l'article 3 du règlement (UE) 2021/784 du Parlement européen et du Conseil du 29 avril 2021 précité ainsi que la personnalité qualifiée mentionnée à l'article 6-1-1 de la présente loi peuvent demander au président du tribunal administratif ou au magistrat délégué par celui-ci l'annulation de cette injonction, dans un délai de quarante-huit heures à compter soit de sa réception, soit, s'agissant du fournisseur de contenus, du moment où il est informé par le fournisseur de services d'hébergement du retrait du contenu.

Il est statué sur la légalité de l'injonction de retrait dans un délai de soixante-douze heures à compter de la saisine.

II. — Sans préjudice des articles L. 521-1 et L. 521-2 du code de justice administrative, les fournisseurs de services d'hébergement et les fournisseurs de contenus concernés par une injonction de retrait au titre de l'article 4 du règlement (UE) 2021/784 du Parlement européen et du Conseil du 29 avril 2021 précité peuvent demander au président du tribunal administratif ou au magistrat délégué par celui-ci l'annulation de la décision motivée de la personnalité qualifiée mentionnée à l'article 6-1-1 de la présente loi, dans un délai de quarante-huit heures à compter de la notification de cette décision.

Il est statué sur la légalité de la décision motivée dans un délai de soixante-douze heures à compter de la saisine.

III. — Les jugements rendus sur la légalité de la décision en application des I et II du présent article sont susceptibles d'appel dans un délai de dix jours à compter de leur notification. Dans ce cas, la juridiction d'appel statue dans un délai d'un mois à compter de sa saisine.

IV. — Les fournisseurs de services d'hébergement visés par une décision de l'Autorité de régulation de la communication audiovisuelle et numérique, prise en application de l'article 5 du règlement (UE) 2021/784 du Parlement européen et du Conseil du 29 avril 2021 précité, les déclarant exposés à des contenus terroristes ou leur enjoignant de prendre les mesures spécifiques nécessaires peuvent demander l'annulation de cette décision, dans un délai de quinze jours à compter de sa notification.

La juridiction administrative compétente statue dans un délai d'un mois à compter de sa saisine.

Art. 6-2 *(L. nº 2020-1266 du 19 oct. 2020, art. 2, en vigueur le 20 avr. 2021)* Lorsque l'autorité administrative compétente mentionnée à l'article L. 7124-1 du code du travail constate qu'un contenu audiovisuel est mis à la disposition du public sur une plateforme mentionnée au 5° du même article L. 7124-1 en méconnaissance de l'obligation d'agrément préalable prévu au titre du même 5° ou de l'obligation déclarative prévue à l'article 3 de la loi n° 2020-1266 du 19 octobre 2020 visant à encadrer l'exploitation commerciale de l'image d'enfants de moins de seize ans sur les plateformes en ligne, elle peut saisir l'autorité judiciaire selon les modalités et dans les conditions prévues par voie réglementaire afin que cette dernière ordonne toute mesure propre à prévenir un dommage imminent ou à faire cesser un trouble manifestement illicite.

Code du travail

Art. L. 7124-1 Un enfant de moins de seize ans ne peut, sans autorisation individuelle préalable, accordée par l'autorité administrative, être, à quelque titre que ce soit, engagé ou produit :

1° Dans une entreprise de spectacles, sédentaire ou itinérante ;

2° Dans une entreprise de cinéma, de radiophonie, de télévision *(L. n° 2020-1266 du 19 oct. 2020, art. 1er, en vigueur le 20 avr. 2021)* « , d'enregistrements sonores ou d'enregistrements audiovisuels, quels que soient leurs modes de communication au public *[ancienne rédaction : ou d'enregistrements sonores]* » ;

3° En vue d'exercer une activité de mannequin au sens de l'article L. 7123-2 ;

(L. n° 2016-1321 du 7 oct. 2016, art. 101-II) « 4° Dans une entreprise ou association ayant pour objet la participation à des compétitions de jeux vidéo au sens de l'article L. 321-8 du code de la sécurité intérieure » ;

(L. n° 2020-1266 du 19 oct. 2020, art. 1er, en vigueur le 20 avr. 2021) « 5° Par un employeur dont l'activité consiste à réaliser des enregistrements audiovisuels dont le sujet principal est un enfant de moins de seize ans, en vue d'une diffusion à titre lucratif sur un service de plateforme de partage de vidéos.

« En cas d'obtention de l'autorisation mentionnée au 5° du présent article, l'autorité administrative délivre aux représentants légaux une information relative à la protection des droits de l'enfant dans le cadre de la réalisation de ces vidéos, qui porte notamment sur les conséquences, sur la vie privée de l'enfant, de la diffusion de son image sur une plateforme de partage de vidéos. Cette information porte également sur les obligations financières qui leur incombent, en application de l'article L. 7124-25. »

En application de l'art. L. 231-5 CRPA, et par exception à l'application du délai de deux mois prévu à l'art. L. 231-1 du même code, le délai à l'expiration duquel le silence gardé par l'administration vaut décision de rejet est fixé à un mois pour une demande d'autorisation individuelle préalable d'emploi d'enfants de moins de seize ans (Décr. n° 2014-1289 du 23 oct. 2014, art. 1er).

Loi n° 2020-1266 du 19 octobre 2020,

Visant à encadrer l'exploitation commerciale de l'image d'enfants de moins de seize ans sur les plateformes en ligne.

Art. 3 I. — Hors des cas mentionnés à l'article L. 7124-1 du code du travail, la diffusion de l'image d'un enfant de moins de seize ans sur un service de plateforme de partage de vidéos, lorsque l'enfant en est le sujet principal, est soumise à une déclaration auprès de l'autorité compétente par les représentants légaux :

1° Lorsque la durée cumulée ou le nombre de ces contenus excède, sur une période de temps donnée, un seuil fixé par décret en Conseil d'État ;

2° Ou lorsque la diffusion de ces contenus occasionne, au profit de la personne responsable de la réalisation, de la production ou de la diffusion de ceux-ci, des revenus directs ou indirects supérieurs à un seuil fixé par décret en Conseil d'État.

II. — L'autorité mentionnée au premier alinéa du I du présent article formule des recommandations aux représentants légaux de l'enfant relatives :

1° Aux horaires, à la durée, à l'hygiène et à la sécurité des conditions de réalisation des vidéos ;

2° Aux risques, notamment psychologiques, associés à la diffusion de celles-ci ;

3° Aux dispositions visant à permettre une fréquentation scolaire normale ;

4° Aux obligations financières qui leur incombent en application du III.

III. — Lorsque les revenus directs et indirects tirés de la diffusion des contenus mentionnés au I excèdent, sur une période de temps donnée, le seuil fixé par décret en Conseil d'État en application du 2° du même I, les revenus perçus à compter de la date à laquelle ce seuil est dépassé sont versés sans délai à la Caisse des dépôts et consignations et gérés par cette caisse jusqu'à la majorité de l'enfant ou, le cas échéant, jusqu'à la date de son émancipation. Des prélèvements peuvent être autorisés en cas d'urgence et à titre exceptionnel. Une part des revenus, déterminée par l'autorité compétente, peut être laissée à la disposition des représentants légaux de l'enfant.

IV. — Tout annonceur qui effectue un placement de produit dans un programme audiovisuel diffusé sur une plateforme de partage de vidéos dont le sujet principal est un enfant de moins de seize ans est tenu de vérifier auprès de la personne responsable de la diffusion si celle-ci déclare être soumise à l'obligation mentionnée au III du présent article. En pareil cas, l'annonceur verse la somme due en contrepartie du placement de produit, minorée, le cas échéant, de la part déterminée en application de la dernière phrase du même III, à la Caisse des dépôts et consignations, qui est chargée de la gérer jusqu'à la majorité de l'enfant ou, le cas échéant, jusqu'à la date de son émancipation. Les dispositions de la deuxième phrase dudit III sont applicables. Le non-respect de l'obligation fixée à la deuxième phrase du présent IV est puni de 3 750 € d'amende.

Art. 4 Les services de plateforme de partage de vidéos adoptent des chartes qui ont notamment pour objet :

1° De favoriser l'information des utilisateurs sur les dispositions de nature législative ou règlementaire applicables en matière de diffusion de l'image d'enfants de moins de seize ans par le biais de leurs services et sur les risques, notamment psychologiques, associés à la diffusion de cette image ;

2° De favoriser l'information et la sensibilisation, en lien avec des associations de protection de l'enfance, des mineurs de moins de seize ans sur les conséquences de la diffusion de leur image sur une plateforme de partage de vidéos, sur leur vie privée et en termes de risques psychologiques et juridiques et sur les moyens dont ils disposent pour protéger leurs droits, leur dignité et leur intégrité morale et physique ;

3° De favoriser le signalement, par leurs utilisateurs, de contenus audiovisuels mettant en scène des enfants de moins de seize ans qui porteraient atteinte à la dignité ou à l'intégrité morale ou physique de ceux-ci ;

4° De prendre toute mesure utile pour empêcher le traitement à des fins commerciales, telles que le démarchage, le profilage et la publicité basée sur le ciblage comportemental, des données à caractère personnel de mineurs qui seraient collectées par leurs services à l'occasion de la mise en ligne par un utilisateur d'un contenu audiovisuel où figure un mineur ;

5° D'améliorer, en lien avec des associations de protection de l'enfance, la détection des situations dans lesquelles la réalisation ou la diffusion de tels contenus porteraient atteinte à la dignité ou à l'intégrité morale ou physique des mineurs de moins de seize ans qu'ils font figurer ;

6° De faciliter la mise en œuvre, par les mineurs, du droit à l'effacement des données à caractère personnel prévu à l'article 51 de la loi n° 78-17 du 6 janvier 1978 relative à l'informatique, aux fichiers et aux libertés et d'informer ceux-ci, en des termes clairs et précis, aisément compréhensibles par eux, des modalités de mise en œuvre de ce droit.

Art. 5 Après l'article 15 de la loi n° 86-1067 du 30 septembre 1986 relative à la liberté de communication, il est inséré un article 15-1 ainsi rédigé :

Art. 15-1 Le Conseil supérieur de l'audiovisuel promeut l'adoption par les services de plateforme de partage de vidéos des chartes prévues à l'article 4 de la loi n° 2020-1266 du 19 octobre 2020 visant à encadrer l'exploitation commerciale de l'image d'enfants de moins de seize ans sur les plateformes en ligne.

Il publie un bilan périodique de l'application et de l'effectivité de ces chartes. A cette fin, il recueille auprès de ces services, dans les conditions fixées à l'article 19 de la présente loi, toutes les informations nécessaires à l'élaboration de ce bilan.

Art. 6 Le consentement des titulaires de l'autorité parentale n'est pas requis pour la mise en œuvre, par une personne mineure, du droit à l'effacement des données à caractère personnel prévu à l'article 51 de la loi n° 78-17 du 6 janvier 1978 relative à l'informatique, aux fichiers et aux libertés.

Art. 7 Le Gouvernement remet au Parlement, dans un délai de six mois à compter de la publication de la présente loi, un rapport évaluant le renforcement de la protection des données des mineurs depuis la mise en place du règlement n° 2016/679 du Parlement européen et du Conseil du 27 avril 2016 relatif à la protection des personnes physiques à l'égard du traitement des données à caractère personnel et à la libre circulation de ces données, et abrogeant la directive 95/46/CE (règlement général sur la protection des données).

Art. 6-3 *(L. nº 2021-1109 du 24 août 2021, art. 39)* **Lorsqu'une décision judiciaire exécutoire a ordonné toute mesure propre à empêcher l'accès à un service de communication au public en ligne dont le contenu relève des infractions prévues au 7 du I de l'article 6, l'autorité administrative, saisie le cas échéant par toute personne intéressée, peut demander aux personnes mentionnées aux 1 ou 2 du même I ou à toute personne ou catégorie de personnes visée par cette décision judiciaire, pour une durée ne pouvant excéder celle restant à courir pour les mesures ordonnées par cette décision judiciaire, d'empêcher l'accès à tout service de communication au public en ligne qu'elle aura préalablement identifié comme reprenant le contenu du service mentionné par ladite décision, en totalité ou de manière substantielle.**

Dans les mêmes conditions et pour la même durée, l'autorité administrative peut également demander à tout exploitant d'un service reposant sur le classement ou le référencement, au moyen d'algorithmes informatiques, de contenus proposés ou mis en ligne par des tiers de faire cesser le référencement des adresses électroniques donnant accès aux services de communication au public en ligne mentionnés au premier alinéa du présent article.

L'autorité administrative tient à jour une liste des services de communication au public en ligne mentionnés au même premier alinéa qui ont fait l'objet d'une demande de blocage d'accès en application dudit premier alinéa ainsi que des adresses électroniques donnant accès à ces services et met cette liste à la disposition des annonceurs, de leurs mandataires et des services mentionnés au 2° du II de l'article 299 du code général des impôts. Ces services sont inscrits sur cette liste pour la durée restant à courir des mesures ordonnées par l'autorité judiciaire. Pendant toute la durée de l'inscription sur ladite liste, les annonceurs, leurs mandataires et les services mentionnés au même 2° qui entretiennent des relations commerciales, notamment pour y pratiquer des insertions publicitaires, avec les services de communication au public en ligne figurant sur cette liste sont tenus de rendre publique sur leur site internet, au moins une fois par an, l'existence de ces relations et de les mentionner au rapport annuel, s'ils sont tenus d'en adopter un.

Lorsqu'il n'est pas procédé au blocage ou au déréférencement desdits services en application du présent article, le président du tribunal judiciaire, statuant selon la procédure accélérée au fond, peut prescrire toute mesure destinée à faire cesser l'accès aux contenus de ces services.

Art. 6-4 *(L. nº 2021-1109 du 24 août 2021, art. 42)* **I. — Les opérateurs de plateforme en ligne définis à l'article L. 111-7 du code de la consommation qui proposent un service de communication au public en ligne reposant sur le classement, le référencement ou le partage de contenus mis en ligne par des tiers et dont l'activité sur le territoire français dépasse un seuil de nombre de connexions déterminé par décret, qu'ils soient ou non établis sur le territoire français, concourent à la lutte contre la diffusion publique des contenus contrevenant aux dispositions mentionnées au troisième alinéa du 7 du I de l'article 6 de la présente loi ainsi qu'aux troisième et quatrième alinéas de l'article 33 de la loi du 29 juillet 1881 sur la liberté de la presse. À ce titre :**

1° Ils mettent en œuvre des procédures et des moyens humains et technologiques proportionnés permettant :

***a)* D'informer, dans les meilleurs délais, les autorités judiciaires ou administratives des actions qu'ils ont mises en œuvre à la suite des injonctions émises par ces autorités relatives aux contenus mentionnés au premier alinéa du présent I ;**

***b)* D'accuser réception sans délai des demandes des autorités judiciaires ou administratives tendant à la communication des données dont ils disposent, de nature à permettre l'identification des utilisateurs qui ont mis en ligne des contenus mention-**

nés au même premier alinéa, et d'informer ces autorités dans les meilleurs délais des suites données à ces demandes ;

c) Lorsqu'ils ont une activité de stockage de contenus, de conserver temporairement les contenus qui leur ont été signalés comme contraires aux dispositions mentionnées audit premier alinéa et qu'ils ont retirés ou rendus inaccessibles, aux fins de les mettre à la disposition de l'autorité judiciaire pour les besoins de la recherche, de la constatation et de la poursuite des infractions pénales ; la durée et les modalités de conservation de ces contenus sont définies par un décret en Conseil d'État pris après avis de la Commission nationale de l'informatique et des libertés ;

2° Ils désignent un point de contact unique, personne physique chargée de la communication avec les autorités publiques pour la mise en œuvre du présent article, auquel peuvent notamment être adressées par voie électronique les demandes présentées par *(L. n° 2021-1382 du 25 oct. 2021, art. 33, en vigueur le 1er janv. 2022)* « l'Autorité de régulation de la communication audiovisuelle et numérique » en application de l'article 62 de la loi n° 86-1067 du 30 septembre 1986 relative à la liberté de communication. Ce point de contact unique est notamment chargé de recevoir les requêtes adressées à l'opérateur par l'autorité judiciaire selon les modalités prévues au II de l'article 6 de la présente loi, en vue d'en assurer un traitement rapide ;

3° Ils mettent à la disposition du public, de façon facilement accessible, les conditions générales d'utilisation du service qu'ils proposent ; ils y intègrent des dispositions prévoyant l'interdiction de mettre en ligne les contenus illicites mentionnés au premier alinéa du présent I ; ils y décrivent en termes clairs et précis leur dispositif de modération visant à détecter, le cas échéant, à identifier et à traiter ces contenus, en détaillant les procédures et les moyens humains ou automatisés employés à cet effet ainsi que les mesures qu'ils mettent en œuvre affectant la disponibilité, la visibilité et l'accessibilité de ces contenus ; ils y indiquent les mesures qu'ils mettent en œuvre à l'égard des utilisateurs qui ont mis en ligne ces contenus ainsi que les recours internes et judiciaires dont disposent ces utilisateurs ;

4° Ils rendent compte au public des moyens mis en œuvre et des mesures adoptées pour lutter contre la diffusion, auprès des utilisateurs situés sur le territoire français, des contenus illicites mentionnés au premier alinéa du présent I, par la publication, selon des modalités et une périodicité fixées par *(L. n° 2021-1382 du 25 oct. 2021, art. 33, en vigueur le 1er janv. 2022)* « l'Autorité de régulation de la communication audiovisuelle et numérique », d'informations et d'indicateurs chiffrés, définis par celui-ci *[celle-ci]*, portant notamment sur le traitement des injonctions ou demandes d'informations des autorités judiciaires ou administratives, des notifications reçues et des recours internes des utilisateurs ainsi que, le cas échéant, les critères de sélection des tiers de confiance dont les notifications font l'objet d'un traitement prioritaire et les modalités de coopération avec ces tiers ;

5° Ils mettent en place un dispositif, aisément accessible et facile d'utilisation, permettant à toute personne de porter à leur connaissance, par voie électronique, en précisant les éléments mentionnés au 5 du I de l'article 6, un contenu qu'elle considère comme contraire aux dispositions mentionnées au premier alinéa du présent I ;

6° Ils s'assurent que les notifications soumises par les entités qu'ils reconnaissent comme tiers de confiance et concernant des contenus illicites mentionnés au premier alinéa du présent I font l'objet d'un traitement prioritaire.

Le statut de tiers de confiance est attribué, selon des modalités fixées par *(L. n° 2021-1382 du 25 oct. 2021, art. 33, en vigueur le 1er janv. 2022)* « l'Autorité de régulation de la communication audiovisuelle et numérique », dans des conditions transparentes, non discriminatoires et à leur demande, aux entités qui disposent d'une expertise et de compétences particulières aux fins de la détection, de l'identification et du signalement des contenus illicites mentionnés au même premier alinéa, qui représentent des intérêts collectifs et qui présentent des garanties de diligence et d'objectivité ;

7° Ils mettent en œuvre des procédures et des moyens humains et technologiques proportionnés permettant :

a) D'accuser réception sans délai des notifications relatives aux contenus illicites mentionnés au premier alinéa du présent I, sous réserve de disposer des informations nécessaires pour contacter leur auteur ;

b) De garantir l'examen approprié de ces notifications dans un prompt délai ;

c) D'informer leur auteur des suites qui y sont données ainsi que des voies de recours internes et judiciaires dont il dispose, sous réserve de disposer des informations nécessaires pour le contacter ;

d) Lorsqu'ils décident de retirer ou de rendre inaccessible un contenu pour un motif tiré de la méconnaissance des dispositions mentionnées au même premier alinéa, d'en informer l'utilisateur à l'origine de sa publication, sous réserve de disposer des informations nécessaires pour le contacter :

– en indiquant les raisons qui ont motivé cette décision ;

– en précisant si cette décision a été prise au moyen d'un outil automatisé ;

– en l'informant des voies de recours internes et judiciaires dont il dispose ;

– et en l'informant que des sanctions civiles et pénales sont encourues pour la publication de contenus illicites.

Le présent *d* ne s'applique pas lorsqu'une autorité publique le demande pour des raisons d'ordre public ou à des fins de prévention et de détection des infractions pénales ainsi qu'à des fins d'enquêtes et de poursuites en la matière ;

8° Ils mettent en œuvre des dispositifs de recours interne permettant :

a) A l'auteur d'une notification relative à un contenu illicite mentionné au premier alinéa du présent I de contester la décision adoptée par l'opérateur en réponse à cette notification ;

b) A l'utilisateur à l'origine de la publication d'un contenu ayant fait l'objet d'une décision mentionnée au *d* du 7° de contester cette décision ;

c) A l'utilisateur ayant fait l'objet d'une décision mentionnée aux *a* ou *b* du 9° de contester cette décision.

Ils veillent à ce que ces dispositifs soient aisément accessibles et faciles d'utilisation et à ce qu'ils permettent un traitement approprié des recours dans les meilleurs délais, qui ne soit pas uniquement fondé sur l'utilisation de moyens automatisés, une information sans délai de l'utilisateur sur la décision adoptée et l'annulation sans délai des mesures relatives au contenu en cause ou à l'utilisateur mises en œuvre par l'opérateur lorsque le recours le conduit à considérer que la décision contestée n'était pas justifiée ;

9° Lorsqu'ils décident de mettre en œuvre de telles procédures, ils exposent dans leurs conditions d'utilisation, en des termes clairs et précis, les procédures conduisant :

a) A suspendre ou, dans les cas les plus graves, à résilier le compte des utilisateurs qui ont mis en ligne de manière répétée des contenus contraires aux dispositions mentionnées au premier alinéa du présent I ;

b) A suspendre l'accès au dispositif de notification des utilisateurs qui ont soumis, de manière répétée, des notifications manifestement infondées relatives aux contenus mentionnés au même premier alinéa.

Lorsque de telles procédures sont mises en œuvre, elles prévoient un examen au cas par cas visant à caractériser de façon objective l'existence d'un comportement mentionné aux *a* ou *b* du présent 9°, en tenant compte notamment :

– du nombre de contenus illicites mentionnés au premier alinéa du présent I ou de notifications manifestement infondées dont l'utilisateur a été à l'origine au cours de l'année écoulée, à la fois en valeur absolue et en proportion du nombre total de contenus ou de notifications dont il a été à l'origine ;

– et de la gravité et des conséquences de ces abus.

Lorsqu'elles sont mises en œuvre, ces procédures prévoient que les mesures mentionnées aux *a* et *b* du présent 9° sont proportionnées, dans leur nature, à la gravité des agissements en cause et, dans le cas d'une suspension, que celle-ci est prononcée pour une durée raisonnable. Elles prévoient l'avertissement préalable de l'utilisateur et son information sur les voies de recours internes et juridictionnelles dont il dispose.

II. – Les opérateurs mentionnés au premier alinéa du I dont l'activité sur le territoire français dépasse un seuil de nombre de connexions déterminé par décret et supérieur à celui mentionné au même premier alinéa :

1° Procèdent chaque année à une évaluation des risques systémiques liés au fonctionnement et à l'utilisation de leurs services en matière de diffusion des contenus mentionnés audit premier alinéa et d'atteinte aux droits fondamentaux, notamment à la liberté d'expression. Cette évaluation tient compte des caractéristiques de ces services, notamment de leurs effets sur la propagation virale ou la diffusion massive des contenus susvisés ;

2° Mettent en œuvre des mesures raisonnables, efficaces et proportionnées, notamment au regard des caractéristiques de leurs services et de l'ampleur et de la gravité des risques identifiés au terme de l'évaluation mentionnée au 1° du présent II, visant à atténuer les risques de diffusion de ces contenus, qui peuvent notamment porter sur les procédures et les moyens humains et technologiques mis en œuvre pour détecter, identifier et traiter ces contenus, tout en veillant à prévenir les risques de retrait non justifié au regard du droit applicable et de leurs conditions générales d'utilisation ;

3° Rendent compte au public, selon des modalités et une périodicité fixées par *(L. n° 2021-1382 du 25 oct. 2021, art. 33, en vigueur le 1er janv. 2022)* « l'Autorité de régulation de la communication audiovisuelle et numérique », de l'évaluation de ces risques systémiques et des mesures d'atténuation des risques mises en œuvre.

III. — Les opérateurs mentionnés au premier alinéa du I rendent compte *(L. n° 2021-1382 du 25 oct. 2021, art. 33, en vigueur le 1er janv. 2022)* « à l'Autorité de régulation de la communication audiovisuelle et numérique » des procédures et des moyens mis en œuvre pour l'application du présent article, dans les conditions prévues à l'article 62 de la loi n° 86-1067 du 30 septembre 1986 précitée.

Pour l'application de l'art. 42 de la L. n° 2021-1109 du 24 août 2021, V. le III dudit art.

Décret n° 2022-32 du 14 janvier 2022,

Pris pour l'application de l'article 42 de la loi n° 2021-1109 du 24 août 2021 confortant le respect des principes de la République et relatif à la fixation d'un seuil de connexions à partir duquel les opérateurs de plateformes en ligne concourent à la lutte contre la diffusion publique des contenus illicites.

Art. 1er Le seuil mentionné au I de l'article 6-4 de la loi du 21 juin 2004 susvisée est fixé à 10 millions de visiteurs uniques par mois depuis le territoire français. Ce seuil est calculé sur la base de la dernière année civile.

Art. 2 Le seuil mentionné au II de l'article 6-4 de la loi du 21 juin 2004 susvisée est fixé à 15 millions de visiteurs uniques par mois depuis le territoire français. Ce seuil est calculé sur la base de la dernière année civile.

Art. 3 Pour l'application des articles 1er et 2, seules sont prises en compte les connexions à un service, ou à une partie dissociable d'un service, dont l'objet principal est le classement, le référencement ou le partage de contenus mis en ligne par des tiers.

Art. 4 Le présent décret est applicable en Nouvelle-Calédonie, en Polynésie française et dans les îles Wallis-et-Futuna.

Art. 6-5 *(L. n° 2021-1109 du 24 août 2021, art. 45)* Les opérateurs de plateforme en ligne mentionnés à l'article 6-4 sont tenus, lors de l'inscription à l'un de leurs services d'un mineur âgé de moins de quinze ans et dans le cas où leur offre de service implique un traitement de données à caractère personnel, de prévoir une information à destination du mineur et des titulaires de l'autorité parentale sur l'utilisation civique et responsable dudit service et sur les risques juridiques auxquels ils s'exposent en cas de diffusion par le mineur de contenus haineux, à l'occasion du recueil des consentements mentionnés au deuxième alinéa de l'article 45 de la loi n° 78-17 du 6 janvier 1978 relative à l'informatique, aux fichiers et aux libertés.

Art. 7 Lorsque les personnes visées au 1 du I de l'article 6 invoquent, à des fins publicitaires, la possibilité qu'elles offrent de télécharger des fichiers dont elles ne sont pas les fournisseurs, elles font figurer dans cette publicité une mention facilement identifiable et lisible rappelant que le piratage nuit à la création artistique.

V. notes ss. art. 6.

....

Art. 14 Le commerce électronique est l'activité économique par laquelle une personne propose ou assure à distance et par voie électronique la fourniture de biens ou de services.

Entrent également dans le champ du commerce électronique les services tels que ceux consistant à fournir des informations en ligne, des communications commerciales et des outils de recherche, d'accès et de récupération de données, d'accès à un réseau de communication ou d'hébergement d'informations, y compris lorsqu'ils ne sont pas rémunérés par ceux qui les reçoivent.

Une personne est regardée comme étant établie en France au sens du présent chapitre lorsqu'elle s'y est installée d'une manière stable et durable pour exercer effectivement son activité, quel que soit, s'agissant d'une personne morale, le lieu d'implantation de son siège social.

Art. 15 I. — Toute personne physique ou morale exerçant l'activité définie au premier alinéa de l'article 14 est responsable de plein droit à l'égard de l'acheteur de la bonne exécution des obligations résultant du contrat, que ces obligations soient à exécuter par elle-même ou par d'autres prestataires de services, sans préjudice de son droit de recours contre ceux-ci.

Toutefois, elle peut s'exonérer de tout ou partie de sa responsabilité en apportant la preuve que l'inexécution ou la mauvaise exécution du contrat est imputable soit à l'acheteur, soit au fait, imprévisible et insurmontable, d'un tiers étranger à la fourniture des prestations prévues au contrat, soit à un cas de force majeure.

II. — ....

Art. 16 I. — L'activité définie à l'article 14 s'exerce librement sur le territoire national à l'exclusion des domaines suivants :

1° Les jeux d'argent, y compris sous forme de paris et de loteries, légalement autorisés ;

2° Les activités de représentation et d'assistance en justice ;

3° Les activités exercées par les notaires en application des dispositions de l'article 1er de l'ordonnance n° 45-2590 du 2 novembre 1945 relative au statut du notariat.

II. — En outre, lorsqu'elle est exercée par des personnes établies dans un État membre de la Communauté européenne autre que la France, l'activité définie à l'article 14 est soumise au respect :

1° Des dispositions relatives au libre établissement et à la libre prestation des services à l'intérieur de la Communauté européenne dans le domaine de l'assurance, prévues aux articles L. 361-1 à L. 364-1 du code des assurances ;

2° Des dispositions relatives à la publicité et au démarchage des organismes de placement collectif en valeurs mobilières, prévues à l'article L. 214-12 du code monétaire et financier ;

3° Des dispositions relatives aux pratiques anticoncurrentielles et à la concentration économique, prévues aux titres II et III du livre IV du code de commerce ;

4° Des dispositions relatives à l'interdiction ou à l'autorisation de la publicité non sollicitée envoyée par courrier électronique ;

5° Des dispositions du code général des impôts ;

6° Des droits protégés par le code de la propriété intellectuelle.

Art. 17 L'activité définie à l'article 14 est soumise à la loi de l'État membre sur le territoire duquel la personne qui l'exerce est établie, sous réserve de la commune intention de cette personne et de celle à qui sont destinés les biens ou services.

L'application de l'alinéa précédent ne peut avoir pour effet :

1° De priver un consommateur ayant sa résidence habituelle sur le territoire national de la protection que lui assurent les dispositions impératives de la loi française relatives aux obligations contractuelles, conformément aux engagements internationaux souscrits par la France. Au sens du présent article, les dispositions relatives aux obligations contractuelles comprennent les dispositions applicables aux éléments du contrat, y compris celles qui définissent les droits du consommateur, qui ont une influence déterminante sur la décision de contracter ;

2° De déroger aux règles de forme impératives prévues par la loi française pour les contrats créant ou transférant des droits sur un bien immobilier situé sur le territoire national;

3° De déroger aux règles déterminant la loi applicable aux contrats d'assurance pour les risques situés sur le territoire d'un ou plusieurs États parties à l'accord sur l'Espace économique européen et pour les engagements qui y sont pris, prévues aux articles L. 181-1 à L. 183-2 du code des assurances.

Art. 18 *Abrogé par L. nº 2014-344 du 17 mars 2014, art. 78.*

Art. 19 Sans préjudice des autres obligations d'information prévues par les textes législatifs et réglementaires en vigueur, toute personne qui exerce l'activité définie à l'article 14 est tenue d'assurer à ceux à qui est destinée la fourniture de biens ou la prestation de services un accès facile, direct et permanent utilisant un standard ouvert aux informations suivantes :

1° S'il s'agit d'une personne physique, ses nom et prénoms et, s'il s'agit d'une personne morale, sa raison sociale;

2° L'adresse où elle est établie, son adresse de courrier électronique, ainsi que *(L. nº 2008-3 du 3 janv. 2008, art. 29-III, en vigueur le 1er juin 2008)* **« des coordonnées téléphoniques permettant d'entrer effectivement en contact avec elle »;**

3° Si elle est assujettie aux formalités d'inscription au registre du commerce et des sociétés ou au répertoire des métiers, le numéro de son inscription, son capital social et l'adresse de son siège social;

4° Si elle est assujettie à la taxe sur la valeur ajoutée et identifiée par un numéro individuel en application de l'article 286 *ter* du code général des impôts, son numéro individuel d'identification;

5° Si son activité est soumise à un régime d'autorisation, le nom et l'adresse de l'autorité ayant délivré celle-ci;

6° Si elle est membre d'une profession réglementée, la référence aux règles professionnelles applicables, son titre professionnel, l'État membre dans lequel il a été octroyé ainsi que le nom de l'ordre ou de l'organisme professionnel auprès duquel elle est inscrite.

Toute personne qui exerce l'activité définie à l'article 14 doit, même en l'absence d'offre de contrat, dès lors qu'elle mentionne un prix, indiquer celui-ci de manière claire et non ambiguë, et notamment si les taxes et les frais de livraison sont inclus. Le présent alinéa s'applique sans préjudice des dispositions régissant *(L. nº 2008-3 du 3 janv. 2008, art. 39-V, en vigueur le 1er juin 2008)* **« les pratiques commerciales trompeuses » prévues à l'article** *(Ord. nº 2016-301 du 14 mars 2016, art. 2, en vigueur le 1er juill. 2016)* **« L. 121-2 » du code de la consommation, ni des obligations d'information sur les prix prévues par les textes législatifs et réglementaires en vigueur.**

(Ord. nº 2016-301 du 14 mars 2016, art. 31, en vigueur le 1er juill. 2016) **« Les infractions aux dispositions du présent article sont recherchées et constatées par les agents mentionnés aux articles L. 511-3 et L. 511-21 du code de la consommation dans les conditions prévues à l'article L. 511-7 du même code. »**

Sur les contrats sous forme électronique, V. C. civ., art. 1125 s. — ***C. civ.***

1. Pseudonyme. Les actes de commercialisation litigieux s'étant effectués sous un pseudonyme, contrevenant à l'art. 19 de la L. nº 2004-575 du 21 juin 2004 qui impose de mentionner l'identité du fournisseur de biens sur internet et les flacons en cause ne portant pas les mentions permettant d'identifier le fabricant et cela en contravention des dispositions de l'art. L. 121-1 [L. 121-2] C. consom., le tribunal considère qu'il s'agit d'actes de concurrence déloyale vis-à-vis des demanderesses qui ont pour activité la fabrication et la commercialisation de parfums. • TGI Paris, 10 oct. 2007 : *D. 2007. AJ 2804, obs. Manara*.

2. Coordonnées. L'art. 5, § 1, sous c), de la Dir. 2000/31/CE du 8 juin 2000 (« directive sur le commerce électronique »), doit être interprété en ce sens que le prestataire de services est tenu de fournir aux destinataires du service, dès avant toute conclusion de contrat avec ces derniers, en sus de son adresse de courrier électronique, d'autres informations permettant une prise de contact rapide ainsi qu'une communication directe et efficace. Ces informations ne doivent pas obligatoirement correspondre à un numéro de téléphone. Elles peuvent résider dans un formulaire de contact électronique, au moyen duquel les destinataires du service peuvent s'adresser sur l'internet au prestataire de services et auquel celui-ci répond par courrier électronique, sauf dans des situations où un destinataire du service, se trouvant, après la prise de contact par voie électronique avec le prestataire de services, privé d'accès au réseau électronique, demande à ce dernier l'accès à une voie de communication non électronique. • CJCE 16 oct. 2008 : *D. 2008. AJ 2716, obs. Manara* ; *CCE 2009, n° 26, obs. Stoffel-Munck*; *Europe 2008, n° 417, obs. Kauff-Gazin.*

3. Conditions générales de vente. BIBL. Cordier, *JCP E 2012, n° 1141* (conditions générales de vente en ligne). – Inforeg, *Cah. dr. entr. 2012, n° 3, p. 59* (contenu des CGV des sites internet BtoC). – Cohen, *LPA 14-15-18 août 2014* (ampleur et qualités du consentement donné par clic de souris). ♦ Lors de l'achat, le « clic » de fin de commande valide les conditions générales de vente dès lors que le client a été invité à les consulter et qu'un lien hypertexte est proposé à cette fin. • Paris, 25 nov. 2010 : *CCE 2011, n° 56, obs. Debet.*

4. Conditions d'utilisation du site. Le simple fait de se rendre sur un site internet afin de consulter celui-ci sans encore présenter une quelconque demande, telle qu'une commande ou une réservation, ne saurait engager l'internaute dans des liens contractuels avec la société propriétaire de ce site. En effet, en l'absence, à ce stade de la consultation, de toute demande de la part de l'internaute et de toute offre de la part du propriétaire du site, il n'existe aucune relation de nature contractuelle; dès lors, la simple visite d'un site web n'en rend pas les conditions d'utilisation opposables à l'internaute. • Paris, 23 mars 2012 : *D. 2012. Actu. 1060, obs. Manara* ; *CCE 2012, n° 76, obs. Debet.*

Art. 20 Toute publicité, sous quelque forme que ce soit, accessible par un service de communication au public en ligne, doit pouvoir être clairement identifiée comme telle. Elle doit rendre clairement identifiable la personne physique ou morale pour le compte de laquelle elle est réalisée.

L'alinéa précédent s'applique sans préjudice des dispositions réprimant *(L. n° 2008-3 du 3 janv. 2008, art. 39-V)* **« les pratiques commerciales trompeuses » prévues à l'article** *(Ord. n° 2016-301 du 14 mars 2016, art. 2, en vigueur le 1er juill. 2016)* **« L. 121-2 » du code de la consommation.**

1. Identification d'une publicité. Le cheminement comportant la nécessité d'ouvrir plusieurs fenêtres, notamment en cliquant sur des rubriques comme « Qui sommes-nous ? » ou « Plus d'explications sur les résultats », est incompatible avec les dispositions de l'art. 20 et revêt un caractère manifestement illicite. • Com. 29 nov. 2011 : *RJDA 2012, n° 344.*

2. Activité publicitaire. Dès lors qu'une société permet, moyennant rémunération, aux e-marchands bénéficiant d'un référencement prioritaire de voir leurs produits ou offres classés de façon prioritaire avant ceux des autres, il en résulte qu'elle assure, de façon indirecte, la promotion des produits ou services proposés par les e-marchands bénéficiant du référencement prioritaire et que, de ce fait, elle exerce une activité de prestataire de service commercial et publicitaire. • Com. 4 déc. 2012, n° 11-27.729 P : *D. 2012. Actu. 2956, obs. Manara* ; *JCP E 2013, n° 1040*; *CCC 2013, n° 68, obs. Raymond*; *CCE 2013, n° 14, obs. Loiseau*; *RJDA 2013, n° 270*; *Propr. ind. 2013, n° 18, obs. Larrieu.* ♦ V. aussi pour un référencement à titre gratuit : • Paris, 22 janv. 2013 : *D. 2013. Pan. 2496, obs. Tréfigny* ; *CCE 2013, n° 53, obs. Loiseau.*

Art. 22 *mod. art. L. 33-4-1 CPCE, renuméroté L. 34-5 par la loi n° 2004-669 du 9 juill. 2004, art. 10-I. — V. ce texte supra.*

1. Adresse électronique. Le fait d'identifier des adresses électroniques et de les utiliser, même sans les enregistrer dans un fichier, pour les adresser à leurs titulaires constitue une collecte déloyale de données nominatives. • Crim. 14 mars 2006, n° 05-83.423 P : *V. note 16, ss. RGPD art. 4.*

2. Prospection par télécopie. Doit être sanctionnée la société qui n'apporte aucune garantie permettant d'établir qu'elle collectait et traitait les données à caractère personnel de manière loyale et licite; qui n'apporte aucun élément de réponse attestant qu'elle aurait cessé toute prospection commerciale par télécopie auprès de personnes physiques n'ayant pas préalablement donné leur accord pour être démarchées; n'avait procédé à l'accomplissement d'aucune formalité préalable; ne garantissait pas la prise en compte automatique et immédiate des demandes d'opposition. • Délib. CNIL n° 2007-352 du 22 nov. 2007 : *RJDA 2008, n° 956.*

Loi n° 2006-961 du 1er août 2006,

Relative au droit d'auteur et aux droits voisins dans la société de l'information.

Art. 15 L'importation, le transfert depuis un État membre de *(Ord. n° 2018-1125 du 12 déc. 2018, art. 27 et 29, en vigueur au plus tard le 1er juin 2019)* **« l'Union** *[ancienne* *rédaction : la Communauté]* » européenne, la fourniture ou l'édition de logiciels susceptibles de traiter des œuvres protégées et intégrant des mesures techniques permettant le contrôle à distance direct ou indirect d'une ou plusieurs fonctionnalités ou l'accès à des *(Ord. n° 2018-1125 du 12 déc. 2018, art. 27 et 29, en vigueur au plus tard le 1er juin 2019)* « données à caractère personnel *[ancienne rédaction : données personnelles]* » sont soumis à une déclaration préalable auprès du service de l'État chargé de la sécurité des systèmes d'information. Le fournisseur, l'éditeur ou la personne procédant à l'importation ou au transfert depuis un État membre de *(Ord. n° 2018-1125 du 12 déc. 2018, art. 27 et 29, en vigueur au plus tard le 1er juin 2019)* « l'Union *[ancienne rédaction : la Communauté]* » européenne est tenu, à la demande de ce service, de transmettre à celui-ci les spécifications et le code source des logiciels concernés, le code source des bibliothèques utilisées lorsque celui-ci est disponible, ainsi que l'ensemble des outils et méthodes permettant l'obtention de ces logiciels à partir des codes source fournis. Le service de l'État chargé de la sécurité des systèmes d'information peut, si ces logiciels s'appuient sur des bibliothèques et composants logiciels créés, importés ou conçus par une tierce partie, demander à celle-ci la fourniture des mêmes éléments. Un décret en Conseil d'État fixe les conditions dans lesquelles sont souscrites ces déclarations et transmises les informations techniques visées ci-dessus.

Les logiciels visés au premier alinéa ne peuvent être utilisés dans des systèmes de traitement automatisé de données dont la mise en œuvre est nécessaire à la sauvegarde des droits afférents aux œuvres protégées que lorsqu'ils sont opérés dans le respect des dispositions de la loi n° 78-17 du 6 janvier 1978 relative à l'informatique, aux fichiers et aux libertés et dans des conditions ne portant notamment pas atteinte aux secrets protégés par la loi, ni à l'ordre public.

L'État est autorisé à déterminer les conditions dans lesquelles les logiciels visés au premier alinéa peuvent être utilisés dans les systèmes de traitement automatisé de données des administrations de l'État, des collectivités territoriales et des opérateurs publics ou privés gérant des installations d'importance vitale au sens des articles L. 1332-1 à L. 1332-7 du code de la défense.

Un décret en Conseil d'État fixe les conditions d'application du présent article ainsi que la nature des systèmes de traitement automatisé de données auxquels elles s'appliquent.

Recommandation CCA n° 2014-02 du 7 novembre 2014,

Relative aux contrats proposés par les fournisseurs de services de réseaux sociaux (BOCC 19 déc. 2014).

BIBL. ▶ DELPECH, *D. 2014. 2517* (contrats de service de réseautage social). – **NDLR**, *BRDA 2015, n° 1, p. 15* (les fournisseurs de réseaux sociaux pointés du doigt par la CCA). – LOISEAU, *CCE 2015, n° 4* (les maîtres du monde numérique coupables d'abus). – PIEDELIÈVRE, *CCE 2015. Étude 3* (contrats dits de service de réseautage). – FALKMAN, *JCP E 2015, n° 1136* (les réseaux sociaux face à de nouvelles contraintes). ▶ BOIZARD, *CCE 2015. Étude 7* (les réseaux sociaux peuvent-ils être contraints de nous oublier ?).

La Commission des clauses abusives,

Considérant que les réseaux sociaux ont connu, ces dernières années, une forte croissance de leur fréquentation et ce, parmi toutes les catégories de la population et, notamment, les mineurs ; que le modèle d'affaires de ces réseaux sociaux repose principalement sur la collecte d'informations utiles au fonctionnement du réseau social, la valorisation des informations recueillies et échangées ; qu'afin de clarifier la distinction entre le réseau lui-même et le service rendu, ce dernier sera dénommé dans la présente recommandation service de réseautage social ;

Considérant que ces services de la société de l'information reposent sur un fonctionnement participatif, par lequel les utilisateurs fournissent du contenu (photographies, chroniques, commentaires, musiques, vidéo ou encore liens vers d'autres sites) accessible en ligne à d'autres utilisateurs, publiquement ou de manière privée ;

Considérant que la circonstance que l'utilisateur participe au fonctionnement du réseau et assure donc lui-même une prestation de service*[s]* n'altère en rien sa qualité de consommateur ou *[de]* non-professionnel ;

Considérant que les réseaux sociaux fonctionnent sur des rapports contractuels avec leurs utilisateurs ; que ces contrats sont conclus pour une durée indéterminée entre un professionnel et un utilisateur qui peut agir tantôt en qualité de professionnel lorsque le réseau social propose un service de mise en relation de professionnels, tantôt en qualité de consommateur ou *[de]* non-professionnel lorsque l'internaute agit à des fins n'entrant pas dans le cadre de son activité commerciale, industrielle, artisanale ou libérale ; que seuls ces derniers contrats sont inclus dans le champ de cette recommandation ;

Considérant que les contrats d'adhésion qui sont ainsi conclus entre le fournisseur du service de réseautage social et l'utilisateur en sa qualité de consommateur ou de non-professionnel présentent tout ou partie des particularités suivantes :

– une asymétrie informationnelle entre les parties ;

– la mise à disposition d'un service sans contrepartie monétaire ;

– l'instantanéité de l'adhésion de l'utilisateur, laquelle peut s'effectuer soit au terme d'un processus de simple clic pour accepter les conditions générales d'utilisation, soit par la seule navigation, autrement dit, la simple utilisation du réseau ;

– la multiplicité des documents auxquels l'accès ne s'opère que par renvois (liens hypertextes ou renvois internes) ;

Considérant que l'examen des multiples modèles de conventions habituellement proposées par les fournisseurs professionnels de services de réseautage social à leurs cocontractants consommateurs ou non-professionnels a conduit à déceler des clauses dont le caractère abusif au sens de l'article L. 132-1 *[L. 212-1]* du code de la consommation peut être relevé ;

……………………………………………………………………………………

III. *Contenu du contrat*

……………………………………………………………………………………

B. *Clauses relatives aux données personnelles des clients*

A) *Clauses de qualification des données à caractère personnel*

15 – Considérant que certains contrats de fourniture de service de réseautage social comportent des clauses qui font référence aux nombreuses traces – *cookies*, données de géolocalisation, adresse IP, notamment – laissées par l'utilisateur consommateur ou non-professionnel au cours de sa navigation, en excluant à son égard toute protection au titre des données à caractère personnel alors même que certaines de ces traces pourraient être qualifiées de données à caractère personnel et bénéficier comme telles, pour leur traitement, des dispositions de la loi n° 78-17 du 6 janvier 1978 relative à l'informatique, aux fichiers et aux libertés ; que ces clauses sont de nature à créer un déséquilibre significatif entre les droits et obligations des parties au contrat au détriment du consommateur ou du non-professionnel en ce qu'elles lui laissent croire que le professionnel est dispensé de toute obligation lorsqu'il collecte, traite, utilise ou partage ces informations ;

B) *Clauses relatives au traitement des données à caractère personnel*

1) Clauses relatives à la licéité du traitement

16 – Considérant que de nombreux contrats de fourniture de service de réseautage social prévoient des clauses qui envisagent largement les traitements des données à caractère personnel des utilisateurs consommateurs ou non-professionnels ; que ces clauses qui visent toutes formes d'utilisation des données sans précision des finalités du traitement prévoient un consentement implicite de l'utilisateur consommateur ou non-professionnel audit traitement résultant de la seule navigation sur le site du réseau ; que les articles 6 et 7 de la loi n° 78-17 du 6 janvier 1978 relative à l'informatique, aux fichiers et aux libertés imposent, d'une part, soit de recueillir le consentement de la personne concernée, soit de satisfaire à l'une des cinq autres conditions

de licéité et, d'autre part, de réaliser un traitement de manière licite et loyale pour des finalités strictement déterminées ; que ces clauses qui ne respectent pas les conditions de licéité des traitements constituent des violations caractérisées des articles 6 et 7 de la loi Informatique et libertés ; qu'ainsi, elles sont illicites et, maintenues dans un contrat conclu entre un professionnel et un consommateur ou un non-professionnel, abusives ;

17 – Considérant que certaines clauses des contrats de fourniture de service de réseautage social prévoient que l'utilisateur consommateur ou non-professionnel peut consentir implicitement, du seul fait de sa navigation sur le site, au traitement par le professionnel de données sensibles le concernant ; que l'article 8 de la loi n° 78-17 du 6 janvier 1978 relative à l'informatique, aux fichiers et aux libertés impose de recueillir un consentement explicite pour les données qui font « apparaître, directement ou indirectement, les origines raciales ou ethniques, les opinions politiques, philosophiques ou religieuses ou l'appartenance syndicale des personnes ou qui sont relatives à la santé ou à la vie sexuelle de celles-ci » ; que ces clauses sont donc illicites et, maintenues dans un contrat conclu entre un professionnel et un consommateur ou un non-professionnel, abusives ;

2) Clauses autorisant le partage des données

18 – Considérant que de nombreuses clauses des contrats de fourniture de service de réseautage social prévoient la faculté pour le professionnel de communiquer les données à caractère personnel des utilisateurs consommateurs ou non-professionnels à des tiers non désignés ou des catégories de tiers non désignées, pour des utilisations non précisées et dont les finalités ne sont pas spécifiquement envisagées ; que, conformément aux articles 6 et 7 de la loi n° 78-17 du 6 janvier 1978 relative à l'informatique, aux fichiers et aux libertés, le traitement licitement réalisé doit respecter des finalités déterminées, explicites et légitimes et les données ne doivent pas être traitées ultérieurement de manière incompatible avec ces finalités ; qu'en outre, l'article 38 de la loi précitée confère à toute personne le droit de s'opposer à ce que des données à caractère personnel la concernant fassent l'objet d'un traitement ; que de telles clauses sont de nature à créer un déséquilibre significatif entre les droits et obligations des parties au contrat au détriment du consommateur ou du non-professionnel en ce qu'elles lui laissent croire, d'une part, que les traitements réalisés par ces actes de communication de données à caractère personnel à des tiers ne sont nullement soumis aux conditions de licéité des traitements légalement prévues et, d'autre part, qu'il ne dispose pas du droit d'opposition et de rectification lorsque ces traitements ont été mis en œuvre ;

3) Clauses relatives à la conservation des données

19 – Considérant que certaines clauses des contrats de fourniture de service de réseautage social prévoient une conservation des données à caractère personnel de l'utilisateur consommateur ou non-professionnel pour une durée indéterminée, ou sans lien avec la durée nécessaire aux finalités du traitement ; que l'article 6-5° de la loi n° 78-17 du 6 janvier 1978 relative à l'informatique, aux fichiers et aux libertés dispose que les données à caractère personnel « sont conservées sous une forme permettant l'identification des personnes concernées pendant une durée qui n'excède pas la durée nécessaire aux finalités pour lesquelles elles sont collectées et traitées » ; que ces clauses constituent des violations caractérisées des dispositions précitées ; qu'ainsi, elles sont illicites et, maintenues dans un contrat conclu entre un professionnel et un consommateur ou un non-professionnel, abusives ;

4) Clauses relatives au transfert des données hors UE

20 – Considérant que certaines clauses contenues dans les contrats de fourniture de service de réseautage social réservent au professionnel la faculté de transférer les données à caractère personnel de l'utilisateur consommateur ou non-professionnel vers des États, parfois indéterminés, n'appartenant pas nécessairement à l'Union

européenne, et ce, sans recueillir un consentement spécifique à ces transferts de la part du consommateur ou du non-professionnel ; que les articles 68 et 69 de la loi n° 78-17 du 6 janvier 1978 relative à l'informatique, aux fichiers et aux libertés interdisent de tels transferts à moins que le professionnel ait recueilli le consentement exprès du consommateur ou du non-professionnel ou que les États concernés garantissent un niveau de protection suffisant de la vie privée et des droits fondamentaux à l'égard du traitement des données à caractère personnel ; que ces clauses*[,]*** **qui ne respectent pas ces dispositions en ce qu'elles n'exigent pas un consentement exprès à ces transferts ou en ce qu'elles présument ce consentement, sont illicites et, maintenues dans un contrat conclu entre un professionnel et un consommateur ou un non-professionnel, abusives ;**

C) *Clauses relatives à la sécurité des données*

21 – Considérant que certaines clauses contenues dans les contrats de fourniture de service de réseautage social transfèrent à l'utilisateur non-professionnel ou consommateur la charge de l'obligation du responsable de traitement de veiller à la sécurité des données à caractère personnel qui sont traitées sur le réseau social ; que l'article 34 de la loi n° 78-17 du 6 janvier 1978 relative à l'informatique, aux fichiers et aux libertés prévoit que « le responsable du traitement est tenu de prendre toutes les précautions utiles, au regard de la nature des données et des risques présentés par le traitement, pour préserver la sécurité des données et notamment empêcher qu'elles soient déformées, endommagées ou que des tiers non autorisés y aient accès » ; que ces clauses sont de nature à créer un déséquilibre significatif entre les droits et obligations des parties au contrat au détriment du consommateur ou du non-professionnel en ce qu'elles lui laissent croire, au mépris des dispositions précitées de la loi Informatique et libertés, qu'il est seul tenu de veiller à la sécurité de ses données ;

D) *Clauses relatives à la modification de la politique de confidentialité*

22 – Considérant que certaines clauses des contrats de fourniture de service de réseautage social réservent au professionnel le droit de modifier unilatéralement la politique de confidentialité et, en conséquence, les dispositions applicables aux traitements des données à caractère personnel, sans information préalable dans un délai raisonnable ouvrant au consommateur ou au non-professionnel le droit de résilier le contrat ; que de telles modifications portent sur la contrepartie fournie par le consommateur ou le non-professionnel ; que ces clauses sont de manière irréfragable présumées abusives en vertu de l'article R. 132-1-3° *[R. 212-1]* **du code de la consommation ;**

23 – Considérant que certaines clauses des contrats de fourniture de service de réseautage social prévoient que les conditions relatives aux traitements des données à caractère personnel sont modifiables à tout moment, sans préciser que les nouvelles conditions ne seront applicables qu'à la période postérieure à leur entrée en vigueur ; qu'elles sont ainsi de nature à créer un déséquilibre significatif entre les droits et obligations des parties au contrat au détriment du consommateur ou du non-professionnel en ce qu'elles lui laissent croire qu'il est lié de manière rétroactive par les nouvelles conditions relatives aux traitements des données ;

C. ***Clauses relatives aux contenus numériques***

A) *Clauses relatives aux licences de propriété intellectuelle*

24 – Considérant que la plupart des contrats de fourniture de services de réseautage social comprennent une clause prévoyant que, dans l'hypothèse de la publication d'un contenu dans le cadre des prestations mises à disposition par le fournisseur de service, l'utilisateur accorde à ce dernier un droit d'utilisation sur ce contenu ; que ces clauses peuvent porter sur un contenu protégé par la législation régissant le droit d'auteur au sens du livre I du code de la propriété intellectuelle ; que certaines de ces

clauses sont formulées de manière trop large et qu'elles sont, alors, contraires aux prescriptions des articles L. 131-1 et L. 131-3 dudit code qui imposent de préciser le contenu visé, les droits conférés ainsi que les exploitations autorisées par l'auteur du contenu protégé ; que cette généralité est de nature à créer un déséquilibre significatif entre les droits et obligations des parties au contrat au détriment du consommateur ou du non-professionnel ;

25 – Considérant que la plupart des contrats de fourniture de services de réseautage social comportent des clauses qui confèrent une totale liberté au fournisseur de service lors de l'utilisation du contenu ; qu'elles sont contraires à l'article L. 121-1 du code de la propriété intellectuelle en ce qu'elles portent atteinte au principe d'ordre public d'inaliénabilité du droit moral de l'auteur ; que ces clauses sont illicites et, maintenues dans un contrat conclu entre un professionnel et un consommateur ou un non-professionnel, abusives ;

26 – Considérant que la plupart des clauses prévoient que le droit d'utilisation conféré au fournisseur du service l'est à titre gratuit ; que certaines de ces clauses sont noyées dans les conditions générales d'utilisation du service de réseautage social sans que l'attention de l'utilisateur soit suffisamment attirée sur la portée de son engagement ; que ces clauses qui privent le non-professionnel ou le consommateur d'une information claire sur la portée de son engagement sont contraires à l'article L. 133-2 *[L. 211-1]*, alinéa 1er, du code de la consommation ; que ce défaut de lisibilité est de nature à créer un déséquilibre entre les droits et les obligations des parties au contrat au détriment du consommateur ou du non-professionnel ;

B) *Clauses de conformité à la loi n° 2004-575 du 21 juin 2004 pour la confiance dans l'économie numérique*

27 – Considérant que plusieurs contrats contiennent une clause stipulant que le fournisseur du service ne saurait être tenu responsable au titre des contenus circulant sur son réseau social ; que, lorsque le fournisseur peut être qualifié d'hébergeur, cette clause est contraire aux articles 6-I-2 et suivants de la loi n° 2004-575 du 21 juin 2004 pour la confiance dans l'économie numérique, selon lesquels cet intermédiaire technique peut engager sa responsabilité dès lors qu'il a connaissance d'un contenu manifestement illicite et qu'il n'a pas agi promptement pour supprimer le contenu ou en bloquer l'accès sous conditions ; que, dans l'hypothèse où le fournisseur n'est qu'un simple prestataire de stockage, sa responsabilité peut être engagée sur le fondement du droit commun ; que ces clauses privent les utilisateurs cocontractants de toute action en responsabilité à l'encontre du fournisseur du service ; que de telles clauses exclusives de responsabilité sont de manière irréfragable présumées abusives au sens de l'article R. 132-1-6° *[R. 212-1]* du code de la consommation ;

28 – Considérant que certains contrats comportent des clauses qui prévoient, en cas de circulation de contenu illicite sur le réseau social, que le retrait de ce contenu n'a qu'un caractère facultatif pour le fournisseur de service ; que certaines clauses nient l'exigence de promptitude qui encadre ce retrait ou le soumettent à davantage de conditions que les prévisions légales ne l'exigent ; que ces clauses sont illicites en ce qu'elles sont contraires aux dispositions des articles 6-I-2 et suivants de la loi n° 2004-575 du 21 juin 2004 pour la confiance dans l'économie numérique ; que, maintenues dans un contrat conclu entre un professionnel et un consommateur ou un non-professionnel, elles sont abusives ;

C) *Clauses relatives à la perte des contenus*

29 – Considérant que certains contrats contiennent des clauses excluant la responsabilité du fournisseur de service en cas de dommage subi du fait de la perte de contenu sur son site même lorsqu'il est tenu d'une obligation de stockage ; que ces clauses sont de manière irréfragable présumées abusives au sens de l'article R. 132-1-6° *[R. 212-1]* du code de la consommation ;

D) *Clauses relatives au rejet ou à la suppression des contenus*

30 – Considérant que plusieurs contrats comportent des clauses conférant au fournisseur du service un pouvoir discrétionnaire pour accepter ou supprimer, pour une raison quelconque, un contenu généré par le consommateur ou le non-professionnel utilisateur du réseau social, en dehors de l'hypothèse de la modération contractuellement prévue ; que ces clauses ont pour effet d'accorder au seul professionnel le droit de déterminer si le contenu est conforme aux stipulations du contrat, alors même que ce professionnel s'est engagé à fournir une prestation de stockage et de mise à disposition de tous contenus ; que de telles clauses sont de manière irréfragable présumées abusives au sens de l'article R. 132-1-4° *[R. 212-1]* du code de la consommation ;

E) *Clauses relatives à la conservation des contenus après la suppression du compte*

31 – Considérant que certains contrats contiennent des clauses prévoyant, en cas de résiliation du contrat, que le fournisseur du service se réserve le droit de conserver les contenus mis en ligne par l'utilisateur, hors les hypothèses de cession licite ou de motif légitime, au-delà de la durée nécessaire aux opérations techniques de suppression des contenus ; que ces clauses reconnaissent au professionnel un pouvoir de décision unilatérale quant à la durée de conservation de ces contenus sans que ce droit ne soit assorti d'une information relative aux modalités de cette conservation en faveur de l'utilisateur consommateur ou non-professionnel ; que ces clauses sont de nature à créer un déséquilibre significatif entre les droits et obligations des parties au contrat au détriment du consommateur ou du non-professionnel ;

……………………………………………………………………………………………

COVID-19 : ÉTAT D'URGENCE SANITAIRE

***NDLR** : Sur la protection des données personnelles durant l'état d'urgence sanitaire :*
– CEPD, lignes directrices 03/2020 du 21 avr. 2020 sur le traitement des données de santé à des fins de recherche dans le contexte de l'épidémie de COVID-19 (https://edpb.europa.eu/) ;
– CEPD, lignes directrices 4/2020 du 21 avr. 2020 relatives à l'utilisation de données de localisation et d'outils de recherche de contacts dans le cadre de la pandémie de COVID-19 (https://edpb.europa.eu/) ;
– Comm. europ., orientations 2020/C 124 I/01 du 17 avr. 2020 sur les applications soutenant la lutte contre la pandémie de COVID-19 en ce qui concerne la protection des données, JOUE C 124I ;
– Communiqué de la CNIL du 17 avr. 2020 sur les relations avec la CNIL pendant l'état d'urgence sanitaire ;
– CEPD, Letter concerning the European Commission's draft Guidance on apps supporting the fight against the covid-19 pandemic, 14 avr. 2020 (https://edpb.europa.eu/) ;
– Comm. europ., recommandation du 8 avr. 2020, C(2020) 2296 final (https://ec.europa.eu) ;
– CNIL, audition devant la Commission des lois de l'Assemblée nationale, 8 avr. 2020 (https://www.cnil.fr/sites/default/files/atoms/files/propos_liminaire-audition_commission_des_lois-assemblee_nationale-8-04-2020.pdf) ;
– CEPD, Statement on the processing of personal data in the context of the COVID-19 outbreak, 19 mars 2020 (https://edpb.europa.eu/).

BIBL. ▶ CLUZEL-MÉTAYER, *RDSS 2020. 918* (la datasurveillance de la covid-19). – GUÉRIN-FRANÇOIS, *D. actu. 30 mars 2020* (coronavirus : les recommandations du Comité européen de la protection des données aux responsables de traitement) ; *ibid. 1er avr. 2020* (coronavirus et protection des données personnelles : un enjeu mondial). – VENTURA, *D. actu. 10 avr. 2020* (coronavirus et « suivi de localisation » : le Comité européen de la protection des données en première ligne). – GIROT, *D. actu. 16 avr. 2020* (tracer, non pas traquer : « TraceTogether », l'application mobile de lutte contre la covid-19 de Singapour). – GAVANON et LE MAREC, *D. actu. 21 avr. 2020* (application de contact tracing : « un choix individuel gage de responsabilité collective » encadré par le CEPD). – ZORN, *D. actu. 26 mai 2020* (état d'urgence sanitaire pour les données de santé : Sidep et Contact covid). – BERGER, *Dalloz IP/IT 2020. 291* (accès aux données de santé : une recherche d'équilibre entre espérance de progrès et inquiétudes pour les libertés fondamentales). – METTALINOS, *CCE 2020. Étude 9* (covid-19 : l'état d'urgence sanitaire à l'épreuve du droit de la protection des données à caractère personnel). – RITLENG, *RTD. eur. 2020. 579* (l'Union européenne et la pandémie de covid-19 : de la vertu des crises). – LEQUESNE ROTH, *D. 2021. 1096* (covid-19 et applications de traçage : à la croisée des libertés et des technologies). – MAUPIN, *AJDA 2021. 1174* (mode d'emploi du passe sanitaire). – CRICHTON, *D. actu. 28 avr. 2021* (« certificat vert numérique » dans l'Union européenne : l'avis des autorités de protection des données) ; *ibid. 20 mai 2021* (mise en garde de la CNIL sur le « pass sanitaire ») ; *ibid. 15 juin 2021* (pass sanitaire : quel est le dispositif retenu par le Premier ministre ?).

Loi n° 2020-290 du 23 mars 2020,

D'urgence pour faire face à l'épidémie de covid-19.

TITRE I L'ÉTAT D'URGENCE SANITAIRE

....

Art. 3 **Dans les conditions prévues à l'article 38 de la Constitution, le Gouvernement est habilité à prendre par voie d'ordonnance, dans un délai de deux mois à compter de la publication de la présente loi, les mesures d'adaptation destinées à adapter le dispositif de l'état d'urgence sanitaire dans les collectivités régies par l'article 74 de la Constitution et en Nouvelle-Calédonie, dans le respect des compétences de ces collectivités. Un projet de loi de ratification est déposé devant le Parlement dans un délai de trois mois à compter de la publication de l'ordonnance.**

Art. 4 **Par dérogation aux dispositions de l'article L. 3131-13 du code de la santé publique, l'état d'urgence sanitaire est déclaré pour une durée de deux mois à compter de l'entrée en vigueur de la présente loi.** – *L'état d'urgence sanitaire déclaré au présent article est prorogé jusqu'au 10 juill. 2020 inclus (L. n° 2020-546 du 11 mai 2020, art. 1er-I).*

L'état d'urgence sanitaire entre en vigueur sur l'ensemble du territoire national. Toutefois, un décret en conseil des ministres pris sur le rapport du ministre chargé

de la santé peut en limiter l'application à certaines des circonscriptions territoriales qu'il précise.

La prorogation de l'état d'urgence sanitaire au-delà de la durée prévue au premier alinéa du présent article ne peut être autorisée que par la loi. Il peut être mis fin à l'état d'urgence sanitaire par décret en conseil des ministres avant l'expiration du délai fixé au même premier alinéa.

....

Ordonnance n° 2020-306 du 25 mars 2020,

Relative à la prorogation des délais échus pendant la période d'urgence sanitaire et à l'adaptation des procédures pendant cette même période.

NDLR : V., sur l'interprétation des dispositions de la présente ordonnance concernant les relations avec la CNIL pendant l'état d'urgence sanitaire, Communiqué de la CNIL du 17 avr. 2020.

TITRE I DISPOSITIONS GÉNÉRALES RELATIVES À LA PROROGATION DES DÉLAIS

Art. 1er I. — **Les dispositions du présent titre sont applicables aux délais et mesures qui ont expiré ou qui expirent entre le 12 mars 2020 et l'expiration d'un délai d'un mois à compter de la date de cessation de l'état d'urgence sanitaire déclaré dans les conditions de l'article 4 de la loi du** *(Ord. n° 2020-560 du 13 mai 2020, art. 1er)* **« le 23 juin 2020 inclus ».**

II. — Les dispositions du présent titre ne sont pas applicables :

1° Aux délais et mesures résultant de l'application de règles de droit pénal et de procédure pénale, ou concernant les élections régies par le code électoral et les consultations auxquelles ce code est rendu applicable ;

2° Aux délais concernant l'édiction et la mise en œuvre de mesures privatives de liberté ;

(Ord. n° 2020-427 du 15 avr. 2020, art. 1er) **« 3° Aux délais concernant les procédures d'inscription dans un établissement d'enseignement ou d'inscription à un examen conduisant à la délivrance d'un diplôme ;**

« 3° *bis* Aux délais dont le respect conditionne l'accès aux corps, cadres d'emploi, emplois ou grades de la fonction publique ainsi que le bénéfice de mutations, détachements, mises à disposition ou autres affectations des agents publics ; »

4° Aux obligations financières et garanties y afférentes mentionnées aux articles L. 211-36 et suivants du code monétaire et financier ;

(Ord. n° 2020-427 du 15 avr. 2020, art. 1er) **« 4° *bis* Aux obligations qui résultent, pour les personnes mentionnées à l'article L. 561-2 du code monétaire et financier, de la section 4 du chapitre 1er ainsi que du chapitre II du titre VI du livre V du même code ;**

« 4° *ter* Aux obligations de déclaration prévues par les articles L. 512-3 du code des assurances et L. 546-2 du code monétaire et financier, pour les personnes tenues de s'immatriculer au registre unique mentionné aux articles L. 512-1 du code des assurances et L. 546-1 du code monétaire et financier, ainsi que pour leurs mandants, les entreprises d'assurance auprès desquelles ils ont souscrit un contrat au titre de leur responsabilité civile professionnelle et les établissements de crédit ou les sociétés de financement auprès desquels ils ont souscrit une garantie financière ;

« 4° *quater* Aux obligations, notamment de déclaration et de notification imposées en application des livres II, IV, V et VI du code monétaire et financier aux entités, personnes, offres et opérations mentionnées à l'article L. 621-9 du même code ainsi qu'aux obligations imposées en application du I et II de l'article L. 233-7 du code de commerce ; »

(Ord. n° 2020-666 du 3 juin 2020, art. 1er) **« Toutefois, les dispositions du présent titre sont applicables à l'obligation mentionnée au dernier alinéa du I des articles L. 214-17-2 et L. 214-24-51 et à l'article L. 214-52 du code monétaire et financier. Elles sont également applicables à l'obligation de respecter, au plus tard lors de l'inventaire de clôture de l'exercice suivant celui au cours duquel le fonds de capital investissement a été constitué, les quotas d'investissement mentionnés au V de**

l'article L. 214-28, au dernier alinéa du I de l'article L. 214-30, au A du V de l'article L. 214-31 et au I de l'article L. 214-159 du même code, dès lors que cette obligation devait être remplie à une échéance fixée entre le 12 mars et le 30 juin 2020 inclus ; »

(Ord. n° 2020-427 du 15 avr. 2020, art. 1er) **« 4° *quinquies* Aux délais concernant les déclarations prévues aux articles L. 152-1, L. 721-2, L. 741-4, L. 751-4, L. 761-3 et L. 771-1 du code monétaire et financier ; »**

5° Aux délais et mesures ayant fait l'objet d'autres adaptations particulières par la loi du 23 mars 2020 d'urgence pour faire face à l'épidémie de covid-19 ou en application de celle-ci.

(Ord. n° 2020-427 du 15 avr. 2020, art. 1er) **« 6° Aux délais concernant les déclarations relatives aux produits chimiques et aux installations fabriquant, stockant, traitant ou consommant de tels produits, mentionnées aux articles L. 2342-8 à L. 2342-21 du code de la défense ;**

« 7° Aux délais de demande de restitution de l'enfant déclaré pupille de l'État à titre provisoire, tels que définis au deuxième alinéa de l'article L. 224-6 du code de l'action sociale et des familles ;

« 8° Aux demandes d'aides ainsi qu'aux déclarations et formalités nécessaires pour bénéficier des différents régimes d'aides relevant de la politique agricole commune ;

« 9° Aux délais, régis par le code de l'environnement ou le code de la défense, concernant les déclarations d'accident ou d'incident nucléaire ainsi que toute autre procédure de déclaration, d'information ou d'alerte ou acte destiné à assurer la sécurité nucléaire et la protection des installations, des matières et des équipements nucléaires ainsi que celles du transport des substances radioactives et des matières nucléaires ;

« 10° Aux délais dans lesquels doivent être présentées les demandes d'attribution de logements destinés aux étudiants et gérés par les centres régionaux des œuvres universitaires et scolaires ;

« 11° Aux délais accordés par des procédures d'appels à projets aux personnes souhaitant concourir à la réalisation de politiques publiques et bénéficier à ce titre d'aides publiques ; »

(Ord. n° 2020-560 du 13 mai 2020, art. 1er) **« 12° Aux délais pour l'établissement des actes de l'état civil relatant des événements survenus à compter du 24 mai 2020 » ;**

(Ord. n° 2020-666 du 3 juin 2020, art. 1er) **« 13° Aux délais de livraisons mentionnés dans les contrats portant sur le transfert de la propriété ou la livraison de marchandises d'origine agricole fongibles non périssables et sèches et des produits de leur première transformation, ainsi qu'aux délais mentionnés dans les contrats d'affrètement maritime et fluvial de ces marchandises et produits. »** — *Ces dispositions s'appliquent aux contrats en cours à l'expiration d'un délai de sept jours suivant la date de l'entrée en vigueur de l'Ord. n° 2020-666 du 3 juin 2020 (Ord. préc., art. 4).*

III. — Les dispositions du présent titre sont applicables aux mesures restrictives de liberté et aux autres mesures limitant un droit ou une liberté constitutionnellement garanti, sous réserve qu'elles n'entraînent pas une prorogation au-delà du 30 juin 2020.

Les modifications introduites par l'art. 1er de l'Ord. n° 2020-427 du 15 avr. 2020 ne sont pas applicables en Nouvelle-Calédonie et en Polynésie française en tant qu'elles s'appliquent à des matières relevant de la compétence de ces collectivités (Ord. préc., art. 10).

Pour l'application à la Nouvelle-Calédonie, à la Polynésie française et à Wallis-et-Futuna du 4° quater du II dans sa rédaction résultant de l'Ord. n° 2020-666 du 3 juin 2020, les références : « L. 214-17-2 » et « L. 214-30 » sont supprimées (Ord. préc., art. 3-II).

Le 13° du II dans sa rédaction résultant de l'Ord. n° 2020-666 du 3 juin 2020 n'est pas applicable en Polynésie française. Pour son application en Nouvelle-Calédonie et à Wallis-et-Futuna, ce même 13° est ainsi rédigé : « 13° Aux délais figurant dans les contrats d'affrètement maritime de marchandises d'origine agricole fongibles non périssables et sèches et des produits de leur première transformation. » (Ord. préc., art. 3-III).

Art. 2 **Tout acte, recours, action en justice, formalité, inscription, déclaration, notification ou publication prescrit par la loi ou le règlement à peine de nullité, sanction, caducité, forclusion, prescription, inopposabilité, irrecevabilité, péremption, désistement d'office, application d'un régime particulier, non avenu ou déchéance d'un droit quelconque et qui aurait dû être accompli pendant la période mentionnée à**

l'article 1er sera réputé avoir été fait à temps s'il a été effectué dans un délai qui ne peut excéder, à compter de la fin de cette période, le délai légalement imparti pour agir, dans la limite de deux mois.

Il en est de même de tout paiement prescrit par la loi ou le règlement en vue de l'acquisition ou de la conservation d'un droit.

(Ord. nº 2020-427 du 15 avr. 2020, art. 2) **« Le présent article n'est pas applicable aux délais de réflexion, de rétractation ou de renonciation prévus par la loi ou le règlement, ni aux délais prévus pour le remboursement de sommes d'argent en cas d'exercice de ces droits. »** – *Cette modification a un caractère interprétatif (Ord. nº 2020-427 du 15 avr. 2020, art. 2 in fine).*

(Ord. nº 2020-666 du 3 juin 2020, art. 2) **« Lorsque les dispositions du présent article s'appliquent à un délai d'opposition ou de contestation, elles n'ont pas pour effet de reporter la date avant laquelle l'acte subordonné à l'expiration de ce délai ne peut être légalement accompli ou produire ses effets ou avant laquelle le paiement ne peut être libératoire. »** – *Cette modification a un caractère interprétatif (Ord. nº 2020-666 du 3 juin2020, art. 2 in fine).*

Les modifications introduites par l'art. 2 de l'Ord. nº 2020-427 du 15 avr. 2020 ne sont pas applicables en Nouvelle-Calédonie et en Polynésie française en tant qu'ils s'appliquent à des matières relevant de la compétence de ces collectivités (Ord. préc., art. 10).

Art. 3 **Les mesures administratives ou juridictionnelles suivantes et dont le terme vient à échéance au cours de la période définie au I de l'article 1er sont prorogées de plein droit jusqu'à l'expiration d'un délai de** *(Ord. nº 2020-560 du 13 mai 2020, art. 1er)* **« trois » mois suivant la fin de cette période :**

1º Mesures conservatoires, d'enquête, d'instruction, de conciliation ou de médiation ;

2º Mesures d'interdiction ou de suspension qui n'ont pas été prononcées à titre de sanction ;

3º Autorisations, permis et agréments ;

4º Mesures d'aide, d'accompagnement ou de soutien aux personnes en difficulté sociale ;

(Abrogé par Ord. nº 2020-595 du 20 mai 2020, art. 15) ***« 5º Les mesures d'aide à la gestion du budget familial. »***

(Ord. nº 2020-427 du 15 avr. 2020, art. 3) **« Les dispositions du présent article ne font pas obstacle à l'exercice, par le juge ou l'autorité compétente, de ses compétences pour modifier ces mesures ou y mettre fin, ou, lorsque les intérêts dont il a la charge le justifient, pour prescrire leur application ou en ordonner de nouvelles en fixant un délai qu'il détermine. Dans tous les cas, le juge ou l'autorité compétente tient compte, dans la détermination des prescriptions ou des délais à respecter, des contraintes liées à l'état d'urgence sanitaire. »**

Les modifications introduites par l'art. 3 de l'Ord. nº 2020-427 du 15 avr. 2020 ne sont pas applicables en Nouvelle-Calédonie et en Polynésie française en tant qu'ils s'appliquent à des matières relevant de la compétence de ces collectivités (Ord. préc., art. 10).

Art. 4 **Les astreintes, les clauses pénales, les clauses résolutoires ainsi que les clauses prévoyant une déchéance, lorsqu'elles ont pour objet de sanctionner l'inexécution d'une obligation dans un délai déterminé, sont réputées n'avoir pas pris cours ou produit effet, si ce délai a expiré pendant la période définie au I de l'article 1er.**

(Ord. nº 2020-427 du 15 avr. 2020, art. 4) **« Si le débiteur n'a pas exécuté son obligation, la date à laquelle ces astreintes prennent cours et ces clauses produisent leurs effets est reportée d'une durée, calculée après la fin de cette période, égale au temps écoulé entre, d'une part, le 12 mars 2020 ou, si elle est plus tardive, la date à laquelle l'obligation est née et, d'autre part, la date à laquelle elle aurait dû être exécutée.**

« La date à laquelle ces astreintes prennent cours et ces clauses prennent effet, lorsqu'elles ont pour objet de sanctionner l'inexécution d'une obligation, autre que de sommes d'argent, dans un délai déterminé expirant après la période définie au I de l'article 1er, est reportée d'une durée égale au temps écoulé entre, d'une part, le 12 mars 2020 ou, si elle est plus tardive, la date à laquelle l'obligation est née et, d'autre part, la fin de cette période. »

Le cours des astreintes et l'application des clauses pénales qui ont pris effet avant le 12 mars 2020 sont suspendus pendant la période définie au I de l'article 1er.

Les modifications introduites par l'art. 4 de l'Ord. n° 2020-427 du 15 avr. 2020 ne sont pas applicables en Nouvelle-Calédonie et en Polynésie française en tant qu'ils s'appliquent à des matières relevant de la compétence de ces collectivités (Ord. préc., art. 10).

Art. 5 Lorsqu'une convention ne peut être résiliée que durant une période déterminée ou qu'elle est renouvelée en l'absence de dénonciation dans un délai déterminé, cette période ou ce délai sont prolongés s'ils expirent durant la période définie au I de l'article 1er, de deux mois après la fin de cette période.

TITRE II AUTRES DISPOSITIONS PARTICULIÈRES AUX DÉLAIS ET PROCÉDURES EN MATIÈRE ADMINISTRATIVE

Art. 6 Le présent titre s'applique aux administrations de l'État, aux collectivités territoriales, à leurs établissements publics administratifs ainsi qu'aux organismes et personnes de droit public et de droit privé chargés d'une mission de service public administratif, y compris les organismes de sécurité sociale.

Art. 7 Sous réserve des obligations qui découlent d'un engagement international ou du droit de l'Union européenne, les délais à l'issue desquels une décision, un accord ou un avis de l'un des organismes ou personnes mentionnés à l'article 6 peut ou doit intervenir ou est acquis implicitement et qui n'ont pas expiré avant le 12 mars 2020 sont, à cette date, suspendus jusqu'à la fin de la période mentionnée au I de l'article 1er.

Le point de départ des délais de même nature qui auraient dû commencer à courir pendant la période mentionnée au I de l'article 1er est reporté jusqu'à l'achèvement de celle-ci.

Les mêmes règles s'appliquent aux délais impartis aux mêmes organismes ou personnes pour vérifier le caractère complet d'un dossier ou pour solliciter des pièces complémentaires dans le cadre de l'instruction d'une demande ainsi qu'*(Ord. n° 2020-427 du 15 avr. 2020, art. 5)* « au délai de rétractation fixé au titre de la procédure de rupture conventionnelle dans la fonction publique prévue par l'article 72 de la loi n° 2019-828 du 6 août 2019 de transformation de la fonction publique.

« Sous réserve des dispositions de l'article 12, les délais prévus pour la consultation ou la participation du public sont suspendus *(Ord. n° 2020-560 du 13 mai 2020, art. 1er)* « jusqu'au 30 mai 2020 inclus ».

Les modifications introduites par l'art. 5 de l'Ord. n° 2020-427 du 15 avr. 2020 ne sont applicables en Nouvelle-Calédonie et en Polynésie française qu'en ce qui concerne les administrations de l'État et ses établissements publics (Ord. préc., art. 10).

Art. 8 Lorsqu'ils n'ont pas expiré avant le 12 mars 2020, les délais imposés par l'administration, conformément à la loi et au règlement, à toute personne pour réaliser des contrôles et des travaux ou pour se conformer à des prescriptions de toute nature sont, à cette date, suspendus jusqu'à la fin de la période mentionnée au I de l'article 1er, sauf lorsqu'ils résultent d'une décision de justice.

Le point de départ des délais de même nature qui auraient dû commencer à courir pendant la période mentionnée au I de l'article 1er est reporté jusqu'à l'achèvement de celle-ci.

(Ord. n° 2020-427 du 15 avr. 2020, art. 6) « Les dispositions du présent article ne font pas obstacle à l'exercice, par l'autorité administrative, de ses compétences pour modifier ces obligations ou y mettre fin, ou, lorsque les intérêts dont elle a la charge le justifie, pour prescrire leur application ou en ordonner de nouvelles, dans le délai qu'elle détermine. Dans tous les cas, l'autorité administrative tient compte, dans la détermination des obligations ou des délais à respecter, des contraintes liées à l'état d'urgence sanitaire. »

Les modifications introduites par l'art. 6 de l'Ord. n° 2020-427 du 15 avr. 2020 ne sont applicables en Nouvelle-Calédonie et en Polynésie française qu'en ce qui concerne les administrations de l'État et ses établissements publics (Ord. préc., art. 10).

Art. 9 Par dérogation aux dispositions des articles 7 et 8, un décret détermine les catégories d'actes, de procédures et d'obligations pour lesquels, pour des motifs de protection des intérêts fondamentaux de la Nation, de sécurité, de protection de la santé, de la salubrité publique, *(Ord. nº 2020-427 du 15 avr. 2020, art. 7)* « de sauvegarde de l'emploi et de l'activité, de sécurisation des relations de travail et de la négociation collective, » de préservation de l'environnement et de protection de l'enfance et de la jeunesse, le cours des délais reprend.

Pour les mêmes motifs, un décret peut, pour un acte, une procédure ou une obligation, fixer une date de reprise du délai, à condition d'en informer les personnes concernées.

(Ord. nº 2020-347 du 27 mars 2020, art. 8) « Les décrets mentionnés aux premier et deuxième alinéas du présent article peuvent, le cas échéant, déroger aux règles fixées à l'article 4 sur le cours des astreintes. »

Les modifications introduites par l'art. 7 de l'Ord. nº 2020-427 du 15 avr. 2020 ne sont applicables en Nouvelle-Calédonie et en Polynésie française qu'en ce qui concerne les administrations de l'État et ses établissements publics (Ord. préc., art. 10).

Art. 10 I. — Sont suspendus à compter du 12 mars 2020 et *(Ord. nº 2020-560 du 13 mai 2020, art. 1er)* « jusqu'au 23 août 2020 inclus » et ne courent qu'à compter de cette dernière date, s'agissant de ceux qui auraient commencé à courir pendant la période précitée, les délais :

1° Accordés à l'administration pour réparer les omissions totales ou partielles constatées dans l'assiette de l'impôt, les insuffisances, les inexactitudes ou les erreurs d'imposition et appliquer les intérêts de retard et les sanctions en application des articles L. 168 à L. 189 du livre des procédures fiscales ou de l'article 354 du code des douanes lorsque la prescription est acquise au 31 décembre 2020 ;

2° Accordés à l'administration ou à toute personne ou entité et prévus par les dispositions du titre II *(Ord. nº 2020-560 du 13 mai 2020, art. 1er)* « des première, deuxième et troisième parties » du livre des procédures fiscales, à l'exception des délais de prescription prévus par les articles L. 168 à L. 189 du même livre, par les dispositions de l'article L. 198 A du même livre en matière d'instruction sur place des demandes de remboursement de crédits de taxe sur la valeur ajoutée ainsi que par les dispositions *(Ord. nº 2020-560 du 13 mai 2020, art. 1er)* « de l'article 67 D » du code des douanes ;

(Ord. nº 2020-560 du 13 mai 2020, art. 1er) « Toutefois, sont suspendus à compter du 12 mars 2020 et jusqu'au 23 juin 2020 inclus et ne courent qu'à compter de cette dernière date, s'agissant de ceux qui auraient commencé à courir pendant cette même période, les délais prévus aux articles L. 18, L. 64 B, L. 80 B, L. 80 C et L. 80 CB du livre des procédures fiscales et ceux prévus à l'article 345 *bis* du code des douanes. »

3° Prévus à l'article 32 de la loi du 10 août 2018 susvisée.

II. — Les dispositions de l'article 2 de la présente ordonnance ne s'appliquent pas aux déclarations servant à l'imposition et à l'assiette, à la liquidation et au recouvrement des impôts, droits et taxes.

Art. 11 S'agissant des créances dont le recouvrement incombe aux comptables publics, les délais en cours à la date du 12 mars 2020 ou commençant à courir au cours de la période définie au I de l'article 1er prévus à peine de nullité, caducité, forclusion, prescription, inopposabilité ou déchéance d'un droit ou d'une action sont suspendus jusqu'au terme d'un délai de deux mois suivant la fin de la période mentionnée au même I de l'article 1er.

Art. 11 *bis* *(Ord. nº 2020-428 du 15 avr. 2020, art. 8)* I. —Les dispositions du présent article sont applicables aux accords collectifs conclus *(Ord. nº 2020-537 du 17 juin 2020, art. 1er)* « jusqu'au 10 octobre 2020 inclus », et dont l'objet est exclusivement de faire face aux conséquences économiques, financières et sociales de la propagation de l'épidémie de covid-19 ainsi qu'aux conséquences des mesures prises pour limiter cette propagation.

II. — Pour la négociation et la conclusion des accords mentionnés au I :

1° Le délai de quinze jours mentionné au deuxième alinéa de l'article L. 2232-6 du code du travail est réduit à huit jours ;

2° Le délai d'un mois mentionné au deuxième alinéa de l'article L. 2232-12 du même code est réduit à huit jours ;

3° Le délai de huit jours mentionné au troisième alinéa de l'article L. 2232-12 du même code est réduit à cinq jours ;

(Abrogé par Ord. n° 2020-737 du 17 juin 2020, art. 1er, à compter du 11 août 2020) *« 4° Le délai minimum de quinze jours mentionné au deuxième alinéa de l'article L. 2232-21 du même code est réduit à cinq jours ; »*

5° Le délai d'un mois mentionné au deuxième alinéa de l'article L. 2232-25-1 du même code est réduit à huit jours.

III. — Pour l'extension des accords mentionnés au I, le délai d'un mois mentionné au troisième alinéa de l'article L. 2261-19 du code du travail est réduit à huit jours. Un décret peut adapter les délais applicables à la procédure d'extension des accords mentionnés au I.

IV. — Les dispositions de l'article 2 de *(Ord. n° 2020-737 du 17 juin 2020, art. 1er)* « la présente ordonnance » ne s'appliquent pas aux délais mentionnés au présent article.

V. — Les dispositions du présent article s'appliquent aux délais qui n'ont pas commencé à courir à la date d'entrée en vigueur de la présente ordonnance.

Les dispositions du 1° du II s'appliquent aux accords conclus à compter du 12 mars 2020 qui n'ont pas fait l'objet de la notification prévue à l'article L. 2232-6 du code du travail à la date d'entrée en vigueur de la présente ordonnance.

Les dispositions du III s'appliquent aux accords conclus à compter du 12 mars 2020 dont l'avis d'extension au *Journal officiel* de la République française n'a pas été publié à la date d'entrée en vigueur de la présente ordonnance.

TITRE II *BIS* DISPOSITIONS PARTICULIÈRES AUX ENQUÊTES PUBLIQUES ET AUX DÉLAIS APPLICABLES EN MATIÈRE D'URBANISME, D'AMÉNAGEMENT ET DE CONSTRUCTION *(Ord. n° 2020-460 du 22 avr. 2020, art. 23).*

Art. 12 Le présent article s'applique à toute enquête publique déjà en cours à la date du 12 mars 2020 ou devant être organisée *(Ord. n° 2020-560 du 13 mai 2020, art. 1er)* « jusqu'au 23 août 2020 inclus ».

Lorsque le retard résultant de l'interruption de l'enquête publique ou de l'impossibilité de l'accomplir en raison de l'état d'urgence sanitaire est susceptible d'entraîner des conséquences difficilement réparables dans la réalisation de projets présentant un intérêt national et un caractère urgent, l'autorité compétente pour organiser l'enquête publique peut en adapter les modalités :

1° En prévoyant que l'enquête publique en cours se poursuit en recourant uniquement à des moyens électroniques dématérialisés. La durée totale de l'enquête peut être adaptée pour tenir compte, le cas échéant, de l'interruption due à l'état d'urgence sanitaire. Les observations recueillies précédemment sont dûment prises en compte par le commissaire enquêteur ;

2° En organisant une enquête publique d'emblée conduite uniquement par des moyens électroniques dématérialisés.

Lorsque la durée de l'enquête *(Ord. n° 2020-560 du 13 mai 2020, art. 1er)* « court au-delà du 30 mai 2020, » l'autorité compétente dispose de la faculté de revenir, une fois achevée cette période et pour la durée de l'enquête restant à courir, aux modalités d'organisation de droit commun énoncées par les dispositions qui régissent la catégorie d'enquêtes dont elle relève.

Dans tous les cas, le public est informé par tout moyen compatible avec l'état d'urgence sanitaire de la décision prise en application du présent article.

Art. 12 *bis* *(Ord. n° 2020-427 du 15 avr. 2020, art. 8)* Les délais applicables aux recours et aux déférés préfectoraux à l'encontre d'une décision de non-opposition à une déclaration préalable ou d'un permis de construire, d'aménager ou de démolir, qui n'ont pas expiré avant le 12 mars 2020 sont, à cette date, suspendus. Ils recommencent à courir à compter *(Ord. n° 2020-539 du 7 mai 2020, art. 1er)* « du 24 mai 2020 » pour la durée restant à courir le 12 mars 2020, sans que cette durée puisse être inférieure à sept jours.

Le point de départ des délais de même nature qui auraient dû commencer à courir durant la période comprise entre le 12 mars 2020 et *(Ord. n° 2020-539 du 7 mai 2020, art. 1er)* **« le 23 mai 2020 » est reporté à l'achèvement de celle-ci.**

(Ord. n° 2020-539 du 7 mai 2020, art. 1er) **« Les dispositions du présent article s'appliquent également aux recours formés à l'encontre des agréments prévus à l'article L. 510-1 du code de l'urbanisme lorsqu'ils portent sur un projet soumis à autorisation d'urbanisme ainsi qu'aux recours administratifs préalables obligatoires dirigés contre les avis rendus par les commissions départementales d'aménagement commercial dans les conditions prévues au I de l'article L. 752-17 du code de commerce. »**

Art. 12 *ter* *(Ord. n° 2020-427 du 15 avr. 2020, art. 8) (Ord. n° 2020-460 du 22 avr. 2020, art. 23)* **« Sans préjudice de la faculté de prévoir, pour les mêmes motifs que ceux énoncés à l'article 9, une reprise des délais par décret, les délais d'instruction des demandes d'autorisation et de certificats d'urbanisme » et des déclarations préalables prévus par le livre IV du code de l'urbanisme** *(Ord. n° 2020-539 du 7 mai 2020, art. 1er)* **« , y compris les délais impartis à l'administration pour vérifier le caractère complet d'un dossier ou pour solliciter des pièces complémentaires dans le cadre de l'instruction, » ainsi que les procédures de récolement prévues à l'article L. 462-2 du même code, qui n'ont pas expiré avant le 12 mars 2020 sont, à cette date, suspendus. Ils reprennent leur cours à compter** *(Ord. n° 2020-539 du 7 mai 2020, art. 1er)* **« du 24 mai 2020 ».**

Le point de départ des délais de même nature qui auraient dû commencer à courir pendant la période comprise entre le 12 mars 2020 et *(Ord. n° 2020-539 du 7 mai 2020, art. 1er)* **« le 23 mai 2020 » est reporté à l'achèvement de celle-ci.**

Les mêmes règles s'appliquent aux délais impartis aux collectivités territoriales et à leurs établissements publics, aux services, autorités ou commissions, pour émettre un avis ou donner un accord dans le cadre de l'instruction d'une demande ou d'une déclaration mentionnée à l'alinéa précédent *(Ord. n° 2020-539 du 7 mai 2020, art. 1er)* **« ainsi qu'au délai dans lequel une décision de non-opposition à une déclaration préalable ou une autorisation d'urbanisme tacite ou explicite peut être retirée, en application de l'article L. 424-5 du code de l'urbanisme. »**

(Ord. n° 2020-460 du 22 avr. 2020, art. 23) **« Les dispositions du présent article s'appliquent également aux demandes d'autorisation de division prévues par le livre Ier du code de la construction et de l'habitation ainsi qu'aux demandes d'autorisation d'ouverture, de réouverture, d'occupation et de travaux concernant des établissements recevant du public et des immeubles de moyenne ou de grande hauteur prévues par le même livre, lorsque ces opérations ou travaux ne requièrent pas d'autorisation d'urbanisme. »**

Les dispositions de l'art. 12 ter ne sont pas applicables en Nouvelle-Calédonie et en Polynésie française en tant qu'ils s'appliquent à des matières relevant de la compétence de ces collectivités (Ord. n° 2020-427 du 15 avr. 2020, art. 10).

Art. 12 *quater* *(Ord. n° 2020-427 du 15 avr. 2020, art. 8) (Ord. n° 2020-460 du 22 avr. 2020, art. 23)* **« Sans préjudice de la faculté de prévoir, pour les mêmes motifs que ceux énoncés à l'article 9, une reprise des délais par décret, les délais relatifs aux procédures de préemption », prévues au titre I du livre II du code de l'urbanisme et au chapitre III du titre IV du livre I du code rural et de la pêche maritime, à l'issue desquels une décision, un accord ou un avis de l'un des organismes ou personnes mentionnés à l'article 6 peut ou doit intervenir ou est acquis implicitement et qui n'ont pas expiré avant le 12 mars 2020, sont, à cette date, suspendus. Ils reprennent leur cours à compter** *(Ord. n° 2020-539 du 7 mai 2020, art. 1er)* **« du 24 mai 2020 » pour la durée restant à courir le 12 mars 2020.**

Le point de départ des délais de même nature qui auraient dû commencer à courir pendant la période comprise entre le 12 mars 2020 et *(Ord. n° 2020-539 du 7 mai 2020, art. 1er)* **« le 23 mai 2020 » est reporté à l'achèvement de celle-ci.**

Les dispositions de l'art. 12 quater ne sont pas applicables en Nouvelle-Calédonie et en Polynésie française en tant qu'ils s'appliquent à des matières relevant de la compétence de ces collectivités (Ord. n° 2020-427 du 15 avr. 2020, art. 10).

Art. 12 *quinquies* *(Ord. nº 2020-427 du 15 avr. 2020, art. 8)* **A compter de l'entrée en vigueur de l'ordonnance nº 2020-427 du 15 avril 2020 portant diverses dispositions en matière de délais pour faire face à l'épidémie de covid-19, le cours des délais reprend pour les participations par voie électronique prévues à l'article 9 de la loi nº 2018-202 du 26 mars 2018 relative à l'organisation des jeux Olympiques et Paralympiques de 2024.**

(Ord. nº 2020-539 du 7 mai 2020, art. 1er) **« A compter du 24 mai 2020, reprennent leur cours les délais relatifs aux avis, actes et procédures qui permettent la réalisation d'opérations d'aménagement, d'ouvrages et de projets immobiliers nécessaires à la préparation, à l'organisation ou au déroulement des jeux Olympiques et Paralympiques de 2024. »**

TITRE III DISPOSITIONS DIVERSES ET FINALES

Art. 13 **Sous réserve des obligations résultant du droit international et du droit de l'Union européenne, les projets de texte réglementaire ayant directement pour objet de prévenir les conséquences de la propagation du covid-19 ou de répondre à des situations résultant de l'état d'urgence sanitaire sont dispensés de toute consultation préalable obligatoire prévue par une disposition législative ou réglementaire, à l'exception de celles du Conseil d'État et des autorités saisies pour avis conforme.**

Art. 14 **La présente ordonnance,** *(Ord. nº 2020-427 du 15 avr. 2020, art. 10-II-1º)* **« à l'exception de son article 10 », est applicable dans les îles Wallis-et-Futuna** *(Ord. nº 2020-560 du 13 mai 2020, art. 13)* **« dans sa rédaction résultant de l'ordonnance »** *(Ord. nº 2020-666 du 3 juin 2020, art. 3)* **« nº 2020-666 du 3 juin 2020 ».** – *Les modifications introduites par l'Ord. nº 2020-427 du 15 avr. 2020 sont applicables dans les îles Wallis-et-Futuna, à l'exception du 8º de l'art. 1er et des art. 12 ter et 12 quater (Ord. préc., art. 10).*

(Abrogé par Ord. nº 2020-427 du 15 avr. 2020, art. 10-II-2º) ***« Elle est applicable en Polynésie française, à l'exception de son article 2 en tant qu'il s'applique à des matières relevant de la compétence de la Polynésie française, des 2º à 4º de son article 3, de ses articles 4 et 5 en tant que leurs dispositions concernent la matière civile ou commerciale et de ses articles 10 et 12. Les articles 7, 8 et 9 ne sont applicables qu'en ce qui concerne les administrations de l'État et ses établissements publics. »***

(Ord. nº 2020-560 du 13 mai 2020, art. 13) **« La présente ordonnance, dans sa rédaction résultant de l'ordonnance »** *(Ord. nº 2020-666 du 3 juin 2020, art. 3)* **« nº 2020-666 du 3 juin 2020 » est applicable en Nouvelle-Calédonie** *(Ord. nº 2020-427 du 15 avr. 2020, art. 10-II-3º)* **« et en Polynésie française », à l'exception de ses articles 2 à 5 en tant qu'ils s'appliquent à des matières relevant de la compétence** *(Ord. nº 2020-427 du 15 avr. 2020, art. 10-II-3º)* **« de ces collectivités » et de ses articles 10 et 12. Les articles 7, 8 et 9 ne sont applicables qu'en ce qui concerne les administrations de l'État et ses établissements publics.**

L'art. 10 de l'Ord. nº 2020-427 du 15 avr. 2020 n'est pas applicable en Nouvelle-Calédonie, en Polynésie française et dans les îles Wallis-et-Futuna (Ord. préc., art. 10-I).

Loi nº 2020-546 du 11 mai 2020,

Prorogeant l'état d'urgence sanitaire et complétant ses dispositions.

CHAPITRE II *DISPOSITIONS RELATIVES À LA CRÉATION D'UN SYSTÈME D'INFORMATION AUX SEULES FINS DE LUTTER CONTRE L'ÉPIDÉMIE DE COVID-19*

Art. 11 **I. – Par dérogation à l'article L. 1110-4 du code de la santé publique, aux seules fins de lutter contre la propagation de l'épidémie de covid-19 et pour la durée strictement nécessaire à cet objectif ou, au plus tard, jusqu'au** *(L. nº 2022-1089 du 30 juill. 2022, art. 2)* **« 31 janvier 2023** *[nouvelle rédaction en vigueur le 1er févr. 2023 : 30 juin 2023]* **», des données à caractère personnel concernant la santé relatives aux personnes** *(L. nº 2022-1089 du 30 juill. 2022, art. 2, en vigueur le 1er févr. 2023)* **« ayant**

fait l'objet d'un examen de dépistage virologique ou sérologique de la covid-19 *[ancienne rédaction : atteintes par ce virus et aux personnes ayant été en contact avec elles]* **» peuvent être traitées et partagées, le cas échéant sans le consentement des personnes intéressées, dans le cadre d'un système d'information créé par décret en Conseil d'État et mis en œuvre par le ministre chargé de la santé.**

Le ministre chargé de la santé ainsi que l'Agence nationale de santé publique *(Abrogé par L. n° 2022-1089 du 30 juill. 2022, art. 2, à compter du 1er févr. 2023)* **«*, un organisme d'assurance maladie*» et les agences régionales de santé peuvent en outre, aux mêmes fins et pour la même durée, être autorisés par décret en Conseil d'État à adapter les systèmes d'information existants et à prévoir le partage des mêmes données dans les mêmes conditions que celles prévues au premier alinéa du présent I.**

Les données à caractère personnel collectées par ces systèmes d'information à ces fins ne peuvent être conservées *(L. n° 2022-1089 du 30 juill. 2022, art. 2, en vigueur le 1er févr. 2023)* **« qu'avec le consentement des personnes concernées, à l'exception des données nécessaires aux fins mentionnées au 4° du II. Ces données peuvent être conservées pour une** *[ancienne rédaction : à l'issue d'une]* **» durée de trois mois après leur collecte.** *(L. n° 2021-1040 du 5 août 2021, art. 8)* **« Par dérogation, les données relatives à une personne ayant fait l'objet d'un examen de dépistage virologique ou sérologique de la covid-19 concluant à une contamination sont conservées pour une durée de six mois après leur collecte. »** *(L. n° 2020-856 du 9 juill. 2020, art. 3)* **« La durée de conservation de certaines données à caractère personnel peut être prolongée, pour la seule finalité de traitement mentionnée au 4° du II et** *(L. n° 2020-1379 du 14 nov. 2020, art. 5)* **«, au plus tard, jusqu'à la date » mentionnée au premier alinéa du présent I, par décret en Conseil d'État pris après avis publics du comité mentionné au VIII et de la Commission nationale de l'informatique et des libertés. Ce décret précise, pour les données collectées avant son entrée en vigueur, les modalités selon lesquelles les personnes concernées sont informées sans délai de cette prolongation. »**

Les données à caractère personnel concernant la santé sont strictement limitées au statut virologique ou sérologique de la personne à l'égard du virus mentionné au présent I ainsi qu'à des éléments probants de diagnostic clinique et d'imagerie médicale, précisés par le décret en Conseil d'État prévu au présent I.

Le décret en Conseil d'État prévu au présent I précise les modalités d'exercice des droits d'accès, d'information, d'opposition et de rectification des personnes *(L. n° 2022-1089 du 30 juill. 2022, art. 2, en vigueur le 1er févr. 2023)* **« ayant fait l'objet d'un examen de dépistage virologique ou sérologique de la covid-19** *[ancienne rédaction : concernées, celles atteintes par le virus ou celles en contact avec ces dernières]* **», lorsque leurs données personnelles sont collectées dans ces systèmes d'information à l'initiative de tiers.**

La prorogation des systèmes d'information au-delà de la *(L. n° 2020-1379 du 14 nov. 2020, art. 5)* **« date mentionnée » au premier alinéa du présent I ne peut être autorisée que par la loi.**

II. — Les systèmes d'information mentionnés au I ont pour finalités :

1° *(L. n° 2022-1089 du 30 juill. 2022, art. 2, en vigueur le 1er févr. 2023)* **« Sous réserve du consentement des personnes concernées au partage de leurs données personnelles à cette fin, » l'identification des personnes infectées, par la prescription et la réalisation** *(L. n° 2020-1379 du 14 nov. 2020, art. 5)* **« d'examens de dépistage virologique ou sérologique ou d'examens » d'imagerie médicale pertinents ainsi que par la collecte de leurs résultats, y compris non positifs, ou par la transmission des éléments probants de diagnostic clinique susceptibles de caractériser l'infection mentionnés au même I. Ces informations sont renseignées par un** *(L. n° 2020-1379 du 14 nov. 2020, art. 5)* **« professionnel de santé figurant sur une liste prévue par décret et habilité à la réalisation des examens de dépistage virologique ou sérologique ou sous la responsabilité de ce professionnel », dans le respect de leur devoir d'information à l'égard des patients ;**

(L. n° 2022-1089 du 30 juill. 2022, art. 2, en vigueur le 1er févr. 2023) **« 1° *bis* Sous réserve du consentement des personnes concernées au partage de leurs données personnelles à cette fin, la délivrance en leur faveur d'un justificatif d'absence de contamination par la covid-19 ou d'un certificat de rétablissement pouvant être présenté pour satisfaire aux obligations mentionnées aux articles 6 et 7 du règlement (UE)**

2021/953 du Parlement européen et du Conseil du 14 juin 2021 relatif à un cadre pour la délivrance, la vérification et l'acceptation de certificats covid-19 interopérables de vaccination, de test et de rétablissement (certificat covid numérique de l'UE) afin de faciliter la libre circulation pendant la pandémie de covid-19 ; »

(Abrogé par L. n° 2022-1089 du 30 juill. 2022, art. 2, à compter du 1er févr. 2023) ***« 2° L'identification des personnes présentant un risque d'infection, par la collecte des informations relatives aux contacts des personnes infectées et, le cas échéant, par la réalisation d'enquêtes sanitaires, en présence notamment de cas groupés ;***

« 3° L'orientation des personnes infectées, et des personnes susceptibles de l'être, en fonction de leur situation, vers des prescriptions médicales d'isolement prophylactiques, ainsi que l'accompagnement de ces personnes pendant et après la fin de ces mesures ; »

4° La surveillance épidémiologique aux niveaux national et local, ainsi que la recherche sur le virus et les moyens de lutter contre sa propagation, sous réserve, en cas de collecte d'informations, de supprimer les nom et prénoms des personnes, leur numéro d'inscription au répertoire national d'identification des personnes physiques *(L. n° 2020-1379 du 14 nov. 2020, art. 5)* « , leur adresse et leurs coordonnées de contact téléphonique et électronique » ;

(Abrogé par L. n° 2022-1089 du 30 juill. 2022, art. 2, à compter du 1er févr. 2023) ***« 5° L'accompagnement social des personnes infectées et des personnes susceptibles de l'être pendant et après la fin des prescriptions médicales d'isolement prophylactiques, sous réserve du recueil préalable du consentement des intéressés au partage de leurs données à caractère personnel dans ce cadre ;***

« 6° L'adaptation, à partir des dates et résultats des examens de dépistage virologique, de la durée des mesures de mise en quarantaine ou de placement et de maintien en isolement prévues *(Abrogé par L. n° 2022-1089 du 30 juill. 2022, art. 2)* ***« aux 3° et 4° du I de l'article L. 3131-15 du code de la santé publique et » au 2° du I de l'article L. 3131-1 du*** *(L. n° 2022-1089 du 30 juill. 2022, art. 2)* ***« code de la santé publique ».***

« Les données d'identification des personnes infectées ne peuvent être communiquées, sauf accord exprès, aux personnes ayant été en contact avec elles. »

Sont exclus de ces finalités le développement ou le déploiement d'une application informatique à destination du public et disponible sur équipement mobile permettant d'informer les personnes du fait qu'elles ont été à proximité de personnes diagnostiquées positives *(L. n° 2020-1379 du 14 nov. 2020, art. 5)* « à la » covid-19.

III. — Outre les autorités mentionnées au I, le service de santé des armées, les communautés professionnelles territoriales de santé, les établissements de santé, sociaux et médico-sociaux, les équipes de soins primaires mentionnées à l'article L. 1411-11-1 du code de la santé publique, les maisons de santé, les centres de santé, les services de santé au travail mentionnés à l'article L. 4622-1 du code du travail *(L. n° 2020-1379 du 14 nov. 2020, art. 5)* « , les professionnels de santé et personnels spécialement habilités des services de santé des établissements d'enseignement scolaire ou des établissements d'enseignement supérieur » et les médecins prenant en charge les personnes concernées, les pharmaciens, *(L. n° 2020-1379 du 14 nov. 2020, art. 5)* « les professionnels de santé ou les étudiants inscrits dans une formation donnant accès aux professions de santé régies par la quatrième partie du code de la santé publique, » les dispositifs d'appui à la coordination des parcours de santé complexes prévus à l'article L. 6327-1 du code de la santé publique, les dispositifs spécifiques régionaux prévus à l'article L. 6327-6 du même code, les dispositifs d'appui existants qui ont vocation à les intégrer mentionnés au II de l'article 23 de la loi n° 2019-774 du 24 juillet 2019 relative à l'organisation et à la transformation du système de santé ainsi que les laboratoires *(L. n° 2020-1379 du 14 nov. 2020, art. 5)* « , services et professionnels de santé autorisés à réaliser les examens de dépistage virologique ou sérologique ou les examens » d'imagerie médicale pertinents sur les personnes concernées participent à la mise en œuvre de ces systèmes d'information et peuvent, dans la stricte mesure où leur intervention sert les finalités définies au II du présent article, avoir accès aux seules données nécessaires à leur intervention. *(Abrogé par L. n° 2022-1089 du 30 juill. 2022, art. 2, à compter du 1er févr. 2023)* ***« Les organismes qui assurent l'accompagnement social des intéressés dans les conditions prévues au 5° du II du présent article peuvent également recevoir les données strictement nécessaires à l'exercice de leur mission. Les agents spécialement habilités des services préfectoraux***

peuvent recevoir les données strictement nécessaires à la poursuite de la finalité mentionnée au 6° du II du présent article. » Les personnes ayant accès à ces données sont soumises au secret professionnel. En cas de révélation d'une information issue des données collectées dans ce système d'information, elles encourent les peines prévues à l'article 226-13 du code pénal.

(Abrogé par L. n° 2022-1089 du 30 juill. 2022, art. 2, à compter du 1er févr. 2023) ***« IV. — L'inscription d'une personne dans le système de suivi des personnes contacts emporte prescription pour la réalisation et le remboursement des examens effectués en laboratoires de biologie médicale, par exception à l'article L. 6211-8 du code de la santé publique, et des autres examens mentionnés au 1° du II du présent article ainsi que pour la délivrance des masques en officine. »***

V. — Les modalités d'application du présent article sont fixées par les décrets en Conseil d'État mentionnés au I après avis public *[Dispositions déclarées non conformes à la Constitution par la décision du Conseil constitutionnel n° 2020-800 DC du 11 mai 2020]* de la Commission nationale de l'informatique et des libertés. Ces décrets en Conseil d'État précisent notamment, pour chaque autorité ou organisme mentionné aux I et III, les services ou personnels dont les interventions sont nécessaires aux finalités mentionnées au II et les catégories de données auxquelles ils ont accès, la durée de cet accès, les règles de conservation des données ainsi que les organismes auxquels ils peuvent faire appel, pour leur compte et sous leur responsabilité, pour en assurer le traitement, dans la mesure où les finalités mentionnées au même II le justifient, et les modalités encadrant le recours à la sous-traitance. *(L. n° 2020-1379 du 14 nov. 2020, art. 5)* « Ils dressent la liste exhaustive des données pouvant être collectées en vue du suivi épidémiologique et de la recherche sur le virus.

« VI. — Les données individuelles relatives à la covid-19 font l'objet d'une transmission obligatoire à l'autorité sanitaire prévue à l'article L. 3113-1 du code de la santé publique. Cette transmission est effectuée par les médecins, les responsables des services et laboratoires de biologie médicale publics et privés et les autres professionnels de santé mentionnés au 1° du II du présent article, au moyen des systèmes d'information mentionnés au présent article. »

VII. — Le directeur général de l'Union nationale des caisses d'assurance maladie mentionnée à l'article L. 182-2 du code de la sécurité sociale peut, en tant que de besoin, fixer les modalités de rémunération des professionnels de santé conventionnés participant à la collecte des données nécessaires au fonctionnement des systèmes d'information mis en œuvre pour lutter contre l'épidémie. La collecte de ces données ne peut faire l'objet d'une rémunération liée au nombre et à la complétude des données recensées pour chaque personne enregistrée.

VIII. — Il est instauré un Comité de contrôle et de liaison covid-19 chargé d'associer la société civile et le Parlement aux opérations de lutte contre la propagation de l'épidémie *(Abrogé par L. n° 2022-1089 du 30 juill. 2022, art. 2, à compter du 1er févr. 2023)* ***« par suivi des contacts »*** ainsi qu'au déploiement des systèmes d'information prévus à cet effet.

Ce comité est chargé, par des audits réguliers :

1° D'évaluer, grâce aux retours d'expérience des équipes sanitaires de terrain, l'apport réel des outils numériques à leur action, et de déterminer s'ils sont, ou pas, de nature à faire une différence significative dans le traitement de l'épidémie ;

2° De vérifier tout au long de ces opérations le respect des garanties entourant le secret médical et la protection des données personnelles.

Sa composition, qui inclut deux députés et deux sénateurs désignés par les présidents de leurs assemblées respectives, et la mise en œuvre de ses missions sont fixées par décret.

Les membres du comité exercent leurs fonctions à titre gratuit. — *V. le Décr. n° 2020-572 du 15 mai 2020 relatif au Comité de contrôle et de liaison covid-19 (JO 16 mai).*

IX. — L'Assemblée nationale et le Sénat sont informés sans délai des mesures mises en œuvre par les autorités compétentes en application du présent article.

[Dispositions déclarées non conformes à la Constitution par la décision du Conseil constitutionnel n° 2020-800 DC du 11 mai 2020.]

Le Gouvernement adresse au Parlement un rapport détaillé de l'application de ces mesures *(L. n° 2020-1379 du 14 nov. 2020, art. 5)* **« , comprenant des indicateurs d'activité, de performance et de résultats quantifiés adaptés aux priorités retenues, » tous les trois mois à compter de la promulgation de la présente loi et jusqu'à la disparition des systèmes d'information développés aux fins de lutter contre la propagation de l'épidémie de covid-19. Ces rapports sont complétés par un avis public de la Commission nationale de l'informatique et des libertés.**

(L. n° 2021-689 du 31 mai 2021, art. 7) **« X. –** *(L. n° 2021-1040 du 5 août 2021, art. 7)* **« A l'exclusion des coordonnées de contact téléphonique et électronique des personnes, » les données recueillies dans les traitements de données mis en œuvre en application du présent article et qui relèvent du champ du système national des données de santé défini au I de l'article L. 1461-1 du code de la santé publique sont rassemblées au sein de ce système et soumises au chapitre I du titre VI du livre IV de la première partie du même code. »**

V. note ss. art. R. 1461-2.

La liste mentionnée au 1° du II du présent art. comprend les professionnels suivants :
– médecins ;
– biologistes médicaux ;
– pharmaciens ;
– infirmiers ;
– chirurgiens-dentistes ;
– sages-femmes ;
– masseurs-kinésithérapeutes (Décr. n° 2020-1387 du 14 nov. 2020, art. 1er, mod. par Décr. n° 2020-1514 du 3 déc. 2020, art. 1er).

Les responsables des traitements créés en application de l'art. 11 de la L. n° 2020-546 du 11 mai 2020 informent sans délai et par tout moyen les personnes intéressées que les données qui les concernent sont rassemblées et mises à disposition par le système national des données de santé, en application du X du même art. 11, ainsi que des conséquences juridiques qui en résultent, s'agissant notamment de la durée de conservation de ces données, des personnes qui y ont accès et des finalités en vue desquelles elles peuvent être traitées. Ils les informent également du droit d'opposition dont elles disposent en application de l'art. 74 de la L. n° 78-17 du 6 janv. 1978 relative à l'informatique, aux fichiers et aux libertés (L. n° 2021-689 du 31 mai 2021, art. 7).

L'information mentionnée au précédent al. est délivrée individuellement aux personnes dont les données sont collectées à compter de l'entrée en vigueur de la L. n° 2021-689 du 31 mai 2021, soit le 2 juin 2021 (L. préc., art. 7-II).

V. Décr. n° 2020-551 du 12 mai 2020, infra.

Conseil constitutionnel, décision n° 2020-800 DC du 11 mai 2020,

[LOI PROROGEANT L'ÉTAT D'URGENCE SANITAIRE ET COMPLÉTANT SES DISPOSITIONS]

67. Pour ce qui concerne la dernière finalité, relative à la surveillance épidémiologique et la recherche contre le virus, il est prévu que les nom et prénoms des intéressés, leur numéro d'inscription au répertoire national d'identification des personnes physiques et leur adresse soient supprimés. Sauf à méconnaître le droit au respect de la vie privée, cette exigence de suppression doit également s'étendre aux coordonnées de contact téléphonique ou électronique des intéressés.

73. [...] il appartiendra au pouvoir réglementaire de définir des modalités de collecte, de traitement et de partage des informations assurant leur stricte confidentialité et, notamment, l'habilitation spécifique des agents chargés, au sein de chaque organisme, de participer à la mise en œuvre du système d'information ainsi que la traçabilité des accès à ce système d'information.

74. [...] le paragraphe V de l'article 11 autorise les organismes précités à recourir, pour l'exercice de leur mission dans le cadre du dispositif examiné, à des organismes sous-traitants précisés par décret en Conseil d'État. Toutefois, d'une part, ces sous-traitants agissent pour leur compte et sous leur responsabilité. D'autre part, pour respecter le droit au respect de la vie privée, ce recours aux sous-traitants doit s'effectuer en conformité avec les exigences de nécessité et de confidentialité mentionnées aux paragraphes 71 à 73.

Décret n° 2020-551 du 12 mai 2020,

Relatif aux systèmes d'information mentionnés à l'article 11 de la loi n° 2020-546 du 11 mai 2020 prorogeant l'état d'urgence sanitaire et complétant ses dispositions.

CHAPITRE I *TRAITEMENT "CONTACT COVID"*

Art. 1er I. — La caisse nationale de l'assurance maladie est autorisée, en application de l'article 11 de la loi du 11 mai 2020 susvisée *(Décr. n° 2020-1385 du 14 nov. 2020, art. 1er-1°)* « et jusqu'à la date prévue au premier alinéa du I du même article 11 », à adapter le système d'information "amelipro", aux fins de mettre en œuvre un traitement de données, dénommé "Contact Covid", dans le cadre de sa mission d'intérêt public, conformément aux dispositions du *e* du 1. de l'article 6 du règlement (UE) du 27 avril 2016 susvisé et pour les motifs d'intérêt public mentionnés au *i* du 2. de l'article 9 de ce même règlement.

II. — Pour l'application du présent décret :

1° Le "patient zéro" désigne une personne testée comme positive ou confirmée positive par l'établissement de santé qui a posé le diagnostic ;

2° Le "cas contact" désigne la personne qui a eu un contact avec le patient zéro durant la période, qui ne peut être supérieure à quatorze jours avant le diagnostic, pendant laquelle ce dernier était susceptible d'être contagieux au virus du *[de la]* covid-19 ;

(Décr. n° 2021-48 du 20 janv. 2021, art. 1er-1°) « 3° La personne co-exposée désigne la personne présentant un risque d'infection car, au cours d'une période qui ne peut être supérieure à quatorze jours avant le diagnostic du patient zéro, elle s'est trouvée, au même moment que celui-ci, dans le même lieu, rassemblement ou événement, où les mesures barrières n'ont pu être pleinement respectées, identifié par le patient zéro comme étant à l'origine possible de sa contamination.

« L'évaluation d'une personne comme contact à risque de contamination, qu'elle soit cas contact ou personne co-exposée, s'effectue au regard des critères définis par l'Agence nationale de santé publique, qui sont rendus publics. »

III. — Ce traitement de données a pour finalités :

1° L'identification des personnes infectées, par la prescription *(Décr. n° 2020-1385 du 14 nov. 2020, art. 1er-1°)* « et la réalisation d'examens de dépistage virologique ou sérologique ou d'examens » d'imagerie médicale pertinents ainsi que par la collecte de leurs résultats, y compris non positifs, ou par la transmission des éléments probants de diagnostic clinique susceptibles de caractériser l'infection ;

2° L'identification des personnes présentant un risque d'infection, par la collecte des informations relatives aux contacts des personnes infectées et, le cas échéant, par la réalisation d'enquêtes sanitaires, en présence notamment de cas groupés ;

3° L'orientation des personnes infectées, et des personnes susceptibles de l'être, en fonction de leur situation, vers des prescriptions médicales d'isolement prophylactiques, ainsi que le suivi médical *(Abrogé par Décr. n° 2020-1385 du 14 nov. 2020, art. 1er-1°)* *« et l'accompagnement de ces personnes pendant et après la fin de ces mesures »* ;

4° Permettre la surveillance épidémiologique et la recherche sur le virus et les moyens de lutter contre sa propagation ;

(Décr. n° 2020-1385 du 14 nov. 2020, art. 1er-1°) « 5° L'accompagnement sanitaire et social des personnes infectées et des personnes susceptibles de l'être pendant et après la fin de la période au cours de laquelle les intéressés font l'objet de prescriptions médicales d'isolement prophylactiques, sous réserve, pour l'accompagnement social, du recueil préalable du consentement des intéressés au partage de leurs données à caractère personnel dans ce cadre.

« IV. — Les organismes nationaux d'assurance maladie, la Caisse nationale militaire de sécurité sociale, ainsi que les autres organismes d'assurance maladie peuvent avoir recours à des sous-traitants pour assurer le traitement des données permettant d'exercer les missions mentionnées aux 2° *(Décr. n° 2021-930 du 13 juill. 2021, art. 1er-1°)* « 3°, 4° et » 5° du III, dans les conditions prévues aux articles 28 à 31 du règlement (UE) du 27 avril 2016 susvisé.

« Les organismes mentionnés à l'alinéa précédent s'assurent que les sous-traitants présentent des garanties de compétence et de protection des données suffisantes pour assurer la mise en œuvre des mesures techniques et organisationnelles appropriées et le respect des règles de confidentialité. »

(Décr. nº 2021-930 du 13 juill. 2021, art. 1er-1º) « La mission mentionnée au 4º du III est placée sous la responsabilité conjointe de la CNAM. »

Les personnes dont les données ont été collectées avant la date d'entrée en vigueur du Décr. nº 2021-930 du 13 juill. 2021 dans le cadre des traitements prévus aux art. 1er et 8 du Décr. nº 2020-550 du 12 mai 2020 sont informées sans délai, par les responsables de ces traitements, des modifications intervenues en application du Décr. nº 2021-930 du 13 juill. 2021.

Les responsables des traitements mentionnés à l'al. précédent assurent cette information sur leurs sites internet respectifs et par tout autre moyen permettant de porter cette information à la connaissance des personnes concernées (Décr. nº 2021-930 du 13 juill. 2021, art. 3, JO 14 juill.).

Art. 2 I. — Le traitement autorisé par l'article 1er porte sur :

1º Les données recueillies auprès du patient zéro ou de la personne évaluée comme contact à risque de contamination *(Décr. nº 2021-48 du 20 janv. 2021, art. 1er-2º)* « , qu'elle soit cas contact ou personne co-exposée », lorsque ces derniers les ont communiquées ;

2º Les données collectées par l'intermédiaire du traitement autorisé par l'article 8 ;

3º Les données collectées dans les conditions prévues au III ;

(Décr. nº 2020-1385 du 14 nov. 2020, art. 1er-2º) « 4º Les données recueillies auprès des responsables des lieux et structures collectifs mentionnés aux *k* des 1º et 2º du II *(Décr. nº 2021-48 du 20 janv. 2021, art. 1er-3º)* « du présent article ou auprès des responsables ou organisateurs des activités, rassemblements ou événements mentionnés aux *l* des 1º et 2º du II du présent article ou de toute autre personne ou autorité disposant d'informations » qui sont pertinentes pour la recherche des cas contacts *(Décr. nº 2021-48 du 20 janv. 2021, art. 1er-3º)* « et personnes co-exposées » ; »

(Décr. nº 2021-930 du 13 juill. 2021, art. 1er-2º) « 5º Les données collectées par l'intermédiaire du traitement autorisé par le décret nº 2020-1690 du 25 décembre 2020 autorisant la création d'un traitement de données à caractère personnel relatif aux vaccinations contre la covid-19. »

II. — Le traitement de données autorisé par l'article 1er comprend les catégories de données suivantes :

1º Pour le patient zéro :

a) Les données d'identification (noms, prénoms, date de naissance, sexe) de la personne et de ses éventuels représentants légaux et le numéro d'inscription au répertoire national d'identification des personnes physiques ou le code d'admission au bénéfice de l'aide médicale d'État sous la mention "immatriculation" lorsque la personne en dispose d'un ;

b) Les coordonnées de contact (adresse de résidence, le numéro de téléphone et l'adresse électronique) ;

c) La désignation de l'organisme d'affiliation assurant la prise en charge des frais de santé ;

d) Les coordonnées et la spécialité du médecin à l'origine de l'inscription dans le traitement de données *(Décr. nº 2021-48 du 20 janv. 2021, art. 1er-4º)* « , et les coordonnées du médecin traitant ou du médecin désigné par le patient pour assurer sa prise en charge le cas échéant » ;

e) Les données permettant de déterminer que la personne est infectée (caractère positif du test, date de prélèvement ou, pour *[un]* patient hospitalisé, l'existence de symptômes associés à un scanner*[)]* ;

f) Le cas échéant, l'existence de symptômes et la date de leur apparition ;

g) Les données relatives à la situation de la personne au moment du dépistage (hospitalisé, à domicile ou déjà à l'isolement) ;

h) La déclaration d'un besoin d'accompagnement social et d'appui à l'isolement *(Décr. nº 2021-48 du 20 janv. 2021, art. 1er-4º)* « précisant la nature de ce besoin ainsi que » *(Décr. nº 2020-1385 du 14 nov. 2020, art. 1er-3º)* « le consentement de la personne à la communication de son identité et de ses coordonnées à l'organisme compétent en vue d'organiser cet accompagnement » ;

i) La mention de la profession et du lieu d'exercice professionnel ;

j) Le cas échéant, les *(Décr. n° 2020-1385 du 14 nov. 2020, art. 1er-3°)* « départements, collectivités mentionnées à l'article 72-3 de la Constitution » ou États, autres que ceux de résidence, dans lesquels la personne s'est rendue dans les quatorze derniers jours *(Décr. n° 2020-1385 du 14 nov. 2020, art. 1er-3°)* « ainsi que la date de son retour *(Décr. n° 2021-48 du 20 janv. 2021, art. 1er-4°)* « et l'identification des gares ferroviaires, routières ou maritimes et aéroports par lesquels elle a transité lors de ce retour et l'identification des exploitants des moyens de transport qu'elle a utilisés » ;

« *k)* Le cas échéant, la fréquentation dans les quatorze derniers jours des structures suivantes *(Abrogé par Décr. n° 2021-48 du 20 janv. 2021, art. 1er-4°)* *«, ainsi que leurs coordonnées »* : structures ou lieux d'hébergement collectif (foyer, pensionnat, établissement d'hébergement pour personnes âgées dépendantes, établissement médico-social accompagnant des personnes handicapées, établissements pénitentiaires, structure d'hébergement touristique *(Décr. n° 2021-48 du 20 janv. 2021, art. 1er-4°)* « , structures d'accueil et d'hébergement relevant de la protection judiciaire de la jeunesse ») ; structures d'accueil du jeune enfant ; milieu scolaire ; milieu universitaire ; établissements de santé ; *(Décr. n° 2021-48 du 20 janv. 2021, art. 1er-4°)* « lieux de travail ; » établissements recevant du public » *(Décr. n° 2021-48 du 20 janv. 2021, art. 1er-4°)* « dans lesquels les mesures barrières ne peuvent être pleinement respectées tels que les lieux de restauration collective dans un cadre professionnel, restaurants, bars ou salles de sport, et l'indication de la date de fréquentation, ainsi que le nom, l'adresse postale de la structure ou du lieu d'hébergement et les coordonnées de son responsable (numéro de téléphone et adresse électronique) ;

« *l)* Le cas échéant, la participation, dans les quatorze derniers jours, à un rassemblement, événement ou une activité impliquant plus de six personnes (activité ou événement sportif ; activité ou événement culturel ; réunion familiale, réunion amicale ou autre réunion, rassemblement festif ; rassemblement ou événement en lien avec le cadre professionnel ; autre type de rassemblement au cours duquel les mesures barrières n'ont pu être pleinement respectées ; présence prolongée dans un moyen de transport collectif) et l'indication de sa date, de son lieu et des noms et coordonnées de contact (numéro de téléphone et adresse électronique, ou, à défaut, adresse de résidence) du responsable du rassemblement, de l'événement ou de l'activité ; »

m) La mention d'une identification dans le traitement comme ancien cas contact *(Décr. n° 2021-48 du 20 janv. 2021, art. 1er-4°)* « ou personne co-exposée ainsi que la date à laquelle cette identification a eu lieu » ;

n) Les données d'identification et les coordonnées des personnes évaluées comme contacts à risque de contamination *(Décr. n° 2021-48 du 20 janv. 2021, art. 1er-4°)* « et des personnes co-exposées » (nom, prénom, sexe, date de naissance, numéro de téléphone, adresse électronique) ;

o) Le cas échéant, le consentement du patient zéro à la divulgation de son identité à chaque personne évaluée comme étant un contact à risque de contamination *(Décr. n° 2021-48 du 20 janv. 2021, art. 1er-4°)* « , qu'elles soient cas contacts ou personnes co-exposées, et à chacune des catégories de personnes mentionnées au 4° du I du présent article, lorsque cela est nécessaire pour la mise en œuvre d'une enquête sanitaire » ;

p) Les dates et heures de création, modification, traitement de la fiche et des contacts ;

(Décr. n° 2020-1385 du 14 nov. 2020, art. 1er-3°) « *q)* Le cas échéant, la mention que la personne était en quarantaine au cours des quatorze derniers jours et les raisons de cette quarantaine (personne identifiée comme cas contact à risque de contamination à la covid-19 ; personne ayant dans son entourage une personne dépistée positive à la covid-19 ; personne présentant des symptômes de contamination à la covid-19 ; personne ayant dans son entourage une personne présentant des symptômes de contamination à la covid-19) ;

« *r)* Le cas échéant, l'information selon laquelle la personne a eu un contact avec une personne infectée ou présentant les symptômes d'infection à la covid-19 au cours des quatorze derniers jours ;

« *s)* Le cas échéant, la mention que la personne a été dépistée dans le cadre d'une campagne de dépistage organisée par une agence régionale de santé ; »

(Décr. n° 2021-48 du 20 janv. 2021, art. 1er-4°) « **t)** Les données relatives au besoin d'accompagnement sanitaire à l'isolement ; »

2° Pour chaque personne évaluée comme contact à risque de contamination *(Décr. n° 2021-48 du 20 janv. 2021, art. 1er-5°)* « , qu'il s'agisse d'un cas contact ou d'une personne co-exposée » :

a) Les données d'identification de la personne et de ses éventuels représentants légaux (noms, prénoms, date de naissance, sexe) et le numéro d'inscription au répertoire national d'identification des personnes physiques ou le code d'admission au bénéfice de l'aide médicale d'État sous la mention "immatriculation" lorsque la personne en dispose d'un ;

b) Les coordonnées (adresse de résidence, le numéro de téléphone et l'adresse électronique) ;

c) La désignation de l'organisme d'affiliation assurant la prise en charge des frais de santé ;

d) Les coordonnées du médecin traitant ou du médecin désigné par le patient pour assurer sa prise en charge ;

e) Les données permettant de déterminer que cette personne est infectée (caractère positif du test, date de prélèvement ou, pour patient hospitalisé, existence de symptômes associés à un scanner) *(Décr. n° 2021-48 du 20 janv. 2021, art. 1er-5°)* « ou a été infectée dans les deux mois précédents, *(Décr. n° 2021-930 du 13 juill. 2021, art. 1er-2°)* « ou a réalisé les tests de dépistage aux dates indiquées dans le cadre de l'enquête sanitaire, » ou a été vaccinée contre la covid-19 » *(Décr. n° 2021-930 du 13 juill. 2021, art. 1er-2°)* « (statut vaccinal, nom du vaccin et date de la ou des injections) » ;

f) Le cas échéant, l'existence de symptômes et la date de leur apparition ;

g) Les données relatives à la situation de la personne au moment de la prise de contact (hospitalisé, à domicile ou déjà à l'isolement) ;

h) La déclaration d'un besoin d'accompagnement social et d'appui à l'isolement *(Décr. n° 2021-48 du 20 janv. 2021, art. 1er-5°)* « précisant la nature de ce besoin ainsi que » *(Décr. n° 2020-1385 du 14 nov. 2020, art. 1er-4°)* « le consentement de la personne à la communication de son identité et de ses coordonnées à l'organisme compétent en vue d'organiser cet accompagnement » ;

i) La mention de la profession et du lieu d'exercice professionnel

j) Le cas échéant, les *(Décr. n° 2020-1385 du 14 nov. 2020, art. 1er-4°)* « départements, collectivités mentionnées à l'article **72-3** de la Constitution » ou États, autres que ceux de résidence, dans lesquels la personne s'est rendue dans les quatorze derniers jours *(Décr. n° 2020-1385 du 14 nov. 2020, art. 1er-4°)* « ainsi que la date de son retour *(Décr. n° 2021-48 du 20 janv. 2021, art. 1er-5°)* « et l'identification des gares ferroviaires, routières ou maritimes et aéroports par lesquels elle a transité lors de ce retour et l'identification des exploitants des moyens de transport qu'elle a utilisés » ;

« *k)* Le cas échéant, la fréquentation dans les quatorze derniers jours des structures suivantes *(Abrogé par Décr. n° 2021-48 du 20 janv. 2021, art. 1er-5°)* « ***, ainsi que leurs coordonnées*** » : structures ou lieux d'hébergement collectif (foyer, pensionnat, établissement d'hébergement pour personnes âgées dépendantes, établissement médico-social accompagnant des personnes handicapées, établissements pénitentiaires, structure d'hébergement touristique *(Décr. n° 2021-48 du 20 janv. 2021, art. 1er-5°)* « , structures d'accueil et d'hébergement relevant de la protection judiciaire de la jeunesse ») ; structures d'accueil du jeune enfant ; milieu scolaire ; milieu universitaire ; établissements de santé ; *(Décr. n° 2021-48 du 20 janv. 2021, art. 1er-5°)* « lieux de travail ; » établissements recevant du public dans lesquels les *(Décr. n° 2021-48 du 20 janv. 2021, art. 1er-5°)* « mesures barrières ne peuvent être pleinement respectées tels que les lieux de restauration collective dans un cadre professionnel, restaurants, bars ou salles de sport, et l'indication de la date de fréquentation, ainsi que le nom, l'adresse postale de la structure ou du lieu d'hébergement et les coordonnées de son responsable (numéro de téléphone et adresse électronique) ;

« *l)* Le cas échéant, la participation, dans les quatorze derniers jours, à un rassemblement, événement ou une activité impliquant plus de six personnes (activité ou événement sportif ; activité ou événement culturel ; réunion familiale, réunion amicale ou autre réunion, rassemblement festif ; rassemblement ou événement en lien avec le cadre professionnel ; autre type de rassemblement au cours duquel les mesures barrières n'ont pu être pleinement respectées ; présence prolongée dans un moyen de transport collectif) et l'indication de sa date, de son lieu et des noms et coordonnées de contact (numéro de téléphone et adresse électronique, ou, à défaut, adresse de résidence) du responsable du rassemblement, de l'événement ou de l'activité ; »

m) La confirmation du niveau de risque à la suite de sa réévaluation lors de l'entretien réalisé avec cette personne lors de l'enquête sanitaire ;

n) La connaissance éventuelle par cette personne du patient zéro, lorsque ce dernier a consenti à la divulgation à cette personne de son identité ;

o) L'information relative à une éventuelle cohabitation avec le patient zéro ;

p) La date du dernier contact avec le patient zéro ;

q) Les dates de prélèvement et les résultats des tests ;

r) La déclaration d'un besoin d'un prélèvement à domicile ;

s) Les dates de création, modification et traitement de la fiche et des contacts ;

(Décr. nº 2021-48 du 20 janv. 2021, art. 1er-5º) « *t)* Les données relatives au besoin d'accompagnement sanitaire à l'isolement ; »

3º Pour les professionnels de santé ou établissements assurant l'enregistrement des données et réalisant le suivi :

a) Les données d'identification comportant le nom, le prénom, le numéro ADELI, le numéro d'inscription au répertoire partagé des professionnels de santé (RPPS), le numéro SIRET, le numéro FINESS) ;

b) La profession et, le cas échéant, la spécialité ;

c) L'adresse postale, les numéros de téléphone et l'adresse électronique.

III. — En l'absence dans le traitement autorisé par l'article 1er des coordonnées des patients zéro et des personnes évaluées comme contact à risque de contamination *(Décr. nº 2021-48 du 20 janv. 2021, art. 1er-6º)* « , qu'il s'agisse des cas contacts ou des personnes co-exposées, », les agents habilités des organismes nationaux et locaux d'assurance maladie peuvent les contacter aux moyens des coordonnées administratives provenant de traitements de données déjà mis en œuvre par les organismes gestionnaires des régimes obligatoires de base de l'assurance maladie au titre de l'une de leurs missions *(Décr. nº 2021-48 du 20 janv. 2021, art. 1er-6º)* « ou obtenues auprès des autres organismes chargés de la gestion d'un régime obligatoire de sécurité sociale, du recouvrement des cotisations de sécurité sociale ou du service des allocations et prestations mentionnées dans le code de la sécurité sociale ».

IV. — Les données mentionnées au *h* du 1º et au *h* du 2º du II ne peuvent être recueillies qu'avec le consentement des intéressés.

Art. 3 I. — Sont autorisés à enregistrer l'ensemble des données prévues au II de l'article 2 et à les consulter dans la limite de leurs besoins respectifs d'en connaître, pour assurer les seules finalités mentionnées aux 1º à 3º *(Décr. nº 2020-1385 du 14 nov. 2020, art. 1er-5º)* « et 5º » du III de l'article 1er :

1º Les agents spécialement habilités des organismes nationaux et locaux d'assurance maladie, de la caisse nationale militaire de sécurité sociale *(Décr. nº 2020-1385 du 14 nov. 2020, art. 1er-5º)* « et des autres organismes d'assurance maladie, ainsi que leurs sous-traitants mentionnés au IV de l'article 1er, et les personnes mises à disposition de ces mêmes organismes, notamment par une entreprise de travail temporaire en application des articles L. 1251-1 et suivants du code du travail, spécialement habilitées par les organismes utilisateurs » ;

2º Les agents spécialement habilités des agences régionales de santé ainsi que de leurs sous-traitants mentionnés à l'article 14.

L'habilitation des agents mentionnés au 1º est délivrée par l'autorité responsable de chaque organisme. L'habilitation des agents mentionnés au 2º est délivrée par le directeur général de l'agence régionale de santé.

II. — Sont autorisés à enregistrer les données prévues au II de l'article 2 et à les consulter, pour assurer les seules finalités mentionnées aux 1º à 3º du III de l'article 1er :

1º Les professionnels de santé et personnels spécialement habilités du service de santé des armées ;

2° Les personnels spécialement habilités des communautés professionnelles territoriales de santé, des maisons de santé, des centres de santé ou structures créées pour lutter contre le *[la]* covid-19 *(Abrogé par Décr. n° 2020-1018 du 7 août 2020, art. 1er-II)* *« , des organismes de protection sociale à qui l'assurance maladie, par convention, délègue, les missions dévolues aux agents des organismes locaux d'assurance maladie »* ;

3° Les professionnels de santé et personnels spécialement habilités des établissements de santé *(Décr. n° 2020-1018 du 7 août 2020, art. 1er-II)* « et des établissements sociaux et médico-sociaux, à l'exclusion, pour ces derniers, des établissements qui ont pour seule mission d'assurer l'accompagnement social des intéressés » ;

4° Les médecins libéraux ou les personnes placées sous leur autorité ;

(Décr. n° 2020-1018 du 7 août 2020, art. 1er-II) « 5° Les professionnels de santé et les personnels spécialement habilités des services de santé au travail mentionnés à l'article L. 4622-1 du code du travail ;

« 6° Les professionnels de santé et les personnels spécialement habilités des dispositifs d'appui à la coordination des parcours de santé complexes prévus à l'article L. 6327-1 du code de la santé publique, des dispositifs spécifiques régionaux prévus à l'article L. 6327-6 du même code et des dispositifs d'appui existants mentionnés au II de l'article 23 de la loi n° 2019-774 du 24 juillet 2019 relative à l'organisation et à la transformation du système de santé » ;

(Décr. n° 2020-1385 du 14 nov. 2020, art. 1er-5°) « 7° Les professionnels de santé et personnels spécialement habilités des services de santé des établissements d'enseignement scolaire ou des établissements d'enseignement supérieur ;

« 8° Les professionnels de santé *(Décr. n° 2021-48 du 20 janv. 2021, art. 1er-7°)* « et les personnes placées sous leur responsabilité concourant à la lutte contre l'épidémie de covid-19 » ou des étudiants inscrits dans une formation donnant accès aux professions de santé régies par la quatrième partie du code de la santé publique spécialement habilités. »

(Décr. n° 2021-48 du 20 janv. 2021, art. 1er-7°) « Les professionnels de santé mentionnés au 8° sont également autorisés à enregistrer et consulter les données mentionnées au premier alinéa du présent II pour assurer la finalité mentionnée au 5° du III de l'article 1er. »

III. — Les agents, personnels et médecins mentionnés aux 1° à 4° du II ne sont autorisés à consulter, dans la limite de leurs besoins respectifs d'en connaître, que les seules données prévues au II de l'article 2 qui sont relatives :

(Décr. n° 2020-1385 du 14 nov. 2020, art. 1er-5°) « 1° Aux personnes à la prise en charge desquelles ils participent ; »

2° Aux personnes désignées par les personnes mentionnées au 1° comme cas contacts et évaluées comme contacts à risque de contamination, à l'exception des données mentionnées aux *g* et *h* du 1° et aux *g*, *h* et *r* du 2° du II de l'article 2.

IV. — Sont autorisés à enregistrer et à consulter les données mentionnées aux *a*, *b*, *c* et *d* du 1° et du 2° du II de l'article 2, qui sont nécessaires à la réalisation du ou des tests pris en charge par l'assurance maladie, les professionnels *(Décr. n° 2020-1385 du 14 nov. 2020, art. 1er-5°)* « de santé, figurant sur la liste prévue par le décret mentionné au 1° du II de l'article 11 de la loi du 11 mai 2020 susvisée, qui procèdent à des examens de dépistage virologique ou sérologique de la covid-19 et les professionnels placés sous leur responsabilité ».

V. — Sont autorisés à enregistrer et à consulter les données des *a* et *b* du 1° et du 2° du II de l'article 2, les pharmaciens et personnes placées sous leur autorité, aux fins de dispenser les masques pris en charge par l'assurance maladie.

VI. — *(Décr. n° 2020-1385 du 14 nov. 2020, art. 1er-5°)* « Sont destinataires des seules données relatives aux personnes infectées mentionnées aux *e* à *m* et *p* à *s* du 1° du II de l'article 2, aux personnes ayant été en contact avec ces personnes mentionnées aux *e* à *s* du 2° du même II et aux professionnels de santé ou établissements assurant l'enregistrement des données et réalisant le suivi mentionnées au *b* du 3° du même II, après que ces données ont fait l'objet de mesures adéquates de pseudonymisation permettant d'assurer la confidentialité de l'identité des personnes, notamment par la suppression des nom et prénoms des intéressés, de leur numéro d'inscription au répertoire national d'identification des personnes physiques, de leur adresse et de leurs coordonnées de contact téléphonique ou électronique : »

1° L'Agence nationale de santé publique *(Décr. n° 2020-1018 du 7 août 2020, art. 1er-III)* « et les agences régionales de santé », pour les données nécessaires à *(Décr. n° 2020-1018 du 7 août 2020, art. 1er-III)* « leurs » missions de surveillance épidémiologique ;

2° La direction de la recherche, des études, de l'évaluation et des statistiques du ministère chargé de la santé, pour les données nécessaires à sa mission d'analyse et de diffusion des informations statistiques dans le domaine de la santé ;

3° Le groupement d'intérêt public mentionné à l'article L. 1462-1 du code de la santé publique et la Caisse nationale de l'assurance maladie, aux seules fins de faciliter l'utilisation des données de santé pour les besoins de la gestion de l'urgence sanitaire et de l'amélioration des connaissances sur le virus ;

4° La Caisse nationale de l'assurance maladie pour le pilotage et l'évaluation du fonctionnement du dispositif ;

5° Le service de santé des armées *(Décr. n° 2020-1018 du 7 août 2020, art. 1er-III)* « pour la surveillance épidémiologique ainsi que la recherche sur le virus et les moyens de lutter contre sa propagation.

« Les données mentionnées au présent VI peuvent être conservées par leurs destinataires » *(Décr. n° 2020-1385 du 14 nov. 2020, art. 1er-5°)* « jusqu'à la date prévue au premier alinéa du I de l'article 11 de la loi du 11 mai 2020 susvisée. »

(Décr. n° 2021-48 du 20 janv. 2021, art. 1er-7°) « VII. — Sont destinataires des données d'identité, des coordonnées téléphoniques, de l'adresse électronique, de l'adresse de résidence des personnes mentionnées aux 1° et 2° du II de l'article 2, ainsi que de leur déclaration d'un besoin d'accompagnement social et d'appui à l'isolement et de leur déclaration d'un besoin d'accompagnement sanitaire à l'isolement, sous réserve du consentement des personnes intéressées, les cellules des préfectures dédiées à l'accompagnement social des personnes dans le cadre de la gestion de l'épidémie de covid-19. »

(Décr. n° 2021-930 du 13 juill. 2021, art. 1er-3°) « VIII. — Sont autorisés à consulter les données mentionnées aux *a* et *b* des 1° et 2° du II de l'article 2, à l'exclusion du numéro d'inscription au répertoire national d'identification des personnes physiques ou du code d'admission au bénéfice de l'aide médicale d'État, les agents spécialement habilités des organismes nationaux et locaux d'assurance maladie, de la caisse nationale militaire de sécurité sociale et des autres organismes d'assurance maladie, ainsi que leurs sous-traitants mentionnés au IV de l'article 1er, et les personnes mises à disposition de ces mêmes organismes, notamment par une entreprise de travail temporaire en application des articles L. 1251-1 à L. 1251-63 du code du travail, spécialement habilitées par les organismes utilisateurs, pour l'évaluation du fonctionnement du dispositif auprès des personnes mentionnées au II de l'article 1er. Cette évaluation ne comporte aucune donnée de santé. »

Les personnes dont les données ont été collectées avant la date d'entrée en vigueur du Décr. n° 2020-1018 du 7 août 2020 dans le cadre des traitements prévus aux art. 1er et 8 du Décr. n° 2020-551 du 12 mai 2020 sont informées sans délai, par les responsables de ces traitements et par les responsables des traitements mis en œuvre à des fins de recherche et de surveillance épidémiologique mentionnés au VI de l'art. 3 et au III de l'art. 10 du même Décr., que leurs données ayant fait l'objet de mesures adéquates de pseudonymisation peuvent être conservées pendant une durée de six mois après la fin de l'état d'urgence sanitaire.

Les responsables des traitements mentionnés à l'al. précédent assurent cette information sur leurs sites internet respectifs et par tout autre moyen permettant de porter cette information à la connaissance des personnes concernées (Décr. n° 2020-1018 du 7 août 2020, art. 2).

Art. 4 I. — Les personnes autorisées aux I à V de l'article 3 enregistrent, sans délai, les données relatives aux personnes infectées et aux personnes évaluées comme contacts à risque de contamination mentionnées à l'article 2.

II. — Le traitement est accessible par les moyens d'identification et d'authentification suivants :

1° Pour les agents des organismes nationaux et locaux d'assurance maladie habilités, selon les modalités propres au service dont ils relèvent ;

2° Pour les médecins libéraux, les pharmaciens, les services de biologie et laboratoires de biologie médicale et des personnes placées sous leur autorité, au moyen du portail "amelipro" ;

3° Pour les personnes relevant des autres catégories autorisées à accéder aux données, selon les modalités fixées par la Caisse nationale de l'assurance maladie.

Art. 5 I. — Sous réserve du II du présent article, les données à caractère personnel contenues dans le traitement "Contact Covid" ne peuvent être conservées à l'issue d'une durée de trois mois après leur collecte. Elles ne peuvent davantage être conservées au-delà de la durée maximale pendant laquelle ces données peuvent être traitées et partagées en application du premier alinéa du I de l'article 11 de la loi du 11 mai 2020 susvisée.

II. — Les opérations de mise à jour, de suppression et de consultation du traitement font l'objet d'un enregistrement, qui est conservé *(Décr. n° 2020-1385 du 14 nov. 2020, art. 1er-6°)* « au maximum jusqu'à la date prévue au premier alinéa de l'article 11 de la loi du 11 mai 2020 susvisée ».

Cet enregistrement comporte l'identification de l'utilisateur, les données de traçabilité, notamment la date, l'heure et la nature de l'intervention dans le traitement et les données relatives aux actions sur la fiche (initialisation de la fiche, validation, fin).

Art. 6 Les personnes diagnostiquées positives au covid-19 et *(Décr. n° 2021-48 du 20 janv. 2021, art. 1er-8°)* « les personnes » contacts à risque de contamination *(Décr. n° 2021-48 du 20 janv. 2021, art. 1er-8°)* « , qu'elles soient cas contact*[s]* ou personnes co-exposées, » reçoivent les informations prévues par les dispositions des *a* à *e* du 1. et des *a*, *b*, *d* et *e* du 2. de l'article 13 du règlement (UE) du 27 avril 2016, susvisé préalablement à la collecte des données recueillies auprès d'elles.

Les contacts à risque de contamination des personnes diagnostiquées positives au covid-19 *(Décr. n° 2021-48 du 20 janv. 2021, art. 1er-8°)* « , qu'elles soient cas contact*[s]* ou personnes co-exposées, » reçoivent les informations prévues par les dispositions des *a* à *e* du 1. et des *a* à *f* du 2. de l'article 14 du même règlement lors de leur première prise de contact dans le cadre de la réalisation de l'enquête sanitaire, préalablement à la collecte de données complémentaires les concernant.

Les informations prévues aux articles 13 et 14 du même règlement sont également diffusées sur les sites internet du ministère chargé de la santé et de la Caisse nationale de l'Assurance maladie.

Art. 7 I. — Dans les conditions prévues à l'article 21 du règlement (UE) du 27 avril 2016 susvisé, les personnes évaluées comme contacts à risque de contamination *(Décr. n° 2021-48 du 20 janv. 2021, art. 1er-9°)* « , qu'elles soient cas contact*[s]* ou personnes co-exposées, » peuvent exercer, pour des raisons tenant à leur situation particulière, leur droit d'opposition au traitement des données les concernant recueillies auprès des patients zéro *(Décr. n° 2021-48 du 20 janv. 2021, art. 1er-9°)* « ou des personnes ou autorités mentionnées au 4° du I de l'article 2 du présent décret », à moins que ne prévalent les intérêts impérieux de santé publique mentionnés au I de l'article 11 de la loi du 11 mai 2020 susvisée. Lorsqu'il est fait droit à leur demande, leurs données sont alors effacées, conformément à l'article 17 du même règlement.

Les patients zéro ne peuvent, en application de l'article 23 du règlement (UE) du 27 avril 2016 mentionné précédemment, exercer le droit d'opposition prévu à l'article 21 de ce même règlement au traitement mentionné à l'article 1er du présent décret qu'en ce qui concerne la transmission, telle que prévue au 3° du VI de l'article 3, des données au groupement d'intérêt public mentionné à l'article L. 1462-1 du code de la santé publique et à la Caisse nationale de l'assurance maladie. Lorsqu'il est fait droit à leur demande, leurs données sont alors effacées, conformément à l'article 17 du même règlement du 27 avril 2016.

Le droit d'opposition s'exerce auprès du directeur de l'organisme de rattachement des personnes concernées.

II. — Les droits d'accès et de rectification ainsi que le droit à la limitation s'exercent auprès du directeur de l'organisme de rattachement des personnes concernées, dans les conditions prévues aux articles 15, 16 et 18 du même règlement.

CHAPITRE II *TRAITEMENT "SI-DEP"*

Art. 8 En application de l'article 11 de la loi du 11 mai 2020 susvisée, il est autorisé, *(Décr. nº 2020-1385 du 14 nov. 2020, art. 1er-7º)* « jusqu'à la date prévue au premier alinéa du I du même article 11 », la création, d'un système d'information national de dépistage, dénommé "SI-DEP", dont le responsable est le ministre chargé de la santé (direction générale de la santé) et dont l'Assistance publique-Hôpitaux de Paris assure, pour le compte de ce dernier, la gestion, en qualité de sous-traitant, dans les conditions prévues à l'article 28 du règlement (UE) du 27 avril 2016 susvisé.

Ce traitement, mis en œuvre dans le cadre de sa mission d'intérêt public, conformément aux dispositions du *e* du 1. de l'article 6 du même règlement et pour les motifs d'intérêt public mentionnés au i du 2. de l'article 9 de ce même règlement, a pour finalités de centraliser les résultats d'examens de dépistage *(Décr. nº 2020-1385 du 14 nov. 2020, art. 1er-7º)* « virologique ou sérologique » du *[de la]* covid-19 afin de les mettre à disposition des organismes chargés de déterminer les personnes ayant été en contact avec des personnes infectées, de réaliser des enquêtes sanitaires en présence de cas groupés pour rompre les chaînes de contamination, d'orienter, de suivre et d'accompagner les personnes concernées, *(Décr. nº 2022-50 du 22 janv. 2022, art. 1er)* « de permettre aux autorités compétentes d'adapter la durée des mesures de mise en quarantaine ainsi que des mesures de placement et de maintien en isolement prévues aux 3º et 4º du I de l'article L. 3131-15 et au 2º du I de l'article L. 3131-1 du code de la santé publique, » et de faciliter le suivi épidémiologique aux niveaux national et local et la recherche sur le virus de même que les moyens de lutter contre sa propagation.

(Décr. nº 2021-1670 du 16 déc. 2021, art. 1er) « Il a également pour finalités de générer et d'envoyer aux personnes concernées un justificatif d'absence de contamination par la covid-19 ou un certificat de rétablissement pouvant être présenté pour satisfaire aux obligations mentionnées au II de l'article 1er de la loi nº 2021-689 du 31 mai 2021 relative à la gestion de la sortie de crise sanitaire et aux articles 12 et 13 de la loi nº 2021-1040 du 5 août 2021 relative à la gestion de la crise sanitaire. »

Les personnes dont les données ont été collectées avant la date d'entrée en vigueur du Décr. nº 2021-1670 du 16 déc. 2021 dans le cadre des traitements prévus à l'art. 8 sont informées sans délai, par les responsables de ces traitements, des modifications intervenues en application dudit décret. Les responsables de ces traitements assurent cette information sur leurs sites internet respectifs et par tout autre moyen permettant de porter cette information à la connaissance des personnes concernées (Décr. préc., art. 3).

V. aussi note ss. art. 1er.

Art. 9 Les catégories de données enregistrées dans le traitement sont les suivantes :

1º Les données d'identification de la personne ayant fait l'objet d'un *(Décr. nº 2020-1385 du 14 nov. 2020, art. 1er-8º)* « examen de dépistage virologique ou sérologique » du *[de la]* covid-19 : nom, prénom, sexe, date de naissance, lieu de naissance, numéro d'inscription au répertoire national d'identification des personnes physiques ou code d'admission au bénéfice de l'aide médicale d'État sous la mention "immatriculation" lorsque la personne *(Décr. nº 2020-1018 du 7 août 2020, art. 1er-IV)* « dispose d'un tel numéro ou code, ou tout autre numéro permettant d'identifier le patient de manière certaine en cas d'impossibilité d'utiliser le numéro d'inscription au répertoire national d'identification des personnes physiques » ;

2º Les informations portant sur la situation du patient nécessaires pour la réalisation des enquêtes sanitaires : professionnel du secteur sanitaire ou médico-social, résident dans un lieu d'hébergement collectif, patient hospitalisé dans un établissement de santé *(Décr. nº 2021-930 du 13 juill. 2021, art. 1er-4º)* « , personne ayant fait l'objet d'une vaccination contre la covid-19 (statut vaccinal, nom du vaccin et date de la ou des injections), » *(Décr. nº 2020-1385 du 14 nov. 2020, art. 1er-8º)* « , personne ayant séjourné à l'étranger, avec indication du pays le cas échéant, ou personne ayant fait l'objet d'un dépistage dans le cadre d'une campagne organisée par l'agence régionale de santé » et, le cas échéant, date d'apparition des premiers symptômes ;

3º Les coordonnées du patient ou, à défaut, d'une personne de confiance : adresse postale, numéro de téléphone, adresse électronique *(Décr. nº 2020-1385 du 14 nov.*

2020, art. 1er-8o) « et, le cas échéant, le code postal du lieu dans lequel la personne envisage de séjourner pendant les sept jours suivant la réalisation du dépistage » ;

4° Les données d'identification et coordonnées des médecins : numéro RPPS *(Décr. no 2021-1670 du 16 déc. 2021, art. 1er)* « ou numéro ADELI », nom, prénom, adresse du lieu d'exercice et adresse de messagerie sécurisée ;

5° Les caractéristiques techniques du prélèvement : numéro de prélèvement, date et heure du prélèvement, lieu de prélèvement ;

(Décr. no 2020-1385 du 14 nov. 2020, art. 1er-8o) « 6° Les informations relatives au résultat des examens de dépistage virologique ou sérologique : identification et coordonnées du laboratoire, service ou professionnel de santé, type d'examen réalisé, date et heure de la validation de l'examen, résultat de l'examen, compte rendu d'analyse le cas échéant. »

(Décr. no 2021-1670 du 16 déc. 2021, art. 1er) « Un QR-code ne comportant aucune information permettant d'identifier la personne concernée est généré aléatoirement et apposé sur le résultat positif d'un examen de dépistage virologique au virus de la covid-19. Il est envoyé à la personne ayant effectué l'examen de dépistage pour lui permettre de signaler ce résultat positif dans l'application mobile mentionnée à l'article 1er du décret no 2020-650 du 29 mai 2020 relatif au traitement de données dénommé "TousAntiCovid", afin d'informer les contacts à risque de contamination mentionnés au 1° et au 5° du II du même article.

« Un QR-code valant justificatif d'absence de contamination par la covid-19 ou certificat de rétablissement, pouvant être présenté pour satisfaire aux obligations mentionnées au II de l'article 1er de la loi susmentionnée du 31 mai 2021 *[no 2021-689, relative à la gestion de la sortie de crise sanitaire]* et aux articles 12 et 13 de la loi susmentionnée du 5 août 2021 *[no 2021-1040, relative à la gestion de la crise sanitaire]*, et un QR-code permettant l'import de ce justificatif ou certificat dans l'application mobile susmentionnée, sont apposés sur ce résultat. Ces QR-codes contiennent les données suivantes : noms, prénoms et date de naissance de la personne concernée, et informations relatives à l'examen de dépistage. » *(Décr. no 2022-50 du 22 janv. 2022, art. 1er)* « Ils peuvent également contenir les informations relatives à la vaccination de la personne concernée mentionnées au 2°. »

Art. 10 I. — Les médecins ou les professionnels placés sous la responsabilité des services ou laboratoires de biologie médicale *(Décr. no 2020-1385 du 14 nov. 2020, art. 1er-9o)* « , ainsi que les professionnels de santé figurant sur la liste prévue par le décret mentionné au 1° du II de l'article 11 de la loi du 11 mai 2020 susvisée et les personnels placés sous leur responsabilité qui procèdent à des examens de dépistage virologique ou sérologique » sont habilités à accéder aux données des personnes qu'ils prennent en charge figurant dans le traitement autorisé par l'article 8, aux seules fins de renseigner les résultats de leurs examens et d'envoyer, le cas échéant, les résultats à ces mêmes personnes, au médecin traitant et au médecin ayant prescrit l'examen.

Les données recueillies auprès des personnes dépistées lors du prélèvement et les données relatives aux résultats d'*(Décr. no 2020-1385 du 14 nov. 2020, art. 1er-9o)* « examen » mentionnées à l'article 9 sont enregistrées sans délai.

(Décr. no 2021-1670 du 16 déc. 2021, art. 1er) « En cas de recours à un dispositif automatique pour renseigner les résultats des examens de dépistage virologique ou sérologique dans le traitement autorisé par l'article 8, les professionnels mentionnés au premier alinéa s'assurent que ce dispositif figure sur la liste publiée en application du deuxième alinéa du III de l'article 11 de la loi du 11 mai 2020 susvisée *[no 2020-546, prorogeant l'état d'urgence sanitaire et complétant ses dispositions]*. »

II. — Sont destinataires des données enregistrées dans le traitement :

1° Les médecins *(Décr. no 2021-1670 du 16 déc. 2021, art. 1er)* « traitants et les professionnels de santé prescripteurs », pour les catégories de données mentionnées aux 1°, 2°, 3° et 6° de l'article 9 pour les données relatives à leurs patients ;

2° Les agents des agences régionales de santé ainsi que de leurs sous-traitants mentionnés à l'article 14, qui ont été spécialement habilités à cette fin par les directeurs généraux de ces agences *(Décr. no 2021-1058 du 7 août 2021, art. 1er-1o, en vigueur le 9 août 2021)* « , pour les catégories de données mentionnées à l'article 9 nécessaires à l'identification des personnes mentionnées au II de l'article 1er, ainsi qu'au suivi et à l'accompagnement de ces personnes » ; — *V. note ss. le présent art.*

3° Les agents, spécialement habilités par le responsable de chaque organisme ou établissement concerné, de l'Agence nationale de santé publique, des organismes nationaux et locaux d'assurance maladie, de la caisse nationale militaire de sécurité sociale et du service de santé des armées, pour les catégories de données mentionnées à l'article 9 nécessaires à la réalisation des investigations concernant les personnes évaluées comme contacts à risque de contamination, au suivi et à l'accompagnement des personnes et à la réalisation des enquêtes sanitaires ;

(Décr. n° 2020-1385 du 14 nov. 2020, art. 1er-9°) « 4° Le service public d'information en santé mentionné à l'article L. 1111-1-1 du code de la santé publique, pour les seules données mentionnées au 4° de l'article 9 et, parmi celles mentionnées au 6° du même article, pour celles portant sur l'identité et les coordonnées du laboratoire, service ou professionnel de santé, le type d'examen réalisé ainsi que la date et l'heure de sa validation » ;

(Décr. n° 2021-1670 du 16 déc. 2021, art. 1er) « 5° La Caisse nationale de l'assurance maladie, pour les catégories de données mentionnées aux 1°, 5° et 6° de l'article 9 transmises par les professionnels de santé en vue de leur versement dans le dossier médical partagé de la personne concernée » ;

(Décr. n° 2022-50 du 22 janv. 2022, art. 1er) « 6° Les agents des services préfectoraux, spécialement habilités par le représentant de l'État dans le département et individuellement désignés, pour les catégories de données mentionnées au 1° et au 3° de l'article 9, ainsi que pour la date et l'heure du prélèvement, le type d'examen réalisé et son résultat. Ces agents ne sont rendus destinataires, dans la limite de leur besoin d'en connaître, que des données relatives aux personnes faisant l'objet des mesures de mise en quarantaine ou de placement et de maintien en isolement prévues aux 3° et 4° de l'article L. 3131-15 et au 2° du I de l'article L. 3131-1 du code de la santé publique, en vue d'adapter la durée de ces mesures. »

III. — Sont destinataires *(Décr. n° 2020-1385 du 14 nov. 2020, art. 1er-9°)* « du sexe, de l'âge et du code postal du lieu de résidence des personnes ayant fait l'objet d'un examen de dépistage virologique ou sérologique de la covid-19, ainsi que » des seules données *(Décr. n° 2020-1385 du 14 nov. 2020, art. 1er-9°)* « mentionnées aux 2°, 5° et 6° de l'article 9 », ayant fait l'objet de mesures adéquates de pseudonymisation permettant d'assurer la confidentialité de l'identité des personnes :

1° Les personnes habilitées par le directeur général de l'Agence nationale de santé publique, pour les données nécessaires à ses missions de surveillance épidémiologique et les personnes habilitées par les directeurs généraux des agences régionales de santé ;

2° Les personnes habilitées par le directeur de la recherche, des études, de l'évaluation et des statistiques du ministère chargé de la santé, pour les données nécessaires à sa mission d'analyse et de diffusion des informations statistiques dans le domaine de la santé ;

3° Le groupement d'intérêt public mentionné à l'article L. 1462-1 du code de la santé publique et la Caisse nationale de l'assurance maladie aux seules fins de faciliter l'utilisation des données de santé pour les besoins de la gestion de l'urgence sanitaire et de l'amélioration des connaissances sur le virus.

(Décr. n° 2020-1018 du 7 août 2020, art. 1er-V) « Les données mentionnées au présent III peuvent être conservées par leurs destinataires *(Décr. n° 2020-1385 du 14 nov. 2020, art. 1er-9°)* « jusqu'à la date prévue au premier alinéa du I de l'article 11 de la loi du 11 mai 2020 susvisée ». » — *V. note ss. art. 3.*

Les personnes dont les données ont été collectées avant la date d'entrée en vigueur du Décr. n° 2021-1058 du 7 août 2021 dans le cadre des traitements prévus à l'art. 8 du Décr. n° 2020-551 du 12 mai 2020 sont informées sans délai, par les responsables de ces traitements, des modifications intervenues en application du décret susvisé.

Les responsables des traitements mentionnés à l'al. précédent assurent cette information sur leurs sites internet respectifs et par tout autre moyen permettant de porter cette information à la connaissance des personnes concernées (Décr. n° 2021-1058 du 7 août 2021, art. 3).

Art. 11 I. — Sous réserve du II, les données à caractère personnel contenues dans le traitement "SI-DEP" ne peuvent être conservées à l'issue d'une durée de *(Décr.*

n° 2021-1058 du 7 août 2021, art. 1er-2°, en vigueur le 9 août 2021) « six mois après leur collecte pour les données relatives à une personne ayant fait l'objet d'un examen de dépistage virologique ou sérologique de la covid-19 concluant à une contamination, et de trois mois après leur collecte pour les autres données ». Elles ne peuvent davantage être conservées au-delà de la durée maximale pendant laquelle ces données peuvent être traitées et partagées en application du premier alinéa du I de l'article 11 de la loi du 11 mai 2020 susvisée. – *V. note ss. art. 10.*

II. — Les opérations de mise à jour, de suppression et de consultation du traitement font l'objet d'un enregistrement, qui est conservé *(Décr. n° 2020-1385 du 14 nov. 2020, art. 1er-10°)* « au maximum jusqu'à la date prévue au premier alinéa de l'article 11 de la loi du 11 mai 2020 susvisée ».

Cet enregistrement comporte l'identification de l'utilisateur ainsi que les données de traçabilité, notamment la date, l'heure et la nature de l'intervention dans le traitement.

Art. 12 Les personnes ayant fait l'objet d'un examen *(Décr. n° 2020-1385 du 14 nov. 2020, art. 1er-11°)* « de dépistage virologique ou sérologique » du *[de la]* covid-19 reçoivent les informations prévues par les *a* à *e* du 1. et les *a, b, d* et *e* du 2. de l'article 13 du règlement (UE) du 27 avril 2016 susvisé, préalablement à la réalisation du test de dépistage, puis lors de l'envoi des résultats individuels, ainsi que par une information sur le site internet du ministère chargé de la santé.

Les personnes de confiance mentionnées au 3° de l'article 9 reçoivent les informations prévues par les dispositions des *a* à *e* du 1. et des *a* à *f* du 2. de l'article 14 du même règlement lors de l'envoi des résultats individuels, ainsi que par une information sur le site internet du ministère chargé de la santé.

Art. 13 En application de l'article 23 du règlement (UE) du 27 avril 2016 susvisé, le droit d'opposition prévu à l'article 21 de ce même règlement ne s'applique au présent traitement qu'en ce qui concerne la transmission des données à des fins de recherche au groupement d'intérêt public mentionné à l'article L. 1462-1 du code de la santé publique et à la Caisse nationale de l'assurance maladie, telle que prévue au 3° du III de l'article 10 du présent décret. Il s'exerce auprès de la direction générale de la santé.

Compte tenu des motifs d'intérêt public mentionnés au *c* du 3. de l'article 17 du même règlement du 27 avril 2016, le droit à l'effacement s'exerce uniquement dans l'hypothèse prévue au *c* du 1. de son article 17.

Les droits d'accès et de rectification ainsi que le droit à la limitation s'exercent auprès de cette même direction, dans les conditions prévues aux articles 15, 16 et 18 du même règlement.

CHAPITRE III *TRAITEMENTS MIS EN ŒUVRE PAR LES AGENCES RÉGIONALES DE SANTÉ*

(Décr. n° 2021-930 du 13 juill. 2021, art. 1er-6°)

Art. 14 Les agences régionales de santé sont autorisées, en application de l'article 11 de la loi du 11 mai 2020 susvisée jusqu'à la date prévue au premier alinéa du I du même article, à mettre en œuvre des traitements de données à caractère personnel ayant pour finalités :

1° L'identification des personnes mentionnées au II de l'article 1er ;

2° Le suivi et l'accompagnement de ces personnes et de celles ayant été en contact avec elles ;

3° La surveillance épidémiologique au niveau régional.

Les agences régionales de santé peuvent avoir recours à des sous-traitants pour assurer, dans les conditions prévues aux articles 28 à 31 du règlement (UE) du 27 avril 2016 susvisé, ces finalités.

Art. 14-1 Peuvent être enregistrées dans les traitements mentionnés à l'article 14 :

1° Pour assurer les finalités mentionnées aux 1° et 2° de l'article 14, les données mentionnées au II de l'article 2 et à l'article 9 ;

2° Pour assurer la finalité mentionnée au 3° de l'article 14, les données mentionnées au VI de l'article 3 et au III de l'article 10.

Art. 14-2 Seuls les agents des agences régionales de santé habilités par leur directeur général, ainsi que les personnels de leurs sous-traitants spécialement habilités à cette fin, peuvent accéder aux données mentionnées à l'article 14-1. Sont destinataires de ces mêmes données ayant fait l'objet de mesures adéquates de pseudonymisation permettant d'assurer la confidentialité de l'identité des personnes, notamment par la suppression des nom et prénoms des intéressés, de leur numéro d'inscription au répertoire national d'identification des personnes physiques, de leur adresse et de leurs coordonnées de contact téléphonique ou électronique :

1° Les personnes habilitées par le directeur général de l'Agence nationale de santé publique, pour les données nécessaires à ses missions de surveillance épidémiologique ;

2° Les personnes habilitées par le directeur de la recherche, des études, de l'évaluation et des statistiques du ministère chargé de la santé, pour les données nécessaires à sa mission d'analyse et de diffusion des informations statistiques dans le domaine de la santé ;

3° Le groupement d'intérêt public mentionné à l'article L. 1462-1 du code de la santé publique et la Caisse nationale de l'assurance maladie aux seules fins de faciliter l'utilisation des données de santé pour les besoins de la gestion de l'urgence sanitaire et de l'amélioration des connaissances sur le virus.

Art. 14-3 Les données mentionnées au 1° de l'article 14-1 peuvent être conservées pour une durée de trois mois à compter de leur collecte et celles mentionnées au 2° du même article peuvent être conservées jusqu'à la date prévue au premier alinéa du I de l'article 11 de la loi du 11 mai 2020 susvisée.

Art. 14-4 Les personnes concernées par le traitement sont informées, dans les conditions prévues aux articles 12 à 14 du règlement (UE) du 27 avril 2016 susvisé, par l'agence régionale de santé.

En application de l'article 23 de ce même règlement, le droit d'opposition prévu à l'article 21 de ce même règlement ne s'applique aux traitements mentionnés à l'article 14-1 qu'en ce qui concerne la transmission des données à des fins de recherche au groupement d'intérêt public mentionné à l'article L. 1462-1 du code de la santé publique et à la Caisse nationale de l'assurance maladie aux fins prévues au 3° de l'article 14-2. Il s'exerce auprès de l'agence régionale de santé.

Les droits d'accès, de rectification et à la limitation s'exercent auprès de cette même agence, dans les conditions prévues aux articles 15, 16 et 18 du même règlement.

CHAPITRE IV *DISPOSITIONS COMMUNES ET FINALES*

Le chap. III devient le chap. IV et comprend les art. 15 et 16 (Décr. n° 2021-930 du 13 juill. 2021, art. 1er-5°).

Art. 14 (*Abrogé par Décr. n° 2021-930 du 13 juill. 2021, art. 1er-5°*) ***Pour leurs traitements mis œuvre afin de répondre à la situation d'urgence sanitaire, dans les conditions de l'article 67 de la loi du 6 janvier 1978 susvisée, les agences régionales de santé peuvent avoir recours à des sous-traitants pour exercer, dans les conditions prévues*** (*Décr. n° 2020-1385 du 14 nov. 2020, art. 1er-12°*) ***« aux articles 28 à 31 » du règlement (UE) du 27 avril 2016 susvisé, les missions de réalisation des enquêtes sanitaires, d'orientation, de suivi et d'accompagnement des personnes et de surveillance épidémiologique.***

Les agences régionales de santé s'assurent notamment que leurs sous-traitants présentent des garanties de compétence suffisantes pour assurer la mise en œuvre des mesures techniques et organisationnelles appropriées et le respect des règles de confidentialité.

Art. 15 Pour l'application du présent décret, les hôpitaux des armées, les autres éléments du service de santé des armées et l'Institution nationale des invalides sont considérés comme des établissements de santé.

Décret n° 2020-650 du 29 mai 2020,

Relatif au traitement de données dénommé « TousAntiCovid » (Décr. n° 2021-157 du 12 févr. 2021, art. 1er).

Art. 1er **I. — Il est créé un traitement de données dénommé** *(Décr. n° 2021-157 du 12 févr. 2021, art. 1er)* **« TousAntiCovid », dont le responsable est le ministre chargé de la santé (direction générale de la santé).**

Ce traitement de données à caractère personnel *(Abrogé par Décr. n° 2021-157 du 12 févr. 2021, art. 1er, à compter du 2 mars 2021)* **« *, qui repose sur une application mobile et un serveur central,* » est mis en œuvre dans le cadre d'une mission d'intérêt public conformément au e du paragraphe 1 de l'article 6 du règlement (UE) du 27 avril 2016 susvisé, et pour les motifs d'intérêt public mentionnés au i du paragraphe 2 de l'article 9 de ce même règlement.**

(Décr. n° 2022-1098 du 30 juill. 2022, art. 1er) **« Il repose sur une application mobile et un serveur central dédié à l'information des utilisateurs ayant été en contact avec un utilisateur diagnostiqué ou dépisté positif au covid-19. »**

II. — Ce traitement a pour finalités :

1° D'informer les personnes utilisatrices de l'application qu'il existe un risque qu'elles aient été contaminées par le virus du covid-19 en raison du fait qu'elles se sont trouvées à proximité d'un autre utilisateur de cette application ayant été diagnostiqué *(Décr. n° 2021-157 du 12 févr. 2021, art. 1er)* **« ou dépisté » positif à cette pathologie. Les personnes exposées à ce risque sont désignées ci-après comme "contacts à risque de contamination" ;**

2° De sensibiliser les personnes utilisatrices de l'application, notamment celles identifiées comme contacts à risque de contamination, sur les symptômes de ce virus, les *(Décr. n° 2021-157 du 12 févr. 2021, art. 1er)* **« mesures » barrières et la conduite à adopter pour lutter contre sa propagation ;**

3° De recommander aux contacts à risque de contamination de s'orienter vers les acteurs de santé compétents aux fins que ceux-ci les prennent en charge *(Abrogé par Décr. n° 2021-157 du 12 févr. 2021, art. 1er)* **« *et leur prescrivent, le cas échéant, un examen de dépistage* » ;**

(Décr. n° 2021-157 du 12 févr. 2021, art. 1er) **« 4° De réaliser des analyses statistiques à partir** *(Décr. n° 2021-1584 du 7 déc. 2021, art. 1er)* **« de données pseudonymisées, permettant d'assurer la confidentialité de l'identité des personnes, » issues de l'application afin d'adapter les mesures de gestion nécessaires pour faire face à l'épidémie et d'améliorer les performances de l'application ; »**

5° *(Décr. n° 2021-1584 du 7 déc. 2021, art. 1er)* **« De permettre aux personnes utilisatrices, sur présentation du statut "contact à risque de contamination" dans l'application, de bénéficier de tout droit, prestation ou service ouvert aux personnes contacts mentionnées au IV de l'article 11 de la loi n° 2020-546 du 11 mai 2020 susvisée ; »** *— En raison de l'abrogation de l'ancien 5°, les 6°, 7°, 8° et 9° deviennent, respectivement, les 5°, 6°, 7° et 8° (Décr. n° 2022-1098 du 30 juill. 2022, art. 1er).*

6° *(Décr. n° 2021-157 du 12 févr. 2021, art. 1er)* **« D'informer les personnes utilisatrices de l'application sur la situation sanitaire nationale et locale, ainsi que sur des mesures ou actions de promotion, de prévention et d'éducation pour la santé ou de les orienter vers des applications ou des sites internet mis en œuvre pour la gestion de l'épidémie de covid-19 et de leur fournir des informations sur les données d'utilisation de l'application ; »**

7° *(Décr. n° 2021-157 du 12 févr. 2021, art. 1er)* **« De permettre aux personnes utilisatrices de l'application de stocker des données à caractère personnel sur leur téléphone mobile en vue de générer des justificatifs requis par les autorités publiques » ;**

8° *(Décr. n° 2021-1584 du 7 déc. 2021, art. 1er)* **« De permettre aux personnes utilisatrices de l'application de stocker sur leur téléphone mobile les justificatifs mentionnés au II de l'article 1er de la loi n° 2021-689 du 31 mai 2021 susvisée et au I de l'article 13 de la loi n° 2021-1040 du 5 août 2021 susvisée, de les informer de la validité de ces justificatifs et de leur adresser des messages ciblés les informant des recommandations sanitaires les concernant et, le cas échéant, des mesures à prendre aux fins de bénéficier d'un justificatif valide. »**

III. — L'application *(Décr. n° 2021-157 du 12 févr. 2021, art. 1er)* « TousAntiCovid » est installée librement et gratuitement par les utilisateurs. Ceux-ci ont la faculté d'activer ou non la fonctionnalité de l'application permettant de constituer l'historique de proximité mentionné au 5° du I de l'article 2. En cas de diagnostic clinique positif au virus du covid-19 ou de résultat positif à un examen de dépistage à ce virus, les utilisateurs de l'application sont libres de notifier ou non ce résultat dans l'application et de transmettre au serveur l'historique de proximité mentionné au 6° du I de l'article 2. L'application peut être désinstallée à tout moment.

IV. — Le code source mis en œuvre dans le cadre de *(Décr. n° 2021-157 du 12 févr. 2021, art. 1er)* « TousAntiCovid » est rendu public et est accessible à partir des sites internet du ministre des solidarités et de la santé *(Abrogé par Décr. n° 2021-157 du 12 févr. 2021, art. 1er)* « ***[et] du ministre de l'économie et des finances ainsi que du site internet*** » *(Décr. n° 2021-157 du 12 févr. 2021, art. 1er)* « www.tousanticovid.gouv.fr ».

Art. 2 I. — Pour la mise en œuvre du traitement mentionné à l'article 1er, sont traitées les données suivantes :

1° Une clé d'authentification partagée entre l'application et le serveur central, générée par ce serveur lors du téléchargement de l'application, qui sert à authentifier les messages de l'application ;

2° Un identifiant unique associé à chaque application téléchargée par un utilisateur, qui est généré de façon aléatoire par le serveur central et n'est connu que de ce serveur, où il est stocké ;

3° Les codes pays, générés par le serveur central ;

4° Des pseudonymes aléatoires et temporaires, qui sont transmis chaque jour par le serveur central à l'application lorsqu'elle se connecte à ce dernier ;

5° L'historique de proximité d'un utilisateur, constitué des pseudonymes aléatoires et temporaires émis via la technologie "Bluetooth" par les applications installées sur des téléphones mobiles d'autres utilisateurs qui se trouvent, pendant une durée déterminée, à une distance de son téléphone mobile telle qu'il existe un risque suffisamment significatif qu'un utilisateur qui serait positif au virus du covid-19 contamine l'autre.

Les pseudonymes aléatoires et temporaires sont collectés et enregistrés par l'application sur le téléphone mobile de l'utilisateur.

(Décr. n° 2021-157 du 12 févr. 2021, art. 1er) « Les critères de contact entre deux téléphones permettant de considérer que leurs utilisateurs se trouvent dans une situation présentant un risque de contamination par le virus du covid-19 sont définis par l'Agence nationale de santé publique et sont rendus publics. »

6° *(Décr. n° 2021-157 du 12 févr. 2021, art. 1er)* « L'historique de proximité des utilisateurs déclarés positifs, correspondant aux pseudonymes aléatoires et temporaires enregistrés par l'application dans les quarante-huit heures qui précèdent la date de début des symptômes ainsi que dans la période comprise entre cette date et la date de transfert de l'historique de proximité au serveur central ou, à défaut de renseignement de la date de début des symptômes par la personne diagnostiquée ou dépistée positive, aux pseudonymes aléatoires et temporaires enregistrés par l'application dans les sept jours qui précèdent la date du diagnostic ou du prélèvement positif ainsi que dans la période comprise entre cette date et la date de transfert de l'historique de proximité au serveur central ou, à défaut de renseignement de la date du diagnostic ou du prélèvement positif, aux pseudonymes aléatoires et temporaires enregistrés par l'application pendant les quinze jours qui précèdent le transfert de l'historique de proximité. »

Ces données sont transmises par les utilisateurs diagnostiqués ou dépistés positifs au virus du covid-19 qui le souhaitent au serveur central. Elles sont alors stockées sur ce serveur et sont notifiées aux applications des personnes identifiées comme contacts à risque de contamination à l'occasion de leur connexion quotidienne au serveur.

Ces personnes identifiées comme contacts à risque de contamination reçoivent alors, par l'intermédiaire de l'application, la seule information selon laquelle elles ont été à proximité *(Décr. n° 2021-157 du 12 févr. 2021, art. 1er, en vigueur le 2 mars 2021)* « , au cours d'une période donnée de trois jours, » d'au moins un autre utilisateur diagnostiqué ou dépisté positif au virus du covid-19 *(Abrogé par Décr. n° 2021-157 du 12 févr. 2021, art. 1er, à compter du 2 mars 2021)* *« au cours des quinze derniers jours »* ;

(Décr. n° 2021-157 du 12 févr. 2021, art. 1er) « 6 *bis* Pour chaque contact à risque de contamination, la date de la remontée de l'historique de proximité de l'utilisateur déclaré positif et la date de la dernière notification du statut "contact à risque de contamination" ; »

7° Les périodes d'exposition des utilisateurs à des personnes diagnostiquées ou dépistées positives au virus du covid-19 *(Décr. n° 2021-157 du 12 févr. 2021, art. 1er, en vigueur le 2 mars 2021)* « et une date déterminée aléatoirement entre la date du dernier contact avec l'une de ces personnes, cette date moins un jour et cette date plus un jour ». Ces données sont collectées et enregistrées par l'application sur le téléphone mobile de l'utilisateur et stockées sur le serveur central en cas de partage par l'utilisateur de l'historique de proximité des contacts à risque de contamination par le virus du covid-19 ;

8° Les données renseignées dans l'application par les personnes diagnostiquées ou dépistées positives au virus du covid-19 qui décident d'envoyer au serveur l'historique de proximité de leurs contacts à risque :

a) La date de début des symptômes si l'utilisateur est en mesure de donner cette information *(Décr. n° 2021-157 du 12 févr. 2021, art. 1er)* « ou la date du prélèvement positif si la personne est asymptomatique ou n'est pas en mesure de donner la date de début des symptômes » ;

b) Le code aléatoire à usage unique donné par un médecin traitant à son patient suite à un diagnostic clinique positif au virus du covid-19 ou un code aléatoire à usage unique sous forme de QR-code émis par le traitement mentionné à l'article 8 du décret n° 2020-551 du 12 mai 2020 susvisé en cas d'examen de dépistage positif au virus du covid-19, en application de l'article 9 de ce même décret, afin que l'utilisateur de l'application soit autorisé par le serveur à partager son historique de proximité ;

9° Le statut "contacts à risque de contamination" de l'identifiant de l'application, qui est retenu dès lors qu'un utilisateur de l'application a été, conformément aux critères définis par l'arrêté mentionné au 5°, à proximité d'un autre utilisateur, ultérieurement dépisté ou diagnostiqué positif au virus du covid-19. Cette donnée est stockée par le serveur central, lorsqu'elle lui a été communiquée par l'utilisateur qui accepte de lui transmettre son historique de proximité des contacts à risque de contamination par le virus du covid-19 ;

10° La date des dernières interrogations du serveur central ;

11° *(Décr. n° 2021-157 du 12 févr. 2021, art. 1er, en vigueur le 2 mars 2021)* « Le code postal renseigné dans l'application par l'utilisateur pour obtenir des informations locales sur la situation sanitaire. Cette donnée ne fait l'objet d'aucun traitement sur le serveur central ; – *En raison de l'abrogation de l'ancien 11°, les 12°, 13° et 14° deviennent, respectivement, les 11°, 12 et 13° (Décr. n° 2022-1098 du 30 juill. 2022, art. 1er).*

12° *(Décr. n° 2021-157 du 12 févr. 2021, art. 1er, en vigueur le 2 mars 2021)* « Les données à caractère personnel renseignées par l'utilisateur permettant de générer le QR-code lui permettant de disposer d'une attestation de déplacement dérogatoire » *(Décr. n° 2021-1584 du 7 déc. 2021, art. 1er)* « ou de tout autre justificatif requis par les autorités publiques dans le cadre de la lutte contre l'épidémie de covid-19 » ;

13° *(Décr. n° 2021-1584 du 7 déc. 2021, art. 1er)* « Les données à caractère personnel que comportent les justificatifs mentionnés au II de l'article 1er de la loi n° 2021-689 du 31 mai 2021 susvisée et au I de l'article 13 de la loi n° 2021-1040 du 5 août 2021 susvisée, ainsi que le statut (valide ou révoqué) des codes qui leur sont associés. »

II. — Les données permettant l'identification du téléphone mobile, de son détenteur ou de son utilisateur ne peuvent être collectées ni enregistrées dans le cadre *(Décr. n° 2021-1584 du 7 déc. 2021, art. 1er)* « d'un des serveurs centraux » du traitement.

(Décr. n° 2021-157 du 12 févr. 2021, art. 1er) « Les données à caractère personnel renseignées par l'utilisateur lorsqu'il accède à d'autres sites ou applications via l'application TousAntiCovid ne peuvent être ni collectées ni enregistrées dans le cadre du traitement de données TousAntiCovid.

« Les données à caractère personnel renseignées pour générer *(Décr. n° 2021-1584 du 7 déc. 2021, art. 1er ; Décr. n° 2022-1098 du 30 juill. 2022, art. 1er)* « les justificatifs mentionnés aux 7° et 8° » du II de l'article 1er du présent décret ne peuvent être enregistrées que par l'utilisateur, s'il le souhaite, aux fins d'être conservées localement sur le téléphone mobile. »

III. — Les sous-traitants auxquels le responsable du traitement peut recourir dans les conditions prévues à l'article 28 du règlement (UE) 2016/679 du 27 avril 2016 susvisé sont accédants ou destinataires des données du traitement strictement nécessaires à l'exercice de leurs missions.

Art. 3 Le traitement est mis en œuvre *(Décr. n° 2021-157 du 12 févr. 2021, art. 1er)* « jusqu'au » *(Décr. n° 2022-1098 du 30 juill. 2022, art. 1er)* « **31 janvier 2023** ».

La clé d'authentification partagée et l'identifiant aléatoire permanent sont conservés jusqu'à ce que l'utilisateur désinstalle l'application *(Décr. n° 2021-157 du 12 févr. 2021, art. 1er)* « TousAntiCovid », et au plus tard pour la durée mentionnée au premier alinéa.

Les données de l'historique de proximité enregistrées par l'application sur le téléphone mobile sont conservées quinze jours à compter de leur enregistrement par cette application.

Lorsqu'elles ont été partagées sur le serveur central, les données de l'historique de proximité des contacts à risque de contamination sont conservées sur ce serveur quinze jours à compter de leur enregistrement par l'application du téléphone mobile de la personne dépistée ou diagnostiquée positive au virus du covid-19.

Les données mentionnées au 8° du I de l'article 2 ne sont pas conservées. Elles ne sont traitées qu'une seule fois afin que l'utilisateur de l'application soit autorisé par le serveur à partager son historique de proximité.

Les actions réalisées par les administrateurs dans le traitement font l'objet d'un enregistrement, qui est conservé pendant une durée maximale de six mois à compter de la fin de l'état d'urgence sanitaire. Cet enregistrement comporte l'identification de l'administrateur, les données de traçabilité, notamment la date, l'heure et la nature de l'intervention dans le traitement.

(Abrogé par Décr. n° 2022-1098 du 30 juill. 2022, art. 1er) (Décr. n° 2021-157 du 12 févr. 2021, art. 1er) ***« Les données mentionnées au 11° du I de l'article 2 sont conservées sur le serveur central et sur le téléphone de l'utilisateur pendant quinze jours à compter de leur enregistrement sur ce téléphone. L'utilisateur a la possibilité, depuis son terminal, de supprimer de son historique tout lieu visité. »***

(Décr. n° 2021-157 du 12 févr. 2021, art. 1er, en vigueur le 2 mars 2021 ; Décr. n° 2022-1098 du 30 juill. 2022, art. 1er) « La donnée mentionnée au 11° du I de l'article 2 n'est pas conservée.

« Le QR-code mentionné au 12° du I de l'article 2 ne peut être conservé plus de 24 heures à compter de sa date et heure de validité. »

(Décr. n° 2021-1584 du 7 déc. 2021, art. 1er ; Décr. n° 2022-1098 du 30 juill. 2022, art. 1er) « Les données et justificatifs mentionnés au 13° du I de l'article 2 peuvent être supprimés à tout moment par les personnes utilisatrices de l'application. »

Art. 4 En application de l'article 11 et du i du paragraphe 1 de l'article 23 du règlement (UE) du 27 avril 2016 susvisé, les droits d'accès, de rectification ainsi que le droit à la limitation prévus aux articles 15, 16 et 18 de ce même règlement ne peuvent s'exercer auprès du responsable de traitement.

Les personnes concernées sont informées des principales caractéristiques du traitement et de leurs droits, conformément aux dispositions des articles 13 et 14 du règlement (UE) du 27 avril 2016 susvisé, au moment de l'installation de l'application *(Décr. n° 2021-157 du 12 févr. 2021, art. 1er)* « TousAntiCovid ». *(Décr. n° 2021-1584 du 7 déc. 2021, art. 1er ; Décr. n° 2022-1098 du 30 juill. 2022, art. 1er)* « Une information spécifique est mise à leur disposition concernant les modalités de traitement des données mis en œuvre aux fins d'assurer l'information ciblée mentionnée au 8° du II de l'article 1er. » *(Décr. n° 2021-157 du 12 févr. 2021, art. 1er)* « Elles sont en outre prévenues qu'en cas de partage de leur historique de proximité sur le serveur central avant le seizième jour suivant la publication du décret n° 2021-157 du 12 février

2021 modifiant le décret n° 2020-650 du 29 mai 2020 relatif au traitement de données dénommé "StopCovid", les personnes identifiées comme leurs contacts à risque de contamination seront informées qu'elles auront été à proximité, au cours des quinze derniers jours, d'au moins un autre utilisateur diagnostiqué ou dépisté positif au virus du covid-19 et qu'en cas de partage de leur historique de proximité *(Abrogé par Décr. n° 2022-1098 du 30 juill. 2022, art. 1er)* ***« ou de lieux fréquentés »*** sur le serveur central à compter du quinzième jour suivant la publication du même décret, les personnes identifiées comme leurs contacts à risque de contamination seront informées qu'elles auront, au cours d'une période donnée de trois jours, été à proximité d'au moins un autre utilisateur diagnostiqué ou dépisté positif au virus du covid-19 *(Abrogé par Décr. n° 2022-1098 du 30 juill. 2022, art. 1er)* ***« , ou fréquenté un même lieu au même moment qu'au moins une personne diagnostiquée ou dépistée positif au virus du covid-19 »***. Elles sont également informées de la possibilité limitée d'identification indirecte susceptible d'en résulter lorsque ces personnes ont, au cours de cette période, eu un très faible nombre de contacts *(Abrogé par Décr. n° 2022-1098 du 30 juill. 2022, art. 1er)* ***« ou fréquenté des lieux où se trouvaient au même moment un faible nombre de personnes »***.

(Décr. n° 2021-157 du 12 févr. 2021, art. 1er) « Des mentions d'information sont également publiées sur le site internet www.tousanticovid.gouv.fr et sur la page https://bonjour.tousanticovid.gouv.fr/privacy.html, et apposées à proximité des QR-codes situés devant ou dans les lieux qui en sont équipés. »

Art. 5 Le responsable de traitement rend public un rapport sur le fonctionnement de *(Décr. n° 2021-157 du 12 févr. 2021, art. 1er)* « TousAntiCovid » dans les trente jours suivant le terme de la mise en œuvre de l'application *(Abrogé par Décr. n° 2021-157 du 12 févr. 2021, art. 1er)* ***« [,] et au plus tard le 30 janvier 2021 »***.

Arrêté du 10 juillet 2020,

Prescrivant les mesures générales nécessaires pour faire face à l'épidémie de covid-19 dans les territoires sortis de l'état d'urgence sanitaire et dans ceux où il a été prorogé.

Vu notamment l'avis de la Commission nationale de l'informatique et des libertés en date du 20 avril 2020 ; (...)

CHAPITRE I *DISPOSITIONS GÉNÉRALES*

Art. 1er Les articles du présent arrêté dont le numéro est suivi des lettres "EUS" ne sont applicables que dans les territoires, mentionnés en annexe préliminaire du décret du 10 juillet 2020 susvisé, où l'état d'urgence sanitaire est en vigueur.

Sauf disposition contraire, les autres articles sont applicables dans ces mêmes territoires ainsi que dans ceux, mentionnés à la même annexe, sortis de l'état d'urgence sanitaire.

Sauf disposition contraire, le présent arrêté est applicable jusqu'au 30 octobre 2020.

....

CHAPITRE II *DISPOSITIONS CONCERNANT LES PHARMACIES D'OFFICINE, LES PHARMACIES À USAGE INTÉRIEUR, LES PRESTATAIRES DE SERVICES ET LES DISTRIBUTEURS DE MATÉRIELS*

Art. 4 Lorsqu'un patient est dans l'impossibilité de se déplacer dans les locaux de la pharmacie à usage intérieur pour se procurer un médicament dispensé en application du 1° de l'article L. 5126-6 du code de la santé publique, il prend l'attache de la pharmacie d'officine proche de son domicile de son choix. Cette dernière transmet par voie dématérialisée une copie de l'ordonnance à la pharmacie à usage intérieur qui a procédé au dernier renouvellement du médicament. La pharmacie à usage intérieur procède à la dispensation et à la facturation à l'assurance maladie du médicament. Elle prépare le traitement du patient dans un emballage qui garantit la confidentialité du traitement, la bonne conservation du médicament et la sécurité du transport, avant de le confier à un grossiste répartiteur en capacité d'assurer, dans les meilleurs délais, la livraison du médicament à la pharmacie d'officine désigné. Le pharmacien d'officine délivre le médicament sur présentation de l'ordonnance. Il appose sur l'ordonnance le timbre de l'officine et la date de délivrance. Une copie de l'ordonnance timbrée et datée est adressée en retour à la pharmacie à usage intérieur.

Les médicaments ainsi délivrés sont pris en charge par les organismes d'assurance maladie, dans les conditions du droit commun, sous réserve que ces médicaments soient inscrits sur la liste prévue au deuxième alinéa de l'article L. 162-17 du code de la sécurité sociale ou qu'ils bénéficient d'une prise en charge au titre des articles L. 162-16-5-1-1 ou L. 162-16-5-2 du même code. Le cas échéant, la suppression de la participation de l'assuré prévue à l'article R. 160-8 du même code reste applicable.

L'activité de livraison de médicaments mentionnée au premier alinéa du présent article fait l'objet d'une indemnité d'un montant global hebdomadaire de 15 000 euros HT répartie entre les grossistes-répartiteurs au prorata de leur activité. Elle est versée par la Caisse nationale de l'assurance maladie à la personne dont relève l'établissement pharmaceutique de distribution en gros assurant cette activité.

[...]

CHAPITRE IV *DISPOSITIONS CONCERNANT LA TÉLÉSANTÉ*

Art. 17 I. — Les professionnels de santé assurant la prise en charge par télésanté des patients suspectés d'infection ou reconnus covid-19 recourent à des outils numériques respectant la politique générale de sécurité des systèmes d'information en santé et la réglementation relative à l'hébergement des données de santé ou, pour faire face à la crise sanitaire, à tout autre outil numérique.

II. — Par dérogation aux articles L. 162-1-7 et L. 162-14-1 du code de la sécurité sociale, les consultations complexes et les avis ponctuels de consultant réalisés à distance par vidéotransmission dans les conditions définies aux articles R. 6316-1 et suivants du code de la santé publique par les médecins libéraux et salariés des centres de santé sont valorisés sur la base des tarifs conventionnels fixés pour ces mêmes actes réalisés en présence du patient.

III. — Le suivi des patients dont le diagnostic d'infection au virus covid-19 a été posé cliniquement ou biologiquement peut être assuré par les infirmiers diplômés d'État libéral ou salarié d'une structure mentionnée au 1er alinéa de l'article L. 162-1-7 par télésoin sous la forme d'un télésuivi.

Le télésuivi infirmier participe, sur prescription médicale, à la surveillance clinique des patients suspectés d'infection ou reconnus atteints du virus covid-19.

Le télésuivi infirmier est réalisé préférentiellement par vidéotransmission avec le patient, ou par téléphone si les équipements du patient et de l'infirmier ne le permettent pas.

IV. — Par dérogation aux articles L. 162-1-7, L. 162-9 et L. 162-14-1 du code de la sécurité sociale, les actes de télésuivi réalisés par un infirmier diplômé d'État, auprès de patients dont le diagnostic d'infection à *[la]* covid-19 a été posé cliniquement ou biologiquement, dans les conditions prévues par la Haute Autorité de santé dans son avis du 16 mars 2020, sont valorisés à hauteur d'un AMI 3.2 par les infirmiers libéraux ou les structures mentionnées à l'article L. 162-1-7 du même code.

V. — Par dérogation aux articles L. 162-1-7, L. 162-9 et L. 162-14-1 et du code de la sécurité sociale, les consultations à distance des sages-femmes réalisées dans les conditions définies aux articles R. 6316-1 et suivants du code de la santé publique sont valorisées à hauteur d'une téléconsultation simple (code TCG) pour les sages-femmes libérales ou les autres structures mentionnées à l'article L. 162-1-7 du même code. Par dérogation aux articles L. 162-1-7, L. 162-9 et L. 162-14-1 du code de la sécurité sociale, les sages-femmes libérales ou les autres structures mentionnées à l'article L. 162-1-7 du même code sont autorisées à facturer à l'assurance maladie les actes réalisés à distance par téléconsultation mentionnés en annexe.

VI. — Par dérogation au cahier des charges de prise en charge par télésurveillance des patients insuffisants cardiaques chroniques figurant en annexe de l'arrêté du 11 octobre 2018 susvisé, les patients éligibles à un projet de télésurveillance n'ont pas à remplir une des deux conditions suivantes :

1° Hospitalisation au cours des 30 derniers jours pour une poussée d'insuffisance cardiaque chronique (diagnostic principal, au regard du compte rendu ou du codage CIM 10-I500/I501/I502/I509) ;

2° Hospitalisation au moins une fois au cours des douze derniers mois pour une poussée d'insuffisance cardiaque chronique (diagnostic principal, au regard du compte rendu ou du codage CIM 10-I500/I501/I502/I509) et actuellement en classe NYHA 2 ou plus avec un taux de peptides natriurétiques élevé (BNP > 100 pg/ml ou NT pro BNP > 1 000 pg/ml).

VII. — Par dérogation au cahier des charges de prise en charge par télésurveillance des patients diabétiques figurant en annexe de l'arrêté du 11 octobre 2018 susvisé, sont également éligibles à un projet de télésurveillance les patients remplissant l'un des critères ci-dessous :

1° Diabétiques de type 1 âgés de plus de 12 ans et de moins de 18 ans présentant une HbA1C inférieure à 8,5 % lors de deux mesures réalisées dans un intervalle de six mois ;

2° Diabétiques de type 1 âgés de 18 ans ou plus présentant une HbA1c inférieure à 8 % lors de deux mesures réalisées dans un intervalle de six mois ;

3° Diabétiques de type 2 traités par schéma insulinique complexe, diagnostiqués depuis plus de douze mois et âgés de 18 ans ou plus présentant une HbA1c inférieure à 9 % lors de deux mesures réalisées dans un intervalle de six mois ;

4° Diabétiques de type 2 diagnostiqués depuis plus de douze mois âgés de 18 ans ou plus, lors de l'initiation d'insuline, et avec une HbA1c inférieure à 9 % lors de deux mesures réalisées dans un intervalle de 6 mois.

Pour ces patients, l'inclusion est réalisée sur prescription médicale pour une durée de trois mois. Le renouvellement des prescriptions, selon les modalités du présent arrêté, n'est possible que pour la durée de ces dérogations. Dans le cadre de cette prise en charge trimestrielle dérogatoire, les rémunérations applicables aux acteurs sont mentionnées en annexe et le paiement par l'assurance maladie est effectuée au terme des trois mois. Les primes de performances ne sont pas applicables.

VIII. — A l'exclusion des bilans initiaux, les actes d'orthophonie mentionnés en annexe du présent article peuvent être réalisés à distance par télésoin. Les renouvellements de bilan sont effectués sur prescription médicale. La pertinence du recours au télésoin est déterminée par l'orthophoniste. Ces actes de télésoin sont réalisés par vidéotransmission. Ils sont conditionnés à la réalisation préalable, en présence du patient, d'un premier soin par l'orthophoniste sauf si un bilan en présence du patient a été effectué avant la sortie d'hospitalisation avec transmission du plan de soin. Pour les mineurs de 18 ans, la présence d'un des parents majeurs ou d'un majeur autorisé est nécessaire. Pour les patients présentant une perte d'autonomie, la présence d'un aidant est requise.

Par dérogation aux articles L. 162-1-7, L. 162-9 et L. 162-14-1 du code de la sécurité sociale, les orthophonistes libéraux ou les autres structures mentionnées à l'article L. 162-1-7 du même code sont autorisés à facturer à l'assurance maladie les actes réalisés à distance par télésoin relevant du présent VIII.

IX. — A l'exclusion des bilans initiaux et des renouvellements de bilan, les activités d'ergothérapeute et de psychomotricien peuvent être réalisées à distance par télésoin. La pertinence du recours au télésoin est déterminée par l'auxiliaire médical. Ces actes de télésoin sont réalisés par vidéotransmission. Ils sont conditionnés à la réalisation préalable, en présence du patient, d'un premier soin par l'ergothérapeute ou le psychomotricien. Pour les mineurs de 18 ans, la présence d'un des parents majeurs ou d'un majeur autorisé est nécessaire. Pour les patients présentant une perte d'autonomie, la présence d'un aidant est requise.

Les ergothérapeutes et les psychomotriciens informent, par tout moyen, les plateformes de coordination et d'orientation mentionnées à l'article R. 2135-1 du code de la santé publique de la prise en charge à distance par télésoin dans le cadre du forfait mentionné au IV de l'article R. 2135-2 du même code et du contrat type signé à cet effet mentionné au troisième alinéa de l'article L. 2135-1 du même code.

X. — A l'exclusion des bilans initiaux et des renouvellements de bilan, les actes de masso-kinésithérapie mentionnés en annexe du présent article peuvent être réalisés à distance par télésoin. La pertinence du recours au télésoin est déterminée par le masseur-kinésithérapeute. Ces actes de télésoin sont réalisés par vidéotransmission. Ils sont conditionnés à la réalisation préalable, en présence du patient, d'un premier soin par le masseur-kinésithérapeute sauf si un bilan en présence du patient a été effectué avant la sortie d'hospitalisation avec transmission du plan de soin. Pour les mineurs de 18 ans, la présence d'un des parents majeurs ou d'un majeur autorisé est nécessaire. Pour les patients présentant une perte d'autonomie, la présence d'un aidant est requise.

Par dérogation aux articles L. 162-1-7, L. 162-9 et L. 162-14-1 du code de la sécurité sociale, les masseurs-kinésithérapeutes libéraux ou les autres structures mentionnées à l'article L. 162-1-7 du même code sont autorisés à facturer à l'assurance maladie les actes réalisés mentionnés en annexe.

XI. — A l'exclusion des bilans initiaux et des renouvellements de bilan, les actes d'orthoptie mentionnés en annexe au présent XI peuvent être réalisées à distance par télésoin. La pertinence du recours au télésoin est déterminée par l'orthoptiste. Ces actes de télésoin sont réalisés par vidéotransmission. Pour les mineurs de 18 ans, la présence d'un des parents majeurs ou d'un majeur autorisé est nécessaire. Pour les patients présentant une perte d'autonomie, la présence d'un aidant est requise.

Par dérogation aux articles L. 162-1-7, L. 162-9 et L. 162-14-1 du code de la sécurité sociale, les orthoptistes libéraux ou les autres structures mentionnées à l'article L. 162-1-7 du même code sont autorisés à facturer à l'assurance maladie les actes réalisés à distance par télésoin sur le fondement du présent article.

XII. — Peuvent être réalisés à distance par télésoin :

1° Les activités de diagnostic de pédicurie-podologie mentionnées au 1° de l'article R. 4322-1 du code de la santé publique ;

2° Les actes de rééducation d'un pied, à l'exclusion de l'articulation tibio-tarsienne, en relation avec une intervention chirurgicale sur l'avant-pied, par séance d'une durée de 30 minutes, ainsi que les actes de rééducation des deux pieds, à l'exclusion des articulations tibio-tarsiennes, en relation avec une intervention chirurgicale sur l'avant-pied, par séance d'une durée de 30 minutes, mentionnés à l'article 3 du chapitre II du titre XII de la nomenclature générale des actes professionnels.

La pertinence du recours au télésoin est déterminée par le pédicure-podologue. Ces actes de télésoin sont réalisés par vidéotransmission. Pour les mineurs de 18 ans, la présence d'un des parents majeurs ou d'un majeur autorisé est nécessaire. Pour les patients présentant une perte d'autonomie, la présence d'un aidant est requise.

Par dérogation aux articles L. 162-1-7, L. 162-9 et L. 162-14-1 du code de la sécurité sociale, les actes mentionnés au 2° sont valorisés, comme en présence du patient, soit respectivement à hauteur d'un AMP 4, pour un pied, et d'un AMP 6, pour deux pieds, pour les pédicures-podologues libéraux ou les structures mentionnées à l'article L 162-1-7 du même code.

XIII. — Les pharmaciens d'officine peuvent réaliser à distance par télésoin des actions d'accompagnement des patients sous traitement anticoagulant oral par anticoagulants oraux directs ou par antivitamines K et des patients sous antiasthmatiques par corticoïdes inhalés ainsi que des bilans partagés de médication. La pertinence du recours au télésoin est déterminée par le pharmacien. Ces actions de télésoin sont réalisées par vidéotransmission. Elles sont conditionnées à la réalisation préalable, en présence du patient, d'un premier entretien de bilan de médication ou entretien d'accompagnement d'un patient atteint d'une pathologie chronique par le pharmacien. Pour les patients présentant une perte d'autonomie, la présence d'un aidant est requise.

Par dérogation à l'article L. 162-16-1 du code de la sécurité sociale, les pharmaciens d'officine ou les autres structures mentionnées à l'article L. 162-1-7 du même code sont autorisés à facturer à l'assurance maladie les honoraires correspondant aux actions réalisées mentionnées à l'alinéa précédent.

XIV. — Les activités de diététicien peuvent être réalisées à distance par télésoin.

La pertinence du recours au télésoin est déterminée par le diététicien.

Ces actes sont réalisés par vidéotransmission.

Pour les mineurs de 18 ans, la présence d'un des parents majeurs ou d'un majeur autorisé est nécessaire. Pour les patients présentant une perte d'autonomie, la présence d'un aidant est requise.

CHAPITRE X *MESURES CONCERNANT LE TRAITEMENT DES DONNÉES À CARACTÈRE PERSONNEL DU SYSTÈME DE SANTÉ*

Art. 30 I. — Aux seules fins de faciliter l'utilisation des données de santé pour les besoins de la gestion de l'urgence sanitaire et de l'amélioration des connaissances sur le virus covid-19, le groupement d'intérêt public mentionné à l'article L. 1462-1 du code de la santé publique et la Caisse nationale de l'assurance maladie sont autorisés à recevoir les catégories de données à caractère personnel suivantes :

— les données issues du système national des données de santé mentionné à l'article L. 1461-1 du même code ainsi que, dans le respect de son référentiel de sécurité :

— des données de pharmacie ;

— des données de prise en charge en ville telles que des diagnostics ou des données déclaratives de symptômes issues d'applications mobiles de santé et d'outils de télésuivi, télésurveillance ou télémédecine ;

— des résultats d'examens biologiques réalisés par les laboratoires hospitaliers et les laboratoires de biologie médicale de ville ;

— des données relatives aux urgences collectées par l'Agence nationale de santé publique dans le cadre du réseau de surveillance coordonnée des urgences ;

— des données relatives aux appels recueillis au niveau des services d'aide médicale urgente et des services concourant à l'aide médicale urgente ;

— des données relatives à l'activité et à la consommation de soins dans les établissements ou services médico-sociaux, notamment dans les établissements d'hébergement pour personnes âgées dépendantes ;

— des enquêtes réalisées auprès des personnes pour évaluer leur vécu ;

— des données non directement identifiantes issues du système d'identification unique des victimes mentionné à l'article L. 3131-9-1 du code de la santé publique ;

— des données cliniques telles que d'imagerie, de pharmacie, de biologie, de virologie, de comptes rendus médicaux de cohortes de patients pris en charge dans des centres de santé en vue de leur agrégation.

II. — Le groupement d'intérêt public et la Caisse nationale de l'assurance maladie ne peuvent collecter que les données nécessaires à la poursuite d'une finalité d'intérêt public en lien avec l'épidémie actuelle de covid-19. Ils sont responsables du stockage et de la mise à disposition des données. Ils sont autorisés à croiser les données mentionnées au I.

La Caisse nationale de l'assurance maladie est responsable des opérations de pseudonymisation dans le cadre du croisement des données et peut traiter le numéro d'inscription au répertoire national d'identification des personnes physiques à cette fin.

Seuls des responsables de traitement autorisés dans les conditions prévues aux articles 66 et 76 de la loi n° 78-17 du 6 janvier 1978 relative à l'informatique, aux fichiers et aux libertés, l'État mettant en œuvre des traitements mentionnés au 6° de l'article 65 de cette même loi, la Caisse nationale de l'assurance maladie mettant en œuvre des traitements mentionnés au 3° de l'article 65 de cette même loi, ou les organismes et les services chargés d'une mission de service public mentionnés à l'article 67 de cette même loi, peuvent traiter les données ainsi rassemblées par le groupement d'intérêt public.

III. — Les données ne peuvent être traitées que pour des projets poursuivant une finalité d'intérêt public en lien avec l'épidémie actuelle de covid-19 et jusqu'à l'entrée en vigueur des dispositions prises en application de l'article 41 de la loi du 24 juillet 2019 susvisée et au plus tard le 30 octobre 2020.

Les données ne peuvent être traitées que sur la plateforme technologique du groupement d'intérêt public et sur la plateforme de la Caisse nationale de l'assurance maladie, et ne peuvent pas en être extraites. Au sein de ces plateformes, les données ci-dessus mentionnées ne peuvent contenir ni les noms et prénoms des personnes, ni leur numéro d'inscription au Répertoire national d'identification des personnes physiques, ni leur adresse.

(Arr. du 9 oct. 2020, art. 1er) « Aucun transfert de données à caractère personnel ne peut être réalisé en dehors de l'Union européenne ».

Le groupement d'intérêt public établit et met à disposition sur son site internet un répertoire public qui recense la liste et les caractéristiques de tous les projets portant sur ces données.

Décret n° 2020-1690 du 25 décembre 2020,

Autorisant la création d'un traitement de données à caractère personnel relatif aux vaccinations contre la covid-19.

Art. 1er I. — Est autorisée la création d'un traitement automatisé de données à caractère personnel dans le cadre de la campagne de vaccination contre la covid-19, dénommé "Vaccin Covid".

La direction générale de la santé et la Caisse nationale de l'assurance maladie sont conjointement responsables de ce traitement, qui est mis en œuvre conformément aux dispositions du *e* du 1. de l'article 6 du règlement (UE) du 27 avril 2016 susvisé et pour les motifs d'intérêt public mentionnés au *i* du 2. de l'article 9 du même règlement.

II. — Le traitement mentionné au I a pour finalités :

1° L'identification des personnes éligibles à la vaccination au regard des recommandations énoncées par le ministre chargé de la santé en application des dispositions de l'article L. 3111-1 du code de la santé publique, l'envoi de bons de vaccination à ces personnes, *(Décr. n° 2021-930 du 13 juill. 2021, art. 2)* « l'accompagnement à la vaccination des personnes présentant des vulnérabilités de santé particulières, »l'enregistrement des informations relatives à la consultation préalable à la vaccination et l'organisation de la vaccination de ces personnes ;

2° Le suivi de l'approvisionnement des lieux de vaccinations en vaccins et consommables ;

3° L'envoi à la personne vaccinée d'un récapitulatif des informations relatives à la vaccination, établi par le professionnel de santé réalisant la vaccination ou par le personnel placé sous sa responsabilité *(Décr. n° 2021-1670 du 16 déc. 2021, art. 2)* « , et la délivrance du justificatif de statut vaccinal pouvant être présenté pour satisfaire aux obligations mentionnées au II de l'article 1er de la loi n° 2021-689 du 31 mai 2021 relative à la gestion de la sortie de crise sanitaire et aux articles 12 et 13 de la loi n° 2021-1040 du 5 août 2021 relative à la gestion de la crise sanitaire » ;

4° La mise à disposition de données permettant la présentation de l'offre de vaccination, la surveillance de la couverture vaccinale, la mesure de l'efficacité et de la sécurité vaccinales, la pharmacovigilance, le suivi statistique de la campagne de vaccination, l'appui à l'évaluation de la politique publique de vaccination et la réalisation d'études et de recherches *(Décr. n° 2021-930 du 13 juill. 2021, art. 2)* « , et l'adaptation des mesures médicales d'isolement prophylactiques pour les personnes vaccinées identifiées comme cas contact ou personnes co-exposées en application des dispositions de l'article 1er du décret n° 2020-551 du 12 mai 2020 relatif aux systèmes d'information mentionnés à l'article 11 de la loi n° 2020-546 du 11 mai 2020 prorogeant l'état d'urgence sanitaire et complétant ses dispositions ; »

5° La délivrance, en cas d'apparition d'un risque nouveau, de l'information prévue à l'article L. 1111-2 du code de la santé publique, aux personnes vaccinées et, le cas échéant, leur orientation vers un parcours de soins adaptés ;

6° La prise en charge financière des actes liés à la vaccination ;

(Décr. n° 2021-1670 du 16 déc. 2021, art. 2) « 7° Le contrôle de l'obligation vaccinale des personnes mentionnées au I de l'article 12 de la loi du 5 août 2021 susmentionnée, dans les conditions prévues au II de l'article 13 de la même loi. »

Les personnes dont les données ont été collectées avant la date d'entrée en vigueur du Décr. n° 2021-1670 du 16 déc. 2021 dans le cadre des traitements prévus à l'art. 1er sont informées sans délai, par les responsables de ces traitements, des modifications intervenues en application dudit décret. Les responsables de ces traitements assurent cette information sur leurs sites internet respectifs et par tout autre moyen permettant de porter cette information à la connaissance des personnes concernées (Décr. préc., art. 3).

Pour l'information des personnes dont les données ont été collectées dans le cadre des traitements prévus à l'art. 1er du Décr. n° 2020-1690, V. aussi NDLR ss. art. 5.

Art. 2 I. — Les catégories de données à caractère personnel et informations enregistrées dans le traitement autorisé par l'article 1er sont :

1° Les données d'identification de la personne *(Décr. n° 2021-1058 du 7 août 2021, art. 2)* « éligible à la vaccination, vaccinée ou non vaccinée » : nom, prénoms, sexe, date de naissance, lieu de naissance, numéro d'inscription au répertoire national d'identification des personnes physiques ou, le cas échéant, code d'admission au bénéfice de l'aide médicale d'État sous la mention immatriculation ;

2° Le code du régime d'affiliation et de l'organisme gestionnaire assurant la prise en charge des frais de santé de la personne mentionnée au 1° ;

3° Les coordonnées de la personne mentionnée au 1° et de son représentant légal éventuel : adresse postale, numéro de téléphone, adresse électronique ;

4° Les références du ou des bons de vaccination délivrés à la personne ;

5° Les données relatives à la réalisation de la vaccination : dates de la, ou des injections, informations permettant l'identification du vaccin injecté, précisions sur l'administration du vaccin, identification du ou des lieux de vaccination, identification des professionnels de santé ayant réalisé respectivement la consultation préalable à la vaccination et chaque injection ;

6° Les données relatives à la santé de la personne mentionnée au 1° :

a) Critères médicaux d'éligibilité à la vaccination et traitements suivis ;

b) Informations relatives à la recherche et à l'identification de contre-indications à la vaccination ;

c) Effets indésirables éventuels associés à la vaccination ;

(Décr. n° 2021-930 du 13 juill. 2021, art. 2) « ***d)*** Date d'une infection par le virus de la covid-19 obtenue à partir des informations mentionnées au 6° de l'article 9 du décret du 12 mai 2020 susmentionné ; »

(Décr. n° 2021-1670 du 16 déc. 2021, art. 2) « *e)* Vaccination contre la grippe concomitante à la vaccination contre la covid-19 ; »

7° Les informations sur les critères d'éligibilité non médicaux à la vaccination ;

8° Les données d'identification des professionnels de santé, et des personnes placées sous leur responsabilité, ayant réalisé la consultation préalable et la vaccination : données d'identification, coordonnées et numéro d'identification de l'établissement ou de la structure de rattachement, de l'établissement ou de la structure de vaccination.

II. — Les professionnels de santé ou les personnes placées sous leur responsabilité qui concourent à la vaccination sont tenus d'enregistrer sans délai les données recueillies en application du I dans le traitement autorisé par l'article 1er.

Par application du premier alinéa du I de l'article **L. 4123-9-1** du code de la défense, les données énumérées au I, à l'exclusion de celles mentionnées au 2° et au 8°, ne doivent pas révéler la qualité éventuelle de militaire de la personne mentionnée au 1° du même I.

Art. 3 I. — Sont destinataires des données enregistrées dans le traitement autorisé par l'article 1er, pour assurer les seules finalités mentionnées au II de cet article :

(Décr. n° 2021-1670 du 16 déc. 2021, art. 2) « 1° Les professionnels de santé, ainsi que les personnes placées sous leur responsabilité, pour les données énumérées au I de l'article 2, à l'exclusion de celles mentionnées au *a* du 6° de ce I, nécessaires à la réalisation de la consultation préalable et à la vaccination, à l'identification et au rappel des personnes pour lesquelles l'injection d'une dose complémentaire de vaccin est recommandée et à la délivrance du justificatif de statut vaccinal mentionné au 3° du II de l'article 1er ; »

2° Le médecin traitant choisi par la personne *(Décr. n° 2021-930 du 13 juill. 2021, art. 2)* « concernée », conformément aux dispositions de l'article **L. 162-5-3** du code de la sécurité sociale, pour les données mentionnées au 1° *(Décr. n° 2021-930 du 13 juill. 2021, art. 2)* « et aux fins notamment de recevoir, sur sa demande, la liste de ses patients non vaccinés, à laquelle il peut accéder pendant un mois à compter de sa demande, et ainsi favoriser l'accompagnement à la vaccination des personnes présentant des vulnérabilités de santé particulières » et, sous réserve du consentement de celle-ci, aux 5°, 6° et 8° du I de l'article 2 ;

3° Pour les ressortissants des organismes des régimes obligatoires d'assurance maladie, les agents, spécialement habilités par le directeur de ces organismes, pour les données énumérées au I de l'article 2, à l'exclusion de celles mentionnées au 6° de ce I ;

4° La direction du numérique des ministères chargés des affaires sociales, en tant que personne de confiance désignée par le directeur général de la santé, pour les données mentionnées au 1° et au 5° du I de l'article 2, aux seules fins de conserver celles-ci et d'en permettre l'accès aux professionnels de santé prenant en charge, en cas d'identification de risques nouveaux, l'information de la personne vaccinée dans les conditions prévues à l'article L. 1111-2 du code de la santé publique et son orientation vers un parcours de soin adapté ;

5° La Caisse nationale d'assurance maladie, pour les données mentionnées aux 1°, 4°, 5°, 6°, et 7° du I de l'article 2, transmises par les professionnels de santé en vue de leur versement dans le dossier médical partagé de la personne vaccinée, conformément aux dispositions de l'article L. 1111-15 du code de la santé publique *(Décr. n° 2021-930 du 13 juill. 2021, art. 2)* « , ainsi que pour les données mentionnées au 1°, le statut vaccinal, le nom du vaccin et les dates de la ou des injections mentionnées au 5° du I de l'article 2, en vue de leur enregistrement dans le traitement de données mentionné à l'article 1er du décret du 12 mai 2020 susmentionné » ;

6° L'Agence nationale de sécurité du médicament et des produits de santé et les centres régionaux de pharmacovigilance, pour l'exercice de leur mission de pharmacovigilance, pour la partie des données mentionnées au 1° du I de l'article 2 comprenant les trois premières lettres du nom et du prénom, la date de naissance et le sexe de la personne concernée par la vaccination, ainsi que pour les données mentionnées aux 5°, 6° et 7° de ce I ;

7° Le service public d'information en santé prévu par l'article L. 1111-1-1 du code de la santé publique, pour les seules données mentionnées aux 5° et 8° du I de l'article 2 nécessaires à sa mission de diffusion gratuite auprès du public de l'offre de soins disponible ;

(Décr. n° 2021-930 du 13 juill. 2021, art. 2) « 8° Les praticiens conseil du service du contrôle médical et les personnes placées sous leur autorité pour la mise en œuvre des mesures d'accompagnement à la vaccination des personnes présentant des maladies chroniques pour les données énumérées au I de l'article 2 *(Décr. n° 2021-1670 du 16 déc. 2021, art. 2)* « , à l'exclusion de celle mentionnée au *e* du 6° du I de l'article 2 » ; »

(Décr. n° 2021-1058 du 7 août 2021, art. 2, en vigueur le 9 août 2021) « 9° Les *(Décr. n° 2021-1670 du 16 déc. 2021, art. 2)* « responsables des structures mentionnées au 1° du I de l'article 12 de la loi n° 2021-1040 du 5 août 2021 relative à la gestion de la crise sanitaire et les agents qu'il *[qu'ils]* habilitent, ainsi que les » agents des agences régionales de santé, spécialement habilités par les directeurs généraux de ces agences, pour les seules données mentionnées aux 1°, 3° et 5° du I de l'article 2 nécessaires au contrôle de l'obligation vaccinale tel que prévu au 7° du II de l'article 1er. »

II. — Sont destinataires de données ayant fait l'objet de mesures adéquates de pseudonymisation permettant d'assurer la confidentialité de l'identité des personnes, notamment par la suppression de leur nom, prénoms, numéro d'inscription au répertoire national d'identification des personnes physiques, adresse et de leurs coordonnées de contact téléphonique ou électronique :

1° Les personnes habilitées par le directeur général de l'Agence nationale de santé publique, pour les données nécessaires au suivi de la couverture vaccinale et à la mesure de l'efficacité vaccinale ;

2° Les personnes habilitées par les directeurs généraux des agences régionales de santé, pour les données nécessaires à l'organisation de la campagne de vaccination à l'échelon régional et à son suivi ;

3° Les personnes habilitées par le directeur de la recherche, des études, de l'évaluation et des statistiques du ministère chargé de la santé, pour les données nécessaires à sa mission d'analyse et de diffusion des informations statistiques dans le domaine de la santé ;

4° Le groupement d'intérêt public mentionné à l'article L. 1462-1 du code de la santé publique et la Caisse nationale de l'assurance maladie aux seules fins de faciliter l'utilisation des données de santé pour les besoins de la gestion de l'urgence sanitaire et de l'amélioration des connaissances sur le virus.

(Décr. n° 2021-1670 du 16 déc. 2021, art. 2) « III. — Dans la mesure où les finalités du traitement l'exigent, les données à caractère personnel enregistrées dans le traitement autorisé par l'article 1er sont conservées pour une durée de dix ans à compter de leur collecte.

« Les données à caractère personnel traitées par la direction du numérique des ministères chargés des affaires sociales, en application du 4° du I, sont conservées pour une durée de trente ans à compter de leur collecte. »

Art. 4 Les personnes invitées à se faire vacciner reçoivent les informations prévues par les dispositions du *f* du 2. de l'article 14 du règlement (UE) du 27 avril 2016 susvisé en même temps que leur premier bon de vaccination.

Les personnes ayant consenti à la vaccination et les professionnels de santé concourant à la prise en charge vaccinale reçoivent individuellement, au moment de la consultation préalable à la vaccination, les informations prévues par les dispositions des *a*, *c* et *e* du 1. et des *a* et *b* du 2. de l'article 13 du même règlement.

Art. 5 I. — Les droits d'accès et de rectification, ainsi que le droit à la limitation, s'exercent auprès du directeur de l'organisme d'assurance maladie de rattachement de la personne concernée, dans les conditions prévues aux articles 15, 16 et 18 du règlement (UE) du 27 avril 2016 susvisé.

Compte tenu des motifs d'intérêt public mentionnés au *c* du 3 de l'article 17 du même règlement, le droit à l'effacement ne s'applique pas au traitement autorisé par l'article 1er du présent décret.

II. — En application de l'article 23 du règlement (UE) du 27 avril 2016 susvisé, le droit d'opposition prévu à l'article 21 du même règlement ne s'applique au traitement autorisé par l'article 1er du présent décret qu'en ce qui concerne :

1° Le traitement des données enregistrées suite à l'identification des personnes éligibles à la vaccination par les organismes des régimes obligatoires d'assurance maladie, et uniquement jusqu'à l'enregistrement, par un professionnel de santé concourant à la prise en charge vaccinale, du consentement de la personne à la vaccination ;

2° La transmission, telle que prévue au 4° du II de l'article 3 du présent décret, des données au groupement d'intérêt public mentionné à l'article L. 1462-1 du code de la santé publique et à la Caisse nationale de l'assurance maladie. Le droit d'opposition s'exerce auprès du directeur de l'organisme d'assurance maladie de rattachement de la personne concernée.

Les personnes dont les données ont été collectées avant la date d'entrée en vigueur des Décr. n° 2021-1058 du 7 août 2021 et n° 2021-930 du 13 juill. 2021 dans le cadre des traitements prévus à l'art. 1er du Décr. du 25 déc. 2020 sont informées sans délai, par les responsables de ces traitements, des modifications intervenues en application desdits décrets.

Les responsables des traitements mentionnés à l'al. précédent assurent cette information sur leurs sites internet respectifs et par tout autre moyen permettant de porter cette information à la connaissance des personnes concernées (Décr. n° 2021-1058 du 7 août 2021, art. 3 et Décr. n° 2021-930 du 13 juill. 2021, art. 3).

Loi n° 2021-689 du 31 mai 2021,

Relative à la gestion de la sortie de crise sanitaire.

Art. 1er *(Abrogé par L. n° 2022-1089 du 30 juill. 2022, art. 1er, à compter du 1er août 2022) I. — A compter du 2 juin 2021 et jusqu'au (L. n° 2021-1040 du 5 août 2021, art. 1er) « 15 novembre 2021 » inclus, le Premier ministre peut, par décret pris sur le rapport du ministre chargé de la santé, dans l'intérêt de la santé publique et aux seules fins de lutter contre la propagation de l'épidémie de covid-19 :*

1° Réglementer ou, dans certaines parties du territoire dans lesquelles est constatée une circulation active du virus, interdire la circulation des personnes et des véhicules ainsi que l'accès aux moyens de transport collectif et les conditions de leur usage et, pour les seuls transports aériens et maritimes, interdire ou restreindre les déplacements de personnes et la circulation des moyens de transport, sous réserve des déplacements strictement indispensables aux besoins familiaux, professionnels et de santé ;

2° Réglementer l'ouverture au public, y compris les conditions d'accès et de présence, d'une ou de plusieurs catégories d'établissements recevant du public ainsi que des lieux de réunion, à l'exception des locaux à usage d'habitation, en garantissant l'accès des personnes aux biens et aux services de première nécessité. (L. n° 2022-46 du 22 janv. 2022, art. 1er) *« Cette réglementation est adaptée à la situation sanitaire et prend en compte les caractéristiques des établissements concernés. »*

La fermeture provisoire d'une ou de plusieurs catégories d'établissements recevant du public ainsi que des lieux de réunion peut, dans ce cadre, être ordonnée lorsqu'ils accueillent des activités qui, par leur nature même, ne permettent pas de garantir la mise en œuvre des mesures de nature à prévenir les risques de propagation du virus ou lorsqu'ils se situent dans certaines parties du territoire dans lesquelles est constatée une circulation active du virus ;

3° Sans préjudice des articles L. 211-2 et L. 211-4 du code de la sécurité intérieure, réglementer les rassemblements de personnes, les réunions et les activités sur la voie publique et dans les lieux ouverts au public.

(L. n° 2021-1040 du 5 août 2021, art. 1er) *« II. — A. — A compter du 2 juin 2021 et jusqu'au 15 novembre 2021 inclus, le Premier ministre peut, par décret pris sur le rapport du ministre chargé de la santé, dans l'intérêt de la santé publique et aux seules fins de lutter contre* (Abrogé par L. n° 2022-46 du 22 janv. 2022, art. 1er) *« la propagation de » l'épidémie de covid-19 :*

« 1° Imposer aux personnes âgées d'au moins douze ans souhaitant se déplacer à destination ou en provenance du territoire hexagonal, de la Corse ou de l'une des collectivités mentionnées à l'article 72-3 de la Constitution, ainsi qu'aux personnels intervenant dans les services de transport concernés, de présenter le résultat d'un examen de dépistage virologique ne concluant pas à une contamination par la covid-19, un justificatif de statut vaccinal concernant la covid-19 ou un certificat de rétablissement à la suite d'une contamination par la covid-19 ;

« 2° (L. n° 2022-46 du 22 janv. 2022, art. 1er) *« Subordonner à la présentation d'un justificatif de statut vaccinal concernant la covid-19 l'accès des personnes âgées d'au moins seize ans à certains lieux », établissements, services ou évènements où sont exercées les activités suivantes :*

« a) Les activités de loisirs ;

« b) Les activités de restauration commerciale ou de débit de boissons, à l'exception de la restauration collective, de la vente à emporter de plats préparés et de la restauration professionnelle routière et ferroviaire ;

« c) Les foires, séminaires et salons professionnels ;

(Abrogé par L. n° 2022-46 du 22 janv. 2022, art. 1er) *« d) Sauf en cas d'urgence, les services et établissements de santé, sociaux et médico-sociaux, pour les seules personnes accompagnant ou rendant visite aux personnes accueillies dans ces services et établissements ainsi que pour celles qui y sont accueillies pour des soins programmés. La personne qui justifie remplir les conditions prévues au présent 2° ne peut se voir imposer d'autres restrictions d'accès liées à l'épidémie de covid-19 pour rendre visite à une personne accueillie et ne peut se voir refuser l'accès à ces services et établissements que pour des motifs tirés des règles de fonctionnement et de sécurité de l'établissement ou du service, y compris de sécurité sanitaire ; »*

« e) Les déplacements de longue distance par transports publics interrégionaux au sein de l'un des territoires mentionnés au 1° du présent A, sauf (L. n° 2022-46 du 22 janv. 2022, art. 1er) *« motif impérieux d'ordre familial ou de santé, sous réserve de présenter le résultat d'un examen de dépistage virologique ne concluant pas à une contamination par la covid-19. Le présent e n'est pas applicable en cas d'urgence faisant obstacle à l'obtention du justificatif requis ; »*

« f) Sur décision motivée du représentant de l'État dans le département, lorsque leurs caractéristiques et la gravité des risques de contamination le justifient, les grands magasins et centres commerciaux, au delà d'un seuil défini par décret, et dans des conditions garantissant l'accès des personnes aux biens et services de première nécessité ainsi, le cas échéant, qu'aux moyens de transport.

(L. n° 2022-46 du 22 janv. 2022, art. 1er) *« 3° Subordonner à la présentation soit du résultat d'un examen de dépistage virologique ne concluant pas à une contamination par la covid-19, soit d'un justificatif de statut vaccinal concernant la covid-19, soit d'un certificat de rétablissement à la suite d'une contamination par la covid-19 :*

« a) Sauf en cas d'urgence, l'accès des personnes âgées d'au moins douze ans aux services et aux établissements de santé, sociaux et médico-sociaux, pour les seules personnes accom-

pagnant les personnes accueillies dans ces services et ces établissements ou leur rendant visite ainsi que pour celles qui y sont accueillies pour des soins programmés. La personne qui justifie remplir les conditions prévues au présent 3° ne peut se voir imposer d'autres restrictions d'accès liées à l'épidémie de covid-19 pour rendre visite à une personne accueillie et ne peut se voir refuser l'accès à ces services et à ces établissements que pour des motifs résultant des règles de fonctionnement et de sécurité, y compris sanitaire, de l'établissement ou du service ;

« b) L'accès des personnes âgées de douze à quinze ans inclus à certains lieux, établissements, services ou événements où sont exercées les activités suivantes :

« — les activités de loisirs ;

« — les activités de restauration commerciale ou de débit de boissons, à l'exception de la restauration collective, de la vente à emporter de plats préparés et de la restauration professionnelle routière et ferroviaire ;

« — les foires, séminaires et salons professionnels ;

« — les déplacements de longue distance par transports publics interrégionaux au sein de l'un des territoires mentionnés au 1° du présent A, sauf en cas d'urgence faisant obstacle à l'obtention du justificatif requis ;

« — sur décision motivée du représentant de l'État dans le département, lorsque leurs caractéristiques et la gravité des risques de contamination le justifient, les grands magasins et centres commerciaux, au-delà d'un seuil défini par décret, dans des conditions garantissant l'accès des personnes aux biens et services de première nécessité ainsi, le cas échéant, qu'aux moyens de transport.

« Le 2° du présent A est applicable au public et, lorsqu'elles ne relèvent pas du chapitre II de la loi n° 2021-1040 du 5 août 2021 relative à la gestion de la crise sanitaire, aux personnes qui interviennent dans les lieux, établissements, services ou événements concernés lorsque la gravité des risques de contamination en lien avec l'exercice des activités qui y sont pratiquées le justifie, au regard notamment de la densité de population observée ou prévue.

« Le décret mentionné au premier alinéa du présent A détermine, en fonction de l'appréciation de la situation sanitaire effectuée en application du même premier alinéa et lorsque les activités organisées, par leur nature même, ne permettent pas de garantir la mise en œuvre des mesures de nature à prévenir les risques de propagation de la covid-19, les cas relevant du 2° du présent A dans lesquels l'intérêt de la santé publique nécessite d'exiger la présentation cumulée d'un justificatif de statut vaccinal et du résultat d'un examen de dépistage virologique ne concluant pas à une contamination par la covid-19. Il prévoit également les conditions dans lesquelles, par exception, un certificat de rétablissement à la suite d'une contamination par la covid-19 peut se substituer au justificatif de statut vaccinal.

« Le décret mentionné au premier alinéa du présent A prévoit les conditions dans lesquelles un justificatif d'engagement dans un schéma vaccinal vaut justificatif de statut vaccinal pour l'application du 2° au public et aux personnes qui interviennent dans les lieux, établissements, services ou événements concernés, pour la durée nécessaire à l'achèvement de ce schéma, sous réserve de la présentation d'un résultat d'un examen de dépistage virologique ne concluant pas à une contamination par la covid-19. »

« L'application de cette réglementation ne dispense pas de la mise en œuvre de mesures de nature à prévenir les risques de propagation du virus si la nature des activités réalisées le permet.

« B. — La présentation du résultat d'un examen de dépistage virologique ne concluant pas à une contamination par la covid-19, d'un justificatif de statut vaccinal concernant la covid-19 ou d'un certificat de rétablissement à la suite d'une contamination par la covid-19 dans les cas prévus au A du présent II peut se faire sous format papier ou numérique.

« La présentation des documents prévus au premier alinéa du présent B par les personnes mentionnées au 1° du A du présent II est réalisée sous une forme permettant seulement aux personnes ou aux services autorisés à en assurer le contrôle de connaître les données strictement nécessaires à l'exercice de leur contrôle.

« La présentation des documents prévus au premier alinéa du présent B par les personnes mentionnées (L. n° 2022-46 du 22 janv. 2022, art. 1er) *« aux 2° et 3° » du A du présent II est réalisée sous une forme ne permettant pas aux personnes ou aux services autorisés à en assurer le contrôle d'en connaître la nature et ne s'accompagne d'une présentation de documents officiels d'identité que lorsque ceux-ci sont exigés par des agents des forces de l'ordre.*

(L. n° 2022-46 du 22 janv. 2022, art. 1er) *« Toutefois, lorsqu'il existe des raisons sérieuses de penser que le document présenté ne se rattache pas à la personne qui le présente, les personnes et services autorisés à en assurer le contrôle peuvent demander à la personne concernée de produire un document officiel comportant sa photographie afin de vérifier la*

concordance entre les éléments d'identité mentionnés sur ces documents. Les personnes et services autorisés, dans le cadre du présent alinéa, à demander la production d'un document officiel comportant la photographie de la personne ne sont pas autorisés à conserver ou à réutiliser ce document ou les informations qu'il contient, sous peine des sanctions prévues au dernier alinéa du E du présent II. »

« C. — 1. Lorsqu'un salarié soumis à l'obligation prévue *(L. n° 2022-46 du 22 janv. 2022, art. 1er)* ***« au » A du présent II ne présente pas les justificatifs, certificats ou résultats dont ces dispositions lui imposent la présentation et s'il ne choisit pas d'utiliser, avec l'accord de son employeur, des jours de repos conventionnels ou des jours de congés payés, ce dernier lui notifie, par tout moyen, le jour même, la suspension de son contrat de travail. Cette suspension, qui s'accompagne de l'interruption du versement de la rémunération, prend fin dès que le salarié produit les justificatifs requis.***

« Lorsque la situation mentionnée au premier alinéa du présent 1 se prolonge au delà d'une durée équivalente à trois jours travaillés, l'employeur convoque le salarié à un entretien afin d'examiner avec lui les moyens de régulariser sa situation, notamment les possibilités d'affectation, le cas échéant temporaire, au sein de l'entreprise sur un autre poste non soumis à cette obligation.

[Dispositions déclarées non conformes à la Constitution par la décision du Conseil constitutionnel n° 2021-824 DC du 5 août 2021.]

« 2. Lorsqu'un agent public soumis à l'obligation prévue *(L. n° 2022-46 du 22 janv. 2022, art. 1er)* ***« au » A du présent II ne présente pas les justificatifs, certificats ou résultats dont ces dispositions lui imposent la présentation et s'il ne choisit pas d'utiliser, avec l'accord de son employeur, des jours de congés, ce dernier lui notifie, par tout moyen, le jour même, la suspension de ses fonctions ou de son contrat de travail. Cette suspension, qui s'accompagne de l'interruption du versement de la rémunération, prend fin dès que l'agent produit les justificatifs requis.***

« Lorsque la situation mentionnée au premier alinéa du présent 2 se prolonge au delà d'une durée équivalente à trois jours travaillés, l'employeur convoque l'agent à un entretien afin d'examiner avec lui les moyens de régulariser sa situation, notamment les possibilités d'affectation, le cas échéant temporaire, sur un autre poste non soumis à cette obligation.

« D. — La méconnaissance des obligations instituées en application *(Abrogé par L. n° 2022-46 du 22 janv. 2022, art. 1er)* ***« des 1° et 2° » du A du présent II est sanctionnée dans les mêmes conditions que celles prévues à l'article L. 3136-1 du code de la santé publique réprimant le fait, pour toute personne, de se rendre dans un établissement recevant du public en méconnaissance d'une mesure édictée sur le fondement du 5° du I de l'article L. 3131-15 du même code.***

« Le fait, pour un exploitant de service de transport, de ne pas contrôler la détention des documents mentionnés au *(Abrogé par L. n° 2022-46 du 22 janv. 2022, art. 1er)* ***« 1° du » A du présent II par les personnes qui souhaitent y accéder est puni de l'amende prévue pour les contraventions de la cinquième classe. Cette contravention peut faire l'objet de la procédure de l'amende forfaitaire prévue à l'article 529 du code de procédure pénale. Si une telle infraction est verbalisée à plus de trois reprises au cours d'une période de trente jours, les peines sont portées à un an d'emprisonnement et à 9 000 € d'amende.***

« Lorsque l'exploitant d'un lieu ou d'un établissement ou le professionnel responsable d'un évènement ne contrôle pas la détention, par les personnes qui souhaitent y accéder, des documents mentionnés *(L. n° 2022-46 du 22 janv. 2022, art. 1er)* ***« aux 2° et 3° » du A du présent II, il est mis en demeure par l'autorité administrative, sauf en cas d'urgence ou d'évènement ponctuel, de se conformer aux obligations qui sont applicables à l'accès au lieu, établissement ou évènement concerné. La mise en demeure indique les manquements constatés et fixe un délai, qui ne peut être supérieur à vingt-quatre heures ouvrées, à l'expiration duquel l'exploitant d'un lieu ou établissement ou le professionnel responsable d'un évènement doit se conformer auxdites obligations. Si la mise en demeure est infructueuse, l'autorité administrative peut ordonner la fermeture administrative du lieu, établissement ou évènement concerné pour une durée maximale de sept jours. La mesure de fermeture administrative mentionnée au présent alinéa est levée si l'exploitant du lieu ou établissement ou le professionnel responsable de l'évènement apporte la preuve de la mise en place des dispositions lui permettant de se conformer auxdites obligations.*** *(L. n° 2022-46 du 22 janv. 2022, art. 1er)* ***« Le manquement mentionné au présent alinéa est sanctionné dans les conditions prévues aux troisième et quatrième alinéas de l'article L. 3136-1 du code de la santé publique réprimant la violation des mesures de mise en quarantaine et des mesures de placement et de maintien en isolement. »***

« La procédure prévue aux deuxième et troisième alinéas du présent D n'est pas applicable aux violations constatées avant la promulgation de la loi n° 2021-1040 du 5 août 2021 relative à la gestion de la crise sanitaire.

« Les violences commises sur les personnes chargées de contrôler la détention par les personnes des documents mentionnés (L. n° 2022-46 du 22 janv. 2022, art. 1er) *« au » A du présent II sont punies des peines prévues aux articles 222-8, 222-10, 222-12 et 222-13 du code pénal.*

« Le fait de présenter un document attestant du résultat d'un examen de dépistage virologique ne concluant pas à une contamination par la covid-19, un justificatif de statut vaccinal concernant la covid-19 ou un certificat de rétablissement à la suite d'une contamination par la covid-19 appartenant à autrui (Abrogé par L. n° 2021-1465 du 10 nov. 2021, art. 2) *« ou de proposer à un tiers, de manière onéreuse ou non, y compris par des moyens de communication au public en ligne, l'utilisation frauduleuse d'un tel document » est sanctionné dans les conditions prévues aux troisième et quatrième alinéas de l'article L. 3136-1 du code de la santé publique* (L. n° 2021-1465 du 10 nov. 2021, art. 2) *« réprimant »* (L. n° 2022-46 du 22 janv. 2022, art. 1er) *« la violation des mesures de mise en quarantaine et des mesures de placement et de maintien en isolement. »*

(L. n° 2021-1465 du 10 nov. 2021, art. 2) *« Le fait de transmettre, en vue de son utilisation frauduleuse, un document authentique attestant du résultat d'un examen de dépistage virologique ne concluant pas à une contamination par la covid-19, un justificatif de statut vaccinal concernant la covid-19 ou un certificat de rétablissement à la suite d'une contamination par la covid-19 est puni dans les mêmes conditions que celles prévues à l'article L. 3136-1 dudit code réprimant* (L. n° 2022-46 du 22 janv. 2022, art. 1er) *« la violation des mesures de mise en quarantaine et des mesures de placement et de maintien en isolement. »*

« Le faux commis dans un document attestant du résultat d'un examen de dépistage virologique ne concluant pas à une contamination par la covid-19, un justificatif de statut vaccinal concernant la covid-19 ou un certificat de rétablissement à la suite d'une contamination par la covid-19 est puni de cinq ans d'emprisonnement et de 75 000 euros d'amende. L'usage, la procuration ou la proposition de procuration du faux mentionné au présent alinéa est puni des mêmes peines. » (L. n° 2022-46 du 22 janv. 2022, art. 1er) *« La détention frauduleuse de l'un des faux documents mentionnés au présent alinéa est punie de trois ans d'emprisonnement et de 45 000 euros d'amende. La peine est portée à cinq ans d'emprisonnement et à 75 000 euros d'amende en cas de détention frauduleuse de plusieurs faux documents. La procédure simplifiée de l'ordonnance pénale prévue aux articles 495 à 495-6 du code de procédure pénale est applicable aux délits prévus au présent alinéa.*

(L. n° 2022-46 du 22 janv. 2022, art. 1er) *« Les agents habilités à constater les infractions prévues au présent D peuvent accéder, pendant les horaires d'ouverture au public, aux lieux, établissements, services ou événements concernés afin de contrôler la détention par les personnes qui s'y trouvent des documents mentionnés au A du présent II ainsi que le respect par l'exploitant ou le professionnel responsable de son obligation de contrôle de la détention de ces documents.*

« D bis. — L'action publique pour l'application des peines prévues aux premier et sixième alinéas du D du présent II ainsi qu'au huitième alinéa du même D concernant l'usage de faux et la détention de faux en vue d'un usage personnel est éteinte si, dans un délai de trente jours à compter de la date de l'infraction, la personne concernée justifie s'être fait administrer après cette date une dose de l'un des vaccins contre la covid-19 prise en compte pour la délivrance du justificatif de statut vaccinal mentionné au A du présent II. Lorsque la personne concernée a commis l'infraction avant l'entrée en vigueur du 2° du I de l'article 1er de la loi n° 2022-46 du 22 janvier 2022 renforçant les outils de gestion de la crise sanitaire et modifiant le code de la santé publique et que l'action publique n'est pas éteinte, le délai de trente jours court à compter de cette entrée en vigueur. Lorsque la personne concernée a réalisé, dans le délai de trente jours, un examen de dépistage virologique concluant à une contamination par la covid-19, ce délai est suspendu à compter de la réalisation de cet examen et jusqu'à la date à laquelle cette contamination cesse de faire obstacle à l'administration d'une dose de l'un des vaccins contre la covid-19 prise en compte pour la délivrance du justificatif de statut vaccinal mentionné au A du présent II. Dès la présentation du justificatif de l'administration d'une dose de l'un des vaccins contre la covid-19 prise en compte pour la délivrance du justificatif de statut vaccinal mentionné au même A, il est mis fin à la procédure de recouvrement. »

« E. — Les personnes habilitées ou nommément désignées et les services autorisés à contrôler les documents mentionnés (L. n° 2022-46 du 22 janv. 2022, art. 1er) *« au » A du présent II pour les sociétés de transport et les lieux, établissements, services ou évènements*

concernés ne peuvent exiger leur présentation que sous les formes prévues au B du présent II et ne sont pas autorisés à les conserver ou à les réutiliser à d'autres fins.

« Par dérogation au dernier alinéa du même B, les professionnels mentionnés au (Abrogé par L. n° 2022-46 du 22 janv. 2022, art. 1er) *« 2° du » A du présent II peuvent présenter à leur employeur leur justificatif de statut vaccinal sous une forme ne permettant d'identifier que la nature de celui-ci et l'information selon laquelle le schéma vaccinal de la personne est complet. L'employeur est alors autorisé, par dérogation au premier alinéa du présent E, à conserver, jusqu'à la fin de la période prévue au premier alinéa du A, le résultat de la vérification opérée et à délivrer, le cas échéant, un titre spécifique permettant une vérification simplifiée.*

« Le fait de conserver les documents mentionnés aux 1° et 2° du même A dans le cadre d'un processus de vérification en dehors du cas prévu au deuxième alinéa du présent E ou de les réutiliser à d'autres fins est puni d'un an d'emprisonnement et de 45 000 € d'amende.

« F. — Hors les cas prévus (L. n° 2022-46 du 22 janv. 2022, art. 1er) *« au » A du présent II, nul ne peut exiger d'une personne la présentation d'un résultat d'examen de dépistage virologique ne concluant pas à une contamination par la covid-19, d'un justificatif de statut vaccinal concernant la covid-19 ou d'un certificat de rétablissement à la suite d'une contamination par la covid-19.*

« Est puni d'un an d'emprisonnement et de 45 000 € d'amende le fait d'exiger la présentation des documents mentionnés au premier alinéa du présent F pour l'accès à des lieux, établissements, services ou évènements autres que ceux mentionnés au (Abrogé par L. n° 2022-46 du 22 janv. 2022, art. 1er) *« 2° du » A du présent II.*

« G. — Lorsque le Premier ministre prend les mesures mentionnées (L. n° 2022-46 du 22 janv. 2022, art. 1er) *« au » A du présent II, seule l'autorisation de l'un ou l'autre des titulaires de l'autorité parentale est requise pour la réalisation d'un dépistage ou l'injection du vaccin contre la covid-19, sans préjudice de l'appréciation des éventuelles contre-indications médicales.*

(L. n° 2022-46 du 22 janv. 2022, art. 1er) *« Il en est de même lorsque le ministre chargé de la santé prend les mesures mentionnées aux articles L. 3131-1 et L. 3131-16 du code de la santé publique pour autoriser la vaccination des mineurs âgés d'au moins cinq ans. »*

« H. — Par dérogation à l'article 371-1 du code civil, la vaccination contre la covid-19 peut être pratiquée, à sa demande, sur le mineur de plus de seize ans.

« I. — Lorsqu'un mineur âgé d'au moins (L. n° 2022-46 du 22 janv. 2022, art. 1er) *« cinq » ans est confié au service de l'aide sociale à l'enfance, le président de la collectivité chargée de ce service peut autoriser sa vaccination si les titulaires de l'exercice de l'autorité parentale, invités à donner cette autorisation, n'ont pas répondu pendant un délai de quatorze jours à compter de cette invitation.*

« S'agissant des mineurs (L. n° 2022-46 du 22 janv. 2022, art. 1er) *« âgés de moins de seize » ans faisant l'objet d'une mesure prise en application de l'ordonnance n° 45-174 du 2 février 1945 relative à l'enfance délinquante ou du code de la justice pénale des mineurs, la même autorisation est délivrée dans les mêmes conditions :*

« 1° Par le directeur interrégional de la protection judiciaire de la jeunesse lorsque le mineur fait l'objet d'une mesure de placement ;

« 2° Par le directeur interrégional des services pénitentiaires lorsque le mineur est incarcéré.

« Pour les mineurs non accompagnés, cette autorisation peut être délivrée par le juge qui statue en urgence.

« J. — Un décret, pris après avis de la Haute Autorité de santé, détermine les cas de contre-indication médicale faisant obstacle à la vaccination et permettant la délivrance d'un document pouvant être présenté dans les cas prévus (L. n° 2022-46 du 22 janv. 2022, art. 1er) *« aux 2° et 3° » du A du présent II.*

(L. n° 2021-1465 du 10 nov. 2021, art. 2) *« Le certificat médical de contre-indication vaccinale mentionné au premier alinéa du présent J peut être contrôlé par le médecin conseil de l'organisme d'assurance maladie auquel est rattachée la personne concernée. Ce contrôle prend en compte les antécédents médicaux de la personne ainsi que l'évolution de sa situation médicale et du motif de contre-indication, au regard des recommandations formulées par les autorités sanitaires. »*

« Un décret détermine, après avis de la Haute Autorité de santé et du comité de scientifiques mentionné à l'article L. 3131-19 du code de la santé publique, les éléments permettant d'établir le résultat d'un examen de dépistage virologique ne concluant pas à une contamination par la covid-19, le justificatif de statut vaccinal concernant la covid-19 ou le certificat de rétablissement à la suite d'une contamination par la covid-19.

« Un décret détermine, après avis de la Commission nationale de l'informatique et des libertés, les modalités d'application du présent II, notamment les personnes, ainsi que leurs modalités d'habilitation, et services autorisés à procéder aux contrôles au titre (Abrogé par L. n° 2022-46 du 22 janv. 2022, art. 1er) *« des 1° et 2° » du A, ainsi que les conditions dans lesquelles les systèmes d'information constitués au sein des États membres de l'Union européenne sont reconnus comme supports de présentation de ces documents.*

« Un décret détermine les conditions d'acceptation de justificatifs de vaccination établis par des organismes étrangers attestant la satisfaction aux critères requis par le justificatif de statut vaccinal mentionné au (L. n° 2021-1465 du 10 nov. 2021, art. 2) *« troisième » alinéa du présent J. »*

III. — Lorsque le Premier ministre prend des mesures mentionnées aux I et II, il peut habiliter le représentant de l'État territorialement compétent à prendre toutes les mesures générales ou individuelles d'application de ces dispositions. (L. n° 2022-46 du 22 janv. 2022, art. 1er) *« Lorsque les circonstances locales le justifient, il peut également habiliter le représentant de l'État territorialement compétent à adapter les mesures mentionnées aux mêmes I et II et notamment à prévoir, pour une durée limitée, que l'accès aux lieux, établissements, services ou événements relevant du 2° du A du II est subordonné à la présentation soit du résultat d'un examen de dépistage virologique ne concluant pas à une contamination par la covid-19, soit d'un justificatif de statut vaccinal concernant la covid-19, soit d'un certificat de rétablissement à la suite d'une contamination par la covid-19. »*

Lorsque les mesures prévues aux mêmes I et II doivent s'appliquer dans un champ géographique qui n'excède pas le territoire d'un département, le Premier ministre peut habiliter le représentant de l'État dans le département à les décider lui-même. Les décisions sont prises par ce dernier après avis du directeur général de l'agence régionale de santé. Cet avis est rendu public.

Les mesures prises en application des deux premiers alinéas du présent III le sont après consultation des exécutifs locaux ainsi que des parlementaires concernés.

Le Premier ministre peut également habiliter le représentant de l'État dans le département à ordonner, par arrêté pris après mise en demeure restée sans effet, la fermeture des établissements recevant du public qui ne mettent pas en œuvre les obligations qui leur sont imposées en application du 2° des I et A du II.

IV. — Les mesures prescrites en application du présent article sont strictement proportionnées aux risques sanitaires encourus et appropriées aux circonstances de temps et de lieu. Il y est mis fin sans délai lorsqu'elles ne sont plus nécessaires. Les mesures individuelles font l'objet d'une information sans délai du procureur de la République territorialement compétent.

V. — Les mesures prises en application du présent article peuvent faire l'objet, devant le juge administratif, des recours présentés, instruits et jugés selon les procédures prévues aux articles L. 521-1 et L. 521-2 du code de justice administrative.

VI. — L'Assemblée nationale et le Sénat sont informés sans délai des mesures prises par le Gouvernement au titre du présent article. L'Assemblée nationale et le Sénat peuvent requérir toute information complémentaire dans le cadre du contrôle et de l'évaluation de ces mesures.

(L. n° 2021-1465 du 10 nov. 2021, art. 2) *« Le Gouvernement présente au Parlement, trois mois après la promulgation de la loi n° 2021-1465 du 10 novembre 2021 portant diverses dispositions de vigilance sanitaire et au plus tard le 15 février 2022, un rapport exposant les mesures prises en application du présent article depuis l'entrée en vigueur de cette même loi et précisant leur impact sur les indicateurs sanitaires tels que le taux de vaccination, le taux de positivité des tests de dépistage, le taux d'incidence ou le taux de saturation des lits de réanimation. Ce rapport indique les raisons du maintien, le cas échéant, de certaines des mesures prises sur tout ou partie du territoire national ainsi que les orientations de l'action du Gouvernement visant à lutter contre la propagation de l'épidémie de covid-19. Ce rapport peut faire l'objet d'un débat en commission permanente ou en séance publique.*

« Un deuxième rapport contenant les informations mentionnées au deuxième alinéa du présent VI est présenté par le Gouvernement au Parlement avant le 15 mai 2022.

« Les informations mentionnées au même deuxième alinéa sont également communiquées chaque mois, entre la date de publication de la loi n° 2021-1465 du 10 novembre 2021 portant diverses dispositions de vigilance sanitaire et le 31 juillet 2022, par le Gouvernement au Parlement sous la forme d'un rapport d'étape. »

VII. — Le comité de scientifiques mentionné à l'article L. 3131-19 du code de la santé publique se réunit pendant la période mentionnée au I du présent article et rend périodiquement des avis sur les mesures prescrites en application des I et II ainsi que sur les mesures prises par le ministre chargé de la santé en application de l'article L. 3131-1 du code de la santé publique. Dès leur adoption, ces avis sont communiqués par le président du comité simultanément au Premier ministre, au Président de l'Assemblée nationale et au Président du Sénat. Ils sont rendus publics sans délai. Le comité peut être consulté par les commissions parlementaires sur toute question concernant les sujets mentionnés à la quatrième phrase du premier alinéa de l'article L. 3131-19 du même code.

VIII. — Les troisième à dernier alinéas de l'article L. 3136-1 du code de la santé publique sont applicables aux mesures prises en application des I à III du présent article.

IX. — Les I à VIII du présent article s'appliquent sur l'ensemble du territoire de la République.

X. — Les attributions dévolues au représentant de l'État par le présent article sont exercées à Paris et sur les emprises des aérodromes de Paris-Charles de Gaulle, du Bourget et de Paris-Orly par le préfet de police.

V., à compter du 1er août 2022 et jusqu'au 31 janv. 2023, L. n° 2022-1089 du 30 juill. 2022, art. 3, infra.

Décret n° 2021-901 du 6 juillet 2021,

Relatif au traitement automatisé de données à caractère personnel dénommé « Convertisseur de certificats ».

Art. 1er Il est créé un traitement de données à caractère personnel, dénommé "Convertisseur de certificats".

Ce traitement de données a pour finalité la conversion vers des formats compatibles avec des normes internationales, et notamment de l'Union européenne, *(Décr. n° 2021-1061 du 7 août 2021, art. 1er)* « ou les normes nationales, » des certificats afférents aux résultats d'examen de dépistage virologique, justificatifs de statut vaccinal *(Décr. n° 2021-1060 du 7 août 2021, art. 1er)* « ou documents attestant d'une contre-indication médicale à la vaccination, » et preuves de rétablissement utilisés dans le cadre du "passe sanitaire" prévu par le chapitre II du titre I du décret du 1er juin 2021 susvisé *[n° 2021-699]* *(Décr. n° 2021-1060 du 7 août 2021, art. 1er)* « , qu'ils soient aux normes nationales, européennes ou internationales ».

La direction générale de la santé est responsable de ce traitement, nécessaire à l'exécution d'une mission d'intérêt public, conformément aux dispositions du *e* du paragraphe 1 de l'article 6 et du *i* du paragraphe 2 de l'article 9 du règlement (UE) du 27 avril 2016 susvisé.

Art. 2 *(Décr. n° 2021-1060 du 7 août 2021, art. 1er)* « I. — Les données traitées en application de l'article 1er concernent les personnes physiques utilisatrices d'un service dénommé : "Convertisseur de certificats".

« Ce service est accessible selon deux modalités :

« 1° Une fonctionnalité de l'application "TousAntiCovid", qui permet à ses utilisateurs disposant d'un certificat de test ou de vaccination au format national de le convertir dans un format respectant certaines normes internationales ;

« 2° Un portail de saisie dédié, sur lequel la saisie est réalisée sur la base d'un certificat au format international qui permet à ses utilisateurs, qu'ils agissent pour leur compte ou pour le compte d'un tiers, de le convertir dans un format respectant les normes européennes ou nationales.

« La conversion consiste à transmettre les données contenues dans le certificat à un serveur central qui les convertit et les authentifie dans le nouveau format avant de les mettre à disposition de l'utilisateur ainsi converties par l'intermédiaire de son application "TousAntiCovid" ou via le portail de saisie dédié. »

« II. — » Peuvent être enregistrées dans le traitement mentionné à l'article 1er les données à caractère personnel et informations relatives aux utilisateurs du service "Convertisseur de certificats" suivantes :

1° Les données d'identification des personnes qui utilisent le service : nom, prénom et date de naissance ;

(Décr. n° 2021-1060 du 7 août 2021, art. 1er) « 2° Les informations relatives à l'examen de dépistage, au certificat de rétablissement, au vaccin réalisé ou à la contre-indication médicale à la vaccination :

« — date de réalisation ;

« – État dans lequel l'acte a été réalisé ;
« – type d'examen ou de vaccin ;
« – fabricant de l'examen ou du vaccin ;
« – rang d'injection du vaccin, statut d'exemption à la vaccination ou résultat de l'examen ;
« – organisme qui a délivré le certificat ;
« – centre de test ;
« – identifiant unique du certificat ; »

3° Le consentement des personnes concernées, ou d'un représentant légal s'il s'agit de mineurs ou de majeurs sous tutelle, au traitement des données mentionnées aux 1° et 2° les concernant.

Art. 3 L'utilisateur du service "Convertisseur de certificats" *(Décr. n° 2021-1060 du 7 août 2021, art. 1er)* « , qu'il agisse pour son compte ou pour le compte d'un tiers, » a accès aux données à caractère personnel et aux informations mentionnées à l'article 2 qu'il a enregistrées dans le traitement en vue d'obtenir un certificat ou un justificatif sous un format mentionné à l'article 1er, ainsi qu'audit certificat ou justificatif.

Les sous-traitants en charge de la conversion sont destinataires des données à caractère personnel et des informations mentionnées à l'article 2, dans le cadre du processus de conversion des certificats.

Art. 4 Les données mentionnées à l'article 2 ne sont traitées que le temps de la conversion sur les infrastructures techniques servant à leur transmission au serveur central, de manière temporaire, dans le cadre de solutions mises en œuvre pour lutter contre certaines attaques informatiques. Elles ne sont pas conservées au-delà.

Art. 5 Les personnes concernées par le traitement reçoivent l'information prévue à l'article 13 du règlement (UE) du 27 avril 2016 susvisé lors de chaque transmission de données vers le "Convertisseur de certificats". Cette information figure également sur le site internet du ministère chargé de la santé.

Les droits d'accès et de rectification des données, ainsi que le droit à la limitation du traitement, prévus respectivement aux articles 15, 16 et 18 du même règlement s'exercent auprès de la direction générale de la santé.

Loi n° 2022-53 du 24 janvier 2022,

Visant à la création d'une plateforme de référencement et de prise en charge des malades chroniques de la covid-19.

Art. 1er Afin de mieux accompagner les personnes touchées par la covid-19, une plateforme de suivi est mise en place. Elle peut se décliner sous toutes les formes proposées par les technologies, notamment des sites internet et des applications. Elle permet à tous les patients qui le souhaitent de se faire référencer comme souffrant ou ayant souffert de symptômes post-covid. Son accès est gratuit.

Un décret en Conseil d'État, pris après avis de la Commission nationale de l'informatique et des libertés, précise les modalités d'application de la plateforme.

Art. 2 Après traitement des déclarations enregistrées sur la plateforme de suivi, les personnes, majeures ou mineures, ayant des symptômes persistants de la covid-19 sont prises en charge soit par leur médecin traitant dans le cadre d'un protocole déterminé, soit dans une unité de soins post-covid pour les malades atteints de pathologies plus lourdes.

L'agence régionale de santé facilite une mise en œuvre rapide des unités de soins post-covid dans les établissements hospitaliers de proximité, en veillant à leur apporter les moyens humains et financiers permettant de développer un suivi personnalisé à la hauteur de ces symptômes persistants.

Les analyses et les soins liés à la covid-19 et remboursés par l'assurance maladie en application de l'article L. 160-8 du code de la sécurité sociale sont couverts intégralement, dans la limite des tarifs de responsabilité, par la prise en charge conjointe de

l'assurance maladie et des contrats mentionnés à l'article L. 871-1 du même code ou de la protection complémentaire en matière de santé mentionnée à l'article L. 861-1 dudit code.

Loi n° 2022-1089 du 30 juillet 2022,

Mettant fin aux régimes d'exception créés pour lutter contre l'épidémie liée à la covid-19.

Art. 3 **I. – A compter du 1er août 2022 et jusqu'au 31 janvier 2023, le Premier ministre peut, par décret pris sur le rapport du ministre chargé de la santé et après avis de l'autorité scientifique compétente désignée par voie réglementaire, en cas d'apparition et de circulation d'un nouveau variant de la covid-19 susceptible de constituer une menace sanitaire grave, dans l'intérêt de la santé publique et aux seules fins de lutter contre la propagation de l'épidémie de covid-19, imposer aux personnes âgées d'au moins douze ans souhaitant se déplacer à destination du territoire national en provenance de pays ou de l'une des collectivités mentionnées à l'article 72-3 de la Constitution affectés par l'apparition et la circulation dudit variant, ainsi qu'aux personnels intervenant dans les services de transport concernés, de présenter le résultat d'un examen de dépistage virologique ne concluant pas à une contamination par la covid-19.**

Le président de l'organe exécutif ou, le cas échéant, les présidents des organes exécutifs de la collectivité mentionnée au même article 72-3 ainsi que les députés et les sénateurs élus sur le territoire de ladite collectivité sont consultés avant toute application du dispositif prévu au premier alinéa du présent I.

L'application de ce dispositif au-delà de deux mois doit être autorisée par la loi.

II. – A compter du 1er août 2022 et jusqu'au 31 janvier 2023, le Premier ministre peut, par décret pris sur le rapport du ministre chargé de la santé et après avis de l'autorité scientifique compétente désignée par voie réglementaire, en cas de risque de saturation du système de santé de l'une des collectivités mentionnées à l'article 72-3 de la Constitution, dans l'intérêt de la santé publique et aux seules fins de lutter contre la propagation de l'épidémie de covid-19, imposer aux personnes âgées d'au moins douze ans souhaitant se déplacer à destination d'une de ces collectivités, ainsi qu'aux personnels intervenant dans les services de transport concernés, de présenter le résultat d'un examen de dépistage virologique ne concluant pas à une contamination par la covid-19.

Le président de l'organe exécutif ou, le cas échéant, les présidents des organes exécutifs de la collectivité concernée ainsi que les députés et sénateurs élus sur le territoire de ladite collectivité sont consultés avant toute application du dispositif prévu au premier alinéa du présent II.

Le président de l'organe exécutif ou, le cas échéant, les présidents des organes exécutifs de la collectivité concernée peuvent demander l'activation du dispositif prévu au même premier alinéa pour l'accès à ladite collectivité ou sa levée si l'évolution des conditions sanitaires ne justifie plus son maintien. La demande est transmise au Premier ministre et au représentant de l'État dans la collectivité concernée. Le Premier ministre adresse une réponse motivée à cette demande dans un délai de dix jours.

III. – Les mesures prises en application du premier alinéa des I et II du présent article sont soumises aux règles et sanctions prévues aux B à J du II et aux III à VI et VIII à X de l'article 1er de la loi n° 2021-689 du 31 mai 2021 relative à la gestion de la sortie de crise sanitaire, dans sa rédaction antérieure à la présente loi, et à l'article 4 de la loi n° 2021-689 du 31 mai 2021 précitée dans la même rédaction, pour les mesures mentionnées au 1° du A du II de l'article 1er de la même loi, sous réserve des adaptations suivantes :

1° Le décret mentionné au troisième alinéa du J du même II est pris après avis de la Haute Autorité de santé ;

2° Le rapport prévu au deuxième alinéa du VI du même article 1er est présenté chaque mois jusqu'au 31 janvier 2023 ;

3° Pour l'application à Wallis-et-Futuna de la première phrase du deuxième alinéa du J du II dudit article 1er, à la fin, les mots : "le médecin conseil de l'organisme

d'assurance maladie auquel est rattachée la personne concernée" sont remplacés par les mots : "l'agence de santé".

IV. — Les données scientifiques disponibles sur la situation sanitaire qui ont motivé les décisions prises en application des I et II du présent article sont rendues publiques.

Décret n° 2022-1097 du 30 juillet 2022,

Relatif aux mesures de veille et de sécurité sanitaire maintenues en matière de lutte contre la covid-19.

CHAPITRE I *JUSTIFICATIFS SANITAIRES*

Art. 1er Les règles communes relatives, lorsqu'il y a lieu, à l'établissement et au contrôle du résultat d'un examen de dépistage virologique ne concluant pas à une contamination par la covid-19, du justificatif du statut vaccinal concernant la covid-19 et du certificat de rétablissement à la suite d'une contamination par la covid-19 sont définies aux articles 2 et 3 du présent décret.

Art. 2 Pour l'application du présent décret :

1° Un justificatif du statut vaccinal est considéré comme attestant d'un schéma vaccinal complet pour l'application de l'article 5 :

a) De l'un des vaccins contre la covid-19 ayant fait l'objet d'une autorisation de mise sur le marché délivrée par la Commission européenne après évaluation de l'Agence européenne du médicament ou dont la composition et le procédé de fabrication sont reconnus comme similaires à l'un de ces vaccins par l'Agence nationale de sécurité des médicaments et des produits de santé :

— s'agissant du vaccin "JCovden" (Janssen), sept jours après l'administration d'une dose de vaccin à acide ribonucléique (ARN) messager remplissant les conditions mentionnées au premier alinéa du présent *a*, qui suit une première injection du vaccin "JCovden", effectuée entre un et deux mois avant l'administration du vaccin à ARN messager. Une infection à la covid-19 équivaut à l'administration de l'une des deux premières doses. Dans cette hypothèse, le justificatif du statut vaccinal est considéré comme complet vingt-huit jours après l'administration de la dose de vaccin "JCovden" ;

— s'agissant des autres vaccins, sept jours après l'administration d'une deuxième dose. Une infection à la covid-19 équivaut à l'administration de l'une des deux premières doses. Dans cette hypothèse, le justificatif du statut vaccinal est considéré comme complet sept jours après l'administration de la dose requise.

Les personnes ayant reçu le vaccin mentionné aux deuxième et troisième alinéas du présent *a* doivent, pour que leur schéma vaccinal reste reconnu comme complet, avoir reçu une dose complémentaire d'un vaccin à acide ribonucléique (ARN) messager remplissant les conditions mentionnées au premier alinéa du présent *a* au plus tard quatre mois suivant l'injection de la dernière dose requise. Pour celles ayant reçu cette dose complémentaire au-delà du délai de quatre mois mentionné à la phrase précédente, le schéma vaccinal est reconnu comme complet sept jours après son injection.

Par dérogation au précédent alinéa, les personnes présentant une contre-indication à un vaccin à acide ribonucléique (ARN) messager, peuvent utiliser le vaccin "JCovden" (Janssen) pour réaliser cette dose complémentaire.

Une infection à la covid-19 équivaut à l'administration de la dose complémentaire mentionnée au quatrième alinéa du présent *a* ;

b) D'un vaccin dont l'utilisation a été autorisée par l'Organisation mondiale de la santé et ne bénéficiant pas de l'autorisation ou de la reconnaissance mentionnées au *a*, à condition que toutes les doses requises aient été reçues, sept jours après l'administration d'une dose complémentaire d'un vaccin à acide ribonucléique (ARN) messager bénéficiant d'une telle autorisation ou reconnaissance ;

2° Un certificat de rétablissement à la suite d'une contamination par la covid-19 est délivré sur présentation d'un document mentionnant un résultat positif à un examen de dépistage RT-PCR ou à un test antigénique réalisé plus de onze jours auparavant. Sa durée de validité est fixée à quatre mois pour l'application de l'article 5, à compter de la date de réalisation de l'examen ou du test mentionnés à la phrase précédente.

Art. 3 I. — Les justificatifs dont la présentation peut être exigée en application du présent décret ou, en tant que de besoin, pour l'application de mesures prises par des États étrangers pour l'accès à leur territoire ou à des lieux ou activités qui y ont leur siège, sont générés :

1° Pour le résultat de l'examen de dépistage virologique ou le certificat de rétablissement, par le système d'information national de dépistage ("SI-DEP") mis en œuvre en application du décret du 12 mai 2020 susvisé ;

2° Pour le justificatif du statut vaccinal, par le traitement automatisé de données à caractère personnel "Vaccin Covid" mis en œuvre en application du décret du 25 décembre 2020 susvisé ;

3° Pour les justificatifs mentionnés aux 1° et 2° du présent I et le justificatif attestant d'une contre-indication médicale à la vaccination, par le traitement automatisé de données à caractère personnel dénommé "Convertisseur de certificats" mis en œuvre en application du décret du 6 juillet 2021 susvisé.

Les autorités habilitées à générer ces justificatifs au sein de l'Union européenne figurent sur un répertoire rendu public par la Commission européenne.

Tout justificatif généré conformément au présent I comporte les noms, prénoms, date de naissance de la personne concernée et un code permettant sa vérification dans les conditions prévues au II.

Ces justificatifs peuvent être librement enregistrés par la personne concernée sur l'application mobile "TousAntiCovid", comportant à cet effet la fonctionnalité "TAC Carnet", mentionnée à l'article 1er du décret n° 2020-650 du 29 mai 2020 susvisé, aux fins d'être conservées *[conservés]* localement sur son téléphone mobile.

La personne concernée peut supprimer à tout moment les justificatifs enregistrés sur l'application mobile.

II. — Les justificatifs mentionnés au I peuvent être présentés sous format papier ou numérique, enregistré sur l'application mobile "TousAntiCovid" ou tout autre support numérique au choix de la personne concernée.

Sont autorisés à contrôler ces justificatifs dans la limite de ce qui est nécessaire au contrôle des déplacements :

1° Les exploitants de services de transport de voyageurs ;

2° Les personnes chargées du contrôle sanitaire aux frontières ;

3° Les responsables des établissements et services dont l'accès est subordonné à leur présentation en application du présent décret ;

4° Les agents de contrôle habilités à constater les infractions prévues à l'article L. 3136-1 du code de la santé publique.

Les personnes mentionnées aux 1° à 3° du présent II habilitent nommément les personnes et services autorisés à contrôler les justificatifs pour leur compte, selon les modalités décrites au III du présent article. Elles tiennent un registre détaillant les personnes et services ainsi habilités et la date de leur habilitation, ainsi que les jours et horaires des contrôles effectués par ces personnes et services.

III. — La lecture des justificatifs par les personnes et services mentionnés au II peut être réalisée au moyen d'une application mobile dénommée "TousAntiCovid Vérif", mise en œuvre par le ministre chargé de la santé (direction générale de la santé), ou de tout autre dispositif de lecture répondant à des conditions fixées par un arrêté des ministres chargés de la santé et du numérique. Les personnes mentionnées aux 1° et 3° du même II utilisant ces derniers dispositifs en informent le préfet de département.

Pour le contrôle des justificatifs requis, les personnes des services habilités peuvent lire les noms, prénoms, et date de naissance de la personne concernée par le justificatif, ainsi que les informations relatives à l'examen de dépistage ou au vaccin réalisé (date de réalisation, état dans lequel l'acte a été réalisé, type d'examen ou de vaccin, fabricant de l'examen ou du vaccin, rang d'injection du vaccin ou résultat de l'examen, organisme qui a délivré le certificat, centre de test et identifiant unique du certificat).

Sur l'application "TousAntiCovid Vérif", les données ne sont traitées qu'une seule fois, lors de la lecture du justificatif, et ne sont pas conservées. Sur les autres dispositifs de lecture mentionnés au premier alinéa du présent III, les données ne sont traitées que pour la durée d'un seul et même contrôle d'un déplacement ou d'un accès à un établissement ou service et seules les données mentionnées au deuxième alinéa peuvent être conservées temporairement pour la durée du contrôle. Les données ne peuvent être conservées et réutilisées à d'autres fins.

IV. – Les personnes mentionnées aux 1° à 3° du II sont préalablement informées des obligations qui leur incombent, notamment en matière de protection des données à caractère personnel. L'accès à l'application "TousAntiCovid Vérif" ou à un autre dispositif de lecture par les personnes et services habilités nommément à contrôler les justificatifs est conditionné au consentement à ces obligations.

Ces mêmes personnes mettent en place, à destination des personnes concernées par le contrôle des justificatifs mentionnés au I et sur le lieu dans lequel ce contrôle est effectué, une information appropriée et visible relative à ce contrôle.

V. – En cas d'utilisation frauduleuse de codes associés aux justificatifs mentionnés au I, les autorités habilitées à les générer peuvent les révoquer. De nouveaux codes sont générés sans délai à la demande de la personne titulaire de ces justificatifs.

Afin de faciliter les vérifications prévues au II, une liste des codes révoqués est rendue accessible dans un format ne contenant aucune autre donnée à caractère personnel que l'empreinte technique permettant de les identifier.

En Nouvelle-Calédonie et en Polynésie française, pour l'application des 1° et 2° du I, les justificatifs dont la présentation peut être exigée sont générés par les systèmes d'information locaux mis en œuvre en application de l'article 7 de la loi du 10 novembre 2021 susvisée.

Art. 4 Les cas de contre-indication médicale faisant obstacle à la vaccination contre la covid-19 sont mentionnés en annexe au présent décret.

Le certificat médical de contre-indication est établi par un médecin, le cas échéant pour la durée qu'il mentionne, sur un formulaire homologué.

Le certificat médical de contre-indication est adressé, par la personne soumise à l'obligation vaccinale mentionnée à l'article 12 de la loi du 5 août 2021 susvisée, au service médical de l'organisme d'assurance maladie auquel elle est rattachée en vue du contrôle prévu par le III de l'article 13 de la même loi et qui peut délivrer le justificatif attestant d'une contre-indication médicale à la vaccination mentionnée au 3° du I de l'article 3 du présent décret.

CHAPITRE II *VACCINATION OBLIGATOIRE*

Art. 5 Hors les cas de contre-indication médicale à la vaccination mentionnés à l'article 4, les éléments mentionnés au second alinéa du II de l'article 12 de la loi du 5 août 2021 susvisée sont :

1° Un justificatif du statut vaccinal délivré dans les conditions mentionnées au 1° de l'article 2 du présent décret ;

2° Un certificat de rétablissement délivré dans les conditions mentionnées au 2° du même article 2.

La présentation de ces documents est contrôlée dans les conditions mentionnées à l'article 3.

Art. 6 Les locaux mentionnés au 4° du I de l'article 12 de la loi du 5 août 2021 susvisée sont les espaces dédiés à titre principal à l'exercice de l'activité des professionnels mentionnés au 2° du même I et des personnes mentionnées au 3° dudit I ainsi que ceux où sont assurées, en leur présence régulière, les activités accessoires, notamment administratives, qui en sont indissociables.

Art. 7 Les dispositions du présent chapitre ne s'appliquent pas en Polynésie française et à la Nouvelle-Calédonie.

CHAPITRE III *DISPOSITIONS TRANSITOIRES ET FINALES*

Art. 8 I. — Sauf dispositions particulières, le présent décret est applicable aux collectivités régies par l'article 74 de la Constitution et à la Nouvelle-Calédonie.

II. — Pour l'application du présent décret en Nouvelle-Calédonie et en Polynésie française, les mots : "le préfet de département" sont remplacés par les mots : "le haut-commissaire de la République".

III. — Pour l'application du présent décret à Wallis-et-Futuna, les mots : "le préfet de département" sont remplacés par les mots : "l'administrateur supérieur des îles Wallis-et-Futuna".

Art. 9 Les dispositions de l'article D. 98-8-7 du code des postes et des communications électroniques sont applicables à la transmission des messages d'alerte et d'information des pouvoirs publics destinés au public pour atténuer les effets de l'épidémie de covid-19.

Art. 10 Le décret n° 2021-699 du 1er juin 2021 prescrivant les mesures générales nécessaires à la gestion de la sortie de crise sanitaire est abrogé.

ANNEXE

I. — Les cas de contre-indication médicale faisant obstacle à la vaccination contre la covid-19 mentionnés à l'article 4 sont :

1° Les contre-indications inscrites dans les dernières versions des résumés des caractéristiques du produit (RCP) :

a) Contre-indications pour tous les vaccins autorisés en France :

— antécédent d'allergie documentée à un des composants du vaccin, produit actif ou excipients tels que mentionnés dans le RCP ;

— réaction anaphylactique au moins de grade 2 (atteinte au moins de 2 organes) secondaire à une injection d'un vaccin contre la covid-19 confirmée par une après expertise allergologique ;

b) Contre-indications aux vaccins Vaxzevria (Astra Zeneca) et JCovden (Janssen) :

— personnes ayant déjà présenté un ou plusieurs épisodes de syndrome de fuite capillaire (contre-indication commune au vaccin Vaxzevria [AstraZeneca] et au vaccin JCovden [Janssen]) ;

— personnes ayant présenté un syndrome thrombotique et thrombocytopénique (STT) à *[la]* suite d'une vaccination par le vaccin Vaxzevria (AstraZeneca) ou le vaccin JCovden (Janssen) ;

2° Une recommandation médicale de ne pas initier une vaccination (première dose) :

— myocardites ou myo-péricardites associées à une infection par SARS-CoV2 ;

3° Une recommandation établie après concertation médicale pluridisciplinaire de ne pas effectuer une dose supplémentaire de vaccin (deuxième dose ou dose de rappel) suite à *[à la suite de]* la survenue d'un effet indésirable d'intensité sévère ou grave attribué à une précédente injection de vaccin signalé au système de pharmacovigilance (par exemple : la survenue de *[d'une]* myocardite, de *[du]* syndrome de Guillain-Barré, de *[du]* syndrome inflammatoire multisystémique pédiatrique [PIMS]...) ;

4° Une recommandation établie par un centre de référence maladies rares (CRMR) ou un centre de compétence maladies rares (CCMR) après concertation médicale pluridisciplinaire (avis collégial documenté) de ne pas initier la vaccination contre la covid-19.

II. — Les cas de contre-indication médicale temporaire faisant obstacle à la vaccination contre la covid-19 mentionnés à l'article 4 sont :

1° Traitement par anticorps monoclonaux anti-SARS-CoV-2 ;

2° Myocardites ou péricardites d'étiologie non liée à une infection par SARS-CoV-2 survenues antérieurement à la vaccination et toujours évolutives ;

3° Syndrome inflammatoire multi-systémique pédiatrique (PIMS) post-infection par le SARS-CoV-2, pendant 3 mois suivant la survenue du PIMS. La vaccination peut avoir lieu passé ce délai, après récupération d'une fonction cardiaque normale, et en l'absence de tout syndrome inflammatoire.

DONNÉES PUBLIQUES – OPEN DATA

Sur l'accès aux documents administratifs et la réutilisation des informations publiques, V. **CRPA**.

V. RGPD, art. 4, 86 et 89 ; L. n° 78-17 du 6 janv. 1978, art. 7, 78.

V. Arr. du 28 avr. 2021 pris en application de l'article 9 du décret n° 2020-797 du 29 juin 2020 relatif à la mise à la disposition du public des décisions des juridictions judiciaires et administratives (JO 29 avr.).

V. CNIL, L'anonymisation des données, un traitement clé pour l'open data, 17 oct. 2019 (https://www.cnil.fr).

RÉP. IP/IT v° *Diffusion et réutilisation des informations publiques : « Open data » - données ouvertes (Cont. adm.),* par LALLET et NGUYEN DUY.

BIBL. GÉN. ▸ PASTOR, *JAC 2016, n° 35, p. 7* (*open data* - Numérique et Internet - La loi CADA est intégralement codifiée). - CLÉMENT-FONTAINE, *Légicom 2016. 113* (la régulation de l'*open data*). - CLUZEL-MÉTAYER, *AJDA 2016. 102* (les limites de l'*open data*). - ROCHÉ, *Légicom 2016. 121* (*open data* et *business models*). - BERNAULT, *Dalloz IP/IT 2018. 108* (ouverture des données publiques et propriété intellectuelle). - BEATRIX, *RFDA 2018. 49* (*open data* et secteur de l'énergie : le début de l'histoire). - DEBET, *JCP 2020. 246* (de nouvelles propositions pour une politique de la donnée publique. A propos du rapport Bothorel [déc. 2020]). - SCARAMOZZINO, *JT 2018, n° 207, p. 24* (*open data versus* protection des données : les enjeux pour le tourisme des *smart cities*). - MÉNARD, *AJ fam. 2020. 550* (*open data* des décisions de justice rendues en matière familiale). - ROUVIÈRE, *RTD civ. 2020. 491* (*open* et *big data* : l'évolution du concept de jurisprudence). - JARDIN, *JA 2021. 50* (O... comme *Open data*). - PERROUD, *D. 2021. 344* (l'*open data* des décisions de justice). - MAUPIN, *AJDA 2021. 941* (*open data* des décisions de justice : le calendrier de mise en ligne enfin publié). - JOND-NECAND, *Légipresse 2021. 63* (conciliation de l'ouverture des données et de la protection de la vie privée : la mise en œuvre de l'*open data*). - SUMI SAINT AUGUSTE, *Légipresse 2021. 87* (l'enjeu de l'open data pour les éditeurs et les *legaltech* : une redéfinition du marché de l'information juridique).

Code du patrimoine

PREMIÈRE PARTIE : *LÉGISLATIVE*

LIVRE II ARCHIVES

TITRE I RÉGIME GÉNÉRAL DES ARCHIVES

CHAPITRE II *COLLECTE, CONSERVATION ET PROTECTION*

…………………………………………

Art. L. 212-3 *(L. n° 2008-696 du 15 juill. 2008, art. 5)* **Lorsque les archives publiques comportent des données à caractère personnel collectées dans le cadre de traitements régis par la loi n° 78-17 du 6 janvier 1978 relative à l'informatique, aux fichiers et aux libertés, ces données font l'objet, à l'expiration de la durée prévue au 5° de l'article** *(Ord. n° 2018-1125 du 12 déc. 2018, art. 12)* **« 4 » de ladite loi, d'une sélection pour déterminer les données destinées à être conservées et celles, dépourvues d'utilité administrative ou d'intérêt scientifique, statistique ou historique, destinées à être éliminées.**

Les catégories de données destinées à l'élimination ainsi que les conditions de cette élimination sont fixées par accord entre l'autorité qui a produit ou reçu ces données et l'administration des archives.

Art. L. 212-4 *(L. n° 2008-696 du 15 juill. 2008, art. 5)* **I. — Les archives publiques qui, à l'issue de la sélection prévue aux articles L. 212-2 et L. 212-3, sont destinées à être conservées sont versées dans un service public d'archives dans des conditions fixées par décret en Conseil d'État. Ce décret détermine les cas où, par dérogation aux dispositions qui précèdent, l'administration des archives laisse le soin de la conservation des documents d'archives produits ou reçus par certaines administrations ou certains organismes aux services compétents de ces administrations ou orga-**

nismes lorsqu'ils présentent des conditions satisfaisantes de conservation, de sécurité, de communication et d'accès des documents. Il fixe les conditions de la coopération entre l'administration des archives et ces administrations ou organismes.

Les dispositions qui précèdent ne sont pas applicables aux archives des collectivités territoriales et des groupements de collectivités territoriales.

(L. nº 2022-217 du 21 févr. 2022, art. 202) « II. — La gestion des documents d'archives publiques procédant de l'activité des personnes mentionnées à l'article L. 211-4 qui n'ont pas encore fait l'objet de la sélection prévue aux articles L. 212-2 et L. 212-3 est assurée par ces personnes sous le contrôle scientifique et technique de l'administration des archives.

« Ces personnes peuvent, par convention, mutualiser entre elles la gestion de ces documents par la mise en commun d'équipements, de personnel, de services ou de moyens matériels, logistiques ou financiers.

« Elles peuvent également, après en avoir fait la déclaration à l'administration des archives, déposer tout ou partie de ces documents auprès de personnes physiques ou morales agréées à cet effet par l'administration des archives.

« Le dépôt fait l'objet d'un contrat qui prévoit les conditions de sécurité et de conservation des documents déposés ainsi que les modalités de leur communication et de leur accès, du contrôle de ces documents par l'administration des archives et de leur restitution au déposant au terme du contrat. Un décret en Conseil d'État fixe les modalités de la déclaration préalable ainsi que les conditions d'octroi et de retrait de l'agrément des dépositaires et précise le contenu des clauses devant figurer dans les contrats de dépôt. »

(Ord. nº 2017-27 du 12 janv. 2017, art. 2 et 3-I, en vigueur le 1er janv. 2019) « Les données de santé à caractère personnel recueillies à l'occasion d'activités de prévention, de diagnostic, de soins ou de suivi social et médico-social procédant de l'activité des personnes visées à l'article L. 211-4 qui n'ont pas encore fait l'objet de la sélection prévue à l'article L. 212-3 peuvent être confiées, après en avoir fait la déclaration à l'administration des archives, à des personnes physiques ou morales titulaires de l'agrément ou du certificat de conformité prévus à cet effet à l'article L. 1111-8 du code de la santé publique. »

(Abrogé par L. nº 2022-217 du 21 févr. 2022, art. 202) *« III. — Le II s'applique au dépôt des archives publiques qui ne sont pas soumises à l'obligation de versement dans un service public d'archives. »*

CHAPITRE III *RÉGIME DE COMMUNICATION*

(L. nº 2008-696 du 15 juill. 2008, art. 17)

Art. L. 213-1 Les archives publiques sont, sous réserve des dispositions de l'article L. 213-2, communicables de plein droit.

L'accès à ces archives s'exerce dans les conditions définies pour les documents administratifs à l'article L. 311-9 du code des relations entre le public et l'administration.

Art. L. 213-2 Par dérogation aux dispositions de l'article L. 213-1 :

I. — Les archives publiques sont communicables de plein droit à l'expiration d'un délai de :

1º Vingt-cinq ans à compter de la date du document ou du document le plus récent inclus dans le dossier :

a) Pour les documents dont la communication porte atteinte au secret des délibérations du Gouvernement et des autorités responsables relevant du pouvoir exécutif, à la conduite des relations extérieures, à la monnaie et au crédit public, au secret *(L. nº 2018-670 du 30 juill. 2018, art. 4)* « des affaires », à la recherche par les services compétents des infractions fiscales et douanières ou au secret en matière de statistiques sauf lorsque sont en cause des données collectées au moyen de questionnaires ayant trait aux faits et comportements d'ordre privé mentionnées aux 4º et 5º ;

b) *(Ord. nº 2009-483 du 29 avr. 2009, art. 13-1º)* « Pour les documents mentionnés au 1º de l'article L. 311-5 du code des relations entre le public et l'administration, à l'exception des documents produits dans le cadre d'un contrat de prestation de services exécuté pour le compte d'une ou de plusieurs personnes déterminées lorsque ces documents entrent, du fait de leur contenu, dans le champ d'application des 3° ou 4° du présent I » ;

(Abrogé par Ord. n° 2009-483 du 29 avr. 2009, art. 13-2°) « ***c) Pour les documents élaborés dans le cadre d'un contrat de prestation de services exécuté pour le compte d'une ou de plusieurs personnes déterminées, sauf si ces documents entrent, du fait de leur contenu, dans le champ d'application des 3° ou 4° du présent I ;*** »

2° Vingt-cinq ans à compter de la date du décès de l'intéressé, pour les documents dont la communication porte atteinte au secret médical. Si la date du décès n'est pas connue, le délai est de cent vingt ans à compter de la date de naissance de la personne en cause ;

3° Cinquante ans à compter de la date du document ou du document le plus récent inclus dans le dossier, pour les documents dont la communication porte atteinte au secret de la défense nationale, *(L. n° 2021-998 du 30 juill. 2021, art. 25)* « et qui ont pour ce motif fait l'objet d'une mesure de classification mentionnée à l'article 413-9 du code pénal, ou porte atteinte » aux intérêts fondamentaux de l'État dans la conduite de la politique extérieure, à la sûreté de l'État, à la sécurité publique *(Ord. n° 2009-483 du 29 avr. 2009, art. 13)* « , à la sécurité des personnes » ou à la protection de la vie privée, à l'exception des documents mentionnés aux 4° et 5° *(L. n° 2021-998 du 30 juill. 2021, art. 25)* « du présent I ». Le même délai s'applique aux documents qui portent une appréciation ou un jugement de valeur sur une personne physique, nommément désignée ou facilement identifiable, ou qui font apparaître le comportement d'une personne dans des conditions susceptibles de lui porter préjudice.

(L. n° 2021-998 du 30 juill. 2021, art. 25) « Ce délai est prolongé pour les documents dont la communication porte atteinte aux intérêts mentionnés au premier alinéa du présent 3° et qui :

« *a)* Sont relatifs aux caractéristiques techniques des installations militaires, des installations et ouvrages nucléaires civils, des barrages hydrauliques de grande dimension, des locaux des missions diplomatiques et consulaires françaises et des installations utilisées pour la détention des personnes, jusqu'à la date, constatée par un acte publié, de fin de l'affectation à ces usages de ces infrastructures ou parties d'infrastructures ou d'infrastructures ou parties d'infrastructures présentant des caractéristiques similaires ;

« *b)* Sont relatifs à la conception technique et aux procédures d'emploi des matériels de guerre et matériels assimilés mentionnés au second alinéa de l'article L. 2335-2 du code de la défense, désignés par un arrêté du ministre de la défense révisé chaque année, jusqu'à la fin de leur emploi par les forces armées et les formations rattachées mentionnées à l'article L. 3211-1-1 du même code ;

« *c)* Révèlent des procédures opérationnelles ou des capacités techniques des services de renseignement mentionnés à l'article L. 811-2 du code de la sécurité intérieure, jusqu'à la date de la perte de leur valeur opérationnelle ;

« *d)* Révèlent des procédures opérationnelles ou des capacités techniques de certains services de renseignement mentionnés à l'article L. 811-4 du même code désignés par décret en Conseil d'État qui exercent une mission de renseignement à titre principal, jusqu'à la date de la perte de leur valeur opérationnelle. Un décret en Conseil d'État définit les services de renseignement concernés par le présent *d* ;

« *e)* Sont relatifs à l'organisation, à la mise en œuvre et à la protection des moyens de la dissuasion nucléaire, jusqu'à la date de la perte de leur valeur opérationnelle ; »

4° Soixante-quinze ans à compter de la date du document ou du document le plus récent inclus dans le dossier, ou un délai de vingt-cinq ans à compter de la date du décès de l'intéressé si ce dernier délai est plus bref :

a) Pour les documents dont la communication porte atteinte au secret en matière de statistiques lorsque sont en cause des données collectées au moyen de questionnaires ayant trait aux faits et comportements d'ordre privé ;

b) Pour les documents relatifs aux enquêtes réalisées par les services de la police judiciaire ;

c) Pour les documents relatifs aux affaires portées devant les juridictions, sous réserve des dispositions particulières relatives aux jugements, et à l'exécution des décisions de justice ;

d) Pour les minutes et répertoires des officiers publics ou ministériels ;

e) Pour les registres de naissance et de mariage de l'état civil, à compter de leur clôture ;

5° Cent ans à compter de la date du document ou du document le plus récent inclus dans le dossier, ou un délai de vingt-cinq ans à compter de la date du décès de l'intéressé si ce dernier délai est plus bref, pour les documents mentionnés au 4° qui se rapportent à une personne mineure.

(L. n° 2021-998 du 30 juill. 2021, art. 25) « Les mêmes délais s'appliquent aux documents dont la communication est de nature à porter atteinte à la sécurité de personnes nommément désignées ou facilement identifiables impliquées dans des activités de renseignement, que ces documents aient fait ou ne fassent pas l'objet d'une mesure de classification. » Il en est de même pour les documents relatifs aux enquêtes réalisées par les services de la police judiciaire, aux affaires portées devant les juridictions, sous réserve des dispositions particulières relatives aux jugements, et à l'exécution des décisions de justice dont la communication porte atteinte à l'intimité de la vie sexuelle des personnes.

II. — Ne peuvent être consultées les archives publiques dont la communication est susceptible d'entraîner la diffusion d'informations permettant de concevoir, fabriquer, utiliser ou localiser des armes nucléaires, *(L. n° 2021-998 du 30 juill. 2021, art. 25)* « radiologiques, » biologiques, chimiques ou toutes autres armes ayant des effets directs ou indirects de destruction d'un niveau analogue.

(L. n° 2021-998 du 30 juill. 2021, art. 25) « III. — Toute mesure de classification mentionnée à l'article 413-9 du code pénal prend automatiquement fin à la date à laquelle le document qui en a fait l'objet devient communicable de plein droit en application du présent chapitre.

« Par exception, les mesures de classification dont font l'objet, le cas échéant, les documents mentionnés au 4° du I du présent article prennent automatiquement fin dès l'expiration des délais prévus au 3° du même I. »

Les dispositions de la L. n° 2018-670 du 30 juill. 2018 sont applicables dans les îles Wallis-et-Futuna (L. préc., art. 5).

Les règles de communicabilité prévues par la L. n° 2021-998 du 30 juill. 2021 aux 3° et 5° du I ne sont pas applicables :

1° — Aux documents n'ayant pas fait l'objet d'une mesure de classification ou ayant fait l'objet d'une mesure formelle de déclassification et pour lesquels le délai de cinquante ans prévu au 3° du I de l'art. L. 213-2 C. patr., dans sa rédaction antérieure à ladite loi, a expiré avant l'entrée en vigueur du présent article ;

2° — Aux fonds ou parties de fonds d'archives publiques ayant fait l'objet, avant l'entrée en vigueur du présent article, d'une ouverture anticipée conformément au II de l'art. L. 213-3 C. patr. (L. préc., art. 25-III).

Art. L. 213-3 I. — L'autorisation de consultation de documents d'archives publiques avant l'expiration des délais fixés au I de l'article L. 213-2 peut être accordée aux personnes qui en font la demande dans la mesure où l'intérêt qui s'attache à la consultation de ces documents ne conduit pas à porter une atteinte excessive aux intérêts que la loi a entendu protéger. Sous réserve, en ce qui concerne les minutes et répertoires des notaires, des dispositions de l'article 23 de la loi du 25 ventôse an XI contenant organisation du notariat, l'autorisation est accordée par l'administration des archives aux personnes qui en font la demande après accord de l'autorité dont émanent les documents.

Le temps de réponse à une demande de consultation ne peut excéder deux mois à compter de l'enregistrement de la demande.

II. — L'administration des archives peut également, après accord de l'autorité dont émanent les documents, décider l'ouverture anticipée de fonds ou parties de fonds d'archives publiques.

(L. n° 2016-1321 du 7 oct. 2016, art. 36-II) « III. — L'article 226-13 du code pénal n'est pas applicable aux procédures d'ouverture anticipée des archives publiques prévues aux I et II du présent article. »

Art. L. 213-3-1 *(L. n° 2021-998 du 30 juill. 2021, art. 25)* Les services publics d'archives informent les usagers, par tout moyen approprié, des délais de communicabilité des archives qu'ils conservent et de la faculté de demander un accès anticipé à ces archives conformément à la procédure prévue à l'article L. 213-3.

Art. L. 213-4 Le versement des documents d'archives publiques émanant du Président de la République, du Premier ministre et des autres membres du Gouvernement peut être assorti de la signature entre la partie versante et l'administration des archives d'un protocole relatif aux conditions de traitement, de conservation, de valorisation ou de communication du fonds versé, pendant la durée des délais prévus à l'article L. 213-2. Les stipulations de ce protocole peuvent également s'appliquer aux documents d'archives publiques émanant des collaborateurs personnels de l'autorité signataire.

Pour l'application de l'article L. 213-3, l'accord de la partie versante requis pour autoriser la consultation ou l'ouverture anticipée du fonds est donné par le signataire du protocole.

Le protocole cesse de plein droit d'avoir effet en cas de décès du signataire et, en tout état de cause, à la date d'expiration des délais prévus à l'article L. 213-2.

Les documents d'archives publiques versés antérieurement à la publication de la loi n° 2008-696 du 15 juillet 2008 relative aux archives demeurent régis par les protocoles alors signés. Toutefois, les clauses de ces protocoles relatives au mandataire désigné par l'autorité signataire cessent d'être applicables vingt-cinq ans après le décès du signataire.

Art. L. 213-5 Toute administration détentrice d'archives publiques ou privées est tenue de motiver tout refus qu'elle oppose à une demande de communication de documents d'archives.

Art. L. 213-6 Les services publics d'archives qui reçoivent des archives privées à titre de don, de legs, de cession ou de dépôt sont tenus de respecter les stipulations du donateur, de l'auteur du legs, du cédant ou du déposant quant à la conservation et à la communication de ces archives.

Art. L. 213-7 Les dispositions des articles L. 213-1 à *(L. n° 2021-998 du 30 juill. 2021, art. 25)* « L. 213-3-1 », L. 213-5, L. 213-6 et L. 213-8 sont affichées de façon apparente dans les locaux ouverts au public des services publics d'archives.

Art. L. 213-8 Un décret en Conseil d'État détermine les conditions dans lesquelles sont délivrés les expéditions et extraits authentiques de documents d'archives.

Il précise notamment les conditions dans lesquelles donnent lieu à rémunération :

a) L'expédition ou l'extrait authentique des pièces conservées dans les services publics d'archives ;

b) La certification authentique des copies des plans conservés dans ces mêmes services, exécutées à la même échelle que les originaux à la diligence des intéressés ;

c) La certification authentique des photocopies et de toutes reproductions et fixations des documents conservés dans ces mêmes services.

Code des relations entre le public et l'administration

LIVRE III L'ACCÈS AUX DOCUMENTS ADMINISTRATIFS ET LA RÉUTILISATION DES INFORMATIONS PUBLIQUES

TITRE I LE DROIT D'ACCÈS AUX DOCUMENTS ADMINISTRATIFS

CHAPITRE I *COMMUNICATION DES DOCUMENTS ADMINISTRATIFS*

SECTION 1 *Étendue du droit à communication*

…………………………………………………………

Art. L. 311-3 Sous réserve des dispositions de la loi n° 78-17 du 6 janvier 1978 relative à l'informatique, aux fichiers et aux libertés, concernant les données à caractère personnel figurant dans des fichiers, toute personne a le droit de connaître les informations contenues dans un document administratif dont les conclusions lui sont opposées.

Sur sa demande, ses observations à l'égard desdites conclusions sont obligatoirement consignées en annexe au document concerné.

L'utilisation d'un document administratif au mépris des dispositions ci-dessus est interdite. – *[L. nº 78-753 du 17 juill. 1978, art. 3.]*

....

Art. L. 311-6 Ne sont communicables qu'à l'intéressé les documents administratifs :

1º Dont la communication porterait atteinte à la protection de la vie privée, au secret médical et au secret *(L. nº 2018-670 du 30 juill. 2018, art. 4)* « des affaires » *(L. nº 2016-1321 du 7 oct. 2016, art. 6-I)* « , lequel comprend le secret des procédés, des informations économiques et financières et des stratégies commerciales ou industrielles et est apprécié en tenant compte, le cas échéant, du fait que la mission de service public de l'administration mentionnée au premier alinéa de l'article L. 300-2 est soumise à la concurrence » ;

2º Portant une appréciation ou un jugement de valeur sur une personne physique, nommément désignée ou facilement identifiable ;

3º Faisant apparaître le comportement d'une personne, dès lors que la divulgation de ce comportement pourrait lui porter préjudice.

Les informations à caractère médical sont communiquées à l'intéressé, selon son choix, directement ou par l'intermédiaire d'un médecin qu'il désigne à cet effet, dans le respect des dispositions de l'article L. 1111-7 du code de la santé publique. – *[L. nº 78-753 du 17 juill. 1978, art. 6-II.]*

CHAPITRE II *DIFFUSION DES DOCUMENTS ADMINISTRATIFS*

SECTION 1 *Règles générales*

Art. L. 312-1 Les administrations mentionnées à l'article L. 300-2 peuvent rendre publics les documents administratifs qu'elles produisent ou reçoivent.

(Abrogé par L. nº 2016-1321 du 7 oct. 2016, art. 5) ***« Toutefois, sauf dispositions législatives contraires, les documents administratifs qui comportent des mentions entrant dans le champ d'application des articles L. 311-5 et L. 311-6 ou, sans préjudice de*** *(Ord. nº 2016-307 du 17 mars 2016, art. 2-1º)* ***« l'article L. 322-2 », des données à caractère personnel ne peuvent être rendus publics qu'après avoir fait l'objet d'un traitement afin d'occulter ces mentions ou de rendre impossible l'identification des personnes qui y sont nommées. »*** – *[L. nº 78-753 du 17 juill. 1978, art. 7, al. 2 et 3.]*

Un décret en Conseil d'État, pris après avis de la commission mentionnée à l'art. L. 340-1, définit les modalités d'application des art. L. 312-1 à L. 312-1-3 dans leur rédaction issue de la L. nº 2016-1321 du 7 oct. 2016 (L. préc., art. 6-III).

Art. L. 312-1-1 *(L. nº 2016-1321 du 7 oct. 2016, art. 6-II)* Sous réserve des articles L. 311-5 et L. 311-6 et lorsque ces documents sont disponibles sous forme électronique, les administrations mentionnées au premier alinéa de l'article L. 300-2, à l'exception des personnes morales dont le nombre d'agents ou de salariés est inférieur à un seuil fixé par décret, publient en ligne les documents administratifs suivants :

1º Les documents qu'elles communiquent en application des procédures prévues au présent titre, ainsi que leurs versions mises à jour ;

2º Les documents qui figurent dans le répertoire mentionné au premier alinéa de l'article L. 322-6 ;

3º Les bases de données, mises à jour de façon régulière, qu'elles produisent ou qu'elles reçoivent et qui ne font pas l'objet d'une diffusion publique par ailleurs ;

4º Les données, mises à jour de façon régulière, dont la publication présente un intérêt économique, social, sanitaire ou environnemental.

Le présent article ne s'applique pas aux collectivités territoriales de moins de 3 500 habitants.

Art. L. 312-1-2 *(L. nº 2016-1321 du 7 oct. 2016, art. 6-II)* Sauf dispositions législatives ou réglementaires contraires, lorsque les documents et données mentionnés aux articles L. 312-1 ou L. 312-1-1 comportent des mentions entrant dans le champ d'application des articles L. 311-5 ou L. 311-6, ils ne peuvent être rendus publics qu'après avoir fait l'objet d'un traitement permettant d'occulter ces mentions.

Sauf dispositions législatives contraires ou si les personnes intéressées ont donné leur accord, lorsque les documents et les données mentionnés aux articles L. 312-1 ou L. 312-1-1 comportent des données à caractère personnel, ils ne peuvent être rendus publics qu'après avoir fait l'objet d'un traitement permettant de rendre impossible l'identification de ces personnes. Une liste des catégories de documents pouvant être rendus publics sans avoir fait l'objet du traitement susmentionné est fixée par décret pris après avis motivé et publié de la Commission nationale de l'informatique et des libertés.

Les administrations mentionnées au premier alinéa de l'article L. 300-2 du présent code ne sont pas tenues de publier les archives publiques issues des opérations de sélection prévues aux articles L. 212-2 et L. 212-3 du code du patrimoine.

Art. D. 312-1-3 *(Décr. n° 2018-1117 du 10 déc. 2018, art. 1er)* Les documents et informations mentionnés aux articles L. 312-1 ou L. 312-1-1 et qui sont communicables ou accessibles à toute personne, sous réserve des articles L. 311-5 et L. 311-6 et d'autres dispositions législatives ou réglementaires en vigueur, peuvent être rendus publics sans avoir fait l'objet du traitement prévu au deuxième alinéa de l'article L. 312-1-2, lorsqu'ils relèvent de l'une des catégories suivantes :

1° Les documents nécessaires à l'information du public relatifs aux conditions d'organisation de l'administration, notamment les organigrammes, les annuaires des administrations et la liste des personnes inscrites à un tableau d'avancement ou sur une liste d'aptitude pour l'accès à un échelon, un grade ou un corps ou cadre d'emplois de la fonction publique ;

2° Les documents nécessaires à l'information du public relatifs aux conditions d'organisation de la vie économique, associative et culturelle, notamment le répertoire national des associations et le répertoire des entreprises et de leurs établissements ;

3° Les documents nécessaires à l'information du public relatifs aux conditions d'organisation et d'exercice des professions réglementées et des activités professionnelles soumises à la règlementation, notamment celles relatives à l'exercice des professions de notaire, avocat, huissier de justice et architecte ;

4° Les documents nécessaires à l'information du public relatifs à l'enseignement et la recherche et notamment les résultats obtenus par les candidats aux examens et concours administratifs ou conduisant à la délivrance des diplômes nationaux ;

5° Les documents nécessaires à l'information du public relatifs aux conditions d'organisation et d'exercice des activités sportives ;

6° Les documents nécessaires à l'information du public relatifs aux conditions d'organisation et d'exercice de la vie politique, notamment le répertoire des élus, à l'exception des informations prévues au 2° du I de l'article 5 du décret n° 2014-1479 du 9 décembre 2014 relatif à la mise en œuvre de deux traitements automatisés de données à caractère personnel dénommés "Application élection" et "Répertoire national des élus" ;

7° Les documents nécessaires à l'information du public relatifs aux conditions d'organisation et d'exercice des activités touristiques ;

8° Les documents nécessaires à l'information du public relatifs aux activités soumises à des formalités prévues par des dispositions législatives ou réglementaires notamment, en matière d'urbanisme, d'occupation du domaine public et de protection des données à caractère personnel ;

9° Les documents administratifs conservés par les services publics d'archives et les autres organismes chargés d'une mission de service public d'archivage :

a) lorsqu'ils sont librement communicables en application des articles L. 213-1 et L. 213-2 du code du patrimoine, sauf lorsqu'ils comportent des données mentionnées au I de l'article 8 de la loi n° 78-17 du 6 janvier 1978 ou des données relatives aux condamnations pénales, aux infractions ou aux mesures de sûreté connexes au sens de l'article 9 de la même loi ;

b) lorsqu'ils comportent des données mentionnées au I de l'article 8 de la loi n° 78-17 du 6 janvier 1978 ou des données à caractère personnel relatives aux condamnations pénales, aux infractions ou aux mesures de sûreté connexes au sens de l'article 9 de la même loi, à l'expiration d'un délai de 100 ans calculé à compter de la date des documents, sauf si le délai de communicabilité fixé par le code du patrimoine est plus long. Dans ce cas, c'est ce dernier délai qui s'applique ;

c) lorsqu'ils sont librement communicables en application des articles L. 213-1 et L. 213-2 du code du patrimoine, les instruments de recherche décrivant les fonds d'archives, sauf s'ils comportent des données à caractère personnel relatives aux condamnations pénales, aux infractions ou aux mesures de sûreté connexes au sens de l'article 9 de la loi du 6 janvier 1978 précitée. Dans ce cas, ils peuvent être publiés à l'issue d'un délai de 100 ans à compter de la date des documents décrits par l'instrument de recherche.

Les archives publiques et les instruments de recherche qui les décrivent peuvent être publiés avant l'expiration des délais ci-dessus sur autorisation de la Commission nationale de l'informatique et des libertés.

Art. L. 312-1-3 *(L. nº 2016-1321 du 7 oct. 2016, art. 6-II)* Sous réserve des secrets protégés en application du 2° de l'article L. 311-5, les administrations mentionnées au premier alinéa de l'article L. 300-2, à l'exception des personnes morales dont le nombre d'agents ou de salariés est inférieur à un seuil fixé par décret, publient en ligne les règles définissant les principaux traitements algorithmiques utilisés dans l'accomplissement de leurs missions lorsqu'ils fondent des décisions individuelles.

....

TITRE II LA RÉUTILISATION DES INFORMATIONS PUBLIQUES

CHAPITRE I *ÉTENDUE DU DROIT DE RÉUTILISATION*

Art. L. 321-1 *(L. nº 2016-1321 du 7 oct. 2016, art. 9-1º-a)* « Les informations publiques figurant dans des documents communiqués ou publiés par les administrations mentionnées au premier alinéa de l'article L. 300-2 peuvent être utilisées » par toute personne qui le souhaite à d'autres fins que celles de la mission de service public pour les besoins de laquelle les documents ont été produits ou reçus.

(Abrogé par L. nº 2016-1321 du 7 oct. 2016, art. 9-1º-b) ***« Lorsqu'elles sont mises à disposition sous forme électronique, ces informations le sont, si possible, dans un standard ouvert et aisément réutilisable, c'est-à-dire lisible par une machine. »***

Les limites et conditions de cette réutilisation sont régies par le présent titre *(Abrogé par L. nº 2016-1321 du 7 oct. 2016, art. 9-1º-c)* ***«, même si ces informations ont été obtenues dans le cadre de l'exercice du droit d'accès aux documents administratifs régi par le titre I ».*** — *[L. nº 78-753 du 17 juill. 1978, art. 10, al. 1er.]*

....

CHAPITRE II *RÈGLES GÉNÉRALES*

Art. L. 322-2 *(Abrogé par L. nº 2016-1321 du 7 oct. 2016, art. 6-VII)* ***« Les informations publiques comportant des données à caractère personnel peuvent faire l'objet d'une réutilisation soit lorsque la personne intéressée y a consenti, soit si l'autorité détentrice est en mesure de les rendre anonymes ou, à défaut d'anonymisation, si une disposition législative ou réglementaire le permet. »***

La réutilisation d'informations publiques comportant des données à caractère personnel est subordonnée au respect des dispositions de la loi n° 78-17 du 6 janvier 1978 relative à l'informatique, aux fichiers et aux libertés. — *[L. nº 78-753 du 17 juill. 1978, art. 13.]*

Art. R. 322-3 Lorsque la réutilisation n'est possible qu'après anonymisation des données à caractère personnel, l'autorité détentrice y procède sous réserve que cette opération n'entraîne pas des efforts disproportionnés. — *[Décr. nº 2005-1755 du 30 déc. 2005, art. 40.]*

Code de justice administrative

DEUXIÈME PARTIE : *RÉGLEMENTAIRE*

LIVRE VII **LE JUGEMENT**

TITRE IV **LA DÉCISION**

CHAPITRE I *DISPOSITIONS GÉNÉRALES*

SECTION 6 *Mise a disposition du public, sous forme électronique, des décisions rendues par les juridictions administratives*

(Décr. n° 2020-797 du 29 juin 2020, art. 1er).

Sur le traitement automatisé de données à caractère personnel, dénommé « DataJust », V. Décr. n° 2020-356 du 27 mars 2020, infra.

Art. R. 741-13 *(Décr. n° 2020-797 du 29 juin 2020, art. 1er)* **Le Conseil d'État est responsable de la mise à disposition du public, sous forme électronique, des décisions rendues par les juridictions administratives, dans les conditions définies à l'article L. 10 et à la présente section.**

Les décisions juridictionnelles rendues par le Conseil d'État, les cours administratives d'appel et les tribunaux administratifs sont mises à la disposition du public dans un délai de deux mois à compter de leur date.

Décret n° 2020-797 du 29 juin 2020,

Relatif à la mise à la disposition du public des décisions des juridictions judiciaires et administratives.

Sur le traitement automatisé de données à caractère personnel, dénommé « DataJust », V. Décr. n° 2020-356 du 27 mars 2020, infra.

TITRE III. *DISPOSITIONS DIVERSES*

Art. 7 La mise à la disposition du public des décisions de justice mentionnées aux articles 1er et 4 *[pour les juridictions administratives : V. CJA, art. R. 741-13 s. et R. 751-7]* est réalisée sur un portail internet placé sous la responsabilité du garde des sceaux, ministre de la justice.

Sans préjudice de l'alinéa précédent, le Conseil d'État et la Cour de cassation mettent à la disposition du public les décisions de justice mentionnées aux articles L. 10 du code de justice administrative et L. 111-13 du code de l'organisation judiciaire, sélectionnées selon les modalités propres à chaque ordre de juridiction sur leur site internet respectif.

Art. 8 Le portail internet mentionné à l'article 7 indique les coordonnées des services du Conseil d'État et de la Cour de cassation auprès desquels les personnes intéressées peuvent faire valoir leurs droits d'accès et de rectification en application de la loi n° 78-17 du 6 janvier 1978 relative à l'informatique, aux fichiers et aux libertés.

Le même portail indique également les coordonnées des autorités auprès desquelles s'exercent les demandes d'occultation ou de levée d'occultation prévues aux articles R. 741-15 du code de justice administrative et R. 111-13 du code de l'organisation judiciaire.

Art. 9 Un arrêté du garde des sceaux, ministre de la justice, détermine, pour chacun des ordres judiciaire et administratif et le cas échéant par niveau d'instance et par type de contentieux, la date à compter de laquelle les décisions de justice sont mises à la disposition du public en application des articles 1er et 4 et les copies de ces décisions sont délivrées conformément aux articles 2 et 5.

Jusqu'à cette date, la diffusion des décisions est poursuivie dans les conditions prévues par l'article 1er du décret n° 2002-1064 du 7 août 2002 ainsi que par les dispositions applicables aux sites internet du Conseil d'État et de la Cour de cassation.

Les dispositions de l'article 6 entrent en vigueur le premier jour du troisième mois suivant la publication du présent décret au *Journal officiel*.

Art. R. 741-14 *(Décr. nº 2020-797 du 29 juin 2020, art. 1er)* Si la mise à disposition de la décision, malgré l'occultation des nom et prénoms prévue par le troisième alinéa de l'article L. 10, est de nature à porter atteinte à la sécurité ou au respect de la vie privée des personnes physiques mentionnées au jugement ou de leur entourage, la décision d'occulter tout autre élément d'identification est prise par le président de la formation de jugement ou le juge ayant rendu la décision en cause lorsque l'occultation concerne une partie ou un tiers.

Lorsque l'occultation concerne un membre du Conseil d'État, un magistrat ou un agent de greffe, la décision est prise, selon le cas, par le président de la section du contentieux du Conseil d'État, le président de la cour administrative d'appel ou le président du tribunal administratif.

Le membre du Conseil d'État ou le magistrat mentionné au premier alinéa peut décider l'occultation de tout élément de la décision dont la divulgation est susceptible de porter atteinte aux intérêts fondamentaux de la Nation.

Art. R. 741-15 *(Décr. nº 2020-797 du 29 juin 2020, art. 1er)* Toute personne intéressée peut introduire à tout moment, auprès d'un membre du Conseil d'État désigné par le vice-président du Conseil d'État, une demande d'occultation ou de levée d'occultation des éléments d'identification ayant fait l'objet de la décision mentionnée à l'article R. 741-14.

Il n'est pas fait droit aux demandes abusives, notamment par leur nombre ou leur caractère répétitif ou systématique.

V. Décr. nº 2020-797 du 29 juin 2020, art. 8, ss. art. R. 741-13, supra.

Décret nº 2020-356 du 27 mars 2020,

Portant création d'un traitement automatisé de données à caractère personnel dénommé « DataJust ».

Art. 1er Le garde des sceaux, ministre de la justice, est autorisé à mettre en œuvre, pour une durée de deux ans, un traitement automatisé de données à caractère personnel, dénommé « DataJust », ayant pour finalité le développement d'un algorithme devant servir à :

1º La réalisation d'évaluations rétrospectives et prospectives des politiques publiques en matière de responsabilité civile ou administrative ;

2º L'élaboration d'un référentiel indicatif d'indemnisation des préjudices corporels ;

3º L'information des parties et l'aide à l'évaluation du montant de l'indemnisation à laquelle les victimes peuvent prétendre afin de favoriser un règlement amiable des litiges ;

4º L'information ou la documentation des juges appelés à statuer sur des demandes d'indemnisation des préjudices corporels.

A ces fins, l'algorithme recense les montants demandés et offerts par les parties, les évaluations proposées dans le cadre de procédures de règlement amiable des litiges et les montants alloués aux victimes pour chaque type de préjudice dont la teneur est détaillée au 3º de l'article 2, ainsi que les données et informations mentionnées à cet article.

BIBL. ▸ CRICHTON, *Dalloz IP/IT 2020. 209* (création de « DataJust », un algorithme prédictif d'évaluation du préjudice). – JANUEL, *D. actu. 1er avr. 2020* (datajust : un algorithme pour évaluer les préjudices corporels). – MEKKI, *Dalloz IP/IT 2020. 672* (les fonctions de la responsabilité civile à l'épreuve du numérique : l'exemple des logiciels prédictifs). – DOUVILLE, *Légipresse 2021. 49* (*open data* des décisions de justice, cinq ans après : état des lieux et perspective).

V., rejetant la suspension du Décr. : • CE 26 mai 2020, nº 440378.

Art. 2 Les catégories de données à caractère personnel et informations enregistrées dans le traitement prévu à l'article 1er sont extraites des décisions de justice rendues en appel entre le 1er janvier 2017 et le 31 décembre 2019 par les juridictions administratives et les formations civiles des juridictions judiciaires dans les seuls contentieux portant sur l'indemnisation des préjudices corporels.

Elles peuvent comporter des données mentionnées à l'article 6 de la loi du 6 janvier 1978 susvisée et sont constituées par :

1° Les noms et prénoms des personnes physiques mentionnées dans les décisions de justice, à l'exception de ceux des parties. Il est interdit de sélectionner dans le traitement une catégorie particulière de personnes à partir de ces seules données ;

2° Les éléments d'identification des personnes physiques suivants : la date de naissance, le genre, le lien de parenté avec les victimes et le lieu de résidence ;

3° Les données et informations relatives aux préjudices subis, notamment :

– la nature et l'ampleur des atteintes à l'intégrité, à la dignité et à l'intimité subies, en particulier la description et la localisation des lésions, les durées d'hospitalisation, les préjudices d'agrément, esthétique, d'établissement, d'impréparation ou sexuel, les souffrances physiques et morales endurées, le déficit fonctionnel, ainsi que le préjudice d'accompagnement et d'affection des proches de la victime directe ;

– les différents types de dépenses de santé (notamment frais médicaux, paramédicaux, pharmaceutiques et d'hospitalisation) et d'aménagement (notamment frais de logement, d'équipement et de véhicule adaptés) ;

– le coût et la durée d'intervention des personnes amenées à remplacer ou suppléer les victimes dans leurs activités professionnelles ou parentales durant leur période d'incapacité ;

– les types et l'ampleur des besoins de la victime en assistance par tierce personne ;

– les préjudices scolaires, universitaires ou de formation subis par la victime directe ;

– l'état antérieur de la victime, ses prédispositions pathologiques et autres antécédents médicaux ;

4° Les données relatives à la vie professionnelle et à la situation financière, notamment la profession, le statut, les perspectives d'évolution et droits à la retraite, le montant des gains et pertes de gains professionnels des victimes, ainsi que des responsables ou personnes tenues à réparation ;

5° Les avis des médecins et experts ayant examiné la victime et le montant de leurs honoraires ;

6° Les données relatives à des infractions et condamnations pénales ;

7° Les données relatives à des fautes civiles ;

8° Le numéro des décisions de justice.

Ces données sont transmises par le Conseil d'État et la Cour de cassation au service chargé des développements informatiques du secrétariat général du ministère de la justice. Elles sont extraites des bases de données tenues, d'une part, par la Cour de cassation en application du deuxième alinéa de l'article R. 433-3 du code de l'organisation judiciaire et, d'autre part, par le Conseil d'État.

Les noms et prénoms des personnes physiques parties aux instances concernées sont occultés préalablement à leur transmission au secrétariat général du ministère de la justice.

Art. 3 Seuls ont accès, à raison de leurs attributions et dans la limite du besoin d'en connaître, aux données à caractère personnel et informations enregistrées dans le présent traitement :

1° Les agents du ministère de la justice affectés au service chargé des développements informatiques du secrétariat général du ministère de la justice, individuellement désignés par le secrétaire général ;

2° Les agents du bureau du droit des obligations individuellement désignés par le directeur des affaires civiles et du sceau.

Art. 4 Les données mentionnées à l'article 2 sont conservées pour la durée nécessaire au développement de l'algorithme. Au terme de ce développement, elles seront effacées de manière sécurisée.

La durée de conservation des données ne pourra en tout état de cause excéder deux ans à compter de la publication du présent décret.

Art. 5 Les opérations de mise à jour, de suppression et de consultation font l'objet d'un enregistrement comportant l'identification de l'utilisateur, la date, l'heure et la nature de l'intervention dans le traitement. Ces informations sont conservées pendant une durée de deux ans.

Art. 6 Compte tenu des efforts disproportionnés que représenterait la fourniture des informations mentionnées aux paragraphes 1 à 4 de l'article 14 du règlement (UE) 2016/679 du 27 avril 2016 susvisé, le droit d'information prévu à ce même article ne s'applique pas au présent traitement.

Afin de garantir l'objectif d'intérêt public général d'accessibilité du droit, le droit d'opposition prévu à l'article 21 du règlement (UE) 2016/679 du 27 avril 2016 susvisé ne s'applique pas au présent traitement en application de l'article 23 du même règlement.

Les droits d'accès, de rectification et à la limitation s'exercent auprès du ministre de la justice dans les conditions prévues respectivement aux articles 15, 16 et 18 du même règlement.

ÉTAT CIVIL

BIBL. ▸ Mis, *Dalloz IP/IT 2020. 204* (interview sur la reconnaissance faciale et identité numérique). – Cavada, Vidal et Saint-Aubin, *Dalloz IP/IT 2020. 272* (interview sur la création de l'*Institute for Digital Fundamental Rights*). – Latil, *Dalloz IP/IT 2020. 593* (en attendant la Déclaration de droits fondamentaux du numérique). – Türk, *Dalloz IP/IT 2020. 616* (l'autodétermination informationnelle : un droit fondamental émergent ?). – Debaets, *D. 2021. 346* (à propos des dérives actuelles du consentement en matière de protection des données – Le Conseil d'État et Alicem). – Archambault et Rotily, *Dalloz IP/IT 2021. 230* (l'usage d'Alicem validé par le Conseil d'État).

Code de l'action sociale et des familles

DEUXIÈME PARTIE : *RÉGLEMENTAIRE*

LIVRE I **DISPOSITIONS GÉNÉRALES**

TITRE IV **INSTITUTIONS**

CHAPITRE VII *CONSEIL NATIONAL POUR L'ACCÈS AUX ORIGINES PERSONNELLES*

SECTION 3 *Conditions de traitement et de conservation des données à caractère personnel permettant l'accès aux origines personnelles*

(Décr. nº 2022-360 du 14 mars 2022, art. 2)

Art. R. 147-25 Le Conseil national pour l'accès aux origines personnelles met en œuvre un traitement de données à caractère personnel dénommé ORPER, pour l'exécution de sa mission d'intérêt public, conformément aux dispositions du e du 1 de l'article 6 du règlement (UE) 2016/679 du 27 avril 2016. Ce traitement a pour finalités :

1º De permettre la conservation et l'exploitation des demandes, déclarations et autres documents établis sous l'autorité du conseil ou transmis à celui-ci, notamment par les personnes, administrations et organismes mentionnés aux articles L. 147-5, L. 147-8 et L. 147-9, pour la mise en œuvre de la législation relative à l'accès aux origines personnelles ;

2º D'assurer le suivi et le traitement des demandes et déclarations dont le conseil est saisi en matière d'accès aux origines personnelles, afin de vérifier l'identité et la qualité du demandeur ou du déclarant, d'instruire les demandes d'accès aux origines et de procéder le cas échéant, au terme de l'instruction, à la communication de l'identité des parents de naissance et des renseignements ne portant pas atteinte au secret de cette identité ;

3º D'établir des statistiques sous forme anonyme sur l'activité du conseil et sur la mise en œuvre de la législation relative à l'accès aux origines personnelles.

Art. R. 147-26 Le Conseil national pour l'accès aux origines personnelles assure l'enregistrement sous forme numérique, dans le traitement ORPER, des documents suivants :

1º Les demandes et déclarations mentionnées à l'article L. 147-2 et à l'article L. 147-3, ainsi que les pièces justificatives mentionnées à l'article R. 147-13 ;

2º Les pièces dont le conseil est destinataire en application des articles L. 147-5, L. 147-8 et L. 147-9 ;

3º Le pli fermé mentionné à l'article L. 222-6, ainsi que le document mentionné à l'article R. 147-23 ;

4º Les pièces recueillies, les documents produits et les comptes rendus établis par les agents du conseil ou par les personnes qu'il mandate en vue d'identifier les parents de naissance ;

5º Les rapports résultant de la procédure décrite à l'article R. 147-16.

Les documents mentionnés aux 1° à 5° sont également conservés par le conseil dans un dossier sur support papier.

Art. R. 147-27 Sont susceptibles d'être enregistrées dans le traitement ORPER, sous forme de données numériques propres à assurer l'instruction et le suivi des dossiers du Conseil national pour l'accès aux origines personnelles, les catégories d'informations suivantes, extraites le cas échéant des documents mentionnés à l'article R. 147-26 :

1° Les informations nécessaires à l'identification et à l'établissement de la qualité de l'auteur de la demande ou de la déclaration, de ses représentants légaux, ascendants et descendants, ainsi que de ses collatéraux privilégiés, y compris les informations figurant sur les documents d'identité, les actes de naissance ou certificats d'origine, le jugement d'adoption du demandeur et la copie du certificat de décès des parents de naissance ;

2° Les informations nécessaires au suivi de la demande, y compris le numéro d'identification permettant de préserver la confidentialité de l'identité des personnes concernées attribué à chaque demande ;

3° La mention de la date de l'accusé de réception prévu à l'article R. 147-13 ;

4° Les informations relatives à la date et au lieu de l'accouchement ;

5° Les informations relatives à la date et aux modalités de remise de l'enfant au service de l'aide sociale à l'enfance ou à un organisme autorisé et habilité pour l'adoption ou à un organisme étranger qui a recueilli l'enfant, ainsi que les informations d'ordre administratif et social transmises par les établissements de santé de naissance dans le cadre de la recherche des parents de naissance ;

6° La mention concernant la présence ou l'absence, dans le dossier, d'éléments relatifs aux parents de naissance ou à l'indication de leur nom ;

7° Toutes informations, dont le conseil est destinataire en application des articles L. 147-5, L. 147-8 et L. 147-9, pouvant concourir à l'identification des parents de naissance ainsi qu'à leur localisation, notamment des informations relatives aux parcours scolaire, universitaire ou professionnel de la personne recherchée ou à sa prise en charge sociale et médico-sociale ;

8° La teneur et les dates des courriers échangés en application des articles L. 147-4 à L. 147-6, L. 147-8 et L. 147-9 ;

9° La mention et la date de la manifestation de volonté justifiant la levée du secret en application de l'article L. 147-6, du refus opposé à la levée du secret ou du décès du ou des parents de naissance ;

10° La mention et la date de la communication au demandeur de l'identité des parents de naissance ou du refus de levée de secret de ceux-ci ;

11° La mention, la date et la teneur de la communication de renseignements ne portant pas atteinte au secret de l'identité dans les conditions prévues à l'avant-dernier alinéa de l'article L. 147-5 ;

12° La mention et la date de l'acceptation ou du refus de l'accompagnement proposé par le conseil, ainsi que de la tenue éventuelle d'une rencontre dans les conditions prévues à l'article R. 147-17 ;

13° La mention de la clôture provisoire ou définitive du dossier.

Les données à caractère personnel concernant des personnes susceptibles d'être les parents de naissance, enregistrées dans le traitement au titre des premiers actes d'instruction, sont supprimées sans délai dès qu'il est établi que ces personnes ne sont pas concernées par l'accouchement dans le secret à l'origine de la saisine du conseil.

Art. R. 147-28 Le Conseil national pour l'accès aux origines personnelles établit des statistiques anonymes sur la base des documents et informations mentionnés aux articles R. 147-26 et R. 147-27.

Peuvent également être enregistrés dans le traitement ORPER les relevés semestriels non nominatifs des accouchements secrets et des enfants remis à la naissance en vue de leur adoption, des levées de secret et des demandes d'accès aux origines, des remises d'identité sous pli fermé ainsi que des demandes de rapprochement, adressés au conseil par ses correspondants départementaux en application de l'article R. 147-24.

Art. R. 147-29 Sont seuls habilités à enregistrer et consulter les données du traitement ORPER le président et le secrétaire général du Conseil national pour l'accès aux origines personnelles ainsi que les personnes mentionnées à l'article R. 147-8, dans les limites de leur besoin d'en connaître.

Les personnes, établissements, services et organismes mentionnés aux articles L. 147-4 à L. 147-6, L. 147-8 et L. 147-9 peuvent être rendus destinataires des documents et données mentionnées *[mentionnés]* aux articles R. 147-26 et R. 147-27, dans la mesure où cette communication est strictement nécessaire pour obtenir de leur part des informations permettant d'instruire une demande d'accès aux origines personnelles.

Cette communication est réalisée par tout moyen sécurisé donnant une date certaine à sa réception.

Art. R. 147-30 Les dossiers clos pour un motif tenant à l'incompétence du Conseil national pour l'accès aux origines personnelles sont conservés dans le traitement ORPER pendant une durée d'un an à compter de la date d'enregistrement.

Les dossiers clos après communication de l'identité des parents de naissance sont conservés pendant une durée de cinq ans à compter de la date de clôture.

Les dossiers faisant l'objet, pour un autre motif, d'une clôture provisoire, en raison notamment de l'impossibilité d'identifier les parents de naissance ou d'un refus de levée du secret, sont conservés pendant une durée de dix ans à compter de la date de clôture.

En cas de réouverture du dossier faisant suite à une nouvelle demande, les délais prévus à l'alinéa précédent sont interrompus.

Art. R. 147-31 Les demandeurs et les déclarants reçoivent les informations prévues aux a, b, c, e du 1 ainsi qu'aux a, b et d du 2 de l'article 13 du règlement (UE) 2016/679 du 27 avril 2016, lors de la transmission de l'accusé de réception prévu à l'article R. 147-13 du présent code.

En application des b et c du 5 de l'article 14 du même règlement, l'exigence d'information prévue à cet article 14 en cas de collecte indirecte de données à caractère personnel n'est pas applicable aux autres personnes dont les données sont recueillies à l'occasion de l'instruction d'une demande ou d'une déclaration. Le Conseil national pour l'accès aux origines personnelles met à disposition sur son site internet les informations prévues aux a, c, d et e du 1 ainsi qu'aux a, c, e et f du 2 de l'article 14 du règlement.

Art. R. 147-32 Les personnes dont les données sont traitées peuvent exercer leur droit d'accès aux données les concernant, prévu à l'article 15 du règlement (UE) 2016/679 du 27 avril 2016, à l'exclusion de toute donnée personnelle relative à une autre personne physique, ainsi que leur droit de rectification et leur droit à la limitation, dans les conditions prévues aux articles 16 et 18 du même règlement, auprès du secrétariat général du Conseil national pour l'accès aux origines personnelles, au moyen d'une adresse électronique mentionnée sur le site du conseil ou par voie postale.

En application du e et du i du 1 de l'article 23 du même règlement (UE), le droit à l'effacement et le droit d'opposition ne s'appliquent pas à ce traitement.

Code civil

LIVRE I DES PERSONNES

TITRE II DES ACTES DE L'ÉTAT CIVIL

CHAPITRE VIII *DE LA PUBLICITÉ DES ACTES DE L'ÉTAT CIVIL*

Art. 101-1 *(L. n° 2016-1547 du 18 nov. 2016, art. 53)* La publicité des actes de l'état civil est assurée par la délivrance des copies intégrales ou d'extraits faite par les officiers de l'état civil.

Le contenu et les conditions de délivrance des copies intégrales et des extraits sont fixés par décret en Conseil d'État.

La procédure de vérification sécurisée des données à caractère personnel contenues dans les actes de l'état civil peut être mise en œuvre aux fins de suppléer à la délivrance des copies intégrales et des extraits, dans les conditions fixées par décret en Conseil d'État. Lorsque la procédure de vérification peut être mise en œuvre par voie dématérialisée, notamment par les notaires, elle se substitue à toute autre forme de délivrance de copie intégrale ou d'extrait mentionnée aux articles précédents.

La procédure de vérification par voie dématérialisée est obligatoirement mise en œuvre par les communes sur le territoire desquelles est située ou a été établie une maternité.

Le dernier al. de l'art. 101-1, dans sa rédaction résultant de l'art. 53 de la L. n° 2016-1547 du 18 nov. 2016, entre en vigueur au plus tard le 1er nov. 2018 (L. préc., art. 114-XVII).

V. infra Décr. n° 2017-890 du 6 mai 2017, art. 39 à 43.

Décret n° 55-1397 du 22 octobre 1955,

Instituant la carte nationale d'identité.

Sur l'entrée en vigueur des modifications issues du Décr. n° 2016-1460 du 28 oct. 2016, V. ce Décr., art. 29, ci-dessous.

V. Circ. du 1er mars 2010 relative à la simplification de la délivrance des cartes nationales d'identité et des passeports, ci-dessous.

V. Circ. du 23 oct. 2012 relative à la demande et à la délivrance de la carte nationale d'identité aux personnes détenues (BOMJ n° 2012-10 du 31 oct. 2012 - NOR JUSK1240043C).

TITRE I CONDITIONS DE DÉLIVRANCE ET DE RENOUVELLEMENT DE LA CARTE NATIONALE D'IDENTITÉ

(Décr. n° 99-973 du 25 nov. 1999)

Art. 1er **Il est institué une carte nationale certifiant l'identité de son titulaire.** *(Décr. n° 2013-1188 du 18 déc. 2013, art. 2 et 9, en vigueur le 1er janv. 2014)* **« Cette carte a une durée de validité de quinze ans lorsqu'elle est délivrée à une personne majeure et de dix ans lorsqu'elle est délivrée à une personne mineure. »**

La carte nationale d'identité mentionne :

1° Le *(Décr. n° 2004-1159 du 29 oct. 2004, art. 19, b)* **« nom de famille », les prénoms, la date et le lieu de naissance, le sexe, la taille, la nationalité, le domicile ou la résidence de l'intéressé ou, le cas échéant,** *(Décr. n° 2017-1522 du 2 nov. 2017, art. 9)* **« le lieu où il a fait élection de domicile dans les conditions prévues à l'article L. 264-1 du code de l'action sociale et des familles », et, si celui-ci le demande, le nom dont l'usage est autorisé par la loi ;**

2° L'autorité de délivrance du document, la date de celle-ci, sa durée de validité avec indication de sa limite de validité, le nom et la signature de l'autorité qui a délivré la carte ;

3° Le numéro de la carte.

Elle comporte également la photographie et la signature du titulaire.

Sur le titre d'identité républicain, V. CESEDA, art. D. 321-9 s. — ***CESEDA****. — Sur l'apposition de photographie d'identité, V. Arr. du 10 avr. 2007 (JO 10 mai).*

Les dispositions introduites par les art. 2 à 5 du Décr. n° 2013-1188 du 18 déc. 2013 sont applicables aux seules cartes nationales d'identité mentionnées à l'art. 6 du Décr. n° 55-1397 du 22 oct. 1955 et délivrées à compter du 1er janv. 2014 (Décr. préc., art. 9).

Art. 1-1 *(Décr. n° 2021-279 du 13 mars 2021, art. 2)* **La carte nationale d'identité comporte un composant électronique contenant les données mentionnées à l'article 1er, à l'exception de la signature, du code de lecture automatique et du numéro de support. Il contient l'image numérisée de la photographie ainsi que, hors le cas prévu au I de l'article 4-3, l'image numérisée des empreintes digitales de deux doigts.** *— V. Décr. n° 2022-676 du 26 avr. 2022, infra.*

Art. 1-2 *(Décr. n° 2021-279 du 13 mars 2021, art. 2)* **La carte nationale d'identité comporte une zone de lecture automatique contenant les informations suivantes : le nom de famille, le ou les prénoms, la date de naissance, le sexe et la nationalité du titulaire, le type de document, l'État émetteur, le numéro du titre et sa date de fin de validité.**

Art. 1-3 *(Décr. nº 2021-279 du 13 mars 2021, art. 2)* La carte nationale d'identité comporte un cachet électronique visible en assurant l'authenticité et contenant les informations suivantes : le nom de famille, le cas échéant le nom d'usage, le premier prénom, le sexe, la nationalité, le lieu et la date de naissance du titulaire, le type de document, le numéro du titre et sa date de délivrance.

……………………………………………………………………………………………

Art. 4-3 *(Décr. nº 2016-1460 du 28 oct. 2016, art. 15 ; Décr. nº 2017-910 du 9 mai 2017, art. 1er)* I. — Lors du dépôt de la demande de carte nationale d'identité, il est procédé au recueil des empreintes digitales de chacun des index du demandeur. Si le recueil de l'une de ces empreintes s'avère impossible, il est procédé au recueil de celle du majeur ou de l'annulaire de la même main ou, à défaut, de l'autre main, dans cet ordre de priorité. Les empreintes digitales des enfants de moins de douze ans ne sont pas recueillies.

(Décr. nº 2017-910 du 9 mai 2017, art. 1er) « L'image des empreintes digitales, numérisées à plat, est enregistrée dans le traitement prévu à l'article 1er du décret nº 2016-1460 du 28 octobre 2016 autorisant la création d'un traitement de données à caractère personnel relatif aux passeports et aux cartes nationales d'identité*(Abrogé par Décr. nº 2021-279 du 13 mars 2021, art. 4)* « ***, sauf si le demandeur refuse qu'il soit procédé à la numérisation de ses empreintes lors du dépôt de sa demande*** ».

(Décr. nº 2021-279 du 13 mars 2021, art. 4) « I *bis*. — Le demandeur peut refuser que l'image numérisée de ses empreintes digitales soit conservée dans le traitement mentionné au I au-delà d'un délai de quatre-vingt-dix jours à compter de la date de délivrance de la carte nationale d'identité. En cas de refus de délivrance de la carte nationale d'identité, le délai de quatre-vingt-dix jours court à compter de la date de ce refus.

« Si le demandeur fait usage de la possibilité mentionnée à l'alinéa précédent, une copie sur papier de l'image numérisée des empreintes digitales est conservée de manière sécurisée par les agents mentionnés au 5° du I de l'article 3 du décret du 28 octobre 2016 mentionné ci-dessus. Chaque consultation de cette copie fait l'objet d'un recensement comprenant l'identification de son auteur ainsi que la date et le motif de la consultation. Ces informations sont conservées pendant trois ans à compter de leur recensement.

« La copie sur papier de l'image numérisée des empreintes digitales ne peut être utilisée qu'en vue de la détection des tentatives d'obtention ou d'utilisation frauduleuses d'un titre d'identité. Sa durée de conservation est de quinze ans. »

« II. — *(Décr. nº 2021-279 du 13 mars 2021, art. 4)* « Les empreintes digitales du demandeur qui a refusé leur numérisation avant la date d'entrée en vigueur du décret nº 2021-279 du 13 mars 2021 sont conservées dans un formulaire joint au dossier de la demande. »

« Le dossier est conservé de manière sécurisée par le service instructeur. Chaque consultation fait l'objet d'un recensement comprenant l'identification de son auteur ainsi que la date et le motif de la consultation. Ces informations sont conservées pendant *(Décr. nº 2021-279 du 13 mars 2021, art. 4)* « trois ans » à compter de leur recensement. Les empreintes digitales ne peuvent être utilisées qu'en vue de la détection des tentatives d'obtention ou d'utilisation frauduleuses d'un titre d'identité.

« La durée de conservation du dossier est de vingt ans. Toutefois, elle est réduite à quinze ans si le titulaire du titre est un mineur. »

(Décr. nº 2017-910 du 9 mai 2017, art. 1er) « III. — » Le demandeur produit à l'appui de la demande de carte nationale d'identité une photographie récente et parfaitement ressemblante, le représentant de face et tête nue.

Cette photographie est conforme aux spécifications arrêtées par le ministre de l'intérieur.

Toutefois, peuvent recueillir l'image numérisée du visage du demandeur par la mise en œuvre de dispositifs techniques appropriés :

1° Les ambassades et les postes consulaires ;

2° Lorsqu'elle ne peut y être recueillie par un photographe professionnel, les communes de Guyane, de Mayotte, de Nouvelle-Calédonie, de Polynésie française et les circonscriptions territoriales de Wallis-et-Futuna.

(Décr. nº 2021-279 du 13 mars 2021, art. 4) « 3° Les agents des services préfectoraux lorsque le demandeur est une personne détenue ;

« 4° Les agents municipaux en charge de la délivrance des titres lorsque le demandeur justifie de son incapacité à se déplacer selon des modalités définies par arrêté du ministre de l'intérieur. »

....

Décret nº 82-103 du 22 janvier 1982,

Relatif au répertoire national d'identification des personnes physiques.

V. CNIL, Délib. nº 81-68 du 9 juin 1981, nº 83-58 du 29 nov. 1983 [recommandation sur la consultation du RNIPP et l'utilisation du NIR] et nº 2004-099 du 9 déc. 2004 [extension à l'outre-mer de l'identification au répertoire].

CHAPITRE I *DISPOSITIONS GÉNÉRALES*

Art. 1er L'institut national de la statistique et des études économiques (INSEE) effectue les traitements automatisés d'informations nominatives nécessaires à la tenue du répertoire national d'identification des personnes physiques.

Art. 2 *(Décr. nº 2006-278 du 8 mars 2006, art. 1er)* Sont inscrites au répertoire prévu à l'article 1er les personnes nées sur le territoire de la République française.

Peuvent également être inscrites en tant que de besoin à ce répertoire les personnes nées à l'étranger.

CHAPITRE II *CONTENU DU RÉPERTOIRE*

Art. 3 Sont portés au répertoire les seuls éléments suivants de l'état civil de chaque personne inscrite :

1° Le *(Décr. nº 2004-1159 du 29 oct. 2004, art. 19, en vigueur le 1er janvier 2005)* « nom de famille » et les prénoms ;

2° Le sexe ;

3° La date et le lieu de naissance ;

4° La date et le lieu de décès ;

5° Éventuellement les numéros de l'acte de naissance et de l'acte de décès ;

6° Lorsque ces renseignements sont nécessaires à l'identification de l'intéressé, notamment en cas d'homonymes, la filiation et le nom marital.

Figurent en outre au répertoire :

Un numéro d'inscription décrit à l'article 4 ;

Des indicatifs nécessaires à l'application de l'article 9 ;

Des mentions indiquant les modifications apportées à l'état civil des personnes inscrites.

Art. 4 Le numéro attribué à chaque personne inscrite au répertoire comporte treize chiffres. Ce numéro indique successivement le sexe (1 chiffre), l'année de naissance (2 chiffres), le mois de naissance (2 chiffres) et le lieu de naissance (5 chiffres ou caractères) de la personne concernée. Les trois chiffres suivants sont un numéro d'ordre permettant de distinguer les personnes nées au même lieu à la même période.

Le numéro attribué à chaque personne inscrite au répertoire peut être complété par une clé de contrôle comportant deux chiffres.

Art. 4 *bis* *(Décr. nº 2000-910 du 14 sept. 2000, art. 1er)* I. — Sur leur demande, le numéro d'inscription au répertoire attribué aux personnes inscrites au répertoire avant le 29 février 2000 et nées en Algérie au plus tard le 2 juillet 1962 porte en 6e et 7e position une valeur fixée entre 91 et 94 selon leur lieu de naissance.

II. — Le numéro d'inscription des personnes inscrites au répertoire à partir du 1er mars 2000 et qui sont nées en Algérie au plus tard le 2 juillet 1962 porte en 6e et 7e positions une valeur fixée entre 91 et 94 selon leur lieu de naissance.

CHAPITRE III *MODALITÉS DE CONSTITUTION ET DE TENUE À JOUR DU RÉPERTOIRE*

Art. 5 *(Décr. n° 2006-278 du 8 mars 2006, art. 2)* I. – L'inscription au répertoire est effectuée par l'Institut national de la statistique et des études économiques à partir des informations fournies à l'occasion :

1° De l'établissement de tout acte de naissance par les officiers de l'état civil ;

2° De l'établissement de tout autre acte d'état civil ;

3° Du recueil effectué au titre du regroupement familial par l'*(Décr. n° 2009-331 du 25 mars 2009, art. 5)* « Office français de l'immigration et de l'intégration » ou par le représentant de l'État territorialement compétent, des pièces justificatives de l'état civil des personnes concernées ;

4° D'une demande d'inscription, formulée par un utilisateur autorisé dans les conditions prévues aux articles 25 à 27 de la loi du 6 janvier 1978 susvisée, au vu d'une pièce justificative de l'état civil de la personne concernée.

II. – Dans les cas prévus au 1° et au 2° du I :

1° Si un acte d'état civil a été dressé en métropole, dans un département d'outre-mer ou dans la collectivité territoriale de Saint-Pierre-et-Miquelon, l'officier de l'état civil transmet les informations dans un délai ne dépassant pas, à compter de l'établissement de l'acte, un jour ouvré pour un acte de naissance, une semaine pour un acte de décès et un mois pour un autre acte ;

2° Si un acte d'état civil a été dressé en Nouvelle-Calédonie, l'officier de l'état civil transmet les informations dans un délai ne dépassant pas, à compter de l'établissement de l'acte, un jour ouvré pour un acte de naissance, une semaine pour un acte de décès et un mois pour un autre acte ;

3° Si un acte d'état civil a été dressé en Polynésie française, l'officier de l'état civil transmet les informations, par l'intermédiaire de l'institut de statistique de la Polynésie française dans un délai ne dépassant pas, à compter de l'établissement de l'acte, dix jours ouvrés pour un acte de naissance, dix jours ouvrés pour un acte de décès et un mois pour un autre acte ;

4° Si un acte d'état civil a été dressé à Mayotte ou dans les îles Wallis-et-Futuna, le délai de transmission ne dépasse pas un mois à compter de l'établissement de l'acte ;

5° Si un acte d'état civil a été dressé ailleurs sur le territoire de la République française, le délai de transmission ne dépasse pas un mois à compter de l'établissement de l'acte ;

6° Si un acte d'état civil a été dressé ou transcrit par un officier de l'état civil consulaire français, les informations sont adressées par le service central d'état civil au ministère des affaires étrangères, dès réception des registres ou des fichiers transmis, à la fin de chaque année, par les officiers de l'état civil consulaire.

Art. 6 Le numéro d'inscription au répertoire d'une personne n'est modifié que dans le cas où les informations qu'il décrit ne sont pas, ou ne sont plus, conformes aux registres de l'état civil.

Art. 6-1 *(Décr. n° 2006-278 du 8 mars 2006, art. 3)* Les actes d'état civil établis par la commission de révision de l'état civil instituée par l'ordonnance n° 2000-218 du 8 mars 2000 fixant les règles de détermination des nom et prénoms des personnes de statut civil de droit local applicable à Mayotte, sont transmis dans les délais mentionnés à l'article 5 pour Mayotte.

Art. 6-2 *(Décr. n° 2006-278 du 8 mars 2006, art. 3)* L'institut de la statistique et des études économiques de la Nouvelle-Calédonie est autorisé à utiliser le numéro d'inscription au répertoire national d'identification des personnes physiques dans le répertoire territorial d'identification des personnes physiques et dans le fichier général des électeurs de Nouvelle-Calédonie.

Art. 6-3 *(Décr. n° 2006-278 du 8 mars 2006, art. 3)* Les personnes inscrites au répertoire territorial d'identification des personnes physiques de la Polynésie française sont inscrites au répertoire national d'identification des personnes physiques.

L'institut statistique de la Polynésie française est autorisé à utiliser le numéro d'inscription au répertoire national d'identification des personnes physiques dans le répertoire territorial d'identification des personnes physiques et dans le fichier général des électeurs de Polynésie française.

CHAPITRE IV *FINALITÉ ET UTILISATION DU RÉPERTOIRE*

Art. 7 En dehors des cas expressément prévus par la loi, le répertoire ne peut servir à des fins de recherches de personnes.

Art. 7-1 *(Décr. nº 2021-848 du 29 juin 2021, art. 3)* Le répertoire peut contribuer à la reconstitution du numéro d'inscription au répertoire national d'identification des personnes physiques aux fins de la constitution du système national des données de santé et de la réalisation d'appariements pour la mise en œuvre de traitements de données concernant la santé dans le respect des dispositions prévues par le code de la santé publique.

Art. 8 *(Décr. nº 2006-278 du 8 mars 2006, art. 4)* Le droit d'accès défini par les articles 38, 39 et 40 de la loi du 6 janvier 1978 susvisée *(Décr. nº 2019-341 du 19 avr. 2019, art. 3)* « et l'article 15 du règlement (UE) 2016/679 du Parlement européen et du Conseil du 27 avril 2016 relatif à la protection des personnes physiques à l'égard du traitement des données à caractère personnel et à la libre circulation de ces données, et abrogeant la directive 95/46/CE » s'exerce auprès des directions régionales de l'Institut national de la statistique et des études économiques pour les personnes résidant en métropole et dans les départements d'outre-mer. Pour les personnes résidant en Polynésie française, il s'exerce auprès de l'institut statistique de la Polynésie française. Pour les personnes résidant sur le reste du territoire français ou à l'étranger, il s'exerce auprès de la direction générale de l'Institut national de la statistique et des études économiques.

Art. 9 Un indicatif peut être attribué à un utilisateur du répertoire autorisé *(Décr. nº 2019-341 du 19 avr. 2019, art. 3)* « en vertu de l'article 1er du décret nº 2019-341 du 19 avril 2019 pris pour l'application de l'article 22 de la loi nº 78-17 du 6 janvier 1978 relative à l'informatique, aux fichiers et aux libertés » et porté dans l'enregistrement relatif à une personne afin que l'institut national de la statistique et des études économiques puisse notifier à l'utilisateur les modifications d'état civil relatives à cette personne.

(Décr. nº 2006-278 du 8 mars 2006, art. 5) « L'inscription de cet indicatif pour une personne peut être communiquée à un autre utilisateur du répertoire *(Décr. nº 2019-341 du 19 avr. 2019, art. 3)* « si une telle communication est autorisée par le décret nº 2019-341 du 19 avril 2019 pris pour l'application de l'article 22 de la loi nº 78-17 du 6 janvier 1978 relative à l'informatique, aux fichiers et aux libertés ». »

V. Décr. nº 2019-341 du 19 avr. 2019, ss. L. nº 78-17 du 6 janv. 1978, art. 22.

Art. 9-1 *(Décr. nº 2006-278 du 8 mars 2006, art. 6)* Indépendamment de leur application de plein droit à Mayotte, les dispositions du présent décret sont applicables en Nouvelle-Calédonie, en Polynésie française, dans les îles Wallis-et-Futuna et dans les Terres australes et antarctiques françaises.

Décret nº 2005-1726 du 30 décembre 2005,

Relatif aux passeports.

Le Décr. nº 2008-426 du 30 avr. 2008, art. 2, a supprimé le terme « électronique » dans le titre et dans le texte du Décr. du 30 déc. 2005.

Sur l'entrée en vigueur des modifications issues du Décr. nº 2016-1460 du 28 oct. 2016, V. ce Décr., art. 29, ci-dessous.

V. Circ. du 1er mars 2010, ci-dessous.

TITRE I DISPOSITIONS GÉNÉRALES

CHAPITRE I *DISPOSITIONS COMMUNES AU PASSEPORT, AU PASSEPORT DE SERVICE ET AU PASSEPORT DE MISSION*

Art. 1er Le passeport, le passeport de service et le passeport de mission mentionnent :

— le nom de famille, les prénoms dans l'ordre de l'état civil, la date et le lieu de naissance, le sexe et, si l'intéressé le demande, le nom dont l'usage est autorisé par la loi ;

— la couleur des yeux, la taille ;

— la nationalité ;

— le domicile ou la résidence ou, le cas échéant, *(Décr. n° 2017-1522 du 2 nov. 2017, art. 12)* « le lieu où il a fait élection de domicile dans les conditions prévues à l'article L. 264-1 du code de l'action sociale et des familles » ;

— la date de délivrance et la date d'expiration du document, ainsi que l'autorité qui l'a délivré ;

— le numéro du passeport.

Ils comportent également la signature manuscrite et l'image numérisée de leur titulaire.

Ils certifient l'identité de leur titulaire.

Art. 2 Afin de faciliter l'authentification du détenteur des passeports mentionnés à l'article 1er, ces titres comportent un composant électronique contenant les données mentionnées au même article, à l'exception de la signature *(Décr n° 2008-426 du 30 avr. 2008, art. 3)* « , ainsi que, hors le cas prévu au premier alinéa de l'article 6-1, l'image numérisée des empreintes digitales de deux doigts ».

Ce composant électronique, qui est une puce sans contact, comporte des sécurités de nature à prémunir le titulaire du titre contre les risques d'intrusion, de détournement et de modification.

Art. 3 Afin de faciliter l'identification du détenteur des passeports mentionnés à l'article 1er et l'authentification de ces titres, ces titres comportent une zone de lecture optique contenant les informations suivantes : le nom de famille, le ou les prénoms, le sexe, la date de naissance et la nationalité du titulaire, le type de document, l'État émetteur, le numéro du titre et sa date d'expiration.

CHAPITRE II *CONDITIONS DE DÉLIVRANCE ET DE RENOUVELLEMENT DU PASSEPORT*

Art. 4 Le passeport est délivré, sans condition d'âge, à tout Français qui en fait la demande.

Il a une durée de validité de dix ans. Lorsqu'il est délivré à un mineur, sa durée de validité est de cinq ans.

Art. 5 *(Décr. n° 2015-701 du 19 juin 2015, art. 2)* « I. — En cas de première demande, le passeport est délivré sur production par le demandeur :

« 1° De sa carte nationale d'identité *(Décr. n° 2021-279 du 13 mars 2021, art. 20)* « comportant une zone de lecture automatique *[ancienne rédaction : sécurisée prévue au titre II du décret n° 55-1397 du 22 octobre 1955 modifié instituant la carte nationale d'identité]* », valide ou périmée depuis moins de cinq ans à la date de la demande ; en pareil cas, sans préjudice, le cas échéant, de la vérification des informations produites à l'appui de la demande de cet ancien titre, le demandeur est dispensé d'avoir à justifier de son état civil et de sa nationalité française ;

« 2° Ou de sa carte nationale d'identité *(Décr. n° 2021-279 du 13 mars 2021, art. 20)* « ne comportant pas de zone de lecture automatique *[ancienne rédaction : ne répondant pas aux caractéristiques de l'article 6 du décret n° 55-1397 du 22 octobre 1955 modifié instituant la carte nationale d'identité]* », valide ou périmée depuis moins de deux ans à la date de la demande ; en pareil cas, sans préjudice, le cas échéant, de la vérification des informations produites à l'appui de la demande de cet ancien titre, le demandeur est dispensé d'avoir à justifier de son état civil et de sa nationalité française ;

« 3° Ou d'un passeport d'un autre type délivré en application des articles 4 à 17 du présent décret, valide ou périmé depuis moins de cinq ans à la date de la demande ; en pareil cas, sans préjudice, le cas échéant, de la vérification des informations produites à l'appui de la demande de cet ancien titre, le demandeur est dispensé d'avoir à justifier de son état civil et de sa nationalité française ;

« 4° Ou à défaut de produire l'un des titres mentionnés aux alinéas précédents, de son extrait d'acte de naissance de moins de trois mois, comportant l'indication de sa filiation ou, lorsque cet extrait ne peut pas être produit, de la copie intégrale de son acte de mariage.

« Lorsque la nationalité française ne ressort pas des pièces mentionnées aux alinéas précédents, elle peut être justifiée dans les conditions prévues au II. »

(Décr. nº 2010-506 du 18 mai 2010, art. 2) « II. — La preuve de la nationalité française du demandeur peut être établie à partir de l'extrait d'acte de naissance mentionné au *(Décr. nº 2015-701 du 19 juin 2015, art. 2)* « 4° » du I portant en marge l'une des mentions prévues aux articles 28 et 28-1 du code civil.

Lorsque l'extrait d'acte de naissance mentionné au précédent alinéa ne suffit pas à établir la nationalité française du demandeur, le passeport est délivré sur production de l'une des pièces justificatives mentionnées aux articles 34 ou 52 du décret nº 93-1362 du 30 décembre 1993 modifié relatif aux déclarations de nationalité, aux décisions de naturalisation, de réintégration, de perte, de déchéance et de retrait de la nationalité française.

Lorsque les documents mentionnés aux alinéas précédents ne suffisent pas à établir sa nationalité française, le demandeur peut justifier d'une possession d'état de Français de plus de dix ans.

Lorsque le demandeur ne peut produire aucune des pièces prévues aux alinéas précédents afin d'établir sa qualité de Français, celle-ci peut être établie par la production d'un certificat de nationalité française. »

Art. 5-1 *(Décr. nº 2015-701 du 19 juin 2015, art. 3)* I. — En cas de demande de renouvellement, le passeport est délivré sur production par le demandeur :

1° De son passeport, de son passeport de service ou de son passeport de mission délivré en application des articles 4 à 17 du présent décret, valide ou périmé depuis moins de cinq ans à la date de la demande du renouvellement ; en pareil cas, sans préjudice, le cas échéant, de la vérification des informations produites à l'appui de la demande de cet ancien titre, le demandeur est dispensé d'avoir à justifier de son état civil et de sa nationalité française ;

2° Ou de sa carte nationale d'identité *(Décr. nº 2021-279 du 13 mars 2021, art. 20)* « comportant une zone de lecture automatique *[ancienne rédaction : sécurisée prévue au titre II du décret nº 55-1397 du 22 octobre 1955 modifié instituant la carte nationale d'identité]* », valide ou périmée depuis moins de cinq ans à la date de la demande du renouvellement ; en pareil cas, sans préjudice, le cas échéant, de la vérification des informations produites à l'appui de la demande de cet ancien titre, le demandeur est dispensé d'avoir à justifier de son état civil et de sa nationalité française ;

3° Ou de son passeport délivré en application des dispositions antérieures au présent décret, valide ou périmé depuis moins de deux ans à la date de la demande du renouvellement ; en pareil cas, sans préjudice, le cas échéant, de la vérification des informations produites à l'appui de la demande de cet ancien titre, le demandeur est dispensé d'avoir à justifier de son état civil et de sa nationalité française ;

4° Ou de sa carte nationale d'identité *(Décr. nº 2021-279 du 13 mars 2021, art. 20)* « ne comportant pas de zone de lecture automatique *[ancienne rédaction : ne répondant pas aux caractéristiques de l'article 6 du décret nº 55-1397 du 22 octobre 1955 modifié instituant la carte nationale d'identité]* », valide ou périmée depuis moins de deux ans à la date de la demande du renouvellement ; en pareil cas, sans préjudice, le cas échéant, de la vérification des informations produites à l'appui de la demande de cet ancien titre, le demandeur est dispensé d'avoir à justifier de son état civil et de sa nationalité française.

II. — En cas de perte ou de vol d'un passeport délivré en application du décret nº 2008-426 du 30 avril 2008 ayant modifié le présent décret, valide ou périmé depuis moins de cinq ans à la date de la demande du renouvellement, un nouveau passeport est délivré sur production par le demandeur de sa déclaration de perte ou de vol ; en pareil cas, sous réserve de la vérification des informations produites à l'appui de la demande du titre perdu ou volé, le demandeur est dispensé d'avoir à justifier de son état civil et de sa nationalité française.

III. — En cas de perte ou de vol d'un passeport délivré en application des dispositions antérieures au décret n° 2008-426 du 30 avril 2008, un nouveau passeport est délivré sur production par le demandeur de sa déclaration de perte ou de vol et :

1° De sa carte nationale d'identité sécurisée prévue à l'article 6 du décret n° 55-1397 du 22 octobre 1955 modifié instituant la carte nationale d'identité, valide ou périmée depuis moins de cinq ans à la date de la demande du renouvellement ; en pareil cas, sans préjudice, le cas échéant, de la vérification des informations produites à l'appui de la demande de cet ancien titre, le demandeur est dispensé d'avoir à justifier de son état civil et de sa nationalité française ;

2° Ou de sa carte nationale *(Décr. n° 2021-279 du 13 mars 2021, art. 20)* « ne comportant pas de zone de lecture automatique *[ancienne rédaction : ne répondant pas aux caractéristiques de l'article 6 du décret n° 55-1397 du 22 octobre 1955 modifié instituant la carte nationale d'identité]* », valide ou périmée depuis moins de deux ans à la date de la demande du renouvellement ; en pareil cas, sans préjudice, le cas échéant, de la vérification des informations produites à l'appui de la demande de cet ancien titre, le demandeur est dispensé d'avoir à justifier de son état civil et de sa nationalité française ;

3° Ou d'un passeport d'un autre type délivré en application des articles 4 à 17 du présent décret, valide ou périmé depuis moins de cinq ans à la date de la demande du renouvellement ; en pareil cas, sans préjudice, le cas échéant, de la vérification des informations produites à l'appui de la demande de cet ancien titre, le demandeur est dispensé d'avoir à justifier de son état civil et de sa nationalité française.

IV. — En cas de demande de renouvellement d'un passeport en application des dispositions des I, II et III, lorsque le demandeur ne peut produire aucun des titres qui y sont mentionnés, la demande est examinée selon les modalités définies à l'article 5.

Art. 5-2 *(Décr. n° 2010-506 du 18 mai 2010, art. 2)* Le demandeur justifie s'être acquitté du droit de timbre prévu dans les cas prévus par la loi.

Art. 6 Le demandeur justifie de son domicile ou de sa résidence par tous moyens, notamment par la production d'un titre de propriété, d'un certificat d'imposition ou de non-imposition, d'une quittance de loyer, de gaz, d'électricité, de téléphone ou d'une attestation d'assurance du logement.

*(Abrogé par Décr. n° 2017-1522 du 2 nov. 2017, art. 12) (Décr. n° 2015-701 du 19 juin 2015, art. 4) « **Le demandeur auquel la loi a fixé une commune de rattachement produit un livret spécial de circulation ou un livret de circulation en cours de validité.** »*

Le demandeur qui n'a pas la possibilité d'apporter la preuve d'un domicile ou d'une résidence *(Abrogé par Décr. n° 2017-1522 du 2 nov. 2017, art. 12) « **, ou auquel la loi n'a pas fixé une commune de rattachement,** »* fournit *(Décr. n° 2007-893 du 15 mai 2007, art. 5)* « une attestation d'élection de domicile dans les conditions fixées à l'article L. 264-2 du code de l'action sociale et des familles ».

Art. 6-1 *(Décr. n° 2012-497 du 16 avr. 2012, art. 1er)* Lors du dépôt de la demande de passeport, il est procédé au recueil des empreintes digitales à plat de chacun des index du demandeur. Si le recueil de l'une de ces empreintes s'avère impossible, il est procédé au recueil de celle du majeur ou de l'annulaire de la même main ou, à défaut, de l'autre main, dans cet ordre de priorité. Les empreintes digitales des enfants de moins de *(Décr. n° 2015-701 du 19 juin 2015, art. 5)* « douze ans » ne sont pas recueillies.

(Décr. n° 2015-701 du 19 juin 2015, art. 5) « Le demandeur fournit une photographie d'identité, récente et parfaitement ressemblante, le représentant de face et tête nue. »

Toutefois, peuvent recueillir l'image numérisée du visage du demandeur par la mise en œuvre de dispositifs techniques appropriés :

— les ambassades et les postes consulaires ;

— lorsqu'elle ne peut y être recueillie par un photographe professionnel, les communes de Guyane, de Mayotte, de Nouvelle-Calédonie, de Polynésie française et les circonscriptions territoriales de Wallis-et-Futuna.

(Décr. nº 2016-1460 du 28 oct. 2016, art. 22) « Cette photographie est conforme aux spécifications arrêtées par le ministre de l'intérieur. »

Art. 7 *Abrogé par Décr. nº 2015-701 du 19 juin 2015, art. 6.*

Art. 8 La demande de passeport faite au nom d'un mineur est présentée par une personne exerçant l'autorité parentale.

La demande de passeport faite au nom d'un majeur placé sous tutelle est présentée par son tuteur.

Dans l'un et l'autre cas, le représentant légal doit justifier de sa qualité.

(Décr. nº 2016-1460 du 28 oct. 2016, art. 21) « La présence du mineur ou du majeur placé sous tutelle est requise lors du dépôt de la demande. »

Art. 9 Le passeport est délivré ou renouvelé par le préfet ou le sous-préfet.

A Paris, il est délivré ou renouvelé par le préfet de police.

A l'étranger, il est délivré ou renouvelé par le *(Décr. nº 2016-1460 du 28 oct. 2016, art. 20)* « chef de poste diplomatique ou consulaire ».

Art. 10 *(Décr. nº 2010-926 du 3 août 2010, art. 1er)* « Le passeport est remis au demandeur au lieu de dépôt de la demande. Toutefois, à l'étranger, le passeport peut également être remis, au choix du demandeur exprimé au moment du dépôt de sa demande, soit à l'occasion d'un déplacement de l'autorité de délivrance ou de son représentant dans la même circonscription consulaire, soit par un consul honoraire de ladite circonscription habilité à cette fin par arrêté du ministre des affaires étrangères.

« Le demandeur signe le passeport en présence de l'agent qui le lui remet. »

(Décr. nº 2016-1460 du 28 oct. 2016, art. 24) « La présence du mineur de plus de douze ans ou du majeur sous tutelle est requise lors de la remise du passeport. La présence du représentant légal est dans tous les cas requise, quel que soit l'âge du demandeur. »

(Décr. nº 2015-701 du 19 juin 2015, art. 7) « Par dérogation aux alinéas précédents, *(Décr. nº 2016-1460 du 28 oct. 2016, art. 24)* « lorsque la demande a été déposée à l'étranger, » le passeport peut, à la demande de l'usager et à ses frais, lui être adressé par courrier sécurisé dans les conditions définies par un arrêté conjoint du ministre des affaires étrangères et du ministre de l'intérieur. Cet arrêté précise notamment la liste des pays concernés ainsi que les modalités de l'envoi postal sécurisé et de restitution de l'ancien passeport. Cette possibilité est réservée aux usagers inscrits au registre des Français établis hors de France et s'exerce dans le cadre d'une même circonscription consulaire » *(Décr. nº 2016-1460 du 28 oct. 2016, art. 24)* « et d'un même pays.

« Les personnes inscrites au registre des Français établis hors de France dans une circonscription consulaire dont le chef de poste n'est pas compétent pour la délivrance ou le renouvellement des passeports peuvent également bénéficier de l'envoi de leur passeport par courrier sécurisé dans les conditions prévues à l'alinéa précédent sous réserve d'avoir déposé leur demande auprès du chef de poste consulaire désigné par arrêté du ministre des affaires étrangères comme étant l'autorité compétente pour leur circonscription consulaire. »

Art. 11 Lors du renouvellement, le nouveau passeport est remis après restitution de l'ancien passeport.

L'ancien passeport peut être conservé par le demandeur dans le cas où il comporte un visa en cours de validité pour la durée de validité de ce visa.

Art. 12 Le demandeur est informé de la mise à disposition du passeport par tout moyen. Tout passeport non retiré par l'intéressé, dans le délai de trois mois suivant sa mise à disposition par l'autorité auprès de laquelle la demande a été déposée, est détruit.

CHAPITRE III *CONDITIONS DE DÉLIVRANCE ET DE RENOUVELLEMENT DU PASSEPORT DE SERVICE*

Art. 13 Un passeport de service peut être délivré :

1° Aux agents civils et militaires de l'État qui effectuent à l'étranger des missions sur ordre, présentant un intérêt national, pour le compte exclusif d'une administration centrale, et qui ne sont pas titulaires d'un passeport diplomatique ;

2° Aux agents civils et militaires de l'État affectés à l'étranger, attachés à une mission diplomatique permanente ou à un poste consulaire, et qui ne sont pas titulaires d'un passeport diplomatique ;

3° Au conjoint ou partenaire auquel il est lié par un pacte civil de solidarité et aux enfants mineurs à charge des agents mentionnés au 2° lorsque les circonstances locales nécessitent la délivrance d'un tel titre.

Le passeport de service a une durée de validité de cinq ans.

(Décr. n° 2015-701 du 19 juin 2015, art. 8) « Les dispositions du chapitre II du présent décret s'appliquent au passeport de service, sous réserve des dispositions particulières prévues par le présent chapitre. Pour l'application de l'article 1er, la résidence administrative de l'agent est regardée comme son domicile. »

Art. 14 La demande de passeport de service est déposée auprès du ministre de l'intérieur.

Elle est accompagnée d'une note circonstanciée établie par l'administration dont relève l'agent justifiant la nécessité de délivrer un passeport de service.

En cas d'affectation à l'étranger de l'intéressé, la décision portant nomination de l'agent est produite à l'appui de la demande.

Le passeport de service est délivré par le ministre de l'intérieur.

Le passeport de service ne peut être utilisé qu'aux fins pour lesquelles il est délivré.

Il est restitué par l'administration dont relève le titulaire à l'expiration de sa validité ou dès lors que son utilisation n'est plus justifiée.

CHAPITRE IV *CONDITIONS DE DÉLIVRANCE ET DE RENOUVELLEMENT DU PASSEPORT DE MISSION*

Art. 15 Un passeport de mission peut être délivré aux agents civils et militaires de l'État qui se rendent en mission à l'étranger ou sont affectés à l'étranger et ne sont pas titulaires d'un passeport diplomatique ou d'un passeport de service.

Le passeport de mission a une durée de validité de cinq ans.

(Décr. n° 2015-701 du 19 juin 2015, art. 9) « Les dispositions du chapitre II du présent décret s'appliquent au passeport de mission, sous réserve des dispositions particulières prévues par le présent chapitre. Pour l'application de l'article 1er, la résidence administrative de l'agent est regardée comme son domicile. »

Art. 16 Le passeport de mission est délivré :

– par le préfet ou le sous-préfet ;

– à Paris, par le préfet de police ;

– à l'étranger, par le *(Décr. n° 2016-1460 du 28 oct. 2016, art. 25)* « chef de poste diplomatique ou consulaire ».

(Décr. n° 2015-701 du 19 juin 2015, art. 10) « La demande est déposée auprès de l'autorité compétente pour délivrer le passeport. Toutefois, pour les agents du ministère de la défense, la demande de passeport de mission peut être déposée auprès des agents des formations administratives du ministère de la défense *(Décr. n° 2016-1460 du 28 oct. 2016, art. 25)* « visés au II de l'article 3 du décret n° 2016-1460 du 28 octobre 2016 ». »

Art. 17 La demande de passeport de mission est accompagnée d'un ordre de mission signé par l'autorité exerçant le pouvoir hiérarchique à l'égard du demandeur.

Le passeport de mission ne peut être utilisé qu'aux fins pour lesquelles il a été délivré.

Le passeport de mission est restitué à l'autorité qui l'a délivré à l'expiration de sa validité ou dès lors que son utilisation n'est plus justifiée.

CHAPITRE V *CONDITIONS DE DÉLIVRANCE DU PASSEPORT TEMPORAIRE*

(Décr. n° 2008-426 du 30 avr. 2008, art. 6)

Art. 17-1 A titre exceptionnel et pour des motifs de nécessité impérieuse ou d'urgence dûment justifiée, il peut être délivré un passeport d'une durée de validité d'un an ne comportant pas de composant électronique lorsque les conditions ci-dessus ne permettent pas de délivrer le titre dans les conditions prévues aux chapitres I à IV.

Ces passeports temporaires sont délivrés par l'autorité administrative compétente pour la délivrance des passeports mentionnés à l'article 1er.

Les dispositions des articles 1er, 3 et 6-1 sont applicables au passeport temporaire.

TITRE II DISPOSITIONS RELATIVES AU TRAITEMENT AUTOMATISÉ DES DONNÉES À CARACTÈRE PERSONNEL RELATIF À LA DÉLIVRANCE DU PASSEPORT, DU PASSEPORT DE SERVICE ET DU PASSEPORT DE MISSION

Art. 18 à 27 *Abrogés par Décr. nº 2016-1460 du 28 oct. 2016, art. 27.*

TITRE III DISPOSITIONS FINALES ET TRANSITOIRES

Art. 28 *Abrogé par Décr. nº 2008-426 du 30 avr. 2008, art. 11.*

Art. 29 *(Décr. nº 2015-701 du 19 juin 2015, art. 14)* I. — Le présent décret est applicable sur l'ensemble du territoire de la République *(Décr. nº 2017-1522 du 2 nov. 2017, art. 17)* « dans sa rédaction résultant du » *(Décr. nº 2021-279 du 13 mars 2021, art. 21)* « décret nº 2021-279 du 13 mars 2021 *[ancienne rédaction : décret nº 2017-1522 du 2 novembre 2017]* », et sous réserve des dispositions suivantes.

II. — Pour l'application du dernier alinéa de l'article 5-2 dans les collectivités d'outre-mer et en Nouvelle-Calédonie, les mots : "la loi" sont remplacés par les mots : "les dispositions applicables localement".

III. — Pour son application à Mayotte s'agissant des demandeurs mineurs de statut personnel, les mots : "exerçant l'autorité parentale" sont remplacés par les mots : "exerçant dans les faits l'autorité parentale".

IV. — Pour son application à Saint-Barthélemy, à Saint-Martin, et à Saint-Pierre-et-Miquelon, la référence au représentant de l'État dans le département est remplacée par la référence au représentant de l'État dans la collectivité.

V. — Pour son application dans les îles Wallis-et-Futuna :

1° Les références à la préfecture et à la sous-préfecture sont remplacées respectivement par les références à l'administration supérieure et à la délégation de l'administration supérieure ;

2° Les références au préfet et au sous-préfet sont remplacées respectivement par les références à l'administrateur supérieur et au délégué de l'administrateur supérieur ;

3° La référence à la commune est remplacée par la référence à la circonscription territoriale ;

4° Pour les demandeurs mineurs de statut personnel, les mots : "exerçant l'autorité parentale" sont remplacés par les mots : "exerçant dans les faits l'autorité parentale".

VI. — Pour son application en Polynésie française :

1° Les références à la préfecture et à la sous-préfecture sont remplacées respectivement par les références au haut-commissariat de la République et à la subdivision administrative ;

2° Les références au préfet et au sous-préfet sont remplacées respectivement par les références au haut-commissaire de la République et à l'administrateur, chef de subdivision administrative.

VII. — Pour son application en Nouvelle-Calédonie :

1° Les références à la préfecture et à la sous-préfecture sont remplacées respectivement par les références au haut-commissariat de la République et à la subdivision administrative ;

2° Les références au préfet et au sous-préfet sont remplacées respectivement par les références au haut-commissaire de la République et au commissaire délégué de la République ;

3° Pour les demandeurs mineurs de statut civil coutumier, les mots : "exerçant l'autorité parentale" sont remplacés par les mots : "exerçant dans les faits l'autorité parentale".

Décret n° 2006-1806 du 23 décembre 2006,

Relatif à la déclaration, la modification, la dissolution et la publicité du pacte civil de solidarité.

Les dispositions issues du Décr. n° 2017-889 du 6 mai 2017 entrent en vigueur le 1er nov. 2017. Elles sont applicables aux pactes civils de solidarité enregistrés à cette date (Décr. préc., art. 38).

Art. 10 *(Décr. n° 2017-889 du 6 mai 2017, art. 11, en vigueur le 1er nov. 2017)* **Les déclarations de pacte civil de solidarité, leurs modifications et dissolutions font l'objet d'un enregistrement sous forme dématérialisée, dans le cadre du traitement automatisé prévu par le décret n° 2006-1807 du 23 décembre 2006 modifié relatif à l'enregistrement, à la conservation et au traitement des données à caractère personnel relatives à la formation, la modification et la dissolution du pacte civil de solidarité.**

Ce traitement est mis en œuvre au sein de l'application informatique existante dans chaque commune pour traiter des données d'état civil ainsi que dans les postes diplomatiques et consulaires.

A défaut d'une telle application, l'enregistrement s'effectue dans un registre dédié, dont les conditions de fiabilité, de sécurité et d'intégrité sont fixées par arrêté conjoint du garde des sceaux, ministre de la justice, et du ministre des affaires étrangères. Les pages du registre sont numérotées et utilisées dans l'ordre de leur numérotation. Sans préjudice de la sélection prévue à l'article L. 212-3 du code du patrimoine, le registre dédié est conservé par l'officier d'état civil pendant une durée de soixante-quinze ans à compter de la clôture du registre ou de cinq ans à compter du dernier pacte civil de solidarité dont la dissolution est enregistrée dans le registre, si ce dernier délai est plus bref.

Sur le cycle de vie des documents et des données produits par la gestion des PACS, V. Circ. du 10 mai 2017 et fiche n° 6 (BOMJ n° 2017-05 du 31 mai 2017, p. 1 et 47 - NOR : JUSC1711700C).

Décret n° 2006-1807 du 23 décembre 2006,

Relatif à l'enregistrement, à la conservation et au traitement des données à caractère personnel relatives à la formation, la modification et la dissolution du pacte civil de solidarité.

Les dispositions issues du Décr. n° 2017-889 du 6 mai 2017 entrent en vigueur le 1er nov. 2017. Elles sont applicables aux pactes civils de solidarité enregistrés à cette date (Décr. préc., art. 38).

Art. 1er *(Décr. n° 2017-889 du 6 mai 2017, art. 15, en vigueur le 1er nov. 2017)* **« Les officiers de l'état civil, le service central d'état civil du ministère des affaires étrangères** *[ancienne rédaction : Les greffes des tribunaux d'instance, le greffe du tribunal de grande instance de Paris]* **» ainsi que les agents diplomatiques et consulaires français mettent en œuvre un traitement automatisé des registres sur lesquels sont inscrites les mentions relatives à la déclaration, la modification et la dissolution du pacte civil de solidarité** *(Décr. n° 2017-889 du 6 mai 2017, art. 15, en vigueur le 1er nov. 2017)* **« sous réserve de la dérogation prévue à l'article 10 du décret n° 2006-1806 du 23 décembre 2006 modifié relatif à la déclaration, la modification, la dissolution et la publicité du pacte civil de solidarité ».**

A cette fin, ils collectent et traitent des données à caractère personnel relatives au sexe des personnes en vue de l'application des articles 515-3 et 515-7 du code civil et de l'article 14-1 de la loi *[n° 99-944]* **du 15 novembre 1999 susvisée.**

Art. 2 **Sous réserve des dispositions prévues au 5° de l'article 3, il est interdit de sélectionner une catégorie particulière de personnes à partir des données mentionnées au second alinéa de l'article 1er.**

Art. 3 **Le traitement automatisé a pour finalité d'assurer :**

1° La gestion, assortie de garanties de sécurité, de l'enregistrement et de la conservation des informations relatives à la déclaration, à la modification et à la dissolution du pacte civil de solidarité ;

2° La transmission des données strictement nécessaires à l'inscription des mentions relatives aux enregistrements effectués par *(Décr. n° 2017-889 du 6 mai 2017,* *art. 16, en vigueur le 1er nov. 2017)* « l'officier de l'état civil *[ancienne rédaction : le greffier du tribunal d'instance]* » ou l'agent diplomatique et consulaire ayant reçu la déclaration de pacte civil de solidarité, par l'officier de l'état civil détenteur de l'acte de naissance de chaque partenaire ou, lorsque l'un des partenaires est de nationalité étrangère et né à l'étranger, par *(Décr. no 2017-889 du 6 mai 2017, art. 16, en vigueur le 1er nov. 2017)* « le service central d'état civil du ministère des affaires étrangères *[ancienne rédaction : le greffe du tribunal de grande instance de Paris]* » ;

3° L'établissement par *(Décr. no 2017-889 du 6 mai 2017, art. 16, en vigueur le 1er nov. 2017)* « le service central d'état civil du ministère des affaires étrangères *[ancienne rédaction : le greffe du tribunal de grande instance de Paris]* » du certificat attestant que le partenaire de nationalité étrangère né à l'étranger n'est pas déjà lié par un pacte civil de solidarité ;

4° La communication aux tiers, par *(Décr. no 2017-889 du 6 mai 2017, art. 16, en vigueur le 1er nov. 2017)* « le service central d'état civil du ministère des affaires étrangères *[ancienne rédaction : le greffe du tribunal de grande instance de Paris]* », des informations nominatives mentionnées à l'article 6, lorsque l'un des partenaires est né à l'étranger et de nationalité étrangère ;

5° L'élaboration de statistiques limitées à la production d'informations rendues anonymes, destinées à permettre de connaître :

a) Le nombre de déclarations, de modifications et de dissolutions de pactes civils de solidarité ayant fait l'objet d'un enregistrement ;

b) Le nombre de pactes ayant pris fin en application de chacun des cas mentionnés à l'article 515-7 du code civil ;

c) La durée moyenne des pactes ;

d) L'âge moyen des personnes ayant conclu un pacte ;

e) Le nombre de pactes conclus ou ayant pris fin entre personnes de sexe différent, de sexe féminin et de sexe masculin, ainsi que, pour chacune de ces trois catégories de pactes, leur durée moyenne et l'âge moyen des personnes en cause.

(Décr. no 2017-889 du 6 mai 2017, art. 16, en vigueur le 1er nov. 2017) « Toutefois les catégories de données mentionnées à l'article 4 du présent décret peuvent faire l'objet d'une enquête statistique dans les conditions prévues à l'article 2 de la loi no 51-711 du 7 juin 1951 sur l'obligation, la coordination et le secret en matière de statistiques ».

Art. 4 Les catégories de données à caractère personnel enregistrées par *(Décr. no 2017-889 du 6 mai 2017, art. 17, en vigueur le 1er nov. 2017)* « les officiers de l'état civil, le service central d'état civil du ministère des affaires étrangères *[ancienne rédaction : les greffes des tribunaux d'instance, le greffe du tribunal de grande instance de Paris]* » et les agents diplomatiques et consulaires sont les suivantes :

1° Nom et prénoms, date et lieu de naissance des deux personnes liées par un pacte civil de solidarité *(Décr. no 2017-889 du 6 mai 2017, art. 17, en vigueur le 1er nov. 2017)* « et le cas échéant, leurs modifications » ;

2° Sexe des deux personnes liées par le pacte *(Décr. no 2017-889 du 6 mai 2017, art. 17, en vigueur le 1er nov. 2017)* « et le cas échéant, leurs modifications » ;

3° Date et lieu de l'inscription conférant date certaine au pacte ;

4° Numéro d'enregistrement de l'inscription ;

5° Date de l'enregistrement des modifications du pacte ;

6° Nature et date de la cause de la dissolution du pacte ;

7° Date d'effet, entre les partenaires, de la dissolution du pacte ;

(Décr. no 2017-889 du 6 mai 2017, art. 17, en vigueur le 1er nov. 2017) « 8° Date et motif de la décision d'irrecevabilité d'un pacte. »

(Décr. no 2017-889 du 6 mai 2017, art. 17, en vigueur le 1er nov. 2017) « Le service central d'état civil du ministère des affaires étrangères *[ancienne rédaction : Le greffe du tribunal de grande instance de Paris]* » enregistre également la date d'effet de la déclaration, de la modification et de la dissolution du pacte à l'égard des tiers.

Art. 5 Sont seuls habilités à enregistrer, conserver, modifier ou traiter les informations incluses dans le traitement automatisé prévu par les articles 1er et 3, dans les limites de leurs missions et de leur compétence territoriale, *(Décr. no 2017-889 du 6 mai 2017, art. 18, en vigueur le 1er nov. 2017)* « les officiers de l'état civil, le service

central d'état civil du ministère des affaires étrangères *[ancienne rédaction : les fonctionnaires des greffes des tribunaux d'instance et du greffe du tribunal de grande instance de Paris]* **» ainsi que les agents diplomatiques et consulaires français.**

Art. 6 **Lorsque l'un des partenaires est né à l'étranger et de nationalité étrangère, tout requérant peut obtenir auprès du** *(Décr. nº 2017-889 du 6 mai 2017, art. 19, en vigueur le 1er nov. 2017)* **« service central d'état civil du ministère des affaires étrangères** *[ancienne rédaction : greffe du tribunal de grande instance de Paris]* **» communication des informations suivantes :**

1º Nom et prénoms, date et lieu de naissance, sexe du partenaire de nationalité étrangère né à l'étranger pour lequel la demande est formée ;

2º Nom et prénoms, date et lieu de naissance de l'autre partenaire ;

3º Date et lieu de l'inscription conférant date certaine au pacte civil de solidarité ;

4º Date de l'inscription de la déclaration de pacte civil de solidarité sur le registre du *(Décr. nº 2017-889 du 6 mai 2017, art. 19, en vigueur le 1er nov. 2017)* **« service central d'état civil du ministère des affaires étrangères** *[ancienne rédaction : greffe du tribunal de grande instance de Paris]* **» ;**

5º Date de l'enregistrement des modifications du pacte sur le registre *(Décr. nº 2017-889 du 6 mai 2017, art. 19, en vigueur le 1er nov. 2017)* **« de l'officier de l'état civil ayant enregistré la déclaration de pacte civil de solidarité** *[ancienne rédaction : du greffe du tribunal d'instance]* **» ;**

6º Date de l'enregistrement des modifications du pacte sur le registre du *(Décr. nº 2017-889 du 6 mai 2017, art. 19, en vigueur le 1er nov. 2017)* **« service central d'état civil du ministère des affaires étrangères** *[ancienne rédaction : greffe du tribunal de grande instance de Paris]* **» ;**

7º Date d'effet de la dissolution du pacte entre les partenaires ;

8º Date d'effet de la dissolution du pacte à l'égard des tiers.

Art. 7 *(Décr. nº 2012-966 du 20 août 2012, art. 19)* **Toute interconnexion des registres mentionnés à l'article 1er avec d'autres fichiers est interdite.**

L'officier de l'état civil détenteur de l'acte de naissance d'un partenaire d'un pacte civil de solidarité, ou le *(Décr. nº 2017-889 du 6 mai 2017, art. 20, en vigueur le 1er nov. 2017)* **« service central d'état civil du ministère des affaires étrangères** *[ancienne rédaction : greffier du tribunal de grande instance de Paris]* **», lorsqu'un des partenaires est de nationalité étrangère et né à l'étranger, est destinataire des données nécessaires à l'inscription des mentions prévues par l'article 515-3-1 du code civil en marge de l'acte de naissance de chaque partenaire** *(Décr. nº 2017-889 du 6 mai 2017, art. 20, en vigueur le 1er nov. 2017)* **« , le cas échéant par voie dématérialisée dans des conditions prévues par arrêté du garde des sceaux, ministre de la justice ».**

(Décr. nº 2017-889 du 6 mai 2017, art. 20, en vigueur le 1er nov. 2017) **« L'office français de protection des réfugiés et apatrides est destinataire des mêmes données pour la mise à jour des certificats d'état civil tenant lieu d'actes de naissance qu'il a établis pour les personnes placées sous sa protection juridique et administrative. »**

Art. 8 **Le droit d'accès et de rectification prévu aux articles 39 et 40 de la loi du 6 janvier 1978 susvisée** *[nº 78-17, relative à l'informatique, aux fichiers et aux libertés]* **s'exerce auprès** *(Décr. nº 2017-889 du 6 mai 2017, art. 21, en vigueur le 1er nov. 2017)* **« de l'officier de l'état civil** *[ancienne rédaction : du chef de greffe du tribunal d'instance]* **» ayant enregistré la déclaration de pacte civil de solidarité, ou, dans le cas d'un pacte ayant fait l'objet d'une déclaration à l'étranger, soit auprès de l'agent diplomatique ou consulaire français ayant enregistré celle-ci, soit auprès du** *(Décr. nº 2017-889 du 6 mai 2017, art. 21, en vigueur le 1er nov. 2017)* **« service central d'état civil du ministère des affaires étrangères** *[ancienne rédaction : service du ministère des affaires étrangères désigné par arrêté de ce ministre]* **».**

Le partenaire né à l'étranger de nationalité étrangère peut également exercer ce droit auprès du *(Décr. nº 2017-889 du 6 mai 2017, art. 21, en vigueur le 1er nov. 2017)* **« service central d'état civil du ministère des affaires étrangères** *[ancienne rédaction : greffe du tribunal de grande instance de Paris]* **».**

Art. 9 Le droit d'opposition prévu au premier alinéa de l'article 38 de la loi du 6 janvier 1978 susvisée ne s'applique pas au traitement prévu par le présent décret.

Art. 10 Les informations mentionnées à l'article 4 sont conservées sur le registre tenu par *(Décr. n° 2017-889 du 6 mai 2017, art. 22, en vigueur le 1er nov. 2017)* « l'officier de l'état civil *[ancienne rédaction : le greffe du tribunal d'instance]* » et, lorsque le pacte civil de solidarité a fait l'objet d'une déclaration à l'étranger, par les agents diplomatiques et consulaires pendant une durée de cinq ans à compter de la date de la dissolution du pacte.

Lorsqu'elles sont inscrites sur le registre tenu par *(Décr. n° 2017-889 du 6 mai 2017, art. 22, en vigueur le 1er nov. 2017)* « le service central d'état civil du ministère des affaires étrangères *[ancienne rédaction : le greffe du tribunal de grande instance de Paris]* », ces informations sont conservées pendant une durée de trente ans à compter de la date de dissolution du pacte.

Art. 11 *(Décr. n° 2017-889 du 6 mai 2017, art. 23, en vigueur le 1er nov. 2017)* I. — Le greffe de chaque tribunal judiciaire met en œuvre le transfert des données enregistrées au sein du traitement automatisé du registre des pactes civils de solidarité prévu à l'article premier au profit de l'officier de l'état civil de la commune du lieu du tribunal judiciaire, dans les conditions prévues aux articles R. 212-3 et R. 212-4 du code du patrimoine. Le transfert des données doit être effectif au 1er novembre 2017, date à laquelle est opéré le transfert aux officiers de l'état civil des attributions conférées aux greffes des tribunaux judiciaires en matière de pacte civil de solidarité.

II. — Le greffe du tribunal judiciaire de Paris, qui tient le registre des informations relatives aux pactes civils de solidarité conclus par l'un au moins des partenaires de nationalité étrangère né à l'étranger, met en œuvre le transfert, au service central d'état civil du ministère des affaires étrangères, des données enregistrées au sein du traitement automatisé du registre des informations relatives aux pactes civils de solidarité prévu à l'article 1er. Ce transfert doit être effectif au 1er novembre 2017, date à laquelle est opéré le transfert à ce dernier des attributions conférées au greffe du tribunal judiciaire de Paris en matière de pacte civil de solidarité.

III. — Les données mentionnées à l'article 4 relatives aux pactes civils de solidarité dont la déclaration de dissolution a été enregistrée avant le 1er novembre 2012 font l'objet d'un versement à l'administration des archives par le greffe de chaque tribunal judicaire qui a procédé à la dissolution de ces pactes, dans les conditions prévues à l'article R. 212-16 du code du patrimoine.

Ancien art. 11 *Les dispositions du décret n° 99-1090 du 21 décembre 1999 relatif aux conditions dans lesquelles sont traitées et conservées les informations relatives à la formation, la modification et la dissolution du pacte civil de solidarité et autorisant la création à cet effet d'un traitement automatisé des registres mis en œuvre par les greffes des tribunaux d'instance, par le greffe du tribunal de grande instance de Paris et par les agents diplomatiques et consulaires français et du décret n° 99-1091 du 21 décembre 1999 portant application des dispositions du troisième alinéa de l'article 31 de la loi n° 78-17 du 6 janvier 1978 à l'enregistrement et à la conservation des informations nominatives relatives à la formation, la modification et la dissolution du pacte civil de solidarité sont abrogées à compter de l'entrée en vigueur du présent décret, sous les réserves prévues à l'article 12.*

Art. 12 *(Décr. n° 2017-889 du 6 mai 2017, art. 24, en vigueur le 1er nov. 2017)* I. — Le présent décret est applicable dans les îles Wallis-et-Futuna dans sa rédaction résultant du décret n° 2017-889 du 6 mai 2017.

II. — Pour son application dans les îles Wallis-et-Futuna, les mots : "la commune" sont remplacés par les mots : "la circonscription administrative" et les mots : "tribunal d'instance" sont remplacés par les mots : "tribunal de première instance".

Ancien art. 12 *Les dispositions du présent décret entrent en vigueur le 1er janvier 2007 et sont applicables aux pactes civils de solidarité en cours à cette date.*

Toutefois, jusqu'au 30 juin 2008 :

1° Les dispositions de l'article 5 du décret n° 99-1090 et de l'article 2 du décret n° 99-1091 du 21 décembre 1999 demeurent applicables aux pactes civils de solidarité conclus avant le 1er janvier 2007 ;

2° Le traitement automatisé a également pour finalité d'assurer l'établissement, par le greffe du tribunal d'instance compétent, du certificat attestant qu'aucun d'eux n'est déjà lié par un pacte civil de solidarité ;

3° Le traitement automatisé a également pour finalité d'assurer l'établissement, par le greffe du tribunal d'instance ou l'agent diplomatique et consulaire ayant reçu la déclaration de pacte civil de solidarité, de l'attestation d'inscription de cette déclaration lorsque celle-ci a été effectuée avant le 1er janvier 2007 et ne fait pas encore l'objet d'une mention sur l'acte de naissance des partenaires.

Ancien art. 13 *I. — Le présent décret est applicable à Mayotte.*

Pour son application à Mayotte, les mots : "tribunal d'instance" sont remplacés par les mots : "tribunal d'instance" [V. ss. art. 2490].

II. — Les dispositions figurant aux 1° et 2° de l'article 12 du présent décret sont applicables dans les îles Wallis-et-Futuna, en Polynésie française et en Nouvelle-Calédonie.

Pour l'application de ces dispositions, les mots : "tribunal d'instance" sont remplacés par les mots : "tribunal de première instance". — Les art. 12 et 13 du Décr. n° 2006-1807 du 23 déc. 2006 sont remplacés par l'art. 12 tel qu'issu du Décr. n° 2017-889 du 6 mai 2017 à partir du 1er nov. 2017 (Décr. préc., art. 24).

Décret n° 2007-240 du 22 février 2007,

Portant création de l'Agence nationale des titres sécurisés.

CHAPITRE I *DISPOSITIONS GÉNÉRALES*

Art. 1er Il est créé, sous le nom d'Agence nationale des titres sécurisés, un établissement public national à caractère administratif placé sous la tutelle du ministre de l'intérieur.

Le siège de l'agence est fixé par arrêté du ministre de l'intérieur.

Art. 2 L'agence a pour mission de répondre aux besoins des administrations de l'État *(Décr. n° 2017-890 du 6 mai 2017, en vigueur le 1er nov. 2017)* « de conception, de gestion, de production de titres sécurisés et des transmissions de données qui leurs sont associées. » Ces titres sont des documents délivrés par l'État et faisant l'objet d'une procédure d'édition et de contrôle sécurisée.

(Décr n° 2017-890 du 6 mai 2017, en vigueur le 1er nov. 2017) « Sans préjudice des dispositions relatives au système d'information et de communication de l'État, pour l'accomplissement de ces missions, l'agence est chargée notamment de :

« 1° Assurer ou faire assurer, le développement, la maintenance et l'évolution des systèmes, des équipements et des réseaux informatiques permettant la gestion des titres sécurisés ;

« 2° Assurer ou faire assurer, la mise en œuvre de services en ligne, de moyens d'identification électronique et de transmissions de données associée à la délivrance et à la gestion des titres sécurisés ; »

3° Procéder, pour le compte des administrations de l'État, aux achats des titres sécurisés ;

4° Acquérir et mettre à disposition des administrations intéressées les matériels et équipements nécessaires à la gestion et au contrôle de l'authenticité et de la validité des titres sécurisés et en assurer la maintenance ;

5° Mettre en œuvre des actions d'information et de communication dans son domaine d'activité ;

(Décr n° 2017-890 du 6 mai 2017, en vigueur le 1er nov. 2017) « 6° Développer et mettre en œuvre des plates-formes d'échanges sécurisés des données dans le cadre du *[des]* 1° et 2° ci-dessus.

« L'agence exerce ses missions conformément aux conventions prévues à l'avant-dernier alinéa du présent article.

« La liste des titres sécurisés est fixée par décret. »

L'agence accomplit sa mission dans le respect des orientations générales arrêtées par l'État en matière de titres sécurisés et dans le cadre de la coopération européenne et internationale. *(Décr. n° 2008-1285 du 9 déc. 2008)* « Sa mission exclut l'instruction des demandes et la délivrance des titres. Avec l'accord du ministre responsable de la

délivrance des titres et dans les conditions fixées par la convention prévue au treizième alinéa, l'agence peut être autorisée à gérer pour le compte des administrations de l'État les traitements automatisés correspondants. Les personnels de l'agence pourront accéder aux données à caractère personnel enregistrées dans ces traitements dans les conditions définies par la loi du 6 janvier 1978 susvisée et les actes réglementaires autorisant ces traitements. »

L'agence peut être chargée par son autorité de tutelle d'émettre des recommandations sur la politique générale de l'État en matière de titres sécurisés.

Pour l'accomplissement de sa mission, l'agence réalise des études techniques, administratives, juridiques et financières.

Les modalités d'intervention de l'agence pour le compte d'une administration de l'État sont précisées dans une convention qui peut prévoir, à la demande de l'administration intéressée *(Décr nº 2017-890 du 6 mai 2017, en vigueur le 1er nov. 2017)* **« et à titre onéreux, la mise à disposition puis l'adaptation de services développés par l'agence dans le cadre du** *[des]* **1º et 2º ci-dessus. ».**

L'agence peut également assurer, à titre onéreux, à la demande et pour le compte de personnes morales de droit public autres que l'État ainsi que d'organismes chargés d'une mission de service public, des prestations pour concevoir, développer et mettre en œuvre des projets relatifs à l'utilisation de documents sécurisés.

....

Décret nº 2007-255 du 27 février 2007,

Fixant la liste des titres sécurisés relevant de l'Agence nationale des titres sécurisés.

Art. 1er Les titres sécurisés pour lesquels l'Agence nationale des titres sécurisés exerce les missions qui lui sont confiées par l'article 2 du décret du 22 février 2007 susvisé sont :

1º La carte nationale d'identité électronique ;

2º Le passeport électronique ; – *A compter du 1er juin 2007 (Arr. du 30 mai 2007).*

3º Le passeport biométrique ; – *A compter du 1er juin 2007 (Arr. du 30 mai 2007).*

4º Le titre de séjour électronique ; – *A compter du 1er sept. 2009 (Arr. du 27 juill. 2009).*

5º Le visa biométrique ; – *A compter de l'entrée en vigueur de l'Arr. du 8 déc. 2008.*

(Décr. nº 2008-888 du 3 sept. 2008) **« 6º Le certificat d'immatriculation des véhicules. »** – *Pour les certificats d'immatriculation des véhicules délivrés à compter du 1er janv. 2009 (Arr. du 5 sept. 2008).*

(Décr. nº 2011-1119 du 19 sept. 2011) **« 7º Le feuillet pour l'apposition d'un visa délivré par les autorités françaises compétentes aux titulaires d'un document de voyage non reconnu par la France ;**

« 8º Le titre de voyage délivré aux réfugiés et aux apatrides titulaires d'une carte de résident ou d'une carte de séjour ;

« 9º La carte professionnelle des agents de l'État ; »

(Décr. du 2 déc. 2011) **« 10º Le permis de conduire les bateaux de plaisance à moteur ;**

« 11º Le permis de conduire ; – *A compter du 19 janv. 2013 (Arr. du 27 déc. 2012).*

« 12º La carte nationale d'identité ; » – *A compter de l'entrée en vigueur de l'Arr. du 5 déc. 2001 (Arr. préc.).*

(Décr. nº 2014-512 du 20 mai 2014) **« 13º Le titre d'identité et de voyage ;**

« 14º La carte de frontalier. » – *A compter du 1er août 2014 (Arr. du 8 juill. 2014).*

Décret nº 2008-521 du 2 juin 2008,

Relatif aux attributions des autorités diplomatiques et consulaires françaises en matière d'état civil.

Art. 6 *(Décr. nº 2017-890 du 6 mai 2017, art. 51, en vigueur le 1er nov. 2017)* **Les registres de l'état civil consulaire sur lesquels les actes sont dressés ou transcrits sont tenus en un seul exemplaire, selon des procédés automatisés. Toutefois, lorsqu'un poste ne dispose pas d'un traitement automatisé en état de fonctionner, les actes sont élaborés selon un procédé manuel. Les données de l'acte sont enregistrées ultérieurement dans le traitement.**

Les registres sont clos et arrêtés par l'officier de l'état civil. Sous réserve des cas dans lesquels, en application de l'article 24 du décret n° 2017-890 du 6 mai 2017 ou de l'article 2 du présent décret, le service central d'état civil est déjà détenteur des registres, les registres sont versés aux archives du poste. Les pièces produites par les intéressés, notamment les copies et traductions des actes étrangers transcrits, les procurations ainsi que les instructions reçues par l'officier de l'état civil sont annexées au registre.

Circulaire du 1er mars 2010,

Relative à la simplification de la délivrance des cartes nationales d'identité et des passeports.

V. aussi Circ. du 23 oct. 2012 relative à la demande et à la délivrance de la carte nationale d'identité aux personnes détenues (BOMJ n° 2012-10 du 31 oct. 2012 - NOR JUSK1240043C).

Au cours de la période récente, nos concitoyens ont manifesté une incompréhension croissante face au nombre et à la nature des documents qui leur sont demandés lors de la délivrance ou du renouvellement de leur carte nationale d'identité (CNI) ou de leur passeport :

– pour l'ensemble des demandeurs, certaines des pièces exigées lors du recueil ou de l'instruction de la demande peuvent s'avérer superflues, particulièrement dans le cas d'un renouvellement avec présentation de l'ancien titre, comme l'a récemment montré un rapport de l'inspection générale de l'administration ;

– pour les demandeurs nés à l'étranger ou nés en France de parents nés eux-mêmes à l'étranger, la procédure actuelle conduit trop souvent à saisir le greffe du tribunal judiciaire (demande d'un certificat de nationalité française), démarche très souvent superfétatoire et qui est perçue par les intéressés comme une remise en question, par l'État, de leur nationalité française.

Dans ce contexte, **nous avons décidé de mener à bien une simplification très significative des procédures applicables, dont bénéficieront tous les demandeurs.** Cela permettra, en outre, de concentrer les efforts et les moyens de vérification sur les dossiers effectivement douteux et de maintenir, voire d'accroître, l'efficacité de la lutte contre la fraude à laquelle vous contribuez quotidiennement.

Quatre principes directeurs guident cette simplification :

1/ *une procédure unifiée :* pour l'obtention d'un titre, **CNI et passeport sont désormais considérés comme interchangeables.** Cela signifie en pratique que la possession d'une CNI plastifiée doit permettre d'obtenir un passeport sans avoir à nouveau à justifier de son état civil ou de sa nationalité française. Il en va de même de la possession d'un passeport électronique ou biométrique, qui doit permettre d'obtenir une CNI ;

2/ *des documents à fournir moins nombreux lorsqu'il s'agit d'un renouvellement de titre :* en particulier, **la nationalité française du demandeur n'a pas à être vérifiée une nouvelle fois lors d'un renouvellement de titre**, sauf cas spécifique. Dès lors que ni l'existence du titre à renouveler, ni l'identité du demandeur ne sont pas contestées par l'administration, il n'y a aucune raison que l'intéressé ait à fournir une nouvelle fois la preuve sa nationalité ;

3/ *un allègement supplémentaire des démarches* ***sur présentation d'une CNI plastifiée ou d'un passeport électronique ou biométrique*** : dans cette hypothèse, qu'il s'agisse d'une première demande ou d'un renouvellement, les formalités doivent être réduites au minimum nécessaire puisque l'état civil du demandeur et sa nationalité française sont d'ores et déjà établis. De façon concrète, cela signifie qu'**il n'y a plus lieu de demander un acte d'état civil, ce qui constituera pour les usagers, pour les communes et pour les préfectures un allègement considérable des charges administratives** ;

4/ *une vérification de la nationalité française moins contraignante pour le demandeur* : dans les cas limitatifs où la vérification de la nationalité reste indispensable, les moyens les plus simples pour le demandeur doivent être impérativement privilégiés. En particulier, la saisine du greffe du tribunal judiciaire en vue de la délivrance d'un certificat de nationalité française ne doit être envisagée qu'en tout dernier recours, une fois épuisées l'ensemble des autres possibilités de vérification de la nationalité.

En application de ces principes, **les demandeurs souhaitant renouveler leur carte nationale d'identité plastifiée ou leur passeport biométrique ou électronique n'ont désormais à fournir que les pièces élémentaires propres à tout dossier de demande de titre (photographies, justificatif de domicile, formulaire CERFA, timbre fiscal le cas échéant). Ils n'ont plus à justifier de leur nationalité, ni à fournir un acte d'état civil.**

Vous trouverez dans les annexes ci-après la liste limitative des pièces à solliciter en fonction du type de demande considéré.

Nous vous demandons de vous impliquer personnellement dans la mise en œuvre des présentes instructions. En particulier, vous devez les porter à la connaissance des agents placés sous votre autorité. A cette fin, **vous organiserez *sans délai* une réunion pour leur expliquer les objectifs de cette réforme et les changements majeurs qu'elle implique dans le traitement des différents types de demande et de situation.**

Dans le même temps, **vous inviterez les communes de votre département à une rencontre sur cette réforme de grande ampleur.** Les communes assurant l'accueil des demandeurs, elles sont des partenaires tout à fait essentiels pour que ces mesures de simplification soient immédiatement et durablement visibles par nos concitoyens, et comprises par eux.

Enfin, **vous ferez connaître à la population les conséquences pratiques des mesures décidées.** Vous insisterez sur deux axes majeurs : la réduction au strict nécessaire des documents demandés, à efficacité inchangée de lutte contre la fraude ; l'allègement, pour les cas bien précis où elle est indispensable, de la vérification de la nationalité française des demandeurs.

ANNEXE 1

PIÈCES À FOURNIR PAR LE DEMANDEUR

ANNEXE 2

RÔLE DÉVOLU AUX AGENTS DES COMMUNES

ANNEXE 3

RÔLE DÉVOLU AUX AGENTS DES CONSULATS

ANNEXE 5

LISTE DES DISPOSITIONS ABROGÉES FIGURANT DANS DES CIRCULAIRES PRÉCÉDENTES

[non reproduite]

Décret nº 2012-966 du 20 août 2012,

Relatif à l'enregistrement de la déclaration, de la modification et de la dissolution du pacte civil de solidarité reçu par un notaire.

Les dispositions issues du Décr. nº 2017-889 du 6 mai 2017 entrent en vigueur le 1er nov. 2017. Elles sont applicables aux pactes civils de solidarité enregistrés à cette date (Décr. préc., art. 38).

Art. 9 Le Conseil supérieur du notariat ou son délégataire met en œuvre un traitement automatisé des registres sur lesquels sont inscrites les mentions relatives à la déclaration, la modification et la dissolution des pactes civils de solidarité ayant fait l'objet d'une convention initiale par acte notarié.

A cette fin, il collecte et traite des données à caractère personnel relatives au sexe des personnes en vue de l'application des articles 515-3 et 515-7 du code civil et de l'article 14-1 de la loi du 15 novembre 1999 susvisée.

Art. 10 Sous réserve des dispositions prévues au 4° de l'article 11, il est interdit de sélectionner une catégorie particulière de personnes à partir des données mentionnées au second alinéa de l'article 9.

Art. 11 Le traitement automatisé a pour finalité d'assurer :

1° La gestion, assortie de garanties de sécurité, de l'enregistrement et de la conservation des informations relatives à la déclaration, à la modification et à la dissolution du pacte civil de solidarité ;

2° La transmission des données strictement nécessaires à l'inscription des mentions relatives aux enregistrements effectués par le notaire ayant reçu la déclaration de pacte civil de solidarité, par l'officier de l'état civil détenteur de l'acte de naissance de chaque partenaire ou, lorsque l'un des partenaires est de nationalité étrangère et né à l'étranger, par *(Décr. n° 2017-889 du 6 mai 2017, art. 31, en vigueur le 1er nov. 2017)* « le service central d'état civil du ministère des affaires étrangères *[ancienne rédaction : le greffe du tribunal de grande instance de Paris]* » ;

3° L'établissement par *(Décr. n° 2017-889 du 6 mai 2017, art. 31, en vigueur le 1er nov. 2017)* « le service central d'état civil du ministère des affaires étrangères *[ancienne rédaction : le greffe du tribunal de grande instance de Paris]* » du certificat attestant que le partenaire de nationalité étrangère né à l'étranger n'est pas déjà lié par un pacte civil de solidarité ;

4° L'élaboration de statistiques limitées à la production d'informations rendues anonymes, destinées à permettre de connaître :

a) Le nombre de déclarations, de modifications et de dissolutions de pactes civils de solidarité ayant fait l'objet d'un enregistrement notarié ;

b) Le nombre de pactes ayant pris fin en application de chacun des cas mentionnés à l'article 515-7 du code civil ;

c) La durée moyenne des pactes ;

d) L'âge moyen des personnes ayant conclu un pacte ;

e) Le nombre de pactes conclus ou ayant pris fin entre personnes de sexe différent, de sexe féminin et de sexe masculin, ainsi que, pour chacune de ces trois catégories de pactes, leur durée moyenne et l'âge moyen des personnes en cause.

(Décr. n° 2017-889 du 6 mai 2017, art. 31, en vigueur le 1er nov. 2017) « Toutefois les catégories de données mentionnées à l'article 12 du présent décret peuvent faire l'objet d'une enquête statistique dans les conditions prévues à l'article 2 de la loi n° 51-711 du 7 juin 1951 sur l'obligation, la coordination et le secret en matière de statistiques ».

Art. 12 Les catégories de données à caractère personnel enregistrées par les notaires sont les suivantes :

1° Nom et prénoms, date et lieu de naissance des deux personnes liées par un pacte civil de solidarité *(Décr. n° 2017-889 du 6 mai 2017, art. 32, en vigueur le 1er nov. 2017)* « et, le cas échéant, leurs modifications » ;

2° Sexe des deux personnes liées par le pacte *(Décr. n° 2017-889 du 6 mai 2017, art. 32, en vigueur le 1er nov. 2017)* « et, le cas échéant, leurs modifications » ;

3° Date et lieu de l'inscription conférant date certaine au pacte ;

4° Numéro d'enregistrement de l'inscription ;

5° Date de l'enregistrement des modifications du pacte ;

6° Nature et date de la cause de la dissolution du pacte ;

7° Date d'effet, entre les partenaires, de la dissolution du pacte.

Art. 13 Les notaires sont seuls habilités à enregistrer, conserver, modifier ou traiter les informations relatives aux pactes civils de solidarité inscrits sur le registre de leur étude notariale incluses dans le traitement automatisé prévu par les articles 9 et 11.

Art. 14 Toute interconnexion des registres mentionnés à l'article 9 avec d'autres fichiers est interdite.

L'officier de l'état civil détenteur de l'acte de naissance d'un partenaire d'un pacte civil de solidarité, ou le *(Décr. n° 2017-889 du 6 mai 2017, art. 33, en vigueur le 1er nov. 2017)* « service central d'état civil du ministère des affaires étrangères *[ancienne rédaction : greffier du tribunal de grande instance de Paris]* », lorsqu'un des partenaires est de

nationalité étrangère et né à l'étranger, est destinataire des données nécessaires à l'inscription des mentions prévues par l'article 515-3-1 du code civil en marge de l'acte de naissance de chaque partenaire *(Décr. n° 2017-889 du 6 mai 2017, art. 33, en vigueur le 1er nov. 2017)* **« , le cas échéant par voie dématérialisée dans des conditions prévues par arrêté du garde des sceaux, ministre de la justice ».**

(Décr. n° 2017-889 du 6 mai 2017, art. 33, en vigueur le 1er nov. 2017) **« L'office français de protection des réfugiés et apatrides est destinataire des mêmes données pour la mise à jour des certificats d'état civil tenant lieu d'actes de naissance qu'il a établis pour les personnes placées sous sa protection juridique et administrative. »**

Art. 15 **Le droit d'accès et de rectification prévu aux articles 39 et 40 de la loi du 6 janvier 1978 susvisée s'exerce auprès du notaire ayant enregistré la déclaration de pacte civil de solidarité.**

Le partenaire né à l'étranger et de nationalité étrangère peut également exercer ce droit auprès du *(Décr. n° 2017-889 du 6 mai 2017, art. 34, en vigueur le 1er nov. 2017)* **« service central d'état civil du ministère des affaires étrangères** *[ancienne rédaction : greffe du tribunal de grande instance de Paris]* **».**

Art. 16 **Les informations mentionnées à l'article 12 sont conservées dans le traitement automatisé mentionné à l'article 9 pendant une durée de cinq ans à compter de la date de la dissolution du pacte.**

....

Arrêté du 19 janvier 2016,

Relatif aux échanges par voie électronique des données à caractère personnel contenues dans les actes d'état civil.

V. Arr. du 31 mai 2017 relatif à la participation financière de l'État au déploiement de COMEDEC (JO 4 juin).

Art. 1er **Lorsqu'elles sont effectuées par voie électronique, les procédures sécurisées relatives à la vérification des données à caractère personnel contenues dans les actes de l'état civil doivent répondre aux garanties fixées par le présent arrêté.**

CHAPITRE I *DE LA PLATE-FORME PERMETTANT LA MISE EN ŒUVRE DE LA PROCÉDURE DE COMMUNICATION ÉLECTRONIQUE DES DONNÉES DE L'ÉTAT CIVIL (COMEDEC)*

Art. 2 **Les demandes de vérification et les réponses à ces demandes sont transmises via COMEDEC, plate-forme de routage dédiée à ces échanges.**

Art. 3 **COMEDEC est exploitée par l'Agence nationale des titres sécurisés, sous la responsabilité du ministère de la justice.**

Les modalités d'intervention de l'Agence nationale des titres sécurisés sont précisées dans une convention de service adoptée en conseil d'administration en date du 13 juillet 2010 et signée en application du treizième alinéa de l'article 2 du décret n° 2007-240 du 22 février 2007 portant création de l'Agence nationale des titres sécurisés (ANTS).

Art. 4 **Ne sont pas conservées par COMEDEC :**

— les données à caractère personnel contenues dans les actes de l'état civil qui font l'objet d'une signature électronique de la part des officiers de l'état civil ;

— les opérations de vérification de la signature électronique.

Art. 5 **Les normes, standards et protocoles techniques utilisés par la plate-forme COMEDEC sont conformes au référentiel général d'interopérabilité mentionné à l'article 11 de l'ordonnance n° 2005-1516 du 8 décembre 2005 afin de garantir l'interopérabilité entre les systèmes d'information impliqués dans la procédure de vérification par voie électronique des données d'état civil.**

Ces systèmes d'information doivent respecter ces normes pour la mise en œuvre des échanges.

Art. 6 Les organismes et personnes visés à l'article 13-2 du décret n° 62-921 du 3 août 1962 modifié, et souhaitant procéder à la vérification par voie électronique des données d'état civil dans les conditions prévues à l'article 13-5, alinéa 2, dudit décret, ainsi que les communes et le service central d'état civil du ministère des Affaires étrangères souhaitant répondre par voie électronique aux demandes de vérification des données de l'état civil doivent conclure une convention avec le ministère de la justice et l'ANTS pour l'utilisation de COMEDEC.

Chaque convention définit les mentions marginales auxquelles les administrations, les organismes et les personnes visés à l'article 13-2 du décret n° 62-921 du 3 août 1962 modifié ont droit.

CHAPITRE II *DE LA SÉCURITÉ DE LA COMMUNICATION ÉLECTRONIQUE DES DONNÉES À CARACTÈRE PERSONNEL CONTENUES DANS LES ACTES D'ÉTAT CIVIL*

Art. 7 COMEDEC fait l'objet d'une homologation de sécurité, au sens de l'article 5 du décret n° 2010-112 du 2 février 2010 susvisé, prononcée par le secrétaire général du ministère de la justice, haut fonctionnaire de défense et de sécurité, le 9 septembre 2013.

Art. 8 COMEDEC utilise des procédés techniques garantissant l'authentification, la signature électronique, l'horodatage, l'intégrité, la confidentialité et la traçabilité des échanges électroniques.

L'authentification des systèmes d'information des organismes demandeurs est assurée par l'utilisation de certificats électroniques.

Art. 9 Le dispositif sécurisé de création de la signature électronique est fourni sous forme de cartes à puce par l'ANTS aux communes et au service central d'état civil.

Ces cartes sont référencées au sens de l'article 12 de l'ordonnance susvisée.

Art. 10 Les cartes à puce sont délivrées aux officiers de l'état civil et à leurs agents pour leur permettre de s'identifier auprès de la plate-forme COMEDEC et pour permettre aux officiers de l'état civil d'apposer leur signature électronique sur les données d'état civil vérifiées. Les officiers de l'état civil peuvent, le cas échéant, utiliser ces cartes à d'autres fins que la procédure de vérification sécurisée des données d'état civil.

Les certificats électroniques remis aux officiers de l'état civil et à leurs agents sont conformes aux exigences du niveau trois étoiles (***) au sens du référentiel général de sécurité.

Art. 11 La vérification des données de l'état civil est signée électroniquement par l'officier de l'état civil au moyen d'une signature électronique trois étoiles (***) au sens du référentiel général de sécurité.

Art. 12 Une attestation électronique de vérification de la signature électronique est transmise par COMEDEC au système d'information de l'organisme demandeur. La conservation de cette attestation électronique relève de la responsabilité exclusive de l'organisme demandeur.

Art. 13 Les certificats électroniques évoqués au chapitre II sont délivrés par un prestataire de service de certification électronique sous la responsabilité du ministère de la justice et mise en œuvre par l'ANTS en tant que prestataires de services de certification électronique.

Ce prestataire fait l'objet d'une qualification selon la procédure prévue au chapitre IV du décret du 2 février 2010 susvisé.

Arrêté du 20 avril 2016,

Autorisant la création d'un système de téléservices destinés à la prédemande et à la demande de titres officiels (Arr. du 28 mars 2017).

Art. 1er **Il est créé au ministère de l'intérieur un système de téléservices destinés à la prédemande** *(Arr. du 28 mars 2017)* **« et à la demande » de titres officiels. Il a pour finalité de recueillir de manière dématérialisée les informations nécessaires** *(Arr. du 28 mars 2017)* **« à l'inscription aux examens du permis de conduire et » à l'instruction des demandes de titres, à leur production et acheminement, ainsi que les coordonnées téléphoniques et électroniques permettant de tenir informé le demandeur de l'avancement du processus de délivrance du titre. Il est composé :**

1° Du traitement automatisé de données à caractère personnel destiné à une *(Arr. du 28 mars 2017)* **« demande » de permis de conduire** *(Abrogé par Arr. du 18 mai 2018)* *(Arr. du 28 mars 2017)* ***« à l'exception des demandes de permis international et d'échange de permis étrangers »*** **;**

2° Du traitement automatisé de données à caractère personnel destiné à une prédemande de passeport *(Arr. du 9 mars 2017)* **« ou de carte nationale d'identité » ;**

3° Du traitement de données à caractère personnel relatives à la création d'un compte permettant l'accès à l'ensemble des téléservices *(Arr. du 23 mai 2017)* **« mis en œuvre par le ministère de l'intérieur » ainsi que le préremplissage des formulaires de prédemandes** *(Arr. du 28 mars 2017)* **« et de demandes »** *(Arr. du 23 mai 2017)* **« de titres officiels ».**

SECTION 1 *Traitement relatif à la demande du permis de conduire* (*Arr. du 28 mars 2017*).

Art. 2 Les données à caractère personnel et informations enregistrées dans le traitement prévu au 1° de l'article 1er sont les suivantes :

1° État civil : nom de naissance, nom d'usage, prénoms *(Arr. du 28 mars 2017)* « , sexe » ;

2° Date et lieu de naissance ;

3° Adresse postale ;

4° Photographie ;

5° Signature ;

6° Numéro de téléphone portable ;

7° Adresse électronique ;

8° Numéro de *(Arr. du 28 mars 2017)* « demande ;

« 9° Nationalité ;

« 10° Motif de la demande ;

« 11° Département du lieu de sa résidence ;

« 12° Catégorie de permis de conduire demandé ou dont le renouvellement est demandé ;

« 13° Numéro de timbre électronique ;

« 14° Numéro d'Enregistrement Préfectoral Harmonisé (NEPH) ;

« 15° Certificat d'examen du permis de conduire (CEPC) ;

« 16° Numéro d'agrément des établissements d'enseignement de la conduite automobile, mandatés par l'usager au sens du 6° de l'article R. 213-3 du code de la route ;

« 17° Numéro d'identification des centres de formation professionnelles, mandatés par l'usager ;

« 18° Données relatives aux modalités d'apprentissage de la conduite ;

« 19° Données relatives à l'aptitude médicale à la conduite ;

« 20° Données relatives à la maîtrise de la langue française ;

« 21° Catégories du permis de conduire déjà obtenues, *(Arr. du 18 mai 2018)* « numéro, » date et lieu d'obtention ;

« 22° Image numérisée des pièces nécessaires à l'accomplissement des démarches administratives requises pour chaque catégorie de permis de conduire prévues par un texte législatif ou réglementaire ;

« 23° Le cas échéant, les noms, prénoms, date de naissance et adresse du représentant légal qui effectue la démarche ;

« 24° Expression du consentement pour la réutilisation ou non des données personnelles. »

Art. 3 Ont seuls accès, à raison de leurs attributions et dans la limite du besoin d'en connaître, aux données à caractère personnel et informations enregistrées dans le traitement prévu au 1° de l'article 1er :

– les agents des services préfectoraux en charge de l'instruction des demandes de permis de conduire ;

– les agents de la direction départementale interministérielle en charge de l'examen du permis de conduire ;

– les agents du service du fichier national des permis de conduire ;

– les agents de l'Agence nationale des titres sécurisés.

Art. 4 ....

SECTION 2 ***Traitement relatif à la prédemande de passeport et de carte nationale d'identité*** *(Arr. du 9 mars 2017)*.

Art. 5 Les données à caractère personnel et informations enregistrées dans le traitement prévu au 2° de l'article 1er sont les suivantes :

I. – Données et informations relatives à la personne concernée par la prédemande de passeport *(Arr. du 9 mars 2017)* « et de carte nationale d'identité » :

1° Le nom de famille, les prénoms et, le cas échéant, le nom dont l'usage est autorisé par la loi ;

2° La qualité de majeur ou de mineur, les date et lieu de naissance ;

3° Le sexe ;

4° La couleur des yeux, la taille ;

5° Les raisons qui fondent la nationalité française ;

6° Le domicile ou la résidence ou, le cas échéant, la commune de rattachement de l'intéressé ou l'adresse de l'organisme d'accueil auprès duquel il est domicilié ;

7° Les noms, prénoms, date et lieu de naissance des parents, leur nationalité.

II. – Autres catégories de données et informations :

1° Le cas échéant, les noms, prénoms, date, lieu de naissance et adresse du représentant légal qui effectue la démarche ;

2° L'adresse électronique, le numéro de téléphone portable ;

3° Le motif de la demande et, s'il s'agit d'un renouvellement, les références du passeport *(Arr. du 9 mars 2017)* « ou de la carte nationale d'identité » à renouveler ;

4° Le numéro de prédemande.

Art. 6 Ont seuls accès, à raison de leurs attributions et dans la limite du besoin d'en connaître, aux données à caractère personnel et informations enregistrées dans le traitement prévu au 2° de l'article 1er :

– les agents des mairies en charge du recueil des demandes de passeports *(Arr. du 9 mars 2017)* « et de cartes nationales d'identité » ;

– les agents des services centraux ou déconcentrés du ministère de l'intérieur et du ministère des affaires étrangères chargés de l'application de la réglementation relative aux passeports *(Arr. du 9 mars 2017)* « et aux cartes nationales d'identité » ;

– les agents de l'Agence nationale des titres sécurisés.

SECTION 3 ***Dispositions communes***

Art. 7 *(Arr. du 23 mai 2017)* Les données à caractère personnel et informations enregistrées dans le traitement prévu au 3° de l'article 1er sont les suivantes :

I. – Pour la création du compte "personne physique" et la gestion de l'accès au compte :

1° L'identifiant de connexion ;

2° Le mot de passe ;

3° Le numéro de téléphone, l'adresse électronique ;

4° Le sexe ;

5° Les nom, nom d'usage, prénoms ;

6° La date de naissance, les pays, département et commune de naissance ;

7° L'adresse postale ;
8° Question secrète et réponse à la question.
II. – Pour la création du compte "personne morale" et la gestion de l'accès au compte :
1° L'identifiant de connexion ;
2° L'activité de la personne morale ;
3° Le mot de passe ;
4° Le numéro de téléphone, l'adresse électronique ;
5° La dénomination, la raison sociale, numéro SIREN et/ou numéro SIRET ;
6° Les nom, prénoms, sexe du représentant de la personne morale ;
7° Le cas échéant, le numéro d'agrément, d'habilitation ou d'identification ;
8° L'adresse postale ;
9° Question secrète et réponse à la question.
III. – Les données à caractère personnel et informations permettant le préremplissage des formulaires de prédemandes et de demandes sont celles énumérées aux 3° à 7° du I.

Art. 8 I. – La durée de conservation des données à caractère personnel et informations prévues à l'article 2 et enregistrées au sein du traitement prévu au 1° de l'article 1er et de celles prévues à l'article 5 et enregistrées au sein du traitement prévu au 2° de l'article 1er ne peut excéder six mois à compter de la date de validation de la prédemande *(Arr. du 28 mars 2017)* « ou de la demande » par l'usager. Ces données et informations sont détruites en cas d'absence de validation de la prédemande *(Arr. du 28 mars 2017)* « ou de la demande ».

II. – L'usager *(Arr. du 28 mars 2017)* « ou le mandataire » peut à tout moment demander la fermeture de son compte, laquelle entraîne la suppression des données et informations prévues à l'article 7. La fermeture du compte n'engendre pas la suppression des prédemandes *(Arr. du 28 mars 2017)* « ou des demandes » validées mais celles-ci ne seront plus accessibles au moyen du compte. En l'absence de connexion au compte prévu au 3° de l'article 1er pendant une durée de trente-six mois consécutifs, celui-ci est fermé et l'ensemble des données à caractère personnel et informations prévues à l'article 7 détruit. Deux messages d'information sont au préalable envoyés à l'usager *(Arr. du 28 mars 2017)* « ou au mandataire » à son adresse électronique, respectivement un an et deux mois avant la suppression du compte.

Art. 9 A l'exclusion des opérations qui peuvent être réalisées directement par le demandeur *(Arr. du 28 mars 2017)* « ou par son mandataire » sur le téléservice pour saisir ou modifier les données à caractère personnel et informations enregistrées dans les traitements prévus à l'article 1er, les droits d'accès et de rectification prévus aux articles 39 et 40 de la loi du 6 janvier 1978 susvisée s'exercent auprès de l'Agence nationale des titres sécurisés par voie postale en justifiant de son identité.

Décret n° 2016-1460 du 28 octobre 2016,

Autorisant la création d'un traitement de données à caractère personnel relatif aux passeports et aux cartes nationales d'identité.

CHAPITRE I *DISPOSITIONS AUTORISANT LA CRÉATION D'UN TRAITEMENT DE DONNÉES À CARACTÈRE PERSONNEL RELATIF AUX PASSEPORTS ET AUX CARTES NATIONALES D'IDENTITÉ DÉNOMMÉ "TITRES ÉLECTRONIQUES SÉCURISÉS" (TES)*

Art. 1er Pour procéder à l'établissement, à la délivrance, au renouvellement et à l'invalidation des cartes nationales d'identité mentionnées à l'*(Décr. n° 2021-279 du 13 mars 2021, art. 10)* « article 1er *[ancienne rédaction : article 7]* » du décret du 22 octobre 1955 susvisé et des passeports mentionnés aux articles 1er et 17-1 du décret du 30 décembre 2005 susvisé, ainsi que prévenir et détecter leur falsification et contrefaçon *(Décr. n° 2021-279 du 13 mars 2021, art. 10)* « et lutter contre l'usurpation d'identité, le ministre de l'intérieur (direction des libertés publiques et des affaires juridiques) et l'Agence nationale des titres sécurisés mettent *[ancienne rédaction : le ministre de l'intérieur met]* » en œuvre un traitement de données à caractère personnel dénommé "titres électroniques sécurisés" (TES).

Art. 2 I. — Les données à caractère personnel et informations enregistrées dans le traitement mentionné à l'article 1er sont :

1° Les données relatives au demandeur ou au titulaire du titre :

a) Le nom de famille, le nom d'usage, les prénoms ;

b) La date et le lieu de naissance ;

c) Le sexe ;

d) La couleur des yeux ;

e) La taille ;

f) Le domicile ou la résidence *(Décr. n° 2017-1522 du 2 nov. 2017, art. 14)* « de l'intéressé » ou, le cas échéant, *(Décr. n° 2017-1522 du 2 nov. 2017, art. 14)* « le lieu où il a fait élection de domicile dans les conditions prévues à l'article L. 264-1 du code de l'action sociale et des familles » ;

g) Les données relatives à sa filiation : les noms, prénoms, dates et lieux de naissance de ses parents, leur nationalité ;

h) Le cas échéant, le document attestant de la qualité du représentant légal lorsque le titulaire du titre est un mineur ou un majeur placé sous tutelle ;

i) L'image numérisée du visage et celle des empreintes digitales qui peuvent être légalement recueillies ;

j) L'image numérisée de la signature du demandeur de la carte nationale d'identité ;

k) L'adresse de messagerie électronique et les coordonnées téléphoniques du demandeur, lorsque celui-ci a choisi d'effectuer une pré-demande de titre en ligne ou a demandé à bénéficier de l'envoi postal sécurisé, ou sur déclaration de l'usager lorsqu'il souhaite être informé par ce moyen de la disponibilité de son titre ;

l) Le cas échéant, le code de connexion délivré par l'administration au demandeur pour lui permettre de déclarer la réception de son passeport lorsque ce titre lui a été adressé par courrier sécurisé ;

2° Les informations relatives au titre :

a) Numéro du titre ;

b) Type de titre ;

c) Tarif du droit de timbre ;

d) Date et lieu de délivrance ;

e) Autorité de délivrance ;

f) Date d'expiration ;

g) Mention, avec la date, de l'invalidation du titre et de son motif (perte, vol, retrait, interdiction de sortie du territoire, autre motif), de la restitution du titre à l'administration, de sa destruction ;

h) Mentions des justificatifs présentés à l'appui de la demande de titre ;

i) Informations à caractère technique relatives à l'établissement du titre ;

j) Informations relatives à la demande de titre : numéro de demande et, le cas échéant, de pré-demande, lieu de dépôt, date de réception de la demande, date de l'envoi du titre au guichet de dépôt, motif de non-délivrance ;

k) La date et le mode de remise du titre ainsi que, le cas échéant, les nom, prénoms et identifiant du consul honoraire chargé de sa remise ou le nom, l'adresse du site internet de suivi et l'identifiant du transporteur chargé de son acheminement lorsque le titre est adressé à l'usager par courrier sécurisé ;

l) Les informations relatives à la réception du passeport par le demandeur lorsque le titre lui est adressé par courrier sécurisé : la date d'envoi du passeport, le numéro de suivi du courrier sécurisé, la date de la déclaration de réception, de non-réception ou de refus de réception du passeport, la mention des justificatifs produits à l'appui de la déclaration ;

3° Les données relatives au fabricant du titre et aux agents chargés de la délivrance du titre :

a) Nom, prénom et références de l'agent qui enregistre la demande de titre ;

b) Noms, prénoms et références des agents mentionnés à l'article 3 ;

c) Identifiant du fabricant du titre ;

4° L'image numérisée des pièces du dossier de demande de titre.

II. — Le traitement ne comporte pas de dispositif de recherche permettant l'identification à partir de l'image numérisée du visage ou de l'image numérisée des empreintes digitales enregistrées dans ce traitement.

Art. 3 I. — Peuvent accéder, à raison de leurs attributions et dans la limite du besoin d'en connaître, à tout ou partie des données enregistrées dans le traitement mentionné à l'article 1er et dans le composant électronique prévu à *(Décr. nº 2021-279 du 13 mars 2021, art. 11)* « l'article 1-1 du décret du 22 octobre 1955 susvisé et à » l'article 2 du décret du 30 décembre 2005 susvisé :

1° Les agents des services centraux du ministère de l'intérieur et du ministère des affaires étrangères chargés de l'application de la réglementation relative au passeport et à la carte nationale d'identité, individuellement désignés et dûment habilités par le ministre de l'intérieur ou le ministre des affaires étrangères ;

2° Les agents des préfectures et des sous-préfectures chargés de la délivrance des passeports et des cartes nationales d'identité, individuellement désignés et dûment habilités par le préfet ;

3° Les agents diplomatiques et consulaires chargés de la délivrance des passeports et des cartes nationales d'identité, individuellement désignés et dûment habilités par l'ambassadeur ou le consul ;

4° Les agents chargés de la délivrance des passeports de service au ministère de l'intérieur, individuellement désignés et dûment habilités par le ministre de l'intérieur ;

(Décr. nº 2021-279 du 13 mars 2021, art. 11) « 5° Les agents de l'Agence nationale des titres sécurisés chargés de la mise en œuvre du traitement, individuellement désignés et dûment habilités par leur directeur. »

II. — Peuvent accéder aux données enregistrées dans le composant électronique prévu à *(Décr. nº 2021-279 du 13 mars 2021, art. 11)* « l'article 1-1 du décret du 22 octobre 1955 susvisé et à » l'article 2 du décret du 30 décembre 2005 susvisé dans le cadre de leur mission de recueil de la demande et de remise des titres :

1° Les agents des communes individuellement désignés et dûment habilités par le maire ;

2° Pour les seuls passeports de mission, les agents des formations administratives du ministère de la défense, individuellement désignés et dûment habilités par le ministre de la défense. Le ministre de la défense peut, par arrêté, déléguer ses pouvoirs dans ce domaine aux commandants des formations administratives.

(Décr. nº 2022-676 du 26 avr. 2022, art. 7) « III. — Les données enregistrées dans le composant électronique prévu à l'article 1-1 du décret du 22 octobre 1955 susvisé, à l'exclusion de l'image numérisée des empreintes digitales, sont lues par le traitement mentionné à l'article 1er du décret nº 2022-676 du 26 avril 2022 autorisant la création d'un moyen d'identification électronique dénommé "Service de garantie de l'identité numérique" (SGIN) et abrogeant le décret nº 2019-452 du 13 mai 2019 autorisant la création d'un moyen d'identification électronique dénommé "Authentification en ligne certifiée sur mobile". »

Art. 4 I. — Pour les besoins exclusifs de leurs missions, peuvent accéder aux données enregistrées dans le traitement prévu à l'article 1er, à l'exclusion de l'image numérisée des empreintes digitales, dans les conditions fixées par l'article L. 222-1 du code de la sécurité intérieure :

1° Les agents des services de la police nationale et les militaires des unités de la gendarmerie nationale chargés des missions de prévention et de répression des atteintes aux intérêts fondamentaux de la Nation et des actes de terrorisme, individuellement désignés et dûment habilités par le directeur dont ils relèvent ;

2° Les agents des services spécialisés du renseignement mentionnés à l'article R. 222-1 du code de la sécurité intérieure, individuellement désignés et dûment habilités par le directeur dont ils relèvent, pour les seuls besoins de la prévention des atteintes aux intérêts fondamentaux de la Nation et des actes de terrorisme.

II. — Pour les besoins exclusifs de leurs missions, peuvent accéder aux données enregistrées dans le traitement mentionné à l'article 1er, à l'exclusion de l'image numérisée des empreintes digitales, les agents de la direction centrale de la police judiciaire, individuellement désignés et dûment habilités par le directeur dont ils relèvent, chargés des échanges avec INTERPOL au titre de la position commune du 24 janvier 2005 susvisée et du règlement d'INTERPOL sur le traitement des données, ainsi qu'avec les autorités compétentes des États appliquant la décision 2007/533/JAI du Conseil du 12 juin 2007 sur l'établissement, le fonctionnement et l'utilisation du système d'information Schengen de deuxième génération (SIS II), au titre de ses articles 7, 38 et 39.

Dans le cadre de ces échanges, des données à caractère personnel peuvent être transmises aux autorités compétentes des États membres d'INTERPOL ou qui appliquent la décision 2007/533/JAI du 12 juin 2007 mentionnée à l'alinéa précédent, aux seules fins de confirmer l'exactitude et la pertinence du signalement d'un titre perdu, volé ou invalidé.

Art. 5 Pour les besoins exclusifs de l'accomplissement de leurs missions, les personnels chargés des missions de recherche et de contrôle de l'identité des personnes, de vérification de la validité et de l'authenticité des passeports *(Décr. nº 2021-279 du 13 mars 2021, art. 12)* « et des cartes nationales d'identité » au sein des services de la police nationale, de la gendarmerie nationale et des douanes peuvent accéder aux données enregistrées dans le composant électronique prévu à *(Décr. nº 2021-279 du 13 mars 2021, art. 12)* « l'article 1-1 du décret du 22 octobre 1955 susvisé et à » l'article 2 du décret du 30 décembre 2005 susvisé.

Art. 6 Le traitement mentionné à l'article 1er transmet à la base INTERPOL et au système d'information Schengen les informations relatives aux numéros des titres perdus, volés ou invalidés et à la date de l'évènement, ainsi que l'indication relative au pays émetteur, au type et au caractère vierge ou personnalisé du document.

Les informations transmises au système d'information Schengen peuvent être complétées par les données suivantes : nom, prénoms, date de naissance, date de délivrance du titre.

Art. 7 *(Décr. nº 2021-279 du 13 mars 2021, art. 13)* Le traitement mentionné à l'article 1er transmet au fichier national de contrôle de la validité des titres les numéros des titres émis, le type de titre, la date de délivrance, les nom, prénoms, date et lieu de naissance du titulaire ainsi que la mention du caractère valide ou invalide du document et, le cas échéant, le motif de son invalidité avec mention de la date de l'évènement.

Ancien art. 7 *Le traitement mentionné à l'article 1er transmet au fichier national de contrôle de la validité des titres les informations relatives aux numéros des titres émis ainsi que l'indication relative au type de titre. Sont également transmises les données relatives aux titres perdus, volés ou invalidés : les informations se limitent aux nom, prénoms, à la date et au lieu de naissance ainsi qu'au numéro du titre et à sa date de délivrance et, le cas échéant, au motif de son invalidité avec mention de la date de l'évènement.*

Art. 7-1 *(Décr. nº 2021-279 du 13 mars 2021, art. 14)* Pour le recueil des déclarations de vol des cartes nationales d'identité et des passeports, le traitement mentionné à l'article 1er transmet aux logiciels de rédaction des procédures de la police et de la gendarmerie nationales les informations suivantes : le numéro et le type du titre, la date et le lieu de délivrance, l'autorité de délivrance, la date d'expiration, le nom de famille, le cas échéant le nom d'usage, les prénoms, la date et le lieu de naissance, le sexe ainsi que l'image numérisée du visage du titulaire du titre.

L'image numérisée du visage du titulaire est transmise selon des modalités qui ne permettent pas son enregistrement dans les logiciels mentionnés ci-dessus.

Art. 8 Pour l'instruction des demandes de carte nationalité d'identité ou de passeport, il est vérifié par la consultation du fichier des personnes recherchées qu'aucune décision judiciaire ni aucune circonstance particulière ne s'oppose à sa délivrance. Il est également procédé à une consultation du traitement mentionné à l'article 1er afin de vérifier si des titres ont déjà été sollicités ou délivrés sous l'identité du demandeur.

Art. 9 *(Décr. nº 2021-279 du 13 mars 2021, art. 15)* **« I. – Les données à caractère personnel et les informations mentionnées au I de l'article 2 sont conservées dans le traitement pendant quinze ans. Cette durée est de dix ans lorsque le titre est un passeport dont le titulaire est un mineur** *[ancienne rédaction : I. – Les données à caractère personnel et les informations mentionnées au I de l'article 1er sont conservées dans le traitement pendant quinze ans s'il s'agit d'un passeport et vingt ans s'il s'agit d'une carte nationale d'identité. Ces durées sont respectivement de dix ans et de quinze ans lorsque le titulaire du titre est un mineur]***.**

« I *bis*. – Lorsqu'il est fait application du I *bis* de l'article 4-3 du décret du 22 octobre 1955 susvisé, l'image numérisée des empreintes digitales du demandeur est conservée dans le traitement pendant un délai maximal de quatre-vingt-dix jours à compter de la date de délivrance de la carte nationale d'identité. En cas de refus de délivrance de la carte nationale d'identité, le délai de quatre-vingt-dix jours court à compter de la date de ce refus. »

Les données et informations relatives aux passeports de service et aux passeports de mission sont conservées pendant dix ans.

Les données relatives aux cartes nationales d'identité délivrées à des majeurs et périmées au 1er janvier 2014 sont conservées pendant quinze ans.

Le délai court à compter de la délivrance du titre, ou, à défaut, à compter de l'enregistrement de la demande.

II. – Les consultations, créations, modifications ou suppressions de données font l'objet d'un enregistrement comprenant l'identification de leur auteur ainsi que la date, l'heure et la nature de l'opération. Ces informations sont conservées pendant cinq ans à compter de l'enregistrement.

Les dispositions de l'art. 9 du Décr. nº 2016-1460 du 28 oct. 2016 restent applicables, dans leur rédaction antérieure au Décr. nº 2021-279 du 13 mars 2021, aux demandes de cartes nationales d'identité déposées antérieurement aux dates prévues par les arrêtés mentionnés à l'art. 22 (Décr. nº 2021-279 du 13 mars 2021, art. 23).

Art. 10 **I. – Le demandeur du titre est informé, au moment de la demande :**

1º De la nature des données à caractère personnel enregistrées dans le traitement ;

2º Du nombre et de la nature des empreintes digitales enregistrées dans le traitement ;

(Décr. nº 2021-279 du 13 mars 2021, art. 16) **« 3º De la possibilité qui lui est offerte, pour l'établissement d'une carte nationale d'identité, de refuser la conservation dans le traitement de l'image numérisée de ses empreintes digitales au-delà d'un délai maximal de quatre-vingt-dix jours à compter de la date de délivrance du titre ou de la date de refus de délivrance par le service instructeur** *[ancienne rédaction : « 3º De la possibilité qui lui est offerte, pour l'établissement d'une carte nationale d'identité, de refuser qu'il soit procédé à la numérisation de ses empreintes digitales]* **;**

« 3º *bis* S'il fait usage de la possibilité mentionnée au 3º, de la conservation d'une copie sur papier de l'image numérisée de ses empreintes digitales dans les conditions définies au I *bis* de l'article 4-3 du décret du 22 octobre 1955 susvisé ; »

4º Des autres renseignements mentionnés *(Décr. nº 2021-279 du 13 mars 2021, art. 16)* **« à l'article 13 du règlement (UE) 2016/679 du 27 avril 2016 relatif à la protection des personnes physiques à l'égard du traitement des données à caractère personnel et à la libre circulation de ces données, et abrogeant la directive 95/46/CE** *[ancienne rédaction : au I de l'article 32 de la loi du 6 janvier 1978 susvisée]* **».**

II. – La remise du passeport *(Décr. nº 2021-279 du 13 mars 2021, art. 16)* **« et de la carte nationale d'identité » s'accompagne d'une copie sur papier des données nominatives enregistrées dans le composant électronique.**

Les dispositions de l'art. 10, à l'exception du 4º du I, du Décr. nº 2016-1460 du 28 oct. 2016, restent applicables, dans leur rédaction antérieure au Décr. nº 2021-279 du 13 mars 2021, aux demandes de cartes nationales d'identité déposées antérieurement aux dates prévues par les arrêtés mentionnés à l'art. 22 (Décr. nº 2021-279 du 13 mars 2021, art. 23).

Art. 11 *(Décr. nº 2021-279 du 13 mars 2021, art. 17)* **Les droits d'information, d'accès, de rectification et à la limitation des données s'exercent auprès de l'autorité de délivrance dans les conditions prévues respectivement aux articles 13, 15, 16 et 18 du règlement (UE) 2016/679 du 27 avril 2016 précité.**

Ancien art. 11 *Le droit d'accès et le droit de rectification s'exercent auprès de l'autorité de délivrance dans les conditions fixées aux articles 39 et 40 de la loi du 6 janvier 1978 susvisée.*

Art. 12 Le droit d'opposition prévu à l'*(Décr. nº 2021-279 du 13 mars 2021, art. 18)* « article 21 du règlement (UE) 2016/679 du 27 avril 2016 précité *[ancienne rédaction : article 38 de la loi du 6 janvier 1978 susvisée]* » ne s'applique pas au présent traitement.

....

CHAPITRE III *DISPOSITIONS MODIFIANT LE DÉCRET Nº 2005-1726 DU 30 DÉCEMBRE 2005 RELATIF AUX PASSEPORTS*

Art. 20 à 27 *V. Décr. nº 2005-1726 du 30 déc. 2005.*

CHAPITRE IV *DISPOSITIONS TRANSITOIRES ET FINALES*

Art. 28 Les données enregistrées dans les traitements autorisés par le décret du 22 octobre 1955 susvisé et le décret du 30 décembre 2005 susvisé sont transférées au plus tard le 31 décembre 2018 dans le traitement mentionné à l'article 1er.

Art. 29 I. — Un arrêté du ministre de l'intérieur fixe les dates à partir desquelles les règles prévues par le présent décret sont applicables aux demandes de cartes nationales d'identité présentées dans les départements en métropole. — *V. Arr. des 2 nov. 2016, 25 nov. 2016 et 9 févr. 2017 (les dates figurent dans le tableau ci-dessous).*

DATE D'APPLICATION	DÉPARTEMENTS
8 novembre 2016	Yvelines
1er décembre 2016	Côtes-d'Armor, Finistère, Ille-et-Vilaine, Morbihan
21 février 2017	Paris
22 février 2017	Val-d'Oise.
23 février 2017	Hauts-de-Seine.
28 février 2017	Essonne, Seine-et-Marne, Seine-Saint-Denis, Val-de-Marne.
1er mars 2017	Loire-Atlantique, Maine-et-Loire, Mayenne, Sarthe, Vendée.
2 mars 2017	Calvados, Cher, Eure, Eure-et-Loir, Indre, Indre-et-Loire, Loir-et-Cher, Loiret, Manche, Orne, Seine-Maritime.
7 mars 2017	Ariège, Aude, Aveyron, Gers, Gard, Haute-Garonne, Hérault, Lot, Lozère, Hautes-Pyrénées, Pyrénées-Orientales, Tarn, Tarn-et-Garonne.
8 mars 2017	Alpes-de-Haute-Provence, Hautes-Alpes, Alpes-Maritimes, Bouches-du-Rhône, Corse-du-Sud, Haute-Corse, Var, Vaucluse.
14 mars 2017	Aisne, Nord, Oise, Pas-de-Calais, Somme.
15 mars 2017	Charente, Charente-Maritime, Corrèze, Creuse, Deux-Sèvres, Dordogne, Gironde, Landes, Lot-et-Garonne, Pyrénées-Atlantiques, Vienne, Haute-Vienne.
21 mars 2017	Ain, Allier, Ardèche, Cantal, Drôme, Isère, Loire, Haute-Loire, Puy-de-Dôme, Rhône, Savoie, Haute-Savoie.
22 mars 2017	Côte-d'Or, Doubs, Jura, Nièvre, Haute-Saône, Saône-et-Loire, Territoire de Belfort, Yonne.
28 mars 2017	Ardennes, Aube, Marne, Haute-Marne, Meurthe-et-Moselle, Meuse, Moselle, Bas-Rhin, Haut-Rhin, Vosges.

II. — Un arrêté conjoint du ministre de l'intérieur et du ministre chargé de l'outre-mer fixe les dates à partir desquelles les règles prévues par le présent décret sont applicables aux demandes de cartes nationales d'identité présentées dans les collecti-

vités d'outre-mer et en Nouvelle-Calédonie. — *V. Arr. du 10 mars 2017 (les dates figurent dans le tableau ci-dessous).*

DATE D'APPLICATION	COLLECTIVITÉS D'OUTRE-MER ET NOUVELLE-CALÉDONIE
16 mars 2017	Guyane
23 mars 2017	Guadeloupe, Martinique, Saint-Barthélemy, Saint-Martin
23 mars 2017	Nouvelle-Calédonie
29 mars 2017	La Réunion, Mayotte
29 mars 2017	Polynésie française
30 mars 2017	Saint-Pierre-et-Miquelon
30 mars 2017	Wallis-et-Futuna

III. — Un arrêté conjoint du ministre de l'intérieur et du ministre des affaires étrangères fixe les dates à partir desquelles les règles prévues par le présent décret sont applicables aux demandes de cartes nationales d'identité présentées à l'étranger. — *Pour Tunis et Vienne, à compter du 7 juill. 2017 (Arr. du 27 juin 2017). Pour les postes diplomatiques et consulaires français, à compter du 15 sept. 2017 (Arr. du 8 sept. 2017).*

IV. — Les dates mentionnées aux alinéas précédents ne peuvent être postérieures au 31 décembre 2018.

Art. 30 **Les dispositions des articles 2, 3, 4-3, 5, 6, et 8 à 11-1, 13 et 13-1 du décret du 22 octobre 1955 susvisé restent applicables, dans leur rédaction antérieure au présent décret, aux demandes de cartes nationales d'identité déposées antérieurement aux dates prévues à l'article 28.**

Art. 31 **I. — Le présent décret est applicable sur l'ensemble du territoire de la République française** *(Décr. nº 2017-1522 du 2 nov. 2017, art. 17)* **« dans sa rédaction résultant du »** *(Décr. nº 2021-279 du 13 mars 2021, art. 19)* **« décret nº 2021-279 du 13 mars 2021** *[ancienne rédaction : décret nº 2017-1522 du 2 novembre 2017]* **».**

II. — Pour son application dans les îles Wallis-et-Futuna, le mot : "commune" est remplacé par les mots : "circonscription territoriale", le mot : "préfet" est remplacé par les mots : "administrateur supérieur" et le mot : "préfecture" est remplacé par les mots : "administration supérieure".

III. — Pour son application en Polynésie française et en Nouvelle-Calédonie, le mot : "préfet" est remplacé par les mots : "haut-commissaire de la République", les mots : "préfecture" sont remplacés par les mots : "haut-commissariat de la République" et les mots : "sous-préfecture" sont remplacés par les mots : "subdivision administrative".

(Décr. nº 2021-279 du 13 mars 2021, art. 19) **« IV. — Pour son application à Saint-Barthélemy, à Saint-Pierre-et-Miquelon, dans les îles Wallis-et-Futuna, en Polynésie française, en Nouvelle-Calédonie et dans les Terres australes et antarctiques françaises, la référence aux dispositions du règlement (UE) 2016/679 du Parlement européen et du Conseil du 27 avril 2016, relatif à la protection des personnes physiques à l'égard du traitement des données à caractère personnel et à la libre circulation de ces données est remplacée par la référence aux règles en vigueur en métropole en vertu de ce règlement. »**

Décret nº 2017-890 du 6 mai 2017,

Relatif à l'état civil.

Le Décr. nº 2017-890 du 6 mai 2017 a abrogé le Décr. nº 62-921 du 3 août 1962 modifiant certaines règles relatives aux actes de l'état civil.

V. Circ. du 26 juill. 2017 de présentation de diverses dispositions en matière de droit des personnes et de la famille de la loi nº 2016-1547 du 18 novembre 2016 de modernisation de la justice du XXIe siècle, spéc. VI et annexes 5 à 7 (BOMJ nº 2017-08 du 31 août 2017, p. 1 - NOR : JUSC1720438C).

TITRE I DISPOSITIONS CONCERNANT L'ÉTABLISSEMENT DES ACTES ET LA TENUE DES REGISTRES DE L'ÉTAT CIVIL

CHAPITRE I *DISPOSITIONS COMMUNES*

Art. 1er L'établissement, la conservation, la mise à jour et la délivrance des actes de l'état civil sont assurés par les officiers de l'état civil.

Art. 2 Les officiers de l'état civil sont placés sous le contrôle du procureur de la République du lieu où est située la commune où ils exercent.

Les autorités diplomatiques et consulaires françaises agissant en qualité d'officier de l'état civil et les officiers de l'état civil du service central d'état civil exercent leurs fonctions sous le contrôle du procureur de la République du lieu où est établi ce service.

Les personnes habilitées auprès de l'Office français de protection des réfugiés et apatrides à exercer les fonctions d'officier de l'état civil sont, dans le cadre de ces activités, placées sous le contrôle du procureur de la République près le tribunal judiciaire de Paris.

SECTION 1 *Établissement et mise à jour des actes de l'état civil*

Art. 3 Les actes de l'état civil établis par les officiers de l'état civil, les autorités diplomatiques et consulaires et le service central d'état civil sont inscrits, sauf opposition, selon le cas, du procureur de la République ou du ministre des affaires étrangères, sur des feuilles mobiles tenues en double exemplaire qui sont ensuite reliées en registre. Ils peuvent également être inscrits directement sur des registres déjà reliés, établis en double exemplaire.

Les règles relatives à l'inscription des actes de l'état civil sur les feuilles mobiles sont déterminées par arrêté du garde des sceaux, ministre de la justice, et par arrêté conjoint de celui-ci et du ministre des affaires étrangères pour les actes établis par les autorités diplomatiques et consulaires et le service central de l'état civil. Ces arrêtés fixent les conditions de sécurité permettant de garantir l'intégrité des registres et des actes de l'état civil.

Art. 4 Les feuilles destinées à l'inscription des actes de l'état civil sont numérotées.

Elles sont utilisées dans l'ordre de leur numérotation.

Art. 5 Les actes de l'état civil sont établis selon des procédés manuels ou informatisés. Toutefois, la signature de ces actes est toujours manuscrite.

Art. 6 Les actes de l'état civil sont numérotés et dressés sans délai, à la suite les uns des autres. Des espaces suffisants sont réservés pour l'apposition ultérieure des mentions. Lorsqu'il n'existe plus d'espaces suffisants, la mention est apposée sur les pages laissées vierges en fin de registres et réservées à cet effet; dans ce cas, une inscription sommaire est opérée sur l'acte. – *Sur la manière dont sont apposées les mentions marginales, V. IGREC, 11 mai 1999, nos 237 s., en Annexe.*

Les ratures et les renvois faits au moment de l'établissement de l'acte et avant toute signature de celui-ci sont approuvés et signés de la même manière que le corps de l'acte.

Les abréviations et acronymes ne sont pas autorisés hors les cas où la loi ou les règlements en admettent le principe. Le jour, le mois, l'année et l'heure de la naissance, de la reconnaissance, du mariage, du décès ou de l'accouchement d'un enfant sans vie, que l'acte constate, sont écrits en lettres. Le jour et l'année de naissance des personnes mentionnées dans les actes sont écrits en chiffres.

Le nom de la commune déléguée et celui de la commune nouvelle sont, le cas échéant, précisés pour chaque lieu et domicile figurant dans les actes.

Art. 7 Les pièces ayant permis d'établir un acte de l'état civil, les pièces constituant le dossier de mariage ainsi que les procurations qui doivent demeurer annexées aux actes de l'état civil sont déposées en fin d'année, selon le cas, au greffe du tribunal judiciaire dans le ressort duquel est située la commune ou aux archives dépendant du ministère des affaires étrangères.

Art. 8 Les mentions des actes de l'état civil apposées en marge d'autres actes de l'état civil énoncent la nature, la date et le lieu de l'événement qui a fait l'objet de l'acte mentionné ainsi que les principales énonciations de celui-ci. Elles énoncent également la date et le lieu de transcription ainsi que les références de l'acte lorsque celui-ci est détenu par le service central d'état civil du ministère des affaires étrangères.

Les mentions marginales relatives à un acte reçu, enregistré ou déposé par un notaire comprennent, en outre, le nom, la qualité de l'auteur de l'acte, le lieu et le numéro "CRPCEN" de l'office notarial.

Les mentions marginales des décisions judiciaires et administratives énoncent la nature, l'objet et la date de la décision ainsi que la désignation de l'autorité dont elle émane.

Toute mention marginale énonce, en outre, la date de son apposition ainsi que la qualité de l'officier de l'état civil qui a procédé à la mise à jour et, lorsqu'elle est manuscrite, signé la mention. La mention apposée en marge des actes détenus par les autorités diplomatiques et consulaires françaises et par le service central d'état civil énonce également le lieu d'apposition.

Les mentions et les instructions aux fins de mention sont transmises à l'officier de l'état civil par courrier ou par voie dématérialisée par l'intermédiaire de la plateforme de routage dédiée aux échanges de données de l'état civil prévue à l'article 43 et dans des conditions fixées par arrêté du garde des sceaux, ministre de la justice.

Art. 9 L'officier de l'état civil qui recueille le consentement d'un enfant majeur à la modification de son nom par suite du changement de sa filiation en dresse un acte inscrit à sa date dans le registre des naissances. Mention en est portée en marge des actes de l'état civil de l'intéressé et, le cas échéant, de ses enfants.

Pareille mention est portée lorsque le consentement est recueilli par un notaire.

Art. 9-1 *(Décr. n° 2019-136 du 27 févr. 2019, art. 1er, en vigueur le 1er mars 2019)* I. — Lorsque le parent de nationalité étrangère d'un enfant né à Mayotte demande à ce que soit portée la mention prévue à l'article 2495 du code civil, il produit à l'officier de l'état civil :

1° Un justificatif d'identité ;

2° Le titre de séjour sous couvert duquel il séjournait en France à la date de la naissance de l'enfant, parmi ceux mentionnés par arrêté du garde des sceaux, ministre de la justice, et en cas de renouvellement de ce titre dans la période de trois mois précédant la naissance de l'enfant, le titre de séjour précédemment détenu ;

3° Tous documents permettant de justifier de sa résidence ininterrompue en France depuis plus de trois mois à la date de la naissance ;

4° Un extrait d'acte de naissance de l'enfant, avec indication de la filiation, datant de moins de trois mois.

Si les pièces produites justifient qu'à la date de la naissance de l'enfant, le parent remplissait les conditions de résidence énoncées à l'article 2495 du code civil, l'officier de l'état civil appose la mention prévue à cet article en marge de l'acte de naissance de l'enfant. Lorsque l'acte de naissance est détenu par une autre commune, l'officier de l'état civil saisi, s'il estime que les pièces produites justifient que les conditions de résidence énoncées à l'article 2495 du même code sont remplies, avise, dans les conditions prévues au dernier alinéa de l'article 8, l'officier de l'état civil dépositaire de l'acte afin que ce dernier porte la mention prévue à l'article 2495 du même code en marge de cet acte. L'officier de l'état civil saisi joint à son avis la copie des pièces justificatives produites par le parent.

La mention portée en marge de l'acte de naissance de l'enfant énonce les prénoms et nom du parent ayant effectué la demande, le lieu d'exercice de l'officier de l'état civil ayant constaté que les conditions de résidence prévues à l'article 2495 du même code étaient réunies, ainsi que la date à laquelle il a effectué ce constat. Elle énonce également la date de son apposition, la qualité de l'officier de l'état civil qui y a procédé et, lorsqu'elle est manuscrite, qui l'a signée.

La copie des pièces produites par le parent, ainsi que, le cas échéant, l'avis mentionné au sixième alinéa, sont versés aux pièces annexes de l'acte de naissance.

II. – Si l'officier de l'état civil saisi estime que les pièces produites ne justifient pas que le parent remplissait les conditions de résidence prévues à l'article 2495 du code civil à la date de la naissance, il informe sans délai le parent de son refus d'apposer la mention prévue par le même article par décision motivée.

Dans un délai de deux mois à compter de la notification du refus, le parent peut le contester devant le procureur de la République, qui à peine d'irrecevabilité doit être saisi par lettre recommandée avec accusé de réception. Y sont jointes les pièces produites devant l'officier de l'état civil ainsi que, le cas échéant, tous documents de nature à justifier qu'à la date de la naissance de l'enfant, le parent remplissait les conditions de résidence prévues à l'article 2495 du même code.

Si ce dernier estime que les conditions légales sont remplies, il ordonne à l'officier de l'état civil dépositaire de l'acte de naissance de l'enfant de porter la mention prévue à l'article 2495 du même code en marge de cet acte et lui transmet, aux fins de conservation aux pièces annexes, copie des pièces justificatives fournies par l'auteur de la contestation. Il informe sans délai le parent l'ayant saisi de sa décision.

SECTION 2 *Registres des actes de l'état civil*

Art. 10 Sous réserve de la dispense prévue à l'article 12, les registres sont établis en double exemplaire.

Chaque année, l'officier de l'état civil dresse un procès-verbal d'ouverture pour chaque exemplaire de registres. Les actes de l'état civil sont tenus dans un registre unique ou dans plusieurs registres selon les catégories d'actes ou, pour les autorités diplomatiques ou consulaires, selon le pays de survenance de l'événement.

Les registres sont clos et arrêtés par l'officier de l'état civil à la fin de chaque année. Sauf dispense d'élaboration des registres en double exemplaire et sous réserve des dispositions spécifiques pour les actes établis par le service central d'état civil et les autorités diplomatiques et consulaires, un des exemplaires des registres est déposé aux archives de la commune, l'autre versé au greffe du tribunal judiciaire, dans le mois de leur clôture.

L'exemplaire déposé aux archives de la commune est conservé dans les conditions prévues aux articles L. 212-11 et L. 212-12 du code du patrimoine. L'exemplaire déposé au greffe est conservé pendant un délai de soixante-quinze ans avant versement aux archives départementales.

Les commandes des feuilles des registres de l'état civil se font auprès de l'Imprimerie des timbres-poste et des valeurs fiduciaires (www.itvf.net), chaque mairie ayant un mot de passe, et selon un calendrier de commandes.

Jusqu'au 31 déc. 2001, les préfectures commandaient pour le compte des communes les registres d'état civil, qui étaient financés sur des crédits du ministère de la Justice. La loi de finances pour 2002 a mis fin à la prise en charge par l'État des frais d'acquisition de ces registres et a transféré la ressource financière correspondante sur la dotation de solidarité rurale (DSR). La Circ. du 3 janv. 2002 du ministère de l'Intérieur, de la Sécurité intérieure et des Libertés locales indique la manière dont les communes acquièrent désormais directement les registres d'état civil auprès de l'Imprimerie des timbres-poste et des valeurs fiduciaires (ITVF). A la suite de la mise en œuvre de cette réforme, un certain nombre de petites communes se sont plaintes des conditions dans lesquelles l'ITVF facturait les frais de conditionnement et de gestion. Ces derniers sont en effet forfaitaires, et donc identiques quel que soit le nombre de feuillets commandés, ce qui pénalise les communes qui passent de petites commandes. Ce fait a été signalé par le ministère de l'Intérieur, de la Sécurité intérieure et des Libertés locales à l'ITVF, qui est consciente du problème. Une réunion sera organisée au mois de septembre avec l'entreprise publique afin d'examiner les voies d'amélioration possibles (modulation des frais d'envoi en fonction de l'importance des commandes, possibilités de commandes groupées). D'ores et déjà, les communes qui le souhaitent peuvent se grouper en désignant l'une d'entre elles pour passer leur commande. L'ITVF facturera alors la commande et livrera les feuillets à la commune qui aura passé la commande groupée, à charge pour cette dernière de répartir les feuillets entre les communes concernées et d'obtenir le remboursement des frais engagés pour le compte des autres communes. En ce qui concerne l'étalement des commandes appliqué par l'ITVF, celui-ci a été rendu nécessaire par la multiplicité de ses interlocuteurs, ceux-ci étant passés de cent à trente-six mille. Les réclamations des communes en la matière seront également examinées avec l'ITVF lors de la réunion qui se tiendra à la rentrée. * Rép. min. n° 00988, *JO Sénat 25 juill. 2002, p. 1703.*

SECTION 3 *Traitements automatisés des données de l'état civil*

Art. 11 Un traitement automatisé, hébergé par la commune ou, le cas échéant, par la commune déléguée peut être utilisé pour l'établissement des actes de l'état civil et pour les mises à jour résultant de l'apposition des mentions en marge de ces actes. Les données des actes de l'état civil établis par un procédé manuel peuvent être enregistrées ultérieurement par le traitement automatisé de la commune ou, le cas échéant, de la commune déléguée.

Le traitement automatisé mis en œuvre par la commune déléguée peut être hébergé par la commune nouvelle.

La commune peut déléguer l'hébergement du traitement automatisé de ses données de l'état civil ou d'une sauvegarde de ces données au département, à la région, à un établissement public de coopération intercommunale ou à toute personne morale de droit public de son choix.

La commune nouvelle peut déléguer, dans les mêmes conditions, l'hébergement du traitement automatisé des données de l'état civil de ses communes déléguées.

Toute utilisation mutualisée de traitement automatisé garantit que chaque commune n'a accès qu'aux données des actes de l'état civil dont elle est dépositaire. Toutefois cette disposition n'est pas applicable au sein des communes nouvelles, des communes fusionnées et des communes comportant des divisions administratives.

La commune ou le délégataire avec l'accord de la commune, peut confier l'hébergement du traitement automatisé à une personne morale de droit privé à la condition que celle-ci soit établie en France et que l'hébergement et la sauvegarde des données de l'état civil soient réalisés sur le territoire national. Dans ce cas, seule la commune ou son délégataire ont accès aux traitements automatisés, aux données de l'état civil associées et à leurs infrastructures techniques d'hébergement.

Les conditions techniques de sécurité, d'intégrité et de confidentialité des traitements automatisés des données de l'état civil et de leur hébergement sont fixées par arrêté du garde des sceaux, ministre de la justice.

Les données contenues dans les actes de l'état civil établis par les autorités diplomatiques et consulaires et par le service central d'état civil sont enregistrées dans un traitement automatisé hébergé par ce service.

Art. 12 Les données de l'état civil gérées dans les conditions prévues à l'article 11 peuvent servir à mettre en œuvre la procédure de vérification sécurisée des données à caractère personnel contenues dans les actes de l'état civil ainsi qu'à délivrer des copies intégrales et extraits de ces actes.

Art. 13 La commune, les autorités diplomatiques et consulaires et le service central d'état civil sont dispensés, en application de l'article 40 du code civil, d'établir le registre des actes de l'état civil en double exemplaire et, en conséquence, d'envoyer des avis de mention au greffe de la juridiction, s'ils disposent d'un traitement automatisé des données de l'état civil tenu conformément aux prescriptions de l'article 11 et répondant, en outre, aux conditions suivantes :

1° Permettre un délai de mise à jour des données inférieur à vingt-quatre heures ;

2° Être hébergé sur un site distinct de celui où sont tenus les registres des actes de l'état civil ;

3° Être mis en œuvre sur des infrastructures conservées dans des locaux répondant à des conditions de sécurité et de sûreté adaptées ;

4° Permettre le transfert du registre au service d'archives compétent.

La dispense légale d'élaboration des registres en double exemplaire prend effet au 1er janvier de l'année qui suit celle de la demande.

Dans un délai de deux mois précédant l'année de sa mise en œuvre, le maire de la commune, pris en sa qualité d'officier de l'état civil, atteste auprès du procureur de la République que le traitement automatisé répond aux exigences de sécurité requises et en informe le directeur des archives compétent. Le procureur de la République peut, à tout moment, avec le concours des services de sécurité des systèmes d'information du ministère de la justice et, le cas échéant, du directeur des archives compétent, procéder à un contrôle de conformité du dispositif de traitement et de son hébergement. En cas de non-respect des conditions requises, le procureur de la

République adresse une demande de mise en conformité assortie d'un délai de mise en œuvre qui ne peut excéder trois mois. A défaut de mise en conformité, le procureur de la République avise sans délai le maire que les conditions de la dispense légale d'élaboration en double exemplaire des registres ne sont pas remplies. La reconstitution du second registre de l'état civil est alors opérée dans les conditions et suivant la procédure décrite aux articles 14 et 15.

S'agissant des traitements automatisés des données des actes de l'état civil du ministère des affaires étrangères, le chef du service central d'état civil atteste, dans les mêmes conditions, du respect des exigences de sécurité requises auprès du procureur de la République du lieu où est établi ce service. Ce dernier peut, à tout moment, avec le concours des services de sécurité des systèmes d'information du ministère des affaires étrangères, effectuer un contrôle de conformité selon les modalités décrites à l'alinéa précédent dont les dispositions sont, pour le surplus, applicables.

Lorsqu'une mention doit être apposée en marge d'un acte de l'état civil dont les données ne sont pas enregistrées dans le traitement automatisé, l'officier de l'état civil peut soit procéder à l'enregistrement des données de l'acte et de ses mentions soit enregistrer l'avis de mention dans le traitement automatisé.

Les conditions techniques requises par le présent article ainsi que le modèle d'attestation de conformité du maire sont fixés par arrêté conjoint du garde des sceaux, ministre de la justice, du ministre des affaires étrangères et du ministre chargé de la culture.

SECTION 4 *Reconstitution des actes et des registres de l'état civil*

Art. 14 La reconstitution des actes et des registres de l'état civil relève de la compétence du tribunal judiciaire dans le ressort duquel l'acte ou le registre a été établi.

Sont toutefois seuls compétents :

1° Le tribunal judiciaire du lieu d'établissement du service central d'état civil du ministère des affaires étrangères, pour les actes détenus par ce service et ceux détenus par les autorités diplomatiques ou consulaires ;

2° Le tribunal judiciaire de Paris, pour les certificats tenant lieu d'acte de l'état civil à un réfugié, un apatride ou un bénéficiaire de la protection subsidiaire.

Art. 15 En cas de destruction ou perte d'une feuille vierge, l'officier de l'état civil indique, sur le procès-verbal de clôture du registre, le numéro de la feuille ainsi que les circonstances de l'incident. Les actes de l'état civil sont établis sur les feuilles portant les numéros qui suivent.

Au cas où une feuille contenant un ou plusieurs actes a été perdue, détruite ou rendue inexploitable, l'officier de l'état civil en avertit sans délai le procureur de la République territorialement compétent. Ce dernier autorise la reconstitution du ou des actes et donne toutes instructions utiles à cet effet.

En cas de destruction d'un registre, le procureur de la République sollicite du garde des sceaux, ministre de la justice, l'autorisation de reconstitution et l'engagement des dépenses.

S'agissant des actes ou des registres détenus par les autorités diplomatiques ou consulaires, le chef de poste avise sans délai le service central d'état civil qui en informe immédiatement le procureur la République compétent. Ce dernier autorise leur reconstitution et donne à ce service toutes instructions utiles à cet effet. S'agissant des actes ou des registres de l'état civil détenus par le service central d'état civil, ce dernier avertit sans délai le procureur de la République territorialement compétent afin qu'il autorise leur reconstitution et donne toutes instructions utiles à cet effet.

La reconstitution des actes ou des registres est réalisée par l'officier de l'état civil à partir du second exemplaire de ceux-ci ou des données contenues dans les traitements automatisés.

Le procureur de la République saisit par requête le tribunal judiciaire afin qu'il confère force probante aux actes ou registres reconstitués. Mention du jugement est portée en marge des actes reconstitués et copie de celui-ci est versée aux pièces annexes. Lorsque la reconstitution porte sur l'entier registre, copie du jugement donnant force probante aux actes est insérée en début de celui-ci et mention en est portée en marge de l'acte reconstitué, lorsqu'il est demandé une copie intégrale de celui-ci.

Lorsque la reconstitution de l'acte ou du registre ne peut être effectuée dans les conditions prévues au cinquième alinéa, celle-ci ne peut être opérée qu'en vertu d'un jugement supplétif rendu en application de l'article 46 du code civil, à la demande du procureur de la République ou de l'intéressé lui-même.

Art. 15-1 *(Décr. nº 2019-756 du 22 juill. 2019, art. 9)* Le notaire qui a reçu un acte de notoriété visé à l'article 46 du code civil est tenu d'en adresser dans le mois une copie authentique au greffe du tribunal judiciaire dans le ressort duquel est située la commune où se trouvait l'acte de l'état civil auquel il aura suppléé. Lorsque l'acte de l'état civil manquant était établi par les autorités diplomatiques, consulaires ou par le service central d'état civil du ministère des affaires étrangères, copie authentique de l'acte de notoriété est déposée dans le mois aux archives dépendant de ce ministère.

SECTION 5 *Transcription des actes consulaires étrangers*

Art. 16 Les actes de mariage reçus en France par les autorités diplomatiques ou consulaires étrangères et concernant des étrangers dont l'un au moins est devenu français après le mariage sont transcrits d'office ou à la demande des intéressés, sur les registres de l'état civil du lieu où le mariage a été célébré. Mention de la transcription est portée en marge de l'acte de naissance de chaque époux s'il est conservé sur un registre de l'état civil français. Le cas échéant, l'acte est préalablement transcrit dans les conditions prévues au premier alinéa de l'article 24.

CHAPITRE II *DISPOSITIONS RELATIVES AUX TABLES ANNUELLES ET DÉCENNALES DES ACTES DE L'ÉTAT CIVIL*

Art. 17 Il est établi, tous les ans, dans chaque commune, une table alphabétique des actes de l'état civil.

Il est établi tous les dix ans, à partir des tables annuelles, une table alphabétique pour chaque commune.

Sur les tables des registres, V. IGREC, nos 57 s.

Art. 18 Les tables annuelles sont établies soit à partir de fiches rédigées d'après les actes de l'état civil et classées par ordre alphabétique, soit à partir des données de l'état civil enregistrées dans le traitement automatisé.

Elles sont dressées par les officiers de l'état civil dans le mois qui suit la clôture du registre de l'année précédente et sont établies dans un ou plusieurs registres distincts.

Art. 19 Lorsque les tables annuelles sont établies dans un registre, elles recensent séparément, les unes à la suite des autres :

1° Les naissances, les reconnaissances, les adoptions ;

2° Les mariages ;

3° Les décès et les actes d'enfant sans vie.

Elles ne doivent comporter qu'un nom par ligne.

Art. 20 Lorsque les registres de l'état civil sont tenus en double exemplaire, les tables annuelles le sont également. Chaque exemplaire est certifié par l'officier de l'état civil chargé de son établissement. Un exemplaire est conservé par la commune ; l'autre déposé au greffe du tribunal judiciaire en même temps que le registre qu'il accompagne, dans les conditions prévues à l'article 10.

Lorsque la commune est dispensée d'établir un double du registre d'état civil en application de l'article 13, les tables annuelles sont établies en un exemplaire conservé par la commune dans les conditions prévues aux articles L. 212-11 et L. 212-12 du code du patrimoine.

Art. 21 Les tables décennales sont dressées par les officiers de l'état civil dans les six premiers mois de l'année suivant l'expiration de la période décennale.

Elles sont établies séparément les unes à la suite des autres :

1° Pour les naissances, les reconnaissances, les adoptions ;

2° Pour les mariages ;

3° Pour les décès et les actes d'enfants sans vie.

Elles ne doivent comporter qu'un nom par ligne.

Art. 22 Lorsque les registres de l'état civil sont tenus en double exemplaire, les tables décennales le sont également. Chaque exemplaire est certifié par l'officier de l'état civil chargé de son établissement. Un exemplaire est conservé par la commune ; l'autre versé au greffe du tribunal judiciaire, dès l'expiration du délai de six mois prévu à l'article 21, pour une durée de soixante-quinze ans avant versement aux archives départementales.

Lorsque la commune est dispensée d'établir un double du registre d'état civil en application de l'article 13, les tables décennales sont établies en un exemplaire conservé par la commune dans les conditions prévues aux articles L. 212-11 et L. 212-12 du code du patrimoine.

Art. 23 La naissance d'un enfant qui a lieu dans une commune ou un arrondissement d'une commune autre que celle ou celui du domicile du ou des parents est inscrite sur la table annuelle et la table décennale des actes de la commune ou de l'arrondissement de ce domicile.

A cet effet, l'officier de l'état civil qui a reçu l'acte de naissance ou de reconnaissance en avise, dans les trois jours, l'officier de l'état civil du lieu du domicile. Les avis indiquent les prénoms, nom, date et lieu de naissance de l'enfant, domicile du ou des parents et sont conservés jusqu'à l'établissement de la table annuelle. Ils sont alors réunis aux fiches mentionnées à l'article 18 ou enregistrés dans le traitement automatisé et font l'objet, en même temps, d'un classement unique alphabétique, en vue de la rédaction de la table.

CHAPITRE III *DISPOSITIONS PROPRES AUX ACTES ÉTABLIS PAR LE MINISTÈRE DES AFFAIRES ÉTRANGÈRES*

Art. 24 Les actes de l'état civil des personnes de nationalité française dressés en pays étranger par les autorités locales sont transcrits d'office ou à la demande des intéressés sur les registres de l'état civil de l'année courante tenus par les autorités diplomatiques ou consulaires territorialement compétentes. Cette transcription est mentionnée sommairement dans les fichiers tenus au ministère des affaires étrangères et dans les postes diplomatiques et consulaires.

Seules sont transcrites les énonciations qui sont portées dans les actes de l'état civil français correspondant.

Lorsque par suite de la rupture des relations diplomatiques ou de la fermeture du poste territorialement compétent, la transcription de l'acte de l'état civil étranger dans les registres de l'état civil français ne peut être faite dans les conditions prévues aux alinéas précédents, celle-ci est opérée par le service central d'état civil qui procède à sa mise à jour. Ce dernier peut délivrer des copies ou des extraits d'acte ou mettre en œuvre la procédure de vérification sécurisée des données à caractère personnel contenues dans les actes de l'état civil conformément aux dispositions du titre II. Les actes pris en dépôt par le ministère des affaires étrangères conformément aux dispositions antérieures à l'entrée en vigueur du décret n° 97-852 du 16 septembre 1997 sont transcrits selon les mêmes modalités à la demande des intéressés. Dès que les circonstances le permettent, le service central d'état civil adresse l'original des actes transcrits et les pièces annexes au représentant français à l'étranger ainsi que les actes restés en dépôt aux fins de transcription dans les conditions précitées.

TITRE II DISPOSITIONS CONCERNANT LA PUBLICITÉ DES ACTES DE L'ÉTAT CIVIL

Art. 25 La publicité des actes de l'état civil prévue à l'article 101-1 du code civil est déterminée par les dispositions du présent titre. Elle est assurée par la délivrance de copies intégrales et d'extraits d'actes de l'état civil ainsi que par la vérification sécurisée des données à caractère personnel contenues dans les actes de l'état civil, faite par les officiers de l'état civil des actes qu'ils détiennent.

Au sein d'une même commune comprenant des divisions administratives où sont détenus les registres de l'état civil de leur ressort ou au sein d'une commune nouvelle, les officiers de l'état civil peuvent délivrer, chacun dans leur circonscription ou dans leur commune déléguée, des copies intégrales et extraits des actes de l'état civil dressés ou transcrits dans l'ensemble de la commune ou de la commune nouvelle. Ces dispositions sont également applicables aux communes fusionnées avant l'entrée en vigueur de la loi n° 2010-1563 du 16 décembre 2010 portant réforme des collectivités territoriales.

Art. 26 Les actes de naissance, les actes de reconnaissance et les actes de mariage ainsi que les registres de l'état civil qui les contiennent, datant de moins de soixante-quinze ans, ne peuvent être directement consultés que par les agents de l'État habilités à cet effet et les personnes munies d'une autorisation écrite de l'administration des archives, conformément à l'article L. 213-3 du code du patrimoine. Au-delà de ce délai, l'accès de toute personne à ces actes et registres est régi par les dispositions du chapitre III du titre I du livre II du même code.

A l'exception des actes de décès dont la communication est de nature à porter atteinte, compte tenu des circonstances du décès, à la sécurité des personnes qui y sont désignées et qui est opérée conformément aux dispositions du 3° du I de l'article L. 213-2 du même code, les actes de décès sont librement communicables conformément à l'article L. 213-1 du code du patrimoine.

CHAPITRE I *LA DÉLIVRANCE DES COPIES INTÉGRALES ET DES EXTRAITS DES ACTES DE L'ÉTAT CIVIL*

Art. 27 Les copies intégrales et les extraits des actes de l'état civil portant la date de leur délivrance et revêtus de la signature et du sceau de l'autorité qui les a délivrés, font foi jusqu'à inscription de faux.

V. IGREC, 11 mai 1999, en Annexe, sur le principe de délivrance (nos 193 s.), le contenu (nos 194 s.) et la présentation matérielle (nos 195 s.) des copies et extraits, ainsi que les règles spéciales relatives aux copies (nos 197 s.) et aux extraits (nos 198 s.)

Art. 28 A moins qu'il n'en soit disposé autrement, la durée de la validité des copies intégrales et extraits des actes de l'état civil n'est pas limitée.

Art. 29 La délivrance des copies intégrales et des extraits des actes de l'état civil est gratuite.

Les demandes de copie intégrale ou d'extrait d'acte sont faites sur place, par courrier ou par télé-service mis en place par l'État ou les communes.

Les demandes d'actes sont conservées pendant une durée d'un an. Celles-ci font l'objet d'un enregistrement lorsque la commune dispose d'un traitement automatisé.

La demande d'extrait sans indication de la filiation des actes de naissance ou de mariage indique les date et lieu de naissance ou de mariage ainsi que les nom et prénoms du ou des personnes auxquelles l'acte se rapporte.

La demande de copie intégrale ou d'extrait avec indication de la filiation d'un acte de naissance indique les nom, prénoms, date et lieu de naissance de la personne à laquelle l'acte se rapporte ainsi que les nom et prénom usuel de ses parents. La demande de copie intégrale ou d'extrait avec indication de la filiation d'un acte de mariage précise, en outre, la date et le lieu du mariage.

La demande de copie intégrale d'un acte de reconnaissance indique les nom, prénoms du déclarant ainsi que la date et le lieu de la reconnaissance.

La demande de copie intégrale d'un acte de décès ou d'un acte d'enfant sans vie indique les nom et prénoms du défunt ou de la mère ainsi que la date et le lieu du décès ou de l'accouchement.

En cas de doute sur l'identité ou la qualité du demandeur, l'officier de l'état civil est fondé à solliciter toutes pièces justificatives.

Les copies intégrales et les extraits d'acte sont remis ou adressés directement par courrier au demandeur par l'officier de l'état civil dépositaire des actes.

Art. 30 Les copies intégrales des actes de naissance et des actes de mariage peuvent être délivrées à la personne à laquelle l'acte se rapporte à la condition qu'elle soit majeure ou émancipée ainsi qu'à ses ascendants, ses descendants, son conjoint, son partenaire lié par un pacte civil de solidarité, son représentant légal et aux personnes justifiant d'un mandat écrit ou du dispositif de la décision d'habilitation familiale prise en application de l'article 494-1 du code civil.

Les copies intégrales des actes de reconnaissance peuvent en outre être délivrées aux héritiers de l'enfant.

L'avocat peut obtenir la copie intégrale des actes de l'état civil que son client est légalement fondé à requérir.

Les copies intégrales peuvent être aussi délivrées au procureur de la République, à l'officier de l'état civil, aux autorités mentionnées aux articles 26-1 et 31 du code civil compétentes pour enregistrer les déclarations d'acquisition de la nationalité française et délivrer les certificats de nationalité française, au notaire et, dans les cas où les lois et règlements les y autorisent et en référence expresse à ceux-ci, aux administrations publiques.

Les généalogistes qui procèdent à des recherches en application de l'article 36 de la loi n° 2006-728 du 23 juin 2006 portant réforme des successions et des libéralités ou des dispositions de la loi n° 2014-617 du 13 juin 2014 relative aux comptes bancaires inactifs et aux contrats d'assurance vie en déshérence peuvent également obtenir une copie intégrale des actes de l'état civil, sous réserve qu'ils justifient de l'autorisation de consultation des actes de l'état civil délivrée par l'administration des archives et qu'ils soient porteurs d'un mandat ou d'une demande émanant d'un notaire, d'un organisme d'assurance ou de toute autre personne ayant un intérêt direct et légitime.

Les copies intégrales des actes de décès et des actes d'enfant sans vie peuvent être délivrées à toute personne. Toutefois, lorsque la communication des informations figurant dans l'acte de décès est de nature à porter atteinte, compte tenu des circonstances du décès, à la sécurité des personnes désignées dans l'acte, le procureur de la République peut limiter la délivrance des copies intégrales de l'acte aux personnes mentionnées aux alinéas précédents ainsi qu'aux ayants droit du défunt, à la condition qu'ils justifient des nom et prénoms usuels des parents de celui-ci.

Les autres personnes ainsi que les généalogistes intervenant hors les cas prévus au cinquième alinéa, ne peuvent obtenir la copie intégrale d'un acte de naissance, d'un acte de reconnaissance, d'un acte de mariage et d'un acte de décès qu'en vertu d'une autorisation du procureur de la République. En cas de refus de celui-ci, ils peuvent saisir le président du tribunal judiciaire qui statue par ordonnance de référé.

Art. 31 Les actes de naissance et les actes de mariage peuvent être délivrés sous la forme d'extrait avec ou sans indication de la filiation.

Art. 32 Les extraits, avec indication de la filiation, des actes de naissance ou de mariage précisent les nom, prénoms, date et lieu de naissance des parents de la personne à laquelle l'acte se rapporte. Ils peuvent être délivrés à celle-ci si elle est majeure ou émancipée ainsi qu'à ses ascendants, ses descendants, son conjoint, son partenaire lié par un pacte civil de solidarité, son représentant légal et aux personnes justifiant d'un mandat écrit ou du dispositif de la décision d'habilitation familiale prévue à l'article 494-1 du code civil.

L'avocat peut obtenir l'extrait, avec indication de la filiation, des actes de l'état civil que son client est légalement fondé à requérir.

Ces extraits peuvent être aussi délivrés au procureur de la République, à l'officier de l'état civil, aux autorités mentionnées aux articles 26-1 et 31 du code civil compétentes pour enregistrer les déclarations d'acquisition de la nationalité française et délivrer les certificats de nationalité française, au notaire et, dans les cas où les lois et règlements les y autorisent et en référence expresse à ceux-ci, aux administrations publiques.

Les généalogistes qui procèdent à des recherches en application de l'article 36 de la loi n° 2006-728 du 23 juin 2006 portant réforme des successions et des libéralités ou de la loi n° 2014-617 du 13 juin 2014 relative aux comptes bancaires inactifs et aux contrats d'assurance vie en déshérence peuvent également obtenir un extrait, avec indication de la filiation, des actes de naissance et des actes de mariage sous réserve qu'ils justifient de l'autorisation de consultation des actes de l'état civil délivrée par l'administration des archives et qu'ils soient porteurs d'un mandat ou d'une demande émanant d'un notaire, d'un organisme d'assurance ou de toute autre personne ayant un intérêt direct et légitime.

Les autres personnes ainsi que les généalogistes intervenant hors le cas prévu au quatrième alinéa ne peuvent se voir délivrer ces extraits que dans les conditions prévues au septième alinéa de l'article 30.

Art. 33 Les dépositaires des registres sont tenus de délivrer à tout requérant les extraits des actes de naissance et des actes de mariage sans indication de la filiation.

Les extraits d'acte de naissance sans indication de la filiation mentionnent, sans autres renseignements, le jour, le mois, l'année, l'heure et le lieu de naissance, le sexe, les prénoms et le nom de l'enfant et, le cas échéant, la déclaration conjointe relative au nom de celui-ci, tels que ces éléments résultent des énonciations de l'acte de naissance et des mentions portées en marge de celui-ci. Ils reproduisent, en outre, les mentions de mariage, de divorce, de séparation de corps à moins que celle-ci ne soit suivie d'une reprise de la vie commune, de conclusion, modification ou dissolution d'un pacte civil de solidarité et de décès ; à la demande du requérant, l'extrait peut comporter l'ensemble de ces mentions. Les mentions relatives à la nationalité française qui ont été portées en marge de l'acte de naissance sont reproduites sur l'extrait de l'acte dans les conditions prévues à l'article 28-1 du code civil.

Les extraits d'acte de mariage indiquent, sans autres renseignements, le jour, le mois et l'année du mariage ainsi que les noms et prénoms, dates et lieux de naissance des époux, tels qu'ils résultent des énonciations de l'acte de mariage et des mentions portées en marge de celui-ci. Ils reproduisent les énonciations et mentions relatives au régime matrimonial ainsi que les mentions de divorce ou de séparation de corps ainsi que de reprise de la vie commune.

Art. 34 Les copies intégrales et extraits, avec ou sans indication de la filiation, d'actes de l'état civil peuvent être demandés directement à l'officier de l'état civil dépositaire de l'acte par une administration, un service, un établissement public, un organisme, une caisse contrôlée par l'État ou un autre officier de l'état civil, en charge de l'instruction d'un dossier administratif, dès lors que celui-ci ou celle-ci est légalement fondé à requérir ces actes des usagers et sous réserve que ces derniers en aient été préalablement informés.

Ces dispositions ne sont pas applicables lorsque la procédure de vérification sécurisée des données à caractère personnel contenues dans les actes de l'état civil prévue au chapitre II du présent titre peut être mise en œuvre par voie électronique.

Les copies et extraits, avec ou sans indication de la filiation, d'actes de l'état civil régulièrement détenus par une administration, un service, un établissement public, ou par une entreprise, un organisme ou une caisse contrôlés par l'État sont communicables, sur leur demande, à l'un quelconque de ces organismes dans les cas où celui-ci est légalement fondé à les requérir des usagers.

Art. 35 Lorsqu'en marge d'un acte de naissance figure une mention "RC", les copies intégrales et les extraits de l'acte indiquent qu'une inscription a été prise au répertoire civil et reproduisent son numéro.

Lorsque ces mentions sont radiées, elles ne sont indiquées sur les copies intégrales et les extraits de l'acte que sur autorisation du procureur de la République.

Art. 36 Lorsqu'une mention a été apposée à tort en marge d'un acte de l'état civil, les copies intégrales et les extraits de l'acte n'y font référence que sur autorisation du procureur de la République.

Art. 37 Lorsqu'un enfant a fait l'objet d'une adoption plénière, d'une légitimation adoptive ou de toute autre adoption comportant rupture des liens avec la famille d'origine, les extraits d'acte de naissance le concernant, avec indication de la filiation, indiquent comme parents les adoptants sans aucune référence au jugement d'adoption.

En cas d'adoption simple, les extraits d'acte de naissance avec indication de la filiation mentionnent, outre les parents d'origine, les parents adoptifs et font référence au jugement d'adoption.

En cas de légitimation adoptive ou d'adoption comportant rupture des liens avec la famille d'origine, la copie intégrale de l'acte de naissance délivrée ne contient que les indications prévues au troisième alinéa de l'article 354 du code civil. Une copie intégrale de l'acte portant mention de l'adoption n'est délivrée qu'à la demande de l'adopté ou de l'adoptant et sur autorisation du procureur de la République.

Art. 38 *(Décr. n° 2022-290 du 1er mars 2022, art. 4)* En cas de mention de rectification d'une erreur ou d'une omission relative au sexe de la personne à laquelle l'acte se rapporte, et, le cas échéant, à son ou ses prénoms, les copies intégrales délivrées ne font apparaître la mention de cette erreur ou de cette omission ainsi que sa rectification que sur autorisation du procureur de la République.

Les dispositions issues du Décr. n° 2022-290 du 1er mars 2022 s'appliquent aux copies intégrales des actes de l'état civil délivrées à compter de l'entrée en vigueur dudit décret, quelle que soit la date de l'acte et de sa rectification (Décr. préc., art. 5).

Art. 38-1 *(Décr. n° 2019-136 du 27 févr. 2019, art. 1er, en vigueur le 1er mars 2019)* La mention prévue à l'article 2495 du code civil ne figure sur les copies intégrales et les extraits de l'acte de naissance que sur demande de la personne à laquelle l'acte se rapporte ou, s'il est mineur, sur demande de son représentant légal. Le procureur de la République peut toujours obtenir la copie intégrale ou l'extrait de l'acte de naissance portant cette mention.

CHAPITRE II *LA VÉRIFICATION SÉCURISÉE DES DONNÉES À CARACTÈRE PERSONNEL CONTENUES DANS LES ACTES DE L'ÉTAT CIVIL*

SECTION 1 *Dispositions générales*

Art. 39 Pour l'instruction de leurs dossiers et dès lors qu'ils sont fondés à requérir des actes de l'état civil, les administrations, services et établissements publics de l'État ou des collectivités territoriales, les caisses et organismes gérant des régimes de protection sociale peuvent faire procéder à la vérification des données de l'état civil fournies par l'usager auprès des officiers de l'état civil dépositaires de ces actes.

La procédure de vérification peut également, aux mêmes conditions, être mise en œuvre par les notaires, les officiers de l'état civil ainsi que par les personnes habilitées à exercer les fonctions d'officier de l'état civil auprès de l'Office français de protection des réfugiés et apatrides.

Lorsqu'elle est mise en œuvre, la procédure de vérification dispense la personne intéressée de la production de la copie intégrale ou de l'extrait d'acte de l'état civil.

Art. 40 La demande de vérification est formée par l'administration, l'organisme instructeur, l'officier de l'état civil ou le notaire à partir des informations recueillies auprès de l'usager ou du client, sous réserve que celui-ci en ait été préalablement informé.

Art. 41 L'officier de l'état civil saisi vérifie la conformité des informations reçues à celles contenues dans l'acte de l'état civil qu'il détient. Il peut, le cas échéant, les compléter ou les rectifier dans les limites de la demande qui lui est adressée.

Il atteste, par l'apposition de sa signature manuscrite ou électronique sécurisée selon le type d'échanges retenu, de la conformité des informations vérifiées à celles contenues dans l'acte de l'état civil.

Art. 42 La demande de vérification et la réponse qu'elle appelle peuvent être communiquées à leur destinataire par lettre simple ou par voie électronique.

SECTION 2 *Dispositions propres à la procédure de vérification sécurisée par voie électronique*

Art. 43 Lorsqu'elles sont échangées par voie électronique, les demandes de vérification et les réponses qu'elles appellent sont réalisées dans des conditions qui garantissent l'intégrité des informations échangées, la sécurité et la confidentialité de la transmission, l'identité et la fonction de l'expéditeur et celles du destinataire.

Les demandes de vérification et les réponses à ces demandes sont transmises par l'intermédiaire d'une plate-forme sécurisée de routage dédiée aux échanges de données de l'état civil exploitée par l'agence nationale des titres sécurisés sous la maîtrise d'ouvrage du garde des sceaux, ministre de la justice.

L'utilisation de la plate-forme d'échange est gratuite pour les communes. Les certificats électroniques qualifiés sont fournis par l'agence dans les mêmes conditions de gratuité.

Les caractéristiques techniques de la procédure de communication électronique des données de l'état civil sont définies par arrêté du garde des sceaux, ministre de la justice.

Sur la procédure de vérification par voie électronique, V. Arr. du 19 janv. 2016 relatif aux échanges par voie électronique des données à caractère personnel contenues dans les actes d'état civil, v° Dématérialisation des actes de l'état civil.

....

TITRE V **DISPOSITIONS DIVERSES ET FINALES**

....

CHAPITRE II ***DISPOSITIONS RELATIVES À L'OUTRE-MER***

Art. 57 I. — Pour l'application du présent décret en Guyane et en Martinique :

1° Les références aux archives départementales sont remplacées par les références aux archives de chacune de ces deux collectivités territoriales ;

2° Les références au département et à la région sont remplacées par les références à la Guyane ou à la Martinique.

II. — Pour l'application du présent décret à Saint-Barthélemy et à Saint-Martin :

1° Les références à la commune, à la commune déléguée, à la commune nouvelle, aux établissements publics de coopération intercommunale, au département et à la région sont remplacés par les références aux collectivités d'outre-mer de Saint-Barthélemy ou de Saint-Martin ;

2° A l'article 10, les mots : "archives départementales" sont remplacés par les mots : "service de la collectivité chargé des archives" ;

3° A l'article 13, les mots : "directeur des archives départementales" sont remplacés par les mots : "personne en charge du contrôle scientifique et technique de l'État sur les archives".

III. — Pour l'application du présent décret à Saint-Pierre-et-Miquelon :

1° Les références au tribunal judiciaire sont remplacées par des références au tribunal de première instance ;

2° A l'article 10, les mots : "archives départementales" sont remplacés par les mots : "service de la collectivité chargé des archives" ;

3° A l'article 13, les mots : "directeur des archives départementales" sont remplacés par les mots : "personne en charge du contrôle scientifique et technique de l'État sur les archives" ;

4° Les références au département et à la région sont remplacées par les références à Saint-Pierre-et-Miquelon ;

5° Les références au numéro CRPCEN sont remplacées par les références au numéro d'affiliation de l'office notarial au régime local de sécurité sociale.

IV. — Outre les dispositions des articles 1er à 44, 46 à 51, 54, 55 et 59 qui sont applicables de plein droit, les dispositions des articles 53, 56 et 60 du présent décret sont applicables en Polynésie française, sous réserve des adaptations suivantes :

1° Les références au tribunal judiciaire sont remplacées par des références au tribunal de première instance ;

2° Les références au code du patrimoine sont remplacées par les références aux textes applicables localement ;

3° A l'article 10, les mots : "L'exemplaire déposé aux archives de la commune est conservé dans les conditions prévues aux articles L. 212-11 et L. 212-12 du code du patrimoine" sont supprimés et les mots : "versement aux archives départementales" sont remplacés par les mots : "versement au service de la collectivité chargé des archives" ;

4° A l'article 13, les mots : "et en informe le directeur des archives départementales" et les mots : "et du directeur des archives départementales" sont supprimés ;

5° Les références à l'article L. 264-2 du code de l'action sociale et des familles sont remplacées par les références à la réglementation applicable localement en matière d'élection de domicile ;

6° Les références au numéro CRPCEN sont remplacées par les références au numéro d'affiliation de l'office notarial au régime local de sécurité sociale.

V. – Le I de l'article D. 2573-7 du code général des collectivités territoriales est complété par la phrase suivante :

L'article R. 2122-10 est applicable dans sa rédaction issue du décret n° 2017-890 du 6 mai 2017.

VI. – Outre les dispositions des articles 1er à 44, 50, 51, 54, 55 et 59 qui sont applicables de plein droit, les dispositions des articles 46 à 49, 56 et 60 du présent décret sont applicables à Wallis-et-Futuna, sous réserve des adaptations suivantes :

1° Les références au tribunal judiciaire sont remplacées par des références au tribunal de première instance ;

2° A l'article 10, les mots : "L'exemplaire déposé aux archives de la commune est conservé dans les conditions prévues aux articles L. 212-11 et L. 212-12 du code du patrimoine" sont supprimés et les mots : "versement aux archives départementales" sont remplacés par les mots : "versement au service de la collectivité chargé des archives" ;

3° A l'article 13, les mots : "directeur des archives départementales" sont remplacés par les mots : "personne en charge du contrôle scientifique et technique de l'État sur les archives".

4° Les références à la commune, à la commune déléguée, à la commune nouvelle, aux établissements publics de coopération intercommunale, au département et à la région sont remplacés par les références à la collectivité d'outre-mer de Wallis-et-Futuna ;

5° Les références à l'article L. 264-2 du code de l'action sociale et des familles sont remplacées par les références à la réglementation applicable localement en matière d'élection de domicile ;

6° Les références au numéro CRPCEN sont supprimées.

VII. – A l'article 1575 du code de procédure civile, les mots compris entre : "dans sa rédaction résultant du décret" et :", à l'exception des dispositions" sont remplacés par les mots : "n° 2017-890 du 6 mai 2017".

Art. 58 I. – Pour l'application du présent décret à Mayotte :

1° Une copie informatisée des registres des actes de l'état civil de droit commun et de ceux comportant les actes de l'état civil de droit local est conservée au greffe du tribunal judiciaire de Mamoudzou. Il ne peut être délivré à partir de celle-ci de copies intégrales ni d'extraits d'actes ;

2° Les références au numéro CRPCEN sont remplacées par les références au numéro d'affiliation de l'office notarial au régime local de sécurité sociale.

II. – Les dispositions du présent décret, à l'exception de celles du chapitre II du titre II, sont applicables aux actes de l'état civil de droit local à Mayotte. Pour cette application, il est fait référence aux règles du statut civil de droit local.

III. – Les articles 1er à 5 et 7 à 14 du décret n° 2000-1262 du 26 décembre 2000 portant application de l'ordonnance n° 2000-219 du 8 mars 2000 et relatif aux actes de l'état civil et au livret de famille à Mayotte sont abrogés.

Décret n° 2022-676 du 26 avril 2022,

Autorisant la création d'un moyen d'identification électronique dénommé "Service de garantie de l'identité numérique" (SGIN) et abrogeant le décret n° 2019-452 du 13 mai 2019 autorisant la création d'un moyen d'identification électronique dénommé "Authentification en ligne certifiée sur mobile".

CHAPITRE I ***DISPOSITIONS AUTORISANT LA CRÉATION D'UN TRAITEMENT DE DONNÉES À CARACTÈRE PERSONNEL DÉNOMMÉ "SERVICE DE GARANTIE DE L'IDENTITÉ NUMÉRIQUE"***

Art. 1er Le ministre de l'intérieur (secrétariat général) et l'Agence nationale des titres sécurisés (ANTS) sont conjointement autorisés à mettre en œuvre un traitement automatisé de données à caractère personnel dénommé "Service de garantie de l'identité numérique" (SGIN).

Ce traitement a pour finalité de mettre à disposition des titulaires d'une carte nationale d'identité comportant le composant électronique mentionné à l'article 1-1 du décret du 22 octobre 1955 susvisé un moyen d'identification électronique leur permettant de s'identifier et de s'authentifier auprès d'organismes publics ou privés grâce à une application qu'ils installent sur leur équipement terminal de communications électroniques permettant la lecture sans contact de ce composant.

L'application permet à l'usager, notamment, de générer des attestations électroniques comportant les seuls attributs d'identité dont il estime la transmission nécessaire aux tiers de son choix.

Art. 2 Peuvent être traitées et enregistrées dans le traitement mentionné à l'article 1er les données à caractère personnel suivantes :

1° Données permettant l'identification de l'usager :

a) Le nom ;

b) Le nom d'usage ;

c) Le(s) prénom(s) ;

d) La date de naissance ;

e) Le lieu de naissance ;

f) La nationalité ;

g) Le sexe ;

h) L'adresse postale extraite du composant électronique du titre ;

i) Le cas échéant, l'adresse postale renseignée par l'usager ;

j) La photographie de l'usager extraite du composant électronique du titre ;

k) L'adresse de courrier électronique ;

l) Le cas échéant, le numéro d'appel de l'équipement terminal de communications électroniques renseigné par l'usager ;

2° Données permettant l'identification du titre détenu par l'usager :

a) Le numéro et le type de titre ;

b) La date de délivrance ;

c) La date d'expiration ;

d) Le statut de validité du titre (valide/invalide/inconnu) ;

3° Données relatives à l'historique des transactions réalisées par l'usager, dans la limite d'un nombre maximal de transactions déterminé par les responsables de traitement :

a) Le destinataire des données d'identification personnelle de l'usager ;

b) La catégorie de la transaction ;

c) Le statut de la transaction ;

d) Le cas échéant, la durée de validité des données d'identification personnelle de l'usager transmises ;

e) Le cas échéant, le motif de la transmission des données d'identification personnelle de l'usager ;

f) L'horodatage de la transaction ;

4° L'identifiant de l'équipement terminal de communications électroniques.

Art. 3 I. — Peuvent accéder, à raison de leurs attributions et dans la limite du besoin d'en connaître, aux données et informations conservées sur le serveur des responsables du traitement en application du I de l'article 4, les agents des services du secrétariat général du ministère de l'intérieur et de l'Agence nationale des titres sécurisés chargés de la maîtrise d'ouvrage et de la maîtrise d'œuvre du traitement mentionné à l'article 1er, individuellement désignés et spécialement habilités par leur directeur.

II. — Lorsque les usagers s'identifient et s'authentifient électroniquement pour accéder à des services en ligne, peuvent être destinataires, dans la limite du besoin d'en connaître :

1° Le téléservice FranceConnect pour les seules données mentionnées aux *a* à *e*, au *g* et au *k* du 1° de l'article 2 ;

2° Les fournisseurs de téléservices liés par convention à FranceConnect, auxquels FranceConnect transmet, sans les modifier, les données mentionnées aux *a* à *e*, au *g* et au *k* du 1° de l'article 2 ;

3° Les fournisseurs de téléservices liés par convention au ministère de l'intérieur et à l'Agence nationale des titres sécurisés pour les seules données mentionnées aux *a* à *h* et au *k* du 1° de l'article 2.

Les responsables du traitement rendent publique la liste actualisée des fournisseurs de téléservices mentionnés au 2° et 3° du présent II.

Art. 4 I. — A l'exception de celles mentionnées au 3° de l'article 2, les données sont stockées sur le serveur géré par les responsables du traitement. Elles sont conservées pendant cinq ans à compter de la dernière vérification d'identité de l'usager du moyen d'identification électronique. Elles sont effacées de ce serveur dès lors que l'usager supprime son moyen d'identification électronique ou qu'il désinstalle l'application mobile de son équipement terminal de communications électroniques.

II. — Les données mentionnées à l'article 2 sont stockées sur l'équipement terminal de communications électroniques de l'usager.

A l'exception de celles mentionnées au 3° de l'article 2, ces données sont chiffrées par les responsables de traitement. Elles ne sont déchiffrées et accessibles que lorsque l'usager utilise l'application installée sur son équipement terminal.

Ces données stockées sur l'équipement terminal de l'usager sont conservées pendant un délai de cinq ans au plus, à compter de la dernière vérification d'identité de l'usager du moyen d'identification électronique.

III. — Les données stockées sur le serveur géré par les responsables du traitement et sur l'équipement terminal de l'usager sont automatiquement supprimées à l'issue d'un délai de deux mois si l'usager ne mène pas à son terme la création du moyen d'identification électronique.

Elles sont automatiquement supprimées à l'issue d'une période d'inactivité du moyen d'identification électronique de deux ans.

Art. 5 Les opérations de création, de consultation, d'utilisation, de révocation et de suppression du moyen d'identification électronique font l'objet d'un enregistrement comprenant l'identifiant de l'auteur, la date, l'heure et l'objet de l'opération. Les informations relatives à ces opérations sont conservées pendant trois ans dans le serveur géré par les responsables du traitement et ne peuvent être consultées, par les personnes mentionnées au I de l'article 3, qu'à la demande de l'usager ou, en cas de litige, après l'en avoir informé.

Art. 6 Les droits d'information, d'accès, de rectification et le droit à la limitation du traitement s'exercent auprès des responsables du traitement dans les conditions prévues aux articles 13, 15, 16, 18 et 26 du règlement (UE) 2016/679 du 27 avril 2016 susvisé.

CHAPITRE II *DISPOSITIONS MODIFIANT LE DÉCRET N° 2016-1460 DU 28 OCTOBRE 2016*

Art. 7 *Modifications du Décr. n° 2016-1460, art. 3. — V. supra.*

CHAPITRE III *DISPOSITIONS ABROGEANT LE DÉCRET N° 2019-452 DU 13 MAI 2019 AUTORISANT LA CRÉATION D'UN MOYEN D'IDENTIFICATION ÉLECTRONIQUE DÉNOMMÉ "AUTHENTIFICATION EN LIGNE CERTIFIÉE SUR MOBILE"*

Art. 8 Le décret n° 2019-452 du 13 mai 2019 autorisant la création d'un moyen d'identification électronique dénommé "Authentification en ligne certifiée sur mobile" est abrogé.

RESSOURCES HUMAINES

V. RGPD, art. 9 et 88.

V. C. civ., art. 9 (vie privée, spéc. jur. 66), supra, II. Textes complémentaires.

V. C. trav., art. L. 1121-1 (jur. 3 s., 46, 47), L. 1222-4 (jur. 2, 4), infra.

V. Avis du G29 nº 2/2017 (WP 249) du 8 juin 2017 sur le traitement des données sur le lieu de travail, App., vº CEPD.

V. CNIL, Délib. nº 2019-001 du 10 janv. 2019 portant règlement type relatif à la mise en œuvre de dispositifs ayant pour finalité le contrôle d'accès par authentification biométrique aux locaux, aux appareils et aux applications informatiques sur les lieux de travail (JO 28 mars).

BIBL. ▸ GREVY, *Dr. soc. 1995. 329* (vidéosurveillance). - MAZARS, *RDT 2018. 143* (la mise en œuvre du RGPD : un renfort pour les droits des salariés ?). - MARGUÉNAUD, *RTD civ. 2019. 815* (la surveillance par des caméras cachées de caissières soupçonnées de fraude - CEDH, gr. ch., 17 oct. 2019, nº 1874/13). - PÉRONNE, *Dalloz IP/IT 2020. 356* (la protection des données personnelles au défi du droit à la preuve). - DABOSVILLE, *RDT 2020. 122* (vidéosurveillance cachée sur les lieux de travail : l'aveuglement de la Cour européenne des droits de l'homme - CEDH 17 oct. 2019, nº 1874/13). - LOISEAU, *D. 2021. 117* (la recevabilité de la preuve illicite). - KEIM-BAGOTET et MOIZARD, *Rev. trav. 2021. 1* (santé au travail et pandémie : les droits du salarié en recul ?). - GOUTTENOIRE, *ibid. 2021. 18* (le régime du contrôle du télétravailleur par la donnée. A propos des questions/réponses de la CNIL sur le télétravail du 12 novembre 2020). - TRASSOUDAINE-VERGER, *Dr. soc. 2021. 21* (la preuve et la protection des données : nouvelle orientation donnée par la Cour de cassation. Avis complémentaire après consultation de la CNIL). - MRAOUAHI, *RDT 2021. 199* (preuve et protection des données personnelles : l'illicéité n'emporte pas toujours l'irrecevabilité). - ADAM, *Dr. soc. 2021. 645* (mesure d'instruction *in futurum*, vie personnelle et droit à la preuve - Géométrie d'un triangle juridique - A propos de Soc. 16 mars 2021, nº 19-21.063). - DAOUD et MARBACH, *Dalloz IP/ IT 2021. 268* (pratique : protection des données à caractère personnel et gestion RG dans le contexte de la crise sanitaire). - COUËDEL, *D. actu. 9 juill. 2021* (inopposabilité au salarié d'enregistrements issus d'une vidéosurveillance continue).

Code pénal

PREMIÈRE PARTIE : *LÉGISLATIVE*

LIVRE II **DES CRIMES ET DÉLITS CONTRE LES PERSONNES**

TITRE II DES ATTEINTES À LA PERSONNE HUMAINE

CHAPITRE VI *DES ATTEINTES À LA PERSONNALITÉ*

SECTION 1 *De l'atteinte à la vie privée*

V. art. 226-1 à 226-7 et R. 226-1 à R. 226-12, supra, Partie II - Textes complémentaires.

....

SECTION 4 *De l'atteinte au secret*

....

§ 2 *De l'atteinte au secret des correspondances*

V. art. 226-15, supra, Partie II - Textes complémentaires.

SECTION 5 *Des atteintes aux droits de la personne résultant des fichiers ou des traitements informatiques*

V. art. 226-16 s., R. 625-10 s. ss. L. nº 78-17 du 6 janv. 1978, art. 40.

....

LIVRE IV DES CRIMES ET DÉLITS CONTRE LA NATION, L'ÉTAT ET LA PAIX PUBLIQUE

TITRE III DES ATTEINTES À L'AUTORITÉ DE L'ÉTAT

CHAPITRE II *DES ATTEINTES À L'ADMINISTRATION PUBLIQUE COMMISES PAR DES PERSONNES EXERÇANT UNE FONCTION PUBLIQUE*

SECTION 2 *Des abus d'autorité commis contre les particuliers*

....

§ 4 *Des atteintes au secret des correspondances*

Art. 432-9 **Le fait, par une personne dépositaire de l'autorité publique ou chargée d'une mission de service public, agissant dans l'exercice ou à l'occasion de l'exercice de ses fonctions ou de sa mission, d'ordonner, de commettre ou de faciliter, hors les cas prévus par la loi, le détournement, la suppression ou l'ouverture de correspondances ou la révélation du contenu de ces correspondances, est puni de trois ans d'emprisonnement et de 45 000 € d'amende.**

Est puni des mêmes peines le fait, par une personne visée à l'alinéa précédent ou un agent *(L. n° 2004-669 du 9 juill. 2004, art. 121)* **« d'un exploitant de réseaux ouverts au public de communications électroniques » ou d'un fournisseur de services de télécommunications, agissant dans l'exercice de ses fonctions, d'ordonner, de commettre ou de faciliter, hors les cas prévus par la loi, l'interception ou le détournement des correspondances émises, transmises ou reçues par la voie des télécommunications, l'utilisation ou la divulgation de leur contenu.** – *Civ. 25.*

Code du travail

Les annotations de jurisprudence ont été reprises du **Code du travail Dalloz**.

PREMIÈRE PARTIE : *LÉGISLATIVE*

PREMIÈRE PARTIE *LES RELATIONS INDIVIDUELLES DE TRAVAIL*

LIVRE I DISPOSITIONS PRÉLIMINAIRES

TITRE II DROITS ET LIBERTÉS DANS L'ENTREPRISE

CHAPITRE UNIQUE

Art. L. 1121-1 **Nul ne peut apporter aux droits des personnes et aux libertés individuelles et collectives de restrictions qui ne seraient pas justifiées par la nature de la tâche à accomplir ni proportionnées au but recherché.** – *[Anc. art. L. 120-2.]*

V. Circ. DRT n° 93-10 du 15 mars 1993 relative à l'application des dispositions relatives au recrutement et aux libertés individuelles (titre V de la loi du 31 déc. 1992) (BOMT n° 93/10, texte n° 412).

V. Délib CNIL n° 2019-001 du 10 janv. 2019 portant règlement type relatif à la mise en œuvre de dispositifs ayant pour finalité le contrôle d'accès par authentification biométrique aux locaux, aux appareils et aux applications informatiques sur les lieux de travail (JO 28 mars).

BIBL. ▶ *CSB 2002, n° spécial* (libertés du salarié) ; *Dr. soc. 2002. 5, n° spécial* (droit du travail et nouvelles technologies de l'information et de la communication) ; *Dr. soc. 2010. 3, n° spécial* (vie professionnelle et vie privée du salarié) ; *Dr. soc. 2015. 660, n° spécial* (communautarisme et faits religieux dans les relations de travail) ; *Dr. soc. 2018. 312* (le voile dans l'entreprise). – ADAM, *RDT 2014. 168 et 244* (la dignité du salarié) ; *Dr. soc. 2021. 14* (droit à la preuve, protection de la vie privée et réseaux sociaux). – ADAM, LE FRIANT, PÉCAUT-RIVOLIER et TARASEWICZ, *RDT 2016. 532* (la religion dans l'entreprise). – ALIX, *JSL 2006, n° 189-1* (accès par l'employeur aux fichiers personnels du salarié). – ANTONMATTÉI, *Dr. soc. 2012. 10* (licenciement pour trouble objectif) ; *RDT 2014. 391* (à propos de la liberté religieuse dans l'entreprise). – AYACHE-REVAH et AYADI, *JSL 2013, n° 342-1* (vie privée, vie publique : droit du travail et libertés individuelles). – BELLO, *JCP S 2012. 1280* (le licenciement pour un motif tiré de Facebook). – BERRA, *SSL*

1988, suppl. n° 416 (SIDA et relations de travail). – Berthou, *RDT 2008. 238* (liberté religieuse au travail). – Bossu, *Dr. soc. 1995. 978* (délégué du personnel et vidéosurveillance) ; *RDT 2020. 406* (surveillance au travail). – Bouaziz, *Dr. ouvrier 1991. 201* (vie privée, cause de licenciement). – Bouchet, *Dr. ouvrier 2004. 410* (cybersurveillance sur les lieux de travail). – Braun et Jez, *CSB 2001. 241* (courrier électronique et vie privée du salarié). – Brice-Delajoux, *Dr. ouvrier 2011. 58* (liberté religieuse sur les lieux du travail). – Brisseau, *Dr. soc. 2008. 969* (la religion du salarié). – Casaux-Labrunée, *Dr. soc. 2008. 1032* ; *ibid 2012. 331* (vie privée des salariés et vie de l'entreprise). – Coiret, *RTD civ. 1985. 63* (liberté matrimoniale). – Dabosville, *RDT 2012. 275* (contours de l'abus d'expression du salarié) ; *ibid. 2018. 826* (le « téléprivé », l'utilisation à des fins personnelles des outils de communication de l'entreprise) ; *ibid. 2020. 491* (protection de la vie privée du salarié face au pouvoir d'investigation de l'employeur – comparaison franco-allemande). – Desbarats, *JCP S 2011. 1307* (entre exigence professionnelle et liberté religieuse) ; *Dr. soc. 2015. 660* , *n° spécial* (communautarisme et faits religieux dans les relations de travail). – Dockès, *Dr. ouvrier 2011. 53* (liberté d'expression au travail). – De Quenaudon, *RDT 2011. 643* (expression religieuse et laïcité en entreprise). – Favennec-Héry, *RJS 2001. Chron. 941* (vie privée dans l'entreprise et à domicile). – Fénoll-Trousseau, *JCP E 2007. 1878* (nouveaux enjeux de la cybersurveillance). – Fiorentino, *RDT 2013. 649* (liberté religieuse sur les lieux de travail : approche comparative des systèmes américain et britannique). – Foucher, *RDT 2016. 621* (le respect des prescriptions alimentaires au sein de l'entreprise privée ordinaire). – Fouvet, *RDT 2017. 309* (distinction entre libertés instituantes et libertés-prérogatives). – Fraissinier-Amiot, *JSL 2010, n° 277-1* (liberté et droit d'expression des salariés : affirmation, notion et limites). – Gardin, *RJS 2013. 699* (laïcité et religion dans l'entreprise). – Gaudu, *Dr. soc. 2008. 959* (droit du travail et religion) ; *ibid. 2010. 65* ; *ibid. 2011. 1186* . – Gavalda, *JCP S 2010. 1194* (liberté de la correspondance ou l'intrusion de la vie privée dans l'entreprise). – Gratton, *RDT 2014. 321* (Protection contre les mesures de rétorsion prises par l'employeur à la suite de l'exercice, par le salarié, de droits protégés par l'art. 6 de la Conv. EDH). – Grévy, *Dr. soc. 1995. 329* (vidéosurveillance). – Gulphe, *JCP E 1990. II. 15736* (protection de la vie privée). – Hasnaoui, *RDT 2012. 545* (correspondances du salarié). – Joseph, *Dr. soc. 1990. 378* (état de santé). – Kernaleguen, *Mél. H. Blaise, Economica 1995, p. 269*. – Kuhnmunch, *Dr. soc. 1988. 384*. – Lacabarats, *RDT 2014. 409* (à propos de quelques libertés en entreprise : propos conclusifs). – Le Ménestrel, *JSL 2010, n° 279-1* (le domaine personnel du salarié dans l'entreprise). – Lenoir et Wallon, *Dr. soc. 1988. 213* (informatique). – Lepage, *AJ pénal 2005. 9* (vie privée du salarié et droit pénal) ; *Dr. soc. 2006. 364* (vie privée du salarié, notion civiliste). – Lyon-Caen, *RDT 2014. 386* (les libertés dans l'entreprise 20 ans après). – Mathieu, *RDT 2012. 17* (respect de la liberté religieuse dans l'entreprise). – Morin-Galvin, *RJS 2014. 232* (contrôle patronal de l'usage par le salarié d'un matériel personnel). – Pizzio-Delaporte, *Dr. soc. 2001. 404* (libertés fondamentales et droits du salarié : rôle du juge). – Ray, *Dr. soc. 2007. 140* (droit du travail et TIC) ; *ibid. 2008. 1072* . – Radé, *ibid. 2010. 35* (amour et travail) ; *ibid. 2021. 4* (l'entreprise et la vie privée du salarié). – Ray et Bouchet, *ibid. 44* (vie professionnelle, vie personnelle et TIC). – Richevaux, *Dr.ouvrier1980.391* (vie privée et refus d'embauche). – Savatier, *Dr. soc. 1992. 329* (protection de la vie privée). – Sciberras, *ibid. 2010. 72* (travail et religion). – Teyssié, *ibid. 1988. 374*. – Verdier, *Gaz. Pal. 22-23 nov. 1996* (vie personnelle et vie professionnelle). – Voirin, *D. 1963. Chron. 247* (liberté matrimoniale). – De Tissot, *Dr. soc. 1995. 222* ; *Gaz. Pal. 22-23 nov. 1996* (droits fondamentaux du salarié). – Waquet, *CSB 1994. 289* ; *Gaz. Pal. 22-23 nov. 1996* (loyauté du salarié dans les entreprises de tendance) ; *Dr. soc. 2004. 23* (vie personnelle du salarié) ; *RDT 2006. 304* (notion de « trouble objectif dans l'entreprise »). – Waquet et Wolmark, *RDT 2009. Controverse 485* (faut-il interdire le port de signes religieux dans l'entreprise ?). – Wolmark, *RDT 2018. 726* (neutralité du salarié).

V. aussi dossier spéc. *SSL 2016, n° 1733* (le fait religieux dans l'entreprise). – *JCP S 2017. 1259* s. (le silence religieux dans l'entreprise).

V. jurispr. sur le Code en ligne .

TITRE III DISCRIMINATIONS

CHAPITRE II *PRINCIPE DE NON-DISCRIMINATION*

Art. L. 1132-1 Aucune personne ne peut être écartée d'une procédure de recrutement *(L. n° 2019-486 du 22 mai 2019, art. 190)* **« ou de nomination » ou de l'accès à un stage ou à une période de formation en entreprise, aucun salarié ne peut être sanctionné, licencié ou faire l'objet d'une mesure discriminatoire, directe ou indi-**

recte, *(L. nº 2008-496 du 27 mai 2008, art. 6)* **« telle que définie à l'article 1er de la loi nº 2008-496 du 27 mai 2008 portant diverses dispositions d'adaptation au droit communautaire dans le domaine de la lutte contre les discriminations, » notamment en matière de rémunération, au sens de l'article L. 3221-3, de mesures d'intéressement ou de distribution d'actions, de formation, de reclassement, d'affectation, de qualification, de classification, de promotion professionnelle,** *(L. nº 2022-401 du 21 mars 2022, art. 10, en vigueur le 1er sept. 2022)* **« d'horaires de travail, d'évaluation de la performance, » de mutation ou de renouvellement de contrat en raison de** *(L. nº 2017-256 du 28 févr. 2017, art. 70)* **« son origine, de son sexe, de ses mœurs, de son orientation sexuelle, de son identité de genre, de son âge, de sa situation de famille ou de sa grossesse, de ses caractéristiques génétiques, de la particulière vulnérabilité résultant de sa situation économique, apparente ou connue de son auteur, de son appartenance ou de sa non-appartenance, vraie ou supposée, à une ethnie, une nation ou une prétendue race, de ses opinions politiques, de ses activités syndicales ou mutualistes** *(L. nº 2019-1461 du 27 déc. 2019, art. 86)* **« , de son exercice d'un mandat électif** *(Abrogé par L. nº 2020-760 du 22 juin 2020, art. 15)* ***« local »*** **», de ses convictions religieuses, de son apparence physique, de son nom de famille, de son lieu de résidence ou de sa domiciliation bancaire, ou en raison de son état de santé, de sa perte d'autonomie ou de son handicap, de sa capacité à s'exprimer dans une langue autre que le français** *(L. nº 2022-401 du 21 mars 2022, art. 10, en vigueur le 1er sept. 2022)* **« , de sa qualité de lanceur d'alerte, de facilitateur ou de personne en lien avec un lanceur d'alerte, au sens, respectivement, du I de l'article 6 et des 1° et 2° de l'article 6-1 de la loi nº 2016-1691 du 9 décembre 2016 relative à la transparence, à la lutte contre la corruption et à la modernisation de la vie économique ». »**

....

CHAPITRE III *DIFFÉRENCES DE TRAITEMENT AUTORISÉES*

Art. L. 1133-1 *(L. nº 2008-496 du 27 mai 2008, art. 6-3°)* L'article L. 1132-1 ne fait pas obstacle aux différences de traitement, lorsqu'elles répondent à une exigence professionnelle essentielle et déterminante et pour autant que l'objectif soit légitime et l'exigence proportionnée.

....

LIVRE II **LE CONTRAT DE TRAVAIL**

TITRE II **FORMATION ET EXÉCUTION DU CONTRAT DE TRAVAIL**

CHAPITRE I *FORMATION DU CONTRAT DE TRAVAIL*

SECTION 2 *Recrutement*

Art. L. 1221-6 Les informations demandées, sous quelque forme que ce soit, au candidat à un emploi ne peuvent avoir comme finalité que d'apprécier sa capacité à occuper l'emploi proposé ou ses aptitudes professionnelles.

Ces informations doivent présenter un lien direct et nécessaire avec l'emploi proposé ou avec l'évaluation des aptitudes professionnelles.

Le candidat est tenu de répondre de bonne foi à ces demandes d'informations. – *[Anc. art. L. 121-6, V1.]*

Art. L. 1221-7 *(L. nº 2015-994 du 17 août 2015, art. 48)* « Les informations mentionnées à l'article L. 1221-6 et communiquées par écrit par le candidat à un emploi peuvent être examinées dans des conditions préservant son anonymat. »

Les modalités d'application du présent article sont déterminées par décret en Conseil d'État.

Art. L. 1221-8 Le candidat à un emploi est expressément informé, préalablement à leur mise en œuvre, des méthodes et techniques d'aide au recrutement utilisées à son égard.

Les résultats obtenus sont confidentiels.

Les méthodes et techniques d'aide au recrutement ou d'évaluation des candidats à un emploi doivent être pertinentes au regard de la finalité poursuivie. – *[Anc. art. L. 121-7.]*

Art. L. 1221-9 Aucune information concernant personnellement un candidat à un emploi ne peut être collectée par un dispositif qui n'a pas été porté préalablement à sa connaissance. – *[Anc. art. L. 121-8, V1.]*

CHAPITRE II *EXÉCUTION ET MODIFICATION DU CONTRAT DE TRAVAIL*

SECTION 1 *Exécution du contrat de travail*

Art. L. 1222-3 Le salarié est expressément informé, préalablement à leur mise en œuvre, des méthodes et techniques d'évaluation professionnelles mises en œuvre à son égard.

Les résultats obtenus sont confidentiels.

Les méthodes et techniques d'évaluation des salariés doivent être pertinentes au regard de la finalité poursuivie. – *[Anc. art. L. 121-7, V2.]*

1. Les critères d'évaluation des salariés, qui doivent être objectifs et transparents, sont illicites s'ils sont flous, basés sur le comportement du salarié et détachés de toute effectivité du travail accompli alors que l'appréciation des résultats aura un lien avec la rémunération. • TGI Nanterre, 5 sept. 2008 : *D. 2008. 1124, note Lyon-Caen*.

2. Ranking. La mise en œuvre d'un mode d'évaluation des salariés reposant sur la création de groupes affectés de quotas préétablis que les évaluateurs sont tenus de respecter est illicite ; ce qui n'est pas le cas lorsque les quotas ne sont proposés qu'à titre indicatif. • Soc. 27 mars 2013 : *JSL 2013, n° 343-5, obs. Tourreil.*

Art. L. 1222-4 Aucune information concernant personnellement un salarié ne peut être collectée par un dispositif qui n'a pas été porté préalablement à sa connaissance. – *[Anc. art. L. 121-8, V2.]*

BIBL. ▶ Brugues-Reix et Masse-Dessen, *RDT 2021. 357* (le pouvoir de l'employeur de faire mener des enquêtes à l'insu du salarié, quelles limites ?). - Ray, *Dr. soc. 2011. 128* (Facebook, le salarié et l'employeur).

1. Surveillance des salariés. L'employeur a le droit de contrôler et de surveiller l'activité de ses salariés pendant le temps du travail, seul l'emploi de procédé clandestin de surveillance est illicite. • Soc. 14 mars 2000, n° 98-42.090 P : *D. 2000. IR 105 ; CSB 2000. 550, A. 22 ; RJS 2000. 281, n° 386.* ♦ Le contrôle de l'activité d'un salarié, au temps et au lieu de travail, par un service interne à l'entreprise chargé de cette mission ne constitue pas, en soi, même en l'absence d'information préalable du salarié, un mode de preuve illicite. • Soc. 5 nov. 2014 : *D. actu. 20 nov. 2014, obs. Peyronnet ; Dr. soc. 2015. 81, note Boulmier ; RJS 1/2015, n° 2.* ♦ De même, un audit révélant l'exercice par un salarié d'un pouvoir qui excède ce que sa fonction lui permet ne constitue pas un élément de preuve obtenu par un moyen illicite dans la mesure où, bien que n'ayant pas été informé de la mission confiée par l'employeur à la société d'expertise comptable, le salarié n'avait pas été tenu à l'écart des travaux réalisés dans les locaux de l'entreprise. • Soc. 26 janv. 2016, n° 14-19.002 P : *D. actu. 8 févr. 2016, obs. Peyronnet ; D. 2015. Pan. 811, obs. Porta ; RJS 4/2016, n° 226 ; Gaz. Pal. 2016. 78, note Frouin ; JCP S 2016. 1141, obs. Dauxerre.* ♦ L'employeur ne peut mettre en œuvre un dispositif de contrôle qui n'a pas été préalablement porté à la connaissance des salariés. • Soc. 22 mai 1995, n° 93-44.078 P : *D. 1995. IR 150 ; RJS 1995. 501, n° 757 ; ibid. 489, concl. Chauvy.* ♦ ... Même s'il ne pouvait être sérieusement prétendu que le salarié ignorait l'existence de caméras vidéo. • Soc. 7 juin 2006 : *D. 2006. IR 1704 ; RJS 2006. 853, n° 1143 ; JSL 2006, n° 194-3 ; JCP S 2006. 1614, obs. Corrignan-Carsin.* ♦ Une entreprise ne peut ainsi faire appel, à l'insu du personnel, à une société de surveillance extérieure pour procéder au contrôle de l'utilisation par ses salariés des distributeurs de boissons et de sandwiches. • Soc. 15 mai 2001, n° 99-42.219 P : *D. 2001. IR 1771 ; RJS 2001. 578, n° 830* • Soc. 10 janv. 2012 : *D. 2012. Actu. 290 ; RDT 2012. 223, obs. Gardin ; RJS 2012. 182, n° 212 ; SSL 2012, n° 1529, p. 11, obs. Stulz ; JCP S 2012. 1122, obs. Loiseau.*

2. Système de surveillance n'ayant pas pour objet le contrôle des salariés. Le système de vidéosurveillance installé par l'employeur dans un entrepôt de marchandises qui n'enregistre pas l'activité de salariés affectés à un poste de travail déterminé peut être retenu comme moyen de preuve de la participation personnelle d'un salarié à des détournements de marchandises. • Soc. 31 janv. 2001 : *D. 2001. Somm. 2169, obs. Paulin*. ♦ Si l'employeur ne peut mettre en œuvre un dispositif de contrôle de l'activité professionnelle qui n'a pas été porté préalablement à la connaissance des salariés, il peut leur opposer les preuves recueillies par les systèmes de surveillance des locaux auxquels ils n'ont pas accès et qui n'ont pas pour objet le contrôle de l'activité des salariés. • Soc. 19 avr. 2005, n° 02-46.295 P : *D. 2005. IR 1248, obs. Chevrier ; JCP S 2005. 1032, note Césaro ; JCP E 2005. 1394, obs. Béal et Devaux.* ♦ Dès lors qu'un système de vidéosurveillance destiné à la protection et la sécurité des biens et des personnes dans les locaux de l'entreprise permet aussi de contrôler et de surveiller l'activité des salariés et peut être potentiellement utilisé par l'employeur pour recueillir et exploiter des informations concernant personnellement un salarié aux fins de le licencier, l'employeur doit informer les salariés et consulter les représentants du personnel sur la mise en place et l'utilisation de ce dispositif à cette fin. • Soc. 10 nov. 2021, n° 20-12.263 B : *D. actu. 29 nov. 2021, obs. Couëdel.*

3. Autocommutateur téléphonique. La simple vérification des relevés de la durée, du coût et des numéros des appels téléphoniques passés à partir de chaque poste édités au moyen de l'autocommutateur téléphonique de l'entreprise ne constitue pas un procédé de surveillance illicite pour n'avoir pas été préalablement portée à la connaissance du salarié. • Soc. 29 janv. 2008 : *RDT 2008. 242, obs. Sachs-Durand et de Quenaudon .*

4. Traitement des données personnelles. Un traitement collectant des données ayant pour but d'informer les cadres de permanence des aéroports sur les événements liés à l'exploitation de la flotte et les demandes particulières de pilotes est licite dès lors que ces derniers ont été, d'une part, informés de son existence, ses finalités, des destinataires des données et de leurs droits d'accès, de rectification et de suppression dès sa création et, d'autre part, mis en mesure depuis lors de suivre les événements les concernant, le dispositif ne comportant, par ailleurs, aucune donnée à caractère disciplinaire ou relative à l'état de santé des intéressés et aucun rapprochement n'étant fait entre les données collectées et celles permettant la gestion de leur dossier professionnel. • Soc. 13 juin 2018, n° 16-25.301 P : *D. actu. 2 juill. 2018, obs. Ciray.*

5. Enquête consécutive à une dénonciation de faits de harcèlement moral. Une enquête effectuée au sein d'une entreprise à la suite de la dénonciation de faits de harcèlement moral n'est pas soumise aux dispositions de l'art. L. 1222-4 prohibant la collecte d'informations concernant personnellement un salarié par un dispositif qui n'a pas été porté préalablement à sa connaissance, et ne constitue pas une preuve déloyale comme issue d'un procédé clandestin de surveillance de l'activité du salarié. • Soc. 17 mars 2021, n° 18-25.597 P : *D. actu. 30 mars 2021, obs. Peyronnet ; D. 2021. 637 ; ibid. Pan. 1156, obs. Vernac ; RDT 2021. 454, obs. Mazaud ; Dr. soc. 2021. 657, obs. Mouly ; RJS 5/2021, n° 250 ; JCP 2021. 376, obs. Corrignan-Carsin ; JCP S 2021. 1148, obs. Leborgne-Ingelaere ; JSL 2021, n° 518-1, obs. Hautefort.*

SECTION 4 *Télétravail*

V. CNIL, *Les conseils de la CNIL pour mettre en place du télétravail*, 12 mai 2020 (www.cnil.fr).
V. CNIL, *BYOD : quelles sont les bonnes pratiques ?*, 24 mars 2019 (www.cnil.fr).

Art. L. 1222-9 *(L. n° 2018-217 du 29 mars 2018, art. 11)* **I. — Sans préjudice de l'application, s'il y a lieu, des dispositions du présent code protégeant les travailleurs à domicile, le télétravail désigne toute forme d'organisation du travail dans laquelle un travail qui aurait également pu être exécuté dans les locaux de l'employeur est effectué par un salarié hors de ces locaux de façon volontaire en utilisant les technologies de l'information et de la communication.**

Est qualifié de télétravailleur au sens de la présente section tout salarié de l'entreprise qui effectue, soit dès l'embauche, soit ultérieurement, du télétravail tel que défini au premier alinéa du présent I.

Le télétravail est mis en place dans le cadre d'un accord collectif ou, à défaut, dans le cadre d'une charte élaborée par l'employeur après avis du comité social et économique, s'il existe.

En l'absence d'accord collectif ou de charte, lorsque le salarié et l'employeur conviennent de recourir au télétravail, ils formalisent leur accord par tout moyen. *(L. n° 2018-771 du 5 sept. 2018, art. 68-I)* **« Lorsque la demande de recours au télétravail est formulée par un travailleur handicapé mentionné à l'article L. 5212-13 du présent code ou un proche aidant mentionné à l'article L. 113-1-3 du code de l'action sociale et des familles, l'employeur motive, le cas échéant, sa décision de refus. »**

II. — L'accord collectif applicable ou, à défaut, la charte élaborée par l'employeur précise :

1° Les conditions de passage en télétravail, en particulier en cas d'épisode de pollution mentionné à l'article L. 223-1 du code de l'environnement, et les conditions de retour à une exécution du contrat de travail sans télétravail ;

2° Les modalités d'acceptation par le salarié des conditions de mise en œuvre du télétravail ;

3° Les modalités de contrôle du temps de travail ou de régulation de la charge de travail ;

4° La détermination des plages horaires durant lesquelles l'employeur peut habituellement contacter le salarié en télétravail ;

(L. n° 2018-771 du 5 sept. 2018, art. 68-I) « 5° Les modalités d'accès des travailleurs handicapés à une organisation en télétravail, en application des mesures prévues à l'article L. 5213-6 » ;

(L. n° 2021-1774 du 24 déc. 2021, art. 5) « 6° Les modalités d'accès des salariées enceintes à une organisation en télétravail. »

III. — Le télétravailleur a les mêmes droits que le salarié qui exécute son travail dans les locaux de l'entreprise.

L'employeur qui refuse d'accorder le bénéfice du télétravail à un salarié qui occupe un poste éligible à un mode d'organisation en télétravail dans les conditions prévues par accord collectif ou, à défaut, par la charte, motive sa réponse.

Le refus d'accepter un poste de télétravailleur n'est pas un motif de rupture du contrat de travail.

L'accident survenu sur le lieu où est exercé le télétravail pendant l'exercice de l'activité professionnelle du télétravailleur est présumé être un accident de travail au sens de l'article L. 411-1 du code de la sécurité sociale.

V. Accord national interprofessionnel du 26 nov. 2020, pour une mise en œuvre réussie du télétravail (spéc. pt. 3.1.4. Équipements et usage des outils numériques). — **C. trav.**

Art. L. 1222-10 Outre ses obligations de droit commun vis-à-vis de ses salariés, l'employeur est tenu à l'égard du salarié en télétravail :

(Abrogé par Ord. n° 2017-1387 du 22 sept. 2017, art. 21) ***« 1° De prendre en charge tous les coûts découlant directement de l'exercice du télétravail, notamment le coût des matériels, logiciels, abonnements, communications et outils ainsi que de la maintenance de ceux-ci ; »***

1° D'informer le salarié de toute restriction à l'usage d'équipements ou outils informatiques ou de services de communication électronique et des sanctions en cas de non-respect de telles restrictions ;

2° De lui donner priorité pour occuper ou reprendre un poste sans télétravail qui correspond à ses qualifications et compétences professionnelles et de porter à sa connaissance la disponibilité de tout poste de cette nature ;

3° D'organiser chaque année un entretien qui porte notamment sur les conditions d'activité du salarié et *(Ord. n° 2017-1387 du 22 sept. 2017, art. 21)* « sa charge de travail ».

(Abrogé par Ord. n° 2017-1387 du 22 sept. 2017, art. 21) ***« 5° De fixer, en concertation avec lui, les plages horaires durant lesquelles il peut habituellement le contacter. »***

Art. L. 1222-11 En cas de circonstances exceptionnelles, notamment de menace d'épidémie, ou en cas de force majeure, la mise en œuvre du télétravail peut être considérée comme un aménagement du poste de travail rendu nécessaire pour permettre la continuité de l'activité de l'entreprise et garantir la protection des salariés. *(Abrogé par Ord. n° 2017-1387 du 22 sept. 2017, art. 21)* ***« Les conditions et les modalités d'application du présent article sont définies par décret en Conseil d'État. »***

DEUXIÈME PARTIE *LES RELATIONS COLLECTIVES DE TRAVAIL*

TITRE I COMITÉ SOCIAL ET ÉCONOMIQUE

CHAPITRE II *ATTRIBUTIONS*

SECTION 3 *Attributions du comité social et économique dans les entreprises d'au moins cinquante salariés*

SOUS-SECTION 1 *Attributions générales*

Art. L. 2312-8 *(L. n° 2021-1104 du 22 août 2021, art. 40)* « I. — » Le comité social et économique a pour mission d'assurer une expression collective des salariés permet-

tant la prise en compte permanente de leurs intérêts dans les décisions relatives à la gestion et à l'évolution économique et financière de l'entreprise, à l'organisation du travail, à la formation professionnelle et aux techniques de production *(L. nº 2021-1104 du 22 août 2021, art. 40)* **« , notamment au regard des conséquences environnementales de ces décisions.**

« II. — » Le comité est informé et consulté sur les questions intéressant l'organisation, la gestion et la marche générale de l'entreprise, notamment sur :

[…]

4° L'introduction de nouvelles technologies, tout aménagement important modifiant les conditions de santé et de sécurité ou les conditions de travail ;

[…]

……

SOUS-SECTION 4 *Consultations et informations ponctuelles*

§ 1 *Ordre public*

Art. L. 2312-37 Outre les thèmes prévus à l'article L. 2312-8, le comité social et économique est consulté dans les conditions définies à la présente section dans les cas suivants :

1° Mise en œuvre des moyens de contrôle de l'activité des salariés ;

[…]

SOUS-§ 1 Méthodes de recrutement et moyens de contrôle de l'activité des salariés

Art. L. 2312-38 Le comité social et économique est informé, préalablement à leur utilisation, sur les méthodes ou techniques d'aide au recrutement des candidats à un emploi ainsi que sur toute modification de celles-ci.

Il est aussi informé, préalablement à leur introduction dans l'entreprise, sur les traitements automatisés de gestion du personnel et sur toute modification de ceux-ci.

Le comité est informé et consulté, préalablement à la décision de mise en œuvre dans l'entreprise, sur les moyens ou les techniques permettant un contrôle de l'activité des salariés.

……

CHAPITRE VII *DISPOSITIONS PÉNALES*

Art. L. 2317-1 Le fait d'apporter une entrave soit à la constitution d'un comité social et économique, d'un comité social et économique d'établissement ou d'un comité social et économique central, soit à la libre désignation de leurs membres, notamment par la méconnaissance des dispositions des articles L. 2314-1 à L. 2314-9 est puni d'un emprisonnement d'un an et d'une amende de 7 500 €.

Le fait d'apporter une entrave à leur fonctionnement régulier est puni d'une amende de 7 500 €.

……

TROISIÈME PARTIE *DURÉE DU TRAVAIL, SALAIRE, INTÉRESSEMENT, PARTICIPATION ET ÉPARGNE SALARIALE*

LIVRE II **SALAIRES ET AVANTAGES DIVERS**

TITRE IV **PAIEMENT DU SALAIRE**

CHAPITRE III *BULLETIN DE PAIE*

Art. L. 3243-2 Lors du paiement du salaire, l'employeur remet aux personnes mentionnées à l'article L. 3243-1 une pièce justificative dite bulletin de paie. *(Abrogé par L. nº 2016-1088 du 8 août 2016, art. 54, à compter du 1er janv. 2017) (L. nº 2009-526 du 12 mai 2009, art. 26)* ***« Avec l'accord du salarié concerné, cette remise peut être effectuée sous***

forme électronique, dans des conditions de nature à garantir l'intégrité des données. » Il ne peut exiger aucune formalité de signature ou d'émargement autre que celle établissant que la somme reçue correspond bien au montant net figurant sur ce bulletin.

(L. n° 2016-1088 du 8 août 2016, art. 54, en vigueur le 1er janv. 2017) « Sauf opposition du salarié, l'employeur peut procéder à la remise du bulletin de paie sous forme électronique, dans des conditions de nature à garantir l'intégrité, la disponibilité pendant une durée fixée par décret et la confidentialité des données ainsi que leur accessibilité dans le cadre du service associé au compte mentionné au 2° du II de l'article L. 5151-6. Un décret en Conseil d'État pris après avis de la Commission nationale de l'informatique et des libertés détermine les modalités de cette accessibilité afin de préserver la confidentialité des données. » – *V. art. D. 3243-7 s.*

Les mentions devant figurer sur le bulletin ou y être annexées sont déterminées par décret en Conseil d'État. – *V. art. R. 3243-1. – V. art. R. 3246-2 (pén.).*

Art. L. 3243-4 L'employeur conserve un double des bulletins de paie des salariés *(L. n° 2009-526 du 12 mai 2009, art. 26)* « ou les bulletins de paie remis aux salariés sous forme électronique » pendant cinq ans. – *[Anc. art. L. 143-3, al. 4.]*

Art. L. 3243-5 Il peut être dérogé à la conservation des bulletins de paie, pour tenir compte du recours à d'autres moyens, notamment informatiques, dans les conditions prévues au deuxième alinéa de l'article L. 8113-6. – *V. infra.*

CINQUIÈME PARTIE *L'EMPLOI*

LIVRE PREMIER **LES DISPOSITIFS EN FAVEUR DE L'EMPLOI**

TITRE V **COMPTE PERSONNEL D'ACTIVITÉ**

CHAPITRE UNIQUE

SECTION 1 *Dispositions générales*

Art. L. 5151-2 Un compte personnel d'activité est ouvert pour toute personne âgée d'au moins seize ans se trouvant dans l'une des situations suivantes :

1° Personne occupant un emploi, y compris lorsqu'elle est titulaire d'un contrat de travail de droit français et qu'elle exerce son activité à l'étranger ;

2° Personne à la recherche d'un emploi ou accompagnée dans un projet d'orientation et d'insertion professionnelles ;

3° Personne accueillie dans un établissement et service d'aide par le travail mentionné au *a* du 5° du I de l'article L. 312-1 du code de l'action sociale et des familles ;

4° Personne ayant fait valoir l'ensemble de ses droits à la retraite.

Par dérogation au premier alinéa du présent article, un compte personnel d'activité est ouvert dès l'âge de quinze ans pour le jeune qui signe un contrat d'apprentissage sur le fondement du deuxième alinéa de l'article L. 6222-1 du présent code.

Les personnes âgées d'au moins seize ans mais ne relevant pas des situations mentionnées aux 1° à 3° du présent article peuvent ouvrir un compte personnel d'activité afin de bénéficier du compte d'engagement citoyen et d'accéder aux services en ligne mentionnés à l'article L. 5151-6.

Le compte est fermé à la date du décès de la personne. *(L. n° 2018-771 du 5 sept. 2018, art. 2-I, en vigueur le 1er janv. 2019)* « Lorsque son titulaire remplit l'une des conditions mentionnées aux 1° à 3° de l'article L. 5421-4 », le compte personnel de formation cesse d'être alimenté, sauf en application de l'article L. 5151-9.

Art. L. 5151-5 Le compte personnel d'activité est constitué :

1° Du compte personnel de formation ;

2° Du compte *(Ord. n° 2017-1389 du 22 sept. 2017, art. 2-11°, en vigueur le 1er oct. 2017)* « professionnel de prévention » ;

3° Du compte d'engagement citoyen.

Il organise la conversion des droits selon les modalités prévues par chacun des comptes le constituant.

Art. L. 5151-6 I. — Chaque titulaire d'un compte personnel d'activité peut consulter les droits inscrits sur celui-ci et peut les utiliser en accédant à un service en ligne gratuit. Ce service en ligne est géré par la Caisse des dépôts et consignations, sans préjudice de l'article L. 4162-11. La Caisse des dépôts et consignations et la Caisse nationale d'assurance vieillesse *(Abrogé par Ord. n° 2018-470 du 12 juin 2018, art. 9) « des travailleurs salariés »* concluent une convention définissant les modalités d'articulation des différents comptes et de mobilisation par leur titulaire.

II. — Chaque titulaire d'un compte a également accès à une plateforme de services en ligne qui :

1° Lui fournit une information sur ses droits sociaux et la possibilité de les simuler ;

2° Lui donne accès à un service de consultation de ses bulletins de paie, lorsqu'ils ont été transmis par l'employeur sous forme électronique dans les conditions mentionnées à l'article L. 3243-2 ;

3° Lui donne accès à des services utiles à la sécurisation des parcours professionnels et à la mobilité géographique et professionnelle.

Le gestionnaire de la plateforme met en place des interfaces de programmation permettant à des tiers de développer et de mettre à disposition ces services.

III. — Un décret en Conseil d'État, pris après avis de la Commission nationale de l'informatique et des libertés, détermine les conditions dans lesquelles les données à caractère personnel afférentes au compte personnel de formation et au compte *(Ord. n° 2017-1389 du 22 sept. 2017, art. 2-11°, en vigueur le 1er oct. 2017)* « professionnel de prévention », ainsi que celles issues de la déclaration sociale nominative mentionnée à l'article L. 133-5-3 du code de la sécurité sociale, peuvent être utilisées pour fournir les services mentionnés aux I et II du présent article. — *V. art. R. 5151-1 s.*

....

SECTION 2 *Compte d'engagement citoyen*

Art. L. 5151-8 Les activités bénévoles ou de volontariat sont recensées dans le cadre du traitement de données à caractère personnel mentionné au II de l'article L. 6323-8.

Le titulaire du compte décide des activités qu'il souhaite y recenser.

....

SIXIÈME PARTIE *LA FORMATION PROFESSIONNELLE TOUT AU LONG DE LA VIE*

LIVRE III **LA FORMATION PROFESSIONNELLE CONTINUE**

TITRE II **DISPOSITIFS DE FORMATION PROFESSIONNELLE CONTINUE**

CHAPITRE III *COMPTE PERSONNEL DE FORMATION*

SECTION 1 *Principes communs*

Art. L. 6323-1 *(L. n° 2016-1088 du 8 août 2016, art. 39, en vigueur le 1er janv. 2017)* Le compte personnel de formation est ouvert et fermé dans les conditions définies à l'article L. 5151-2.

Art. L. 6323-8 *(L. n° 2018-771 du 5 sept. 2018, art. 1er-I, en vigueur le 1er janv. 2019)* « I. — Chaque titulaire d'un compte a connaissance du montant des droits inscrits sur son compte et des abondements dont il peut bénéficier en accédant à un service dématérialisé gratuit. Ce service dématérialisé donne également les informations sur les formations éligibles. Il assure la prise en charge des actions de formation de l'inscription du titulaire du compte aux formations jusqu'au paiement des prestataires mentionnés à l'article L. 6351-1. »

(L. nº 2014-288 du 5 mars 2014, art. 1er-I) II. – Un traitement automatisé de données à caractère personnel, dénommé "système d'information du compte personnel de formation", dont les modalités de mise en œuvre sont fixées par décret en Conseil d'État, permet la gestion *(L. nº 2018-771 du 5 sept. 2018, art. 1er-I, en vigueur le 1er janv. 2019)* « et l'utilisation des droits inscrits » sur le compte personnel de formation. – *V. art. R. 5151-1 s.*

Ce traitement intègre la possibilité, pour chaque titulaire du compte, de disposer d'un passeport d'orientation, de formation et de compétences, dont la consultation est autorisée exclusivement par le titulaire, qui recense les formations et les qualifications suivies dans le cadre de la formation initiale ou continue ainsi que les acquis de l'expérience professionnelle, selon des modalités déterminées par décret. – *V. art. R. 6323-12 à R. 6323-21.*

Art. L. 6323-9 *(L. nº 2018-771 du 5 sept. 2018, art. 1er-I, en vigueur le 1er janv. 2019)* La Caisse des dépôts et consignations gère le compte personnel de formation, le service dématérialisé, ses conditions générales d'utilisation et le traitement automatisé mentionnés à l'article L. 6323-8 dans les conditions prévues au chapitre III du titre III du présent livre. Les conditions générales d'utilisation précisent les engagements souscrits par les titulaires du compte et les prestataires mentionnés à l'article L. 6351-1.

....

SEPTIÈME PARTIE *DISPOSITIONS PARTICULIÈRES À CERTAINES PROFESSIONS ET ACTIVITÉS*

LIVRE III **VOYAGEURS, REPRÉSENTANTS OU PLACIERS, GÉRANTS DE SUCCURSALES, ENTREPRENEURS SALARIÉS ASSOCIÉS D'UNE COOPÉRATIVE D'ACTIVITÉ ET D'EMPLOI ET TRAVAILLEURS UTILISANT UNE PLATEFORME DE MISE EN RELATION PAR VOIE ÉLECTRONIQUE** *(L. nº 2014-856 du 31 juill. 2014, art. 48 ; L. nº 2016-1088 du 8 août 2016, art. 60).*

TITRE IV **TRAVAILLEURS UTILISANT UNE PLATEFORME DE MISE EN RELATION PAR VOIE ÉLECTRONIQUE**

(L. nº 2016-1088 du 8 août 2016, art. 60)

CHAPITRE I *CHAMP D'APPLICATION*

Art. L. 7341-1 Le présent titre est applicable aux travailleurs indépendants recourant, pour l'exercice de leur activité professionnelle, à une ou plusieurs plateformes de mise en relation par voie électronique définies à l'article 242 *bis* du code général des impôts.

CHAPITRE II *RESPONSABILITÉ SOCIALE DES PLATEFORMES*

SECTION 1 *Dispositions communes* *(L. nº 2019-1428 du 24 déc. 2019, art. 44).*

Art. L. 7342-7 *(L. nº 2019-1428 du 24 déc. 2019, art. 47)* Les travailleurs mentionnés à l'article L. 7341-1 bénéficient du droit d'accès à l'ensemble des données concernant leurs activités propres au sein de la plateforme et permettant de les identifier. Ils ont le droit de recevoir ces données dans un format structuré et celui de les transmettre. Le périmètre précis de ces données ainsi que leurs modalités d'accès, d'extraction et de transmission sont définies par décret. – *V. art. D. 7342-6, infra.*

....

HUITIÈME PARTIE *CONTRÔLE DE L'APPLICATION DE LA LÉGISLATION DU TRAVAIL*

LIVRE I **INSPECTION DU TRAVAIL**

TITRE I **COMPÉTENCES ET MOYENS D'INTERVENTION**

CHAPITRE III *PRÉROGATIVES ET MOYENS D'INTERVENTION*

SECTION 3 *Accès aux documents*

Art. L. 8113-5 Les *(L. nº 2016-1088 du 8 août 2016, art. 113)* « agents de contrôle de l'inspection du travail mentionnés à l'article L. 8112-1 » peuvent se faire communiquer tout document ou tout élément d'information, quel qu'en soit le support, utile à la constatation de faits susceptibles de vérifier le respect de l'application :

1° Des dispositions des articles L. 1132-1 à L. 1132-4 du code du travail et de celles de l'article 225-2 du code pénal, relatives aux discriminations ;

2° Des dispositions des articles L. 1142-1 et L. 1142-2, relatives à l'égalité professionnelle entre les femmes et les hommes ;

3° Des dispositions des articles L. 2141-5 à L. 2141-8, relatives à l'exercice du droit syndical ;

(Ord. nº 2016-413 du 7 avr. 2016, art. 4-V, en vigueur le 1er juill. 2016) « 4° Des dispositions des articles L. 1152-1 à L. 1152-6 et L. 1153-1 à L. 1153-6, relatives aux harcèlements moral et sexuel ;

« 5° Des dispositions de la quatrième partie, relatives à la santé et la sécurité au travail. »

Art. L. 8113-5-1 *(L. nº 2018-771 du 5 sept. 2018, art. 103)* Pour la recherche et la constatation des infractions constitutives de travail illégal mentionnées à l'article L. 8211-1, les agents de contrôle définis par voie règlementaire peuvent obtenir, au cours de leurs visites, communication de tout document comptable ou professionnel ou tout autre élément d'information propre à faciliter l'accomplissement de leur mission. Ils peuvent également en prendre copie immédiate, par tout moyen et sur tout support.

Pour la communication des données informatisées, ils ont accès aux logiciels et aux données stockées ainsi qu'à la restitution en clair des informations propres à faciliter l'accomplissement de leur mission. Ils peuvent en demander la transcription par tout traitement approprié en des documents directement utilisables pour les besoins du contrôle.

Art. L. 8113-5-2 *(L. nº 2018-771 du 5 sept. 2018, art. 103)* Pour la recherche et la constatation des infractions constitutives de travail illégal mentionnées à l'article L. 8211-1, les agents de contrôle définis par voie règlementaire disposent d'un droit de communication leur permettant d'obtenir, sans que s'y oppose le secret professionnel, communication de tout document, renseignement ou élément d'information utile à l'accomplissement de leur mission.

Sans préjudice des autres dispositions législatives applicables en matière d'échanges d'informations, le droit de communication défini au présent article est exercé dans les conditions prévues et auprès des personnes mentionnées à la section 1 du chapitre II du titre II de la première partie du livre des procédures fiscales, à l'exception des personnes mentionnées aux articles L. 82 C, L. 83 A à L. 83 E, L. 84 à L. 84 E, L. 91, L. 95 et L. 96 B à L. 96 F du même livre.

Pour les données conservées et traitées par les opérateurs de communications électroniques dans le cadre de l'article L. 34-1 du code des postes et des communications électroniques et par les prestataires mentionnés aux 1 et 2 du I de l'article 6 de la loi nº 2004-575 du 21 juin 2004 pour la confiance dans l'économie numérique, le droit de communication institué par le présent article ne s'applique qu'aux seules données permettant l'identification des personnes proposant un travail, une prestation ou une activité pouvant relever des infractions constitutives de travail illégal mentionnées à l'article L. 8211-1 du présent code.

Le droit de communication prévu au premier alinéa du présent article s'exerce quel que soit le support utilisé pour la conservation des documents et peut s'accompagner de la prise d'extraits et de copies. Les documents et informations sont communiqués à titre gratuit dans les trente jours qui suivent la réception de la demande écrite.

Il peut porter sur des informations relatives à des personnes non identifiées, dans des conditions fixées par décret en Conseil d'État pris après avis de la Commission nationale de l'informatique et des libertés.

Art. L. 8113-6 Lorsque des garanties de contrôle équivalentes sont maintenues, les entreprises peuvent, dans les conditions et limites déterminées par décret, déroger à la conservation des bulletins de paie et à la tenue de certains registres pour tenir compte du recours à d'autres moyens, notamment informatiques. — *[Anc. art. L. 620-7, al. 1er et 2.] — V. art. D. 8113-2 et D. 8113-3, infra.*

LIVRE II **LUTTE CONTRE LE TRAVAIL ILLÉGAL**

TITRE VII **CONTRÔLE DU TRAVAIL ILLÉGAL**

CHAPITRE I ***COMPÉTENCE DES AGENTS***

SECTION 5 ***Emploi d'étrangers non autorisés à travailler***

(L. n° 2016-274 du 7 mars 2016, art. 18)

Art. L. 8271-19 Afin de lutter contre le travail illégal, les agents chargés de la délivrance des titres de séjour, individuellement désignés et dûment habilités, peuvent avoir accès aux traitements automatisés des autorisations de travail dans les conditions définies par la loi n° 78-17 du 6 janvier 1978 relative à l'informatique, aux fichiers et aux libertés.

Pour les mêmes motifs, les *(L. n° 2016-1088 du 8 août 2016, art. 113)* « agents de contrôle de l'inspection du travail mentionnés à l'article L. 8112-1 » et fonctionnaires assimilés, individuellement désignés et dûment habilités, peuvent avoir accès aux traitements automatisés des titres de séjour des étrangers dans les conditions définies par la loi n° 78-17 du 6 janvier 1978 précitée. — *[Anc. art. L. 325-7.]*

DEUXIÈME PARTIE : ***RÉGLEMENTAIRE***

PREMIÈRE PARTIE ***LES RELATIONS INDIVIDUELLES DE TRAVAIL***

LIVRE II **LE CONTRAT DE TRAVAIL**

TITRE III **RUPTURE DU CONTRAT DE TRAVAIL À DURÉE INDÉTERMINÉE**

CHAPITRE VII ***AUTRES CAS DE RUPTURE***

SECTION 2 ***Rupture conventionnelle***

Art. R. 1237-3 L'autorité administrative compétente pour l'homologation de la convention de rupture prévue à l'article L. 1237-14 est le *(Décr. n° 2020-1545 du 9 déc. 2020, art. 28-X, en vigueur le 1er avr. 2021)* « directeur régional de l'économie, de l'emploi, du travail et des solidarités » du lieu où est établi l'employeur.

Art. D. 1237-3-1 *(Décr. n° 2021-1639 du 13 déc. 2021, art. 1er)* La demande d'homologation de la convention de rupture prévue à l'article L. 1237-14 est réalisée par téléservice.

Lorsqu'une partie indique à l'autorité administrative compétente ne pas être en mesure d'utiliser le téléservice, elle peut effectuer sa démarche par le dépôt d'un formulaire auprès de cette autorité.

Les dispositions de l'art. D. 1237-3-1 s'appliquent aux demandes d'homologation présentées à compter du 1er avr. 2022 (Décr. no 2021-1639 du 13 déc. 2021, art. 2).

TITRE V CONTRAT DE TRAVAIL TEMPORAIRE, AUTRES CONTRATS DE MISE À DISPOSITION ET PORTAGE SALARIAL *(Décr. no 2015-1886 du 30 déc. 2015, art. 1er).*

CHAPITRE I *CONTRAT DE TRAVAIL CONCLU AVEC UNE ENTREPRISE DE TRAVAIL TEMPORAIRE*

SECTION 3 *Contrat de mise à disposition et entreprise de travail temporaire*

SOUS-SECTION UNIQUE *Entreprise de travail temporaire*

§ 1 *Règles de contrôle*

Art. R. 1251-9 *(Décr. no 2016-1417 du 20 oct. 2016, art. 1er)* L'entreprise de travail temporaire informe, par tout moyen, les salariés temporaires de chaque établissement :

1° De la communication d'informations nominatives contenues dans les relevés de contrats de mission à Pôle emploi et au *(Décr. no 2020-1545 du 9 déc. 2020, art. 28-X, en vigueur le 1er avr. 2021)* « directeur régional de l'économie, de l'emploi, du travail et des solidarités » territorialement compétent ;

2° Des droits d'accès et de rectification prévus aux articles 39 et 40 de la loi du 6 janvier 1978 susvisée que peuvent exercer les intéressés auprès de Pôle emploi et du directeur régional mentionné au 1°.

....

TROISIÈME PARTIE *DURÉE DU TRAVAIL, SALAIRE, INTÉRESSEMENT, PARTICIPATION ET ÉPARGNE SALARIALE*

LIVRE I **DURÉE DU TRAVAIL, REPOS ET CONGÉS**

TITRE VII CONTRÔLE DE LA DURÉE DU TRAVAIL ET DES REPOS

CHAPITRE I *CONTRÔLE DE LA DURÉE DU TRAVAIL*

SECTION 1 *Définition des horaires et affichages*

SOUS-SECTION 4 *Accès aux documents et informations*

Art. D. 3171-14 Le droit d'accès aux informations nominatives prévu à l'article 39 de la loi no 78-17 du 6 janvier 1978 relative à l'informatique, aux fichiers et aux libertés est applicable aux documents comptabilisant la durée de travail des salariés. – *[Anc. art. D. 212-24, al. 2.]*

Art. D. 3171-15 Les documents mentionnés aux articles D. 3171-7 à D. 3171-13 peuvent être sous format électronique lorsque des garanties de contrôle équivalentes sont maintenues.

En cas de traitement automatisé des données nominatives, l'employeur *(Décr. no 2016-1418 du 20 oct. 2016, art. 7)* « communique, à sa demande, à l'agent de contrôle de l'inspection du travail » le récépissé attestant qu'il a accompli la déclaration préalable prévue par la loi no 78-17 du 6 janvier 1978 précitée.

....

LIVRE II SALAIRE ET AVANTAGES DIVERS

TITRE IV PAIEMENT DU SALAIRE

CHAPITRE III *BULLETIN DE PAIE*

Art. R. 3243-1 Le bulletin de paie prévu à l'article L. 3243-2 comporte :

1° Le nom et l'adresse de l'employeur ainsi que, le cas échéant, la désignation de l'établissement dont dépend le salarié ;

(Décr. nº 2016-190 du 25 févr. 2016) « 2° Le numéro de la nomenclature d'activité mentionnée au 1° de l'article R. 123-223 du code de commerce caractérisant l'activité de l'établissement d'emploi ainsi que, pour les employeurs inscrits au répertoire national des entreprises et des établissements, le numéro d'inscription de l'employeur au répertoire national mentionné à l'article R. 123-220 du même code ; »

3° S'il y a lieu, l'intitulé de la convention collective de branche applicable au salarié ou, à défaut, la référence au code du travail pour les dispositions relatives à la durée des congés payés du salarié et à la durée des délais de préavis en cas de cessation de la relation de travail ;

4° Le nom et l'emploi du salarié ainsi que sa position dans la classification conventionnelle qui lui est applicable. La position du salarié est notamment définie par le niveau ou le coefficient hiérarchique qui lui est attribué ;

5° La période et le nombre d'heures de travail auxquels se rapporte le salaire en distinguant, s'il y a lieu, les heures payées au taux normal et celles qui comportent une majoration pour heures supplémentaires ou pour toute autre cause et en mentionnant le ou les taux appliqués aux heures correspondantes :

a) La nature et le volume du forfait auquel se rapporte le salaire des salariés dont la rémunération est déterminée sur la base d'un forfait hebdomadaire ou mensuel en heures, d'un forfait annuel en heures ou en jours ;

b) L'indication de la nature de la base de calcul du salaire lorsque, par exception, cette base de calcul n'est pas la durée du travail ;

6° La nature et le montant des accessoires de salaire soumis aux cotisations salariales et patronales *(Abrogé par Décr. nº 2016-190 du 25 févr. 2016)* ***« mentionnées aux articles R. 3243-2 et R. 3243-3 »*** ;

7° Le montant de la rémunération brute du salarié ;

(Décr. nº 2016-190 du 25 févr. 2016) « 8° *a)* *(Décr. nº 2017-858 du 9 mai 2017, art. 10-I)* « Le montant et l'assiette » des cotisations et contributions d'origine légale et conventionnelle à la charge de l'employeur et du salarié avant déduction des exonérations et exemptions mentionnées *(Décr. nº 2017-858 du 9 mai 2017, art. 10-I ; Décr. nº 2017-1676 du 7 déc. 2017, art. 6)* « au 13° ainsi que, pour les cotisations et contributions d'origine légale et conventionnelle à la charge du salarié, leurs taux » ;

« *b)* La nature et le montant des versements et retenues autres que celles mentionnées au *a* effectués sur la période, notamment au titre de la prise en charge des frais de transport public ou de frais de transports personnels ; »

(Décr. nº 2017-858 du 9 mai 2017, art. 10-I) « 9° L'assiette, le taux et le montant de la retenue à la source prévue au 1° du 2 de l'article 204 A du code général des impôts ainsi que la somme qui aurait été versée au salarié en l'absence de retenue à la source ; »

10° Le montant de la somme effectivement reçue par le salarié ;

11° La date de paiement de cette somme ;

12° Les dates de congé et le montant de l'indemnité correspondante, lorsqu'une période de congé annuel est comprise dans la période de paie considérée ;

(Décr. nº 2016-190 du 25 févr. 2016) « 13° Le montant total des exonérations et exemptions de cotisations et contributions sociales qui figurent dans l'annexe mentionnée au 5° du III de l'article L.O. 111-4 du code de la sécurité sociale, appliquées à la rémunération mentionnée au 7° ;

« 14° Le montant total versé par l'employeur, c'est-à-dire la somme de la rémunération mentionnée au 7° et des cotisations et contributions à la charge de l'employeur mentionnées au *a* du 8°, déduction faite des exonérations et exemptions des mêmes cotisations et contributions mentionnées au *(Décr. n° 2017-858 du 9 mai 2017, art. 10-I)* « 13° » ;

« 15° La mention de la rubrique dédiée au bulletin de paie sur le portail www.service-public.fr » ;

(Décr. n° 2020-325 du 25 mars 2020, art. 1er) « 16° En cas d'activité partielle :

« *a)* Le nombre d'heures indemnisées ;

« *b)* Le taux appliqué pour le calcul de l'indemnité mentionnée à l'article R. 5122-18 ;

« *c)* Les sommes versées au salarié au titre de la période considérée. »

Art. R. 3243-2 *(Décr. n° 2016-190 du 25 févr. 2016)* Les informations mentionnées aux *a* du 8°, *(Décr. n° 2017-858 du 9 mai 2017, art. 10-II)* « 9°, 13° et 14° » de l'article R. 3243-1 sont libellées et ordonnées ainsi que, pour les éléments à la charge de l'employeur, regroupées conformément à un modèle défini par arrêté des ministres chargés de la sécurité sociale et du travail. — *V. Arr. du 25 févr. 2016 (JO 26 févr.), mod. par Arr. du 9 mai 2018 (JO 12 mai, NOR : CPAS1812606A) et Arr. du 23 déc. 2021 (JO 30 déc., NOR : SSAS2123528A).*

La contribution mentionnée à l'article L. 136-3 du code de la sécurité sociale et la contribution prévue à l'article 14 de l'ordonnance n° 96-50 du 24 janvier 1996 relative au remboursement de la dette sociale sont agrégées. Les contributions autres que les contributions sociales mentionnées au *a* du 8° sont également agrégées dans une seule rubrique, qui donne le montant total de cette contribution.

Art. R. 3243-3 *(Abrogé par Décr. n° 2016-190 du 25 févr. 2016)* ***Le bulletin de paie ou un récapitulatif annuel remis au salarié mentionne la nature, le montant et le taux des cotisations et contributions patronales assises sur la rémunération brute.***

Lorsque ces cotisations et contributions sont mentionnées sur le bulletin de paie, elles peuvent être regroupées dans les mêmes conditions et selon les mêmes modalités de communication au salarié que celles prévues pour les cotisations et contributions salariales mentionnées à l'article R. 3243-2.

Les employeurs de main-d'œuvre agricoles auxquels le montant de cotisations est notifié trimestriellement peuvent mentionner ces cotisations après le paiement des cotisations patronales, en précisant la période sur laquelle elles portent. — *[Anc. art. R. 143-2, al. 17.]*

Art. R. 3243-4 Il est interdit de faire mention sur le bulletin de paie de l'exercice du droit de grève ou de l'activité de représentation des salariés.

La nature et le montant de la rémunération de l'activité de représentation figurent sur une fiche annexée au bulletin de paie qui a le même régime juridique que celui-ci et que l'employeur établit et fournit au salarié. — *[Anc. art. R. 143-2, al. 18.]*

Art. R. 3243-5 Le bulletin de paie comporte en caractères apparents une mention incitant le salarié à le conserver sans limitation de durée. — *[Anc. art. R. 143-2, al. 19.]*

Art. R. 3243-6 Par dérogation aux dispositions prévues à l'article R. 3243-1, le bulletin de paie des salariés liés par contrats conclus par une personne physique pour un service rendu à son domicile peut ne pas comporter les mentions suivantes :

1° La position du salarié dans la classification conventionnelle qui lui est applicable ;

2° Le montant de la rémunération brute du salarié ;

3° La nature et le montant des cotisations patronales de sécurité sociale assises sur cette rémunération brute. — *[Anc. art. R. 143-3.]*

Art. D. 3243-7 *(Décr. n° 2016-1762 du 16 déc. 2016, art. 1er, en vigueur le 1er janv. 2017)* Lorsqu'il décide de procéder à la remise du bulletin de paie sous forme électronique, l'employeur informe le salarié par tout moyen conférant date certaine, un mois avant la première émission du bulletin de paie sous forme électronique ou au moment de l'embauche, de son droit de s'opposer à l'émission du bulletin de paie sous forme électronique.

Le salarié peut faire part de son opposition à tout moment, préalablement ou postérieurement à la première émission d'un bulletin de paie sous forme électronique. Le salarié notifie son opposition à l'employeur par tout moyen lui conférant une date certaine.

La demande du salarié prend effet dans les meilleurs délais et au plus tard trois mois suivant la notification.

Art. D. 3243-8 *(Décr. n° 2016-1762 du 16 déc. 2016, art. 1er, en vigueur le 1er janv. 2017)* L'employeur arrête les conditions dans lesquelles il garantit la disponibilité pour le salarié du bulletin de paie émis sous forme électronique :

– soit pendant une durée de cinquante ans ;

– soit jusqu'à ce que le salarié ait atteint l'âge mentionné au dernier alinéa de l'article L. 1237-5, augmenté de six ans.

En cas de fermeture du service de mise à disposition du bulletin de paie en raison de la cessation d'activité du prestataire assurant la conservation des bulletins de paie émis sous forme électronique pour le compte de l'employeur, ou de la cessation d'activité de l'employeur lorsque celui-ci assure lui-même cette conservation, les utilisateurs sont informés au moins trois mois avant la date de fermeture du service pour leur permettre de récupérer les bulletins de paie stockés.

Les utilisateurs sont mis en mesure de récupérer à tout moment l'intégralité de leurs bulletins de paie émis sous forme électronique, sans manipulation complexe ou répétitive, et dans un format électronique structuré et couramment utilisé.

Art. R. 3243-9 *(Décr. n° 2016-1762 du 16 déc. 2016, art. 1er, en vigueur le 1er janv. 2017)* Le service en ligne associé au compte personnel d'activité, mentionné au 2° du II de l'article L. 5151-6, permet au titulaire du compte de consulter tous ses bulletins de paie émis sous forme électronique.

L'employeur ou le prestataire agissant pour son compte doit garantir l'accessibilité des bulletins de paie émis sous forme électronique par ce service en ligne.

....

CHAPITRE VI *DISPOSITIONS PÉNALES*

....

Art. R. 3246-2 Le fait de méconnaître les dispositions relatives au bulletin de paie des articles *(Décr. n° 2009-289 du 13 mars 2009)* « L. 3243-1, L. 3243-2 et L. 3243-4 » et des articles R. 3243-1 à *(Décr. n° 2016-1762 du 16 déc. 2016, art. 2, en vigueur le 1er janv. 2017)* « D. 3243-8 » est puni de l'amende prévue pour les contraventions de la troisième classe.

....

CINQUIÈME PARTIE *L'EMPLOI*

LIVRE I **LES DISPOSITIFS EN FAVEUR DE L'EMPLOI**

TITRE II **AIDES AU MAINTIEN ET À LA SAUVEGARDE DE L'EMPLOI**

CHAPITRE II *AIDE AUX SALARIÉS PLACÉS EN ACTIVITÉ PARTIELLE* *(Décr. n° 2013-551 du 26 juin 2013)*.

....

Art. R. 5122-20 *(Décr. n° 2014-740 du 30 juin 2014, art. 4)* L'Agence de services et de paiement est autorisée à mettre en œuvre un traitement automatisé des données à caractère personnel contenues dans les demandes préalables d'autorisation de placement en position d'activité partielle et les demandes d'indemnisation en application des articles R. 5122-2 et R. 5122-5.

Le traitement automatisé a pour finalité :

1° La gestion, le contrôle et le suivi des demandes préalables d'autorisation de placement en position d'activité partielle de salariés et des demandes d'indemnisation ;

2° Le calcul et le paiement de l'allocation d'activité partielle versée à l'établissement ou au salarié en cas de paiement direct selon les modalités prévues à l'article R. 5122-16 ;

3° L'élaboration de données statistiques et financières anonymisées.

Art. R. 5122-21 *(Décr. nº 2014-740 du 30 juin 2014, art. 4)* Les catégories de données à caractère personnel enregistrées sont les suivantes :

1° En cas de paiement de l'allocation de l'activité partielle à l'établissement *(Décr. nº 2020-794 du 26 juin 2020, art. 1er)* « , au mandataire judiciaire ou à l'association mentionnée à l'article L. 3253-14 » :

a) Les identifiants de connexion ;

b) Le nom d'usage et le prénom des salariés ;

c) Le numéro d'inscription au répertoire national d'identification des personnes physiques ;

d) La catégorie socioprofessionnelle ;

e) Les coordonnées bancaires de l'établissement *(Décr. nº 2020-794 du 26 juin 2020, art. 1er)* « , du mandataire judiciaire ou de l'association mentionnée à l'article L. 3253-14 » ;

f) Le mode d'aménagement du temps de travail de chaque salarié, le nombre d'heures chômées et celles ouvrant droit à indemnisation sur la période considérée, dans les conditions prévues à l'article R. 5122-11 ;

(Décr. nº 2020-325 du 25 mars 2020, art. 1er) « *g)* Les données inscrites dans le bulletin de paie mentionnées aux 4° à 7°, 10° à 12° ainsi qu'aux 14° et 16° de l'article R. 3243-1. »

2° En cas de paiement direct aux salariés de l'allocation d'activité partielle dans le cadre des articles R. 5122-16 et R. 5122-17 :

a) Les identifiants de connexion ;

b) Les nom d'usage, nom de famille, prénom, civilité, date de naissance, commune de naissance, code INSEE de la commune de naissance des salariés ;

c) Le numéro d'inscription au répertoire national d'identification des personnes physiques ;

d) L'adresse des salariés, le code postal et la commune ;

e) Les coordonnées bancaires des salariés ;

f) Le mode d'aménagement du temps de travail de chaque salarié, le nombre d'heures chômées et celles ouvrant droit à indemnisation sur la période considérée, dans les conditions prévues à l'article R. 5122-11 ;

(Décr. nº 2020-325 du 25 mars 2020, art. 1er) « *g)* Les données inscrites dans le bulletin de paie mentionnées aux 4° à 7°, 10° à 12° ainsi qu'aux 14° et 16° de l'article R. 3243-1. »

Art. R. 5122-22 *(Décr. nº 2014-740 du 30 juin 2014, art. 4)* A l'exception du numéro d'inscription au répertoire national d'identification des personnes physiques, sont destinataires des données du traitement pour les nécessités liées aux seules finalités mentionnées aux 1°, 2° et 3° de l'article R. 5122-20, les agents des administrations et organismes mentionnés ci-après, désignés et habilités par l'autorité responsable de ces administrations et organismes :

1° La délégation générale à l'emploi et à la formation professionnelle ;

2° L'organisme gestionnaire du régime d'assurance chômage ;

3° Les services déconcentrés du ministère chargé de l'emploi.

Art. R. 5122-23 *(Décr. nº 2014-740 du 30 juin 2014, art. 4)* Les agents des services statistiques du ministère chargé de l'emploi désignés et habilités par l'autorité responsable de ces services sont destinataires des données, à l'exception du nom de famille et, le cas échéant, du nom d'usage, ainsi que du numéro d'inscription au répertoire national d'identification des personnes physiques, pour les nécessités liées à la seule finalité mentionnée au 3° de l'article R. 5122-20.

Art. R. 5122-24 *(Décr. nº 2014-740 du 30 juin 2014, art. 4)* Les données à caractère personnel ne peuvent être conservées au-delà de cinq ans. Toutefois, en cas de contentieux relatif à une demande d'indemnisation, les données correspondantes sont conservées jusqu'au règlement définitif de l'affaire.

L'enregistrement, l'utilisation, la conservation et la transmission de ces données sont réalisés selon des modalités propres à garantir leur confidentialité.

Art. R. 5122-25 *(Décr. nº 2014-740 du 30 juin 2014, art. 4)* Les droits d'accès et de rectification prévus aux articles 39 et 40 de la loi nº 78-17 du 6 janvier 1978 relative à l'informatique, aux fichiers et aux libertés s'exercent auprès de l'Agence de services et de paiement.

TITRE III AIDES À L'INSERTION, À L'ACCÈS ET AU RETOUR À L'EMPLOI

CHAPITRE IV *CONTRATS DE TRAVAIL AIDÉS*

SECTION 1-1 *Contrat unique d'insertion*

SOUS-SECTION 2 *Suivi financier et statistique*

Art. R. 5134-18 L'Agence de services et de paiement est autorisée à mettre en œuvre un traitement automatisé des données à caractère personnel contenues dans les *(Décr. nº 2012-1211 du 31 oct. 2012, art. 1er-I-6º)* « décisions d'attribution de l'aide à l'insertion professionnelle ».

Le traitement automatisé a pour finalité :

1º La gestion, le contrôle et le suivi des *(Décr. nº 2012-1211 du 31 oct. 2012, art. 1er-I-6º)* « aides à l'insertion professionnelle » ;

2º Le calcul et le paiement de l'aide versée à l'employeur ;

3º L'identification des cas dans lesquels l'allocation de revenu de solidarité active est intégralement à la charge du Fonds national des solidarités actives en application du troisième alinéa du I de l'article L. 262-24 du code de l'action sociale et des familles ;

4º L'élaboration de données statistiques et financières anonymes ;

(Décr. nº 2012-657 du 4 mai 2012, art. 1er) « 5º La réalisation d'enquêtes permettant d'étudier la situation des personnes en contrats aidés et leur parcours professionnel. » — *Les dispositions du 5º peuvent être modifiées par décret simple (Décr. nº 2012-657 du 4 mai 2012, art. 3).*

Art. R. 5134-19 Les catégories de données à caractère personnel enregistrées sont les suivantes :

1º Le nom de famille et, le cas échéant, le nom *(Décr. nº 2012-1211 du 31 oct. 2012, art. 1er-I-7º)* « d'usage », les prénoms, le sexe et la date de naissance ;

2º La nationalité, sous l'une des formes suivantes :

– français ;

– ressortissant d'un État membre de l'Union européenne ;

– ressortissant d'un État tiers.

3º Le numéro d'inscription au répertoire national d'identification des personnes physiques ;

4º Le niveau de formation ;

5º L'adresse ;

6º Le cas échéant, le numéro d'inscription sur la liste des demandeurs d'emploi et la durée de cette inscription ;

7º Le cas échéant, l'indication de la qualité de bénéficiaire du revenu de solidarité active financé par le département, le numéro d'allocataire, l'organisme en charge du versement et la durée pendant laquelle il a bénéficié de cette allocation ;

8º Le cas échéant, l'indication de la qualité de bénéficiaire de l'allocation de solidarité spécifique, de l'allocation aux adultes handicapés ou de l'allocation temporaire d'attente et la durée pendant laquelle il a bénéficié de cette allocation ;

9º Le cas échéant, l'indication *(Décr. nº 2012-1211 du 31 oct. 2012, art. 1er-I-7º)* « de la reconnaissance de la qualité de bénéficiaire de l'obligation d'emploi des travailleurs handicapés, pour les personnes mentionnées à l'article L. 5212-13 » ;

10º Les données mentionnées aux 2º, 3º et 4º de l'article R. 5134-17.

Art. R. 5134-20 Pour les nécessités liées à la seule finalité mentionnée au 3º de l'article R. 5134-18 les agents des organismes mentionnés à l'article L. 262-16 du code de l'action sociale et des familles désignés et habilités par l'autorité responsable de ces organismes sont destinataires des données du traitement relatives aux personnes bénéficiaires du revenu de solidarité active financé par le département et portant sur :

1° Le nom et l'adresse des intéressés ;

2° Leur numéro d'inscription au répertoire national d'identification des personnes physiques ;

3° Leur numéro d'allocataire ;

4° La date de leur embauche.

Art. R. 5134-21 A l'exception du numéro d'inscription au répertoire national d'identification des personnes physiques et, le cas échéant, du numéro d'allocataire du revenu de solidarité active financé par le département, sont destinataires des données du traitement pour les nécessités liées aux seules finalités mentionnées aux 1°, 2° et 4° de l'article R. 5134-18 les agents des administrations et organismes mentionnés ci-après, désignés et habilités par l'autorité responsable de ces administrations et organismes :

1° Les services déconcentrés du ministre chargé de l'emploi dans le département ;

2° Les *(Décr. n° 2012-657 du 4 mai 2012, art. 1er)* « agences » locales de Pôle emploi ;

3° Les organismes mentionnés à l'article R. 5134-14, pour les *(Décr. n° 2012-1211 du 31 oct. 2012, art. 1er-I-8°)* « aides attribuées » au nom de l'État ;

4° Le cas échéant, le département, lorsque le président du conseil départemental le demande, pour les *(Décr. n° 2012-1211 du 31 oct. 2012, art. 1er-I-8°)* « aides qu'il a attribuées ».

Art. R. 5134-22 *(Décr. n° 2012-657 du 4 mai 2012, art. 1er)* Pour permettre aux agents des services statistiques du ministre chargé de l'emploi désignés et habilités par l'autorité responsable de ces services de conduire les opérations prévues aux 4° et 5° de l'article R. 5134-18, ces derniers sont destinataires des données du traitement, à l'exception du numéro d'inscription au répertoire national d'identification des personnes physiques.

Ces données ne peuvent être conservées par les services statistiques du ministre chargé de l'emploi au-delà de la période nécessaire à la conduite de ces opérations et au plus tard cinq ans après *(Décr. n° 2012-1211 du 31 oct. 2012, art. 1er-I-9°)* « le terme de l'aide à l'insertion professionnelle ».

Art. R. 5134-23 Les données à caractère personnel ne peuvent être conservées au-delà de la période nécessaire à la conduite des opérations prévues à l'article R. 5134-18 et au maximum un an après *(Décr. n° 2012-1211 du 31 oct. 2012, art. 1er-I-10°)* « le terme de l'aide à l'insertion professionnelle ».

Toutefois, en cas de contentieux relatif à une *(Décr. n° 2012-1211 du 31 oct. 2012, art. 1er-I-10°)* « aide à l'insertion professionnelle », les données correspondantes sont conservées jusqu'à une décision de justice devenue définitive.

L'enregistrement, l'utilisation, la conservation et la transmission de ces données sont réalisés selon des modalités propres à garantir leur confidentialité.

Art. R. 5134-24 Les droits d'accès et de rectification prévus aux articles 39 et 40 de la loi n° 78-17 du 6 janvier 1978 relative à l'informatique, aux fichiers et aux libertés s'exercent auprès de l'Agence de services et de paiement.

Art. D. 5134-25 *Abrogé par Décr. n° 2012-657 du 4 mai 2012, art. 1er-5°.*

....

TITRE V **COMPTE PERSONNEL D'ACTIVITÉ**

CHAPITRE UNIQUE

SECTION 1 ***Dispositions générales***

(Décr. n° 2016-1950 du 28 déc. 2016, en vigueur le 1er janv. 2017)

Les art. R. 5151-1 à R. 5151-10 sont applicables aux agents publics, y compris les agents relevant du statut prévu par la L. n° 52-1311 du 10 déc. 1952, V. Décr. n° 2017-1877 du 29 déc. 2017 (JO 31 déc.).

Art. R. 5151-1 Le compte personnel d'activité est mis en œuvre au moyen du traitement automatisé défini par la présente section.

Les dispositions de la présente section s'appliquent sans préjudice des dispositions régissant les systèmes d'information mis en œuvre pour le compte personnel de formation, le compte *(Décr. nº 2017-1768 du 27 déc. 2017, art. 2)* « professionnel de prévention » et le compte d'engagement citoyen.

Art. R. 5151-2 Conformément aux dispositions de l'article L. 5151-6, est autorisée la création, par le ministre chargé de l'emploi, d'un traitement automatisé de données à caractère personnel dénommé "Système d'information du compte personnel d'activité" (SI-CPA).

Ce traitement automatisé est mis en œuvre et géré par la Caisse des dépôts et consignations.

Art. R. 5151-3 Le système d'information du compte personnel d'activité a pour finalités de permettre :

1° La consultation par le titulaire du compte et l'utilisation, dans le compte personnel d'activité, des droits inscrits ou mentionnés sur le compte personnel de formation, le compte *(Décr. nº 2017-1768 du 27 déc. 2017, art. 2)* « professionnel de prévention » ou le compte d'engagement citoyen, dans le cadre du service en ligne mentionné au I de l'article L. 5151-6 ;

2° L'accès des titulaires du compte à un service de consultation de leurs bulletins de paie, lorsqu'ils ont été transmis par l'employeur sous forme électronique dans les conditions prévues par l'article L. 3243-2 au moyen de la plateforme de services en ligne mentionnée au II de l'article L. 5151-6 ;

3° L'accès des titulaires du compte à des services utiles à la sécurisation des parcours professionnels et à la mobilité géographique et professionnelle, au moyen de la même plateforme ainsi que l'accompagnement des titulaires dans l'utilisation de ces services ;

4° Le partage entre titulaires de compte de tout ou partie des données de leur espace personnel dans les conditions prévues au II de l'article R. 5151-6 afin de favoriser les échanges sur des questions liées à la sécurisation des parcours professionnels et à la mobilité géographique et professionnelle ;

5° L'analyse de l'utilisation et l'évaluation de la mise en œuvre du compte personnel d'activité, notamment par le biais de la statistique.

Art. R. 5151-4 Dans la mesure où leur exploitation est nécessaire à la poursuite des finalités définies à l'article R. 5151-3, les catégories de données à caractère personnel pouvant être enregistrées dans le traitement automatisé sont les suivantes :

1° Des données issues du système d'information du compte personnel de formation, y compris celles relevant du compte d'engagement citoyen ;

2° Des données issues du système d'information du compte *(Décr. nº 2017-1768 du 27 déc. 2017, art. 2)* « professionnel de prévention » ;

3° Des données à caractère personnel librement renseignées par le titulaire du compte et des données issues de l'utilisation par celui-ci des services en ligne mentionnés au I et aux 2° et 3° du II de l'article L. 5151-6 relatives aux éléments suivants :

a) Les données relatives au parcours professionnel du titulaire du compte : activités professionnelles exercées ou ayant été exercées, activités d'engagement citoyen exercées ou ayant été exercées, études et formations initiales et continues suivies, diplômes et certifications obtenus, qualifications détenues et exercées ;

b) Les données relatives aux compétences professionnelles du titulaire du compte : aptitudes et compétences, permis de conduire, langues étrangères ;

c) Les données issues de l'utilisation des services en ligne susmentionnés ;

d) Les données relatives au projet professionnel du titulaire du compte : métiers envisagés ou recherchés, formations envisagées ou recherchées, région de résidence actuelle ou recherchée, région du lieu de travail actuel et du lieu de travail recherché ;

e) Les données issues du profil professionnel du titulaire du compte : dénomination de la branche professionnelle d'origine, code APE de l'employeur ;

f) Les données relatives aux coordonnées du titulaire de compte : adresse électronique.

Art. R. 5151-5 Le titulaire du compte personnel d'activité accède directement aux données à caractère personnel le concernant.

Dans la mesure nécessaire à l'exercice de leurs missions, les personnels de la Caisse des dépôts et consignations assurant la gestion du traitement accèdent directement à tout ou partie des données à caractère personnel du système d'information du compte personnel d'activité, pour la gestion des services en ligne mentionnés au I et au 2° et au 3° du II de l'article L. 5151-6.

Les agents des organismes de conseil en évolution professionnelle mentionnés à l'article L. 6111-6 sont habilités, lorsque le titulaire y consent, à accéder aux données mentionnées au *c* du 3° de l'article R. 5151-4 se rapportant à ses profils, parcours, compétences et projets professionnels dans les limites strictement nécessaires à l'exercice de leurs missions.

Art. R. 5151-6 I. – Sont destinataires de tout ou partie des données à caractère personnel incluses dans le traitement automatisé, dans les limites strictement nécessaires à l'exercice de leurs missions :

1° Les agents de la direction de l'animation de la recherche, des études et des statistiques du ministère chargé de l'emploi, et des organismes qu'elle mandate au moyen de conventions de recherche, pour leur exploitation à des fins statistiques destinées à la recherche ou à l'évaluation du " Système d'information du compte personnel d'activité " (SI-CPA) ;

2° Les agents de la délégation générale à l'emploi et à la formation professionnelle ;

3° Les agents de la direction générale du travail ;

4° Les agents de la direction de la sécurité sociale ;

5° Les agents de la direction de la jeunesse, de l'éducation populaire et de la vie associative.

II. – Dans le cadre de la finalité mentionnée au 4° de l'article R. 5151-3, le titulaire du compte peut décider de rendre accessibles aux autres titulaires de compte tout ou partie des données issues de son espace personnel dans des conditions garantissant qu'ils ne font pas l'objet d'une indexation par des moteurs de recherche. Il peut, à tout moment, revenir sur cette décision.

Art. R. 5151-7 I. – Une information conforme aux dispositions de l'article 32 de la loi n° 78-17 du 6 janvier 1978 relative à l'informatique, aux fichiers et aux libertés figure sur le service en ligne mentionné au I de l'article L. 5151-6.

II. – Le droit d'opposition prévu à l'article 38 de la même loi ne s'applique pas au système d'information du compte personnel d'activité.

III. – Le droit d'accès et de rectification prévu aux articles 39 et 40 de la même loi s'exerce auprès de la Caisse des dépôts et consignations.

Art. R. 5151-8 Les données à caractère personnel et les informations enregistrées dans le système d'information du compte personnel d'activité sont conservées pendant toute la durée d'ouverture du compte et pendant une durée de trois ans à compter de la date du décès du titulaire du compte. En cas de contentieux, ce délai est prorogé jusqu'à l'intervention d'une décision juridictionnelle définitive.

Art. R. 5151-9 Toute opération relative au système d'information du compte personnel d'activité fait l'objet d'un enregistrement comprenant l'identification de l'utilisateur, la date, l'heure et la nature de l'intervention dans ce traitement. Ces informations sont conservées pendant une durée d'un an.

Art. R. 5151-10 I. – Les personnes morales de droit public et les personnes morales de droit privé chargées d'une mission de service public qui développent et mettent à disposition les services en ligne mentionnés au 3° du II de l'article L. 5151-6 sont autorisées à créer les traitements de données à caractère personnel nécessaires dans les conditions définies au présent article.

La personne morale qui développe et met à disposition le service en ligne est responsable du traitement de données à caractère personnel correspondant.

Le traitement de données à caractère personnel doit avoir reçu le consentement du titulaire du compte personnel d'activité.

Conformément au IV de l'article 26 de la loi du 6 janvier 1978 précitée, la mise en œuvre de chaque traitement est subordonnée à l'envoi préalable à la Commission nationale de l'informatique et des libertés, d'un engagement de conformité aux dispositions du présent article. Cet engagement est accompagné d'un dossier technique sommaire décrivant le traitement mis en œuvre et les mesures prises pour en assurer la sécurité.

II. — Dans la mesure où elles sont strictement nécessaires à la fourniture du service en ligne, peuvent être collectées, traitées et conservées les données mentionnées à l'article R. 5151-4, à l'exception des données suivantes :

1° Les *(Décr. n° 2017-1768 du 27 déc. 2017, art. 2)* « données relatives à l'exposition aux facteurs de risques professionnels » mentionnées aux 3° à 6° du I de l'article 2 du décret du 11 août 2016 autorisant la création d'un traitement de données à caractère personnel dénommé "compte *(Décr. n° 2017-1813 du 29 déc. 2017)* « professionnel de prévention »" ;

2° Les données relatives aux activités bénévoles ou de volontariat enregistrées en application de l'article L. 5151-8, lorsqu'elles relèvent des données énumérées par l'article 8 de la loi du 6 janvier 1978 précitée.

III. — Un arrêté du ministre chargé de l'emploi, pris après avis motivé et publié de la Commission nationale de l'informatique et des libertés, précise les conditions techniques d'accès aux données.

IV. — Peuvent être destinataires des données mentionnées au II, à condition d'avoir été spécifiquement habilités à cette fin, les employés et agents des organismes mentionnés au I de même nature que ceux mentionnés aux articles R. 5151-5 et R. 5151-6.

V. — Chaque responsable de traitement conserve les données mentionnées au II pour la durée des opérations requises par la fourniture du service en ligne. Cette durée ne peut excéder un mois après l'achèvement des opérations.

VI. — Chaque responsable du traitement procède, conformément aux dispositions du I de l'article 32 de la loi du 6 janvier 1978 précitée, à l'information des personnes dans le cadre du service en ligne. Cette information mentionne notamment l'identité du responsable de traitement, la finalité poursuivie par le traitement, les destinataires des données et les modalités d'exercice des droits des personnes.

Les droits d'opposition, d'accès et de rectification s'exercent, conformément aux articles 38 à 40 de la même loi, auprès des services désignés par le responsable de traitement dans l'engagement de conformité mentionné au I.

LIVRE III SERVICE PUBLIC DE L'EMPLOI ET PLACEMENT

TITRE I LE SERVICE PUBLIC DE L'EMPLOI

CHAPITRE II *PLACEMENT ET ACCOMPAGNEMENT DES DEMANDEURS D'EMPLOI*

SECTION 3 *Transmissions à Pôle emploi d'une liste nominative des bénéficiaires du revenu de solidarité active et de l'allocation aux adultes handicapés*

Art. R. 5312-32 Est autorisée la création par la Caisse nationale des allocations familiales, d'une part, et la Caisse centrale de la mutualité sociale agricole, d'autre part, de traitements de données à caractère personnel dénommés "transmissions à Pôle emploi de données relatives aux bénéficiaires du revenu de solidarité active *(Décr. n° 2015-1863 du 29 déc. 2015, art. 9)* « , de la prime d'activité » et de l'allocation aux adultes handicapés". Ces traitements ont pour finalité l'identification, parmi les demandeurs d'emploi, des bénéficiaires de ces allocations. Ces données sont enregistrées par Pôle emploi dans ses traitements automatisés de données relatives à la gestion de la demande d'emploi, afin de lui permettre de :

1° Remplir ses missions prévues à l'article L. 5312-1 du code du travail ;

2° Satisfaire aux obligations posées à l'article L. 262-42 du code de l'action sociale et des familles ;

3° Mettre en œuvre des dispositions particulières prévues aux articles L. 5132-5, L. 5134-23-1 et L. 5134-25-1 du code du travail.

V. Décr. n° 2015-1863 du 29 déc. 2015 autorisant les traitements de données à caractère personnel destinés à la mise en œuvre de la prime d'activité (JO 31 déc.).

Art. R. 5312-33 Les données à caractère personnel collectées sont celles permettant d'identifier le bénéficiaire ainsi que, le cas échéant, son conjoint, concubin ou partenaire lié par un pacte civil de solidarité, soit, pour chacun d'eux :

1° Le nom de famille et, le cas échéant, le nom marital, le prénom, la date de naissance, la commune de résidence ;

2° Le numéro d'inscription au répertoire national d'identification des personnes physiques ;

3° Le numéro de la caisse de rattachement, le numéro d'allocataire et l'allocation perçue ;

4° Pour le revenu de solidarité active *(Décr. n° 2015-1863 du 29 déc. 2015, art. 9)* « et la prime d'activité », la date d'ouverture des droits, la date de la demande, la nature de l'allocation perçue et la date de sortie de l'allocation.

Art. R. 5312-34 Pôle emploi conserve les données à caractère personnel collectées dans le cadre des traitements mis en place par l'article R. 5312-32 jusqu'à l'extinction du droit du demandeur d'emploi au revenu de solidarité active *(Décr. n° 2015-1863 du 29 déc. 2015, art. 9)* « , à la prime d'activité » ou à l'allocation aux adultes handicapés.

Art. R. 5312-35 Sont destinataires des données à caractère personnel mentionnées aux 3° et 4° de l'article R. 5312-33, pour les nécessités liées aux seules finalités mentionnées à l'article R. 5312-32, les agents de Pôle emploi désignés et habilités par l'autorité responsable de cet organisme pour accéder aux traitements de données relatives à la gestion de la demande d'emploi mentionnés au premier alinéa de l'article R. 5312-32.

Art. R. 5312-36 Les droits d'accès et de rectification prévus par les articles 39 et 40 de la loi n° 78-17 du 6 janvier 1978 relative à l'informatique, aux fichiers et aux libertés s'exercent auprès de l'organisme chargé du service de l'allocation dont bénéficie l'intéressé parmi celles mentionnées à l'article R. 5312-32.

Art. R. 5312-37 Le droit d'opposition prévu au premier alinéa de l'article 38 de la loi n° 78-17 du 6 janvier 1978 relative à l'informatique, aux fichiers et aux libertés ne s'applique pas aux traitements prévus par la présente section.

SECTION 4 *Système d'information concernant les demandeurs d'emploi et les salariés*

(Décr. n° 2016-729 du 1er juin 2016)

Art. R. 5312-38 Est autorisée la création par Pôle emploi d'un traitement automatisé de données à caractère personnel dénommé "Système d'information concernant les demandeurs d'emploi et salariés".

Il a pour finalités :

1° L'information, l'accueil, l'orientation et l'accompagnement des personnes à la recherche d'un emploi, d'une formation ou d'un conseil professionnel et leur mise en relation avec des employeurs ;

2° L'inscription, le non-renouvellement de l'inscription, les changements de situation sur la liste des demandeurs d'emploi, l'actualisation et la radiation de cette liste ;

3° L'élaboration et le suivi du projet personnalisé d'accès à l'emploi, le contrôle de la recherche d'emploi ;

4° L'attribution et le versement d'allocations et d'aides, la répétition des sommes indûment perçues ;

5° La gestion des réclamations et des contentieux ;

6° La gestion électronique des documents ;

7° L'échange de données avec des organismes de sécurité sociale ou de retraite complémentaire afin de garantir les droits sociaux des demandeurs d'emploi ou d'éviter les cumuls indus d'allocations et aides avec des prestations sociales ou un salaire ;

8° Le partage de données entre les acteurs des services publics de l'emploi, de l'orientation et de la formation ainsi qu'avec l'Agence de services et de paiement visée à l'article L. 313-1 du code rural et de la pêche maritime, afin de permettre l'exercice des missions légales de chacun ;

9° La prévention et la lutte contre la fraude ;

10° L'alimentation et l'agrégation des données afin de produire les statistiques afférentes aux missions prévues à l'article L. 5312-1 et les indicateurs permettant le pilotage des activités de Pôle emploi.

Art. R. 5312-39 Dans le cadre des finalités mentionnées à l'article R. 5312-38, est également mis à disposition par Pôle emploi un téléservice permettant d'accomplir, à travers un espace personnel sur le site internet de Pôle emploi ou à travers toute autre technologie de l'information et de la communication, des démarches et formalités visant notamment à :

1° Être mis en relation avec un employeur ;

2° Créer ou télécharger un *curriculum vitae* et le transmettre à des employeurs ou à des partenaires de Pôle emploi ;

3° S'inscrire à une prestation ou faire une demande d'aide ;

4° S'inscrire sur la liste des demandeurs d'emploi, faire une demande d'allocation, préparer le premier entretien du parcours personnalisé d'accès à l'emploi et télécharger des documents justificatifs ;

5° Actualiser sa situation sur la liste des demandeurs d'emploi, actualiser son projet personnalisé d'accès à l'emploi, faire une demande d'aide ou une réclamation ;

6° Être en contact avec un conseiller par messagerie électronique ou instantanée, par visioconférence ou par téléphone ;

7° Effectuer des modules de conseil ou de formation en ligne et participer à des forums.

Les démarches et formalités mentionnées au 4° sont accomplies uniquement par l'usage d'un téléservice, avec l'assistance du personnel de Pôle emploi dans les conditions définies par l'article R. 5411-2 du code du travail.

Art. R. 5312-40 Outre les données directement collectées auprès des personnes concernées, le système d'information est alimenté, dans le cadre des finalités mentionnées à l'article R. 5312-38 et dans la stricte limite des informations nécessaires, par :

1° Le traitement de données à caractère personnel dénommé "Déclaration sociale nominative" mentionné par l'article 3 du décret n° 2013-266 du 28 mars 2013 relatif à la déclaration sociale nominative ;

2° La déclaration préalable à l'embauche mentionnée à l'article R. 1221-17 ;

3° Le traitement automatisé de données à caractère personnel dénommé "Système d'information du compte personnel de formation" mentionné à l'article R. 6323-13 ;

4° Un fichier d'annonces légales permettant d'identifier les entreprises et leurs dirigeants.

Art. R. 5312-41 Dans le cadre des finalités mentionnées à l'article R. 5312-38, le système d'information est mis en relation, aux fins de vérification et de mise à jour, avec :

1° Le système national de gestion des identifiants mis en œuvre par la Caisse nationale d'assurance vieillesse des travailleurs salariés, mentionné à l'article L. 114-12-1 du code de la sécurité sociale, pour identifier de manière unique les demandeurs d'emploi et les salariés par la certification de leur numéro d'inscription au répertoire national d'identification des personnes physiques (NIR) ;

2° L'application de gestion des dossiers des ressortissants étrangers en France (AGDREF2) mentionnée *(Décr. n° 2020-1734 du 16 déc. 2020, art. 14, en vigueur le 1er mai 2021)* « à l'article R. 142-11 » du code de l'entrée et du séjour des étrangers en France pour vérifier la validité du titre de séjour, l'accès au marché du travail et le droit de s'inscrire *(Décr. n° 2018-1335 du 28 déc. 2018, art. 7, en vigueur le 1er janv. 2019)* « et de demeurer inscrit » sur la liste des demandeurs d'emploi ;

3° Le fichier national des comptes bancaires (FICOBA2), mentionné par l'article 2 de l'arrêté du 14 juin 1982 relatif à l'extension d'un système automatisé de gestion du fichier des comptes bancaires, pour vérifier que les coordonnées bancaires sont celles du demandeur d'emploi ;

4° Les fichiers des organismes mentionnés aux 7° et 8° de l'article R. 5312-38 ;

5° Un fichier d'annonces légales, afin de vérifier si l'usager exerce un mandat social, et ainsi fiabiliser les données issues de la demande d'inscription sur la liste des demandeurs d'emploi, de la demande d'allocation de chômage ou de toute demande d'aide à l'emploi pouvant être accordée au demandeur d'emploi ou à l'employeur.

Art. R. 5312-42 Les catégories de données à caractère personnel traitées dans le système d'information sont :

1° Concernant les demandeurs d'emploi et salariés :

a) Données d'identification : numéro d'inscription au répertoire national d'identification des personnes physiques (NIR), noms, prénoms, sexe, date et lieu de naissance, adresse, domiciliation fiscale, nationalité, photographie de la personne, caractéristiques physiques pour les mannequins et artistes interprètes, numéros d'identifiant internes à Pôle emploi, régime de protection sociale, numéro d'enregistrement dans l'AGDREF2, date d'expiration et référence réglementaire du titre de séjour, numéros de téléphone, adresses de messagerie électronique ;

b) Données relatives à la vie personnelle : situation familiale, nombre d'enfants à charge ;

c) Données relatives à la vie professionnelle : formation, qualification, expérience professionnelle, périodes de travail, périodes et motifs d'inscription sur la liste des demandeurs d'emploi, caractéristiques des emplois recherchés, *curriculum vitae* correspondant au modèle téléchargeable sur le téléservice de Pôle emploi au titre du 2° de l'article R. 5312-39, projet personnalisé d'accès à l'emploi, suivi des actions menées avec le demandeur d'emploi ou le salarié, informations sur les contacts et relations entre le demandeur d'emploi ou le salarié et Pôle emploi, périodes d'indisponibilité pour la recherche d'un emploi, reconnaissance de la qualité de travailleur handicapé ;

d) Données d'ordre économique et financier : coordonnées bancaires, revenus, allocations ou aides versées par Pôle emploi, périodes de perception de pensions d'invalidité ou vieillesse, d'indemnités journalières de sécurité sociale, d'allocations parentales liées à une suspension d'activité professionnelle ou toutes autres allocations ou prestations sociales, bénéfice du revenu de solidarité active, montant des pensions d'invalidité ou de retraites, charges et revenus du foyer, sommes indument perçues ;

e) Données relatives aux contentieux et à l'exécution des décisions liées à l'inscription et au suivi du demandeur d'emploi, à l'attribution et au versement des aides et allocations, à la discrimination, à la fausse déclaration et à la fraude ;

f) Données relatives aux personnes sous main de justice aptes à exercer un emploi et disponibles dans un délai de six mois : données enregistrées sous une forme codifiée (PMJ), numéros d'écrou, catégories administratives du quartier d'affectation, dates de transfert, dates prévisibles et effectives de libération, dates d'éligibilité à un aménagement de peine, dates et types d'aménagement de peine demandés et décidés, dates de placement sous surveillance électronique et dates de fin de peine ;

2° Concernant les huissiers et avocats : nom, prénom, adresse professionnelle, téléphone, adresse électronique ;

3° Concernant les correspondants de Pôle emploi au sein des organismes de formation, des prestataires, des partenaires ou des entreprises : nom, prénom, adresse professionnelle, téléphone, adresse électronique, identification de l'entreprise ;

4° Concernant les agents de Pôle emploi : nom, prénom, adresse professionnelle, téléphone et adresse électronique professionnels, identifiants de connexion et traces des actions effectuées.

Art. R. 5312-43 Les catégories de destinataires de tout ou partie des données à caractère personnel incluses dans le système d'information sont :

1° A raison de leurs attributions respectives et dans la stricte limite des informations dont ils ont à connaître dans le cadre de l'exercice de leurs missions :

a) Les membres du service public de l'emploi ;

b) Les partenaires, organismes ou établissements liés à Pôle emploi par une convention ;

c) Les collectivités territoriales compétentes en matière d'emploi, formation, orientation et insertion sociale ;

d) Les organismes participant au financement de la formation professionnelle ;

e) Les organismes de formation ;

f) Les employeurs mentionnés à l'article L. 5424-1 dans le cadre de la gestion de l'assurance chômage de leurs anciens agents ;

g) Les employeurs dans le cadre du placement et de la gestion des contrats aidés ;

h) Les organismes de sécurité sociale et de retraite complémentaire ;

i) Les huissiers et avocats ;

j) Les services ministériels ou déconcentrés de l'État ;

k) Les institutions des États membres de l'Union européenne compétentes pour la mise en œuvre du règlement portant sur la coordination des systèmes de sécurité sociale ;

l) Le Fonds social européen ;

2° Les demandeurs d'emploi pour les noms, prénoms, numéro de téléphone et l'adresse électronique professionnelle du conseiller chargé de leur accompagnement ou de leur indemnisation.

Art. R. 5312-44 Les données à caractère personnel et les informations enregistrées dans le système d'information sont conservées pendant une durée maximum de vingt années à compter de la cessation d'inscription sur la liste des demandeurs d'emploi, sans préjudice des durées de conservation fixées dans les traitements comportant une durée inférieure.

Les données à caractère personnel et les informations enregistrées dans le système d'information relatives à l'incarcération des personnes sous main de justice visées au *f* du 1° de l'article R. 5312-42 sont conservées pendant une durée de trois mois à compter de la fin de l'incarcération de ces personnes.

Pour toute personne ne sollicitant pas son inscription sur la liste des demandeurs d'emploi ayant accompli des démarches auprès de Pôle emploi en utilisant le téléservice mentionné à l'article R. 5312-39, les données à caractère personnel et les informations enregistrées sont conservées pendant une durée de treize mois à compter de l'absence d'utilisation du téléservice.

Art. R. 5312-45 Les droits d'accès et de rectification prévus par les articles 39 et 40 de la loi n° 78-17 du 6 janvier 1978 modifiée relative à l'informatique, aux fichiers et aux libertés s'exercent à l'agence Pôle emploi où ils sont inscrits pour les demandeurs d'emploi et, pour les autres personnes, auprès du correspondant informatique et libertés de Pôle emploi à la direction générale de Pôle emploi.

Art. R. 5312-46 Le droit d'opposition prévu à l'article 38 de la loi n° 78-17 du 6 janvier 1978 modifiée relative à l'informatique, aux fichiers et aux libertés ne s'applique pas au traitement visé à l'article R. 5312-38.

TITRE II **PLACEMENT**

CHAPITRE III ***PLACEMENT PRIVÉ***

SECTION 1 ***Transmission d'informations***

Art. R. 5323-7 L'agence de placement privée adresse régulièrement au préfet des renseignements d'ordre statistique sur son activité de placement. – *[Anc. art. L. 312-1, al. 3, phrase 3.]*

Art. R. 5323-8 L'organisme de droit privé exerçant une fonction de placement adresse au préfet chaque année, avant le 31 mars de l'année suivante et selon un modèle fixé par arrêté du ministre chargé de l'emploi :

1° Le chiffre d'affaires relatif au placement, réalisé sur l'année écoulée, rapporté s'il y a lieu au chiffre d'affaire*[s]* total ;

2° Le nombre des *[de]* personnes à la recherche d'un emploi, réparties selon le sexe et l'âge :

a) Reçues au cours de l'année ;

b) Placées au cours de l'année ;

c) Inscrites dans les fichiers de l'organisme au 31 décembre.

Art. R. 5323-9 L'organisme privé de placement peut collecter les données à caractère personnel relatives aux personnes à la recherche d'un emploi dans la mesure où elles sont nécessaires à l'activité de placement, à l'exception du numéro d'inscription au répertoire national d'identification des personnes physiques. — *[Anc. art. R. 312-5, al. 1er.]*

Art. R. 5323-10 La collecte, l'utilisation, la conservation et la transmission des données à caractère personnel sont réalisées dans le respect du principe de non-discrimination mentionné aux articles L. 1132-1 à L. 1132-4 et de la loi n° 78-17 du 6 janvier 1978 relative à l'informatique, aux fichiers et aux libertés. — *[Anc. art. R. 312-5, al. 2.]*

Art. R. 5323-11 Les données relatives aux personnes à la recherche d'un emploi enregistrées dans un traitement de données mis en œuvre par les seuls organismes privés de placement ne peuvent être conservées au-delà d'un délai de six ans à compter de leur enregistrement. — *[Anc. art. R. 312-7.]*

....

SIXIÈME PARTIE *LA FORMATION PROFESSIONNELLE TOUT AU LONG DE LA VIE*

LIVRE III **LA FORMATION PROFESSIONNELLE CONTINUE**

TITRE II **DISPOSITIFS DE FORMATION PROFESSIONNELLE CONTINUE**

CHAPITRE III *LE COMPTE PERSONNEL DE FORMATION*

SECTION 6 *Système d'information du compte personnel de formation et du droit individuel à la formation des élus locaux* (*Décr. n° 2021-1708 du 17 déc. 2021, art. 12, en vigueur le 1er janv. 2022*).

(*Décr. n° 2014-1717 du 30 déc. 2014, art. 1er*)

Les art. R. 6323-31 à R. 6323-40 sont applicables aux agents publics, y compris les agents relevant du statut prévu par la L. n° 52-1311 du 10 déc. 1952, V. Décr. n° 2017-1877 du 29 déc. 2017 (JO 31 déc.).

Art. R. 6323-31 Le compte personnel de formation est mis en œuvre au moyen du traitement automatisé mentionné à la présente section. — *[Anc. art. R. 6323-12.]*

Art. R. 6323-32 Conformément (*Décr. n° 2019-1049 du 11 oct. 2019, art. 1er*) « aux dispositions de l'article » L. 6323-8, est autorisée la création, par le ministre chargé de la formation professionnelle, d'un traitement automatisé de données à caractère personnel dénommé "Système d'information du compte personnel de formation" (SI-CPF), permettant la gestion des droits inscrits (*Abrogé par Décr. n° 2019-1049 du 11 oct. 2019, art. 1er*) « *ou mentionnés* » sur le compte personnel de formation (*Décr. n° 2019-1049 du 11 oct. 2019, art. 1er*) « , la gestion du parcours de formation du titulaire du compte, la mise à disposition des informations relatives à l'offre de formation et la prise en charge des actions de formation de l'inscription du titulaire du compte aux formations jusqu'au paiement des prestataires mentionnés à l'article L. 6351-1. »

(Décr. nº 2021-1708 du 17 déc. 2021, art. 12, en vigueur le 1er janv. 2022) **« Ce traitement permet également la gestion et l'utilisation du droit individuel à la formation des élus locaux mentionné à l'article L. 1621-3 du code général des collectivités territoriales. »**

(Décr. nº 2019-1049 du 11 oct. 2019, art. 1er) **« Le ministre chargé de la formation professionnelle et la Caisse des dépôts et consignations sont responsables conjoints du traitement automatisé, qui est mis en œuvre et géré par la Caisse des dépôts et consignations. »**

Art. R. 6323-33 *(Décr. nº 2019-1049 du 11 oct. 2019, art. 1er)* **Le traitement automatisé mentionné à l'article R. 6323-32 a pour finalités de permettre :**

1° La gestion et le contrôle des droits acquis *(Décr. nº 2021-1708 du 17 déc. 2021, art. 13, en vigueur le 1er janv. 2022)* **« au titre » du compte personnel de formation** *(Décr. nº 2021-1708 du 17 déc. 2021, art. 13, en vigueur le 1er janv. 2022)* **« et au titre du droit individuel à la formation des élus locaux, ainsi que des abondements en droits complémentaires », accessible***[s]* **via un service dématérialisé mis en place à cet effet ;**

2° L'information du titulaire du compte personnel de formation *(Décr. nº 2021-1708 du 17 déc. 2021, art. 13, en vigueur le 1er janv. 2022)* **« ou de droits individuels à la formation des élus locaux »** *(Abrogé par Décr. nº 2021-1708 du 17 déc. 2021, art. 13, à compter du 1er janv. 2022)* ***« sur le montant des droits inscrits sur son compte, les formations éligibles et les abondements en droits complémentaires pouvant être sollicités » ;***

3° La prise en charge des actions de formation, de l'inscription jusqu'au paiement des prestataires mentionnés à l'article L. 6351-1 *(Décr. nº 2021-1708 du 17 déc. 2021, art. 13, en vigueur le 1er janv. 2022)* **« du présent code ainsi que des organismes mentionnés à l'article L. 1221-3 du code général des collectivités territoriales », après** *(Décr. nº 2021-1708 du 17 déc. 2021, art. 13, en vigueur le 1er janv. 2022)* **« contrôle des actions de formation et » vérification du service fait ;**

4° La mise en relation du titulaire du compte personnel de formation *(Décr. nº 2021-1708 du 17 déc. 2021, art. 13, en vigueur le 1er janv. 2022)* **« ou de droits individuels à la formation des élus locaux avec les » prestataires** *(Décr. nº 2021-1708 du 17 déc. 2021, art. 13, en vigueur le 1er janv. 2022)* **« et organismes » mentionnés à l'article L. 6351-1** *(Décr. nº 2021-1708 du 17 déc. 2021, art. 13, en vigueur le 1er janv. 2022)* **« du présent code et à l'article L. 1221-3 du code général des collectivités territoriales », conformément aux modalités prévues par les conditions générales d'utilisation du service dématérialisé mentionnées à l'article L. 6323-9** *(Décr. nº 2021-1708 du 17 déc. 2021, art. 13, en vigueur le 1er janv. 2022)* **« du présent code et au III de l'article L. 1621-5 du code général des collectivités territoriales » ;**

5° L'analyse de l'utilisation et l'évaluation de la mise en œuvre du compte personnel de formation *(Décr. nº 2021-1708 du 17 déc. 2021, art. 13, en vigueur le 1er janv. 2022)* **« et du droit individuel à la formation des élus locaux », notamment au moyen de la statistique ;**

6° La mise à disposition des services prévus au titre du compte personnel d'activité mentionnés au II de l'article L. 5151-6 par l'intermédiaire du service en ligne mentionné au I de l'article L. 5151-6 ;

7° La mise à disposition de services permettant d'accompagner le titulaire du compte personnel de formation *(Décr. nº 2021-1708 du 17 déc. 2021, art. 13, en vigueur le 1er janv. 2022)* **« ou de droits individuels à la formation des élus locaux » dans la construction de son parcours professionnel et de lui formuler des propositions en lien avec ses préférences, ses attentes et son parcours ;**

8° Le recensement des activités bénévoles ou de volontariat, l'alimentation et la mobilisation des droits inscrits sur le compte d'engagement citoyen conformément aux dispositions des articles L. 5151-7, L. 5151-8 et L. 5151-9 ;

9° La mise à disposition de services permettant au titulaire du compte personnel de formation de recenser les connaissances et compétences acquises, au cours de sa formation initiale et continue, et de sa carrière ;

10° La mise en œuvre du partage des données mentionné au deuxième alinéa de l'article L. 6353-10 ;

(Décr. nº 2021-1708 du 17 déc. 2021, art. 13, en vigueur le 1er janv. 2022) **« 11° L'instruction des réclamations et des litiges ainsi que le recouvrement des sommes indûment versées, conformément aux modalités prévues par les conditions générales d'utilisation du service dématérialisé mentionnées à l'article L. 6323-9 du présent code et au III de l'article L. 1621-5 du code général des collectivités territoriales ;**

« 12° L'accès aux formations mentionnées au I de l'article L. 1621-5 du code général des collectivités territoriales. »

Art. R. 6323-34 *(Décr. nº 2019-1049 du 11 oct. 2019, art. 1er)* **I. — Dans la mesure où leur exploitation est nécessaire à la poursuite des finalités définies aux 1° à 9°** *(Décr. nº 2021-1708 du 17 déc. 2021, art. 14, en vigueur le 1er janv. 2022)* **« , 11° et 12° » de l'article R. 6323-33, les catégories de données à caractère personnel** *(Décr. nº 2021-1708 du 17 déc. 2021, art. 14, en vigueur le 1er janv. 2022)* **« relatives au titulaire du compte personnel de formation ou au titulaire de droits individuels à la formation des élus locaux » pouvant être enregistrées dans le traitement automatisé sont les suivantes :**

1° Données relatives à l'identité et à l'activité professionnelle du titulaire *(Abrogé par Décr. nº 2021-1708 du 17 déc. 2021, art. 14, à compter du 1er janv. 2022)* ***« du compte personnel de formation »*** **;**

2° Données relatives au parcours professionnel du titulaire *(Abrogé par Décr. nº 2021-1708 du 17 déc. 2021, art. 14, à compter du 1er janv. 2022)* ***« du compte personnel de formation »*** **;**

3° Données d'ordre économique et financier relatives au titulaire *(Abrogé par Décr. nº 2021-1708 du 17 déc. 2021, art. 14, à compter du 1er janv. 2022)* ***« du compte personnel de formation »*** **;**

4° Données relatives aux droits et parcours de formation du titulaire *(Abrogé par Décr. nº 2021-1708 du 17 déc. 2021, art. 14, à compter du 1er janv. 2022)* ***« du compte personnel de formation »*** **;**

(Décr. nº 2021-1708 du 17 déc. 2021, art. 14, en vigueur le 1er janv. 2022) **« 5° Données relatives aux mandats électifs exercés par le titulaire de droits individuels à la formation des élus locaux ;**

« 6° Données relatives aux prestataires mentionnés à l'article L. 6351-1 du présent code et aux organismes mentionnés à l'article L. 1221-3 du code général des collectivités territoriales ;

« 7° Données de connexion relatives aux personnes concernées. »

II. — Dans la mesure où leur exploitation est nécessaire à la poursuite des finalités définies au 10° de l'article R. 6323-33, les catégories de données à caractère personnel *(Décr. nº 2021-1708 du 17 déc. 2021, art. 14, en vigueur le 1er janv. 2022)* **« relatives au titulaire de compte personnel de formation ou titulaire de droits individuels à la formation des élus locaux » pouvant être enregistrées dans le traitement automatisé sont les suivantes :**

1° Données relatives à l'identité et à l'activité professionnelle du titulaire *(Abrogé par Décr. nº 2021-1708 du 17 déc. 2021, art. 14, à compter du 1er janv. 2022)* ***« du compte personnel de formation »*** **;**

2° Données relatives à l'action de formation ;

3° Données relatives à l'entrée effective, aux interruptions et aux sorties de formation ;

4° Données relatives au parcours professionnel du titulaire *(Abrogé par Décr. nº 2021-1708 du 17 déc. 2021, art. 14, à compter du 1er janv. 2022)* ***« du compte »*** **;**

5° Données relatives au parcours de formation du titulaire *(Abrogé par Décr. nº 2021-1708 du 17 déc. 2021, art. 14, à compter du 1er janv. 2022)* ***« du compte »*** **;**

(Décr. nº 2021-1708 du 17 déc. 2021, art. 14, en vigueur le 1er janv. 2022) **« 6° Données relatives aux mandats électifs exercés par le titulaire de droits individuels à la formation des élus locaux. »**

III. — Un arrêté du ministre chargé de la formation professionnelle *(Décr. nº 2021-1708 du 17 déc. 2021, art. 14, en vigueur le 1er janv. 2022)* **« et du ministre chargé des collectivités territoriales » précise les catégories de données à caractère personnel mentionnées aux I et II***(Décr. nº 2021-1708 du 17 déc. 2021, art. 14, en vigueur le*

1er *janv. 2022)* **« ainsi que les personnes concernées ».** — *V. Arr. du 11 oct. 2019, NOR : MTRD1908679A (JO 13 oct.), mod. par Arr. du 19 juill. 2021 (JO 11 août).*

Art. R. 6323-35 *(Décr. n° 2019-1049 du 11 oct. 2019, art. 1er)* **I. — Le titulaire du compte personnel de formation** *(Décr. n° 2021-1708 du 17 déc. 2021, art. 15, en vigueur le 1er janv. 2022)* **« ou de droits individuels à la formation des élus locaux » accède directement aux données à caractère personnel le concernant, en vue de renseigner et mettre à jour ses données à caractère personnel, son dossier de formation et son passeport d'orientation, de formation et de compétences.**

II. — Ont seuls accès à tout ou partie des données à caractère personnel incluses dans le traitement automatisé mentionné à l'article R. 6323-32, dans les conditions fixées par les responsables de traitement et dans les limites strictement nécessaires à l'exercice de leurs missions, aux seules fins de la *(Décr. n° 2021-1708 du 17 déc. 2021, art. 15, en vigueur le 1er janv. 2022)* **« mise en œuvre des finalités mentionnées à l'article R. 6323-33 », les personnes et agents habilités des organismes. La liste de ces organismes est fixée par arrêté du ministre chargé de la formation professionnelle** *(Décr. n° 2021-1708 du 17 déc. 2021, art. 15, en vigueur le 1er janv. 2022)* **« et du ministre chargé des collectivités territoriales ».** — *V. Arr. du 11 oct. 2019, NOR : MTRD1908679A (JO 13 oct.), mod. par Arr. du 19 mai 2020, NOR : MTRD2002216A (JO 18 juin).*

Art. R. 6323-36 *(Décr. n° 2019-1049 du 11 oct. 2019, art. 1er)* **Sont destinataires de tout ou partie des données à caractère personnel incluses dans le traitement automatisé mentionné à l'article R. 6323-32, dans les conditions fixées par les responsables de traitement et dans les limites strictement nécessaires à l'exercice de leurs missions, les personnes et les agents habilités des organismes pour ce qui relève de :**

1° La gestion et du contrôle des droits acquis *(Décr. n° 2021-1708 du 17 déc. 2021, art. 16, en vigueur le 1er janv. 2022)* **« au titre du » compte personnel de formation et** *(Décr. n° 2021-1708 du 17 déc. 2021, art. 16, en vigueur le 1er janv. 2022)* **« du droit individuel à la formation des élus locaux ainsi que » des abondements en droits complémentaires ;**

2° La mise en relation du titulaire du compte personnel de formation et *(Décr. n° 2021-1708 du 17 déc. 2021, art. 16, en vigueur le 1er janv. 2022)* **« du titulaire de droits individuels à la formation des élus locaux avec les prestataires et organismes » mentionnés à l'article L. 6351-1** *(Décr. n° 2021-1708 du 17 déc. 2021, art. 16, en vigueur le 1er janv. 2022)* **« du présent code et à l'article L. 1221-3 du code général des collectivités territoriales » ;**

3° L'analyse de l'utilisation et de l'évaluation de la mise en œuvre du compte personnel de formation *(Décr. n° 2021-1708 du 17 déc. 2021, art. 16, en vigueur le 1er janv. 2022)* **« et du droit individuel à la formation des élus locaux » ;**

(Décr. n° 2019-1490 du 27 déc. 2019, art. 2) **« 4° La mise en œuvre du partage de données mentionné au deuxième alinéa de l'article L. 6353-10. »**

La liste de ces organismes est fixée par arrêté du ministre chargé de la formation professionnelle *(Décr. n° 2021-1708 du 17 déc. 2021, art. 16, en vigueur le 1er janv. 2022)* **« et du ministre chargé des collectivités territoriales ».** — *V. Arr. du 11 oct. 2019, NOR : MTRD1908679A (JO 13 oct.).*

Art. R. 6323-37 *(Décr. n° 2019-1049 du 11 oct. 2019, art. 1er)* **I. — Dans le cadre des finalités définies à l'article R. 6323-33 et dans la limite du besoin d'en connaître, le traitement automatisé mentionné à l'article R. 6323-32 peut être alimenté par les traitements automatisés de données à caractère personnel comportant le numéro d'inscription des personnes au répertoire national d'identification des personnes physiques pour ce qui relève :**

(Décr. n° 2021-1708 du 17 déc. 2021, art. 17, en vigueur le 1er janv. 2022) **« 1° De la gestion et du contrôle des droits acquis au titre du compte personnel de formation et du droit individuel à la formation des élus locaux ainsi que des abondements en droits complémentaires ; »**

2° Du recensement des activités bénévoles ou de volontariat, de l'alimentation et de la mobilisation des droits inscrits sur le compte d'engagement citoyen ;

3° De la mise en œuvre du partage de données mentionné au deuxième alinéa de l'article L. 6353-10.

La liste de ces traitements automatisés est fixée par arrêté du ministre chargé de la formation professionnelle *(Décr. nº 2021-1708 du 17 déc. 2021, art. 17, en vigueur le 1er janv. 2022)* « et du ministre chargé des collectivités territoriales ».

II. — Dans le cadre des finalités définies à l'article R. 6323-33 et dans la limite du besoin d'en connaître, le traitement automatisé mentionné à l'article R. 6323-32 peut être mis en relation avec d'autres traitements automatisés de données à caractère personnel comportant le numéro d'inscription des personnes au répertoire national d'identification des personnes physiques pour ce qui relève de la prise en charge des actions de formation. La liste de ces traitements automatisés est fixée par arrêté du ministre chargé de la formation professionnelle *(Décr. nº 2021-1708 du 17 déc. 2021, art. 17, en vigueur le 1er janv. 2022)* « et du ministre chargé des collectivités territoriales ».

III. — Dans le cadre des finalités définies à l'article R. 6323-33 et dans la limite du besoin d'en connaître, le traitement automatisé mentionné à l'article R. 6323-32 peut être mis en relation avec d'autres traitements automatisés de données à caractère personnel ne comportant pas le numéro d'inscription des personnes au répertoire national d'identification des personnes physiques pour ce qui relève de :

1° La mise en relation du titulaire du compte personnel de formation *(Décr. nº 2021-1708 du 17 déc. 2021, art. 17, en vigueur le 1er janv. 2022)* « ou de droits individuels à la formation des élus locaux avec les » prestataires mentionnés à l'article L. 6351-1 *(Décr. nº 2021-1708 du 17 déc. 2021, art. 17, en vigueur le 1er janv. 2022)* « du présent code et à l'article L. 1221-3 du code général des collectivités territoriales » ;

2° L'analyse de l'utilisation et de l'évaluation de la mise en œuvre du compte personnel de formation *(Décr. nº 2021-1708 du 17 déc. 2021, art. 17, en vigueur le 1er janv. 2022)* « et du droit individuel à la formation des élus locaux » ;

3° La mise à disposition des services prévus au titre du compte personnel d'activité ;

4° La mise à disposition de services permettant d'accompagner le titulaire du compte personnel de formation dans la construction de son parcours professionnel.

La liste de ces traitements automatisés est fixée par arrêté du ministre chargé de la formation professionnelle *(Décr. nº 2021-1708 du 17 déc. 2021, art. 17, en vigueur le 1er janv. 2022)* « et du ministre chargé des collectivités territoriales ». — *V. Arr. du 11 oct. 2019, NOR : MTRD1908679A (JO 13 oct.).*

Art. R. 6323-38 I. — Une information conforme aux dispositions de l'article 32 de la *(Décr. nº 2019-1049 du 11 oct. 2019, art. 1er)* « loi nº 78-17 du 6 janvier 1978 relative à l'informatique, aux fichiers et aux libertés » figure sur le site internet du traitement automatisé mentionné à l'article *(Décr. nº 2019-1049 du 11 oct. 2019, art. 1er)* « R. 6323-32 ».

II. — Le droit d'opposition prévu à l'article *(Décr. nº 2019-1049 du 11 oct. 2019, art. 1er)* « 21 du règlement (UE) nº 2016/679 du Parlement européen et du Conseil du 27 avril 2016 relatif à la protection des personnes physiques à l'égard du traitement des données à caractère personnel et à la libre circulation de ces données » ne s'applique pas à ce traitement.

III. — Le droit d'accès et de rectification prévu aux articles *(Décr. nº 2019-1049 du 11 oct. 2019, art. 1er)* « 15 et 16 du même règlement » s'exerce auprès de la Caisse des dépôts et consignations.

Art. R. 6323-39 Les données à caractère personnel et les informations enregistrées dans le traitement sont conservées pendant une durée de trois ans à compter de la date du décès du titulaire du compte personnel de formation.

En cas de contentieux, ce délai est prorogé, le cas échéant, jusqu'à l'intervention d'une décision juridictionnelle définitive.

Art. R. 6323-40 Toute opération relative au traitement automatisé mentionné à l'article *(Décr. nº 2019-1049 du 11 oct. 2019, art. 1er)* « R. 6323-32 » fait l'objet d'un enregistrement comprenant l'identification de l'utilisateur, la date, l'heure et la nature de l'intervention dans ce traitement. Ces informations sont conservées pendant une durée d'un an.

(Décr. n° 2019-1049 du 11 oct. 2019, art. 1er) « En cas de contentieux, ce délai est prorogé, le cas échéant, jusqu'à l'intervention d'une décision juridictionnelle définitive. »

....

SEPTIÈME PARTIE *DISPOSITIONS PARTICULIÈRES À CERTAINES PROFESSIONS ET ACTIVITÉS*

LIVRE III **VOYAGEURS, REPRÉSENTANTS OU PLACIERS, GÉRANTS DE SUCCURSALES, ENTREPRENEURS SALARIÉS ASSOCIÉS D'UNE COOPÉRATIVE D'ACTIVITÉ ET D'EMPLOI ET TRAVAILLEURS UTILISANT UNE PLATEFORME DE MISE EN RELATION PAR VOIE ÉLECTRONIQUE** *(Décr. n° 2015-1363 du 27 oct. 2015, art. 1er ; Décr. n° 2017-774 du 4 mai 2017, en vigueur le 1er janv. 2018).*

TITRE IV **TRAVAILLEURS UTILISANT UNE PLATEFORME DE MISE EN RELATION PAR VOIE ÉLECTRONIQUE**

CHAPITRE II *RESPONSABILITÉ SOCIALE DES PLATEFORMES*

SECTION 1 *Dispositions communes* *(Décr. n° 2020-1284 du 22 oct. 2020, art. 1er).*

Art. D. 7342-6 *(Décr. n° 2021-952 du 16 juill. 2021)* I. — Les données mentionnées à l'article L. 7342-7 sont les données à caractère personnel au sens de l'article 4 du règlement (UE) 2016/679 du 27 avril 2016 du Parlement européen et du Conseil relatif à la protection des personnes physiques à l'égard du traitement des données à caractère personnel et à la libre circulation de ces données, et abrogeant la directive 95/46/CE. Ces données, détenues par la plateforme de mise en relation par voie électronique mentionnée à l'article L. 7341-1, se rapportent à l'exercice de l'activité professionnelle du travailleur indépendant mentionné à ce même article et proviennent de l'une des sources suivantes :

1° Elles ont été communiquées par le travailleur, ou ont été engendrées par son activité propre au sein de la plateforme ;

2° Elles ont été fournies par des tiers ;

3° Elles ont été créées par la plateforme à partir du traitement des données mentionnées au 1° et au 2° afin de les rendre lisibles, claires et intelligibles par le travailleur, notamment en les agrégeant et les présentant sous forme de moyennes.

II. — Les données personnelles mentionnées au I comprennent notamment :

1° Les données relatives à l'immatriculation ou à l'inscription du travailleur en tant que travailleur indépendant, en application des dispositions de l'article L. 8221-6 ;

2° La date d'entrée en relation contractuelle avec la plateforme ;

3° Les données relatives aux prestations effectuées par le travailleur par l'intermédiaire de la plateforme : leur nature, le nombre total de prestations effectuées, ainsi que, dans un format consolidé lorsque la nature des prestations le justifie, leur durée totale, exprimée en heures, les plages horaires moyennes des prestations, leur secteur géographique et leur distance moyenne ;

4° Le montant des revenus d'activité versés par la plateforme en contrepartie des prestations effectuées, déduction faite des frais de commission ;

5° Lorsque ces données existent, les évaluations des prestations effectuées au cours des douze derniers mois ;

6° Le cas échéant, les données personnelles que détient la plateforme de mise en relation par voie électronique et qui sont attachées à l'exercice de la responsabilité sociale qui lui incombe en vertu de l'article L. 7342-1 :

a) Le montant de la contribution à la formation professionnelle mentionnée au premier alinéa de l'article L. 7342-3 pris en charge par la plateforme au cours de la dernière année civile écoulée et le montant cumulé des contributions prises en charge par la plateforme les années précédant celle-ci ;

b) L'intitulé des actions permettant de faire valider les acquis de l'expérience mentionnées au 3° de l'article L. 6313-1 auxquelles le travailleur a participé au cours de la dernière année civile écoulée et l'intitulé des formations suivies les années précédant celle-ci ;

c) Le montant de l'abondement au compte personnel de formation prévu à l'article L. 7342-3.

III. — Sans préjudice de l'exercice des droits prévus aux articles 15 à 21 du règlement (UE) 2016/679 du 27 avril 2016 susvisé, le travailleur a le droit de recevoir et de transférer les données à caractère personnel mentionnées au I, dans un format structuré, couramment utilisé et lisible par machine, et a le droit de transmettre ces données à un tiers sans que la plateforme à laquelle les données à caractère personnel ont été communiquées y fasse obstacle.

Lorsque le travailleur exerce le droit mentionné au premier alinéa du présent III, il a le droit d'obtenir que ces données soient transmises directement d'une plateforme à une autre, lorsque cela est techniquement possible.

L'exercice du droit mentionné au premier alinéa du présent III ne porte pas atteinte aux droits et libertés de tiers.

La plateforme de mise en relation par voie électronique, responsable du traitement, met le travailleur concerné en mesure de demander et d'obtenir, par une requête unique, l'ensemble des données concernées. La demande est effectuée par le travailleur par voie électronique et permet de conférer date certaine à sa réception par la plateforme.

La plateforme fournit au travailleur concerné les données demandées dans un délai d'un mois à compter de la réception de la demande.

La plateforme répond à la demande du travailleur de recevoir et de transférer ses données personnelles, dans les conditions prévues au III de l'art. 1er du présent Décr., au plus tard trois mois après la publication du Décr. n° 2021-952 du 16 juill. 2021 (Décr. préc., art. 12, JO 18 juill.).

....

HUITIÈME PARTIE *CONTRÔLE DE L'APPLICATION DE LA LÉGISLATION DU TRAVAIL*

LIVRE I **INSPECTION DU TRAVAIL**

TITRE I COMPÉTENCES ET MOYENS D'INTERVENTION

CHAPITRE III *PRÉROGATIVES ET MOYENS D'INTERVENTION*

SECTION 2 *Accès aux documents*

Art. D. 8113-2 Lorsque un *[Lorsqu'un]* décret, pris en application de l'article L. 8113-6, après consultation des organisations représentatives d'employeurs et de salariés, prévoit que l'employeur peut recourir à un support de substitution pour la tenue de certains registres, ce support est conçu et tenu de façon à obtenir, sans difficulté d'utilisation et de compréhension et sans risque d'altération, toutes les mentions obligatoires.

Il est présenté dans les mêmes conditions et conservé pendant le même délai que le registre auquel il se substitue. — *[Anc. art. D. 620-1, al. 1er et anc. art. L. 620-7, al. 1er.]*

Art. D. 8113-3 En cas de traitement automatisé de données nominatives pour la tenue d'un registre, l'employeur ou le responsable du traitement justifie à l'*(Décr. n° 2021-143 du 10 févr. 2021, art. 10)* « agent de contrôle de l'inspection du travail » de la délivrance du récépissé attestant qu'il a accompli la déclaration préalable prévue par la loi n° 78-17 du 6 janvier 1978 relative à l'informatique, aux fichiers et aux libertés. — *[Anc. art. D. 620-1, al. 2.]*

....

Art. R. 8113-3-2 *(Décr. n° 2019-555 du 4 juin 2019, art. 4, en vigueur le 1er juill. 2019)* Le droit de communication de documents ou d'informations prévu à l'article

L. 8113-5-1 est exercé, dans le cadre de leurs visites et enquêtes, par les agents de contrôle de l'inspection du travail mentionnés à l'article L. 8112-1.

Art. R. 8113-3-3 *(Décr. n° 2019-555 du 4 juin 2019, art. 4, en vigueur le 1er juill. 2019)* Le droit de communication de documents ou d'informations auprès de tiers défini à l'article L. 8113-5-2 est exercé, dans le cadre d'une enquête visant une ou plusieurs infractions constitutives de travail illégal, par les agents de contrôle de l'inspection du travail en fonction, soit au groupe national de veille, d'appui et de contrôle prévu par l'article R. 8121-15, soit dans l'une des unités régionales d'appui et de contrôle instituées à l'article R. 8122-8.

La demande est notifiée par écrit à la personne physique ou morale destinataire du droit de communication.

Lorsque le droit de communication porte sur des informations relatives à des personnes non identifiées, il satisfait aux conditions suivantes :

1° La demande comporte les précisions suivantes :

a) La nature de la relation juridique ou économique existant entre la personne à qui la demande est adressée et les personnes qui font l'objet de la demande ;

b) Des critères relatifs à l'activité des personnes qui font l'objet de la demande, dont l'un au moins des trois critères suivants :

– lieu d'exercice de l'activité ;

– niveau d'activité ou niveau des ressources perçues, ces niveaux pouvant être exprimés en montant financier ou en nombre ou fréquence ou durée des opérations réalisées ou des versements reçus ;

– mode de paiement ou de rémunération ;

c) La période, éventuellement fractionnée, mais sans pouvoir excéder dix-huit mois, sur laquelle porte la demande ;

2° Sur demande des agents, les informations sont communiquées sur un support informatique, par un dispositif sécurisé ;

3° Les informations communiquées sont conservées pendant un délai de trois ans à compter de leur réception et jusqu'à l'épuisement des voies et délais de recours contre les sanctions administratives ou condamnations pénales consécutives aux contrôles réalisés sur la base de ces informations.

....

LIVRE II LUTTE CONTRE LE TRAVAIL ILLÉGAL

TITRE I DISPOSITIONS GÉNÉRALES

CHAPITRE UNIQUE *DISPOSITIONS RELATIVES À LA PUBLICATION DES DÉCISIONS PÉNALES*

BIBL. ▶ FARZAM-ROCHON, *SSL 2016, n° 1696* (la mise en ligne de la liste noire des condamnations pour travail illégal ou le retour des peines « infamantes »).

Art. R. 8211-1 Lorsque la juridiction *(Abrogé par Décr. n° 2019-555 du 4 juin 2019, art. 4)* *« qui a prononcé une amende »* a ordonné la diffusion de sa décision dans les conditions prévues *(Décr. n° 2019-555 du 4 juin 2019, art. 4)* « au sixième alinéa de l'article L. 8224-3, à la seconde phrase du 4° de l'article L. 8256-3 » ainsi qu'au dernier alinéa des articles L. 8224-5, L. 8234-1, L. 8234-2, L. 8243-1, L. 8243-2 et L. 8256-7, cette diffusion est assurée par les services du ministre chargé du travail sur une partie du site internet de ce ministère, dédiée à la diffusion des décisions pénales prononcées sur le fondement des dispositions susmentionnées à titre de peine complémentaire, en matière d'infractions de travail illégal. Cette rubrique est consultable librement et gratuitement par toute personne.

Art. R. 8211-2 Lorsqu'une personne physique ou morale est condamnée par une décision pénale pour l'une des infractions de travail illégal mentionnées aux articles L. 8224-1, L. 8224-2, L. 8224-5, L. 8234-1, L. 8234-2, L. 8243-1, L. 8256-2 et L. 8256-7 à une peine complémentaire de diffusion de la décision pénale sur la partie dédiée du site internet du ministère, le greffe de la juridiction transmet la décision aux services de l'administration centrale du ministère chargé du travail dès qu'elle a acquis un caractère définitif dans les conditions prévues par l'article 708 du code de procédure pénale, et sans préjudice des dispositions des articles 471 et 512 du même code.

La transmission, qui peut être dématérialisée, est assurée dans des conditions garantissant l'intégrité et la confidentialité des données transmises.

Le greffe informe la personne condamnée de la transmission de la décision pénale au ministère chargé du travail en vue d'une publication sur la partie dédiée du site internet de ce ministère.

Art. R. 8211-3 Les informations relatives aux personnes physiques ou morales condamnées mises en ligne sur le site internet sont :

1° Pour les personnes physiques :

a) Identité (nom, prénom(s), sexe, date et lieu de naissance) ;

b) SIREN ou SIRET ou, le cas échéant, numéro d'immatriculation à un registre professionnel ou autre référence équivalente pour la personne établie à l'étranger, ou à un organisme chargé du recouvrement des cotisations de sécurité sociale ;

c) Adresse professionnelle ;

d) Activité principale exercée (APE/NAF) ;

e) Nature de l'infraction mentionnée à l'article R. 8211-2 ;

f) Date et dispositif de la décision ;

g) Date de mise en ligne ;

h) Durée de la diffusion et date de fin de la diffusion ;

i) Références de la juridiction et indication d'un éventuel appel ou d'un éventuel recours en cassation lorsque le juge du fond a ordonné l'exécution provisoire du jugement ou de l'arrêt en application respectivement des articles 471 et 512 du code de procédure pénale ;

2° Pour les personnes morales :

a) Dénomination sociale, objet social ou statut ;

b) Identité du représentant légal lorsque celui-ci est également condamné ;

c) Numéro SIREN ou SIRET ou, le cas échéant, numéro d'immatriculation à un registre professionnel, ou autre référence équivalente pour la personne établie à l'étranger ;

d) Adresse du siège social ;

e) Activité principale exercée (APE/NAF) ;

f) Nature de l'infraction mentionnée à l'article R. 8211-2 ;

g) Date et dispositif de la décision ;

h) Date de mise en ligne ;

i) Durée et date de fin de la diffusion ;

j) Références de la juridiction.

Art. R. 8211-4 La peine complémentaire de diffusion prend effet à compter de la date de la mise en ligne de la décision pénale sur la partie dédiée du site internet du ministère chargé du travail, pour la durée fixée par cette décision.

Lorsqu'au cours du délai de diffusion fixé par la juridiction qui a ordonné l'exécution provisoire en application des articles 471 et 512 du code de procédure pénale, les termes du dispositif de la décision diffusée sont confirmés ou modifiés par les juridictions supérieures, les services du ministre chargé du travail procèdent sans délai, pour la durée de diffusion de la décision fixée par la juridiction du fond, à la mise à jour de la partie dédiée du site internet relative :

1° A la mention sur la partie dédiée du site d'un recours en appel ou en cassation ;

2° A la confirmation ou à la modification par la juridiction supérieure des termes du dispositif de la décision ;

3° A la cessation de la diffusion de la décision de condamnation sur la partie dédiée du site internet, lorsque la modification du jugement ou de l'arrêt par la juridiction supérieure implique le retrait des données.

Pour l'application des dispositions du présent article, le greffe de la juridiction concernée transmet sans délai aux services du ministre chargé du travail les nouvelles données nécessaires.

Art. R. 8211-5 L'autorité responsable du site internet au titre de la diffusion mentionnée à l'article R. 8211-1 des décisions pénales en matière d'infractions de travail illégal est le ministre chargé du travail (direction générale du travail).

Art. R. 8211-6 L'autorité responsable prend les mesures nécessaires pour assurer l'intégrité et la sécurité des pages sur lesquelles sont diffusées les informations mentionnées à l'article R. 8211-3 et la protection des données identifiantes en vue d'empêcher leur indexation par les sites de moteur de recherche.

Ces pages mentionnent l'interdiction faite à ces sociétés de procéder à l'indexation et au référencement des données contenues durant l'exécution de la peine ou à l'issue de celle-ci.

Elles informent que ces données ne peuvent faire l'objet par quiconque d'une reproduction sur d'autres sites internet ou sur tout support électronique.

Art. R. 8211-7 L'autorité responsable indique sur ces pages la possibilité pour la personne condamnée d'exercer ses droits d'accès et de rectification des informations la concernant auprès du ministre chargé du travail (direction générale du travail), en application des articles 39 et 40 de la loi n° 78-17 du 6 janvier 1978 relative à l'informatique, aux fichiers et aux libertés, et qu'elle ne dispose pas du droit d'opposition prévu à l'article 38 de ladite loi pendant la durée d'exécution de la peine.

Art. R. 8211-8 L'autorité responsable conserve les décisions transmises par les greffes des juridictions pendant une durée de cinq ans avant de procéder à leur destruction.

SANTÉ

***Nota :** Sur les traitements de données à caractère personnel dans le domaine de la santé, V., supra, RGPD, art. 9 et 87 ; consid. 35, 52, 53, 54, 75 ; L. nº 78-17 du 6 janv. 1978, art. 6, 30, 64 s. – V. Décr. nº 2019-536 du 29 mai 2019, art. 88 s.*

Sur les mesures concernant le traitement des données à caractère personnel du système de santé dans le cadre de l'état d'urgence sanitaire, V. Délib. CNIL nº 2020-044 du 20 avr. 2020, supra, vº Covid-19 : État d'urgence sanitaire.

V. Référentiels CNIL : durées de conservation dans le domaine de la santé hors recherche (délib. nº 2020-076 du 18 juin 2020, JO 28 juill.) ; durées de conservation dans le domaine de la recherche en santé (délib. nº 2020-077 du 18 juin 2020, JO 28 juill.) ; traitements de données personnelles pour les cabinets médicaux et paramédicaux (délib. nº 2020-081 du 18 juin 2020, JO 28 juill.).

V. CNIL, 16 juill. 2021 (le principe de minimisation et les traitements du NIR et des données de santé dans le secteur de l'assurance, https://www.cnil.fr/).

BIBL. ▶ CNIL, *Guide pratique Modalités de circulation du NIR pour la recherche en santé aux fins d'appariement de données avec le SNDS*, déc. 2020. – DEBIÈS, *RDSS 2016. 284* (l'ouverture et la réutilisation des données de santé : panorama et enjeux). – MORLET-HAÏDARA, *ibid. 2018. 91* (le système national des données de santé et le nouveau régime d'accès aux données). – BOURCIER et DE FILIPPI, *ibid. 2018. 44* (vers un droit collectif sur les données de santé). – TILMAN, *RGDM 2018. 87* (nos données de santé ont-elles une valeur marchande ?) ; *ibid. 2019. 99* (le chantier numérique de la loi relative à l'organisation et à la transformation du système de santé : des innovations à la hauteur des ambitions). – Dossier : *E-santé* : les nouveaux défis de l'*homo technologicus, Dalloz IP/IT 2020. 285*. – CLUZEL-MÉTAYER et FRANÇOIS, *RDSS 2020. 51* (la protection des données personnelles à l'épreuve de la télémédecine). – DE MAISON ROUGE, *Dalloz IP/IT 2021. 107* (l'affaire *Health Data Hub* : entre nécessité de recherche médicale et souveraineté numérique). – LANTERO, *RDSS 2020. 93* (télémédecine et droits des patients). – CLUZEL-MÉTAYER, *AJDA 2021. 840* (l'hébergement de la plateforme des données de santé par Microsoft : une validation sous surveillance). – GAVANON et LE MAREC, *D. actu. 17 mars 2021* (fuite massive de données personnelles de santé, obs. ss. TJ Paris, 4 mars 2021, nº 21/51823). – J. SIRINELLI, *Dalloz IP/IT 2021. 163* (la protection des données de santé et du secret médical dans le cadre des missions d'analyse de l'activité des établissements de santé et de certification de leurs comptes – CE 25 nov. 2020, nº 428451).

Code de l'action sociale et des familles

Art. L. 247-2 *(L. nº 2015-1776 du 28 déc. 2015, art. 75-1º)* **Les maisons départementales des personnes handicapées doivent utiliser un système d'information commun, interopérable avec les systèmes d'information des départements, ceux de la Caisse nationale d'allocations familiales et ceux de la Caisse nationale de solidarité pour l'autonomie, dans des conditions précisées par décret.**

Code général des collectivités territoriales

Art. L. 2223-42 **L'autorisation de fermeture du cercueil ne peut être délivrée qu'au vu d'un certificat** *(L. nº 2019-774 du 24 juill. 2019, art. 12)* **« attestant le décès, établi par un médecin, en activité ou retraité, par un étudiant en cours de troisième cycle des études de médecine en France ou un praticien à diplôme étranger hors Union européenne autorisé à poursuivre un parcours de consolidation des compétences en médecine, dans des conditions fixées par décret pris après avis du Conseil national de l'ordre des médecins. »**

(L. nº 2004-806 du 9 août 2004, art. 25) **« Ce certificat, rédigé sur un modèle établi par le ministère chargé de la santé, précise la ou les causes de décès, aux fins de transmission à l'Institut national de la santé et de la recherche médicale et aux organismes dont la liste est fixée par décret en Conseil d'État pris après avis de la Commission nationale de l'informatique et des libertés** *(L. nº 2016-41 du 26 janv. 2016, art. 193)* **« et qui ont accès aux données relatives aux causes médicales de décès pour l'accomplissement de leurs missions ». Ce même décret fixe** *(L. nº 2016-41 du 26 janv. 2016, art. 193)* **« le périmètre des accès ainsi que » les modalités de cette**

transmission, notamment les conditions propres à garantir sa confidentialité. *(L. n° 2019-774 du 24 juill. 2019, art. 12)* **« Ce décret détermine également les modalités d'établissement de ce certificat lorsqu'il est établi par des médecins retraités. »** – *V. art. R. 2213-1-1 s.*

« Ces informations ne peuvent être utilisées que pour des motifs de santé publique :

« 1° A des fins de veille et d'alerte, par l'État *(Ord. n° 2010-177 du 23 févr. 2010, art. 8)* **« , les agences régionales de santé et » l'***(Ord. n° 2016-462 du 14 avr. 2016, art. 3 et 5, en vigueur le 1er mai 2016)* **« Agence nationale de santé publique » ;**

« 2° Pour l'établissement de la statistique nationale des causes de décès et pour la recherche en santé publique par l'Institut national de la santé et de la recherche médicale » ; – *[C. communes, art. L. 363-1.]*

(L. n° 2016-41 du 26 janv. 2016, art. 193) **« 3° Pour les** *(L. n° 2019-774 du 24 juill. 2019, art. 41)* **« traitements de données concernant » la santé, dans les conditions fixées à l'article L. 1461-3 du code de la santé publique ;**

« 4° Pour alimenter le système national des données de santé défini à l'article L. 1461-1 du même code ;

« 5° Pour l'établissement de statistiques dans le cadre de l'article 7 *bis* de la loi n° 51-711 du 7 juin 1951 sur l'obligation, la coordination et le secret en matière de statistiques, par l'Institut national de la statistique et des études économiques ou par les services statistiques du ministre chargé de la santé. Ces données doivent être conservées séparément des données du répertoire national d'identification des personnes physiques détenues par l'Institut national de la statistique et des études économiques. »

(L. n° 2011-267 du 14 mars 2011, art. 7) **« En outre, si lors de l'établissement de l'acte de décès mentionné à l'article 87 du code civil l'identité du défunt n'a pu être établie, l'autorisation de fermeture du cercueil ne peut être délivrée qu'après exécution, dans un délai compatible avec les délais régissant l'inhumation et la crémation, des réquisitions éventuellement prises par le procureur de la République aux fins de faire procéder aux constatations et opérations nécessaires en vue d'établir l'identité du défunt. »**

V. art. R. 2213-17. – **CGCT***.*

V. Arr. du 17 juill. 2017 (modèles du certificat de décès), JO 9 août.

Les dispositions de la L. n° 2011-267 du 14 mars 2011 ne sont pas applicables dans les îles Wallis-et-Futuna, en Polynésie française, en Nouvelle-Calédonie et dans les Terres australes et antarctiques françaises (L. préc., art. 125-4° à 7°).

Code de la santé publique

PREMIÈRE PARTIE : *LÉGISLATIVE*

PREMIÈRE PARTIE *PROTECTION GÉNÉRALE DE LA SANTÉ*

LIVRE I **PROTECTION DES PERSONNES EN MATIÈRE DE SANTÉ**

TITRE I **DROITS DES PERSONNES MALADES ET DES USAGERS DU SYSTÈME DE SANTÉ**

CHAPITRE PRÉLIMINAIRE *DROITS DE LA PERSONNE*

(L. n° 2002-303 du 4 mars 2002, art. 3)

Art. L. 1110-4 *(Ord. n° 2017-31 du 12 janv. 2017, art. 5)* **« I. – Toute personne prise en charge par un professionnel de santé, un établissement ou service, un professionnel ou organisme concourant à la prévention ou aux soins dont les conditions d'exercice ou les activités sont régies par le présent code, le service de santé des armées, un professionnel du secteur médico-social ou social ou un établissement ou service social et médico-social mentionné au I de l'article L. 312-1 du code de l'action sociale**

et des familles a droit au respect de sa vie privée et du secret des informations la concernant. »

(L. n° 2016-41 du 26 janv. 2016, art. 96) « Excepté dans les cas de dérogation expressément prévus par la loi, ce secret couvre l'ensemble des informations concernant la personne venues à la connaissance du professionnel, de tout membre du personnel de ces établissements, services ou organismes, et de toute autre personne en relation, de par ses activités, avec ces établissements ou organismes. Il s'impose à tous les professionnels intervenant dans le système de santé.

« II. – Un professionnel peut échanger avec un ou plusieurs professionnels identifiés des informations relatives à une même personne prise en charge, à condition qu'ils participent tous à sa prise en charge et que ces informations soient strictement nécessaires à la coordination ou à la continuité des soins, à la prévention ou à son suivi médico-social et social.

« III. – Lorsque ces professionnels appartiennent à la même équipe de soins, au sens de l'article L. 1110-12, ils peuvent partager les informations concernant une même personne qui sont strictement nécessaires à la coordination ou à la continuité des soins ou à son suivi médico-social et social. Ces informations sont réputées confiées par la personne à l'ensemble de l'équipe.

« Le partage, entre des professionnels ne faisant pas partie de la même équipe de soins, d'informations nécessaires à la prise en charge d'une personne requiert son consentement préalable, recueilli par tout moyen, y compris de façon dématérialisée, dans des conditions définies par décret pris après avis de la Commission nationale de l'informatique et des libertés.

(Ord. n° 2018-20 du 17 janv. 2018, art. 2) « III *bis*. – Un professionnel de santé, exerçant au sein du service de santé des armées ou dans le cadre d'une contribution au soutien sanitaire des forces armées prévue à l'article L. 6147-10, ou un professionnel du secteur médico-social ou social relevant du ministre de la défense peuvent, dans des conditions définies par décret en Conseil d'État, échanger avec une ou plusieurs personnes, relevant du ministre de la défense ou de la tutelle du ministre chargé des anciens combattants, et ayant pour mission exclusive d'aider ou d'accompagner les militaires et anciens militaires blessés, des informations relatives à ce militaire ou à cet ancien militaire pris en charge, à condition que ces informations soient strictement nécessaires à son accompagnement. Le secret prévu au I s'impose à ces personnes. Un décret en Conseil d'État définit la liste des structures dans lesquelles exercent les personnes ayant pour mission exclusive d'aider ou d'accompagner les militaires et anciens militaires blessés. »

« IV. – La personne est dûment informée de son droit d'exercer une opposition à l'échange et au partage d'informations la concernant. Elle peut exercer ce droit à tout moment. »

(L. n° 2016-41 du 26 janv. 2016, art. 96) « V. – » Le fait d'obtenir ou de tenter d'obtenir la communication de ces informations en violation du présent article est puni d'un an d'emprisonnement et de 15 000 € d'amende.

En cas de diagnostic ou de pronostic grave, le secret médical ne s'oppose pas à ce que la famille, les proches de la personne malade ou la personne de confiance définie à l'article L. 1111-6 reçoivent les informations nécessaires destinées à leur permettre d'apporter un soutien direct à celle-ci, sauf opposition de sa part. *(L. n° 2004-810 du 13 août 2004, art. 2)* « Seul un médecin est habilité à délivrer, ou à faire délivrer sous sa responsabilité, ces informations. »

Le secret médical ne fait pas obstacle à ce que les informations concernant une personne décédée soient délivrées à ses ayants droit *(L. n° 2016-41 du 26 janv. 2016, art. 96)* « , son concubin ou son partenaire lié par un pacte civil de solidarité », dans la mesure où elles leur sont nécessaires pour leur permettre de connaître les causes de la mort, de défendre la mémoire du défunt ou de faire valoir leurs droits, sauf volonté contraire exprimée par la personne avant son décès. *(L. n° 2016-41 du 26 janv. 2016, art. 96)* « Toutefois, en cas de décès d'une personne mineure, les titulaires de l'autorité parentale conservent leur droit d'accès à la totalité des informations médicales la concernant, à l'exception des éléments relatifs aux décisions médicales pour lesquelles la personne mineure, le cas échéant, s'est opposée à l'obtention de leur consentement dans les conditions définies aux articles L. 1111-5 et L. 1111-5-1. »

(L. nº 2021-1017 du 2 août 2021, art. 14) « En outre, le secret médical ne fait pas obstacle à ce que les informations concernant une personne décédée nécessaires à la prise en charge d'une personne susceptible de faire l'objet d'un examen des caractéristiques génétiques dans les conditions prévues au I de l'article L. 1130-4 soient délivrées au médecin assurant cette prise en charge, sauf volonté contraire exprimée par la personne avant son décès. »

(L. nº 2016-41 du 26 janv. 2016, art. 96) « VI. – Les conditions et les modalités de mise en œuvre du présent article pour ce qui concerne l'échange et le partage d'informations entre professionnels de santé *(Ord. nº 2018-20 du 17 janv. 2018, art. 2)* « , non-professionnels de santé du champ social et médico-social et personnes ayant pour mission exclusive d'aider ou d'accompagner les militaires et anciens militaires blessés » sont définies par décret en Conseil d'État, pris après avis de la Commission nationale de l'informatique et des libertés. »

Art. L. 1110-4-1 *(Abrogé par Ord. nº 2021-581 du 12 mai 2021, art. 1er) (L. nº 2019-774 du 24 juill. 2019, art. 44) Afin de garantir l'échange, le partage, la sécurité et la confidentialité des données de santé à caractère personnel, doivent être conformes aux référentiels d'interopérabilité et de sécurité élaborés par le groupement d'intérêt public mentionné à l'article L. 1111-24, pour le traitement de ces données, leur conservation sur support informatique et leur transmission par voie électronique :*

1º Les systèmes d'information ou les services ou outils numériques destinés à être utilisés par les professionnels de santé et les personnes exerçant sous leur autorité, les établissements et services de santé, le service de santé des armées et tout organisme participant à la prévention ou aux soins dont les conditions d'exercice ou les activités sont régies par le présent code ;

2º Les systèmes d'information ou les services ou outils numériques destinés à être utilisés par les professionnels des secteurs médico-social et social et les établissements ou services des secteurs médico-social et social mentionnés au I de l'article L. 312-1 du code de l'action sociale et des familles ;

3º Les systèmes d'information ou les services ou outils numériques mis en œuvre par les organismes d'assurance maladie, ayant pour finalité principale de contribuer directement à la prévention ou au suivi du parcours de soins des patients.

Ces référentiels sont élaborés en concertation avec les représentants des professions de santé, d'associations d'usagers du système de santé agréées, des établissements de santé, des établissements et services des secteurs médico-social et social ainsi que des opérateurs publics et privés du développement et de l'édition des systèmes d'information et des services et outils numériques en santé. Ils sont approuvés par arrêté du ministre chargé de la santé.

Les référentiels d'interopérabilité mentionnés au premier alinéa du présent article s'appuient sur des standards ouverts en vue de faciliter l'extraction, le partage et le traitement des données de santé dans le cadre de la coordination des parcours de soins, de l'amélioration de la qualité des soins et de l'efficience du système de santé ou à des fins de recherche clinique, chaque fois que le recours à ces standards est jugé pertinent et possible par le groupement d'intérêt public mentionné à l'article L. 1111-24 du présent code.

Art. L. 1110-4-2 *(Abrogé par Ord. nº 2021-581 du 12 mai 2021, art. 1er) (L. nº 2019-774 du 24 juill. 2019, art. 44) I. – La conformité d'un système d'information ou d'un service ou outil numérique en santé aux référentiels d'interopérabilité mentionnés à l'article L. 1110-4-1 est attestée dans le cadre d'une procédure d'évaluation et de certification définie par décret en Conseil d'État.*

II. – Est conditionnée à des engagements de mise en conformité aux référentiels d'interopérabilité dans les conditions prévues au I l'attribution de fonds publics dédiés au financement d'opérations de conception, d'acquisition ou de renouvellement de systèmes d'information ou de services ou outils numériques en santé mentionnés aux 1º et 2º de l'article L. 1110-4-1.

III. – Les conventions d'objectifs et de gestion mentionnées à l'article L. 227-1 du code de la sécurité sociale, les contrats pluriannuels d'objectifs et de moyens mentionnés à l'article L. 1435-3 du présent code et les contrats ayant pour objet d'améliorer la qualité et la coordination des soins mentionnés à l'article L. 1435-4 du même code comprennent des engagements relatifs à l'acquisition ou à l'utilisation de systèmes d'information ou de services ou outils numériques en santé dont la conformité aux référentiels d'interopérabilité mentionnés à l'article L. 1110-4-1 dudit code est attestée dans les conditions prévues au I du présent article.

IV. — Des modalités complémentaires d'incitation à la mise en conformité des systèmes d'information et services ou outils numériques en santé aux référentiels d'interopérabilité mentionnés à l'article L. 1110-4-1 peuvent être prévues par décret en Conseil d'État.

....

Art. L. 1110-12 *(L. n° 2016-41 du 26 janv. 2016, art. 96-I-3°)* Pour l'application du présent titre, l'équipe de soins est un ensemble de professionnels qui participent directement au profit d'un même patient à la réalisation d'un acte diagnostique, thérapeutique, de compensation du handicap, de soulagement de la douleur ou de prévention de perte d'autonomie, ou aux actions nécessaires à la coordination de plusieurs de ces actes, et qui :

1° Soit exercent dans le même établissement de santé, au sein du service de santé des armées, dans le même établissement ou service social ou médico-social mentionné au I de l'article L. 312-1 du code de l'action sociale et des familles ou dans le cadre d'une structure de coopération, d'exercice partagé ou de coordination sanitaire ou médico-sociale figurant sur une liste fixée par décret ;

2° Soit se sont vu reconnaître la qualité de membre de l'équipe de soins par le patient qui s'adresse à eux pour la réalisation des consultations et des actes prescrits par un médecin auquel il a confié sa prise en charge ;

3° Soit exercent dans un ensemble, comprenant au moins un professionnel de santé, présentant une organisation formalisée et des pratiques conformes à un cahier des charges fixé par un arrêté du ministre chargé de la santé.

....

CHAPITRE I *INFORMATION DES USAGERS DU SYSTÈME DE SANTÉ ET EXPRESSION DE LEUR VOLONTÉ*

(L. n° 2002-303 du 4 mars 2002, art. 11)

SECTION 1 *Principes généraux* *(L. n° 2005-370 du 22 avr. 2005).*

....

Art. L. 1111-2 *(Ord. n° 2020-232 du 11 mars 2020, art. 1er)* « I. — » Toute personne a le droit d'être informée sur son état de santé. Cette information porte sur les différentes investigations, traitements ou actions de prévention qui sont proposés, leur utilité, leur urgence éventuelle, leurs conséquences, les risques fréquents ou graves normalement prévisibles qu'ils comportent ainsi que sur les autres solutions possibles et sur les conséquences prévisibles en cas de refus. *(L. n° 2016-41 du 26 janv. 2016, art. 175)* « Elle est également informée de la possibilité de recevoir, lorsque son état de santé le permet, notamment lorsqu'elle relève de soins palliatifs au sens de l'article L. 1110-10, les soins sous forme ambulatoire ou à domicile. Il est tenu compte de la volonté de la personne de bénéficier de l'une de ces formes de prise en charge. » Lorsque, postérieurement à l'exécution des investigations, traitements ou actions de prévention, des risques nouveaux sont identifiés, la personne concernée doit en être informée, sauf en cas d'impossibilité de la retrouver.

Cette information incombe à tout professionnel de santé dans le cadre de ses compétences et dans le respect des règles professionnelles qui lui sont applicables. Seules l'urgence ou l'impossibilité d'informer peuvent l'en dispenser.

Cette information est délivrée au cours d'un entretien individuel.

La volonté d'une personne d'être tenue dans l'ignorance d'un diagnostic ou d'un pronostic doit être respectée, sauf lorsque des tiers sont exposés à un risque de transmission.

(Ord. n° 2020-232 du 11 mars 2020, art. 1er) « II. — Les droits des mineurs mentionnés au présent article sont exercés par les personnes titulaires de l'autorité parentale ou par le tuteur, qui reçoivent l'information prévue par le présent article, sous réserve des articles L. 1111-5 et L. 1111-5-1. Les mineurs ont le droit de recevoir eux-mêmes une information et de participer à la prise de décision les concernant, d'une manière adaptée à leur degré de maturité.

« III. – L'information prévue au présent article est délivrée aux personnes majeures protégées au titre des dispositions du chapitre II du titre XI du livre I du code civil d'une manière adaptée à leur capacité de compréhension.

« Cette information est également délivrée à la personne chargée d'une mesure de protection juridique avec représentation relative à la personne. Elle peut être délivrée à la personne chargée d'une mesure de protection juridique avec assistance à la personne si le majeur protégé y consent expressément.

« IV. – » Des recommandations de bonnes pratiques sur la délivrance de l'information sont établies par *(L. nº 2004-810 du 13 août 2004, art. 36)* « la Haute Autorité de santé » et homologuées par arrêté du ministre chargé de la santé.

En cas de litige, il appartient au professionnel ou à l'établissement de santé d'apporter la preuve que l'information a été délivrée à l'intéressé dans les conditions prévues au présent article. Cette preuve peut être apportée par tout moyen.

(L. nº 2009-879 du 21 juill. 2009, art. 37) « L'établissement de santé recueille auprès du patient hospitalisé les coordonnées des professionnels de santé auprès desquels il souhaite que soient recueillies les informations nécessaires à sa prise en charge durant son séjour et que soient transmises celles utiles à la continuité des soins après sa sortie. »

....

Art. L. 1111-7 Toute personne a accès à l'ensemble des informations concernant sa santé détenues *(L. nº 2007-131 du 31 janv. 2007, art. 6)* « , à quelque titre que ce soit, » par des professionnels et établissements de santé *(Ord. nº 2018-20 du 17 janv. 2018, art. 2 et 35)* « , par des centres de santé, *(L. nº 2020-1576 du 14 déc. 2020, art. 58, en vigueur au plus tard le 1er nov. 2021)* « par des maisons de naissance, » par le service de santé des armées ou par l'Institution nationale des invalides », qui sont formalisées *(Abrogé par L. nº 2007-131 du 31 janv. 2007, art. 6)* *« et ont contribué à l'élaboration et au suivi du diagnostic et du traitement ou d'une action de prévention, »* ou ont fait l'objet d'échanges écrits entre professionnels de santé, notamment des résultats d'examen, comptes rendus de consultation, d'intervention, d'exploration ou d'hospitalisation, des protocoles et prescriptions thérapeutiques mis en œuvre, feuilles de surveillance, correspondances entre professionnels de santé, à l'exception des informations mentionnant qu'elles ont été recueillies auprès de tiers n'intervenant pas dans la prise en charge thérapeutique ou concernant un tel tiers.

Elle peut accéder à ces informations directement ou par l'intermédiaire d'un médecin qu'elle désigne et en obtenir communication, dans des conditions définies par voie réglementaire au plus tard dans les huit jours suivant sa demande et au plus tôt après qu'un délai de réflexion de quarante-huit heures aura été observé. Ce délai est porté à deux mois lorsque les informations médicales datent de plus de cinq ans ou lorsque la commission départementale des *(L. nº 2011-803 du 5 juill. 2011, art. 9)* « soins » psychiatriques est saisie en application du quatrième alinéa. *(L. nº 2016-41 du 26 janv. 2016, art. 189)* « Lorsque la personne majeure fait l'objet d'une mesure de protection juridique *(Ord. nº 2020-232 du 11 mars 2020, art. 4)* « avec représentation relative à la personne », la personne en charge *(Abrogé par Ord. nº 2020-232 du 11 mars 2020, art. 4)* *« de l'exercice »* de la mesure *(Abrogé par Ord. nº 2020-232 du 11 mars 2020, art. 4)* *« , lorsqu'elle est habilitée à représenter ou à assister l'intéressé dans les conditions prévues à l'article 459 du code civil, »* a accès à ces informations dans les mêmes conditions. » *(Ord. nº 2020-232 du 11 mars 2020, art. 4)* « Lorsque la personne majeure fait l'objet d'une mesure de protection juridique avec assistance, la personne chargée de l'assistance peut accéder à ces informations avec le consentement exprès de la personne protégée. »

La présence d'une tierce personne lors de la consultation de certaines informations peut être recommandée par le médecin les ayant établies ou en étant dépositaire, pour des motifs tenant aux risques que leur connaissance sans accompagnement ferait courir à la personne concernée. Le refus de cette dernière ne fait pas obstacle à la communication de ces informations.

A titre exceptionnel, la consultation des informations recueillies, dans le cadre d'une *(L. nº 2011-803 du 5 juill. 2011, art. 9)* « admission en soins psychiatriques décidée en application des chapitres II à IV du titre I du livre II de la troisième partie du présent code ou ordonnée en application de l'article 706-135 du code de procédure pénale », peut être subordonnée à la présence d'un médecin désigné par le demandeur en cas de risques d'une gravité particulière. En cas de refus du demandeur, la commission départementale des *(L. n° 2011-803 du 5 juill. 2011, art. 9)* « soins » psychiatriques est saisie. Son avis s'impose au détenteur des informations comme au demandeur.

Sous réserve de l'opposition prévue *(L. n° 2016-41 du 26 janv. 2016, art. 7)* « aux articles L. 1111-5 et L. 1111-5-1 », dans le cas d'une personne mineure le droit d'accès est exercé par le ou les titulaires de l'autorité parentale. A la demande du mineur, cet accès a lieu par l'intermédiaire d'un médecin.

(L. n° 2021-1017 du 2 août 2021, art. 14) « En cas de décès du malade, l'accès au dossier médical de ce malade des ayants droit, du concubin, du partenaire lié par un pacte civil de solidarité ou du médecin prenant en charge une personne susceptible de faire l'objet d'un examen des caractéristiques génétiques dans les conditions prévues au I de l'article L. 1130-4 s'effectue dans les conditions prévues aux deux derniers alinéas du V de l'article L. 1110-4. »

La consultation sur place des informations est gratuite. *(Abrogé par L. n° 2021-1017 du 2 août 2021, art. 14)* ***« Lorsque le demandeur souhaite la délivrance de copies, quel qu'en soit le support, les frais laissés à sa charge ne peuvent excéder le coût de la reproduction et, le cas échéant, de l'envoi des documents. »***

Les dispositions issues de l'Ord. n° 2020-232 du 11 mars 2020 sont applicables aux mesures de protection juridique en cours au jour de son entrée en vigueur et aux situations dans lesquelles aucune décision n'a été prise au jour de son entrée en vigueur, soit au plus tard le 1er oct. 2020 (Ord. préc., art. 46).

Art. L. 1111-8 *(Ord. n° 2017-27 du 12 janv. 2017, art. 1er et 3, mod. par Décr. n° 2018-137 du 26 févr. 2018, art. 3, en vigueur le 1er avr. 2018)* I. — Toute personne qui héberge des données de santé à caractère personnel recueillies à l'occasion d'activités de prévention, de diagnostic, de soins ou de suivi social et médico-social, pour le compte de personnes physiques ou morales à l'origine de la production ou du recueil de ces données ou pour le compte du patient lui-même, réalise cet hébergement dans les conditions prévues au présent article.

L'hébergement, quel qu'en soit le support, papier ou numérique, est réalisé après que la personne prise en charge en a été dûment informée et sauf opposition pour un motif légitime.

La prestation d'hébergement de données de santé à caractère personnel fait l'objet d'un contrat.

II. — L'hébergeur de données mentionnées au premier alinéa du I sur support numérique est titulaire d'un certificat de conformité. S'il conserve des données dans le cadre d'un service d'archivage électronique, il est soumis aux dispositions du III.

Ce certificat est délivré par des organismes de certification accrédités par l'instance française d'accréditation ou l'instance nationale d'accréditation d'un autre État membre de l'Union européenne mentionnée à l'article 137 de la loi n° 2008-776 du 4 août 2008 de modernisation de l'économie.

Les conditions de délivrance de ce certificat sont fixées par décret en Conseil d'État pris après avis de la Commission nationale de l'informatique et des libertés et des conseils nationaux de l'ordre des professions de santé.

III. — L'hébergeur de données mentionnées au premier alinéa du I est agréé par le ministre chargé de la culture pour la conservation de ces données sur support papier ou sur support numérique dans le cadre d'un service d'archivage électronique.

Les conditions d'agrément sont fixées par décret en Conseil d'État pris après avis de la Commission nationale de l'informatique et des libertés et des conseils nationaux de l'ordre des professions de santé.

L'agrément peut être retiré, dans les conditions prévues par les articles L. 121-1, L. 121-2 et L. 122-1 du code des relations entre le public et l'administration, en cas de violation des prescriptions législatives ou réglementaires relatives à cette activité ou des prescriptions fixées par l'agrément.

IV. — La nature des prestations d'hébergement mentionnées aux II et III, les rôles et responsabilités de l'hébergeur et des personnes physiques ou morales pour le compte desquelles les données de santé à caractère personnel sont conservées, ainsi que les stipulations devant figurer dans le contrat mentionné au I sont précisés par décret en Conseil d'État, pris après avis de la Commission nationale de l'informatique et des libertés et des conseils nationaux de l'ordre des professions de santé.

V. — L'accès aux données ayant fait l'objet d'un hébergement s'effectue selon les modalités fixées dans le contrat dans le respect des articles L. 1110-4 et L. 1111-7.

Les hébergeurs ne peuvent utiliser les données qui leur sont confiées à d'autres fins que l'exécution de la prestation d'hébergement. Lorsqu'il est mis fin à l'hébergement, l'hébergeur restitue les données aux personnes qui les lui ont confiées, sans en garder de copie. Les hébergeurs de données de santé à caractère personnel et les personnes placées sous leur autorité qui ont accès aux données déposées sont astreints au secret professionnel dans les conditions et sous les peines prévues à l'article 226-13 du code pénal.

VI. — Les hébergeurs de données de santé à caractère personnel ou qui proposent cette prestation d'hébergement sont soumis, dans les conditions prévues aux articles L. 1421-2 et L. 1421-3, au contrôle de l'inspection générale des affaires sociales et des agents mentionnés aux articles L. 1421-1 et L. 1435-7, à l'exception des hébergeurs certifiés dans les conditions définies au II. Les agents chargés du contrôle peuvent être assistés par des experts désignés par le ministre chargé de la santé.

VII. — Tout acte de cession à titre onéreux de données de santé identifiantes directement ou indirectement, y compris avec l'accord de la personne concernée, est interdit sous peine des sanctions prévues à l'article 226-21 du code pénal.

Sur les agréments pour l'hébergement de données de santé sur support électronique, V. Ord. nº 2017-27 du 12 janv. 2017, art. 3 et Décr. nº 2018-137 du 26 févr. 2018, art. 3.

Ordonnance nº 2017-27 du 12 janvier 2017,

Relative à l'hébergement de données de santé à caractère personnel.

Art. 3 *[...]*

II. — Les agréments pour l'hébergement de données de santé sur support électronique pris sur le fondement de l'article L. 1111-8 avant l'entrée en vigueur de la présente ordonnance continuent à *[de]* produire leurs effets jusqu'à leur terme.

L'hébergeur dont l'agrément mentionné à l'alinéa précédent arrive à échéance dans les douze mois suivant l'entrée en vigueur de l'article L. 1111-8 dans la *[sa]* rédaction issue de la présente ordonnance dispose d'un délai minimum fixé par décret pour se mettre en conformité avec l'obligation de disposer d'un certificat de conformité pour l'hébergement de données de santé à caractère personnel.

III. — Les dossiers de demande d'agrément ou de renouvellement d'agrément pour l'hébergement de données de santé à caractère personnel sur support électronique déposés avant l'entrée en vigueur de la présente ordonnance sont instruits dans les conditions prévues par l'article L. 1111-8 dans sa rédaction applicable à la date du dépôt de la demande. Lorsqu'il est délivré, l'agrément est régi par les dispositions applicables à la date de la demande.

Décret nº 2018-137 du 26 février 2018,

Relatif à l'hébergement de données de santé à caractère personnel.

Art. 3 I. — L'ordonnance du 12 janvier 2017 susvisée et l'article 2 du présent décret entrent en vigueur le 1er avril 2018.

[...]

IV. — Lorsque l'agrément pour l'hébergement de données de santé sur support informatique arrive à échéance avant le 31 mars 2019, la durée de l'agrément est prolongée pour une durée de six mois afin de permettre à l'hébergeur d'effectuer les démarches de certification nécessaires à la poursuite de son activité d'hébergement de données de santé.

Art. L. 1111-8-1 *(L. nº 2016-41 du 26 janv. 2016, art. 193) (Abrogé par Ord. nº 2018-1125 du 12 déc. 2018, art. 21)* «*I. —*» Le numéro d'inscription au répertoire national d'identification des personnes physiques est utilisé comme identifiant de santé des personnes pour leur prise en charge à des fins sanitaires et médico-sociales, dans les conditions prévues à l'article L. 1110-4.

(L. nº 2020-1525 du 7 déc. 2020, art. 90) « Les services mentionnés à l'article L. 4622-1 du code du travail entrant dans le champ d'application de l'article L. 1110-4 du présent code peuvent utiliser l'identifiant de santé des personnes pour leur prise en charge.

« Les données de santé rattachées à l'identifiant de santé sont collectées, transmises et conservées dans le respect du secret professionnel et des référentiels de sécurité et d'interopérabilité mentionnés à l'article L. 1110-4-1.

« Un décret en Conseil d'État, pris après avis de la Commission nationale de l'informatique et des libertés, fixe les modalités autorisant l'utilisation de cet identifiant et empêchant son utilisation à des fins autres que sanitaires et médico-sociales. »

(Abrogé par Ord. nº 2018-1125 du 12 déc. 2018, art. 21) ***« Les dispositions de la loi nº 78-17 du 6 janvier 1978 relative à l'informatique, aux fichiers et aux libertés prescrivant une procédure particulière d'autorisation à raison de l'utilisation du numéro d'inscription au répertoire national d'identification des personnes physiques dans un traitement de données à caractère personnel ne sont pas applicables aux traitements qui utilisent ce numéro exclusivement dans les conditions prévues au présent I.***

« II. — Par dérogation au I, le traitement de l'identifiant de santé peut être autorisé à des fins de recherche dans le domaine de la santé, dans les conditions prévues au chapitre IX de la loi nº 78-17 du 6 janvier 1978 précitée. La Commission nationale de l'informatique et des libertés peut imposer que le numéro d'inscription au répertoire national d'identification des personnes physiques soit alors confié à un organisme tiers, distinct du responsable de traitement, habilité à détenir cet identifiant et chargé de procéder aux appariements nécessaires. Un arrêté du ministre chargé de la santé, pris après avis de la Commission nationale de l'informatique et des libertés, précise les modalités d'application du présent article. »

Art. L. 1111-8-2 *(Ord. nº 2020-1407 du 18 nov. 2020, art. 1er)* Les établissements de santé, les organismes et services exerçant des activités de prévention, de diagnostic ou de soins et les établissements médico-sociaux signalent sans délai aux autorités compétentes de l'État et au groupement d'intérêt public mentionné à l'article L. 1111-24, dans des conditions fixées par décret, les incidents significatifs ou graves de sécurité des systèmes d'information.

Sous réserve du respect des règles relatives à la protection du secret de la défense nationale, le présent article est applicable au service de santé des armées en ce qui concerne les incidents significatifs ou graves de sécurité des systèmes d'information intéressant les activités de prévention, de diagnostic ou de soins des hôpitaux des armées.

Un décret définit les catégories d'incidents concernés, les modalités selon lesquelles sont signalés les incidents mentionnés au premier alinéa et les conditions dans lesquelles ils sont traités.

Art. L. 1111-9 Un décret en Conseil d'État fixe les conditions d'application *(L. nº 2005-370 du 22 avr. 2005)* « de la présente section ». Les modalités d'accès aux informations concernant la santé d'une personne, et notamment l'accompagnement de cet accès, font l'objet de recommandations de bonnes pratiques établies par *(L. nº 2004-810 du 13 août 2004, art. 36-III)* « la Haute Autorité de santé » et homologuées par arrêté du ministre chargé de la santé.

SECTION 3 ***Espace numérique de santé, dossier médical partagé et dossier pharmaceutique*** *(L. nº 2016-41 du 26 janv. 2016, art. 96-III ; L. nº 2019-774 du 24 juill. 2019, art. 45).*

(L. nº 2009-879 du 21 juill. 2009, art. 50-I)

V. CSP, art. R. 1111-26 s., infra.

Art. L. 1111-13 *(L. nº 2019-774 du 24 juill. 2019, art. 45 ; mod. par L. nº 2020-1525 du 7 déc. 2020, art. 98)* Le dossier médical partagé mentionné à l'article L. 1111-14 est intégré à l'espace numérique de santé dont il constitue l'une des composantes.

Les dispositions de l'art. L. 1111-13 entrent en vigueur le 1er janv. 2022 (Décr. nº 2021-1048 du 4 août 2021, art. 4-I).

Art. L. 1111-13-1 *(L. nº 2019-774 du 24 juill. 2019, art. 45)* I. — L'espace numérique de santé est ouvert automatiquement, sauf opposition de la personne ou de son représentant légal. La personne ou son représentant légal est informé de l'ouverture de l'espace numérique de santé, des conditions de fonctionnement de cet espace, de ses responsabilités en tant que gestionnaire de données de santé dans un espace numérique et des modalités de sa clôture en application du 3° du IV. La personne concernée ou son représentant légal est également informé des modalités d'exercice de son droit d'opposition préalablement à l'ouverture de l'espace numérique de santé.

Chaque titulaire dispose gratuitement de son espace numérique de santé.

Pour chaque titulaire, l'identifiant de son espace numérique de santé est l'identifiant national de santé mentionné à l'article L. 1111-8-1 lorsqu'il dispose d'un tel identifiant. Pour le bénéficiaire de l'aide médicale de l'État mentionnée à l'article L. 251-1 du code de l'action sociale et des familles, l'identifiant de son espace numérique de santé est créé selon des modalités précisées par le décret en Conseil d'État mentionné au V du présent article.

II. — L'espace numérique de santé est accessible en ligne à son titulaire, ou au représentant légal de celui-ci, dûment identifié et authentifié. Il permet au titulaire d'accéder à :

1° Ses données administratives ;

2° Son dossier médical partagé ;

3° Ses constantes de santé éventuellement produites par des applications ou des objets connectés référencés en application du III ou toute autre donnée de santé utile à la prévention, la coordination, la qualité et la continuité des soins ;

4° L'ensemble des données relatives au remboursement de ses dépenses de santé ;

5° Des outils permettant des échanges sécurisés avec les acteurs du système de santé, dont une messagerie de santé sécurisée permettant à son titulaire d'échanger avec les professionnels et établissements de santé et des outils permettant d'accéder à des services de télésanté ;

6° Tout service numérique, notamment des services développés pour favoriser la prévention et fluidifier les parcours, les services de retour à domicile, les services procurant une aide à l'orientation et à l'évaluation de la qualité des soins, les services visant à informer les usagers sur l'offre de soins et sur les droits auxquels ils peuvent prétendre ainsi que toute application numérique de santé référencés en application du même III ;

7° Le cas échéant, les données relatives à l'accueil et l'accompagnement assurés par les établissements et services sociaux et médico-sociaux mentionnés à l'article L. 312-1 du code de l'action sociale et des familles.

III. — Pour être référencés et intégrables dans l'espace numérique de santé, les services et outils numériques mentionnés aux 2° à 7° du II du présent article, qu'ils soient développés par des acteurs publics ou privés, respectent les référentiels d'interopérabilité et de sécurité élaborés par le groupement mentionné à l'article L. 1111-24, les référentiels d'engagement éthique ainsi que les labels et normes imposés dans l'espace numérique de santé mentionnés à l'article L. 1111-13-2. Ces référentiels, labels et normes tiennent compte de la mise en œuvre par les services et outils numériques de mesures en faveur des personnes rencontrant des difficultés dans l'accès à internet et dans l'utilisation des outils informatiques et numériques.

Les services et outils numériques référencés ne peuvent accéder aux données de l'espace numérique de santé du titulaire qu'avec l'accord exprès de celui-ci, dûment informé des finalités et des modalités de cet accès lors de l'installation de ces services et outils, et qu'à des fins de prévention, de diagnostic, de soins ou de suivi social et médico-social, pour une durée de conservation strictement proportionnée à ces finalités.

IV. — Le titulaire ou son représentant légal est le seul gestionnaire et utilisateur. *(Abrogé par L. nº 2020-1525 du 7 déc. 2020, art. 98)* ***« Il peut décider que son espace ne***

contient pas un ou plusieurs éléments énoncés aux 1° à 7° du II du présent article ou n'y donne pas accès.»

A tout moment, il peut décider :

1° De proposer un accès temporaire ou permanent à *(Abrogé par L. n° 2020-1525 du 7 déc. 2020, art. 98)* ***«tout ou partie de»*** son espace numérique de santé à un établissement de santé, à un professionnel de *(L. n° 2020-1525 du 7 déc. 2020, art. 98)* «santé,» aux membres d'une équipe de soins au sens de l'article L. 1110-12 *(L. n° 2020-1525 du 7 déc. 2020, art. 98)* «ou à tout autre professionnel participant à sa prise en charge en application de l'article L. 1110-4,» ou de mettre fin à un tel accès ;

2° D'extraire des données de l'espace numérique de santé en application des dispositions relatives au droit d'accès et à la portabilité des données prévues par le règlement (UE) 2016/679 du Parlement européen et du Conseil du 27 avril 2016 relatif à la protection des personnes physiques à l'égard du traitement des données à caractère personnel et à la libre circulation de ces données, et abrogeant la directive 95/46/CE (règlement général sur la protection des données) ;

3° De clôturer son espace numérique de santé *(Abrogé par L. n° 2020-1525 du 7 déc. 2020, art. 98)* ***«ou un ou plusieurs éléments énoncés aux 1° à 7° du II du présent article»***.

Le décès du titulaire entraîne la clôture de son espace numérique de santé.

A compter de la clôture de l'espace numérique de santé, faute de demande expresse de destruction de son contenu par son titulaire ou le représentant légal de celui-ci, ledit contenu est archivé pendant dix ans, période pendant laquelle il reste accessible à son titulaire, son représentant légal, ses ayants droit, son concubin ou son partenaire lié par un pacte civil de solidarité, dans les conditions et limites prévues au V de l'article L. 1110-4.

La communication de tout ou partie des données de l'espace numérique de santé ne peut être exigée du titulaire de cet espace lors de la conclusion d'un contrat relatif à une protection complémentaire en matière de couverture des frais de santé et lors de la conclusion ou de l'application de tout autre contrat, à l'exception des contrats relatifs aux services et outils numériques référencés en application du III du présent article.

Une personne mineure peut s'opposer à la saisie dans son espace numérique de santé, dans un ou plusieurs éléments énoncés aux 1° à 7° du II du présent article ou dans son dossier pharmaceutique de toute donnée relative aux prises en charge réalisées dans les conditions prévues aux articles L. 1111-5, L. 1111-5-1, L. 2212-7 et L. 6211-3-1 ou relative au remboursement desdites prises en charge et des produits de santé prescrits ou administrés.

V. — Les conditions et les modalités d'application du présent article sont définies par décret en Conseil d'État, pris après avis de la Commission nationale de l'informatique et des libertés.

Les dispositions de l'art. L. 1111-13-1, à l'exception des III et V, entrent en vigueur le 1er janv. 2022. Les dispositions du III sont entrées en vigueur le 8 août 2021 (Décr. n° 2021-1048 du 4 août 2021, art. 4-I et II, JO 7 août).

Par dérogation et dans le cadre d'une «phase pilote» nécessaire à l'ajustement technique du dispositif, les dispositions des I, II et IV entrent en vigueur le lendemain de la date de publication du Décr. préc. pour les assurés sociaux rattachés aux organismes d'assurance maladie situés dans les départements de la Haute-Garonne, de la Loire-Atlantique et de la Somme (Décr. n° 2021-1048 du 4 août 2021, art. 4-IV).

Art. L. 1111-13-2 *(L. n° 2019-774 du 24 juill. 2019, art. 45)* L'État et une ou plusieurs autorités publiques ou personnes publiques désignées par décret assurent la conception, la mise en œuvre, l'administration, l'hébergement et la gouvernance de l'espace numérique de santé dans des conditions prévues par décret en Conseil d'État, pris après avis de la Commission nationale de l'informatique et des libertés. La conception et la mise en œuvre de l'espace numérique de santé tiennent compte des difficultés d'accès à internet et aux outils informatiques et dans l'usage de ces outils rencontrées par certaines catégories de personnes, en proscrivant toute discrimination fondée sur la localisation géographique, les ressources ou le handicap.

Ce décret précise notamment le cadre applicable à la définition des référentiels d'engagement éthique et aux labels et normes imposés dans l'espace numérique de

santé ainsi qu'au référencement des services et outils pouvant être mis à disposition dans l'espace numérique de santé en application des critères mentionnés au III de l'article L. 1111-13-1.

Les dispositions de l'art. L. 1111-13-2 sont entrées en vigueur le 8 août 2021 (Décr. nº 2021-1048 du 4 août 2021, art. 4-II).

Art. L. 1111-14 *(L. nº 2016-41 du 26 janv. 2016, art. 96)* **« Afin de favoriser la prévention, la coordination, la qualité et la continuité des soins,** *(L. nº 2020-1525 du 7 déc. 2020, art. 98)* **« chaque personne dispose », dans les conditions et sous les garanties prévues aux articles L. 1110-4 et** *(Ord. nº 2021-581 du 12 mai 2021, art. 1er)* **« L. 1470-5 » et dans le respect du secret médical, d'un dossier médical partagé.**

(Abrogé par L. nº 2020-1525 du 7 déc. 2020, art. 98) ***« A cette fin, il est créé un identifiant du dossier médical partagé pour l'ensemble des bénéficiaires de l'assurance maladie. »***

(L. nº 2019-774 du 24 juill. 2019, art. 50 ; mod. par L. nº 2020-1525 du 7 déc. 2020, art. 98) **« L'ouverture automatique de l'espace numérique de santé, dans les conditions prévues aux I et V de l'article L. 1111-13-1 qui prévoient la possibilité pour la personne ou son représentant légal de s'y opposer, emporte la création automatique du dossier médical partagé.**

« Tout dossier médical partagé déjà ouvert à la date d'ouverture de l'espace numérique de santé mentionné au même article L. 1111-13-1 est automatiquement intégré à cet espace. L'opposition, par le titulaire du dossier médical partagé ou son représentant légal, à l'ouverture de son espace numérique de santé n'emporte pas la clôture du dossier médical partagé existant durant une période transitoire dont les modalités sont définies par le décret prévu à l'article L. 1111-21. A l'issue de cette période transitoire, l'espace numérique de santé est ouvert automatiquement, sauf confirmation de l'opposition de la personne ou de son représentant légal. Cette nouvelle opposition donne lieu à la clôture du dossier médical partagé.

« Si le patient est une personne majeure faisant l'objet d'une mesure de protection juridique avec représentation relative à la personne, l'opposition prévue aux troisième et quatrième alinéas du présent article peut également être formulée par la personne chargée de cette mesure, qui tient compte de l'avis du patient. »

(L. nº 2016-41 du 26 janv. 2016, art. 96) **« La Caisse nationale de l'assurance maladie** *(Abrogé par Ord. nº 2018-470 du 12 juin 2018, art. 9)* ***« des travailleurs salariés »*** **assure la conception, la mise en œuvre et l'administration du dossier médical partagé, dans des conditions prévues par décret en Conseil d'État pris après avis de la Commission nationale de l'informatique et des libertés. Elle participe également à la conception, à la mise en œuvre et à l'administration d'un système de communication sécurisée permettant l'échange d'informations entre les professionnels de santé. »**

Ce dossier *(L. nº 2016-41 du 26 janv. 2016, art. 96)* **« médical partagé » est créé auprès d'un hébergeur de données de santé à caractère personnel** *(Ord. nº 2018-21 du 17 janv. 2018, art. 8)* **« dans le respect de » l'article L. 1111-8** *(Abrogé par Ord. nº 2010-177 du 23 févr. 2010, art. 26)* **« du même code ».**

L'adhésion aux conventions nationales régissant les rapports entre les organismes d'assurance maladie et les professionnels de santé, prévues à l'article L. 162-5 du *(Ord. nº 2010-177 du 23 févr. 2010, art. 26-3º)* **« code de la sécurité sociale », et son maintien sont subordonnés à la consultation ou à la mise à jour du dossier** *(L. nº 2016-41 du 26 janv. 2016, art. 96)* **« médical partagé » de la personne prise en charge par le médecin.**

Les dispositions de l'alinéa précédent sont applicables dès que l'utilisation du dossier *(L. nº 2016-41 du 26 janv. 2016, art. 96)* **« médical partagé » est possible sur l'ensemble des territoires auxquels s'applique la présente section.**

Art. L. 1111-15 *(L. nº 2016-41 du 26 janv. 2016, art. 96) (L. nº 2020-1525 du 7 déc. 2020, art. 98)* **« Dans le respect des règles déontologiques qui lui sont applicables ainsi que des articles L. 1110-4,** *(Ord. nº 2021-581 du 12 mai 2021, art. 1er)* **« L. 1470-5 » et L. 1111-2, chaque professionnel de santé, quels que soient son mode et son lieu d'exercice, doit reporter dans le dossier médical partagé, à l'occasion de chaque acte ou consultation, les éléments diagnostiques et thérapeutiques nécessaires à la coordination des soins de la personne prise en charge, dont la liste est fixée par**

arrêté du ministre chargé de la santé. Chaque professionnel doit également envoyer par messagerie sécurisée ces documents au médecin traitant, au médecin prescripteur s'il y a lieu, *[et]* à tout professionnel dont l'intervention dans la prise en charge du patient lui paraît pertinente ainsi qu'au patient. » A l'occasion du séjour d'une personne prise en charge, les professionnels de santé habilités des établissements de santé *(L. n° 2020-1525 du 7 déc. 2020, art. 98)* « doivent reporter » dans le dossier médical partagé, dans le respect des obligations définies par la Haute Autorité de santé, un résumé des principaux éléments relatifs à ce séjour. Le médecin traitant mentionné à l'article L. 162-5-3 du code de la sécurité sociale *(L. n° 2020-1525 du 7 déc. 2020, art. 98)* « doit verser » périodiquement, au moins une fois par an, une synthèse dont le contenu est défini par la Haute Autorité de santé. La responsabilité du professionnel de santé ne peut être engagée en cas de litige portant sur l'ignorance d'une information qui lui était masquée dans le dossier médical partagé et dont il ne pouvait légitimement avoir connaissance par ailleurs.

Les données nécessaires à la coordination des soins issues des procédures de remboursement ou de prise en charge qui sont détenues par l'organisme dont relève chaque bénéficiaire de l'assurance maladie sont versées dans le dossier médical partagé.

(L. n° 2021-1018 du 2 août 2021, art. 16, en vigueur au plus tard le 1er janv. 2024) « Le dossier médical partagé comporte un volet relatif à la santé au travail dans lequel sont versés, sous réserve du consentement de l'intéressé préalablement informé, les éléments de son dossier médical en santé au travail nécessaires au développement de la prévention ainsi qu'à la coordination, à la qualité et à la continuité des soins. Les catégories d'informations susceptibles d'être intégrées dans ce volet sont définies par la Haute Autorité de santé dans le cadre de recommandations de bonne pratique. Ce volet comprend les données d'exposition saisies dans le dossier médical en santé au travail en application du quatrième alinéa de l'article L. 4624-8 du code du travail. »

Le dossier médical partagé comporte également des volets relatifs au don d'organes ou de tissus, aux directives anticipées mentionnées à l'article L. 1111-11 du présent code *(L. n° 2019-485 du 22 mai 2019, art. 4)* « , à la personne de confiance mentionnée à l'article L. 1111-6 du présent code et à la personne de confiance mentionnée à l'article L. 311-5-1 du code de l'action sociale et des familles.

« Le dossier médical partagé comporte aussi un volet relatif aux personnes qui remplissent auprès du titulaire du dossier la qualité de proches aidants ou de proches aidés, en ce qu'elles aident le titulaire du dossier ou reçoivent une aide du titulaire du dossier, au sens de l'article L. 113-1-3 du même code, soit en raison de l'âge, d'une situation de handicap ou d'une maladie.

« Les informations mentionnées au quatrième alinéa du présent article sont renseignées dans le dossier médical partagé par son titulaire ou par le médecin traitant, mentionné à l'article L. 162-5-3 du code de la sécurité sociale, du titulaire à la demande du titulaire ou d'un proche aidant. Lorsque les personnes désignées possèdent un dossier médical partagé, ces informations sont ajoutées dans leur dossier médical partagé. Elles peuvent être modifiées à tout moment à la demande de l'une d'entre elles. »

Certaines informations peuvent être rendues inaccessibles par le titulaire du dossier médical partagé. *(Ord. n° 2020-232 du 11 mars 2020, art. 7)* « Si ce dernier est un majeur faisant l'objet d'une mesure de protection juridique avec représentation relative à la personne et n'est pas apte à exprimer sa volonté, la décision est prise par la personne chargée à son égard de la mesure de protection, en tenant compte de son avis. »

Les dispositions issues de l'Ord. n° 2020-232 du 11 mars 2020 sont applicables aux mesures de protection juridique en cours au jour de son entrée en vigueur et aux situations dans lesquelles aucune décision n'a été prise au jour de son entrée en vigueur, soit au plus tard le 1er oct. 2020 (Ord. préc., art. 46).

Art. L. 1111-16 *(L. n° 2006-1640 du 21 déc. 2006, art. 88 ; L. n° 2009-879 du 21 juill. 2009, art. 50)* Le médecin coordonnateur *(L. n° 2015-1776 du 28 déc. 2015, art. 58)* « mentionné au V » de l'article L. 313-12 du code de l'action sociale et des familles a accès au dossier *(L. n° 2016-41 du 26 janv. 2016, art. 96)* « médical partagé » de la personne hébergée dans l'établissement sous réserve de l'accord de celle-ci *(Ord.*

nº 2020-232 du 11 mars 2020, art. 8) « ou, si la personne hébergée est un majeur faisant l'objet d'une mesure de protection juridique avec représentation relative à la personne et n'est pas apte à exprimer sa volonté, de la personne chargée de cette mesure, qui tient compte de l'avis de la personne protégée ».

(L. nº 2016-41 du 26 janv. 2016, art. 96) « Le médecin traitant mentionné à l'article L. 162-5-3 du code de la sécurité sociale dispose d'un droit d'accès au dossier médical partagé lui permettant d'accéder, par dérogation au dernier alinéa de l'article L. 1111-15 du présent code, à l'ensemble des informations contenues dans ce dossier. »

Art. L. 1111-17 *(L. nº 2007-127 du 30 janv. 2007 ; L. nº 2009-879 du 21 juill. 2009, art. 50)* I. — Les professionnels de santé accèdent au dossier *(L. nº 2016-41 du 26 janv. 2016, art. 96)* « médical partagé » d'une personne hors d'état d'exprimer sa volonté, en présence d'une situation comportant un risque immédiat pour sa santé, sauf si cette personne avait auparavant manifesté son opposition expresse à ce que son dossier soit consulté ou alimenté dans une telle situation.

Le médecin régulateur du centre de réception et de régulation des appels d'aide médicale urgente mentionné à l'article *(Ord. nº 2010-177 du 23 févr. 2010, art. 1er)* « L. 6311-2 » qui reçoit un appel concernant une personne accède, sauf si cette personne avait auparavant manifesté son opposition expresse à ce que son dossier soit consulté dans une telle situation, au dossier *(L. nº 2016-41 du 26 janv. 2016, art. 96)* « médical partagé » de celle-ci.

II. — Le professionnel de santé recueille, après avoir informé la personne concernée, son consentement pour qu'un autre professionnel de santé à qui il serait nécessaire de confier une partie de la prestation accède à son dossier *(L. nº 2016-41 du 26 janv. 2016, art. 96)* « médical partagé » et l'alimente.

(L. nº 2020-1525 du 7 déc. 2020, art. 98) « III. — Tout professionnel participant à la prise en charge d'une personne en application des articles L. 1110-4 et L. 1110-12 peut accéder, sous réserve du consentement de la personne préalablement informée, au dossier médical partagé de celle-ci et l'alimenter. L'alimentation ultérieure de son dossier médical partagé par ce même professionnel est soumise à une simple information de la personne prise en charge. »

(L. nº 2021-1018 du 2 août 2021, art. 15 et 40, en vigueur le 31 mars 2022) « IV. — Le médecin du travail chargé du suivi de l'état de santé d'une personne peut accéder à son dossier médical partagé et l'alimenter, sous réserve de son consentement exprès et de son information préalable quant aux possibilités de restreindre l'accès au contenu de son dossier. »

(L. nº 2021-1520 du 25 nov. 2021, art. 5) « V. — Le médecin de sapeurs-pompiers chargé du suivi de l'état de santé d'une personne peut accéder à son dossier médical partagé et l'alimenter, sous réserve du consentement exprès de ladite personne et de son information préalable quant aux possibilités de restreindre l'accès au contenu de son dossier.

« En cas d'impossibilité d'expression du consentement, le médecin de sapeurs-pompiers chargé du suivi de l'état de santé d'une personne peut accéder au dossier médical partagé de la personne et l'alimenter, sous réserve du consentement exprès d'un tiers de confiance défini à l'article L. 1111-6 et de son information préalable quant aux possibilités de restreindre l'accès au contenu du dossier.

« En l'absence de tiers de confiance et dans le cas où le pronostic vital est engagé, le médecin de sapeurs-pompiers chargé du suivi de l'état de santé d'une personne peut accéder au dossier médical partagé et l'alimenter sans autorisation préalable. »

Art. L. 1111-18 *(L. nº 2004-810 du 13 août 2004, art. 3 ; L. nº 2006-1640 du 21 déc. 2006, art. 88 ; L. nº 2009-879 du 21 juill. 2009, art. 50)* L'accès au dossier *(L. nº 2016-41 du 26 janv. 2016, art. 96)* « médical partagé » ne peut être exigé en dehors des cas prévus aux articles *(Ord. nº 2010-177 du 23 févr. 2010, art. 26)* « L. 1111-15 et L. 1111-16 », même avec l'accord de la personne concernée.

L'accès au dossier *(L. nº 2016-41 du 26 janv. 2016, art. 96)* « médical partagé » est notamment interdit lors de la conclusion d'un contrat relatif à une protection complémentaire en matière de couverture des frais de santé et à l'occasion de la conclusion de tout autre contrat exigeant l'évaluation de l'état de santé d'une des parties. *(L. nº 2020-1525 du 7 déc. 2020, art. 98)* « Sans préjudice des II et III de l'article L. 1111-13-1, » l'accès à ce dossier ne peut également être exigé ni préalablement à la conclusion d'un contrat, ni à aucun moment ou à aucune occasion de son application.

(L. nº 2020-1525 du 7 déc. 2020, art. 98) « Les médecins de la protection maternelle et infantile ont accès au dossier médical partagé pour le consulter et pour y déposer des documents. »

(Abrogé par L. nº 2021-1018 du 2 août 2021, art. 15 et 40, à compter du 31 mars 2022) (L. nº 2019-774 du 24 juill. 2019, art. 51) ***« Dans le cadre de la médecine du travail, le dossier médical partagé est accessible uniquement pour y déposer des documents. »***

Tout manquement aux présentes dispositions donne lieu à l'application des peines prévues à l'article 226-13 du code pénal.

(L. nº 2007-1786 du 19 déc. 2007, art. 55) « Le dossier *(L. nº 2016-41 du 26 janv. 2016, art. 96)* « médical partagé » est conservé pendant une durée de dix années à compter de sa clôture.

« En cas de décès du titulaire, les *(L. nº 2016-41 du 26 janv. 2016, art. 189)* « ayants droit, le concubin ou le partenaire lié par un pacte civil de solidarité peuvent solliciter l'accès au dossier conformément au V de l'article L. 1110-4. » L'accès à ce dossier peut également intervenir dans le cadre d'une expertise médicale diligentée aux fins d'administration de la preuve. »

Art. L. 1111-19 *(L. nº 2016-41 du 26 janv. 2016, art. 96-I-9º)* Le titulaire accède directement, par voie électronique, au contenu de son dossier.

Il peut également accéder à la liste des professionnels qui ont accès à son dossier médical partagé. Il peut, à tout moment, la modifier.

Il peut, à tout moment, prendre connaissance des traces d'accès à son dossier.

Art. L. 1111-20 *Abrogé par L. nº 2016-41 du 26 janv. 2016, art. 96.*

Art. L. 1111-21 *(L. nº 2016-41 du 26 janv. 2016, art. 96)* Un décret en Conseil d'État, pris après avis de la Commission nationale de l'informatique et des libertés et des conseils nationaux des ordres des professions de santé, fixe les conditions d'application des articles de la présente section relatifs au dossier médical partagé.

Il précise les conditions de création et de fermeture du dossier médical partagé prévu au premier alinéa de l'article L. 1111-14, les conditions de *(L. nº 2019-774 du 24 juill. 2019, art. 50, mod. par L. nº 2020-1525 du 7 déc. 2020, art. 98)* « mise en œuvre de l'information des titulaires sur l'ouverture de leur dossier ainsi que sur les modalités d'exercice de leur droit d'opposition à cette ouverture et de leur droit de clôturer à tout moment leur dossier », la nature et le contenu des informations contenues dans le dossier, les modalités d'exercice des droits des titulaires sur les informations figurant dans leur dossier prévues aux I *(L. nº 2021-1018 du 2 août 2021, art. 15 et 40, en vigueur le 31 mars 2022)* « , II et IV » de l'article L. 1111-17 ainsi qu'à l'article L. 1111-19, les conditions dans lesquelles certaines informations peuvent être rendues inaccessibles par le titulaire du dossier médical partagé en application du dernier alinéa de l'article L. 1111-15, les conditions d'utilisation par les professionnels de santé et les conditions particulières d'accès au dossier médical partagé prévu aux I *(L. nº 2021-1018 du 2 août 2021, art. 15 et 40, en vigueur le 31 mars 2022)* « , II et IV » de l'article L. 1111-17.

Art. L. 1111-22 *(L. nº 2019-774 du 24 juill. 2019, art. 52)* La collecte, l'échange ou le partage des données de santé à caractère personnel nécessaires à la prise en charge du patient à l'occasion de soins délivrés lors de sa présence sur le territoire d'un autre État membre de l'Union européenne peuvent être réalisés au moyen du dossier médical partagé rendu accessible aux professionnels intervenant dans le cadre de ces soins, dans des conditions définies par décret. Ce décret détermine également les modalités d'échange de données de santé à caractère personnel nécessaires à la prise en charge transfrontalière ainsi que les exigences d'identification et d'authentification des professionnels habilités et de consentement du patient. Un arrêté du ministre chargé de la santé établit la liste des États remplissant les conditions prévues par ce décret.

Art. L. 1111-23 *(L. nº 2007-127 du 30 janv. 2007 ; L. nº 2009-879 du 21 juill. 2009, art. 50)* **Afin de favoriser la coordination, la qualité, la continuité des soins et la sécurité de la dispensation des médicaments, produits et objets définis à l'article L. 4211-1** *(L. nº 2019-774 du 24 juill. 2019, art. 46)* **« et des dispositifs médicaux implantables »** *(Abrogé par Ord. nº 2010-177 du 23 févr. 2010, art. 26)* ***« du code de la santé publique »*****, il est** *(L. nº 2020-1525 du 7 déc. 2020, art. 91)* **« ouvert automatiquement », pour chaque bénéficiaire de l'assurance maladie,** *(Abrogé par L. nº 2020-1525 du 7 déc. 2020, art. 91)* ***« avec son consentement, »*** **un dossier pharmaceutique** *(Abrogé par L. nº 2007-1786 du 19 déc. 2007, art. 56)* ***« dont les informations alimentent le dossier médical personnel mentionné à l'article L. 161-36-1*** *[L. 1111-14 CSP]* ***du présent code, dans des conditions précisées par le décret prévu à l'article L. 161-36-4*** *[L. 1111-21 CSP]* ***»*** *(L. nº 2020-1525 du 7 déc. 2020, art. 91)* **« , sauf opposition du bénéficiaire ou de son représentant légal. Le bénéficiaire ou son représentant légal est informé de l'ouverture de ce dossier, des conditions de son fonctionnement et des modalités de sa clôture. Le bénéficiaire concerné ou son représentant légal est également informé des modalités d'exercice de son droit d'opposition préalablement à l'ouverture du dossier pharmaceutique. »**

Sauf opposition du patient quant à l'accès du pharmacien à son dossier pharmaceutique et à l'alimentation de celui-ci, tout pharmacien d'officine est tenu d'alimenter le dossier pharmaceutique à l'occasion de la dispensation. *(L. nº 2011-2012 du 29 déc. 2011, art. 23)* **« Dans les mêmes conditions, les pharmaciens exerçant dans une pharmacie à usage intérieur** *(L. nº 2020-1525 du 7 déc. 2020, art. 92)* **« consultent et alimentent » ce dossier** *(L. nº 2020-1525 du 7 déc. 2020, art. 92)* **« lorsque les systèmes d'information de santé le permettent ». »** *(L. nº 2007-1786 du 19 déc. 2007, art. 56)* **« Les informations de ce dossier utiles à la coordination des soins sont reportées dans le dossier** *(L. nº 2016-41 du 26 janv. 2016, art. 96)* **« médical partagé » dans les conditions prévues à l'article »** *(Ord. nº 2010-177 du 23 févr. 2010, art. 26)* **« L. 1111-15 ».**

(L. nº 2016-41 du 26 janv. 2016, art. 97) **« Sauf opposition du patient dûment informé, le médecin qui le prend en charge au sein d'un établissement de santé** *(Ord. nº 2018-20 du 17 janv. 2018, art. 2)* **« , d'un hôpital des armées ou de l'Institution nationale des invalides, »** *(L. nº 2019-774 du 24 juill. 2019, art. 47)* **« ou le biologiste médical peuvent » consulter son dossier pharmaceutique dans les conditions mentionnées au deuxième alinéa. »**

La mise en œuvre du dossier pharmaceutique est assurée par le Conseil national de l'ordre des pharmaciens mentionné à l'article L. 4231-2 *(Abrogé par Ord. nº 2010-177 du 23 févr. 2010, art. 26)* ***« du code de la santé publique »*****.**

(L. nº 2007-1786 du 19 déc. 2007, art. 56) **« Un décret en Conseil d'État, pris après avis de la Commission nationale de l'informatique et des libertés et du Conseil national de l'ordre des pharmaciens, fixe les conditions d'application du présent article. »**

Les dispositions de l'art. 91 de la L. nº 2020-1525 du 7 déc. 2020 entrent en vigueur à une date fixée par voie réglementaire, et au plus tard le 1er janv. 2022 (L. préc., art. 91-II).

....

SECTION 4 *Conditions de reconnaissance de la force probante des documents comportant des données de santé à caractère personnel créés ou reproduits sous forme numérique et de destruction des documents conservés sous une autre forme que numérique*

(Ord. nº 2017-29 du 12 janv. 2017)

Art. L. 1111-25 **La présente section s'applique aux documents comportant des données de santé à caractère personnel produits, reçus ou conservés, à l'occasion d'activités de prévention, de diagnostic, de soins, de compensation du handicap, de prévention de perte d'autonomie, ou de suivi social et médico-social réalisées dans les conditions de l'article L. 1110-4, par :**

1º Un professionnel de santé, un établissement ou service de santé ;

2º Un professionnel ou organisme concourant à la prévention ou aux soins dont les conditions d'exercice ou les activités sont régies par le présent code ;

3º Le service de santé des armées ;

4° Un professionnel du secteur médico-social ou social ou un établissement ou service social et médico-social mentionné au I de l'article L. 312-1 du code de l'action sociale et des familles.

Art. L. 1111-26 La copie numérique d'un document mentionné à l'article L. 1111-25, remplissant les conditions de fiabilité prévues par le deuxième alinéa de l'article 1379 du code civil, a la même force probante que le document original sur support papier.

Lorsque une *[Lorsqu'une]* copie numérique fiable a été réalisée, le document original peut être détruit avant la fin de la durée légale de conservation ou, à défaut, de celle prévue au 5° de l'article *(Ord. n° 2018-1125 du 12 déc. 2018, art. 21 et 2, en vigueur le 1er juin 2019)* « 4 » de la loi n° 78-17 du 6 janvier 1978 relative à l'informatique, aux fichiers et aux libertés.

Si ce document original relève du champ des archives publiques au sens de l'article L. 211-4 du code du patrimoine, l'autorisation de destruction est soumise au visa de l'administration des archives, conformément aux dispositions de l'article L. 212-3 du code du patrimoine.

Art. L. 1111-27 Un document mentionné à l'article L. 1111-25 du présent code créé sous forme numérique a la même force probante qu'un document sur support papier lorsqu'il a été établi et conservé dans les conditions prévues à l'article 1366 du code civil.

Art. L. 1111-28 La signature apposée sur un document mentionné à l'article L. 1111-25 signifie, selon le cas, que :

1° La personne prise en charge a pris acte du contenu du document et, le cas échéant, y consent ;

2° Le professionnel mentionné à l'article L. 1111-25 valide le contenu du document.

Lorsque le document sur lequel la signature est apposée est créé sur un support numérique, le procédé de signature respecte les conditions du second alinéa de l'article 1367 du code civil.

Art. L. 1111-29 A la demande des personnes directement intéressées par ces documents, les professionnels, services, établissements et organismes mentionnés à l'article L. 1111-25 peuvent mettre en forme un document comportant des données de santé à caractère personnel à partir d'un ou *[de]* plusieurs documents numériques existants sans en modifier le sens et le contenu, et dans le respect du secret médical et de la confidentialité des données collectées et traitées.

Le document ainsi créé est présumé fiable jusqu'à preuve du contraire lorsqu'a été utilisé un procédé de production permettant d'insérer les métadonnées nécessaires à la garantie de l'identification de l'émetteur et de l'intégrité des données ainsi matérialisées. Le document créé peut être matérialisé sur support papier.

Lorsque le document ainsi créé fait l'objet d'une obligation légale de signature, celle-ci est réputée satisfaite si le document respecte les conditions du précédent alinéa et s'il est issu d'un ou *[de]* plusieurs documents signés de façon électronique conformément aux dispositions du dernier alinéa de l'article L. 1111-28.

Art. L. 1111-30 La description des modalités de mise en œuvre des dispositions des articles L. 1111-26 à L. 1111-29 ainsi que la documentation afférente sont rendues accessibles aux personnes prises en charge et aux professionnels mentionnés à l'article L. 1111-25. Cette description et cette documentation sont conservées aussi longtemps que les documents qu'elles concernent.

Art. L. 1111-31 Les conditions d'application de la présente section, notamment pour déterminer le procédé de signature adapté à la nature du document, sont précisées par les référentiels définis à l'article *(Ord. n° 2021-581 du 12 mai 2021, art. 1er)* « L. 1470-5 ».

CHAPITRE II *PERSONNES ACCUEILLIES DANS LES ÉTABLISSEMENTS DE SANTÉ*

Art. L. 1112-1 *(L. n° 2016-41 du 26 janv. 2016, art. 95)* « I. — » *(L. n° 2002-303 du 4 mars 2002, art. 14)* « Les établissements de santé, publics ou privés, sont tenus de communiquer aux personnes recevant ou ayant reçu des soins, sur leur demande, les informations médicales définies à l'article L. 1111-7. *(Abrogé par L. n° 2016-41 du 26 janv. 2016, art. 95)* ***« Les praticiens qui ont prescrit l'hospitalisation ont accès, sur leur demande, à ces informations. »*** Cette communication est effectuée, au choix de la personne concernée, directement ou par l'intermédiaire d'un médecin qu'elle désigne.

« Les établissements de santé proposent un accompagnement médical aux personnes qui le souhaitent lorsqu'elles demandent l'accès aux informations les concernant.

« Le refus de cet accompagnement ne fait pas obstacle à la consultation de ces informations. »

Dans le respect des règles déontologiques qui leur sont applicables, les praticiens des établissements assurent l'information des personnes soignées. Les personnels paramédicaux participent à cette information dans leur domaine de compétence et dans le respect de leurs propres règles professionnelles.

(L. n° 2016-41 du 26 janv. 2016, art. 95) « II. — Le praticien qui adresse un patient à un établissement de santé accompagne sa demande d'une lettre de liaison synthétisant les informations nécessaires à la prise en charge du patient.

« Le praticien qui a adressé le patient à l'établissement de santé en vue de son hospitalisation et le médecin traitant ont accès, sur leur demande, aux informations mentionnées au premier alinéa du I.

« Le praticien qui a adressé le patient à l'établissement de santé en vue de son hospitalisation et le médecin traitant sont destinataires, à la sortie du patient, d'une lettre de liaison comportant les éléments utiles à la continuité des soins, rédigée par le médecin *(L. n° 2019-774 du 24 juill. 2019, art. 60)* « ou, le cas échéant, par la sage-femme » de l'établissement en charge du patient, y compris lorsque le patient est pris en charge en l'absence de la lettre de liaison mentionnée au premier alinéa du présent II.

« La lettre de liaison est, dans le respect des exigences prévues *(Ord. n° 2020-232 du 11 mars 2020, art. 9)* « au quatrième alinéa du I, au II et au III » de l'article L. 1111-2, remise, au moment de sa sortie, au patient ou, avec son accord et dans les conditions prévues à l'article L. 1111-6, à la personne de confiance.

(L. n° 2020-1525 du 7 déc. 2020, art. 98) « Lorsque les lettres de liaison sont dématérialisées, elles doivent être déposées dans le dossier médical partagé du patient et envoyées par messagerie sécurisée au praticien qui a adressé le patient à l'établissement de santé en vue de son hospitalisation ainsi qu'au médecin traitant et au patient. »

« III. — » Les établissements sont tenus de protéger la confidentialité des informations qu'ils détiennent sur les personnes qu'ils accueillent.

Les médecins membres de l'inspection générale des affaires sociales, les médecins inspecteurs de santé publique *(Ord. n° 2010-177 du 23 févr. 2010, art. 19)* « , les inspecteurs de l'agence régionale de santé ayant la qualité de médecin » et les médecins conseils des organismes d'assurance maladie ont accès, dans le respect des règles de déontologie médicale, à ces informations lorsqu'elles sont nécessaires à l'exercice de leurs missions.

Les modalités d'application du présent article *(L. n° 2002-303 du 4 mars 2002, art. 14)* « , notamment en ce qui concerne la procédure d'accès aux informations médicales définies à l'article L. 1111-7, » sont fixées par voie réglementaire, après avis du Conseil national de l'ordre des médecins.

....

CHAPITRE V *DISPOSITIONS PÉNALES*

(L. n° 2002-303 du 4 mars 2002, art. 12)

Art. L. 1115-1 La prestation d'hébergement de données de santé à caractère personnel recueillies *(Ord. n° 2017-31 du 12 janv. 2017, art. 5-2°)* « auprès de personnes physiques ou morales à l'origine de la production ou du recueil de ces données » ou directement auprès des personnes qu'elles concernent sans être titulaire de l'agrément *(Ord. nº 2017-27 du 12 janv. 2017, art. 1er-II, mod. par Décr. nº 2018-137 du 26 févr. 2018, art. 3)* « ou du certificat de conformité » prévu par l'article L. 1111-8 ou de traitement de ces données sans respecter les conditions de l'agrément obtenu est puni de trois ans d'emprisonnement et de 45 000 € d'amende.

Art. L. 1115-2 *(L. nº 2009-526 du 12 mai 2009, art. 125-XXI-1º)* Les personnes morales déclarées responsables pénalement, dans les conditions prévues par l'article 121-2 du code pénal, des infractions définies à l'article L. 1115-1 encourent, outre l'amende suivant les modalités prévues par l'article 131-38 du code pénal, les peines prévues par les 2°, 3°, 4°, 5° et 9° de l'article 131-39 du même code. L'interdiction prononcée à ce titre porte sur l'activité dans l'exercice ou à l'occasion de laquelle l'infraction a été commise.

TITRE II RECHERCHES IMPLIQUANT LA PERSONNE HUMAINE *(L. nº 2012-300 du 5 mars 2012, art. 1er-I-1º).*

CHAPITRE I *PRINCIPES GÉNÉRAUX RELATIFS AUX RECHERCHES IMPLIQUANT LA PERSONNE HUMAINE* *(Ord. nº 2016-800 du 16 juin 2016, art. 1er-1º et 8-I).*

Art. L. 1121-1 *(L. nº 2004-806 du 9 août 2004, art. 88-II)* Les recherches organisées et pratiquées sur l'être humain en vue du développement des connaissances biologiques ou médicales sont autorisées dans les conditions prévues au présent livre et sont désignées ci-après par les termes "recherche impliquant la personne humaine".

(L. nº 2012-300 du 5 mars 2012, art. 1er-I-2º) « Il existe trois catégories de recherches impliquant la personne humaine :

« 1° Les recherches interventionnelles qui comportent une intervention sur la personne non justifiée par sa prise en charge habituelle ;

« 2° Les recherches interventionnelles qui *(Abrogé par Ord. nº 2016-800 du 16 juin 2016, art. 1er-2º-a)* « *ne portent pas sur des médicaments et* » ne comportent que des risques et des contraintes minimes, dont la liste est fixée par arrêté du ministre chargé de la santé, après avis du directeur général de l'Agence nationale de sécurité du médicament et des produits de santé ;

« 3° Les recherches non interventionnelles *(Ord. nº 2016-800 du 16 juin 2016, art. 1er-2º-b)* « qui ne comportent aucun risque ni contrainte » dans lesquelles tous les actes sont pratiqués et les produits utilisés de manière habituelle *(Abrogé par Ord. nº 2016-800 du 16 juin 2016, art. 1er-2º-b)* « *, sans procédure supplémentaire ou inhabituelle de diagnostic, de traitement ou de surveillance* ».

« La personne physique ou la personne morale qui est responsable d'une recherche impliquant la personne humaine, en assure la gestion et vérifie que son financement est prévu, est dénommée le promoteur. » Celui-ci ou son représentant légal doit être établi dans *(Ord. nº 2010-177 du 23 févr. 2010, art. 26-10º)* « l'Union européenne ». Lorsque plusieurs personnes prennent l'initiative d'une même recherche impliquant la personne humaine, elles désignent une personne physique ou morale qui aura la qualité de promoteur et assumera les obligations correspondantes en application du présent livre.

La ou les personnes physiques qui dirigent et surveillent la réalisation de la recherche sur un lieu sont dénommées investigateurs.

Lorsque le promoteur d'une recherche impliquant la personne humaine confie sa réalisation à plusieurs investigateurs *(Abrogé par L. nº 2012-300 du 5 mars 2012, art. 1er-I-2º)* « *, sur un même lieu ou* » sur plusieurs lieux en France, le promoteur désigne parmi les investigateurs un coordonnateur.

(L. nº 2012-300 du 5 mars 2012, art. 1er-I-2º) « Si, sur un lieu, la recherche est réalisée par une équipe, l'investigateur est le responsable de l'équipe et est dénommé investigateur principal. »

(Ord. nº 2022-582 du 20 avr. 2022, art. 2) « Les dispositions du présent titre, à l'exception de celles mentionnées *(Ord. nº 2022-1086 du 29 juill. 2022, art. 1er)* « aux chapitres IV, V et VI », ne sont pas applicables aux :

« *a)* Essais cliniques de médicaments régis par les dispositions du règlement (UE) n° 536/2014 du Parlement européen et du Conseil du 16 avril 2014 ;

« *b)* Investigations cliniques de dispositifs mentionnés à l'article premier du règlement (UE) 2017/745 du Parlement européen et du Conseil du 5 avril 2017 régis par les dispositions de ce règlement » ;

(Ord. n° 2022-1086 du 29 juill. 2022, art. 1er) « *c)* Études des performances de dispositifs médicaux de diagnostic *in vitro* mentionnés à l'article premier du règlement (UE) 2017/746 du Parlement européen et du Conseil du 5 avril 2017 régies par les dispositions de ce règlement. Par dérogation à l'alinéa précédent, relèvent des chapitres I à III *bis*, à l'exception des dispositions de l'article L. 1123-10, et du chapitre VIII du présent titre les recherches impliquant la personne humaine portant sur des dispositifs mentionnés à l'article premier du règlement (UE) précité, qui ne sont pas régies par ce règlement et répondent à au moins une des conditions suivantes :

« — étude conduite sur un dispositif portant le marquage CE, utilisé ou non dans sa destination, ou ne portant pas le marquage CE, dont les résultats ne peuvent pas influencer les décisions relatives à la prise en charge du participant ou ne sont pas utilisés pour orienter les soins, et ne comportant ni prélèvement chirurgical invasif réalisé aux seules fins de l'étude, ni aucune procédure invasive supplémentaire ou d'autres risques pour le participant à l'étude ;

« — étude conduite sur un dispositif portant le marquage CE et utilisé dans sa destination, dont les résultats peuvent influencer les décisions relatives à la prise en charge du participant ou être utilisés pour orienter les soins, et ne comportant pas de procédure additionnelle invasive ou lourde ;

« — étude évaluant des dispositifs mentionnés au paragraphe 5 de l'article 5 du règlement (UE) précité fabriqués et utilisés exclusivement dans les établissements de santé, au sens du même règlement, et qui satisfont à l'ensemble des conditions mentionnées aux points a à i de ce paragraphe 5.

« Dans le cadre de ces recherches, la notification des événements indésirables graves et des défectuosités de dispositifs mentionnés à l'article premier du règlement (UE) précité survenus s'effectue conformément à l'article 76 du même règlement. »

Art. L. 1121-2 Aucune recherche impliquant la personne humaine ne peut être effectuée *(Abrogé par L. n° 2012-300 du 5 mars 2012, art. 1er-III-1°)* « ***sur l'être humain*** » :

— si elle ne se fonde pas sur le dernier état des connaissances scientifiques et sur une expérimentation préclinique suffisante ;

— si le risque prévisible encouru par les personnes qui se prêtent à la recherche est hors de proportion avec le bénéfice escompté pour ces personnes ou l'intérêt de cette recherche ;

— si elle ne vise pas à étendre la connaissance scientifique de l'être humain et les moyens susceptibles d'améliorer sa condition ; — *[Anc. art. L. 209-2.]*

(L. n° 2004-806 du 9 août 2004, art. 88-III) « — si la recherche impliquant la personne humaine n'a pas été conçue de telle façon que soient réduits au minimum la douleur, les désagréments, la peur et tout autre inconvénient prévisible lié à la maladie ou à la recherche, en tenant compte particulièrement du degré de maturité pour les mineurs et de la capacité de compréhension pour les majeurs hors d'état d'exprimer leur consentement.

« L'intérêt des personnes qui se prêtent à une recherche impliquant la personne humaine prime toujours les seuls intérêts de la science et de la société.

« La recherche impliquant la personne humaine ne peut débuter que si l'ensemble de ces conditions sont remplies. Leur respect doit être constamment maintenu. »

Art. L. 1121-3 Les recherches *(Abrogé par L. n° 2012-300 du 5 mars 2012, art. 1er-III-3°)* « ***biomédicales*** » ne peuvent être effectuées que *(L. n° 2004-806 du 9 août 2004, art. 88-IV)* « si elles sont réalisées dans les conditions suivantes : »

— sous la direction et sous la surveillance d'un médecin justifiant d'une expérience appropriée ;

— dans des conditions matérielles et techniques adaptées à *(L. n° 2012-300 du 5 mars 2012, art. 1er-III-2°)* « la recherche » et compatibles avec les impératifs de rigueur scientifique et de sécurité des personnes qui se prêtent à ces recherches.

Dans les sciences du comportement humain, une personne qualifiée, conjointement avec l'investigateur, peut exercer la direction de la recherche.

Les recherches *(Abrogé par L. nº 2012-300 du 5 mars 2012, art. 1er-III-3º)* ***«biomédicales»*** concernant le domaine de l'odontologie ne peuvent être effectuées que sous la direction et la surveillance d'un chirurgien-dentiste *(L. nº 2011-814 du 7 juill. 2011, art. 39-I-1º)* «ou d'un» médecin justifiant d'une expérience appropriée.

(L. nº 2011-814 du 7 juill. 2011, art. 39-I-2º) «Les recherches impliquant la personne humaine concernant le domaine de la maïeutique et conformes aux dispositions du dernier alinéa de l'article L. 1121-5 ne peuvent être effectuées que sous la direction et la surveillance d'un médecin ou d'une sage-femme.»

(L. nº 2016-41 du 26 janv. 2016, art. 157) «Les recherches mentionnées au 2º de l'article L. 1121-1 concernant le domaine des soins infirmiers ne peuvent être effectuées que sous la direction et la surveillance d'un infirmier ou d'un médecin.»

(L. nº 2012-300 du 5 mars 2012, art. 1er-I-3º) «Les recherches mentionnées au 2º de l'article L. 1121-1 et qui n'ont aucune influence sur la prise en charge médicale de la personne qui s'y prête, ainsi que les recherches non interventionnelles, peuvent être effectuées sous la direction et la surveillance d'une personne qualifiée. Le comité de protection des personnes s'assure de l'adéquation entre la qualification du ou des investigateurs et les caractéristiques de la recherche.»

(Abrogé par Ord. nº 2016-800 du 16 juin 2016, art. 1er-3º et 8-I) (Ord. nº 2005-1087 du 1er sept. 2005, art. 4-I) ***«Les recherches*** *(L. nº 2012-300 du 5 mars 2012, art. 1er-III-5º)* ***«mentionnées au 1º de l'article L. 1121-1» portant sur des médicaments sont réalisées dans le respect des règles de bonnes pratiques cliniques fixées par décision de*** *(L. nº 2011-2012 du 29 déc. 2011, art. 5-IV)* ***«l'Agence nationale de sécurité du médicament et des produits de santé»***. Pour les *(Abrogé par Ord. nº 2016-800 du 16 juin 2016, art. 1er-3º et 8-I)* ***«autres»*** recherches *(L. nº 2012-300 du 5 mars 2012, art. 1er-I-3º)* «mentionnées au 1º de l'article L. 1121-1», des recommandations de bonnes pratiques sont fixées par décision de *(L. nº 2011-2012 du 29 déc. 2011, art. 5-IV)* «l'Agence nationale de sécurité du médicament et des produits de santé». *(L. nº 2012-300 du 5 mars 2012, art. 1er-I-3º)* «Pour les recherches mentionnées au 2º du même article L. 1121-1 et les recherches non interventionnelles, des recommandations de bonnes pratiques sont fixées par voie réglementaire.»

(L. nº 2004-806 du 9 août 2004, art. 88-IV) «Les personnes chargées du contrôle de qualité d'une recherche *(L. nº 2012-300 du 5 mars 2012, art. 1er-I-3º)* «impliquant la personne humaine» et dûment mandatées à cet effet par le promoteur ont accès, sous réserve de l'*(L. nº 2012-300 du 5 mars 2012, art. 1er-I-3º)* «absence d'opposition des personnes concernées dûment informées», aux données individuelles strictement nécessaires à ce contrôle; elles sont soumises au secret professionnel dans les conditions définies par les articles 226-13 et 226-14 du code pénal.»

....

Art. L. 1121-15 *(Ord. nº 2016-800 du 16 juin 2016, art. 1er-8º et 8-I)* Les recherches impliquant la personne humaine et leurs résultats *(Ord. nº 2018-20 du 17 janv. 2018, art. 3)* «, à l'exception de ceux relevant du secret de la défense nationale,» sont inscrits dans un répertoire d'accès public selon des règles déterminées par décret.

Art. L. 1121-16 *(L. nº 2004-806 du 9 août 2004, art. 88-XVI)* En vue de l'application des dispositions du premier alinéa de l'article L. 1121-11 et de l'article L. 1121-12 et pour les recherches *(L. nº 2012-300 du 5 mars 2012, art. 1er-III-5º)* «mentionnées au 1º de l'article L. 1121-1» portant sur les produits mentionnés à l'article L. 5311-1, un fichier national recense les personnes qui ne présentent aucune affection et se prêtent volontairement à ces recherches ainsi que les personnes malades lorsque l'objet de la recherche est sans rapport avec leur état pathologique.

Toutefois, le comité de protection des personnes peut décider dans d'autres cas, compte tenu des risques et des contraintes que comporte la recherche impliquant la personne humaine, que les personnes qui y participent doivent être également inscrites dans ce fichier.

....

CHAPITRE II *INFORMATION DE LA PERSONNE QUI SE PRÊTE À UNE RECHERCHE IMPLIQUANT LA PERSONNE HUMAINE ET RECUEIL DE SON CONSENTEMENT*

(L. nº 2012-300 du 5 mars 2012, art. 1er-I-14º).

Art. L. 1122-1 *(L. nº 2004-806 du 9 août 2004, art. 89 ; L. nº 2012-300 du 5 mars 2012, art. 1er)* « Préalablement à la réalisation d'une recherche impliquant la personne humaine, une information est délivrée à la personne qui y participe par l'investigateur ou par un médecin qui le représente. Lorsque l'investigateur est une personne qualifiée, cette information est délivrée par celle-ci ou par une autre personne qualifiée qui la représente. L'information porte notamment sur :

« 1º L'objectif, la méthodologie et la durée de la recherche ;

« 2º Les bénéfices attendus et, dans le cas de recherches mentionnées aux 1º ou 2º de l'article L. 1121-1, les contraintes et les risques prévisibles, y compris en cas d'arrêt de la recherche avant son terme ;

« 3º Dans le cas de recherches mentionnées aux 1º ou 2º de l'article L. 1121-1, les éventuelles alternatives médicales ;

« 4º Dans le cas de recherches mentionnées aux 1º ou 2º de l'article L. 1121-1, les modalités de prise en charge médicale prévues en fin de recherche, si une telle prise en charge est nécessaire, en cas d'arrêt prématuré de la recherche, et en cas d'exclusion de la recherche ;

« 5º L'avis du comité mentionné à l'article L. 1123-1 et l'autorisation de l'autorité compétente mentionnée à l'article L. 1123-12 ;

« 6º Le cas échéant, l'interdiction de participer simultanément à une autre recherche ou la période d'exclusion prévues par le protocole et son inscription dans le fichier national prévu à l'article L. 1121-16 ;

(L. nº 2016-41 du 26 janv. 2016, art. 155) « 6º *bis* Pour les recherches à finalité commerciale, les modalités de versement de contreparties en sus de la prise en charge des frais supplémentaires liés à la recherche, le cas échéant, dans les conditions prévues à l'article *(Ord. nº 2016-800 du 16 juin 2016, art. 2)* « L. 1121-16-1 » ; »

« 7º Le cas échéant, la nécessité d'un traitement des *(Ord. nº 2018-1125 du 12 déc. 2018, art. 21)* « données à caractère personnel » conformément aux dispositions de l'article *(Ord. nº 2018-1125 du 12 déc. 2018, art. 21)* « 69 » de la loi nº 78-17 du 6 janvier 1978 relative à l'informatique, aux fichiers et aux libertés.

« La personne dont la participation est sollicitée est informée de son droit d'avoir communication, au cours ou à l'issue de la recherche, des informations concernant sa santé, détenues par l'investigateur ou, le cas échéant, le médecin ou la personne qualifiée qui le représente.

« La personne dont la participation est sollicitée ou, le cas échéant, les personnes, organes ou autorités chargés de l'assister, de la représenter ou d'autoriser la recherche sont informés de son droit de refuser de participer à la recherche ou de retirer son consentement ou, le cas échéant, son autorisation à tout moment, sans encourir aucune responsabilité ni aucun préjudice de ce fait. »

(L. nº 2011-814 du 7 juill. 2011, art. 39 ; L. nº 2012-300 du 5 mars 2012, art. 1er) « Lorsque la recherche impliquant la personne humaine concerne le domaine de la maïeutique et répond aux conditions fixées au dernier alinéa de l'article L. 1121-5, l'investigateur peut confier à une sage-femme ou à un médecin le soin de communiquer à la personne qui se prête à cette recherche les informations susvisées et de recueillir son consentement.

« Lorsqu'une recherche non interventionnelle porte sur l'observance d'un traitement et que sa réalisation répond à une demande de l'Agence nationale de sécurité du médicament et des produits de santé, de la Haute Autorité de santé ou de l'Agence européenne des médicaments, l'objectif de la recherche, sa méthodologie et sa durée peuvent ne faire l'objet que d'une information préalable succincte dès lors que la recherche ne présente aucun risque sérieux prévisible. Le projet mentionné à l'article L. 1123-6 mentionne la nature des informations préalables transmises aux personnes se prêtant à la recherche.

« Lorsque la recherche impliquant la personne humaine concerne le domaine de l'odontologie, l'investigateur peut confier à un chirurgien-dentiste ou à un médecin le soin de communiquer à la personne qui se prête à cette recherche les informations susvisées et de recueillir son consentement. »

L'objectif d'une recherche en psychologie, ainsi que sa méthodologie et sa durée, peuvent ne faire l'objet que d'une information préalable succincte dès lors que la recherche *(Abrogé par L. nº 2012-300 du 5 mars 2012, art. 1er)* *« ne porte que sur des volontaires sains et »* ne présente aucun risque sérieux prévisible. Une information complète sur cette recherche est fournie à l'issue de celle-ci aux personnes s'y étant prêtées. Le projet mentionné *(L. nº 2004-806 du 9 août 2004, art. 89)* « à l'article L. 1123-6 » mentionne la nature des informations préalables transmises aux personnes se prêtant à la recherche.

A titre exceptionnel, lorsque dans l'intérêt d'une personne malade le diagnostic de sa maladie n'a pu lui être révélé, l'investigateur peut, dans le respect de sa confiance, réserver certaines informations liées à ce diagnostic. Dans ce cas, le protocole de la recherche doit mentionner cette éventualité.

Les informations communiquées sont résumées dans un document écrit remis à la personne dont le consentement est sollicité. *(L. nº 2004-806 du 9 août 2004, art. 89)* « A l'issue de la recherche, la personne qui s'y est prêtée a le droit d'être informée des résultats globaux de cette recherche, selon des modalités qui lui seront précisées dans le document d'information. »

Art. L. 1122-1-1 *(L. nº 2012-300 du 5 mars 2012, art. 1er-I-16º)* Aucune recherche mentionnée au 1º de l'article L. 1121-1 ne peut être pratiquée sur une personne sans son consentement libre et éclairé, recueilli par écrit, après que lui a été délivrée l'information prévue à l'article L. 1122-1. Lorsqu'il est impossible à la personne concernée d'exprimer son consentement par écrit, celui-ci peut être attesté par la personne de confiance prévue à l'article L. 1111-6, par un membre de la famille ou, à défaut, par un des proches de la personne concernée, à condition que cette personne de confiance, ce membre ou ce proche soit indépendant de l'investigateur et du promoteur.

Aucune recherche mentionnée au 2º de l'article L. 1121-1 ne peut être pratiquée sur une personne sans son consentement libre, éclairé et exprès.

Aucune recherche mentionnée au 3º du même article L. 1121-1 ne peut être pratiquée sur une personne lorsqu'elle s'y est opposée.

(Ord. nº 2016-800 du 16 juin 2016, art. 2-2º et 8-I) « Dans le cas où la personne se prêtant à une recherche a retiré son consentement, ce retrait n'a pas d'incidence sur les activités menées et sur l'utilisation des données obtenues sur la base du consentement éclairé exprimé avant que celui-ci n'ait été retiré. »

Art. L. 1122-1-2 *(Ord. nº 2016-800 du 16 juin 2016, art. 2-3º et 8-I)* Le promoteur peut demander à la personne se prêtant à une recherche au moment où celle-ci donne son consentement éclairé lorsqu'il est requis d'accepter que ses données soient utilisées lors de recherches ultérieures exclusivement à des fins scientifiques. La personne peut retirer son consentement à cette utilisation ultérieure ou exercer sa faculté d'opposition à tout moment.

Art. L. 1122-1-3 *(L. nº 2004-806 du 9 août 2004, art. 89-III)* En cas de recherches *(L. nº 2012-300 du 5 mars 2012, art. 1er-I-17º)* « impliquant la personne humaine » à mettre en œuvre dans des situations d'urgence qui ne permettent pas de recueillir le consentement préalable de la personne qui y sera soumise, *(L. nº 2012-300 du 5 mars 2012, art. 1er-I-17º)* « lorsqu'il est requis, » le protocole présenté à l'avis du comité mentionné à l'article L. 1123-1 peut prévoir que le consentement de cette personne n'est pas recherché et que seul est sollicité celui des membres de sa famille ou celui de la personne de confiance mentionnée à l'article L. 1111-6 dans les conditions prévues à l'article L. 1122-1-1, s'ils sont présents. *(L. nº 2012-300 du 5 mars 2012, art. 1er-I-17º)* « Le protocole peut prévoir une dérogation à cette obligation dans le cas d'une urgence vitale immédiate qui est appréciée par ce comité. L'intéressé ou, le cas échéant, les membres de la famille ou la personne de confiance mentionnée à l'article L. 1111-6 sont informés dès que possible et leur consentement, lorsqu'il est requis, leur est demandé pour la poursuite éventuelle de cette recherche. Ils peuvent également s'opposer à l'utilisation des données concernant la personne dans le cadre de cette recherche. »

Art. L. 1122-1-4 *(L. nº 2012-300 du 5 mars 2012, art. 1er-I-18º)* En cas de recherches impliquant la personne humaine mentionnées au 2º de l'article L. 1121-1 dont les exigences méthodologiques ne sont pas compatibles avec le recueil du consentement dans les conditions prévues au deuxième alinéa de l'article L. 1122-1-1, le protocole présenté à l'avis du comité de protection des personnes concerné peut prévoir que ce consentement n'est pas recherché et que l'information prévue à l'article L. 1122-1 est collective.

Aucune recherche mentionnée au premier alinéa ne peut être pratiquée sur une personne lorsqu'elle s'y est opposée.

Art. L. 1122-2 *(L. nº 2004-806 du 9 août 2004, art. 89)* I. — Les mineurs non émancipés, les majeurs protégés ou les majeurs hors d'état d'exprimer leur consentement et qui ne font pas l'objet d'une mesure de protection juridique reçoivent, lorsque leur participation à une recherche impliquant la personne humaine est envisagée, l'information prévue à l'article L. 1122-1 adaptée à leur capacité de compréhension, tant de la part de l'investigateur que des personnes, organes ou autorités chargés de les assister, de les représenter ou d'autoriser la recherche, eux-mêmes informés par l'investigateur.

Ils sont consultés dans la mesure où leur état le permet. Leur adhésion personnelle en vue de leur participation à la recherche impliquant la personne humaine est recherchée. En toute hypothèse, il ne peut être passé outre à leur refus ou à la révocation de leur acceptation.

II. — Lorsqu'une recherche impliquant la personne humaine est effectuée sur un mineur non émancipé, *(L. nº 2012-300 du 5 mars 2012, art. 1er)* « le consentement, lorsqu'il est requis, est donné » par les titulaires de l'exercice de l'autorité parentale. Toutefois, *(L. nº 2012-300 du 5 mars 2012, art. 1er)* « ce consentement peut être donné » par le seul titulaire de l'exercice de l'autorité parentale présent, sous réserve du respect des conditions suivantes :

(L. nº 2012-300 du 5 mars 2012, art. 1er) « — la recherche ne comporte que des risques et des contraintes minimes ;

« — le mineur ne se prête pas à la recherche à titre de volontaire sain ; »

— l'autre titulaire de l'exercice de l'autorité parentale ne peut donner son autorisation dans des délais compatibles avec les exigences méthodologiques propres à la réalisation de la recherche au regard de ses finalités.

(L. nº 2012-300 du 5 mars 2012, art. 1er) « Lorsqu'une personne mineure se prêtant à une recherche devient majeure dans le cours de sa participation, la confirmation de son consentement est requise après délivrance d'une information appropriée. »

Lorsqu'une recherche impliquant la personne humaine est effectuée sur une personne mineure *(Ord. nº 2020-232 du 11 mars 2020, art. 12)* « , le cas échéant » sous tutelle, l'autorisation est donnée par son représentant légal et, si le comité mentionné à l'article L. 1123-1 considère que la recherche comporte, par l'importance des contraintes ou par la spécificité des interventions auxquelles elle conduit, un risque sérieux d'atteinte à la vie privée ou à l'intégrité du corps humain, par le conseil de famille s'il a été institué, ou par le juge des tutelles.

(Ord. nº 2020-232 du 11 mars 2020, art. 12) « Lorsqu'à la date de la fin de la recherche, la personne mineure qui s'y est prêtée a acquis la capacité juridique, elle devient personnellement destinataire de toute information communiquée par l'investigateur ou le promoteur.

« III. — » Une personne faisant l'objet d'une mesure de sauvegarde de justice ne peut être sollicitée aux fins de participer à une recherche impliquant la personne humaine.

Lorsqu'une recherche impliquant la personne humaine est effectuée sur une personne majeure *(Ord. nº 2020-232 du 11 mars 2020, art. 12)* « en curatelle », le consentement est donné par l'intéressé assisté par son curateur. Toutefois, si la personne majeure *(Ord. nº 2020-232 du 11 mars 2020, art. 12)* « en curatelle » est sollicitée en vue de sa participation à une recherche dont le comité mentionné à l'article

L. 1123-1 considère qu'elle comporte, par l'importance des contraintes ou par la spécificité des interventions auxquelles elle conduit, un risque sérieux d'atteinte à la vie privée ou à l'intégrité du corps humain, le juge des tutelles est saisi aux fins de s'assurer de l'aptitude à consentir du majeur. En cas d'inaptitude, le juge prend la décision d'autoriser ou non la recherche impliquant la personne humaine.

(Ord. nº 2020-232 du 11 mars 2020, art. 12) « Lorsqu'une recherche impliquant la personne humaine est effectuée sur une personne majeure faisant l'objet d'un mandat de protection future, d'une habilitation familiale ou d'une mesure de tutelle, avec représentation relative à la personne, l'autorisation est donnée par la personne chargée de la représenter. Toutefois, si le comité mentionné à l'article L. 1123-1 considère que la recherche comporte, par l'importance des contraintes ou par la spécificité des interventions auxquelles elle conduit, un risque sérieux d'atteinte à la vie privée ou à l'intégrité du corps humain, l'autorisation est donnée par le conseil de famille s'il a été constitué ou par le juge des tutelles. »

Lorsqu'une recherche impliquant la personne humaine satisfaisant aux conditions édictées par l'article L. 1121-8 est envisagée sur une personne majeure hors d'état d'exprimer son consentement et ne faisant pas l'objet d'une mesure de protection juridique, l'autorisation est donnée par la personne de confiance prévue à l'article L. 1111-6, à défaut de celle-ci, par la famille, ou, à défaut, par une personne entretenant avec l'intéressé des liens étroits et stables. *(L. nº 2012-300 du 5 mars 2012, art. 1er)* « L'intéressé est informé dès que possible et son consentement lui est demandé pour la poursuite éventuelle de cette recherche s'il retrouve sa capacité à consentir. » Toutefois, si le comité mentionné à l'article L. 1123-1 considère que la recherche comporte, par l'importance des contraintes ou par la spécificité des interventions auxquelles elle conduit, un risque sérieux d'atteinte à la vie privée ou à l'intégrité du corps humain, l'autorisation est donnée par le juge des tutelles.

(Abrogé par Ord. nº 2020-232 du 11 mars 2020, art. 12) (L. nº 2012-300 du 5 mars 2012, art. 1er) « ***Lorsqu'à la date de la fin de la recherche la personne mineure qui s'y est prêtée a acquis la capacité juridique, elle devient personnellement destinataire de toute information communiquée par l'investigateur ou le promoteur.*** »

(Ord. nº 2020-232 du 11 mars 2020, art. 12) « IV. — Le consentement prévu au deuxième alinéa du III est donné selon les formes prévues à l'article L. 1122-1-1. Les autorisations prévues aux premier et sixième alinéas du II et aux troisième et quatrième alinéa*[s]* du III sont données par écrit. »

....

CHAPITRE III ***COMITÉS DE PROTECTION DES PERSONNES ET AUTORITÉ COMPÉTENTE*** *(L. nº 2004-806 du 9 août 2004, art. 90-I).*

Art. L. 1123-7 *(L. nº 2004-806 du 9 août 2004, art. 90 ; L. nº 2012-300 du 5 mars 2012, art. 3) (L. nº 2020-1525 du 7 déc. 2020, art. 31)* « I. — » Le comité rend son avis sur les conditions de validité de la recherche, notamment au regard de :

— la protection des personnes, notamment la protection des participants ;

— l'adéquation, l'exhaustivité et l'intelligibilité des informations écrites à fournir ainsi que la procédure à suivre pour obtenir le consentement éclairé, et la justification de la recherche sur des personnes incapables de donner leur consentement éclairé ou, le cas échéant, pour vérifier l'absence d'opposition ;

— la nécessité éventuelle d'un délai de réflexion ;

— la nécessité éventuelle de prévoir, dans le protocole, une interdiction de participer simultanément à une autre recherche ou une période d'exclusion ;

— la pertinence de la recherche, le caractère satisfaisant de l'évaluation des bénéfices et des risques attendus et le bien-fondé des conclusions *(Ord. nº 2016-800 du 16 juin 2016, art. 3 et 8)* « pour les recherches mentionnées au 1° de l'article L. 1121-1 et ne portant pas sur un produit mentionné à l'article L. 5311-1 et pour les recherches mentionnées aux 2° et 3° de l'article L. 1121-1 » ;

— l'adéquation entre les objectifs poursuivis et les moyens mis en œuvre ;

— la qualification du ou des investigateurs ;

— les montants et les modalités d'indemnisation des participants ;

— les modalités de recrutement des participants.

– la pertinence scientifique et éthique des projets de constitution de collections d'échantillons biologiques au cours de recherches impliquant la personne humaine ;

– la méthodologie de la recherche au regard des dispositions de la loi n° 78-17 du 6 janvier 1978 relative à l'informatique, aux fichiers et aux libertés, la nécessité du recours à la collecte et au traitement de données à caractère personnel et la pertinence de celles-ci par rapport à l'objectif de la recherche, préalablement à la saisine de la Commission nationale de l'informatique et des libertés. *(Ord. n° 2016-800 du 16 juin 2016, art. 3 et 8)* « La Commission nationale de l'informatique et des libertés peut, pour l'exercice de ses missions définies à l'article *(Ord. n° 2018-1125 du 12 déc. 2018, art. 21)* « 66 » de la loi n° 78-17 du 6 janvier 1978 modifiée, saisir pour avis le comité d'expertise pour les recherches, les études et l'évaluation dans le domaine de la santé.

« Pour les recherches impliquant la personne humaine incluant le traitement de données à caractère personnel défini *(L. n° 2018-493 du 20 juin 2018, art. 16)* « à l'article *(Ord. n° 2018-1125 du 12 déc. 2018, art. 21)* « 72 » » de la loi n° 78-17 du 6 janvier 1978 modifiée, le comité de protection des personnes peut, selon des modalités fixées par le décret prévu à l'article L. 1123-14, saisir le comité d'expertise pour les recherches, les études et les évaluations dans le domaine de la santé. »

(L. n° 2020-1525 du 7 déc. 2020, art. 31) « II. – S'agissant des recherches non interventionnelles ne portant pas sur un produit mentionné à l'article L. 5311-1, le dossier soumis au comité de protection des personnes comprend :

« 1° Un document attestant que la recherche est conçue et réalisée conformément aux dispositions législatives et réglementaires du présent titre, selon un modèle type fixé par arrêté du ministre chargé de la santé ;

« 2° Une déclaration attestant la conformité des traitements de données ayant pour finalité la réalisation de la recherche à une méthodologie de référence homologuée par la Commission nationale de l'informatique et des libertés en application de l'article 73 de la loi n° 78-17 du 6 janvier 1978 relative à l'informatique, aux fichiers et aux libertés ;

« 3° Un questionnaire d'autoévaluation défini par arrêté du ministre chargé de la santé.

« Le comité rend son avis au regard des éléments de ce dossier.

« III. – » Le protocole soumis par le promoteur d'une recherche mentionnée aux 1° ou 2° de l'article L. 1121-1 au comité de protection des personnes et, le cas échéant, à l'autorité compétente indique, de manière motivée, si la constitution d'un comité de surveillance indépendant est ou non prévue.

Le comité s'assure, avant de rendre son avis, que les conditions de l'article L. 1121-13 sont satisfaites. L'autorité compétente est informée des modifications apportées au protocole de recherche introduites à la demande du comité de protection des personnes.

Outre les missions qui leur sont confiées en matière de recherches impliquant la personne humaine, les comités sont également consultés *(Abrogé par Ord. n° 2016-800 du 16 juin 2016, art. 3 et 8)* ***« en cas d'utilisation d'éléments et de produits du corps humain à des fins scientifiques relevant d'un changement substantiel de finalité par rapport au consentement initialement donné, »*** dans les conditions prévues *(L. n° 2021-1017 du 2 août 2021, art. 24)* « aux articles L. 1211-2 et L. 1130-5 ».

Le comité se prononce par avis motivé dans un délai fixé par voie réglementaire.

En cas de faute du comité dans l'exercice de sa mission, la responsabilité de l'État est engagée.

Sur demande auprès du comité de protection des personnes concerné, l'Agence nationale de sécurité du médicament et des produits de santé a accès à toutes informations utiles relatives aux recherches mentionnées aux 2° et 3° de l'article L. 1121-1.

....

CHAPITRE IV *DISPOSITIONS PARTICULIÈRES APPLICABLES AUX ESSAIS CLINIQUES DE MÉDICAMENTS*

Art. L. 1124-1 I. – Les essais cliniques de médicaments sont régis par les dispositions du règlement (UE) n° 536/2014 du Parlement européen et du Conseil du 16 avril 2014.

L'autorité compétente pour effectuer l'évaluation de la partie I du rapport d'évaluation prévue à l'article 6 de ce règlement est l'Agence nationale de sécurité du médicament et des produits de santé.

L'évaluation de la partie II prévue à l'article 7 de ce règlement relève de la compétence et de la responsabilité des comités de protection des personnes mentionnés *(Ord. n° 2018-20 du 17 janv. 2018, art. 3)* « aux articles L. 1123-1 et L. 1123-16 ».

L'Agence nationale de sécurité du médicament et des produits de santé notifie au promoteur la décision unique relative à l'essai clinique mentionnée au paragraphe 1er de l'article 8 de ce règlement.

II. — En cas de refus d'autorisation d'un essai prévu au paragraphe 4 de l'article 8 du règlement précité, le promoteur peut saisir d'une demande de réexamen les autorités suivantes :

1° L'Agence nationale de sécurité du médicament et des produits de santé, lorsque cette demande porte sur des éléments relevant de la partie I prévue à l'article 6 du règlement mentionné ci-dessus ;

2° Le ministre chargé de la santé lorsque cette demande porte sur des éléments relevant de la partie II prévue à l'article 7 du règlement mentionné ci-dessus.

La demande de réexamen est présentée et instruite dans des délais et selon des modalités fixées par décret en Conseil d'État.

III. — La première administration d'un médicament à l'homme ne peut être effectuée que dans des lieux ayant été autorisés conformément au deuxième alinéa de l'article L. 1121-13.

Les essais cliniques de médicaments de thérapie innovante tels que définis à l'article 2 du règlement (CE) n° 1394/2007 du Parlement européen et du Conseil, du 13 novembre 2007, concernant les médicaments de thérapie innovante et modifiant la directive 2001/83/CE ainsi que le règlement (CE) n° 726/2004 et les essais cliniques de médicaments de thérapie innovante tels que définis au 17° de l'article L. 5121-1 ne peuvent être réalisés que dans des établissements de santé *(Ord. n° 2018-21 du 17 janv. 2018, art. 4)* « , à l'Établissement français du sang, » *(Ord. n° 2018-20 du 17 janv. 2018, art. 3)* « dans les hôpitaux des armées ou les autres éléments du service de santé des armées mentionnés à l'article L. 6147-7 ou à l'Institution nationale des invalides ».

IV. — Sont applicables aux essais cliniques mentionnés au I les dispositions du présent chapitre ainsi que les dispositions des articles L. 1121-10, L. 1121-11, L. 1121-13, L. 1121-14, L. 1121-16, L. 1121-16-1, L. 1123-10, *(Ord. n° 2022-1086 du 29 juill. 2022, art. 1er)* « L. 1128-1 à L. 1128-12 », L. 5121-1-1, L. 5125-1 et L. 5126-1. Ces essais sont interdits sur une personne qui n'est pas affiliée à un régime de sécurité sociale ou bénéficiaire d'un tel régime.

Leur sont également applicables les dispositions du 1° *(L. n° 2018-493 du 20 juin 2018, art. 16, en vigueur le 25 mai 2018)* « de l'article *(Ord. n° 2018-1125 du 12 déc. 2018, art. 21)* « 76 » » de la loi n° 78-17 du 6 janvier 1978 modifiée relative à l'informatique et aux libertés.

TITRE III EXAMEN DES CARACTÉRISTIQUES GÉNÉTIQUES, IDENTIFICATION PAR EMPREINTES GÉNÉTIQUES ET PROFESSION DE CONSEILLER EN GÉNÉTIQUE *(L. n° 2011-814 du 7 juill. 2011, art. 5-I)*.

CHAPITRE PRÉLIMINAIRE *PRINCIPES GÉNÉRAUX*

(L. n° 2021-1017 du 2 août 2021, art. 14)

Art. L. 1130-1 L'examen des caractéristiques génétiques constitutionnelles consiste à analyser les caractéristiques génétiques d'une personne héritées ou acquises à un stade précoce du développement prénatal.

Cet examen et l'identification d'une personne par empreintes génétiques sont soumis aux articles 16-10 à 16-13 du code civil, notamment aux modalités de consentement de cette personne à de tels examens ou identifications, au présent titre ainsi que, le cas échéant, aux dispositions du titre II du présent livre relatives aux recherches impliquant la personne humaine.

Art. L. 1130-2 L'examen des caractéristiques génétiques somatiques consiste à rechercher et à analyser les caractéristiques génétiques dont le caractère hérité ou transmissible est en première intention inconnu. Lorsque les résultats des examens des caractéristiques génétiques somatiques sont susceptibles de révéler des caractéristiques mentionnées à l'article L. 1130-1 ou rendent nécessaire la réalisation d'examens mentionnés au même article, la personne est invitée à se rendre à une consultation chez un médecin qualifié en génétique pour une prise en charge réalisée dans les conditions fixées au chapitre I du présent titre. La personne est informée de la possibilité d'une telle orientation avant la réalisation d'un examen destiné à analyser ses caractéristiques génétiques somatiques et susceptible de révéler des caractéristiques génétiques constitutionnelles.

Art. L. 1130-3 Par dérogation aux articles 16-10 et 16-11 du code civil, lorsque la personne est hors d'état d'exprimer sa volonté, l'examen ou l'identification peut être entrepris à des fins médicales dans l'intérêt de cette personne.

Préalablement à la réalisation de l'examen ou de l'identification, le médecin s'assure que la personne ne s'y est pas opposée antérieurement auprès de la personne de confiance mentionnée à l'article L. 1111-6 du présent code, de sa famille ou, à défaut, d'un proche ou, le cas échéant, auprès de la personne chargée d'une mesure de protection juridique avec représentation à la personne.

Art. L. 1130-4 I. – Par dérogation à l'article 16-10 du code civil, lorsque la personne est hors d'état d'exprimer sa volonté ou lorsqu'elle est décédée, l'examen peut être entrepris à des fins médicales dans l'intérêt des membres de sa famille potentiellement concernés dès lors qu'un médecin suspecte une anomalie génétique pouvant être responsable d'une affection grave justifiant de mesures de prévention, y compris de conseil génétique, ou de soins. Lorsque la personne est décédée, l'examen est réalisé à partir d'échantillons de cette personne déjà conservés ou prélevés dans le cadre d'une autopsie à des fins médicales.

II. – Dans les cas mentionnés au I, ce médecin s'assure de l'absence d'opposition de la personne dans les conditions prévues au second alinéa de l'article L. 1130-3.

En l'absence d'opposition de la personne, le médecin informe les membres de la famille potentiellement concernés dont il possède les coordonnées qu'il estime plausible l'existence d'une telle anomalie génétique.

Il leur précise qu'ils peuvent accepter ou refuser par écrit la réalisation de l'examen mentionné au I du présent article et qu'il suffit que l'un des membres ait donné son accord pour que cet examen soit réalisé.

III. – L'information sur la présence ou l'absence d'une anomalie génétique identifiée par l'examen prévu au I est accessible, à leur demande, à tous les membres de la famille potentiellement concernés, y compris ceux qui ont refusé que cet examen soit pratiqué, dès lors que le médecin les informe qu'il dispose de ce résultat.

Si l'anomalie génétique mentionnée au même I est confirmée, le médecin invite les personnes qui ont demandé à recevoir l'information mentionnée au premier alinéa du présent III à se rendre à une consultation chez un médecin qualifié en génétique, sans dévoiler à ces personnes l'anomalie génétique en cause ni les risques qui lui sont associés.

Les membres de la famille qui souhaitent bénéficier d'un examen de leurs caractéristiques génétiques peuvent y accéder dans les conditions prévues au chapitre I du présent titre, notamment à l'article L. 1131-1.

Art. L. 1130-5 I. – En application du III de l'article 16-10 du code civil, l'examen des caractéristiques génétiques d'une personne à des fins de recherche scientifique peut être réalisé à partir d'éléments du corps de cette personne prélevés à d'autres fins lorsque cette personne, dûment informée du programme de recherche, au sens de l'article L. 1243-3 du présent code, n'a pas exprimé son opposition.

L'opposition à l'examen prévu au premier alinéa du présent I peut être exprimée sans forme tant qu'il n'y a pas eu d'intervention sur l'élément concerné dans le cadre de la recherche.

II. — En cas de découverte de caractéristiques génétiques pouvant être responsables d'une affection justifiant des mesures de prévention ou de soins au bénéfice de la personne ou de membres de sa famille potentiellement concernés, la personne en est informée, sauf si elle s'y est préalablement opposée.

Si, en cours de recherche, de telles caractéristiques génétiques sont découvertes et, le cas échéant, confirmées par un laboratoire de biologie médicale autorisé en application de l'article L. 1131-2-1, le médecin détenteur de l'identité de la personne, contacté par le responsable du programme de recherche, porte alors à la connaissance de la personne, si elle ne s'y est pas opposée, l'existence d'une information médicale la concernant et l'invite à se rendre à une consultation chez un médecin qualifié en génétique pour une prise en charge réalisée dans les conditions fixées au chapitre I du présent titre, sans lui faire part ni des caractéristiques génétiques en cause ni des risques qui lui sont associés. La personne peut sans forme et à tout moment s'opposer à être informée de telles découvertes.

Le médecin consulté par la personne est informé par le responsable du programme de recherche des caractéristiques génétiques en cause.

III. — Lorsque la personne est un mineur, l'opposition est exprimée par les parents investis de l'exercice de l'autorité parentale ou, le cas échéant, par le tuteur.

Lorsque la personne fait l'objet d'une mesure de protection juridique avec représentation relative à la personne, elle exprime seule son opposition dans la mesure où son état le permet, le cas échéant assistée de la personne chargée de la mesure de protection.

Lorsque la personne ne peut être retrouvée ou qu'elle est décédée ou qu'elle est hors d'état d'exprimer sa volonté et qu'il est, par voie de conséquence, impossible de procéder à l'information prévue au premier alinéa du I, la recherche est soumise à l'avis d'un comité de protection des personnes saisi par le responsable du programme de recherche dans les conditions fixées au chapitre III du titre II du présent livre. Ce comité évalue les éléments justifiant de l'impossibilité de procéder à l'information de la personne et se prononce sur l'opportunité de l'examen de ses caractéristiques génétiques au regard de cette situation ainsi que de la pertinence éthique et scientifique de la recherche.

IV. — Le présent article n'est pas applicable aux recherches dont la publication des résultats est susceptible de permettre la levée de l'anonymat des personnes concernées.

V. — Un décret fixe les modalités d'information des personnes concernées et celles permettant l'expression de leur opposition.

Art. L. 1130-6 I. — Un décret en Conseil d'État précise les modalités d'application du présent chapitre.

II. — Un arrêté du ministre chargé de la santé pris sur proposition de l'Agence de la biomédecine fixe les critères déterminant les situations médicales justifiant, chez une personne hors d'état d'exprimer sa volonté ou décédée, la réalisation d'un examen de ses caractéristiques génétiques à des fins médicales dans l'intérêt des membres de sa famille potentiellement concernés.

CHAPITRE I *MODALITÉS DE MISE EN ŒUVRE DES EXAMENS DES CARACTÉRISTIQUES GÉNÉTIQUES ET DES IDENTIFICATIONS PAR EMPREINTES GÉNÉTIQUES ET INFORMATION DE LA PARENTÈLE*

(L. n° 2021-1017 du 2 août 2021, art. 15).

Art. L. 1131-1 *(L. n° 2021-1017 du 2 août 2021, art. 15)* I. — Préalablement à la réalisation d'un examen des caractéristiques génétiques d'une personne, le médecin prescripteur informe celle-ci des risques qu'un silence ferait courir aux membres de sa famille potentiellement concernés si une anomalie génétique pouvant être responsable d'une affection grave justifiant de mesures de prévention, y compris de conseil génétique, ou de soins était diagnostiquée. Il prévoit avec elle, dans un document écrit qui peut, le cas échéant, être complété après le diagnostic, les modalités de l'information destinée aux membres de la famille potentiellement concernés afin d'en préparer l'éventuelle transmission. Si la personne a exprimé par écrit sa volonté d'être tenue dans l'ignorance du diagnostic, elle peut autoriser le médecin prescripteur à procéder à l'information des intéressés dans les conditions prévues au II.

En cas de diagnostic d'une anomalie génétique pouvant être responsable d'une affection grave, sauf si la personne a exprimé par écrit sa volonté d'être tenue dans l'ignorance du diagnostic, l'information médicale communiquée est résumée dans un document rédigé de manière loyale, claire et appropriée, qui est signé et remis à cette personne par le médecin. La personne atteste de cette remise. Lors de l'annonce de ce diagnostic, le médecin informe la personne de l'existence d'une ou plusieurs associations de malades susceptibles d'apporter des renseignements complémentaires sur l'anomalie génétique diagnostiquée. Si la personne le demande, il lui remet la liste des associations agréées en application de l'article L. 1114-1.

La personne est tenue d'informer les membres de sa famille potentiellement concernés dont elle ou, le cas échéant, son représentant légal possède ou peut obtenir les coordonnées, dès lors que des mesures de prévention ou de soins peuvent leur être proposées. La personne ou, le cas échéant, son représentant légal communique aux personnes contactées les coordonnées du médecin prescripteur.

II. — Si la personne ne souhaite pas informer elle-même les membres de sa famille potentiellement concernés, elle peut demander par un document écrit au médecin prescripteur, qui atteste de cette demande, de procéder à cette information. Elle lui communique à cette fin les coordonnées des intéressés dont elle dispose. Le médecin porte alors à la connaissance de ces derniers l'existence d'une information médicale à caractère familial susceptible de les concerner et les invite à se rendre à une consultation chez un médecin qualifié en génétique sans dévoiler à ces personnes le nom de la personne ayant fait l'objet de l'examen, ni l'anomalie génétique, ni les risques qui lui sont associés.

III. — Si la personne fait l'objet d'une mesure de protection juridique avec représentation relative à la personne ou est hors d'état d'exprimer sa volonté et que l'examen est réalisé dans son intérêt en application de l'article L. 1130-3, le médecin procède à l'information des membres de la famille potentiellement concernés dont il possède les coordonnées, dans les conditions prévues au II du présent article.

IV. — Si la personne décède avant l'annonce du résultat ou avant d'avoir pu informer les membres de sa famille potentiellement concernés, le médecin procède à l'information de ceux dont il possède les coordonnées, dans les conditions prévues au II du présent article, sauf si la personne s'était opposée antérieurement à être informée du résultat ou si elle s'était opposée antérieurement à ce que les membres de sa famille potentiellement concernés bénéficient de cette information.

V. — Dans tous les cas, le médecin qualifié en génétique consulté par la personne apparentée est informé par le médecin prescripteur de l'anomalie génétique en cause.

Art. L. 1131-1-1 *(L. n° 2021-1017 du 2 août 2021, art. 15)* I. — Lorsqu'est *[Lorsque est]* diagnostiquée chez un tiers donneur, au sens de l'article L. 2143-1, une anomalie génétique pouvant être responsable d'une affection grave justifiant de mesures de prévention, y compris de conseil génétique, ou de soins, le médecin prescripteur saisit le responsable du centre d'assistance médicale à la procréation afin qu'il procède à l'information, dans les conditions prévues au II de l'article L. 1131-1, des personnes issues du don, des parents investis de l'exercice de l'autorité parentale ou, le cas échéant, du tuteur, si ces personnes sont mineures.

II. — Lorsqu'est *[Lorsque est]* diagnostiquée chez une personne issue d'un don de gamètes ou d'un accueil d'embryon une anomalie génétique pouvant être responsable d'une affection grave justifiant de mesures de prévention, y compris de conseil génétique, ou de soins, le médecin prescripteur saisit le responsable du centre d'assistance médicale à la procréation afin qu'il procède à l'information du tiers donneur dans les conditions prévues au II de l'article L. 1131-1.

III. — Lorsque le responsable d'un centre d'assistance médicale à la procréation informe, en application des I et II du présent article, un tiers donneur, une personne issue d'un don ou le représentant légal de cette dernière si elle est mineure de l'existence d'une information médicale à caractère génétique susceptible de les concerner, il transmet au médecin consulté par la personne ainsi informée les coordonnées du médecin prescripteur pour la communication de l'anomalie génétique en cause. Aucune autre information n'est transmise par le médecin prescripteur.

Art. L. 1131-1-2 *(L. nº 2021-1017 du 2 août 2021, art. 15)* Lorsqu'est *[Lorsque est]* diagnostiquée chez une personne mentionnée aux 1° ou 2° de l'article L. 147-2 du code de l'action sociale et des familles une anomalie génétique pouvant être responsable d'une affection grave justifiant de mesures de prévention, y compris de conseil génétique, ou de soins, le médecin prescripteur saisit le Conseil national pour l'accès aux origines personnelles mentionné à l'article L. 147-1 du même code pour identifier, selon le cas, la ou les personnes mentionnées au 2° de l'article L. 147-2 dudit code ou l'enfant mentionné au 1° du même article L. 147-2.

Dans les deux cas, ni l'anomalie génétique en cause, ni les risques qui lui sont associés ne sont mentionnés dans cette saisine.

Le Conseil national pour l'accès aux origines personnelles porte alors à la connaissance de la personne ainsi identifiée, dans des conditions de nature à préserver le secret de cette transmission définies par décret, l'existence d'une information médicale à caractère familial susceptible de la concerner et l'invite à se rendre à une consultation chez un médecin qualifié en génétique, sans lui dévoiler le nom de la personne ayant fait l'objet de l'examen, ni aucune autre information permettant d'identifier cette seconde personne.

Le conseil transmet au médecin consulté par la personne ainsi informée les coordonnées du médecin prescripteur pour la communication de l'anomalie génétique en cause. Aucune autre information n'est transmise à cette occasion par le médecin prescripteur.

Afin d'accomplir la mission qui lui incombe en application du présent article, le Conseil national pour l'accès aux origines personnelles peut utiliser le numéro d'inscription des personnes au répertoire national d'identification des personnes physiques et consulter ce répertoire. Les conditions de cette utilisation et de cette consultation sont fixées par décret en Conseil d'État, pris après avis de la Commission nationale de l'informatique et des libertés.

Art. L. 1131-1-3 *(L. nº 2021-1017 du 2 août 2021, art. 33)* I. — Par dérogation au deuxième alinéa de l'article L. 1111-2 et à l'article L. 1111-7, seul le médecin prescripteur de l'examen des caractéristiques génétiques est habilité à communiquer les résultats de cet examen à la personne concernée ou, s'agissant d'un majeur faisant l'objet d'une mesure de protection juridique avec représentation à la personne, à la personne chargée de la mesure de protection.

II. — Par dérogation à l'article L. 6211-11 et au II de l'article L. 6211-19, la communication du résultat de l'examen au prescripteur est faite par le laboratoire de biologie médicale autorisé en application de l'article L. 1131-2-1. Si un laboratoire de biologie médicale est intervenu pour transmettre l'échantillon, il est informé de cette communication par le laboratoire autorisé.

Art. L. 1131-2 *(L. nº 2011-814 du 7 juill. 2011, art. 3)* Un arrêté du ministre chargé de la santé, pris sur proposition de l'Agence de la biomédecine et de la Haute Autorité de santé, définit les règles de bonnes pratiques applicables à la prescription et *[à]* la réalisation de l'examen des caractéristiques génétiques d'une personne et de son identification par empreintes génétiques à des fins médicales. Cet arrêté définit également les règles de bonnes pratiques applicables, le cas échéant, au suivi médical de la personne. — *V. Arr. du 27 mai 2013 définissant les règles de bonne conduite applicables à l'examen des caractéristiques génétiques d'une personne à des fins médicales (JO 7 juin).*

Art. L. 1131-2-1 *(L. nº 2011-814 du 7 juill. 2011, art. 4-I)* L'examen des caractéristiques génétiques d'une personne ou son identification par empreintes génétiques à des fins médicales ne peuvent être pratiqués que dans des laboratoires de biologie médicale autorisés à cet effet dans les conditions prévues au chapitre II du titre II du livre I de la sixième partie et accrédités dans les conditions prévues au chapitre I du titre II du livre II de la même partie.

Lorsque le laboratoire dépend d'un établissement de santé, l'autorisation est délivrée à cet établissement.

Un laboratoire de biologie médicale établi dans un autre État membre de l'Union européenne ou partie à l'accord sur l'Espace économique européen peut réaliser la phase analytique de l'examen des caractéristiques génétiques ou de l'identification par empreintes génétiques s'il est autorisé dans cet État à pratiquer cette activité, sous réserve qu'il ait adressé une déclaration si les conditions d'autorisation dans cet État ont été préalablement reconnues comme équivalentes à celles qui résultent du premier alinéa ou, à défaut, qu'il ait obtenu une autorisation après vérification que ses normes de fonctionnement sont équivalentes à celles qui résultent du premier alinéa.

(Abrogé par L. n° 2021-1017 du 2 août 2021, art. 37) ***« Les autorisations et accréditations prévues aux trois premiers alinéas peuvent être retirées ou suspendues, respectivement dans les conditions prévues aux articles L. 6122-13 et L. 6221-2 ou en cas de manquement aux prescriptions législatives et réglementaires applicables à l'examen des caractéristiques génétiques d'une personne ou à son identification par empreintes génétiques. »***

Art. L. 1131-2-2 *(L. n° 2021-1017 du 2 août 2021, art. 37)* Toute violation, constatée dans un établissement, un groupement de coopération sanitaire ou un laboratoire, des prescriptions législatives et réglementaires applicables aux examens des caractéristiques génétiques à des fins médicales ou à l'identification d'une personne par empreintes génétiques entraîne la suspension ou le retrait de l'autorisation prévue à l'article L. 1131-2-1, dans les conditions fixées à l'article L. 6122-13.

Le retrait de l'autorisation est également encouru en cas de violation des prescriptions fixées par l'autorisation ou si le volume d'activité ou la qualité des résultats sont insuffisants au regard de critères énoncés par décret en Conseil d'État, après avis de l'Agence de la biomédecine.

Art. L. 1131-3 *(L. n° 2011-814 du 7 juill. 2011, art. 4)* « Sous réserve des dispositions du *(L. n° 2021-1017 du 2 août 2021, art. 37)* « dernier » alinéa de l'article L. 1131-2-1, » *(L. n° 2004-800 du 6 août 2004, art. 5)* « sont seuls habilités à procéder à des examens des caractéristiques génétiques d'une personne ou à son identification par empreintes génétiques à des fins médicales les praticiens agréés à cet effet par l'Agence de la biomédecine mentionnée à l'article L. 1418-1 dans des conditions fixées par voie réglementaire.

« Les personnes qui procèdent à des examens des caractéristiques génétiques d'une personne ou à son identification par empreintes génétiques à des fins de recherche scientifique sont agréées dans des conditions fixées par voie réglementaire. »

En application des art. L. 231-5 et L. 231-6 CRPA, le silence gardé pendant 2 mois par l'administration vaut décision de rejet pour les demandes d'agrément des praticiens seuls habilités à procéder à des examens des caractéristiques génétiques d'une personne ou de son identification par empreintes génétiques à des fins médicales (Décr. n° 2014-1286 du 23 oct. 2014, art. 1er).

Art. L. 1131-4 *(L. n° 2004-800 du 6 août 2004, art. 6)* La conservation et la transformation d'éléments et produits du corps humain, incluant la constitution et l'utilisation de collections d'échantillons biologiques humains à des fins de recherche génétique, sont régies par les dispositions des articles L. 1243-3 et L. 1243-4.

Art. L. 1131-5 Les analyses permettant l'identification par empreintes génétiques dans le cadre des procédures judiciaires mentionnées à l'article 16-11 du code civil doivent faire l'objet d'un contrôle de qualité organisé, selon des modalités fixées par le décret prévu par l'article 16-12 du code civil, par *(L. n° 2011-2012 du 29 déc. 2011, art. 5-IV)* « l'Agence nationale de sécurité du médicament et des produits de santé ».

Art. L. 1131-6 Sont déterminées par décret en Conseil d'État :

(L. n° 2021-1017 du 2 août 2021, art. 34) « 1° Les conditions dans lesquelles peuvent être prescrits et réalisés, dans l'intérêt des patients et de leur parentèle, les examens des caractéristiques génétiques d'une personne ou son identification par empreintes génétiques à des fins médicales ainsi que les conditions dans lesquelles peuvent être

prescrits les examens des caractéristiques génétiques somatiques mentionnées à l'article L. 1130-2 ; »

2° *(L. n° 2004-800 du 6 août 2004, art. 6)* **« Les conditions d'agrément des praticiens et personnes mentionnés à l'article L. 1131-3 ; »**

(L. n° 2011-814 du 7 juill. 2011, art. 5) **« 3° Les conditions d'application de l'article L. 1131-1-2, après avis de l'Agence de la biomédecine ;**

« 4° Les conditions que doivent remplir les laboratoires de biologie médicale mentionnés à l'article L. 1131-2-1 pour être autorisés à pratiquer l'examen des caractéristiques génétiques d'une personne ou son identification par empreintes génétiques à des fins médicales. »

Art. L. 1131-7 *(L. n° 2004-800 du 6 août 2004, art. 6)* **Les dispositions du présent chapitre ne s'appliquent pas aux examens ayant pour objet de vérifier la compatibilité tissulaire ou sanguine, effectués dans le contexte du don d'éléments et de produits du corps humain, qui sont soumis aux dispositions du livre II de la première partie.**

CHAPITRE III *DISPOSITIONS PÉNALES*

Art. L. 1133-1 *(L. n° 2004-806 du 9 août 2004, art. 111-I)* **Comme il est dit à l'article 226-25 du code pénal ci-après reproduit :**

Art. 226-25 *(L. n° 2004-800 du 6 août 2004, art. 4-III)* Le fait de procéder à l'examen des caractéristiques génétiques d'une personne à des fins autres que médicales ou de recherche scientifique, ou à des fins médicales ou de recherche scientifique, sans avoir recueilli préalablement son consentement dans les conditions prévues par l'article 16-10 du code civil, est puni d'un an d'emprisonnement et de 15 000 euros d'amende.

Art. L. 1133-2 *(L. n° 2004-806 du 9 août 2004, art. 111-I)* **Comme il est dit à l'article 226-26 du code pénal ci-après reproduit :**

Art. 226-26 *(L. n° 2004-800 du 6 août 2004, art. 4-III)* Le fait de détourner de leurs finalités médicales ou de recherche scientifique les informations recueillies sur une personne au moyen de l'examen de ses caractéristiques génétiques est puni d'un an d'emprisonnement et de 15 000 € d'amende.

Art. L. 1133-3 *(L. n° 2004-806 du 9 août 2004, art. 111-I)* **Comme il est dit à l'article 226-27 du code pénal ci-après reproduit :**

Art. 226-27 *(L. n° 2011-267 du 14 mars 2011, art. 8)* Le fait de procéder, sans avoir recueilli le consentement de la personne dans les conditions prévues par l'article 16-11 du code civil, à son identification par ses empreintes génétiques à des fins médicales ou de recherche scientifique ou au prélèvement de ses traces biologiques à titre d'ascendant, descendant ou collatéral aux fins de l'établissement, par ses empreintes génétiques, de l'identité d'une personne mentionnée au 3° du même article, est puni d'un an d'emprisonnement et de 15 000 € d'amende.

Art. L. 1133-4 *(L. n° 2004-806 du 9 août 2004, art. 111-I)* **Comme il est dit à l'article 226-28 du code pénal ci-après reproduit :**

Art. 226-28 *(Ord. n° 2020-1733 du 16 déc. 2020, art. 10, en vigueur le 1er mai 2021)* « Le fait de rechercher l'identification par ses empreintes génétiques d'une personne en dehors des cas prévus à l'article 16-11 du code civil est puni d'un an d'emprisonnement ou de 15 000 euros d'amende. »

Est puni des mêmes peines le fait de divulguer des informations relatives à l'identification d'une personne par ses empreintes génétiques ou de procéder *(L. n° 2011-814 du 7 juill. 2011, art. 4-III-1°)* « à l'examen des caractéristiques génétiques d'une personne ou » à l'identification d'une personne par ses empreintes génétiques sans être titulaire de l'agrément prévu à l'article L. 1131-3 du code de la santé publique *(L. n° 2011-814 du 7 juill. 2011, art. 4-III-2°)* « et de l'autorisation prévue à l'article L. 1131-2-1 du même code ».

Art. L. 1133-4-1 *(L. nº 2011-814 du 7 juill. 2011, art. 6-II)* **Le fait, pour une personne, de solliciter l'examen de ses caractéristiques génétiques ou de celles d'un tiers ou l'identification d'une personne par ses empreintes génétiques en dehors des conditions prévues par la loi est puni de la peine prévue à l'article 226-28-1 du code pénal.**

Art. L. 1133-5 *(L. nº 2004-806 du 9 août 2004, art. 111-I)* **Comme il est dit à l'article 226-29 du code pénal ci-après reproduit :**

Art. 226-29 La tentative des infractions prévues aux articles 226-25, 226-26, 226-27 et 226-28 est punie des mêmes peines.

Art. L. 1133-6 *(L. nº 2004-800 du 6 août 2004, art. 6 ; L. nº 2004-806 du 9 août 2004, art. 111-IV)* **Comme il est dit à l'article 226-30 du code pénal ci-après reproduit :**

Art. 226-30 *(L. nº 2009-526 du 12 mai 2009, art. 124-I)* « Les personnes morales déclarées responsables pénalement, dans les conditions prévues par l'article 121-2, des infractions définies à la présente section encourent, outre l'amende suivant les modalités prévues par l'article 131-38, les peines prévues par les 2° à 5° et 7° à 9° de l'article 131-39. »

L'interdiction mentionnée au 2° de l'article 131-39 porte sur l'activité dans l'exercice ou à l'occasion de l'exercice de laquelle l'infraction a été commise.

Art. L. 1133-7 *(L. nº 2004-806 du 9 août 2004, art. 111-III)* **Les conseillers en génétique et les étudiants se préparant à la profession sont tenus au secret professionnel dans les conditions et sous les peines énoncées aux articles 226-13 et 226-14 du code pénal.**

Art. L. 1133-8 *(Ord. nº 2005-1040 du 26 août 2005)* **L'exercice illégal de la profession de conseiller en génétique est puni d'un an d'emprisonnement et de 15 000 euros d'amende.**

Les personnes physiques encourent également les peines complémentaires suivantes :

a) **L'affichage ou la diffusion de la décision prononcée, dans les conditions prévues par l'article 131-35 du code pénal ;**

b) **La confiscation de la chose qui a servi ou était destinée à commettre l'infraction ou de la chose qui en est le produit, conformément à l'article 131-21 du code pénal ;**

c) **L'interdiction définitive ou pour une durée de cinq ans au plus d'exercer une ou plusieurs professions régies par le présent code ou toute autre activité professionnelle ou sociale à l'occasion de l'exercice de laquelle l'infraction a été commise, suivant les modalités prévues par l'article 131-27 du code pénal.**

Le fait d'exercer cette activité malgré une décision judiciaire d'interdiction définitive ou temporaire est puni des mêmes peines.

Art. L. 1133-9 *(L. nº 2009-526 du 12 mai 2009, art. 125-XXI-3º)* **Les personnes morales déclarées responsables pénalement, dans les conditions prévues par l'article 121-2 du code pénal, de l'infraction définie à l'article L. 1133-8 encourent, outre l'amende suivant les modalités prévues par l'article 131-38 du code pénal, les peines prévues par les 2° à 9° de l'article 131-39 du même code, dans les conditions prévues aux articles 131-46 à 131-48 du même code.**

L'interdiction mentionnée au 2° de l'article 131-39 du même code porte sur une ou plusieurs professions régies par le présent code ou toute autre activité professionnelle ou sociale à l'occasion de l'exercice de laquelle l'infraction a été commise.

Art. L. 1133-10 *(Ord. nº 2005-1040 du 26 août 2005)* **L'usage sans droit de la qualité de conseiller en génétique médicale ou d'un diplôme, certificat ou autre titre légalement requis pour l'exercice de cette profession est puni comme le délit d'usurpation de titre prévu à l'article 433-17 du code pénal.**

(L. nº 2009-526 du 12 mai 2009, art. 125-XXI-4º) **« Les personnes morales déclarées responsables pénalement, dans les conditions prévues par l'article 121-2 du code pénal, de l'infraction définie au présent article encourent l'amende prévue à l'article**

433-17 du code pénal suivant les modalités prévues par l'article 131-38 du même code, ainsi que les peines prévues aux 2° à 4° de l'article 433-25 du même code. »

Art. L. 1133-11 *Abrogé par Ord. n° 2005-1040 du 26 août 2005.*

CHAPITRE I (DU TITRE II DU LIVRE II) *COLLECTE, PRÉPARATION ET CONSERVATION DU SANG, DE SES COMPOSANTS ET DES PRODUITS SANGUINS LABILES*

Art. L. 1221-1 La transfusion sanguine s'effectue dans l'intérêt du receveur et relève des principes éthiques du bénévolat et de l'anonymat du don, et de l'absence de profit, dans les conditions définies par le présent livre.

CHAPITRE II *ÉTABLISSEMENT FRANÇAIS DU SANG ET CENTRE DE TRANSFUSION SANGUINE DES ARMÉES* (Ord. n° 2018-20 du 17 janv. 2018, art. 5).

Art. L. 1222-1 L'Établissement français du sang est un établissement public de l'État, placé sous la tutelle du ministre chargé de la santé. Cet établissement veille à la satisfaction des besoins en matière de produits sanguins labiles et à l'adaptation de l'activité transfusionnelle aux évolutions médicales, scientifiques et technologiques dans le respect des principes éthiques. *(Ord. n° 2005-1087 du 1er sept. 2005, art. 10-IV)* « Il organise sur l'ensemble du territoire national, dans le cadre *(Ord. n° 2016-1406 du 20 oct. 2016, art. 2-1°-a)* « du schéma directeur national de la transfusion sanguine », les activités de collecte du sang, de qualification biologique du don, de préparation, de distribution et de délivrance des produits sanguins labiles *(Ord. n° 2016-1406 du 20 oct. 2016, art. 2-1°-b)* « et de leur contrôle de qualité ». »

Il est notamment chargé :

1° De gérer le service public transfusionnel et ses activités annexes, dans le respect des conditions de sécurité définies par le présent code ;

2° De promouvoir le don du sang, les conditions de sa bonne utilisation et de veiller au strict respect des principes éthiques par l'ensemble de la chaîne transfusionnelle ;

3° D'assurer la qualité *(Ord. n° 2016-1406 du 20 oct. 2016, art. 2-1°-c)* « des produits et des pratiques en son sein », et notamment de mettre en œuvre les bonnes pratiques mentionnées à l'article *(Ord. n° 2016-1406 du 20 oct. 2016, art. 2-1°-c)* « L. 1222-12 », en conformité avec les dispositions législatives et réglementaires relatives aux activités transfusionnelles ;

4° Dans le cadre du réseau d'hémovigilance, d'assurer la transmission des données relatives à la sécurité sanitaire des produits sanguins à *(L. n° 2011-2012 du 29 déc. 2011, art. 5-IV)* « l'Agence nationale de sécurité du médicament et des produits de santé » et des données épidémiologiques à l'*(Ord. n° 2016-462 du 14 avr. 2016, art. 3-I-3°)* « Agence nationale de santé publique » ;

5° D'élaborer, d'actualiser et de mettre en œuvre *(Ord. n° 2016-1406 du 20 oct. 2016, art. 2-1°-d)* « le schéma directeur national de la transfusion sanguine » ;

(L. n° 2011-302 du 22 mars 2011, art. 8-I-2°) « 6° En liaison avec les organismes de recherche et d'évaluation, d'encourager, d'entreprendre des recherches ou d'y participer dans les domaines portant sur la transfusion sanguine, les activités qui lui sont liées ou les activités exercées à titre accessoire et de promouvoir dans ces domaines la diffusion des connaissances scientifiques et techniques ; »

7° De tenir un fichier national des donneurs et des receveurs de groupes rares et une banque de sangs rares, et de coordonner l'activité des laboratoires liés à ces activités ;

8° De participer à l'organisation et à l'acheminement des secours en cas de catastrophe nationale ou internationale nécessitant de recourir aux moyens de transfusion sanguine, dans le cadre des lois et règlements applicables à ces événements ;

9° De participer à la coopération scientifique et technique européenne et internationale de la France.

L'Établissement français du sang établit chaque année un rapport d'activité qui est remis au Gouvernement. Ce rapport est rendu public.

CHAPITRE II (DU TITRE III DU LIVRE II) *PRÉLÈVEMENT SUR UNE PERSONNE DÉCÉDÉE*

Art. L. 1232-1 *(L. n° 2004-800 du 6 août 2004, art. 9-B-III)* Le prélèvement d'organes sur une personne dont la mort a été dûment constatée ne peut être effectué qu'à des fins thérapeutiques ou scientifiques.

(L. n° 2016-41 du 26 janv. 2016, art. 192-I) « Le médecin informe les proches du défunt, préalablement au prélèvement envisagé, de sa nature et de sa finalité, conformément aux bonnes pratiques arrêtées par le ministre chargé de la santé sur proposition de l'Agence de la biomédecine.

« Ce prélèvement peut être pratiqué sur une personne majeure dès lors qu'elle n'a pas fait connaître, de son vivant, son refus d'un tel prélèvement, principalement par l'inscription sur un registre national automatisé prévu à cet effet. Ce refus est révocable à tout moment. »

L'Agence de la biomédecine est avisée, préalablement à sa réalisation, de tout prélèvement à fins thérapeutiques ou à fins scientifiques.

.....

CHAPITRE IV (DU TITRE IV DU LIVRE II) *DON ET UTILISATION DE GAMÈTES*

Art. L. 1244-1 Le don de gamètes consiste en l'apport par un tiers de spermatozoïdes ou d'ovocytes en vue d'une assistance médicale à la procréation. – *[Anc. art. L. 673-1.]*

.....

Art. L. 1244-6 *(L. n° 2021-1017 du 2 août 2021, art. 5)* Un médecin peut accéder aux informations médicales non identifiantes, en cas de nécessité médicale, au bénéfice d'une personne conçue à partir de gamètes issus d'un don ou au bénéfice d'un donneur de gamètes.

.....

CHAPITRE UNIQUE (DU TITRE V DU LIVRE II)

Art. L. 1251-1 *(L. n° 2004-800 du 6 août 2004, art. 2)* Peuvent seules bénéficier d'une greffe d'organes, de cornée ou d'autres tissus dont la liste est fixée par arrêté, après avis de l'Agence de la biomédecine, les personnes, quel que soit leur lieu de résidence, qui sont inscrites sur une liste nationale.

.....

CHAPITRE III (DU TITRE I DU LIVRE IV) *VEILLE SANITAIRE, URGENCE SANITAIRE ET PROMOTION DE LA SANTÉ* (Ord. n° 2016-462 du 14 avr. 2016, art. 1er-1°).

SECTION 1 *Agence nationale de santé publique*

Art. L. 1413-1 L'Agence nationale de santé publique est un établissement public de l'État à caractère administratif, placé sous la tutelle du ministre chargé de la santé.

L'agence a pour missions :

1° L'observation épidémiologique et la surveillance de l'état de santé des populations ;

2° La veille sur les risques sanitaires menaçant les populations ;

3° La promotion de la santé et la réduction des risques pour la santé ;

4° Le développement de la prévention et de l'éducation pour la santé ;

5° La préparation et la réponse aux menaces, alertes et crises sanitaires ;

6° Le lancement de l'alerte sanitaire.

L'agence assure la mise en œuvre d'un système national de veille et de surveillance sanitaire, dont elle définit les orientations, anime et coordonne les actions, dans le respect des missions dévolues aux agences régionales de santé.

Elle met en œuvre, en lien avec les régimes obligatoires d'assurance maladie et les services statistiques des départements ministériels concernés, un outil permettant la centralisation et l'analyse des statistiques sur les accidents du travail, les maladies professionnelles, les maladies présumées d'origine professionnelle et de toutes les autres données relatives aux risques sanitaires en milieu du travail, collectées conformément à l'article L. 1413-7.

Elle assure, pour le compte de l'État, la gestion administrative, financière et logistique de la réserve sanitaire et de stocks de produits, équipements et matériels ainsi que de services nécessaires à la protection des populations face aux menaces sanitaires graves. Elle assure la gestion des réservistes sanitaires et l'animation de leur réseau.

....

Art. L. 1413-6 L'agence met à disposition du ministre chargé de la santé, des agences sanitaires et de la Conférence nationale de santé les informations et données issues de l'observation et de la surveillance de la santé des populations, nécessaires à l'élaboration et à la conduite de la politique de santé. Elle met en outre à disposition des autres ministres, dans les mêmes conditions, celles de ces informations et données qui les concernent.

Lorsque la transmission d'informations ou de données est indispensable aux membres du réseau national de santé publique pour apporter leur concours à l'agence dans l'exercice de ses missions mentionnées aux 1°, 2° et 6° de l'article L. 1413-1, les personnes physiques ou morales concernées tenues de transmettre des informations à l'agence sur le fondement des articles L. 1413-7 ou L. 1413-8 font parvenir ces informations ou données aux membres du réseau désignés par le directeur général de l'agence, selon des modalités définies par décret en Conseil d'État et dans les conditions prévues par la loi du 6 janvier 1978 relative à l'informatique, aux fichiers et aux libertés.

....

Art. L. 1413-12-3 Les modalités d'application de la présente section sont fixées par décret en Conseil d'État qui précise notamment :

1° Les conditions dans lesquelles l'Agence nationale de santé publique, ou, le cas échéant, d'autres membres du réseau national de santé publique accèdent aux informations couvertes par le secret médical, le secret professionnel ou le secret *(L. n° 2018-670 du 30 juill. 2018, art. 4)* « des affaires ». Ce décret précise les conditions dans lesquelles est préservée la confidentialité à l'égard des tiers des données individuelles et des informations couvertes par ces secrets et transmises à l'Agence nationale de santé publique en application des articles L. 1413-6, L. 1413-7 et L. 1413-8 ou, le cas échéant, à d'autres membres du réseau national de santé publique en application des articles L. 1413-6 ou L. 1413-8, dans les conditions prévues par la loi du 6 janvier 1978 relative à l'informatique, aux fichiers et aux libertés ;

2° Le régime de l'agence et le contrôle de l'État auquel elle est soumise, prévu à l'article L. 1413-12.

....

CHAPITRE VIII (DU TITRE I DU LIVRE IV) *BIOMÉDECINE*

Art. L. 1418-1 L'Agence de la biomédecine est un établissement public administratif de l'État, placé sous la tutelle du ministre chargé de la santé.

Elle est compétente dans les domaines de la greffe, de la reproduction, de l'embryologie et de la génétique humaines. Elle a notamment pour missions :

1° De participer à l'élaboration et, le cas échéant, à l'application de la réglementation et de règles de bonnes pratiques et de formuler des recommandations pour les activités relevant de sa compétence ;

2° D'assurer une information permanente du Parlement et du Gouvernement sur le développement des connaissances et des techniques pour les activités relevant de sa compétence et de leur proposer les orientations et mesures qu'elles appellent ;

3° De promouvoir la qualité et la sécurité sanitaires, ainsi que la recherche médicale et scientifique, pour les activités relevant de sa compétence ;

4° De suivre, d'évaluer et, le cas échéant, de contrôler les activités médicales et biologiques, et notamment celles liées aux nanobiotechnologies, relevant de sa compétence et de veiller à la transparence de ces activités ; à ce titre, elle est destinataire des rapports annuels d'activité des établissements et organismes relevant de ses domaines de compétence *(Abrogé par Ord. nº 2017-51 du 19 janv. 2017, art. 3) (L. nº 2016-41 du 26 janv. 2016, art. 173)* « ***et elle met en œuvre le dispositif de biovigilance pour le lait maternel, les organes, les tissus, les cellules et les préparations de thérapie cellulaire*** » ; elle évalue notamment les conséquences éventuelles de l'assistance médicale à la procréation sur la santé des personnes qui y ont recours et sur celle des enfants qui en sont issus *(Abrogé par Ord. nº 2017-51 du 19 janv. 2017, art. 3)* « ***; elle met également en œuvre, dans ce domaine, un dispositif de vigilance en matière d'activités cliniques et biologiques*** ». *(L. nº 2011-814 du 7 juill. 2011, art. 37)* « Elle prévoit la publication régulière des résultats de chaque centre d'assistance médicale à la procréation selon une méthodologie prenant en compte notamment les caractéristiques de leur patientèle et en particulier l'âge des femmes ; au vu de ces données, elle diligente des missions d'appui et de conseil dans certains centres, voire propose des recommandations d'indicateurs chiffrés à certains centres » ;

(Ord. nº 2017-51 du 19 janv. 2017, art. 3) « 4° *bis* D'assurer la mise en œuvre des dispositifs de biovigilance et d'assistance médicale à la procréation. » *(L. nº 2021-1017 du 2 août 2021, art. 39)* « A ce titre, elle propose des règles d'attribution des gamètes et des embryons en application du dernier alinéa de l'article L. 2141-1 ; »

5° De promouvoir le don d'organes, de tissus et de cellules issus du corps humain, ainsi que le don de gamètes ;

6° De mettre en œuvre un suivi de l'état de santé des donneurs d'organes *(L. nº 2021-1017 du 2 août 2021, art. 39)* « , d'ovocytes et de cellules souches hématopoïétiques », afin d'évaluer les conséquences du prélèvement sur la santé des donneurs ;

7° D'enregistrer l'inscription des patients en attente de greffe sur la liste mentionnée à l'article L. 1251-1, d'assurer la gestion de celle-ci et *(L. nº 2011-814 du 7 juill. 2011, art. 7)* « de celle du registre des paires associant donneurs vivants et receveurs potentiels ayant consenti à un don croisé d'organes ainsi que » l'attribution des greffons, qu'ils aient été prélevés en France ou hors du territoire national, ainsi que d'élaborer les règles de répartition et d'attribution des greffons en tenant compte du caractère d'urgence que peuvent revêtir certaines indications, lesquelles règles sont approuvées par arrêté du ministre chargé de la santé ;

8° De gérer le fichier des donneurs volontaires de cellules hématopoïétiques ou de cellules mononucléées périphériques pour les malades qui ne peuvent recevoir une greffe apparentée ; elle assure, en outre, l'interrogation des registres internationaux et organise la mise à disposition des greffons ;

9° *(L. nº 2011-814 du 7 juill. 2011, art. 50)* « De mettre à disposition du public une information sur l'utilisation des tests génétiques en accès libre *(Abrogé par L. nº 2021-1017 du 2 août 2021, art. 39)* « ***et d'élaborer un référentiel permettant d'en évaluer la qualité*** » ; »

10° De délivrer les autorisations prévues :

a) *(Ord. nº 2008-480 du 22 mai 2008, art. 2)* « Aux articles L. 2141-9 et L. 2141-11-1 ; »

(L. nº 2021-1017 du 2 août 2021, art. 39) « *b)* Au VIII de l'article L. 2131-1, à l'avant-dernier alinéa de l'article L. 2131-4 ainsi qu'aux articles L. 2131-4-1, L. 2151-5, L. 2151-8 et L. 2151-9 ; »

11° D'agréer les praticiens mentionnés aux articles L. 1131-3 *(L. nº 2011-814 du 7 juill. 2011, art. 30)* « et L. 2131-4-2 » ;

12° De délivrer des avis aux autorités administratives pour les activités relevant de sa compétence ;

(L. nº 2021-1017 du 2 août 2021, art. 39) « 13° De gérer les traitements de données relatifs aux tiers donneurs mentionnés à l'article L. 2143-1, à leurs dons et aux enfants nés de ces dons, à l'exclusion des données médicales recueillies après le don ;

« 14° D'être destinataire des déclarations de protocoles de recherche sur les cellules souches embryonnaires humaines et sur les cellules souches pluripotentes induites ;

« 15° D'assurer une information permanente du Parlement et du Gouvernement sur le développement des connaissances et des techniques dans le domaine des neurosciences. »

Elle peut être saisie par les académies ou les sociétés savantes médicales ou scientifiques, par les associations mentionnées à l'article L. 1114-1, dans des conditions définies par décret, et par les commissions chargées des affaires sociales de l'Assemblée nationale et du Sénat.

(L. nº 2011-814 du 7 juill. 2011, art. 50-I-3º) « Le directeur général et le président du conseil d'orientation de l'Agence de la biomédecine peuvent demander à être entendus par l'Office parlementaire d'évaluation des choix scientifiques et technologiques si le développement des connaissances et des techniques dans les activités relevant de la compétence de l'agence ou dans le domaine des neurosciences est susceptible de poser des problèmes éthiques nouveaux. »

……………………………………………………………………………………………

CHAPITRE V (DU TITRE III DU LIVRE IV) *MODALITÉS ET MOYENS D'INTERVENTION DES AGENCES RÉGIONALES DE SANTÉ*

(L. nº 2009-879 du 21 juill. 2009, art. 118)

SECTION 1 *Veille, sécurité et police sanitaires*

Art. L. 1435-1 Le directeur général de l'agence régionale de santé informe sans délai le représentant de l'État territorialement compétent ainsi que les élus territoriaux concernés de tout événement sanitaire présentant un risque pour la santé de la population ou susceptible de présenter un risque de trouble à l'ordre public.

Pour l'exercice de ses compétences dans les domaines sanitaire et de la salubrité et de l'hygiène publiques, le représentant de l'État territorialement compétent dispose à tout moment des moyens de l'agence.

Les services de l'agence et les services de l'État mettent en œuvre les actions coordonnées nécessaires à la réduction des facteurs, notamment environnementaux et sociaux, d'atteinte à la santé.

Ces actions font également appel aux services communaux d'hygiène et de santé, dans le respect de l'article L. 1422-1.

Les services de l'agence sont placés pour emploi sous l'autorité du représentant de l'État territorialement compétent lorsqu'un événement porteur d'un risque sanitaire peut constituer un trouble à l'ordre public.

L'agence participe, sous l'autorité du représentant de l'État territorialement compétent, à l'élaboration et à la mise en œuvre du volet sanitaire des plans de secours et de défense.

(L. nº 2014-173 du 21 févr. 2014, art. 21) « L'agence contribue à la réalisation des objectifs de la politique de la ville définis à l'article 1er de la loi nº 2014-173 du 21 février 2014 de programmation pour la ville et la cohésion urbaine. A ce titre, elle est associée à l'élaboration, à la mise en œuvre et à l'évaluation des contrats de ville prévus à l'article 6 de la même loi et en est signataire. »

Elle fournit aux autorités compétentes les avis sanitaires nécessaires à l'élaboration des plans et programmes ou de toute décision impliquant une évaluation des effets sur la santé humaine.

Pour les matières relevant de ses attributions au titre du présent code, le représentant de l'État dans le département peut déléguer sa signature au directeur général de l'agence régionale de santé et, en cas d'absence ou d'empêchement, à des agents placés sous son autorité.

Un décret en Conseil d'État détermine les modalités d'application du présent article.

……………………………………………………………………………………………

SECTION 3 *Accès aux données de santé*

Art. L. 1435-6 *(L. nº 2016-41 du 26 janv. 2016, art. 193-VI)* L'agence régionale de santé a accès aux données nécessaires à l'exercice de ses missions contenues dans les systèmes d'information des établissements de santé et des établissements et services médico-sociaux ainsi que, dans les conditions prévues à l'article L. 1461-2, aux données des organismes d'assurance maladie et de la Caisse nationale de solidarité pour l'autonomie. Elle a également accès, dans les conditions définies au III de l'article L. 1461-3, aux données du système national des données de santé.

L'agence régionale de santé est tenue informée par les organismes situés dans son ressort de tout projet concernant l'organisation et le fonctionnement de leurs systèmes d'information. Le directeur général de l'agence détermine, en fonction de la situation sanitaire, pour chaque établissement, service et organisme, les données utiles que celui-ci doit transmettre de façon régulière, notamment les disponibilités en lits et places. Le directeur général de l'agence décide également de la fréquence de mise à jour et de transmission des données issues des établissements de soins et des établissements et services médico-sociaux.

Les agents de l'agence régionale de santé n'ont accès aux données de santé à caractère personnel que si elles sont strictement nécessaires à l'accomplissement de leurs missions. Ils sont tenus au secret professionnel. Lorsque ces données sont utilisées à des fins d'étude, elles ne comportent ni le nom, ni le numéro d'inscription au répertoire national d'identification des personnes physiques et des précautions sont prises pour assurer la traçabilité des accès, dans le respect de la loi n° 78-17 du 6 janvier 1978 relative à l'informatique, aux fichiers et aux libertés.

....

CHAPITRE III (DU TITRE V DU LIVRE IV) *AVANTAGES CONSENTIS PAR LES ENTREPRISES*

SECTION 1 *Produits de santé à usage humain*

Art. L. 1453-1 I. — Les entreprises produisant ou commercialisant des produits mentionnés au II de l'article L. 5311-1 *(L. n° 2016-41 du 26 janv. 2016, art. 178)* « à l'exception de ceux mentionnés aux 14°, 15° et 17° » ou assurant des prestations associées à ces produits sont tenues de rendre *(L. n° 2016-41 du 26 janv. 2016, art. 178)* « publics, sur un site internet public unique, l'objet précis, la date, le bénéficiaire direct et le bénéficiaire final, et le montant » des conventions qu'elles concluent avec :

1° Les professionnels de santé relevant de la quatrième partie du présent code ;

2° Les associations de professionnels de santé ;

3° Les étudiants se destinant aux professions relevant de la quatrième partie du présent code ainsi que les associations et groupements les représentant ;

4° Les associations d'usagers du système de santé ;

5° Les établissements de santé relevant de la sixième partie du présent code ;

6° *(L. n° 2016-41 du 26 janv. 2016, art. 178)* « Les académies, » les fondations, les sociétés savantes et les sociétés ou organismes de conseil intervenant dans le secteur des produits ou prestations mentionnés au premier alinéa ;

7° Les *(L. n° 2016-41 du 26 janv. 2016, art. 178)* « personnes morales » éditrices de presse, *(Abrogé par L. n° 2016-41 du 26 janv. 2016, art. 178)* *« les éditeurs »* de services de radio ou de télévision et *(Abrogé par L. n° 2016-41 du 26 janv. 2016, art. 178)* *« les éditeurs »* de services de communication au public en ligne ;

(L. n° 2019-774 du 24 juill. 2019, art. 78) « 7° *bis* Les personnes qui, dans les médias ou sur les réseaux sociaux, présentent un ou plusieurs produits de santé, de manière à influencer le public ; »

8° Les éditeurs de logiciels d'aide à la prescription et à la délivrance ;

(L. n° 2019-774 du 24 juill. 2019, art. 78) « 9° Les personnes morales assurant ou participant à la formation initiale ou continue ou au développement professionnel continu des professionnels de santé mentionnés au 1° du présent I. »

(L. n° 2016-41 du 26 janv. 2016, art. 178) « Les entreprises produisant ou commercialisant des produits mentionnés aux 14°, 15° et 17° du II de l'article L. 5311-1 ou assurant des prestations associées à ces produits sont tenues de rendre publique l'existence des conventions relatives à la conduite de travaux d'évaluation de la sécurité, de vigilance ou de recherche biomédicale qu'elles concluent avec les bénéficiaires mentionnés aux 1° à 9° du présent I.

« Cette obligation ne s'applique pas aux conventions régies par les articles *(Ord. n° 2019-698 du 3 juill. 2019, art. 9)* « L. 441-3 et L. 441-9 » du code de commerce et qui ont pour objet l'achat de biens ou de services par les personnes physiques ou morales mentionnées aux 1° à 9° du présent I auprès des entreprises produisant ou commercialisant des produits mentionnés au II de l'article L. 5311-1 du présent code ou assurant des prestations associées à ces produits.

« I *bis*. — Les entreprises produisant ou commercialisant des produits mentionnés au II de l'article L. 5311-1 ou assurant des prestations associées à ces produits sont tenues de rendre publiques, au-delà d'un seuil fixé par décret, sur le site mentionné au I du présent article, les rémunérations versées à des personnes physiques ou morales dans le cadre des conventions mentionnées au même I. »

II. — La même obligation s'applique, au-delà d'un seuil fixé par décret, à tous les avantages en nature ou en espèces *(L. n° 2016-41 du 26 janv. 2016, art. 178)* « autres que les rémunérations mentionnées au I *bis* » que les mêmes entreprises procurent, directement ou indirectement, aux personnes, associations, établissements, fondations, sociétés, organismes et organes mentionnés au I.

(L. n° 2016-41 du 26 janv. 2016, art. 178) « II *bis*. — Les informations publiées sur le site internet public unique mentionné au I du présent article sont réutilisables, à titre gratuit, dans le respect de la finalité de transparence des liens d'intérêts et dans les conditions prévues *(L. n° 2016-1321 du 7 oct. 2016, art. 6)* « à l'article L. 322-1 » du code des relations entre le public et l'administration et, lorsque cette réutilisation donne lieu à un traitement de données, dans les conditions prévues par la loi n° 78-17 du 6 janvier 1978 relative à l'informatique, aux fichiers et aux libertés *(Abrogé par Ord. n° 2018-1125 du 12 déc. 2018, art. 21 et 29, au plus tard du 1er juin 2019)* « ***, notamment à ses articles 7, 38 et 40*** ». »

III. — Un décret en Conseil d'État *(L. n° 2016-41 du 26 janv. 2016, art. 178)* « , pris après avis de la Commission nationale de l'informatique et des libertés, » fixe les conditions d'application du présent article, la nature des informations qui doivent être rendues publiques *(L. n° 2016-41 du 26 janv. 2016, art. 178)* « sur le site internet public unique », notamment l'objet *(L. n° 2016-41 du 26 janv. 2016, art. 178)* « précis » et la date des conventions mentionnées au I, ainsi que les délais et modalités de publication et d'actualisation de ces informations. Il précise également les modalités suivant lesquelles les ordres des professions de santé sont associés à cette publication.

TITRE VI (DU LIVRE IV) MISE À DISPOSITION DES DONNÉES DE SANTÉ

(L. n° 2016-41 du 26 janv. 2016, art. 193-I)

CHAPITRE PRÉLIMINAIRE *PRINCIPES RELATIFS À LA MISE À DISPOSITION DES DONNÉES DE SANTÉ*

Art. L. 1460-1 Les données de santé à caractère personnel *(Abrogé par L. n° 2019-774 du 24 juill. 2019, art. 41, à compter du 2 juin 2019)* « ***recueillies à titre obligatoire et*** » destinées aux services ou aux établissements publics de l'État ou des collectivités territoriales *(L. n° 2019-774 du 24 juill. 2019, art. 41, en vigueur le 2 juin 2019)* « , aux professionnels de santé » ou aux organismes de sécurité sociale peuvent faire l'objet de traitements *(Abrogé par L. n° 2019-774 du 24 juill. 2019, art. 41, à compter du 2 juin 2019)* « ***à des fins de recherche, d'étude ou d'évaluation*** » présentant un caractère d'intérêt public, dans le respect de la loi n° 78-17 du 6 janvier 1978 relative à l'informatique, aux fichiers et aux libertés. *(L. n° 2019-774 du 24 juill. 2019, art. 41, en vigueur le 2 juin 2019)* « Ces traitements » ne peuvent avoir ni pour objet ni pour effet de porter atteinte à la vie privée des personnes concernées. *(Abrogé par L. n° 2019-774 du 24 juill. 2019, art. 41, à compter du 2 juin 2019)* « ***Sauf disposition législative contraire,*** » Ils ne doivent en aucun cas avoir pour fin l'identification directe ou indirecte de ces personnes.

Les citoyens, les usagers du système de santé, les professionnels de santé, les établissements de santé et leurs organisations représentatives ainsi que les organismes participant au financement de la couverture contre le risque maladie ou réalisant *(L. n° 2019-774 du 24 juill. 2019, art. 41, en vigueur le 2 juin 2019)* « des traitements de données concernant la santé », les services de l'État, les institutions publiques compétentes en matière de santé et les organismes de presse ont accès aux données mentionnées au premier alinéa dans les conditions définies par la loi n° 78-17 du 6 janvier 1978 précitée et, le cas échéant, par les dispositions propres à ces traitements.

CHAPITRE I *SYSTÈME NATIONAL DES DONNÉES DE SANTÉ*

Art. L. 1461-1 I. — Le système national des données de santé rassemble et met à disposition :

1° Les données issues des systèmes d'information mentionnés à l'article L. 6113-7 du présent code ;

2° Les données du système national d'information interrégimes de l'assurance maladie mentionné à l'article L. 161-28-1 du code de la sécurité sociale ;

3° Les données sur les causes de décès mentionnées à l'article L. 2223-42 du code général des collectivités territoriales ;

4° Les données médico-sociales du système d'information mentionné à l'article L. 247-2 du code de l'action sociale et des familles ;

5° Un échantillon représentatif des données de remboursement par bénéficiaire transmises par des organismes d'assurance maladie complémentaire et défini en concertation avec leurs représentants ;

(L. n° 2019-774 du 24 juill. 2019, art. 41) « 6° Les données destinées aux professionnels et organismes de santé recueillies à l'occasion des activités mentionnées au I de l'article L. 1111-8 du présent code donnant lieu à la prise en charge des frais de santé en matière de maladie ou de maternité mentionnée à l'article L. 160-1 du code de la sécurité sociale et à la prise en charge des prestations mentionnées à l'article L. 431-1 du même code en matière d'accidents du travail et de maladies professionnelles ;

« 7° Les données relatives à la perte d'autonomie, évaluée à l'aide de la grille mentionnée à l'article L. 232-2 du code de l'action sociale et des familles, lorsque ces données sont appariées avec les données mentionnées aux 1° à 6° du présent I ;

« 8° Les données à caractère personnel des enquêtes dans le domaine de la santé, lorsque ces données sont appariées avec des données mentionnées aux 1° à 6° ;

« 9° Les données recueillies lors des visites médicales et de dépistage obligatoires prévues à l'article L. 541-1 du code de l'éducation ;

« 10° Les données recueillies par les services de protection maternelle et infantile dans le cadre de leurs missions définies à l'article L. 2111-1 du présent code ;

(L. n° 2021-1018 du 2 août 2021, art. 17 et 40, en vigueur le 31 mars 2022) « 11° Les données issues des dossiers médicaux en santé au travail prévus à l'article L. 4624-8 du code du travail. »

« II. — Le système national des données de santé est mis en œuvre dans le cadre d'orientations générales définies par l'État, en concertation avec les organismes responsables des systèmes d'information et des données mentionnés au I du présent article.

« Les responsables ou les catégories de responsables des traitements du système national des données de santé et leurs rôles respectifs sont définis par décret en Conseil d'État, pris après avis de la Commission nationale de l'informatique et des libertés. Les responsables de ces traitements sont nominativement désignés par arrêté. »

La méthode d'appariement des données mentionnées au 5° dudit I avec les données correspondantes du système national des données de santé est élaborée en concertation avec les représentants des organismes qui transmettent les données concernées.

III. — Le système national des données de santé a pour finalité la mise à disposition des données, dans les conditions définies aux articles L. 1461-2 et L. 1461-3, pour contribuer :

1° A l'information sur la santé ainsi que sur l'offre de soins, la prise en charge médico-sociale et leur qualité ;

2° A la définition, à la mise en œuvre et à l'évaluation des politiques de santé et de protection sociale ;

3° A la connaissance des dépenses de santé, des dépenses d'assurance maladie et des dépenses médico-sociales ;

4° A l'information des professionnels, des structures et des établissements de santé ou médico-sociaux sur leur activité ;

5° A la surveillance, à la veille et à la sécurité sanitaires ;

6° A la recherche, aux études, à l'évaluation et à l'innovation dans les domaines de la santé et de la prise en charge médico-sociale.

IV. — Pour le système national des données de santé et pour les traitements utilisant des données à caractère personnel issues de ce système :

1° Aucune décision ne peut être prise à l'encontre d'une personne physique identifiée sur le fondement des données la concernant et figurant dans l'un de ces traitements ;

2° Les personnes responsables de ces traitements, ainsi que celles les mettant en œuvre ou autorisées à accéder aux données à caractère personnel qui en sont issues, sont soumises au secret professionnel dans les conditions et sous les peines prévues à l'article 226-13 du code pénal ;

3° L'accès aux données s'effectue dans des conditions assurant la confidentialité et l'intégrité des données et la traçabilité des accès et des autres traitements, conformément à un référentiel défini par arrêté des ministres chargés de la santé, de la sécurité sociale et du numérique, pris après avis de la Commission nationale de l'informatique et des libertés ;

4° Les données individuelles du système national des données de santé sont conservées pour une durée maximale de vingt ans, sans préjudice de l'application du *(L. n° 2018-493 du 20 juin 2018, art. 14)* « premier » alinéa de l'article *(L. n° 2019-774 du 24 juill. 2019, art. 41)* « 78 » de la loi n° 78-17 du 6 janvier 1978 relative à l'informatique, aux fichiers et aux libertés.

V. — Les données du système national des données de santé ne peuvent être traitées pour l'une des finalités suivantes :

1° La promotion des produits mentionnés au II de l'article L. 5311-1 en direction des professionnels de santé ou d'établissements de santé ;

2° L'exclusion de garanties des contrats d'assurance et la modification de cotisations ou de primes d'assurance d'un individu ou d'un groupe d'individus présentant un même risque.

Les dispositions de l'art. 41 de la L. n° 2019-774 du 24 juill. 2019 sont entrées en vigueur le lendemain de la date d'entrée en vigueur des dispositions de l'Ord. n° 2018-1125 du 12 déc. 2018, soit le 2 juin 2019 (L. préc., art. 41-XII).

V. Délib. CNIL n° 2016-316 du 13 oct. 2016 portant avis sur un projet de décret en Conseil d'État relatif au Système national des données de santé (demande d'avis n° 16018114) - NOR : CNIX1638410X.

Art. L. 1461-2 Les données du système national des données de santé qui font l'objet d'une mise à la disposition du public sont traitées pour prendre la forme de statistiques agrégées ou de données individuelles constituées de telle sorte que l'identification, directe ou indirecte, des personnes concernées y est impossible. Ces données sont mises à disposition gratuitement. La réutilisation de ces données ne peut avoir ni pour objet ni pour effet d'identifier les personnes concernées.

Par dérogation au premier alinéa du présent article, les données relatives à l'activité des professionnels de santé publiées par les organismes gestionnaires des régimes obligatoires de base d'assurance maladie, en application de l'article L. 162-1-11 du code de la sécurité sociale, sont réutilisées dans les conditions mentionnées aux articles L. 322-1 et L. 322-2 du code des relations entre le public et l'administration.

Art. L. 1461-3 I. — Un accès aux données à caractère personnel du système national des données de santé ne peut être autorisé que pour permettre des traitements :

1° Soit *(Abrogé par L. n° 2019-774 du 24 juill. 2019, art. 41, à compter du 2 juin 2019) « à des fins de recherche, d'étude ou d'évaluation »* contribuant à une finalité mentionnée au III de l'article L. 1461-1 et répondant à un motif d'intérêt public ;

2° Soit nécessaires à l'accomplissement des missions des services de l'État, des établissements publics ou des organismes chargés d'une mission de service public compétents, dans les conditions définies au III du présent article.

Le responsable de tels traitements n'est autorisé à accéder aux données du système national des données de santé et à procéder à des appariements avec ces données que dans la mesure où ces actions sont rendues strictement nécessaires par les finalités *(L. n° 2019-774 du 24 juill. 2019, art. 41, en vigueur le 2 juin 2019)* « des traitements » ou par les missions de l'organisme concerné.

Seules les personnes nommément désignées et habilitées à cet effet par le responsable du traitement, dans les conditions précisées par le décret en Conseil d'État

mentionné à l'article L. 1461-7, sont autorisées à accéder aux données du système national des données de santé.

II. — Les traitements *(L. nº 2019-774 du 24 juill. 2019, art. 41, en vigueur le 2 juin 2019)* **« de données concernant la santé » mentionnés au 1º du I du présent article sont autorisés selon** *(L. nº 2019-774 du 24 juill. 2019, art. 41, en vigueur le 2 juin 2019)* **« les procédures définies à »** *(Ord. nº 2018-1125 du 12 déc. 2018, art. 21 et 29)* **« la section 3 du chapitre III du titre II » de la loi nº 78-17 du 6 janvier 1978 précitée.**

Les personnes produisant ou commercialisant des produits mentionnés au II de l'article L. 5311-1 du présent code ou les organismes mentionnés au 1º du A et aux 1º, 2º, 3º, 5º et 6º du B du I de l'article L. 612-2 du code monétaire et financier ainsi que les intermédiaires d'assurance mentionnés à l'article L. 511-1 du code des assurances sont tenus :

1º Soit de démontrer que les modalités de mise en œuvre du traitement rendent impossible toute utilisation des données pour l'une des finalités mentionnées au V de l'article L. 1461-1 ;

2º Soit de recourir à un laboratoire de recherche ou à un bureau d'études, publics ou privés, pour réaliser le traitement.

Les responsables des laboratoires de recherche et des bureaux d'études présentent à la Commission nationale de l'informatique et des libertés un engagement de conformité à un référentiel incluant les critères de confidentialité, d'expertise et d'indépendance, arrêté par le ministre chargé de la santé, pris après avis de la même commission.

L'accès aux données est subordonné :

***a)* Avant le début** *(L. nº 2019-774 du 24 juill. 2019, art. 41, en vigueur le 2 juin 2019)* **« de la mise en œuvre du traitement », à la communication, par le demandeur, au groupement d'intérêt public mentionné à l'article L. 1462-1 de l'étude ou de l'évaluation de l'autorisation de la Commission nationale de l'informatique et des libertés, d'une déclaration des intérêts du demandeur en rapport avec l'objet du traitement et du protocole d'analyse, précisant notamment les moyens d'en évaluer la validité et les résultats ;**

***b)* A l'engagement du demandeur de communiquer au groupement d'intérêt public mentionné au même article L. 1462-1, dans un délai raisonnable après la fin** *(L. nº 2019-774 du 24 juill. 2019, art. 41, en vigueur le 2 juin 2019)* **« du traitement », la méthode** *(L. nº 2019-774 du 24 juill. 2019, art. 41, en vigueur le 2 juin 2019)* **« et, pour les traitements mentionnés à la sous-section 2 de la section 3 du chapitre III du titre II de la loi nº 78-17 du 6 janvier 1978 précitée », les résultats de l'analyse et les moyens d'en évaluer la validité.**

Le groupement d'intérêt public mentionné audit article L. 1462-1 publie sans délai l'autorisation de la Commission nationale de l'informatique et des libertés, la déclaration des intérêts, puis les résultats et la méthode.

III. — Le décret en Conseil d'État mentionné à l'article L. 1461-7 fixe la liste des services de l'État, des établissements publics ou des organismes chargés d'une mission de service public autorisés à traiter des données à caractère personnel du système national des données de santé pour les besoins de leurs missions. Ce décret précise, pour chacun de ces services, établissements ou organismes, l'étendue de cette autorisation, les conditions d'accès aux données et celles de la gestion des accès.

Art. L. 1461-4 *(Abrogé par L. nº 2019-774 du 24 juill. 2019, art. 41, à compter du 2 juin 2019)* ***« I. — »*** **Le système national des données de santé ne contient ni les noms et prénoms des personnes, ni leur numéro d'inscription au répertoire national d'identification des personnes physiques, ni leur adresse. Les numéros d'identification des professionnels de santé sont conservés et gérés séparément des autres données.**

(Abrogé par L. nº 2019-774 du 24 juill. 2019, art. 41, à compter du 2 juin 2019) ***« II. — Un décret en Conseil d'État, pris après avis de la Commission nationale de l'informatique et des libertés, détermine les données à caractère personnel qui, en raison du risque d'identification directe des personnes concernées, sont confiées à un organisme distinct du responsable du système national des données de santé et des responsables des traitements.***

« Cet organisme est seul habilité à détenir le dispositif de correspondance permettant de réidentifier les personnes à partir des données du système national des données de santé. Il assure la sécurité de ce dispositif.

« III. — La Commission nationale de l'informatique et des libertés peut autoriser l'accès aux données détenues par l'organisme mentionné au II du présent article, dans les conditions prévues par la loi n° 78-17 du 6 janvier 1978 précitée, quand il est nécessaire :

« 1° Pour avertir une personne d'un risque sanitaire grave auquel elle est exposée ou pour lui proposer de participer à une recherche ;

« 2° Pour la réalisation d'un traitement à des fins de recherche, d'étude ou d'évaluation si le recours à ces données est nécessaire, sans solution alternative, à la finalité du traitement et proportionné aux résultats attendus. »

Art. L. 1461-5 L'accès aux données de santé autres que celles mentionnées à l'article L. 1461-2 est gratuit pour :

1° Les *(L. n° 2019-774 du 24 juill. 2019, art. 41, en vigueur le 2 juin 2019)* « traitements de données concernant la santé demandés » par l'autorité publique ;

2° Les recherches réalisées exclusivement pour les besoins de services publics administratifs.

Art. L. 1461-6 *(L. n° 2019-774 du 24 juill. 2019, art. 41, en vigueur le 2 juin 2019)* « Pour les traitements mentionnés aux articles 65 et 72 de la loi n° 78-17 du 6 janvier 1978 relative à l'informatique, aux fichiers et aux libertés », la mise à disposition des données des composantes du système national des données de santé mentionnées aux 1° à *(L. n° 2019-774 du 24 juill. 2019, art. 41, en vigueur le 2 juin 2019)* « 11° » du I de l'article L. 1461-1 est régie par le présent chapitre.

Art. L. 1461-7 Un décret en Conseil d'État, pris après avis de la Commission nationale de l'informatique et des libertés :

1° Désigne les organismes chargés de gérer la mise à disposition effective des données du système national des données de santé et détermine leurs responsabilités respectives ;

2° Dresse la liste des catégories de données réunies au sein du système national des données de santé et des modalités d'alimentation du système national des données de santé, y compris par les organismes d'assurance maladie complémentaire ;

3° Fixe, dans les limites prévues au III de l'article L. 1461-3, la liste des services, des établissements ou des organismes bénéficiant de l'autorisation mentionnée au même III ;

4° Fixe les conditions de désignation et d'habilitation des personnes autorisées à accéder au système national des données de santé ;

(L. n° 2019-774 du 24 juill. 2019, art. 41, en vigueur le 2 juin 2019) « 5° » Détermine les modalités selon lesquelles les organismes mentionnés au 1° du présent article garantissent à toute personne qui leur en fait la demande, en application de l'article *(Ord. n° 2018-1125 du 12 déc. 2018, art. 21 et 29)* « 74 » de la loi n° 78-17 du 6 janvier 1978 relative à l'informatique, aux fichiers et aux libertés, que ses données de santé à caractère personnel ne seront pas mises à disposition dans le cadre du 1° du I de l'article L. 1461-3 du présent code ;

(L. n° 2019-774 du 24 juill. 2019, art. 41, en vigueur le 2 juin 2019) « 6° Définit les catégories de responsables des traitements du système national des données de santé et les responsables de traitement et fixe leurs rôles respectifs ;

« 7° Précise les modalités d'application du 6° du I de l'article L. 1461-1. »

CHAPITRE II ***PLATEFORME DES DONNÉES DE SANTÉ*** *(L. n° 2019-774 du 24 juill. 2019, art. 41).*

Art. L. 1462-1 *(L. n° 2019-774 du 24 juill. 2019, art. 41, en vigueur le 2 juin 2019)* Un groupement d'intérêt public, dénommé "Plateforme des données de santé", est constitué entre l'État, des organismes assurant une représentation des malades et des usagers du système de santé, des producteurs de données de santé et des utilisateurs publics et privés de données de santé, y compris des organismes de recherche en santé.

Il est notamment chargé :

1° De réunir, organiser et mettre à disposition les données du système national des données de santé mentionné à l'article L. 1461-1 et de promouvoir l'innovation dans l'utilisation des données de santé ;

2° D'informer les patients, de promouvoir et de faciliter leurs droits, en particulier concernant les droits d'opposition dans le cadre du 1° du I de l'article L. 1461-3 ;

3° D'assurer le secrétariat unique mentionné à l'article 76 de la loi n° 78-17 du 6 janvier 1978 relative à l'informatique, aux fichiers et aux libertés ;

4° D'assurer le secrétariat du comité éthique et scientifique pour les recherches, les études et les évaluations dans le domaine de la santé ;

5° De contribuer à l'élaboration, par la Commission nationale de l'informatique et des libertés, de référentiels et de méthodologies de référence au sens du *b* du 2° du I de l'article 8 de la loi n° 78-17 du 6 janvier 1978 précitée. Il facilite la mise à disposition de jeux de données de santé présentant un faible risque d'impact sur la vie privée, dans les conditions prévues au II de l'article 66 de la même loi ;

6° De procéder, pour le compte d'un tiers et à la demande de ce dernier, à des opérations nécessaires à la réalisation d'un traitement de données issues du système national des données de santé pour lequel ce tiers a obtenu une autorisation dans les conditions définies à l'article L. 1461-3 du présent code ;

7° De contribuer à diffuser les normes de standardisation pour l'échange et l'exploitation des données de santé, en tenant compte des standards européens et internationaux ;

8° D'accompagner, notamment financièrement, les porteurs de projets sélectionnés dans le cadre d'appels à projets lancés à son initiative et les producteurs de données associés aux projets retenus.

Il publie chaque année un rapport transmis au Parlement.

Art. L. 1462-2 *(L. n° 2019-774 du 24 juill. 2019, art. 41, en vigueur le 2 juin 2019)* I. — Le groupement d'intérêt public mentionné à l'article L. 1462-1 peut recruter des personnels dont les contrats relèvent du droit privé. Il peut également employer des agents titulaires des trois fonctions publiques en position de détachement ou de mise à disposition et employer ou recruter des agents non titulaires de droit public sous contrats à durée déterminée ou indéterminée.

II. — Le groupement d'intérêt public est soumis en matière de gestion financière et comptable aux règles applicables aux entreprises industrielles et commerciales. Par dérogation à ces règles, il peut déposer des fonds au Trésor public. Il peut percevoir des recettes correspondant à des prestations facturées à des tiers en application du 6° de l'article L. 1462-1.

Le groupement d'intérêt public n'est pas soumis à l'article 64 de la loi n° 2007-1822 du 24 décembre 2007 de finances pour 2008.

Le groupement d'intérêt public est soumis au contrôle économique et financier de l'État dans des conditions fixées par décret en Conseil d'État et adaptées à ses missions et conditions de fonctionnement.

TITRE VII (DU LIVRE IV) SERVICES NUMÉRIQUES EN SANTÉ

(Ord. n° 2021-581 du 12 mai 2021, art. 1er)

Art. L. 1470-1 Les services numériques en santé régis par le présent titre sont les systèmes d'information ou les services ou outils numériques mis en œuvre par des personnes physiques ou morales de droit public ou de droit privé, y compris les organismes d'assurance maladie, proposés par voie électronique, qui concourent à des activités de prévention, de diagnostic, de soin ou de suivi médical ou médico-social, ou à des interventions nécessaires à la coordination de plusieurs de ces activités.

Les utilisateurs des services numériques en santé sont :

1° Les professionnels de santé et les personnes exerçant sous leur autorité, les établissements et services de santé, le service de santé des armées et tout organisme participant à la prévention ou aux soins dont les conditions d'exercice ou les activités sont régies par le présent code ;

2° Les professionnels des secteurs social et médico-social et les établissements ou services des secteurs social et médico-social mentionnés au I de l'article L. 312-1 du code de l'action sociale et des familles ;

3° Les usagers du système de santé.

CHAPITRE I *IDENTIFICATION ÉLECTRONIQUE DES UTILISATEURS DES SERVICES NUMÉRIQUES EN SANTÉ*

Art. L. 1470-2 L'utilisation des services numériques en santé requiert l'identification électronique de leurs utilisateurs. Cette identification électronique repose sur un moyen, matériel ou immatériel, qui garantit un niveau adapté de sécurité et de protection des données à caractère personnel traitées par le service numérique en santé concerné.

Un référentiel, établi par arrêté des ministres chargés de la santé et de l'action sociale, détermine des catégories de services numériques en santé en fonction notamment des finalités du service, du type de données traitées, du nombre d'utilisateurs susceptibles d'accéder au service, de sa dimension nationale ou territoriale et, le cas échéant, de la circonstance que le service bénéficie à des utilisateurs professionnels de santé exerçant simultanément leur activité au sein de plusieurs personnes morales.

Ce référentiel précise, pour chaque catégorie d'utilisateurs et pour chaque catégorie de service numérique en santé :

1° Le niveau de garantie minimal exigé pour l'identification électronique, au regard des spécifications techniques et des procédures minimales prévues à l'annexe du règlement d'exécution (UE) 2015/1502 de la Commission du 8 septembre 2015 fixant les spécifications techniques et procédures minimales relatives aux niveaux de garantie des moyens d'identification électronique visés à l'article 8, paragraphe 3, du règlement (UE) n° 910/2014 du Parlement européen et du Conseil sur l'identification électronique et les services de confiance pour les transactions électroniques au sein du marché intérieur, en pouvant, le cas échéant, ajouter au niveau de garantie dit "faible" des exigences complémentaires ;

2° Pour les professionnels, le ou les moyens d'identification électronique exigés.

Art. L. 1470-3 Les ministres chargés de la santé et de l'action sociale, ou le cas échéant le ministre de la défense, mettent à disposition des professionnels, personnes physiques et morales, intervenant dans les secteurs sanitaire, social et médico-social les moyens d'identification électronique, matériels ou immatériels, permettant l'utilisation des services numériques en santé.

Les caractéristiques de ces moyens d'identification électronique ainsi que les modalités de leur mise à disposition et de leur utilisation sont fixées par arrêté des ministres chargés de la santé, de l'action sociale et de la défense.

Art. L. 1470-4 La mise à disposition des moyens d'identification électronique est subordonnée à l'enregistrement préalable des professionnels dans le répertoire sectoriel de référence des personnes physiques ou dans le répertoire sectoriel de référence des personnes morales administrés par le groupement d'intérêt public mentionné à l'article L. 1111-24.

Les ministres chargés de la santé, de l'action sociale et de la défense définissent par arrêté les conditions de mise en œuvre du répertoire sectoriel de référence des personnes physiques et du répertoire sectoriel de référence des personnes morales, notamment :

1° Les catégories de données traitées par ces répertoires ;

2° Les modalités d'accès et, le cas échéant, de publicité afférentes à ces données ainsi que leurs destinataires ;

3° Les autorités d'enregistrement et, le cas échéant, leurs délégataires, compétentes pour l'enregistrement des professionnels, ainsi que les conditions de mise à jour des données des professionnels et les modalités de vérification ;

4° Pour les personnes physiques, les modalités d'information des professionnels sur le traitement mis en œuvre et sur l'exercice des droits liés à ce traitement ;

5° Les obligations de vérification de l'enregistrement des professionnels dans ces répertoires incombant aux responsables des services numériques en santé.

CHAPITRE II *INTEROPÉRABILITÉ ET SÉCURITÉ DES SERVICES NUMÉRIQUES EN SANTÉ*

Art. L. 1470-5 Afin de garantir l'échange, le partage, la sécurité et la confidentialité des données de santé à caractère personnel, les services numériques en santé destinés à être utilisés par les personnes morales et physiques mentionnées aux 1° et 2° de l'article L. 1470-1 doivent être conformes aux référentiels d'interopérabilité et de sécurité élaborés par le groupement d'intérêt public mentionné à l'article L. 1111-24, pour le traitement de ces données, leur conservation sur support informatique et leur transmission par voie électronique.

Ces référentiels sont élaborés en concertation avec les représentants des professions de santé, d'associations d'usagers du système de santé agréées, des établissements de santé, des établissements et services des secteurs médico-social et social ainsi que des opérateurs publics et privés du développement et de l'édition des systèmes d'information et des services et outils numériques en santé. Ils sont approuvés par arrêté du ministre chargé de la santé.

Les référentiels d'interopérabilité mentionnés au premier alinéa du présent article s'appuient sur des standards ouverts en vue de faciliter l'extraction, le partage et le traitement des données de santé dans le cadre de la coordination des parcours de soins, de l'amélioration de la qualité des soins et de l'efficience du système de santé ou à des fins de recherche clinique, chaque fois que le recours à ces standards est jugé pertinent et possible par le groupement d'intérêt public mentionné à l'article L. 1111-24.

Art. L. 1470-6 La conformité d'un système d'information ou d'un service ou outil numérique en santé aux référentiels d'interopérabilité mentionnés à l'article L. 1470-5 est attestée dans le cadre d'une procédure d'évaluation et de certification définie par décret en Conseil d'État.

L'attribution de fonds publics dédiés au financement d'opérations de conception, d'acquisition ou de renouvellement de systèmes d'information ou de services ou outils numériques en santé destinés à être utilisés par les personnes morales et physiques mentionnées aux 1° et 2° de l'article L. 1470-1 est conditionnée à des engagements de mise en conformité aux référentiels d'interopérabilité prévus au premier alinéa.

Les conventions d'objectifs et de gestion mentionnées à l'article L. 227-1 du code de la sécurité sociale, les contrats pluriannuels d'objectifs et de moyens mentionnés à l'article L. 1435-3 du présent code et les contrats ayant pour objet d'améliorer la qualité et la coordination des soins mentionnés à l'article L. 1435-4 comprennent des engagements relatifs à l'acquisition ou à l'utilisation de systèmes d'information ou de services ou outils numériques en santé dont la conformité aux référentiels d'interopérabilité mentionnés à l'article L. 1470-5 est attestée dans les conditions prévues au premier alinéa du présent article.

Des modalités complémentaires d'incitation à la mise en conformité des systèmes d'information et services ou outils numériques en santé aux référentiels d'interopérabilité mentionnés à l'article L. 1470-5 peuvent être prévues par décret en Conseil d'État.

DEUXIÈME PARTIE *SANTÉ SEXUELLE ET REPRODUCTIVE, DROITS DE LA FEMME ET PROTECTION DE LA SANTÉ DE L'ENFANT, DE L'ADOLESCENT ET DU JEUNE ADULTE*

CHAPITRE II (DU TITRE III DU LIVRE I) *CARNET DE SANTÉ ET EXAMENS OBLIGATOIRES*

Art. L. 2132-1 Lors de la déclaration de naissance, il est délivré gratuitement pour tout enfant un carnet de santé. Ce carnet est remis par l'officier d'état civil ; à défaut, il peut être demandé au service départemental de protection maternelle et infantile.

Un arrêté ministériel détermine le modèle et le mode d'utilisation de ce carnet où sont mentionnés obligatoirement les résultats des examens médicaux prévus *(L. n° 2001-1246 du 21 déc. 2001, art. 34)* « aux articles L. 2132-2 et L. 2132-2-1 » et où doivent être notées, au fur et à mesure, toutes les constatations importantes concernant la santé de l'enfant.

Le carnet est établi au nom de l'enfant. Il est remis aux parents ou aux personnes titulaires de l'exercice de l'autorité parentale ou aux personnes ou aux services à qui l'enfant a été confié. Ils doivent être informés que nul ne peut en exiger la communication et que toute personne appelée, de par sa fonction, à prendre connaissance des renseignements qui y sont inscrits est soumise au secret professionnel. – *[Anc. art. L. 163.]*

Art. L. 2132-2 Tous les enfants de moins de *(L. nº 2018-1203 du 22 déc. 2018, art. 56)* « dix-huit » ans bénéficient de mesures de prévention sanitaire et sociale qui comportent notamment des examens obligatoires.

Le nombre et le contenu de ces examens, l'âge auquel ils doivent intervenir et la détermination de ceux qui donnent lieu à l'établissement d'un certificat de santé sont fixés par voie réglementaire.

Le contenu des certificats de santé, et notamment la liste des maladies ou déficiences qui doivent y être mentionnées, est établi par arrêté *(L. nº 2018-1203 du 22 déc. 2018, art. 56)* « des ministres chargés de la santé et de la sécurité sociale ».

Art. L. 2132-2-1 Dans l'année qui suit leur *(L. nº 2018-1203 du 22 déc. 2018, art. 51, en vigueur le 1er janv. 2019)* « troisième, leur sixième, leur neuvième, leur douzième et leur quinzième » anniversaire, les enfants sont obligatoirement soumis à un examen bucco-dentaire de prévention réalisé par un chirurgien-dentiste ou un médecin qualifié en stomatologie. *(Abrogé par L. nº 2018-1203 du 22 déc. 2018, art. 51, en vigueur le 1er janv. 2019)* « ***Cet examen ne donne pas lieu à contribution financière de la part des familles.*** » Cette obligation est réputée remplie lorsque le chirurgien-dentiste ou un médecin qualifié en stomatologie atteste sur le carnet de santé mentionné à l'article L. 2132-1 de la réalisation des examens dispensés. – *Al. applicable à Mayotte.*

(L. nº 2018-1203 du 22 déc. 2018, art. 51, en vigueur le 1er janv. 2019) « Dans l'année qui suit leur dix-huitième, leur vingt et unième et leur vingt-quatrième anniversaire, les assurés bénéficient d'un examen bucco-dentaire de prévention réalisé par un chirurgien-dentiste ou un médecin qualifié en stomatologie.

« Les examens prévus aux deux premiers alinéas du présent article ainsi que, le cas échéant, les soins consécutifs sont pris en charge dans les conditions prévues à l'article L. 162-1-12 du code de la sécurité sociale. »

(L. nº 2005-1579 du 19 déc. 2005, art. 38) « Un accord conventionnel interprofessionnel mentionné à l'article L. 162-14-1 du code de la sécurité sociale ou les conventions mentionnées aux articles L. 162-5 et L. 162-9 du même code déterminent pour les médecins qualifiés en stomatologie et pour les chirurgiens-dentistes la nature, les modalités et les conditions de mise en œuvre » *(L. nº 2018-1203 du 22 déc. 2018, art. 51, en vigueur le 1er janv. 2019)* « de ces examens ». Celles-ci concernent notamment l'information des personnes concernées, la qualité des examens, le suivi des personnes et la transmission des informations nécessaires à l'évaluation du programme de prévention dans le respect des dispositions de la loi nº 78-17 du 6 janvier 1978 relative à l'informatique, aux fichiers et aux libertés. *(L. nº 2018-1203 du 22 déc. 2018, art. 51, en vigueur le 1er janv. 2019)* « A défaut d'accord sur la nature, les modalités et les conditions de mise en œuvre de ces examens et sur la prise en charge des soins consécutifs, ces dernières sont définies par arrêté des ministres chargés de la santé et de la sécurité sociale. »

Art. L. 2132-3 Dans un délai de huit jours, le médecin qui a effectué un examen donnant lieu à l'établissement d'un certificat de santé adresse ce certificat au médecin responsable du service départemental de protection maternelle et infantile. La transmission de cette information se fait dans le respect du secret professionnel. – *[Anc. art. L. 165.]*

(L. nº 2004-806 du 9 août 2004, art. 24) « A des fins de suivi statistique et épidémiologique de la santé des enfants, chaque service public départemental de protection maternelle et infantile transmet au ministre chargé de la santé ou aux services désignés à cet effet par le *(Ord. nº 2010-177 du 23 févr. 2010, art. 7)* « directeur général de l'agence régionale de santé », dans des conditions fixées par arrêté pris après avis du Conseil national de l'information statistique et de la Commission nationale de l'informatique et des libertés :

« 1º Des données agrégées ;

« 2º Des *(Ord. nº 2018-1125 du 12 déc. 2018, art. 21)* « données à caractère personnel », dont certaines de santé, ne comportant pas les données suivantes : nom, prénom, jour de naissance et adresse détaillée. L'arrêté précise les modalités de fixation des échantillons ainsi que les garanties de confidentialité apportées lors de la transmission des données. La transmission de ces données se fait dans le respect des règles relatives au secret professionnel.

« Les informations transmises en application du présent article et permettant l'identification des personnes physiques auxquelles elles s'appliquent ne peuvent faire l'objet d'aucune communication de la part du service bénéficiaire de la transmission et sont détruites après utilisation. »

....

CHAPITRE III (DU TITRE IV DU LIVRE I) *ACCÈS AUX DONNÉES NON IDENTIFIANTES ET À L'IDENTITÉ DU TIERS DONNEUR*

(L. nº 2021-1017 du 2 août 2021, art. 5)

Art. L. 2143-1 Pour l'application du présent chapitre, la notion de tiers donneur s'entend de la personne dont les gamètes ont été recueillis ou prélevés en application du chapitre IV du titre IV du livre II de la première partie du présent code ainsi que du couple, du membre survivant ou de la femme non mariée ayant consenti à ce qu'un ou plusieurs de ses embryons soient accueillis par un autre couple ou une autre femme en application de l'article L. 2141-5.

Lorsque le tiers donneur est un couple, son consentement s'entend du consentement exprès de chacun de ses membres.

Art. L. 2143-2 Toute personne conçue par assistance médicale à la procréation avec tiers donneur peut, si elle le souhaite, accéder à sa majorité à l'identité et aux données non identifiantes du tiers donneur définies à l'article L. 2143-3.

Les personnes qui souhaitent procéder à un don de gamètes ou proposer leur embryon à l'accueil consentent expressément et au préalable à la communication de ces données et de leur identité, dans les conditions prévues au premier alinéa du présent article. En cas de refus, ces personnes ne peuvent procéder à ce don ou proposer cet accueil.

Le décès du tiers donneur est sans incidence sur la communication de ces données et de son identité.

Ces données peuvent être actualisées par le donneur.

Code de la santé publique **Art. R. 1244-7** *(Décr. nº 2022-1187 du 25 août 2022, art. 1er, en vigueur le 1er sept. 2022)* Pour l'application des dispositions de l'article L. 2143-2, le médecin de l'organisme, de l'établissement de santé ou du groupement de coopération sanitaire autorisé pour les activités mentionnées au *d* du 1° et aux *c* et *d* du 2° de l'article R. 2142-1 collecte les données mentionnées à l'article R. 2143-5 et les transmet à l'Agence de la biomédecine lors de l'utilisation du don.

Loi nº 2021-1017 du 2 août 2021, *relative à la bioéthique.* **Art. 5** VIII. — A — L'article L. 2143-2 *[...]* s'applique aux personnes conçues par assistance médicale à la procréation avec tiers donneur à compter de la date fixée par *[décret]*.

B. — Les tiers donneurs dont les embryons ou les gamètes sont utilisés jusqu'à la date fixée par *[décret]* peuvent manifester auprès de la commission mentionnée à l'article L. 2143-6 *[...]* leur accord à la transmission aux personnes majeures nées de leur don de leurs données non identifiantes d'ores et déjà détenues par les organismes et établissements mentionnés au troisième alinéa de l'article L. 2142-1 *[...]* ainsi que leur accord à la communication de leur identité en cas de demande par ces mêmes personnes.

C. — A compter du premier jour du treizième mois suivant la promulgation de la présente loi *[1er sept. 2022]*, et au plus tard l'avant-veille de la date fixée par *[décret]*, les tiers donneurs qui ont effectué un don avant l'entrée en vigueur de l'article L. 2143-2 *[...]* peuvent également se manifester auprès des organismes et établissements mentionnés au troisième alinéa de l'article L. 2142-1 *[...]* pour donner leur accord à l'utilisation, à compter de la date fixée *[décret]*, de leurs gamètes ou embryons qui sont en cours de conservation. Ils consentent alors expressément, dans les conditions fixées par décret en Conseil d'État, à la communication de leurs données non identifiantes et de leur identité aux personnes majeures conçues, à partir de cette date, par assistance médicale à la procréation à partir de leurs gamètes ou de leurs embryons qui en feraient la demande.

D. — Les personnes majeures conçues par assistance médicale à la procréation avec tiers donneur à partir des embryons ou des gamètes utilisés jusqu'à la date fixée par *[décret]* peuvent se manifester, si elles le souhaitent, auprès de la commission mentionnée à l'article L. 2143-6 *[...]* pour demander l'accès aux données non identifiantes du tiers donneur détenues par les organismes et établissements mentionnés au troisième alinéa de l'article L. 2142-1 *[...]* et, le cas échéant, à l'identité de ce tiers donneur.

E. — La commission mentionnée à l'article L. 2143-6 *[...]* fait droit aux demandes d'accès aux données non identifiantes et à l'identité du tiers donneur qui lui parviennent en application du D du présent VIII si le tiers donneur s'est manifesté conformément au B.

F. — Les organismes et établissements mentionnés au troisième alinéa de l'article L. 2142-1 *[...]* sont tenus de communiquer à la commission mentionnée à l'article L. 2143-6 *[...]*, à sa demande, les données nécessaires à l'exercice des missions de celle-ci qu'ils détiennent.

G. — Les B et D du présent VIII sont applicables le premier jour du treizième mois suivant la promulgation de la présente loi *[le 1er sept. 2022]*.

Décret nº 2022-1187 du 25 août 2022, *relatif à l'accès aux données non identifiantes et à l'identité du tiers donneur pris en application de l'article 5 de la loi nº 2021-1017 du 2 août 2021 relative à la bioéthique et portant modification des dispositions relatives à l'assistance médicale à la procréation.* **Art. 4** I. — Jusqu'à la date fixée par le décret prévu au C du VII de l'article 5 de la loi du 2 août 2021 susvisée, les organismes ou établissements de santé mentionnés au troisième alinéa de l'article L. 2142-1 du code de la santé publique attribuent en priorité les gamètes donnés et les embryons proposés à l'accueil avant le 1er septembre 2022, dans le respect des règles d'attribution des gamètes prévues à l'article L. 1418-1 du même code.

II. — Le tiers donneur ayant procédé à un don avant le 1er septembre 2022 qui se manifeste, en application des dispositions du C du VIII de l'article 5 de la loi du 2 août 2021 susvisée, auprès des organismes et établissements de santé mentionnés au troisième alinéa de l'article L. 2142-1 du code de la santé publique pour consentir à la poursuite de l'utilisation, à compter de la date fixée par le décret prévu au C du VII du même article 5, de ses gamètes ou embryons qui sont en cours de conservation, consent à la communication de ses données non identifiantes et de son identité dans les conditions prévues à l'article R. 2143-4 du code de la santé publique, dans sa rédaction issue du présent décret.

A cette occasion, le tiers donneur est informé qu'il consent ainsi également à la communication de ses données non identifiantes et de son identité aux personnes majeures qui auraient déjà été conçues à partir de ses gamètes ou embryons à la date fixée par le décret prévu au C du VII de l'article précité.

Art. 5 I. — *[...]*

II. — Les dispositions du II de l'article 4 sont applicables jusqu'à l'avant-veille de la date fixée par le décret pris en application du C du VII de l'article 5 de la loi du 2 août 2021 susvisée.

Art. L. 2143-3 *(L. nº 2021-1017 du 2 août 2021, art. 5, en vigueur le 1er sept. 2022)* **I. — Lors du recueil du consentement prévu aux articles L. 1244-2 et L. 2141-5, le médecin collecte l'identité des personnes souhaitant procéder au don de gamètes ou proposer leur embryon à l'accueil ainsi que les données non identifiantes suivantes :**

1º Leur âge ;

2º Leur état général tel qu'elles le décrivent au moment du don ;

3º Leurs caractéristiques physiques ;

4º Leur situation familiale et professionnelle ;

5º Leur pays de naissance ;

6º Les motivations de leur don, rédigées par leurs soins.

II. — Le médecin mentionné au I du présent article est destinataire des informations relatives à l'évolution de la grossesse résultant d'une assistance médicale à la procréation avec tiers donneur et à son issue. Il recueille l'identité de chaque enfant né à la suite du don d'un tiers donneur ainsi que l'identité de la personne ou du couple receveur.

Ces dispositions ainsi que celles des art. L. 2143-5, L. 2143-6 et L. 2143-8, dans leur rédaction résultant de la L. nº 2021-1017 du 2 août 2021, entrent en vigueur le premier jour du treizième mois suivant la promulgation de ladite loi (L. préc., art. 5-VII-A).

Art. L. 2143-4 *(L. n° 2021-1017 du 2 août 2021, art. 5, en vigueur à une date fixée par décret et au plus tard le 1er sept. 2022)* **Les données relatives aux tiers donneurs mentionnées à l'article L. 2143-3, les données relatives à leurs dons et aux personnes nées à la suite de ces dons ainsi que l'identité des personnes ou des couples receveurs sont conservées par l'Agence de la biomédecine dans un traitement de données dont elle est responsable en application du 13° de l'article L. 1418-1, dans des conditions garantissant strictement leur sécurité, leur intégrité et leur confidentialité, pour une durée limitée et adéquate tenant compte des nécessités résultant de l'usage auquel ces données sont destinées, fixée par un décret en Conseil d'État pris après avis de la Commission nationale de l'informatique et des libertés, qui ne peut être supérieure à cent vingt ans.**

Ces données permettent également à l'Agence de la biomédecine de s'assurer du respect des dispositions relatives aux dons de gamètes prévues à l'article L. 1244-4.

Ces dispositions et celles de l'art. L. 2143-7, dans leur rédaction résultant de la L. n° 2021-1017 du 2 août 202, entrent en vigueur à une date fixée par décret, et au plus tard le premier jour du treizième mois suivant la promulgation de ladite loi (L. préc., art. 5-VII-B).

Art. L. 2143-5 *(L. n° 2021-1017 du 2 août 2021, art. 5, en vigueur le 1er sept. 2022)* **La personne qui, à sa majorité, souhaite accéder aux données non identifiantes relatives au tiers donneur ou à l'identité du tiers donneur s'adresse à la commission mentionnée à l'article L. 2143-6.** — *V. NDLR ss. art. L. 2143-3.*

Art. L. 2143-6 *(L. n° 2021-1017 du 2 août 2021, art. 5, en vigueur le 1er sept. 2022)* **Une commission d'accès aux données non identifiantes et à l'identité du tiers donneur est placée auprès du ministre chargé de la santé. Elle est chargée :**

1° De faire droit aux demandes d'accès à des données non identifiantes relatives aux tiers donneurs conformes aux modalités définies par le décret en Conseil d'État pris en application du 3° de l'article L. 2143-9 ;

2° De faire droit aux demandes d'accès à l'identité des tiers donneurs conformes aux modalités définies par le décret en Conseil d'État pris en application du même 3° ;

3° De demander à l'Agence de la biomédecine la communication des données non identifiantes et de l'identité des tiers donneurs ;

4° De se prononcer, à la demande d'un médecin, sur le caractère non identifiant de certaines données préalablement à leur transmission au responsable du traitement de données mentionné à l'article L. 2143-4 ;

5° De recueillir et d'enregistrer l'accord des tiers donneurs qui n'étaient pas soumis aux dispositions du présent chapitre au moment de leur don pour autoriser l'accès à leurs données non identifiantes et à leur identité ainsi que la transmission de ces données à l'Agence de la biomédecine, qui les conserve conformément au même article L. 2143-4 ;

6° De contacter les tiers donneurs qui n'étaient pas soumis aux dispositions du présent chapitre au moment de leur don, lorsqu'elle est saisie de demandes au titre de l'article L. 2143-5, afin de solliciter et de recueillir leur consentement à la communication de leurs données non identifiantes et de leur identité ainsi qu'à la transmission de ces données à l'Agence de la biomédecine. Afin d'assurer cette mission, la commission peut utiliser le numéro d'inscription des personnes au répertoire national d'identification des personnes physiques et consulter ce répertoire. Les conditions de cette utilisation et de cette consultation sont fixées par un décret en Conseil d'État pris après avis de la Commission nationale de l'informatique et des libertés. La commission est également autorisée à consulter le répertoire national inter-régimes des bénéficiaires de l'assurance maladie afin d'obtenir, par l'intermédiaire des organismes servant les prestations d'assurance maladie, l'adresse des tiers donneurs susmentionnés ;

7° D'informer et d'accompagner les demandeurs et les tiers donneurs.

Les données relatives aux demandes mentionnées à l'article L. 2143-5 sont conservées par la commission dans un traitement de données dont elle est responsable, dans des conditions garantissant strictement leur sécurité, leur intégrité et leur confidentialité, pour une durée limitée et adéquate tenant compte des nécessités résultant de l'usage auquel ces données sont destinées, fixée par un décret en Conseil d'État

pris après avis de la Commission nationale de l'informatique et des libertés, qui ne peut être supérieure à cent vingt ans. – *V. art. R. 2143-2 et R. 2143-3, infra.*

V. NDLR ss. art. L. 2143-3.

V. art. 5-VIII, E et F, ss. art. L. 2143-2.

Art. L. 2143-7 *(L. nº 2021-1017 du 2 août 2021, art. 5, en vigueur à une date fixée par décret et au plus tard le 1er sept. 2022)* **La commission mentionnée à l'article L. 2143-6 est composée :**

1° D'un magistrat de l'ordre judiciaire, qui la préside ;

2° D'un membre de la juridiction administrative ;

3° De quatre représentants du ministre de la justice et des ministres chargés de l'action sociale et de la santé ;

4° De quatre personnalités qualifiées choisies en raison de leurs connaissances ou de leur expérience dans le domaine de l'assistance médicale à la procréation ou des sciences humaines et sociales ;

5° De six représentants d'associations dont l'objet relève du champ d'intervention de la commission.

L'écart entre le nombre de femmes et le nombre d'hommes qui la composent ne peut être supérieur à un.

Chaque membre dispose d'un suppléant.

En cas de partage égal des voix, celle du président est prépondérante.

Les membres de la commission sont tenus à une obligation de confidentialité.

La divulgation, par un membre de la commission, d'informations sur une personne ou un couple qui a fait un don de gamètes ou a consenti à l'accueil de ses embryons ou sur une personne née à la suite de ces dons est passible des sanctions prévues à l'article 511-10 du code pénal.

Art. L. 2143-8 *(L. nº 2021-1017 du 2 août 2021, art. 5, en vigueur le 1er sept. 2022)* **L'Agence de la biomédecine est tenue de communiquer les données mentionnées à l'article L. 2143-3 à la commission, à la demande de cette dernière, pour l'exercice de ses missions mentionnées à l'article L. 2143-6.** – *V. NDLR ss. art. L. 2143-3.*

Art. L. 2143-9 *(L. nº 2021-1017 du 2 août 2021, art. 5)* Les modalités d'application du présent chapitre sont déterminées par un décret en Conseil d'État pris après avis de la Commission nationale de l'informatique et des libertés, notamment : – *V. art. R. 2143-1 s., infra.*

1° La nature des données non identifiantes mentionnées aux 1° à 6° du I de l'article L. 2143-3 ;

2° Les modalités du recueil de l'identité des enfants prévu au II du même article L. 2143-3 ;

3° La nature des pièces à joindre à la demande mentionnée à l'article L. 2143-5 ;

4° La composition et le fonctionnement de la commission mentionnée à l'article L. 2143-6.

QUATRIÈME PARTIE *PROFESSIONS DE SANTÉ*

CHAPITRE I (DU TITRE PRÉLIMINAIRE DU LIVRE PRÉLIMINAIRE) *DISPOSITIONS GÉNÉRALES*

(Ord. nº 2017-50 du 19 janv. 2017, art. 1er-1°)

Art. L. 4001-3 *(L. nº 2021-1017 du 2 août 2021, art. 17)* **I. – Le professionnel de santé qui décide d'utiliser, pour un acte de prévention, de diagnostic ou de soin, un dispositif médical comportant un traitement de données algorithmique dont l'apprentissage a été réalisé à partir de données massives s'assure que la personne concernée en a été informée et qu'elle est, le cas échéant, avertie de l'interprétation qui en résulte.**

II. – Les professionnels de santé concernés sont informés du recours à ce traitement de données. Les données du patient utilisées dans ce traitement et les résultats qui en sont issus leur sont accessibles.

III. — Les concepteurs d'un traitement algorithmique mentionné au I s'assurent de l'explicabilité de son fonctionnement pour les utilisateurs.

IV. — Un arrêté du ministre chargé de la santé établit, après avis de la Haute Autorité de santé et de la Commission nationale de l'informatique et des libertés, la nature des dispositifs médicaux mentionnés au I et leurs modalités d'utilisation.

....

CHAPITRE III (DU TITRE I DU LIVRE I) *RÈGLES COMMUNES LIÉES À L'EXERCICE DE LA PROFESSION* *(L. nº 2009-879 du 21 juill. 2009, art. 66).*

Art. L. 4113-7 Sans préjudice des dispositions de la loi nº 78-17 du 6 janvier 1978 relative à l'informatique, aux fichiers et aux libertés, sont interdites la constitution et l'utilisation à des fins de prospection ou de promotion commerciales de fichiers composés à partir de données issues directement ou indirectement des prescriptions médicales ou des informations médicales mentionnées à l'article L. 161-29 du code de la sécurité sociale, dès lors que ces fichiers permettent d'identifier directement ou indirectement le professionnel prescripteur. — *[Anc. art. L. 365-2, al. 1er.]*

....

CHAPITRE III (DU TITRE VI DU LIVRE I)

Art. L. 4163-9 La constitution et l'utilisation à des fins de prospection ou de promotion commerciales de fichiers composés à partir de données issues directement ou indirectement des prescriptions médicales ou des informations médicales mentionnées à l'article L. 161-29 du code de la sécurité sociale, dès lors que ces fichiers permettent d'identifier directement ou indirectement le professionnel prescripteur, sont punies de deux ans d'emprisonnement et de 75 000 € d'amende. — *[Anc. art. L. 365-2, al. 2.]*

SIXIÈME PARTIE *ÉTABLISSEMENTS ET SERVICES DE SANTÉ*

CHAPITRE III (DU TITRE I DU LIVRE I) *ÉVALUATION, ACCRÉDITATION ET ANALYSE DE L'ACTIVITÉ DES ÉTABLISSEMENTS*

Art. L. 6113-7 Les établissements de santé, publics ou privés, procèdent à l'analyse de leur activité.

Dans le respect du secret médical et des droits des malades, ils mettent en œuvre des systèmes d'information qui tiennent compte notamment des pathologies et des modes de prise en charge en vue d'améliorer la connaissance et l'évaluation de l'activité et des coûts et de favoriser l'optimisation de l'offre de soins.

Les praticiens exerçant dans les établissements de santé publics et privés transmettent les données médicales nominatives nécessaires à l'analyse de l'activité *(L. nº 2009-879 du 21 juill. 2009, art. 13-IV)* « et à la facturation de celle-ci » au médecin responsable de l'information médicale pour l'établissement dans des conditions déterminées par voie réglementaire après consultation du Conseil national de l'ordre des médecins.

(L. nº 2009-879 du 21 juill. 2009, art. 13-IV) « Les praticiens transmettent les données mentionnées au troisième alinéa dans un délai compatible avec celui imposé à l'établissement.

« Sous l'autorité des chefs de pôle, les praticiens sont tenus, dans le cadre de l'organisation de l'établissement, de transmettre toutes données concernant la disponibilité effective des capacités d'accueil et notamment des lits. A la demande du directeur, ce signalement peut se faire en temps réel. »

Le praticien responsable de l'information médicale est un médecin désigné par le *(Ord. nº 2010-177 du 23 févr. 2010, art. 4-6º)* « directeur d'un établissement public de santé ou l'organe délibérant d'un établissement de santé privé », après avis de la commission médicale ou de la conférence médicale. *(L. nº 2018-493 du 20 juin 2018, art. 16, en vigueur le 25 mai 2018)* « Les conditions de cette désignation et les modes d'organisation de la fonction d'information médicale, en particulier les conditions dans lesquelles des personnels placés sous l'autorité du praticien responsable ou des commissaires aux comptes intervenant au titre de la mission légale de certification des comptes mentionnée à l'article L. 6145-16 peuvent contribuer au traitement de données, sont fixés par décret. »

(L. n° 2009-879 du 21 juill. 2009, art. 13-IV) « Lorsque les praticiens appartenant au personnel des établissements publics de santé ne satisfont pas aux obligations qui leur incombent en vertu des troisième et quatrième alinéas, leur rémunération fait l'objet de la retenue prévue à l'article 4 de la loi de finances rectificative pour 1961 (n° 61-825 du 29 juillet 1961). »

(Ord. n° 2018-20 du 17 janv. 2018, art. 21) « Les modalités selon lesquelles les dispositions de cet article sont applicables aux hôpitaux des armées sont fixées par décret en Conseil d'État. »

Art. L. 6113-8 *(L. n° 2009-879 du 21 juill. 2009, art. 5-IV)* « Les établissements de santé transmettent aux agences régionales de santé, à l'État ou à la personne publique qu'il désigne et aux organismes d'assurance maladie les informations relatives à leurs moyens de fonctionnement, à leur activité, à leurs données sanitaires, démographiques et sociales qui sont nécessaires à l'élaboration et à la révision du projet régional de santé, à la détermination de leurs ressources, à l'évaluation de la qualité des soins, à la veille et la vigilance sanitaires, ainsi qu'au contrôle de leur activité de soins et de leur facturation. »

Les destinataires des informations mentionnées à l'alinéa précédent mettent en œuvre, sous le contrôle de l'État au plan national et des agences au plan régional, un système commun d'informations respectant l'anonymat des patients, ou, à défaut, ne comportant ni leur nom, ni leur prénom, ni leur numéro d'inscription au Répertoire national d'identification des personnes physiques, et dont les conditions d'élaboration et d'accessibilité aux tiers, notamment aux établissements de santé publics et privés, sont définies par voie réglementaire.

(L. n° 2006-1640 du 21 déc. 2006, art. 69-XIII) « Les établissements qui ne transmettent pas les informations mentionnées au premier alinéa dans les conditions et les délais fixés par voie réglementaire sont passibles d'une pénalité prononcée par le *(Ord. n° 2010-177 du 23 févr. 2010, art. 9-I-4° et 6°)* « directeur général de l'agence régionale de santé », dans la limite de 5 % de leurs recettes annuelles d'assurance maladie. »

....

CHAPITRE II (DU TITRE III DU LIVRE I) *GROUPEMENTS HOSPITALIERS DE TERRITOIRE*

Art. L. 6132-3 *(L. n° 2016-41 du 26 janv. 2016, art. 107)* I. — L'établissement support désigné par la convention constitutive assure les fonctions suivantes pour le compte des établissements parties au groupement :

1° La stratégie, l'optimisation et la gestion commune d'un système d'information hospitalier convergent *(L. n° 2021-502 du 26 avr. 2021, art. 27)* « et interopérable », en particulier la mise en place d'un dossier patient permettant une prise en charge coordonnée des patients au sein des établissements parties au groupement. Les informations concernant une personne prise en charge par un établissement public de santé partie à un groupement *(Ord. n° 2018-20 du 17 janv. 2018, art. 23)* « ou par un hôpital des armées lorsqu'il est associé au groupement hospitalier de territoire » peuvent être partagées, dans les conditions prévues à l'article L. 1110-4. L'établissement support met en œuvre, dans le cadre de la gestion du système d'information, les mesures techniques de nature à assurer le respect des obligations prévues par la loi n° 78-17 du 6 janvier 1978 relative à l'informatique, aux fichiers et aux libertés *(Abrogé par Ord. n° 2018-1125 du 12 déc. 2018, art. 21 et 29)* « ***, notamment à son article 34*** » ;

(Ord. n° 2018-20 du 17 janv. 2018, art. 23) « Lorsqu'un hôpital des armées est associé au groupement hospitalier de territoire, le système d'information hospitalier convergent *(L. n° 2021-502 du 26 avr. 2021, art. 27)* « et interopérable » est mis en relation avec le système d'information de cet hôpital ; »

2° La gestion d'un département de l'information médicale de territoire. Par dérogation à l'article L. 6113-7, les praticiens transmettent les données médicales nominatives nécessaires à l'analyse de l'activité au médecin responsable de l'information médicale du groupement ;

3° La fonction achats ; *(Ord. nº 2018-20 du 17 janv. 2018, art. 23)* **« lorsqu'un hôpital des armées est associé à un groupement hospitalier de territoire, l'établissement support de ce groupement peut assurer tout ou partie de la fonction achats au profit de l'hôpital des armées ; »**

4° La coordination des instituts et des écoles de formation paramédicale du groupement et des plans de formation continue et de développement professionnel continu des personnels des établissements parties au groupement ;

(Ord. nº 2021-291 du 17 mars 2021, art. 1er et 5, en vigueur au plus tard le 1er janv. 2022) **« 5° La définition d'orientations stratégiques communes pour la gestion prospective des emplois et des compétences, l'attractivité et le recrutement, la rémunération et le temps de travail des personnels médicaux, odontologiques, pharmaceutiques et maïeutiques, dans les limites des compétences des établissements parties à l'égard de ces personnels. Ces orientations, établies en cohérence avec la stratégie médicale du groupement, sont soumises au comité stratégique pour approbation. L'établissement support veille à leur respect par les établissements parties. »**

II. — L'établissement support du groupement hospitalier de territoire peut gérer pour le compte des établissements parties au groupement des équipes médicales communes, la mise en place de pôles interétablissements tels que définis dans la convention constitutive du groupement ainsi que des activités administratives, logistiques, techniques et médico-techniques.

(Ord. nº 2018-20 du 17 janv. 2018, art. 23) **« Les personnels des hôpitaux des armées associés au groupement peuvent participer à des équipes médicales communes et à des pôles inter-établissements. »**

III. — Les établissements parties au groupement hospitalier de territoire *(Ord. nº 2018-20 du 17 janv. 2018, art. 23)* **« et les hôpitaux des armées associés au groupement » organisent en commun les activités d'imagerie diagnostique et interventionnelle, le cas échéant au sein d'un pôle interétablissement. Ils organisent en commun, dans les mêmes conditions, les activités de biologie médicale** *(Ord. nº 2016-1729 du 15 déc. 2016, art. 2)* **« et de pharmacie ».**

IV. — Les centres hospitaliers universitaires mentionnés au second alinéa de l'article L. 6141-2 coordonnent, au bénéfice des établissements parties aux groupements hospitaliers de territoire auxquels ils sont associés :

1° Les missions d'enseignement de formation initiale des professionnels médicaux ;

2° Les missions de recherche, dans le respect de l'article L. 6142-1 ;

3° Les missions de gestion de la démographie médicale ;

4° Les missions de référence et de recours.

CHAPITRE VI (DU TITRE I DU LIVRE III) ***TÉLÉSANTÉ*** *(L. nº 2019-774 du 24 juill. 2019, art. 53).*

(L. nº 2009-879 du 21 juill. 2009, art. 78-I)

V. CSP, art. R. 6316-1 s., infra.

SECTION 1 ***Télémédecine*** *(L. nº 2019-774 du 24 juill. 2019, art. 53).*

Art. L. 6316-1 **La télémédecine est une forme de pratique médicale à distance utilisant les technologies de l'information et de la communication. Elle met en rapport** *(L. nº 2019-774 du 24 juill. 2019, art. 53)* **« un professionnel médical avec un ou plusieurs professionnels de santé, entre eux ou avec le patient et, le cas échéant, d'autres professionnels apportant leurs soins au patient ».**

Elle permet d'établir un diagnostic, d'assurer, pour un patient à risque, un suivi à visée préventive ou un suivi post-thérapeutique, de requérir un avis spécialisé, de préparer une décision thérapeutique, de prescrire des produits, de prescrire ou de réaliser des prestations ou des actes, ou d'effectuer une surveillance de l'état des patients.

La définition des actes de télémédecine ainsi que leurs conditions de mise en œuvre *(Abrogé par L. nº 2017-1836 du 30 déc. 2017, art. 54)* ***« et de prise en charge financière »***

sont fixées par décret *(Abrogé par L. n° 2019-774 du 24 juill. 2019, art. 54)* ***«, en tenant compte des déficiences de l'offre de soins dues à l'insularité et l'enclavement géographique».***

SECTION 2 *Télésoin*

(L. n° 2019-774 du 24 juill. 2019, art. 53)

Art. L. 6316-2 Le télésoin est une forme de pratique de soins à distance utilisant les technologies de l'information et de la communication. Il met en rapport un patient avec un ou plusieurs pharmaciens ou auxiliaires médicaux dans l'exercice de leurs compétences prévues au présent code.

Les activités de télésoin sont définies par arrêté du ministre chargé de la santé, pris après avis de la Haute Autorité de santé. Cet avis porte notamment sur les conditions de réalisation du télésoin permettant de garantir leur qualité et leur sécurité ainsi que sur les catégories de professionnels y participant.

Les conditions de mise en œuvre des activités de télésoin sont fixées par décret en Conseil d'État.

DEUXIÈME PARTIE : *RÉGLEMENTAIRE*

PREMIÈRE PARTIE *PROTECTION GÉNÉRALE DE LA SANTÉ*

LIVRE I **PROTECTION DES PERSONNES EN MATIÈRE DE SANTÉ**

TITRE I **DROITS DES PERSONNES MALADES ET DES USAGERS DU SYSTÈME DE SANTÉ**

CHAPITRE PRÉLIMINAIRE *DROITS DE LA PERSONNE*

SECTION 1 *Conditions d'échange et de partage d'informations entre professionnels* *(Décr. n° 2022-875 du 9 juin 2022, art. 1er).*

(Décr. n° 2016-994 du 20 juill. 2016, art. 1er)

Art. R. 1110-1 Les professionnels participant à la prise en charge d'une même personne peuvent, en application de l'article L. 1110-4, échanger ou partager des informations relatives à la personne prise en charge dans la double limite :

1° Des seules informations strictement nécessaires à la coordination ou à la continuité des soins, à la prévention, ou au suivi médico-social et social de ladite personne ;

2° Du périmètre de leurs missions.

Art. R. 1110-2 Les professionnels susceptibles d'échanger ou de partager des informations relatives à la même personne prise en charge appartiennent aux deux catégories suivantes :

1° Les professionnels de santé mentionnés à la quatrième partie du présent code, quel que soit leur mode d'exercice ;

2° Les professionnels relevant des sous-catégories suivantes :

a) Assistants de service social mentionnés à l'article L. 411-1 du code de l'action sociale et des familles ;

b) Ostéopathes, chiropracteurs, psychologues et psychothérapeutes non professionnels de santé par ailleurs, aides médico-psychologiques et accompagnants éducatifs et sociaux ;

c) Assistants maternels et assistants familiaux mentionnés au titre II du livre IV du code de l'action sociale et des familles ;

d) Éducateurs et aides familiaux, personnels pédagogiques occasionnels des accueils collectifs de mineurs, permanents des lieux de vie mentionnés au titre III du livre IV du même code ;

e) Particuliers accueillant des personnes âgées ou handicapées mentionnés au titre IV du livre IV du même code ;

f) Mandataires judiciaires à la protection des majeurs et délégués aux prestations familiales mentionnés au titre VII du livre IV du même code ;

g) Non-professionnels de santé salariés des établissements et services et lieux de vie et d'accueil mentionnés aux articles L. 312-1, L. 321-1 et L. 322-1 du même code, ou y exerçant à titre libéral en vertu d'une convention ;

(Abrogé par Décr. n° 2021-1796 du 23 déc. 2021, art. 1er) ***« h) Non-professionnels de santé mettant en œuvre la méthode prévue à l'article L. 113-3 du même code pour la prise en charge d'une personne âgée en perte d'autonomie ; »***

i) Non-professionnels de santé membres de l'équipe médico-sociale compétente pour l'instruction des demandes d'allocation personnalisée d'autonomie mentionnée aux articles L. 232-3 et L. 232-6 du même code, ou contribuant à cette instruction en vertu d'une convention ;

(Décr. n° 2021-1048 du 4 août 2021, art. 1er) « *j)* Personnels des dispositifs d'appui à la coordination des parcours de santé complexes mentionnés à l'article L. 6327-1, des dispositifs spécifiques régionaux mentionnés à l'article L. 6327-6 et des dispositifs d'appui mentionnés au II de l'article 23 de la loi n° 2019-774 du 24 juillet 2019 relative à l'organisation et à la transformation du système de santé intervenant dans le cadre de leur mission de coordination du parcours de santé de la personne concernée et spécialement habilités par les représentants légaux de ces dispositifs ;

« *k)* Étudiants en troisième cycle mentionnés aux articles R. 6153-1, R. 6153-2 et R. 6153-93 du présent code. »

Les dispositions abrogées par le Décr. n° 2021-1796 du 23 déc. 2021 demeurent applicables, dans leur rédaction antérieure à celle résultant dudit décret, aux dispositifs d'appui existants mentionnés au II de l'art. 23 de la L. n° 2019-774 du 24 juill. 2019 jusqu'à l'intégration de ces derniers dans un dispositif d'appui à la coordination mentionné à l'art. L. 6327-2 ou à l'art. L. 6327-6 CSP et, au plus tard, jusqu'à la date fixée au II de l'art. 23 de cette même loi (Décr. préc., art. 3).

Art. R. 1110-3 I. — Le professionnel relevant d'une des catégories de l'article R. 1110-2 souhaitant échanger des informations relatives à une personne prise en charge, au titre du II de l'article L. 1110-4, avec un professionnel relevant de l'autre catégorie, informe préalablement la personne concernée, d'une part, de la nature des informations devant faire l'objet de l'échange, d'autre part, soit de l'identité du destinataire et de la catégorie dont il relève, soit de sa qualité au sein d'une structure précisément définie.

II. — Lorsqu'ils sont membres d'une même équipe de soins, les professionnels relevant d'une des catégories mentionnées à l'article R. 1110-2, partagent, avec ceux qui relèvent de l'autre catégorie, les informations relatives à une personne prise en charge dans les strictes limites de l'article R. 1110-1 et en informent préalablement la personne concernée. Ils tiennent compte, pour la mise en œuvre de ce partage, des recommandations élaborées par la Haute Autorité de santé avec le concours des ordres professionnels, en particulier pour ce qui concerne les catégories d'informations qui leur sont accessibles.

III. — Lorsque la personne est hors d'état d'exprimer sa volonté, seule l'urgence ou l'impossibilité d'informer cette personne peut dispenser le professionnel ou la personne participant à sa prise en charge de l'obligation d'information préalable. La personne concernée est toutefois informée, dès que son état de santé le permet, de l'échange ou du partage des informations auquel il a été procédé. Il en est fait mention dans le dossier médical.

Art. D. 1110-3-1 *(Décr. n° 2016-1349 du 10 oct. 2016, art. 1er)* Lorsqu'une personne est prise en charge par un professionnel relevant des catégories de professionnels mentionnées à l'article R. 1110-2 et ne faisant pas partie de l'équipe de soins au sens de l'article L. 1110-12, ce professionnel recueille le consentement de la personne pour partager ces données dans le respect des conditions suivantes :

1° La personne et, le cas échéant, son représentant légal, est dûment informée, en tenant compte de ses capacités, avant d'exprimer son consentement, des catégories d'informations ayant vocation à être partagées, des catégories de professionnels fondés à en connaître, de la nature des supports utilisés pour les partager et des mesures prises pour préserver leur sécurité, notamment les restrictions d'accès ;

2° Le consentement préalable de la personne, ou de son représentant légal, est recueilli par tout moyen, y compris de façon dématérialisée, après qu'elle a reçu les informations prévues au 1°.

Art. D. 1110-3-2 *(Décr. nº 2016-1349 du 10 oct. 2016, art. 1er)* L'information préalable de la personne est attestée par la remise à celle-ci, par le professionnel qui a recueilli le consentement, d'un support écrit, qui peut être un écrit sous forme électronique, reprenant cette information. Ce support indique les modalités effectives d'exercice de ses droits par la personne ainsi que de ceux qui s'attachent aux traitements opérés sur l'information recueillie, en application de la loi du 6 janvier 1978 relative à l'informatique, aux fichiers et aux libertés.

Art. D. 1110-3-3 *(Décr. nº 2016-1349 du 10 oct. 2016, art. 1er)* Le consentement est recueilli par chaque professionnel mentionné à l'article D. 1110-3-1, par tout moyen, y compris sous forme dématérialisée, sauf en cas d'impossibilité ou d'urgence. Dans ce cas, il procède au recueil du consentement lorsque la personne est de nouveau en capacité ou en situation de consentir au partage d'informations la concernant. Il en est fait mention dans le dossier médical de la personne.

Le consentement est valable tant qu'il n'a pas été retiré par tout moyen, y compris sous forme dématérialisée. Il est strictement limité à la durée de la prise en charge de la personne. La prise en charge peut nécessiter une ou plusieurs interventions successives du professionnel.

La matérialisation du recueil des modifications ou du retrait du consentement est faite selon les modalités décrites à l'article D. 1110-3-2.

Art. D. 1110-3-4 *(Décr. nº 2016-996 du 20 juill. 2016, art. 1er)* Les structures de coopération, d'exercice partagé ou de coordination sanitaire ou médico-sociale mentionnées au 1° de l'article L. 1110-12 sont les suivantes :

1° Les groupements hospitaliers de territoire ;

2° Les fédérations médicales inter-hospitalières ;

3° Lorsqu'ils ont pour objet la prise en charge médicale coordonnée de personnes, les groupements de coopération sanitaire et les groupements de coopération sociaux et médico-sociaux, ainsi que les groupements d'intérêt public et les groupements d'intérêt économique ;

4° Les maisons et les centres de santé ;

5° Les sociétés d'exercice libéral et toute autre personne morale associant des professionnels de santé libéraux, lorsqu'elles ont pour objet la prise en charge médicale coordonnée de personnes ;

6° Les organisations mises en œuvre dans le cadre des protocoles de coopération prévus aux articles L. 4011-1 à L. 4011-3 ;

(Abrogé par Décr. nº 2021-1797 du 23 déc. 2021, art. 1er) *« 7° Les plateformes territoriales d'appui mentionnées à l'article L. 6327-2 ;*

« 8° Les réseaux de santé mentionnés aux articles L. 6321-1 et L. 6321-2 ;

« 9° Les coordinations territoriales mises en œuvre en application de l'article 48 de la loi nº 2012-1404 du 17 décembre 2012 de financement de la sécurité sociale pour 2013 ; »

(Décr. nº 2021-1797 du 23 déc. 2021, art. 1er) « 7° » Les équipes pluridisciplinaires prévues à l'article L. 146-8 du code de l'action sociale et des familles et les équipes médico-sociales intervenant au titre de l'allocation personnalisée d'autonomie prévue à l'article L. 232-6 du même code ;

(Décr. nº 2021-1797 du 23 déc. 2021, art. 1er) « 8° Les dispositifs d'appui à la coordination mentionnés à l'article L. 6327-2 ;

« 9° Les dispositifs spécifiques régionaux mentionnés à l'article L. 6327-6. »

Les dispositions modifiées ou abrogées par les dispositions du Décr. nº 2021-1797 du 23 déc. 2021 demeurent applicables, dans leur rédaction antérieure à celle résultant dudit décret, aux dispositifs d'appui existants mentionnés au II de l'art. 23 de la L. nº 2019-774 du 24 juill. 2019 jusqu'à l'intégration de ces derniers dans un dispositif d'appui à la coordination mentionné à l'art. L. 6327-2 ou à l'art. L. 6327-6 CSP et, au plus tard, jusqu'à la date fixée au II de l'art. 23 de cette même loi (Décr. préc., art. 3).

Art. R. 1110-3-5 *(Décr. nº 2022-875 du 9 juin 2022, art. 1er)* I. – Le professionnel de santé ou le professionnel du secteur médico-social ou social mentionné au III *bis* de l'article L. 1110-4 et qui appartient à l'une des catégories énumérées à l'article R. 1110-2 peut échanger, avec les personnes mentionnées à ce même III *bis* et exerçant au sein d'une structure mentionnée à l'article R. 1110-3-6, des informations relatives à un militaire ou un ancien militaire blessé et strictement nécessaires à son accompagnement.

II. – Le professionnel mentionné au I qui souhaite échanger des informations dans le cadre de ce I en informe préalablement la personne concernée dans les conditions prévues aux I et III de l'article R. 1110-3.

L'information préalable de la personne est attestée par la remise à celle-ci, par le professionnel, d'un support écrit reprenant cette information. Ce support indique les modalités effectives d'exercice de ses droits en application du règlement (UE) 2016/679 du Parlement européen et du Conseil du 27 avril 2016 relatif à la protection des personnes physiques à l'égard du traitement des données à caractère personnel et à la libre circulation de ces données, et abrogeant la directive 95/46/CE.

Art. R. 1110-3-6 *(Décr. nº 2022-875 du 9 juin 2022, art. 1er)* Les structures mentionnées au III *bis* de l'article L. 1110-4 sont :

1° Le service des pensions et des risques professionnels du ministère de la défense ;

2° Les structures mises en place au ministère de la défense pour l'aide aux blessés des forces armées et des formations rattachées mentionnées respectivement aux articles L. 3211-1 et L. 3211-1-1 du code de la défense ;

3° L'Office national des anciens combattants et victimes de guerre ;

4° La structure mise en place au ministère de la défense en charge de l'accompagnement vers l'emploi du personnel militaire en situation de reconversion professionnelle hors de la fonction publique ;

5° La Caisse nationale militaire de sécurité sociale instituée par l'article L. 713-19 du code de la sécurité sociale.

....

CHAPITRE I *INFORMATION DES USAGERS DU SYSTÈME DE SANTÉ ET EXPRESSION DE LEUR VOLONTÉ*

SECTION 1 *Principes généraux* *(Décr. nº 2006-6 du 4 janv. 2006, art. 1er-I)*.

SOUS-SECTION 1 *Accès aux informations de santé à caractère personnel* *(Décr. nº 2006-6 du 4 janv. 2006, art. 1er-I)*.

Art. R. 1111-1 L'accès aux informations relatives à la santé d'une personne, mentionnées à l'article L. 1111-7 et détenues par un *(Décr. nº 2018-137 du 26 févr. 2018, art. 1er)* « professionnel de santé ou un établissement de santé », est demandé par la personne concernée, son ayant droit *(Décr. nº 2016-994 du 20 juill. 2016, art. 2)* « , son concubin ou son partenaire lié par un pacte civil de solidarité » en cas de décès de cette personne, la personne ayant l'autorité parentale, *(Décr. nº 2016-994 du 20 juill. 2016, art. 2)* « la personne » *(Décr. nº 2021-684 du 28 mai 2021, art. 1er)* « chargée d'une mesure de protection juridique avec représentation relative à la personne » ou, le cas échéant, par le médecin qu'une de ces personnes a désigné comme intermédiaire.

(Décr. nº 2021-684 du 28 mai 2021, art. 1er) « L'accès peut également être demandé par la personne chargée d'une mesure de protection juridique avec assistance à la personne si le majeur protégé y consent expressément. »

La demande est adressée au professionnel de santé *(Abrogé par Décr. nº 2018-137 du 26 févr. 2018, art. 1er)* *« ou à l'hébergeur »* et, dans le cas d'un établissement de santé, au responsable de cet établissement ou à la personne qu'il a désignée à cet effet et dont le nom est porté à la connaissance du public par tous moyens appropriés.

Avant toute communication, le destinataire de la demande s'assure de l'identité du demandeur et s'informe, le cas échéant, de la qualité de médecin de la personne désignée comme intermédiaire.

Selon les cas prévus par l'article L. 1111-7 précité, le délai de huit jours ou de deux mois court à compter de la date de réception de la demande ; lorsque le délai de deux mois s'applique en raison du fait que les informations remontent à plus de cinq ans, cette période de cinq ans court à compter de la date à laquelle l'information médicale a été constituée.

Art. R. 1111-2 A son choix, le demandeur obtient du *(Décr. n° 2018-137 du 26 févr. 2018, art. 1er)* « professionnel de santé ou de l'établissement de santé » communication des informations demandées, soit par consultation sur place, avec, le cas échéant, remise de copies de documents, soit par l'envoi de copies des documents. Les frais de délivrance de ces copies sont laissés à la charge du demandeur dans les conditions fixées par l'article L. 1111-7.

(Décr. n° 2006-6 du 4 janv. 2006, art. 2-I) « Dans le cas où les informations demandées sont détenues par un établissement de santé et si les dispositifs techniques de l'établissement le permettent, le demandeur peut également consulter par voie électronique tout ou partie des informations en cause. »

Dans le cas d'une demande de consultation sur place adressée à un établissement de santé, le demandeur est informé du dispositif d'accompagnement médical organisé par l'établissement dans les conditions fixées à l'article R. 1112-1.

Les copies sont établies sur un support analogue à celui utilisé par le *(Décr. n° 2018-137 du 26 févr. 2018, art. 1er)* « professionnel de santé ou l'établissement de santé », ou sur papier, au choix du demandeur et dans la limite des possibilités techniques du professionnel ou de l'organisme concerné.

Art. R. 1111-3 Lorsque la demande est imprécise ou qu'elle n'exprime pas de choix quant aux modalités de communication des informations, le *(Décr. n° 2018-137 du 26 févr. 2018, art. 1er)* « professionnel de santé ou l'établissement » informe le demandeur des différentes modalités de communication ouvertes par la présente section et lui indique celles qui seront utilisées à défaut de choix de sa part.

Si, au terme du délai de huit jours ou *[de]* celui de deux mois prévu à l'article L. 1111-7, le demandeur n'a toujours pas précisé sa volonté, le *(Décr. n° 2018-137 du 26 févr. 2018, art. 1er)* « professionnel de santé ou l'établissement » mettent à sa disposition les informations sous la forme qu'ils lui avaient précédemment indiquée.

Art. R. 1111-4 Lorsque la présence d'une tierce personne lors de la consultation de certaines informations est recommandée par le médecin les ayant établies ou en étant dépositaire, celles-ci sont communiquées dès que le demandeur a exprimé son acceptation ou son refus de suivre la recommandation. En cas d'absence de réponse du demandeur au terme d'un des délais prévus à l'article L. 1111-7, les informations lui sont communiquées.

Art. R. 1111-5 Lorsque, dans les circonstances prévues au quatrième alinéa de l'article L. 1111-7, le détenteur des informations recueillies dans le cadre d'une hospitalisation d'office ou d'une hospitalisation sur demande d'un tiers estime que la communication de ces informations au demandeur ne peut avoir lieu *(Décr. n° 2006-904 du 19 juill. 2006, art. 1er)* « qu'en présence d'un médecin », il en informe l'intéressé. Si celui-ci refuse de désigner un médecin, le détenteur des informations saisit la commission départementale des hospitalisations psychiatriques, qui peut également être saisie par l'intéressé conformément aux dispositions de l'article L. 3223-1. *(Décr. n° 2006-904 du 19 juill. 2006, art. 1er)* « Le détenteur des informations fournit sans délai à la commission, sous pli confidentiel, les informations nécessaires relatives à la santé du demandeur et les éléments qui le conduisent à demander la présence d'un médecin. »

L'avis de la commission, qui s'impose au demandeur et au détenteur, leur est notifié *(Décr. n° 2006-904 du 19 juill. 2006, art. 1er)* « dans le délai de deux mois à compter de la date de réception de la demande initiale de l'intéressé ».

La saisine de la commission ne fait pas obstacle à la communication des informations si le demandeur revient sur son refus de désigner un médecin. Dans ce cas, lorsque la saisine a eu lieu, le détenteur en informe la commission.

Art. R. 1111-6 La personne mineure qui souhaite garder le secret sur *(Décr. nº 2016-994 du 20 juill. 2016, art. 2-2º-a)* « une action de prévention, un dépistage, un diagnostic, un traitement » ou une intervention dont elle fait l'objet dans les conditions prévues à l'article L. 1111-5 peut s'opposer à ce que le médecin *(Décr. nº 2016-994 du 20 juill. 2016, art. 2-2º-a)* « ou la sage-femme » qui a pratiqué *(Décr. nº 2016-994 du 20 juill. 2016, art. 2-2º-a)* « cette action de prévention, ce dépistage, ce diagnostic, ce traitement » ou cette intervention communique au titulaire de l'autorité parentale les informations qui ont été constituées à ce sujet.

(Décr. nº 2016-994 du 20 juill. 2016, art. 2-2º-b) « La personne mineure qui souhaite garder le secret sur une action de prévention, un dépistage ou un traitement dont elle fait l'objet dans les conditions prévues à l'article L. 1111-5-1 peut s'opposer à ce que l'infirmier qui a pratiqué cette action de prévention, ce dépistage ou ce traitement communique aux titulaires de l'autorité parentale les informations qui ont été constituées à ce sujet. »

Le médecin *(Décr. nº 2016-994 du 20 juill. 2016, art. 2-2º-c)* « , la sage-femme ou l'infirmier » fait mention écrite de cette opposition.

Tout médecin *(Décr. nº 2016-994 du 20 juill. 2016, art. 2-2º-d)* « , sage-femme ou infirmier » saisi d'une demande présentée par le titulaire de l'autorité parentale pour l'accès aux informations mentionnées *(Décr. nº 2016-994 du 20 juill. 2016, art. 2-2º-d)* « aux deux premiers alinéas » ci-dessus doit s'efforcer d'obtenir le consentement de la personne mineure à la communication de ces informations au titulaire de l'autorité parentale. Si en dépit de ces efforts le mineur maintient son opposition, la demande précitée ne peut être satisfaite tant que l'opposition est maintenue.

Lorsqu'en application de l'article L. 1111-7 la personne mineure demande que l'accès du titulaire de l'autorité parentale aux informations concernant son état de santé ait lieu par l'intermédiaire d'un médecin, ces informations sont, au choix du titulaire de l'autorité parentale, adressées au médecin qu'il a désigné ou consultées sur place en présence de ce médecin.

Art. R. 1111-7 L'ayant droit *(Décr. nº 2016-994 du 20 juill. 2016, art. 2-3º-a)* « , le concubin ou le partenaire lié par un pacte civil de solidarité » d'une personne décédée qui souhaite accéder aux informations médicales concernant cette personne, dans les conditions prévues au *(Décr. nº 2016-994 du 20 juill. 2016, art. 2-3º-b)* « neuvième » alinéa de l'article L. 1110-4, doit préciser, lors de sa demande, le motif pour lequel elle a besoin d'avoir connaissance de ces informations. Le refus d'une demande opposé à cet ayant droit *(Décr. nº 2016-994 du 20 juill. 2016, art. 2-3º-c)* « , ce concubin ou ce partenaire lié par un pacte civil de solidarité » est motivé.

Ce refus ne fait pas obstacle, le cas échéant, à la délivrance d'un certificat médical, dès lors que ce certificat ne comporte pas d'informations couvertes par le secret médical.

Art. R. 1111-8 *(Abrogé par Décr. nº 2018-137 du 26 févr. 2018, art. 1er)* ***Pour l'application des dispositions mentionnées aux troisième à sixième alinéas de l'article L. 1111-7, les informations de santé qui ont été déposées auprès d'un hébergeur par un professionnel ou un établissement de santé ne peuvent être communiquées par cet hébergeur à la personne qu'elles concernent qu'avec l'accord du professionnel de santé ou de l'établissement qui en a le dépôt.***

SOUS-SECTION 1 *BIS* *Identifiant national de santé*

(Décr. nº 2017-412 du 27 mars 2017, art. 1er)

Sur les modalités d'application de l'identifiant national de santé, V. Décr. nº 2017-412 du 27 mars 2017, art. 2, reproduit ss. l'art. R. 1111-8-7.

Art. R. 1111-8-1 I. — L'identifiant national de santé défini à l'article L. 1111-8-1 est le numéro d'inscription au répertoire national d'identification des personnes physiques (NIR).

Pour les personnes en instance d'attribution d'un numéro d'inscription au répertoire national d'identification des personnes physiques et jusqu'à l'attribution de ce numéro, l'identifiant national de santé est le *(Décr. nº 2022-292 du 1er mars 2022, art. 2, en vigueur le 1er mars 2022)* « numéro d'identification d'attente (NIA) mentionné au dernier alinéa de l'article R. 161-1 du code de la sécurité sociale ».

II. – Tout autre identifiant *(Décr. nº 2019-1036 du 8 oct. 2019, art. 1er)* « ne peut être utilisé pour le référencement des données de santé qu'en cas d'impossibilité d'accès » à l'identifiant national de santé, afin de ne pas empêcher la prise en charge sanitaire et médico-sociale des personnes. Il est procédé au référencement des données mentionnées à l'article R. 1111-8-2 avec l'identifiant national de santé dès qu'il est possible d'y accéder.

III. – Lorsque l'identification d'une personne par un professionnel, un établissement, un service ou un organisme mentionné à l'article R. 1111-8-3, est nécessaire pour sa prise en charge à des fins sanitaires ou médico-sociales, cette identification ne peut être faite que par l'identifiant national de santé, dans le respect des conditions prévues aux articles R. 1111-8-2 à R. 1111-8-7.

Art. R. 1111-8-2 L'identifiant national de santé est utilisé pour référencer les données de santé et les données administratives de toute personne bénéficiant ou appelée à bénéficier d'un acte diagnostique, thérapeutique, de prévention, de soulagement de la douleur, de compensation du handicap ou de prévention de la perte d'autonomie, ou d'interventions nécessaires à la coordination de plusieurs de ces actes.

(Décr. nº 2019-1036 du 8 oct. 2019, art. 1er) « L'utilisation de l'identifiant national de santé ne peut avoir d'autre*[s]* objet*[s]* que ceux mentionnés au premier alinéa, sauf traitement de l'identifiant de santé à des fins de recherche dans le domaine de la santé tel que mentionné au dernier alinéa de l'article 30 de la loi nº 78-17 du 6 janvier 1978 relative à l'informatique, aux fichiers et aux libertés, et autorisé dans les conditions prévues à la section 3 du chapitre III du titre II de la même loi. »

Art. R. 1111-8-3 Le référencement de données mentionnées à l'article R. 1111-8-2 à l'aide de l'identifiant national de santé ne peut être réalisé que par des professionnels, établissements, services et organismes mentionnés à l'article L. 1110-4 et des professionnels constituant une équipe de soins en application de l'article L. 1110-12 et intervenant dans la prise en charge sanitaire ou médico-sociale de la personne concernée.

(Abrogé par Décr. nº 2019-341 du 19 avr. 2019, art. 5) « ***Les dispositions de la loi nº 78-17 du 6 janvier 1978 relative à l'informatique, aux fichiers et aux libertés prescrivant une procédure particulière d'autorisation à raison de l'utilisation du numéro d'inscription au répertoire national d'identification des personnes physiques ne sont pas applicables aux opérations ayant pour seul objet le référencement de données prévu à l'alinéa précédent.*** »

Art. R. 1111-8-4 L'utilisation de données de santé et de données administratives référencées avec l'identifiant national de santé n'est autorisée dans le cadre d'un traitement de données à caractère personnel que si les deux conditions suivantes sont remplies :

1° Le traitement a une finalité exclusivement sanitaire ou médico-sociale, y compris les fonctions nécessaires pour assurer le suivi social ou la gestion administrative des personnes prises en charge ;

2° Le traitement est mis en œuvre dans le respect des dispositions de la loi nº 78-17 du 6 janvier 1978 relative à l'informatique, aux fichiers et aux libertés.

Art. R. 1111-8-5 Le droit d'opposition prévu au premier alinéa de l'article 38 de la loi nº 78-17 du 6 janvier 1978 relative à l'informatique, aux fichiers et aux libertés ne s'applique pas aux traitements de données à caractère personnel ayant pour seul objet le référencement de données prévu aux articles R. 1111-8-2 et R. 1111-8-3 à l'aide de l'identifiant national de santé.

Art. R. 1111-8-6 *(Décr. nº 2019-1036 du 8 oct. 2019, art. 1er)* Des téléservices permettent aux professionnels, établissements, services ou organismes mentionnés à l'article R. 1111-8-3 d'accéder au numéro d'inscription au répertoire national des personnes physiques et de vérifier son exactitude dans le respect du référentiel mentionné à l'article R. 1111-8-7. Ils sont mis en œuvre par la Caisse nationale de l'assurance maladie.

Le référencement des données de santé nécessite l'association de l'identifiant national de santé et d'éléments d'identité provenant du répertoire national d'identification des personnes physiques. Ces éléments d'identité sont précisés par le référentiel mentionné à l'article R. 1111-8-7. La bonne association entre l'identifiant national de santé et les éléments d'identité est effectuée par les personnes chargées du référencement en application du premier alinéa à l'aide des téléservices d'accès ou de vérification, sauf en cas d'indisponibilité des téléservices ou motif légitime invoqué par ces personnes faisant obstacle à une association immédiate. Les téléservices comprennent plusieurs modalités d'accès, dont l'accès par lecture électronique de la carte mentionnée à l'article L. 161-31 du code de la sécurité sociale du bénéficiaire des actes, dénommée carte d'assurance maladie ou dite "carte vitale", ou d'autres modalités présentant des garanties équivalentes, définies dans le référentiel mentionné à l'article R. 1111-8-7.

Le recours aux téléservices n'exonère pas les personnes susmentionnées de mettre en place toute procédure de surveillance, de correction et de prévention des erreurs relevant de l'organisation de la prise en charge des personnes et concourant à la maîtrise du risque d'erreur dans l'identification des personnes.

Art. R. 1111-8-7 Un référentiel établi conformément aux règles fixées à l'article L. 1110-4-1 définit les modalités de mise en œuvre de l'obligation *(Décr. n° 2019-1036 du 8 oct. 2019, art. 1er)* « de référencement des données de santé avec » l'identifiant national de santé prévue au III de l'article R. 1111-8-1. Il précise les procédures de surveillance et de gestion des risques et erreurs liés à l'identification des personnes prises en charge devant être mises en œuvre par les professionnels, établissements, services et organismes mentionnés à l'article R. 1111-8-3 ainsi que les mesures de sécurité applicables aux opérations de référencement de données à caractère personnel mentionnées au même article.

SOUS-SECTION 1 *TER* *Dispositions générales relatives à l'hébergement de données de santé à caractère personnel*

(Décr. n° 2018-137 du 26 févr. 2018, art. 2, en vigueur le 1er avr. 2018)

Art. R. 1111-8-8 I. — L'activité d'hébergement de données de santé à caractère personnel mentionnée au I de l'article L. 1111-8 consiste à héberger les données de santé à caractère personnel recueillies à l'occasion d'activités de prévention, de diagnostic, de soins ou de suivi social et médico-social :

1° Pour le compte de personnes physiques ou morales, responsables de traitement au sens de la loi n° 78-17 du 6 janvier 1978, à l'origine de la production ou du recueil de ces données ;

2° Pour le compte du patient lui-même.

Toutefois, ne constitue pas une activité d'hébergement, au sens de l'article L. 1111-8, le fait de se voir confier des données pour une courte période par les personnes physiques ou morales, à l'origine de la production ou du recueil de ces données, pour effectuer un traitement de saisie, de mise en forme, de matérialisation ou de dématérialisation de ces données.

II. — Les responsables de traitement mentionnés au 1° du I, qui confient l'hébergement de données de santé à caractère personnel à un tiers, s'assurent que celui-ci est titulaire du certificat de conformité mentionné au II de l'article L. 1111-8.

SOUS-SECTION 2 *Hébergement des données de santé à caractère personnel sur support informatique (Décr. n° 2011-246 du 4 mars 2011, art. 1er-I).*

(Décr. n° 2006-6 du 4 janv. 2006, art. 1er-II)

Sur l'hébergement de données de santé à caractère personnel, V. Décr. n° 2018-137 du 26 févr. 2018, art. 3, ss. art. L. 1111-8, supra.

Art. R. 1111-9 *(Décr. n° 2018-137 du 26 févr. 2018, art. 2, en vigueur le 1er avr. 2018)* Est considérée *[considéré]* comme une activité d'hébergement de données de santé à caractère personnel sur support numérique au sens du II de l'article L. 1111-8 le fait d'assurer, pour le compte du responsable de traitement mentionné au 1° du I de l'article R. 1111-8-8 ou du patient mentionné au 2° du I de ce même article, tout ou partie des activités suivantes :

1° La mise à disposition et le maintien en condition opérationnelle des sites physiques permettant d'héberger l'infrastructure matérielle du système d'information utilisé pour le traitement des données de santé ;

2° La mise à disposition et le maintien en condition opérationnelle de l'infrastructure matérielle du système d'information utilisé pour le traitement de données de santé ;

3° La mise à disposition et le maintien en condition opérationnelle de l'infrastructure virtuelle du système d'information utilisé pour le traitement des données de santé ;

4° La mise à disposition et le maintien en condition opérationnelle de la plateforme d'hébergement d'applications du système d'information ;

5° L'administration et l'exploitation du système d'information contenant les données de santé ;

6° La sauvegarde des données de santé.

Art. R. 1111-10 *(Décr. nº 2018-137 du 26 févr. 2018, art. 2, en vigueur le 1er avr. 2018)*
I. — Le certificat de conformité mentionné au II de l'article L. 1111-8 est délivré par un organisme de certification sur le fondement d'un référentiel de certification élaboré par le groupement d'intérêt public mentionné à l'article L. 1111-24 et approuvé par arrêté du ministre chargé de la santé, pris après avis de la Commission nationale de l'informatique et des libertés.

II. — L'organisme de certification mentionné au II de l'article L. 1111-8 est accrédité par le Comité français d'accréditation ou par tout autre organisme d'accréditation signataire d'un accord de reconnaissance mutuelle multilatéral pris dans le cadre de la coordination européenne des organismes d'accréditation conformément à un référentiel d'accréditation élaboré par le groupement d'intérêt public mentionné à l'article L. 1111-24 en lien avec les organismes d'accréditation concernés et approuvé par arrêté du ministre chargé de la santé.

III. — Le groupement d'intérêt public mentionné à l'article L. 1111-24 assure le suivi et la mise à jour de ces référentiels.

Art. R. 1111-11 *(Décr. nº 2018-137 du 26 févr. 2018, art. 2, en vigueur le 1er avr. 2018)*
I. — Le contrat d'hébergement mentionné au dernier alinéa du I de l'article L. 1111-8 est conclu entre l'hébergeur et son client. Il contient au moins les clauses suivantes :

1° L'indication du périmètre du certificat de conformité obtenu par l'hébergeur, ainsi que ses dates de délivrance et de renouvellement ;

2° La description des prestations réalisées, comprenant le contenu des services et résultats attendus notamment aux fins de garantir la disponibilité, l'intégrité, la confidentialité et l'auditabilité des données hébergées ;

3° L'indication des lieux d'hébergement ;

4° Les mesures mises en œuvre pour garantir le respect des droits des personnes concernées par les données de santé dont notamment :

— les modalités d'exercice des droits de portabilité des données ;

— les modalités de signalement au responsable de traitement de la violation des données à caractère personnel ;

— les modalités de conduite des audits par le délégué à la protection des données ;

5° La mention du référent contractuel du client de l'hébergeur à contacter pour le traitement des incidents ayant un impact sur les données de santé hébergées ;

6° La mention des indicateurs de qualité et de performance permettant la vérification du niveau de service annoncé, le niveau garanti, la périodicité de leur mesure, ainsi que l'existence ou l'absence de pénalités applicables au non-respect de ceux-ci ;

7° Une information sur les conditions de recours à d'éventuels prestataires techniques externes et les engagements de l'hébergeur pour que ce recours assure un niveau de protection équivalent de garantie au regard des obligations pesant sur l'hébergeur ;

8° Les modalités retenues pour encadrer les accès aux données de santé à caractère personnel hébergées ;

9° Les obligations de l'hébergeur à l'égard de la personne physique ou morale pour le compte de laquelle il héberge les données de santé à caractère personnel en cas de modifications ou d'évolutions techniques introduites par lui ou imposées par le cadre légal applicable ;

10° Une information sur les garanties et les procédures mises en place par l'hébergeur permettant de couvrir toute défaillance éventuelle de sa part ;

11° La mention de l'interdiction pour l'hébergeur d'utiliser les données de santé hébergées à d'autres fins que l'exécution de l'activité d'hébergement de données de santé ;

12° Une présentation des prestations à la fin de l'hébergement, notamment en cas de perte ou de retrait de certification, et les modalités de mise en œuvre de la réversibilité de la prestation d'hébergement de données de santé ;

13° L'engagement de l'hébergeur de restituer, à la fin de la prestation, la totalité des données de santé au responsable de traitement ;

14° L'engagement de l'hébergeur de détruire, à la fin de la prestation, les données de santé après l'accord formel du responsable de traitement et sans en garder de copie.

II. — Lorsque le responsable de traitement de données de santé ou le patient mentionnés au I de l'article R. 1111-8-8 fait *[font]* appel à un prestataire qui recourt lui-même pour l'hébergement des données à un hébergeur certifié, le contrat qui lie le responsable de traitement ou le patient avec son prestataire reprend les clauses mentionnées au I telles qu'elles figurent dans le contrat liant le prestataire et l'hébergeur certifié.

SOUS-SECTION 3 *Hébergement des données de santé à caractère personnel sur support papier*

(Décr. nº 2011-246 du 4 mars 2011, art. 2)

Art. R. 1111-16 S'il est mis en œuvre, l'hébergement des données de santé à caractère personnel sur support papier mentionné à l'article L. 1111-8 est confié à une personne physique ou morale bénéficiant d'un agrément accordé par le ministre chargé de la culture dans les conditions définies par les articles 20-5 à 20-8 et 20-10 à 20-13 du décret nº 79-1037 du 3 décembre 1979 relatif à la compétence des services d'archives publics et à la coopération entre les administrations pour la collecte, la conservation et la communication des archives publiques et sous réserve des dispositions de l'article R. 1111-16-1.

Le contrat de prestation d'hébergement cité au deuxième alinéa de l'article L. 1111-8 contient au moins les clauses suivantes :

1° La description des prestations réalisées : contenu des services, nature et volume des données, caractère d'archives publiques ou non des données hébergées, résultats attendus ;

2° La description des moyens mis en œuvre par le dépositaire pour la fourniture des services ;

3° La description des moyens mis en œuvre par le dépositaire pour mettre les données hébergées à disposition des professionnels ou établissement de santé ayant souscrit le contrat ;

4° Les modalités retenues pour que l'accès aux données de santé à caractère personnel et leur transmission éventuelle n'aient lieu qu'avec l'accord des personnes concernées et par les personnes désignées par elles ainsi que les dispositifs permettant d'assurer cet accès et cette éventuelle transmission ;

5° Les obligations à l'égard du déposant si le dépositaire procède à des modifications ou des évolutions des conditions d'hébergement ;

6° Une information sur les garanties permettant de couvrir toute défaillance du dépositaire ;

7° Les dispositifs de restitution des archives déposées à la fin du contrat de dépôt dans les conditions définies au quatrième alinéa du R. 1112-7, assortis d'un engagement de destruction intégrale des copies que le dépositaire aurait pu effectuer pendant la durée du dépôt ;

8° Une information sur les conditions de recours à des prestataires externes ainsi que les engagements du dépositaire pour que ce recours assure un niveau équivalent de garantie au regard des obligations pesant sur l'activité de conservation ;

9° Les moyens mis en œuvre pour assurer le respect des dispositions de l'article L. 1111-7 relatif à l'accès des personnes à leurs informations de santé, notamment en termes de délais et de modalités de consultation ;

10° La mention des polices d'assurance que le dépositaire souscrit pour couvrir les dommages et pertes que pourraient subir les données déposées, faisant apparaître que celles-ci excluent expressément les archives déposées du champ d'application de la clause de délaissement.

Est réputée non écrite toute clause tendant à appliquer le droit de rétention aux données de santé à caractère personnel sur support papier.

Art. R. 1111-16-1 Les articles 20-1 à 20-3 du décret n° 79-1037 du 3 décembre 1979 relatif à la compétence des services d'archives publics et à la coopération entre les administrations pour la collecte, la conservation et la communication des archives publiques sont applicables au dépôt de données de santé à caractère personnel sur support papier revêtant le statut d'archives publiques.

SOUS-SECTION 4 *Catégories d'incidents, conditions et modalités de mise en œuvre du signalement des incidents significatifs ou graves de sécurité des systèmes d'information (Décr. n° 2022-715 du 27 avr. 2022, art. 1er).*

(Décr. n° 2016-1214 du 12 sept. 2016, art. 1er)

Art. D. 1111-16-2 I. — La déclaration des incidents graves de sécurité des systèmes d'information prévue par l'article L. 1111-8-2 est destinée à :

1° Fournir aux autorités compétentes de l'État les informations nécessaires pour décider des mesures de prévention en matière de sécurité des systèmes d'information *(Décr. n° 2022-715 du 27 avr. 2022, art. 1er)* « ou permettant d'assurer la continuité de la prise en charge sanitaire » ;

2° Aider les établissements de santé, organismes et services exerçant des activités de prévention, de diagnostic ou de soins à prendre toute mesure utile pour prévenir la survenue d'incidents *(Décr. n° 2022-715 du 27 avr. 2022, art. 1er)* « significatifs ou » graves de sécurité des systèmes d'information ou en limiter les effets.

II. — Sont considérés comme incidents *(Décr. n° 2022-715 du 27 avr. 2022, art. 1er)* « significatifs ou » graves de sécurité des systèmes d'information les événements générateurs d'une situation exceptionnelle au sein d'un établissement, organisme ou service, et notamment :

— les incidents ayant des conséquences potentielles ou avérées sur la sécurité des soins ;

— les incidents ayant des conséquences sur la confidentialité ou l'intégrité des données de santé ;

— les incidents portant atteinte au fonctionnement normal de l'établissement, de l'organisme ou du service ;

(Décr. n° 2022-715 du 27 avr. 2022, art. 1er) « — les incidents ayant un retentissement potentiel ou avéré sur l'organisation départementale, régionale ou nationale du système de santé ;

« — les incidents susceptibles de toucher d'autres établissements, organismes ou services. »

III. — Parmi les incidents graves de sécurité des systèmes d'information, sont jugés significatifs les incidents ayant un retentissement potentiel ou avéré sur l'organisation départementale, régionale ou nationale du système de santé et les incidents susceptibles de toucher d'autres établissements, organismes ou services.

Art. D. 1111-16-3 *(Décr. n° 2022-715 du 27 avr. 2022, art. 1er)* I. — La déclaration des incidents significatifs ou graves de sécurité des systèmes d'information, sans préjudice des autres déclarations obligatoires, est effectuée sans délai par le directeur de l'établissement de santé, de l'organisme ou du service exerçant des activités de prévention, de diagnostic ou de soins, de l'établissement médico-social ou la personne déléguée à cet effet, auprès du groupement d'intérêt public mentionné à l'article L. 1111-24.

Le groupement d'intérêt public assure :

— l'analyse des incidents significatifs ou graves de sécurité des systèmes d'information et la proposition des mesures à prendre pour faire face à cet incident ;

— l'appui de la structure déclarant l'incident. Il peut formuler des recommandations et notamment proposer des mesures d'urgence pour limiter l'impact de celui-ci, des mesures de remédiation ainsi que des mesures destinées à améliorer la sécurité du ou des systèmes d'information concernés ;

— la relation avec l'Agence nationale de sécurité des systèmes d'information, notamment en cas d'incident concernant un opérateur de service essentiel ou qui pourrait avoir un impact de portée nationale ;

— la prévention des incidents, en organisant les retours d'expérience au niveau national, et la proposition de mesures d'aide au traitement des incidents ;

— la gestion et la mise en œuvre du traitement de données à caractère personnel relatif aux signalements, dont les caractéristiques sont précisées par un arrêté du ministre chargé de la santé.

Le groupement d'intérêt public informe sans délai le service du haut fonctionnaire de défense et de sécurité des ministères sociaux de tout signalement analysé. Il informe également sans délai les services compétents de la direction générale de la santé, ainsi que les agences régionales de santé concernées, de tout signalement susceptible d'avoir un impact sanitaire direct ou indirect, notamment en cas de dysfonctionnement de l'offre de soins.

Le groupement d'intérêt public est informé sans délai de la résolution des incidents par l'une des personnes mentionnées au premier alinéa du présent I.

Il établit, au vu des informations communiquées par les établissements et organismes concernés, un rapport annuel à caractère statistique relatif aux signalements anonymisés des incidents de sécurité des systèmes d'information. Ce rapport est rendu public.

II. — Sous réserve des dispositions relatives à la protection du secret de la défense nationale, la déclaration d'un incident significatif ou grave de sécurité mentionné à l'article L. 1111-8-2 est effectuée via le site internet mentionné à l'article D. 1413-58.

Le déclarant fournit toutes les informations dont il dispose au moment de la découverte de l'incident et notamment les informations suivantes :

— les informations permettant d'identifier la structure concernée par l'incident ainsi que le déclarant ;

— la description de l'incident, notamment la date du constat, le périmètre de l'incident, les systèmes d'information et données concernées et l'état de la prise en charge ;

— la description de l'impact de l'incident sur les données, sur les personnes, sur les systèmes d'information et sur la structure ;

— les causes de l'incident, si celles-ci sont identifiées.

Le groupement d'intérêt public mentionné à l'article L. 1111-24 peut demander à la structure concernée par l'incident toute information complémentaire permettant la qualification de l'incident et la mise en place d'une réponse adaptée.

Art. D. 1111-16-4 Pour l'application de la présente sous-section, les établissements de santé, *(Décr. n° 2022-715 du 27 avr. 2022, art. 1er)* « les » organismes et services exerçant des activités de prévention, de diagnostic ou de soins mentionnés à l'article D. 1111-16-2 *(Décr. n° 2022-715 du 27 avr. 2022, art. 1er)* « et les établissements médico-sociaux » sont :

— les établissements de santé ;

— les hôpitaux des armées ;

— les laboratoires de biologie médicale ;

— les centres de radiothérapie ;

(Décr. n° 2022-715 du 27 avr. 2022, art. 1er) « — les établissements médico-sociaux. »

SECTION 2 *Expression de la volonté relative à la fin de vie*

(Décr. n° 2006-119 du 6 févr. 2006)

Art. R. 1111-17 *(Décr. n° 2016-1067 du 3 août 2016, art. 1er)* « Les directives anticipées mentionnées à l'article L. 1111-11 s'entendent d'un document écrit, daté et signé par leur auteur, majeur, dûment identifié par l'indication de ses nom, prénom, date et lieu de naissance. La personne majeure *(Décr. n° 2021-684 du 28 mai 2021, art. 2)* « faisant l'objet d'une mesure de protection juridique avec représentation relative à la personne » peut rédiger des directives anticipées avec l'autorisation du juge ou du conseil de famille s'il a été constitué. »

Toutefois lorsque l'auteur de ces directives, bien qu'en état d'exprimer sa volonté, est dans l'impossibilité d'écrire et de signer lui-même le document, il peut demander à deux témoins, dont la personne de confiance lorsqu'elle est désignée en application de l'article L. 1111-6, d'attester que le document qu'il n'a pu rédiger lui-même est l'expression de sa volonté libre et éclairée. Ces témoins indiquent leur nom et qualité et leur attestation est jointe aux directives anticipées.

(Décr. nº 2016-1067 du 3 août 2016, art. 1er) « Les directives anticipées peuvent être, à tout moment, soit révisées, soit révoquées. Elles sont révisées selon les mêmes modalités que celles prévues au premier alinéa pour leur élaboration. En présence de plusieurs écrits répondant aux conditions de validité, le document le plus récent l'emporte. »

Art. R. 1111-18 *(Décr. nº 2016-1067 du 3 août 2016, art. 2)* I. — Le modèle mentionné à l'article L. 1111-11, selon lequel peuvent être rédigées les directives anticipées, comporte :

1° Les informations suivantes :

a) Les éléments d'identification mentionnés à l'article R. 1111-17 relatifs à l'auteur des directives ;

b) Les éléments d'identification de la personne de confiance mentionnée à l'article L. 1111-6 ;

c) Le cas échéant, les mentions relatives aux autorisations nécessaires en cas de mesures de *(Décr. nº 2021-684 du 28 mai 2021, art. 2)* « protection juridique avec représentation relative à la personne, » mentionnées au dernier alinéa de l'article L. 1111-6 ;

d) Lorsque la personne est dans l'impossibilité physique d'écrire ses directives anticipées, les informations relatives aux deux témoins prévus à l'article R. 1111-17 ;

2° La volonté de la personne sur les décisions médicales relatives à sa fin de vie concernant les conditions de la poursuite, de la limitation, de l'arrêt ou du refus de traitements ou d'actes médicaux dans le cas où elle ne serait plus en capacité de s'exprimer. Le modèle permet à la personne d'exprimer sa volonté selon l'un ou l'autre des cas suivants :

a) Dans le cas où elle est en fin de vie ou se sait atteinte d'une affection grave, la personne exprime sa volonté concernant son éventuelle situation future et sur la poursuite, la limitation, l'arrêt ou le refus de traitements et d'actes médicaux, notamment ceux entrepris dans le cadre de son affection ;

b) Dans le cas où elle ne pense pas être atteinte d'une affection grave, elle exprime sa volonté concernant son éventuelle situation future et la poursuite, la limitation, l'arrêt ou le refus de traitements et d'actes médicaux dans l'hypothèse où elle serait victime d'un accident grave ou atteinte par une affection grave ;

3° Une rubrique permettant à la personne d'exprimer sa volonté sur la possibilité de bénéficier d'une sédation profonde et continue jusqu'au décès lorsque, dans les hypothèses prévues par l'article L. 1110-5-2, les traitements la maintenant en vie sont arrêtés ;

4° Une rubrique relative à la révision ou la révocation des directives anticipées.

II. — Le modèle de directives anticipées, dont le contenu est conforme aux dispositions mentionnées au I, est précisé par arrêté du ministre chargé de la santé.

III. — Des guides élaborés par la Haute Autorité de santé pour aider le public et les professionnels de santé et du secteur médico-social et social à la rédaction des directives anticipées à partir du modèle mentionné au II sont consultables sur le site de la Haute Autorité de santé.

Art. R. 1111-19 *(Décr. nº 2016-1067 du 3 août 2016, art. 3)* I. — Les directives anticipées sont conservées selon des modalités les rendant aisément accessibles pour le médecin appelé à prendre une décision de limitation ou d'arrêt de traitement dans le cadre de la procédure collégiale définie à l'article *(Décr. nº 2017-499 du 6 avr. 2017, art. 2-1º)* « R. 4127-37-2 ».

II. — A cette fin, les directives anticipées peuvent être déposées et conservées, sur décision de la personne qui les a rédigées, dans l'espace de son dossier médical partagé prévu à cet effet et mentionné *(Décr. nº 2021-1047 du 4 août 2021, art. 2)* « au *g* du 1° de l'article R. 1111-42 ». Ce dépôt vaut inscription au registre prévu à l'article L. 1111-11. La personne peut également décider de n'y mentionner que l'information de l'existence de telles directives ainsi que le lieu où elles se trouvent conservées et les coordonnées de la personne qui en est dépositaire. Lorsque les directives anticipées sont conservées dans le dossier médical partagé, un rappel de leur existence est régulièrement adressé à leur auteur.

Les modalités d'authentification, de conservation ainsi que d'accès et de révision et les garanties apportées afin de préserver la confidentialité des directives anticipées sont celles prévues pour le dossier médical partagé à la section 4 du présent chapitre.

III. — Les directives anticipées peuvent également être conservées :

1° Par un médecin de ville, qu'il s'agisse du médecin traitant ou d'un autre médecin choisi par la personne qui les a rédigées ;

2° En cas d'hospitalisation, dans le dossier médical mentionné à l'article R. 1112-2 ;

3° En cas d'admission dans un établissement médico-social, dans le dossier de soins conforme au dossier type mentionné au 8° de l'article D. 312-158 du code de l'action sociale et des familles.

Dans ces cas, les directives anticipées relèvent des dispositions des articles L. 1110-4 et L. 1110-4-1 relatives au secret des informations concernant la personne prise en charge par un professionnel de santé ainsi qu'aux conditions d'échange, de partage et de sécurité de ces informations.

IV. — Lorsque les directives anticipées sont déposées dans l'un des dossiers mentionnés aux II et III du présent article, les personnes identifiées en application du *b* et *d* du I de l'article R. 1111-18 sont informées par l'auteur de ces directives de l'inscription des données les concernant.

V. — Les directives anticipées peuvent également être conservées par leur auteur ou confiées par celui-ci à la personne de confiance mentionnée à l'article L. 1111-6, à un membre de la famille ou à un proche. Dans ce cas, leur existence, leur lieu de conservation et l'identification de la personne qui en est détentrice peuvent être mentionnés, sur indication de leur auteur, dans le dossier médical partagé, dans le dossier constitué par le médecin de ville, dans le dossier médical défini à l'article R. 1112-2 du présent code ou dans le dossier conforme au dossier type mentionné au 8° de l'article D. 312-158 du code de l'action sociale et des familles.

Les éléments d'identification de la personne qui est détentrice des directives anticipées sont ses noms *[nom]*, prénoms et coordonnées. Cette personne est informée par l'auteur des directives anticipées de l'inscription des données la concernant dans l'un des dossiers mentionnés au précédent alinéa.

VI. — Tout établissement de santé ou établissement médico-social interroge chaque personne qu'il prend en charge sur l'existence de directives anticipées. Le dossier médical défini à l'article R. 1112-2 du présent code ou le dossier conforme au dossier type mentionné au 8° de l'article D. 312-158 du code de l'action sociale et des familles fait mention, le cas échéant, de cette existence ainsi que des coordonnées de la personne qui en est dépositaire.

VII. — Le Centre national des soins palliatifs et de la fin de vie, dans le cadre des missions qui lui ont été confiées par le décret n° 2016-5 du 5 janvier 2016, élabore des documents d'information relatifs à la possibilité de rédiger des directives anticipées et aux modalités concrètes d'accès au modèle mentionné à l'article R. 1111-18.

Art. R. 1111-20 *(Décr. n° 2016-1067 du 3 août 2016, art. 4)* Lorsqu'il envisage de prendre une décision de limitation ou d'arrêt de traitement en application de l'article L. 1111-4, et à moins que les directives anticipées ne figurent déjà dans le dossier en sa possession, le médecin interroge le dossier médical partagé. A défaut de directives anticipées conservées ou enregistrées dans le dossier médical ou le dossier médical partagé, il recherche l'existence et le lieu de conservation des directives anticipées auprès de la personne de confiance, auprès de la famille ou des proches, ou, le cas échéant, auprès du médecin traitant de la personne malade ou du médecin qui lui a adressé cette personne.

SECTION 2 *BIS* **Dossier pharmaceutique** *(Décr. n° 2012-1131 du 5 oct. 2012, art. 1er-I).*

SOUS-SECTION 1 *Dispositions générales (Décr. n° 2012-1131 du 5 oct. 2012, art. 1er-I-1°).*

Art. R. 1111-20-1 *(Décr. n° 2008-1326 du 15 déc. 2008 ; Décr. n° 2012-1131 du 5 oct. 2012, art. 1er-II)* Le dossier pharmaceutique prévu à l'article L. 1111-23 est créé par un pharmacien d'officine ou exerçant dans une pharmacie à usage intérieur avec le consentement exprès du bénéficiaire de l'assurance maladie concerné *(Décr. n° 2017-878 du 9 mai 2017, art. 1er-1°)* « ou de son représentant légal, qui présente à cette fin sa carte électronique individuelle interrégimes mentionnée à l'article L. 161-31 du code de la sécurité sociale, dénommée carte d'assurance maladie ou dite "carte vitale" ». Il est géré par voie électronique. Il est à l'usage des pharmaciens d'officine ou exerçant dans une pharmacie à usage intérieur *(Décr. n° 2017-878 du 9 mai 2017, art. 1er-1°)* « et des médecins exerçant dans un établissement de santé dans les conditions prévues au troisième alinéa de l'article L. 1111-23 ».

L'identifiant de santé prévu à l'article L. 1111-8-1 est utilisé pour son ouverture et sa gestion.

SOUS-SECTION 2 *Contenu du dossier pharmaceutique (Décr. n° 2012-1131 du 5 oct. 2012, art. 1er-I-2°).*

Art. R. 1111-20-2 *(Décr. n° 2008-1326 du 15 déc. 2008 ; Décr. n° 2012-1131 du 5 oct. 2012, art. 1er-III)* I. — Le dossier pharmaceutique comporte les informations relatives :

1° Au bénéficiaire de l'assurance maladie :

a) Nom de famille ou nom d'usage, prénom usuel, date de naissance ;

b) Sexe et, en cas de naissance multiple, rang de naissance.

2° A la dispensation des médicaments :

a) Identification et quantité des médicaments, produits et objets définis à l'article L. 4211-1 dispensés pour l'usage du bénéficiaire, avec ou sans prescription médicale ;

b) Dates de dispensation.

II. — Chaque intervention sur le dossier pharmaceutique aux fins de création, de consultation, d'alimentation de clôture ou, à la demande du bénéficiaire ou de son représentant légal, de rectification des informations ou édition d'une copie *(Décr. n° 2017-878 du 9 mai 2017, art. 1er-2°)* « fait l'objet d'une trace d'intervention consignée au dossier. Cette trace d'intervention comprend l'objet, la date de l'intervention en cause ainsi que l'identification du médecin mentionné à l'article L. 1111-23 ou celle du » pharmacien d'officine ou exerçant dans une pharmacie à usage intérieur qui a effectué cette intervention.

SOUS-SECTION 3 *Création et clôture du dossier pharmaceutique (Décr. n° 2012-1131 du 5 oct. 2012, art. 1er-I-3°).*

Art. R. 1111-20-3 *(Décr. n° 2008-1326 du 15 déc. 2008 ; Décr. n° 2012-1131 du 5 oct. 2012, art. 1er-IV)* Après avoir pris connaissance des informations relatives à la création, l'utilisation et la clôture du dossier pharmaceutique ainsi qu'à son droit à la rectification des données le concernant, communiquées par le pharmacien d'officine ou exerçant dans une pharmacie à usage intérieur, le bénéficiaire de l'assurance maladie ou son représentant légal autorise expressément sa création *(Décr. n° 2017-878 du 9 mai 2017, art. 1er-3°)* « et présente à cette fin sa carte électronique individuelle interrégimes mentionnée à l'article L. 161-31 du code de la sécurité sociale. Le recueil du consentement s'effectue par tout moyen, y compris de façon dématérialisée ». Une attestation de création mentionnant son autorisation expresse et son droit à rectification et à la clôture du dossier lui est remise par le pharmacien.

Lorsque le bénéficiaire devient majeur, le dossier pharmaceutique subsiste dès lors que le pharmacien a recueilli le consentement du bénéficiaire.

Art. R. 1111-20-3-1 *(Décr. n° 2017-878 du 9 mai 2017, art. 1er-4°)* Lorsque le bénéficiaire de l'assurance maladie ou son représentant légal saisit le Conseil national de l'ordre des pharmaciens afin de lui signaler son refus de bénéficier d'un dossier pharmaceutique, ce signalement, accessible aux pharmaciens d'officine et aux pharmaciens exerçant dans une pharmacie à usage intérieur, entraîne l'impossibilité de création d'un dossier pharmaceutique pour cette personne pendant trente-six mois.

S'il souhaite revenir sur ce refus, le bénéficiaire de l'assurance maladie ou son représentant légal en informe le Conseil national de l'ordre des pharmaciens. Un dossier pharmaceutique peut alors être créé pour lui, dans les conditions prévues à l'article R. 1111-20-3.

Art. R. 1111-20-4 *(Décr. n° 2008-1326 du 15 déc. 2008 ; Décr. n° 2012-1131 du 5 oct. 2012, art. 1er-V)* Le bénéficiaire de l'assurance maladie ou son représentant légal peut demander la clôture du dossier pharmaceutique à tout moment auprès d'un pharmacien d'officine ou exerçant dans une pharmacie à usage intérieur. Le pharmacien remet au bénéficiaire ou à son représentant légal une attestation de clôture mentionnant qu'elle a été réalisée à sa demande.

Le dossier pharmaceutique est automatiquement clos *(Abrogé par Décr. nº 2018-137 du 26 févr. 2018, art. 1er)* *« par l'hébergeur mentionné à l'article* **R. 1111-20-10** », s'il n'a fait l'objet d'aucun accès pendant une durée de trois ans.

Lorsque le dossier pharmaceutique est clos, son contenu est détruit *(Abrogé par Décr. nº 2017-878 du 9 mai 2017, art. 1er-5º)* *« dans sa totalité »* *(Abrogé par Décr. nº 2018-137 du 26 févr. 2018, art. 1er)* *« par l'hébergeur ».*

SOUS-SECTION 4 *Utilisation du dossier pharmaceutique (Décr. nº 2012-1131 du 5 oct. 2012, art. 1er-I-4º).*

Art. R. 1111-20-5 *(Décr. nº 2017-878 du 9 mai 2017, art. 1er-6º)* Sauf opposition du bénéficiaire ou de son représentant légal et dans le respect des règles déontologiques et professionnelles applicables :

1º Le pharmacien d'officine consulte et alimente le dossier pharmaceutique, en utilisant conjointement :

a) La carte électronique individuelle interrégimes du bénéficiaire, mentionnée à l'article L. 161-31 du code de la sécurité sociale ;

b) Sa propre carte de professionnel de santé, mentionnée au quatrième alinéa de l'article L. 161-33 du code de la sécurité sociale ;

2º Le pharmacien exerçant dans une pharmacie à usage intérieur d'un établissement de santé ou d'un hôpital des armées consulte et alimente le dossier pharmaceutique, en utilisant conjointement :

a) Les données de la carte électronique individuelle interrégimes du bénéficiaire, mentionnée à l'article L. 161-31 du code de la sécurité sociale, qui peuvent être conservées dans le système d'information hospitalier de l'établissement de santé ou de l'hôpital des armées au cours de la période de prise en charge du patient au sein de cet établissement ou de cet hôpital, dans des conditions de sécurité garanties par des moyens de chiffrement et en assurant la traçabilité de l'accès à ces données ;

b) Tout moyen d'authentification personnel conforme à un référentiel de sécurité élaboré par le groupement d'intérêt public mentionné à l'article L. 1111-24 ;

3º Au moment de la dispensation, le pharmacien d'officine ou exerçant dans une pharmacie à usage intérieur d'un établissement de santé ou d'un hôpital des armées :

a) Consulte le dossier pharmaceutique, afin de déceler et de signaler au bénéficiaire ou à son représentant légal et, le cas échéant, aux membres de l'équipe de soins mentionnée au 1º de l'article L. 1110-12, les éventuels risques de redondances de traitements ou d'interactions médicamenteuses pouvant entraîner des effets iatrogènes connus et, s'il l'estime justifié, de refuser la dispensation ou de délivrer un médicament ou produit autre que celui qui a été prescrit, dans les conditions respectivement des articles R. 4235-61 et L. 5125-23 ;

b) Reporte dans le dossier pharmaceutique les informations mentionnées au 2º du I de l'article R. 1111-20-2 ;

4º Lors de la prise en charge du patient, le médecin mentionné à l'article L. 1111-23 peut consulter le dossier pharmaceutique dans les conditions prévues au 2º.

Art. R. 1111-20-6 *(Décr. nº 2008-1326 du 15 déc. 2008 ; Décr. nº 2012-1131 du 5 oct. 2012, art. 1er-VII)* Le bénéficiaire du dossier pharmaceutique ou son représentant légal peut s'opposer à ce que le pharmacien *(Décr. nº 2017-878 du 9 mai 2017, art. 1er-7º)* « ou le médecin mentionné à l'article **L. 1111-23** » consulte son dossier ou à ce que certaines informations mentionnées au 2º de l'article R. 1111-20-2 y soient enregistrées. Dans ce cas, le pharmacien *(Décr. nº 2017-878 du 9 mai 2017, art. 1er-7º)* « ou le médecin » mentionne l'existence d'un refus.

Art. R. 1111-20-7 *(Décr. nº 2008-1326 du 15 déc. 2008 ; Décr. nº 2012-1131 du 5 oct. 2012, art. 1er-VIII)* Les données issues du dossier pharmaceutique qui ne correspondent pas à des dispensations effectuées dans une officine ou dans une pharmacie à usage intérieur déterminée ne peuvent être enregistrées dans le système informatique de cette officine ou de cette pharmacie à usage intérieur.

Art. R. 1111-20-8 *(Décr. nº 2008-1326 du 15 déc. 2008 ; Décr. nº 2012-1131 du 5 oct. 2012, art. 1er-IX)* **Les dispositions de la présente section s'appliquent, sous le contrôle et la responsabilité des pharmaciens d'officine ou exerçant dans une pharmacie à usage intérieur, aux professionnels de santé habilités par la loi à les seconder dans la dispensation des médicaments. Ces professionnels utilisent leur propre carte de professionnel de santé, délivrée dans les conditions mentionnées au III de l'article R. 161-55 du code de la sécurité sociale** *(Décr. nº 2017-878 du 9 mai 2017, art. 1er-8º)* **« ou, le cas échéant, le moyen d'authentification personnel prévu à l'article R. 1111-20-5, pour consulter et alimenter » le dossier pharmaceutique.**

SOUS-SECTION 5 *Droits des personnes sur les informations figurant dans le dossier pharmaceutique (Décr. nº 2012-1131 du 5 oct. 2012, art. 1er-I-5º).*

Art. R. 1111-20-9 *(Décr. nº 2008-1326 du 15 déc. 2008 ; Décr. nº 2012-1131 du 5 oct. 2012, art. 1er-X)* **Le bénéficiaire du dossier pharmaceutique ou son représentant légal peut obtenir auprès** *(Décr. nº 2017-878 du 9 mai 2017, art. 1er-9º)* **« d'un médecin mentionné à l'article L. 1111-23 ou » d'un pharmacien d'officine ou exerçant dans une pharmacie à usage intérieur une copie des informations mentionnées au I de l'article R. 1111-20-2 contenues dans le dossier ouvert à son nom.**

Cette copie est communiquée uniquement sur papier et remise au bénéficiaire ou à son représentant légal. Dans ce cas, les frais de copie, qui ne peuvent excéder le coût de la reproduction, peuvent être laissés à la charge de la personne qui l'a demandée.

Il peut également obtenir communication des traces d'interventions mentionnées au II de l'article R. 1111-20-2 *(Décr. nº 2017-878 du 9 mai 2017, art. 1er-9º)* **« auprès de l'établissement de santé, de l'officine ou de la pharmacie à usage intérieur de l'établissement de santé ou de l'hôpital des armées » où ces interventions ont été effectuées.**

Le bénéficiaire ou son représentant légal peut, le cas échéant, exercer son droit de rectification auprès de tout pharmacien d'officine ou exerçant dans une pharmacie à usage intérieur. Lorsque la personne obtient une modification de l'enregistrement, elle est en droit d'obtenir le remboursement des éventuels frais de copie auprès du pharmacien qui les a perçus.

SOUS-SECTION 6 *Hébergement du dossier pharmaceutique et accès aux données qu'il contient (Décr. nº 2012-1131 du 5 oct. 2012, art. 1er-I-6º).*

Art. R. 1111-20-10 *(Décr. nº 2008-1326 du 15 déc. 2008 ; Décr. nº 2012-1131 du 5 oct. 2012, art. 1er-XI)* **Les dossiers pharmaceutiques sont hébergés chez un hébergeur unique de données de santé à caractère personnel,** *(Décr. nº 2018-137 du 26 févr. 2018, art. 1er)* **« dans le respect des dispositions de l'article L. 1111-8 ». Cet hébergeur est sélectionné par le Conseil national de l'ordre des pharmaciens qui passe avec lui un contrat. Ce contrat précise notamment les conditions techniques nécessaires pour assurer la qualité et la continuité du service rendu, la conservation, la sécurité, la confidentialité et l'intégrité des données, ainsi que leur interopérabilité avec le** *(Décr. nº 2017-878 du 9 mai 2017, art. 1er-10º)* **« dossier médical partagé prévu à l'article L. 1111-14.**

« Les informations composant le dossier pharmaceutique sont enregistrées, conservées et transférées dans des conditions de sécurité garanties par des moyens de chiffrement. »

Art. R. 1111-20-11 *(Décr. nº 2017-878 du 9 mai 2017, art. 1er-11º)* **Les données mentionnées au 1º du I de l'article R. 1111-20-2, relatives au bénéficiaire de l'assurance maladie, sont conservées** *(Décr. nº 2018-137 du 26 févr. 2018, art. 1er)* **« dans le dossier pharmaceutique » et accessibles au médecin mentionné à l'article L. 1111-23, au pharmacien d'officine et au pharmacien exerçant dans une pharmacie à usage intérieur jusqu'à la clôture du dossier.**

Par dérogation au dernier alinéa de l'article R. 1111-20-4, les données mentionnées au 1º du I de l'article R. 1111-20-2, relatives au bénéficiaire de l'assurance maladie, et la trace de la clôture du dossier pharmaceutique sont conservées *(Abrogé par Décr. nº 2018-137 du 26 févr. 2018, art. 1er)* **«*par l'hébergeur*» durant trente-six mois après sa clôture.**

(Décr. n° 2018-137 du 26 févr. 2018, art. 1er) « Le refus de création d'un dossier pharmaceutique est conservé dans l'application "dossier pharmaceutique" durant trente-six mois. »

Art. R. 1111-20-12 *(Décr. n° 2017-878 du 9 mai 2017, art. 1er-12°)* I. — Les données mentionnées au 2° du I de l'article R. 1111-20-2 relatives à la dispensation de médicaments, produits et objets définis à l'article L. 4211-1 sont, à compter de la date à laquelle elles ont été saisies, accessibles au médecin mentionné à l'article L. 1111-23, au pharmacien d'officine et au pharmacien exerçant dans une pharmacie à usage intérieur pendant quatre mois, puis *(Décr. n° 2018-137 du 26 févr. 2018, art. 1er)* « conservés dans le dossier pharmaceutique » pendant une durée complémentaire de trente-deux mois afin de permettre, en cas d'alerte sanitaire relative à un médicament, un produit ou un objet défini à l'article L. 4211-1, d'en informer les patients auxquels il a été dispensé.

Au terme de la durée totale de trois ans, *(Décr. n° 2018-137 du 26 févr. 2018, art. 1er)* « ces données sont détruites ».

II. — Par dérogation au I et au deuxième alinéa de l'article R. 1111-20-4 :

1° Les données mentionnées au 2° du I de l'article R. 1111-20-2 relatives à la dispensation de vaccins mentionnés au *b* du 6° de l'article L. 5121-1 sont, à compter de la date à laquelle elles ont été saisies, accessibles au médecin mentionné à l'article L. 1111-23, au pharmacien d'officine et au pharmacien exerçant dans une pharmacie à usage intérieur pendant vingt et un ans, puis *(Décr. n° 2018-137 du 26 févr. 2018, art. 1er)* « conservés *[conservées]* dans le dossier pharmaceutique » pendant une durée complémentaire de trente-deux mois afin de permettre d'informer les patients sur leurs vaccinations et, en cas d'alerte sanitaire relative à un vaccin, d'informer les patients auxquels ce vaccin a été dispensé.

Au terme de la durée totale de vingt-trois ans et huit mois, *(Décr. n° 2018-137 du 26 févr. 2018, art. 1er)* « ces données sont détruites » ;

2° Les données mentionnées au 2° du I de l'article R. 1111-20-2 relatives à la dispensation de médicaments biologiques mentionnés au 14° de l'article L. 5121-1 sont, à compter de la date à laquelle elles ont été saisies, accessibles au médecin mentionné à l'article L. 1111-23, au pharmacien d'officine et au pharmacien exerçant dans une pharmacie à usage intérieur pendant trois ans, puis *(Décr. n° 2018-137 du 26 févr. 2018, art. 1er)* « conservés *[conservées]* dans le dossier pharmaceutique » pendant une durée complémentaire de trente-deux mois afin de permettre la continuité du traitement et, en cas d'alerte sanitaire relative à un médicament biologique, d'informer les patients auxquels ce médicament a été dispensé.

Au terme de la durée totale de cinq ans et huit mois, *(Décr. n° 2018-137 du 26 févr. 2018, art. 1er)* « ces données sont détruites ».

Art. R. 1111-20-13 *(Décr. n° 2017-878 du 9 mai 2017, art. 1er-12°)* Les médecins mentionnés à l'article L. 1111-23, les pharmaciens d'officine et les pharmaciens exerçant dans une pharmacie à usage intérieur d'un établissement de santé ou d'un hôpital des armées ont accès aux traces des seules interventions effectuées dans l'établissement de santé, l'officine ou la pharmacie à usage intérieur de l'établissement de santé ou de l'hôpital des armées où ils exercent leurs fonctions.

SECTION 4 *Espace numérique de santé*

(Décr. n° 2021-1048 du 4 août 2021, art. 2 et 4, en vigueur le 1er janv. 2022)

SOUS-SECTION 1 *Responsables et sous-traitants du traitement*

Art. R. 1111-26 L'espace numérique de santé est conçu et mis en œuvre sous la responsabilité conjointe du ministre chargé de la santé et de la Caisse nationale de l'assurance maladie.

Le ministre chargé de la santé assure le pilotage et l'organisation du référencement des services et outils numériques décrit à la sous-section 5.

La Caisse nationale de l'assurance maladie assure le développement, le déploiement, l'hébergement dans les conditions prévues à l'article L. 1111-8 et le support aux utilisateurs de l'espace numérique de santé, ainsi que la mise en œuvre du portail numérique permettant le dépôt et l'instruction des demandes de référencement régies par les articles R. 1111-37 à R. 1111-39.

Le ministre chargé de la santé et la Caisse nationale de l'assurance maladie exercent ces missions selon des modalités pratiques définies par une convention qui, en application de l'article 26 du règlement (UE) 2016/679 relatif à la protection des personnes physiques à l'égard du traitement des données à caractère personnel et à la libre circulation de ces données, définit leurs obligations respectives.

Le groupement d'intérêt public mentionné à l'article L. 1111-24 contribue, en tant que de besoin, aux opérations de vérification de la conformité des services et outils numériques mis à disposition dans l'espace numérique de santé aux référentiels d'interopérabilité et de sécurité mentionnés à l'article L. 1470-5 et aux référentiels d'engagement éthique mentionnés au deuxième alinéa de l'article L. 1111-13-2.

SOUS-SECTION 2 *Contenu de l'espace numérique de santé*

Art. R. 1111-27 L'espace numérique de santé se compose des éléments suivants :

1° Les données administratives du titulaire : noms, prénoms, sexe, date et lieu de naissance, identifiant national de santé mentionné à l'article L. 1111-8-1, coordonnées postales, électroniques, et téléphoniques, le cas échéant, identité et coordonnées de ses représentants légaux ou de la personne chargée d'une mesure de représentation relative à une personne majeure, coordonnées du médecin traitant ;

2° Son dossier médical partagé, comprenant les éléments mentionnés à l'article R. 1111-41 ;

3° *a)* Ses constantes de santé produites notamment par des services ou outils numériques référencés au catalogue mentionné au 6° ;

b) Un questionnaire de santé librement renseigné par le titulaire contenant ses traitements en cours, les dernières interventions dont il a fait objet et ses antécédents médicaux ;

c) Toutes autres données de santé utiles à la prévention, la coordination, la qualité et la continuité des soins ne figurant pas dans le dossier médical partagé en application de l'article R. 1111-42, renseignées, avec le consentement du titulaire, par un professionnel, un établissement de santé, un établissement ou service social ou médico-social, ou au moyen d'un service ou outil numérique référencé au catalogue mentionné au 6° ;

4° Les données relatives au remboursement de ses dépenses de santé par les régimes obligatoires d'assurance maladie ;

5° *a)* Une messagerie sécurisée de santé permettant au titulaire d'échanger des messages et documents avec les professionnels, les établissements de santé et les établissements ou services sociaux ou médico-sociaux, dans des conditions de nature à assurer le respect de la sécurité des informations ainsi transmises ;

b) Un agenda permettant au titulaire d'organiser les évènements relatifs à sa santé, qui peut être alimenté par le titulaire lui-même, par un professionnel, un établissement de santé, un établissement ou service social ou médico-social ou par un service ou outil numérique référencé au catalogue mentionné au 6° ;

6° Un catalogue d'outils et de services numériques en santé référencés dans les conditions prévues aux articles R. 1111-37, R. 1111-38 et R. 1111-39 proposant, notamment, des services de télésanté, des services développés pour favoriser la prévention et fluidifier les parcours, des services de retour à domicile, des services procurant une aide à l'orientation et à l'évaluation de la qualité des soins, des services visant à informer les usagers sur l'offre de soins et sur les droits auxquels ils peuvent prétendre ;

7° Le cas échéant, les données relatives à l'accueil et l'accompagnement assurés par les établissements et services sociaux et médico-sociaux mentionnés à l'article L. 312-1 du code de l'action sociale et des familles, qui peuvent être renseignées par le titulaire lui-même, par un professionnel, un établissement de santé, un établissement ou service social ou médico-social, ou au moyen d'un service ou outil numérique référencé au catalogue mentionné au 6° du présent article. Ces données concernent notamment l'évaluation sociale et médico-sociale des personnes en vue d'offrir un accompagnement adapté, l'élaboration et le suivi du projet d'accueil et d'accompagnement des personnes, ainsi que la coordination entre les intervenants sociaux, médicaux et paramédicaux ;

8° Un répertoire des autorisations d'accès à tout ou partie de son espace numérique de santé et, le cas échéant, à des données de santé le concernant traitées hors de cet espace, données par le titulaire aux professionnels, établissements et services ou outils numériques en santé.

Les dispositions du CSP résultant de l'art. 2 du Décr. n° 2021-1048 du 4 août 2021 entrent en vigueur le 1er janv. 2022, à l'exception des dispositions des articles R. 1111-26, R. 1111-37, R. 1111-38 et R. 1111-39 qui entrent en vigueur le lendemain de la date de publication de celui-ci (JO 7 août) (Décr. préc., art. 4-III).

Par dérogation et dans le cadre d'une « phase pilote » nécessaire à l'ajustement technique du dispositif, les dispositions de l'art. 2 du Décr. n° 2021-1048 du 4 août 2021 entrent en vigueur le 8 août 2021 pour les assurés sociaux rattachés aux organismes d'assurance maladie situés dans les départements de la Haute-Garonne, de la Loire-Atlantique et de la Somme (Décr. préc., art. 4-IV).

SOUS-SECTION 3 *Création de l'espace numérique de santé*

Art. R. 1111-28 L'ouverture d'un espace numérique de santé est précédée d'une information de la personne concernée ou de son représentant légal effectuée par l'organisme d'assurance maladie auquel elle est rattachée, au moyen d'un courrier électronique adressé à l'adresse déclarée auprès de celui-ci, portant à la connaissance de l'intéressé :

1° La mise à disposition d'un espace numérique de santé et les modalités de son fonctionnement, ainsi que son articulation avec le dossier médical partagé ;

2° L'existence et les modalités d'exercice de son droit de s'opposer à l'ouverture de cet espace, notamment par une démarche en ligne sur le portail de l'espace numérique de santé ;

3° Les modalités de la clôture de l'espace numérique de santé, ainsi que toute autre information utile à son fonctionnement.

En l'absence d'adresse électronique disponible ou en cas d'échec d'envoi du courrier électronique, l'information est adressée par voie postale.

A l'issue d'un délai de six semaines à compter de l'envoi du courrier d'information à la personne, et en l'absence d'opposition de sa part, l'espace numérique de santé est ouvert par la Caisse nationale de l'assurance maladie.

Si la Caisse nationale de l'assurance maladie constate que l'espace numérique de santé ne peut être ouvert pour des raisons techniques, elle en informe sans délai la personne concernée.

La Caisse nationale de l'assurance maladie identifie les personnes pouvant bénéficier de l'ouverture d'un espace numérique de santé au moyen des données collectées par les organismes d'assurance maladie auxquelles elles sont rattachées.

V. NDLR ss. art. R. 1111-27.

Art. R. 1111-29 En cas d'exercice du droit d'opposition, les organismes d'assurance maladie notifient à la personne concernée la prise en compte de son opposition à la création de son espace numérique de santé. Dans ce cas, cet espace n'est pas ouvert.

Le titulaire qui a exercé son droit d'opposition peut à tout moment revenir sur sa décision et demander la création de son espace numérique de santé.

V. NDLR ss. art. R. 1111-27.

Art. R. 1111-30 Lorsqu'une personne dont l'espace numérique de santé a été ouvert pendant sa minorité atteint sa majorité, l'organisme d'assurance maladie auquel elle est rattachée l'informe, dans les conditions prévues à l'article R. 1111-28, que son espace demeurera ouvert, sauf opposition de sa part. Si le titulaire ne souhaite pas conserver son espace numérique de santé, il peut en demander la clôture dans les conditions prévues à l'article R. 1111-36.

La personne mineure dont l'espace numérique de santé n'a pas été créé pendant sa minorité est informée, lorsqu'elle atteint sa majorité, dans les conditions prévues à l'article R. 1111-28, de l'ouverture automatique de son espace numérique de santé sauf opposition de sa part.

V. NDLR ss. art. R. 1111-27.

Art. R. 1111-31 Pour chaque titulaire, l'identifiant de son espace numérique de santé est l'identifiant national de santé mentionné à l'article L. 1111-8-1.

Pour les bénéficiaires de l'aide médicale de l'État mentionnée à l'article L. 251-1 du code de l'action sociale et des familles qui ne disposent pas de l'identifiant national de santé mentionné à l'article L. 1111-8-1 du présent code, l'identifiant de l'espace numérique de santé est défini à partir du numéro national provisoire qui leur est attribué lors de la demande d'ouverture de droits.

V. NDLR ss. art. R. 1111-27.

SOUS-SECTION 4 *Accès à l'espace numérique de santé et droits du titulaire*

Art. R. 1111-32 Le titulaire ou son représentant légal accède à son espace numérique de santé par le téléservice "FranceConnect", par le moyen d'identification électronique mis à sa disposition par l'organisme d'assurance maladie auquel il est rattaché ou par tout autre moyen d'identification électronique de nature à garantir son authentification.

Lorsque le titulaire souhaite autoriser un professionnel, un établissement de santé ou un établissement ou service social ou médico-social à consulter ou alimenter tout ou partie de son espace numérique de santé de manière temporaire, un moyen d'identification électronique propre à chaque autorisation d'accès lui est fourni par l'opérateur de cet espace.

Sans préjudice des dispositions de la sous-section 2 de la section 5 du présent chapitre relative aux modalités d'accès au dossier médical partagé et aux droits du titulaire, le titulaire peut autoriser un professionnel, un établissement de santé ou un établissement ou service social ou médico-social, à consulter ou alimenter tout ou partie de son espace numérique de santé de manière permanente dans les mêmes conditions et selon les mêmes modalités que celles prévues à l'article R. 1111-46 pour l'accès au dossier médical partagé.

Le titulaire peut autoriser les services et outils numériques en santé référencés dans l'espace numérique de santé à accéder à certaines données de son dossier dans les conditions prévues au III de l'article L. 1111-13-1. Cette autorisation est donnée depuis son espace numérique de santé ou depuis le service ou l'outil numérique en santé référencé.

Toutes les autorisations d'accès données par le titulaire sont modifiables à tout moment.

V. NDLR ss. art. R. 1111-27.

Art. R. 1111-33 La personne mineure qui souhaite garder le secret sur toute donnée relative à l'un des actes mentionnés aux articles L. 1111-5, L. 1111-5-1, L. 2212-4, L. 2212-7 et L. 6211-3-1 est informée par le professionnel qui la prend en charge de son droit de s'opposer à la mention de ces données dans un ou plusieurs des éléments figurant dans son espace numérique de santé.

En cas d'opposition de la personne mineure, l'organisme d'assurance maladie auquel elle est rattachée ne transfère pas dans son espace numérique de santé les données relatives au remboursement de ces actes et des produits de santé prescrits à l'occasion de ces actes.

V. NDLR ss. art. R. 1111-27.

Art. R. 1111-34 Le titulaire est informé sans délai de chaque accès par un professionnel ou un établissement à son espace numérique de santé.

Toutes les actions réalisées dans l'espace numérique de santé sont tracées et conservées dans cet espace, et notamment la date, l'heure et l'identification de la personne, du service ou de la personne morale qui l'a consulté ou modifié. Ces traces sont accessibles au titulaire de l'espace numérique de santé.

V. NDLR ss. art. R. 1111-27.

Art. R. 1111-35 Sans préjudice des dispositions de l'article L. 1111-7, le titulaire de l'espace numérique de santé exerce son droit d'accès aux données contenues dans cet espace soit directement, en utilisant ses propres moyens d'identification, soit par l'intermédiaire de l'organisme d'assurance maladie auquel il est rattaché.

Le titulaire de l'espace numérique de santé exerce son droit de rectification, son droit à la limitation, son droit à l'effacement et son droit d'opposition, dans les mêmes conditions.

L'ensemble des données de l'espace numérique de santé est mis à la disposition du titulaire dans un format aisément réutilisable et exploitable par un système de traitement automatisé.

V. NDLR ss. art. R. 1111-27.

Art. R. 1111-36 Le titulaire peut décider de clôturer son espace numérique de santé à tout moment, soit directement, soit en en formulant la demande auprès de l'opérateur de l'espace numérique de santé.

A compter de la date de la clôture, les données contenues dans l'espace numérique de santé sont archivées pendant une période de dix ans. Elles sont supprimées automatiquement au-delà de ce délai.

Si le titulaire formule une demande expresse de suppression des données de son espace numérique de santé avant l'expiration de ce délai, il est fait droit à sa demande dans un délai maximum de trois mois. Il en est aussitôt informé.

Le titulaire qui a demandé la clôture de son espace numérique de santé peut à tout moment demander une nouvelle création. Les données archivées sont reversées dans son nouvel espace.

Lorsque la Caisse nationale de l'assurance maladie constate une situation ou un évènement révélant un dysfonctionnement grave ou une utilisation frauduleuse de l'espace numérique de santé qu'elle ne peut corriger, elle peut suspendre d'office l'accès à l'espace numérique de santé dans l'intérêt du titulaire concerné. Elle en informe le titulaire par tout moyen à sa disposition et, en l'absence d'opposition de sa part dans un délai de six semaines suivant l'envoi de cette information, procède d'office à la clôture de l'espace numérique de santé.

V. NDLR ss. art. R. 1111-27.

SOUS-SECTION 5 *Référencement des services et outils numériques en santé dans l'espace numérique de santé*

Art. R. 1111-37 Les services et outils numériques en santé, développés par des éditeurs de solutions numériques publics ou privés, peuvent être référencés au catalogue de l'espace numérique de santé sous réserve de respecter :

1° Les référentiels d'interopérabilité et de sécurité mentionnés à l'article L. 1470-5 ;

2° Les référentiels d'engagement éthique définis par arrêté du ministre chargé de la santé.

Le ministre chargé de la santé peut fixer par arrêté d'autres critères relatifs à la qualité des contenus numériques en santé définis par la Haute Autorité de santé ou aux mesures mises en œuvre par les éditeurs en faveur des personnes rencontrant des difficultés dans l'accès à internet et dans l'utilisation des outils informatiques et numériques.

V. NDLR ss. art. R. 1111-27.

Art. R. 1111-38 Une commission de référencement des services et outils numériques au catalogue de service de l'espace numérique de santé est créée. Un arrêté du ministre de la santé fixe sa composition et précise ses modalités de fonctionnement.

Cette commission instruit les demandes de référencement au catalogue de services de l'espace numérique de santé conformément aux critères prévus à l'article R. 1111-37 et donne un avis au ministre chargé de la santé.

Seuls les outils et services numériques ayant obtenu un avis favorable de la commission peuvent être référencés au catalogue de l'espace numérique de santé sur décision du ministre chargé de la santé.

Le référencement d'un outil ou d'un service numérique donne lieu, avant sa mise en œuvre dans tout espace numérique de santé, à la signature d'une convention entre l'éditeur du service ou de l'outil, le ministre chargé de la santé et la Caisse nationale de l'assurance maladie. Cette convention définit notamment les responsabilités respectives des parties, les catégories de données auxquelles le service ou l'outil pourra accéder avec le consentement du titulaire, la durée du référencement, ainsi que les modalités de son éventuel retrait.

Une procédure d'audit des services et outils numériques référencés, définie par arrêté du ministre chargé de la santé, garantit leur conformité dans le temps aux éléments contenus dans la demande de référencement initiale.

V. NDLR ss. art. R. 1111-27.

Art. R. 1111-39 La demande de référencement est effectuée en ligne au moyen d'un service mis en œuvre par la Caisse nationale de l'assurance maladie.

La demande de référencement comporte la réponse à un questionnaire permettant d'évaluer si le candidat remplit les critères prévus à l'article R. 1111-37, l'analyse d'impact relative à la protection des données prévue à l'article 35 du règlement (UE) 2016/679 relatif à la protection des personnes physiques à l'égard du traitement des données à caractère personnel et à la libre circulation de ces données lorsqu'elle est requise, ainsi que les pièces justificatives dont la liste est fixée par arrêté du ministre chargé de la santé.

Si l'éditeur qui sollicite le référencement souhaite accéder à certaines données contenues dans l'espace numérique de santé, il doit en justifier la nécessité au regard des finalités du service ou outil qu'il propose et préciser les modalités d'un tel accès ainsi que la durée de conservation des données collectées et les conditions de sécurité mise en œuvre. Il doit en outre préciser le contenu de l'information qu'il entend délivrer au titulaire lors du recueil de son accord exprès préalable exigé par le III de l'article L. 1111-13-1.

La commission de référencement peut demander à l'éditeur toute pièce ou information complémentaire qu'elle juge utile à l'instruction de la demande afin de s'assurer de la véracité des informations déclarées dans le dossier de candidature.

V. NDLR ss. art. R. 1111-27.

SECTION 5 *Dispositions relatives au dossier médical partagé*

(Décr. n° 2021-1047 du 4 août 2021, art. 1er et 3-I, en vigueur le 1er janv. 2022)

SOUS-SECTION 1 *Création et contenu du dossier medical partagé*

Art. R. 1111-40 Le dossier médical partagé mentionné à l'article L. 1111-14 est créé par la Caisse nationale de l'assurance maladie lors de l'ouverture de l'espace numérique de santé mentionné à l'article L. 1111-13-1.

Le titulaire est informé de la création de son dossier médical et de son articulation avec son espace numérique de santé, à l'occasion de l'information individuelle prévue à l'article R. 1111-28. Cette information précise notamment les modalités de création, de clôture et de destruction du dossier médical partagé, ainsi que les modalités d'accès par lui-même et par les professionnels, établissements de santé, établissements ou services sociaux ou médico-sociaux appelés à le prendre en charge, de ses droits sur les données contenues et des droits particuliers dont bénéficie son médecin traitant.

Le dossier médical partagé ne se substitue pas au dossier que tient chaque professionnel de santé, établissement de santé ou hôpital des armées, quel que soit son mode d'exercice, dans le cadre de la prise en charge d'un patient.

Le dossier médical partagé créé avant l'ouverture de l'espace numérique de santé mentionné à l'article L. 1111-13-1 est intégré à cet espace, sauf opposition exprimée par le titulaire du dossier médical partagé dans le délai mentionné à l'article R. 1111-28.

Lorsque le titulaire du dossier médical partagé est une personne mineure ou une personne majeure faisant l'objet d'une mesure de protection juridique, les droits énoncés à la présente section sont mis en œuvre conformément aux articles 371-1, 372 à 373-2-1, 425, 458, 459 et 459-1 du code civil ainsi qu'aux articles L. 1110-4, L. 1111-2, L. 1111-5, L. 1111-5-1, L. 1111-7 et L. 1111-16 du présent code.

Les dispositions du Décr. n° 2021-1047 du 4 août 2021 entrent en vigueur le 1er janv. 2022. Par dérogation, dans le cadre d'une phase dite « pilote », elles entrent en vigueur le 8 août 2021 pour les assurés sociaux rattachés aux organismes d'assurance maladie situés dans les départements de la Haute-Garonne, de la Loire-Atlantique et de la Somme (Décr. préc., art. 3-I et II).

Lorsque le titulaire d'un dossier médical partagé créé avant le 1er janv. 2022 s'oppose à la création de son espace numérique en santé, son dossier médical partagé reste ouvert pendant une période transitoire d'un an à compter du 1er janv. 2022. Pendant cette période transitoire, le titulaire ne peut pas accéder directement à son dossier médical partagé. Seuls les professionnels dûment habilités conservent la possibilité d'intégrer des données dans le dossier, de le consulter, dans les conditions définies par le code de la santé publique.

Dans un délai de deux mois précédant la fin de cette période transitoire, et au plus tard le 31 déc. 2022, le titulaire du dossier médical partagé est informé, selon les mêmes modalités que celles relatives à l'ouverture de l'espace numérique de santé, que la confirmation de son opposition à la création de son espace numérique de santé entraînera la clôture de son dossier médical partagé (Décr. nº 2021-1047 du 4 août 2021, art. 3-III).

Art. R. 1111-41 **La Caisse nationale de l'assurance maladie est responsable de traitement au sens de l'article 3 de la loi nº 78-17 du 6 janvier 1978 modifiée relative à l'informatique, aux fichiers et aux libertés.**

Elle s'assure de la conformité du dossier médical partagé à l'article L. 1111-8 du présent code et aux référentiels d'interopérabilité et de sécurité mentionnés à l'article L. 1470-5.

V. NDLR ss. art. R. 1111-40.

Art. R. 1111-42 **Le dossier médical partagé contient :**

1º Les données relatives au titulaire du dossier médical partagé :

***a)* Les données relatives à l'identité et à l'identification du titulaire ;**

***b)* Les données relatives à la prévention, à la santé et au suivi médical, social et médico-social, afin de servir la coordination, la qualité et la continuité des soins, y compris en urgence, notamment l'état des vaccinations, les synthèses médicales et paramédicales, les lettres de liaison visées à l'article L. 1112-1, les comptes rendus de biologie médicale, d'examens d'imagerie médicale, d'actes diagnostiques et thérapeutiques, et les traitements prescrits.**

Ces données sont versées dans le dossier médical partagé le jour de la consultation, de l'examen ou de son résultat à l'origine de leur production et au plus tard le jour de la sortie du patient après une hospitalisation.

Ces données peuvent également être versées dans le dossier médical partagé par les services numériques en santé référencés au catalogue de l'espace numérique de santé dans les conditions définies aux articles R. 1111-37 à R. 1111-39 ;

***c)* Les données ajoutées dans le dossier par le titulaire lui-même ;**

***d)* Les données nécessaires à la coordination des soins issues des procédures de remboursement ou de prise en charge, détenues par l'organisme d'assurance maladie obligatoire dont relève chaque bénéficiaire. A cette fin, la Caisse nationale de l'assurance maladie met en œuvre pour l'ensemble des bénéficiaires de l'assurance maladie ayant créé un dossier médical partagé un traitement de données à caractère personnel visant à recevoir et organiser les données visées au présent point ;**

***e)* Les données relatives à la dispensation de médicaments, issues du dossier pharmaceutique mentionné à l'article L. 1111-23 ;**

***f)* Les données relatives au don d'organes ou de tissus ;**

***g)* Les données relatives aux directives anticipées mentionnées à l'article L. 1111-11 ;**

2º Si le titulaire est mineur, les données relatives à l'identité de ses représentants légaux et leurs coordonnées ; si le titulaire est une personne majeure faisant l'objet d'une mesure de protection juridique avec représentation relative à la personne, les données relatives à l'identité de la personne chargée de cette mesure et ses coordonnées ;

3º Les données relatives à l'identité et les coordonnées de la personne de confiance mentionnée à l'article L. 1111-6 ;

4º Les données relatives à l'identité et les coordonnées des proches du titulaire à prévenir en cas d'urgence et, le cas échéant, de l'aidant mentionné aux articles L. 113-1-3 et R. 245-7 du code de l'action sociale et des familles ;

5º Les données relatives à l'identité et les coordonnées du médecin traitant mentionné à l'article L. 162-5-3 du code de la sécurité sociale ;

6º La liste actualisée des professionnels, établissements de santé, établissements ou services sociaux ou médico-sociaux autorisés à accéder à son dossier médical et de ceux auxquels le titulaire a interdit l'accès ;

7º Les données relatives aux autorisations d'accès mentionnées au 10º de l'article R. 1111-27 du présent code.

V. NDLR ss. art. R. 1111-40.

Art. R. 1111-43 Sans préjudice des dispositions de l'article R. 1111-34, toutes les actions réalisées sur le dossier médical partagé, quel qu'en soit l'auteur, sont tracées et conservées dans le dossier médical partagé, et notamment la date, l'heure, et l'identification du professionnel, de l'établissement de santé, de l'établissement ou du service social ou médico-social ou du service numérique en santé mentionné à l'article R. 1111-37 qui a consulté ou alimenté le dossier médical partagé.

Ces traces sont accessibles au titulaire du dossier, au médecin traitant mentionné à l'article L. 162-5-3 du code de la sécurité sociale, aux professionnels mentionnés à l'article R. 1111-54 du présent code et au professionnel auteur des actions faisant l'objet de ces traces.

V. NDLR ss. art. R. 1111-40.

SOUS-SECTION 2 *Modalités d'accès au dossier médical partagé et droits du titulaire*

Art. R. 1111-44 Le titulaire du dossier médical partagé peut autoriser les services et outils numériques en santé référencés dans l'espace numérique de santé à accéder à certaines données de son dossier dans les conditions prévues au III de l'article L. 1111-13-1 et au quatrième alinéa de l'article R. 1111-32. Cette décision est modifiable à tout moment par le titulaire.

Le dossier médical partagé est accessible par voie électronique aux professionnels, aux établissements de santé, établissements ou services sociaux ou médico-sociaux et services et outils numériques en santé autorisés, au moyen d'outils et systèmes d'information qui respectent les référentiels d'interopérabilité et de sécurité mentionnés à l'article L. 1470-5, selon les modalités techniques et organisationnelles définies par la Caisse nationale de l'assurance maladie.

V. NDLR ss. art. R. 1111-40.

Art. R. 1111-45 Le titulaire accède à son dossier médical partagé par voie électronique depuis son espace numérique de santé, selon les modalités prévues au premier alinéa de l'article R. 1111-32. Il peut extraire ou verser des données dans son dossier médical partagé à partir de son espace numérique de santé.

V. NDLR ss. art. R. 1111-40.

Art. R. 1111-46 L'accès au dossier médical partagé des professionnels mentionnés à l'article L. 1111-15 et au III de l'article L. 1111-17 ainsi que des établissements de santé, établissements ou services sociaux ou médico-sociaux est subordonné au consentement préalable du titulaire selon les modalités prévues aux alinéas suivants.

Lorsque le professionnel est membre d'une équipe de soins, telle que définie à l'article L. 1110-12, l'accès au dossier médical partagé est autorisé dans le cadre de la prise en charge effective de la personne et dans les conditions prévues au premier alinéa du III de l'article L. 1110-4. Il est réputé autorisé à l'ensemble des professionnels membres de l'équipe de soins.

Lorsque le professionnel ne fait pas partie de l'équipe de soins définie à l'article L. 1110-12, le consentement est recueilli dans les conditions prévues au deuxième alinéa du III de l'article L. 1110-4.

Le cas échéant, un professionnel bénéficiant de l'accès au titre de l'alinéa précédent peut recueillir ce consentement pour le compte d'un autre professionnel en application du II de l'article L. 1111-17. A cet effet, le titulaire est informé des raisons qui motivent le recueil de son consentement et des règles qui s'appliquent à la consultation de son dossier médical partagé par le professionnel concerné.

L'accès des professionnels au dossier médical partagé est, dans tous les cas, réalisé dans le respect des règles de confidentialité précisées au I de l'article L. 1110-4 et des référentiels d'interopérabilité et de sécurité mentionnés à l'article L. 1110-4-1.

Ces professionnels ont accès aux seules données strictement nécessaires à la prise en charge du titulaire du dossier médical partagé dans le respect des règles de gestion des droits d'accès fixées par un arrêté du ministre chargé de la santé, pris après avis de la Caisse nationale de l'assurance maladie, des conseils nationaux des ordres des professionnels de santé, de l'Union nationale des associations agréées d'usagers du système de santé mentionnée à l'article L. 1114-6 et de la Commission nationale de l'informatique et des libertés.

Les personnes exerçant sous la responsabilité d'un professionnel autorisé peuvent alimenter les dossiers médicaux partagés au nom et pour le compte de ce professionnel.

Le titulaire peut indiquer dans son dossier médical partagé l'identité des professionnels ou les établissements de santé, les établissement ou services sociaux ou médico-sociaux auxquels il entend interdire l'accès à son dossier. La liste de ces professionnels peut être modifiée à tout moment par le titulaire.

Le titulaire est informé de chaque accès par un professionnel, par un établissement de santé, par un établissement ou un service social ou médico-social ou par un service ou outil numérique en santé à son dossier médical partagé.

V. NDLR ss. art. R. 1111-40.

Art. R. 1111-47 Une fois que le titulaire a autorisé un professionnel, un établissement de santé, un établissement ou un service social ou médico-social à accéder à son dossier médical partagé, il ne peut s'opposer, sauf motif légitime, à ce que ceux-ci versent dans son dossier médical partagé les données utiles à la prévention, la coordination, la qualité et la continuité des soins.

V. NDLR ss. art. R. 1111-40.

Art. R. 1111-48 Le titulaire est informé de son droit de s'opposer à l'accès à son dossier médical partagé par un professionnel dans les situations d'urgence prévues au I de l'article L. 1111-17. En l'absence d'opposition du titulaire, dans de telles situations, les professionnels de santé mentionnés au I de l'article L. 1111-17 accèdent au dossier médical partagé. Le titulaire et son médecin traitant sont informés de cet accès *a posteriori* et de façon dématérialisée.

V. NDLR ss. art. R. 1111-40.

Art. R. 1111-49 Le titulaire peut décider que des données le concernant contenues dans son dossier médical partagé ne soient pas accessibles aux professionnels et établissements de santé, établissements ou services sociaux ou médico-sociaux autorisés à accéder à son dossier. Cette décision est modifiable à tout moment par le titulaire. Ces données restent cependant accessibles au professionnel ou à l'établissement de santé, à l'établissement ou au service social ou médico-social qui les a déposées dans le dossier médical partagé et au médecin traitant mentionné à l'article L. 162-5-3 du code de la sécurité sociale.

V. NDLR ss. art. R. 1111-40.

Art. R. 1111-50 Sans préjudice des dispositions de l'article R. 1111-33, lorsque le titulaire est une personne mineure, il peut demander au professionnel ou à l'établissement de santé qui alimente son dossier médical partagé que les données relatives à l'un des actes mentionnés aux articles L. 1111-5, L. 1111-5-1, L. 2212-4, L. 2212-7 et L. 6211-3-1 ne puissent être consultées par son représentant légal.

V. NDLR ss. art. R. 1111-40.

Art. R. 1111-51 Le droit d'accès et de rectification des données personnelles contenues dans son dossier médical partagé, reconnu à son titulaire, s'exerce :

1° Auprès du professionnel autorisé à accéder au dossier médical partagé et identifié dans le dossier médical partagé comme l'auteur de la donnée à rectifier ;

2° Auprès du responsable de l'outil ou du service numérique en santé référencé dans l'espace numérique de santé du titulaire et qui se trouve à l'origine de l'enregistrement de la donnée dans le dossier médical partagé ;

3° Auprès de la Caisse nationale de l'assurance maladie dans les conditions définies par celle-ci, dans le respect des règles de confidentialité précisées au premier alinéa de l'article L. 1110-4.

Le titulaire peut rectifier lui-même les données qu'il a consignées dans son dossier médical partagé. Il ne peut toutefois pas supprimer les données qui ont été enregistrées par un professionnel, un établissement de santé, un établissement ou un service social ou médico-social ou l'hôpital des armées dans son dossier médical partagé. Il peut en demander la suppression, s'il existe un motif légitime, auprès de l'auteur de ces données.

V. NDLR ss. art. R. 1111-40.

Art. R. 1111-52 Le titulaire peut procéder à la clôture de son dossier médical partagé selon les modalités décrites à l'article R. 1111-36.

V. NDLR ss. art. R. 1111-40.

SOUS-SECTION 3 *Droits des professionnels autorisés*

Art. R. 1111-53 Lorsqu'un professionnel estime qu'une donnée sur l'état de santé versée dans le dossier médical partagé ne doit pas être portée à la connaissance du patient sans accompagnement, il peut rendre cette donnée provisoirement inaccessible au titulaire du dossier en attendant qu'elle soit délivrée à ce dernier par un professionnel de santé lors d'une consultation d'annonce.

Dans un délai de deux semaines suivant le versement d'une donnée inaccessible, et en l'absence de la consultation d'annonce, le patient est informé par tout moyen y compris dématérialisé d'une mise à jour de son dossier médical partagé, l'invitant à consulter un professionnel de santé, notamment son médecin traitant, pour en prendre connaissance. Si la consultation d'annonce n'a pas eu lieu un mois après le versement de la donnée dans le dossier médical partagé du patient, elle devient automatiquement accessible.

V. NDLR ss. art. R. 1111-40.

Art. R. 1111-54 Le médecin traitant mentionné à l'article L. 162-5-3 du code de la sécurité sociale accède à l'ensemble des données contenues dans le dossier médical partagé.

Le titulaire peut accorder à un ou plusieurs professionnels autorisés à accéder à son dossier médical partagé les mêmes droits d'accès que ceux du médecin traitant définis au deuxième alinéa de l'article L. 1111-16 du présent code.

V. NDLR ss. art. R. 1111-40.

CHAPITRE II *PERSONNES ACCUEILLIES DANS LES ÉTABLISSEMENTS DE SANTÉ*

SECTION 1 *Information des personnes accueillies*

Art. R. 1112-7 *(Décr. nº 2006-6 du 4 janv. 2006)* Les informations concernant la santé des patients sont soit conservées au sein des établissements de santé qui les ont constituées, soit déposées par ces établissements auprès d'un hébergeur *(Décr. nº 2018-137 du 26 févr. 2018, art. 1er)* « dans le respect des dispositions de l'article L. 1111-8 ».

Le directeur de l'établissement veille à ce que toutes dispositions soient prises pour assurer la garde et la confidentialité des informations ainsi conservées ou hébergées.

Le dossier médical mentionné à l'article R. 1112-2 est conservé pendant une durée de vingt ans à compter de la date du dernier séjour de son titulaire dans l'établissement ou de la dernière consultation externe en son sein. Lorsqu'en application des dispositions qui précèdent, la durée de conservation d'un dossier s'achève avant le vingt-huitième anniversaire de son titulaire, la conservation du dossier est prorogée jusqu'à cette date. Dans tous les cas, si la personne titulaire du dossier décède moins de dix ans après son dernier passage dans l'établissement, le dossier est conservé pendant une durée de dix ans à compter de la date du décès. Ces délais sont suspendus par l'introduction de tout recours gracieux ou contentieux tendant à mettre en cause la responsabilité médicale de l'établissement de santé ou de professionnels de santé à raison de leurs interventions au sein de l'établissement.

A l'issue du délai de conservation mentionné à l'alinéa précédent et après, le cas échéant, restitution à l'établissement de santé des données ayant fait l'objet d'un hébergement en application de l'article L. 1111-8, le dossier médical peut être éliminé. La décision d'élimination est prise par le directeur de l'établissement après avis du médecin responsable de l'information médicale. Dans les établissements publics de santé et les établissements de santé privés *(Décr. nº 2016-1645 du 1er déc. 2016, art. 3)* « habilités à assurer le » service public hospitalier, cette élimination est en outre subordonnée au visa de l'administration des archives, qui détermine ceux de ces dossiers dont elle entend assurer la conservation indéfinie pour des raisons d'intérêt scientifique, statistique ou historique.

Art. R. 1112-8 Lorsqu'un établissement de santé privé *(Décr. nº 2016-1645 du 1er déc. 2016, art. 3-4º)* « qui n'est pas habilité à assurer le » service public hospitalier cesse ses activités, les informations concernant la santé des patients peuvent, sous réserve des tris nécessaires, faire l'objet d'un don à un service public d'archives par voie contractuelle entre le directeur de l'établissement et l'autorité administrative compétente.

TITRE II RECHERCHES IMPLIQUANT LA PERSONNE HUMAINE

CHAPITRE I *PRINCIPES GÉNÉRAUX*

SECTION 6 *Fichier national des personnes qui se prêtent à des recherches impliquant la personne humaine* (*Décr. n° 2017-884 du 9 mai 2017, art. 6*).

Art. R. 1121-16 Le fichier national mentionné à l'article L. 1121-16 est géré par le ministre chargé de la santé et est alimenté par les investigateurs des recherches *(Décr. n° 2016-1537 du 16 nov. 2016, art. 6-2°-a)* « mentionnées au 1° de l'article L. 1121-1 ». Sa mise en œuvre et ses modalités sont déterminées dans les conditions définies par la loi n° 78-17 du 6 janvier 1978 relative à l'informatique, aux fichiers et aux libertés.

Lorsque le comité de protection des personnes demande, conformément au deuxième alinéa de l'article L. 1121-16, d'inscrire dans le fichier des personnes qui participent à une recherche *(Décr. n° 2016-1537 du 16 nov. 2016, art. 6-2°-b)* « mentionnée au 1° de l'article L. 1121-1 », il détermine pour ces personnes une interdiction de participer simultanément à une autre recherche ou une période d'exclusion.

....

TITRE III MÉDECINE PRÉDICTIVE, IDENTIFICATION GÉNÉTIQUE ET RECHERCHE GÉNÉTIQUE

CHAPITRE I *PRINCIPES GÉNÉRAUX*

(Décr. n° 2008-321 du 4 avr. 2008)

SECTION 1 *Examen des caractéristiques génétiques d'une personne et identification par empreintes génétiques à des fins médicales*

SOUS-SECTION 1 *Dispositions générales*

Art. R. 1131-1 L'examen des caractéristiques génétiques d'une personne ou son identification par empreintes génétiques à des fins médicales consiste à analyser ses caractéristiques génétiques héritées ou acquises à un stade précoce du développement prénatal.

Cette analyse a pour objet :

1° Soit de poser, de confirmer ou d'infirmer le diagnostic d'une maladie à caractère génétique chez une personne ;

2° Soit de rechercher les caractéristiques d'un ou plusieurs gènes susceptibles d'être à l'origine du développement d'une maladie chez une personne ou les membres de sa famille potentiellement concernés ;

3° Soit d'adapter la prise en charge médicale d'une personne selon ses caractéristiques génétiques.

Art. R. 1131-2 Constituent des analyses aux fins de détermination des caractéristiques génétiques d'une personne ou de son identification par empreintes génétiques à des fins médicales :

1° Les analyses de cytogénétique, y compris les analyses de cytogénétique moléculaire ;

2° Les analyses de génétique moléculaire ;

3° Toute autre analyse de biologie médicale prescrite dans l'intention d'obtenir des informations pour la détermination des caractéristiques génétiques d'une personne équivalentes à celles obtenues par les analyses mentionnées aux 1° et 2° ci-dessus. Ces analyses sont récapitulées dans un arrêté du ministre chargé de la santé pris après avis de l'Agence de la biomédecine.

....

Art. R. 1131-20 Le consentement écrit et les doubles de la prescription de l'examen des caractéristiques génétiques et des comptes rendus d'analyses de biologie médicale commentés et signés sont conservés par le médecin prescripteur dans le dossier médical de la personne concernée, dans le respect du secret professionnel.

Les comptes rendus d'analyses de biologie médicale et leur commentaire explicatif sont conservés par les laboratoires d'analyses de biologie médicale mentionnés à l'article R. 1131-13 pendant une durée de trente ans.

Dans tous les cas, l'archivage de ces résultats est effectué dans les conditions de sécurité et de confidentialité.

....

TITRE IV RÉPARATION DES CONSÉQUENCES DES RISQUES SANITAIRES

....

§ 3 *Accès de la commission nationale aux informations couvertes par le secret médical*

Art. R. 1142-41-1 La communication à la Commission nationale des accidents médicaux, en application de l'article L. 1142-10, d'informations couvertes par le secret médical fait l'objet d'une demande écrite et motivée de son président ou de son vice-président dans laquelle il désigne, parmi les médecins ou, le cas échéant, les chirurgiens-dentistes, le ou les membres auxquels ces informations sont rendues accessibles et, lorsque la demande concerne l'accès prévu au sixième alinéa du présent article, la durée pour laquelle ce dernier doit être ouvert. Cette communication concerne, notamment, les informations détenues par l'office mentionné à l'article L. 1142-22 concernant les activités des commissions mentionnées à l'article L. 1142-5 et nécessaires à la Commission nationale pour l'exercice de ses missions, comme les missions d'expertise, les avis rendus et les rapports d'expertise sur lesquels ils sont fondés.

Les informations sont transmises ou rendues accessibles par des moyens permettant d'en garantir la confidentialité à l'égard des tiers.

Lorsque ces informations sont transmises sous pli, elles sont adressées par lettre recommandée avec demande d'avis de réception sous double enveloppe, celle placée à l'intérieur portant la mention "secret médical".

Lorsque ces informations sont adressées par télétransmission, elles doivent au préalable être chiffrées. Elles sont alors transmises après apposition de sa signature électronique par le destinataire de la demande conformément aux dispositions du *(Décr. n° 2017-1416 du 28 sept. 2017, art. 2)* « décret n° 2017-1416 du 28 septembre 2017 relatif à la signature électronique », dans des conditions conformes aux règles de l'art.

Les opérations auxquelles la commission doit procéder pour exploiter les informations reçues par télétransmission doivent être conformes aux dispositions de la loi n° 78-17 du 6 janvier 1978 relative à l'informatique, aux fichiers et aux libertés et de l'ordonnance n° 2005-1516 du 8 décembre 2005 relative aux échanges électroniques entre les usagers et les autorités administratives et entre les autorités administratives.

Lorsque ces informations sont rendues accessibles sous la forme d'un accès extranet à une base de données, il est attribué à cet effet, et pour une durée déterminée, un code d'accès aux membres désignés en application du premier alinéa.

Le formulaire prévu à l'article R. 1142-13 comporte une mention précisant au demandeur que les informations qu'il transmet à la commission qu'il a saisie peuvent être communiquées à la Commission nationale pour l'accomplissement de ses missions *(Décr. n° 2014-19 du 9 janv. 2014, art. 4-2°)* « et que des membres de cette commission peuvent assister aux séances de la commission de conciliation et d'indemnisation dans les conditions prévues à l'article R. 1142-9 ».

Une information sur l'utilisation des données personnelles par la Commission nationale figure sur son site internet ainsi que sur celui de l'office mentionné à l'article L. 1142-22 et des commissions mentionnées à l'article L. 1142-5.

....

TITRE III (DU LIVRE II) ORGANES

CHAPITRE PRÉLIMINAIRE *SÉLECTION CLINIQUE DES DONNEURS D'ORGANES*

(Décr. n° 2014-1066 du 19 sept. 2014, art. 2-II)

Art. R. 1231-1 Avant toute greffe, et dans le cadre des obligations générales mentionnées à l'article R. 1211-13, l'équipe médicale de prélèvement procède à une collecte d'informations permettant de sélectionner les donneurs et de caractériser les organes pouvant faire l'objet d'une greffe.

Les informations recueillies doivent au moins comprendre des données minimales fixées par arrêté du ministre chargé de la santé pris après avis du directeur général de l'Agence nationale de sécurité du médicament et des produits de santé et du directeur général de l'Agence de la biomédecine. Cet arrêté détermine également les données complémentaires qui sont recueillies à la demande de l'équipe médicale en fonction de leur disponibilité et de la spécificité de chaque situation.

Par dérogation aux dispositions du premier alinéa, lorsque dans une situation particulière, notamment dans les situations d'urgence vitale, une analyse des risques et des avantages fait apparaître que les avantages escomptés pour le receveur l'emportent sur les risques qui découlent de données incomplètes, la greffe de cet organe peut être envisagée, même si toutes les données minimales précisées dans l'arrêté mentionné au deuxième alinéa du présent article ne sont pas disponibles.

CHAPITRE I *PRÉLÈVEMENT SUR UNE PERSONNE VIVANTE*

(Décr. n° 2005-443 du 10 mai 2005)

SECTION 1 *Information*

Art. R. 1231-1-1 Le médecin responsable du service, du département ou de la structure de soins de l'établissement de santé dans lequel le prélèvement est envisagé *(Décr. n° 2012-1035 du 7 sept. 2012, art. 2-1°)* « , le cas échéant dans le cadre d'un don croisé*[,]* » saisit le comité d'experts *(Abrogé par Décr. n° 2021-1627 du 10 déc. 2021, art. 2)* « *compétent* » mentionné à l'article R. **1231-5**. Il informe de cette saisine le directeur de l'établissement.

L'information délivrée au donneur par le comité d'experts ou, en cas d'urgence vitale, par le médecin qui a posé l'indication de greffe ou par tout autre médecin du choix du donneur porte sur les risques *(Décr. n° 2021-1627 du 10 déc. 2021, art. 2)* « encourus » par le donneur, sur les conséquences prévisibles d'ordre physique et psychologique du prélèvement *(Décr. n° 2012-1035 du 7 sept. 2012, art. 2-1°)* « , sur les répercussions éventuelles de ce prélèvement sur la vie personnelle, familiale et professionnelle du donneur ainsi que, le cas échéant, sur les modalités d'un don croisé » *(Décr. n° 2021-1627 du 10 déc. 2021, art. 2)* « , notamment sur la possibilité de recourir à un organe prélevé sur une personne décédée en substitution au prélèvement sur l'un des donneurs vivants, pour augmenter les possibilités d'appariement ». Elle porte également sur les résultats qui peuvent être attendus de la greffe pour le receveur. *(Décr. n° 2014-1066 du 19 sept. 2014, art. 2-I-2°)* « Le donneur est également informé de la nécessité de prélever et de conserver des échantillons biologiques à visée de biovigilance ainsi que de leur possible utilisation à des fins scientifiques dans le respect des dispositions de l'article L. **1211-2**. »

Le comité d'experts *(Abrogé par Décr. n° 2021-1627 du 10 déc. 2021, art. 2)* « *compétent* » procède à l'audition du donneur et s'assure que ce dernier a mesuré les risques et les conséquences du prélèvement au vu de l'information qui lui a été délivrée.

....

SECTION 2 *Modalités d'expression du refus de prélèvement* *(Décr. n° 2016-1118 du 11 août 2016, art. 2-1°).*

SOUS-SECTION 1 *Dispositions générales*

(Décr. n° 2016-1118 du 11 août 2016, art. 2-2°)

Art. R. 1232-4-4 I. — Une personne peut refuser qu'un prélèvement d'organes soit pratiqué sur elle après son décès, à titre principal en s'inscrivant sur le registre national automatisé des refus de prélèvement dans les conditions prévues à la sous-section 2 de la présente section.

II. — Une personne peut également exprimer son refus par écrit et confier ce document à un proche. Ce document est daté et signé par son auteur dûment identifié par l'indication de ses nom, prénom, date et lieu de naissance.

Lorsqu'une personne, bien qu'en état d'exprimer sa volonté, est dans l'impossibilité d'écrire et de signer elle-même ce document, elle peut demander à deux témoins d'attester que le document qu'elle n'a pu rédiger elle-même est l'expression de sa volonté libre et éclairée. Ces témoins indiquent leur nom et qualité et leur attestation est jointe au document exprimant le refus.

Le document est transmis par un proche à l'équipe de coordination hospitalière de prélèvement définie au 3° de l'article R. 1233-7.

III. — Un proche de la personne décédée peut faire valoir le refus de prélèvement d'organes que cette personne a manifesté expressément de son vivant.

Ce proche ou l'équipe de coordination hospitalière de prélèvement transcrit par écrit ce refus en mentionnant précisément le contexte et les circonstances de son expression. Ce document est daté et signé par le proche qui fait valoir ce refus et par l'équipe de coordination hospitalière de prélèvement.

IV. — Les documents mentionnés au II ou au III sont déposés dans le dossier médical de la personne en cause.

....

SOUS-SECTION 2 *Registre national automatisé des refus de prélèvement* *(Décr. n° 2016-1118 du 11 août 2016, art. 2-3°).*

Art. R. 1232-5 Le fonctionnement et la gestion du registre national automatisé institué par l'article L. 1232-1 sont assurés par l'*(Décr. n° 2010-344 du 31 mars 2010, art. 16)* « Agence de la biomédecine » dans les conditions fixées par la présente section.

Art. R. 1232-6 Toute personne majeure ou mineure âgée de treize ans au moins peut s'inscrire sur le registre afin de faire connaître qu'elle refuse qu'un prélèvement d'organes soit opéré sur son corps après son décès soit à des fins thérapeutiques, soit pour rechercher les causes du décès, soit à d'autres fins scientifiques, soit dans plusieurs de ces trois cas.

Le refus prévu à l'alinéa précédent ne peut faire obstacle aux expertises, constatations et examens techniques ou scientifiques éventuellement diligentés dans le cadre d'une enquête judiciaire ou d'une mesure d'instruction.

Art. R. 1232-7 *(Décr. n° 2016-1118 du 11 août 2016, art. 2-4°)* La demande d'inscription sur le registre est faite sur papier libre ou en remplissant le formulaire mis à disposition du public par l'Agence de la biomédecine.

La demande d'inscription est adressée à l'Agence de la biomédecine par tout moyen permettant de lui conférer une date certaine de réception : elle est datée, signée, accompagnée de la photocopie de tout document susceptible de justifier de l'identité de son auteur, notamment de la carte nationale d'identité en cours de validité, du passeport périmé depuis moins de cinq ans, du permis de conduire ou d'un titre de séjour.

(Décr. n° 2021-1933 du 30 déc. 2021, art. 6) « L'auteur de la demande peut également justifier son identité au moyen du téléservice FranceConnect. »

Art. R. 1232-8 Une attestation d'inscription sur le registre est envoyée à l'auteur de la demande dès l'enregistrement de son inscription, sauf s'il a expressément mentionné qu'il ne souhaitait pas recevoir d'attestation.

Art. R. 1232-9 Le refus de prélèvement peut à tout moment être révoqué par l'intéressé, selon les mêmes modalités que celles qui sont fixées pour la demande d'inscription par l'article R. 1232-7. Une attestation de radiation du registre est adressée à l'intéressé, sauf s'il a expressément mentionné qu'il ne souhaitait pas recevoir d'attestation.

Art. R. 1232-10 Sans préjudice des dispositions de l'article L. 1232-2 concernant les mineurs *(Abrogé par Décr. n° 2021-1626 du 10 déc. 2021, art. 1er)* *« et les majeurs faisant l'objet d'une mesure de protection légale »*, aucun prélèvement d'organes à des fins thérapeutiques, ou aux fins de recherche des causes du décès, ou à d'autres fins scientifiques, ne peut être opéré sur une personne décédée âgée de plus de treize ans sans interrogation obligatoire et préalable du registre sur l'existence éventuelle d'un refus de prélèvement formulé par la personne décédée.

Art. R. 1232-11 La demande d'interrogation du registre fait l'objet d'un document écrit, daté et signé par le directeur de l'établissement de santé dans lequel le prélèvement est envisagé ou, à défaut, par un autre responsable de l'établissement expressément habilité à cet effet par le directeur.

Ce document comporte la copie du procès-verbal du constat de la mort prévu par l'article R. 1232-3.

Art. R. 1232-12 La réponse à la demande d'interrogation du registre est faite par un document écrit, daté et signé par un responsable de l'*(Décr. nº 2010-344 du 31 mars 2010, art. 16)* « Agence de la biomédecine » expressément habilité à cet effet par le directeur général de cet établissement.

Art. R. 1232-13 Le directeur général de l'*(Décr. nº 2010-344 du 31 mars 2010, art. 16)* « Agence de la biomédecine » prend toutes les mesures nécessaires pour garantir la sécurité et la confidentialité de l'ensemble des informations nominatives contenues dans le registre, conformément aux dispositions de la loi nº 78-17 du 6 janvier 1978 relative à l'informatique, aux fichiers et aux libertés.

En outre, il diffuse une information sur l'existence du registre et les modalités d'inscription sur celui-ci ; il met à la disposition du public un imprimé destiné à faciliter cette inscription.

Art. R. 1232-14 Le directeur général de l'*(Décr. nº 2010-344 du 31 mars 2010, art. 16)* « Agence de la biomédecine », après avis du conseil d'administration, transmet au ministre chargé de la santé un rapport annuel sur l'activité et le fonctionnement du registre national automatisé des refus de prélèvement.

....

LIVRE IV **ADMINISTRATION GÉNÉRALE DE LA SANTÉ**

TITRE I **INSTITUTIONS**

....

CHAPITRE III ***VEILLE SANITAIRE, URGENCE SANITAIRE ET PROMOTION DE LA SANTÉ*** *(Décr. nº 2016-523 du 27 avr. 2016, art. 1er-1º).*

SECTION 1 ***Agence nationale de santé publique***

(Décr. nº 2016-523 du 27 avr. 2016, art. 1er-2º)

SOUS-SECTION 1 *Dispositions générales*

Art. R. 1413-1 Pour l'exercice de ses missions, l'Agence nationale de santé publique :

1º Identifie, rassemble, analyse, actualise et diffuse les informations, données et connaissances sur l'état de santé des populations et sur les risques sanitaires les menaçant, leurs causes et leurs évolutions. Elle crée, à cet effet, des systèmes d'information lui permettant d'accéder, dans les meilleurs délais, à des données scientifiques, sanitaires, démographiques, comportementales, sociales, climatiques, environnementales, statistiques, industrielles et commerciales, notamment en matière de déterminants, de morbidité et de mortalité ;

2º Assure, conjointement avec l'Institut national du cancer, et dans le cadre de leurs missions respectives, le pilotage et le financement des registres des pathologies cancéreuses ;

3º Assure une mission de coordination de la surveillance, des études et de l'expertise en matière de lutte et de prévention contre les infections associées aux soins, notamment les infections nosocomiales, et la résistance aux antibiotiques ;

4º Détecte les facteurs de risques ou les menaces susceptibles de modifier ou d'altérer la santé de la population ou de certaines de ses composantes. A cette fin, elle élabore des systèmes de surveillance et d'alerte permettant aux pouvoirs publics d'intervenir, dans les meilleurs délais, en cas de menace sanitaire et de gestion des crises sanitaires ;

5° Étudie, pour chaque type de risque, l'état de santé des populations les plus fragiles ou menacées et contribue à l'évaluation des inégalités sociales et territoriales de santé et à la production des indicateurs de santé nécessaires à l'élaboration et à la conduite des politiques publiques de santé ;

6° Contribue à la préparation et à l'évaluation des projets régionaux de santé mentionnés à l'article L. 1434-1 ainsi qu'à la construction de programmes ou actions de lutte contre les inégalités sociales et territoriales de santé, notamment en faveur des populations vulnérables ;

7° Met en œuvre, pour le compte de l'État et de ses établissements publics, les programmes de santé publique prévus par l'article L. 1411-6 ;

8° Participe au développement de l'évaluation de l'impact sur la santé des politiques publiques, notamment par l'élaboration de méthodes et d'outils ;

9° Exerce une fonction d'expertise et d'appui en matière de promotion de la santé, de prévention et d'éducation pour la santé ;

10° Conçoit, produit, évalue et, le cas échéant, expérimente des méthodes, des stratégies et des actions de promotion de la santé, de prévention et d'éducation pour la santé, ainsi que des supports d'information et d'intervention, notamment des campagnes nationales de communication et des dispositifs de prévention par l'aide à distance. Elle veille à l'accessibilité aux personnes handicapées des programmes de promotion de la santé, de prévention et d'éducation pour la santé ;

11° Établit des programmes de formation à l'éducation pour la santé ;

12° Contribue au développement des compétences et pratiques en santé publique des professionnels de la santé ainsi qu'au transfert de connaissances nécessaire au développement de la promotion de la santé, de la prévention, et de l'éducation pour la santé sur l'ensemble du territoire ;

13° Contribue à la préparation et à la gestion des situations de crise et à la mise en œuvre des plans de réponse aux menaces, alertes et crises sanitaires, notamment en fournissant à l'État une expertise logistique et en mobilisant les moyens dont elle dispose ;

14° Procède à l'ensemble des opérations nécessaires au recrutement, à la formation, à la mobilisation, à l'affectation et à l'indemnisation des réservistes sanitaires ;

15° Exerce une fonction d'alerte sur les menaces sanitaires. Elle est chargée de l'évaluation des signaux susceptibles de révéler une menace sanitaire grave ou de portée nationale pour la santé humaine et mène, à cette fin, des investigations, le cas échéant, en lien avec les agences régionales de santé et les agences nationales de sécurité sanitaire ;

16° Alerte sans délai les autorités sanitaires en cas de menace pour les populations et propose aux autorités compétentes toute mesure de nature à préserver la santé publique ;

17° Organise des auditions publiques sur des thèmes de santé publique ;

18° Contribue à l'information, à la formation et à la diffusion d'une documentation scientifique et technique et au débat public ;

19° Soutient ou réalise des formations, des études, des recherches et des évaluations en rapport avec ses missions ou participe à de telles actions ;

20° Participe, dans le cadre de ses missions, à des actions et instances internationales et européennes, notamment à des réseaux internationaux de santé publique, et y représente la France, à la demande du Gouvernement.

L'agence peut demander aux ministres concernés de faire intervenir les agents habilités à contrôler l'application des dispositions législatives et réglementaires visant à préserver la santé humaine.

L'agence est autorisée à employer l'appellation "Santé Publique France".

....

SOUS-SECTION 2 *Organisation générale*

§ 9 *Communication à l'agence d'informations couvertes par le secret médical ou industriel (Décr. n° 2016-523 du 27 avr. 2016, art. 1er-3°).*

Art. R. 1413-34 *(Décr. n° 2003-701 du 28 juill. 2003, art. 1er)* La communication à l'*(Décr. n° 2016-523 du 27 avr. 2016, art. 1er-3°-b-i)* « Agence nationale de santé publique », en application de *(Décr. n° 2016-523 du 27 avr. 2016, art. 1er-3°-b-i)* « l'article L. 1413-8 », d'informations couvertes par le secret médical ou industriel fait l'objet d'une demande écrite et motivée de son directeur général.

Celui-ci désigne la personne qui est habilitée au sein de l'*(Décr. n° 2016-523 du 27 avr. 2016, art. 1er-3°-b-i)* « Agence nationale de santé publique » à recevoir ces informations. La demande mentionne son nom, ainsi que ses adresses administrative et électronique.

S'il s'agit d'informations couvertes par le secret médical, la personne désignée est un médecin.

....

Art. R. 1413-41 L'*(Décr. n° 2016-523 du 27 avr. 2016, art. 1er-3°-b-viii)* « agence » met à la disposition du ministre chargé du travail et des autres ministres chargés de la prévention des risques professionnels ainsi qu'à la disposition du *(Décr. n° 2016-523 du 27 avr. 2016, art. 1er-3°-b-viii)* « conseil d'orientation sur les conditions de travail » les informations et observations sur la santé des travailleurs nécessaires à la définition et à la conduite de la politique de prévention des risques professionnels. Ces données sont collectées chaque année et établies selon des modalités définies par voie de convention passée entre l'État, représenté par les ministres concernés, et l'*(Décr. n° 2016-523 du 27 avr. 2016, art. 1er-3°-b-viii)* « agence », après délibération du conseil d'administration.

....

CHAPITRE VIII *BIOMÉDECINE*

(Décr. n° 2005-420 du 4 mai 2005)

SECTION UNIQUE *Agence de la biomédecine*

SOUS-SECTION 1 *Missions*

Art. R. 1418-1 Au titre des missions qui lui sont conférées par l'article L. 1418-1, l'Agence de la biomédecine est notamment chargée d'assurer :

1° La gestion de la liste nationale des patients en attente de greffes d'organes et de cornées mentionnée à l'article L. 1251-1 *(Décr. n° 2012-1035 du 7 sept. 2012, art. 1er)* « , du registre des paires associant donneurs vivants et receveurs potentiels ayant consenti à un don croisé d'organes mentionné au 7° de l'article L. 1418-1 » ;

2° La gestion et le fonctionnement du registre national automatisé des refus de prélèvement d'organes mentionné à l'article L. 1232-1 ;

3° L'encadrement et la coordination des activités de prélèvement et de greffe d'organes, de tissus et de cellules issus du corps humain, y compris les échanges internationaux dont les greffons font l'objet ;

(Décr. n° 2016-539 du 3 mai 2016, art. 1er) « 4° La gestion et le fonctionnement du registre national relatif aux donneurs de cellules souches hématopoïétiques, de cellules mononucléées du sang périphérique et aux unités de sang placentaire dans les conditions mentionnées à l'article R. 1418-1-1 ; »

(Décr. n° 2022-1187 du 25 août 2022, art. 1er, en vigueur le 1er sept. 2022) « 4° ***bis*** La mise en œuvre du traitement de données à caractère personnel relatives aux tiers donneurs, à leurs dons et aux personnes nées à la suite de ces dons ainsi qu'à l'identité des personnes ou des couples receveurs prévu à l'article L. 2143-4, dans les conditions fixées par les articles R. 2143-10 à R. 2143-15 ; »

(Décr. n° 2020-359 du 27 mars 2020, art. 1er) « 5° Le secrétariat du comité national mentionné à l'article L. 162-30-5 du code de la sécurité sociale. »

Art. R. 1418-1-1 *(Décr. n° 2016-539 du 3 mai 2016, art. 2)* I. — Le registre national mentionné au 4° de l'article R. 1418-1 comprend trois fichiers :

1° Le fichier relatif aux donneurs volontaires de cellules souches hématopoïétiques et de cellules mononucléées du sang périphérique ;

2° Le fichier relatif aux unités de sang placentaire ;

3° Le fichier relatif aux patients en attente d'une greffe de cellules souches hématopoïétiques sur le territoire national ou à l'étranger.

II. — L'Agence est chargée :

1° De la gestion du fichier national des donneurs volontaires de cellules souches hématopoïétiques et de cellules mononucléées du sang périphérique et de celle du fichier national des unités de sang placentaire ;

2° De l'inscription des patients nationaux ou étrangers pour lesquels une indication de greffe de cellules souches hématopoïétiques non apparentées a été posée ;

3° De la recherche et de la mise à disposition auprès des équipes de greffe françaises et étrangères de cellules souches hématopoïétiques en provenance de France ou de l'étranger.

III. — En application du II, l'Agence de la biomédecine fixe :

1° Au titre du 1° et du 2°, le tarif d'accès des équipes françaises de greffe au fichier national ainsi qu'aux fichiers internationaux de donneurs et d'unités de sang placentaire ;

2° Au titre du 3°, les tarifs rémunérant les prestations permettant la mise à disposition de cellules souches hématopoïétiques, de cellules mononucléées du sang périphérique ou d'unités de sang placentaire auprès des équipes de greffe françaises ou étrangères, ainsi que, le cas échéant, le montant des frais de gestion correspondant à la mise à disposition de ces cellules ou unités.

IV. — Afin d'assurer les activités mentionnées au II, l'Agence coordonne l'action des établissements ou organismes qui, sur la base du volontariat, participent à l'information, à la sélection, à l'inscription et à la gestion des donneurs volontaires de cellules souches hématopoïétiques et de cellules mononucléées sanguines sur le fichier mentionné au 1° du I ainsi qu'à l'action de ceux qui participent à l'inscription des unités de sang placentaire sur le fichier mentionné au 2° du I.

Ces établissements ou organismes participent à ces activités dans le cadre de protocoles établis par l'Agence de la biomédecine.

Ces protocoles mentionnent :

1° L'ensemble des règles auxquelles ces établissements ou organismes doivent se conformer en application des principes éthiques, notamment celles relatives au don, à la confidentialité et à la protection des données relatives au donneur ou à l'unité de sang placentaire ;

2° Le montant forfaitaire d'indemnisation proposé aux établissements ou organismes mentionnés au premier alinéa du présent IV. Ce montant peut évoluer en fonction, notamment, de l'évolution des techniques de typage HLA.

Art. R. 1418-2 Afin d'assurer le suivi, l'évaluation et, le cas échéant, le contrôle des activités médicales et biologiques prévus au 4° de l'article L. 1418-1, l'agence procède à l'analyse quantitative et qualitative des informations dont elle dispose sur ces activités et sur les techniques utilisées, y compris les alternatives thérapeutiques à la greffe, ainsi qu'à celle des résultats obtenus.

Art. R. 1418-3 Afin d'assurer le suivi de l'état de santé des personnes ayant fait un don d'organes ou d'ovocytes mentionné au 6° de l'article L. 1418-1, l'agence utilise les répertoires les concernant dont la création, le contenu et les modalités d'utilisation sont déterminés dans les conditions définies par la loi n° 78-17 du 6 janvier 1978 relative à l'informatique, aux fichiers et aux libertés.

Art. R. 1418-4 L'agence est informée par les *(Décr. n° 2010-344 du 31 mars 2010, art. 58)* « agences régionales de santé » de tout manquement aux règles applicables aux activités médicales et biologiques relevant de son champ de compétence. Elle propose au ministre chargé de la santé toutes mesures utiles pour y remédier.

Elle signale à l'*(Décr. n° 2012-597 du 27 avr. 2012, art. 5-I-1°)* « Agence nationale de sécurité du médicament et des produits de santé » les manquements aux règles de bonnes pratiques mentionnées aux articles L. 1235-5 et L. 1245-6. Elle l'informe également de toute autre pratique susceptible de nuire à la qualité ou à la sécurité des produits mentionnés à l'article L. 5311-1.

Art. R. 1418-5 A la demande du ministre chargé de la santé et sous son autorité, l'agence participe, dans les domaines relevant de sa compétence, à l'élaboration des règles communautaires et des accords internationaux, ainsi qu'à la représentation de la France dans toute instance internationale.

Elle intervient en outre, dans le cadre de la coopération internationale, en faveur du développement à l'étranger des activités relevant de son champ de compétence.

....

TITRE VI MISE À DISPOSITION DES DONNÉES DE SANTÉ

(Décr. nº 2016-1871 du 26 déc. 2016, art. 1er)

CHAPITRE I *SYSTÈME NATIONAL DES DONNÉES DE SANTÉ*

SECTION 1 *Organisation du système national des données de santé*

Art. R. 1461-1 Le traitement de données à caractère personnel dénommé système national des données de santé (SNDS), institué à l'article L. 1461-1, est mis en œuvre par *(Décr. nº 2021-848 du 29 juin 2021, art. 1er)* « la Plateforme des données de santé, mentionnée à l'article L. 1462-1, et » la Caisse nationale de l'assurance maladie *(Abrogé par Décr. nº 2019-718 du 5 juill. 2019, art. 9) « des travailleurs salariés (CNAMTS) »* dans les conditions fixées par le présent chapitre.

Il a pour finalité, en application des dispositions de l'article L. 1461-1, de *(Décr. nº 2021-848 du 29 juin 2021, art. 1er)* « permettre la mise » à disposition des données qu'il rassemble dans les conditions définies aux articles L. 1461-2 à L. 1461-6 afin de contribuer :

1° A l'information sur la santé ainsi que sur l'offre de soins, la prise en charge médico-sociale et leur qualité, l'orientation des usagers dans le système de santé, en permettant la comparaison des pratiques de soins, des équipements et des tarifs des établissements et des professionnels de santé ;

2° A la définition, à la mise en œuvre et à l'évaluation des politiques de santé et de protection sociale, en favorisant l'identification des parcours de soins des patients, le suivi et l'évaluation de leur état de santé et de leur consommation de soins et de services d'accompagnement social, l'analyse de la couverture sociale des patients, la surveillance de la consommation de soins en fonction d'indicateurs de santé publique ou de risques sanitaires ;

3° A la connaissance des dépenses de santé, des dépenses de l'assurance maladie et des dépenses médico-sociales, en permettant d'analyser les dépenses des régimes d'assurance maladie par circonscription géographique, par nature de dépense, par catégorie de professionnels ou de prescripteurs et par professionnel ou établissement, les dépenses d'assurance maladie au regard des objectifs sectoriels de dépenses fixés, dans le cadre de l'objectif national de dépenses d'assurance maladie, par les lois de financement de la sécurité sociale, l'analyse quantitative des déterminants de l'offre de soins et la mesure de leurs impacts sur l'évolution des dépenses d'assurance maladie ;

4° A l'information des professionnels de santé, des structures et des établissements de santé ou médico-sociaux sur leur activité, en permettant la transmission aux prestataires de soins des informations pertinentes relatives à leur activité, à leurs recettes et, s'il y a lieu, à leurs prescriptions et la mise à la disposition de leurs représentants de données ne faisant pas apparaître l'identité des professionnels de santé ;

5° A la surveillance, à la veille et à la sécurité sanitaires, en développant l'observation de l'état de santé des populations, l'évaluation et la production d'indicateurs relatifs à l'état de santé de la population et l'analyse de leur variation dans le temps et dans l'espace, la détection d'événements de santé inhabituels pouvant représenter une menace pour la santé publique et l'évaluation de leurs liens éventuels avec des facteurs d'exposition et l'évaluation d'actions de santé publique ;

6° A la recherche, aux études, à l'évaluation et à l'innovation dans les domaines de la santé et de la prise en charge médico-sociale.

(Décr. nº 2021-848 du 29 juin 2021, art. 1er) « Les données du système national des données de santé sont hébergées au sein de l'Union européenne. Aucun transfert de données à caractère personnel ne peut être réalisé en dehors de l'Union européenne,

sauf dans le cas d'accès ponctuels aux données par des personnes situées en dehors de l'Union européenne, pour une finalité relevant du 1° du I de l'article L. 1461-3. »

Art. R. 1461-2 *(Décr. n° 2021-848 du 29 juin 2021, art. 1er)* I. — Le système national des données de santé comprend une base principale couvrant l'ensemble de la population et un ensemble de bases de données ne couvrant pas l'ensemble de la population dénommé "catalogue".

La base principale réunit les données mentionnées aux 1° à 4° du I de l'article L. 1461-1, complétée progressivement de données mentionnées aux 5° à 11° au *[du]* I de ce même article. Les bases de données du catalogue comprennent des données mentionnées aux 1° à 11° du I de l'article précité. Les données issues d'enquêtes dans le domaine de la santé visées par le 8° du I de l'article précité sont celles qui sont régies par les dispositions de la loi n° 51-711 du 7 juin 1951 sur l'obligation, la coordination et le secret en matière de statistiques.

Un arrêté du ministre chargé de la santé, pris après avis de la Commission nationale de l'informatique et des libertés, liste les données relevant des 1° à 11° du I de l'article L. 1461-1 qui alimentent la base principale, fixe les modalités d'alimentation de cette base et désigne les bases de données figurant dans le catalogue. Il est actualisé selon la disponibilité des données.

II. — Peuvent être constitués par la Plateforme des données de santé ou la Caisse nationale de l'assurance maladie à partir des bases de données du système national des données de santé :

1° Des jeux de données anonymes mis à disposition du public dans les conditions prévues au premier alinéa de l'article L. 1461-2 ;

2° Des jeux de données agrégées et semi-agrégées adaptés à différents types de recherches, d'études ou d'évaluation. Les données semi-agrégées sont individualisées pour les professionnels ou les établissements de santé et agrégées pour les bénéficiaires des soins ;

3° Des échantillons, comprenant tout ou partie des données relatives aux personnes dont elles sont issues.

La liste de ces jeux de données et les caractéristiques des échantillons sont publiées sur le site internet de la Plateforme des données de santé lorsqu'ils font partie du périmètre de données mises à disposition par la Plateforme des données de santé. Leur actualisation fait l'objet d'une information de la Commission nationale de l'informatique et des libertés.

III. — La Plateforme des données de santé et la Caisse nationale de l'assurance maladie mettent des données à disposition des organismes responsables des traitements prévus aux 1° et 2° du I de l'article L. 1461-3 dans un délai raisonnable.

IV. — Sans préjudice des dispositions du I, les organismes responsables des données alimentant le système national des données de santé peuvent les mettre à la disposition d'autres responsables de traitement dans les conditions prévues aux articles L. 1461-1 à L. 1461-6.

Art. R. 1461-3 *(Décr. n° 2021-848 du 29 juin 2021, art. 1er)* I. — La Plateforme des données de santé et la Caisse nationale de l'assurance maladie sont les responsables conjoints du système national des données de santé.

II. — La Caisse nationale de l'assurance maladie est responsable :

1° Du rassemblement des données mentionnées aux 1° à 4° du I de l'article L. 1461-1 pour la constitution de la base principale ;

2° Du stockage et de la mise à disposition des données de la base principale ;

3° Des opérations de pseudonymisation dans le cadre de :

a) La constitution de la base principale et du catalogue prévus au I de l'article R. 1461-2 ;

b) L'exercice des droits prévus par l'article R. 1461-9 ;

c) L'appariement de bases de données avec le système national des données de santé.

III. — La Plateforme des données de santé est responsable :

1° De l'enrichissement de la base principale par des données mentionnées aux 5° à 11° du I de l'article L. 1461-1 et de l'appariement des bases de données du catalogue avec la base principale ;

2° Du stockage et de la mise à disposition des données de la base principale et de l'ensemble des bases de données du catalogue ;

3° Des opérations de pseudonymisation des données dont elle assure la mise à disposition.

Elle peut également contribuer à la constitution des bases de données du catalogue.

Pour l'accomplissement de ses missions, la Plateforme détient une copie de la base principale détenue par la Caisse nationale de l'assurance maladie, ainsi qu'une copie des bases inscrites dans le catalogue.

Elle ne peut, pour l'enrichissement de la base principale et la constitution du catalogue, disposer des noms et prénoms des personnes, de leur numéro d'inscription au Répertoire national d'identification des personnes physiques, ni de leur adresse.

IV. — L'Institut national de la statistique et des études économiques et la Caisse nationale d'assurance vieillesse peuvent, conformément à l'article 1er du décret n° 2018-390 du 24 mai 2018 relatif à un traitement de donnée*[s]* à caractère personnel dénommé "système national de gestion des identifiants" et à l'article 7 du décret n° 82-103 du 22 janvier 1982 relatif au répertoire national d'identification des personnes physiques, contribuer en qualité de sous-traitant aux opérations d'appariement nécessaires à la constitution des bases dans le cadre de la mise en œuvre du système national des données de santé.

Dans ce cadre, ils n'ont accès à aucune information autre que celles relatives aux noms, prénoms, sexe, date et lieu de naissance de l'individu dont il s'agit de reconstituer le numéro d'inscription au Répertoire national d'identification des personnes physiques.

V. — Les personnes autorisées à accéder aux données à caractère personnel du système national des données de santé sont responsables des traitements mis en œuvre au moyen de ces données.

Art. R. 1461-4 I. — Les catégories de données réunies au sein du système national des données de santé sont les suivantes :

1° Les informations relatives aux bénéficiaires de soins et de prestations médico-sociales :

a) Le pseudonyme, constitué d'un code non signifiant obtenu par un procédé cryptographique irréversible du numéro d'inscription au Répertoire national d'identification des personnes physiques ;

b) Le sexe, le mois et l'année de naissance, le rang de naissance *(Décr. n° 2021-848 du 29 juin 2021, art. 1er)* « *[,]* la commune de résidence et son code ainsi que des données infracommunales de localisation », à l'exclusion de toute adresse ;

c) Les informations médico-administratives, notamment, s'il y a lieu, celles liées aux affections de longue durée figurant sur la liste mentionnée à l'article D. 160-4 du code de la sécurité sociale, et aux maladies professionnelles ;

d) Le cas échéant, les informations relatives au décès :

i) La date du décès ;

ii) La commune et le lieu du décès ;

iii) Les causes et les circonstances du décès ;

iv) La situation familiale et la profession à la date du décès ;

2° Les informations relatives aux organismes d'assurance maladie obligatoire et, s'il y a lieu, aux organismes d'assurance maladie complémentaire intervenant dans la prise en charge financière du bénéficiaire des soins et prestations :

a) L'identification des organismes ;

b) Les caractéristiques de la prise en charge par l'assurance maladie obligatoire et, le cas échéant, les organismes d'assurance maladie complémentaire ;

3° Les informations relatives à la prise en charge sanitaire, médico-sociale et financière associées à chaque bénéficiaire :

a) Les informations relatives aux prestations servies pour des soins de ville : nature des actes, biens et services, codes des actes médicaux, des dispositifs médicaux, des actes de pharmacie, biologie et de transport sanitaire, date des soins, date de grossesse ;

b) Les informations relatives aux prestations et séjours réalisés en établissement de santé ou en établissement et service médico-social, y compris les soins externes et l'accueil aux urgences, ainsi que les diagnostics médicaux associés à la description de la prise en charge ;

c) Le montant de l'acte ou de la prestation, sa cotation ou coefficient, le tarif appliqué et la part prise en charge par l'assurance maladie obligatoire, le cas échéant la modulation ou l'exonération du ticket modérateur et son motif, ainsi que la date de remboursement ou de paiement ;

d) Les données comptables relatives aux prestations prises en charge par l'assurance maladie obligatoire ;

e) Le type de contrat, la nature des risques couverts et les informations relatives à la couverture assurée par l'assurance maladie complémentaire s'il y a lieu ;

4° Les informations relatives aux professionnels et services de santé intervenant dans la prise en charge des bénéficiaires mentionnés au I :

a) Le numéro d'identification du professionnel et, le cas échéant, de l'établissement de rattachement ;

b) Le sexe, la date de naissance ;

c) La profession et, s'il y a lieu, la spécialité, le mode d'exercice, le statut conventionnel, la caisse de rattachement ;

d) Le lieu de réalisation de l'acte par le professionnel de santé ;

5° Les informations médico-sociales relatives à la situation des personnes en situation de handicap transmises à la Caisse nationale de solidarité pour l'autonomie dans le cadre du système d'information mentionné à l'article L. 247-2 du code de l'action sociale et des familles :

a) Les données relatives au handicap et à la prise en charge des personnes concernées ;

b) Les données concernant les décisions mentionnées à l'article L. 241-6 du code de l'action sociale et des familles ;

c) Les données relatives aux suites réservées aux orientations prononcées par la commission des droits pour l'autonomie des personnes handicapées, notamment auprès des établissements et services susceptibles d'accueillir ou d'accompagner les personnes concernées ;

6° Les informations relatives aux arrêts de travail et aux prestations en espèces : les données relatives aux arrêts de travail, au versement d'indemnités journalières pour les risques maladie, maternité, paternité, accidents du travail et maladies professionnelles et au versement de pensions d'invalidité, de rentes consécutives à un accident du travail ou à une maladie professionnelle ou de capitaux décès ;

(Décr. n° 2021-848 du 29 juin 2021, art. 1er) « 7° Les informations relatives à la santé, aux conditions sociales et environnementales, aux habitudes de vie et au contexte économique des personnes concernées, recueillies à l'occasion d'activité de prévention, de diagnostic, de soins ou de suivi médical ou médico-social ou d'une enquête dans le domaine de la santé. »

(Abrogé par Décr. n° 2021-848 du 29 juin 2021, art. 1er) ***« Les numéros d'identification des professionnels de santé mentionnés au a du 4° sont conservés et gérés par la Caisse nationale de l'assurance maladie*** *(Abrogé par Décr. n° 2019-718 du 5 juill. 2019, art. 9)* ***« des travailleurs salariés », au sein du système national des données de santé, dans des tables distinctes de celles dans lesquelles figurent les autres données du système national des données de santé, conformément aux dispositions du I de l'article L. 1461-4.***

« Le système national des données de santé ne comporte aucune autre donnée que celles de ses composantes énumérées à l'article L. 1461-1. La liste précise de ces données et les caractéristiques des échantillons constitués en application de l'article R. 1461-5 sont publiées par le directeur général de la Caisse nationale de l'assurance maladie *(Abrogé par Décr. n° 2019-718 du 5 juill. 2019, art. 9)* ***« des travailleurs salariés » sur le site du système national des données de santé (www.snds.gouv. fr). Son actualisation fait l'objet d'une information de la Commission nationale de l'informatique et des libertés. »***

(Décr. n° 2021-848 du 29 juin 2021, art. 1er) « II. — A l'expiration du délai prévu au 4° du IV de l'article L. 1461-1, ces données sont archivées conformément aux articles L. 212-2 et L. 212-3 du code du patrimoine. »

Art. R. 1461-5 *(Décr. n° 2021-848 du 29 juin 2021, art. 1er)* I. — Dans la limite de leurs attributions respectives et de leur besoin d'en connaître, ont seuls accès aux données mentionnées à l'article R. 1461-4 :

1° Les personnels ou les prestataires de la Plateforme des données de santé agissant en tant que responsable du traitement, habilités et nommément désignés par son directeur en raison de leurs missions ;

2° Les personnels ou les prestataires de la Caisse nationale de l'assurance maladie agissant en tant que responsable du traitement, habilités et nommément désignés par son directeur général en raison de leurs missions.

II. — Les responsables des services de l'État, des établissements ou des organismes mentionnés à l'article R. 1461-12 habilitent, sous leur responsabilité au sein de la structure qu'ils dirigent, ou, le cas échéant dans le cadre d'un contrat de sous-traitance, des personnes nommément désignées pour accéder aux données du système national des données de santé.

Leur nombre est limité à ce qui est strictement nécessaire pour assurer l'exécution des traitements de données autorisés. Ces personnes doivent avoir été spécialement formées, dans le cadre de leurs fonctions, pour l'accomplissement de leurs missions.

III. — Les personnes autorisées à accéder aux données du système national des données de santé dans le cadre des dispositions prévues à la section 3 du chapitre III du titre II de la loi n° 78-17 du 6 janvier 1978, en application des dispositions du II de l'article L. 1461-3, sont nommément désignées et habilitées par le responsable du traitement.

Art. R. 1461-6 *(Décr. n° 2021-848 du 29 juin 2021, art. 1er)* Chacun des services de l'État, des établissements publics ou des organismes chargés d'une mission de service public mentionnés à l'article R. 1461-12 tient à jour la liste des personnes compétentes en son sein pour délivrer l'habilitation à accéder aux données du système national des données de santé, la liste des personnes habilitées à accéder à ces données, leurs profils d'accès respectifs et les modalités d'attribution, de gestion et de contrôle des habilitations, conformément à un modèle établi par arrêté du ministre chargé de la santé.

Ces documents sont communiqués à la Commission nationale de l'informatique et des libertés, sur sa demande.

Art. R. 1461-7 *(Décr. n° 2021-848 du 29 juin 2021, art. 1er)* « I. — Pour garantir le respect des dispositions de l'article L. 1461-4, les données présentes dans le système national des données de santé et celles mises à disposition par les responsables conjoints sont rattachées à chaque personne concernée par un pseudonyme. Ce pseudonyme est produit selon les modalités prévues au II du présent article.

« II. — » Les règles de la gestion sécurisée du système national des données de santé, définies dans un référentiel de sécurité arrêté par les ministres chargés de la santé, de la sécurité sociale et du numérique après avis de la Commission nationale de l'informatique et des libertés sont établies dans le respect des principes suivants :

1° Pseudonymisation :

a) *(Décr. n° 2021-848 du 29 juin 2021, art. 1er)* « Les bases de données relevant du système national des données de santé ne comportent » aucune donnée directement identifiante : ni le nom ni le prénom ni l'adresse ni le numéro d'inscription au Répertoire national d'identification des personnes physiques des personnes. Un pseudonyme, constitué d'un code non signifiant obtenu par un procédé cryptographique irréversible du numéro d'inscription au Répertoire national d'identification des personnes physiques *(Abrogé par Décr. n° 2021-848 du 29 juin 2021, art. 1er)* ***« tel que prévu au 1° du I de l'article R. 1461-4 »***, est associé aux données se rapportant à chaque personne. *(Décr. n° 2021-848 du 29 juin 2021, art. 1er)* « La mise à disposition s'effectue au moyen d'un pseudonyme différent pour chacune des bases de données rendue accessible à chacun des responsables de traitement » ;

b) Le procédé cryptographique irréversible mentionné ci-dessus est utilisé pour *(Décr. n° 2021-848 du 29 juin 2021, art. 1er)* « constituer les bases de données relevant du système national des données de santé » et pour apparier les données extraites du système national des données de santé et des données relatives à des bénéficiaires de l'assurance maladie figurant dans d'autres systèmes. Cette procédure est organisée de sorte que nul ne puisse disposer à la fois de l'identité des personnes, notamment de leur numéro d'inscription au Répertoire national d'identification des personnes physiques, d'une part, et du pseudonyme mentionné *(Décr. n° 2021-848 du 29 juin 2021, art. 1er)* « au I du présent article », d'autre part. Les personnes intervenant dans cette procédure sont tenues au secret professionnel ;

2° Traçabilité :

Les modalités de conservation et d'utilisation des données permettent d'en contrôler les usages et de fournir des preuves en cas d'usage non autorisé.

Art. R. 1461-8 *(Décr. n° 2021-848 du 29 juin 2021, art. 1er)* Les numéros d'identification des professionnels de santé sont conservés et gérés par la Plateforme des données de santé et la Caisse nationale de l'assurance maladie, au sein du système national des données de santé dans des tables distinctes de celles dans lesquelles figurent les autres données du système national des données de santé, conformément aux dispositions de l'article L. 1461-4.

Art. R. 1461-9 *(Décr. n° 2021-848 du 29 juin 2021, art. 1er)* I. — La Plateforme des données de santé, conformément au 2° de l'article L. 1462-1, met à disposition sur son site internet les informations suivantes :

1° L'identité et les coordonnées des responsables de traitement du système national des données de santé ainsi que les informations relatives aux bases de données qui l'alimentent ;

2° Les modalités d'exercice des droits prévus au II et au III du présent article ;

3° La liste et les caractéristiques des projets portant sur des données du système national des données de santé, notamment ceux mentionnés à l'article R. 1461-17 ;

4° Les informations prévues au II de l'article L. 1461-3.

La Caisse nationale de l'assurance maladie réalise une information individuelle, par voie papier ou électronique, relative à la mise en œuvre du système national des données de santé permettant de porter directement à la connaissance des personnes les principales caractéristiques de ce dispositif. Elle met à disposition ces informations sur son site qui renvoie à celui de la Plateforme des données de santé.

Les personnes concernées sont informées par les organismes responsables des bases de données que leurs données alimentent le système national des données de santé.

II. — Les droits d'accès et de rectification s'exercent dans les conditions définies aux articles 15 et 16 du règlement (UE) 2016/679 du 27 avril 2016.

Le droit d'opposition, prévu par l'article 21 du règlement (UE) 2016/679 du 27 avril 2016 et l'article 74 de la loi n° 78-17 du 6 janvier 1978, porte sur les données des traitements mentionnés au 1° du I de l'article L. 1461-3. Il ne s'applique pas :

1° Dans le cadre de la constitution du système national des données de santé, aux données de la base principale mentionnée au I de l'article R. 1461-2 ;

2° Dans le cadre de la mise à disposition des données, aux traitements mis en œuvre par les services de l'État, les établissements et les organismes dont la liste figure à l'article R. 1461-12 dans le cadre de leur accès permanent.

Lorsque leurs données relèvent de bases inscrites au catalogue, les personnes concernées peuvent exercer un droit d'effacement, dans les conditions prévues à l'article 17 du règlement (UE) 2016/679 du 27 avril 2016.

III. — Pour l'exercice des droits mentionnés au II, la personne concernée adresse sa demande, en justifiant de son identité par tout moyen, au directeur de la Plateforme ou au directeur de l'organisme gestionnaire d'assurance maladie obligatoire dont elle relève.

IV. — Les responsables conjoints de traitement s'assurent de donner suite aux demandes adressées par les personnes concernées qui exercent leurs droits, conformément au II, de manière cohérente pour toutes les données du système national des données de santé, quel que soit le responsable conjoint qui les met à disposition.

Ils mettent en place un circuit conforme aux dispositions de l'article R. 1461-7 et selon une procédure garantissant que nul ne puisse disposer à la fois de l'identité des personnes, notamment de leur numéro d'inscription au Répertoire national d'identification des personnes physiques et du pseudonyme prévu au I du même article.

Dans la stricte limite de ce qui est nécessaire pour l'exercice des droits mentionnés au II et selon des mesures de protection techniques et organisationnelles adaptées, la Plateforme des données de santé ou son sous-traitant est autorisée *[autorisé]* à traiter les données à caractère personnel adéquates et pertinentes, parmi lesquelles le numéro d'inscription des personnes au Répertoire national d'identification des personnes physiques. Ces dispositions ne préjudicient pas aux attributions de la Caisse nationale de l'assurance maladie pour assurer la pseudonymisation des données de la personne concernée.

Art. R. 1461-10 *(Décr. n° 2021-848 du 29 juin 2021, art. 1er)* Le ministre chargé de la santé fixe les orientations générales du développement du système national des données de santé. Il réunit, à cet effet, un comité stratégique associant la Plateforme des données de santé et la Caisse nationale de l'assurance maladie.

Un arrêté du ministre chargé de la santé fixe la composition, les missions et les modalités de fonctionnement de ce comité.

SECTION 2 *Accès permanent de certains services publics au système national des données de santé*

Art. R. 1461-11 *(Abrogé par Décr. n° 2021-848 du 29 juin 2021, art. 1er)* « *I. —* » Les services de l'État, les établissements publics et les organismes chargés d'une mission de service public, mentionnés à l'article R. 1461-12, sont autorisés à traiter des données à caractère personnel du système national des données de santé *(Décr. n° 2021-848 du 29 juin 2021, art. 1er)* « issues de la base principale mentionnée au I de l'article R. 1461-2 », dans des limites définies aux articles R. 1461-13 et R. 1461-14, en fonction des exigences des missions de service public qu'ils remplissent.

L'étendue de cette autorisation est définie :

1° Par la profondeur historique des données utilisées, l'aire géographique ou les caractéristiques d'une population déterminée au regard des finalités sanitaires ou sociales du traitement ;

2° Par la possibilité ou non d'utiliser de manière simultanée dans un même traitement, en sus des autres informations relatives aux soins et à la prise en charge, plusieurs variables, dénommées identifiants potentiels, dont la combinaison accroît le risque de réidentification. Ces identifiants potentiels sont la période de naissance exprimée en mois et année, le code de la commune de résidence et les données infracommunales de localisation, la date des soins, la date du décès et le code de la commune de décès.

Pour chaque traitement effectué sur le fondement des dispositions du III de l'article L. 1461-3, seules les données nécessaires à ce traitement qui entrent dans le champ de l'autorisation dont dispose, en application des articles R. 1461-13 et R. 1461-14, le service, l'établissement ou l'organisme qui le met en œuvre, peuvent être utilisées.

(Abrogé par Décr. n° 2021-848 du 29 juin 2021, art. 1er) ***« II. — Pour les traitements de données autorisés sur le fondement des dispositions du III de l'article L. 1461-3, seuls les organismes de l'assurance maladie obligatoire et les agences régionales de santé peuvent disposer sur leur champ de compétence territoriale, en tant que de besoin, du numéro d'identification du professionnel de santé.*** *(Décr. n° 2018-522 du 27 juin 2018, art. 3)* ***« La direction de la sécurité sociale peut également disposer, au niveau national, de ce numéro et de celui identifiant les distributeurs de produits de santé, lorsqu'ils sont nécessaires à la régulation ou à la gestion économique des produits de santé et des prestations éventuellement associées, ou à des actions destinées à favoriser la pertinence de leur usage. » Les autres organismes*** *(Décr. n° 2018-522 du 27 juin 2018, art. 3)* ***« , et la direction de la sécurité sociale sur le reste de ses missions, » peuvent avoir accès à un pseudonyme construit à partir de ce numéro. »***

Art. R. 1461-12 Les services de l'État, les établissements publics et les organismes chargés d'une mission de service public autorisés à traiter des données à caractère personnel du système national des données de santé en application du III de l'article L. 1461-3 sont les suivants :

1° La direction de la recherche, des études, de l'évaluation et des statistiques, la direction générale de la santé et la direction générale de l'offre de soins, la direction de la sécurité sociale, *(Décr. n° 2021-848 du 29 juin 2021, art. 1er)* « le secrétariat général des ministères sociaux, » la direction du budget *(Décr. n° 2018-1056 du 29 nov. 2018, art. 1er)* « , la direction générale du Trésor » et le service de santé des armées ;

2° Les agences régionales de santé ;
3° Les caisses nationales des régimes de l'assurance maladie obligatoire, les organismes locaux et régionaux de l'assurance maladie obligatoire ;
4° La Caisse nationale de solidarité pour l'autonomie ;
5° La Haute Autorité de santé ;
6° L'Autorité de sûreté nucléaire ;
7° L'Agence nationale de santé publique ;
8° L'Agence nationale de sécurité du médicament et des produits de santé ;
9° L'Agence de biomédecine ;
10° L'Institut de radioprotection et de sûreté nucléaire ;
11° L'Institut national du cancer ;
12° L'Établissement français du sang ;
13° L'Agence technique de l'information sur l'hospitalisation ;
14° L'Agence nationale d'appui à la performance des établissements de santé et médico-sociaux ;
15° *(Décr. n° 2021-848 du 29 juin 2021, art. 1er)* « La Plateforme » des données de santé ;
16° L'Institut de recherche et documentation en économie de la santé ;
17° L'Institut national d'études démographiques ;
18° L'Observatoire français des drogues et toxicomanies ;
19° Le Haut Conseil pour l'avenir de l'assurance maladie ;
20° Le Fonds de financement de la couverture maladie universelle ;
21° Les observatoires régionaux de la santé ;
22° Les unions régionales de professionnels de santé ;
23° Les équipes de recherche de l'Institut national de la santé et de la recherche médicale ;
24° Les équipes de recherche des centres hospitaliers universitaires et des centres de lutte contre le cancer ;
25° Les équipes de recherche et de formation de l'École des hautes études en santé publique ;
(Décr. n° 2021-848 du 29 juin 2021, art. 1er) « 26° L'Institut national de la statistique et des études économiques ;
« 27° L'Agence centrale des organismes de sécurité sociale ;
« 28° Les équipes de recherche du Centre national de la recherche scientifique dans le cadre de projets intéressant la santé publique ;
« 29° Les équipes de recherche de l'Institut national de recherche en informatique et en automatique dans le cadre de projets intéressant la santé publique ;
« 30° La Cour des comptes. »
V. égal. Décr. n° 2016-1871 du 26 déc. 2016, art. 2-II.

Art. R. 1461-13 *(Décr. n° 2021-848 du 29 juin 2021, art. 1er)* « I. — » Les traitements mentionnés à l'article R. 1461-11 portent sur des données du système national des données de santé dont la profondeur historique maximale est de :

1° 19 ans, en plus de l'année en cours, pour l'Agence nationale de santé publique, l'Agence nationale de sécurité du médicament et des produits de santé, l'Agence de la biomédecine, l'Institut national du cancer, l'Établissement français du sang *(Décr. n° 2021-848 du 29 juin 2021, art. 1er)* « , la Haute Autorité de santé, la direction de la recherche, des études, de l'évaluation et des statistiques, le service de santé des armées, la Caisse nationale de l'assurance-maladie, la caisse centrale de la Mutualité sociale agricole, la Caisse nationale de solidarité pour l'autonomie, la Plateforme des données de santé, l'Institut de recherche et documentation en économie de la santé, l'Institut national d'études démographiques, les équipes de recherche de l'Institut national de la santé et de la recherche médicale, les équipes de recherche des centres hospitaliers universitaires et des centres de lutte contre le cancer, les équipes de recherche et de formation de l'École des hautes études en santé publique, l'Institut national de la statistique et des études économiques, les équipes de recherche du Centre national de la recherche scientifique dans le cadre de projets intéressant la santé publique, les équipes de recherche de l'Institut national de recherche en informatique et en automatique dans le cadre de projets intéressant la santé publique ;

« 2° 9 ans, en plus de l'année en cours, pour les agences régionales de santé, l'Agence technique de l'information sur l'hospitalisation, la direction de la sécurité sociale, le secrétariat général des ministères sociaux, l'Observatoire français des drogues et des toxicomanies, les observatoires régionaux de la santé, les organismes locaux et régionaux de l'assurance maladie obligatoire, l'Agence centrale des organismes de sécurité sociale et la Cour des comptes ; »

3° 5 ans, en plus de l'année en cours, pour les autres services de l'État, établissements ou organismes autorisés à traiter des données à caractère personnel du système national des données de santé en application des dispositions du III de l'article L. 1461-3.

(Décr. n° 2021-848 du 29 juin 2021, art. 1er) « II. – Par dérogation au 2° du I, la profondeur historique des données traitées est de 19 ans plus l'année en cours lorsque le traitement porte sur :

« 1° Des données semi-agrégées ou individualisées mentionnées au 2° du II de l'article R. 1461-2 ;

« 2° Des échantillons mentionnés au 3° du II de l'article R. 1461-2. »

Art. R. 1461-14 Les traitements mentionnés à l'article R. 1461-11 portent sur des catégories de données du système national des données de santé qui ne peuvent excéder les limites suivantes :

1° L'ensemble des données individuelles du système national des données de santé avec croisement des identifiants potentiels, les échantillons *(Abrogé par Décr. n° 2021-848 du 29 juin 2021, art. 1er) « généralistes »* avec croisement des identifiants potentiels, les données semi-agrégées, individualisées pour les professionnels ou établissements de santé et agrégées pour les bénéficiaires, et les données agrégées présentant un risque résiduel de réidentification, pour la direction de la recherche, des études, de l'évaluation et des statistiques, *(Décr. n° 2018-522 du 27 juin 2018, art. 3)* « la direction de la sécurité sociale, » la direction générale de la santé et la direction générale de l'offre de soins, les caisses nationales des régimes de l'assurance maladie obligatoire, la Caisse nationale de solidarité pour l'autonomie, la Haute Autorité de santé, l'Agence nationale de santé publique, l'Agence nationale de sécurité du médicament et des produits de santé, l'Agence de biomédecine, l'Institut national du cancer, l'Établissement français du sang, l'Agence technique de l'information sur l'hospitalisation, *(Décr. n° 2021-848 du 29 juill. 2021, art. 1er)* « la Plateforme des donnée de santé », l'Institut de recherche et documentation en économie de la santé *(Décr. n° 2021-848 du 29 juin 2021, art. 1er)* « , l'Institut national d'études démographiques, le secrétariat général des ministères sociaux, l'Observatoire français des drogues et des toxicomanies, les équipes de recherche de l'Institut national de la santé et de la recherche médicale, les équipes de recherche des centres hospitaliers universitaires et des centres de lutte contre le cancer, les équipes de recherche et de formation de l'École des hautes études en santé publique, l'Institut national de la statistique et des études économiques, l'Agence centrale des organismes de sécurité sociale, les équipes de recherche du Centre national de la recherche scientifique dans le cadre de projets intéressant la santé publique, les équipes de recherche de l'Institut national de recherche en informatique et en automatique dans le cadre de projets intéressant la santé publique et la Cour des comptes » ;

2° L'ensemble des données individuelles du système national des données de santé avec croisement des identifiants potentiels sur leur champ de compétence territoriale, le cas échéant, *(Décr. n° 2021-848 du 29 juin 2021, art. 1er)* « nationale », en ce qui concerne le lieu de résidence du bénéficiaire ou le lieu de réalisation de l'acte par le professionnel de santé, l'ensemble des données issues des systèmes d'informations mentionnés à l'article L. 6113-7 avec croisement des identifiants potentiels, les échantillons généralistes avec croisement des identifiants potentiels, les données semi-agrégées, individualisées pour les professionnels ou établissements de santé et agrégées pour les bénéficiaires ainsi que les données agrégées présentant un risque résiduel de réidentification, pour les agences régionales de santé, les organismes locaux et régionaux de l'assurance maladie obligatoire et les observatoires régionaux de santé ;

3° L'ensemble des données individuelles du système national des données de santé avec croisement des identifiants potentiels sur le champ des personnes affiliées à la

Caisse nationale militaire de sécurité sociale, les échantillons généralistes avec croisement des identifiants potentiels, les données semi-agrégées, individualisées pour les professionnels ou établissements de santé et agrégées pour les bénéficiaires, et les données agrégées présentant un risque résiduel de réidentification, pour le service de santé des armées ;

(Décr. n° 2018-1056 du 29 nov. 2018, art. 1er) « 3° *bis* L'ensemble des données individuelles du système national des données de santé sans croisement des identifiants potentiels, les échantillons généralistes avec au maximum l'utilisation de deux identifiants potentiels, les données semi-agrégées individualisées pour les professionnels ou établissements de santé et agrégées pour les bénéficiaires et les données agrégées présentant un risque résiduel de réidentification, pour *(Décr. n° 2021-848 du 29 juin 2021, art. 1er)* « la direction du budget et » la direction générale du Trésor ; »

(Abrogé par Décr. n° 2021-848 du 29 juin 2021, art. 1er) « *4° Les échantillons généralistes avec croisement des identifiants potentiels, les données semi-agrégées, individualisées pour les professionnels ou établissements de santé et agrégées pour les bénéficiaires, et les données agrégées présentant un risque résiduel de réidentification, pour les équipes de recherche de l'Institut national de la santé et de la recherche médicale, des centres hospitaliers universitaires et des centres de lutte contre le cancer ainsi que pour les équipes de recherche et de formation de l'École des hautes études en santé publique ;* »

5° Les échantillons *(Abrogé par Décr. n° 2021-848 du 29 juin 2021, art. 1er)* « *généralistes* » avec au maximum l'utilisation de deux identifiants potentiels, les données semi-agrégées, individualisées pour les professionnels ou établissements de santé et agrégées pour les bénéficiaires, et les données agrégées présentant un risque résiduel de réidentification, pour *(Abrogé par Décr. n° 2018-522 du 27 juin 2018, art. 3)* « *la direction de la sécurité sociale,* » *(Abrogé par Décr. n° 2021-848 du 29 juin 2021, art. 1er)* « *la direction du budget,* » l'Autorité de sûreté nucléaire, l'Institut de radioprotection et de sûreté nucléaire, le Haut Conseil pour l'avenir de l'assurance maladie, le Fonds de financement de la couverture maladie universelle, *(Abrogé par Décr. n° 2021-848 du 29 juin 2021, art. 1er)* « *l'Observatoire français des drogues et toxicomanies* » et l'Agence nationale d'appui à la performance des établissements de santé et médico-sociaux ;

6° Les données semi-agrégées, individualisées pour les professionnels ou établissements de santé et agrégées pour les bénéficiaires, et les données agrégées présentant un risque résiduel de réidentification, pour les unions régionales de professionnels de santé.

Art. R. 1461-15 Lorsque les besoins d'un traitement particulier ou d'une catégorie de traitements de données du système national des données de santé excèdent l'étendue de l'autorisation dont bénéficie, sur le fondement des dispositions du III de l'article L. 1461-3, le service de l'État, l'établissement ou l'organisme *(Décr. n° 2021-848 du 29 juin 2021, art. 1er)* « , notamment en cas d'appariement de données issues du système national des données de santé avec d'autres données, les traitements sont mis en œuvre selon les dispositions prévues à la section 3 du chapitre III du titre II de la loi n° 78-17 du 6 janvier 1978 ».

Art. R. 1461-16 *(Décr. n° 2021-848 du 29 juin 2021, art. 1er)* Seuls les organismes de l'assurance maladie obligatoire, la direction de la recherche, des études, de l'évaluation et des statistiques, la direction de la sécurité sociale, le secrétariat général des ministères sociaux et les agences régionales de santé peuvent disposer, lorsque c'est nécessaire, du numéro d'identification du professionnel de santé. Les autres organismes peuvent avoir accès à un pseudonyme construit à partir de ce numéro.

Art. R. 1461-17 *(Décr. n° 2021-848 du 29 juin 2021, art. 1er)* Les services de l'État, les établissements publics ou les organismes chargés d'une mission de service public mentionnés à l'article R. 1461-12 tiennent à jour la liste et les caractéristiques des projets portant sur des données individuelles du système national des données de santé et mis en œuvre dans le cadre de l'autorisation de traiter ces données dont ils bénéficient sur le fondement du III de l'article L. 1461-3.

Cette liste et les caractéristiques de tous les projets sont présentées conformément à un modèle établi par arrêté du ministre chargé de la santé. Elles sont transmises à la Plateforme des données de santé qui en assure la publication.

Art. R. 1461-18 *(Abrogé par Décr. nº 2021-848 du 29 juin 2021, art. 1er)* ***Chacun des services de l'État, des établissements publics ou des organismes chargés d'une mission de service public mentionnés à l'article R. 1461-12 tient à jour des documents indiquant la ou les personnes compétentes en son sein pour délivrer l'habilitation à accéder aux données du système national des données de santé, la liste des personnes habilitées à accéder à ces données, leurs profils d'accès respectifs et les modalités d'attribution, de gestion et de contrôle des habilitations, conformément à un modèle établi par arrêté des ministres chargés de la santé et de la sécurité sociale et consultable sur le site du système national des données de santé.***

Ces documents sont communiqués à la Commission nationale de l'informatique et des libertés, sur sa demande.

Art. R. 1461-19 *(Abrogé par Décr. nº 2021-848 du 29 juin 2021, art. 1er)* ***Un comité des services, des établissements et*** [des] ***organismes bénéficiant d'une autorisation de traiter des données du système national des données de santé sur le fondement des dispositions du III de l'article L. 1461-3 est animé par l'Agence nationale de santé publique. Il est consulté régulièrement par le comité stratégique mentionné à l'article R. 1461-10.***

....

DEUXIÈME PARTIE *SANTÉ DE LA FAMILLE, DE LA MÈRE ET DE L'ENFANT*

LIVRE PREMIER **PROTECTION ET PROMOTION DE LA SANTÉ MATERNELLE ET INFANTILE**

TITRE IV **ASSISTANCE MÉDICALE À LA PROCRÉATION**

....

CHAPITRE III *ACCÈS AUX DONNÉES NON IDENTIFIANTES ET À L'IDENTITÉ DU TIERS DONNEUR*

(Décr. nº 2022-1187 du 25 août 2022, art. 3, en vigueur le 1er sept. 2022)

SECTION 1 *Dispositions générales*

Art. R. 2143-1 Pour l'application du présent chapitre :

1° Lorsque le ou les embryons mentionnés au premier alinéa de l'article L. 2143-1 ont été conçus grâce à un don de sperme, un don d'ovocyte ou un don de sperme et un don d'ovocyte, la notion de tiers donneur s'entend de la ou des personnes ayant consenti à ces dons de gamètes ainsi que du couple, du membre survivant ou de la femme non mariée ayant consenti à l'accueil de ses embryons en application de l'article L. 2141-5 ;

2° La notion d'utilisation du don s'entend de l'attribution des gamètes ou des embryons aux bénéficiaires de l'assistance médicale à la procréation avec tiers donneur ;

3° Les données relatives à l'identité du tiers donneur mentionnées à l'article L. 2143-3 sont le nom de naissance, les prénoms, le sexe, la date et le lieu de naissance ;

4° Les données non identifiantes du tiers donneur mentionnées au même article désignent les données distinctes de celles relatives à son identité et ne permettant pas son identification directe ou celle d'un tiers.

SECTION 2 *Commission d'accès aux données non identifiantes et à l'identité du tiers donneur*

Art. R. 2143-2 La commission mentionnée à l'article L. 2143-6 est dénommée commission d'accès des personnes nées d'une assistance médicale à la procréation aux données des tiers donneurs.

Les membres de la commission sont nommés par arrêté conjoint du garde des sceaux, ministre de la justice, du ministre chargé de la santé et du ministre chargé de l'action sociale, pour une durée de cinq ans renouvelable une fois.

Les fonctions de membre de la commission ouvrent droit aux indemnités pour frais de déplacement et de séjour dans les conditions prévues par la réglementation applicable aux fonctionnaires de l'État.

En cas de cessation des fonctions d'un membre de la commission en cours de mandat pour quelque cause que ce soit, le remplacement de ce membre intervient dans les mêmes conditions que la nomination pour la durée du mandat restant à courir.

Les mandats des suppléants viennent à échéance à la même date que ceux des titulaires dont ils assurent la suppléance.

Art. R. 2143-3 I. — La commission se réunit sur convocation de son président. La convocation précise l'ordre du jour.

Sur proposition du président, la commission peut procéder à l'audition d'un tiers sur un point de l'ordre du jour.

II. — La commission ne peut valablement délibérer que si sont présents au moins neuf membres.

III. — Les décisions de la commission sont prises à la majorité des membres présents.

IV. — La commission peut donner délégation à son président pour exercer, en son nom, les missions mentionnées aux 1°, 2° et 4° de l'article L. 2143-6 selon des critères qu'elle détermine, lorsque la demande ne présente manifestement pas de difficulté, ou pour rejeter les demandes irrecevables.

La commission détermine les modalités de mise en œuvre de la mission mentionnée au 7° du même article.

V. — La commission dispose de services placés sous l'autorité d'un secrétaire général qui en assure le fonctionnement et la coordination.

Ces services assurent notamment l'instruction des demandes reçues par la commission.

VI. — Le ministre chargé de la santé peut déléguer sa signature au secrétaire général pour ce qui concerne le fonctionnement administratif et financier de la commission.

VII. — La commission établit son règlement intérieur qui, notamment, fixe les conditions de son fonctionnement et précise les règles de procédure applicables devant elle.

Ce règlement intérieur mentionne notamment les attributions dont la commission décide, conformément au IV, de déléguer l'exercice à son président.

VIII. — La commission établit chaque année un rapport qui est rendu public.

SECTION 3 *Modalités de consentement des tiers donneurs à la communication de leurs données non identifiantes et de leur identité*

§ 1 *Consentement du tiers donneur préalable au don*

Art. R. 2143-4 Les tiers donneurs de gamètes ou d'embryons, tels que définis à l'article L. 2143-1 ainsi qu'au 1° de l'article R. 2143-1, consentent, pour chaque don, à la communication de leur identité et de leurs données non identifiantes mentionnées à l'article L. 2143-3 dans le cadre des entretiens préalables au don mentionnés aux articles R. 1244-2 et R. 2141-2, au moyen d'un formulaire de consentement dont le modèle est fixé par arrêté du ministre chargé de la santé pris après avis de l'Agence de la biomédecine. — *V. Arr. du 29 août 2022* 🏛.

Une fois ce consentement recueilli par l'organisme ou l'établissement de santé mentionné au troisième alinéa de l'article L. 2142-1, les tiers donneurs communiquent, dans les conditions prévues à l'article R. 2143-5, les données mentionnées au premier alinéa.

Il peut alors être procédé au don.

Le formulaire de consentement mentionné au premier alinéa est conservé par l'organisme ou l'établissement de santé mentionné au troisième alinéa de l'article L. 2142-1 qui a recueilli le don.

§ 2 *Modalités de collecte de l'identité et des données non identifiantes*

Art. R. 2143-5 I. — Le médecin de l'organisme ou de l'établissement de santé mentionné au troisième alinéa de l'article L. 2142-1 collecte l'identité et les données non identifiantes, mentionnées au I de l'article L. 2143-3, des tiers donneurs qui ont consenti à la communication de leurs données dans les conditions fixées à l'article R. 2143-4, au moyen d'un formulaire de collecte de l'identité et des données non identifiantes dont le modèle est fixé par arrêté du ministre chargé de la santé pris après avis de l'Agence de la biomédecine. – *V. Arr. du 29 août 2022 🏛, ss. art. R. 2143-4.*

II. — Avant de procéder à sa validation, le médecin vérifie le contenu du formulaire de collecte mentionné au I. Il s'assure que les données non identifiantes mentionnées au 6° du I de l'article L. 2143-3, seules ou agrégées, ne permettent pas d'identifier le tiers donneur ou un tiers, et suggère le cas échéant à la personne intéressée toute modification de nature à lever la difficulté.

III. — En application du 4° de l'article L. 2143-6, le médecin, en cas de doute sur le caractère identifiant des données, suspend la procédure de recueil du consentement et transmet tout ou partie desdites données à la commission d'accès des personnes nées d'une assistance médicale à la procréation aux données des tiers donneurs, par tout moyen garantissant strictement leur confidentialité et permettant de donner date certaine à leur réception.

IV. — La commission se prononce dans les meilleurs délais sur le caractère non identifiant des données et transmet sa réponse par tout moyen permettant au médecin mentionné au I d'en accuser réception dans des conditions en garantissant strictement la confidentialité.

Lorsque la commission confirme que les données présentent un risque d'identification, le médecin demande au tiers donneur de modifier les données concernées dans le formulaire mentionné au I. En cas de refus, il met fin à la procédure de recueil du consentement.

Art. R. 2143-6 Dès l'utilisation du don, l'organisme ou l'établissement de santé intègre les données communiquées par les tiers donneurs au traitement de données prévu à l'article L. 2143-4.

Les données sont complétées après la naissance de l'enfant par le recueil des informations mentionnées au II de l'article L. 2143-3. A cette fin, les bénéficiaires de l'assistance médicale à la procréation communiquent au médecin les données relatives à leur identité et à celle de l'enfant. Le médecin transmet les informations ainsi recueillies à l'Agence de la biomédecine.

§ 3 *Consentement du tiers donneur non soumis aux dispositions du présent chapitre au moment du don*

Art. R. 2143-7 I. — Les tiers donneurs non soumis aux dispositions du chapitre III du titre IV du livre Ier de la deuxième partie de la partie législative du présent code au moment du don peuvent, à tout moment, s'adresser à la commission d'accès des personnes nées d'une assistance médicale à la procréation aux données des tiers donneurs, afin de consentir auprès de celle-ci à la communication de leur identité et de leurs données non identifiantes mentionnées à l'article L. 2143-3.

Ils peuvent également exprimer ce consentement auprès de la commission lorsque celle-ci les contacte après avoir été saisie d'une demande d'accès à leurs données d'identité ou non identifiantes en application du D du VIII de l'article 5 de la loi n° 2021-1017 du 2 août 2021 relative à la bioéthique.

II. — A cette occasion, le tiers donneur est informé que son consentement vaut pour l'ensemble des demandes d'accès formulées par les personnes majeures conçues à partir de ses gamètes ou embryons et qu'il n'est pas révocable.

III. — Le consentement de l'intéressé est recueilli par la commission selon le modèle prévu au premier alinéa de l'article R. 2143-4.

IV. — Après recueil de leur consentement, les tiers donneurs communiquent, dans un délai de trois mois, les données d'identité et les données non identifiantes mentionnées au I de l'article L. 2143-3 à un organisme ou établissement de santé mentionné au troisième alinéa de l'article L. 2142-1, dans les conditions prévues à l'article R. 2143-5.

Dès leur réception, les données communiquées par les tiers donneurs sont intégrées au traitement de données prévu à l'article L. 2143-4 et complétées par les informations mentionnées au II de l'article L. 2143-3, lorsqu'il s'avère que les gamètes ou embryons donnés ont fait l'objet d'une utilisation.

Art. R. 2143-8 Les tiers donneurs qui font part à la commission de leur refus de consentir à la communication de leurs données d'identité et de leurs données non identifiantes mentionnées à l'article L. 2143-3 ou qui ne répondent pas à la sollicitation de la commission gardent la possibilité d'y consentir ultérieurement en s'adressant à celle-ci, selon les modalités prévues à l'article R. 2143-7.

SECTION 4 *Demandes d'accès aux données non identifiantes et à l'identité du tiers donneur*

Art. R. 2143-9 I. – Les personnes nées d'une assistance médicale à la procréation avec tiers donneur qui, à leur majorité, souhaitent accéder, en application des dispositions de l'article L. 2143-5, à l'identité du tiers donneur, aux données non identifiantes mentionnées à l'article L. 2143-3 ou à ces deux catégories de données, saisissent la commission d'accès des personnes nées d'une assistance médicale à la procréation aux données des tiers donneurs au moyen d'un formulaire que celle-ci met à disposition du public.

Les demandes transmises au moyen de ce formulaire sont, à peine d'irrecevabilité, accompagnées des pièces justificatives suivantes :

1° Le demandeur justifie de son identité par un document officiel délivré par une autorité publique et comportant son nom de naissance, ses prénoms, sa date et son lieu de naissance, sa photographie et sa signature ainsi que l'identification de l'autorité qui a délivré le document, la date et le lieu de sa délivrance ;

2° Il justifie de son lien de filiation avec les bénéficiaires de l'assistance médicale à la procréation par la production d'une copie intégrale de son acte de naissance datée de moins de trois mois.

Le formulaire mentionné au premier alinéa et les pièces jointes afférentes sont transmis à la commission par tout moyen permettant de donner date certaine à cette demande.

Après avoir vérifié la complétude de la demande d'accès, la commission en accuse réception dans un délai de deux mois.

II. – La commission s'assure, auprès de l'Agence de la biomédecine, que la personne née d'une assistance médicale à la procréation avec tiers donneur figure dans le traitement de données prévu à l'article L. 2143-4.

L'Agence de la biomédecine dispose d'un délai de deux mois pour transmettre à la commission les données non identifiantes et les données relatives à l'identité du tiers donneur, dans des conditions garantissant strictement leur confidentialité.

La commission transmet ces données à la personne qui est à l'origine de la demande d'accès par tout moyen permettant d'en accuser réception et dans des conditions garantissant strictement leur confidentialité.

III. – Lorsque la personne née d'une assistance médicale à la procréation avec tiers donneur ne figure pas dans le traitement de données prévu à l'article L. 2143-4, l'Agence de la biomédecine en informe la commission.

La commission identifie et saisit l'organisme ou l'établissement de santé compétent mentionné au troisième alinéa de l'article L. 2142-1 afin d'obtenir l'identité et les coordonnées du tiers donneur.

Le recueil du consentement du tiers donneur s'effectue dans les conditions prévues à l'article R. 2143-7.

Lorsque le tiers donneur ne peut être retrouvé par la commission, lorsqu'il ne répond pas à la sollicitation de cette dernière ou lorsqu'il refuse de consentir à la communication de ses données non identifiantes et des données relatives à son identité, la commission indique au demandeur qu'il ne peut être donné suite à sa demande, par tout moyen permettant d'accuser réception de cette information et dans des conditions en garantissant strictement la confidentialité.

SECTION 5 *Traitement de données mis en œuvre par l'Agence de la biomédecine*

Art. R. 2143-10 I. – Le traitement de données à caractère personnel prévu à l'article L. 2143-4 est dénommé "Registre des dons de gamètes et d'embryons".

Ce traitement, placé sous la responsabilité de l'Agence de la biomédecine, est mis en œuvre pour l'exécution d'une mission d'intérêt public, conformément aux dispositions du *e* du 1 de l'article 6 du règlement (UE) 2016/679 du 27 avril 2016, et pour les motifs d'intérêt public mentionnés au *g* du 2 de l'article 9 de ce même règlement.

II. – Le traitement mentionné au I a pour finalités :

1° De permettre aux personnes nées d'une assistance médicale à la procréation avec tiers donneur d'accéder, à leur majorité et si elles le souhaitent, à l'identité des tiers donneurs et à leurs données non identifiantes mentionnées à l'article L. 2143-3, en application des dispositions de l'article L. 2143-5 ;

2° De permettre à l'Agence de la biomédecine de s'assurer du respect des dispositions de l'article L. 1244-4 ;

3° D'établir des statistiques sous forme anonyme sur l'activité de l'agence et sur la mise en œuvre de la législation relative à l'assistance médicale à la procréation.

Art. R. 2143-11 Les catégories de données à caractère personnel et les informations enregistrées dans le traitement mentionné à l'article R. 2143-10 sont :

1° S'agissant des tiers donneurs :

a) Les données relatives à leur identité mentionnées au 3° de l'article R. 2143-1 ;

b) Les données non identifiantes mentionnées au 4° de l'article R. 2143-1 et précisées à l'article R. 2143-12 ;

c) Les données relatives à l'utilisation des gamètes et des embryons pour la réalisation d'une assistance médicale à la procréation avec tiers donneur ;

2° S'agissant des personnes nées d'une assistance médicale à la procréation avec tiers donneur :

a) Les données relatives à leur identité, telles que mentionnées au 3° de l'article R. 2143-1 ;

b) Les données relatives à la filiation avec les bénéficiaires de l'assistance médicale à la procréation avec tiers donneur ;

3° S'agissant des bénéficiaires d'une assistance médicale à la procréation avec tiers donneur :

a) Les données relatives à leur identité, telles que mentionnées au 3° de l'article R. 2143-1 ;

b) Les données relatives à la filiation avec la ou les personnes nées d'une assistance médicale à la procréation avec tiers donneur ;

c) Les données permettant d'établir un lien avec le ou les tiers donneurs.

Art. R. 2143-12 Les catégories de données non identifiantes des tiers donneurs mentionnées à l'article L. 2143-3 sont :

1° Leur âge au moment du don ;

2° Leur état général tel qu'ils le décrivent au moment du don, dans ses dimensions d'état général perçu, d'état psychologique et d'activité physique ;

3° Leurs caractéristiques physiques, comprenant uniquement la taille et le poids au moment du don, la coloration cutanée, l'aspect naturel des cheveux et des yeux ;

4° Leur situation familiale et professionnelle, comprenant uniquement le statut marital, le nombre d'enfants, le niveau d'études et la catégorie socio-professionnelle ;

5° Leur pays de naissance ;

6° Les motivations de leur don, rédigées par leurs soins.

Art. R. 2143-13 I. – Les personnes autorisées à accéder au traitement "Registre des dons de gamètes et d'embryons" à des fins de consultation, d'enregistrement et de modification des données sont :

1° Les professionnels des organismes ou établissements de santé mentionnés au troisième alinéa de l'article L. 2142-1 pour les seules données nécessaires à l'exercice de leurs missions ;

2° Les agents habilités de l'Agence de la biomédecine et, le cas échéant, les sous-traitants recrutés, dans les conditions prévues à l'article 28 du règlement (UE) 2016/679 du 27 avril 2016, aux fins d'assurer la conception, le développement, la maintenance et l'hébergement du traitement.

II. – Les destinataires des données enregistrées dans le traitement sont :

1° Les agents habilités de la commission d'accès des personnes nées d'une assistance médicale à la procréation aux données des tiers donneurs, pour les seules données strictement nécessaires à l'exercice de leurs missions ;

2° Les personnes nées d'une assistance médicale à la procréation avec tiers donneur, pour les seules données auxquelles elles ont demandé l'accès à la commission en application des dispositions de l'article L. 2143-5.

Art. R. 2143-14 Les données mentionnées à l'article R. 2143-11 sont conservées par l'Agence de la biomédecine pour une durée de cent-vingt ans à compter de la date de leur enregistrement dans le traitement.

Par dérogation au premier alinéa, dans le cas où un don ne donne lieu à aucune naissance vivante, les données mentionnées au 1° de l'article R. 2143-11 sont supprimées.

Art. R. 2143-15 I. – Les tiers donneurs reçoivent, au moment du don, l'information prévue par l'article 13 du règlement (UE) 2016/679 du 27 avril 2016 ainsi que l'information sur les limitations de leurs droits prévues au III.

Les bénéficiaires d'une assistance médicale à la procréation avec tiers donneur sont informés des mêmes éléments dans le cadre des entretiens prévus à l'article L. 2141-10.

En application des b et c du 5 de l'article 14 du règlement (UE) 2016/679 du 27 avril 2016, l'exigence d'information n'est pas applicable aux personnes nées d'une assistance médicale à la procréation avec tiers donneur. L'Agence de la biomédecine met à disposition sur son site internet les éléments mentionnés à l'article 14 du règlement précité et assure l'information individuelle des personnes nées d'une assistance médicale à la procréation avec tiers donneur lorsqu'elles font usage du droit prévu à l'article L. 2143-2.

II. – Les personnes dont les données sont traitées peuvent exercer leur droit d'accès aux données les concernant, prévu à l'article 15 du règlement (UE) 2016/679 du 27 avril 2016, à l'exclusion de toute donnée à caractère personnel relative à une autre personne physique, auprès du responsable de l'organisme ou établissement de santé mentionné au troisième alinéa de l'article L. 2142-1 ou du délégué à la protection des données de l'Agence de la biomédecine.

Elles peuvent exercer leur droit de rectification prévu à l'article 16 du même règlement et notamment, pour les tiers donneurs, demander l'actualisation des données relatives à la situation familiale et professionnelle mentionnées à l'article R. 2143-12, dans les mêmes conditions.

III. – En application du e et du i du 1 de l'article 23 du règlement (UE) 2016/679 du 27 avril 2016, le droit à l'effacement, le droit à la limitation et le droit d'opposition, respectivement prévus aux articles 17, 18 et 21 du même règlement, ne s'appliquent pas au traitement.

SECTION 6 *Traitement de données mis en œuvre par la commission d'accès des personnes nées d'une assistance médicale à la procréation aux données des tiers donneurs*

Art. R. 2143-16 I. – Le traitement de données à caractère personnel prévu au dernier alinéa de l'article L. 2143-6 est dénommé "système d'information pour l'accès des personnes nées d'une assistance médicale à la procréation aux données des tiers donneurs".

Ce traitement, placé sous la responsabilité de la commission d'accès des personnes nées d'une assistance médicale à la procréation aux données des tiers donneurs, est mis en œuvre pour l'exécution d'une mission d'intérêt public, conformément aux dispositions du e du 1 de l'article 6 du règlement (UE) 2016/679 du 27 avril 2016, et pour les motifs d'intérêt public mentionnés au g du 2 de l'article 9 de ce même règlement.

II. – Le traitement mentionné au I a pour finalités :

1° L'enregistrement, la conservation et le suivi des demandes dont la commission est saisie en application des dispositions de l'article L. 2143-5 ;

2° L'enregistrement, la conservation, la gestion et le suivi des demandes dont la commission est saisie en application du 4° de l'article L. 2143-6 ;

3° Le recueil et l'enregistrement du consentement des tiers donneurs non soumis au moment du don à l'obligation prévue à l'article L. 2143-2 de communication de leurs données non identifiantes et des données relatives à leur identité ;

4° D'établir des statistiques sous forme anonyme sur l'activité de la commission et sur la mise en œuvre de la législation relative à l'accès des personnes nées d'une assistance médicale à la procréation aux données des tiers donneurs.

Art. R. 2143-17 I. – Les catégories de données à caractère personnel enregistrées dans le traitement mentionné à l'article R. 2143-16 sont :

1° S'agissant des personnes nées d'une assistance médicale à la procréation avec tiers donneur :

a) Les données relatives à leur identité, telles que mentionnées au 3° de l'article R. 2143-1, et à leurs coordonnées ;

b) Les données relatives à leur filiation avec les bénéficiaires de l'assistance médicale à la procréation avec tiers donneur ;

c) Les données relatives au traitement de leur demande ;

2° S'agissant des bénéficiaires d'une assistance médicale à la procréation avec tiers donneur :

a) Les données relatives à leur identité, telles que mentionnées au 3° de l'article R. 2143-1, et à leurs coordonnées ;

b) Les données relatives au don dont ils ont bénéficié ;

c) Les données relatives à leur filiation avec la ou les personnes nées d'une assistance médicale à la procréation avec tiers donneur ;

3° S'agissant des tiers donneurs non soumis aux dispositions du chapitre III du titre IV du livre I de la deuxième partie de la partie législative du présent code au moment du don :

a) Les données relatives à leur identité, telles que mentionnées au 3° de l'article R. 2143-1, et à leurs coordonnées ;

b) Les données permettant de déterminer le statut du donneur vis-à-vis du chapitre III du titre IV du livre I de la deuxième partie de la partie législative du présent code au moment du don ;

c) Les données relatives aux modalités de consentement à la communication de leurs données non identifiantes et des données relatives à leur identité ;

d) Lorsque les données mentionnées au a ne figurent pas dans le traitement mentionné à l'article R. 2143-10, toute information pouvant concourir à l'identification des tiers donneurs, y compris les numéros d'inscription au répertoire national d'identification des personnes physiques et au répertoire national interrégimes des bénéficiaires de l'assurance maladie.

II. – Le traitement mentionné à l'article R. 2143-16 porte également sur les données relatives à l'identité et les données non identifiantes mentionnées à l'article R. 2143-12 des tiers donneurs soumis aux dispositions du chapitre III du titre IV du livre I de la deuxième partie de la partie législative du présent code au moment du don, traitées à l'occasion des réponses apportées aux demandes dont la commission d'accès des personnes nées d'une assistance médicale à la procréation aux données des tiers donneurs est saisie en application des dispositions de l'article L. 2143-5.

Art. R. 2143-18 I. – Les personnes autorisées à accéder au traitement à des fins de consultation, d'enregistrement et de modification des données sont les agents habilités de la commission et, le cas échéant, les sous-traitants recrutés, dans les conditions prévues à l'article 28 du règlement (UE) 2016/679 du 27 avril 2016, aux fins d'assurer la conception, le développement, la maintenance et l'hébergement du traitement.

II. – Les destinataires des données enregistrées dans le traitement sont :

1° Les agents habilités de l'Agence de la biomédecine pour les seules données nécessaires à l'exercice de leurs missions ;

2° Les personnes nées d'une assistance médicale à la procréation avec tiers donneur, pour les seules données auxquelles elles ont demandé l'accès à la commission d'accès des personnes nées d'une assistance médicale à la procréation aux données des tiers donneurs en application des dispositions de l'article L. 2143-5.

Art. R. 2143-19 Les données mentionnées au 1° du I de l'article R. 2143-17 sont conservées pour une durée de cinquante ans à compter de la date de leur enregistrement dans le traitement.

Les données mentionnées au 3° du I de l'article R. 2143-17 sont conservées pour une durée de cent ans à compter de la date de leur enregistrement dans le traitement, à l'exception des données mentionnées au *d* de ce même 3°, qui sont supprimées à l'issue de la procédure prévue à l'article R. 2143-7.

Les données mentionnées au II de l'article R. 2143-17 sont supprimées sans délai après leur transmission aux personnes nées d'une assistance médicale à la procréation.

Art. R. 2143-20 I. — Les personnes nées d'une assistance médicale à la procréation avec tiers donneur reçoivent, lors du dépôt de leur demande, l'information prévue à l'article 13 du règlement (UE) 2016/679 du 27 avril 2016, ainsi que l'information sur les limitations de leurs droits prévues au III.

En application des b et c du 5 de l'article 14 du règlement (UE) 2016/679 du 27 avril 2016, l'exigence d'information n'est pas applicable aux bénéficiaires d'une assistance médicale à la procréation avec tiers donneur et aux tiers donneurs. La commission met à disposition sur son site internet les éléments mentionnés à l'article 14 du règlement précité et assure l'information individuelle des tiers donneurs qui se sont adressés à elle ou que celle-ci a contactés en application de l'article R. 2143-7.

II. — Les personnes dont les données sont traitées peuvent exercer leur droit d'accès aux données les concernant, à l'exclusion de toute donnée à caractère personnel relative à une autre personne physique, et leur droit de rectification, respectivement prévus aux articles 15 et 16 du règlement (UE) 2016/679 du 27 avril 2016, auprès du secrétaire général de la commission.

III. — En application du e et du i du 1 de l'article 23 du règlement (UE) 2016/679 du 27 avril 2016, le droit à l'effacement des données, le droit à la limitation et le droit d'opposition, respectivement prévus aux articles 17, 18 et 21 du même règlement, ne s'appliquent pas à ce traitement.

TITRE V RECHERCHE SUR L'EMBRYON HUMAIN, SUR LES CELLULES SOUCHES EMBRYONNAIRES HUMAINES ET SUR LES CELLULES SOUCHES PLURIPOTENTES INDUITES HUMAINES *(Décr. n° 2022-294 du 1er mars 2022, art. 1er).*

CHAPITRE UNIQUE

SECTION 1 *Recherche sur l'embryon*

Art. R. 2151-1 *(Décr. n° 2015-155 du 11 févr. 2015, art. 1er-1°)* Le directeur général de l'Agence de la biomédecine peut autoriser, dans les conditions fixées par l'article L. 2151-5, un protocole de recherche sur l'embryon *(Abrogé par Décr. n° 2022-294 du 1er mars 2022, art. 1er)* *« ou sur les cellules souches embryonnaires, »* après avis du conseil d'orientation, pour une durée déterminée qui ne peut excéder cinq ans, renouvelable dans les mêmes conditions.

....

Art. R. 2151-11 I. — Les établissements et organismes autorisés au titre *(Décr. n° 2022-294 du 1er mars 2022, art. 1er)* « de l'article L. 2151-5 ou du premier alinéa de l'article L. 2151-9 » tiennent un registre des embryons *(Abrogé par Décr. n° 2022-294 du 1er mars 2022, art. 1er)* *« et des cellules souches embryonnaires »* qu'ils détiennent.

Ce registre mentionne :

1° L'organisme ayant fourni les embryons *(Abrogé par Décr. n° 2022-294 du 1er mars 2022, art. 1er)* *« ou les cellules souches embryonnaires »* et leur code d'identification après anonymisation ;

2° L'intitulé du protocole de recherche ;

3° Le nom du responsable de la recherche ou de l'activité de conservation ;

4° Le nombre d'embryons *(Abrogé par Décr. n° 2022-294 du 1er mars 2022, art. 1er)* *« et de lignées de cellules souches embryonnaires »* faisant l'objet d'une recherche ;

(Décr. n° 2012-467 du 11 avr. 2012, art. 1er-IX-2°) « 5° *(Décr. n° 2022-294 du 1er mars 2022, art. 1er)* « Le cas échéant, le nombre, » la désignation et les caractéristiques des lignées de cellules souches embryonnaires *(Abrogé par Décr. n° 2022-294 du 1er mars 2022, art. 1er)* *« conservées ou »* obtenues au cours de la recherche ; »

6° Les résultats des analyses concernant les marqueurs biologiques d'infection ;

7° Le(s) lieu(x) de la recherche et de la conservation ;

(Décr. n° 2022-294 du 1er mars 2022, art. 1er) « 8° Le devenir des embryons. »

La personne responsable de la recherche ou de la conservation est chargée de la tenue de ce registre. Elle veille à l'exactitude des informations qui sont consignées dans ce registre ainsi qu'à sa conservation dans des conditions de sécurité propres à en garantir l'intégrité et la confidentialité.

II. — L'Agence de la biomédecine tient un registre national des embryons *(Décr. n° 2022-294 du 1er mars 2022, art. 1er)* « inclus dans des protocoles de recherche et des lignées de cellules souches embryonnaires qui en sont, le cas échéant, dérivées dans le cadre de ces recherches. Il comporte notamment : »

(Décr. n° 2012-467 du 11 avr. 2012, art. 1er-IX-4°) « 1° Les numéros d'autorisation et les noms des établissements ou organismes autorisés à réaliser des recherches ou à conserver des embryons *(Abrogé par Décr. n° 2022-294 du 1er mars 2022, art. 1er)* *« ou des cellules souches embryonnaires »* ;

« 2° Pour chaque autorisation, les informations mentionnées aux 2° à 5° et aux 7° et 8° du I » *(Décr. n° 2022-294 du 1er mars 2022, art. 1er)* « ainsi que le code d'identification des embryons et des lignées de cellules souches embryonnaires qui en sont dérivées. »

La personne responsable de la recherche ou de la conservation à l'occasion du rapport annuel prévu à l'article R. 2151-8 communique au directeur général de l'Agence de la biomédecine les informations nécessaires à ce dernier pour tenir à jour ce registre national.

Le code d'identification attribué *(Décr. n° 2022-294 du 1er mars 2022, art. 1er)* « par l'agence » à chaque embryon, répertorié dans les registres mentionnés ci-dessus, et à chaque lignée de cellules *(Décr. n° 2012-467 du 11 avr. 2012, art. 1er-IX-1°)* « souches » embryonnaires qui en est dérivée, *(Décr. n° 2022-294 du 1er mars 2022, art. 1er)* « garantit la confidentialité de l'identité des personnes à l'origine de l'embryon mentionnées à l'article R. 2151-4.

« Le responsable de la recherche communique au titulaire de l'autorisation ou au praticien visés à l'article R. 2151-5 le code d'identification attribué par l'agence. Ce code est conservé par le titulaire de l'autorisation ou le praticien visés à l'article R. 2151-5 pour permettre la réversibilité de la pseudonymisation afin, le cas échéant, d'accéder aux données permettant d'identifier les personnes à l'origine de l'embryon, lorsqu'une finalité médicale ou de sécurité sanitaire l'exige. »

Art. R. 2151-12 Tout établissement ou organisme qui procède à des recherches sur les embryons *(Abrogé par Décr. n° 2022-294 du 1er mars 2022, art. 1er)* *« ou sur des cellules souches embryonnaires »* est tenu de conserver pendant dix ans à compter de la fin de cette recherche le protocole prévu à l'article L. 2151-5, *(Décr. n° 2012-467 du 11 avr. 2012, art. 1er-X)* « les documents attestant du recueil des consentements mentionnés » *(Décr. n° 2022-294 du 1er mars 2022, art. 1er)* « à l'article R. 2151-4 » ainsi que le rapport final de la recherche et le registre mentionné au I de l'article R. 2151-11.

……………………………………………………………………

TROISIÈME PARTIE *LUTTE CONTRE LES MALADIES ET DÉPENDANCES*

LIVRE I **LUTTE CONTRE LES MALADIES TRANSMISSIBLES**

TITRE I **LUTTE CONTRE LES ÉPIDÉMIES ET CERTAINES MALADIES TRANSMISSIBLES**

……………………………………………………………………

CHAPITRE III *TRANSMISSION OBLIGATOIRE DE DONNÉES INDIVIDUELLES À L'AUTORITÉ SANITAIRE*

SECTION 1 *Procédures de transmission*

Art. R. 3113-1 Les cas de maladies mentionnées à l'article L. 3113-1 font l'objet d'une notification, dans les conditions fixées *(Décr. n° 2018-338 du 4 mai 2018, art. 1er)* « aux articles R. 3113-2 et R. 3113-3 ».

Les cas de maladies qui justifient une intervention urgente locale, nationale ou internationale font en outre l'objet d'une procédure de signalement, dans les conditions fixées à l'article R. 3113-4.

Art. R. 3113-2 *(Décr. n° 2018-338 du 4 mai 2018, art. 1er)* « I. — » La notification des données individuelles nécessaires à la surveillance épidémiologique consiste en la transmission d'une fiche qui comporte :

1° Les nom, prénom et adresse du déclarant. Lorsque la notification est effectuée par le responsable du service de biologie ou du laboratoire, sont mentionnés en outre sur la fiche le nom, le prénom et l'adresse du prescripteur ;

2° Un numéro d'anonymat établi par codage informatique irréversible à partir des trois premières lettres des nom, prénom, date de naissance et sexe de la personne. Lorsque le diagnostic de la maladie repose sur une anomalie biologique, ce codage informatique est assuré par le responsable du service de biologie ou du laboratoire.

Dans les autres cas, l'établissement du numéro d'anonymat est assuré, dans les mêmes conditions, par le déclarant ou par le médecin *(Décr. n° 2010-344 du 31 mars 2010, art. 86)* « de l'agence régionale de santé désigné par le directeur général de l'agence ». Dans le cas où le codage est fait par le médecin *(Décr. n° 2010-344 du 31 mars 2010, art. 86)* « de l'agence régionale de santé désigné par le directeur général de l'agence », le déclarant joint à la fiche les trois premières lettres du nom, le prénom, la date de naissance et le sexe de la personne ;

3° Les informations destinées à la surveillance épidémiologique. *(Abrogé par Décr. n° 2018-338 du 4 mai 2018, art. 1er)* ***« Un arrêté du ministre chargé de la santé, pris après avis de la Commission nationale de l'informatique et des libertés, fixe, pour chaque maladie, les données cliniques, biologiques et socio-démographiques que le déclarant ou, en cas de diagnostic biologique, le prescripteur porte sur la fiche de notification. »***

Pour les maladies dont un des modes de transmission est par voie sexuelle, les médecins déclarants, les médecins *(Décr. n° 2010-344 du 31 mars 2010, art. 86)* « des agences régionales de santé » et le médecin de l'*(Décr. n° 2016-523 du 27 avr. 2016, art. 4)* « Agence nationale de santé publique » mentionné à l'article R. 3113-3 sont autorisés à enregistrer et conserver, dans les conditions définies au même article, des données à caractère personnel qui, étant relatives aux pratiques sexuelles des personnes, relèvent des données mentionnées par l'article 31 de la loi n° 78-17 du 6 janvier 1978 relative à l'informatique, aux fichiers et aux libertés.

(Décr. n° 2018-338 du 4 mai 2018, art. 1er) « II. — Un arrêté du ministre chargé de la santé fixe, pour chaque maladie :

« 1° Les données cliniques, biologiques et socio-démographiques destinées à la surveillance épidémiologique que le déclarant ou, en cas de diagnostic biologique, le prescripteur porte sur la fiche de notification ;

« 2° En fonction des nécessités de constatations et de suivi, la période, d'une durée maximale de cinq ans à compter de la date de notification, pendant laquelle est conservée la correspondance, mentionnée à l'article R. 3113-3, entre le numéro d'anonymat et les éléments d'identité de la personne. A l'issue de cette même période, le médecin de l'Agence nationale de santé publique supprime de la fiche les coordonnées du prescripteur et, le cas échéant, celles du responsable du service de biologie ou du laboratoire. »

Art. R. 3113-3 Le déclarant transmet la fiche, soit par voie postale sous pli confidentiel portant la mention : "secret médical", soit par télétransmission après chiffrement des données, au médecin *(Décr. n° 2010-344 du 31 mars 2010, art. 86)* « de l'agence régionale de santé désigné par le directeur général de l'agence » qui la transmet à son tour, dans les mêmes conditions de confidentialité, au médecin de l'*(Décr. n° 2016-523 du 27 avr. 2016, art. 4)* « Agence nationale de santé publique » désigné par son directeur général.

Le déclarant ou le médecin *(Décr. n° 2010-344 du 31 mars 2010, art. 86)* « de l'agence régionale de santé désigné par le directeur général de l'agence » qui établit la correspondance entre le numéro d'anonymat et les éléments d'identité de la personne en assure la conservation, aux fins de validation et d'exercice du droit d'accès, dans des conditions garantissant la confidentialité des informations *(Abrogé par Décr. n° 2018-338 du 4 mai 2018, art. 1er)* ***« et la détruit** (Décr. n° 2012-1255 du 13 nov. 2012, art. 1er)* ***« douze » mois après la date d'envoi portée par le déclarant sur la fiche de notification. Dans le même délai, le médecin de l'**(Décr. n° 2016-523 du 27 avr. 2016, art. 4)* ***« Agence nationale de santé publique » supprime de la fiche les coordonnées du prescripteur et celles du responsable du service de biologie ou du laboratoire »***.

Art. R. 3113-4 Nonobstant la notification prévue à l'article R. 3113-2, les cas, avérés ou suspectés, de maladies ou d'anomalie biologique mentionnées au 1° de l'article L. 3113-1 sont signalés sans délai par le médecin ou le responsable du service de biologie ou du laboratoire d'analyses de biologie médicale, public ou privé, au médecin *(Décr. n° 2010-344 du 31 mars 2010, art. 86)* « de l'agence régionale de santé désigné par le directeur général de l'agence ».

Le destinataire du signalement évalue la nécessité de mettre en place d'urgence des mesures de prévention individuelle et collective et, le cas échéant, de déclencher des investigations pour identifier l'origine de la contamination ou de l'exposition.

Sur la demande du médecin destinataire du signalement, le déclarant est tenu de lui fournir toute information nécessaire à la mise en œuvre des mesures d'investigation et d'intervention, notamment l'identité et l'adresse du patient.

Ces informations peuvent être transmises à d'autres professionnels lorsque leur intervention est indispensable pour la mise en œuvre des mesures de prévention individuelle et collective. Elles ne sont conservées que le temps nécessaire à l'investigation et à l'intervention.

Art. R. 3113-5 Toute personne appelée à connaître, à quelque titre que ce soit, les données individuelles transmises en application de la présente section est astreinte au secret professionnel sous les peines prévues à l'article 226-13 du code pénal.

....

CINQUIÈME PARTIE *PRODUITS DE SANTÉ*

LIVRE I **PRODUITS PHARMACEUTIQUES**

....

TITRE II **MÉDICAMENTS À USAGE HUMAIN**

....

CHAPITRE I *DISPOSITIONS GÉNÉRALES*

....

SECTION 13 *Pharmacovigilance*

SOUS-SECTION 5 *Médicaments dérivés du sang*

(Décr. n° 2004-802 du 29 juill. 2004)

....

§ 2 *Suivi des médicaments dérivés du sang*

Art. R. 5121-183 La pharmacovigilance exercée sur les médicaments dérivés du sang comporte un suivi, dit traçabilité, effectué depuis leur fabrication jusqu'à leur administration aux patients.

Ce suivi a notamment pour objet de permettre d'identifier rapidement :

1° Les prélèvements sanguins à partir desquels a été fabriqué un lot donné de médicaments, ainsi que les lots de médicaments qui ont été fabriqués à partir de prélèvements sanguins donnés ;

2° Les lots dont proviennent les médicaments administrés à un patient ainsi que les patients auxquels les médicaments d'un lot ont été administrés.

Le suivi est assuré par l'accomplissement des formalités prévues au présent paragraphe. Lorsqu'il est fait appel à cette fin à des traitements automatisés d'informations, les modes de traitement doivent être approuvés par le ministre chargé de la santé, sans préjudice des dispositions de la loi n° 78-17 du 6 janvier 1978 relative à l'informatique, aux fichiers et aux libertés.

……………………………………………………

SIXIÈME PARTIE *ÉTABLISSEMENTS ET SERVICES DE SANTÉ*

(Décr. n° 2005-839 du 20 juill. 2005 ; Décr. n° 2005-840 du 20 juill. 2005)

LIVRE I **ÉTABLISSEMENTS DE SANTÉ**

TITRE I **ORGANISATION DES ACTIVITÉS DES ÉTABLISSEMENTS DE SANTÉ**

……………………………………………………

CHAPITRE III *ÉVALUATION, ACCRÉDITATION ET ANALYSE DE L'ACTIVITÉ DES ÉTABLISSEMENTS*

……………………………………………………

SECTION 1 *Analyse de l'activité médicale*

SOUS-SECTION 1 *Dispositions générales (Décr. n° 2016-524 du 27 avr. 2016, art. 2-1°).*

Art. R. 6113-1 Pour l'analyse de leur activité médicale, les établissements de santé, publics et privés, procèdent, dans les conditions fixées par la présente section, à la synthèse et au traitement informatique de données figurant dans le dossier médical mentionné à l'article L. 1112-1 qui sont recueillies, pour chaque patient, par le praticien responsable de la structure médicale ou médico-technique ou par le praticien ayant dispensé des soins au patient et qui sont transmises au médecin responsable de l'information médicale pour l'établissement, mentionné à l'article L. 6113-7.

Ces données ne peuvent concerner que :

1° L'identité du patient et son lieu de résidence ;

2° Les modalités selon lesquelles les soins ont été dispensés, telles qu'hospitalisation avec ou sans hébergement, hospitalisation à temps partiel, hospitalisation à domicile, consultation externe ;

3° L'environnement familial ou social du patient en tant qu'il influe sur les modalités du traitement de celui-ci ;

4° Les modes et dates d'entrée et de sortie ;

5° Les unités médicales ayant pris en charge le patient ;

6° Les pathologies et autres caractéristiques médicales de la personne soignée ;

7° Les actes de diagnostic et de soins réalisés au profit du patient au cours de son séjour dans l'établissement.

Les données mentionnées au 1° ne sont pas recueillies lorsqu'une personne peut légalement être admise dans un établissement de santé ou y recevoir des soins en gardant l'anonymat.

Art. R. 6113-2 Des arrêtés des ministres chargés de la santé et de la sécurité sociale, déterminent, en fonction de la catégorie de l'établissement dans lequel les soins sont dispensés et de la nature de ces soins tels qu'ils sont définis à l'article L. 6111-2 :

1° Les données dont le recueil et le traitement ont un caractère obligatoire ;

2° Les nomenclatures et classifications à adopter ;

3° Les modalités et la durée minimale de conservation des fichiers.

Art. R. 6113-3 Conformément aux dispositions du chapitre IV de la loi n° 78-17 du 6 janvier 1978 relative à l'informatique, aux fichiers et aux libertés, les traitements de données nominatives prévus dans chaque établissement de santé font l'objet avant leur mise en œuvre d'une demande d'avis ou d'une déclaration préalable de l'établissement concerné *(Décr. n° 2016-524 du 27 avr. 2016, art. 2-2°)* « ou, pour les établissements parties à un groupement hospitalier de territoire, de l'établissement support pour le compte de l'ensemble des établissements parties » auprès de la Commission nationale de l'informatique et des libertés.

Art. R. 6113-4 Le praticien responsable d'une structure médicale ou médico-technique ou le praticien ayant dispensé les soins est garant, pour ce qui le concerne, de l'exhaustivité et de la qualité des informations qu'il transmet pour traitement au médecin responsable de l'information médicale dans l'établissement *(Décr. n° 2016-524 du 27 avr. 2016, art. 2-3°)* « ou, pour les établissements parties à un groupement hospitalier de territoire, dans l'établissement support ».

(Décr. n° 2018-1254 du 26 déc. 2018, art. 1er) « Le médecin responsable de l'information médicale coordonne l'élaboration et contribue à la mise en œuvre du plan d'assurance qualité des recettes, destiné à garantir l'exhaustivité et la qualité des données transmises et à fiabiliser les recettes de l'établissement. Le plan d'assurance qualité des recettes est présenté chaque année par le médecin responsable de l'information médicale à la conférence ou la commission médicale d'établissement pour information. »

Ce médecin conseille les praticiens pour la production des informations. Il veille à la qualité des données qu'il confronte, en tant que de besoin, avec les dossiers médicaux et les fichiers administratifs.

Les praticiens de l'établissement ont un droit d'accès et de rectification quant aux informations relatives aux soins qu'ils ont dispensés ou qui ont été dispensés dans une structure médicale ou médico-technique dont ils ont la responsabilité. Ils sont régulièrement destinataires des résultats des traitements de ces informations.

Art. R. 6113-5 Les médecins chargés de la collecte des données médicales nominatives ou du traitement des fichiers comportant de telles données sont soumis à l'obligation de secret dont la méconnaissance est punie conformément aux articles 226-13 et 226-14 du code pénal.

(Décr. n° 2018-1254 du 26 déc. 2018, art. 1er) « Sont soumis à l'obligation de secret dont la méconnaissance est punie conformément aux articles 226-13 et 226-14 du code pénal :

« 1° Les personnes de l'établissement de santé ou de l'établissement support du groupement hospitalier de territoire qui contribuent au traitement des données à caractère personnel mentionnées à l'article R. 6113-1 sous l'autorité du médecin responsable de l'information médicale ;

« 2° Les personnes intervenant sur le matériel et les logiciels utilisés pour le traitement des données à caractère personnel mentionnées à l'article R. 6113-1 ;

« 3° Les commissaires aux comptes qui ont accès, pour consultation uniquement et sans possibilité de création ou de modification, à des données à caractère personnel mentionnées à l'article R. 6113-1, dans le cadre de leur mission légale de certification des comptes des établissements de santé mentionnée à l'article L. 6145-16 ;

« 4° Les prestataires extérieurs qui contribuent sous la responsabilité du médecin responsable de l'information médicale au traitement des données à caractère personnel mentionnées à l'article R. 6113-1 dans le cadre de leur contrat de sous-traitance.

« Les commissaires aux comptes et les prestataires extérieurs mentionnés aux deux alinéas précédents peuvent accéder aux seules données à caractère personnel nécessaires mentionnées à l'article R. 6113-1 dans la stricte limite de ce qui est nécessaire à leurs missions. »

Art. R. 6113-6 Après avis selon le cas de la commission médicale d'établissement *(Décr. n° 2016-524 du 27 avr. 2016, art. 2-4°-a)* « , ou, pour les établissements parties à un groupement hospitalier de territoire, du collège médical ou de la commission médicale de groupement, » ou de la conférence médicale, le représentant de l'établissement *(Décr. n° 2016-524 du 27 avr. 2016, art. 2-4°-b)* « ou le représentant de l'établissement support pour les établissements partie *[parties]* à un groupement hospitalier de territoire » prend toutes dispositions utiles, en liaison avec le président de ces instances et le médecin responsable de l'information médicale, afin de préserver la confidentialité des données médicales nominatives. Ces dispositions concernent notamment l'étendue, les modalités d'attribution et de contrôle des autorisations d'accès ainsi que l'enregistrement des accès.

Art. R. 6113-7 Les personnes soignées dans l'établissement sont informées par le livret d'accueil ou un autre document écrit :

1° Que des données les concernant font l'objet d'un traitement automatisé dans les conditions fixées par la loi n° 78-17 du 6 janvier 1978 relative à l'informatique, aux fichiers et aux libertés ;

2° Que ces données sont transmises au médecin responsable de l'information médicale *(Décr. n° 2018-1254 du 26 déc. 2018, art. 1er)* « et aux personnes intervenant sous son autorité » dans l'établissement et sont protégées par le secret médical *(Décr. n° 2018-1254 du 26 déc. 2018, art. 1er)* « ; et que ces mêmes données donnant lieu à facturation peuvent faire l'objet d'une consultation aléatoire de traçabilité par le commissaire aux comptes dans sa fonction de certificateur des comptes annuels de l'établissement ; »

3° Qu'elles peuvent exercer leur droit d'accès et de rectification et que ce droit s'exerce, le cas échéant, auprès du médecin responsable de l'information médicale dans l'établissement, directement ou par l'intermédiaire du praticien responsable de la structure médicale dans laquelle ils ont reçu des soins ou du praticien ayant constitué leur dossier ;

4° Qu'elles ont le droit de s'opposer pour des raisons légitimes au recueil et au traitement de données nominatives les concernant, dans les conditions fixées à l'article 38 de la loi n° 78-17 du 6 janvier 1978 précitée.

Art. R. 6113-8 Le médecin responsable de l'information médicale transmet à la commission ou à la conférence médicale et au représentant de l'établissement les informations nécessaires à l'analyse de l'activité, tant en ce qui concerne l'établissement dans son ensemble que chacune des structures médicales ou ce qui en tient lieu. *(Décr. n° 2016-524 du 27 avr. 2016, art. 2-5°)* « Au sein d'un groupement hospitalier de territoire, le médecin responsable du département d'information médicale de territoire transmet à la commission de l'établissement concerné, au collège médical ou à la commission médicale de groupement, ainsi qu'au représentant de l'établissement concerné et au représentant de l'établissement support du groupement, les informations nécessaires à l'analyse de l'activité, relative à l'établissement concerné et à l'ensemble des établissements parties au groupement. » Ces informations sont transmises systématiquement ou à la demande. Elles consistent en statistiques agrégées ou en données par patient, constituées de telle sorte que les personnes soignées ne puissent être identifiées.

(Décr. n° 2017-631 du 25 avr. 2017, art. 1er-I-1°) « Dans le cas où une activité de soins est exploitée en commun par un groupement de coopération sanitaire dans les conditions prévues au 4° de l'article L. 6133-1, le médecin responsable de l'information médicale transmet également les informations nécessaires à l'analyse de cette activité à l'administrateur du groupement. »

Art. R. 6113-9 Les instances compétentes de l'établissement définissent, après avis de la commission ou de la conférence médicale, les modalités de mise en œuvre du recueil, du traitement, de la validation et de la transmission interne des données médicales définies au 1° de l'article R. 6113-2 ou recueillies à l'initiative de l'établissement, et notamment les obligations des praticiens concernés quant à la transmission et au contrôle de la qualité des données ainsi que leur droit au retour d'informations.

Art. R. 6113-9-1 *(Décr. n° 2018-1254 du 26 déc. 2018, art. 1er)* Lorsque, pour la mise en œuvre des activités mentionnées au présent chapitre, un établissement de santé recourt à un prestataire extérieur, celui-ci ne peut conserver les données mises à disposition par l'établissement au-delà de la durée strictement nécessaire aux activi-

tés qui lui ont été confiées par contrat, le cas échéant pour l'hébergement des données de santé en conformité avec les conditions prévues à l'article L. 1111-8.

Le commissaire aux comptes dans le cadre de sa mission légale de certification des comptes des établissements de santé ne peut conserver les données mises à disposition par un établissement au-delà de la durée strictement nécessaire à la certification annuelle des comptes.

Art. R. 6113-9-2 *(Décr. nº 2018-1254 du 26 déc. 2018, art. 1er)* **Les traces de tout accès, consultation, création et modification de données relatives aux patients sont conservées pendant une durée de six mois glissants par l'établissement de santé.**

La durée de 6 mois glissants prévue par les art. R. 6113-9-1 et R. 6113-9-2 s'applique à compter du 1er mars 2019 (Décr. nº 2018-1254 du 26 déc. 2018, art. 2).

Art. R. 6113-10 **Sur la base et dans la limite des données fournies par les praticiens et transmises par le médecin responsable de l'information médicale dans les conditions fixées à l'article R. 6113-8, le représentant de l'établissement** *(Décr. nº 2017-631 du 25 avr. 2017, art. 1er-I-2º)* **« ou, pour les activités de soins exploitées en commun par un groupement de coopération sanitaire autorisé à facturer les soins dans les conditions fixées à l'article R. 6133-14, l'administrateur du groupement » adresse aux services centraux ou déconcentrés des ministères de la santé et de la sécurité sociale et aux organismes d'assurance maladie ainsi qu'aux** *(Décr. nº 2010-344 du 31 mars 2010, art. 170)* **« agences régionales de santé » des statistiques de caractère non nominatif, sous une forme et selon des modalités qui sont fixées par arrêté des ministres chargés de la santé et de la sécurité sociale pris après avis de la commission des systèmes d'information des établissements de santé.**

La commission ou la conférence médicale reçoit préalablement communication de ces statistiques.

Art. R. 6113-11 **Chaque établissement de santé a accès, sur la demande de son représentant, aux informations le concernant, issues des données qu'il a transmises en application de l'article R. 6113-10, qui sont détenues par les services centraux ou déconcentrés des ministères de la santé et de la sécurité sociale et par les organismes d'assurance maladie et les** *(Décr. nº 2010-344 du 31 mars 2010, art. 170)* **« agences régionales de santé ».**

SECTION 4 ***Échanges d'information entre les établissements de santé, les agences régionales de santé, l'État et les organismes d'assurance maladie***

....

SOUS-SECTION 2 *Conditions générales de transmission et d'échange d'informations*

Art. R. 6113-27 **Les ministres chargés de la santé et de la sécurité sociale définissent par arrêté la nature, le degré de précision, la périodicité et les modalités de recueil et de transmission des informations, mentionnées au premier alinéa de l'article L. 6113-8, que les établissements de santé publics et privés sont tenus de transmettre aux agences régionales de santé, aux services des ministres susmentionnés et aux organismes d'assurance maladie.**

Art. R. 6113-28 **Pour l'élaboration du système commun d'information prévu au deuxième alinéa de l'article L. 6113-8 et pour la mise en œuvre des échanges d'informations mentionnés à l'article L. 115-4 du code de la sécurité sociale, les ministres chargés de la santé et de la sécurité sociale déterminent par arrêté :**

1º Les définitions et nomenclatures communes de données utilisées par les systèmes d'information des ministres chargés de la santé et de la sécurité sociale, des *(Décr. nº 2010-344 du 31 mars 2010, art. 172)* **« agences régionales de santé » et de l'assurance maladie ;**

2º Les caractéristiques de modules d'information correspondant aux besoins communs des ministres chargés de la santé et de la sécurité sociale, des *(Décr. nº 2010-344 du 31 mars 2010, art. 172)* **« agences régionales de santé » et des organismes d'assurance maladie ;**

3° La nature des informations que se transmettent systématiquement, compte tenu de leur utilité pour l'un ou pour l'autre, les ministres chargés de la santé et de la sécurité sociale et les organismes d'assurance maladie en application de l'article L. 115-4 du code de la sécurité sociale.

Lorsque les données relevant du système commun d'information ou des échanges d'informations mentionnés ci-dessus sont des données nominatives, issues notamment des systèmes d'information mentionnés à l'article L. 6113-7, ou recueillies en application des articles L. 162-29 et L. 162-29-1 du code de la sécurité sociale, elles sont rendues anonymes avant tout échange ou partage.

Art. R. 6113-29 *(Décr. nº 2008-710 du 16 juill. 2008, art. 2)* Lorsque l'établissement ne transmet pas les informations mentionnées à l'article L. 6113-8 dans les conditions définies en application des dispositions de l'article R. 6113-27, le *(Décr. nº 2010-344 du 31 mars 2010, art. 172)* « directeur général de l'agence régionale de santé » lui adresse, par tout moyen permettant de déterminer la date de réception, une mise en demeure de s'exécuter dans le délai de quinze jours. Si, à l'issue de ce délai, l'établissement n'a pas déféré à la mise en demeure, le directeur de l'agence régionale peut lui infliger la sanction prévue à l'article L. 6113-8. La sanction envisagée et les motifs qui la justifient sont notifiés à l'établissement par tout moyen permettant de déterminer la date de réception. L'établissement dispose d'un délai d'un mois pour présenter ses observations. Au terme de ce délai, le directeur de l'agence régionale arrête la sanction, la notifie à l'établissement par tout moyen permettant de déterminer la date de réception et lui indique le délai et les modalités de paiement des sommes en cause. La sanction est comptabilisée et recouvrée dans les conditions prévues à l'article *(Décr. nº 2017-500 du 6 avr. 2017, art. 3-1º)* « R. 162-35-5 » du code de la sécurité sociale.

SOUS-SECTION 3 *Accès des tiers au système commun d'information de l'État, des agences régionales de l'hospitalisation et des organismes d'assurance maladie*

Art. R. 6113-30 Les informations contenues dans les modules mentionnés au 2° de l'article R. 6113-28 ou échangées en vertu du 3° du même article sont communicables à toute personne physique ou morale dans les conditions définies par le livre III du code des relations entre le public et l'administration.

Art. R. 6113-31 Les données concernant les personnes physiques ne peuvent être communiquées que sous forme de statistiques agrégées et d'informations constituées de telle sorte que ces personnes ne puissent être identifiées.

Des arrêtés des ministres chargés de la santé et de la sécurité sociale, pris après avis de la Commission nationale de l'informatique et des libertés, fixent les modalités de communication des données sous forme agrégée mentionnée au premier alinéa.

Art. R. 6113-32 Les services et organismes chargés de la communication des informations ne sont pas tenus de satisfaire les demandes de communication manifestement abusives par leur nombre ou leur caractère systématique.

LIVRE III AIDE MÉDICALE URGENTE, PERMANENCE DES SOINS, TRANSPORTS SANITAIRES ET AUTRES SERVICES DE SANTÉ

TITRE I AIDE MÉDICALE URGENTE, PERMANENCE DES SOINS ET TRANSPORTS SANITAIRES

CHAPITRE VI ***TÉLÉSANTÉ*** *(Décr. nº 2021-707 du 3 juin 2021, art. 1er).*

(Décr. nº 2010-1229 du 19 oct. 2010)

SECTION 1 ***Définition des actes de télémédecine*** *(Décr. nº 2021-707 du 3 juin 2021, art. 1er).*

Art. R. 6316-1 Relèvent de la télémédecine définie à l'article L. 6316-1 les actes médicaux, réalisés à distance, au moyen d'un dispositif utilisant les technologies de l'information et de la communication. Constituent des actes de télémédecine :

1° La téléconsultation, qui a pour objet de permettre à un professionnel médical de donner une consultation à distance à un patient. Un professionnel de santé peut être présent auprès du patient et, le cas échéant, assister le professionnel médical au cours de la téléconsultation. Les psychologues mentionnés à l'article 44 de la loi n° 85-772 du 25 juillet 1985 portant diverses dispositions d'ordre social peuvent également être présents auprès du patient ;

2° La téléexpertise, qui a pour objet de permettre à un professionnel *(Décr. n° 2021-707 du 3 juin 2021, art. 1er)* « de santé » de solliciter à distance l'avis d'un ou de plusieurs professionnels médicaux en raison de leurs formations ou de leurs compétences particulières, sur la base des informations *(Décr. n° 2021-707 du 3 juin 2021, art. 1er)* « de santé » liées à la prise en charge d'un patient ;

3° La télésurveillance médicale, qui a pour objet de permettre à un professionnel médical d'interpréter à distance les données nécessaires au suivi médical d'un patient et, le cas échéant, de prendre des décisions relatives à la prise en charge de ce patient. L'enregistrement et la transmission des données peuvent être automatisés ou réalisés par le patient lui-même ou par un professionnel de santé ;

4° La téléassistance médicale, qui a pour objet de permettre à un professionnel médical d'assister à distance un autre professionnel de santé au cours de la réalisation d'un acte ;

5° La réponse médicale qui est apportée dans le cadre de la régulation médicale mentionnée à l'article L. 6311-2 et au troisième alinéa de l'article L. 6314-1.

SECTION 2 ***Conditions de mise en œuvre de la télésanté***

(Décr. n° 2021-707 du 3 juin 2021, art. 1er).

Art. R. 6316-2 *(Décr. n° 2021-707 du 3 juin 2021, art. 1er)* La pertinence du recours à la télémédecine ou au télésoin est appréciée par le professionnel médical, le pharmacien ou l'auxiliaire médical.

Art. R. 6316-3 Chaque acte de télémédecine *(Décr. n° 2021-707 du 3 juin 2021, art. 1er)* « ou activité de télésoin » est réalisé dans des conditions garantissant :

1° *a)* L'authentification des professionnels de santé intervenant dans l'acte *(Décr. n° 2021-707 du 3 juin 2021, art. 1er)* « ou activité » ;

b) L'identification du patient ;

c) L'accès des professionnels de santé aux données *(Décr. n° 2021-707 du 3 juin 2021, art. 1er)* « de santé » du patient nécessaires à la réalisation de l'acte *(Décr. n° 2021-707 du 3 juin 2021, art. 1er)* « ou de l'activité » ;

2° Lorsque la situation l'impose, la formation ou la préparation du patient à l'utilisation du dispositif de télémédecine *(Décr. n° 2021-707 du 3 juin 2021, art. 1er)* « ou de télésoin ».

Art. R. 6316-4 *(Décr. n° 2021-707 du 3 juin 2021, art. 1er)* Le professionnel médical, le pharmacien ou l'auxiliaire médical intervenant en télésanté inscrit dans le dossier du patient et, le cas échéant, dans le dossier médical partagé défini à l'article L. 1111-14 :

1° Le compte rendu de la réalisation de l'acte de télémédecine ou de l'activité, et, le cas échéant, de la série d'activités, de télésoin ;

2° Les actes et les prescriptions effectués dans le cadre de l'acte de télémédecine ou de l'activité de télésoin ;

3° Son identité et éventuellement celles des autres professionnels participant à l'acte de télémédecine ou à l'activité de télésoin ;

4° La date et l'heure de l'acte de télémédecine ou de l'activité de télésoin ;

5° Le cas échéant, les incidents techniques survenus au cours de l'acte de télémédecine ou de l'activité de télésoin.

Art. R. 6316-5 Les organismes et les professionnels *(Décr. n° 2021-707 du 3 juin 2021, art. 1er)* « de santé libéraux » qui organisent une activité de télémédecine *(Décr. n° 2021-707 du 3 juin 2021, art. 1er)* « ou de télésoin » s'assurent que les professionnels de santé et les psychologues participant aux activités de télémédecine *(Décr. n° 2021-707 du 3 juin 2021, art. 1er)* « ou de télésoin » ont la formation et les compétences techniques requises pour l'utilisation des dispositifs correspondants. – *[Anc. art. R. 6316-9.]*

Art. R. 6316-6 Les organismes et les professionnels de santé utilisateurs des technologies de l'information et de la communication pour la pratique d'actes de télémédecine *(Décr. n° 2021-707 du 3 juin 2021, art. 1er)* « ou d'activités de télésoin » s'assurent que l'usage de ces technologies est conforme aux *(Décr. n° 2018-137 du 26 févr. 2018, art. 1er)* « référentiels d'interopérabilité et de sécurité mentionnés à l'article L. 1110-4-1 ».

(Abrogé par Décr. n° 2018-137 du 26 févr. 2018, art. 1er) « Le consentement exprès de la personne, prévu au premier alinéa de ce même article L. 1111-8, peut être exprimé par voie électronique. » – *[Anc. art. R. 6316-10.]*

SECTION 3 *Organisation*

Art. R. 6316-7 *(Abrogé par Décr. n° 2018-788 du 13 sept. 2018, art. 3) Les programmes et les contrats mentionnés à l'article R. 6316-6 précisent les conditions dans lesquelles s'exerce l'activité de télémédecine, en tenant compte notamment des spécificités de l'offre de soins dans le territoire considéré.*

Ils précisent en particulier les modalités retenues afin de s'assurer que le professionnel médical participant à un acte de télémédecine respecte les conditions d'exercice fixées à l'article L. 4111-1 ou à l'article L. 4112-7 ou qu'il est titulaire d'une autorisation d'exercice délivrée par le ministre chargé de la santé et qu'il satisfait à l'obligation d'assurance prévue à l'article L. 1142-2.

Art. R. 6316-8 *(Abrogé par Décr. n° 2018-788 du 13 sept. 2018, art. 3) Les organismes et les professionnels de santé qui organisent une activité de télémédecine, à l'exception de la réponse médicale donnée dans le cadre de la régulation médicale, concluent entre eux une convention respectant les dispositions inscrites dans les contrats ou programmes mentionnés à l'article R. 6316-6. Cette convention organise leurs relations et les conditions dans lesquelles ils mettent en œuvre les exigences mentionnées dans le présent chapitre.*

....

Art. R. 6316-11 *(Abrogé par Décr. n° 2018-788 du 13 sept. 2018, art. 3) L'activité de télémédecine peut bénéficier des financements prévus* (Décr. n° 2012-271 du 27 févr. 2012, art. 2-I, en vigueur le 1er janv. 2013) *« à l'article L. 1435-8 » ainsi que dans les conditions prévues aux articles L. 314-1 et L. 314-2 du code de l'action sociale et des familles.*

Code de la sécurité sociale

PREMIÈRE PARTIE : *LÉGISLATIVE*

(Décr. n° 85-1353 du 17 déc. 1985, JO 21 déc. ; Rect. JO 20 mars 1986)

LIVRE I **GÉNÉRALITÉS — DISPOSITIONS COMMUNES À TOUT OU PARTIE DES RÉGIMES DE BASE**

....

TITRE VI **DISPOSITIONS RELATIVES AUX PRESTATIONS ET AUX SOINS — CONTRÔLE MÉDICAL — TUTELLE AUX PRESTATIONS SOCIALES**

CHAPITRE I *DISPOSITIONS RELATIVES AUX PRESTATIONS*

....

SECTION 4 *Systèmes d'information de l'assurance maladie et tiers payant*

(L. n° 2014-1554 du 22 déc. 2014, art. 41-I-1°).

(Ord. n° 96-345 du 24 avr. 1996, art. 8-II)

Art. L. 161-28 *(L. n° 93-8 du 4 janv. 1993, art. 15)* Les caisses nationales des régimes d'assurance maladie ont pour mission de participer à la maîtrise de l'évolution des

dépenses. A cette fin, elles prennent toutes mesures d'organisation et de coordination internes à ces régimes, notamment de collecte, de vérification et de sécurité des informations relatives à leurs bénéficiaires et aux prestations qui leur sont servies.

Art. L. 161-28-1 *(L. nº 98-1194 du 23 déc. 1998, art. 21)* **Il est créé un système national d'information interrégimes de l'assurance maladie qui contribue :**

(L. nº 2019-774 du 24 juill. 2019, art. 43-I) **« 1° A l'exercice de leurs missions par les organismes chargés de la gestion d'un régime de base d'assurance maladie ; »**

(Abrogé par L. nº 2019-774 du 24 juill. 2019, art. 43-I) ***« 2° A la transmission en retour aux prestataires de soins d'informations pertinentes relatives à leur activité et leurs recettes, et s'il y a lieu à leurs prescriptions ;***

« *(L. nº 2004-806 du 9 août 2004, art. 24-III)* ***« 3° A la définition, à la mise en œuvre et à l'évaluation de politiques de santé publique » ;*** **»**

(L. nº 2016-41 du 26 janv. 2016, art. 193-III-1°) **« 4° A la constitution du système national des données de santé, mentionné à l'article L. 1461-1 du code de la santé publique. »**

Le système national d'information interrégimes est mis en place par les organismes gérant un régime de base d'assurance maladie. Ces derniers transmettent au système national d'information interrégimes de l'assurance maladie les données nécessaires.

Les modalités de gestion et de renseignement du système national d'information interrégimes de l'assurance maladie, définies conjointement par protocole passé entre au moins la Caisse nationale de l'assurance maladie *(Abrogé par Ord. nº 2018-470 du 12 juin 2018, art. 9)* ***« des travailleurs salariés »*** *(Ord. nº 2018-470 du 12 juin 2018, art. 9, en vigueur le 1er janv. 2020)* **« et la Caisse centrale » de mutualité sociale agricole** *(Abrogé par Ord. nº 2018-470 du 12 juin 2018, art. 9, à compter du 1er janv. 2020)* ***« et*** *(Ord. nº 2005-1528 du 8 déc. 2005)* ***« la Caisse nationale du régime social des indépendants »*****, sont approuvées par un arrêté du ministre chargé de la sécurité sociale.** — *V. Arr. du 6 oct. 2016 relatif à la mise en œuvre du système national d'information interrégimes de l'assurance maladie (JO 19 oct.).*

(L. nº 2004-801 du 6 août 2004, art. 18-VI) **« Cet arrêté est pris après avis motivé de la Commission nationale de l'informatique et des libertés. »**

Les données reçues et traitées par le système national d'information interrégimes de l'assurance maladie préservent *(L. nº 2016-41 du 26 janv. 2016, art. 193-III-2°)* **« la vie privée » des personnes ayant bénéficié des prestations de soins.**

Art. L. 161-29 *(L. nº 2003-1199 du 18 déc. 2003, art. 28)* **« Dans l'intérêt de la santé publique et en vue de contribuer à la maîtrise des dépenses d'assurance maladie, les professionnels et les organismes ou établissements dispensant des actes ou prestations remboursables par l'assurance maladie à des assurés sociaux ou à leurs ayants droit communiquent aux organismes d'assurance maladie concernés le numéro de code des actes effectués, des prestations servies à ces assurés sociaux ou à leurs ayants droit, y compris lorsque ces prestations sont établies à partir des données mentionnées aux articles L. 6113-7 et L. 6113-8 du code de la santé publique, et des pathologies diagnostiquées. Les documents prévus au premier alinéa de l'article L. 161-33 doivent comporter l'ensemble de ces informations. Les personnels des établissements de santé chargés de la facturation des prestations, les directeurs de ces établissements ou leur représentant ont connaissance, dans le cadre de leur fonction et pour la durée de leur accomplissement, du numéro de code de ces prestations. »**

Pour assurer l'exécution de leur mission, les caisses nationales mettent en œuvre un traitement automatisé des données mentionnées à l'alinéa précédent.

(L. nº 2003-1199 du 18 déc. 2003, art. 28) **« Sous réserve des dispositions de l'alinéa suivant, le personnel des organismes d'assurance maladie a connaissance, dans le cadre de ses fonctions et pour la durée nécessaire à leur accomplissement, des numéros de code des pathologies diagnostiquées, des actes effectués et des prestations servies au bénéfice d'une personne déterminée, y compris lorsque ces prestations sont établies à partir des données mentionnées aux articles L. 6113-7 et L. 6113-8 du code de la santé publique, tels qu'ils figurent sur le support utilisé pour la transmission prévue au premier alinéa ou dans les données issues du traitement susmentionné. »**

Seuls les praticiens conseils et les personnels placés sous leur autorité ont accès aux données nominatives issues du traitement susvisé, lorsqu'elles sont associées au numéro de code d'une pathologie diagnostiquée.

(L. nº 2016-41 du 26 janv. 2016, art. 193-IV-1º) **« Le personnel des organismes d'assurance maladie est soumis au secret professionnel dans les conditions et sous les peines prévues à l'article 226-13 du code pénal. »**

Un décret en Conseil d'État, pris *(Abrogé par L. nº 2016-41 du 26 janv. 2016, art. 193-IV-2º)* ***« après consultation du comité national paritaire de l'information médicale visé à l'article L. 161-30 et »*** **après avis de la Commission nationale de l'informatique et des libertés, précisera les modalités d'application du premier alinéa du présent article.** – *V. art. R. 161-31 s.*

Art. L. 161-30 *(Abrogé par L. nº 2016-41 du 26 janv. 2016, art. 193-XIII) (L. nº 93-8 du 4 janv. 1993, art. 15)* ***Il est créé un comité national paritaire de l'information médicale présidé par un magistrat comprenant, d'une part, des représentants des caisses nationales d'assurance maladie et, d'autre part, des représentants des professions et établissements de santé.***

Le comité national est consulté sur la mise en œuvre des dispositions du premier alinéa de l'article L. 161-29.

Le comité national définit les conditions d'élaboration du codage des pathologies diagnostiquées ainsi que les modalités de collecte, de traitement et d'utilisation des données issues de ce traitement.

La composition et les modalités de fonctionnement du comité sont fixées par un décret. Les membres du comité sont nommés par un arrêté conjoint du ministre de la justice et du ministre chargé de la sécurité sociale. – *V. art. D. 161-6 à D. 161-13-1.*

Art. L. 161-31 *(Ord. nº 2021-581 du 12 mai 2021, art. 2-2º)* **« I. – Chaque bénéficiaire pris en charge au titre des articles L. 160-1, L. 160-2, L. 160-3 et L. 160-4 dispose d'un moyen d'identification électronique interrégimes. Ce moyen d'identification électronique, matériel ou immatériel, comporte la photographie de son titulaire. Sa mise à disposition est gratuite.** – *Lorsqu'un bénéficiaire de l'assurance maladie dispose d'une carte électronique individuelle interrégimes délivrée selon les dispositions de l'art. L. 161-31 applicables avant l'entrée en vigueur de la L. nº 2004-810 du 13 août 2004, la deuxième phrase du I de l'art. L. 161-31 (présence d'une photographie sur la carte électronique), telle qu'elle résulte du a du 2º de l'art. 2 de l'Ord. nº 2021-581 du 12 mai 2021, entre en vigueur en ce qui concerne cette personne lors de la délivrance d'un nouveau moyen d'identification électronique (Ord. préc., art. 6).*

« L'utilisation de ce moyen d'identification électronique est subordonnée à la validité des droits. En cas de vol, perte, dysfonctionnement ou compromission, ce moyen fait l'objet d'une opposition dont les professionnels, les établissements de santé et toute personne ou organisme intervenant dans la prise en charge des soins délivrés au titulaire sont informés.

« Les caractéristiques de ce moyen d'identification électronique, ses modalités de délivrance, d'utilisation et de désactivation ainsi que les caractéristiques du système d'opposition sont fixées par décret en Conseil d'État pris après avis de la Commission nationale de l'informatique et des libertés.

« Ce décret précise les conditions dans lesquelles une personne titulaire d'un moyen d'identification électronique peut déléguer temporairement son usage à une autre personne titulaire d'un moyen d'identification électronique similaire aux fins d'assurer son identification ou celles de ses ayants-droit *[ayants droit]*.

II. – « Le moyen d'identification électronique mentionné au I » *(L. nº 2004-810 du 13 août 2004, art. 21-V, VI et 22)* **« comporte un volet d'urgence destiné à recevoir les informations nécessaires aux interventions urgentes. Les professionnels de santé peuvent porter sur le volet, avec le consentement exprès du titulaire** *(Abrogé par Ord. nº 2021-581 du 12 mai 2021, art. 2-2º)* ***« de la carte »***, **les informations nécessaires aux interventions urgentes** *(L. nº 2011-814 du 7 juill. 2011, art. 13)* **« ainsi que la mention : "A été informé de la législation relative au don d'organes" ». Un décret en Conseil d'État, pris après avis du Conseil national de l'ordre des médecins et de la Commission nationale de l'informatique et des libertés, fixe les conditions d'application de cette mesure ainsi que les conditions d'accès aux différentes informations figurant dans ce volet d'urgence.** – *Les dispositions relatives au volet d'urgence individuelle* *entrent en vigueur à compter du prochain renouvellement de la carte (L. n° 2004-810 du 13 août 2004, art. 21-V).*

« III. – L'utilisation *(Ord. n° 2021-581 du 12 mai 2021, art. 2-2°)* « de ce moyen d'identification électronique » permet d'exprimer l'accord du titulaire pour autoriser un médecin ayant adhéré à la convention mentionnée à l'article L. 162-5 ou exerçant dans un établissement ou un centre de santé et dûment authentifié au moyen *(Ord. n° 2021-581 du 12 mai 2021, art. 2-2°)* « du moyen d'identification électronique mentionné » au dernier alinéa de l'article L. 161-33 à prendre connaissance des informations contenues sur le relevé mis à sa disposition en application de l'article L. 162-4-3.

« IV. – Sur le premier décompte de l'année civile envoyé à l'assuré figure le montant des dépenses engagées par celui-ci au cours de l'année civile précédente.

« V. – Le pharmacien qui délivre à un assuré social porteur *(Ord. n° 2021-581 du 12 mai 2021, art. 2-2°)* « du moyen d'identification électronique interrégimes » ou à un de ses ayants droit une spécialité pharmaceutique remboursable par les régimes de l'assurance maladie lui communique, pour information, la charge que la spécialité représente pour ces régimes. Un décret précise les conditions de cette obligation de communication. »

Art. L. 161-32 *(Ord. n° 96-345 du 24 avr. 1996, art. 8-IV)* Il est créé un répertoire national interrégimes des bénéficiaires de l'assurance maladie, comportant les informations nécessaires au rattachement de chaque bénéficiaire à l'organisme d'assurance maladie auquel il est affilié et, éventuellement, à un organisme complémentaire de son choix.

Le contenu ainsi que les modalités de gestion et d'utilisation de ce répertoire sont fixés par décret en Conseil d'État, après avis de la Commission nationale de l'informatique et des libertés. – *V. art. R. 161-34 à R. 161-38.*

Art. L. 161-33 *(Ord. n° 96-345 du 24 avr. 1996, art. 8-IV)* L'ouverture du droit aux prestations de l'assurance maladie est subordonnée à la production de documents dont le contenu, le support ainsi que les conditions et délais de transmission à la caisse du bénéficiaire sont fixés par décret en Conseil d'État. – *V. art. R. 161-39 à R. 161-51.*

Si le bénéficiaire, ayant reçu du professionnel, de l'organisme ou de l'établissement dispensant des actes ou prestations remboursables par l'assurance maladie les documents nécessaires à la constatation des soins ou d'une incapacité de travail les transmet à la caisse hors du délai prévu, il encourt une sanction fixée par voie réglementaire, pouvant aller jusqu'à la déchéance du droit aux prestations pour la période pendant laquelle le contrôle de celles-ci aurait été rendu impossible.

En cas de transmission électronique, si le professionnel, l'organisme ou l'établissement dispensant des actes ou prestations remboursables par l'assurance maladie est responsable d'un défaut de transmission à la caisse du bénéficiaire de documents mentionnés à l'alinéa précédent ou s'il les a transmis hors du délai prévu, et sans préjudice d'éventuelles sanctions prévues par les conventions nationales mentionnées au chapitre II du présent titre, la caisse peut exiger du professionnel ou de l'organisme concerné la restitution de tout ou partie des prestations servies à l'assuré. Pour son recouvrement, cette restitution est assimilée à une cotisation de sécurité sociale.

Dans le cas de transmission électronique par les professionnels, organismes ou établissements dispensant des actes ou prestations remboursables par l'assurance maladie, l'identification de l'émetteur, son authentification et la sécurisation des échanges sont assurées par *(Ord. n° 2021-581 du 12 mai 2021, art. 2-3°)* « un moyen d'identification électronique ». Le contenu, les modalités de délivrance et d'utilisation *(Ord. n° 2021-581 du 12 mai 2021, art. 2-3°)* « de ce moyen d'identification » sont fixés par décret en Conseil d'État après avis de la Commission nationale Informatique et libertés.

Art. L. 161-34 *(Ord. n° 96-345 du 24 avr. 1996, art. 8-IV; L. n° 99-641 du 27 juill. 1999, art. 39-III-1°; L. n° 2002-1487 du 20 déc. 2002, art. 41)* « Pour les professions concernées par les dispositions des chapitres II et V du présent titre et par les disposi-

tions des articles L. 322-5 à L. 322-5-4, les conventions nationales, accords nationaux et contrats ou les dispositions applicables en l'absence de convention, de contrat ou d'accord précisent, pour chaque profession ou établissement concerné et en complément des dispositions de l'article L. 161-33, les modalités de transmission par voie électronique des documents nécessaires au remboursement ou à la prise en charge et les sanctions en cas de non-respect de ces modalités. » A défaut, ces modalités et ces sanctions sont arrêtées par le ministre chargé de la sécurité sociale. – *V. Arr. du 12 août 1999 (JO 14 août; Rect. JO 18 sept.) : modalités de transmission entre les caisses et les syndicats représentant les pharmaciens d'officine.*

Art. L. 161-35 *(L. nº 2011-940 du 10 août 2011, art. 11-I)* **I. – Les professionnels de santé et centres de santé mentionnés aux articles L. 162-14-1, L. 162-16-1 et L. 162-32-1 sont tenus d'assurer, pour les bénéficiaires de l'assurance maladie, la transmission électronique des documents visés à l'article L. 161-33 et servant à la prise en charge des soins, produits ou prestations remboursables par l'assurance maladie.**

(L. nº 2019-774 du 24 juill. 2019, art. 55-IV) **« Les arrêts de travail sont prescrits, sauf exception, de manière dématérialisée par l'intermédiaire d'un service mis à la disposition des professionnels de santé par les organismes d'assurance maladie. »** – *Sur l'entrée en vigueur de cet al., V. note ss. art.*

II. – Sans préjudice des dispositions de l'article L. 161-33, le non-respect *(L. nº 2019-774 du 24 juill. 2019, art. 55-IV)* **« des obligations définies au I du présent article » donne lieu à l'application d'une sanction conventionnelle.**

III. – Les conventions mentionnées aux articles L. 162-14-1, L. 162-16-1 et L. 162-32-1 déterminent le mode de mise en œuvre de cette sanction conventionnelle ainsi que les conditions de sa modulation en fonction notamment des conditions d'activité des professionnels, de réalisation de la prestation et du taux de transmission électronique des documents concernés. Elles précisent également les modalités de la procédure applicable, notamment les conditions dans lesquelles les professionnels et centres concernés peuvent faire valoir leurs observations.

IV. – A défaut de dispositions conventionnelles applicables au titre du présent article, le directeur général de l'Union nationale des caisses d'assurance maladie fixe les dispositions mentionnées au III.

Art. L. 161-35-1 *(Ord. nº 2004-329 du 15 avr. 2004, art. 2)* **Les dispositions des articles L. 161-33, L. 161-34 et du** *(L. nº 2019-774 du 24 juill. 2019, art. 55-IV)* **« I » de l'article L. 161-35 relatives à la transmission électronique des documents nécessaires à la prise en charge des prestations sont applicables aux prestations mentionnées** *(L. nº 2019-774 du 24 juill. 2019, art. 55-IV)* **« aux 1° et 2° » de l'article L. 431-1.**

Art. L. 161-36 *(Abrogé par L. nº 2014-1554 du 22 déc. 2014, art. 44-1°) (L. nº 99-641 du 27 juill. 1999, art. 39-III-2°)* ***Le conditionnement des médicaments inscrits sur la liste mentionnée au premier alinéa de l'article L. 162-17 doit comporter des informations relatives à ces médicaments et destinées aux organismes d'assurance maladie.***

Le contenu, le support et le format de ces informations sont fixés par décret en Conseil d'État. Ce décret précise également les modalités d'utilisation de ces informations, notamment aux fins de contrôle par les organismes d'assurance maladie.

Art. L. 161-36-1 A *(Abrogé par L. nº 2016-41 du 26 janv. 2016, art. 96-II-1°) (L. nº 2004-810 du 13 août 2004, art. 2-I)* ***I. – Toute personne prise en charge par un professionnel, un établissement, un réseau de santé ou tout autre organisme participant à la prévention et aux soins a droit au respect de sa vie privée et du secret des informations la concernant.***

Excepté dans les cas de dérogation expressément prévus par la loi, ce secret couvre l'ensemble des informations concernant la personne venues à la connaissance du professionnel de santé, de tout membre du personnel de ces établissements ou organismes et de toute autre personne en relation, de par ses activités, avec ces établissements ou organismes. Il s'impose à tout professionnel de santé ainsi qu'à tous les professionnels intervenant dans le système de santé.

Deux ou plusieurs professionnels de santé peuvent toutefois, sauf opposition de la personne dûment avertie, échanger des informations relatives à une même personne prise en charge, afin d'assurer la continuité des soins ou de déterminer la meilleure prise en charge

sanitaire possible. Lorsque la personne est prise en charge par une équipe de soins dans un établissement de santé, les informations la concernant sont réputées confiées par le malade à l'ensemble de l'équipe.

Afin de garantir la confidentialité des informations médicales mentionnées aux alinéas précédents, leur conservation sur support informatique, comme leur transmission par voie électronique entre professionnels, sont soumises à des règles définies par décret en Conseil d'État pris après avis public et motivé de la Commission nationale de l'informatique et des libertés. Ce décret détermine les cas où l'utilisation de la carte de professionnel de santé mentionnée au dernier alinéa de l'article L. 161-33 est obligatoire.

Le fait d'obtenir ou de tenter d'obtenir la communication de ces informations en violation du présent article est puni d'un an d'emprisonnement et de 15 000 € d'amende.

En cas de diagnostic ou de pronostic grave, le secret médical ne s'oppose pas à ce que la famille, les proches de la personne malade ou la personne de confiance définie à l'article L. 1111-6 du code de la santé publique reçoivent les informations nécessaires destinées à leur permettre d'apporter un soutien direct à celle-ci, sauf opposition de sa part. Seul un médecin est habilité à délivrer, ou à faire délivrer sous sa responsabilité, ces informations.

Le secret médical ne fait pas obstacle à ce que les informations concernant une personne décédée soient délivrées à ses ayants droit, dans la mesure où elles leur sont nécessaires pour leur permettre de connaître les causes de la mort, de défendre la mémoire du défunt ou de faire valoir leurs droits, sauf volonté contraire exprimée par la personne avant son décès.

Art. L. 161-36-2 *(L. nº 2014-1554 du 22 déc. 2014, art. 41-I-2º)* Les organismes d'assurance maladie sont habilités, dans le cadre du tiers payant, à verser au professionnel ou à l'établissement de santé la part des dépenses prise en charge par l'assurance maladie obligatoire ainsi que, le cas échéant, lorsqu'ils ont reçu délégation de gestion, celle prise en charge par l'organisme servant les prestations d'assurance complémentaire de santé de l'assuré.

Art. L. 161-36-3 *(L. nº 2016-41 du 26 janv. 2016, art. 83-III-5º)* Lorsque le professionnel de santé applique le tiers payant, le paiement de la part prise en charge par l'assurance maladie est garanti, dès lors qu'il utilise *(Ord. nº 2021-581 du 12 mai 2021, art. 2-4º)* « le moyen d'identification électronique de l'assuré mentionné à l'article L. 161-31 et que celui-ci » ne figure pas sur la liste d'opposition prévue au même article. Ce paiement intervient dans un délai maximal fixé par décret. *(L. nº 2020-1576 du 14 déc. 2020, art. 93)* « Ce décret fixe les conditions et les limites dans lesquelles l'assurance maladie peut déroger à ce délai à la seule fin de procéder aux contrôles adéquats si le professionnel de santé a été sanctionné ou condamné pour fraude au cours des deux dernières années. » Ce décret fixe également les cas dans lesquels le paiement peut être garanti au professionnel s'il est amené exceptionnellement à pratiquer le tiers payant au vu d'autres justificatifs de droits.

Le non-respect du délai mentionné au premier alinéa du présent article ouvre droit, pour le professionnel de santé concerné, sans préjudice des sommes dues, au versement d'une pénalité, selon des modalités fixées par décret.

Les délais de paiement de chaque organisme d'assurance maladie font l'objet d'une publication périodique, dans des conditions définies par décret.

Les organismes d'assurance maladie fournissent au professionnel de santé les informations nécessaires au suivi du paiement de chaque acte ou consultation pour lequel il a pratiqué le tiers payant.

Art. L. 161-36-4 *(L. nº 2016-41 du 26 janv. 2016, art. 83-III-5º)* Pour bénéficier du tiers payant chez un professionnel de santé exerçant en ville, l'assuré doit remplir les conditions suivantes :

1º Présenter au professionnel de santé *(Ord. nº 2021-581 du 12 mai 2021, art. 2-5º)* « le moyen d'identification électronique mentionné » à l'article L. 161-31 ;

2º Avoir donné l'autorisation prévue au II de l'article L. 160-13 lorsque le montant dû par le bénéficiaire au titre des II et III du même article excède un seuil fixé par décret et n'a pas été acquitté ;

3º S'agissant des actes et des prestations dispensés par les médecins, ne pas se trouver dans l'une des situations prévues à l'avant-dernier alinéa de l'article L. 162-5-3 ;

4° S'agissant de la délivrance de médicaments, respecter les conditions fixées au *(L. n° 2018-1203 du 22 déc. 2018, art. 66-II, en vigueur le 1er janv. 2019)* « dernier » alinéa de l'article L. 162-16-7.

Art. L. 161-36-5 *(L. n° 2016-1827 du 23 déc. 2016, art. 64-I)* Les dispositions de la présente section, en tant qu'elles sont nécessaires à la mise en œuvre du dernier alinéa de l'article L. 161-15-4, sont applicables à la Caisse des Français de l'étranger selon des modalités fixées par décret en Conseil d'État.

……………………………………………………………………………………………

DEUXIÈME PARTIE : *DÉCRETS EN CONSEIL D'ÉTAT*

LIVRE I GÉNÉRALITÉS — DISPOSITIONS COMMUNES À TOUT OU PARTIE DES RÉGIMES DE BASE

TITRE VI DISPOSITIONS RELATIVES AUX PRESTATIONS ET AUX SOINS — CONTRÔLE MÉDICAL — TUTELLE AUX PRESTATIONS SOCIALES

……………………………………………………………………………………………

CHAPITRE I *DISPOSITIONS RELATIVES AUX PRESTATIONS*

……………………………………………………………………………………………

SECTION 4 *Systèmes d'information de l'assurance maladie et cartes de santé*

(Décr. n° 95-564 du 6 mai 1995 ; Décr. n° 96-793 du 12 sept. 1996)

SOUS-SECTION 1 *Du codage des actes effectués, des prestations servies et des pathologies diagnostiquées*

Art. R. 161-29 *(Décr. n° 95-564 du 6 mai 1995)* Le codage des actes et prestations dispensés aux assurés sociaux ou à leurs ayants droit et des pathologies diagnostiquées a pour finalité :

1° En tant qu'il concerne les actes et prestations, le remboursement de ceux-ci ;

2° L'application et le suivi des conventions conclues entre les professionnels de santé et les organismes d'assurance maladie ;

3° L'amélioration des conditions d'exercice du contrôle, notamment médical, des actes et des prestations ;

4° Le développement des actions de prévention, d'éducation et d'information sanitaires mises en œuvre en application des articles L. 262-1 et *(Décr. n° 2006-83 du 27 janv. 2006)* « du 3° du premier alinéa de l'article L. 611-4 » ;

5° La réalisation d'études épidémiologiques, dans le respect des dispositions des articles 40-1 à 40-10 de la loi n° 78-17 du 6 janvier 1978 et l'évaluation du système de santé.

Art. R. 161-30 *(Décr. n° 95-564 du 6 mai 1995)* Pour les actes effectués et les prestations servies, les informations transmises sont celles qui sont définies *(Décr. n° 97-1321 du 30 déc. 1997, art. 2-II)* « à l'article R. 161-42 ». Il en est de même pour les actes, prestations et produits délivrés en établissement de santé qui donnent lieu à une facturation unitaire.

En ce qui concerne les prestations délivrées en hospitalisation avec ou sans hébergement et qui ne donnent pas lieu à facturation unitaire des actes ou des produits, les informations que doivent transmettre les établissements de santé mentionnés au livre I de la sixième partie du code de la santé publique pour répondre aux obligations définies à l'article L. 161-29 sont celles prévues par les articles L. 6113-3 à L. 6113-6 du code de la santé publique et les textes pris pour son application.

Le numéro de code des pathologies diagnostiquées est transmis aux organismes d'assurance maladie sur un support autre que la feuille de soins mentionnée *(Décr. n° 97-1321 du 30 déc. 1997, art. 2-II)* « à l'article R. 161-41 », et par des moyens permettant aux professionnels de santé de respecter les règles déontologiques.

Art. R. 161-31 *(Décr. nº 95-564 du 6 mai 1995)* Lorsque le traitement automatisé mentionné à l'article L. 161-29 sera mis en œuvre, les assurés sociaux, d'une part, et les professionnels, organismes ou établissements, d'autre part, seront informés par les organismes d'assurance maladie que :

1° Le remboursement des prestations par l'assurance maladie exige le recueil et la conservation des données codées concernant les assurés sociaux ou leurs ayants droit relatives aux actes effectués et aux prestations servies ;

2° Des dispositions légales et réglementaires autorisent ou imposent un traitement automatisé des données relatives aux actes effectués, aux prestations servies et aux pathologies diagnostiquées, ainsi que la transmission aux praticiens conseils et aux personnels des organismes d'assurance maladie de celles de ces données qu'ils sont, respectivement, habilités à connaître dans des conditions et limites définies par l'article L. 161-29 ;

3° Les assurés sociaux exercent leur droit d'accès aux informations les concernant, dans les conditions prévues par la loi nº 78-17 du 6 janvier 1978, auprès de l'organisme d'assurance maladie auquel ils sont affiliés ;

4° Chaque professionnel de santé exerce ce droit d'accès pour les informations relatives aux soins qu'il a dispensés et est destinataire des résultats des traitements de données concernant son activité dans les conditions définies par la ou les conventions nationales qui lui sont applicables.

Art. R. 161-32 *(Décr. nº 95-564 du 6 mai 1995)* Les organismes chargés de la gestion d'un régime obligatoire d'assurance maladie sont tenus de prendre toutes les dispositions nécessaires aux fins de préserver, notamment dans le cadre du traitement mentionné au deuxième alinéa de l'article L. 161-29, la confidentialité des données transmises et traitées aux termes de cet article, et en particulier pour limiter aux seuls personnels habilités l'accès direct aux données médicales relatives aux assurés ou à leurs ayants droit.

A cette fin, les directeurs des organismes mentionnés à l'alinéa précédent veillent au respect des dispositions de l'acte autorisant le traitement automatisé, ainsi que des règles limitant l'accès direct aux données médicales des personnels placés sous leur autorité. Les praticiens conseils veillent au respect des mêmes règles par les personnels placés sous leur autorité.

Art. R. 161-33 *(Décr. nº 95-564 du 6 mai 1995)* Dans l'intérêt de la santé publique et en vue d'assurer la maîtrise des dépenses de santé, les organismes chargés de la gestion d'un régime obligatoire d'assurance maladie transmettent aux ministres chargés de la santé et de la sécurité sociale, dans les formes et conditions fixées par ceux-ci, celles des données issues du traitement automatisé mentionné au deuxième alinéa de l'article L. 161-29 qui ne permettent pas l'identification des assurés sociaux ou des professionnels.

SOUS-SECTION 2 *Carte d'assurance maladie*

Art. R. 161-33-1 *(Décr. nº 2007-199 du 14 févr. 2007)* La carte électronique individuelle interrégimes mentionnée à l'article L. 161-31 est appelée carte d'assurance maladie.

Elle contient les informations suivantes :

1° Des données visibles comportant un numéro d'émetteur, un numéro propre à la carte, la date d'émission de cette dernière et des données d'identification du titulaire, à savoir son numéro d'inscription au répertoire national d'identification des personnes physiques, son nom de famille ou, si l'intéressé le demande, le nom d'usage, son prénom usuel, une photographie en couleur, de face, tête nue, récente et parfaitement ressemblante, et un signe d'identification de la carte en relief;

2° Des données inscrites dans le composant électronique de la carte :

a) Les données visibles mentionnées ci-dessus ainsi que la période de validité de la carte, le nom de famille du titulaire s'il diffère du nom d'usage, ses autres prénoms le cas échéant, sa date de naissance, son adresse et la photographie numérisée identique à celle figurant sur la carte ;

b) Les données relatives aux droits aux prestations en nature au regard d'un régime de base d'assurance maladie ;

c) Les données relatives au choix du médecin traitant du titulaire de la carte ;

d) Les données relatives, le cas échéant et sous réserve de son consentement, à la situation du titulaire au regard de la protection complémentaire d'assurance maladie ;

e) Les données relatives à la situation du titulaire en matière d'accident du travail ou de maladies professionnelles et aux derniers accidents ou maladies professionnelles reconnus ;

f) Les données relatives à l'accès aux soins en cas de séjour ou résidence dans un autre État membre de l'Union européenne ou partie à l'Espace économique européen ;

g) Les données personnelles concernant les coordonnées d'une personne à prévenir en cas de nécessité si le titulaire de la carte y a consenti ;

h) La mention indiquant que son titulaire a eu connaissance des dispositions de la réglementation sur le don d'organe ;

i) Des données permettant :

— d'assurer la mise en œuvre des fonctions de signature électronique ;

— de protéger l'accès aux informations de la carte ;

— d'authentifier la carte en tant que carte d'assurance maladie et d'identifier son titulaire.

Un arrêté des ministres chargés de la sécurité sociale et de l'agriculture, pris après avis de la Commission nationale de l'informatique et des libertés, détermine les spécifications physiques et logiques et les données qu'elle contient. — *V. Arr. du 14 mars 2007 (JO 17 mars) relatif aux conditions d'émission et de gestion des cartes d'assurance maladie.*

Art. R. 161-33-2 *(Décr. nº 2007-199 du 14 févr. 2007)* Les informations relatives à la suppression ou la limitation de la participation de l'assuré mentionnées au premier alinéa de l'article *(Décr. nº 2015-1865 du 30 déc. 2015, art. 10-6º, en vigueur le 1er janv. 2016)* « L. 160-13 » et figurant dans la carte ne sont accessibles que :

1º Au titulaire de celle-ci ;

2º Aux personnes facturant ou permettant la prise en charge des actes ou prestations remboursables par l'assurance maladie. Cet accès nécessite l'emploi de la carte de professionnel de santé mentionnée au quatrième alinéa de l'article L. 161-33 ou d'un dispositif d'authentification individuel offrant des garanties similaires de fonctionnalités et de sécurité et agréé par le groupement d'intérêt public mentionné à l'article R. 161-54 ;

3º Aux agents des organismes gérant un régime d'assurance maladie.

Art. R. 161-33-3 *(Décr. nº 2007-199 du 14 févr. 2007)* Chaque organisme servant les prestations d'un régime d'assurance maladie délivre une carte d'assurance maladie aux personnes qui lui sont rattachées, en s'assurant de l'identité du titulaire de la carte. Lorsque la procédure de délivrance de la carte conduit à fournir une photocopie d'une pièce d'identité comportant une photographie, les documents transmis sont conservés pendant une durée maximale fixée par arrêté, à compter de la date de délivrance de la carte, aux fins d'éventuelles réclamations. La photographie est conservée selon les mêmes conditions.

La carte d'assurance maladie est la propriété de l'organisme servant les prestations d'un régime d'assurance maladie. Lors de la mise à disposition d'une carte d'assurance maladie, l'organisme *(Abrogé par Décr. nº 2017-736 du 3 mai 2017, art. 1er-6º) « d'affiliation »* vérifie que le titulaire de la carte n'est possesseur d'aucune autre carte valide.

Art. R. 161-33-4 *(Décr. nº 2007-199 du 14 févr. 2007)* I. — Lors de la délivrance à son bénéficiaire d'une carte d'assurance maladie, l'organisme émetteur joint une copie sur papier des informations enregistrées dans la carte et mentionnées aux *a, b* et le cas échéant aux *c, d, e* et *f* du 2º de l'article R. 161-33-1.

Une copie sur papier peut également être demandée par le titulaire de la carte à l'organisme lui servant les prestations d'un régime d'assurance maladie ou, sur présentation de sa carte d'assurance maladie, à n'importe quel organisme servant de telles prestations.

Le cas échéant et sur demande du titulaire, la copie ainsi délivrée peut ne pas mentionner l'existence d'une exonération de ticket modérateur.

Une copie sur papier des informations mentionnées le cas échéant au *d* ou *e* du 2° de l'article R. 161-33-1 est fournie par l'organisme figurant sur la carte qui sert au titulaire des prestations complémentaires ou des prestations servies en application de la législation relative aux accidents du travail ou aux maladies professionnelles.

II. — Le titulaire de la carte exerce son droit de rectification des informations inscrites dans la carte et mentionnées au 1° et aux *a, b, c, d, e, f* du 2° de l'article R. 161-33-1 auprès du ou des organismes gérant les informations le concernant.

III. — Le titulaire de la carte ou, à sa demande, un médecin peut inscrire, modifier ou supprimer les informations figurant aux *g* et *h* du 2° de l'article R. 161-33-1. L'inscription, la dernière modification ou la suppression d'une information comporte l'identification du titulaire ou du médecin ainsi que la date correspondante.

Art. R. 161-33-5 *(Décr. nº 2007-199 du 14 févr. 2007)* Les organismes servant les prestations d'un régime d'assurance maladie mettent en œuvre des dispositifs permettant, d'une part, la consultation des informations contenues dans la carte d'assurance maladie, d'autre part, sur la base des informations contenues dans leurs fichiers, la mise à jour des informations autres que celles mentionnées aux *g* et *h* du 2° de l'article R. 161-33-1.

Art. R. 161-33-6 *(Décr. nº 2007-199 du 14 févr. 2007)* Le titulaire de la carte d'assurance maladie est tenu d'effectuer la mise à jour de sa carte en cas de changement des données mentionnées à l'article R. 161-33-1 ou selon une fréquence annuelle à compter de la date d'émission de celle-ci. A cette fin, il utilise les dispositifs techniques mis à sa disposition.

(Décr. nº 2017-736 du 3 mai 2017, art. 1er-4º) « En cas de changement d'organisme assurant la prise en charge des frais de santé, le nouvel organisme de rattachement » informe le titulaire de son obligation de mettre à jour la carte d'assurance maladie délivrée par le précédent organisme et des conditions dans lesquelles il doit l'effectuer.

A défaut de mise à jour, la carte ne peut plus être, temporairement, utilisée.

Art. R. 161-33-7 *(Décr. nº 2007-199 du 14 févr. 2007)* Le titulaire de la carte d'assurance maladie signale tout dysfonctionnement, perte ou vol de sa carte, selon la procédure indiquée par l'organisme lui servant les prestations d'un régime d'assurance maladie. Des frais peuvent être facturés en cas de demandes de remplacement abusives.

Les organismes servant les prestations d'un régime d'assurance maladie inscrivent dans la liste d'opposition les numéros des cartes en circulation et en cours de validité en cas de vol, perte ou dénonciation, conformément au I *bis* de l'article L. 161-31. Ils mettent cette liste, aux fins de consultation, à la disposition des personnes procédant à la facturation ou à la prise en charge d'actes ou de prestations remboursables par l'assurance maladie.

Art. R. 161-33-8 *(Décr. nº 2007-199 du 14 févr. 2007)* En cas de dispense d'avance de frais totale ou partielle consentie à l'assuré, selon des modalités déterminées par les conventions nationales, contrats nationaux ou autres dispositions applicables mentionnés à l'article L. 161-34, les organismes servant les prestations d'un régime d'assurance maladie peuvent garantir aux professionnels ou établissements ayant fait l'avance de frais le paiement des actes et prestations remboursables par eux sur la base des informations contenues dans la carte valide lors de la facturation ou de la prise en charge, et sous réserve de la bonne application des dispositions particulières concernant la vérification de certaines informations.

Art. R. 161-33-9 *(Décr. nº 98-275 du 9 avr. 1998)* La Caisse nationale de l'assurance maladie *(Abrogé par Décr. nº 2019-718 du 5 juill. 2019, art. 9-III) « des travailleurs salariés »* peut conjointement, avec au moins une autre Caisse nationale d'assurance maladie *(Décr. nº 2007-199 du 14 févr. 2007)* « , ou l'Union nationale des caisses d'assurance maladie », conclure un accord avec une ou plusieurs fédérations ou organisations professionnelles regroupant des organismes d'assurance maladie complémentaire *(Décr. nº 2007-199 du 14 févr. 2007)* « ou avec l'Union nationale des organismes complémentaires d'assurance maladie ». Cet accord fixe les conditions dans lesquelles les organismes concernés conçoivent et gèrent, chacun pour ce qui le concerne, les éléments du système d'information permettant l'emploi de la carte d'assurance maladie.

Art. R. 161-33-10 *(Décr. nº 2007-199 du 14 févr. 2007)* Le ministre chargé de la sécurité sociale arrête, après avis de la Commission nationale de l'informatique et des libertés :

1° Les modalités d'émission, de distribution et de mise à jour des cartes d'assurance maladie mentionnées à l'article L. 161-31 du code de la sécurité sociale par les organismes servant les prestations d'un régime de base d'assurance maladie ;

2° Les modalités selon lesquelles le titulaire de la carte peut exercer son droit d'accès et de rectification pour les données contenues dans sa carte d'assurance maladie.

....

SOUS-SECTION 3 *Du Répertoire national interrégimes des bénéficiaires de l'assurance maladie*

(Décr. nº 96-793 du 12 sept. 1996 ; Décr. nº 98-275 du 9 avr. 1998)

Art. R. 161-34 *(Décr. nº 96-793 du 12 sept. 1996)* Le Répertoire national interrégimes des bénéficiaires de l'assurance maladie institué à l'article L. 161-32 a pour finalités :

1° De certifier les identifiants des bénéficiaires figurant dans les fichiers des organismes gérant les régimes de base ou complémentaires d'assurance maladie ;

2° De certifier le rattachement de chaque bénéficiaire à l'organisme qui lui sert les prestations de base d'assurance maladie ;

3° De contribuer aux procédures de délivrance et de mise à jour des cartes électroniques individuelles mentionnées à l'article L. 161-31 ;

4° Le cas échéant, de certifier le rattachement du bénéficiaire à un des organismes mentionnés au 3° de l'article R. 115-1 qui lui sert des prestations complémentaires d'assurance maladie et dont le bénéficiaire ou son représentant légal désire que l'identifiant figure sur sa carte électronique individuelle ;

5° De permettre des études statistiques dans les domaines sanitaire, social et démographique.

Art. R. 161-35 *(Décr. nº 96-793 du 12 sept. 1996)* Le Répertoire national interrégimes des bénéficiaires de l'assurance maladie comporte, pour chaque bénéficiaire ou ancien bénéficiaire, tout ou partie des informations suivantes, à l'exclusion de toute autre :

1° Son numéro d'inscription au Répertoire national d'identification des personnes physiques et celui ou ceux qui lui auraient été précédemment attribués ;

2° Son nom de famille, son nom d'usage, le cas échéant, et ses prénoms ;

3° Ses date et lieu de naissance ;

4° Le cas échéant, la mention du décès ou l'indication que la personne n'est plus bénéficiaire de l'assurance maladie ;

5° L'identifiant de l'organisme d'assurance maladie qui lui sert ses prestations de base d'assurance maladie et la date de son rattachement, ainsi que, le cas échéant, l'identifiant de l'organisme d'assurance maladie lui servant précédemment les prestations de base d'assurance maladie et la date de rattachement ;

6° Éventuellement, l'identifiant d'un des organismes mentionnés au 3° de l'article R. 115-1 de son choix qui lui sert des prestations complémentaires d'assurance maladie et qu'il désire voir figurer sur sa carte électronique individuelle, et la date de son rattachement audit organisme ;

(Décr. nº 2007-199 du 14 févr. 2007) « 7° Le numéro de la dernière carte émise et sa date d'émission ».

Art. R. 161-36 *(Décr. nº 96-793 du 12 sept. 1996)* L'organisme gestionnaire du Répertoire national d'identification des personnes physiques transmet immédiatement, chaque jour ouvré, les mises à jour des informations mentionnées aux 1°, 2°, 3° et 4° de l'article R. 161-35 à l'organisme responsable de la gestion technique du Répertoire national interrégimes des bénéficiaires de l'assurance maladie.

Art. R. 161-37 *(Décr. nº 96-793 du 12 sept. 1996)* I. – Les ministres chargés de la sécurité sociale et de l'agriculture arrêtent, après avis de la Commission nationale de l'informatique et des libertés :

1° Les conditions dans lesquelles sont échangées, entre le Répertoire national interrégimes des bénéficiaires de l'assurance maladie et les organismes chargés de la gestion des régimes d'assurance maladie de base ou complémentaires, les informations relatives à la certification des identifiants et à la connaissance du rattachement auxdits organismes *(Décr. nº 2007-199 du 14 févr. 2007)* « ainsi qu'avec le groupement mentionné à l'article L. 115-5 aux fins du contrôle de la délivrance d'une carte par titulaire » ;

2° Les modalités de réalisation des traitements effectués par le répertoire national précité ;

3° La durée de conservation des données pour les personnes décédées ou ayant cessé d'être bénéficiaires de l'assurance maladie.

Si l'avis de la Commission nationale de l'informatique et des libertés est défavorable, il ne peut être passé outre que par un décret pris sur avis conforme du Conseil d'État.

Le directeur de chaque organisme concerné est le responsable des traitements ainsi définis.

II. – Lorsque les dispositions prévues au I ci-dessus ont été prises, les organismes qui entrent dans leur champ d'application sont dispensés, par dérogation à l'article 12 du décret nº 78-774 du 17 juillet 1978 pris pour l'application des chapitres I à IV et VII de la loi nº 78-17 du 6 janvier 1978 relative à l'informatique, aux fichiers et aux libertés de présenter à la Commission nationale de l'informatique et des libertés les actes réglementaires prévus par l'article 15 de ladite loi et devant avoir le même objet que lesdites dispositions.

III. – Les bénéficiaires de l'assurance maladie peuvent exercer leur droit de rectification des données les concernant contenues dans le Répertoire national interrégimes des bénéficiaires de l'assurance maladie auprès de :

1° L'Institut national de la statistique et des études économiques, chargé de la gestion du Répertoire national d'identification des personnes physiques, pour les données d'identification des personnes ;

2° L'organisme leur servant les prestations de base d'assurance maladie, pour les données relatives au rattachement à un organisme servant de telles prestations ;

3° L'organisme d'assurance maladie complémentaire qu'ils désirent voir figurer sur leur carte électronique individuelle, pour les données relatives au rattachement à cet organisme.

IV. – Pour les traitements ayant une finalité statistique, les modalités d'accès et d'utilisation du Répertoire national interrégimes des bénéficiaires de l'assurance maladie sont arrêtées par les ministres chargés de la santé, de la sécurité sociale, de l'agriculture et de l'économie, après avis de la Commission nationale de l'informatique et des libertés. Toutefois, l'organisme chargé de la gestion du répertoire peut effectuer des traitements statistiques non nominatifs visant à évaluer la qualité des informations qui lui parviennent et des traitements qu'il effectue, en vue de l'amélioration de ces derniers.

V. – L'utilisation du Répertoire national interrégimes des bénéficiaires de l'assurance maladie à des fins de recherche des personnes est interdite en dehors des cas expressément prévus par la loi. Toutefois, une telle utilisation peut être autorisée, dans l'intérêt de la santé des personnes concernées ou en raison du risque de maladie transmissible, par un arrêté du ministre chargé de la santé, pris sur avis de la Commission nationale de l'informatique et des libertés.

Art. R. 161-38 *(Décr. nº 96-793 du 12 sept. 1996)* La gestion technique du Répertoire national interrégimes des bénéficiaires de l'assurance maladie, pour le compte et sous le contrôle des organismes gérant un régime d'assurance maladie de base ou complémentaire, est confiée à la Caisse nationale d'assurance vieillesse *(Abrogé par Décr. nº 2019-718 du 5 juill. 2019, art. 9-III)* « *des travailleurs salariés* ».

A cette fin, des conventions fixant les conditions techniques et financières d'alimentation et d'utilisation dudit répertoire, ainsi que ses modalités de gestion, sont passées entre :

1° La Caisse nationale d'assurance vieillesse *(Abrogé par Décr. nº 2019-718 du 5 juill. 2019, art. 9-III)* « *des travailleurs salariés* » et l'Institut national de la statistique et des études économiques ;

2° La Caisse nationale d'assurance vieillesse *(Abrogé par Décr. nº 2019-718 du 5 juill. 2019, art. 9-III)* « *des travailleurs salariés* » et les organismes gérant un régime de base d'assurance maladie ; cette convention est applicable à l'ensemble des organismes gérant un régime de base d'assurance maladie lorsque au moins deux des caisses nationales d'assurance maladie visées à l'article L. 162-7, dont la Caisse nationale de l'assurance maladie *(Abrogé par Décr. nº 2019-718 du 5 juill. 2019, art. 9-III)* « *des travailleurs salariés* », en sont signataires ; l'adhésion à la convention de l'organisme chargé de la gestion du régime d'assurance maladie applicable aux travailleurs expatriés visé à l'article R. 762-1 donne lieu à un avenant approprié ;

3° La Caisse nationale d'assurance vieillesse *(Abrogé par Décr. nº 2019-718 du 5 juill. 2019, art. 9-III)* « *des travailleurs salariés* » et une ou plusieurs organisations nationales regroupant des organismes mentionnés au 3° de l'article R. 115-1.

Les conventions visées aux 2° et 3° deviennent exécutoires après leur approbation par les ministres chargés de la sécurité sociale, de l'agriculture et, pour ce qui concerne la convention visée au 3°, de l'économie.

A défaut de signature ou de renouvellement à leur échéance des conventions mentionnées au 2° et au 3°, les ministres chargés de la sécurité sociale et de l'agriculture et, le cas échéant, de l'économie, peuvent en arrêter les dispositions. — *V. Arr. du 22 oct. 1996 (JO 30 oct.), mod. par Arr. du 16 janv. 2004 (JO 8 févr.).*

Décret nº 96-793 du 12 septembre 1996, *relatif à l'autorisation d'utilisation du numéro d'inscription au Répertoire national d'identification des personnes physiques et à l'institution d'un répertoire national interrégimes des bénéficiaires de l'assurance maladie et modifiant le code de la sécurité sociale (deuxième partie : Décrets en Conseil d'État).* **Art. 3** I. — Pour la constitution du Répertoire national interrégimes des bénéficiaires de l'assurance maladie, la Caisse nationale d'assurance vieillesse des travailleurs salariés reçoit de l'Institut national de la statistique et des études économiques, chargé du Répertoire national d'identification des personnes physiques, les informations en sa possession mentionnées aux 1°, 2°, 3° et 4° de l'article R. 161-35 du code de la sécurité sociale relatives aux personnes susceptibles de bénéficier de l'assurance maladie.

SÉCURITÉ INTÉRIEURE

Code de la sécurité intérieure

Les commentaires et annotations reproduits sur le Code en ligne sont extraits du ***Code de la sécurité intérieure Dalloz****.*

PREMIÈRE PARTIE : *LÉGISLATIVE*

LIVRE I PRINCIPES GÉNÉRAUX ET ORGANISATION DE LA SÉCURITÉ INTÉRIEURE

TITRE I PRINCIPES GÉNÉRAUX DE LA SÉCURITÉ INTÉRIEURE

CHAPITRE IV *ENQUÊTES ADMINISTRATIVES*

Art. L. 114-1 *(L. n° 2017-1510 du 30 oct. 2017, art. 11-I)* « I. — » Les décisions administratives de recrutement, d'affectation *(L. n° 2017-1510 du 30 oct. 2017, art. 11-I)* « , de titularisation », d'autorisation, d'agrément ou d'habilitation, prévues par des dispositions législatives ou réglementaires, concernant soit les emplois publics participant à l'exercice des missions de souveraineté de l'État, soit les emplois publics ou privés relevant du domaine de la sécurité ou de la défense, soit les emplois privés ou activités privées réglementées relevant des domaines des jeux, paris et courses, soit l'accès à des zones protégées en raison de l'activité qui s'y exerce, soit l'utilisation de matériels ou produits présentant un caractère dangereux, peuvent être précédées d'enquêtes administratives destinées à vérifier que le comportement des personnes physiques ou morales intéressées n'est pas incompatible avec l'exercice des fonctions ou des missions envisagées.

(L. n° 2017-1510 du 30 oct. 2017, art. 11-I) « Ces enquêtes peuvent donner lieu à la consultation de traitements automatisés de données à caractère personnel relevant de l'article *(Ord. n° 2018-1125 du 12 déc. 2018, art. 22 et 29, en vigueur le 1er juin 2019)* « **31** » de la loi n° 78-17 du 6 janvier 1978 relative à l'informatique, aux fichiers et aux libertés, à l'exception des fichiers d'identification. Les conditions dans lesquelles les personnes intéressées sont informées de cette consultation sont précisées par décret.

« II. — Il peut également être procédé à de telles enquêtes administratives en vue de s'assurer que le comportement des personnes physiques ou morales concernées n'est pas devenu incompatible avec les fonctions ou missions exercées, l'accès aux lieux ou l'utilisation des matériels ou produits au titre desquels les décisions administratives mentionnées au I ont été prises.

« III. — Lorsque le résultat de l'enquête fait apparaître que le comportement de la personne bénéficiant d'une décision d'autorisation, d'agrément ou d'habilitation est devenu incompatible avec le maintien de cette décision, il est procédé à son retrait ou à son abrogation, dans les conditions prévues par les dispositions législatives ou réglementaires qui lui sont applicables ou, à défaut, dans les conditions prévues au chapitre I du titre II du livre I du code des relations entre le public et l'administration. En cas d'urgence, l'autorisation, l'agrément ou l'habilitation peuvent être suspendus sans délai pendant le temps strictement nécessaire à la conduite de cette procédure.

« IV. — Lorsque le résultat de l'enquête fait apparaître que le comportement d'un fonctionnaire occupant un emploi participant à l'exercice de missions de souveraineté de l'État ou relevant du domaine de la sécurité ou de la défense est devenu incompatible avec l'exercice de ses fonctions, l'administration qui l'emploie procède à son affectation ou à sa mutation dans l'intérêt du service dans un emploi comportant l'exercice d'autres fonctions. En cas d'impossibilité de mettre en œuvre une telle mesure ou lorsque le comportement du fonctionnaire est incompatible avec l'exercice de toute autre fonction eu égard à la menace grave qu'il fait peser sur la sécurité publique, il est procédé à sa radiation des cadres.

« Ces décisions interviennent après mise en œuvre d'une procédure contradictoire. A l'exception du changement d'affectation, cette procédure inclut l'avis d'un organisme paritaire dont la composition et le fonctionnement sont fixés par décret en Conseil d'État.

« Lorsque le résultat de l'enquête fait apparaître que le comportement d'un agent contractuel de droit public occupant un emploi défini au premier alinéa du présent IV est devenu incompatible avec l'exercice de ses fonctions, son employeur lui propose un emploi comportant l'exercice d'autres fonctions et correspondant à ses qualifications. En cas d'impossibilité de mettre en œuvre une telle mesure, en cas de refus de l'agent ou lorsque son comportement est incompatible avec l'exercice de toute autre fonction eu égard à la menace grave qu'il fait peser sur la sécurité publique, il est procédé, après mise en œuvre d'une procédure contradictoire, à son licenciement.

« Les décisions prises en application du présent IV, auxquelles l'article L. 411-2 du code des relations entre le public et l'administration n'est pas applicable, peuvent être contestées devant le juge administratif dans un délai de quinze jours à compter de leur notification et faire l'objet d'un appel et d'un pourvoi en cassation dans le même délai. Les juridictions saisies au fond statuent dans un délai de deux mois. En cas de recours, la décision contestée ne peut prendre effet tant qu'il n'a pas été statué en dernier ressort sur ce litige.

« L'employeur peut décider, à titre conservatoire, et pendant la durée strictement nécessaire à la mise en œuvre des suites données au résultat de l'enquête, d'écarter sans délai du service le fonctionnaire ou l'agent contractuel de droit public, avec maintien de son traitement, de l'indemnité de résidence, du supplément familial de traitement et des prestations familiales obligatoires. »

(Décr. n° 2020-1733 du 16 déc. 2020, art. 13, en vigueur le 1er mai 2021) « V. — Il peut être procédé à des enquêtes administratives dans les conditions prévues au second alinéa du I du présent article pour la délivrance, le renouvellement ou le retrait d'un titre ou d'une autorisation de séjour sur le fondement de l'article L. 234-1, L. 235-1, L. 425-4, L. 425-10, L. 432-1 ou L. 432-4 du code de l'entrée et du séjour des étrangers et du droit d'asile ou des stipulations équivalentes des conventions internationales ainsi que pour l'application des articles L. 434-6, L. 511-7, L. 512-2 et L. 512-3 du même code. »

COMMENTAIRE

Voir commentaire et jurisprudence sur le Code en ligne.

Art. L. 114-2 *(L. n° 2016-339 du 22 mars 2016, art. 5)* Les décisions de recrutement et d'affectation concernant les emplois en lien direct avec la sécurité des personnes et des biens au sein d'une entreprise de transport public de personnes ou d'une entreprise de transport de marchandises dangereuses soumise à l'obligation d'adopter un plan de sûreté *(L. n° 2021-646 du 25 mai 2021, art. 60)* « ou d'un gestionnaire d'infrastructure » peuvent être précédées d'enquêtes administratives destinées à vérifier que le comportement des personnes intéressées n'est pas incompatible avec l'exercice des fonctions ou des missions envisagées.

Si le comportement d'une personne occupant un emploi mentionné au premier alinéa laisse apparaître des doutes sur la compatibilité avec l'exercice des missions pour lesquelles elle a été recrutée ou affectée, une enquête administrative peut être menée à la demande de l'employeur ou à l'initiative de l'autorité administrative.

L'autorité administrative avise sans délai l'employeur du résultat de l'enquête.

La personne qui postule pour une fonction mentionnée au même premier alinéa est informée qu'elle est susceptible, dans ce cadre, de faire l'objet d'une enquête administrative dans les conditions du présent article.

L'enquête précise si le comportement de cette personne donne des raisons sérieuses de penser qu'elle est susceptible, à l'occasion de ses fonctions, de commettre un acte portant gravement atteinte à la sécurité ou à l'ordre publics.

L'enquête peut donner lieu à la consultation du bulletin n° 2 du casier judiciaire et de traitements automatisés de données à caractère personnel relevant de l'article *(Ord. n° 2018-1125 du 12 déc. 2018, art. 22 et 29, en vigueur le 1er juin 2019)* « 31 » de la loi n° 78-17 du 6 janvier 1978 relative à l'informatique, aux fichiers et aux libertés, à l'exception des fichiers d'identification.

(L. n° 2017-258 du 28 févr. 2017, art. 5) « Lorsque le résultat d'une enquête réalisée en application du deuxième alinéa du présent article fait apparaître, le cas échéant après l'exercice des voies de recours devant le juge administratif dans les conditions fixées au neuvième alinéa, que le comportement du salarié concerné est incompatible avec l'exercice des missions pour lesquelles il a été recruté ou affecté, l'employeur lui propose un emploi autre que ceux mentionnés au premier alinéa et correspondant à ses qualifications. En cas d'impossibilité de procéder à un tel reclassement ou en cas de refus du salarié, l'employeur engage à son encontre une procédure de licenciement. Cette incompatibilité constitue la cause réelle et sérieuse du licenciement, qui est prononcé dans les conditions prévues par les dispositions du code du travail relatives à la rupture du contrat de travail pour motif personnel.

« L'employeur peut décider, à titre conservatoire et pendant la durée strictement nécessaire à la mise en œuvre des suites données au résultat de l'enquête qui lui est communiqué par l'autorité administrative, de retirer le salarié de son emploi, avec maintien du salaire.

« Le salarié peut contester, devant le juge administratif, l'avis de l'autorité administrative dans un délai de quinze jours à compter de sa notification et, de même que l'autorité administrative, interjeter appel puis se pourvoir en cassation dans le même délai. Les juridictions saisies au fond statuent dans un délai de deux mois. La procédure de licenciement ne peut être engagée tant qu'il n'a pas été statué en dernier ressort sur ce litige.

« Le présent article est applicable aux salariés des employeurs de droit privé, ainsi qu'au personnel des personnes publiques employé dans les conditions du droit privé ou régi par un statut particulier, recrutés ou affectés sur les emplois mentionnés au premier alinéa. »

Un décret en Conseil d'État fixe la liste des fonctions concernées et détermine les modalités d'application du présent article.

COMMENTAIRE

Voir commentaire et jurisprudence sur le Code en ligne.

TITRE III COMPÉTENCES RESPECTIVES DE L'ÉTAT ET DES COLLECTIVITÉS TERRITORIALES EN MATIÈRE DE SÉCURITÉ PUBLIQUE

CHAPITRE II *PRÉVENTION DE LA DÉLINQUANCE*

SECTION 4 *Rôle des établissements publics de coopération intercommunale compétents en matière de prévention de la délinquance*

Art. L. 132-14 *(L. n° 2021-646 du 25 mai 2021, art. 42)* I. — Lorsqu'un établissement public de coopération intercommunale exerce la compétence relative aux dispositifs locaux de prévention de la délinquance, il peut décider, sous réserve de l'accord de la commune d'implantation, autorité publique compétente au sens de l'article L. 251-2, d'acquérir, d'installer et d'entretenir des dispositifs de vidéoprotection.

Il peut mettre à disposition des communes concernées du personnel pour visionner les images, dans les conditions prévues à l'article L. 512-2 s'agissant des agents de police municipale, et dans les conditions prévues à l'article L. 132-14-1 s'agissant des autres agents.

[...]

Art. L. 132-14-1 *(L. n° 2021-646 du 25 mai 2021, art. 42)* Sans préjudice de la compétence des agents de police municipale, les agents des communes et les agents des établissements publics de coopération intercommunale et des syndicats mixtes mentionnés aux I à III de l'article L. 132-14 peuvent être chargés du visionnage des images prises sur la voie publique au moyen d'un dispositif de vidéoprotection dont la mise en œuvre est prévue à l'article L. 251-2, dès lors que ce visionnage ne nécessite pas de leur part d'actes de police judiciaire.

Ils sont agréés par le représentant de l'État dans les départements concernés. L'agrément peut être retiré ou suspendu par le représentant de l'État après consultation du maire, du président de l'établissement public de coopération intercommunale ou du président du syndicat mixte. Toutefois, en cas d'urgence, l'agrément peut être suspendu sans qu'il soit procédé à cette consultation.

Pendant le visionnage des images prises sur le territoire d'une commune, ces agents sont placés sous l'autorité exclusive du maire de cette commune. Pendant le visionnage des images prises sur le domaine public départemental, les agents des syndicats mixtes mentionnés au III de l'article L. 132-14 sont placés sous l'autorité exclusive du président du conseil départemental.

.....

LIVRE II **ORDRE ET SÉCURITÉ PUBLICS**

TITRE I **ORDRE PUBLIC**

CHAPITRE I ***PRÉVENTION DES ATTEINTES À L'ORDRE PUBLIC LORS DE MANIFESTATIONS ET DE RASSEMBLEMENTS***

SECTION 4 ***Manifestations sportives, récréatives ou culturelles à but lucratif***

Art. L. 211-11 Les organisateurs de manifestations sportives, récréatives ou culturelles à but lucratif peuvent être tenus d'y assurer un service d'ordre lorsque leur objet ou leur importance le justifie.

Les personnes physiques ou morales pour le compte desquelles sont mis en place par les forces de police ou de gendarmerie des services d'ordre qui ne peuvent être rattachés aux obligations normales incombant à la puissance publique en matière de maintien de l'ordre sont tenues de rembourser à l'État les dépenses supplémentaires qu'il a supportées dans leur intérêt.

Un décret en Conseil d'État fixe les conditions d'application du présent article. — *[L. nº 95-73 du 21 janv. 1995, art. 23.]*

COMMENTAIRE

Voir commentaire et jurisprudence sur le Code en ligne.

Code du sport

Art. L. 332-1 Les organisateurs de manifestations sportives à but lucratif peuvent être tenus d'y assurer un service d'ordre dans les conditions prévues à l'article L. 211-11 du code de la sécurité intérieure.

(L. nº 2016-564 du 10 mai 2016, art. 1er) « Aux fins de contribuer à la sécurité des manifestations sportives, les organisateurs de ces manifestations peuvent refuser ou annuler la délivrance de titres d'accès à ces manifestations ou en refuser l'accès aux personnes qui ont contrevenu ou contreviennent aux dispositions des conditions générales de vente ou du règlement intérieur relatives à la sécurité de ces manifestations. *(L. nº 2022-296 du 2 mars 2022, art. 53)* « Ce refus de délivrance d'un titre d'accès ne peut pas être décidé plus de trois mois après la constatation des faits par les organisateurs de ces manifestations. »

« A cet effet, les organisateurs peuvent établir un traitement automatisé de données à caractère personnel relatives aux manquements énoncés à l'avant-dernier alinéa du présent article, dans des conditions fixées par décret en Conseil d'État pris après avis motivé et publié de la Commission nationale de l'informatique et des libertés. »

1. Conformité à la Constitution de l'obligation d'organiser un service d'ordre. Sur renvoi d'une QPC dont le Conseil d'État avait été préalablement saisi (• CE 31 mars 2017, nº 406664), le Conseil constitutionnel a eu l'occasion de se prononcer sur la conformité aux droits et libertés garantis par la Const. des dispositions de l'art. L. 332-1 C. sport, dans sa rédaction résultant de la L. nº 2016-564 du 10 mai 2016 renforçant le dialogue avec les supporters et la lutte contre le hooliganisme. Par sa décision QPC n° 2017-637 du 16 juin 2017 *(Assoc. nat. des supporters)*, les Sages de la rue de Montpensier ont validé l'intégralité du dispositif législatif se rapportant au service d'ordre dans les manifestations sportives. Au soutien de cette position, le Conseil constitutionnel a d'abord considéré « qu'en conférant aux organisateurs de manifestations sportives à but lucratif le pouvoir de refuser l'accès à ces manifestations, le législateur ne leur a pas délégué de telles compétences », de sorte que les dispositions de l'art. 12 DDH ne sont pas méconnues (interdiction de déléguer à des personnes privées des compétences de police administrative générale inhérentes à l'exercice de la « force publique » nécessaire à la garantie des droits). Le Conseil constitutionnel a ensuite jugé que « le fait d'interdire l'accès à l'enceinte d'une manifestation sportive à but lucratif dont l'entrée est subordonnée à la présentation d'un titre ne porte pas atteinte à la liberté d'aller et de venir ». Les Sages ont enfin considéré que « le fait, dans le but de garantir la sécurité des manifestations sportives à but lucratif, d'en refuser l'accès à une personne ayant manqué à ses obligations contractuelles relatives à la sécurité ne constitue pas une sanction ayant le caractère d'une punition, ni une mesure adoptée à l'issue d'une procédure juridictionnelle ». Partant, les griefs tirés de la méconnaissance du principe de légalité des délits et des peines, de la présomption d'innocence et des droits de la défense sont inopérants.

2. Conformité à la Constitution du traitement automatisé de données à caractère personnel. Dans sa décision préc. n° 2017-637 du 16 juin 2017 *(Assoc. nat. des supporters)*, les Sages de la rue de Montpensier ont également apporté leur fonction constitutionnelle au 3e al. de l'art. L. 332-1 C. sport permettant aux organisateurs de manifestations sportives à but lucratif d'établir un traitement automatisé de données à caractère personnel recensant les personnes qui ont contrevenu ou contreviennent aux dispositions des conditions générales de vente ou du règlement intérieur relatives à la sécurité de ces manifestations. « En autorisant l'établissement d'un tel fichier, le législateur a poursuivi un objectif d'intérêt général, en l'occurrence la sécurité des manifestations sportives à but lucratif ». Les dispositions de l'art. L. 332-1 C. sport ne dérogent pas aux garanties apportées par la L. n° 78-17 du 6 janv. 1978 relatives aux pouvoirs de la Commission nationale de l'informatique et des libertés. Plus généralement, le traitement de données prévu par l'art. L. 332-1 C. sport est mis en œuvre de manière adéquate et proportionnée à l'objectif d'intérêt général poursuivi.

SECTION 4 *BIS* ***Grands événements***

(L. n° 2016-731 du 3 juin 2016, art. 53)

Art. L. 211-11-1 **Les grands événements exposés, par leur ampleur ou leurs circonstances particulières, à un risque exceptionnel de menace terroriste sont désignés par décret. Ce décret désigne également les établissements et les installations qui accueillent ces grands événements ainsi que leur organisateur.**

L'accès de toute personne, à un autre titre que celui de spectateur ou de participant, à tout ou partie des établissements et installations désignés par le décret mentionné au premier alinéa est soumis à autorisation de l'organisateur pendant la durée de cet événement et de sa préparation. L'organisateur recueille au préalable l'avis de l'autorité administrative rendu à la suite d'une enquête administrative qui peut donner lieu à la consultation, selon les règles propres à chacun d'eux, de certains traitements automatisés de données à caractère personnel relevant de l'article *(Ord. n° 2018-1125 du 12 déc. 2018, art. 22 et 29, en vigueur le 1er juin 2019)* **« 31 » de la loi n° 78-17 du 6 janvier 1978 relative à l'informatique, aux fichiers et aux libertés, à l'exception des fichiers d'identification. Un avis défavorable ne peut être émis que s'il ressort de l'enquête administrative que le comportement ou les agissements de la personne sont de nature à porter atteinte à la sécurité des personnes, à la sécurité publique ou à la sûreté de l'État.**

Un décret en Conseil d'État pris après avis de la Commission nationale de l'informatique et des libertés fixe les modalités d'application du présent article, notamment la liste des fichiers mentionnés au deuxième alinéa pouvant faire l'objet d'une consultation, les catégories de personnes concernées et les garanties d'information ouvertes à ces personnes.

COMMENTAIRE

Voir commentaire et jurisprudence sur le Code en ligne.

CHAPITRE II *ACCÈS À DES TRAITEMENTS ADMINISTRATIFS AUTOMATISÉS ET À DES DONNÉES DÉTENUES PAR DES OPÉRATEURS PRIVÉS* *(L. n° 2013-1168 du 18 déc. 2013, art. 15, en vigueur le 30 juin 2014).*

Art. L. 222-1 *(L. n° 2013-1168 du 18 déc. 2013, art. 15-I-2°-a et II, en vigueur le 30 juin 2014)* **« I. — » Pour les besoins de la prévention et de la répression des atteintes** *(L. n° 2013-1168 du 18 déc. 2013, art. 15-I-2°-a et II, en vigueur le 30 juin 2014)* **« aux intérêts fondamentaux de la Nation » et des actes de terrorisme, les agents individuellement désignés et dûment habilités des services de police et de gendarmerie nationales spécialement chargés de ces missions peuvent, dans les conditions fixées par la loi n° 78-17 du 6 janvier 1978 relative à l'informatique, aux fichiers et aux libertés, avoir accès aux traitements automatisés suivants :**

1° Le fichier national des immatriculations ;

2° Le système national de gestion des permis de conduire ;

3° Le système de gestion des cartes nationales d'identité ;

4° Le système de gestion des passeports ;

5° Le système informatisé de gestion des dossiers des ressortissants étrangers en France ;

6° Les données à caractère personnel, mentionnées *(Décr. n° 2020-1733 du 16 déc. 2020, art. 13, en vigueur le 1er mai 2021)* **« aux 2° à 4° de l'article L. 142-1 et à l'article L. 142-2 » du code de l'entrée et du séjour des étrangers et du droit d'asile, relatives aux ressortissants étrangers qui, ayant été contrôlés à l'occasion du franchissement de la frontière, ne remplissent pas les conditions d'entrée requises ;**

7° Les données à caractère personnel mentionnées *(Décr. n° 2020-1733 du 16 déc. 2020, art. 13)* **« au 1° de l'article L. 142-1 » du même code.**

(L. n° 2013-1168 du 18 déc. 2013, art. 15-I-2°-b et II, en vigueur le 30 juin 2014) **« II. — Pour les seuls besoins de la prévention des atteintes et des actes mentionnés au premier alinéa du I, les agents individuellement désignés et dûment habilités des services spécialisés de renseignement mentionnés** *(L. n° 2015-912 du 24 juill. 2015, art. 21-II-1°, en vigueur le 3 oct. 2015)* **« à l'article L. 811-2 du présent code » sont également » autorisés, dans les conditions fixées par la loi n° 78-17 du 6 janvier 1978 précitée, à accéder aux traitements automatisés mentionnés ci-dessus.**

(L. n° 2013-1168 du 18 déc. 2013, art. 15-I-2°-c et II, en vigueur le 30 juin 2014) **« Un décret en Conseil d'État détermine les services spécialisés de renseignement mentionnés au premier alinéa du présent II et les modalités de leur accès aux traitements automatisés mentionnés au présent article. »** — *V. art. R. 222-1.*

(Abrogé par L. n° 2014-1353 du 13 nov. 2014, art. 25-I) ***« Les dispositions du présent article sont applicables jusqu'au 31 décembre*** *(L. n° 2012-1432 du 21 déc. 2012, art. 1er)* ***« 2015 ». »*** — *[L. n° 2006-64 du 23 janv. 2006, art. 9 et 32.]*

COMMENTAIRE

Voir commentaire sur le Code en ligne.

CHAPITRE III *MISE EN ŒUVRE DE SYSTÈMES DE VIDÉOPROTECTION*

Art. L. 223-1 **La transmission et l'enregistrement d'images prises sur la voie publique par le moyen de la vidéoprotection peuvent être mis en œuvre par les autorités publiques compétentes aux fins de prévention d'actes de terrorisme ainsi que, pour la protection des abords immédiats de leurs bâtiments et installations, par les autres personnes morales, dans les lieux susceptibles d'être exposés à des actes de terrorisme.**

Il peut être également procédé à ces opérations dans des lieux et établissements ouverts au public aux fins d'y assurer la sécurité des personnes et des biens lorsque ces lieux et établissements sont susceptibles d'être exposés à des actes de terrorisme.

La vidéoprotection de la voie publique ou de lieux ou établissements ouverts au public est mise en œuvre dans les conditions prévues au chapitre II du titre V du présent livre. — *[L. n° 95-73 du 21 janv. 1995, art. 10-II, al. 1er à 12 ecqc les actes de terrorisme.]*

COMMENTAIRE
Voir commentaire et jurisprudence sur le Code en ligne.

Art. L. 223-2 Aux fins de prévention d'actes de terrorisme, le représentant de l'État dans le département et, à Paris, le préfet de police peuvent prescrire la mise en œuvre, dans un délai qu'ils fixent, de systèmes de vidéoprotection, aux personnes suivantes :

1° Les exploitants des établissements, installations ou ouvrages mentionnés aux articles L. 1332-1 et L. 1332-2 du code de la défense;

2° Les gestionnaires d'infrastructures, les autorités et personnes exploitant des transports collectifs, relevant de l'activité de transports terrestres régie par l'article L. 1000-1 du code des transports;

3° Les exploitants d'aéroports qui, n'étant pas mentionnés aux deux alinéas précédents, sont ouverts au trafic international. – *[L. nº 95-73 du 21 janv. 1995, art. 10-1, I.]*

COMMENTAIRE
Voir commentaire sur le Code en ligne.

Art. L. 223-3 Sauf en matière de défense nationale, la décision mentionnée à l'article L. 223-2 doit être précédée d'une consultation de la commission départementale de vidéoprotection si elle porte sur une installation de vidéoprotection filmant la voie publique ou des lieux et établissements ouverts au public.

Les systèmes de vidéoprotection installés en application de l'article L. 223-2 sont soumis aux dispositions des articles L. 251-3, L. 252-1 (deuxième alinéa), L. 252-2, L. 252-4, L. 252-5, L. 253-3, L. 253-4, L. 253-5, L. 254-1, L. 255-1. – *[L. nº 95-73 du 21 janv. 1995, art. 10-1, II.]*

COMMENTAIRE
Voir commentaire sur le Code en ligne.

Art. L. 223-4 Lorsque l'urgence et l'exposition particulière à un risque d'actes de terrorisme le requièrent, le représentant de l'État dans le département et, à Paris, le préfet de police peuvent délivrer aux personnes mentionnées à l'article L. 223-1, sans avis préalable de la commission départementale de vidéoprotection, une autorisation provisoire d'installation d'un système de vidéoprotection, exploité dans les conditions prévues au titre V du présent livre, pour une durée maximale de quatre mois. Le président de la commission est immédiatement informé de cette décision. Il peut alors la réunir sans délai afin qu'elle donne un avis sur la mise en œuvre de la procédure d'autorisation provisoire.

Le représentant de l'État dans le département et, à Paris, le préfet de police recueillent l'avis de la commission départementale de vidéoprotection sur la mise en œuvre du système de vidéoprotection conformément à la procédure prévue à l'article L. 252-1 et se prononcent sur son maintien. La commission doit rendre son avis avant l'expiration du délai de validité de l'autorisation provisoire. – *[L. nº 95-73 du 21 janv. 1995, art. 10-III bis ecqc les actes de terrorisme.]*

Art. L. 223-5 Lorsque l'urgence et l'exposition particulière à un risque d'actes de terrorisme le requièrent, le représentant de l'État dans le département et, à Paris, le préfet de police peuvent prescrire, sans avis préalable de la commission départementale de vidéoprotection, la mise en œuvre d'un système de vidéoprotection exploité dans les conditions prévues par l'article L. 223-3. Quand cette décision porte sur une installation de vidéoprotection filmant la voie publique ou des lieux ou établissements ouverts au public, le président de la commission est immédiatement informé de cette décision. Il peut alors la réunir sans délai afin qu'elle donne un avis sur la mise en œuvre de la procédure de décision provisoire.

Avant l'expiration d'un délai maximal de quatre mois, le représentant de l'État dans le département et, à Paris, le préfet de police recueillent l'avis de la commission départementale de vidéoprotection sur la mise en œuvre du système de vidéoprotection conformément à la procédure prévue à l'article L. 252-1 et se prononcent sur son maintien. – *[L. n° 95-73 du 21 janv. 1995, art. 10-1, III ecqc les actes de terrorisme.]*

Art. L. 223-6 Si les personnes mentionnées à l'article L. 223-2 refusent de mettre en œuvre le système de vidéoprotection prescrit, le représentant de l'État dans le département et, à Paris, le préfet de police les mettent en demeure de procéder à cette installation dans le délai qu'ils fixent en tenant compte des contraintes particulières liées à l'exploitation des établissements, installations et ouvrages et, le cas échéant, de l'urgence. – *[L. n° 95-73 du 21 janv. 1995, art. 10-1, IV.]*

Art. L. 223-7 Est puni d'une amende de 150 000 euros le fait, pour les personnes mentionnées à l'article L. 223-2, de ne pas avoir pris les mesures d'installation du système de vidéoprotection prescrit à l'expiration du délai défini par la mise en demeure mentionnée à l'article L. 223-6. – *[L. n° 95-73 du 21 janv. 1995, art. 10-1, V.]*

Art. L. 223-8 Aux fins de prévention d'actes de terrorisme, de protection des abords des établissements, installations ou ouvrages mentionnés aux articles L. 1332-1 et L. 1332-2 du code de la défense ou de protection des intérêts fondamentaux de la Nation, le représentant de l'État dans le département ou, à Paris, le préfet de police, peut demander à une commune la mise en œuvre de systèmes de vidéoprotection. Le conseil municipal doit en délibérer dans un délai de trois mois.

Les conditions de financement du fonctionnement et de la maintenance du système de vidéoprotection font l'objet d'une convention conclue entre la commune de son lieu d'implantation et le représentant de l'État dans le département ou, à Paris, le préfet de police.

Les articles L. 223-3 et L. 223-5 sont applicables. – *[L. n° 95-73 du 21 janv. 1995, art. 10-1, VI.]*

COMMENTAIRE

Voir commentaire sur le Code en ligne.

Art. L. 223-9 L'article L. 223-8 est applicable aux établissements publics de coopération intercommunale qui ont décidé de faire application de l'article L. 132-14. – *[L. n° 95-73 du 21 janv. 1995, art. 10-1, VII.]*

TITRE III TRAITEMENTS AUTOMATISÉS DE DONNÉES PERSONNELLES ET ENQUÊTES ADMINISTRATIVES

CHAPITRE I *SYSTÈME D'INFORMATION SCHENGEN*

Le présent chapitre ne comprend pas de dispositions législatives.

CHAPITRE II *TRAITEMENTS AUTOMATISÉS DE DONNÉES RECUEILLIES À L'OCCASION DE DÉPLACEMENTS INTERNATIONAUX*

RÉP. PÉN. v° *Fichiers de police*, par GAUTRON.

Art. L. 232-1 Afin d'améliorer le contrôle aux frontières et de lutter contre l'immigration clandestine, le ministre de l'Intérieur est autorisé à procéder à la mise en œuvre de traitements automatisés de données à caractère personnel, recueillies à l'occasion de déplacements internationaux en provenance ou à destination d'États n'appartenant pas à l'Union européenne, à l'exclusion des données relevant du I de l'article *(Ord. n° 2018-1125 du 12 déc. 2018, art. 22 et 29, en vigueur le 1er juin 2019)* « 6 » de la loi n° 78-17 du 6 janvier 1978 relative à l'informatique, aux fichiers et aux libertés :

1° Figurant sur les cartes de débarquement et d'embarquement des passagers de transporteurs aériens ;

2° Collectées à partir de la bande de lecture optique des documents de voyage, de la carte nationale d'identité et des visas des passagers de transporteurs aériens, maritimes ou ferroviaires ;

3° Relatives aux passagers et enregistrées dans les systèmes *(Abrogé par L. n° 2017-1510 du 30 oct. 2017, art. 13-1°)* « *de réservation et* » de contrôle des départs lorsqu'elles sont détenues par les transporteurs aériens, maritimes ou ferroviaires.

Les traitements mentionnés au premier alinéa sont soumis aux dispositions de la loi n° 78-17 du 6 janvier 1978 précitée. – *[L. n° 2006-64 du 23 janv. 2006, art. 7-I.]*

COMMENTAIRE

Voir commentaire sur le Code en ligne.

Art. L. 232-2 Les traitements mentionnés à l'article L. 232-1 peuvent également être mis en œuvre dans les mêmes conditions aux fins de prévenir et de réprimer des actes de terrorisme *(L. n° 2013-1168 du 18 déc. 2013, art. 16-1°)* « ainsi que des atteintes aux intérêts fondamentaux de la Nation ». L'accès à ceux-ci est alors limité aux agents individuellement désignés et dûment habilités :

1° Des services de police et de gendarmerie nationales spécialement chargés de ces missions ;

2° Des services de police et de gendarmerie nationales ainsi que des douanes, chargés de la sûreté des transports internationaux ;

3° Des services de renseignement du ministère de la défense aux seules fins de la prévention des actes *(L. n° 2013-1168 du 18 déc. 2013, art. 16-2°)* « et atteintes mentionnés au premier alinéa. » – *[L. n° 2006-64 du 23 janv. 2006, art. 7-II.]*

COMMENTAIRE

Voir commentaire sur le Code en ligne.

Art. L. 232-3 Les traitements mentionnés aux articles L. 232-1 et L. 232-2 peuvent faire l'objet d'une interconnexion avec le fichier des personnes recherchées et le système d'information Schengen. – *[L. n° 2006-64 du 23 janv. 2006, art. 7-III.]*

COMMENTAIRE

Voir commentaire sur le Code en ligne.

Art. L. 232-4 Pour la mise en œuvre des traitements mentionnés aux articles L. 232-1 et L. 232-2, les transporteurs aériens sont tenus de recueillir et de transmettre aux services du ministère de l'Intérieur les données énumérées au 2 de l'article 3 de la directive 2004/82/CE du Conseil du 29 avril 2004, concernant l'obligation pour les transporteurs de communiquer les données relatives aux passagers, et mentionnées au 3° de l'article L. 232-1.

Ils sont également tenus de communiquer aux services mentionnés à l'alinéa précédent les données du 3° de l'article L. 232-1 autres que celles mentionnées au même alinéa lorsqu'ils les détiennent.

Les obligations définies aux deux alinéas précédents sont applicables aux transporteurs *(L. n° 2016-816 du 20 juin 2016, art. 64-1°)* « *maritimes et* » ferroviaires.

(L. n° 2016-816 du 20 juin 2016, art. 64-1°) « Pour la mise en œuvre des traitements mentionnés aux articles L. 232-1 et L. 232-2, les transporteurs maritimes sont tenus de recueillir et de transmettre aux services du ministère de l'Intérieur les données relatives aux passagers mentionnées au paragraphe 3.1.2 de l'annexe VI au *(L. n° 2017-1510 du 30 oct. 2017, art. 14-3°)* « règlement (UE) 2016/399 du Parlement européen et du Conseil du 9 mars 2016 concernant un code de l'Union relatif au régime de franchissement des frontières par les personnes (code frontières Schengen) ».

« Ils sont également tenus de communiquer aux services mentionnés au quatrième alinéa du présent article les données mentionnées au 3° de l'article L. 232-1 autres que celles mentionnées au même quatrième alinéa lorsqu'ils les détiennent. »

Un décret en Conseil d'État, pris après avis de la Commission nationale de l'informatique et des libertés, fixe les modalités de transmission des données mentionnées au 3° de l'article L. 232-1. – *[L. n° 2006-64 du 23 janv. 2006, art. 7-IV.]*

COMMENTAIRE

Voir commentaire sur le Code en ligne.

Art. L. 232-5 Est puni d'une amende d'un montant maximum de 50 000 euros pour chaque voyage le fait pour une entreprise de transport aérien, maritime ou ferroviaire de méconnaître les obligations fixées à l'article L. 232-4.

Le manquement est constaté par un procès-verbal établi par un fonctionnaire appartenant à l'un des corps dont la liste est définie par décret en Conseil d'État. Copie du procès-verbal est remise à l'entreprise de transport intéressée. Le manquement ainsi relevé donne lieu à une amende prononcée par l'autorité administrative compétente. L'amende est prononcée pour chaque voyage ayant donné lieu au manquement. Son montant est versé au Trésor public par l'entreprise de transport.

L'entreprise de transport a accès au dossier. Elle est mise à même de présenter ses observations écrites dans un délai d'un mois sur le projet de sanction. La décision de l'autorité administrative est susceptible d'un recours de pleine juridiction.

L'autorité administrative ne peut infliger d'amende à raison de faits remontant à plus d'un an. — *[L. nº 2006-64 du 23 janv. 2006, art. 7-V.]*

Art. L. 232-6 Les transporteurs aériens, maritimes et ferroviaires ont obligation d'informer les personnes concernées par le traitement mis en œuvre au titre du 3° de l'article L. 232-1 conformément aux dispositions de la loi nº 78-17 du 6 janvier 1978 relative à l'informatique, aux fichiers et aux libertés. — *[L. nº 2006-64 du 23 janv. 2006, art. 7-VI.]*

COMMENTAIRE

Voir commentaire sur le Code en ligne.

Art. L. 232-7 *(L. nº 2013-1168 du 18 déc. 2013, art. 17, applicable jusqu'au 31 déc. 2017)* I. — *(L. nº 2017-1510 du 30 oct. 2017, art. 13-2º)* « Pour les besoins de la prévention et de la constatation de certaines infractions, du rassemblement des preuves de ces infractions ainsi que de la recherche de leurs auteurs, le ministre de l'Intérieur, le ministre de la défense, le ministre chargé des transports et le ministre chargé des douanes sont autorisés à mettre en œuvre un traitement automatisé de données à caractère personnel.

« Les infractions mentionnées au premier alinéa du présent I sont les actes de terrorisme, les atteintes aux intérêts fondamentaux de la nation ainsi que les infractions mentionnées à l'annexe II de la directive (UE) 2016/681 du Parlement européen et du Conseil du 27 avril 2016 relative à l'utilisation des données des dossiers passagers (PNR) pour la prévention et la détection des infractions terroristes et des formes graves de criminalité, ainsi que pour les enquêtes et les poursuites en la matière, lorsqu'elles sont punies d'une peine privative de liberté d'une durée égale ou supérieure à trois ans d'emprisonnement ou d'une mesure de sûreté privative de liberté d'une durée égale ou supérieure à trois ans. »

Sont exclues de ce traitement automatisé de données les données à caractère personnel susceptibles de révéler l'origine raciale ou ethnique d'une personne, ses convictions religieuses ou philosophiques, ses opinions politiques, son appartenance à un syndicat, ou les données qui concernent la santé ou la vie sexuelle de l'intéressé.

II. — Pour la mise en œuvre du traitement mentionné au I, les transporteurs aériens *(Abrogé par L. nº 2017-1510 du 30 oct. 2017, art. 14-2º) (L. nº 2016-816 du 20 juin 2016, art. 63-1º)* ***« et maritimes »*** recueillent et transmettent les données d'enregistrement relatives aux passagers des *(L. nº 2016-816 du 20 juin 2016, art. 63-1º-a)* « déplacements » à destination et en provenance du territoire national, à l'exception des *(L. nº 2016-816 du 20 juin 2016, art. 63-1º)* « déplacements » reliant deux points de la France métropolitaine. Les données concernées sont celles mentionnées au premier alinéa de l'article L. 232-4 du présent code *(Abrogé par L. nº 2017-1510 du 30 oct. 2017, art. 14-2º) (L. nº 2016-816 du 20 juin 2016, art. 64-2º)* ***« pour les transporteurs aériens et celles mentionnées au quatrième alinéa du même article L. 232-4 pour les transporteurs maritimes ».***

Les transporteurs aériens *(Abrogé par L. nº 2017-1510 du 30 oct. 2017, art. 14-2º) (L. nº 2016-816 du 20 juin 2016, art. 63-1º)* **« *et maritimes* » sont également tenus de communiquer les données relatives aux passagers enregistrées dans leurs systèmes de réservation.**

(L. nº 2015-917 du 28 juill. 2015, art. 28-1º) **« En outre, les ministres mentionnés au I du présent article peuvent demander aux** *(L. nº 2017-1510 du 30 oct. 2017, art. 13-2º)* **« agences de voyage et** *[aux]* **opérateurs de voyage » ou de séjour affrétant tout ou partie d'un aéronef** *(Abrogé par L. nº 2017-1510 du 30 oct. 2017, art. 14-2º) (L. nº 2016-816 du 20 juin 2016, art. 63-1º)* **« *ou d'un navire* » de transmettre les données relatives aux passagers enregistrées dans leurs systèmes de réservation. »**

III. — Les transporteurs aériens *(L. nº 2016-816 du 20 juin 2016, art. 63-2º ; L. nº 2015-917 du 28 juill. 2015, art. 28-2º)* **« et** *(Abrogé par L. nº 2017-1510 du 30 oct. 2017, art. 14-2º)* **« *maritimes et, le cas échéant,* » les** *(L. nº 2017-1510 du 30 oct. 2017, art. 13-2º)* **« agences de voyage et opérateurs de voyage » ou de séjour affrétant tout ou partie d'un aéronef »** *(Abrogé par L. nº 2017-1510 du 30 oct. 2017, art. 14-2º) (L. nº 2016-816 du 20 juin 2016, art. 63-2º)* **« *ou d'un navire* » mentionnés au II informent les personnes concernées par le traitement mentionné au I.**

IV. — Les données mentionnées au II ne peuvent être conservées que pour une durée maximale de cinq ans.

V. — En cas de méconnaissance des obligations fixées au présent article par une entreprise de transport aérien *(Abrogé par L. nº 2017-1510 du 30 oct. 2017, art. 14-2º) (L. nº 2016-816 du 20 juin 2016, art. 63-3º)* **« *ou maritime* »** *(L. nº 2015-917 du 28 juill. 2015, art. 28-3º)* **« ou par** *(L. nº 2017-1510 du 30 oct. 2017, art. 13-2º)* **« une agence de voyage ou un opérateur de voyage » ou de séjour affrétant tout ou partie d'un aéronef »** *(Abrogé par L. nº 2017-1510 du 30 oct. 2017, art. 14-2º) (L. nº 2016-816 du 20 juin 2016, art. 63-3º)* **« *ou d'un navire* », l'amende et la procédure prévues à l'article L. 232-5 sont applicables.**

VI. — Les modalités d'application du présent article sont fixées par décret en Conseil d'État, pris après avis de la Commission nationale de l'informatique et des libertés. Ce décret détermine les services autorisés à interroger l'unité de gestion chargée de la collecte des données auprès des transporteurs aériens *(Abrogé par L. nº 2017-1510 du 30 oct. 2017, art. 14-2º) (L. nº 2016-816 du 20 juin 2016, art. 63-4º)* **« *ou maritimes* »** *(L. nº 2015-917 du 28 juill. 2015, art. 28-4º)* **« et des** *(L. nº 2017-1510 du 30 oct. 2017, art. 13-2º)* **« agences de voyage et opérateurs de voyage » ou de séjour affrétant tout ou partie d'un aéronef »** *(Abrogé par L. nº 2017-1510 du 30 oct. 2017, art. 14-2º) (L. nº 2016-816 du 20 juin 2016, art. 63-4º)* **« *ou d'un navire* », de leur conservation et de leur analyse, en précisant si cette autorisation est délivrée à des fins de prévention ou à des fins de répression.** — *V. art. R. 232-1-1, R. 232-5-1 et R. 232-12 s.*

COMMENTAIRE

Voir commentaire sur le Code en ligne.

Directive (UE) 2016/681 du Parlement européen et du Conseil du 27 avril 2016,

Relative à l'utilisation des données des dossiers passagers (PNR) pour la prévention et la détection des infractions terroristes et des formes graves de criminalité, ainsi que pour les enquêtes et les poursuites en la matière.

ANNEXE II

LISTE DES INFRACTIONS VISÉES À L'ARTICLE 3, POINT 9)

1. Participation à une organisation criminelle
2. Traite des êtres humains
3. Exploitation sexuelle des enfants et pédopornographie
4. Trafic de stupéfiants et de substances psychotropes
5. Trafic d'armes, de munitions et d'explosifs

6. Corruption
7. Fraude, y compris la fraude portant atteinte aux intérêts financiers de l'Union
8. Blanchiment du produit du crime et faux monnayage, y compris la contrefaçon de l'euro
9. Cybercriminalité
10. Infractions graves contre l'environnement, y compris le trafic d'espèces animales menacées et le trafic d'espèces et d'essences végétales menacées
11. Aide à l'entrée et au séjour irréguliers
12. Meurtre, coups et blessures graves
13. Trafic d'organes et de tissus humains
14. Enlèvement, séquestration et prise d'otage
15. Vol organisé ou vol à main armée
16. Trafic de biens culturels, y compris d'antiquités et d'œuvres d'art
17. Contrefaçon et piratage de produits
18. Falsification de documents administratifs et trafic de faux
19. Trafic de substances hormonales et d'autres facteurs de croissance
20. Trafic de matières nucléaires et radioactives
21. Viol
22. Infractions graves relevant de la Cour pénale internationale
23. Détournement d'avion/de navire
24. Sabotage
25. Trafic de véhicules volés
26. Espionnage industriel.

Art. L. 232-7-1 *(L. nº 2017-1510 du 30 oct. 2017, art. 14-1º)* I. — Pour les besoins de la prévention et de la constatation de certaines infractions, du rassemblement des preuves de ces infractions ainsi que de la recherche de leurs auteurs, le ministre de l'Intérieur, le ministre de la défense, le ministre chargé des transports et le ministre chargé des douanes sont autorisés à mettre en œuvre un traitement automatisé de données à caractère personnel.

Les infractions mentionnées au premier alinéa du présent I sont les actes de terrorisme, les atteintes aux intérêts fondamentaux de la nation ainsi que les infractions mentionnées à l'article 694-32 du code de procédure pénale, punies d'une peine privative de liberté d'une durée égale ou supérieure à trois ans d'emprisonnement ou d'une mesure de sûreté privative de liberté d'une durée égale ou supérieure à trois ans, à l'exclusion de celles mentionnées aux 17°, 20°, 21°, 24° et 29° du même article 694-32.

Sont exclues de ce traitement automatisé de données les données à caractère personnel susceptibles de révéler l'origine raciale ou ethnique d'une personne, ses convictions religieuses ou philosophiques, ses opinions politiques, son appartenance à un syndicat, ou les données qui concernent la santé ou la vie sexuelle de l'intéressé.

II. — Pour la mise en œuvre du traitement mentionné au I du présent article, les exploitants de navire recueillent et transmettent les données d'enregistrement relatives aux passagers à destination et en provenance du territoire national voyageant à bord d'un navire à passagers faisant l'objet d'une certification :

1° Soit au sens du code international pour la sûreté des navires et des installations portuaires adopté à Londres le 12 décembre 2002 en application de la convention internationale de 1974 pour la sauvegarde de la vie humaine en mer, faite à Londres le 1er novembre 1974, modifiée ;

2° Soit en application du 2 de l'article 3 du règlement (CE) nº 725/2004 du Parlement européen et du Conseil du 31 mars 2004 relatif à l'amélioration de la sûreté des navires et des installations portuaires ;

3° Soit en application du 3 de l'article 3 du règlement (CE) nº 725/2004 du 31 mars 2004 précité après décision du ministre chargé de la mer.

Les données concernées sont celles mentionnées au quatrième alinéa de l'article L. 232-4 du présent code.

Les exploitants de navire sont également tenus de communiquer les données relatives aux passagers enregistrés dans leurs systèmes de réservation, ainsi que celles relatives à l'embarquement de ces mêmes passagers.

En outre, les ministres mentionnés au I du présent article peuvent demander aux agences de voyage et *[aux]* opérateurs de voyage ou de séjour affrétant tout ou partie d'un navire de transmettre les données relatives aux passagers enregistrées dans leurs systèmes de réservation.

III. — Les exploitants de navire, les agences de voyage et les opérateurs de voyage ou de séjour affrétant tout ou partie d'un navire mentionnés au II informent les personnes concernées par le traitement mentionné au I.

IV. — Les données mentionnées au II ne peuvent être conservées que pour une durée maximale de cinq ans.

V. — En cas de méconnaissance des obligations fixées au présent article par une entreprise de transport maritime ou par une agence de voyage ou un opérateur de voyage ou de séjour affrétant tout ou partie d'un navire, l'amende et la procédure prévues à l'article L. 232-5 sont applicables.

VI. — Les modalités d'application du présent article sont fixées par décret en Conseil d'État, pris après avis de la Commission nationale de l'informatique et des libertés. Ce décret détermine les services autorisés à interroger le traitement de données à caractère personnel mentionné au I, précise si cette autorisation est délivrée à des fins de prévention ou à des fins de répression et fixe les modalités de conservation et d'analyse des données mentionnées au II. Ces données ne peuvent être consultées de manière directe par les services susmentionnés.

COMMENTAIRE

Voir commentaire sur le Code en ligne.

Code de procédure pénale

Art. 694-32 *(Ord. nº 2016-1636 du 1er déc. 2016, art. 1er et 5, en vigueur le 22 mai 2017)* Les catégories d'infractions pour lesquelles une décision d'enquête ne peut être refusée en application du 8º de l'article 694-31 sont les suivantes :

1º Participation à une organisation criminelle ;

2º Terrorisme ;

3º Traite des êtres humains ;

4º Exploitation sexuelle des enfants et pédopornographie ;

5º Trafic de stupéfiants et de substances psychotropes ;

6º Trafic d'armes, de munitions et d'explosifs ;

7º Corruption ;

8º Fraude, y compris la fraude portant atteinte aux intérêts financiers des Communautés européennes au sens de la convention du 26 juillet 1995 relative à la protection des intérêts financiers des Communautés européennes ;

9º Blanchiment des produits du crime ;

10º Faux-monnayage et contrefaçon de monnaie, y compris de l'euro ;

11º Cybercriminalité ;

12º Crimes et délits contre l'environnement, y compris le trafic d'espèces animales menacées et le trafic d'espèces et d'essences végétales menacées ;

13º Aide à l'entrée et au séjour irréguliers ;

14º Homicide volontaire, coups et blessures graves ;

15º Trafic d'organes et de tissus humains ;

16º Enlèvement, séquestration et prise d'otage ;

17º Racisme et xénophobie ;

18º Vol organisé ou vol à main armée ;

19º Trafic illicite de biens culturels, y compris d'antiquités et d'œuvres d'art ;

20º Escroquerie ;

21º Extorsion ;

22º Contrefaçon et piratage de produits ;

23º Falsification de documents administratifs et trafic de faux ;

24º Falsification de moyens de paiement ;

25º Trafic illicite de substances hormonales et d'autres facteurs de croissance ;

26º Trafic illicite de matières nucléaires et radioactives ;

27º Trafic de véhicules volés ;

28° Viol;
29° Incendie volontaire;
30° Crimes et délits relevant de la Cour pénale internationale;
31° Détournement illicite d'aéronefs ou de navires;
32° Sabotage.

Art. L. 232-8 *(L. nº 2014-1353 du 13 nov. 2014, art. 1er-2º)* **Lorsque l'autorité administrative constate que les données transmises en application du présent chapitre permettent d'identifier une personne faisant l'objet d'une interdiction de sortie du territoire mentionnée à l'article L. 224-1, elle notifie à l'entreprise de transport concernée, par un moyen tenant compte de l'urgence, une décision d'interdiction de transport de cette personne.**

En cas de méconnaissance de l'interdiction de transport par une entreprise de transport, l'amende prévue à l'article L. 232-5 est applicable, dans les conditions prévues au même article.

Les conditions d'application du présent article sont précisées par décret en Conseil d'État.

COMMENTAIRE

Voir commentaire sur le Code en ligne.

CHAPITRE IV *CONSULTATION DES TRAITEMENTS AUTOMATISÉS DE DONNÉES PERSONNELLES AUX FINS D'ENQUÊTES ADMINISTRATIVES*

COMMENTAIRE

V. commentaire et jurisprudence sur le Code en ligne.

Art. L. 234-1 **Un décret en Conseil d'État fixe la liste des enquêtes administratives mentionnées à l'article L. 114-1 qui donnent lieu à la consultation des traitements automatisés de** *(Ord. nº 2018-1125 du 12 déc. 2018, art. 22 et 29, en vigueur le 1er juin 2019)* **« données à caractère personnel » mentionnés à l'article 230-6 du code de procédure pénale, y compris pour les données portant sur des procédures judiciaires en cours, dans la stricte mesure exigée par la protection de la sécurité des personnes et la défense des intérêts fondamentaux de la Nation. Il détermine les conditions dans lesquelles les personnes intéressées sont informées de cette consultation. —** *[L. nº 95-73 du 21 janv. 1995, art. 17-1, al. 2.]*

COMMENTAIRE

Voir commentaire et jurisprudence sur le Code en ligne.

Code de procédure pénale

Art. 230-6 *(L. nº 2011-267 du 14 mars 2011, art. 11-I)* Afin de faciliter la constatation des infractions à la loi pénale, le rassemblement des preuves de ces infractions et la recherche de leurs auteurs, les services de la police nationale et de la gendarmerie nationale peuvent mettre en œuvre des traitements automatisés de données à caractère personnel recueillies :

1° Au cours des enquêtes préliminaires ou de flagrance ou des investigations exécutées sur commission rogatoire et concernant tout crime ou délit ainsi que les contraventions de la cinquième classe sanctionnant :

a) Un trouble à la sécurité ou à la tranquillité publiques;

b) Une atteinte aux personnes, aux biens ou à l'autorité de l'État;

2° Au cours des procédures de recherche des causes de la mort mentionnées à l'article 74 ou de recherche des causes d'une disparition mentionnées à l'article 74-1.

Ces traitements ont également pour objet l'exploitation des informations recueillies à des fins de recherches statistiques.

Art. L. 234-2 La consultation prévue à l'article L. 234-1 est faite par des agents *(L. n° 2013-1168 du 18 déc. 2013, art. 18)* « individuellement désignés et spécialement habilités :

« 1° De la police et de la gendarmerie nationales ;

« 2° Dans des conditions fixées par le décret en Conseil d'État mentionné à l'article L. 234-1, des services spécialisés de renseignement mentionnés *(L. n° 2015-912 du 24 juill. 2015, art. 21-II-2°, en vigueur le 3 oct. 2015)* « à l'article L. 811-2 ». — *V. art. R. 114-6 et R. 234-2.*

« Dans des conditions déterminées par décret en Conseil d'État, elle peut également être effectuée par des personnels investis de missions de police administrative désignés selon les mêmes procédures. » — *[L. n° 95-73 du 21 janv. 1995, art. 17-1, al. 4.]*

COMMENTAIRE

Voir commentaire et jurisprudence sur le Code en ligne.

Art. L. 234-3 La consultation des traitements automatisés de *(Ord. n° 2018-1125 du 12 déc. 2018, art. 22 et 29, en vigueur le 1er juin 2019)* « données à caractère personnel » mentionnés à l'article 230-6 du code de procédure pénale peut également être effectuée, y compris pour des données portant sur des procédures judiciaires en cours, pour l'exercice de missions ou d'interventions lorsque la nature de celles-ci ou les circonstances particulières dans lesquelles elles doivent se dérouler comportent des risques d'atteinte à l'ordre public ou à la sécurité des personnes et des biens, ainsi qu'au titre des mesures de protection ou de défense prises dans les secteurs de sécurité des installations prioritaires de défense mentionnés à l'article L. 1321-2 du code de la défense. Cette consultation est effectuée par des agents *(L. n° 2013-1168 du 18 déc. 2013, art. 19)* « individuellement désignés et spécialement habilités » de la police et de la gendarmerie nationales *(L. n° 2013-1168 du 18 déc. 2013, art. 19)* « ainsi que, dans la limite de leurs attributions et dans des conditions fixées par décret en Conseil d'État, des services de renseignement désignés par le ministre de la défense, aux fins de protection de la sécurité de leurs personnels ». — *[L. n° 95-73 du 21 janv. 1995, art. 17-1, al. 5.]*

COMMENTAIRE

Voir commentaire sur le Code en ligne.

Art. L. 234-4 *(L. n° 2015-912 du 24 juill. 2015, art. 20)* Dans la stricte limite de leurs attributions et pour les seuls besoins liés à la protection des intérêts mentionnés aux 1°, 4° et 5° de l'article L. 811-3 du présent code, peuvent avoir accès aux traitements automatisés de données à caractère personnel mentionnés à l'article 230-6 du code de procédure pénale, y compris pour les données portant sur des procédures judiciaires en cours et à l'exclusion de celles relatives aux personnes enregistrées en qualité de victimes, les agents individuellement désignés et habilités des services mentionnés à l'article L. 811-2 et ceux désignés par le décret en Conseil d'État mentionné à l'article L. 811-4.

Un décret en Conseil d'État détermine les services concernés ainsi que les modalités et les finalités de l'accès aux traitements automatisés mentionnés au présent article.

COMMENTAIRE

Voir commentaire sur le Code en ligne.

CHAPITRE V *COOPÉRATION INTERNATIONALE EN MATIÈRE D'ACCÈS AUX TRAITEMENTS AUTOMATISÉS DE DONNÉES PERSONNELLES*

Art. L. 235-1 Les données contenues dans les traitements automatisés de données à caractère personnel gérés par les services de police et de gendarmerie nationales peuvent être transmises, dans le cadre des engagements internationaux régulièrement introduits dans l'ordre juridique interne, à des organismes de coopération internationale en matière de police judiciaire ou à des services de police étrangers, qui représentent un niveau de protection suffisant de la vie privée, des libertés et des droits fondamentaux des personnes à l'égard du traitement dont ces données font l'objet ou peuvent faire l'objet. Le caractère suffisant du niveau de protection assuré par un État s'apprécie en fonction notamment des dispositions en vigueur dans cet État, des mesures de sécurité qui y sont appliquées, des caractéristiques propres du traitement, telles que ses fins et sa durée, ainsi que de la nature, de l'origine et de la destination des données traitées.

Les services de police et de gendarmerie nationales peuvent recevoir des données contenues dans les traitements gérés par les organismes de coopération internationale en matière de police judiciaire ou les services de police étrangers dans le cadre des engagements prévus au présent article. – *[L. n° 2003-239 du 18 mars 2003, art. 24.]*

COMMENTAIRE

Voir commentaire et jurisprudence sur le Code en ligne.

CHAPITRE VI *AUTRES TRAITEMENTS AUTOMATISÉS DE DONNÉES PERSONNELLES*

Le présent chapitre ne comprend pas de dispositions législatives.

TITRE IV CAMÉRAS MOBILES

(L. n° 2016-731 du 3 juin 2016, art. 112)

CHAPITRE I *CAMÉRAS INDIVIDUELLES*

Art. L. 241-1 Dans l'exercice de leurs missions de prévention des atteintes à l'ordre public et de protection de la sécurité des personnes et des biens ainsi que de leurs missions de police judiciaire, les agents de la police nationale et les militaires de la gendarmerie nationale peuvent procéder en tous lieux, au moyen de caméras individuelles, à un enregistrement audiovisuel de leurs interventions lorsque se produit ou est susceptible de se produire un incident, eu égard aux circonstances de l'intervention ou au comportement des personnes concernées.

L'enregistrement n'est pas permanent.

Les enregistrements ont pour finalités la prévention des incidents au cours des interventions des agents de la police nationale et des militaires de la gendarmerie nationale, le constat des infractions et la poursuite de leurs auteurs par la collecte de preuves ainsi que la formation et la pédagogie des agents.

(L. n° 2021-646 du 25 mai 2021, art. 45) « Les caméras sont fournies par le service et portées de façon apparente par les agents et les militaires. Un signal visuel spécifique indique si la caméra enregistre. Le déclenchement de l'enregistrement fait l'objet d'une information des personnes filmées, sauf si les circonstances l'interdisent. Une information générale du public sur l'emploi de ces caméras est organisée par le ministre de l'intérieur.

« Lorsque la sécurité des agents de la police nationale ou des militaires de la gendarmerie nationale ou la sécurité des biens et des personnes est menacée, les images captées et enregistrées au moyen de caméras individuelles peuvent être transmises en temps réel au poste de commandement du service concerné et aux personnels impliqués dans la conduite et l'exécution de l'intervention.

« Lorsque cette consultation est nécessaire pour faciliter la recherche d'auteurs d'infractions, la prévention d'atteintes imminentes à l'ordre public, le secours aux personnes ou l'établissement fidèle des faits lors des comptes rendus d'interventions, les personnels auxquels les caméras individuelles sont fournies peuvent avoir accès directement aux enregistrements auxquels ils procèdent dans le cadre d'une procédure judiciaire ou d'une intervention. Les caméras sont équipées de dispositifs techniques permettant de garantir l'intégrité des enregistrements *(L. n° 2022-52 du 24 janv. 2022, art. 14)* « jusqu'à leur effacement » et la traçabilité des consultations lorsqu'il y est procédé dans le cadre de l'intervention. »

Les enregistrements audiovisuels, hors le cas où ils sont utilisés dans le cadre d'une procédure judiciaire, administrative ou disciplinaire, sont effacés au bout *(L. nº 2022-52 du 24 janv. 2022, art. 14)* « d'un *[ancienne rédaction : de six]* » mois.

Les modalités d'application du présent article et d'utilisation des données collectées sont précisées par un décret en Conseil d'État, pris après avis de la Commission nationale de l'informatique et des libertés.

COMMENTAIRE

Voir commentaire et jurisprudence sur le Code en ligne.

Art. L. 241-2 *(L. nº 2018-697 du 3 août 2018, art. 3)* Dans l'exercice de leurs missions de prévention des atteintes à l'ordre public et de protection de la sécurité des personnes et des biens ainsi que de leurs missions de police judiciaire, les agents de police municipale peuvent être autorisés, par le représentant de l'État dans le département, à procéder en tous lieux, au moyen de caméras individuelles, à un enregistrement audiovisuel de leurs interventions lorsque se produit ou est susceptible de se produire un incident, eu égard aux circonstances de l'intervention ou au comportement des personnes concernées.

L'enregistrement n'est pas permanent.

Les enregistrements ont pour finalités la prévention des incidents au cours des interventions des agents de police municipale, le constat des infractions et la poursuite de leurs auteurs par la collecte de preuves ainsi que la formation et la pédagogie des agents.

(L. nº 2021-646 du 25 mai 2021, art. 45) « Les caméras sont fournies par le service et portées de façon apparente par les agents. Un signal visuel spécifique indique si la caméra enregistre. Le déclenchement de l'enregistrement fait l'objet d'une information des personnes filmées, sauf si les circonstances l'interdisent. Une information générale du public sur l'emploi de ces caméras est organisée par le maire de chaque commune sur le territoire de laquelle ces agents sont affectés.

« Lorsque la sécurité des agents ou la sécurité des biens et des personnes est menacée, les images captées et enregistrées au moyen de caméras individuelles peuvent être transmises en temps réel au poste de commandement du service concerné et aux personnels impliqués dans la conduite et l'exécution de l'intervention.

« Lorsque cette consultation est nécessaire pour faciliter la recherche d'auteurs d'infractions, la prévention d'atteintes imminentes à l'ordre public, le secours aux personnes ou l'établissement fidèle des faits lors des comptes rendus d'interventions, les personnels auxquels les caméras individuelles sont fournies peuvent avoir accès directement aux enregistrements auxquels ils procèdent dans le cadre d'une procédure judiciaire ou d'une intervention. Les caméras sont équipées de dispositifs techniques permettant de garantir l'intégrité des enregistrements *(L. nº 2022-52 du 24 janv. 2022, art. 14)* « jusqu'à leur effacement » et la traçabilité des consultations lorsqu'il y est procédé dans le cadre de l'intervention. »

Les enregistrements audiovisuels, hors le cas où ils sont utilisés dans le cadre d'une procédure judiciaire, administrative ou disciplinaire, sont effacés au bout *(L. nº 2022-52 du 24 janv. 2022, art. 14)* « d'un *[ancienne rédaction : de six]* » mois.

L'autorisation mentionnée au premier alinéa est subordonnée à la demande préalable du maire et à l'existence d'une convention de coordination des interventions de la police municipale et des forces de sécurité de l'État prévue à la section 2 du chapitre II du titre I du livre V du présent code.

Lorsque l'agent est employé par un établissement public de coopération intercommunale et mis à disposition de plusieurs communes dans les conditions prévues au premier alinéa de l'article L. 512-2, cette demande est établie conjointement par l'ensemble des maires des communes où il est affecté.

Les projets d'équipements des polices municipales en caméras individuelles sont éligibles au fonds interministériel pour la prévention de la délinquance défini à l'article 5 de la loi nº 2007-297 du 5 mars 2007 relative à la prévention de la délinquance.

Les modalités d'application du présent article *(L. n° 2021-646 du 25 mai 2021, art. 45)* « , notamment les informations transmises au ministère de l'intérieur par les communes mettant en œuvre des caméras individuelles, » et d'utilisation des données collectées sont précisées par un décret en Conseil d'État, pris après avis publié et motivé de la Commission nationale de l'informatique et des libertés.

COMMENTAIRE

Voir commentaire et jurisprudence sur le Code en ligne.

CHAPITRE II *CAMÉRAS INSTALLÉES SUR LES AÉRONEFS*

Art. L. 242-1 *(L. n° 2022-52 du 24 janv. 2022, art. 15)* **Le présent chapitre détermine les conditions dans lesquelles les services mentionnés aux articles L. 242-5, L. 242-6** *[Dispositions déclarées non conformes à la Constitution par la décision du Conseil constitutionnel n° 2021-834 DC du 20 janv. 2022.]* **peuvent mettre en œuvre des traitements d'images au moyen de dispositifs de captation installés sur des aéronefs.**

Art. L. 242-2 *(L. n° 2022-52 du 24 janv. 2022, art. 15)* **Les images captées peuvent être transmises au poste de commandement du service concerné et aux personnels impliqués dans la conduite et l'exécution de l'intervention, qui peuvent les visionner en temps réel ou différé pendant la durée strictement nécessaire à l'intervention.**

Les caméras sont équipées de dispositifs techniques permettant de garantir l'intégrité des enregistrements jusqu'à leur effacement et la traçabilité des consultations lorsqu'il y est procédé dans le cadre de l'intervention.

Art. L. 242-3 *(L. n° 2021-646 du 25 mai 2021, art. 47)* **Le public est informé par tout moyen approprié de** *(L. n° 2022-52 du 24 janv. 2022, art. 15)* **« l'emploi » de dispositifs aéroportés de captation d'images et de l'autorité responsable** *(L. n° 2022-52 du 24 janv. 2022, art. 15)* **« de leur mise en œuvre », sauf lorsque les circonstances l'interdisent ou que cette information entrerait en contradiction avec les objectifs poursuivis. Une information générale du public sur l'emploi de dispositifs aéroportés de captation d'images est organisée par le ministre de l'Intérieur.**

Art. L. 242-4 *(L. n° 2021-646 du 25 mai 2021, art. 47) (L. n° 2022-52 du 24 janv. 2022, art. 15)* **« La mise en œuvre des traitements prévus aux articles L. 242-5, L. 242-6** *[Dispositions déclarées non conformes à la Constitution par la décision du Conseil constitutionnel n° 2021-834 DC du 20 janv. 2022.]* **doit être strictement nécessaire à l'exercice des missions concernées et adaptée au regard des circonstances de chaque intervention. Elle ne peut être permanente. » Elle ne peut donner lieu à la collecte et au traitement que des seules données à caractère personnel strictement nécessaires à l'exercice des missions concernées et s'effectue dans le respect de la loi n° 78-17 du 6 janvier 1978 relative à l'informatique, aux fichiers et aux libertés.**

(L. n° 2022-52 du 24 janv. 2022, art. 15) **« Les dispositifs aéroportés ne peuvent ni procéder à la captation du son, ni comporter de traitements automatisés de reconnaissance faciale. Ces dispositifs ne peuvent procéder à aucun rapprochement, interconnexion ou mise en relation automatisé avec d'autres traitements de données à caractère personnel. »**

L'autorité responsable tient un registre des traitements mis en œuvre précisant la finalité poursuivie, la durée des enregistrements réalisés ainsi que les personnes ayant accès aux images, y compris, le cas échéant, au moyen d'un dispositif de renvoi en temps réel.

Les enregistrements peuvent être utilisés à des fins de pédagogie et de formation des agents.

(L. n° 2022-52 du 24 janv. 2022, art. 15) **« Hors le cas où ils sont utilisés dans le cadre d'une procédure judiciaire, administrative ou disciplinaire, les enregistrements comportant des données à caractère personnel sont conservés sous la responsabilité du chef du service ayant mis en œuvre le dispositif aéroporté, pendant une durée maximale de sept jours à compter de la fin du déploiement du dispositif, sans que**

nul ne puisse y avoir accès, sauf pour les besoins d'un signalement dans ce délai à l'autorité judiciaire, sur le fondement de l'article 40 du code de procédure pénale. »

Art. L. 242-5 *(L. nº 2022-52 du 24 janv. 2022, art. 15)* I. — Dans l'exercice de leurs missions de prévention des atteintes à l'ordre public et de protection de la sécurité des personnes et des biens, les services de la police nationale et de la gendarmerie nationale ainsi que les militaires des armées déployés sur le territoire national dans le cadre des réquisitions prévues à l'article L. 1321-1 du code de la défense peuvent être autorisés à procéder à la captation, à l'enregistrement et à la transmission d'images au moyen de caméras installées sur des aéronefs aux fins d'assurer :

1º La prévention des atteintes à la sécurité des personnes et des biens dans des lieux particulièrement exposés, en raison de leurs caractéristiques ou des faits qui s'y sont déjà déroulés, à des risques d'agression, de vol ou de trafic d'armes, d'êtres humains ou de stupéfiants, ainsi que la protection des bâtiments et installations publics et de leurs abords immédiats, lorsqu'ils sont particulièrement exposés à des risques d'intrusion ou de dégradation ;

2º La sécurité des rassemblements de personnes sur la voie publique ou dans des lieux ouverts au public ainsi que l'appui des personnels au sol, en vue de leur permettre de maintenir ou de rétablir l'ordre public, lorsque ces rassemblements sont susceptibles d'entraîner des troubles graves à l'ordre public ;

3º La prévention d'actes de terrorisme ;

4º La régulation des flux de transport, aux seules fins du maintien de l'ordre et de la sécurité publics ;

5º La surveillance des frontières, en vue de lutter contre leur franchissement irrégulier ;

6º Le secours aux personnes.

Le recours aux dispositifs prévus au présent I peut uniquement être autorisé lorsqu'il est proportionné au regard de la finalité poursuivie.

II. — Dans l'exercice de leurs missions de prévention des mouvements transfrontaliers de marchandises prohibées, les agents des douanes peuvent être autorisés à procéder à la captation, à l'enregistrement et à la transmission d'images au moyen de caméras installées sur des aéronefs.

III. — Les dispositifs aéroportés mentionnés aux I et II sont employés de telle sorte qu'ils ne visent pas à recueillir les images de l'intérieur des domiciles ni, de façon spécifique, celles de leurs entrées. Lorsque l'emploi de ces dispositifs conduit à visualiser ces lieux, l'enregistrement est immédiatement interrompu. Toutefois, lorsqu'une telle interruption n'a pu avoir lieu compte tenu des circonstances de l'intervention, les images enregistrées sont supprimées dans un délai de quarante-huit heures à compter de la fin du déploiement du dispositif, sauf transmission dans ce délai dans le cadre d'un signalement à l'autorité judiciaire, sur le fondement de l'article 40 du code de procédure pénale.

IV. — L'autorisation est subordonnée à une demande qui précise :

1º Le service responsable des opérations ;

2º La finalité poursuivie ;

3º La justification de la nécessité de recourir au dispositif, permettant notamment d'apprécier la proportionnalité de son usage au regard de la finalité poursuivie ;

4º Les caractéristiques techniques du matériel nécessaire à la poursuite de la finalité ;

5º Le nombre de caméras susceptibles de procéder simultanément aux enregistrements ;

6º Le cas échéant, les modalités d'information du public ;

7º La durée souhaitée de l'autorisation ;

8º Le périmètre géographique concerné.

L'autorisation est délivrée par décision écrite et motivée du représentant de l'État dans le département ou, à Paris, du préfet de police, qui s'assure du respect du présent chapitre. Elle détermine la finalité poursuivie et ne peut excéder le périmètre géographique strictement nécessaire à l'atteinte de cette finalité.

Elle fixe le nombre maximal de caméras pouvant procéder simultanément aux enregistrements, au regard des autorisations déjà délivrées dans le même périmètre géographique.

Elle est délivrée pour une durée maximale de trois mois, renouvelable selon les mêmes modalités, lorsque les conditions de sa délivrance continuent d'être réunies. Toutefois, lorsqu'elle est sollicitée au titre de la finalité prévue au 2° du I, l'autorisation n'est délivrée que pour la durée du rassemblement concerné.

Le représentant de l'État dans le département ou, à Paris, le préfet de police peut mettre fin à tout moment à l'autorisation qu'il a délivrée, dès lors qu'il constate que les conditions ayant justifié sa délivrance ne sont plus réunies.

[Dispositions déclarées non conformes à la Constitution par la décision du Conseil constitutionnel nº 2021-834 DC du 20 janv. 2022.]

VI. — Le registre mentionné à l'article L. 242-4 fait apparaître le détail de chaque intervention réalisée dans le cadre de l'autorisation. Ce registre est transmis chaque semaine au représentant de l'État dans le département ou, à Paris, au préfet de police, qui s'assure de la conformité des interventions réalisées à l'autorisation délivrée.

VII. — Le nombre maximal de caméras pouvant être simultanément utilisées dans chaque département est fixé par arrêté du ministre de l'intérieur.

Art. L. 242-6 *(L. nº 2021-646 du 25 mai 2021, art. 47)* **Dans l'exercice de leurs missions de prévention, de protection et de lutte contre les risques de sécurité civile, de protection des personnes et des biens et de secours d'urgence, les sapeurs-pompiers** *(L. nº 2022-52 du 24 janv. 2022, art. 15)* **« et les marins-pompiers », les personnels des services de l'État et les militaires des unités investis à titre permanent de missions de sécurité civile ou les membres des associations agréées de sécurité civile au sens de l'article L. 725-1 peuvent procéder en tous lieux, au moyen de caméras installées sur des aéronefs** *(Abrogé par L. nº 2022-52 du 24 janv. 2022, art. 15)* ***« circulant sans personne à bord et opérés par un télépilote »*****, à la captation, à l'enregistrement et à la transmission d'images aux fins d'assurer :**

1° La prévention des risques naturels ou technologiques ;

2° Le secours aux personnes et la lutte contre l'incendie.

Art. L. 242-7 *[Dispositions déclarées non conformes à la Constitution par la décision du Cons. const. nº 2021-817 DC du 20 mai 2021.]*

Art. L. 242-8 *(L. nº 2021-646 du 25 mai 2021, art. 47)* **Les modalités d'application du présent chapitre et d'utilisation des données collectées sont précisées par décret en Conseil d'État, pris après avis de la Commission nationale de l'informatique et des libertés.** *(L. nº 2022-52 du 24 janv. 2022, art. 15)* **« Ce décret précise les exceptions au principe d'information du public prévu à l'article L. 242-3. »**

COMMENTAIRE

Voir commentaire sur le Code en ligne

CHAPITRE III *CAMÉRAS EMBARQUÉES*

Art. L. 243-1 *(L. nº 2022-52 du 24 janv. 2022, art. 17)* **Dans l'exercice de leurs missions de prévention des atteintes à l'ordre public et de protection des personnes et des biens, et aux seules fins d'assurer la sécurité de leurs interventions, les agents de la police nationale, les agents des douanes, les militaires de la gendarmerie nationale, les sapeurs-pompiers professionnels et volontaires des services d'incendie et de secours ainsi que les personnels des services de l'État et les militaires des unités investis à titre permanent de missions de sécurité civile peuvent procéder, au moyen de caméras embarquées dans leurs véhicules, embarcations et autres moyens de transport fournis par le service, à un enregistrement de leurs interventions dans des lieux publics lorsque se produit ou est susceptible de se produire un incident, eu égard aux circonstances ou au comportement des personnes concernées.**

Art. L. 243-2 *(L. nº 2022-52 du 24 janv. 2022, art. 17)* L'enregistrement prévu à l'article L. 243-1 ne peut être permanent et il ne peut être déclenché que lorsque les conditions prévues au même article L. 243-1 sont réunies. Il ne peut se prolonger au-delà de la durée de l'intervention.

Les caméras sont fournies par le service et le public est informé, par une signalétique spécifique apposée sur le moyen de transport, que celui-ci est équipé d'une caméra. Toutefois, cette obligation ne s'applique pas aux véhicules ne comportant pas d'équipements ou de dispositifs de signalisation spécifiques et affectés à des missions impliquant l'absence d'identification du service concerné.

Un signal visuel ou sonore spécifique indique si un enregistrement est en cours, sauf si les circonstances de l'intervention l'interdisent. Une information générale du public sur l'emploi des caméras embarquées est organisée par le ministre de l'intérieur.

Art. L. 243-3 *(L. nº 2022-52 du 24 janv. 2022, art. 17)* Lorsque la sécurité des agents est menacée, les images captées et enregistrées au moyen de caméras embarquées peuvent être transmises en temps réel au poste de commandement du service concerné et aux personnels impliqués dans la conduite et l'exécution de l'intervention.

Lorsqu'une telle consultation est nécessaire pour assurer la sécurité de leurs interventions ou pour faciliter l'établissement fidèle des faits lors des comptes rendus d'interventions, les personnels participant à l'intervention peuvent avoir accès directement aux enregistrements auxquels ils procèdent dans ce cadre. Les caméras sont équipées de dispositifs techniques permettant de garantir l'intégrité des enregistrements jusqu'à leur effacement et la traçabilité des consultations lorsqu'il y est procédé dans le cadre de l'intervention.

L'autorité responsable tient un registre des enregistrements réalisés pour chaque véhicule, embarcation ou autre moyen de transport équipé d'une caméra. Le registre précise les personnes ayant accès aux images, y compris, le cas échéant, au moyen d'un dispositif de renvoi en temps réel.

Les caméras embarquées dans les véhicules, embarcations et autres moyens de transport ne peuvent comporter de traitements automatisés de reconnaissance faciale. Ces dispositifs ne peuvent procéder à aucun rapprochement, interconnexion ou mise en relation automatisé avec d'autres traitements de données à caractère personnel.

Art. L. 243-4 *(L. nº 2022-52 du 24 janv. 2022, art. 17)* Hors le cas où ils sont utilisés dans le cadre d'une procédure judiciaire, administrative ou disciplinaire, les enregistrements comportant des données à caractère personnel sont conservés sous la responsabilité du chef du service dont relève le dispositif embarqué, pendant une durée maximale de sept jours à compter de la fin du déploiement du dispositif, sans que nul ne puisse y avoir accès, sauf pour les besoins d'un signalement dans ce délai à l'autorité judiciaire, sur le fondement de l'article 40 du code de procédure pénale.

Les caméras embarquées sont employées de telle sorte qu'elles ne visent pas à recueillir les images de l'intérieur des domiciles ni, de façon spécifique, celles de leurs entrées. Lorsque l'emploi de ces caméras conduit à visualiser de tels lieux, l'enregistrement est immédiatement interrompu. Toutefois, lorsqu'une telle interruption n'a pu avoir lieu compte tenu des circonstances de l'intervention, les images enregistrées sont supprimées dans un délai de quarante-huit heures à compter de la fin du déploiement du dispositif, sauf transmission dans ce délai dans le cadre d'un signalement à l'autorité judiciaire, sur le fondement du même article 40.

Art. L. 243-5 *(L. nº 2022-52 du 24 janv. 2022, art. 17)* Les modalités d'application du présent chapitre et d'utilisation des données collectées sont précisées par un décret en Conseil d'État pris après avis de la Commission nationale de l'informatique et des libertés.

COMMENTAIRE

Voir commentaire sur le Code en ligne.

TITRE V VIDÉOPROTECTION

Le présent titre est applicable en Nouvelle-Calédonie et en Polynésie française, dans sa rédaction résultant de la loi n° 2014-626 du 18 juin 2014 relative à l'artisanat, au commerce et aux très petites entreprises (L. n° 2015-1268 du 14 oct. 2015, art. 50).

CHAPITRE I *DISPOSITIONS GÉNÉRALES*

Art. L. 251-1 **Les enregistrements visuels de vidéoprotection répondant aux conditions fixées aux articles L. 251-2 et L. 251-3 sont soumis aux dispositions du présent titre, à l'exclusion de ceux qui sont utilisés dans des traitements automatisés ou contenus dans des fichiers structurés selon des critères permettant d'identifier, directement ou indirectement, des personnes physiques, qui sont soumis à la loi n° 78-17 du 6 janvier 1978 relative à l'informatique, aux fichiers et aux libertés.** – *[L. n° 95-73 du 21 janv. 1995, art. 10-I.]*

COMMENTAIRE

Voir commentaire sur le Code en ligne.

Art. L. 251-2 **La transmission et l'enregistrement d'images prises sur la voie publique par le moyen de la vidéoprotection peuvent être mis en œuvre par les autorités publiques compétentes aux fins d'assurer :**

1° La protection des bâtiments et installations publics et de leurs abords ;

2° La sauvegarde des installations utiles à la défense nationale ;

3° La régulation des flux de transport ;

4° La constatation des infractions aux règles de la circulation ;

5° La prévention des atteintes à la sécurité des personnes et des biens dans des lieux particulièrement exposés à des risques d'agression, de vol ou de trafic de stupéfiants ainsi que la prévention, dans des zones particulièrement exposées à ces infractions, des fraudes douanières prévues par le *(L. n° 2014-315 du 11 mars 2014, art. 14-2°)* **« dernier » alinéa de l'article 414 du code des douanes et des délits prévus à l'article 415 du même code portant sur des fonds provenant de ces mêmes infractions ;**

6° La prévention d'actes de terrorisme, dans les conditions prévues au chapitre III du titre II du présent livre ;

7° La prévention des risques naturels ou technologiques ;

8° Le secours aux personnes et la défense contre l'incendie ;

9° La sécurité des installations accueillant du public dans les parcs d'attraction ;

(L. n° 2016-1547 du 18 nov. 2016, art. 35-IV, en vigueur le 5 nov. 2017) **« 10° Le respect de l'obligation d'être couvert, pour faire circuler un véhicule terrestre à moteur, par une assurance garantissant la responsabilité civile ; »** – *V. note ci-dessous.*

(L. n° 2019-773 du 24 juill. 2019, art. 9) **« 11° La prévention** *(L. n° 2020-105 du 10 févr. 2020, art. 100)* **« et la constatation des infractions relatives à » l'abandon d'ordures, de déchets, de matériaux ou d'autres objets. »**

Il peut être également procédé à ces opérations dans des lieux et établissements ouverts au public aux fins d'y assurer la sécurité des personnes et des biens lorsque ces lieux et établissements sont particulièrement exposés à des risques d'agression ou de vol. – *[L. n° 95-73 du 21 janv. 1995, art. 10-II, al. 1er à 12, sauf ecqc les actes de terrorisme.]*

(L. n° 2014-626 du 18 juin 2014, art. 73-I) **« Après information du maire de la commune concernée et autorisation des autorités publiques compétentes, des commerçants peuvent mettre en œuvre sur la voie publique un système de vidéoprotection aux fins d'assurer la protection des abords immédiats de leurs bâtiments et installations, dans les lieux particulièrement exposés à des risques d'agression ou de vol. Les conditions de mise en œuvre et le type de bâtiments et installations concernés sont définis par décret en Conseil d'État. »**

COMMENTAIRE

Voir commentaire et jurisprudence sur le Code en ligne.

Art. L. 251-3 Les opérations de vidéoprotection de la voie publique sont réalisées de telle sorte qu'elles ne visualisent pas les images de l'intérieur des immeubles d'habitation ni, de façon spécifique, celles de leurs entrées.

Le public est informé de manière claire et permanente de l'existence du système de vidéoprotection et de l'autorité ou de la personne responsable. – *[L. n° 95-73 du 21 janv. 1995, art. 10-II, al. 13 et 14.]*

COMMENTAIRE

Voir jurisprudence sur le Code en ligne.

Art. L. 251-4 Dans chaque département, une commission départementale de vidéoprotection présidée par *(Abrogé par L. n° 2019-222 du 23 mars 2019, art. 102-IV-1°)* *« un magistrat du siège ou »* un magistrat honoraire *(L. n° 2019-222 du 23 mars 2019, art. 102-IV-1°)* « ou, à défaut, une personnalité qualifiée, nommée par le premier président de la cour d'appel, » est chargée de donner un avis au représentant de l'État dans le département, ou à Paris au préfet de police, sur les demandes d'autorisation de systèmes de vidéoprotection et d'exercer un contrôle sur les conditions de fonctionnement des systèmes autorisés.

(L. n° 2019-222 du 23 mars 2019, art. 102, IV-1°) « La personnalité qualifiée est choisie en raison de sa compétence dans le domaine de la vidéoprotection ou des libertés individuelles. »

COMMENTAIRE

Voir jurisprudence sur le Code en ligne.

Art. L. 251-5 *(Abrogé par L. n° 2018-699 du 3 août 2018, art. 84 et 86, à compter du 1er juill. 2022)* ***La Commission nationale de la vidéoprotection exerce une mission de conseil et d'évaluation de l'efficacité de la vidéoprotection. Elle émet des recommandations destinées au ministre de l'Intérieur en ce qui concerne les caractéristiques techniques, le fonctionnement ou l'emploi des systèmes de vidéoprotection.***

Elle peut être saisie par le ministre de l'Intérieur, un député, un sénateur ou une commission départementale de vidéoprotection de toute question relative à la vidéoprotection.

Elle peut également se saisir d'office de toute difficulté tenant au fonctionnement d'un système de vidéoprotection ou de toute situation susceptible de constituer un manquement. – *[L. n° 95-73 du 21 janv. 1995, art. 10-2, al. 1er à 3.]*

Art. L. 251-6 *(Abrogé par L. n° 2018-699 du 3 août 2018, art. 84 et 86, à compter du 1er juill. 2022)* ***La Commission nationale de la vidéoprotection est composée :***

1° De représentants des personnes publiques et privées autorisées à mettre en œuvre un système de vidéoprotection ;

2° De représentants des administrations chargées de contrôler les systèmes mis en œuvre ;

3° D'un membre de la Commission nationale de l'informatique et des libertés ;

4° De deux députés et de deux sénateurs de manière à assurer une représentation pluraliste ;

5° De personnalités qualifiées *(Abrogé par L. n° 2019-222 du 23 mars 2019, art. 102-IV-2° et 109-XXIV à compter du prochain renouvellement de la commission)* ***«, dont au moins un magistrat du siège et un magistrat du parquet désignés par le premier président de la Cour de cassation ».***

La qualité de membre de la commission est incompatible avec la détention d'un intérêt direct ou indirect dans une entreprise exerçant des activités dans le domaine de la vidéoprotection.

La composition et les modalités de l'organisation et du fonctionnement de la commission sont définies par voie réglementaire. – *[L. n° 95-73 du 21 janv. 1995, art. 10-2, al. 4 à 11.]*

Art. L. 251-7 Le Gouvernement transmet chaque année à la Commission nationale de l'informatique et des libertés *(Abrogé par L. n° 2018-699 du 3 août 2018, art. 84 et 86, à compter du 1er juill. 2022)* ***« et à la Commission nationale de la vidéoprotection »*** un rapport faisant état de l'activité des commissions départementales de vidéoprotection et des conditions d'application du présent titre. – *[L. n° 95-73 du 21 janv. 1995, art. 10-VI bis.]*

COMMENTAIRE

Voir commentaire sur le Code en ligne 🏛 ❑

Art. L. 251-8 Les conditions dans lesquelles le représentant de l'État dans le département et, à Paris, le préfet de police peuvent prescrire la mise en œuvre de systèmes de vidéoprotection aux fins de prévention d'actes de terrorisme sont prévues au chapitre III du titre II du présent livre.

CHAPITRE II *AUTORISATION ET CONDITIONS DE FONCTIONNEMENT*

Art. L. 252-1 L'installation d'un système de vidéoprotection dans le cadre du présent titre est subordonnée à une autorisation du représentant de l'État dans le département et, à Paris, du préfet de police donnée, sauf en matière de défense nationale, après avis de la commission départementale de vidéoprotection. Lorsque le système comporte des caméras installées sur le territoire de plusieurs départements, l'autorisation est délivrée par le représentant de l'État dans le département dans lequel est situé le siège social du demandeur et, lorsque ce siège est situé à Paris, par le préfet de police, après avis de la commission départementale de vidéoprotection. Les représentants de l'État dans les départements dans lesquels des caméras sont installées en sont informés.

(Ord. nº 2018-1125 du 12 déc. 2018, art. 22 et 29, en vigueur le 1er juin 2019) « Les systèmes installés sur la voie publique ou dans des lieux ouverts au public dont les enregistrements sont utilisés dans des traitements automatisés ou contenus dans des fichiers structurés selon des critères permettant d'identifier, directement ou indirectement, des personnes physiques, sont autorisés dans les conditions fixées par la loi nº 78-17 du 6 janvier 1978 relative à l'informatique, aux fichiers et aux libertés. » — *[L. nº 95-73 du 21 janv. 1995, art. 10-III, al. 1er et 5.]*

COMMENTAIRE

Voir commentaire et jurisprudence sur le Code en ligne 🏛. ❑

Art. L. 252-2 L'autorisation préfectorale prescrit toutes les précautions utiles, en particulier quant à la qualité des personnes chargées de l'exploitation du système de vidéoprotection ou visionnant les images et aux mesures à prendre pour assurer le respect des dispositions de la loi. — *[L. nº 95-73 du 21 janv. 1995, art. 10-III, al. 2.]*

(L. nº 2014-626 du 18 juin 2014, art. 73-II) « Dans le cas prévu au dernier alinéa de l'article L. 251-2, le visionnage des images ne peut être assuré que par des agents *(Abrogé par L. nº 2021-646 du 25 mai 2021, art. 40)* ***« de l'autorité publique »*** individuellement désignés et habilités des services de police et de gendarmerie *(L. nº 2021-646 du 25 mai 2021, art. 40)* « nationales et des services de police municipale ainsi que par les agents individuellement désignés et dûment habilités mentionnés aux articles L. 531-1, L. 532-1 et L. 533-1 ». »

COMMENTAIRE

Voir commentaire et jurisprudence sur le Code en ligne 🏛. ❑

Art. L. 252-3 L'autorisation peut prescrire que les agents individuellement désignés et dûment habilités des services de police et de gendarmerie nationales *(L. nº 2021-646 du 25 mai 2021, art. 40)* « , des douanes, des services d'incendie et de secours, des services de police municipale ainsi que les agents individuellement désignés et dûment habilités mentionnés aux articles L. 531-1, L. 532-1 et L. 533-1 » sont destinataires des images et enregistrements. Elle précise alors les modalités de transmission des images et d'accès aux enregistrements ainsi que la durée de conservation des images, dans la limite d'un mois à compter de cette transmission ou de cet accès, sans préjudice des nécessités de leur conservation pour les besoins d'une procédure pénale. La décision de permettre aux agents individuellement désignés et dûment habilités des services de police et de gendarmerie nationales *(L. nº 2021-646 du 25 mai 2021, art. 40)* « , des douanes, des services d'incendie et de secours, des services de police municipale ainsi qu'aux agents individuellement désignés et dûment habilités mentionnés aux articles L. 531-1, L. 532-1 et L. 533-1 » d'être destinataires des images et enregistrements peut également être prise à tout moment, après avis de la commission départementale de vidéoprotection, par arrêté préfectoral. Ce dernier précise alors les modalités de transmission des images et d'accès aux enregistrements. Lorsque l'urgence et l'exposition particulière à un risque d'actes de terrorisme le requièrent, cette décision peut être prise sans avis préalable de la commission départementale de vidéoprotection. Le président de la commission est immédiatement informé de cette décision, qui fait l'objet d'un examen lors de la plus prochaine réunion de la commission. – *[L. nº 95-73 du 21 janv. 1995, art. 10-III, al. 3.]*

Art. L. 252-4 Les systèmes de vidéoprotection sont autorisés pour une durée de cinq ans renouvelable.

Les systèmes de vidéoprotection installés doivent être conformes à des normes techniques définies par arrêté du ministre de l'Intérieur *(Abrogé par L. nº 2018-699 du 3 août 2018, art. 84 et 86, à compter du 1er juill. 2022)* ***« après avis de la Commission nationale de la vidéoprotection, »*** à compter de l'expiration d'un délai de deux ans après la publication de l'acte définissant ces normes.

Les autorisations mentionnées au présent titre et délivrées avant le 1er janvier 2000 expirent le 24 janvier 2012. Celles délivrées entre le 1er janvier 2000 et le 31 décembre 2002 expirent le 24 janvier 2013. Celles délivrées entre le 1er janvier 2003 et le 24 janvier 2006 expirent le 24 janvier 2014. – *[L. nº 95-73 du 21 janv. 1995, art. 10-III, al. 4, 6 et 17.]*

COMMENTAIRE

Voir jurisprudence sur le Code en ligne.

Art. L. 252-5 Hormis le cas d'une enquête de flagrant délit, d'une enquête préliminaire ou d'une information judiciaire, les enregistrements sont détruits dans un délai maximum fixé par l'autorisation. Ce délai ne peut excéder un mois.

L'autorisation peut prévoir un délai minimal de conservation des enregistrements. – *[L. nº 95-73 du 21 janv. 1995, art. 10-IV.]*

COMMENTAIRE

Voir jurisprudence sur le Code en ligne.

Art. L. 252-6 Lorsqu'il est informé de la tenue imminente d'une manifestation ou d'un rassemblement de grande ampleur présentant des risques particuliers d'atteinte à la sécurité des personnes et des biens, le représentant de l'État dans le département et, à Paris, le préfet de police peuvent délivrer aux personnes mentionnées à l'article L. 251-2, sans avis préalable de la commission départementale de vidéoprotection, une autorisation provisoire d'installation d'un système de vidéoprotection, exploité dans les conditions prévues par le présent titre, pour une durée maximale de quatre mois. Le président de la commission est immédiatement informé de cette décision. Il peut alors la réunir sans délai afin qu'elle donne un avis sur la mise en œuvre de la procédure d'autorisation provisoire. L'autorisation d'installation du dispositif cesse d'être valable dès que la manifestation ou le rassemblement a pris fin.

Sauf dans les cas où les manifestations ou rassemblements de grande ampleur ont déjà pris fin, le représentant de l'État dans le département et, à Paris, le préfet de police recueillent l'avis de la commission départementale de vidéoprotection sur la mise en œuvre du système de vidéoprotection conformément à la procédure prévue à l'article L. 252-1 et se prononcent sur son maintien. La commission doit rendre son avis avant l'expiration du délai de validité de l'autorisation provisoire. – *[L. nº 95-73 du 21 janv. 1995, art. 10-III bis sauf ecqc les actes de terrorisme.]*

Art. L. 252-7 Lorsqu'il est informé de la tenue imminente d'une manifestation ou d'un rassemblement de grande ampleur présentant des risques particuliers d'atteinte à la sécurité des personnes et des biens, le représentant de l'État dans le département et, à Paris, le préfet de police peuvent prescrire, sans l'avis préalable de la commission départementale de vidéoprotection, la mise en œuvre d'un système de vidéoprotection exploité dans les conditions prévues par l'article L. 252-1. Quand cette décision porte sur une installation de vidéoprotection filmant la voie publique ou des lieux ou établissements ouverts au public, le président de la commission est immédiatement informé de cette décision. Il peut alors la réunir sans délai afin qu'elle donne un avis sur la mise en œuvre de la procédure de décision provisoire. La prescription d'installation du dispositif cesse d'être valable dès que la manifestation ou le rassemblement a pris fin.

Sauf dans les cas où les manifestations ou rassemblements de grande ampleur mentionnés à l'alinéa précédent ont déjà pris fin, avant l'expiration d'un délai maximal de quatre mois, le représentant de l'État dans le département et, à Paris, le préfet de police recueillent l'avis de la commission départementale de vidéoprotection sur la mise en œuvre du système de vidéoprotection conformément à la procédure prévue à l'article L. 252-1 et se prononcent sur son maintien. – *[L. nº 95-73 du 21 janv. 1995, art. 10-1, III sauf ecqc les actes de terrorisme.]*

CHAPITRE III *CONTRÔLE ET DROIT D'ACCÈS*

Art. L. 253-1 La commission départementale de vidéoprotection peut à tout moment exercer, sauf en matière de défense nationale, un contrôle sur les conditions de fonctionnement des systèmes de vidéoprotection répondant aux conditions fixées aux articles L. 251-2 et L. 251-3. Elle émet, le cas échéant, des recommandations et propose la suspension ou la suppression des dispositifs non autorisés, non conformes à leur autorisation ou dont il est fait un usage anormal. Elle informe le maire de la commune concernée de cette proposition. – *[L. nº 95-73 du 21 janv. 1995, art. 10-III, al. 7.]*

COMMENTAIRE

Voir commentaire sur le Code en ligne.

Art. L. 253-2 La Commission nationale de l'informatique et des libertés peut, sur demande de la commission départementale de vidéoprotection, du responsable d'un système ou de sa propre initiative, exercer un contrôle visant à s'assurer que le système est utilisé conformément à son autorisation et, selon le régime juridique dont le système relève, aux dispositions du présent titre ou à celles de la loi nº 78-17 du 6 janvier 1978 relative à l'informatique, aux fichiers et aux libertés. Lorsque la Commission nationale de l'informatique et des libertés constate un manquement aux dispositions du présent titre, elle peut, après avoir mis en demeure la personne responsable du système de se mettre en conformité dans un délai qu'elle fixe, demander au représentant de l'État dans le département ou, à Paris, au préfet de police d'ordonner la suspension ou la suppression du système de vidéoprotection. Elle informe le maire de la commune concernée de cette demande. – *[L. nº 95-73 du 21 janv. 1995, art. 10-III, al. 8.]*

Art. L. 253-3 Les membres de la Commission nationale de l'informatique et des libertés, les agents de ses services habilités dans les conditions définies au dernier alinéa de l'article *(Ord. nº 2018-1125 du 12 déc. 2018, art. 22 et 29, en vigueur le 1er juin 2019)* « 10 » de la loi nº 78-17 du 6 janvier 1978 relative à l'informatique, aux fichiers et aux libertés ainsi que les membres des commissions départementales de vidéoprotection ont accès de six heures à vingt et une heures, pour l'exercice de leurs missions, aux lieux, locaux, enceintes, installations ou établissements servant à la mise en œuvre d'un système de vidéoprotection, à l'exclusion des parties de ceux-ci affectées au domicile privé. Le procureur de la République territorialement compétent en est préalablement informé.

Le responsable des locaux professionnels privés est informé de son droit d'opposition à la visite. Lorsqu'il exerce ce droit, la visite ne peut se dérouler qu'après l'autorisation du juge des libertés et de la détention du tribunal judiciaire dans le ressort duquel sont situés les locaux à visiter, qui statue dans des conditions fixées par décret en Conseil d'État. Toutefois, lorsque l'urgence, la gravité des faits à l'origine du contrôle ou le risque de destruction ou de dissimulation de documents le justifie, la visite peut avoir lieu sans que le responsable des locaux en ait été informé, sur autorisation préalable du juge des libertés et de la détention. Dans ce cas, le responsable des lieux ne peut s'opposer à la visite.

La visite s'effectue sous l'autorité et le contrôle du juge des libertés et de la détention qui l'a autorisée, en présence de l'occupant des lieux ou de son représentant, qui peut se faire assister d'un conseil de son choix ou, à défaut, en présence de deux témoins qui ne sont pas placés sous l'autorité des personnes chargées de procéder au contrôle.

L'ordonnance ayant autorisé la visite est exécutoire au seul vu de la minute. Elle mentionne que le juge ayant autorisé la visite peut être saisi à tout moment d'une demande de suspension ou d'arrêt de cette visite. Elle indique le délai et la voie de recours. Elle peut faire l'objet, suivant les règles prévues par le code de procédure civile, d'un appel devant le premier président de la cour d'appel. Celui-ci connaît également des recours contre le déroulement des opérations de visite.

Les personnes mentionnées au premier alinéa peuvent demander communication de tous documents nécessaires à l'accomplissement de leur mission, quel qu'en soit le support, et en prendre copie ; elles peuvent recueillir, sur place ou sur convocation, tout renseignement et toute justification utiles ; elles peuvent accéder aux programmes informatiques et aux données ainsi qu'en demander la transcription par tout traitement approprié dans des documents directement utilisables pour les besoins du contrôle.

Elles peuvent, à la demande du président de la commission, être assistées par des experts désignés par l'autorité dont ceux-ci dépendent.

Il est dressé contradictoirement procès-verbal des vérifications et visites menées en application du présent article. – *[L. nº 95-73 du 21 janv. 1995, art. 10-III, al. 9 à 15.]*

Art. L. 253-4 A la demande de la commission départementale de vidéoprotection, de la Commission nationale de l'informatique et des libertés ou de sa propre initiative, le représentant de l'État dans le département et, à Paris, le préfet de police peuvent fermer pour une durée de trois mois, après mise en demeure non suivie d'effets dans le délai qu'elle fixe, un établissement ouvert au public dans lequel est maintenu un système de vidéoprotection sans autorisation. Lorsque, à l'issue du délai de trois mois, l'établissement n'a pas sollicité la régularisation de son système, l'autorité administrative peut lui enjoindre de démonter ledit système. S'il n'est pas donné suite à cette injonction, une nouvelle mesure de fermeture de trois mois peut être prononcée. – *[L. nº 95-73 du 21 janv. 1995, art. 10-III, al. 16.]*

Art. L. 253-5 Toute personne intéressée peut s'adresser au responsable d'un système de vidéoprotection afin d'obtenir un accès aux enregistrements qui la concernent ou d'en vérifier la destruction dans le délai prévu. Cet accès est de droit. Un refus d'accès peut toutefois être opposé pour un motif tenant à la sûreté de l'État, à la défense, à la sécurité publique, au déroulement de procédures engagées devant les juridictions ou d'opérations préliminaires à de telles procédures ou au droit des tiers.

Toute personne intéressée peut saisir la commission départementale de vidéoprotection ou la Commission nationale de l'informatique et des libertés de toute difficulté tenant au fonctionnement d'un système de vidéoprotection.

Les dispositions du précédent alinéa ne font pas obstacle au droit de la personne intéressée de saisir la juridiction compétente *(Abrogé par Ord. nº 2019-738 du 17 juill. 2019, art. 13)* ***«, au besoin en la forme du référé»***. – *[L. nº 95-73 du 21 janv. 1995, art. 10-V.]*

COMMENTAIRE

Voir jurisprudence sur le Code en ligne.

CHAPITRE IV *DISPOSITIONS PÉNALES*

Art. L. 254-1 Le fait d'installer un système de vidéoprotection ou de le maintenir sans autorisation, de procéder à des enregistrements de vidéoprotection sans autori-

sation, de ne pas les détruire dans le délai prévu, de les falsifier, d'entraver l'action de la commission départementale de vidéoprotection ou de la Commission nationale de l'informatique et des libertés, de faire accéder des personnes non habilitées aux images ou d'utiliser ces images à d'autres fins que celles pour lesquelles elles sont autorisées est puni de trois ans d'emprisonnement et de 45 000 euros d'amende, sans préjudice des dispositions des articles 226-1 du code pénal et L. 1121-1, L. 1221-9, L. 1222-4 et *(L. nº 2015-994 du 17 août 2015, art. 18-XIX et XX, en vigueur le 1er janv. 2016)* **« L. 2323-47 » du code du travail.** – *[L. nº 95-73 du 21 janv. 1995, art. 10-VI.]*

COMMENTAIRE

Voir jurisprudence sur le Code en ligne.

CHAPITRE V *DISPOSITIONS COMMUNES*

Art. L. 255-1 **Un décret en Conseil d'État** *(Abrogé par L. nº 2018-699 du 3 août 2018, art. 84 et 86, à compter du 1er juill. 2022)* **« , *après avis de la Commission nationale de la vidéoprotection,* »** *(L. nº 2021-646 du 25 mai 2021, art. 40)* **« et de la Commission nationale de l'informatique et des libertés »***[,]* **fixe les modalités d'application du présent titre, et notamment les conditions dans lesquelles le public est informé de l'existence d'un dispositif de vidéoprotection ainsi que de l'identité de l'autorité ou de la personne responsable. Ce décret fixe également les conditions dans lesquelles les agents mentionnés** *(L. nº 2021-646 du 25 mai 2021, art. 40)* **« au second alinéa de l'article L. 252-2 et » à l'article L. 252-3 sont habilités à accéder aux enregistrements** *(L. nº 2021-646 du 25 mai 2021, art. 40)* **« pour les seuls besoins de leur mission, ainsi que les exigences de formation et de mise à jour régulière des connaissances en matière de protection des données à caractère personnel auxquelles ils doivent satisfaire pour être habilités. Ce même décret précise les mesures techniques mises en œuvre pour garantir la sécurité des enregistrements et assurer la traçabilité des accès aux images. »** – *[L. nº 95-73 du 21 janv. 1995, art. 10-VII.]*

COMMENTAIRE

Voir jurisprudence sur la Code en ligne.

TITRE V *BIS* VIDÉOSURVEILLANCE DANS LES LIEUX DE PRIVATION DE LIBERTÉ

(L. nº 2022-52 du 24 janv. 2022, art. 13)

Art. L. 256-1 **L'autorité administrative peut mettre en œuvre des systèmes de vidéosurveillance dans les cellules de garde à vue et de retenue douanière pour prévenir les risques d'évasion de la personne placée en garde à vue ou en retenue douanière et les menaces sur cette personne ou sur autrui.**

Une affiche apposée à l'entrée de la cellule équipée d'un système de vidéosurveillance informe de l'existence dudit système ainsi que des modalités d'accès et de rectification des données recueillies.

Art. L. 256-2 **Le placement sous vidéosurveillance de la personne placée en garde à vue ou en retenue douanière est décidé par le chef du service responsable de la sécurité des lieux concernés ou son représentant, lorsqu'il existe des raisons sérieuses de penser que cette personne pourrait tenter de s'évader ou représenter une menace pour elle-même ou pour autrui.**

Le placement sous vidéosurveillance est décidé pour une durée strictement nécessaire au regard du comportement de la personne concernée, qui ne peut excéder vingt-quatre heures. Il est mis fin à la mesure dès que les motifs qui l'ont justifiée ne sont plus réunis.

L'autorité judiciaire compétente sous le contrôle de laquelle s'exerce la garde à vue ou la retenue douanière est informée sans délai de la mesure. Elle peut y mettre fin à tout moment.

Au-delà d'une durée de vingt-quatre heures, le placement de la personne sous vidéosurveillance ne peut être prolongé, sur demande du chef de service établissant que les motifs justifiant la mesure sont toujours réunis, qu'avec l'autorisation de l'autorité judiciaire compétente, pour des périodes de même durée, jusqu'à la levée de la garde à vue ou de la retenue douanière.

La décision de placement sous vidéosurveillance est notifiée à la personne concernée, qui est informée qu'elle peut à tout moment demander à l'autorité judiciaire compétente qu'il soit mis fin à la mesure de placement sous vidéosurveillance.

Lorsque la personne concernée est mineure, ses représentants légaux et l'avocat qui l'assiste, en application de l'article L. 413-9 du code de la justice pénale des mineurs, sont informés sans délai de la décision de placement sous vidéosurveillance ainsi que, le cas échéant, de son renouvellement. Le médecin désigné en application de l'article L. 413-8 du même code indique si le placement sous vidéosurveillance du mineur est compatible avec son état de santé.

Lorsque la personne concernée bénéficie d'une mesure de protection juridique, son avocat et, le cas échéant, la personne désignée en application de l'article 446 du code civil sont informés sans délai de la décision de placement sous vidéosurveillance et, le cas échéant, de son renouvellement. Un médecin inscrit sur la liste mentionnée à l'article 431 du même code indique si le placement sous vidéosurveillance de la personne sous protection juridique est compatible avec son état de santé.

La personne concernée, son avocat et soit ses représentants légaux lorsqu'elle est mineure, soit la personne désignée en application de l'article 446 dudit code lorsqu'elle bénéficie d'une mesure de protection juridique, sont informés du droit prévu à l'article L. 256-4 du présent code de demander la conservation des enregistrements ainsi que de la durée de cette conservation. Ils sont également informés des droits dont ils bénéficient en application de la loi n° 78-17 du 6 janvier 1978 relative à l'informatique, aux fichiers et aux libertés, à l'exception du droit d'opposition prévu à l'article 110 de la même loi, qui ne s'applique pas aux systèmes de vidéosurveillance mentionnés à l'article L. 256-1 du présent code.

Art. L. 256-3 Le système de vidéosurveillance permet un contrôle en temps réel de la personne placée en garde à vue ou en retenue douanière. Un pare-vue fixé dans la cellule de garde à vue ou de retenue douanière garantit l'intimité de la personne tout en permettant la restitution d'images opacifiées. L'emplacement des caméras est visible.

Sont enregistrées dans ces traitements l'ensemble des séquences vidéo provenant des systèmes de vidéosurveillance des cellules concernées.

Aucun dispositif biométrique ou de captation du son n'est couplé avec ces traitements de vidéosurveillance. Aucun rapprochement, interconnexion ou mise en relation automatisé avec d'autres traitements de données à caractère personnel ne peut être réalisé.

Art. L. 256-4 Les images issues du système de vidéosurveillance peuvent être consultées en temps réel par le chef de service ou son représentant individuellement désigné et spécialement habilité par lui, pour les seules finalités mentionnées à l'article L. 256-1.

A l'issue de la garde à vue ou de la retenue douanière, hors le cas où ils sont utilisés dans le cadre d'une procédure judiciaire, administrative ou disciplinaire, les enregistrements sont conservés sous la responsabilité du chef du service ayant prononcé le placement de la personne sous vidéosurveillance pendant une durée de quarante-huit heures, sans que nul ne puisse y avoir accès, sauf pour les besoins d'un signalement dans ce délai à l'autorité judiciaire, dans les conditions prévues à l'article 40 du code de procédure pénale. Cette durée est portée à sept jours à compter du lendemain de la levée de la garde à vue ou de la retenue douanière lorsque la personne ayant fait l'objet de la mesure demande, dans un délai de quarante-huit heures à compter de la fin de la garde à vue ou de la retenue douanière, la conservation des enregistrements la concernant. A l'issue de ces délais, les enregistrements sont détruits.

L'autorité responsable tient un registre des systèmes de vidéosurveillance mis en œuvre, qui précise l'identité des personnes qui ont fait l'objet d'un placement sous vidéosurveillance, la durée des enregistrements réalisés ainsi que les personnes ayant visionné les images, y compris en temps réel.

Art. L. 256-5 Les modalités d'application du présent titre et d'utilisation des données collectées sont précisées par un décret en Conseil d'État pris après avis de la Commission nationale de l'informatique et des libertés. Ce décret détermine les mesures techniques mises en œuvre pour garantir la sécurité des enregistrements et assurer la traçabilité des accès aux images.

COMMENTAIRE

Voir commentaire sur le Code en ligne.

TITRE VI SÉCURITÉ DES TRANSPORTS COLLECTIFS

CHAPITRE I *SÉCURITÉ DES TRANSPORTS EN COMMUN*

Art. L. 261-1 Conformément aux dispositions de l'article *(Ord. n° 2020-934 du 29 juill. 2020, art. 13)* « L. 1631-3 » du code des transports, les autorités organisatrices de transports collectifs de personnes et Île-de-France Mobilités concourent, chacun pour ce qui le concerne, dans des conditions fixées par décret en Conseil d'État, aux actions de prévention de la délinquance et de sécurisation des personnels et des usagers dans ces transports.

CHAPITRE II *SÉCURITÉ DES TRANSPORTS AÉRIENS*

Art. L. 262-1 La police des aérodromes et des installations à usage aéronautique est régie par le livre III de la sixième partie du code des transports relatif à la circulation aérienne, en particulier le chapitre II du titre III et les chapitres I et II du titre IV. Les mesures de sûreté relatives au fret et aux colis postaux qui incombent aux transporteurs aériens sont définies au chapitre *(L. n° 2014-1353 du 13 nov. 2014, art. 24-II-11°)* « II » du titre IV du même livre.

CHAPITRE III *SÛRETÉ PORTUAIRE* *(Ord. n° 2021-373 du 31 mars 2021, art. 4 et 5, en vigueur le 1er janv. 2022).*

Art. L. 263-1 *(Ord. n° 2021-373 du 31 mars 2021, art. 4 et 5, en vigueur le 1er janv. 2022)* La police des ports maritimes est régie*[,]* en ce qui concerne la sûreté portuaire*[,]* par les chapitres II et IV du titre III du livre III de la cinquième partie du code des transports.

TITRE VII GARDIENNAGE ET SURVEILLANCE DES IMMEUBLES

CHAPITRE I *DISPOSITIONS GÉNÉRALES*

Art. L. 271-1 Les propriétaires, exploitants ou affectataires, selon le cas, d'immeubles à usage d'habitation et de locaux administratifs, professionnels ou commerciaux doivent, lorsque l'importance de ces immeubles ou de ces locaux ou leur situation le justifient, assurer le gardiennage ou la surveillance de ceux-ci et prendre les mesures permettant d'éviter les risques manifestes pour la sécurité et la tranquillité des locaux.

Un décret en Conseil d'État précise les zones dans lesquelles cette obligation s'applique, les caractéristiques des immeubles ou locaux qui y sont assujettis, les mesures de gardiennage ou de surveillance à prendre en fonction de l'usage, de la localisation et de la taille des immeubles ou locaux et les dates auxquelles ces mesures devront au plus tard intervenir.

Les communes ou les établissements publics de coopération intercommunale exerçant la compétence relative aux dispositifs locaux de prévention de la délinquance peuvent contribuer à l'obligation prévue par le présent article lorsque les immeubles ou groupes d'immeubles collectifs à usage d'habitation qui y sont assujettis sont particulièrement exposés à des risques de délinquance et font l'objet de dispositions des contrats locaux de sécurité. – *[CCH, art. L. 127-1.]*

COMMENTAIRE

Voir jurisprudence sur le Code en ligne.

CHAPITRE II *IMMEUBLES D'HABITATION*

COMMENTAIRE

Voir commentaire sur le Code en ligne.

Art. L. 272-1 *(L. nº 2021-1520 du 25 nov. 2021, art. 20)* **Les propriétaires ou les exploitants d'immeubles à usage d'habitation ou leurs représentants s'assurent que les services de police et de gendarmerie nationales ainsi que les services d'incendie et de secours sont en mesure d'accéder aux parties communes de ces immeubles aux fins d'intervention.**

Ils peuvent accorder à la police municipale une autorisation permanente de pénétrer dans ces mêmes parties communes.

LIVRE III POLICES ADMINISTRATIVES SPÉCIALES

TITRE I ARMES ET MUNITIONS

CHAPITRE II *ACQUISITION ET DÉTENTION*

SECTION 4 *Fichiers* *(Ord. nº 2013-518 du 20 juin 2013, art. 1er-4º et 5, en vigueur le 6 sept. 2013).*

Art. L. 312-17 **Les agents habilités de la police et de la gendarmerie nationales peuvent, dans la stricte mesure exigée par la protection de la sécurité des personnes ou la défense des intérêts fondamentaux de la Nation, consulter les traitements automatisés de** *(Ord. nº 2018-1125 du 12 déc. 2018, art. 22 et 29, en vigueur le 1er juin 2019)* **« données à caractère personnel » mentionnés à l'article 230-6 du code de procédure pénale pour les besoins de l'instruction des demandes d'autorisation ou de renouvellement d'autorisation d'acquisition ou de détention** *(Ord. nº 2019-610 du 19 juin 2019, art. 10)* **« de matériels de guerre, d'armes, de munitions et leurs éléments » faites en application de l'article L. 312-1.**

Les agents mentionnés à l'alinéa précédent peuvent également consulter ces traitements, dans la stricte mesure exigée par la protection de l'ordre public ou la sécurité des personnes, pour l'exécution des ordres de remise d'armes *(Ord. nº 2019-610 du 19 juin 2019, art. 10)* **« , de munitions et de leurs éléments » à l'autorité administrative prévus aux articles L. 312-7 et L. 312-12.** – *[C. défense, art. L. 2337-2.]*

V. art. 230-6 C. pr. pén., supra, ss. art. L. 234-1.

LIVRE VI ACTIVITÉS PRIVÉES DE SÉCURITÉ

TITRE I ACTIVITÉS PRIVÉES DE SURVEILLANCE ET DE GARDIENNAGE, DE TRANSPORT DE FONDS, DE PROTECTION PHYSIQUE DES PERSONNES ET DE PROTECTION DES NAVIRES *(L. nº 2014-742 du 1er juill. 2014, art. 3-1º).*

....

CHAPITRE III *MODALITÉS D'EXERCICE*

....

SECTION 4 *Activités de vidéoprotection*

Art. L. 613-13 **Les activités de vidéoprotection exercées en vertu du titre V du livre II par des opérateurs privés agissant pour le compte de l'autorité publique ou de la personne morale titulaire d'une autorisation sont soumises aux dispositions du pré-**

sent titre I, à l'exception des articles L. 613-1 à L. 613-5, L. 613-7 à L. 613-9 et L. 613-12. – *[L. n° 83-629 du 12 juill. 1983, art. 11-8.]*

CHAPITRE IV *SERVICES DE SÉCURITÉ DES BAILLEURS D'IMMEUBLE*

COMMENTAIRE

Voir commentaire sur le Code en ligne.

SECTION 1 *Missions*

Art. L. 614-1 Les propriétaires, exploitants ou affectataires d'immeubles ou groupes d'immeubles collectifs à usage d'habitation peuvent constituer une personne morale dont l'objet est l'exercice, pour le compte de ses membres, de l'activité mentionnée au 1° de l'article L. 611-1 dans les conditions prévues par l'article L. 271-1. – *[L. n° 83-629 du 12 juill. 1983, art. 11-5, al. 1er.]*

....

LIVRE VII SÉCURITÉ CIVILE

TITRE III PROTECTION GÉNÉRALE DE LA POPULATION

CHAPITRE I *PRÉVENTION DES RISQUES*

SECTION 3 *Plan communal ou intercommunal de sauvegarde* *(L. n° 2021-1520 du 25 nov. 2021, art. 11).*

Art. L. 731-3 *(L. n° 2021-1520 du 25 nov. 2021, art. 11)* I. – Le plan communal de sauvegarde prépare la réponse aux situations de crise et regroupe l'ensemble des documents de compétence communale contribuant à l'information préventive et à la protection de la population. Il détermine, en fonction des risques connus, les mesures immédiates de sauvegarde et de protection des personnes, fixe l'organisation nécessaire à la diffusion de l'alerte et des consignes de sécurité, recense les moyens disponibles et définit la mise en œuvre des mesures d'accompagnement et de soutien de la population.

La mise en place, l'évaluation régulière et les éventuelles révisions du plan communal de sauvegarde peuvent être assurées par un adjoint au maire ou un conseiller municipal chargé des questions de sécurité civile désigné par le maire ou, à défaut, par le correspondant incendie et secours.

Le plan communal de sauvegarde s'articule avec le plan Orsec mentionné à l'article L. 741-2.

Il est obligatoire pour chaque commune :

1° Dotée d'un plan de prévention des risques naturels ou miniers prévisibles prescrit ou approuvé ;

2° Comprise dans le champ d'application d'un plan particulier d'intervention ;

3° Comprise dans un des territoires à risque important d'inondation prévus à l'article L. 566-5 du code de l'environnement ;

4° Reconnue, par voie réglementaire, comme exposée au risque volcanique ;

5° Située dans les territoires régis par l'article 73 de la Constitution ou les territoires de Saint-Martin et Saint-Barthélemy et exposée au risque cyclonique ;

6° Concernée par une zone de sismicité définie par voie réglementaire ;

7° Sur laquelle une forêt est classée au titre de l'article L. 132-1 du code forestier ou est réputée particulièrement exposée.

La mise en œuvre des mesures de sauvegarde relève de chaque maire sur le territoire de sa commune.

II. – Le plan communal de sauvegarde est arrêté par le maire et, à Paris, par le préfet de police.

III. — Tous les cinq ans au moins, la mise en œuvre du plan communal de sauvegarde fait l'objet d'un exercice associant les communes et les services concourant à la sécurité civile. Dans la mesure du possible, cet exercice implique aussi la population.

Un décret pris après avis de l'Association des maires de France, de l'Association des maires ruraux de France et de l'Assemblée des communautés de France détermine les modalités d'organisation de cet exercice.

COMMENTAIRE

Voir commentaire sur le Code en ligne.

LIVRE VIII DU RENSEIGNEMENT

(L. n° 2015-912 du 24 juill. 2015, art. 1er, en vigueur le 3 oct. 2015)

Le présent livre entre en vigueur au lendemain de la publication au JO du décret nommant le président de la Commission nationale de contrôle des techniques de renseignement (L. n° 2015-912 du 24 juill. 2015, art. 26-I), soit le 3 oct. 2015 (Décr. du 1er oct. 2015, JO 2 oct.).

Les autorisations et les décisions régulièrement prises par le Premier ministre en application du titre IV du livre II et par la personnalité qualifiée mentionnée à l'art. L. 246-2 demeurent applicables, à l'entrée en vigueur de la L. n° 2015-912 du 24 juill. 2015, jusqu'à la fin de la période pour laquelle elles ont été données. Les demandes de mise en œuvre et les demandes de renouvellement sont soumises à la Commission nationale de contrôle des techniques de renseignement et instruites par celle-ci en prenant en compte les avis et les décisions pris avant son installation (L. préc., art. 21-IV).

Ces dispositions sont applicables en Polynésie française, en Nouvelle-Calédonie, à Wallis-et-Futuna et dans les Terres australes et antarctiques françaises (L. préc., art. 24).

COMMENTAIRE

Voir commentaire sur le Code en ligne.

Art. L. 801-1 Le respect de la vie privée, dans toutes ses composantes, notamment le secret des correspondances, la protection des *(Ord. n° 2018-1125 du 12 déc. 2018, art. 22 et 29, en vigueur le 1er juin 2019)* « données à caractère personnel » et l'inviolabilité du domicile, est garanti par la loi. L'autorité publique ne peut y porter atteinte que dans les seuls cas de nécessité d'intérêt public prévus par la loi, dans les limites fixées par celle-ci et dans le respect du principe de proportionnalité.

L'autorisation et la mise en œuvre sur le territoire national des techniques de recueil de renseignement mentionnées aux chapitres I à III du titre V du présent livre ne peuvent être décidées que si :

1° Elles procèdent d'une autorité ayant légalement compétence pour le faire ;

2° Elles résultent d'une procédure conforme au titre II du même livre ;

3° Elles respectent les missions confiées aux services mentionnés à l'article L. 811-2 ou aux services désignés par le décret en Conseil d'État prévu à l'article L. 811-4 ;

4° Elles sont justifiées par les menaces, les risques et les enjeux liés aux intérêts fondamentaux de la Nation mentionnés à l'article L. 811-3 ;

5° Les atteintes qu'elles portent au respect de la vie privée sont proportionnées aux motifs invoqués.

La Commission nationale de contrôle des techniques de renseignement s'assure, dans les conditions prévues au présent livre, du respect de ces principes. Le Conseil d'État statue sur les recours formés contre les décisions relatives à l'autorisation et à la mise en œuvre de ces techniques et ceux portant sur la conservation des renseignements collectés.

COMMENTAIRE

Voir commentaire sur le Code en ligne.

TITRE I DISPOSITIONS GÉNÉRALES

COMMENTAIRE

Voir commentaire sur le Code en ligne.

Art. L. 811-1 La politique publique de renseignement concourt à la stratégie de sécurité nationale ainsi qu'à la défense et à la promotion des intérêts fondamentaux de la Nation. Elle relève de la compétence exclusive de l'État.

COMMENTAIRE

Voir commentaire sur le Code en ligne.

Art. L. 811-2 Les services spécialisés de renseignement sont désignés par décret en Conseil d'État. Ils ont pour missions, en France et à l'étranger, la recherche, la collecte, l'exploitation et la mise à disposition du Gouvernement des renseignements relatifs aux enjeux géopolitiques et stratégiques ainsi qu'aux menaces et aux risques susceptibles d'affecter la vie de la Nation. Ils contribuent à la connaissance et à l'anticipation de ces enjeux ainsi qu'à la prévention et à l'entrave de ces risques et de ces menaces.

Ils agissent dans le respect de la loi, sous l'autorité du Gouvernement et conformément aux orientations déterminées par le Conseil national du renseignement.

La mise en œuvre sur le territoire national du chapitre II du titre II et des chapitres I à III du titre V du présent livre est effectuée sans préjudice du second alinéa de l'article 40 du code de procédure pénale.

COMMENTAIRE

Voir commentaire sur le Code en ligne.

Code de procédure pénale

Art. 40 *(L. n° 85-1407 du 30 déc. 1985)* « Le procureur de la République reçoit les plaintes et les dénonciations et apprécie la suite à leur donner » *(L. n° 2004-204 du 9 mars 2004, art. 74)* « conformément aux dispositions de l'article 40-1 ». *(Abrogé par L. n° 2004-204 du 9 mars 2004, art. 74)* « *Il avise le plaignant du classement de l'affaire ainsi que la victime lorsque celle-ci est identifiée. (L. n° 98-468 du 17 juin 1998) « Lorsqu'il s'agit de faits commis contre un mineur et prévus et réprimés par les articles 222-23 à 222-32 et 227-22 à 227-27 du code pénal, l'avis de classement doit être motivé et notifié par écrit.* »

Toute autorité constituée, tout officier public ou fonctionnaire qui, dans l'exercice de ses fonctions, acquiert la connaissance d'un crime ou d'un délit est tenu d'en donner avis sans délai au procureur de la République et de transmettre à ce magistrat tous les renseignements, procès-verbaux et actes qui y sont relatifs.

Art. L. 811-3 Pour le seul exercice de leurs missions respectives, les services spécialisés de renseignement peuvent recourir aux techniques mentionnées au titre V du présent livre pour le recueil des renseignements relatifs à la défense et à la promotion des intérêts fondamentaux de la Nation suivants :

1° L'indépendance nationale, l'intégrité du territoire et la défense nationale ;

2° Les intérêts majeurs de la politique étrangère, l'exécution des engagements européens et internationaux de la France et la prévention de toute forme d'ingérence étrangère ;

3° Les intérêts économiques, industriels et scientifiques majeurs de la France ;

4° La prévention du terrorisme ;

5° La prévention :

a) Des atteintes à la forme républicaine des institutions ;

b) Des actions tendant au maintien ou à la reconstitution de groupements dissous en application de l'article L. 212-1 ;

c) Des violences collectives de nature à porter gravement atteinte à la paix publique ;
6° La prévention de la criminalité et de la délinquance organisées ;
7° La prévention de la prolifération des armes de destruction massive.

COMMENTAIRE

Voir commentaire sur le Code en ligne. ❑

Art. L. 811-4 Un décret en Conseil d'État, pris après avis de la Commission nationale de contrôle des techniques de renseignement, désigne les services, autres que les services spécialisés de renseignement, relevant des ministres de la défense *(L. n° 2016-731 du 3 juin 2016, art. 14-I-1°)* « , de l'intérieur et de la justice » ainsi que des ministres chargés de l'économie, du budget ou des douanes, qui peuvent être autorisés à recourir aux techniques mentionnées au titre V du présent livre dans les conditions prévues au même livre. Il précise, pour chaque service, les finalités mentionnées à l'article L. 811-3 et les techniques qui peuvent donner lieu à autorisation.

COMMENTAIRE

Voir commentaire sur le Code en ligne. ❑

TITRE II DE LA PROCÉDURE APPLICABLE AUX TECHNIQUES DE RECUEIL DE RENSEIGNEMENT SOUMISES À AUTORISATION

(L. n° 2015-912 du 24 juill. 2015, art. 2, en vigueur le 3 oct. 2015)

Sur l'entrée en vigueur des dispositions issues de la L. n° 2015-912 du 24 juill. 2015, V. note ss. le présent livre VIII.

COMMENTAIRE

Voir commentaire sur le Code en ligne. ❑

CHAPITRE I *DE L'AUTORISATION DE MISE EN ŒUVRE*

Art. L. 821-1 La mise en œuvre sur le territoire national des techniques de recueil de renseignement mentionnées *(L. n° 2017-1510 du 30 oct. 2017, art. 15-I)* « aux chapitres I à IV du » titre V du présent livre est soumise à autorisation préalable du Premier ministre, délivrée après avis de la Commission nationale de contrôle des techniques de renseignement.

(L. n° 2021-998 du 30 juill. 2021, art. 18) « Lorsque l'autorisation est délivrée après un avis défavorable de la Commission nationale de contrôle des techniques de renseignement, le Conseil d'État est immédiatement saisi par le président de la commission ou, à défaut, par l'un des membres de la commission parmi ceux mentionnés aux 2° et 3° de l'article L. 831-1 du présent code. La formation spécialisée mentionnée à l'article L. 773-2 du code de justice administrative, le président de la formation restreinte mentionnée au même article L. 773-2 ou le membre qu'il délègue statue dans un délai de vingt-quatre heures à compter de cette saisine. La décision d'autorisation du Premier ministre ne peut être exécutée avant que le Conseil d'État ait statué, sauf en cas d'urgence dûment justifiée et si le Premier ministre a ordonné sa mise en œuvre immédiate.

« Lorsqu'il est saisi en application du deuxième alinéa du présent article, le Conseil d'État statue dans les conditions prévues au chapitre III *bis* du titre VII du livre VII du code de justice administrative.

« Les techniques de recueil de renseignement » ne peuvent être mises en œuvre que par des agents individuellement désignés et habilités.

COMMENTAIRE

Voir commentaire sur le Code en ligne.

Art. L. 821-2 L'autorisation mentionnée à l'article L. 821-1 est délivrée sur demande écrite et motivée du ministre de la défense, du ministre de l'Intérieur *(L. nº 2016-731 du 3 juin 2016, art. 14-I-2º)* « , du ministre de la justice » ou des ministres chargés de l'économie, du budget ou des douanes. Chaque ministre ne peut déléguer cette attribution individuellement qu'à des collaborateurs directs habilités au secret de la défense nationale.

La demande précise :

1° La ou les techniques à mettre en œuvre ;

2° Le service pour lequel elle est présentée ;

3° La ou les finalités poursuivies ;

4° Le ou les motifs des mesures ;

5° La durée de validité de l'autorisation ;

6° La ou les personnes, le ou les lieux ou véhicules concernés.

Pour l'application du 6°, les personnes dont l'identité n'est pas connue peuvent être désignées par leurs identifiants ou leur qualité et les lieux ou véhicules peuvent être désignés par référence aux personnes faisant l'objet de la demande.

Lorsqu'elle a pour objet le renouvellement d'une autorisation, la demande expose les raisons pour lesquelles ce renouvellement est justifié au regard de la ou des finalités poursuivies.

COMMENTAIRE

Voir commentaire sur le Code en ligne.

Art. L. 821-3 La demande est communiquée au président ou, à défaut, à l'un des membres de la Commission nationale de contrôle des techniques de renseignement parmi ceux mentionnés aux 2° et 3° de l'article L. 831-1, qui rend un avis au Premier ministre dans un délai de vingt-quatre heures. Si la demande est examinée par la formation restreinte ou par la formation plénière de la commission, le Premier ministre en est informé sans délai et l'avis est rendu dans un délai de soixante-douze heures.

Les avis mentionnés au présent article sont communiqués sans délai au Premier ministre. En l'absence d'avis transmis dans les délais prévus au même article, celui-ci est réputé rendu.

COMMENTAIRE

Voir commentaire sur le Code en ligne.

Art. L. 821-4 L'autorisation de mise en œuvre des techniques mentionnées *(L. nº 2017-1510 du 30 oct. 2017, art. 15-I)* « aux chapitres I à IV du » titre V du présent livre est délivrée par le Premier ministre pour une durée maximale de quatre mois. Le Premier ministre ne peut déléguer cette attribution individuellement qu'à des collaborateurs directs habilités au secret de la défense nationale. L'autorisation comporte les motivations et mentions prévues aux 1° à 6° de l'article L. 821-2. Toute autorisation est renouvelable dans les mêmes conditions que celles prévues au présent chapitre.

Lorsque l'autorisation est délivrée après un avis défavorable de la Commission nationale de contrôle des techniques de renseignement, elle indique les motifs pour lesquels cet avis n'a pas été suivi.

L'autorisation du Premier ministre est communiquée sans délai au ministre responsable de son exécution ainsi qu'à la commission.

La demande et l'autorisation sont enregistrées par les services du Premier ministre. Les registres sont tenus à la disposition de la Commission nationale de contrôle des techniques de renseignement.

COMMENTAIRE

Voir commentaire sur le Code en ligne.

Art. L. 821-5 *(Abrogé par L. nº 2021-998 du 30 juill. 2021, art. 18)* ***En cas d'urgence absolue et pour les seules finalités mentionnées aux 1º et 4º et au a du 5º de l'article L. 811-3, le Premier ministre, ou l'une des personnes déléguées mentionnées à l'article L. 821-4, peut délivrer de manière exceptionnelle l'autorisation mentionnée au même article L. 821-4 sans avis préalable de la Commission nationale de contrôle des techniques de renseignement. Il en informe celle-ci sans délai et par tout moyen.***

Le Premier ministre fait parvenir à la commission, dans un délai maximal de vingt-quatre heures à compter de la délivrance de l'autorisation, tous les éléments de motivation mentionnés audit article L. 821-4 et ceux justifiant le caractère d'urgence absolue au sens du présent article.

COMMENTAIRE

Voir commentaire sur le Code en ligne.

Art. L. 821-6 *[Dispositions déclarées non conformes à la Constitution par la décision du Conseil constitutionnel nº 2015-713 DC du 23 juill. 2015.]*

Art. L. 821-7 **Un parlementaire, un magistrat, un avocat ou un journaliste ne peut être l'objet d'une demande de mise en œuvre, sur le territoire national, d'une technique de recueil de renseignement mentionnée** *(L. nº 2017-1510 du 30 oct. 2017, art. 15-I)* **« aux chapitres I à IV du » titre V du présent livre à raison de l'exercice de son mandat ou de sa profession. Lorsqu'une telle demande concerne l'une de ces personnes ou ses véhicules, ses bureaux ou ses domiciles, l'avis de la Commission nationale de contrôle des techniques de renseignement est examiné en formation plénière.** *(Abrogé par L. nº 2021-998 du 30 juill. 2021, art. 18)* ***« L'article L. 821-5 n'est pas applicable. »*** – *[Dispositions déclarées non conformes à la Constitution par la décision du Conseil constitutionnel nº 2015-713 DC du 23 juill. 2015.]*

(L. nº 2021-998 du 30 juill. 2021, art. 18) **« Le caractère d'urgence mentionné à la dernière phrase du deuxième alinéa de l'article L. 821-1 ne peut être invoqué pour les autorisations concernant l'une des personnes mentionnées au premier alinéa du présent article ou ses véhicules, ses bureaux ou ses domiciles. »**

La commission est informée des modalités d'exécution des autorisations délivrées en application du présent article.

Les transcriptions des renseignements collectés en application du présent article sont transmises à la commission, qui veille au caractère nécessaire et proportionné des atteintes, le cas échéant, portées aux garanties attachées à l'exercice de ces activités professionnelles ou mandats.

COMMENTAIRE

Voir commentaire sur le Code en ligne.

Art. L. 821-8 **La Commission nationale de contrôle des techniques de renseignement peut adresser des recommandations et saisir le Conseil d'État dans les conditions prévues, respectivement, aux articles L. 833-6 et L. 833-8.**

CHAPITRE II ***DES RENSEIGNEMENTS COLLECTÉS***

Art. L. 822-1 **Les procédures prévues au présent chapitre sont mises en œuvre sous l'autorité du Premier ministre dans des conditions qu'il définit après consultation de la Commission nationale de contrôle des techniques de renseignement.**

Le Premier ministre organise la traçabilité de l'exécution des techniques autorisées en application du chapitre I du présent titre et définit les modalités de la centralisation des renseignements collectés.

A cet effet, un relevé de chaque mise en œuvre d'une technique de recueil de renseignement est établi. Il mentionne les dates de début et de fin de cette mise en œuvre ainsi que la nature des renseignements collectés. Ce relevé est tenu à la disposition

de la commission, qui peut y accéder de manière permanente, complète et directe, quel que soit son degré d'achèvement.

COMMENTAIRE

Voir commentaire sur le Code en ligne.

Art. L. 822-2 **I. — Les renseignements collectés par la mise en œuvre d'une technique de recueil de renseignement autorisée en application du chapitre I du présent titre sont détruits à l'issue d'une durée de :**

1° Trente jours à compter de leur recueil pour les correspondances interceptées en application *(L. nº 2017-1510 du 30 oct. 2017, art. 15-I)* **« des articles L. 852-1 »** *(L. nº 2021-998 du 30 juill. 2021, art. 13, applicable jusqu'au 31 juill. 2025)* **« , L. 852-2 et L. 852-3 »** *(Abrogé par L. nº 2021-998 du 30 juill. 2021, art. 10)* ***« et pour les paroles captées en application de l'article L. 853-1 »*** **;**

2° Cent vingt jours à compter de leur recueil pour *(L. nº 2021-998 du 30 juill. 2021, art. 16)* **« les adresses complètes de ressources sur internet recueillies par la mise en œuvre de la technique prévue à l'article L. 851-2 et pour » les renseignements collectés par la mise en œuvre des techniques mentionnées au chapitre III du titre V du présent livre, à l'exception des informations ou documents mentionnés à l'article L. 851-1 ;**

3° Quatre ans à compter de leur recueil pour les informations ou documents mentionnés à l'article L. 851-1.

Pour ceux des renseignements qui sont chiffrés, le délai court à compter de leur déchiffrement. Ils ne peuvent être conservés plus de six ans à compter de leur recueil.

Dans une mesure strictement nécessaire aux besoins de l'analyse technique et à l'exclusion de toute utilisation pour la surveillance des personnes concernées, les renseignements collectés qui contiennent des éléments de cyberattaque ou qui sont chiffrés, ainsi que les renseignements déchiffrés associés à ces derniers, peuvent être conservés au-delà des durées mentionnées au présent I.

II. — Par dérogation au I, les renseignements qui concernent une requête dont le Conseil d'État a été saisi ne peuvent être détruits. A l'expiration des délais prévus au même I, ils sont conservés pour les seuls besoins de la procédure devant le Conseil d'État.

(L. nº 2021-998 du 30 juill. 2021, art. 10) **« III. — Aux seules fins de recherche et de développement en matière de capacités techniques de recueil et d'exploitation des renseignements et à l'exclusion de toute utilisation pour la surveillance des personnes concernées, les services spécialisés de renseignement mentionnés à l'article L. 811-2 peuvent conserver au***[-]***delà des durées prévues au présent article les renseignements mentionnés au I du présent article. Cette conservation est opérée dans la mesure strictement nécessaire à l'acquisition des connaissances suffisantes pour développer, améliorer et valider les capacités techniques de recueil et d'exploitation.**

« Les renseignements mentionnés au premier alinéa du présent III sont conservés de manière à n'être accessibles, dans les locaux des services mentionnés au même premier alinéa, qu'aux seuls agents des services mentionnés audit premier alinéa spécialement habilités à cet effet et exclusivement affectés à cette mission, dans des conditions ne faisant plus apparaître les motifs et les finalités pour lesquels ils ont été collectés et ne permettant pas de rechercher l'identité des personnes concernées. Ils sont également accessibles, dans les mêmes conditions, aux agents du service du ministère de la défense mentionné à l'article L. 2371-2 du code de la défense spécialement habilités à cet effet.

« Les paramètres techniques applicables à chaque programme de recherche afin de garantir le respect des conditions prévues aux deux premiers alinéas du présent III ainsi que toute évolution substantielle de ces paramètres sont soumis à une autorisation préalable du Premier ministre, délivrée après avis de la Commission nationale de contrôle des techniques de renseignement.

« Les renseignements mentionnés au premier alinéa du présent III sont détruits dès que leur conservation n'est plus indispensable à la validation de capacités techniques de recueil et d'exploitation mentionnées au même premier alinéa, et au plus tard cinq ans après leur recueil.

« La Commission nationale de contrôle des techniques de renseignement veille à ce que la mise en œuvre des programmes de recherche respecte les conditions prévues au présent III. Elle peut adresser au Premier ministre, à tout moment, une recommandation tendant à la suspension ou à l'interruption d'un programme de recherche dont elle estime qu'il ne respecte plus ces conditions. »

COMMENTAIRE

Voir commentaire sur le Code en ligne.

Art. L. 822-2-1 *(L. n° 2021-998 du 30 juill. 2021, art. 10)* **Le service du Premier ministre mentionné aux articles L. 851-1, L. 851-3, L. 851-4, L. 851-6 et L. 852-1 peut conserver, dans les conditions prévues au III de l'article L. 822-2 et avec l'accord du ou des services pour lesquels ces renseignements ont été collectés, les renseignements mentionnés au I du même article L. 822-2 dont il organise la centralisation et qui ne sont accessibles qu'à ses agents spécialement habilités à cette fin.**

COMMENTAIRE

Voir commentaire sur le Code en ligne.

Art. L. 822-3 *(L. n° 2021-998 du 30 juill. 2021, art. 9)* **« I. — » Les renseignements ne peuvent être collectés, transcrits** *(L. n° 2021-998 du 30 juill. 2021, art. 9)* **« , extraits ou transmis » pour d'autres finalités que celles mentionnées à l'article L. 811-3.** *(Abrogé par L. n° 2021-998 du 30 juill. 2021, art. 9)* ***« Ces opérations sont soumises au contrôle de la Commission nationale de contrôle des techniques de renseignement. »***

(L. n° 2021-998 du 30 juill. 2021, art. 9) **« Lorsqu'un service spécialisé de renseignement mentionné à l'article L. 811-2 ou un service désigné par le décret en Conseil d'État prévu à l'article L. 811-4 obtient, à la suite de la mise en œuvre d'une technique mentionnée au titre V du présent livre, des renseignements utiles à la poursuite d'une finalité différente de celle qui en a justifié le recueil, il peut les transcrire ou les extraire pour le seul exercice de ses missions, dans la limite des finalités mentionnées à l'article L. 811-3.**

« II. — Sous réserve du deuxième alinéa et des 1° et 2° du présent II, un service spécialisé de renseignement mentionné à l'article L. 811-2 ou un service désigné par le décret en Conseil d'État prévu à l'article L. 811-4 peut transmettre à un autre de ces services les renseignements collectés, extraits ou transcrits dont il dispose, si cette transmission est strictement nécessaire à l'exercice des missions du service destinataire, dans la limite des finalités mentionnées à l'article L. 811-3.

« Sont subordonnées à une autorisation préalable du Premier ministre, délivrée dans les conditions prévues aux articles L. 821-1 à L. 821-4 après avis de la Commission nationale de contrôle des techniques de renseignement :

« 1° Les transmissions de renseignements collectés, lorsqu'elles poursuivent une finalité différente de celle qui en a justifié le recueil ;

« 2° Les transmissions de renseignements collectés, extraits ou transcrits qui sont issus de la mise en œuvre d'une technique de recueil de renseignements à laquelle le service destinataire n'aurait pu recourir au titre de la finalité motivant la transmission.

« Ces transmissions sont sans effet sur la durée de conservation de chacun des renseignements collectés, qui court à compter de la date de leur recueil. A l'issue de cette durée, chaque service procède à la destruction des renseignements, selon les modalités définies à l'article L. 822-4.

« Le responsable de chaque service spécialisé de renseignement mentionné à l'article L. 811-2 ou de chaque service désigné par le décret en Conseil d'État prévu à l'article L. 811-4 désigne un agent chargé de veiller, sous son contrôle, au respect de l'application du présent II. Cet agent est informé par ses homologues dans les autres services de la destruction, dans les conditions fixées à l'avant-dernier alinéa du présent II, des renseignements que son service a été autorisé à recueillir. Il rend compte sans délai au responsable de son service de toute difficulté dans l'application du présent II.

« III. – » Les transcriptions ou les extractions doivent être détruites dès que leur conservation n'est plus indispensable à la poursuite *(L. nº 2021-998 du 30 juill. 2021, art. 9)* **« des finalités mentionnées au I.**

« IV. – Les opérations mentionnées aux I à III sont soumises au contrôle de la Commission nationale de contrôle des techniques de renseignement. »

COMMENTAIRE

Voir commentaire sur le Code en ligne.

Art. L. 822-4 *(L. nº 2021-998 du 30 juill. 2021, art. 9)* **Les opérations de destruction des renseignements collectés mentionnées à l'article L. 822-2, les transcriptions et les extractions mentionnées au I de l'article L. 822-3 ainsi que les transmissions mentionnées au II du même article L. 822-3 sont effectuées par des agents individuellement désignés et habilités. Elles font l'objet de relevés tenus à la disposition de la Commission nationale de contrôle des techniques de renseignement, qui précisent :**

1° S'agissant des transcriptions ou des extractions, si elles ont été effectuées pour une finalité différente de celle qui en a justifié le recueil ;

2° S'agissant des transmissions, leur nature, leur date et leur finalité ainsi que les services qui en ont été destinataires.

Lorsque les transcriptions, les extractions ou les transmissions poursuivent une finalité différente de celle au titre de laquelle les renseignements ont été recueillis, les relevés sont immédiatement transmis à la Commission nationale de contrôle des techniques de renseignement.

COMMENTAIRE

Voir commentaire sur le Code en ligne.

TITRE III DE LA COMMISSION NATIONALE DE CONTRÔLE DES TECHNIQUES DE RENSEIGNEMENT

A compter du lendemain de la publication au JO du décret nommant le président de la Commission nationale de contrôle des techniques de renseignement, soit le 3 oct. 2015 (Décr. du 1er oct. 2015, JO 2 oct.), la Commission nationale de contrôle des techniques de renseignement exerce les compétences confiées par les dispositions du titre IV du livre II à la Commission nationale de contrôle des interceptions de sécurité (L. préc., art. 26-III), de même que les moyens et les archives de cette dernière lui sont dévolus (L. préc., art. 21-IV). Ces dispositions sont applicables en Polynésie française, en Nouvelle-Calédonie, à Wallis-et-Futuna et dans les Terres australes et antarctiques françaises (L. préc., art. 24).

Sur l'organisation administrative et financière de la Commission nationale de contrôle des techniques de renseignement, V. Décr. nº 2015-1186 du 29 sept. 2015 (JO 30 sept.).

COMMENTAIRE

Voir commentaire sur le Code en ligne.

CHAPITRE III *MISSIONS*

Art. L. 833-1 La Commission nationale de contrôle des techniques de renseignement veille à ce que les techniques de recueil de renseignement soient mises en œuvre sur le territoire national conformément au présent livre.

COMMENTAIRE

Voir commentaire sur le Code en ligne.

Art. L. 833-2 Pour l'accomplissement de ses missions, la commission :

1° Reçoit communication de toutes demandes et autorisations mentionnées au présent livre ;

2° Dispose d'un accès permanent, complet et direct aux relevés, registres, renseignements collectés, transcriptions *(L. nº 2021-998 du 30 juill. 2021, art. 9)* « , extractions et transmissions » mentionnés au présent livre *[Dispositions déclarées non conformes à la Constitution par la décision du Conseil constitutionnel nº 2015-713 DC du 23 juill. 2015]* *(L. nº 2021-998 du 30 juill. 2021, art. 10)* « , aux dispositifs de traçabilité des renseignements collectés et aux locaux où sont centralisés ces renseignements en application de l'article L. 822-1 ainsi qu'aux renseignements mentionnés au III de l'article L. 822-2 ; »

3° Est informée à tout moment, à sa demande, des modalités d'exécution des autorisations en cours ;

4° Peut solliciter du Premier ministre tous les éléments nécessaires à l'accomplissement de ses missions, y compris lorsque la technique de recueil de renseignement mise en œuvre n'a fait l'objet ni d'une demande, ni d'une autorisation ou ne répond pas aux conditions de traçabilité, à l'exclusion des éléments communiqués par des services étrangers ou par des organismes internationaux ou qui pourraient donner connaissance à la commission, directement ou indirectement, de l'identité des sources des services spécialisés de renseignement ;

5° Peut solliciter du Premier ministre tout ou partie des rapports de l'inspection des services de renseignement ainsi que des rapports des services d'inspection générale des ministères portant sur les services qui relèvent de leur compétence, en lien avec les missions de la commission.

COMMENTAIRE

Voir commentaire sur le Code en ligne.

Art. L. 833-3 Les ministres, les autorités publiques et les agents publics prennent toutes mesures utiles pour faciliter l'action de la commission.

Est puni d'un an d'emprisonnement et de 15 000 € d'amende le fait d'entraver l'action de la commission :

1° Soit en refusant de communiquer à la commission les documents et les renseignements qu'elle a sollicités en application de l'article L. 833-2, ou en dissimulant lesdits documents ou renseignements, ou en les faisant disparaître ;

2° Soit en communiquant des transcriptions ou des extractions qui ne sont pas conformes au contenu des renseignements collectés tel qu'il était au moment où la demande a été formulée ;

3° Soit en s'opposant à l'exercice des missions confiées à ses membres ou aux agents habilités en application de l'article L. 832-5.

Art. L. 833-4 De sa propre initiative ou lorsqu'elle est saisie d'une réclamation de toute personne souhaitant vérifier qu'aucune technique de renseignement n'est irrégulièrement mise en œuvre à son égard, la commission procède au contrôle de la ou des techniques invoquées en vue de vérifier qu'elles ont été ou sont mises en œuvre dans le respect du présent livre. Elle notifie à l'auteur de la réclamation qu'il a été procédé aux vérifications nécessaires, sans confirmer ni infirmer leur mise en œuvre.

COMMENTAIRE

Voir commentaire sur le Code en ligne.

Art. L. 833-5 Lorsqu'elle rend un avis sur la demande d'autorisation pour la mise en œuvre d'une technique de renseignement prévue aux chapitres I à III du titre V du présent livre ou qu'elle en contrôle la mise en œuvre, la commission vérifie que la mesure respecte l'article L. 801-1.

COMMENTAIRE

Voir commentaire sur le Code en ligne.

Art. L. 833-6 La commission peut adresser, à tout moment, au Premier ministre, au ministre responsable de son exécution et au service concerné une recommandation

tendant à ce que la mise en œuvre d'une technique soit interrompue et les renseignements collectés détruits lorsqu'elle estime que :

1° Une autorisation a été accordée en méconnaissance du présent livre ;

2° Une technique a été mise en œuvre en méconnaissance du présent livre ;

3° La collecte, la transcription, l'extraction, la conservation *(L. nº 2021-998 du 30 juill. 2021, art. 9)* **« , la destruction » des renseignements collectés** *(L. nº 2021-998 du 30 juill. 2021, art. 9)* **« ou leur transmission entre services » est effectuée en méconnaissance du chapitre II du titre II du présent livre.**

COMMENTAIRE

Voir commentaire sur le Code en ligne.

Art. L. 833-7 Le Premier ministre informe sans délai la commission des suites données à ses recommandations.

Art. L. 833-8 Le Conseil d'État peut être saisi d'un recours prévu au 2° de l'article L. 841-1 soit par le président de la commission lorsque le Premier ministre ne donne pas suite aux avis ou aux recommandations de la commission ou que les suites qui y sont données sont estimées insuffisantes, soit par au moins trois membres de la commission.

COMMENTAIRE

Voir commentaire sur le Code en ligne.

Art. L. 833-9 *(Abrogé par L. nº 2017-55 du 20 janv. 2017, art. 39-6º)* ***« La commission établit chaque année un rapport public dressant le bilan de son activité. »***

Dans le respect du secret de la défense nationale et sans révéler des procédures ou des méthodes opérationnelles, le rapport public de la commission fait état du nombre :

1° De demandes dont elle a été saisie et d'avis qu'elle a rendus ;

2° De réclamations dont elle a été saisie ;

3° De recommandations qu'elle a adressées au Premier ministre et de suites favorables données à ces recommandations ;

4° D'observations qu'elle a adressées au Premier ministre et d'avis qu'elle a rendus sur demande ;

(Abrogé par L. nº 2021-998 du 30 juill. 2021, art. 18) ***« 5º D'utilisation des procédures d'urgence définies aux articles L. 821-5*** *[Dispositions déclarées non conformes à la Constitution par la décision du Conseil constitutionnel nº 2015-713 DC du 23 juill. 2015]* ***; »***

(L. nº 2021-998 du 30 juill. 2021, art. 18) **« 5° » De recours dont elle a saisi le Conseil d'État et de recours pour lesquels elle a produit des observations devant lui** *[Anc. 6º (L. nº 2021-998 du 30 juill. 2021, art. 18-4º-b).]*.

COMMENTAIRE

Voir commentaire sur le Code en ligne.

Art. L. 833-10 La commission peut adresser au Premier ministre, à tout moment, les observations qu'elle juge utiles.

Ces observations sont communiquées par le Premier ministre à la délégation parlementaire au renseignement, sous réserve du respect du dernier alinéa du I et du premier alinéa du IV de l'article 6 *nonies* de l'ordonnance nº 58-1100 du 17 novembre 1958 relative au fonctionnement des assemblées parlementaires.

COMMENTAIRE

Voir commentaire sur le Code en ligne.

Art. L. 833-11 La commission répond aux demandes d'avis du Premier ministre, du président de l'Assemblée nationale, du président du Sénat et de la délégation parlementaire au renseignement.

Dans le respect du secret de la défense nationale, la commission peut consulter l'Autorité de régulation des communications électroniques et des postes ou répondre aux demandes de celle-ci.

COMMENTAIRE

Voir commentaire sur le Code en ligne 🏛. ❑

TITRE IV DES RECOURS RELATIFS À LA MISE EN ŒUVRE DES TECHNIQUES DE RENSEIGNEMENT SOUMISES À AUTORISATION ET DES FICHIERS INTÉRESSANT LA SÛRETÉ DE L'ÉTAT

COMMENTAIRE

Voir commentaire sur le Code en ligne 🏛. ❑

Code de justice administrative

LIVRE III. **LA COMPÉTENCE**

TITRE I. LA COMPÉTENCE DU PREMIER RESSORT

CHAPITRE I. *LA COMPÉTENCE EN RAISON DE LA MATIÈRE*

Art. L. 311-4-1 *(L. nº 2015-912 du 24 juill. 2015, art. 10-1º, en vigueur dans le 3 oct. 2015)* Le Conseil d'État est compétent pour connaître, en premier et dernier ressort, des requêtes concernant la mise en œuvre des techniques de renseignement mentionnées au titre V du livre VIII du code de la sécurité intérieure et la mise en œuvre de l'article *(Ord. nº 2018-1125 du 12 déc. 2018, art. 10 et 29, en vigueur le 1er juin 2019)* « 52 » de la loi nº 78-17 du 6 janvier 1978 relative à l'informatique, aux fichiers et aux libertés, pour certains traitements ou parties de traitements intéressant la sûreté de l'État.

Le Conseil d'État peut être saisi, en premier et dernier ressort, comme juge des référés.

LIVRE VII. **LE JUGEMENT**

TITRE VII. DISPOSITIONS SPÉCIALES

CHAPITRE III *BIS*. *LE CONTENTIEUX DE LA MISE EN ŒUVRE DES TECHNIQUES DE RENSEIGNEMENT SOUMISES À AUTORISATION ET DES FICHIERS INTÉRESSANT LA SÛRETÉ DE L'ÉTAT*

(L. nº 2015-912 du 24 juill. 2015, art. 10-2º, en vigueur dans les conditions décrites ci-dessous)

Les dispositions de l'art. 10 de la L. nº 2015-912 du 24 juill. 2015 sont applicables à Wallis-et-Futuna (L. préc., art. 24).

Les dispositions de l'art. 10 de la L. nº 2015-912 du 24 juill. 2015 entrent en vigueur au lendemain de la publication au JO du décret nommant le président de la Commission nationale de contrôle des techniques de renseignement (L. préc., art. 26-I), soit le 3 oct. 2015 (Décr. nº 2015-1211 du 1er oct. 2015).

V. également art. R. 773-7 s.

Art. L. 773-1 Le Conseil d'État examine les requêtes présentées sur le fondement des articles L. 841-1 et L. 841-2 du code de la sécurité intérieure conformément aux règles générales du présent code, sous réserve des dispositions particulières du présent chapitre *[Dispositions déclarées non conformes à la Constitution par la décision du Conseil constitutionnel nº 2015-713 DC du 23 juillet 2015] (L. nº 2015-1556 du 30 nov. 2015, art. 2)* « et du chapitre IV du titre V du livre VIII du code de la sécurité intérieure ».

V. note ss. chap. III bis sur l'entrée en vigueur.

Art. L. 773-2 Sous réserve de l'inscription à un rôle de l'assemblée du contentieux ou de la section du contentieux qui siègent alors dans une formation restreinte, les affaires relevant du présent chapitre sont portées devant une formation spécialisée. La composition de ces formations est fixée par décret en Conseil d'État.

Préalablement au jugement d'une affaire, l'inscription à un rôle de l'assemblée du contentieux ou de la section du contentieux de l'examen d'une question de droit posée par cette affaire peut être demandée. L'assemblée du contentieux ou la section du contentieux siègent dans leur formation de droit commun.

Les membres des formations mentionnées au premier alinéa et leur rapporteur public sont habilités ès qualités au secret de la défense nationale. Les agents qui les assistent doivent être habilités au secret de la défense nationale aux fins d'accéder aux informations et aux documents nécessaires à l'accomplissement de leur mission. Les membres de ces formations et leur rapporteur public sont astreints, comme les agents qui les assistent, au respect des secrets protégés aux articles 413-10 et 226-13 du code pénal pour les faits, les actes et les renseignements dont ils peuvent avoir connaissance dans l'exercice de leurs fonctions.

Dans le cadre de l'instruction de la requête, les membres de la formation de jugement et le rapporteur public sont autorisés à connaître de l'ensemble des pièces en possession de la Commission nationale de contrôle des techniques de renseignement ou des services mentionnés à l'article L. 811-2 du code de la sécurité intérieure et ceux désignés par le décret en Conseil d'État mentionné à l'article L. 811-4 du même code et utiles à l'exercice de leur office, y compris celles protégées au titre de l'article 413-9 du code pénal.

V. note ss. chap. III bis sur l'entrée en vigueur.

Art. L. 773-3 Les exigences de la contradiction mentionnées à l'article L. 5 du présent code sont adaptées à celles du secret de la défense nationale.

La Commission nationale de contrôle des techniques de renseignement est informée de toute requête présentée sur le fondement de l'article L. 841-1 du code de la sécurité intérieure. Elle est invitée à présenter, le cas échéant, des observations écrites ou orales. L'intégralité des pièces produites par les parties lui est communiquée.

La formation chargée de l'instruction entend les parties séparément lorsqu'est en cause le secret de la défense nationale.

V. note ss. chap. III bis sur l'entrée en vigueur.

Art. L. 773-4 Le président de la formation de jugement ordonne le huis-clos lorsque est en cause le secret de la défense nationale.

V. note ss. chap. III bis sur l'entrée en vigueur.

Art. L. 773-5 La formation de jugement peut relever d'office tout moyen.

V. note ss. chap. III bis sur l'entrée en vigueur.

Art. L. 773-6 Lorsque la formation de jugement constate l'absence d'illégalité dans la mise en œuvre d'une technique de recueil de renseignement, la décision indique au requérant ou à la juridiction de renvoi qu'aucune illégalité n'a été commise, sans confirmer ni infirmer la mise en œuvre d'une technique. Elle procède de la même manière en l'absence d'illégalité relative à la conservation des renseignements.

V. note ss. chap. III bis sur l'entrée en vigueur.

Art. L. 773-7 Lorsque la formation de jugement constate qu'une technique de recueil de renseignement est ou a été mise en œuvre illégalement ou qu'un renseignement a été conservé illégalement, elle peut annuler l'autorisation et ordonner la destruction des renseignements irrégulièrement collectés.

Sans faire état d'aucun élément protégé par le secret de la défense nationale, elle informe la personne concernée ou la juridiction de renvoi qu'une illégalité a été commise. Saisie de conclusions en ce sens lors d'une requête concernant la mise en œuvre d'une technique de renseignement ou ultérieurement, elle peut condamner l'État à indemniser le préjudice subi.

Lorsque la formation de jugement estime que l'illégalité constatée est susceptible de constituer une infraction, elle en avise le procureur de la République et transmet l'ensemble des éléments du dossier au vu duquel elle a statué à la Commission *(Abrogé par L. nº 2017-55 du 20 janv. 2017, art. 36) « consultative »* du secret de la défense nationale, afin que celle-ci donne au Premier ministre son avis sur la possibilité de déclassifier tout ou partie de ces éléments en vue de leur transmission au procureur de la République.

V. note ss. chap. III bis sur l'entrée en vigueur.

Art. L. 773-8 Lorsqu'elle traite des requêtes relatives à la mise en œuvre de l'article *(Ord. n° 2018-1125 du 12 déc. 2018, art. 10 et 29, en vigueur le 1er juin 2019)* « 52 » de la loi n° 78-17 du 6 janvier 1978 relative à l'informatique, aux fichiers et aux libertés, la formation de jugement se fonde sur les éléments contenus, le cas échéant, dans le traitement sans les révéler ni révéler si le requérant figure ou non dans le traitement. Toutefois, lorsqu'elle constate que le traitement ou la partie de traitement faisant l'objet du litige comporte des données à caractère personnel le concernant qui sont inexactes, incomplètes, équivoques ou périmées, ou dont la collecte, l'utilisation, la communication ou la conservation est interdite, elle en informe le requérant, sans faire état d'aucun élément protégé par le secret de la défense nationale. Elle peut ordonner que ces données soient, selon les cas, rectifiées, mises à jour ou effacées. Saisie de conclusions en ce sens, elle peut indemniser le requérant.

V. note ss. chap. III bis sur l'entrée en vigueur.

Les modifications introduites par l'Ord. n° 2018-1125 du 12 déc. 2018 sont entrées en vigueur en même temps que le Décr. n° 2019-536 du 29 mai 2019 pris pour son application le 1er juin 2019.

Art. L. 841-1 *[Dispositions déclarées non conformes à la Constitution par la décision du Conseil constitutionnel n° 2015-713 DC du 23 juill. 2015.] (L. n° 2015-1556 du 30 nov. 2015, art. 1er-2°)* **« Sous réserve des dispositions particulières prévues à l'article L. 854-9 du présent code, » le Conseil d'État est compétent pour connaître, dans les conditions prévues au chapitre III *bis* du titre VII du livre VII du code de justice administrative, des requêtes concernant la mise en œuvre des techniques de renseignement mentionnées au titre V du présent livre.**

Il peut être saisi par :

1° Toute personne souhaitant vérifier qu'aucune technique de renseignement n'est irrégulièrement mise en œuvre à son égard et justifiant de la mise en œuvre préalable de la procédure prévue à l'article L. 833-4 ;

2° La Commission nationale de contrôle des techniques de renseignement, dans les conditions prévues à l'article L. 833-8.

Lorsqu'une juridiction administrative ou une autorité judiciaire est saisie d'une procédure ou d'un litige dont la solution dépend de l'examen de la régularité d'une ou de plusieurs techniques de recueil de renseignement, elle peut, d'office ou sur demande de l'une des parties, saisir le Conseil d'État à titre préjudiciel. Il statue dans le délai d'un mois à compter de sa saisine.

COMMENTAIRE

Voir commentaire et jurisprudence sur le Code en ligne.

Art. L. 841-2 **Le Conseil d'État est compétent pour connaître, dans les conditions prévues au chapitre III *bis* du titre VII du livre VII du code de justice administrative, des requêtes concernant la mise en œuvre de l'article 118 de la loi n° 78-17 du 6 janvier 1978 relative à l'informatique, aux fichiers et aux libertés, pour les traitements ou parties de traitements intéressant la sûreté de l'État dont la liste est fixée par décret en Conseil d'État.**

COMMENTAIRE

Voir commentaire et jurisprudence sur le Code en ligne.

TITRE V DES TECHNIQUES DE RECUEIL DE RENSEIGNEMENT SOUMISES À AUTORISATION

COMMENTAIRE

Voir commentaire sur le Code en ligne.

CHAPITRE I *DES ACCÈS ADMINISTRATIFS AUX DONNÉES DE CONNEXION*

Le présent chap. comprend les art. L. 851-1 à L. 851-7. Les art. L. 851-1 et L. 851-4 sont respectivement issus du transfert des art. L. 246-1 et L. 246-3 (L. n° 2015-912 du 24 juill. 2015, art. 5-III-1° et 3°). Ces modifications entrent en vigueur dans les conditions décrites ss. les art. préc. du présent chap.

COMMENTAIRE

Voir commentaire sur le Code en ligne.

Art. L. 851-1 *(L. n° 2013-1168 du 18 déc. 2013, art. 20-I-2° et IV, en vigueur le 1er janv. 2015) (L. n° 2015-912 du 24 juill. 2015, art. 5-III-1°-a, en vigueur le 3 oct. 2015)* **« Dans les conditions prévues au chapitre I du titre II du présent livre », peut être autorisé le recueil, auprès des opérateurs de communications électroniques et des personnes mentionnées à l'article L. 34-1 du code des postes et des communications électroniques ainsi que des personnes mentionnées aux 1 et 2 du I de l'article 6 de la loi n° 2004-575 du 21 juin 2004 pour la confiance dans l'économie numérique, des informations ou documents traités ou conservés par leurs réseaux ou services de communications électroniques, y compris les données techniques relatives à l'identification des numéros d'abonnement ou de connexion à des services de communications électroniques, au recensement de l'ensemble des numéros d'abonnement ou de connexion d'une personne désignée, à la localisation des équipements terminaux utilisés ainsi qu'aux communications d'un abonné portant sur la liste des numéros appelés et appelants, la durée et la date des communications.** – *Anc. art. L. 246-1.*

(L. n° 2015-912 du 24 juill. 2015, art. 5-III-1°-b, en vigueur le 3 oct. 2015) **« Par dérogation à l'article L. 821-2, les demandes écrites et motivées portant sur les données techniques relatives à l'identification des numéros d'abonnement ou de connexion à des services de communications électroniques, ou au recensement de l'ensemble des numéros d'abonnement ou de connexion d'une personne désignée sont directement transmises à la Commission nationale de contrôle des techniques de renseignement par les agents individuellement désignés et habilités des services de renseignement mentionnés aux articles L. 811-2 et L. 811-4. La commission rend son avis dans les conditions prévues à l'article L. 821-3.**

« Un service du Premier ministre est chargé de recueillir les informations ou documents auprès des opérateurs et des personnes mentionnés au premier alinéa du présent article. La Commission nationale de contrôle des techniques de renseignement dispose d'un accès permanent, complet, direct et immédiat aux informations ou documents collectés.

« Les modalités d'application du présent article sont fixées par décret en Conseil d'État, pris après avis de la Commission nationale de l'informatique et des libertés et de la Commission nationale de contrôle des techniques de renseignement. »

COMMENTAIRE

Voir commentaire sur le Code en ligne.

Art. L. 851-2 *(L. n° 2016-987 du 21 juill. 2016, art. 15)* **I. – Dans les conditions prévues au chapitre I du titre II du présent livre et pour les seuls besoins de la prévention du terrorisme, peut être individuellement autorisé le recueil en temps réel, sur les réseaux des opérateurs et des personnes mentionnés à l'article L. 851-1, des informations ou documents mentionnés au même article L. 851-1 relatifs à une personne préalablement identifiée susceptible d'être en lien avec une menace** *(L. n° 2021-998 du 30 juill. 2021, art. 16)* **« , ainsi que des adresses complètes de ressources sur internet utilisées par cette personne ».** *(Abrogé par Cons. const. n° 2017-648 QPC du 4 août 2017, à compter du 1er nov. 2017)* ***« Lorsqu'il existe des raisons sérieuses de penser qu'une ou plusieurs personnes appartenant à l'entourage de la personne concernée par l'autorisation sont susceptibles de fournir des informations au titre de la finalité qui motive l'autorisation, celle-ci peut être également accordée individuellement pour chacune de ces personnes. »*** *(L. n° 2017-1510 du 30 oct. 2017, art. 15-I et II, en vigueur le 1er nov. 2017)* **« Lorsqu'il existe des raisons sérieuses de penser qu'une ou plusieurs personnes appartenant à l'entourage de la personne concernée par l'autorisation sont susceptibles de fournir des informations au titre de la finalité qui motive l'autorisation,**

celle-ci peut être également accordée individuellement pour chacune de ces personnes.

« I *bis*. – Le nombre maximal des autorisations délivrées en application du présent article en vigueur simultanément est arrêté par le Premier ministre, après avis de la Commission nationale de contrôle des techniques de renseignement. La décision fixant ce contingent et sa répartition entre les ministres mentionnés au premier alinéa de l'article L. 821-2 ainsi que le nombre d'autorisations d'interception délivrées sont portés à la connaissance de la commission. »

(Abrogé par L. nº 2021-998 du 30 juill. 2021, art. 18) ***« II. – L'article L. 821-5 n'est pas applicable à une autorisation délivrée en application du présent article. »***

COMMENTAIRE

Voir commentaire sur le Code en ligne.

Art. L. 851-3 *(L. nº 2015-912 du 24 juill. 2015, art. 5-III, en vigueur le 3 oct. 2015)* I. – Dans les conditions prévues au chapitre I du titre II du présent livre et pour les seuls besoins de la prévention du terrorisme, *(L. nº 2021-998 du 30 juill. 2021, art. 15)* « à la demande des services spécialisés de renseignement mentionnés à l'article L. 811-2, peuvent être autorisés, sur les données transitant par les réseaux des opérateurs et des personnes mentionnées à l'article L. 851-1, des » traitements automatisés destinés, en fonction de paramètres précisés dans l'autorisation, à détecter des connexions susceptibles de révéler une menace terroriste.

Ces traitements automatisés utilisent exclusivement les informations ou documents mentionnés à l'article L. 851-1 *(L. nº 2021-998 du 30 juill. 2021, art. 15)* « ainsi que les adresses complètes de ressources utilisées sur internet », sans recueillir d'autres données que celles qui répondent à leurs paramètres de conception et sans permettre l'identification des personnes auxquelles les informations *(L. nº 2021-998 du 30 juill. 2021, art. 15)* « , documents ou adresses » se rapportent.

Dans le respect du principe de proportionnalité, l'autorisation du Premier ministre précise le champ technique de la mise en œuvre de ces traitements.

II. – La Commission nationale de contrôle des techniques de renseignement émet un avis sur la demande d'autorisation relative aux traitements automatisés et les paramètres de détection retenus. Elle dispose d'un accès permanent, complet et direct à ces traitements ainsi qu'aux informations et données recueillies. Elle est informée de toute modification apportée aux traitements et paramètres et peut émettre des recommandations.

La première autorisation de mise en œuvre des traitements automatisés prévue au I du présent article est délivrée pour une durée de deux mois. L'autorisation est renouvelable dans les conditions de durée prévues au chapitre I du titre II du présent livre. La demande de renouvellement comporte un relevé du nombre d'identifiants signalés par le traitement automatisé et une analyse de la pertinence de ces signalements.

III. – Les conditions prévues à l'article L. 871-6 sont applicables aux opérations matérielles effectuées *(Abrogé par L. nº 2021-998 du 30 juill. 2021, art. 15)* *« pour cette mise en œuvre »* par les opérateurs et les personnes mentionnés à l'article L. 851-1.

IV. – Lorsque les traitements mentionnés au I du présent article détectent des données susceptibles de caractériser l'existence d'une menace à caractère terroriste, le Premier ministre ou l'une des personnes déléguées par lui peut autoriser, après avis de la Commission nationale de contrôle des techniques de renseignement donné dans les conditions prévues au chapitre I du titre II du présent livre, l'identification de la ou des personnes concernées et le recueil des données y afférentes. Ces données sont exploitées dans un délai de soixante jours à compter de ce recueil et sont détruites à l'expiration de ce délai *(Abrogé par L. nº 2021-998 du 30 juill. 2021, art. 15)* ***« , sauf en cas d'éléments sérieux confirmant l'existence d'une menace terroriste attachée à une ou plusieurs des personnes concernées ».***

(L. nº 2021-998 du 30 juill. 2021, art. 15) « Les données non détectées par les traitements comme susceptibles de révéler une menace à caractère terroriste sont détruites immédiatement. »

(L. n° 2021-998 du 30 juill. 2021, art. 18) **« V. — Le caractère d'urgence mentionné à la dernière phrase du deuxième alinéa de l'article L. 821-1 ne peut être invoqué pour les autorisations délivrées sur le fondement des I et II du présent article. »**

(L. n° 2021-998 du 30 juill. 2021, art. 15) **« VI. — Un service du Premier ministre est seul habilité à exécuter les traitements et opérations mis en œuvre sur le fondement des I et IV, sous le contrôle de la Commission nationale de contrôle des techniques de renseignement. »**

Le Gouvernement adresse au Parlement un rapport sur l'application de l'art. L. 851-3 au plus tard le 31 juill. 2024 (L. n° 2021-998 du 30 juill. 2021, art. 15-II).

COMMENTAIRE

Voir commentaire sur le Code en ligne.

Art. L. 851-4 *(L. n° 2013-1168 du 18 déc. 2013, art. 20-I-2° et IV, en vigueur le 1er janv. 2015) (L. n° 2015-912 du 24 juill. 2015, art. 5-III-3°-a, en vigueur le 3 oct. 2015)* **« Dans les conditions prévues au chapitre I du titre II du présent livre, les données techniques relatives à la localisation des équipements terminaux utilisés mentionnées à l'article L. 851-1 » peuvent être recueillis** *[recueillies]* **sur sollicitation du réseau et transmis** *[transmises]* **en temps réel par les opérateurs** *(L. n° 2015-912 du 24 juill. 2015, art. 5-III-3°-a, en vigueur le 3 oct. 2015)* **« à un service du Premier ministre ».**

(Abrogé par L. n° 2015-912 du 24 juill. 2015, art. 5-III-3°-b, à compter du 3 oct. 2015) ***« L'autorisation de recueil de ces informations ou documents est accordée, sur demande écrite et motivée des ministres de la sécurité intérieure, de la défense, de l'économie et du budget ou des personnes que chacun d'eux a spécialement désignées, par décision écrite du Premier ministre ou des personnes spécialement désignées par lui, pour une durée maximale de trente jours. Elle peut être renouvelée, dans les mêmes conditions de forme et de durée. Elle est communiquée dans un délai de quarante-huit heures au président de la Commission nationale de contrôle des interceptions de sécurité.***

« Si celui-ci estime que la légalité de cette autorisation au regard des dispositions du présent titre n'est pas certaine, il réunit la commission, qui statue dans les sept jours suivant la réception par son président de la communication mentionnée au deuxième alinéa.

« Au cas où la commission estime que le recueil d'une donnée de connexion a été autorisé en méconnaissance des dispositions du présent titre, elle adresse au Premier ministre une recommandation tendant à ce qu'il y soit mis fin.

« Elle porte également cette recommandation à la connaissance du ministre ayant proposé le recueil de ces données et du ministre chargé des communications électroniques. » *— Anc. art. L. 246-3.*

COMMENTAIRE

Voir commentaire sur le Code en ligne.

Art. L. 851-5 *(L. n° 2015-912 du 24 juill. 2015, art. 5-III-4°, en vigueur le 3 oct. 2015)* **Dans les conditions prévues au chapitre I du titre II du présent livre, peut être autorisée l'utilisation d'un dispositif technique permettant la localisation en temps réel d'une personne, d'un véhicule ou d'un objet.**

Si la mise en œuvre de cette technique nécessite l'introduction dans un véhicule ou dans un lieu privé, cette mesure s'effectue selon les modalités définies à l'article L. 853-3.

COMMENTAIRE

Voir commentaire sur le Code en ligne.

Art. L. 851-6 *(L. n° 2015-912 du 24 juill. 2015, art. 5-III, en vigueur le 3 oct. 2015)* **I. — Dans les conditions prévues au chapitre I du titre II du présent livre, peuvent être directement recueillies, au moyen d'un appareil ou d'un dispositif technique mentionné au 1° de l'article 226-3 du code pénal, les données techniques de connexion permettant l'identification d'un équipement terminal ou du numéro**

d'abonnement de son utilisateur ainsi que les données relatives à la localisation des équipements terminaux utilisés.

Par dérogation à l'article L. 821-4 du présent code, l'autorisation est délivrée pour une durée de deux mois, renouvelable dans les mêmes conditions de durée.

II. — Les appareils ou dispositifs techniques mentionnés au I font l'objet d'une inscription dans un registre spécial tenu à la disposition de la Commission nationale de contrôle des techniques de renseignement et ne peuvent être mis en œuvre que par des agents individuellement désignés et habilités.

III. — Un service du Premier ministre centralise les informations ou documents recueillis, qui sont :

1° Conservés dans les conditions prévues à l'article L. 822-2, s'ils se rapportent à l'autorisation de mise en œuvre ;

2° Détruits dès qu'il apparaît qu'ils ne sont pas en rapport avec l'autorisation de mise en œuvre, dans un délai maximal de quatre-vingt-dix jours.

IV. — Le nombre maximal d'appareils ou de dispositifs techniques mentionnés au II du présent article pouvant être utilisés simultanément est arrêté par le Premier ministre, après avis de la Commission nationale de contrôle des techniques de renseignement. La décision fixant ce contingent et sa répartition entre les ministres mentionnés au premier alinéa de l'article L. 821-2 est portée à la connaissance de la commission.

COMMENTAIRE

Voir commentaire sur le Code en ligne.

Code pénal

Art. 226-3 *(Ord. nº 2011-1012 du 24 août 2011, art. 44)* Est puni de cinq ans d'emprisonnement et de 300 000 € d'amende :

1° La fabrication, l'importation, la détention, l'exposition, l'offre, la location ou la vente d'appareils ou de dispositifs techniques *(L. nº 2013-1168 du 18 déc. 2013, art. 23)* « de nature à permettre la réalisation d'opérations » pouvant constituer l'infraction prévue par le *(L. nº 2020-936 du 30 juill. 2020, art. 18)* « deuxième » alinéa de l'article 226-15 ou qui, conçus pour la détection à distance des conversations, permettent de réaliser l'infraction prévue par l'article 226-1 ou ayant pour objet la captation de données informatiques prévue *(L. nº 2015-912 du 24 juill. 2015, art. 7)* « aux articles 706-102-1 *(Abrogé par L. nº 2019-222 du 23 mars 2019, art. 46-V et 10-XIII, à compter du 1er juin 2019)* *(L. nº 2016-731 du 3 juin 2016, art. 5)* « *et 706-102-2* » du code de procédure pénale et L. 853-2 du code de la sécurité intérieure » et figurant sur une liste dressée dans des conditions fixées par décret en Conseil d'État, lorsque ces faits sont commis, y compris par négligence, en l'absence d'autorisation ministérielle dont les conditions d'octroi sont fixées par ce même décret ou sans respecter les conditions fixées par cette autorisation ; — *V. Arr. du 4 juill. 2012 fixant la liste d'appareils et de dispositifs techniques prévue par l'art. 226-3 C. pén. (JO 1er août), mod. par Arr. du 17 juill. 2015 (JO 22 juill.) ; Arr. du 15 déc. 2015 (JO 27 déc.) ; Arr. du 11 août 2016 (JO 25 août).*

2° Le fait de réaliser une publicité en faveur d'un appareil ou d'un dispositif technique susceptible de permettre la réalisation des infractions prévues par l'article 226-1 et le *(L. nº 2020-936 du 30 juill. 2020, art. 18)* « deuxième » alinéa de l'article 226-15 lorsque cette publicité constitue une incitation à commettre cette infraction ou ayant pour objet la captation de données informatiques prévue *(L. nº 2015-912 du 24 juill. 2015, art. 7)* « aux articles 706-102-1 *(Abrogé par L. nº 2019-222 du 23 mars 2019, art. 46-V et 109-XIII, à compter du 1er juin 2019)* *(L. nº 2016-731 du 3 juin 2016, art. 5)* « *et 706-102-2* » du code de procédure pénale et L. 853-2 du code de la sécurité intérieure » lorsque cette publicité constitue une incitation à en faire un usage frauduleux. — *Les dispositions de l'art. 36 de la L. nº 2004-575 du 21 juin 2004 sont applicables à la recherche et au constat des infractions prévues et réprimées par l'art. 226-3 C. pén. et au non-respect des textes pris pour son application ainsi qu'à la saisie des appareils et dispositifs mentionnés à l'al. 2 de l'art. 226-3 C. pén. (Ord. nº 2011-1012 du 24 août 2011, art. 45).*

(L. nº 2019-810 du 1er août 2019, art. 4) « Le présent article n'est pas applicable à la détention ou à l'acquisition par les opérateurs mentionnés à l'article L. 1332-1 du code de la défense, ainsi désignés en vertu de leur activité d'exploitant d'un réseau de communications

électroniques ouvert au public, des appareils soumis à une autorisation du Premier ministre en application de la section 7 du chapitre II du titre I du livre II du code des postes et des communications électroniques. »

Art. L. 851-7 *(L. n° 2015-912 du 24 juill. 2015, art. 5-III-6°, en vigueur le 3 oct. 2015)* **Le présent chapitre est mis en œuvre dans le respect de l'article 226-15 du code pénal.** — *V. cet art., supra, Partie II - Textes complémentaires.*

COMMENTAIRE

Voir commentaire sur le Code en ligne.

CHAPITRE II *DES INTERCEPTIONS DE SÉCURITÉ*

Art. L. 852-1 **I. — Dans les conditions prévues au chapitre I du titre II du présent livre, peuvent être autorisées les interceptions de correspondances émises par la voie des communications électroniques et susceptibles de révéler des renseignements relatifs aux finalités mentionnées à l'article L. 811-3. Lorsqu'il existe des raisons sérieuses de croire qu'une ou plusieurs personnes appartenant à l'entourage d'une personne concernée par l'autorisation sont susceptibles de fournir des informations au titre de la finalité qui motive l'autorisation, celle-ci peut être également accordée pour ces personnes.**

II. — Pour les seules finalités mentionnées aux 1° et 4° et *a* du 5° de l'article L. 811-3 du présent code, peut être autorisée, pour une durée de quarante-huit heures renouvelable, l'utilisation d'un appareil ou d'un dispositif technique mentionné au 1° de l'article 226-3 du code pénal afin d'intercepter des correspondances émises ou reçues par un équipement terminal. Les correspondances interceptées par cet appareil ou ce dispositif technique sont détruites dès qu'il apparaît qu'elles sont sans lien avec l'autorisation délivrée, dans la limite du délai prévu au 1° du I de l'article L. 822-2 du présent code.

III. — L'autorisation vaut autorisation de recueil des informations ou documents mentionnés à l'article L. 851-1 *(L. n° 2016-987 du 21 juill. 2016, art. 17-1°)* **« associés » à l'exécution de l'interception et à son exploitation.**

IV. — Un service du Premier ministre organise la centralisation de l'exécution des interceptions mentionnées au I. Après avis de la Commission nationale de contrôle des techniques de renseignement, le Premier ministre définit les modalités de la centralisation des correspondances interceptées en application du II.

V. — Les opérations de transcription et d'extraction des communications interceptées, auxquelles la Commission nationale de contrôle des techniques de renseignement dispose d'un accès permanent, complet, direct et immédiat, sont effectuées au sein d'un service du Premier ministre.

VI. — Le nombre maximal des autorisations d'interception en vigueur simultanément est arrêté par le Premier ministre, après avis de la Commission nationale de contrôle des techniques de renseignement. La décision fixant ce contingent et sa répartition entre les ministres mentionnés au premier alinéa de l'article L. 821-2 ainsi que le nombre d'autorisations d'interception délivrées sont portés à la connaissance de la commission.

COMMENTAIRE

Voir commentaire sur le Code en ligne.

Art. L. 852-2 *(L. n° 2017-1510 du 30 oct. 2017, art. 15-I)* **Dans les conditions prévues au chapitre I du titre II du présent livre, peuvent être autorisées les interceptions de correspondances échangées au sein d'un réseau de communications électroniques empruntant exclusivement la voie hertzienne et n'impliquant pas l'intervention d'un opérateur de communications électroniques, lorsque ce réseau est conçu pour une utilisation privative par une personne ou un groupe fermé d'utilisateurs. Pour l'application du 6° de l'article L. 821-2, lorsque l'identité de la personne concernée n'est**

pas connue, la demande précise les éléments nécessaires à l'identification du réseau concerné.

L'autorisation mentionnée au premier alinéa du présent article vaut autorisation de recueil des informations ou documents mentionnés à l'article L. 851-1 associés à l'exécution de l'interception et à son exploitation.

COMMENTAIRE

Voir commentaire sur le Code en ligne.

Art. L. 852-3 *(L. nº 2021-998 du 30 juill. 2021, art. 13)* **I. — Dans les conditions prévues au chapitre I du titre II du présent livre et pour les seules finalités prévues aux 1º, 2º, 4º et 6º de l'article L. 811-3, peut être autorisée l'utilisation, par les services spécialisés de renseignement et les services mentionnés à l'article L. 811-4 désignés, au regard de leurs missions, par un décret en Conseil d'État pris après avis de la Commission nationale de contrôle des techniques de renseignement, d'un appareil ou d'un dispositif technique mentionné au 1º de l'article 226-3 du code pénal afin d'intercepter des correspondances émises ou reçues par la voie satellitaire, lorsque cette interception ne peut être mise en œuvre sur le fondement du I de l'article L. 852-1 du présent code, pour des raisons techniques ou pour des motifs de confidentialité faisant obstacle au concours des opérateurs ou des personnes mentionnés à l'article L. 851-1. Les correspondances interceptées dans ce cadre sont détruites dès qu'il apparaît qu'elles sont sans lien avec la personne concernée par l'autorisation, et au plus tard au terme du délai prévu au 1º du I de l'article L. 822-2.**

II. — Par dérogation à l'article L. 821-4, l'autorisation est délivrée pour une durée maximale de trente jours, renouvelable dans les mêmes conditions de durée. Elle vaut autorisation de recueil des informations ou documents mentionnés à l'article L. 851-1 associés à l'exécution de l'interception et à son exploitation.

III. — Un service du Premier ministre organise la centralisation des correspondances interceptées et des informations ou documents recueillis en application des I et II du présent article. Cette centralisation intervient dès l'interception des communications, sauf impossibilité technique. Dans ce cas, les données collectées font l'objet d'un chiffrement dès leur collecte et jusqu'à leur centralisation effective au sein du service du Premier ministre mentionné au présent alinéa. La demande prévue à l'article L. 821-2 précise les motifs faisant obstacle à la centralisation immédiate des correspondances interceptées.

Les opérations de transcription et d'extraction des communications interceptées, auxquelles la Commission nationale de contrôle des techniques de renseignement dispose d'un accès permanent, complet, direct et immédiat, sont effectuées au sein du service du Premier ministre mentionné au premier alinéa du présent III.

IV. — Le nombre maximal des autorisations d'interception en vigueur simultanément est arrêté par le Premier ministre, après avis de la Commission nationale de contrôle des techniques de renseignement. La décision fixant ce contingent et sa répartition entre les ministres mentionnés au premier alinéa de l'article L. 821-2 ainsi que le nombre d'autorisations d'interception délivrées sont portés à la connaissance de la commission.

Ces dispositions sont applicables jusqu'au 31 juill. 2025. Le Gouvernement adresse au Parlement un rapport d'évaluation sur leur application au plus tard six mois avant cette échéance (L. nº 2021-998 du 30 juill. 2021, art. 13-II).

COMMENTAIRE

Voir commentaire sur le Code en ligne.

CHAPITRE III *DE LA SONORISATION DE CERTAINS LIEUX ET VÉHICULES ET DE LA CAPTATION D'IMAGES ET DE DONNÉES INFORMATIQUES*

COMMENTAIRE

Voir commentaire sur le Code en ligne.

Art. L. 853-1 I. — Dans les conditions prévues au chapitre I du titre II du présent livre, peut être autorisée, lorsque les renseignements ne peuvent être recueillis par un autre moyen légalement autorisé, l'utilisation de dispositifs techniques permettant la captation, la fixation, la transmission et l'enregistrement de paroles prononcées à titre privé ou confidentiel, ou d'images dans un lieu privé.

II. — Par dérogation à l'article L. 821-4, l'autorisation est délivrée pour une durée maximale de deux mois, renouvelable dans les mêmes conditions de durée.

III. — Les dispositifs techniques mentionnés au I du présent article ne peuvent être utilisés que par des agents appartenant à l'un des services mentionnés aux articles L. 811-2 et L. 811-4 dont la liste est fixée par décret en Conseil d'État.

IV. — Le service autorisé à recourir à la technique mentionnée au I du présent article rend compte à la Commission nationale de contrôle des techniques de renseignement de sa mise en œuvre. La commission peut à tout moment adresser une recommandation tendant à ce que cette opération soit interrompue et que les renseignements collectés soient détruits.

(L. n° 2021-998 du 30 juill. 2021, art. 18) « IV *bis*. — Le caractère d'urgence mentionné à la dernière phrase du deuxième alinéa de l'article L. 821-1 ne peut être invoqué que si l'autorisation prévue au présent article a été délivrée au titre du 1°, du 4° ou du *a* du 5° de l'article L. 811-3. »

V. — Si la mise en œuvre de cette technique nécessite l'introduction dans un véhicule ou dans un lieu privé, cette mesure s'effectue selon les modalités définies à l'article L. 853-3.

COMMENTAIRE

Voir commentaire sur le Code en ligne.

Art. L. 853-2 *(L. n° 2021-998 du 30 juill. 2021, art. 11)* « I. — Dans les conditions prévues au chapitre I du titre II du présent livre *[V. art. L. 821-1 s., supra]*, peut être autorisée, lorsque les renseignements ne peuvent être recueillis par un autre moyen légalement autorisé, l'utilisation de dispositifs techniques permettant d'accéder à des données informatiques stockées dans un système informatique, de les enregistrer, de les conserver et de les transmettre, et permettant d'accéder à ces mêmes données informatiques, de les enregistrer, de les conserver et de les transmettre, telles qu'elles s'affichent sur un écran pour l'utilisateur d'un système de traitement automatisé de données, telles qu'il les y introduit par saisie de caractères ou telles qu'elles sont reçues et émises par des périphériques. »

II. — *(L. n° 2021-998 du 30 juill. 2021, art. 11)* « Par dérogation à l'article L. 821-4, l'autorisation de mise en œuvre de la technique mentionnée au I du présent article est délivrée pour une durée maximale de deux mois. » L'autorisation est renouvelable dans les mêmes conditions de durée.

III. — Les dispositifs techniques mentionnés au I du présent article ne peuvent être utilisés que par des agents appartenant à l'un des services mentionnés aux articles L. 811-2 et L. 811-4 dont la liste est fixée par décret en Conseil d'État.

IV. — Le service autorisé à recourir à la technique mentionnée au I rend compte à la Commission nationale de contrôle des techniques de renseignement de sa mise en œuvre. La commission peut à tout moment adresser une recommandation tendant à ce que cette opération soit interrompue et que les renseignements collectés soient détruits.

(L. n° 2021-998 du 30 juill. 2021, art. 18) « IV *bis*. — Le caractère d'urgence mentionné à la dernière phrase du deuxième alinéa de l'article L. 821-1 ne peut être invoqué que si l'autorisation prévue au présent article a été délivrée au titre du 1°, du 4° ou du *a* du 5° de l'article L. 811-3. »

V. — Si la mise en œuvre de cette technique nécessite l'introduction dans un véhicule ou dans un lieu privé, cette mesure s'effectue selon les modalités définies à l'article L. 853-3.

COMMENTAIRE

Voir commentaire sur le Code en ligne.

Art. L. 853-3 I. — Dans les conditions prévues au chapitre I du titre II du présent livre, lorsque les renseignements ne peuvent être recueillis par un autre moyen légalement autorisé, l'introduction dans un véhicule ou dans un lieu privé à la seule fin de mettre en place, d'utiliser ou de retirer les dispositifs techniques mentionnés aux articles L. 851-5, L. 853-1 et L. 853-2 peut être autorisée. S'il s'agit d'un lieu d'habitation ou pour l'utilisation de la technique mentionnée *(L. nº 2021-998 du 30 juill. 2021, art. 11)* « à » l'article L. 853-2, *(L. nº 2021-998 du 30 juill. 2021, art. 19)* « la mise en place et l'utilisation de ces dispositifs ne peuvent être autorisées » qu'après avis exprès de la Commission nationale de contrôle des techniques de renseignement, statuant en formation restreinte ou en formation plénière. *(L. nº 2021-998 du 30 juill. 2021, art. 19)* « La maintenance et le retrait de ces mêmes dispositifs peuvent être autorisés après avis exprès rendu dans les conditions prévues au premier alinéa de l'article L. 832-3. »

L'introduction dans un véhicule ou dans un lieu privé ne peut être effectuée que par des agents individuellement désignés et habilités appartenant à l'un des services mentionnés aux articles L. 811-2 et L. 811-4 dont la liste est fixée par décret en Conseil d'État.

II. — Lorsqu'il est fait application de l'avant-dernier alinéa de l'article L. 821-2, la demande mentionne, lorsqu'ils sont connus, toute indication permettant d'identifier le lieu, son usage, son propriétaire ou toute personne bénéficiant d'un droit, ainsi que la nature détaillée du dispositif envisagé.

III. — Par dérogation à l'article L. 821-4, l'autorisation, spécialement motivée, est délivrée pour une durée maximale de trente jours et est renouvelable dans les mêmes conditions de durée que l'autorisation initiale. Elle ne vaut que pour les actes d'installation, d'utilisation, de maintenance ou de retrait des dispositifs techniques.

(L. nº 2021-998 du 30 juill. 2021, art. 18) « Le caractère d'urgence mentionné à la dernière phrase du deuxième alinéa de l'article L. 821-1 ne peut être invoqué que si l'autorisation prévue au présent article a été délivrée au titre du 1°, du 4° ou du *a* du 5° de l'article L. 811-3. Lorsque l'introduction mentionnée au I du présent article porte sur un lieu privé à usage d'habitation, le caractère d'urgence ne peut être invoqué que si l'autorisation a été délivrée au titre du 4° de l'article L. 811-3. »

IV. — Le service autorisé à recourir à l'introduction dans un véhicule ou dans un lieu privé rend compte à la commission de sa mise en œuvre. La commission peut à tout moment adresser une recommandation tendant à ce que cette opération soit interrompue et que les renseignements collectés soient détruits.

COMMENTAIRE

Voir commentaire sur le Code en ligne. ❑

CHAPITRE IV *DES MESURES DE SURVEILLANCE DES COMMUNICATIONS ÉLECTRONIQUES INTERNATIONALES*

(L. nº 2015-1556 du 30 nov. 2015, art. 1er-1°)

COMMENTAIRE

Voir commentaire sur le Code en ligne. ❑

Art. L. 854-1 Dans les conditions prévues au présent chapitre, peut être autorisée, aux seules fins de défense et de promotion des intérêts fondamentaux de la Nation mentionnés à l'article L. 811-3, la surveillance des communications qui sont émises ou reçues à l'étranger.

Cette surveillance, qu'elle porte sur des correspondances ou sur des données de connexion, est exclusivement régie par le présent chapitre.

Les mesures prises à ce titre ne peuvent avoir pour objet d'assurer la surveillance individuelle des communications de personnes utilisant des numéros d'abonnement ou des identifiants techniques rattachables au territoire national, à l'exception du cas où ces personnes communiquent depuis l'étranger et, soit faisaient l'objet d'une autorisation d'interception de sécurité, délivrée en application de l'article L. 852-1, à la date à laquelle elles ont quitté le territoire national, soit sont identifiées comme présentant une menace au regard des intérêts fondamentaux de la Nation mentionnés à l'article L. 811-3.

(L. nº 2018-607 du 13 juill. 2018, art. 37) « Les autorisations prévues aux articles L. 851-1, L. 851-2 et au I de l'article L. 852-1 peuvent valoir, lorsque la décision d'autorisation le prévoit, autorisation d'exploitation des communications, ou des seules données de connexion, interceptées dans le cadre de la mise en œuvre de mesures de surveillance des communications internationales, dans la limite de la portée de ces autorisations et dans le respect des garanties qui les entourent. »

Sous réserve des dispositions particulières *(L. nº 2018-607 du 13 juill. 2018, art. 37)* « des troisième et quatrième alinéas du présent article ainsi que du V de l'article L. 854-2 », lorsqu'il apparaît que des communications électroniques interceptées sont échangées entre des personnes ou des équipements utilisant des numéros d'abonnement ou des identifiants techniques rattachables au territoire national, y compris lorsque ces communications transitent par des équipements non rattachables à ce territoire, celles-ci sont instantanément détruites.

COMMENTAIRE

Voir commentaire sur le Code en ligne.

Art. L. 854-2 I. – Le Premier ministre désigne, par une décision motivée, les réseaux de communications électroniques sur lesquels il autorise l'interception des communications émises ou reçues à l'étranger, dans les limites fixées à l'article L. 854-1.

II. – Sur demande motivée des ministres ou de leurs délégués mentionnés au premier alinéa de l'article L. 821-2, le Premier ministre ou l'une des personnes déléguées mentionnées à l'article L. 821-4 peut autoriser l'exploitation non individualisée des données de connexion interceptées.

L'autorisation désigne :

1° La ou les finalités poursuivies parmi celles mentionnées à l'article L. 811-3 ;

2° Le ou les motifs des mesures ;

3° Le ou les services mentionnés à l'article L. 811-2 en charge de cette exploitation ;

4° Le type de traitements automatisés pouvant être mis en œuvre, en précisant leur objet.

L'autorisation, renouvelable dans les mêmes conditions que celles prévues au présent II, est délivrée pour une durée maximale d'un an.

III. – Sur demande motivée des ministres ou de leurs délégués mentionnés au premier alinéa de l'article L. 821-2, le Premier ministre ou l'un de ses délégués peut également *(L. nº 2018-607 du 13 juill. 2018, art. 37)* « , après avis de la Commission nationale de contrôle des techniques de renseignement, » délivrer une autorisation d'exploitation de communications, ou de seules données de connexion, interceptées.

L'autorisation désigne :

1° La ou les finalités poursuivies parmi celles mentionnées à l'article L. 811-3 ;

2° Le ou les motifs des mesures ;

3° Les zones géographiques ou les organisations, groupes de personnes ou personnes concernés ;

4° Le ou les services mentionnés à l'article L. 811-2 en charge de cette exploitation.

L'autorisation, renouvelable dans les mêmes conditions que celles prévues au présent III, est délivrée pour une durée maximale de quatre mois.

(L. nº 2018-607 du 13 juill. 2018, art. 37) « IV. – L'autorisation prévue au III vaut autorisation d'effectuer au sein des données de connexion interceptées des vérifications ponctuelles aux seules fins de détecter une menace pour les intérêts fondamentaux de la Nation liée aux relations entre des numéros d'abonnement ou des identifiants techniques rattachables au territoire français et des zones géographiques, organisations ou personnes mentionnés au 3° du même III.

« A la seule fin de détecter, de manière urgente, une menace terroriste, cette vérification ponctuelle peut porter sur les communications de numéros d'abonnement ou d'identifiants techniques rattachables au territoire national. Ces numéros et identifiants sont immédiatement communiqués au Premier ministre et à la Commission nationale de contrôle des techniques de renseignement, pour les besoins du contrôle prévu à l'article L. 854-9.

« Des vérifications ponctuelles peuvent également être mises en œuvre pour détecter sur les communications d'identifiants techniques rattachables au territoire national, à des fins d'analyse technique, des éléments de cyberattaques susceptibles de porter atteinte aux intérêts fondamentaux de la Nation mentionnés au 1° de l'article L. 811-3.

« Lorsque les vérifications ponctuelles mentionnées au présent IV font apparaître la nécessité d'une surveillance, l'exploitation des communications ou des seules données de connexion interceptées ne peut être poursuivie que sur le fondement d'une autorisation obtenue en application des chapitres I ou II du présent titre ou du V du présent article, dans le respect des règles qui leur sont propres.

« V. – Par dérogation au troisième alinéa de l'article L. 854-1 et pour la défense ou la promotion des finalités mentionnées aux 1°, 2°, 4°, 6° et 7° de l'article L. 811-3, le Premier ministre ou l'un de ses délégués peut, dans les conditions prévues au III du présent article, délivrer une autorisation d'exploitation de communications ou de seules données de connexion interceptées, de numéros d'abonnement ou d'identifiants techniques rattachables au territoire national dont l'utilisateur communique depuis ce territoire.

« Le nombre maximal des autorisations d'exploitation, en vigueur simultanément et portant sur des correspondances, est arrêté par le Premier ministre, après avis de la Commission nationale de contrôle des techniques de renseignement. La décision fixant ce contingent et sa répartition entre les ministres mentionnés au premier alinéa de l'article L. 821-2 sont portées à la connaissance de la commission. »

COMMENTAIRE

Voir commentaire sur le Code en ligne.

Art. L. 854-3 Les personnes qui exercent en France un mandat ou une profession mentionné à l'article L. 821-7 ne peuvent faire l'objet d'une surveillance individuelle de leurs communications à raison de l'exercice du mandat ou de la profession concerné.

COMMENTAIRE

Voir commentaire sur le Code en ligne.

Art. L. 854-4 L'interception et l'exploitation des communications en application du présent chapitre *(L. n° 2018-607 du 13 juill. 2018, art. 37)* « ainsi que la vérification ponctuelle mentionnée au IV de l'article L. 854-2 » font l'objet de dispositifs de traçabilité organisés par le Premier ministre après avis de la Commission nationale de contrôle des techniques de renseignement. Le Premier ministre définit les modalités de la centralisation des renseignements collectés.

COMMENTAIRE

Voir commentaire sur le Code en ligne.

Art. L. 854-5 Sous réserve des dispositions particulières de l'article L. 854-8, les renseignements collectés en application du présent chapitre sont détruits à l'issue d'une durée de :

1° Douze mois à compter de leur première exploitation pour les correspondances, dans la limite d'une durée de quatre ans à compter de leur recueil ;

2° Six ans à compter de leur recueil pour les données de connexion.

Pour ceux des renseignements qui sont chiffrés, le délai court à compter de leur déchiffrement. Ils ne peuvent être conservés plus de huit ans à compter de leur recueil.

Dans une mesure strictement nécessaire aux besoins de l'analyse technique et à l'exclusion de toute utilisation pour la surveillance des personnes concernées, les renseignements collectés au titre du présent chapitre qui contiennent des éléments de cyberattaque ou qui sont chiffrés, ainsi que les renseignements déchiffrés associés à ces derniers, peuvent être conservés au-delà des durées mentionnées au présent article.

Par dérogation aux cinq premiers alinéas, les renseignements qui concernent une requête dont le Conseil d'État a été saisi ne peuvent être détruits. A l'expiration des délais prévus au présent article, ils sont conservés pour les seuls besoins de la procédure devant le Conseil d'État.

COMMENTAIRE

Voir commentaire sur le Code en ligne.

Art. L. 854-6 Sous réserve des dispositions particulières de l'article L. 854-8, les renseignements collectés en application du présent chapitre sont exploités par le ou les services mentionnés à l'article L. 811-2 désignés par l'autorisation.

Les renseignements ne peuvent être collectés, transcrits ou extraits pour d'autres finalités que celles mentionnées à l'article L. 811-3.

(L. nº 2021-998 du 30 juill. 2021, art. 9) « Un service spécialisé de renseignement mentionné à l'article L. 811-2 peut, dans les conditions définies aux deux premiers alinéas et au 2º du II de l'article L. 822-3, transmettre tout renseignement transcrit ou extrait à un autre de ces services ou à un service désigné par le décret en Conseil d'État prévu à l'article L. 811-4. »

Les transcriptions ou les extractions doivent être détruites dès que leur conservation n'est plus indispensable à la poursuite des finalités mentionnées *(L. nº 2021-998 du 30 juill. 2021, art. 9)* « à l'article » L. 811-3.

(L. nº 2021-998 du 30 juill. 2021, art. 9) « Les opérations de destruction des renseignements collectés, les transcriptions, les extractions et les transmissions sont effectuées dans les conditions prévues à l'article L. 822-4. »

COMMENTAIRE

Voir commentaire sur le Code en ligne.

Art. L. 854-7 Les conditions prévues aux articles L. 871-6 et L. 871-7 sont applicables aux opérations matérielles effectuées par les opérateurs de communications électroniques pour la mise en œuvre des mesures prévues au I de l'article L. 854-2.

Art. L. 854-8 Lorsque les correspondances interceptées renvoient à des numéros d'abonnement ou à des identifiants techniques rattachables au territoire national, elles sont exploitées dans les conditions prévues aux IV et V de l'article L. 852-1 et conservées et détruites dans les conditions prévues aux articles L. 822-2 à L. 822-4, sous le contrôle de la Commission nationale de contrôle des techniques de renseignement. Le délai de conservation des correspondances court toutefois à compter de leur première exploitation, mais ne peut excéder six mois à compter de leur recueil. Les données de connexion associées à ces correspondances sont conservées et détruites dans les conditions prévues aux mêmes articles L. 822-2 à L. 822-4.

COMMENTAIRE

Voir commentaire sur le Code en ligne.

Art. L. 854-9 *(L. nº 2018-607 du 13 juill. 2018, art. 37)* « La Commission nationale de contrôle des techniques de renseignement émet un avis sur les demandes mentionnées aux III et V de l'article L. 854-2 dans les *(L. nº 2021-998 du 30 juill. 2021, art. 23)* « conditions prévues » à l'article L. 821-3. *(L. nº 2021-998 du 30 juill. 2021, art. 23)* « Lorsque l'autorisation mentionnée au V de l'article L. 854-2 est délivrée après un avis défavorable de la commission, la procédure prévue au deuxième alinéa de l'article L. 821-1 est applicable. La commission » reçoit communication de toutes les décisions et autorisations mentionnées à l'article L. 854-2. » Elle dispose d'un accès permanent, complet et direct aux dispositifs de traçabilité mentionnés à l'article L. 854-4, aux renseignements collectés, aux transcriptions *(L. n° 2021-998 du 30 juill. 2021, art. 9)* « , extractions et transmissions » réalisées ainsi qu'aux relevés *(L. n° 2021-998 du 30 juill. 2021, art. 9)* « réalisés en application de » l'article L. 854-6. A sa demande, elle peut contrôler les dispositifs techniques nécessaires à l'exécution des décisions et des autorisations. Si la surveillance des personnes mentionnées au troisième alinéa de l'article L. 854-1 n'a pas déjà fait l'objet d'une autorisation spécifique, leur identité est portée sans délai à la connaissance de la commission.

La commission peut solliciter du Premier ministre tous les éléments nécessaires à l'accomplissement de ses missions.

L'article L. 833-3 est applicable aux contrôles effectués par la commission en application du présent article.

De sa propre initiative ou sur réclamation de toute personne souhaitant vérifier qu'aucune mesure de surveillance *(L. n° 2018-607 du 13 juill. 2018, art. 37)* « ou de vérification ponctuelle » n'est irrégulièrement mise en œuvre à son égard, la commission s'assure que les mesures mises en œuvre au titre du présent chapitre respectent les conditions qu'il fixe ainsi que celles définies par les textes pris pour son application et par les décisions et autorisations du Premier ministre ou de ses délégués. Elle notifie à l'auteur de la réclamation qu'il a été procédé aux vérifications nécessaires, sans confirmer ni infirmer la mise en œuvre de mesures de surveillance *(L. n° 2018-607 du 13 juill. 2018, art. 37)* « ou de vérification ponctuelle ».

Lorsqu'elle constate un manquement au présent chapitre, la commission adresse au Premier ministre une recommandation tendant à ce que le manquement cesse et que les renseignements collectés soient, le cas échéant, détruits. Lorsque le Premier ministre ne donne pas suite à cette recommandation ou que les suites qui y sont données sont estimées insuffisantes, le Conseil d'État, statuant dans les conditions prévues au chapitre III *bis* du titre VII du livre VII du code de justice administrative, peut être saisi par le président ou par au moins trois membres de la commission. *(L. n° 2018-607 du 13 juill. 2018, art. 37)* « Toutefois, toute personne souhaitant vérifier qu'elle n'a pas fait l'objet d'une surveillance irrégulière au titre du V de l'article L. 854-2 du présent code peut saisir le Conseil d'État du recours prévu au 1° de l'article L. 841-1. »

La commission peut adresser à tout moment au Premier ministre les recommandations et les observations qu'elle juge nécessaires au titre du contrôle qu'elle exerce sur l'application du présent chapitre.

COMMENTAIRE

Voir commentaire et jurisprudence sur le Code en ligne.

CHAPITRE V *DES MESURES DE SURVEILLANCE DE CERTAINES COMMUNICATIONS HERTZIENNES*

(L. n° 2017-1510 du 30 oct. 2017, art. 15-I)

COMMENTAIRE

Voir commentaire sur le Code en ligne.

Art. L. 855-1 A Les services de renseignement mentionnés aux articles L. 811-2 et L. 811-4 sont autorisés, aux seules fins de la défense et de la promotion des intérêts fondamentaux de la Nation mentionnés à l'article L. 811-3, à procéder à l'interception et à l'exploitation des communications électroniques empruntant exclusivement la voie hertzienne et n'impliquant pas l'intervention d'un opérateur de communications électroniques lorsque cette interception et cette exploitation n'entrent dans le champ d'application d'aucune des techniques de renseignement prévues aux chapitres I à IV du présent titre. Ces mesures de surveillance sont exclusivement régies par le présent chapitre.

Art. L. 855-1 B I. — Les renseignements collectés en application de l'article L. 855-1 A sont détruits à l'issue d'une durée de six ans à compter de leur recueil.

Pour ceux des renseignements qui sont chiffrés, le délai court à compter de leur déchiffrement. Ils ne peuvent être conservés plus de huit ans à compter de leur recueil.

II. — Les renseignements mentionnés au I ne peuvent être transcrits ou extraits pour d'autres finalités que celles mentionnées à l'article L. 811-3. Les transcriptions ou les extractions doivent être détruites dès que leur conservation n'est plus indispensable à la poursuite des finalités mentionnées au même article L. 811-3.

Art. L. 855-1 C La Commission nationale de contrôle des techniques de renseignement veille au respect des champs d'application respectifs des articles des chapitres I à IV du présent titre régissant les techniques de renseignement et de l'article L. 855-1 A.

A ce titre, elle est informée du champ et de la nature des mesures prises en application du même article L. 855-1 A. Elle peut, à sa demande et à la seule fin de s'assurer du respect des champs d'application mentionnés au premier alinéa du présent article, se faire présenter sur place les capacités d'interception mises en œuvre sur le fondement dudit article L. 855-1 A et se faire communiquer les renseignements collectés conservés à la date de sa demande et les transcriptions et extractions réalisées.

La commission peut, à tout moment, adresser au Premier ministre, ainsi qu'à la délégation parlementaire au renseignement, les recommandations et observations qu'elle juge nécessaires au titre du contrôle qu'elle exerce sur l'application du présent chapitre.

TITRE V *BIS* DU RENSEIGNEMENT DE SÉCURITÉ PÉNITENTIAIRE

(L. n° 2017-258 du 28 févr. 2017, art. 35-II)

Art. L. 855-1 Par dérogation aux 3° et 4° de l'article L. 801-1, les services de l'administration pénitentiaire désignés par décret en Conseil d'État pris après avis de la Commission nationale de contrôle des techniques de renseignement peuvent être autorisés à recourir aux techniques mentionnées aux articles L. 851-1, L. 851-4, L. 851-5 *(L. n° 2019-222 du 23 mars 2019, art. 89-II-1°)* « et L. 851-6, au I de l'article L. 852-1, aux articles L. 852-2 et L. 853-1 ainsi que, dans le cas prévu au V du même article L. 853-1, à l'article L. 853-3 » dans les conditions prévues aux titres II et V du présent livre *(Abrogé par L. n° 2019-222 du 23 mars 2019, art. 89-II-2°)* ***«, à l'encontre des seules personnes détenues »***, aux fins de prévenir les évasions et d'assurer la sécurité *(Abrogé par L. n° 2019-222 du 23 mars 2019, art. 89-II-2°)* ***« et le bon ordre »*** au sein des établissements pénitentiaires ou des établissements de santé destinés à recevoir des personnes détenues.

(L. n° 2019-222 du 23 mars 2019, art. 89-II-3°) « La technique de renseignement définie au I de l'article L. 853-1 ne peut être mise en œuvre, dans le cas prévu au V du même article L. 853-1 et selon les modalités définies à l'article L. 853-3, qu'à l'encontre des personnes détenues qui présentent un risque particulièrement élevé d'évasion ou dont le comportement constitue une menace d'une particulière gravité pour la sécurité au sein des établissements pénitentiaires ou des établissements de santé destinés à recevoir des personnes détenues. Les autres techniques de renseignement mentionnées au premier alinéa du présent article peuvent être mises en œuvre à l'encontre des personnes qui présentent un risque particulièrement élevé d'évasion ou dont le comportement constitue une menace d'une particulière gravité pour la sécurité au sein des établissements pénitentiaires ou des établissements de santé destinés à recevoir des personnes détenues. Aucune des techniques de renseignement mentionnées au même premier alinéa ne peut être mise en œuvre à l'occasion des communications ni des entretiens entre une personne détenue et son avocat.

« Après avis de la Commission nationale de contrôle des techniques de renseignement, le Premier ministre arrête le nombre maximal d'autorisations simultanément en vigueur délivrées sur le fondement, d'une part, de l'article L. 852-2, d'autre part, du I de l'article L. 853-1 et, enfin, dans le cas prévu au V du même article L. 853-1, de l'article L. 853-3. Les décisions fixant ces trois contingents ainsi que le nombre d'autorisations délivrées sont portés à la connaissance de la commission. »

COMMENTAIRE

Voir commentaire sur le Code en ligne.

CHAPITRE III *DE L'INFORMATION DES SERVICES DE RENSEIGNEMENT*

(L. nº 2015-912 du 24 juill. 2015, art. 8-V, en vigueur le 3 oct. 2015)

Art. L. 863-1 Dans l'accomplissement de leurs missions définies au titre I du présent livre, les agents individuellement désignés et habilités des services mentionnés à l'article L. 811-2 ou des services désignés par le décret en Conseil d'État prévu à l'article L. 811-4 peuvent procéder aux actes suivants sans en être pénalement responsables :

1º Être en contact, par le moyen d'échanges électroniques et dans les conditions prévues à l'article L. 861-2, avec des personnes susceptibles de porter atteinte aux intérêts fondamentaux de la Nation mentionnés à l'article L. 811-3 ;

2º Extraire, acquérir ou conserver par ce moyen des données sur les personnes mentionnées au 1º du présent article ;

3º Extraire, transmettre en réponse à une demande expresse, acquérir ou conserver des contenus provoquant directement à la commission d'actes de terrorisme ou en faisant l'apologie.

Ces actes ne peuvent constituer une incitation à commettre des infractions, sous peine d'un an d'emprisonnement et de 30 000 € d'amende.

COMMENTAIRE

Voir commentaire sur le Code en ligne.

Art. L. 863-2 *(L. nº 2021-998 du 30 juill. 2021, art. 9)* Les autorités administratives, autres que les services de renseignement, mentionnées au I de l'article 1er de l'ordonnance nº 2005-1516 du 8 décembre 2005 relative aux échanges électroniques entre les usagers et les autorités administratives et entre les autorités administratives peuvent transmettre aux services spécialisés de renseignement mentionnés à l'article L. 811-2 du présent code et aux services désignés par le décret en Conseil d'État prévu à l'article L. 811-4, à la demande d'un de ces services, toute information, même couverte par un secret protégé par la loi, strictement nécessaire à l'accomplissement des missions de ce service et susceptible de concourir à la défense et la promotion des intérêts fondamentaux de la Nation mentionnés à l'article L. 811-3.

Les données à caractère personnel mentionnées au I de l'article 6 de la loi nº 78-17 du 6 janvier 1978 relative à l'informatique, aux fichiers et aux libertés, à l'exception des données génétiques, peuvent faire l'objet de cette transmission.

Les traitements de données à caractère personnel mis en œuvre par les autorités administratives mentionnées au premier alinéa du présent article assurent la traçabilité des transmissions, en précisant leur date et leur finalité, la nature des données transmises ainsi que les services qui en ont été destinataires.

Toute personne qui est rendue destinataire de ces transmissions est tenue au secret professionnel, dans les conditions et sous les peines prévues aux articles 226-13 et 226-14 du code pénal.

Le service destinataire des informations transmises les détruit dès lors qu'elles ne sont pas ou plus nécessaires à l'accomplissement de ses missions.

L'agent mentionné au dernier alinéa du II de l'article L. 822-3 du présent code est chargé d'assurer la traçabilité de ces transmissions et de veiller au respect de l'application du présent article.

COMMENTAIRE

Voir commentaire sur le Code en ligne.

TITRE VII OBLIGATIONS DES OPÉRATEURS ET PRESTATAIRES DE SERVICES

Le chap. IV du titre IV du livre II devient le titre VII du présent livre à compter du lendemain de la publication au JO du décret nommant le président de la Commission nationale de contrôle des techniques de renseignement, soit le 3 oct. 2015 (Décr. du 1er oct. 2015, JO 2 oct.). Les art. L. 244-1, L. 244-2 et L. 244-3 deviennent ainsi respectivement les art. L. 871-1, L. 871-2 et L. 871-3 (L. no 2015-912 du 24 juill. 2015, art. 12 et 26-I) ; les art. L. 871-5 et L. 871-6 proviennent quant à eux du transfert des art. L. 241-4 et L. 242-9, issus respectivement des chap. I et II du titre IV du livre II (L. préc., art. 11-1o et 3o).

Ces dispositions demeurent applicables dans leur rédaction antérieure à la L. no 2015-912 du 24 juill. 2015 jusqu'à l'entrée en vigueur du décret en Conseil d'État prévu à l'art. L. 811-4, et au plus tard jusqu'au 31 mars 2016, aux services relevant du ministre de la Défense, du ministre de l'Intérieur ou des ministres chargés de l'économie, du budget ou des douanes, autres que ceux mentionnés à l'art. L. 811-2 (L. préc., art. 26-III).

COMMENTAIRE

Voir commentaire sur le Code en ligne.

Art. L. 871-1 **Les personnes physiques ou morales qui fournissent des prestations de cryptologie visant à assurer une fonction de confidentialité sont tenues de remettre** *(L. no 2015-912 du 24 juill. 2015, art. 12-3o-a, en vigueur le 3 oct. 2015)* **« dans un délai de soixante-douze heures » aux agents autorisés dans les conditions prévues à l'article** *(L. no 2015-912 du 24 juill. 2015, art. 12-3o-a, en vigueur le 3 oct. 2015)* **« L. 821-4 », sur leur demande, les conventions permettant le déchiffrement des données transformées au moyen des prestations qu'elles ont fournies. Les agents autorisés peuvent demander aux fournisseurs de prestations susmentionnés de mettre eux-mêmes en œuvre** *(L. no 2015-912 du 24 juill. 2015, art. 12-3o-b, en vigueur le 3 oct. 2015)* **« dans un délai de soixante-douze heures » ces conventions, sauf si ceux-ci démontrent qu'ils ne sont pas en mesure de satisfaire à ces réquisitions.**

Un décret en Conseil d'État précise les procédures suivant lesquelles cette obligation est mise en œuvre ainsi que les conditions dans lesquelles la prise en charge financière de cette mise en œuvre est assurée par l'État. – *[L. no 91-646 du 10 juill. 1991, art. 11-1, al. 1er et 3.] – Anc. art. L. 244-1.*

COMMENTAIRE

Voir commentaire sur le Code en ligne.

Art. L. 871-2 **Les juridictions compétentes pour ordonner des interceptions en application du code de procédure pénale** *(Abrogé par L. no 2017-1510 du 30 oct. 2017, art. 15-I)* ***« ainsi que le Premier ministre ou, en ce qui concerne l'exécution des mesures prévues à l'article*** *(L. no 2015-912 du 24 juill. 2015, art. 12-4o-a, en vigueur le 3 oct. 2015)* ***« L. 811-5 », le ministre de la défense ou le ministre de l'Intérieur »*** **peuvent** *(L. no 2015-912 du 24 juill. 2015, art. 12-4o-a, en vigueur le 3 oct. 2015)* **« requérir », auprès des personnes physiques ou morales exploitant des réseaux de communications électroniques ou fournisseurs de services de communications électroniques, les informations ou documents qui leur sont nécessaires,** *(Abrogé par L. no 2017-1510 du 30 oct. 2017, art. 15-I)* ***« chacun en ce qui le concerne, »*** **pour la réalisation et l'exploitation des interceptions autorisées par la loi.**

La fourniture des informations ou documents visés à l'alinéa précédent ne constitue pas un détournement de leur finalité au sens de l'article 226-21 du code pénal. – *[L. no 91-646 du 10 juill. 1991, art. 22, al. 1er et 2.] – Anc. art. L. 244-2.*

(L. no 2015-912 du 24 juill. 2015, art. 12-4o-b, en vigueur le 3 oct. 2015) **« Les personnes physiques ou morales mentionnées au premier alinéa du présent article sont tenues de répondre, dans les meilleurs délais, aux demandes formulées. »**

COMMENTAIRE

Voir commentaire sur le Code en ligne.

Art. L. 871-3 Dans le cadre des attributions qui lui sont conférées par le livre II du code des postes et des communications électroniques, le ministre chargé des communications électroniques veille notamment à ce que *(L. nº 2021-998 du 30 juill. 2021, art. 12)* « les exploitants de réseaux ouverts au public de communications électroniques et les fournisseurs de services de communications électroniques au public » prennent les mesures nécessaires pour assurer l'application *(L. nº 2015-912 du 24 juill. 2015, art. 12-5º, en vigueur le 3 oct. 2015)* « , dans le respect du secret de la défense nationale, des dispositions du présent livre » *(L. nº 2021-998 du 30 juill. 2021, art. 12)* « , de la section 3 du chapitre I du titre III du livre I du code de procédure pénale relatives aux interceptions de correspondances émises par la voie des télécommunications ordonnées par l'autorité judiciaire et des sections 5 et 6 du chapitre II du titre XXV du livre IV du même code. » — *[L. nº 91-646 du 10 juill. 1991, art. 21.] — Anc. art. L. 244-3.*

COMMENTAIRE

Voir commentaire sur le Code en ligne. ❑

Art. L. 871-4 *(L. nº 2015-912 du 24 juill. 2015, art. 12-6º, en vigueur le 3 oct. 2015)* Les opérateurs de communications électroniques mentionnés à l'article L. 34-1 du code des postes et des communications électroniques ainsi que les personnes mentionnées aux 1 et 2 du I de l'article 6 de la loi nº 2004-575 du 21 juin 2004 pour la confiance dans l'économie numérique sont tenus d'autoriser, à des fins de contrôle, les membres et les agents de la Commission nationale de contrôle des techniques de renseignement, mandatés à cet effet par le président de la commission, à entrer dans les locaux de ces opérateurs ou de ces personnes dans lesquels sont mises en œuvre des techniques de recueil de renseignement autorisées en application du titre V du présent livre.

Ils communiquent, dans les mêmes conditions, toutes les informations sollicitées par la commission ayant trait à ces opérations.

COMMENTAIRE

Voir commentaire sur le Code en ligne. ❑

Art. L. 871-5 Les exigences essentielles définies au 12º de l'article L. 32 du code des postes et communications électroniques et le secret des correspondances mentionné à l'article L. 32-3 du même code ne sont opposables ni aux juridictions compétentes pour ordonner des interceptions en application de l'article 100 du code de procédure pénale, ni au ministre chargé des communications électroniques dans l'exercice des prérogatives qui leur sont dévolues par le *(L. nº 2015-912 du 24 juill. 2015, art. 11-2º, en vigueur le 3 oct. 2015)* « présent livre ». — *[L. nº 91-646 du 10 juill. 1991, art. 23.] — Anc. art. L. 241-4.*

COMMENTAIRE

Voir commentaire sur le Code en ligne. ❑

Art. L. 871-6 Les opérations matérielles nécessaires à la mise en place des *(L. nº 2015-912 du 24 juill. 2015, art. 11-3º-a, en vigueur le 3 oct. 2015)* « techniques de recueil de renseignement mentionnées aux articles L. 851-1 à L. 851-4 » *(L. nº 2021-998 du 30 juill. 2021, art. 12)* « , L. 851-6, L. 852-1 et L. 853-2 » dans les locaux et installations des services ou organismes placés sous l'autorité ou la tutelle du ministre chargé des communications électroniques ou des exploitants de réseaux ou fournisseurs de services de *(L. nº 2021-998 du 30 juill. 2021, art. 12)* « communications électroniques » ne peuvent être effectuées que sur *(L. nº 2015-912 du 24 juill. 2015, art. 11-3º-b, en vigueur le 3 oct. 2015)* « ordre du Premier ministre » ou sur ordre de la personne spécialement déléguée par lui, par des agents qualifiés de ces services, organismes, exploitants ou fournisseurs dans leurs installations respectives. — *[L. nº 91-646 du 10 juill. 1991, art. 11.] — Anc. art. L. 242-9.*

COMMENTAIRE

Voir commentaire sur le Code en ligne. ❑

Art. L. 871-7 *(L. nº 2013-1168 du 18 déc. 2013, art. 20-I-2º et IV, en vigueur le 1er janv. 2015)* Les surcoûts identifiables et spécifiques éventuellement exposés par les opérateurs et personnes mentionnées à l'article *(L. nº 2015-912 du 24 juill. 2015, art. 5-III-5º-a, en vigueur le 3 oct. 2015)* « L. 851-1 » pour répondre à *(L. nº 2015-912 du 24 juill. 2015, art. 5-III-5º-b, en vigueur le 3 oct. 2015)* « la mise en œuvre des techniques de recueil de renseignement mentionnées aux articles L. 851-1, L. 851-2 à L. 851-4 » *(L. nº 2021-998 du 30 juill. 2021, art. 12)* « , L. 851-6, L. 852-1 et L. 853-2 » font l'objet d'une compensation financière de la part de l'État. – *Anc. art. L. 246-5.*

COMMENTAIRE

Voir commentaire sur le Code en ligne.

DEUXIÈME PARTIE : *RÉGLEMENTAIRE*

LIVRE I PRINCIPES GÉNÉRAUX ET ORGANISATION DE LA SÉCURITÉ INTÉRIEURE

TITRE I PRINCIPES GÉNÉRAUX DE LA SÉCURITÉ INTÉRIEURE

CHAPITRE IV *ENQUÊTES ADMINISTRATIVES*

(Décr. nº 2013-1113 du 4 déc. 2013, en vigueur le 1er janv. 2014)

SECTION 1 *Enquêtes administratives en application de l'article L. 114-1*

(Décr. nº 2018-141 du 27 févr. 2018, art. 1er).

Art. R. 114-1 La liste des décisions pouvant donner lieu, en application de l'article L. 114-1, à des enquêtes administratives *(Abrogé par Décr. nº 2018-141 du 27 févr. 2018, art. 3)* « ***préalables*** » est fixée aux articles R. 114-2 à R. 114-5.

Art. R. 114-2 Peuvent donner lieu aux enquêtes mentionnées à l'article R. 114-1 les décisions suivantes relatives aux emplois publics participant à l'exercice des missions de souveraineté de l'État ainsi qu'aux emplois publics ou privés relevant du domaine de la sécurité ou de la défense :

1º Autorisation ou habilitation :

a) Des personnes physiques ayant accès aux informations et supports protégés au titre du secret de la défense nationale ;

b) Des personnes physiques convoyant des informations ou supports protégés au titre du secret de la défense nationale ;

c) Des personnes physiques employées pour participer à une activité privée de surveillance et de gardiennage, de transport de fonds, de protection physique des personnes ou de vidéoprotection ou à une activité de recherches privées, ou suivant un stage pratique dans une entreprise exerçant une telle activité ;

d) Des agents des services internes de sécurité de la Société nationale des chemins de fer français et de la Régie autonome des transports parisiens, préalablement à leur affectation ;

e) Des agents de la Commission nationale de l'informatique et des libertés appelés à participer à la mise en œuvre des missions de vérification de traitements de données à caractère personnel ;

f) Des médiateurs et des délégués du procureur de la République ;

g) Des enquêteurs de personnalité et des contrôleurs judiciaires ;

h) Des agents qualifiés pour la réalisation des opérations matérielles nécessaires à la mise en place des interceptions de correspondances émises par la voie des communications électroniques, autorisées par le titre IV du livre II ;

i) Des personnes mettant en œuvre le dispositif technique permettant le contrôle à distance des personnes placées sous surveillance électronique ;

j) Des agents *(Décr. n° 2021-1853 du 27 déc. 2021, art. 3, en vigueur le 1er janv. 2022)* « de l'Autorité de régulation de la communication audiovisuelle et numérique » appelés à participer à la mise en œuvre *(Décr. n° 2021-1853 du 27 déc. 2021, art. 3, en vigueur le 1er janv. 2022)* « des missions mentionnées à l'article L. 331-12 du code de la propriété intellectuelle » ;

k) Des personnes physiques employées par les organismes qualifiés indépendants habilités par le ministre chargé des communications électroniques pour effectuer les contrôles prévus par l'article L. 33-10 du code des postes et des communications électroniques ;

(Décr. n° 2015-349 du 27 mars 2015, art. 2) « *l)* Des agents de l'Agence nationale de la sécurité des systèmes d'information mentionnés à l'article R. 2321-2 du code de la défense ; »

(Décr. n° 2015-350 du 27 mars 2015, art. 23) « *m)* Des prestataires de service de confiance mentionnés au chapitre III du décret n° 2015-350 du 27 mars 2015 relatif à la qualification des produits de sécurité et des prestataires de service de confiance pour les besoins de la sécurité des systèmes d'information ;

« *n)* Des centres d'évaluation mentionnés au chapitre III du décret n° 2015-350 du 27 mars 2015 relatif à la qualification des produits de sécurité et des prestataires de service de confiance pour les besoins de la sécurité des systèmes d'information ; »

(Décr. n° 2016-515 du 26 avr. 2016, art. 50 et 63-II, en vigueur le 1er juill. 2016) « *o)* Des personnes physiques exerçant les fonctions de dirigeant ou de gérant d'un prestataire de formation aux activités privées de sécurité. »

2° Recrutement des membres des juridictions administratives, des magistrats de l'ordre judiciaire et des juges de proximité ;

3° Recrutement ou nomination et affectation :

a) Des préfets et sous-préfets ;

b) Des ambassadeurs et consuls ;

c) Des directeurs de préfecture chargés de la réglementation et des libertés publiques ;

d) Des chefs des services interministériels des affaires civiles et économiques de défense et de protection civile ;

e) Des directeurs et chefs de service des cabinets des préfets ;

f) Des personnels investis de missions de police administrative spécialement habilités, en application de l'article L. 234-2 du présent code, à consulter les traitements automatisés de données personnelles mentionnés à l'article 230-6 du code de procédure pénale ;

g) Des fonctionnaires et agents contractuels de la police nationale ;

h) Des agents des douanes ;

i) Des personnels des services de l'administration pénitentiaire ;

j) Des militaires ;

k) Des officiers de port et officiers de port adjoints ;

l) Des agents de surveillance de Paris ;

m) Des agents du Conseil national des activités privées de sécurité ;

(Décr. n° 2018-434 du 4 juin 2018, art. 28 et 35, en vigueur le 1er juill. 2018) « *n)* Des agents de l'Autorité de sûreté nucléaire ; »

4° Agrément :

a) Des agents de police municipale ;

b) Des gardes champêtres ;

c) Des agents de l'État ou des communes chargés de la surveillance de la voie publique ;

d) Des agents des services publics urbains de transport en commun de voyageurs mentionnés à l'article L. 130-4 du code de la route ;

e) Des agents des concessionnaires d'une autoroute ou d'un ouvrage routier ouvert à la circulation publique et soumis à péage ;

f) Des agents de la ville de Paris chargés d'un service de police ;

g) Des gardes particuliers ;

h) Des personnes physiques exerçant à titre individuel une activité privée de surveillance et de gardiennage, de transport de fonds, de protection physique des personnes ou de vidéoprotection ou une activité de recherches privées ou exerçant les

fonctions de dirigeant, de gérant ou d'associé d'une personne morale exerçant cette activité ;

i) *(Abrogé par Décr. n° 2022-209 du 18 févr. 2022, art. 9)* ***« Des agents de surveillance et gardiennage et »*** **Des agents du service d'ordre des manifestations sportives, récréatives ou culturelles, habilités à procéder à des palpations de sécurité en application** *(Décr. n° 2022-209 du 18 févr. 2022, art. 9)* **« de l'article » L. 613-3 du présent code ;**

j) **Des agents de sûreté désignés pour procéder aux contrôles et visites mentionnés** *(Décr. n° 2017-438 du 29 mars 2017, art. 3-1°)* **« à l'article » L. 6342-4 du code des transports ;**

k) **Des agents employés pour exercer une activité privée de transport de fonds, de bijoux ou de métaux précieux ;**

l) **Des agents des exploitants de transports publics de personnes habilités à relever l'identité et l'adresse des contrevenants, dans les conditions prévues à l'article 529-4 du code de procédure pénale ;**

m) **Des préposés du titulaire d'une autorisation individuelle d'exploitation d'un dépôt, débit ou installation mobile de produits explosifs, des personnes intervenant dans ces établissements en vue de l'entretien des équipements de sûreté, ainsi que des organismes chargés des études de sûreté ;**

(Décr. n° 2017-438 du 29 mars 2017, art. 3-2°) **«** ***n)*** **Des personnels de la sûreté portuaire énumérés à l'article R. 5332-55 du code des transports ; »**

o) **Des agents de sûreté de compagnie et de navire mentionnés dans le** *(Décr. n° 2017-422 du 28 mars 2017, art. 13)* **« décret n° 84-810 du 30 août 1984 relatif à la sauvegarde de la vie humaine en mer, à la prévention de la pollution, à la sûreté et à la certification sociale des navires » ;**

(Décr. n° 2022-777 du 3 mai 2022, art. 2) **«** ***p)*** **Des agents des services de sécurité des bailleurs d'immeubles mentionnés au dernier alinéa de l'article L. 614-2 habilités à constater par procès-verbal les contraventions qui portent atteinte aux immeubles ou groupes d'immeubles à usage collectif d'habitation au sein desquels ils assurent des fonctions de surveillance et de gardiennage en application de l'article L. 614-6. »**

Art. R. 114-3 **Peuvent donner lieu aux enquêtes mentionnées à l'article R. 114-1 les décisions suivantes relatives aux emplois privés ainsi qu'aux activités privées réglementées relevant des domaines des jeux, paris et courses :**

1° Autorisation :

a) **De pratiquer les jeux** *(Décr. n° 2020-1773 du 21 déc. 2020, art. 1er)* **« d'argent et de hasard » dans les casinos** *(Décr. n° 2017-914 du 9 mai 2017, art. 1er-1° et 19, en vigueur le 1er juill. 2017)* **« autorisés au titre des articles L. 321-1 et L. 321-3 » ;**

(Décr. n° 2017-913 du 9 mai 2017, art. 3) **«** ***a bis)*** **D'investir, dans une société titulaire d'une autorisation prévue à l'article L. 321-1, dans les conditions prévues à l'article L. 323-3 ; »**

(Abrogé par Décr. n° 2017-913 du 9 mai 2017, art. 5-II-1° et 23, à compter du 1er janv. 2018) ***« b) De pratiquer les jeux de hasard dans les cercles de jeux ; »***

c) **De faire courir, d'entraîner, de monter et** *[de]* **driver des chevaux de course ;**

d) **D'exploiter des postes d'enregistrement des paris relatifs aux courses de chevaux ;**

(Abrogé par Décr. n° 2020-1773 du 21 déc. 2020, art. 1er) ***e) De faire courir des lévriers de course ;***

(Décr. n° 2017-1306 du 25 août 2017, art. 1er et 8, en vigueur le 1er oct. 2017) **«** ***f)*** **D'exploiter des postes d'enregistrement de jeux de loterie ;**

« ***g)*** **D'exploiter des postes d'enregistrement de** *(Décr. n° 2020-1773 du 21 déc. 2020, art. 1er)* **« paris » sportifs ; »**

2° Agrément :

a) **Des directeurs et des membres des comités de direction des casinos autorisés ainsi que des personnes employées dans les salles de jeux des casinos** *(Abrogé par Décr. n° 2017-913 du 9 mai 2017, art. 5-II-2° et 23, à compter du 1er janv. 2018)* ***« et des cercles de jeux »*** **;**

b) **Des personnes physiques ou morales qui fabriquent, importent, vendent ou assurent la maintenance des** *(Décr. n° 2020-1773 du 21 déc. 2020, art. 1er)* **« machines à sous, des postes de jeux électroniques, des tables de jeux avec assistance électro-**

nique et des matériels traditionnels de jeux, ainsi que les dirigeants de ces personnes morales » ;

c) Des organismes chargés par les casinos autorisés de gérer des tâches d'intérêt commun comme la centralisation des commandes et le financement groupé *(Décr. nº 2020-1773 du 21 déc. 2020, art. 1er)* « de matériels de jeux agréés » ;

d) Des commissaires et des juges des courses de chevaux ;

e) Des arbitres et assesseurs des parties de pelote basque ;

(Décr. nº 2017-914 du 9 mai 2017, art. 1er-2º et 19, en vigueur le 1er juill. 2017) « *f)* Du représentant légal de la société exploitant un casino installé à bord d'un navire mentionné au II de l'article L. 321-3 et ne comprenant que *(Décr. nº 2020-1773 du 21 déc. 2020, art. 1er)* « des machines à sous ». »

(Décr. nº 2020-1773 du 21 déc. 2020, art. 1er) « *g)* Des personnes physiques et morales chargées de la gestion technique des machines à sous reliées entre elles et mentionnées au deuxième alinéa de l'article L. 321-5-1 ;

h) Des personnes physiques et morales qui conçoivent, importent, vendent ou assurent la maintenance ou la gestion des systèmes monétiques utilisés pour les mises et les gains dans les casinos. »

Art. R. 114-4 Peuvent donner lieu aux enquêtes mentionnées à l'article R. 114-1 les autorisations d'accès aux lieux suivants protégés en raison de l'activité qui s'y exerce :

1º Zones militaires ou placées sous le contrôle de l'autorité militaire ;

2º Zones protégées intéressant la défense nationale mentionnées à l'article 413-7 du code pénal ;

3º Établissements, installations ou ouvrages d'importance vitale, mentionnés aux articles L. 1332-1 et L. 1332-2 du code de la défense ;

4º Zones non librement accessibles des aérodromes, aux zones d'accès restreint, délimitées à l'intérieur des zones portuaires de sûreté et aux installations à usage aéronautique ou d'assistance météorologique mentionnées à l'article L. 6332-1 du code des transports ;

5º Lieux de préparation, de traitement, de conditionnement et de stockage des expéditions de fret et de colis postaux ainsi que des biens et produits destinés à être utilisés à bord des aéronefs, au sein des entreprises ou organismes agréés au sens des articles L. 6342-1 et L. 6343-1 du code des transports ;

6º Établissements pénitentiaires, pour les personnes autres que les conseils des détenus ;

(Décr. nº 2019-244 du 27 mars 2019, art. 2) « 7º Zones de sûreté créées en application de l'article L. 2271-4 du code des transports. »

Art. R. 114-5 Peuvent donner lieu aux enquêtes mentionnées à l'article R. 114-1 les autorisations ou agréments suivants relatifs à des matériels, produits ou activités présentant un danger pour la sécurité publique :

(Décr. nº 2018-1195 du 20 déc. 2018, art. 24) « 1º Acquisition, détention, fabrication, commerce, intermédiation, importation, exportation, transfert et transit de matériels de guerre, d'armes, de munitions et de leurs éléments de toute catégorie ; utilisation, exploitation, exportation et transit de matériels de guerre et matériels assimilés ; transfert de produits liés à la défense et de matériels mentionnés au I de l'article L. 2335-18 du code de la défense ; »

2º Port d'armes *(Décr. nº 2017-1844 du 29 déc. 2017, art. 30 et 35-I, en vigueur le 1er janv. 2018)* « , autorisations prévues aux articles R. 613-16-1, R. 613-23-2 » ;

3º Production, importation, exportation, commerce, emploi, transport et conservation des poudres et substances explosives ;

4º Élaboration, détention, transfert, utilisation, importation, exportation et transport de matières nucléaires ;

5º Fabrication, importation, détention, exposition, offre, location ou vente d'appareils mentionnés à l'article 226-3 du code pénal ;

6º Création d'un aérodrome ou d'une hélisurface privés ou utilisation d'une hélisurface, d'une hydrosurface ou d'une bande d'envol occasionnelle ;

7° Prise de vue aérienne au titre d'une des procédures prévues à l'article D. 133-10 du code de l'aviation civile ;

8° Fabrication, transformation et mise à disposition des tiers, à titre onéreux ou gratuit, de substances susceptibles d'être utilisées pour la fabrication illicite de stupéfiants ou de substances psychotropes, mentionnées à l'article 1er de la loi n° 96-542 du 19 juin 1996 relative au contrôle de la fabrication et du commerce de certaines substances susceptibles d'être utilisées pour la fabrication illicite de stupéfiants ou de substances psychotropes ;

(Décr. nº 2018-434 du 4 juin 2018, art. 29 et 35, en vigueur le 1er juill. 2018) « 9° Exercice d'une activité nucléaire en application de l'article L. 1333-8 ou de l'article L. 1333-9 du code de la santé publique ou accès à certaines catégories de sources de rayonnements ionisants, convoyage de ces sources ou accès aux informations portant sur les moyens et mesures de protection mise *[mis]* en œuvre contre les actes de malveillance, en application de l'article L. 1333-11 du code de la santé publique. »

Art. R. 114-6 *(Décr. nº 2018-141 du 27 févr. 2018, art. 3)* Les personnes qui font l'objet d'une enquête administrative en application de l'article L. 114-1 sont informées de ce que cette enquête donne lieu à la consultation des traitements automatisés de données personnelles relevant de l'article 26 de la loi n° 78-17 du 6 janvier 1978 relative à l'informatique, aux fichiers et aux libertés, à l'exception des fichiers d'identification.

Lorsque l'enquête administrative qui donne lieu à la consultation fait suite à une demande de décision de l'intéressé, celui-ci en est informé dans l'accusé de réception de sa demande prévu aux articles L. 112-3 et L. 112-6 du code des relations entre le public et l'administration.

Dans les autres cas, l'intéressé est informé lors de la notification de la décision administrative le concernant.

Lors de la notification de la décision administrative mentionnée à l'article L. 114-1 du présent code le concernant, l'intéressé est également informé qu'il peut, dans ce cadre, faire l'objet d'une enquête administrative conformément aux dispositions du premier alinéa du présent article.

Art. R. 114-7 *(Décr. nº 2017-757 du 3 mai 2017, art. 1er)* Peuvent être précédées des enquêtes prévues à l'article L. 114-2 les décisions de recrutement et d'affectation concernant les fonctions suivantes :

1° Salariés des entreprises de transport public de personnes *(Décr. nº 2022-770 du 2 mai 2022, art. 1er)* « ou des gestionnaires d'infrastructures » :

a) Agent chargé du contrôle et de la commande des installations de sécurité du réseau ferroviaire ou guidé : aiguilleur, gestionnaire des mouvements des trains, agent en fonctions dans un poste central de commandement ou dans un poste de régulation ;

(Décr. nº 2022-770 du 2 mai 2022, art. 1er) « *a bis)* Agent chargé de la maintenance et du contrôle du matériel roulant et de l'infrastructure : électromécanicien et technicien de diagnostic et de maintenance des métiers de la signalisation, de la voie, des matériels roulants, de l'énergie ou des ouvrages d'art, automaticien ; »

b) Administrateur des systèmes d'information liés à l'exploitation du réseau *(Décr. nº 2022-770 du 2 mai 2022, art. 1er)* « ferroviaire, guidé ou de transport routier par autobus ou autocars » ;

c) Concepteur *(Décr. nº 2022-770 du 2 mai 2022, art. 1er)* « et essayeur » des systèmes de contrôle et de commande des installations ferroviaires ou guidées ;

d) Conducteur de véhicule de transport public collectif de personnes par voie ferrée, guidée ou routière ;

e) Agents des services internes de sécurité de la SNCF et de la Régie autonome des transports parisiens ;

f) Personnel embarqué à bord des navires à passagers, au sens du décret n° 84-810 du 30 août 1984 relatif à la sauvegarde de la vie humaine, à l'habitabilité à bord des navires et à la prévention de la pollution, titulaires des titres de sûreté maritime ;

g) Agent d'une compagnie exploitant des navires à passagers, au sens du décret du 30 août 1984 précité, agréé au titre du code international pour la sûreté des navires et des installations portuaires ;

h) Membres d'équipage de bateaux de transport par voies de navigation intérieure ;

2° Salariés des entreprises de transport de marchandises dangereuses soumises à l'obligation d'adopter un plan de sûreté :

a) Conducteur de véhicules routiers transportant des marchandises définies au point 1.10.3.1 de l'accord européen relatif au transport international des marchandises dangereuses par route ;

b) Conducteur de train de fret transportant des marchandises définies au point 1.10.3.1 du règlement concernant le transport international ferroviaire des marchandises dangereuses annexé à la convention relative aux transports internationaux ferroviaires, ainsi que les fonctions de planification opérationnelle de ces transports, et d'examen visuel prévu au point 1.4.2.2.1 de ce règlement ;

c) Membres d'équipage de bateaux transportant par voies de navigation intérieure des marchandises définies au 1.10.3.1 de l'accord européen relatif au transport international de marchandises dangereuses par voies de navigation intérieures ;

3° Personnels embarqués à bord des navires titulaires des titres de sûreté maritime transportant des marchandises dangereuses énumérées ci-après :

a) Hydrocarbures transportés en vrac, tels que définis à la règle 1 de l'Annexe I de la Convention internationale de 1973 pour la prévention de la pollution par les navires, telle que modifiée par le Protocole de 1978 y relatif et telle qu'amendée ;

b) Substances liquides nocives et dangereuses transportées en vrac, énumérées aux chapitres 17 et 18 du Recueil international de règles relatives à la construction et à l'équipement des navires transportant des produits chimiques dangereux en vrac et produits dangereux pour le transport desquels les conditions préliminaires appropriées ont été prescrites par l'Administration et les administrations portuaires intéressées conformément au paragraphe 1.1.6 de ce recueil ;

c) Gaz liquéfiés énumérés au chapitre 19 du recueil international de règles relatives à la construction et à l'équipement des navires transportant des gaz liquéfiés en vrac, et produits pour le transport desquels des conditions préliminaires appropriées ont été prescrites par l'administration et les administrations portuaires intéressées conformément au paragraphe 1.1.6.1 de ce recueil ;

d) Marchandises dangereuses transportées en colis définies au 1.4.3.1. du code maritime international des marchandises dangereuses.

....

TITRE II LUTTE CONTRE LE TERRORISME ET LES ATTEINTES AUX INTÉRÊTS FONDAMENTAUX DE LA NATION

(Décr. n° 2013-1113 du 4 déc. 2013, en vigueur le 1er janv. 2014)

CHAPITRE I *LUTTE CONTRE LE FINANCEMENT DES ACTIVITÉS TERRORISTES*

Le présent chapitre ne comprend pas de dispositions réglementaires.

CHAPITRE II *ACCÈS À DES TRAITEMENTS ADMINISTRATIFS AUTOMATISÉS ET À DES DONNÉES DÉTENUES PAR DES OPÉRATEURS PRIVÉS*

(Décr. n° 2014-1641 du 26 déc. 2014, art. 1er-I).

Art. R. 222-1 *(Décr. n° 2014-1641 du 26 déc. 2014, art. 1er-II)* Pour l'application du II de l'article L. 222-1, les services spécialisés de renseignement dont les agents peuvent accéder aux traitements automatisés de données à caractère personnel mentionnés à l'article L. 222-1 sont :

— pour le ministère de la défense : la direction générale de la sécurité extérieure, la direction du renseignement et de la sécurité de la défense et la direction du renseignement militaire ;

— pour le ministère de l'Intérieur : la direction générale de la sécurité intérieure ;

— pour le ministère des finances et des comptes publics : la direction nationale du renseignement et des enquêtes douanières et le service à compétence nationale dénommé "traitement du renseignement et action contre les circuits financiers clandestins".

L'accès de ces services aux traitements visés au I de l'article L. 222-1 est limité à la consultation et ne peut donner lieu à aucune interconnexion avec d'autres traitements.

Les consultations font l'objet d'un enregistrement de l'identification du consultant, de la date et l'heure de la consultation. Les informations relatives aux consultations sont conservées dans les traitements pendant une durée de trois ans.

CHAPITRE III *MISE EN ŒUVRE DE SYSTÈMES DE VIDÉOPROTECTION*

Art. R. 223-1 Les attributions dévolues au représentant de l'État dans le département par les articles L. 223-2, L. 223-4 à L. 223-6 et L. 223-8 sont exercées par le préfet de département *(Décr. n° 2018-583 du 6 juill. 2018, art. 8)* « , et, sur les emprises des aérodromes de Paris-Charles de Gaulle, Paris-Le Bourget et Paris-Orly par le préfet de police, et » dans le département des Bouches-du-Rhône, par le préfet de police des Bouches-du-Rhône.

Art. R. 223-2 Lorsque le représentant de l'État dans le département fait usage du pouvoir de proposition que lui confèrent les dispositions de l'article L. 223-8, la demande de mise en œuvre d'un système de vidéoprotection qu'il adresse au maire énonce les motifs qui font craindre des actes de terrorisme ou la mise en péril d'un intérêt fondamental de la Nation.

La convention de financement du système de vidéoprotection prévue à l'article L. 223-8 est conclue pour une durée de cinq ans renouvelable.

Ce système de vidéoprotection est mis en œuvre dans les conditions prévues au chapitre II du titre V du présent livre.

....

TITRE III TRAITEMENTS AUTOMATISÉS DE DONNÉES PERSONNELLES ET ENQUÊTES ADMINISTRATIVES

(Décr. n° 2013-1113 du 4 déc. 2013, en vigueur le 1er janv. 2014)

CHAPITRE I *SYSTÈME D'INFORMATION SCHENGEN DE DEUXIÈME GÉNÉRATION (SIS II)* *(Décr. n° 2016-1956 du 28 déc. 2016, art. 2).*

SECTION 1 *Dispositions générales*

Art. R. 231-1 *(Décr. n° 2016-1956 du 28 déc. 2016, art. 3-1°)* « Le système d'information Schengen de deuxième génération (SIS II) a pour objet d'assurer un niveau élevé de sécurité dans l'espace de liberté, de sécurité et de justice de l'Union européenne, notamment la préservation de la sécurité et de l'ordre publics sur les territoires des États membres de l'espace Schengen.

« Il contribue à l'application des dispositions du chapitre III du titre IV du traité sur le fonctionnement de l'Union européenne relatives à la libre circulation des personnes sur les territoires des États membres. »

Le système d'information Schengen est composé d'une partie centrale dite "de support technique" *(Décr. n° 2016-1956 du 28 déc. 2016, art. 3-2°)* « placée sous la responsabilité de l'Agence pour la gestion opérationnelle des systèmes d'information à grande échelle dans le domaine de la liberté, de la sécurité et de la justice (EU-LISA) » et d'une partie nationale dans chaque État membre.

Art. R. 231-2 *(Abrogé par Décr. n° 2016-1956 du 28 déc. 2016, art. 4) La partie nationale du système d'information Schengen, créée au titre de l'article 92 de la convention du 19 juin 1990 d'application de l'accord de Schengen du 14 juin 1985, est instituée au ministère de l'Intérieur, instance ayant la compétence centrale, désignée en application de l'article 108 de cette convention.*

Cette instance représente la partie nationale auprès des parties contractantes ou des pays tiers.

Art. R. 231-3 *(Décr. n° 2016-1956 du 28 déc. 2016, art. 5)* La partie nationale du système d'information Schengen est placée sous l'autorité du ministre de l'Intérieur. Elle se compose :

1° Du système informatique national dénommé N-SIS II, créé en application des articles 4 du règlement du Parlement européen et du Conseil (CE) n° 1987/2006 et de la décision du Conseil 2007/533/JAI.

Ce système est alimenté par des traitements de données nationaux dont l'acte de création prévoit qu'ils peuvent être utilisés aux fins mentionnées à l'article R. 231-1. Il est relié à la partie centrale du SIS II mentionnée au dernier alinéa de l'article R. 231-1. Il comporte une copie nationale complète et des copies techniques partielles de la base de données du SIS II ;

2° De l'office N-SIS II, qui est responsable du bon fonctionnement et de la sécurité du système N-SIS II en application du règlement et de la décision cités au 1°.

L'office prend les mesures nécessaires pour que les autorités compétentes aient accès au SIS II et pour assurer le respect des dispositions des instruments légaux du SIS II ;

3° Du bureau SIRENE, qui est chargé d'assurer les échanges entre États membres des informations supplémentaires portant sur les données inscrites dans le SIS II, en application des articles 3 du règlement et de la décision mentionnés au 1° et conformément à la décision d'exécution modifiée de la Commission n° 2013/115/UE relative au manuel SIRENE.

Le bureau coordonne la vérification de la qualité des informations introduites dans le SIS II.

SECTION 2 *Système informatique national du système d'information Schengen dénommé "N-SIS II"* *(Décr. n° 2016-1956 du 28 déc. 2016, art. 6).*

Art. R. 231-4 *(Abrogé par Décr. n° 2016-1956 du 28 déc. 2016, art. 7) Le système informatique national du système d'information Schengen dénommé "N-SIS", créé au titre de l'article 92 de la convention du 19 juin 1990 d'application de l'accord de Schengen du 14 juin 1985, est placé sous l'autorité du ministre de l'Intérieur, direction générale de la police nationale, instance désignée en application de l'article 108 de cette convention. Le fichier est sis 11, rue des Saussaies, 75008 Paris.*

Art. R. 231-5 *(Décr. n° 2016-1956 du 28 déc. 2016, art. 8)* La finalité exclusive du système informatique national N-SIS II est la centralisation d'informations concernant les personnes et objets signalés par les autorités administratives et judiciaires des États parties au règlement du Parlement européen et du Conseil (CE) n° 1986/2006 du 20 décembre 2006 sur l'accès des services des États membres chargés de l'immatriculation des véhicules au système d'information Schengen de deuxième génération (SIS II) ainsi qu'au règlement et à la décision mentionnés au 1° de l'article R. 231-3, afin de permettre aux autorités désignées par ces États de décider de la conduite à tenir à l'égard des personnes et objets signalés.

Art. R. 231-6 *(Décr. n° 2016-1956 du 28 déc. 2016, art. 9)* Peuvent être enregistrées dans le traitement N-SIS II les données à caractère personnel relatives aux personnes suivantes :

1° Les personnes signalées en vue d'une arrestation aux fins de remise sur la base d'un mandat d'arrêt européen ou aux fins d'extradition ;

2° Les personnes signalées aux fins de non-admission ou d'interdiction de séjour à la suite d'une décision administrative ou judiciaire ;

3° Les personnes disparues, devant être le cas échéant placées sous protection dans l'intérêt de leur propre sécurité ou pour la prévention de menaces ;

4° Les personnes signalées aux fins de contrôle discret ou de contrôle spécifique dans le cadre de la répression d'infractions pénales, pour la prévention de menaces pour la sécurité publique ou de menaces graves pour la sûreté intérieure et extérieure de l'État ;

5° Les personnes signalées par l'autorité judiciaire dans le cadre d'une procédure pénale ou pour la notification ou l'exécution d'une décision pénale.

Art. R. 231-7 *(Décr. n° 2016-1956 du 28 déc. 2016, art. 10)* I. — Peuvent être enregistrées dans le traitement N-SIS II, aux fins de saisie ou de preuve dans une procédure pénale, les catégories d'objets suivantes :

1° Les véhicules à moteur d'une cylindrée supérieure à 50 cm^3, les embarcations et les aéronefs ;

2° Les remorques d'un poids à vide supérieur à 750 kg, les caravanes, le matériel industriel, les moteurs hors-bords *[hors-bord]* et les conteneurs ;

3° Les armes à feu ;

4° Les documents officiels vierges volés, détournés ou égarés ;

5° Les documents d'identité tels que passeports, cartes d'identité, permis de conduire, titres de séjour et documents de voyage délivrés qui ont été volés, détournés, égarés ou invalidés ;

6° Les certificats d'immatriculation et les plaques d'immatriculation volés, détournés, égarés ou invalidés ;

7° Les billets de banque (billets enregistrés) ;

8° Les titres et les moyens de paiement tels que chèques, cartes de crédit, obligations et actions volés, détournés, égarés ou invalidés.

II. – Peuvent être enregistrées dans le traitement N-SIS II, aux fins de contrôle discret ou de contrôle spécifique, les catégories d'objets suivantes :

1° Les véhicules ;

2° Les embarcations ;

3° Les aéronefs ;

4° Les conteneurs.

Art. R. 231-8 *(Décr. nº 2016-1956 du 28 déc. 2016, art. 11)* Peuvent être enregistrées dans le traitement N-SIS II, aux seules fins de contrôle discret ou de contrôle spécifique, les données relatives aux personnes ou aux véhicules, embarcations, aéronefs et conteneurs signalés pour la répression d'infractions pénales ou pour la prévention de menaces pour la sécurité publique :

1° Lorsque des indices réels laissent supposer que la personne concernée commet ou a l'intention de commettre une des infractions mentionnées à l'article *(Décr. nº 2018-714 du 3 août 2018, art. 11)* « **694-32** » du code de procédure pénale ;

2° Lorsque l'appréciation globale portée sur la personne, en particulier au regard des infractions pénales commises jusqu'alors, laisse supposer qu'elle commettra également à l'avenir une des infractions mentionnées au 1° ;

3° Lorsque des indices concrets permettent de supposer que les informations visées à l'article 37 de la décision mentionnée au 1° de l'article R. 231-3 sont nécessaires à la prévention d'une menace grave émanant de l'intéressé ou d'autres menaces graves pour la sûreté intérieure et extérieure de l'État.

Art. R. 231-9 Pour les signalements relatifs aux personnes, les *(Décr. nº 2016-1956 du 28 déc. 2016, art. 12-1º)* « données à caractère personnel » enregistrées dans le système informatique national *(Décr. nº 2016-1956 du 28 déc. 2016, art. 6)* « N-SIS II » sont les suivantes :

1° L'état civil (nom, prénoms et alias, date et lieu de naissance), le sexe et la nationalité ;

2° Les signes physiques particuliers, objectifs et inaltérables, ainsi que l'indication que la personne est armée *(Décr. nº 2016-1956 du 28 déc. 2016, art. 12-2º et 4º)* « , violente ou en fuite ;

« 3° Les photographies ;

« 4° Les empreintes digitales ; »

5° Le motif du signalement ;

6° La conduite à tenir en cas de découverte ;

7° L'autorité ayant effectué le signalement ;

8° Les références de la décision à l'origine du signalement ;

9° Les liens vers d'autres signalements introduits dans le SIS II ;

10° Le type d'infraction.

Art. R. 231-9-1 *(Décr. nº 2016-1956 du 28 déc. 2016, art. 13)* Pour les signalements relatifs aux objets, les données enregistrées dans le traitement N-SIS II sont les suivantes :

1° La nature, la catégorie, le type, la marque ;

2° Le numéro de série, l'immatriculation ou un autre numéro d'identification ;

3° La nationalité ou le pays d'immatriculation ;
4° La ou les photographies et leur date ;
5° La date du vol, de la perte, de la déclaration de perte ou de la plainte ;
6° L'état civil du propriétaire, du plaignant ou du titulaire ;
7° Les descriptifs et caractéristiques complémentaires, notamment la devise, la valeur faciale et l'organisme de délivrance ;
8° La conduite à tenir en cas de découverte.

Art. R. 231-10 *(Décr. nº 2016-1956 du 28 déc. 2016, art. 14)* I. – Peuvent seules avoir accès à tout ou partie des informations mentionnées aux articles R. 231-9 et R. 231-9-1, dans le cadre de leurs attributions et dans la limite du besoin d'en connaître, les personnes suivantes, individuellement désignées et spécialement habilitées par l'autorité hiérarchique dont elles relèvent :
1° Les agents du bureau SIRENE français et de l'office N-SIS II français ;
2° Les fonctionnaires de la police nationale, les militaires de la gendarmerie nationale et les agents des douanes qui agissent dans le cadre de leur mission générale de police administrative et de police judiciaire ;
3° Les agents des services chargés de l'immatriculation des véhicules, exclusivement en vue de vérifier si les véhicules qui leur sont présentés afin d'être immatriculés ont été volés, détournés ou égarés, ou sont recherchés aux fins de preuve dans une procédure pénale ;
4° Les agents des préfectures et des services de l'administration centrale du ministère de l'Intérieur compétents en matière d'entrée, de séjour et d'éloignement des étrangers et de recherche des personnes, majeures ou mineures, disparues, pour les seules consultations relevant de leurs attributions ;
5° Les agents des services du ministère des affaires étrangères, des consulats et des sections consulaires d'ambassades chargés de la délivrance des visas, pour les seuls renseignements concernant des étrangers signalés aux fins de non-admission ou d'interdiction de séjour dans l'espace Schengen ;
(Décr. nº 2022-751 du 29 avr. 2022, art. 1er, en vigueur le 1er juill. 2022) « 6° Les agents du service à compétence nationale dénommé "agence nationale des données de voyage". »
II. – Peuvent seuls être destinataires de tout ou partie des informations mentionnées au premier alinéa, dans le cadre de leurs attributions et dans la limite du besoin d'en connaître :
1° Les autorités judiciaires ;
2° Les autorités et services homologués des autres États parties à la convention du 19 juin 1990 d'application de l'accord de Schengen du 14 juin 1985.

Art. R. 231-11 *(Décr. nº 2016-1956 du 28 déc. 2016, art. 15)* La durée de conservation des données enregistrées dans le traitement N-SIS II obéit aux dispositions du présent article.
1° Les données relatives aux signalements concernant des personnes sont conservées au maximum pendant trois ans. Cette durée est réduite à un an pour les signalements aux fins de contrôle discret ou spécifique ;
2° Les données relatives aux signalements concernant des objets sont conservées au maximum pendant dix ans. Cette durée est réduite à cinq ans pour les signalements aux fins de contrôle discret ou spécifique ;
3° Les durées mentionnées aux 1° et 2° peuvent être prolongées si leur maintien est nécessaire aux fins pour lesquelles le signalement a été effectué, dans les conditions prévues aux articles 29 du règlement et 44 et 45 de la décision mentionnés au 1° de l'article R. 231-3 ;
4° En tout état de cause, les données de chaque signalement ne peuvent être conservées une fois expirée la période de conservation prévue par le traitement national d'où elles sont issues ;
5° La mise à jour ou la suppression des données dans le traitement national d'origine emporte la mise à jour ou la suppression des données correspondantes dans le traitement N-SIS II.

Art. R. 231-12 *(Décr. nº 2016-1956 du 28 déc. 2016, art. 16)* I. — Les droits d'accès et de rectification relatifs aux données enregistrées dans le traitement N-SIS II s'exercent auprès de la Commission nationale de l'informatique et des libertés, dans les conditions prévues à l'article 41 de la loi nº 78-17 du 6 janvier 1978 relative à l'informatique, aux fichiers et aux libertés.

II. — Par exception au I, les droits d'accès et de rectification s'exercent directement auprès du ministère de l'Intérieur (direction centrale de la police judiciaire) :

1º Lorsqu'ils concernent des données relatives à l'état civil, au sexe, à la nationalité, aux signes physiques particuliers, aux photographies et au motif de signalement, s'agissant des personnes mentionnées à l'article 9 du décret nº 2010-569 du 28 mai 2010 relatif au fichier des personnes recherchées ;

2º Lorsqu'ils concernent des données relatives aux objets volés, perdus, invalidés ou détournés.

III. — Le demandeur est informé de la suite donnée à sa demande d'accès ou de rectification dans les meilleurs délais et au plus tard deux mois après la date de sa demande.

Art. R. 231-13 *(Décr. nº 2016-1956 du 28 déc. 2016, art. 17)* Les droits d'information et d'opposition prévus à l'article 32 et au premier alinéa de l'article 38 de la loi du 6 janvier 1978 précitée ne s'appliquent pas au traitement N-SIS II.

Par exception à l'alinéa précédent, les victimes de vol et les propriétaires d'objets perdus sont informés du fait qu'ils peuvent faire l'objet d'une inscription dans le traitement.

SECTION 3 *L'office N-SIS II et le bureau national SIRENE*

(Décr. nº 2016-1956 du 28 déc. 2016, art. 18).

Art. R. 231-14 *(Décr. nº 2016-1956 du 28 déc. 2016, art. 19-1º)* « L'office N-SIS II et le bureau national dénommé SIRENE sont placés » sous l'autorité fonctionnelle du directeur central de la police judiciaire, sans préjudice des responsabilités relevant des autorités judiciaires.

(Décr. nº 2016-1956 du 28 déc. 2016, art. 19-2º) « Ils sont situés » dans les locaux de la direction centrale de la police judiciaire, qui en assure le fonctionnement.

Art. R. 231-15 Le ministre de la justice, le ministre des affaires étrangères et le ministre chargé du budget, compétents pour la mise en œuvre des interventions prévues pour le fonctionnement du système d'information Schengen, fixent en accord avec le ministre de l'Intérieur les conditions d'accomplissement des missions de leurs services depuis les locaux *(Décr. nº 2016-1956 du 28 déc. 2016, art. 20)* « de l'office N-SIS II et du bureau national SIRENE ».

Art. R. 231-16 Le bureau national SIRENE est autorisé à enregistrer et conserver dans le cadre du traitement automatisé dénommé "Gestion électronique de documents" (GED), en tant qu'éléments de signalement, des informations concernant des signes physiques qui peuvent faire apparaître, directement ou indirectement, des données relevant du I de l'article 8 de *(Décr. nº 2016-1956 du 28 déc. 2016, art. 21-1º)* « la loi du 6 janvier 1978 précitée », lorsque celles-ci constituent des éléments déterminants pour l'identification des personnes qui sont enregistrées dans le système d'information Schengen *(Décr. nº 2016-1956 du 28 déc. 2016, art. 21-2º)* « de deuxième génération (SIS II) ».

CHAPITRE II *TRAITEMENTS AUTOMATISÉS DE DONNÉES RECUEILLIES À L'OCCASION DE DÉPLACEMENTS INTERNATIONAUX*

SECTION 1 *Transmission des données*

Art. R. 232-1 *(Décr. nº 2014-989 du 29 août 2014, art. 1er)* Les données à caractère personnel mentionnées à l'article L. 232-4 du présent code sont transmises par les transporteurs aériens, dès la clôture du vol, par envoi électronique sécurisé au ministère de l'Intérieur, soit aux formats de message EDIFACT/ONU/PAXLST, mentionnés à la norme 3.47.1 de l'annexe 9 de la convention susvisée signée à Chicago le 7 décembre 1944, soit aux formats de message XML, CSV ou EXCEL.

Art. R. 232-1-1 *(Décr. nº 2018-714 du 3 août 2018, art. 1er)* I. – Les données de réservation mentionnées au a du I de l'article R. 232-14 sont transmises par les transporteurs aériens et les agences de voyage et opérateurs de voyage ou de séjour affrétant tout ou partie d'un aéronef une première fois quarante-huit heures avant le départ du vol et une seconde fois immédiatement après la clôture du vol, par envoi électronique sécurisé, à l'unité de gestion visée au VI de l'article L. 232-7, dans l'un des formats prévus par la décision d'exécution (UE) 2017/759 de la Commission européenne du 28 avril 2017 sur les protocoles communs et formats de données devant être utilisés par les transporteurs aériens lors d'un transfert de données PNR aux unités d'information passagers. Les transporteurs aériens et, le cas échéant, les agences de voyage et opérateurs de voyage ou de séjour affrétant tout ou partie d'un aéronef peuvent limiter le second envoi aux mises à jour des données transférées lors du premier envoi. Les données d'enregistrement et d'embarquement mentionnées au *b* du I de l'article R. 232-14 sont transmises par les transporteurs aériens à la clôture du vol, par envoi électronique sécurisé, à l'unité de gestion mentionnée au VI de l'article L. 232-7, dans l'un des formats prévus par la décision d'exécution précitée.

II. – Par dérogation, lorsque l'accès à des données de réservation et à des données d'enregistrement et d'embarquement est nécessaire pour répondre à une menace précise et réelle liée à une des infractions mentionnées au I de l'article L. 232-7, à l'exception des atteintes aux intérêts fondamentaux de la Nation, les transporteurs aériens transfèrent ces données, au cas par cas, en dehors des créneaux mentionnés au I du présent article, à la demande de l'*(Décr. nº 2022-751 du 29 avr. 2022, art. 3, en vigueur le 1er juill. 2022)* « agence nationale des données de voyage », sur sollicitation des autorités mentionnées à l'article R. 232-15.

SECTION 2 *Sanctions*

Art. R. 232-2 Le procès-verbal mentionné à l'article L. 232-5 comprend le nom de l'entreprise de transport et les références du vol ou du voyage au titre duquel la responsabilité de l'entreprise de transport est susceptible d'être engagée. Il précise, pour chaque vol ou voyage, les obligations définies par l'article L. 232-4 méconnues par l'entreprise de transport. Il comporte également, le cas échéant, les observations de celle-ci.

Il est signé par :

1º Le chef du service de la police nationale chargé du contrôle aux frontières ou un fonctionnaire désigné par lui, titulaire au moins du grade de brigadier ;

2º Ou le chef du service des douanes chargé du contrôle aux frontières ou un fonctionnaire désigné par lui, titulaire au moins du grade d'agent de constatation principal de 2e classe.

Il est transmis au ministre de l'Intérieur. Copie en est remise au représentant de l'entreprise de transport, qui en accuse réception.

Art. R. 232-3 Le ministre de l'Intérieur notifie à l'entreprise de transport, par lettre recommandée avec demande d'avis de réception, le projet de sanction prévu par l'article L. 232-5. Pendant le délai d'un mois prévu par le même article pour produire ses observations, l'entreprise peut se faire délivrer copie à ses frais de tout ou partie de la procédure.

Art. R. 232-4 Le ministre de l'Intérieur arrête la décision mentionnée à l'article L. 232-5, après l'expiration du délai fixé, au vu des observations qui ont pu être produites. La décision écrite et motivée est notifiée à l'entreprise de transport par lettre recommandée avec demande d'avis de réception.

Art. R. 232-5 En cas de sanction mentionnée à l'article L. 232-5, l'amende est recouvrée dans les conditions prévues pour les créances de l'État mentionnées aux articles 112 à 124 du décret nº 2012-1246 du 7 novembre 2012 relatif à la gestion budgétaire et comptable publique.

Art. R. 232-5-1 *(Décr. n° 2014-1095 du 26 sept. 2014, art. 2-2°)* I. — En cas de méconnaissance par un transporteur aérien *(Décr. n° 2018-714 du 3 août 2018, art. 2)* « ou par une agence de voyage ou un opérateur de voyage ou de séjour affrétant tout ou partie d'un aéronef » des obligations fixées à l'article R. 232-1-1, l'amende et la procédure prévues par l'article L. 232-5 s'appliquent à son égard *(Décr. n° 2018-714 du 3 août 2018, art. 2)* « , sous réserve des dispositions particulières du présent article ».

II. — Le procès-verbal mentionné à l'article L. 232-5 comprend le nom de l'entreprise *(Abrogé par Décr. n° 2018-714 du 3 août 2018, art. 2)* « ***de transport*** » et les références du vol ou du voyage au titre duquel la responsabilité de l'entreprise *(Abrogé par Décr. n° 2018-714 du 3 août 2018, art. 2)* « ***de transport*** » est susceptible d'être engagée. Il précise, pour chaque vol ou voyage, les obligations définies méconnues par l'entreprise *(Abrogé par Décr. n° 2018-714 du 3 août 2018, art. 2)* « ***de transport*** ». Il comporte également, le cas échéant, les observations de celle-ci.

Il est signé par le directeur de *(Décr. n° 2022-751 du 29 avr. 2022, art. 3, en vigueur le 1er juill. 2022)* « l'agence nationale des données de voyage » ou son adjoint.

III. — Le directeur de *(Décr. n° 2022-751 du 29 avr. 2022, art. 3, en vigueur le 1er juill. 2022)* « l'agence nationale des données de voyage » notifie à l'entreprise *(Abrogé par Décr. n° 2018-714 du 3 août 2018, art. 2)* « ***de transport*** », par lettre recommandée avec demande d'avis de réception, le projet de sanction prévu par l'article L. 232-5. Pendant le délai d'un mois prévu par le même article pour produire ses observations, l'entreprise peut se faire délivrer copie à ses frais de tout ou partie de la procédure.

(Décr. n° 2018-714 du 3 août 2018, art. 2) « IV. — Le directeur de *(Décr. n° 2022-751 du 29 avr. 2022, art. 3, en vigueur le 1er juill. 2022)* « l'agence nationale des données de voyage » arrête la décision mentionnée à l'article L. 232-5, après l'expiration du délai fixé, au vu des observations qui ont pu être produites. La décision écrite et motivée est notifiée à l'entreprise par lettre recommandée avec demande d'avis de réception.

« V. — En cas de sanction, l'amende est recouvrée dans les conditions prévues pour les créances de l'État. »

SECTION 3 *Traitement automatisé de données personnelles dénommé "PARAFE"*

Art. R. 232-6 Le ministre de l'Intérieur et le ministre chargé de l'immigration sont autorisés à mettre en œuvre un traitement automatisé de données à caractère personnel dénommé "PARAFE" (passage rapide aux frontières extérieures) et destiné, pour les voyageurs aériens, maritimes et ferroviaires *(Décr. n° 2020-1735 du 29 déc. 2020, art. 1er)* « volontaires », à améliorer et faciliter les contrôles de police aux frontières extérieures.

(Décr. n° 2020-1735 du 29 déc. 2020, art. 1er) « Peuvent bénéficier du traitement PARAFE les personnes majeures ou mineures âgées de douze ans révolus citoyens de l'Union européenne ou ressortissants d'un autre État partie à l'accord sur l'Espace économique européen ou de la Confédération suisse ou ressortissants américains, andorrans, australiens, *(Décr. n° 2020-1735 du 29 déc. 2020, art. 8) [Cette nouvelle rédaction entrera en vigueur à l'issue de la période de transition prévue par l'accord sur le retrait du Royaume-Uni de Grande-Bretagne et d'Irlande du Nord de l'Union européenne et de la Communauté européenne de l'énergie atomique]* « britanniques, » canadiens, sud-coréens, japonais, monégasques, néo-zélandais, saint-marinais et singapouriens. Le bénéfice du traitement PARAFE nécessite la détention d'un document de voyage comportant des données biométriques et doté d'une zone de lecture automatique au sens du document 9303 de l'Organisation de l'aviation civile internationale ou conforme au règlement (CE) n° 2252/2004 du Conseil du 13 décembre 2004 modifié établissant des normes pour les éléments de sécurité et les éléments biométriques intégrés dans les passeports et les documents de voyage délivrés par les États membres, en cours de validité. »

Art. R. 232-7 *(Décr. n° 2020-1735 du 29 déc. 2020, art. 2)* I. — Les catégories de données à caractère personnel faisant l'objet du traitement mentionné à l'article R. 232-6 sont les suivantes :

1° Pour les citoyens de l'Union européenne, les ressortissants d'un autre État partie à l'accord sur l'Espace économique européen, de la Confédération suisse et les ressortissants monégasques, andorrans et saint-marinais :

a) Les minuties des empreintes digitales de deux doigts posés à plat du porteur du document de voyage ou l'image numérisée du visage du porteur du document de voyage prise lors du passage dans le sas ;

b) Les noms, les prénoms, la date de naissance et la nationalité de l'intéressé, le numéro et la limite de validité du document de voyage.

2° Pour les ressortissants américains, australiens, *[nouvelle rédaction issue du Décr. nº 2020-1735 du 29 déc. 2020, art. 8, cette nouvelle rédaction entrera en vigueur à l'issue de la période de transition prévue par l'accord sur le retrait du Royaume-Uni de Grande-Bretagne et d'Irlande du Nord de l'Union européenne et de la Communauté européenne de l'énergie atomique : « britanniques, »]* canadiens, sud-coréens, japonais, néo-zélandais et singapouriens :

a) L'image numérisée du visage du porteur du document de voyage prise lors du passage dans le sas ;

b) Les noms, les prénoms, la date de naissance et la nationalité de l'intéressé, le numéro et la limite de validité du document de voyage.

II. — Le passage dans le sas fait l'objet d'un dispositif de vidéosurveillance. Les images captées à l'intérieur du sas sont transmises en temps réel au poste de contrôle et ne sont pas conservées.

Art. R. 232-8 *(Décr. nº 2020-1735 du 29 déc. 2020, art. 3)* « Les données à caractère personnel mentionnées au I de l'article R. 232-7 sont traitées à la seule fin de permettre l'authentification biométrique du voyageur et la consultation prévue à l'article R. 232-9, permettant le contrôle aux frontières. Ces données ne sont pas conservées après que le voyageur a quitté le sas. »

(Décr. nº 2019-238 du 27 mars 2019, art. 3) « Les opérations relatives au fonctionnement du traitement font l'objet d'un enregistrement comprenant la date et l'heure de l'opération. Ces informations sont conservées pendant deux ans. »

Art. R. 232-9 Peuvent seuls avoir accès aux données contenues dans le traitement mentionné à l'article R. 232-6 *(Décr. nº 2020-1735 du 29 déc. 2020, art. 4)* « et visionner les images transmises conformément au II de l'article R. 232-7 » les agents de la police aux frontières et des douanes, individuellement désignés et spécialement habilités par leur chef de service, pour les besoins des contrôles dont ils sont chargés dans les aéroports, ports maritimes et gares ferroviaires concernés.

Les données alphanumériques du traitement *(Décr. nº 2019-238 du 27 mars 2019, art. 4)* « donnent lieu » à la consultation du fichier des personnes recherchées *(Décr. nº 2019-238 du 27 mars 2019, art. 4)* « , du système d'information Schengen et du fichier des documents de voyage volés et perdus d'Interpol ». Pour l'accomplissement de leur mission, les agents mentionnés au premier alinéa ayant la qualité d'officier ou d'agent de police judiciaire ou d'agent des douanes chargé du contrôle aux frontières ont accès aux informations résultant de cette consultation.

Art. R. 232-10 *(Décr. nº 2019-238 du 27 mars 2019, art. 5)* Les droits d'information, d'accès, de rectification, d'effacement, à la limitation et d'opposition prévus aux articles 13, 15, 16, 17, 18 et 21 du règlement (UE) 2016/679 relatif à la protection des personnes physiques à l'égard du traitement des données à caractère personnel et à la libre circulation de ces données et abrogeant la directive 95/46/CE s'exercent auprès du chef du service de la police aux frontières ou des douanes des aéroports, ports maritimes et gares ferroviaires concernés *(Abrogé par Décr. nº 2020-1735 du 29 déc. 2020, art. 5)* ***« soit par écrit, soit directement auprès du poste d'inscription »***.

Art. R. 232-11 *(Décr. nº 2020-1735 du 29 déc. 2020, art. 6)* Le ministre de l'Intérieur peut, en cas de menace pour l'ordre public ou la sûreté de l'État, suspendre par arrêté la mise en œuvre du traitement à l'égard de l'une ou de plusieurs des nationalités mentionnées à l'article R. 232-6.

Art. R. 232-11-1 *(Décr. nº 2019-238 du 27 mars 2019, art. 7)* Les mineurs mentionnés *(Décr. nº 2020-1735 du 29 déc. 2020, art. 7)* « au deuxième alinéa de l'article R. 232-6 » ne sont autorisés à utiliser les sas PARAFE que pour l'entrée sur le territoire. *(Abrogé par Décr. nº 2020-1735 du 29 déc. 2020, art. 7)* ***« L'inscription mentionnée***

à l'article R. 232-6 est conditionnée, pour ces mineurs, au consentement d'un titulaire de l'autorité parentale. »

Art. R. 232-11-2 *(Décr. n° 2019-238 du 27 mars 2019, art. 7)* Un arrêté du ministre de l'Intérieur rend opposable le cahier des exigences minimales de l'administration à respecter par les gestionnaires d'infrastructures aéroportuaires, portuaires ou ferroviaires, lors de l'installation de sas utilisant le traitement automatisé de données à caractère personnel dénommé "PARAFE". L'autorisation d'exploitation du dispositif PARAFE par les gestionnaires fait l'objet d'une décision du ministre de l'Intérieur après consultation, le cas échéant, du ministre chargé des douanes, par modèle de sas et par point de passage frontalier. Les modalités d'exploitation desdits sas sont régies par une convention signée entre le ministre de l'Intérieur et ces gestionnaires d'infrastructures.

SECTION 3 *BIS* *Traitement automatisé de données à caractère personnel dénommé "Dispositif de pré-enregistrement"*

(Décr. n° 2022-1145 du 10 août 2022, art. 1er)

Art. R. 232-11-2-1 Le ministre de l'intérieur (direction générale des étrangers en France) est autorisé à mettre en œuvre un traitement automatisé de données à caractère personnel dénommé "Dispositif de pré-enregistrement" ayant pour finalités, pour les voyageurs par voie aérienne, maritime, routière et ferroviaire volontaires, d'améliorer et de faciliter les contrôles aux frontières extérieures.

Le dispositif de pré-enregistrement est un "système en libre-service" qui effectue tout ou partie des vérifications aux frontières, auxquelles une personne est soumise et qui est utilisé pour le pré-enregistrement de données à caractère personnel dans le système d'entrée/ de sortie "EES", au sens de l'article 2 du règlement (UE) 2016/399 du Parlement européen et du Conseil du 9 mars 2016.

Peuvent bénéficier du traitement "dispositif de pré-enregistrement" les personnes majeures ou mineures, ressortissants *[ressortissantes]* d'un pays tiers, soumises au règlement (UE) 2017/2226 du Parlement européen et du Conseil du 30 novembre 2017 en application de l'article 2 de ce règlement en possession d'un document de voyage comportant des données biométriques et doté d'une zone de lecture automatique au sens du document 9303 de l'Organisation de l'aviation civile internationale.

Art. R. 232-11-2-2 I. — Sont enregistrées dans le traitement mentionné à l'article R. 232-11-2-1 les données à caractère personnel et informations suivantes :

1° Le nom de famille, le ou les prénoms, la date de naissance, le sexe et la ou les nationalités de l'intéressé ;

2° Le type et le numéro du ou des documents de voyage, le code à trois lettres du pays de délivrance du ou des documents de voyage ;

3° La date d'expiration de la validité du document de voyage ;

4° Pour les ressortissants de pays tiers soumis à l'obligation de visa court séjour, le numéro de la vignette, le pays de délivrance, le type et la date d'expiration de validité de leur visa, le nombre d'entrées autorisées, et, s'il y a lieu, l'indication que le visa a été délivré avec une validité territoriale limitée ;

5° Les images des empreintes digitales de quatre doigts de la main droite ou, à défaut, de la main gauche posés à plat, du porteur du document de voyage ;

6° L'image numérisée du visage du porteur du document de voyage prise lors de l'utilisation du dispositif de pré-enregistrement ;

7° A l'entrée sur le territoire, les réponses aux questions liées aux conditions d'entrée et de séjour sur le territoire, qui ont vocation à aider le garde-frontière à conduire la vérification approfondie conformément au paragraphe 3 de l'article 8 du règlement (UE) 2016/399 du Parlement européen et du Conseil du 9 mars 2016 ;

Les mineurs de moins de douze ans ne sont pas soumis à la collecte des données à caractère personnel mentionnées au 5°.

II. — L'utilisation du dispositif de pré-enregistrement peut faire l'objet d'un dispositif de vidéosurveillance. Les images captées lors de l'utilisation du dispositif sont transmises en temps réel au poste de contrôle.

Art. R. 232-11-2-3 Les données à caractère personnel et informations mentionnées au I de l'article R. 232-11-2-2 sont traitées à la seule fin de permettre l'authentification biométrique du voyageur et la collecte des données nécessaires aux contrôles aux frontières et l'alimentation du système d'entrée et de sortie "EES" créé par le règlement (UE) 2017/2226 du Parlement européen et du Conseil du 30 novembre 2017.

Art. R. 232-11-2-4 I. – Les données à caractère personnel mentionnées au I de l'article R. 232-11-2-2 sont supprimées à l'issue des opérations de contrôle aux frontières ou à l'issue d'une durée maximale de six heures.

II. – Les données mentionnées au II du même article sont conservées vingt-quatre heures.

Art. R. 232-11-2-5 I. – Peuvent avoir accès aux données et informations enregistrées dans le traitement mentionné à l'article R. 232-11-2-1 et visionner les images transmises conformément au II de l'article R. 232-11-2-2 :

1° Les agents de la police nationale, des douanes et les militaires de la gendarmerie nationale, individuellement désignés et spécialement habilités par leur chef de service, pour les besoins des contrôles aux frontières dont ils sont chargés dans les aéroports, ports maritimes, gares ferroviaires et points de passage routiers concernés ;

2° Les membres du personnel opérationnel du contingent permanent du corps européen de garde-frontières et de garde-côtes, mentionnés à l'article 54 du règlement (UE) 2019/1896 du Parlement européen et du Conseil du 13 novembre 2019, déployés dans le cadre des équipes affectées à la gestion des frontières lors d'opérations conjointes aux frontières extérieures avec les agents ou les militaires mentionnés au 1° et individuellement désignés et spécialement habilités par le chef du service auprès duquel ils sont déployés.

II. – Peuvent être destinataires des données à caractère personnel et informations enregistrées dans le traitement mentionné à l'article R. 232-11-2-1, à l'exclusion de l'image numérisée des empreintes digitales et des données mentionnées au II de l'article R. 232-11-2-2, les personnels des gestionnaires d'infrastructures aéroportuaires, routières, portuaires ou ferroviaires, individuellement désignés et spécialement habilités par eux aux seules fins d'accompagner les usagers dans l'utilisation du dispositif de pré-enregistrement sous la supervision du garde-frontière.

Art. R. 232-11-2-6 Les droits d'accès, de rectification, à la limitation et d'opposition prévus aux articles 15, 16, 18 et 21 du règlement (UE) 2016/679 relatif à la protection des personnes physiques à l'égard du traitement des données à caractère personnel et à la libre circulation de ces données et abrogeant la directive 95/46/CE s'exercent auprès de la direction générale des étrangers en France.

Art. R. 232-11-2-7 I. – Les modalités d'exploitation du dispositif de pré-enregistrement sont régies par une convention signée entre le ministre de l'intérieur et les gestionnaires d'infrastructures aéroportuaires, routières, portuaires ou ferroviaires.

II. – Un arrêté du ministre de l'intérieur rend opposable le cahier des exigences minimales de l'administration à respecter par les gestionnaires d'infrastructures aéroportuaires, routières, portuaires ou ferroviaires, souhaitant installer un dispositif de pré-enregistrement non fourni par l'État. L'autorisation d'exploitation du dispositif par ces gestionnaires d'infrastructures fait l'objet d'une décision du ministre de l'intérieur après consultation, le cas échéant, du ministre chargé des douanes, par modèle de dispositif et par point de passage frontalier.

SECTION 4 *Le traitement de données à caractère personnel "système API-PNR France"*

(Décr. n° 2014-1095 du 26 sept. 2014, art. 1er)

Art. R. 232-12 Pour les finalités prévues *(Décr. n° 2018-714 du 3 août 2018, art. 3)* « au I de l'article L. 232-7 », un traitement automatisé de données à caractère personnel dénommé "API-PNR France" est mis en œuvre par les ministres de l'intérieur, de la défense, chargé des transports et chargé des douanes.

Ce traitement est confié à l'unité de gestion chargée de la collecte des données prévue *(Décr. nº 2018-714 du 3 août 2018, art. 3)* **« au VI de l'article L. 232-7 ».** *(Décr. nº 2022-751 du 29 avr. 2022, art. 2, en vigueur le 1er juill. 2022)* **« Ce service à compétence nationale, dénommé "agence nationale des données de voyage" est rattaché au ministre de l'intérieur. Il est désigné comme l'unité d'information passagers au sens de l'article 4 de la directive (UE) 2016/681 du Parlement européen et du Conseil du 27 avril 2016 relative à l'utilisation des données des dossiers passagers (PNR) pour la prévention et la détection des infractions terroristes et des formes graves de criminalité, ainsi que pour les enquêtes et les poursuites en la matière. »**

Art. R. 232-13 *(Décr. nº 2018-714 du 3 août 2018, art. 4)* **« I. — L'***(Décr. nº 2022-751 du 29 avr. 2022, art. 3, en vigueur le 1er juill. 2022)* **« agence nationale des données de voyage » est responsable de la collecte des données des passagers aériens mentionnées aux *a* et *b* du I de l'article R. 232-14 transmises par les transporteurs aériens et les agences de voyage et opérateurs de voyage ou de séjour affrétant tout ou partie d'un aéronef, de leur conservation, de leur traitement, de la transmission de ces données ou des résultats de leur traitement aux autorités mentionnées à l'article R. 232-15 et à Europol ainsi que de l'échange de ces données ou des résultats de leur traitement avec les Unités Information Passagers des autres États membres de l'Union européenne.**

« Les résultats du traitement s'entendent au sens de la présente section comme la mise en relation des données des passagers aériens collectées par l'*(Décr. nº 2022-751 du 29 avr. 2022, art. 3, en vigueur le 1er juill. 2022)* **« agence nationale des données de voyage » avec les traitements de données à caractère personnel cités au *b* du II de l'article R. 232-14. »**

Seuls les personnels affectés au sein de l'*(Décr. nº 2022-751 du 29 avr. 2022, art. 3, en vigueur le 1er juill. 2022)* **« agence nationale des données de voyage », individuellement désignés et spécialement habilités par le directeur de cette** *(Décr. nº 2022-751 du 29 avr. 2022, art. 3, en vigueur le 1er juill. 2022)* **« agence »,** *(Décr. nº 2018-714 du 3 août 2018, art. 4)* **« et le délégué à la protection des données » ont accès aux données à caractère personnel et aux informations enregistrées dans le traitement mentionné à l'article R. 232-12** *(Abrogé par Décr. nº 2018-714 du 3 août 2018, art. 4)* ***« du présent code ».***

(Décr. nº 2018-714 du 3 août 2018, art. 4) **« II. — Les données des passagers aériens sont traitées par les personnels affectés au sein de l'***(Décr. nº 2022-751 du 29 avr. 2022, art. 3, en vigueur le 1er juill. 2022)* **« agence nationale des données de voyage » exclusivement afin de réaliser une évaluation des passagers aériens avant leur arrivée prévue sur le territoire national ou leur départ prévu de celui-ci, afin d'identifier les personnes pour lesquelles un examen plus approfondi est nécessaire au regard des finalités du traitement par les autorités mentionnées à l'article R. 232-15 et, le cas échéant, par Europol dans les conditions prévues à l'article R. 232-18.**

« Afin de réaliser cette évaluation, les données des passagers aériens :

« 1° Sont mises en relation avec les traitements mentionnés au *b* du II de l'article R. 232-14 ;

« 2° Peuvent faire l'objet d'une analyse au regard de critères préétablis, sur sollicitation des autorités mentionnées à l'article R. 232-15.

« Ces critères sont définis en coopération avec les autorités mentionnées à l'article R. 232-15. Ils doivent être ciblés, proportionnés, spécifiques aux infractions et non discriminatoires. Ils ne peuvent être fondés sur des données à caractère personnel qui font apparaître, directement ou indirectement, la prétendue origine raciale ou ethnique, les opinions politiques, philosophiques ou religieuses ou l'appartenance syndicale ou celles qui sont relatives à la santé, à la vie sexuelle ou à l'orientation sexuelle des personnes. Ils sont régulièrement mis à jour ou redéfinis.

« Toute concordance positive obtenue à la suite de l'évaluation réalisée au titre du présent article est réexaminée individuellement par des moyens non automatisés avant transmission.

« III. — Les personnels affectés au sein de l'*(Décr. nº 2022-751 du 29 avr. 2022, art. 3, en vigueur le 1er juill. 2022)* **« agence nationale des données de voyage » répondent au cas par cas aux requêtes, formulées par les autorités mentionnées aux**

articles R. 232-15 et R. 232-16, visant à ce que les données des passagers aériens et le résultat du traitement dont elles font l'objet leur soient communiqués. Ils vérifient au préalable la conformité de ces demandes au regard des attributions légales des autorités mentionnées à l'article R. 232-15 dans le cadre des finalités mentionnées au I de l'article L. 232-7 et au regard des attributions légales des autorités mentionnées à l'article R. 232-16 dans le cadre de la prévention et la détection des infractions terroristes et des infractions mentionnées à l'annexe II de la directive (UE) 2016/681 du Parlement européen et du Conseil du 27 avril 2016 relative à l'utilisation des données des dossiers passagers (PNR) pour la prévention et la détection des infractions terroristes et des formes graves de criminalité, ainsi que pour les enquêtes et les poursuites en la matière. »

Chaque requête *(Décr. n° 2018-714 du 3 août 2018, art. 4)* « est motivée et » précise la période de temps demandée et peut porter sur les éléments suivants : une ou plusieurs zones géographiques, un ou plusieurs vols, une ou plusieurs personnes, une ou des catégories de données.

Art. R. 232-14 *(Décr. n° 2018-714 du 3 août 2018, art. 5)* « I. — Les données à caractère personnel et informations transmises en application du II de l'article L. 232-7 et enregistrées dans le traitement prévu à l'article R. 232-12 sont les suivantes : »

a) En ce qui concerne les données de réservation *(Décr. n° 2018-714 du 3 août 2018, art. 5)* « des passagers aériens transmises par les transporteurs aériens et les agences de voyage et opérateurs de voyage ou de séjour affrétant tout ou partie d'un aéronef » :

1° Code repère du dossier passager ;

2° Date de réservation/d'émission du billet ;

3° Date(s) prévue(s) du voyage ;

4° Nom(s), prénom(s), date de naissance ;

5° Adresse et coordonnées (numéro de téléphone, adresse électronique) ;

6° Moyens de paiement, y compris l'adresse de facturation ;

7° Itinéraire complet pour le dossier passager concerné ;

8° Informations "grands voyageurs" tels que les programmes de fidélité ;

9° Agence de voyages/agent de voyages ;

10° Statut du voyageur tel que confirmations, enregistrement, non-présentation, passager de dernière minute ;

11° Indications concernant la scission/division du dossier passager ;

(Décr. n° 2018-714 du 3 août 2018, art. 5) « 11° *bis* Toutes les informations disponibles sur les mineurs non accompagnés de moins de 18 ans, telles que le nom et le sexe, son âge, la ou les langues parlées, le nom et les coordonnées de la personne présente au départ et son lien avec le mineur, le nom et les coordonnées de la personne présente à l'arrivée et son lien avec le mineur, l'agent présent au départ et à l'arrivée ;

« 12° Remarques générales, à l'exclusion des données à caractère personnel mentionnées au troisième alinéa du I de l'article L. 232-7 ; »

13° Établissement des billets (numéro du billet, date d'émission, allers simples, décomposition tarifaire) ;

14° Numéro du siège *(Décr. n° 2018-714 du 3 août 2018, art. 5)* « et autres informations concernant le siège » ;

15° Informations sur le partage de code ;

16° Toutes les informations relatives aux bagages ;

17° Nombre et autres noms de voyageurs figurant dans le dossier passager ;

18° Tout renseignement préalable sur les passagers (*(Décr. n° 2018-714 du 3 août 2018, art. 5)* « données » API) qui a été collecté ;

19° Historique complet des modifications des données *(Décr. n° 2018-714 du 3 août 2018, art. 5)* « de réservation » énumérées aux points 1 à 18 ;

b) En ce qui concerne les données d'enregistrement et d'embarquement *(Décr. n° 2018-714 du 3 août 2018, art. 5)* « des passagers aériens transmises par les transporteurs aériens » :

1° Code repère du dossier passager ;

2° Numéro et type du document de voyage utilisé ;
3° Nationalité, nom, prénom, date de naissance, sexe ;
4° Point de passage frontalier utilisé pour entrer sur le territoire français ou en sortir ;
5° Code de transport (numéro du vol et code du transporteur aérien) ;
6° Date du vol ;
7° Heures de départ et d'arrivée du transport ;
8° Point d'embarquement initial et de débarquement final des passagers ;
9° Point de départ et d'arrivée du vol ;
10° Date d'expiration du document de voyage ;
11° Statut de la personne embarquée (*(Abrogé par Décr. n° 2018-714 du 3 août 2018, art. 5) « membre d'équipage, »* passager : toute information sur les correspondances) ;
12° Nombre, poids et identification des bagages ;
13° Numéro de siège ;
14° Nombre total des personnes transportées dans l'aéronef ;
15° État ou organisation émetteur du document de voyage ;
16° Numéro d'identification du passager ;

(Décr. n° 2015-1328 du 21 oct. 2015, art. 2-2°) « II. — Sont également enregistrés dans le traitement :

« *a)* Afin de permettre la mise en relation des données mentionnées au I avec celles du fichier des personnes recherchées, une copie partielle et actualisée de ce dernier constituée des seuls signalements correspondant aux besoins exclusifs des missions confiées aux agents de l'*(Décr. n° 2022-751 du 29 avr. 2022, art. 3, en vigueur le 1er juill. 2022)* « agence nationale des données de voyage » ; cette copie, conservée au sein de la base technique du traitement API-PNR, n'est pas accessible aux agents de cette *(Décr. n° 2022-751 du 29 avr. 2022, art. 3, en vigueur le 1er juill. 2022)* « agence » ;

« *b)* Pendant une durée maximale de 24 heures, les fiches des traitements de données suivants dont la mise en relation avec les données mentionnées au I s'est révélée positive *(Décr. n° 2018-714 du 3 août 2018, art. 5)* « , aux seules fins d'exploitation de ces fiches par les autorités mentionnées à l'article R. 232-15 » : la copie partielle du fichier des personnes recherchées mentionnée au *a*, le système d'information Schengen de deuxième génération (SIS II), le fichier des objets et des véhicules signalés, le système informatisé concourant au dispositif de lutte contre les fraudes et le fichier des documents de voyage volés et perdus d'Interpol ; »

(Décr. n° 2018-714 du 3 août 2018, art. 5) « *c)* Pendant une durée maximale de 96 heures, les résultats issus de la mise en relation des données mentionnées au I avec les traitements cités au *b* du présent II ainsi que les résultats issus de l'analyse des données mentionnées au I au regard des critères mentionnés au II de l'article R. 232-13, aux seules fins d'informer les autorités mentionnées à l'article R. 232-15 et aux 1° et 4° de l'article R. 232-16 de l'existence d'une concordance positive obtenue à la suite de l'évaluation mentionnée au II de l'article R. 232-13 ;

« *d)* Les résultats mentionnés au *c* révélant, à la suite d'un réexamen individuel, une concordance négative, tant que les données mentionnées au I sont conservées en application de l'article R. 232-20 et afin d'éviter de nouvelles concordances positives ;

« *e)* La catégorie et le numéro des fiches contenues dans les traitements cités au *b* du présent II qui, après vérification, ont permis la prévention ou la constatation d'une des infractions mentionnées au I de l'article L. 232-7 ;

« *f)* Les réponses aux requêtes formulées par les autorités mentionnées aux articles R. 232-15 et R. 232-16. »

Art. R. 232-15 Peuvent être destinataires des données à caractère personnel et informations enregistrées dans le traitement, dans le cadre de leurs attributions légales et dans la limite du besoin d'en connaître :

I. — Au titre de la prévention et de la constatation des actes de terrorisme, du rassemblement des preuves de ces actes et de la recherche de leurs auteurs :

(Décr. n° 2018-714 du 3 août 2018, art. 6) « 1° » Les agents de la police nationale, de la direction générale de la sécurité intérieure et les militaires de la gendarmerie

nationale individuellement désignés et spécialement habilités par l'autorité hiérarchique dont ils relèvent, affectés au sein des services ci-après :

a) Services habilités à formuler des requêtes à *(Décr. nº 2022-751 du 29 avr. 2022, art. 3, en vigueur le 1er juill. 2022)* « l'agence nationale des données de voyage » et à être destinataires des réponses :

– les services de la direction générale de la sécurité intérieure ;

(Abrogé par Décr. nº 2020-34 du 20 janv. 2020, art. 1er) *« – l'unité de coordination de la lutte antiterroriste ; »*

– l'état-major de la direction centrale de la police judiciaire ;

– la sous-direction antiterroriste de la direction centrale de la police judiciaire ;

(Abrogé par Décr. nº 2018-714 du 3 août 2018, art. 6) *« – la sous-direction chargée de la lutte contre le terrorisme et les extrémismes à potentialités violentes de la direction du renseignement de la préfecture de police ; »*

– l'état-major de la direction régionale de la police judiciaire de Paris ;

– la section antiterroriste de la brigade criminelle *(Décr. nº 2018-714 du 3 août 2018, art. 6)* « de la direction régionale » de la police judiciaire de Paris ;

– le bureau de la lutte antiterroriste de la sous-direction de la police judiciaire de la direction générale de la gendarmerie nationale ;

b) Services habilités à être destinataires des données et informations nécessitant une intervention sur les plates-formes aéroportuaires :

– les services et office centraux de la direction centrale de la police aux frontières ;

– les directions et services de la police aux frontières des aéroports ;

– les *(Décr. nº 2018-714 du 3 août 2018, art. 6)* « salles d'information et de commandement » des directions départementales de la sécurité publique sur le territoire desquelles existe une plate-forme aéroportuaire sur laquelle elles exercent l'autorité de police générale en aérogare ;

– les centres opérationnels et de renseignement des groupements de gendarmerie sur le territoire desquels existe une plate-forme aéroportuaire sur laquelle la gendarmerie exerce l'autorité de police générale en aérogare ;

– le centre de renseignement opérationnel de la gendarmerie ;

– les unités de la gendarmerie des transports aériens ;

(Décr. nº 2018-714 du 3 août 2018, art. 6) « 2º Aux seules fins de la répression des actes de terrorisme, les agents du service national de la douane judiciaire, individuellement désignés et spécialement habilités par leur chef de service. »

II. – Au titre de la prévention des actes de terrorisme :

(Décr. nº 2018-714 du 3 août 2018, art. 6) « 1º Les agents de la direction générale de la sécurité extérieure, individuellement désignés et spécialement habilités par leur directeur ;

« 2º Les agents de la direction du renseignement et de la sécurité de la défense, individuellement désignés et spécialement habilités par leur directeur ;

« 3º Les agents de la direction du renseignement militaire, individuellement désignés et spécialement habilités par leur directeur ; »

4º Les agents des douanes individuellement désignés et spécialement habilités par le directeur général des douanes, affectés au sein des services ci-après :

a) Services habilités à formuler des requêtes à *(Décr. nº 2022-751 du 29 avr. 2022, art. 3, en vigueur le 1er juill. 2022)* « l'agence nationale des données de voyage » et à être destinataires des réponses :

– la cellule chargée de la lutte antiterroriste au sein de la direction nationale du renseignement et des enquêtes douanières ;

b) Services habilités à être destinataires des données et informations nécessitant une intervention sur les plates-formes aéroportuaires :

– les services centraux et territoriaux de la direction générale des douanes et droits indirects chargés de la lutte contre la fraude dans les transports internationaux ;

5º Les agents individuellement désignés et spécialement habilités par le directeur du service à compétence nationale dénommé "traitement du renseignement et action contre les circuits financiers clandestins" ;

(Décr. nº 2015-1328 du 21 oct. 2015, art. 3-1º) « 6º Les agents, individuellement désignés et spécialement habilités par l'autorité hiérarchique dont ils relèvent, affectés dans les services du renseignement territorial. »

(Décr. nº 2018-714 du 3 août 2018, art. 6) « 7° Les agents, individuellement désignés et spécialement habilités par l'autorité hiérarchique dont ils relèvent, affectés à la sous-direction de l'anticipation opérationnelle de la direction générale de la gendarmerie nationale ;

« 8° Les agents individuellement désignés et spécialement habilités par l'autorité hiérarchique dont ils relèvent, affectés dans les services de la direction du renseignement de la préfecture de police.

« III. — Au titre de la prévention, de la constatation, du rassemblement des preuves et de la recherche des auteurs des infractions mentionnées à l'annexe II de la directive (UE) 2016/681 du Parlement européen et du Conseil du 27 avril 2016 relative à l'utilisation des données des dossiers passagers (PNR) pour la prévention et la détection des infractions terroristes et des formes graves de criminalité, ainsi que pour les enquêtes et les poursuites en la matière : »

1° Les agents de la police nationale, de la direction générale de la sécurité intérieure et les militaires de la gendarmerie nationale individuellement désignés et spécialement habilités par l'autorité hiérarchique dont ils relèvent, affectés au sein des services ci-après :

a) Services habilités à formuler des requêtes à *(Décr. nº 2022-751 du 29 avr. 2022, art. 3, en vigueur le 1er juill. 2022)* « l'agence nationale des données de voyage » et à être destinataires des réponses :

— les services de la direction générale de la sécurité intérieure ;

— l'état-major de la direction centrale de la police judiciaire ;

— les services et offices centraux de la direction centrale de la police judiciaire ;

— les directions *(Décr. nº 2020-1776 du 30 déc. 2020, art. 8 et 13, en vigueur le 1er janv. 2021)* « zonales » et régionales de la direction centrale de la police judiciaire ;

— les services et office centraux de la direction centrale de la police aux frontières ;

— l'état-major de la direction centrale de la sécurité publique ;

— le centre de veille opérationnelle de la direction de la coopération internationale ;

— la direction régionale de la police judiciaire de Paris ;

— l'état-major de la direction de la sécurité de proximité de l'agglomération parisienne ;

— la sous-direction de la police judiciaire de la direction générale de la gendarmerie nationale ;

— le *(Décr. nº 2015-1805 du 28 déc. 2015, art. 5)* « service central de renseignement criminel de la gendarmerie nationale » ;

— les sections de recherches de la gendarmerie nationale ;

— l'état-major de la gendarmerie des transports aériens ;

— les services territoriaux de premier niveau de la police nationale et de la gendarmerie nationale, pour le seul exercice des missions de police judiciaire dont ils sont saisis au titre de la répression des infractions mentionnées à *(Décr. nº 2018-714 du 3 août 2018, art. 6)* « l'annexe II de la directive précitée ;

« — aux seules fins de prévention, les services de la direction du renseignement de la préfecture de police ; »

(Décr. nº 2015-1328 du 21 oct. 2015, art. 3-2º) « — aux seules fins de prévention, les services du renseignement territorial ; »

b) Services habilités à être destinataires des données et informations nécessitant une intervention sur les plates-formes aéroportuaires :

— les services visés au *b* du I du présent article ;

2° Les agents des douanes individuellement désignés et spécialement habilités par le directeur général des douanes, affectés au sein des services ci-après désignés :

a) Services habilités à formuler des requêtes à *(Décr. nº 2022-751 du 29 avr. 2022, art. 3, en vigueur le 1er juill. 2022)* « l'agence nationale des données de voyage » et à en recevoir les réponses :

(Abrogé par Décr. nº 2018-714 du 3 août 2018, art. 6) « *— les services centraux de la direction générale des douanes et droits indirects ;*

« — les services ci-après désignés lorsqu'ils sont en charge de la lutte contre la fraude dans les transports internationaux, en métropole et outre-mer : »

— la direction nationale du renseignement et des enquêtes douanières ;

– les services chargés de l'orientation des contrôles au sein des directions des douanes ;
– les cellules de ciblage ;
– les brigades des douanes chargées de la lutte contre l'immigration irrégulière et de la sûreté dans les transports internationaux ;
– les brigades des douanes chargées de la lutte contre la fraude dans les aéroports internationaux ;
– le service national de la douane judiciaire ;

b) Services habilités à être destinataires des données et informations nécessitant une intervention sur les plates-formes aéroportuaires :
– les services centraux de la direction générale des douanes et droits indirects ;
(Abrogé par Décr. nº 2018-714 du 3 août 2018, art. 6) « – les services ci-après désignés lorsqu'ils sont en charge de la lutte contre la fraude dans les transports internationaux, en métropole et outre-mer : »
– les centres *(Décr. nº 2018-714 du 3 août 2018, art. 6)* « opérationnels » de liaison interservices ;
– les cellules de coordination des aéroports ;

3° Les agents individuellement désignés et spécialement habilités par le directeur du service à compétence nationale dénommé "traitement du renseignement et action contre les circuits financiers clandestins" ;

(Décr. nº 2018-714 du 3 août 2018, art. 6) « 4° Aux seules fins de prévention, les agents de la direction générale de la sécurité extérieure, individuellement désignés et spécialement habilités par leur directeur. »

IV. – Au titre de la prévention et de la constatation des atteintes aux intérêts fondamentaux de la Nation, du rassemblement des preuves de ces atteintes et de la recherche de leurs auteurs :

Les agents individuellement désignés et spécialement habilités par le directeur général de la sécurité intérieure, affectés au sein de cette direction.

(Décr. nº 2018-714 du 3 août 2018, art. 6) « V. – Au titre de la prévention des atteintes aux intérêts fondamentaux de la Nation :

« 1° Les agents de la direction générale de la sécurité extérieure, individuellement désignés et spécialement habilités par leur directeur ;

« 2° Les agents de la direction du renseignement et de la sécurité de la défense, individuellement désignés et spécialement habilités par leur directeur ;

« 3° Les agents de la direction du renseignement militaire individuellement désignés et spécialement habilités par leur directeur. »

VI. – En cas de menace grave et d'urgence avérée et pour les seuls besoins de la prévention des actes de terrorisme et des atteintes aux intérêts fondamentaux de la Nation, le directeur de l'*(Décr. nº 2022-751 du 29 avr. 2022, art. 3, en vigueur le 1er juill. 2022)* « agence nationale des données de voyage », son adjoint ou un agent individuellement désigné et spécialement habilité peut autoriser, après demande motivée et vérification que les conditions de la visualisation sont respectées, les agents individuellement désignés et spécialement habilités par le directeur général dont ils relèvent et affectés au sein des services ci-après, à être destinataires, pendant une durée maximale de sept jours, de l'ensemble des données collectées au sein du traitement dénommé "API-PNR France" :
– la direction générale de la sécurité extérieure ;
– la direction générale de la sécurité intérieure.

VII. – Aux fins de définir ou d'actualiser les critères et les éléments de recherche relatifs aux passagers des vols concernés, pour les besoins de la prévention *(Décr. nº 2018-714 du 3 août 2018, art. 6)* « du terrorisme et » des seuls crimes et délits suivants et mentionnés à *(Décr. nº 2018-714 du 3 août 2018, art. 6)* « l'annexe II de la directive précitée » :
– participation à une organisation criminelle ;
(Abrogé par Décr. nº 2018-714 du 3 août 2018, art. 6) « – terrorisme ; »
– traite des êtres humains ;
– exploitation sexuelle des enfants et pornographie infantile ;
– trafic illicite de stupéfiants et de substances psychotropes ;
– trafic illicite d'armes, de munitions et d'explosifs ;

– fraude y compris la fraude portant atteinte aux intérêts financiers *(Décr. n° 2018-714 du 3 août 2018, art. 6)* « de l'Union européenne » ;
– blanchiment du produit du crime ou du délit ;
– faux monnayage, y compris la contrefaçon de l'euro ;
– crimes et délits contre l'environnement, y compris le trafic illicite d'espèces animales menacées et le trafic illicite d'espèces et d'essences végétales menacées ;
– aide à l'entrée et au séjour irrégulier ;
– trafic illicite d'organes et de tissus humains ;
– trafic illicite de biens culturels, y compris antiquités et œuvres d'art ;
– contrefaçon et piratage de produits ;
– falsification de documents administratifs et trafic de faux ;
(Abrogé par Décr. n° 2018-714 du 3 août 2018, art. 6) « ***– falsification de moyens de paiement ;*** »
– trafic illicite de substances hormonales et autres facteurs de croissance ;
– trafic illicite de matières nucléaires et radioactives.

Sont destinataires, selon les modalités prévues au VI *(Décr. n° 2018-714 du 3 août 2018, art. 6)* « et dans le cadre de leurs attributions respectives », pendant une période maximale de *(Décr. n° 2018-714 du 3 août 2018, art. 6)* « vingt-huit jours » et pour une destination ou une provenance déterminée, de l'ensemble des données collectées au sein du traitement :

(Décr. n° 2018-714 du 3 août 2018, art. 6) « 1° Les agents de la direction générale de la sécurité intérieure, individuellement désignés et spécialement habilités par leur directeur ;

« 2° Les agents de la direction générale de la sécurité extérieure, individuellement désignés et spécialement habilités par leur directeur ;

« 3° » Les agents de la police nationale et les militaires de la gendarmerie nationale, individuellement désignés et spécialement habilités par l'autorité hiérarchique dont ils relèvent, affectés au sein :
– des services et office centraux de la direction centrale de la police aux frontières ;
– des services et offices centraux de la direction centrale de la police judiciaire ;
– de la sous-direction antiterroriste de la direction centrale de la police judiciaire ;
– du *(Décr. n° 2015-1805 du 28 déc. 2015, art. 5)* « service central de renseignement criminel de la gendarmerie nationale ».

VIII. – Aux fins de définir ou d'actualiser les critères et les éléments de recherche relatifs aux passagers des vols concernés pour les besoins de la prévention des seuls crimes et délits suivants :
– trafic illicite de stupéfiants et de substances psychotropes ;
– trafic illicite d'armes, de munitions et d'explosifs ;
– fraude y compris fraude portant atteinte aux intérêts financiers *(Décr. n° 2018-714 du 3 août 2018, art. 6)* « de l'Union européenne » ;
– blanchiment du produit du crime ou du délit ;
– crimes et délits contre l'environnement, y compris le trafic illicite d'espèces animales menacées et le trafic illicite d'espèces et d'essences végétales menacées ;
– trafic illicite d'organes et de tissus humains ;
– trafic illicite de biens culturels, y compris antiquités et œuvres d'art :
– contrefaçon et piratage de produits ;
(Abrogé par Décr. n° 2018-714 du 3 août 2018, art. 6) « ***– falsification de moyens de paiement ;*** »
– trafic illicite de substances hormonales et autres facteurs de croissance ;
– trafic illicite de matières nucléaires et radioactives ; *(Abrogé par Décr. n° 2018-714 du 3 août 2018, art. 6)* « ***et***

« ***– délits douaniers connexes aux délits mentionnés par l'article 695-23 du code de procédure pénale.*** »

Sont destinataires, selon les modalités prévues au VI *(Décr. n° 2018-714 du 3 août 2018, art. 6)* « et dans le cadre de leurs attributions respectives », pendant une période maximale de *(Décr. n° 2018-714 du 3 août 2018, art. 6)* « vingt-huit jour » et pour une destination ou une provenance déterminée, de l'ensemble des données collectées au sein du traitement :

(Décr. nº 2018-714 du 3 août 2018, art. 6) « 1º Les agents de la direction générale de la sécurité intérieure, individuellement désignés et spécialement habilités par leur directeur ;

« 2º Les agents de la direction générale de la sécurité extérieure, individuellement désignés et spécialement habilités par leur directeur ;

« 3º » Les agents des douanes, individuellement désignés et spécialement habilités par le directeur général des douanes affectés au sein :

– de la direction du renseignement douanier ;
– des services territoriaux chargés de l'orientation des contrôles ;
– des brigades réalisant des opérations de ciblage aérien ;
– des cellules de ciblage aérien.

Art. R. 232-16 *(Décr. nº 2018-714 du 3 août 2018, art. 8)* Peuvent également être destinataires des données à caractère personnel et informations enregistrées dans le traitement, au titre de la prévention et de la constatation des actes de terrorisme et des infractions mentionnées à l'annexe II de la directive (UE) 2016/681 du Parlement européen et du Conseil du 27 avril 2016 précitée, du rassemblement des preuves de ces actes et de la recherche de leurs auteurs, dans le cadre de leurs attributions et dans la limite du besoin d'en connaître :

1º Les Unités Information Passagers des États membres de l'Union européenne, dans les conditions prévues au I de l'article R. 232-17 ;

2º Les autorités des États membres de l'Union européenne compétentes en matière de prévention ou de détection des infractions mentionnées au I de l'article L. 232-7 ainsi que d'enquêtes ou de poursuites en la matière, dans les conditions prévues au II de l'article R. 232-17 ;

3º L'Agence de l'Union européenne pour la coopération des services répressifs (Europol) et les agents affectés à l'unité nationale Europol de la division des relations internationales de la direction centrale de la police judiciaire, individuellement désignés et spécialement habilités par l'autorité hiérarchique dont ils relèvent, à l'exception des infractions mentionnées aux points 23, 24 et 26 de l'annexe II de la directive précitée et dans les conditions prévues à l'article R. 232-18 ;

4º Les autorités compétentes d'États non membres de l'Union européenne, dans les conditions prévues à l'article R. 232-19.

Art. R. 232-17 *(Décr. nº 2018-714 du 3 août 2018, art. 8)* I. – *(Décr. nº 2022-751 du 29 avr. 2022, art. 3, en vigueur le 1er juill. 2022)* « L'agence nationale des données de voyage » transmet, par tout moyen adapté et sécurisé, des données à caractère personnel et informations enregistrées dans le "système API-PNR France" ou, après consultation des autorités mentionnées à l'article R. 232-15, le résultat du traitement de ces données aux Unités Information Passagers des autres États membres de l'Union européenne dans les conditions suivantes et aux seules fins prévues au I de l'article L. 232-7, à l'exception des atteintes aux intérêts fondamentaux de la Nation :

1º Lorsqu'une personne a été identifiée à la suite de l'évaluation mentionnée au II de l'article R. 232-13, *(Décr. nº 2022-751 du 29 avr. 2022, art. 3, en vigueur le 1er juill. 2022)* « l'agence nationale des données de voyage » transmet les données et informations pertinentes et nécessaires ou le résultat du traitement de ces données aux Unités Information Passagers des autres États membres de l'Union européenne concernées. Lorsque *(Décr. nº 2022-751 du 29 avr. 2022, art. 3, en vigueur le 1er juill. 2022)* « l'agence nationale des données de voyage » est destinataire de tels éléments de la part des autres Unités Information Passagers, elle les transmet aux autorités mentionnées à l'article R. 232-15 ;

2º Lorsque *(Décr. nº 2022-751 du 29 avr. 2022, art. 3, en vigueur le 1er juill. 2022)* « l'agence nationale des données de voyage » est saisie par l'Unité Information Passagers d'un autre État membre de l'Union européenne d'une demande motivée de transmission de données à caractère personnel et informations enregistrées dans le "système API-PNR France" et non encore dépersonnalisées au titre du II de l'article R. 232-20 ainsi que, si nécessaire, le résultat du traitement de ces données si celui-ci a été réalisé en vertu du II de l'article R. 232-13. Si les données requises ont été dépersonnalisées au titre du II de l'article R. 232-20, *(Décr. nº 2022-751 du 29 avr.*

2022, art. 3, en vigueur le 1er juill. 2022) « l'agence nationale des données de voyage » ne transmet l'intégralité de ces données que lorsqu'il existe des motifs raisonnables de croire que cela est nécessaire à l'une des fins mentionnées au I du présent article et dans les conditions fixées au III de l'article R. 232-20. *(Décr. nº 2022-751 du 29 avr. 2022, art. 3, en vigueur le 1er juill. 2022)* « L'agence nationale des données de voyage » transmet ces données et informations dès que possible ;

3° Lorsque l'Unité Information Passagers d'un État membre de l'Union européenne demande à *(Décr. nº 2022-751 du 29 avr. 2022, art. 3, en vigueur le 1er juill. 2022)* « l'agence nationale des données de voyage » qu'elle obtienne, tout ou partie des données et informations relatives aux passagers auprès des transporteurs aériens et les lui communique, sous réserve que les conditions prévues au II de l'article R. 232-1-1 soient remplies.

(Décr. nº 2022-751 du 29 avr. 2022, art. 3, en vigueur le 1er juill. 2022) « L'agence nationale des données de voyage » peut adresser des demandes aux Unités Information Passagers des autres États membres de l'Union européenne dans les conditions prévues aux 2° et 3°.

II. – *(Décr. nº 2022-751 du 29 avr. 2022, art. 3, en vigueur le 1er juill. 2022)* « L'agence nationale des données de voyage » peut être saisie directement par les seules autorités compétentes d'un autre État membre de l'Union européenne, dont la liste est publiée au *Journal officiel de l'Union européenne*, par tout moyen adapté et sécurisé, d'une demande motivée de transmission de données à caractère personnel et informations enregistrées dans le "système API-PNR France", uniquement lorsque cela est nécessaire au regard de l'urgence de la situation et dans les conditions fixées au 2° du I.

Dans les mêmes conditions, celles des autorités mentionnées à l'article R. 232-15 qui figurent sur la liste publiée au *Journal officiel de l'Union européenne* peuvent adresser des demandes aux Unités Information Passagers des autres États membres de l'Union européenne. Une copie de la demande est adressée à *(Décr. nº 2022-751 du 29 avr. 2022, art. 3, en vigueur le 1er juill. 2022)* « l'agence nationale des données de voyage ».

Art. R. 232-18 *(Décr. nº 2018-714 du 3 août 2018, art. 8)* L'*(Décr. nº 2022-751 du 29 avr. 2022, art. 3, en vigueur le 1er juill. 2022)* « agence nationale des données de voyage » peut transmettre à Europol, à sa demande et au cas par cas, des données à caractère personnel et informations enregistrées dans le "système API-PNR France" ou, après consultation des autorités mentionnées à l'article R. 232-15, le résultat du traitement de ces données en vue de prévenir ou de détecter une infraction mentionnée au I de l'article L. 232-7, à l'exception des atteintes aux intérêts fondamentaux de la Nation et des infractions mentionnées aux points 23, 24 et 26 de l'annexe II de la directive (UE) 2016/681 du Parlement européen et du Conseil du 27 avril 2016 précitée et dans les conditions prévues par le règlement (UE) 2016/794 du Parlement européen et du Conseil du 11 mai 2016 relatif à l'Agence de l'Union européenne pour la coopération des services répressifs (Europol).

La demande d'Europol est motivée et effectuée par voie électronique par l'intermédiaire de l'unité nationale Europol de la division des relations internationales de la direction centrale de la police judiciaire.

Art. R. 232-19 *(Décr. nº 2018-714 du 3 août 2018, art. 8)* I. – Les données à caractère personnel et les informations enregistrées dans le "système API-PNR France", ainsi que le résultat du traitement de ces données, peuvent être transférée *[transférés]*, au cas par cas et par tout moyen adapté et sécurisé, par l'*(Décr. nº 2022-751 du 29 avr. 2022, art. 3, en vigueur le 1er juill. 2022)* « agence nationale des données de voyage » ou par les autorités mentionnées à l'article R. 232-15 à des États non membres de l'Union européenne, dans les conditions fixées aux articles 70-25 à 70-27 de la loi nº 78-17 du 6 janvier 1978 modifiée relative à l'informatique, aux fichiers et aux libertés, pour les seules finalités prévues au I de l'article L. 232-7, à l'exception des atteintes aux intérêts fondamentaux de la Nation, et sous réserve que les conditions prévues au 2° du I de l'article R. 232-17 soient remplies et, pour les transferts de données dont l'autorisation préalable ne peut pas être obtenue en temps utile, que ces transferts soient nécessaires pour répondre à une menace précise et réelle liée à une infraction terroriste ou à une forme grave de criminalité dans un État membre de l'Union européenne ou un État non membre de l'Union européenne.

II. — Le délégué à la protection des données de l'*(Décr. nº 2022-751 du 29 avr. 2022, art. 3, en vigueur le 1er juill. 2022)* « agence nationale des données de voyage » est informé de tous les transferts effectués en application du I.

Art. R. 232-20 *(Décr. nº 2018-714 du 3 août 2018, art. 9)* « I. — » Les données à caractère personnel et les informations mentionnées à l'article R. 232-14 sont conservées cinq ans à compter de leur *(Décr. nº 2018-714 du 3 août 2018, art. 9 ; Décr. nº 2022-751 du 29 avr. 2022, art. 3, en vigueur le 1er juill. 2022)* « transfert à l'agence nationale des données de voyage ».

(Décr. nº 2018-714 du 3 août 2018, art. 9) « II. — A l'expiration d'un délai de six mois à compter de leur transfert à l'*(Décr. nº 2022-751 du 29 avr. 2022, art. 3, en vigueur le 1er juill. 2022)* « agence nationale des données de voyage », les données susceptibles de révéler directement l'identité des passagers aériens sont conservées mais ne peuvent plus être communiquées aux agents appartenant aux autorités mentionnées à l'article R. 232-15. »

Ces données sont :

— les noms, prénoms du passager ainsi que, le cas échéant, celui des autres passagers mentionnés dans le dossier passager voyageant avec lui ;

— l'adresse et les coordonnées du passager ;

— tous les moyens de paiement utilisés par celui-ci qui permettent de l'identifier *(Décr. nº 2018-714 du 3 août 2018, art. 9)* « directement, y compris l'adresse de facturation » ;

— les informations "grand voyageur" qui permettent de l'identifier ;

(Décr. nº 2018-714 du 3 août 2018, art. 9) « — les remarques générales qui permettent d'identifier directement le passager ; »

— toute information préalable sur le passager (données API) permettant de l'identifier *(Décr. nº 2018-714 du 3 août 2018, art. 9)* « directement.

« III. — Ce n'est que sur demande motivée, lorsqu'il existe des motifs raisonnables de croire que leur communication est nécessaire à l'atteinte de l'une des finalités définies au I de l'article L. 232-7, et après autorisation expresse du directeur de l'*(Décr. nº 2022-751 du 29 avr. 2022, art. 3, en vigueur le 1er juill. 2022)* « agence nationale des données de voyage » ou en cas d'absence, de son adjoint ou de la personne désignée à cet effet, que les agents appartenant aux autorités susmentionnées pourront être destinataires des données mentionnées au II du présent article. Le délégué à la protection des données de l'*(Décr. nº 2022-751 du 29 avr. 2022, art. 3, en vigueur le 1er juill. 2022)* « agence nationale des données de voyage » est tenu informé de toute communication effectuée en application du présent paragraphe, à l'exclusion de celle relative aux atteintes aux intérêts fondamentaux de la Nation, et veille à leur légalité au regard des conditions susmentionnées.

« IV. — Si les données de réservation transférées par les transporteurs aériens et par les agences de voyage et opérateurs de voyage ou de séjour affrétant tout ou partie d'un aéronef comportent des données à caractère personnel autres que celles énumérées à l'article R. 232-14, notamment des données à caractère personnel mentionnées au troisième alinéa de l'article L. 232-7, l'*(Décr. nº 2022-751 du 29 avr. 2022, art. 3, en vigueur le 1er juill. 2022)* « agence nationale des données de voyage » les efface sans délai et de façon définitive dès leur réception. » — *Anc. art. R. 232-16 (Décr. nº 2018-714 du 3 août 2018, art. 7).*

Art. R. 232-21 *(Décr. nº 2018-714 du 3 août 2018, art. 10)* Toutes opérations, notamment la collecte, la consultation, la communication et l'effacement des données à caractère personnel et des informations mentionnées à l'article R. 232-14, effectuées sur le traitement font l'objet d'enregistrements comprenant :

— les demandes formulées par les autorités compétentes et les Unités Information Passagers des autres États membres de l'Union européenne ;

— les demandes et les transferts vers des États non membres de l'Union européenne ;

— la finalité de la demande, de la communication et de la consultation ;

— la date et l'heure de ces opérations ;

– l'identifiant de l'agent à l'origine de la demande ;
– l'identifiant de l'agent ayant validé la demande ;
– l'identifiant de celui ayant validé les résultats et les ayant transmis.

Sont également enregistrés dans un registre les noms et coordonnées des agents de l'*(Décr. nº 2022-751 du 29 avr. 2022, art. 3, en vigueur le 1er juill. 2022)* « agence nationale des données de voyage » chargés du traitement des données et informations mentionnées à l'article R. 232-14 ainsi que leur niveau d'autorisation d'accès.

Ces informations sont utilisées uniquement à des fins de vérification, d'autocontrôle, de garantie de l'intégrité et de la sécurité des données ou d'audit.

Ces informations sont mises à la disposition de la Commission nationale de l'informatique et des libertés, à sa demande.

Ces informations sont conservées pendant cinq ans.

Art. R. 232-22 *(Décr. nº 2018-714 du 3 août 2018, art. 10)* I. – Conformément aux articles 70-19 et 70-20 de la loi nº 78-17 du 6 janvier 1978 modifiée relative à l'informatique, aux fichiers et aux libertés, les droits d'accès, de rectification et d'effacement des données mentionnées à l'article R. 232-14 s'exercent directement auprès du directeur de l'*(Décr. nº 2022-751 du 29 avr. 2022, art. 3, en vigueur le 1er juill. 2022)* « agence nationale des données de voyage » ou de son adjoint.

En application du I de l'article 70-21 de la même loi, le directeur de l'*(Décr. nº 2022-751 du 29 avr. 2022, art. 3, en vigueur le 1er juill. 2022)* « agence nationale des données de voyage » peut, aux fins de protéger la sécurité publique ou la sécurité nationale ou d'éviter de nuire à la prévention et la constatation des infractions mentionnées au I de l'article L. 232-7, du rassemblement des preuves de ces atteintes et de la recherche de leurs auteurs, refuser le droit d'accès et ne pas informer la personne concernée du refus de rectifier, d'effacer ou de limiter les données à caractère personnel relatives à la mention "connu" ou "inconnu" au fichier des personnes recherchées, dans le système d'information Schengen de deuxième génération, le fichier des objets et des véhicules signalés, le système informatisé concourant au dispositif de lutte contre les fraudes et le fichier des documents de voyage volés et perdus d'Interpol et aux résultats des requêtes formulées par les autorités énumérées aux articles R. 232-15 et R. 232-16. La personne concernée par ces restrictions exerce ses droits auprès de la Commission nationale de l'informatique et des libertés en application de l'article 70-22 de la même loi.

II. – Le droit d'opposition prévu à l'article 38 de la même loi ne s'applique pas au présent traitement.

III. – Lorsqu'une violation de données à caractère personnel est susceptible d'entraîner un risque élevé pour la protection des données à caractère personnel ou d'affecter négativement la vie privée de la personne concernée, l'*(Décr. nº 2022-751 du 29 avr. 2022, art. 3, en vigueur le 1er juill. 2022)* « agence nationale des données de voyage » notifie cette violation à la personne concernée et à la Commission nationale de l'informatique et des libertés dans les conditions et sous réserve des restrictions prévues à l'article 70-16 de la loi du 6 janvier 1978 précitée.

SECTION 5 *Interdiction de transport*

(Décr. nº 2015-26 du 14 janv. 2015, art. 2)

Art. R. 232-23 L'autorité administrative mentionnée à l'article L. 232-8 est le ministre de l'Intérieur. – *Anc. art. R. 232-19 (Décr. nº 2018-714 du 3 août 2018, art. 7).*

CHAPITRE III *CONTRÔLE AUTOMATISÉ DES DONNÉES SIGNALÉTIQUES DES VÉHICULES*

Le présent chapitre ne comprend pas de dispositions réglementaires.

CHAPITRE IV *CONSULTATION DES TRAITEMENTS AUTOMATISÉS DE DONNÉES PERSONNELLES AUX FINS D'ENQUÊTES ADMINISTRATIVES*

Art. R. 234-1 *(Décr. nº 2014-1641 du 26 déc. 2014, art. 8)* I. – Pour l'application de l'article L. 234-2, la consultation des traitements automatisés de données à caractère personnel mentionnés à l'article 230-6 du code de procédure pénale par les agents des services spécialisés de renseignement du ministère de la défense est effectuée par des agents individuellement désignés et spécialement habilités par le directeur dont ils relèvent.

Ces habilitations sont personnelles.

La compétence prévue au premier alinéa ne peut faire l'objet d'une délégation de signature.

II. — Cette consultation s'effectue sans autorisation du ministère public, par un accès direct et strictement limité aux données à caractère personnel qui se rapportent à des procédures judiciaires en cours ou closes, à l'exception des cas où sont intervenues des mesures ou décisions de classement sans suite, de non-lieu, de relaxe ou d'acquittement devenues définitives, ainsi que des données relatives aux victimes.

III. — Les enquêtes administratives pour lesquelles la consultation de ces traitements par les services spécialisés de renseignement du ministère de la défense peut intervenir sont :

1° Pour la direction générale de la sécurité extérieure, les enquêtes relatives aux autorisations ou aux habilitations mentionnées aux *a* et *b* du 1° et aux *f* et *j* du 3° de l'article R. 114-2, aux 1°, 2° et 3° de l'article R. 114-4 ainsi qu'au 2° de l'article R. 114-5 ;

2° Pour la direction du renseignement et de la sécurité de la défense, les enquêtes relatives aux autorisations ou aux habilitations mentionnées aux *a*, *b* et *c* du 1° et aux *f* et *j* du 3° de l'article R. 114-2, aux 1°, 2° et 3° de l'article R. 114-4 ainsi qu'aux 1°, 2° et 3° de l'article R. 114-5 ;

3° Pour la direction du renseignement militaire, les enquêtes relatives aux autorisations ou aux habilitations mentionnées aux *a*, *b* et *h* du 1° et *j* du 3° de l'article R. 114-2 ainsi qu'aux 1°, 2° et 3° de l'article R. 114-4. — *[anc. art. R. 114-6.]*

Art. R. 234-2 *(Décr. nº 2014-1641 du 26 déc. 2014, art. 2)* Pour l'application du 2° de l'article L. 234-2, les services spécialisés de renseignement dont les agents peuvent accéder aux traitements automatisés de données à caractère personnel mentionnés à l'article 230-6 du code de procédure pénale sont :

— pour le ministère de la défense : la direction générale de la sécurité extérieure, la direction du renseignement et de la sécurité de la défense et la direction du renseignement militaire ;

— pour le ministère de l'Intérieur : la direction générale de la sécurité intérieure ;

— pour le ministère des finances et des comptes publics : la direction nationale du renseignement et des enquêtes douanières et le service à compétence nationale dénommé "traitement du renseignement et action contre les circuits financiers clandestins".

Art. R. 234-3 *(Décr. nº 2015-1807 du 28 déc. 2015, art. 1er) (Abrogé par Décr. nº 2017-1217 du 2 août 2017, art. 9-2º-a)* « I. — » Peuvent avoir accès aux traitements automatisés de données à caractère personnel mentionnés à l'article 230-6 du code de procédure pénale dans les conditions prévues à l'article L. 234-4 du présent code les agents individuellement désignés et habilités des services mentionnés aux articles L. 811-2 et L. 811-4 suivants :

1° Pour les besoins liés à la protection des intérêts mentionnés au 1° de l'article L. 811-3 :

a) La direction générale de la sécurité extérieure ;

b) La direction du renseignement et de la sécurité de la défense ;

c) La direction du renseignement militaire ;

d) La direction générale de la sécurité intérieure ;

e) Le service à compétence nationale dénommé "traitement du renseignement et action contre les circuits financiers clandestins" ;

f) Les services suivants placés sous l'autorité d'emploi du ministre de la défense :

— les sections de recherches de la gendarmerie maritime, de la gendarmerie de l'air et de la gendarmerie de l'armement ;

g) Les services du renseignement territorial de la direction centrale de la sécurité publique placés sous l'autorité du directeur général de la police nationale ;

h) Les services suivants placés sous l'autorité du directeur général de la gendarmerie nationale :

– la sous-direction de la police judiciaire de la direction des opérations et de l'emploi ;

– la sous-direction de l'anticipation opérationnelle de la direction des opérations et de l'emploi ;

2° Pour les besoins liés à la protection des intérêts mentionnés au 4° de l'article L. 811-3 :

a) La direction générale de la sécurité extérieure ;

b) La direction du renseignement et de la sécurité de la défense ;

c) La direction du renseignement militaire ;

d) La direction générale de la sécurité intérieure ;

e) Le service à compétence nationale dénommé "traitement du renseignement et action contre les circuits financiers clandestins" ;

f) La direction nationale du renseignement et des enquêtes douanières ;

g) Les services suivants placés sous l'autorité d'emploi du ministre de la défense :

– les sections de recherches de la gendarmerie maritime, de la gendarmerie de l'air et de la gendarmerie de l'armement ;

h) Les services suivants placés sous l'autorité du directeur général de la police nationale :

– les services du renseignement territorial de la direction centrale de la sécurité publique ;

– l'office central de lutte contre la criminalité liée aux technologies de l'information et de la communication de la direction centrale de la police judiciaire ;

– la sous-direction antiterroriste de la direction centrale de la police judiciaire ;

(Abrogé par Décr. n° 2020-34 du 20 janv. 2020, art. 1er) ***« – l'unité de coordination de la lutte antiterroriste ; »***

i) Les services suivants placés sous l'autorité du directeur général de la gendarmerie nationale :

– la sous-direction de la police judiciaire de la direction des opérations et de l'emploi ;

– la sous-direction de l'anticipation opérationnelle de la direction des opérations et de l'emploi ;

– les sections de recherches de la gendarmerie nationale ;

j) Les services suivants placés sous l'autorité du préfet de police :

– la sous-direction de la sécurité intérieure de la direction du renseignement ;

– la sous-direction du renseignement territorial de la direction du renseignement ;

– la section antiterroriste de la brigade criminelle de la direction régionale de la police judiciaire de Paris ;

3° Pour les besoins liés à la protection des intérêts mentionnés au 5° de l'article L. 811-3 :

a) La direction générale de la sécurité extérieure ;

b) La direction du renseignement et de la sécurité de la défense ;

c) La direction générale de la sécurité intérieure ;

d) Les services du renseignement territorial de la direction centrale de la sécurité publique placés sous l'autorité du directeur général de la police nationale ;

e) La sous-direction de l'anticipation opérationnelle de la direction des opérations et de l'emploi placée sous l'autorité du directeur général de la gendarmerie nationale ;

f) Les services suivants placés sous l'autorité du préfet de police :

– la sous-direction de la sécurité intérieure de la direction du renseignement ;

– la sous-direction du renseignement territorial de la direction du renseignement.

(Abrogé par Décr. n° 2017-1217 du 2 août 2017, art. 9-2°-b) ***« II. — Seuls peuvent avoir accès aux traitements automatisés de données à caractère personnel mentionnés à l'article 230-6 du code de procédure pénale sur la base de l'article L. 234-4 du présent code les agents des services mentionnés au I individuellement désignés et habilités par le directeur dont ils relèvent.***

« L'accès des services aux traitements est limité à la consultation et ne peut donner lieu à aucune interconnexion avec d'autres traitements.

« Les dispositions de l'article R. 40-30 du code de procédure pénale sont applicables. »

CHAPITRE V *COOPÉRATION INTERNATIONALE EN MATIÈRE D'ACCÈS AUX TRAITEMENTS AUTOMATISÉS DE DONNÉES PERSONNELLES*

Le présent chapitre ne comprend pas de dispositions réglementaires.

CHAPITRE VI *AUTRES TRAITEMENTS AUTOMATISÉS DE DONNÉES PERSONNELLES*

SECTION 1 *Traitement automatisé de données à caractère personnel dénommé "Enquêtes administratives liées à la sécurité publique"*

Art. R. 236-1 Le ministre de l'Intérieur (direction centrale de la sécurité publique et préfecture de police) est autorisé à mettre en œuvre un traitement automatisé de données à caractère personnel dénommé "Enquêtes administratives liées à la sécurité publique", ayant pour finalité de faciliter la réalisation d'enquêtes administratives en application *(Décr. nº 2017-1216 du 2 août 2017, art. 1er-1º)* « des articles L. 114-1, L. 114-2 et L. 211-11-1 » du présent code et de l'article 17-1 de la loi nº 95-73 du 21 janvier 1995 d'orientation et de programmation relative à la sécurité par la conservation des données issues de précédentes enquêtes relatives à la même personne *(Décr. nº 2020-1510 du 2 déc. 2020, art. 1er)* « y compris celles intéressant la sûreté de l'État.

« Les données intéressant la sûreté de l'État sont celles qui révèlent des activités susceptibles de porter atteinte aux intérêts fondamentaux de la Nation ou de constituer une menace terroriste portant atteinte à ces mêmes intérêts. Ces données, de façon isolée ou groupée, font l'objet d'une identification dans le traitement. »

Art. R. 236-2 *(Décr. nº 2020-1510 du 2 déc. 2020, art. 2)* Peuvent être enregistrées dans le traitement mentionné à l'article R. 236-1, dans le respect des dispositions de l'article 4 de la loi nº 78-17 du 6 janvier 1978 relative à l'informatique, aux fichiers et aux libertés, les catégories de données à caractère personnel suivantes, recueillies dans le cadre d'enquêtes administratives :

1º Motif de l'enquête ;

2º Éléments d'identification :

a) Nom ;

b) Prénoms ;

c) Alias ;

d) Date et lieu de naissance ;

e) Nationalité ;

f) Signes physiques particuliers et objectifs ;

g) Photographies ;

h) Documents d'identité (type, numéro, validité, autorité et lieu de délivrance) ;

i) Origine géographique (lieux de résidence et zones d'activité) ;

3º Coordonnées :

a) Numéros de téléphone ;

b) Adresses postales et électroniques ;

c) Identifiants utilisés (pseudonymes, sites ou réseaux concernés, autres identifiants techniques), à l'exclusion des mots de passe ;

d) Adresses et lieux fréquentés ;

4º Situation :

a) Situation familiale ;

b) Formation et compétences ;

c) Profession et emplois occupés ;

d) Moyens de déplacement (moyens utilisés, immatriculation des véhicules, permis de conduire) ;

e) Situation au regard de la réglementation de l'entrée et du séjour en France ;

f) Éléments patrimoniaux ;

5º Activités susceptibles de porter atteinte à la sécurité publique ou à la sûreté de l'État ;

a) Activités publiques ou au sein de groupements ou de personnes morales ;

b) Comportement et habitudes de vie ;

c) Déplacements ;

d) Activités sur les réseaux sociaux ;
e) Pratiques sportives ;
f) Pratique et comportement religieux ;
6° Facteurs de dangerosité :
a) Lien avec des groupes extrémistes ;
b) Éléments ou signes de radicalisation, suivi pour radicalisation ;
c) Données relatives aux troubles psychologiques ou psychiatriques, obtenues conformément aux dispositions législatives et réglementaires en vigueur ;
d) Armes et titres afférents ;
e) Détention d'animaux dangereux ;
f) Agissements susceptibles de recevoir une qualification pénale ;
g) Antécédents judiciaires (nature des faits et date) ;
h) Fiches de recherche ;
i) Suites judiciaires ;
j) Mesures d'incarcération (lieu, durée et modalités) ;
k) Accès à des zones ou des informations sensibles ;
7° Facteurs de fragilité :
a) Facteurs familiaux, sociaux et économiques ;
b) Régime de protection ;
c) Faits dont la personne a été victime ;
d) Comportement auto-agressif ;
e) Addictions ;
f) Mesures administratives ou judiciaires restrictives de droits, décidées ou proposées ;
8° Indication de l'enregistrement ou non de la personne dans les traitements de données à caractère personnel suivants :
a) Le traitement d'antécédents judiciaires mentionné aux articles R. 40-23 et suivants du code de procédure pénale ;
b) Le système informatique national N-SIS II mentionné aux articles R. 231-5 et suivants du présent code ;
c) Le traitement automatisé de données à caractère personnel dénommé "Prévention des atteintes à la sécurité publique" mentionné aux articles R. 236-11 et suivants du présent code ;
d) Le traitement automatisé de données à caractère personnel dénommé "Gestion de l'information et prévention des atteintes à la sécurité publique" mentionné aux articles R. 236-21 et suivants du présent code ;
e) Le fichier des personnes recherchées prévu par le décret n° 2010-569 du 28 mai 2010 portant création du fichier des personnes recherchées ;
f) Le traitement automatisé de données à caractère personnel dénommé "FSPRT" et mentionné au 12 de l'article 1er du décret n° 2007-914 du 15 mai 2007 modifié pris pour l'application du I de l'article 30 de la loi n° 78-17 du 6 janvier 1978 relative à l'informatique, aux fichiers et aux libertés ;
g) Le traitement automatisé des données relatives aux objets et véhicules volés ou signalés.

Le traitement ne comporte pas de dispositif de reconnaissance faciale à partir de la photographie.

Est également conservé le rapport de l'enquête administrative, contenant les éléments permettant de déterminer si le comportement de la personne concernée n'est pas incompatible avec l'exercice des fonctions ou des missions envisagées, compte tenu de leur nature.

Le traitement ne permet de recherches automatisées qu'à partir des données mentionnées au 1°, au 2° à l'exception des données prévues aux *g* et *j*, et aux *a* et *b* du 3°.

Art. R. 236-3 L'interdiction prévue au I de l'article *(Décr. n° 2020-1510 du 2 déc. 2020, art. 3)* « 6 » de la loi n° 78-17 du 6 janvier 1978 relative à l'informatique, aux fichiers et aux libertés s'applique au traitement mentionné à l'article R. 236-1.

Toutefois, l'enregistrement de données, contenues dans un rapport d'enquête, relatives à un comportement incompatible avec l'exercice des fonctions ou des missions envisagées est autorisé alors même que ce comportement aurait une motivation politique, religieuse, philosophique ou syndicale *(Décr. n° 2020-1510 du 2 déc. 2020, art. 3)*

« ou qu'il tiendrait à la dangerosité que feraient apparaitre les données, obtenues conformément aux dispositions législatives et réglementaires en vigueur, relatives aux troubles psychologiques ou psychiatriques de l'intéressé ».

Art. R. 236-4 Les données mentionnées aux articles R. 236-2 et R. 236-3 peuvent être conservées pendant une durée maximale de cinq ans à compter de leur enregistrement.

Art. R. 236-5 Les données mentionnées aux articles R. 236-2 et R. 236-3 ne peuvent concerner des mineurs que s'ils sont âgés de seize ans au moins et ont fait l'objet d'une enquête administrative mentionnée à l'article R. 236-1.

Art. R. 236-6 *(Décr. n° 2017-1216 du 2 août 2017, art. 1er-2°-a)* « I. – » Dans la limite du besoin d'en connaître, en vue de la réalisation d'enquêtes administratives, sont autorisés à accéder aux données mentionnées aux articles R. 236-2 et R. 236-3 :

1° *(Décr. n° 2020-1510 du 2 déc. 2020, art. 4)* « Les agents » relevant *(Décr. n° 2014-1216 du 20 oct. 2014)* « du service central du renseignement territorial » de la direction centrale de la sécurité publique, individuellement désignés et spécialement habilités par le directeur central de la sécurité publique ;

(Décr. n° 2020-1510 du 2 déc. 2020, art. 4) « 2° Les agents affectés dans les services du renseignement territorial des directions départementales de la sécurité publique ou des directions territoriales de la police nationale, individuellement désignés et spécialement habilités par le directeur départemental ou par le directeur territorial ; »

3° *(Décr. n° 2020-1510 du 2 déc. 2020, art. 4)* « Les agents » affectés dans les services de la préfecture de police chargés du renseignement, individuellement désignés et spécialement habilités par le préfet de police.

(Décr. n° 2017-1216 du 2 août 2017, art. 1er-2°-b) « II. – Dans la limite du besoin d'en connaître, en vue de la réalisation d'enquêtes administratives, peuvent être destinataires des données mentionnées aux articles R. 236-2 et R. 236-3 :

« 1° Les agents du service à compétence nationale dénommé "service national des enquêtes administratives de sécurité", individuellement désignés et spécialement habilités par le directeur général de la police nationale ;

« 2° Les agents du service à compétence nationale dénommé "Commandement spécialisé pour la sécurité nucléaire", individuellement désignés et spécialement habilités par le directeur général de la gendarmerie nationale ;

« 3° Tout autre agent d'une unité de la gendarmerie nationale ou d'un service de la police nationale, sur demande expresse précisant l'identité du demandeur, l'objet et les motifs de la consultation. Les demandes sont agréées par les responsables des services mentionnés aux 1°, 2° ou 3° du I. »

Art. R. 236-7 *(Décr. n° 2020-1510 du 2 déc. 2020, art. 5)* Les opérations de collecte, de modification, de consultation, de communication, de transfert, de rapprochement et de suppression des données à caractère personnel et informations font l'objet d'un enregistrement comprenant l'identifiant de l'auteur, la date, l'heure et le motif de l'opération et, le cas échéant, les destinataires des données. Ces informations sont conservées pendant un délai de trois ans.

Art. R. 236-8 *(Abrogé par Décr. n° 2017-1216 du 2 août 2017, art. 1er-3°)* ***Le traitement mentionné à l'article R. 236-1 ne fait l'objet d'aucune interconnexion, aucun rapprochement ni aucune forme de mise en relation avec d'autres traitements ou fichiers.***

Art. R. 236-9 *(Décr. n° 2020-1510 du 2 déc. 2020, art. 6)* I. – Le droit d'opposition prévu aux articles 110 et 117 de la loi n° 78-17 du 6 janvier 1978 relative à l'informatique, aux fichiers et aux libertés ne s'applique pas au présent traitement.

II. – Les droits d'accès, de rectification et d'effacement concernant les données intéressant la sûreté de l'État s'exercent auprès de la Commission nationale de l'informatique et des libertés dans les conditions prévues à l'article 118 de la même loi.

III. – Conformément aux articles 104 à 106 de la même loi, les droits d'information, d'accès, de rectification, d'effacement et à la limitation concernant les autres données s'exercent directement auprès de la direction générale de la police nationale.

Afin d'éviter de gêner des enquêtes, des recherches ou des procédures administratives ou judiciaires ou d'éviter de nuire à la prévention ou à la détection d'infractions pénales, aux enquêtes ou aux poursuites en la matière ou à l'exécution de sanctions pénales, de porter atteinte à la sécurité publique ou la sécurité nationale, les droits d'accès, de rectification, d'effacement et à la limitation peuvent faire l'objet de restrictions en application des 2° et 3° du II et du III de l'article 107 de la même loi.

La personne concernée par ces restrictions exerce ses droits auprès de la Commission nationale de l'informatique et des libertés dans les conditions prévues à l'article 108 de la même loi.

Art. R. 236-10 Le traitement mis en œuvre en application de la présente section est soumis au contrôle de la Commission nationale de l'informatique et des libertés dans les conditions prévues à l'article *(Décr. n° 2020-1510 du 2 déc. 2020, art. 7)* « 19 » de la loi n° 78-17 du 6 janvier 1978 relative à l'informatique, aux fichiers et aux libertés.

En outre, le directeur général de la police nationale présente chaque année à la Commission nationale de l'informatique et des libertés un rapport sur ses activités de vérification, de mise à jour et d'effacement des données enregistrées dans le traitement mentionné à l'article R. 236-1. Ce rapport annuel indique également les procédures suivies par les services gestionnaires pour que les données enregistrées soient en permanence exactes, pertinentes et non excessives au regard des finalités pour lesquelles elles sont collectées.

SECTION 2 *Traitement de données à caractère personnel dénommé "Prévention des atteintes à la sécurité publiques [publique]"*

Art. R. 236-11 Le ministre de l'Intérieur (direction générale de la police nationale) est autorisé à mettre en œuvre un traitement de données à caractère personnel dénommé "Prévention des atteintes à la sécurité publique", ayant pour finalité de recueillir, de conserver et d'analyser les informations qui concernent des personnes *(Décr. n° 2020-1511 du 2 déc. 2020, art. 1er)* « physiques ou morales ainsi que des groupements » dont l'activité individuelle ou collective indique qu'elles peuvent porter atteinte à la sécurité publique *(Décr. n° 2020-1511 du 2 déc. 2020, art. 1er)* « ou à la sûreté de l'État ».

Ce traitement a notamment pour finalité de recueillir, de conserver et d'analyser les informations qui concernent les personnes susceptibles *(Décr. n° 2017-1216 du 2 août 2017, art. 2-1°)* « de prendre part à des activités terroristes *(Décr. n° 2020-1511 du 2 déc. 2020, art. 1er)* « , de porter atteinte à l'intégrité du territoire ou des institutions de la République » ou » d'être impliquées dans des actions de violence collectives, en particulier en milieu urbain ou à l'occasion de manifestations sportives.

(Décr. n° 2020-1511 du 2 déc. 2020, art. 1er) « Les données intéressant la sûreté de l'État sont celles qui révèlent des activités susceptibles de porter atteinte aux intérêts fondamentaux de la Nation ou de constituer une menace terroriste portant atteinte à ces mêmes intérêts. Ces données, de façon isolée ou groupée, font l'objet d'une identification dans le traitement. »

Art. R. 236-12 *(Décr. n° 2020-1511 du 2 déc. 2020, art. 2)* Peuvent être enregistrées dans le traitement mentionné à l'article R. 236-11, dans le respect des dispositions de l'article 4 de la loi n° 78-17 du 6 janvier 1978 relative à l'informatique, aux fichiers et aux libertés et dans la stricte mesure où elles sont nécessaires à la poursuite des finalités mentionnées à l'article R. 236-11, les catégories de données à caractère personnel suivantes :

I. — Données concernant la personne physique pouvant porter atteinte à la sécurité publique ou à la sûreté de l'État :

1° Éléments d'identification :

a) Nom ;

b) Prénoms ;

c) Alias ;

d) Date et lieu de naissance ;

e) Nationalité ;

f) Signes physiques particuliers et objectifs ;

g) Photographies ;
h) Documents d'identité (type, numéro, validité, autorité et lieu de délivrance) ;
i) Origine géographique (lieux de résidence et zones d'activité) ;
2° Coordonnées :
a) Numéros de téléphone ;
b) Adresses postales et électroniques ;
c) Identifiants utilisés (pseudonymes, sites ou réseaux concernés, autres identifiants techniques), à l'exclusion des mots de passe ;
d) Adresses et lieux fréquentés ;
3° Situation :
a) Situation familiale ;
b) Formation et compétences ;
c) Profession et emplois occupés ;
d) Moyens de déplacement (moyens utilisés, immatriculation des véhicules, permis de conduire) ;
e) Situation au regard de la réglementation de l'entrée et du séjour en France ;
f) Éléments patrimoniaux ;
4° Motifs de l'enregistrement ;
5° Activités susceptibles de porter atteinte à la sécurité publique ou à la sûreté de l'État :
a) Activités publiques ou au sein de groupements ou de personnes morales ;
b) Comportement et habitudes de vie ;
c) Déplacements ;
d) Activités sur les réseaux sociaux ;
e) Pratiques sportives ;
f) Pratique et comportement religieux ;
6° Facteurs de dangerosité :
a) Lien avec des groupes extrémistes ;
b) Éléments ou signes de radicalisation, suivi pour radicalisation ;
c) Données relatives aux troubles psychologiques ou psychiatriques obtenues conformément aux dispositions législatives et réglementaires en vigueur ;
d) Armes et titres afférents ;
e) Détention d'animaux dangereux ;
f) Agissements susceptibles de recevoir une qualification pénale ;
g) Antécédents judiciaires (nature des faits et date) ;
h) Fiches de recherche ;
i) Suites judiciaires ;
j) Mesures d'incarcération (lieu, durée et modalités) ;
k) Accès à des zones ou des informations sensibles ;
7° Facteurs de fragilité :
a) Facteurs familiaux, sociaux et économiques ;
b) Régime de protection ;
c) Faits dont la personne a été victime ;
d) Comportement auto-agressif ;
e) Addictions ;
f) Mesures administratives ou judiciaires restrictives de droits, décidées ou proposées ;
8° Indication de l'enregistrement ou non de la personne dans les traitements de données à caractère personnel suivants :
a) Le traitement d'antécédents judiciaires mentionné aux articles R. 40-23 et suivants du code de procédure pénale ;
b) Le système informatique national N-SIS II mentionné aux articles R. 231-5 et suivants du présent code ;
c) Le traitement automatisé de données à caractère personnel dénommé "Gestion de l'information et prévention des atteintes à la sécurité publique" mentionné aux articles R. 236-21 et suivants du présent code ;
d) Le fichier des personnes recherchées prévu par le décret n° 2010-569 du 28 mai 2010 portant création du fichier des personnes recherchées ;

e) Le traitement automatisé de données à caractère personnel dénommé "FSPRT" mentionné au 12 de l'article 1er du décret n° 2007-914 du 15 mai 2007 modifié pris pour l'application du I de l'article 30 de la loi n° 78-17 du 6 janvier 1978 relative à l'informatique, aux fichiers et aux libertés ;

f) Le traitement automatisé des données relatives aux objets et véhicules volés ou signalés.

II. — Données concernant les personnes physiques entretenant ou ayant entretenu des relations directes et non fortuites avec la personne pouvant porter atteinte à la sécurité publique ou la sûreté de l'État, notamment ses parents et ses enfants, dans la stricte mesure où ces données sont nécessaires pour le suivi de la personne concernée et dans la limite des catégories mentionnées aux 1°, 2°, 3° et 5° à l'exception du *c* du I.

III. — Données concernant les victimes des agissements de la personne physique pouvant porter atteinte à la sécurité publique ou la sûreté de l'État, dans la stricte mesure où ces données sont nécessaires à la protection des intérêts de la victime et à la prévention de la réitération de faits par la personne concernée et dans la limite des catégories mentionnées aux 1°, 2°, 3°, 5° à l'exception du *c* du I et au *c* du 7° du I.

IV. — Données concernant les personnes physiques entretenant ou ayant entretenu des relations directes et non fortuites avec la personne morale ou le groupement pouvant porter atteinte à la sécurité publique ou à la sûreté de l'État, ou victimes des agissements de ces personnes morales et groupements, dans la stricte mesure où ces données sont nécessaires à leur suivi et dans la limite des catégories mentionnées aux 1°, 2°, 3°, 5° à l'exception du *c* du I, et, concernant les victimes, au *c* du 7° du I.

Art. R. 236-13 L'interdiction prévue au I de l'article *(Décr. n° 2020-1511 du 2 déc. 2020, art. 3)* « 6 » de la loi n° 78-17 du 6 janvier 1978 relative à l'informatique, aux fichiers et aux libertés s'applique au traitement mentionné à l'article R. 236-11.

Par dérogation, sont autorisés, pour les seules fins et dans le strict respect des conditions définies à la présente section, la collecte, la conservation et le traitement de données concernant les personnes mentionnées à l'article R. 236-11 et relatives :

1° A des signes physiques particuliers et objectifs comme éléments de signalement des personnes ;

2° *(Décr. n° 2020-1511 du 2 déc. 2020, art. 3)* « A des opinions politiques, des convictions philosophiques, religieuses ou une appartenance syndicale *[ancienne rédaction : 2° A des activités politiques, philosophiques, religieuses ou syndicales] ; — Le 2° de l'art. 3 du Décr. n° 2020-1511 du 2 déc. 2020 modifiant les dispositions du CSI relatives au traitement de données à caractère personnel dénommé « Prévention des atteintes à la sécurité publique » (PASP) est annulé (CE 24 déc. 2021, n° 447515).*

« 3° A des données de santé révélant une dangerosité particulière. »

Il est interdit de sélectionner dans le traitement une catégorie particulière de personnes à partir de ces seules données.

Il est enjoint au ministre de l'intérieur de supprimer l'ensemble des données recueillies dans le traitement PASP à compter de l'entrée en vigueur du Décr. n° 2020-1511 du 2 déc. 2020 qui révèleraient des opinions politiques, des convictions philosophiques ou religieuses, ou une appartenance syndicale, sans procéder d'activités politiques, philosophiques, religieuses ou syndicales au sens du 2° de l'art. R. 236-13 dans sa rédaction antérieure à défaut d'intervention, dans un délai de quatre mois à compter de la notification de la présente décision, d'un nouveau décret en Conseil d'État pris après avis motivé et publié de la CNIL autorisant leur collecte (CE 24 déc. 2021, n° 447515).

Art. R. 236-14 Les données mentionnées aux articles R. 236-12 et R. 236-13 ne peuvent être conservées plus de dix ans après l'intervention du dernier événement de nature à faire apparaître un risque d'atteinte à la sécurité publique *(Décr. n° 2020-1511 du 2 déc. 2020, art. 4)* « où à la sûreté de l'État » ayant donné lieu à un enregistrement.

Art. R. 236-15 Les données mentionnées aux articles R. 236-12 et R. 236-13 *(Décr. n° 2020-1511 du 2 déc. 2020, art. 5)* « relatives aux personnes pouvant porter atteinte à la sécurité publique ou à la sûreté de l'État » ne peuvent concerner des mineurs que s'ils sont âgés d'au moins treize ans et sont au nombre des personnes mentionnées à l'article R. 236-11. Ces données ne peuvent alors être conservées plus de trois ans après l'intervention du dernier événement de nature à faire apparaître un risque d'atteinte à la sécurité publique *(Décr. nº 2020-1511 du 2 déc. 2020, art. 5)* « ou à la sûreté de l'État » ayant donné lieu à un enregistrement.

Un référent national, membre du Conseil d'État, concourt par les recommandations qu'il adresse au responsable du traitement mentionné à l'article R. 236-11 au respect des garanties accordées aux mineurs par les dispositions de la présente section. Il est assisté d'adjoints, membres du corps des tribunaux administratifs et des cours administratives d'appel, auxquels il peut donner délégation. Le référent national et ses adjoints sont désignés par arrêté du vice-président du Conseil d'État.

Le référent national s'assure de l'effacement, au terme du délai de trois ans prévu au premier alinéa, des données concernant les mineurs. Tous les douze mois à compter de l'enregistrement des données, et lorsque le mineur atteint l'âge de la majorité, il examine en outre si, compte tenu de la nature, de la gravité et de l'ancienneté des faits, la conservation des données est justifiée.

Lorsqu'il constate une méconnaissance des règles applicables à la conservation des données relatives aux mineurs, le référent national en avise le responsable du traitement.

Le référent national établit chaque année un rapport public.

Le référent national et ses adjoints exercent leurs missions sans préjudice des compétences de la Commission nationale de l'informatique et des libertés.

Un arrêté du ministre de l'Intérieur et du ministre chargé du budget fixe le régime d'indemnisation du référent national et de ses adjoints.

Art. R. 236-16 *(Décr. nº 2017-1216 du 2 août 2017, art. 2-2º-a)* « I. — » Dans la limite du besoin d'en connaître, y compris pour des enquêtes administratives prévues par *(Décr. nº 2017-1216 du 2 août 2017, art. 2-2º-b)* « les articles L. 114-1, L. 114-2 et L. 211-11-1 » du présent code et par l'article 17-1 de la loi nº 95-73 du 21 janvier 1995 d'orientation et de programmation relative à la sécurité, sont autorisés à accéder aux données mentionnées aux articles R. 236-12 et R. 236-13 :

1º Les *(Décr. nº 2017-1216 du 2 août 2017, art. 2-2º-c)* « agents » relevant *(Décr. nº 2014-1216 du 20 oct. 2014)* « du service central du renseignement territorial » de la direction centrale de la sécurité publique, individuellement désignés et spécialement habilités par le directeur central de la sécurité publique ;

(Décr. nº 2020-1511 du 2 déc. 2020, art. 6) « 2º Les agents affectés dans les services du renseignement territorial des directions départementales de la sécurité publique ou des directions territoriales de la police nationale, individuellement désignés et spécialement habilités par le directeur départemental ou par le directeur territorial » ;

3º Les *(Décr. nº 2017-1216 du 2 août 2017, art. 2-2º-c)* « agents » de la préfecture de police affectés dans les services chargés du renseignement, individuellement désignés et spécialement habilités par le préfet de police ;

4º Le référent national mentionné à l'article R. 236-15 et ses adjoints.

(Décr. nº 2017-1216 du 2 août 2017, art. 2-2º-d et e) « II. — Dans la limite du besoin d'en connaître, en vue de la réalisation d'enquêtes administratives, peuvent être destinataires des données mentionnées aux articles R. 236-12 et R. 236-13 :

« 1º Les agents du service à compétence nationale dénommé "service national des enquêtes administratives de sécurité", individuellement désignés et spécialement habilités par le directeur général de la police nationale ;

« 2º Les agents du service à compétence nationale dénommé "Commandement spécialisé pour la sécurité nucléaire", individuellement désignés et spécialement habilités par le directeur général de la gendarmerie nationale.

(Décr. nº 2020-1511 du 2 déc. 2020, art. 6) « III. — Dans la limite du besoin d'en connaître, peuvent être destinataires des données mentionnées aux articles R. 236-12 et R. 236-13 :

« 1º Les personnes ayant autorité sur les services ou unités mentionnées aux I et II ;

« 2º Les procureurs de la République ;

« 3º Les agents d'un service de la police nationale ou d'une unité de la gendarmerie nationale chargés d'une mission de renseignement et les agents des services mentionnés aux articles R. 811-1 et R. 811-2 du présent code, sur autorisation expresse du responsable de service concerné, mentionné aux 1º, 2º ou 3º du I ;

« 4° Les personnels de la police nationale ou les militaires de la gendarmerie nationale qui ne sont pas chargés d'une mission de renseignement sur demande expresse, précisant l'identité du demandeur, l'objet et les motifs de la communication. Les demandes sont agréées par le responsable de service concerné, mentionné aux 1°, 2° ou 3° du I. »

Art. R. 236-17 *(Décr. nº 2020-1511 du 2 déc. 2020, art. 7)* Les opérations de collecte, de modification, de consultation, de communication, de transfert, de rapprochement et de suppression des données à caractère personnel et informations font l'objet d'un enregistrement comprenant l'identifiant de l'auteur, la date, l'heure et le motif de l'opération et, le cas échéant, les destinataires des données. Ces informations sont conservées pendant un délai de trois ans.

Art. R. 236-18 *(Abrogé par Décr. nº 2017-1216 du 2 août 2017, art. 2-3°)* ***Le traitement mentionné à l'article R. 236-11 ne fait l'objet d'aucune interconnexion, aucun rapprochement ni aucune forme de mise en relation avec d'autres traitements ou fichiers.***

Art. R. 236-19 *(Décr. nº 2020-1511 du 2 déc. 2020, art. 8)* I. — Le droit d'opposition prévu aux articles 110 et 117 de la loi nº 78-17 du 6 janvier 1978 relative à l'informatique, aux fichiers et aux libertés ne s'applique pas au présent traitement.

II. — Les droits d'accès, de rectification et d'effacement concernant les données intéressant la sûreté de l'État s'exercent auprès de la Commission nationale de l'informatique et des libertés dans les conditions prévues à l'article 118 de la même loi.

III. — Conformément aux articles 104 à 106 de la même loi, les droits d'information, d'accès, de rectification, d'effacement et à la limitation concernant les autres données s'exercent directement auprès de la direction générale de la police nationale.

Afin d'éviter de gêner des enquêtes, des recherches ou des procédures administratives ou judiciaires ou d'éviter de nuire à la prévention ou à la détection d'infractions pénales, aux enquêtes ou aux poursuites en la matière ou à l'exécution de sanctions pénales, de porter atteinte à la sécurité publique ou la sécurité nationale, les droits d'accès, de rectification, d'effacement et à la limitation peuvent faire l'objet de restrictions en application des 2° et 3° du II et du III de l'article 107 de la même loi.

La personne concernée par ces restrictions exerce ses droits auprès de la Commission nationale de l'informatique et des libertés dans les conditions prévues à l'article 108 de la même loi.

Art. R. 236-20 Le traitement mis en œuvre en application de la présente section est soumis au contrôle de la Commission nationale de l'informatique et des libertés dans les conditions prévues à l'article *(Décr. nº 2020-1511 du 2 déc. 2020, art. 9)* « 19 » de la loi nº 78-17 du 6 janvier 1978 relative à l'informatique, aux fichiers et aux libertés.

En outre, le directeur général de la police nationale présente chaque année à la Commission nationale de l'informatique et des libertés un rapport sur ses activités de vérification, de mise à jour et d'effacement des données enregistrées dans le traitement mentionné à l'article R. 236-11, notamment celles relatives aux mineurs mentionnés à l'article R. 236-15. Ce rapport annuel indique également les procédures suivies par les services gestionnaires pour que les données enregistrées soient en permanence exactes, pertinentes et non excessives au regard des finalités pour lesquelles elles sont collectées.

SECTION 3 *Traitement de données à caractère personnel dénommé "Gestion de l'information et prévention des atteintes à la sécurité publique"*

Art. R. 236-21 Le ministre de l'Intérieur (direction générale de la gendarmerie nationale) est autorisé à mettre en œuvre un traitement de données à caractère personnel dénommé "Gestion de l'information et prévention des atteintes à la sécurité publique", ayant pour finalité de recueillir, de conserver et d'analyser les informations qui concernent des personnes *(Décr. nº 2020-1512 du 2 déc. 2020, art. 1er)* « physiques ou morales ainsi que des groupements » dont l'activité individuelle ou collective indique qu'elles peuvent porter atteinte à la sécurité publique *(Décr. nº 2020-1512 du 2 déc. 2020, art. 1er)* « ou à la sûreté de l'État ».

Le traitement a notamment pour finalité de recueillir, de conserver et d'analyser les informations qui concernent les personnes susceptibles *(Décr. n° 2020-1512 du 2 déc. 2020, art. 1er)* « de prendre part à des activités terroristes, de porter atteinte à l'intégrité du territoire ou des institutions de la République ou » d'être impliquées dans des actions de violence collectives, en particulier en milieu urbain ou à l'occasion de manifestations sportives.

(Décr. n° 2020-1512 du 2 déc. 2020, art. 1er) « Les données intéressant la sûreté de l'État sont celles qui révèlent des activités susceptibles de porter atteinte aux intérêts fondamentaux de la Nation ou de constituer une menace terroriste portant atteinte à ces mêmes intérêts. Ces données, de façon isolée ou groupée, font l'objet d'une identification dans le traitement. »

Art. R. 236-22 *(Décr. n° 2020-1512 du 2 déc. 2020, art. 2)* Peuvent être enregistrées dans le traitement mentionné à l'article R. 236-21, dans le respect des dispositions de l'article 4 de la loi n° 78-17 du 6 janvier 1978 relative à l'informatique, aux fichiers et aux libertés et dans la stricte mesure où elles sont nécessaires à la poursuite des finalités mentionnées à l'article R. 236-21, les catégories de données à caractère personnel suivantes :

I. – Données concernant la personne physique pouvant porter atteinte à la sécurité publique ou à la sûreté de l'État :

1° Éléments d'identification :

a) Nom ;

b) Prénoms ;

c) Alias ;

d) Date et lieu de naissance ;

e) Nationalité ;

f) Signes physiques particuliers et objectifs ;

g) Photographies ;

h) Documents d'identité (type, numéro, validité, autorité et lieu de délivrance) ;

i) Origine géographique (lieux de résidence et zones d'activité) ;

2° Coordonnées :

a) Numéros de téléphone ;

b) Adresses postales et électroniques ;

c) Identifiants utilisés (pseudonymes, sites ou réseaux concernés, autres identifiants techniques), à l'exclusion des mots de passe ;

d) Adresses et lieux fréquentés ;

3° Situation :

a) Situation familiale ;

b) Formation et compétences ;

c) Profession et emplois occupés ;

d) Moyens de déplacement (moyens utilisés, immatriculation des véhicules, permis de conduire) ;

e) Situation au regard de la réglementation de l'entrée et du séjour en France ;

f) Éléments patrimoniaux ;

4° Motifs de l'enregistrement ;

5° Activités susceptibles de porter atteinte à la sécurité publique ou à la sûreté de l'État :

a) Activités publiques ou au sein de groupements ou de personnes morales ;

b) Comportement et habitudes de vie ;

c) Déplacements ;

d) Activités sur les réseaux sociaux ;

e) Pratiques sportives ;

f) Pratique et comportement religieux ;

6° Facteurs de dangerosité :

a) Lien avec des groupes extrémistes ;

b) Éléments ou signes de radicalisation, suivi pour radicalisation ;

c) Données relatives au troubles psychologiques ou psychiatriques obtenues conformément aux dispositions législatives et réglementaires en vigueur ;

d) Armes et titres afférents ;

e) Détention d'animaux dangereux ;
f) Agissements susceptibles de recevoir une qualification pénale ;
g) Antécédents judiciaires (nature des faits et date) ;
h) Fiches de recherche ;
i) Suites judiciaires ;
j) Mesures d'incarcération (lieu, durée et modalités) ;
k) Accès à des zones ou des informations sensibles ;
7° Facteurs de fragilité :
a) Facteurs familiaux, sociaux et économiques ;
b) Régime de protection ;
c) Faits dont la personne a été victime ;
d) Comportement auto-agressif ;
e) Addictions ;
f) Mesures administratives ou judiciaires restrictives de droits, décidées ou proposées ;
8° Indication de l'enregistrement ou non de la personne dans les traitements de données à caractère personnel suivants :
a) Le traitement d'antécédents judiciaires mentionné aux articles R. 40-23 et suivants du code de procédure pénale ;
b) Le système informatique national N-SIS II mentionné aux articles R. 231-5 et suivants du présent code ;
c) Le traitement automatisé de données à caractère personnel dénommé "Prévention des atteintes à la sécurité publique" mentionné aux articles R. 236-11 et suivants du présent code ;
d) Le fichier des personnes recherchées prévu par le décret n° 2010-569 du 28 mai 2010 portant création du fichier des personnes recherchées ;
e) Le traitement automatisé de données à caractère personnel dénommé "FSPRT" mentionné au 12 de l'article 1er du décret n° 2007-914 du 15 mai 2007 modifié pris pour l'application du I de l'article 30 de la loi n° 78-17 du 6 janvier 1978 relative à l'informatique, aux fichiers et aux libertés ;
f) Le traitement automatisé des données relatives aux objets et véhicules volés ou signalés.

II. — Données concernant les personnes physiques entretenant ou ayant entretenu des relations directes et non fortuites avec la personne pouvant porter atteinte à la sécurité publique ou la sûreté de l'État, notamment ses parents et ses enfants, dans la stricte mesure où ces données sont nécessaires pour son suivi et dans la limite des catégories mentionnées aux 1°, 2°, 3° et 5° à l'exception du *c* du I.

III. — Données concernant les victimes des agissements de la personne physique pouvant porter atteinte à la sécurité publique ou la sûreté de l'État, dans la stricte mesure où ces données sont nécessaires à la protection des intérêts de la victime et à la prévention de la réitération de faits par la personne concernée et dans la limite des catégories mentionnées aux 1°, 2°, 3°, 5° à l'exception du *c* du I et au *c* du 7° du I.

IV — Données concernant les personnes physiques entretenant ou ayant entretenu des relations directes et non fortuites avec la personne morale ou le groupement pouvant porter atteinte à la sécurité publique ou à la sûreté de l'État, ou victimes des agissements de ces personnes morales et groupements, dans la stricte mesure où ces données sont nécessaires à leur suivi et dans la limite des catégories mentionnées aux 1°, 2°, 3°, 5° à l'exception du *c* du I, et, concernant les victimes, au *c* du 7° du I.

Art. R. 236-23 L'interdiction prévue au I de l'article *(Décr. n° 2020-1512 du 2 déc. 2020, art. 3)* « 6 » de la loi n° 78-17 du 6 janvier 1978 relative à l'informatique, aux fichiers et aux libertés s'applique au traitement mentionné à l'article R. 236-21.

Par dérogation, sont autorisés, pour les seules fins et dans le strict respect des conditions définies à la présente section, la collecte, la conservation et le traitement de données concernant les personnes mentionnées à l'article R. 236-21 et relatives :

1° A des signes physiques particuliers et objectifs comme éléments de signalement des personnes ;

2° *(Décr. n° 2020-1512 du 2 déc. 2020, art. 3)* « A des opinions politiques, des convictions philosophiques, religieuses ou une appartenance syndicale *[ancienne rédaction : 2° A des activités politiques, philosophiques, religieuses ou syndicales]* ; — *Le 2° de l'art. 3 du Décr.*

nº 2020-1512 du 2 déc. 2020 modifiant les dispositions du CSI relatives au traitement de données à caractère personnel dénommé « Gestion de l'information et prévention des atteintes à la sécurité publique » (GIPASP) est annulé (CE 24 déc. 2021, nº 447518).

« 3° A des données de santé révélant une dangerosité particulière. »

Il est interdit de sélectionner dans le traitement une catégorie particulière de personnes à partir de ces seules données.

Il est enjoint au ministre de l'intérieur de supprimer l'ensemble des données recueillies dans le traitement GIPASP à compter de l'entrée en vigueur du Décr. nº 2020-1512 du 2 déc. 2020 qui révèleraient des opinions politiques, des convictions philosophiques ou religieuses, ou une appartenance syndicale, sans procéder d'activités politiques, philosophiques, religieuses ou syndicales au sens du 2º de l'art. R. 236-23 dans sa rédaction antérieure à défaut d'intervention, dans un délai de quatre mois à compter de la notification de la présente décision, d'un nouveau décret en Conseil d'État pris après avis motivé et publié de la CNIL autorisant leur collecte (CE 24 déc. 2021, nº 447518).

Art. R. 236-24 **Les données mentionnées aux articles R. 236-22 et R. 236-23 ne peuvent être conservées plus de dix ans après l'intervention du dernier événement de nature à faire apparaître un risque d'atteinte à la sécurité publique** *(Décr. nº 2020-1512 du 2 déc. 2020, art. 4)* **« ou à la sûreté de l'État » ayant donné lieu à un enregistrement.**

Art. R. 236-25 **Les données mentionnées aux articles R. 236-22 et R. 236-23** *(Décr. nº 2020-1512 du 2 déc. 2020, art. 5)* **« relatives aux personnes pouvant porter atteinte à la sécurité publique ou à la sûreté de l'État » ne peuvent concerner des mineurs que s'ils sont âgés d'au moins treize ans et sont au nombre des personnes mentionnées à l'article R. 236-21. Ces données ne peuvent alors être conservées plus de trois ans après l'intervention du dernier événement de nature à faire apparaître un risque d'atteinte à la sécurité publique** *(Décr. nº 2020-1512 du 2 déc. 2020, art. 5)* **« ou à la sûreté de l'État » ayant donné lieu à un enregistrement.**

Art. R. 236-26 *(Décr. nº 2017-1216 du 2 août 2017, art. 3-1º-a)* **« I. — » Dans la limite du besoin d'en connaître, y compris pour des enquêtes administratives prévues par** *(Décr. nº 2017-1216 du 2 août 2017, art. 3-1º-b)* **« les articles L. 114-1, L. 114-2 et L. 211-11-1 »** *(Décr. nº 2020-1512 du 2 déc. 2020, art. 6)* **« du présent code et par l'article 17-1 de la loi nº 95-73 du 21 janvier 1995 d'orientation et de programmation relative à la sécurité », sont autorisés à accéder aux données enregistrées dans le traitement mentionné** *(Décr. nº 2020-1512 du 2 déc. 2020, art. 6)* **« aux articles R. 236-22 et R. 236-23 » :**

1° Les personnels de la gendarmerie nationale individuellement désignés et spécialement habilités ;

2° Le référent national et ses adjoints institués par l'article R. 236-15 et dont les compétences s'exercent à l'égard du traitement mentionné à *(Décr. nº 2017-1216 du 2 août 2017, art. 3-1º-c)* **« l'article R. 236-21 » dans les conditions définies à l'article R. 236-15.**

(Décr. nº 2017-1216 du 2 août 2017, art. 3-1º-d) **« II. — Dans la limite du besoin d'en connaître, en vue de la réalisation d'enquêtes administratives, peuvent être destinataires des données mentionnées aux articles R. 236-22 et R. 236-23 :**

« 1° Les agents du service à compétence nationale dénommé "service national des enquêtes administratives de sécurité", individuellement désignés et spécialement habilités par le directeur général de la police nationale ;

« 2° Les agents du service à compétence nationale dénommé "Commandement spécialisé pour la sécurité nucléaire", individuellement désignés et spécialement habilités par le directeur général de la gendarmerie nationale.

(Décr. nº 2020-1512 du 2 déc. 2020, art. 6) **« III. — Dans la limite du besoin d'en connaître, peuvent être destinataires des données mentionnées aux articles R. 236-22 et R. 236-23 :**

« 1° Les personnes ayant autorité sur les services ou unités mentionnées aux I et II ;

« 2° Les procureurs de la République ;

« 3° Les agents d'un service de la police nationale ou d'une unité de la gendarmerie nationale chargés d'une mission de renseignement et les agents des services mentionnés aux articles R. 811-1 et R. 811-2 du présent code, sur autorisation expresse des

commandants de groupement, des commandants de région ou du directeur général de la gendarmerie nationale ;

« 4° Les agents de la police nationale ou les militaires de la gendarmerie nationale qui ne sont pas chargés d'une mission de renseignement sur demande expresse, précisant l'identité du demandeur, l'objet et les motifs de la communication. Les demandes sont agréées par les commandants de groupement, des commandants de région ou du directeur général de la gendarmerie nationale. »

Art. R. 236-27 *(Décr. n° 2020-1512 du 2 déc. 2020, art. 7)* Les opérations de collecte, de modification, de consultation, de communication, de transfert, de rapprochement et de suppression des données à caractère personnel et informations font l'objet d'un enregistrement comprenant l'identifiant de l'auteur, la date, l'heure et le motif de l'opération et, le cas échéant, les destinataires des données. Ces informations sont conservées pendant un délai de trois ans.

Art. R. 236-28 *(Abrogé par Décr. n° 2017-1216 du 2 août 2017, art. 3-2°)* ***Le traitement mentionné à l'article R. 236-21 ne fait l'objet d'aucune interconnexion, aucun rapprochement ni aucune forme de mise en relation avec d'autres traitements ou fichiers.***

Art. R. 236-29 *(Décr. n° 2020-1512 du 2 déc. 2020, art. 8)* I. — Le droit d'opposition prévu aux articles 110 et 117 de la loi n° 78-17 du 6 janvier 1978 relative à l'informatique, aux fichiers et aux libertés ne s'applique pas au présent traitement.

II. — Les droits d'accès, de rectification et d'effacement concernant les données intéressant la sûreté de l'État s'exercent auprès de la Commission nationale de l'informatique et des libertés dans les conditions prévues à l'article 118 de la même loi.

III. — Conformément aux articles 104 à 106 de la même loi, les droits d'information, d'accès, de rectification, d'effacement et à la limitation concernant les autres données s'exercent directement auprès de la direction générale de la gendarmerie nationale.

Afin d'éviter de gêner des enquêtes, des recherches ou des procédures administratives ou judiciaires ou d'éviter de nuire à la prévention ou à la détection d'infractions pénales, aux enquêtes ou aux poursuites en la matière ou à l'exécution de sanctions pénales, de porter atteinte à la sécurité publique ou la sécurité nationale, les droits mentionnés à l'alinéa précédent peuvent faire l'objet de restrictions en application des II et III de l'article 107 de la même loi.

La personne concernée par ces restrictions exerce ses droits auprès de la Commission nationale de l'informatique et des libertés dans les conditions prévues à l'article 108 de la même loi.

Art. R. 236-30 Le traitement mis en œuvre en application de la présente section est soumis au contrôle de la Commission nationale de l'informatique et des libertés dans les conditions prévues à l'article *(Décr. n° 2020-1512 du 2 déc. 2020, art. 9)* « 19 » de la loi n° 78-17 du 6 janvier 1978 relative à l'informatique, aux fichiers et aux libertés.

En outre, le directeur général de la gendarmerie nationale présente chaque année à la Commission nationale de l'informatique et des libertés un rapport sur ses activités de vérification, de mise à jour et d'effacement des données enregistrées dans le traitement mentionné à l'article R. 236-21, notamment celles relatives aux mineurs mentionnés à l'article R. 236-25. Ce rapport annuel indique également les procédures suivies par les services gestionnaires pour que les données enregistrées soient en permanence exactes, pertinentes et non excessives au regard des finalités pour lesquelles elles sont collectées.

SECTION 4 *Traitement de données à caractère personnel dénommé "Gestion des sollicitations et des interventions"*

Art. R. 236-31 Le ministre de l'Intérieur (direction générale de la gendarmerie nationale) est autorisé à mettre en œuvre un traitement de données à caractère personnel, dénommé "Gestion des sollicitations et des interventions", ayant pour finalité d'apporter une réponse adaptée aux sollicitations des usagers, notamment faites auprès d'un centre d'appel, et d'assurer l'engagement des personnels et des moyens de la gendarmerie dans les meilleures conditions d'efficacité.

Art. R. 236-32 Peuvent être enregistrées dans le traitement mentionné à l'article R. 236-31, dans le respect des dispositions de l'article 6 de la loi n° 78-17 du 6 janvier 1978 relative à l'informatique, aux fichiers et aux libertés et dans la stricte mesure où elles sont nécessaires à la poursuite de la finalité mentionnée à l'article R. 236-31, les catégories de données à caractère personnel suivantes :

1° S'agissant des personnes à l'origine de la demande d'intervention ou faisant l'objet de l'intervention :

a) Motif de la sollicitation ou de l'intervention ;

b) Informations ayant trait à l'état civil (nom, prénom*[s]*) et à la qualité ou à la profession ;

c) Adresses physiques et électroniques, numéros de téléphone ;

d) Signalement ;

e) Caractéristiques et immatriculation des véhicules ;

f) Enregistrements sonores des demandes d'intervention ;

2° S'agissant des personnes qui, à raison de leurs qualifications, peuvent être requises par la gendarmerie nationale ou de celles envers lesquelles existe une obligation d'information :

a) Informations ayant trait à l'état civil (nom, prénoms) et à la qualité ou à la profession ;

b) Adresses physiques et électroniques, numéros de téléphone.

Art. R. 236-33 L'interdiction prévue au I de l'article 8 de la loi n° 78-17 du 6 janvier 1978 relative à l'informatique, aux fichiers et aux libertés s'applique au traitement mentionné à l'article R. 236-31.

Par dérogation, sont autorisés, pour les seules fins et dans le strict respect des conditions définies à la présente section, la collecte, la conservation et le traitement des données concernant les personnes mentionnées au 1° de l'article R. 236-32 et relatives soit à des signes physiques particuliers et objectifs comme éléments de leur signalement, soit à la santé lorsqu'elles sont nécessaires aux missions de secours, sauvetage et protection des personnes.

Il est interdit de sélectionner dans le traitement une catégorie particulière de personnes à partir de ces seules données.

Art. R. 236-34 Les données mentionnées aux articles R. 236-32 et R. 236-33 ne peuvent être conservées plus de deux ans après la création des documents liés aux sollicitations ou à l'intervention ayant donné lieu à un enregistrement.

Art. R. 236-35 Dans la limite du besoin d'en connaître, sont seuls autorisés à accéder aux données mentionnées aux articles R. 236-32 et R. 236-33 les membres de la gendarmerie nationale individuellement désignés et spécialement habilités.

En outre, peut être destinataire des données mentionnées aux articles R. 236-32 et R. 236-33, dans la limite du besoin d'en connaître, tout autre membre d'une unité de la gendarmerie nationale ou agent d'un service de la police nationale, sur demande expresse précisant l'identité du demandeur, l'objet et les motifs de la consultation. Les demandes sont soumises selon le cas à l'agrément des commandants de groupement, des commandants de région ou du directeur général de la gendarmerie nationale.

Peut également être destinataire des données et informations mentionnées au 1° de l'article R. 236-32 et à l'article R. 236-33, pour les seules fins d'une mission de secours aux personnes et dans la limite du besoin d'en connaître, tout membre d'un service de secours d'urgence agissant dans le cadre de ses attributions légales et de protocoles d'intervention avec la gendarmerie nationale.

Art. R. 236-36 Les créations, modifications, consultations et suppressions de données du traitement mentionné à l'article R. 236-31 font l'objet d'un enregistrement comprenant l'identifiant du consultant, la date et l'heure de l'opération. Ces informations sont conservées pendant un délai de trois ans.

Art. R. 236-37 Conformément aux dispositions prévues à l'article 41 de la loi n° 78-17 du 6 janvier 1978 relative à l'informatique, aux fichiers et aux libertés, le droit d'accès aux données enregistrées dans le traitement mentionné à l'article R. 236-31 s'exerce, sauf en ce qui concerne les personnes mentionnées au 2° de l'article R. 236-32, auprès de la Commission nationale de l'informatique et des libertés.

Le droit d'information prévu au I de l'article 32 de la même loi, en ce qui concerne les personnes mentionnées au 2° de l'article R. 236-32, et le droit d'opposition prévu à l'article 38 de la même loi ne s'appliquent pas au traitement mentionné à l'article R. 236-31.

SECTION 5 *Traitement de données à caractère personnel dénommé "Sécurisation des interventions et demandes particulières de protection"*

Art. R. 236-38 Le ministre de l'Intérieur (direction générale de la gendarmerie nationale) est autorisé à mettre en œuvre un traitement de données à caractère personnel, dénommé "Sécurisation des interventions et demandes particulières de protection". Ce traitement a pour finalité de collecter des données destinées à une gestion des interventions des forces de gendarmerie adaptée soit aux personnes dont la dangerosité ou l'agressivité, à travers des manifestations de violence physique ou verbale, a été déjà constatée lors d'une précédente intervention, soit aux personnes demandant une intervention ainsi qu'aux personnes se trouvant dans une situation de vulnérabilité particulière.

Art. R. 236-39 Peuvent être enregistrées dans le traitement mentionné à l'article R. 236-38, dans le respect des dispositions de l'article 6 de la loi n° 78-17 du 6 janvier 1978 relative à l'informatique, aux fichiers et aux libertés et dans la stricte mesure où elles sont nécessaires à la poursuite de la finalité mentionnée à l'article R. 236-38, les catégories de données à caractère personnel suivantes :

1° S'agissant des personnes dont la dangerosité ou l'agressivité a été déjà constatée lors d'une précédente intervention :

a) Motif de l'enregistrement des données ;

b) Informations ayant trait à l'état civil, à la nationalité et à la profession, photographies ;

c) Adresses physiques, numéros de téléphone et adresses électroniques ;

d) Nombre de personnes au domicile ;

e) Détention d'arme ou de chien de première ou seconde catégorie ;

2° S'agissant des personnes demandant une intervention et des personnes se trouvant dans une situation de vulnérabilité particulière :

a) Motif de l'enregistrement des données ;

b) Informations ayant trait à l'état civil, à la nationalité et à la profession, photographies ;

c) Adresses physiques, numéros de téléphone et adresses électroniques ;

d) Nombre de personnes au domicile.

Art. R. 236-40 Le traitement mentionné à l'article R. 236-38 ne comporte pas de dispositif de reconnaissance faciale à partir de la photographie.

Art. R. 236-41 L'interdiction prévue au I de l'article 8 de la loi n° 78-17 du 6 janvier 1978 relative à l'informatique, aux fichiers et aux libertés s'applique au traitement mentionné à l'article R. 236-38.

Toutefois, peuvent être recueillies les données entrant dans les catégories définies par le 2° du II de l'article 8 de la même loi justifiant une demande particulière de protection et fournies par ou recueillies avec le consentement de l'intéressé.

Il est interdit de sélectionner dans le traitement une catégorie particulière de personnes à partir de ces seules données.

Art. R. 236-42 Les données mentionnées à l'article R. 236-39 ne peuvent être conservées plus de dix ans à compter de la date de création de l'enregistrement ou, en tout état de cause, au-delà de la durée pour laquelle a été demandée la protection.

Les données mentionnées à l'article R. 236-39 ne peuvent concerner des mineurs que s'ils sont âgés d'au moins treize ans. Ces données sont automatiquement effacées du traitement mentionné à l'article R. 236-38 à la date de leur dix-huitième anniversaire.

Art. R. 236-43 Dans la limite du besoin d'en connaître, sont seuls autorisés à accéder aux données mentionnées à l'article R. 236-39 les personnels de la gendarmerie nationale individuellement désignés et spécialement habilités.

En outre, peut être destinataire des données mentionnées à l'article R. 236-39, dans la limite du besoin d'en connaître, tout autre membre d'une unité de la gendarmerie nationale ou agent d'un service de la police nationale, sur demande expresse précisant l'identité du demandeur, l'objet et les motifs de la consultation. Les demandes sont agréées, selon les cas, par les commandants de groupement, les commandants de région ou le directeur général de la gendarmerie nationale.

Art. R. 236-44 Les créations, modifications, consultations et suppressions de données du traitement mentionné à l'article R. 236-38 font l'objet d'un enregistrement comprenant l'identifiant du consultant, la date et l'heure de l'opération. Ces informations sont conservées pendant un délai de trois ans.

Art. R. 236-45 Conformément aux dispositions prévues à l'article 41 de la loi n° 78-17 du 6 janvier 1978 relative à l'informatique, aux fichiers et aux libertés, le droit d'accès aux données enregistrées dans le traitement mentionné à l'article R. 236-38 s'exerce auprès de la Commission nationale de l'informatique et des libertés. Les personnes ayant fait une demande particulière de protection disposent d'un droit d'accès direct auprès de la brigade territoriale compétente.

Le droit d'information prévu au I de l'article 32 de la même loi ne s'applique que pour une personne ayant fait une demande particulière de protection.

Le droit d'opposition prévu à l'article 38 de la même loi ne s'applique pas au traitement mentionné à l'article R. 236-38.

SECTION 6 *Traitements de données à caractère personnel dénommés "Conservation, gestion et exploitation électroniques des documents des services de renseignement territorial"*

(Décr. n° 2016-1045 du 29 juill. 2016, art. 1er)

Art. R. 236-46 Le ministre de l'Intérieur (direction générale de la police nationale et préfecture de police) est autorisé à mettre en œuvre des traitements de données à caractère personnel destinés à conserver, gérer et exploiter les documents élaborés et collectés, dans l'exercice de leurs missions de renseignement territorial, par les services relevant du service central du renseignement territorial de la direction centrale de la sécurité publique et par la direction du renseignement de la préfecture de police.

Art. R. 236-47 Les traitements mentionnés à l'article R. 236-46 comportent, pour chaque document enregistré, le motif de l'enregistrement.

Peuvent être enregistrées dans ces traitements les catégories suivantes de données à caractère personnel figurant dans les documents qui y sont conservés :

1° Informations ayant trait à l'état civil, à la nationalité, à la situation familiale et à la profession, adresses physiques, numéros de téléphone et adresses électroniques, lieu de naissance, lieux de résidence et zones d'activité le cas échéant ;

2° Signes physiques particuliers et objectifs, photographies ;

3° Titres d'identité ;

4° Immatriculation des véhicules ;

5° Informations financières et patrimoniales ;

6° Activités publiques, comportement et déplacements ;

7° Agissements susceptibles de recevoir une qualification pénale.

Les traitements ne comportent pas de dispositif de reconnaissance faciale à partir de la photographie.

Art. R. 236-48 I. – L'interdiction prévue au I de l'article 8 de la loi n° 78-17 du 6 janvier 1978 relative à l'informatique, aux fichiers et aux libertés s'applique aux traitements mentionnés à l'article R. 236-46.

Par dérogation, sont autorisés, pour les seules fins et dans le strict respect des conditions définies par la présente section, la collecte, la conservation et le traitement de données mentionnées au même I du même article 8, à la condition que leur collecte soit indispensable à la réalisation de la mission de renseignement territorial et dans les seuls cas où ces données se rapportent :

1° A des signes physiques particuliers et objectifs comme éléments de signalement des personnes ;

2° A des activités politiques, philosophiques, religieuses ou syndicales.

II. — Il est interdit de sélectionner dans les traitements une catégorie particulière de personnes à partir des seules données mentionnées au I du présent article.

Art. R. 236-49 Les documents enregistrés dans les traitements mentionnés à l'article R. 236-46 sont conservés pendant une durée maximale de vingt ans à compter de leur enregistrement.

Art. R. 236-50 Ont accès, dans la limite du besoin d'en connaître et à raison de leurs attributions, aux données enregistrées dans les traitements mentionnés à l'article R. 236-46 :

1° Les agents de la police nationale et les militaires de la gendarmerie nationale relevant du service central du renseignement territorial de la direction centrale de la sécurité publique, individuellement désignés et spécialement habilités par le directeur central de la sécurité publique ;

2° Les agents de la police nationale et les militaires de la gendarmerie nationale affectés dans les services du renseignement territorial des directions départementales de la sécurité publique, individuellement désignés et spécialement habilités par le directeur départemental ;

3° Les agents de la police nationale affectés dans les services de la préfecture de police chargés du renseignement, individuellement désignés et spécialement habilités par le directeur du renseignement de la préfecture de police.

Art. R. 236-51 I. — Les droits d'information et d'opposition prévus respectivement aux articles 32 et 38 de la loi n° 78-17 du 6 janvier 1978 relative à l'informatique, aux fichiers et aux libertés ne s'appliquent pas aux traitements mentionnés à l'article R. 236-46.

II. — Conformément aux dispositions de l'article 41 de la même loi, les droits d'accès et de rectification des données s'exercent de manière indirecte auprès de la Commission nationale de l'informatique et des libertés.

Art. R. 236-52 Les consultations des traitements mentionnés à l'article R. 236-46 font l'objet d'un enregistrement comprenant l'identification du consultant, la date et l'heure de la consultation ainsi que l'identification du document consulté. Ces informations sont conservées dans les traitements pendant une durée de cinq ans.

Art. R. 236-53 La mise en œuvre de chacun des traitements mentionnés à l'article R. 236-46 est subordonnée à l'envoi préalable à la Commission nationale de l'informatique et des libertés, en application du IV de l'article 26 de la loi n° 78-17 du 6 janvier 1978 relative à l'informatique, aux fichiers et aux libertés, d'un engagement de conformité faisant référence aux dispositions de la présente section. Cet engagement de conformité est accompagné d'un dossier technique de présentation du traitement.

TITRE IV CAMÉRAS MOBILES

(Décr. n° 2016-1860 du 23 déc. 2016, art. 1er)

CHAPITRE I ***CAMÉRAS INDIVIDUELLES*** *(Décr. n° 2022-605 du 21 avr. 2022, art. 1er).*

SECTION 1 ***Traitements de données à caractère personnel provenant des caméras individuelles des agents de la police nationale et des militaires de la gendarmerie nationale*** *(Décr. n° 2019-140 du 27 févr. 2019).*

Art. R. 241-1 I. — Le ministre de l'Intérieur *(Décr. n° 2022-605 du 21 avr. 2022, art. 2)* « (direction générale de la police nationale, direction générale de la gendarmerie nationale et préfecture de police) » est autorisé, en application de l'article L. 241-1, à mettre en œuvre des traitements de données à caractère personnel provenant des seules caméras individuelles fournies *(Décr. nº 2022-605 du 21 avr. 2022, art. 2)* « par leurs services » aux agents de la police nationale et aux militaires de la gendarmerie nationale au titre de l'équipement des personnels.

II. — Ces traitements ont pour finalités :

1° La prévention des incidents au cours des interventions des agents de la police nationale et des militaires de la gendarmerie nationale ;

2° Le constat des infractions et la poursuite de leurs auteurs par la collecte de preuves.

(Décr. nº 2022-605 du 21 avr. 2022, art. 2) « III. — Les enregistrements provenant des caméras individuelles peuvent être utilisés à des fins de formation et de pédagogie. »

Art. R. 241-2 *(Décr. nº 2022-605 du 21 avr. 2022, art. 3)* Sont enregistrées dans les traitements mentionnés à l'article R. 241-1, les données à caractère personnel et informations suivantes :

1° Les images et les sons captés par les caméras individuelles utilisées par les agents de la police nationale et les militaires de la gendarmerie nationale dans les conditions prévues à l'article L. 241-1 ;

2° Le jour et les plages horaires d'enregistrement ;

3° L'identification de l'agent porteur de la caméra lors de l'enregistrement des données ;

4° Le lieu où ont été collectées les données ;

5° L'identifiant de la caméra ;

6° L'identification des personnels utilisateurs du logiciel d'exploitation des fichiers vidéo ;

7° Le motif d'export du fichier vidéo, le nom de l'agent et du service demandeurs, et le numéro de procédure.

Les données enregistrées dans le traitement peuvent faire apparaître, directement ou indirectement, des données mentionnées au I de l'article 6 de la loi nº 78-17 du 6 janvier 1978 relative à l'informatique, aux fichiers et aux libertés. Il est interdit de sélectionner dans les traitements une catégorie particulière de personnes à partir de ces seules données.

Art. R. 241-3 *(Décr. nº 2022-605 du 21 avr. 2022, art. 4)* I. — Les images captées et enregistrées au moyen de caméras individuelles peuvent être transmises en temps réel au poste de commandement du service concerné et aux personnels impliqués dans la conduite et l'exécution de l'intervention, lorsque la sécurité des agents de la police nationale ou des militaires de la gendarmerie nationale ou la sécurité des biens et des personnes est menacée.

La sécurité des agents, des biens ou des personnes est réputée menacée lorsqu'il existe un risque immédiat d'atteinte à leur intégrité.

II. — Dans le cadre d'une procédure judiciaire ou d'une intervention, les agents auxquels les caméras individuelles sont fournies peuvent avoir accès directement aux enregistrements auxquels ils procèdent afin de faciliter la recherche d'auteurs d'infractions, la prévention d'atteintes imminentes à l'ordre public, le secours aux personnes ou l'établissement fidèle des faits lors des comptes rendus d'interventions.

III. — Les enregistrements sont transférés sur un support informatique sécurisé dès le retour des agents de la police nationale et militaires de la gendarmerie nationale au service.

IV. — Les enregistrements peuvent être consultés à l'issue de l'intervention et après leur transfert sur le support informatique sécurisé.

V. — Les caméras et les supports informatiques sur lesquels sont transférés les enregistrements sont équipés de dispositifs techniques sécurisés permettant de garantir l'intégrité des enregistrements jusqu'à leur effacement ainsi que la traçabilité des opérations mentionnées aux I à IV du présent article.

Art. R. 241-3-1 *(Décr. n° 2022-605 du 21 avr. 2022, art. 5)* I. – Peuvent accéder, à raison de leur attribution et dans la limite du besoin d'en connaître, à tout ou partie des données et informations mentionnées à l'article R. 241-2 :

1° Le chef du service de police ou le commandant de l'unité de gendarmerie ;

2° Les agents ou militaires individuellement désignés et habilités par le chef du service de police ou le commandant de l'unité de gendarmerie ;

3° L'agent de la police nationale ou le militaire de la gendarmerie nationale auquel la caméra individuelle est fournie, dans les conditions définies au II de l'article R. 241-3, pour les seules données mentionnées au 1° de l'article R. 241-2 ;

Les personnes mentionnées au 1° et au 2° du présent article sont seules habilitées à procéder à l'extraction des données et informations mentionnées à l'article R. 241-2 pour les besoins exclusifs d'une procédure judiciaire, administrative ou disciplinaire *[,]* ou dans le cadre d'une action de formation ou de pédagogie des agents.

II. – Peuvent être destinataires dans les conditions prévues au I de l'article R. 241-3, à raison de leur attribution et dans la limite du besoin d'en connaître, des images mentionnées au 1° de l'article R. 241-2 :

1° Les agents de la police nationale affectés dans les centres d'information et de commandement (CIC) et les militaires de la gendarmerie nationale affectés dans les centres d'opérations et de renseignement de la gendarmerie (CORG) ;

2° Les autorités administratives et judiciaires dont la présence est requise dans les centres d'information et de commandement (CIC) et les centres d'opérations et de renseignement de la gendarmerie (CORG) pour les besoins de l'intervention ;

3° Les agents de la police nationale et les militaires de la gendarmerie nationale impliqués dans la conduite et l'exécution de l'intervention.

III. – Dans la limite de leurs attributions respectives et de leur besoin d'en connaître dans le cadre d'une procédure administrative ou disciplinaire, ou dans le cadre d'une action de formation et de pédagogie, peuvent être destinataires de tout ou partie des données et informations enregistrées dans les traitements :

1° L'inspection générale de la police nationale et l'inspection générale de la gendarmerie nationale ;

2° L'autorité hiérarchique participant à l'exercice du pouvoir disciplinaire ;

3° Les agents chargés de la formation des personnels.

Art. R. 241-4 Les données mentionnées à l'article R. 241-2 sont conservées pendant un délai de *(Décr. n° 2022-605 du 21 avr. 2022, art. 6)* « un » mois à compter du jour de leur enregistrement.

Au terme de ce délai, ces données sont effacées automatiquement des traitements.

Lorsque les données ont dans le délai de *(Décr. n° 2022-605 du 21 avr. 2022, art. 6)* « un » mois été extraites et transmises pour les besoins d'une procédure judiciaire, administrative ou disciplinaire, elles sont conservées selon les règles propres à chacune de ces procédures.

(Décr. n° 2022-605 du 21 avr. 2022, art. 6) « Lorsqu'elles sont transmises au poste de commandement du service concerné et aux personnels impliqués dans la conduite et l'exécution de l'intervention dans les conditions prévues au I de l'article R. 241-3 et consultées dans les conditions prévues au II de l'article R. 241-3, les données mentionnées au 1° de l'article R. 241-2 ne peuvent faire l'objet d'un enregistrement distinct. »

Les données mentionnées au 1° de l'article R. 241-2 utilisées à des fins pédagogiques et de formation sont anonymisées.

Art. R. 241-5 *(Décr. n° 2022-605 du 21 avr. 2022, art. 7)* Les opérations de collecte, de modification, de consultation, de communication et d'effacement des données à caractère personnel et informations font l'objet d'un enregistrement.

Les opérations de consultation et de communication enregistrées établissent l'identifiant de l'auteur, la date, l'heure, le motif de l'opération et, le cas échéant, les destinataires des données.

Ces informations sont conservées pendant trois ans.

Art. R. 241-6 *(Décr. n° 2022-605 du 21 avr. 2022, art. 8)* I. – L'information générale du public sur l'emploi des caméras individuelles est délivrée sur les sites internet du ministère de l'intérieur, de la direction générale de la police nationale, de la direction générale de la gendarmerie nationale et de la préfecture de police.

II. – Le droit d'opposition prévu à l'article 110 de la loi du 6 janvier 1978 susvisée ne s'applique pas aux présents traitements.

III. – Les informations prévues aux dispositions de l'article 104 de la même loi sont mises à disposition des personnes concernées.

IV. – Conformément aux articles 105 à 106 de la même loi, les droits d'accès, de rectification, d'effacement et à la limitation des données s'exercent directement auprès du responsable du traitement.

Afin d'éviter de gêner des enquêtes, des recherches ou des procédures administratives ou judiciaires ou d'éviter de nuire à la prévention ou à la détection d'infractions pénales, aux enquêtes ou aux poursuites en la matière ou à l'exécution de sanctions pénales ou de protéger la sécurité publique *[,]* les droits d'accès, de rectification, d'effacement et à la limitation des données peuvent faire l'objet de restrictions en application des 2° et 3° du II et du III de l'article 107 de la même loi.

La personne concernée par ces restrictions exerce ses droits auprès de la Commission nationale de l'informatique et des libertés dans les conditions prévues à l'article 108 de la même loi.

Art. R. 241-7 *(Décr. nº 2022-605 du 21 avr. 2022, art. 9)* « La mise en œuvre des traitements prévus à l'article R. 241-1 est subordonnée à l'envoi préalable à la Commission nationale de l'informatique et des libertés d'un engagement de conformité au présent décret, en application du IV de l'article 31 de la loi du 6 janvier 1978 susvisée. »

Cet envoi est accompli respectivement par la direction générale de la police nationale, la direction générale de la gendarmerie nationale ou la préfecture de police, pour les services qui leur sont rattachés.

SECTION 2 *Traitements de données à caractère personnel provenant des caméras individuelles des agents de la police municipale*

(Décr. nº 2019-140 du 27 févr. 2019)

Art. R. 241-8 I. – Le maire, ou l'ensemble des maires des communes lorsque les agents susceptibles d'être équipés de caméras mobiles sont employés par un établissement public de coopération intercommunale et mis à disposition de plusieurs communes dans les conditions prévues au premier alinéa de l'article L. 512-2 du présent code, présentent au préfet de département, et dans le département des Bouches-du-Rhône, au préfet de police des Bouches-du-Rhône, une demande d'autorisation, accompagnée des pièces suivantes :

1° La convention de coordination des interventions de la police municipale et des forces de sécurité de l'État prévue à la section 2 du chapitre II du titre I du livre V du présent code ;

2° Un dossier technique de présentation du traitement envisagé ;

3° Le cas échéant, les éléments nécessités par les circonstances locales de mise en œuvre du traitement, complémentaires à l'analyse d'impact relative à la protection des données à caractère personnel adressée à la Commission nationale de l'informatique et des libertés par le ministère de l'Intérieur avec la demande d'avis sur les dispositions de la présente section ;

4° L'engagement de conformité destiné à la Commission nationale de l'informatique et des libertés, faisant référence aux dispositions de la présente section et précisant le nombre de caméras et le service utilisateur ;

5° Le cas échéant, une mention de la commune dans laquelle est installé le support informatique sécurisé mentionné à l'article R. 241-11 lorsque la demande est présentée par l'ensemble des maires des communes concernées.

II. – L'enregistrement audiovisuel des interventions des agents de police municipale est autorisé par arrêté du préfet de département, et dans le département des Bouches-du-Rhône, du préfet de police des Bouches-du-Rhône. Cet arrêté précise le nombre de caméras, la ou les communes sur le territoire desquelles elles sont utilisées et, le cas échéant, la commune de l'établissement public de coopération intercommunale dans laquelle est installé le support informatique sécurisé.

Art. R. 241-9 Dans le cadre de l'autorisation prévue à l'article R. 241-8, les communes sont autorisées à mettre en œuvre des traitements de données à caractère personnel provenant des seules caméras individuelles fournies aux agents de police municipale au titre de l'équipement des personnels, dans les conditions prévues à l'article L. 241-2.

Ces traitements ont pour finalités :

1° La prévention des incidents au cours des interventions des agents de la police municipale ;

2° Le constat des infractions et la poursuite de leurs auteurs par la collecte de preuves ;

3° La formation et la pédagogie des agents de police municipale.

Art. R. 241-10 Les catégories de données à caractère personnel et informations enregistrées dans les traitements sont :

1° Les images et les sons captés par les caméras individuelles utilisées par les agents de la police municipale dans les circonstances et pour les finalités prévues à l'article L. 241-2 ;

2° Le jour et les plages horaires d'enregistrement ;

3° L'identification de l'agent porteur de la caméra lors de l'enregistrement des données ;

4° Le lieu où ont été collectées les données.

Si les données mentionnées aux 3° et 4° ne peuvent être enregistrées sur le même support que les images et sons mentionnés au 1°, les personnes mentionnées au I de l'article R. 241-12 doivent être en mesure d'en justifier.

Les données enregistrées dans les traitements sont susceptibles de faire apparaître, directement ou indirectement, des éléments mentionnés au I de l'article 8 de la loi n° 78-17 du 6 janvier 1978 relative à l'informatique, aux fichiers et aux libertés. Il est interdit de sélectionner dans les traitements une catégorie particulière de personnes à partir de ces seules données.

Art. R. 241-11 Lorsque les agents de police municipale ont procédé à l'enregistrement d'une intervention dans les conditions prévues à l'article L. 241-2, les données enregistrées par les caméras individuelles sont transférées sur un support informatique sécurisé dès leur retour au service.

Les enregistrements ne peuvent être consultés qu'à l'issue de l'intervention et après leur transfert sur le support informatique sécurisé. Aucun système de transmission permettant de visionner les images à distance en temps réel ne peut être mis en œuvre.

Art. R. 241-12 I. – Dans la limite de leurs attributions respectives et de leur besoin d'en connaitre, ont seuls accès aux données et informations mentionnées à l'article R. 241-10 :

1° Le responsable du service de la police municipale ;

2° Les agents de police municipale individuellement désignés et habilités par le responsable du service.

Ces personnes sont seules habilitées à procéder à l'extraction des données et informations mentionnées à l'article R. 241-10 pour les besoins exclusifs d'une procédure judiciaire, administrative ou disciplinaire ou dans le cadre d'une action de formation ou de pédagogie des agents.

II. – Dans la limite de leurs attributions respectives et de leur besoin d'en connaître dans le cadre d'une procédure judiciaire, administrative ou disciplinaire, ou dans le cadre d'une action de formation et de pédagogie, peuvent être destinataires de tout ou partie des données et informations enregistrées dans les traitements :

1° Les officiers et agents de police judiciaire de la police nationale et de la gendarmerie nationale ;

2° Les agents des services d'inspection générale de l'État, dans les conditions prévues à l'article L. 513-1 du présent code ;

3° Le maire et le président de l'établissement public de coopération intercommunale en qualité d'autorité disciplinaire ainsi que les membres des instances disciplinaires et les agents en charge de l'instruction des dossiers présentés à ces instances ;

4° Les agents chargés de la formation des personnels.

Art. R. 241-13 Les données mentionnées à l'article R. 241-10 sont conservées pendant un délai de six mois à compter du jour de leur enregistrement.

Au terme de ce délai, ces données sont effacées automatiquement des traitements.

Lorsque les données ont, dans le délai de six mois, été extraites et transmises pour les besoins d'une procédure judiciaire, administrative ou disciplinaire, elles sont conservées selon les règles propres à chacune de ces procédures par l'autorité qui en a la charge.

Les données mentionnées au 1° de l'article R. 241-10 utilisées à des fins pédagogiques et de formation sont anonymisées.

Art. R. 241-14 Chaque opération de consultation, d'extraction et d'effacement de données fait l'objet d'un enregistrement dans le traitement ou, à défaut, d'une consignation dans un registre spécialement ouvert à cet effet. Cette consignation comprend :

1° Les matricule, nom, prénom et grade des agents procédant à l'opération de consultation, d'extraction et d'effacement ;

2° La date et l'heure de la consultation et de l'extraction ainsi que le motif judiciaire, administratif, disciplinaire ou pédagogique ;

3° Le service ou l'unité destinataire des données ;

4° L'identification des enregistrements audiovisuels extraits et de la caméra dont ils sont issus.

Ces données sont conservées trois ans.

Art. R. 241-15 I. – L'information générale du public sur l'emploi des caméras individuelles par la commune est délivrée sur le site internet de la commune ou, à défaut, par voie d'affichage en mairie.

II. – Le droit d'opposition prévu à l'article 38 de la loi n° 78-17 du 6 janvier 1978 relative à l'informatique, aux fichiers et aux libertés ne s'applique pas aux traitements mentionnés à l'article R. 241-9.

III. – Les droits d'information, d'accès et d'effacement prévus aux articles 70-18 à 70-20 de la même loi s'exercent directement auprès du maire, ou de l'ensemble des maires des communes lorsque les agents susceptibles d'être équipés de caméras mobiles sont employés par un établissement public de coopération intercommunale et mis à disposition de plusieurs communes dans les conditions prévues au premier alinéa de l'article L. 512-2 du présent code.

Afin d'éviter de gêner des enquêtes et des procédures administratives ou judiciaires et d'éviter de nuire à la prévention ou la détection d'infractions pénales, aux enquêtes ou aux poursuites en la matière, les droits d'accès et d'effacement peuvent faire l'objet de restrictions en application des 2° et 3° du II et du III de l'article 70-21 de la même loi.

La personne concernée par ces restrictions exerce ses droits auprès de la Commission nationale de l'informatique et des libertés dans les conditions prévues à l'article 70-22 de la même loi.

CHAPITRE II *CAMÉRAS INSTALLÉES SUR DES AÉRONEFS*

(Décr. n° 2022-712 du 27 avr. 2022, art. 1er)

Art. R. 242-1 I. – En application de l'article L. 242-6 et dans les conditions prévues par les articles L. 242-2 à L. 242-4, les services d'incendie et de secours mentionnés à l'article L. 722-1, les services de l'État et unités militaires investis à titre permanent de missions de sécurité civile ainsi que, lors de leur participation aux seules opérations de secours, les associations de sécurité civile bénéficiant de l'agrément A délivré dans les conditions fixées à l'article R. 725-1, sont autorisés à mettre en œuvre en tous lieux, y compris dans des lieux privés lorsque cela est strictement nécessaire à la poursuite des finalités mentionnées au II, des traitements de données à caractère personnel provenant de caméras installées sur des aéronefs.

II. – Ces traitements ont pour finalités :

1° La prévention des risques naturels ou technologiques ;

2° Le secours aux personnes et la lutte contre l'incendie.

Art. R. 242-2 I. – Les traitements mentionnés à l'article R. 242-1 portent sur les données suivantes :

1° Les images, à l'exclusion des sons, captées par les caméras installées sur des aéronefs ;

2° Le jour et la plage horaire d'enregistrement ;

3° Le nom, le prénom et la référence du titre aéronautique du télé-pilote, du cadre chargé de l'observation et de l'investigation aérienne et de l'opérateur capteur ainsi que le numéro d'enregistrement de l'aéronef ;

4° Le lieu ou la zone géographique où ont été collectées les données.

Les données enregistrées dans les traitements peuvent faire apparaître, directement ou indirectement, des données mentionnées au I de l'article 6 de la loi n° 78-17 du 6 janvier 1978 relative à l'informatique, aux fichiers et aux libertés. Il est interdit de sélectionner dans les traitements une catégorie particulière de personnes à partir de ces seules données.

II. – Les caméras sont équipées de dispositifs techniques permettant de garantir l'intégrité des enregistrements jusqu'à leur effacement.

Art. R. 242-3 I. – Peuvent accéder, à raison de leurs attributions et dans la limite du besoin d'en connaître, aux données mentionnées à l'article R. 242-2 :

1° Le responsable du service, de l'unité ou de l'association ;

2° Les agents individuellement désignés par le responsable du service, de l'unité ou de l'association.

Les personnes mentionnées au 1° et au 2° sont seules habilitées à procéder à l'extraction des données mentionnées à l'article R. 242-2 pour les besoins exclusifs d'une procédure judiciaire, administrative ou disciplinaire ou dans le cadre d'une action de formation ou de pédagogie des agents.

II. – Peuvent être destinataires des données mentionnées au 1° du I de l'article R. 242-2, à raison de leurs attributions et dans la limite du besoin d'en connaître, les autorités mentionnées aux articles L. 742-1 à L. 742-7 chargées de la direction des opérations de secours.

III. – Dans la limite de leurs attributions respectives et du besoin d'en connaître dans le cadre d'une procédure administrative ou disciplinaire, ou dans le cadre d'une action de formation et de pédagogie, peuvent être destinataires de tout ou partie des données et informations enregistrées dans le traitement :

1° Les membres d'une mission d'inspection désignés par le directeur général de la sécurité civile et de la gestion de crise ;

2° L'autorité exerçant le pouvoir disciplinaire ainsi que les membres des instances disciplinaires et les agents en charge de l'instruction des dossiers présentés à ces instances ;

3° Les agents chargés de la formation des personnels désignés par le responsable du service, de l'unité ou de l'association pour les données mentionnées au 1° du I de l'article R. 242-2.

Art. R. 242-4 Les données mentionnées au I de l'article R. 242-2 sont conservées sur un support informatique sécurisé pendant une durée de sept jours à compter de la fin du déploiement du dispositif de captation constatée par l'autorité mentionnée au 1° du I de l'article R. 242-3. Au terme de ce délai, à l'exception de celles conservées pour être utilisées à des fins pédagogiques et de formation, ces données sont effacées automatiquement.

Les données utilisées à des fins pédagogiques et de formation sont anonymisées.

Art. R. 242-5 Les opérations de collecte, de modification, de consultation, de communication et d'effacement des données à caractère personnel font l'objet d'un enregistrement comprenant l'identifiant de l'auteur, la date, l'heure, le motif de l'opération et, le cas échéant, les destinataires des données. Ces informations sont conservées pendant six mois.

Art. R. 242-6 I. – L'information du public sur l'emploi des caméras installées sur des aéronefs est délivrée sur le site internet du service, de l'unité ou de l'association autorisé à recourir à ces caméras ou, à défaut, par voie d'affichage dans les locaux du service, de l'unité ou de l'association, ou par tout moyen approprié, sauf si l'urgence ou les conditions de l'opération de secours l'interdisent. Une information générale du public sur l'emploi des dispositifs aéroportés de captation d'images est organisée par le ministère de l'intérieur.

II. — Conformément à l'article 23 du règlement (UE) 2016/679 du 27 avril 2016 relatif à la protection des personnes physiques à l'égard du traitement des données à caractère personnel et à la libre circulation de ces données, le droit d'opposition ne s'applique pas aux traitements mentionnés à l'article R. 242-1.

III. — Les droits d'information, d'accès, de rectification et à la limitation des données s'exercent auprès du responsable de chacun des traitements créés en application du présent chapitre dans les conditions prévues respectivement aux articles 14 à 16 et 18 du règlement (UE) 2016/679 du 27 avril 2016.

Art. R. 242-7 La mise en œuvre des traitements mentionnés à l'article R. 242-1 est subordonnée à l'envoi préalable à la Commission nationale de l'informatique et des libertés d'un engagement de conformité aux dispositions du présent chapitre, en application du IV de l'article 31 de la loi n° 78-17 du 6 janvier 1978 ainsi que, le cas échéant, d'une analyse de l'impact sur la protection des données à caractère personnel des caractéristiques particulières de chacun des traitements mis en œuvre qui ne figurent pas dans l'analyse d'impact-cadre transmise par le ministère de l'intérieur à la Commission nationale de l'informatique et des libertés.

TITRE V VIDÉOPROTECTION

(Décr. n° 2013-1113 du 4 déc. 2013, en vigueur le 1er janv. 2014)

CHAPITRE I *DISPOSITIONS GÉNÉRALES*

SECTION 1 *Commission nationale de la vidéoprotection*

Art. R. 251-1 *(Abrogé par Décr. n° 2018-785 du 12 sept. 2018, art. 18 et 26, à compter du 1er juill. 2022)* ***La Commission nationale de la vidéoprotection créée par les articles L. 251-5 et L. 251-6 est composée de*** *(Décr. n° 2020-1616 du 17 déc. 2020, art. 6)* ***« dix-huit » membres ainsi désignés :***

1° Cinq représentants des personnes publiques et privées autorisées à mettre en œuvre un système de vidéoprotection, nommés par arrêté du ministre de l'Intérieur, dont :

a) Un représentant de l'Association des maires de France, sur proposition de son président ;

b) Un représentant de l'Association des maires des grandes villes de France, sur proposition de son président ;

c) Un représentant du groupement des autorités responsables de transport, sur proposition de son président ;

2° *(Décr. n° 2014-901 du 18 août 2014, art. 31-1°)* ***« Six » représentants du ministre de l'Intérieur :***

a) Le chef de l'inspection générale de l'administration ou son représentant ;

b) Le directeur général de la police nationale ou son représentant ;

c) Le directeur général de la gendarmerie nationale ou son représentant ;

d) Le directeur des libertés publiques et des affaires juridiques ou son représentant ;

e) Le directeur des services des systèmes d'information et de communication ou son représentant ;

(Décr. n° 2014-901 du 18 août 2014, art. 31-2°) ***« f) Le délégué aux coopérations de sécurité au ministère de l'Intérieur ou son représentant ; »***

(Abrogé par Décr. n° 2014-901 du 18 août 2014, art. 31-3°) ***« 3° Le délégué interministériel à la sécurité privée ; »***

3° Un membre de la Commission nationale de l'informatique et des libertés, sur proposition de cette commission ;

4° Deux députés et deux sénateurs ;

(Décr. n° 2020-1616 du 17 déc. 2020, art. 6) ***« 5° Deux personnes désignées au titre des personnalités qualifiées nommées par le ministre de l'intérieur en raison de leurs compétences dans le domaine de la vidéoprotection ou des libertés individuelles. »***

Le mandat des membres mentionnés *(Décr. n° 2014-901 du 18 août 2014, art. 31-5°)* ***« au 1° et au 5° » est de cinq ans, renouvelable une fois.***

Art. R. 251-2 *(Abrogé par Décr. n° 2018-785 du 12 sept. 2018, art. 18 et 26, à compter du 1er juill. 2022)* ***Le président et le vice-président de la commission sont élus par ses membres, parmi les personnes mentionnées*** *(Décr. n° 2014-901 du 18 août 2014, art. 32)* ***« au 1° ou au 5° » de l'article R. 251-1.***

En cas d'empêchement du président pour quelque cause que ce soit, la présidence est assurée par le vice-président de la commission. En cas d'empêchement du président et du vice-président, la présidence est assurée par le plus âgé des membres de la commission.

Art. R. 251-3 *(Abrogé par Décr. n° 2018-785 du 12 sept. 2018, art. 18 et 26, à compter du 1er juill. 2022)* ***Le secrétariat de la commission est assuré par les services du ministre de l'Intérieur. La commission délibère dans les conditions prévues par les articles R. 133-8 à R. 133-13 du code des relations entre le public et l'administration. Ses avis sont rendus dans tous les cas dans les conditions prévues par l'article 15 du même décret.***

Elle établit son règlement intérieur.

Art. R. 251-4 *(Abrogé par Décr. n° 2018-785 du 12 sept. 2018, art. 18 et 26, à compter du 1er juill. 2022)* ***Les membres de la commission exercent leurs fonctions à titre gratuit. Ils peuvent bénéficier du remboursement de leurs frais de déplacement et de séjour dans les conditions prévues par la réglementation applicable aux fonctionnaires de l'État.***

Art. R. 251-5 *(Abrogé par Décr. n° 2018-785 du 12 sept. 2018, art. 18 et 26, à compter du 1er juill. 2022)* ***La commission :***

1° Émet des recommandations en ce qui concerne les caractéristiques techniques, le fonctionnement ou l'emploi des systèmes de vidéoprotection, notamment lorsqu'elle s'est saisie d'une difficulté tenant au fonctionnement d'un système de vidéoprotection ou d'une situation susceptible de constituer un manquement ;

2° Émet un avis sur toute question relative à la vidéoprotection que lui soumettent le ministre de l'Intérieur, un député, un sénateur ou une commission départementale de vidéoprotection ;

3° Émet un avis sur tout projet d'acte réglementaire relatif à la vidéoprotection que lui soumet le Gouvernement, propose les évolutions législatives et réglementaires qui lui paraissent nécessaires à l'emploi des systèmes de vidéoprotection et conseille les commissions départementales de vidéoprotection, dans le cadre de sa mission générale de conseil et d'évaluation de l'efficacité de la vidéoprotection.

Ses recommandations, observations, avis et propositions sont adressés au ministre de l'Intérieur.

Art. R. 251-6 *(Abrogé par Décr. n° 2018-785 du 12 sept. 2018, art. 18 et 26, à compter du 1er juill. 2022)* ***La commission rédige chaque année le rapport public rendant compte de son activité.***

SECTION 2 *Commission départementale de vidéoprotection*

Art. R. 251-7 Dans chaque département, une commission départementale de vidéoprotection est instituée par arrêté du préfet.

Art. R. 251-8 La commission départementale de vidéoprotection comprend quatre membres :

1° *Abrogé par Décr. n° 2020-1616 du 17 déc. 2020, art. 6)* ***« Un magistrat du siège, ou »*** un magistrat honoraire *(Décr. n° 2020-1616 du 17 déc. 2020, art. 6)* « ou, à défaut, une personnalité qualifiée à raison de sa compétence dans le domaine de la vidéoprotection ou des libertés individuelles ; »

2° Un maire, désigné par la ou les associations départementales des maires, ou, à Paris, un conseiller de Paris ou conseiller d'arrondissement désigné par le conseil de Paris ;

3° Un représentant désigné par la ou les chambres de commerce et d'industrie territorialement compétentes ;

4° Une personnalité qualifiée choisie en raison de sa compétence par l'autorité préfectorale.

Art. R. 251-9 Des membres suppléants sont désignés dans les mêmes conditions et en nombre égal pour chacune des catégories de membres titulaires.

Art. R. 251-10 Les membres de la commission départementale de vidéoprotection, titulaires et suppléants, sont désignés pour trois ans. Leur mandat est renouvelable une fois.

Art. R. 251-11 En cas de partage des voix, celle du président est prépondérante.

La commission départementale de vidéoprotection siège à la préfecture du département, qui assure son secrétariat.

La personne chargée du secrétariat, désignée par l'autorité préfectorale, assiste aux travaux et aux délibérations de la commission.

Art. R. 251-12 Les frais de déplacement et de séjour que les membres de la commission départementale de vidéoprotection sont appelés à engager pour se rendre aux convocations de la commission ou pour effectuer les déplacements temporaires qui leur sont demandés par la commission à laquelle ils appartiennent peuvent être remboursés dans les conditions prévues par la réglementation applicable aux fonctionnaires de l'État.

Les membres de la commission départementale de vidéoprotection peuvent être rémunérés sous forme de vacations dans des conditions fixées par arrêté conjoint pris par le ministre chargé de l'intérieur et le ministre chargé du budget.

CHAPITRE II *AUTORISATION ET CONDITIONS DE FONCTIONNEMENT*

SECTION 1 *Demande d'autorisation d'installation d'un système de vidéoprotection*

Art. R. 252-1 Les attributions dévolues au représentant de l'État dans le département dans le cadre du présent titre sont exercées, à Paris *(Décr. n° 2018-583 du 6 juill. 2018, art. 8)* « et sur les emprises des aérodromes de Paris-Charles de Gaulle, Paris-Le Bourget et Paris-Orly », par le préfet de police et, dans le département des Bouches-du-Rhône, par le préfet de police des Bouches-du-Rhône.

Art. R. 252-2 La demande d'autorisation préalable à l'installation d'un système de vidéoprotection est déposée à la préfecture du département du lieu d'implantation ou, à Paris *(Décr. n° 2018-583 du 6 juill. 2018, art. 8)* « et sur les emprises des aérodromes de Paris-Charles de Gaulle, Paris-Le Bourget et Paris-Orly », à la préfecture de police et, dans le département des Bouches-du-Rhône, à la préfecture de police des Bouches-du-Rhône.

En cas de système comportant des caméras installées sur le territoire de plusieurs départements, la demande est déposée à la préfecture du département du siège social du demandeur ou, si le siège social du demandeur est situé à Paris *(Décr. n° 2018-583 du 6 juill. 2018, art. 8)* « et sur les emprises des aérodromes de Paris-Charles de Gaulle, Paris-Le Bourget et Paris-Orly », à la préfecture de police, et, s'il est situé dans le département des Bouches-du-Rhône, à la préfecture de police des Bouches-du-Rhône.

Art. R. 252-3 La demande d'autorisation est accompagnée d'un dossier administratif et technique comprenant :

1° Un rapport de présentation dans lequel sont exposées les finalités du projet au regard des objectifs définis par le présent titre et les techniques mises en œuvre, eu égard à la nature de l'activité exercée et aux risques d'agression ou de vol présentés par le lieu ou l'établissement à protéger. Ce rapport peut se borner à un exposé succinct des finalités du projet et des techniques mises en œuvre lorsque la demande porte sur l'installation d'un système de vidéoprotection comportant moins de huit caméras dans un lieu ou établissement ouvert au public ;

2° Si les opérations de vidéoprotection portent sur la voie publique, un plan-masse des lieux montrant les bâtiments du pétitionnaire et, le cas échéant, ceux appartenant à des tiers qui se trouveraient dans le champ de vision des caméras, avec l'indication de leurs accès et de leurs ouvertures ;

3° Si les opérations de vidéoprotection portent sur la voie publique ou si le système de vidéoprotection comporte au moins huit caméras, un plan de détail à une échelle suffisante montrant le nombre et l'implantation des caméras ainsi que les zones couvertes par celles-ci ;

(Décr. n° 2015-489 du 29 avr. 2015, art. 2-1°) « 4° Lorsque le système de vidéoprotection est mis en œuvre aux fins définies au dernier alinéa de l'article L. 251-2, le

plan de détail prévu au 3° montre la zone couverte par la ou les caméras dont le champ de vision doit être limité aux abords immédiats des bâtiments et installations en cause.

« Une attestation de l'installateur certifiant que la ou les caméras sont déconnectées des caméras intérieures et que les images qu'elles enregistrent ne peuvent être techniquement visionnées par le demandeur ou ses subordonnés est jointe à la demande. Est de même jointe une copie du courrier adressé par le demandeur au maire en application du dernier alinéa de l'article L. 251-2 ; »

5° La description du dispositif prévu pour la transmission, l'enregistrement et le traitement des images ;

6° La description des mesures de sécurité qui seront prises pour la sauvegarde et la protection des images éventuellement enregistrées ;

7° Les modalités de l'information du public ;

8° Le délai de conservation des images, s'il y a lieu, avec les justifications nécessaires ;

9° La désignation de la personne ou du service responsable du système et, s'il s'agit d'une personne ou d'un service différent, la désignation du responsable de sa maintenance, ainsi que toute indication sur la qualité des personnes chargées de l'exploitation du système et susceptibles de visionner les images, en particulier la copie des agréments et autorisations délivrés en application du titre I du livre VI, à l'exception des articles L. 613-1 à L. 613-5, L. 613-7 à L. 613-9 et L. 613-12 ;

10° Les consignes générales données aux personnels d'exploitation du système pour le fonctionnement de celui-ci et le traitement des images ;

11° Les modalités du droit d'accès des personnes intéressées ;

12° La justification de la conformité du système de vidéoprotection aux normes techniques prévues par le deuxième alinéa de l'article L. 252-4. La certification de l'installateur du système, dans les conditions fixées par arrêté du ministre de l'Intérieur, tient lieu, le cas échéant, de cette justification.

Lorsque la demande est relative à l'installation d'un système de vidéoprotection à l'intérieur d'un ensemble immobilier ou foncier complexe ou de grande dimension, le plan de masse et le plan de détail prévus aux 2° et 3° peuvent être remplacés par un plan du périmètre d'installation du système, montrant l'espace susceptible d'être situé dans le champ de vision d'une ou plusieurs caméras.

L'autorité préfectorale peut demander au pétitionnaire de compléter son dossier lorsqu'une des pièces limitativement énumérées ci-dessus fait défaut. Elle lui délivre un récépissé lors du dépôt du dossier complet.

Art. R. 252-3-1 *(Décr. nº 2015-489 du 29 avr. 2015, art. 3)* Sont concernés au titre du dernier alinéa de l'article L. 251-2, lorsque ces lieux sont particulièrement exposés à des risques d'agression ou de vol à raison notamment de la nature des biens ou services vendus ou de la situation des bâtiments ou installations :

– les lieux ouverts au public où se déroulent les opérations de vente de biens ou de services ;

– les lieux où sont entreposés lesdits biens ou marchandises destinés à ces opérations de vente.

La ou les caméras composant le dispositif de vidéoprotection sont déconnectées des caméras installées à l'intérieur du lieu ouvert au public de manière à ce que le responsable ou ses subordonnés ne puissent avoir accès aux images enregistrées par la ou les caméras extérieures.

Art. R. 252-4 La demande d'autorisation d'un système de vidéoprotection mis en œuvre par un service de l'État est présentée par le chef de service responsable localement compétent. Dans le cas où des raisons d'ordre public et dans celui où l'utilisation de dispositifs mobiles de surveillance de la circulation routière s'opposent à la transmission de tout ou partie des indications mentionnées aux 2° et 3° de l'article R. 252-3, le dossier de demande d'autorisation mentionne les raisons qui justifient l'absence de ces indications.

Art. R. 252-5 Dans le cas où des raisons impérieuses touchant à la sécurité des lieux où sont conservés des fonds ou valeurs, des objets d'art ou des objets précieux s'opposent à la transmission par le pétitionnaire de la totalité des informations prévues aux 2° et

3° de l'article R. 252-3, la demande d'autorisation mentionne les raisons qui justifient l'absence de ces informations. Le président de la commission départementale de vidéoprotection peut déléguer auprès du pétitionnaire un membre de la commission pour prendre connaissance des informations ne figurant pas au dossier.

Art. R. 252-6 La demande d'autorisation d'un système de vidéoprotection mis en œuvre par un service, établissement ou entreprise intéressant la défense nationale est présentée par la personne responsable du système. Dans le cas où la protection des installations, du matériel ou du secret des recherches, études ou fabrications dont la sauvegarde est en cause s'oppose à la transmission de tout ou partie des informations prévues aux 2° à 10° de l'article R. 252-3, le dossier de demande d'autorisation mentionne les raisons qui justifient l'absence de ces informations. L'autorité préfectorale peut demander au ministre dont relève le demandeur de se prononcer sur les raisons invoquées.

Art. R. 252-7 Dans le cas où les informations jointes à la demande d'autorisation ou des informations complémentaires font apparaître que les enregistrements visuels de vidéoprotection seront utilisés dans des traitements automatisés ou contenus dans des fichiers structurés en application de la loi n° 78-17 du 6 janvier 1978 relative à l'informatique, aux fichiers et aux libertés, l'autorité préfectorale répond au pétitionnaire que la demande doit être adressée à la Commission nationale de l'informatique et des libertés. Il en informe cette commission.

SECTION 2 *Délivrance et mise en œuvre de l'autorisation*

Art. R. 252-8 Sur chaque demande d'autorisation dont elle est saisie en application de l'article L. 251-4, la commission départementale de vidéoprotection entend un représentant de la police *(Abrogé par Décr. n° 2022-1152 du 12 août 2022, art. 1er)* «*nationale*» ou de la gendarmerie *(Décr. n° 2022-1152 du 12 août 2022, art. 1er)* « nationales » territorialement compétent ou un agent des douanes ou des services d'incendie et de secours *(Décr. n° 2022-1152 du 12 août 2022, art. 1er)* « ou un représentant de la police municipale concernée ».

La commission départementale de vidéoprotection peut demander à entendre le pétitionnaire ou solliciter tout complément d'information sur les pièces du dossier limitativement énumérées à l'article R. 252-3 et, le cas échéant, solliciter l'avis de toute personne qualifiée qui lui paraîtrait indispensable pour l'examen d'un dossier particulier.

Art. R. 252-9 Le délai *(Abrogé par Décr. n° 2015-489 du 29 avr. 2015, art. 4)* «***raisonnable mentionné à l'article 15 du décret n° 2006-672 du 8 juin 2006 relatif à la création, à la composition et au fonctionnement de commissions administratives à caractère consultatif***», dans lequel la commission départementale de vidéoprotection doit émettre son avis, est de trois mois. Il peut être prolongé d'un mois à la demande de la commission.

Le silence gardé par l'autorité préfectorale pendant plus de quatre mois sur une demande d'autorisation vaut décision de rejet.

Art. R. 252-10 L'autorisation est publiée au recueil des actes administratifs de la préfecture, sauf dérogation motivée par un impératif de défense nationale.

L'autorité préfectorale met à la disposition du public la liste des autorisations de systèmes de vidéoprotection publiées, qui précise pour chacun d'eux la date de son autorisation et le service ou la personne responsable. Elle communique également la liste des systèmes de vidéoprotection autorisés sur le territoire de chaque commune au maire, qui la met à la disposition du public à la mairie et, le cas échéant, dans les mairies d'arrondissement.

Art. R. 252-11 Le titulaire de l'autorisation tient un registre mentionnant les enregistrements réalisés, la date de destruction des images et, le cas échéant, la date de leur transmission au parquet. *(Décr. n° 2015-489 du 29 avr. 2015, art. 5)* « Lorsque l'autorisation a été délivrée sur le fondement du dernier alinéa de l'article L. 251-2 et qu'il n'a pas été fait application des dispositions de l'article L. 252-3, les agents de l'autorité publique individuellement désignés et habilités à visionner les images en application du second alinéa de l'article L. 252-2 renseignent ce registre lors de chaque visionnage. Ils sont seuls habilités à extraire des images du dispositif d'enregistrement. »

Le titulaire de l'autorisation est tenu d'informer préalablement l'autorité préfectorale de la date de mise en service des caméras de vidéoprotection. Le titulaire de l'autorisation, qui a constitué le dossier de demande conformément aux prévisions de l'avant-dernier alinéa de l'article R. 252-3, est tenu d'informer l'autorité préfectorale de la localisation des caméras à l'intérieur du périmètre d'installation du système de vidéoprotection préalablement à leur installation et, le cas échéant, à leur déplacement.

Art. R. 252-12 *(Décr. nº 2022-1152 du 12 août 2022, art. 2)* I. — Les agents des services de police ou de gendarmerie nationales, les agents des douanes ou des services d'incendie et de secours, les agents de police municipale ainsi que les agents mentionnés aux articles L. 531-1, L. 532-1 et L. 533-1, destinataires des images et enregistrements de systèmes de vidéoprotection appartenant à des tiers, en application des articles L. 252-2 et L. 252-3, sont individuellement désignés et dûment habilités, pour les seuls besoins de leurs missions, par le chef de service ou le chef d'unité à compétence départementale, régionale, zonale ou nationale sous l'autorité duquel ils sont affectés, et pour les seules images issues de systèmes implantés sur le territoire de la commune ou de l'établissement public de coopération intercommunale dont ils relèvent par le maire, s'agissant des agents de police municipale ainsi que les *[des]* agents mentionnés aux articles L. 531-1, L. 532-1 et L. 533-1.

II. — Aux fins d'être habilités, les agents mentionnés au second alinéa de l'article L. 252-2 et à l'article L. 252-3 doivent bénéficier d'une formation en matière de protection des données à caractère personnel adaptée aux missions effectivement confiées et d'une mise à jour régulière de leurs connaissances.

Art. R. 252-13 *(Décr. nº 2022-1152 du 12 août 2022, art. 3)* Les systèmes de vidéoprotection sont équipés de dispositifs techniques permettant de garantir la disponibilité, la confidentialité et l'intégrité des enregistrements ainsi que la traçabilité des consultations des images.

CHAPITRE III *CONTRÔLE ET DROIT D'ACCÈS*

SECTION 1 *Contrôle et sanctions*

Art. R. 253-1 Dans le cadre des contrôles qu'elles exercent de leur propre initiative ou sur saisine, sur le fondement du présent titre, la commission départementale de vidéoprotection ou la Commission nationale de l'informatique et des libertés peuvent déléguer un de leurs membres pour collecter, notamment auprès du responsable du système, les informations utiles relatives aux conditions de fonctionnement d'un système de vidéoprotection et visant à vérifier la destruction des enregistrements, les difficultés tenant au fonctionnement du système ou la conformité du système à son autorisation.

La commission départementale de vidéoprotection peut être réunie à l'initiative de son président pour examiner les résultats des contrôles et émettre, le cas échéant, des recommandations ainsi que pour proposer la suspension ou la suppression d'un système de vidéoprotection lorsqu'elle constate qu'il n'est pas autorisé ou qu'il en est fait un usage anormal ou non conforme à son autorisation.

La Commission nationale de l'informatique et des libertés exerce sa mission de contrôle des systèmes de vidéoprotection dans les conditions fixées par la section 2 du chapitre I du titre IV du décret nº 2005-1309 du 20 octobre 2005.

La commission départementale de vidéoprotection exerce sa mission de contrôle dans les mêmes conditions que la Commission nationale de l'informatique et des libertés. Toutefois, pour l'application à la commission départementale de vidéoprotection des dispositions de la section 2 du chapitre I du titre IV du décret nº 2005-1309 du 20 octobre 2005, la référence au II de l'article 44 de la loi nº 78-17 du 6 janvier 1978 relative à l'informatique, aux fichiers et aux libertés est remplacée par une référence au présent chapitre.

Art. R. 253-2 A l'issue du contrôle qu'elles peuvent exercer sur les systèmes de vidéoprotection, la commission départementale de vidéoprotection ou la Commission nationale de l'informatique et des libertés peuvent, après en avoir informé le maire, proposer à l'autorité préfectorale la suspension ou le retrait de l'autorisation d'installation.

L'autorisation prévue au chapitre II du présent titre peut, après que l'intéressé a été mis à même de présenter ses observations, être retirée en cas de manquement aux dispositions du présent titre et en cas de modification des conditions au vu desquelles elle a été délivrée.

SECTION 2 *Droit d'accès et garanties*

Art. R. 253-3 L'information sur l'existence d'un système de vidéoprotection filmant la voie publique, un lieu ou un établissement ouvert au public *(Décr. nº 2015-489 du 29 avr. 2015, art. 7)* « ou les abords immédiats des bâtiments et installations des commerçants » est apportée au moyen d'affiches ou de panonceaux comportant un pictogramme représentant une caméra. Afin de garantir une information claire et permanente des personnes filmées ou susceptibles de l'être, le format, le nombre et la localisation des affiches ou panonceaux sont adaptés à la situation des lieux et établissements.

Ces affiches ou panonceaux indiquent le nom ou la qualité et le numéro de téléphone du responsable auprès duquel toute personne intéressée peut s'adresser pour faire valoir le droit d'accès prévu à l'article L. 253-5, lorsque l'importance des lieux et établissements concernés et la multiplicité des intervenants rendent difficile l'identification de ce responsable.

Art. R. 253-4 La demande formulée par toute personne intéressée au titre de l'article L. 253-5 en vue de l'accès aux enregistrements qui la concernent ne peut être rejetée pour un motif tenant au droit des tiers que s'il existe un motif tiré de la protection du secret de la vie privée du ou des tiers en cause.

CHAPITRE IV *DISPOSITIONS PÉNALES*

Le présent chapitre ne comprend pas de dispositions réglementaires.

CHAPITRE V *DISPOSITIONS COMMUNES*

Le présent chapitre ne comprend pas de dispositions réglementaires.

LIVRE III **POLICES ADMINISTRATIVES SPÉCIALES**

TITRE I **ARMES ET MUNITIONS**

CHAPITRE II *ACQUISITION ET DÉTENTION*

SECTION 1 *Dispositions générales*

SOUS-SECTION 2 *Armes soumises à autorisation*

§ 5 *Conditions générales de délivrance de l'autorisation*

Art. R. 312-21 *(Décr. nº 2018-1195 du 20 déc. 2018, art. 29)* « En application des articles L. 312-2 et L. 312-4, les conditions dans lesquelles peuvent être autorisées l'acquisition et la détention des matériels de guerre, armes, munitions et de leurs éléments des catégories A et B sont définies, par catégorie de personnes intéressées, au paragraphe 6 de la présente sous-section. »

L'autorisation n'est pas accordée lorsque le demandeur :

(Décr. nº 2018-542 du 29 juin 2018, art. 3 et 33, en vigueur le 1er août 2018) « 1º Se trouve dans une *(Décr. nº 2022-144 du 8 févr. 2022, art. 2)* « des situations prévues à » l'article L. 312-16 ; »

2° A été condamné pour l'une des infractions mentionnées au 1° de l'article L. 312-3 du présent code figurant au bulletin n° 2 de son casier judiciaire ou dans un document équivalent pour les ressortissants d'un État membre de l'Union européenne ou d'un autre État partie à l'accord sur l'Espace économique européen ;

3° A un comportement incompatible avec la détention *(Décr. n° 2018-1195 du 20 déc. 2018, art. 29)* **« de ces matériels de guerre, armes, munitions et leurs éléments », révélé par l'enquête diligentée par le préfet. Cette enquête peut donner lieu à la consultation des traitements automatisés de données personnelles mentionnés à l'article 26 de la loi n° 78-17 du 6 janvier 1978 ;**

4° Fait l'objet d'*(Décr. n° 2018-542 du 29 juin 2018, art. 3 et 33, en vigueur le 1er août 2018)* **« une mesure de protection juridique » en application de l'article 425 du code civil, a été ou est admis en soins psychiatriques sans consentement en application de l'article 706-135 du code de procédure pénale et des articles L. 3212-1 à L. 3213-11 du code de la santé publique ou est dans un état physique ou psychique manifestement incompatible avec la détention de ces** *(Abrogé par Décr. n° 2018-542 du 29 juin 2018, art. 3 et 33, à compter du 1er août 2018)* ***« matériels, »*** *(Décr. n° 2018-1195 du 20 déc. 2018, art. 29)* **« matériels de guerre, armes, munitions et leurs éléments ».**

L'autorisation peut toutefois être accordée par le préfet dès lors que la personne ayant fait l'objet de soins psychiatriques sans consentement présente un certificat médical conforme aux dispositions de l'article R. 312-6. – *[Décr. n° 2013-700 du 30 juill. 2013, art. 30.]*

....

SECTION 3 *Injonctions préfectorales*

SOUS-SECTION 1 *Dispositions générales*

(Décr. n° 2014-1253 du 27 oct. 2014, en vigueur le 1er déc. 2014)

Art. R. 312-67 **Le préfet ordonne la remise ou le dessaisissement de l'arme ou de ses éléments dans les conditions prévues aux articles L. 312-7 ou L. 312-11 lorsque :**

1° Le demandeur ou le déclarant *(Décr. n° 2018-542 du 29 juin 2018, art. 5 et 33, en vigueur le 1er août 2018)* **« se trouve dans une situation prévue aux 1°, 2° ou 3° de l'article L. 312-16 » ;**

2° Le demandeur ou le déclarant a été condamné pour l'une des infractions mentionnées au 1° de l'article L. 312-3 figurant au bulletin n° 2 de son casier judiciaire ou dans un document équivalent pour les ressortissants d'un État membre de l'Union européenne ou d'un autre État partie à l'accord sur l'Espace économique européen ;

3° Il résulte de l'enquête diligentée par le préfet que le comportement du demandeur ou du déclarant est incompatible avec la détention d'une arme ; cette enquête peut donner lieu à la consultation des traitements automatisés de données personnelles mentionnés à l'article 26 de la loi n° 78-17 du 6 janvier 1978 ;

4° Le certificat médical prévu au premier alinéa de l'article L. 312-6 établit que l'état de santé du demandeur ou du déclarant est incompatible avec la détention d'une arme. – *[Décr. n° 2013-700 du 30 juill. 2013, art. 9.]*

....

LIVRE VIII **DU RENSEIGNEMENT**

(Décr. n° 2015-1185 du 28 sept. 2015, art. 1er, en vigueur le 3 oct. 2015)

Les dispositions issues du Décr. n° 2015-1185 du 28 sept. 2015 entrent en vigueur au lendemain de la publication au JO du décret nommant le président de la Commission nationale de contrôle des techniques de renseignement (Décr. préc., art. 3), soit le 3 oct. 2015 (Décr. du 1er oct. 2015, JO 2 oct.).

COMMENTAIRE

Voir commentaire sur le Code en ligne.

TITRE I **DISPOSITIONS GÉNÉRALES**

Art. R. 811-1 **Les services spécialisés de renseignement sont la direction générale de la sécurité extérieure, la direction du renseignement et de la sécurité de la défense,**

la direction du renseignement militaire, la direction générale de la sécurité intérieure, le service à compétence nationale dénommé "direction nationale du renseignement et des enquêtes douanières" et le service à compétence nationale dénommé "traitement du renseignement et action contre les circuits financiers clandestins".

(Décr. nº 2017-1095 du 14 juin 2017, art. 2) « La coordination nationale du renseignement et de la lutte contre le terrorisme et, en son sein, le centre national de contre-terrorisme, placés sous l'autorité du coordonnateur national du renseignement et de la lutte contre le terrorisme, les services spécialisés de renseignement, l'académie du renseignement et l'inspection des services de renseignement forment la communauté française du renseignement. »

COMMENTAIRE

Voir commentaire sur le Code en ligne.

Art. R. 811-2 *(Décr. nº 2015-1639 du 11 déc. 2015, art. 2)* I. – Les services du ministère de l'Intérieur, autres que les services spécialisés de renseignement, mentionnés à l'article L. 811-4 sont, sous réserve des dispositions des articles R. 851-1 à R. 851-4, R. 852-1 *(Décr. nº 2021-1543 du 29 nov. 2021, art. 2)* « à R. 852-3 » et R. 853-1 à R. 853-3, les suivants :

1° Sous l'autorité du directeur général de la police nationale :

(Abrogé par Décr. nº 2019-1496 du 28 déc. 2019, art. 2 et 10, à compter du 1er janv. 2020) ***« a) L'unité de coordination de la lutte antiterroriste au titre des finalités mentionnées aux 4° et a et b du 5° de l'article L. 811-3 ; »***

b) A la direction centrale de la police judiciaire :

– le service central des courses et jeux au titre de la finalité mentionnée au 6° de l'article L. 811-3 ;

(Décr. nº 2019-1496 du 28 déc. 2019, art. 2 et 10, en vigueur le 1er janv. 2020) « – l'Office anti-stupéfiants au titre de la finalité mentionnée au 6° de l'article L. 811-3 ; »

– la sous-direction de la lutte contre la criminalité organisée *(Abrogé par Décr. nº 2019-684 du 28 juin 2019, art. 1er, à compter du 1er juill. 2019)* ***« et la délinquance financière »*** au titre de la finalité mentionnée au 6° de l'article L. 811-3 ;

(Décr. nº 2019-684 du 28 juin 2019, art. 1er, en vigueur le 1er juill. 2019) « – la sous-direction de la lutte contre la criminalité financière au titre de la finalité mentionnée au 6° de l'article L. 811-3 ; »

– la sous-direction antiterroriste au titre de la finalité mentionnée au 4° de l'article L. 811-3 ;

– la sous-direction de la lutte contre la cybercriminalité au titre des finalités mentionnées aux 4° et 6° de l'article L. 811-3 ;

(Décr. nº 2021-1543 du 29 nov. 2021, art. 2) « – les directions zonales et régionales de police judiciaire, les directions territoriales de police judiciaire et les services de police judiciaire au titre des finalités mentionnées aux 4° et 6° de l'article L. 811-3 ; »

c) A la direction centrale de la police aux frontières :

– les unités en charge de la police judiciaire au sein des directions déconcentrées de la police aux frontières et des directions de la police aux frontières d'Orly et de Roissy au titre de la finalité mentionnée au 6° de l'article L. 811-3 ;

– les brigades mobiles de recherche zonales au titre de la finalité mentionnée au 6° de l'article L. 811-3 ;

– l'office central pour la répression de l'immigration irrégulière et de l'emploi d'étrangers sans titre de la direction centrale de la police aux frontières au titre de la finalité mentionnée au 6° de l'article L. 811-3 ;

– l'unité judiciaire du service national de la police ferroviaire au titre de la finalité mentionnée au 6° de l'article L. 811-3 ;

d) A la direction centrale de la sécurité publique :

– les services du renseignement territorial au titre des finalités mentionnées aux 1°, 4°, *a*, *b* et *c* du 5° et 6° de l'article L. 811-3 ;

– les sûretés départementales au titre de la finalité mentionnée au 6° de l'article L. 811-3 ;

2° Sous l'autorité du directeur général de la gendarmerie nationale :

a) A la direction des opérations et de l'emploi :

— la sous-direction de l'anticipation opérationnelle au titre des finalités mentionnées aux 1°, 4° et *a*, *b* et *c* du 5° de l'article L. 811-3 ;

— la sous-direction de la police judiciaire au titre des finalités mentionnées aux 1°, 4° et 6° de l'article L. 811-3 ;

b) Les sections de recherches de la gendarmerie nationale au titre des finalités mentionnées aux 4° et 6° de l'article L. 811-3 ;

(Décr. n° 2022-277 du 28 févr. 2022, art. 3) « *c)* La division des opérations du commandement de la gendarmerie dans le cyberespace au titre de la finalité mentionnée au 6° de l'article L. 811-3 ; »

3° Sous l'autorité du préfet de police :

(Décr. n° 2021-1543 du 29 nov. 2021, art. 2) « *a)* » *(Décr. n° 2022-277 du 28 févr. 2022, art. 2)* « La direction du renseignement » au titre des finalités mentionnées aux 1°, 4°, *a*, *b* et *c* du 5° et 6° de l'article L. 811-3 ;

b) A la direction régionale de la police judiciaire de Paris :

— la sous-direction des brigades centrales au titre des finalités mentionnées aux 4° et 6° de l'article L. 811-3 ;

— la sous-direction des affaires économiques et financières *(Décr. n° 2021-1543 du 29 nov. 2021, art. 2)* « au titre des finalités mentionnées aux 4° et 6° de l'article L. 811-3 » ;

— la sous-direction des services territoriaux au titre des finalités mentionnées aux 4° et 6° de l'article L. 811-3 ;

c) A la direction de la sécurité de proximité de l'agglomération de Paris :

— les sûretés territoriales au titre de la finalité mentionnée au 6° de l'article L. 811-3 ;

(Décr. n° 2018-543 du 29 juin 2018, art. 1er) « — le département criminalité organisée de la sous-direction spécialisée dans la lutte contre l'immigration irrégulière au titre de la finalité mentionnée au 6° de l'article L. 811-3. »

II. — Les services placés sous l'autorité d'emploi du ministère de la défense, autres que les services spécialisés de renseignement, mentionnés à l'article L. 811-4 sont, sous réserve des dispositions des articles R. 851-1 à R. 851-4, R. 852-1, R. 852-2 et R. 853-1 à R. 853-3, les suivants : les sections de recherches de la gendarmerie maritime, de la gendarmerie de l'air et de la gendarmerie de l'armement au titre des finalités mentionnées aux 1°, 4° et 6° de l'article L. 811-3.

(Décr. n° 2017-36 du 16 janv. 2017, art. 2, en vigueur le 1er févr. 2017) « III. — » *(Décr. n° 2019-1503 du 30 déc. 2019, art. 2)* « Le service placé sous l'autorité du ministre de la justice, autre que les services spécialisés de renseignement, mentionné à l'article L. 811-4 est, sous réserve des dispositions des articles R. 851-1 à R. 851-4, R. 852-1, R. 852-2, R. 852-3 et R. 853-1 à R. 853-3, le suivant : sous l'autorité du directeur de l'administration pénitentiaire, le Service national du renseignement pénitentiaire, au titre des finalités mentionnées aux 4°, *a*, *b* et *c* du 5° et 6° de l'article L. 811-3 et pour un cadre d'action limité à l'enceinte des établissements pénitentiaires. »

COMMENTAIRE

Voir commentaire sur le Code en ligne.

Art. R. 811-3 *(Décr. n° 2022-417 du 23 mars 2022, art. 1er)* I. — Les services du ministère de l'intérieur autorisés à recevoir ou à solliciter communication des informations mentionnées au II de l'article 706-105-1 du code de procédure pénale, au titre de la seule finalité de prévention de la criminalité et de la délinquance organisées mentionnée au 6° de l'article L. 811-3, sont les suivants :

1° Pour la direction générale de la police nationale :

a) A la direction centrale de la police judiciaire :

i) A la sous-direction de la lutte contre la criminalité organisée :

— l'office central pour la répression de la traite des êtres humains ;

— l'office central de lutte contre le crime organisé ;

ii) L'office anti-stupéfiants ;

b) A la direction centrale de la police aux frontières :
– l'office central pour la répression de l'immigration irrégulière et de l'emploi des étrangers sans titre ;
c) A la direction centrale de la sécurité publique :
– les services du renseignement territorial ;
2° Pour la direction générale de la gendarmerie nationale, à la sous-direction de la police judiciaire :
– l'office central de lutte contre la délinquance itinérante ;
– l'office central de lutte contre le travail illégal, l'exploitation par le travail et la fraude en matière sociale ;
3° Pour la préfecture de police :
– la direction du renseignement.
II. – Le service placé sous l'autorité du ministère de la justice autorisé à recevoir ou à solliciter communication des informations mentionnées au II de l'article 706-105-1 du code de procédure pénale, au titre de la seule finalité de prévention de la criminalité et de la délinquance organisées mentionnée au 6° de l'article L. 811-3, est le service national du renseignement pénitentiaire.

COMMENTAIRE
Voir commentaire sur le Code en ligne. ❑

TITRE II DE LA PROCÉDURE APPLICABLE AUX TECHNIQUES DE RECUEIL DE RENSEIGNEMENT SOUMISES À AUTORISATION

CHAPITRE I *DE L'AUTORISATION DE MISE EN ŒUVRE*

(Décr. n° 2016-67 du 29 janv. 2016, art. 1er-1°)

Art. R. 821-1 Seuls peuvent mettre en œuvre les techniques de recueil de renseignement mentionnées au titre V du présent livre les agents individuellement désignés et habilités par le ministre ou, par délégation, par le directeur dont ils relèvent.

COMMENTAIRE
Voir commentaire sur le Code en ligne. ❑

CHAPITRE II *DES RENSEIGNEMENTS COLLECTÉS*

(Décr. n° 2016-67 du 29 janv. 2016, art. 1er-2°)

Le présent chapitre ne comprend pas de dispositions réglementaires.

CHAPITRE III *DES ORGANES COMPÉTENTS*

(Décr. n° 2016-67 du 29 janv. 2016, art. 1er-3°)

Art. R. 823-1 Le groupement interministériel de contrôle est un service du Premier ministre chargé de :
1° Enregistrer les demandes de mise en œuvre des techniques de recueil de renseignement mentionnées à l'article L. 821-2 et aux II et III de l'article L. 854-2 ;
2° Enregistrer les autorisations de mise en œuvre des techniques de recueil de renseignement mentionnées à l'article L. 821-4 et aux I, II et III de l'article L. 854-2 ;
3° Recueillir et conserver les informations ou documents mentionnés à l'article L. 851-1 dans les conditions fixées au chapitre I du titre V du présent livre ;
4° Centraliser l'exécution des interceptions de sécurité autorisées en application du I de l'article L. 852-1 et de l'article L. 854-8 ainsi que les opérations de transcription et d'extraction des communications interceptées ;
5° Contribuer à la centralisation des renseignements collectés lors de la mise en œuvre des techniques de recueil de renseignement autres que celles mentionnées aux 3° et 4° ;

6° Concourir à la traçabilité de l'exécution des techniques de recueil de renseignement.

Art. R. 823-2 Le directeur du groupement interministériel de contrôle est nommé par arrêté du Premier ministre.

Art. D. 823-3 *(Décr. nº 2016-1772 du 20 déc. 2016, art. 1er)* Le service mentionné à l'article R. 823-1 est un service à compétence nationale rattaché au Premier ministre et, pour sa gestion administrative et budgétaire, au secrétariat général de la défense et de la sécurité nationale. Ce dernier est notamment chargé de la passation des marchés, de la gestion budgétaire et financière et du recrutement des agents du service.

Art. D. 823-4 *(Décr. nº 2016-1772 du 20 déc. 2016, art. 1er)* Le directeur du groupement interministériel de contrôle exerce son autorité sur l'ensemble des personnels du service. Il est assisté d'un directeur adjoint.

Art. D. 823-5 *(Décr. nº 2016-1772 du 20 déc. 2016, art. 1er)* Le groupement interministériel de contrôle dispose, sur crédits alloués par le Premier ministre, des moyens nécessaires à l'accomplissement de ses missions. Les modalités de gestion du budget, des moyens, des personnels et des achats sont fixées entre le groupement interministériel de contrôle et le secrétariat général de la défense et de la sécurité nationale.

TITRE III DE LA COMMISSION NATIONALE DE CONTRÔLE DES TECHNIQUES DE RENSEIGNEMENT

Le présent titre ne comprend pas de dispositions réglementaires.

COMMENTAIRE

Voir commentaire sur le Code en ligne.

TITRE IV DES RECOURS RELATIFS À LA MISE EN ŒUVRE DES TECHNIQUES DE RENSEIGNEMENT SOUMISES À AUTORISATION ET DES FICHIERS INTÉRESSANT LA SÛRETÉ DE L'ÉTAT

Art. R. 841-2 *(Décr. nº 2015-1808 du 28 déc. 2015, art. 1er)* Relèvent des dispositions de l'article L. 841-2 du présent code les traitements ou parties de traitements automatisés de données à caractère personnel intéressant la sûreté de l'État autorisés par les actes réglementaires ou dispositions suivants :

1° Décret portant création au profit de la direction générale de la sécurité intérieure d'un traitement automatisé de données à caractère personnel dénommé CRISTINA ;

2° Décret portant application des dispositions de l'article 31 de la loi nº 78-17 du 6 janvier 1978 aux fichiers d'informations nominatives mis en œuvre par la direction générale de la sécurité extérieure ;

3° Décret autorisant la mise en œuvre par la direction du renseignement et de la sécurité de la défense d'un traitement automatisé de données à caractère personnel dénommé SIREX ;

(Décr. nº 2018-1287 du 27 déc. 2018, art. 2) « 4° Décret autorisant la mise en œuvre par la direction du renseignement militaire d'un traitement automatisé de données à caractère personnel dénommé "DOREMI" ; »

5° Décret portant création d'un traitement automatisé de données à caractère personnel dénommé FSPRT ;

6° Décret nº 2010-569 du 28 mai 2010 portant création du fichier des personnes recherchées, pour les seules données intéressant la sûreté de l'État mentionnées au 8° du III de l'article 2 de ce décret ;

(Décr. nº 2017-1218 du 2 août 2017, art. 2-2°-a) « 7° Le 1° de l'article R. 231-3 du code de la sécurité intérieure, pour les seules données mentionnées au 3° de l'article R. 231-8 du même code ; »

(Décr. nº 2021-697 du 31 mai 2021, art. 1er) « 8° Décret autorisant la mise en œuvre par le service à compétence nationale TRACFIN d'un traitement automatisé de don-

nées à caractère personnel dénommé "STARTRAC", pour les seules données intéressant la sûreté de l'État ; »

(Décr. n° 2016-725 du 1er juin 2016, art. 2-I) **« 9° Décret portant création au profit de la direction nationale du renseignement et des enquêtes douanières d'un traitement automatisé de données à caractère personnel dénommé BCR-DNRED ; »**

(Décr. n° 2017-1218 du 2 août 2017, art. 2-2°-b) **« 10° Décret portant création d'un traitement automatisé de données à caractère personnel dénommé GESTEREXT ; »**

(Décr. n° 2022-769 du 29 avr. 2022, art. 1er) **« 11° Décret autorisant la mise en œuvre par la direction du renseignement militaire d'un traitement automatisé de données à caractère personnel dénommé "BIOPEX" ; »**

(Décr. n° 2018-378 du 22 mai 2018, art. 2) **« 12° Décret autorisant la mise en œuvre par le commandement de la Légion étrangère d'un traitement automatisé de données à caractère personnel dénommé "LEGATO" » ;**

(Décr. n° 2019-1074 du 21 oct. 2019, art. 9) **« 13° Décret n° 2017-1224 du 3 août 2017 portant création d'un traitement automatisé de données à caractère personnel dénommé "Automatisation de la consultation centralisée de renseignements et de données" (ACCReD), pour les seules données intéressant la sûreté de l'État ; »**

(Décr. n° 2020-1510 du 2 déc. 2020, art. 8) **« 14° L'article R. 236-1 du code de la sécurité intérieure, pour les seules données intéressant la sûreté de l'État » ;**

(Décr. n° 2020-1511 du 2 déc. 2020, art. 10) **« 15° L'article R. 236-11 du code de la sécurité intérieure, pour les seules données intéressant la sûreté de l'État » ;**

(Décr. n° 2020-1512 du 2 déc. 2020, art. 10) **« 16° L'article R. 236-21 du code de la sécurité intérieure, pour les seules données intéressant la sûreté de l'État » ;**

(Décr. n° 2022-714 du 27 avr. 2022, art. 2) **« 17° Décret n° 2018-383 du 23 mai 2018 autorisant les traitements de données à caractère personnel relatifs au suivi des personnes en soins psychiatriques sans consentement, pour les données traitées pour la finalité prévue au 6° de l'article 1er de ce décret » ;**

(Décr. n° 2022-769 du 29 avr. 2022, art. 1er) **« 17°** *[18°]* **Décret autorisant la mise en œuvre par la direction générale de la sécurité extérieure d'un traitement automatisé de données à caractère personnel dénommé "TREX" ; »**

Les dispositions du Décr. n° 2015-1808 du 28 déc. 2015 sont d'application immédiate, y compris aux instances en cours n'ayant pas donné lieu à une décision de la juridiction saisie en première instance (Décr. préc., art. 4).

COMMENTAIRE

Voir commentaire sur le Code en ligne.

TITRE V DES TECHNIQUES DE RECUEIL DE RENSEIGNEMENT SOUMISES À AUTORISATION

COMMENTAIRE

Voir commentaire sur le Code en ligne.

CHAPITRE I *DES ACCÈS ADMINISTRATIFS AUX DONNÉES DE CONNEXION*

SECTION 1 *Services autres que les services spécialisés de renseignement pouvant être autorisés à accéder aux données de connexion* (Décr. n° 2016-67 du 29 janv. 2016, art. 2-1°).

Art. R. 851-1 *(Décr. n° 2015-1639 du 11 déc. 2015, art. 3)* **Les services relevant de l'article L. 811-4 dont les agents individuellement désignés et habilités peuvent être autorisés à utiliser la technique mentionnée à l'article L. 851-1 sont les suivants :**

1° Services placés sous l'autorité du directeur général de la police nationale :

(Abrogé par Décr. n° 2019-1496 du 28 déc. 2019, art. 3 et 10, à compter du 1er janv. 2020) ***« a) L'unité de coordination de la lutte antiterroriste au titre des finalités mentionnées aux 4° et a et b du 5° de l'article L. 811-3 ; »***

***b)* A la direction centrale de la police judiciaire :**

– le service central des courses et jeux au titre de la finalité mentionnée au 6° de l'article L. 811-3 ;

(Décr. nº 2019-1496 du 28 déc. 2019, art. 3 et 10, en vigueur le 1er janv. 2020) « – l'Office anti-stupéfiants au titre de la finalité mentionnée au 6° de l'article L. 811-3 ; »

– la sous-direction de la lutte contre la criminalité organisée *(Abrogé par Décr. nº 2019-684 du 28 juin 2019, art. 1er, à compter du 1er juill. 2019)* ***« et la délinquance financière »*** au titre de la finalité mentionnée au 6° de l'article L. 811-3 ;

(Décr. nº 2019-684 du 28 juin 2019, art. 1er, en vigueur le 1er juill. 2019) « – la sous-direction de la lutte contre la criminalité financière au titre de la finalité mentionnée au 6° de l'article L. 811-3 ; »

– la sous-direction antiterroriste au titre de la finalité mentionnée au 4° de l'article L. 811-3 ;

– la sous-direction de la lutte contre la cybercriminalité au titre des finalités mentionnées aux 4° et 6° de l'article L. 811-3 ;

(Décr. nº 2021-1543 du 29 nov. 2021, art. 3) « – les directions zonales et régionales de police judiciaire, les directions territoriales de police judiciaire et les services de police judiciaire au titre des finalités mentionnées aux 4° et 6° de l'article L. 811-3 ; »

c) A la direction centrale de la police aux frontières :

– les unités en charge de la police judiciaire au sein des directions déconcentrées de la police aux frontières et des directions de la police aux frontières d'Orly et de Roissy au titre de la finalité mentionnée au 6° de l'article L. 811-3 ;

– les brigades mobiles de recherche zonales au titre de la finalité mentionnée au 6° de l'article L. 811-3 ;

– l'office central pour la répression de l'immigration irrégulière et de l'emploi d'étrangers sans titre de la direction centrale de la police aux frontières au titre de la finalité mentionnée au 6° de l'article L. 811-3 ;

– l'unité judiciaire du service national de la police ferroviaire au titre de la finalité mentionnée au 6° de l'article L. 811-3 ;

d) A la direction centrale de la sécurité publique :

– les services du renseignement territorial au titre des finalités mentionnées aux 1°, 4°, *a*, *b* et *c* du 5° et 6° de l'article L. 811-3 ;

– les sûretés départementales au titre de la finalité mentionnée au 6° de l'article L. 811-3 ;

2° Unités placées sous l'autorité du directeur général de la gendarmerie nationale :

a) A la direction des opérations et de l'emploi :

– la sous-direction de l'anticipation opérationnelle au titre des finalités mentionnées aux 1°, 4° et *a*, *b* et *c* du 5° de l'article L. 811-3 ;

– la sous-direction de la police judiciaire au titre des finalités mentionnées aux 1°, 4° et 6° de l'article L. 811-3 ;

b) Les sections de recherches de la gendarmerie nationale au titre des finalités mentionnées aux 4° et 6° de l'article L. 811-3 ;

(Décr. nº 2022-277 du 28 févr. 2022, art. 3) « *c)* La division des opérations du commandement de la gendarmerie dans le cyberespace au titre de la finalité mentionnée au 6° de l'article L. 811-3 ; »

3° Services placés sous l'autorité du préfet de police :

(Décr. nº 2021-1543 du 29 nov. 2021, art. 3) « *a)* » *(Décr. nº 2022-277 du 28 févr. 2022, art. 2)* « La direction du renseignement » au titre des finalités mentionnées aux 1°, 4°, *a*, *b* et *c* du 5° et 6° de l'article L. 811-3 ;

b) A la direction régionale de la police judiciaire de Paris :

– la sous-direction des brigades centrales au titre des finalités mentionnées aux 4° et 6° de l'article L. 811-3 ;

– la sous-direction des affaires économiques et financières *(Décr. nº 2021-1543 du 29 nov. 2021, art. 3)* « au titre des finalités mentionnées aux 4° et 6° de l'article L. 811-3 ; »

– la sous-direction des services territoriaux au titre des finalités mentionnées aux 4° et 6° de l'article L. 811-3 ;

c) A la direction de la sécurité de proximité de l'agglomération de Paris :

– les sûretés territoriales au titre de la finalité mentionnée au 6° de l'article L. 811-3 ;

(Décr. n° 2018-543 du 29 juin 2018, art. 1er) « – le département criminalité organisée de la sous-direction spécialisée dans la lutte contre l'immigration irrégulière au titre de la finalité mentionnée au 6° de l'article L. 811-3 ; »

4° Services placés sous l'autorité d'emploi du ministère de la défense :

– les sections de recherches de la gendarmerie maritime, de la gendarmerie de l'air et de la gendarmerie de l'armement au titre des finalités mentionnées aux 1°, 4° et 6° de l'article L. 811-3 ;

(Décr. n° 2019-1503 du 30 déc. 2019, art. 3) « 5° Service placé sous l'autorité du directeur de l'administration pénitentiaire : le Service national du renseignement pénitentiaire, au titre des finalités mentionnées aux 4°, *a, b* et *c* du 5° et 6° de l'article L. 811-3, et par dérogation au III de l'article R. 811-2, dans un cadre d'action pouvant dépasser la limite de l'enceinte des établissements pénitentiaires. »

COMMENTAIRE

Voir commentaire sur le Code en ligne.

Art. R. 851-1-1 *(Décr. n° 2016-67 du 29 janv. 2016, art. 2-2°)* Les services relevant de l'article L. 811-4 dont les agents individuellement désignés et habilités peuvent être autorisés à utiliser la technique mentionnée à l'article L. 851-2 au titre de la prévention du terrorisme sont les suivants :

1° Services placés sous l'autorité du directeur général de la police nationale :

a) A la direction centrale de la police judiciaire :

– la sous-direction antiterroriste ;

– la sous-direction de la lutte contre la cybercriminalité ;

(Décr. n° 2021-1543 du 29 nov. 2021, art. 4) « – les unités de lutte antiterroriste des directions zonales et régionales de police judiciaire ; »

b) A la direction centrale de la sécurité publique :

– l'unité nationale et les unités territoriales de recherche et d'appui des services du renseignement territorial ;

2° Unités placées sous l'autorité du directeur général de la gendarmerie nationale :

a) A la direction des opérations et de l'emploi :

– la sous-direction de l'anticipation opérationnelle ;

– la sous-direction de la police judiciaire ;

b) Les groupes d'appui et de renseignement des sections de recherches de la gendarmerie nationale ;

3° Services placés sous l'autorité du préfet de police de Paris :

(Décr. n° 2021-1543 du 29 nov. 2021, art. 4) « *a)* *(Décr. n° 2022-277 du 28 févr. 2022, art. 2)* « La direction du renseignement » ; »

b) A la direction régionale de la police judiciaire de Paris :

– la section antiterroriste de la brigade criminelle et la brigade de recherche et d'intervention de la sous-direction des brigades centrales ;

4° Services placés sous l'autorité d'emploi du ministre de la défense :

– les groupes d'appui et de renseignement des sections de recherches de la gendarmerie maritime, de la gendarmerie de l'air et de la gendarmerie de l'armement.

COMMENTAIRE

Voir commentaire sur le Code en ligne.

Art. R. 851-2 *(Décr. n° 2015-1639 du 11 déc. 2015, art. 3)* Les services relevant de l'article L. 811-4 dont les agents individuellement désignés et habilités peuvent être autorisés à utiliser la technique mentionnée à l'article L. 851-4 sont les suivants :

1° Services placés sous l'autorité du directeur général de la police nationale :

a) A la direction centrale de la police judiciaire :

– le service central des courses et jeux au titre de la finalité mentionnée au 6° de l'article L. 811-3 ;

(Décr. n° 2019-1496 du 28 déc. 2019, art. 4 et 10, en vigueur le 1er janv. 2020) « – l'Office anti-stupéfiants au titre de la finalité mentionnée au 6° de l'article L. 811-3 ; »

– la sous-direction de la lutte contre la criminalité organisée *(Abrogé par Décr. n° 2019-684 du 28 juin 2019, art. 1er, à compter du 1er juill. 2019)* ***« et la délinquance financière »*** au titre de la finalité mentionnée au 6° de l'article L. 811-3 ;

(Décr. n° 2019-684 du 28 juin 2019, art. 1er, en vigueur le 1er juill. 2019) « – la sous-direction de la lutte contre la criminalité financière au titre de la finalité mentionnée au 6° de l'article L. 811-3 ; »

– la sous-direction antiterroriste au titre de la finalité mentionnée au 4° de l'article L. 811-3 ;

– la sous-direction de la lutte contre la cybercriminalité au titre des finalités mentionnées aux 4° et 6° de l'article L. 811-3 ;

(Décr. n° 2021-1543 du 29 nov. 2021, art. 5) « – les directions zonales et régionales de police judiciaire, les directions territoriales de police judiciaire et les services de police judiciaire au titre des finalités mentionnées aux 4° et 6° de l'article L. 811-3 ; »

b) A la direction centrale de la police aux frontières :

– les unités en charge de la police judiciaire au sein des directions déconcentrées de la police aux frontières et des directions de la police aux frontières d'Orly et de Roissy au titre de la finalité mentionnée au 6° de l'article L. 811-3 ;

– les brigades mobiles de recherche zonales au titre de la finalité mentionnée au 6° de l'article L. 811-3 ;

– l'office central pour la répression de l'immigration irrégulière et de l'emploi d'étrangers sans titre de la direction centrale de la police aux frontières au titre de la finalité mentionnée au 6° de l'article L. 811-3 ;

– l'unité judiciaire du service national de la police ferroviaire au titre de la finalité mentionnée au 6° de l'article L. 811-3 ;

c) A la direction centrale de la sécurité publique :

– les services du renseignement territorial au titre des finalités mentionnées aux 1°, 4°, *a*, *b* et *c* du 5° et 6° de l'article L. 811-3 ;

– les sûretés départementales au titre de la finalité mentionnée au 6° de l'article L. 811-3 ;

2° Unités placées sous l'autorité du directeur général de la gendarmerie nationale :

a) A la direction des opérations et de l'emploi :

– la sous-direction de l'anticipation opérationnelle au titre des finalités mentionnées aux 1°, 4° et *a*, *b* et *c* du 5° de l'article L. 811-3 ;

– la sous-direction de la police judiciaire au titre des finalités mentionnées aux 1°, 4° et 6° de l'article L. 811-3 ;

b) Les sections de recherches de la gendarmerie nationale au titre des finalités mentionnées aux 4° et 6° de l'article L. 811-3 ;

(Décr. n° 2022-277 du 28 févr. 2022, art. 3) « *c)* La division des opérations du commandement de la gendarmerie dans le cyberespace au titre de la finalité mentionnée au 6° de l'article L. 811-3 ; »

3° Services placés sous l'autorité du préfet de police :

(Décr. n° 2021-1543 du 29 nov. 2021, art. 5) « *a)* » *(Décr. n° 2022-277 du 28 févr. 2022, art. 2)* « La direction du renseignement » au titre des finalités mentionnées aux 1°, 4°, *a*, *b* et *c* du 5° et 6° de l'article L. 811-3 ;

b) A la direction régionale de la police judiciaire de Paris :

– la sous-direction des brigades centrales au titre des finalités mentionnées aux 4° et 6° de l'article L. 811-3 ;

– la sous-direction des affaires économiques et financières *(Décr. n° 2021-1543 du 29 nov. 2021, art. 5)* « au titre des finalités mentionnées aux 4° et 6° de l'article L. 811-3 » ;

– la sous-direction des services territoriaux au titre des finalités mentionnées aux 4° et 6° de l'article L. 811-3 ;

c) A la direction de la sécurité de proximité de l'agglomération de Paris :

– les sûretés territoriales au titre de la finalité mentionnée au 6° de l'article L. 811-3 ;

(Décr. nº 2018-543 du 29 juin 2018, art. 1er) « – le département criminalité organisée de la sous-direction spécialisée dans la lutte contre l'immigration irrégulière au titre de la finalité mentionnée au 6° de l'article L. 811-3 ; »

4° Services placés sous l'autorité d'emploi du ministère de la défense :

– les sections de recherches de la gendarmerie maritime, de la gendarmerie de l'air et de la gendarmerie de l'armement au titre des finalités mentionnées aux 1°, 4° et 6° de l'article L. 811-3 ;

(Décr. nº 2017-36 du 16 janv. 2017, art. 4, en vigueur le 1er févr. 2017) « 5° *(Décr. nº 2019-1503 du 30 déc. 2019, art. 8)* « Service placé sous l'autorité du directeur de l'administration pénitentiaire : le Service national du renseignement pénitentiaire » au titre des finalités mentionnées aux 4° et 6° de l'article L. 811-3. »

COMMENTAIRE

Voir commentaire sur le Code en ligne.

Art. R. 851-3 *(Décr. nº 2015-1639 du 11 déc. 2015, art. 3)* Les services relevant de l'article L. 811-4 dont les agents individuellement désignés et habilités peuvent être autorisés à utiliser la technique mentionnée à l'article L. 851-5 sont les suivants :

1° Services placés sous l'autorité du directeur général de la police nationale :

a) A la direction centrale de la police judiciaire :

– le service central des courses et jeux au titre de la finalité mentionnée au 6° de l'article L. 811-3 ;

(Décr. nº 2019-1496 du 28 déc. 2019, art. 4 et 10, en vigueur le 1er janv. 2020) « – l'Office anti-stupéfiants au titre de la finalité mentionnée au 6° de l'article L. 811-3 ; »

– la sous-direction de la lutte contre la criminalité organisée *(Abrogé par Décr. nº 2019-684 du 28 juin 2019, art. 1er, à compter du 1er juill. 2019)* *« et la délinquance financière »* au titre de la finalité mentionnée au 6° de l'article L. 811-3 ;

(Décr. nº 2019-684 du 28 juin 2019, art. 1er, en vigueur le 1er juill. 2019) « – la sous-direction de la lutte contre la criminalité financière au titre de la finalité mentionnée au 6° de l'article L. 811-3 ; »

– la sous-direction antiterroriste au titre de la finalité mentionnée au 4° de l'article L. 811-3 ;

– la sous-direction de la lutte contre la cybercriminalité au titre des finalités mentionnées aux 4° et 6° de l'article L. 811-3 ;

(Décr. nº 2021-1543 du 29 nov. 2021, art. 6) « – les directions zonales et régionales de police judiciaire, les directions territoriales de police judiciaire et les services de police judiciaire au titre des finalités mentionnées aux 4° et 6° de l'article L. 811-3 ; »

b) A la direction centrale de la police aux frontières :

– les unités en charge de la police judiciaire au sein des directions déconcentrées de la police aux frontières et des directions de la police aux frontières d'Orly et de Roissy au titre de la finalité mentionnée au 6° de l'article L. 811-3 ;

– les brigades mobiles de recherche zonales au titre de la finalité mentionnée au 6° de l'article L. 811-3 ;

– l'office central pour la répression de l'immigration irrégulière et de l'emploi d'étrangers sans titre de la direction centrale de la police aux frontières au titre de la finalité mentionnée au 6° de l'article L. 811-3 ;

– l'unité judiciaire du service national de la police ferroviaire au titre de la finalité mentionnée au 6° de l'article L. 811-3 ;

c) A la direction centrale de la sécurité publique :

– les services du renseignement territorial au titre des finalités mentionnées aux 1°, 4°, *a*, *b* et *c* du 5° et 6° de l'article L. 811-3 ;

– les sûretés départementales au titre de la finalité mentionnée au 6° de l'article L. 811-3.

Les agents du service interministériel d'assistance technique de la direction centrale de la police judiciaire individuellement désignés et habilités peuvent, sous la responsabilité d'un des services ou unités mentionnés au 1° du présent article, apporter leur concours dans la mise en œuvre de la technique mentionnée au présent article. Ces agents ne peuvent pas exploiter les renseignements ainsi collectés ;

2° Unités placées sous l'autorité du directeur général de la gendarmerie nationale :

a) A la direction des opérations et de l'emploi :

– la sous-direction de l'anticipation opérationnelle au titre des finalités mentionnées aux 1°, 4° et *a*, *b* et *c* du 5° de l'article L. 811-3 ;

– la sous-direction de la police judiciaire au titre des finalités mentionnées aux 1°, 4° et 6° de l'article L. 811-3 ;

b) Les sections de recherches de la gendarmerie nationale au titre des finalités mentionnées aux 4° et 6° de l'article L. 811-3 ;

(Décr. nº 2022-277 du 28 févr. 2022, art. 3) « *c)* La division des opérations du commandement de la gendarmerie dans le cyberespace au titre de la finalité mentionnée au 6° de l'article L. 811-3 ; »

Les militaires du groupe d'intervention de la gendarmerie nationale et des groupes d'observation et de surveillance individuellement désignés et habilités peuvent, sous la responsabilité d'une des unités mentionnées au 2° du présent article, apporter leur concours dans la mise en œuvre de la technique mentionnée au présent article. Ces militaires ne peuvent pas exploiter les renseignements ainsi collectés ;

3° Services placés sous l'autorité du préfet de police :

(Décr. nº 2021-1543 du 29 nov. 2021, art. 6) « *a)* » *(Décr. nº 2022-277 du 28 févr. 2022, art. 2)* « La direction du renseignement » au titre des finalités mentionnées aux 1°, 4°, *a*, *b* et *c* du 5° et 6° de l'article L. 811-3 ;

b) A la direction régionale de la police judiciaire de Paris :

– la sous-direction des brigades centrales au titre des finalités mentionnées aux 4° et 6° de l'article L. 811-3 ;

– la sous-direction des affaires économiques et financières *(Décr. nº 2021-1543 du 29 nov. 2021, art. 6)* « au titre des finalités mentionnées aux 4° et 6° de l'article L. 811-3 » ;

– la sous-direction des services territoriaux au titre des finalités mentionnées aux 4° et 6° de l'article L. 811-3.

(Abrogé par Décr. nº 2021-1543 du 29 nov. 2021, art. 6) « ***Les agents de la cellule d'assistance technique de l'état-major de la direction régionale de la police judiciaire de Paris individuellement désignés et habilités peuvent, sous la responsabilité d'un des services mentionnés au b du 3° du présent article, apporter leur concours dans la mise en œuvre de la technique mentionnée au présent article. Ces agents ne peuvent pas exploiter les renseignements ainsi collectés ;*** »

c) A la direction de la sécurité de proximité de l'agglomération de Paris :

– les sûretés territoriales au titre de la finalité mentionnée au 6° de l'article L. 811-3.

(Décr. nº 2018-543 du 29 juin 2018, art. 1er) « – le département criminalité organisée de la sous-direction spécialisée dans la lutte contre l'immigration irrégulière au titre de la finalité mentionnée au 6° de l'article L. 811-3 ; »

(Décr. nº 2021-1543 du 29 nov. 2021, art. 6) « Les agents de la cellule d'assistance technique de l'état-major de la direction régionale de la police judiciaire de Paris individuellement désignés et habilités peuvent, sous la responsabilité d'un des services mentionnés aux *b* et *c* du 3° du présent article, apporter leur concours dans la mise en œuvre de la technique mentionnée au présent article. Ces agents ne peuvent pas exploiter les renseignements ainsi collectés. »

4° Services placés sous l'autorité d'emploi du ministère de la défense :

– les sections de recherches de la gendarmerie maritime, de la gendarmerie de l'air et de la gendarmerie de l'armement au titre des finalités mentionnées aux 1°, 4° et 6° de l'article L. 811-3.

Les militaires du groupe d'intervention de la gendarmerie nationale et des groupes d'observation et de surveillance individuellement désignés et habilités peuvent, sous la responsabilité d'une des unités mentionnées à l'alinéa précédent, apporter leur concours dans la mise en œuvre de la technique mentionnée au présent article. Ces militaires ne peuvent pas exploiter les renseignements ainsi collectés ;

(Décr. nº 2017-36 du 16 janv. 2017, art. 5, en vigueur le 1er févr. 2017) « 5° *(Décr. nº 2019-1503 du 30 déc. 2019, art. 8)* « Service placé sous l'autorité du directeur de

l'administration pénitentiaire : le Service national du renseignement pénitentiaire » au titre des finalités mentionnées aux 4° et 6° de l'article L. 811-3. »

COMMENTAIRE

Voir commentaire sur le Code en ligne.

Art. R. 851-4 *(Décr. nº 2015-1639 du 11 déc. 2015, art. 3)* **Les services relevant de l'article L. 811-4 dont les agents individuellement désignés et habilités peuvent être autorisés à utiliser la technique mentionnée à l'article L. 851-6 sont les suivants :**

1° Services placés sous l'autorité du directeur général de la police nationale :

***a)* A la direction centrale de la police judiciaire :**

— le service central des courses et jeux au titre de la finalité mentionnée au 6° de l'article L. 811-3 ;

(Décr. nº 2019-1496 du 28 déc. 2019, art. 4 et 10, en vigueur le 1er janv. 2020) **« — l'Office anti-stupéfiants au titre de la finalité mentionnée au 6° de l'article L. 811-3 ; »**

— la sous-direction de la lutte contre la criminalité organisée *(Abrogé par Décr. nº 2019-684 du 28 juin 2019, art. 1er, à compter du 1er juill. 2019)* ***« et la délinquance financière »*** **au titre de la finalité mentionnée au 6° de l'article L. 811-3 ;**

(Décr. nº 2019-684 du 28 juin 2019, art. 1er, en vigueur le 1er juill. 2019) **« — la sous-direction de la lutte contre la criminalité financière au titre de la finalité mentionnée au 6° de l'article L. 811-3 ; »**

— la sous-direction antiterroriste au titre de la finalité mentionnée au 4° de l'article L. 811-3 ;

— la sous-direction de la lutte contre la cybercriminalité au titre des finalités mentionnées aux 4° et 6° de l'article L. 811-3 ;

(Décr. nº 2021-1543 du 29 nov. 2021, art. 7) **« — les directions zonales et régionales de police judiciaire, les directions territoriales de police judiciaire et les services de police judiciaire au titre des finalités mentionnées aux 4° et 6° de l'article L. 811-3 ; »**

***b)* A la direction centrale de la police aux frontières :**

— l'office central pour la répression de l'immigration irrégulière et de l'emploi d'étrangers sans titre de la direction centrale de la police aux frontières au titre de la finalité mentionnée au 6° de l'article L. 811-3 ;

***c)* A la direction centrale de la sécurité publique :**

— l'unité nationale et les unités départementales de recherche et d'appui des services du renseignement territorial au titre des finalités mentionnées aux 1°, 4°, *a*, *b* et *c* du 5° et 6° de l'article L. 811-3.

Les agents du service interministériel d'assistance technique de la direction centrale de la police judiciaire individuellement désignés et habilités peuvent, sous la responsabilité d'un des services mentionnés au 1° du présent article, apporter leur concours dans la mise en œuvre de la technique mentionnée au présent article. Ces agents ne peuvent pas exploiter les renseignements ainsi collectés ;

2° Unités placées sous l'autorité du directeur général de la gendarmerie nationale :

***a)* A la direction des opérations et de l'emploi :**

— la sous-direction de l'anticipation opérationnelle au titre des finalités mentionnées aux 1°, 4° et *a*, *b* et *c* du 5° de l'article L. 811-3 ;

— la sous-direction de la police judiciaire au titre des finalités mentionnées aux 1°, 4° et 6° de l'article L. 811-3 ;

***b)* Les sections de recherches de la gendarmerie nationale au titre des finalités mentionnées aux 4° et 6° de l'article L. 811-3 ;**

(Décr. nº 2022-277 du 28 févr. 2022, art. 3) **« *c)* La division des opérations du commandement de la gendarmerie dans le cyberespace au titre de la finalité mentionnée au 6° de l'article L. 811-3 ; »**

Les militaires du groupe d'intervention de la gendarmerie nationale et des groupes d'observation et de surveillance individuellement désignés et habilités peuvent, sous la responsabilité d'une des unités mentionnées au 2° du présent article, apporter leur concours dans la mise en œuvre de la technique mentionnée au présent article. Ces militaires ne peuvent pas exploiter les renseignements ainsi collectés ;

3° Services placés sous l'autorité du préfet de police :

(Décr. n° 2021-1543 du 29 nov. 2021, art. 7) « *a)* » *(Décr. n° 2022-277 du 28 févr. 2022, art. 3)* « La direction du renseignement » au titre des finalités mentionnées aux 1°, 4°, *a*, *b* et *c* du 5° et 6° de l'article L. 811-3 ;

b) A la direction régionale de la police judiciaire de Paris :

— la sous-direction des brigades centrales au titre des finalités mentionnées aux 4° et 6° de l'article L. 811-3 ;

— la sous-direction des affaires économiques et financières *(Décr. n° 2021-1543 du 29 nov. 2021, art. 7)* « au titre des finalités mentionnées aux 4° et 6° de l'article L. 811-3 » ;

— la sous-direction des services territoriaux au titre des finalités mentionnées aux 4° et 6° de l'article L. 811-3.

Les agents de la cellule d'assistance technique de l'état-major de la direction régionale de la police judiciaire de Paris individuellement désignés et habilités peuvent, sous la responsabilité d'un des services mentionnés au *b* du 3° du présent article, apporter leur concours dans la mise en œuvre de la technique mentionnée au présent article. Ces agents ne peuvent pas exploiter les renseignements ainsi collectés ;

4° Services placés sous l'autorité d'emploi du ministère de la défense :

— les sections de recherches de la gendarmerie maritime, de la gendarmerie de l'air et de la gendarmerie de l'armement au titre des finalités mentionnées aux 1°, 4° et 6° de l'article L. 811-3.

Les militaires du groupe d'intervention de la gendarmerie nationale et des groupes d'observation et de surveillance individuellement désignés et habilités peuvent, sous la responsabilité d'une des unités mentionnées à l'alinéa précédent, apporter leur concours dans la mise en œuvre de la technique mentionnée au présent article. Ces militaires ne peuvent pas exploiter les renseignements ainsi collectés ;

(Décr. n° 2019-1503 du 30 déc. 2019, art. 4) « 5° Service placé sous l'autorité du directeur de l'administration pénitentiaire : le Service national du renseignement pénitentiaire au titre des finalités mentionnées aux 4°, *a*, *b* et *c* du 5° et 6° de l'article L. 811-3. »

COMMENTAIRE

Voir commentaire sur le Code en ligne.

SECTION 2 *Données de connexion susceptibles d'être recueillies*

(Décr. n° 2016-67 du 29 janv. 2016, art. 2-3°)

Art. R. 851-5 I. — Les informations ou documents mentionnés à l'article L. 851-1 sont, à l'exclusion du contenu des correspondances échangées ou des informations consultées :

1° Ceux énumérés aux articles R. 10-13 et R. 10-14 du code des postes et des communications électroniques et à l'*(Décr. n° 2021-1362 du 20 oct. 2021, art. 11)* « article 1er du décret n° 2021-1362 du 20 octobre 2021 » ;

2° Les données techniques autres que celles mentionnées au 1° :

a) Permettant de localiser les équipements terminaux ;

b) Relatives à l'accès des équipements terminaux aux réseaux ou aux services de communication au public en ligne ;

c) Relatives à l'acheminement des communications électroniques par les réseaux ;

d) Relatives à l'identification et à l'authentification d'un utilisateur, d'une connexion, d'un réseau ou d'un service de communication au public en ligne ;

e) Relatives aux caractéristiques des équipements terminaux et aux données de configuration de leurs logiciels.

II. — Seuls les informations et documents mentionnés au 1° du I peuvent être recueillis en application de l'article L. 851-1. Ce recueil a lieu en temps différé.

Les informations énumérées au 2° du I ne peuvent être recueillies qu'en application des articles L. 851-2 et L. 851-3 dans les conditions et limites prévues par ces articles et sous réserve de l'application de l'article R. 851-9.

COMMENTAIRE

Voir commentaire sur le Code en ligne.

SECTION 3 *Conditions d'accès aux données de connexion*

(Décr. n° 2016-67 du 29 janv. 2016, art. 2-3°)

Art. R. 851-6 I. – Les demandes tendant au recueil mentionné à l'article L. 851-1 comportent, outre les éléments énumérés à l'article L. 821-2, la nature précise des informations ou documents dont le recueil est demandé et, le cas échéant, la période concernée.

Seuls peuvent solliciter les informations et documents mentionnés au deuxième alinéa de l'article L. 851-1 les agents individuellement désignés et habilités par le directeur dont ils relèvent. La demande comporte alors également le nom, le prénom et la qualité du demandeur ainsi que son service d'affectation et l'adresse de celui-ci. A défaut, lorsque l'anonymat de l'agent concerné doit être préservé, la demande comporte toute indication permettant à la Commission nationale de contrôle des techniques de renseignement et au Premier ministre ou à ses délégués de vérifier l'identité du demandeur.

II. – Le groupement interministériel de contrôle enregistre et conserve dans les mêmes conditions de durée que celles prévues à l'article L. 822-2 pour les renseignements collectés, dans un traitement automatisé qu'il met en œuvre, les demandes tendant au recueil mentionné à l'article L. 851-1 ainsi que les décisions du Premier ministre ou de ses délégués relatives à ces demandes.

Les demandes et les décisions sont automatiquement effacées du traitement, sous l'autorité du Premier ministre, à l'expiration de la durée de conservation. Le directeur du groupement interministériel de contrôle adresse chaque année à la Commission nationale de contrôle des techniques de renseignement un procès-verbal certifiant que l'effacement a été effectué.

III. – Lorsqu'une demande tendant au recueil mentionné à l'article L. 851-1 a été approuvée par le Premier ministre ou ses délégués, le groupement interministériel de contrôle adresse aux opérateurs et aux personnes mentionnés à l'article L. 851-1 l'ordre de procéder au recueil, qui ne peut faire état des éléments prévus aux 2° à 4° de l'article L. 821-2 et au second alinéa du I du présent article.

Les opérateurs et les personnes mentionnés à l'article L. 851-1 transmettent sans délai les informations ou documents demandés au groupement interministériel de contrôle, selon des modalités assurant leur sécurité, leur intégrité et leur suivi.

IV. – Le groupement interministériel de contrôle enregistre et conserve dans les conditions prévues à l'article L. 822-2, dans un traitement automatisé qu'il met en œuvre, les informations ou documents transmis et les met à disposition des demandeurs pour exploitation. Ces informations ou documents sont automatiquement effacés du traitement dans les conditions prévues au second alinéa du II du présent article.

COMMENTAIRE

Voir commentaire sur le Code en ligne.

Art. R. 851-7 I. – Les demandes tendant au recueil mentionné à l'article L. 851-2 comportent, outre les éléments énumérés à l'article L. 821-2, la nature précise des informations ou documents dont le recueil est demandé.

II. – Le groupement interministériel de contrôle enregistre, conserve et efface, dans les conditions prévues au II de l'article R. 851-6, les demandes tendant au recueil mentionné à l'article L. 851-2 ainsi que les décisions du Premier ministre ou de ses délégués relatives à ces demandes.

III. – Lorsqu'une demande tendant au recueil mentionné à l'article L. 851-2 a été présentée par un service mentionné à l'article R. 851-1-1 et approuvée par le Premier ministre ou l'un de ses délégués, le groupement interministériel de contrôle recueille en temps réel, sur les réseaux des opérateurs et des personnes mentionnés à l'article L. 851-1, les informations ou documents demandés.

IV. — Lorsque les informations ou documents demandés ont été recueillis en application du III du présent article, le groupement interministériel de contrôle les enregistre, conserve et efface, dans les conditions prévues au IV de l'article R. 851-6, et les met à disposition des demandeurs pour exploitation.

Art. R. 851-8 I. — Le groupement interministériel de contrôle enregistre, conserve et efface, dans les conditions prévues au II de l'article R. 851-6, les demandes tendant au recueil mentionné à l'article L. 851-4 ainsi que les décisions du Premier ministre ou de ses délégués relatives à ces demandes.

II. — Lorsqu'une demande tendant au recueil mentionné à l'article L. 851-4 a été approuvée par le Premier ministre ou ses délégués, il est procédé comme au III de l'article R. 851-6. La transmission des données techniques demandées intervient en temps réel sur sollicitation du réseau par l'opérateur qui l'exploite.

III. — Le groupement interministériel de contrôle enregistre, conserve et efface, dans les conditions prévues au IV de l'article R. 851-6, les données techniques transmises et les met à disposition des demandeurs pour exploitation.

Art. R. 851-9 Les informations ou documents recueillis en application du présent chapitre ne peuvent, sans l'autorisation prévue à l'article L. 852-1 ou à l'article L. 853-2, être exploités aux fins d'accéder au contenu de correspondances échangées ou d'informations consultées.

Art. R. 851-10 La Commission nationale de contrôle des techniques de renseignement dispose d'un accès permanent, complet, direct et immédiat aux traitements automatisés prévus aux articles R. 851-6 à R. 851-8.

Le Premier ministre ou ses délégués fournissent à la commission tous éclaircissements qu'elle sollicite sur les demandes qu'ils ont approuvées.

CHAPITRE II *DES INTERCEPTIONS DE SÉCURITÉ*

Art. R. 852-1 *(Décr. n° 2015-1639 du 11 déc. 2015, art. 4)* Les services relevant de l'article L. 811-4 dont les agents individuellement désignés et habilités peuvent être autorisés à utiliser la technique mentionnée au I de l'article L. 852-1 sont les suivants :

1° Services placés sous l'autorité du directeur général de la police nationale :

a) A la direction centrale de la police judiciaire :

— le service central des courses et jeux au titre de la finalité mentionnée au 6° de l'article L. 811-3 ;

(Décr. n° 2019-1496 du 28 déc. 2019, art. 4 et 10, en vigueur le 1er janv. 2020) « — l'Office anti-stupéfiants au titre de la finalité mentionnée au 6° de l'article L. 811-3 ; »

— la sous-direction de la lutte contre la criminalité organisée *(Abrogé par Décr. n° 2019-684 du 28 juin 2019, art. 1er, à compter du 1er juill. 2019)* ***« et la délinquance financière »*** au titre de la finalité mentionnée au 6° de l'article L. 811-3 ;

(Décr. n° 2019-684 du 28 juin 2019, art. 1er, en vigueur le 1er juill. 2019) « — la sous-direction de la lutte contre la criminalité financière au titre de la finalité mentionnée au 6° de l'article L. 811-3 ; »

— la sous-direction antiterroriste au titre de la finalité mentionnée au 4° de l'article L. 811-3 ;

— la sous-direction de la lutte contre la cybercriminalité au titre des finalités mentionnées aux 4° et 6° de l'article L. 811-3 ;

(Décr. n° 2021-1543 du 29 nov. 2021, art. 8) « — les directions zonales et régionales de police judiciaire, les directions territoriales de police judiciaire et les services de police judiciaire au titre des finalités mentionnées aux 4° et 6° de l'article L. 811-3 ; »

b) A la direction centrale de la police aux frontières :

— les unités en charge de la police judiciaire au sein des directions déconcentrées de la police aux frontières et des directions de la police aux frontières d'Orly et de Roissy au titre de la finalité mentionnée au 6° de l'article L. 811-3 ;

— les brigades mobiles de recherche zonales au titre de la finalité mentionnée au 6° de l'article L. 811-3 ;

– l'office central pour la répression de l'immigration irrégulière et de l'emploi d'étrangers sans titre de la direction centrale de la police aux frontières au titre de la finalité mentionnée au 6° de l'article L. 811-3 ;

– l'unité judiciaire du service national de la police ferroviaire au titre de la finalité mentionnée au 6° de l'article L. 811-3 ;

c) A la direction centrale de la sécurité publique :

– les services du renseignement territorial au titre des finalités mentionnées aux 1°, 4°, *a*, *b* et *c* du 5° et 6° de l'article L. 811-3 ;

– les sûretés départementales au titre de la finalité mentionnée au 6° de l'article L. 811-3 ;

2° Unités placées sous l'autorité du directeur général de la gendarmerie nationale :

a) A la direction des opérations et de l'emploi :

– la sous-direction de l'anticipation opérationnelle au titre des finalités mentionnées aux 1°, 4° et *a*, *b* et *c* du 5° de l'article L. 811-3 ;

– la sous-direction de la police judiciaire au titre des finalités mentionnées aux 1°, 4° et 6° de l'article L. 811-3 ;

b) Les sections de recherches de la gendarmerie nationale au titre des finalités mentionnées aux 4° et 6° de l'article L. 811-3 ;

(Décr. nº 2022-277 du 28 févr. 2022, art. 3) « *c)* La division des opérations du commandement de la gendarmerie dans le cyberespace au titre de la finalité mentionnée au 6° de l'article L. 811-3 ; »

3° Services placés sous l'autorité du préfet de police :

(Décr. nº 2021-1543 du 29 nov. 2021, art. 8) « *a)* » *(Décr. nº 2022-277 du 28 févr. 2022, art. 2)* « La direction du renseignement » au titre des finalités mentionnées aux 1°, 4°, *a*, *b* et *c* du 5° et 6° de l'article L. 811-3 ;

b) A la direction régionale de la police judiciaire de Paris :

– la sous-direction des brigades centrales au titre des finalités mentionnées aux 4° et 6° de l'article L. 811-3 ;

– la sous-direction des affaires économiques et financières *(Décr. nº 2021-1543 du 29 nov. 2021, art. 8)* « au titre des finalités mentionnées aux 4° et 6° de l'article L. 811-3 » ;

– la sous-direction des services territoriaux au titre des finalités mentionnées aux 4° et 6° de l'article L. 811-3 ;

c) A la direction de la sécurité de proximité de l'agglomération de Paris :

– les sûretés territoriales au titre de la finalité mentionnée au 6° de l'article L. 811-3 ;

(Décr. nº 2018-543 du 29 juin 2018, art. 1er) « – le département criminalité organisée de la sous-direction spécialisée dans la lutte contre l'immigration irrégulière au titre de la finalité mentionnée au 6° de l'article L. 811-3 ; »

4° Services placés sous l'autorité d'emploi du ministère de la défense :

– les sections de recherches de la gendarmerie maritime, de la gendarmerie de l'air et de la gendarmerie de l'armement au titre des finalités mentionnées aux 1°, 4° et 6° de l'article L. 811-3 ;

(Décr. nº 2019-1503 du 30 déc. 2019, art. 4) « 5° Service placé sous l'autorité du directeur de l'administration pénitentiaire : le Service national du renseignement pénitentiaire au titre des finalités mentionnées aux 4°, *a*, *b* et *c* du 5° et 6° de l'article L. 811-3. »

COMMENTAIRE

Voir commentaire sur le Code en ligne.

Art. R. 852-2 *(Décr. nº 2015-1639 du 11 déc. 2015, art. 4)* Les services relevant de l'article L. 811-4 dont les agents individuellement désignés et habilités peuvent être autorisés à utiliser la technique mentionnée au II de l'article L. 852-1 sont les suivants :

1° Services placés sous l'autorité du directeur général de la police nationale :

a) A la direction centrale de la sécurité publique :

– l'unité nationale et les unités départementales de recherche et d'appui des services du renseignement territorial au titre de la finalité mentionnée au 4° de l'article L. 811-3.

Les agents du service interministériel d'assistance technique de la direction centrale de la police judiciaire individuellement désignés et habilités peuvent, sous la responsabilité d'un des services mentionnés au 1° du présent article, apporter leur concours dans la mise en œuvre de la technique mentionnée au présent article. Ces agents ne peuvent pas exploiter les renseignements ainsi collectés ;

2° Unités placées sous l'autorité du directeur général de la gendarmerie nationale :

a) A la direction des opérations et de l'emploi :

– la sous-direction de l'anticipation opérationnelle au titre des finalités mentionnées aux 1° et 4° de l'article L. 811-3.

Les militaires du groupe d'intervention de la gendarmerie nationale et des groupes d'observation et de surveillance individuellement désignés et habilités peuvent, sous la responsabilité de la sous-direction mentionnée au 2° du présent article, apporter leur concours dans la mise en œuvre de la technique mentionnée au présent article. Ces militaires ne peuvent pas exploiter les renseignements ainsi collectés ;

3° Services placés sous l'autorité du préfet de police :

(Décr. nº 2021-1543 du 29 nov. 2021, art. 9) **« *a)* »** *(Décr. nº 2022-277 du 28 févr. 2022, art. 2)* **« La direction du renseignement » au titre de la finalité mentionnée au 4° de l'article L. 811-3 ;**

***b)* A la direction régionale de la police judiciaire de Paris :**

– la brigade de recherche et d'intervention de la sous-direction des brigades centrales au titre de la finalité mentionnée au 4° de l'article L. 811-3.

Les agents de la cellule d'assistance technique de l'état-major de la direction régionale de la police judiciaire de Paris individuellement désignés et habilités peuvent, sous la responsabilité du service de cette direction régionale mentionné à l'alinéa précédent, apporter leur concours dans la mise en œuvre de la technique mentionnée au présent article. Ces agents ne peuvent pas exploiter les renseignements ainsi collectés ;

(Décr. nº 2017-36 du 16 janv. 2017, art. 8, en vigueur le 1er févr. 2017) **« 4°** *(Décr. nº 2019-1503 du 30 déc. 2019, art. 8)* **« Service placé sous l'autorité du directeur de l'administration pénitentiaire : le Service national du renseignement pénitentiaire » au titre de la finalité mentionnée au 4° de l'article L. 811-3. »**

COMMENTAIRE

Voir commentaire sur le Code en ligne.

CHAPITRE III *DE LA SONORISATION DE CERTAINS LIEUX ET VÉHICULES ET DE LA CAPTATION D'IMAGES ET DE DONNÉES INFORMATIQUES*

Art. R. 853-1 *(Décr. nº 2015-1639 du 11 déc. 2015, art. 5-1º-a)* **« I. – » Les services spécialisés de renseignement dont les agents individuellement désignés et habilités peuvent être autorisés à utiliser les dispositifs techniques mentionnés au I de l'article L. 853-1 sont la direction générale de la sécurité extérieure, la direction du renseignement et de la sécurité de la défense, la direction du renseignement militaire, la direction générale de la sécurité intérieure et le service à compétence nationale dénommé "direction nationale du renseignement et des enquêtes douanières".**

(Décr. nº 2015-1639 du 11 déc. 2015, art. 5-1º-b) **« II. – Les services relevant de l'article L. 811-4 dont les agents individuellement désignés et habilités peuvent être autorisés à utiliser la technique mentionnée au I de l'article L. 853-1 sont les suivants :**

« 1° Services placés sous l'autorité du directeur général de la police nationale :

« *a)* A la direction centrale de la police judiciaire :

« – le service central des courses et jeux au titre de la finalité mentionnée au 6° de l'article L. 811-3 ;

(Décr. nº 2019-1496 du 28 déc. 2019, art. 4 et 10, en vigueur le 1er janv. 2020) **« – l'Office anti-stupéfiants au titre de la finalité mentionnée au 6° de l'article L. 811-3 ; »**

— la sous-direction de la lutte contre la criminalité organisée *(Abrogé par Décr. n° 2019-684 du 28 juin 2019, art. 1er, à compter du 1er juill. 2019)* «***et la délinquance financière***» au titre de la finalité mentionnée au 6° de l'article L. 811-3 ;

(Décr. n° 2019-684 du 28 juin 2019, art. 1er, en vigueur le 1er juill. 2019) «— la sous-direction de la lutte contre la criminalité financière au titre de la finalité mentionnée au 6° de l'article L. 811-3 ;»

«— la sous-direction antiterroriste au titre de la finalité mentionnée au 4° de l'article L. 811-3 ;

«— la sous-direction de la lutte contre la cybercriminalité au titre des finalités mentionnées aux 4° et 6° de l'article L. 811-3 ;

(Décr. n° 2021-1543 du 29 nov. 2021, art. 11) «— les directions zonales et régionales de police judiciaire, les directions territoriales de police judiciaire et les services de police judiciaire au titre des finalités mentionnées aux 4° et 6° de l'article L. 811-3 ;»

«*b)* A la direction centrale de la police aux frontières :

«— l'office central pour la répression de l'immigration irrégulière et de l'emploi d'étrangers sans titre de la direction centrale de la police aux frontières au titre de la finalité mentionnée au 6° de l'article L. 811-3 ;

«*c)* A la direction centrale de la sécurité publique :

«— l'unité nationale et les unités départementales de recherche et d'appui des services du renseignement territorial au titre des finalités mentionnées aux 1°, 4°, *a, b* et *c* du 5° et 6° de l'article L. 811-3.

«Les agents du service interministériel d'assistance technique de la direction centrale de la police judiciaire individuellement désignés et habilités peuvent, sous la responsabilité des services et unités mentionnés au 1° du II du présent article, apporter leur concours dans la mise en œuvre de la technique mentionnée au présent article. Ces agents ne peuvent pas exploiter les renseignements ainsi collectés ;

«2° Unités placées sous l'autorité du directeur général de la gendarmerie nationale :

«*a)* A la direction des opérations et de l'emploi :

«— la sous-direction de l'anticipation opérationnelle au titre des finalités mentionnées aux 1°, 4° et *a, b* et *c* du 5° de l'article L. 811-3 ;

«— la sous-direction de la police judiciaire au titre des finalités mentionnées aux 1°, 4° et 6° de l'article L. 811-3 ;

«*b)* Les sections de recherches de la gendarmerie nationale au titre des finalités mentionnées aux 4° et 6° de l'article L. 811-3 ;

(Décr. n° 2022-277 du 28 févr. 2022, art. 3) «*c)* La division des opérations du commandement de la gendarmerie dans le cyberespace au titre de la finalité mentionnée au 6° de l'article L. 811-3.

«Les militaires du groupe d'intervention de la gendarmerie nationale des groupes d'observation et de surveillance et de la division des opérations du commandement de la gendarmerie dans le cyberespace individuellement désignés et habilités peuvent, sous la responsabilité d'une des unités mentionnées au 2° du II du présent article, apporter leur concours dans la mise en œuvre de la technique mentionnée au présent article. Ces militaires ne peuvent pas exploiter les renseignements ainsi collectés ;»

«3° Services placés sous l'autorité du préfet de police :

(Décr. n° 2021-1543 du 29 nov. 2021, art. 11) «*a)*» *(Décr. n° 2022-277 du 28 févr. 2022, art. 2)* «La direction du renseignement» au titre des finalités mentionnées aux 1°, 4°, *a, b* et *c* du 5° et 6° de l'article L. 811-3 ;»

«*b)* A la direction régionale de la police judiciaire de Paris :

«— la sous-direction des brigades centrales au titre des finalités mentionnées aux 4° et 6° de l'article L. 811-3 ;

«— la sous-direction des affaires économiques et financières *(Décr. n° 2021-1543 du 29 nov. 2021, art. 11)* «au titre des finalités mentionnées aux 4° et 6° de l'article L. 811-3» ;

«— la sous-direction des services territoriaux au titre des finalités mentionnées aux 4° et 6° de l'article L. 811-3 ;

(Décr. n° 2018-543 du 29 juin 2018, art. 1er) «*c)* A la direction de la sécurité de proximité de l'agglomération de Paris :

« – le département criminalité organisée de la sous-direction spécialisée dans la lutte contre l'immigration irrégulière au titre de la finalité mentionnée au 6° de l'article L. 811-3. »

« Les agents de la cellule d'assistance technique de l'état-major de la direction régionale de la police judiciaire de Paris individuellement désignés et habilités peuvent, sous la responsabilité d'un des services mentionnés au *b* *(Décr. n° 2018-543 du 29 juin 2018, art. 1er)* « et au *c* » du 3° du II du présent article, apporter leur concours dans la mise en œuvre de la technique mentionnée au présent article. Ces agents ne peuvent pas exploiter les renseignements ainsi collectés ;

« 4° Services placés sous l'autorité d'emploi du ministère de la défense :

« – les sections de recherches de la gendarmerie maritime, de la gendarmerie de l'air et de la gendarmerie de l'armement au titre des finalités mentionnées aux 1°, 4° et 6° de l'article L. 811-3.

« Les militaires du groupe d'intervention de la gendarmerie nationale et des groupes d'observation et de surveillance individuellement désignés et habilités peuvent, sous la responsabilité d'une des unités mentionnées à l'alinéa précédent, apporter leur concours dans la mise en œuvre de la technique mentionnée au présent article. Ces militaires ne peuvent pas exploiter les renseignements ainsi collectés ; »

(Décr. n° 2017-36 du 16 janv. 2017, art. 9, en vigueur le 1er févr. 2017) « 5° *(Décr. n° 2019-1503 du 30 déc. 2019, art. 8)* « Service placé sous l'autorité du directeur de l'administration pénitentiaire : le Service national du renseignement pénitentiaire » au titre des finalités mentionnées aux 4° et 6° de l'article L. 811-3. »

COMMENTAIRE

Voir commentaire sur le Code en ligne.

Art. R. 853-2 *(Décr. n° 2015-1639 du 11 déc. 2015, art. 5-2°-a)* « I. – » Les services spécialisés de renseignement dont les agents individuellement désignés et habilités peuvent être autorisés à utiliser les dispositifs techniques mentionnés au I de l'article L. 853-2 sont la direction générale de la sécurité extérieure, la direction du renseignement et de la sécurité de la défense, la direction du renseignement militaire, la direction générale de la sécurité intérieure et le service à compétence nationale dénommé "direction nationale du renseignement et des enquêtes douanières".

(Décr. n° 2015-1639 du 11 déc. 2015, art. 5-2°-b) « II. – Les services relevant de l'article L. 811-4 dont les agents individuellement désignés et habilités peuvent être autorisés à utiliser la technique mentionnée au I de l'article L. 853-2 sont les suivants :

« 1° Services placés sous l'autorité du directeur général de la police nationale :

« *a)* A la direction centrale de la police judiciaire :

« – la sous-direction antiterroriste au titre de la finalité mentionnée au 4° de l'article L. 811-3 ;

« – la sous-direction de la lutte contre la cybercriminalité au titre des finalités mentionnées aux 4° et 6° de l'article L. 811-3 ;

« *b)* A la direction centrale de la police aux frontières :

« – l'office central pour la répression de l'immigration irrégulière et de l'emploi d'étrangers sans titre de la direction centrale de la police aux frontières au titre de la finalité mentionnée au 6° de l'article L. 811-3 ;

« *c)* A la direction centrale de la sécurité publique :

« – l'unité nationale et les unités départementales de recherche et d'appui des services du renseignement territorial au titre des finalités mentionnées aux 1°, 4°, *a*, *b* et *c* du 5° et 6° de l'article L. 811-3.

« Les agents du service interministériel d'assistance technique et de la sous-direction de la lutte contre la cybercriminalité de la direction centrale de la police judiciaire individuellement désignés et habilités peuvent, sous la responsabilité des services et unités mentionnés au 1° du II du présent article, apporter leur concours dans la mise en œuvre de la technique mentionnée au présent article. Ces agents ne peuvent pas exploiter les renseignements ainsi collectés ;

« 2° Unités placées sous l'autorité du directeur général de la gendarmerie nationale :

« *a)* A la direction des opérations et de l'emploi :

« – la sous-direction de l'anticipation opérationnelle au titre des finalités mentionnées aux 1°, 4° et *a*, *b* et *c* du 5° de l'article L. 811-3 ;

« – la sous-direction de la police judiciaire au titre des finalités mentionnées aux 1°, 4° et 6° de l'article L. 811-3 ;

(Décr. n° 2022-277 du 28 févr. 2022, art. 3) « *b)* La division des opérations du commandement de la gendarmerie dans le cyberespace au titre de la finalité mentionnée au 6° de l'article L. 811-3.

« Les militaires du groupe d'intervention de la gendarmerie nationale, des groupes d'observation et de surveillance, du service central du renseignement criminel et de la division des opérations du commandement de la gendarmerie dans le cyberespace, individuellement désignés et habilités peuvent, sous la responsabilité d'une des unités mentionnées au *a* du 2° du II du présent article, apporter leur concours dans la mise en œuvre de la technique mentionnée au présent article. Ces militaires ne peuvent pas exploiter les renseignements ainsi collectés ; »

« 3° Services placés sous l'autorité du préfet de police :

(Décr. n° 2021-1543 du 29 nov. 2021, art. 12) « *a)* » *(Décr. n° 2022-277 du 28 févr. 2022, art. 2)* « La direction du renseignement » au titre des finalités mentionnées aux 1°, 4°, *a*, *b* et *c* du 5° et 6° de l'article L. 811-3 ; »

« *b)* A la direction régionale de la police judiciaire de Paris :

« – la section antiterroriste de la brigade criminelle au titre de la finalité mentionnée au 4° de l'article L. 811-3 ;

« – la brigade de la protection des mineurs de la sous-direction des brigades centrales au titre de la finalité mentionnée au 6° de l'article L. 811-3 ;

« – la brigade d'enquêtes sur les fraudes aux technologies de l'information de la sous-direction des affaires économiques et financières au titre de la finalité mentionnée au 6° de l'article L. 811-3 ;

(Décr. n° 2021-1543 du 29 nov. 2021, art. 12) « – la brigade de lutte contre la cybercriminalité de la sous-direction des affaires économiques et financières au titre des finalités mentionnées aux 4° et 6° de l'article L. 811-3. »

« Les agents de la cellule d'assistance technique de l'état-major de la direction régionale de la police judiciaire de Paris individuellement désignés et habilités peuvent, sous la responsabilité d'un des services mentionnés au *b* du 3° du II du présent article, apporter leur concours dans la mise en œuvre de la technique mentionnée au présent article. Ces agents ne peuvent pas exploiter les renseignements ainsi collectés ; »

(Décr. n° 2019-1503 du 30 déc. 2019, art. 5) « 4° Service placé sous l'autorité du directeur de l'administration pénitentiaire : le Service national du renseignement pénitentiaire au titre des finalités mentionnées aux 4°, *a*, *b* et *c* du 5° et 6° de l'article L. 811-3. »

COMMENTAIRE

Voir commentaire sur le Code en ligne.

Art. R. 853-3 *(Décr. n° 2015-1639 du 11 déc. 2015, art. 5-3°-a)* « I. – » Les services spécialisés de renseignement dont les agents individuellement désignés et habilités peuvent être autorisés à s'introduire dans un véhicule ou dans un lieu privé dans les conditions prévues à l'article L. 853-3 sont la direction générale de la sécurité extérieure, la direction du renseignement et de la sécurité de la défense, la direction générale de la sécurité intérieure et le service à compétence nationale dénommé "direction nationale du renseignement et des enquêtes douanières".

(Décr. n° 2015-1639 du 11 déc. 2015, art. 5-3°-b) « II. – Les services relevant de l'article L. 811-4 dont les agents individuellement désignés et habilités peuvent être autorisés à s'introduire dans un véhicule ou dans un lieu privé dans les conditions prévues à l'article L. 853-3 sont les suivants :

« A. – Pour mettre en place, utiliser ou retirer le dispositif technique mentionné à l'article L. 851-5 dans un véhicule ou dans un lieu privé ne constituant pas un lieu d'habitation :

« 1° Services placés sous l'autorité du directeur général de la police nationale :

« *a)* A la direction centrale de la police judiciaire :

« – le service central des courses et jeux au titre de la finalité mentionnée au 6° de l'article L. 811-3 ;

(Décr. n° 2019-1496 du 28 déc. 2019, art. 4 et 10, en vigueur le 1er janv. 2020) « – l'Office anti-stupéfiants au titre de la finalité mentionnée au 6° de l'article L. 811-3 ; »

– la sous-direction de la lutte contre la criminalité organisée *(Abrogé par Décr. n° 2019-684 du 28 juin 2019, art. 1er, à compter du 1er juill. 2019)* ***« et la délinquance financière »*** au titre de la finalité mentionnée au 6° de l'article L. 811-3 ;

(Décr. n° 2019-684 du 28 juin 2019, art. 1er, en vigueur le 1er juill. 2019) « – la sous-direction de la lutte contre la criminalité financière au titre de la finalité mentionnée au 6° de l'article L. 811-3 ; »

« – la sous-direction antiterroriste au titre de la finalité mentionnée au 4° de l'article L. 811-3 ;

« – la sous-direction de la lutte contre la cybercriminalité au titre des finalités mentionnées aux 4° et 6° de l'article L. 811-3 ;

(Décr. n° 2021-1543 du 29 nov. 2021, art. 13) « – les directions zonales et régionales de police judiciaire, les directions territoriales de police judiciaire et les services de police judiciaire au titre des finalités mentionnées aux 4° et 6° de l'article L. 811-3 ; »

« *b)* A la direction centrale de la police aux frontières :

« – les unités en charge de la police judiciaire au sein des directions déconcentrées de la police aux frontières et des directions de la police aux frontières d'Orly et de Roissy au titre de la finalité mentionnée au 6° de l'article L. 811-3 ;

« – les brigades mobiles de recherche zonales au titre de la finalité mentionnée au 6° de l'article L. 811-3 ;

« – l'office central pour la répression de l'immigration irrégulière et de l'emploi d'étrangers sans titre de la direction centrale de la police aux frontières au titre de la finalité mentionnée au 6° de l'article L. 811-3 ;

« – l'unité judiciaire du service national de la police ferroviaire au titre de la finalité mentionnée au 6° de l'article L. 811-3 ;

« *c)* A la direction centrale de la sécurité publique :

« – les services du renseignement territorial au titre des finalités mentionnées aux 1°, 4°, *a*, *b* et *c* du 5° et 6° de l'article L. 811-3 ;

« – les sûretés départementales au titre de la finalité mentionnée au 6° de l'article L. 811-3.

« Les agents du service interministériel d'assistance technique de la direction centrale de la police judiciaire individuellement désignés et habilités peuvent, sous la responsabilité des services et unités mentionnés au 1° du A du II du présent article, apporter leur concours dans la mise en œuvre de la technique mentionnée au A du II du présent article. Ces agents ne peuvent pas exploiter les renseignements ainsi collectés ;

« 2° Unités placées sous l'autorité du directeur général de la gendarmerie nationale :

« *a)* A la direction des opérations et de l'emploi :

« – la sous-direction de l'anticipation opérationnelle au titre des finalités mentionnées aux 1°, 4° et *a*, *b* et *c* du 5° de l'article L. 811-3 ;

« – la sous-direction de la police judiciaire au titre des finalités mentionnées aux 1°, 4° et 6° de l'article L. 811-3 ;

« *b)* Les sections de recherches de la gendarmerie nationale au titre des finalités mentionnées aux 4° et 6° de l'article L. 811-3 ;

(Décr. n° 2022-277 du 28 févr. 2022, art. 4) « *c)* La division des opérations du commandement de la gendarmerie dans le cyberespace au titre de la finalité mentionnée au 6° de l'article L. 811-3.

« Les militaires du groupe d'intervention de la gendarmerie nationale, des groupes d'observation et de surveillance et de la division des opérations du commandement de la gendarmerie dans le cyberespace, individuellement désignés et habilités peuvent, sous la responsabilité d'une des unités mentionnées au 2° du A du II du présent article, apporter leur concours dans la mise en œuvre de la technique mentionnée au A du II du présent article. Ces militaires ne peuvent pas exploiter les renseignements ainsi collectés ; »

« 3° Services placés sous l'autorité du préfet de police :

(Décr. n° 2021-1543 du 29 nov. 2021, art. 13) « *a)* » *(Décr. n° 2022-277 du 28 févr. 2022, art. 2)* « La direction du renseignement » au titre des finalités mentionnées aux 1°, 4°, *a*, *b* et *c* du 5° et 6° de l'article L. 811-3 ; »

« *b)* A la direction régionale de la police judiciaire de Paris :

« – la sous-direction des brigades centrales au titre des finalités mentionnées aux 4° et 6° de l'article L. 811-3 ;

« – la sous-direction des affaires économiques et financières *(Décr. n° 2021-1543 du 29 nov. 2021, art. 13)* « au titre des finalités mentionnées aux 4° et 6° de l'article L. 811-3 » ;

« – la sous-direction des services territoriaux au titre des finalités mentionnées aux 4° et 6° de l'article L. 811-3.

(Abrogé par Décr. n° 2021-1543 du 29 nov. 2021, art. 13) ***« Les agents de la cellule d'assistance technique de l'état-major de la direction régionale de la police judiciaire de Paris individuellement désignés et habilités peuvent, sous la responsabilité d'un des services mentionnés au b du 3° du A du II du présent article, apporter leur concours dans la mise en œuvre de la technique mentionnée au A du II du présent article. Ces agents ne peuvent pas exploiter les renseignements ainsi collectés ; »***

« *c)* A la direction de la sécurité de proximité de l'agglomération de Paris :

« – les sûretés territoriales au titre de la finalité mentionnée au 6° de l'article L. 811-3 ;

(Décr. n° 2018-543 du 29 juin 2018, art. 1er) « – le département criminalité organisée de la sous-direction spécialisée dans la lutte contre l'immigration irrégulière au titre de la finalité mentionnée au 6° de l'article L. 811-3. »

(Décr. n° 2021-1543 du 29 nov. 2021, art. 13) « Les agents de la cellule d'assistance technique de l'état-major de la direction régionale de la police judiciaire de Paris individuellement désignés et habilités peuvent, sous la responsabilité d'un des services mentionnés aux *b* et *c* du 3° du A du II du présent article, apporter leur concours dans la mise en œuvre de la technique mentionnée au A du II du présent article. Ces agents ne peuvent pas exploiter les renseignements ainsi collectés ; »

« 4° Services placés sous l'autorité d'emploi du ministère de la défense :

« – les sections de recherches de la gendarmerie maritime, de la gendarmerie de l'air et de la gendarmerie de l'armement au titre des finalités mentionnées aux 1°, 4° et 6° de l'article L. 811-3.

« Les militaires du groupe d'intervention de la gendarmerie nationale et des groupes d'observation et de surveillance individuellement désignés et habilités peuvent, sous la responsabilité d'une des unités mentionnées à l'alinéa précédent, apporter leur concours dans la mise en œuvre de la technique mentionnée au A du II du présent article. Ces militaires ne peuvent pas exploiter les renseignements ainsi collectés ;

(Décr. n° 2017-36 du 16 janv. 2017, art. 11-1°, en vigueur le 1er févr. 2017) « 5° *(Décr. n° 2019-1503 du 30 déc. 2019, art. 8)* « Service placé sous l'autorité du directeur de l'administration pénitentiaire : le Service national du renseignement pénitentiaire » au titre des finalités mentionnées aux 4° et 6° de l'article L. 811-3. »

« B. – Pour mettre en place, utiliser ou retirer le dispositif technique mentionné à l'article L. 853-1 dans un véhicule ou dans un lieu privé ne constituant pas un lieu d'habitation :

« 1° Services placés sous l'autorité du directeur général de la police nationale :

« *a)* A la direction centrale de la police judiciaire :

(Décr. n° 2019-1496 du 28 déc. 2019, art. 4 et 10, en vigueur le 1er janv. 2020) « – l'Office anti-stupéfiants au titre de la finalité mentionnée au 6° de l'article L. 811-3 ; »

« – la sous-direction de la lutte contre la criminalité organisée *(Abrogé par Décr. n° 2019-684 du 28 juin 2019, art. 1er, à compter du 1er juill. 2019)* ***« et la délinquance financière »*** au titre de la finalité mentionnée au 6° de l'article L. 811-3 ;

« *(Décr. n° 2019-684 du 28 juin 2019, art. 1er, en vigueur le 1er juill. 2019)* « – la sous-direction de la lutte contre la criminalité financière au titre de la finalité mentionnée au 6° de l'article L. 811-3 ; »

« – la sous-direction antiterroriste au titre de la finalité mentionnée au 4° de l'article L. 811-3 ;

« – la sous-direction de la lutte contre la cybercriminalité au titre des finalités mentionnées aux 4° et 6° de l'article L. 811-3 ;

(Décr. n° 2021-1543 du 29 nov. 2021, art. 14) « – les directions zonales et régionales de police judiciaire, les directions territoriales de police judiciaire et les services de police judiciaire au titre des finalités mentionnées aux 4° et 6° de l'article L. 811-3 ; »

« *b)* A la direction centrale de la police aux frontières :

« – l'office central pour la répression de l'immigration irrégulière et de l'emploi d'étrangers sans titre de la direction centrale de la police aux frontières au titre de la finalité mentionnée au 6° de l'article L. 811-3 ;

« *c)* A la direction centrale de la sécurité publique :

« – l'unité nationale et les unités départementales de recherche et d'appui des services du renseignement territorial au titre des finalités mentionnées aux 1°, 4°, *a*, *b* et *c* du 5° et 6° de l'article L. 811-3.

« Les agents du service interministériel d'assistance technique de la direction centrale de la police judiciaire individuellement désignés et habilités peuvent, sous la responsabilité des services et unités mentionnés au 1° du B du II du présent article, apporter leur concours dans la mise en œuvre de la technique mentionnée au B du II du présent article. Ces agents ne peuvent pas exploiter les renseignements ainsi collectés ;

« 2° Unités placées sous l'autorité du directeur général de la gendarmerie nationale :

« *a)* A la direction des opérations et de l'emploi :

« – la sous-direction de l'anticipation opérationnelle au titre des finalités mentionnées aux 1°, 4° et *a*, *b* et *c* du 5° de l'article L. 811-3 ;

« – la sous-direction de la police judiciaire au titre des finalités mentionnées aux 1°, 4° et 6° de l'article L. 811-3 ;

« *b)* Les sections de recherches de la gendarmerie nationale au titre des finalités mentionnées aux 4° et 6° de l'article L. 811-3 ;

(Décr. n° 2022-277 du 28 févr. 2022, art. 4) « *c)* La division des opérations du commandement de la gendarmerie dans le cyberespace au titre de la finalité mentionnée au 6° de l'article L. 811-3.

« Les militaires du groupe d'intervention de la gendarmerie nationale, des groupes d'observation et de surveillance et de la division des opérations du commandement de la gendarmerie dans le cyberespace, individuellement désignés et habilités peuvent, sous la responsabilité d'une des unités mentionnées au 2° du B du II du présent article, apporter leur concours dans la mise en œuvre de la technique mentionnée au B du II du présent article. Ces militaires ne peuvent pas exploiter les renseignements ainsi collectés ; »

« 3° Services placés sous l'autorité du préfet de police :

(Décr. n° 2021-1543 du 29 nov. 2021, art. 14) « *a)* » *(Décr. n° 2022-277 du 28 févr. 2022, art. 2)* « La direction du renseignement » au titre des finalités mentionnées aux 1°, 4°, *a*, *b* et *c* du 5° et 6° de l'article L. 811-3 ; »

« *b)* A la direction régionale de la police judiciaire de Paris :

« – la sous-direction des brigades centrales au titre des finalités mentionnées aux 4° et 6° de l'article L. 811-3 ;

« – la sous-direction des affaires économiques et financières *(Décr. n° 2021-1543 du 29 nov. 2021, art. 14)* « au titre des finalités mentionnées aux 4° et 6° » de l'article L. 811-3 ;

« – la sous-direction des services territoriaux au titre des finalités mentionnées aux 4° et 6° de l'article L. 811-3.

« Les agents de la cellule d'assistance technique de l'état-major de la direction régionale de la police judiciaire de Paris individuellement désignés et habilités peuvent, sous la responsabilité d'un des services de cette direction régionale mentionnés aux alinéas précédents, apporter leur concours dans la mise en œuvre de la technique mentionnée au B du II du présent article. Ces agents ne peuvent pas exploiter les renseignements ainsi collectés ;

(Décr. n° 2018-543 du 29 juin 2018, art. 1er) « *c)* A la direction de la sécurité de proximité de l'agglomération de Paris :

« – le département criminalité organisée de la sous-direction spécialisée dans la lutte contre l'immigration irrégulière au titre de la finalité mentionnée au 6° de l'article L. 811-3.

« Les agents de la cellule d'assistance technique de l'état-major de la direction régionale de la police judiciaire de Paris individuellement désignés et habilités peuvent, sous la responsabilité *(Décr. n° 2021-1543 du 29 nov. 2021, art. 14)* « des services mentionnés » au *c* du 3° du B du II du présent article, apporter leur concours dans la mise en œuvre de la technique mentionnée au B du II du présent article. Ces agents ne peuvent pas exploiter les renseignements ainsi collectés ; »

« 4° Services placés sous l'autorité d'emploi du ministère de la défense :

« – les sections de recherches de la gendarmerie maritime, de la gendarmerie de l'air et de la gendarmerie de l'armement au titre des finalités mentionnées aux 1°, 4° et 6° de l'article L. 811-3.

« Les militaires du groupe d'intervention de la gendarmerie nationale et des groupes d'observation et de surveillance individuellement désignés et habilités peuvent, sous la responsabilité d'une des unités mentionnées à l'alinéa précédent, apporter leur concours dans la mise en œuvre de la technique mentionnée au B du II du présent article. Ces militaires ne peuvent pas exploiter les renseignements ainsi collectés ;

(Décr. n° 2017-36 du 16 janv. 2017, art. 11-2°, en vigueur le 1er févr. 2017) « 5° *(Décr. n° 2019-1503 du 30 déc. 2019, art. 8)* « Service placé sous l'autorité du directeur de l'administration pénitentiaire : le Service national du renseignement pénitentiaire » au titre des finalités mentionnées aux 4° et 6° de l'article L. 811-3. »

« C. – Pour mettre en place, utiliser ou retirer les dispositifs techniques mentionnés *(Décr. n° 2022-277 du 28 févr. 2022, art. 2)* « au I de l'article L. 853-2 » dans un véhicule ou dans un lieu privé ne constituant pas un lieu d'habitation :

« 1° Services placés sous l'autorité du directeur général de la police nationale :

« *a)* A la direction centrale de la police judiciaire :

« – la sous-direction antiterroriste au titre de la finalité mentionnée au 4° de l'article L. 811-3 ;

« – la sous-direction de la lutte contre la cybercriminalité au titre des finalités mentionnées aux 4° et 6° de l'article L. 811-3 ;

« *b)* A la direction centrale de la police aux frontières :

« – l'office central pour la répression de l'immigration irrégulière et de l'emploi d'étrangers sans titre de la direction centrale de la police aux frontières au titre de la finalité mentionnée au 6° de l'article L. 811-3 ;

« *c)* A la direction centrale de la sécurité publique :

« – l'unité nationale et les unités territoriales de recherche et d'appui des services du renseignement territorial au titre des finalités mentionnées aux 1°, 4°, *a*, *b* et *c* du 5° et 6° de l'article L. 811-3.

« Les agents du service interministériel d'assistance technique et de la sous-direction de la lutte contre la cybercriminalité de la direction centrale de la police judiciaire individuellement désignés et habilités peuvent, sous la responsabilité des services et unités mentionnés au 1° du C du II du présent article, apporter leur concours dans la mise en œuvre de la technique mentionnée au C du II du présent article. Ces agents ne peuvent pas exploiter les renseignements ainsi collectés ;

« 2° Unités placées sous l'autorité du directeur général de la gendarmerie nationale :

« *a)* A la direction des opérations et de l'emploi :

« – la sous-direction de l'anticipation opérationnelle au titre des finalités mentionnées aux 1°, 4° et *a*, *b* et *c* du 5° de l'article L. 811-3 ;

« – la sous-direction de la police judiciaire au titre des finalités mentionnées aux 1°, 4° et 6° de l'article L. 811-3 ;

(Décr. n° 2022-277 du 28 févr. 2022, art. 4) « *b)* La division des opérations du commandement de la gendarmerie dans le cyberespace au titre de la finalité mentionnée au 6° de l'article L. 811-3.

« Les militaires du groupe d'intervention de la gendarmerie nationale, des groupes d'observation et de surveillances, du service central de renseignement criminel et de la division des opérations du commandement de la gendarmerie dans le cyberespace individuellement désignés et habilités peuvent, sous la responsabilité d'une des unités mentionnées au 2° du C du II du présent article, apporter leur concours dans la mise en œuvre de la technique mentionnée au C du II du présent article. Ces militaires ne peuvent pas exploiter les renseignements ainsi collectés ; »

« 3° Services placés sous l'autorité du préfet de police :

(Décr. nº 2021-1543 du 29 nov. 2021, art. 15) « *a)* » *(Décr. nº 2022-277 du 28 févr. 2022, art. 2)* « La direction du renseignement » au titre des finalités mentionnées aux 1°, 4°, *a*, *b* et *c* du 5° et 6° de l'article L. 811-3 ; »

« *b)* A la direction régionale de la police judiciaire de Paris :

« – la section antiterroriste de la brigade criminelle de la sous-direction des brigades centrales au titre de la finalité mentionnée au 4° de l'article L. 811-3 ;

« – la brigade de protection des mineurs de la sous-direction des brigades centrales au titre de la finalité mentionnée au 6° de l'article L. 811-3 ;

(Décr. nº 2021-1543 du 29 nov. 2021, art. 15) « – la brigade de lutte contre la cybercriminalité de la sous-direction des affaires économiques et financières au titre des finalités mentionnées aux 4° et 6° de l'article L. 811-3. »

« Les agents de la cellule d'assistance technique de l'état-major de la direction régionale de la police judiciaire de Paris individuellement désignés et habilités peuvent, sous la responsabilité d'un des services de cette direction régionale mentionnés aux alinéas précédents, apporter leur concours dans la mise en œuvre de la technique mentionnée au C du II du présent article. Ces agents ne peuvent pas exploiter les renseignements ainsi collectés ;

(Décr. nº 2017-36 du 16 janv. 2017, art. 11-3°, en vigueur le 1er févr. 2017) « 4° *(Décr. nº 2019-1503 du 30 déc. 2019, art. 8)* « Service placé sous l'autorité du directeur de l'administration pénitentiaire : le Service national du renseignement pénitentiaire » au titre des finalités mentionnées aux 4° et 6° de l'article L. 811-3. »

« D. – Pour mettre en place, utiliser ou retirer les dispositifs techniques mentionnés aux articles L. 851-5 et L. 853-1 et *(Décr. nº 2022-277 du 28 févr. 2022, art. 4)* « au I de l'article L. 853-2 » dans un lieu d'habitation et pour la seule finalité mentionnée au 4° de l'article L. 811-3 :

« 1° Services placés sous l'autorité du directeur général de la police nationale :

« *a)* A la direction centrale de la police judiciaire :

« – la sous-direction antiterroriste au titre de la finalité mentionnée au 4° de l'article L. 811-3 ;

(Décr. nº 2022-277 du 28 févr. 2022, art. 4) « – la sous-direction de la lutte contre la cybercriminalité au titre de la finalité mentionnée au 4° de l'article L. 811-3 ; »

« *b)* A la direction centrale de la sécurité publique :

« – l'unité nationale de recherche et d'appui du service central du renseignement territorial au titre de la finalité mentionnée au 4° de l'article L. 811-3.

« Les agents du service interministériel d'assistance technique et de la sous-direction de la lutte contre la cybercriminalité de la direction centrale de la police judiciaire individuellement désignés et habilités peuvent, sous la responsabilité des services et unités mentionnés au 1° du D du II du présent article, apporter leur concours dans la mise en œuvre de la technique mentionnée au D du II du présent article. Ces agents ne peuvent pas exploiter les renseignements ainsi collectés ;

« 2° Unités placées sous l'autorité du directeur général de la gendarmerie nationale :

« *a)* A la direction des opérations et de l'emploi :

« – la sous-direction de l'anticipation opérationnelle au titre de la finalité mentionnée au 4° de l'article L. 811-3 ;

« – la sous-direction de la police judiciaire au titre de la finalité mentionnée au 4° de l'article L. 811-3.

(Décr. nº 2022-277 du 28 févr. 2022, art. 4) « Les militaires du groupe d'intervention de la gendarmerie nationale, des groupes d'observation et de surveillance, du service central de renseignement criminel et de la division des opérations du commandement de la gendarmerie dans le cyberespace individuellement désignés et habilités peuvent, sous la responsabilité d'une des unités mentionnées au 2° du D du II du présent article, apporter leur concours dans la mise en œuvre de la technique mentionnée

au D du II du présent article. Ces militaires ne peuvent pas exploiter les renseignements ainsi collectés ; »

« 3° Services placés sous l'autorité du préfet de police :

(Décr. nº 2021-1543 du 29 nov. 2021, art. 16) « *a)* » *(Décr. nº 2022-277 du 28 févr. 2022, art. 2)* « La direction du renseignement » au titre de la finalité mentionnée au 4° de l'article L. 811-3 ; »

« *b)* A la direction régionale de la police judiciaire de Paris :

« — la section antiterroriste de la brigade criminelle et, pour les seuls dispositifs techniques mentionnés aux articles L. 851-5 et L. 853-1, la brigade de recherche et d'intervention de la sous-direction des brigades centrales au titre de la finalité mentionnée au 4° de l'article L. 811-3.

« Les agents de la cellule d'assistance technique de l'état-major de la direction régionale de la police judiciaire de Paris individuellement désignés et habilités peuvent, sous la responsabilité d'un des services de cette direction régionale mentionnés à l'alinéa précédent, apporter leur concours dans la mise en œuvre de la technique mentionnée au D du II du présent article. Ces agents ne peuvent pas exploiter les renseignements ainsi collectés ;

(Décr. nº 2019-1503 du 30 déc. 2019, art. 6) « 4° Service placé sous l'autorité du directeur de l'administration pénitentiaire : le Service national du renseignement pénitentiaire, pour mettre en œuvre à l'encontre des seules personnes détenues les dispositifs techniques mentionnés au premier alinéa du présent D, au titre des finalités mentionnées au 4° de l'article L. 811-3, et par dérogation au premier alinéa du présent D, au 6° de l'article L. 811-3. »

(Abrogé par Décr. nº 2022-277 du 28 févr. 2022, art. 4) « E. — Pour l'utilisation de la technique mentionnée au 1° du I de l'article L. 853-2 hors lieu d'habitation :

« 1° Services placés sous l'autorité du directeur général de la police nationale :

« a) A la direction centrale de la police judiciaire :

« — la sous-direction antiterroriste au titre de la finalité mentionnée au 4° de l'article L. 811-3 ;

« — la sous-direction de la lutte contre la cybercriminalité au titre des finalités mentionnées aux 4° et 6° de l'article L. 811-3 ;

« b) A la direction centrale de la police aux frontières :

« — l'office central pour la répression de l'immigration irrégulière et de l'emploi d'étrangers sans titre de la direction centrale de la police aux frontières au titre de la finalité mentionnée au 6° de l'article L. 811-3 ;

« c) A la direction centrale de la sécurité publique :

« — l'unité nationale et les unités territoriales de recherche et d'appui des services du renseignement territorial au titre des finalités mentionnées aux 1°, 4°, a, b et c du 5° et 6° de l'article L. 811-3.

« Les agents du service interministériel d'assistance technique et de la sous-direction de la lutte contre la cybercriminalité de la direction centrale de la police judiciaire individuellement désignés et habilités peuvent, sous la responsabilité des services et unités mentionnés au 1° du E du II du présent article, apporter leur concours dans la mise en œuvre de la technique mentionnée au E du II du présent article. Ces agents ne peuvent pas exploiter les renseignements ainsi collectés ;

« 2° Unités placées sous l'autorité du directeur général de la gendarmerie nationale :

« a) A la direction des opérations et de l'emploi :

« — la sous-direction de l'anticipation opérationnelle au titre des finalités mentionnées aux 1°, 4° et a, b et c du 5° de l'article L. 811-3 ;

« — la sous-direction de la police judiciaire au titre des finalités mentionnées aux 1°, 4° et 6° de l'article L. 811-3.

« Les militaires du groupe d'intervention de la gendarmerie nationale, des groupes d'observation et de surveillance et du service central de renseignement criminel individuellement désignés et habilités peuvent, sous la responsabilité d'une des unités mentionnées au 2° du E du II du présent article, apporter leur concours dans la mise en œuvre de la technique mentionnée au E du II du présent article. Ces militaires ne peuvent pas exploiter les renseignements ainsi collectés ;

« 3° Services placés sous l'autorité du préfet de police :

« a) A la direction du renseignement :

« — la sous-direction de la sécurité intérieure au titre des finalités mentionnées aux 1°, 4°, a, b et c du 5° et 6° de l'article L. 811-3 ;

« b) A la direction régionale de la police judiciaire de Paris :

« — la section antiterroriste de la brigade criminelle de la sous-direction des brigades centrales au titre de la finalité mentionnée au 4° de l'article L. 811-3 ;

« — la brigade de protection des mineurs de la sous-direction des brigades centrales au titre de la finalité mentionnée au 6° de l'article L. 811-3 ;

« — la brigade d'enquêtes sur les fraudes aux technologies de l'information de la sous-direction des affaires économiques et financières au titre de la finalité mentionnée au 6° de l'article L. 811-3.

« Les agents de la cellule d'assistance technique de l'état-major de la direction régionale de la police judiciaire de Paris individuellement désignés et habilités peuvent, sous la responsabilité d'un des services de cette direction régionale mentionnés aux alinéas précédents, apporter leur concours dans la mise en œuvre de la technique mentionnée au E du II du présent article. Ces agents ne peuvent pas exploiter les renseignements ainsi collectés ;

(Décr. n° 2017-36 du 16 janv. 2017, art. 11-5°, en vigueur le 1er févr. 2017) *« 4°* (Décr. n° 2019-1503 du 30 déc. 2019, art. 8) *« Service placé sous l'autorité du directeur de l'administration pénitentiaire : le Service national du renseignement pénitentiaire » au titre des finalités mentionnées aux 4° et 6° de l'article L. 811-3. »*

« F. — Pour l'utilisation de la technique mentionnée au 1° du I de l'article L. 853-2 dans un lieu d'habitation et pour la seule finalité mentionnée au 4° de l'article L. 811-3 :

« 1° Services placés sous l'autorité du directeur général de la police nationale :

« a) A la direction centrale de la police judiciaire :

« — la sous-direction antiterroriste au titre de la finalité mentionnée au 4° de l'article L. 811-3 ;

« — la sous-direction de la lutte contre la cybercriminalité au titre de la finalité mentionnée au 4° de l'article L. 811-3 ;

« b) A la direction centrale de la sécurité publique :

« — l'unité nationale de recherche et d'appui du service central du renseignement territorial au titre de la finalité mentionnée au 4° de l'article L. 811-3.

« Les agents du service interministériel d'assistance technique et de la sous-direction de la lutte contre la cybercriminalité de la direction centrale de la police judiciaire individuellement désignés et habilités peuvent, sous la responsabilité des services et unités mentionnés au 1° du F du II du présent article, apporter leur concours dans la mise en œuvre de la technique mentionnée au F du II du présent article. Ces agents ne peuvent pas exploiter les renseignements ainsi collectés ;

« 2° Unités placées sous l'autorité du directeur général de la gendarmerie nationale :

« a) A la direction des opérations et de l'emploi :

« — la sous-direction de l'anticipation opérationnelle au titre de la finalité mentionnée au 4° de l'article L. 811-3 ;

« — la sous-direction de la police judiciaire au titre de la finalité mentionnée au 4° de l'article L. 811-3.

« Les militaires du groupe d'intervention de la gendarmerie nationale, des groupes d'observation et de surveillance et du service central de renseignement criminel individuellement désignés et habilités peuvent, sous la responsabilité d'une des unités de la gendarmerie nationale mentionnées au 2° du F du II du présent article, apporter leur concours dans la mise en œuvre de la technique mentionnée au F du II du présent article. Ces militaires ne peuvent pas exploiter les renseignements ainsi collectés ;

« 3° Services placés sous l'autorité du préfet de police :

« a) A la direction du renseignement :

« — la sous-direction de la sécurité intérieure au titre de la finalité mentionnée au 4° de l'article L. 811-3 ;

« b) A la direction régionale de la police judiciaire de Paris :

« — la section antiterroriste de la brigade criminelle de la sous-direction des brigades centrales au titre de la finalité mentionnée au 4° de l'article L. 811-3.

« Les agents de la cellule d'assistance technique de l'état-major de la direction régionale de la police judiciaire de Paris individuellement désignés et habilités peuvent, sous la responsabilité du service de cette direction régionale mentionné à l'alinéa précédent, apporter leur

concours dans la mise en œuvre de la technique mentionnée au F du II du présent article. Ces agents ne peuvent pas exploiter les renseignements ainsi collectés ;»

(Décr. nº 2019-1503 du 30 déc. 2019, art. 7) ***« 4º Service placé sous l'autorité du directeur de l'administration pénitentiaire : le Service national du renseignement pénitentiaire, pour mettre en œuvre à l'encontre des seules personnes détenues les dispositifs techniques mentionnés au premier alinéa du présent F, au titre des finalités mentionnées au 4º de l'article L. 811-3 et, par dérogation au premier alinéa du présent F, au 6º de l'article L. 811-3. »***

COMMENTAIRE

Voir commentaire sur le Code en ligne.

TITRE V *BIS* DU RENSEIGNEMENT DE SÉCURITÉ PÉNITENTIAIRE

(Décr. nº 2017-749 du 3 mai 2017, art. 1er)

Art. R. 855-1 *(Décr. nº 2019-1503 du 30 déc. 2019, art. 9)* **Le service placé sous l'autorité du ministre de la justice mentionné à l'article L. 855-1 est le suivant : service placé sous l'autorité du directeur de l'administration pénitentiaire, le Service national du renseignement pénitentiaire.**

COMMENTAIRE

Voir commentaire sur le Code en ligne.

TITRE VI DES AGENTS DES SERVICES SPÉCIALISÉS DE RENSEIGNEMENT

Le présent titre ne comprend pas de dispositions réglementaires.

TITRE VII OBLIGATIONS DES OPÉRATEURS ET PRESTATAIRES DE SERVICES

CHAPITRE I *OBLIGATIONS EN MATIÈRE DE CRYPTOLOGIE* *(Décr. nº 2016-67 du 29 janv. 2016, art. 3-1º).*

Les art. R. 871-1 à R. 871-5 sont respectivement issus du transfert des art. R. 244-1 à R. 244-5 (Décr. nº 2016-67 du 29 janv. 2016, art. 3-1º).

COMMENTAIRE

Voir commentaire sur le Code en ligne.

Art. R. 871-1 *(Décr. nº 2013-1113 du 4 déc. 2013, en vigueur le 1er janv. 2014)* **L'obligation mise à la charge des fournisseurs de prestations de cryptologie par l'article** *(Décr. nº 2016-67 du 29 janv. 2016, art. 3-1º-a)* **« L. 871-1 » résulte d'une décision écrite et motivée émanant du Premier ministre ou de l'une des** *(Abrogé par Décr. nº 2016-67 du 29 janv. 2016, art. 3-1º-a)* **«*deux*» personnes spécialement déléguées par lui en application des dispositions de l'article** *(Décr. nº 2016-67 du 29 janv. 2016, art. 3-1º-a)* **« L. 821-4 ».**

La décision qui suspend cette obligation est prise dans les mêmes formes. *– Anc. art. R. 244-1.*

Art. R. 871-2 *(Décr. nº 2013-1113 du 4 déc. 2013, en vigueur le 1er janv. 2014)* **Les décisions prises en application de l'article** *(Décr. nº 2016-67 du 29 janv. 2016, art. 3-1º-b)* **« R. 871-1 » sont notifiées au fournisseur de prestations de cryptologie et communiquées sans délai au président de la Commission nationale de contrôle** *(Décr. nº 2016-67 du 29 janv. 2016, art. 3-1º-b)* **« des techniques de renseignement ».** *– Anc. art. R. 244-2.*

Art. R. 871-3 *(Décr. nº 2013-1113 du 4 déc. 2013, en vigueur le 1er janv. 2014)* **Les conventions mentionnées à l'article** *(Décr. nº 2016-67 du 29 janv. 2016, art. 3-1º-c)* **« L. 871-1 » s'entendent des clés cryptographiques ainsi que de tout moyen logiciel ou de toute autre information permettant la mise au clair de ces données.** *– Anc. art. R. 244-3.*

Art. R. 871-4 *(Décr. nº 2013-1113 du 4 déc. 2013, en vigueur le 1er janv. 2014)* La décision mentionnée au premier alinéa de l'article *(Décr. nº 2016-67 du 29 janv. 2016, art. 3-1º-d)* « R. 871-1 » :

1º Indique la qualité des agents habilités à demander au fournisseur de prestations de cryptologie la mise en œuvre ou la remise des conventions mentionnées à l'article *(Décr. nº 2016-67 du 29 janv. 2016, art. 3-1º-d)* « L. 871-1 », ainsi que les modalités selon lesquelles les données à déchiffrer lui sont, le cas échéant, transmises ;

2º Fixe le délai dans lequel les opérations doivent être réalisées, les modalités selon lesquelles, dès leur achèvement, le fournisseur remet aux agents mentionnés au 1º du présent article les résultats obtenus ainsi que les pièces qui lui ont été éventuellement transmises ;

3º Prévoit, dès qu'il apparaît que les opérations sont techniquement impossibles, que le fournisseur remet aux agents mentionnés au 1º les pièces qui lui ont été éventuellement transmises. – *Anc. art. R. 244-4.*

Art. R. 871-5 *(Décr. nº 2013-1113 du 4 déc. 2013, en vigueur le 1er janv. 2014)* Les fournisseurs prennent toutes dispositions, notamment d'ordre contractuel, afin que soit respectée la confidentialité des informations dont ils ont connaissance relativement à la mise en œuvre ou à la remise des conventions mentionnées à l'article *(Décr. nº 2016-67 du 29 janv. 2016, art. 3-1º-e)* « **L. 871-1** ». – *Anc. art. R. 244-5.*

CHAPITRE II ***OBLIGATIONS LIÉES À LA MISE EN PLACE DES TECHNIQUES DE RENSEIGNEMENT***

(Décr. nº 2016-67 du 29 janv. 2016, art. 3-2º)

COMMENTAIRE

Voir commentaire sur le Code en ligne.

Art. R. 872-1 Ne peuvent être tenus pour qualifiés, pour répondre à l'ordre du Premier ministre prévu par l'article L. 871-6, que les agents techniquement compétents qui :

1º Ont été habilités, s'il y a lieu, à connaître d'éléments couverts par le secret de la défense nationale ;

2º N'ont fait l'objet d'aucune condamnation pénale inscrite au bulletin nº 2 de leur casier judiciaire.

Art. R. 872-2 L'ordre du Premier ministre est adressé par tout moyen sécurisé au responsable spécialement désigné par l'opérateur ou la personne mentionnés à l'article L. 871-4, figurant sur la liste prévue à l'article R. 872-3.

L'ordre doit indiquer tous les éléments d'identification permettant de mettre en œuvre les techniques de renseignement conformément à l'autorisation accordée par le Premier ministre.

Le responsable intimé désigne par écrit l'un des agents mentionnés à l'article R. 872-1 et assure la traçabilité des opérations effectuées.

Art. R. 872-3 Le ministre chargé des communications électroniques établit la liste des responsables compétents pour recevoir l'ordre prévu par l'article L. 871-6, en application de l'article R. 872-2.

Ne peuvent être retenus que des responsables satisfaisant les conditions fixées à l'article R. 872-1.

Art. R. 872-4 Le responsable figurant sur la liste prévue à l'article R. 872-3 assure la confidentialité des informations relatives à l'identité des agents mentionnés à l'article R. 872-1 et désignés en application du dernier alinéa de l'article R. 872-2.

Art. R. 872-5 Le responsable figurant sur la liste prévue à l'article R. 872-3 rappelle à l'agent, lorsqu'il le désigne en application du dernier alinéa de l'article R. 872-2, les obligations découlant de l'article L. 881-1 du présent code et des articles 432-9 et, le cas échéant, 413-9 à 413-11 du code pénal.

Art. R. 872-6 L'opérateur ou la personne mentionnés à l'article L. 871-4 désignent, le cas échéant, un officier de sécurité assurant le respect de la réglementation relative au secret de la défense nationale, notamment concernant l'habilitation des agents et des responsables prévue aux articles R. 872-1 et R. 872-3, la gestion des informations ou supports classifiés et la sécurité des locaux abritant de telles informations ou de tels supports.

CHAPITRE III *COMPENSATIONS FINANCIÈRES*

(Décr. n° 2016-67 du 29 janv. 2016, art. 3-3°)

Art. R. 873-1 L'intégralité des frais liés à la mise en œuvre de l'obligation prévue par l'article L. 871-1 est prise en charge, sur la base des frais réellement exposés par le fournisseur et dûment justifiés par celui-ci, par le budget des services du Premier ministre.

Art. R. 873-2 Les coûts identifiables et spécifiques supportés par les opérateurs et personnes mentionnés à l'article L. 851-1 pour que soient mises en œuvre les techniques de recueil de renseignement mentionnées aux articles L. 851-1 à L. 851-4 et L. 852-1 sont remboursés par l'État selon des tarifs et des modalités fixés par un arrêté du Premier ministre.

Code de procédure pénale

PREMIÈRE PARTIE : *LÉGISLATIVE*

LIVRE I **DE LA CONDUITE DE LA POLITIQUE PÉNALE, DE L'EXERCICE DE L'ACTION PUBLIQUE ET DE L'INSTRUCTION**

TITRE IV **DISPOSITIONS COMMUNES**

CHAPITRE VIII *DES CAPTATIONS ET FIXATIONS D'IMAGES DANS LES LIEUX PUBLICS AU MOYEN DE DISPOSITIFS AÉROPORTÉS*

Art. 230-47 *(L. n° 2022-52 du 24 janv. 2022, art. 16)* Il peut être recouru, au moyen de caméras aéroportées, à la mise en place d'un dispositif technique ayant pour objet la captation, la fixation, la transmission et l'enregistrement sans leur consentement de l'image d'une ou de plusieurs personnes se trouvant dans un lieu public, si cette opération est exigée par les nécessités :

1° D'une enquête ou d'une instruction portant sur un crime ou sur un délit puni d'au moins trois ans d'emprisonnement ;

2° D'une procédure d'enquête ou d'instruction de recherche des causes de la mort ou de la disparition prévue aux articles 74, 74-1 et 80-4 ;

3° D'une procédure de recherche d'une personne en fuite prévue à l'article 74-2.

Art. 230-48 *(L. n° 2022-52 du 24 janv. 2022, art. 16)* Le dispositif technique mentionné à l'article 230-47 est autorisé :

1° Dans le cadre d'une enquête de flagrance, d'une enquête préliminaire ou d'une procédure prévue aux articles 74 à 74-2, par le procureur de la République, pour une durée maximale d'un mois renouvelable une fois ;

2° Dans le cadre d'une instruction ou d'une information pour recherche des causes de la mort ou des causes de la disparition mentionnées aux articles 74, 74-1 et 80-4, par le juge d'instruction, pour une durée maximale de quatre mois renouvelable, sans que la durée totale des opérations puisse excéder deux ans.

Art. 230-49 *(L. n° 2022-52 du 24 janv. 2022, art. 16)* La décision autorisant le recours au dispositif mentionné à l'article 230-47 comporte tous les éléments permettant d'identifier les lieux concernés et précise sa durée.

L'autorisation du procureur de la République ou du juge d'instruction, qui peut être donnée par tout moyen, est mentionnée ou versée au dossier de la procédure. Elle n'a pas de caractère juridictionnel et n'est susceptible d'aucun recours.

Art. 230-50 *(L. nº 2022-52 du 24 janv. 2022, art. 16)* Les opérations prévues au présent chapitre se déroulent sous l'autorité et le contrôle du magistrat qui les a autorisées. Ce magistrat peut ordonner à tout moment leur interruption.

Les opérations ne peuvent, à peine de nullité, avoir un autre objet que celui pour lequel elles ont été autorisées. Le fait que ces opérations révèlent d'autres infractions ne constitue pas une cause de nullité des procédures incidentes.

Art. 230-51 *(L. nº 2022-52 du 24 janv. 2022, art. 16)* Le dispositif technique est mis en place par l'officier de police judiciaire commis par le juge d'instruction ou requis par le procureur de la République ou, sous sa responsabilité, par l'agent de police judiciaire.

Art. 230-52 *(L. nº 2022-52 du 24 janv. 2022, art. 16)* Le procureur de la République, le juge d'instruction ou l'officier de police judiciaire commis par lui ou requis par le procureur de la République, ou l'agent de police judiciaire agissant sous sa responsabilité, dresse procès-verbal des opérations de captation, de fixation et d'enregistrement. Ce procès-verbal mentionne la date et l'heure du début et de la fin des opérations.

Les enregistrements sont placés sous scellés fermés.

L'officier de police judiciaire ou l'agent de police judiciaire agissant sous sa responsabilité décrit, dans un procès-verbal versé au dossier, les données enregistrées qui sont utiles à la manifestation de la vérité. Aucune séquence relative à la vie privée étrangère à l'objet pour lequel les opérations ont été autorisées ne peut être conservée dans le dossier de la procédure.

Art. 230-53 *(L. nº 2022-52 du 24 janv. 2022, art. 16)* Les enregistrements et les données recueillis lors des opérations effectuées en application du présent chapitre sont détruits, à la diligence du procureur de la République ou du procureur général, à l'expiration du délai de prescription de l'action publique.

Il est dressé procès-verbal de l'opération de destruction.

Directive (UE) 2016/681 du Parlement européen et du Conseil du 27 avril 2016,

Relative à l'utilisation des données des dossiers passagers (PNR) pour la prévention et la détection des infractions terroristes et des formes graves de criminalité, ainsi que pour les enquêtes et les poursuites en la matière.

BIBL. ▶ DELPECH, *JT 2016, nº 186, p. 10* (sécurité – le Parlement européen adopte la directive sur le registre européen des passagers aériens). – BENOÎT-ROHMER, *RTD eur. 2017. 357* (l'adoption de la directive PNR). – ARCHAMBAULT et TIGAUD, *Gaz. Pal. 12 févr. 2018, p. 13* (la directive PNR et son articulation avec le RGPD : l'instauration d'un fichier de données des passagers aériens, outil efficace de la lutte contre le terrorisme et respectueux des données personnelles ?).

CHAPITRE I *DISPOSITIONS GÉNÉRALES*

Art. 1er *Objet et champ d'application.* 1. La présente directive prévoit :

a) le transfert, par les transporteurs aériens, de données des dossiers des passagers (PNR) de vols extra-UE ;

b) le traitement des données visées au point a), notamment leur collecte, leur utilisation et leur conservation par les États membres et leur échange entre les États membres.

2. Les données PNR recueillies conformément à la présente directive ne peuvent être traitées qu'à des fins de prévention et de détection des infractions terroristes et des formes graves de criminalité ainsi que d'enquêtes et de poursuites en la matière, comme prévu à l'article 6, paragraphe 2, points a), b) et c).

Art. 2 *Application de la présente directive aux vols intra-UE.* 1. Si un État membre décide d'appliquer la présente directive aux vols intra-UE, il le notifie à la Commission par écrit. Un État membre peut adresser ou révoquer une telle notification à tout moment. La Commission publie cette notification et la révocation éventuelle de celle-ci au *Journal officiel de l'Union européenne.* – *Sur la liste des États membres ayant décidé d'appliquer la directive PNR aux vols intra-UE, V. JOUE C 358 du 26 oct. 2020.*

2. Lorsqu'une notification visée au paragraphe 1 est adressée, toutes les dispositions de la présente directive s'appliquent aux vols intra-UE comme s'il s'agissait de vols extra-UE et aux données PNR des vols intra-UE comme s'il s'agissait de données PNR de vols extra-UE.

3. Un État membre peut décider d'appliquer la présente directive uniquement à certains vols intra-UE. Lorsqu'il prend une telle décision, l'État membre sélectionne les vols qu'il juge nécessaires afin de poursuivre les objectifs de la présente directive. L'État membre peut décider à tout moment de modifier la sélection des vols intra-UE.

Art. 3 *Définitions.* Aux fins de la présente directive, on entend par :

1) "transporteur aérien", une entreprise de transport aérien possédant une licence d'exploitation en cours de validité ou l'équivalent lui permettant d'assurer le transport aérien de passagers ;

2) "vol extra-UE", tout vol, régulier ou non, effectué par un transporteur aérien en provenance d'un pays tiers et devant atterrir sur le territoire d'un État membre ou en provenance du territoire d'un État membre et devant atterrir dans un pays tiers, y compris, dans les deux cas, les vols comportant d'éventuelles escales sur le territoire d'États membres ou de pays tiers ;

3) "vol intra-UE", tout vol, régulier ou non, effectué par un transporteur aérien en provenance du territoire d'un État membre et devant atterrir sur le territoire d'un ou de plusieurs États membres, sans escale sur le territoire d'un pays tiers ;

4) "passager", toute personne, y compris une personne en correspondance ou en transit et à l'exception du personnel d'équipage, transportée ou devant être transportée par un aéronef avec le consentement du transporteur aérien, lequel se traduit par l'inscription de cette personne sur la liste des passagers ;

5) "dossier(s) passager(s)" ou "PNR", un dossier relatif aux conditions de voyage de chaque passager, qui contient les informations nécessaires pour permettre le traitement et le contrôle des réservations par les transporteurs aériens concernés qui assurent les réservations, pour chaque voyage réservé par une personne ou en son nom, que ce dossier figure dans des systèmes de réservation, des systèmes de contrôle des départs (utilisés pour contrôler les passagers lors de l'embarquement) ou des systèmes équivalents offrant les mêmes fonctionnalités ;

6) "système de réservation", le système interne du transporteur aérien, dans lequel les données PNR sont recueillies aux fins du traitement des réservations ;

7) "méthode *push*", la méthode par laquelle les transporteurs aériens transfèrent les données PNR énumérées à l'annexe I vers la base de données de l'autorité requérante ;

8) "infractions terroristes", les infractions prévues par le droit national visées aux articles 1er à 4 de la décision-cadre 2002/475/JAI ;

9) "formes graves de criminalité", les infractions énumérées à l'annexe II qui sont passibles d'une peine privative de liberté ou d'une mesure de sûreté d'une durée maximale d'au moins trois ans au titre du droit national d'un État membre ;

10) "dépersonnaliser par le masquage d'éléments des données", rendre invisibles pour un utilisateur les éléments des données qui pourraient servir à identifier directement la personne concernée.

CHAPITRE II *RESPONSABILITÉS DES ÉTATS MEMBRES*

Art. 4 *Unité d'informations passagers.* 1. Chaque État membre met en place ou désigne une autorité compétente en matière de prévention et de détection des infractions terroristes et des formes graves de criminalité, ainsi que d'enquêtes et de poursuites en la matière, ou crée ou désigne une antenne d'une telle autorité, en tant que son UIP.

2. L'UIP est chargée :

a) de la collecte des données PNR auprès des transporteurs aériens, de la conservation et du traitement de ces données, et du transfert de ces données ou du résultat de leur traitement aux autorités compétentes visées à l'article 7 ;

b) de l'échange à la fois des données PNR et du résultat de leur traitement avec les UIP d'autres États membres et avec Europol, conformément aux articles 9 et 10.

3. Les membres du personnel de l'UIP peuvent être des agents détachés par les autorités compétentes. Les États membres dotent les UIP des ressources adéquates pour l'accomplissement de leurs missions.

4. Deux États membres ou plus (ci-après dénommés « États membres participants ») peuvent mettre en place ou désigner une autorité unique en tant qu'UIP. Cette UIP est établie dans l'un des États membres participants et est considérée comme l'UIP nationale de tous les États membres participants. Ces derniers conviennent conjointement des modalités de fonctionnement de l'UIP et respectent les exigences prévues dans la présente directive.

5. Chaque État membre notifie à la Commission la mise en place de son UIP dans un délai d'un mois à compter de cette mise en place et peut, à tout moment, modifier sa notification. La Commission publie cette notification et toute modification y afférente au *Journal officiel de l'Union européenne*. – *V. sur la liste des unités d'informations passagers visées à l'art. 4 de la Dir. (UE) 2016/61, V. JOUE C 230 du 2 juill. 2018, p. 6.*

Art. 5 *Délégué à la protection des données au sein de l'UIP.* 1. L'UIP nomme un délégué à la protection des données chargé de contrôler le traitement des données PNR et de mettre en œuvre les garanties pertinentes.

2. Les États membres dotent les délégués à la protection des données des moyens pour accomplir leurs missions et obligations, conformément au présent article, de manière effective et en toute indépendance.

3. Les États membres veillent à ce que la personne concernée ait le droit de s'adresser au délégué à la protection des données, en sa qualité de point de contact unique, pour toutes les questions relatives au traitement des données PNR la concernant.

Art. 6 *Traitement des données PNR.* 1. Les données PNR transférées par les transporteurs aériens sont recueillies par l'UIP de l'État membre concerné comme prévu à l'article 8. Lorsque les données PNR transférées par les transporteurs aériens comportent des données autres que celles énumérées à l'annexe 1, l'IUP efface ces données immédiatement et de façon définitive dès leur réception.

2. L'UIP ne traite les données PNR qu'aux fins suivantes :

a) réaliser une évaluation des passagers avant leur arrivée prévue dans l'État membre ou leur départ prévu de celui-ci, afin d'identifier les personnes pour lesquelles est requis un examen plus approfondi par les autorités compétentes visées à l'article 7 et, le cas échéant, par Europol conformément à l'article 10, compte tenu du fait que ces personnes peuvent être impliquées dans une infraction terroriste ou une forme grave de criminalité ;

b) répondre, au cas par cas, aux demandes dûment motivées fondées sur des motifs suffisants des autorités compétentes, visant à ce que des données PNR leur soient communiquées et à ce que celles-ci fassent l'objet d'un traitement dans des cas spécifiques, aux fins de la prévention et de la détection d'infractions terroristes ou de formes graves de criminalité, ainsi qu'aux fins d'enquêtes et de poursuites en la matière, et visant à communiquer aux autorités compétentes ou, le cas échéant, à Europol le résultat de ce traitement ; et

c) analyser les données PNR aux fins de mettre à jour ou de définir de nouveaux critères à utiliser pour les évaluations réalisées au titre du paragraphe 3, point b), en vue d'identifier toute personne pouvant être impliquée dans une infraction terroriste ou une forme grave de criminalité.

3. Lorsqu'elle réalise l'évaluation visée au paragraphe 2, point a), l'UIP peut :

a) confronter les données PNR aux bases de données utiles aux fins de la prévention et de la détection des infractions terroristes et des formes graves de criminalité ainsi que des enquêtes et des poursuites en la matière, y compris les bases de données concernant les personnes ou les objets recherchés ou faisant l'objet d'un signalement, conformément aux règles nationales, internationales et de l'Union applicables à de telles bases de données ; ou

b) traiter les données PNR au regard de critères préétablis.

4. L'évaluation des passagers avant leur arrivée prévue dans l'État membre ou leur départ prévu de celui-ci effectuée au titre du paragraphe 3, point b), au regard de critères préétablis est réalisée de façon non discriminatoire. Ces critères préétablis doivent être ciblés, proportionnés et spécifiques. Les États membres veillent à ce que ces critères soient fixés et réexaminés à intervalles réguliers par les UIP en coopération avec les autorités compétentes visées à l'article 7. Lesdits critères ne sont en aucun cas fondés sur l'origine raciale ou ethnique d'une personne, ses opinions politiques, sa religion ou ses convictions philosophiques, son appartenance à un syndicat, son état de santé, sa vie sexuelle ou son orientation sexuelle.

5. Les États membres s'assurent que toute concordance positive obtenue à la suite du traitement automatisé des données PNR effectué au titre du paragraphe 2, point a), est réexaminée individuellement par des moyens non automatisés, afin de vérifier si l'autorité compétente visée à l'article 7 doit prendre des mesures en vertu du droit national.

6. L'UIP d'un État membre transmet, en vue d'un examen plus approfondi, les données PNR des personnes identifiées conformément au paragraphe 2, point a), ou le résultat du traitement de ces données aux autorités compétentes visées à l'article 7 de ce même État membre. Ces transferts ne sont effectués qu'au cas par cas et, en cas de traitement automatisé des données PNR, après un réexamen individuel par des moyens non automatisés.

7. Les États membres veillent à ce que le délégué à la protection des données ait accès à toutes les données traitées par l'UIP. Si le délégué à la protection des données estime que le traitement de certaines données n'était pas licite, le délégué à la protection des données peut renvoyer l'affaire à l'autorité de contrôle nationale.

8. Le stockage, le traitement et l'analyse des données PNR par les UIP sont effectués exclusivement dans un ou des endroits sécurisés situés sur le territoire des États membres.

9. Les conséquences des évaluations des passagers visées au paragraphe 2, point a), du présent article ne compromettent pas le droit d'entrée des personnes jouissant du droit de l'Union à la libre circulation sur le territoire de l'État membre concerné prévu dans la directive 2004/38/CE du Parlement européen et du Conseil *[du 29 avril 2004 relative au droit des citoyens de l'Union et des membres de leurs familles de circuler et de séjourner librement sur le territoire des États membres]*. En outre, lorsque des évaluations sont réalisées pour des vols intra-UE entre des États membres auxquels s'applique le règlement (CE) n° 562/2006 du Parlement européen et du Conseil *[du 15 mars 2006 établissant un code communautaire relatif au régime de franchissement des frontières par les personnes (code frontières Schengen)]*, les conséquences de ces évaluations doivent respecter ledit règlement.

Art. 7 *Autorités compétentes.* 1. Chaque État membre arrête une liste des autorités compétentes habilitées à demander aux UIP ou à recevoir de celles-ci des données PNR ou le résultat du traitement de telles données en vue de procéder à un examen plus approfondi de ces informations ou de prendre les mesures appropriées aux fins de la prévention et de la détection d'infractions terroristes ou de formes graves de criminalité, ainsi que des enquêtes et des poursuites en la matière.

2. Les autorités visées au paragraphe 1 sont des autorités compétentes en matière de prévention ou de détection des infractions terroristes ou des formes graves de criminalité, ainsi que d'enquêtes ou de poursuites en la matière.

3. Aux fins de l'article 9, paragraphe 3, chaque État membre notifie à la Commission la liste de ses autorités compétentes au plus tard *[le]* 25 mai 2017 et peut modifier sa notification à tout moment. La Commission publie cette notification et toute modification y afférente au *Journal officiel de l'Union européenne*. – *V. cette liste au JO C 194 du 6 juin 2018, p. 1.*

4. Les données PNR et le résultat du traitement de ces données reçus par l'UIP ne peuvent faire l'objet d'un traitement ultérieur par les autorités compétentes des États membres qu'aux seules fins spécifiques de la prévention ou de la détection d'infrac-

tions terroristes ou de formes graves de criminalité, ainsi que des enquêtes ou des poursuites en la matière.

5. Le paragraphe 4 s'applique sans préjudice des compétences des autorités répressives ou judiciaires nationales, lorsque d'autres infractions, ou des indices d'autres infractions, sont détectés dans le cadre d'actions répressives menées à la suite de ce traitement.

6. Les autorités compétentes ne peuvent prendre aucune décision produisant des effets juridiques préjudiciables à une personne ou l'affectant de manière significative sur la seule base du traitement automatisé de données PNR. Ces décisions ne peuvent pas être fondées sur l'origine raciale ou ethnique d'une personne, ses opinions politiques, sa religion ou ses convictions philosophiques, son appartenance à un syndicat, son état de santé, sa vie sexuelle ou son orientation sexuelle.

Art. 8 *Obligations imposées aux transporteurs aériens concernant les transferts de données.* 1. Les États membres adoptent les mesures nécessaires pour veiller à ce que les transporteurs aériens transfèrent, par la "méthode *push*", les données PNR énumérées à l'annexe I, pour autant qu'ils aient déjà recueilli de telles données dans le cours normal de leurs activités, vers la base de données de l'UIP de l'État membre sur le territoire duquel le vol atterrira ou du territoire duquel il décollera. Lorsqu'il s'agit d'un vol en partage de code entre un ou plusieurs transporteurs aériens, l'obligation de transférer les données PNR de tous les passagers du vol incombe au transporteur aérien qui assure le vol. Lorsqu'un vol extra-UE comporte une ou plusieurs escales dans des aéroports des États membres, les transporteurs aériens transfèrent les données PNR de tous les passagers aux UIP de tous les États membres concernés. Il en est de même lorsqu'un vol intra-UE comporte une ou plusieurs escales dans les aéroports de différents États membres, mais uniquement en ce qui concerne les États membres qui recueillent les données PNR des vols intra-UE.

2. Dans l'hypothèse où les transporteurs aériens ont recueilli des informations préalables sur les passagers (ci-après dénommées "données API") énumérées à l'annexe I, point 18, mais ne les conservent pas par les mêmes moyens techniques que ceux utilisés pour d'autres données PNR, les États membres adoptent les mesures nécessaires pour veiller à ce que les transporteurs aériens transfèrent également ces données, par la "méthode *push*", à l'UIP des États membres visés au paragraphe 1. Dans le cas d'un tel transfert, toutes les dispositions de la présente directive s'appliquent à ces données API.

3. Les transporteurs aériens transfèrent les données PNR par voie électronique au moyen de protocoles communs et de formats de données reconnus à adopter en conformité avec la procédure d'examen visée à l'article 17, paragraphe 2, ou, en cas de défaillance technique, par tout autre moyen approprié garantissant un niveau de sécurité des données approprié :

a) 24 à 48 heures avant l'heure de départ programmée du vol ; et

b) immédiatement après la clôture du vol, c'est-à-dire dès que les passagers ont embarqué à bord de l'aéronef prêt à partir et qu'ils ne peuvent plus embarquer ou débarquer.

4. Les États membres autorisent les transporteurs aériens à limiter le transfert visé au paragraphe 3, point b), aux mises à jour des transferts visés au point a) dudit paragraphe.

5. Lorsque l'accès à des données PNR est nécessaire pour répondre à une menace précise et réelle liée à des infractions terroristes ou à des formes graves de criminalité, les transporteurs aériens transfèrent, au cas par cas, des données PNR à d'autres moments que ceux mentionnés au paragraphe 3, à la demande d'une UIP conformément au droit national.

Art. 9 *Échange d'informations entre États membres.* 1. Les États membres veillent à ce que, en ce qui concerne les personnes identifiées par une UIP conformément à l'article 6, paragraphe 2, toutes les données PNR pertinentes et nécessaires ou le résultat du traitement de ces données soient transmis par ladite UIP aux UIP correspondantes des autres États membres. Les UIP des États membres destinataires transmettent les informations reçues à leurs autorités compétentes, conformément à l'article 6, paragraphe 6.

2. L'UIP d'un État membre a le droit de demander, si nécessaire, à l'UIP de tout autre État membre de lui communiquer des données PNR qui sont conservées dans sa base de données et qui n'ont pas encore été dépersonnalisées par le masquage d'éléments des données au titre de l'article 12, paragraphe 2, ainsi que, si nécessaire, le résultat de tout traitement de ces données, si celui-ci a déjà été réalisé en vertu de l'article 6, paragraphe 2, point a). Cette demande est dûment motivée. Elle peut être fondée sur un quelconque élément de ces données ou sur une combinaison de tels éléments, selon ce que l'UIP requérante estime nécessaire dans un cas spécifique de prévention ou de détection d'infractions terroristes ou de formes graves de criminalité, ou d'enquêtes ou de poursuites en la matière. Les UIP transmettent dès que possible les informations demandées. Si les données demandées ont été dépersonnalisées par le masquage d'éléments des données conformément à l'article 12, paragraphe 2, l'UIP ne transmet l'intégralité des données PNR que lorsqu'il existe des motifs raisonnables de croire que cela est nécessaire aux fins visées à l'article 6, paragraphe 2, point b), et uniquement si elle y est autorisée par une autorité visée à l'article 12, paragraphe 3, point b).

3. Les autorités compétentes d'un État membre ne peuvent demander directement à l'UIP d'un autre État membre de leur communiquer des données PNR qui sont conservées dans sa base de données que lorsque cela est nécessaire dans les cas d'urgence et dans les conditions fixées au paragraphe 2. Les demandes des autorités compétentes sont motivées. Une copie de la demande est toujours envoyée à l'UIP de l'État membre requérant. Dans tous les autres cas, les autorités compétentes canalisent leurs demandes par l'intermédiaire de l'UIP de leur propre État membre.

4. A titre exceptionnel, lorsque l'accès à des données PNR est nécessaire pour répondre à une menace précise et réelle liée à des infractions terroristes ou à des formes graves de criminalité, l'UIP d'un État membre a le droit de demander à ce que l'UIP d'un autre État membre obtienne des données PNR conformément à l'article 8, paragraphe 5, et les communique à l'UIP requérante.

5. L'échange d'informations au titre du présent article peut avoir lieu par l'intermédiaire de n'importe quel canal de coopération existant entre les autorités compétentes des États membres. La langue utilisée pour la demande et l'échange d'informations est celle applicable au canal utilisé. Lorsqu'ils procèdent aux notifications conformément à l'article 4, paragraphe 5, les États membres communiquent également à la Commission les coordonnées des points de contact auxquels les demandes peuvent être adressées en cas d'urgence. La Commission communique lesdites coordonnées aux États membres.

Art. 10 *Conditions d'accès aux données PNR par Europol.* 1. Europol est habilité à demander aux UIP des États membres des données PNR ou le résultat du traitement de ces données dans les limites de ses compétences et pour l'accomplissement de ses missions.

2. Europol peut présenter, au cas par cas, à l'UIP de tout État membre par l'intermédiaire de l'unité nationale Europol, une demande électronique dûment motivée de transmission de données PNR spécifiques ou du résultat du traitement de ces données. Europol peut présenter cette demande lorsque cela est strictement nécessaire au soutien et au renforcement de l'action des États membres en vue de prévenir ou de détecter une infraction terroriste spécifique ou une forme grave de criminalité spécifique, ou de mener des enquêtes en la matière, dans la mesure où ladite infraction ou ladite forme de criminalité relève de la compétence d'Europol en vertu de la décision 2009/371/JAI. Cette demande énonce les motifs raisonnables sur lesquels se fonde Europol pour estimer que la transmission des données PNR ou du résultat du traitement de ces données contribuera de manière substantielle à la prévention ou à la détection de l'infraction concernée, ou à des enquêtes en la matière.

3. Europol informe le délégué à la protection des données nommé conformément à l'article 28 de la décision 2009/371/JAI de chaque échange d'informations au titre du présent article.

4. Les échanges d'information au titre du présent article ont lieu par l'intermédiaire de SIENA et conformément à la décision 2009/371/JAI. La langue utilisée pour la demande et l'échange d'informations est celle applicable à SIENA.

Art. 11 *Transfert de données vers des pays tiers.* 1. Un État membre peut transférer à un pays tiers des données PNR et le résultat du traitement de ces données, qui sont conservés par l'UIP conformément à l'article 12, uniquement au cas par cas et si :

a) les conditions prévues à l'article 13 de la décision-cadre 2008/977/JAI sont remplies ;

b) le transfert est nécessaire aux fins de la présente directive visées à l'article 1er, paragraphe 2 ;

c) le pays tiers n'accepte de transférer les données à un autre pays tiers que lorsque cela est strictement nécessaire aux fins de la présente directive visées à l'article 1er, paragraphe 2, et uniquement avec l'accord exprès dudit État membre ; et

d) les mêmes conditions que celles prévues à l'article 9, paragraphe 2, sont remplies.

2. Nonobstant l'article 13, paragraphe 2, de la décision-cadre 2008/977/JAI, les transferts de données PNR*[,]* sans l'accord préalable de l'État membre dont les données ont été obtenues, ne sont autorisés que dans des circonstances exceptionnelles et uniquement si :

a) ces transferts sont essentiels pour répondre à une menace précise et réelle liée à une infraction terroriste ou à une forme grave de criminalité dans un État membre ou un pays tiers ; et

b) l'accord préalable ne peut pas être obtenu en temps utile.

L'autorité chargée de donner son accord est informée sans retard et le transfert est dûment enregistré et soumis à une vérification *ex post*.

3. Les États membres ne transfèrent des données PNR aux autorités compétentes de pays tiers que dans des conditions compatibles avec la présente directive et après avoir obtenu l'assurance que l'utilisation que les destinataires entendent faire de ces données PNR respecte ces conditions et garanties.

4. Chaque fois qu'un État membre transfère des données PNR en vertu du présent article, le délégué à la protection des données de l'UIP de cet État membre en est informé.

Art. 12 *Période de conservation et dépersonnalisation des données.* 1. Les États membres veillent à ce que les données PNR fournies par les transporteurs aériens à l'UIP y soient conservées dans une base de données pendant une période de cinq ans suivant leur transfert à l'UIP de l'État membre sur le territoire duquel se situe le point d'arrivée ou de départ du vol.

2. A l'expiration d'une période de six mois suivant le transfert des données PNR visé au paragraphe 1, toutes les données PNR sont dépersonnalisées par le masquage des éléments des données suivants qui pourraient servir à identifier directement le passager auquel se rapportent les données PNR :

a) le(s) nom(s), y compris les noms d'autres passagers mentionnés dans le PNR, ainsi que le nombre de passagers voyageant ensemble figurant dans le PNR ;

b) l'adresse et les coordonnées ;

c) des informations sur tous les modes de paiement, y compris l'adresse de facturation, dans la mesure où y figurent des informations pouvant servir à identifier directement le passager auquel le PNR se rapporte ou toute autre personne ;

d) les informations "grands voyageurs" ;

e) les remarques générales, dans la mesure où elles comportent des informations qui pourraient servir à identifier directement le passager auquel le PNR se rapporte ; et

f) toute donnée API qui a été recueillie.

3. A l'expiration de la période de six mois visée au paragraphe 2, la communication de l'intégralité des données PNR n'est autorisée que :

a) lorsqu'il existe des motifs raisonnables de croire qu'elle est nécessaire aux fins visées à l'article 6, paragraphe 2, point b) ; et

b) lorsqu'elle a été approuvée par :

i) une autorité judiciaire ; ou

ii) une autre autorité nationale compétente en vertu du droit national pour vérifier si les conditions de communication sont remplies, sous réserve que le délégué à la protection des données de l'UIP en soit informé et procède à un examen *ex post*.

4. Les États membres veillent à ce que les données PNR soient effacées de manière définitive à l'issue de la période visée au paragraphe 1. Cette obligation s'applique sans préjudice des cas où des données PNR spécifiques ont été transférées à une autorité compétente et sont utilisées dans le cadre de cas spécifiques à des fins de prévention, de détection d'infractions terroristes ou de formes graves de criminalité ou d'enquêtes ou de poursuites en la matière, auquel cas la conservation de ces données par l'autorité compétente est régie par le droit national.

5. Le résultat du traitement visé à l'article 6, paragraphe 2, point a), n'est conservé par l'UIP que le temps nécessaire pour informer les autorités compétentes et, conformément à l'article 9, paragraphe 1, pour informer les UIP des autres États membres de l'existence d'une concordance positive. Lorsque, à la suite du réexamen individuel par des moyens non automatisés visé à l'article 6, paragraphe 5, le résultat du traitement automatisé s'est révélé négatif, il peut néanmoins être archivé tant que les données de base n'ont pas été effacées au titre du paragraphe 4 du présent article, de manière à éviter de futures "fausses" concordances positives.

Art. 13 *Protection des données à caractère personnel.* 1. Chaque État membre veille à ce que, pour tout traitement de données à caractère personnel effectué au titre de la présente directive, chaque passager dispose du même droit à la protection de ses données à caractère personnel, des mêmes droits d'accès, de rectification, d'effacement et de limitation, et droits à réparation et à un recours juridictionnel prévus dans le droit de l'Union et le droit national et en application des articles 17, 18, 19 et 20 de la décision-cadre 2008/977/JAI. Lesdits articles sont par conséquent applicables.

2. Chaque État membre veille à ce que les dispositions adoptées en droit national en application des articles 21 et 22 de la décision-cadre 2008/977/JAI concernant la confidentialité du traitement et la sécurité des données s'appliquent également à tous les traitements de données à caractère personnel effectués en vertu de la présente directive.

3. La présente directive est sans préjudice de l'applicabilité de la directive 95/46/CE du Parlement européen et du Conseil *[du 24 octobre 1995 relative à la protection des personnes physiques à l'égard du traitement des données à caractère personnel et à la libre circulation de ces données]* au traitement des données à caractère personnel par les transporteurs aériens, en particulier en ce qui concerne leurs obligations de prendre des mesures techniques et organisationnelles appropriées pour protéger la sécurité et la confidentialité des données à caractère personnel.

4. Les États membres interdisent le traitement des données PNR qui révèlent l'origine raciale ou ethnique d'une personne, ses opinions politiques, sa religion ou ses convictions philosophiques, son appartenance à un syndicat, son état de santé, sa vie sexuelle ou son orientation sexuelle. Dans l'hypothèse où l'UIP reçoit des données PNR révélant de telles informations, elle les efface immédiatement.

5. Les États membres veillent à ce que l'UIP conserve une trace documentaire relative à tous les systèmes et procédures de traitement sous leur responsabilité. Cette documentation comprend au minimum :

a) le nom et les coordonnées de l'organisation et du personnel chargés du traitement des données PNR au sein de l'UIP et les différents niveaux d'autorisation d'accès ;

b) les demandes formulées par les autorités compétentes et les UIP d'autres États membres ;

c) toutes les demandes et tous les transferts de données PNR vers un pays tiers.

L'UIP met toute la documentation à la disposition de l'autorité de contrôle nationale, à la demande de celle-ci.

6. Les États membres veillent à ce que l'UIP tienne des registres au moins pour les opérations de traitement suivantes : la collecte, la consultation, la communication et l'effacement. Les registres des opérations de consultation et de communication

indiquent, en particulier, la finalité, la date et l'heure de ces opérations et, dans la mesure du possible, l'identité de la personne qui a consulté ou communiqué les données PNR, ainsi que l'identité des destinataires de ces données. Les registres sont utilisés uniquement à des fins de vérification et d'autocontrôle, de garantie de l'intégrité et de la sécurité des données ou d'audit. L'UIP met les registres à la disposition de l'autorité de contrôle nationale, à la demande de celle-ci.

Ces registres sont conservés pendant cinq ans.

7. Les États membres veillent à ce que leur UIP mette en œuvre des mesures et des procédures techniques et organisationnelles appropriées afin de garantir un niveau élevé de sécurité adapté aux risques présentés par le traitement et à la nature des données PNR.

8. Lorsqu'une atteinte aux données à caractère personnel est susceptible d'entraîner un risque élevé pour la protection des données à caractère personnel ou d'affecter négativement la vie privée de la personne concernée, les États membres veillent à ce que l'UIP fasse part de cette atteinte à la personne concernée et à l'autorité de contrôle nationale sans retard injustifié.

Art. 14 *Sanctions.* Les États membres déterminent le régime des sanctions applicables aux violations des dispositions nationales adoptées en vertu de la présente directive et prennent toutes les mesures nécessaires pour assurer la mise en œuvre de ces sanctions.

En particulier, les États membres déterminent le régime des sanctions, y compris des sanctions financières, à l'encontre des transporteurs aériens qui ne transmettent pas de données comme le prévoit l'article 8, ou ne les transmettent pas dans le format requis.

Les sanctions prévues doivent être effectives, proportionnées et dissuasives.

Art. 15 *Autorité de contrôle nationale.* 1. Chaque État membre prévoit que l'autorité de contrôle nationale visée à l'article 25 de la décision-cadre 2008/977/JAI est chargée de fournir des conseils sur l'application, sur son territoire, des dispositions adoptées par les États membres en vertu de la présente directive et de surveiller l'application de celles-ci. L'article 25 de ladite décision-cadre s'applique.

2. Ces autorités de contrôle nationales exercent les activités au titre du paragraphe 1 en ayant en vue la protection des droits fondamentaux en matière de traitement des données à caractère personnel.

3. Chaque autorité de contrôle nationale :

a) traite les réclamations introduites par toute personne concernée, enquête sur l'affaire et informe la personne concernée de l'état d'avancement du dossier et de l'issue de la réclamation dans un délai raisonnable ;

b) vérifie la licéité du traitement des données, effectue des enquêtes, des inspections et des audits conformément au droit national, de sa propre initiative ou en se fondant sur une réclamation visée au point a).

4. Chaque autorité de contrôle nationale conseille, sur demande, toute personne concernée quant à l'exercice des droits que lui confèrent les dispositions adoptées en vertu de la présente directive.

CHAPITRE III *MESURES D'EXÉCUTION*

Art. 16 *Protocoles communs et formats de données reconnus.* 1. Tous les transferts de données PNR effectués par des transporteurs aériens vers les UIP aux fins de la présente directive sont effectués par des moyens électroniques qui offrent des garanties suffisantes en ce qui concerne les mesures de sécurité techniques et les mesures organisationnelles régissant le traitement à effectuer. En cas de défaillance technique, les données PNR peuvent être transférées par tout autre moyen approprié, pour autant que le même niveau de sécurité soit maintenu et que le droit de l'Union en matière de protection des données soit pleinement respecté.

2. A partir de l'année qui suit la date à laquelle la Commission adopte pour la première fois des protocoles communs et des formats de données reconnus conformément au paragraphe 3, tous les transferts de données PNR effectués par des trans-

porteurs aériens vers les UIP aux fins de la présente directive se font par voie électronique à l'aide de méthodes sécurisées respectant ces protocoles communs. Ces protocoles sont identiques pour tous les transferts afin d'assurer la sécurité des données PNR pendant le transfert. Les données PNR sont transférées sous un format de données reconnu afin d'en assurer la lisibilité par toutes les parties concernées. Tous les transporteurs aériens sont tenus de choisir et de préciser à l'UIP le protocole commun et le format de données qu'ils ont l'intention d'utiliser pour leurs transferts.

3. La Commission dresse la liste des protocoles communs et des formats de données reconnus et, si nécessaire, l'adapte au moyen d'actes d'exécution. Ces actes d'exécution sont adoptés en conformité avec la procédure d'examen visée à l'article 17, paragraphe 2.

4. Tant que les protocoles communs et les formats de données reconnus visés aux paragraphes 2 et 3 ne sont pas disponibles, le paragraphe 1 s'applique.

5. Dans un délai d'un an à compter de la date d'adoption des protocoles communs et des formats de données reconnus visés au paragraphe 2, chaque État membre veille à ce que les mesures techniques nécessaires soient adoptées pour pouvoir utiliser ces protocoles communs et formats de données.

Art. 17 *Comité.* 1. La Commission est assistée par un comité. Ledit comité est un comité au sens du règlement (UE) n° 182/2011.

2. Lorsqu'il est fait référence au présent paragraphe, l'article 5 du règlement (UE) n° 182/2011 s'applique.

Lorsque le comité n'émet aucun avis, la Commission n'adopte pas le projet d'acte d'exécution, et l'article 5, paragraphe 4, troisième alinéa, du règlement (UE) n° 182/2011 s'applique.

CHAPITRE IV *DISPOSITIONS FINALES*

Art. 18 *Transposition.* 1. Les États membres mettent en vigueur les dispositions législatives, réglementaires et administratives nécessaires pour se conformer à la présente directive au plus tard le 25 mai 2018. Ils en informent immédiatement la Commission.

Lorsque les États membres adoptent ces dispositions, celles-ci contiennent une référence à la présente directive ou sont accompagnées d'une telle référence lors de leur publication officielle. Les modalités de cette référence sont arrêtées par les États membres.

2. Les États membres communiquent à la Commission le texte des dispositions essentielles de droit interne qu'ils adoptent dans le domaine régi par la présente directive.

Art. 19 *Réexamen.* 1. Sur la base des informations communiquées par les États membres, y compris les informations statistiques visées à l'article 20, paragraphe 2, la Commission procède, au plus tard le 25 mai 2020, au réexamen de tous les éléments de la présente directive et communique et présente un rapport au Parlement européen et au Conseil.

2. Dans le cadre de son réexamen, la Commission accorde une attention particulière :

a) au respect des normes applicables de protection des données à caractère personnel ;

b) à la nécessité et à la proportionnalité de la collecte et du traitement des données PNR au regard de chacune des finalités énoncées dans la présente directive ;

c) à la durée de la période de conservation des données ;

d) à l'efficacité de l'échange d'informations entre les États membres ; et

e) à la qualité des évaluations, y compris en ce qui concerne les informations statistiques recueillies en vertu de l'article 20.

3. Le rapport visé au paragraphe 1 examine également s'il est nécessaire, proportionné et efficace d'inclure dans le champ d'application de la présente directive la collecte et le transfert des données PNR, à titre obligatoire, pour l'ensemble des vols intra-UE ou une sélection de ceux-ci. La Commission tient compte de l'expérience

acquise par les États membres, en particulier ceux qui appliquent la présente directive aux vols intra-UE conformément à l'article 2. Le rapport examine également s'il est nécessaire d'inclure des opérateurs économiques autres que les transporteurs, tels que des agences et des organisateurs de voyages qui fournissent des services liés aux voyages, y compris la réservation de vols, dans le champ d'application de la présente directive.

4. Le cas échéant, au vu du réexamen effectué au titre du présent article, la Commission soumet une proposition législative au Parlement européen et au Conseil en vue de modifier la présente directive.

Art. 20 *Données statistiques.* **1. Les États membres fournissent chaque année à la Commission une série de statistiques sur les données PNR communiquées aux UIP. Ces statistiques ne contiennent pas de données à caractère personnel.**

2. Les statistiques concernent au moins :

a) le nombre total de passagers dont les données PNR ont été recueillies et échangées ;

b) le nombre de passagers identifiés en vue d'un examen plus approfondi.

Art. 21 *Rapports avec d'autres instruments.* **1. Les États membres peuvent continuer d'appliquer les accords ou arrangements bilatéraux ou multilatéraux en matière d'échange d'informations entre les autorités compétentes qu'ils ont conclus entre eux et qui sont en vigueur au 24 mai 2016, dans la mesure où ceux-ci sont compatibles avec la présente directive.**

2. La présente directive s'applique sans préjudice de l'applicabilité de la directive 95/46/CE au traitement des données à caractère personnel par les transporteurs aériens.

3. La présente directive s'applique sans préjudice des obligations et engagements d'États membres ou de l'Union qui découlent d'accords bilatéraux ou multilatéraux avec des pays tiers.

Art. 22 *Entrée en vigueur.* **La présente directive entre en vigueur le vingtième jour suivant celui de sa publication au** ***Journal officiel de l'Union européenne.***

Les États membres sont destinataires de la présente directive conformément aux traités.

ANNEXE I

DONNÉES DES DOSSIERS PASSAGERS TELLES QU'ELLES SONT RECUEILLIES PAR LES TRANSPORTEURS AÉRIENS

1. Code repère du dossier passager
2. Date de réservation/d'émission du billet
3. Date(s) prévue(s) du voyage
4. Nom(s)
5. Adresse et coordonnées (numéro de téléphone, adresse électronique)
6. Toutes les informations relatives aux modes de paiement, y compris l'adresse de facturation
7. Itinéraire complet pour le PNR concerné
8. Informations "grands voyageurs"
9. Agence de voyages/agent de voyages
10. Statut du voyageur, y compris les confirmations, l'enregistrement, la non-présentation ou un passager de dernière minute sans réservation
11. Indications concernant la scission/division du PNR
12. Remarques générales (notamment toutes les informations disponibles sur les mineurs non accompagnés de moins de 18 ans, telles que le nom et le sexe du mineur, son âge, la ou les langues parlées, le nom et les coordonnées du tuteur présent au départ et son lien avec le mineur, le nom et les coordonnées du tuteur présent à l'arrivée et son lien avec le mineur, l'agent présent au départ et à l'arrivée)
13. Informations sur l'établissement des billets, y compris le numéro du billet, la date d'émission, les allers simples, les champs de billets informatisés relatifs à leur prix
14. Numéro du siège et autres informations concernant le siège

15. Informations sur le partage de code
16. Toutes les informations relatives aux bagages
17. Nombre et autres noms de voyageurs figurant dans le PNR
18. Toute information préalable sur les passagers (données API) qui a été recueillie (y compris le type, le numéro, le pays de délivrance et la date d'expiration de tout document d'identité, la nationalité, le nom de famille, le prénom, le sexe, la date de naissance, la compagnie aérienne, le numéro de vol, la date de départ, la date d'arrivée, l'aéroport de départ, l'aéroport d'arrivée, l'heure de départ et l'heure d'arrivée)
19. Historique complet des modifications des données PNR énumérées aux points 1 à 18.

ANNEXE II

LISTE DES INFRACTIONS VISÉES À L'ARTICLE 3, POINT 9)

V. Annexe II, supra, ss. CSI, art. L. 232-7.

TABLE DE CONCORDANCE

NDLR : Ce tableau propose un renvoi des articles du règlement (UE) 2016/679 du 27 avril 2016 (RGPD) vers les dispositions équivalentes de la loi n° 78-17 du 6 janvier 1978, modifiée par l'ordonnance n° 2018-1125 du 12 décembre 2018, en vigueur le 1er juin 2019

Règlement (UE) 2016/679 du 27 avril 2016 (RGPD)	Loi n° 78-17 du 6 janvier 1978 « Informatique et libertés » (mod. par Ord. n° 2018-1125 du 12 déc. 2018)
Art. 1er	Art. 1er
Art. 2	Art. 2, al. 1er Art. 42
Art. 3	Art. 3 Art. 125 à 128
Art. 4	Art. 2, al. 2 et 3
Art. 5	Art. 4
Art. 6	Art. 5 Art. 43 et 44
Art. 7	Art. 5, 1°
Art. 8	Art. 45
Art. 9	Art. 6 Art. 8-I, 2° Art. 31 à 36 Art. 44 Art. 64 à 77
Art. 10	Art. 46 Art. 31 Art. 33 à 36
Art. 11	Pas de disposition équivalente
Art. 12	Art. 48 Art. 116
Art. 13	Art. 48 Art. 116
Art. 14	Art. 48 Art. 79
Art. 15	Art. 49 Art. 118 Art. 119
Art. 16	Art. 50
Art. 17	Art. 51
Art. 18	Art. 53

Règlement (UE) 2016/679 du 27 avril 2016 (RGPD)	Loi n° 78-17 du 6 janvier 1978 « Informatique et libertés » (mod. par Ord. n° 2018-1125 du 12 déc. 2018)
Art. 19	Art. 54
Art. 20	Art. 55
Art. 21	Art. 56
Art. 22	Art. 47
Art. 23	Art. 48 Art. 52 Art. 56 Art. 116 à 120
Art. 24	Art. 57
Art. 25	Pas de dispositions équivalentes
Art. 26	Art. 59
Art. 27	Pas de dispositions équivalentes
Art. 28	Art. 60
Art. 29	Art. 61
Art. 30	Art. 57
Art. 31	Pas de dispositions équivalentes
Art. 32	Art. 4, 6°
Art. 33	Art. 58, II
Art. 34	Art. 58, II
Art. 35	Art. 62
Art. 36	Art. 63 Art. 6 Art. 31 à 36
Art. 37	Art. 57
Art. 38	Art. 57
Art. 39	Art. 57
Art. 40	Art. 8
Art. 41	Art. 21 et 23

Règlement (UE) 2016/679 du 27 avril 2016 (RGPD)	Loi n° 78-17 du 6 janvier 1978 « Informatique et libertés » (mod. par Ord. n° 2018-1125 du 12 déc. 2018)
Art. 42	Art. 8
Art. 43	Art. 8 Art. 21 Art. 23
Art. 44	Pas de dispositions équivalentes
Art. 45	Art. 39
Art. 46	Art. 39
Art. 47	Pas de dispositions équivalentes
Art. 48	Pas de dispositions équivalentes
Art. 49	Pas de dispositions équivalentes
Art. 50	Art. 29
Art. 51	Art. 8
Art. 52	Art. 8
Art. 53	Art. 9 Art. 10
Art. 54	Art. 9 à 18
Art. 55	Art. 8
Art. 56	Art. 27 Art. 28
Art. 57	Art. 8
Art. 58	Art. 19 à 22
Art. 59	Art. 8, II
Art. 60	Art. 24 Art. 27 Art. 28
Art. 61	Art. 24 Art. 26
Art. 62	Art. 24 Art. 25
Art. 63	Art. 24
Art. 64	Art. 24
Art. 65	Art. 24
Art. 66	Art. 21 Art. 24
Art. 67	Art. 24
Art. 68	Pas de dispositions équivalentes
Art. 69	Pas de dispositions équivalentes
Art. 70	Pas de dispositions équivalentes
Art. 71	Pas de dispositions équivalentes
Art. 72	Pas de dispositions équivalentes
Art. 73	Pas de dispositions équivalentes
Art. 74	Pas de dispositions équivalentes
Art. 75	Pas de dispositions équivalentes
Art. 76	Pas de dispositions équivalentes
Art. 77	Art. 8
Art. 78	Art. 19
Art. 79	Art. 8
Art. 80	Art. 37 Art. 38
Art. 81	Pas de dispositions équivalentes
Art. 82	Pas de dispositions équivalentes
Art. 83	Art. 20
Art. 84	Art. 20 à 22
Art. 85	Art. 80
Art. 86	Art. 7
Art. 87	Art. 30
Art. 88	Pas de dispositions équivalentes
Art. 89	Art. 78
Art. 90	Art. 19
Art. 91	Pas de dispositions équivalentes

Règlement (UE) 2016/679 du 27 avril 2016 (RGPD)	Loi n° 78-17 du 6 janvier 1978 « Informatique et libertés » (mod. par Ord. n° 2018-1125 du 12 déc. 2018)
Art. 92	Pas de dispositions équivalentes
Art. 93	Pas de dispositions équivalentes
Art. 94	Pas de dispositions équivalentes
Art. 95	Pas de dispositions équivalentes
Art. 96	Pas de dispositions équivalentes
Art. 97	Pas de dispositions équivalentes
Art. 98	Pas de dispositions équivalentes
Art. 99	Pas de dispositions équivalentes

TABLE DE CONCORDANCE

NDLR : Ce tableau propose un renvoi des anciens articles de la loi n° 78-17 du 6 janvier 1978, modifiée par la loi n° 2018-493 du 20 juin 2018, vers les nouveaux articles de la loi n° 78-17 du 6 janvier 1978, modifiée par l'ordonnance n° 2018-1125 du 12 décembre 2018, en vigueur le 1er juin 2019

Loi n° 78-17 du 6 janv. 1978 (mod. par L. n° 2018-493 du 20 juin 2018)	**Loi n° 78-17 du 6 janv. 1978 (mod. par Ord. n° 2018-1125 du 12 déc. 2018)**
–	Art. 43
–	Art. 50
–	Art. 54
–	Art. 55
–	Art. 57
–	Art. 59
–	Art. 61
–	Art. 62
–	Art. 63
–	Art. 81
–	Art. 115
Art. 1er	Art. 1er
Art. 2	Art. 2
Art. 3	Non repris
Art. 4	Art. 42
Art. 5	Art. 3, I
Art. 5-1	Art. 3, II
Art. 6	Art. 4
Art. 7	Art. 5
Art. 7-1	Art. 45
Art. 8	Art. 6 Art. 44
Art. 9	Art. 46
Art. 10	Art. 47
Art. 11	Art. 8
Art. 12	*Abrogé*
Art. 13	Art. 9 Art. 12
Art. 14	*Abrogé*
Art. 15	Art. 13
Art. 15 *bis*	Art. 14
Art. 16	Art. 15
Art. 17	Art. 16
Art. 18	Art. 17
Art. 19	Art. 10
Art. 20	Art. 11
Art. 21	Art. 18
Art. 22	Art. 30
Art. 23 à 25	*Abrogés*
Art. 26	Art. 31
Art. 27	Art. 32
Art. 28	Art. 34
Art. 29	Art. 35
Art. 30	Art. 33
Art. 31	Art. 36
Art. 32, I	Art. 48, Art. 116
Art. 32, II	Art. 82
Art. 32, III, al. 2	Art. 79
Art. 33	Non repris
Art. 34	Art. 121
Art. 34 *bis*	Art. 83
Art. 35	Art. 60 Art. 61
Art. 36	Art. 78
Art. 37	Art. 7
Art. 38	Art. 56 Art. 110
Art. 39	Art. 49 Art. 119
Art. 40, I et II	Art. 51
Art. 40, III	Art. 58, II
Art. 40-1	Art. 84 Art. 85
Art. 41	Art. 118
Art. 42	Art. 52
Art. 43	Art. 64

Loi n° 78-17 du 6 janv. 1978 (mod. par L. n° 2018-493 du 20 juin 2018)	Loi n° 78-17 du 6 janv. 1978 (mod. par Ord. n° 2018-1125 du 12 déc. 2018)
Art. 43 *ter*	Art. 37
Art. 43 *quater*	Art. 38
Art. 43 *quinquies*	Art. 39
Art. 44	Art. 19
Art. 45	Art. 20
Art. 46	Art. 21
Art. 47	Art. 22
Art. 48	Art. 23
Art. 49	Art. 24
Art. 49-1	Art. 25
Art. 49-2	Art. 26
Art. 49-3	Art. 27
Art. 49-4	Art. 28
Art. 49-5	Art. 29
Art. 50	Art. 40
Art. 51	C. Pén., art. 226-22-2
Art. 52	Art. 41
Art. 53	Art. 65
Art. 54	Art. 66
Art. 55	Art. 67
Art. 56	Art. 68
Art. 57	Art. 74 Art. 86
Art. 58	Art. 69
Art. 59	Art. 70
Art. 60	Art. 71
Art. 61	Art. 72
Art. 62	Art. 73
Art. 63	Art. 75
Art. 64	Art. 76
Art. 65	Art. 77

Loi n° 78-17 du 6 janv. 1978 (mod. par L. n° 2018-493 du 20 juin 2018)	Loi n° 78-17 du 6 janv. 1978 (mod. par Ord. n° 2018-1125 du 12 déc. 2018)
Art. 67	Art. 80
Art. 68	Art. 123
Art. 69	Art. 124
Art. 70 - *Abrogé*	Non repris
Art. 70-1	Art. 87
Art. 70-2	Art. 88
Art. 70-3	Art. 89
Art. 70-4	Art. 90
Art. 70-5	Art. 91
Art. 70-6	Art. 92
Art. 70-7	Art. 93
Art. 70-8	Art. 94
Art. 70-9	Art. 95
Art. 70-10	Art. 122
Art. 70-11	Art. 97
Art. 70-12	Art. 98
Art. 70-13	Art. 99
Art. 70-14	Art. 100
Art. 70-15	Art. 101
Art. 70-16	Art. 102
Art. 70-17	Art. 103
Art. 70-18	Art. 104
Art. 70-19	Art. 105
Art. 70-20	Art. 106
Art. 70-21	Art. 107
Art. 70-22	Art. 108
Art. 70-23	Art. 109
Art. 70-24	Art. 111
Art. 70-25	Art. 112
Art. 70-26	Art. 113
Art. 70-27	Art. 114
Art. 71	Non repris
Art. 72	Art. 125

TABLE CHRONOLOGIQUE

NOTA. Avant la table chronologique proprement dite, on retrouvera ci-dessous la liste des différents codes reproduits en extraits dans le présent ouvrage.

Code de la sécurité intérieure

L. 854-1 à L. 854-9, L. 855-1 A à L. 855-1, L. 863-1 à L. 863-2, L. 871-1 à L. 871-7, R. 811-1, R. 811-2, R. 821-1, R. 823-1 à D. 823-5, R. 851-1 à R. 851-10, R. 853-1 à R. 853-3, R. 855-1, R. 871-1 à R. 871-5, R. 872-1 à R. 872-6, R. 873-1, R. 873-2 *(renseignement)*, **p. 1489.**
– Art. R. 231-1 à R. 231-16 *(système d'information Schengen)*, **p. 1524.**

Code de la sécurité sociale
– Art. L. 161-28 à L. 161-36-5, R. 161-29 à R. 161-38 *(systèmes d'information de l'assurance maladie et tiers payant)*, **p. 1443.**

Code du sport
– Art. L. 332-1 *(traitement de données, manifestations sportives)*, **p. 1460.**

Code du travail
– Art. L. 1121-1 *(respect des droits des personnes et libertés dans l'entreprise, contrôle de l'activité)*, **p. 1288.**
– Art. L. 1132-1, L. 1133-1 *(non-discrimination)*, **p. 1289.**
– Art. L. 1221-6 à L. 1221-9 *(recrutement, données collectées)*, **p. 1290.**
– Art. L. 1222-3, L. 1222-4 *(évaluation, surveillance, information préalable)*, **p. 1291.**
– Art. L. 1222-9 à L. 1222-11 *(télétravail)*, **p. 1292.**
– Art. L. 2312-38, L. 2317-1 *(information des institutions représentatives, droit d'alerte)*, **p. 1294.**
– Art. L. 3243-2 à L. 3243-5, R. 3243-1 à R. 3243-9, R. 3246-2 *(bulletin de paie dématérialisé)*, **p. 1294.**
– Art. L. 5151-2, L. 5151-6, L. 5151-8, L. 6323-1, L. 6323-8, L. 5323-9, R. 5151-1 à R. 5151-10, R. 6323-31 à R. 6323-40 *(données liées aux comptes personnels d'activité et de formation)*, **p. 1307.**
– Art. L. 7341-1, D. 7342-6 *(travailleurs utilisant une plateforme de mise en relation par voie électronique)*, **p. 1297.**
– Art. L. 8113-5 à L. 8113-6, L. 8271-19, D. 8113-2 à D. 8113-3, R. 8211-1 à R. 8211-8 *(inspecteur du travail, accès aux documents, lutte contre le travail illégal)*, **p. 1299.**
– Art. D. 3171-14, D. 3171-15 *(durée du travail, accès aux informations nominatives)*, **p. 1300.**
– Art. R. 5122-20 à R. 5122-4, R. 5134-18 à D. 5134-25 *(traitements spécifiques de l'agence de services et de paiement)*, **p. 1303.**
– Art. R. 5323-7 à R. 5323-11 *(placement privé, transmission des informations)*, **p. 1313.**
– Art. R. 5122-20 à R. 5122-24 *(aide aux salariés placés en activité partielle)*, R. 5134-18 à D. 5134-25 *(contrat unique d'insertion)*, **p. 1303.**
– Art. R. 5134-18 à D. 5134-25 *(contrat unique d'insertion)***p. 1305.**
– Art. R. 5312-32 à R. 5312-46 *(placement et accompagnement des demandeurs d'emploi - liste nominative, transmission à Pôle emploi)*, **p. 1309.**

1955	22 oct.	Décret n° 55-1397. Carte nationale d'identité. – V. App., v° *État civil*, **p. 1240.**
1978	6 janv.	Loi n° 78-17. Informatique et fichiers, **p. 278.**
1981	28 janv.	Convention 108 du Conseil de l'Europe. Protection des personnes à l'égard du traitement automatisé des données à caractère personnel, **p. 560.**
1982	22 janv.	Décret n° 82-103. Répertoire national d'identification des personnes physiques. – V. App., v° *État civil*, **p. 1242.**
1982	14 juin	Arrêté. Extension d'un système automatisé de gestion du fichier des comptes bancaires. – V. App., v° *Banque - Assurance*, **p. 648.**

1992	24 juill.	Arrêté. Traitement automatisé des informations sur la régularité des chèques mis en œuvre par la Banque de France. – V. App., v° *Banque - Assurance*, **p. 652.**
1996	12 sept.	Décret n° 96-793. Autorisation d'utilisation du numéro d'inscription au Répertoire national d'identification des personnes physiques et institution d'un répertoire national interrégimes des bénéficiaires de l'assurance maladie et modifiant le code de la sécurité sociale. – Art. 3. – V. ss. CSS, art. R. 161-34 à R. 161-38, App., v° *Santé*, **p. 1453.**
2002	12 juill.	Directive 2002/58/CE. Traitement des données à caractère personnel et protection de la vie privée dans le secteur des communications électroniques (« vie privée et communications électroniques ») : – Art. 1er à 4, 6 à 14 *bis*, 15 *bis* à 21, . – Art. 5, 15, **p. 558.**
2004	21 juin	Loi n° 2004-575. Pour la confiance dans l'économie numérique. – Art. 1er, 6 à 7-1, 14 à 22. – V. App., v° *Communication - Commerce électronique*, **p. 1149.**
2004	6 août	Loi n° 2004-801. Protection des personnes physiques à l'égard des traitements de données à caractère personnel. – Art. 14. – V. C. pén., art. 226-16 à 226-17, 226-18 à 226-23, ss. L. n° 78-17 du 6 janv. 1978, art. 40.
2005	30 déc.	Décret n° 2005-1726. Passeports. – V. App., v° *État civil*, **p. 1244.**
2006	1er août	Loi n° 2006-961. Droit d'auteur et droits voisins dans la société de l'information. – Art. 15. – V. App., v° *Communication - Commerce électronique*, **p. 1166.**
2006	16 août	Arrêté. Registre visé par l'article R. 226-10 du code pénal. – V. ss. C. pén., art. R. 226-10, **p. 523.**
2006	23 déc.	Décret n° 2006-1806. Déclaration, modification, dissolution et publicité du pacte civil de solidarité. – Art. 10. – V. App., v° *État civil*, **p. 1251.**
2006	23 déc.	Décret n° 2006-1807. Enregistrement, conservation et traitement des données à caractère personnel relatives à la formation, la modification et la dissolution du pacte civil de solidarité. – V. App., v° *État civil*, **p. 1251.**
2007	22 févr.	Décret n° 2007-240. Création de l'Agence nationale des titres sécurisés. – V. App., v° *État civil*, **p. 1251.**
2007	27 févr.	Décret n° 2007-255. Liste des titres sécurisés relevant de l'Agence nationale des titres sécurisés. – V. App., v° *État civil*, **p. 1256.**
2007	15 mai	Décret n° 2007-914. Application du I de l'article 33 de la loi n° 78-17 du 6 janvier 1978 relative à l'informatique, aux fichiers et aux libertés. – V. ss. L. n° 78-17 du 6 janv. 1978, art. 33.

2007	20 juin	Avis du G29 n° 4/2007 (WP 136). Concept de données à caractère personnel. – V. App., v° *Comité européen de la protection des données*, **p. 683.**
2008	2 juin	Décret n° 2008-521. Attributions des autorités diplomatiques et consulaires françaises en matière d'état civil. – Art. 6. – V. App., v° *État civil*, **p. 1256.**
2009	2 sept.	Arrêté. Application de l'article R. 561-12 du code monétaire et financier et définition des éléments d'information liés à la connaissance du client et de la relation d'affaires aux fins d'évaluation des risques de blanchiment de capitaux et de financement du terrorisme. – V. App., v° *Banque - Assurance*, **p. 653.**
2009	1er déc.	Charte des droits fondamentaux de l'Union européenne. – V. art. 8, **p. 461.**
2010	1er mars	Circulaire. Simplification de la délivrance des cartes nationales d'identité et des passeports. – V. App., v° *État civil*, **p. 1257.**
2010	2 mars	Décret n° 2010-219. Traitement automatisé de données à caractère personnel dénommé « Registre national des fiducies ». – V. App., v° *Banque - Assurance*, **p. 654.**
2010	5 mars	Décret n° 2010-236. Traitement automatisé de données à caractère personnel autorisé par l'article L. 331-29 du code de la propriété intellectuelle dénommé « Système de gestion des mesures pour la protection des œuvres sur internet ». – V. ss. CPI, art. L. 331-23, App., v° *Communication - Commerce électronique*, **p. 1143.**
2010	13 juill.	Avis du G29 du 2010 n° 3/2010 (WP 173). Principe de la responsabilité. – V. App., v° *Comité européen de la protection des données*, **p. 705.**
2010	26 oct.	Arrêté. Fichier national des incidents de remboursement des crédits aux particuliers. – V. App., v° *Banque - Assurance*, **p. 655.**
2011	16 mars	Décret n° 2011-279. Modification du décret n° 2007-914 du 15 mai 2007 pris pour l'application du I de l'art. 30 de la loi n° 78-17 du 6 janvier 1978 relative à l'informatique, aux fichiers et aux libertés. – V. Décr. mod., art. 1er, 2, ss. L. n° 78-17 du 6 janv. 1978, art. 31.
2011	24 août	Ordonnance n° 2011-1012. Communications électroniques : – Art. 2 à 5, 7, 8. – V. CPCE, art. L. 32, L. 32-1, L. 32-4, L. 33-1, L. 34-1, L. 34-5, **p. 524.** – Art. 39. – V. C. pén., art. 226-17-1, ss. L. n° 78-17 du 6 janv. 1978, art. 40, **p. 342.**
2012	4 juill.	Arrêté. Fixation de la liste d'appareils et de dispositifs techniques prévue par l'article 226-3 du code pénal. – V. ss. C. pén., art. R. 226-1, **p. 518.**
2012	20 août	Décret n° 2012-966. Enregistrement de la déclaration, de la modification et de la dissolution du pacte civil de solidarité reçu par un notaire. – Art. 9 à 16. – V. App., v° *État civil*, **p. 1258.**

2014	9 avr.	Avis du G29 n° 06/2014 (WP 217). Notion d'intérêt légitime poursuivi par le responsable du traitement des données au sens de l'article 7 de la directive 95/46/CE [RGPD, art. 6]. – V. App., v° *Comité européen de la protection des données*, **p. 720.**
2014	10 avr.	Avis du G29 n° 05/2014 (WP 216). Techniques d'anonymisation. – V. App., v° *Comité européen de la protection des données*, **p. 777.**
2014	4 août	Loi n° 2014-873. Égalité réelle entre les femmes et les hommes. – Art. 57. – V. L. n° 2004-575 du 21 juin 2004, art. 6, App., v° *Communication - Commerce électronique*, **p. 1150.**
2014	7 nov.	Recommandation CCA n° 2014-02. Contrats de fourniture de services de réseaux sociaux. – V. App., v° *Communication - Commerce électronique*, **p. 1167.**
2014	13 nov.	Loi n° 2014-1353. Lutte contre le terrorisme. – Art. 12. – V. L. n° 2004-575 du 21 juin 2004, art. 6, 6-1, App., v° *Communication - Commerce électronique*, **p. 1150.**
2015	4 mars	Décret n° 2015-252. Modification du décret n° 2007-914 du 15 mai 2007 modifié pris pour l'application du I de l'article 30 de la loi n° 78-17 du 6 janvier 1978 relative à l'informatique, aux fichiers et aux libertés. – Art. 1er. – V. Décr. mod., art. 1er, ss. L. n° 78-17 du 6 janv. 1978, art. 31.
2015	6 août	Loi n° 2015-990. Croissance, activité et égalité des chances économiques. – Art. 119 à 122. – V. CPCE, art. L. 32, L. 32-1, L. 33-1, **p. 524.**
2015	2 sept.	Convention AERAS révisée. S'assurer et emprunter avec un risque aggravé. – V. App., v° *Banque - Assurance*, **p. 665.**
2015	10 nov.	Décret n° 2015-1465. Modification du décret n° 2007-914 du 15 mai 2007 pris pour l'application du I de l'article 30 de la loi n° 78-17 du 6 janvier 1978 relative à l'informatique, aux fichiers et aux libertés. – V. Décr. mod., art. 1er, ss. L. n° 78-17 du 6 janv. 1978, art. 31.
2015	30 déc.	Décret n° 2015-1854. Modalités de communication par la Banque de France de données relatives à la situation financière des entreprises à certaines entités mentionnées à l'article L. 144-1 du code monétaire et financier. – V. App., v° *Banque - Assurance*, **p. 668.**
2016	19 janv.	Arrêté. Échanges par voie électronique des données à caractère personnel contenues dans les actes d'état civil. – V. App., v° *État civil*, **p. 1260.**
2016	26 janv.	Loi n° 2016-41. Modernisation de notre système de santé : – Art. 96, 110, 155, 157, 175, 189, 193. – V. CSP, art. L. 1110-4, L. 1110-4-1, L. 1110-12, L. 1111-2, L. 1111-7, L. 1111-8, L. 1111-8-1, L. 1111-8-2, L. 1111-14 à L. 1111-23, L. 1121-3,

		L. 1122-1, L. 1435-6, L. 1461-1 à L. 1461-7, L. 1462-1, App., v° *Santé*, **p. 1326**. – Art. 190. – V. C. assur., art. L. 133-1, App., v° *Banque - Assurance*, **p. 599**.
2016	25 févr.	Arrêté. Désignation de l'organisme chargé de gérer la liste d'opposition au démarchage téléphonique. – Art. 1er. – V. ss. C. consom., art. L. 223-4, App., v° *Communication - Commerce électronique*, **p. 1125**.
2016	14 avr.	Ordonnance n° 2016-462. Création de l'Agence nationale de santé publique. – Art. 1er, 3. – V. CSP, art. L. 1222-1, L. 1413-1, L. 1413-12-3, App., v° *Santé*, **p. 1359**.
2016	20 avr.	Arrêté. Autorisation de la création d'un système de téléservices destinés à la prédemande et à la demande de titres officiels. – V. App., v° *État civil*, **p. 1262**.
2016	27 avr.	Règlement (UE) 2016/679. Protection des personnes physiques à l'égard du traitement des données à caractère personnel et libre circulation de ces données, **p. 5**.
2016	27 avr.	Directive (UE) 2016/680. Protection des personnes physiques à l'égard du traitement des données à caractère personnel par les autorités compétentes à des fins de prévention et de détection des infractions pénales, d'enquêtes et de poursuites en la matière ou d'exécution de sanctions pénales, et libre circulation de ces données, et abrogeant la décision-cadre 2008/977/JAI du Conseil, **p. 233**.
2016	27 avr.	Directive (UE) 2016/681. Utilisation des données des dossiers passagers (PNR) pour la prévention et la détection des infractions terroristes et des formes graves de criminalité, ainsi que pour les enquêtes et les poursuites en la matière, **p. 1606**.
2016	1er juin	Décret n° 2016-725. Modification du décret n° 2007-914 du 15 mai 2007 pris pour l'application du I de l'article 30 de la loi n° 78-17 du 6 janvier 1978 relative à l'informatique, aux fichiers et aux libertés. – Art. 1er. – V. Décr. mod., art. 1er, ss. L. n° 78-17 du 6 janv. 1978, art. 31.
2016	3 juin	Loi n° 2016-731. Lutte contre le crime organisé, le terrorisme et leur financement. Efficacité et garanties de la procédure pénale : – Art. 31, 40, 41. – V. C. mon. fin., art. L. 561-12, App., v° *Banque - Assurance*, **p. 624**. – Art. 114. – V. CSI, art. L. 241-1, App., v° *Sécurité intérieure*, **p. 1472**.
2016	9 juin	Décision de la Caisse des dépôts et consignations. Création d'un traitement automatisé de données à caractère personnel relatif à la mise en œuvre d'un téléservice dénommé « système d'information permettant la restitution des sommes provenant des comptes bancaires inactifs, des contrats d'assurance vie et des bons ou contrats de capitalisation en déshérence », objet du dépôt obliga-

		toire à la Caisse des dépôts et consignations. – V. App., v° *Banque - Assurance*, **p. 596.**
2016	21 juin	Arrêté. Conditions d'accès et d'utilisation des informations contenues dans le registre public des trusts. – V. App., v° *Banque - Assurance*, **p. 672.**
2016	4 juill.	Décret n° 2016-914. Dossier médical partagé. – V. ss. CSP, art. R. 1111-26, App., v° *Santé*, **p. 1398.**
2016	1er sept.	Arrêté. Création par la direction générale des finances publiques d'un traitement automatisé de données à caractère personnel de gestion du fichier des contrats de capitalisation et d'assurance vie dénommé Ficovie. – V. App., v° *Banque - Assurance*, **p. 675.**
2016	7 oct.	Loi n° 2016-1321. Pour une République numérique : – Art. 58. – V. C. consom., art. L. 752-2, L. 752-3, App., v° *Banque - Assurance*, **p. 603**. – Art. 64. – V. C. pén., art. 226-16, ss. L. n° 78-17 du 6 janv. 1978, art. 40, **p. 340**. – Art. 65-II et III. – V. ss. L. n° 78-17 du 6 janv. 1978, art. 47 anc., . – Art. 105. – V. ss. CPCE, art. L. 33-1, **p. 537**.
2016	28 oct.	Décret n° 2016-1460. Autorisation de la création d'un traitement de données à caractère personnel relatif aux passeports et aux cartes nationales d'identité. – V. App., v° *État civil*, **p. 1264.**
2016	26 déc.	Décret n° 2016-1871. Traitement de données à caractère personnel dénommé « Système national des données de santé ». – Art. 2-II et III. – V. ss. CSP, art. R. 1461-1, R. 1461-4, R. 1461-11 à R. 1461-15, R. 1461-18, R. 1461-19, App., v° *Santé*, **p. 1416.**
2017	12 janv.	Ordonnance n° 2017-27. Hébergement de données de santé à caractère personnel *(ratifiée par L. n° 2019-774 du 24 juill. 2019)*. – Art. 3. – V. ss. CSP, art. L. 1111-8, App., v° *Santé*, **p. 1331.**
2017	8 févr.	Décret n° 2017-154. Modification du décret n° 2007-914 du 15 mai 2007 pris pour l'application du I de l'article 30 de la loi n° 78-17 du 6 janvier 1978 relative à l'informatique, aux fichiers et aux libertés. – V. Décr. mod., art. 1er, 2, ss. L. n° 78-17 du 6 janv. 1978, art. 31.
2017	5 avr.	Lignes directrices du G29 (WP 242). Droit à la portabilité des données. – V. App., v° *Comité européen de la protection des données*, **p. 809.**
2017	5 avr.	Lignes directrices du G29 (WP 243). Délégués à la protection des données. – V. App., v° *Comité européen de la protection des données*, **p. 829.**
2017	5 avr.	Lignes directrices du G29 (WP 244). Désignation d'une autorité de contrôle chef de file d'un responsable du traitement ou d'un sous-traitant. – V. App., v° *Comité européen de la protection des données*, **p. 847.**

2017	6 mai	Décret n° 2017-890. État civil. – V. App., v° *État civil*, **p. 1270.**
2017	23 mai	Arrêté. Modifications de l'arrêté du 20 avril 2016 autorisant la création d'un système de téléservices destinés à la prédemande et à la demande de titres officiels. – V. Arr. mod., art. 1er, 7, App., v° *État civil*, **p. 1262.**
2017	8 juin	Lignes directrices du G29 (WP 249). Traitement des données sur le lieu de travail. – V. App., v° *Comité européen de la protection des données*, **p. 858.**
2017	2 août	Décret n° 2017-1218. Modification des articles R. 211-32 et R. 841-2 du code de la sécurité intérieure et du décret n° 2007-914 du 15 mai 2007 pris pour l'application du I de l'article 30 de la loi n° 78-17 du 6 janvier 1978 relative à l'informatique, aux fichiers et aux libertés. – Art. 1er, 3. – V. Décr. mod., art. 1er, 2, 3, 5, ss. L. n° 78-17 du 6 janv. 1978, art. 31.
2017	4 août	Décret n° 2017-1231. Modification du décret n° 2007-914 du 15 mai 2007 pris pour l'application du I de l'article 30 de la loi n° 78-17 du 6 janvier 1978 relative à l'informatique, aux fichiers et aux libertés. – Art. 1er. – V. Décr. mod., art. 2, 3, ss. L. n° 78-17 du 6 janv. 1978, art. 31.
2017	3 oct.	Lignes directrices du G29 (WP 253). Application et fixation des amendes administratives aux fins du règlement (UE) 2016/679. – V. App., v° *Comité européen de la protection des données*, **p. 878.**
2017	4 oct.	Lignes directrices du G29 (WP 248). Analyse d'impact relative à la protection des données (AIPD) et manière de déterminer si le traitement est « susceptible d'engendrer un risque élevé » aux fins du règlement (UE) 2016/679. – V. App., v° *Comité européen de la protection des données*, **p. 890.**
2018	17 janv.	Ordonnance n° 2018-20. Service de santé des armées et Institution nationale des invalides. – Art. 2, 8, 21. – V. CSP, art. L. 1110-4, L. 1110-4-1, L. 1111-8-2, L. 1111-23, L. 1121-15, L. 1124-1, L. 6113-7, App., v° *Santé*, **p. 1326.**
2018	17 janv.	Ordonnance n° 2018-21. Mise en cohérence des textes au regard des dispositions de la loi n° 2016-41 du 26 janvier 2016 de modernisation de notre système de santé. – Art. 4, 8. – V. CSP, art. L. 1111-14, L. 1124-1, **p. 1336.**
2018	6 févr.	Lignes directrices du G29 (WP 250). Notification des violations de données à caractère personnel. – V. App., v° *Comité européen de la protection des données*, **p. 907.**
2018	6 févr.	Lignes directrices du G29 (WP 251). Décisions individuelles automatisées et profilage. – V. App., v° *Comité européen de la protection des données*, **p. 937.**
2018	26 févr.	Décret n° 2018-137. Hébergement de données de santé à caractère personnel : – Art. 1er, 2, 3. – V. CSP, art. R. 1111-1 à R. 1111-3, R. 1111-8,

		R. 1111-8-8, R. 1111-9, R. 1111-10, R. 1111-11, R. 1111-20-4, R. 1111-20-10, R. 1111-20-11, R. 1111-20-12, R. 1111-35, **p. 1384**. – Art. 3-I et III. – V. ss. CSP, art. L. 1111-8, App., v° *Santé*, **p. 1331**.
2018	27 févr.	Décret n° 2018-141. Portant application de l'article L. 114-1 du code de la sécurité intérieure. – Art. 1er, 3. – V. CSI, art. R 114-1, R. 114-6, R. 234-1, App., v° *Sécurité intérieure*, **p. 1518.**
2018	29 mars	Loi n° 2018-217. Ratification de diverses ordonnances prises sur le fondement de la loi n° 2017-1340 du 15 septembre 2017 d'habilitation à prendre par ordonnances les mesures pour le renforcement du dialogue social. – Art. 6. – V. C. trav., art. L. 2312-37, App., v° *Ressources humaines*, **p. 1294.**
2018	11 avr.	Lignes directrices du G29 (WP 260). Consentement. – V. App., v° *Comité européen de la protection des données*, **p. 963.**
2018	18 avr.	Décret n° 2018-284. Renforcement du dispositif français de lutte contre le blanchiment de capitaux et le financement du terrorisme. – Art. 14. – V. C. mon. fin., art. R. 561-5, R. 561-6, R. 561-12, App., v° *Banque - Assurance*, **p. 642.**
2018	4 mai	Décret n° 2018-338. Déclarations obligatoires de certaines maladies. – Art. 1er. – V. CSP, art. R. 3113-1 à R. 3113-3, App., v° *Santé*, **p. 1435.**
2018	22 mai	Décret n° 2018-378. Modification du décret n° 2007-914 du 15 mai 2007 pris pour l'application du I de l'article 30 de la loi n° 78-17 du 6 janvier 1978 relative à l'informatique, aux fichiers et aux libertés : – Art. 1er. – V. Décr. mod., art. 1er à 3, ss. L. n° 78-17 du 6 janv. 2018, art. 33. – Art. 2. – V. CSI, art. R. 841-2, App., v° *Sécurité intérieure*, **p. 1580**.
2018	20 juin	Loi n° 2018-493. Protection des données à caractère personnel : – Art. 1er à 14, 16, 19 à 21, 23, 27 à 34. – V. anc. L. n° 78-17 du 6 janv. 1978, . – Art. 14, 16. – V. CSP, art. L. 1122-1, L. 1123-7, L. 1124-1, L. 1461-1, L. 1461-7L. 6113-7, App., v° *Santé*, **p. 1346**. – Art. 7, 11, 27. – V. C. pén., art. 226-16, 226-16-1 A, 226-22-1, ss. L. n° 78-17 du 6 janv. 1978, art. 40, **p. 340**. – Art. 18. – V. C. défense, art. L. 4123-9-1, ss. L. n° 78-17 du 6 janv. 1978, art. 31.
2018	27 juin	Décret n° 2018-522. Remises prévues à l'article L. 165-4 du code de la sécurité sociale et pénalité liée à la production de données erronées relatives aux dispositifs médicaux remboursables par l'assurance maladie. – Art. 3. – V. CSP, art. R. 1461-11, R. 1461-14, App., v° *Santé*, **p. 1422.**

2018	29 juin	Décret n° 2018-543. Désignation de certains services autorisés à recourir aux techniques mentionnées au titre V du livre VIII du code de la sécurité intérieure, pris en application de l'article L. 811-4 du code de la sécurité intérieure. – V. CSI, art. R. 811-2, R. 851-1, R. 851-2, R. 851-3, R. 852-1, R. 853-1, R. 853-3, App., v° *Sécurité intérieure*, **p. 1577.**
2018	13 juill.	Loi n° 2018-607. Programmation militaire pour les années 2019 à 2025 et diverses dispositions intéressant la défense. – Art. 37. – V. CSI, art. L. 854-1, L. 854-2, L. 854-4, L. 854-9, App., v° *Sécurité intérieure*, **p. 1509.**
2018	30 juill.	Loi n° 2018-670. Protection du secret des affaires. – Art. 4. – V. C. patr., art. L. 213-2, App., v° *Données publiques - Open data*, **p. 1226** ; CRPA, art. L. 311-6, App., v° *Données publiques - Open data*, **p. 1230** ; CSP, art. L. 1413-12-3, App., v° *Santé*, **p. 1361.**
2018	1er août	Décret n° 2018-687. Application de la loi n° 78-17 du 6 janvier 1978 relative à l'informatique, aux fichiers et aux libertés, modifiée par la loi n° 2018-493 du 20 juin 2018 relative à la protection des données personnelles. – Art. 29. – V. C. pén., art. R. 625-10 à R. 625-12, ss. L. mod., art. 40.
2018	3 août	Loi n° 2018-697. Harmonisation de l'utilisation des caméras mobiles par les autorités de sécurité publique. – Art. 3. – V. CSI, art. L. 241-2, App., v° *Sécurité intérieure*, **p. 1473.**
2018	3 août	Loi n° 2018-699. Garantie de la présence des parlementaires dans certains organismes extérieurs au Parlement et à simplification des modalités de leur nomination. – Art. 84. – V. CSI, art. L. 251-5 à L. 251-7, L. 252-4, L. 255-1, App., v° *Sécurité intérieure*, **p. 1479.**
2018	3 août	Loi n° 2018-700. Ratification de l'ordonnance n° 2017-1252 du 9 août 2017 portant transposition de la directive 2015/2366 du Parlement européen et du Conseil du 25 novembre 2015 concernant les services de paiement dans le marché intérieur. – Art. 6. – V. C. mon. fin., art. L. 561-2, App., v° *Banque - Assurance*, **p. 616.**
2018	3 août	Loi n° 2018-703. Renforcement de la lutte contre les violences sexuelles et sexistes : – Art. 11. – V. L. n° 2004-575 du 21 juin 2004, art. 6, App., v° *Communication - Commerce électronique*, **p. 1150**. – Art. 16. – V. C. pén., art. 226-3-1, **p. 516**.
2018	3 août	Décret n° 2018-714. « Système API-PNR France » et modification du code de la sécurité intérieure (partie réglementaire). – Art. 1er à 11. – V. CSI, art. R. 231-8, R. 232-1-1, R. 232-5-1, R. 232-12 à R. 232-23, App., v° *Sécurité intérieure*, **p. 1526.**
2018	5 sept.	Loi n° 2018-771. Liberté de choisir son avenir professionnel. – Art. 1er, 2, 24. – V. C. trav., art. L. 5151-2, L. 6323-8, L. 6323-9, App., v° *Ressources humaines*, **p. 1295.**

2018	10 sept.	Loi n° 2018-778. Pour une immigration maîtrisée, un droit d'asile effectif et une intégration réussie. – Art. 5. – V. CSI, art. L. 114-1, App., v° *Sécurité intérieure*, **p. 1457.**
2018	13 sept.	Décret n° 2018-788. Modalités de mise en œuvre des activités de télémédecine. – Art. 3. – V. CSP, art. R. 6316-5 à R. 6316-8, App., v° *Santé*, **p. 1442.**
2018	1er oct.	Décret n° 2018-834. Modification de l'article D. 144-12 du code monétaire et financier. – Art. 1er. – V. l'art. mod., App., v° *Banque - Assurance*, **p. 638.**
2018	23 oct.	Loi n° 2018-898. Lutte contre la fraude : – Art. 7. – V. CGI, art. 1649 A, App., v° *Banque - Assurance*, **p. 604**. – Art. 29. – V. L. n° 2004-575 du 21 juin 2004, art. 6, App., v° *Communication - Commerce électronique*, **p. 1150**.
2018	29 nov.	Décret n° 2018-1056. Complément du décret n° 2016-1871 du 26 décembre 2016 relatif au traitement de données à caractère personnel dénommé « système national des données de santé ». – V. CSP, art. R. 1461-12, R. 1461-14, App., v° *Santé*, **p. 1422.**
2018	10 déc.	Décret n° 2018-1117. Catégories de documents administratifs pouvant être rendus publics sans faire l'objet d'un processus d'anonymisation. – V. CRPA, art. D. 312-1-3, App., v° *Données publiques – Open data*, **p. 1231.**
2018	12 déc.	Ordonnance n° 2018-1125. Application de l'article 32 de la loi n° 2018-493 du 20 juin 2018 relative à la protection des données personnelles, modification de la loi n° 78-17 du 6 janvier 1978 relative à l'informatique, aux fichiers et aux libertés et diverses dispositions concernant la protection des données à caractère personnel : – Art. 1er. – V. L. n° 78-17 du 6 janv. 1978, **p. 278**. – Art. 4. – V. C. consom., art. L. 751-5, App., v° *Banque - Assurance*, **p. 602**. – Art. 9. – V. C. envir., art. L. 581-9, App., v° *Communication - Commerce électronique*, **p. 1130**. – Art. 10. – V. CJA, art. L. 311-4-1, L. 773-8, App., v° *Sécurité intérieure*, **p. 1499**. – Art. 11. – V. C. mon. fin., art. L. 521-6, L. 521-7, L. 561-7, App., v° *Banque - Assurance*, **p. 615**. – Art. 13. – V. C. pén., art. 226-16, 226-17, 226-17-1, 226-19, 226-22-1, 226-22-2, 226-23, ss. L. n° 78-17 du 6 janv. 1978, art. 40. – Art. 21. – V. CSP, art. L. 1111-8-1, L. 1222-1, L. 1123-7, L. 1124-1, L. 1461-1, L. 1461-3, L. 1462-1, L. 2132-3, App., v° *Santé*, **p. 1332**. – Art. 22. – V. CSI, art. L. 114-1, L. 114-2, L. 211-11, L. 232-1, L. 234-1, L. 234-3, L. 252-1, L. 253-3, L. 312-17, L. 801-1, L. 841-2, App., v° *Sécurité intérieure*, **p. 1457**.

		– Art. 27. – V. L. n° 2006-961 du 1er août 2006, art. 15, v° *Communication - Commerce électronique*, **p. 1521**.
2018	20 déc.	Décret n° 2018-1195. Contrôle de certains matériels de guerre et matériels assimilés. – Art. 24, 29 et 45. – V. CSI, art. R. 114-5, R. 312-21, App., v° *Sécurité intérieure*, **p. 1521.**
2018	22 déc.	Loi n° 2018-1203. De financement de la sécurité sociale pour 2019 : – Art. 51, 56. – V. CSP, art. L. 2132-2, L. 2132-2-1, App., v° *Santé*, **p. 1373**. – Art. 66. – V. CSS, art. L. 161-36-4, App., v° *Santé*, **p. 1448**.
2018	27 déc.	Décret n° 2018-1287. Modification du décret n° 2007-914 du 15 mai 2007 pris pour l'application du I de l'article 30 de la loi n° 78-17 du 6 janvier 1978 relative à l'informatique, aux fichiers et aux libertés : – Art. 1er. – V. Décr. mod., art. 1er, ss. L. n° 78-17 du 6 janv. 1978, art. 31. – Art. 2. – V. CSI, art. R. 841-2, App., v° *Sécurité intérieure*, **p. 1501**.
2018	28 déc.	Loi n° 2018-1317. De finances pour 2019. – Art. 48. – V. CGI, art. 1649 AB, App., v° *Banque - Assurance*, **p. 605.**
2019	27 févr.	Décret n° 2019-136. Conditions d'acquisition de la nationalité française à raison de la naissance et de la résidence en France des enfants nés à Mayotte de parents étrangers. – Art. 1er. – V. Décr. n° 2017-890 du 6 mai 2017, art. 9-1, 38-1, App., v° *État civil*, **p. 1272.**
2019	27 févr.	Décret n° 2019-140. Application de l'article L. 241-2 du code de la sécurité intérieure. Mise en œuvre de traitements de données à caractère personnel provenant des caméras individuelles des agents de la police municipale. – V. CSI, art. R. 241-8 s., App., v° *Sécurité intérieure*, **p. 1565.**
2019	12 mars	Avis du CEPD. Interaction entre la directive "vie privée et communications électroniques" et le RGPD (texte en anglais). – V. App., v° *Comité européen de la protection des données*, **p. 996.**
2019	23 mars	Loi n° 2019-222. Programmation 2018-2022 et réforme pour la justice : – Art. 46. – V. C. pén., art. 226-3, **p. 515**. – Art. 89 et 102. – V. CSI, art., L. 251-4, L. 251-6, L. 855-1, App., v° *Sécurité intérieure*, **p. 1479**.
2019	27 mars	Décret n° 2019-238. Diverses dispositions relatives au traitement automatisé de données à caractère personnel dénommé PARAFE. – V. CSI, art. R. 232-6 à R. 232-11-2, App., v° *Sécurité intérieure*, **p. 1530.**
2019	27 mars	Décret n° 2019-239. Élargissement du traitement automatisé de données à caractère personnel dénommé PARAFE aux ressortis-

		sants britanniques. – V. CSI, art. R. 232-6, R. 232-11, App., v° *Sécurité intérieure*, **p. 1530.**
2019	27 mars	Décret n° 2019-244. Régime de sûreté de la partie française de la liaison fixe trans-Manche. – Art. 2. – V. CSI, art. R. 114-4, App., v° *Sécurité intérieure*, **p. 1521.**
2019	19 avr.	Décret n° 2019-341. Mise en œuvre de traitements comportant l'usage du numéro d'inscription au répertoire national d'identification des personnes physiques ou nécessitant la consultation de ce répertoire. – Art. 1er, 2, 4. – V. ss. L. n° 78-17 du 6 janv. 1978, art. 30.
2019	13 mai	Décret n° 2019-452. Autorisation de la création d'un moyen d'identification électronique dénommé « Authentification en ligne certifiée sur mobile ». – Art. 16. – V. Décr. n° 2016-1460 du 28 oct. 2016, art. 3, App., v° *État civil*, **p. 1266.**
2019	22 mai	Loi n° 2019-486. Croissance et transformation des entreprises : – Art. 70, 85, 86, 206. – V. C. mon. fin., art. L. 144-1, L. 561-2, L. 561-8, L. 561-10, L. 561-21, L. 561-22, L. 561-36, App., v° *Banque - Assurance*, **p. 606.** – Art. 190. – V. C. trav., art. L. 1132-1, App., v° *Ressources humaines*, **p. 1289.** – Art. 206. – V. CGI, art. 1649 AB, **p. 605.**
2019	29 mai	Décret n° 2019-536. – Application de la loi n° 78-17 du 6 janvier 1978 relative à l'informatique, aux fichiers et aux libertés, **p. 402.**
2019	28 juin	Décret n° 2019-684. Désignation de certains services de la direction centrale de la police judiciaire autorisés à recourir aux techniques mentionnées au titre V du livre VIII du code de la sécurité intérieure, pris en application de l'article L. 811-4 du code de la sécurité intérieure. – V. CSI, art. R. 811-2, R. 851-1 à R. 851-4, R. 852-1 à R. 852-3, App., v° *Sécurité intérieure*, **p. 1577.**
2019	5 juill.	Décret n° 2019-718. Regroupement et mise en cohérence des dispositions du code de la sécurité sociale applicables aux travailleurs indépendants. – Art. 9. – V. CSP, art. R. 1111-8-6, R. 1111-27, R. 1111-29, R. 1111-30, R. 1111-32, R. 1111-34, R. 1111-35, R. 1111-37, R. 1111-40, R. 1111-41, R. 1461-1 à R. 1461-4, R. 1461-6, R. 1461-10, R. 1461-13, R. 1461-14 ; CSS, art. R. 161-33-9, R. 161-38, App., v° *Santé*, **p. 1387.**
2019	22 juill.	Décret n° 2019-756. Diverses dispositions de coordination de la loi n° 2019-222 du 23 mars 2019 de programmation 2018-2022 et de réforme pour la justice en matière de protection juridique des majeurs, de changement de régime matrimonial, d'actes non contentieux confiés aux notaires et de prorogation de l'attribution provisoire de la jouissance du logement de la famille et mesure relative à la reconnaissance transfrontalière des décisions de protection juridique des majeurs. – Art. 9. – V. Décr. n° 2017-890 du 6 mai 2017, art. 15-1, App., v° *État civil*, **p. 1276.**

2019	24 juill.	Loi n° 2019-773. Création de l'Office français de la biodiversité et de la chasse, modifiant les missions des fédérations des chasseurs et renforçant la police de l'environnement. — Art. 9. — V. CSI, art. L. 251-2, App., v° *Sécurité intérieure*, **p. 1478.**
2019	24 juill.	Loi n° 2019-774. Organisation et transformation du système de santé : — Art. 12, 41. — V. CGCT, art. L. 2223-42, App., v° *Santé.* — Art. 37, 41, 44 à 47, 50 à 54, 60, 77, 78. — V. CSP, art. L. 1110-4-1, L. 1110-4-2, L. 1111-13 à L. 1111-15, L. 1111-18, L. 1111-21 à L. 1111-23, L. 1112-1, L. 1453-1, L. 1460-1, L. 1461-3 à L. 1461-7, L. 1462-1, L. 1462-2, L. 6132-3, L. 6316-1, L. 6316-2, App., v° *Santé.* — Art. 41. — V. L. n° 78-17 du 6 janv. 1978, art. 30, 65, 66, 72, 73, 76, 77. — Art. 43, 55. — V. CSS, art. L. 161-28-1, L. 161-35, L. 161-35-1, App., v° *Santé*, **p. 1444.**
2019	1er août	Loi n° 2019-810. Préservation des intérêts de la défense et de la sécurité nationale de la France dans le cadre de l'exploitation des réseaux radioélectriques mobiles. — Art. 4. — V. C. pén., art. 226-3, **p. 515.**
2019	20 août	Décret n° 2019-859. Modification du décret n° 2015-1854 du 30 décembre 2015 relatif aux modalités de communication par la Banque de France de données relatives à la situation financière des entreprises à certaines entités mentionnées à l'article L. 144-1 du code monétaire et financier : — Art. 1er. — V. Décr. mod., art. 2 et 3, App., v° *Banque - Assurance*, **p. 668.** — Art. 2. — V. C. mon., art. D. 144-12, App., v° *Banque - Assurance*, **p. 638.**
2019	21 août	Ordonnance n° 2019-861. Assurer la cohérence de diverses dispositions législatives avec la loi n° 2018-771 du 5 septembre 2018 pour la liberté de choisir son avenir professionnel. — Art. 1er. — V. C. trav., art. L. 6323-8, App., v° *Ressources humaines*, **p. 1296.**
2019	18 sept.	Ordonnance n° 2019-964. Application de la loi n° 2019-222 du 23 mars 2019 de programmation 2018-2022 et de réforme pour la justice. — V. C. consom., art. L. 752-2, L. 752-3, App., v° *Banque - Assurance*, **p. 603.**
2019	2 oct.	Ordonnance n° 2019-1015. Régulation des jeux d'argent et de hasard. — Art. 31. — V. C. mon., art. L. 561-2, L. 561-13, App., v° *Banque - Assurance*, **p. 616.**
2020	8 oct.	Lignes directrices 2/2019. Sur le traitement des données à caractère personnel au titre de l'article 6, paragraphe 1, point b), du RGPD dans le cadre de la fourniture de services en ligne aux personnes concernées. — V. App., v° *Comité européen de la protection des données*, **p. 1016.**

2019	11 oct.	Décret n° 2019-1049. Modification du traitement automatisé de données à caractère personnel dénommé « Système d'information du compte personnel de formation ». – Art. 1er. – V. C. trav., art. R. 6323-32 à R. 6323-38, R. 6323-40, App., v° *Ressources humaines*, **p. 1314.**
2019	19 oct.	Loi n° 2019-1063. Modernisation de la distribution de la presse. – Art. 3. – V. CPCE, art. L. 32-1, L. 32-4, L. 33-1, L. 34, *Partie II, Textes complémentaires*, **p. 530.**
2019	7 nov.	Décret n° 2019-1139. Modification du décret n° 97-1184 du 19 décembre 1997 pris pour l'application au Premier ministre du 1° de l'article 2 du décret n° 97-34 du 15 janvier 1997 relatif à la déconcentration des décisions administratives individuelles. – Art. 1er. – V. C. pén., art. R. 226-1, R. 226-3, R. 226-7, *Partie II, Textes complémentaires*, **p. 518.**
2019	6 déc.	Décret n° 2019-1300. Modalités de l'autorisation préalable de l'exploitation des équipements de réseaux radioélectriques prévue à l'article L. 34-11 du code des postes et des communications électroniques. – Art. 2. – V. C. pén., art. R. 226-10, R. 226-12, *Partie II, Textes complémentaires*, **p. 523.**
2019	27 déc.	Loi n° 2019-1461. Engagement dans la vie locale et à la proximité de l'action publique. – Art. 86. – V. C. trav., art. L. 1132-1, App., v° *Ressources humaines*, **p. 1289.**
2020	29 janv.	Lignes directrices 3/2019. Sur le traitement des données à caractère personnel par les dispositifs vidéo. – V. App., v° *Comité européen de la protection des données*, **p. 1056.**
2020	23 mars	Loi n° 2020-290. Urgence pour faire face à l'épidémie de covid-19, art. 3, 4, V. App., v° *Covid-19 : État d'urgence sanitaire*, **p. 1173.**
2020	17 févr.	Ordonnance n° 220-115. Renforcement du dispositif national de lutte contre le blanchiment de capitaux et le financement du terrorisme. – Art. 1er à 7. – V. C. mon. fin., art. L. 511-34, L. 561-2, L. 561-4-1, L. 561-7, L. 561-17, L. 561-19 à L. 561-22-1, L. 561-27, L. 561-36, R. 561-5 à R. 561-6, R. 561-12, App., v° *Banque - Assurance*, **p. 613.**
2020	25 mars	Ordonnance n° 2020-306. Prorogation des délais échus pendant la période d'urgence sanitaire et adaptation des procédures pendant cette même période, V. App., v° *Covid-19 : État d'urgence sanitaire*, **p. 1174.**
2020	15 avr.	Ordonnance n° 2020-427. Diverses dispositions en matière de délais pour faire face à l'épidémie de covid-19. – V. Ord. n° 2020-306 du 25 avr. 2020, art. 1er à 4, 7 à 9, 12 *bis* à 12 *quinquies*, 14, V. App., v° *Covid-19 : État d'urgence sanitaire*, **p. 1174.**
2020	27 avr.	Décret n° 2020-356. Création d'un traitement automatisé de données à caractère personnel dénommé "DataJust". – App., v° *Données publiques – Open data*, **p. 1234.**

2020	4 mai	Guidelines 05/2020. On consent under Regulation 2016/679. – V. App., v° *Comité européen de la protection des données*, **p. 1081.**
2020	7 mai	Ordonnance n° 2020-539. Fixation des délais particuliers applicables en matière d'urbanisme, d'aménagement et de construction pendant la période d'urgence sanitaire. – Art. 1er. – V. Ord. n° 2020-306 du 25 mars 2020, art. 12 *bis*, 12 *ter*, 12 *quater*, App., v° *Covid-19 : État d'urgence sanitaire.*
2020	11 mai	Loi n° 2020-546. Prorogation de l'état d'urgence sanitaire et complément de ses dispositions. – Art. 11. – V. App., v° *Covid-19 : État d'urgence sanitaire*, **p. 1181.**
2020	12 mai	Décret n° 2020-551. Systèmes d'information mentionnés à l'article 11 de la loi n° 2020-546 du 11 mai 2020 prorogeant l'état d'urgence sanitaire et complétant ses dispositions. – V. App., v° *Covid-19 : État d'urgence sanitaire*, **p. 1186.**
2020	14 mai	Décret n° 2020-567. Traitements de données à caractère personnel à des fins de recherche, d'étude ou d'évaluation dans le domaine de la santé. – Art. 1er. – V. Décr. n° 2019-536 du 29 mai 2019, art. 5, 88 à 90, 92 à 101, 109, 111, **p. 405.**
2020	29 mai	Décret n° 2020-650. Traitement de données dénommé « TousAntiCovid ». – V. App., v° *Covid-19 : État d'urgence sanitaire*, **p. 1199.**
2020	3 juin	Ordonnance n° 2020-666. Délais applicables en matière financière et agricole pendant l'état d'urgence sanitaire. – Art. 1er à 3. – V. Ord. n° 2020-306 du 25 mars 2020, art. 1er à 3, App., *Covid-19 : État d'urgence sanitaire*, **p. 1174.**
2020	24 juin	Loi n° 2020-766. Lutte contre les contenus haineux sur internet. – Art. 1er, 2, 6, 17. – V. L. n° 2004-575 du 21 juin 2004, art. 6, App., v° *Communication - Commerce électronique*, **p. 1150.**
2020	29 juin	Décret n° 2020-797. Mise à disposition du public des décisions des juridictions judiciaires et administratives : – Art. 1er. – V. CJA, art. R. 741-13 s., App., v° *Données publiques – Open data*, **p. 1233**. – Art. 7.– V. ss CJA, art. R. 741-13, App., v° *Données publiques – Open data*, **p. 1233.**
2020	10 juill.	Arrêté. Mesures générales nécessaire pour faire face à l'épidémie de covid-19 dans les territoires sortis de l'état d'urgence sanitaire et dans ceux où il a été prorogé. – V. App., v° *Covid-19 : État d'urgence*, **p. 1203.**
2020	24 juill.	Loi n° 2020-901. Encadrement du démarchage téléphonique et à lutter contre les appels frauduleux : – Art. 3, 4, 9. – V. C. consom., art. L. 223-1, L. 223-4, L. 223-5, App., v° *Communication - Commerce électronique*, **p. 1124.**
2020	30 juill.	Loi n° 2020-936. Protection des victimes de violences conjugales. – Art. 12, 17 à 19. – V. C. Pén., art. 226-1, 226-4-1, 226-14, R. 226-1, *Partie II, Textes complémentaires*, **p. 502.**

2020	17 sept.	Délibération de la CNIL n° 2020-091. Lignes directrices relatives à l'application de l'article 82 de la loi du 6 janvier 1978 modifiée aux opérations de lecture et écriture dans le terminal d'un utilisateur (notamment aux « cookies et autres traceurs »). – V. ss. L. n° 78-17 du 6 janv. 1978, art. 82.
2020	17 sept.	Délibération de la CNIL n° 2020-092. Recommandation proposant des modalités pratiques de mise en conformité en cas de recours aux « cookies et autres traceurs ». – V. ss. L. n° 78-17 du 6 janv. 1978, art. 82.
2020	9 oct.	Arrêté. Modification de l'arrêté du 10 juillet 2020 prescrivant les mesures générales nécessaires pour faire face à l'épidémie de covid-19 dans les territoires sortis de l'état d'urgence sanitaire et dans ceux où il a été prorogé. – Art. 1er. – V. Arr. mod., art. 30, App., v° *Covid-19 : État d'urgence sanitaire*, **p. 1207.**
2020	19 oct.	Loi n° 2020-1266. Encadrement de l'exploitation commerciale de l'image d'enfants de moins de seize ans sur les plateformes en ligne : – Art. 2. – V. L. n° 2004-575 du 21 juin 2004, art. 6-2, App., v° *Communication - Commerce électronique*, **p. 1157**. – Art. 3 à 7. – V. ss. L. n° 2004-575 du 21 juin 2004, art. 6-2, App., v° *Communication - Commerce électronique*, **p. 1158**.
2020	15 déc.	Lignes directrices du CEPD 6/2020. Interaction entre la deuxième directive sur les services de paiement et le RGPD (version 2.0). – V. App., v° *Banque - Assurance*, **p. 678.**
2020	25 déc.	Décret n° 2020-1690. Création d'un traitement de données à caractère personnel relatif aux vaccinations contre la covid-19. – Art. 1er à 5. – V. App., v° *Covid-19 : État d'urgence sanitaire*, **p. 1208.**
2021	12 févr.	Décret n° 2021-157. Modification du décret n° 2020-650 du 29 mai 2020 relatif au traitement de données dénommé « StopCovid ». – V. Décr. mod., art. 1er à 5, App., v° *Covid-19 : État d'urgence sanitaire*, **p. 1199.**
2021	13 mars	Décret n° 2021-279. Diverses dispositions relatives à la carte nationale d'identité et au traitement de données à caractère personnel dénommé « titres électroniques sécurisés » (TES) : – Art. 2. – V. Décr. n° 55-1397 du 22 oct. 1955, art. 1-1 à 1-3, App., v° *État civil*, **p. 1240**. – Art. 10 à 19. – V. Décr. n° 2016-1460 du 28 oct. 2016, art. 1er, 3, 5, 7, 7-1, 9 à 12, 31, App., v° *État civil*, **p. 1264**. – Art. 20, 21. – V. Décr. n° 2005-1726 du 30 déc. 2005, art. 5, 5-1, 29, App., v° *État civil*, **p. 1245**.
2021	18 mars	Décret n° 2021-300. Application de l'article 1er de la loi n° 2019-486 du 22 mai 2019 relative à la croissance et la transformation des entreprises et introduction de diverses mesures applicables aux formalités incombant aux entreprises. – Art. 20, 45. –

		V. Décr. n° 2019-341 du 19 avr. 2019, art. 2, ss. L. n° 78-17 du 6 janv. 1978, art. 30.
2021	26 avr.	Loi n° 2021-502. Amélioration du système de santé par la confiance et la simplification. – Art. 27. – V. CSS, art. L. 6132-3, App., v° *Santé*, **p. 1379.**
2021	11 mai	Décision n° 2020-800 DC du Conseil constitutionnel *[loi prorogeant l'état d'urgence sanitaire et complétant ses dispositions]*. – Consid. 67, 73, 74. – V. L. n° 2020-546 du 11 mai 2020, App., v° *Covid-19 : État d'urgence sanitaire*, **p. 1181.**
2021	12 mai	Ordonnance n° 2021-581. Identification électronique des utilisateurs de services numériques en santé et des bénéficiaires de l'assurance maladie : – Art. 1er. – V. CSP, art. L. 1110-4-1, L. 1110-4-2, L. 1111-14, L. 1111-15, L. 1111-31, L. 1470-1 à 1470-6, App., v° *Santé*, **p. 1328**. – Art. 2. – V. CSS, art. L. 161-31, L. 161-33, L. 161-36-3, L. 161-36-4, App., v° *Santé*, **p. 1445**.
2021	19 mai	Recommendations du CEPD 02/2021. Legal basis for the storage of credit card data for the sole purpose of facilitating further online transactions. – V. App., v° *Banque - Assurance*, **p. 679.**
2021	25 mai	Loi n° 2021-646. Sécurité globale préservant les libertés. – Art. 40, 42, 45, 47, 60. – V. CSI, art. L. 114-2, L. 132-14, L. 132-14-1, L. 241-1, L. 241-2, L. 242-1 à L. 242-8, L. 252-2, L. 252-3, L. 255-1, App., v° *Sécurité intérieure*, **p. 1458.**
2021	26 mai	Ordonnance n° 2021-650. Transposition de la directive (UE) 2018/1972 du Parlement européen et du Conseil du 11 décembre 2018 établissant le code des communications électroniques européen et mesures d'adaptation des pouvoirs de l'Autorité de régulation des communications électroniques, des postes et de la distribution de la presse : – Art. 1er à 3, 53, 58. – V. CPCE, art. L. 32, L. 32-1, L. 32-5, L. 33-1, *Partie II, Textes complémentaires*, **p. 524**. – Art. 45. – V. C. consom., art. L. 224-27, App., v° *Communication - Commerce électronique*, **p. 1126**.
2021	27 mai	Décret n° 2021-682. Partie réglementaire du code de la justice pénale des mineurs. – Art. 5. – V. Décr. n° 2019-536 du 29 mai 2019, art. 76.
2021	27 mai	Délibération de la CNIL n° 2021-070. Adoption d'une recommandation relative à l'exercice des droits par l'intermédiaire d'un mandataire. – V. ss. Décr. n° 2019-536 du 29 mai 2019, art. 77.
2021	28 mai	Décret n° 2021-684. Régime des décisions prises en matière de santé, de prise en charge ou d'accompagnement social ou médico-social à l'égard des personnes majeures faisant l'objet d'une mesure de protection juridique. – Art. 1er, 2. – V. CSP, art. R. 1111-1, R. 1111-17, R. 1111-18, App., v° *Santé*, **p. 1384.**

2021	31 mai	Loi n° 2021-689. Gestion de la sortie de crise sanitaire. – Art. 1er. – V. App., v° *Covid-19 : État d'urgence sanitaire*, **p. 1211.**
2021	31 mai	Décret n° 2021-697. Modifications de l'article R. 841-2 du code de la sécurité intérieure et du décret n° 2007-914 du 15 mai 2007 pris pour l'application du I de l'article 30 de la loi n° 78-17 du 6 janvier 1978 relative à l'informatique, aux fichiers et aux libertés : – Art. 1er. – V. CSI, art. R. 841-2, App., v° *Sécurité intérieure*, **p. 1580**. – Art. 2. – V. Décr. n° 2007-914 du 15 mai 2007, art. 1er à 3, ss. L. n° 78-17 du 6 janv. 1978, art. 33.
2021	3 juin	Décret n° 2021-707. Télésanté : – Art. 1er. – V. CSP, art. R. 6316-1 à R. 6316-10, App., v° *Santé*, **p. 1380**. – Art. 4. – V. Décr. n° 2019-341 du 19 avr. 2019, art. 2, ss. L. n° 78-17 du 6 janv. 1978, art. 30.
2021	29 juin	Décret n° 2021-848. Traitement de données à caractère personnel dénommé « système national des données de santé » : – Art. 1er. – V. CSP, art. R. 1461-1 à R. 1461-19, App., v° *Santé*, **p. 1416**. – Art. 3. – V. Décr. n° 82-103 du 22 janv. 1982, art. 7-1, App., v° *État civil*, **p. 1244**.
2021	6 juill.	Décret n° 2021-901. Traitement automatisé de données à caractère personnel dénommé « Convertisseur de certificats ». – V. App., v° *Covid-19 : État d'urgence sanitaire*, **p. 1218.**
2021	7 juill.	Lignes directrices du CEPD 07/2020. Concepts de responsable du traitement et de sous-traitant (version 2.0). – V. App., v° *Comité européen de la protection des données*.
2021	13 juill.	Décret n° 2021-930. Modifications du décret n° 2020-551 du 12 mai 2020 relatif aux systèmes d'information mentionnés à l'article 11 de la loi n° 2020-546 du 11 mai 2020 prorogeant l'état d'urgence sanitaire et complétant ses dispositions et le décret n° 2020-1690 du 25 décembre 2020 autorisant la création d'un traitement de données à caractère personnel relatif aux vaccinations contre la covid-19. – Art. 1er. – V. Décr. mod., art. 1er à 3, 9, 14 à 14-4, **p. 1186.**
2021	16 juill.	Décret n° 2021-952. Données personnelles permettant la valorisation de l'activité professionnelle des travailleurs des plateformes de mise en relation par voie électronique. – Art. 1er. – V. C. trav., art. D. 7342-6, App., v° *Ressources humaines*, **p. 1319.**
2021	19 juill.	Ordonnance n° 2021-958. Transposition de la directive (UE) 2019/1153 du Parlement européen et du Conseil du 20 juin 2019 fixant les règles facilitant l'utilisation d'informations financières et d'une autre nature aux fins de la prévention ou de la détection de certaines infractions pénales, ou des enquêtes ou des pour-

		suites en la matière. – Art. 1er. – V. C. mon. fin., art. L. 561-27, App., v° *Banque - Assurance*, **p. 630.**
2021	30 juill.	Loi n° 2021-998. Prévention d'actes de terrorisme et renseignement : – Art. 9, 30. – V. L. n° 78-17 du 6 janv. 1978, art. 48, 49, 125. – Art. 9 à 13, 15, 16, 18, 19, 23. – V. CSI, art. L. 821-1, L. 821-5, L. 821-7, L. 822-2, L. 822-3, L. 822-4, L. 833-2, L. 833-6, L. 833-9, L. 851-2, L. 851-3, L. 853-1 à L. 853-3, L. 854-6, L. 854-9, L. 863-2, L. 871-3, L. 871-6, L. 871-7, App., v° *Sécurité intérieure*, **p. 1491**. – Art. 17, 32. – V. CPCE, art. L. 34-1, L. 34-4, *Partie II - Textes complémentaires*, **p. 541**. – Art. 17. – V. L. n° 2004-575 du 21 juin 2004, art. 6, App., v° *Communication - Commerce électronique*, **p. 1150**. – Art. 25. – V. C. patr., art. L. 213-2, L. 213-3-1, L. 213-7, App., v° *Données publiques – Open data*, **p. 1226**.
2021	2 août	Loi n° 2021-1017. Bioéthique : – Art. 5, 14, 15, 17, 24, 30, 33, 34, 37, 39. – V. CSP, art. L. 1110-4, L. 1111-7, L. 1111-15, L. 1111-17, L. 1111-18, L. 1111-21, L. 1123-7, L. 1130-1, L. 1130-6, L. 1131-1 à L. 1131-1-3, L. 1131-2-1, L. 1131-3, L. 1131-6, L. 1244-6, L. 1418-1, L. 1461-1, L. 2143-1 à L. 2143-9, L. 4001-3, App., v° *Santé*, **p. 1326**. – Art. 24. – V. L. n° 78-17 du 6 janv. 1978, art. 75, **p. 369**.
2021	2 août	Loi n° 2021-1018. Renforcer la prévention en santé au travail. – Art. 15 à 17. – V. CSP, art. L. 1111-15, L. 1111-17, L. 1111-18, L. 1111-21, L. 1461-1, App., v° *Santé*, **p. 1336.**
2021	4 août	Décret n° 2021-1047. Dossier médical partagé. – Art. 1er, 2. – V. CSP, art. R. 1111-19, R. 1111-40 à R. 1111-54, App., v° *Santé*, **p. 1393.**
2021	4 août	Décret n° 2021-1048. Mise en œuvre de l'espace numérique de santé : – Art. 1er, 2. – V. CSP, art. R. 1110-2, R. 1111-26 à R. 1111-39, App., v° *Santé*, **p. 1381**. – Art. 3. – V. Décr. n° 2019-341 du 19 avr. 2019, art. 2, ss. L. n° 78-17 du 6 janv. 1978, art. 30.
2021	5 août	Loi n° 2021-1040. Gestion de la crise sanitaire. – Art. 7, 8. – V. L. n° 2020-546 du 11 mai 2020, art. 11, App., v° *Covid-19 : État d'urgence sanitaire*, **p. 1181.**
2021	7 août	Décret n° 2021-1058. Modification du décret n° 2020-551 du 12 mai 2020 relatif aux systèmes d'information mentionnés à l'article 11 de la loi n° 2020-546 du 11 mai 2020 et du décret n° 2020-1690 du 25 décembre 2020 autorisant la création d'un traitement de données à caractère personnel relatif aux vaccinations contre la covid-19 : – Art. 1er. – V. Décr. n° 2020-551 du 12 mai 2020, art. 10, 11, App., v° *Covid-19 : État d'urgence sanitaire*, **p. 1195**.

		– Art. 2. – V. Décr. n° 2020-1690 du 25 déc. 2020, art. 1er, 2, 3, App., v° *Covid-19 : État d'urgence sanitaire*, **p. 1208**.
2021	22 août	Loi n° 2021-1104. Lutte contre le dérèglement climatique et renforcement de la résilience face à ses effets. – Art. 40. – V. C. trav., art. L. 2312-8, App., v° *Ressources humaines*, **p. 1293.**
2021	24 août	Loi n° 2021-1109. Respect des principes de la République. – Art. 39 à 42, 45. – V. L. n° 2004-575 du 21 juin 2004, art. 6, 6-1, 6-3 à 6-5, App., v° *Communication - Commerce électronique*, **p. 1150.**
2021	30 sept.	Décret n° 2021-1281. Modification des obligations des opérateurs de communications électroniques conformément au code des communications électroniques européen. – Art. 4. – V. CPCE, art. D. 98-5, App., v° *Communication - Commerce électronique*, **p. 555.**
2021	25 oct.	Loi n° 2021-1382. Régulation et protection de l'accès aux œuvres culturelles à l'ère numérique. – Art. 1er. – V. CPI, art. L. 331-19 à L. 331-27, App., v° *Communication - Commerce électronique*, **p. 1141.**
2021	15 nov.	Loi n° 2021-1485. Réduction de l'empreinte environnementale du numérique en France. – Art. 24. – V. CPCE, art. L. 32, App., v° *Communication - Commerce électronique*, **p. 524.**
2021	25 nov.	Loi n° 2021-1520. Consolidation de notre modèle de sécurité civile et valorisation du volontariat des sapeurs-pompiers et des sapeurs-pompiers professionnels : – Art. 5. – V. CSP, art. L. 1111-17, App., v° *Santé*, **p. 1338.** – Art. 17. – V. CPCE, art. L. 33-1, App., v° *Communication - Commerce électronique*, **p. 537**.
2021	26 nov.	Décret n° 2021-1528. Conditions de reconduction tacite de l'inscription sur la liste d'opposition au démarchage téléphonique et nature des données essentielles devant être rendues publiques par le gestionnaire de cette liste. – Art. 1er, 2. – V. C. consom., art. R. 223-3, R. 223-4-1, App., v° *Communication - Commerce électronique*, **p. 1129.**
2021	7 déc.	Décret n° 2021-1584. Modification du décret n° 2020-650 du 29 mai 2020 relatif au traitement de données dénommé « TousAntiCovid ». – V. Décr. mod., art. 1er à 4, App., v° *Covid-19 : État d'urgence sanitaire*, **p. 1199.**
2021	10 déc.	Décret n° 2021-1626. Prélèvement de cellules souches hématopoïétiques sur un mineur au bénéfice de ses père ou mère ou sur un majeur faisant l'objet d'une mesure de protection avec représentation relative à sa personne. – Art. 1er. – V. CSP, art. R. 1232-10, App., v° *Santé*, **p. 1411.**
2021	10 déc.	Décret n° 2021-1627. Don d'organes. – Art. 2. – V. CSP, art. R. 1231-1-1, App., v° *Santé*, **p. 1410.**

2021	13 déc.	Décret n° 2021-1639. Obligation de recours au téléservice pour réaliser la demande d'homologation de la convention de rupture du contrat de travail. – V. C. trav., art. D. 1237-3-1, App., v° *Ressources humaines*, **p. 1299.**
2021	16 déc.	Décret n° 2021-1670. Modification du décret n° 2020-551 du 12 mai 2020 relatif aux systèmes d'information mentionnés à l'article 11 de la loi n° 2020-546 du 11 mai 2020 prorogeant l'état d'urgence sanitaire et complétant ses dispositions et du décret n° 2020-1690 du 25 décembre 2020 autorisant la création d'un traitement de données à caractère personnel relatif aux vaccinations contre la covid-19. – V. App., v° *Covid-19 : État d'urgence sanitaire*, Décr. n° 2020-551 mod., art. 8 à 10, **p. 1194** ; Décr. n° 2020-1690 mod., art. 1er à 3, **p. 1208.**
2021	17 déc.	Décret n° 2021-1708. Gestion et service dématérialisé du fonds du droit individuel à la formation des élus et droits et obligations des organismes de formation des élus locaux. – Art. 12 à 17. – V. C. trav., art. R. 6323-32 à R. 6323-37, App., v° *Ressources humaines*, **p. 1314.**
2021	22 déc.	Loi n° 2021-1729. Confiance dans l'institution judiciaire. – Art. 43. – V. C. mon. fin., art. L. 561-36, App., v° *Banque – Assurance*, **p. 631.**
2021	22 déc.	Ordonnance n° 2021-1735. Modernisation du cadre relatif au financement participatif. – Art. 1er, 23, 25. – V. C. mon. fin., art. L. 144-1, L. 561-2, L. 561-36, App., v° *Banque – Assurance*, **p. 606.**
2021	23 déc.	Loi n° 2021-1755. Renforcement de la régulation environnementale du numérique par l'Autorité de régulation des communications électroniques, des postes et de la distribution de la presse. – Art. 1er. – V. CPCE, art. L. 32, L. 32-4, **p. 524.**
2021	23 déc.	Décret n° 2021-1796. Mise en cohérence des codes avec l'article 23 de la loi n° 2019-774 du 24 juillet 2019 relative à l'organisation et à la transformation du système de santé. – Art. 1er. – V. CSP, art. R. 1110-2, App., v° *Santé*, **p. 1381.**
2021	23 déc.	Décret n° 2021-1797. Mise en cohérence des dispositions relatives aux dispositifs d'appui à la coordination et aux dispositifs spécifiques régionaux. – Art. 1er. – V. CSP, art. D. 1110-3-4, App., v° *Santé*, **p. 1383.**
2021	24 déc.	Loi n° 2021-1774. Visant à accélérer l'égalité économique et professionnelle. – Art. 5. – V. C. trav., art. L. 1222-9, App., v° *Ressources humaines*, **p. 1292.**
2021	24 déc.	Décret n° 2021-1823. Modification du décret n° 2010-236 du 5 mars 2010 relatif au traitement automatisé de données à caractère personnel autorisé par l'article L. 331-29 du code de la propriété intellectuelle dénommé « Système de gestion des mesures pour la protection des œuvres sur internet ». – V. Décr. mod.,

		art. 1er, 3, 4, 6 à 9, annexe, App., v° *Communication - Commerce électronique*, **p. 1143.**
2021	24 déc.	Décision du Conseil d'État n° 447515. – V. CSI, art. R. 236-13, App., v° *Sécurité intérieure*, **p. 1552.**
2021	24 déc.	Décision du Conseil d'État n° 447518. – V. CSI, art. R. 236-23, App., v° *Sécurité intérieure*, **p. 1556.**
2021	27 déc.	Décret n° 2021-1853. Compétences et organisation de l'Autorité de régulation de la communication audiovisuelle et numérique en matière de protection du droit d'auteur et des droits voisins : – Art. 1er. – V. CPI, art. R. 331-6 à R. 331-8, App., v° *Communication - Commerce électronique*, **p. 1148.** – Art. 3. – V. CSI, art. R. 114-2, App., v° *Sécurité intérieure*, **p. 1458.**
2021	30 déc.	Loi n° 2021-1900. De finances pour 2022. – Art. 134. – V. CGI, art. 1649 *ter* A à 1649 *ter* E, App., v° *Communication - Commerce électronique*, **p. 1131.**
2021	30 déc.	Décret n° 2021-1933. Modalités d'autorisation des activités d'autoconservation des gamètes pour raisons non médicales en application de l'article L. 2141-12 du code de la santé publique et diverses adaptations de la partie réglementaire du même code au regard des dispositions de la loi n° 2021-1017 du 2 août 2021 relative à la bioéthique. – Art. 6. – V. CSP, art. R. 1232-7, App., v° *Santé*, **p. 1411.**
2022	14 janv.	Décret n° 2022-32. Application de l'article 42 de la loi n° 2021-1109 du 24 août 2021 confortant le respect des principes de la République et relatif à la fixation d'un seuil de connexions à partir duquel les opérateurs de plateformes en ligne concourent à la lutte contre la diffusion publique des contenus illicites. – V. App., *Communication - Commerce électronique*, **p. 1163.**
2022	22 janv.	Loi n° 2022-46. Renforcement des outils de gestion de la crise sanitaire et modification du code de la santé publique : – Art. 1er. – V. L. n° 2021-689 du 31 mai 2021, art. 1er, App., v° *Covid-19 : État d'urgence sanitaire*, **p. 1211.** – Art. 16. – V. L. n° 2020-546 du 11 mai 2020, art. 11, App., v° *Covid-19 : État d'urgence sanitaire*, **p. 1181.**
2022	22 janv.	Décret n° 2022-50. Modification du décret n° 2020-551 du 12 mai 2020 relatif aux systèmes d'information mentionnés à l'article 11 de la loi n° 2020-546 du 11 mai 2020 prorogeant l'État d'urgence sanitaire et complétant ses dispositions. – V. Décr. mod., art. 8 à 10, App., v° *Covid-19 : tat d'urgence sanitaire*, **p. 1194.**
2022	24 janv.	Loi n° 2022-52. Responsabilité pénale et sécurité intérieure : – Art. 13 à 15, 17. – V. CSI, art. L. 241-1, L. 241-2, L. 242-1 à L. 242-6, L. 242-8, L. 243-1 à L. 243-5, L. 256-1 à L. 256-5, App., v° *Sécurité intérieure*, **p. 1472.**

		– Art. 16. – V. C. pr. pén., art. 230-47 à 230-53, App., v° *Sécurité intérieure*, **p. 1605**. – Art. 33, 34. – V. L. n° 78-17 du 6 janv. 1978, art. 10, 20, 22-1, 125, **p. 300**.
2022	24 janv.	Loi n° 2022-53. Création d'une plateforme de référencement et de prise en charge des malades chroniques de la covid-19. – V. App., v° *Covid-19 : État d'urgence sanitaire*, **p. 1219.**
2022	31 janv.	Loi n° 2022-92. Interdiction des pratiques visant à modifier l'orientation sexuelle ou l'identité de genre d'une personne. – Art. 1er. – V. L. n° 2004-575 du 21 juin 2004, art. 6, App., v° *Communication - Commerce électronique*, **p. 1150.**
2022	8 févr.	Décret n° 2022-144. Compte individualisé des détenteurs d'armes dans le système d'information sur les armes (SIA), sécurisation et simplification des procédures relatives aux armes. – Art. 2. – V. CSI, art. R. 312-21, App., v° *Sécurité intérieure*, **p. 1575.**
2022	15 févr.	Ordonnance n° 2022-230. Titres III à VIII de la partie législative du livre VII du code monétaire et financier. – Art. 4. – V. C. mon. fin., art. L. 561-2, App., v° *Banque - Assurance*, **p. 616.**
2022	18 févr.	Décret n° 2022-209. Conditions d'exercice des activités privées de sécurité. – Art. 9. – V. CSI, art. R. 114-2, App., v° *Sécurité intérieure*, **p. 1518.**
2022	21 févr.	Loi n° 2022-217. Différenciation, décentralisation, déconcentration et mesures de simplification de l'action publique locale. – Art. 202. – V. C. patr., art. L. 212-4, App., v° *Données publiques - Open data*, **p. 1225.**
2022	1er mars	Décret n° 2022-290. Application de certaines dispositions de la loi n° 2021-1017 du 2 août 2021 relative à la bioéthique et modification de diverses dispositions relatives à l'état civil. – Art. 4. – V. Décr. n° 2017-890 du 6 mai 2017, art. 38, App., v° *État civil*, **p. 1281.**
2022	1er mars	Décret n° 2022-292. Immatriculation des personnes nées à l'étranger en instance d'attribution d'un numéro d'inscription au répertoire national d'identification des personnes physiques. – Art. 2. – V. CSP, art. R. 1111-8-1, App., v° *Santé*, **p. 1386.**
2022	1er mars	Décret n° 2022-294. Recherche sur l'embryon humain, les cellules souches embryonnaires humaines et les cellules souches pluripotentes induites humaines. – Art. 1er. – V. CSP, art. R. 2151-1, R. 2151-11, R. 2151-12, App., v° *Santé*, **p. 1433.**
2022	2 mars	Loi n° 2022-296. Démocratisation du sport en France. – Art. 53. – V. C. sport, art. L. 332-1, App., v° *Sécurité intérieure*, **p. 1460.**
2022	2 mars	Loi n° 2022-299. Visant à combattre le harcèlement scolaire. – Art. 16. – V. L. n° 2004-575 du 21 juin 2004, art. 6, App., v° *Communication - Commerce électronique*, **p. 1150.**

2022	2 mars	Loi n° 2022-300. Renforcement du contrôle parental sur les moyens d'accès à internet. – Art. 3. – V. L. n° 2004-575 du 21 juin 2004, art. 6, App., v° *Communication - Commerce électronique*, **p. 1150.**
2022	3 mars	Loi n° 2022-309. Mise en place d'une certification de cybersécurité des plateformes numériques destinée au grand public. – V. C. consom., art. L. 111-7-3, L. 131-4, App., v° *Communication - Commerce électronique*, **p. 1123.**
2022	14 mars	Décret n° 2022-360. Conditions de traitement des données à caractère personnel permettant l'accès aux origines personnelles. – Art. 2. – V. CASF, art. R. 147-25 à R. 147-32, App., v° *État civil*, **p. 1237.**
2022	21 mars	Loi n° 2022-401. Amélioration de la protection des lanceurs d'alerte : – Art. 10. – V. C. trav., art. L. 1132-1, App., v° *Ressources humaines*, **p. 1289**. – Art. 16. – V. C. mon. fin., art. L. 511-33, App., v° *Banque - Assurance*, **p. 612**.
2022	8 avr.	Décret n° 2022-517. Modification du décret n° 2019-536 du 29 mai 2019 pris pour l'application de la loi n° 78-17 du 6 janvier 1978 relative à l'informatique, aux fichiers et aux libertés. – V. Décr. mod., art. 5, 38 à 43, 45-1 à 48, 50 à 56, 58, 59, **p. 405.**
2022	20 avr.	Ordonnance n° 2022-582. Adaptation du droit français au règlement (UE) 2017/745 du Parlement européen et du Conseil du 5 avril 2017 relatif aux dispositifs médicaux. – Art. 2. – V. CSP, art. L. 1121-1, L. 1124-1, App., v° *Santé*, **p. 1343.**
2022	21 avr.	Décret n° 2022-605. Modification du titre IV du livre II du code de la sécurité intérieure relatif aux traitements de données à caractère personnel provenant des caméras individuelles des agents de la police nationale et des militaires de la gendarmerie nationale. – V. CSI, art. R. 241-1 à R. 241-7, App., v° *Sécurité intérieure*, **p. 1562.**
2022	26 avr.	Décret n° 2022-676. Création d'un moyen d'identification électronique dénommé "Service de garantie de l'identité numérique" (SGIN) et abrogation du décret n° 2019-452 du 13 mai 2019 autorisant la création d'un moyen d'identification électronique dénommé "Authentification en ligne certifiée sur mobile" : – Art. 1er à 6, 8. – V. App., v° *État civil*, **p. 1283**. – Art. 7. – V. Décr. n° 2016-1460 du 28 oct. 2016, art. 3, App., v° *État civil*, **p. 1266**.
2022	27 avr.	Décret n° 2022-712. Mise en œuvre de traitements d'images au moyen de dispositifs de captation installés sur des aéronefs des acteurs de la sécurité civile. – V. CSI, art. R. 242-1 à R. 242-7, App., v° *Sécurité intérieure*, **p. 1567.**

2022	27 avr.	Décret n° 2022-714. Modification du décret n° 2018-383 du 23 mai 2018 autorisant les traitements de données à caractère personnel relatifs au suivi des personnes en soins psychiatriques sans consentement. – Art. 2. – V. CSI, art. R. 841-2, App., v° *Sécurité intérieure*, **p. 1580.**
2022	27 avr.	Décret n° 2022-715. Conditions et modalités de mise en œuvre du signalement des incidents significatifs ou graves de sécurité des systèmes d'information. – V. CSP, art. D. 1111-16-2 à D. 1111-16-4, App., v° *Santé*, **p. 1391.**
2022	29 avr.	Décret n° 2022-751. Dispositions réglementaires relatives à l'agence nationale des données de voyage. – Art. 1er à 3. – V. CSI, art. R. 231-10, R. 232-1-1, R. 232-5-1, R. 232-12 à R. 232-15, R. 232-17 à R. 232-22, App., v° *Sécurité intérieure*, **p. 1527.**
2022	29 avr.	Décret n° 2022-769. Modification de l'article R. 841-2 du code de la sécurité intérieure et du décret n° 2007-914 du 15 mai 2007 pris pour l'application du I de l'article 33 de la loi n° 78-17 du 6 janvier 1978 relative à l'informatique, aux fichiers et aux libertés : – Art. 1er. – V. CSI, art. R. 841-2, App., v° *Sécurité intérieure*, **p. 1580**. – Art. 2. – V. Décr. préc., art. 1er, ss. L. n° 78-17 du 6 janv. 1978, art. 33.
2022	2 mai	Décret n° 2022-770. Modification de l'article R. 114-7 du code de la sécurité intérieure. – V. CSI, art. R. 114-7, App., v° *Sécurité intérieure*, **p. 1522.**
2022	3 mai	Décret n° 2022-777. Application de la loi n° 2021-646 du 25 mai 2021 pour une sécurité globale préservant les libertés en matière de vidéoprotection et d'activités privées de sécurité. – Art. 2. – V. CSI, art. R. 114-2, App., v° *Sécurité intérieure*, **p. 1518.**
2022	9 juin	Décret n° 2022-875. Conditions d'échange d'informations nécessaires à l'accompagnement des militaires et anciens militaires blessés. – V. CSP, art. R. 1110-3-5, R. 1110-3-6, App., v° *Santé*, **p. 1384.**
2022	29 juill.	Ordonnance n° 2022-1086. Adaptation du droit français au règlement (UE) 2017/746 du Parlement européen et du Conseil du 5 avril 2017 relatif aux dispositifs médicaux de diagnostic *in vitro*. – Art. 1er. – V. CSP, art. L. 1121-1, L. 1124-1, App., v° *Santé*, **p. 1343.**
2022	30 juill.	Loi n° 2022-1089. Fin des régimes d'exception créés pour lutter contre l'épidémie liée à la covid-19 : – Art. 1er. – V. L. n° 2021-689 du 31 mai 2021, art. 1er, App., v° *Covid-19 : État d'urgence sanitaire*, **p. 1211**. – Art. 2. – V. L. n° 2020-546 du 11 mai 2020, art. 11, App., v° *Covid-19 : État d'urgence sanitaire*, **p. 1181**. – Art. 3. – V. App., v° *Covid-19 : État d'urgence sanitaire*, **p. 1220**.

2022	30 juill.	Décret n° 2022-1097. Mesures de veille et de sécurité sanitaire maintenues en matière de lutte contre la covid-19. – V. App., v° *Covid-19 : État d'urgence sanitaire*, **p. 1221.**
2022	30 juill.	Décret n° 2022-1098. Modification du décret n° 2020-650 du 29 mai 2020 relatif au traitement de données dénommé « TousAntiCovid ». – V. Décr. mod., art. 1er à 4, App., v° *Covid-19 : État d'urgence sanitaire*, **p. 1199.**
2022	2 août	Décret n° 2022-1109. Système d'information d'identification unique des victimes. – Art. 2. – V. Décr. n° 2019-341 du 19 avr. 2019, art. 2, **p. 320.**
2022	10 août	Décret n° 2022-1145. Création d'un traitement automatisé de données à caractère personnel dénommé « dispositif de pré-enregistrement ». – V. CSI, art. R. 232-11-2-1 à R. 232-11-2-7, App., v° *Sécurité intérieure*, **p. 1532.**
2022	12 août	Décret n° 2022-1152. Extension des destinataires d'images de vidéoprotection. – V. CSI, art. R. 252-8, R. 252-12, R. 252-13, App., v° *Sécurité intérieure*, **p. 1573.**
2022	16 août	Loi n° 2022-1159. Adaptation au droit de l'Union européenne en matière de prévention de la diffusion de contenus à caractère terroriste en ligne. – V. L. n° 2004-575 du 21 juin 2004, art. 6-1-1 à 6-1-5, App., v° *Communication - Commerce électronique*, **p. 1155.**
2022	25 août	Décret n° 2022-1187. Accès aux données non identifiantes et à l'identité du tiers donneur pris en application de l'article 5 de la loi n° 2021-1017 du 2 août 2021 relative à la bioéthique et modification des dispositions relatives à l'assistance médicale à la procréation : – Art. 1er, 3. – V. CSP, art. R. 1244-7, R. 1418-1, R. 2143-1 à R. 2143-20, App., v° *Santé*, **p. 1374**. – Art. 4, 5. – V. App., v° *Santé*, **p. 1375**.
2022	29 août	Arrêté. Contenu du formulaire de consentement du tiers donneur à la communication de son identité et de ses données non identifiantes aux personnes majeures nées de son don et le contenu du formulaire de collecte de son identité et de ses données non identifiantes 🏛. – V. App., v° *Santé*.

TABLE ALPHABÉTIQUE

NOTA. Il est rappelé, pour l'utilisation de la table alphabétique, que dans chacune des entrées les références aux textes fondamentaux – le RGPD (**p. 5**), la loi n° 78-17 du 6 janvier 1978 (**p. 402**), le décret n° 2019-536 du 29 mai 2019 (**p. 402**), la directive (UE) 2016/680 du 27 avril 2016 (**p. 233**) – ne sont pas suivies d'un numéro de page. Pour chaque entrée correspondant à une rubrique de l'appendice, la page est indiquée au début de l'entrée. Enfin, seules sont précisées les pages des dispositions complémentaires aux textes fondamentaux.
Les caractères italiques indiquent un mot de renvoi. Ceux de ces mots qui sont en caractères gras et précédés d'une flèche rouge renvoient à un autre mot en caractères gras de la table ; les autres, en caractères maigres et sans flèche rouge, renvoient à une autre subdivision du même mot en caractères gras.
Il est rappelé qu'un tableau explicatif des abréviations utilisées figure au début de l'ouvrage.

A

B

C

D

E

F

I

N

O

P

R

S

T

Photocomposition Nord Compo
Villeneuve d'Ascq

Certifié PEFC

Ce produit est issu de forêts gérées durablement et de sources contrôlées

PEFC

PEFC/18-31-280

www.pefc-france.org

Achevé d'imprimer en octobre 2022 sur les presses de
LEGO S.p.A.
Italie
Dépôt légal : novembre 2022
721453 (I) – OSB-P 50 – JOU – (HCH)

Imprimé en Italie

Codes Dalloz

	Parution
CIVIL	
Code civil	juin
Code du divorce, *commenté*	novembre
Code de procédure civile	juin
Code des procédures civiles d'exécution, *commenté*	mars
AFFAIRES	
Code des assurances – Code de la mutualité, *commenté*	mai
Code de commerce	juin
Code de la communication, *commenté*	novembre
Code de la compliance, *commenté*	octobre
Code de la consommation, *commenté*	août
Code de la cybersécurité, *commenté*	juin
Code des douanes, *commenté*	mars
Code général des impôts	juin
Code monétaire et financier, *commenté*	mai
Code des procédures collectives, *commenté*	février
Code de la propriété intellectuelle, *commenté*	janvier
Code des sociétés, *commenté*	septembre
Code de procédure fiscale, *commenté*	juin
Code de la protection des données personnelles, *commenté*	novembre
SOCIAL	
Code de l'action sociale et des familles, *commenté*	mai
Code de la santé publique, *commenté en ligne*	juin
Code de la sécurité sociale	avril
Code du travail, *commenté en ligne*	mars